# 全国人民代表大会

# ——年　鉴——

【2021年卷】

中国民主法制出版社

**图书在版编目(CIP)数据**

全国人民代表大会年鉴．2021年卷/宋锐主编．—
北京:中国民主法制出版社，2022.9
ISBN 978-7-5162-2899-9

Ⅰ.①全…　Ⅱ.①宋…　Ⅲ.①全国人民代表大会—
2021—年鉴　Ⅳ.①D622-54

中国版本图书馆CIP数据核字(2022)第151636号

责任编辑　陈　偲　　封面设计　聂　强

---

**书名**/全国人民代表大会年鉴**2021年卷**
QUANGUO RENMIN DAIBIAO DAHUI NIANJIAN 2021 NIAN JUAN
**作者**/宋　锐　主编

---

**出版·发行**/中国民主法制出版社
**地址**/北京市丰台区右安门外玉林里7号(100069)
**电话**/(010)63055259(总编室)　83910658　63056573(人大系统发行)
**传真**/(010)63055259
**开本**/16开　880毫米×1230毫米
**印张**/109.75　**字数**/3120千字
**版本**/2022年9月第1版　2022年9月第1次印刷
**印刷**/河北松源印刷有限公司

---

**书号**/ISBN 978-7-5162-2899-9
**定价**/400.00元


ISBN 978-7-5162-2899-9

# 《全国人民代表大会年鉴》编辑委员会

# 《全国人民代表大会年鉴》

## 编　辑　部

# 目　录

## 第一编　特　　辑



## 第二编　第十三届全国人民代表大会第四次会议

## 第三编　常委会工作安排和会议议程日程

### 一、常委会工作安排



### 二、常委会会议议程日程



## 第四编　委员长讲话

**附:在国内执法检查和调研座谈时的新闻通稿**

## 第五编　立法工作

### 一、制定和修改的法律

## 二、通过有关法律问题和重大问题的决定

## 三、全国地方立法工作座谈会



## 第六编　批准公约和条约

## 第七编　监督工作

### 一、听取和审议专项工作报告

## 二、审查和批准决算，听取和审议计划、预算执行情况和审计工作报告

## 三、检查法律实施情况

## 四、规范性文件备案审查

### 五、特别行政区报送备案的法律目录



## 第八编 人事任免



## 第九编 代表工作

### 一、代表议案审议

## 二、代表建议办理



## 三、代表资格审查



# 第十编　对外交往

## 一、委员长国内外事活动

## 二、对外定期交流机制

## 三、发表的谈话、声明



# 第十一编　专门委员会工作



# 第十二编　常委会重要活动

## 一、学习贯彻党的十九届六中全会和中央人大工作会议精神持续深入学习贯彻习近平总书记关于坚持和完善人民代表大会制度的重要思想交流会

## 二、制度建设



## 三、副委员长和秘书长讲话及有关文稿

## 第十三编　大事记

# 特　辑

# 在中央人大工作会议上的讲话

（2021 年 10 月 13 日）

习近平

今年是我们党成立一百周年。100 年前，中国共产党一经诞生，就把为中国人民谋幸福、为中华民族谋复兴确立为自己的初心和使命，为实现人民当家作主进行了不懈探索和奋斗。在新民主主义革命时期，我们党在根据地创建人民政权，为建立新型政治制度积累了实践经验。经过实践探索和理论思考，以毛泽东同志为主要代表的中国共产党人，创造性地提出实行人民代表大会制度的构想。1945 年 4 月，毛泽东同志就说："新民主主义的政权组织，应该采取民主集中制，由各级人民代表大会决定大政方针，选举政府。它是民主的，又是集中的，就是说，在民主基础上的集中，在集中指导下的民主。只有这个制度，才既能表现广泛的民主，使各级人民代表大会有高度的权力；又能集中处理国事，使各级政府能集中地处理被各级人民代表大会所委托的一切事务，并保障人民的一切必要的民主活动。"

经过长期浴血奋战和艰苦斗争，我们党领导人民建立了中华人民共和国，完成了民族独立、人民解放的历史任务，亿万人民翻身作主，成为国家和社会的主人。1954 年 9 月，一届全国人大一次会议召开，通过了《中华人民共和国宪法》，标志着人民代表大会制度这一国家根本政治制度正式建立。

改革开放以来，我们党坚定不移推进社会主义民主法治建设，坚持中国特色社会主义政治发展道路，不断健全我国选举制度、国家机构制度体系、基层民主制度、人大组织制度和议事规则，人民代表大会制度焕发出新的生机活力。

党的十八大以来，我们党立足新的历史方位，深刻把握我国社会主要矛盾发生的新变化，积极回应人民群众对民主法治的新要求新期盼，着力推进国家治理体系和治理能力现代化，健全人民当家作主制度体系，加强基层政权建设，改进人大代表工作，人大工作取得历史性成就，人民代表大会制度更加成熟、更加定型。

60 多年来特别是改革开放 40 多年来，人民代表大会制度为党领导人民创造经济快速发展奇迹和社会长期稳定奇迹提供了重要制度保障。

实践证明，人民代表大会制度是符合我国国情和实际、体现社会主义国家性质、保证人民当家作主、保障实现中华民族伟大复兴的好制度，是我们党领导人民在人类政治制度史上的伟大创造，是在我国政治发展史乃至世界政治发展史上具有重大意义的全新政治制度。

人民代表大会制度，坚持中国共产党领导，坚持马克思主义国家学说的基本原则，适应人民民主专政的国体，有效保证国家沿着社会主义道路前进。人民代表大会制度，坚持国家一切权力属于人民，最大限度保障人民当家作主，把党的领导、人民当家作主、依法治国有机统一起来，有效保证国家治理跳出治乱兴衰的历史周期率。人民代表大会制度，正确处理事关国家前途命运的一系列重大政治关系，实现国家统一高效组织各项事业，维护国家统一和民族团结，有效保证国家政治生活既充满活力又安定有序。

党的十八大以来，党中央统筹中华民族伟大复兴战略全局和世界百年未有之大变局，从坚持和完善党的领导、巩固中国特色社会主义制度的战略高度出发，继续推进人民代表大会制度理论和实践创新，提出一系列新理念新思想新要求，主要有以下几个方面。

一是必须坚持中国共产党领导。坚持党总揽全局、协调各方的领导核心作用，坚决维护党中央权威和集中统一领导，保证党的理论、路线、方针政策和决策部署在国家工作中得到全面贯彻和有效执行，支持和保证国家政权机关依照宪法法律积极主动、独立负责、协调一致开展工作。要加强和改善党的领导，善于使党的主张通过法定程序成为国家意志，善于使党组织推荐的人选通过法定程序成为国家政权机关的领导人员，善于通过国家政权机关实施党对国家和社会的领导，维护党和国家权威、维护全党全国团结统一。

二是必须坚持用制度体系保障人民当家作主。坚持以人民为中心，坚持国家一切权力属于人民，支持和保证人民通过人民代表大会行使国家权力，健全民主制度，丰富民主形式，拓宽民主渠道，保证人民平等参与、平等发展权利，发展更加广泛、更加充分、更加健全的全过程人民民主。

三是必须坚持全面依法治国。坚持走中国特色社会主义法治道路，建设中国特色社会主义法治体系，建设社会主义法治国家，弘扬社会主义法治精神，依照宪法法律推进国家各项事业和各项工作，维护社会公平正义，尊重和保障人权，实现国家各项工作法治化。

四是必须坚持民主集中制。坚持人民通过人民代表大会统一行使国家权力，各级人民代表大会由民主选举产生，对人民负责，受人民监督；各级国家行政机关、监察机关、审判机关、检察机关都由人民代表大会产生，对人大负责，受人大监督；实行决策权、执行权、监督权既合理分工又相互协调，保证国家机关依照法定权限和程序行使职权、履行职责；坚持在党中央统一领导下，充分发挥地方主动性和积极性，保证国家统一高效组织推进各项事业。

五是必须坚持中国特色社会主义政治发展道路。坚持党的领导、人民当家作主、依法治国有机统一，核心是坚持党的领导。人民代表大会制度是坚持党的领导、人民当家作主、依法治国有机统一的根本政治制度安排，保证党领导人民依法有效治理国家。可以借鉴人类政治文明的有益成果，但绝不照搬西方政治制度模式。

六是必须坚持推进国家治理体系和治理能力现代化。人民代表大会制度是中国特色社会主义制度的重要组成部分，也是国家治理体系的重要组成部分。要坚持和完善人民当家作主制度体系，不断推进社会主义民主政治制度化、规范化、程序化，更好把制度优势转化为治理效能。

当今世界正经历百年未有之大变局，制度竞争是综合国力竞争的重要方面，制度优势是一个国家赢得战略主动的重要优势。历史和现实都表明，制度稳则国家稳，制度强则国家强。党的十八大和十九大都对加强人民代表大会制度、做好人大工作作出重要部署。在全面建设社会主义现代化国家新征程上，我们要毫不动摇坚持、与时俱进完善人民代表大会制度，加强和改进新时代人大工作。

第一，全面贯彻实施宪法，维护宪法权威和尊严。古人说："法者，国之权衡也，时之准绳也。"宪法是国家的根本法，是党和人民意志的集中体现，具有最高的法律地位、法律权威、法律效力。我多次强调，维护宪法权威，就是维护党和人民共同意志的权威；捍卫宪法尊严，就是捍卫党和人民共同意志的尊严；保证宪法实施，就是保证人民根本利益的实现。全国各族人民、一切国家机关和武装力量、各政党和各社会团体、各企业事业组织，都必须以宪法为根本活动准则，并且负有维护宪法尊严、保证宪法实施的职责。任何组织和个人都不得有超越宪法法律的特权，一切违反宪法法律的行为都必须予以追究和纠正。

坚持依法治国首先要坚持依宪治国，坚持依法执政首先要坚持依宪执政。坚持依宪治国、依宪执政，就必须坚持宪法确定的中国共产党领导地位不动摇，坚持宪法确定的人民民主专政的国体和人民代表大会制度的政体不动摇。全面贯彻实施宪法是建设社会主义法治国家的首要任务和基础性工作，也是坚持和完善人民代表大会制度的必然要求。要以宪法为根本活动准则，用科学有效、系统完备的制度体系保证宪法实施，加强宪法监督，弘扬宪法精神，切实维护宪法的权威和尊严。党领导人民制定和实施宪法法律，党自身必须在宪法法律范围内活动。各级人大、政府、监委、法院、检察院都要严格依照宪法法律积极主动、独立负责、协调一致开展工作。

全国人大及其常委会要完善宪法相关法律制度，保证宪法确立的制度、原则、规则得到全面实施；加强对宪法法律实施情况的监督检查，提高合宪性审查、备案审查工作质量，坚决纠正违宪违法行为；落实宪法解释程序机制，积极回应涉及宪法有关问题的关切。要健全中央依照宪法和特别行政区基本法对特别行政区行使全面管治权的法律制度，完善特别行政区同宪法和基本法实施相关的制度和机制，维护宪法和基本法确定的特别行政区宪制秩序和法治秩序。地方各级人大及其常委会要依法行使职权，保证宪法法律在本行政区域内得到遵守和执行，自觉维护国家法治统一。

第二，加快完善中国特色社会主义法律体系，以良法促进发展、保障善治。"立善法于天下，则天下治；立善法于一国，则一国治。"改革开放以来，在党的领导下，经过各方面努力，我国用 30 多年时间形成了中国特色社会主义法律体系，这是人类法治史上一项了不起的成就。同时，也要看到，时代在进步，实践在发展，不断对法律体系建设提出新需求，法律体系必须与时俱进加以完善。

要加强党对立法工作的集中统一领导，完善党委领导、人大主导、政府依托、各方参与的立法工作格局。要把改革发展决策同立法决策更好结合起来，既通过深化改革完善法治，又通过更完善的法治保障各领域改革创新，确保国家发展、重大改革于法有据。要统筹推进国内法治和涉外法治，统筹发展和安全，推动我国法域外适用的法律体系建设，用法治方式有效应对挑战、防范风险，维护国家主权、安全、发展利益。要坚持系统观念，统筹立改废释纂，全面完善法律、行政法规、监察法规、地方性法规体系。

全国人大及其常委会是国家立法机关，要在确保质量的前提下加快立法工作步伐，增强立法的系统性、整体性、协同性，使法律体系更加科学完备、统一权威。要加强重点领域、新兴领域、涉外领域立法，注重将社会主义核心价值观融入立法，健全国家治理急需、满足人民日益增长的美好生活需要必备的法律制度。要在条件成熟的立法领域继续开展法典编纂工作。

良法是善治的前提。"法非从天下，非从地出，发于人间，合乎人心而已。"要抓住提高立法质量这个关键，发挥好人大及其常委会在立法工作中的主导作用，坚持尊重和体现客观规律，坚持为了人民、依靠人民，坚持严格依照法定权限和法定程序，深入推进科学立法、民主立法、依法立法。要丰富立法形式，增强立法的针对性、适用性、可操作性。要严格按照法定权限和程序制定行政法规、监察法规、部门规章，保证法规、规章的质量。有立法权的地方人大要严格遵循立法权限，围绕贯彻落实党中央大政方针和决策部署，做好地方立法工作，着力解决实际问题。

第三，用好宪法赋予人大的监督权，实行正确监督、有效监督、依法监督。人民代表大会制度的重要原则和制度设计的基本要求，就是任何国家机关及其工作人员的权力都要受到监督和制约。要更好发挥人大监督在党和国家监督体系中的重要作用，让人民监督权力，让权力在阳光下运行，用制度的笼子管住权力，用法治的缰绳驾驭权力。

各级人大及其常委会要把宪法法律赋予的监督权用起来，实行正确监督、有效监督、依法监督，维护国家法治统一、尊严、权威，确保法律法规得到有效实施，确保行政权、监察权、审判权、检察权依法正确行使。

在我国政治体制中，人大对于"一府一委两院"具有监督作用，推动各国家机关形成工作合力。要坚持围绕中心、服务大局、突出重点，聚焦党中央重大决策部署，聚焦人民群众所思所盼所愿，推动解决制约经济社会发展的突出矛盾和问题。人大要统筹运用法定监督方式，加强对法律法规实施情况的监督，确保各国家机关都在宪法法律范围内履行职责、开展工作。要完善人大监督制度，健全人大对执法司法工作监督的机制和方式。各级"一府一委两院"要严格执行人大及其常委会制定的法律法规和作出的决议决定，依法报告工作，自觉接受人大监督。

第四，充分发挥人大代表作用，做到民有所呼、我有所应。"为政之要，以顺民心为本。"人民代表大会制度之所以具有强大生命力和显著优越性，关键在于深深植根于人民之中。一切国家机关和国家工作人员必须牢固树立人民公仆意识，把人民放在心中最高位置，保持同人民的密切联系，倾听人民意见和建议，接受人民监督，努力为人民服务。要丰富人大代表联系人民群众的内容和形式，拓宽联系渠道，积极回应社会关切，更好接地气、察民情、聚民智、惠民生。各级人大常委会要加强代表工作能力建设，支持和保障代表更好依法履职，使发挥各级人大代表作用成为人民当家作主的重要体现。

人大代表肩负人民赋予的光荣职责，要忠实代表人民利益和意志，依法参加行使国家权力。要站稳政治立场，履行政治责任，加强思想、作风建设，模范遵守宪法法律，做政治上的明白人。要充分发挥来自人民、扎根人民的特点优势，密切同人民群众的联系，当好党和国家联系人民群众的桥梁，最大限度调动积极因素、化解消极因素，展现新时代人大代表的风采。

第五，强化政治机关意识，加强人大自身建设。各级人大及其常委会要增强"四个意识"、坚定"四个自信"、做到"两个维护"，不断提高政治判断力、政治领悟力、政治执行力，全面加强自身建设，成为自觉坚持中国共产党领导的政治机关、保证人民当家作主的国家权力机关、全面担负宪法法律赋予的各项职责的工作机关、始终同人民群众保持密切联系的代表机关。要优化人大常委会、专门委员会组成人员结构，打造政治坚定、服务人民、尊崇法治、发扬民主、勤勉尽责的人大工作队伍。要加强纪律作风建设，既严格履行法定职责，遵守法定程序，又坚决防止形式主义、官僚主义，提高人大工作实效。

第六，加强党对人大工作的全面领导。人民代表大会制度是党领导国家政权机关的重要制度载体，也是党在国家政权中充分发扬民主、贯彻群众路线的重要实现形式。各级党委要把人大工作摆在重要位置，完善党领导人大工作的制度，定期听取人大常委会党组工作汇报,研究解决人大工作中的重大问题。要支持人大及其常委会依法行使职权、开展工作,指导和督促"一府一委两院"自觉接受人大监督。要加强人大常委会领导班子和人大工作队伍建设,推动人大干部同党政部门、司法部门干部之间的合理交流。党的各级组织、宣传等部门要加强同人大有关方面的协调配合,形成做好新时代人大工作的强大合力。各级人大常委会党组要认真执行党的领导各项制度,落实好全面从严治党主体责任。

民主是全人类的共同价值,是中国共产党和中国人民始终不渝坚持的重要理念。如何把民主价值和理念转化为科学有效的制度安排,转化为具体现实的民主实践,需要注重历史和现实、理论和实践、形式和内容有机统一,找到正确的体制机制和方式方法。

我说过,评价一个国家政治制度是不是民主的、有效的,主要看国家领导层能否依法有序更替,全体人民能否依法管理国家事务和社会事务、管理经济和文化事业,人民群众能否畅通表达利益要求,社会各方面能否有效参与国家政治生活,国家决策能否实现科学化、民主化,各方面人才能否通过公平竞争进入国家领导和管理体系,执政党能否依照宪法法律规定实现对国家事务的领导,权力运用能否得到有效制约和监督。

民主不是装饰品,不是用来做摆设的,而是要用来解决人民需要解决的问题的。一个国家民主不民主,关键在于是不是真正做到了人民当家作主,要看人民有没有投票权,更要看人民有没有广泛参与权;要看人民在选举过程中得到了什么口头许诺,更要看选举后这些承诺实现了多少;要看制度和法律规定了什么样的政治程序和政治规则,更要看这些制度和法律是不是真正得到了执行;要看权力运行规则和程序是否民主,更要看权力是否真正受到人民监督和制约。如果人民只有在投票时被唤醒、投票后就进入休眠期,只有竞选时聆听天花乱坠的口号、竞选后就毫无发言权,只有拉票时受宠、选举后就被冷落,这样的民主不是真正的民主。

总之,民主是各国人民的权利,而不是少数国家的专利。一个国家是不是民主,应该由这个国家的人民来评判,而不应该由外部少数人指手画脚来评判。国际社会哪个国家是不是民主的,应该由国际社会共同来评判,而不应该由自以为是的少数国家来评判。实现民主有多种方式,不可能千篇一律。用单一的标尺衡量世界丰富多彩的政治制度,用单调的眼光审视人类五彩缤纷的政治文明,本身就是不民主的。

中国共产党始终高举人民民主的旗帜,始终坚持以下基本观点:一是人民民主是社会主义的生命,没有民主就没有社会主义,就没有社会主义的现代化,就没有中华民族伟大复兴。二是人民当家作主是社会主义民主政治的本质和核心,发展社会主义民主政治就是要体现人民意志、保障人民权益、激发人民创造活力,用制度体系保证人民当家作主。三是中国特色社会主义政治发展道路是符合中国国情、保证人民当家作主的正确道路,是近代以来中国人民长期奋斗历史逻辑、理论逻辑、实践逻辑的必然结果,是坚持党的本质属性、践行党的根本宗旨的必然要求。四是人民通过选举、投票行使权利和人民内部各方面在重大决策之前进行充分协商,尽可能就共同性问题取得一致意见,是中国社会主义民主的两种重要形式,共同构成了中国社会主义民主政治的制度特点和优势。五是发展社会主义民主政治关键是要把我国社会主义民主政治的特点和优势充分发挥出来,不断推进社会主义民主政治制度化、规范化、程序化,为党和国家兴旺发达、长治久安提供更加完善的制度保障。邓小平同志说:"资本主义社会讲的民主是资产阶级的民主,实际上是垄断资本的民主,无非是多党竞选、三权鼎立、两院制。我们的制度是人民代表大会制度,共产党领导下的人民民主制度,不能搞西方那一套。社会主义国家有个最大的优越性,就是干一件事情,一下决心,一作出决议,就立即执行,不受牵扯。"

党的十八大以来,我们深化对民主政治发展规律的认识,提出全过程人民民主的重大理念。我国全过程人民民主不仅有完整的制度程序,而且有完整的参与实践。我国实行工人阶级领导的、以工农联盟为基础的人民民主专政的国体,实行人民代表大会制度的政体,实行中国共产党领导的多党合作和政治协商制度、民族区域自治制度、基层群众自治制度等基本政治制度,巩固和发展最广泛的爱国统一战线,形成了全面、广泛、有机衔接的人民当家作主制度体系,构建了多样、畅通、有序的民主渠道。全体人民依法实行民主选举、民主协商、民主决策、民主管理、民主监督,依法通过各种途径和形式管理国家事务,管理经济和文化事业,管理社会事务。我国全过程人民民主实现了过程民主和成果民主、程序民主和实质民主、直接民主和间接民主、人民民主和国家意志相统一，是全链条、全方位、全覆盖的民主，是最广泛、最真实、最管用的社会主义民主。我们要继续推进全过程人民民主建设，把人民当家作主具体地、现实地体现到党治国理政的政策措施上来，具体地、现实地体现到党和国家机关各个方面各个层级工作上来，具体地、现实地体现到实现人民对美好生活向往的工作上来。

人民代表大会制度是实现我国全过程人民民主的重要制度载体。要在党的领导下，不断扩大人民有序政治参与，加强人权法治保障，保证人民依法享有广泛权利和自由。要保证人民依法行使选举权利，民主选举产生人大代表，保证人民的知情权、参与权、表达权、监督权落实到人大工作各方面各环节全过程，确保党和国家在决策、执行、监督落实各个环节都能听到来自人民的声音。要完善人大的民主民意表达平台和载体，健全吸纳民意、汇集民智的工作机制，推进人大协商、立法协商，把各方面社情民意统一于最广大人民根本利益之中。要加强对中国特色社会主义民主、对人民代表大会制度的研究宣传工作，讲清楚我国政治制度的特点和优势，讲好中国民主故事。

坚持和完善人民代表大会制度，是全党全社会的共同责任。全党全国各族人民要坚定中国特色社会主义制度自信，不断坚持和完善人民代表大会制度，不断巩固和发展生动活泼、安定团结的政治局面，为人类政治文明进步作出充满中国智慧的贡献！

# 在中央人大工作会议上的总结讲话

（2021年10月14日）

栗战书

这次中央人大工作会议，是党中央召开的一次十分重要的会议，在党的历史上、人民代表大会制度历史上都是第一次。

昨天上午，习近平总书记发表重要讲话，从坚持和完善中国特色社会主义制度、推进国家治理体系和治理能力现代化的战略高度，全面总结、系统阐释我国人民代表大会制度的发展历程，明确提出新时代加强和改进人大工作的指导思想、重大原则和主要任务，深刻回答新时代发展中国特色社会主义民主政治、坚持和完善人民代表大会制度的一系列重大理论和实践问题。习近平总书记的重要讲话，体现了高远的战略思维、深邃的政治考量、强烈的使命担当，丰富和拓展了中国特色社会主义民主政治和人民代表大会制度的政治内涵、理论内涵、实践内涵，是一篇闪耀着马克思主义光芒、充满马克思主义真理力量的纲领性文献。

深入学习领会、认真贯彻落实会议精神特别是习近平总书记的重要讲话精神，要深刻认识和把握以下几点。

**第一，深刻认识和把握坚持党的全面领导这一最高政治原则**

习近平总书记指出，“人民代表大会制度是党领导国家政权机关的重要制度载体，也是党在国家政权中充分发扬民主、贯彻群众路线的重要实现形式”。这一重要论述，深刻揭示了人民代表大会制度的本质特征，就是要坚持党的全面领导。

坚持党的全面领导，首要的是用习近平新时代中国特色社会主义思想统揽人大工作，用这一科学理论揭示的共产党执政规律、社会主义建设规律、人类社会发展规律来引领指导人大工作始终沿着正确的政治方向前进，用这一科学理论指明的方向道路和提出的新理念新思想新战略来谋划和推动人大工作，用这一科学理论阐释的基本原理和蕴含的世界观方法论来分析人大工作面临的形势、解决工作中存在的问题。学懂弄通这一科学理论，我们就能真正做到把人民代表大会制度坚持好、完善好。

坚持党的全面领导，要体现到“两个维护”上来。人大的一切工作，各级人大的工作，都要同党的基本理论、基本路线、基本方略和党中央决策部署、习近平总书记重要指示对标对表，自觉维护党总揽全局、协调各方的领导核心作用。发挥人民代表大会制度的功效，善于使党的主张通过法定程序成为国家意志，善于使党组织推荐的人选通过法定程序成为国家政权机关的领导人员，善于通过国家政权机关实施党对国家和社会的领导，维护党和国家权威、维护全党全国团结统一。认真贯彻执行请示报告制度，凡是重大问题、重要事项、重点工作，都要按规定及时向党中央和同级党委请示报告。地方各级人大接受同级党委领导，但最终都是贯彻落实党中央的决策部署和习近平总书记的重要指示。

历史和人民选择了中国共产党，党领导人民制定体现党和人民统一意志的宪法，人民自觉接受宪法确认的党的领导，党自身也在宪法范围内活动，这就是坚持党的领导的历史逻辑、政治逻辑、法理逻辑。全国人大和地方各级人大要旗帜鲜明、坚定不移把坚持党的全面领导这一最高政治原则贯彻好、落实好，确保人大各项工作都在党的领导下进行。

**第二，深刻认识和把握党的十八大以来人大工作取得历史性成就这一重大判断**

习近平总书记深刻总结人民代表大会制度建立和发展的历程，明确指出“人大工作取得历史性成就”，这是对各级人大工作的充分肯定。

党的十八大以来，以习近平同志为核心的党中央积极回应人民群众对民主法治的新要求新期盼，推动人民代表大会制度实现了重大理论和实践创新。这主要体现在：一是形成习近平总书记关于坚持和完善人民代表大会制度的重要思想。这一重要思想，在党的理论建设史上、在人民代表大会发展史上都具有重要意义，标志着我们党对人大制度理论的认识达到了一个新的高度，标志着人大制度更加成熟定型、更加巩固完善。二是发展更加广泛、更加充分、更加健全的全过程人民民主，人民当家作主得到更好保障。用好人民代表大会这一主要民主渠道，支持和保证人民通过人民代表大会行使国家权力。从各层次、各领域扩大公民有序政治参与，保证人民依法管理国家事务，管理经济和文化事业，管理社会事务。把人民当家作主体现到实现好、维护好、发展好人民群众的根本利益上来，人民的地位作用和获得感、幸福感、安全感达到了新的高度。三是国家法治建设取得重大进展。贯彻习近平法治思想，将全面依法治国纳入“四个全面”战略布局，明确全面推进依法治国的总目标是建设中国特色社会主义法治体系、建设社会主义法治国家。以宪法为核心的中国特色社会主义法律体系加快完善。全社会法治观念、法治意识切实增强，国家各项工作更好体现了法治要求。四是人大代表的作用得到彰显，在国家政治生活和社会生活中发挥着越来越重要的作用。人大代表作为国家权力机关的组成人员，通过履职活动，认真承担宪法法律赋予的职责。担当社会责任，深入群众，广泛联系群众，人民群众切身感受到人大代表就在身边。人民代表大会制度走进人民、贴近人民，代表的是人民的利益。五是人民代表大会制度整体功效日益凸显。人大制度更加健全，立法权、监督权、决定权、任免权得到更加具体、更有成效的落实。通过人民代表大会制度，更好地保证了党的路线方针政策和决策部署在国家工作中全面贯彻和有效执行。全国人大和地方各级人大要深刻理解、切实用好党的十八大以来人大工作取得的重大理论成果、实践成果、制度成果，坚定信心、保持定力，在新的历史起点上推进人大制度理论和人大工作不断向前发展。

**第三，深刻认识和把握发展社会主义民主政治、坚定不移走中国特色社会主义政治发展道路这一根本方向**

习近平总书记深刻论述了中国特色社会主义民主政治的历史必然和显著优势，明确提出“必须坚持中国特色社会主义政治发展道路”。新中国成立以来，特别是改革开放以来，我们党团结带领人民，深化对社会主义民主政治的认识，成功开辟中国特色社会主义政治发展道路。党的十八大以来，全党和全国人民更加坚定了对这一道路的自信。这一政治发展道路的核心思想、主体内容、基本要求，都在宪法中得到了确认和体现，为党和国家兴旺发达、长治久安提供了有力的制度保障。

坚持中国特色社会主义政治发展道路，体现在人大工作中：一是始终坚持正确的政治方向，这就是习近平总书记指明的方向，就是中国特色社会主义的方向，就是始终坚定中国特色社会主义道路自信、理论自信、制度自信、文化自信。二是深刻认识人民代表大会制度是中国特色社会主义制度的重要组成部分，也是国家治理体系的重要组成部分，在实践中显示出强大的生命力和巨大的优越性。三是把党的领导、人民当家作主、依法治国有机统一起来，发挥好人民代表大会制度的功效，把人民当家作主全面体现和落实到国家政治生活和社会生活之中。四是贯彻民主集中制原则，充分发扬民主，集体行使职权，保证国家统一高效组织推进各项事业，保证国家政治生活既充满活力又安定有序。五是把人民代表大会制度深深根植于中国土壤之中，使人民代表大会制度既体现科学社会主义的基本原则，又具有鲜明的中国特色、民族特色、时代特色。

各国国情不同，每一个国家的政治制度都是独特的。一个国家实行什么样的政治制度，走什么样的政治发展道路，必须与这个国家的国情和性质相适应。习近平总书记指出，“可以借鉴人类政治文明的有益成果，但绝不照搬西方政治制度模式”。人民通过选举、投票行使权利和人民内部各方面在重大决策之前进行充分协商，尽可能就共同性问题取得一致意见，是中国社会主义民主的两种重要形式，共同构成了中国特色社会主义民主政治的制度特点和优势。要坚定不移走中国特色社会主义政治发展道路，坚持和完善人民代表大会制度，不走西方“宪政”、多党竞选、“三权鼎立”、“两院制”、“司法独立”的路子。全国人大和地方各级人大要始终保持政治上的清醒和坚定，无论形势怎么发展、情况如何变化，坚持中国特色社会主义政治发展道路的方向不能变、立场不能变、决心不能变、步伐不能变。

**第四，深刻认识和把握高举人民民主的旗帜、发展全过程人民民主这一社会主义民主政治的本质要求**

习近平总书记深刻论述了我们党关于民主的立场、理念、观点和做法，在强调“八个能否”的基础上，创造性地提出了“四个要看、四个更要看”和“五个基本观点”，第一次系统地论述了全过程人民民主，要求我们从三个方面“具体地、现实地”践行全过程人民民主。这些重要论述，丰富发展了社会主义民主政治的内涵，对马克思主义民主政治理论作出了原创性贡献。

发展全过程人民民主，赋予了人民代表大会制度新的内涵。2019 年 11 月，习近平总书记视察上海虹桥街道基层立法联系点，明确提出全过程人民民主的概念。今年庆祝中国共产党成立 100 周年大会上，习近平总书记再次强调发展全过程人民民主。这次会议，习近平总书记对这一重要思想进行了全面深刻的阐释。我们要深刻认识到，全过程人民民主是社会主义民主的本质特征，体现了国家一切权力属于人民的宪法原则，体现了全心全意为人民服务的根本宗旨，能够更好体现人民意志、维护人民权益、激发人民创造；全过程人民民主实现了过程民主和成果民主、程序民主和实质民主、直接民主和间接民主、人民民主和国家意志相统一，是全链条、全方位、全覆盖的民主，是最广泛、最真实、最管用的社会主义民主。

人民代表大会制度是实现我国全过程人民民主的重要制度载体，涵盖了民主选举、民主协商、民主决策、民主管理、民主监督的各个环节。坚持好完善好人民代表大会制度，就是发展全过程人民民主，就是支持和保证人民当家作主。全国人大和地方各级人大要认真贯彻落实发展全过程人民民主的要求，使人民依法享有的知情权、参与权、表达权、监督权真实、生动、具体地体现在人大工作各方面各环节全过程，确保党和国家在决策环节、执行环节、监督落实环节都能听到来自人民的声音，都有人民的参与。

**第五，深刻认识和把握围绕党和国家工作大局开展人大工作这一鲜明主题**

“坚持围绕中心、服务大局、突出重点，聚焦党中央重大决策部署，聚焦人民群众所思所盼所愿，推动解决制约经济社会发展的突出矛盾和问题”，这是习近平总书记对人大工作一贯的、明确的要求。

当前，世界正经历百年未有之大变局，中华民族正处在伟大复兴的关键时期。国际国内环境的变化，要求人大工作紧跟党中央重大决策部署，紧贴人民群众美好生活对法治建设的呼声期盼，紧扣国家治理体系和治理能力现代化提出的法律需求实际，围绕推进国家治理体系和治理能力现代化、全面建设社会主义现代化国家这一目标履职尽责。

围绕党和国家工作大局开展人大工作：一是配合全面深化改革部署，把改革发展决策同立法决策更好结合起来，既通过深化改革完善法治，又通过更完善的法治保障各领域改革创新，确保国家发展、重大改革于法有据。二是紧紧围绕统筹推进“五位一体”总体布局、协调推进“四个全面”战略布局，立足新发展阶段、贯彻新发展理念、构建新发展格局，为推动高质量发展提供法治保障。三是坚持问题导向，加强在污染防治、乡村振兴、生态环保、公共卫生、执法司法等领域的工作监督，助力解决事关全局、事关长远、事关人民福祉的紧要问题。四是紧紧围绕国家制度和国家治理体系，切实推进国家政治、经济、文化、社会、司法、国防、意识形态领域的立法，及时以法律形式确认完善国家根本制度、基本制度、重要制度。五是贯彻统筹发展和安全的要求，更加注重法治在国家安全领域、涉外领域的作用，设立全国人大外事委发言人机制、全国人大常委会法工委发言人机制。

围绕党和国家工作大局开展工作，这也体现了人民代表大会制度的优势。在党的领导下，人大统一行使国家权力，各国家机关是一个统一的整体，协调一致工作，既合理分工又密切合作，既充分发扬民主又有效进行集中，克服了西方国家立法权、行政权、司法权分别由不同部门行使而形成的议而不决、决而不行、行而不实的问题，避免了相互掣肘、效率低下的弊端。全国人大和地方各级人大要紧紧围绕党中央确定的重大战略、重大部署、目标任务、重点工作谋划推进工作，切实做到党和国家工作重心在哪里，人大工作就跟进到哪里，力量就汇聚到哪里，作用就发挥到哪里。

**第六，深刻认识和把握人大代表是代表人民参加行使国家权力这一职责定位**

习近平总书记高度重视人大代表工作，明确要求"充分发挥人大代表作用，做到民有所呼、我有所应"。

人大代表是国家权力机关的组成人员，代表人民参加行使国家权力。在我国，共有262万多名各级人大代表，每一个地区、每一个行业、每一个领域、每一个民族都有人大代表。人大代表行使权力的主要形式是出席代表大会，参与重要法律法规的制定修改、计划预算的审查批准和对重大事项的审议决定，依法参加选举、表决重要人事任免事项，提出议案建议；在闭会期间的履职行为主要是开展调研视察，参与人大常委会和专门委员会相关工作，深入了解和反映群众诉求，通过人大渠道向党和政府提出意见建议。当然，人大代表由选民或选举单位选举产生，但不能仅代表选区或选举单位利益，更不能代表任何特殊利益，而是代表最广大人民根本利益。

党的十八大以来，人大代表工作全面加强，人大代表作用得到充分发挥。仅十三届全国人大一次会议以来，就收到代表提出的议案1795件、建议33472件；有2891人次代表参加"一府一委两院"活动，5771人次代表参加专题调研，形成280篇调研报告；邀请900人次代表列席了19次常委会会议，召开了13次列席代表座谈会，共有661人次代表参加，提出501条意见建议；常委会组成人员直接联系439位全国人大代表。全国人大和地方各级人大要支持和保障代表依法履职，丰富代表联系群众的内容和形式，加强代表履职能力建设，使发挥各级人大代表作用成为人民当家作主的重要体现。

**第七，深刻认识和把握提升人大工作质量和水平这一新时代人大工作的重要任务**

作为国家根本政治制度，人民代表大会制度及其运行机制已经基本成熟定型，因此，我们讲"坚持和完善"、"加强和改进"，主要是从提升人大工作质量和水平来讲的。

习近平总书记对提高人大工作质量和水平多次作出重要指示，明确要求"要毫不动摇坚持、与时俱进完善人民代表大会制度，加强和改进新时代人大工作"、"抓住提高立法质量这个关键"。党的十八大以来，人大贯彻落实习近平总书记的重要指示要求，在立法、监督、代表、外事工作以及常委会自身建设方面，工作质量和水平都有了明显的提升。就立法工作来讲，这主要体现在：一是牢牢把握立法工作的正确政治方向，贯彻党中央的意图，走中国特色社会主义法治道路，加快完善中国特色社会主义法律体系，确保法律法规符合宪法精神。二是在党中央领导下发挥人大及其常委会在立法工作中的主导作用，找准在立法选题、评估、论证、立项、协调、起草、征求意见、审议等各个环节的定位，发挥把关作用，防止部门利益和地方保护主义法律化。三是加强重点领域的立法。加快国家安全、科技创新、公共卫生、生物安全、生态环保、防范风险、涉外法治等领域立法，健全国家治理急需、满足人民日益增长的美好生活需要必备的法律制度。四是丰富立法形式。既注重"大块头"，推进条件成熟领域法典的编纂工作，也注重"小快灵"，通过"小切口"立法增强立法的针对性、适用性、可操作性，着力解决实际问题。区域协同立法、流域立法、共同立法取得实质性成效。专门就公共卫生、涉外领域制定立法修法工作计划。五是在确保质量的前提下加快立法工作步伐。十三届全国人大一次会议以来，全国人大及其常委会已审议通过宪法修正案，制定法律36件，修改法律96件次，作出有关法律问题和重大问题的决定40件。

习近平总书记对人大监督工作多次作出明确指示，强调要支持人大及其常委会担负起宪法法律赋予的监督职责，要求人大把监督权用起来。这次会议，习近平总书记再次要求我们做到正确监督、有效监督、依法监督。党的十八大以来，加强人大监督工作的重点：一是推进合宪性审查、备案审查工作，依法纠正或撤销同宪法、法律相抵触的规范性文件，维护国家法治统一。二是增强工作监督的实效性，听取审议"一府一委两院"相关报告，会前充分准备，会后跟踪、督促落实审议意见，切实解决不便监督、不好监督、不敢监督、不善监督的问题。三是认真承担党中央赋予人大新的监督职责，包括国有资产管理情况监督、预算审查监督重点拓展改革和地方政府债务审查监督等，确保完成党中央交给的任务。四是紧扣法律规定，突出法律责任，逐条对照法定职责是否履行、法律责任是否落实、法律执行效果是否明显进行检查，引入第三方评估机制，对发现的典型问题点名曝光、深挖根源，让法律制度的“牙齿”真正咬合，避免把执法检查混同于一般的工作检查。五是聚焦突出问题跟踪监督，综合运用多种监督方式，打出监督“组合拳”。聚焦大气、水、土壤、固体废物污染等方面的突出问题，连续4年开展执法检查，助力打好污染防治攻坚战。十三届全国人大一次会议以来，常委会开展执法检查24项，到156个省次实地检查。六是依法拓展监督内容，第一次听取审议国家监委专项工作报告，第一次结合听取审议“两高”专项工作报告开展专题询问。全国人大和地方各级人大要履行好宪法法律赋予的各项职责，推动人大工作高质量发展，使国家权力机关的职能作用充分发挥出来，让人民代表大会制度优势更好转化为国家治理效能。

**第八，深刻认识和把握“四个机关”这一加强各级人大及其常委会自身建设的重要抓手**

明确提出“四个机关”，这是习近平总书记对各级人大及其常委会自身建设指明的正确方向，是新时代加强各级人大自身建设的新定位、新目标、新抓手。

人大及其常委会的自身建设，核心和管总的是党的政治建设。要自觉把党的政治建设摆在首位，提高政治判断力、政治领悟力、政治执行力，努力打造政治坚定、服务人民、尊崇法治、发扬民主、勤勉尽责的人大工作队伍，在思想上政治上行动上同以习近平同志为核心的党中央保持高度一致。必须坚持马克思主义在意识形态领域指导地位的根本制度，坚决守好人大意识形态主阵地。

人大及其常委会的运行机制，直接关系人民代表大会制度功效的发挥。党的十八大以来，全国人大及其常委会自身建设的着力点：一是常委会党组和机关党组切实履行职责，发挥好把方向、管大局、保落实的领导作用。二是加强制度机制建设，使人大及其常委会的运转既体现广泛的民主性、代表性，又便于召集会议、讨论决定重大问题，保证协调高效运转，并有利于保持同人民群众的密切联系。目前，已经修订了全国人大组织法和议事规则，正抓紧修改全国人大常委会议事规则、地方组织法等。三是进一步发挥委员长会议组成人员的作用，支持委员长会议组成人员依法全面履职。由1至2位副委员长联系1个专门委员会，明确在相关法律案进入审议程序之前，副委员长要充分发挥组织和协调的作用。从今年6月开始，在常委会会议之前，另外加开1次委员长会议，对重点法律案、法律案中的重点问题进行充分讨论。委员长会议组成人员作为法律起草的牵头人，担任执法检查组组长和副组长，深入参与立法、执法检查工作。四是设立专门委员会分党组，支持专门委员会全面履行法定职责。特别是一些基础性、综合性强的重要法律的起草和执法检查工作，都注重发挥专门委员会的作用。五是严格执行会议纪律，优化会议流程，合理安排会议日程，提高审议质量和议事效率。六是加强人大制度理论研究和新闻宣传工作，讲清楚我国根本政治制度的特点和优势，讲好中国民主故事、人大故事。七是加强工作平台数字化、信息化建设，建成了国家法律法规数据库和全国统一备案审查信息平台、网上信访平台、代表工作信息化平台，实现了预算联网监督全覆盖。地方各级人大共建有网络平台26415个，很好服务了人大工作和代表履职工作。

人大及其常委会自身建设的加强，有力保障了国家权力机关依法履职、开展工作。从十三届全国人大一次会议到现在，召开了72次党组会议、102次委员长会议、30次常委会会议，代表大会和常委会会议共开展692件次议题，其中，法律案201件次，有关法律问题的决定26件次，报告151件次，人事任免案226件次，外事条约20件次，决议31件次，有关重要问题的决定14件次，其他23件次。全国人大和地方各级人大要适应新时代人大工作需要，全面加强自身建设，努力打造自觉坚持中国共产党领导的政治机关，保证人民当家作主的国家权力机关，全面担负宪法法律赋予的各项职责的工作机关，始终同人民群众保持密切联系的代表机关。

以上，我就会议精神特别是习近平总书记的重要讲话，拣一些重点问题谈了一点学习体会。习近平总书记的重要讲话和会议精神，内容十分丰富，需要我们在工作中深入学习贯彻。一要抓紧传达学习。各级党委、人大常委会党组、“一府一委两院”党组理论学习中心组要把学习会议精神特别是习近平总书记重要讲话作为重要内容来安排。近期，全国人大常委会要通过召开党组扩大会议、常委会会议、机关党组会议、专委会分党组会议等形式，专题学习贯彻这次会议精神。要部署开展全国人大代表专题培训，让每一位代表都掌握习近平总书记重要讲话的精髓要义。二要加强宣传阐释。各级党委宣传部门要加强对会议精神和人大工作宣传的支持，人大宣传部门要加强统筹协调，通过媒体报道、权威解读、答记者问、理论文章等形式，运用各类融媒体手段和平台，组织开展一系列宣传报道。三要抓好贯彻落实。结合实际制定具体举措,明确任务、责任和分工,一项一项抓实抓到位。有关部门要在人大党的建设、代表队伍建设、干部队伍建设等方面提供支持。“一府一委两院”要落实好会议提出的具体要求,自觉接受人大监督,形成做好新时代人大工作的整体合力。四要开展督促检查。将本次会议精神的贯彻落实情况纳入各级党委专项督查,及时跟进督促。坚持问题导向,对检查中发现的差距和不足,及时督促改进,坚决补齐短板弱项。全国人大常委会将适时调研各地人大贯彻落实会议精神的情况,将贯彻落实工作不断引向深入。

同志们,我们要更加紧密地团结在以习近平同志为核心的党中央周围,高举中国特色社会主义伟大旗帜,深入学习贯彻习近平新时代中国特色社会主义思想,增强“四个意识”、坚定“四个自信”、做到“两个维护”,勇于担当,锐意进取,扎实工作,奋力开创新时代人大工作新局面,为实现第二个百年奋斗目标、实现中华民族伟大复兴作出新的更大贡献!

# 在常委会党组学习习近平总书记在中央人大工作会议上的重要讲话时的讲话

(2021 年 10 月 15 日,根据记录整理)

栗战书

刚才,大家围绕学习领会习近平总书记在中央人大工作会议上的重要讲话讲了很多。我理解,习近平总书记这篇重要讲话在 3 个问题上讲得特别深透:一是坚持党的领导。人民代表大会制度的核心,就是中国共产党的领导,这方面讲得非常全面、深刻、透彻。二是关于政治制度的重要论述。关于中国特色社会主义制度、中国特色社会主义政治制度、中国特色社会主义民主政治制度、人民代表大会制度,习近平总书记讲了很多新理念、新思想。三是对全过程人民民主,第一次作了这么透彻的阐述。

围绕坚持党的领导,大家谈的认识比较多。这里,我想重点说说人民代表大会制度。习近平总书记首先肯定了这是一个好制度,讲的几句话同在庆祝全国人民代表大会成立 60 周年大会上讲的是一样的:“是符合我国国情和实际、体现社会主义国家性质、保证人民当家作主、保障实现中华民族伟大复兴的好制度”。这是一句定性的论述,之所以是“好制度”,主要体现在符合国情、体现国家性质、保证人民当家作主、保障实现民族复兴等几个方面。从历史纵深的角度,习近平总书记进一步讲到,人民代表大会制度是我们党领导人民在人类政治制度史上的伟大创造,是在我国政治发展史乃至世界政治发展史上具有重大意义的全新政治制度。这是从历史纵深度上来看人民代表大会制度,放到世界政治发展史的进程来判断。习近平总书记回顾人民代表大会制度 60 多年来的发展历程及它的优势、特征,概括了 3 大功效,这就是 3 个“有效保证”,这个讲得也很透彻、深刻。一是有效保证国家沿着社会主义道路前进。新中国成立以来,我们尽管遇到了很多曲折,甚至经历了像“文化大革命”那样严重灾难的内乱,但总的来说,我们始终沿着社会主义道路前进,之所以道路没有变、没有走错,关键是党的正确领导,同时,人民代表大会制度发挥有效保证作用。二是有效保证国家治理跳出治乱兴衰的历史周期率。在发展过程中,有些时候走得快一点,有时候慢一点,也有时候出了一些错误,但都是我们党通过自我革命进行自我纠正的。所以,我们的事业实现了长治久安、兴旺发达。三是有效保证国家政治生活既充满活力又安定有序。现在各方面的活力极大增强了,社会大局、政治局面长期保持稳定,我们国家政治安定、社会和谐的局面是其他国家无可比拟的。习近平总书记总结 60 多年来人民代表大会制度的功效和作用,概括了 3 个“有效保证”。归根结底,还是习近平总书记所讲的,人民代表大会制度是坚持党的领导、人民当家作主、依法治国有机统一的根本政治制度安排,保证党领导人民依法有效治理国家。

紧扣“根本政治制度安排”这一重要论断,习近平总书记在讲话中,提出了 3 个关于制度的重要论述,我认为很有深意,大家可以思考。第一个是“人民代表大会制度是党领导国家政权机关的重要制度载体,也是党在国家政权中充分发扬民主、贯彻群众路线的重要实现形式”。过去常讲,善于通过国家政权机关实施党对国家和社会的领导,这次明确提出这个制度是党领导国家政权机关的重要制度载体,也是党在国家政权中发扬民主、贯彻群众路线的重要实现形式。实际上,这个重要论断讲的还是“三者有机统一”,侧重从党的领导角度来阐发人民代表大会制度的内涵。第二个是“人民代表大会制度是实现我国全过程人民民主的重要制度载体”。习近平总书记专门论述了人民民主,重点阐述了以发展全过程人民民主来体现和保证人民当家作主。人民民主是干什么的?充分的人民民主、全过程的人民民主,归根结底不就是确保人民当家作主么!不就是实现国家一切权力归人民么!有事大家商量、全过程听取人民群众意见,凝聚人民群众的共同意愿、形成人民意志,实现人民根本利益,这不就是人民民主么!这一重要论断实际上阐述的还是“三者有机统一”中的人民当家作主。第三个是“人民代表大会制度是中国特色社会主义制度的重要组成部分,也是国家治理体系的重要组成部分”,特别是关于“国家治理体系的重要组成部分”。习近平总书记在庆祝全国人民代表大会成立60周年大会上的讲话中,是这样表述的:“也是支撑中国国家治理体系和治理能力的根本政治制度”。习近平总书记这次又进一步明确地讲,是国家治理体系的重要组成部分。实现国家治理体系和治理能力现代化,是什么样的治理?最主要是在党的领导下依法治国、依法执政、依法行政,这一部分的论述又阐释了“三者有机统一”中的依法治国。通篇看习近平总书记的重要讲话,不仅仅是讲人民代表大会制度的,实际上论述的是中国特色社会主义政治发展道路,这个意义已经远远地超出了人大工作本身。

所以,我们在学习领会习近平总书记重要讲话时,既要结合人大工作来提高认识、统一思想,又要结合学习和思考新中国成立以来国家制度的发展历程,我们党百年来始终高举的人民民主旗帜,推进新民主主义革命、社会主义革命和建设、改革开放和社会主义现代化建设等,深刻认识和把握这一制度发挥了什么样的作用,进一步增强我们的制度自信、道路自信。

习近平总书记围绕全过程人民民主专门讲了一段,我们的全过程人民民主不仅有完整的制度程序,而且有完整的参与实践。全过程人民民主的制度保障,包括人民代表大会制度、中国共产党领导的多党合作和政治协商制度、民族区域自治制度、基层群众自治制度,巩固和发展最广泛的爱国统一战线等,这些都是实现民主的制度保障,都是中国特色社会主义政治制度和政治发展道路的设计,不仅仅是人民代表大会制度。人民代表大会制度是国家根本政治制度,其他是基本政治制度,要通盘联系起来进行思考,进一步增强我们对中国特色社会主义制度、道路的自信,这是要把握的一个核心点。

关于全过程人民民主这一重大理念,大家感到这一次讲得很深刻、很全面,也很解决问题。过去我们一讲民主,有的人就觉得理屈一样,好像西方是民主的,其实我们这个民主是真正的民主、管用的民主、人民的民主。在中央人大工作会议上,习近平总书记讲的非常透彻,全过程人民民主是怎么实现的,全过程人民民主要达到一个什么目的,讲的很“解渴”。关于全过程人民民主,这是习近平总书记视察全国人大在上海长宁区虹桥街道设立的基层立法联系点的时候首次提出的,从理论研究方面,一些部门正在探讨这个问题,全国人大组织各方面也发表了不少相关研究文章,现在全国人大常委会办公厅正在梳理关于全过程人民民主的论述和观点,也包括大家的认识、理解。这一次习近平总书记讲得非常深刻,特别是评价一个国家的政治制度是不是民主的、有效的,其标准主要看“八个能否”,功效怎么样、有用没用主要是“四个要看、四个更要看”。习近平总书记讲“我说过”,什么时候说的呢?可不是在一个场合随意讲的,而是在2014年9月5日中央召开的庆祝全国人民代表大会成立60周年大会上正式讲的,一字不差,就是“八个能否”。时隔7年时间,习近平总书记再次拿出来讲,说明标准就是这个,就是“八个能否”和“四个要看、四个更要看”,这就把什么是真正的民主及民主本质的东西讲清了、说明了。人民是不是当家作主,权力是不是受到有效制约和监督,社会各方面能不能有效参与国家政治生活,各方面人才能不能通过公平竞争进入国家领导和管理体系,选举时有很多许诺,许诺了以后又兑现了多少等等,在“八个能否”和“四个要看、四个更要看”中都讲到了。我们不能把民主仅仅看成是能不能充分地发表意见,更不能看成是想说什么就说什么。习近平总书记的“八个能否”、“四个要看、四个更要看”,深刻揭示了民主到底是什么。习近平总书记指出,中国特色社会主义民主是个新事物,也是个好事物。好事物的本质、核心是什么?习近平总书记这次讲得很清楚了，民主就是人民当家作主，保证人民依法管理国家，保证国家安定有序、兴旺发达，人民的根本利益得到充分实现和保障，这就是民主的本质、核心，也是民主的根本目的。人民能够有序表达自己的意愿，执政者能够充分听取人民的呼声并形成共同的意志，对国家能够进行有效治理，通过有效的治理，实现了人民共同的愿望和意志，最后达到人民幸福、生活美满，实现国家长期稳定，这是民主的目的。

总的来说，习近平总书记的重要讲话思想非常深刻，意义极为重大。不管是从事人大工作的同志，还是其他党和国家机关的同志、全党上下都要认真学习、深刻领会，把习近平总书记的重要讲话精神落实到各自的工作中去。因为习近平总书记讲的不仅仅是针对人大工作，而且是要坚持和完善中国特色社会主义制度，坚定不移地走中国特色社会主义政治发展道路。大家要把思想统一到这一点上来。

# 习近平在中央人大工作会议上发表重要讲话强调 坚持和完善人民代表大会制度 不断发展全过程人民民主

新华社北京10月14日电　中央人大工作会议10月13日至14日在北京召开。中共中央总书记、国家主席、中央军委主席习近平出席会议并发表重要讲话，强调人民代表大会制度是符合我国国情和实际、体现社会主义国家性质、保证人民当家作主、保障实现中华民族伟大复兴的好制度，是我们党领导人民在人类政治制度史上的伟大创造，是在我国政治发展史乃至世界政治发展史上具有重大意义的全新政治制度。我们要坚持中国特色社会主义政治发展道路，坚持和完善人民代表大会制度，加强和改进新时代人大工作，不断发展全过程人民民主，巩固和发展生动活泼、安定团结的政治局面。

中共中央政治局常委李克强、汪洋、王沪宁、赵乐际、韩正，国家副主席王岐山出席会议。中共中央政治局常委、全国人大常委会委员长栗战书作总结讲话。

习近平在讲话中指出，人民代表大会制度，坚持中国共产党领导，坚持马克思主义国家学说的基本原则，适应人民民主专政的国体，有效保证国家沿着社会主义道路前进。人民代表大会制度，坚持国家一切权力属于人民，最大限度保障人民当家作主，把党的领导、人民当家作主、依法治国有机结合起来，有效保证国家治理跳出治乱兴衰的历史周期率。60多年来特别是改革开放40多年来，人民代表大会制度为党领导人民创造经济快速发展奇迹和社会长期稳定奇迹提供了重要制度保障。

习近平强调，党的十八大以来，党中央统筹中华民族伟大复兴战略全局和世界百年未有之大变局，从坚持和完善党的领导、巩固中国特色社会主义制度的战略全局出发，继续推进人民代表大会制度理论和实践创新，提出一系列新理念新思想新要求，强调必须坚持中国共产党领导，必须坚持用制度体系保障人民当家作主，必须坚持全面依法治国，必须坚持民主集中制，必须坚持中国特色社会主义政治发展道路，必须坚持推进国家治理体系和治理能力现代化。

习近平指出，当今世界正经历百年未有之大变局，制度竞争是综合国力竞争的重要方面，制度优势是一个国家赢得战略主动的重要优势。历史和现实都表明，制度稳则国家稳，制度强则国家强。我们要毫不动摇坚持、与时俱进完善人民代表大会制度，加强和改进新时代人大工作。

习近平强调，要全面贯彻实施宪法，维护宪法权威和尊严。全国人大及其常委会要完善宪法相关法律制度，保证宪法确立的制度、原则、规则得到全面实施，要加强对宪法法律实施情况的监督检查。地方各级人大及其常委会要依法行使职权，保证宪法法律在本行政区域内得到遵守和执行，自觉维护国家法治统一。

习近平指出，要加快完善中国特色社会主义法律体系，以良法促进发展、保障善治。要加强党对立法工作的集中统一领导，把改革发展决策同立法决策更好结合起来，统筹推进国内法治和涉外法治，统筹立改废释纂，加强重点领域、新兴领域、涉外领域立法。要发挥好人大及其常委会在立法工作中的主导作用，深入推进科学立法、民主立法、依法立法。

习近平强调，要用好宪法赋予人大的监督权，实行正确监督、有效监督、依法监督。各级人大及其常委会要聚焦党中央重大决策部署，聚焦人民群众所思所盼所愿，推动解决制约经济社会发展的突出矛盾和问题。要加强对法律法规实施情况的监督，完善人大监督制度。各级“一府一委两院”要严格执行人大及其常委会制定的法律法规和作出的决议决定，依法报告工作，自觉接受人大监督。

习近平指出，要充分发挥人大代表作用，做到民有所呼、我有所应。要丰富人大代表联系人民群众的内容和形式，更好接地气、察民情、聚民智、惠民生。各级人大常委会要加强代表工作能力建设，支持和保障代表更好依法履职。人大代表肩负人民赋予的光荣职责，要站稳政治立场，履行政治责任，密切同人民群众的联系，展现新时代人大代表的风采。

习近平强调，要强化政治机关意识，加强人大自身建设。各级人大及其常委会要不断提高政治判断力、政治领悟力、政治执行力，全面加强自身建设，成为自觉坚持中国共产党领导的政治机关、保证人民当家作主的国家权力机关、全面担负宪法法律赋予的各项职责的工作机关、始终同人民群众保持密切联系的代表机关。

习近平指出，要加强党对人大工作的全面领导。各级党委要把人大工作摆在重要位置，完善党领导人大工作的制度，定期听取人大常委会党组工作汇报，研究解决人大工作中的重大问题。要支持人大及其常委会依法行使职权、开展工作，指导和督促“一府一委两院”自觉接受人大监督。各级人大常委会党组要认真执行党的领导各项制度，落实好全面从严治党主体责任。

习近平强调，民主是全人类的共同价值，是中国共产党和中国人民始终不渝坚持的重要理念。评价一个国家政治制度是不是民主的、有效的，主要看国家领导层能否依法有序更替，全体人民能否依法管理国家事务和社会事务、管理经济和文化事业，人民群众能否畅通表达利益要求，社会各方面能否有效参与国家政治生活，国家决策能否实现科学化、民主化，各方面人才能否通过公平竞争进入国家领导和管理体系，执政党能否依照宪法法律规定实现对国家事务的领导，权力运用能否得到有效制约和监督。

习近平指出，民主不是装饰品，不是用来做摆设的，而是要用来解决人民需要解决的问题的。一个国家民主不民主，关键在于是不是真正做到了人民当家作主，要看人民有没有投票权，更要看人民有没有广泛参与权；要看人民在选举过程中得到了什么口头许诺，更要看选举后这些承诺实现了多少；要看制度和法律规定了什么样的政治程序和政治规则，更要看这些制度和法律是不是真正得到了执行；要看权力运行规则和程序是否民主，更要看权力是否真正受到人民监督和制约。如果人民只有在投票时被唤醒、投票后就进入休眠期，只有竞选时聆听天花乱坠的口号、竞选后就毫无发言权，只有拉票时受宠、选举后就被冷落，这样的民主不是真正的民主。

习近平强调，民主是各国人民的权利，而不是少数国家的专利。一个国家是不是民主，应该由这个国家的人民来评判，而不应该由外部少数人指手画脚来评判。国际社会哪个国家是不是民主的，应该由国际社会共同来评判，而不应该由自以为是的少数国家来评判。实现民主有多种方式，不可能千篇一律。用单一的标尺衡量世界丰富多彩的政治制度，用单调的眼光审视人类五彩缤纷的政治文明，本身就是不民主的。

习近平指出，党的十八大以来，我们深化对民主政治发展规律的认识，提出全过程人民民主的重大理念。我国全过程人民民主不仅有完整的制度程序，而且有完整的参与实践。我国全过程人民民主实现了过程民主和成果民主、程序民主和实质民主、直接民主和间接民主、人民民主和国家意志相统一，是全链条、全方位、全覆盖的民主，是最广泛、最真实、最管用的社会主义民主。我们要继续推进全过程人民民主建设，把人民当家作主具体地、现实地体现到党治国理政的政策措施上来，具体地、现实地体现到党和国家机关各个方面各个层级工作上来，具体地、现实地体现到实现人民对美好生活向往的工作上来。

习近平强调，人民代表大会制度是实现我国全过程人民民主的重要制度载体。要在党的领导下，不断扩大人民有序政治参与，加强人权法治保障，保证人民依法享有广泛权利和自由。要保证人民依法行使选举权利，民主选举产生人大代表，保证人民的知情权、参与权、表达权、监督权落实到人大工作各方面各环节全过程，确保党和国家在决策、执行、监督落实各个环节都能听到来自人民的声音。要完善人大的民主民意表达平台和载体，健全吸纳民意、汇集民智的工作机制，推进人大协商、立法协商，把各方面社情民意统一于最广大人民根本利益之中。

栗战书围绕学习贯彻习近平总书记的重要讲话精神作了总结讲话。他指出,习近平总书记的重要讲话,从完善和发展中国特色社会主义制度、推进国家治理体系和治理能力现代化的战略高度,明确提出新时代加强和改进人大工作的指导思想、重大原则和主要工作,深刻回答新时代发展中国特色社会主义民主政治、坚持和完善人民代表大会制度的一系列重大理论和实践问题。讲话丰富和拓展了中国特色社会主义民主政治和人民代表大会制度的政治内涵、理论内涵、实践内涵,是一篇充满马克思主义真理力量的纲领性文献。

栗战书强调,要全面、认真贯彻落实习近平总书记重要讲话精神,旗帜鲜明、坚定不移贯彻落实坚持党的领导这一最高政治原则,确保人大各项工作都在党的领导下进行;保持政治上的清醒和坚定,始终坚持中国特色社会主义政治发展道路这一根本方向;高举人民民主的旗帜,发挥好人民代表大会制度作为实现我国全过程人民民主的重要制度载体作用;围绕党和国家工作大局开展人大工作,切实做到党和国家工作重心在哪里,人大工作就跟进到哪里,力量就汇聚到哪里,作用就发挥到哪里;切实做好人大代表工作,使发挥各级人大代表作用成为人民当家作主的重要体现。要着力推动人大工作高质量发展,让人民代表大会制度优势更好转化为国家治理效能。要全面加强人大自身建设,增强"四个意识"、坚定"四个自信"、做到"两个维护",努力打造让党中央放心、人民群众满意的政治机关、国家权力机关、工作机关、代表机关。

中共中央政治局委员、中央书记处书记,全国人大常委会副委员长,国务委员,最高人民法院院长,最高人民检察院检察长,全国政协有关领导同志等出席会议。

各省、自治区、直辖市党委书记和人大常委会负责同志,副省级城市人大常委会主任,中央和国家机关各部门、有关人民团体、中央军委机关有关部门主要负责同志,全国人大常委会和各专门委员会、常委会工作委员会有关负责同志等参加会议。

# 坚持和完善人民代表大会制度<br>加强和改进新时代人大工作

——全国人大常委会办公厅负责人就《中共中央关于新时代坚持和完善人民代表大会制度、加强和改进人大工作的意见》答记者问

2021年11月2日,党中央印发《关于新时代坚持和完善人民代表大会制度、加强和改进人大工作的意见》(以下简称《意见》),这是全面贯彻落实习近平新时代中国特色社会主义思想、推动新时代人大制度建设和人大工作高质量发展、加强社会主义民主政治建设的重要举措。近日,全国人大常委会办公厅负责人接受采访,就《意见》有关情况答本社记者问。

**记者**:请谈谈《意见》的出台背景、形成过程和重要意义。

**答**:人民代表大会制度是中国特色社会主义制度的重要组成部分,是坚持党的领导、人民当家作主、依法治国有机统一的根本政治制度安排,是支撑我国国家治理体系和治理能力的根本政治制度。党的十八大以来,以习近平同志为核心的党中央高度重视人大制度建设和人大工作,推动人民代表大会制度理论和实践创新取得重大成果,为党和国家事业发展提供了可靠制度保证和法治保障。习近平总书记在中央人大工作会议上,用"六个必须坚持"概括了党的十八大以来党中央推进人民代表大会制度理论和实践创新提出的一系列新理念新思想新要求,即必须坚持中国共产党领导、必须坚持用制度体系保障人民当家作主、必须坚持全面依法治国、必须坚持民主集中制、必须坚持中国特色社会主义政治发展道路、必须坚持推进国家治理体系和治理能力现代化,这丰富和拓展了人民代表大会制度的科学内涵、本质特征和实践要求。在全面建设社会主义现代化国家新征程上,必须毫不动摇坚持、与时俱进完善人民代表大会制度,加强和改进新时代人大工作,更好发挥各级人大及其常委会的职能作用,使人民代表大会制度优势更好转化为国家治理效能。

2021年10月13日至14日召开的中央人大工作会议,在党的历史上、人民代表大会制度史上都

是第一次,在我国社会主义民主政治建设进程中具有里程碑意义。这充分体现了以习近平同志为核心的党中央对人大工作的高度重视、坚强领导和殷切期望。党中央决定召开中央人大工作会议的同时,要求出台相关指导性文件,并把研究起草《意见》(稿)的任务交给全国人大常委会。全国人大常委会党组高度重视,多次召开会议对起草工作进行研究部署。4月至6月,栗战书等常委会领导同志分别带队赴地方开展调研,组织召开多个座谈会听取31个省(区、市)和部分副省级城市人大常委会负责同志、五级人大代表、全国人大机关老同志和专家学者的意见建议,各专门委员会、工作委员会和办公厅负责同志结合各自的工作领域开展调研,形成大量调研成果。在此基础上,经过广泛征求意见和反复修改完善,形成《意见》(稿)报送党中央。经党中央同意,《意见》(稿)印发中央人大工作会议征求意见,作了进一步修改。11月2日,《意见》正式印发。

《意见》是一个全面指导人大工作的文件,集中体现了习近平总书记关于坚持和完善人民代表大会制度的重要思想,反映了党的十八大以来人大制度建设和人大工作的理论成果、实践成果、制度成果,为新时代坚持和完善人民代表大会制度、加强和改进人大工作提供了科学指引和行动纲领,对于进一步推进国家治理体系和治理能力现代化,凝聚各方面智慧和力量全面建设社会主义现代化国家,具有十分重要的意义。

**记者**:《意见》围绕坚持和完善人民代表大会制度这一国家根本政治制度作了哪些重要阐述?

**答**:2021年是中国共产党成立一百周年。人民代表大会制度的历史,是党的历史的重要组成部分。《意见》回顾总结了党领导人民建立、巩固、发展、完善人民代表大会制度的光辉历程、宝贵经验和这一制度的显著优势、巨大功效,特别指出党的十八大以来,在以习近平同志为核心的党中央坚强领导下,人大工作取得历史性成就,人民代表大会制度更加成熟、更加定型。60多年来特别是改革开放40多年来,人民代表大会制度为党领导人民创造经济快速发展奇迹和社会长期稳定奇迹提供了重要制度保障。历史和实践充分证明,人民代表大会制度是符合我国国情和实际、体现社会主义国家性质、保证人民当家作主、保障实现中华民族伟大复兴的好制度,是我们党领导人民在人类政治制度史上的伟大创造,是在我国政治发展史乃至世界政治发展史上具有重大意义的全新政治制度。《意见》用"三个有效保证"集中概括人民代表大会制度的功效,指出"人民代表大会制度,坚持中国共产党领导,坚持马克思主义国家学说的基本原则,适应人民民主专政的国体,有效保证国家沿着社会主义道路前进。人民代表大会制度,坚持国家一切权力属于人民,最大限度保障人民当家作主,把党的领导、人民当家作主、依法治国有机统一起来,有效保证国家治理跳出治乱兴衰的历史周期率。人民代表大会制度,正确处理事关国家前途命运的一系列重大政治关系,实现国家统一高效组织各项事业,维护国家统一和民族团结,有效保证国家政治生活既充满活力又安定有序"。这些重要论断,与习近平总书记在中央人大工作会议上的重要讲话精神是一致的。

**记者**:坚持党的全面领导,是做好人大工作的根本政治保证。《意见》在这方面提出了什么要求?

**答**:《意见》强调,新时代坚持和完善人民代表大会制度、加强和改进人大工作,最根本的是要坚持党的全面领导,保证党领导人民依法有效治理国家。在总结党的十八大以来有关经验做法基础上,提出了5方面要求。一是坚持党的全面领导这一最高政治原则。二是坚持以习近平新时代中国特色社会主义思想统揽和指导人大工作。三是坚持党的领导,首先要坚持党中央集中统一领导。四是把党的领导贯穿于人大工作各方面全过程。五是完善和落实党领导人大工作的制度机制。这里面既有方向性、原则性要求,也有许多具体举措。包括:各级党委(党组)要把习近平总书记关于坚持和完善人民代表大会制度的重要思想作为理论学习和干部教育培训的重要内容,各级人大及其常委会要深入学习、研究、宣传、贯彻习近平总书记关于坚持和完善人民代表大会制度的重要思想。人大重要会议、重要立法、重要工作、重大事项等,都要按规定及时向同级党委请示报告。地方各级党委要把人大工作纳入整体工作布局,及时研究解决人大工作和建设中的重大问题。省、自治区、直辖市党委每年听取同级人大常委会党组的工作汇报,每届至少召开一次人大工作会议。把党委领导人大工作、"一府一委两院"接受人大监督、有关部门支持和配合人大工作情况纳入地方领导班子和领导干部考核内容,等等。

**记者**:新时代人大工作面临哪些新形势、新任务、新要求?

**答**:《意见》对新时代人大工作面临的新形势作出分析判断,指出随着我国社会主要矛盾变化,人民美好生活需要日益广泛，对民主、法治、公平、正义、民生、安全、环境等方面的要求日益增长，需要更加健全的法律制度保障；我国已经进入新发展阶段，完整准确全面贯彻新发展理念、构建新发展格局、推动高质量发展，需要更加良好的法治环境；全面深化改革向纵深发展，需要立法更加紧密地协调和配套，既通过深化改革完善法治，又通过更完善的法治保障各领域改革创新；全面依法治国深入推进，基本建成法治国家、法治政府、法治社会的任务更为艰巨，需要人大更好行使立法、监督等职权予以保障；世界百年未有之大变局加速演进，不稳定性不确定性明显增加，需要统筹发展和安全，筑牢国家安全屏障等，这些都对新时代人大工作提出新的更高要求。

《意见》提出新时代人大工作的总体要求和主要任务是：高举中国特色社会主义伟大旗帜，以习近平新时代中国特色社会主义思想为指导，深入学习贯彻习近平法治思想、习近平总书记关于坚持和完善人民代表大会制度的重要思想，坚持党的领导、人民当家作主、依法治国有机统一，紧紧围绕推进国家治理体系和治理能力现代化、全面建设社会主义现代化国家这一目标，坚持和完善中国特色社会主义法治体系，完善法律实施的社会环境，加强人民当家作主制度保障，汇聚起人民群众的磅礴力量，为实现第二个百年奋斗目标、实现中华民族伟大复兴的中国梦提供有力保障。

《意见》明确了人大及其常委会要重点做好的几方面工作，包括：加快完善以宪法为核心的中国特色社会主义法律体系，为全面建设社会主义现代化国家提供更加完备的法治保障；维护国家法治统一，推动国家各项工作在法治轨道上运行；依法确保党中央决策部署贯彻落实，确保人民赋予的权力始终用来为中国人民谋幸福、为中华民族谋复兴；完善人民当家作主制度保障，扩大人民有序政治参与，保证人民通过人民代表大会行使国家权力，保证人民当家作主；促进祖国完全统一、巩固民族团结、维护社会和谐安定；维护国家主权、安全、发展利益。

**记者**：新时代加强和改进人大工作，提升人大工作质量和水平，有哪些具体举措？

**答**：作为国家根本政治制度，人民代表大会制度及其运行机制已经基本成熟定型，我们讲“坚持和完善”、“加强和改进”，主要是从提升人大工作质量和水平来讲的。《意见》强调，要紧跟党中央重大决策部署，紧贴人民美好生活需要，紧扣推进国家治理体系和治理能力现代化、全面建设社会主义现代化国家的需求，坚持以人民为中心，坚持全面依法治国，坚持民主集中制，推动人大工作高质量发展，推动人民代表大会制度更加完善更加巩固、优越性充分展现，保证人大及其常委会依法履职更加到位更具实效、职能作用充分发挥。《意见》从 8 个方面作出具体部署。

（一）发展和完善全过程人民民主。《意见》指出，人民代表大会制度是实现我国全过程人民民主的重要制度载体。要在党的领导下，不断扩大人民有序政治参与，加强人权法治保障，保证人民依法享有广泛权利和自由。保证人民依法行使选举权利，民主选举产生人大代表，通过法定和有序的途径、渠道、方式、程序，保证人民的知情权、参与权、表达权、监督权落实到人大工作各方面全过程。人大依法履职，作出决议决定等，都要通过调查研究，通过座谈、论证、咨询、听证等广泛征求和充分听取各方面意见，最大限度吸纳民意、汇集民智，科学决策。完善人大的民主民意表达平台和载体，健全吸纳民意、汇集民智的工作机制，推进人大协商、立法协商，把各方面社情民意统一于最广大人民根本利益之中。

（二）保证宪法全面贯彻实施。《意见》指出，各国家机关都必须以宪法为根本活动准则，依照宪法行使权力、履行职责。人大要履行监督宪法实施的责任，用科学有效、系统完备的制度体系保证宪法实施，落实宪法解释程序机制，推进合宪性审查工作，提高备案审查工作质量。健全各级人大常委会听取审议备案审查工作情况报告制度，加快建设和完善全国统一的备案审查信息平台，进一步加强相关法律法规的专项审查和集中清理。在全社会深入持久开展宪法法律宣传教育。坚持和完善“一国两制”制度体系，健全中央依照宪法和特别行政区基本法对特别行政区行使全面管治权的法律制度，落实特别行政区维护国家安全的法律制度和执行机制，维护宪法和基本法确定的特别行政区宪制秩序和法治秩序。

（三）推进高质量立法。《意见》指出，要坚持科学立法、民主立法、依法立法，在确保质量的前提下加快立法工作步伐。遵循立法工作规律，因需、应时、统筹、有序开展立法。增强立法的针对性、适用性、可操作性，避免立法简单化。丰富立法形式，有计划、有重点地推进国家安全、科技创新、经济发展、农业农村、公共卫生、社会保障、文化教育、生物安全、生态文明、财政税收、营商环境、反垄断、防范风险、涉外法治等重要领域立法。适时启动条件成熟的立法领域法典编纂工作。加强法律解释工作，把普法融入立法过程。加强地方立法工作和立法能力建设，注重开展“小切口”立法，从地方实际出发，彰显地方特色，着力解决实际问题。建立健全区域协同立法、流域立法、共同立法工作机制。

（四）发挥人大在立法工作中的主导作用。《意见》要求，完善党委领导、人大主导、政府依托、各方参与的立法工作格局。各级人大要找准在立法选题、评估、论证、立项、协调、起草、征求意见、审议等各个环节的定位。加强立法调研，发挥立法联系点“直通车”作用，按照程序形成立法规划和计划。人大牵头起草综合性、全局性、基础性的重要法律法规草案。对有关部门负责起草的法律法规草案要提前介入、加强协调。健全法律法规草案公开征求意见及采纳反馈机制。发挥审议环节把关作用。加强和规范部门和地方立法。建好用好国家法律法规数据库。

（五）增强监督刚性和实效。《意见》指出，各级人大及其常委会要把宪法法律赋予的监督权用起来，实行正确监督、有效监督、依法监督。坚持围绕中心、突出重点、增强实效，寓支持于监督之中，确保各国家机关依法行使权力、依法落实相关工作责任，确保公民、法人和其他组织的合法权益得到有效维护。要紧扣法律规定、突出法律责任开展执法检查，逐条对照检查法定职责是否履行、法律责任是否落实、法律执行效果是否明显。不断丰富和探索监督形式，用好听取审议工作报告、开展询问、质询、特定问题调查、专题调研、办理群众线上线下来信来访等，回应社会关切，强化各方面依法履职。《意见》强调，加强对国民经济和社会发展规划、计划的审查，进一步规范审查程序，明确审查重点，增强工作实效。深化人大预算审查监督重点向支出预算和政策拓展改革，加强全口径审查和全过程监管。加强国有资产管理情况监督，健全全口径、全覆盖的国有资产管理情况报告制度。深入推进预算、国有资产联网监督工作。加强对司法工作的监督，推动解决影响司法公正、制约司法能力的深层次问题。《意见》强调，“一府一委两院”要增强对人大负责、受人大监督意识，严格执行人大及其常委会制定的法律法规和作出的决议决定，依法报告工作，积极配合人大常委会听取审议专项工作报告、执法检查、专题询问、专题调研等工作，认真研究处理审议意见，按时报告整改落实情况。

（六）推动讨论决定重大事项制度化常态化。《意见》指出，各级党委要支持和保证人大依法行使重大事项决定权，健全工作协调机制。各级政府要制定工作制度，落实政府重大决策出台前向本级人大报告的要求。地方各级人大及其常委会要结合实际，制定或完善讨论决定重大事项具体办法，提高讨论决定工作实效。

（七）依法做好选举任免工作。《意见》强调，坚持党管干部原则。人大及其常委会选举和任命的国家工作人员在法定任期内应保持相对稳定，确需调整的，严格按照法定程序办理。支持地方人大常委会加强对人大选举和任命人员的监督。

（八）深化拓展人大对外工作。《意见》指出，加强同外国议会和国际议会组织的交流与合作。发挥人大代表在对外交往中的作用。促进对外工作与外宣工作深度融合，积极宣介中国道路、中国制度、中国成就。充分发挥发言人机制作用。

**记者**：《意见》对充分发挥人大代表作用提出了哪些举措？

**答**：人大代表是国家权力机关的组成人员，各级人大代表是党和国家联系人民群众的重要桥梁，发挥各级人大代表作用是人民当家作主的重要体现。《意见》指出，人大代表行使权力的主要形式是出席代表大会，参与重要法律法规的制定修改、计划预算的审查批准和对重大事项的审议决定，依法参加选举、表决重要人事任免事项，提出议案建议等；人大代表在闭会期间的履职活动主要是开展调研视察，参与人大常委会和专门委员会相关工作，深入了解和反映群众诉求，通过人大渠道向党和有关国家机关提出意见建议等。《意见》从把好人大代表“入口关”、密切国家机关同人大代表的联系、密切人大代表同人民群众的联系、推进人大代表议案建议内容高质量和办理高质量、强化人大代表履职服务保障和管理监督等5个方面提出了要求。包括：完善代表候选人推荐、考察、提名机制，完善人大常委会组成人员联系代表制度，建立健全代表列席人大常委会会议、召开列席代表座谈会、专门委员会和工作委员会对口联系代表等工作机制，深入推进代表之家、代表联络站等履职平台建设，建立代表提出议案建议前的沟通协调机制，建立办理代表建议答复承诺解决事项台账，加强代表培训工作的系统化、规范化、专业化，建立健全代表向原选区选民或原选举单位报告履职情况制度，完善代表履职评价体系和激励机制，建立健全代表退出和增补机制等。

**记者**：《意见》对加强人大及其常委会自身建设

有哪些要求？

**答**：《意见》指出，要全面加强人大及其常委会自身建设，使各级人大及其常委会成为自觉坚持中国共产党领导的政治机关、保证人民当家作主的国家权力机关、全面担负宪法法律赋予的各项职责的工作机关、始终同人民群众保持密切联系的代表机关。“四个机关”的定位和要求，不仅为加强人大及其常委会自身建设指明了方向，也对做好人大各项工作提出了更高要求。《意见》从加强思想政治建设、组织建设、纪律作风建设、制度建设、工作力量、人大制度理论研究和宣传舆论工作、信息化建设等方面提出了明确具体的要求。

**记者**：关于《意见》的学习宣传、贯彻落实有哪些具体举措？

**答**：《意见》是新时代坚持和完善人民代表大会制度、加强和改进人大工作的纲领性文件，学习贯彻落实《意见》是全党全社会的共同责任，是各级人大及其常委会的重要政治任务。当前要着重做好以下4个方面工作：一要加强学习和宣传。组织各级人大及其常委会、人大代表、人大机关干部深入学习《意见》，真正把思想和行动统一到党中央决策部署和要求上来，切实增强做好新时代人大工作的责任感和使命感。全国人大常委会办公厅近期召开了第4次“深入学习贯彻习近平总书记关于坚持和完善人民代表大会制度的重要思想交流会”，把学习贯彻党的十九届六中全会和中央人大工作会议精神作为主题，推动各级人大及其常委会深刻理解、全面贯彻《意见》。二要修改完善相关法律。抓紧修改地方组织法、全国人大常委会议事规则等法律，使《意见》的有关举措和要求依照法定程序成为法律制度，保证顺利实施。三要做好人大代表换届选举工作。到2023年年初，全国五级人大换届选举将全部完成。各级人大及其常委会要在党中央集中统一领导下，按照同级党委的部署安排，依法有序做好相关工作，确保人大代表选举工作风清气正、选举结果人民满意。四要研究提出贯彻落实措施。各级人大及其常委会要结合人大工作职责定位和履职实际，研究提出贯彻实施中央人大工作会议精神的具体举措，细化任务、明确责任、推动落实。对标对表中央人大工作会议精神，部署安排2022年各项工作目标任务。全国人大常委会办公厅拟开展对地方人大贯彻落实中央人大工作会议精神情况的调研，确保《意见》落地见效，推动新时代人大制度建设和人大工作与时俱进、完善发展。

# 人民代表大会制度为创造“两大奇迹”提供重要制度保障

## ——论学习贯彻习近平总书记中央人大工作会议重要讲话

人民代表大会制度是符合我国国情和实际、体现社会主义国家性质、保证人民当家作主、保障实现中华民族伟大复兴的好制度，是我们党领导人民在人类政治制度史上的伟大创造，是在我国政治发展史乃至世界政治发展史上具有重大意义的全新政治制度。

在中央人大工作会议上，习近平总书记发表重要讲话，从完善和发展中国特色社会主义制度、推进国家治理体系和治理能力现代化的战略高度，明确提出新时代加强和改进人大工作的指导思想、重大原则和主要工作，深刻回答新时代发展中国特色社会主义民主政治、坚持和完善人民代表大会制度的一系列重大理论和实践问题。习近平总书记的重要讲话，丰富和拓展了中国特色社会主义民主政治和人民代表大会制度的政治内涵、理论内涵、实践内涵，是一篇充满马克思主义真理力量的纲领性文献。

今年是中国共产党成立100周年。中国共产党一经诞生，就把为中国人民谋幸福、为中华民族谋复兴确立为自己的初心和使命，为实现人民当家作主进行了不懈探索和奋斗。100年来，我们党团结带领人民在一个有着几千年封建社会历史的国家实现了最广泛的人民民主，人民真正成为国家、社会和自己命运的主人；我们在一穷二白的基础上创造了经济社会快速发展奇迹，用几十年时间走完了发达国家几百年走过的工业化历程，跃升为世界第二大经济体，综合国力、科技实力、国防实力、文化影响力、国际影响力显著提升；我们实现了第一个百年奋斗目标，在中华大地上全面建成了小康社会，历史性地解决了绝对贫困问题，成为世界上中等收入人口最多的国家；我国长期保持社会和谐稳定、人民安居乐业，成为国际社会公认的最有安全感的国家之一。

习近平总书记深刻指出：“60多年来特别是改

革开放40多年来，人民代表大会制度为党领导人民创造经济快速发展奇迹和社会长期稳定奇迹提供了重要制度保障。”1954年9月，第一届全国人民代表大会第一次会议召开，通过了《中华人民共和国宪法》，正式建立中华人民共和国的根本政治制度——人民代表大会制度。改革开放以来，我们党坚定不移推进社会主义民主法治建设，坚持中国特色社会主义政治发展道路，人民代表大会制度焕发出新的生机活力。党的十八大以来，以习近平同志为核心的党中央坚持党的领导、人民当家作主、依法治国有机统一，健全人民当家作主制度体系，人民代表大会制度不断巩固和发展，人大代表与群众密切联系的机制进一步加强，人大代表行使代表职权得到更好保障，人民代表大会制度建设和人大工作取得历史性成就。在这一历史进程中，我们党始终坚持人民当家作主，以人民代表大会制度为重要制度载体，发展全过程人民民主，密切联系群众，紧紧依靠人民推动国家发展，创造了经济快速发展和社会长期稳定“两大奇迹”，充分彰显了中国式民主的巨大功效。

实践充分表明，在中国实行人民代表大会制度，是中国人民在人类政治制度史上的伟大创造，是深刻总结近代以后中国政治生活惨痛教训得出的基本结论，是中国社会100多年激越变革、激荡发展的历史结果，是中国人民翻身作主、掌握自己命运的必然选择。正是因为坚持中国共产党的领导，坚持马克思主义国家学说的基本原则，适应人民民主专政的国体，人民代表大会制度有效保证了国家沿着社会主义道路前进；正是因为坚持国家一切权力属于人民，最大限度保障人民当家作主，把党的领导、人民当家作主、依法治国有机结合起来，人民代表大会制度有效保证了国家治理跳出治乱兴衰的历史周期率。正是因为正确处理事关国家前途命运的一系列重大政治关系，实现国家统一有效组织各项事业，维护国家统一和民族团结，人民代表大会制度有效保证了国家政治生活既充满活力又安定有序。

习近平总书记深刻指出：“制度竞争是综合国力竞争的重要方面，制度优势是一个国家赢得战略主动的重要优势。”历史和现实都表明，制度稳则国家稳，制度强则国家强。当今世界正经历百年未有之大变局，实现中华民族伟大复兴正处于关键时期。我们深知，越是接近民族复兴越不会一帆风顺，越充满风险挑战乃至惊涛骇浪，越需要健全各方面制度，完善治理体系，促进制度建设和治理效能更好转化融合，善于运用制度优势应对风险挑战冲击。人民代表大会制度是中国特色社会主义制度的重要组成部分，也是支撑中国国家治理体系和治理能力的根本政治制度。奋斗新时代、奋进新征程，我们要毫不动摇坚持、与时俱进完善人民代表大会制度，充分发挥人民代表大会制度的根本政治制度作用，继续通过人民代表大会制度牢牢把国家和民族前途命运掌握在人民手中，更好把各方面智慧和力量凝聚到党和人民事业中来。

在中国，发展社会主义民主政治，关键是要坚持党的领导、人民当家作主、依法治国有机统一。人民代表大会制度是坚持党的领导、人民当家作主、依法治国有机统一的根本政治制度安排。新的历史起点上，在以习近平同志为核心的党中央坚强领导下，我们要坚定中国特色社会主义制度自信，坚持中国特色社会主义政治发展道路，坚持和完善人民代表大会制度，加强和改进新时代人大工作，不断发展全过程人民民主，巩固和发展生动活泼、安定团结的政治局面，为人类政治文明进步作出充满中国智慧的贡献！

## 坚持和完善人民代表大会制度

——论学习贯彻习近平总书记中央人大工作会议重要讲话

“制度稳则国家稳，制度强则国家强。”在中央人大工作会议上，习近平总书记发表重要讲话，从完善和发展中国特色社会主义制度、推进国家治理体系和治理能力现代化的战略高度，明确提出了新时代加强和改进人大工作的指导思想、重大原则和主要工作，为我们在新征程上坚持和完善人民代表大会制度，开创人大工作新局面指明了前进方向，提供了根本遵循。

中国特色社会主义，最本质的特征是中国共产党领导，最鲜明的特色是理论创新和实践创新、制度自信和文化自信紧密结合。党的十八大以来，以习近平同志为核心的党中央统筹中华民族伟大复兴战略全局和世界百年未有之大变局，从坚持和完善党的领导、巩固中国特色社会主义制度的战略全局出发，继续推进人民代表大会制度理论和实践创新，提出了一系列新理念新思想新要求。在中央人大工作会议上，习近平总书记作出精辟概括：必须坚持中国共产党领导，必须坚持用制度体系保障人民当家作主，必须坚持全面依法治国，必须坚持民主集中制，必须坚持中国特色社会主义政治发展道路，必须坚持推进国家治理体系和治理能力现代化。这“六个必须坚持”，深刻回答了新时代发展中国特色社会主义民主政治、坚持和完善人民代表大会制度的一系列重大理论和实践问题，是我们党对做好人大工作规律性认识的深化，要始终坚持并不断丰富发展。

实践充分证明，在中国，发展社会主义民主政治，关键是要坚持党的领导、人民当家作主、依法治国有机统一。人民代表大会制度是坚持党的领导、人民当家作主、依法治国有机统一的根本政治制度安排。必须深刻认识到：中国共产党的领导，就是支持和保证人民实现当家作主，只有坚持中国共产党领导，坚持党总揽全局、协调各方的领导核心作用，坚决维护党中央权威和集中统一领导，才能保证党的理论路线方针政策和决策部署在国家工作中得到全面贯彻和有效执行；人民当家作主是社会主义民主政治的本质和核心，只有坚持用制度体系保障人民当家作主，支持和保证人民通过人民代表大会行使国家权力，从各层次各领域扩大人民有序政治参与，才能不断发展全过程人民民主；发展人民民主必须坚持全面依法治国、维护宪法法律权威，使民主制度化、法律化，只有坚持全面依法治国，依照宪法法律推进国家各项事业和各项工作，才能实现国家各项工作法治化；民主集中制是中国国家组织形式和活动方式的基本原则，只有坚持民主集中制，坚持人民通过人民代表大会统一行使国家权力，才能保证国家统一高效组织推进各项事业；中国特色社会主义政治发展道路是符合中国国情、保证人民当家作主的正确道路，只有坚持中国特色社会主义政治发展道路，充分发挥人民代表大会制度的根本政治制度作用，才能保证党领导人民依法有效治理国家；人民代表大会制度是中国特色社会主义制度的重要组成部分，也是国家治理体系的重要组成部分，只有坚持推进国家治理体系和治理能力现代化，坚持和完善人民当家作主制度体系，才能更好把制度优势转化为治理效能。坚持和完善人民代表大会制度，加强和改进新时代人大工作，就要贯彻落实好“六个必须坚持”。

当今世界正经历百年未有之大变局，制度竞争是综合国力竞争的重要方面，制度优势是一个国家赢得战略主动的重要优势。踏上向第二个百年奋斗目标进军的新征程，必须充分发挥人民代表大会制度的根本政治制度作用，通过人民代表大会制度牢牢把国家和民族前途命运掌握在人民手中。要全面贯彻实施宪法，维护宪法权威和尊严；要加快完善中国特色社会主义法律体系，以良法促进发展、保障善治；要用好宪法赋予人大的监督权，实行正确监督、有效监督、依法监督；要充分发挥人大代表作用，做到民有所呼、我有所应；要强化政治机关意识，加强人大自身建设；要加强党对人大工作的全面领导。习近平总书记作出的这六个方面重大部署，为坚持和完善人民代表大会制度、加强和改进新时代人大工作确立了重点任务、提出了明确要求。我们要把坚定制度自信和不断改革创新统一起来，不断丰富人民代表大会制度的实践特色、时代特色，使人民代表大会制度展现出更加旺盛的生机活力。

在新时代，坚持和完善人民代表大会制度，对于坚持和完善人民当家作主制度体系，发展社会主义民主政治，充分发挥中国特色社会主义制度和国家治理体系优越性，具有十分重要的意义。新征程上，只要我们毫不动摇坚持、与时俱进完善人民代表大会制度，加强和改进新时代人大工作，不断推动新时代人大工作迈上新台阶，我们就一定能为全面建成社会主义现代化强国、实现中华民族伟大复兴的中国梦提供坚实有力的根本政治制度支撑，共同创造中国人民和中华民族更加幸福美好的未来。

# 不断发展全过程人民民主

——论学习贯彻习近平总书记中央人大工作会议重要讲话

人民民主是社会主义的生命。在中央人大工作会议上，习近平总书记站在坚持中国特色社会主义政治发展道路的高度，深入阐述了全过程人民民主的重大理念，强调不断发展全过程人民民主，对继续推进全过程人民民主建设作出重大部署、提出明确要求。

人民民主是中国共产党始终高举的旗帜。党的十八大以来，以习近平同志为核心的党中央深化对民主政治发展规律的认识，提出全过程人民民主的重大理念。2019 年 11 月，习近平总书记视察上海长宁区虹桥街道基层立法联系点，明确提出全过程人民民主的概念。今年建党 100 周年庆祝大会上，习近平总书记再次强调发展全过程人民民主。全过程人民民主重大理念的提出，丰富和发展了社会主义民主政治理论，集中概括了党领导人民发展社会主义民主特别是党的十八大以来民主政治建设的理论和实践成果，深刻阐明了我国人民民主的鲜明特色和显著优势，为新时代发展社会主义民主政治、建设社会主义政治文明提供了指引和遵循。

中国共产党领导人民实行人民民主，就是支持和保证人民当家作主。支持和保证人民当家作主不是一句口号、不是一句空话，必须落实到国家政治生活和社会生活之中。我国全过程人民民主不仅有完整的制度程序，而且有完整的参与实践。我国实行工人阶级领导的、以工农联盟为基础的人民民主专政的国体，实行人民代表大会制度的政体，实行中国共产党领导的多党合作和政治协商制度、民族区域自治制度、基层群众自治制度等基本政治制度，巩固和发展最广泛的爱国统一战线，形成了全面、广泛、有机衔接的人民当家作主制度体系，构建了多样、畅通、有序的民主渠道。全体人民依法实行民主选举、民主协商、民主决策、民主管理、民主监督，依法通过各种途径和形式管理国家事务，管理经济和文化事业，管理社会事务。正如习近平总书记深刻指出的："我国全过程人民民主实现了过程民主和成果民主、程序民主和实质民主、直接民主和间接民主、人民民主和国家意志相统一，是全链条、全方位、全覆盖的民主，是最广泛、最真实、最管用的社会主义民主。"

人民当家作主是社会主义民主政治的本质和核心，发展社会主义民主政治就是要体现人民意志、保障人民权益、激发人民创造活力，用制度体系保证人民当家作主。习近平总书记强调："我们要继续推进全过程人民民主建设，把人民当家作主具体地、现实地体现到党治国理政的政策措施上来，具体地、现实地体现到党和国家机关各个方面各个层级工作上来，具体地、现实地体现到实现人民对美好生活向往的工作上来。"不断发展全过程人民民主，要坚持和完善人民当家作主制度体系，更好把制度优势转化为治理效能。要坚持以人民为中心，坚持国家一切权力属于人民，支持和保证人民通过人民代表大会行使国家权力，健全民主制度，丰富民主形式，拓宽民主渠道，保证人民平等参与、平等发展权利，发展更加广泛、更加充分、更加健全的全过程人民民主。国家各项工作都要贯彻党的群众路线，密切同人民群众的联系，倾听人民呼声，回应人民期待，不断解决好人民最关心最直接最现实的利益问题，凝聚起最广大人民智慧和力量。

人民代表大会制度是实现我国全过程人民民主的重要制度载体。要在党的领导下，不断扩大人民有序政治参与，加强人权法治保障，保证人民依法享有广泛权利和自由；保证人民依法行使选举权利，民主选举产生人大代表，保证人民的知情权、参与权、表达权、监督权落实到人大工作各方面各环节全过程，确保党和国家在决策、执行、监督落实各个环节都能听到来自人民的声音；完善人大的民主民意表达平台和载体，健全吸纳民意、汇集民智的工作机制，推进人大协商、立法协商，把各方面社情民意统一于最广大人民根本利益之中。

全过程人民民主具有与时俱进的品格，是充满生机活力的社会主义民主。全过程人民民主在我国社会主义民主政治伟大实践中成长，也必将在全面建设社会主义现代化国家新征程中不断发展。前进道路上，在以习近平同志为核心的党中央坚强领导下，不断发展全过程人民民主，把我国社会主义民主政治的特质和优势充分发挥出来，我们就一定能不断巩固和发展生动活泼、安定团结的政治局面，为人类政治文明进步作出充满中国智慧的贡献。

# 巩固和发展生动活泼、安定团结的政治局面

## ——论学习贯彻习近平总书记中央人大工作会议重要讲话

中国社会主义民主政治具有强大生命力，中国特色社会主义政治发展道路是符合中国国情、保证

人民当家作主的正确道路。在中央人大工作会议上，习近平总书记强调要坚持中国特色社会主义政治发展道路，坚持和完善人民代表大会制度，加强和改进新时代人大工作，不断发展全过程人民民主，巩固和发展生动活泼、安定团结的政治局面。

人民民主是社会主义的生命，是我们党始终高举的旗帜。中国共产党一经诞生，就把为中国人民谋幸福、为中华民族谋复兴确立为自己的初心和使命，为实现人民当家作主进行了不懈探索和奋斗。新中国成立以来特别是改革开放以来，我们党团结带领人民在发展社会主义民主政治方面取得了重大进展，成功开辟和坚持了中国特色社会主义政治发展道路，为实现最广泛的人民民主确立了正确方向。党的十八大以来，以习近平同志为核心的党中央坚持发展社会主义民主政治，不断扩大人民有序政治参与，全过程人民民主不断发展完善，人民实现了内容广泛、层次丰富的当家作主。

发展社会主义民主政治就是要体现人民意志、保障人民权益、激发人民创造活力，用制度体系保证人民当家作主。我国实行工人阶级领导的、以工农联盟为基础的人民民主专政的国体，实行人民代表大会制度的政体，实行中国共产党领导的多党合作和政治协商制度、民族区域自治制度、基层群众自治制度等基本政治制度，巩固和发展最广泛的爱国统一战线，形成了全面、广泛、有机衔接的人民当家作主制度体系，构建了多样、畅通、有序的民主渠道。全体人民依法实行民主选举、民主协商、民主决策、民主管理、民主监督，依法通过各种途径和形式管理国家事务，管理经济和文化事业，管理社会事务。实践充分证明，我国的社会主义民主政治制度安排，能够有效保证人民享有更加广泛、更加充实的权利和自由，保证人民广泛参加国家治理和社会治理；能够有效调节国家政治关系，发展充满活力的政党关系、民族关系、宗教关系、阶层关系、海内外同胞关系，增强民族凝聚力，形成生动活泼、安定团结的政治局面。

走中国特色社会主义政治发展道路，必须坚持党的领导、人民当家作主、依法治国有机统一。党的领导是人民当家作主和依法治国的根本保证，人民当家作主是社会主义民主政治的本质和核心，依法治国是党领导人民治理国家的基本方式，三者统一于我国社会主义民主政治伟大实践。正是在党的领导下，我国民主制度不断健全、民主形式不断丰富、民主渠道不断拓宽，确保人民当家作主具体地、现实地体现到党治国理政的政策措施上来，具体地、现实地体现到党和国家机关各个方面各个层级工作上来，具体地、现实地体现到实现人民对美好生活向往的工作上来。全过程人民民主，是人民当家作主的生动实践和必由之路。我国全过程人民民主不仅有完整的制度程序，而且有完整的参与实践，实现了过程民主和成果民主、程序民主和实质民主、直接民主和间接民主、人民民主和国家意志相统一，是全链条、全方位、全覆盖的民主，是最广泛、最真实、最管用的社会主义民主。人民代表大会制度是坚持党的领导、人民当家作主、依法治国有机统一的根本政治制度安排，是实现我国全过程人民民主的重要制度载体。实践充分证明，人民代表大会制度坚持国家一切权力属于人民，最大限度保障人民当家作主，正确处理事关国家前途命运的一系列重大政治关系，实现国家统一有效组织各项事业，维护国家统一和民族团结，有效保证了国家政治生活既充满活力又安定有序。

当今世界正经历百年未有之大变局，我国正处于实现中华民族伟大复兴的关键时期。踏上向第二个百年奋斗目标进军的新征程，在以习近平同志为核心的党中央坚强领导下，我们要坚定中国特色社会主义制度自信，坚定不移走中国特色社会主义政治发展道路，把我国社会主义民主政治的特点和优势充分发挥出来，不断推进社会主义民主政治制度化、规范化、程序化，保证人民平等参与、平等发展权利，发展更加广泛、更加充分、更加健全的全过程人民民主，不断巩固和发展生动活泼、安定团结的政治局面，汇聚起实现中华民族伟大复兴中国梦的磅礴力量。

# 第十三届全国人民代表大会第四次会议

# 在第十三届全国人民代表大会第四次会议上的讲话

（2021 年 3 月 11 日）

全国人大常委会委员长　栗战书

各位代表：

第十三届全国人大四次会议经过全体代表的共同努力，已经圆满完成了各项议程。

会议高度评价党和国家事业取得的新的重大成就，表达了人民对习近平总书记和以习近平同志为核心的党中央的衷心拥戴。会议审议批准了政府工作报告和其他报告，审查批准了国民经济和社会发展第十四个五年规划和 2035 年远景目标纲要。

会议审议通过了关于修改全国人民代表大会组织法的决定和关于修改全国人民代表大会议事规则的决定。会议作出关于完善香港特别行政区选举制度的决定，全体代表高度赞同，表达了包括香港同胞在内的全国各族人民维护国家主权、安全、发展利益，维护香港宪制秩序的坚定决心。

各位代表！

在全面建设社会主义现代化国家新征程上，人大工作更好发挥职能作用，必须在思想上、政治上、行动上更加自觉做到：

——旗帜鲜明用习近平新时代中国特色社会主义思想统揽人大工作。习近平新时代中国特色社会主义思想是宪法确立的国家指导思想。这一科学理论中关于人大制度的重要思想，发展马克思主义国家政权理论，深刻阐释了坚持和完善人民代表大会制度的重大理论和实践问题。必须长期坚持习近平新时代中国特色社会主义思想，确保人大工作沿着正确的方向不断向前发展。

——旗帜鲜明坚持党对人大工作的全面领导。坚持党的领导，是人民代表大会制度的本质特征和最大优势，是人大工作的首要政治原则和根本政治保证。要把党的领导贯穿人大工作全过程、各方面，使党的主张通过法定程序成为国家意志和人民共同行动，保证党的路线方针政策和决策部署在国家工作中得到全面贯彻和有效执行。

——旗帜鲜明走中国特色社会主义政治发展道路。中国特色社会主义政治发展道路是近代以来中国人民长期奋斗历史逻辑、理论逻辑、实践逻辑的必然结果。要更加自觉坚持党的领导、人民当家作主、依法治国有机统一，切实增强政治判断力、政治领悟力、政治执行力，为改革开放和社会主义现代化建设提供稳定的政治环境和有力的政治保障。

——旗帜鲜明以习近平法治思想为指导，在全面依法治国中发挥重要作用。习近平法治思想，是中国特色社会主义道路、理论、制度、文化在法治上的集中体现，是全面依法治国的根本遵循和行动指南。要全面贯彻习近平法治思想，坚定不移走中国特色社会主义法治道路，紧扣建设中国特色社会主义法治体系、建设社会主义法治国家这个总目标，确保全面依法治国始终沿着正确的方向前进。要坚持科学立法、民主立法、依法立法，加快完善中国特色社会主义法律体系，以良法支撑和保障全面依法治国实践。

——旗帜鲜明围绕党和国家工作大局谋划和开展工作。自觉把人大工作放在党和国家事业全局来谋划和推进，依法行使立法权、监督权、决定权、任免权。要正确有效发挥人大职能作用，切实做到党和国家中心工作在哪里，人大工作就跟进到哪里；党和国家大局是什么，人大工作就重点安排什么。

——旗帜鲜明坚持以人民为中心，发挥代表主体作用。在我们国家，人民居于主体地位。人民通过选举产生自己的代表组成人民代表大会，管理国家事务，管理经济和文化事业，管理社会事务。人大一切工作都要坚持以人民为中心，积极回应人民对美好生活的期待。要尊重代表、依靠代表、服务代表，充分发挥人大代表作用，使人民当家作主更加有效地落实到国家政治生活和社会生活之中。

各位代表！

在中国共产党迎来百年华诞新的历史时刻，我们要更加紧密地团结在以习近平同志为核心的党中央周围，增强“四个意识”，坚定“四个自信”，做到“两个维护”，同心协力，担当尽责，朝着实现中华民族伟大复兴的中国梦奋勇前进！

# 中华人民共和国主席令

第七十三号

《全国人民代表大会关于修改〈中华人民共和国全国人民代表大会组织法〉的决定》已由中华人民共和国第十三届全国人民代表大会第四次会议于 2021 年 3 月 11 日通过，现予公布，自 2021 年 3 月 12 日起施行。

中华人民共和国主席　习近平

2021 年 3 月 11 日

# 全国人民代表大会关于修改《中华人民共和国全国人民代表大会组织法》的决定

（2021 年 3 月 11 日第十三届全国人民代表大会第四次会议通过）

第十三届全国人民代表大会第四次会议决定对《中华人民共和国全国人民代表大会组织法》作如下修改：

一、增加一章，作为第一章“总则”，包括第一条至第七条。

二、增加一条，作为第一条：“为了健全全国人民代表大会及其常务委员会的组织和工作制度，保障和规范其行使职权，坚持和完善人民代表大会制度，保证人民当家作主，根据宪法，制定本法。”

三、增加一条，作为第二条：“全国人民代表大会是最高国家权力机关，其常设机关是全国人民代表大会常务委员会。”

四、增加一条，作为第三条：“全国人民代表大会及其常务委员会坚持中国共产党的领导，坚持以马克思列宁主义、毛泽东思想、邓小平理论、‘三个代表’重要思想、科学发展观、习近平新时代中国特色社会主义思想为指导，依照宪法和法律规定行使职权。”

五、增加一条，作为第四条：“全国人民代表大会由民主选举产生，对人民负责，受人民监督。

“全国人民代表大会及其常务委员会坚持全过程民主，始终同人民保持密切联系，倾听人民的意见和建议，体现人民意志，保障人民权益。”

六、增加一条，作为第五条：“全国人民代表大会及其常务委员会行使国家立法权，决定重大事项，监督宪法和法律的实施，维护社会主义法制的统一、尊严、权威，建设社会主义法治国家。”

七、增加一条，作为第六条：“全国人民代表大会及其常务委员会实行民主集中制原则，充分发扬民主，集体行使职权。”

八、增加一条，作为第七条：“全国人民代表大会及其常务委员会积极开展对外交往，加强同各国议会、国际和地区议会组织的交流与合作。”

九、将第一条改为第八条，修改为：“全国人民代表大会每届任期五年。

“全国人民代表大会会议每年举行一次，由全国人民代表大会常务委员会召集。全国人民代表大会常务委员会认为必要，或者有五分之一以上的全国人民代表大会代表提议，可以临时召集全国人民代表大会会议。”

十、将第五条改为第十一条，第二款修改为：“主席团和秘书长的名单草案，由全国人民代表大会常务委员会委员长会议提出，经常务委员会会议审议通过后，提交预备会议。”

十一、将第六条改为第十二条，第二款改为第三款，修改为：“主席团推选主席团成员若干人分别担任每次大会全体会议的执行主席，并指定其中一人担任全体会议主持人。”

十二、将第七条改为第十三条，修改为：“全国人民代表大会会议设立秘书处。秘书处由秘书长和副秘书长若干人组成。副秘书长的人选由主席团决定。

“秘书处在秘书长领导下，办理主席团交付的事项，处理会议日常事务工作。副秘书长协助秘书长工作。”

**十三**、增加一条，作为第十四条：“主席团处理下列事项：

“（一）根据会议议程决定会议日程；

“（二）决定会议期间代表提出议案的截止时间；

“（三）听取和审议关于议案处理意见的报告，决定会议期间提出的议案是否列入会议议程；

“（四）听取和审议秘书处和有关专门委员会关于各项议案和报告审议、审查情况的报告，决定是否将议案和决定草案、决议草案提请会议表决；

“（五）听取主席团常务主席关于国家机构组成人员人选名单的说明，提名由会议选举的国家机构组成人员的人选，依照法定程序确定正式候选人名单；

“（六）提出会议选举和决定任命的办法草案；

“（七）组织由会议选举或者决定任命的国家机构组成人员的宪法宣誓；

“（八）其他应当由主席团处理的事项。”

**十四**、增加一条，作为第十五条：“主席团常务主席就拟提请主席团审议事项，听取秘书处和有关专门委员会的报告，向主席团提出建议。

“主席团常务主席可以对会议日程作必要的调整。”

**十五**、将第九条改为第十六条，修改为：“全国人民代表大会主席团，全国人民代表大会常务委员会，全国人民代表大会各专门委员会，国务院，中央军事委员会，国家监察委员会，最高人民法院，最高人民检察院，可以向全国人民代表大会提出属于全国人民代表大会职权范围内的议案。”

**十六**、将第十条改为第十七条，修改为：“一个代表团或者三十名以上的代表联名，可以向全国人民代表大会提出属于全国人民代表大会职权范围内的议案。”

**十七**、将第十三条改为第十八条，修改为：“全国人民代表大会常务委员会委员长、副委员长、秘书长、委员的人选，中华人民共和国主席、副主席的人选，中央军事委员会主席的人选，国家监察委员会主任的人选，最高人民法院院长和最高人民检察院检察长的人选，由主席团提名，经各代表团酝酿协商后，再由主席团根据多数代表的意见确定正式候选人名单。”

**十八**、将第十五条改为第二十条，修改为：“全国人民代表大会主席团、三个以上的代表团或者十分之一以上的代表，可以提出对全国人民代表大会常务委员会的组成人员，中华人民共和国主席、副主席，国务院和中央军事委员会的组成人员，国家监察委员会主任，最高人民法院院长和最高人民检察院检察长的罢免案，由主席团提请大会审议。”

**十九**、将第十六条改为第二十一条，修改为：“全国人民代表大会会议期间，一个代表团或者三十名以上的代表联名，可以书面提出对国务院以及国务院各部门、国家监察委员会、最高人民法院、最高人民检察院的质询案。”

**二十**、增加一条，作为第二十二条：“全国人民代表大会常务委员会对全国人民代表大会负责并报告工作。

“全国人民代表大会常务委员会每届任期同全国人民代表大会每届任期相同，行使职权到下届全国人民代表大会选出新的常务委员会为止。”

**二十一**、将第二十三条第三款修改为：“常务委员会的组成人员不得担任国家行政机关、监察机关、审判机关和检察机关的职务；如果担任上述职务，应当向常务委员会辞去常务委员会的职务。”

**二十二**、将第二十五条第一项修改为：“（一）决定常务委员会每次会议的会期，拟订会议议程草案，必要时提出调整会议议程的建议”。

增加两项，作为第三项、第四项：“（三）决定是否将议案和决定草案、决议草案提请常务委员会全体会议表决，对暂不交付表决的，提出下一步处理意见；

“（四）通过常务委员会年度工作要点、立法工作计划、监督工作计划、代表工作计划、专项工作规划和工作规范性文件等”。

**二十三**、将第二十六条第二款修改为：“代表资格审查委员会的主任委员、副主任委员和委员的人选，由委员长会议在常务委员会组成人员中提名，常务委员会任免。”

**二十四**、将第二十八条第一款修改为：“常务委员会设立法制工作委员会、预算工作委员会和其他需要设立的工作委员会。”

增加一款，作为第三款：“香港特别行政区基本法委员会、澳门特别行政区基本法委员会的设立、职责和组成人员任免，依照有关法律和全国人民代表大会有关决定的规定。”

**二十五**、将第三十二条改为第二十九条，修改为：“委员长会议，全国人民代表大会各专门委员会，国务院，中央军事委员会，国家监察委员会，最高人民法院，最高人民检察院，常务委员会组成人员十人以上联名，可以向常务委员会提出属于常务委员会职权范围内的议案。”

二十六、将第三十三条改为第三十条,修改为:“常务委员会会议期间,常务委员会组成人员十人以上联名,可以向常务委员会书面提出对国务院以及国务院各部门、国家监察委员会、最高人民法院、最高人民检察院的质询案。”

二十七、增加一条,作为第三十一条:“常务委员会在全国人民代表大会闭会期间,根据国务院总理的提名,可以决定国务院其他组成人员的任免;根据中央军事委员会主席的提名,可以决定中央军事委员会其他组成人员的任免。”

二十八、增加一条,作为第三十二条:“常务委员会在全国人民代表大会闭会期间,根据委员长会议、国务院总理的提请,可以决定撤销国务院其他个别组成人员的职务;根据中央军事委员会主席的提请,可以决定撤销中央军事委员会其他个别组成人员的职务。”

二十九、将第三十五条改为第三十四条,第一款修改为:“全国人民代表大会设立民族委员会、宪法和法律委员会、监察和司法委员会、财政经济委员会、教育科学文化卫生委员会、外事委员会、华侨委员会、环境与资源保护委员会、农业与农村委员会、社会建设委员会和全国人民代表大会认为需要设立的其他专门委员会。各专门委员会受全国人民代表大会领导;在全国人民代表大会闭会期间,受全国人民代表大会常务委员会领导。”

第三款修改为:“各专门委员会的主任委员、副主任委员和委员的人选由主席团在代表中提名,全国人民代表大会会议表决通过。在大会闭会期间,全国人民代表大会常务委员会可以任免专门委员会的副主任委员和委员,由委员长会议提名,常务委员会会议表决通过。”

三十、增加一条,作为第三十五条:“各专门委员会每届任期同全国人民代表大会每届任期相同,履行职责到下届全国人民代表大会产生新的专门委员会为止。”

三十一、将第三十七条第一款第二项修改为:“(二)向全国人民代表大会主席团或者全国人民代表大会常务委员会提出属于全国人民代表大会或者全国人民代表大会常务委员会职权范围内同本委员会有关的议案,组织起草法律草案和其他议案草案”。

增加四项,作为第三项至第六项:“(三)承担全国人民代表大会常务委员会听取和审议专项工作报告有关具体工作;

“(四)承担全国人民代表大会常务委员会执法检查的具体组织实施工作;

“(五)承担全国人民代表大会常务委员会专题询问有关具体工作;

“(六)按照全国人民代表大会常务委员会工作安排,听取国务院有关部门和国家监察委员会、最高人民法院、最高人民检察院的专题汇报,提出建议”。

第三项改为第八项,修改为:“(八)审议全国人民代表大会常务委员会交付的被认为同宪法、法律相抵触的国务院的行政法规、决定和命令,国务院各部门的命令、指示和规章,国家监察委员会的监察法规,省、自治区、直辖市和设区的市、自治州的人民代表大会及其常务委员会的地方性法规和决定、决议,省、自治区、直辖市和设区的市、自治州的人民政府的决定、命令和规章,民族自治地方的自治条例和单行条例,经济特区法规,以及最高人民法院、最高人民检察院具体应用法律问题的解释,提出意见”。

第四项改为第九项,第五项改为第七项。

增加三项,作为第十项至第十二项:“(十)研究办理代表建议、批评和意见,负责有关建议、批评和意见的督促办理工作;

“(十一)按照全国人民代表大会常务委员会的安排开展对外交往;

“(十二)全国人民代表大会及其常务委员会交办的其他工作。”

三十二、将第三十七条第二款改为第三十八条,修改为:“民族委员会可以对加强民族团结问题进行调查研究,提出建议;审议自治区报请全国人民代表大会常务委员会批准的自治区的自治条例和单行条例,向全国人民代表大会常务委员会提出报告。”

三十三、将第三十七条第三款改为第三十九条,修改为:“宪法和法律委员会承担推动宪法实施、开展宪法解释、推进合宪性审查、加强宪法监督、配合宪法宣传等工作职责。

“宪法和法律委员会统一审议向全国人民代表大会或者全国人民代表大会常务委员会提出的法律草案和有关法律问题的决定草案;其他专门委员会就有关草案向宪法和法律委员会提出意见。”

三十四、增加一条,作为第四十条:“财政经济委员会对国务院提出的国民经济和社会发展计划草案、规划纲要草案、中央和地方预算草案、中央决算草案以及相关报告和调整方案进行审查,提出初步审查意见、审查结果报告；其他专门委员会可以就有关草案和报告向财政经济委员会提出意见。”

**三十五**、将第四十一条改为第四十四条，修改为：“全国人民代表大会代表应当同原选举单位和人民保持密切联系，可以列席原选举单位的人民代表大会会议，通过多种方式听取和反映人民的意见和要求，努力为人民服务，充分发挥在全过程民主中的作用。”

**三十六**、增加一条，作为第四十五条：“全国人民代表大会常务委员会和各专门委员会、工作委员会应当同代表保持密切联系，听取代表的意见和建议，支持和保障代表依法履职，扩大代表对各项工作的参与，充分发挥代表作用。

“全国人民代表大会常务委员会建立健全常务委员会组成人员和各专门委员会、工作委员会联系代表的工作机制。

“全国人民代表大会常务委员会办事机构和工作机构为代表履行职责提供服务保障。”

**三十七**、将第二十一条改为第四十六条，修改为：“全国人民代表大会代表向全国人民代表大会或者全国人民代表大会常务委员会提出的对各方面工作的建议、批评和意见，由全国人民代表大会常务委员会办事机构交由有关机关、组织研究办理并负责答复。

“对全国人民代表大会代表提出的建议、批评和意见，有关机关、组织应当与代表联系沟通，充分听取意见，介绍有关情况，认真研究办理，及时予以答复。

“全国人民代表大会有关专门委员会和常务委员会办事机构应当加强对办理工作的督促检查。常务委员会办事机构每年向常务委员会报告代表建议、批评和意见的办理情况，并予以公开。”

**三十八**、删去第二条、第八条、第十一条、第十二条、第十七条、第十八条、第十九条、第二十条、第二十二条、第二十九条、第三十条、第三十一条、第四十五条、第四十六条。

本决定自2021年3月12日起施行。

《中华人民共和国全国人民代表大会组织法》根据本决定作相应修改，并对章、条、款、项序号和顺序作相应调整，重新公布。

# 中华人民共和国全国人民代表大会组织法

（1982年12月10日第五届全国人民代表大会第五次会议通过　1982年12月10日全国人民代表大会公告公布施行　根据2021年3月11日第十三届全国人民代表大会第四次会议《关于修改〈中华人民共和国全国人民代表大会组织法〉的决定》修正）

## 目　　录



## 第一章　总　　则

**第一条**　为了健全全国人民代表大会及其常务委员会的组织和工作制度，保障和规范其行使职权，坚持和完善人民代表大会制度，保证人民当家作主，根据宪法，制定本法。

**第二条**　全国人民代表大会是最高国家权力机关，其常设机关是全国人民代表大会常务委员会。

**第三条**　全国人民代表大会及其常务委员会坚持中国共产党的领导，坚持以马克思列宁主义、毛泽东思想、邓小平理论、“三个代表”重要思想、科学发展观、习近平新时代中国特色社会主义思想为指导，依照宪法和法律规定行使职权。

**第四条**　全国人民代表大会由民主选举产生，对人民负责，受人民监督。

全国人民代表大会及其常务委员会坚持全过程民主，始终同人民保持密切联系，倾听人民的意见和建议，体现人民意志，保障人民权益。

**第五条**　全国人民代表大会及其常务委员会行使国家立法权，决定重大事项，监督宪法和法律的实施，维护社会主义法制的统一、尊严、权威，建设社会主义法治国家。

**第六条**　全国人民代表大会及其常务委员会实行民主集中制原则，充分发扬民主，集体行使职权。

**第七条**　全国人民代表大会及其常务委员会积极开展对外交往，加强同各国议会、国际和地区议会组织的交流与合作。

## 第二章　全国人民代表大会会议

**第八条**　全国人民代表大会每届任期五年。

全国人民代表大会会议每年举行一次，由全国人民代表大会常务委员会召集。全国人民代表大会常务委员会认为必要，或者有五分之一以上的全国人民代表大会代表提议，可以临时召集全国人民代表大会会议。

**第九条**　全国人民代表大会代表选出后，由全国人民代表大会常务委员会代表资格审查委员会进行审查。

全国人民代表大会常务委员会根据代表资格审查委员会提出的报告，确认代表的资格或者确定个别代表的当选无效，在每届全国人民代表大会第一次会议前公布代表名单。

对补选的全国人民代表大会代表，依照前款规定进行代表资格审查。

**第十条**　全国人民代表大会代表按照选举单位组成代表团。各代表团分别推选代表团团长、副团长。

代表团在每次全国人民代表大会会议举行前，讨论全国人民代表大会常务委员会提出的关于会议的准备事项；在会议期间，对全国人民代表大会的各项议案进行审议，并可以由代表团团长或者由代表团推派的代表，在主席团会议上或者大会全体会议上，代表代表团对审议的议案发表意见。

**第十一条**　全国人民代表大会每次会议举行预备会议，选举本次会议的主席团和秘书长，通过本次会议的议程和其他准备事项的决定。

主席团和秘书长的名单草案，由全国人民代表大会常务委员会委员长会议提出，经常务委员会会议审议通过后，提交预备会议。

**第十二条**　主席团主持全国人民代表大会会议。

主席团推选常务主席若干人，召集并主持主席团会议。

主席团推选主席团成员若干人分别担任每次大会全体会议的执行主席，并指定其中一人担任全体会议主持人。

**第十三条**　全国人民代表大会会议设立秘书处。秘书处由秘书长和副秘书长若干人组成。副秘书长的人选由主席团决定。

秘书处在秘书长领导下，办理主席团交付的事项，处理会议日常事务工作。副秘书长协助秘书长工作。

**第十四条**　主席团处理下列事项：

（一）根据会议议程决定会议日程；

（二）决定会议期间代表提出议案的截止时间；

（三）听取和审议关于议案处理意见的报告，决定会议期间提出的议案是否列入会议议程；

（四）听取和审议秘书处和有关专门委员会关于各项议案和报告审议、审查情况的报告，决定是否将议案和决定草案、决议草案提请会议表决；

（五）听取主席团常务主席关于国家机构组成人员人选名单的说明，提名由会议选举的国家机构组成人员的人选，依照法定程序确定正式候选人名单；

（六）提出会议选举和决定任命的办法草案；

（七）组织由会议选举或者决定任命的国家机构组成人员的宪法宣誓；

（八）其他应当由主席团处理的事项。

**第十五条**　主席团常务主席就拟提请主席团审议事项，听取秘书处和有关专门委员会的报告，向主席团提出建议。

主席团常务主席可以对会议日程作必要的调整。

**第十六条**　全国人民代表大会主席团，全国人民代表大会常务委员会，全国人民代表大会各专门委员会，国务院，中央军事委员会，国家监察委员会，最高人民法院，最高人民检察院，可以向全国人民代表大会提出属于全国人民代表大会职权范围内的议案。

**第十七条**　一个代表团或者三十名以上的代表联名，可以向全国人民代表大会提出属于全国人民代表大会职权范围内的议案。

**第十八条**　全国人民代表大会常务委员会委员长、副委员长、秘书长、委员的人选，中华人民共和国主席、副主席的人选，中央军事委员会主席的人选，国家监察委员会主任的人选，最高人民法院院长和最高人民检察院检察长的人选，由主席团提名，经各代表团酝酿协商后，再由主席团根据多数代表的意见确定正式候选人名单。

**第十九条**　国务院总理和国务院其他组成人员的人选、中央军事委员会除主席以外的其他组成人员的人选，依照宪法的有关规定提名。

**第二十条**　全国人民代表大会主席团、三个以上的代表团或者十分之一以上的代表，可以提出对全国人民代表大会常务委员会的组成人员，中华人民共和国主席、副主席，国务院和中央军事委员会的组成人员，国家监察委员会主任，最高人民法院院长和最高人民检察院检察长的罢免案，由主席团提请大会审议。

**第二十一条** 全国人民代表大会会议期间，一个代表团或者三十名以上的代表联名，可以书面提出对国务院以及国务院各部门、国家监察委员会、最高人民法院、最高人民检察院的质询案。

## 第三章 全国人民代表大会常务委员会

**第二十二条** 全国人民代表大会常务委员会对全国人民代表大会负责并报告工作。

全国人民代表大会常务委员会每届任期同全国人民代表大会每届任期相同，行使职权到下届全国人民代表大会选出新的常务委员会为止。

**第二十三条** 全国人民代表大会常务委员会由下列人员组成：

委员长，

副委员长若干人，

秘书长，

委员若干人。

常务委员会的组成人员由全国人民代表大会从代表中选出。

常务委员会的组成人员不得担任国家行政机关、监察机关、审判机关和检察机关的职务；如果担任上述职务，应当向常务委员会辞去常务委员会的职务。

**第二十四条** 常务委员会委员长主持常务委员会会议和常务委员会的工作。副委员长、秘书长协助委员长工作。副委员长受委员长的委托，可以代行委员长的部分职权。

委员长因为健康情况不能工作或者缺位的时候，由常务委员会在副委员长中推选一人代理委员长的职务，直到委员长恢复健康或者全国人民代表大会选出新的委员长为止。

**第二十五条** 常务委员会的委员长、副委员长、秘书长组成委员长会议，处理常务委员会的重要日常工作：

（一）决定常务委员会每次会议的会期，拟订会议议程草案，必要时提出调整会议议程的建议；

（二）对向常务委员会提出的议案和质询案，决定交由有关的专门委员会审议或者提请常务委员会全体会议审议；

（三）决定是否将议案和决定草案、决议草案提请常务委员会全体会议表决，对暂不交付表决的，提出下一步处理意见；

（四）通过常务委员会年度工作要点、立法工作计划、监督工作计划、代表工作计划、专项工作规划和工作规范性文件等；

（五）指导和协调各专门委员会的日常工作；

（六）处理常务委员会其他重要日常工作。

**第二十六条** 常务委员会设立代表资格审查委员会。

代表资格审查委员会的主任委员、副主任委员和委员的人选，由委员长会议在常务委员会组成人员中提名，常务委员会任免。

**第二十七条** 常务委员会设立办公厅，在秘书长领导下工作。

常务委员会设副秘书长若干人，由委员长提请常务委员会任免。

**第二十八条** 常务委员会设立法制工作委员会、预算工作委员会和其他需要设立的工作委员会。

工作委员会的主任、副主任和委员由委员长提请常务委员会任免。

香港特别行政区基本法委员会、澳门特别行政区基本法委员会的设立、职责和组成人员任免，依照有关法律和全国人民代表大会有关决定的规定。

**第二十九条** 委员长会议，全国人民代表大会各专门委员会，国务院，中央军事委员会，国家监察委员会，最高人民法院，最高人民检察院，常务委员会组成人员十人以上联名，可以向常务委员会提出属于常务委员会职权范围内的议案。

**第三十条** 常务委员会会议期间，常务委员会组成人员十人以上联名，可以向常务委员会书面提出对国务院以及国务院各部门、国家监察委员会、最高人民法院、最高人民检察院的质询案。

**第三十一条** 常务委员会在全国人民代表大会闭会期间，根据国务院总理的提名，可以决定国务院其他组成人员的任免；根据中央军事委员会主席的提名，可以决定中央军事委员会其他组成人员的任免。

**第三十二条** 常务委员会在全国人民代表大会闭会期间，根据委员长会议、国务院总理的提请，可以决定撤销国务院其他个别组成人员的职务；根据中央军事委员会主席的提请，可以决定撤销中央军事委员会其他个别组成人员的职务。

**第三十三条** 常务委员会在全国人民代表大会每次会议举行的时候，必须向全国人民代表大会提出工作报告。

## 第四章 全国人民代表大会各委员会

**第三十四条** 全国人民代表大会设立民族委员会、宪法和法律委员会、监察和司法委员会、财政经济委员会、教育科学文化卫生委员会、外事委员会、华侨委员会、环境与资源保护委员会、农业与农村委员会、社会建设委员会和全国人民代表大会认为需要设立的其他专门委员会。各专门委员会受全国人民代表大会领导；在全国人民代表大会闭会期间，受全国人民代表大会常务委员会领导。

各专门委员会由主任委员、副主任委员若干人和委员若干人组成。

各专门委员会的主任委员、副主任委员和委员的人选由主席团在代表中提名，全国人民代表大会会议表决通过。在大会闭会期间，全国人民代表大会常务委员会可以任免专门委员会的副主任委员和委员，由委员长会议提名，常务委员会会议表决通过。

**第三十五条** 各专门委员会每届任期同全国人民代表大会每届任期相同，履行职责到下届全国人民代表大会产生新的专门委员会为止。

**第三十六条** 各专门委员会主任委员主持委员会会议和委员会的工作。副主任委员协助主任委员工作。

各专门委员会可以根据工作需要，任命专家若干人为顾问；顾问可以列席专门委员会会议，发表意见。

顾问由全国人民代表大会常务委员会任免。

**第三十七条** 各专门委员会的工作如下：

（一）审议全国人民代表大会主席团或者全国人民代表大会常务委员会交付的议案；

（二）向全国人民代表大会主席团或者全国人民代表大会常务委员会提出属于全国人民代表大会或者全国人民代表大会常务委员会职权范围内同本委员会有关的议案，组织起草法律草案和其他议案草案；

（三）承担全国人民代表大会常务委员会听取和审议专项工作报告有关具体工作；

（四）承担全国人民代表大会常务委员会执法检查的具体组织实施工作；

（五）承担全国人民代表大会常务委员会专题询问有关具体工作；

（六）按照全国人民代表大会常务委员会工作安排，听取国务院有关部门和国家监察委员会、最高人民法院、最高人民检察院的专题汇报，提出建议；

（七）对属于全国人民代表大会或者全国人民代表大会常务委员会职权范围内同本委员会有关的问题，进行调查研究，提出建议；

（八）审议全国人民代表大会常务委员会交付的被认为同宪法、法律相抵触的国务院的行政法规、决定和命令，国务院各部门的命令、指示和规章，国家监察委员会的监察法规，省、自治区、直辖市和设区的市、自治州的人民代表大会及其常务委员会的地方性法规和决定、决议，省、自治区、直辖市和设区的市、自治州的人民政府的决定、命令和规章，民族自治地方的自治条例和单行条例，经济特区法规，以及最高人民法院、最高人民检察院具体应用法律问题的解释，提出意见；

（九）审议全国人民代表大会主席团或者全国人民代表大会常务委员会交付的质询案，听取受质询机关对质询案的答复，必要的时候向全国人民代表大会主席团或者全国人民代表大会常务委员会提出报告；

（十）研究办理代表建议、批评和意见，负责有关建议、批评和意见的督促办理工作；

（十一）按照全国人民代表大会常务委员会的安排开展对外交往；

（十二）全国人民代表大会及其常务委员会交办的其他工作。

**第三十八条** 民族委员会可以对加强民族团结问题进行调查研究，提出建议；审议自治区报请全国人民代表大会常务委员会批准的自治区的自治条例和单行条例，向全国人民代表大会常务委员会提出报告。

**第三十九条** 宪法和法律委员会承担推动宪法实施、开展宪法解释、推进合宪性审查、加强宪法监督、配合宪法宣传等工作职责。

宪法和法律委员会统一审议向全国人民代表大会或者全国人民代表大会常务委员会提出的法律草案和有关法律问题的决定草案；其他专门委员会就有关草案向宪法和法律委员会提出意见。

**第四十条** 财政经济委员会对国务院提出的国民经济和社会发展计划草案、规划纲要草案、中央和地方预算草案、中央决算草案以及相关报告和调整方案进行审查，提出初步审查意见、审查结果报告；其他专门委员会可以就有关草案和报告向财政经济委员会提出意见。

**第四十一条**　全国人民代表大会或者全国人民代表大会常务委员会可以组织对于特定问题的调查委员会。调查委员会的组织和工作，由全国人民代表大会或者全国人民代表大会常务委员会决定。

## 第五章　全国人民代表大会代表

**第四十二条**　全国人民代表大会代表每届任期五年，从每届全国人民代表大会举行第一次会议开始，到下届全国人民代表大会举行第一次会议为止。

**第四十三条**　全国人民代表大会代表必须模范地遵守宪法和法律，保守国家秘密，并且在自己参加的生产、工作和社会活动中，协助宪法和法律的实施。

**第四十四条**　全国人民代表大会代表应当同原选举单位和人民保持密切联系，可以列席原选举单位的人民代表大会会议，通过多种方式听取和反映人民的意见和要求，努力为人民服务，充分发挥在全过程民主中的作用。

**第四十五条**　全国人民代表大会常务委员会和各专门委员会、工作委员会应当同代表保持密切联系，听取代表的意见和建议，支持和保障代表依法履职，扩大代表对各项工作的参与，充分发挥代表作用。

全国人民代表大会常务委员会建立健全常务委员会组成人员和各专门委员会、工作委员会联系代表的工作机制。

全国人民代表大会常务委员会办事机构和工作机构为代表履行职责提供服务保障。

**第四十六条**　全国人民代表大会代表向全国人民代表大会或者全国人民代表大会常务委员会提出的对各方面工作的建议、批评和意见，由全国人民代表大会常务委员会办事机构交由有关机关、组织研究办理并负责答复。

对全国人民代表大会代表提出的建议、批评和意见，有关机关、组织应当与代表联系沟通，充分听取意见，介绍有关情况，认真研究办理，及时予以答复。

全国人民代表大会有关专门委员会和常务委员会办事机构应当加强对办理工作的督促检查。常务委员会办事机构每年向常务委员会报告代表建议、批评和意见的办理情况，并予以公开。

**第四十七条**　全国人民代表大会代表在出席全国人民代表大会会议和执行其他属于代表的职务的时候，国家根据实际需要给予适当的补贴和物质上的便利。

**第四十八条**　全国人民代表大会代表、全国人民代表大会常务委员会的组成人员，在全国人民代表大会和全国人民代表大会常务委员会各种会议上的发言和表决，不受法律追究。

**第四十九条**　全国人民代表大会代表非经全国人民代表大会主席团许可，在全国人民代表大会闭会期间非经全国人民代表大会常务委员会许可，不受逮捕或者刑事审判。

全国人民代表大会代表如果因为是现行犯被拘留，执行拘留的公安机关应当立即向全国人民代表大会主席团或者全国人民代表大会常务委员会报告。

# 关于《中华人民共和国全国人民代表大会组织法（修正草案）》的说明

——2021年3月5日在第十三届全国人民代表大会第四次会议上

全国人大常委会副委员长　王　晨

各位代表：

我受全国人大常委会委托，作关于《中华人民共和国全国人民代表大会组织法（修正草案）》的说明。

## 一、修改的必要性和重大意义

人民代表大会制度是我国的根本政治制度，全国人民代表大会是最高国家权力机关，行使宪法和法律赋予的重要职权。全国人大组织法是关于全国人大及其常委会组织制度和工作制度的基本法律，是全国人大及其常委会依法行使职权的重要制度保障，是宪法有关规定的立法实施。我国宪法第七十八条规定："全国人民代表大会和全国人民代表大会常务委员会的组织和工作程序由法律规定。"1982 年 12 月，五届全国人大五次会议通过了全国人大组织法。这部法律的颁布施行，对于保障最高国家权力机关依法行使职权发挥了重要作用。党的十八大以来，以习近平同志为核心的党中央高度重视、全面加强党对人大工作的领导，推动人大制度和人大工作取得历史性成就。习近平总书记就坚持和完善人民代表大会制度、发展社会主义民主政治发表一系列重要讲话。党的十九大和十九届四中全会决定明确提出，健全人大组织制度、工作制度和议事规则。贯彻习近平总书记关于坚持和完善人民代表大会制度的重要思想和习近平法治思想，落实党中央重大决策部署，有必要认真总结实践经验，修改全国人大组织法，进一步完善全国人大及其常委会的组织制度和工作制度。

(一)修改全国人大组织法是坚持党的全面领导、加强全国人大政治建设的重要举措

中国共产党领导是中国特色社会主义最本质的特征，是中国特色社会主义制度的最大优势。人民代表大会制度是坚持党的领导、人民当家作主、依法治国有机统一的根本政治制度安排。坚持和完善人民代表大会制度，必须毫不动摇坚持中国共产党的领导，更好地通过人民代表大会制度和法定程序使党的主张成为国家意志。《中共中央关于加强党的政治建设的意见》明确提出，贯彻落实宪法规定，制定和修改有关法律法规要明确规定党领导相关工作的法律地位；将坚持党的全面领导的要求载入国家机构的组织法，健全党对国家机构实施领导的制度规定，确保其始终在党的领导下积极主动、独立负责、协调一致地开展工作。修改完善全国人大组织法，明确全国人大及其常委会坚持中国共产党的领导，是坚持党对国家各项工作全面领导的重要举措。这对于新时代更好地坚持党对人大工作的全面领导，切实加强全国人大及其常委会的政治建设，保证党的路线方针政策和决策部署在国家工作中得到全面贯彻和有效执行，具有重要和深远的意义。

(二)修改全国人大组织法是坚持全过程民主、保证和发展人民当家作主的制度保障

我国宪法第二条中规定："中华人民共和国的一切权力属于人民"。人民当家作主是社会主义民主政治的本质和核心，是社会主义的生命。习近平总书记指出，我们走的是一条中国特色社会主义政治发展道路，人民民主是一种全过程的民主。既保证人民依法实行民主选举，也保证人民依法实行民主决策、民主管理、民主监督。全过程民主是中国特色社会主义民主政治区别于西方形形色色资产阶级民主的显著特征。人民代表大会制度之所以具有强大的生命力和显著优越性，关键在于它深深根植于人民之中。全国人民代表大会和地方各级人民代表大会都由民主选举产生，对人民负责，受人民监督。全国人大及其常委会的组织和运行切实贯彻落实全过程民主的要求，通过完整规范的制度程序，实现完整有效的参与实践。全国人大代表来自人民，反映人民的意志和要求；全国人大及其常委会通过多种形式和渠道，同人民群众保持密切联系，倾听人民的意见和建议，保障人民权益。全国人大及其常委会依照宪法和法律规定行使立法、监督等各项职权，决定重大事项，都是在充分发扬民主、广泛征求意见、反复酝酿讨论的基础上集体作出决策。修改全国人大组织法，完善全国人大的组织制度和工作制度，对于坚持以人民为中心，巩固和发挥中国特色社会主义民主政治的独特优势，保证全体人民更好地通过人民代表大会制度行使国家权力，具有重大的现实意义。

(三)修改全国人大组织法是深入总结实践经验、坚持和完善人民代表大会制度的客观要求

全国人大组织法是全国人民代表大会成立后最早制定的法律之一。全国人民代表大会成立 60 多年来，人民代表大会制度不断得到巩固和发展。每年召开全国人民代表大会会议，是国家政治生活中的一件大事，是在党的领导下国家政治安定、人民团结、事业发展的重要标志。1982 年现行宪法和全国人大组织法公布施行以来，全国人民代表大会先后五次通过宪法修正案，完成八次国家机构领导人员换届选举，批准八个国民经济和社会发展五年规划，形成并不断完善中国特色社会主义法律体系。全国人大及其常委会不断适应新形势新要求，认真行使职权，积极探索创新，法律草案在立法全过程多次公开征求意见、常委会听取"一府一委两院"专项工作报告、执法检查、专题询问、备案审查、代表列席常委会会议、宪法宣誓等新制度、新方式不断推出，日益规范，取得重大成果和功效。特别是 2020 年，在新冠肺炎疫情防控的特殊背景下，我们依然适时召开全国人民代表大会会议，向全世界

充分展示我国社会大局稳定和中国人民团结一心、奋力拼搏的良好形象。全国人大及其常委会依法行使职权的过程，也是全国人大组织制度和工作制度不断走向健全、人民代表大会制度不断走向完善的过程。现行的全国人大组织法实施近40年，一直没有作过修改。因此，有必要深入总结人民代表大会制度发展和人大工作的实践经验，把一些成熟的、行之有效的做法通过法律制度固定下来，持续从新的实践中获取生机活力，推动人民代表大会制度与时俱进、完善发展。

（四）修改全国人大组织法是深化党和国家机构改革、推进国家治理体系和治理能力现代化的现实需要

党和国家机构职能体系是中国特色社会主义制度的重要组成部分，是党治国理政的重要组织保障。习近平总书记指出，要坚持和完善民主集中制的制度和原则，促使各类国家机关提高能力和效率、增进协调和配合，形成治国理政的强大合力。党的十九届三中全会对深化党和国家机构改革作出全面部署，十三届全国人大一次会议通过了国务院机构改革方案。2018年修改后的宪法专设一节规定国家监察委员会；全国人大组织机构进一步健全，法律委员会更名为宪法和法律委员会，内务司法委员会更名为监察和司法委员会，新设社会建设委员会。党和国家机构改革和职能转变，对全国人大及其常委会更好地贯彻落实民主集中制原则提出新的要求。人民代表大会制度是中国特色社会主义制度的重要组成部分，是支撑国家治理体系和治理能力的根本政治制度。修改全国人大组织法，完善全国人大及其常委会、专门委员会、工作委员会等机构职责和活动准则，正确把握全国人大及其常委会与其他有关国家机关之间的关系，加强国家权力机关对行政机关、监察机关、审判机关、检察机关等国家机关的工作监督，有利于进一步巩固深化国家机构改革成果，保证各国家机关更好地分工合作、相互配合，使各国家机关更有效地领导和组织社会主义现代化建设事业，推进国家治理体系和治理能力现代化。

## 二、修改的总体要求和工作过程

修改全国人大组织法，坚持以习近平新时代中国特色社会主义思想为指导和根本遵循，全面贯彻落实党的十九大和十九届二中、三中、四中、五中全会精神和修改后宪法的规定和精神，适应新形势新要求，坚持和完善人民代表大会制度，更好发挥人民代表大会制度的根本政治制度作用。修改工作遵循的原则：一是贯彻落实习近平总书记关于坚持和完善人民代表大会制度的重要思想和习近平法治思想，把坚持党的全面领导作为人大工作的首要政治原则，通过人民代表大会制度和法定程序，保证党的路线方针政策和决策部署在国家工作中得到全面贯彻和有效执行，确保人大工作正确政治方向。二是总结吸收人民代表大会制度实践的新经验新成果，适应人大工作面临的新情况，解决实践中遇到的新问题。同时充分考虑人民代表大会制度作为国家根本政治制度的根本性、全局性、稳定性和长期性，根据实践发展确有必要修改的，与时俱进地加以修改完善；可改可不改的，不作修改。三是充分反映国家监察体制改革、党和国家机构改革后有关机构设置及其职能发生的新变化，完善适合最高国家权力机关特点、充满活力、运行顺畅的组织制度和工作制度。四是处理好全国人大组织法、全国人大议事规则之间以及这两部法律与全国人大常委会议事规则、代表法、立法法、监督法、预算法、监察法等相关法律之间的关系，做好统筹和衔接，避免简单重复。

以习近平同志为核心的党中央高度重视全国人大组织法修改工作。2020年7月，习近平总书记主持召开中央政治局常委会会议，听取并原则同意全国人大常委会党组关于全国人大组织法修正草案的请示汇报。习近平总书记作出的重要指示，为做好修法工作、人大工作提供了重要指导和根本遵循。

根据立法工作安排，全国人大常委会法制工作委员会于2019年初启动全国人大组织法的修改工作，经广泛征求各方面意见、认真研究，提出了全国人大组织法修正草案。期间主要开展了以下工作：一是认真学习、深刻领会习近平总书记关于坚持和完善人民代表大会制度的重要思想和习近平法治思想，组织对全国人大组织法有关问题开展专题研究，认真梳理全国人大代表提出的有关议案、建议和各方面提出的意见建议。二是全国人大宪法和法律委员会、全国人大常委会法制工作委员会多次召开座谈会，分别听取全国人大各专门委员会、常委会办事机构和工作机构，部分常委会委员，全国人大机关部分老同志以及专家学者对修法的意见和建议，根据各方面的意见研究提出修正草案。三是将全国人大组织法修正草案送中央有关部门、单位和各省（自治区、直辖市）人大、基层立法联系

点和有关人民团体、部分高等院校和研究机构征求意见。四是到部分地方进行调研，了解地方人大及其常委会在组织制度和工作制度方面好的经验做法。

2020 年 8 月，十三届全国人大常委会第二十一次会议对全国人大组织法修正草案进行了初次审议。常委会组成人员普遍认为，修正草案贯彻落实党中央决策部署和修改后宪法的规定，总结吸收人民代表大会制度实践的新经验新成果，突出加强党对人大工作的全面领导，有利于更好坚持和完善人民代表大会制度。2020 年 12 月，十三届全国人大常委会第二十四次会议对全国人大组织法修正草案进行了再次审议，并决定提请十三届全国人大四次会议审议。

全国人大组织法修正草案经全国人大常委会两次会议审议后，全国人大常委会办公厅将修正草案印发十三届全国人大代表，组织部署全国人大代表研读讨论，征求代表意见，并先后两次在中国人大网全文公布修正草案征求社会公众意见。

2021 年 2 月 2 日，全国人大宪法和法律委员会召开会议，根据全国人大常委会组成人员的审议意见、代表研读讨论中提出的意见和各方面的意见，对全国人大组织法修正草案作了进一步修改完善。全国人大宪法和法律委员会认为，经过全国人大常委会两次审议和广泛征求意见，全国人大组织法修正草案充分吸收各方面的意见建议，已经比较成熟。据此，形成了提请本次会议审议的《中华人民共和国全国人民代表大会组织法(修正草案)》。

## 三、全国人大组织法修正草案的主要内容

《中华人民共和国全国人民代表大会组织法(修正草案)》共 37 条，主要修改内容如下：

(一)增设“总则”一章

全国人大组织法制定比较早，当时没有设“总则”，此次修改增设“总则”一章。一是增加规定全国人大及其常委会的性质、地位。根据宪法，规定全国人民代表大会是最高国家权力机关，全国人大常委会是其常设机关。二是贯彻坚持党的领导、人民当家作主、依法治国有机统一的精神，增加规定：全国人大及其常委会坚持中国共产党的领导，坚持以马克思列宁主义、毛泽东思想、邓小平理论、“三个代表”重要思想、科学发展观、习近平新时代中国特色社会主义思想为指导，依照宪法和法律规定行使职权；全国人大及其常委会坚持全过程民主，同人民保持密切联系，倾听人民的意见和建议，始终坚持体现人民意志，保障人民权益；全国人大及其常委会行使国家立法权，决定重大事项，监督宪法和法律的实施，维护社会主义法制的统一、尊严、权威，建设社会主义法治国家。三是明确全国人大及其常委会的组织和活动原则，增加规定：全国人大及其常委会实行民主集中制原则，充分发扬民主，集体行使职权。四是根据全国人大及其常委会对外交往的实践和需要，增加规定：全国人大及其常委会积极开展对外交往，加强同各国议会、国际和地区议会组织的交流与合作。

(二)完善全国人民代表大会主席团和全国人大常委会委员长会议职权相关规定

全国人民代表大会主席团、主席团常务主席和全国人大常委会委员长会议是体现坚持中国共产党的领导、实行民主集中制原则、适应人民代表大会制度特点的重要组织形式和工作制度。修正草案为此增加了以下内容：一是对大会主席团的职权集中作出规定。大会主席团主持全国人民代表大会会议，在大会进程中发挥着重要作用，但以往其职权散见于相关条文中，为进一步突出其地位，修正草案采取列举方式明确大会主席团的职权，增加规定主席团处理的具体事项，包括决定会议日程、决定会议期间代表提出议案的截止时间、决定会议期间提出的议案是否列入会议议程、决定是否将议案和决定决议草案提交会议表决、提名由大会选举的国家机构组成人员的人选和确定正式候选人名单等。二是明确主席团常务主席的职权。主席团常务主席实际上对大会的组织和运行肩负着重要的领导责任。主席团常务主席承担召集并主持主席团会议、为主席团会议做准备的重要职责，根据实践做法，增加规定：主席团常务主席就拟提请主席团审议事项听取汇报，向主席团提出建议，并可以对会议日程作必要的调整。三是进一步完善委员长会议的职权，增加规定：委员长会议决定是否将议案和决定决议草案交付常委会全体会议表决；制定常委会年度工作要点、立法工作计划、监督工作计划、代表工作计划、专项工作规划和工作规范性文件等。

(三)完善全国人大专门委员会相关规定

我国宪法规定，全国人民代表大会根据需要设立专门委员会，在全国人民代表大会闭会期间受全国人大常委会领导。为进一步推动专门委员会工作规范化制度化，修正草案补充完善了有关专门委

员会设置及其职责的内容：一是根据实际情况，列明全国人大现有的10个专门委员会名称。二是从工作需要出发，明确规定专门委员会的每届任期同全国人民代表大会每届任期相同，履行职责到下届全国人民代表大会产生新的专门委员会为止。三是根据实践发展，增加有关专门委员会工作职责的规定，包括组织起草有关法律草案，承担全国人大常委会听取和审议专项工作报告、执法检查、专题询问有关具体工作，听取"一府一委两院"专题汇报，研究办理代表建议和有关督办工作等。四是根据《深化党和国家机构改革方案》，增加规定：宪法和法律委员会承担推动宪法实施、开展宪法解释、推进合宪性审查、加强宪法监督、配合宪法宣传等工作职责。五是增加规定财政经济委员会的相关职责，明确财政经济委员会对国务院提出的国民经济和社会发展计划草案、规划纲要草案、预算草案、中央决算草案及相关报告和调整方案进行审查，向大会主席团或者全国人大常委会提出审查结果报告，其他专门委员会可以就有关草案向财政经济委员会提出意见。

（四）适应监察体制改革需要增加相关内容

根据宪法，增加规定国家监察委员会可以向全国人大及其常委会提出议案、常委会组成人员不得担任国家监察机关的职务，增加规定对国家监察委员会及其主任的质询、罢免制度。

（五）健全全国人大常委会人事任免权

为了保证国家机构正常有序运转，根据宪法的规定和精神以及实际工作需要，增加规定：一是全国人大常委会在全国人大闭会期间，根据国务院总理的提名，可以决定国务院其他组成人员的任免；根据中央军事委员会主席的提名，可以决定中央军事委员会其他组成人员的任免。二是全国人大常委会在全国人大闭会期间，根据委员长会议、国务院总理的提请，可以决定撤销国务院其他个别组成人员的职务；根据中央军事委员会主席的提请，可以决定撤销中央军事委员会其他个别组成人员的职务。

（六）加强代表工作、密切与代表的联系

十三届全国人大常委会高度重视代表工作，提出尊重代表主体地位、更好发挥代表作用是坚持和完善人民代表大会制度的必然要求，是人大工作保持生机和活力的重要基础。为此，除在总则中增加有关规定外，根据实践发展增加规定：全国人大常委会和各专门委员会、工作委员会应当同代表保持密切联系，听取代表的意见和建议，支持和保障代表依法履职，扩大代表对各项工作的参与，充分发挥代表作用；全国人大常委会建立健全常务委员会组成人员和各专门委员会、工作委员会联系代表的工作机制。同时，完善代表建议办理工作机制，增加规定：对全国人大代表提出的建议、批评和意见，有关机关、组织应当与代表联系沟通，充分听取意见，认真研究办理，及时予以答复；负责办理代表建议、批评和意见的有关机关、组织应当及时向代表反馈办理情况；全国人大有关专门委员会和常务委员会办事机构应当加强对办理工作的督促检查；代表建议、批评和意见办理情况的报告，应当予以公开。

此外，全国人大组织法与全国人大议事规则是不同时间制定的，有些内容有重复，此次修改全国人大组织法，将其中属于会议程序的部分内容移至全国人大议事规则中规定。

《中华人民共和国全国人民代表大会组织法（修正草案）》和以上说明，请审议。

# 第十三届全国人民代表大会宪法和法律委员会关于《中华人民共和国全国人民代表大会组织法（修正草案）》审议结果的报告

（2021 年 3 月 9 日第十三届全国人民代表大会第四次会议主席团第二次会议通过）

十三届全国人大四次会议主席团：

3月8日上午，各代表团小组会议审议了全国人民代表大会组织法修正草案。代表们普遍认为，全国人大组织法是全国人大及其常委会依法行使职权的制度保障，是重要的宪法性法律，是宪法有关规定的立法实施。修正草案贯彻落实习近平新时代中国特色社会主义思想特别是习近平总书记关于坚持和完善人民代表大会制度的重要思想和习近平法治思想，落实党中央决策部署和修改后宪法的规定，将坚持党的领导载入全国人大组织法，体现深化党和国家机构改革新形势新任务新要求，总结人民代表大会制度实践的新经验新成果，进一步健全全国人大及其常委会的组织制度和工作制度，符合宪法的规定、原则和精神，有利于保障最高国家权力机关依法行使职权，更好地保障人民行使当家作主的权力。立法过程贯彻了科学立法、民主立法、依法立法的精神，全国人大常委会两次进行审议，两次向社会公开征求意见，组织全国人大代表研读讨论，采取多种方式征求各方面意见。修正草案较好地吸收了各方面的意见，已经比较成熟，建议提请本次会议审议通过。同时，代表们也对修正草案提出了一些修改意见。宪法和法律委员会于 3 月 8 日晚召开会议，对修正草案进行认真审议，对代表提出的修改意见逐条研究。根据各代表团的审议意见和有关方面的意见，对修正草案共作了 16 处修改，其中实质性修改 9 处。主要修改是：

一、现行全国人大组织法第五条中规定，全国人民代表大会每次会议举行预备会议，选举本次会议的主席团和秘书长。有的代表建议明确提出主席团和秘书长名单草案的主体和程序。宪法和法律委员会经研究，建议增加规定："主席团和秘书长的名单草案，由全国人民代表大会常务委员会委员长会议提出，经常务委员会会议审议通过后，提交预备会议。"

二、修正草案第十条、第十一条分别规定了主席团和主席团常务主席的职责。有的代表提出，大会期间召开主席团会议和主席团常务主席会议，是大会审议各项议案和报告的重要环节，建议总结实践经验，进一步明确和细化相关规定。宪法和法律委员会经研究，建议作如下修改：一是将主席团"听取和审议关于各项议案和报告审议情况的汇报"修改为"听取和审议秘书处和有关专门委员会关于各项议案和报告审议、审查情况的报告"；二是增加规定主席团"听取主席团常务主席关于国家机构组成人员人选名单的说明"，"依照法定程序"确定正式候选人名单；三是将主席团常务主席"就拟提请主席团审议事项听取汇报，向主席团提出建议"修改为"就拟提请主席团审议事项，听取秘书处和有关专门委员会的报告，向主席团提出建议"。

三、修正草案第三十一条中规定，宪法和法律委员会统一审议向全国人大及其常委会提出的法律草案。有些代表提出，审议有关法律问题的决定草案，是全国人大及其常委会行使职权的重要方式，是丰富立法形式的重要体现。多年来，有关法律问题的决定草案同法律草案一样，都是由宪法和法律委员会进行统一审议的，建议将这一做法予以明确。宪法和法律委员会经研究，建议将这一规定修改为："宪法和法律委员会统一审议向全国人民代表大会或者全国人民代表大会常务委员会提出的法律草案和有关法律问题的决定草案"。

四、修正草案第三十二条对财政经济委员会的职责作了规定。有的代表提出，根据预算法规定和实践做法，财政经济委员会除在大会期间对计划草案、预算草案等提出审查结果报告外，在大会前还对计划草案、预算草案等进行初步审查，提出初步审查意见。宪法和法律委员会经研究，建议增加规定财政经济委员会对计划草案、预算草案等提出"初步审查意见"的内容。

五、有的代表提出，为更好发挥代表的作用，支持和保障代表依法履职，建议根据实践发展，进一步拓展和丰富代表联系人民群众的方式和渠道，明确代表履职的服务保障机构，完善办理代表建议的反馈制度。宪法和法律委员会经研究，建议根据代表法有关规定和实践做法，一是明确全国人大代表"通过多种方式"听取和反映人民的意见和要求；二是增加一款规定："全国人民代表大会常务委员会办事机构和工作机构为代表履行职责提供服务保障"；三是明确对代表提出的建议、批评和意见，有关机关、组织应当充分听取意见，"介绍有关情况"。

需要说明的是，有些代表还对进一步完善全国人大及其常委会的组织和工作制度提出了一些好的意见建议。宪法和法律委员会经研究认为，有的内容在宪法中作了规定，有的内容在立法法、监督法、预算法、代表法等法律中作了规定。考虑到人民代表大会制度作为国家根本政治制度的根本性、全局性、稳定性和长期性，这次修改全国人大组织法是部分修改，可改可不改的，不作修改。代表们提出的有些意见建议，可以在以后修改其他相关法律时予以研究，或者在具体工作中予以考虑。

此外，根据代表们的审议意见，还对修正草案作了一些文字修改。

宪法和法律委员会已按上述意见提出了全国人民代表大会关于修改《中华人民共和国全国人民代表大会组织法》的决定（草案），建议经主席团审议通过后，印发各代表团审议。

修改决定草案和以上报告，请审议。

第十三届全国人民代表大会
宪法和法律委员会
2021 年 3 月 9 日

# 第十三届全国人民代表大会宪法和法律委员会关于《全国人民代表大会关于修改〈中华人民共和国全国人民代表大会组织法〉的决定(草案)》修改意见的报告

(2021 年 3 月 10 日第十三届全国人民代表大会第四次会议主席团第三次会议通过)

十三届全国人大四次会议主席团:

3 月 9 日下午,各代表团小组会议对全国人民代表大会关于修改全国人民代表大会组织法的决定草案进行了审议。代表们普遍认为,修改决定草案在认真研究并充分吸收代表提出意见的基础上,作了相应的修改完善;审议过程充分发扬了民主,广泛凝聚了共识,充分体现了对代表主体地位的尊重。草案内容已经成熟,赞成将修改决定草案提请本次大会表决通过。同时,有些代表还提出了一些修改意见。宪法和法律委员会于 3 月 9 日晚召开会议,对修改决定草案进行认真审议,对代表提出的修改意见逐条研究。宪法和法律委员会认为,修改决定草案是可行的,同时,根据各代表团的审议意见,提出以下修改意见:

一、修改决定草案第十三条中规定,主席团决定会议期间提出的议案是否列入会议议程。有的代表提出,实践中,由主席团听取和审议关于议案处理意见的报告,建议确认这一做法。宪法和法律委员会经研究,建议增加规定主席团“听取和审议关于议案处理意见的报告”的内容。

二、修改决定草案第三十七条中规定,代表建议、批评和意见办理情况的报告,应当予以公开。有的代表提出,这个报告由谁提出、向谁报告不清楚,建议予以明确。宪法和法律委员会经研究,建议根据实践做法,将这一规定修改为:“常务委员会办事机构每年向常务委员会报告代表建议、批评和意见的办理情况,并予以公开。”

宪法和法律委员会经研究,建议将本决定的施行时间确定为 2021 年 3 月 12 日。

此外,根据代表们的审议意见,还对修改决定草案作了个别文字修改。

修改决定草案表决稿已按上述意见作了修改,建议经主席团审议通过后,提请大会全体会议表决。

修改决定草案表决稿和以上报告,请审议。

第十三届全国人民代表大会
宪法和法律委员会
2021 年 3 月 10 日

# 中华人民共和国主席令

## 第七十四号

《全国人民代表大会关于修改〈中华人民共和国全国人民代表大会议事规则〉的决定》已由中华人民共和国第十三届全国人民代表大会第四次会议于 2021 年 3 月 11 日通过,现予公布,自 2021 年 3 月 12 日起施行。

中华人民共和国主席　习近平
2021 年 3 月 11 日

# 全国人民代表大会关于修改《中华人民共和国全国人民代表大会议事规则》的决定

（2021 年 3 月 11 日第十三届全国人民代表大会第四次会议通过）

第十三届全国人民代表大会第四次会议决定对《中华人民共和国全国人民代表大会议事规则》作如下修改：

一、将第二条修改为："全国人民代表大会会议于每年第一季度举行，会议召开的日期由全国人民代表大会常务委员会决定并予以公布。

"遇有特殊情况，全国人民代表大会常务委员会可以决定适当提前或者推迟召开会议。提前或者推迟召开会议的日期未能在当次会议上决定的，全国人民代表大会常务委员会可以另行决定或者授权委员长会议决定，并予以公布。"

二、第六条增加一款，作为第二款："全国人民代表大会常务委员会在全国人民代表大会会议举行前，可以组织代表研读讨论有关法律草案，征求代表的意见，并通报会议拟讨论的主要事项的有关情况。"

第二款改为第三款，修改为："临时召集的全国人民代表大会会议不适用前两款规定。"

三、删去第十条第三项。

第四项改为第三项，修改为："（三）会议期间代表提出议案的截止时间"。

四、将第十一条修改为："主席团常务主席召集并主持主席团会议。主席团第一次会议由全国人民代表大会常务委员会委员长召集并主持，会议推选主席团常务主席后，由主席团常务主席主持。"

五、删去第十五条。

六、将第十六条改为第十五条，修改为："全国人民代表大会代表应当出席会议；因病或者其他特殊原因不能出席的，应当向会议秘书处书面请假。秘书处应当向主席团报告代表出席会议的情况和缺席的原因。

"代表应当勤勉尽责，认真审议各项议案和报告，严格遵守会议纪律。"

七、将第十七条改为第十六条，修改为："国务院的组成人员，中央军事委员会的组成人员，国家监察委员会主任，最高人民法院院长和最高人民检察院检察长，列席全国人民代表大会会议；其他有关机关、团体的负责人，经全国人民代表大会常务委员会决定，可以列席全国人民代表大会会议。"

八、将第十八条改为两条，作为第十七条、第十八条，修改为：

"第十七条　全国人民代表大会会议公开举行。

"全国人民代表大会会议议程、日程和会议情况予以公开。

"全国人民代表大会会议期间，代表在各种会议上的发言，整理简报印发会议，并可以根据本人要求，将发言记录或者摘要印发会议。会议简报、发言记录或者摘要可以为纸质版，也可以为电子版。

"大会全体会议设旁听席。旁听办法另行规定。

"第十八条　全国人民代表大会会议举行新闻发布会、记者会。

"全国人民代表大会会议设发言人，代表团可以根据需要设发言人。

"秘书处可以组织代表和有关部门、单位负责人接受新闻媒体采访。代表团可以组织本代表团代表接受新闻媒体采访。

"大会全体会议通过广播、电视、网络等媒体进行公开报道。"

九、增加一条，作为第二十一条："全国人民代表大会举行会议，应当合理安排会议日程，提高议事质量和效率。

"各代表团应当按照会议日程进行审议。"

十、增加一条，作为第二十二条："全国人民代表大会会议运用现代信息技术，推进会议文件资料电子化，采用网络视频等方式为代表履职提供便利和服务。"

十一、将第二十一条改为第二十三条，第一款修改为："主席团，全国人民代表大会常务委员会，全国人民代表大会各专门委员会，国务院，中央军事委员会，国家监察委员会，最高人民法院，最高人民检察院，可以向全国人民代表大会提出属于全国人民代表大会职权范围内的议案，由主席团决定列入会议议程。”

**十二**、将第二十四条改为第二十六条，第一款修改为：“列入会议议程的法律案，大会全体会议听取关于该法律案的说明后，由各代表团审议，并由宪法和法律委员会、有关的专门委员会审议。”

第二款修改为：“宪法和法律委员会根据各代表团和有关的专门委员会的审议意见，对法律案进行统一审议，向主席团提出审议结果报告和法律草案、有关法律问题的决定草案修改稿，对重要的不同意见应当在审议结果报告中予以说明，经主席团审议通过后，印发会议。修改稿经各代表团审议，由宪法和法律委员会根据各代表团的审议意见进行修改，提出表决稿，由主席团提请大会全体会议表决。”

**十三**、将第二十五条改为第二十七条，修改为：“向全国人民代表大会提出的法律案，在全国人民代表大会闭会期间，可以先向全国人民代表大会常务委员会提出，经全国人民代表大会常务委员会会议依照有关程序审议后，决定提请全国人民代表大会审议。

“全国人民代表大会常务委员会对准备提请全国人民代表大会审议的法律案，应当将法律草案向社会公布，广泛征求意见，但是经委员长会议决定不公布的除外。向社会公布征求意见的时间一般不少于三十日。”

**十四**、增加一条，作为第三十一条：“一个代表团或者三十名以上的代表联名提出的议案，经主席团决定不列入本次会议议程的，交有关的专门委员会在全国人民代表大会闭会后审议。有关的专门委员会进行审议后，向全国人民代表大会常务委员会提出审议结果报告，经全国人民代表大会常务委员会审议通过后，印发全国人民代表大会下次会议。”

**十五**、将第二十九条改为第三十二条，修改为：“全国人民代表大会代表向全国人民代表大会提出的对各方面工作的建议、批评和意见，由全国人民代表大会常务委员会办事机构交由有关机关、组织研究办理，并负责在交办之日起三个月内，至迟不超过六个月，予以答复。代表对答复不满意的，可以提出意见，由全国人民代表大会常务委员会办事机构交由有关机关、组织或者其上级机关、组织再作研究办理，并负责答复。”

**十六**、将第三十一条改为第三十四条，修改为：“全国人民代表大会会议举行的四十五日前，国务院有关主管部门应当就上一年度国民经济和社会发展计划执行情况的主要内容与本年度国民经济和社会发展计划草案的初步方案，上一年度中央和地方预算执行情况的主要内容与本年度中央和地方预算草案的初步方案，向全国人民代表大会财政经济委员会和有关的专门委员会汇报，由财政经济委员会进行初步审查。财政经济委员会进行初步审查时，应当邀请全国人民代表大会代表参加。”

**十七**、将第三十二条改为第三十五条，第一款修改为：“全国人民代表大会每年举行会议的时候，国务院应当向会议提出关于上一年度国民经济和社会发展计划执行情况与本年度国民经济和社会发展计划草案的报告、国民经济和社会发展计划草案，关于上一年度中央和地方预算执行情况与本年度中央和地方预算草案的报告、中央和地方预算草案，由各代表团进行审查，并由财政经济委员会和有关的专门委员会审查。”

第二款修改为：“财政经济委员会根据各代表团和有关的专门委员会的审查意见，对前款规定的事项进行审查，向主席团提出审查结果报告，主席团审议通过后，印发会议，并将关于上一年度国民经济和社会发展计划执行情况与本年度国民经济和社会发展计划的决议草案、关于上一年度中央和地方预算执行情况与本年度中央和地方预算的决议草案提请大会全体会议表决。”

**十八**、将第三十三条改为第三十六条，修改为：“国民经济和社会发展计划、中央预算经全国人民代表大会批准后，在执行过程中必须作部分调整的，国务院应当将调整方案提请全国人民代表大会常务委员会审查和批准。”

**十九**、增加一条，作为第三十七条：“国民经济和社会发展五年规划纲要和中长期规划纲要的审查、批准和调整，参照本章有关规定执行。”

**二十**、将第三十四条改为第三十八条，第一款修改为：“全国人民代表大会常务委员会委员长、副委员长、秘书长、委员的人选，中华人民共和国主席、副主席的人选，中央军事委员会主席的人选，国家监察委员会主任的人选，最高人民法院院长和最高人民检察院检察长的人选，由主席团提名，经各代表团酝酿协商后，再由主席团根据多数代表的意见，确定正式候选人名单。”

**二十一**、增加一条，作为第四十二条：“全国人民代表大会选举或者决定任命的国家机构组成人员在依照法定程序产生后，公开进行宪法宣誓。宣誓仪式由主席团组织。”

**二十二**、将第三十八条改为第四十三条，第一款改为三款，作为第一款至第三款，修改为："全国人民代表大会会议期间，全国人民代表大会常务委员会的组成人员，中华人民共和国主席、副主席，国务院的组成人员，中央军事委员会的组成人员，国家监察委员会主任，最高人民法院院长，最高人民检察院检察长，全国人民代表大会专门委员会成员提出辞职的，由主席团将其辞职请求交各代表团审议后，提请大会全体会议决定；大会闭会期间提出辞职的，由委员长会议将其辞职请求提请全国人民代表大会常务委员会审议决定。

"全国人民代表大会常务委员会接受全国人民代表大会常务委员会委员长、副委员长、秘书长，中华人民共和国主席、副主席，国务院总理、副总理、国务委员，中央军事委员会主席，国家监察委员会主任，最高人民法院院长，最高人民检察院检察长辞职的，应当报请全国人民代表大会下次会议确认。

"全国人民代表大会常务委员会接受全国人民代表大会常务委员会委员辞职的，应当向全国人民代表大会下次会议报告。"

第二款改为第四款，修改为："全国人民代表大会闭会期间，国务院总理、中央军事委员会主席、国家监察委员会主任、最高人民法院院长、最高人民检察院检察长缺位的，全国人民代表大会常务委员会可以分别在国务院副总理、中央军事委员会副主席、国家监察委员会副主任、最高人民法院副院长、最高人民检察院副检察长中决定代理人选。"

**二十三**、将第三十九条改为第四十四条，第一款修改为："主席团、三个以上的代表团或者十分之一以上的代表，可以提出对全国人民代表大会常务委员会的组成人员，中华人民共和国主席、副主席，国务院的组成人员，中央军事委员会的组成人员，国家监察委员会主任，最高人民法院院长和最高人民检察院检察长的罢免案，由主席团交各代表团审议后，提请大会全体会议表决；或者依照本规则第六章的规定，由主席团提议，经大会全体会议决定，组织调查委员会，由全国人民代表大会下次会议根据调查委员会的报告审议决定。"

**二十四**、增加一条，作为第四十六条："全国人民代表大会常务委员会组成人员、专门委员会成员，辞去全国人民代表大会代表职务的请求被接受的，其全国人民代表大会常务委员会组成人员、专门委员会成员的职务相应终止，由全国人民代表大会常务委员会予以公告。"

**二十五**、将第四十一条改为第四十七条，第二款修改为："各代表团全体会议审议政府工作报告，审查关于上一年度国民经济和社会发展计划执行情况与本年度国民经济和社会发展计划草案的报告、国民经济和社会发展计划草案，审查关于上一年度中央和地方预算执行情况与本年度中央和地方预算草案的报告、中央和地方预算草案，审议最高人民法院工作报告、最高人民检察院工作报告的时候，国务院以及国务院各部门负责人，最高人民法院、最高人民检察院负责人或者其委派的人员应当分别参加会议，听取意见，回答询问。"

**二十六**、将第四十二条改为第四十八条，修改为："全国人民代表大会会议期间，一个代表团或者三十名以上的代表联名，可以书面提出对国务院以及国务院各部门、国家监察委员会、最高人民法院、最高人民检察院的质询案。"

**二十七**、增加一条，作为第五十六条："代表在全国人民代表大会各种会议上发言，应当围绕会议确定的议题进行。"

**二十八**、将第五十二条改为第五十九条，增加一款，作为第四款："会议表决时，代表可以表示赞成，可以表示反对，也可以表示弃权。"

**二十九**、将第五十三条改为第六十条，第一款修改为："会议表决议案采用无记名按表决器方式。如表决器系统在使用中发生故障，采用举手方式。"

第二款修改为："宪法的修改，采用无记名投票方式表决。"

增加一款，作为第三款："预备会议、主席团会议表决的方式，适用本条第一款的规定。"

**三十**、增加一章，作为第八章"公布"，包括第六十一条至第六十五条。

**三十一**、增加一条，作为第六十一条："全国人民代表大会选举产生的全国人民代表大会常务委员会委员长、副委员长、秘书长、委员，中华人民共和国主席、副主席，中央军事委员会主席，国家监察委员会主任，最高人民法院院长，最高人民检察院检察长，决定任命的中央军事委员会副主席、委员，通过的全国人民代表大会专门委员会成员，以全国人民代表大会公告予以公布。

"全国人民代表大会决定任命的国务院总理、副总理、国务委员、各部部长、各委员会主任、中国人民银行行长、审计长、秘书长，由中华人民共和国主席根据全国人民代表大会的决定，签署主席令任命并予以公布。"

**三十二**、增加一条，作为第六十二条："国家机构组成人员在全国人民代表大会会议期间辞职或者被罢免的，适用本规则第六十一条规定的公布程序。”

三十三、增加一条，作为第六十三条：“全国人民代表大会通过的宪法修正案，以全国人民代表大会公告予以公布。”

三十四、增加一条，作为第六十四条：“全国人民代表大会通过的法律，由中华人民共和国主席签署主席令予以公布。”

三十五、增加一条，作为第六十五条：“全国人民代表大会通过的法律、决议、决定，发布的公告，以及法律草案的说明、审议结果报告等，应当及时在全国人民代表大会常务委员会公报和中国人大网上刊载。”

三十六、增加一章，作为第九章“附则”，将第五十四条改为第六十六条，列入本章。

本决定自2021年3月12日起施行。

《中华人民共和国全国人民代表大会议事规则》根据本决定作相应修改，并对章、条、款、项序号和顺序作相应调整，重新公布。

# 中华人民共和国全国人民代表大会议事规则

（1989年4月4日第七届全国人民代表大会第二次会议通过　根据2021年3月11日第十三届全国人民代表大会第四次会议《关于修改〈中华人民共和国全国人民代表大会议事规则〉的决定》修正）

## 目　录



**第一条**　根据宪法、全国人民代表大会组织法和全国人民代表大会的实践经验，制定本规则。

## 第一章　会议的举行

**第二条**　全国人民代表大会会议于每年第一季度举行，会议召开的日期由全国人民代表大会常务委员会决定并予以公布。

遇有特殊情况，全国人民代表大会常务委员会可以决定适当提前或者推迟召开会议。提前或者推迟召开会议的日期未能在当次会议上决定的，全国人民代表大会常务委员会可以另行决定或者授权委员长会议决定，并予以公布。

**第三条**　全国人民代表大会会议由全国人民代表大会常务委员会召集。每届全国人民代表大会第一次会议，在本届全国人民代表大会代表选举完成后的两个月内，由上届全国人民代表大会常务委员会召集。

**第四条**　全国人民代表大会会议有三分之二以上的代表出席，始得举行。

**第五条**　全国人民代表大会常务委员会在全国人民代表大会会议举行前，进行下列准备工作：

（一）提出会议议程草案；

（二）提出主席团和秘书长名单草案；

（三）决定列席会议人员名单；

（四）会议的其他准备事项。

**第六条**　全国人民代表大会常务委员会在全国人民代表大会会议举行的一个月前，将开会日期和建议会议讨论的主要事项通知代表，并将准备提请会议审议的法律草案发给代表。

全国人民代表大会常务委员会在全国人民代表大会会议举行前，可以组织代表研读讨论有关法律草案，征求代表的意见，并通报会议拟讨论的主要事项的有关情况。

临时召集的全国人民代表大会会议不适用前两款规定。

**第七条**　全国人民代表大会会议举行前，代表按照选举单位组成代表团。代表团全体会议推选代表团团长、副团长。团长召集并主持代表团全体会议。副团长协助团长工作。

代表团可以分设若干代表小组。代表小组会

议推选小组召集人。

**第八条** 全国人民代表大会会议举行前，召开预备会议，选举主席团和秘书长，通过会议议程和关于会议其他准备事项的决定。

预备会议由全国人民代表大会常务委员会主持。每届全国人民代表大会第一次会议的预备会议，由上届全国人民代表大会常务委员会主持。

各代表团审议全国人民代表大会常务委员会提出的主席团和秘书长名单草案、会议议程草案以及关于会议的其他准备事项，提出意见。

全国人民代表大会常务委员会委员长会议根据各代表团提出的意见，可以对主席团和秘书长名单草案、会议议程草案以及关于会议的其他准备事项提出调整意见，提请预备会议审议。

**第九条** 主席团主持全国人民代表大会会议。

主席团的决定，由主席团全体成员的过半数通过。

**第十条** 主席团第一次会议推选主席团常务主席若干人，推选主席团成员若干人分别担任每次大会全体会议的执行主席，并决定下列事项：

（一）副秘书长的人选；

（二）会议日程；

（三）会议期间代表提出议案的截止时间；

（四）其他需要由主席团第一次会议决定的事项。

**第十一条** 主席团常务主席召集并主持主席团会议。主席团第一次会议由全国人民代表大会常务委员会委员长召集并主持，会议推选主席团常务主席后，由主席团常务主席主持。

**第十二条** 代表团审议议案和有关报告，由代表团全体会议、代表小组会议审议。

以代表团名义提出的议案、质询案、罢免案，由代表团全体代表的过半数通过。

**第十三条** 主席团常务主席可以召开代表团团长会议，就议案和有关报告的重大问题听取各代表团的审议意见，进行讨论，并将讨论的情况和意见向主席团报告。

主席团常务主席可以就重大的专门性问题，召集代表团推选的有关代表进行讨论；国务院有关部门负责人参加会议，汇报情况，回答问题。会议讨论的情况和意见应当向主席团报告。

**第十四条** 主席团可以召开大会全体会议进行大会发言，就议案和有关报告发表意见。

**第十五条** 全国人民代表大会代表应当出席会议；因病或者其他特殊原因不能出席的，应当向会议秘书处书面请假。秘书处应当向主席团报告代表出席会议的情况和缺席的原因。

代表应当勤勉尽责，认真审议各项议案和报告，严格遵守会议纪律。

**第十六条** 国务院的组成人员，中央军事委员会的组成人员，国家监察委员会主任，最高人民法院院长和最高人民检察院检察长，列席全国人民代表大会会议；其他有关机关、团体的负责人，经全国人民代表大会常务委员会决定，可以列席全国人民代表大会会议。

**第十七条** 全国人民代表大会会议公开举行。

全国人民代表大会会议议程、日程和会议情况予以公开。

全国人民代表大会会议期间，代表在各种会议上的发言，整理简报印发会议，并可以根据本人要求，将发言记录或者摘要印发会议。会议简报、发言记录或者摘要可以为纸质版，也可以为电子版。

大会全体会议设旁听席。旁听办法另行规定。

**第十八条** 全国人民代表大会会议举行新闻发布会、记者会。

全国人民代表大会会议设发言人，代表团可以根据需要设发言人。

秘书处可以组织代表和有关部门、单位负责人接受新闻媒体采访。代表团可以组织本代表团代表接受新闻媒体采访。

大会全体会议通过广播、电视、网络等媒体进行公开报道。

**第十九条** 全国人民代表大会在必要的时候，可以举行秘密会议。举行秘密会议，经主席团征求各代表团的意见后，由有各代表团团长参加的主席团会议决定。

**第二十条** 全国人民代表大会举行会议的时候，秘书处和有关的代表团应当为少数民族代表准备必要的翻译。

**第二十一条** 全国人民代表大会举行会议，应当合理安排会议日程，提高议事质量和效率。

各代表团应当按照会议日程进行审议。

**第二十二条** 全国人民代表大会会议运用现代信息技术，推进会议文件资料电子化，采用网络视频等方式为代表履职提供便利和服务。

## 第二章 议案的提出和审议

**第二十三条** 主席团，全国人民代表大会常务委员会，全国人民代表大会各专门委员会，国务院，中央军事委员会，国家监察委员会，最高人民法院，最高人民检察院，可以向全国人民代表大会提出属于全国人民代表大会职权范围内的议案，由主席团决定列入会议议程。

一个代表团或者三十名以上的代表联名，可以向全国人民代表大会提出属于全国人民代表大会职权范围内的议案，由主席团决定是否列入会议议程，或者先交有关的专门委员会审议、提出是否列入会议议程的意见，再决定是否列入会议议程，并将主席团通过的关于议案处理意见的报告印发会议。专门委员会审议的时候，可以邀请提案人列席会议、发表意见。

代表联名或者代表团提出的议案，可以在全国人民代表大会会议举行前提出。

**第二十四条**　列入会议议程的议案，提案人和有关的全国人民代表大会专门委员会、有关的全国人民代表大会常务委员会工作部门应当提供有关的资料。

**第二十五条**　列入会议议程的议案，提案人应当向会议提出关于议案的说明。议案由各代表团进行审议，主席团可以并交有关的专门委员会进行审议、提出报告，由主席团审议决定提请大会全体会议表决。

**第二十六条**　列入会议议程的法律案，大会全体会议听取关于该法律案的说明后，由各代表团审议，并由宪法和法律委员会、有关的专门委员会审议。

宪法和法律委员会根据各代表团和有关的专门委员会的审议意见，对法律案进行统一审议，向主席团提出审议结果报告和法律草案、有关法律问题的决定草案修改稿，对重要的不同意见应当在审议结果报告中予以说明，经主席团审议通过后，印发会议。修改稿经各代表团审议，由宪法和法律委员会根据各代表团的审议意见进行修改，提出表决稿，由主席团提请大会全体会议表决。

有关的专门委员会的审议意见应当及时印发会议。

全国人民代表大会决定成立的特定的法律起草委员会拟订并提出的法律案的审议程序和表决办法，另行规定。

**第二十七条**　向全国人民代表大会提出的法律案，在全国人民代表大会闭会期间，可以先向全国人民代表大会常务委员会提出，经全国人民代表大会常务委员会会议依照有关程序审议后，决定提请全国人民代表大会审议。

全国人民代表大会常务委员会对准备提请全国人民代表大会审议的法律案，应当将法律草案向社会公布，广泛征求意见，但是经委员长会议决定不公布的除外。向社会公布征求意见的时间一般不少于三十日。

**第二十八条**　专门委员会审议议案和有关报告，涉及专门性问题的时候，可以邀请有关方面的代表和专家列席会议，发表意见。

专门委员会可以决定举行秘密会议。

**第二十九条**　列入会议议程的议案，在交付表决前，提案人要求撤回的，经主席团同意，会议对该议案的审议即行终止。

**第三十条**　列入会议议程的议案，在审议中有重大问题需要进一步研究的，经主席团提出，由大会全体会议决定，可以授权全国人民代表大会常务委员会审议决定，并报全国人民代表大会下次会议备案或者提请全国人民代表大会下次会议审议。

**第三十一条**　一个代表团或者三十名以上的代表联名提出的议案，经主席团决定不列入本次会议议程的，交有关的专门委员会在全国人民代表大会闭会后审议。有关的专门委员会进行审议后，向全国人民代表大会常务委员会提出审议结果报告，经全国人民代表大会常务委员会审议通过后，印发全国人民代表大会下次会议。

**第三十二条**　全国人民代表大会代表向全国人民代表大会提出的对各方面工作的建议、批评和意见，由全国人民代表大会常务委员会办事机构交由有关机关、组织研究办理，并负责在交办之日起三个月内，至迟不超过六个月，予以答复。代表对答复不满意的，可以提出意见，由全国人民代表大会常务委员会办事机构交由有关机关、组织或者其上级机关、组织再作研究办理，并负责答复。

## 第三章　审议工作报告、审查国家计划和国家预算

**第三十三条**　全国人民代表大会每年举行会议的时候，全国人民代表大会常务委员会、国务院、最高人民法院、最高人民检察院向会议提出的工作报告，经各代表团审议后，会议可以作出相应的决议。

**第三十四条**　全国人民代表大会会议举行的四十五日前，国务院有关主管部门应当就上一年度国民经济和社会发展计划执行情况的主要内容与本年度国民经济和社会发展计划草案的初步方案，

上一年度中央和地方预算执行情况的主要内容与本年度中央和地方预算草案的初步方案，向全国人民代表大会财政经济委员会和有关的专门委员会汇报，由财政经济委员会进行初步审查。财政经济委员会进行初步审查时，应当邀请全国人民代表大会代表参加。

**第三十五条** 全国人民代表大会每年举行会议的时候，国务院应当向会议提出关于上一年度国民经济和社会发展计划执行情况与本年度国民经济和社会发展计划草案的报告、国民经济和社会发展计划草案，关于上一年度中央和地方预算执行情况与本年度中央和地方预算草案的报告、中央和地方预算草案，由各代表团进行审查，并由财政经济委员会和有关的专门委员会审查。

财政经济委员会根据各代表团和有关的专门委员会的审查意见，对前款规定的事项进行审查，向主席团提出审查结果报告，主席团审议通过后，印发会议，并将关于上一年度国民经济和社会发展计划执行情况与本年度国民经济和社会发展计划的决议草案、关于上一年度中央和地方预算执行情况与本年度中央和地方预算的决议草案提请大会全体会议表决。

有关的专门委员会的审查意见应当及时印发会议。

**第三十六条** 国民经济和社会发展计划、中央预算经全国人民代表大会批准后，在执行过程中必须作部分调整的，国务院应当将调整方案提请全国人民代表大会常务委员会审查和批准。

**第三十七条** 国民经济和社会发展五年规划纲要和中长期规划纲要的审查、批准和调整，参照本章有关规定执行。

## 第四章 国家机构组成人员的选举、罢免、任免和辞职

**第三十八条** 全国人民代表大会常务委员会委员长、副委员长、秘书长、委员的人选，中华人民共和国主席、副主席的人选，中央军事委员会主席的人选，国家监察委员会主任的人选，最高人民法院院长和最高人民检察院检察长的人选，由主席团提名，经各代表团酝酿协商后，再由主席团根据多数代表的意见，确定正式候选人名单。

国务院总理和国务院其他组成人员的人选，中央军事委员会除主席以外的其他组成人员的人选，依照宪法的有关规定提名。

各专门委员会主任委员、副主任委员和委员的人选，由主席团在代表中提名。

**第三十九条** 候选人的提名人应当向会议介绍候选人的基本情况，并对代表提出的问题作必要的说明。

**第四十条** 全国人民代表大会会议选举或者决定任命，采用无记名投票方式。得票数超过全体代表的半数的，始得当选或者通过。

大会全体会议选举或者表决任命案的时候，设秘密写票处。

选举或者表决结果，由会议主持人当场宣布。候选人的得票数，应当公布。

**第四十一条** 全国人民代表大会会议选举和决定任命的具体办法，由大会全体会议通过。

**第四十二条** 全国人民代表大会选举或者决定任命的国家机构组成人员在依照法定程序产生后，公开进行宪法宣誓。宣誓仪式由主席团组织。

**第四十三条** 全国人民代表大会会议期间，全国人民代表大会常务委员会的组成人员，中华人民共和国主席、副主席，国务院的组成人员，中央军事委员会的组成人员，国家监察委员会主任，最高人民法院院长，最高人民检察院检察长，全国人民代表大会专门委员会成员提出辞职的，由主席团将其辞职请求交各代表团审议后，提请大会全体会议决定；大会闭会期间提出辞职的，由委员长会议将其辞职请求提请全国人民代表大会常务委员会审议决定。

全国人民代表大会常务委员会接受全国人民代表大会常务委员会委员长、副委员长、秘书长，中华人民共和国主席、副主席，国务院总理、副总理、国务委员，中央军事委员会主席，国家监察委员会主任，最高人民法院院长，最高人民检察院检察长辞职的，应当报请全国人民代表大会下次会议确认。

全国人民代表大会常务委员会接受全国人民代表大会常务委员会委员辞职的，应当向全国人民代表大会下次会议报告。

全国人民代表大会闭会期间，国务院总理、中央军事委员会主席、国家监察委员会主任、最高人民法院院长、最高人民检察院检察长缺位的，全国人民代表大会常务委员会可以分别在国务院副总理、中央军事委员会副主席、国家监察委员会副主任、最高人民法院副院长、最高人民检察院副检察长中决定代理人选。

**第四十四条** 主席团、三个以上的代表团或者

十分之一以上的代表，可以提出对全国人民代表大会常务委员会的组成人员，中华人民共和国主席、副主席，国务院的组成人员，中央军事委员会的组成人员，国家监察委员会主任，最高人民法院院长和最高人民检察院检察长的罢免案，由主席团交各代表团审议后，提请大会全体会议表决；或者依照本规则第六章的规定，由主席团提议，经大会全体会议决定，组织调查委员会，由全国人民代表大会下次会议根据调查委员会的报告审议决定。

罢免案应当写明罢免理由，并提供有关的材料。

罢免案提请大会全体会议表决前，被提出罢免的人员有权在主席团会议和大会全体会议上提出申辩意见，或者书面提出申辩意见，由主席团印发会议。

**第四十五条**　全国人民代表大会常务委员会组成人员、专门委员会成员的全国人民代表大会代表职务被原选举单位罢免的，其全国人民代表大会常务委员会组成人员、专门委员会成员的职务相应撤销，由主席团或者全国人民代表大会常务委员会予以公告。

**第四十六条**　全国人民代表大会常务委员会组成人员、专门委员会成员，辞去全国人民代表大会代表职务的请求被接受的，其全国人民代表大会常务委员会组成人员、专门委员会成员的职务相应终止，由全国人民代表大会常务委员会予以公告。

## 第五章　询问和质询

**第四十七条**　各代表团审议议案和有关报告的时候，有关部门应当派负责人员到会，听取意见，回答代表提出的询问。

各代表团全体会议审议政府工作报告，审查关于上一年度国民经济和社会发展计划执行情况与本年度国民经济和社会发展计划草案的报告、国民经济和社会发展计划草案，审查关于上一年度中央和地方预算执行情况与本年度中央和地方预算草案的报告、中央和地方预算草案，审议最高人民法院工作报告、最高人民检察院工作报告的时候，国务院以及国务院各部门负责人，最高人民法院、最高人民检察院负责人或者其委派的人员应当分别参加会议，听取意见，回答询问。

主席团和专门委员会对议案和有关报告进行审议的时候，国务院或者有关机关负责人应当到会，听取意见，回答询问，并可以对议案或者有关报告作补充说明。

**第四十八条**　全国人民代表大会会议期间，一个代表团或者三十名以上的代表联名，可以书面提出对国务院以及国务院各部门、国家监察委员会、最高人民法院、最高人民检察院的质询案。

**第四十九条**　质询案必须写明质询对象、质询的问题和内容。

**第五十条**　质询案按照主席团的决定由受质询机关的负责人在主席团会议、有关的专门委员会会议或者有关的代表团会议上口头答复，或者由受质询机关书面答复。在主席团会议或者专门委员会会议上答复的，提质询案的代表团团长或者代表有权列席会议，发表意见。

提质询案的代表或者代表团对答复质询不满意的，可以提出要求，经主席团决定，由受质询机关再作答复。

在专门委员会会议或者代表团会议上答复的，有关的专门委员会或者代表团应当将答复质询案的情况向主席团报告。

主席团认为必要的时候，可以将答复质询案的情况报告印发会议。

质询案以书面答复的，受质询机关的负责人应当签署，由主席团决定印发会议。

## 第六章　调查委员会

**第五十一条**　全国人民代表大会认为必要的时候，可以组织关于特定问题的调查委员会。

**第五十二条**　主席团、三个以上的代表团或者十分之一以上的代表联名，可以提议组织关于特定问题的调查委员会，由主席团提请大会全体会议决定。

调查委员会由主任委员、副主任委员若干人和委员若干人组成，由主席团在代表中提名，提请大会全体会议通过。调查委员会可以聘请专家参加调查工作。

**第五十三条**　调查委员会进行调查的时候，一切有关的国家机关、社会团体和公民都有义务如实向它提供必要的材料。提供材料的公民要求调查委员会对材料来源保密的，调查委员会应当予以保密。

调查委员会在调查过程中，可以不公布调查的情况和材料。

**第五十四条**　调查委员会应当向全国人民代表大会提出调查报告。全国人民代表大会根据调查委员会的报告，可以作出相应的决议。

全国人民代表大会可以授权全国人民代表大会常务委员会在全国人民代表大会闭会期间，听取调查委员会的调查报告，并可以作出相应的决议，报全国人民代表大会下次会议备案。

### 第七章　发言和表决

**第五十五条**　全国人民代表大会代表在全国人民代表大会各种会议上的发言和表决，不受法律追究。

**第五十六条**　代表在全国人民代表大会各种会议上发言，应当围绕会议确定的议题进行。

**第五十七条**　代表在大会全体会议上发言的，每人可以发言两次，第一次不超过十分钟，第二次不超过五分钟。

要求在大会全体会议上发言的，应当在会前向秘书处报名，由大会执行主席安排发言顺序；在大会全体会议上临时要求发言的，经大会执行主席许可，始得发言。

**第五十八条**　主席团成员和代表团团长或者代表团推选的代表在主席团每次会议上发言的，每人可以就同一议题发言两次，第一次不超过十五分钟，第二次不超过十分钟。经会议主持人许可，发言时间可以适当延长。

**第五十九条**　大会全体会议表决议案，由全体代表的过半数通过。

宪法的修改，由全体代表的三分之二以上的多数通过。

表决结果由会议主持人当场宣布。

会议表决时，代表可以表示赞成，可以表示反对，也可以表示弃权。

**第六十条**　会议表决议案采用无记名按表决器方式。如表决器系统在使用中发生故障，采用举手方式。

宪法的修改，采用无记名投票方式表决。

预备会议、主席团会议表决的方式，适用本条第一款的规定。

### 第八章　公　　布

**第六十一条**　全国人民代表大会选举产生的全国人民代表大会常务委员会委员长、副委员长、秘书长、委员，中华人民共和国主席、副主席，中央军事委员会主席，国家监察委员会主任，最高人民法院院长，最高人民检察院检察长，决定任命的中央军事委员会副主席、委员，通过的全国人民代表大会专门委员会成员，以全国人民代表大会公告予以公布。

全国人民代表大会决定任命的国务院总理、副总理、国务委员、各部部长、各委员会主任、中国人民银行行长、审计长、秘书长，由中华人民共和国主席根据全国人民代表大会的决定，签署主席令任命并予以公布。

**第六十二条**　国家机构组成人员在全国人民代表大会会议期间辞职或者被罢免的，适用本规则第六十一条规定的公布程序。

**第六十三条**　全国人民代表大会通过的宪法修正案，以全国人民代表大会公告予以公布。

**第六十四条**　全国人民代表大会通过的法律，由中华人民共和国主席签署主席令予以公布。

**第六十五条**　全国人民代表大会通过的法律、决议、决定，发布的公告，以及法律草案的说明、审议结果报告等，应当及时在全国人民代表大会常务委员会公报和中国人大网上刊载。

### 第九章　附　　则

**第六十六条**　本规则自公布之日起施行。

## 关于《中华人民共和国全国人民代表大会议事规则（修正草案）》的说明

——2021 年 3 月 5 日在第十三届全国人民代表大会第四次会议上

全国人大常委会副委员长　王　晨

各位代表：

我受全国人大常委会委托，作关于《中华人民共和国全国人民代表大会议事规则（修正草案）》的说明。

## 一、修改的必要性和重大意义

人民代表大会制度是我国的根本政治制度，全国人民代表大会是最高国家权力机关，行使宪法和法律赋予的重要职权。全国人大议事规则是关于全国人民代表大会会议制度和工作程序的基本法律，是全国人大及其常委会依法行使职权的重要制度保障，是宪法有关规定的立法实施。我国宪法第七十八条规定："全国人民代表大会和全国人民代表大会常务委员会的组织和工作程序由法律规定。"1989 年 4 月，七届全国人大二次会议通过了全国人大议事规则。这部法律的颁布施行，对于保障最高国家权力机关依法行使职权发挥了重要作用。党的十八大以来，以习近平同志为核心的党中央高度重视、全面加强党对人大工作的领导，推动人大制度、人大工作取得历史性成就。习近平总书记就坚持和完善人民代表大会制度、发展社会主义民主政治发表一系列重要讲话。党的十九大和十九届四中全会决定明确提出，健全人大组织制度、工作制度和议事规则。贯彻习近平总书记关于坚持和完善人民代表大会制度的重要思想和习近平法治思想，落实党中央重大决策部署，有必要认真总结实践经验，修改全国人大议事规则，进一步完善全国人大的会议制度和工作程序。

（一）修改全国人大议事规则是坚持党的全面领导、加强全国人大政治建设的重要举措

中国共产党领导是中国特色社会主义最本质的特征，是中国特色社会主义制度的最大优势。人民代表大会制度是坚持党的领导、人民当家作主、依法治国有机统一的根本政治制度安排。坚持和完善人民代表大会制度，必须毫不动摇坚持中国共产党的领导，更好地通过人民代表大会制度和法定程序使党的主张成为国家意志。全国人大议事规则以宪法、全国人大组织法和全国人大实践经验为依据，是保证全国人大会议正常举行和相关工作正常进行的制度规范。宪法和全国人大组织法确立的基本原则，包括坚持中国共产党的领导，坚持以马克思列宁主义、毛泽东思想、邓小平理论、"三个代表"重要思想、科学发展观、习近平新时代中国特色社会主义思想为指导等，贯穿贯彻于人大活动、人大工作的全过程和各领域。修改完善全国人大议事规则，对于新时代更好地坚持党对人大工作的全面领导，切实加强全国人大及其常委会的政治建设，保证党的路线方针政策和决策部署在国家工作中得到全面贯彻和有效执行，具有重要和深远的意义。

（二）修改全国人大议事规则是坚持全过程民主、保证和发展人民当家作主的制度保障

我国宪法第二条中规定："中华人民共和国的一切权力属于人民"。人民当家作主是社会主义民主政治的本质和核心，是社会主义的生命。习近平总书记指出，我们走的是一条中国特色社会主义政治发展道路，人民民主是一种全过程的民主。既保证人民依法实行民主选举，也保证人民依法实行民主决策、民主管理、民主监督。全过程民主是中国特色社会主义民主政治区别于西方形形色色资产阶级民主的显著特征。人民代表大会制度之所以具有强大的生命力和显著优越性，关键在于它深深根植于人民之中。全国人民代表大会和地方各级人民代表大会都由民主选举产生，对人民负责，受人民监督。全国人大及其常委会的组织和运行切实贯彻落实全过程民主的要求，通过完整规范的制度程序，实现完整有效的参与实践。全国人大代表来自人民，反映人民的意志和要求；全国人大及其常委会通过多种形式和渠道，同人民群众保持密切联系，倾听人民的意见和建议，保障人民权益。全国人大及其常委会依照宪法和法律规定行使立法、监督等各项职权，决定重大事项，都是在充分发扬民主、广泛征求意见、反复酝酿讨论的基础上集体作出决策。修改全国人大议事规则，完善全国人大的会议制度和工作程序，对于坚持以人民为中心，巩固和发挥中国特色社会主义民主政治的独特优势，保证全体人民更好地通过人民代表大会制度行使国家权力，具有重大的现实意义。

（三）修改全国人大议事规则是深入总结实践经验、坚持和完善人民代表大会制度的客观要求

全国人民代表大会成立 60 多年来，人民代表大会制度不断得到巩固和发展。每年召开全国人民代表大会会议，是国家政治生活中的一件大事，是在党的领导下国家政治安定、人民团结、事业发展的重要标志。1982 年现行宪法和全国人大组织法公布施行以来，全国人民代表大会先后五次通过宪法修正案，完成八次国家机构领导人员换届选举，批准八个国民经济和社会发展五年规划，形成并不断完善中国特色社会主义法律体系。全国人大及其常委会不断适应新形势新要求，认真行使职权，积极探索创新，法律草案在立法全过程多次公开征求意见、常委会听取"一府一委两院"专项工作报告、执法检查、专题询问、备案审查、代表列席常委会会议、宪法宣誓等新制度、新方式不断推出，日益

规范,取得重大成果和功效。特别是 2020 年,在新冠肺炎疫情防控的特殊背景下,我们依然适时召开全国人民代表大会会议,向全世界充分展示我国社会大局稳定和中国人民团结一心、奋力拼搏的良好形象。全国人大及其常委会依法行使职权的过程,也是全国人大会议制度和工作程序不断走向健全、人民代表大会制度不断走向完善的过程。现行的全国人大议事规则已实施 32 年,一直没有作过修改。因此,有必要深入总结人民代表大会制度发展和人大工作的实践经验,把一些成熟的、行之有效的做法通过法律制度固定下来,持续从新的实践中获取生机活力,推动人民代表大会制度与时俱进、完善发展。

(四)修改全国人大议事规则是深化党和国家机构改革、推进国家治理体系和治理能力现代化的现实需要

党和国家机构职能体系是中国特色社会主义制度的重要组成部分,是党治国理政的重要组织保障。习近平总书记指出,要坚持和完善民主集中制的制度和原则,促使各类国家机关提高能力和效率、增进协调和配合,形成治国理政的强大合力。党的十九届三中全会对深化党和国家机构改革作出全面部署,十三届全国人大一次会议通过了国务院机构改革方案。2018 年修改后的宪法专设一节规定国家监察委员会;全国人大组织机构进一步健全,法律委员会更名为宪法和法律委员会,内务司法委员会更名为监察和司法委员会,新设社会建设委员会。党和国家机构改革和职能转变,对全国人大及其常委会更好地贯彻落实民主集中制原则提出新的要求。人民代表大会制度是中国特色社会主义制度的重要组成部分,是支撑国家治理体系和治理能力的根本政治制度。修改全国人大议事规则,完善全国人大会议制度和工作程序,正确把握全国人大及其常委会与其他有关国家机关之间的关系,加强国家权力机关对行政机关、监察机关、审判机关、检察机关等国家机关的工作监督,有利于进一步巩固深化国家机构改革成果,保证各国家机关更好地分工合作、相互配合,使各国家机关更有效地领导和组织社会主义现代化建设事业,推进国家治理体系和治理能力现代化。

## 二、修改的总体要求和工作过程

修改全国人大议事规则,坚持以习近平新时代中国特色社会主义思想为指导和根本遵循,全面贯彻落实党的十九大和十九届二中、三中、四中、五中全会精神和修改后宪法的规定和精神,适应新形势新要求,坚持和完善人民代表大会制度,更好发挥人民代表大会制度的根本政治制度作用。修改工作遵循的原则:一是贯彻落实习近平总书记关于坚持和完善人民代表大会制度的重要思想和习近平法治思想,把坚持党的全面领导作为人大工作的首要政治原则,通过人民代表大会制度和法定程序,保证党的路线方针政策和决策部署在国家工作中得到全面贯彻和有效执行,确保人大工作正确政治方向。二是总结吸收人民代表大会制度实践的新经验新成果,适应人大工作面临的新情况,解决实践中遇到的新问题。同时充分考虑人民代表大会制度作为国家根本政治制度的根本性、全局性、稳定性和长期性,根据实践发展确有必要修改的,与时俱进地加以修改完善;可改可不改的,不作修改。三是充分反映国家监察体制改革、党和国家机构改革后有关机构设置及其职能发生的新变化,完善适合最高国家权力机关特点、严谨规范、务实高效的会议制度和工作程序。四是处理好全国人大组织法、全国人大议事规则之间以及这两部法律与全国人大常委会议事规则、代表法、立法法、监督法、预算法、监察法等相关法律之间的关系,做好统筹和衔接,避免简单重复。按照立法工作计划,全国人大议事规则修改后,将对全国人大常委会议事规则作出必要的修改完善。

以习近平同志为核心的党中央高度重视全国人大议事规则修改工作。2020 年 7 月,习近平总书记主持召开中央政治局常委会会议,听取并原则同意全国人大常委会党组关于全国人大议事规则修正草案的请示汇报。习近平总书记作出的重要指示,为修法工作、人大工作提供了重要指导和根本遵循。

根据立法工作安排,全国人大常委会法制工作委员会于 2019 年初启动全国人大议事规则的修改工作,经广泛征求各方面意见、认真研究,提出了全国人大议事规则修正草案。期间主要开展了以下工作:一是认真学习、深刻领会习近平总书记关于坚持和完善人民代表大会制度的重要思想和习近平法治思想,组织对全国人大议事规则有关问题开展专题研究,认真梳理全国人大代表提出的有关议案、建议和各方面提出的意见建议。二是全国人大宪法和法律委员会、全国人大常委会法制工作委员会多次召开座谈会,分别听取全国人大各专门委员会、常委会办事机构和工作机构,部分常委会委员,全国人大机关部分老同志以及专家学者对修

法的意见和建议，根据各方面的意见研究提出修正草案。三是将全国人大议事规则修正草案送中央有关部门、单位和各省（自治区、直辖市）人大、基层立法联系点和有关人民团体、部分高等院校和研究机构征求意见。四是到部分地方进行调研，了解地方人大及其常委会在会议制度和工作程序方面好的经验做法。

2020 年 5 月召开的十三届全国人大三次会议，是在新冠肺炎疫情防控的特殊背景下召开的一次重要会议，会议组织安排呈现新形式、新风貌，得到与会人员和社会各界的高度评价。贯彻落实习近平总书记重要指示批示精神，对此次会议召开的成功实践和好的经验做法进行认真梳理总结，从精简会议程序、提高议事质量和效率、改进会风等方面对修正草案作了进一步完善。

2020 年 8 月，十三届全国人大常委会第二十一次会议对全国人大议事规则修正草案进行了初次审议。常委会组成人员普遍认为，修正草案贯彻落实党中央决策部署和修改后宪法的规定，总结吸收人民代表大会制度实践的新经验新成果，突出加强党对人大工作的全面领导，有利于更好坚持和完善人民代表大会制度。2020 年 12 月，十三届全国人大常委会第二十四次会议对全国人大议事规则修正草案进行了再次审议，并决定提请十三届全国人大四次会议审议。

全国人大议事规则修正草案经全国人大常委会两次会议审议后，全国人大常委会办公厅将修正草案印发十三届全国人大代表，组织部署全国人大代表研读讨论，征求代表意见，并先后两次在中国人大网全文公布修正草案征求社会公众意见。

2021 年 2 月 2 日，全国人大宪法和法律委员会召开会议，根据全国人大常委会组成人员的审议意见、代表研读讨论中提出的意见和各方面的意见，对全国人大议事规则修正草案作了进一步修改完善。全国人大宪法和法律委员会认为，经过全国人大常委会两次审议和广泛征求意见，全国人大议事规则修正草案充分吸收各方面的意见建议，已经比较成熟。据此，形成了提请本次会议审议的《中华人民共和国全国人民代表大会议事规则（修正草案）》。

## 三、全国人大议事规则修正草案的主要内容

《中华人民共和国全国人民代表大会议事规则（修正草案）》共 35 条，主要修改内容如下：

（一）明确会议召开的相关准备工作

修正草案在总结实践经验的基础上，进一步明确对全国人民代表大会会议召开前相关准备工作的各项要求。一是增加规定：会议召开的日期由常委会决定并予以公布；遇有特殊情况，常委会可以决定适当提前或者推迟召开会议；提前或者推迟召开会议的日期，未能在当次会议上决定的，常委会可以另行决定，或者授权委员长会议决定并予以公布。二是增加规定：全国人大常委会在会议举行前可以组织代表研读讨论有关法律草案，并征求代表对法律草案的意见。

（二）严明会议纪律

党的十八大以来，以习近平同志为核心的党中央高度重视会风会纪问题。全国人大及其常委会坚决贯彻落实党中央要求，坚持不懈改进会风，就进一步严肃会议纪律提出了各项具体措施和明确要求。总结实践做法，修正草案明确规定全国人大代表应当出席会议，因病或者其他特殊原因不能出席的，应当向大会秘书处书面请假；大会秘书处应当向主席团报告代表出席会议的情况和缺席的原因；代表应当勤勉尽责，认真审议各项议案和报告，严格遵守会议纪律。

（三）适当精简会议程序，提高议事质量和效率

总结 2020 年新冠肺炎疫情防控特殊背景下召开十三届全国人大三次会议的实践经验，修正草案围绕提高大会议事质量和效率作了补充完善。一是增加规定：全国人民代表大会举行会议，应当合理安排会议日程，提高议事质量和效率。二是精简法律案审议程序，明确法律草案修改稿在各代表团审议后，经进一步修改可直接提出表决稿交付大会表决，减少了实践中草案建议表决稿的审议环节。三是简化常委会委员辞职程序，将以往全国人大常委会接受常委会委员辞职应当报经大会“确认”，修改为向大会“报告”，这样修改后，此类事项不再需要像以往那样列入大会议程进行审议和表决。四是增加规定：代表在大会各种会议上发言，应当围绕会议确定的议题进行。五是吸收历年大会议案表决办法的有关内容，对表决程序和表决方式在法律上作出明确规定，这样修改后，不再需要像以往那样在每次大会开会时由主席团专门通过本次会议的议案表决办法。

（四）加强会议公开和信息化建设

为进一步扩大会议公开事项，增进人民群众对最高国家权力机关行使职权过程的了解，增加

规定:全国人民代表大会会议议程、日程和会议情况应当公开;大会设发言人,代表团可以根据需要设发言人;大会秘书处可以组织代表和有关部门、单位负责人接受新闻媒体采访;代表团可以组织本代表团代表接受新闻媒体采访;大会全体会议可以通过广播、电视、网络等进行公开报道。增加规定全国人民代表大会会议利用信息技术,推进会议文件、资料电子化,为代表履职提供便利。

(五)完善法律案等议案审议程序

一是根据多年来的实践做法并参照立法法的规定,增加规定:向大会提出的法律案,在大会闭会期间,可以先向常委会提出,经常委会会议依照有关程序审议后,决定提请大会审议;常委会对准备提请大会审议的法律案,应当将法律草案向社会公布,广泛征求意见,但是经委员长会议决定不公布的除外。向社会公布征求意见的时间一般不少于三十日。二是规定向大会提出的议案经主席团决定不列入本次会议议程的,交有关的专门委员会在大会闭会后审议;有关的专门委员会进行审议后,向常委会提出审议结果报告,经常委会审议通过后,印发下次全国人民代表大会会议。

(六)规范规划纲要的审查批准和调整程序

根据实践发展,增加规定国民经济和社会发展五年规划纲要和中长期规划纲要的审查、批准和调整,参照有关年度计划审查、批准和调整的规定执行。

(七)健全完善大会通过事项的公布程序

根据实践做法,增加规定大会通过的宪法修正案,以全国人民代表大会公告予以公布,并对大会通过的法律,大会选举和决定任命国家机构组成人员、国家机构组成人员辞职和罢免的公布程序作了规定。修正草案还增加规定:大会通过的法律、决议、决定,发布的公告,以及法律草案的说明、审议结果报告等相关立法文件,应当及时在全国人大常委会公报和中国人大网上刊载。

《中华人民共和国全国人民代表大会议事规则(修正草案)》和以上说明,请审议。

# 第十三届全国人民代表大会宪法和法律委员会关于《中华人民共和国全国人民代表大会议事规则(修正草案)》审议结果的报告

(2021 年 3 月 9 日第十三届全国人民代表大会第四次会议主席团第二次会议通过)

十三届全国人大四次会议主席团:

3 月 8 日上午,各代表团小组会议审议了全国人民代表大会议事规则修正草案。代表们普遍认为,全国人大议事规则是全国人大及其常委会依法行使职权的重要制度保障,是宪法有关规定的立法实施。修正草案贯彻落实习近平新时代中国特色社会主义思想,落实党中央决策部署和修改后宪法的规定,体现深化党和国家机构改革新形势新任务新要求,总结人民代表大会制度实践的新经验新成果,进一步健全全国人民代表大会的会议制度和工作程序,注重提高议事质量和效率,符合宪法的规定、原则和精神,有利于保障最高国家权力机关依法行使职权,更好地保障人民行使当家作主的权力。立法过程贯彻了科学立法、民主立法、依法立法的精神,全国人大常委会两次进行审议,两次向社会公开征求意见,组织全国人大代表研读讨论,采取多种方式征求各方面意见。经过深入研究、广泛调研、反复修改,修正草案较好地吸收了各方面的意见,已经比较成熟,建议提请本次会议审议通过。同时,代表们也对修正草案提出了一些修改意见。宪法和法律委员会于 3 月 8 日晚召开会议,对修正草案进行认真审议,对代表提出的修改意见逐条研究。根据各代表团的审议意见和有关方面的意见,对修正草案共作了 16 处修改,其中实质性修改 4 处。主要修改是:

一、修正草案第九条规定:“全国人民代表大会举行会议,应当合理安排会议日程,提高议事质量和效率。”有的代表提出,会议日程紧凑,为提高审议的效率,代表团应当严格按照会议日程确定的议题进行审议。宪法和法律委员会经研究,建议在这一条增加一款规定:“各代表团应当按照会议日程进行审议。”

二、修正草案第十条规定:“全国人民代表大会会议利用信息技术,推进会议文件、资料电子化,为代表履职提供便利。”有的代表提出，在疫情防控下，去年和今年的大会，代表团在审议有关工作报告时，有关部门、单位负责人员采用网络视频的形式听取代表意见、回答询问，代表接受媒体采访，也有通过视频方式的，效果很好，建议对此作出规定。宪法和法律委员会经研究，建议将这一条规定修改为：“全国人民代表大会会议运用现代信息技术，推进会议文件资料电子化，采用网络视频等方式为代表履职提供便利和服务。”

三、修正草案第十二条对宪法和法律委员会统一审议法律案作了规定。有些代表提出，大会审议有关法律问题的决定草案，是大会行使职权的重要方式，是丰富立法形式的重要体现。多年来，有关法律问题的决定草案，同法律草案一样都是由宪法和法律委员会进行统一审议的，建议将这一做法予以明确。宪法和法律委员会经研究，建议将这一条中的宪法和法律委员会“向主席团提出审议结果报告和法律草案修改稿”修改为“向主席团提出审议结果报告和法律草案、有关法律问题的决定草案修改稿”。

四、修正草案第十六条对财政经济委员会初步审查计划、预算作了规定。有的代表提出，计划草案的初步方案应当与预算草案的初步方案一样，在大会举行前四十五日，由国务院有关主管部门向财政经济委员会进行汇报。宪法和法律委员会经研究，建议将这一条中的“一个月”修改为“四十五日”。

需要说明的是，有些代表还对进一步完善修正草案提出了一些好的意见建议。宪法和法律委员会经研究认为，有的内容在宪法中作了规定，有的内容在立法法、监督法、预算法、代表法等法律中作了规定。考虑到人民代表大会制度作为国家根本政治制度的根本性、全局性、稳定性和长期性，这次修改全国人大议事规则是部分修改，可改可不改的，不作修改。代表们提出的有些意见建议，可以在以后修改其他相关法律时予以研究，或者在具体工作中予以考虑。

此外，根据代表们的审议意见，还对修正草案作了一些文字修改。

宪法和法律委员会已按上述意见提出了全国人民代表大会关于修改《中华人民共和国全国人民代表大会议事规则》的决定（草案），建议经主席团审议通过后，印发各代表团审议。

修改决定草案和以上报告，请审议。

第十三届全国人民代表大会
宪法和法律委员会
2021年3月9日

# 第十三届全国人民代表大会宪法和法律委员会关于《全国人民代表大会关于修改〈中华人民共和国全国人民代表大会议事规则〉的决定（草案）》修改意见的报告

（2021年3月10日第十三届全国人民代表大会第四次会议主席团第三次会议通过）

十三届全国人大四次会议主席团：

3月9日下午，各代表团小组会议对全国人民代表大会关于修改全国人民代表大会议事规则的决定草案进行了审议。代表们普遍认为，修改决定草案在认真研究并充分吸收代表提出意见的基础上，作了相应的修改完善；审议过程充分发扬了民主，广泛凝聚了共识，充分体现了对代表主体地位的尊重。草案内容已经成熟，赞成将修改决定草案提请本次大会表决通过。同时，有些代表还提出了一些修改意见。宪法和法律委员会于3月9日晚召开会议，对修改决定草案进行认真审议，对代表提出的修改意见逐条研究。宪法和法律委员会认为，修改决定草案是可行的，同时，根据各代表团的审议意见，提出以下修改意见：

修改决定草案第二条对组织代表研读讨论有关法律草案作了规定。有的代表提出，实践中，在大会召开前，全国人大常委会召开通报会，就大会拟讨论的主要事项向代表通报有关情况，为代表在大会期间审议各项议案和报告作准备，建议将这一做法予以明确。宪法和法律委员会经研究，建议在这一条中增加规定：全国人大常委会向代表“通报会议拟讨论的主要事项的有关情况”。

宪法和法律委员会经研究，建议将本决定的施行时间确定为 2021 年 3 月 12 日。

此外，根据代表们的审议意见，还对修改决定草案作了个别文字修改。

修改决定草案表决稿已按上述意见作了修改，建议经主席团审议通过后，提请大会全体会议表决。

修改决定草案表决稿和以上报告，请审议。

第十三届全国人民代表大会
宪法和法律委员会
2021 年 3 月 10 日

# 全国人民代表大会关于完善香港特别行政区选举制度的决定

（2021 年 3 月 11 日第十三届全国人民代表大会第四次会议通过）

第十三届全国人民代表大会第四次会议审议了全国人民代表大会常务委员会关于提请审议《全国人民代表大会关于完善香港特别行政区选举制度的决定（草案）》的议案。会议认为，香港回归祖国后，重新纳入国家治理体系，《中华人民共和国宪法》和《中华人民共和国香港特别行政区基本法》共同构成香港特别行政区的宪制基础。香港特别行政区实行的选举制度，包括行政长官和立法会的产生办法，是香港特别行政区政治体制的重要组成部分，应当符合“一国两制”方针，符合香港特别行政区实际情况，确保爱国爱港者治港，有利于维护国家主权、安全、发展利益，保持香港长期繁荣稳定。为完善香港特别行政区选举制度，发展适合香港特别行政区实际情况的民主制度，根据《中华人民共和国宪法》第三十一条和第六十二条第二项、第十四项、第十六项的规定，以及《中华人民共和国香港特别行政区基本法》、《中华人民共和国香港特别行政区维护国家安全法》的有关规定，全国人民代表大会作出如下决定：

一、完善香港特别行政区选举制度，必须全面准确贯彻落实“一国两制”、“港人治港”、高度自治的方针，维护《中华人民共和国宪法》和《中华人民共和国香港特别行政区基本法》确定的香港特别行政区宪制秩序，确保以爱国者为主体的“港人治港”，切实提高香港特别行政区治理效能，保障香港特别行政区永久性居民的选举权和被选举权。

二、香港特别行政区设立一个具有广泛代表性、符合香港特别行政区实际情况、体现社会整体利益的选举委员会。选举委员会负责选举行政长官候任人、立法会部分议员，以及提名行政长官候选人、立法会议员候选人等事宜。

选举委员会由工商、金融界，专业界，基层、劳工和宗教等界，立法会议员、地区组织代表等界，香港特别行政区全国人大代表、香港特别行政区全国政协委员和有关全国性团体香港成员的代表界等五个界别共 1500 名委员组成。

三、香港特别行政区行政长官由选举委员会选出，由中央人民政府任命。

行政长官候选人须获得选举委员会不少于 188 名委员联合提名，且上述五个界别中每个界别参与提名的委员不少于 15 名。选举委员会以一人一票无记名投票选出行政长官候任人，行政长官候任人须获得选举委员会全体委员过半数支持。

四、香港特别行政区立法会议员每届 90 人。通过选举委员会选举、功能团体选举、分区直接选举三种方式分别选举产生。

五、设立香港特别行政区候选人资格审查委员会，负责审查并确认选举委员会委员候选人、行政长官候选人和立法会议员候选人的资格。香港特别行政区应当健全和完善有关资格审查制度机制，确保候选人资格符合《中华人民共和国香港特别行政区基本法》、《中华人民共和国香港特别行政区维护国家安全法》、全国人民代表大会常务委员会关于《中华人民共和国香港特别行政区基本法》第一百零四条的解释和关于香港特别行政区立法会议员资格问题的决定以及香港特别行政区本地有关法律的规定。

六、授权全国人民代表大会常务委员会根据本决定修改《中华人民共和国香港特别行政区基本法》附件一《香港特别行政区行政长官的产生办法》和附件二《香港特别行政区立法会的产生办法和表决程序》。

七、香港特别行政区应当依照本决定和全国

人民代表大会常务委员会修改后的《中华人民共和国香港特别行政区基本法》附件一《香港特别行政区行政长官的产生办法》和附件二《香港特别行政区立法会的产生办法和表决程序》，修改香港特别行政区本地有关法律，依法组织、规管相关选举活动。

八、香港特别行政区行政长官应当就香港特别行政区选举制度安排和选举组织等有关重要情况，及时向中央人民政府提交报告。

九、本决定自公布之日起施行。

# 关于《全国人民代表大会关于完善香港特别行政区选举制度的决定(草案)》的说明

——2021年3月5日在第十三届全国人民代表大会第四次会议上

全国人大常委会副委员长　王　晨

各位代表：

我受全国人大常委会的委托，作关于《全国人民代表大会关于完善香港特别行政区选举制度的决定(草案)》的说明。

## 一、完善香港特别行政区选举制度的必要性和重要性

香港回归祖国后重新纳入国家治理体系，《中华人民共和国宪法》和《中华人民共和国香港特别行政区基本法》共同构成香港特别行政区的宪制基础。香港特别行政区实行的选举制度包括行政长官的产生办法和立法会的产生办法，是香港特别行政区政治体制的重要组成部分，应当符合"一国两制"方针，符合香港特别行政区实际情况，确保"爱国者治港"，有利于维护国家主权、安全、发展利益，保持香港长期繁荣稳定。香港回归以来，国家始终坚持全面准确贯彻落实"一国两制"、"港人治港"、高度自治的方针，坚持依法治港，维护宪法和香港基本法确定的香港特别行政区宪制秩序，支持香港特别行政区民主发展，保障香港特别行政区居民依法行使民主权利。同时必须看到，近几年来，特别是2019年香港发生"修例风波"以来，反中乱港势力和本土激进分离势力公然鼓吹"港独"等主张，通过香港特别行政区选举平台、立法会和区议会议事平台或者利用有关公职人员身份，肆无忌惮进行反中乱港活动，极力瘫痪香港特别行政区立法会运作，阻挠香港特别行政区政府依法施政；策划并实施所谓"预选"，妄图通过选举掌控香港立法会主导权，进而夺取香港管治权；一些外国和境外势力通过立法、行政等方式和驻港领事机构、非政府组织等渠道公然干预香港事务，对我国有关人员粗暴进行所谓"制裁"，明目张胆为香港反中乱港势力撑腰打气、提供保护伞。这些行为和活动，严重损害香港特别行政区的宪制秩序和法治秩序，严重挑战宪法、香港基本法和香港国安法权威，严重危害国家主权、安全、发展利益，严重破坏香港社会大局稳定，必须予以坚决反对并采取有力措施防范和化解风险。

香港社会出现的一些乱象表明，香港特别行政区现行的选举制度机制存在明显的漏洞和缺陷，为反中乱港势力夺取香港特别行政区管治权提供了可乘之机。为此，必须采取必要措施完善香港特别行政区选举制度，消除制度机制方面存在的隐患和风险，确保以爱国者为主体的"港人治港"，确保在香港特别行政区依法施政和有效治理，确保香港"一国两制"实践始终沿着正确方向前进。

早在1984年6月，邓小平同志就明确指出："港人治港有个界线和标准，就是必须由以爱国者为主体的港人来治理香港。""什么叫爱国者？爱国者的标准是，尊重自己民族，诚心诚意拥护祖国恢复行使对香港的主权，不损害香港的繁荣和稳定。"香港自古以来就是中国的领土，香港特别行政区是中华人民共和国不可分离的部分，是中华人民共和国的一个享有高度自治权的地方行政区域、直辖于中央人民政府。"爱国者治港"是"一国两制"方针的应有之义。香港基本法关于香港特别行政区行政长官以及行政机关、立法机关、司法机关组成人员的规定，贯穿着由以爱国者为主体的"港人治港"的原则，要求行政长官、主要官员、行政会议成员、立法

会议员、各级法院法官和其他司法人员都必须拥护中华人民共和国香港特别行政区基本法，效忠中华人民共和国香港特别行政区。2019 年 10 月，党的十九届四中全会《决定》提出，坚持和完善“一国两制”制度体系，完善特别行政区同宪法和基本法实施相关的制度和机制，坚持以爱国者为主体的“港人治港”。2021 年 1 月 27 日，习近平主席在听取香港特别行政区行政长官 2020 年度述职报告时强调，香港由乱及治的重大转折，再次昭示了一个深刻道理，那就是要确保“一国两制”实践行稳致远，必须始终坚持“爱国者治港”；这是事关国家主权、安全、发展利益，事关香港长期繁荣稳定的根本原则；只有做到“爱国者治港”，中央对特别行政区的全面管治权才能得到有效落实，宪法和基本法确立的宪制秩序才能得到有效维护，各种深层次问题才能得到有效解决，香港才能实现长治久安，并为实现中华民族伟大复兴作出应有的贡献。香港特别行政区实行的选举制度，包括行政长官的产生办法和立法会的产生办法，必须切实贯彻和全面体现以爱国者为主体的“港人治港”的政治原则和标准并为此提供相应的制度保障。

## 二、完善香港特别行政区选举制度的总体要求、重要原则、基本思路和推进方式

完善香港特别行政区选举制度的总体要求是，坚持以习近平新时代中国特色社会主义思想为指导，全面贯彻党的十九大和十九届二中、三中、四中、五中全会精神，坚持和完善“一国两制”制度体系，从制度机制上全面贯彻、体现和落实“爱国者治港”的原则，确保管治权牢牢掌握在爱国爱港力量手中，确保香港长治久安和长期繁荣稳定。

贯彻上述总体要求，必须遵循和把握好以下重要原则。*一是全面准确贯彻“一国两制”、“港人治港”、高度自治的方针。*坚持和完善“一国两制”制度体系，坚持以爱国者为主体的“港人治港”，把坚持“一国”原则和尊重“两制”差异、维护中央对特别行政区全面管治权和保障特别行政区高度自治权结合起来，为“爱国者治港”提供健全的制度保障。*二是坚定维护国家主权、安全、发展利益。*确保国家牢牢掌握完善香港特别行政区选举制度主导权，全面落实香港国安法，维护香港特别行政区社会大局稳定，坚决防范、制止和惩治外国和境外势力干预香港事务和利用香港进行分裂、颠覆、渗透、破坏活动。*三是坚持依法治港。*维护宪法和香港基本法确定的香港特别行政区宪制秩序，在宪法和香港基本法轨道上完善有关选举制度和相关机制，严格依照香港基本法、香港国安法、全国人大及其常委会有关决定和香港特别行政区本地法律组织有关选举活动，提高依法治理能力和水平。*四是符合香港特别行政区实际情况。*发展符合香港特别行政区实际情况、体现社会整体利益的民主选举制度，依法保障香港同胞广泛的、均衡的政治参与，依法保障香港永久性居民依法享有的选举权和被选举权，团结一切可以团结的力量，广泛凝聚香港社会正能量。*五是提高香港特别行政区治理效能。*健全行政长官对中央人民政府负责的制度，维护行政主导的香港特别行政区治理架构和运行机制，支持行政长官和行政机关、立法机关、司法机关依法行使职权、履行职责，确保香港特别行政区政治体制和治理体制机制顺畅、有效运行。

完善香港特别行政区选举制度的基本思路是：以对香港特别行政区选举委员会重新构建和增加赋权为核心进行总体制度设计，调整和优化选举委员会的规模、组成和产生办法，继续由选举委员会选举产生行政长官，并赋予选举委员会选举产生较大比例的立法会议员和直接参与提名全部立法会议员候选人的新职能，通过选举委员会扩大香港社会均衡有序的政治参与和更加广泛的代表性，对有关选举要素作出适当调整，同时建立全流程资格审查机制，进而形成一套符合香港特别行政区实际情况、有香港特色的新的民主选举制度。

香港特别行政区目前实行的选举制度，是根据香港基本法有关规定、全国人大常委会有关解释和决定以及香港特别行政区本地有关法律规定确定的。香港基本法第四十五条、第六十八条等作出了原则性规定，香港基本法附件一和附件二以及有关修正案作出了具体明确的规定。中央和国家有关部门在综合分析和全面评估的基础上，认为有必要从国家层面修改完善香港特别行政区有关选举制度，主要是修改香港特别行政区行政长官的产生办法和立法会的产生办法；同时，考虑到保持香港特别行政区相关制度的连续性和稳定性，本次完善香港特别行政区有关选举制度，可以只修改香港基本法附件一和附件二，不涉及修改香港基本法正文。中央和国家有关部门经认真研究并与有关方面沟通后，提出采取“决定 + 修法”的方式，分步予以推

进和完成。**第一步**，全国人民代表大会根据宪法和香港基本法、香港国安法的有关规定，作出关于完善香港特别行政区选举制度的决定，明确修改完善香港特别行政区选举制度应当遵循的基本原则和修改完善的核心要素内容，并授权全国人民代表大会常务委员会根据本决定修改香港基本法附件一和附件二。**第二步**，全国人大常委会根据宪法、香港基本法、香港国安法和全国人大有关决定，修订香港基本法附件一《香港特别行政区行政长官的产生办法》和附件二《香港特别行政区立法会的产生办法和表决程序》，修订后的附件一和附件二将对香港特别行政区实行的新的民主选举制度作出具体明确的规定。在国家层面完成对附件一和附件二的修订后，香港特别行政区将据此对本地有关法律作出相应修改。

2021 年 2 月 27 日至 28 日，第十三届全国人民代表大会常务委员会第二十六次会议听取和审议了《国务院关于修改完善香港特别行政区选举制度和有关建议的报告》。会议同意国务院这个报告提出的关于修改完善香港特别行政区选举制度的建议。在此基础上，根据宪法、香港基本法、香港国安法的有关规定和全国人大及其常委会的有关决定，结合香港特别行政区具体情况，全国人大常委会法制工作委员会拟订了《全国人民代表大会关于完善香港特别行政区选举制度的决定（草案）》，经全国人大常委会审议后决定提请十三届全国人大四次会议审议。

### 三、关于决定草案的内容

《全国人民代表大会关于完善香港特别行政区选举制度的决定（草案）》分为导语和正文两部分。导语部分扼要说明作出这一决定的目的和法律依据。全国人民代表大会拟作出的相关决定，是根据《中华人民共和国宪法》第三十一条和第六十二条第二项、第十四项、第十六项的规定，以及《中华人民共和国香港特别行政区基本法》、《中华人民共和国香港特别行政区维护国家安全法》的有关规定，充分考虑了完善香港特别行政区有关选举制度的现实需要和香港特别行政区的具体情况，就完善香港特别行政区选举制度，推动适合香港特别行政区实际的民主政治制度发展，作出新的宪制性制度安排。这一制度安排，符合宪法规定和宪法原则，符合香港基本法，具有坚实的政治基础和法治基础，将确保实现以爱国者为主体的"港人治港"，有力保障香港"一国两制"实践行稳致远。

决定草案正文部分规定了修改完善香港特别行政区选举制度应当遵循的基本原则和修改完善的核心要素内容，同时授权全国人民代表大会常务委员会根据本决定修改香港基本法附件一和附件二。中央和国家有关部门在研究修改完善香港特别行政区选举制度的过程中，统筹考虑了作出本决定和下一步修订香港基本法附件一和附件二的有关问题，并已作出相应的工作安排。全国人大作出本决定后，全国人大常委会将根据本决定会同有关方面及早启动相关修法程序，修订香港基本法附件一和附件二。修订后的香港基本法附件一和附件二经依法公布施行后，原附件一和附件二以及有关修正案同时废止。

《全国人民代表大会关于完善香港特别行政区选举制度的决定（草案）》和以上说明，请审议。

# 第十三届全国人民代表大会宪法和法律委员会关于《全国人民代表大会关于完善香港特别行政区选举制度的决定（草案）》审议结果的报告

（2021 年 3 月 9 日第十三届全国人民代表大会第四次会议主席团第二次会议通过）

十三届全国人大四次会议主席团：

3 月 8 日上午，各代表团小组会议审议了全国人民代表大会关于完善香港特别行政区选举制度的决定草案。现将审议的总体意见和修改建议报告如下：

代表们一致认为，香港回归祖国后，重新纳入国家治理体系，宪法和香港基本法共同构成香港特别行政区的宪制基础。香港特别行政区实行的行政长官和立法会的产生办法，是香港特别行政区政治体制的重要组成部分，应当符合“一国两制”方针，符合香港特别行政区的实际情况，确保爱国爱港者治港，有利于维护国家主权、安全、发展利益，保持香港长期繁荣稳定。

近几年来，香港社会出现的乱象表明，香港特别行政区现行的选举制度机制存在明显的漏洞和缺陷，为反中乱港势力夺取香港特别行政区管治权提供了可乘之机。为此，必须采取必要措施完善香港特别行政区选举制度，消除制度机制方面存在的隐患和风险，确保以爱国者为主体的“港人治港”，确保在香港特别行政区依法施政和有效管治，确保香港“一国两制”实践始终沿着正确方向前进。

代表们一致赞成《全国人民代表大会关于完善香港特别行政区选举制度的决定（草案）》，认为决定草案充分考虑了完善香港特别行政区有关选举制度的现实需要和香港特别行政区的具体情况，是就完善香港特别行政区选举制度，推动适合香港实际的民主政治发展作出的新的宪制性制度安排。决定草案明确了修改完善香港特别行政区选举制度应当遵循的基本原则和修改完善的核心要素内容，同时授权全国人大常委会根据本决定修改香港基本法附件一和附件二。这一制度安排，符合宪法规定和宪法原则，符合香港基本法，具有坚实的政治基础和法治基础。决定草案的内容是必要的、可行的，已经比较成熟，建议提请本次会议审议通过。

在充分肯定决定草案的同时，代表们也对决定草案提出了一些修改意见建议。宪法和法律委员会于3月8日晚召开会议，对决定草案进行认真审议，对代表提出的修改意见逐条研究。全国人大常委会香港基本法委员会有关负责同志列席了会议。根据各代表团的审议意见、十三届全国人大常委会第二十六次会议上常委会组成人员的审议意见以及有关方面的意见，对决定草案共作了10处修改，主要修改是：

一、有些代表建议，在全国人民代表大会关于完善香港特别行政区选举制度的决定草案中，集中阐述作出此决定的必要性和重要性。这也是以往全国人大及其常委会作出相关决定的通常做法。宪法和法律委员会经研究，同意这一意见，建议在决定草案导语段段首增加以下内容：“第十三届全国人民代表大会第四次会议审议了全国人民代表大会常务委员会关于提请审议《全国人民代表大会关于完善香港特别行政区选举制度的决定（草案）》的议案。会议认为，香港回归祖国后，重新纳入国家治理体系，《中华人民共和国宪法》和《中华人民共和国香港特别行政区基本法》共同构成香港特别行政区的宪制基础。香港特别行政区实行的选举制度，包括行政长官和立法会的产生办法，是香港特别行政区政治体制的重要组成部分，应当符合‘一国两制’方针，符合香港特别行政区的实际情况，确保爱国爱港者治港，有利于维护国家主权、安全、发展利益，保持香港长期繁荣稳定。”

二、部分代表、有关方面建议，在决定草案第二条中“选举委员会负责选举行政长官”后增加“候任人”。根据香港基本法，选举委员会选出的只是行政长官人选，必须经过中央人民政府任命，才能成为行政长官。香港基本法现行附件一也是这样规定的。宪法和法律委员会经研究，建议采纳上述意见。

有些代表提出，全国人民代表大会作出本决定后，全国人大常委会根据本决定应当及早完成香港基本法附件一和附件二的修订。有的代表提出，香港特别行政区应当加强宪法和基本法教育、国情教育、中国历史和中华文化教育，增强香港同胞国家意识和爱国精神。宪法和法律委员会建议有关方面予以重视，统筹安排和推进。有些代表还就其他一些问题提出意见建议。宪法和法律委员会经研究认为，这些问题有的已经在决定草案起草审议过程中经过了反复研究，有的可以通过在全国人大常委会根据本决定修订的香港基本法附件一和附件二或者在其后香港特别行政区修改的本地有关法律中予以明确和细化，有的可以在实际工作中予以考虑，可不在决定草案中作出规定。

此外，根据代表们的审议意见，还对决定草案作了一些文字修改。

决定草案修改稿已按上述意见作了修改，建议经主席团审议通过后，印发各代表团审议。

全国人民代表大会关于完善香港特别行政区选举制度的决定草案修改稿和以上报告，请审议。

第十三届全国人民代表大会
宪法和法律委员会
2021年3月9日

# 第十三届全国人民代表大会宪法和法律委员会关于《全国人民代表大会关于完善香港特别行政区选举制度的决定(草案修改稿)》修改意见的报告

(2021年3月10日第十三届全国人民代表大会第四次会议主席团第三次会议通过)

十三届全国人大四次会议主席团:

3月9日下午,各代表团小组会议对全国人民代表大会关于完善香港特别行政区选举制度的决定草案修改稿进行了审议。代表们普遍认为,草案修改稿在认真研究并充分吸收代表们提出意见的基础上,作了相应的修改完善,草案修改稿是可行的,有关规定将有助于确保香港特别行政区实行的选举制度,包括行政长官和立法会的产生办法,符合“一国两制”方针,符合香港特别行政区实际情况,落实爱国爱港者治港,有利于维护国家主权、安全、发展利益,保障香港长期繁荣稳定,发展适合香港特别行政区实际情况的民主制度,赞成提请本次会议表决通过。一些代表提出,全国人大常委会宜尽早启动并完成对香港基本法附件一和附件二的修订,缩短“决定+修法”之间的时间,有关方面应推动香港特别行政区尽早修改本地相关法律,并加强法律在香港特别行政区的宣传,切实保障香港特别行政区的管治权牢牢掌握在爱国爱港力量手中。有的代表还提出了一些文字表述修改意见。

宪法和法律委员会于3月9日晚召开会议,对决定草案修改稿进行了认真审议,对代表提出的修改意见逐条研究。全国人大常委会香港基本法委员会有关负责同志列席了会议。宪法和法律委员会认为,决定草案修改稿已经成熟,赞成尽快制定相关法律的意见。

此外,根据代表们的审议意见,还对决定草案修改稿作了个别文字修改。

决定草案表决稿已按上述意见作了修改,建议经主席团审议通过后,提请大会全体会议表决。

全国人民代表大会关于完善香港特别行政区选举制度的决定草案表决稿和以上报告,请审议。

第十三届全国人民代表大会
宪法和法律委员会
2021年3月10日

# 第十三届全国人民代表大会第四次会议关于政府工作报告的决议

(2021年3月11日第十三届全国人民代表大会第四次会议通过)

第十三届全国人民代表大会第四次会议听取和审议了国务院总理李克强所作的政府工作报告。会议高度评价“十三五”时期我国经济社会发展取得的历史性成就,充分肯定国务院过去一年的工作,同意报告提出的“十四五”时期主要目标任务和2021年经济社会发展的总体要求、主要目标和工作部署,决定批准这个报告。

会议号召,全国各族人民更加紧密地团结在以习近平同志为核心的党中央周围,高举中国特色社会主义伟大旗帜,以习近平新时代中国特色社会主义思想为指导,全面贯彻党的十九大和十九届二中、三中、四中、五中全会精神,增强“四个意识”、坚定“四个自信”、做到“两个维护”,坚持稳中求进工作总基调,立足新发展阶段,贯彻新发展理念,构建新发展格局,以推动高质量发展为主题,以深化供给侧结构性改革为主线,以改革创新为根本动力,以满足人民日益增长的美好生活需要为根本目的,坚持系统观念,巩固拓展疫情防控和经济社会发展成果,更好统筹发展和安全,扎实做好“六稳”工作、全面落实“六保”任务,保持经济运行在合理区间,促进经济社会持续健康发展，同心协力、拼搏进取、扎实工作，确保“十四五”开好局起好步，以优异成绩庆祝中国共产党成立 100 周年。

# 政府工作报告

——2021 年 3 月 5 日在第十三届全国人民代表大会第四次会议上

国务院总理　李克强

各位代表：

现在，我代表国务院，向大会报告政府工作，请予审议，并请全国政协委员提出意见。

## 一、2020 年工作回顾

过去一年，在新中国历史上极不平凡。面对突如其来的新冠肺炎疫情、世界经济深度衰退等多重严重冲击，在以习近平同志为核心的党中央坚强领导下，全国各族人民顽强拼搏，疫情防控取得重大战略成果，在全球主要经济体中唯一实现经济正增长，脱贫攻坚战取得全面胜利，决胜全面建成小康社会取得决定性成就，交出一份人民满意、世界瞩目、可以载入史册的答卷。全年发展主要目标任务较好完成，我国改革开放和社会主义现代化建设又取得新的重大进展。

在艰辛的抗疫历程中，党中央始终坚持人民至上、生命至上，习近平总书记亲自指挥、亲自部署，各方面持续努力，不断巩固防控成果。我们针对疫情形势变化，及时调整防控策略，健全常态化防控机制，有效处置局部地区聚集性疫情，最大限度保护了人民生命安全和身体健康，为恢复生产生活秩序创造必要条件。

一年来，我们贯彻党中央决策部署，统筹推进疫情防控和经济社会发展，主要做了以下工作。

一是围绕市场主体的急需制定和实施宏观政策，稳住了经济基本盘。面对历史罕见的冲击，我们在“六稳”工作基础上，明确提出“六保”任务，特别是保就业保民生保市场主体，以保促稳、稳中求进。立足国情实际，既及时果断又保持定力，坚持不搞“大水漫灌”，科学把握规模性政策的平衡点。注重用改革和创新办法，助企纾困和激发活力并举，帮助受冲击最直接且量大面广的中小微企业和个体工商户渡难关。实施阶段性大规模减税降费，与制度性安排相结合，全年为市场主体减负超过 2.6 万亿元，其中减免社保费 1.7 万亿元。创新宏观政策实施方式，对新增 2 万亿元中央财政资金建立直达机制，省级财政加大资金下沉力度，共同为市县基层落实惠企利民政策及时补充财力。支持银行定向增加贷款并降低利率水平，对中小微企业贷款延期还本付息，大型商业银行普惠小微企业贷款增长 50% 以上，金融系统向实体经济让利 1.5 万亿元。对大企业复工复产加强“点对点”服务。经过艰苦努力，我们率先实现复工复产，经济恢复好于预期，全年国内生产总值增长 2.3%，宏观调控积累了新的经验，以合理代价取得较大成效。

二是优先稳就业保民生，人民生活得到切实保障。就业是最大的民生，保市场主体也是为稳就业保民生。各地加大稳岗扩岗激励力度，企业和员工共同克服困难。多渠道做好重点群体就业工作，支持大众创业万众创新带动就业。新增市场主体恢复快速增长，创造了大量就业岗位。城镇新增就业 1186 万人，年末全国城镇调查失业率降到 5.2%。作为最大发展中国家，在巨大冲击下能够保持就业大局稳定，尤为难能可贵。加强生活必需品保供稳价，居民消费价格上涨 2.5%。线上办公、网络购物、无接触配送等广泛开展。大幅度扩大失业保险保障范围。对因疫情遇困群众及时给予救助，新纳入低保、特困供养近 600 万人，实施临时救助超过 800 万人次。抵御严重洪涝、台风等自然灾害，全力应急抢险救援，妥善安置受灾群众，保障了人民群众生命财产安全和基本生活。

三是坚决打好三大攻坚战，主要目标任务如期完成。较大幅度增加财政扶贫资金投入。对工作难度大的贫困县和贫困村挂牌督战，精准落实各项帮扶措施。优先支持贫困劳动力稳岗就业，帮助返乡贫困劳动力再就业，努力稳住务工收入。加大产业扶贫力度，深入开展消费扶贫。加强易返贫致贫人口监测和帮扶。年初剩余的 551 万农村贫困人口全部脱贫、52 个贫困县全部摘帽。继续打好蓝天、碧水、净土保卫战,完成污染防治攻坚战阶段性目标任务。长江、黄河、海岸带等重要生态系统保护和修复重大工程深入实施,生态建设得到加强。稳妥化解地方政府债务风险,及时处置一批重大金融风险隐患。

四是坚定不移推进改革开放,发展活力和内生动力进一步增强。完善要素市场化配置体制机制。加强产权保护。深入推进"放管服"改革,实施优化营商环境条例。出台国企改革三年行动方案。支持民营企业发展。完善资本市场基础制度。扎实推进农业农村、社会事业等领域改革。共建"一带一路"稳步推进。海南自由贸易港建设等重大举措陆续推出。成功举办第三届中国国际进口博览会、中国国际服务贸易交易会。推动区域全面经济伙伴关系协定签署。完成中欧投资协定谈判。维护产业链供应链稳定,对外贸易和利用外资保持增长。

五是大力促进科技创新,产业转型升级步伐加快。建设国际科技创新中心和综合性国家科学中心,成功组建首批国家实验室。"天问一号"、"嫦娥五号"、"奋斗者"号等突破性成果不断涌现。加强关键核心技术攻关。加大知识产权保护力度。支持科技成果转化应用,促进大中小企业融通创新,推广全面创新改革试验相关举措。推动产业数字化智能化改造,战略性新兴产业保持快速发展势头。

六是推进新型城镇化和乡村振兴,城乡区域发展格局不断优化。加大城镇老旧小区改造力度,因城施策促进房地产市场平稳健康发展。粮食实现增产,生猪产能加快恢复,乡村建设稳步展开,农村人居环境整治成效明显。推进煤电油气产供储销体系建设,提升能源安全保障能力。健全区域协调发展体制机制,在实施重大区域发展战略方面出台一批新举措。

七是加强依法行政和社会建设,社会保持和谐稳定。提请全国人大常委会审议法律议案9件,制定修订行政法规37部。认真办理人大代表建议和政协委员提案。广泛开展线上教学,秋季学期实现全面复学,1000多万高中毕业生顺利完成高考。全面深化教育领域综合改革。实现高职院校扩招100万人目标。加大公共卫生体系建设力度。提升大规模核酸检测能力,新冠肺炎患者治疗费用全部由国家承担。提高退休人员基本养老金,上调城乡居民基础养老金最低标准,保障养老金按时足额发放,实现企业养老保险基金省级统收统支。加强公共文化服务。完善城乡基层治理。扎实做好信访工作。发挥审计监督作用。开展国务院大督查。做好第七次全国人口普查、国家脱贫攻坚普查。加强生产安全事故防范和处置。严格食品药品疫苗监管。强化社会治安综合治理,持续推进扫黑除恶专项斗争,平安中国建设取得新成效。

贯彻落实党中央全面从严治党战略部署,加强党风廉政建设和反腐败斗争。巩固深化"不忘初心、牢记使命"主题教育成果。严格落实中央八项规定精神,持续为基层减负。

中国特色大国外交卓有成效。习近平主席等党和国家领导人通过视频方式主持中非团结抗疫特别峰会,出席联合国成立75周年系列高级别会议、世界卫生大会、二十国集团领导人峰会、亚太经合组织领导人非正式会议、中国—欧盟领导人会晤、东亚合作领导人系列会议等重大活动。坚持多边主义,推动构建人类命运共同体。支持国际抗疫合作,倡导建设人类卫生健康共同体。中国为促进世界和平与发展作出了重要贡献。

一年来的工作殊为不易。各地区各部门顾全大局、尽责担当,上亿市场主体在应对冲击中展现出坚强韧性,广大人民群众勤劳付出、共克时艰,诠释了百折不挠的民族精神,彰显了人民是真正的英雄,这是我们战胜一切困难挑战的力量源泉。

各位代表!

过去一年取得的成绩,是以习近平同志为核心的党中央坚强领导的结果,是习近平新时代中国特色社会主义思想科学指引的结果,是全党全军全国各族人民团结奋斗的结果。我代表国务院,向全国各族人民,向各民主党派、各人民团体和各界人士,表示诚挚感谢!向香港特别行政区同胞、澳门特别行政区同胞、台湾同胞和海外侨胞,表示诚挚感谢!向关心和支持中国现代化建设的各国政府、国际组织和各国朋友,表示诚挚感谢!

在肯定成绩的同时,我们也清醒看到面临的困难和挑战。新冠肺炎疫情仍在全球蔓延,国际形势中不稳定不确定因素增多,世界经济形势复杂严峻。国内疫情防控仍有薄弱环节,经济恢复基础尚不牢固,居民消费仍受制约,投资增长后劲不足,中小微企业和个体工商户困难较多,稳就业压力较大。关键领域创新能力不强。一些地方财政收支矛盾突出,防范化解金融等领域风险任务依然艰巨。生态环保任重道远。民生领域还有不少短板。政府工作存在不足,形式主义、官僚主义不同程度存在,少数干部不担当不作为不善为。一些领域腐败问题仍有发生。我们一定要直面问题和挑战,尽心竭力改进工作,决不辜负人民期待!

## 二、"十三五"时期发展成就和"十四五"时期主要目标任务

过去五年,我国经济社会发展取得新的历史性成就。经济运行总体平稳,经济结构持续优化,国内生产总值从不到70万亿元增加到超过100万亿元。创新型国家建设成果丰硕,在载人航天、探月工程、深海工程、超级计算、量子信息等领域取得一批重大科技成果。脱贫攻坚成果举世瞩目,5575万农村贫困人口实现脱贫,960多万建档立卡贫困人口通过易地扶贫搬迁摆脱了"一方水土难养一方人"的困境,区域性整体贫困得到解决,完成了消除绝对贫困的艰巨任务。农业现代化稳步推进,粮食生产连年丰收。1亿农业转移人口和其他常住人口在城镇落户目标顺利实现,城镇棚户区住房改造超过2100万套。区域重大战略扎实推进。污染防治力度加大,资源能源利用效率显著提升,生态环境明显改善。金融风险处置取得重要阶段性成果。全面深化改革取得重大突破,供给侧结构性改革持续推进,"放管服"改革不断深入,营商环境持续改善。对外开放持续扩大,共建"一带一路"成果丰硕。人民生活水平显著提高,城镇新增就业超过6000万人,建成世界上规模最大的社会保障体系。全面建立实施困难残疾人生活补贴和重度残疾人护理补贴制度。教育、卫生、文化等领域发展取得新成就,教育公平和质量较大提升,医疗卫生事业加快发展,文化事业和文化产业繁荣发展。国防和军队建设水平大幅提升。国家安全全面加强,社会保持和谐稳定。经过五年持续奋斗,"十三五"规划主要目标任务胜利完成,中华民族伟大复兴向前迈出了新的一大步。

"十四五"时期是开启全面建设社会主义现代化国家新征程的第一个五年。我国发展仍然处于重要战略机遇期,但机遇和挑战都有新的发展变化。要准确把握新发展阶段,深入贯彻新发展理念,加快构建新发展格局,推动高质量发展,为全面建设社会主义现代化国家开好局起好步。

根据《中共中央关于制定国民经济和社会发展第十四个五年规划和二〇三五年远景目标的建议》,国务院编制了《国民经济和社会发展第十四个五年规划和2035年远景目标纲要(草案)》。《纲要草案》坚持以习近平新时代中国特色社会主义思想为指导,实化量化"十四五"时期经济社会发展主要目标和重大任务,全文提交大会审查,这里概述几个方面。

——着力提升发展质量效益,保持经济持续健康发展。发展是解决我国一切问题的基础和关键。必须坚持新发展理念,把新发展理念完整、准确、全面贯穿发展全过程和各领域,引导各方面把工作重点放在提高发展质量和效益上,促进增长潜力充分发挥。经济运行保持在合理区间,各年度视情提出经济增长预期目标,全员劳动生产率增长高于国内生产总值增长,城镇调查失业率控制在5.5%以内,物价水平保持总体平稳,实现更高质量、更有效率、更加公平、更可持续、更为安全的发展。

——坚持创新驱动发展,加快发展现代产业体系。坚持创新在我国现代化建设全局中的核心地位,把科技自立自强作为国家发展的战略支撑。完善国家创新体系,加快构建以国家实验室为引领的战略科技力量,打好关键核心技术攻坚战,制定实施基础研究十年行动方案,提升企业技术创新能力,激发人才创新活力,完善科技创新体制机制,全社会研发经费投入年均增长7%以上、力争投入强度高于"十三五"时期实际。广泛开展科学普及活动。坚持把发展经济着力点放在实体经济上,推进产业基础高级化、产业链现代化,保持制造业比重基本稳定,改造提升传统产业,发展壮大战略性新兴产业,促进服务业繁荣发展。统筹推进传统基础设施和新型基础设施建设。加快数字化发展,打造数字经济新优势,协同推进数字产业化和产业数字化转型,加快数字社会建设步伐,提高数字政府建设水平,营造良好数字生态,建设数字中国。

——形成强大国内市场,构建新发展格局。把实施扩大内需战略同深化供给侧结构性改革有机结合起来,以创新驱动、高质量供给引领和创造新需求。破除制约要素合理流动的堵点,贯通生产、分配、流通、消费各环节,形成国民经济良性循环。立足国内大循环,协同推进强大国内市场和贸易强国建设,依托国内经济循环体系形成对全球要素资源的强大引力场,促进国内国际双循环。建立扩大内需的有效制度,全面促进消费,拓展投资空间,加快培育完整内需体系。

——全面推进乡村振兴,完善新型城镇化战略。坚持农业农村优先发展,严守18亿亩耕地红线,实施高标准农田建设工程、黑土地保护工程,确保种源安全,实施乡村建设行动,健全城乡融合发展体制机制。建立健全巩固拓展脱贫攻坚成果长效机制,提升脱贫地区整体发展水平。深入推进以人为核心的新型城镇化战略,加快农业转移人口市

民化,常住人口城镇化率提高到65%,发展壮大城市群和都市圈,推进以县城为重要载体的城镇化建设,实施城市更新行动,完善住房市场体系和住房保障体系,提升城镇化发展质量。

——优化区域经济布局,促进区域协调发展。深入实施区域重大战略、区域协调发展战略、主体功能区战略,构建高质量发展的区域经济布局和国土空间支撑体系。扎实推动京津冀协同发展、长江经济带发展、粤港澳大湾区建设、长三角一体化发展、黄河流域生态保护和高质量发展,高标准、高质量建设雄安新区。推动西部大开发形成新格局,推动东北振兴取得新突破,促进中部地区加快崛起,鼓励东部地区加快推进现代化。推进成渝地区双城经济圈建设。支持革命老区、民族地区加快发展,加强边疆地区建设。积极拓展海洋经济发展空间。

——全面深化改革开放,持续增强发展动力和活力。构建高水平社会主义市场经济体制,激发各类市场主体活力,加快国有经济布局优化和结构调整,优化民营经济发展环境。建设高标准市场体系,全面完善产权制度,推进要素市场化配置改革,强化竞争政策基础地位,完善竞争政策框架。建立现代财税金融体制,提升政府经济治理能力。深化"放管服"改革,构建一流营商环境。建设更高水平开放型经济新体制,推动共建"一带一路"高质量发展,构建面向全球的高标准自由贸易区网络。

——推动绿色发展,促进人与自然和谐共生。坚持绿水青山就是金山银山理念,加强山水林田湖草系统治理,加快推进重要生态屏障建设,构建以国家公园为主体的自然保护地体系,森林覆盖率达到24.1%。持续改善环境质量,基本消除重污染天气和城市黑臭水体。落实2030年应对气候变化国家自主贡献目标。加快发展方式绿色转型,协同推进经济高质量发展和生态环境高水平保护,单位国内生产总值能耗和二氧化碳排放分别降低13.5%、18%。

——持续增进民生福祉,扎实推动共同富裕。坚持尽力而为、量力而行,加强普惠性、基础性、兜底性民生建设,制定促进共同富裕行动纲要,让发展成果更多更公平惠及全体人民。实施就业优先战略,扩大就业容量。着力提高低收入群体收入,扩大中等收入群体,居民人均可支配收入增长与国内生产总值增长基本同步。建设高质量教育体系,建设高素质专业化教师队伍,深化教育改革,实施教育提质扩容工程,劳动年龄人口平均受教育年限提高到11.3年。全面推进健康中国建设,构建强大公共卫生体系,完善城乡医疗服务网络,广泛开展全民健身运动,人均预期寿命再提高1岁。实施积极应对人口老龄化国家战略,以"一老一小"为重点完善人口服务体系,优化生育政策,推动实现适度生育水平,发展普惠托育和基本养老服务体系,逐步延迟法定退休年龄。健全多层次社会保障体系,基本养老保险参保率提高到95%,优化社会救助和慈善制度。发展社会主义先进文化,提高社会文明程度,弘扬诚信文化,建设诚信社会,提升公共文化服务水平,健全现代文化产业体系。

——统筹发展和安全,建设更高水平的平安中国。坚持总体国家安全观,加强国家安全体系和能力建设。强化国家经济安全保障,实施粮食、能源资源、金融安全战略,粮食综合生产能力保持在1.3万亿斤以上,提高能源综合生产能力。全面提高公共安全保障能力,维护社会稳定和安全。

展望未来,我们有信心有能力战胜前进道路上的艰难险阻,完成"十四五"规划目标任务,奋力谱写中国特色社会主义事业新篇章!

## 三、2021年重点工作

今年是我国现代化建设进程中具有特殊重要性的一年。做好政府工作,要在以习近平同志为核心的党中央坚强领导下,以习近平新时代中国特色社会主义思想为指导,全面贯彻党的十九大和十九届二中、三中、四中、五中全会精神,坚持稳中求进工作总基调,立足新发展阶段,贯彻新发展理念,构建新发展格局,以推动高质量发展为主题,以深化供给侧结构性改革为主线,以改革创新为根本动力,以满足人民日益增长的美好生活需要为根本目的,坚持系统观念,巩固拓展疫情防控和经济社会发展成果,更好统筹发展和安全,扎实做好"六稳"工作、全面落实"六保"任务,科学精准实施宏观政策,努力保持经济运行在合理区间,坚持扩大内需战略,强化科技战略支撑,扩大高水平对外开放,保持社会和谐稳定,确保"十四五"开好局起好步,以优异成绩庆祝中国共产党成立100周年。

今年我国发展仍面临不少风险挑战,但经济长期向好的基本面没有改变。我们要坚定信心,攻坚克难,巩固恢复性增长基础,努力保持经济社会持续健康发展。

今年发展主要预期目标是:国内生产总值增长6%以上;城镇新增就业1100万人以上,城镇调查失业率 5.5% 左右；居民消费价格涨幅 3% 左右；进出口量稳质升，国际收支基本平衡；居民收入稳步增长；生态环境质量进一步改善，单位国内生产总值能耗降低 3% 左右，主要污染物排放量继续下降；粮食产量保持在 1.3 万亿斤以上。

经济增速是综合性指标，今年预期目标设定为 6% 以上，考虑了经济运行恢复情况，有利于引导各方面集中精力推进改革创新、推动高质量发展。经济增速、就业、物价等预期目标，体现了保持经济运行在合理区间的要求，与今后目标平稳衔接，有利于实现可持续健康发展。

做好今年工作，要更好统筹疫情防控和经济社会发展。坚持常态化防控和局部应急处置有机结合，继续毫不放松做好外防输入、内防反弹工作，抓好重点区域和关键环节防控，补上短板漏洞，严防出现聚集性疫情和散发病例传播扩散，有序推进疫苗研制和加快免费接种，提高科学精准防控能力和水平。

今年要重点做好以下几方面工作。

（一）保持宏观政策连续性稳定性可持续性，促进经济运行在合理区间。在区间调控基础上加强定向调控、相机调控、精准调控。宏观政策要继续为市场主体纾困，保持必要支持力度，不急转弯，根据形势变化适时调整完善，进一步巩固经济基本盘。

积极的财政政策要提质增效、更可持续。考虑到疫情得到有效控制和经济逐步恢复，今年赤字率拟按 3.2% 左右安排、比去年有所下调，不再发行抗疫特别国债。因财政收入恢复性增长，财政支出总规模比去年增加，重点仍是加大对保就业保民生保市场主体的支持力度。中央本级支出继续安排负增长，进一步大幅压减非急需非刚性支出，对地方一般性转移支付增长 7.8%、增幅明显高于去年，其中均衡性转移支付、县级基本财力保障机制奖补资金等增幅均超过 10%。建立常态化财政资金直达机制并扩大范围，将 2.8 万亿元中央财政资金纳入直达机制、规模明显大于去年，为市县基层惠企利民提供更加及时有力的财力支持。各级政府都要节用为民、坚持过紧日子，确保基本民生支出只增不减，助力市场主体青山常在、生机盎然。

优化和落实减税政策。市场主体恢复元气、增强活力，需要再帮一把。继续执行制度性减税政策，延长小规模纳税人增值税优惠等部分阶段性政策执行期限，实施新的结构性减税举措，对冲部分政策调整带来的影响。将小规模纳税人增值税起征点从月销售额 10 万元提高到 15 万元。对小微企业和个体工商户年应纳税所得额不到 100 万元的部分，在现行优惠政策基础上，再减半征收所得税。各地要把减税政策及时落实到位，确保市场主体应享尽享。

稳健的货币政策要灵活精准、合理适度。把服务实体经济放到更加突出的位置，处理好恢复经济与防范风险的关系。货币供应量和社会融资规模增速与名义经济增速基本匹配，保持流动性合理充裕，保持宏观杠杆率基本稳定。保持人民币汇率在合理均衡水平上的基本稳定。进一步解决中小微企业融资难题。延续普惠小微企业贷款延期还本付息政策，加大再贷款再贴现支持普惠金融力度。延长小微企业融资担保降费奖补政策，完善贷款风险分担补偿机制。加快信用信息共享步伐。完善金融机构考核、评价和尽职免责制度。引导银行扩大信用贷款、持续增加首贷户，推广随借随还贷款，使资金更多流向科技创新、绿色发展，更多流向小微企业、个体工商户、新型农业经营主体，对受疫情持续影响行业企业给予定向支持。大型商业银行普惠小微企业贷款增长 30% 以上。创新供应链金融服务模式。适当降低小微企业支付手续费。优化存款利率监管，推动实际贷款利率进一步降低，继续引导金融系统向实体经济让利。今年务必做到小微企业融资更便利、综合融资成本稳中有降。

就业优先政策要继续强化、聚力增效。着力稳定现有岗位，对不裁员少裁员的企业，继续给予必要的财税、金融等政策支持。继续降低失业和工伤保险费率，扩大失业保险返还等阶段性稳岗政策惠及范围，延长以工代训政策实施期限。拓宽市场化就业渠道，促进创业带动就业。推动降低就业门槛，动态优化国家职业资格目录，降低或取消部分准入类职业资格考试工作年限要求。支持和规范发展新就业形态，加快推进职业伤害保障试点。继续对灵活就业人员给予社保补贴，推动放开在就业地参加社会保险的户籍限制。做好高校毕业生、退役军人、农民工等重点群体就业工作，完善残疾人、零就业家庭成员等困难人员就业帮扶政策，促进失业人员再就业。拓宽职业技能培训资金使用范围，开展大规模、多层次职业技能培训，完成职业技能提升和高职扩招三年行动目标，建设一批高技能人才培训基地。健全就业公共服务体系，实施提升就业服务质量工程。运用就业专项补助等资金，支持各类劳动力市场、人才市场、零工市场建设，广开就业门路，为有意愿有能力的人创造更多公平就业机会。

（二）深入推进重点领域改革，更大激发市场主体活力。在落实助企纾困政策的同时，加大力度推动相关改革，培育更加活跃更有创造力的市场主体。

进一步转变政府职能。充分发挥市场在资源配置中的决定性作用，更好发挥政府作用，推动有效市场和有为政府更好结合。继续放宽市场准入，开展要素市场化配置综合改革试点，依法平等保护各类市场主体产权。纵深推进“放管服”改革，加快营造市场化、法治化、国际化营商环境。将行政许可事项全部纳入清单管理。深化“证照分离”改革，大力推进涉企审批减环节、减材料、减时限、减费用。完善市场主体退出机制，实行中小微企业简易注销制度。实施工业产品准入制度改革，推进汽车、电子电器等行业生产准入和流通管理全流程改革。把有效监管作为简政放权的必要保障，全面落实监管责任，加强对取消或下放审批事项的事中事后监管，完善分级分类监管政策，健全跨部门综合监管制度，大力推行“互联网＋监管”，提升监管能力，加大失信惩处力度，以公正监管促进优胜劣汰。加强数字政府建设，建立健全政务数据共享协调机制，推动电子证照扩大应用领域和全国互通互认，实现更多政务服务事项网上办、掌上办、一次办。企业和群众经常办理的事项，今年要基本实现“跨省通办”。

用改革办法推动降低企业生产经营成本。推进能源、交通、电信等基础性行业改革，提高服务效率，降低收费水平。允许所有制造业企业参与电力市场化交易，进一步清理用电不合理加价，继续推动降低一般工商业电价。中小企业宽带和专线平均资费再降10%。全面推广高速公路差异化收费，坚决整治违规设置妨碍货车通行的道路限高限宽设施和检查卡点。取消港口建设费，将民航发展基金航空公司征收标准降低20%。鼓励受疫情影响较大的地方对承租国有房屋的服务业小微企业和个体工商户减免租金。推动各类中介机构公开服务条件、流程、时限和收费标准。要严控非税收入不合理增长，严厉整治乱收费、乱罚款、乱摊派，不得扰民渔利，让市场主体安心经营、轻装前行。

促进多种所有制经济共同发展。坚持和完善社会主义基本经济制度。毫不动摇巩固和发展公有制经济，毫不动摇鼓励、支持、引导非公有制经济发展。各类市场主体都是国家现代化的建设者，要一视同仁、平等对待。深入实施国企改革三年行动，做强做优做大国有资本和国有企业。深化国有企业混合所有制改革。构建亲清政商关系，破除制约民营企业发展的各种壁垒。健全防范和化解拖欠中小企业账款长效机制。弘扬企业家精神。国家支持平台企业创新发展、增强国际竞争力，同时要依法规范发展，健全数字规则。强化反垄断和防止资本无序扩张，坚决维护公平竞争市场环境。

深化财税金融体制改革。强化预算约束和绩效管理，加大预算公开力度，精简享受税费优惠政策的办理流程和手续。落实中央与地方财政事权和支出责任划分改革方案。健全地方税体系。继续多渠道补充中小银行资本、强化公司治理，深化农村信用社改革，推进政策性银行分类分账改革，提升保险保障和服务功能。稳步推进注册制改革，完善常态化退市机制，加强债券市场建设，更好发挥多层次资本市场作用，拓展市场主体融资渠道。强化金融控股公司和金融科技监管，确保金融创新在审慎监管的前提下进行。完善金融风险处置工作机制，压实各方责任，坚决守住不发生系统性风险的底线。金融机构要坚守服务实体经济的本分。

（三）依靠创新推动实体经济高质量发展，培育壮大新动能。促进科技创新与实体经济深度融合，更好发挥创新驱动发展作用。

提升科技创新能力。强化国家战略科技力量，推进国家实验室建设，完善科技项目和创新基地布局。实施好关键核心技术攻关工程，深入谋划推进“科技创新2030—重大项目”，改革科技重大专项实施方式，推广“揭榜挂帅”等机制。支持有条件的地方建设国际和区域科技创新中心，增强国家自主创新示范区等带动作用。发展疾病防治攻关等民生科技。促进科技开放合作。加强知识产权保护。加强科研诚信建设，弘扬科学精神，营造良好创新生态。基础研究是科技创新的源头，要健全稳定支持机制，大幅增加投入，中央本级基础研究支出增长10.6%，落实扩大经费使用自主权政策，优化项目申报、评审、经费管理、人才评价和激励机制，努力消除科研人员不合理负担，使他们能够沉下心来致力科学探索，以“十年磨一剑”精神在关键核心领域实现重大突破。

运用市场化机制激励企业创新。强化企业创新主体地位，鼓励领军企业组建创新联合体，拓展产学研用融合通道，健全科技成果产权激励机制，完善创业投资监管体制和发展政策，纵深推进大众创业万众创新。延续执行企业研发费用加计扣除75%政策，将制造业企业加计扣除比例提高到100%，用税收优惠机制激励企业加大研发投入，着力推动企业以创新引领发展。

优化和稳定产业链供应链。继续完成“三去一降一补”重要任务。对先进制造业企业按月全额退还增值税增量留抵税额，提高制造业贷款比重，扩大制造业设备更新和技术改造投资。增强产业链供应链自主可控能力，实施好产业基础再造工程，发挥大企业引领支撑和中小微企业协作配套作用。发展工业互联网，促进产业链和创新链融合，搭建更多共性技术研发平台，提升中小微企业创新能力和专业化水平。加大 5G 网络和千兆光网建设力度，丰富应用场景。加强网络安全、数据安全和个人信息保护。统筹新兴产业布局。加强质量基础设施建设，深入实施质量提升行动，完善标准体系，促进产业链上下游标准有效衔接，弘扬工匠精神，以精工细作提升中国制造品质。

（四）坚持扩大内需这个战略基点，充分挖掘国内市场潜力。紧紧围绕改善民生拓展需求，促进消费与投资有效结合，实现供需更高水平动态平衡。

稳定和扩大消费。多渠道增加居民收入。健全城乡流通体系，加快电商、快递进农村，扩大县乡消费。稳定增加汽车、家电等大宗消费，取消对二手车交易不合理限制，增加停车场、充电桩、换电站等设施，加快建设动力电池回收利用体系。发展健康、文化、旅游、体育等服务消费。鼓励企业创新产品和服务，便利新产品市场准入，推进内外贸产品同线同标同质。保障小店商铺等便民服务业有序运营。运用好“互联网 +”，推进线上线下更广更深融合，发展新业态新模式，为消费者提供更多便捷舒心的服务和产品。引导平台企业合理降低商户服务费。稳步提高消费能力，改善消费环境，让居民能消费、愿消费，以促进民生改善和经济发展。

扩大有效投资。今年拟安排地方政府专项债券 3.65 万亿元，优化债券资金使用，优先支持在建工程，合理扩大使用范围。中央预算内投资安排 6100 亿元。继续支持促进区域协调发展的重大工程，推进“两新一重”建设，实施一批交通、能源、水利等重大工程项目，建设信息网络等新型基础设施，发展现代物流体系。政府投资更多向惠及面广的民生项目倾斜，新开工改造城镇老旧小区 5.3 万个，提升县城公共服务水平。简化投资审批程序，推进实施企业投资项目承诺制。深化工程建设项目审批制度改革。完善支持社会资本参与政策，进一步拆除妨碍民间投资的各种藩篱，在更多领域让社会资本进得来、能发展、有作为。

（五）全面实施乡村振兴战略，促进农业稳定发展和农民增收。接续推进脱贫地区发展，抓好农业生产，改善农村生产生活条件。

做好巩固拓展脱贫攻坚成果同乡村振兴有效衔接。对脱贫县从脱贫之日起设立 5 年过渡期，保持主要帮扶政策总体稳定。健全防止返贫动态监测和帮扶机制，促进脱贫人口稳定就业，加大技能培训力度，发展壮大脱贫地区产业，做好易地搬迁后续扶持，分层分类加强对农村低收入人口常态化帮扶，确保不发生规模性返贫。在西部地区脱贫县中集中支持一批乡村振兴重点帮扶县。坚持和完善东西部协作和对口支援机制，发挥中央单位和社会力量帮扶作用，继续支持脱贫地区增强内生发展能力。

提高粮食和重要农产品供给保障能力。保障粮食安全的要害是种子和耕地。要加强种质资源保护利用和优良品种选育推广，开展农业关键核心技术攻关。提高高标准农田建设标准和质量，完善灌溉设施，强化耕地保护，坚决遏制耕地“非农化”、防止“非粮化”。推进农业机械化、智能化。建设国家粮食安全产业带和农业现代化示范区。稳定种粮农民补贴，适度提高稻谷、小麦最低收购价，扩大完全成本和收入保险试点范围。稳定粮食播种面积，提高单产和品质。多措并举扩大油料生产。发展畜禽水产养殖，稳定和发展生猪生产。加强动植物疫病防控。保障农产品市场供应和价格基本稳定。开展粮食节约行动。解决好吃饭问题始终是头等大事，我们一定要下力气也完全有能力保障好 14 亿人的粮食安全。

扎实推进农村改革和乡村建设。巩固和完善农村基本经营制度，保持土地承包关系稳定并长久不变，稳步推进多种形式适度规模经营，加快发展专业化社会化服务。稳慎推进农村宅基地制度改革试点。发展新型农村集体经济。深化供销社、集体林权、国有林区林场、农垦等改革。提高土地出让收入用于农业农村比例。强化农村基本公共服务和公共基础设施建设，促进县域内城乡融合发展。启动农村人居环境整治提升五年行动。加强农村精神文明建设。保障农民工工资及时足额支付。加快发展乡村产业，壮大县域经济，加强对返乡创业的支持，拓宽农民就业渠道。千方百计使亿万农民多增收、有奔头。

（六）实行高水平对外开放，促进外贸外资稳中提质。实施更大范围、更宽领域、更深层次对外开放，更好参与国际经济合作。

推动进出口稳定发展。加强对中小外贸企业信贷支持，扩大出口信用保险覆盖面、优化承保和理赔条件，深化贸易外汇收支便利化试点。稳定加工贸易，发展跨境电商等新业态新模式，支持企业开拓多元化市场。发展边境贸易。创新发展服务贸易。优化调整进口税收政策，增加优质产品和服务进口。加强贸易促进服务，办好进博会、广交会、服贸会及首届中国国际消费品博览会等重大展会。推动国际物流畅通，清理规范口岸收费，不断提升通关便利化水平。

积极有效利用外资。进一步缩减外资准入负面清单。推动服务业有序开放，增设服务业扩大开放综合试点，制定跨境服务贸易负面清单。推进海南自由贸易港建设，加强自贸试验区改革开放创新，推动海关特殊监管区域与自贸试验区统筹发展，发挥好各类开发区开放平台作用。促进内外资企业公平竞争，依法保护外资企业合法权益。欢迎外商扩大在华投资，分享中国开放的大市场和发展机遇。

高质量共建"一带一路"。坚持共商共建共享，坚持以企业为主体、遵循市场化原则，健全多元化投融资体系，强化法律服务保障，有序推动重大项目合作，推进基础设施互联互通。提升对外投资合作质量效益。

深化多双边和区域经济合作。坚定维护多边贸易体制。推动区域全面经济伙伴关系协定尽早生效实施、中欧投资协定签署，加快中日韩自贸协定谈判进程，积极考虑加入全面与进步跨太平洋伙伴关系协定。在相互尊重基础上，推动中美平等互利经贸关系向前发展。中国愿与世界各国扩大相互开放，实现互利共赢。

（七）加强污染防治和生态建设，持续改善环境质量。深入实施可持续发展战略，巩固蓝天、碧水、净土保卫战成果，促进生产生活方式绿色转型。

继续加大生态环境治理力度。强化大气污染综合治理和联防联控，加强细颗粒物和臭氧协同控制，北方地区清洁取暖率达到70%。整治入河入海排污口和城市黑臭水体，提高城镇生活污水收集和园区工业废水处置能力，严格土壤污染源头防控，加强农业面源污染治理。继续严禁洋垃圾入境。有序推进城镇生活垃圾分类处置。推动快递包装绿色转型。加强危险废物医疗废物收集处理。研究制定生态保护补偿条例。落实长江十年禁渔，实施生物多样性保护重大工程，科学推进荒漠化、石漠化、水土流失综合治理，持续开展大规模国土绿化行动，保护海洋生态环境，推进生态系统保护和修复，让我们生活的家园拥有更多碧水蓝天。

扎实做好碳达峰、碳中和各项工作。制定2030年前碳排放达峰行动方案。优化产业结构和能源结构。推动煤炭清洁高效利用，大力发展新能源，在确保安全的前提下积极有序发展核电。扩大环境保护、节能节水等企业所得税优惠目录范围，促进新型节能环保技术、装备和产品研发应用，培育壮大节能环保产业，推动资源节约高效利用。加快建设全国用能权、碳排放权交易市场，完善能源消费双控制度。实施金融支持绿色低碳发展专项政策，设立碳减排支持工具。提升生态系统碳汇能力。中国作为地球村的一员，将以实际行动为全球应对气候变化作出应有贡献。

（八）切实增进民生福祉，不断提高社会建设水平。注重解民忧、纾民困，及时回应群众关切，持续改善人民生活。

发展更加公平更高质量的教育。构建德智体美劳全面培养的教育体系。推动义务教育优质均衡发展和城乡一体化，加快补齐农村办学条件短板，健全教师工资保障长效机制，改善乡村教师待遇。进一步提高学前教育入园率，完善普惠性学前教育保障机制，支持社会力量办园。鼓励高中阶段学校多样化发展，加强县域高中建设。增强职业教育适应性，深化产教融合、校企合作，深入实施职业技能等级证书制度。办好特殊教育、继续教育，支持和规范民办教育发展。分类建设一流大学和一流学科，加快优化学科专业结构，加强基础学科和前沿学科建设，促进新兴交叉学科发展。支持中西部高等教育发展。加大国家通用语言文字推广力度。发挥在线教育优势，完善终身学习体系。倡导全社会尊师重教。深化教育评价改革，健全学校家庭社会协同育人机制，规范校外培训。加强师德师风建设。在教育公平上迈出更大步伐，更好解决进城务工人员子女就学问题，高校招生继续加大对中西部和农村地区倾斜力度，努力让广大学生健康快乐成长，让每个孩子都有人生出彩的机会。

推进卫生健康体系建设。坚持预防为主，持续推进健康中国行动，深入开展爱国卫生运动，深化疾病预防控制体系改革，强化基层公共卫生体系，创新医防协同机制，健全公共卫生应急处置和物资保障体系，建立稳定的公共卫生事业投入机制。加强精神卫生和心理健康服务。深化公立医院综合改革，扩大国家医学中心和区域医疗中心建设试点，加强全科医生和乡村医生队伍建设，提升县级医疗服务能力，加快建设分级诊疗体系。坚持中西医并重，实施中医药振兴发展重大工程。支持社会办医，促进"互联网+医疗健康"规范发展。强化食品药品疫苗监管。优化预约诊疗等便民措施，努力让大病、急难病患者尽早得到治疗。居民医保和基本公共卫生服务经费人均财政补助标准分别再增加 30 元和 5 元，推动基本医保省级统筹、门诊费用跨省直接结算。建立健全门诊共济保障机制，逐步将门诊费用纳入统筹基金报销，完善短缺药品保供稳价机制，采取把更多慢性病、常见病药品和高值医用耗材纳入集中带量采购等办法，进一步明显降低患者医药负担。

保障好群众住房需求。坚持房子是用来住的、不是用来炒的定位，稳地价、稳房价、稳预期。解决好大城市住房突出问题，通过增加土地供应、安排专项资金、集中建设等办法，切实增加保障性租赁住房和共有产权住房供给，规范发展长租房市场，降低租赁住房税费负担，尽最大努力帮助新市民、青年人等缓解住房困难。

加强基本民生保障。提高退休人员基本养老金、优抚对象抚恤和生活补助标准。推进基本养老保险全国统筹，规范发展第三支柱养老保险。完善全国统一的社会保险公共服务平台。加强军人军属、退役军人和其他优抚对象优待工作，健全退役军人工作体系和保障制度。继续实施失业保险保障扩围政策。促进医养康养相结合，稳步推进长期护理保险制度试点。发展普惠型养老服务和互助性养老。发展婴幼儿照护服务。发展社区养老、托幼、用餐、保洁等多样化服务，加强配套设施和无障碍设施建设，实施更优惠政策，让社区生活更加便利。完善传统服务保障措施，为老年人等群体提供更周全更贴心的服务。推进智能化服务要适应老年人、残疾人需求，并做到不让智能工具给他们日常生活造成障碍。健全帮扶残疾人、孤儿等社会福利制度，加强残疾预防，提升残疾康复服务质量。分层分类做好社会救助，及时帮扶受疫情灾情影响的困难群众，坚决兜住民生底线。

更好满足人民群众精神文化需求。培育和践行社会主义核心价值观，弘扬伟大抗疫精神和脱贫攻坚精神，推进公民道德建设。繁荣新闻出版、广播影视、文学艺术、哲学社会科学和档案等事业。加强互联网内容建设和管理，发展积极健康的网络文化。传承弘扬中华优秀传统文化，加强文物保护利用和非物质文化遗产传承，建设国家文化公园。推进城乡公共文化服务体系一体建设，创新实施文化惠民工程，倡导全民阅读。深化中外人文交流。完善全民健身公共服务体系。精心筹办北京冬奥会、冬残奥会等综合性体育赛事。

加强和创新社会治理。夯实基层社会治理基础，健全城乡社区治理和服务体系，推进市域社会治理现代化试点。加强社会信用体系建设。大力发展社会工作，支持社会组织、人道救助、志愿服务、公益慈善发展。保障妇女、儿童、老年人、残疾人合法权益。继续完善信访制度，推进矛盾纠纷多元化解。加强法律援助工作，启动实施“八五”普法规划。加强应急救援力量建设，提高防灾减灾抗灾救灾能力，切实做好洪涝干旱、森林草原火灾、地质灾害、地震等防御和气象服务。完善和落实安全生产责任制，深入开展安全生产专项整治三年行动，坚决遏制重特大事故发生。完善社会治安防控体系，常态化开展扫黑除恶斗争，防范打击各类犯罪，维护社会稳定和安全。

各位代表！

面对新的任务和挑战，各级政府要增强“四个意识”、坚定“四个自信”、做到“两个维护”，自觉在思想上政治上行动上同以习近平同志为核心的党中央保持高度一致，践行以人民为中心的发展思想，不断提高政治判断力、政治领悟力、政治执行力，落实全面从严治党要求。扎实开展党史学习教育。加强法治政府建设，切实依法行政。坚持政务公开。严格规范公正文明执法。依法接受同级人大及其常委会的监督，自觉接受人民政协的民主监督，主动接受社会和舆论监督。强化审计监督。支持工会、共青团、妇联等群团组织更好发挥作用。深入推进党风廉政建设和反腐败斗争，锲而不舍落实中央八项规定精神。政府工作人员要自觉接受法律监督、监察监督和人民监督。加强廉洁政府建设，持续整治不正之风和腐败问题。

中国经济社会发展已经取得了辉煌的成就，但全面实现现代化还有相当长的路要走，仍要付出艰苦努力。必须立足社会主义初级阶段基本国情，着力办好自己的事。要始终把人民放在心中最高位置，坚持实事求是，求真务实谋发展、惠民生。要力戒形式主义、官僚主义，切忌在工作中搞“一刀切”，切实为基层松绑减负。要居安思危，增强忧患意识，事不畏难、责不避险，有效防范化解各种风险隐患。要调动一切可以调动的积极因素，推进改革开放，更大激发市场主体活力和社会创造力，用发展的办法解决发展不平衡不充分问题。要担当作为，实干苦干，不断创造人民期待的发展业绩。

各位代表！

我们要坚持和完善民族区域自治制度，全面贯彻党的民族政策，铸牢中华民族共同体意识，促进各民族共同团结奋斗、共同繁荣发展。全面贯彻党的宗教工作基本方针，坚持我国宗教的中国化方向，积极引导宗教与社会主义社会相适应。全面贯彻党的侨务政策，维护海外侨胞和归侨侨眷合法权益，更大凝聚中华儿女共创辉煌的磅礴力量。

过去一年，国防和军队建设取得新的重大成就，人民军队在维护国家安全和疫情防控中展示出过硬本领和优良作风。新的一年，要深入贯彻习近平强军思想，贯彻新时代军事战略方针，坚持党对人民军队的绝对领导，严格落实军委主席负责制，聚焦建军一百年奋斗目标，推进政治建军、改革强军、科技强军、人才强军、依法治军，加快机械化信息化智能化融合发展。全面加强练兵备战，统筹应对各方向各领域安全风险，提高捍卫国家主权、安全、发展利益的战略能力。优化国防科技工业布局，完善国防动员体系，强化全民国防教育。各级政府要大力支持国防和军队建设，深入开展“双拥”活动，谱写鱼水情深的时代华章。

各位代表！

我们要继续全面准确贯彻“一国两制”、“港人治港”、“澳人治澳”、高度自治的方针，完善特别行政区同宪法和基本法实施相关的制度和机制，落实特别行政区维护国家安全的法律制度和执行机制。坚决防范和遏制外部势力干预港澳事务，支持港澳发展经济、改善民生，保持香港、澳门长期繁荣稳定。

我们要坚持对台工作大政方针，坚持一个中国原则和“九二共识”，推进两岸关系和平发展和祖国统一。高度警惕和坚决遏制“台独”分裂活动。完善保障台湾同胞福祉和在大陆享受同等待遇的制度和政策，促进海峡两岸交流合作、融合发展，同心共创民族复兴美好未来。

我们要坚持独立自主的和平外交政策，积极发展全球伙伴关系，推动构建新型国际关系和人类命运共同体。坚持开放合作，推动全球治理体系朝着更加公正合理的方向发展。持续深化国际和地区合作，积极参与重大传染病防控国际合作。中国愿同所有国家在相互尊重、平等互利基础上和平共处、共同发展，携手应对全球性挑战，为促进世界和平与繁荣不懈努力！

各位代表！

重任在肩，更须砥砺奋进。让我们更加紧密地团结在以习近平同志为核心的党中央周围，高举中国特色社会主义伟大旗帜，以习近平新时代中国特色社会主义思想为指导，齐心协力，开拓进取，努力完成全年目标任务，以优异成绩庆祝中国共产党百年华诞，为把我国建设成为富强民主文明和谐美丽的社会主义现代化强国、实现中华民族伟大复兴的中国梦不懈奋斗！

# 第十三届全国人民代表大会第四次会议关于国民经济和社会发展第十四个五年规划和2035年远景目标纲要的决议

（2021年3月11日第十三届全国人民代表大会第四次会议通过）

第十三届全国人民代表大会第四次会议审查了国务院提出的《中华人民共和国国民经济和社会发展第十四个五年规划和2035年远景目标纲要（草案）》，会议同意全国人民代表大会财政经济委员会的审查结果报告，决定批准这个规划纲要。

会议认为，在以习近平同志为核心的党中央坚强领导下，全党全国各族人民砥砺前行、开拓创新，“十三五”规划目标任务胜利完成，全面建成小康社会取得伟大历史性成就，决战脱贫攻坚取得全面胜利，中华民族伟大复兴向前迈出了新的一大步。这充分彰显了中国共产党领导和中国特色社会主义制度优势，将激励全党全国各族人民再接再厉，向实现第二个百年奋斗目标继续奋勇前进。

会议要求，“十四五”时期要高举中国特色社会主义伟大旗帜，深入贯彻党的十九大和十九届二中、三中、四中、五中全会精神，坚持以马克思列宁主义、毛泽东思想、邓小平理论、“三个代表”重要思想、科学发展观、习近平新时代中国特色社会主义思想为指导，全面贯彻党的基本理论、基本路线、基本方略，统筹推进经济建设、政治建设、文化建设、社会建设、生态文明建设的总体布局，协调推进全面建设社会主义现代化国家、全面深化改革、全面依法治国、全面从严治党的战略布局，坚持稳中求进工作总基调，准确把握新发展阶段，深入贯彻新发展理念，加快构建新发展格局，推动高质量发展，统筹发展和安全，推进国家治理体系和治理能力现代化，实现经济行稳致远、社会安定和谐，为全面建设社会主义现代化国家开好局起好步。

# 中华人民共和国国民经济和社会发展第十四个五年规划和 2035 年远景目标纲要

## 目　　录

中华人民共和国国民经济和社会发展第十四个五年(2021—2025年)规划和2035年远景目标纲要，根据《中共中央关于制定国民经济和社会发展第十四个五年规划和二〇三五年远景目标的建议》编制，主要阐明国家战略意图，明确政府工作重点，引导规范市场主体行为，是我国开启全面建设社会主义现代化国家新征程的宏伟蓝图，是全国各族人民共同的行动纲领。

# 第一篇　开启全面建设社会主义现代化国家新征程

"十四五"时期是我国全面建成小康社会、实现第一个百年奋斗目标之后，乘势而上开启全面建设社会主义现代化国家新征程、向第二个百年奋斗目标进军的第一个五年。

## 第一章　发展环境

我国进入新发展阶段，发展基础更加坚实，发展条件深刻变化，进一步发展面临新的机遇和挑战。

### 第一节　决胜全面建成小康社会取得决定性成就

"十三五"时期是全面建成小康社会决胜阶段。面对错综复杂的国际形势、艰巨繁重的国内改革发展稳定任务特别是新冠肺炎疫情严重冲击，以习近平同志为核心的党中央不忘初心、牢记使命，团结带领全党全国各族人民砥砺前行、开拓创新，奋发有为推进党和国家各项事业。全面深化改革取得重大突破，全面依法治国取得重大进展，全面从严治党取得重大成果，国家治理体系和治理能力现代化加快推进，中国共产党领导和我国社会主义制度优势进一步彰显。

经济运行总体平稳，经济结构持续优化，国内生产总值突破100万亿元。创新型国家建设成果丰硕，在载人航天、探月工程、深海工程、超级计算、量子信息、"复兴号"高速列车、大飞机制造等领域取得一批重大科技成果。决战脱贫攻坚取得全面胜利，5575万农村贫困人口实现脱贫，困扰中华民族几千年的绝对贫困问题得到历史性解决，创造了人类减贫史上的奇迹。农业现代化稳步推进，粮食年产量连续稳定在1.3万亿斤以上。1亿农业转移人口和其他常住人口在城镇落户目标顺利实现，区域重大战略扎实推进。污染防治力度加大，主要污染物排放总量减少目标超额完成，资源利用效率显著提升，生态环境明显改善。金融风险处置取得重要阶段性成果。对外开放持续扩大，共建"一带一路"成果丰硕。人民生活水平显著提高，教育公平和质量较大提升，高等教育进入普及化阶段，城镇新增就业超过6000万人，建成世界上规模最大的社会保障体系，基本医疗保险覆盖超过13亿人，基本养老保险覆盖近 10 亿人,城镇棚户区住房改造开工超过 2300 万套。新冠肺炎疫情防控取得重大战略成果,应对突发事件能力和水平大幅提高。公共文化服务水平不断提高,文化事业和文化产业繁荣发展。国防和军队建设水平大幅提升,军队组织形态实现重大变革。国家安全全面加强,社会保持和谐稳定。

“十三五”规划目标任务胜利完成,我国经济实力、科技实力、综合国力和人民生活水平跃上新的大台阶,全面建成小康社会取得伟大历史性成就,中华民族伟大复兴向前迈出了新的一大步,社会主义中国以更加雄伟的身姿屹立于世界东方。

### 第二节 我国发展环境面临深刻复杂变化

当前和今后一个时期,我国发展仍然处于重要战略机遇期,但机遇和挑战都有新的发展变化。当今世界正经历百年未有之大变局,新一轮科技革命和产业变革深入发展,国际力量对比深刻调整,和平与发展仍然是时代主题,人类命运共同体理念深入人心。同时,国际环境日趋复杂,不稳定性不确定性明显增加,新冠肺炎疫情影响广泛深远,世界经济陷入低迷期,经济全球化遭遇逆流,全球能源供需版图深刻变革,国际经济政治格局复杂多变,世界进入动荡变革期,单边主义、保护主义、霸权主义对世界和平与发展构成威胁。

我国已转向高质量发展阶段,制度优势显著,治理效能提升,经济长期向好,物质基础雄厚,人力资源丰富,市场空间广阔,发展韧性强劲,社会大局稳定,继续发展具有多方面优势和条件。同时,我国发展不平衡不充分问题仍然突出,重点领域关键环节改革任务仍然艰巨,创新能力不适应高质量发展要求,农业基础还不稳固,城乡区域发展和收入分配差距较大,生态环保任重道远,民生保障存在短板,社会治理还有弱项。

必须统筹中华民族伟大复兴战略全局和世界百年未有之大变局,深刻认识我国社会主要矛盾变化带来的新特征新要求,深刻认识错综复杂的国际环境带来的新矛盾新挑战,增强机遇意识和风险意识,立足社会主义初级阶段基本国情,保持战略定力,办好自己的事,认识和把握发展规律,发扬斗争精神,增强斗争本领,树立底线思维,准确识变、科学应变、主动求变,善于在危机中育先机、于变局中开新局,抓住机遇,应对挑战,趋利避害,奋勇前进。

## 第二章 指导方针

“十四五”时期经济社会发展,必须牢牢把握以下指导思想、原则和战略导向。

### 第一节 指导思想

高举中国特色社会主义伟大旗帜,深入贯彻党的十九大和十九届二中、三中、四中、五中全会精神,坚持以马克思列宁主义、毛泽东思想、邓小平理论、“三个代表”重要思想、科学发展观、习近平新时代中国特色社会主义思想为指导,全面贯彻党的基本理论、基本路线、基本方略,统筹推进经济建设、政治建设、文化建设、社会建设、生态文明建设的总体布局,协调推进全面建设社会主义现代化国家、全面深化改革、全面依法治国、全面从严治党的战略布局,坚定不移贯彻创新、协调、绿色、开放、共享的新发展理念,坚持稳中求进工作总基调,以推动高质量发展为主题,以深化供给侧结构性改革为主线,以改革创新为根本动力,以满足人民日益增长的美好生活需要为根本目的,统筹发展和安全,加快建设现代化经济体系,加快构建以国内大循环为主体、国内国际双循环相互促进的新发展格局,推进国家治理体系和治理能力现代化,实现经济行稳致远、社会安定和谐,为全面建设社会主义现代化国家开好局、起好步。

### 第二节 必须遵循的原则

——坚持党的全面领导。坚持和完善党领导经济社会发展的体制机制,坚持和完善中国特色社会主义制度,不断提高贯彻新发展理念、构建新发展格局能力和水平,为实现高质量发展提供根本保证。

——坚持以人民为中心。坚持人民主体地位,坚持共同富裕方向,始终做到发展为了人民、发展依靠人民、发展成果由人民共享,维护人民根本利益,激发全体人民积极性、主动性、创造性,促进社会公平,增进民生福祉,不断实现人民对美好生活的向往。

——坚持新发展理念。把新发展理念完整、准确、全面贯穿发展全过程和各领域,构建新发展格局,切实转变发展方式,推动质量变革、效率变革、动力变革,实现更高质量、更有效率、更加公平、更可持续、更为安全的发展。

——坚持深化改革开放。坚定不移推进改革,坚定不移扩大开放,加强国家治理体系和治理能力现代化建设,破除制约高质量发展、高品质生活的体制机制障碍,强化有利于提高资源配置效率、有利于调动全社会积极性的重大改革开放举措,持续增强发展动力和活力。

——坚持系统观念。加强前瞻性思考、全局性谋划、战略性布局、整体性推进，统筹国内国际两个大局，办好发展安全两件大事，坚持全国一盘棋，更好发挥中央、地方和各方面积极性，着力固根基、扬优势、补短板、强弱项，注重防范化解重大风险挑战，实现发展质量、结构、规模、速度、效益、安全相统一。

### 第三节　战略导向

"十四五"时期推动高质量发展，必须立足新发展阶段、贯彻新发展理念、构建新发展格局。把握新发展阶段是贯彻新发展理念、构建新发展格局的现实依据，贯彻新发展理念为把握新发展阶段、构建新发展格局提供了行动指南，构建新发展格局则是应对新发展阶段机遇和挑战、贯彻新发展理念的战略选择。必须坚持深化供给侧结构性改革，以创新驱动、高质量供给引领和创造新需求，提升供给体系的韧性和对国内需求的适配性。必须建立扩大内需的有效制度，加快培育完整内需体系，加强需求侧管理，建设强大国内市场。必须坚定不移推进改革，破除制约经济循环的制度障碍，推动生产要素循环流转和生产、分配、流通、消费各环节有机衔接。必须坚定不移扩大开放，持续深化要素流动型开放，稳步拓展制度型开放，依托国内经济循环体系形成对全球要素资源的强大引力场。必须强化国内大循环的主导作用，以国际循环提升国内大循环效率和水平，实现国内国际双循环互促共进。

## 第三章　主要目标

按照全面建设社会主义现代化国家的战略安排，2035 年远景目标和"十四五"时期经济社会发展主要目标如下。

### 第一节　2035 年远景目标

展望2035 年，我国将基本实现社会主义现代化。经济实力、科技实力、综合国力将大幅跃升，经济总量和城乡居民人均收入将再迈上新的大台阶，关键核心技术实现重大突破，进入创新型国家前列。基本实现新型工业化、信息化、城镇化、农业现代化，建成现代化经济体系。基本实现国家治理体系和治理能力现代化，人民平等参与、平等发展权利得到充分保障，基本建成法治国家、法治政府、法治社会。建成文化强国、教育强国、人才强国、体育强国、健康中国，国民素质和社会文明程度达到新高度，国家文化软实力显著增强。广泛形成绿色生产生活方式，碳排放达峰后稳中有降，生态环境根本好转，美丽中国建设目标基本实现。形成对外开放新格局，参与国际经济合作和竞争新优势明显增强。人均国内生产总值达到中等发达国家水平，中等收入群体显著扩大，基本公共服务实现均等化，城乡区域发展差距和居民生活水平差距显著缩小。平安中国建设达到更高水平，基本实现国防和军队现代化。人民生活更加美好，人的全面发展、全体人民共同富裕取得更为明显的实质性进展。

### 第二节　"十四五"时期经济社会发展主要目标

——经济发展取得新成效。发展是解决我国一切问题的基础和关键，发展必须坚持新发展理念，在质量效益明显提升的基础上实现经济持续健康发展，增长潜力充分发挥，国内生产总值年均增长保持在合理区间、各年度视情提出，全员劳动生产率增长高于国内生产总值增长，国内市场更加强大，经济结构更加优化，创新能力显著提升，全社会研发经费投入年均增长 7% 以上、力争投入强度高于"十三五"时期实际，产业基础高级化、产业链现代化水平明显提高，农业基础更加稳固，城乡区域发展协调性明显增强，常住人口城镇化率提高到65%，现代化经济体系建设取得重大进展。

——改革开放迈出新步伐。社会主义市场经济体制更加完善，高标准市场体系基本建成，市场主体更加充满活力，产权制度改革和要素市场化配置改革取得重大进展，公平竞争制度更加健全，更高水平开放型经济新体制基本形成。

——社会文明程度得到新提高。社会主义核心价值观深入人心，人民思想道德素质、科学文化素质和身心健康素质明显提高，公共文化服务体系和文化产业体系更加健全，人民精神文化生活日益丰富，中华文化影响力进一步提升，中华民族凝聚力进一步增强。

——生态文明建设实现新进步。国土空间开发保护格局得到优化，生产生活方式绿色转型成效显著，能源资源配置更加合理、利用效率大幅提高，单位国内生产总值能源消耗和二氧化碳排放分别降低 13.5%、18%，主要污染物排放总量持续减少，森林覆盖率提高到 24.1%，生态环境持续改善，生态安全屏障更加牢固，城乡人居环境明显改善。

——民生福祉达到新水平。实现更加充分更高质量就业，城镇调查失业率控制在 5.5% 以内，居民人均可支配收入增长与国内生产总值增长基本同步，分配结构明显改善，基本公共服务均等化水平明显提高，全民受教育程度不断提升，劳动年龄人口平均受教育年限提高到11.3年，多层次社会保障体系更加健全，基本养老保险参保率提高到95%，卫生健康体系更加完善，人均预期寿命提高1岁，脱贫攻坚成果巩固拓展，乡村振兴战略全面推进，全体人民共同富裕迈出坚实步伐。

——国家治理效能得到新提升。社会主义民主法治更加健全，社会公平正义进一步彰显，国家行政体系更加完善，政府作用更好发挥，行政效率和公信力显著提升，社会治理特别是基层治理水平明显提高，防范化解重大风险体制机制不断健全，突发公共事件应急处置能力显著增强，自然灾害防御水平明显提升，发展安全保障更加有力，国防和军队现代化迈出重大步伐。

**专栏1 "十四五"时期经济社会发展主要指标**

| 类别 | 指标 | 2020年 | 2025年 | 年均/累计 | 属性 |
|---|---|---|---|---|---|
| 经济发展 | 1. 国内生产总值(GDP)增长(%) | 2.3 | — | 保持在合理区间、各年度视情提出 | 预期性 |
| | 2. 全员劳动生产率增长(%) | 2.5 | — | 高于GDP增长 | 预期性 |
| | 3. 常住人口城镇化率(%) | 60.6* | 65 | — | 预期性 |
| 创新驱动 | 4. 全社会研发经费投入增长(%) | — | — | >7、力争投入强度高于"十三五"时期实际 | 预期性 |
| | 5. 每万人口高价值发明专利拥有量(件) | 6.3 | 12 | — | 预期性 |
| | 6. 数字经济核心产业增加值占GDP比重(%) | 7.8 | 10 | — | 预期性 |
| 民生福祉 | 7. 居民人均可支配收入增长(%) | 2.1 | — | 与GDP增长基本同步 | 预期性 |
| | 8. 城镇调查失业率(%) | 5.2 | — | <5.5 | 预期性 |
| | 9. 劳动年龄人口平均受教育年限(年) | 10.8 | 11.3 | — | 约束性 |
| | 10. 每千人口拥有执业(助理)医师数(人) | 2.9 | 3.2 | — | 预期性 |
| | 11. 基本养老保险参保率(%) | 91 | 95 | — | 预期性 |
| | 12. 每千人口拥有3岁以下婴幼儿托位数(个) | 1.8 | 4.5 | — | 预期性 |
| | 13. 人均预期寿命(岁) | 77.3* | — | 〔1〕 | 预期性 |
| 绿色生态 | 14. 单位GDP能源消耗降低(%) | — | — | 〔13.5〕 | 约束性 |
| | 15. 单位GDP二氧化碳排放降低(%) | — | — | 〔18〕 | 约束性 |
| | 16. 地级及以上城市空气质量优良天数比率(%) | 87 | 87.5 | — | 约束性 |
| | 17. 地表水达到或好于Ⅲ类水体比例(%) | 83.4 | 85 | — | 约束性 |
| | 18. 森林覆盖率(%) | 23.2* | 24.1 | — | 约束性 |
| 安全保障 | 19. 粮食综合生产能力(亿吨) | — | >6.5 | — | 约束性 |
| | 20. 能源综合生产能力(亿吨标准煤) | — | >46 | — | 约束性 |

注：①〔〕内为5年累计数。②带*的为2019年数据。③能源综合生产能力指煤炭、石油、天然气、非化石能源生产能力之和。④2020年地级及以上城市空气质量优良天数比率和地表水达到或好于Ⅲ类水体比例指标值受新冠肺炎疫情等因素影响，明显高于正常年份。⑤2020年全员劳动生产率增长2.5%为预计数。

# 第二篇 坚持创新驱动发展 全面塑造发展新优势

坚持创新在我国现代化建设全局中的核心地位，把科技自立自强作为国家发展的战略支撑，面向世界科技前沿、面向经济主战场、面向国家重大需求、面向人民生命健康，深入实施科教兴国战略、人才强国战略、创新驱动发展战略，完善国家创新体系，加快建设科技强国。

## 第四章 强化国家战略科技力量

制定科技强国行动纲要，健全社会主义市场经济条件下新型举国体制，打好关键核心技术攻坚战，提高创新链整体效能。

### 第一节 整合优化科技资源配置

以国家战略性需求为导向推进创新体系优化组合，加快构建以国家实验室为引领的战略科技力量。聚焦量子信息、光子与微纳电子、网络通信、人工智能、生物医药、现代能源系统等重大创新领域组建一批国家实验室，重组国家重点实验室，形成结构合理、运行高效的实验室体系。优化提升国家工程研究中心、国家技术创新中心等创新基地。推进科研院所、高等院校和企业科研力量优化配置和资源共享。支持发展新型研究型大学、新型研发机构等新型创新主体，推动投入主体多元化、管理制度现代化、运行机制市场化、用人机制灵活化。

### 第二节 加强原创性引领性科技攻关

在事关国家安全和发展全局的基础核心领域，制定实施战略性科学计划和科学工程。瞄准人工智能、量子信息、集成电路、生命健康、脑科学、生物育种、空天科技、深地深海等前沿领域，实施一批具有前瞻性、战略性的国家重大科技项目。从国家急迫需要和长远需求出发，集中优势资源攻关新发突发传染病和生物安全风险防控、医药和医疗设备、关键元器件零部件和基础材料、油气勘探开发等领域关键核心技术。

**专栏2 科技前沿领域攻关**

| | |
|---|---|
| 01 | 新一代人工智能<br>前沿基础理论突破，专用芯片研发，深度学习框架等开源算法平台构建，学习推理与决策、图像图形、语音视频、自然语言识别处理等领域创新。 |
| 02 | 量子信息<br>城域、城际、自由空间量子通信技术研发，通用量子计算原型机和实用化量子模拟机研制，量子精密测量技术突破。 |
| 03 | 集成电路<br>集成电路设计工具、重点装备和高纯靶材等关键材料研发，集成电路先进工艺和绝缘栅双极型晶体管（IGBT）、微机电系统（MEMS）等特色工艺突破，先进存储技术升级，碳化硅、氮化镓等宽禁带半导体发展。 |
| 04 | 脑科学与类脑研究<br>脑认知原理解析，脑介观神经联接图谱绘制，脑重大疾病机理与干预研究，儿童青少年脑智发育，类脑计算与脑机融合技术研发。 |
| 05 | 基因与生物技术<br>基因组学研究应用，遗传细胞和遗传育种、合成生物、生物药等技术创新，创新疫苗、体外诊断、抗体药物等研发，农作物、畜禽水产、农业微生物等重大新品种创制，生物安全关键技术研究。 |
| 06 | 临床医学与健康<br>癌症和心脑血管、呼吸、代谢性疾病等发病机制基础研究，主动健康干预技术研发，再生医学、微生物组、新型治疗等前沿技术研发，重大传染病、重大慢性非传染性疾病防治关键技术研究。 |
| 07 | 深空深地深海和极地探测<br>宇宙起源与演化、透视地球等基础科学研究，火星环绕、小行星巡视等星际探测，新一代重型运载火箭和重复使用航天运输系统、地球深部探测装备、深海运维保障和装备试验船、极地立体观监测平台和重型破冰船等研制，探月工程四期、蛟龙探海二期、雪龙探极二期建设。 |

### 第三节 持之以恒加强基础研究

强化应用研究带动，鼓励自由探索，制定实施基础研究十年行动方案，重点布局一批基础学科研究中心。加大基础研究财政投入力度、优化支出结构，对企业投入基础研究实行税收优惠，鼓励社会以捐赠和建立基金等方式多渠道投入，形成持续稳定投入机制，基础研究经费投入占研发经费投入比重提高到8%以上。建立健全符合科学规律的评价体系和激励机制，对基础研究探索实行长周期评价，创造有利于基础研究的良好科研生态。

### 第四节 建设重大科技创新平台

支持北京、上海、粤港澳大湾区形成国际科技创新中心，建设北京怀柔、上海张江、大湾区、安徽合肥综合性国家科学中心，支持有条件的地方建设区域科技创新中心。强化国家自主创新示范区、高新技术产业开发区、经济技术开发区等创新功能。适度超前布局国家重大科技基础设施，提高共享水平和使用效率。集约化建设自然科技资源库、国家野外科学观测研究站（网）和科学大数据中心。加强高端科研仪器设备研发制造。构建国家科研论文和科技信息高端交流平台。

**专栏 3　国家重大科技基础设施**

| | |
|---|---|
| 01 | 战略导向型<br>建设空间环境地基监测网、高精度地基授时系统、大型低速风洞、海底科学观测网、空间环境地面模拟装置、聚变堆主机关键系统综合研究设施等。 |
| 02 | 应用支撑型<br>建设高能同步辐射光源、高效低碳燃气轮机试验装置、超重力离心模拟与试验装置、加速器驱动嬗变研究装置、未来网络试验设施等。 |
| 03 | 前瞻引领型<br>建设硬 X 射线自由电子激光装置、高海拔宇宙线观测站、综合极端条件实验装置、极深地下极低辐射本底前沿物理实验设施、精密重力测量研究设施、强流重离子加速器装置等。 |
| 04 | 民生改善型<br>建设转化医学研究设施、多模态跨尺度生物医学成像设施、模式动物表型与遗传研究设施、地震科学实验场、地球系统数值模拟器等。 |

## 第五章　提升企业技术创新能力

完善技术创新市场导向机制，强化企业创新主体地位，促进各类创新要素向企业集聚，形成以企业为主体、市场为导向、产学研用深度融合的技术创新体系。

### 第一节　激励企业加大研发投入

实施更大力度的研发费用加计扣除、高新技术企业税收优惠等普惠性政策。拓展优化首台(套)重大技术装备保险补偿和激励政策，发挥重大工程牵引示范作用，运用政府采购政策支持创新产品和服务。通过完善标准、质量和竞争规制等措施，增强企业创新动力。健全鼓励国有企业研发的考核制度，设立独立核算、免于增值保值考核、容错纠错的研发准备金制度，确保中央国有工业企业研发支出年增长率明显超过全国平均水平。完善激励科技型中小企业创新的税收优惠政策。

### 第二节　支持产业共性基础技术研发

集中力量整合提升一批关键共性技术平台，支持行业龙头企业联合高等院校、科研院所和行业上下游企业共建国家产业创新中心，承担国家重大科技项目。支持有条件企业联合转制科研院所组建行业研究院，提供公益性共性技术服务。打造新型共性技术平台，解决跨行业跨领域关键共性技术问题。发挥大企业引领支撑作用，支持创新型中小微企业成长为创新重要发源地，推动产业链上中下游、大中小企业融通创新。鼓励有条件地方依托产业集群创办混合所有制产业技术研究院，服务区域关键共性技术研发。

### 第三节　完善企业创新服务体系

推动国家科研平台、科技报告、科研数据进一步向企业开放，创新科技成果转化机制，鼓励将符合条件的由财政资金支持形成的科技成果许可给中小企业使用。推进创新创业机构改革，建设专业化市场化技术转移机构和技术经理人队伍。完善金融支持创新体系，鼓励金融机构发展知识产权质押融资、科技保险等科技金融产品，开展科技成果转化贷款风险补偿试点。畅通科技型企业国内上市融资渠道，增强科创板“硬科技”特色，提升创业板服务成长型创新创业企业功能，鼓励发展天使投资、创业投资，更好发挥创业投资引导基金和私募股权基金作用。

## 第六章　激发人才创新活力

贯彻尊重劳动、尊重知识、尊重人才、尊重创造方针，深化人才发展体制机制改革，全方位培养、引进、用好人才，充分发挥人才第一资源的作用。

### 第一节　培养造就高水平人才队伍

遵循人才成长规律和科研活动规律，培养造就更多国际一流的战略科技人才、科技领军人才和创新团队，培养具有国际竞争力的青年科技人才后备军，注重依托重大科技任务和重大创新基地培养发现人才，支持设立博士后创新岗位。加强创新型、应用型、技能型人才培养，实施知识更新工程、技能提升行动，壮大高水平工程师和高技能人才队伍。加强基础学科拔尖学生培养，建设数理化生等基础学科基地和前沿科学中心。实行更加开放的人才政策，构筑集聚国内外优秀人才的科研创新高地。完善外籍高端人才和专业人才来华工作、科研、交流的停居留政策，完善外国人在华永久居留制度，探索建立技术移民制度。健全薪酬福利、子女教育、社会保障、税收优惠等制度，为海外科学家在华工作提供具有国际竞争力和吸引力的环境。

### 第二节　激励人才更好发挥作用

完善人才评价和激励机制，健全以创新能力、质量、实效、贡献为导向的科技人才评价体系，构建充分体现知识、技术等创新要素价值的收益分配机制。选好用好领军人才和拔尖人才，赋予更大技术路线决定权和经费使用权。全方位为科研人员松绑，拓展科研管理“绿色通道”。实行以增加知识价值为导向的分配政策，完善科研人员职务发明成果权益分享机制，探索赋予科研人员职务科技成果所有权或长期使用权，提高科研人员收益分享比例。深化院士制度改革。

### 第三节　优化创新创业创造生态

大力弘扬新时代科学家精神，强化科研诚信建设，健全科技伦理体系。依法保护企业家的财产权和创新收益，发挥企业家在把握创新方向、凝聚人才、筹措资金等方面重要作用。推进创新创业创造向纵深发展，优化双创示范基地建设布局。倡导敬业、精益、专注、宽容失败的创新创业文化，完善试错容错纠错机制。弘扬科学精神和工匠精神，广泛开展科学普及活动，加强青少年科学兴趣引导和培养，形成热爱科学、崇尚创新的社会氛围，提高全民科学素质。

## 第七章　完善科技创新体制机制

深入推进科技体制改革，完善国家科技治理体系，优化国家科技计划体系和运行机制，推动重点领域项目、基地、人才、资金一体化配置。

### 第一节　深化科技管理体制改革

加快科技管理职能转变，强化规划政策引导和创新环境营造，减少分钱分物定项目等直接干预。整合财政科研投入体制，重点投向战略性关键性领域，改变部门分割、小而散的状态。改革重大科技项目立项和组织管理方式，给予科研单位和科研人员更多自主权，推行技术总师负责制，实行“揭榜挂帅”、“赛马”等制度，健全奖补结合的资金支持机制。健全科技评价机制，完善自由探索型和任务导向型科技项目分类评价制度，建立非共识科技项目的评价机制，优化科技奖励项目。建立健全科研机构现代院所制度，支持科研事业单位试行更灵活的编制、岗位、薪酬等管理制度。建立健全高等院校、科研机构、企业间创新资源自由有序流动机制。深入推进全面创新改革试验。

### 第二节　健全知识产权保护运用体制

实施知识产权强国战略，实行严格的知识产权保护制度，完善知识产权相关法律法规，加快新领域新业态知识产权立法。加强知识产权司法保护和行政执法，健全仲裁、调解、公证和维权援助体系，健全知识产权侵权惩罚性赔偿制度，加大损害赔偿力度。优化专利资助奖励政策和考核评价机制，更好保护和激励高价值专利，培育专利密集型产业。改革国有知识产权归属和权益分配机制，扩大科研机构和高等院校知识产权处置自主权。完善无形资产评估制度，形成激励与监管相协调的管理机制。构建知识产权保护运用公共服务平台。

### 第三节　积极促进科技开放合作

实施更加开放包容、互惠共享的国际科技合作战略，更加主动融入全球创新网络。务实推进全球疫情防控和公共卫生等领域国际科技合作，聚焦气候变化、人类健康等问题加强同各国科研人员联合研发。主动设计和牵头发起国际大科学计划和大科学工程，发挥科学基金独特作用。加大国家科技计划对外开放力度，启动一批重大科技合作项目，研究设立面向全球的科学研究基金，实施科学家交流计划。支持在我国境内设立国际科技组织、外籍科学家在我国科技学术组织任职。

# 第三篇　加快发展现代产业体系　巩固壮大实体经济根基

坚持把发展经济着力点放在实体经济上，加快推进制造强国、质量强国建设，促进先进制造业和现代服务业深度融合，强化基础设施支撑引领作用，构建实体经济、科技创新、现代金融、人力资源协同发展的现代产业体系。

## 第八章　深入实施制造强国战略

坚持自主可控、安全高效，推进产业基础高级化、产业链现代化，保持制造业比重基本稳定，增强制造业竞争优势，推动制造业高质量发展。

### 第一节 加强产业基础能力建设

实施产业基础再造工程，加快补齐基础零部件及元器件、基础软件、基础材料、基础工艺和产业技术基础等瓶颈短板。依托行业龙头企业，加大重要产品和关键核心技术攻关力度，加快工程化产业化突破。实施重大技术装备攻关工程，完善激励和风险补偿机制，推动首台(套)装备、首批次材料、首版次软件示范应用。健全产业基础支撑体系，在重点领域布局一批国家制造业创新中心，完善国家质量基础设施，建设生产应用示范平台和标准计量、认证认可、检验检测、试验验证等产业技术基础公共服务平台，完善技术、工艺等工业基础数据库。

### 第二节 提升产业链供应链现代化水平

坚持经济性和安全性相结合，补齐短板、锻造长板，分行业做好供应链战略设计和精准施策，形成具有更强创新力、更高附加值、更安全可靠的产业链供应链。推进制造业补链强链，强化资源、技术、装备支撑，加强国际产业安全合作，推动产业链供应链多元化。立足产业规模优势、配套优势和部分领域先发优势，巩固提升高铁、电力装备、新能源、船舶等领域全产业链竞争力，从符合未来产业变革方向的整机产品入手打造战略性全局性产业链。优化区域产业链布局，引导产业链关键环节留在国内，强化中西部和东北地区承接产业转移能力建设。实施应急产品生产能力储备工程，建设区域性应急物资生产保障基地。实施领航企业培育工程，培育一批具有生态主导力和核心竞争力的龙头企业。推动中小企业提升专业化优势，培育专精特新"小巨人"企业和制造业单项冠军企业。加强技术经济安全评估，实施产业竞争力调查和评价工程。

### 第三节 推动制造业优化升级

深入实施智能制造和绿色制造工程，发展服务型制造新模式，推动制造业高端化智能化绿色化。培育先进制造业集群，推动集成电路、航空航天、船舶与海洋工程装备、机器人、先进轨道交通装备、先进电力装备、工程机械、高端数控机床、医药及医疗设备等产业创新发展。改造提升传统产业，推动石化、钢铁、有色、建材等原材料产业布局优化和结构调整，扩大轻工、纺织等优质产品供给，加快化工、造纸等重点行业企业改造升级，完善绿色制造体系。深入实施增强制造业核心竞争力和技术改造专项，鼓励企业应用先进适用技术、加强设备更新和新产品规模化应用。建设智能制造示范工厂，完善智能制造标准体系。深入实施质量提升行动，推动制造业产品"增品种、提品质、创品牌"。

### 第四节 实施制造业降本减负行动

强化要素保障和高效服务，巩固拓展减税降费成果，降低企业生产经营成本，提升制造业根植性和竞争力。推动工业用地提容增效，推广新型产业用地模式。扩大制造业中长期贷款、信用贷款规模，增加技改贷款，推动股权投资、债券融资等向制造业倾斜。允许制造业企业全部参与电力市场化交易，规范和降低港口航运、公路铁路运输等物流收费，全面清理规范涉企收费。建立制造业重大项目全周期服务机制和企业家参与涉企政策制定制度，支持建设中小企业信息、技术、进出口和数字化转型综合性服务平台。

**专栏 4 制造业核心竞争力提升**

| | |
|---|---|
| 01 | 高端新材料<br>推动高端稀土功能材料、高品质特殊钢材、高性能合金、高温合金、高纯稀有金属材料、高性能陶瓷、电子玻璃等先进金属和无机非金属材料取得突破，加强碳纤维、芳纶等高性能纤维及其复合材料、生物基和生物医用材料研发应用，加快茂金属聚乙烯等高性能树脂和集成电路用光刻胶等电子高纯材料关键技术突破。 |
| 02 | 重大技术装备<br>推进 CR450 高速度等级中国标准动车组、谱系化中国标准地铁列车、高端机床装备、先进工程机械、核电机组关键部件、邮轮、大型 LNG 船舶和深海油气生产平台等研发应用，推动 C919 大型客机示范运营和 ARJ21 支线客机系列化发展。 |
| 03 | 智能制造与机器人技术<br>重点研制分散式控制系统、可编程逻辑控制器、数据采集和视频监控系统等工业控制装备，突破先进控制器、高精度伺服驱动系统、高性能减速器等智能机器人关键技术。发展增材制造。 |
| 04 | 航空发动机及燃气轮机<br>加快先进航空发动机关键材料等技术研发验证，推进民用大涵道比涡扇发动机 CJ1000 产品研制，突破宽体客机发动机关键技术，实现先进民用涡轴发动机产业化。建设上海重型燃气轮机试验电站。 |

续表

| | |
|---|---|
| 05 | 北斗产业化应用<br>突破通信导航一体化融合等技术，建设北斗应用产业创新平台，在通信、金融、能源、民航等行业开展典型示范，推动北斗在车载导航、智能手机、穿戴设备等消费领域市场化规模化应用。 |
| 06 | 新能源汽车和智能(网联)汽车<br>突破新能源汽车高安全动力电池、高效驱动电机、高性能动力系统等关键技术，加快研发智能(网联)汽车基础技术平台及软硬件系统、线控底盘和智能终端等关键部件。 |
| 07 | 高端医疗装备和创新药<br>突破腔镜手术机器人、体外膜肺氧合机等核心技术，研制高端影像、放射治疗等大型医疗设备及关键零部件。发展脑起搏器、全降解血管支架等植入介入产品，推动康复辅助器具提质升级。研发重大传染性疾病所需疫苗，开发治疗恶性肿瘤、心脑血管等疾病特效药。加强中医药关键技术装备研发。 |
| 08 | 农业机械装备<br>开发智能型大马力拖拉机、精量(免耕)播种机、喷杆喷雾机、开沟施肥机、高效联合收割机、果蔬采收机、甘蔗收获机、采棉机等先进适用农业机械，发展丘陵山区农业生产高效专用农机。推动先进粮油加工装备研发和产业化。研发绿色智能养殖饲喂、环控、采集、粪污利用等装备。研发造林种草等机械装备。 |

## 第九章　发展壮大战略性新兴产业

着眼于抢占未来产业发展先机，培育先导性和支柱性产业，推动战略性新兴产业融合化、集群化、生态化发展，战略性新兴产业增加值占 GDP 比重超过 17%。

### 第一节　构筑产业体系新支柱

聚焦新一代信息技术、生物技术、新能源、新材料、高端装备、新能源汽车、绿色环保以及航空航天、海洋装备等战略性新兴产业，加快关键核心技术创新应用，增强要素保障能力，培育壮大产业发展新动能。推动生物技术和信息技术融合创新，加快发展生物医药、生物育种、生物材料、生物能源等产业，做大做强生物经济。深化北斗系统推广应用，推动北斗产业高质量发展。深入推进国家战略性新兴产业集群发展工程，健全产业集群组织管理和专业化推进机制，建设创新和公共服务综合体，构建一批各具特色、优势互补、结构合理的战略性新兴产业增长引擎。鼓励技术创新和企业兼并重组，防止低水平重复建设。发挥产业投资基金引导作用，加大融资担保和风险补偿力度。

### 第二节　前瞻谋划未来产业

在类脑智能、量子信息、基因技术、未来网络、深海空天开发、氢能与储能等前沿科技和产业变革领域，组织实施未来产业孵化与加速计划，谋划布局一批未来产业。在科教资源优势突出、产业基础雄厚的地区，布局一批国家未来产业技术研究院，加强前沿技术多路径探索、交叉融合和颠覆性技术供给。实施产业跨界融合示范工程，打造未来技术应用场景，加速形成若干未来产业。

## 第十章　促进服务业繁荣发展

聚焦产业转型升级和居民消费升级需要，扩大服务业有效供给，提高服务效率和服务品质，构建优质高效、结构优化、竞争力强的服务产业新体系。

### 第一节　推动生产性服务业融合化发展

以服务制造业高质量发展为导向，推动生产性服务业向专业化和价值链高端延伸。聚焦提高产业创新力，加快发展研发设计、工业设计、商务咨询、检验检测认证等服务。聚焦提高要素配置效率，推动供应链金融、信息数据、人力资源等服务创新发展。聚焦增强全产业链优势，提高现代物流、采购分销、生产控制、运营管理、售后服务等发展水平。推动现代服务业与先进制造业、现代农业深度融合，深化业务关联、链条延伸、技术渗透，支持智能制造系统解决方案、流程再造等新型专业化服务机构发展。培育具有国际竞争力的服务企业。

### 第二节　加快生活性服务业品质化发展

以提升便利度和改善服务体验为导向，推动生活性服务业向高品质和多样化升级。加快发展健康、养老、托育、文化、旅游、体育、物业等服务业，加强公益性、基础性服务业供给，扩大覆盖全生命期的各类服务供给。持续推动家政服务业提质扩容，与智慧社区、养老托育等融合发展。鼓励商贸流通业态与模式创新，推进数字化智能化改造和跨界融合，线上线下全渠道满足消费需求。加快完善养老、家政等服务标准，健全生活性服务业认证认可制度，推动生活性服务业诚信化职业化发展。

### 第三节 深化服务领域改革开放

扩大服务业对内对外开放，进一步放宽市场准入，全面清理不合理的限制条件，鼓励社会力量扩大多元化多层次服务供给。完善支持服务业发展的政策体系，创新适应服务新业态新模式和产业融合发展需要的土地、财税、金融、价格等政策。健全服务质量标准体系，强化标准贯彻执行和推广。加快制定重点服务领域监管目录、流程和标准，构建高效协同的服务业监管体系。完善服务领域人才职称评定制度，鼓励从业人员参加职业技能培训和鉴定。深入推进服务业综合改革试点和扩大开放。

## 第十一章 建设现代化基础设施体系

统筹推进传统基础设施和新型基础设施建设，打造系统完备、高效实用、智能绿色、安全可靠的现代化基础设施体系。

### 第一节 加快建设新型基础设施

围绕强化数字转型、智能升级、融合创新支撑，布局建设信息基础设施、融合基础设施、创新基础设施等新型基础设施。建设高速泛在、天地一体、集成互联、安全高效的信息基础设施，增强数据感知、传输、存储和运算能力。加快5G网络规模化部署，用户普及率提高到56%，推广升级千兆光纤网络。前瞻布局6G网络技术储备。扩容骨干网互联节点，新设一批国际通信出入口，全面推进互联网协议第六版（IPv6）商用部署。实施中西部地区中小城市基础网络完善工程。推动物联网全面发展，打造支持固移融合、宽窄结合的物联接入能力。加快构建全国一体化大数据中心体系，强化算力统筹智能调度，建设若干国家枢纽节点和大数据中心集群，建设E级和10E级超级计算中心。积极稳妥发展工业互联网和车联网。打造全球覆盖、高效运行的通信、导航、遥感空间基础设施体系，建设商业航天发射场。加快交通、能源、市政等传统基础设施数字化改造，加强泛在感知、终端联网、智能调度体系建设。发挥市场主导作用，打通多元化投资渠道，构建新型基础设施标准体系。

### 第二节 加快建设交通强国

建设现代化综合交通运输体系，推进各种运输方式一体化融合发展，提高网络效应和运营效率。完善综合运输大通道，加强出疆入藏、中西部地区、沿江沿海沿边战略骨干通道建设，有序推进能力紧张通道升级扩容，加强与周边国家互联互通。构建快速网，基本贯通"八纵八横"高速铁路，提升国家高速公路网络质量，加快建设世界级港口群和机场群。完善干线网，加快普速铁路建设和既有铁路电气化改造，优化铁路客货布局，推进普通国省道瓶颈路段贯通升级，推动内河高等级航道扩能升级，稳步建设支线机场、通用机场和货运机场，积极发展通用航空。加强邮政设施建设，实施快递"进村进厂出海"工程。推进城市群都市圈交通一体化，加快城际铁路、市域（郊）铁路建设，构建高速公路环线系统，有序推进城市轨道交通发展。提高交通通达深度，推动区域性铁路建设，加快沿边抵边公路建设，继续推进"四好农村路"建设，完善道路安全设施。构建多层级、一体化综合交通枢纽体系，优化枢纽场站布局、促进集约综合开发，完善集疏运系统，发展旅客联程运输和货物多式联运，推广全程"一站式"、"一单制"服务。推进中欧班列集结中心建设。深入推进铁路企业改革，全面深化空管体制改革，推动公路收费制度和养护体制改革。

**专栏5 交通强国建设工程**

| | |
|---|---|
| 01 | 战略骨干通道<br>建设川藏铁路雅安至林芝段和伊宁至阿克苏、酒泉至额济纳、若羌至罗布泊等铁路，推进日喀则至吉隆、和田至日喀则铁路前期工作，打通沿边公路G219和G331线，提质改造川藏公路G318线。 |
| 02 | 高速铁路<br>建设成都重庆至上海沿江高铁、上海经宁波至合浦沿海高铁、京沪高铁辅助通道天津至新沂段和北京经雄安新区至商丘、西安至重庆、长沙至赣州、包头至银川等高铁。 |
| 03 | 普速铁路<br>建设西部陆海新通道黄桶至百色、黔桂增建二线铁路和瑞金至梅州、中卫经平凉至庆阳、柳州至广州铁路，推进玉溪至磨憨、大理至瑞丽等与周边互联互通铁路建设。提升铁路集装箱运输能力，推进中欧班列运输通道和口岸扩能改造，建设大型工矿企业、物流园区和重点港口铁路专用线，全面实现长江干线主要港口铁路进港。 |

续表

| | |
|---|---|
| 04 | 城市群和都市圈轨道交通<br>新增城际铁路和市域(郊)铁路运营里程3000公里,基本建成京津冀、长三角、粤港澳大湾区轨道交通网。新增城市轨道交通运营里程3000公里。 |
| 05 | 高速公路<br>实施京沪、京港澳、长深、沪昆、连霍等国家高速公路主线拥挤路段扩容改造,加快建设国家高速公路主线并行线、联络线,推进京雄等雄安新区高速公路建设。规划布局建设充换电设施。新改建高速公路里程2.5万公里。 |
| 06 | 港航设施<br>建设京津冀、长三角、粤港澳大湾区世界级港口群,建设洋山港区小洋山北侧、天津北疆港区C段、广州南沙港五期、深圳盐田港东区等集装箱码头。推进曹妃甸港煤炭运能扩容、舟山江海联运服务中心和北部湾国际门户港、洋浦枢纽港建设。深化三峡水运新通道前期论证,研究平陆运河等跨水系运河连通工程。 |
| 07 | 现代化机场<br>建设京津冀、长三角、粤港澳大湾区、成渝世界级机场群,实施广州、深圳、昆明、西安、重庆、乌鲁木齐、哈尔滨等国际枢纽机场和杭州、合肥、济南、长沙、南宁等区域枢纽机场改扩建工程,建设厦门、大连、三亚新机场。建成鄂州专业性货运机场,建设朔州、嘉兴、瑞金、黔北、阿拉尔等支线机场,新增民用运输机场30个以上。 |
| 08 | 综合交通和物流枢纽<br>推进既有客运枢纽一体化智能化升级改造和站城融合,实施枢纽机场引入轨道交通工程。推进120个左右国家物流枢纽建设。加快邮政国际寄递中心建设。 |

### 第三节　构建现代能源体系

推进能源革命,建设清洁低碳、安全高效的能源体系,提高能源供给保障能力。加快发展非化石能源,坚持集中式和分布式并举,大力提升风电、光伏发电规模,加快发展东中部分布式能源,有序发展海上风电,加快西南水电基地建设,安全稳妥推动沿海核电建设,建设一批多能互补的清洁能源基地,非化石能源占能源消费总量比重提高到20%左右。推动煤炭生产向资源富集地区集中,合理控制煤电建设规模和发展节奏,推进以电代煤。有序放开油气勘探开发市场准入,加快深海、深层和非常规油气资源利用,推动油气增储上产。因地制宜开发利用地热能。提高特高压输电通道利用率。加快电网基础设施智能化改造和智能微电网建设,提高电力系统互补互济和智能调节能力,加强源网荷储衔接,提升清洁能源消纳和存储能力,提升向边远地区输配电能力,推进煤电灵活性改造,加快抽水蓄能电站建设和新型储能技术规模化应用。完善煤炭跨区域运输通道和集疏运体系,加快建设天然气主干管道,完善油气互联互通网络。

**专栏6　现代能源体系建设工程**

| | |
|---|---|
| 01 | 大型清洁能源基地<br>建设雅鲁藏布江下游水电基地。建设金沙江上下游、雅砻江流域、黄河上游和几字湾、河西走廊、新疆、冀北、松辽等清洁能源基地,建设广东、福建、浙江、江苏、山东等海上风电基地。 |
| 02 | 沿海核电<br>建成华龙一号、国和一号、高温气冷堆示范工程,积极有序推进沿海三代核电建设。推动模块式小型堆、60万千瓦级商用高温气冷堆、海上浮动式核动力平台等先进堆型示范。建设核电站中低放废物处置场,建设乏燃料后处理厂。开展山东海阳等核能综合利用示范。核电运行装机容量达到7000万千瓦。 |
| 03 | 电力外送通道<br>建设白鹤滩至华东、金沙江上游外送等特高压输电通道,实施闽粤联网、川渝特高压交流工程。研究论证陇东至山东、哈密至重庆等特高压输电通道。 |
| 04 | 电力系统调节<br>建设桐城、磐安、泰安二期、浑源、庄河、安化、贵阳、南宁等抽水蓄能电站,实施电化学、压缩空气、飞轮等储能示范项目。开展黄河梯级电站大型储能项目研究。 |
| 05 | 油气储运能力<br>新建中俄东线境内段、川气东送二线等油气管道。建设石油储备重大工程。加快中原文23、辽河储气库群等地下储气库建设。 |

### 第四节 加强水利基础设施建设

立足流域整体和水资源空间均衡配置，加强跨行政区河流水系治理保护和骨干工程建设，强化大中小微水利设施协调配套，提升水资源优化配置和水旱灾害防御能力。坚持节水优先，完善水资源配置体系，建设水资源配置骨干项目，加强重点水源和城市应急备用水源工程建设。实施防洪提升工程，解决防汛薄弱环节，加快防洪控制性枢纽工程建设和中小河流治理、病险水库除险加固，全面推进堤防和蓄滞洪区建设。加强水源涵养区保护修复，加大重点河湖保护和综合治理力度，恢复水清岸绿的水生态体系。

**专栏 7 国家水网骨干工程**

| | |
|---|---|
| 01 | 重大引调水<br>推动南水北调东中线后续工程建设，深化南水北调西线工程方案比选论证。建设珠三角水资源配置、渝西水资源配置、引江济淮、滇中引水、引汉济渭、新疆奎屯河引水、河北雄安干渠供水、海南琼西北水资源配置等工程。加快引黄济宁、黑龙江三江连通、环北部湾水资源配置工程前期论证。 |
| 02 | 供水灌溉<br>推进新疆库尔干、黑龙江关门嘴子、贵州观音、湖南犬木塘、浙江开化、广西长塘等大型水库建设。实施黄河河套、四川都江堰、安徽淠史杭等大型灌区续建配套和现代化改造，推进四川向家坝、云南耿马、安徽怀洪新河、海南牛路岭、江西大坳等大型灌区建设。 |
| 03 | 防洪减灾<br>建设雄安新区防洪工程、长江中下游崩岸治理和重要蓄滞洪区、黄河干流河道和滩区综合治理、淮河入海水道二期、海河河道治理、西江干流堤防、太湖吴淞江、海南迈湾水利枢纽等工程。加强黄河古贤水利枢纽、福建上白石水库等工程前期论证。 |

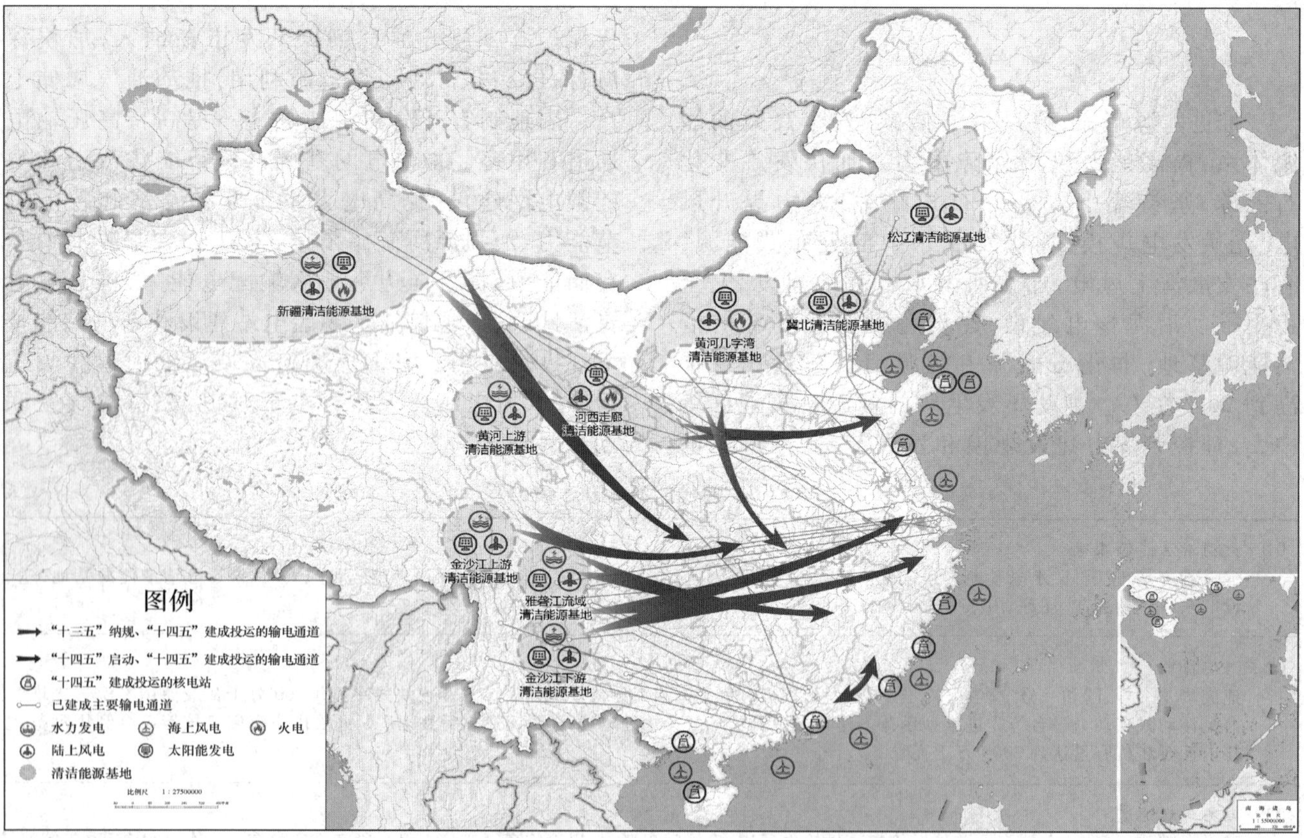


图 1 "十四五"大型清洁能源基地布局示意图

# 第四篇 形成强大国内市场 构建新发展格局

坚持扩大内需这个战略基点，加快培育完整内需体系，把实施扩大内需战略同深化供给侧结构性改革有机结合起来，以创新驱动、高质量供给引领和创造新需求，加快构建以国内大循环为主体、国内国际双循环相互促进的新发展格局。

## 第十二章 畅通国内大循环

依托强大国内市场，贯通生产、分配、流通、消费各环节，形成需求牵引供给、供给创造需求的更高水平动态平衡，促进国民经济良性循环。

### 第一节 提升供给体系适配性

深化供给侧结构性改革，提高供给适应引领创造新需求能力。适应个性化、差异化、品质化消费需求，推动生产模式和产业组织方式创新，持续扩大优质消费品、中高端产品供给和教育、医疗、养老等服务供给，提升产品服务质量和客户满意度，推动供需协调匹配。优化提升供给结构，促进农业、制造业、服务业、能源资源等产业协调发展。完善产业配套体系，加快自然垄断行业竞争性环节市场化，实现上下游、产供销有效衔接。健全市场化法治化化解过剩产能长效机制，完善企业兼并重组法律法规和配套政策。建立健全质量分级制度，加快标准升级迭代和国际标准转化应用。开展中国品牌创建行动，保护发展中华老字号，提升自主品牌影响力和竞争力，率先在化妆品、服装、家纺、电子产品等消费品领域培育一批高端品牌。

### 第二节 促进资源要素顺畅流动

破除制约要素合理流动的堵点，矫正资源要素失衡错配，从源头上畅通国民经济循环。提高金融服务实体经济能力，健全实体经济中长期资金供给制度安排，创新直达实体经济的金融产品和服务，增强多层次资本市场融资功能。实施房地产市场平稳健康发展长效机制，促进房地产与实体经济均衡发展。有效提升劳动者技能，提高就业质量和收入水平，形成人力资本提升和产业转型升级良性循环。健全城乡要素自由流动机制，构建区域产业梯度转移格局，促进城乡区域良性互动。

### 第三节 强化流通体系支撑作用

深化流通体制改革，畅通商品服务流通渠道，提升流通效率，降低全社会交易成本。加快构建国内统一大市场，对标国际先进规则和最佳实践优化市场环境，促进不同地区和行业标准、规则、政策协调统一，有效破除地方保护、行业垄断和市场分割。建设现代物流体系，加快发展冷链物流，统筹物流枢纽设施、骨干线路、区域分拨中心和末端配送节点建设，完善国家物流枢纽、骨干冷链物流基地设施条件，健全县乡村三级物流配送体系，发展高铁快运等铁路快捷货运产品，加强国际航空货运能力建设，提升国际海运竞争力。优化国际物流通道，加快形成内外联通、安全高效的物流网络。完善现代商贸流通体系，培育一批具有全球竞争力的现代流通企业，支持便利店、农贸市场等商贸流通设施改造升级，发展无接触交易服务，加强商贸流通标准化建设和绿色发展。加快建立储备充足、反应迅速、抗冲击能力强的应急物流体系。

### 第四节 完善促进国内大循环的政策体系

保持合理的财政支出力度和赤字率水平，完善减税降费政策，构建有利于企业扩大投资、增加研发投入、调节收入分配、减轻消费者负担的税收制度。保持流动性合理充裕，保持货币供应量和社会融资规模增速同名义经济增速基本匹配，创新结构性政策工具，引导金融机构加大对重点领域和薄弱环节支持力度，规范发展消费信贷。推动产业政策向普惠化和功能性转型，强化竞争政策基础性地位，支持技术创新和结构升级。健全与经济发展水平相适应的收入分配、社会保障和公共服务制度。

## 第十三章 促进国内国际双循环

立足国内大循环，协同推进强大国内市场和贸易强国建设，形成全球资源要素强大引力场，促进内需和外需、进口和出口、引进外资和对外投资协调发展，加快培育参与国际合作和竞争新优势。

### 第一节 推动进出口协同发展

完善内外贸一体化调控体系，促进内外贸法律法规、监管体制、经营资质、质量标准、检验检疫、认证认可等相衔接，推进同线同标同质。降低进口关税和制度性成本，扩大优质消费品、先进技术、重要设备、能源资源等进口，促进进口来源多元化。完善出口政策，优化出口商品质量和结构，稳步提高出口附加值。优化国际市场布局，引导企业深耕传统出口市场、拓展新兴市场，扩大与周边国家贸易规模，稳定国际市场份额。推动加工贸易转型升级，深化外贸转型升级基地、海关特殊监管区域、贸易促进平台、国际营销服务网络建设，加快发展跨境电商、市场采购贸易等新模式，鼓励建设海外仓，保障外贸产业链供应链畅通运转。创新发展服务贸易，推进服务贸易创新发展试点开放平台建设，提升贸易数字化水平。实施贸易投资融合工程。

办好中国国际进口博览会、中国进出口商品交易会、中国国际服务贸易交易会等展会。

### 第二节 提高国际双向投资水平

坚持引进来和走出去并重，以高水平双向投资高效利用全球资源要素和市场空间，完善产业链供应链保障机制，推动产业竞争力提升。更大力度吸引和利用外资，有序推进电信、互联网、教育、文化、医疗等领域相关业务开放。全面优化外商投资服务，加强外商投资促进和保护，发挥重大外资项目示范效应，支持外资加大中高端制造、高新技术、传统制造转型升级、现代服务等领域和中西部地区投资，支持外资企业设立研发中心和参与承担国家科技计划项目。鼓励外资企业利润再投资。坚持企业主体，创新境外投资方式，优化境外投资结构和布局，提升风险防范能力和收益水平。完善境外生产服务网络和流通体系，加快金融、咨询、会计、法律等生产性服务业国际化发展，推动中国产品、服务、技术、品牌、标准走出去。支持企业融入全球产业链供应链，提高跨国经营能力和水平。引导企业加强合规管理，防范化解境外政治、经济、安全等各类风险。推进多双边投资合作机制建设，健全促进和保障境外投资政策和服务体系，推动境外投资立法。

## 第十四章 加快培育完整内需体系

深入实施扩大内需战略，增强消费对经济发展的基础性作用和投资对优化供给结构的关键性作用，建设消费和投资需求旺盛的强大国内市场。

### 第一节 全面促进消费

顺应居民消费升级趋势，把扩大消费同改善人民生活品质结合起来，促进消费向绿色、健康、安全发展，稳步提高居民消费水平。提升传统消费，加快推动汽车等消费品由购买管理向使用管理转变，健全强制报废制度和废旧家电、消费电子等耐用消费品回收处理体系，促进住房消费健康发展。培育新型消费，发展信息消费、数字消费、绿色消费，鼓励定制、体验、智能、时尚消费等新模式新业态发展。发展服务消费，放宽服务消费领域市场准入，推动教育培训、医疗健康、养老托育、文旅体育等消费提质扩容，加快线上线下融合发展。适当增加公共消费，提高公共服务支出效率。扩大节假日消费，完善节假日制度，全面落实带薪休假制度。培育建设国际消费中心城市，打造一批区域消费中心。完善城乡融合消费网络，扩大电子商务进农村覆盖面，改善县域消费环境，推动农村消费梯次升级。完善市内免税店政策，规划建设一批中国特色市内免税店。采取增加居民收入与减负并举等措施，不断扩大中等收入群体，持续释放消费潜力。强化消费者权益保护，完善质量标准和后评价体系，健全缺陷产品召回、产品伤害监测、产品质量担保等制度，完善多元化消费维权机制和纠纷解决机制。

### 第二节 拓展投资空间

优化投资结构，提高投资效率，保持投资合理增长。加快补齐基础设施、市政工程、农业农村、公共安全、生态环保、公共卫生、物资储备、防灾减灾、民生保障等领域短板，推动企业设备更新和技术改造，扩大战略性新兴产业投资。推进既促消费惠民生又调结构增后劲的新型基础设施、新型城镇化、交通水利等重大工程建设。面向服务国家重大战略，实施川藏铁路、西部陆海新通道、国家水网、雅鲁藏布江下游水电开发、星际探测、北斗产业化等重大工程，推进重大科研设施、重大生态系统保护修复、公共卫生应急保障、重大引调水、防洪减灾、送电输气、沿边沿江沿海交通等一批强基础、增功能、利长远的重大项目建设。深化投融资体制改革，发挥政府投资撬动作用，激发民间投资活力，形成市场主导的投资内生增长机制。健全项目谋划、储备、推进机制，加大资金、用地等要素保障力度，加快投资项目落地见效。规范有序推进政府和社会资本合作（PPP），推动基础设施领域不动产投资信托基金（REITs）健康发展，有效盘活存量资产，形成存量资产和新增投资的良性循环。

# 第五篇 加快数字化发展 建设数字中国

迎接数字时代，激活数据要素潜能，推进网络强国建设，加快建设数字经济、数字社会、数字政府，以数字化转型整体驱动生产方式、生活方式和治理方式变革。

## 第十五章 打造数字经济新优势

充分发挥海量数据和丰富应用场景优势，促进数字技术与实体经济深度融合，赋能传统产业转型升级，催生新产业新业态新模式，壮大经济发展新引擎。

### 第一节 加强关键数字技术创新应用

聚焦高端芯片、操作系统、人工智能关键算法、传感器等关键领域，加快推进基础理论、基础算法、装备材料等研发突破与迭代应用。加强通用处理器、云计算系统和软件核心技术一体化研发。加快布局量子计算、量子通信、神经芯片、DNA存储等前沿技术，加强信息科学与生命科学、材料等基础学科的交叉创新，支持数字技术开源社区等创新联合体发展，完善开源知识产权和法律体系，鼓励企业开放软件源代码、硬件设计和应用服务。

### 第二节 加快推动数字产业化

培育壮大人工智能、大数据、区块链、云计算、网络安全等新兴数字产业，提升通信设备、核心电子元器件、关键软件等产业水平。构建基于5G的应用场景和产业生态，在智能交通、智慧物流、智慧能源、智慧医疗等重点领域开展试点示范。鼓励企业开放搜索、电商、社交等数据，发展第三方大数据服务产业。促进共享经济、平台经济健康发展。

### 第三节 推进产业数字化转型

实施“上云用数赋智”行动，推动数据赋能全产业链协同转型。在重点行业和区域建设若干国际水准的工业互联网平台和数字化转型促进中心，深化研发设计、生产制造、经营管理、市场服务等环节的数字化应用，培育发展个性定制、柔性制造等新模式，加快产业园区数字化改造。深入推进服务业数字化转型，培育众包设计、智慧物流、新零售等新增长点。加快发展智慧农业，推进农业生产经营和管理服务数字化改造。

**专栏8 数字经济重点产业**

|  |  |
|---|---|
| 01 | 云计算<br>加快云操作系统迭代升级，推动超大规模分布式存储、弹性计算、数据虚拟隔离等技术创新，提高云安全水平。以混合云为重点培育行业解决方案、系统集成、运维管理等云服务产业。 |
| 02 | 大数据<br>推动大数据采集、清洗、存储、挖掘、分析、可视化算法等技术创新，培育数据采集、标注、存储、传输、管理、应用等全生命周期产业体系，完善大数据标准体系。 |
| 03 | 物联网<br>推动传感器、网络切片、高精度定位等技术创新，协同发展云服务与边缘计算服务，培育车联网、医疗物联网、家居物联网产业。 |
| 04 | 工业互联网<br>打造自主可控的标识解析体系、标准体系、安全管理体系，加强工业软件研发应用，培育形成具有国际影响力的工业互联网平台，推进“工业互联网+智能制造”产业生态建设。 |
| 05 | 区块链<br>推动智能合约、共识算法、加密算法、分布式系统等区块链技术创新，以联盟链为重点发展区块链服务平台和金融科技、供应链管理、政务服务等领域应用方案，完善监管机制。 |
| 06 | 人工智能<br>建设重点行业人工智能数据集，发展算法推理训练场景，推进智能医疗装备、智能运载工具、智能识别系统等智能产品设计与制造，推动通用化和行业性人工智能开放平台建设。 |
| 07 | 虚拟现实和增强现实<br>推动三维图形生成、动态环境建模、实时动作捕捉、快速渲染处理等技术创新，发展虚拟现实整机、感知交互、内容采集制作等设备和开发工具软件、行业解决方案。 |

## 第十六章 加快数字社会建设步伐

适应数字技术全面融入社会交往和日常生活新趋势，促进公共服务和社会运行方式创新，构筑全民畅享的数字生活。

### 第一节 提供智慧便捷的公共服务

聚焦教育、医疗、养老、抚幼、就业、文体、助残等重点领域，推动数字化服务普惠应用，持续提升群众获得感。推进学校、医院、养老院等公共服务机构资源数字化，加大开放共享和应用力度。推进线上线下公共服务共同发展、深度融合,积极发展在线课堂、互联网医院、智慧图书馆等,支持高水平公共服务机构对接基层、边远和欠发达地区,扩大优质公共服务资源辐射覆盖范围。加强智慧法院建设。鼓励社会力量参与"互联网+公共服务",创新提供服务模式和产品。

第二节 建设智慧城市和数字乡村

以数字化助推城乡发展和治理模式创新,全面提高运行效率和宜居度。分级分类推进新型智慧城市建设,将物联网感知设施、通信系统等纳入公共基础设施统一规划建设,推进市政公用设施、建筑等物联网应用和智能化改造。完善城市信息模型平台和运行管理服务平台,构建城市数据资源体系,推进城市数据大脑建设。探索建设数字孪生城市。加快推进数字乡村建设,构建面向农业农村的综合信息服务体系,建立涉农信息普惠服务机制,推动乡村管理服务数字化。

第三节 构筑美好数字生活新图景

推动购物消费、居家生活、旅游休闲、交通出行等各类场景数字化,打造智慧共享、和睦共治的新型数字生活。推进智慧社区建设,依托社区数字化平台和线下社区服务机构,建设便民惠民智慧服务圈,提供线上线下融合的社区生活服务、社区治理及公共服务、智能小区等服务。丰富数字生活体验,发展数字家庭。加强全民数字技能教育和培训,普及提升公民数字素养。加快信息无障碍建设,帮助老年人、残疾人等共享数字生活。

## 第十七章 提高数字政府建设水平

将数字技术广泛应用于政府管理服务,推动政府治理流程再造和模式优化,不断提高决策科学性和服务效率。

第一节 加强公共数据开放共享

建立健全国家公共数据资源体系,确保公共数据安全,推进数据跨部门、跨层级、跨地区汇聚融合和深度利用。健全数据资源目录和责任清单制度,提升国家数据共享交换平台功能,深化国家人口、法人、空间地理等基础信息资源共享利用。扩大基础公共信息数据安全有序开放,探索将公共数据服务纳入公共服务体系,构建统一的国家公共数据开放平台和开发利用端口,优先推动企业登记监管、卫生、交通、气象等高价值数据集向社会开放。开展政府数据授权运营试点,鼓励第三方深化对公共数据的挖掘利用。

第二节 推动政务信息化共建共用

加大政务信息化建设统筹力度,健全政务信息化项目清单,持续深化政务信息系统整合,布局建设执政能力、依法治国、经济治理、市场监管、公共安全、生态环境等重大信息系统,提升跨部门协同治理能力。完善国家电子政务网络,集约建设政务云平台和数据中心体系,推进政务信息系统云迁移。加强政务信息化建设快速迭代,增强政务信息系统快速部署能力和弹性扩展能力。

第三节 提高数字化政务服务效能

全面推进政府运行方式、业务流程和服务模式数字化智能化。深化"互联网+政务服务",提升全流程一体化在线服务平台功能。加快构建数字技术辅助政府决策机制,提高基于高频大数据精准动态监测预测预警水平。强化数字技术在公共卫生、自然灾害、事故灾难、社会安全等突发公共事件应对中的运用,全面提升预警和应急处置能力。

## 第十八章 营造良好数字生态

坚持放管并重,促进发展与规范管理相统一,构建数字规则体系,营造开放、健康、安全的数字生态。

第一节 建立健全数据要素市场规则

统筹数据开发利用、隐私保护和公共安全,加快建立数据资源产权、交易流通、跨境传输和安全保护等基础制度和标准规范。建立健全数据产权交易和行业自律机制,培育规范的数据交易平台和市场主体,发展数据资产评估、登记结算、交易撮合、争议仲裁等市场运营体系。加强涉及国家利益、商业秘密、个人隐私的数据保护,加快推进数据安全、个人信息保护等领域基础性立法,强化数据资源全生命周期安全保护。完善适用于大数据环境下的数据分类分级保护制度。加强数据安全评估,推动数据跨境安全有序流动。

第二节 营造规范有序的政策环境

构建与数字经济发展相适应的政策法规体系。健全共享经济、平台经济和新个体经济管理规范,清理不合理的行政许可、资质资格事项，支持平台企业创新发展、增强国际竞争力。依法依规加强互联网平台经济监管，明确平台企业定位和监管规则，完善垄断认定法律规范，打击垄断和不正当竞争行为。探索建立无人驾驶、在线医疗、金融科技、智能配送等监管框架，完善相关法律法规和伦理审查规则。健全数字经济统计监测体系。

### 第三节 加强网络安全保护

健全国家网络安全法律法规和制度标准，加强重要领域数据资源、重要网络和信息系统安全保障。建立健全关键信息基础设施保护体系，提升安全防护和维护政治安全能力。加强网络安全风险评估和审查。加强网络安全基础设施建设，强化跨领域网络安全信息共享和工作协同，提升网络安全威胁发现、监测预警、应急指挥、攻击溯源能力。加强网络安全关键技术研发，加快人工智能安全技术创新，提升网络安全产业综合竞争力。加强网络安全宣传教育和人才培养。

### 第四节 推动构建网络空间命运共同体

推进网络空间国际交流与合作，推动以联合国为主渠道、以联合国宪章为基本原则制定数字和网络空间国际规则。推动建立多边、民主、透明的全球互联网治理体系，建立更加公平合理的网络基础设施和资源治理机制。积极参与数据安全、数字货币、数字税等国际规则和数字技术标准制定。推动全球网络安全保障合作机制建设，构建保护数据要素、处置网络安全事件、打击网络犯罪的国际协调合作机制。向欠发达国家提供技术、设备、服务等数字援助，使各国共享数字时代红利。积极推进网络文化交流互鉴。

**专栏9 数字化应用场景**

| | |
|---|---|
| 01 | 智能交通<br>发展自动驾驶和车路协同的出行服务。推广公路智能管理、交通信号联动、公交优先通行控制。建设智能铁路、智慧民航、智慧港口、数字航道、智慧停车场。 |
| 02 | 智慧能源<br>推动煤矿、油气田、电厂等智能化升级，开展用能信息广泛采集、能效在线分析，实现源网荷储互动、多能协同互补、用能需求智能调控。 |
| 03 | 智能制造<br>促进设备联网、生产环节数字化连接和供应链协同响应，推进生产数据贯通化、制造柔性化、产品个性化、管理智能化。 |
| 04 | 智慧农业及水利<br>推广大田作物精准播种、精准施肥施药、精准收获，推动设施园艺、畜禽水产养殖智能化应用。构建智慧水利体系，以流域为单元提升水情测报和智能调度能力。 |
| 05 | 智慧教育<br>推动社会化高质量在线课程资源纳入公共教学体系，推进优质教育资源在线辐射农村和边远地区薄弱学校，发展场景式、体验式学习和智能化教育管理评价。 |
| 06 | 智慧医疗<br>完善电子健康档案和病历、电子处方等数据库，加快医疗卫生机构数据共享。推广远程医疗，推进医学影像辅助判读、临床辅助诊断等应用。运用大数据提升对医疗机构和医疗行为的监管能力。 |
| 07 | 智慧文旅<br>推动景区、博物馆等发展线上数字化体验产品，建设景区监测设施和大数据平台，发展沉浸式体验、虚拟展厅、高清直播等新型文旅服务。 |
| 08 | 智慧社区<br>推动政务服务平台、社区感知设施和家庭终端联通，发展智能预警、应急救援救护和智慧养老等社区惠民服务，建立无人物流配送体系。 |
| 09 | 智慧家居<br>应用感应控制、语音控制、远程控制等技术手段，发展智能家电、智能照明、智能安防监控、智能音箱、新型穿戴设备、服务机器人等。 |
| 10 | 智慧政务<br>推进政务服务一网通办，推广应用电子证照、电子合同、电子签章、电子发票、电子档案，健全政务服务"好差评"评价体系。 |

# 第六篇　全面深化改革　构建高水平社会主义市场经济体制

坚持和完善社会主义基本经济制度,充分发挥市场在资源配置中的决定性作用,更好发挥政府作用,推动有效市场和有为政府更好结合。

## 第十九章　激发各类市场主体活力

毫不动摇巩固和发展公有制经济,毫不动摇鼓励、支持、引导非公有制经济发展,培育更有活力、创造力和竞争力的市场主体。

### 第一节　加快国有经济布局优化和结构调整

围绕服务国家战略,坚持有进有退、有所为有所不为,加快国有经济布局优化、结构调整和战略性重组,增强国有经济竞争力、创新力、控制力、影响力、抗风险能力,做强做优做大国有资本和国有企业。发挥国有经济战略支撑作用,推动国有经济进一步聚焦战略安全、产业引领、国计民生、公共服务等功能,调整盘活存量资产,优化增量资本配置,向关系国家安全、国民经济命脉的重要行业集中,向提供公共服务、应急能力建设和公益性等关系国计民生的重要行业集中,向前瞻性战略性新兴产业集中。对充分竞争领域的国有经济,强化资本收益目标和财务硬约束,增强流动性,完善国有资本优化配置机制。建立布局结构调整长效机制,动态发布国有经济布局优化和结构调整指引。

### 第二节　推动国有企业完善中国特色现代企业制度

坚持党对国有企业的全面领导,促进加强党的领导和完善公司治理相统一,加快建立权责法定、权责透明、协调运转、有效制衡的公司治理机制。加强董事会建设,落实董事会职权,使董事会成为企业经营决策主体。按照完善治理、强化激励、突出主业、提高效率的要求,深化国有企业混合所有制改革,深度转换经营机制,对混合所有制企业探索实行有别于国有独资、全资公司的治理机制和监管制度。推行经理层成员任期制和契约化管理,完善市场化薪酬分配机制,灵活开展多种形式的中长期激励。

### 第三节　健全管资本为主的国有资产监管体制

坚持授权与监管相结合、放活与管好相统一,大力推进国资监管理念、重点、方式等多方位转变。优化管资本方式,全面实行清单管理,深入开展分类授权放权,注重通过法人治理结构履职,加强事中事后监管。深化国有资本投资、运营公司改革,科学合理界定政府及国资监管机构,国有资本投资、运营公司和所持股企业的权利边界。健全协同高效的监督机制,严格责任追究,切实防止国有资产流失。加快推进经营性国有资产集中统一监管。

### 第四节　优化民营企业发展环境

健全支持民营企业发展的法治环境、政策环境和市场环境,依法平等保护民营企业产权和企业家权益。保障民营企业依法平等使用资源要素、公开公平公正参与竞争、同等受到法律保护。进一步放宽民营企业市场准入,破除招投标等领域各种壁垒。创新金融支持民营企业政策工具,健全融资增信支持体系,对民营企业信用评级、发债一视同仁,降低综合融资成本。完善促进中小微企业和个体工商户发展的政策体系,加大税费优惠和信贷支持力度。构建亲清政商关系,建立规范化政企沟通渠道。健全防范和化解拖欠中小企业账款长效机制。

### 第五节　促进民营企业高质量发展

鼓励民营企业改革创新,提升经营能力和管理水平。引导有条件的民营企业建立现代企业制度。支持民营企业开展基础研究和科技创新、参与关键核心技术研发和国家重大科技项目攻关。完善民营企业参与国家重大战略实施机制。推动民营企业守法合规经营,鼓励民营企业积极履行社会责任、参与社会公益和慈善事业。弘扬企业家精神,实施年轻一代民营企业家健康成长促进计划。

## 第二十章　建设高标准市场体系

实施高标准市场体系建设行动,健全市场体系基础制度,坚持平等准入、公正监管、开放有序、诚信守法,形成高效规范、公平竞争的国内统一市场。

### 第一节　全面完善产权制度

健全归属清晰、权责明确、保护严格、流转顺畅的现代产权制度。实施民法典,制修订物权、债权、股权等产权法律法规，明晰产权归属、完善产权权能。健全以公平为原则的产权保护制度，依法平等保护国有、民营、外资等各种所有制企业产权。健全产权执法司法保护制度，完善涉企产权案件申诉、复核、重审等保护机制，推动涉企冤错案件依法甄别纠正常态化机制化，畅通涉政府产权纠纷反映和处理渠道。加强数据、知识、环境等领域产权制度建设，健全自然资源资产产权制度和法律法规。

### 第二节 推进要素市场化配置改革

建立健全城乡统一的建设用地市场，统筹推进农村土地征收、集体经营性建设用地入市、宅基地制度改革。改革土地计划管理方式，赋予省级政府更大用地自主权，探索建立全国性的建设用地、补充耕地指标跨区域交易机制。建立不同产业用地类型合理转换机制，增加混合产业用地供给。健全统一规范的人力资源市场体系，破除劳动力和人才在城乡、区域和不同所有制单位间的流动障碍，减少人事档案管理中的不合理限制。发展技术和数据要素市场。健全要素市场运行机制，完善交易规则和服务体系。深化公共资源交易平台整合共享。

### 第三节 强化竞争政策基础地位

坚持鼓励竞争、反对垄断，完善竞争政策框架，构建覆盖事前、事中、事后全环节的竞争政策实施机制。统筹做好增量审查与存量清理，强化公平竞争审查制度的刚性约束，完善公平竞争审查细则，持续清理废除妨碍全国统一市场和公平竞争的规定及做法。完善市场竞争状况评估制度，建立投诉举报和处理回应机制。加大反垄断和反不正当竞争执法司法力度，防止资本无序扩张。推进能源、铁路、电信、公用事业等行业竞争性环节市场化改革，放开竞争性业务准入，进一步引入市场竞争机制，加强对自然垄断业务的监管。

### 第四节 健全社会信用体系

建立健全信用法律法规和标准体系，制定公共信用信息目录和失信惩戒措施清单，完善失信主体信用修复机制。推广信用承诺制度。加强信用信息归集、共享、公开和应用，推广惠民便企信用产品与服务。建立公共信用信息和金融信息的共享整合机制。培育具有国际竞争力的企业征信机构和信用评级机构，加强征信监管，推动信用服务市场健康发展。加强信用信息安全管理，保障信用主体合法权益。建立健全政府失信责任追究制度。

## 第二十一章 建立现代财税金融体制

更好发挥财政在国家治理中的基础和重要支柱作用，增强金融服务实体经济能力，健全符合高质量发展要求的财税金融制度。

### 第一节 加快建立现代财政制度

深化预算管理制度改革，强化对预算编制的宏观指导和审查监督。加强财政资源统筹，推进财政支出标准化，强化预算约束和绩效管理。完善跨年度预算平衡机制，加强中期财政规划管理，增强国家重大战略任务财力保障。建立权责清晰、财力协调、区域均衡的中央和地方财政关系，适当加强中央在知识产权保护、养老保险、跨区域生态环境保护等方面事权，减少并规范中央和地方共同事权。健全省以下财政体制，增强基层公共服务保障能力。完善财政转移支付制度，优化转移支付结构，规范转移支付项目。完善权责发生制政府综合财务报告制度。建立健全规范的政府举债融资机制。

### 第二节 完善现代税收制度

优化税制结构，健全直接税体系，适当提高直接税比重。完善个人所得税制度，推进扩大综合征收范围，优化税率结构。聚焦支持稳定制造业、巩固产业链供应链，进一步优化增值税制度。调整优化消费税征收范围和税率，推进征收环节后移并稳步下划地方。规范完善税收优惠。推进房地产税立法，健全地方税体系，逐步扩大地方税政管理权。深化税收征管制度改革，建设智慧税务，推动税收征管现代化。

### 第三节 深化金融供给侧结构性改革

健全具有高度适应性、竞争力、普惠性的现代金融体系，构建金融有效支持实体经济的体制机制。建设现代中央银行制度，完善货币供应调控机制。稳妥推进数字货币研发。健全市场化利率形成和传导机制，完善央行政策利率体系，更好发挥贷款市场报价利率基准作用。优化金融体系结构，深化国有商业银行改革，加快完善中小银行和农村信用社治理结构，规范发展非银行金融机构，增强金融普惠性。改革优化政策性金融，强化服务国家战略和规划能力。深化保险公司改革，提高商业保险保障能力。健全金融机构公司治理，强化股东股权和关联交易监管。完善资本市场基础制度，健全多层次资本市场体系，大力发展机构投资者，提高直接融资特别是股权融资比重。全面实行股票发行注册制，建立常态化退市机制，提高上市公司质量。深化新三板改革。完善市场化债券发行机制，稳步扩大债券市场规模，丰富债券品种，发行长期国债和基础设施长期债券。完善投资者保护制度和存款保险制度。完善现代金融监管体系，补齐监管制度短板，在审慎监管前提下有序推进金融创新，健全风险全覆盖监管框架，提高金融监管透明度和法治化水平。稳妥发展金融科技，加快金融机构数字化转型。强化监管科技运用和金融创新风险评估，探索建立创新产品纠偏和暂停机制。

### 第二十二章　提升政府经济治理能力

加快转变政府职能，建设职责明确、依法行政的政府治理体系，创新和完善宏观调控，提高政府治理效能。

#### 第一节　完善宏观经济治理

健全以国家发展规划为战略导向，以财政政策和货币政策为主要手段，就业、产业、投资、消费、环保、区域等政策紧密配合，目标优化、分工合理、高效协同的宏观经济治理体系。增强国家发展规划对公共预算、国土开发、资源配置等政策的宏观引导、统筹协调功能，健全宏观政策制定和执行机制，重视预期管理和引导，合理把握经济增长、就业、价格、国际收支等调控目标，在区间调控基础上加强定向调控、相机调控和精准调控。完善宏观调控政策体系，搞好跨周期政策设计，提高逆周期调节能力，促进经济总量平衡、结构优化、内外均衡。加强宏观经济治理数据库等建设，提升大数据等现代技术手段辅助治理能力，推进统计现代化改革。健全宏观经济政策评估评价制度和重大风险识别预警机制，畅通政策制定参与渠道，提高决策科学化、民主化、法治化水平。

#### 第二节　构建一流营商环境

深化简政放权、放管结合、优化服务改革，全面实行政府权责清单制度，持续优化市场化法治化国际化营商环境。实施全国统一的市场准入负面清单制度，破除清单之外隐性准入壁垒，以服务业为重点进一步放宽准入限制。精简行政许可事项，减少归并资质资格许可，取消不必要的备案登记和年检认定，规范涉企检查。全面推行“证照分离”、“照后减证”改革，全面开展工程建设项目审批制度改革。改革生产许可制度，简化工业产品审批程序，实施涉企经营许可事项清单管理。建立便利、高效、有序的市场主体退出制度，简化普通注销程序，建立健全企业破产和自然人破产制度。创新政务服务方式，推进审批服务便民化。深化国际贸易“单一窗口”建设。完善营商环境评价体系。

#### 第三节　推进监管能力现代化

健全以“双随机、一公开”监管和“互联网＋监管”为基本手段、以重点监管为补充、以信用监管为基础的新型监管机制，推进线上线下一体化监管。严格市场监管、质量监管、安全监管，加强对食品药品、特种设备和网络交易、旅游、广告、中介、物业等的监管，强化要素市场交易监管，对新产业新业态实施包容审慎监管。深化市场监管综合行政执法改革，完善跨领域跨部门联动执法、协同监管机制。深化行业协会、商会和中介机构改革。加强社会公众、新闻媒体监督。

## 第七篇　坚持农业农村优先发展　全面推进乡村振兴

走中国特色社会主义乡村振兴道路，全面实施乡村振兴战略，强化以工补农、以城带乡，推动形成工农互促、城乡互补、协调发展、共同繁荣的新型工农城乡关系，加快农业农村现代化。

### 第二十三章　提高农业质量效益和竞争力

持续强化农业基础地位，深化农业供给侧结构性改革，强化质量导向，推动乡村产业振兴。

#### 第一节　增强农业综合生产能力

夯实粮食生产能力基础，保障粮、棉、油、糖、肉、奶等重要农产品供给安全。坚持最严格的耕地保护制度，强化耕地数量保护和质量提升，严守 18 亿亩耕地红线，遏制耕地“非农化”、防止“非粮化”，规范耕地占补平衡，严禁占优补劣、占水田补旱地。

以粮食生产功能区和重要农产品生产保护区为重点，建设国家粮食安全产业带，实施高标准农田建设工程，建成10.75亿亩集中连片高标准农田。实施黑土地保护工程，加强东北黑土地保护和地力恢复。推进大中型灌区节水改造和精细化管理，建设节水灌溉骨干工程，同步推进水价综合改革。加强大中型、智能化、复合型农业机械研发应用，农作物耕种收综合机械化率提高到75%。加强种质资源保护利用和种子库建设，确保种源安全。加强农业良种技术攻关，有序推进生物育种产业化应用，培育具有国际竞争力的种业龙头企业。完善农业科技创新体系，创新农技推广服务方式，建设智慧农业。加强动物防疫和农作物病虫害防治，强化农业气象服务。

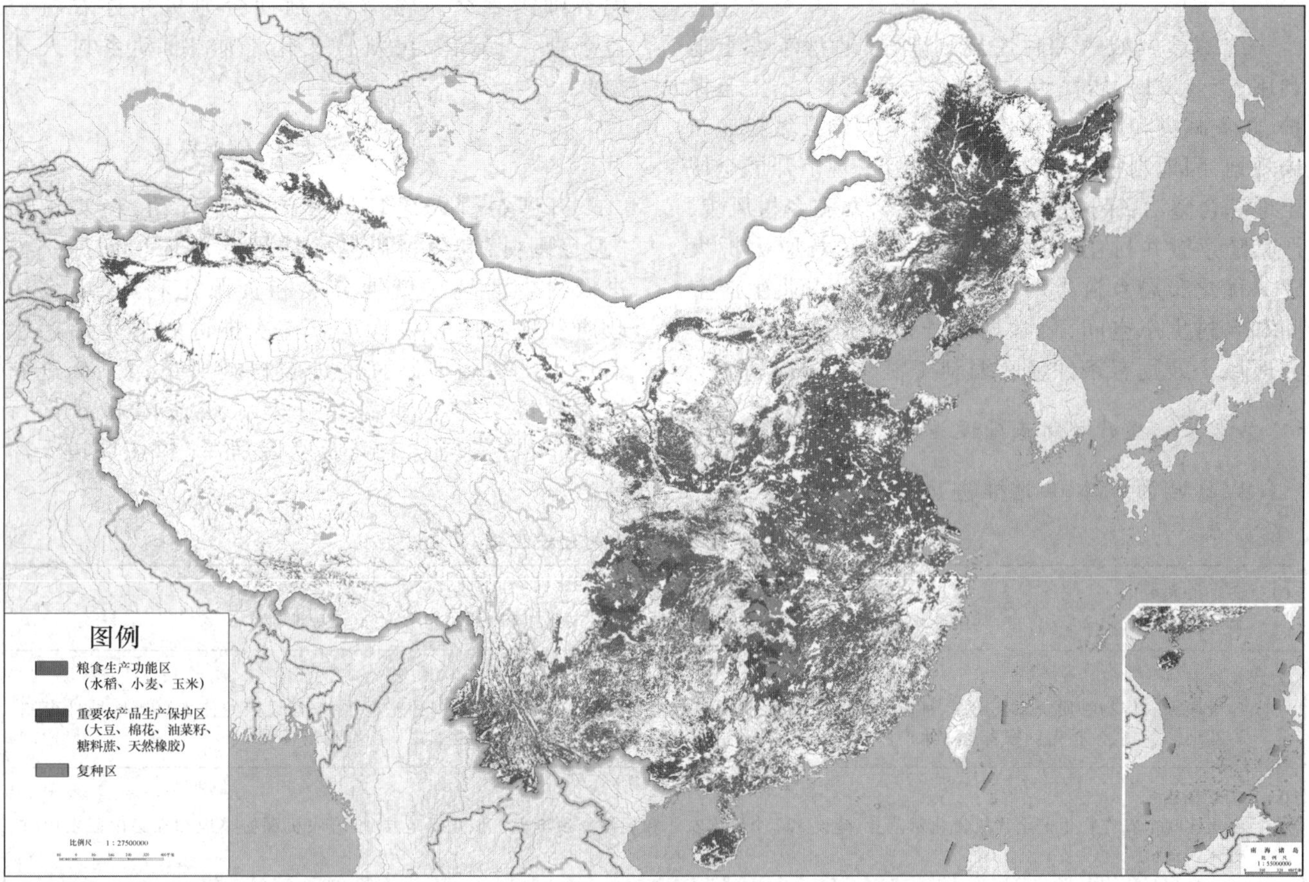


**图2　粮食生产功能区和重要农产品生产保护区布局示意图**

## 第二节　深化农业结构调整

优化农业生产布局，建设优势农产品产业带和特色农产品优势区。推进粮经饲统筹、农林牧渔协调，优化种植业结构，大力发展现代畜牧业，促进水产生态健康养殖。积极发展设施农业，因地制宜发展林果业。深入推进优质粮食工程。推进农业绿色转型，加强产地环境保护治理，发展节水农业和旱作农业，深入实施农药化肥减量行动，治理农膜污染，提升农膜回收利用率，推进秸秆综合利用和畜禽粪污资源化利用。完善绿色农业标准体系，加强绿色食品、有机农产品和地理标志农产品认证管理。强化全过程农产品质量安全监管，健全追溯体系。建设现代农业产业园区和农业现代化示范区。

## 第三节　丰富乡村经济业态

发展县域经济，推进农村一二三产业融合发展，延长农业产业链条，发展各具特色的现代乡村富民产业。推动种养加结合和产业链再造，提高农产品加工业和农业生产性服务业发展水平，壮大休闲农业、乡村旅游、民宿经济等特色产业。加强农产品仓储保鲜和冷链物流设施建设，健全农村产权交易、商贸流通、检验检测认证等平台和智能标准厂房等设施，引导农村二三产业集聚发展。完善利益联结机制，通过“资源变资产、资金变股金、农民变股东”，让农民更多分享产业增值收益。

## 第二十四章　实施乡村建设行动

把乡村建设摆在社会主义现代化建设的重要位置，优化生产生活生态空间，持续改善村容村貌和人居环境，建设美丽宜居乡村。

### 第一节　强化乡村建设的规划引领

统筹县域城镇和村庄规划建设，通盘考虑土地利用、产业发展、居民点建设、人居环境整治、生态保护、防灾减灾和历史文化传承。科学编制县域村庄布局规划，因地制宜、分类推进村庄建设，规范开展全域土地综合整治，保护传统村落、民族村寨和乡村风貌，严禁随意撤并村庄搞大社区、违背农民意愿大拆大建。优化布局乡村生活空间，严格保护农业生产空间和乡村生态空间，科学划定养殖业适养、限养、禁养区域。鼓励有条件地区编制实用性村庄规划。

### 第二节　提升乡村基础设施和公共服务水平

以县域为基本单元推进城乡融合发展，强化县城综合服务能力和乡镇服务农民功能。健全城乡基础设施统一规划、统一建设、统一管护机制，推动市政公用设施向郊区乡村和规模较大中心镇延伸，完善乡村水、电、路、气、邮政通信、广播电视、物流等基础设施，提升农房建设质量。推进城乡基本公共服务标准统一、制度并轨，增加农村教育、医疗、养老、文化等服务供给，推进县域内教师医生交流轮岗，鼓励社会力量兴办农村公益事业。提高农民科技文化素质，推动乡村人才振兴。

### 第三节　改善农村人居环境

开展农村人居环境整治提升行动，稳步解决“垃圾围村”和乡村黑臭水体等突出环境问题。推进农村生活垃圾就地分类和资源化利用，以乡镇政府驻地和中心村为重点梯次推进农村生活污水治理。支持因地制宜推进农村厕所革命。推进农村水系综合整治。深入开展村庄清洁和绿化行动，实现村庄公共空间及庭院房屋、村庄周边干净整洁。

**专栏10　现代农业农村建设工程**

| | |
|---|---|
| 01 | 高标准农田<br>新建高标准农田2.75亿亩，其中新增高效节水灌溉面积0.6亿亩。实施东北地区1.4亿亩黑土地保护性耕作。 |
| 02 | 现代种业<br>建设国家农作物种质资源长期库、种质资源中期库圃，提升海南、甘肃、四川等国家级育制种基地水平，建设黑龙江大豆等区域性育制种基地。新建、改扩建国家畜禽和水产品种质资源库、保种场（区）、基因库，推进国家级畜禽核心育种场建设。 |
| 03 | 农业机械化<br>创建300个农作物生产全程机械化示范县，建设300个设施农业和规模养殖全程机械化示范县，推进农机深松整地和丘陵山区农田宜机化改造。 |
| 04 | 动物防疫和农作物病虫害防治<br>提升动物疫病国家参考实验室和病原学监测区域中心设施条件，改善牧区动物防疫专用设施和基层动物疫苗冷藏设施，建设动物防疫指定通道和病死动物无害化处理场。分级建设农作物病虫疫情监测中心和病虫害应急防治中心、农药风险监控中心。建设林草病虫害防治中心。 |
| 05 | 农业面源污染治理<br>在长江、黄河等重点流域环境敏感区建设200个农业面源污染综合治理示范县，继续推进畜禽养殖粪污资源化利用，在水产养殖主产区推进养殖尾水治理。 |
| 06 | 农产品冷链物流设施<br>建设30个全国性和70个区域性农产品骨干冷链物流基地，提升田头市场仓储保鲜设施，改造畜禽定点屠宰加工厂冷链储藏和运输设施。 |
| 07 | 乡村基础设施<br>因地制宜推动自然村通硬化路，加强村组连通和村内道路建设，推进农村水源保护和供水保障工程建设，升级改造农村电网，提升农村宽带网络水平，强化运行管护。 |
| 08 | 农村人居环境整治提升<br>有序推进经济欠发达地区以及高海拔、寒冷、缺水地区的农村改厕。支持600个县整县推进人居环境整治，建设农村生活垃圾和污水处理设施。 |

## 第二十五章　健全城乡融合发展体制机制

建立健全城乡要素平等交换、双向流动政策体系，促进要素更多向乡村流动，增强农业农村发展活力。

### 第一节　深化农业农村改革

巩固完善农村基本经营制度，落实第二轮土地承包到期后再延长30年政策，完善农村承包地所有权、承包权、经营权分置制度，进一步放活经营权。发展多种形式适度规模经营，加快培育家庭农场、农民合作社等新型农业经营主体，健全农业专业化社会化服务体系，实现小农户和现代农业有机衔接。深化农村宅基地制度改革试点，加快房地一体的宅基地确权颁证，探索宅基地所有权、资格权、使用权分置实现形式。积极探索实施农村集体经营性建设用地入市制度。允许农村集体在农民自愿前提下，依法把有偿收回的闲置宅基地、废弃的集体公益性建设用地转变为集体经营性建设用地入市。建立土地征收公共利益认定机制，缩小土地征收范围。深化农村集体产权制度改革，完善产权权能，将经营性资产量化到集体经济组织成员，发展壮大新型农村集体经济。切实减轻村级组织负担。发挥国家城乡融合发展试验区、农村改革试验区示范带动作用。

### 第二节　加强农业农村发展要素保障

健全农业农村投入保障制度，加大中央财政转移支付、土地出让收入、地方政府债券支持农业农村力度。健全农业支持保护制度，完善粮食主产区利益补偿机制，构建新型农业补贴政策体系，完善粮食最低收购价政策。深化供销合作社改革。完善农村用地保障机制，保障设施农业和乡村产业发展合理用地需求。健全农村金融服务体系，完善金融支农激励机制，扩大农村资产抵押担保融资范围，发展农业保险。允许入乡就业创业人员在原籍地或就业创业地落户并享受相关权益，建立科研人员入乡兼职兼薪和离岗创业制度。

## 第二十六章　实现巩固拓展脱贫攻坚成果同乡村振兴有效衔接

建立完善农村低收入人口和欠发达地区帮扶机制，保持主要帮扶政策和财政投入力度总体稳定，接续推进脱贫地区发展。

### 第一节　巩固提升脱贫攻坚成果

严格落实“摘帽不摘责任、摘帽不摘政策、摘帽不摘帮扶、摘帽不摘监管”要求，建立健全巩固拓展脱贫攻坚成果长效机制。健全防止返贫动态监测和精准帮扶机制，对易返贫致贫人口实施常态化监测，建立健全快速发现和响应机制，分层分类及时纳入帮扶政策范围。完善农村社会保障和救助制度，健全农村低收入人口常态化帮扶机制。对脱贫地区继续实施城乡建设用地增减挂钩节余指标省内交易政策、调整完善跨省域交易政策。加强扶贫项目资金资产管理和监督，推动特色产业可持续发展。推广以工代赈方式，带动低收入人口就地就近就业。做好易地扶贫搬迁后续帮扶，加强大型搬迁安置区新型城镇化建设。

### 第二节　提升脱贫地区整体发展水平

实施脱贫地区特色种养业提升行动，广泛开展农产品产销对接活动，深化拓展消费帮扶。在西部地区脱贫县中集中支持一批乡村振兴重点帮扶县，从财政、金融、土地、人才、基础设施、公共服务等方面给予集中支持，增强其巩固脱贫成果及内生发展能力。坚持和完善东西部协作和对口支援、中央单位定点帮扶、社会力量参与帮扶等机制，调整优化东西部协作结对帮扶关系和帮扶方式，强化产业合作和劳务协作。

# 第八篇　完善新型城镇化战略　提升城镇化发展质量

坚持走中国特色新型城镇化道路，深入推进以人为核心的新型城镇化战略，以城市群、都市圈为依托促进大中小城市和小城镇协调联动、特色化发展，使更多人民群众享有更高品质的城市生活。

## 第二十七章　加快农业转移人口市民化

坚持存量优先、带动增量，统筹推进户籍制度改革和城镇基本公共服务常住人口全覆盖，健全农业转移人口市民化配套政策体系，加快推动农业转移人口全面融入城市。

### 第一节 深化户籍制度改革

放开放宽除个别超大城市外的落户限制，试行以经常居住地登记户口制度。全面取消城区常住人口300万以下的城市落户限制，确保外地与本地农业转移人口进城落户标准一视同仁。全面放宽城区常住人口300万至500万的Ⅰ型大城市落户条件。完善城区常住人口500万以上的超大特大城市积分落户政策，精简积分项目，确保社会保险缴纳年限和居住年限分数占主要比例，鼓励取消年度落户名额限制。健全以居住证为载体、与居住年限等条件相挂钩的基本公共服务提供机制，鼓励地方政府提供更多基本公共服务和办事便利，提高居住证持有人城镇义务教育、住房保障等服务的实际享有水平。

### 第二节 健全农业转移人口市民化机制

完善财政转移支付与农业转移人口市民化挂钩相关政策，提高均衡性转移支付分配中常住人口折算比例，中央财政市民化奖励资金分配主要依据跨省落户人口数量确定。建立财政性建设资金对吸纳落户较多城市的基础设施投资补助机制，加大中央预算内投资支持力度。调整城镇建设用地年度指标分配依据，建立同吸纳农业转移人口落户数量和提供保障性住房规模挂钩机制。根据人口流动实际调整人口流入流出地区教师、医生等编制定额和基本公共服务设施布局。依法保障进城落户农民农村土地承包权、宅基地使用权、集体收益分配权，建立农村产权流转市场体系，健全农户“三权”市场化退出机制和配套政策。

## 第二十八章 完善城镇化空间布局

发展壮大城市群和都市圈，分类引导大中小城市发展方向和建设重点，形成疏密有致、分工协作、功能完善的城镇化空间格局。

### 第一节 推动城市群一体化发展

以促进城市群发展为抓手，全面形成“两横三纵”城镇化战略格局。优化提升京津冀、长三角、珠三角、成渝、长江中游等城市群，发展壮大山东半岛、粤闽浙沿海、中原、关中平原、北部湾等城市群，培育发展哈长、辽中南、山西中部、黔中、滇中、呼包鄂榆、兰州—西宁、宁夏沿黄、天山北坡等城市群。建立健全城市群一体化协调发展机制和成本共担、利益共享机制，统筹推进基础设施协调布局、产业分工协作、公共服务共享、生态共建环境共治。优化城市群内部空间结构，构筑生态和安全屏障，形成多中心、多层级、多节点的网络型城市群。

### 第二节 建设现代化都市圈

依托辐射带动能力较强的中心城市，提高1小时通勤圈协同发展水平，培育发展一批同城化程度高的现代化都市圈。以城际铁路和市域（郊）铁路等轨道交通为骨干，打通各类“断头路”、“瓶颈路”，推动市内市外交通有效衔接和轨道交通“四网融合”，提高都市圈基础设施连接性贯通性。鼓励都市圈社保和落户积分互认、教育和医疗资源共享，推动科技创新券通兑通用、产业园区和科研平台合作共建。鼓励有条件的都市圈建立统一的规划委员会，实现规划统一编制、统一实施，探索推进土地、人口等统一管理。

### 第三节 优化提升超大特大城市中心城区功能

统筹兼顾经济、生活、生态、安全等多元需要，转变超大特大城市开发建设方式，加强超大特大城市治理中的风险防控，促进高质量、可持续发展。有序疏解中心城区一般性制造业、区域性物流基地、专业市场等功能和设施，以及过度集中的医疗和高等教育等公共服务资源，合理降低开发强度和人口密度。增强全球资源配置、科技创新策源、高端产业引领功能，率先形成以现代服务业为主体、先进制造业为支撑的产业结构，提升综合能级与国际竞争力。坚持产城融合，完善郊区新城功能，实现多中心、组团式发展。

### 第四节 完善大中城市宜居宜业功能

充分利用综合成本相对较低的优势，主动承接超大特大城市产业转移和功能疏解，夯实实体经济发展基础。立足特色资源和产业基础，确立制造业差异化定位，推动制造业规模化集群化发展，因地制宜建设先进制造业基地、商贸物流中心和区域专业服务中心。优化市政公用设施布局和功能，支持三级医院和高等院校在大中城市布局，增加文化体育资源供给，营造现代时尚的消费场景，提升城市生活品质。

### 第五节 推进以县城为重要载体的城镇化建设

加快县城补短板强弱项，推进公共服务、环境卫生、市政公用、产业配套等设施提级扩能，增强综合承载能力和治理能力。支持东部地区基础较好的县城建设，重点支持中西部和东北城镇化地区县城建设，合理支持农产品主产区、重点生态功能区县城建设。健全县城建设投融资机制，更好发挥财政性资金作用，引导金融资本和社会资本加大投入力度。稳步有序推动符合条件的县和镇区常住人口20万以上的特大镇设市。按照区位条件、资源禀赋和发展基础，因地制宜发展小城镇，促进特色小镇规范健康发展。

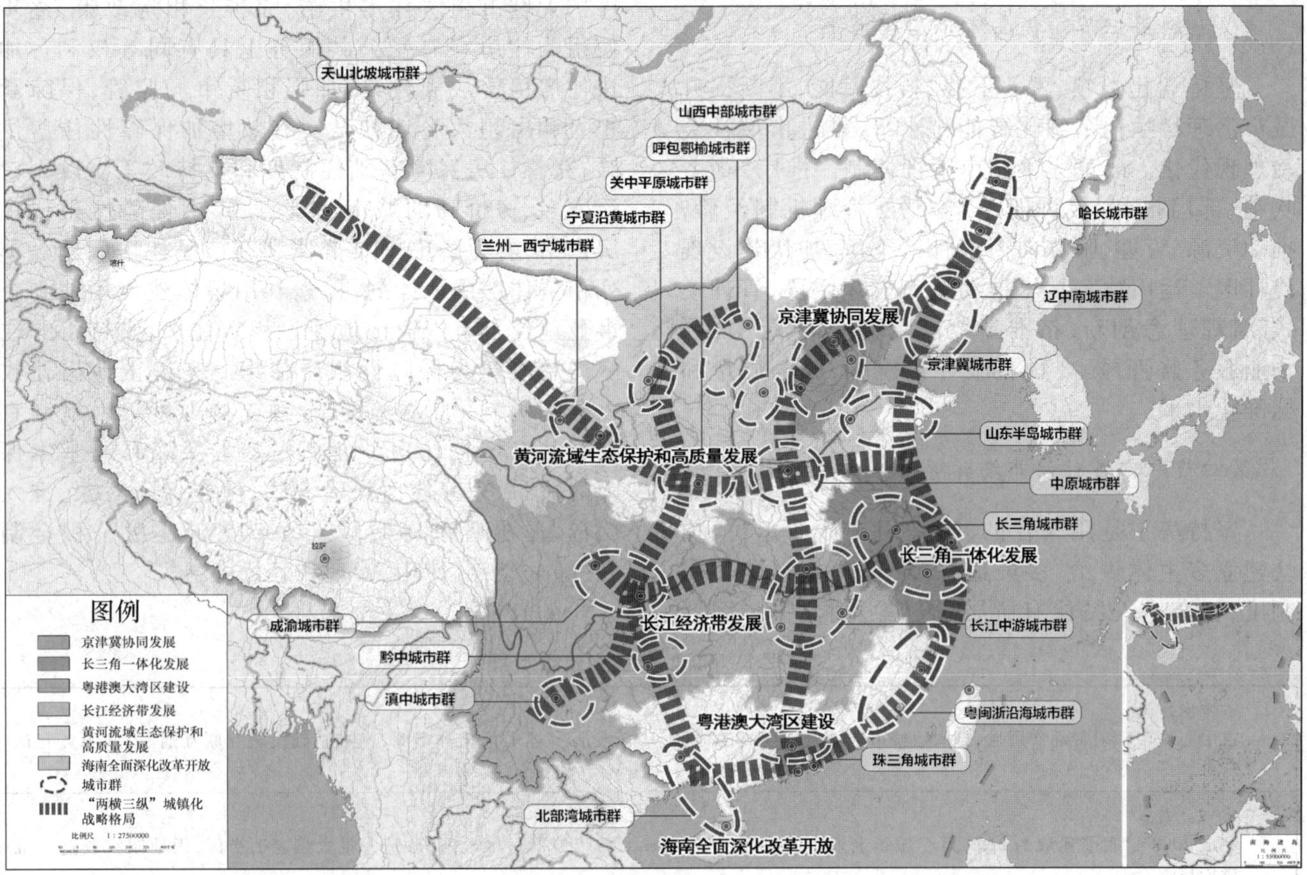


图3 城镇化空间格局示意图

## 第二十九章 全面提升城市品质

加快转变城市发展方式，统筹城市规划建设管理，实施城市更新行动，推动城市空间结构优化和品质提升。

### 第一节 转变城市发展方式

按照资源环境承载能力合理确定城市规模和空间结构，统筹安排城市建设、产业发展、生态涵养、基础设施和公共服务。推行功能复合、立体开发、公交导向的集约紧凑型发展模式，统筹地上地下空间利用，增加绿化节点和公共开敞空间，新建住宅推广街区制。推行城市设计和风貌管控，落实适用、经济、绿色、美观的新时期建筑方针，加强新建高层建筑管控。加快推进城市更新，改造提升老旧小区、老旧厂区、老旧街区和城中村等存量片区功能，推进老旧楼宇改造，积极扩建新建停车场、充电桩。

### 第二节 推进新型城市建设

顺应城市发展新理念新趋势，开展城市现代化试点示范，建设宜居、创新、智慧、绿色、人文、韧性城市。提升城市智慧化水平，推行城市楼宇、公共空间、地下管网等"一张图"数字化管理和城市运行一网统管。科学规划布局城市绿环绿廊绿楔绿道，推进生态修复和功能完善工程，优先发展城市公共交通，建设自行车道、步行道等慢行网络，发展智能建造，推广绿色建材、装配式建筑和钢结构住宅，建设低碳城市。保护和延续城市文脉，杜绝大拆大建，让城市留下记忆、让居民记住乡愁。建设源头减排、蓄排结合、排涝除险、超标应急的城市防洪排涝体系，推动城市内涝治理取得明显成效。增强公共设施应对风暴、干旱和地质灾害的能力，完善公共设施和建筑应急避难功能。加强无障碍环境建设。拓展城市建设资金来源渠道，建立期限匹配、渠道多元、财务可持续的融资机制。

### 第三节 提高城市治理水平

坚持党建引领、重心下移、科技赋能，不断提升城市治理科学化精细化智能化水平，推进市域社会治理现代化。改革完善城市管理体制。推广“街乡吹哨、部门报到、接诉即办”等基层管理机制经验，推动资源、管理、服务向街道社区下沉，加快建设现代社区。运用数字技术推动城市管理手段、管理模式、管理理念创新，精准高效满足群众需求。加强物业服务监管，提高物业服务覆盖率、服务质量和标准化水平。

### 第四节 完善住房市场体系和住房保障体系

坚持房子是用来住的、不是用来炒的定位，加快建立多主体供给、多渠道保障、租购并举的住房制度，让全体人民住有所居、职住平衡。坚持因地制宜、多策并举，夯实城市政府主体责任，稳定地价、房价和预期。建立住房和土地联动机制，加强房地产金融调控，发挥住房税收调节作用，支持合理自住需求，遏制投资投机性需求。加快培育和发展住房租赁市场，有效盘活存量住房资源，有力有序扩大城市租赁住房供给，完善长租房政策，逐步使租购住房在享受公共服务上具有同等权利。加快住房租赁法规建设，加强租赁市场监管，保障承租人和出租人合法权益。有效增加保障性住房供给，完善住房保障基础性制度和支持政策。以人口流入多、房价高的城市为重点，扩大保障性租赁住房供给，着力解决困难群体和新市民住房问题。单列租赁住房用地计划，探索利用集体建设用地和企事业单位自有闲置土地建设租赁住房，支持将非住宅房屋改建为保障性租赁住房。完善土地出让收入分配机制，加大财税、金融支持力度。因地制宜发展共有产权住房。处理好基本保障和非基本保障的关系，完善住房保障方式，健全保障对象、准入门槛、退出管理等政策。改革完善住房公积金制度，健全缴存、使用、管理和运行机制。

**专栏 11 新型城镇化建设工程**

| | |
|---|---|
| 01 | 都市圈建设<br>在中心城市辐射带动作用强、与周边城市同城化程度高的地区，培育发展一批现代化都市圈，推进基础设施互联互通、公共服务互认共享。 |
| 02 | 城市更新<br>完成 2000 年底前建成的 21.9 万个城镇老旧小区改造，基本完成大城市老旧厂区改造，改造一批大型老旧街区，因地制宜改造一批城中村。 |
| 03 | 城市防洪排涝<br>以 31 个重点防洪城市和大江大河沿岸沿线城市为重点，提升改造城市蓄滞洪空间、堤防、护岸、河道、防洪工程、排水管网等防洪排涝设施，因地制宜建设海绵城市，全部消除城市严重易涝积水区段。 |
| 04 | 县城补短板<br>推进县城、县级市城区及特大镇补短板，完善综合医院、疾控中心、养老中心、幼儿园、市政管网、市政交通、停车场、充电桩、污水垃圾处理设施和产业平台配套设施。高质量完成 120 个县城补短板示范任务。 |
| 05 | 现代社区培育<br>完善社区养老托育、医疗卫生、文化体育、物流配送、便民商超、家政物业等服务网络和线上平台，城市社区综合服务设施实现全覆盖。实施大学生社工计划，每万城镇常住人口拥有社区工作者 18 人。 |
| 06 | 城乡融合发展<br>建设嘉兴湖州、福州东部、广州清远、南京元锡常州、济南青岛、成都西部、重庆西部、西安咸阳、长春吉林、许昌、鹰潭等国家城乡融合发展试验区，加强改革授权和政策集成。 |

# 第九篇 优化区域经济布局 促进区域协调发展

深入实施区域重大战略、区域协调发展战略、主体功能区战略，健全区域协调发展体制机制，构建高质量发展的区域经济布局和国土空间支撑体系。

## 第三十章 优化国土空间开发保护格局

立足资源环境承载能力，发挥各地区比较优

势，促进各类要素合理流动和高效集聚，推动形成主体功能明显、优势互补、高质量发展的国土空间开发保护新格局。

### 第一节　完善和落实主体功能区制度

顺应空间结构变化趋势，优化重大基础设施、重大生产力和公共资源布局，分类提高城市化地区发展水平，推动农业生产向粮食生产功能区、重要农产品生产保护区和特色农产品优势区集聚，优化生态安全屏障体系，逐步形成城市化地区、农产品主产区、生态功能区三大空间格局。细化主体功能区划分，按照主体功能定位划分政策单元，对重点开发地区、生态脆弱地区、能源资源富集地区等制定差异化政策，分类精准施策。加强空间发展统筹协调，保障国家重大发展战略落地实施。

### 第二节　开拓高质量发展的重要动力源

以中心城市和城市群等经济发展优势区域为重点，增强经济和人口承载能力，带动全国经济效率整体提升。以京津冀、长三角、粤港澳大湾区为重点，提升创新策源能力和全球资源配置能力，加快打造引领高质量发展的第一梯队。在中西部有条件的地区，以中心城市为引领，提升城市群功能，加快工业化城镇化进程，形成高质量发展的重要区域。破除资源流动障碍，优化行政区划设置，提高中心城市综合承载能力和资源优化配置能力，强化对区域发展的辐射带动作用。

### 第三节　提升重要功能性区域的保障能力

以农产品主产区、重点生态功能区、能源资源富集地区和边境地区等承担战略功能的区域为支撑，切实维护国家粮食安全、生态安全、能源安全和边疆安全，与动力源地区共同打造高质量发展的动力系统。支持农产品主产区增强农业生产能力，支持生态功能区把发展重点放到保护生态环境、提供生态产品上，支持生态功能区人口逐步有序向城市化地区转移并定居落户。优化能源开发布局和运输格局，加强能源资源综合开发利用基地建设，提升国内能源供给保障水平。增强边疆地区发展能力，强化人口和经济支撑，促进民族团结和边疆稳定。健全公共资源配置机制，对重点生态功能区、农产品主产区、边境地区等提供有效转移支付。

## 第三十一章　深入实施区域重大战略

聚焦实现战略目标和提升引领带动能力，推动区域重大战略取得新的突破性进展，促进区域间融合互动、融通补充。

### 第一节　加快推动京津冀协同发展

紧抓疏解北京非首都功能“牛鼻子”，构建功能疏解政策体系，实施一批标志性疏解项目。高标准高质量建设雄安新区，加快启动区和起步区建设，推动管理体制创新。高质量建设北京城市副中心，促进与河北省三河、香河、大厂三县市一体化发展。推动天津滨海新区高质量发展，支持张家口首都水源涵养功能区和生态环境支撑区建设。提高北京科技创新中心基础研究和原始创新能力，发挥中关村国家自主创新示范区先行先试作用，推动京津冀产业链与创新链深度融合。基本建成轨道上的京津冀，提高机场群港口群协同水平。深化大气污染联防联控联治，强化华北地下水超采及地面沉降综合治理。

### 第二节　全面推动长江经济带发展

坚持生态优先、绿色发展和共抓大保护、不搞大开发，协同推动生态环境保护和经济发展，打造人与自然和谐共生的美丽中国样板。持续推进生态环境突出问题整改，推动长江全流域按单元精细化分区管控，实施城镇污水垃圾处理、工业污染治理、农业面源污染治理、船舶污染治理、尾矿库污染治理等工程。深入开展绿色发展示范，推进赤水河流域生态环境保护。实施长江十年禁渔。围绕建设长江大动脉，整体设计综合交通运输体系，疏解三峡枢纽瓶颈制约，加快沿江高铁和货运铁路建设。发挥产业协同联动整体优势，构建绿色产业体系。保护好长江文物和文化遗产。

### 第三节　积极稳妥推进粤港澳大湾区建设

加强粤港澳产学研协同发展，完善广深港、广珠澳科技创新走廊和深港河套、粤澳横琴科技创新极点“两廊两点”架构体系，推进综合性国家科学中心建设，便利创新要素跨境流动。加快城际铁路建设，统筹港口和机场功能布局，优化航运和航空资源配置。深化通关模式改革，促进人员、货物、车辆便捷高效流动。扩大内地与港澳专业资格互认范围，深入推进重点领域规则衔接、机制对接。便利港澳青年到大湾区内地城市就学就业创业，打造粤港澳青少年交流精品品牌。

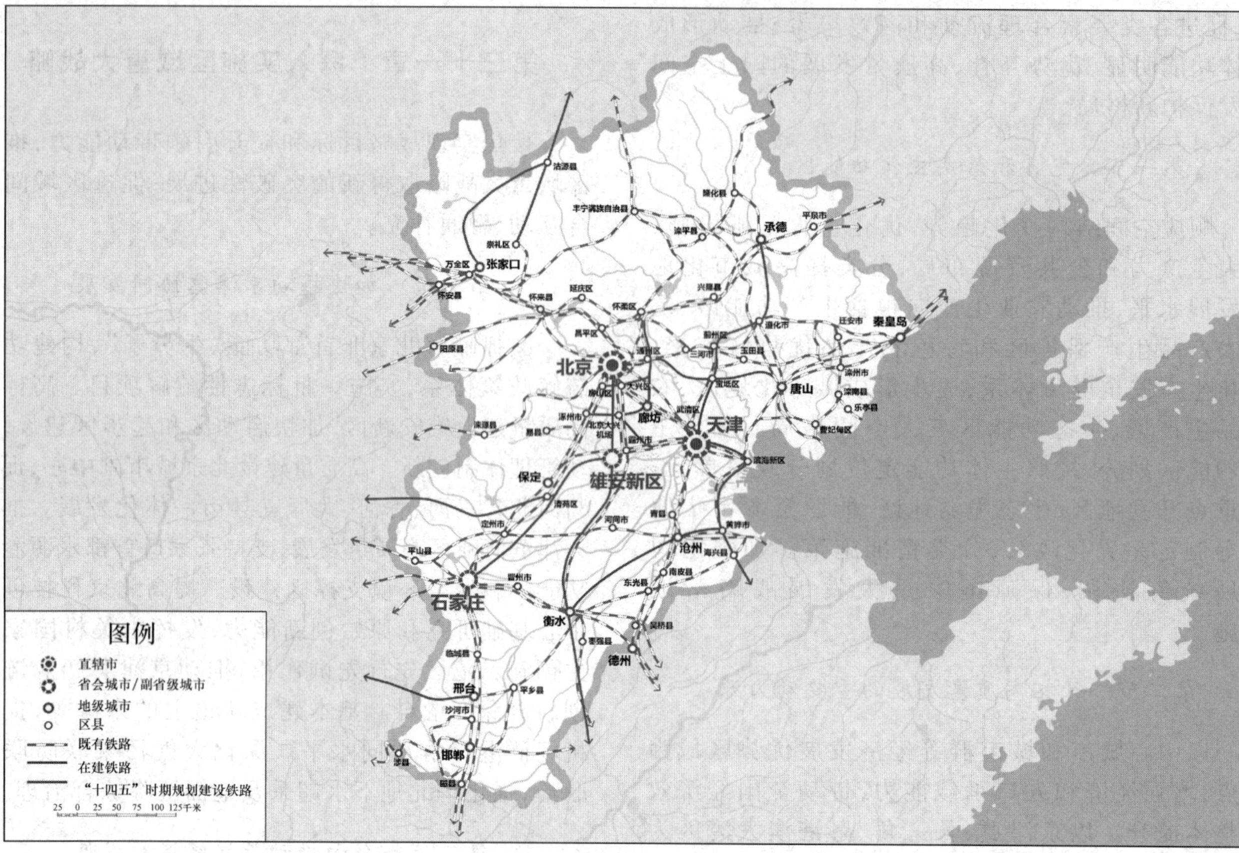


图 4　京津冀地区轨道交通规划图

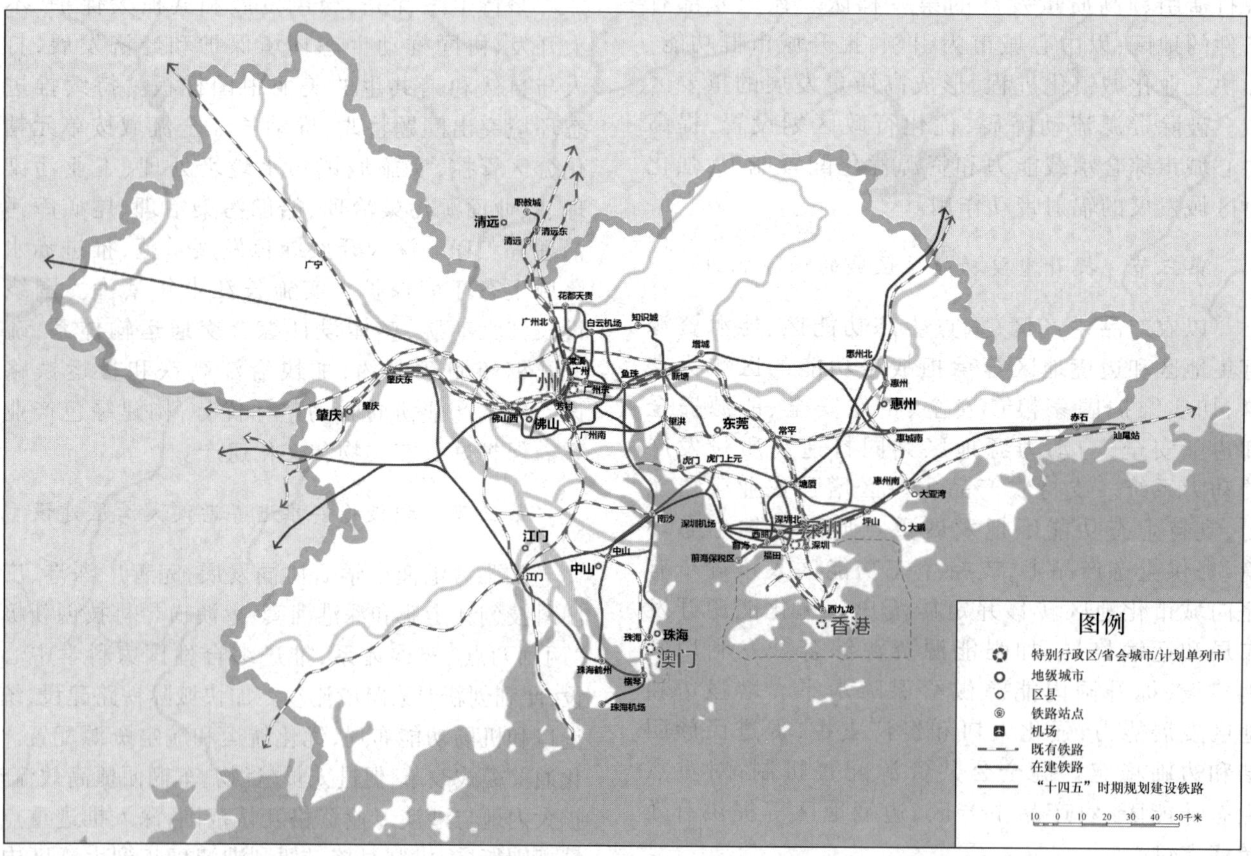


图 5　粤港澳大湾区轨道交通规划图

第四节　提升长三角一体化发展水平

瞄准国际先进科创能力和产业体系，加快建设长三角G60科创走廊和沿沪宁产业创新带，提高长三角地区配置全球资源能力和辐射带动全国发展能力。加快基础设施互联互通，实现长三角地级及以上城市高铁全覆盖，推进港口群一体化治理。打造虹桥国际开放枢纽，强化上海自贸试验区临港新片区开放型经济集聚功能，深化沪苏浙皖自贸试验区联动发展。加快公共服务便利共享，优化优质教育和医疗卫生资源布局。推进生态环境共保联治，高水平建设长三角生态绿色一体化发展示范区。

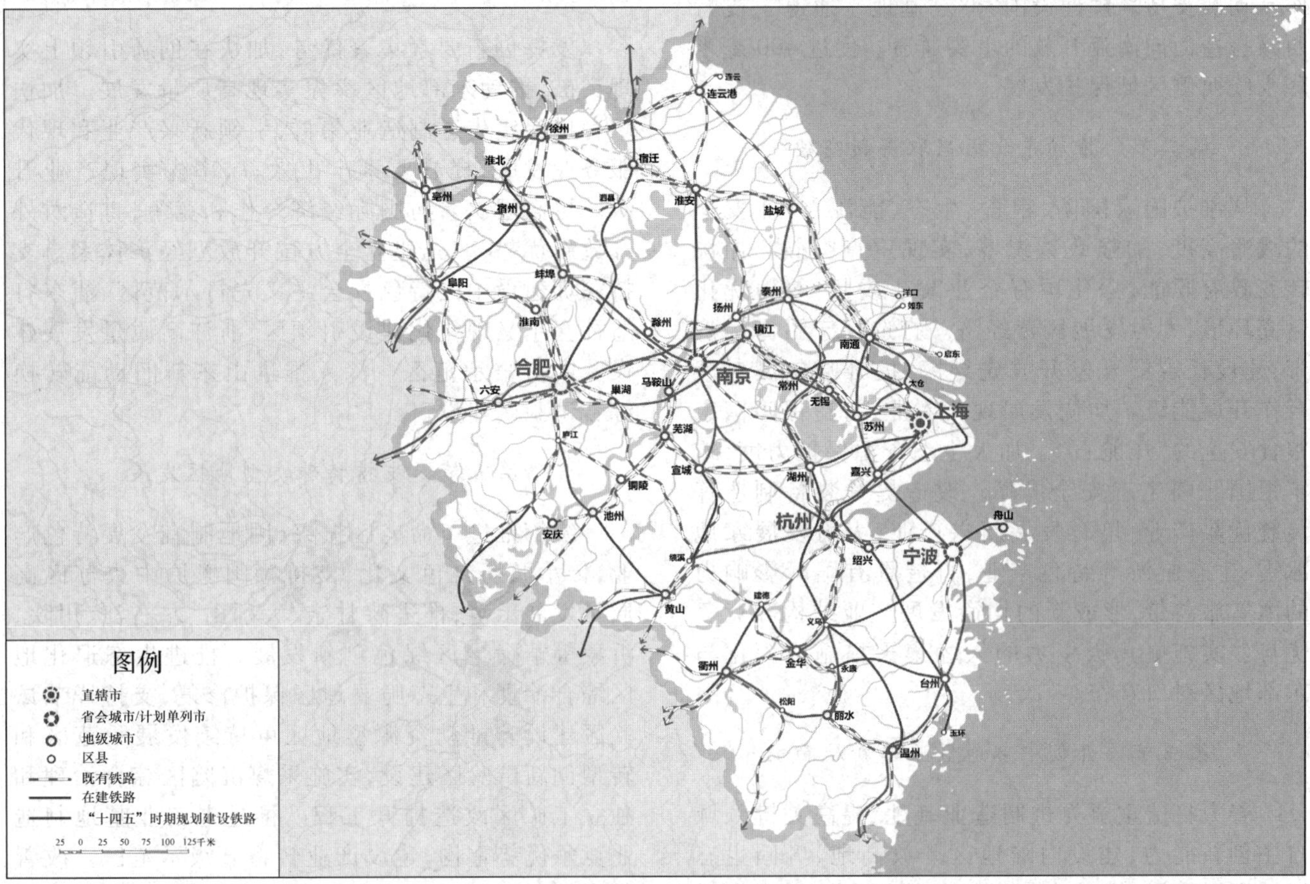


**图6　长三角地区轨道交通规划图**

第五节　扎实推进黄河流域生态保护和高质量发展

加大上游重点生态系统保护和修复力度，筑牢三江源"中华水塔"，提升甘南、若尔盖等区域水源涵养能力。创新中游黄土高原水土流失治理模式，积极开展小流域综合治理、旱作梯田和淤地坝建设。推动下游二级悬河治理和滩区综合治理，加强黄河三角洲湿地保护和修复。开展汾渭平原、河套灌区等农业面源污染治理，清理整顿黄河岸线内工业企业，加强沿黄河城镇污水处理设施及配套管网建设。实施深度节水控水行动，降低水资源开发利用强度。合理控制煤炭开发强度，推进能源资源一体化开发利用，加强矿山生态修复。优化中心城市和城市群发展格局，统筹沿黄河县城和乡村建设。实施黄河文化遗产系统保护工程，打造具有国际影响力的黄河文化旅游带。建设黄河流域生态保护和高质量发展先行区。

## 第三十二章　深入实施区域协调发展战略

深入推进西部大开发、东北全面振兴、中部地区崛起、东部率先发展，支持特殊类型地区加快发展，在发展中促进相对平衡。

第一节　推进西部大开发形成新格局

强化举措推进西部大开发，切实提高政策精准性和有效性。深入实施一批重大生态工程，开展重点区域综合治理。积极融入"一带一路"建设，强化开放大通道建设，构建内陆多层次开放平台。加大西部地区基础设施投入，支持发展特色优势产业，集中力量巩固脱贫攻坚成果，补齐教育、医疗卫生等民生领域短板。推进成渝地区双城经济圈建设，打造具有全国影响力的重要经济中心、科技创新中心、改革开放新高地、高品质生活宜居地，提升关中平原城市群建设水平，促进西北地区与西南地区合作互动。支持新疆建设国家“三基地一通道”，支持西藏打造面向南亚开放的重要通道。促进 400 毫米降水线西侧区域保护发展。

### 第二节　推动东北振兴取得新突破

从维护国家国防、粮食、生态、能源、产业安全的战略高度，加强政策统筹，实现重点突破。加快转变政府职能，深化国有企业改革攻坚，着力优化营商环境，大力发展民营经济。打造辽宁沿海经济带，建设长吉图开发开放先导区，提升哈尔滨对俄合作开放能级。加快发展现代农业，打造保障国家粮食安全的“压舱石”。加大生态资源保护力度，筑牢祖国北疆生态安全屏障。改造提升装备制造等传统优势产业，培育发展新兴产业，大力发展寒地冰雪、生态旅游等特色产业，打造具有国际影响力的冰雪旅游带，形成新的均衡发展产业结构和竞争优势。实施更具吸引力的人才集聚措施。深化与东部地区对口合作。

### 第三节　开创中部地区崛起新局面

着力打造重要先进制造业基地、提高关键领域自主创新能力、建设内陆地区开放高地、巩固生态绿色发展格局，推动中部地区加快崛起。做大做强先进制造业，在长江、京广、陇海、京九等沿线建设一批中高端产业集群，积极承接新兴产业布局和转移。推动长江中游城市群协同发展，加快武汉、长株潭都市圈建设，打造全国重要增长极。夯实粮食生产基础，不断提高农业综合效益和竞争力，加快发展现代农业。加强生态环境共保联治，着力构筑生态安全屏障。支持淮河、汉江生态经济带上下游合作联动发展。加快对外开放通道建设，高标准高水平建设内陆地区开放平台。提升公共服务保障特别是应对公共卫生等重大突发事件能力。

### 第四节　鼓励东部地区加快推进现代化

发挥创新要素集聚优势，加快在创新引领上实现突破，推动东部地区率先实现高质量发展。加快培育世界级先进制造业集群，引领新兴产业和现代服务业发展，提升要素产出效率，率先实现产业升级。更高层次参与国际经济合作和竞争，打造对外开放新优势，率先建立全方位开放型经济体系。支持深圳建设中国特色社会主义先行示范区、浦东打造社会主义现代化建设引领区、浙江高质量发展建设共同富裕示范区。深入推进山东新旧动能转换综合试验区建设。

### 第五节　支持特殊类型地区发展

统筹推进革命老区振兴，因地制宜发展特色产业，传承弘扬红色文化，支持赣闽粤原中央苏区高质量发展示范，推进陕甘宁、大别山、左右江、川陕、沂蒙等革命老区绿色创新发展。推进生态退化地区综合治理和生态脆弱地区保护修复，支持毕节试验区建设。推动资源型地区可持续发展示范区和转型创新试验区建设，实施采煤沉陷区综合治理和独立工矿区改造提升工程。推进老工业基地制造业竞争优势重构，建设产业转型升级示范区。改善国有林场林区基础设施。多措并举解决高海拔地区群众生产生活困难。推进兴边富民、稳边固边，大力改善边境地区生产生活条件，完善沿边城镇体系，支持边境口岸建设，加快抵边村镇和抵边通道建设。推动边境贸易创新发展。加大对重点边境地区发展精准支持力度。

**专栏 12　促进边境地区发展工程**

| | |
|---|---|
| 01 | 边境城镇<br>完善边境城镇功能，重点支持满洲里、宽甸、珲春、绥芬河、东兴、腾冲、米林、塔城、可克达拉等边境城镇提升承载能力。 |
| 02 | 抵边村庄<br>完善边境村庄基础设施和公共服务设施，新建抵边新村 200 个左右，实现抵边自然村道路、电力、通信、邮政、广电普遍覆盖。 |
| 03 | 沿边抵边公路<br>建设集安至桓仁、珲春至圈河、泸水至腾冲、墨脱经察隅至滇藏界、青河经富蕴至阿勒泰、布伦口至红其拉甫、巴里坤至老爷庙、二连浩特至赛罕塔拉等沿边抵边公路。 |
| 04 | 边境机场<br>建设塔什库尔干、隆子、绥芬河等机场，迁建延吉机场，建设 20 个左右边境通用机场。 |
| 05 | 边境口岸<br>建设里孜、黑河、同江、黑瞎子岛口岸，改造提升吉隆、樟木、磨憨、霍尔果斯、阿拉山口、满洲里、二连浩特、瑞丽、友谊关、红其拉甫、甘其毛都、策克、吐尔尕特、伊尔克什坦口岸。 |

#### 第六节 健全区域协调发展体制机制

建立健全区域战略统筹、市场一体化发展、区域合作互助、区际利益补偿等机制，更好促进发达地区和欠发达地区、东中西部和东北地区共同发展。提升区域合作层次和水平，支持省际交界地区探索建立统一规划、统一管理、合作共建、利益共享的合作新机制。完善财政转移支付支持欠发达地区的机制，逐步实现基本公共服务均等化，引导人才向西部和艰苦边远地区流动。完善区域合作与利益调节机制，支持流域上下游、粮食主产区主销区、资源输出地输入地之间开展多种形式的利益补偿，鼓励探索共建园区、飞地经济等利益共享模式。聚焦铸牢中华民族共同体意识，加大对民族地区发展支持力度，全面深入持久开展民族团结进步宣传教育和创建，促进各民族交往交流交融。

### 第三十三章 积极拓展海洋经济发展空间

坚持陆海统筹、人海和谐、合作共赢，协同推进海洋生态保护、海洋经济发展和海洋权益维护，加快建设海洋强国。

#### 第一节 建设现代海洋产业体系

围绕海洋工程、海洋资源、海洋环境等领域突破一批关键核心技术。培育壮大海洋工程装备、海洋生物医药产业，推进海水淡化和海洋能规模化利用，提高海洋文化旅游开发水平。优化近海绿色养殖布局，建设海洋牧场，发展可持续远洋渔业。建设一批高质量海洋经济发展示范区和特色化海洋产业集群，全面提高北部、东部、南部三大海洋经济圈发展水平。以沿海经济带为支撑，深化与周边国家涉海合作。

#### 第二节 打造可持续海洋生态环境

探索建立沿海、流域、海域协同一体的综合治理体系。严格围填海管控，加强海岸带综合管理与滨海湿地保护。拓展入海污染物排放总量控制范围，保障入海河流断面水质。加快推进重点海域综合治理，构建流域—河口—近岸海域污染防治联动机制，推进美丽海湾保护与建设。防范海上溢油、危险化学品泄露等重大环境风险，提升应对海洋自然灾害和突发环境事件能力。完善海岸线保护、海域和无居民海岛有偿使用制度，探索海岸建筑退缩线制度和海洋生态环境损害赔偿制度，自然岸线保有率不低于35%。

#### 第三节 深度参与全球海洋治理

积极发展蓝色伙伴关系，深度参与国际海洋治理机制和相关规则制定与实施，推动建设公正合理的国际海洋秩序，推动构建海洋命运共同体。深化与沿海国家在海洋环境监测和保护、科学研究和海上搜救等领域务实合作，加强深海战略性资源和生物多样性调查评价。参与北极务实合作，建设“冰上丝绸之路”。提高参与南极保护和利用能力。加强形势研判、风险防范和法理斗争，加强海事司法建设，坚决维护国家海洋权益。有序推进海洋基本法立法。

## 第十篇 发展社会主义先进文化 提升国家文化软实力

坚持马克思主义在意识形态领域的指导地位，坚定文化自信，坚持以社会主义核心价值观引领文化建设，围绕举旗帜、聚民心、育新人、兴文化、展形象的使命任务，促进满足人民文化需求和增强人民精神力量相统一，推进社会主义文化强国建设。

### 第三十四章 提高社会文明程度

加强社会主义精神文明建设，培育和践行社会主义核心价值观，推动形成适应新时代要求的思想观念、精神面貌、文明风尚、行为规范。

#### 第一节 推动理想信念教育常态化制度化

深入开展习近平新时代中国特色社会主义思想学习教育，健全用党的创新理论武装全党、教育人民的工作体系。建立健全“不忘初心、牢记使命”的制度和长效机制，加强和改进思想政治工作，持续开展中国特色社会主义和中国梦宣传教育，加强党史、新中国史、改革开放史、社会主义发展史教育，加强爱国主义、集体主义、社会主义教育，加强革命文化研究阐释和宣传教育，弘扬党和人民在各个历史时期奋斗中形成的伟大精神。完善弘扬社会主义核心价值观的法律政策体系，把社会主义核心价值观要求融入法治建设和社会治理，体现到国民教育、精神文明创建、文化产品创作生产全过程。完善青少年理想信念教育齐抓共管机制。

### 第二节 发展中国特色哲学社会科学

加强对习近平新时代中国特色社会主义思想的整体性系统性研究、出版传播、宣传阐释，推进马克思主义中国化、时代化、大众化。深入实施马克思主义理论研究和建设工程，推进习近平新时代中国特色社会主义思想研究中心（院）、中国特色社会主义理论体系研究中心等建设，建好用好“学习强国”等学习平台。构建中国特色哲学社会科学学科体系、学术体系和话语体系，深入实施哲学社会科学创新工程，加强中国特色新型智库建设。

### 第三节 传承弘扬中华优秀传统文化

深入实施中华优秀传统文化传承发展工程，强化重要文化和自然遗产、非物质文化遗产系统性保护，推动中华优秀传统文化创造性转化、创新性发展。加强文物科技创新，实施中华文明探源和考古中国工程，开展中华文化资源普查，加强文物和古籍保护研究利用，推进革命文物和红色遗址保护，完善流失文物追索返还制度。建设长城、大运河、长征、黄河等国家文化公园，加强世界文化遗产、文物保护单位、考古遗址公园、历史文化名城名镇名村保护。健全非物质文化遗产保护传承体系，加强各民族优秀传统手工艺保护和传承。

### 第四节 持续提升公民文明素养

推进公民道德建设，大力开展社会公德、职业道德、家庭美德、个人品德建设。开展国家勋章、国家荣誉称号获得者和时代楷模、道德模范、最美人物、身边好人的宣传学习。实施文明创建工程，拓展新时代文明实践中心建设，科学规范做好文明城市、文明村镇、文明单位、文明校园、文明家庭评选表彰，深化未成年人思想道德建设。完善市民公约、乡规民约、学生守则、团体章程等社会规范，建立惩戒失德行为机制。弘扬诚信文化，建设诚信社会。广泛开展志愿服务关爱行动。提倡艰苦奋斗、勤俭节约，开展以劳动创造幸福为主题的宣传教育。加强网络文明建设，发展积极健康的网络文化。

## 第三十五章 提升公共文化服务水平

坚持为人民服务、为社会主义服务的方向，坚持百花齐放、百家争鸣的方针，加强公共文化服务体系建设和体制机制创新，强化中华文化传播推广和文明交流互鉴，更好保障人民文化权益。

### 第一节 加强优秀文化作品创作生产传播

把提高质量作为文艺作品的生命线，提高文艺原创能力。实施文艺作品质量提升工程，健全重大现实、重大革命、重大历史题材创作规划组织机制，加强农村、少儿等题材创作，不断推出反映时代新气象、讴歌人民新创造的文艺精品。建立健全文化产品创作生产、传播引导、宣传推广的激励机制和评价体系，推动形成健康清朗的文艺生态。加强文化队伍建设，培养造就高水平创作人才和德艺双馨的名家大师。

### 第二节 完善公共文化服务体系

优化城乡文化资源配置，推进城乡公共文化服务体系一体建设。创新实施文化惠民工程，提升基层综合性文化服务中心功能，广泛开展群众性文化活动。推进公共图书馆、文化馆、美术馆、博物馆等公共文化场馆免费开放和数字化发展。推进媒体深度融合，做强新型主流媒体。完善应急广播体系，实施智慧广电固边工程和乡村工程。发展档案事业。深入推进全民阅读，建设“书香中国”，推动农村电影放映优化升级。创新公共文化服务运行机制，鼓励社会力量参与公共文化服务供给和设施建设运营。

### 第三节 提升中华文化影响力

加强对外文化交流和多层次文明对话，创新推进国际传播，利用网上网下，讲好中国故事，传播好中国声音，促进民心相通。开展“感知中国”、“走读中国”、“视听中国”活动，办好中国文化年（节）、旅游年（节）。建设中文传播平台，构建中国语言文化全球传播体系和国际中文教育标准体系。

## 第三十六章 健全现代文化产业体系

坚持把社会效益放在首位、社会效益和经济效益相统一，健全现代文化产业体系和市场体系。

### 第一节 扩大优质文化产品供给

实施文化产业数字化战略，加快发展新型文化企业、文化业态、文化消费模式，壮大数字创意、网络视听、数字出版、数字娱乐、线上演播等产业。加快提升超高清电视节目制播能力，推进电视频道高清化改造，推进沉浸式视频、云转播等应用。实施文化品牌战略，打造一批有影响力、代表性的文化品牌。培育骨干文化企业，规范发展文化产业园区，推动区域文化产业带建设。积极发展对外文化贸易，开拓海外文化市场，鼓励优秀传统文化产品和影视剧、游戏等数字文化产品“走出去”，加强国家文化出口基地建设。

### 第二节　推动文化和旅游融合发展

坚持以文塑旅、以旅彰文，打造独具魅力的中华文化旅游体验。深入发展大众旅游、智慧旅游，创新旅游产品体系，改善旅游消费体验。加强区域旅游品牌和服务整合，建设一批富有文化底蕴的世界级旅游景区和度假区，打造一批文化特色鲜明的国家级旅游休闲城市和街区。推进红色旅游、文化遗产旅游、旅游演艺等创新发展，提升度假休闲、乡村旅游等服务品质，完善邮轮游艇、低空旅游等发展政策。健全旅游基础设施和集散体系，推进旅游厕所革命，强化智慧景区建设。建立旅游服务质量评价体系，规范在线旅游经营服务。

### 第三节　深化文化体制改革

完善文化管理体制和生产经营机制，提升文化治理效能。完善国有文化资产管理体制机制，深化公益性文化事业单位改革，推进公共文化机构法人治理结构改革。深化国有文化企业分类改革，推进国有文艺院团改革和院线制改革。完善文化市场综合执法体制，制定未成年人网络保护、信息网络传播视听等领域法律法规。

**专栏13　社会主义文化繁荣发展工程**

| | |
|---|---|
| 01 | 中国特色社会主义理论出版传播<br>编辑出版习近平谈治国理政、习近平新时代中国特色社会主义思想学习问答、分领域学习纲要等系列理论读物，编辑出版党史、新中国史、改革开放史、社会主义发展史经典教材，加强海外翻译出版和宣介推广。 |
| 02 | 文艺精品创作<br>开展精神文明建设“五个一”、舞台艺术、影视精品、优秀剧本、美术创作收藏、重大出版等工程，实施当代文学艺术创作、中华文化新媒体传播、纪录片创作传播、地方戏曲传承发展、网络文艺创作传播等重大项目。 |
| 03 | 全媒体传播和数字文化<br>推进国家、省、市、县四级融媒体中心（平台）建设。推进国家有线电视网络整合和5G一体化发展。分类采集梳理文化遗产数据，建设国家文化大数据体系。实施出版融合发展工程。 |
| 04 | 文化遗产保护传承<br>加强安阳殷墟、汉长安城、隋唐洛阳城和重要石窟寺等遗址保护，开展江西汉代海昏侯国、河南仰韶村、良渚古城、石峁、陶寺、三星堆、曲阜鲁国故城等国家考古遗址公园建设。建设20个国家重点区域考古标本库房、30个国家级文化生态保护区和20个国家级非物质文化遗产馆。 |
| 05 | 中华典籍整理出版<br>整理出版300种中华典籍，组织《永乐大典》、敦煌文献等重点古籍系统性保护整理出版，实施国家古籍数字化工程。推进点校本“二十四史”及清史稿修订等重大出版工程，推进复兴文库建设，启动新编中国通史纂修工程、中华民族交往交流交融史编纂工程。 |
| 06 | 重大文化设施建设<br>建设中国共产党历史展览馆、中央档案馆新馆、国家版本馆、国家文献储备库、故宫博物院北院区、国家美术馆、国家文化遗产科技创新中心。 |
| 07 | 旅游目的地质量提升<br>打造海南国际旅游消费中心、粤港澳大湾区世界级旅游目的地、长江国际黄金旅游带、黄河文化旅游带、杭黄自然生态和文化旅游廊道、巴蜀文化旅游走廊、桂林国际旅游胜地，健全游客服务、停车及充电、交通、流量监测管理等设施。 |

# 第十一篇　推动绿色发展　促进人与自然和谐共生

坚持绿水青山就是金山银山理念，坚持尊重自然、顺应自然、保护自然，坚持节约优先、保护优先、自然恢复为主，实施可持续发展战略，完善生态文明领域统筹协调机制，构建生态文明体系，推动经济社会发展全面绿色转型，建设美丽中国。

## 第三十七章　提升生态系统质量和稳定性

坚持山水林田湖草系统治理，着力提高生态系统自我修复能力和稳定性，守住自然生态安全边界，促进自然生态系统质量整体改善。

### 第一节　完善生态安全屏障体系

强化国土空间规划和用途管控，划定落实生态保护红线、永久基本农田、城镇开发边界以及各类海域保护线。以国家重点生态功能区、生态保护红线、国家级自然保护地等为重点，实施重要生态系统保护和修复重大工程，加快推进青藏高原生态屏障区、黄河重点生态区、长江重点生态区和东北森林带、北方防沙带、南方丘陵山地带、海岸带等生态屏障建设。加强长江、黄河等大江大河和重要湖泊湿地生态保护治理，加强重要生态廊道建设和保护。全面加强天然林和湿地保护，湿地保护率提高到 55%。科学推进水土流失和荒漠化、石漠化综合治理，开展大规模国土绿化行动，推行林长制。科学开展人工影响天气活动。推行草原森林河流湖泊休养生息，健全耕地休耕轮作制度，巩固退耕还林还草、退田还湖还湿、退围还滩还海成果。

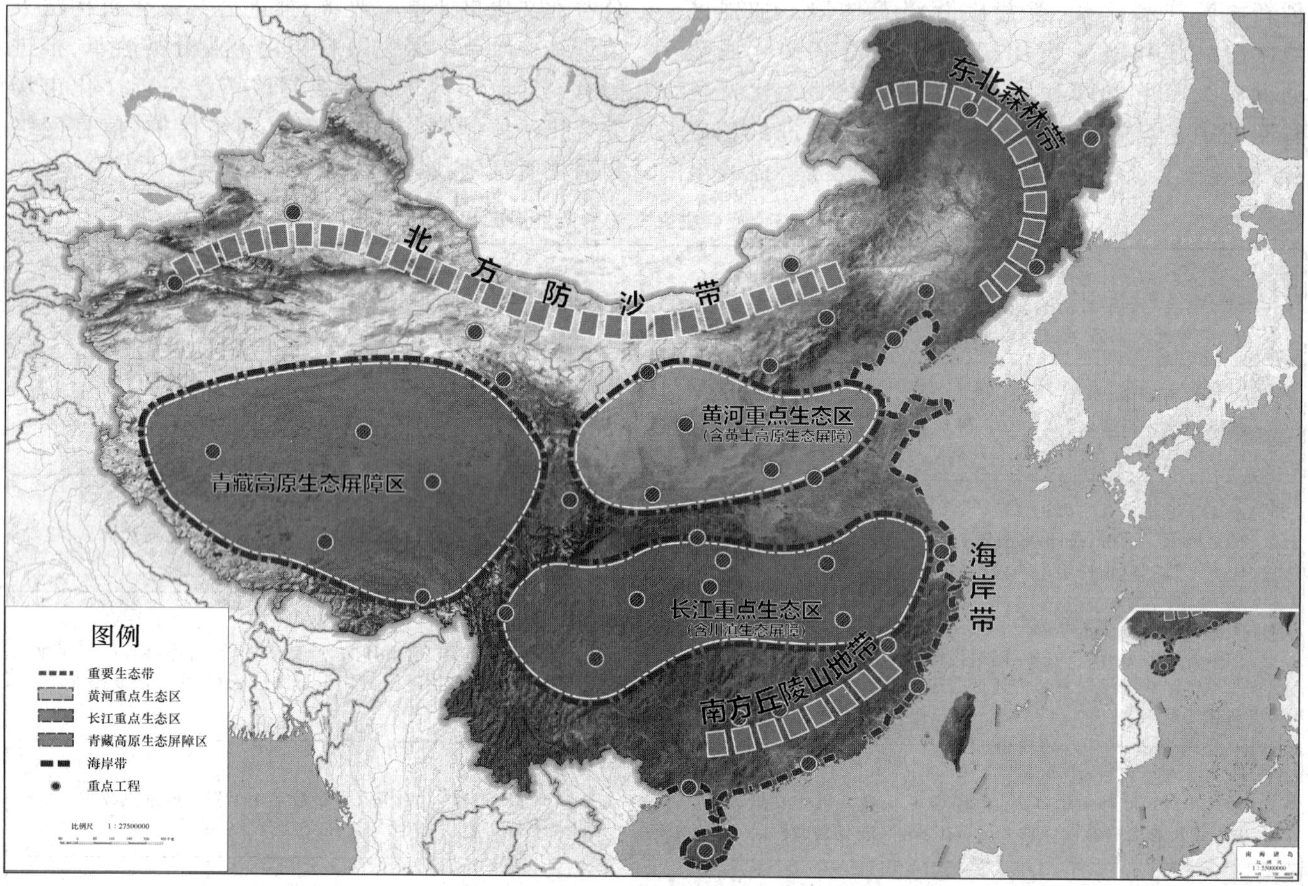


图 7　重要生态系统保护和修复重大工程布局示意图

### 第二节　构建自然保护地体系

科学划定自然保护地保护范围及功能分区，加快整合归并优化各类保护地，构建以国家公园为主体、自然保护区为基础、各类自然公园为补充的自然保护地体系。严格管控自然保护地范围内非生态活动，稳妥推进核心区内居民、耕地、矿权有序退出。完善国家公园管理体制和运营机制，整合设立一批国家公园。实施生物多样性保护重大工程，构筑生物多样性保护网络，加强国家重点保护和珍稀濒危野生动植物及其栖息地的保护修复，加强外来物种管控。完善生态保护和修复用地用海等政策。完善自然保护地、生态保护红线监管制度，开展生态系统保护成效监测评估。

### 第三节　健全生态保护补偿机制

加大重点生态功能区、重要水系源头地区、自然保护地转移支付力度，鼓励受益地区和保护地区、流域上下游通过资金补偿、产业扶持等多种形式开展横向生态补偿。完善市场化多元化生态补偿，鼓励各类社会资本参与生态保护修复。完善森林、草原和湿地生态补偿制度。推动长江、黄河等重要流域建立全流域生态补偿机制。建立生态产品价值实现机制，在长江流域和三江源国家公园等开展试点。制定实施生态保护补偿条例。

**专栏 14　重要生态系统保护和修复工程**

| | |
|---|---|
| 01 | 青藏高原生态屏障区<br>以三江源、祁连山、若尔盖、甘南黄河重要水源补给区等为重点，加强原生地带性植被、珍稀物种及其栖息地保护，新增沙化土地治理100万公顷、退化草原治理320万公顷，沙化土地封禁保护20万公顷。 |
| 02 | 黄河重点生态区（含黄土高原生态屏障）<br>以黄土高原、秦岭、贺兰山等为重点，加强“三化”草场治理和水土流失综合治理，保护修复黄河三角洲等湿地，保护修复林草植被80万公顷，新增水土流失治理200万公顷、沙化土地治理80万公顷。 |
| 03 | 长江重点生态区（含川滇生态屏障）<br>以横断山区、岩溶石漠化区、三峡库区、洞庭湖、鄱阳湖等为重点，开展森林质量精准提升、河湖湿地修复、石漠化综合治理等，加强珍稀濒危野生动植物保护恢复，完成营造林110万公顷，新增水土流失治理500万公顷、石漠化治理100万公顷。 |
| 04 | 东北森林带<br>以大小兴安岭、长白山及三江平原、松嫩平原重要湿地等为重点，实施天然林保护修复，保护重点沼泽湿地和珍稀候鸟迁徙地，培育天然林后备资源70万公顷，新增退化草原治理30万公顷。 |
| 05 | 北方防沙带<br>以内蒙古高原、河西走廊、塔里木河流域、京津冀地区等为重点，推进防护林体系建设及退化林修复、退化草原修复、京津风沙源治理等，完成营造林220万公顷，新增沙化土地治理750万公顷、退化草原治理270万公顷。 |
| 06 | 南方丘陵山地带<br>以南岭山地、武夷山区、湘桂岩溶石漠化区等为重点，实施森林质量精准提升行动，推进水土流失和石漠化综合治理，加强河湖生态保护修复，保护濒危物种及其栖息地，营造防护林9万公顷，新增石漠化治理30万公顷。 |
| 07 | 海岸带<br>以黄渤海、长三角、粤闽浙沿海、粤港澳大湾区、海南岛、北部湾等为重点，全面保护自然岸线，整治修复岸线长度400公里、滨海湿地2万公顷，营造防护林11万公顷。 |
| 08 | 自然保护地及野生动植物保护<br>推进三江源、东北虎豹、大熊猫和海南热带雨林等国家公园建设，新整合设立秦岭、黄河口等国家公园。建设珍稀濒危野生动植物基因保存库、救护繁育场所，专项拯救48种极度濒危野生动物和50种极小种群植物。 |

## 第三十八章　持续改善环境质量

深入打好污染防治攻坚战，建立健全环境治理体系，推进精准、科学、依法、系统治污，协同推进减污降碳，不断改善空气、水环境质量，有效管控土壤污染风险。

### 第一节　深入开展污染防治行动

坚持源头防治、综合施策，强化多污染物协同控制和区域协同治理。加强城市大气质量达标管理，推进细颗粒物（$PM_{2.5}$）和臭氧（$O_3$）协同控制，地级及以上城市$PM_{2.5}$浓度下降10%，有效遏制$O_3$浓度增长趋势，基本消除重污染天气。持续改善京津冀及周边地区、汾渭平原、长三角地区空气质量，因地制宜推动北方地区清洁取暖、工业窑炉治理、非电行业超低排放改造，加快挥发性有机物排放综合整治，氮氧化物和挥发性有机物排放总量分别下降10%以上。完善水污染防治流域协同机制，加强重点流域、重点湖泊、城市水体和近岸海域综合治理，推进美丽河湖保护与建设，化学需氧量和氨氮排放总量分别下降8%，基本消除劣Ⅴ类国控断面和城市黑臭水体。开展城市饮用水水源地规范化建设，推进重点流域重污染企业搬迁改造。推进受污染耕地和建设用地管控修复，实施水土环境风险协同防控。加强塑料污染全链条防治。加强环境噪声污染治理。重视新污染物治理。

### 第二节　全面提升环境基础设施水平

构建集污水、垃圾、固废、危废、医废处理处置设施和监测监管能力于一体的环境基础设施体系，形成由城市向建制镇和乡村延伸覆盖的环境基础设施网络。推进城镇污水管网全覆盖，开展污水处理差别化精准提标，推广污泥集中焚烧无害化处理，城市污泥无害化处置率达到90%，地级及以上缺水城市污水资源化利用率超过25%。建设分类投放、分类收集、分类运输、分类处理的生活垃圾处理系统。以主要产业基地为重点布局危险废弃物集中利用处置设施。加快建设地级及以上城市医疗废弃物集中处理设施，健全县域医疗废弃物收集转运处置体系。

### 第三节 严密防控环境风险

建立健全重点风险源评估预警和应急处置机制。全面整治固体废物非法堆存，提升危险废弃物监管和风险防范能力。强化重点区域、重点行业重金属污染监控预警。健全有毒有害化学物质环境风险管理体制，完成重点地区危险化学品生产企业搬迁改造。严格核与辐射安全监管，推进放射性污染防治。建立生态环境突发事件后评估机制和公众健康影响评估制度。在高风险领域推行环境污染强制责任保险。

### 第四节 积极应对气候变化

落实 2030 年应对气候变化国家自主贡献目标，制定 2030 年前碳排放达峰行动方案。完善能源消费总量和强度双控制度，重点控制化石能源消费。实施以碳强度控制为主、碳排放总量控制为辅的制度，支持有条件的地方和重点行业、重点企业率先达到碳排放峰值。推动能源清洁低碳安全高效利用，深入推进工业、建筑、交通等领域低碳转型。加大甲烷、氢氟碳化物、全氟化碳等其他温室气体控制力度。提升生态系统碳汇能力。锚定努力争取 2060 年前实现碳中和，采取更加有力的政策和措施。加强全球气候变暖对我国承受力脆弱地区影响的观测和评估，提升城乡建设、农业生产、基础设施适应气候变化能力。加强青藏高原综合科学考察研究。坚持公平、共同但有区别的责任及各自能力原则，建设性参与和引领应对气候变化国际合作，推动落实联合国气候变化框架公约及其巴黎协定，积极开展气候变化南南合作。

### 第五节 健全现代环境治理体系

建立地上地下、陆海统筹的生态环境治理制度。全面实行排污许可制，实现所有固定污染源排污许可证核发，推动工业污染源限期达标排放，推进排污权、用能权、用水权、碳排放权市场化交易。完善环境保护、节能减排约束性指标管理。完善河湖管理保护机制，强化河长制、湖长制。加强领导干部自然资源资产离任审计。完善中央生态环境保护督察制度。完善省以下生态环境机构监测监察执法垂直管理制度，推进生态环境保护综合执法改革，完善生态环境公益诉讼制度。加大环保信息公开力度，加强企业环境治理责任制度建设，完善公众监督和举报反馈机制，引导社会组织和公众共同参与环境治理。

## 第三十九章 加快发展方式绿色转型

坚持生态优先、绿色发展，推进资源总量管理、科学配置、全面节约、循环利用，协同推进经济高质量发展和生态环境高水平保护。

### 第一节 全面提高资源利用效率

坚持节能优先方针，深化工业、建筑、交通等领域和公共机构节能，推动 5G、大数据中心等新兴领域能效提升，强化重点用能单位节能管理，实施能量系统优化、节能技术改造等重点工程，加快能耗限额、产品设备能效强制性国家标准制修订。实施国家节水行动，建立水资源刚性约束制度，强化农业节水增效、工业节水减排和城镇节水降损，鼓励再生水利用，单位 GDP 用水量下降 16% 左右。加强土地节约集约利用，加大批而未供和闲置土地处置力度，盘活城镇低效用地，支持工矿废弃土地恢复利用，完善土地复合利用、立体开发支持政策，新增建设用地规模控制在 2950 万亩以内，推动单位 GDP 建设用地使用面积稳步下降。提高矿产资源开发保护水平，发展绿色矿业，建设绿色矿山。

### 第二节 构建资源循环利用体系

全面推行循环经济理念，构建多层次资源高效循环利用体系。深入推进园区循环化改造，补齐和延伸产业链，推进能源资源梯级利用、废物循环利用和污染物集中处置。加强大宗固体废弃物综合利用，规范发展再制造产业。加快发展种养有机结合的循环农业。加强废旧物品回收设施规划建设，完善城市废旧物品回收分拣体系。推行生产企业“逆向回收”等模式，建立健全线上线下融合、流向可控的资源回收体系。拓展生产者责任延伸制度覆盖范围。推进快递包装减量化、标准化、循环化。

### 第三节 大力发展绿色经济

坚决遏制高耗能、高排放项目盲目发展，推动绿色转型实现积极发展。壮大节能环保、清洁生产、清洁能源、生态环境、基础设施绿色升级、绿色服务等产业,推广合同能源管理、合同节水管理、环境污染第三方治理等服务模式。推动煤炭等化石能源清洁高效利用,推进钢铁、石化、建材等行业绿色化改造,加快大宗货物和中长途货物运输"公转铁"、"公转水"。推动城市公交和物流配送车辆电动化。构建市场导向的绿色技术创新体系,实施绿色技术创新攻关行动,开展重点行业和重点产品资源效率对标提升行动。建立统一的绿色产品标准、认证、标识体系,完善节能家电、高效照明产品、节水器具推广机制。深入开展绿色生活创建行动。

### 第四节　构建绿色发展政策体系

强化绿色发展的法律和政策保障。实施有利于节能环保和资源综合利用的税收政策。大力发展绿色金融。健全自然资源有偿使用制度,创新完善自然资源、污水垃圾处理、用水用能等领域价格形成机制。推进固定资产投资项目节能审查、节能监察、重点用能单位管理制度改革。完善能效、水效"领跑者"制度。强化高耗水行业用水定额管理。深化生态文明试验区建设。深入推进山西国家资源型经济转型综合配套改革试验区建设和能源革命综合改革试点。

**专栏 15　环境保护和资源节约工程**

| | |
|---|---|
| 01 | 大气污染物减排<br>实施 8.5 亿吨水泥熟料、4.6 亿吨焦化产能和 4000 台左右有色行业炉窑清洁生产改造,完成 5.3 亿吨钢铁产能超低排放改造,开展石化、化工、涂装、医药、包装印刷等重点行业挥发性有机物治理改造,推进大气污染防治重点区域散煤清零。 |
| 02 | 水污染防治和水生态修复<br>巩固地级及以上城市黑臭水体治理成效,推进 363 个县级城市建成区 1500 段黑臭水体综合治理。加强太湖、巢湖、滇池、丹江口水库、洱海、白洋淀、鄱阳湖、洞庭湖、查干湖、乌梁素海等重点湖库污染防治和生态修复,实施永定河、木兰溪等综合治理,加快华北地区及其他重点区域地下水超采综合治理和黄河河口综合治理。 |
| 03 | 土壤污染防治与安全利用<br>在土壤污染面积较大的 100 个县推进农用地安全利用示范。以化工、有色金属行业为重点,实施 100 个土壤污染源头管控项目。 |
| 04 | 城镇污水垃圾处理设施<br>新增和改造污水收集管网 8 万公里,新增污水处理能力 2000 万立方米/日。加快垃圾焚烧设施建设,城市生活垃圾日清运量超过 300 吨地区实现原生垃圾零填埋,开展小型生活垃圾焚烧设施建设试点。 |
| 05 | 医废危废处置和固废综合利用<br>补齐医疗废弃物处置设施短板,建设国家和 6 个区域性危废风险防控技术中心、20 个区域性特殊危废集中处置中心。以尾矿和共伴生矿、煤矸石、粉煤灰、建筑垃圾等为重点,开展 100 个大宗固体废弃物综合利用示范。 |
| 06 | 资源节约利用<br>实施重大节能低碳技术产业化示范工程,开展近零能耗建筑、近零碳排放、碳捕集利用与封存(CCUS)等重大项目示范。开展 60 个大中城市废旧物资循环利用体系建设。 |

# 第十二篇　实行高水平对外开放　开拓合作共赢新局面

坚持实施更大范围、更宽领域、更深层次对外开放,依托我国超大规模市场优势,促进国际合作,实现互利共赢,推动共建"一带一路"行稳致远,推动构建人类命运共同体。

## 第四十章　建设更高水平开放型经济新体制

全面提高对外开放水平,推进贸易和投资自由化便利化,持续深化商品和要素流动型开放,稳步拓展规则、规制、管理、标准等制度型开放。

### 第一节　加快推进制度型开放

构建与国际通行规则相衔接的制度体系和监管模式。健全外商投资准入前国民待遇加负面清单管理制度,进一步缩减外资准入负面清单,落实准入后国民待遇,促进内外资企业公平竞争。建立健全跨境服务贸易负面清单管理制度,健全技术贸易促进体系。稳妥推进银行、证券、保险、基金、期货等金融领域开放,深化境内外资本市场互联互通,健全合格境外投资者制度。稳慎推进人民币国际化,坚持市场驱动和企业自主选择,营造以人民币自由使用为基础的新型互利合作关系。完善出入境、海关、外汇、税收等环节管理服务。

### 第二节 提升对外开放平台功能

统筹推进各类开放平台建设，打造开放层次更高、营商环境更优、辐射作用更强的开放新高地。完善自由贸易试验区布局，赋予其更大改革自主权，深化首创性、集成化、差别化改革探索，积极复制推广制度创新成果。稳步推进海南自由贸易港建设，以货物贸易“零关税”、服务贸易“既准入又准营”为方向推进贸易自由化便利化，大幅放宽市场准入，全面推行“极简审批”投资制度，开展跨境证券投融资改革试点和数据跨境传输安全管理试点，实施更加开放的人才、出入境、运输等政策，制定出台海南自由贸易港法，初步建立中国特色自由贸易港政策和制度体系。创新提升国家级新区和开发区，促进综合保税区高水平开放，完善沿边重点开发开放试验区、边境经济合作区、跨境经济合作区功能，支持宁夏、贵州、江西建设内陆开放型经济试验区。

### 第三节 优化区域开放布局

鼓励各地立足比较优势扩大开放，强化区域间开放联动，构建陆海内外联动、东西双向互济的开放格局。巩固东部沿海地区和超大特大城市开放先导地位，率先推动全方位高水平开放。加快中西部和东北地区开放步伐，支持承接国内外产业转移，培育全球重要加工制造基地和新增长极，研究在内陆地区增设国家一类口岸，助推内陆地区成为开放前沿。推动沿边开发开放高质量发展，加快边境贸易创新发展，更好发挥重点口岸和边境城市内外联通作用。支持广西建设面向东盟的开放合作高地、云南建设面向南亚东南亚和环印度洋地区开放的辐射中心。

### 第四节 健全开放安全保障体系

构筑与更高水平开放相匹配的监管和风险防控体系。健全产业损害预警体系，丰富贸易调整援助、贸易救济等政策工具，妥善应对经贸摩擦。健全外商投资国家安全审查、反垄断审查和国家技术安全清单管理、不可靠实体清单等制度。建立重要资源和产品全球供应链风险预警系统，加强国际供应链保障合作。加强国际收支监测，保持国际收支基本平衡和外汇储备基本稳定。加强对外资产负债监测，建立健全全口径外债监管体系。完善境外投资分类分级监管体系。构建海外利益保护和风险预警防范体系。优化提升驻外外交机构基础设施保障能力，完善领事保护工作体制机制，维护海外中国公民、机构安全和正当权益。

## 第四十一章 推动共建“一带一路”高质量发展

坚持共商共建共享原则，秉持绿色、开放、廉洁理念，深化务实合作，加强安全保障，促进共同发展。

### 第一节 加强发展战略和政策对接

推进战略、规划、机制对接，加强政策、规则、标准联通。创新对接方式，推进已签文件落实见效，推动与更多国家商签投资保护协定、避免双重征税协定等，加强海关、税收、监管等合作，推动实施更高水平的通关一体化。拓展规则对接领域，加强融资、贸易、能源、数字信息、农业等领域规则对接合作。促进共建“一带一路”倡议同区域和国际发展议程有效对接、协同增效。

### 第二节 推进基础设施互联互通

推动陆海天网四位一体联通，以“六廊六路多国多港”为基本框架，构建以新亚欧大陆桥等经济走廊为引领，以中欧班列、陆海新通道等大通道和信息高速路为骨架，以铁路、港口、管网等为依托的互联互通网络，打造国际陆海贸易新通道。聚焦关键通道和关键城市，有序推动重大合作项目建设，将高质量、可持续、抗风险、价格合理、包容可及目标融入项目建设全过程。提高中欧班列开行质量，推动国际陆运贸易规则制定。扩大“丝路海运”品牌影响。推进福建、新疆建设“一带一路”核心区。推进“一带一路”空间信息走廊建设。建设“空中丝绸之路”。

### 第三节 深化经贸投资务实合作

推动与共建“一带一路”国家贸易投资合作优化升级，积极发展丝路电商。深化国际产能合作，拓展第三方市场合作，构筑互利共赢的产业链供应链合作体系，扩大双向贸易和投资。坚持以企业为主体、市场为导向，遵循国际惯例和债务可持续原则，健全多元化投融资体系。创新融资合作框架，发挥共建“一带一路”专项贷款、丝路基金等作用。建立健全“一带一路”金融合作网络，推动金融基础设施互联互通，支持多边和各国金融机构共同参与投融资。完善“一带一路”风险防控和安全保障体系，强化法律服务保障，有效防范化解各类风险。

### 第四节　架设文明互学互鉴桥梁

深化公共卫生、数字经济、绿色发展、科技教育、文化艺术等领域人文合作，加强议会、政党、民间组织往来，密切妇女、青年、残疾人等群体交流，形成多元互动的人文交流格局。推进实施共建"一带一路"科技创新行动计划，建设数字丝绸之路、创新丝绸之路。加强应对气候变化、海洋合作、野生动物保护、荒漠化防治等交流合作，推动建设绿色丝绸之路。积极与共建"一带一路"国家开展医疗卫生和传染病防控合作，建设健康丝绸之路。

## 第四十二章　积极参与全球治理体系改革和建设

高举和平、发展、合作、共赢旗帜，坚持独立自主的和平外交政策，推动构建新型国际关系，推动全球治理体系朝着更加公正合理的方向发展。

### 第一节　维护和完善多边经济治理机制

维护多边贸易体制，积极参与世界贸易组织改革，坚决维护发展中成员地位。推动二十国集团等发挥国际经济合作功能，建设性参与亚太经合组织、金砖国家等机制经济治理合作，提出更多中国倡议、中国方案。推动主要多边金融机构深化治理改革，支持亚洲基础设施投资银行和新开发银行更好发挥作用，提高参与国际金融治理能力。推动国际宏观经济政策沟通协调，搭建国际合作平台，共同维护全球产业链供应链稳定畅通、全球金融市场稳定，合力促进世界经济增长。推动新兴领域经济治理规则制定。

### 第二节　构建高标准自由贸易区网络

实施自由贸易区提升战略，构建面向全球的高标准自由贸易区网络。优化自由贸易区布局，推动区域全面经济伙伴关系协定实施，加快中日韩自由贸易协定谈判进程，稳步推进亚太自贸区建设。提升自由贸易区建设水平，积极考虑加入全面与进步跨太平洋伙伴关系协定，推动商签更多高标准自由贸易协定和区域贸易协定。

### 第三节　积极营造良好外部环境

积极发展全球伙伴关系，推进大国协调和合作，深化同周边国家关系，加强同发展中国家团结合作。坚持多边主义和共商共建共享原则，维护以联合国为核心的国际体系和以国际法为基础的国际秩序，共同应对全球性挑战。积极参与重大传染病防控国际合作，推动构建人类卫生健康共同体。深化对外援助体制机制改革，优化对外援助布局，向发展中国家特别是最不发达国家提供力所能及的帮助，加强医疗卫生、科技教育、绿色发展、减贫、人力资源开发、紧急人道主义等领域对外合作和援助。积极落实联合国2030年可持续发展议程。

# 第十三篇　提升国民素质　促进人的全面发展

把提升国民素质放在突出重要位置，构建高质量的教育体系和全方位全周期的健康体系，优化人口结构，拓展人口质量红利，提升人力资本水平和人的全面发展能力。

## 第四十三章　建设高质量教育体系

全面贯彻党的教育方针，坚持优先发展教育事业，坚持立德树人，增强学生文明素养、社会责任意识、实践本领，培养德智体美劳全面发展的社会主义建设者和接班人。

### 第一节　推进基本公共教育均等化

巩固义务教育基本均衡成果，完善办学标准，推动义务教育优质均衡发展和城乡一体化。加快城镇学校扩容增位，保障农业转移人口随迁子女平等享有基本公共教育服务。改善乡村小规模学校和乡镇寄宿制学校条件，加强乡村教师队伍建设，提高乡村教师素质能力，完善留守儿童关爱体系，巩固义务教育控辍保学成果。巩固提升高中阶段教育普及水平，鼓励高中阶段学校多样化发展，高中阶段教育毛入学率提高到92%以上。规范校外培训。完善普惠性学前教育和特殊教育、专门教育保障机制，学前教育毛入园率提高到90%以上。提高民族地区教育质量和水平，加大国家通用语言文字推广力度。

### 第二节　增强职业技术教育适应性

突出职业技术（技工）教育类型特色，深入推进改革创新，优化结构与布局，大力培养技术技能人才。完善职业技术教育国家标准，推行"学历证书+职业技能等级证书"制度。创新办学模式，深化产教融合、校企合作，鼓励企业举办高质量职业技术教育，探索中国特色学徒制。实施现代职业技术教育质量提升计划，建设一批高水平职业技术院校和专业，稳步发展职业本科教育。深化职普融通，实现职业技术教育与普通教育双向互认、纵向流动。

### 第三节 提高高等教育质量

推进高等教育分类管理和高等学校综合改革，构建更加多元的高等教育体系，高等教育毛入学率提高到60%。分类建设一流大学和一流学科，支持发展高水平研究型大学。建设高质量本科教育，推进部分普通本科高校向应用型转变。建立学科专业动态调整机制和特色发展引导机制，增强高校学科设置针对性，推进基础学科高层次人才培养模式改革，加快培养理工农医类专业紧缺人才。加强研究生培养管理，提升研究生教育质量，稳步扩大专业学位研究生规模。优化区域高等教育资源布局，推进中西部地区高等教育振兴。

### 第四节 建设高素质专业化教师队伍

建立高水平现代教师教育体系，加强师德师风建设，完善教师管理和发展政策体系，提升教师教书育人能力素质。重点建设一批师范教育基地，支持高水平综合大学开展教师教育，健全师范生公费教育制度，推进教育类研究生和公费师范生免试认定教师资格改革。支持高水平工科大学举办职业技术师范专业，建立高等学校、职业学校与行业企业联合培养"双师型"教师机制。深化中小学、幼儿园教师管理综合改革，统筹教师编制配置和跨区调整，推进义务教育教师"县管校聘"管理改革，适当提高中高级教师岗位比例。

### 第五节 深化教育改革

深化新时代教育评价改革，建立健全教育评价制度和机制，发展素质教育，更加注重学生爱国情怀、创新精神和健康人格培养。坚持教育公益性原则，加大教育经费投入，改革完善经费使用管理制度，提高经费使用效益。落实和扩大学校办学自主权，完善学校内部治理结构，有序引导社会参与学校治理。深化考试招生综合改革。支持和规范民办教育发展，开展高水平中外合作办学。发挥在线教育优势，完善终身学习体系，建设学习型社会。推进高水平大学开放教育资源，完善注册学习和弹性学习制度，畅通不同类型学习成果的互认和转换渠道。

**专栏 16 教育提质扩容工程**

| | |
|---|---|
| 01 | 普惠性幼儿园<br>以人口集中流入地、农村地区和"三区三州"为重点，新建、改扩建 2 万所幼儿园，增加普惠学位 400 万个以上。 |
| 02 | 基础教育<br>以教育基础薄弱县和人口流入地为重点，新建、改扩建中小学校 4000 所以上。在边境县(团场)建设 100 所"国门学校"。 |
| 03 | 职业技术教育<br>支持建设 200 所以上高水平高职学校和 600 个以上高水平专业，支持建设一批优秀中职学校和优质专业。 |
| 04 | 高等教育<br>加强"双一流"建设高校基础研究和协同创新能力建设，提升 100 所中西部本科高校办学条件，布局建设一批高水平公共卫生学院和高水平师范院校。 |
| 05 | 产教融合平台<br>围绕集成电路、人工智能、工业互联网、储能等重点领域，布局建设一批国家产教融合创新平台和研究生联合培养基地。建设 100 个高水平、专业化、开放型产教融合实训基地。 |

## 第四十四章 全面推进健康中国建设

把保障人民健康放在优先发展的战略位置，坚持预防为主的方针，深入实施健康中国行动，完善国民健康促进政策，织牢国家公共卫生防护网，为人民提供全方位全生命期健康服务。

### 第一节 构建强大公共卫生体系

改革疾病预防控制体系，强化监测预警、风险评估、流行病学调查、检验检测、应急处置等职能。建立稳定的公共卫生事业投入机制，改善疾控基础条件，强化基层公共卫生体系。落实医疗机构公共卫生责任，创新医防协同机制。完善突发公共卫生事件监测预警处置机制，加强实验室检测网络建设，健全医疗救治、科技支撑、物资保障体系，提高应对突发公共卫生事件能力。建立分级分层分流的传染病救治网络，建立健全统一的国家公共卫生应急物资储备体系，大型公共建筑预设平疫结合改造接口。筑牢口岸防疫防线。加强公共卫生学院和人才队伍建设。完善公共卫生服务项目，扩大国家免疫规划，强化慢性病预防、早期筛查和综合干预。完善心理健康和精神卫生服务体系。

### 第二节　深化医药卫生体制改革

坚持基本医疗卫生事业公益属性，以提高医疗质量和效率为导向，以公立医疗机构为主体、非公立医疗机构为补充，扩大医疗服务资源供给。加强公立医院建设，加快建立现代医院管理制度，深入推进治理结构、人事薪酬、编制管理和绩效考核改革。加快优质医疗资源扩容和区域均衡布局，建设国家医学中心和区域医疗中心。加强基层医疗卫生队伍建设，以城市社区和农村基层、边境口岸城市、县级医院为重点，完善城乡医疗服务网络。加快建设分级诊疗体系，积极发展医疗联合体。加强预防、治疗、护理、康复有机衔接。推进国家组织药品和耗材集中带量采购使用改革，发展高端医疗设备。完善创新药物、疫苗、医疗器械等快速审评审批机制，加快临床急需和罕见病治疗药品、医疗器械审评审批，促进临床急需境外已上市新药和医疗器械尽快在境内上市。提升医护人员培养质量与规模，扩大儿科、全科等短缺医师规模，每千人口拥有注册护士数提高到3.8人。实施医师区域注册，推动医师多机构执业。稳步扩大城乡家庭医生签约服务覆盖范围，提高签约服务质量。支持社会办医，鼓励有经验的执业医师开办诊所。

### 第三节　健全全民医保制度

健全基本医疗保险稳定可持续筹资和待遇调整机制，完善医保缴费参保政策，实行医疗保障待遇清单制度。做实基本医疗保险市级统筹，推动省级统筹。完善基本医疗保险门诊共济保障机制，健全重大疾病医疗保险和救助制度。完善医保目录动态调整机制。推行以按病种付费为主的多元复合式医保支付方式。将符合条件的互联网医疗服务纳入医保支付范围，落实异地就医结算。扎实推进医保标准化、信息化建设，提升经办服务水平。健全医保基金监管机制。稳步建立长期护理保险制度。积极发展商业医疗保险。

### 第四节　推动中医药传承创新

坚持中西医并重和优势互补，大力发展中医药事业。健全中医药服务体系，发挥中医药在疾病预防、治疗、康复中的独特优势。加强中西医结合，促进少数民族医药发展。加强古典医籍精华的梳理和挖掘，建设中医药科技支撑平台，改革完善中药审评审批机制，促进中药新药研发保护和产业发展。强化中药质量监管，促进中药质量提升。强化中医药特色人才培养，加强中医药文化传承与创新发展，推动中医药走向世界。

### 第五节　建设体育强国

广泛开展全民健身运动，增强人民体质。推动健康关口前移，深化体教融合、体卫融合、体旅融合。完善全民健身公共服务体系，推进社会体育场地设施建设和学校场馆开放共享，提高健身步道等便民健身场所覆盖面，因地制宜发展体育公园，支持在不妨碍防洪安全前提下利用河滩地等建设公共体育设施。保障学校体育课和课外锻炼时间，以青少年为重点开展国民体质监测和干预。坚持文化教育和专业训练并重，加强竞技体育后备人才培养，提升重点项目竞技水平，巩固传统项目优势，探索中国特色足球篮球排球发展路径，持续推进冰雪运动发展，发展具有世界影响力的职业体育赛事。扩大体育消费，发展健身休闲、户外运动等体育产业。办好北京冬奥会、冬残奥会及杭州亚运会等。

### 第六节　深入开展爱国卫生运动

丰富爱国卫生工作内涵，促进全民养成文明健康生活方式。加强公共卫生环境基础设施建设，推进城乡环境卫生整治，强化病媒生物防制。深入推进卫生城镇创建。加强健康教育和健康知识普及，树立良好饮食风尚，制止餐饮浪费行为，开展控烟限酒行动，坚决革除滥食野生动物等陋习，推广分餐公筷、垃圾分类投放等生活习惯。

专栏 17 全民健康保障工程

| | |
|---|---|
| 01 | 疾病预防控制<br>启动中国疾病预防控制中心二期项目,依托现有疾控机构建设 15 个左右区域公共卫生中心,升级改造 20 个左右国家重大传染病防控救治基地、20 个左右国家紧急医学救援基地。 |
| 02 | 国家医学中心<br>加强国家心血管、呼吸、肿瘤、创伤、儿科等医学中心建设。聚焦重大病种,打造若干引领国内、具有全球影响力的高水平医学中心和医学创新转化中心。 |
| 03 | 区域医疗中心<br>支持高水平医疗机构在外出就医多、医疗资源薄弱的省份建设一批区域医疗中心,建成河北、河南、山西、辽宁、安徽、福建、云南、新疆等区域医疗中心。 |
| 04 | 县级医院<br>推动省市优质医疗资源支持县级医院发展,力争新增 500 个县级医院(含中医院)达到三级医院设施条件和服务能力。 |
| 05 | 中医药发展<br>打造 20 个左右国家中医药传承创新中心,20 个左右中西医协同旗舰医院,20 个左右中医疫病防治基地,100 个左右中医特色重点医院,形成一批中医优势专科。 |
| 06 | 全民健身场地设施<br>新建、改扩建 1000 个左右体育公园,建设户外运动、健身休闲等配套公共基础设施。推进社会足球场地和体育健身步道建设。 |

## 第四十五章 实施积极应对人口老龄化国家战略

制定人口长期发展战略,优化生育政策,以“一老一小”为重点完善人口服务体系,促进人口长期均衡发展。

### 第一节 推动实现适度生育水平

增强生育政策包容性,推动生育政策与经济社会政策配套衔接,减轻家庭生育、养育、教育负担,释放生育政策潜力。完善幼儿养育、青少年发展、老人赡养、病残照料等政策和产假制度,探索实施父母育儿假。改善优生优育全程服务,加强孕前孕产期健康服务,提高出生人口质量。建立健全计划生育特殊困难家庭全方位帮扶保障制度。改革完善人口统计和监测体系,密切监测生育形势。深化人口发展战略研究,健全人口与发展综合决策机制。

### 第二节 健全婴幼儿发展政策

发展普惠托育服务体系,健全支持婴幼儿照护服务和早期发展的政策体系。加强对家庭照护和社区服务的支持指导,增强家庭科学育儿能力。严格落实城镇小区配套园政策,积极发展多种形式的婴幼儿照护服务机构,鼓励有条件的用人单位提供婴幼儿照护服务,支持企事业单位和社会组织等社会力量提供普惠托育服务,鼓励幼儿园发展托幼一体化服务。推进婴幼儿照护服务专业化、规范化发展,提高保育保教质量和水平。

### 第三节 完善养老服务体系

推动养老事业和养老产业协同发展,健全基本养老服务体系,大力发展普惠型养老服务,支持家庭承担养老功能,构建居家社区机构相协调、医养康养相结合的养老服务体系。完善社区居家养老服务网络,推进公共设施适老化改造,推动专业机构服务向社区延伸,整合利用存量资源发展社区嵌入式养老。强化对失能、部分失能特困老年人的兜底保障,积极发展农村互助幸福院等互助性养老。深化公办养老机构改革,提升服务能力和水平,完善公建民营管理机制,支持培训疗养资源转型发展养老,加强对护理型民办养老机构的政策扶持,开展普惠养老城企联动专项行动。加强老年健康服务,深入推进医养康养结合。加大养老护理型人才培养力度,扩大养老机构护理型床位供给,养老机构护理型床位占比提高到 55%,更好满足高龄失能失智老年人护理服务需求。逐步提升老年人福利水平,完善经济困难高龄失能老年人补贴制度和特殊困难失能留守老年人探访关爱制度。健全养老服务综合监管制度。构建养老、孝老、敬老的社会环境,强化老年人权益保障。综合考虑人均预期寿命提高、人口老龄化趋势加快、受教育年限增加、劳动力结构变化等因素,按照小步调整、弹性实施、分类推进、统筹兼顾等原则,逐步延迟法定退休年龄,促进人力资源充分利用。发展银发经济,开发适老化技术和产品,培育智慧养老等新业态。

**专栏18　“一老一小”服务项目**

| | |
|---|---|
| 01 | 特殊困难家庭适老化改造<br>支持200万户特殊困难高龄、失能、残疾老年人家庭实施适老化改造，配备辅助器具和防走失装置等设施。 |
| 02 | 社区居家养老服务网络建设<br>支持500个区县建设连锁化运营、标准化管理的示范性社区居家养老服务网络，提供失能护理、日间照料以及助餐助浴助洁助医助行等服务。 |
| 03 | 养老机构服务提升<br>支持300个左右培训疗养机构转型为普惠养老机构、1000个左右公办养老机构增加护理型床位，支持城市依托基层医疗卫生资源建设医养结合设施。 |
| 04 | 普惠托育服务扩容<br>支持150个城市利用社会力量发展综合托育服务机构和社区托育服务设施，新增示范性普惠托位50万个以上。 |
| 05 | 儿童友好城市建设<br>开展100个儿童友好城市示范，加强校外活动场所、社区儿童之家建设和公共空间适儿化改造，完善儿童公共服务设施。 |

# 第十四篇　增进民生福祉　提升共建共治共享水平

坚持尽力而为、量力而行，健全基本公共服务体系，加强普惠性、基础性、兜底性民生建设，完善共建共治共享的社会治理制度，制定促进共同富裕行动纲要，自觉主动缩小地区、城乡和收入差距，让发展成果更多更公平惠及全体人民，不断增强人民群众获得感、幸福感、安全感。

## 第四十六章　健全国家公共服务制度体系

加快补齐基本公共服务短板，着力增强非基本公共服务弱项，努力提升公共服务质量和水平。

### 第一节　提高基本公共服务均等化水平

推动城乡区域基本公共服务制度统一、质量水平有效衔接。围绕公共教育、就业创业、社会保险、医疗卫生、社会服务、住房保障、公共文化体育、优抚安置、残疾人服务等领域，建立健全基本公共服务标准体系，明确国家标准并建立动态调整机制，推动标准水平城乡区域间衔接平衡。按照常住人口规模和服务半径统筹基本公共服务设施布局和共建共享，促进基本公共服务资源向基层延伸、向农村覆盖、向边远地区和生活困难群众倾斜。

### 第二节　创新公共服务提供方式

区分基本与非基本，突出政府在基本公共服务供给保障中的主体地位，推动非基本公共服务提供主体多元化、提供方式多样化。在育幼、养老等供需矛盾突出的服务领域，支持社会力量扩大普惠性规范性服务供给，保障提供普惠性规范性服务的各类机构平等享受优惠政策。鼓励社会力量通过公建民营、政府购买服务、政府和社会资本合作等方式参与公共服务供给。深化公共服务领域事业单位改革，营造事业单位与社会力量公平竞争的市场环境。

### 第三节　完善公共服务政策保障体系

优化财政支出结构，优先保障基本公共服务补短板。明确中央和地方在公共服务领域事权和支出责任，加大中央和省级财政对基层政府提供基本公共服务的财力支持。将更多公共服务项目纳入政府购买服务指导性目录，加大政府购买力度，完善财政、融资和土地等优惠政策。在资格准入、职称评定、土地供给、财政支持、政府采购、监督管理等方面公平对待民办与公办机构。

## 第四十七章　实施就业优先战略

健全有利于更充分更高质量就业的促进机制，扩大就业容量，提升就业质量，缓解结构性就业矛盾。

### 第一节　强化就业优先政策

坚持经济发展就业导向，健全就业目标责任考核机制和就业影响评估机制。完善高校毕业生、退役军人、农民工等重点群体就业支持体系。完善与就业容量挂钩的产业政策，支持吸纳就业能力强的服务业、中小微企业和劳动密集型企业发展，稳定拓展社区超市、便利店和社区服务岗位。促进平等就业，增加高质量就业，注重发展技能密集型产业，支持和规范发展新就业形态，扩大政府购买基层教育、医疗和专业化社会服务规模。建立促进创业带动就业、多渠道灵活就业机制，全面清理各类限制性政策，增强劳动力市场包容性。统筹城乡就业政策，积极引导农村劳动力就业。扩大公益性岗位安置，着力帮扶残疾人、零就业家庭成员等困难人员就业。

#### 第二节　健全就业公共服务体系

健全覆盖城乡的就业公共服务体系，加强基层公共就业创业服务平台建设，为劳动者和企业免费提供政策咨询、职业介绍、用工指导等服务。构建常态化援企稳岗帮扶机制，统筹用好就业补助资金和失业保险基金。健全劳务输入集中区域与劳务输出省份对接协调机制，加强劳动力跨区域精准对接。加强劳动者权益保障，健全劳动合同制度和劳动关系协调机制，完善欠薪治理长效机制和劳动争议调解仲裁制度，探索建立新业态从业人员劳动权益保障机制。健全就业需求调查和失业监测预警机制。

#### 第三节　全面提升劳动者就业创业能力

健全终身技能培训制度，持续大规模开展职业技能培训。深入实施职业技能提升行动和重点群体专项培训计划，广泛开展新业态新模式从业人员技能培训，有效提高培训质量。统筹各级各类职业技能培训资金，创新使用方式，畅通培训补贴直达企业和培训者渠道。健全培训经费税前扣除政策，鼓励企业开展岗位技能提升培训。支持开展订单式、套餐制培训。建设一批公共实训基地和产教融合基地，推动培训资源共建共享。办好全国职业技能大赛。

### 第四十八章　优化收入分配结构

坚持居民收入增长和经济增长基本同步、劳动报酬提高和劳动生产率提高基本同步，持续提高低收入群体收入，扩大中等收入群体，更加积极有为地促进共同富裕。

#### 第一节　拓展居民收入增长渠道

坚持按劳分配为主体、多种分配方式并存，提高劳动报酬在初次分配中的比重。健全工资决定、合理增长和支付保障机制，完善最低工资标准和工资指导线形成机制，积极推行工资集体协商制度。完善按要素分配政策制度，健全各类生产要素由市场决定报酬的机制，探索通过土地、资本等要素使用权、收益权增加中低收入群体要素收入。完善国有企业市场化薪酬分配机制，普遍实行全员绩效管理。改革完善体现岗位绩效和分级分类管理的事业单位薪酬制度。规范劳务派遣用工行为，保障劳动者同工同酬。多渠道增加城乡居民财产性收入，提高农民土地增值收益分享比例，完善上市公司分红制度，创新更多适应家庭财富管理需求的金融产品。完善国有资本收益上缴公共财政制度，加大公共财政支出用于民生保障力度。

#### 第二节　扩大中等收入群体

实施扩大中等收入群体行动计划，以高校和职业院校毕业生、技能型劳动者、农民工等为重点，不断提高中等收入群体比重。提高高校、职业院校毕业生就业匹配度和劳动参与率。拓宽技术工人上升通道，畅通非公有制经济组织、社会组织、自由职业专业技术人员职称申报和技能等级认定渠道，提高技能型人才待遇水平和社会地位。实施高素质农民培育计划，运用农业农村资源和现代经营方式增加收入。完善小微创业者扶持政策，支持个体工商户、灵活就业人员等群体勤劳致富。

#### 第三节　完善再分配机制

加大税收、社会保障、转移支付等调节力度和精准性，发挥慈善等第三次分配作用，改善收入和财富分配格局。健全直接税体系，完善综合与分类相结合的个人所得税制度，加强对高收入者的税收调节和监管。增强社会保障待遇和服务的公平性可及性，完善兜底保障标准动态调整机制。规范收入分配秩序，保护合法收入，合理调节过高收入，取缔非法收入，遏制以垄断和不正当竞争行为获取收入。建立完善个人收入和财产信息系统。健全现代支付和收入监测体系。

### 第四十九章　健全多层次社会保障体系

坚持应保尽保原则，按照兜底线、织密网、建机制的要求，加快健全覆盖全民、统筹城乡、公平统一、可持续的多层次社会保障体系。

#### 第一节　改革完善社会保险制度

健全养老保险制度体系，促进基本养老保险基金长期平衡。实现基本养老保险全国统筹，放宽灵活就业人员参保条件，实现社会保险法定人群全覆盖。完善划转国有资本充实社保基金制度，优化做强社会保障战略储备基金。完善城镇职工基本养老金合理调整机制，逐步提高城乡居民基础养老金标准。发展多层次、多支柱养老保险体系，提高企业年金覆盖率，规范发展第三支柱养老保险。推进失业保险、工伤保险向职业劳动者广覆盖，实现省级统筹。推进社保转移接续，完善全国统一的社会保险公共服务平台。

### 第二节 优化社会救助和慈善制度

以城乡低保对象、特殊困难人员、低收入家庭为重点，健全分层分类的社会救助体系，构建综合救助格局。健全基本生活救助制度和医疗、教育、住房、就业、受灾人员等专项救助制度，完善救助标准和救助对象动态调整机制。健全临时救助政策措施，强化急难社会救助功能。加强城乡救助体系统筹，逐步实现常住地救助申领。积极发展服务类社会救助，推进政府购买社会救助服务。促进慈善事业发展，完善财税等激励政策。规范发展网络慈善平台，加强彩票和公益金管理。

### 第三节 健全退役军人工作体系和保障制度

完善退役军人事务组织管理体系、工作运行体系和政策制度体系，提升退役军人服务保障水平。深化退役军人安置制度改革，加大教育培训和就业扶持力度，拓展就业领域，提升安置质量。建立健全新型待遇保障体系，完善和落实优抚政策，合理提高退役军人和其他优抚对象待遇标准，做好随调配偶子女工作安排、落户和教育等工作。完善离退休军人和伤病残退役军人移交安置、收治休养制度，加强退役军人服务中心（站）建设，提升优抚医院、光荣院、军供站等建设服务水平。加强退役军人保险制度衔接。大力弘扬英烈精神，加强烈士纪念设施建设和管护，建设军人公墓。深入推动双拥模范城（县）创建。

## 第五十章 保障妇女未成年人和残疾人基本权益

坚持男女平等基本国策，坚持儿童优先发展，提升残疾人关爱服务水平，切实保障妇女、未成年人、残疾人等群体发展权利和机会。

### 第一节 促进男女平等和妇女全面发展

深入实施妇女发展纲要，持续改善妇女发展环境，促进妇女平等依法行使权利、参与经济社会发展、共享发展成果。保障妇女享有卫生健康服务，完善宫颈癌、乳腺癌综合防治体系和救助政策。保障妇女平等享有受教育权利，持续提高受教育年限和综合能力素质。保障妇女平等享有经济权益，消除就业性别歧视，依法享有产假和生育津贴，保障农村妇女土地权益。保障妇女平等享有政治权利，推动妇女广泛参与社会事务和民主管理。落实法规政策性别平等评估机制，完善分性别统计制度。提高留守妇女关爱服务水平。严厉打击侵害妇女和女童人身权利的违法犯罪行为。

### 第二节 提升未成年人关爱服务水平

深入实施儿童发展纲要，优化儿童发展环境，切实保障儿童生存权、发展权、受保护权和参与权。完善儿童健康服务体系，预防和控制儿童疾病，减少儿童死亡和严重出生缺陷发生，有效控制儿童肥胖和近视，实施学龄前儿童营养改善计划。保障儿童公平受教育权利，加强儿童心理健康教育和服务。加强困境儿童分类保障，完善农村留守儿童关爱服务体系，健全孤儿和事实无人抚养儿童保障机制。完善落实未成年人监护制度，严厉打击侵害未成年人权益的违法犯罪行为，完善未成年人综合保护体系。深入实施青年发展规划，促进青年全面发展，搭建青年成长成才和建功立业的平台，激发青年创新创业活力。

### 第三节 加强家庭建设

以建设文明家庭、实施科学家教、传承优良家风为重点，深入实施家家幸福安康工程。构建支持家庭发展的法律政策体系，推进家庭教育立法进程，加大反家庭暴力法实施力度，加强婚姻家庭辅导服务，预防和化解婚姻家庭矛盾纠纷。构建覆盖城乡的家庭教育指导服务体系，健全学校家庭社会协同育人机制。促进家庭服务多元化发展。充分发挥家庭家教家风在基层社会治理中的作用。

### 第四节 提升残疾人保障和发展能力

健全残疾人帮扶制度，帮助残疾人普遍参加基本医疗和基本养老保险，动态调整困难残疾人生活补贴和重度残疾人护理补贴标准。完善残疾人就业支持体系，加强残疾人劳动权益保障，优先为残疾人提供职业技能培训，扶持残疾人自主创业。推进适龄残疾儿童和少年教育全覆盖，提升特殊教育质量。建成康复大学，促进康复服务市场化发展，提高康复辅助器具适配率，提升康复服务质量。开展重度残疾人托养照护服务。加强残疾人服务设施和综合服务能力建设，完善无障碍环境建设和维护政策体系，支持困难残疾人家庭无障碍设施改造。

**专栏 19 社会关爱服务行动**

| | |
|---|---|
| 01 | 残疾人服务<br>加强专业化残疾人康复、托养和综合服务设施建设，补贴 110 万户困难重度残疾人家庭无障碍设施改造，提升社区无障碍建设水平。 |
| 02 | 困难儿童关爱<br>支持儿童福利机构建设，提升孤弃儿童集中养治教康水平。加强留守儿童数量较多的欠发达地区未成年人保护设施建设。建设残疾儿童康复救助定点机构，推动残疾儿童普遍享有基本康复服务。 |
| 03 | 流浪乞讨人员救助<br>充分利用现有社会福利设施建设流浪乞讨人员救助设施或救助站，实现救助服务网络覆盖全部县市。 |
| 04 | 精神卫生福利设施<br>在精神卫生服务能力不足的地区建设 100 个左右精神卫生福利设施，为困难精神障碍患者提供集中养护、康复服务。 |
| 05 | 公益性殡葬服务<br>加强殡仪馆、公益性骨灰安葬（放）设施建设，推动老旧殡仪馆改造，推动基本殡葬服务设施覆盖全部县市。推进农村公墓建设。加大生态殡葬奖补力度。 |

## 第五十一章 构建基层社会治理新格局

健全党组织领导的自治、法治、德治相结合的城乡基层社会治理体系，完善基层民主协商制度，建设人人有责、人人尽责、人人享有的社会治理共同体。

### 第一节 夯实基层社会治理基础

健全党组织领导、村（居）委会主导、人民群众为主体的基层社会治理框架。依法厘清基层政府与基层群众性自治组织的权责边界，制定县（区）职能部门、乡镇（街道）在城乡社区治理方面的权责清单制度，实行工作事项准入制度，减轻基层特别是村级组织负担。加强基层群众性自治组织规范化建设，合理确定其功能、规模和事务范围。加强基层群众自治机制建设，完善村（居）民议事会、理事会、监督委员会等自治载体，健全村（居）民参与社会治理的组织形式和制度化渠道。

### 第二节 健全社区管理和服务机制

推动社会治理和服务重心下移、资源下沉，提高城乡社区精准化精细化服务管理能力。推进审批权限和公共服务事项向基层延伸，构建网格化管理、精细化服务、信息化支撑、开放共享的基层管理服务平台，推动就业社保、养老托育、扶残助残、医疗卫生、家政服务、物流商超、治安执法、纠纷调处、心理援助等便民服务场景有机集成和精准对接。完善城市社区居委会职能，督促业委会和物业服务企业履行职责，改进社区物业服务管理。构建专职化、专业化的城乡社区工作者队伍。

### 第三节 积极引导社会力量参与基层治理

发挥群团组织和社会组织在社会治理中的作用，畅通和规范市场主体、新社会阶层、社会工作者和志愿者等参与社会治理的途径，全面激发基层社会治理活力。培育规范化行业协会商会、公益慈善组织、城乡社区社会组织，加强财政补助、购买服务、税收优惠、人才保障等政策支持和事中事后监管。支持和发展社会工作服务机构和志愿服务组织，壮大志愿者队伍，搭建更多志愿服务平台，健全志愿服务体系。

# 第十五篇 统筹发展和安全<br>建设更高水平的平安中国

坚持总体国家安全观，实施国家安全战略，维护和塑造国家安全，统筹传统安全和非传统安全，把安全发展贯穿国家发展各领域和全过程，防范和化解影响我国现代化进程的各种风险，筑牢国家安全屏障。

## 第五十二章 加强国家安全体系和能力建设

坚持政治安全、人民安全、国家利益至上有机统一，以人民安全为宗旨，以政治安全为根本，以经济安全为基础，以军事、科技、文化、社会安全为保障，不断增强国家安全能力。完善集中统一、高效权威的国家安全领导体制，健全国家安全法治体系、战略体系、政策体系、人才体系和运行机制，完善重要领域国家安全立法、制度、政策。巩固国家安全人民防线，加强国家安全宣传教育，增强全民国家安全意识，建立健全国家安全风险研判、防控协同、防范化解机制。健全国家安全审查和监管制度，加强国家安全执法。坚定维护国家政权安全、制度安全、意识形态安全，全面加强网络安全保障体系和能力建设，切实维护新型领域安全，严密防范和严厉打击敌对势力渗透、破坏、颠覆、分裂活动。

## 第五十三章　强化国家经济安全保障

强化经济安全风险预警、防控机制和能力建设，实现重要产业、基础设施、战略资源、重大科技等关键领域安全可控，着力提升粮食、能源、金融等领域安全发展能力。

### 第一节　实施粮食安全战略

实施分品种保障策略，完善重要农产品供给保障体系和粮食产购储加销体系，确保口粮绝对安全、谷物基本自给、重要农副产品供应充足。毫不放松抓好粮食生产，深入实施藏粮于地、藏粮于技战略，开展种源“卡脖子”技术攻关，提高良种自主可控能力。严守耕地红线和永久基本农田控制线，稳定并增加粮食播种面积和产量，合理布局区域性农产品应急保供基地。深化农产品收储制度改革，加快培育多元市场购销主体，改革完善中央储备粮管理体制，提高粮食储备调控能力。强化粮食安全省长责任制和“菜篮子”市长负责制，实行党政同责。有效降低粮食生产、储存、运输、加工环节损耗，开展粮食节约行动。积极开展重要农产品国际合作，健全农产品进口管理机制，推动进口来源多元化，培育国际大粮商和农业企业集团。制定粮食安全保障法。

### 第二节　实施能源资源安全战略

坚持立足国内、补齐短板、多元保障、强化储备，完善产供储销体系，增强能源持续稳定供应和风险管控能力，实现煤炭供应安全兜底、油气核心需求依靠自保、电力供应稳定可靠。夯实国内产量基础，保持原油和天然气稳产增产，做好煤制油气战略基地规划布局和管控。扩大油气储备规模，健全政府储备和企业社会责任储备有机结合、互为补充的油气储备体系。加强煤炭储备能力建设。完善能源风险应急管控体系，加强重点城市和用户电力供应保障，强化重要能源设施、能源网络安全防护。多元拓展油气进口来源，维护战略通道和关键节点安全。培育以我为主的交易中心和定价机制，积极推进本币结算。加强战略性矿产资源规划管控，提升储备安全保障能力，实施新一轮找矿突破战略行动。

### 第三节　实施金融安全战略

健全金融风险预防、预警、处置、问责制度体系，落实监管责任和属地责任，对违法违规行为零容忍，守住不发生系统性风险的底线。完善宏观审慎管理体系，保持宏观杠杆率以稳为主、稳中有降。加强系统重要性金融机构和金融控股公司监管，强化不良资产认定和处置，防范化解影子银行风险，有序处置高风险金融机构，严厉打击非法金融活动，健全互联网金融监管长效机制。完善债务风险识别、评估预警和有效防控机制，健全债券市场违约处置机制，推动债券市场统一执法，稳妥化解地方政府隐性债务，严惩逃废债行为。完善跨境资本流动管理框架，加强监管合作，提高开放条件下风险防控和应对能力。加强人民币跨境支付系统建设，推进金融业信息化核心技术安全可控，维护金融基础设施安全。

**专栏20　经济安全保障工程**

| | |
|---|---|
| 01 | 粮食储备设施<br>建设高标准粮仓，实施粮食绿色仓储提升工程，整合布局一批大型粮食物流枢纽和园区，提高应急分拨集散和通道衔接能力。 |
| 02 | 油气勘探开发<br>加强四川、鄂尔多斯、塔里木、准噶尔等重点盆地油气勘探开发，稳定渤海湾、松辽盆地老油区产量，建设川渝天然气生产基地。推进山西沁水盆地、鄂尔多斯东缘煤层气和川南、鄂西、云贵地区页岩气勘探开发，推进页岩油勘探开发。开展南海等地区天然气水合物试采。 |
| 03 | 煤制油气基地<br>稳妥推进内蒙古鄂尔多斯、陕西榆林、山西晋北、新疆准东、新疆哈密等煤制油气战略基地建设，建立产能和技术储备。 |

续表

| | |
|---|---|
| 04 | 电力安全保障<br>布局一批坚强局部电网，建设本地支撑电源和重要用户应急保安电源。建设电力应急指挥系统、大型水电站安全和应急管理平台。构建电力行业网络安全仿真验证环境和网络安全态势感知平台。 |
| 05 | 新一轮找矿突破战略行动<br>开展基础性地质调查，优选油气、铀、铜、铝等100~200个找矿远景区，提交可供商业勘查的靶区200~300处。 |
| 06 | 应急处置能力提升<br>建设6个区域应急救援中心和综合应急实训演练基地。推动救援装备现代化，升级完善中央和地方综合应急物资储备库，建设一批应急物资物流基地。建设3座区域核与辐射应急监测物资储备库。 |

## 第五十四章　全面提高公共安全保障能力

坚持人民至上、生命至上，健全公共安全体制机制，严格落实公共安全责任和管理制度，保障人民生命安全。

### 第一节　提高安全生产水平

完善和落实安全生产责任制，建立公共安全隐患排查和安全预防控制体系。建立企业全员安全生产责任制度，压实企业安全生产主体责任。加强安全生产监测预警和监管监察执法，深入推进危险化学品、矿山、建筑施工、交通、消防、民爆、特种设备等重点领域安全整治，实行重大隐患治理逐级挂牌督办和整改效果评价。推进企业安全生产标准化建设，加强工业园区等重点区域安全管理。加强矿山深部开采与重大灾害防治等领域先进技术装备创新应用，推进危险岗位机器人替代。在重点领域推进安全生产责任保险全覆盖。

### 第二节　严格食品药品安全监管

加强和改进食品药品安全监管制度，完善食品药品安全法律法规和标准体系，探索建立食品安全民事公益诉讼惩罚性赔偿制度。深入实施食品安全战略，加强食品全链条质量安全监管，推进食品安全放心工程建设攻坚行动，加大重点领域食品安全问题联合整治力度。严防严控药品安全风险，构建药品和疫苗全生命周期管理机制，完善药品电子追溯体系，实现重点类别药品全过程来源可溯、去向可追。稳步推进医疗器械唯一标识制度。加强食品药品安全风险监测、抽检和监管执法，强化快速通报和快速反应。

### 第三节　加强生物安全风险防控

建立健全生物安全风险防控和治理体系，全面提高国家生物安全治理能力。完善国家生物安全风险监测预警体系和防控应急预案制度，健全重大生物安全事件信息统一发布机制。加强动植物疫情和外来入侵物种口岸防控。统筹布局生物安全基础设施，构建国家生物数据中心体系，加强高级别生物安全实验室体系建设和运行管理。强化生物安全资源监管，制定完善人类遗传资源和生物资源目录，建立健全生物技术研究开发风险评估机制。推进生物安全法实施。加强生物安全领域国际合作，积极参与生物安全国际规则制定。

### 第四节　完善国家应急管理体系

构建统一指挥、专常兼备、反应灵敏、上下联动的应急管理体制，优化国家应急管理能力体系建设，提高防灾减灾抗灾救灾能力。坚持分级负责、属地为主，健全中央与地方分级响应机制，强化跨区域、跨流域灾害事故应急协同联动。开展灾害事故风险隐患排查治理，实施公共基础设施安全加固和自然灾害防治能力提升工程，提升洪涝干旱、森林草原火灾、地质灾害、气象灾害、地震等自然灾害防御工程标准。加强国家综合性消防救援队伍建设，增强全灾种救援能力。加强和完善航空应急救援体系与能力。科学调整应急物资储备品类、规模和结构，提高快速调配和紧急运输能力。构建应急指挥信息和综合监测预警网络体系，加强极端条件应急救援通信保障能力建设。发展巨灾保险。

## 第五十五章　维护社会稳定和安全

正确处理新形势下人民内部矛盾，加强社会治安防控，编织全方位、立体化、智能化社会安全网。

### 第一节　健全社会矛盾综合治理机制

坚持和发展新时代“枫桥经验”，构建源头防控、排查梳理、纠纷化解、应急处置的社会矛盾综合治理机制。畅通和规范群众诉求表达、利益协调、权益保障通道，完善人民调解、行政调解、司法调解联动工作体系。健全矛盾纠纷多元化解机制，充分发挥调解、仲裁、行政裁决、行政复议、诉讼等防范化解社会矛盾的作用。完善和落实信访制度，依法及时就地解决群众合理诉求。健全社会矛盾风险防控协同机制。健全社会心理服务体系和危机干预机制。

#### 第二节　推进社会治安防控体系现代化

坚持专群结合、群防群治，提高社会治安立体化、法治化、专业化、智能化水平，形成问题联治、工作联动、平安联创的工作机制，健全社会治安防控体系。继续开展好禁毒人民战争和反恐怖斗争，推动扫黑除恶常态化，严厉打击各类违法犯罪活动，提升打击新型网络犯罪和跨国跨区域犯罪能力。坚持打防结合、整体防控，强化社会治安重点地区排查整治，健全社会治安协调联动机制。推进公安大数据智能化平台建设。完善执法司法权力运行监督和制约机制，健全执法司法人员权益保障机制。建设国门安全防控体系。深化国际执法安全务实合作。

## 第十六篇　加快国防和军队现代化　实现富国和强军相统一

贯彻习近平强军思想，贯彻新时代军事战略方针，坚持党对人民军队的绝对领导，坚持政治建军、改革强军、科技强军、人才强军、依法治军，加快机械化信息化智能化融合发展，全面加强练兵备战，提高捍卫国家主权、安全、发展利益的战略能力，确保2027年实现建军百年奋斗目标。

### 第五十六章　提高国防和军队现代化质量效益

加快军事理论现代化，与时俱进创新战争和战略指导，健全新时代军事战略体系，发展先进作战理论。加快军队组织形态现代化，深化国防和军队改革，推进军事管理革命，加快军兵种和武警部队转型建设，壮大战略力量和新域新质作战力量，打造高水平战略威慑和联合作战体系，加强军事力量联合训练、联合保障、联合运用。加快军事人员现代化，贯彻新时代军事教育方针，完善三位一体新型军事人才培养体系，锻造高素质专业化新型军事人才方阵。加快武器装备现代化，聚力国防科技自主创新、原始创新，加速战略性前沿性颠覆性技术发展，加速武器装备升级换代和智能化武器装备发展。

### 第五十七章　促进国防实力和经济实力同步提升

同国家现代化发展相协调，搞好战略层面筹划，深化资源要素共享，强化政策制度协调，完善组织管理、工作运行、政策制度、人才队伍、风险防控体系，构建一体化国家战略体系和能力。推动重点区域、重点领域、新兴领域协调发展，集中力量实施国防领域重大工程。促进军事建设布局与区域经济发展布局有机结合，更好服务国家安全发展战略需要。深化军民科技协同创新，加强海洋、空天、网络空间、生物、新能源、人工智能、量子科技等领域军民统筹发展，推动军地科研设施资源共享，推进军地科研成果双向转化应用和重点产业发展。强化基础设施共建共用，加强新型基础设施统筹建设，加大经济建设项目贯彻国防要求力度。加快建设现代军事物流体系和资产管理体系。加强军地人才联合培养，健全军地人才交流使用、资格认证等制度。优化国防科技工业布局，加快标准化通用化进程。推进武器装备市场准入、空中交通管理等改革。完善国防动员体系，加强应急应战协同，健全强边固防机制，强化全民国防教育，巩固军政军民团结。维护军人军属合法权益，让军人成为全社会尊崇的职业。

## 第十七篇　加强社会主义民主法治建设　健全党和国家监督制度

坚持中国共产党领导、人民当家作主、依法治国有机统一，推进中国特色社会主义政治制度自我完善和发展。

### 第五十八章　发展社会主义民主

坚持和完善党总揽全局、协调各方的领导制度体系，把党的领导落实到国家发展各领域各方面各环节。坚持和完善人民代表大会制度，加强人大对“一府一委两院”的监督，保障人民依法通过各种途径和形式管理国家事务、管理经济文化事业、管理社会事务。坚持和完善中国共产党领导的多党合作和政治协商制度，提高中国特色社会主义参政党建设水平，加强人民政协专门协商机构建设，发挥社会主义协商民主独特优势，提高建言资政和凝聚共识水平。全面贯彻党的民族政策，坚持和完善民族区域自治制度，铸牢中华民族共同体意识，促进各民族共同团结奋斗、共同繁荣发展。全面贯彻党的宗教工作基本方针，坚持我国宗教中国化方向，积极引导宗教与社会主义社会相适应。健全基层群众自治制度，增强群众自我管理、自我服务、自我教育、自我监督实效。发挥工会、共青团、妇联等人民团体作用，把各自联系的群众紧紧凝聚在党的周围。完善大统战工作格局，促进政党关系、民族关系、宗教关系、阶层关系、海内外同胞关系和谐，巩固和发展大团结大联合局面。全面贯彻党的侨务政策，凝聚侨心、服务大局。

### 第五十九章 全面推进依法治国

坚定不移走中国特色社会主义法治道路，坚持依法治国、依法执政、依法行政共同推进，一体建设法治国家、法治政府、法治社会，实施法治中国建设规划。健全保障宪法全面实施的体制机制，加强宪法实施和监督，落实宪法解释程序机制，推进合宪性审查。完善立法体制机制，加强重点领域、新兴领域、涉外领域立法，立改废释纂并举，完善以宪法为核心的中国特色社会主义法律体系。实施法治政府建设实施纲要，坚持和完善重大行政决策程序制度，深化行政执法体制改革，严格规范公正文明执法，规范执法自由裁量权，推进行政复议体制改革。深化司法体制综合配套改革，完善审判制度、检察制度、刑罚执行制度、律师制度，全面落实司法责任制，加强对司法活动监督，深化执行体制改革，促进司法公正。实施法治社会建设实施纲要，加强社会主义法治文化建设，深入开展法治宣传教育，实施"八五"普法规划，完善公共法律服务体系、法律援助和国家司法救助制度。全面加强人权司法保护，促进人权事业全面发展。加强涉外法治体系建设，加强涉外法律人才培养。

### 第六十章 完善党和国家监督体系

健全党统一领导、全面覆盖、权威高效的监督体系，形成决策科学、执行坚决、监督有力的权力运行机制。落实全面从严治党主体责任、监督责任，强化政治监督，深化政治巡视并强化整改落实。推进纪律监督、监察监督、派驻监督、巡视监督统筹衔接，以党内监督为主导、推动各类监督贯通协调，形成常态长效的监督合力，使监督体系更好融入国家治理体系。深化纪检监察体制改革，加强上级纪委监委对下级纪委监委的领导，推进纪检监察工作规范化、法治化，发挥监督保障执行、促进完善发展作用。完善权力配置和运行制约机制，健全分事行权、分岗设权、分级授权、定期轮岗制度，完善党务、政务、司法和各领域办事公开制度，健全发现问题、纠正偏差、精准问责有效机制，构建全覆盖的责任制度和监督制度。坚持无禁区、全覆盖、零容忍，一体推进不敢腐、不能腐、不想腐，营造风清气正的良好政治生态和发展环境。深化反腐败国际合作。锲而不舍落实中央八项规定精神，完善作风建设长效机制，持续纠治形式主义、官僚主义，切实防止享乐主义、奢靡之风反弹回潮，坚决整治群众身边的腐败和不正之风。

## 第十八篇 坚持"一国两制"<br>推进祖国统一

保持香港、澳门长期繁荣稳定，推进两岸关系和平发展和祖国统一，共创中华民族伟大复兴的美好未来。

### 第六十一章 保持香港、澳门长期繁荣稳定

全面准确贯彻"一国两制"、"港人治港"、"澳人治澳"、高度自治的方针，坚持依法治港治澳，维护宪法和基本法确定的特别行政区宪制秩序，落实中央对特别行政区全面管治权，落实特别行政区维护国家安全的法律制度和执行机制，维护国家主权、安全、发展利益和特别行政区社会大局稳定，坚决防范和遏制外部势力干预港澳事务，支持港澳巩固提升竞争优势，更好融入国家发展大局。

#### 第一节 支持港澳巩固提升竞争优势

支持香港提升国际金融、航运、贸易中心和国际航空枢纽地位，强化全球离岸人民币业务枢纽、国际资产管理中心及风险管理中心功能。支持香港建设国际创新科技中心、亚太区国际法律及解决争议服务中心、区域知识产权贸易中心，支持香港服务业向高端高增值方向发展，支持香港发展中外文化艺术交流中心。支持澳门丰富世界旅游休闲中心内涵，支持粤澳合作共建横琴，扩展中国与葡语国家商贸合作服务平台功能，打造以中华文化为主流、多元文化共存的交流合作基地，支持澳门发

展中医药研发制造、特色金融、高新技术和会展商贸等产业，促进经济适度多元发展。

#### 第二节 支持港澳更好融入国家发展大局

完善港澳融入国家发展大局、同内地优势互补、协同发展机制。支持港澳参与、助力国家全面开放和现代化经济体系建设，打造共建“一带一路”功能平台。深化内地与港澳经贸、科创合作关系，深化并扩大内地与港澳金融市场互联互通。高质量建设粤港澳大湾区，深化粤港澳合作、泛珠三角区域合作，推进深圳前海、珠海横琴、广州南沙、深港河套等粤港澳重大合作平台建设。加强内地与港澳各领域交流合作，完善便利港澳居民在内地发展和生活居住的政策措施，加强宪法和基本法教育、国情教育，增强港澳同胞国家意识和爱国精神。支持港澳同各国各地区开展交流合作。

### 第六十二章 推进两岸关系和平发展和祖国统一

坚持一个中国原则和“九二共识”，以两岸同胞福祉为依归，推动两岸关系和平发展、融合发展，高度警惕和坚决遏制“台独”分裂活动。

#### 第一节 深化两岸融合发展

完善保障台湾同胞福祉和在大陆享受同等待遇的制度和政策，持续出台实施惠台利民政策措施，让台湾同胞分享发展机遇，参与大陆经济社会发展进程。支持台商台企参与“一带一路”建设和国家区域协调发展战略。推进两岸金融合作，支持符合条件的台资企业在大陆上市。推进海峡两岸产业合作区、平潭综合实验区、昆山深化两岸产业合作试验区等两岸合作平台建设。支持福建探索海峡两岸融合发展新路，加快两岸融合发展示范区建设。加强两岸产业合作，打造两岸共同市场，壮大中华民族经济。

#### 第二节 加强两岸人文交流

积极促进两岸交流合作和人员往来，加深相互理解，增进互信认同。推动两岸文化教育、医疗卫生等领域交流合作，促进社会保障和公共资源共享，支持两岸邻近或条件相当地区基本公共服务均等化、普惠化、便捷化，促进两岸同胞共同传承和创新发展中华优秀传统文化。加强两岸基层和青少年交流，鼓励台湾青年来大陆追梦、筑梦、圆梦。团结广大台湾同胞共同反对“台独”分裂活动，维护和推动两岸关系和平发展，致力中华民族伟大复兴。

## 第十九篇 加强规划实施保障

坚持党的全面领导，健全规划实施保障机制，更好履行政府职责，最大程度激发各类主体的活力和创造力，形成全面建设社会主义现代化国家的强大合力。

### 第六十三章 加强党中央集中统一领导

贯彻党把方向、谋大局、定政策、促改革的要求，深入学习贯彻习近平新时代中国特色社会主义思想，增强“四个意识”、坚定“四个自信”、做到“两个维护”，不断提高政治判断力、政治领悟力、政治执行力，把党的领导贯穿到规划实施的各领域和全过程，确保党中央重大决策部署贯彻落实。充分发挥全面从严治党引领保障作用，把完善党和国家监督体系融入规划实施之中。完善上下贯通、执行有力的组织体系，提高各级领导班子和干部适应新时代新要求抓改革、促发展、保稳定的政治能力和专业化水平。

激发全社会参与规划实施的积极性，注重发挥工会、共青团、妇联等作用，充分发挥民主党派、工商联和无党派人士作用，最大限度凝聚全社会共识和力量。构建适应高质量发展要求的内生激励机制，健全激励导向的绩效评价考核机制和尽职免责机制，调动广大干部特别是基层干部的积极性、主动性、创造性。

### 第六十四章 健全统一规划体系

加快建立健全以国家发展规划为统领，以空间规划为基础，以专项规划、区域规划为支撑，由国家、省、市县级规划共同组成，定位准确、边界清晰、功能互补、统一衔接的国家规划体系。

#### 第一节 强化国家发展规划的统领作用

更好发挥国家发展规划战略导向作用，强化空间规划、专项规划、区域规划对本规划实施的支撑。按照本规划确定的国土空间开发保护要求和重点任务，制定实施国家级空间规划，为重大战略任务落地提供空间保障。聚焦本规划确定的战略重点和主要任务，在科技创新、数字经济、绿色生态、民生保障等领域，制定实施一批国家级重点专项规划，明确细化落实发展任务的时间表和路线图。根据本规划确定的区域发展战略任务，制定实施一批国家级区域规划实施方案。加强地方规划对本规划提出的发展战略、主要目标、重点任务、重大工程项目的贯彻落实。

#### 第二节　加强规划衔接协调

健全目录清单、编制备案、衔接协调等规划管理制度，制定“十四五”国家级专项规划等目录清单，依托国家规划综合管理信息平台推进规划备案，将各类规划纳入统一管理。建立健全规划衔接协调机制，报请党中央、国务院批准的规划及省级发展规划报批前须与本规划进行衔接，确保国家级空间规划、专项规划、区域规划等各级各类规划与本规划在主要目标、发展方向、总体布局、重大政策、重大工程、风险防控等方面协调一致。

### 第六十五章　完善规划实施机制

加强对本规划实施的组织、协调和督导，建立健全规划实施监测评估、政策保障、考核监督机制。

#### 第一节　落实规划实施责任

各地区、各部门要根据职责分工，制定本规划涉及本地区、本部门的主要目标任务实施方案。本规划确定的约束性指标、重大工程项目和公共服务、生态环保、安全保障等领域任务，要明确责任主体和进度要求，合理配置公共资源，引导调控社会资源，确保如期完成。本规划提出的预期性指标和产业发展、结构调整等领域任务，主要依靠发挥市场主体作用实现，各级政府要创造良好的政策环境、体制环境和法治环境。年度计划要贯彻本规划提出的发展目标和重点任务，将本规划确定的主要指标分解纳入年度计划指标体系，设置年度目标并做好年度间综合平衡，合理确定年度工作重点。

#### 第二节　加强规划实施监测评估

开展规划实施情况动态监测、中期评估和总结评估，中期评估和总结评估情况按程序提请中央政治局常委会审议，并依法向全国人民代表大会常务委员会报告规划实施情况，自觉接受人大监督。发挥国家监察机关和审计机关对推进规划实施的监督作用。规划实施情况纳入各有关部门、地方领导班子和干部评价体系，作为改进政府工作的重要依据。需要对本规划进行调整时，由国务院提出调整方案，报全国人民代表大会常务委员会批准。

#### 第三节　强化政策协同保障

坚持规划定方向、财政作保障、金融为支撑、其他政策相协调，着力构建规划与宏观政策协调联动机制。按照本规划目标任务、结合经济发展形势，合理确定宏观政策取向。坚持公共财政服从和服务于公共政策，增强国家重大战略任务财力保障，加强中期财政规划和年度预算、政府投资计划与本规划实施的衔接协调，中央财政性资金优先投向本规划确定的重大任务和重大工程项目。坚持项目跟着规划走、资金和要素跟着项目走，依据本规划制定重大工程项目清单，对清单内工程项目简化审批核准程序，优先保障规划选址、土地供应和资金需求，单体重大工程项目用地需求由国家统一保障。

#### 第四节　加快发展规划立法

坚持依法制定规划、依法实施规划的原则，将党中央、国务院关于统一规划体系建设和国家发展规划的规定、要求和行之有效的经验做法以法律形式固定下来，加快出台发展规划法，强化规划编制实施的法治保障。

# 第十三届全国人民代表大会财政经济委员会关于国民经济和社会发展第十四个五年规划和2035年远景目标纲要草案的审查结果报告

（2021 年 3 月 9 日第十三届全国人民代表大会第四次会议主席团第二次会议通过）

十三届全国人大四次会议主席团：

第十三届全国人民代表大会第四次会议审查了国务院提出的《中华人民共和国国民经济和社会发展第十四个五年规划和 2035 年远景目标纲要

（草案）》（以下简称《纲要草案》）。全国人民代表大会财政经济委员会在对《纲要草案》进行初步审查的基础上，根据各代表团和有关专门委员会的审查意见，又作了进一步审查。国务院根据审查意见对《纲要草案》作了修改。现将审查结果报告如下。

## 一、“十三五”规划目标任务胜利完成

财政经济委员会认为，“十三五”时期我国经济社会发展取得新的历史性成就。面对错综复杂的国际形势、艰巨繁重的国内改革发展稳定任务特别是新冠肺炎疫情严重冲击，以习近平同志为核心的党中央团结带领全党全国各族人民砥砺前行、开拓创新，奋发有为推进党和国家各项事业，胜利完成了“十三五”规划目标任务，交出一份人民满意、世界瞩目、可以载入史册的答卷。总体来看，经济运行总体平稳，经济结构持续优化，科技创新取得重大进展，改革开放实现重要突破，脱贫攻坚成果举世瞩目，生态环境明显改善，民生得到有力保障，社会事业全面发展。经过五年持续奋斗，我国经济实力、科技实力、综合国力和人民生活水平跃上新的大台阶，决胜全面建成小康社会取得决定性成就，中华民族伟大复兴向前迈出了新的一大步。这充分彰显了中国共产党领导和中国特色社会主义制度优势，将激励全党全国各族人民再接再厉，向实现第二个百年奋斗目标继续奋勇前进。

当前和今后一个时期，我国仍处于重要战略机遇期，机遇和挑战都有新的发展变化。国际环境日趋复杂，不稳定性不确定性明显增加。我国发展不平衡不充分问题仍然比较突出，重点领域关键环节改革任务仍然艰巨，创新能力亟待增强，农业基础还不稳固，城乡区域发展不够平衡，收入分配差距较大，生态环保任重道远，民生保障尚存短板，社会治理还有弱项。要增强忧患意识，保持战略定力，坚定必胜信心，集中力量办好自己的事情，善于在危机中育先机、于变局中开新局，推动经济社会高质量发展。

## 二、《纲要草案》总体可行

财政经济委员会认为，国务院提出的《纲要草案》以习近平新时代中国特色社会主义思想为指导，深入贯彻落实习近平总书记在党的十九届五中全会上的重要讲话精神，符合《中共中央关于制定国民经济和社会发展第十四个五年规划和二〇三五年远景目标的建议》提出的目标和要求，体现了立足新发展阶段、贯彻新发展理念、构建新发展格局、推动高质量发展的要求，符合经济社会发展实际，安排总体可行。建议第十三届全国人民代表大会第四次会议批准国务院提出的《中华人民共和国国民经济和社会发展第十四个五年规划和2035年远景目标纲要（草案）》。

## 三、做好“十四五”时期经济社会发展工作的建议

“十四五”时期是我国全面建成小康社会、实现第一个百年奋斗目标之后，乘势而上开启全面建设社会主义现代化国家新征程、向第二个百年奋斗目标进军的第一个五年，做好“十四五”时期经济社会发展工作意义重大。要高举中国特色社会主义伟大旗帜，深入贯彻党的十九大和十九届二中、三中、四中、五中全会精神，坚持以马克思列宁主义、毛泽东思想、邓小平理论、“三个代表”重要思想、科学发展观、习近平新时代中国特色社会主义思想为指导，全面贯彻党的基本理论、基本路线、基本方略，统筹推进经济建设、政治建设、文化建设、社会建设、生态文明建设的总体布局，协调推进全面建设社会主义现代化国家、全面深化改革、全面依法治国、全面从严治党的战略布局，增强“四个意识”、坚定“四个自信”、做到“两个维护”，坚定不移贯彻创新、协调、绿色、开放、共享的新发展理念，坚持稳中求进工作总基调，以推动高质量发展为主题，以深化供给侧结构性改革为主线，以改革创新为根本动力，以满足人民日益增长的美好生活需要为根本目的，统筹发展和安全，加快建设现代化经济体系，加快构建以国内大循环为主体、国内国际双循环相互促进的新发展格局，推进国家治理体系和治理能力现代化，实现经济行稳致远、社会安定和谐，为全面建设社会主义现代化国家开好局起好步。为此，财政经济委员会提出以下建议：

（一）坚持创新驱动发展战略，发展现代产业体系。强化国家战略科技力量，把科技自立自强作为国家发展的战略支撑。健全新型举国体制，打好关键核心技术攻坚战。加强基础研究，注重原始创新。完善科技创新体制机制，加强知识产权保护，激发人才创新活力，调动全社会特别是企业创新积极性，加大研发投入，完善稳定支持机制和创新服务体系，提高科技成果转化率和资金使用效益。推进产业基础高级化、产业链现代化，提高经济质量

效益和核心竞争力。保持制造业比重基本稳定，发展壮大战略性新兴产业，促进先进制造业和现代服务业深度融合。加快数字化和智能化发展，推动产业数字化转型。

（二）形成强大国内市场，加快构建新发展格局。坚持扩大内需这个战略基点，深化供给侧结构性改革，加强需求侧管理，培育完整内需体系。优化供给结构，改善供给质量，提升供给体系的韧性和对国内需求的适配性。打破行业垄断和地方保护，贯通生产、分配、流通、消费各环节。依托国内大循环吸引全球资源要素，充分利用国内国际两个市场两种资源，强化国内大循环主导作用，以国际循环提升国内大循环效率和水平，实现国内国际双循环相互促进。

（三）促进城乡区域协调发展，提升新型城镇化质量。全面推进乡村振兴，加快农业农村现代化。强化以工补农、以城带乡，推动形成工农互促、城乡互补、协调发展、共同繁荣的新型工农城乡关系。巩固提升脱贫攻坚成果，健全防止返贫监测和帮扶机制。深入实施区域重大战略、区域协调发展战略、主体功能区战略，健全区域战略统筹、市场一体化发展、区域合作互助、区际利益补偿等机制，更好地促进发达地区和欠发达地区、东中西部和东北地区共同发展。坚持陆海统筹，发展海洋经济。扎实推进以人为核心的新型城镇化，健全农业转移人口市民化机制，完善城镇化空间布局，开展城市更新行动，全面提升城市品质。

（四）推动绿色低碳发展，加强生态文明建设。坚持山水林田湖草系统治理，推进生态系统保护和修复。深入打好污染防治攻坚战，强化多污染物协同控制和区域协同治理，完善市场化、多元化生态补偿，持续改善环境质量。积极应对气候变化，抓紧制定2030年前碳排放达峰行动方案，完善能源消费总量和强度双控制度，加快发展方式绿色转型。积极参与和引领应对气候变化等生态环保国际合作。健全现代生态环境治理体系，建立地上地下、陆海统筹的生态环境治理制度。

（五）全面深化改革，推进高水平对外开放。发挥全面深化改革在构建新发展格局中的关键作用。坚持和完善社会主义基本经济制度，建设高标准市场体系，强化竞争政策基础地位。加快转变政府职能，构建市场化、法治化、国际化营商环境。深化国资国企改革，加快国有经济布局优化和结构调整。优化民营经济发展环境，依法平等保护民营企业产权和企业家权益，完善促进中小微企业和个体工商户发展的法律环境和政策体系。加快完善现代财税体制，健全政府债务管理，优化税制结构，落实税收法定原则。推动建立现代金融体系，构建金融有效支持实体经济的体制机制，完善资本市场基础制度，提高直接融资比重，坚持金融创新必须在审慎监管前提下有序进行。全面提高对外开放水平，推动贸易和投资自由化便利化，稳妥推进金融领域开放，推动共建"一带一路"高质量发展。高举构建人类命运共同体旗帜，积极参与全球治理体系改革和建设。

（六）增进民生福祉，扎实推动共同富裕。提高基本公共服务均等化水平，推动城乡、区域基本公共服务有效衔接。强化就业优先政策，扩大就业容量，提高就业质量，缓解结构性就业矛盾，保障劳动者权益。保持居民收入增长和经济增长基本同步，提高劳动报酬在初次分配中的比重，持续提高低收入群体收入，扩大中等收入群体，缩小收入差距。建设高质量教育体系，办好让人民满意的教育。繁荣发展文化事业和文化产业。健全覆盖全民、统筹城乡、公平统一、可持续的多层次社会保障体系，加快实现基本养老保险全国统筹，推动基本医疗、失业、工伤保险省级统筹，稳步建立长期护理保险制度。积极应对人口老龄化，优化生育政策，以"一老一小"为重点完善人口服务体系，健全普惠性学前教育和托育服务保障机制。构建强大公共卫生体系，完善基层医疗卫生保障，提高应对突发公共卫生事件和防治重大疾病能力，推动中医药传承创新，全面推进健康中国建设。

（七）统筹发展和安全，实现安全发展。坚持总体国家安全观，加强国家安全体系和能力建设。确保国家经济安全，增强产业体系抗冲击能力。确保粮食安全，提高良种自主可控能力。保障能源资源安全，加强战略性矿产资源规划管控。维护财政金融安全，压实监管责任，守住不发生系统性风险底线。确保生态安全，严密防控环境风险。维护新型领域安全，全面加强网络安全保障体系和能力建设。保障人民生命安全，强化安全生产和食品药品安全责任制，完善国家应急管理体系，提升灾害防治能力。维护社会稳定和安全，加强和创新社会治理，提升国家治理效能。

以上报告，请审议。

第十三届全国人民代表大会
财政经济委员会
2021年3月9日

# 第十三届全国人民代表大会第四次会议关于2020年国民经济和社会发展计划执行情况与2021年国民经济和社会发展计划的决议

（2021年3月11日第十三届全国人民代表大会第四次会议通过）

第十三届全国人民代表大会第四次会议审查了国务院提出的《关于2020年国民经济和社会发展计划执行情况与2021年国民经济和社会发展计划草案的报告》及2021年国民经济和社会发展计划草案，同意全国人民代表大会财政经济委员会的审查结果报告。会议决定，批准《关于2020年国民经济和社会发展计划执行情况与2021年国民经济和社会发展计划草案的报告》，批准2021年国民经济和社会发展计划。

# 关于2020年国民经济和社会发展计划执行情况与2021年国民经济和社会发展计划草案的报告

——2021年3月5日在第十三届全国人民代表大会第四次会议上

国家发展和改革委员会

各位代表：

受国务院委托，现将2020年国民经济和社会发展计划执行情况与2021年国民经济和社会发展计划草案提请十三届全国人大四次会议审查，并请全国政协各位委员提出意见。

## 一、2020年国民经济和社会发展计划执行情况

2020年是新中国历史上极不平凡的一年。面对严峻复杂的国际形势、艰巨繁重的国内改革发展稳定任务特别是新冠肺炎疫情的严重冲击，以习近平同志为核心的党中央统揽全局，保持战略定力，准确判断形势，精心谋划部署，果断采取行动，付出艰苦努力，及时作出统筹疫情防控和经济社会发展的重大决策。各地区各部门坚持以习近平新时代中国特色社会主义思想为指导，全面贯彻党的十九大和十九届二中、三中、四中、五中全会精神，按照党中央、国务院决策部署，认真执行十三届全国人大三次会议审议批准的《政府工作报告》、2020年国民经济和社会发展计划，落实全国人大财政经济委员会审查意见，沉着冷静应对风险挑战，坚持高质量发展方向不动摇，统筹疫情防控和经济社会发展，扎实做好“六稳”工作，全面落实“六保”任务，我国经济运行逐季改善、逐步恢复常态，在全球主要经济体中唯一实现经济正增长，脱贫攻坚战取得全面胜利，决胜全面建成小康社会取得决定性成就，交出一份人民满意、世界瞩目、可以载入史册的答卷。

（一）坚持把人民生命安全和身体健康放在第一位，抗疫斗争取得重大战略成果。面对突如其来的新冠肺炎疫情带来的严峻考验，习近平总书记亲自指挥、亲自部署，团结带领全国各族人民迅速打响疫情防控的人民战争、总体战、阻击战，用1个多月的时间初步遏制疫情蔓延势头，用2个月左右的时间将本土每日新增病例控制在个位数以内，用3个月左右的时间取得武汉保卫战、湖北保卫战的决定性成果，此后又有效处置多起局部地区聚集性或散发疫情。

一是全力以赴做好疫情防控救治工作。按照坚定信心、同舟共济、科学防治、精准施策的总要求，坚持全国一盘棋，迅速成立中央应对疫情工作

领导小组,向湖北派出中央指导组,充分发挥国务院联防联控机制作用,举全国之力开展武汉保卫战、湖北保卫战,快速阻断本土疫情传播。明确“四早”、“四集中”要求,费用全部由国家承担,着力提高收治率和治愈率、降低感染率和病亡率。开展联防联控和群防群控,各省(区、市)相继启动重大突发卫生事件一级响应,组织干部力量下沉抓好社区防控,引导各类社会组织、专业社会工作者和志愿服务力量依法有序参与疫情防控和社会服务。扎实做好医疗物资保障和生活必需品保供稳价工作,快速实现口罩等医疗防护物资、医疗救治设备、医治床位从严重短缺到基本满足疫情防控需要;千方百计协调解决重点物资生产核心岗位用工,保障粮油与肉禽蛋菜奶等食品的市场供应和价格基本稳定,多措并举确保能源供应安全稳定,有效保障医疗废物、废水安全处置。注重科研攻关和临床救治、防控实践相协同,第一时间研发出核酸检测试剂盒,加快有效药物筛选和疫苗研发,国产疫苗接种正式启动,充分发挥科技对疫情防控的支撑作用。针对境外疫情扩散蔓延,加强输入性风险防控,做好对境外我国公民关心关爱,开辟临时航班有序接回我国在外困难人员。

二是毫不放松抓好常态化疫情防控。适时将全国总体防控策略调整为“外防输入、内防反弹”,推动防控工作由应急性超常规防控向常态化防控转变,健全及时发现、快速处置、精准管控、有效救治的常态化防控机制。充分利用现代信息技术,广泛应用健康码识别,持续提升常态化疫情防控精准性,有效保障企业正常生产和居民正常生活。面对局部点状疫情反弹,坚持分区分级防控,有针对性调整区域疫情风险等级,及时开展流行病学调查和大数据追踪溯源。着力查补薄弱环节,持续提升新冠病毒核酸检测能力,盯紧冷链物流等重点行业加强防控。

**专栏 1:统筹疫情防控和经济社会发展工作**

| | |
|---|---|
| 分区分级精准防控 | ⇨ 制定分区分级差异化防控策略,低风险地区全面恢复生产生活秩序,中风险地区依据防控形势有序复工复产,高风险地区集中精力抓好疫情防控工作。 |
| 医疗物资统一调配 | ⇨ 建立口罩等重点医疗物资全国统一调配机制,实时跟踪督促调配落实情况,确保武汉等重点地区医疗物资供应,口罩产能、产量以及出口均大幅提升。全国口罩日产能 2 月底突破 1 亿只,3 月底突破 2 亿只,4 月底突破 10 亿只。 |
| 全力保障物资供应 | ⇨ 综合采取增供应、增库存、保生产、保运输、稳市场、稳预期等措施,全力保障武汉等重点地区粮油菜、肉蛋奶等生活物资供应。严格落实粮食安全省长责任制和“菜篮子”市长负责制,保障主副食品供应,防止物价过快上涨,强化困难群众兜底保障。积极推进电力天然气煤炭等能源的联保联供,保障抗疫和民生领域用能安全。 |
| 补齐公共卫生短板 | ⇨ 印发《关于健全公共卫生应急物资保障体系的实施方案》和《公共卫生防控救治能力建设方案》。下达近 400 亿元中央投资直接用于防控救治一线,有力地支持了各地常态化疫情防控工作。 |
| 精准有序复工复产 | ⇨ 打通人流、物流堵点,推动产业链各环节协同复工复产,出台 8 个方面 90 项助企纾困政策措施,加强政策效果评估和经验推广。 |
| 着力抓好农业生产 | ⇨ 开展重点磷复肥企业生产日调度,协调建立农资运输绿色通道,适时开展春播,精心组织秋粮收购,促进畜牧水产养殖业全面发展。 |

三是深入推进疫情防控国际合作。本着公开、透明、负责任的态度,认真履行国际义务,最早向世界通报疫情,第一时间发布新冠病毒基因序列等信息,第一时间公布诊疗方案和防控方案,坚定支持世界卫生组织发挥领导作用。开设疫情防控网上知识中心并向所有国家开放,公开发布 8 版诊疗方案、7 版防控方案,毫无保留同各方分享防控和救治经验。发起新中国成立以来规模最大的全球人道主义行动,向世界卫生组织和联合国全球人道主义应对计划提供支持,为有需要的 34 个国家派出 36 支医疗专家组,向 150 个国家和 13 个国际组织提供抗疫援助。发挥抗疫物资最大供应国优势,全年向 200 多个国家提供了超过 2200 亿只口罩、23 亿件防护服、10 亿人份检测试剂盒。积极推进药物、疫苗研发合作和国际联防联控,帮助发展中国家克服疫情带来的困难。

(二)围绕市场主体的急需制定和实施宏观政策,经济运行持续稳定恢复。面对历史罕见的冲击,我们在“六稳”工作基础上,明确提出“六保”任务,特别是保就业保民生保市场主体,以保促稳、稳中求进。立足国情实际,既及时果断又保持定力,坚持不搞“大水漫灌”,科学把握规模性政策的平衡点,加大宏观政策应对力度,经济发展的内生动力、平衡性和可持续性进一步增强。

一是主要指标好于预期。2020 年,国内生产总值达 101.6 万亿元,增长 2.3%。城镇新增就业

1186万人,年末城镇调查失业率为5.2%。居民消费价格指数上涨2.5%。国际收支基本平衡,外汇储备保持在3万亿美元以上。

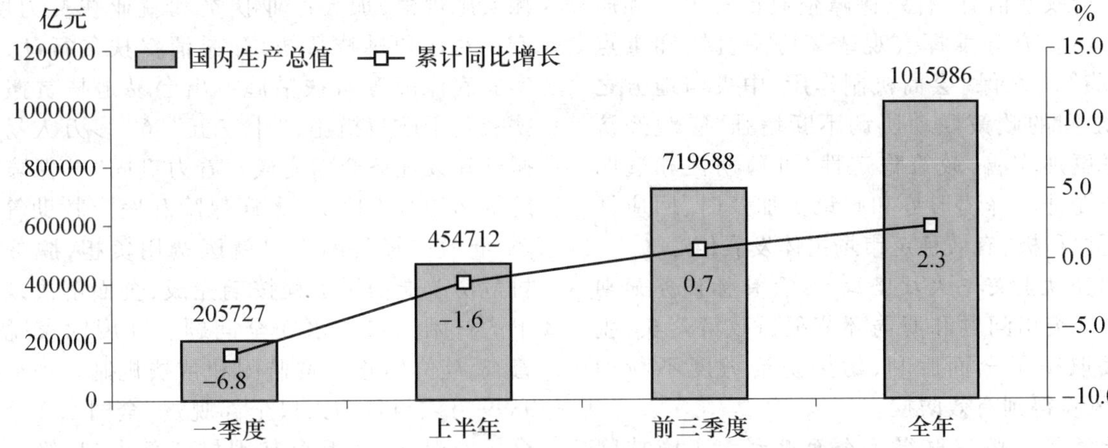


**图1　2020年国内生产总值及增长速度走势**

二是助企纾困政策有效实施。减税降费红利深度释放,实施阶段性大规模减税降费,阶段性减免小规模纳税人增值税,阶段性减免养老、失业、工伤三项社会保险单位缴费部分,减半征收职工医疗保险单位缴费部分,落实住房公积金阶段性支持政策,全年为市场主体减负超过2.6万亿元。创新宏观政策实施方式,中央财政对新增2万亿元资金建立直达机制,省级财政加大资金下沉力度,共同为市县基层落实惠企利民政策及时补充财力。通过降低存款准备金率、中期借贷便利、公开市场操作、再贷款再贴现、创新直达实体经济的货币政策工具等方式,共推出9万多亿元的货币支持措施。通过贷款市场报价利率(LPR)改革推动社会融资成本下降。大型商业银行普惠小微企业贷款增长50%以上,全年金融系统向实体经济让利1.5万亿元。阶段性对部分服务业小微企业和个体工商户减免缓收房屋租金。

**专栏2:助企纾困政策落实的主要成效**

| | |
|---|---|
| 减税降费 | ⇨ 在实施降低增值税税率、降低企业养老保险费率等制度性政策的基础上,根据应对疫情的需要,新出台实施7批28项减税降费政策,及时推出免征中小微企业社保费、减免小规模纳税人和部分行业增值税等阶段性措施,延缓小微企业、个体工商户所得税缴纳,对于保住上亿市场主体、激发市场活力、促进企业利润恢复增长发挥了关键作用。 |
| 降低融资成本 | ⇨ 创设普惠小微企业贷款延期支持工具和信用贷款支持计划两项直达实体经济的货币政策工具。2020年银行业累计对7.3万亿元贷款实施延期还本付息,累计发放普惠小微信用贷款3.9万亿元。小微企业融资"量增、价降、面扩",2020年末普惠小微贷款余额15.1万亿元,增长30.3%,支持小微经营主体3228万户,12月新发放普惠小微企业贷款利率5.08%,比上年同期下降0.8个百分点。2020年末,制造业中长期贷款余额约5.26万亿元,增长35.2%。 |
| 降低物流成本 | ⇨ 实施应对疫情影响支持物流业发展的6方面12条措施。国务院转发国家发展改革委、交通运输部《关于进一步降低物流成本的实施意见》,推出降低制度成本、要素成本、税费成本、信息成本、联运成本、综合成本等6方面24条政策措施。印发实施《关于进一步优化发展环境　促进生鲜农产品流通的实施意见》,从经营成本、金融支持、用地用房、营商环境、企业做大做强等5方面提出12条具体政策措施,解决生鲜农产品流通领域制约企业尤其是民营企业发展的突出问题。 |
| 阶段性降成本政策 | ⇨ 企业用电成本:印发实施《关于疫情防控期间采取支持性两部制电价政策　降低企业用电成本的通知》和《关于阶段性降低企业用电成本支持企业复工复产的通知》,明确2020年6月30日前实施支持性两部制电价政策;自2月1日至6月30日,将除高耗能行业外的工商业用户电价降低5%,随后又延长至年底。<br>⇨ 企业用气成本:印发实施《关于阶段性降低非居民用气成本支持企业复工复产的通知》,自2月22日至6月30日,执行政府指导价的非居民用气,上游供气企业以基准门站价格为基础适当下浮;对化肥等涉农生产且受疫情影响大的行业给予更优惠气价;对价格已放开的,鼓励上游供气企业与下游用气企业协商降低价格。上述措施降低企业用气成本80亿元以上。<br>⇨ 交通运输成本:出台降低疫情期间机场、空管收费标准,阶段性免征航空公司应缴民航发展基金,阶段性减免收费公路通行费,降低或减免港口环节收费和基金,减半核收铁路货运保价费、集装箱延期使用费、货车滞留费等。<br>⇨ 征信服务收费:印发实施《关于阶段性减免部分征信服务收费的通知》和《关于延长阶段性减免部分征信服务收费的通知》,明确从3月1日到年底,减免部分涉企征信服务收费。 |
| 减免缓降社保费 | ⇨ 先后出台《关于阶段性减免企业社会保险费的通知》、《关于阶段性减征职工基本医疗保险费的指导意见》和《关于延长阶段性减免企业社会保险费实施期限等问题的通知》等政策文件。全年共为企业减免养老、失业、工伤等社会保险费1.7万亿元。 |

三是市场主体预期稳定向好。迅速建立并不断完善全国疫情信息发布机制，实事求是、公开透明发布疫情权威信息，有效保障企业正常生产和居民正常生活。充分发挥宏观政策协调机制和重点省市“六稳”、“六保”会商机制作用，中央与地方之间、部门之间的政策联动协调不断增强，宏观经济治理体系更加完善，政策稳定性、可预期性和透明度进一步提升。解读形势和政策更加及时，回应社会关切更加积极，有效稳定市场主体发展信心。

（三）坚决打好三大攻坚战，主要目标任务如期完成。瞄准突出问题和薄弱环节狠抓政策落实，脱贫攻坚战取得了全面胜利，污染防治力度不断加大，重大风险得到有效防控。

一是脱贫攻坚战取得了全面胜利。实施挂牌督战，项目资金向“三区三州”等深度贫困地区倾斜。针对疫情、汛情对脱贫攻坚带来的不利影响，优先支持贫困劳动力务工就业，多渠道扩大以工代赈实施规模，加大产业扶贫和就业扶贫力度，强化产销对接和科技帮扶，开展消费扶贫行动，及时落实兜底保障等帮扶措施。出台易地扶贫搬迁后续扶持若干政策措施，“十三五”960 多万人易地扶贫搬迁建设任务全面完成。着力巩固“三保障”成果，统筹运用基本医保、大病保险和医疗救助等制度保障，有效减轻贫困人口就医费用负担，脱贫攻坚农村危房改造扫尾工程按期完成，全面解决现行标准下的贫困人口饮水安全问题。开展国家脱贫攻坚普查，建立防止返贫监测和帮扶机制。现行标准下 9899 万农村贫困人口全部脱贫，全国 832 个贫困县全部摘帽，12.8 万个贫困村全部出列，绝对贫困和区域性整体贫困得到解决。

**专栏 3:“十三五”易地扶贫搬迁建设任务全面完成**

| | |
|---|---|
| 安置住房建设情况 | ⇨ 累计建成集中安置区约 3.5 万个，建成安置住房 266 万余套，总建筑面积 2.1 亿平方米，人均住房面积 20.8 平方米。 |
| 配套设施建设情况 | ⇨ 新建或改扩建中小学和幼儿园 6100 多所、医院和社区卫生服务中心 1.2 万多所、养老服务设施 3400 余个、文化活动场所 4 万余个。 |
| 搬迁群众就业情况 | ⇨ 易地扶贫搬迁群众劳动力就业率达到 92%，有劳动能力的搬迁家庭全部实现至少 1 人就业目标。 |
| 城乡总体安置情况 | ⇨ 城镇安置区安置人口 500 多万人，西南地区部分省份城镇安置率超过 90%。农业安置人口 460 万人，各地涌现出一批具有乡村振兴示范作用的集中安置区。 |

二是污染防治攻坚战圆满完成阶段性目标。扎实推进节能减排，单位国内生产总值能耗和单位国内生产总值二氧化碳排放量继续下降，非化石能源占能源消费总量比重达 15.9%。继续打好蓝天、碧水、净土保卫战，持续实施重点区域秋冬季大气污染综合治理，开展夏季臭氧（$O_3$）污染防治攻坚，积极稳妥推进北方地区冬季清洁取暖，有序推进钢铁行业超低排放改造，扎实推进柴油货车污染治理，积极推进“公转铁”、“公转水”，全国地级及以上城市空气质量优良天数比率达 87%。长江、黄河等大江大河重点流域及渤海等重点海域环境质量加快改善，饮用水水源保护和城市黑臭水体治理力度加大，地表水质量达到或好于Ⅲ类水体比例达 83.4%，劣Ⅴ类水体比例降至 0.6%。深入实施国家节水行动，万元国内生产总值用水量预计下降 1.9%。推动受污染耕地和污染地块安全利用。持续实施农业农村污染治理攻坚，全面开展“无废城市”建设试点，扎实推进污水资源化利用、塑料污染治理、医疗废物处置，推动资源循环利用基地和大宗固体废弃物综合利用基地建设，基本实现固体废物零进口目标。加快构建现代环境治理体系，实现全国固定污染源排污许可全覆盖。扎实推进国家生态文明试验区建设。强化生态保护修复，持续开展大规模国土绿化行动，深入推进三江源、祁连山等重点区域综合治理，森林草原防灭火、湿地保护等重要生态系统保护管理能力有效提升。深入推进生态保护红线监管工作。创建绿色产业示范基地，推广先进绿色技术。积极应对气候变化，提高国家自主贡献目标，参与和引领全球气候治理。开展全国碳排放权交易市场第一个履约周期配额分配。

三是防范化解重大风险取得良好成效。稳妥化解地方政府债务风险，持续推进结构性去杠杆，坚决遏制地方政府隐性债务增长。及时处置一批重大金融风险隐患，各类高风险金融机构得到有序处置，影子银行风险持续收敛，“精准拆弹”有力有效，互联网金融风险有效防控，逐步建立多元化的债券违约处置机制，初步建立系统重要性金融机构、金融控股公司、金融基础设施等统筹监管框架，防范化解重大金融风险攻坚战取得重要阶段性成果，金融市场运行平稳有序。提升重要材料、关键零部件、核心元器件和关键软件的稳定供应水平，着力保持产业链供应链稳定。

（四）深入推进创新驱动发展，科技实力进一步提升。创新在我国现代化建设全局中的核心地位不断增强，全国研究与试验发展经费投入强度为2.4%，科技进步贡献率提高至60%以上。

一是创新能力建设进一步加强。重大科技成果持续涌现，“嫦娥五号”任务首次实现我国地外天体采样返回，我国首次火星探测任务“天问一号”探测器成功发射，500米口径球面射电望远镜（FAST）正式开放运行，“北斗三号”全球卫星导航系统正式开通，量子计算原型系统“九章”成功研制，全海深载人潜水器“奋斗者”号完成万米深潜。国家实验室相继挂牌，新一代人工智能、量子通信与量子计算机、脑科学和类脑研究等“科技创新2030—重大项目”加快部署实施，深度参与热核聚变实验堆计划等国际大科学计划。创新平台建设加速推进，在新一代信息技术、生物医药、新能源等战略性领域高水平建设一批国家产业创新中心、工程研究中心、技术创新中心、制造业创新中心和企业技术中心，高能同步辐射光源、硬X射线自由电子激光、未来网络试验设施等国家重大科技基础设施加快建设。

二是关键核心技术攻关深入推进。实施“揭榜挂帅”等机制，积极探索完善社会主义市场经济条件下关键核心技术攻关新型举国体制，打好关键核心技术攻坚战，加快解决“卡脖子”问题。不断创新支持方式，强化企业创新主体地位，激励企业加大研发投入，支持企业联合科研院所和上下游企业开展技术研发。

三是新产业新业态逆势成长。国家战略性新兴产业集群发展工程深入实施，推动民用空间基础设施加快建设，5G、数据中心、工业互联网等新型基础设施建设稳步推进，集成电路产业有序发展。推动产业数字化智能化改造，推进国家数字经济创新发展试验区建设，开展数字化转型伙伴行动、中小企业数字化赋能专项行动、数字经济新业态培育行动，带动更多中小微企业“上云用数赋智”。传统产业数字化转型持续推进，电商扶贫力度不断加强。

四是重点区域创新高地建设加快推进。北京、上海、粤港澳大湾区国际科技创新中心建设整体格局初步形成，综合性国家科学中心建设成效显著，产业创新高地建设深入推进，国家自主创新示范区和国家高新技术产业开发区加快建设，生产力布局和创新力量布局实现进一步融合。

五是创新创业创造新生态持续构建。全国复制推广第三批20项全面创新改革经验。采取线上线下相结合的方式举办2020年全国双创活动周，布局建设第三批双创示范基地。聚焦创业带动就业，开展社会服务领域创业就业示范。加大创业担保贷款政策实施力度。全年日均净增市场主体4.1万户，其中企业1.3万户。

（五）坚定实施扩大内需战略，强大国内市场加快形成。着力畅通供需循环，深入挖掘和激发国内市场需求潜力，内需对经济增长的拉动力稳步提升。

一是消费基础作用进一步增强。积极支持以新业态新模式引领新型消费加快发展，加快培育建设国际消费中心城市，文化和旅游消费、信息消费试点示范有序推进，养老托育等服务消费扩容提质，电子商务进农村综合示范深入实施。稳定和扩大汽车等大宗消费，提振餐饮消费，农村消费潜力进一步释放。加快废旧家电回收体系建设，推动家电更新消费。全年社会消费品零售总额达39.2万亿元。全国网上零售额达11.8万亿元，增长10.9%，其中实物商品网上零售额增长14.8%，占社会消费品零售总额的24.9%。

二是投资关键作用进一步发挥。出台推动基础设施高质量发展的意见、推动都市圈市域（郊）铁路加快发展的意见，加大“两新一重”领域投资力度，开工建设川藏铁路等一批重大工程。加快下达中央预算内投资计划，及时调整优化结构，进一步集中力量办好国家层面的大事、难事、急事。重点支持公共卫生等疫情暴露的短板弱项和铁路、公路、水运、机场、重大水利、重大科技和能源基础设施、城镇老旧小区改造等领域建设。扩大地方政府专项债券使用范围，支持国家重大战略项目建设。用好向民间资本推介项目长效机制，支持民间投资参与重大工程建设。启动基础设施领域不动产投资信托基金（REITs）试点，盘活基础设施存量资产。深化投资审批制度改革，积极探索投资项目承诺制，多个审批环节统一受理、同步评估、并联审批有序推进。全年固定资产投资（不含农户）增长2.9%，对经济恢复增长发挥了重要作用。

**专栏4:重大基础设施建设主要进展情况**

| | |
|---|---|
| 重大铁路项目 | ⇨ 川藏铁路雅安至林芝段"两隧一桥"开工建设。沿江高铁成都至达州至万州段、重庆至万州段、武汉至宜昌段开工建设,14个长江铁水联运项目加快建设。京津冀、长三角、粤港澳大湾区等重点城市群城际铁路加快推进。全年完成铁路固定资产投资7819亿元,投产铁路营业里程4933公里。 |
| 重大公路项目 | ⇨ 积极推动京沪、京台、沈海、兰海等拥挤路段扩容改造,加快推动G5515张家界至南充、G0611张掖至汶川、G4012溧阳至宁德、G59呼和浩特至北海、G3W德州至上饶、G4216成都至丽江、G7611都匀至香格里拉、G6911安康至来凤等国家高速公路待贯通路段建设。 |
| 重大水运项目 | ⇨ 持续加大内河水运基础设施补短板力度,长江干线武汉至安庆段6米水深航道整治工程、引江济淮航运工程、京杭运河浙江段三级航道整治工程等稳步推进,长江上游朝天门至涪陵河段航道整治工程等开工建设,长江口南槽航道治理一期工程试运行。加快推动沿海港口基础设施建设,连云港30万吨级航道二期工程、湛江港30万吨级航道改扩建工程有序推进,广州港深水航道拓宽工程全线完工。 |
| 重大机场项目 | ⇨ 玉林、武隆、于田等3个机场建成投运,全国民用运输机场数量达到241个。成都天府机场新建以及贵阳、乌鲁木齐等机场改扩建工程抓紧推进。广州、深圳、西安、兰州、西宁等枢纽机场改扩建工程以及邢台、瑞金等一批支线机场项目开工建设。 |
| 重大邮政电信项目 | ⇨ 在全面实现建制村直接通邮基础上,西部和农村地区邮政普遍服务基础设施建设稳步推进,21个省(区、市)1025个邮政网点得到整修、翻建。组织实施新型基础设施建设工程,累计开通5G基站超过70万个,行政村通4G和光纤比例均超过98%。 |
| 重大水利工程 | ⇨ 积极推进防洪减灾工程、水资源优化配置工程、灌溉节水和供水工程、水生态保护修复工程、智慧水利工程等150项重大水利工程。新开工四川亭子口灌区一期、重庆渝西水资源配置等45项重大水利工程,在建项目总投资超过1万亿元。 |
| 重大能源工程 | ⇨ 乌东德水电站、田湾5号核电站等机组投产发电,福清5号"华龙一号"全球首堆首次并网。乌东德送广东广西、青海至河南特高压直流等重点输电工程建成投运。中俄东线中段、青宁管道等建成投产通气,中俄东线南段全线开工。新疆呼图壁等重点储气库工程2020年实现工作气量143亿立方米。 |

三是现代流通体系加快建设。推动现代物流业高质量发展,新布局建设22个国家物流枢纽。优化发展环境促进生鲜农产品流通,面向特色农产品优势产地、集散地布局建设17个国家骨干冷链物流基地,"通道+枢纽+网络"的现代物流运行体系加快形成。创新物流服务模式,鼓励"互联网+"货运物流新业态健康规范发展,促进物流业制造业深度融合、创新发展。统筹降低流通领域制度性交易成本、技术性成本,积极推动物流降本增效。

(六)持续深化供给侧结构性改革,产业结构调整迈出新步伐。坚持把发展经济着力点放在实体经济上,经济质量效益和核心竞争力不断提高。

一是制造业高质量发展扎实推进。实施增强制造业核心竞争力工程。开展先进制造业集群培育试点示范,发挥好先进制造产业投资基金作用。深化新一代信息技术与制造业融合发展,进一步完善工业互联网平台赋能体系。引导企业开展智能化、绿色化、服务化改造,建成一批高水平智能制造示范工厂和绿色制造示范项目,促进传统产业安全、绿色、集聚、高效发展。持续巩固去产能成果,优化重大生产力布局。坚持"上大压小、增优汰劣",优化煤炭产能结构,全年淘汰落后产能1亿吨以上。完善钢铁项目产能置换和备案办法,全面完成"十三五"期间压减粗钢产能目标任务,积极推进钢铁企业兼并重组。进一步优化石化产业布局,推动重大石化项目建设和城镇人口密集区危险化学品生产企业搬迁改造。促进稀土等战略性矿产资源产业高质量发展,规范资源开发秩序。推动智能汽车创新发展。成功举办云上2020年中国品牌日系列活动。

二是现代服务业发展迈出坚实步伐。积极构建优质高效、竞争力强的服务产业体系。出台进一步推进服务业改革开放发展的指导意见,组织首批先进制造业和现代服务业融合发展试点,积极推动产业共性技术研发、工业设计、总集成总承包、全生命周期管理、检验检测认证等生产性服务业发展。

三是粮食安全和农副产品市场供应得到有力保障。稳定粮食生产,粮食产量连续6年保持在1.3万亿斤以上,实现谷物基本自给、口粮绝对安全。加强粮食供需形势分析研判,进一步完善粮食储备调控体系。完善粮食"产购储加销"协同保障机制,优化储备品种结构和区域布局,建立政府储备规模动态调整机制,支持建设234个粮食仓储物流和应急项目,不断提升粮食仓储能力、提高粮食流通效率,多环节全链条系统化减少粮食产后损失。及时跟踪研判生猪市场形势变化,加强动物防疫基础设施建设，做好非洲猪瘟常态化防控，生猪生产加快恢复，聚焦重要时段投放中央冻猪肉储备，有效保障了猪肉等重要民生商品的供应。“菜篮子”、“果盘子”等产品数量充足，均衡供应能力明显增强。

四是能源安全保障能力持续提升。积极推进煤电油气产供储销体系建设，进一步增强紧缺矿产资源自主保障能力，推动国内油气增储上产，加强油气储备能力和重大电力工程建设。全国大电网基本实现联通，西电东送能力达到2.6亿千瓦。风电、太阳能、水电装机规模保持世界第一，非化石能源发电装机规模增长到9.8亿千瓦。持续开展电力系统灵活性改造，风电、光伏发电和水能利用率均提高到96%以上。

**专栏5：扎实推进能源产供储销体系建设**

| | |
|---|---|
| 提高“产”的能力 | ⇨ 全面提高煤炭供给体系质量，加快优质产能释放；积极推动国内油气稳产增产，原油产量连续2年企稳回升，天然气产量连续4年增产超过100亿立方米；构建多元化电力生产格局，充分发挥煤电调峰和兜底保供作用，大力发展和消纳可再生能源。 |
| 统筹“供”的途径 | ⇨ 建立稳定可靠清洁的煤炭供给体系，提升浩吉铁路集疏运系统配套能力，深入推进煤炭清洁运输；提升石油天然气进口供应保障水平和管输能力，构筑多元化境外资源供应格局，加快天然气管道互联互通重大工程建设；统筹推进电网建设，不断增强电网互济和保供能力。 |
| 补齐“储”的短板 | ⇨ 持续增强煤炭储备能力，建立健全以企业社会责任为主体、地方政府储备为补充，产品储备与产能储备有机结合的煤炭储备体系；支持石油储备项目建设；严格落实上游供气企业、管道企业、城镇燃气企业和地方政府储气责任，推进储气设施集约、规模建设，供暖季可动用的储气量比上年增加约50亿立方米；加强电力系统调峰能力和调峰机制建设，大力发展储能产业。 |
| 破除“销”的障碍 | ⇨ 建立健全市场交易体系，更好发挥全国煤炭交易中心作用，进一步完善电力市场化交易政策，完善国内成品油主体多元、公平竞争的市场格局，有序推进天然气基础设施公平开放；完善中长期合同制度，提升中长期合同签约履约水平。深化需求侧管理，引导和激励电力、天然气用户参与调峰，细化完善应急保供预案。 |

（七）深入实施乡村振兴战略，农业农村发展势头持续向好。统筹推进“三农”工作，不断优化现代农业产业体系、生产体系、经营体系，农业农村发展水平明显提高。

一是农业供给侧结构性改革进一步深化。实施藏粮于地、藏粮于技战略。农业基础设施条件不断改善，完成8000万亩高标准农田年度建设任务。农业科技支撑不断加强，农作物耕种收综合机械化率达到71%。动植物保护能力提升工程深入实施，农业防灾减灾能力不断增强。区域化布局、规模化经营、标准化生产、社会化服务、品牌化营销成为农业发展的新趋势，有效提高了土地生产率、劳动生产率。积极推进土地托管、代耕代种、生产服务外包等规模经营方式，全国农村承包耕地流转达到5.55亿亩。金融支农投入稳步增加，年末涉农贷款余额38.95万亿元，增长10.7%。

二是农村产业融合发展深入推进。已认定两批共200个国家农村产业融合发展示范园，探索创新融合发展的有效路径。农产品加工流通业加快发展，农业产业链、价值链不断延伸，农产品产加销一体化进程明显加快。农业农村多种功能得到释放，农村电商、休闲观光农业、乡村旅游等新业态蓬勃发展。

三是美丽宜居乡村建设全力推进。深入实施村庄清洁行动，制定完善农村厕所革命、生活污水和生活垃圾治理相关标准规范，农村人居环境整治三年行动方案目标任务顺利完成，农村卫生厕所普及率超过68%，农村生活垃圾进行收运处理的行政村比例超过90%。强化水电路等农村基础设施短板领域和薄弱环节建设，推动农村公共基础设施管护体制改革。完成新一轮农网改造，能源普遍服务水平大幅提升。

（八）加快构建区域协调发展新机制，区域发展格局进一步优化。更加注重发挥区域比较优势，着力促进城乡融合发展，区域优势互补、协调发展的格局持续优化，主体功能区战略稳步推进，“多规合一”的国土空间规划体系正在形成。

一是以人为核心的新型城镇化扎实推进。户籍制度改革深入推进，城区常住人口300万以下城市基本取消落户限制，1亿非户籍人口落户城镇目标顺利实现。城镇化空间格局持续优化，成渝地区双城经济圈建设规划纲要编制实施，关中平原、兰州—西宁等城市群建立协调推进机制，南京、广佛、长株潭等都市圈同城化水平持续提升。县城补短板强弱项工作稳步推进，国家新型城镇化综合试点顺利收官，一批有效经验在全国复制推广。特色小镇逐步走上规范健康发展轨道。国家城乡融合发展试验区全面启动探索试验。

二是区域重大战略深入实施。纵深推进京津冀协同发展，积极稳妥疏解北京非首都功能，高标准高质量推进雄安新区规划建设，加快北京城市副中心建设，持续实施协同发展重大项目，加大京津冀地区城际铁路规划建设力度。扎实推进长江经济带生态环境系统性保护修复，大力实施城镇污水垃圾、化工污染、农业面源污染、船舶污染以及尾矿库治理"4+1"工程，长江流域重点水域"十年禁渔"全面启动，深入开展绿色发展试点示范，长江保护法正式出台。稳步推进粤港澳大湾区建设，加大科技创新和产业协同力度，深入推进重大合作平台建设，实施粤港澳大湾区城际铁路建设规划，基础设施和规则机制互联互通取得新进展，《深圳建设中国特色社会主义先行示范区综合改革试点实施方案（2020—2025 年）》出台实施。扎实推进长三角一体化发展，推进重大平台建设和跨区域合作，积极构建协同创新网络体系，持续深化生态环境共保联治，提升基础设施互联互通水平，加快公共服务便利共享。黄河流域生态保护和高质量发展规划纲要印发实施。

三是区域协调发展战略落细落实。持续推进西部大开发形成新格局，支持东北地区全面振兴，促进中部地区加快崛起，出台实施支持湖北省经济社会发展一揽子政策，继续推动东部地区率先发展。有力推进重点领域重点平台建设，支持国家级新区和承接产业转移示范区重点项目建设。革命老区、民族地区、边境地区、生态退化地区、资源型地区、老工业地区振兴发展迈出新步伐。坚持陆海统筹，稳步推进海洋经济发展。

（九）全面深化改革推向纵深，市场主体信心和活力进一步增强。社会主义市场经济体制加快完善，全面深化改革取得新的突破，发展活力和内生动力进一步增强。

一是要素市场化配置体制机制进一步完善。深化土地计划管理方式改革，赋予省级人民政府更多自主权，启动新一轮农村宅基地制度改革试点，调整完善土地出让收入使用范围，优先支持乡村振兴。加快完善技能人才评价制度，民营企业职称评审渠道逐渐打通，区域一体化人才资格互认机制稳步推进。深化科技成果使用权、处置权和收益权改革，开展赋予科研人员职务科技成果所有权或长期使用权试点。开展公共数据资源开发利用试点，推进政务数据有序共享。制定建设高标准市场体系行动方案。

**专栏 6：要素市场化配置改革主要进展**

| | |
|---|---|
| 土地要素 | ⇨ 审批权改革：将永久基本农田以外农用地转为建设用地审批事项授权省级政府批准，部分省试点将永久基本农田转为建设用地和国务院批准土地征收审批事项委托批准。<br>⇨ 计划管理方式改革：以真实有效的项目落地作为配置计划指标的依据，深化增量安排与消化存量挂钩机制，加大批而未供、闲置土地处置力度。<br>⇨ 宅基地改革：落实宅基地集体所有权，保障农户资格权和农民房屋财产权，适度放活使用权，全国 104 个县（市、区）以及 3 个地级市纳入新一轮试点。 |
| 劳动力要素 | ⇨ 住房公积金制度改革：粤港澳、长三角、成渝等区域积极推进住房公积金区域协同发展。<br>⇨ 区域互认：京津冀、粤港澳、长三角区域等探索推出人才职业资格、职称、继续教育学时等跨域互认与共享办法。<br>⇨ 国际人才引进：允许具有境外职业资格的金融、建筑、规划、设计等领域符合条件的专业人才经备案后，在自贸试验区内提供服务。 |
| 资本要素 | ⇨ 基础制度改革：创业板注册制改革顺利实施，新三板全面改革稳步推进，再融资规则优化，汇率市场化改革持续深化，浮动汇率制度进一步完善。<br>⇨ 基础设施建设：银行间与交易所债券市场相关基础设施打通，实现投资者"一点接入"购买全市场债券，促进债券市场自由高效顺畅运转。<br>⇨ 金融业对外开放：外商投资准入负面清单金融业领域限制措施清零，外资投资境内资本市场更加便利。 |
| 技术要素 | ⇨ 科研人员职务科技成果所有权或长期使用权：分领域选择 40 家高等院校和科研机构开展为期三年的试点，可赋予科研人员不低于 10 年的职务科技成果长期使用权。<br>⇨ 技术转移机构与人才：全国范围内建设 11 家国家技术转移区域中心，40 余家技术交易市场，453 家国家技术转移机构，36 家技术转移人才培养基地，促进技术转移市场与能力建设。<br>⇨ 技术与资本对接：设立创业投资子基金支持科技成果转化，鼓励商业银行采用知识产权质押、预期收益质押等融资方式，深入推进首台（套）重大技术装备保险补偿机制、新材料首批次应用保险试点工作。 |
| 数据要素 | ⇨ 政策立法：《数据安全法》《个人信息保护法》草案完成公开征求意见，《网络数据安全管理办法》加快制定，数据分类分级管理不断推进。<br>⇨ 数据采集标准化：研究制定网上购物、人脸识别等个人信息保护国家标准。<br>⇨ 数据资源整合与保护：建设国家公共数据开放平台，推进政务数据有序共享。 |

二是国有企业改革深入推进。大力实施国企改革三年行动，剥离办社会职能和解决历史遗留问题主体任务基本完成，国有企业混合所有制改革积极稳妥深化，国有资产监管的系统性针对性有效性显著增强，市场化经营机制建设迈出新步伐。深化重点行业改革，推动电网企业剥离装备制造等竞争性业务。国家石油天然气管网集团有限公司完成油气管网资产、人员、业务交接，实现并网运行，推动油气管网向社会资本、市场主体公平开放。

三是民营企业发展环境持续改善。在放宽市场准入、加强金融支持、营造公平竞争环境、保护企业和企业家合法权益等方面出台一系列政策举措。民营企业进入油气勘探开采的准入限制逐步放开，支持民营企业参与交通基础设施建设发展。商业银行对民营企业“敢贷、愿贷、能贷”的长效机制加快建立，清理拖欠民营企业中小企业账款行动取得重要成果，妨碍统一市场和公平竞争的政策措施清理工作深入推进，涉政府产权纠纷问题专项治理取得积极成效。

四是营商环境不断优化。“放管服”改革深入推进，全面实施优化营商环境条例，在部分城市开展营商环境评价，《中国营商环境报告2020》正式发布。深入开展工程建设项目审批制度改革，基本建成全国统一的审批和管理体系。招标投标和政府采购领域营商环境持续优化，公共资源全流程电子化交易全面推行。修订印发《市场准入负面清单（2020年版）》，清单事项由131项压减至123项，市场准入限制持续放宽。

五是财税、金融、价格等重点领域改革步伐加快。生态环境、公共文化、自然资源、应急救援等领域中央与地方财政事权和支出责任划分改革方案印发实施。公开发行企业债券、公司债券全面实施注册制，资本市场韧性增强并延续总体平稳态势，金融业的适应性、竞争力和普惠性稳步提升。修订《中央定价目录》，定价项目缩减近30%，电力、油气、公用事业、农产品等重点领域价格改革不断深化。服务业改革开放发展力度进一步加大，电力、油气体制改革持续深化。

（十）持续拓展对外开放范围、领域和层次，开放型经济新体制加快构建。有力克服新冠肺炎疫情和外部环境诸多不确定性，坚持实施更大范围、更宽领域、更深层次对外开放。

一是稳外贸稳外资力度加大。全年货物进出口额达32.2万亿元，吸引外资1444亿美元。扩大出口信用保险覆盖范围，增加出口信贷投放，完善出口退税政策，稳定加工贸易，支持边境贸易创新发展。贸易新业态新模式加快发展，增设46个跨境电子商务综合试验区，跨境电商零售进口试点扩大至86个城市和海南全岛，新增17个市场采购贸易方式试点，积极探索保税维修、离岸贸易等新业务。第三届中国国际进口博览会、中国国际服务贸易交易会成功举办，在网上举办第127、128届广交会。共同落实中美第一阶段经贸协议工作稳步推进。全国和自贸试验区外资准入负面清单分别缩减至33条和30条，进一步放宽服务业、制造业、农业领域外资准入。出台2020年版鼓励外商投资产业目录，扩大鼓励外商投资范围。制定海南自由贸易港外资准入负面清单，海南投资自由化便利化水平进一步提高。北京新一轮服务业扩大开放综合试点继续深化。

二是共建“一带一路”稳步推进。统筹推进疫情防控和“一带一路”境外项目建设，境外投资保持总体平稳。与非洲联盟签署共建“一带一路”合作规划。国际产能合作和第三方市场合作不断深化。中巴经济走廊成功统筹防疫与生产，成为“一带一路”重大项目“两手抓”、“两不误”的标杆。缅甸皎漂经济特区、中阿（联酋）产能合作示范园等取得积极进展，雅万高铁和匈塞、中老、中泰铁路等互联互通项目扎实推进。健康丝绸之路、绿色丝绸之路、数字丝绸之路建设深入推进。中欧班列保持安全稳定畅通运行，开行数量超1.2万列，逆势增长50%，综合重箱率达98.4%。

三是对外开放高地建设取得新成效。海南自由贸易港建设总体方案出台实施，政策制度框架加快建立。增设北京等3个自贸试验区，推动浙江自贸试验区扩区。向全国复制推广自贸试验区37项制度创新成果，累计复制推广260项。新设12个综合保税区，将7个其他形式的海关特殊监管区整合优化为综合保税区。设立广西百色、新疆塔城重点开发开放试验区。

四是参与全球经济治理迈出新步伐。在联合国、二十国集团、亚太经合组织、金砖国家等重要多边平台积极提出中国主张和中国方案。推动区域全面经济伙伴关系协定、中柬自贸协定、中欧地理标志协定等正式签署，中国—毛里求斯自贸协定按时生效实施。中欧投资协定谈判如期完成，中国—挪威、中国—摩尔多瓦自贸协定谈判加快推进。提出《全球数据安全倡议》，推动数字经济国际合作与交流。积极发展全球伙伴关系，推进大国协调合作，深化同周边国家关系，加强同发展中国家团结合作。

（十一）强化民生兜底，人民群众基本生活得到切实保障。针对疫情带来的民生问题，通过加大投入、落实政策、织密扎牢社会保障网，不断提升人民群众获得感幸福感安全感。全国居民人均可支配收入实际增长 2.1%。

一是就业优先政策落细落实。就业是最大的民生，保市场主体也是为稳就业保民生。加大减负、稳岗、扩就业支持力度，帮扶受疫情影响的重点行业、中小微企业和个体工商户等市场主体纾困，扩大有效投资增加就业。多渠道做好重点群体就业工作，支持大众创业万众创新带动就业，在家政服务、养老托育、乡村旅游、家电回收等社会服务领域开展双创带动就业示范行动，推进返乡入乡创业高质量发展。支持多渠道灵活就业，扩大个体经营、国有企事业单位招聘、基层项目招聘、升学入伍、就业见习等吸纳就业规模，促进高校毕业生市场化社会化就业。统筹做好退役军人、农民工等重点群体就业工作。支持建设 53 个区域性公共实训基地，提升重点群体就业技能。

二是健康中国建设扎实推进。健康中国行动启动实施，深入开展爱国卫生运动，综合防控儿童青少年近视，积极推进“一老一小”健康服务，居民健康素养水平明显提升。区域医疗中心建设启动，医联体建设和县域综合医改稳步推进，84%的县级医院达到二级及以上医院水平。每千人口医疗卫生机构床位数预计 6.5 张。现代医院管理制度建设持续推进，公立医院耗材加成全面取消。医教协同不断深化，医师区域注册制度建立完善，每千人口执业（助理）医师数预计 2.9 人，每万人口全科医生数预计 2.83 人。药品、医用耗材集中采购和使用改革协同推进，短缺药品保供稳价扎实推动，基本药物数量由 520 种增加到 685 种。

三是社会保障体系进一步完善。参加城镇职工基本养老保险和城乡居民基本养老保险人数达 9.99 亿人。企业职工基本养老保险基金中央调剂比例从 3.5% 提高到 4.0%，实现省级统收统支，退休人员基本养老金稳步提高。职工基本医疗保险、城乡居民基本医疗保险和大病保险制度更趋完善，医保扶贫成效显著，医保药品目录动态调整有序推进。通过工伤保险为 185 万工伤职工及供养亲属提供待遇保障。失业保险保障范围进一步扩大，阶段性实施失业补助资金政策、阶段性扩大失业农民工保障范围，全年共有 1337 万人领取到不同项目的失业保险。全年向 608 万户企业发放失业保险稳岗返还 1042 亿元，惠及职工 1.56 亿人。加强困难群众兜底保障，适度扩大低保覆盖范围，做到“应保尽保”；出台救助“扩围”政策，及时启动社会救助和保障标准与物价上涨挂钩联动机制，对因疫致困、未参保失业人员加大救助帮扶，实现“应救尽救”，因疫情新纳入低保、特困供养近 600 万人，实施临时救助超过 800 万人次。城镇老旧小区改造全面推进，已开工改造城镇老旧小区 4.03 万个，涉及居民 736 万户。保障性安居工程建设持续推进，棚户区改造新开工 209 万套；大中城市公租房继续发展，城镇困难群众住房保障不断加强。有力有序做好防汛抢险救援工作。

四是公共服务补短板强弱项提质量深入推进。推动出台国家基本公共服务标准。学前教育毛入学率、九年义务教育巩固率、高中阶段教育毛入学率分别达到 85.2%、95.2%、91.2%，普通高等教育本专科招生 967.5 万人，研究生招生 110.7 万人。基本实现每个县办好 1—2 所县级公立医院，每个乡镇有 1 所乡镇卫生院，每个行政村有 1 所村卫生室。长城、大运河、长征等国家文化公园标志性项目建设统筹推进。预计人均体育场地面积 2.2 平方米，增长 4.8%。城乡社区综合服务设施覆盖率分别达到 96.4% 和 83.7%，每百户居民拥有城乡社区综合服务设施达 34.7 平方米。继续实施残疾人两项补贴制度，惠及 1153 万困难残疾人和 1433 万重度残疾人，为残疾人提供服务设施数预计 4403 个。家政服务提质扩容深入推进。修订未成年人保护法，妇女儿童权益保障工作不断加强。支持特困人员供养服务设施建设。促进养老托育服务健康发展的意见、建立健全养老服务综合监管制度促进养老服务高质量发展的意见出台，普惠养老专项行动继续实施，各类养老床位数达到 823.8 万张。普惠托育服务设施建设持续推进。

综合来看，2020 年经济实现正增长，就业物价预期目标较好完成，国际收支保持基本平衡，创新驱动、资源节约、环境保护、民生保障等领域指标继续改善，全年经济社会发展主要目标任务较好完成。

经过五年持续奋斗，“十三五”规划目标任务胜利完成，经济发展方式实现重大转型，经济总量越过 100 万亿元大关，居民收入基本同步增长。人均国内生产总值超过 1 万美元，165 项重大工程项目基本完成，国家发展物质基础更加雄厚。覆盖城乡居民的社会保障体系基本建成，教育公平和质量较大提升，生态文明建设取得重大进展。我国经济实力、科技实力、综合国力和人民生活水平又跃上新的大台阶，全面建成小康社会取得伟大历史性成就，中华民族伟大复兴向前迈出了新的一大步。这是以习近平同志为核心的党中央坚强领导的结果，是习近平新时代中国特色社会主义思想科学指引的结果，是各地区各部门贯彻落实党中央决策部署、勇于担当、善于作为的结果，是广大人民群众团结奋进、开拓进取的结果。

同时也要看到，2021 年国内外环境面临深刻复杂变化。世界百年未有之大变局进入加速演变期，新冠肺炎疫情又增添了新的变数；长期存在的结构性矛盾依然凸显，在外部冲击下又出现了一些新问题。一是疫情走势不确定性对经济进一步恢复构成掣肘。新冠肺炎疫情仍在全球蔓延，疫情反弹和长期持续的风险客观存在，国际上推动复工复产和防止疫情扩散面临"两难"。国内疫情防控仍有薄弱环节，我国外防输入和内防反弹的压力始终存在。二是外部环境复杂严峻可能影响我国内经济平稳运行。世界经济有望出现恢复性增长，但复苏不稳定不平衡，主要经济体量化宽松等宏观政策造成外溢效应，全球产业链供应链区域化、本地化特征更趋明显，单边主义、保护主义持续演化，影响我国经济稳定恢复的外部变数依然较多。三是经济恢复基础尚不牢固。国内外市场有效需求仍显疲弱，居民消费仍受制约，投资增长后劲不足，出口持续回稳基础不牢。中小微企业和个体工商户困难较多。不少行业企业还处在疫后恢复期，生产经营还面临不少压力，影响供需良性循环。四是经济动能接续转换面临不少障碍。推动经济转型升级和创新发展仍受到一些制约，保持产业链供应链稳定运行面临挑战，"卡脖子"问题依然突出，传统行业转型升级面临挑战，国内统一大市场仍需完善，要素资源配置、生产力布局等仍需优化。五是重点领域安全风险不容忽视。稳就业压力仍然较大，一些地方财政收支矛盾突出，基层保基本民生、保工资、保运转支出和地方政府债务还本付息压力较大，防范化解金融等领域风险任务依然艰巨，企业债务违约压力加大，保障粮食能源安全面临新的挑战，生态环境质量改善成效并不稳固，教育、医疗、养老、托育等民生领域还有不少薄弱环节。同时，我们在工作中也还存在一些不足，比如，推动经济高质量发展、构建新发展格局的能力和水平还需进一步提升，政策间的协调配合还有待加强，有的政策实施效果还有待提高。

总的看，虽然挑战前所未有，更具有复杂性、全局性，但机遇也前所未有，更具有战略性、可塑性，机遇大于挑战，我国有中国共产党领导和中国特色社会主义制度的显著优势，经济长期向好的趋势没有改变，我国发展仍处于重要战略机遇期。我们有信心、有底气、有能力危中寻机、化危为机，不断开创我国经济社会发展的新局面。

## 二、2021 年经济社会发展总体要求、主要目标和政策取向

2021 年是我国现代化建设进程中具有特殊重要性的一年，"十四五"开局，全面建设社会主义现代化国家新征程开启，做好经济工作意义重大。

（一）总体要求。

做好 2021 年经济社会发展工作，要在以习近平同志为核心的党中央坚强领导下，以习近平新时代中国特色社会主义思想为指导，全面贯彻党的十九大和十九届二中、三中、四中、五中全会精神，坚持稳中求进工作总基调，立足新发展阶段，贯彻新发展理念，构建新发展格局，以推动高质量发展为主题，以深化供给侧结构性改革为主线，以改革创新为根本动力，以满足人民日益增长的美好生活需要为根本目的，坚持系统观念，巩固拓展疫情防控和经济社会发展成果，更好统筹发展和安全，扎实做好"六稳"工作、全面落实"六保"任务，科学精准实施宏观政策，努力保持经济运行在合理区间，坚持扩大内需战略，强化科技战略支撑，扩大高水平对外开放，保持社会和谐稳定，确保"十四五"开好局起好步，以优异成绩庆祝中国共产党成立 100 周年。

在具体工作中，要把握好五个重点方面。一是坚持稳中求进。保持战略定力，保持经济运行在合理区间，为保障民生、增强人民群众获得感幸福感安全感提供支撑，为"十四五"开好局创造良好条件。二是坚持做好新冠肺炎疫情防控工作。确保不出现规模性输入和反弹，适应在常态化疫情防控中谋划经济社会发展，巩固拓展疫情防控成果。三是坚持新发展理念构建新发展格局。以编制实施"十四五"规划纲要为抓手，把新发展理念贯穿发展全过程和各领域。把实施扩大内需战略同深化供给侧结构性改革有机结合起来，强化科技自立自强，坚定推进结构调整和产业优化升级，坚持推动经济社会发展全面绿色转型，加快构建以国内大循环为主体、国内国际双循环相互促进的新发展格局。四是坚持深化改革开放。大力破除体制机制障碍，坚定实施高水平对外开放。五是坚持系统观念。统筹国内国际两个大局、办好发展安全两件大

事,注重防范化解重大风险挑战,实现发展质量、结构、规模、速度、效益、安全相统一。

(二)主要预期目标。

按照上述总体要求,坚持立足当前、着眼长远,尽力而为、量力而行,在综合平衡基础上兼顾需要与可能,提出 2021 年经济社会发展主要预期目标:

——国内生产总值增长 6% 以上。主要考虑:一是按照“十四五”时期经济发展的目标要求,并考虑到 2020 年基数较低的影响,坚持底线思维,稳定市场预期,有利于实现平稳可持续增长。二是考虑到 2021 年是“十四五”开局之年,为应对疫情冲击采取的各项政策措施逐步回归常态,将经济增速设为 6% 以上,有利于引导各方面集中精力推进改革创新、推动高质量发展。三是考虑了经济运行恢复情况,随着经济运行逐步恢复常态、保持在合理区间,实现这一目标有条件有支撑。

——城镇新增就业 1100 万人以上,城镇调查失业率 5.5% 左右。关于城镇新增就业总量:随着经济规模扩大、服务业发展,经济增长对就业的吸纳能力不断增强,特别是优化营商环境、支持灵活就业等政策落地见效,实现 1100 万人以上的城镇新增就业有较好支撑。关于城镇调查失业率:比 2020 年预期目标下调 0.5 个百分点,主要是更好体现稳就业的决心以及实施就业优先、强化就业保障的政策导向。同时,在经济运行持续恢复的条件下,随着稳就业工作的深入开展,2021 年城镇调查失业率可以控制在 5.5% 左右。从这两年的实践看,城镇调查失业率逐步运行成熟,能够准确反映就业形势,实现与城镇登记失业率的平稳过渡,2021 年不再把城镇登记失业率作为国家宏观调控目标,地方是否保留可根据实际情况自主确定。

——居民消费价格涨幅 3% 左右。主要考虑:综合翘尾因素和新涨价因素,预计 2021 年居民消费价格上涨压力总体小于 2020 年;同时,考虑到国际粮食和能源等大宗商品价格存在上涨可能性,从稳定市场预期等角度出发,将居民消费价格涨幅设为 3% 左右。

——居民收入稳步增长。主要考虑:这是逐步实现共同富裕的必然要求,有利于更好满足人民日益增长的美好生活需要,更好体现以人民为中心的发展思想。随着企业经营效益逐步改善、促进低收入群体增收、再分配调节不断加力等政策措施持续推进,2021 年居民收入增长具有较好支撑。

——进出口量稳质升,国际收支基本平衡。主要考虑:促进外贸进出口量稳质升、保持国际收支基本平衡是应对错综复杂国际形势变化的需要,是推动构建新发展格局、实现高水平对外开放的需要。我国产业链供应链稳步恢复,出口产品综合竞争优势不断增强,跨境电商等新业态蓬勃发展,这都为外贸量稳质升提供了有力支撑。

——单位国内生产总值能耗降低 3% 左右,主要污染物排放量继续下降。主要考虑:为确保实现 2030 年前二氧化碳排放达到峰值,结合需要与可能,并与“十四五”规划目标相衔接,将 2021 年能耗强度目标设为下降 3% 左右。

——粮食产量保持在 1.3 万亿斤以上。主要考虑:粮食安全事关国计民生,事关发展全局。为稳定市场预期,夯实粮食安全基础,统筹考虑国内粮食消费需求、综合生产能力、全球粮食市场变化和粮食自给率目标等因素,2021 年新增粮食产量指标,将预期目标设为保持在 1.3 万亿斤以上,同时保持粮食播种面积稳定并努力提高单产。

(三)主要宏观政策取向和重点。

为实现上述目标,要保持宏观政策连续性稳定性可持续性,促进经济运行在合理区间。在区间调控基础上加强定向调控、相机调控、精准调控。宏观政策要继续为市场主体纾困,保持必要支持力度,不急转弯,根据形势变化适时调整完善,进一步巩固经济基本盘,继续实施积极的财政政策、稳健的货币政策和就业优先政策,用好改革政策,根据实际情况不断完善宏观政策组合,把握好政策时度效,以高质量发展为“十四五”开好局。

——积极的财政政策要提质增效、更可持续。考虑到疫情得到有效控制和经济逐步恢复,今年赤字率拟按 3.2%左右安排、比去年有所下调,不再发行抗疫特别国债。因财政收入恢复性增长,财政支出总规模比去年增加,重点仍是加大对保就业保民生保市场主体的支持力度。中央本级支出继续安排负增长,进一步大幅压减非急需非刚性支出,对地方一般性转移支付增长 7.8%、增幅明显高于去年,其中均衡性转移支付、县级基本财力保障机制奖补资金等增幅均超过 10%。建立常态化财政资金直达机制并扩大范围,将 2.8 万亿元中央财政资金纳入直达机制,为基层提供更加及时有力的财力支持。要节用为民、坚持过紧日子,确保基本民生支出只增不减,助力市场主体焕发生机。优化和落实减税政策,继续执行制度性减税政策,延长小规模纳税人增值税优惠等部分阶段性政策执行期限,实施新的结构性减税举措,对冲部分政策调整带来的影响。将小规模纳税人增值税起征点从月销售额10万元提高到15万元。对小微企业和个体工商户年应纳税所得额不到100万元的部分，在现行优惠政策基础上，再减半征收所得税。

——稳健的货币政策要灵活精准、合理适度。把服务实体经济放到更加突出的位置，处理好恢复经济与防范风险的关系。货币供应量和社会融资规模增速与名义经济增速基本匹配，保持流动性合理充裕，保持宏观杠杆率基本稳定。保持人民币汇率在合理均衡水平上的基本稳定。进一步解决小微企业融资难题。延续普惠小微企业贷款延期还本付息政策，加大再贷款再贴现支持普惠金融力度。延长小微企业融资担保降费奖补政策，完善贷款风险分担补偿机制。加快信用信息共享步伐。完善金融机构考核、评价和尽职免责制度。引导银行扩大信用贷款、持续增加首贷户，推广随借随还贷款，使资金更多流向科技创新、绿色发展，更多流向小微企业、个体工商户、新型农业经营主体，对受疫情持续影响行业企业给予定向支持。大型商业银行普惠小微企业贷款增长30%以上。创新供应链金融服务模式。适当降低小微企业支付手续费。优化存款利率监管，推动实际贷款利率进一步降低，继续引导金融系统向实体经济让利。今年务必做到小微企业融资更便利、综合融资成本稳中有降。

——就业优先政策要继续强化、聚力增效。着力稳定现有岗位，对不裁员少裁员的企业，继续给予必要的财税、金融等政策支持。继续降低失业和工伤保险费率，扩大失业保险返还等阶段性稳岗政策惠及范围，延长以工代训政策实施期限。拓宽市场化就业渠道，促进创业带动就业。推动降低就业门槛，动态优化国家职业资格目录，降低或取消部分准入类职业资格考试工作年限要求。支持和规范发展新就业形态，加快推进职业伤害保障试点。继续对灵活就业人员给予社保补贴，放开在就业地参保的户籍限制。做好高校毕业生、退役军人、农民工等重点群体就业工作，完善残疾人、零就业家庭成员等困难人员就业帮扶政策，促进失业人员再就业。拓宽职业技能培训资金使用范围，开展大规模、多层次职业技能培训，完成职业技能提升和高职扩招“三年行动”目标，建设一批高技能人才培训基地。实施提升就业服务质量工程。运用就业补助资金等，支持各类劳动力市场、人才市场、零工市场建设，广开就业门路，为有意愿有能力的人创造更多公平就业机会。

同时，进一步加强宏观政策协同配合，促进财政、货币、就业、产业、投资、消费、环保、区域、改革等政策形成系统集成效应，着力发挥有效投资的关键作用，强化预期管理，增强市场信心，汇聚起集中力量办大事、难事、急事的合力。改革政策要着力激发市场活力，聚焦实现有效市场和有为政府更好结合，加快推进有利于提高资源配置效率、有利于调动各方积极性、有利于提高发展质量和效益的改革，坚持问题导向，围绕增强创新能力、推动平衡发展、改善生态环境、提高开放水平、促进共享发展等重点领域和关键环节，继续把改革推向深入。

## 三、2021年国民经济和社会发展计划的主要任务

2021年，要全面贯彻党中央确定的“十四五”时期经济社会发展指导方针和决策部署，深入落实中央经济工作会议精神和《政府工作报告》任务要求，准确把握新发展阶段，深入贯彻新发展理念，加快构建新发展格局，统筹发展和安全，着力做好以下方面工作。

（一）抓紧抓实“外防输入、内防反弹”，科学有效做好常态化疫情防控。坚持常态化精准防控与局部应急处置有机结合，提高应对突发情况的能力。

一是持续优化常态化疫情防控举措。将“外防输入”作为重中之重，严格实施远端防控措施，健全口岸公共卫生体系，对入境人员境外核酸检测全覆盖。加强冷链食品等进口商品预防性全面消毒，加大对重点场所人员、环境、物品等检测排查力度，完善全国进口冷链食品追溯管理平台和省级平台。加强核酸检测能力建设，保障常态化疫情防控需求。科学推进疫苗研制生产、接种使用工作，确保安全有效。落实“四早”要求，进一步改进救治工作。及时主动向社会发布疫情信息，确保公开透明。

二是加快健全国家公共卫生应急管理体系。落实健全公共卫生应急物资保障体系实施方案、公共卫生防控救治能力建设方案，加强防控物资和技术储备。加强公共卫生设施建设，健全突发公共卫生事件应对预案体系。改革完善疾病预防控制体系运行机制，完善传染病疫情和突发公共卫生事件监测系统。优化医疗资源和救治力量布局，构建分层次、分区域的重大疫情医疗救治体系，着力提高重大突发公共卫生事件应对能力。支持医疗废物

处置设施建设。

三是积极推进疫情国际联防联控。支持世界卫生组织协调整合资源，公平有效分配疫苗。继续向应对疫情能力薄弱的国家和地区提供帮助，发挥全球抗疫物资最大供应国作用，推动构建人类卫生健康共同体。

（二）加快科技自立自强，推进产业基础高级化、产业链现代化。强化国家战略科技力量，继续加强基础研究、应用研究和科技成果转移转化，进一步提高我国产业核心竞争力。全社会研发经费投入增长7%以上。

一是大力提升科技创新能力。加快推动国家实验室建设和国家重点实验室体系重组，抓紧制定实施基础研究十年行动方案，重点布局一批基础学科研究中心。加强关键核心技术攻关，深入谋划推进“科技创新2030—重大项目”，改革科技重大专项实施方式，推广“揭榜挂帅”等机制。制定实施国家中长期科学和技术发展规划（2021—2035年）。组织实施新型基础设施建设，加快推进人工智能、量子信息、脑科学、生物育种等科技创新。加快北京、上海、粤港澳大湾区国际科技创新中心建设，大力推进怀柔、张江、合肥、粤港澳大湾区综合性国家科学中心建设，高质量谋划推进成渝地区具有全国影响力的科技创新中心建设，增强国家自主创新示范区、高新技术产业开发区、经济技术开发区等创新发展能力。优化国家产业创新中心、技术创新中心、制造业创新中心、工程研究中心、企业技术中心布局。组织实施融通创新示范工程，鼓励大企业向中小企业开放资源、开放场景、开放应用、开放创新需求，打造基于产业链供应链的创新创业生态。用税收优惠机制激励企业加大研发投入，延续执行企业研发费用加计扣除75%政策，将制造业企业加计扣除比例进一步提高到100%。持续推进大众创业万众创新，支持双创示范基地建设，办好全国双创活动周、双创主题日。倡导敬业、精益、专注、宽容失败的创新创业文化，完善试错容错纠错机制。深入推进科技体制改革，加强项目、基地、人才、资金一体化配置，强化国家科普能力建设，完善科技人才激励机制和科技评价机制，支持青年人才加快成为科研主力军。深入推进全面创新改革。健全基础研究稳定支持机制，大幅增加投入，中央本级基础研究支出增长10.6%。完善金融支持创新体系，引导更多资金进入基础研究、自主研发、成果转化等领域。

二是着力振兴和发展实体经济。实施新一轮制造业核心竞争力提升五年行动计划，开展先进制造业集群发展专项行动，创建国家制造业高质量发展试验区。对先进制造业企业按月全额退还增值税增量留抵税额，提高制造业贷款比重，扩大制造业设备更新和技术改造投资。加快重点行业结构调整和绿色化改造，持续推进国家战略性新兴产业集群发展工程，强化技术创新和公共服务。落实新时期促进集成电路产业和软件产业高质量发展的若干政策。加强产业管理，促进新能源汽车健康有序发展，加快构建智能汽车基础设施、产业生态等支撑体系。加快壮大新能源等产业，提升新能源消纳和存储能力。培育壮大生物经济，推动生物技术融合发展。加快临床急需用药和高端医疗装备开发及产业化。推动北斗大规模应用及产业化发展。稳步提升航空产业链现代化和国际化水平。继续推动先进制造业和现代服务业融合试点。依托工业互联网、工业软件等新一代信息技术，加快制造服务业发展。进一步完善废旧家电回收处理体系，畅通家电生产、消费、回收、处理全链条。实施中华老字号保护发展工程。办好2021年中国品牌日活动。

**专栏7：振兴发展实体经济重要举措**

| | |
|---|---|
| **增强制造业核心竞争力** | ⇨ 推动高端新材料、工业母机、重大技术装备、智能制造与机器人技术、新能源汽车和智能汽车、高端医疗装备和创新药、农业机械装备、工业软件等领域关键核心技术攻关和产业化。 |
| **推动传统产业优化升级** | ⇨ 发展先进适用技术和独门绝技，扩大制造业设备更新和技术改造投资，推动传统产业高端化、智能化、绿色化，促进全产业链优化升级，锻造产业链供应链长板。 |
| **深化重点行业结构调整** | ⇨ 持续推进钢铁行业供给侧结构性改革，推动行业兼并重组、转型升级。推动石化产业集聚发展、布局优化，增强重点化工产品供给保障能力。加强汽车产业宏观指导，避免盲目投资和重复建设。 |
| **加快制造服务业发展** | ⇨ 围绕提升创新能力、优化供给质量、提高生产效率、支撑绿色发展、增强发展活力、推动供应链创新应用等方面，提升面向制造业的专业化、社会化、综合性服务能力。 |

三是加力推动数字化发展。发展数字经济，推进数字产业化和产业数字化，打造具有国际竞争力的数字产业集群。培育数据要素市场，发挥好数据要素关键作用。推动数字政府建设，持续推进实施国家政务信息化重大工程，加快打造数字化一流营商环境。深入推进全国一体化大数据中心体系建设，做好数据中心建设布局，促进数据资源有序流通和创新应用。积极参与数字领域国际规则和标准制定。

专栏8：支持数字经济发展举措

| | |
|---|---|
| 建立健全政策体系 | ⇨ 编制《"十四五"数字经济规划》。研究出台新时期推动"互联网＋"政策文件，强化对数字经济与实体经济融合重点发展方向的政策引导，进一步调动社会积极性。 |
| 激活数据要素价值 | ⇨ 研究建立数据资源产权、交易流通等基础制度和标准规范，加快激活数据作为新型生产要素作用。推动数据要素市场化改革，促进数据资源安全高效开发利用。建立健全数据共享协调机制，加快推进数据有效共享，推动政务数据共享对接更加精准顺畅。 |
| 推动产业数字化 | ⇨ 制定促进产业数字化智能化绿色化行动方案，推进工业互联网创新发展，带动先进制造业集群发展。大力发展电子商务，全面提升数字化、网络化、智能化水平。支持在全国布局建设若干数字化转型促进中心。 |
| 推动数字产业化 | ⇨ 大力培育壮大人工智能、大数据、云计算、区块链等新产业新业态。营造公平有序的发展环境，深化线上线下融合发展，引导共享经济、平台经济等健康有序发展。 |
| 统筹推进试点示范 | ⇨ 总结数字化转型伙伴行动成效，组织实施好新一批数字化转型伙伴行动，推动解决数字化转型突出问题。推动数字经济创新发展试验区建设，积极推广发展数字经济的好做法、好经验。 |
| 持续深化国际合作 | ⇨ 推动数字丝绸之路建设，拓展数字领域合作伙伴，支持和鼓励在智慧城市、电子商务等数字经济领域的国际合作。积极参与数据安全、数字货币、数字经济相关国际税收规则等国际标准制定。 |

四是增强产业链供应链自主可控能力。推进产学研用深度融合，支持企业牵头组建创新联合体，承担国家重大科技项目。统筹推进补齐短板和锻造长板，开展制造业强链补链行动，针对产业薄弱环节，实施好关键核心技术攻关工程，尽快解决一批"卡脖子"问题。实施好产业基础再造工程，提升关键基础材料、基础零部件、先进基础工艺、产业技术基础、工业基础软件等方面自主创新能力。实施产业链合作伙伴提升计划。加强顶层设计、应用牵引、整机带动，强化共性技术供给，深入实施质量提升行动。加强国际产业安全合作。推动搭建国际产业链供应链合作平台，促进全球产业链稳定性和多元化。

（三）坚定实施扩大内需战略，加快形成强大国内市场。紧紧扭住供给侧结构性改革这条主线，注重需求侧管理，形成需求牵引供给、供给创造需求的更高水平动态平衡。

一是激发国内消费潜力。健全工资合理增长机制，提高居民消费能力。有序取消一些行政性限制消费购买的规定，推动汽车等消费品由购买管理向使用管理转变，取消对二手车交易不合理限制，扩大新能源汽车消费占比，增加停车场、充电桩、换电站等设施，加快建设动力电池回收利用体系，鼓励开展汽车下乡和汽车、家电、家具以旧换新，促进家装消费。发展健康、文化、旅游、体育等服务消费，推动互联网诊疗、在线教学、体外诊断、远程办公、通用航空、智能体育等消费新业态新模式加快发展，促进线上线下消费融合发展。引导平台企业合理降低商户服务费。充分挖掘县乡消费潜力，大力提升电商快递进农村综合水平和农产品流通现代化水平，着力畅通工业品下乡、农产品进城双向流通渠道，补齐农产品冷链物流设施短板，开展农商互联农产品供应链建设，推动农村产品和服务品牌化、标准化、数字化、产业化改造，吸引城市居民下乡消费。完善节能环保产品推广机制，提高绿色产品市场占有率。培育国际消费中心城市，建设一批区域消费中心。高质量推进步行街改造提升。以信用体系建设为抓手，强化消费者权益保护，营造良好消费环境。

二是增强投资增长后劲。坚持"项目跟着规划走，资金要素跟着项目走"，加快国家重大战略项目实施步伐，加强重大项目资金、用地等要素保障。发挥中央预算内投资在外溢性强、社会效益高领域的引导和撬动作用，安排中央预算内投资6100亿元，比上年增加100亿元。新增地方政府专项债券规模为3.65万亿元，优先支持在建工程，合理扩大使用范围。激发全社会投资活力，形成市场主导的投资内生增长机制。协同推进投资审批制度改革、开展投资领域专项执法检查，着力深化在线平台建设应用。加大新型基础设施投资力度，谋划布局5G、数据中心、基础软件、空间基础设施等建设。支持城市防洪排涝设施建设，加强城市内涝治理。稳步推进川藏铁路、西部陆海新通道等重大项目建设,完善机场布局,加快推进三峡枢纽水运新通道建设前期工作,实施国家水网、航道网工程,有序推进油气和电力等重大能源工程。稳妥推进基础设施领域不动产投资信托基金试点,推动盘活存量资产,形成投资良性循环。规范推广政府和社会资本合作模式,吸引民间资本参与。

三是加快构建现代流通体系。加快推进流通体系软硬件建设,优化提升流通基础设施网络,发展流通新技术新业态新模式,完善流通领域规范和标准,推动形成全国统一大市场。持续加强国家物流枢纽、国家骨干冷链物流基地等重大物流基础设施建设,开展商贸物流高质量发展专项行动,建设现代物流体系。巩固物流减税降费成果,完善铁路、水运干线物流通道,优化货物运输结构,积极发展多式联运、智慧物流,加快推进"快递进村"工程。培育壮大现代流通企业,加强国际航空货运能力建设,拓展全球流通服务网络,构建安全可靠的现代国际物流供应链体系,建设覆盖线上线下的重要产品追溯体系。

(四)深化重点领域和关键环节改革,推动有效市场和有为政府更好结合。紧盯解决突出问题,提高改革的战略性、前瞻性、针对性,使改革更好对接发展所需、基层所盼、民心所向。

一是加快建设高标准市场体系。实施建设高标准市场体系行动方案。修订印发《市场准入负面清单(2021 年版)》,巩固维护"全国一张清单"管理模式,开展市场准入效能评估,加快推进放宽市场准入试点,制定出台海南、深圳等放宽市场准入特别措施。完善竞争政策框架,健全公平竞争审查机制,加强反垄断和反不正当竞争执法,防止资本无序扩张,着力营造一视同仁、公平竞争的公正市场环境。开展要素市场化配置综合改革试点,推进要素市场制度建设。开展招标投标领域改革创新试点,加大地方招标投标制度规则清理整合力度。深化土地管理制度改革,积极探索实施农村集体经营性建设用地入市制度,推动不同产业用地类型合理转换,建立健全省级人民政府用地审批工作评价机制。畅通劳动力和人才社会性流动渠道,深化人才评价、职业资格职称评定等人事人才管理制度改革。健全多层次资本市场体系。强化产权和知识产权保护,健全职务科技成果产权制度,深化科技成果使用权、处置权、收益权改革,持续做好赋予科技人员职务科技成果所有权或长期使用权试点工作,设立知识产权和科技成果产权交易机构。制定出台加快培育数据要素市场的意见,研究制定《网络数据处理安全规范》等国家标准,推动出台《数据安全法》和《个人信息保护法》。

二是进一步转变政府职能。持续优化市场化法治化国际化营商环境。将行政许可事项全部纳入清单管理。深化"证照分离"改革,大力推进涉企审批减条件、减环节、减材料、减时限。完善中小微企业简易注销制度。实施工业产品准入制度改革,推进汽车、电子电器等行业生产准入和流通管理全流程改革。推动工程建设项目全流程审批制度化,进一步精减规范工程建设项目审批事项和条件。深化行业协会、商会改革。完善以信用为基础的新型监管机制,进一步健全守信联合激励和失信联合惩戒机制。建立公共信用信息同金融信息共享整合机制,完善全国"信易贷"平台,扩大信用贷款规模,全面推行信用承诺制度,提升社会信用体系建设法治化水平。推进政务服务标准化、规范化、便利化,建立健全政务数据共享协调机制,推动电子证照扩大应用领域和全国互通互认,实现更多政务服务事项网上办、掌上办、一次办。压缩企业开办时间,支持省级层面统筹开展住所与经营场所分离登记试点。全面实现公共资源全流程电子化交易。进一步完善中国营商环境评价机制,开展营商环境评价和动态监测,编制发布中国营商环境报告(2021 年版)。

三是用改革办法降低企业生产经营成本。推进能源、交通、电信等基础性行业改革,提高服务效率,降低收费水平。允许所有制造业企业参与电力市场化交易,进一步清理用电不合理加价,继续推动降低一般工商业电价。中小企业宽带和专线平均资费再降 10%。推行高速公路货车分时段分路段差异化收费。取消港口建设费,将民航发展基金航空公司征收标准再降低 20%。鼓励受疫情影响较大的地方,对承租国有房屋的服务业小微企业和个体工商户减免租金。推动各类中介机构公开服务条件、流程、时限和收费标准。严控非税收入不合理增长,严厉整治乱收费、乱罚款、乱摊派。

四是着力激发市场主体活力。深入实施国企改革三年行动,加快推进国有经济布局优化和结构调整,积极稳妥深化国有企业混合所有制改革,健全管资本为主的国有资产监管体制。构建亲清政商关系,依法平等保护民营企业产权和企业家权益,弘扬企业家精神,加快建设世界一流企业,实施中小企业创新能力和专业化水平提升工程,培育一批"专精特新"中小企业。加强小微企业普惠金融服务，落实保障中小企业款项支付条例，切实维护中小微企业合法权益。推进能源、铁路、电信等行业竞争性环节市场化改革，深入推进自然垄断业务监管体制改革，加快构建全国统一电力市场，开展铁路市场化改革综合试点。

五是深化财税、金融、价格等体制改革。完善预算管理制度，强化预算约束和绩效管理，加大预算公开力度，精简享受税费优惠政策的办理流程和手续。落实中央与地方政府事权和支出责任划分改革方案。加快推进后移消费税征收环节并稳步下划地方。建设现代中央银行制度，完善货币供应调控机制，稳妥推进数字货币研发。健全金融机构公司治理，深化国有商业银行改革，支持中小银行和农村信用社持续健康发展，改革优化政策性金融。提高直接融资比重，稳步推进主板（中小板）、新三板注册制改革，完善常态化退市机制，提高上市公司质量，促进资本市场健康发展。纵深推进能源、资源等重点领域价格改革，加强和完善垄断环节成本监审，持续深化电价改革，建立健全油气管网运输价格机制，积极推进水资源价格改革。

（五）深入推进高水平对外开放，建设更高水平开放型经济新体制。推动贸易和投资自由化便利化，依托我国大市场优势，促进国际合作，实现互利共赢。

一是稳住外贸外资基本盘。加强外贸政策支持保障，稳住贸易规模和市场主体。持续推进贸易创新发展，优化国内国际市场布局、商品结构、贸易方式，提升出口质量，增加优质产品进口。全面落实外商投资法及其实施条例，保护外商投资合法权益，健全准入前国民待遇加负面清单管理制度和外商投资国家安全审查制度。进一步缩减外商投资准入负面清单，落实2020年版鼓励外商投资产业目录，积极引导外资投向先进制造、高新技术、节能环保等领域和中西部地区。完善对人民币使用的支持体系，继续推动金融市场高质量双向开放。

二是推动共建“一带一路”高质量发展。坚持共商共建共享原则，秉持绿色、开放、廉洁理念，深化务实合作。严格做好境外项目疫情防控，大力推进健康、绿色、数字丝绸之路建设。提升境外投资质量效益，促进对外投融资基金健康发展。深入推进与重点国家和地区规划对接，加强产能合作。有序推进境外经贸合作区建设。推动铁路、港口、能源等互联互通重大项目取得积极进展，高标准推进中巴经济走廊建设，稳妥有序推动中蒙俄经济走廊等重大项目建设。积极推进中国与欧盟、新加坡、韩国、日本等第三方市场合作，推动与相关国家签署第三方市场合作重点项目清单。继续深化与国际组织共建“一带一路”合作。积极做好风险防范和处置应对，有效维护境外投资经营合法权益。拓展“丝路电商”合作。加强中欧班列通道能力、枢纽节点、口岸扩能及海外仓建设，推进中欧班列集结中心示范工程建设和政府间合作机制建设。商签中新共建国际陆海贸易新通道合作规划，推动国际陆海贸易新通道与澜湄合作对接发展。突出特色做好新疆、福建“一带一路”核心区建设，推进长江经济带发展等区域重大战略与共建“一带一路”深度融合。讲好共建“一带一路”故事。

三是加快对外开放高地建设。赋予自贸试验区更大改革自主权，狠抓改革试点任务落实，推动形成更多可复制可推广的制度创新成果。推动海关特殊监管区域与自贸试验区统筹发展。稳步推进海南自由贸易港建设，推动各项早期政策安排落地实施，推动出台海南自由贸易港法，积极推进国际旅游消费中心建设。提高沿边开发开放水平，支持沿边重点开发开放试验区建设。全面深化服务贸易创新发展试点，新增一批服务外包示范城市。

四是积极参与全球经济治理。坚定维护多边贸易体制，推动二十国集团发挥国际经济合作功能，积极参与世界贸易组织改革，推动国际金融体系改革。实施自由贸易区提升战略，构建面向全球的高标准自由贸易区网络，推动区域全面经济伙伴关系协定尽早生效实施，签署落实中欧投资协定，加快中日韩等自贸区谈判进程，加大力度支持非洲自贸区建设。积极考虑加入全面与进步跨太平洋伙伴关系协定。

（六）全面推进乡村振兴，稳步推进农业农村现代化。坚决巩固脱贫攻坚成果，坚持农业农村优先发展方针，实行农业现代化与农村现代化一体设计、一并推进。

一是做好巩固拓展脱贫攻坚成果同乡村振兴有效衔接。对脱贫县从脱贫之日起设立5年过渡期，过渡期内保持现有主要帮扶政策总体稳定。健全防止返贫动态监测和帮扶机制，对易返贫致贫人口及时发现、及时帮扶。扎实做好易地搬迁后续帮扶工作，继续完善易地扶贫搬迁集中安置区配套基础设施，持续加大就业和产业扶持力度。加大对脱贫县乡村振兴支持力度，实施脱贫地区特色种养业提升行动，深化拓展消费帮扶。在农业农村基础设施建设领域大力推广以工代赈方式，吸纳更多脱贫人口和低收入人口就地就近就业。坚持和完善东西部协作和对口支援、社会力量参与帮扶等机制。加强农村低收入人口常态化帮扶。

二是深入实施藏粮于地、藏粮于技战略。落实新一轮高标准农田建设规划，充分考虑水资源条件和水资源刚性约束，建设1亿亩旱涝保收、高产稳产高标准农田。实施国家黑土地保护工程，推广保护性耕作模式。加强农业种质资源保护开发利用，实施现代种业提升工程，有序推进生物育种产业化应用，强化制种基地和良种繁育体系建设。实施农业关键核心技术攻关工程，深入开展乡村振兴科技支撑行动，支持高端智能、丘陵山区农机装备研发制造，大力推进农业机械化。强化动物防疫和农作物病虫害防治体系建设。继续支持大中型灌区续建配套和现代化改造，推进病险水库除险加固。

三是加快发展乡村产业。依托乡村特色优势资源，打造农业全产业链，把产业链主体留在县域，建设农村一二三产业融合发展示范园、科技示范园区、现代农业产业园、农业产业强镇、优势特色产业集群，完善利益联结机制，让农民更多分享产业增值收益。完善农村产权制度和要素市场化配置机制，鼓励发展多种形式适度规模经营。支持农村产业化龙头企业创新发展、做大做强。加大对农产品分拣、加工、包装、预冷等一体化集配设施建设支持力度。加快完善县乡村三级节点农村物流体系，实施农产品仓储保鲜冷链物流设施建设工程，推进公益性农产品市场和农产品流通骨干网络建设。发展乡村旅游等多元业态，培育农产品电商品牌。完善农村生活性服务业支持政策。

四是实施乡村建设行动。大力提升农房设计和建设质量，提高农房现代化水平。加强畜禽粪污资源化利用，全面实施秸秆综合利用、农膜、农药包装物回收行动。因地制宜扎实推进农村厕所革命，加快推进农村生活污水治理，健全农村生活垃圾收运处置体系，推进农村生活垃圾分类减量与处理利用，开展美丽宜居村庄创建行动。统筹县域城镇和村庄规划建设，完善乡村水电路气、通信、广播电视、邮政等基础设施。实施农村供水保障工程，加强中小型水库等稳定水源工程建设和水源保护。实施农村水系综合治理。实施农村道路畅通、乡村清洁能源建设和数字乡村建设发展等工程，全面巩固提升农村电力保障水平。提升农村基本公共服务水平，建立城乡公共资源均衡配置机制。加快县域内城乡融合发展，实现县乡村功能衔接互补。

**专栏9：推进农业农村现代化重要举措**

| | |
|---|---|
| 农业现代化 | ⇨ 加强种质资源调查收集和种质资源库建设，实施农业生物育种重大科技项目，开展种源"卡脖子"技术攻关，实施新一轮畜禽遗传改良计划和现代种业提升工程。<br>⇨ 坚决守住18亿亩耕地红线，遏制耕地"非农化"、防止"非粮化"。明确耕地利用优先序。加强和改进建设占用耕地占补平衡管理。<br>⇨ 健全现代农业全产业链标准体系，构建现代乡村产业体系。 |
| 乡村建设 | ⇨ 加快村庄规划工作，2021年基本完成县级国土空间规划编制，明确村庄分类布局。<br>⇨ 继续把公共基础设施建设的重点放在农村。实施农村供水保障工程。开展"四好农村路"、城乡交通运输一体化示范创建，实施村级综合服务设施提升等工程。 |
| 乡村建设 | ⇨ 深入开展农房建设试点，推广绿色建材、装配式建筑和钢结构住宅。以推广卫生厕所为重点，提升农房现代化水平。<br>⇨ 实施农村人居环境整治提升五年行动。<br>⇨ 强化农村基本公共服务供给县乡村统筹，逐步实现标准统一、制度并轨。 |
| 农村改革 | ⇨ 有序开展第二轮土地承包到期后再延长30年试点。探索实施农村集体经营性建设用地入市制度。优先保障乡村产业发展、乡村建设用地。稳慎推进农村宅基地制度改革试点，规范开展房地一体宅基地日常登记颁证工作。2021年基本完成农村集体产权制度改革任务。深入推进农业水价综合改革。 |
| 乡村治理 | ⇨ 加快构建党组织领导的乡村治理体系，创新乡村治理方式，提高乡村善治水平。<br>⇨ 深入推进平安乡村建设，建立健全农村地区扫黑除恶常态化机制。加强新时代农村精神文明建设，挖掘、继承、创新优秀传统乡土文化。<br>⇨ 持续推进农村移风易俗。 |

（七）大力推进区域协调发展，优化国土空间布局和支撑体系。纵深推进新型城镇化战略，坚持实施区域重大战略、区域协调发展战略、主体功能区战略，健全区域协调发展体制机制，着力打造带动全国高质量发展的新动力源。

一是着力推动新型城镇化高质量发展。研究

出台《国家新型城镇化规划（2021—2035年）》。深化户籍制度改革，完善财政转移支付和城镇新增建设用地规模与农业转移人口市民化挂钩政策，依法坚决维护进城落户农民农村权益，提高农业转移人口享有的保障性住房、职业技能培训、子女义务教育等城镇基本公共服务水平。建立健全城市群规划实施机制和一体化发展机制。支持重点都市圈加快轨道交通网络建设。更好发挥中心城市对城市群和都市圈建设的带动作用，加强超大特大城市治理中的风险防控，提升大中城市功能品质，推进县城补短板强弱项，强化县城综合服务能力。促进特色小镇规范健康发展。因地制宜实施城市更新行动，推进老旧小区、老旧厂区、老旧街区、城中村等改造，新开工改造城镇老旧小区5.3万个。开展城市现代化试点示范，推动城市结构优化、功能完善和品质提升，加快建设宜居、绿色、韧性、智慧、人文城市。推进城市生态恢复、功能完善工程，强化历史文化保护，塑造城市风貌，强化社区管理服务功能。支持有条件的城市推进海绵城市建设。推动城市治理科学化精细化智能化。健全城乡融合发展体制机制，支持国家城乡融合发展试验区率先改革突破。

二是深入实施区域重大战略。以“十四五”规划实施方案为引领，统筹支持区域重大战略实施。持续推进京津冀协同发展，完善北京非首都功能疏解政策体系，推进雄安新区高标准高质量建设，推动北京城市副中心高质量发展，落实支持天津滨海新区高质量发展的意见，继续实施一批协同发展重大项目、重大改革、重大政策。推进长江经济带高质量发展，加强生态环境综合治理、系统治理、源头治理，深入推进污染治理“4+1”工程，持续巩固长江禁捕退捕成效，开展长江生物多样性保护工程。打造若干生态产品价值实现机制示范基地，加快完善长江经济带综合运输体系。深入推进粤港澳大湾区建设，完善国际科技创新中心“两廊”、“两点”空间布局，促进要素高效便捷流动，深入推进深圳建设中国特色社会主义先行示范区综合改革试点，推进前海深港现代服务业合作区、横琴粤澳深度合作区和河套深港科技创新合作区发展。大力推进长三角一体化发展，出台支持浦东新区高水平改革开放打造社会主义现代化建设引领区的意见，支持浦东探索开展综合性改革试点，鼓励长三角地区推进新型基础设施建设，总结推广长三角生态绿色一体化发展示范区制度创新经验，统筹推进上海自贸试验区临港新片区规划建设和发展。稳步推进黄河流域生态保护和高质量发展，加快制定形成“1+N+X”规划和政策体系。

**专栏10：落实区域重大战略的重要举措**

| | |
|---|---|
| 京津冀协同发展 | ⇨ 牢牢把握北京非首都功能疏解这个“牛鼻子”，加快建立完善北京非首都功能疏解激励约束政策体系，谋划实施一批具有较强影响力和带动性的疏解项目。聚焦启动区重大工程项目和公共服务配套建设，高标准高质量建设雄安新区。推动天津北方国际航运枢纽建设。加快建设“轨道上的京津冀”，完善区域一体化综合交通网络体系，持续加强生态环境联防联治，推进产业链与创新链深度融合，推动公共服务共建共享。 |
| 长江经济带发展 | ⇨ 持续抓好生态环境突出问题整改，强化追根溯源、系统治理。深入实施城镇污水垃圾处理、化工污染治理、农业面源污染治理、船舶污染治理以及尾矿库污染治理等生态环境污染治理“4+1”工程。全面推进沿江高铁建设，加快推进长江航道整治工程，大力发展多式联运、江海联运。统筹推进长江经济带沿海、沿江与内陆开放。推动长江沿线城市绿色转型发展，推进历史文化保护与旅游发展。做好长江保护法宣传教育和贯彻实施工作。 |
| 粤港澳大湾区建设 | ⇨ 以国际科创中心和综合性国家科学中心建设为抓手，大力推进科技创新和产业升级；以前海、南沙、河套、横琴等重点平台为载体，推动规则衔接贯通；加快城际铁路建设，促进大湾区基础设施互联互通；以鼓励同等享受教育、医疗、社保、交通等民生政策，进一步便利出入境为重点，提升大湾区居民获得感、幸福感、安全感。 |
| 长三角一体化发展 | ⇨ 深耕长三角生态绿色一体化发展示范区制度创新“试验田”，推进临港新片区、虹桥国际开放枢纽、沿沪宁产业创新带、皖北承接产业转移集聚区建设。推动长三角城市高质量发展。加快一体化发展重大战略项目建设，加大基础设施互联互通、科创产业融合、太湖水环境综合治理、生态环境共保联治、公共服务便利共享等重点领域投入力度，积极推进多层次轨道交通网络规划建设。 |
| 黄河流域生态保护和高质量发展 | ⇨ 坚持以水定城、以水定地、以水定人、以水定产，上下游、干支流、左右岸统筹谋划，共同抓好大保护，协同推进大治理，完善水沙调控体系。以黄河上游水源涵养区、中游黄土高原水土流失区、下游黄河三角洲等为重点，实施重大生态环境保护工程、河道和滩区综合治理提升工程，推进重点区域地下水超采综合治理，加大对汾河等污染严重支流的治理力度。系统保护黄河文化遗产。 |

三是扎实落实区域协调发展战略。推动构建更加有效的区域协调发展新机制。研究出台西部大开发“十四五”实施方案和重点地区规划，继续实施西部大开发企业所得税优惠政策，执行新修订的《西部地区鼓励类产业目录》，推进成渝地区双城经济圈建设，打造带动全国高质量发展的重要增长极

和新的动力源，提升关中平原城市群建设水平，促进西北地区与西南地区合作互动，积极推动西部大开发形成新格局。研究出台东北振兴“十四五”实施方案，着力推动东北地区产业结构调整优化，支持东北地区加大开放合作，推动东北振兴取得新突破。研究出台《关于新时代推动中部地区高质量发展的指导意见》，继续支持湖北省经济社会发展，促进中部地区加快崛起。大力推进山东新旧动能转换，支持福建高质量发展及平潭综合实验区建设，有力促进环渤海地区合作加快发展，深入推进淮河生态经济带建设，鼓励东部地区加快推进现代化。支持革命老区加快发展，贯彻落实《关于新时代支持革命老区振兴发展的意见》，促进民族地区经济社会发展，加强边境地区建设，加快推进资源型地区转型升级，支持老工业基地转型发展、承接产业转移。支持国家级新区、经济开发区、高新区创新发展。完善推进海洋经济高质量发展的政策体系，培育壮大海洋战略性新兴产业。

**专栏 11：落实区域协调发展战略的重要举措**

| | |
|---|---|
| 西部开发 | ⇨ 延续西部大开发企业所得税优惠政策并扩大政策受益范围。推动实施一批重大项目，加强交通基础设施建设，补齐教育、医疗等民生领域短板。加快推进云南面向南亚东南亚辐射中心、珠江—西江经济带和北部湾经济区、毕节试验区建设。促进 400 毫米降水线西侧区域保护发展。 |
| 东北振兴 | ⇨ 深化国有企业改革、优化营商环境，持续推动产业结构转型升级，完善政策保护好利用好黑土地，推进辽宁沿海经济带、长吉图开发开放先导区等重点区域建设，推动《东北振兴重点项目三年滚动方案（2020—2022 年）》重点项目加快建设。促进 400 毫米降水线西侧区域保护发展。 |
| 中部崛起 | ⇨ 指导省际交界地区深化合作，重点推进先进制造业发展、科技创新与产业融合、城乡区域协调发展、生态环境保护、内陆地区开放、公共服务水平提升。支持湖北省经济社会加快恢复发展。 |
| 东部率先 | ⇨ 鼓励东部地区进一步提升创新能力，提高要素产出效率，增强参与国际竞争水平，率先带动全国经济现代化。推动环渤海地区深入开展区域合作。建设济南新旧动能转换起步区。 |

（八）加快推动绿色低碳发展，持续加强生态文明建设。建立完善生态文明领域统筹协调机制，紧盯目标任务，持续精准发力，进一步改善生态环境质量，促进经济社会发展全面绿色转型。

一是扎实开展碳达峰、碳中和工作。加强顶层设计和统筹谋划，研究出台做好碳达峰碳中和工作指导意见。坚持推进节能减排，完善能源消费总量和强度双控制度，实施“十四五”节能减排综合工作方案，加强重点领域节能，加快建设全国用能权交易市场。坚决遏制高耗能高排放项目盲目发展。实施积极应对气候变化国家战略，制定 2030 年前碳排放达峰行动方案和应对气候变化中长期目标保障措施。建设并运行全国碳排放权注册登记结算系统和交易系统，完善温室气体自愿减排交易机制。深化应对气候变化试点示范，启动气候投融资地方试点。积极推进应对气候变化多边进程和国际合作，推进气候变化南南合作。研究制定中长期能源发展规划纲要，出台构建清洁能源增长消纳和储能协调有序发展体制机制的指导意见。加强西部能源基地外送电力通道建设，科学有序推进水电发展，积极有效推进风电、光伏发电、垃圾发电及氢能等能源发展，在确保安全的前提下积极有序发展核电，提高非化石能源消费占比，加大抽水蓄能和储能发展支撑力度，大力提升电力系统调节能力。

二是深入打好污染防治攻坚战。巩固蓝天、碧水、净土保卫战成果，加强细颗粒物（$PM_{2.5}$）、臭氧（$O_3$）等多污染物协同控制，北方地区清洁取暖率达到 70%，加快淘汰报废老旧柴油货车，强化区域大气污染防治协作，聚焦长江、黄河、粤港澳大湾区等重点流域和海湾，推进美丽河湖、美丽海湾保护和建设，持续推动城市和农村黑臭水体治理。深入开展土壤污染防治行动，严格农用地安全利用和建设用地风险管控，加强农业面源污染防治，推进化肥农药减量化。落实“精准治污、科学治污、依法治污”要求，制定实施构建现代环境治理体系三年工作方案，推进构建以排污许可制为核心的固定污染源监管制度体系。深入推进塑料污染全链条治理，统筹开展快递包装绿色转型，加快城镇环境基础设施发展，持续提升危险废物处理处置能力，构建污水资源化利用“1 + N”政策体系，推进污水资源化利用重点工程建设，补齐城镇生活污水处理设施短板弱项，加快推进长江经济带、黄河流域污水处理和资源化利用。加强噪声污染综合防治。持续推动货物运输“公转铁”。

三是加快推动形成绿色生产生活方式。深入推进国家生态文明试验区建设。大力发展循环经济，加快构建废旧物资循环利用体系。扩大环境保护、节能节水等企业所得税优惠目录范围，促进新型节能环保技术、装备和产品研发应用，培育壮大节能环保产业。大力发展绿色金融。推进重点行业和重要领域绿色化改造，开展清洁生产评价与认证，提升重点行业和园区清洁生产水平。推动绿色建筑发展。大力促进资源节约集约高效利用，推动大宗固体废弃物资源综合利用，持续推进危险废弃物环境风险排查整治，强化环境风险评估与管控。推进垃圾分类和减量化、资源化，稳步推开“无废城市”建设。推动节水型城市建设，推进海水淡化规模化利用示范。开展绿色社区创建行动，提倡“厉行节约、反对浪费”的社会风尚。

四是提升生态系统质量。制定生态保护红线监管办法，出台生态保护补偿条例，统筹推进生态环境损害赔偿制度改革。优化国家生态安全屏障体系，坚持山水林田湖草系统治理，实施全国重要生态系统保护和修复重大工程，统筹开展大规模国土绿化行动，科学推进荒漠化、石漠化、水土流失综合治理，加强重大战略区域重要湿地保护，强化海岸带生态保护和修复。调整优化国家公园布局，加快构建以国家公园为主体的自然保护地体系，持续加强自然保护地生态环境监管。加强生物多样性保护工作，举办《生物多样性公约》第十五次缔约方大会。

（九）进一步增进民生福祉，增强人民群众获得感、幸福感、安全感。把实现好、维护好、发展好最广大人民根本利益作为发展的出发点和落脚点，促进人的全面发展，扎实推动共同富裕。

一是持续提高居民收入水平。通过提升就业质量、强化人力资本、畅通社会流动、激发要素活力等方式，使各类社会群体依靠自身努力和智慧提高收入、创造财富。统筹推进收入分配重点领域改革，进一步健全工资指导线和企业薪酬调查制度，加大再分配调节力度和精准性。把促进全体人民共同富裕摆在更加重要的位置，精心谋划共同富裕顶层设计，研究开展共同富裕示范区建设，研究制定“十四五”时期扩大中等收入群体实施方案。

二是加快发展教育事业。多措并举扩大普惠性学前教育资源供给，完善普惠性学前教育保障机制。推动义务教育优质均衡发展和城乡一体化，提升高中阶段教育普及水平。分类推进“双一流”建设和应用型本科高校发展，全面振兴本科教育，推进新工科、新农科、新医科、新文科建设。加强教师队伍建设，加大中西部地区教师培训力度。健全教师工资保障长效机制，改善乡村教师待遇。保障进城务工人员随迁子女平等接受义务教育，进一步扩大城镇义务教育容量。纵深推进产教融合改革，推出首批国家产教融合型企业和试点城市。推动职业教育提质培优，完善高职院校“分类招考”制度，健全普职融通制度。开展多样化的在职培训和继续教育。

三是加大社会保障力度。提高退休人员基本养老金、优抚对象抚恤和生活补助标准。完善全国统一的社会保险公共服务平台。推进基本养老保险全国统筹。发展多层次、多支柱养老保险体系，支持第三支柱养老保险发展。推动失业保险、工伤保险省级统筹，全面做实基本医疗保险市地级统筹，鼓励有条件的省份推进省级统筹。居民医保和基本公共卫生服务经费人均财政补助标准分别再增加30元和5元。健全重大疾病医疗保险和救助制度，落实异地就医结算，稳步推进长期护理保险制度试点，积极发展商业医疗保险。建立健全门诊共济保障机制，逐步将门诊费用纳入统筹基金报销。建立健全医疗保障待遇清单制度，完善医保药品目录动态调整机制，推动药品集中采购常态化制度化。健全灵活就业人员社保制度，推进新就业形态人员职业伤害保障试点。健全退役军人工作体系和保障制度。健全分层分类的社会救助体系，建立完善社会救助主动发现机制，加大城镇困难群众脱困解困力度。保障妇女儿童合法权益，健全市、县、乡未成年人救助保护网络，完善残疾人、孤儿等社会福利制度。

四是保障好群众住房需求。坚持房子是用来住的、不是用来炒的定位，稳地价、稳房价、稳预期。解决好大城市住房突出问题，通过增加土地供应、安排专项资金、集中建设等办法，切实增加保障性租赁住房和共有产权住房供给，重视解决好新市民、青年人等住房困难群体的住房问题。加快完善长租房政策，逐步使租购住房在享受公共服务上具有同等权利，规范发展长租房市场，降低租赁住房税费负担。加大住房租赁市场金融支持，支持专业化、规模化住房租赁企业发展。

五是加强社会公共服务体系建设。推动出台“十四五”公共服务发展规划，完善均等化推进机制，推动国家基本公共服务标准落地落实。持续推进健康中国行动。启动实施优质高效医疗卫生服务体系建设工程，推进疾病预防控制体系现代化，加强心理健康服务体系建设和规范化管理，发展全方位全生命周期健康服务。推进国家医学中心建设，深入推进区域医疗中心建设试点，加快优质医疗资源扩容和均衡布局。启动实施医疗保障服务示范工程，推动医疗保障公共服务标准化、规范化、精细化。建立健全农村医疗卫生服务网络和城市社区卫生服务网络，提高医疗保障水平。坚持中西医并重，实施中医药振兴发展重大工程。实施积极应对人口老龄化国家战略，增强生育政策包容性，着力降低生育、养育、教育成本。发展普惠型养老服务和互助性养老，构建居家社区机构相协调、医养康养相结合的养老服务体系，健全养老服务综合监管制度，加快推进养老产业发展，统筹推进农村养老服务发展。发展普惠托育服务体系。深化家政服务业“领跑者”行动，培育员工制家政企业，推动家政进社区。推进长城、大运河、长征、黄河等国家文化公园建设，着力打造中华文化重要标志。实施文化保护传承利用工程，加强重要文化遗产和国家公园等重要自然遗产保护利用，推进故宫博物院北院区、国家美术馆等重大文化设施项目建设。繁荣发展哲学社会科学。促进文化和旅游融合发展，培育世界级旅游景区和度假区、国家级休闲城市和街区。出台实施《国民休闲纲要（2021—2035年）》，推动落实带薪休假制度。深入推进北京冬奥会、冬残奥会筹办工作。制定构建更高水平的全民健身服务体系的意见，打造贴近自然、便捷高效的群众健身场地。开展社会服务设施兜底线工程，支持儿童福利设施、残疾人康复和托养设施建设，进一步补上退役军人等领域基础设施短板，提升兜底保障能力。加强和创新社会治理，健全城乡社区治理和服务体系。深化公共法律服务体系建设。完善和落实安全生产责任制，加强安全生产监管执法。强化生物安全保护，加强国家生物数据中心体系和高级别生物安全实验室建设，提高食品药品安全保障水平，加强网络食品安全监督管理，启动建设食品安全风险评估与标准研制重点实验室。加强应急救援力量建设，提高防灾减灾抗灾救灾能力，切实做好洪涝干旱、森林草原火灾、地质灾害、地震等防御和气象服务。

**专栏 12：加强社会公共服务体系建设**

| | |
|---|---|
| 公共教育 | ⇨ 巩固拓展教育脱贫攻坚成果，补齐学前教育资源短板，深入推进义务教育薄弱环节改善与能力提升，扩大公办普通高中教育资源。推动职业教育产教融合、校企合作，加大产教融合实训基地支持力度。促进中西部高等教育发展。建设国家产教融合创新平台和研究生联合培养基地，加强重点领域专业学科建设和急需人才培养，持续提升教师素质。 |
| 医疗卫生 | ⇨ 研究编制“十四五”国家医学中心建设工作方案，谋划推动若干高水平医院或专科进入世界一流行列。出台加快医学教育创新发展和中医药特色发展若干政策措施。加强公共卫生体系建设，完善疾病预防控制体系。加快发展健康产业。 |
| 残疾人服务 | ⇨ 扩大残疾人康复、托养或综合服务设施覆盖面，提高残疾人服务机构康复辅助器具适配率，增强残疾人就业服务能力。 |
| 老年人服务 | ⇨ 完善养老服务体系建设，加强基本养老服务补短板，持续开展普惠养老专项行动，推动养老事业和养老产业协同发展。开展积极应对老龄化综合创新试点和能力评价，持续推动充分兼顾老年人需要的智慧社会建设，切实解决老年人运用智能技术困难。 |
| 托育和儿童服务 | ⇨ 开展全国婴幼儿照护服务示范城市创建活动。实施专项行动支持各类主体发展普惠托育，建设一批示范性普惠托育服务机构，发展集中管理运营的社区托育服务网络，促进托育服务健康发展。推动儿童友好城市建设。 |
| 文化和旅游 | ⇨ 推动文化和旅游融合与高质量发展，加强国家文化公园标志性项目建设，支持国家重点文物保护和考古发掘，提升边境和“三区三州”等重点地区广电公共服务水平。 |
| 全民健身 | ⇨ 推动全民健身设施补短板，开展体育公园建设，编制户外运动发展规划纲要，建立国家步道体系，推动三亿人参与冰雪运动，加强社会足球场地等健身设施对外开放和运营管理。 |
| 居住社区 | ⇨ 深入推进城市居住社区建设补短板行动，补齐基本公共服务设施、便民商业服务设施、市政配套基础设施和公共活动空间建设短板。 |

（十）统筹发展和安全，防范化解重点领域风险。坚持总体国家安全观，不断加强经济安全风险预警、防控机制和能力建设，实现关键领域安全可控，守住不发生系统性风险底线。

一是提升粮食和重要农产品供给保障能力。加快推动粮食安全保障立法。深入实施重要农产品保障战略，严格落实粮食安全省长责任制和“菜篮子”市长负责制，确保粮棉油糖肉等供给安全。落实最严格的耕地保护制度，支持利用撂荒地发展粮食生产，稳定粮食播种面积、提高单产水平。强化粮食“产购储加销”协同保障机制。完善粮食主产区利益补偿机制，加强粮食生产功能区和重要农产品生产保护区建设，建设国家粮食安全产业带。深入推进优质粮食工程，加快粮食产业高质量发展。适度提高稻谷、小麦最低收购价，完善玉米、大豆生产者补贴政策，完善产粮大县奖励政策，保护农民种粮积极性。深入推进农业结构调整，扩大玉米种植面积，稳定大豆生产，多措并举发展油菜、花生等油料作物，稳定棉花、糖料种植面积，集成推广绿色高质高效技术模式。持续抓好生猪生产恢复，积极发展牛羊产业，继续实施奶业振兴行动。健全粮食、生猪产业监测预警体系，充分发挥储备调节作用，提升收储调控和应急保障能力，推进粮食流通现代化。实施重要农产品进口多元化战略。加快培育大型跨国农业企业，加强粮食和重要农产品境外供应链建设。开展粮食节约行动，坚持不懈制止餐饮浪费。

二是保障能源资源安全。继续推进能源产供储销体系建设，加强网络布局、规划建设、运行管理、调配调度等方面有机衔接。优化煤炭生产开发布局和产能结构，系统提升煤炭供应保障能力。提升电力运行水平，推进风光水火核储一体化发展，充分发挥煤电调峰、应急、支持和兜底保供作用。大力提升油气勘探开发力度，实施天然气管网互联互通工程，强化油气供应保障基础。积极推进能源通道建设，增强能源储备能力，提升运输保障能力。完善应急保障预案，提升风险应对和应急调节能力，增强能源安全韧性。继续开展找矿突破战略行动，实施矿产地储备工程，全面推进矿业权竞争性出让，积极推进“净矿出让”，调动各类市场主体积极性。加强矿产资源开发管理和保护，提升战略性矿产资源储备安全保障能力。积极参与全球矿业治理，持续开展国际矿业合作。

三是维护金融等领域安全。严格落实地方政府债务风险防控相关规定，坚决遏制隐性债务增量、积极稳妥化解隐性债务存量。完善现代金融监管体系，提升金融监管能力，加强对金融创新的审慎监管。稳妥处置重点领域风险，健全金融风险预防、预警、处置、问责制度体系。完善存款保险制度，充分发挥早介入、早预警、早处置的作用。全面加强网络安全保障体系和能力建设。

全面准确贯彻“一国两制”、“港人治港”、“澳人治澳”、高度自治的方针，维护国家主权、安全、发展利益和特别行政区社会大局稳定。支持香港、澳门更好融入国家发展大局，建设国际创新科技中心，打造“一带一路”功能平台，实现经济多元可持续发展，完善便利港澳居民在内地发展政策措施。坚持一个中国原则和“九二共识”，坚决遏制“台独”分裂活动，推动两岸关系和平发展、融合发展，加强两岸产业合作，打造两岸共同市场，壮大中华民族经济，共同弘扬中华文化。

2021年经济社会发展工作任务繁重，意义重大。我们要更加紧密地团结在以习近平同志为核心的党中央周围，高举中国特色社会主义伟大旗帜，以习近平新时代中国特色社会主义思想为指导，增强“四个意识”、坚定“四个自信”、做到“两个维护”，按照党中央、国务院决策部署，自觉接受全国人大的监督，认真听取全国政协的意见和建议，不忘初心、牢记使命，齐心协力、开拓进取，以钉钉子精神做实做细各项工作，努力在危机中育先机，于变局中开新局，确保全面建设社会主义现代化国家新征程开好局、起好步，以优异成绩庆祝中国共产党成立100周年。

# 第十三届全国人民代表大会财政经济委员会关于2020年国民经济和社会发展计划执行情况与2021年国民经济和社会发展计划草案的审查结果报告

（2021年3月9日第十三届全国人民代表大会第四次会议主席团第二次会议通过）

十三届全国人大四次会议主席团：

第十三届全国人民代表大会第四次会议审查了国务院提出的《关于2020年国民经济和社会发展计划执行情况与2021年国民经济和社会发展计划草案的报告》和2021年国民经济和社会发展计划草案。全国人民代表大会财政经济委员会在对计划报告和计划草案初步审查的基础上，根据各代表团和有关专门委员会的审查意见，又作了进一步审查。国务院根据审查意见对计划报告作了修改。现将审查结果报告如下。

## 一、2020 年计划执行情况总体良好

财政经济委员会认为，2020 年国民经济和社会发展计划执行情况总体良好。面对严峻复杂的国际形势、艰巨繁重的国内改革发展稳定任务特别是新冠肺炎疫情的严重冲击，以习近平同志为核心的党中央统筹疫情防控和经济社会发展，疫情防控取得重大战略成果，在全球主要经济体中唯一实现经济正增长，脱贫攻坚战取得全面胜利，决胜全面建成小康社会取得决定性成就，交出一份人民满意、世界瞩目、可以载入史册的答卷。国务院和地方各级人民政府以习近平新时代中国特色社会主义思想为指导，全面贯彻党的十九大和十九届二中、三中、四中、五中全会以及中央经济工作会议精神，按照党中央决策部署和十三届全国人大三次会议各项决议要求，扎实做好“六稳”工作，全面落实“六保”任务，着力推动高质量发展，经济运行逐步恢复常态，经济总量迈上 100 万亿元大台阶。十三届全国人大三次会议批准的 2020 年国民经济和社会发展计划确定的主要目标任务较好完成，我国改革开放和社会主义现代化建设又取得新的重大进展，为开启全面建设社会主义现代化国家新征程奠定了基础。

同时也要看到，当前国内外环境面临深刻复杂变化。国际形势中不稳定不确定因素增多，新冠肺炎疫情仍在全球蔓延，世界经济复苏乏力。我国经济恢复基础尚不牢固，新冠肺炎疫情“外防输入、内防反弹”任务艰巨，有效需求仍显疲弱，实体经济特别是民营和小微企业仍较困难，重点领域安全风险不容忽视，关键核心技术“卡脖子”问题仍然突出，民生领域还有薄弱环节。对于这些困难和问题，要按照中央经济工作会议要求，进一步坚持系统观念，加强全局谋划和统筹协调，尽快加以解决。

## 二、2021 年计划报告和计划草案总体可行

财政经济委员会认为，国务院提出的 2021 年计划报告和计划草案，符合《中共中央关于制定国民经济和社会发展第十四个五年规划和二〇三五年远景目标的建议》和中央经济工作会议精神，符合我国经济社会发展实际，主要指标和工作安排总体可行。建议第十三届全国人民代表大会第四次会议批准国务院提出的《关于 2020 年国民经济和社会发展计划执行情况与 2021 年国民经济和社会发展计划草案的报告》，批准 2021 年国民经济和社会发展计划草案。

## 三、做好 2021 年计划执行工作的建议

2021 年是中国共产党成立 100 周年，是实施“十四五”规划、开启全面建设社会主义现代化国家新征程的第一年，在党和国家事业发展进程中具有特殊重要性，做好经济社会发展工作意义重大。要在以习近平同志为核心的党中央坚强领导下，以习近平新时代中国特色社会主义思想为指导，全面贯彻党的十九大和十九届二中、三中、四中、五中全会以及中央经济工作会议精神，增强“四个意识”、坚定“四个自信”、做到“两个维护”，坚持稳中求进工作总基调，立足新发展阶段，贯彻新发展理念，构建新发展格局，以推动高质量发展为主题，以深化供给侧结构性改革为主线，以改革创新为根本动力，以满足人民日益增长的美好生活需要为根本目的，坚持系统观念，巩固拓展疫情防控和经济社会发展成果，更好统筹发展和安全，扎实做好“六稳”工作、全面落实“六保”任务，科学精准实施宏观政策，努力保持经济运行在合理区间，坚持扩大内需战略，强化科技战略支撑，扩大高水平对外开放，保持社会和谐稳定，确保“十四五”开好局起好步，以优异成绩庆祝中国共产党成立 100 周年。为此，财政经济委员会提出以下建议：

（一）更好统筹疫情防控和经济社会发展，稳定预期提振信心。切实抓紧抓实“外防输入、内防反弹”，科学推进疫苗研制生产、接种使用工作。持续优化常态化疫情防控举措，积极构建统筹疫情防控和经济社会发展的中长期协调机制。保持宏观政策连续性、稳定性、可持续性，不急转弯，根据形势变化适时调整优化。继续为市场主体纾困，保持必要支持力度，进一步巩固经济基本盘。加强宏观政策协调配合，形成政策合力，稳定市场主体预期，提振信心。

（二）加快科技自立自强，强化国家战略科技力量。把科技自立自强作为国家发展的战略支撑，发挥新型举国体制优势，推进国家实验室建设，强化企业创新主体地位，促进产学研用深度融合，推动科技力量优化配置和资源共享。提高基础研究经费投入占研发经费投入比重，完善稳定支持机制。加快推进关键核心技术攻关。加大知识产权保护力度，完善创新激励机制和科技评价机制，提高科技成果转化率。加强重点产业链、供应链安全监测

评估，统筹推进补短板和锻长板，增强产业链、供应链自主可控能力。

（三）坚持扩大内需这个战略基点，加快形成强大国内市场。加快培育完整内需体系，建设现代流通体系和全国统一大市场。适应居民消费多元化和结构升级趋势，推动线上线下融合发展，健全社会信用体系，营造良好消费环境，全面促进消费。依托强大国内市场，吸引全球资源要素，促进内外贸一体化。发挥政府投资引领作用，激发全社会投资活力，鼓励民间资本参与重大工程项目，推动重大项目落地实施，增强投资增长后劲。持续深化供给侧结构性改革，推动制造业高质量发展，统筹产业布局，避免重复建设，鼓励企业加快设备更新和技术改造。大力发展数字经济，加强顶层设计和法律规范，推动数字经济健康发展。深入推进以人为核心的新型城镇化，促进城乡融合发展、区域协调发展。

（四）持续激发市场主体活力，促进实体经济健康发展。帮助市场主体特别是中小微企业和个体工商户解决生产经营中遇到的难题。继续执行制度性减税政策，实施新的结构性减税举措，坚决制止涉企乱收费。认真落实《保障中小企业款项支付条例》，加大清理拖欠企业账款力度。保持流动性合理充裕，强化普惠金融服务，促进中小微企业融资更加便利，降低融资成本。支持各类企业包括平台企业创新规范发展，预防和规制平台经济垄断和不正当竞争行为，引导互联网经济健康发展。

（五）防范化解重点领域风险，统筹发展和安全。坚决遏制地方政府隐性债务增量、积极化解隐性债务存量，切实缓解基层“三保”困难。完善现代金融监管体系，保持宏观杠杆率基本稳定，完善债券市场基础制度，前瞻性研判金融风险，提升系统性金融风险防范化解能力。深入实施重要农产品保障战略，提高粮食和重要农产品供给保障能力，加强种质资源保护利用和技术攻关。深入开展节约粮食行动，坚持不懈制止餐饮浪费。保障能源资源安全，提升风险应对和应急调控能力。维护新型领域安全，加强网络安全能力建设。

（六）坚定不移深化改革扩大开放，持续增强发展内生动力。加快建设高标准市场体系，完善公平竞争制度，推进要素资源市场化配置。继续深化“放管服”改革，营造市场化、法治化、国际化营商环境。推进国有经济布局优化和结构调整，进一步放宽市场准入，依法平等保护民营企业产权和企业家权益。完善多层次、广覆盖、差异化金融机构体系，健全金融机构治理，促进资本市场健康发展，提升直接融资比重。多措并举稳定外贸外资基本盘，有序扩大服务业对外开放。发挥好自贸区（港）等各类开放平台作用，推动共建“一带一路”高质量发展。

（七）着力保障改善民生，促进社会事业全面发展。把促进共同富裕放在更加重要的位置，逐步健全基本公共服务体系。落实就业优先政策，扩大就业容量，提高劳动者技能素质和就业质量。持续提高居民收入水平，健全再分配机制。促进教育发展更加公平更高质量。建立健全巩固拓展脱贫攻坚成果同乡村振兴有效衔接机制，坚决防止规模性返贫。聚焦解决农民群众“急难愁盼”问题，大力实施乡村建设行动，推进农业农村现代化。坚持绿水青山就是金山银山理念，深入打好污染防治攻坚战，持续改善环境质量。繁荣发展文化事业和文化产业。健全多层次社会保障体系，加快实现基本养老保险全国统筹，推动基本医疗保险、失业保险、工伤保险省级统筹。加强医疗卫生机构建设，提高公共卫生治理能力。积极应对人口老龄化，加快完善养老服务体系。解决好大城市住房突出问题。完善和落实安全生产责任制，提高防灾、减灾、抗灾、救灾能力。

以上报告，请审议。

第十三届全国人民代表大会
财政经济委员会
2021年3月9日

# 第十三届全国人民代表大会第四次会议关于2020年中央和地方预算执行情况与2021年中央和地方预算的决议

（2021年3月11日第十三届全国人民代表大会第四次会议通过）

第十三届全国人民代表大会第四次会议审查了国务院提出的《关于2020年中央和地方预算执

行情况与 2021 年中央和地方预算草案的报告》及 2021 年中央和地方预算草案，同意全国人民代表大会财政经济委员会的审查结果报告。会议决定，批准《关于 2020 年中央和地方预算执行情况与 2021 年中央和地方预算草案的报告》，批准 2021 年中央预算。

# 关于 2020 年中央和地方预算执行情况与 2021 年中央和地方预算草案的报告

——2021 年 3 月 5 日在第十三届全国人民代表大会第四次会议上

财政部

各位代表：

受国务院委托，现将 2020 年中央和地方预算执行情况与 2021 年中央和地方预算草案提请十三届全国人大四次会议审查，并请全国政协各位委员提出意见。

## 一、2020 年中央和地方预算执行情况

2020 年是新中国历史上极不平凡的一年。面对严峻复杂的国际形势、艰巨繁重的国内改革发展稳定任务特别是新冠肺炎疫情的严重冲击，以习近平同志为核心的党中央统揽全局，保持战略定力，准确判断形势，精心谋划部署，果断采取行动，付出艰苦努力，及时作出统筹疫情防控和经济社会发展的重大决策。各地区各部门坚持以习近平新时代中国特色社会主义思想为指导，全面贯彻党的十九大和十九届二中、三中、四中、五中全会精神，按照党中央、国务院决策部署，沉着冷静应对风险挑战，坚持高质量发展方向不动摇，严格执行十三届全国人大三次会议审查批准的预算，统筹疫情防控和经济社会发展，扎实做好“六稳”工作、全面落实“六保”任务，我国经济运行逐季改善、逐步恢复常态，在全球主要经济体中唯一实现经济正增长，脱贫攻坚战取得全面胜利，决胜全面建成小康社会取得决定性成就，交出一份人民满意、世界瞩目、可以载入史册的答卷。

回顾过去一年，新冠肺炎疫情给财政运行带来的困难和挑战多年未有。一季度受疫情暴发蔓延影响，全国财政收入同比下降 14.3%，为 2009 年以来首次负增长，其中 2 月份下降 21.4%、3 月份下降 26.1%，31 个省份中有 30 个收入负增长，收支矛盾异常突出，地方财政运转尤为困难。严峻形势面前，财政部门坚决贯彻落实党中央、国务院关于积极的财政政策要更加积极有为的要求，在全力保障重点领域支出的同时，及时调整完善预算收支安排，加大逆周期调节力度，建立新增财政资金直达机制，挖掘增收节支潜力，保持预算平衡和财政稳定运行。经过艰苦努力，随着疫情防控形势好转和经济逐步恢复，财政运行情况逐季向好，二季度收入触底回升、降幅收窄至 7.4%，三季度由负转正、增长 4.7%，四季度持续向好、增长 5.5%，全年预算目标基本实现。中央和地方预算执行情况较好。

（一）2020 年一般公共预算收支情况。

1. 全国一般公共预算。

全国一般公共预算收入 182894.92 亿元，为预算的 101.5%，比 2019 年下降 3.9%。其中，税收收入 154310.06 亿元，下降 2.3%；非税收入 28584.86 亿元，下降 11.7%。加上调入资金及使用结转结余 26133.32 亿元（包括中央和地方财政从预算稳定调节基金、政府性基金预算、国有资本经营预算调入资金，以及地方财政使用结转结余资金），收入总量为 209028.24 亿元。全国一般公共预算支出 245588.03 亿元，完成预算的 99.1%，增长 2.8%。加上补充中央预算稳定调节基金 1040.21 亿元，支出总量为 246628.24 亿元。收支总量相抵，赤字 37600 亿元，与预算持平。

2. 中央一般公共预算。

中央一般公共预算收入 82771.08 亿元，为预算的 100%，下降 7.3%。加上从中央预算稳定调节基金调入 5300 亿元，从中央政府性基金预算、中央国有资本经营预算调入 3580 亿元，收入总量为 91651.08 亿元。中央一般公共预算支出 118410.87 亿元，完成预算的 99.1%，增长 8.2%，其中，本级支出 35095.57 亿元，完成预算的 100.2%（主要是国债付息支出增加），下降 0.1%；对地方转移支付 83315.3 亿元，完成预算的 99.3%，增长 12%。加

上补充中央预算稳定调节基金 1040.21 亿元，支出总量为 119451.08 亿元。收支总量相抵，中央财政赤字 27800 亿元，与预算持平。

中央一般公共预算主要收入项目具体情况是：国内增值税 28352.98 亿元，为预算的 98.8%。国内消费税 12028.1 亿元，为预算的 96.1%。进口货物增值税、消费税 14534.63 亿元，为预算的 109.2%。关税 2564.2 亿元，为预算的 93.2%。企业所得税 23257.57 亿元，为预算的 98.3%。个人所得税 6940.91 亿元，为预算的 109.3%。出口货物退增值税、消费税 13628.98 亿元，为预算的 112.3%。

中央一般公共预算本级主要支出项目具体情况是：一般公共服务支出 1735.21 亿元，完成预算的 100.8%，主要是海关防控新冠肺炎疫情经费增加。外交支出 514.06 亿元，完成预算的 94.7%。国防支出 12679.92 亿元，完成预算的 100%。公共安全支出 1835.9 亿元，完成预算的 100.2%。教育支出 1673.65 亿元，完成预算的 98.5%。科学技术支出 3216.48 亿元，完成预算的 100.6%。粮油物资储备支出 1224.57 亿元，完成预算的 100.7%。债务付息支出 5538.95 亿元，完成预算的 102.6%。

中央对地方转移支付具体情况是：一般性转移支付 69557.23 亿元，完成预算的 99.2%，其中，共同财政事权转移支付 32180.72 亿元，完成预算的 98.7%；专项转移支付 7765.92 亿元，完成预算的 100.1%，主要是据实安排的土地指标跨省域调剂收入安排的支出增加；特殊转移支付 5992.15 亿元，完成预算的 99%。

2020 年中央一般公共预算超收收入和支出结余 1040.21 亿元，全部转入中央预算稳定调节基金。中央预备费预算 500 亿元，实际支出 146.41 亿元，主要用于洪涝灾害灾后恢复重建等方面，剩余 353.59 亿元（已包含在上述结余 1040.21 亿元中）全部转入中央预算稳定调节基金。2020 年末，中央预算稳定调节基金余额 1131.31 亿元。

3. 地方一般公共预算。

地方一般公共预算收入 183439.14 亿元，其中，本级收入 100123.84 亿元，下降 0.9%；中央对地方转移支付收入 83315.3 亿元。加上从地方预算稳定调节基金、政府性基金预算、国有资本经营预算调入资金及使用结转结余 17253.32 亿元，收入总量为 200692.46 亿元。地方一般公共预算支出 210492.46 亿元，增长 3.3%。收支总量相抵，地方财政赤字 9800 亿元，与预算持平。

（二）2020 年政府性基金预算收支情况。

按照地方政府债务管理有关规定，地方政府专项债务收支纳入政府性基金预算管理。根据抗疫特别国债资金管理办法规定，抗疫特别国债收支纳入政府性基金预算管理。

全国政府性基金预算收入 93488.74 亿元，为预算的 114.8%，增长 10.6%，主要是地方国有土地使用权出让金收入增加较多。加上 2019 年结转收入 181.55 亿元、地方政府发行专项债券筹集收入 37500 亿元，以及抗疫特别国债收入 10000 亿元，全国政府性基金收入总量为 141170.29 亿元。全国政府性基金预算支出 117998.94 亿元，完成预算的 93.6%，增长 28.8%，主要是地方政府专项债券安排的支出增加较多。

中央政府性基金预算收入 3561.58 亿元，为预算的 98.6%，下降 11.8%，主要是受疫情影响部分基金减收较多，同时出台阶段性免征政策。加上 2019 年结转收入 181.55 亿元和抗疫特别国债收入 10000 亿元，中央政府性基金收入总量为 13743.13 亿元。中央政府性基金预算支出 10439.87 亿元，完成预算的 96.8%，其中，本级支出 2714.62 亿元，对地方转移支付 7725.25 亿元。调入一般公共预算 3002.5 亿元。中央政府性基金预算收大于支 300.76 亿元，其中，结转下年继续使用 240.12 亿元；单项政府性基金项目结转超过当年收入 30% 的部分合计 60.64 亿元，按规定补充中央预算稳定调节基金。

地方政府性基金预算本级收入 89927.16 亿元，增长 11.7%，其中，国有土地使用权出让收入 84142.29 亿元，增长 15.9%。加上中央政府性基金预算对地方转移支付收入 7725.25 亿元和地方政府发行专项债券筹集收入 37500 亿元，地方政府性基金收入总量为 135152.41 亿元。地方政府性基金预算支出 115284.32 亿元，增长 30.2%。

（三）2020 年国有资本经营预算收支情况。

按照国有资本经营预算管理有关规定，国有资本经营预算收入主要根据国有企业上年实现净利润一定比例收取，同时按照收支平衡原则安排相关支出。

全国国有资本经营预算收入 4777.82 亿元，为预算的 131.3%，增长 20.3%，主要是加大国有企业利润上缴力度。全国国有资本经营预算支出 2544.06 亿元，完成预算的 97.3%，增长 10.8%。

中央国有资本经营预算收入 1785.61 亿元，为预算的 105.6%，增长 9.1%。加上 2019 年结转收入 144.09 亿元，收入总量为 1929.7 亿元。中央国有资本经营预算支出 939.06 亿元，完成预算的 74.6%，下降 15.3%，其中，本级支出 873.69 亿元，对地方转移支付 65.37 亿元。调入一般公共预算增加至 577.5 亿元。结转下年支出 413.14 亿元。

地方国有资本经营预算本级收入 2992.21 亿元，增长 28.1%。加上中央国有资本经营预算对地方转移支付收入 65.37 亿元，以及上年结转收入 80.49 亿元，收入总量为 3138.07 亿元。地方国有资本经营预算支出 1670.37 亿元，增长 27.6%。调入一般公共预算增加至 1148.2 亿元。结转下年支出 319.5 亿元。

（四）2020 年社会保险基金预算收支情况。

全国社会保险基金预算收入 72115.65 亿元，为预算的 93.3%，下降 13.3%，主要是出台阶段性减免社会保险费政策形成减收较多，其中，保险费收入 46973.69 亿元，财政补贴收入 20946.94 亿元。加上从全国社会保障基金调入用于弥补部分地方企业职工基本养老保险基金缺口的专项资金 500 亿元，收入总量为 72615.65 亿元。全国社会保险基金预算支出 78834.82 亿元，完成预算的 95.8%，增长 5.5%。当年收支缺口 6219.17 亿元，年末滚存结余 90326.14 亿元。

中央社会保险基金预算收入 704.83 亿元，为预算的 50.9%，其中，保险费收入 352 亿元，财政补贴收入 317.75 亿元。加上地方上缴的基本养老保险中央调剂基金收入 7379.55 亿元和从全国社会保障基金调入的专项资金 500 亿元，收入总量为 8584.38 亿元。中央社会保险基金预算支出 708.42 亿元，完成预算的 50.3%，加上安排给地方的基本养老保险中央调剂基金支出 7370.05 亿元和安排下达部分地方弥补企业职工基本养老保险基金缺口专项资金 500 亿元，支出总量为 8578.47 亿元。当年收支结余 5.91 亿元，年末滚存结余 372.87 亿元。中央社会保险基金收支预算执行率较低，主要是部分机关事业单位养老保险实施准备期清算工作尚未完成。中央调剂基金收支存在 9.5 亿元差额，主要是收支列入中央预算的新疆生产建设兵团参与地方调剂，以及分配以前年度中央调剂基金利息。

地方社会保险基金预算收入 71410.82 亿元，其中，保险费收入 46621.69 亿元，财政补贴收入 20629.19 亿元。加上基本养老保险中央调剂资金收入 7370.05 亿元和中央安排部分地方弥补企业职工基本养老保险基金缺口专项资金 500 亿元，收入总量为 79280.87 亿元。地方社会保险基金预算支出 78126.40 亿元，加上基本养老保险中央调剂资金支出 7379.55 亿元，支出总量为 85505.95 亿元。当年收支缺口 6225.08 亿元，年末滚存结余 89953.27 亿元。

2020 年末，中央财政国债余额 208905.87 亿元，控制在全国人大批准的债务余额限额 213008.35 亿元以内；地方政府债务余额 256614.65 亿元，包括一般债务余额 127395 亿元、专项债务余额 129219.65 亿元，控制在全国人大批准的债务余额限额 288074.3 亿元以内。

（五）2020 年主要财税政策落实和重点财政工作情况。

2020 年，财政部门认真贯彻党中央、国务院决策部署，按照预算法及其实施条例和《关于人大预算审查监督重点向支出预算和政策拓展的指导意见》，落实全国人大预算决议和审议意见要求，及时研究出台对冲疫情影响的财税政策，支持做好“六稳”工作、落实“六保”任务，发挥稳定经济的关键作用，同时加快推进财税体制改革，有力维护经济发展和社会稳定大局。

全力支持抗击新冠肺炎疫情。**优先保障疫情防控经费**。把疫情防控作为最重要、最紧迫的工作来抓，按照特事特办、急事急办原则，加快资金拨付使用，确保人民群众不因担心费用问题而不敢就诊，确保各地不因资金问题而影响医疗救治和疫情防控。加大对湖北等疫情严重地区支持力度。加强资金分配和使用监管，各级财政疫情防控资金支出超过 4000 亿元，为开展相关工作提供了坚实支撑。**强化应对疫情的财税支持政策**。对新冠肺炎患者实行财政兜底免费救治，不惜一切代价救治生命。对参加疫情防控的一线医务人员和防疫工作者给予临时性工作补助，疫情防控期间湖北省（含援鄂医疗队）补助标准再提高一倍。对疫情防控重点保障企业给予税费减免，通过优惠贷款贴息等方式提供资金支持。对紧缺的重点医疗物资实施政府兜底收储。积极支持疫情防控科研攻关，推进药物和疫苗研发等。同时，大力支持公共卫生体系、重大疫情防控救治体系和应急物资保障体系建设，提升重大突发公共卫生事件应急处置和救治、应急物资生产动员能力。

出台实施规模性纾困政策。**以更大的政策力度对冲疫情影响**。坚持积极的财政政策更加积极有为，特殊时期采取特殊举措，赤字率提高到 3.6% 以上，赤字规模增加 1 万亿元，发行 1 万亿元抗疫特别国债，上述2万亿元主要用于保就业、保基本民生、保市场主体，包括支持减税降费、减租降息、扩大消费和投资等。新增地方政府专项债券比上年增加1.6万亿元，适当拓宽使用范围，提高专项债券资金可用作项目资本金的比例，积极扩大有效投资。**加大减税降费力度支持纾解企业经营困难**。实施阶段性大规模减税降费，与制度性安排相结合，全年为市场主体减负超过2.6万亿元。在实施降低增值税税率、个人所得税专项附加扣除、降低企业养老保险费率等制度性政策的基础上，根据应对疫情的需要，新出台实施7批28项减税降费政策，及时推出免征中小微企业社保费、减免小规模纳税人和部分行业增值税等阶段性措施，延缓小微企业、个体工商户所得税缴纳，着力支持保市场主体，向中小微企业、个体工商户和困难行业企业倾斜。**加大转移支付力度缓解基层财政运行困难**。中央对地方转移支付达到8.33万亿元，比上年增加8955亿元，增长12%，增量和增幅为近年来最高，并重点向中西部和困难地区倾斜，确保基层财力增长。阶段性提高地方财政资金留用比例，实行差异化资金调度，地方“三保”（保基本民生、保工资、保运转）支出得到较好保障。

推动三大攻坚战取得决定性成就。**支持如期打赢脱贫攻坚战**。聚焦剩余贫困县和贫困人口，精准落实帮扶措施。中央财政专项扶贫资金连续第五年增加200亿元，达到1461亿元，并向受疫情影响较重地区、挂牌督战地区倾斜。一次性增加综合性财力补助资金300亿元，支持地方脱贫攻坚补短板。加大对产业扶贫、就业扶贫的支持，着力解决“两不愁三保障”突出问题。加强扶贫项目资金全过程绩效管理，健全部门协同、上下联动的资金监管机制。**推动生态环境明显改善**。支持打好蓝天、碧水、净土保卫战。深入实施山水林田湖草生态保护修复工程试点。持续推进林业草原生态保护修复，全面加强生物多样性保护。引导黄河全流域开展横向生态补偿机制试点，带动沿黄各省区共抓大保护大治理。推动国家绿色发展基金挂牌运营，支持长江经济带沿线省市开展环境保护、能源资源节约利用等。**防范化解重大风险取得积极成效**。完善债务常态化监控机制，强化政策协同，实施联合监管，地方政府隐性债务风险得到缓释。从新增地方政府专项债券额度中安排2000亿元，支持化解中小银行风险。

大力支持科技创新。创新财政资金管理机制，保障关键核心技术攻关，支持量子通信与量子计算机、脑科学与类脑研究等“科技创新2030—重大项目”启动实施。健全鼓励支持基础研究、原始创新的体制机制，强化财政对基础研究的支持，为自主创新提供源头动力。健全稳定支持和竞争性支持相协调的投入机制，加大对中央级科学事业单位基本运行、自主选题研究和科研条件建设等稳定支持力度。综合运用多种方式支持国家科技创新基地建设，发挥对科技创新的支撑作用。突出对高水平人才队伍建设的支持，推动造就更多国际一流的科技领军人才和创新团队。支持符合条件的企业承担中央财政科技计划（专项、基金等）科研任务，引导企业加大研发投入，真正成为技术创新的主体。

着力支持实体经济转型升级。**推动制造业高质量发展**。发挥财政资金“四两拨千斤”撬动作用，引导资本、资源向战略关键领域聚焦。整合设立专项资金，支持提升产业基础能力和产业链水平。加大对集成电路、软件等产业税收优惠力度，延长新能源汽车购置补贴和免征车辆购置税政策至2022年底。**大力支持中小企业发展**。引导社会资本共同支持种子期、初创期成长型中小企业创新发展。继续支持实体经济开发区打造创新创业特色载体，促进提高中小企业创新能力和专业化水平。深入实施小微企业融资担保降费奖补政策，推动融资担保扩面降费。进一步做好清理拖欠民营企业、中小企业账款工作。**强化粮食能源安全保障**。增加产粮大县奖励，完善玉米、大豆生产者补贴和稻谷补贴政策。支持新建高标准农田8000万亩，实施东北黑土地保护性耕作4000万亩。支持统筹做好粮食库存消化和库存投放，优化储备结构。扩大生猪养殖临时贷款贴息补助范围，促进生猪稳产保供。完善可再生能源发电补贴政策，支持光伏、风电等实现平价上网。鼓励页岩气、煤层气等非常规天然气开采利用。支持提升能源储备能力。

持续保障和改善民生。**着力保居民就业**。拓宽就业相关资金保障渠道，支持就业创业扶持政策落实。加大失业保险稳岗返还和创业担保贷款贴息政策力度，助力稳企业保就业。扩大失业保险保障范围，加强失业人员基本生活保障和再就业服务。**推动教育公平发展和质量提升**。稳定教育投入，优化投入结构。统一全国义务教育生均公用经费基准定额，将中西部地区标准提高到与东部一致。支持深入实施义务教育薄弱环节改善与能力提升工作，基本消除城镇“大班额”，基本补齐乡村小规模学校和乡镇寄宿制学校短板。支持地方公办民办并举扩大普惠性学前教育资源，巩固完善幼儿资助制度。加快推进高中阶段教育普及攻坚，促进职业教育高质量发展，加大对中西部高校的支持力度。**提高社会保障水平**。居民医保、基本公共卫生服务经费人均财政补助标准分别提高到每人每年550元、74元。按照5%左右的幅度调整退休人员基本养老金水平，城乡居民基础养老金最低标准提高到93元。企业职工基本养老保险基金中央调剂比例进一步提高至4%，22个中西部和老工业基地省份净受益1768.45亿元。保障养老金按时足额发放，实现企业养老保险基金省级统收统支。提高优抚对象等人员抚恤和生活补助标准。中央层面划转部分国有资本充实社保基金工作全面完成，共划转93家中央企业和金融机构国有资本总额1.68万亿元。支持24个试点城市培育发展住房租赁市场，支持各地开工改造城镇老旧小区4.03万个。强化基层公共文化服务，支持5万余家博物馆、图书馆等公共文化设施免费开放。**做好民生兜底工作**。及时启动社会救助和保障标准与物价上涨挂钩联动机制，阶段性加大价格临时补贴力度，扩大低保、临时救助政策范围，保障困难群众基本生活。

创新实施新增财政资金直达机制。对新增财政赤字和抗疫特别国债2万亿元建立特殊转移支付机制，确保新增中央财政资金"一竿子插到底"，直达市县基层、直接惠企利民。**健全管理制度**。制定管理办法，明确直达资金分配、使用、拨付、监管要求，防范资金分散和截留。督促指导地方严格执行制度，省级财政既当好"过路财神"又不当"甩手掌柜"，加大资金下沉力度。**快速下达资金**。按照"中央切块、省级细化、备案同意、快速直达"的原则，推动资金高效精准投放到终端。与往年相比，纳入直达机制的资金使用进度整体上加快了一个季度以上。**严格资金监管**。开发建设联通中央、省、市、县各级财政的直达资金监控系统，建立资金台账，实现对每笔资金从源头到末端的全链条、全过程跟踪。加强部门协同联动，形成监管合力。直达机制运行有序有效，为基层落实"六保"任务及时补充了财力，为市场主体克服困难及时提供了支持。

坚持政府过紧日子。中央部门带头，从严编制预算，执行中严把支出关口，除疫情防控、国债付息等必要增支外，其他支出总体上控制在批准的预算规模内，中央本级支出负增长，其中非急需非刚性支出压减50%以上。定期评估中央部门落实过紧日子情况，加强预算执行监控结果运用，推动及时堵塞漏洞、改进管理。督促地方厉行勤俭节约，可开可不开的会坚决不开，可办可不办的培训坚决不办，可暂缓实施的支出项目资金、各类沉淀资金及时缴回财政，可统筹整合的预算资金及时调整支出用途，将过紧日子的要求落到实处。

持续提升财政管理水平。**财税体制改革稳步推进**。修订后的预算法实施条例颁布施行，契税法、城市维护建设税法顺利出台。印花税法草案按程序提请全国人大常委会初次审议。生态环境、公共文化、自然资源、应急救援等领域中央与地方财政事权和支出责任划分改革方案印发实施。推进预算管理一体化建设，出台全国统一的业务规范和技术标准。**预算绩效管理持续深化**。进一步完善预算绩效管理制度体系，出台项目支出绩效评价管理办法。严格绩效目标管理，深入开展重点绩效评价。扩大向全国人大报送绩效信息范围，推动绩效信息向社会公开。**国有资产和财务管理不断加强**。向全国人大常委会报告国有资产管理情况。295户中央企业新纳入国有资本经营预算编制范围。政府财务报告编制范围扩大到108家中央部门，地方层面实现编制工作全覆盖。**进一步严肃财经纪律**。加强会计审计监管，深入开展会计师事务所审计质量提升专项工作，严厉打击财务造假。扎实开展脱贫攻坚、长江禁捕等财税政策落实和资金监管工作，督促问题整改、推动配套改革。**依法接受人大预算审查监督**。落实全国人大及其常委会有关预算决议，抓紧抓实审计查出问题整改，坚持解决具体问题与建立长效机制同步推进，及时向全国人大常委会报告整改情况。积极加强与人大代表沟通联络，充分听取意见建议，及时回应关切。

2020年是"十三五"规划收官之年。五年来，我国经济社会发展取得新的历史性成就，"十三五"规划主要目标任务胜利完成，财政改革发展工作也取得了新的进展。**一是**财政实力进一步增强，为促进经济社会持续健康发展提供坚实物质基础。在实施大规模减税降费政策情况下，"十三五"时期财政收入总量达到88.88万亿元，比上一个五年增长38%，实现高基数基础上的增长。**二是**财政支出保持较高强度，有力保障党和国家事业发展需要。坚持开源节流，盘活存量，用好增量，"十三五"时期财政支出总量达到109.62万亿元，比上一个五年增长56%，重点领域支出得到有效保障。**三是**坚持实施积极的财政政策，促进经济运行保持在合理区间。

坚持不搞"大水漫灌"式强刺激，根据形势变化灵活调整赤字率、政府债务规模，集成发挥各项财税政策工具作用，引导和改善市场预期，统筹好发展和安全。**四是**减税降费力度空前，有效促进市场主体和实体经济发展。坚持算政治账、长远账，税制改革与减税降费措施相结合，制度性安排与阶段性政策并举、普惠性减税与结构性减税并重，"十三五"时期减税降费累计7.6万亿元，在减轻企业负担、激发创新活力、优化经济结构、促进居民消费、扩大就业等方面发挥了重要作用。**五是**民生投入只增不减，改革发展成果更多更公平惠及全体人民。财政再困难，也没有在民生支出上退步。五年来中央财政专项扶贫资金年均增长25.9%。国家财政性教育经费支出占国内生产总值比例保持不低于4%。基本养老、基本医疗、城乡低保等保障水平逐年提高。**六是**供给侧结构性改革、国家重大战略任务支撑有力，持续提升经济发展质量和效益。支持实施创新驱动发展战略，五年来全国财政科技投入年均增长9%。落实乡村振兴战略，城乡、区域发展协调性不断增强。支持实施可持续发展战略，生态系统整体质量和稳定性显著提升。推动扩大高水平对外开放，五年来关税总水平从9.8%降至7.5%。**七是**财税体制改革纵深推进，基本确立现代财政制度框架。预算管理更加科学规范，绩效管理改革全面实施。增值税、个人所得税等税种改革取得重大进展，税收立法工作持续推进。分领域中央与地方财政事权和支出责任划分改革方案陆续出台。国有资产管理制度不断完善。

这些成绩的取得是以习近平同志为核心的党中央坚强领导的结果，是习近平新时代中国特色社会主义思想科学指引的结果，是全国人大、全国政协及代表委员们监督指导的结果，是各地区、各部门和全国各族人民共同努力的结果。

同时，预算执行和财政工作中还存在一些困难和问题。主要是：财政收入增长乏力，预算平衡难度加大，紧平衡特征进一步凸显。区域间财力不平衡，一些地方财政收支矛盾突出，部分市县财政收支运行紧张。一些地方项目储备不足、前期准备不充分不到位，影响了扩大有效投资等相关政策落实。一些领域存量项目固化僵化问题依然突出，调整优化支出结构力度还需加大。部分部门和单位预算绩效管理不够到位，全过程预算绩效管理的质量有待提升。违法违规新增地方政府隐性债务情况仍然存在，有的地方政府债务负担较重。随着人口老龄化程度加深及保险待遇稳步提高，社会保险基金的长期平衡压力逐步增大。我们高度重视这些问题，将积极采取措施加以解决。

## 二、2021年中央和地方预算草案

2021年是我国现代化建设进程中具有特殊重要性的一年，"十四五"开局，全面建设社会主义现代化国家新征程开启，做好预算编制和财政工作意义重大。要按照党中央、国务院部署要求，合理研判财政收支形势，做好财政预算编制工作，积极发挥财政职能作用，推动构建新发展格局迈好第一步、见到新气象。

（一）2021年财政收支形势分析。

当前和今后一个时期，我国发展仍然处于重要战略机遇期，我国已转向高质量发展阶段，制度优势显著，治理效能提升，经济长期向好，物质基础雄厚，人力资源丰富，市场空间广阔，发展韧性强劲，社会大局稳定，继续发展具有多方面优势和条件。同时，国际环境日趋复杂，不稳定性不确定性明显增加，新冠肺炎疫情影响广泛深远，经济全球化遭遇逆流，我国发展不平衡不充分问题仍然突出，重点领域关键环节改革任务仍然艰巨，经济稳定恢复的基础还不牢固，做好"六稳"工作、落实"六保"任务，防范化解风险的任务依然艰巨。

从财政收入看，2020年国内生产总值增速和财政收入基数降低，预计2021年随着经济逐步恢复常态、价格指数反弹，财政收入将恢复性增长。但由于新增财政赤字、动用历年结转结余资金等一次性措施增加的收入大幅减少，不再发行抗疫特别国债，实际可用的财力总量增幅较低。从财政支出看，各领域资金需求加大，实施"十四五"规划、构建新发展格局，以及乡村振兴、污染防治、教育科技、应急救灾、基层"三保"、国防武警、债务付息等重点和刚性支出都需要加强保障，财政支出增长刚性较强。总体来看，2021年财政收支形势十分严峻，预算平衡难度进一步加大，债务等重点领域风险也不容忽视。必须加强财政资源统筹，大力优化支出结构，完善资金分配和使用机制，切实增强财政可持续性。

（二）2021年预算编制和财政工作的总体要求。

2021年预算编制和财政工作的总体要求是：**要在以习近平同志为核心的党中央坚强领导下，以习近平新时代中国特色社会主义思想为指导，全面贯彻党的十九大和十九届二中、三中、四中、五中全会以及中央经济工作会议精神，坚持稳中求进工作**

**总基调，立足新发展阶段，贯彻新发展理念，构建新发展格局，以推动高质量发展为主题，以深化供给侧结构性改革为主线，以改革创新为根本动力，以满足人民日益增长的美好生活需要为根本目的，坚持系统观念，巩固拓展疫情防控和经济社会发展成果，更好统筹发展和安全，扎实做好“六稳”工作、全面落实“六保”任务，积极的财政政策要提质增效、更可持续，努力保持经济运行在合理区间；加大优化支出结构力度，坚持艰苦奋斗、勤俭节约、精打细算，全面落实政府过紧日子要求，增强国家重大战略任务财力保障，把宝贵的财政资金用在刀刃上；加强财政资源统筹，推进财政支出标准化，强化预算约束和绩效管理，努力提高财政支出效率；落实中央与地方财政事权和支出责任划分改革要求，深化预算管理制度改革，稳步推进税制改革，加快建立现代财税体制；加强地方政府债务管理，抓实化解地方政府隐性债务风险工作，促进财政可持续发展，确保“十四五”开好局起好步，以优异成绩庆祝中国共产党成立100周年。**根据上述总体要求，要着重把握以下六项原则：

——保持适度支出强度，增强财政可持续性。统筹宏观调控需要和防范财政风险，合理安排赤字率。加大力度盘活存量资金，继续保持适度支出强度，增强国家重大战略任务财力保障，发挥财政资金在支持科技创新、加快经济结构调整、调节收入分配等方面的重要作用。科学安排地方政府专项债券规模，积极防范地方政府债务风险。

——持续推进减税降费，激发市场主体活力。综合考虑财政承受能力和实施助企纾困政策需要，保持一定的减税降费力度，继续向小微企业和个体工商户倾斜，加大对科技创新的政策扶持，进一步提升减税降费实施效果，努力减轻企业税费负担，激发市场主体活力。

——建立常态化直达机制，提高财政资金效率。认真总结直达机制经验，及时将好的做法上升为制度性安排，扩大直达资金范围。完善直达资金管理制度，优化资金分配流程，落实地方政府主体责任，充分调动地方积极性，提高资金分配的科学性。健全直达资金监控体系，细化监管措施，完善监控系统，加大监管力度，盯紧盯牢直达资金的分配、拨付和使用，进一步提高财政资金绩效。

——助力提升产业发展水平，加快发展现代产业体系。着重提升经济发展质量和效益，支持加快培育完整内需体系。大力推动科技创新，加强基础研究投入，推动关键核心技术攻关，支持提高自主创新能力，与经济发展紧密结合，推动加快发展现代产业体系，促进提升产业链供应链现代化水平。支持外资外贸发展。

——合理确定民生支出标准，着力保障和改善民生。坚持尽力而为、量力而行，结合财政状况和实际需要合理确定民生政策，推进民生支出清单管理，加强财政承受能力评估。建立健全激励约束机制，提高民生支出资金管理的科学性。完善再分配机制，强化对低收入群体的兜底保障。千方百计增加中央对地方转移支付规模，并向财政困难地区和欠发达地区倾斜，增强保基本民生的能力。

——坚持政府过紧日子，进一步优化财政支出结构。将艰苦奋斗、勤俭节约作为预算编制长期坚持的基本方针，推进党政机关过紧日子。下更大力气优化支出结构，把严把紧预算支出关口，进一步压减一般性支出，严格审核新增财政支出，大力削减或取消低效无效支出，深入挖掘节支潜力。加强财政资源统筹，增加资金有效供给，促进财政资源优化配置。

（三）2021 年财政政策。

2021 年积极的财政政策要提质增效、更可持续。一方面，保持宏观政策的连续性、稳定性，保持对经济恢复的必要支持力度，兼顾稳增长和防风险需要，合理安排赤字、债务、支出规模，不急转弯，把握好时度效。另一方面，政策操作上更加精准有效，以更大力度调整优化支出结构，进一步完善政策实施机制，切实提升政策效能和资金效益。重点包括：**一是保持适度支出强度**。加大资金统筹力度，强化四本预算衔接，今年全国一般公共预算支出安排超过 25 万亿元，增长 1.8%，财政支出总规模比去年增加，重点仍是加大对保就业保民生保市场主体的支持力度，着力保障国家重大战略任务资金需求，促进经济运行保持在合理区间。**二是优化和落实减税降费政策**。继续执行制度性减税政策，延长小规模纳税人增值税优惠等部分阶段性政策执行期限，实施新的结构性减税举措。将小规模纳税人增值税起征点从月销售额 10 万元提高到 15 万元。对小微企业和个体工商户年应纳税所得额不到 100 万元的部分，在现行优惠政策基础上，再减半征收所得税。取消港口建设费，将民航发展基金航空公司征收标准再降低 20%。**三是增加中央对地方转移支付规模**。在实际新增财力有限的情况下，中央财政压减本级、调整结构，增加对地方转移支付规模。对地方转移支付安排 83370 亿元，比 2020

年略有增加,其中一般性转移支付增长7.8%,增幅明显高于去年。**四是合理确定赤字率**。考虑到疫情得到有效控制和经济逐步恢复,赤字率按3.2%左右安排、比去年有所下调,赤字规模为3.57万亿元、比2020年减少1900亿元,其中中央和地方分别为2.75万亿元和8200亿元。这样安排,既体现了财政政策的积极取向,又释放出我国不搞"大水漫灌"式强刺激、推动高质量发展的明确信号,并为今后应对新的风险挑战留出政策空间。**五是适度减少新增地方政府专项债券规模**。新增专项债券安排3.65万亿元,比上年减少1000亿元。主要是已发行的专项债券规模较大,政策效应在今年仍会持续释放,适当减少新增专项债券规模也有利于防范地方政府法定债务风险。**六是不再发行抗疫特别国债**。发行抗疫特别国债是特殊时期的特殊举措,目前抗疫等一次性支出大幅减少,地方公共卫生等基础设施建设、保基本民生等支出可以通过正常渠道给予保障,因此不再发行抗疫特别国债。相应地,不再实行特殊转移支付,回归执行正常转移支付制度。**七是落实政府过紧日子要求**。节用为民,坚持过紧日子,确保基本民生支出只增不减。中央本级支出继续安排负增长,进一步大幅压减非急需非刚性支出,重点项目和政策性补贴也按照从严从紧、能压则压的原则审核安排。地方财政也要进一步压减一般性支出,把更多宝贵财政资源腾出来,用于改善基本民生和支持市场主体发展。**八是更加突出绩效导向**。进一步完善财政资金直达机制,使资金管得严、放得活、用得准,力求"精准滴灌"到需求终端。加快建立全方位全过程全覆盖的预算绩效管理体系,将绩效管理实质性嵌入预算管理流程,强化绩效目标管理,提高绩效评价质量,加强绩效结果应用,把有限的财政资金用好用到位。同时,促进财政、货币政策同就业、产业、区域等政策形成集成效应。2021年主要支出政策如下:

1. 推动创新发展和产业升级。

**支持加快科技自立自强**。坚持把科技作为财政支出重点领域,聚焦国家战略需求优化支出结构。围绕强化国家战略科技力量,稳定支持国家实验室建设运行,支持国家重点实验室体系重组。加大基础研究投入,中央本级基础研究支出增长10.6%,重点用于国家自然科学基金,以及支持基础研究领域科研院所、科技创新基地、科研人才等。保障国家重大科技任务经费,支持实行"揭榜挂帅"等机制打好关键核心技术攻坚战,加快推进"科技创新2030—重大项目"。支持有条件的地方建设国际和区域科技创新中心。中央预算内投资安排资金支持科技创新和结构调整。落实税收、资产管理、政府采购和金融等支持科技创新政策。充分发挥国家科技成果转化引导基金作用,促进科技成果转移转化。支持开展国际科技合作。

**推动产业链供应链优化升级**。统筹相关资金,支持制造业高质量发展,深入实施产业基础再造工程,加快构建自主可控、安全稳定的产业链供应链。对先进制造业企业按月全额退还增值税增量留抵税额。优化首台(套)重大技术装备保险补偿政策,继续实施新材料首批次保险补偿试点。发挥政府投资基金引导作用,带动社会资本加大投入,推动集成电路、新材料、新一代信息技术等产业加快发展。

**激发企业和人才创新活力**。延续执行企业研发费用加计扣除75%政策,将制造业企业加计扣除比例进一步提高到100%,激励企业加大研发投入。积极引导金融机构支持企业技术创新,促进新技术产业化规模化应用。推进产学研深度融合,通过后补助等方式支持更多企业承担国家科研任务,引导企业成为技术创新的主体。启动支持中小企业"专精特新"发展奖补政策。加大国有资本经营预算资本性支出力度,支持国有企业提高自主创新能力,推进前瞻性战略性产业发展。推进普惠金融发展,延长小微企业融资担保降费奖补政策,发挥政府性融资担保机构作用,支持缓解小微企业等融资难融资贵。加强创新激励和保障,构建充分体现知识、技术等创新要素价值的收益分配机制,激发广大科技工作者创新创造积极性。

2. 支持实施扩大内需战略。

**稳定和扩大居民消费**。加大税收、社保、转移支付等调节力度,着力优化收入分配结构,提高低收入群体收入,扩大中等收入群体,逐步改善城乡、区域、不同群体间分配关系。支持健全教育、养老、医疗、育幼等政策体系,促进解决居民消费后顾之忧,提升社会整体消费能力和意愿。推动政府购买服务管理规范化精细化,合理扩大购买范围和规模,更好满足人民群众公共服务需求。支持加快补齐农村流通体系短板,加强农产品仓储保鲜设施建设,畅通工业品下乡、农产品进城渠道,促进产销高效对接。完善新能源汽车购置补贴政策,支持充电基础设施建设和新能源公交车运营。

**积极拓展投资空间**。用好地方政府专项债券,加强高质量项目储备,按照"资金跟着项目走"的原则,适当放宽发行时间限制,优化债券发行期限结构,合理扩大使用范围,优先支持在建工程,不得盲目举债铺摊子。中央预算内投资安排6100亿元,增加100亿元,继续支持促进区域协调发展的重大工程,推进“两新一重”等重大工程建设。优化政府投资安排方式,通过资本金注入等发挥政府投资撬动作用,激发民间投资活力,形成市场主导的投资内生增长机制,增强投资增长后劲。

在扩大内需的同时,积极采取措施促进进出口稳定。调整优化关税结构和进口税收政策,增加优质产品和服务进口,作为国内供给的必要补充,满足国内消费升级和经济发展需要。完善跨境电商零售进口税收政策,引导跨境电商新业态健康发展。外经贸发展资金安排117亿元,增长10.2%,促进贸易创新发展。支持稳步推进海南自由贸易港建设。

3. 支持推进区域协调发展和新型城镇化。

**提升基本公共服务均等化水平**。继续增加中央对地方一般性转移支付规模,向中西部地区倾斜,重点加大对欠发达地区的支持力度。其中,中央财政均衡性转移支付安排19087亿元,增长11%;县级基本财力保障机制奖补资金安排3379亿元,增长13.4%;革命老区、民族地区、边境地区转移支付安排1466亿元,增长10.1%,促进地方加快经济社会发展。

**支持推动区域协调发展**。继续发挥好财税政策作用,支持推进京津冀协同发展、粤港澳大湾区建设、长三角一体化发展。加快出台长江经济带发展、黄河流域生态保护和高质量发展财政支持政策,研究制定“十四五”时期支持西藏、新疆经济社会发展财政政策体系。支持西部大开发形成新格局,东北振兴取得新突破,中部地区加快崛起,东部地区加快推进现代化。继续支持资源枯竭城市转型发展。深入实施兴边富民行动。

**支持推进以人为核心的新型城镇化**。中央财政农业转移人口市民化奖励资金安排350亿元,健全成本分担机制,保障农业转移人口基本公共服务需求。支持实施城市更新行动,推动城镇老旧小区改造和住房租赁市场发展,降低租赁住房税费负担。

4. 支持全面实施乡村振兴战略。

**保障国家粮食安全**。落实藏粮于地、藏粮于技战略,支持耕地保护和地力提升,大力推进高标准农田和农田水利设施建设,深入实施东北黑土地保护性耕作行动计划。加快推进种业自主创新,支持农业良种培育和种业发展。稳定种粮农民补贴,适度提高稻谷、小麦收购价,完善粮食主产区利益补偿机制,增强国家粮食调控能力。落实好各项支持政策,巩固生猪生产恢复势头。

**支持提高农业质量效益**。加大农机购置补贴力度,支持高端智能、丘陵山区农机装备研发制造。积极支持培育家庭农场、农民合作社、高素质农民,推进适度规模经营,完善农业社会化服务体系,着力构建现代农业经营体系。深入推进现代农业产业园创建、农业产业强镇和优势特色产业集群建设,引领带动乡村产业发展壮大。加强基层农技推广体系建设,提高科技对农业的支撑能力。加强农业面源污染治理,支持畜禽粪污资源化利用、秸秆综合利用、有机肥替代和农膜回收等,提升农业绿色发展水平。

**推动巩固拓展脱贫攻坚成果同乡村振兴有效衔接**。保持财政支持政策和资金规模总体稳定,中央财政衔接推进乡村振兴补助资金(原中央财政专项扶贫资金)安排1561亿元,增加100亿元,重点向巩固拓展脱贫攻坚成果任务重、乡村振兴底子差的地区倾斜。在过渡期前3年继续支持脱贫县统筹整合使用财政涉农资金。强化乡村振兴投入保障。提高土地出让收入用于农业农村比例。加快推进乡村人才振兴。扶持壮大村级集体经济,加强村级组织运转经费保障。围绕改厕、生活垃圾处理和污水治理等重点,接续推进农村人居环境整治提升行动,探索开展农村黑臭水体整治。支持加强农村基础设施建设,完善农村基本公共服务体系。

5. 支持加强污染防治和生态建设。

**深入打好污染防治攻坚战**。践行绿水青山就是金山银山理念,坚持资金投入同污染防治攻坚任务相匹配。中央财政继续安排大气、水、土壤污染防治资金。大气污染防治资金安排275亿元,增长10%,重点支持北方冬季清洁取暖和打赢蓝天保卫战。水污染防治资金安排217亿元,增长10.2%,主要用于长江等重点流域水污染防治。土壤污染防治专项资金安排44亿元,增长10%,支持土壤污染治理与修复。

**推进重点生态保护修复**。重点生态功能区转移支付安排882亿元,增长11%,引导重点生态功能区保护生态环境、提供生态产品。支持统筹推进山水林田湖草一体化保护和修复,整体推进海洋生态保护修复,实施历史遗留废弃矿山环境修复治理。支持实施好长江十年禁渔,加强渔业资源保护。

**支持做好碳达峰、碳中和工作**。推动优化产业结构和能源结构，进一步支持风电、光伏等可再生能源发展和非常规天然气开采利用，增加可再生、清洁能源供给。推进天然林资源保护、退耕还林还草等重大工程，强化森林、草原、湿地、沙化土地保护修复和治理，支持构建以国家公园为主体的自然保护地体系。支持开展大规模国土绿化行动，提升生态系统碳汇能力。同时，扩大环境保护、节能节水等企业所得税优惠目录范围，培育壮大节能环保产业。

6. 加强基本民生保障。

**落实就业优先政策**。千方百计稳定和扩大就业，完善重点群体就业支持体系。中央财政就业补助资金安排559亿元，增加20亿元，支持地方落实各项就业创业扶持政策。加快使用职业技能提升行动资金，大力开展职业技能培训，缓解结构性就业矛盾，实现更加充分更高质量就业。继续实施失业保险保障扩围政策，发挥保生活、防失业、促就业功能作用。

**促进教育高质量发展**。着力调整支出结构，推动建设高质量教育体系。城乡义务教育补助经费安排1770亿元，增长4.3%，巩固完善城乡统一、重在农村的义务教育经费保障机制，推动义务教育优质均衡发展和城乡一体化。进一步推进义务教育薄弱环节改善与能力提升工作，加快补齐农村办学条件短板。加强农村教师队伍培训。支持学前教育发展资金安排198亿元，增长5.3%，加大普惠性学前教育资源供给。改善普通高中学校办学条件补助资金安排64亿元，增长8.4%。现代职业教育质量提升计划资金安排277亿元，增长7.7%，重点支持改善办学条件和加强教师队伍建设，深化产教融合、校企合作。分类推进“双一流”建设，支持高校特别是中西部高校改革发展。学生资助补助经费安排660亿元，增长16.3%。支持办好民族教育、特殊教育。中央财政在增加对地方转移支付的同时，督促地方加大教育投入，落实国家财政性教育经费支出占国内生产总值比例一般不低于4%的要求。推动健全教师工资待遇保障长效机制，改善乡村教师待遇。

**稳步提高社会保障水平**。继续提高退休人员基本养老金。进一步提高企业职工基本养老保险基金中央调剂比例至4.5%，在实现省级统收统支的基础上，加快推进全国统筹，确保养老金按时足额发放。支持建设居家社区机构相协调、医养康养相结合的养老服务体系。困难群众救助补助资金安排1473亿元，支持地方做好低保、特困人员救助供养、临时救助、流浪乞讨人员救助、孤儿基本生活保障等工作，强化困难群众兜底保障。支持残疾人事业发展。深化社保基金投资运营管理体制机制改革，持续做大做强战略储备基金。

**强化卫生健康投入**。将保障人民健康放在优先发展的战略位置，支持推进健康中国建设，深入开展爱国卫生运动。继续做好疫情防控相关工作，对医保基金负担的新冠病毒疫苗及接种费用给予补助，支持实施居民免费接种政策。深化疾病预防控制体系改革，推动健全公共卫生应急处置体系。加强对公立医院、基层医疗卫生机构、卫生健康人才队伍建设等方面的支持。深化公立医院综合改革，推动公立医院高质量发展。提升社区卫生服务中心、乡镇卫生院、村卫生室等基层医疗卫生机构服务能力。以全科医生为重点，加强基层卫生健康人才队伍建设。居民医保人均财政补助标准增加30元，达到每人每年580元，同步提高个人缴费标准40元，达到每人每年320元，个人缴费可按规定在税前扣除。逐步建立稳定的公共卫生事业投入保障机制，基本公共卫生服务经费人均财政补助标准提高5元，达到每人每年79元，支持地方开展健康管理、健康素养促进等基本公共卫生服务。全面做实基本医疗保险市地级统筹，推动省级统筹。支持中医药振兴发展。稳步推进长期护理保险制度试点。

**支持发展文化事业和文化产业**。持续推进城乡公共文化服务体系一体建设，提高文化惠民工程的覆盖面和实效性。完善相关资金基金管理机制，引导推出更多精品力作，支持繁荣发展社会主义文艺。加强文物保护利用和非物质文化遗产保护传承，推动国家文化公园建设，弘扬中华优秀传统文化。支持北京冬奥会、冬残奥会筹办和国家队备战，加快体育强国建设。

**加强自然灾害防治和救助**。农业保险保费补贴安排284亿元，增长10.2%，扩大三大粮食作物完全成本保险和收入保险试点范围，逐步扩大对地方优势特色农产品保险以奖代补试点范围，健全农业再保险制度，增强农业抵御风险能力。自然灾害防治体系建设补助资金安排93亿元，支持提高自然灾害防治能力相关重点工程建设。中央自然灾害救灾资金安排130亿元，支持开展重大自然灾害救灾和受灾群众救助等工作。

7. 支持国防、外交和政法工作。

加强财力保障，大力支持国防和军队现代化建设,促进国防实力和经济实力同步提升。落实好退役军人相关保障,支持做好军休安置和军转工作,继续提高优抚对象等人员抚恤和生活补助标准。支持推进中国特色大国外交,深化与主要经济体和国际组织交流合作,高质量共建"一带一路",推动完善更加公正合理的全球经济治理体系。支持全面提高公共安全保障能力,推动建设更高水平的平安中国。支持做好公共法律服务工作。

(四)2021 年一般公共预算收入预计和支出安排。

1. 中央一般公共预算。

中央一般公共预算收入 89450 亿元,比 2020 年执行数增长 8.1%。加上从中央预算稳定调节基金调入 950 亿元,从中央政府性基金预算、中央国有资本经营预算调入 985 亿元,收入总量为 91385 亿元。中央一般公共预算支出 118885 亿元,增长 0.4%。收支总量相抵,中央财政赤字 27500 亿元,比 2020 年减少 300 亿元。

2021 年中央一般公共预算支出分中央本级支出、对地方转移支付、中央预备费反映。

(1)中央本级支出 35015 亿元,下降 0.2%,连续第二年负增长,主要是为增加对地方的财力支持,中央政府带头过紧日子,大力压减本级支出。其中,一般公共服务支出 1470.25 亿元,下降 14.1%;外交支出 504.14 亿元,下降 1.9%;国防支出 13553.43 亿元,增长 6.8%;公共安全支出 1850.92 亿元,增长 0.7%;教育支出 1663.44 亿元,与上年基本持平(加上地方支出后,全国教育支出增长 5.2%);科学技术支出 3227.1 亿元,与上年基本持平(加上地方支出后,全国科学技术支出增长 3.3%);粮油物资储备支出 1224.73 亿元,与上年基本持平;债务付息支出 5998.24 亿元,增长 8.3%。

(2)对地方转移支付 83370 亿元,比 2020 年略有增加,剔除特殊转移支付后实际增长 7.8%。一般性转移支付 75018.34 亿元,增长 7.8%,其中,共同财政事权转移支付 34159.04 亿元,增长 6.1%,主要是支持地方落实教育、养老、医保等领域共同财政事权有关政策,促进基本公共服务均等化;其他一般性转移支付 40859.3 亿元,增长 9.2%,高于中央本级支出增幅 9.4 个百分点,体现了中央财政加大对地方财力支持力度、增强困难地区财政保障能力的政策导向。专项转移支付(包含中央预算内投资)8351.66 亿元,增长 7.5%,集中资金引导地方落实党中央、国务院重大决策部署。

(3)中央预备费 500 亿元,与 2020 年预算持平。预备费执行中根据实际用途分别计入中央本级支出和对地方转移支付。

2. 地方一般公共预算。

地方一般公共预算本级收入 108200 亿元,增长 8.1%。加上中央对地方转移支付收入 83370 亿元、地方财政调入资金及使用结转结余 14835 亿元,收入总量为 206405 亿元。地方一般公共预算支出 214605 亿元,增长 1.9%。地方财政赤字 8200 亿元,通过发行地方政府一般债券弥补,比 2020 年减少 1600 亿元。

3. 全国一般公共预算。

汇总中央和地方预算,全国一般公共预算收入 197650 亿元,增长 8.1%。加上调入资金及使用结转结余 16770 亿元,收入总量为 214420 亿元。全国一般公共预算支出 250120 亿元(含中央预备费 500 亿元),增长 1.8%。赤字 35700 亿元,比 2020 年减少 1900 亿元。

(五)2021 年政府性基金预算收入预计和支出安排。

中央政府性基金预算收入 3820.85 亿元,增长 7.3%。加上上年结转收入 240.12 亿元,收入总量为 4060.97 亿元。中央政府性基金预算支出 4059.97 亿元,其中,本级支出 3325.86 亿元,对地方转移支付 734.11 亿元。调入一般公共预算 1 亿元。

地方政府性基金预算本级收入 90705.77 亿元,增长 0.9%,其中,国有土地使用权出让收入 84143 亿元,与上年基本持平。加上中央政府性基金预算对地方转移支付收入 734.11 亿元、地方政府专项债务收入 36500 亿元,地方政府性基金收入总量为 127939.88 亿元。地方政府性基金预算支出 127939.88 亿元,增长 11%。

汇总中央和地方预算,全国政府性基金预算收入 94526.62 亿元,增长 1.1%。加上上年结转收入 240.12 亿元和地方政府专项债务收入 36500 亿元,全国政府性基金收入总量为 131266.74 亿元。全国政府性基金预算支出 131265.74 亿元,增长 11.2%。调入一般公共预算 1 亿元。

(六)2021 年国有资本经营预算收入预计和支出安排。

中央国有资本经营预算收入 1751.91 亿元,下降 1.9%。加上上年结转收入 413.14 亿元,收入总量为 2165.05 亿元。中央国有资本经营预算支出 1181.05 亿元,增长 25.8%,其中,本级支出 1079.53 亿元,对地方转移支付 101.52 亿元、增长 55.3%。

调入一般公共预算 984 亿元。

地方国有资本经营预算本级收入 2125.14 亿元，下降 29%，主要是 2020 年受疫情等因素影响，地方国有企业利润下降较多。加上中央国有资本经营预算对地方转移支付收入 101.52 亿元、上年结转收入 319.5 亿元，收入总量为 2546.16 亿元。地方国有资本经营预算支出 1568.32 亿元，下降 6.1%。调入一般公共预算 977.84 亿元。

汇总中央和地方预算，全国国有资本经营预算收入 3877.05 亿元，下降 18.9%。加上上年结转收入 732.64 亿元，收入总量为 4609.69 亿元。全国国有资本经营预算支出 2647.85 亿元，增长 4.1%。调入一般公共预算 1961.84 亿元。

(七)2021 年社会保险基金预算收入预计和支出安排。

中央社会保险基金预算收入 1550.73 亿元，增长 120%，其中，保险费收入 876.43 亿元，财政补贴收入 639.41 亿元。加上地方上缴的基本养老保险中央调剂基金收入 8302 亿元，收入总量为 9852.73 亿元。中央社会保险基金预算支出 1579.12 亿元，增长 122.9%。加上安排给地方的基本养老保险中央调剂基金支出 8293 亿元，支出总量为 9872.12 亿元。收支增幅较高，主要是中央机关事业单位实施准备期清算工作。本年收支缺口 19.39 亿元，年末滚存结余 353.48 亿元。

地方社会保险基金预算收入 87630.02 亿元，增长 22.7%，其中，保险费收入 62314.92 亿元，财政补贴收入 22102.34 亿元。加上基本养老保险中央调剂资金收入 8293 亿元，收入总量为 95923.02 亿元。地方社会保险基金预算支出 84833.56 亿元，增长 8.6%。加上基本养老保险中央调剂资金支出 8302 亿元，支出总量为 93135.56 亿元。本年收支结余 2787.46 亿元，年末滚存结余 92740.73 亿元。

汇总中央和地方预算，全国社会保险基金预算收入 89180.75 亿元，增长 23.7%，其中，保险费收入 63191.35 亿元，财政补贴收入 22741.75 亿元。全国社会保险基金预算支出 86412.68 亿元，增长 9.6%。本年收支结余 2768.07 亿元，年末滚存结余 93094.21 亿元。

2021 年，中央财政国债余额限额 240508.35 亿元；地方政府一般债务余额限额 151089.22 亿元、专项债务余额限额 181685.08 亿元。

需要说明的是，地方预算由地方各级人民政府编制，报本级人民代表大会批准，目前尚在汇总中，本报告中地方收入预计数和支出安排数均为中央财政初步汇总数。

根据预算法规定，预算年度开始后，在全国人民代表大会批准本预算草案前，可安排下列支出：上年度结转支出；参照上年同期的预算支出数额安排必须支付的本年度部门基本支出、项目支出，以及对下级政府的转移性支出；法律规定必须履行支付义务的支出，以及用于自然灾害等突发事件处理的支出。根据上述规定，2021 年 1 月中央一般公共预算支出 11886 亿元，其中，中央本级支出 1718 亿元，对地方转移支付 10168 亿元。

## 三、扎实做好 2021 年财政改革发展工作

(一)全面贯彻实施预算法及其实施条例。

严格落实预算法及其实施条例，进一步提高预算管理的规范化法治化水平。加强预算法实施条例配套制度建设，对现行预算管理规章制度及时清理、修订，细化实化有关配套制度的具体规定和要求。加强全口径预算管理，完善支出标准体系，增强预算编制的完整性和科学性。强化预算约束和执行监控、分析，严格执行人大批准的预算，加快预算资金下达，严控预算调剂追加，持续规范财政专户管理。加快预算管理一体化建设，规范和统一预算管理工作流程、要素、规则和数据标准。加大预算公开力度，提高预算透明度，主动接受各方面监督。着力提升财政干部队伍法治素养，确保财政事业始终在法治轨道上推进。

(二)进一步落实落细减税降费政策。

不折不扣落实党中央、国务院关于减税降费的决策部署，提升企业和群众获得感。加强部门协同配合，推进减税降费信息共享，跟踪做好效果监测和分析研判，及时研究解决企业反映的突出问题。强化政策宣传和解读，提高政策知晓度，帮助企业用足用好政策。持续优化纳税服务，精简享受税费优惠政策的办理流程和手续，畅通减税降费“最后一公里”。依法依规征收税费，加强对地方指导和督促，严肃组织收入工作纪律，坚决不收过头税费，坚决防止搞集中清欠税收、乱收费削减政策红利，持续加大各类违规涉企收费整治力度，严控非税收入不合理增长，把各项减税降费措施落实到位。

(三)常态化实施财政资金直达机制。

按照扩大范围、完善机制、严格监管、强化支撑的原则，在保持现行财政体制、资金管理权限和保

障主体责任基本稳定的前提下，扩大中央财政直达资金范围，将直接用于基层财力保障的一般性转移支付、年初可直接分配的中央和地方共同财政事权转移支付、具备条件的专项转移支付纳入直达机制范围，涉及中央财政资金 2.8 万亿元，基本实现中央财政民生补助资金全覆盖。进一步提高直达资金管理水平，优化分配流程，加强执行分析，完善直达资金监控系统，增强预警和分析功能，发现问题及时纠偏，促进资金快速落实到位、规范安全高效使用。

（四）进一步增强民生政策可持续性。

健全基本养老、基本医疗保险筹资和待遇调整机制，持续完善覆盖全民、统筹城乡、公平统一、可持续的多层次社会保障体系。突出保基本、兜底线，确保民生支出与经济发展相协调、与财力状况相匹配，防止脱离实际、寅吃卯粮。全面分析民生政策对财政支出的短期和长远影响，加强财政承受能力评估，确保财政可持续。推动建立民生支出清单管理制度，地方自行出台民生支出政策应按程序备案，提高民生支出管理的规范性和透明度。创新公共服务提供方式，鼓励社会力量增加非基本公共服务供给，满足人民群众多层次、多样化需求。

（五）兜牢兜实基层“三保”底线。

牢固树立底线思维，强化各级责任落实，确保基层“三保”不出问题。中央财政在较大幅度增加对地方财力支持的基础上，及时跟踪监测各级库款水平，按日实施县级工资保障监测预警，逐月通报地方基层财政库款保障情况；结合各地财政收支运行、库款保障能力等，精细测算并差异化调度资金，加强对困难地区的支持。督促省级财政切实履行主体责任，健全省以下财政体制，优化财力分配格局，加大财力下沉力度，加强县级“三保”运行监控，精准高效安排使用资金。严格落实县级财政保障责任，对违法违规挪用“三保”资金的，严肃问责、处理到人。

（六）抓实化解地方政府隐性债务风险工作。

从国家总体安全和经济财政可持续发展出发，坚持防范化解地方政府隐性债务风险不动摇。保持高压监管态势，将严禁新增隐性债务作为红线、高压线，对违法违规举债行为，发现一起、查处一起、问责一起，坚决遏制隐性债务增量。落实省级党委和政府对本地区债务风险负总责的要求，加大工作力度，指导督促地方建立市场化、法治化的债务违约处置机制，积极稳妥化解存量隐性债务。加强部门间信息共享和协同监管，推进数据比对校验，及时发现和有效处置风险，完善长效监管制度框架。

（七）加快建立现代财税体制。

充分发挥改革突破和先导作用，以全局观念和系统思维不断深化财税体制改革，强化改革调研和评估。进一步深化预算管理制度改革，加强预算管理各项制度的系统集成、协同高效。加强中期财政规划管理。落实中央与地方财政事权和支出责任划分改革方案。健全地方税体系，稳妥推进后移部分品目消费税征收环节改革并稳步下划地方。落实税收法定原则，积极推进印花税、关税等税收立法。通过税收立法授权，适当扩大省级税收管理权限。推进深化国资国企改革，落实国企改革三年行动相关工作。逐步健全有效防控金融风险的财政财务监管体系。健全国有金融资本授权经营体制和激励约束机制，推动国有重点金融机构改革。不断完善国有资产管理情况报告工作机制和成果运用。

新的一年，财政部将主动接受人大依法监督和政协民主监督，积极配合全国人大推进加强预算审查监督的相关改革工作，认真落实全国人大及其常委会有关预算决算的决议和审议意见，及时报告落实举措和进展情况，不断提高预算管理水平。同时，认真听取代表委员意见，及时回应代表委员关切，在加强日常沟通交流、优化预算报告和草案编制、提高建议提案办理质量等方面下更大功夫，更好支持和服务代表委员依法履职。

各位代表：

百年交汇，惟有奋斗。我们要更加紧密地团结在以习近平同志为核心的党中央周围，高举中国特色社会主义伟大旗帜，坚持以习近平新时代中国特色社会主义思想为指导，增强“四个意识”、坚定“四个自信”、做到“两个维护”，自觉接受全国人大的监督，虚心听取全国政协的意见和建议，努力做好各项财政工作，以优异成绩庆祝中国共产党百年华诞，为把我国建设成为富强民主文明和谐美丽的社会主义现代化强国、实现中华民族伟大复兴的中国梦不懈奋斗！

# 第十三届全国人民代表大会财政经济委员会关于2020年中央和地方预算执行情况与2021年中央和地方预算草案的审查结果报告

（2021年3月9日第十三届全国人民代表大会第四次会议主席团第二次会议通过）

十三届全国人大四次会议主席团：

第十三届全国人民代表大会第四次会议审查了国务院提出的《关于2020年中央和地方预算执行情况与2021年中央和地方预算草案的报告》和《2020年全国预算执行情况 2021年全国预算（草案）》。全国人民代表大会财政经济委员会在对预算报告和预算草案进行初步审查的基础上，根据各代表团和有关专门委员会的审查意见，又作了进一步审查。国务院根据审查意见对预算报告作了修改。现将审查结果报告如下。

## 一、2020年预算执行情况总体良好

根据国务院报告的2020年中央和地方预算执行情况，全国一般公共预算收入182895亿元，为预算的101.5%，加上调入资金和使用结转结余，收入总量为209028亿元；支出245588亿元，完成预算的99.1%，加上补充中央预算稳定调节基金，支出总量为246628亿元；收支总量相抵，全国财政赤字37600亿元，与十三届全国人大三次会议批准的预算持平。其中，中央一般公共预算收入82771亿元，为预算的100%，加上调入资金，收入总量为91651亿元；支出118411亿元，完成预算的99.1%，加上补充中央预算稳定调节基金，支出总量为119451亿元；收支总量相抵，中央财政赤字27800亿元，与预算持平。2020年末，中央财政国债余额208906亿元，地方政府一般债务余额127395亿元、专项债务余额129220亿元，都控制在全国人大批准的债务余额限额以内。

全国政府性基金预算收入93489亿元，为预算的114.8%，加上地方政府专项债务收入、抗疫特别国债收入等，收入总量为141170亿元；支出117999亿元，完成预算的93.6%，加上调出资金等，支出总量为141170亿元。全国国有资本经营预算收入4778亿元，为预算的131.3%，加上上年结转收入，收入总量为5002亿元；支出2544亿元，完成预算的97.3%，加上调出资金和结转下年支出，支出总量为5002亿元。全国社会保险基金预算收入72116亿元，为预算的93.3%，加上从全国社会保障基金调入的资金，收入总量为72616亿元；支出78835亿元，完成预算的95.8%；当年收支缺口6219亿元，年末滚存结余90326亿元。预算草案中对有关预算执行情况作了说明。

财政经济委员会认为，2020年中央和地方预算执行情况总体良好。面对复杂严峻的国内外形势特别是新冠肺炎疫情的严重冲击，国务院和地方各级人民政府在以习近平同志为核心的党中央坚强领导下，坚持以习近平新时代中国特色社会主义思想为指导，全面贯彻党的十九大和十九届二中、三中、四中、五中全会精神，认真落实党中央决策部署和十三届全国人大三次会议有关决议要求，统筹疫情防控和经济社会发展，坚持稳中求进工作总基调，坚持以供给侧结构性改革为主线，推动高质量发展，坚决打好三大攻坚战，扎实做好"六稳"工作，全面落实"六保"任务，积极的财政政策更加积极有为，加强各项民生保障，有效发挥财政政策对稳定经济的关键作用，为推动"十三五"规划圆满收官，脱贫攻坚战取得全面胜利，决胜全面建成小康社会取得决定性成就，做出了重要贡献。受突如其来的新冠肺炎疫情影响，十三届全国人大三次会议推迟召开，国务院及其财政等部门依法做好中央预算批准前的财政收支工作。同时，在预算执行和财政管理中还存在一些不容忽视的问题，主要是：一些支出项目固化问题仍然突出，支出结构有待调整优化；预算安排与绩效评价结果结合不够紧密，预算绩效管理质量有待提高；有的地方政府债务负担过重，新增隐性债务情况仍然存在；区域间财力不平

衡，部分基层财政运行存在困难；国有资本经营预算还不够规范和完善，社保基金长期平衡压力逐步增大等。这些问题要予以高度重视，认真研究，采取有效措施加以解决。

## 二、2021年预算报告和预算草案总体可行

国务院提出的2021年中央和地方预算草案，全国一般公共预算收入197650亿元，比2020年预算执行数增长8.1%，加上调入资金和使用结转结余，收入总量为214420亿元；支出250120亿元，增长1.8%；全国财政赤字35700亿元，减少1900亿元。其中，中央一般公共预算收入89450亿元，增长8.1%，加上调入资金，收入总量为91385亿元；支出118885亿元，增长0.4%；中央财政赤字27500亿元，减少300亿元。中央财政国债余额限额240508.35亿元；地方政府一般债务余额限额151089.22亿元，专项债务余额限额181685.08亿元。

全国政府性基金预算收入94527亿元，增长1.1%，加上地方政府专项债务收入等，收入总量为131267亿元；支出131266亿元，增长11.2%，加上调出资金，支出总量为131267亿元。全国国有资本经营预算收入3877亿元，下降18.9%，加上上年结转收入，收入总量为4610亿元；支出2648亿元，增长4.1%，加上调出资金，支出总量为4610亿元。全国社会保险基金预算收入89181亿元，增长23.7%；支出86413亿元，增长9.6%；本年收支结余2768亿元，年末滚存结余93094亿元。

财政经济委员会认为，国务院提出的2021年中央和地方预算草案，贯彻落实中央经济工作会议决策部署，符合预算法规定，总体可行。建议第十三届全国人民代表大会第四次会议批准国务院提出的《关于2020年中央和地方预算执行情况与2021年中央和地方预算草案的报告》，批准2021年中央预算草案，同时批准2021年地方政府一般债务余额限额151089.22亿元、专项债务余额限额181685.08亿元。地方各级政府预算依法由本级人民代表大会审查和批准。各省、自治区、直辖市政府依照国务院下达的债务限额举借的债务，依法列入本级预算草案或预算调整方案，报本级人大或其常委会批准。国务院将地方预算汇总后报全国人大常委会备案。

## 三、做好2021年预算执行和财政工作的建议

2021年是中国共产党成立100周年，是实施“十四五”规划、开启全面建设社会主义现代化国家新征程的第一年，在党和国家事业发展进程中具有特殊重要性，做好财政预算工作意义重大。要在以习近平同志为核心的党中央坚强领导下，以习近平新时代中国特色社会主义思想为指导，全面贯彻党的十九大和十九届二中、三中、四中、五中全会以及中央经济工作会议精神，增强“四个意识”、坚定“四个自信”、做到“两个维护”，坚持稳中求进工作总基调，立足新发展阶段，贯彻新发展理念，构建新发展格局，以推动高质量发展为主题，以深化供给侧结构性改革为主线，坚持系统观念，巩固拓展疫情防控和经济社会发展成果，更好统筹发展和安全，扎实做好“六稳”工作、全面落实“六保”任务，积极的财政政策要提质增效、更可持续，保障党中央决策部署落实落地，确保“十四五”开好局起好步，以优异成绩庆祝中国共产党成立100周年。为此，财政经济委员会提出以下建议：

（一）*全面落实积极的财政政策要提质增效、更可持续的部署要求。*要密切跟踪经济形势变化，加强分析研判，制定政策预案。政策操作上要更加精准有效，不急转弯。处理好相关财税政策“进、留、退”的关系，新出台的政策要增强针对性和精准性，保留的政策要进一步落实好，退出的政策要平稳衔接、把握好时度效。加强财政资源统筹，加大存量资金盘活力度，进一步调整优化支出结构，增强财政服务国家重大发展战略的保障能力。要对现行的财税政策措施进行评估和完善，切实提高实施效果，确保财政可持续。提前告知地方财政直达资金范围和数额，把资金直达机制嵌入预算管理流程。加大对基层“三保”的支持力度，保障地方财政平稳运行。落实好党政机关坚持过紧日子的要求。严格依法依规组织税收收入，进一步规范非税收入管理和监督。继续规范涉企收费，清理拖欠企业账款。

（二）*大力支持科技自立自强。*健全中央财政对基础研究和原始创新的长期稳定支持机制。大力支持打好关键核心技术攻坚战，集中力量解决一些重点领域“卡脖子”问题。完善企业研发费用加计扣除政策，用好税收优惠政策，引导企业加大研发投入。健全完善科技重大任务协同落实机

制，推动重点领域、项目、基地、人才、资金一体化配置。健全适应科技创新规律的财政科研资金绩效评价机制，提高资金使用绩效。充分发挥科技成果转化引导基金作用，支持加快科技成果转化。

（三）改进完善重点领域财政支持方式。管好用好就业补助、职业技能培训资金，推进落实就业优先政策。统筹衔接就业、税收、财政转移支付、社保等政策，保障低收入群体基本生活并合理调节过高收入。建立健全政府投资项目安排、资金管理、绩效评估、政策协调机制，持续发挥投资在增强经济增长后劲中的关键作用。运用融资担保、财政贴息等方式，推动金融进一步服务实体经济特别是中小微企业的发展。加快健全完善支持推动区域协调发展的财税政策。推动建立多元化投入机制，支持提升农村基本公共服务水平，全面推进乡村振兴。落实好财政支持高标准农田建设等政策，加大对粮食主产区转移支付力度，保障国家粮食安全。加强扶贫项目资产后续管理与监督，接续推进脱贫地区经济社会发展。完善财政转移支付与农业转移人口市民化挂钩政策。推动建设高质量教育体系，重点保障义务教育、普惠性学前教育和职业教育发展，创新引导企业开展职业培训的财政支持政策。支持文化事业和文化产业繁荣发展。加强疾病预防控制体系建设，建立稳定的公共卫生事业投入机制。财政生态环保投入要与污染防治任务相匹配，提升资金分配精准性和使用效率。

（四）强化地方政府债务管理。要按照统筹发展与安全的要求，坚持底线思维，抓好地方政府债务存量风险化解和增量风险防范工作。完善地方政府举债融资机制，合理确定政府债务规模、期限结构和分地区限额。地方各级政府要科学安排本级政府和下级政府的债务限额分配方案，防止高风险地区持续累积债务风险。地方各级政府要将增加举借的债务列入本级预算调整方案，报本级人大或其常委会审批。指导地方切实用好债券资金，优先支持在建工程后续融资，不得盲目举债铺摊子，提高资金使用效率和效果。2021年要指导地方对可能存在风险的专项债项目进行排查，研究制定处置措施，积极防范风险。充分发挥全国统一的地方政府债务信息公开平台作用，加大债务信息公开力度，督促地方公开债券相关信息。推动编制和公布地方政府资产负债表。研究推进政府债务立法工作，提高政府债务法治化水平。

（五）加快推进财税改革。适当强化知识产权、养老保险等领域中央财政事权和支出责任，加强已出台重点领域事权和支出责任划分改革方案的实施，推动省以下政府财政事权和支出责任划分改革。深化预算管理制度改革，强化对预算编制的宏观指导。加强中期财政规划管理，完善跨年度预算平衡机制。推进财政支出标准化，提高预算编制科学性、合理性。强化预算绩效管理，抓实绩效评价工作，强化评价结果运用，加大评价结果公开力度。研究建立税式支出制度。明晰政府投资基金功能定位，更好发挥引导新兴产业发展等作用。进一步扩大国有资本经营预算编制范围，加大对重要行业和关键领域的资本金补充力度。深化养老保险制度改革，确保在2022年实施企业职工基本养老保险全国统筹。多渠道充实社保基金，增强基金长期可持续性。规范全国社会保障基金补充和使用制度。深化税收制度改革，健全地方税、直接税体系。进一步落实税收法定原则，提高立法质量，加快立法进程。推动非税收入法制建设。做好2021年向全国人大常委会提交国有资产管理情况综合报告和专项口头报告国有自然资源资产管理情况的工作。2021年要编制中央部门财务报告，2022年要编制中央政府综合财务报告并积极做好向全国人大常委会备案的工作。

（六）加强审计监督。重点围绕政府过紧日子、地方政府债务管理、财政直达资金使用、中央基建投资项目管理、重大科技专项资金使用等方面加强审计监督。要逐步探索对政府综合财务报告开展审计。要拓展审计监督的广度和深度，提高审计监督质量，更好发挥审计监督促进完善制度、提高制度执行力的重要作用。加强对审计查出问题整改的督促检查，要明确整改时限和进度要求，提高整改质量和效率。主管部门对审计查出的具有普遍性和共性的问题要举一反三，深入分析原因，进一步健全审计查出问题整改长效机制。要严格落实审计查出问题整改结果公开的机制，主动接受社会监督。加强审计监督与人大监督、纪检监察监督等的贯通协调，形成监督合力。

以上报告，请审议。

第十三届全国人民代表大会
财 政 经 济 委 员 会
2021年3月9日

# 第十三届全国人民代表大会第四次会议关于全国人民代表大会常务委员会工作报告的决议

（2021 年 3 月 11 日第十三届全国人民代表大会第四次会议通过）

第十三届全国人民代表大会第四次会议听取和审议了栗战书委员长受全国人大常委会委托所作的工作报告。会议高度肯定十三届全国人大三次会议以来常委会的工作，同意报告提出的今后一年的主要任务，决定批准这个报告。

会议要求，全国人大常委会要以习近平新时代中国特色社会主义思想为指导，深入贯彻习近平法治思想，全面贯彻党的十九大和十九届二中、三中、四中、五中全会精神，增强“四个意识”、坚定“四个自信”、做到“两个维护”，坚持党的领导、人民当家作主、依法治国有机统一，紧紧围绕党和国家中心任务依法行使职权，创造性开展工作，加强宪法实施和监督，推进重点领域、新兴领域、涉外领域立法，加快完善中国特色社会主义法律体系，加强法律监督和对“一府一委两院”工作的监督，更好发挥人大代表作用，全面加强自身建设，为实施“十四五”规划、开启全面建设社会主义现代化国家新征程作出新贡献，以优异成绩庆祝中国共产党成立 100 周年！

# 全国人民代表大会常务委员会工作报告

——2021 年 3 月 8 日在第十三届全国人民代表大会第四次会议上

全国人民代表大会常务委员会委员长　栗战书

各位代表：

受全国人大常委会委托，我向大会报告工作，请予审议。

## 十三届全国人大三次会议以来的主要工作

2020 年是新中国历史上极不平凡的一年，以习近平同志为核心的党中央，从容应对世所罕见的风险挑战，统筹推进“五位一体”总体布局，协调推进“四个全面”战略布局，在危机中育先机，于变局中开新局，疫情防控取得重大战略成果，全面建成小康社会取得伟大历史性成就，决战脱贫攻坚取得全面胜利，交出了一份人民满意、世界瞩目、可以载入史册的答卷，中华民族伟大复兴向前迈出了新的一大步！党和国家事业取得新的重大进展，必将激励我们以更加昂扬的姿态奋进在全面建设社会主义现代化国家的伟大征程上！

面对错综复杂的国际形势、艰巨繁重的改革发展稳定任务，在以习近平同志为核心的党中央坚强领导下，全国人大常委会坚持以习近平新时代中国特色社会主义思想为指导，深入贯彻习近平法治思想，履职尽责、积极作为，为推动重大工作部署、应对重大风险挑战、维护国家安全提供法律保障，有效发挥了国家权力机关的职能作用。十三届全国人大三次会议以来的 10 个月，常委会认真行使立法权、监督权、决定权、任免权，制定法律 9 件，修改法律 13 件，作出有关法律问题和重大问题的决定 8 件，正在审议的法律案 23 件；听取审议 35 个报告，检查 1 个决定和 6 部法律实施情况，进行专题询问 2 次，开展专题调研 6 项，作出决议 1 项；决定批准或加入条约 7 件；审议通过 39 个任免案，依法任免国家工作人员 259 人次。

常委会工作最为显著的特点是紧跟党中央重大决策部署，紧贴人民群众美好生活对法治建设的呼声期盼，紧扣国家治理体系和治理能力现代化提出的法律需求实际，加强立法和法律监督，努力使各项工作更好围绕中心和大局、更好服务国家和人民。例如：强化野生动物保护法律制度，及时作出关于全面禁止野生动物非法交易和食用的决定，接着就这一决定和野生动物保护法开展执法检查，随后启动野生动物保护法的修改；强化公共卫生法治保障，及时制定专项立法修法工作计划，成立专班分批推进30部法律的制定和修改工作；坚决维护香港特别行政区宪制秩序，根据香港形势发展对法律的需求，及时制定香港特别行政区维护国家安全法，听取审议国务院关于修改完善香港选举制度和有关建议的报告，形成关于完善香港选举制度的决定草案，并提请大会审议；助力脱贫攻坚战，加快推进"三农"立法工作，围绕脱贫攻坚听取审议专项工作报告、开展专题调研；持续助力打好污染防治攻坚战，用3年时间完成污染防治领域最为重要的大气污染防治法、水污染防治法、土壤污染防治法实施情况的检查，特别是土壤污染防治法实施一年半即跟进执法检查，有力推动了土壤污染防治工作；用法治力量推动优化营商环境，检查了反不正当竞争法实施情况，开展优化营商环境专项备案审查，今年还将修改反垄断法；为适应国家新一轮高水平对外开放提供法律支撑，审议海南自由贸易港法草案，及时制定出口管制法，修改专利法；积极回应社会治理领域热点问题，社区矫正法出台之后，紧接着通过刑法修正案（十一），修改未成年人保护法和预防未成年人犯罪法等等。这些工作，落实了党中央对人大工作的新要求，回应了人民群众的新期待，为新时代全面依法治国提供了法律支持和保障。

## 一、加强宪法实施和监督，维护国家法治统一

全面贯彻实施宪法是全面依法治国、建设社会主义法治国家的首要任务和基础性工作。常委会认真履行推动宪法实施、加强宪法监督的法定职责，维护宪法尊严和权威。

完善宪法相关法律制度。修改国旗法、国徽法，更好维护国家形象、弘扬爱国主义精神，让捍卫国旗和国徽的尊严成为人们的自觉行动。修改选举法，适当增加县乡两级人大代表名额，夯实人民代表大会制度基础。适应深化国家监察体制改革需要，制定公职人员政务处分法，审议监察官法草案。全国人大组织法、全国人大议事规则制定30多年来，进行首次修改，提交大会审议的修正草案，全面贯彻坚持党的领导政治原则，充分吸收人民代表大会制度实践的新经验、新成果，围绕人大组织制度、工作机制、运行模式，对大会主席团、委员长会议的职权和工作程序进行完善，充分反映党和国家机构改革后机构设置及其职能发生的新变化。经过全体代表的共同努力，一定能把这两部法律修改好，成为全国人大及其常委会依法履职、确保人大工作高效运行的程序法，成为实现坚持党的领导、人民当家作主、依法治国有机统一的保障法。

维护香港特别行政区宪制秩序、法治秩序。2019年发生"修例风波"，香港法治和社会秩序遭遇严重冲击，"一国两制"受到严重挑战。十三届全国人大三次会议作出关于建立健全香港特别行政区维护国家安全的法律制度和执行机制的决定后，常委会迅速行动，于去年6月连续召开两次会议，审议通过香港特别行政区维护国家安全法，并决定将其列入香港基本法附件三，由香港特别行政区在当地公布实施，扭转了香港在国家安全领域长期"不设防"的严峻局面。去年8月、11月，先后通过关于香港第六届立法会继续履行职责的决定、关于香港立法会议员资格问题的决定，本次大会将作出关于完善香港特别行政区选举制度的决定，之后常委会将根据这一决定修改完善相关法律，打出一套法律的"组合拳"。人大将坚定不移依法维护国家主权、安全、发展利益，切实履行法定职责，为维护香港宪制秩序、打击"港独"势力、确保爱国者治港、保持香港长期繁荣稳定提供法律保障！

大力弘扬宪法精神。根据党中央决策部署，落实宪法规定，作出关于授予国家勋章和国家荣誉称号的决定，习近平主席签署主席令，授予钟南山共和国勋章，授予张伯礼、张定宇、陈薇"人民英雄"国家荣誉称号，表彰他们的崇高品质和卓越功绩。举办6次宪法宣誓仪式，任命和决定任命的23位国家工作人员庄严宣誓，引导和教育国家工作人员树立宪法意识，恪守宪法原则，履行宪法使命。开展国家宪法日活动，召开第7个国家宪法日座谈会，推动全社会形成尊崇宪法、学习宪法、遵守宪法、维护宪法、运用宪法的良好氛围。

做好合宪性审查和备案审查工作。回应涉及宪法有关问题的关切，确保法律法规和政策举措符合宪法规定、宪法精神。2020年共收到报送备案的行政法规、地方性法规、自治条例和单行条例、经济特区法规、司法解释、特别行政区法律1310件，逐件进行主动审查。围绕疫情防控、野生动物保护、民法典实施、食品药品安全、优化营商环境等五个方面开展专项审查和集中清理，发现需要修改或废止的规范性文件3372件，督促有关方面及时予以纠

正。做好依申请审查和移送审查,共收到公民、组织提出的审查建议5146件,对属于常委会审查范围的3378件逐一进行研究,提出处理意见,其他建议分别移送有关机关处理。收到有关部门移送审查的地方性法规58件,督促制定机关修改或废止了27件。推动地方人大普遍建立听取备案审查工作报告制度。加强备案审查制度和能力建设,正式开通国家法律法规数据库,为立法活动、备案审查提供基础支撑。

## 二、围绕党和国家工作大局,顺应人民期盼,加强重点领域立法

中国特色社会主义进入新时代,适应国际形势深刻复杂变化、党和国家事业快速发展的需要,立法工作进入了一个加快发展的新阶段,呈现覆盖广、数量多、节奏快、要求高的新特点。

加强公共卫生立法修法。应对突如其来的新冠肺炎疫情,针对抗疫实践中暴露的法治短板,着眼于构建更加协调、相互衔接的法律体系,加快推进强化公共卫生法治保障立法修法工作。截至目前,已完成修订动物防疫法等6项任务,修改野生动物保护法、执业医师法、传染病防治法等11项任务将在今年年底前完成。通过完善法律制度,加强法律宣传和实施,推动依法做好公布疫情信息、调配应急物资、化解矛盾纠纷、维护市场秩序等工作,用法治的力量守护人民生命安全和身体健康。

加快国家安全立法。当今世界正处于百年未有之大变局,维护国家安全比任何时候都更为紧要。常委会贯彻总体国家安全观,加快重点领域维护国家安全的立法,制定生物安全法、出口管制法,修改档案法,审议海上交通安全法修订草案、数据安全法草案、个人信息保护法草案。这些法律,涵盖了经济安全、资源安全、核安全、生态安全、信息安全、海外利益保护等领域,既是国家应对风险挑战的重要法律,也是人民群众关心关注的重大问题。贯彻落实习近平强军思想,适应新时代国防和军队建设需要,修改国防法、人民武装警察法,制定海警法、退役军人保障法,审议军人地位和权益保障法草案、兵役法修订草案、军事设施保护法修订草案,为国家领土安全、军事安全、国民安全提供法律保障。

围绕推进高质量发展和高水平对外开放立法。制定城市维护建设税法、契税法,修改专利法、著作权法,审议乡村振兴促进法草案、印花税法草案、海南自由贸易港法草案,作出关于设立海南自由贸易港知识产权法院的决定和关于设立北京金融法院的决定。这些立法,涉及财税、金融、知识产权保护、农业农村发展、对外开放等领域,就是要为推动经济发展质量变革、效率变革、动力变革提供法律保障。建设海南自由贸易试验区和自由贸易港,是以习近平同志为核心的党中央在新时代推进高水平对外开放的战略举措。制定一部体现中国特色、符合国际惯例、反映时代要求的自由贸易港法,就是要在法治轨道上打造开放层次更高、营商环境更优、辐射作用更强的开放新高地。

抓紧社会建设和社会治理领域立法。通过刑法修正案(十一),修改未成年人保护法、预防未成年人犯罪法、行政处罚法,审议反食品浪费法草案、反有组织犯罪法草案、法律援助法草案、家庭教育法草案、教育法修正草案,适应国际国内形势变化,顺应人民对美好生活的向往,为推动形成既生机勃勃又井然有序的良好社会局面提供了法律支撑。刑法修正案(十一)是近年来社会关注度最高的一次修改,补充修改47个条文,涉及安全生产、食品药品、金融秩序、营商环境、公共卫生、生物安全、生态环保等方面,对社会关注的冒名顶替上学就业、抢控公交车方向盘、高空抛物、非法集资、刑事责任年龄等新情况新问题作出直接回应。反食品浪费法草案弘扬中华民族传统美德,倡导文明、健康、理性、绿色消费理念。聚焦特定领域、特殊问题,积极开展"小切口"立法,拓展了立法工作方法和路径,标志着立法工作进一步向专业化、具体化方向发展。

继续完善生态环保法律。贯彻习近平生态文明思想,持续推动生态环保法律制度集成创新,本届以来制定和修改长江保护法、土壤污染防治法、固体废物污染环境防治法等12部相关法律,作出1项决议,正在审议湿地保护法草案,用最严格的制度、最严密的法治划定生态红线,守护绿水青山。去年12月通过的长江保护法,全面贯彻"共抓大保护、不搞大开发"理念,是我国第一部全流域的专门法。这部法律用一年时间完成了起草,又用一年时间进行了3次审议,常委会还及时召开长江保护法实施座谈会,用法治力量推动实现长江母亲河一江清水绵延后世、惠泽人民,促进和保障长江经济带成为我国生态优先绿色发展主战场、畅通国内国际双循环主动脉、引领经济高质量发展主力军。

做好民法典实施相关工作。民法典是新中国成立以来第一部以"法典"命名的法律,是中国特色社会主义法律体系中固根本、稳预期、利长远的基

础性法律。常委会认真做好民法典实施准备工作，推动相关配套法规和司法解释的修改完善，阐释好民法典一系列新规定新概念新精神，带头做好宣传、推进、保障实施工作，让民法典走到群众身边、走进人民心里。

## 三、坚持寓支持于监督之中，依法开展法律监督和工作监督

始终把握依照法定职责、限于法定范围、遵守法定程序的原则，坚持正确监督、有效监督，推动宪法法律全面有效实施，确保行政权、监察权、审判权、检察权依法行使。

强化计划和预算、决算审查监督。紧扣十三届全国人大三次会议批准的经济社会发展目标任务，突出做好“六稳”工作、落实“六保”任务，听取审议国民经济和社会发展计划执行情况报告，定期召开经济形势分析会，跟踪监督经济运行情况，确保党中央重大决策部署落实落地、大会批准的计划全面贯彻执行。贯彻积极财政政策更加积极有为的要求，听取审议中央决算报告、预算执行情况报告、审计工作报告，审查和批准 2019 年中央决算。听取审议关于审计查出问题整改情况的报告并进行专题询问，开展整改情况跟踪监督，推动有关问题切实整改。认真开展疫情防控税费优惠政策、减税降费专题调研，为加大资金投入、保障好各地疫情防控资金需要提供法律支撑。

深入推进人大预算审查监督重点拓展改革。制定关于加强地方人大对政府债务审查监督的若干意见，推动预算审查监督重点拓展改革落细落实。开展全口径预算审查、全过程预算监管，强化“事前”监督，聚焦“事中”监督，做实“事后”监督。加强政策实施效果和资金使用绩效情况监督，建立听取政府预算绩效评价情况及相关部门重要政策和重点资金绩效情况通报机制，推动建立绩效评价结果与完善政策和安排预算的挂钩机制。坚持“线上”监测与“线下”调研分析相结合，推进预算联网监督系统二期建设，为全国人大代表履行预算审查监督职责提供便利。

认真履行对国有资产管理的监督职责。作出关于加强国有资产管理情况监督的决定，准确把握职责定位，增强监督工作的针对性、规范性和可操作性，为更好监督国有资产管理提供法律保障。听取审议 2019 年度国有资产管理情况综合报告和关于企业国有资产管理情况专项报告。开展企业国有资产（不含金融企业）管理情况监督调研，推动国务院深化以管资本为主的监管体制改革、国有企业混合所有制改革以及优化调整国有资本布局。开展健全国有资产治理体系专题调研，推进国资联网监督工作，用 3 年时间基本实现省级、设区的市级、县级地方建立国有资产管理情况报告制度全覆盖的目标。

听取审议专项工作报告。围绕全面建成小康社会目标任务，紧盯经济运行重点难点问题，听取审议国务院关于科技创新、股票发行注册制改革、脱贫攻坚、财政农业农村资金分配使用情况的报告。首次听取审议国家监察委员会关于开展反腐败国际追逃追赃工作情况的报告，展现了国家监察体制改革的成果和国家治理能力的提升，标志着人大对“一府一委两院”监督工作迈出新步伐。

加强执法司法工作监督。听取审议国务院关于公安机关执法规范化建设工作情况的报告，推动公安机关进一步提升严格规范文明公正执法水平。适应民事案件新特点、刑事犯罪新变化，听取审议最高人民法院关于加强民事审判工作依法服务保障经济社会持续健康发展情况的报告、关于民事诉讼程序繁简分流改革试点情况的中期报告，听取审议最高人民检察院关于适用认罪认罚从宽制度情况的报告，推动提高民事审判质效和刑事案件办理质量，实现司法公正与效率有机统一，办案政治效果、法律效果和社会效果有机统一。

持续加大执法检查力度。围绕统筹推进疫情防控和经济社会发展，回应人大代表和人民群众要求和期盼，常委会检查了关于全面禁止野生动物非法交易和食用的决定、野生动物保护法、土壤污染防治法、农业机械化促进法、慈善法、公共文化服务保障法、反不正当竞争法的实施情况，听取审议国务院关于研究处理“一决定一法”执法检查报告及审议意见情况的报告，宣传普及法律，紧扣法律规定推动法律责任落到实处。聚焦蓝天、碧水、净土保卫战，连续 3 年先后检查大气污染防治法、水污染防治法、土壤污染防治法实施情况，实地检查 22 个省份的 78 个地市，召开 74 场座谈会，暗访 170 个单位和项目，梳理 20 类 82 个问题，点名曝光 143 个单位存在的问题。持续推进生态环保领域的执法检查，运用法治方式助力打好污染防治攻坚战，有力推动了生态文明理念、生态环保法律深入人心，凝聚起建设青山常在、绿水长流、空气常新美丽中国的法治力量。

扎实做好专题调研。把专题调研作为常委会

开展工作监督的重要方式，委员长会议组成人员、常委会、专门委员会和工作委员会开展 232 次调研，形成了 307 个调研报告。其中，常委会组织开展“十四五”规划纲要编制工作若干重要问题、生态环保决议落实情况、珍惜粮食反对浪费情况、社会保险制度改革和社会保险法实施、民族团结进步创建工作、政府投资基金管理与改革等 6 项专题调研。“十四五”规划纲要相关专题调研历时 4 个多月，有关专门委员会和工作委员会精心组织，深入了解民族、国家安全、财政经济、教科文卫、侨务、环保、“三农”、社会保障等方面情况，形成 22 份专题调研报告。通过多种渠道、多种途径推动调研成果转化运用，使调研报告有效服务人大监督和立法修法工作，也为中央和国家机关提供决策参考和工作参考。

## 四、坚持代表主体地位，支持和服务代表依法履职

牢固树立服务代表的理念，围绕密切常委会同代表的联系、密切代表同人民群众的联系，认真落实关于加强和改进全国人大代表工作“35 条具体措施”，不断提高代表工作水平。

认真办好代表议案和建议。十三届全国人大三次会议主席团交付的 506 件代表议案全部审议完毕，其中 118 件议案涉及的 22 个立法项目已审议通过或正在审议，168 件议案涉及的 58 个立法项目已列入立法规划或计划。代表提出的 9180 件建议，交由 194 家承办单位办理并全部答复代表，代表建议所提问题得到解决或计划逐步解决的占 71.28%。将 181 件代表建议涉及的 9 个方面问题确定为重点督办建议，全国人大有关专门委员会负责督办，有力推动了一批群众关心、社会关注重点难点问题的解决。代表在闭会期间提交的 400 多件建议，交由 98 家承办单位研究处理，做到即收即办、逐件反馈。完善代表议案建议交办协调工作机制，协调解决意见最集中、反映最突出的问题，推动议案建议转化为促发展、惠民生、暖民心的政策举措。

密切常委会同代表的联系。常委会组成人员直接联系 439 位代表，通过座谈、走访、电话、邮件、微信、参加调研等方式，认真听取代表意见建议。推动代表深度参与常委会工作，邀请 175 人次代表列席常委会会议，召开 2 次列席代表座谈会。各专门委员会探索建立对口联系代表机制，500 多人次代表参加执法检查、工作调研、计划和预算审查监督、国有资产管理监督等工作。落实重要法律草案征求代表意见机制，修订未成年人保护法时，采纳 214 位代表提出的完善青少年控烟长效机制等建议。增设 6 个立法联系点，新设 5 个基层预算审查监督联系点，搭建听取代表、群众意见的“直通车”。

密切代表同人民群众的联系。代表联系群众形式多样、内容丰富，这是近年代表工作的一个亮点。代表通过走访、座谈、回原选举单位述职、参加代表小组活动等方式直接听取和反映群众意见建议，发挥了党和政府联系群众的桥梁纽带作用。按照常委会统一安排，约 1800 人次代表参加集中视察、专题调研活动，形成一批重要调研成果。全国人大代表就近参加代表联络站、代表之家活动，积极推动解决就业、教育、医疗、住房、养老、食品安全、生态环保等方面人民群众反映突出的问题，有效发挥代表在反映群众诉求、解决民生难题中的积极作用。

加强代表履职能力建设。创建全国人大网络学院，为代表和各级人大提供了学习培训的新途径。开设人大历史、代表履职知识、代表风采等具有人大特色的专栏，增强培训课程针对性和实效性，截至目前课程总点播量达到 83 万次。举办 3 期网络视频学习班和 2 期线上线下相结合的代表学习班，1.1 万人次代表和地方人大负责同志参加学习。基层代表积极参加学习培训，思想政治水平、法律政策水平、专业知识水平进一步提高，联系人民、代表人民、服务人民自觉性主动性进一步增强，在联系群众、接触实际中积极发现并反映带有普遍性、共性、典型性的问题，推动从法律上、制度上、政策上予以解决。

改进人大信访工作。制定全国人大代表信访事项办理工作规程，交办转办代表来信 141 件次。开通网上信访平台，一年多来处理网上信访 2.4 万件次。拓展民主立法的渠道，认真研究分析群众来信来访反映集中的问题，在相关立法修法工作中予以回应。

## 五、服务国家外交大局，发挥人大外事工作的职能作用

疫情改变了外事活动形式，但没有阻隔人大的对外交往。以落实国家元首共识为主要任务，创新外事活动形式，举行各层级双边视频活动 46 场，出席视频会议 26 场，进行通话交流 15 次，开展线下外事活动 27 场，外交信函往来近 600 件。

加强双边友好交往。人大外事工作的一个优

势是覆盖面广、方式灵活，与有关国家建立了130个友好小组，与22个国家议会和欧洲议会建立了定期交流机制，与近190个国家和地区议会保持交往与联系。举行中俄议会合作委员会第六次会议、中法议会合作委员会第十一次会议，同蒙古国家大呼拉尔开展定期机制交流；与日本、韩国、老挝、柬埔寨、印尼、新加坡、乌兹别克斯坦、德国、肯尼亚等国议会领导人视频会晤，深化立法经验交流互鉴，为国家间务实合作提供法律保障，从立法机构角度助力国家关系深入发展。香港特别行政区维护国家安全法通过后，全国人大以双边友好小组组长名义给93个国家议会和欧洲议会发了106封信函，介绍有关情况、阐释中方立场，获得广泛理解和支持。

推动多边交流合作。围绕共建"一带一路"倡议，加强与沿线国家议会的政策沟通和立法交流。出席第五次世界议长大会、第六届金砖国家议会论坛等视频会议，参加各国议会联盟、议会世贸大会指导委员会、亚洲议会大会、东盟各国议会间大会等多边活动，推动将"人类命运共同体"、"以人民为中心"、"团结合作、共同抗疫"等主张写入多边会议文件，坚定维护多边主义，坚定维护以联合国为核心的国际体系，坚定维护以国际法为基础的国际秩序。

对外宣介中国道路和中国制度。积极宣介习近平新时代中国特色社会主义思想，主动介绍中国发展成就和对世界的贡献。主动宣介习近平法治思想，介绍人大制度和立法工作。主动宣介中国坚持人民至上、生命至上的抗疫理念，分享中国抗疫经验做法。加强人大英文网站建设，办好中国人大杂志英文版，展示中国特色社会主义民主政治制度的优势和功效。

坚定维护国家利益。发挥常委会发言人、外事委发言人、法工委发言人机制作用，在涉藏、涉疆、涉港、涉台和抗疫问题上阐明中方立场。人大是人民的人大。任何时候、任何情况下，只要党、国家和人民需要，人大就将毫不犹豫站到一线进行法律的、政治的、外交的斗争，伸出肩膀扛起应尽的政治责任。

## 六、加强履职能力建设，不断提升常委会自身建设水平

围绕做到政治可靠、尊崇法治、发扬民主、服务人民、运行高效，成为全面担负起宪法法律赋予各项职责的工作机关、同人民群众保持密切联系的代表机关的目标，全面加强常委会自身建设。

加强思想政治建设。巩固深化"不忘初心、牢记使命"主题教育成果，深入学习《习近平谈治国理政》第三卷，开展7次常委会党组集体学习，举办6次常委会专题讲座，及时传达学习习近平总书记重要讲话和中央会议、文件精神。召开习近平总书记关于坚持和完善人民代表大会制度的重要思想学习交流会、第26次全国地方立法工作座谈会，深入学习习近平法治思想，带头学习宣传宪法法律和相关履职知识，常委会组成人员的政治素质和运用法治思维、法治方式做好人大工作的能力水平进一步提高。

完善常委会运行机制。总结十三届全国人大三次会议成功经验和做法，适应疫情防控常态化需要，制定全国人大例会和其他重要会议改进会风的具体措施。合理安排委员长会议、常委会会议，确保每一次会议、每一件议案、每一个事项都符合法律规定。按照紧凑高效的原则，合理安排会议日程，适当压缩会期，优化会议流程，提高审议质量。常委会召开了8次会议，平均出席率超过97%，列席人员到会率超过95%。坚持民主集中制原则，保障常委会组成人员充分行使民主权利，保证人大通过的法律、作出的决议更好体现党的主张和人民意志。

充分发挥专门委员会作用。修订专门委员会分党组工作规则，推进分党组工作规范化、制度化。各专门委员会共召开152次会议，高质量、高效率完成立法、监督、代表议案建议办理等工作。牵头起草13件法律草案并依法提请审议。对其他国家机关负责起草的法律草案，提前介入并加强督促和指导。协助常委会做好备案审查工作。组织开展执法检查和专题调研，持续跟踪监督常委会审议意见研究处理情况。

加强人大机关建设。坚持办好党风廉政宣传教育周活动，继续开展机关内部巡视，梳理完善137项机关制度，用制度巩固党建成果、提升机关效能。严格执行中央八项规定及其实施细则精神，深入推进"灯下黑"问题专项整治，坚决纠治形式主义、官僚主义。以新一轮中央巡视和巡视整改为契机，提高参谋服务保障工作水平，努力建设让党中央放心、让人民群众满意的模范机关。

统筹做好人大舆论宣传工作。积极研究、阐释、宣传人民代表大会制度，全面准确报道人大会议和立法、监督工作，认真办好"代表通道"、"部长通道"集中采访活动。大力宣传代表在抗疫斗争、

脱贫攻坚、民族团结中的履职担当，讲好中国故事、中国人大故事、人大代表故事。

各位代表！

常委会工作取得的成绩，根本在于以习近平同志为核心的党中央坚强领导，根本在于习近平新时代中国特色社会主义思想科学指引，是全国人大代表、常委会组成人员、各专门委员会组成人员和全国人大机关工作人员担当尽责、扎实工作的结果，是国务院、国家监察委员会、最高人民法院、最高人民检察院和地方各级人大密切配合、大力支持的结果，是全国各族人民积极参与、充分信任的结果。在此，我代表全国人大常委会表示崇高的敬意和衷心的感谢！

常委会工作还有一些差距和不足，主要是：立法质量需要进一步提升，立法形式不够丰富，一些领域法律跟不上新时代提出的新要求；监督工作的实效性需要进一步提升，监督的形式和工作机制有待探索创新和不断完善；服务代表的意识和能力需要进一步提升，需要为代表履职创造更好的条件。常委会将虚心听取代表和各方面意见建议，不断加强和改进工作，更好履行宪法法律赋予的职责。

各位代表！

中央全面依法治国工作会议确立了习近平法治思想的指导地位，习近平总书记多次就人大工作发表重要讲话、作出重要指示，为坚持和完善人民代表大会制度指明了方向、提供了遵循。党和国家事业的快速发展，丰富了人民代表大会制度的实践内涵。人大工作的生动实践，进一步展示了中国特色社会主义民主政治、人民代表大会制度的显著优势和生机活力。在新的奋斗征程上，必须充分发挥人民代表大会制度的根本政治制度作用，坚持党的领导、人民当家作主、依法治国有机统一，通过人民代表大会制度牢牢把国家和民族前途命运掌握在人民手中。

## 今后一年的主要任务

2021 年是实施“十四五”规划、开启全面建设社会主义现代化国家新征程的第一年，也是中国共产党成立 100 周年，中华民族伟大复兴迎来更加光明的前景。当前和今后一个时期，我国发展环境面临深刻复杂变化，国际形势不稳定性不确定性明显增加，我们在前进道路上面临着许多难关和挑战。我们有习近平新时代中国特色社会主义思想的指导，有以习近平同志为核心的党中央坚强领导，有中国特色社会主义制度的显著优势，有 14 亿中国人民众志成城、团结奋斗的磅礴力量，就一定能夺取改革开放和社会主义现代化建设新的胜利。进入新发展阶段，必须增强使命感、责任感、紧迫感，勇于担当、敢于负责、善于作为，自觉承担起新时代新征程对人大工作提出的新任务新要求。

常委会工作的总体要求是：在以习近平同志为核心的党中央坚强领导下，以习近平新时代中国特色社会主义思想为指导，深入学习贯彻习近平法治思想和习近平总书记关于坚持和完善人民代表大会制度的重要思想，全面贯彻落实党的十九大和十九届二中、三中、四中、五中全会精神，坚持党的领导、人民当家作主、依法治国有机统一，立足新发展阶段，贯彻新发展理念，构建新发展格局，紧紧围绕“十四五”规划和 2035 年远景目标谋划人大工作，依法行使立法权、监督权、决定权、任免权，发挥好在全面建设社会主义现代化国家中的职能作用。

*一、切实加强宪法实施和监督，维护宪法尊严和权威。*认真抓好宪法实施工作，落实宪法解释程序机制，积极回应涉及宪法有关问题的关切。加快推进宪法相关法立法修法工作，制定监察官法，修改全国人大常委会议事规则、国务院组织法、地方各级人民代表大会和地方各级人民政府组织法等。切实加强宪法监督工作，认真做好合宪性审查、备案审查工作，维护国家法治统一。持续推动宪法宣传教育，组织好宪法宣誓、国家宪法日活动。坚持和完善“一国两制”制度体系，维护宪法和基本法确定的特别行政区宪制秩序，确保“一国两制”实践行稳致远。运用法律手段捍卫一个中国原则、反对“台独”，增进维护一个中国框架的共同认知，依法规范和保障两岸人民关系、推进两岸交流合作，推进祖国和平统一。

*二、切实加强重点领域、新兴领域、涉外领域立法，不断提高立法质量和效率。*坚持系统观念，坚持急用先行，统筹《立改废释纂》，发挥人大在立法工作中的主导作用，加快完善中国特色社会主义法律体系。积极推进国家安全、科技创新、公共卫生、生物安全、生态文明、防范风险、涉外法治等重要领域立法，健全国家治理急需的法律制度、满足人民日益增长的美好生活需要必备的法律制度。

根据立法工作计划，初步安排审议 45 件法律案，还提出了近 20 件预备项目。继续实施强化公共卫生法治保障立法修法工作计划，制定突发公共卫生事件应对法，修改野生动物保护法、传染病防治法、国境卫生检疫法、执业医师法等。坚持统筹发展和安全，健全国家安全法治体系，制定粮食安全保障法、反有组织犯罪法、陆地国界法、数据安全法、军人地位和权益保障法，修改突发事件应对法、海上交通安全法、安全生产法、兵役法、军事设施保护法等。围绕建设现代化经济体系、促进科技创新，制定乡村振兴促进法、海南自由贸易港法、期货法、印花税法，修改反垄断法、科学技术进步法、公司法、企业破产法、审计法、农产品质量安全法、畜牧法等。完善民生保障、教育文化、社会治理、生态环保、绿色低碳急需的法律制度，制定反食品浪费法、文化产业促进法、家庭教育法、学前教育法、个人信息保护法、社会救助法、法律援助法、湿地保护法、南极活动与环境保护法，修改体育法、教育法、职业教育法、妇女权益保障法、治安管理处罚法、行政复议法、环境噪声污染防治法等，加快推进黄河保护立法。抓紧研究数字经济、互联网金融、人工智能、大数据、云计算等新技术新应用领域的相关法律制度，以法治促进和保障新业态、新模式健康发展。加快推进涉外领域立法，围绕反制裁、反干涉、反制长臂管辖等，充实应对挑战、防范风险的法律"工具箱"，推动形成系统完备的涉外法律法规体系。

适应立法新形势新要求，必须丰富立法形式，坚持既要搞"大块头"，又要搞"小快灵"，适时启动条件成熟领域法典编纂工作，针对实际需要以"小切口"形式推进立法，增强立法的针对性、适用性、可操作性。

三、切实加强监督工作，确保国家机关依法履行职责。监督工作要围绕党和国家中心工作来开展，以高质量发展为主题，以供给侧结构性改革为主线，以改革创新为根本动力，以满足人民日益增长的美好生活需要为根本目的，推动做好"六稳"工作、落实"六保"任务，为顺利完成改革发展稳定各项目标任务发挥职能作用。

根据监督工作计划，预安排了29个监督项目。切实承担好推进人大预算审查监督重点拓展改革、监督国有资产管理情况两项职责，听取审议计划执行、预算执行、决算、审计工作、审计查出问题整改、国有资产管理、环保目标完成情况等7个工作报告，修改关于加强中央预算审查监督的决定、关于加强经济工作监督的决定。坚持围绕中心、服务大局，做好专项工作监督，听取审议关于加快构建新型农业经营体系、长江流域生态环保、雄安新区和白洋淀生态保护、建设现代综合交通运输体系、财政交通运输资金分配和使用、教师队伍建设、文物保护、"七五"普法决议实施、知识产权审判、控告申诉检察等10个专项报告，作出"八五"普法决议。坚持做好立法与推进法律实施并重，检查企业破产法、畜牧法、中医药法、消防法、固体废物污染环境防治法、公证法等6部法律的实施情况，推动法定职责、法律责任得到严格落实。结合听取审议关于建设现代综合交通运输体系、检查固体废物污染环境防治法实施情况的报告，开展2次专题询问。围绕财政补贴管理与改革、发挥海外侨胞在共建"一带一路"中的重要作用、人口较少民族经济社会发展、自然保护地体系建设、设区的市地方立法、推进监察监督全覆盖等，开展6项专题调研。进一步完善监督工作机制，改进方式方法，增强监督工作实效性。

四、切实加强代表工作，更好发挥人大代表作用。深入落实常委会组成人员联系代表制度，健全专门委员会、工作委员会联系代表机制，拓展联系深度、增强联系实效。强化代表对常委会和专门委员会、工作委员会立法、监督、对外交往工作的参与，紧紧依靠代表做好人大工作。提高代表议案和建议工作水平。支持代表密切联系群众，丰富代表小组活动形式，鼓励代表就近参加代表联络站、代表之家、基层联系点的活动。加强代表服务保障工作，继续建好代表履职信息化平台。加强全国人大网络学院建设，完善代表系统培训机制。支持原选举单位依法监督代表履职，推动代表履职档案规范化建设。实施新修改的选举法，做好全国县乡两级人大换届选举工作。

五、切实加强人大外事工作，深化和拓展各层级各领域交流合作。围绕国家外交总体布局，发挥职能作用，统筹安排疫情防控常态化背景下的对外交往。认真组织委员长会议组成人员外事活动，开展多层次、多渠道对外交往，深化机制交流和专门委员会、友好小组、工作机构交流，积极参与议会多边机制活动。围绕国家核心利益和重大问题主动发声，宣介中国道路、制度和政策、理念、主张。

六、切实加强自身建设，夯实履职的思想政治组织基础。发挥常委会党组集体学习的带动作用，办好常委会专题讲座，深入学习贯彻习近平新时代中国特色社会主义思想，深入学习贯彻习近平法治思想和习近平总书记关于坚持和完善人民代表大会制度的重要思想，认真开展党史学习教育。切实加强人民代表大会制度理论、中国特色社会主义法学理论研究。深入研究常委会运行机制，认真贯彻执行全国人大及其常委会议事规则，认真贯彻执行常委会会议、委员长会议、专门委员会会议有关制度规定。更好发挥专门委员会作用，切实做好研究、审议和拟订有关议案工作，支持专门委员会组成人员全面参与立法、监督、代表、外事等工作。更好发挥常委会工作机构作用，提高全国人大机关参谋服务保障水平。全面贯彻中央八项规定及其实施细则精神，驰而不息改进作风。健全网上受理信访制度。加强新闻舆论工作，全面深入宣传报道人民代表大会制度建设和人大工作新进展新成效。加强与地方人大的工作交流，密切工作协同，提升工作合力。

各位代表！

在全面建设社会主义现代化国家新征程上，我们要更加紧密地团结在以习近平同志为核心的党中央周围，增强“四个意识”、坚定“四个自信”、做到“两个维护”，把宪法法律赋予的职责履行好，把党和人民交给的任务完成好，以优异成绩庆祝中国共产党成立 100 周年，为实现中华民族伟大复兴中国梦不懈奋斗！

附件：1. 十三届全国人大三次会议以来常委会立法工作情况

2. 十三届全国人大三次会议以来常委会监督工作情况

3. 十三届全国人大三次会议以来代表工作情况

4. 十三届全国人大三次会议以来学习培训工作情况

5. 十三届全国人大三次会议以来常委会决定批准或加入条约情况

**附件一**

# 十三届全国人大三次会议以来常委会立法工作情况

2020 年 6 月至 2021 年 2 月，十三届全国人大常委会审议法律草案、法律问题和重大问题的决定草案共 53 件，通过了其中的 30 件，包括制定法律 9 件，修改法律 13 件，作出有关法律问题和重大问题的决定 8 件；已提请审议、尚未通过的法律案 23 件。

| 制定法律 9 件 | | | |
|---|---|---|---|
| 序号 | 名　称 | 通过时间 | 审议次数 |
| 1* | 中华人民共和国公职人员政务处分法 | 2020 年 6 月<br>全国人大常委会<br>第十九次会议 | 3 |
| 2 | 中华人民共和国香港特别行政区维护国家安全法 | 2020 年 6 月<br>全国人大常委会<br>第二十次会议 | 2 |
| 3 | 中华人民共和国城市维护建设税法 | 2020 年 8 月<br>全国人大常委会<br>第二十一次会议 | 2 |
| 4 | 中华人民共和国契税法 | | |
| 5* | 中华人民共和国生物安全法 | 2020 年 10 月<br>全国人大常委会<br>第二十二次会议 | 3 |
| 6 | 中华人民共和国出口管制法 | | |
| 7 | 中华人民共和国退役军人保障法 | 2020 年 11 月<br>全国人大常委会<br>第二十三次会议 | 3 |

续表

| 序号 | 名 称 | 通过时间 | 审议次数 |
|---|---|---|---|
| 8* | 中华人民共和国长江保护法 | 2020年12月<br>全国人大常委会<br>第二十四次会议 | 3 |
| 9 | 中华人民共和国海警法 | 2021年1月<br>全国人大常委会<br>第二十五次会议 | 3 |

**修改法律13件**

| 序号 | 名 称 | 通过时间 | 审议次数 |
|---|---|---|---|
| 1 | 中华人民共和国档案法(修订) | 2020年6月<br>全国人大常委会<br>第十九次会议 | 2 |
| 2 | 中华人民共和国人民武装警察法(修订) | | 2 |
| 3 | 关于修改《中华人民共和国专利法》的决定 | 2020年10月<br>全国人大常委会<br>第二十二次会议 | 3 |
| 4* | 中华人民共和国未成年人保护法(修订) | | 3 |
| 5 | 关于修改《中华人民共和国国旗法》的决定 | | 2 |
| 6 | 关于修改《中华人民共和国国徽法》的决定 | | 2 |
| 7 | 关于修改《中华人民共和国全国人民代表大会和地方各级人民代表大会选举法》的决定 | | 1 |
| 8 | 关于修改《中华人民共和国著作权法》的决定 | 2020年11月<br>全国人大常委会<br>第二十三次会议 | 3 |
| 9* | 中华人民共和国预防未成年人犯罪法(修订) | 2020年12月<br>全国人大常委会<br>第二十四次会议 | 3 |
| 10 | 中华人民共和国刑法修正案(十一) | | 3 |
| 11 | 中华人民共和国国防法(修订) | | 2 |
| 12* | 中华人民共和国动物防疫法(修订) | 2021年1月<br>全国人大常委会<br>第二十五次会议 | 3 |
| 13 | 中华人民共和国行政处罚法(修订) | | 3 |

**作出有关法律问题和重大问题的决定8件**

| 序号 | 名 称 | 通过时间 |
|---|---|---|
| 1 | 关于增加《中华人民共和国香港特别行政区基本法》附件三所列全国性法律的决定 | 2020年6月<br>全国人大常委会<br>第二十次会议 |
| 2 | 关于授予在抗击新冠肺炎疫情斗争中作出杰出贡献的人士国家勋章和国家荣誉称号的决定 | 2020年8月<br>全国人大常委会<br>第二十一次会议 |
| 3 | 关于香港特别行政区第六届立法会继续履行职责的决定 | |
| 4 | 关于授权国务院在粤港澳大湾区内地九市开展香港法律执业者和澳门执业律师取得内地执业资质和从事律师职业试点工作的决定 | |
| 5 | 关于香港特别行政区立法会议员资格问题的决定 | 2020年11月<br>全国人大常委会<br>第二十三次会议 |

续表

| 序号 | 名　称 | 通过时间 |
| --- | --- | --- |
| 6 | 关于加强国有资产管理情况监督的决定 | 2020 年 12 月<br>全国人大常委会<br>第二十四次会议 |
| 7 | 关于设立海南自由贸易港知识产权法院的决定 | |
| 8 | 关于设立北京金融法院的决定 | 2021 年 1 月<br>全国人大常委会<br>第二十五次会议 |

**已提请审议、尚未通过的法律案 23 件**

| 序号 | 名　称 | 审议情况 |
| --- | --- | --- |
| 1* | 中华人民共和国乡村振兴促进法草案 | ◆2020 年 6 月全国人大常委会第十九次会议初次审议<br>◆2020 年 12 月全国人大常委会第二十四次会议二次审议 |
| 2 | 中华人民共和国数据安全法草案 | ◆2020 年 6 月全国人大常委会第二十次会议初次审议 |
| 3 | 中华人民共和国全国人民代表大会组织法修正草案 | ◆2020 年 8 月全国人大常委会第二十一次会议初次审议<br>◆2020 年 12 月全国人大常委会第二十四次会议二次审议并作出决定，将两个修正草案提请十三届全国人大四次会议审议 |
| 4 | 中华人民共和国全国人民代表大会议事规则修正草案 | |
| 5 | 中华人民共和国个人信息保护法草案 | ◆2020 年 10 月全国人大常委会第二十二次会议初次审议 |
| 6* | 中华人民共和国野生动物保护法修订草案 | |
| 7 | 有关法律草案 | |
| 8 | 中华人民共和国海南自由贸易港法草案 | ◆2020 年 12 月全国人大常委会第二十四次会议初次审议 |
| 9 | 中华人民共和国反食品浪费法草案 | |
| 10 | 中华人民共和国反有组织犯罪法草案 | |
| 11* | 中华人民共和国监察官法草案 | |
| 12 | 中华人民共和国海上交通安全法修订草案 | |
| 13 | 中华人民共和国兵役法修订草案 | |
| 14 | 中华人民共和国军事设施保护法修订草案 | |
| 15 | 中华人民共和国军人地位和权益保障法草案 | |
| 16* | 中华人民共和国法律援助法草案 | ◆2021 年 1 月全国人大常委会第二十五次会议初次审议 |
| 17* | 中华人民共和国医师法草案(修订执业医师法) | |
| 18* | 中华人民共和国湿地保护法草案 | |
| 19* | 中华人民共和国家庭教育法草案 | |
| 20 | 中华人民共和国安全生产法修正草案 | |
| 21 | 中华人民共和国教育法修正草案 | |
| 22 | 中华人民共和国印花税法草案 | ◆2021 年 2 月全国人大常委会第二十六次会议初次审议 |
| 23 | 全国人民代表大会关于完善香港特别行政区选举制度的决定草案 | ◆2021 年 2 月全国人大常委会第二十六次会议审议并作出决定，将草案提请十三届全国人大四次会议审议 |

注：* 由全国人大专门委员会提请审议。

**附件二**

# 十三届全国人大三次会议以来<br>常委会监督工作情况

2020 年 6 月至 2021 年 2 月，十三届全国人大常委会检查 1 个决定和 6 部法律的实施情况，听取、审议 19 个有关监督工作报告，开展 2 次专题询问、6 项专题调研，作出 1 个决议，还听取、审议其他报告 16 个。

| 时　　间 | 执法检查报告 | 工作报告 | 专题询问 |
|---|---|---|---|
| 2020 年 6 月<br>全国人大常委会<br>第十九次会议 | — | 1. 国务院关于 2019 年中央决算的报告 | — |
| | | 2. 国务院关于 2019 年度中央预算执行和其他财政收支的审计工作报告 | |
| 2020 年 8 月<br>全国人大常委会<br>第二十一次会议 | 1. 关于检查《全国人民代表大会常务委员会关于全面禁止非法野生动物交易、革除滥食野生动物陋习、切实保障人民群众生命健康安全的决定》和《中华人民共和国野生动物保护法》实施情况的报告 | 3. 国务院关于今年以来国民经济和社会发展计划执行情况的报告 | — |
| | | 4. 国务院关于今年以来预算执行情况的报告 | |
| | | 5. 国务院关于贯彻落实创新驱动发展战略推进科学技术进步法实施情况的报告 | |
| | | 6. 国务院关于公安机关执法规范化建设工作情况的报告 | |
| | 2. 关于检查《中华人民共和国农业机械化促进法》实施情况的报告 | 7. 国家监察委员会关于开展反腐败国际追逃追赃工作情况的报告 | |
| 2020 年 10 月<br>全国人大常委会<br>第二十二次会议 | 3. 关于检查《中华人民共和国土壤污染防治法》实施情况的报告 | 8. 国务院关于 2019 年度国有资产管理情况的综合报告(审议) | 1. 土壤污染防治法实施情况 |
| | | 9. 国务院关于 2019 年度财政部履行出资人职责和资产监管职责企业国有资产管理情况的专项报告 | |
| | | 10. 国务院关于 2019 年度国资系统监管企业国有资产管理情况的专项报告 | |
| | 4. 关于检查《中华人民共和国慈善法》实施情况的报告 | 11. 国务院关于股票发行注册制改革有关工作情况的报告 | |
| | | 12. 最高人民法院关于人民法院加强民事审判工作依法服务保障经济社会持续健康发展情况的报告 | |
| | | 13. 最高人民检察院关于人民检察院适用认罪认罚从宽制度情况的报告 | |
| 2020 年 12 月<br>全国人大常委会<br>第二十四次会议 | 5. 关于检查《中华人民共和国反不正当竞争法》实施情况的报告 | 14. 国务院关于 2019 年度中央预算执行和其他财政收支审计查出问题整改情况的报告 | 2. 中央预算执行和其他财政收支审计查出问题整改情况 |
| | 6. 关于检查《中华人民共和国公共文化服务保障法》实施情况的报告 | 15. 国务院关于脱贫攻坚工作情况的报告 | |
| | | 16. 国务院关于财政农业农村资金分配和使用情况的报告 | |

续表

| 时　　间 | 执法检查报告 | 工作报告 | 专题询问 |
|---|---|---|---|
| 2021 年 1 月<br>全国人大常委会<br>第二十五次会议 | — | 17. 全国人民代表大会常务委员会法制工作委员会关于 2020 年备案审查工作情况的报告 | — |
| 2021 年 2 月<br>全国人大常委会<br>第二十六次会议 | — | 18. 国务院关于研究处理《全国人民代表大会常务委员会关于全面禁止非法野生动物交易、革除滥食野生动物陋习、切实保障人民群众生命健康安全的决定》和《中华人民共和国野生动物保护法》执法检查报告及审议意见情况的报告<br>19. 最高人民法院关于民事诉讼程序繁简分流改革试点情况的中期报告 | — |

**作出 1 个决议**

| 时　　间 | 名　　称 |
|---|---|
| 2020 年 6 月<br>全国人大常委会<br>第十九次会议 | 关于批准 2019 年中央决算的决议 |

**开展 6 项专题调研**

| 调研题目 | 调研成果 | 具体实施部门 |
|---|---|---|
| 1. 社会保险制度改革和《社会保险法》实施情况 | 十三届全国人大常委会第十九次会议，**印发**常委会专题调研组关于社会保险制度改革和《社会保险法》实施情况的报告 | 社会委 |
| 2. 国民经济和社会发展第十四个五年规划纲要编制工作若干重要问题 | 十三届全国人大常委会第二十一次会议，**听取**全国人民代表大会常务委员会办公厅关于"十四五"规划纲要编制工作若干重要问题专题调研工作情况的报告 | 民委、监察司法委、财经委、教科文卫委、华侨委、环资委、农业农村委、社会委，预算工委，常委会办公厅 |
| 3.《全国人民代表大会常务委员会关于全面加强生态环境保护依法推动打好污染防治攻坚战的决议》落实情况 | 十三届全国人大常委会第二十四次会议，**听取审议**全国人大常委会专题调研组关于《全国人民代表大会常务委员会关于全面加强生态环境保护依法推动打好污染防治攻坚战的决议》落实情况的调研报告 | 环资委 |
| 4. 珍惜粮食、反对浪费情况 | 十三届全国人大常委会第二十四次会议，**听取审议**全国人大常委会专题调研组关于珍惜粮食、反对浪费情况的调研报告 | 农业农村委 |
| 5. 民族团结进步创建工作情况 | 十三届全国人大常委会第二十四次会议，**印发**全国人大常委会专题调研组关于民族团结进步创建工作情况的调研报告 | 民　委 |
| 6. 政府投资基金管理与改革情况 | 十三届全国人大常委会第二十四次会议，**印发**全国人大常委会专题调研组关于政府投资基金管理与改革情况的调研报告 | 预算工委 |

**听取、审议其他报告 16 个**

| 时　　间 | 报告名称 | 听取、审议情况 |
|---|---|---|
| 2020 年 6 月<br>全国人大常委会<br>第十九次会议 | 1. 全国人民代表大会财政经济委员会关于 2019 年中央决算草案审查结果的报告 | 听取和审议 |

续表

| 时　　间 | 报告名称 | 听取、审议情况 |
|---|---|---|
| 2020年10月<br>全国人大常委会<br>第二十二次会议 | 2. 全国人民代表大会监察和司法委员会关于第十三届全国人民代表大会第三次会议主席团交付审议的代表提出的议案审议结果的报告 | 听取和审议 |
| | 3. 全国人民代表大会财政经济委员会关于第十三届全国人民代表大会第三次会议主席团交付审议的代表提出的议案审议结果的报告 | |
| | 4. 全国人民代表大会社会建设委员会关于第十三届全国人民代表大会第三次会议主席团交付审议的代表提出的议案审议结果的报告 | |
| | 5. 全国人大常委会预算工作委员会、全国人大财政经济委员会关于企业国有资产（不含金融企业）管理情况的调研报告 | 听　取 |
| | 6. 栗战书委员长出席第五次世界议长大会视频会议情况的书面报告 | 审　议 |
| 2020年11月<br>全国人大常委会<br>第二十三次会议 | 7. 全国人民代表大会环境与资源保护委员会关于第十三届全国人民代表大会第三次会议主席团交付审议的代表提出的议案审议结果的报告 | 听取和审议 |
| | 8. 全国人民代表大会农业与农村委员会关于第十三届全国人民代表大会第三次会议主席团交付审议的代表提出的议案审议结果的报告 | |
| | 9. 栗战书委员长出席第六届金砖国家议会论坛情况的书面报告 | 审　议 |
| | 10. 栗战书委员长出席中俄议会合作委员会第六次会议情况的书面报告 | |
| 2021年1月<br>全国人大常委会<br>第二十五次会议 | 11. 全国人民代表大会宪法和法律委员会关于第十三届全国人民代表大会第三次会议主席团交付审议的代表提出的议案审议结果的报告 | 听取和审议 |
| | 12. 全国人民代表大会教育科学文化卫生委员会关于第十三届全国人民代表大会第三次会议主席团交付审议的代表提出的议案审议结果的报告 | |
| | 13. 全国人民代表大会外事委员会关于第十三届全国人民代表大会第三次会议主席团交付审议的代表提出的议案审议结果的报告 | |
| | 14. 全国人民代表大会常务委员会办公厅关于第十三届全国人民代表大会第三次会议代表建议、批评和意见办理情况的报告 | 听　取 |
| | 15. 国家卫生健康委员会关于第十三届全国人民代表大会第三次会议代表建议、批评和意见办理情况的报告 | |
| 2021年2月<br>全国人大常委会<br>第二十六次会议 | 16. 国务院关于修改完善香港特别行政区选举制度和有关建议的报告 | 听取和审议 |

附件三

# 十三届全国人大三次会议以来代表工作情况

## 一、邀请代表列席全国人大常委会会议并进行座谈

邀请175人次代表列席全国人大常委会会议。其间，召开2次列席代表座谈会。

| 时　　间 | 列席人数（次） | 参加座谈人数（次） | 提出意见建议数（件） |
|---|---|---|---|
| 2020年6月全国人大常委会第二十次会议 | 17 | — | — |
| 2020年8月全国人大常委会第二十一次会议 | 52 | — | — |
| 2020年10月全国人大常委会第二十二次会议 | 51 | 51 | 26 |
| 2020年12月全国人大常委会第二十四次会议 | 55 | 55 | 25 |
| 合　　计 | 175 | 106 | 51 |

## 二、全国人大常委会组成人员联系代表情况

（共157位常委会组成人员，不含香港、解放军和武警部队）

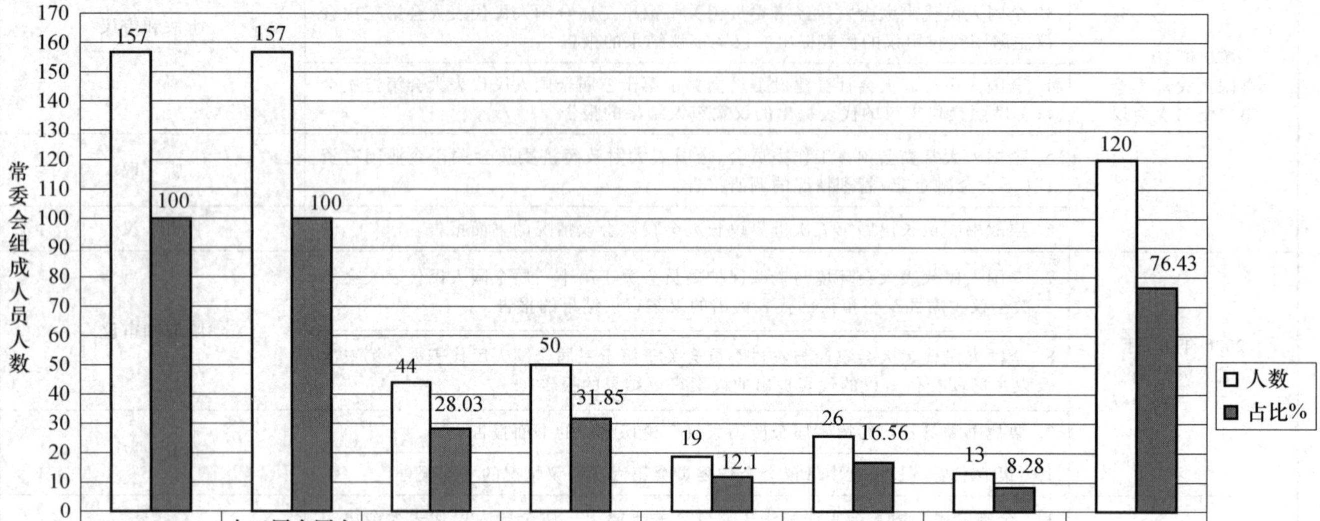


| 联系方式 | 通过电话、微信、信函等方式联系代表 | 十三届全国人大三次会议期间与代表座谈交流 | 调研期间联系代表 | 全国人大常委会会议期间与代表座谈 | 赴代表所在单位走访代表 | 邀请代表参加执法检查 | 讲课、培训期间联系代表 | 听取、反映代表意见建议 |
|---|---|---|---|---|---|---|---|---|
| □ 人数 | 157 | 157 | 44 | 50 | 19 | 26 | 13 | 120 |
| ■ 占比% | 100 | 100 | 28.03 | 31.85 | 12.1 | 16.56 | 8.28 | 76.43 |

## 三、代表议案审议情况

十三届全国人大三次会议主席团交付有关专门委员会审议的506件代表议案，其中涉及立法项目的499件、涉及监督方面的7件，已全部审议完毕。

**68件议案涉及的12个立法项目已经常委会审议通过**

| 序号 | 立 法 项 目 | 议案数 | 审议的专门委员会 |
|---|---|---|---|
| 1 | 制定公职人员政务处分法 | 2 | 宪法法律委 |
| 2 | 修改档案法 | 1 | |
| 3 | 修改专利法 | 1 | |
| 4 | 制定生物安全法 | 4 | |
| 5 | 修改未成年人保护法 | 7 | |
| 6 | 修改著作权法 | 1 | |
| 7 | 修改预防未成年人犯罪法 | 4 | |
| 8 | 制定长江保护法 | 1 | |
| 9 | 修改刑法（含对刑法作出法律解释） | 37 | |
| 10 | 修改动物防疫法 | 6 | |
| 11 | 修改行政处罚法 | 3 | |
| 12 | 制定海警法 | 1 | |

续表

| 50件议案涉及的10个立法项目已提请审议 | | | |
|---|---|---|---|
| **序号** | **立法项目** | **议案数** | **审议的专门委员会** |
| 1 | 制定数据安全法 | 3 | 宪法法律委 |
| 2 | 修改全国人民代表大会组织法 | 1 | |
| 3 | 制定个人信息保护法 | 1 | |
| 4 | 制定法律援助法 | 2 | 监察司法委 |
| 5 | 修改执业医师法 | 1 | 教科文卫委 |
| 6 | 制定湿地保护法 | 2 | 环资委 |
| 7 | 修改野生动物保护法 | 29 | |
| 8 | 制定乡村振兴促进法 | 3 | 农业农村委 |
| 9 | 制定家庭教育法 | 5 | 社会委 |
| 10 | 修改安全生产法 | 3 | |
| **168件议案涉及的58个立法项目列入立法规划或立法工作计划** | | | |
| **序号** | **立法项目** | **议案数** | **审议的专门委员会** |
| 1 | 修改地方各级人民代表大会和地方各级人民政府组织法 | 2 | 宪法法律委 |
| 2 | 修改各级人民代表大会常务委员会监督法 | 4 | |
| 3 | 修改公司法 | 3 | |
| 4 | 修改行政复议法 | 4 | |
| 5 | 制定行政程序法 | 1 | |
| 6 | 修改人民防空法 | 1 | |
| 7 | 修改国防教育法 | 1 | |
| 8 | 修改反洗钱法 | 1 | |
| 9 | 制定彩票法 | 1 | |
| 10 | 修改仲裁法 | 5 | |
| 11 | 修改治安管理处罚法 | 5 | 监察司法委 |
| 12 | 修改律师法 | 3 | |
| 13 | 修改道路交通安全法 | 6 | |
| 14 | 修改监狱法 | 3 | |
| 15 | 修改商业银行法 | 5 | 财经委 |
| 16 | 修改中国人民银行法 | 4 | |
| 17 | 修改企业破产法(含制定个人破产法、金融机构破产法) | 11 | |
| 18 | 修改海商法 | 1 | |
| 19 | 修改产品质量法 | 2 | |
| 20 | 修改税收征收管理法 | 2 | |
| 21 | 修改城市房地产管理法 | 1 | |
| 22 | 修改民用航空法 | 1 | |
| 23 | 修改电力法 | 1 | |
| 24 | 修改铁路法 | 1 | |
| 25 | 制定社会信用法 | 6 | |
| 26 | 制定航空法 | 1 | |
| 27 | 制定电信法 | 1 | |
| 28 | 制定不动产登记法 | 1 | |
| 29 | 制定事业单位国有资产管理法 | 1 | |

续表

| 序号 | 立法项目 | 议案数 | 审议的专门委员会 |
|---|---|---|---|
| 30 | 制定学前教育法 | 2 | 教科文卫委 |
| 31 | 修改职业教育法 | 1 | |
| 32 | 修改教师法 | 4 | |
| 33 | 制定学位法 | 1 | |
| 34 | 修改科学技术进步法 | 3 | |
| 35 | 制定文化产业促进法 | 1 | |
| 36 | 修改文物保护法 | 1 | |
| 37 | 修改传染病防治法 | 28 | |
| 38 | 修改中医药法 | 1 | |
| 39 | 制定药师法 | 1 | |
| 40 | 修改精神卫生法 | 1 | |
| 41 | 修改食品安全法 | 2 | |
| 42 | 修改献血法 | 3 | |
| 43 | 制定南极活动与环境保护法 | 1 | 环资委 |
| 44 | 修改环境噪声污染防治法 | 1 | |
| 45 | 制定国家公园法 | 3 | |
| 46 | 修改矿产资源法 | 2 | |
| 47 | 制定国土空间开发保护法 | 1 | |
| 48 | 制定资源综合利用法 | 5 | |
| 49 | 制定黄河保护法 | 4 | |
| 50 | 制定粮食安全法 | 1 | 农业农村委 |
| 51 | 修改渔业法 | 2 | |
| 52 | 修改农产品质量安全法 | 1 | |
| 53 | 制定社会救助法 | 3 | 社会委 |
| 54 | 修改突发事件应对法(含制定社区应急管理法) | 6 | |
| 55 | 修改城市居民委员会组织法(含制定城乡社区治理促进法) | 2 | |
| 56 | 修改村民委员会组织法 | 2 | |
| 57 | 制定医疗保障法 | 4 | |
| 58 | 修改妇女权益保障法 | 2 | |

各专门委员会审议代表议案数量情况(共506件)

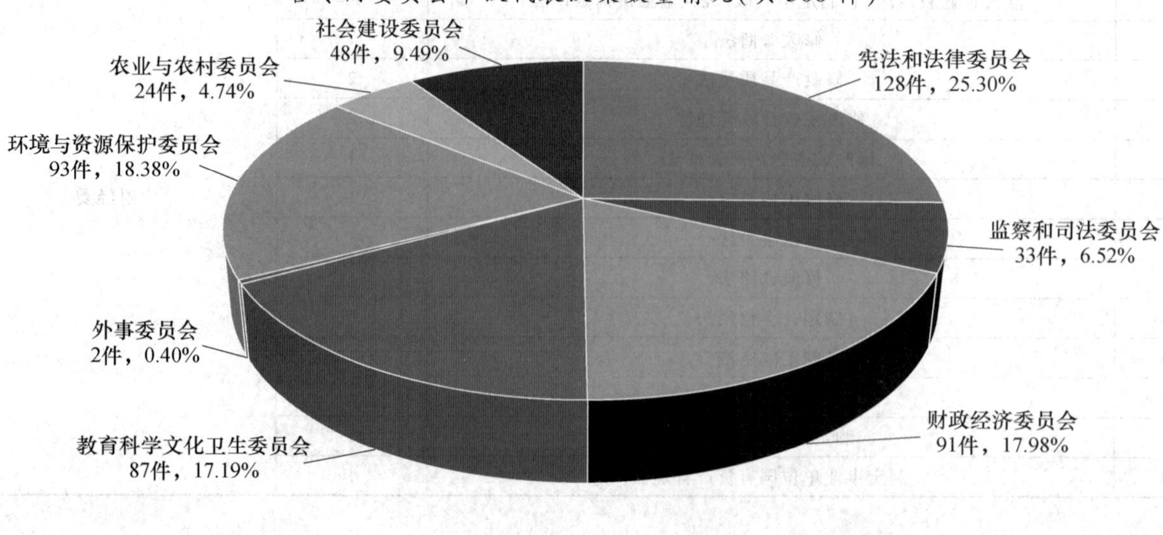

## 四、代表建议内容和办理情况

十三届全国人大三次会议期间,代表提出的9180件建议、批评和意见,有关部门已经办理完毕并答复了代表,代表建议所提问题得到解决或计划逐步解决的占71.28%。

代表建议内容分类情况(共9180件)

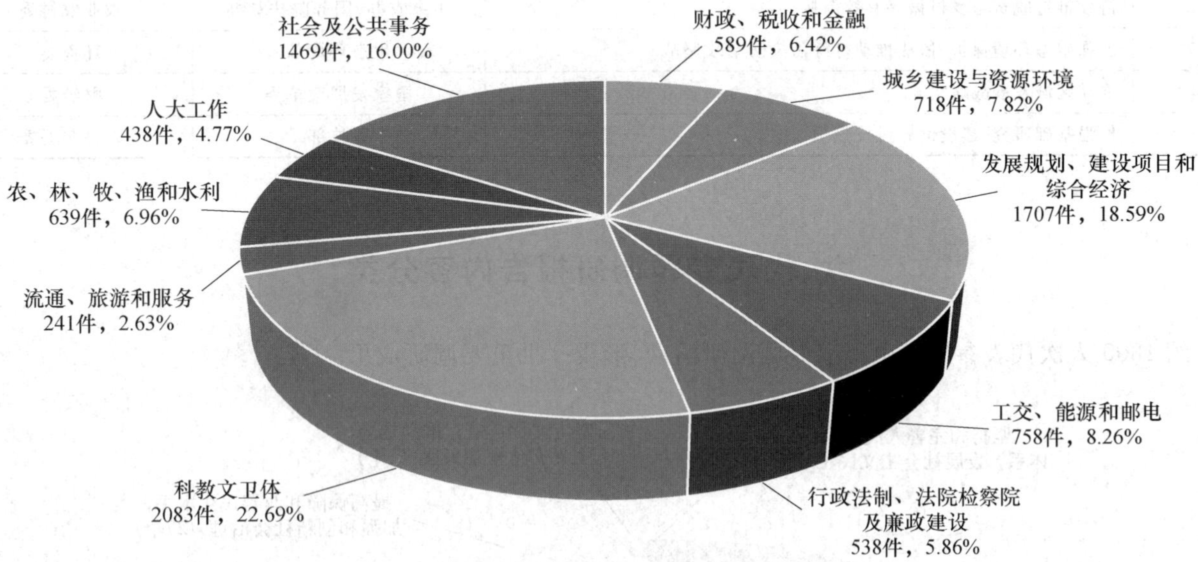


代表建议答复办理结果分类情况

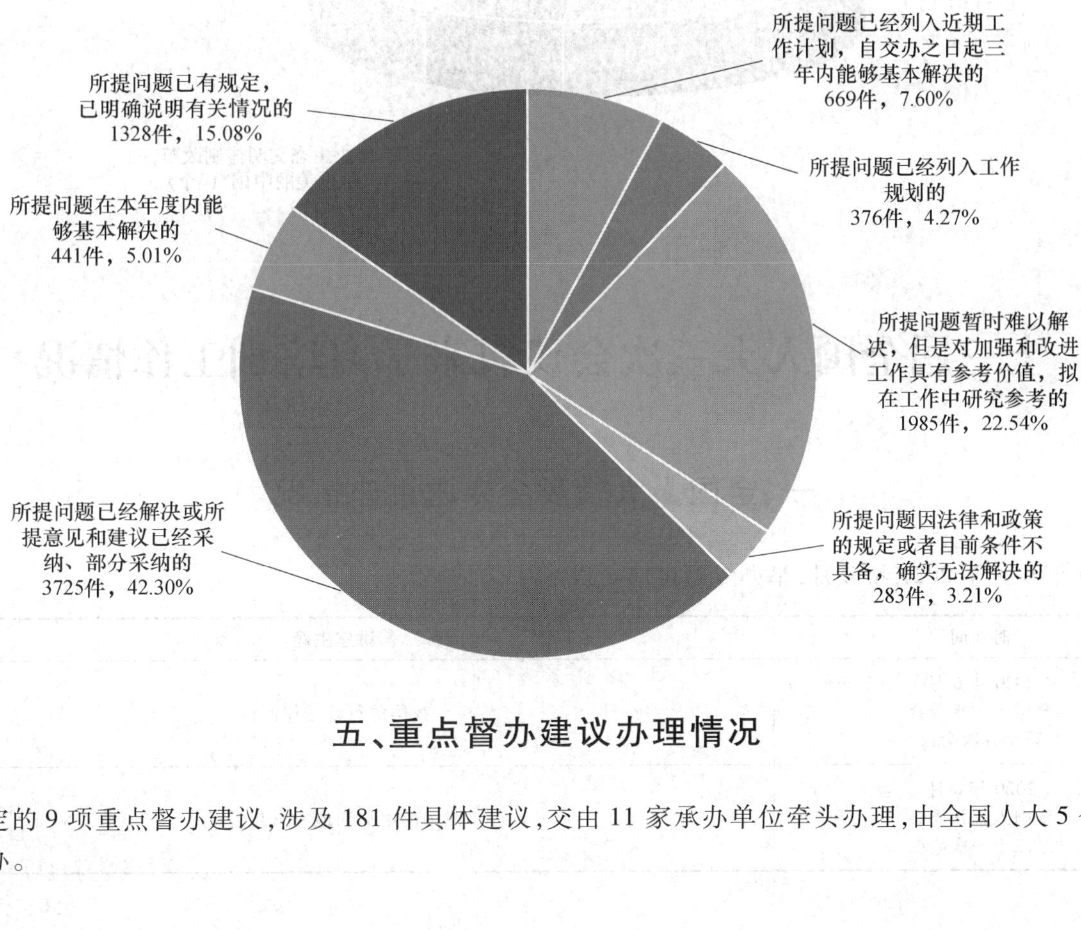


## 五、重点督办建议办理情况

确定的9项重点督办建议,涉及181件具体建议,交由11家承办单位牵头办理,由全国人大5个专门委员会督办。

| 序号 | 重点督办建议 | 牵头单位 | 督办单位 |
|---|---|---|---|
| 1 | 健全国家公共卫生应急管理体系,提升监测预警和应急响应能力 | 国家卫生健康委、应急管理部 | 教科文卫委 |
| 2 | 贯彻落实野生动物保护法,全面禁止野生动物非法交易和食用 | 国家林草局 | 环资委 |
| 3 | 全面强化就业优先政策,稳就业保民生 | 人力资源和社会保障部 | 社会委 |
| 4 | 保持制造业产业链供应链稳定性和竞争力 | 工业和信息化部 | 财经委 |
| 5 | 落实支持湖北省经济社会发展一揽子政策 | 国家发展改革委、财政部 | 财经委 |
| 6 | 持续推进脱贫与乡村振兴有效衔接 | 中央农办、国务院扶贫办 | 农业农村委 |
| 7 | 加强生态环境保护,依法推动打好污染防治攻坚战 | 生态环境部 | 环资委 |
| 8 | 推动区域发展战略实施 | 国家发展改革委 | 财经委 |
| 9 | 加强基础研究,建设世界科技强国 | 科技部 | 教科文卫委 |

## 六、代表专题调研报告内容分类

约 1800 人次代表参加集中视察专题调研活动,形成一批重要调研成果。

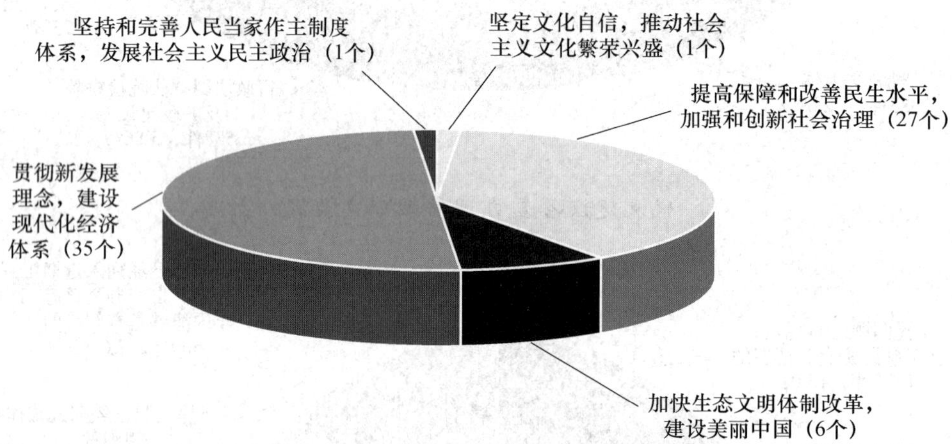


附件四

# 十三届全国人大三次会议以来学习培训工作情况

## 一、全国人大常委会专题讲座情况

2020 年 6 月至 2021 年 2 月,举办专题讲座 6 讲。

| 时　间 | 讲座主题 |
|---|---|
| 2020 年 6 月<br>全国人大常委会<br>第十九次会议 | 我国的行政法律制度 |
| 2020 年 8 月<br>全国人大常委会<br>第二十一次会议 | 我国的中央和地方财政关系 |

续表

| 时 间 | 讲座主题 |
| --- | --- |
| 2020 年 10 月<br>全国人大常委会<br>第二十二次会议 | 国民经济和社会发展五年规划(计划)制定和实施的<br>主要历程、重要作用、宝贵经验与建议 |
| 2020 年 11 月<br>全国人大常委会<br>第二十三次会议 | 学习党的十九届五中全会精神的几点体会 |
| 2020 年 12 月<br>全国人大常委会<br>第二十四次会议 | 世界科技前沿发展态势 |
| 2021 年 2 月<br>全国人大常委会<br>第二十六次会议 | 国际组织与全球治理 |

## 二、全国人大网络学院建设情况

全国人大常委会办公厅组织建设的全国人大网络学院于 2020 年 7 月 1 日正式上线,开设了人大历史、代表履职知识、代表风采等具有人大特色的专栏,并提供涵盖各领域、各方面的 558 个专题、6200 多门视频课程,学习范围覆盖全国人大代表、地方人大负责同志和全国人大机关干部。参学人员积极通过全国人大网络学院开展日常学习,目前课程总点播量达到 83 万次。

| 参学人员 | 课程点播次数 | 参学人次 |
| --- | --- | --- |
| 全国人大代表 | 243357 | 1980 |
| 地方人大负责同志 | 259555 | 2872 |
| 全国人大机关干部 | 334304 | 1763 |
| 合 计 | 837216 | 6615 |

## 三、全国人大代表和地方人大负责同志参加学习班情况

2020 年 7 月至今,举办 3 期网络视频学习班,2 期线上线下相结合的全国人大代表学习班。目前共有 5393 人次全国人大代表、6166 人次地方人大负责同志参加学习培训。

| 学习班专题 | 课程数量 | 举办时间 | 举办方式 | 参学人次 | |
| --- | --- | --- | --- | --- | --- |
| | | | | 全国人大代表 | 地方人大负责同志 |
| 深入学习贯彻党的十九届四中全会精神,坚持和完善人民代表大会制度 | 16 | 2020 年 7 月至今 | 录播 | 1605 | 2631 |
| 民法典主要制度与创新 | 5 | 2020 年 7 月 | 直播 | 60000 个网络终端 | |
| | 5 | 2020 年 7 月至今 | 录播 | 1119 | 1509 |
| 美丽中国建设 | 2 | 2020 年 7 月 | 直播 | 35000 个网络终端 | |
| | 5 | 2020 年 8 月至今 | 录播 | 975 | 1099 |

续表

<table>
<tr><th rowspan="2">学习班专题</th><th rowspan="2">课程数量</th><th rowspan="2">举办时间</th><th rowspan="2">举办方式</th><th colspan="2">参学人次</th></tr>
<tr><th>全国人大代表</th><th>地方人大负责同志</th></tr>
<tr><td rowspan="2">实施健康中国战略</td><td>9</td><td>2020 年 9 月</td><td>线下</td><td>150</td><td>—</td></tr>
<tr><td>13</td><td>2020 年 9 月至今</td><td>录播</td><td>562</td><td>486</td></tr>
<tr><td rowspan="2">学习贯彻党的十九届五中全会精神</td><td>8</td><td>2020 年 11 月</td><td>线下</td><td>195</td><td>—</td></tr>
<tr><td>9</td><td>2020 年 12 月至今</td><td>录播</td><td>787</td><td>441</td></tr>
<tr><td colspan="4">合 计</td><td>5393</td><td>6166</td></tr>
</table>

**附件五**

# 十三届全国人大三次会议以来常委会决定批准或加入条约情况

2020 年 6 月至 2021 年 2 月,十三届全国人大常委会决定批准或加入条约 7 件。

<table>
<tr><th>序号</th><th>名 称</th><th>决定批准或加入时间</th></tr>
<tr><td>1</td><td>关于加入《武器贸易条约》的决定</td><td>2020 年 6 月<br>全国人大常委会<br>第十九次会议</td></tr>
<tr><td>2</td><td>关于批准《中华人民共和国和塞浦路斯共和国引渡条约》的决定</td><td rowspan="3">2020 年 10 月<br>全国人大常委会<br>第二十二次会议</td></tr>
<tr><td>3</td><td>关于批准《中华人民共和国和比利时王国引渡条约》的决定</td></tr>
<tr><td>4</td><td>关于批准《〈巴塞尔公约〉缔约方会议第十四次会议第 14/12 号决定对〈巴塞尔公约〉附件二、附件八和附件九的修正》的决定</td></tr>
<tr><td>5</td><td>关于批准《中华人民共和国和土耳其共和国引渡条约》的决定</td><td>2020 年 12 月<br>全国人大常委会<br>第二十四次会议</td></tr>
<tr><td>6</td><td>关于批准《中华人民共和国和比利时王国关于移管被判刑人的条约》的决定</td><td rowspan="2">2021 年 1 月<br>全国人大常委会<br>第二十五次会议</td></tr>
<tr><td>7</td><td>关于批准《中华人民共和国与摩洛哥王国引渡条约》的决定</td></tr>
</table>

# 第十三届全国人民代表大会第四次会议关于最高人民法院工作报告的决议

（2021 年 3 月 11 日第十三届全国人民代表大会第四次会议通过）

第十三届全国人民代表大会第四次会议听取和审议了最高人民法院院长周强所作的工作报告。会议充分肯定最高人民法院的工作，同意报告提出的 2021 年工作安排，决定批准这个报告。

会议要求，最高人民法院要以习近平新时代中国特色社会主义思想为指导，深入贯彻习近平法治思想，全面贯彻党的十九大和十九届二中、三中、四中、五中全会精神，毫不动摇坚持党的绝对领导，坚持以人民为中心，更加注重系统观念、法治思维、强基导向，忠实履行宪法法律赋予的职责，着力维护国家政治安全、确保社会大局稳定、促进社会公平正义、保障人民安居乐业，持续深化司法体制改革，加快建设智慧法院，建设过硬法院队伍，不断提升新时代人民法院化解矛盾纠纷、服务人民群众的能力水平，为全面建设社会主义现代化国家开好局起好步提供有力司法保障，以优异成绩庆祝中国共产党成立 100 周年！

# 最高人民法院工作报告

——2021 年 3 月 8 日在第十三届全国人民代表大会第四次会议上

最高人民法院院长　周　强

各位代表：

现在，我代表最高人民法院，向大会报告工作，请予审议，并请全国政协各位委员提出意见。

## 2020 年工作回顾

2020 年是新中国历史上极不平凡的一年。面对世纪疫情和百年变局交织的复杂局面，以习近平同志为核心的党中央团结带领全党全国各族人民攻坚克难、化危为机，砥砺奋进、开拓创新，疫情防控取得重大战略成果，脱贫攻坚战取得全面胜利，全面建成小康社会取得伟大历史性成就，谱写了“两大奇迹”新篇章，充分彰显了党的领导和我国社会主义制度的显著优势。在党中央坚强领导下，在全国人大及其常委会有力监督下，在中央政法委领导下，最高人民法院坚持以习近平新时代中国特色社会主义思想为指导，全面贯彻党的十九大和十九届二中、三中、四中、五中全会精神，认真学习贯彻习近平法治思想，深入贯彻习近平总书记主持中央政治局常委会会议听取最高人民法院党组工作汇报时的重要讲话精神，认真落实十三届全国人大三次会议决议，增强“四个意识”、坚定“四个自信”、做到“两个维护”，坚定不移走中国特色社会主义法治道路，紧紧围绕“努力让人民群众在每一个司法案件中感受到公平正义”目标，坚持服务大局、司法为民、公正司法，忠实履行宪法法律赋予的职责，依法服务统筹推进疫情防控和经济社会发展，各项工作取得新成效。最高人民法院受理案件 39347 件，审结 35773 件，制定司法解释 28 件，发布指导性案例 17 个，加强对全国法院审判工作的监督指导；地方各级人民法院和专门人民法院受理案件 3080.5 万件，审结、执结 2870.5 万件，结案标的额 7.1 万亿元。

### 一、坚决维护国家安全和社会稳定

贯彻总体国家安全观，坚持宽严相济刑事政策，推进平安中国建设，切实维护政治安全、社会安定、人民安宁。审结一审刑事案件 111.6 万件，判处罪犯 152.7 万人，总体呈现下降态势。

坚决维护国家政治安全。严厉打击境内外敌

对势力渗透、破坏、颠覆、分裂活动，依法严惩颠覆国家政权、煽动分裂国家等犯罪，坚决维护国家政治安全特别是政权安全、制度安全。深化反奸防谍斗争，依法严惩间谍窃密犯罪。深化反邪教斗争，依法严惩利用邪教组织破坏法律实施等犯罪。

*维护防疫秩序和社会大局稳定*。落实依法防控要求，出台司法政策，惩治涉疫犯罪，化解涉疫矛盾。依法快审快结涉疫犯罪案件 5474 件 6443 人，对杀害防疫工作人员的马建国等人依法判处死刑。发布 34 个涉疫典型案例，严惩隐瞒出境史致多人隔离、诈骗援鄂医护人员、假冒慈善机构骗捐、哄抬物价、造谣传谣等犯罪行为，形成有力震慑，维护常态化疫情防控下经济社会秩序。开展涉疫矛盾纠纷集中排查化解专项行动。湖北法院全员下沉抗疫，为武汉保卫战、湖北保卫战取得决定性成果和疫后重振作出积极贡献。依法妥善处置国内外各种涉疫滥诉，坚决维护依法防控秩序，坚决捍卫我国司法主权和国家尊严。审结杀人、抢劫、爆炸、投毒等严重暴力犯罪案件 4.7 万件。深入推进禁毒斗争，审结毒品犯罪案件 6.8 万件。严惩袭警犯罪，维护法治权威。

*完成扫黑除恶专项斗争审判执行任务*。专项斗争以来，审结涉黑涉恶犯罪案件 33053 件 226495 人，结案率 99.4%，重刑率达 34.5%。对孙小果、陈辉民、尚同军、黄鸿发等黑恶势力犯罪组织头目依法判处死刑，一批涉黑涉恶犯罪分子受到法律严惩。坚持"打财断血"，依法判处财产刑并追缴、没收违法所得，实际执行到位金额 1373.7 亿元。坚持"打伞破网"，审结公职人员涉黑涉恶保护伞犯罪案件 2668 件。严把案件质量关，努力让每一起案件都经得起法律和历史的检验。通过三年的专项斗争，社会治安明显改善，人民群众安全感显著增强。

*维护人民群众生产生活安全*。审结重大责任事故、重大劳动安全事故等犯罪案件 2165 件 3384 人，对未取得安全许可证从事生产经营、发现事故隐患不采取措施构成犯罪的依法予以严惩，切实维护群众生产安全。出台食品安全司法解释，斩断食品"黑作坊"生产经营链条，严惩危害食品药品安全犯罪，切实维护舌尖上的安全，依法保障群众用药安全。针对高空抛物、偷盗窨井盖等问题，加大惩治力度，推动综合治理，切实维护群众头顶上、脚底下的安全。审结权健传销案等涉众型经济犯罪案件 1.5 万件，涉及金额 2.9 万亿元，严惩"套路贷"、预付消费诈骗等犯罪，切实维护群众钱袋子安全。审结醉驾等危险驾驶犯罪案件 28.9 万件，依法惩治恶意强行别车、危险竞速飙车等犯罪行为，切实维护群众出行安全。

*严惩腐败犯罪*。配合国家监委完善监察与刑事司法衔接机制，加大惩治腐败犯罪力度。审结贪污贿赂、渎职等案件 2.2 万件 2.6 万人，其中被告人原为中管干部的 12 人，对赵正永判处死缓、终身监禁，对赖小民判处并执行死刑，彰显了党中央惩治腐败的坚强决心。积极配合反腐败国际追逃追赃工作，审理追逃追赃、没收违法所得等案件 316 件，裁定没收"红通人员"姚锦旗等 164 人违法所得 11.5 亿元和位于多国的不动产，让腐败分子无处藏身、违法所得无处隐匿。

*严惩网络犯罪*。审结电信网络诈骗、网络传销、网络赌博、网络黑客、网络谣言、网络暴力等犯罪案件 3.3 万件。依法审理陈文雄特大跨境电信诈骗、王艾买卖他人社交平台账号等案件，严惩侵犯公民财产和公民个人信息的犯罪。对拒不履行网络安全管理义务、为信息网络犯罪提供帮助的，一律依法惩治。严惩一批网络黑灰产业链犯罪，决不让网络空间成为法外之地。

*加强人权司法保障*。制定刑事诉讼法司法解释，细化审理程序，保障诉讼权利，确保无罪的人不受刑事追究、有罪的人受到公正惩罚。坚持罪刑法定、疑罪从无、证据裁判，依法宣告 656 名公诉案件被告人和 384 名自诉案件被告人无罪。坚持实事求是、有错必纠，按照审判监督程序再审改判刑事案件 1818 件，江西、云南法院分别再审改判张玉环、何学光无罪。审结国家赔偿案件 1.8 万件，其中司法赔偿案件 4172 件，决定赔偿金额 2.7 亿元，保障赔偿请求人合法权益。对 41.4 万名轻微犯罪被告人适用非监禁刑，对 1.2 万人免予刑事处罚。会同司法部推进刑事案件律师辩护全覆盖，指定辩护律师 12.2 万人次。刑事诉讼法司法解释明确律师可以查阅作为证据使用的讯问录音录像，为律师依法履职提供充分保障。

## 二、积极服务高质量发展

坚定不移贯彻新发展理念，紧扣全面建成小康社会目标任务依法履职尽责，审结一审民商事案件 1330.6 万件、行政案件 26.6 万件，积极服务构建新发展格局、推动高质量发展。

*精准服务"六稳""六保"*。充分发挥司法促发展、稳预期、保民生作用，及时出台审理涉疫民商事、涉外商事海事、执行案件等 4 个意见，指导各级

法院妥善应对疫情引发的诉讼问题。紧急为1386家防疫物资生产企业临时变更财产保全措施，支持扩产抗疫。青岛法院4小时内组织完成听证并裁定解冻资金，使被起诉的呼吸机企业迅速投产运营。苏州、威海、新乡等法院紧急准许处于破产阶段的企业恢复生产，确保紧缺医疗物资供应。针对受疫情影响出现的履约难问题，依法准确适用不可抗力等规则，妥善审理相关合同违约、企业债务、房屋租赁等案件4.3万件。北京、上海、贵州、云南、新疆等法院落实惠企惠民政策，加强府院联动，千方百计帮助企业特别是中小微企业渡过难关，保护和激发市场主体活力。各级法院对2.5万家企业暂缓强制执行措施，在18.1万件民商事案件中采取“活封”等措施，为企业释放资金1631亿元、土地869万亩、厂房3271万平方米，帮扶3.6万家企业复工复产。坚决纠正涉疫就业歧视行为，严禁仅以劳动者曾感染新冠病毒、来自疫情严重地区为由非法解除劳动关系，依法支持并规范共享员工、网络零工等灵活就业，让群众在疫情冲击下就业得到法律保障。

优化营商环境。会同国家发展改革委出台意见，服务新时代加快完善社会主义市场经济体制。加强产权司法保护，依法纠正涉产权刑事冤错案件34件56人。着力营造稳定公平透明、可预期的法治化营商环境，执行合同、司法程序质量等营商环境评估指标继续保持向好。妥善审理涉及行政许可、行政协议等案件，促进优化投资兴业软环境。依法妥善审理涉国有企业改革案件，准确区分国有企业改革与国有资产流失，促进完善国有企业法人治理结构，为国企深化改革提供保障。坚持各类市场主体一律平等，严格区分正当融资与非法集资、合同纠纷与合同诈骗、民营企业参与兼并重组与恶意侵占国有资产等界限，坚决防止把经济纠纷认定为刑事犯罪。与全国工商联建立联系机制，畅通民营企业维权渠道，依法维护民营企业和企业家合法权益。

保护诚实守信。社会主义市场经济是信用经济、法治经济，诚信是社会主义核心价值观的重要内容，是民法典的基本原则。各级法院审理各类合同纠纷案件886万件，切实保护诚实守信一方合法权益，弘扬“言而有信”“有约必践”的契约精神。保护“货真价实”，严惩制售假冒伪劣商品行为，严惩网络欺诈、假借“以房养老”坑害老年人等违法犯罪。严惩证券市场虚假陈述行为，该入刑的入刑，当赔偿的赔偿。会同公安部等出台意见，严惩“碰瓷”违法犯罪，四川法院将故意制造交通事故的9人碰瓷团伙绳之以法。惩治网络流量造假行为，杭州互联网法院审理手机应用流量劫持案，维护公平竞争的市场秩序。开放司法区块链平台，支持网络著作权人上传作品、保存证据，预防和惩治网络抄袭。会同最高人民检察院出台惩治虚假诉讼意见，严惩利用虚假诉讼逃避债务、非法融资、骗补骗保等行为，对通过捏造事实、伪造证据制造63起系列虚假诉讼的某房地产公司顶格处罚6300万元。坚持惩戒失信与褒奖诚信并重，建立失信名单分级分类管理和信用修复、正向激励等机制，鼓励自动履行生效裁判，全国197万人次失信被执行人主动履行了生效法律文书确定的义务。区分失信与经营风险，深圳法院实施个人破产特区法规，江苏、浙江法院探索个人债务集中清理，为诚信的创业失利者提供重生机会。运用法治手段治理突出的诚信缺失问题，让虚假陈述者付出代价、制假售假者受到惩处、“碰瓷”者落入法网，让诚实守信者受到激励，促进诚信社会建设。

服务创新驱动发展。审结一审知识产权案件46.6万件，同比上升11.7%。出台知识产权民事诉讼证据等10个司法解释和规范性文件，进一步方便当事人举证、缩短诉讼周期、降低维权成本、提高赔偿数额，知识产权案件判赔金额同比增长79.3%，促进形成鼓励自主创新、推动科技进步的法治环境。制定司法解释，落实惩罚性赔偿制度。发挥最高人民法院知识产权法庭集中管辖专利等技术类知识产权上诉案件优势，保护科技创新特别是关键核心技术，维护创新企业正当权益。依法保护科研人员及其发明成果，激发创新活力。严惩盗版抄袭、恶意抢注、傍名牌等侵害著作权商标权行为。审理一批涉及非物质文化遗产、中华老字号和文创产业知识产权保护案件，传承中华优秀传统文化，促进文化产业繁荣发展。

促进数字经济健康发展。通过依法公正裁判为数字经济发展和技术创新明晰规则，引导新技术新业态新模式在法治轨道上健康有序发展。合理确定平台责任和行为边界，促进平台经济、共享经济依法规范发展。联合开展网络直播行业专项整治，净化网络生态。审理视频网站付费超前点播案，规范商业模式创新，保护用户合法权益。加强对外卖骑手、快递小哥、网约车司机等新业态从业者合法权益的保护。审理手机软件侵害用户个人信息、人脸识别纠纷等案件，加强个人信息保护，维护数据安全。

服务深化供给侧结构性改革。会同国家发展

改革委健全破产制度配套政策。审结破产案件10132件，涉及债权1.2万亿元，充分保护债权人及相关方合法权益。其中，审结破产重整案件728件，盘活资产4708亿元，让532家有发展前景的企业重获新生，帮助48.6万名员工稳住就业。天津、辽宁、重庆、青海法院审理物产集团、沈阳机床、力帆系企业、盐湖股份等破产重整案件，助力企业走出困境，保护上下游产业链和中小投资者权益。

服务扩大内需。支持政府依法行政，维护行政相对人合法权益，妥善化解新型基建、新型城镇化、城市建设、民生工程等领域矛盾。甘肃法院及时化解涉铁路建设土地行政争议，保障银西铁路工程建设。加强消费公益诉讼案件审判，对设置消费陷阱、霸王条款等行为依法追究责任，妥善审理住房、汽车买卖、旅游服务、在线教育等消费纠纷案件，积极营造有利于消费升级的法治环境。

服务决战脱贫攻坚。制定服务"三农"工作意见，规范扶贫领域涉案财物快速返还，妥善化解涉易地扶贫搬迁、贫困群众就业等矛盾纠纷。向困难群众发放司法救助金9.1亿元，防止因案致贫、返贫。依法审理乱占耕地案件，促进治理耕地"非农化""非粮化"问题。辽宁、吉林、黑龙江法院严惩涉土地、农资违法犯罪，加强农业知识产权保护，依法维护国家粮食安全。新疆法院开展知识产权助力脱贫攻坚南疆行活动，推动"于田沙漠玫瑰"等地理标志应用保护。福建、江西、贵州、陕西等法院创新司法扶贫举措，服务老区苏区脱贫攻坚。

服务金融健康发展。严惩操纵证券期货市场、内幕交易、涉地下钱庄、洗钱等犯罪，严厉打击逃废债行为，服务防范化解金融风险，维护金融市场秩序和国家金融安全。依法严惩违规披露信息、欺诈发行股票等犯罪，对资本市场违法犯罪零容忍。积极参加互联网金融风险整治，严惩网贷平台挥霍出借人资金等违法犯罪。出台证券纠纷代表人诉讼司法解释，完善证券集体诉讼制度。出台服务创业板改革并试点注册制意见，保障资本市场基础性制度改革。加强上海金融法院建设，设立北京金融法院，服务国家金融战略实施。修订民间借贷司法解释，大幅下调民间借贷利率司法保护上限，降低企业融资成本，服务实体经济发展。

服务生态文明建设。践行绿水青山就是金山银山理念，审结一审环境资源案件25.3万件，助力打好蓝天碧水净土保卫战。审结环境公益诉讼案件3557件，同比增长82.1%。江苏法院审理向长江非法排污案，让排污者支付5.2亿元环境修复费用和罚金。河南法院审理废酸污染黄河支流案，改变"企业排污、群众受害、政府买单"现象。福建法院加强古厝、廊桥等文化与自然遗产司法保护。广西法院加强巡回审判保护野生动物。贵州法院积极保护传统村落留住乡土文明。西藏法院依法守护雪域高原生态安全屏障。陕西法院用恢复性司法助力修复秦岭生态。青海法院倾力守护中华水塔生态安全。上海、湖北、湖南、四川等法院依法审理涉长江禁渔案件，山西、内蒙古、山东、甘肃、宁夏等黄河流域9省区法院加强环境资源审判协作，保护中华民族母亲河。

服务区域协调发展。围绕长三角一体化发展、黄河流域生态保护和高质量发展、西部大开发、深圳先行示范区建设、浦东高水平改革开放等，研究制定司法服务举措。北京、天津、河北法院加强司法协作，妥善审理涉北京冬奥会、冬残奥会基础设施建设、生态环境保护案件。雄安新区法院积极保障新区重大项目建设。会同国家知识产权局指导上海、江苏、浙江、安徽法院与当地知识产权局共同推进长三角一体化科技创新知识产权保护。广东法院出台三年行动方案，服务粤港澳大湾区建设。吉林法院与辽宁、黑龙江法院共同加强与政府联动化解行政争议，服务新时代东北全面振兴、全方位振兴。重庆、四川法院强化司法协作同城效应，助推成渝地区双城经济圈建设。

服务扩大对外开放。出台服务扩大对外开放意见，平等保护中外当事人合法权益。加强最高人民法院国际商事法庭建设，共聘请来自25国的55位专家、法律工作者担任国际商事专家委员会特邀专家，服务共建"一带一路"高质量发展。完善服务自贸试验区建设举措，制定服务海南自由贸易港建设意见，设立海南自由贸易港知识产权法院。重庆、郑州、成都、西安、兰州法院妥善化解国际铁路联运合同纠纷。广西、云南法院创新巡回审判机制，及时化解边境贸易纠纷。外国当事人主动选择或将国外仲裁变更为我国海事法院管辖，我国海事司法国际公信力日益提升。

## 三、切实维护人民群众合法权益

坚持以人民为中心的发展思想，践行司法为民宗旨，积极回应人民群众新要求新期待，用法治保障人民安居乐业。

贯彻实施民法典。完成对591件司法解释及相关规范性文件、139个指导性案例的清理工作，废止

116件，修改111件，决定对2个指导性案例不再参照适用。这是新中国成立以来最为全面、系统、规范的一次清理，废止了与民法典不一致的规定，保障了民法典施行后法律适用标准统一。重点开展涉及物权、担保、婚姻家庭、时间效力等一批配套司法解释制定工作，解决民法典施行后新旧法律和司法解释衔接适用问题。开展民法典全员学习培训，通过"人民法院大讲堂"等线上线下形式培训干警256万人次。采取以案释法、动漫说法等方式创新普法宣传，以小案例阐述大道理，引导群众增强民法思维，让民法典走进百姓生活。

*加强民生司法保障*。审结教育、就业、医疗、住房、社会保障等民生案件134.7万件。河北、山西、福建、河南、湖北等法院积极开展根治欠薪专项行动，帮助农民工追回"血汗钱"206.1亿元。依法审理工伤、医保、社会救助等案件，推动解决养老保险参保率低、断保、保险关系转移接续不畅等影响群众切身利益问题。为残疾人诉讼开辟绿色通道，充分保障残疾人合法权益。依法惩治"校闹"行为，维护正常教学秩序。严惩扰医伤医犯罪，依法保障平安医院建设。

*加强人格权保护*。人格权与每个人息息相关，是民事主体最基本的权利。贯彻民法典，在司法政策中增加申请人格权侵害禁令等规定，畅通人格权救济渠道。审理侵害"两弹一星"功勋于敏名誉权等案件，决不让人民英雄受到玷污，树立崇尚英雄的良好风尚。审理微信群侮辱人格案，坚决制止网络暴力。审理职场性骚扰损害责任案，让性骚扰者受到法律制裁。审理进口冻虾万名消费者信息案，禁止泄露公民个人信息。审理可视门铃侵犯邻居隐私权案，明确安装监控不得侵扰他人生活安宁。通过一系列人格权保护案件的依法公正审理，让人身自由得到充分保障、人格尊严受到切实尊重，充分彰显我国民法典的人民立场和共和国人民的主体地位。

*促进和谐家庭建设*。审结婚姻家庭案件164.9万件。会同全国妇联等单位深化家事审判改革，完善家事调解、家事调查、心理辅导等制度，保障婚姻自由，促进家庭和谐。签发人身安全保护令2169份，通过发挥司法裁判教育示范功能，探索将家暴防治延伸到婚前、离婚后及精神暴力等情形。山西、辽宁、广西、重庆、宁夏等地法院完善反家暴联动机制，筑牢妇女、儿童、老年人、残疾人免遭家庭暴力的"隔离墙"。依法制裁"强行啃老"、理财骗局等侵害老年人合法权益行为，严惩虐待、遗弃老年人犯罪，弘扬敬老孝老美德，强化养老助老责任。

*加强未成年人司法保护*。保护未成年人就是保护国家的未来、民族的希望。认真贯彻新修订的未成年人保护法和预防未成年人犯罪法，出台加强未成年人审判工作意见，完善中国特色少年司法制度。依法严惩侵害未成年人犯罪，对挑战法律和社会伦理底线、针对儿童犯下的各种严重罪行决不姑息。再审"百香果女童被害案"，对强奸杀害女童的杨光毅依法改判并执行死刑。坚持最有利于未成年人的原则，安徽、山东、湖南、陕西、兵团等法院推进少年家事法庭建设，确保未成年人得到特殊、优先保护。审理未成年人直播打赏无效案，直播平台全额返还158万元打赏金。对未成年人犯罪，坚持教育、感化、挽救方针，但对主观恶性大、手段残忍、屡教不改的依法惩处。会同全国妇联、共青团中央等开展寒假关爱儿童活动，把法治安全教育送到儿童身边。开展法官进校园、上讲台活动，法院领导干部和法官担任中小学法治副校长、校外法治辅导员，用生动案例帮助青少年增强宪法意识和法治观念，与全社会共同保护未成年人健康成长。

*加强涉军维权工作*。传承红色基因，巩固拓展涉军维权"信阳模式""鄂豫皖模式"实践成果，服务国防和军队改革建设，促进军政军民团结。审结破坏军事设施、破坏军婚等涉军犯罪案件633件，审结涉军民商事案件10418件，坚决捍卫军队军人尊严荣誉，维护军人军属合法权益。继续做好涉军停偿下篇文章司法服务工作，依法维护部队正当权益和群众合法利益。会同退役军人事务部等出台意见，加大退役军人司法救助力度。军事法院开通涉军维权平台，结合重大任务排查化解纠纷909件，为部队和官兵挽回损失14.3亿元。内蒙古、海南、西藏等法院主动送法进军营，开辟涉军维权绿色通道。湖南法院加强沟通协调，让西藏戍边战士和家人先行拿到赔偿款，为边防战士提供后方坚强的司法保障。

*切实保护和维护港澳台同胞和海外侨胞、归侨侨眷合法权益*。审结涉港澳台案件2.4万件，办理涉港澳台司法协助互助案件1.1万件。签署内地与香港相互执行仲裁裁决的补充安排。完善内地与澳门法院民商事案件相互委托送达司法文书和调取证据安排。妥善化解粤港澳大湾区跨境民商事纠纷，维护港澳同胞合法权益。平等保护台胞台企在祖国大陆的合法权益。厦门海事法院发布首份涉台海事审判白皮书。福州平潭、深圳前海、珠海横琴等法院聘请港澳台同胞担任人民陪审员或特

邀调解员。审结涉侨案件 4675 件。会同中国侨联推广涉侨纠纷化解经验，帮助侨胞在线化解跨境纠纷。

## 四、全面构建一站式多元解纷和诉讼服务机制

继全面实行立案登记制、基本解决执行难之后，着眼破解诉讼难、方便群众诉讼，经过两年奋战，全国法院构建起中国特色一站式多元纠纷解决和诉讼服务机制，为群众解决民商事纠纷提供菜单式、集约式、一站式服务，提供多样化纠纷解决方案和权利救济渠道，促进矛盾纠纷公正、高效、实质性化解。

*普遍建立一站式多元解纷机制。*坚持把非诉讼纠纷解决机制挺在前面，加强人民调解、行政调解、司法调解联动，强化非诉讼和诉讼对接，积极推动矛盾纠纷源头预防化解。全面应用人民法院调解平台，与全国总工会、公安部、司法部、人民银行、银保监会、证监会等完成"总对总"在线诉调对接，涵盖劳动争议、道交事故、金融保险、证券期货、知识产权等纠纷领域，3.3 万个调解组织、16.5 万名调解员入驻平台，在当事人自愿基础上开展调解工作，为群众提供菜单式在线调解服务。自 2018 年 2 月上线以来，诉前调解成功民事案件数量逐年增长，分别为 56.8 万件、145.5 万件、424 万件，其中 2020 年同比增长了 191%。全国人大代表、全国政协委员积极参与矛盾纠纷多元化解，人民法院对接"老马工作室"等代表委员调解工作站，合力化解纠纷。多元解纷机制充分发挥作用，越来越多的矛盾纠纷尚未进入诉讼程序就得到化解。全国法院受理诉讼案件数量在 2016 年、2019 年先后突破 2000 万件和 3000 万件关口的情况下，出现 2004 年以来的首次下降，特别是民事诉讼案件以年均 10% 的速度持续增长 15 年后首次下降，充分体现了在各级党委领导下推进一站式多元解纷机制建设，促进矛盾纠纷源头治理、多元化解的显著成效。会同中央广播电视总台举办 7 场"一站解纷争"全媒体直播活动，人民日报、新华社等 10 余家媒体参加"人民法院一站式体验官"基层行，社会反响热烈。

*基本建成一站式诉讼服务中心。*坚持群众需求导向，让当事人到一个场所、在一个平台就能一站式办理全部诉讼事项。强化诉讼服务中心实质性解纷功能，使大量案件纠纷在诉讼服务大厅通过调解、仲裁、诉讼等方式一站式化解。2020 年，诉讼服务中心速裁、快审案件 693.3 万件，平均审理周期比一审民商事案件缩短 53%。化繁为简，以中国移动微法院为统一入口，实现立案、送达、保全、委托鉴定等诉讼事项一网通办。开通全国统一律师服务平台，提供全程线上阅卷、提醒案件排期避让等 35 项功能，为律师参与诉讼提供便利。推行视频网络申诉，及时解决群众合理合法诉求。强化服务监督管理，通过诉讼服务指导中心信息平台对四级法院诉讼服务一网统管。畅通民意沟通渠道，依托 12368 诉讼服务热线一号通办功能，帮助群众办理诉讼事务。

*实现跨域立案服务全覆盖。*跨域立案服务在四级法院及 1 万多个人民法庭做到全覆盖，累计提供跨域立案服务 8.2 万件。从"一律敞开大门"到"就近提供服务"，当事人可以选择家门口的中级、基层法院或人民法庭，申请对包括四级法院管辖的案件提供跨域立案服务。全国法院全部开通网上立案功能，网上立案申请超过一审立案申请总量的 54%。针对反映有法院年底不立案情况，向全国法院发出立即纠正通知，确保有案必立、有诉必理。

*积极参与基层治理。*坚持和发展新时代"枫桥经验"，把一站式建设融入党委领导的城乡社会治理体系，发挥基层法院和人民法庭功能，推动社会矛盾综合治理、源头治理。浙江法院助推县级矛盾纠纷调处化解中心建设，湖南法院巧用"五老"调解就地化解矛盾，陕西法院创新"五链共治、法在基层"工作机制，云南法院"阿诗玛"特色调解室为群众提供双语服务，内蒙古法院发扬"蒙古马精神"探索草原特色矛盾化解模式，新疆法院创建 101 个"枫桥式法庭"，推动提升基层治理法治化水平。深入开展巡回审判，为偏远地区群众提供优质司法服务，把矛盾纠纷化解在林区草场、田间地头，让司法更加便利人民、贴近人民。

## 五、着力深化司法体制改革

坚持目标导向和问题导向，坚持深化改革与信息化建设紧密结合，不断提高审判执行质效和司法公信力。

*深化司法责任制综合配套改革。*完善权责一致的审判权力运行机制，补短板、强弱项，确保放权与监督相统一。完善法官员额管理制度和配套保障机制，实现能进能出、良性运行。健全审判权责清单制度，压实院庭长审判监督管理职责，完善"四类案件"识别监管机制，确保制约监督覆盖审判执

行全流程、全领域。健全统一法律适用标准机制，建立类案检索初步过滤、专业法官会议研究咨询、审判委员会讨论决定的法律适用分歧解决机制。要求高级法院制定审判业务文件和发布参考性案例必须向最高人民法院备案，防止不同地区审判标准出现不合理差异。

深化诉讼制度改革。根据全国人大常委会授权，15 个省区市的 305 个试点法院推进民事诉讼程序繁简分流改革试点，取得阶段性成效，司法效能明显提升。深入推进以审判为中心的刑事诉讼制度改革，提高证人、鉴定人、侦查人员出庭作证率和案件当庭宣判率，推进庭审实质化。会同最高人民检察院等修订规范量刑程序意见，促进量刑公开公正。依法保障人民陪审员履行审判职责，全国陪审员参审案件 247.8 万件。深化司法公开，裁判文书上网公开累计 1.2 亿份，庭审直播累计 1159 万场，阳光司法机制产生深远影响，受到国内外广泛关注。

坚持司法改革与信息化建设融合。“天平工程”通过竣工验收，智慧法院建设迈上新台阶。疫情期间，智慧法院建设成果充分显现，无接触式诉讼服务广泛应用，当事人足不出户就能参加诉讼，实现“审判执行不停摆、公平正义不止步”。北京、杭州、广州互联网法院在完善诉讼规则、创新技术应用、促进依法治网等方面不断改革探索。健全网上庭审、电子证据、异步审理等规则，保障在线诉讼依法规范进行。在线庭审平均用时 36 分钟，比线下节约 2/3，案件平均审理周期 60 天，比线下缩短1/4。通过构建中国特色、世界领先的互联网司法新模式，为全球互联网法治发展积极贡献中国方案。

健全解决执行难长效机制。深化执行改革，加强智慧执行，努力兑现当事人胜诉权益。贯彻中央全面依法治国委员会 2019 年“1 号文件”，党委领导的综合治理执行难工作格局不断完善，吉林、河南、四川、西藏、青海、宁夏等省区市出台实施意见，推动从源头解决执行难。持续提升执行信息化智能化水平，网络查控案件 1464.5 万件，网络拍卖成交金额 4027 亿元，同比均有大幅增长。在全国法院部署开展专项执行行动，执行到位拖欠民营企业中小企业账款 181 亿元、涉民生案款 254 亿元、涉金融债权案款 3300 亿元。山东法院对查封土地和海域使用权进行集中清理，释放土地资源 4.9 万亩、海域使用权 3888 公顷。加强全国法院“一案一账号”案款管理机制建设，规范执行案款管理，提高发放效率。加强统一管理、统一指挥、统一协调，强化执行指挥中心实体化运行，加强执行关键节点监督管理，提升执行规范化水平。

通过制度改革和科技变革双轮驱动，助推审判体系和审判能力现代化，司法质量、效率和公信力明显提升。2020 年，全国法院法官人均办案 225 件；各类案件一审后当事人服判息诉率 89%，二审后达到 98.1%；未结案件数、长期未结诉讼案件数分别下降 17.5% 和 24.9%；涉诉信访、涉诉进京上访同比分别下降 12.9% 和 71.8%；受理执行案件 1059.2 万件，执结 995.8 万件，执行到位金额 1.9 万亿元，同比分别上升 1.7%、4.3% 和 8.1%。

## 六、锻造忠诚干净担当的过硬法院队伍

认真贯彻习近平总书记提出的“五个过硬”要求，加快推进法院队伍革命化、正规化、专业化、职业化建设。

始终把党的政治建设摆在首位。坚持以习近平新时代中国特色社会主义思想武装头脑、指导实践、推动工作，深化习近平法治思想学习教育。深入实施青年理论学习提升工程，举办为期一年的新入院人员学习贯彻习近平法治思想培训班，帮助青年干警扣好从事司法工作的“第一粒扣子”。狠抓巡视整改落实，巩固深化“不忘初心、牢记使命”主题教育成果。深入推进基层党组织组织力提升工程，在全国法院推广党建创新优秀案例。开展向胡国运等先进典型学习活动，全国法院涌现出一大批新时代好法官好干部，458 个集体、703 名个人受到中央有关部门表彰。魏晶晶等 29 名法官因超负荷工作或遭受暴力伤害等原因牺牲在岗位上，他们用执着坚守、奉献牺牲诠释着对党和人民的忠诚、对法治事业的热爱。湖南法院周春梅法官严格执行“三个规定”，因拒绝说情打招呼遭到歹徒残害，血染法徽，用生命捍卫了司法公正！

提升司法能力。突出实战实用实效导向，让干警在服务和保障抗疫斗争、化解矛盾纠纷、攻坚改革难题中受考验、长才干。认真落实法官法，修订法官教育培训工作条例，培训干警 320.8 万人次，加强实践锻炼和专业训练。推进审判专业化建设，加强涉外、知识产权、互联网等审判人才培养，大力发现培养选拔优秀年轻干部。完善法官任职政策衔接，加强法官员额省级统筹、动态调整，根据地方经济社会发展实际和案件总量科学配置员额法官，解决中西部艰苦边远地区法院人才短缺问题。通过选派干部、培养双语法官、讲师团巡回授课等方式，

加强西部及民族地区基层法院队伍建设。

推进党风廉政建设和反腐败斗争。坚持全面从严治党、从严治院、从严管理，严格落实中央八项规定及其实施细则精神，针对审务督察发现的问题，开展司法作风专项整治。对防止干预司法“三个规定”执行情况“回头看”，完善四级法院统一的记录报告平台，实行月报告制度，推动铁规禁令落地见效。按照党中央部署扎实开展队伍教育整顿试点，以零容忍态度清除害群之马。最高人民法院查处本院违纪违法干警 11 人。各级法院查处利用审判执行权违纪违法干警 1550 人，其中追究刑事责任 346 人。以法院系统发生的违纪违法案例为镜鉴，在全国法院深入开展“以案释德、以案释纪、以案释法”警示教育。修订任职回避规定，加强法院督察工作，健全法官惩戒制度，防范和严惩司法腐败，涵养清风正气。

## 七、自觉接受监督

自觉接受人大监督，认真落实十三届全国人大三次会议精神。尊重代表的权利就是尊重人民的权利，围绕代表审议时提出的 1349 条意见建议，加强调查研究，逐项落实，转化为推动法院工作发展的动力和实际成效。比如，针对建立疫后涉企纠纷联调联动机制的建议，加强涉疫法律风险提示，依托一站式平台联动化解矛盾，助力稳企业保就业；针对优化民营企业发展法治环境的建议，完善产权司法保护措施，对接商会调解平台，方便民营企业依法维权；针对加大知识产权刑事司法保护力度的建议，出台办理知识产权刑事案件司法解释，完善知识产权司法保护制度；针对加强妇女儿童司法保护的建议，加大反家暴力度，完善少年司法制度，强化未成年人保护和犯罪预防。在制定重大司法解释过程中，注重听取相关专业领域代表委员的意见建议。向全国人大常委会专题报告加强民事审判工作情况，根据审议意见提高司法服务经济社会发展能力水平。邀请代表参加司法护航长江等视察调研活动。针对 371 件代表建议和代表日常提出的 409 条建议，逐件办理跟踪，认真沟通反馈，推动惩治暴力伤医、保护商业秘密等工作取得积极进展。自觉接受民主监督，办理政协提案 147 件，走访接待全国政协委员 110 余人次。畅通与民主党派、工商联和无党派人士沟通联络，真心诚意听取意见。贯彻监察法，自觉接受监察机关对法院工作人员进行监督。依法接受检察机关诉讼监督，公正审理抗诉案件，认真办理检察建议。广泛接受社会监督，认真听取特约监督员和特邀咨询员意见建议。主动接受舆论监督，加强与新闻媒体互动，共同维护社会公平正义。

各位代表，“十三五”时期，与党和国家事业发展同步，人民法院工作发生深刻变革、实现长足进步。新时代正确司法理念牢固树立，审判体系和审判能力现代化加快推进，司法体制改革和智慧法院建设取得重大进展，开放动态透明便民的阳光司法机制成熟定型，立案难得到解决，“基本解决执行难”目标如期实现，一站式多元解纷和诉讼服务体系基本建成，一批历史形成的重大冤错案件得到依法纠正，全国法院广大干警扎实工作、无私奉献，完成“十三五”规划确定的“司法公信力明显提高”“人权得到切实保障，产权得到有效保护”等目标任务，为平安中国、法治中国建设作出积极贡献。面向“十四五”，最高人民法院正在制定“十四五”专项规划，更好履行新时代新阶段赋予人民法院的职责使命。

人民法院工作的发展进步，根本在于习近平同志作为党中央的核心、全党的核心领航掌舵，在于以习近平同志为核心的党中央坚强领导，在于习近平新时代中国特色社会主义思想科学指引。人民司法事业的新变革新进步，都是习近平法治思想在人民法院的生动实践。实践证明，习近平法治思想是指引中国特色社会主义法治建设的科学指南，党的领导是我国社会主义法治之魂，中国特色社会主义法治道路越走越宽广，前景无限光明。人民法院工作成绩的取得，是全国人大及其常委会有力监督，国务院大力支持，全国政协民主监督，国家监察委员会、最高人民检察院监督，各民主党派、工商联、人民团体、无党派人士民主监督，地方各级党政机关、全国人大代表、全国政协委员、社会各界和广大人民群众关心支持帮助的结果。在此，我代表最高人民法院表示衷心的感谢！

我们清醒看到，人民法院工作还存在不少问题：一是司法理念同新发展理念要求相比存在差距，服务高质量发展水平还需提升。二是司法能力还有不足，对精准服务大局、防范化解风险、满足群众多样化司法需求研究不够，一些案件审判质量效率不高、效果不好，存在机械司法、就案办案问题。三是司法改革系统集成、协同高效有待加强，司法责任制综合配套措施全面落地存在差距。四是司法领域腐败问题仍有发生，有的法官贪赃枉法、徇私枉法，严重损害法治权威。五是队伍建设还有短板,一些法院法官员额不足,一些领域专业化审判人才短缺,尚未形成科学完备的司法人才培养体系,一些法院招人难、留人难问题尚未得到很好解决,一些法院人案矛盾依然突出,司法职业保障需要加强。六是基层基础工作存在薄弱环节,一些地方人民法庭建设存在差距,服务乡村振兴、促进社会治理的能力水平有待进一步提高。对这些问题,我们将在党的领导下,采取有力措施,努力加以解决。

## 2021 年工作安排

2021 年和今后一个时期,人民法院要坚持以习近平新时代中国特色社会主义思想为指导,全面贯彻党的十九大和十九届二中、三中、四中、五中全会及中央全面依法治国工作会议、中央政法工作会议精神,认真落实本次大会决议,忠实履行宪法法律赋予的职责,紧扣推动高质量发展主题,准确把握立足新发展阶段、贯彻新发展理念、构建新发展格局要求,更加注重系统观念、法治思维、强基导向,坚持稳中求进、守正创新,推动新时代人民法院工作高质量发展,为全面建设社会主义现代化国家开好局起好步提供有力司法服务。

一是加强政治建设。深入学习贯彻习近平新时代中国特色社会主义思想,真学真信笃行习近平法治思想,增强“四个意识”、坚定“四个自信”、做到“两个维护”。立足“两个大局”,胸怀“国之大者”,对标对表党中央决策部署,不断提高政治判断力、政治领悟力、政治执行力。深入贯彻《中国共产党政法工作条例》,坚持党对司法工作的绝对领导,坚定不移走中国特色社会主义法治道路。

二是积极服务大局。全面贯彻新发展理念,紧扣“十四五”规划和 2035 年远景目标纲要确定的经济社会发展目标任务,依法履职、精准发力,积极服务常态化疫情防控和经济社会高质量发展。聚焦办好发展安全两件大事,推动更高水平的平安中国建设,深入推进反渗透反颠覆反间谍反分裂反恐怖反邪教斗争,推动扫黑除恶常态化,依法严惩腐败犯罪,依法惩治网络犯罪,坚决维护国家政治安全和社会大局稳定。全面加强知识产权司法保护,加强知识产权法院建设,加大对“卡脖子”关键核心技术及新兴产业、重点领域、种源等保护力度,服务科技自立自强,服务科技强国建设。加大对红色经典作品的知识产权司法保护力度。加强反垄断和反不正当竞争司法,保护消费者合法权益,维护市场公平竞争秩序和社会公共利益。加强破产审判工作,推动健全便利、高效、有序的市场主体退出制度。完善司法政策,强化司法协作,服务区域协调发展。高标准建设海南自由贸易港知识产权法院、北京金融法院。加大产权司法保护力度,妥善化解生产、分配、流通、消费领域纠纷,服务构建新发展格局。加强对数字经济、互联网、人工智能、无人驾驶等新技术新应用研究,妥善审理相关案件,促进新模式新业态依法规范发展。落实长江保护法等法律法规,保护野生动物,提升生态环境司法保护水平。依法维护国家海洋权益和安全,服务海洋强国建设。加强国际法研究和运用,坚决维护国家主权、安全、发展利益,服务推动构建人类命运共同体。

三是坚持司法为民。切实实施民法典,提升我国民事权利司法保护水平。支持和监督行政机关依法行政。依法妥善审理涉“三农”案件,积极服务巩固拓展脱贫攻坚成果同乡村振兴有效衔接。加强妇女、儿童、老年人、残疾人权益保障。认真落实未成年人保护法和预防未成年人犯罪法,加强最高人民法院少年法庭工作办公室和六个巡回审判点建设,充分发挥少年法庭职能作用,加大法治宣传教育力度,保护未成年人健康成长。加强对“互联网+”模式下新业态从业人员合法权益的保障。加强对医务工作者的司法保护,依法严厉打击医闹和暴力伤医违法犯罪行为。加大涉军维权工作力度,开辟涉军维权绿色通道,落实国防法、退役军人保障法,切实维护国防利益和军人军属合法权益,让军人成为全社会尊崇的职业。推进执行难综合治理、源头治理,加大执行工作力度,健全善意文明执行制度,保持执行工作高水平运行。加强涉诉信访工作,做到件件有回声。加强人民法庭建设,强化革命老区、民族地区、边疆地区、脱贫地区法院基层基础建设,提升基层司法水平,努力做到人民群众的需求到哪里,司法服务就跟进到哪里。

四是严格公正司法。坚持新时代正确司法理念,严格贯彻刑事、民事、行政诉讼法,充分保障当事人诉讼权利。贯彻实施刑法修正案(十一)。依法规范减刑、假释、暂予监外执行工作,坚决查处“纸面服刑”“提钱出狱”。坚持合法自愿原则,能调则调、当判则判。切实保障律师依法履职,构建与律师正当交往、良性互动的关系,共同推动法治进步。统一裁判尺度,提高审判执行质效。加强审判执行工作监督管理,确保公正廉洁司法。充分发挥司法裁判惩恶扬善功能,推动社会主义核心价值观深入人心。

*五是深化司法改革。*全面深化司法责任制综合配套改革，强化改革主体责任，敢于啃硬骨头，对已经实施的改革加强评估问效，让各项改革举措系统集成、协同高效。加强司法制约监督，规范司法权力运行，完善人员分类管理。健全人民陪审员履职管理和保障机制。深化以审判为中心的刑事诉讼制度改革，健全认罪认罚从宽制度，确保严格依法办案。扎实做好民事诉讼程序繁简分流改革试点经验总结和成果转化。健全中国特色一站式多元纠纷解决和诉讼服务体系。加强互联网法院建设，完善在线诉讼程序规则，创造以人民为中心的更高水平社会主义司法文明。

*六是建设过硬队伍。*认真开展党史学习教育，铸牢政治忠诚之魂，坚定理想信念。加强专业化能力建设，加快培养储备一批高素质专业化审判人才和后备力量。持之以恒纠治"四风"特别是形式主义、官僚主义。以全面开展队伍教育整顿为契机，刀刃向内、刮骨疗毒，严肃查处失职渎职行为，坚决清除害群之马，对自身存在的问题不遮丑、不护短、不文过饰非，坚决整治顽瘴痼疾，纯洁法院队伍。严格落实防止干预司法"三个规定"等铁规禁令，以零容忍态度严惩司法腐败。坚持严管厚爱结合，加强司法职业保障。自觉接受人大监督、民主监督、人民监督和各方面监督。提高群众工作能力，让每一个法官在各种纷繁复杂甚至尖锐激烈的矛盾面前，敢于担当、敢于碰硬，不回避、不推卸，不徇私情、秉公处理，做定分止争的行家里手，既解决案件的法结，又化解群众的心结，让法安天下、德润人心。

各位代表，做好"十四五"时期人民法院工作，责任重大，使命光荣。我们要更加紧密地团结在以习近平同志为核心的党中央周围，以习近平新时代中国特色社会主义思想为指导，认真贯彻本次会议精神，不忘初心、牢记使命，求真务实、开拓创新，充分发挥审判职能作用，为全面建设社会主义现代化国家、实现中华民族伟大复兴的中国梦作出新的更大贡献，以优异成绩庆祝中国共产党成立 100 周年！

# 第十三届全国人民代表大会第四次会议关于最高人民检察院工作报告的决议

（2021 年 3 月 11 日第十三届全国人民代表大会第四次会议通过）

第十三届全国人民代表大会第四次会议听取和审议了最高人民检察院检察长张军所作的工作报告。会议充分肯定最高人民检察院的工作，同意报告提出的 2021 年工作安排，决定批准这个报告。

会议要求，最高人民检察院要以习近平新时代中国特色社会主义思想为指导，深入贯彻习近平法治思想，全面贯彻党的十九大和十九届二中、三中、四中、五中全会精神，毫不动摇坚持党的绝对领导，坚持以人民为中心，更加注重系统观念、法治思维、强基导向，忠实履行宪法法律赋予的职责，着力维护国家政治安全、确保社会大局稳定、促进社会公平正义、保障人民安居乐业，持续深化司法体制改革，不断增强政治自觉、法治自觉、检察自觉，建设过硬检察队伍，推动刑事、民事、行政、公益诉讼检察工作全面协调充分发展，为全面建设社会主义现代化国家开好局起好步提供有力司法保障，以优异成绩庆祝中国共产党成立 100 周年！

# 最高人民检察院工作报告

——2021 年 3 月 8 日在第十三届全国人民代表大会第四次会议上

最高人民检察院检察长　张　军

各位代表：

现在，我代表最高人民检察院，向大会报告工作，请予审议，并请全国政协各位委员提出意见。

## 2020 年工作回顾

过去一年极不平凡。在以习近平同志为核心的党中央坚强领导下，在全国人大及其常委会有力监督下，在中央政法委领导下，最高人民检察院坚持以习近平新时代中国特色社会主义思想为指导，深入贯彻党的十九大和十九届二中、三中、四中、五中全会精神，认真贯彻习近平法治思想，切实落实十三届全国人大三次会议决议，把增强“四个意识”、坚定“四个自信”、做到“两个维护”融入检察履职，积极应对各类风险挑战特别是新冠肺炎疫情带来的严重冲击影响，以高度的政治自觉、法治自觉、检察自觉担当作为，各项工作取得新进展。一年来，全国检察机关共办理各类案件 301 万件，同比下降 19.4%。其中，受理的审查逮捕、审查起诉、申诉案件同比分别下降 30.6%、12.4% 和 46.1%；主动履职的公益诉讼、诉讼监督案件同比分别上升 19.2% 和 9.6%。

## 一、积极融入国家治理，以检察保障助推长治久安

着力推进更高水平的平安中国、法治中国建设，自觉在提升国家治理效能中担当作为。批准逮捕各类犯罪嫌疑人 770561 人、提起公诉 1572971 人。

*坚决维护国家安全和社会安定。*坚持总体国家安全观，严厉打击境内外敌对势力渗透颠覆分裂破坏活动。坚决贯彻香港特别行政区维护国家安全法。支持新疆等地依法防治暴恐犯罪，确保社会大局持续稳定、长期稳定。对杀人、抢劫等严重暴力犯罪始终保持高压态势，起诉 5.7 万人，核准追诉“南医大女生被害案”等 35 起陈年命案。突出惩治盗窃、诈骗、抢夺等多发性侵财犯罪，起诉 35 万人。依法惩治黄赌毒犯罪，起诉 21.2 万人。

*在依法履职战疫和促进经济恢复中弘扬伟大抗疫精神。*及时出台系列司法政策，指导依法追诉妨害疫情防控犯罪，筑牢抗疫法治防线。继去年初打破常规、连续发布 10 批 55 件典型案例后，因应疫情防控常态化，再就核酸检测造假、制售假疫苗等发布 4 批 19 件从严追诉典型案例，指导办案、震慑犯罪、预警社会。各级检察机关特别是湖北检察机关下沉一线，扎实履行依法战疫各项检察职能。全国检察机关共批捕涉疫犯罪 7227 人，起诉 1.1 万人。坚决贯彻党中央统筹推进疫情防控和经济社会发展部署，制定实施“11 条意见”，服务“六稳”“六保”。突出稳企业保就业，用好司法政策，助力各类企业复工复产、渡过难关。有力惩治侵害民营企业合法权益的犯罪，起诉 2.3 万人，同比上升 2.9%。持续清理长期未侦结的涉企“挂案”，2019 年排查的 2687 件已督促办结 2315 件；去年再会同公安部排查督办 5088 件，为企业解绊，促放手发展。对企业负责人涉经营类犯罪，依法能不捕的不捕、能不诉的不诉、能不判实刑的提出适用缓刑建议，同时探索督促涉案企业合规管理，促进“严管”制度化，不让“厚爱”被滥用。检察机关受理一起串通投标案，查明 6 家涉案企业系受黑社会性质组织胁迫出借资质，对涉黑犯罪依法严惩，对企业则依法不起诉，促其规范经营。开展企业控告申诉专项清理，排查 2.1 万件，支持企业合法诉求 5519 件。助力企业发展同时，依法维护劳动者合法权益，发布恶意欠薪犯罪典型案例，起诉 1821 人，支持农民工起诉讨薪维权 1.1 万件。严格区分恶意欠薪与因周转困难而欠资，以精准司法保企业、为员工利益谋长远。

*推动扫黑除恶专项斗争取得全面胜利。*检察机关参与三年为期的专项斗争，一开始就明确提出“是黑恶犯罪一个不放过、不是黑恶犯罪一个不凑数”，省级检察院对涉黑和重大涉恶案件严格把关；会同有关部门制定 9 个指导性文件，统一办案标准；对 150 起重大案件挂牌督导。2018 年以来，共批捕涉黑涉恶犯罪 14.9 万人，起诉 23 万人，其中起诉组织、领导、参加黑社会性质组织犯罪 5.4 万人，是前三年的 11.9 倍。对未以涉黑涉恶移送起诉的，依法认定 5732 件，占起诉数的 15.9%；以涉黑涉恶移送，依法不认定 2.1 万件，占受理数的 36.3%。坚持除恶务尽，起诉涉黑涉恶“保护伞”2987 人。结合办案推动重点行业领域依法治理，社会治安秩序明显改善：去年受理审查起诉刑事案件为近 4 年最低，严重暴力犯罪案件为近 20 年最低。党中央坚强领导下的这场专项斗争，惩治力度更大、办案质量更好、“打伞破网”更严，人民群众以更实在的安全感进入全面小康。

*积极参与网络治理。*起诉网络犯罪 14.2 万人，在刑事案件总量下降背景下，同比上升 47.9%。针对传统犯罪加速向网上蔓延态势，专设检察办案指导组，制定追诉、指控犯罪 65 条标准，用好专业人员辅助办案制度，助推依法从严治网。结合办案，就整治网络黑灰产业链、提升移动互联网监管执法能

力、加大未成年人网络保护力度向工业和信息化部发出第六号检察建议，抄送公安部等部门，共同推进网络秩序综合整治。

*在反腐败斗争中履职尽责。*协同完善监察执法与刑事司法衔接机制，监检互相配合、互相制约，办案质量不断提升。受理各级监委移送职务犯罪19760人，已起诉15346人，不起诉662人，不起诉率同比增加0.5个百分点；退回补充调查4013人次，退查率同比减少12.4个百分点。对赵正永等12名原省部级干部提起公诉。赖小民受贿数额特别巨大、罪行极其严重，提出判处死刑的公诉意见，判决予以采纳。用好法定特别程序，力促追逃追赃。对逃匿、死亡贪污贿赂犯罪嫌疑人启动违法所得没收程序；首次适用缺席审判程序，对潜逃境外19年的贪污犯罪嫌疑人程三昌提起公诉。立案查办司法工作人员利用职权实施的侵犯公民权利、损害司法公正犯罪1421人，同比上升63.1%。

*深入落实认罪认罚从宽制度。*刑事诉讼法明确规定，犯罪嫌疑人、被告人自愿如实供述自己的罪行，承认指控的犯罪事实，愿意接受处罚的，可以依法从宽处理。这一制度源出我国经济发展、社会安定，犯罪结构明显变化，重罪占比持续下降，轻罪案件不断增多。判处不满三年有期徒刑及以下刑罚案件，从2000年占53.9%升至2020年的77.4%。全面贯彻宽严相济刑事政策，重罪须从严追诉，轻罪则依法宽缓；促进认罪认罚、少捕慎诉慎押，更利矛盾化解、社会治理。检察机关在刑事诉讼中承前启后，积极履行主导责任，与公安机关、人民法院互相配合、互相制约，该用尽用、规范适用。全面审查案件事实、证据，不因认罪而降低证明标准。区分案件性质、情节和社会危害，对犯罪性质和社会影响特别恶劣的，依法从严追诉、不予从宽；对轻罪案件特别是因民间纠纷引发的轻微刑事案件，尽量依法从简从快从宽处理；对依法可不批捕和犯罪情节轻微、不需要判处刑罚的，不批捕8.8万人、不起诉20.2万人，占已办结案件比例分别增加0.8和3.9个百分点。捕后认罪认罚可不继续羁押的，建议释放或变更强制措施2.5万人。审前羁押从2000年占96.8%降至2020年的53%。向全国人大常委会专题报告制度适用情况，围绕审议意见推出28条深化落实举措。全年认罪认罚从宽制度适用率超过85%；量刑建议采纳率接近95%；一审服判率超过95%，高出其他刑事案件21.7个百分点。司法效率更高，办案效果更好。

*促进完善社会治理体系。*用典型案件引领法治、促进治理是检察办案的更高追求。定期发布检察办案数据、发案特点及趋势，以“检察专报”引导动态防治。发布“遭遇暴力传销反击案”“反抗强奸致施暴男死亡案”“阻止非法暴力拆迁伤人案”等6起正当防卫不捕不诉典型案例，诠释正当防卫理念和适用规则，坚定捍卫“法不能向不法让步”。2018年底发布“昆山反杀案”指导性案例后，2019年和2020年因正当防卫不捕不诉819人，是之前两年的2.8倍。与公安部等出台指导意见，严惩以“被害”为名设局索财，让“碰瓷”者“碰壁”。网络大V“辣笔小球”恶意诋毁贬损卫国戍边英雄官兵，江苏检察机关迅速介入，依法适用今年3月1日起施行的刑法修正案（十一），首次以涉嫌侵害英雄烈士名誉、荣誉罪批准逮捕，并在军事检察机关支持配合下，开展公益诉讼调查。英烈不容诋毁，法律不容挑衅。

## 二、紧紧围绕发展大局，以检察服务助力全面小康

紧紧围绕决胜全面建成小康社会，聚焦打好打赢三大攻坚战，以有力履职促进高质量发展，自觉在服务大局中担当作为。

*在决战脱贫攻坚中贡献检察力量。*用好国家司法救助制度，对因犯罪侵害等致生活陷入困境的被害人及其近亲属“应救尽救”，防止因案致贫返贫。救助3.2万人4.2亿元，同比分别上升55.2%和61.3%。湖南检察机关办理一起涉黑案时，发现被害人遗孤无人照管，在安置、救助同时，协调民政、教育部门解决其监护和就学问题。为让被侵占、挪用的扶贫资金尽早发挥作用，推广云南经验，建立扶贫领域涉案财物依法快速返还机制，改变不结案不返还惯常做法，会同有关机关一体实施。去年检察办案中快速返还1.2亿元，惠及3.2万人。

*保卫蓝天碧水净土。*助力污染防治攻坚，起诉破坏生态环境资源犯罪5.1万人，办理相关公益诉讼案件8.4万件，同比分别上升0.9%和21%。万峰湖地处黔桂滇接合部，因无序养殖、水质恶化，2016年、2017年连续两次被中央环保督察点名。因治防分属管辖，效果不尽如人意。最高人民检察院直接立案，三地党委和政府大力支持，协同治理、联手防控，再现一湖碧水。与生态环境部等开展危险废物环境违法犯罪专项打击。会同自然资源部开展试点，强化土地执法领域协作，落实最严格耕地保护制度。出台检察政策，服务保障长江十年禁

渔,促进综合运用刑事、行政、经济手段惩治非法捕捞。

护航金融安全。从严追诉金融诈骗、破坏金融管理秩序犯罪,起诉4.1万人,同比上升3.2%。会同公安部对36起重大案件挂牌督办;会同证监会发布典型案例,严惩财务造假、操纵市场、内幕交易,维护投资者合法权益。开设金融检察微课堂,以案释法,引导理性投资。与相关部门共同制定指导意见,严惩洗钱行为。共起诉洗钱犯罪707人,是2019年的4.7倍。

跟进服务创新驱动发展。组建知识产权检察办公室,整合刑事、民事、行政检察职能,以专业办案团队强化综合司法保护,并在天津、海南、重庆等9省(市)试点。针对一些知识产权刑事案件中,权利人难以依法及时维权,全面推开诉讼权利义务告知制度。与最高人民法院共同发布司法解释,会同公安部完善侵犯商业秘密立案追诉标准,加大惩治力度。协同国家版权局等对49起重大侵权盗版案挂牌督办。起诉侵犯知识产权犯罪1.2万人,同比上升10.4%。对国内外企业知识产权一视同仁、平等保护。审慎办理涉科研经费案件,甄别有无非法占有目的,谨防把一般违法、违纪问题作犯罪处理。

服务区域协调发展。制定专门规范服务自贸区建设,支持海南自贸港建设。出台21项举措支持粤港澳大湾区发展。京津冀检察联动服务协同发展,支持雄安新区建设。务实深化长江经济带检察协作,落实共抓大保护。沿黄9省(区)检察机关共同保护母亲河生态环境。沪苏浙皖21条检察意见服务长三角一体化发展。川渝48项检察协作机制服务双城经济圈建设。渝桂检察协作助力西部陆海新通道安全畅通。辽吉黑检察机关携手开展黑土地保护专项监督,综合运用刑事、公益诉讼等检察职能,依法惩治破坏、占用耕地等违法行为。

促进形成全面开放新格局。与上海合作组织成员国和金砖国家检察机关召开视频会议,共商疫情防控常态化背景下惩防跨国犯罪,完善跨境司法协助机制。首次发布刑事司法协助典型案例,规范境外取证。依法办理涉外案件,维护国家利益和当事人合法权益,以法治为"一带一路"建设护航。

## 三、全面推进"四大检察",以检察监督维护公平正义

贯彻落实十三届全国人大三次会议决议关于"推动刑事、民事、行政、公益诉讼检察工作全面协调充分发展"的要求,自觉在促进社会公平正义中担当作为。

刑事检察更加有力。督促侦查机关依法立案2.2万件,监督撤案2.4万件,同比分别上升34%和58.4%。依法当捕、应诉而未移送的,追加逮捕2万人、追加起诉2.9万人。对不构成犯罪或证据不足的不批捕13.8万人、不起诉4.1万人。对认为确有错误的刑事裁判提出抗诉8903件,同比上升7.2%。对"张玉环案""吴春红案""韩显辉案"等冤错案件,坚持疑罪从无、有错必纠,建议改判无罪。同时,制发错案责任追究意见,对近年来已纠正重大错案逐一启动问责程序。纠错不能止于国家赔偿,追责必须落到责任主体。社会广泛关注的孙小果、郭文思、巴图孟和"纸面服刑"案中检察监督流于形式,我们深刻反思:刑罚执行中的突出问题,检察监督应当发现而没有发现是失职,发现而不纠正、不报告是渎职。以此自查自纠,3案29名检察人员被严肃追责。创新落实巡回检察制度,直接组织对3所监狱跨省交叉巡回检察,推进常态化省内交叉巡回检察,发现并纠正了一批严重违规违法问题。河南检察机关在交叉巡回检察中发现某监狱一度监管秩序混乱,对7名监管人员立案侦查,同时严肃追究6名派驻检察人员相应责任。责任落实促进工作落实。全国检察机关监督纠正减刑、假释、暂予监外执行不当5.1万人次,同比上升33%。"大墙内"的公平正义备受关注,检察监督责任更重。

民事检察更为精准。努力办好对经济社会发展有引领价值的典型案件,通过抗诉促进统一司法标准,推动解决同类问题;个案问题更多以检察建议促进纠正。提出民事抗诉4994件,同比下降2.1%,法院已改判、发回重审、调解、和解撤诉2926件,改变率为80.7%;提出再审检察建议9900件,同比上升24.2%,法院采纳率68.7%。对民事审判中违法送达、违法采取保全措施、适用程序错误等提出检察建议3.3万件,同比上升84.4%。对民事执行活动中的违法情形提出检察建议3.7万件,同比上升59.7%。持续深化专项监督,纠正虚假诉讼10090件,对涉嫌犯罪的起诉1352人,同比分别上升27.9%和6.5%。检察机关发现一犯罪团伙虚构带牌车辆买卖合同纠纷起诉,再冒名被告应诉骗取车牌,制造虚假诉讼283件,涉案金额3700万元,追诉犯罪同时,向9家相关法院提出再审检察建议。就防治虚假诉讼、维护司法权威,向最高人民法院发出第五号检察建议。

行政检察持续做实。对认为确有错误的行政裁判提出抗诉 182 件，同比上升 16.7%；提出再审检察建议 198 件，是 2019 年的 2.4 倍。对行政审判中违法送达、违反法定审理期限等提出检察建议 6067 件，是 2019 年的 2.2 倍。对行政执行活动中的违法情形提出检察建议 2.5 万件，同比上升 93.4%。针对一些行政诉讼程序空转，深化专项监督，有效化解行政争议 6304 件，其中讼争 10 年以上的 353 件。一申请人因宅基地纠纷十余年未能解决，提起行政诉讼，2018 年 10 月二审被驳回上诉、维持原判。检察机关受理监督申请后审查认为裁判并无不当，但为化解多年讼争，检察官深入村组，查明纠纷根源，经双向释法说理，协调给予申请人应有补偿，这起"老大难"行政争议终于划上句号。

公益诉讼检察有序拓展。公益司法保护中国方案令人瞩目。去年立案办理公益诉讼案件 151260 件，其中，民事公益诉讼 1.4 万件，行政公益诉讼 13.7 万件，同比分别上升 1 倍和 14.4%。最高人民检察院和省级检察院直接办理了一批跨区域和影响性案件。**践行双赢多赢共赢理念。**建立磋商机制，拟提出检察建议的先促请行政机关主动履职。针对一些污染企业违规享受相关税收优惠政策，与国家税务总局共同核实、督促整改，推动环保处罚信息共享，税收优惠政策进一步完善。发出诉前检察建议 11.8 万件，同比上升 14.1%；行政机关回复整改率 99.4%，更多问题诉前即获解决。**将提起诉讼做成生动法治课堂。**检察建议不能落实的，则提起诉讼，将案件办成法治样本，促进依法行政，警示、教育社会面。起诉 8010 件，同比上升 67.6%；法院审结 5976 件，支持起诉意见 5935 件。**拓展案件范围。**对群众反映强烈的新领域公益损害问题立案 2.7 万件，是 2019 年的 3.4 倍。发布铁路安全生产领域公益诉讼典型案例，推动沿线环境安全治理。河北、山西、内蒙古、陕西、甘肃检察机关开展长城保护专项监督，新疆检察机关开展文物古迹专项保护行动。上海、安徽检察机关推动居民小区电动车"飞线充电"专项治理，维护城市公共安全。贵州检察机关针对网络餐饮平台强制"二选一"，督促主管部门治理不正当竞争行为；青海检察机关与消费者协会协作，探索拓展消费领域民事公益诉讼，保护消费者合法权益。

以民法典指引检察履职。召开贯彻实施民法典工作会议，全员线上专题培训，全面清理司法解释及相关规范性文件。以贯彻实施民法典为契机，树立权力监督与权利救济相结合的民事检察思维，确立法定性与必要性相统一的民事检察监督标准。把民法典作为"四大检察"的重要价值指引，刑事追诉秉持客观公正立场，平等、充分保障诉讼参与人的民事权利，坚决防止和纠正以刑事案件名义插手民事纠纷、经济纠纷。对违法取证、违法查封扣押冻结等侵犯人身权、财产权、人格权的侦查活动违法情形，提出纠正意见 5 万件次。妥善处理刑事和民事法律关系交叉案件，对于民事欺诈、合同纠纷案件，准确判断主观故意，谨防违法追诉；对打着民事交易、经济纠纷幌子，实为侵财犯罪的"套路贷"等，严格依法追诉。

构建规范有序的检律关系。保障律师依法执业，就是保护当事人合法权益。监督纠正执法司法机关阻碍律师行使诉讼权利 958 件，同比上升 30.5%。促进地方检察机关建立律师异地阅卷、远程会见等保障机制。主动与司法行政机关沟通，推动健全值班律师制度，做实认罪认罚从宽案件中的控辩协商。携手司法部、全国律协，建立定期会商机制，同构积极、建设性检律关系。

## 四、紧扣民心这个最大政治，以检察为民增进民生福祉

坚持以人民为中心的发展思想，紧盯人民群众的操心事、烦心事、揪心事，自觉在保障人民权益中担当作为。

守护"舌尖上""脚底下"的安全。与国家市场监督管理总局等联合开展"四个最严"专项行动，会同国务院食品安全办等 10 部门完善线索移送、案件通报等协作机制，起诉制售有毒有害食品、假药劣药等犯罪 8268 人，办理食品药品安全领域公益诉讼案件 2.7 万件。联手最高人民法院、公安部出台指导意见，对盗窃、破坏公共场所窨井盖行为，以破坏交通设施等危害公共安全犯罪追诉。办理涉窨井盖刑事犯罪 106 件、公益诉讼 424 件。梳理办案中发现的窨井施工、管理、养护等方面问题，向住房和城乡建设部发出第四号检察建议，该部牵头制发窨井盖管理指导意见，促进对水电气、供暖、通信、广电等各类井盖联手共治；地方检察机关联动落实，督促整改窨井安全隐患 17.6 万处。井盖必须安全地踩在脚下。

以公开听证办好群众信访。去年新收群众信访 92.7 万件，均在 7 日内告知"已收到、谁在办"，3 个月内办理过程或结果答复率 99.8%。及时回复、用心办理赢得群众信赖，检察机关信访总量同比下

降4.3%，重复访同比下降13.8%。坚持和发展新时代“枫桥经验”，集中办理信访积案2.5万件，其中5年以上的1018件全部办结。推广河南经验，各级检察院检察长承办多年难结案件，接访办案3.3万人次，是2019年的2.4倍。对重大争议或影响性案件，创新以听证形式公开审查。大检察官带头，四级检察院全覆盖，组织听证2.9万件，是2019年的10.8倍。邀请人大代表、政协委员、人民监督员、社区居民等参与，让当事人把事说清、听证员把理辨明、检察官把法讲透，听证后化解率83.7%。开通听证网络直播，以公开促公正赢公信。

倾情守护未成年人安全健康成长。从严追诉性侵、虐待未成年人和拐卖儿童等犯罪5.7万人。会同有关部门建成1029个“一站式”办案场所，促进询问、证据提取一次完成，尽力防止“二次伤害”。对监护人侵害和监护缺失，支持起诉、建议撤销监护人资格513件，是2019年的6.3倍。未成年人涉嫌犯罪既应依法惩戒，更要教育帮扶，重在转化。起诉涉嫌犯罪的未成年人3.3万人。对罪行较轻并有悔改表现的附条件不起诉1.1万人，占办结未成年人案件总数的21%，同比增加8.3个百分点。福建福州检察机关探索运用督促监护令，促家长履行管教义务。湖南检察机关办理校园性侵案发现，某校两名负责人知情后既未认真核实也未向有关部门报告，导致犯罪嫌疑人继续实施犯罪行为，依法以玩忽职守罪追究刑事责任。未成年人保护法修订，吸收最高人民检察院会同教育部、国家卫健委等推行的侵害未成年人案件强制报告、教职员工入职前查询违法犯罪记录等制度。孩子就是未来，保护青少年合法权益要持续做得更实。

彰显法治的温暖与力量。**坚决维护国防利益和军人军属合法权益。**起诉破坏军事设施、破坏军婚等涉军犯罪381人。与有关部门制定加强退役军人司法救助工作意见，救助378名遭受不法侵害的军人军属、退役军人，是2019年的3倍。办理军用土地保护和军营周边环境整治以及机场净空、舰艇航道、军事设施维护等公益诉讼151件。某军用机场附近企业违法排放，严重影响部队战训。辽宁军地检察机关联署发出检察建议，驻地政府迅即整治，多年扰军难题得到系统治理。**切实维护港澳台同胞、海外侨胞和归侨侨眷合法权益。**依法妥善办理涉港澳台和涉侨案件。浙江青田“检侨之家”以远程视频为海外华侨解申诉难题。**坚决严惩伤医扰医犯罪。**起诉496人，在前两年大幅下降基础上，同比又下降69.7%。**高度重视特殊群体权益保障。**会同中国残联推广杭州经验，开展无障碍环境建设公益诉讼，“有爱无碍”让残障人士放心出门。针对“无码老人”出行、消费困难，开展信息无障碍公益诉讼，促请职能部门消除“数字鸿沟”。与全国妇联完善保护妇女儿童权益协作机制。

降低不该有的维权成本，落实必须有的违法代价。司法案件绝大多数发生在群众身边，件件连着民心，都是“天大的事”。让司法既有力度又有温度，须融法理情于办案全过程。**轻罪不是无罪、更不是无害，可依法轻处但决不放纵。**针对网络侵权多发、个人维权困难，抓住两男子偷拍取快递女子并在网上造谣其出轨的典型案例，指导浙江检察机关发出检察建议，公安机关以涉嫌诽谤罪立案侦查，自诉转公诉。此类严重扰乱网络社会公共秩序案，司法机关应担追诉之责，不能让受害人畏难维权。**攫取非法利益肆意损害公益的，须令其付出更高代价。**指导江西检察机关办理一起外地跨省倾倒废液严重危害村民饮水安全案，因危害公益后果仍在持续，首次适用民法典变更诉讼请求：承担损害赔偿责任同时，诉请被告承担惩罚性赔偿责任，得到支持。指导广东、陕西、宁夏等地检察机关探索危害食品安全民事公益诉讼惩罚性赔偿，督促落实从业禁止。赚“黑心钱”必须重惩重罚，做实不敢犯、促进不能犯。**对严重损害群众获得感的犯罪，案值不大亦须坚决惩治。**一搬家公司低价揽活，再将约定的数百元坐地起价10余倍，敲诈勒索31起，检察机关依法追诉19人，铲平喜迁新居的“路障”。用心办好群众身边“小案”，助推法治更暖民心。

## 五、牢记打铁必须自身硬，以检察建设确保依法履职

认真贯彻习近平总书记对政法队伍建设的重要指示精神，落实“五个过硬”要求，自觉以更强本领担当作为。

以政治建设引领业务发展。学思践悟习近平法治思想，坚决贯彻《中国共产党政法工作条例》，自觉融入检察履职。深入学习贯彻党的十九届五中全会精神，制定发布《“十四五”时期检察工作发展规划》。落实中央巡视整改主体责任，重在把问题的本质、要害找准，从源头上整改。修订民事、行政诉讼监督规则，制定公益诉讼办案规范，促进严格依法履职。发布指导性案例9批34件、典型案例81批525件，要求强制检索、参照办案。创刊《镜鉴》，反思违纪违法、错案教训，引以为戒。会同中

央媒体评选“新时代最美检察官”，组织优秀公诉人竞赛等业务练兵，通报表扬49名优秀检察官、30个优秀办案团队，让榜样引领政治强、业务精。

深化运用“案—件比”质效评价标准。发布以“案—件比”为核心的案件质量评价指标，以知促行，引导检察办案求极致，惠及群众、减少讼累。2020年刑事检察“案—件比”1∶1.43，“件”同比下降0.44，压减了41.2万个非必要办案环节、统计中的“案件”。更重要的是检察理念、作风在转变：延长审查起诉期限、退回补充侦查同比分别下降57%和42.6%；自行补充侦查4.8万件，是2019年的23.5倍；不捕不诉率进一步上升，公安机关提请复议复核则下降40.2%，办案质效明显提升。

持续抓实从严治检。抓住落实“三个规定”不放，筑牢防范人情案、关系案、金钱案的制度“堤坝”。在2019年四级检察院全面报告过问干预案件情况基础上，建立网上填报系统，定期通报、随机抽查。全年记录报告过问干预案件等事项67763件，是前两年总数的5.8倍。如实填报，重在抓实。发生司法腐败案件，均倒查记录报告情况。按照党中央部署，扎实开展队伍教育整顿试点。自觉接受纪委监委和派驻纪检监察组监督，包括最高人民检察院机关4人在内的1318名检察人员因违纪违法被立案查处，同比上升2.2%。其中，移送追究刑事责任142人，同比上升20.3%；检察官589人，同比下降14.3%；发生在检察办案活动中的629人，同比下降13.5%。履行主体责任自行查纠的予以肯定，被动查处的依纪问责。

坚持不懈服务基层、打牢基础。研究制定新时代基层检察院建设25条意见。省级检察院梳理出129个工作滞后基层检察院，市级以上检察院班子成员定点联系、精准帮扶。全面推开东中西部检察院结对共建，健全跨市、县检察人员互派交流机制。全面贯彻新时代党的治疆、治藏方略，统筹规划、务实推进检察对口援助，促进新疆、西藏、青海等地检察工作高质量发展。研发运行检察业务应用系统2.0版，助推办案质量、效率、效果更优。实行案件序号终身制，无论经历多少层级、环节，一号到底，让检察办案能回溯、司法责任可落实。

各位代表，检察权是人民赋予的。我们**自觉接受人大监督、民主监督**。邀请1080位全国人大代表、全国政协委员视察检察工作、参加检察活动。系统梳理代表委员审议报告、视察座谈时提出的4236条意见建议，落实在日常工作。代表委员提出的204件书面建议、57件提案全部办结回复，连续三年邀请代表委员评选建议提案优秀答复文稿。继续走访各民主党派中央、全国工商联，去年上门征集的71条建议全部落实。**自觉接受履职制约**。对公安机关提请复议复核的案件更换承办人重新审查，改变原决定439人。对判决无罪的公诉案件逐案阅卷评查。**自觉接受社会监督**。四级检察院同步举办网上线下检察开放日，接受监督不因疫情“打折”。依靠群众监督、舆论监督，检察监督才能做得更好。

各位代表，“十三五”时期，伴随着党和国家事业取得新的历史性成就，检察理念变革、职能体系重构、内设机构重塑，检察履职服务大局更加主动，队伍素质能力持续提升，各项检察工作稳步向前。人民检察事业的发展进步，根本在于以习近平同志为核心的党中央坚强领导，根本在于习近平新时代中国特色社会主义思想的科学指引；离不开全国人大及其常委会有力监督、国务院大力支持、全国政协民主监督，国家监察委员会、最高人民法院配合与制约，各民主党派、工商联和无党派人士、各人民团体及地方各级党政机关、各位代表、各位委员和社会各界热忱关心、支持和帮助。我谨代表最高人民检察院表示衷心感谢！

我们清醒认识到，检察工作与党和人民更高要求、时代发展赋予更重责任不尽适应。一是对习近平法治思想领悟、践行需持续做实，检察理念还需更新、转变，一些检察人员存在就案办案、机械司法问题，融入经济社会发展大局的针对性、实效性不足。二是法律监督职责履行不够到位，不敢、不善、不规范监督时有发生，相关制度机制不够完善，基层民事、行政检察仍较薄弱。三是基层基础工作仍是突出短板，抓基层组织、基础工作、基本能力建设还不够实。四是统筹落实司法体制改革不够，配套改革措施尚待完善。五是全面从严治党治检存在薄弱环节，一些检察人员失职渎职、贪赃枉法甚至充当“保护伞”，教训深刻。问题倒逼担当，我们将下大气力破难题、补短板。

## 2021 年工作安排

党的十九届五中全会擘画了新发展阶段党和国家事业发展宏伟蓝图，检察事业开启新的征程。做好“十四五”时期检察工作，**根本指引**是习近平新时代中国特色社会主义思想；**总体要求**是更加注重系统观念、法治思维、强基导向，努力让人民群众在每一个司法案件中感受到公平正义；**基本布局**是

“四大检察”“十大业务”全面协调充分发展；**战略支点**是加强基层组织、基础工作和基本能力建设；**总体目标**是以检察工作自身高质量发展服务保障经济社会高质量发展。2021 年是中国共产党百年华诞。站在“两个一百年”的历史交汇点，贯彻习近平法治思想，统筹国内国际两个大局，服务发展安全两件大事，检察人要更加自觉担当作为，肩负起新的历史使命，为全面建设社会主义现代化国家开好局、起好步提供有力法治服务保障。

第一，持续稳进，切实增强服务高质量发展的政治自觉。主动立足把握新发展阶段、贯彻新发展理念、构建新发展格局，聚焦“十四五”时期经济社会发展目标任务，找准检察服务的着力点。针对影响国家安全、社会安定、人民安宁的突出问题，突出惩治危害国家安全犯罪、严重暴力犯罪、经济金融犯罪、网络犯罪，促进防范化解影响我国现代化进程的各种风险。强化监督办案，坚决打击黑恶势力及其“保护伞”，持续用力推进扫黑除恶常态化。持续加大惩治涉医犯罪力度，坚决维护医护人员人身安全。加大侵犯知识产权犯罪打击力度，积极参与整治群众反映强烈、侵权假冒多发的重点领域，扎实推进知识产权综合司法保护试点，促进提高知识产权保护工作法治化水平。依法惩治职务犯罪。综合运用检察职能，服务常态化疫情防控。从严惩治危害粮食安全、食品药品安全和污染环境等犯罪，加大危害安全生产犯罪防治力度。加强涉海案件诉讼衔接，坚决维护国家海洋权益和安全。平等保护国企民企、内资外资、大中小微企业；积极、稳妥试点，督促涉案企业合规管理，做好依法不捕、不诉、不判实刑的后续工作。融入平安乡村、法治乡村建设，助力巩固拓展脱贫攻坚成果同乡村振兴有效衔接。自觉把社会主义核心价值观融入司法办案。加强案例指导和司法解释工作，统一执法司法标准，推动形成高效规范、公平竞争的国内统一市场，更好服务国内国际双循环。坚决惩治涉军犯罪，积极推进涉军公益诉讼，部署军用机场净空专项监督，助力强军兴军。行使司法主权，用法治助力中国企业走出去，维护中国企业海外利益和中国公民安全利益。

第二，狠抓落实，切实增强融入全面依法治国的法治自觉。深入贯彻中央全面依法治国工作会议精神，落实法治中国建设规划、法治社会建设实施纲要，充分发挥法律监督职能，加大执法司法制约监督力度。贯彻实施好刑法修正案（十一）；民法典要贯彻到检察办案全过程。深化落实少捕慎诉慎押司法理念，提升认罪认罚从宽案件办理质效，推动非羁押强制措施多用、用好。促进刑事案件审查起诉环节律师辩护全覆盖。开展减刑、假释、暂予监外执行专项监督，既防治“提钱出狱”“纸面服刑”，也防止应减不减、该放不放。促进健全虚假诉讼防范、发现和惩治机制。推动行政执法与刑事司法双向衔接，依法追诉犯罪同时，对可不追究刑事责任的，移送主管部门行政处罚。坚持提质效、拓领域，创新公益诉讼检察办案机制。宣传、落实未成年人保护法律规定，对涉及未成年人的诉讼活动、未成年人重新犯罪预防等工作开展法律监督，做实检察官担任法治副校长工作。常态化开展行政争议实质性化解，促进案结事了政和。持续深化控告申诉检察工作，用好检察听证，做到案结事了人和。

第三，努力提升，切实增强实现自身高质量发展的检察自觉。深入开展习近平法治思想学习实践活动。扎实开展党史学习教育，进一步坚定理想信念。从基本、基础和常规做起，从基层抓起，着力提高检察履职的政治判断力、政治领悟力、政治执行力。深化司法责任制综合配套改革，落实检察官员额省级统筹、动态管理，完善检察官单独职务序列管理，完善初任检察官遴选制度，优化检察辅助人员管理。更加贴近基层检察办案，运用大数据、人工智能、区块链、云计算等现代科技手段，深化智慧检务建设。强化素质能力建设，推动检察官与法官、警察、律师等同堂培训，促进法律职业共同体形成共同法治理念。抓实队伍教育整顿，落实全面从严治党治检主体责任，坚定不移正风肃纪反腐，坚决整治顽瘴痼疾，清除害群之马，打造对党忠诚、服务人民、司法公正、纪律严明的检察铁军，让党放心、人民信赖。

各位代表，中国共产党成立伊始就高度重视国家制度与法律制度建设，1931 年在红都瑞金创立人民检察制度。90 年来，在党的坚强领导下，人民检察始终与革命、建设、改革同步。新发展阶段、新的征程，我们将更加紧密地团结在以习近平同志为核心的党中央周围，不忘来时路，坚持以习近平新时代中国特色社会主义思想为指导，认真贯彻习近平法治思想，全面落实本次会议要求，忠实履行法律监督职能，为保障人民幸福、国家安全、社会稳定作出更大贡献，以优异成绩庆祝中国共产党成立 100 周年！

# 第十三届全国人民代表大会第四次会议表决议案办法

（2021 年 3 月 4 日第十三届全国人民代表大会第四次会议主席团第一次会议通过）

根据《中华人民共和国宪法》和有关法律规定，主席团决定：

第十三届全国人民代表大会第四次会议表决各项议案，采用无记名按表决器方式，以全体代表的过半数赞成票通过。表决时，代表可以表示赞成，可以表示反对，也可以表示弃权。如表决器系统在使用中发生故障，改用举手方式表决。

# 第十三届全国人民代表大会第四次会议秘书处关于代表提出议案处理意见的报告

（2021 年 3 月 10 日第十三届全国人民代表大会第四次会议主席团第三次会议通过）

十三届全国人大四次会议主席团：

在本次会议上，全国人大代表坚持以习近平新时代中国特色社会主义思想为指导，深入学习贯彻习近平法治思想，全面贯彻党的十九大和十九届二中、三中、四中、五中全会精神，坚持党的领导、人民当家作主、依法治国有机统一，依法向大会提出属于全国人大职权范围内的议案。根据大会主席团第一次会议决定的代表提出议案的截止时间，到 3 月 8 日 12 时，大会秘书处共收到代表提出的议案 473 件，其中，代表团提出的 16 件，代表联名提出的 457 件。在这些议案中，有关立法方面的 467 件，有关监督方面的 6 件。

代表依照法定程序提出议案，是宪法法律赋予代表的基本权利，是代表执行代表职务的主要形式。大会前，代表们积极参加代表学习、集中视察活动，深入开展调查研究，通过代表联络站、代表之家等代表工作平台和基层联系点，更加密切联系人民群众，广泛听取意见建议。会议期间，代表们认真酝酿讨论、修改完善议案，努力提高议案质量。今年代表提出的议案，绝大多数为法律案。其中涉及制定法律的 208 件，修改法律的 247 件，解释法律的 4 件，编纂法典的 4 件，有关决定事项的 2 件。内容主要集中在以下几方面：一是加强民生保障、社会治理领域立法，提出制定社会救助法、法律援助法、个人信息保护法以及养老服务、无障碍环境建设、文化资源保护利用方面的法律，修改治安管理处罚法、道路交通安全法、妇女权益保障法、职业教育法、反家庭暴力法等。二是健全现代化经济体系法律制度，提出修改反垄断法、公司法、企业破产法、科学技术进步法、中国人民银行法、商业银行法等，制定社会信用法、增值税法、乡村振兴促进法以及数据交易和管理、民营企业促进等方面的法律。三是完善生态环保法律，提出制定国家公园法、自然保护地法以及黄河保护、低碳发展促进、资源综合利用、耕地资源保护、生态保护补偿、国土空间规划等方面的法律，修改环境噪声污染防治法、可再生能源法、海洋环境保护法等。四是完善国家机构组织和职能立法，提出制定监察官法以及检察公益诉讼、法律监督等方面的法律，修改地方组织法、监察法、代表法、国家赔偿法、审计法、行政复议法等。五是强化公共卫生法治保障，提出制定突发公共卫生事件应对法，修改传染病防治法、国境卫生检疫法、执业医师法、中医药法、野生动物保护法等。六是健全国家安全法治体系，提出修改突发事件应对法、网络安全法、安全生产法、反洗钱法、引渡法等，制定粮食安全保障法以及物资储备、海外投资保险等方面的法律。七是适时启动条件成熟领域法典编纂工作，提出编纂生态环境法典、教育法典、刑法典等。此外，还提出了修改刑法、刑事诉讼法、民事诉讼法以及对有关法律的规定作出解释的议案。

根据全国人民代表大会组织法和全国人民代表大会议事规则的规定，大会秘书处对代表提出的议案逐件认真分析研究，认为没有需要列入本次会议审议的议案。大会秘书处建议，将代表提出的议案分别交由全国人大有关专门委员会审议。其中，交由宪法和法律委员会审议119件，监察和司法委员会审议56件，财政经济委员会审议107件，教育科学文化卫生委员会审议64件，外事委员会审议2件，环境与资源保护委员会审议44件，农业与农村委员会审议25件，社会建设委员会审议56件。有关专门委员会对上述议案进行审议后，向全国人大常委会提出审议结果的报告，经全国人大常委会审议通过后印发第十三届全国人民代表大会第五次会议。

审议全国人民代表大会主席团交付的代表提出的议案，是全国人大各专门委员会的重要职责。大会秘书处就代表议案审议和相关工作提出如下建议：

一、深入学习贯彻习近平法治思想和习近平总书记关于坚持和完善人民代表大会制度的重要思想，坚持党对立法工作的领导，坚持以人民为中心，立足新发展阶段，贯彻新发展理念，构建新发展格局，推动高质量发展，加强重点领域、新兴领域、涉外领域立法，不断提高立法质量和效率，加快完善中国特色社会主义法律体系，推动法律全面有效实施，为推进国家治理体系和治理能力现代化、全面建设社会主义现代化国家提供有力法治保障。

二、尊重代表主体地位，把审议代表议案与落实全国人大常委会立法规划、计划和相关专项立法工作计划结合起来，与健全专门委员会联系代表机制结合起来，推进代表议案办理工作全流程信息化，加强与提出议案代表的联系和沟通，积极邀请代表参与立法调研、起草、论证、审议、评估和执法检查、专题调研等活动，认真研究吸纳代表提出的意见建议，及时通报相关立法、监督工作进展，反馈议案交付审议情况和代表意见采纳情况，紧紧依靠代表做好立法、监督工作。

三、发挥人大在立法工作中的主导作用，加强与国务院及其有关部门、国家监察委员会、最高人民法院、最高人民检察院和常委会工作机构的沟通协调，及时研究提出将条件成熟的议案列入立法规划、计划的建议，认真做好重要法律草案的牵头起草工作，对其他国家机关负责起草的法律草案，提前介入并加强督促和指导，推动解决立法难点问题，发挥审议把关作用，持续提升议案审议质量和水平。

以上报告，请审议。

第十三届全国人民代表大会
第四次会议秘书处
2021年3月10日

# 第十三届全国人民代表大会第四次会议主席团和秘书长名单

（2021年3月4日第十三届全国人民代表大会第四次会议预备会议通过）

**主席团**（174人，按姓名笔划为序）

丁仲礼　丁薛祥　乃依木·亚森（维吾尔族）　万鄂湘　习近平
马伟明　马逢国　王东明　王东峰　王光亚　王　刚
王岐山　王沪宁　王国生　王建军　王砚蒙（女，傣族）
王宪魁　王勇超　王　晨　王银香（女）　支月英（女）　尤　权
尹　力　邓　丽（女）　邓　凯　艾力更·依明巴海（维吾尔族）　左中一
石泰峰　布小林（女，蒙古族）　旦正草（女，藏族）　叶诗文（女）
史大刚　史耀斌　白玛赤林（藏族）　白春礼（满族）　丛　斌
冯淑玲（女，满族）　吉狄马加（彝族）　吉炳轩　吕世明
朱国萍（女）　向　巧（女，苗族）　刘艺良　刘远坤（苗族）　刘　奇　刘国中
刘海星　刘家义　齐　玉　江天亮（土家族）　许为钢　许立荣
许宁生　许达哲　许其亮　阮成发　苏嘎尔布（彝族）　杜德印
李　飞　李飞跃（侗族）　李玉妹（女）　李　伟　李作成　李　希
李学勇　李钺锋　李家俊　李　鸿（女）　李鸿忠　李　强

李锦斌 李静海 杨洁篪 杨洪波(白族) 杨振武 杨蓉(女)
肖开提·依明(维吾尔族) 肖怀远 吴　月(女,黎族) 吴玉良
吴英杰 邱　勇 何健忠 何毅亭 邹晓东 应　勇
冷　溶 汪其德 汪　洋 汪鸿雁(女) 沙　沨(女,回族)
沈春耀 沈晓明 沈跃跃(女) 张又侠 张少琴 张升民
张　平 张业遂 张庆伟 张志军 张轩(女) 张伯军
张国清 张春贤 张　毅 陆东福 陈全国 陈　希
陈　竺 陈润儿 陈敏尔 陈锡文 武维华 苗　华
林建华 林　铎 罗保铭 罗　萍(女,哈尼族)
罗　毅(布依族) 郑军里(瑶族) 郑奎城 降巴克珠(藏族) 赵乐际 赵宪庚
赵　贺 郝明金 咸　辉(女,回族) 哈尼巴提·沙布开(哈萨克族)
段春华 信春鹰(女) 娄勤俭 洛桑江村(藏族) 姚建年 骆惠宁
袁　驷 袁家军 栗战书 夏伟东 徐延豪 徐绍史
徐留平 殷一璀(女) 高红卫 高虎城 郭声琨 黄久生
黄龙云 黄志贤 黄坤明 黄路生 曹建明 曹鸿鸣
雪克来提·扎克尔(维吾尔族) 康志军 鹿心社 谌贻琴(女,白族) 彭清华
董中原 蒋卓庆 韩立平 景俊海 傅自应
傅　莹(女,蒙古族) 谢经荣 蓝天立(壮族) 楼阳生
嘉木样·洛桑久美·图丹却吉尼玛(藏族) 赫　捷 蔡达峰 蔡　奇
廖晓军 谭耀宗 魏后凯

**秘书长**

王　晨

# 第十三届全国人民代表大会第四次会议 主席团常务主席名单

(2021 年 3 月 4 日第十三届全国人民代表大会第四次会议主席团第一次会议推选)

栗战书 王　晨 曹建明 张春贤 沈跃跃(女) 吉炳轩
艾力更·依明巴海(维吾尔族) 万鄂湘 陈　竺 王东明
白玛赤林(藏族) 丁仲礼 郝明金 蔡达峰 武维华 杨振武

# 第十三届全国人民代表大会第四次会议 副秘书长名单

(2021 年 3 月 4 日第十三届全国人民代表大会第四次会议主席团第一次会议决定)

杨振武 信春鹰(女) 李　飞 徐绍史 张业遂 孔绍逊 李宝荣

# 第十三届全国人民代表大会第四次会议议程

（2021年3月4日第十三届全国人民代表大会第四次会议预备会议通过）

一、审议政府工作报告

二、审查国民经济和社会发展第十四个五年规划和2035年远景目标纲要草案

三、审查2020年国民经济和社会发展计划执行情况与2021年国民经济和社会发展计划草案的报告、2021年国民经济和社会发展计划草案

四、审查2020年中央和地方预算执行情况与2021年中央和地方预算草案的报告、2021年中央和地方预算草案

五、审议全国人民代表大会常务委员会关于提请审议《中华人民共和国全国人民代表大会组织法（修正草案）》的议案

六、审议全国人民代表大会常务委员会关于提请审议《中华人民共和国全国人民代表大会议事规则（修正草案）》的议案

七、审议全国人民代表大会常务委员会关于提请审议《全国人民代表大会关于完善香港特别行政区选举制度的决定（草案）》的议案

八、审议全国人民代表大会常务委员会工作报告

九、审议最高人民法院工作报告

十、审议最高人民检察院工作报告

# 第十三届全国人民代表大会第四次会议日程

2021年3月5日至11日

（2021年3月4日第十三届全国人民代表大会第四次会议主席团第一次会议决定）

**3月5日（星期五）**

上午9时　**代表大会第一次全体会议（开幕会）**

1. 听取国务院总理李克强关于政府工作的报告
2. 审查国民经济和社会发展第十四个五年规划和2035年远景目标纲要草案
3. 审查国务院关于2020年国民经济和社会发展计划执行情况与2021年国民经济和社会发展计划草案的报告、2021年国民经济和社会发展计划草案
4. 审查国务院关于2020年中央和地方预算执行情况与2021年中央和地方预算草案的报告、2021年中央和地方预算草案
5. 听取全国人大常委会副委员长王晨关于中华人民共和国全国人民代表大会组织法修正草案的说明
6. 听取全国人大常委会副委员长王晨关于中华人民共和国全国人民代表大会议事规则修正草案的说明
7. 听取全国人大常委会副委员长王晨关于全国人民代表大会关于完善香港特别行政区选举制度的决定草案的说明

下午3时　代表团全体会议审议政府工作报告

**3月6日（星期六）**

上午9时　代表团全体会议审查“十四五”规划和2035年远景目标纲要草案

下午3时　代表小组会议审议政府工作报告，审查“十四五”规划和2035年远景目标纲要草案

**3月7日（星期日）**

上午9时　代表小组会议审查计划报告和草案、预算报告和草案

下午3时 代表小组会议审查计划报告和草案、预算报告和草案

**3月8日(星期一)**

上午9时 代表小组会议审议全国人大组织法修正草案、全国人大议事规则修正草案、全国人民代表大会关于完善香港特别行政区选举制度的决定草案

下午3时 **代表大会第二次全体会议**

1. 听取全国人大常委会委员长栗战书关于全国人民代表大会常务委员会工作的报告
2. 听取最高人民法院院长周强关于最高人民法院工作的报告
3. 听取最高人民检察院检察长张军关于最高人民检察院工作的报告

**3月9日(星期二)**

上午9时 代表小组会议审议全国人大常委会工作报告

下午3时 代表小组会议审议关于修改全国人大组织法的决定草案、关于修改全国人大议事规则的决定草案、关于完善香港特别行政区选举制度的决定草案修改稿、最高人民法院工作报告、最高人民检察院工作报告

**3月10日(星期三)**

上午9时 代表小组会议审议最高人民法院工作报告、最高人民检察院工作报告

下午3时 代表小组会议审议关于政府工作报告、"十四五"规划和2035年远景目标纲要草案、年度计划、年度预算的四个决议草案

**3月11日(星期四)**

上午9时 代表小组会议审议关于政府工作报告、"十四五"规划和2035年远景目标纲要草案、年度计划、年度预算、全国人大常委会工作报告、最高人民法院工作报告、最高人民检察院工作报告的七个决议草案

下午3时 **代表大会第三次全体会议(闭幕会)**

1. 表决关于政府工作报告的决议草案
2. 表决关于国民经济和社会发展第十四个五年规划和2035年远景目标纲要的决议草案
3. 表决全国人民代表大会关于修改《中华人民共和国全国人民代表大会组织法》的决定草案
4. 表决全国人民代表大会关于修改《中华人民共和国全国人民代表大会议事规则》的决定草案
5. 表决全国人民代表大会关于完善香港特别行政区选举制度的决定草案
6. 表决关于2020年国民经济和社会发展计划执行情况与2021年国民经济和社会发展计划的决议草案
7. 表决关于2020年中央和地方预算执行情况与2021年中央和地方预算的决议草案
8. 表决关于全国人民代表大会常务委员会工作报告的决议草案
9. 表决关于最高人民法院工作报告的决议草案
10. 表决关于最高人民检察院工作报告的决议草案

闭　幕

开会时间:上午9时至11时30分
　　　　　下午3时至5时30分

日程如需调整,由主席团常务主席决定。

# 常委会工作安排和会议议程日程

# 一、常委会工作安排

## 全国人大常委会2021年度工作要点

（2020年11月27日第十三届全国人民代表大会常务委员会第78次委员长会议原则通过　2021年4月16日第十三届全国人民代表大会常务委员会第91次委员长会议修改）

2021年是中国共产党成立一百周年，是实施“十四五”规划和2035年远景目标的开局之年，我们国家将全面建成小康社会，开启全面建设社会主义现代化国家新征程。全国人大常委会工作的总体要求是：**在以习近平同志为核心的党中央坚强领导下，高举中国特色社会主义伟大旗帜，以习近平新时代中国特色社会主义思想为指导，深入学习贯彻习近平法治思想和习近平总书记关于坚持和完善人民代表大会制度的重要思想，全面贯彻落实党的十九大和十九届二中、三中、四中、五中全会精神，增强“四个意识”、坚定“四个自信”、做到“两个维护”，坚持党的领导、人民当家作主、依法治国有机统一，坚持和完善人民代表大会制度，立足新发展阶段，贯彻新发展理念，构建新发展格局，紧紧围绕党和国家工作大局，依法履行职责，进一步提升立法、监督、代表等工作水平，为“十四五”开好局起好步提供有力法治保障，以优异成绩庆祝建党一百周年。**

### 一、全面加强宪法实施和监督

1. 持续抓好宪法实施工作。进一步健全完善保证宪法全面实施的体制机制，发挥宪法在治国理政中的重要作用。落实宪法解释程序机制，通过完备的法律制度推动宪法实施，积极稳妥回应涉及宪法有关问题的关切。依法组织宪法宣誓，加强宪法学习宣传教育，组织好国家宪法日活动，普及宪法知识，弘扬宪法精神，引导全社会坚定宪法自信，树牢宪法意识，自觉尊崇宪法、学习宪法、遵守宪法、维护宪法、运用宪法。

2. 加强宪法监督工作。贯彻落实党中央关于推进合宪性审查工作的文件精神，在法律法规和制度政策起草中、出台前、实施后从宪法角度进行论证检视和审查，积极稳妥处理合宪性、涉宪性问题。全面贯彻实施法规、司法解释备案审查工作办法，加大主动审查力度，围绕贯彻落实党中央重大决策部署开展专项审查，做好备案审查衔接联动工作，防止越权立法、重复立法、盲目立法、立法“放水”等问题，依法撤销、纠正一切违反宪法法律的法规、司法解释和其他规范性文件。做好对公民、组织提出的审查建议的研究、处理、反馈工作。坚持和完善常委会听取审议备案审查工作情况报告制度。继续提高备案审查信息化水平，加快建立全国统一的备案审查信息平台。

3. 做好与特别行政区相关的法律修订、实施、宣传等工作。坚决维护宪法和基本法确定的特别行政区宪制秩序，确保“一国两制”实践行稳致远。健全完善中央依照宪法和基本法对特别行政区行使全面管治权的法律制度，完善特别行政区同宪法和基本法实施相关的制度和机制。根据全国人民代表大会关于完善香港特别行政区选举制度的决定，修改香港基本法附件一《香港特别行政区行政长官的产生办法》、附件二《香港特别行政区立法会的产生办法和表决程序》。加强对特别行政区立法机关制定的法律的备案审查，确保符合宪法和基本法规定。落实特别行政区维护国家安全的法律制度和执行机制，推动和保障香港特别行政区维护国家安全法和全国人大常委会有关解释、决定得到全面准确实施。深入研究“一国两制”和基本法实施中的重大问题。加强宪法和基本法的宣传工作，增强港澳同胞国家意识和爱国精神，坚决反对挑战“一国两制”底线的言行。

## 二、完善以宪法为核心的中国特色社会主义法律体系，为全面建设社会主义现代化国家提供法治保障

4. 坚持党对立法工作的领导。全面贯彻落实习近平法治思想和党中央决策部署，把党的领导贯穿到立法工作全过程和各方面，确保党的主张通过法定程序成为国家意志。认真落实党中央批准的五年立法规划，完成党中央确定的重大立法任务，加强重点领域、新兴领域、涉外领域立法，通过法治保障党的路线方针政策有效实施。重大立法项目和立法工作中的重大问题、重要事项，及时向党中央请示报告。

5. 完善国家机构有关法律制度。做好全国人民代表大会组织法修正草案、全国人民代表大会议事规则修正草案提请大会审议工作。制定监察官法，修改国务院组织法、全国人民代表大会常务委员会议事规则、地方各级人民代表大会和地方各级人民政府组织法、行政复议法、审计法，完善国家权力运行机制。

6. 健全现代化经济体系法律制度。制定海南自由贸易港法、期货法、印花税法以及关税法等税收法律，修改反垄断法、公司法、企业破产法，为形成高水平社会主义市场经济体制提供支撑和保障。制定数据安全法，修改科学技术进步法，推动创新发展。制定乡村振兴促进法，全面推进乡村振兴。修改农产品质量安全法、畜牧法，提高农业质量效益和竞争力。

7. 加强民生保障、社会治理领域立法。落实强化公共卫生法治保障立法修法工作计划，制定突发公共卫生事件应对法，修改传染病防治法、动物防疫法、国境卫生检疫法、执业医师法、野生动物保护法，全面推进健康中国建设。制定社会救助法、法律援助法、个人信息保护法，修改妇女权益保障法，保障人民群众合法权益。制定文化产业促进法，修改体育法，发展文化和体育事业。制定家庭教育法，修改教育法、职业教育法，推动建设高质量教育体系。制定湿地保护法、南极活动与环境保护法，修改环境噪声污染防治法，推动持续改善生态环境质量。制定反食品浪费法，修改行政处罚法、治安管理处罚法。

8. 健全国家安全法治体系。落实总体国家安全观，实施国家安全战略，制定陆地国界法、粮食安全保障法，修改突发事件应对法。制定反有组织犯罪法，修改海上交通安全法、安全生产法，全面提高公共安全保障能力。制定军人地位和权益保障法、海警法等，修改兵役法、军事设施保护法，推进国防和军队现代化。加强涉外法治体系建设，加大国际法研究力度，围绕反制裁、反干涉、反制"长臂管辖"等，充实应对挑战、防范风险的法律工具箱，推动形成系统完备的涉外法律法规体系。

9. 做好授权决定和改革决定等相关工作。按照党中央决策部署，对立法条件还不成熟、需要先行先试的，依法及时作出授权决定或者改革决定，为深化改革、扩大开放提供法律保障。按照授权决定和改革决定要求，听取审议试点工作情况报告，推动有关方面及时总结经验、提出复制推广建议，统筹安排相关立法修法工作。健全完善经济工作监督、中央预算审查监督制度。

10. 坚持立法为了人民、立法依靠人民。贯彻以人民为中心的发展思想，积极回应人民群众新要求新期待，推动解决法治领域人民群众反映强烈的突出问题，用法治保障人民安居乐业，增进民生福祉。更好发挥人大代表在立法中的作用，把代表议案建议作为编制立法工作计划、制定修改法律的重要依据，重要法律草案印发全体代表征求意见，专业性强的法律草案印发相关专业或领域的代表征求意见，为代表参与立法工作做好服务保障。拓宽公民参与立法渠道，扎实做好法律草案公开征求意见工作，完善公众意见采纳情况反馈机制，稳步推进基层立法联系点工作，发挥基层立法联系点在实现全过程民主中的作用，使立法接地气、察民情、聚民智、惠民生。

11. 进一步提高立法质量和效率。坚持科学立法、民主立法、依法立法，在确保立法质量的前提下加快立法步伐，为应对重大挑战、抵御重大风险、克服重大阻力、解决重大矛盾提供法治保障。坚持系统观念，坚持急用先行，遵循和把握立法规律，统筹立改废释纂，进一步丰富立法形式，既要搞"大块头"，又要搞"小快灵"。加强和改进立法调研，开展立法听证、论证工作，完善法律案通过前评估机制，适时开展立法后评估工作，提高立法的精细化、精准度、针对性。系统考虑、统筹推动法规、司法解释和其他规范性文件的配套和清理修改工作，保证法律体系科学完备、统一权威。总结编纂民法典的经验，研究启动行政立法领域法典编纂工作。加强法律解释工作，及时答复法律询问。加强中国特色社会主义法学理论研究，推动构建体现我国社会主义

性质，具有鲜明中国特色、实践特色、时代特色的法治理论体系和话语体系。

12. 发挥人大在立法工作中的主导作用。在党中央集中统一领导下，完善人大主导立法工作体制机制，加强对立法工作的组织协调，增强工作合力。各专门委员会和常委会工作机构认真做好重要法律草案的牵头起草工作，对有关方面起草的法律草案要提前介入。加强与“一府一委两院”沟通协调，推动解决立法工作中的突出问题。发挥审议把关作用，深入研究论证，广泛凝聚共识，防止部门利益法律化。探索增加常委会审议法律案的会次安排。健全有关专门委员会、常委会工作机构共同做好法律配套规定督促工作机制。健全完善立法工作专班和协调机制。

13. 认真做好国际条约的决定批准工作。加强条约议案的审议工作，依法行使决定批准或加入国际条约的权力，依法参与全球治理体系改革和建设。

## 三、加强人大对“一府一委两院”的监督，推动党中央决策部署全面落实，推动宪法法律有效实施

14. 坚持正确监督、有效监督。紧紧围绕党和国家工作大局，依照法定职责、限于法定范围、遵守法定程序开展监督工作。完善监督工作机制，改进工作方式方法，寓支持于监督之中，增强监督工作的针对性和实效性，保证行政权、监察权、审判权、检察权依法正确行使，保证公民、法人和其他组织合法权益得到切实保障。

15. 助力构建新发展格局。听取和审议国务院关于今年以来国民经济和社会发展计划执行情况的报告，听取和审议国务院关于建设现代综合交通运输体系、加快构建新型农业经营体系推动小农户和现代农业发展有机衔接情况的报告。检查企业破产法、畜牧法实施情况。围绕加强种质资源保护和育种创新情况进行专题调研，听取和审议专题调研报告。围绕进一步发挥海外侨胞在共建“一带一路”中的重要作用进行专题调研。

16. 做好对预算决算审查监督和国有资产管理监督工作。听取和审议国务院关于2020年中央决算的报告，审查和批准2020年中央决算；听取和审议国务院关于2020年度中央预算执行和其他财政收支的审计工作报告、今年以来预算执行情况的报告、审计查出问题整改情况的报告。贯彻落实常委会关于加强国有资产管理情况监督的决定，结合审议国务院关于2020年度国有资产管理情况的综合报告，听取和审议国务院关于2020年度国有自然资源资产管理情况的专项报告。持续推进人大预算审查监督重点拓展改革工作，听取和审议国务院关于财政交通运输资金分配和使用情况的报告，推动地方人大加强政府债务审查监督。围绕财政补贴管理与改革进行专题调研。

17. 保障增进民生福祉。听取和审议国务院关于教师队伍建设和教师法实施情况、文物工作和文物保护法实施情况的报告。检查消防法、中医药法实施情况。围绕促进人口较少民族经济社会发展情况进行专题调研。

18. 推进美丽中国建设。听取和审议国务院关于2020年度环境状况和环境保护目标完成情况、研究处理土壤污染防治法执法检查报告及审议意见情况、依法打好污染防治攻坚战工作情况的报告，听取和审议长江流域生态环境保护、雄安新区和白洋淀生态保护工作情况的报告。检查固体废物污染环境防治法实施情况。围绕以国家公园为主体的自然保护地体系建设情况进行专题调研。

19. 加强对执法、监察、司法工作的监督。听取和审议国务院关于“七五”普法决议贯彻落实情况的报告。检查公证法实施情况。围绕设区的市地方立法在维护国家法制统一中的作用、推进监察监督全覆盖情况进行专题调研。听取和审议最高人民法院关于人民法院知识产权审判工作情况、最高人民检察院关于人民检察院开展控告申诉检察工作情况的报告。

20. 进一步增强监督工作实效。完善执法检查工作机制，坚持问题导向，突出重点、以点带面，灵活运用常规检查、随机抽查、网络调研、问卷调查、委托第三方评估等方式，紧扣法律规定逐条对照检查，持续发力、跟踪监督，推动各地区各部门认真落实法律责任，推动法律全面有效实施。完善专题询问工作机制，进一步提升专题询问的针对性、实效性，增强互动性。结合听取和审议国务院关于建设现代综合交通运输体系有关工作情况的报告、固体废物污染环境防治法执法检查报告，开展专题询问。

21. 做好群众来信来访工作。认真做好群众来信处理、来访接待工作，加强人大代表转交群众来信办理、督办、反馈工作。推进信访工作法治化、信息化、科学化，打造网上信访主渠道，有效回应人民群众重大关切。加强对信访突出问题的综合分析和调查研究，积极反映人民群众意愿和诉求，为改

进工作提供参考。

## 四、支持人大代表更加密切联系群众，更好发挥代表作用

22. 支持和保障代表依法履职。坚持尊重代表主体地位，健全完善代表工作机制，把坚持人民至上、紧紧依靠人民、不断造福人民、牢牢植根人民的要求贯彻到代表履职全过程各方面。认真实施代表法，深化落实关于加强和改进全国人大代表工作的具体措施，提升代表服务保障工作水平。

23. 提高代表议案建议工作质量。按照"内容高质量、办理高质量"和"既要重结果，也要重过程"的要求，进一步加强和改进代表议案建议工作。做好代表提出议案建议的准备工作，探索代表提出议案建议前与部门沟通机制，为代表提出高质量议案建议做好服务保障。认真审议代表议案、办理代表建议，加强综合分析，突出办理重点，把代表议案建议作为加强和改进工作的重要依据。推进代表议案建议办理工作全流程信息化，完善代表议案建议交办协调工作机制，落实代表建议答复承诺解决机制，抓好跟踪督办，按照实事求是、明确具体的原则，及时向代表反馈议案交付审议情况和建议办理情况，努力提升代表满意度。

24. 加强常委会、专门委员会、工作委员会同人大代表的联系。坚持和完善常委会组成人员直接联系全国人大代表制度，增强计划性、协调性，做到真联系、取得真效果。完善与列席常委会会议的代表座谈机制，改进组织服务工作，做好代表意见建议整理、交办和研究处理情况反馈等工作。健全专门委员会、工作委员会对口联系代表机制，加强双向互动交流，基本实现专门委员会、工作委员会联系基层全国人大代表全覆盖。完善代表参与立法、监督、外事有关工作机制，深化代表对常委会、专门委员会、工作委员会工作的参与。推动"一府一委两院"加强和改进联系全国人大代表工作。

25. 密切人大代表与人民群众的联系。落实关于完善人大代表联系人民群众制度的实施意见，用好人大代表联系人民群众的制度机制和工作平台，丰富和拓展联系群众的渠道、方式、内容，健全代表反映人民群众意见和诉求的处理反馈机制，推动解决人民群众普遍关心的热点难点问题。围绕党和国家工作大局、全国人大常委会重点任务，组织好代表视察、专题调研和考察活动。统筹做好代表跨区域视察调研、联合视察调研，精心组织香港、澳门和台湾省全国人大代表专题调研和视察。改进视察、专题调研工作方式，提高代表参与度，增强针对性实效性。丰富代表小组活动形式，鼓励代表就近参加代表联络站、代表之家、基层联系点的活动。

26. 加强代表服务保障工作。健全完善向全国人大代表通报代表工作情况机制。充分利用代表工作信息化平台、情况通报会、发送书面材料等方式，及时向代表通报有关情况。加强代表政治理论学习，组织代表深入学习党的十九届五中全会精神；适应代表履职需要，完善代表系统培训机制，组织不同领域的代表进行相应专题学习培训，提高代表依法履职能力。加强全国人大网络学院建设，突出人大特色，丰富内容资源，提高网络学习培训质量和水平。紧扣代表执行职务的各个环节，加快代表履职信息化平台建设。

27. 加强代表履职管理监督。加强代表思想政治作风建设，督促代表依法履职尽责，模范遵守宪法法律，自觉遵守履职纪律要求，践行社会主义核心价值观，正确处理从事个人职业活动和依法执行代表职务的关系。总结交流代表履职工作的典型经验。支持原选举单位依法加强代表履职监督，推进代表履职档案规范化建设。做好代表资格审查工作。

## 五、紧紧围绕国家总体外交大局，积极发挥人大对外交往作用

28. 服务国家外交大局。深入学习贯彻习近平外交思想，贯彻落实党中央对外工作方针和总体部署，把推动落实习近平总书记重大外交成果作为首要任务。发挥人大对外交往优势作用，创新对外工作方式方法，深化与外国议会和多边议会组织的交流合作，助力推动构建新型国际关系和人类命运共同体，在大变局中育先机、谋新局，维护和拓展国家利益。

29. 发挥高层交往的引领作用。精心组织好委员长会议组成人员的外事活动，落实党中央重要外交部署和工作任务，推动完善全球伙伴关系网络，深化拓展对外工作全方位布局，增进政治互信，推进务实合作，夯实国家关系发展的社会和民意基础。

30. 多层次、多渠道开展对外交往工作。加强统筹，灵活安排疫情防控常态化背景下与外国议会间各种形式的交往活动。推进与重点国家和地区大国的机制化交流，加强与俄罗斯议会的协调合

作，办好中俄议会合作委员会第七次会议，推进与德国、法国等欧洲国家议会和欧洲议会的交流，稳妥开展与美国国会交往。深入开展同周边主要国家、"一带一路"沿线国家议会交往，广泛开展同发展中国家议会交流，为营造于我有利的外部环境，实行高水平对外开放，开拓合作共赢新局面作出贡献。积极参与议会多边机制，坚定维护多边主义，为推动塑造公正合理的国际政治经济新秩序发挥引领作用。

31. 提升对外工作成效。深入宣介习近平新时代中国特色社会主义思想和党的十九届五中全会精神，增进国际社会对中国道路、中国制度、中国方案的理解和认同，更加生动地讲好中国故事、中国法治故事。重点围绕依法助力疫情防控、加强公共卫生领域立法等议题开展对外交流，从法治角度推动重大传染病防控国际合作，推动构建人类卫生健康共同体。积极开展专门委员会、常委会工作机构和办事机构对口交往，发挥全国人大代表在对外交往中的作用。围绕国家核心利益和重大关切问题积极发声、主动发力，增强涉外发声的权威性、法理性和实效性，坚决维护国家主权、安全、发展利益。

## 六、加强人大理论研究和新闻舆论工作

32. 深入研究阐释习近平总书记关于坚持和完善人民代表大会制度的重要思想。结合学习贯彻党的十九届五中全会和中央全面依法治国工作会议精神，深入学习研究阐释习近平总书记关于坚持和完善人民代表大会制度的重要思想，组织好学习交流会，推动各级人大持续深入学习贯彻习近平总书记的重要思想。深入研究人民代表大会制度这一根本政治制度在国家治理体系和治理能力现代化建设中的定位、功能和优势，研究人大在服务党和国家工作大局中的职能作用，总结各级人大工作中的好做法好经验，多出高质量研究成果。围绕加强和改进新时代人大工作开展专题调研。发挥中国人大制度理论研究会作用，增强研究工作合力。

33. 拓展人大宣传报道的广度、深度。严格落实意识形态工作责任制，牢牢掌握意识形态工作主动权，始终坚持正确政治方向和舆论导向。结合宣传党和国家各项事业取得的重大成就，全面建成小康社会取得的巨大成就，积极宣传坚持党的领导、人民当家作主、依法治国有机统一，积极宣传阐释人民代表大会制度的优势和功效。紧紧围绕全国人大及其常委会中心工作和履职情况开展宣传报道，精心组织十三届全国人大四次会议的新闻报道；认真做好人大立法、监督、代表、对外交往等工作的新闻宣传，加大力度，拓展广度、深度，守正创新，讲好人大故事。按照党中央有关工作安排，配合做好中国共产党成立100周年相关宣传工作。坚持全国人大新闻发言人制度，完善全国人大外事委发言人、全国人大常委会法工委发言人工作制度，对有关问题及时权威发声，回应关切。

34. 创新人大宣传工作的方法、手段。创新传播方式方法，办好《中国人大》杂志和中国人大网，用好微博、微信、手机客户端等多种平台。加强和改进互联网新闻宣传工作。加强同主流媒体的联系合作，支持协助主流媒体办好人大专栏、专刊、专题节目，提高新闻舆论传播力、引导力、影响力、公信力。

## 七、推动加强地方人大工作和建设，增强人大工作整体合力

35. 加强与地方人大的联系。继续加强与地方人大的工作联系，密切工作协同，开展工作交流，共同推进社会主义民主法治建设。举办全国地方立法工作座谈会。加强对地方人大代表和工作人员的培训。

36. 认真做好全国县乡两级人大换届选举有关工作。按照党中央的部署和要求，坚持党的领导，充分发扬民主，严格依法办事，确保县乡人大换届选举工作有序进行、弊绝风清。发挥全国县乡两级人大换届选举工作联席会议平台作用，加强与有关方面协调配合，及时了解和掌握地方人大换届选举工作情况，认真研究有关法律问题和工作问题，及时答复地方询问，举办县乡人大换届选举学习班和培训班。广泛宣传新修改的选举法，做好全国县乡人大换届选举的宣传工作。选举工作中重大问题、重要情况及时向党中央请示报告。研究并适时提出关于做好新一届全国人大代表换届选举工作的意见。

## 八、以政治建设为统领，不断加强自身建设

37. 坚定坚持党的领导。旗帜鲜明讲政治，增强"四个意识"，坚定"四个自信"，做到"两个维

护”，自觉在思想上政治上行动上同以习近平同志为核心的党中央保持高度一致，确保党中央决策部署落地见效。全面落实新时代党的建设总要求，把党的政治建设摆在首位，不断提高政治判断力、政治领悟力、政治执行力，全面加强思想建设、组织建设、作风建设、纪律建设、制度建设。巩固深化“不忘初心、牢记使命”主题教育成果，推动全国人大各级党组织形成坚定理想信念、坚守初心使命、敢于担当作为的浓厚氛围。

38. 不断提升理论武装水平。深入学习贯彻党的十九届五中全会和中央全面依法治国工作会议精神，持续深入学习贯彻习近平新时代中国特色社会主义思想特别是习近平法治思想、习近平总书记关于坚持和完善人民代表大会制度的重要思想，着力在学懂弄通做实上下功夫。及时传达学习习近平总书记重要讲话和中央会议、中央文件精神，自觉用党的最新科学理论成果武装头脑、引领方向、指导实践。认真开展党史学习教育，切实做到学史明理、学史增信、学史崇德、学史力行。坚持和完善常委会党组集体学习制度，围绕党中央重大决策部署和常委会中心工作组织好常委会专题讲座，完善组织方式，丰富学习内容，切实提高做好人大工作的政治站位和理论水平。

39. 驰而不息狠抓作风建设。坚持党的群众路线，大兴调查研究之风，深入基层和实际，充分了解实际情况，提出有针对性的意见建议。保持斗争精神，增强斗争本领，勇于担当作为。持续纠治“四风”，弘扬“马上就办”的工作作风，进一步改进会风、文风。严格执行中央八项规定及其实施细则精神，完善监督制度机制，坚决反对形式主义、官僚主义。贯彻落实习近平总书记关于制止餐饮浪费的重要指示精神，把勤俭节约理念贯彻到人大各项工作中。

40. 加强全国人大机关建设。落实管党治党政治责任，全面加强机关党的建设，增强政治机关意识，做好“三个表率”、做到“两个维护”，走好第一方阵，建设让党中央放心、让人民群众满意的模范机关。深入开展以党史为重点的“四史”宣传教育。做好中央巡视整改工作，采取有力举措整改到位。执行党组工作规则，健全机关党建制度体系，全面推进党支部标准化规范化建设，推动机关党建和业务工作深度融合。自觉接受中央纪委国家监委派驻纪检监察组监督，强化监督执纪问责，坚持严惩腐败和严密制度、严格要求、严肃教育紧密结合，坚定不移推进党风廉政建设和反腐败斗争。牢牢把握巡视工作方针，组织好机关内部巡视工作，发挥巡视的教育、震慑、警示作用。贯彻新时代党的组织路线，坚持党管干部原则，抓好各级领导班子和干部队伍建设，打造一支德才兼备的高素质法治工作队伍。加大全国人大机关信息基础设施建设力度，推进电子政务网建设，为各方面工作提供更好服务保障。

## 九、认真做好重要会议的筹备工作

41. 认真做好大会服务保障工作。贯彻落实党中央关于召开十三届全国人大四次会议的指导思想和总体要求，认真履行宪法赋予的召集人民代表大会会议的职责，圆满完成大会各项议程。加强与国务院有关部门沟通协调，做好审查“十四五”规划和 2035 年远景目标纲要草案的准备工作，扎实做好大会审议纲要草案的服务保障工作，确保顺利通过。提前组织代表研读讨论纲要草案、全国人大组织法修正草案、全国人大议事规则修正草案，认真研究代表提出的意见建议，为大会审议做好准备。

# 全国人大常委会 2021 年度立法工作计划

（2020 年 11 月 27 日第十三届全国人民代表大会常务委员会第 78 次委员长会议原则通过　2021 年 4 月 16 日第十三届全国人民代表大会常务委员会第 91 次委员长会议修改）

2021 年是中国共产党成立一百周年，是实施“十四五”规划和 2035 年远景目标的开局之年，开启全面建设社会主义现代化国家新征程，向第二个百年奋斗目标进军。全国人大常委会 2021 年立法工作的总体要求是：**在以习近平同志为核心的党中央坚强领导下，高举中国特色社会主义伟大旗帜，**

**以习近平新时代中国特色社会主义思想为指导，深入学习贯彻习近平法治思想，全面贯彻落实党的十九大和十九届二中、三中、四中、五中全会精神，坚定不移走中国特色社会主义法治道路，坚持党的领导、人民当家作主、依法治国有机统一，发挥全国人大及其常委会在立法工作中的主导作用，立足新发展阶段，贯彻新发展理念，构建新发展格局，推动高质量发展，坚持以人民为中心，积极回应人民群众的新要求、新期待，加强重点领域、新兴领域、涉外领域立法工作，着力提高立法质量和效率，为推进国家治理体系和治理能力现代化、全面建设社会主义现代化国家提供有力法治保障，以优异成绩庆祝建党一百周年。**

## 一、深入学习贯彻习近平法治思想，做好新时代立法工作

习近平总书记在中央全面依法治国工作会议上的重要讲话，从统筹中华民族伟大复兴战略全局和世界百年未有之大变局，全面回顾了我国社会主义法治建设历程特别是党的十八大以来取得的历史成就，系统阐述了新时代中国特色社会主义法治思想，科学回答了我国社会主义法治建设一系列重大理论和实践问题。中央全面依法治国工作会议明确了习近平法治思想在全面依法治国工作中的指导地位。习近平法治思想是顺应实现中华民族伟大复兴时代要求应运而生的重大理论创新成果，是全面依法治国的根本遵循和行动指南。

实现全面推进依法治国总目标，建设中国特色社会主义法治体系、建设社会主义法治国家，必须坚持立法先行。做好新时代立法工作要深入学习领会习近平法治思想，吃透精髓要义，结合落实"十四五"规划和2035年远景目标涉及的立法工作任务，抓好贯彻落实。立法工作要坚持党中央的集中统一领导，以法律来保障坚持中国特色社会主义道路不动摇，保持正确的政治方向。坚持立法为了人民、依靠人民，把体现人民利益、反映人民愿望、维护人民权益、增进人民福祉落实到立法工作中。坚持以宪法为依据，确保每一项立法都符合宪法精神。坚持科学立法，完善以宪法为核心的中国特色社会主义法律体系。坚持统筹推进国内法治和涉外法治，加快形成系统完备的涉外法律体系。运用法治思维和法治方式解决经济社会发展的突出问题，化解风险，依法维护国家主权、安全、发展利益。落实建设法治中国、法治政府、法治社会相关规划、纲要，有效发挥法治固根本、稳预期、利长远的保障作用。

## 二、统筹立法质量和效率，科学合理安排法律案审议工作

结合分解十三届全国人大常委会立法规划、强化公共卫生法治保障立法修法工作计划，与中央有关方面的工作要点、计划相衔接，将全国人民代表大会组织法修正草案、全国人民代表大会议事规则修正草案提请全国人民代表大会会议审议，对2021年法律案审议工作作如下安排：

围绕法治国家、法治政府、法治社会一体建设，完善和发展中国特色社会主义政治制度，修改全国人民代表大会组织法、全国人民代表大会议事规则、全国人民代表大会常务委员会议事规则、国务院组织法、地方各级人民代表大会和地方各级人民政府组织法、行政处罚法、行政复议法、审计法，制定监察官法等。围绕创新驱动发展，加快发展现代产业体系，修改科学技术进步法，制定数据安全法、个人信息保护法等。围绕全面深化改革和对外开放，形成高水平社会主义市场经济体制，修改反垄断法、公司法、企业破产法，制定海南自由贸易港法、期货法、印花税法以及关税法等税收法律等。围绕优先发展农业农村，全面推进乡村振兴，修改农产品质量安全法、畜牧法，制定乡村振兴促进法等。围绕提高社会文明程度，繁荣发展文化事业和文化产业，修改体育法，制定反食品浪费法、文化产业促进法等。围绕推动绿色发展，促进人与自然和谐共生，修改野生动物保护法、环境噪声污染防治法，制定湿地保护法、南极活动与环境保护法等。围绕提升人民群众对教育的获得感，建设高质量教育体系，修改教育法、职业教育法，制定家庭教育法、学前教育法等。围绕健全多层次社会保障体系，扎实推动共同富裕，修改妇女权益保障法，制定法律援助法、社会救助法等。围绕全面推进健康中国建设，织牢国家公共卫生防护网，修改动物防疫法、执业医师法、传染病防治法、国境卫生检疫法，制定突发公共卫生事件应对法等。围绕防范和化解影响我国现代化进程的各种风险，建设更高水平平安中国，修改海上交通安全法、突发事件应对法、治安管理处罚法、安全生产法，制定反有组织犯罪法、陆地国界法、粮食安全保障法等。围绕深化国防和军队改革，加快国防和军队现代化，修改兵役法、军事设施保护法，制定海警法、军人地位和权益

保障法等。围绕维护香港宪制秩序、确保爱国者治港,为保持香港长期繁荣稳定提供法律保障,根据全国人民代表大会关于完善香港特别行政区选举制度的决定,修改香港特别行政区基本法附件一香港特别行政区行政长官的产生办法、附件二香港特别行政区立法会的产生办法和表决程序。

(一)继续审议的法律案(17 件)

1. 全国人民代表大会组织法(修改) (已通过)
2. 全国人民代表大会议事规则(修改) (已通过)
3. 行政处罚法(修改) (已通过)
4. 动物防疫法(修改) (已通过)
5. 海警法 (已通过)
6. 乡村振兴促进法 (4 月)
7. 数据安全法 (4 月)
8. 个人信息保护法 (4 月)
9. 海南自由贸易港法 (4 月)
10. 反食品浪费法 (4 月)
11. 监察官法 (4 月)
12. 海上交通安全法(修改) (4 月)
13. 军人地位和权益保障法 (4 月)
14. 野生动物保护法(修改) (6 月)
15. 兵役法(修改) (6 月)
16. 军事设施保护法(修改) (6 月)
17. 反有组织犯罪法 (8 月)

(二)初次审议的法律案(37 件)

1. 全国人民代表大会关于完善香港特别行政区选举制度的决定 (已通过)
2. 香港特别行政区基本法附件一香港特别行政区行政长官的产生办法(修改) (已通过)
3. 香港特别行政区基本法附件二香港特别行政区立法会的产生办法和表决程序(修改) (已通过)
4. 法律援助法 (已提请审议)
5. 医师法(修改执业医师法) (已提请审议)
6. 湿地保护法 (已提请审议)
7. 家庭教育法 (已提请审议)
8. 安全生产法(修改) (已提请审议)
9. 教育法(修改) (已提请审议)
10. 印花税法 (已提请审议)
11. 国务院组织法(修改)
12. 地方各级人民代表大会和地方各级人民政府组织法(修改)
13. 全国人民代表大会常务委员会议事规则(修改)
14. 反垄断法(修改)
15. 公司法(修改)
16. 企业破产法(修改)
17. 行政复议法(修改)
18. 突发事件应对法(修改)
19. 治安管理处罚法(修改)
20. 职业教育法(修改)
21. 科学技术进步法(修改)
22. 体育法(修改)
23. 审计法(修改)
24. 传染病防治法(修改)
25. 国境卫生检疫法(修改)
26. 环境噪声污染防治法(修改)
27. 农产品质量安全法(修改)
28. 畜牧法(修改)
29. 妇女权益保障法(修改)
30. 突发公共卫生事件应对法
31. 陆地国界法
32. 期货法
33. 南极活动与环境保护法
34. 文化产业促进法
35. 关税法等税收法律
36. 粮食安全保障法
37. 社会救助法

贯彻党的十九届五中全会精神,落实党中央决策部署,以及强化公共卫生法治保障、军事政策制度改革、坚持和完善"一国两制"制度体系、全面加强涉外法治工作等,要求制定、修改、废止、解释相关法律,或者需要由全国人大常委会作出相关决定的,适时安排审议、继续审议;研究启动环境法典、教育法典、行政基本法典等条件成熟的行政立法领域的法典编纂工作。

(三)预备审议项目

修改商业银行法、保险法、中国人民银行法、反洗钱法、人民警察法、监狱法、进出境动植物检疫法、铁路法、各级人民代表大会常务委员会监督法、工会法等;制定学前教育法、药师法、电信法、能源法、原子能法、彩票法、医疗保障法、危险化学品安全法、民事强制执行法和网络犯罪防治、黄河保护等方面的法律;做好民法典实施,优化营商环境促进公平竞争等相关立法工作,由有关方面抓紧开展调研和起草工作,视情安排审议。

(四)做好授权决定和改革决定相关工作

按照党中央决策部署,对立法条件还不成熟、需要先行先试的,依法及时作出授权决定或者改革决定。对正在实施的授权决定和改革决定,实践证明可行的，由有关方面及时依法提出修改或者制定有关法律的议案，适时安排审议，或者结合相关立法工作统筹考虑。

需在2021年考虑的授权决定和改革决定有1件：关于授权最高人民法院在部分地区开展民事诉讼程序繁简分流改革试点工作的决定，2021年12月实施期届满。

## 三、完善立法体制机制，以良法善治推动高质量发展

坚持党中央对立法工作的集中统一领导不动摇。把党的领导贯彻到立法工作的全过程和各方面，自觉增强“四个意识”、坚定“四个自信”、做到“两个维护”，确保党中央重大决策部署在立法工作中得到有效贯彻落实。严格执行重大立法事项向党中央请示报告制度，凡需要由党中央研究的重大立法事项，以及立法中涉及重大体制、重大政策调整问题的，全国人大常委会党组及时向党中央请示报告。立法工作计划、重要立法项目按照要求提交中央全面依法治国委员会审议。落实宪法关于党的领导的规定，推动党的领导入法入规。坚持依法治国和以德治国相结合，将社会主义核心价值观融入立法工作。

发挥人大在立法中的主导作用。增强立法计划的系统性、前瞻性，在选题立项、起草调研和审议通过中发挥统筹安排、严格把关、协调推动等作用。在确保质量的前提下，加快立法工作步伐。落实全国人大、国务院有关机构沟通机制，做好法律草案审议准备工作。重要立法项目根据需要成立立法工作专班，建立协调机制，解决立法难点问题。发挥立法机关在表达、平衡、调整社会利益方面的重要作用，防止和纠正部门利益偏向。做好法律通过前评估工作。对立法中的重大问题，开展立法听证、第三方评估工作。健全法律配套规定督促工作机制，保证法律有效实施。更加重视法律解释工作，做好法律询问答复工作。

全面推进科学立法、民主立法、依法立法。在新冠肺炎疫情防控常态化情况下，持续扩大代表对立法工作的参与，认真研究代表提出的意见建议，发挥相关领域或具有相关专业背景的代表在立法中的作用。完善法律草案公开征求意见反馈机制。发挥基层立法联系点全过程民主的制度优势和“直通车”作用，通过立法联系点，了解基层实情，做好立法宣传。加强和改进立法调研工作，提高立法实效。遵循和把握立法工作规律，增强立法的针对性、适用性、可操作性。自觉遵循立法技术规范，讲好法言法语。

确保立法与改革协同推进。坚持在法治下推进改革和在改革中完善法治相统一，更好发挥立法推动和保障改革创新的作用。丰富立法形式，推动与改革相关联、相配套法律的立改废释工作。落实改革任务举措，对实践中存在的立法工作和改革发展不同步、慢半拍甚至拖后腿的情况，加强沟通协调，防止久拖不决。

加快补齐相关领域法律短板弱项。积极推进国家安全、科技创新、公共卫生、生物安全、生态文明、防范风险、涉外法治等重要领域立法，健全国家治理急需的法律制度、满足人民日益增长的美好生活需要必备的法律制度。加强数字经济、互联网金融、人工智能、大数据、云计算等新技术新应用涉及的相关立法工作，营造健康发展的法治环境。围绕反制裁、反干涉、反制“长臂管辖”等，加快推进涉外领域立法。

## 四、加强宪法实施和监督，维护国家法治统一

加强宪法实施和监督工作。通过建立健全相关法律制度推动和保障宪法实施。按照党中央关于推进合宪性审查工作的指导性文件要求，坚持事前、事中、事后全链条开展工作，确保法律法规和制度政策同宪法规定、原则、精神相符合，不断推进合宪性审查工作制度化、规范化、常态化、程序化。落实宪法解释程序机制，积极回应涉及宪法有关问题的社会关切。配合做好宪法宣传工作，弘扬宪法精神。维护宪法和基本法确定的特别行政区宪制秩序，根据香港特别行政区维护国家安全法和全国人民代表大会有关决定，完善香港特别行政区选举制度。

提高备案审查工作整体成效。全面贯彻实施法规、司法解释备案审查工作办法。加大对行政法规、监察法规、地方性法规、自治条例和单行条例、经济特区法规、司法解释的主动审查力度。围绕贯彻党中央重大决策部署和重要法律实施，进一步加强专项审查和集中清理。做好公民、组织等审查建议的研究、处理和反馈工作。探索审查研究中的听证、论证、委托第三方研究等工作机制。综合运用沟通、约谈、函询、提醒、提出书面意见、撤销等方式纠正违宪违法的规范性文件，维护国家法治统一。

健全备案审查衔接联动机制，加强同有关方面协同配合。健全备案审查信息平台。听取和审议年度备案审查工作情况报告。

## 五、建设德才兼备高素质的立法队伍，强化对新时代立法工作支撑保障

*在党史学习教育中坚定理想信念。*抓好党史学习教育，不断提高政治判断力、政治领悟力、政治执行力。坚定理想信念，筑牢初心使命，不断增强斗争精神、提高斗争本领，做到在复杂形势面前不迷航、在艰巨斗争面前不退缩。同时学习新中国史、改革开放史、社会主义发展史，结合学习人民代表大会制度历史和社会主义法治历史，做到学史明理、学史增信、学史崇德、学史力行，不断增强在全面依法治国、全面建设社会主义现代化国家新征程中创造新业绩、作出新贡献的自觉性和坚定性。

*加强立法理论研究。*深入学习贯彻习近平总书记关于坚持和完善人民代表大会制度的重要思想，在中国共产党成立一百周年之际，加强对一百年来特别是党的十八大以来党对国家制度和法律制度的探索实践与经验研究，增强制度自信，发挥制度优势。加强对新技术新领域涉及的法律问题研究。深化国际法和涉外法律研究。开展区域协调发展相关立法研究，为国家重大战略提供法治保障。总结民法典编纂立法经验，开展相关领域法典化编纂和法律体系化研究。推动与中国法学会、科研院所、高端智库的联系交流和良性互动，健全工作机制，加强研究成果开放共享和转化运用。

*统筹做好立法宣传工作。*坚持和完善法工委发言人机制，及时对外发声，回应社会热点，加强舆论引导。加强立法工作全过程宣传，讲好人大故事、立法故事。创新立法宣传的内容和形式，注重运用新媒体、新技术拓展立法宣传的广度和深度，做好重要法律的阐释工作，构建体现我国社会主义性质，具有鲜明中国特色、实践特色、时代特色的法学理论体系和话语体系。把立法工作同普法工作有机结合，弘扬法治精神，推动全民守法。加强民法典宣传和实施工作。推进法律文本英文翻译工作，展示法治建设成就。建设好、运用好国家法律法规数据库，增强法律公开工作的及时性、系统性、便利性。

*加强对地方立法工作的联系指导。*举办第二十七次全国地方立法工作座谈会，加强工作指导。办好立法培训班，提升地方立法工作人员综合素质。编发法制工作简报，精选地方立法典型经验和优秀立法例，加大横向交流力度。发挥中国人大制度理论研究会等平台作用，通过理论研究和交流，探讨问题、交流经验、展示成果，提升地方立法能力和水平，发挥其补充、先行、创制的作用，体现地方立法特色。完善联系指导工作机制，在立法规划计划、法律询问答复、立法理论研究、立法宣传、立法队伍建设等方面加强工作联系指导，提高地方立法质量，增强立法工作整体实效。

*加强新时代立法队伍建设。*落实党中央有关法治人才培养的决策部署，完善符合人大立法人才成长规律和特点的培养机制，不断提高做好立法工作的能力和本领。推进立法与执法、司法队伍以及法学研究队伍之间的交流、学习，充分利用各方面资源，打造全方位的法治人才培养平台。牢牢把握立法队伍鲜明政治属性，坚持用习近平新时代中国特色社会主义思想特别是习近平法治思想武装头脑，建设德才兼备的高素质立法工作队伍，牢记初心使命，勇于担当作为，为实现中华民族伟大复兴的中国梦不懈奋斗。

# 全国人大常委会 2021 年度监督工作计划

（2020 年 11 月 27 日第十三届全国人民代表大会常务委员会第 78 次委员长会议原则通过　2021 年 4 月 16 日第十三届全国人民代表大会常务委员会第 91 次委员长会议修改）

2021 年是中国共产党成立一百周年，是实施“十四五”规划和 2035 年远景目标的开局之年，我们国家将全面建成小康社会，开启全面建设社会主义现代化国家新征程。全国人大常委会监督工作的总体要求是：**在以习近平同志为核心的党中央坚强领导下，高举中国特色社会主义伟大旗帜，以**

**习近平新时代中国特色社会主义思想为指导，深入学习贯彻习近平法治思想和习近平总书记关于坚持和完善人民代表大会制度的重要思想，全面贯彻落实党的十九大和十九届二中、三中、四中、五中全会精神，增强“四个意识”、坚定“四个自信”、做到“两个维护”，坚持党的领导、人民当家作主、依法治国有机统一，加强宪法实施和监督，加强对“一府一委两院”的监督，确保行政权、监察权、审判权、检察权依法正确行使，为推动高质量发展、推进国家治理体系和治理能力现代化、全面建设社会主义现代化国家作出新贡献，以优异成绩庆祝建党一百周年。**

## 一、助力构建新发展格局，促进经济高质量发展

贯彻新发展理念，加强对计划执行和经济运行情况的监督，推进建设现代综合交通运输体系，助力畅通国内大循环、促进国内国际双循环，推进完善企业破产制度机制，推进新型农业经营体系建设，统筹兼顾培育新型农业经营主体和扶持小农户，促进畜牧业转型升级发展，推动发挥海外侨胞在共建“一带一路”中的作用，促进经济高质量发展。

（一）听取和审议国务院关于今年以来国民经济和社会发展计划执行情况的报告。听取和审议的重点是计划执行和经济运行的主要情况，主要指标完成情况，存在的主要问题和准备采取的政策措施等。报告拟安排在8月份举行的全国人大常委会会议上听取和审议。由财政经济委员会负责做好相关工作。

（二）听取和审议国务院关于建设现代综合交通运输体系有关工作情况的报告，并结合报告以常委会联组会议形式开展专题询问。听取和审议的重点是推动形成统一开放的交通运输市场，优化完善综合交通运输通道布局，加强高铁货运和国际航空货运能力建设，加快形成内外联通、安全高效的物流网络情况等。报告拟安排在6月份举行的全国人大常委会会议上听取和审议，专题询问拟请国务院有关领导同志出席联组会议听取意见、回答询问。由财政经济委员会负责做好相关工作。

（三）检查《中华人民共和国企业破产法》的实施情况。重点检查法律实施总体情况，企业破产程序启动和案件受理、审理情况，企业重整制度、破产管理人制度、国有企业破产制度实施情况，金融机构破产实施情况，企业破产中“府院联动”机制建立、运行情况，职工合法权益维护情况，需要研究解决的问题，对修改完善法律的意见建议等。执法检查报告拟安排在8月份举行的全国人大常委会会议上听取和审议。由财政经济委员会为主负责组织和实施。

（四）听取和审议国务院关于加快构建新型农业经营体系推动小农户和现代农业发展有机衔接情况的报告。听取和审议的重点是各类新型农业经营主体发展情况，扶持小农户的政策制定情况，建立完善与小农户利益联结体制机制情况，帮助小农户节本增效、发展现代农业产业、有效对接市场情况，改善小农户生产设施条件，提升抗风险能力和农业科技运用能力情况等。报告拟安排在12月份举行的全国人大常委会会议上听取和审议。由农业与农村委员会负责做好相关工作。

（五）检查《中华人民共和国畜牧法》的实施情况。重点检查畜禽遗传资源保护情况，畜禽品种选育与生产经营情况，畜禽养殖情况，畜禽产品质量安全情况，法律责任落实情况，配套法规规章制订情况，法律实施中存在的主要问题，进一步推进法律实施的意见建议等。执法检查报告拟安排在8月份举行的全国人大常委会会议上听取和审议。由农业与农村委员会为主负责组织和实施。

（六）围绕加强种质资源保护和育种创新情况进行专题调研。重点调研农作物种质资源保护措施落实情况，种质资源库、保护区和保护地建设情况，维护国家种质资源主权情况，推动种业科技创新体系建设，实施育种国家重大科技项目，开展种源“卡脖子”技术攻关，有序推进生物育种产业化应用情况，面临的主要问题和相关建议等。专题调研报告拟安排在10月份举行的全国人大常委会会议上听取和审议。由农业与农村委员会负责组织和实施。

（七）围绕进一步发挥海外侨胞在共建“一带一路”中的重要作用进行专题调研。重点调研各地在引导海外侨胞参与共建“一带一路”，支持国内企业“走出去”，与“一带一路”沿线国家开展交流合作情况，海外侨胞在共建“一带一路”中发挥民间外交优势，推动中外文明交流互鉴，增进各国人民相互了解情况等。专题调研报告计划在10月底前完成。由华侨委员会负责组织和实施。

## 二、促进民生社会事业发展，增进民生福祉

坚持把实现好、维护好、发展好最广大人民根

本利益作为发展的出发点和落脚点，围绕中医药法实施、教师队伍建设、文物工作、消防工作、人口较少民族经济社会发展等开展监督，促进文化事业发展，提高社会建设水平，增进民生福祉。

（一）检查《中华人民共和国中医药法》的实施情况。重点检查法律职责落实情况，相关重要制度建设情况和保障措施落实情况，中医药工作跨部门协调机制建设情况，中医药参与突发公共卫生事件机制建设情况，法律实施中存在的主要问题，推进法律实施的意见建议等。执法检查报告拟安排在6月份举行的全国人大常委会会议上听取和审议。由教育科学文化卫生委员会为主负责组织和实施。

（二）听取和审议国务院关于教师队伍建设和教师法实施情况的报告。听取和审议的重点是教师队伍建设工作总体情况，师德师风建设、教师综合管理、培训教育、待遇保障等方面情况，法制建设进展情况，存在的主要问题及下一步工作安排建议等。报告拟安排在10月份举行的全国人大常委会会议上听取和审议。由教育科学文化卫生委员会负责做好相关工作。

（三）听取和审议国务院关于文物工作和文物保护法实施情况的报告。听取和审议的重点是党的十八大以来我国文物工作总体情况，特别是考古工作和历史研究情况，文物保护、管理和利用情况，打击文物违法犯罪活动情况，法制建设进展情况，存在的主要问题及下一步工作思路等。报告拟安排在8月份举行的全国人大常委会会议上听取和审议。由教育科学文化卫生委员会负责做好相关工作。

（四）检查《中华人民共和国消防法》的实施情况。重点检查政府履行消防工作职责情况，企事业单位等落实消防安全责任情况，城乡消防规划制定落实和公共消防设施建设情况，消防救援机构改革情况，社会消防力量和消防组织建设情况，消防监督管理职责落实情况，灭火和应急救援法定职责履行情况，进一步推进法律实施的意见建议等。执法检查报告拟安排在12月份举行的全国人大常委会会议上听取和审议。由社会建设委员会为主负责组织和实施。

（五）围绕促进人口较少民族经济社会发展情况进行专题调研。重点调研人口较少民族聚居地区基础设施升级完善和公共服务水平提高情况，发展优势产业、推动乡村振兴情况，保护和传承优秀民族文化遗产、铸牢中华民族共同体意识情况，培养选拔使用人口较少民族干部、加强人才队伍建设情况，巩固脱贫攻坚成果、增强内生发展动力情况，面临的主要困难问题和相关意见建议等。专题调研报告计划在10月底前完成。由民族委员会负责组织和实施。

## 三、加强生态环境保护，推动美丽中国建设

坚持绿水青山就是金山银山理念，坚持尊重自然、顺应自然、保护自然，推动生态环境保护任务目标落实，深入打好污染防治攻坚战，推动加强长江流域生态环境保护和修复，推动雄安新区和白洋淀生态保护，推进固体废物污染环境整治，推进以国家公园为主体的自然保护地体系建设，加大监督力度，依法推动环境质量持续改善，促进人与自然和谐共生。

（一）听取和审议国务院关于雄安新区和白洋淀生态保护工作情况的报告。听取和审议的重点是白洋淀和大清河流域防洪排涝相关规划及设施建设情况，水污染防治情况，水资源保护和利用情况，相关工作中存在的主要问题，推动和改进工作以及推动完善相关立法的意见建议等。报告拟安排在8月份举行的全国人大常委会会议上听取和审议。由环境与资源保护委员会负责做好相关工作。

（二）听取和审议国务院关于2020年度环境状况和环境保护目标完成情况、研究处理土壤污染防治法执法检查报告及审议意见情况、依法打好污染防治攻坚战工作情况的报告。听取和审议的重点是环境质量状况，环境保护规划、环境污染防治、污染排放总量控制等环境保护目标完成情况，研究处理土壤污染防治法执法检查报告及审议意见情况，依法打好污染防治攻坚战工作情况等。报告拟安排在4月份举行的全国人大常委会会议上听取和审议。由环境与资源保护委员会负责做好相关工作。

（三）听取和审议国务院关于长江流域生态环境保护工作情况的报告。听取和审议的重点是长江流域生态环境保护和修复情况，入河排污口整治及监测预警机制建设情况，区域联动协同保护情况等。报告拟安排在6月份举行的全国人大常委会会议上听取和审议。由环境与资源保护委员会负责做好相关工作。

（四）检查《中华人民共和国固体废物污染环境防治法》的实施情况，并结合执法检查报告以常委会联组会议形式开展专题询问。重点检查学习宣

传和实施固体废物污染环境防治法的情况，法律责任落实情况，配套法规制定情况，生活垃圾分类制度落实情况，医疗废物和医疗垃圾处理处置情况，危险废物处理处置情况，进一步推进法律实施的意见建议等。执法检查报告拟安排在10月份举行的全国人大常委会会议上听取和审议，专题询问拟请国务院有关领导同志出席联组会议听取意见、回答询问。由环境与资源保护委员会为主负责组织和实施。

（五）围绕以国家公园为主体的自然保护地体系建设情况进行专题调研。重点调研以国家公园为主体的自然保护地体系建设进展情况，存在的主要问题，进一步推动相关工作以及对相关立法工作的意见建议等。专题调研报告计划在8月底前完成。由环境与资源保护委员会负责组织和实施。

## 四、确保行政权、监察权、审判权、检察权依法正确行使，推进法治中国建设

加强对"一府一委两院"的监督，深入开展法治宣传教育，围绕贯彻落实"七五"普法决议、推进监察监督全覆盖、人民法院知识产权审判、人民检察院控告申诉检察工作、公证法实施、维护国家法制统一等开展监督，提高依法行政水平，促进司法公正，推进法治中国建设。

（一）听取和审议国务院关于"七五"普法决议贯彻落实情况的报告。听取和审议的重点是学习宣传宪法和民法典、国家工作人员带头学法守法用法、青少年法治教育、推进多层次多领域依法治理、推进法治宣传教育创新、健全普法责任制等情况，普法工作存在的问题和困难，改进工作的措施和建议等。报告拟安排在6月份举行的全国人大常委会会议上听取和审议。由监察和司法委员会负责做好相关工作。

（二）围绕推进监察监督全覆盖情况进行专题调研。重点调研落实监察法规定，将所有行使公权力的公职人员纳入监督范围的总体情况，深化派驻机构改革，赋予派驻机构监察权，发挥派驻机构监察监督作用情况，整合力量、重心下移，推动监察监督向基层延伸情况，实现监察全覆盖、增强监督有效性面临的主要困难和意见建议等。专题调研报告计划在12月底前完成。由监察和司法委员会负责组织和实施。

（三）听取和审议最高人民法院关于人民法院知识产权审判工作情况的报告。听取和审议的重点是人民法院服务创新驱动发展战略实施，强化专利、商标、著作权、商业秘密等知识产权司法保护，依法规制不正当竞争和垄断行为，完善新经济新业态新领域知识产权保护规则，深化知识产权审判领域改革，加强知识产权审判队伍建设情况等，知识产权审判工作存在的问题和困难，改进工作的措施和建议等。报告拟安排在10月份举行的全国人大常委会会议上听取和审议。由监察和司法委员会负责做好相关工作。

（四）听取和审议最高人民检察院关于人民检察院开展控告申诉检察工作情况的报告。听取和审议的重点是控告申诉检察工作总体情况，检察机关化解矛盾纠纷的举措，加强控告申诉检察能力建设情况，存在的问题和困难，改进工作的措施和建议等。报告拟安排在10月份举行的全国人大常委会会议上听取和审议。由监察和司法委员会负责做好相关工作。

（五）检查《中华人民共和国公证法》的实施情况。重点检查公证机构设立、公证员队伍建设、公证职能作用发挥以及对公证执业活动的监督指导情况，公证工作中存在的主要问题，进一步推进法律实施的意见建议等。执法检查报告拟安排在12月份举行的全国人大常委会会议上听取和审议。由监察和司法委员会为主负责组织和实施。

（六）围绕设区的市地方立法在维护国家法制统一中的作用进行专题调研。重点调研设区的市地方立法在坚持党的领导、维护国家法制统一、为地方发展提供法治保障中的经验作用、存在的问题及立法建议等。专题调研报告计划在6月底前完成。由宪法和法律委员会负责组织和实施。

## 五、贯彻落实党中央有关改革部署，加强预决算审查监督和国有资产监督

加强对政府全口径预算决算的审查和监督，继续推进人大预算审查监督重点拓展改革，不断完善国务院向全国人大常委会报告国有资产管理情况相关制度，提高报告质量、增强监督实效，进一步加强对审计查出突出问题整改情况的跟踪监督，健全完善全国人大预算审查联系代表机制，加强与基层联系点的联系，持续推进预算联网监督工作。

（一）听取和审议国务院关于2020年中央决算的报告，审查和批准2020年中央决算。

（二）听取和审议国务院关于2020年度中央预算执行和其他财政收支的审计工作报告。

以上两项报告请国务院按照预算法、监督法规定和党中央关于人大预算审查监督重点向支出预算和政策拓展的指导意见等改革举措要求，重点报告支出预算和政策的执行及其效果情况、存在问题和改进建议，审计查出的主要问题及审计建议等。报告拟安排在6月份举行的全国人大常委会会议上听取和审议。由财政经济委员会和常委会预算工作委员会负责做好相关工作。

（三）听取和审议国务院关于今年以来预算执行情况的报告。听取和审议的重点是执行十三届全国人大四次会议关于批准2021年预算决议的情况，贯彻落实中央经济工作会议决策部署情况，2021年度1—7月财政收支执行情况和重点支出预算及政策执行情况等。报告拟安排在8月份举行的全国人大常委会会议上听取和审议。由财政经济委员会和常委会预算工作委员会负责做好相关工作。

（四）听取和审议国务院关于2020年度中央预算执行和其他财政收支审计查出问题整改情况的报告。听取和审议的重点是2020年度中央预算执行和其他财政收支审计查出突出问题的整改情况，落实全国人大常委会有关2020年中央决算的决议、研究处理关于中央决算和审计工作报告的审议意见情况等。报告拟安排在12月份举行的全国人大常委会会议上听取和审议。由财政经济委员会和常委会预算工作委员会负责做好相关工作。

（五）听取和审议国务院关于财政交通运输资金分配和使用情况的报告。听取和审议的重点是财政交通运输资金投入、分配、使用和预算管理情况，资金使用绩效情况，面临的困难和问题，进一步支持交通运输发展、畅通国民经济循环，以及改进财政预算管理的工作安排及政策建议等。报告拟安排在12月份举行的全国人大常委会会议上听取和审议。由常委会预算工作委员会、财政经济委员会负责做好相关工作。

（六）围绕财政补贴管理与改革进行专题调研。重点调研财政补贴的类型、规模、结构分布、受益主体、资金流向，财政部门与业务部门相关权责划分、预算管理、分配机制、资金监管等管理体制机制，财政补贴政策目标的设定以及补贴政策与产业政策、外贸政策的协调配合，财政补贴的绩效管理与资金使用绩效，财政补贴管理与改革存在的主要问题，进一步优化财政补贴管理体制机制、规范分配和使用、提升资金使用绩效的意见建议等。专题调研报告计划在12月底前完成。由常委会预算工作委员会负责组织和实施。

（七）结合审议国务院关于2020年度国有资产管理情况的综合报告，听取和审议国务院关于2020年度国有自然资源资产管理情况的专项报告。听取和审议的重点是国有自然资源资产实物量、价值量、结构、分布，国有自然资源资产管理体制机制，落实党中央关于自然资源管理与改革等重大决策部署，优化国土空间开发格局、改善生态环境质量、推进生态文明建设等相关重大制度建设，自然资源保护和利用情况，存在的突出问题和下一步工作安排等。报告拟安排在10月份举行的全国人大常委会会议上听取和审议。由常委会预算工作委员会、财政经济委员会、环境与资源保护委员会负责做好相关工作。

## 六、加强宪法宣传教育，做好宪法实施监督相关工作

加强宪法宣传教育，弘扬宪法精神，维护宪法权威。开展国家宪法日活动，组织全国人大及其常委会选举、决定任命的国家工作人员进行宪法宣誓。健全宪法实施体制机制，落实宪法解释程序机制，推进合宪性审查工作。持续加强备案审查制度和能力建设，全面实施《法规、司法解释备案审查工作办法》。加大主动审查力度。围绕贯彻落实党中央重大决策部署和重要法律实施，开展专项审查和清理。做好公民、组织等审查建议的研究、处理和反馈工作。探索使用听证、论证、委托第三方研究等方式进行审查研究。综合运用沟通、函询约谈、督促、提醒、撤销等方式纠正违宪违法的规范性文件。健全备案审查衔接联动机制，加强协同配合，提高备案审查工作成效。听取和审议年度备案审查工作情况报告。加大备案审查培训、宣传力度，加强备案审查理论研究和对地方人大备案审查工作的指导。拓展备案审查信息平台功能，开展国家法律法规数据库二期建设，提升备案审查工作信息化水平。

组织实施好2021年度的监督工作，一是要坚持党的领导。站在党和国家事业全局的高度，从国家和人民的整体利益、长远利益出发，寓支持于监督之中，形成加强改进工作的合力。二是要严格依法

监督。依照法定职责、限于法定范围、遵守法定程序,督促“一府一委两院”依法履职尽责。三是要增强监督实效。抓住突出问题,敢于动真碰硬,推动法律有效实施。综合运用各种监督形式,形成监督合力。各单位、各部门要认真落实监督工作计划的各项安排,共同完成好2021年度常委会各项监督工作任务。

附件:全国人大常委会2021年度听取和审议监督方面的报告时间安排表

**附件:**

# 全国人大常委会2021年度听取和审议监督方面的报告时间安排表

| 时间 | 听取和审议的报告 |
|---|---|
| 4月(1项) | 国务院关于2020年度环境状况和环境保护目标完成情况、研究处理土壤污染防治法执法检查报告及审议意见情况、依法打好污染防治攻坚战工作情况的报告 |
| 6月(6项) | 国务院关于2020年中央决算的报告 |
| | 国务院关于2020年度中央预算执行和其他财政收支的审计工作报告 |
| | 国务院关于建设现代综合交通运输体系有关工作情况的报告(结合听取审议报告开展专题询问) |
| | 国务院关于长江流域生态环境保护工作情况的报告 |
| | 国务院关于“七五”普法决议贯彻落实情况的报告 |
| | 全国人大常委会执法检查组关于检查《中华人民共和国中医药法》实施情况的报告 |
| 8月(6项) | 国务院关于今年以来国民经济和社会发展计划执行情况的报告 |
| | 国务院关于今年以来预算执行情况的报告 |
| | 国务院关于文物工作和文物保护法实施情况的报告 |
| | 国务院关于雄安新区和白洋淀生态保护工作情况的报告 |
| | 全国人大常委会执法检查组关于检查《中华人民共和国企业破产法》实施情况的报告 |
| | 全国人大常委会执法检查组关于检查《中华人民共和国畜牧法》实施情况的报告 |
| 10月(6项) | 最高人民法院关于人民法院知识产权审判工作情况的报告 |
| | 最高人民检察院关于人民检察院开展控告申诉检察工作情况的报告 |
| | 国务院关于教师队伍建设和教师法实施情况的报告 |
| | 国务院关于2020年度国有资产管理情况的综合报告和国务院关于2020年度国有自然资源资产管理情况的专项报告 |
| | 全国人大常委会执法检查组关于检查《中华人民共和国固体废物污染环境防治法》实施情况的报告(结合听取审议报告开展专题询问) |
| | 全国人大常委会专题调研组关于加强种质资源保护和育种创新情况的调研报告 |
| 12月(5项) | 国务院关于2020年度中央预算执行和其他财政收支审计查出问题整改情况的报告 |
| | 国务院关于加快构建新型农业经营体系推动小农户和现代农业发展有机衔接情况的报告 |
| | 国务院关于财政交通运输资金分配和使用情况的报告 |
| | 全国人大常委会执法检查组关于检查《中华人民共和国公证法》实施情况的报告 |
| | 全国人大常委会执法检查组关于检查《中华人民共和国消防法》实施情况的报告 |

2021年度常委会计划听取审议24个监督方面的报告,包括专项工作报告12个、计划预算监督报告5个、执法检查报告6个、专题调研报告1个。此外,结合其中2个报告开展2次专题询问,另有6个专题调研报告视情况提请常委会会议审议。

# 全国人大常委会 2021 年度代表工作计划

（2020 年 11 月 27 日第十三届全国人民代表大会常务委员会第 78 次委员长会议原则通过　2021 年 4 月 16 日第十三届全国人民代表大会常务委员会第 91 次委员长会议修改）

2021 年是中国共产党成立一百周年，是实施“十四五”规划和 2035 年远景目标的开局之年，我们国家将全面建成小康社会，开启全面建设社会主义现代化国家新征程。全国人大代表工作的总体要求是：**在以习近平同志为核心的党中央坚强领导下，高举中国特色社会主义伟大旗帜，以习近平新时代中国特色社会主义思想为指导，深入学习贯彻习近平法治思想、习近平总书记关于坚持和完善人民代表大会制度的重要思想，全面贯彻落实党的十九大和十九届二中、三中、四中、五中全会精神，增强“四个意识”、坚定“四个自信”、做到“两个维护”，坚持党的领导、人民当家作主、依法治国有机统一，尊重代表、依靠代表、服务代表，深化落实《关于加强和改进全国人大代表工作的具体措施》，加强常委会对代表工作的领导，健全代表联络机制，不断加强常委会同代表的联系，持续深化代表对常委会、专门委员会、工作委员会工作的参与，支持代表更加密切联系人民群众，更好发挥代表主体作用，为推进国家治理体系和治理能力现代化、全面建设社会主义现代化国家作出新贡献，以优异成绩庆祝建党一百周年。**

## 一、做好全国人大代表出席十三届全国人大四次会议组织服务工作

（一）做好大会前各项准备工作

1. 组织代表深入学习、深刻领会党的十九届五中全会精神。举办“学习贯彻党的十九届五中全会精神”专题代表学习班，通过集中培训、网络学习等多种形式解读宣讲五中全会精神，帮助代表深刻理解党的十九届五中全会的重大意义，准确把握“十四五”时期经济社会发展方针原则、主要目标、重点任务、重大举措，自觉把思想和行动统一到党中央对形势的科学分析判断上来，把智慧和力量凝聚到全会确定的各项目标任务上来。

2. 组织代表围绕审查“十四五”规划纲要草案开展集中视察。按照全国人大常委会统一安排，各选举单位组织代表深入基层、深入实际，全面了解本地区统筹推进疫情防控和经济社会发展、扎实做好“六稳”工作、全面落实“六保”任务情况，“十三五”规划纲要确定的主要目标任务完成情况，“十四五”时期经济社会发展重点难点问题，认真听取原选举单位和人民群众的意见建议。

3. 组织代表研读讨论“十四五”规划纲要草案。会同各选举单位做好代表研读讨论“十四五”规划纲要草案的组织服务工作。联合有关部门分专题召开座谈会听取代表对“十四五”规划纲要草案编制和审查的意见建议，邀请代表参加“十四五”规划纲要草案初步审查工作，及时向代表提供有关调研报告和信息资料，认真听取代表对“十四五”规划纲要草案的修改意见。

4. 组织代表研读讨论全国人民代表大会组织法修正草案、全国人民代表大会议事规则修正草案。会同各选举单位做好代表研读讨论全国人民代表大会组织法修正草案、议事规则修正草案的组织服务工作，对草案涉及的重点问题组织有关单位解读释疑，回应代表关切。认真收集研究代表提出的意见建议，及时转送有关部门研究处理，为大会审议通过相关法律案打好基础。

5. 向代表通报有关情况。举办在京代表情况通报会和港澳代表情况通报会，并委托各选举单位向京外代表通报 2020 年国民经济和社会发展情况、财政预算执行情况和全国人大常委会工作情况。向代表书面通报 2020 年全国人大常委会代表工作总体情况，包括常委会联系代表以及代表议案建议办理、视察调研、学习培训等各方面情况。

6. 做好代表提出议案建议的准备工作。按照“内容高质量”的要求，协助代表提高议案建议质量。及时将全国人大常委会工作要点和立法、监督、代表工作计划等印发代表，结合代表专题调研、集中视察和代表小组活动，引导代表议案建议围绕推动党中央决策部署贯彻实施以及全国人大常委会重点任务和主要工作，反映实际情况和群众愿

望，提出改进工作、完善政策的具体意见和可行性措施。探索代表提出议案建议前与承办部门沟通机制，帮助代表了解议案建议涉及的政策法律、背景资料，提高议案建议质量。

（二）做好十三届全国人大四次会议期间代表履职服务保障工作

7. 做好代表审议各项议案和报告的服务保障工作。加强十三届全国人大四次会议信息化建设，认真总结十三届全国人大三次会议期间采用网络视频方式听取代表小组会议审议意见工作的经验做法，进一步优化技术方案，做好各项组织协调保障工作，增强网络视频听会效果，为代表履职提供便利，不断提高收集处理代表审议意见工作效率。

8. 认真研究处理代表对常委会工作报告的审议意见。结合常委会工作报告的内容和重点，向代表提供专题材料，方便代表深入了解常委会工作情况。通过现场听会、网络视频、热线电话、个别走访等多种形式，听取代表对常委会工作报告的审议意见和对人大工作的意见建议。认真研究、积极采纳代表提出的意见建议，做到条条有回应、件件有答复。加强对代表意见建议的梳理分析，及时转送有关部门作为改进工作的重要参考。

9. 做好代表议案建议处理工作。为代表提出议案建议做好各项服务保障工作，协助代表把好议案建议的政治关、质量关。加强与有关单位的沟通协调，完善代表议案建议分办协调工作机制，吸收全国人大专门委员会办事机构工作人员参加代表建议分办工作，提高议案建议分办的准确性。

10. 严格落实改进会风会纪各项措施。加强代表会风会纪学习教育，严格遵守大会各项纪律和保密规定，不吃请、不请吃，不拉关系办私事、谋私利，不参加与议程日程无关的活动。严格住会制度和请假制度，确保会议出席率、投票率。将代表出席大会、代表团会议、小组会议情况和会风会纪情况记入代表履职档案。

## 二、加强常委会同全国人大代表的联系，统筹推进联系代表工作

11. 发挥委员长会议组成人员联系代表的示范作用，推进常委会组成人员联系代表常态化、机制化。认真落实《关于完善全国人大常委会组成人员联系全国人大代表机制的意见》，增强常委会组成人员联系代表工作的计划性、协调性，结合常委会组成人员参加会议、立法调研、执法检查、专题调研等活动，通过见面、电话、视频、信函等方式与代表保持经常性联系，充分听取和反映代表意见建议，拓展联系深度、增强联系实效。

12. 不断完善常委会组成人员和专门委员会、工作委员会联系全国人大代表工作机制。建立健全专门委员会、工作委员会联系相关领域、具有相关专业知识全国人大代表的工作机制，基本实现常委会组成人员、专门委员会、工作委员会联系基层全国人大代表全覆盖。全国人大机关各单位、地方人大代表联络工作机构加强工作协同，积极为常委会组成人员和专门委员会、工作委员会联系代表创造条件、提供服务保障。根据常委会组成人员和代表意见，适时调整常委会组成人员的联系代表。做好常委会组成人员和专门委员会、工作委员会联系代表情况收集和报告工作。

13. 继续实施好列席代表座谈机制。紧扣习近平总书记最新指示、党中央决策部署、常委会中心工作等，统筹谋划、精心安排全年各次列席代表座谈会的主题。认真听取代表对人大工作、民主法治建设、经济社会发展等方面的意见，做好代表意见整理、交办和研究处理情况反馈等各环节工作。

14. 改进代表列席常委会会议的组织服务工作。结合常委会会议议程，邀请相关领域、提出相关议案建议以及参加有关立法、监督、调研活动的代表列席，侧重邀请基层代表和尚未列席过常委会会议的代表列席。按照每位基层代表在任期内列席一次常委会会议的目标，专门制定工作方案，提高邀请列席代表的精准度。继续做好常委会会议前向列席代表通报情况工作，加强代表列席常委会会议审议发言提出意见建议研究处理情况的反馈工作。

15. 统筹推动“一府一委两院”加强和改进联系全国人大代表工作。建立健全“一府一委两院”联系代表工作机制，推动“一府一委两院”在办理代表建议以及邀请代表参加本部门、本系统考察、座谈、调研等工作中加强同代表的联系，认真听取代表意见建议。加强对相关工作和活动的统筹协调，明确由全国人大常委会办公厅统一安排，增强邀请代表参加活动的计划性、规范性、实效性。及时处理参加相关活动的全国人大代表的意见建议，并向代表反馈。进一步规范代表参加“一府一委两院”活动定位，明确代表的工作主要是反映问题并推动解决，代表不直接处理具体问题。做好国家机关选聘

全国人大代表担任特约监察员、监督员、评审员等人选推荐工作。有关部门和单位在活动结束后及时向全国人大常委会办公厅书面报送情况报告。

## 三、持续深化代表对常委会、专门委员会、工作委员会工作的参与

16. *完善代表参与立法相关工作机制*。积极邀请代表参与立法调研、起草、论证、评估等工作,广泛听取、认真研究、积极采纳代表意见建议,更好发挥代表在立法工作中的作用。健全法律草案征求代表意见制度,重要法律草案征求相关领域或具有相关专业背景代表的意见,以适当形式反馈代表意见研究采纳情况。用好基层立法联系点,发挥其联系代表的作用,及时收集代表、基层群众对法律草案和立法工作的意见建议。探索邀请代表参与公民备案审查建议的审查研究相关工作。

17. *邀请代表参与执法检查、专题调研*。完善代表参与全国人大常委会执法检查、专题调研等活动机制。执法检查组赴地方检查法律实施情况,至少邀请2名全国人大代表参加,充分听取代表的意见建议,更好发挥代表在执法检查、专题调研工作中的作用。

18. *进一步落实全国人大预算审查、国有资产监督联系代表机制*。继续向预算审查联系代表逐一发函征求意见建议,并逐一反馈采纳落实情况。继续推荐预算审查联系代表参加国务院财政部门预算绩效评价活动。创新工作方法,通过召开预算编制工作通报会、组织代表到有关部委调研考察、邀请代表参与国有资产监督和特定重点领域财政资金以及财税立法专题调研活动,更好发挥代表在预算审查监督、国有资产监督和财税立法等工作中的作用。认真了解基层联系点全国人大代表对加强人大预算决算审查监督、国有资产监督和财税立法等工作的意见建议等,做好服务工作。发挥好预算联网监督系统服务代表的积极作用。

19. *推动代表在人大对外交往中更好发挥作用*。根据全国人大对外工作需要,有针对性地组织代表特别是基层代表、具有外事工作经验或相关专业背景的代表参加各层次、各领域对外交往活动。结合代表自身特点和履职情况,深入挖掘代表履职故事,特别是在脱贫攻坚、抗击疫情等方面的突出表现,以鲜活的履职实践展现代表风采,讲好中国民主法治故事。

## 四、组织好闭会期间代表活动,推动代表更加密切联系人民群众

20. *提高代表专题调研和集中视察实效*。紧扣贯彻落实党中央决策部署、实施"十四五"规划纲要,围绕党和国家工作大局、全国人大常委会工作重点,针对地方经济社会发展、民主法治建设的重大问题和人民群众普遍关注的热点难点问题,委托各省区市人大常委会组织代表开展专题调研和集中视察。精心拟订调研视察主题,进一步提高活动的针对性和实效性,拓宽代表知情知政渠道,在联系群众、接触实际中积极发现并反映带有普遍性、共性、典型性的问题。支持和鼓励代表在调研视察的基础上提出议案和建议,推动从法律上、制度上、政策上予以解决。精心组织香港、澳门、台湾省、解放军和武警部队全国人大代表专题调研和视察活动。做好在京全国人大代表回原选举单位参加调研、视察、代表小组活动的服务保障工作。

21. *稳妥推进代表跨原选举单位行政区域的考察视察调研活动*。重点围绕实施"十四五"规划纲要、推进区域协调发展、构建新发展格局,结合地方实际和代表意愿,组织代表跨原选举单位的行政区域开展考察视察调研。具体活动委托有关省区市人大常委会实施,受委托的省级人大常委会书面报送考察视察调研情况。进一步规范代表跨原选举单位行政区域考察视察调研的组织协调工作,提高服务保障工作水平。

22. *拓展深化代表更加密切联系人民群众的方式方法*。贯彻落实《关于完善人大代表联系人民群众制度的实施意见》,推动各选举单位用好人大代表联系人民群众的制度机制和工作平台,加强全国人大代表小组建设,积极探索增强代表小组活力的方式方法。推动全国人大代表主动、经常地就近参加当地代表小组和代表联络站、代表之家等工作平台和基层立法联系点的活动,认真听取人民群众意见,努力做到民有所呼、我有所应。认真办理代表反映或者转递的群众信访事项,不断完善"建台账、建规范、建机制、及时报"工作机制,督促有关单位及时向代表答复、反馈。梳理总结各地人大支持和保障人大代表联系人民群众的做法和成效,不断丰富和拓展联系人民群众的渠道、方式、内容,扎实推进各级人大代表联系人民群众工作常态化、机制化开展,有效发挥代表在反映群众诉求、解决民生难

题中的积极作用。

## 五、提高代表议案建议工作水平

23. 完善代表议案处理工作机制。将处理代表议案与研究制定立法工作计划和监督工作计划、起草和修改法律结合起来，加强与提出议案的代表的联系和沟通，深入研究、积极吸纳代表提出的意见建议。完善代表议案提出、审议、处理流程和工作机制，总结交流议案工作典型经验，提高代表议案与立法、监督重点任务的契合度，发挥代表议案推动提高立法质量、增强监督实效的作用。

24. 提高代表建议办理质量和实效。按照“内容高质量、办理高质量”，“既要重结果、也要重过程”的要求，推动承办单位贯彻实施《全国人民代表大会代表建议、批评和意见处理办法》，将办理代表建议与转变工作作风和推动改进工作有效结合起来，切实推动解决问题、完善法律制度和政策措施，着力推动解决好人民群众最关心最直接最现实的问题。认真做好习近平总书记参加代表团审议时代表提出意见建议的办理、督办工作，及时跟踪督办并报告落实情况。加强与提出建议代表的沟通联系，通过多种方式充分听取代表意见。按照实事求是、明确具体的原则，改进代表建议办理答复工作。抓紧抓实2020年答复承诺解决事项跟踪督办工作，及时向代表反馈工作进展和落实情况。支持和鼓励承办单位结合职责和工作重点确定内部办理重点，有针对性地加强研究办理。

25. 做好代表建议交办、督办、反馈、分析工作。完善代表建议交办工作流程，加强与各承办单位的沟通协调，进一步提高代表建议交办的精准性。召开十三届全国人大四次会议代表建议交办会，会同中共中央办公厅、国务院办公厅等单位统一交办代表建议。强化过程管理和跟踪督办力度，加强与承办单位的沟通联络，及时了解和掌握工作进展情况，督促办理工作落实。积极做好代表建议办理和答复综合分析工作，结合全国人大常委会重点立法、监督项目，对代表提出的建议进行认真梳理和分析，提升代表建议分析水平，更好服务常委会中心工作。

26. 提高代表议案建议工作的服务水平。协调搭建代表和承办单位间的联系桥梁，为各承办单位联系代表提供便利，为代表参与建议办理工作做好服务保障。推动承办单位把加强同代表的沟通联系贯穿于代表建议办理全过程，及时向代表反馈建议交办和办理情况，方便代表了解掌握办理流程各环节的工作情况。适时组织代表视察承办单位建议办理工作情况。

27. 做好重点督办建议工作。加强与有关专门委员会的沟通协调，围绕党中央重大决策部署、常委会重点工作，认真研究提出重点督办建议选题。全国人大专门委员会通过制定督办工作方案、召开督办工作座谈会、开展督办调研等方式，加大督办工作力度，推动重点督办建议办理取得实效，转化为促发展、惠民生、暖民心的政策举措。做好重点督办建议的滚动办理和跟踪督办工作。重点督办建议办理工作中的重要情况和重大问题，及时向全国人大常委会委员长会议报告。

## 六、加强代表自身建设，改进代表学习培训工作

28. 加强代表政治思想建设。贯彻党中央关于加强和改进代表工作的要求，把加强代表政治思想建设摆在代表工作的重要位置，将深入学习贯彻习近平新时代中国特色社会主义思想作为代表学习培训的首要任务，结合人大工作和代表履职实际，组织代表持续深入学习贯彻习近平法治思想和习近平总书记关于坚持和完善人民代表大会制度的重要思想，提高代表履职政治站位，增强“四个意识”、坚定“四个自信”、做到“两个维护”。引导代表把坚持人民至上、紧紧依靠人民、不断造福人民、牢牢植根人民的要求贯彻到履职全过程各方面，深入了解民情，真实反映民意，广泛集中民智，积极宣讲并带头贯彻党中央大政方针和宪法法律，当好党和国家联系人民群众的桥梁纽带。

29. 增强培训的针对性和实用性。举办5期代表学习班、1期少数民族代表学习班，组织约1000名代表参加学习。代表学习培训资源向基层代表倾斜。在突出政治学习培训的同时，加大代表履职尽责、提出高质量议案建议、密切联系人民群众、处理人民来信来访等方面履职应用知识的培训力度，进一步提高思想政治水平、法律政策水平、专业知识水平，进一步提高联系人民、代表人民、服务人民自觉性主动性。将“十四五”规划纲要、新制定和修改的法律以及立法规划计划、立法程序、立法技术规范等纳入培训内容，提升代表参与立法等人大工作的能力水平。继续做好分领域专题培训，多途径了解代表学习需求，围绕党中央重大决策部署、常委会重点工作和代表普遍关注的问题确定学习专

题，进一步提高代表学习培训工作的科学性、针对性和有效性。有关专门委员会、工作委员会举办专项工作培训班和地方人大干部培训班，根据实际情况邀请相关全国人大代表参加。

30. 大力加强网络学习培训。探索线上线下有机结合的培训方式，推动线上线下培训深度融合，在提高代表网络学习培训参与感、获得感上下功夫。加快代表学习培训网络平台建设，充分发挥网络学习平台包括全国人大网络学院、中国人大网代表服务专区等的作用，更加突出人大特色，增加常委会专题讲座、人大历史、人大应用型知识、代表履职基础知识、代表履职交流等栏目，围绕代表关注和履职需要制作网络课程，不断丰富网络学习培训资源。

31. 完善代表学习培训制度。围绕完善代表学习培训制度进行调研，针对代表履职的阶段特点和执行代表职务的各个环节，深入研究和总结代表学习培训规律，进一步完善代表系统培训机制，适时修改关于全国人大代表学习培训工作的若干意见。

32. 加强代表纪律作风建设。将廉洁自律、作风建设、大会会风会纪等纳入代表学习培训内容，引导代表珍视代表身份，严守政治纪律和政治规矩，模范遵守宪法法律，依法执行代表职务，带头践行社会主义核心价值观，发挥模范表率作用。正确处理从事个人职业活动与执行代表职务的关系，不利用代表身份干预执法、干涉具体司法案件或者插手招标投标等牟取个人、小团体和特定关系人利益，自觉接受人民群众和原选举单位监督。

33. 支持选举单位依法加强代表履职监督。统一全国人大代表履职档案的基本内容，规范代表履职档案的记录责任主体、记录载体、结果应用等，推进代表履职档案规范化建设。

34. 做好代表资格审查工作。加强同中央有关部门和代表原选举单位的联系，及时了解掌握代表资格变动情况，为代表资格审查委员会依法审查、报告代表资格情况做好服务保障工作。

## 七、加强代表履职和代表工作的宣传报道

35. 做好十三届全国人大四次会议召开前的代表履职事迹集中宣传。提前收集梳理全国人大代表履职报道素材和线索，支持中央主要媒体在大会召开前开展过去一年代表履职情况和代表议案建议办理成效等的宣传报道。

36. 做好十三届全国人大四次会议期间代表宣传报道。做好大会期间代表通道、代表履职宣传报道工作，注重安排基层代表参加代表通道集中采访活动。协助和支持人大代表接受中外媒体采访，积极发出代表之声，充分展示“人民选我当代表、我当代表为人民”的风采。

37. 加强日常代表履职宣传。协助和支持中央主要媒体全方位、多角度、深层次报道全国人大常委会加强和改进代表工作的情况，生动反映全国人大代表履职尽责的案例、事迹和成果。改进和加强代表列席常委会会议、参加执法检查、专题调研、学习培训、议案建议办理、密切联系人民群众等活动的宣传报道，突出代表主体地位，讲好代表故事，不断增强人大制度和代表工作的社会影响力。

38. 加强对地方各级人大代表依法履职的宣传报道。积极与新闻宣传部门沟通协调，宣传地方各级人大代表密切联系人民群众、更好发挥代表作用的典型事例，宣传代表联络站、代表之家、基层联系点等平台在密切人大代表同人民群众联系、帮助人民群众解决实际问题方面的作用和成效。

## 八、牢固树立服务代表意识，努力提高服务保障能力和水平

39. 牢固树立服务代表意识，提高服务代表的能力和水平。加强全国人大常委会办公厅、专门委员会、工作委员会开展代表联络和服务保障工作的经验交流总结，牢固树立服务代表意识，尊重代表主体地位，支持和保障代表依法履职。坚持代表联络机构是服务代表而不是管理代表的定位，着力加强政治建设，持续改进工作作风，加强对工作人员的教育管理监督，努力打造一支服务意识强、业务水平高的工作队伍。

40. 提高代表工作信息化水平。按照全国人大代表工作信息化总体建设方案，在十三届全国人大四次会议上部署使用代表信息库、议案流程、建议流程、知情知政、征求代表意见等五个模块，实现代表议案建议办理全流程信息化，方便代表、人大机关、承办单位通过信息化平台联系沟通，开展代表议案、建议提交、办理等工作。通过信息化平台及时主动向代表推送相关领域工作信息、提供有关工作资料，征求代表意见建议。积极开展代表大会会议、常委会会议、常委会联系代表、代表联系群众等代表履职服务保障工作信息化的调查规划、开发建

设，推动代表工作全面提质增效。

41. 积极协调解决代表履职遇到的困难和问题。加强与全国人大代表所在单位的沟通，在通知代表参加履职活动时，一并通知代表所在单位，协调代表所在单位尊重代表的权利，依法为代表优先执行代表职务给予时间保障，对代表执行代表职务按正常出勤对待，享受所在单位的工资和其他待遇。

42. 加强对代表活动经费的管理。严格执行《关于全国人大代表活动经费管理使用的意见》和《全国人大常委会组成人员联系代表专项经费使用管理办法》。通过专项资金检查、工作调研和会议、培训交流等方式，进一步规范各项支出。注重资金日常有效监管，加强资金使用情况的跟踪检查，深入巩固审计整改成效，研究细化有关制度规定，切实管好、用好代表视察活动经费。

43. 加强与各省代表联络工作机构的联系。推动各省区市人大代表联络机构认真贯彻落实《关于加强和改进全国人大代表工作的具体措施》，充分发挥全国人大代表联络处的职能作用，共同做好全国人大代表服务工作，并按照要求做好有关情况报告工作。定期开展工作调研、视频会议、经验交流、业务培训等，完善工作机制，提高工作水平，形成加强和改进全国人大代表工作的合力。

## 九、做好全国县乡两级人大换届选举工作，加强与地方人大的联系

44. 切实做好全国县乡两级人大换届选举各项工作。按照党中央的部署和要求，贯彻落实新修改的选举法，坚持党的领导、充分发扬民主、严格依法办事，确保县乡人大换届选举工作有序进行、弊绝风清。发挥全国县乡两级人大换届选举工作联席会议平台作用，及时了解和掌握选举进展情况，遇有重大问题和重要情况及时向党中央请示报告。举办县乡人大换届选举工作部署会议。印发《全国县乡两级人大换届选举工作手册》《全国县乡两级人大换届选举宣传挂图》，认真研究答复选举中的法律问题和工作问题。研究并适时提出关于做好新一届全国人大代表换届选举工作的意见。

45. 做好县乡人大换届选举宣传工作。根据统一部署，适时组织报道各地选举工作阶段性进展，宣传宪法和选举法等法律，宣传严肃换届纪律、严格依法选举的好经验好做法好典型，生动展示中国特色社会主义民主政治的特点和优势。

46. 密切与地方人大联系，总结交流工作经验。贯彻落实关于加强地方人大及其常委会建设的部署安排，各专门委员会、常委会办公厅、工作委员会通过召开座谈会、视频会议等形式加强与地方人大相关部门的联系，及时开展工作和业务交流，助力地方人大建设和工作创新发展。

47. 加强对地方人大代表工作经验的总结推广。积极关注地方各级人大代表依法履职、密切联系人民群众的典型事例和经验做法，发挥好中国人大“刊网微端”、《人大工作研究》、《联络动态》等平台作用，及时总结推广地方各级人大及其常委会建设和地方各级人大代表发挥桥梁纽带作用的好经验、好做法，不断提高代表服务保障工作水平。

# 二、常委会会议议程日程

## 第十三届全国人民代表大会常务委员会第二十五次会议议程

2021 年 1 月 20 日至 22 日

（2021 年 1 月 20 日第十三届全国人民代表大会常务委员会第二十五次会议第一次全体会议通过）

一、审议《中华人民共和国动物防疫法（修订草案）》

二、审议《中华人民共和国行政处罚法（修订草案）》

三、审议《中华人民共和国海警法（草案）》

四、审议全国人民代表大会监察和司法委员会关于提请审议《中华人民共和国法律援助法（草案）》的议案

五、审议全国人民代表大会教育科学文化卫生委员会关于提请审议修订《中华人民共和国执业医师法》的议案

六、审议全国人民代表大会环境与资源保护委员会关于提请审议《中华人民共和国湿地保护法（草案）》的议案

七、审议全国人民代表大会社会建设委员会关于提请审议《中华人民共和国家庭教育法（草案）》的议案

八、审议国务院关于提请审议《中华人民共和国安全生产法（修正草案）》的议案

九、审议国务院关于提请审议《中华人民共和国教育法（修正草案）》的议案

十、审议最高人民法院关于提请审议《关于设立北京金融法院的决定（草案）》的议案

十一、审议国务院关于提请审议批准《中华人民共和国和比利时王国关于移管被判刑人的条约》的议案

十二、审议国务院关于提请审议批准《中华人民共和国与摩洛哥王国引渡条约》的议案

十三、审议全国人民代表大会宪法和法律委员会关于第十三届全国人民代表大会第三次会议主席团交付审议的代表提出的议案审议结果的报告

十四、审议全国人民代表大会教育科学文化卫生委员会关于第十三届全国人民代表大会第三次会议主席团交付审议的代表提出的议案审议结果的报告

十五、审议全国人民代表大会外事委员会关于第十三届全国人民代表大会第三次会议主席团交付审议的代表提出的议案审议结果的报告

十六、听取全国人民代表大会常务委员会办公厅关于第十三届全国人民代表大会第三次会议代表建议、批评和意见办理情况的报告，国家卫生健康委员会关于第十三届全国人民代表大会第三次会议代表建议、批评和意见办理情况的报告

十七、审议全国人民代表大会常务委员会法制工作委员会关于 2020 年备案审查工作情况的报告

十八、审议第十三届全国人民代表大会常务委员会代表资格审查委员会关于个别代表的代表资格的报告

十九、审议任免案

# 第十三届全国人民代表大会常务委员会第二十五次会议日程

2021 年 1 月 20 日至 22 日

**1 月 20 日(星期三)**

上午 9 时　全体会议

1. 听取全国人大宪法和法律委员会关于《中华人民共和国动物防疫法(修订草案)》审议结果的报告
2. 听取全国人大宪法和法律委员会关于《中华人民共和国行政处罚法(修订草案)》审议结果的报告
3. 听取全国人大宪法和法律委员会关于《中华人民共和国海警法(草案)》审议结果的报告
4. 听取全国人大监察和司法委员会关于提请审议《中华人民共和国法律援助法(草案)》议案的说明
5. 听取全国人大教育科学文化卫生委员会关于提请审议修订《中华人民共和国执业医师法》议案的说明
6. 听取全国人大环境与资源保护委员会关于提请审议《中华人民共和国湿地保护法(草案)》议案的说明
7. 听取全国人大社会建设委员会关于提请审议《中华人民共和国家庭教育法(草案)》议案的说明
8. 听取国务院关于提请审议《中华人民共和国安全生产法(修正草案)》议案的说明
9. 听取国务院关于提请审议《中华人民共和国教育法(修正草案)》议案的说明
10. 听取最高人民法院关于提请审议《关于设立北京金融法院的决定(草案)》议案的说明
11. 听取国务院关于提请审议批准《中华人民共和国和比利时王国关于移管被判刑人的条约》议案的说明
12. 听取国务院关于提请审议批准《中华人民共和国与摩洛哥王国引渡条约》议案的说明
13. 听取全国人大宪法和法律委员会关于第十三届全国人民代表大会第三次会议主席团交付审议的代表提出的议案审议结果的报告
14. 听取全国人大教育科学文化卫生委员会关于第十三届全国人民代表大会第三次会议主席团交付审议的代表提出的议案审议结果的报告
15. 听取全国人大外事委员会关于第十三届全国人民代表大会第三次会议主席团交付审议的代表提出的议案审议结果的报告
16. 听取全国人大常委会办公厅关于第十三届全国人民代表大会第三次会议代表建议、批评和意见办理情况的报告,国家卫生健康委员会关于第十三届全国人民代表大会第三次会议代表建议、批评和意见办理情况的报告
17. 听取全国人大常委会法制工作委员会关于 2020 年备案审查工作情况的报告
18. 听取全国人大常委会代表资格审查委员会关于个别代表的代表资格的报告
19. 审议任免案

下午 3 时　分组审议动物防疫法修订草案,行政处罚法修订草案,海警法草案,关于设立北京金融法院的决定草案,国际条约,全国人大宪法和法律委员会、教育科学文化卫生委员会、外事委员会关于第十三届全国人民代表大会第三次会议主席团交付审议的代表提出的议案审议结果的报告,关于个别代表的代表资格的报告,任免案

**1 月 21 日(星期四)**

上午 9 时　分组审议法律援助法草案,医师法草案(关于修订执业医师法的议案)

下午3时 分组审议家庭教育法草案,教育法修正草案

**1月22日(星期五)**

上午9时 分组审议湿地保护法草案,安全生产法修正草案,全国人大常委会法制工作委员会关于2020年备案审查工作情况的报告,拟提请表决事项

下午3时 全体会议
表决各项议案
闭 会

注:分组审议时间:上午9时至11时30分
下午3时至5时30分
各项议案的审议时间必要时可以调整

# 第十三届全国人民代表大会常务委员会第二十六次会议议程

2021年2月27日至28日

(2021年2月27日第十三届全国人民代表大会常务委员会第二十六次会议第一次全体会议通过)

一、审议国务院关于提请审议《中华人民共和国印花税法(草案)》的议案

二、审议《全国人民代表大会常务委员会工作报告(稿)》

三、审议国务院关于修改完善香港特别行政区选举制度和有关建议的报告

四、审议全国人民代表大会常务委员会委员长会议关于提请审议《第十三届全国人民代表大会第四次会议议程(草案)》的议案

五、审议全国人民代表大会常务委员会委员长会议关于提请审议《第十三届全国人民代表大会第四次会议主席团和秘书长名单(草案)》的议案

六、审议全国人民代表大会常务委员会委员长会议关于提请审议《第十三届全国人民代表大会第四次会议列席人员名单(草案)》的议案

七、审议国务院关于研究处理《全国人民代表大会常务委员会关于全面禁止非法野生动物交易、革除滥食野生动物陋习、切实保障人民群众生命健康安全的决定》和《中华人民共和国野生动物保护法》执法检查报告及审议意见情况的报告

八、审议最高人民法院关于民事诉讼程序繁简分流改革试点情况的中期报告

九、审议第十三届全国人民代表大会常务委员会代表资格审查委员会关于个别代表的代表资格的报告

十、审议任免案

(注:2021年2月27日上午,第十三届全国人大常委会第二十六次会议听取并审议了《国务院关于修改完善香港特别行政区选举制度和有关建议的报告》。27日下午,第十三届全国人大常委会第85次委员长会议根据审议情况,提出了《全国人民代表大会常务委员会关于提请审议〈全国人民代表大会关于完善香港特别行政区选举制度的决定(草案)〉的议案(代拟稿)》并提请第十三届全国人大常委会第二十六次会议审议。2月28日下午,第十三届全国人大常委会第二十六次会议决定将《全国人民代表大会关于完善香港特别行政区选举制度的决定(草案)》提请第十三届全国人民代表大会第四次会议审议)

# 第十三届全国人民代表大会常务委员会第二十六次会议日程

2021年2月27日至28日

**2月27日(星期六)**

上午9时 全体会议
1. 听取国务院关于提请审议《中华人民共和国印花税法(草案)》议案的说明
2. 审议《全国人民代表大会常务委

员会工作报告(稿)》
3. 听取国务院有关报告
4. 审议全国人大常委会委员长会议关于提请审议《第十三届全国人民代表大会第四次会议议程(草案)》的议案
5. 审议全国人大常委会委员长会议关于提请审议《第十三届全国人民代表大会第四次会议主席团和秘书长名单(草案)》的议案
6. 审议全国人大常委会委员长会议关于提请审议《第十三届全国人民代表大会第四次会议列席人员名单(草案)》的议案
7. 听取国务院关于研究处理《全国人民代表大会常务委员会关于全面禁止非法野生动物交易、革除滥食野生动物陋习、切实保障人民群众生命健康安全的决定》和《中华人民共和国野生动物保护法》执法检查报告及审议意见情况的报告
8. 听取最高人民法院关于民事诉讼程序繁简分流改革试点情况的中期报告
9. 听取全国人大常委会代表资格审查委员会关于个别代表的代表资格的报告
10. 审议任免案

全体会议结束后　分组审议印花税法草案,国务院有关报告,十三届全国人大四次会议议程草案、主席团和秘书长名单草案、列席人员名单草案,关于个别代表的代表资格的报告,任免案

下午 3 时　分组审议全国人大常委会工作报告稿

**2 月 28 日(星期日)**

上午 9 时　分组审议全国人大常委会工作报告稿,国务院关于研究处理《全国人民代表大会常务委员会关于全面禁止非法野生动物交易、革除滥食野生动物陋习、切实保障人民群众生命健康安全的决定》和《中华人民共和国野生动物保护法》执法检查报告及审议意见情况的报告,最高人民法院关于民事诉讼程序繁简分流改革试点情况的中期报告,拟提请表决事项

下午 3 时　全体会议
表决各项议案
闭　会

(闭会后,举办专题讲座第二十二讲《国际组织与全球治理》)

注:分组审议时间:上午 9 时至 11 时 30 分
下午 3 时至 5 时 30 分
各项议案的审议时间必要时可以调整

# 第十三届全国人民代表大会常务委员会第二十七次会议议程

2021 年 3 月 29 日至 30 日

(2021 年 3 月 29 日第十三届全国人民代表大会常务委员会第二十七次会议第一次全体会议通过)

一、审议全国人民代表大会常务委员会委员长会议关于提请审议《中华人民共和国香港特别行政区基本法附件一香港特别行政区行政长官的产生办法(修订草案)》的议案

二、审议全国人民代表大会常务委员会委员长会议关于提请审议《中华人民共和国香港特别行政区基本法附件二香港特别行政区立法会的产生办法和表决程序(修订草案)》的议案

三、审议任免案

# 第十三届全国人民代表大会常务委员会第二十七次会议日程

2021 年 3 月 29 日至 30 日

**3 月 29 日(星期一)**

下午 3 时　全体会议

1. 听取全国人大常委会委员长会议关于提请审议《中华人民共和国香港特别行政区基本法附件一香港特别行政区行政长官的产生办法(修订草案)》议案的说明
2. 听取全国人大常委会委员长会议关于提请审议《中华人民共和国香港特别行政区基本法附件二香港特别行政区立法会的产生办法和表决程序(修订草案)》议案的说明
3. 审议任免案

全体会议结束后　分组审议香港特别行政区基本法附件一香港特别行政区行政长官的产生办法修订草案,香港特别行政区基本法附件二香港特别行政区立法会的产生办法和表决程序修订草案,任免案

**3 月 30 日(星期二)**

上午 9 时　分组审议拟提请表决事项

上午 10 时　全体会议

表决各项议案

闭　会

注:各项议案的审议时间必要时可以调整

# 第十三届全国人民代表大会常务委员会第二十八次会议议程

2021 年 4 月 26 日至 29 日

(2021 年 4 月 26 日第十三届全国人民代表大会常务委员会第二十八次会议第一次全体会议通过)

一、审议《中华人民共和国乡村振兴促进法(草案)》

二、审议《中华人民共和国反食品浪费法(草案)》

三、审议《中华人民共和国海上交通安全法(修订草案)》

四、审议《中华人民共和国教育法(修正草案)》

五、审议《中华人民共和国数据安全法(草案)》

六、审议《中华人民共和国个人信息保护法(草案)》

七、审议《中华人民共和国海南自由贸易港法(草案)》

八、审议《中华人民共和国监察官法(草案)》

九、审议《中华人民共和国军人地位和权益保障法(草案)》

十、审议有关法律草案的议案

十一、审议全国人民代表大会财政经济委员会关于提请审议《中华人民共和国期货法(草案)》的议案

十二、审议全国人民代表大会外事委员会关于提请审议《中华人民共和国陆地国界法(草案)》的议案

十三、审议国务院关于提请审议《〈中华人民共和国道路交通安全法〉等 9 部法律的修正案(草案)》的议案

十四、审议中央军事委员会关于提请审议《中国人民解放军选举全国人民代表大会和县级以上地方各级人民代表大会代表的办法(修正草案)》的议案

十五、审议全国人民代表大会常务委员会委员长会议关于提请审议《全国人民代表大会常务委员会关于加强中央预算审查监督的决定(修订草案)》的议案

十六、审议国务院关于提请审议《关于授权国务院在自由贸易试验区暂时调整适用有关法律规定的决定(草案)》的议案

十七、审议国务院关于提请审议批准《〈上海合作组织成员国关于举行联合军事演习的协定〉补充议定书》的议案

十八、审议国务院关于提请审议批准《中华人民共和国和伊朗伊斯兰共和国关于刑事司法协助的条约》的议案

十九、审议国务院关于提请审议批准《中华人民共和国和伊朗伊斯兰共和国关于民事和商事司法协助的条约》的议案

二十、审议国务院关于提请审议批准《成立平方公里阵列天文台公约》的议案

二十一、审议国务院关于2020年度环境状况和环境保护目标完成情况、研究处理土壤污染防治法执法检查报告及审议意见情况、依法打好污染防治攻坚战工作情况的报告

二十二、审议第十三届全国人民代表大会常务委员会代表资格审查委员会关于个别代表的代表资格的报告

二十三、审议任免案

# 第十三届全国人民代表大会常务委员会第二十八次会议日程

2021年4月26日至29日

**4月26日(星期一)**

上午9时 全体会议

1. 听取全国人大宪法和法律委员会关于《中华人民共和国乡村振兴促进法(草案)》审议结果的报告
2. 听取全国人大宪法和法律委员会关于《中华人民共和国反食品浪费法(草案)》审议结果的报告
3. 听取全国人大宪法和法律委员会关于《中华人民共和国海上交通安全法(修订草案)》审议结果的报告
4. 听取全国人大宪法和法律委员会关于《中华人民共和国教育法(修正草案)》审议结果的报告
5. 听取全国人大宪法和法律委员会关于《中华人民共和国数据安全法(草案)》修改情况的汇报
6. 听取全国人大宪法和法律委员会关于《中华人民共和国个人信息保护法(草案)》修改情况的汇报
7. 听取全国人大宪法和法律委员会关于《中华人民共和国海南自由贸易港法(草案)》修改情况的汇报
8. 听取全国人大宪法和法律委员会关于《中华人民共和国监察官法(草案)》修改情况的汇报
9. 听取全国人大宪法和法律委员会关于《中华人民共和国军人地位和权益保障法(草案)》修改情况的汇报
10. 听取有关法律草案议案的说明
11. 听取全国人大财政经济委员会关于提请审议《中华人民共和国期货法(草案)》议案的说明
12. 听取全国人大外事委员会关于提请审议《中华人民共和国陆地国界法(草案)》议案的说明
13. 听取国务院关于提请审议《〈中华人民共和国道路交通安全法〉等9部法律的修正案(草案)》议案的说明
14. 听取中央军事委员会关于提请审议《中国人民解放军选举全国人民代表大会和县级以上地方各级人民代表大会代表的办法(修正草案)》议案的说明
15. 听取全国人大常委会委员长会议关于提请审议《全国人民代表大会常务委员会关于加强中央预算审查监督的决定(修订草案)》议案的说明
16. 听取国务院关于提请审议《关

于授权国务院在自由贸易试验区暂时调整适用有关法律规定的决定(草案)》议案的说明

17. 听取国务院关于提请审议批准《〈上海合作组织成员国关于举行联合军事演习的协定〉补充议定书》议案的说明

18. 听取国务院关于提请审议批准《中华人民共和国和伊朗伊斯兰共和国关于刑事司法协助的条约》议案的说明

19. 听取国务院关于提请审议批准《中华人民共和国和伊朗伊斯兰共和国关于民事和商事司法协助的条约》议案的说明

20. 听取国务院关于提请审议批准《成立平方公里阵列天文台公约》议案的说明

21. 听取国务院关于 2020 年度环境状况和环境保护目标完成情况、研究处理土壤污染防治法执法检查报告及审议意见情况、依法打好污染防治攻坚战工作情况的报告

22. 听取全国人大常委会代表资格审查委员会关于个别代表的代表资格的报告

23. 审议任免案

下午 3 时 分组审议乡村振兴促进法草案,反食品浪费法草案,海上交通安全法修订草案,教育法修正草案,国际条约,关于个别代表的代表资格的报告,任免案

**4 月 27 日(星期二)**

上午 9 时 分组审议道路交通安全法等 9 部法律的修正案草案,中国人民解放军选举全国人民代表大会和县级以上地方各级人民代表大会代表的办法修正草案,关于加强中央预算审查监督的决定修订草案,关于授权国务院在自由贸易试验区暂时调整适用有关法律规定的决定草案

下午 3 时 分组审议数据安全法草案,个人信息保护法草案,海南自由贸易港法草案

**4 月 28 日(星期三)**

上午 9 时 分组审议监察官法草案,军人地位和权益保障法草案,期货法草案,国务院关于 2020 年度环境状况和环境保护目标完成情况、研究处理土壤污染防治法执法检查报告及审议意见情况、依法打好污染防治攻坚战工作情况的报告

下午 3 时 分组审议有关法律草案,陆地国界法草案,拟提请表决事项

**4 月 29 日(星期四)**

上午 9 时 全体会议

表决各项议案

闭　会

(闭会后,举办专题讲座第二十三讲《完善反垄断法律制度　强化竞争政策基础地位》)

注:分组审议时间:上午 9 时至 11 时 30 分

下午 3 时至 5 时 30 分

各项议案的审议时间必要时可以调整

# 第十三届全国人民代表大会常务委员会第二十九次会议议程

2021 年 6 月 7 日至 10 日

(2021 年 6 月 7 日第十三届全国人民代表大会常务委员会第二十九次会议第一次全体会议通过)

一、审议《中华人民共和国数据安全法(草案)》

二、审议《中华人民共和国海南自由贸易港法(草案)》

三、审议《中华人民共和国军人地位和权益保

障法(草案)》

四、审议《中华人民共和国军事设施保护法(修订草案)》

五、审议《中华人民共和国安全生产法(修正草案)》

六、审议《中华人民共和国印花税法(草案)》

七、审议《中华人民共和国反外国制裁法(草案)》

八、审议《中华人民共和国法律援助法(草案)》

九、审议《中华人民共和国医师法(草案)》

十、审议国务院关于提请审议《中华人民共和国职业教育法(修订草案)》的议案

十一、审议国务院关于提请审议《中华人民共和国审计法(修正草案)》的议案

十二、审议国务院关于提请审议《关于授权上海市人民代表大会及其常务委员会制定浦东新区法规的决定(草案)》的议案

十三、审议国务院关于2020年中央决算的报告审查和批准2020年中央决算

十四、审议国务院关于2020年度中央预算执行和其他财政收支的审计工作报告

十五、审议国务院关于建设现代综合交通运输体系有关工作情况的报告

十六、审议国务院关于长江流域生态环境保护工作情况的报告

十七、审议国务院关于“七五”普法决议贯彻落实情况的报告

十八、审议国务院关于提请审议《关于开展第八个五年法治宣传教育的决议(草案)》的议案

十九、审议全国人大常委会执法检查组关于检查《中华人民共和国中医药法》实施情况的报告

二十、审议第十三届全国人民代表大会常务委员会代表资格审查委员会关于个别代表的代表资格的报告

二十一、审议任免案

# 第十三届全国人民代表大会常务委员会第二十九次会议日程

2021年6月7日至10日

**6月7日(星期一)**

下午3时　全体会议

1. 听取全国人大宪法和法律委员会关于《中华人民共和国数据安全法(草案)》审议结果的报告
2. 听取全国人大宪法和法律委员会关于《中华人民共和国海南自由贸易港法(草案)》审议结果的报告
3. 听取全国人大宪法和法律委员会关于《中华人民共和国军人地位和权益保障法(草案)》审议结果的报告
4. 听取全国人大宪法和法律委员会关于《中华人民共和国军事设施保护法(修订草案)》审议结果的报告
5. 听取全国人大宪法和法律委员会关于《中华人民共和国安全生产法(修正草案)》审议结果的报告
6. 听取全国人大宪法和法律委员会关于《中华人民共和国印花税法(草案)》审议结果的报告
7. 听取全国人大宪法和法律委员会关于《中华人民共和国制反裁法(草案)》审议结果的报告
8. 听取全国人大宪法和法律委员会关于《中华人民共和国法律援助法(草案)》修改情况的汇报
9. 听取全国人大宪法和法律委员会关于《中华人民共和国医师法(草案)》修改情况的汇报
10. 听取国务院关于提请审议《中华人民共和国职业教育法(修订草案)》议案的说明
11. 听取国务院关于提请审议《中华人民共和国审计法(修正草案)》议案的说明
12. 听取国务院关于2020年中央

决算的报告
13. 听取国务院关于2020年度中央预算执行和其他财政收支的审计工作报告
14. 听取全国人大财政经济委员会关于2020年中央决算草案审查结果的报告
15. 听取国务院关于建设现代综合交通运输体系有关工作情况的报告
16. 听取国务院关于长江流域生态环境保护工作情况的报告
17. 听取国务院关于“七五”普法决议贯彻落实情况的报告
18. 听取国务院关于提请审议《关于开展第八个五年法治宣传教育的决议(草案)》议案的说明
19. 听取全国人大常委会执法检查组关于检查《中华人民共和国中医药法》实施情况的报告
20. 听取全国人大常委会代表资格审查委员会关于个别代表的代表资格的报告
21. 审议任免案

**6月8日(星期二)**

上午9时　分组审议数据安全法草案,海南自由贸易港法草案,军人地位和权益保障法草案,军事设施保护法修订草案,安全生产法修正草案,印花税法草案,反外国制裁法草案,关于授权上海市人民代表大会及其常务委员会制定浦东新区法规的决定草案

下午3时　分组审议国务院关于2020年中央决算的报告,国务院关于2020年度中央预算执行和其他财政收支的审计工作报告,全国人大财政经济委员会关于2020年中央决算草案审查结果的报告,国务院关于“七五”普法决议贯彻落实情况的报告,关于开展第八个五年法治宣传教育的决议草案,关于个别代表的代表资格的报告,任免案

**6月9日(星期三)**

上午9时　分组审议国务院关于建设现代综合交通运输体系有关工作情况的报告,国务院关于长江流域生态环境保护工作情况的报告,全国人大常委会执法检查组关于检查《中华人民共和国中医药法》实施情况的报告

下午3时　联组审议国务院关于建设现代综合交通运输体系有关工作情况的报告并进行专题询问

**6月10日(星期四)**

上午9时　分组审议法律援助法草案,医师法草案,职业教育法修订草案,审计法修正草案,拟提请表决事项

下午3时　全体会议
表决各项议案
闭　会

(闭会后,举办专题讲座第二十四讲《中国共产党与我国的根本政治制度》)

注:分组审议时间:上午9时至11时30分
下午3时至5时30分
各项议案的审议时间必要时可以调整

# 第十三届全国人民代表大会常务委员会第三十次会议议程

2021年8月17日至20日

(2021年8月17日第十三届全国人民代表大会常务委员会第三十次会议第一次全体会议通过)

一、审议《中华人民共和国个人信息保护法(草案)》

二、审议《中华人民共和国监察官法(草案)》

三、审议《中华人民共和国法律援助法(草案)》

四、审议《中华人民共和国医师法(草案)》

五、审议《中华人民共和国兵役法(修订草案)》

六、审议《中华人民共和国反有组织犯罪法(草案)》

七、审议《中华人民共和国家庭教育法(草案)》

八、审议《中华人民共和国陆地国界法(草案)》

九、审议全国人民代表大会教育科学文化卫生委员会关于提请审议《中华人民共和国科学技术进步法(修订草案)》的议案

十、审议全国人民代表大会环境与资源保护委员会关于提请审议修订《中华人民共和国环境噪声污染防治法》的议案

十一、审议全国人民代表大会农业与农村委员会关于提请审议《中华人民共和国种子法(修正草案)》的议案

十二、审议国务院关于提请审议《中华人民共和国人口与计划生育法(修正草案)》的议案

十三、审议全国人民代表大会常务委员会委员长会议关于提请审议《全国人民代表大会常务委员会关于增加〈中华人民共和国香港特别行政区基本法〉附件三所列全国性法律的决定(草案)》的议案

十四、审议全国人民代表大会常务委员会委员长会议关于提请审议《全国人民代表大会常务委员会关于增加〈中华人民共和国澳门特别行政区基本法〉附件三所列全国性法律的决定(草案)》的议案

十五、审议最高人民法院关于提请审议《关于授权最高人民法院在该院和部分地区开展四级法院审级职能定位改革试点工作的决定(草案)》的议案

十六、审议国务院关于今年以来国民经济和社会发展计划执行情况的报告

十七、审议国务院关于今年以来预算执行情况的报告

十八、审议国务院关于文物工作和文物保护法实施情况的报告

十九、审议国务院关于雄安新区和白洋淀生态保护工作情况的报告

二十、审议全国人民代表大会常务委员会执法检查组关于检查《中华人民共和国企业破产法》实施情况的报告

二十一、审议全国人民代表大会常务委员会执法检查组关于检查《中华人民共和国畜牧法》实施情况的报告

二十二、审议第十三届全国人民代表大会常务委员会代表资格审查委员会关于个别代表的代表资格的报告

二十三、审议任免案

(注:2021 年 8 月 17 日下午,第十三届全国人大常委会第三十次会议审议了全国人大常委会委员长会议关于提请审议《全国人民代表大会常务委员会关于增加〈中华人民共和国香港特别行政区基本法〉附件三所列全国性法律的决定(草案)》的议案、关于提请审议《全国人民代表大会常务委员会关于增加〈中华人民共和国澳门特别行政区基本法〉附件三所列全国性法律的决定(草案)》的议案。受委员长会议委托,全国人大常委会法制工作委员会主任沈春耀作了说明。8 月 19 日上午,第十三届全国人大常委会第 99 次委员长会议根据审议情况,决定对有关问题继续进行研究,暂不交付表决)

# 第十三届全国人民代表大会常务委员会<br>第三十次会议日程

2021 年 8 月 17 日至 20 日

**8 月 17 日(星期二)**

上午 9 时　全体会议

1. 听取全国人大宪法和法律委员会关于《中华人民共和国个人信息保护法(草案)》审议结果的报告
2. 听取全国人大宪法和法律委员会关于《中华人民共和国监察官法(草案)》审议结果的报告
3. 听取全国人大宪法和法律委员会关于《中华人民共和国法律援助法(草案)》审议结果的报告

4. 听取全国人大宪法和法律委员会关于《中华人民共和国医师法(草案)》审议结果的报告
5. 听取全国人大宪法和法律委员会关于《中华人民共和国兵役法(修订草案)》审议结果的报告
6. 听取全国人大宪法和法律委员会关于《中华人民共和国反有组织犯罪法(草案)》修改情况的汇报
7. 听取全国人大宪法和法律委员会关于《中华人民共和国家庭教育法(草案)》修改情况的汇报
8. 听取全国人大宪法和法律委员会关于《中华人民共和国陆地国界法(草案)》修改情况的汇报
9. 听取全国人大教育科学文化卫生委员会关于提请审议《中华人民共和国科学技术进步法(修订草案)》议案的说明
10. 听取全国人大环境与资源保护委员会关于提请审议修订《中华人民共和国环境噪声污染防治法》议案的说明
11. 听取全国人大农业与农村委员会关于提请审议《中华人民共和国种子法(修正草案)》议案的说明
12. 听取国务院关于提请审议《中华人民共和国人口与计划生育法(修正草案)》议案的说明
13. 听取全国人大常委会委员长会议关于提请审议《全国人民代表大会常务委员会关于增加〈中华人民共和国香港特别行政区基本法〉附件三所列全国性法律的决定(草案)》议案的说明
14. 听取全国人大常委会委员长会议关于提请审议《全国人民代表大会常务委员会关于增加〈中华人民共和国澳门特别行政区基本法〉附件三所列全国性法律的决定(草案)》议案的说明
15. 听取最高人民法院关于提请审议《关于授权最高人民法院在该院和部分地区开展四级法院审级职能定位改革试点工作的决定(草案)》议案的说明
16. 听取全国人大常委会代表资格审查委员会关于个别代表的代表资格的报告
17. 审议任免案

下午 3 时 分组审议个人信息保护法草案,监察官法草案,法律援助法草案,医师法草案,兵役法修订草案,人口与计划生育法修正草案,关于增加《中华人民共和国香港特别行政区基本法》附件三所列全国性法律的决定草案,关于增加《中华人民共和国澳门特别行政区基本法》附件三所列全国性法律的决定草案,关于授权最高人民法院在该院和部分地区开展四级法院审级职能定位改革试点工作的决定草案,关于个别代表的代表资格的报告,任免案

**8 月 18 日(星期三)**

上午 9 时 分组审议反有组织犯罪法草案,家庭教育促进法草案,陆地国界法草案,科学技术进步法修订草案,噪声污染防治法草案(关于修订环境噪声污染防治法的议案)

下午 3 时 全体会议

1. 听取国务院关于今年以来国民经济和社会发展计划执行情况的报告
2. 听取国务院关于今年以来预算执行情况的报告
3. 听取国务院关于文物工作和文物保护法实施情况的报告
4. 听取国务院关于雄安新区和白洋淀生态保护工作情况的报告
5. 听取全国人大常委会执法检查组关于检查《中华人民共和国企业破产法》实施情况的报告
6. 听取全国人大常委会执法检查组关于检查《中华人民共和国畜牧法》实施情况的报告

**8 月 19 日(星期四)**

上午 9 时　分组审议国务院关于今年以来国民经济和社会发展计划执行情况的报告,国务院关于今年以来预算执行情况的报告,国务院关于文物工作和文物保护法实施情况的报告,国务院关于雄安新区和白洋淀生态保护工作情况的报告

下午 3 时　分组审议全国人大常委会执法检查组关于检查《中华人民共和国企业破产法》实施情况的报告,全国人大常委会执法检查组关于检查《中华人民共和国畜牧法》实施情况的报告,种子法修正草案,拟提请表决事项

**8 月 20 日(星期五)**

上午 9 时　全体会议

表决各项议案

闭　会

(闭会后,举办专题讲座第二十五讲《贯彻落实习近平法治思想　修订加强中央预算审查监督的决定　制定加强国有资产管理情况监督的决定》)

注:分组审议时间:上午 9 时至 11 时 30 分

下午 3 时至 5 时 30 分

各项议案的审议时间必要时可以调整

# 第十三届全国人民代表大会常务委员会第三十一次会议议程

2021 年 10 月 19 日至 23 日

(2021 年 10 月 19 日第十三届全国人民代表大会常务委员会第三十一次会议第一次全体会议通过)

一、学习贯彻中央人大工作会议精神

二、审议《中华人民共和国家庭教育促进法(草案)》

三、审议《中华人民共和国陆地国界法(草案)》

四、审议《中华人民共和国审计法(修正草案)》

五、审议《中华人民共和国湿地保护法(草案)》

六、审议《中华人民共和国期货法(草案)》

七、审议全国人民代表大会常务委员会委员长会议关于提请审议《中华人民共和国反电信网络诈骗法(草案)》的议案

八、审议全国人民代表大会常务委员会委员长会议关于提请审议《中华人民共和国地方各级人民代表大会和地方各级人民政府组织法(修正草案)》的议案

九、审议全国人民代表大会农业与农村委员会关于提请审议《中华人民共和国畜牧法(修订草案)》的议案

十、审议全国人民代表大会社会建设委员会关于提请审议《中华人民共和国体育法(修订草案)》的议案

十一、审议国务院关于提请审议《中华人民共和国反垄断法(修正草案)》的议案

十二、审议国务院关于提请审议《中华人民共和国农产品质量安全法(修订草案)》的议案

十三、审议最高人民法院关于提请审议《中华人民共和国民事诉讼法(修正草案)》的议案

十四、审议国务院关于提请审议《关于授权国务院在营商环境创新试点城市暂时调整适用〈中华人民共和国计量法〉有关规定的决定(草案)》的议案

十五、审议国务院有关议案

十六、审议国务院、中央军事委员会关于提请审议《关于深化国防动员体制改革期间暂时调整适用相关法律规定的决定(草案)》的议案

十七、审议国务院关于提请审议批准《中华人民共和国和智利共和国引渡条约》的议案

十八、审议国务院关于提请审议批准《关于为盲人、视力障碍者或其他印刷品阅读障碍者获得已出版作品提供便利的马拉喀什条约》的议案

十九、审议国务院关于 2020 年度国有资产管理情况的综合报告和关于 2020 年度国有自然资源资产管理情况的专项报告

二十、审议国务院关于教师队伍建设和教师法实施情况的报告

二十一、审议最高人民法院关于人民法院知识产权审判工作情况的报告

二十二、审议最高人民检察院关于人民检察院办理控告申诉案件工作情况的报告

二十三、审议全国人民代表大会常务委员会执法检查组关于检查《中华人民共和国固体废物污染环境防治法》实施情况的报告

二十四、审议全国人民代表大会常务委员会专题调研组关于加强种质资源保护和育种创新情况的调研报告

二十五、审议全国人民代表大会监察和司法委员会关于第十三届全国人民代表大会第四次会议主席团交付审议的代表提出的议案审议结果的报告

二十六、审议全国人民代表大会财政经济委员会关于第十三届全国人民代表大会第四次会议主席团交付审议的代表提出的议案审议结果的报告

二十七、审议全国人民代表大会外事委员会关于第十三届全国人民代表大会第四次会议主席团交付审议的代表提出的议案审议结果的报告

二十八、审议全国人民代表大会环境与资源保护委员会关于第十三届全国人民代表大会第四次会议主席团交付审议的代表提出的议案审议结果的报告

二十九、审议全国人民代表大会社会建设委员会关于第十三届全国人民代表大会第四次会议主席团交付审议的代表提出的议案审议结果的报告

三十、审议第十三届全国人民代表大会常务委员会代表资格审查委员会关于个别代表的代表资格的报告

三十一、审议任免案

# 第十三届全国人民代表大会常务委员会第三十一次会议日程

2021年10月19日至23日

**10月19日(星期二)**

上午9时　全体会议

1. 传达中央人大工作会议精神
2. 听取全国人大宪法和法律委员会关于《中华人民共和国家庭教育促进法(草案)》审议结果的报告
3. 听取全国人大宪法和法律委员会关于《中华人民共和国陆地国界法(草案)》审议结果的报告
4. 听取全国人大宪法和法律委员会关于《中华人民共和国审计法(修正草案)》审议结果的报告
5. 听取全国人大宪法和法律委员会关于《中华人民共和国湿地保护法(草案)》修改情况的汇报
6. 听取全国人大宪法和法律委员会关于《中华人民共和国期货法(草案)》修改情况的汇报
7. 听取全国人大常委会委员长会议关于提请审议《中华人民共和国反电信网络诈骗法(草案)》议案的说明
8. 听取全国人大常委会委员长会议关于提请审议《中华人民共和国地方各级人民代表大会和地方各级人民政府组织法(修正草案)》议案的说明
9. 听取全国人大农业与农村委员会关于提请审议《中华人民共和国畜牧法(修订草案)》议案的说明
10. 听取全国人大社会建设委员会关于提请审议《中华人民共和国体育法(修订草案)》议案的说明
11. 听取国务院关于提请审议《中华人民共和国反垄断法(修正草案)》议案的说明
12. 听取国务院关于提请审议《中华人民共和国农产品质量安全法(修订草案)》议案的说明
13. 听取最高人民法院关于提请审议《中华人民共和国民事诉讼

法(修正草案)》议案的说明
14. 听取国务院关于提请审议《关于授权国务院在营商环境创新试点城市暂时调整适用〈中华人民共和国计量法〉有关规定的决定(草案)》议案的说明
15. 听取国务院有关议案的说明
16. 听取国务院、中央军事委员会关于提请审议《关于深化国防动员体制改革期间暂时调整适用相关法律规定的决定(草案)》议案的说明
17. 听取国务院关于提请审议批准《中华人民共和国和智利共和国引渡条约》议案的说明
18. 听取国务院关于提请审议批准《关于为盲人、视力障碍者或其他印刷品阅读障碍者获得已出版作品提供便利的马拉喀什条约》议案的说明
19. 听取全国人大监察和司法委员会关于第十三届全国人民代表大会第四次会议主席团交付审议的代表提出的议案审议结果的报告
20. 听取全国人大财政经济委员会关于第十三届全国人民代表大会第四次会议主席团交付审议的代表提出的议案审议结果的报告
21. 听取全国人大外事委员会关于第十三届全国人民代表大会第四次会议主席团交付审议的代表提出的议案审议结果的报告
22. 听取全国人大环境与资源保护委员会关于第十三届全国人民代表大会第四次会议主席团交付审议的代表提出的议案审议结果的报告
23. 听取全国人大社会建设委员会关于第十三届全国人民代表大会第四次会议主席团交付审议的代表提出的议案审议结果的报告
24. 听取全国人大常委会代表资格审查委员会关于个别代表的代表资格的报告
25. 审议任免案

下午3时　分组学习贯彻中央人大工作会议精神

**10月20日(星期三)**

上午9时　分组审议家庭教育促进法草案,陆地国界法草案,审计法修正草案,关于授权国务院在营商环境创新试点城市暂时调整适用《中华人民共和国计量法》有关规定的决定草案,有关决定草案,关于深化国防动员体制改革期间暂时调整适用相关法律规定的决定草案,国际条约,全国人大监察和司法委员会、财政经济委员会、外事委员会、环境与资源保护委员会、社会建设委员会关于第十三届全国人民代表大会第四次会议主席团交付审议的代表提出的议案审议结果的报告,关于个别代表的代表资格的报告,任免案

下午3时　分组审议湿地保护法草案,期货和衍生品法草案,反电信网络诈骗法草案,地方各级人民代表大会和地方各级人民政府组织法修正草案

**10月21日(星期四)**

上午9时　全体会议

1. 审议国务院关于2020年度国有资产管理情况的综合报告,听取国务院关于2020年度国有自然资源资产管理情况的专项报告
2. 听取全国人大常委会预算工作委员会、全国人大财政经济委员会、全国人大环境与资源保护委员会关于国有自然资源资产管理情况的调研报告
3. 听取国务院关于教师队伍建设和教师法实施情况的报告
4. 听取最高人民法院关于人民法院知识产权审判工作情况的报告
5. 听取最高人民检察院关于人民检察院办理控告申诉案件工作情况的报告

6. 听取全国人大常委会执法检查组关于检查《中华人民共和国固体废物污染环境防治法》实施情况的报告

7. 听取全国人大常委会专题调研组关于加强种质资源保护和育种创新情况的调研报告

下午3时 分组审议国务院关于2020年度国有资产管理情况的综合报告和关于2020年度国有自然资源资产管理情况的专项报告,国务院关于教师队伍建设和教师法实施情况的报告,最高人民法院关于人民法院知识产权审判工作情况的报告,最高人民检察院关于人民检察院办理控告申诉案件工作情况的报告,全国人大常委会执法检查组关于检查《中华人民共和国固体废物污染环境防治法》实施情况的报告

**10月22日(星期五)**

上午9时 联组审议全国人大常委会执法检查组关于检查《中华人民共和国固体废物污染环境防治法》实施情况的报告并进行专题询问

下午3时 分组审议畜牧法修订草案,体育法修订草案,反垄断法修正草案,农产品质量安全法修订草案,民事诉讼法修正草案,全国人大常委会专题调研组关于加强种质资源保护和育种创新情况的调研报告,拟提请表决事项

**10月23日(星期六)**

上午9时 全体会议
表决各项议案
闭 会

注:分组审议时间:上午9时至11时30分
下午3时至5时30分
各项议案的审议时间必要时可以调整

# 第十三届全国人民代表大会常务委员会第三十二次会议议程

2021年12月20日至24日

(2021年12月20日第十三届全国人民代表大会常务委员会第三十二次会议第一次全体会议通过)

一、审议《中华人民共和国地方各级人民代表大会和地方各级人民政府组织法(修正草案)》

二、审议《中华人民共和国反有组织犯罪法(草案)》

三、审议《中华人民共和国湿地保护法(草案)》

四、审议《中华人民共和国科学技术进步法(修订草案)》

五、审议《中华人民共和国噪声污染防治法(草案)》

六、审议《中华人民共和国种子法(修正草案)》

七、审议《中华人民共和国民事诉讼法(修正草案)》

八、审议《中华人民共和国职业教育法(修订草案)》

九、审议全国人民代表大会常务委员会委员长会议关于提请审议《中华人民共和国工会法(修正草案)》的议案

十、审议全国人民代表大会常务委员会委员长会议关于提请审议《中华人民共和国公司法(修订草案)》的议案

十一、审议全国人民代表大会常务委员会委员长会议关于提请审议《中华人民共和国全国人民代表大会常务委员会议事规则(修正草案)》的议案

十二、审议全国人民代表大会常务委员会委员长会议关于提请审议《第十三届全国人民代表大会第五次会议关于第十四届全国人民代表大会代表名额和选举问题的决定(草案)》的议案

十三、审议全国人民代表大会常务委员会委员长会议关于提请审议《中华人民共和国香港特别行政区选举第十四届全国人民代表大会代表的办法

（草案）》的议案

十四、审议全国人民代表大会常务委员会委员长会议关于提请审议《中华人民共和国澳门特别行政区选举第十四届全国人民代表大会代表的办法（草案）》的议案

十五、审议全国人民代表大会农业与农村委员会关于提请审议《中华人民共和国黑土地保护法（草案）》的议案

十六、审议全国人民代表大会社会建设委员会关于提请审议《中华人民共和国妇女权益保障法（修订草案）》的议案

十七、审议国务院关于提请审议《中华人民共和国黄河保护法（草案）》的议案

十八、审议国务院关于提请审议修订《中华人民共和国突发事件应对法》的议案

十九、审议全国人民代表大会财政经济委员会关于提请审议《全国人民代表大会常务委员会关于加强经济工作监督的决定（修订草案）》的议案

二十、审议全国人民代表大会常务委员会委员长会议关于提请审议《全国人民代表大会常务委员会关于召开第十三届全国人民代表大会第五次会议的决定（草案）》的议案

二十一、审议国务院关于2020年度中央预算执行和其他财政收支审计查出问题整改情况的报告

二十二、审议国务院关于加快构建新型农业经营体系推动小农户和现代农业发展有机衔接情况的报告

二十三、审议国务院关于财政交通运输资金分配和使用情况的报告

二十四、审议全国人民代表大会常务委员会执法检查组关于检查《中华人民共和国公证法》实施情况的报告

二十五、审议全国人民代表大会常务委员会执法检查组关于检查《中华人民共和国消防法》实施情况的报告

二十六、审议全国人民代表大会宪法和法律委员会关于第十三届全国人民代表大会第四次会议主席团交付审议的代表提出的议案审议结果的报告

二十七、审议全国人民代表大会教育科学文化卫生委员会关于第十三届全国人民代表大会第四次会议主席团交付审议的代表提出的议案审议结果的报告

二十八、审议全国人民代表大会农业与农村委员会关于第十三届全国人民代表大会第四次会议主席团交付审议的代表提出的议案审议结果的报告

二十九、听取全国人民代表大会常务委员会办公厅关于第十三届全国人民代表大会第四次会议代表建议、批评和意见办理情况的报告，教育部关于第十三届全国人民代表大会第四次会议代表建议、批评和意见办理情况的报告

三十、审议全国人民代表大会常务委员会法制工作委员会关于2021年备案审查工作情况的报告

三十一、审议第十三届全国人民代表大会常务委员会代表资格审查委员会关于个别代表的代表资格的报告

三十二、审议任免案

# 第十三届全国人民代表大会常务委员会第三十二次会议日程

2021年12月20日至24日

**12月20日（星期一）**

下午3时　全体会议

1. 听取全国人大宪法和法律委员会关于《中华人民共和国地方各级人民代表大会和地方各级人民政府组织法（修正草案）》修改情况的汇报
2. 听取全国人大宪法和法律委员会关于《中华人民共和国反有组织犯罪法（草案）》审议结果的报告
3. 听取全国人大宪法和法律委员会关于《中华人民共和国湿地保护法（草案）》审议结果的报告
4. 听取全国人大宪法和法律委员会关于《中华人民共和国科学技术进步法（修订草案）》审议结果的报告

5. 听取全国人大宪法和法律委员会关于《中华人民共和国噪声污染防治法（草案）》审议结果的报告
6. 听取全国人大宪法和法律委员会关于《中华人民共和国种子法（修正草案）》审议结果的报告
7. 听取全国人大宪法和法律委员会关于《中华人民共和国民事诉讼法（修正草案）》审议结果的报告
8. 听取全国人大宪法和法律委员会关于《中华人民共和国职业教育法（修订草案）》修改情况的汇报
9. 听取全国人大常委会委员长会议关于提请审议《中华人民共和国工会法（修正草案）》议案的说明
10. 听取全国人大常委会委员长会议关于提请审议《中华人民共和国公司法（修订草案）》议案的说明
11. 听取全国人大常委会委员长会议关于提请审议《中华人民共和国全国人民代表大会常务委员会议事规则（修正草案）》议案的说明
12. 听取全国人大常委会委员长会议关于提请审议《第十三届全国人民代表大会第五次会议关于第十四届全国人民代表大会代表名额和选举问题的决定（草案）》议案的说明
13. 听取全国人大常委会委员长会议关于提请审议《中华人民共和国香港特别行政区选举第十四届全国人民代表大会代表的办法（草案）》议案的说明
14. 听取全国人大常委会委员长会议关于提请审议《中华人民共和国澳门特别行政区选举第十四届全国人民代表大会代表的办法（草案）》议案的说明
15. 听取全国人大农业与农村委员会关于提请审议《中华人民共和国黑土地保护法（草案）》议案的说明
16. 听取全国人大社会建设委员会关于提请审议《中华人民共和国妇女权益保障法（修订草案）》议案的说明
17. 听取国务院关于提请审议《中华人民共和国黄河保护法（草案）》议案的说明
18. 听取国务院关于提请审议修订《中华人民共和国突发事件应对法》议案的说明
19. 听取全国人大财政经济委员会关于提请审议《全国人民代表大会常务委员会关于加强经济工作监督的决定（修订草案）》议案的说明
20. 审议全国人大常委会委员长会议关于提请审议《全国人民代表大会常务委员会关于召开第十三届全国人民代表大会第五次会议的决定（草案）》的议案
21. 听取全国人大宪法和法律委员会关于第十三届全国人民代表大会第四次会议主席团交付审议的代表提出的议案审议结果的报告
22. 听取全国人大教育科学文化卫生委员会关于第十三届全国人民代表大会第四次会议主席团交付审议的代表提出的议案审议结果的报告
23. 听取全国人大农业与农村委员会关于第十三届全国人民代表大会第四次会议主席团交付审议的代表提出的议案审议结果的报告
24. 听取全国人大常委会代表资格审查委员会关于个别代表的代表资格的报告
25. 审议任免案

**12 月 21 日（星期二）**

上午 9 时　分组审议反有组织犯罪法草案，湿地保护法草案，科学技术进步法修

订草案，噪声污染防治法草案，种子法修正草案，民事诉讼法修正草案

下午3时　全体会议

1. 听取国务院关于2020年度中央预算执行和其他财政收支审计查出问题整改情况的报告
2. 听取国务院关于加快构建新型农业经营体系推动小农户和现代农业发展有机衔接情况的报告
3. 听取国务院关于财政交通运输资金分配和使用情况的报告
4. 听取全国人大常委会执法检查组关于检查《中华人民共和国公证法》实施情况的报告
5. 听取全国人大常委会执法检查组关于检查《中华人民共和国消防法》实施情况的报告
6. 听取全国人大常委会办公厅关于第十三届全国人民代表大会第四次会议代表建议、批评和意见办理情况的报告，教育部关于第十三届全国人民代表大会第四次会议代表建议、批评和意见办理情况的报告
7. 听取全国人大常委会法制工作委员会关于2021年备案审查工作情况的报告

**12月22日（星期三）**

上午9时　分组审议地方各级人民代表大会和地方各级人民政府组织法修正草案，工会法修正草案，关于第十四届全国人民代表大会代表名额和选举问题的决定草案，香港特别行政区选举第十四届全国人民代表大会代表的办法草案，澳门特别行政区选举第十四届全国人民代表大会代表的办法草案，关于加强经济工作监督的决定修订草案，关于召开第十三届全国人民代表大会第五次会议的决定草案，全国人大宪法和法律委员会、教育科学文化卫生委员会、农业与农村委员会关于第十三届全国人民代表大会第四次会议主席团交付审议的代表提出的议案审议结果的报告，关于个别代表的代表资格的报告，任免案

下午3时　分组审议职业教育法修订草案，公司法修订草案，全国人民代表大会常务委员会议事规则修正草案

**12月23日（星期四）**

上午9时　分组审议黑土地保护法草案，妇女权益保障法修订草案，黄河保护法草案，突发事件应对管理法草案（修订突发事件应对法）

下午3时　分组审议国务院关于2020年度中央预算执行和其他财政收支审计查出问题整改情况的报告，国务院关于加快构建新型农业经营体系推动小农户和现代农业发展有机衔接情况的报告，国务院关于财政交通运输资金分配和使用情况的报告

**12月24日（星期五）**

上午9时　分组审议全国人大常委会执法检查组关于检查《中华人民共和国公证法》实施情况的报告，全国人大常委会执法检查组关于检查《中华人民共和国消防法》实施情况的报告，全国人大常委会法制工作委员会关于2021年备案审查工作情况的报告，拟提请表决事项

下午3时　全体会议
表决各项议案
闭　会

（闭会后，举办专题讲座第二十六讲《深入学习贯彻党的十九届六中全会精神坚持全面依法治国推动新时代法治中国建设迈出坚实步伐》）

注：分组审议时间：上午9时至11时30分
下午3时至5时30分
各项议案的审议时间必要时可以调整

# 委员长讲话

# 在第十三届全国人大常委会第二十五次会议上的讲话

（2021 年 1 月 22 日）

全国人大常委会委员长　栗战书

本次常委会会议共审议 10 件法律和决定草案，通过其中 4 件；审议通过 3 个专门委员会关于代表议案审议结果的报告，听取 2 个关于代表建议办理情况的报告；听取审议 2020 年备案审查工作情况报告；批准 2 件国际条约，还表决通过了代表资格审查报告和任免案。在大家的共同努力下，顺利完成了预定任务。

会议通过海警法，贯彻党中央关于海上维权执法体制改革部署，为海警机构依法履行职责，有效维护国家主权、安全和海洋权益提供法律保障。修改动物防疫法，突出保障人民群众生命健康安全，进一步充实人畜共患传染病防控内容，完善防疫责任体系，全方位健全动物卫生管理法律制度，维护公共卫生安全，特别是保障人民群众生命健康安全这一理念，在法律宣传和实施中也要重点突出。修改行政处罚法，扩大地方的行政处罚设定权限，严格处罚程序和执法责任，推动法治政府建设。作出关于设立北京金融法院的决定，落实深化司法体制改革要求，服务保障国家金融战略实施。这三部法律和一个决定都非常重要，有关方面要加强宣传解读，认真履行法定职责，确保法律得到全面准确实施。

会议初次审议了法律援助法、医师法、家庭教育法、湿地保护法草案和教育法、安全生产法修正草案。请宪法法律委、法工委会同有关方面认真研究常委会组成人员的审议意见和各方面的意见建议，把草案进一步修改好，为以后的常委会会议审议做好准备。

一年来，常委会对报送备案的行政法规、地方性法规、司法解释、特别行政区法律等 1310 件进行逐件审查，认真研究处理公民、组织提出的审查建议 5146 件，做好移送审查和纠正处理工作。在各方面共同努力下，备案审查工作的程序机制更加健全，主动审查、专项审查的力度不断加大，督促纠正了一批与宪法法律不符的规范性文件，发挥了应有的监督功效。下一步要认真总结经验，持续推进备案审查制度和能力建设，切实维护宪法权威和国家法治统一。

代表议案、建议办理工作做得深入扎实。十三届全国人大三次会议期间代表提出议案 506 件，建议、批评和意见 9180 件，闭会期间提出建议 407 件，召开的列席代表座谈会上提出建议 51 件，数量创历史新高，都已办理并答复代表，推动解决了一批实际问题。此外，有近 1800 人次代表参与集中视察、专题调研，形成 70 多篇调研报告；170 多人次代表列席常委会会议，500 多人次代表参与执法检查、立法和监督调研、计划和预算审查监督等工作；办公厅还处理代表和群众来信来访事项 91000 多件次。这些工作中，也有大量的代表意见建议，反映了群众呼声。人大代表密切联系群众、听取群众呼声、反映人民意愿，依法提出议案、建议和意见，常委会统一交办、督办、答复，各有关方面认真研究、逐件办理，切实体现到政策、法律和工作之中。就建议办理结果来看，代表所提问题得到解决或计划逐步解决的占总数的 71.28%。这就是我国人民代表大会制度的特点和优势，是社会主义民主是最广泛、最真实、最管用的民主的生动写照，充分体现了“国家一切权力属于人民”这一基本原则。中国共产党如此重视和保障人民当家作主，这是西方资本主义国家无法比拟的。我们要通过多种形式大力宣传报道，讲好中国人大故事、人大代表故事，坚定不移走社会主义政治发展道路，坚持和完善人民代表大会制度，进一步把我国社会主义民主政治的优越性充分发挥出来。

今年是党和国家事业发展进程中具有特殊重要性的一年，做好各项工作意义重大。常委会要深入学习贯彻习近平新时代中国特色社会主义思想，深入学习贯彻习近平法治思想和总书记关于坚持和完善人民代表大会制度的重要思想，增强“四个意识”、坚定“四个自信”、做到“两个维护”，切实履行好宪法法律赋予的职责，完成好党和人民交给的任务，以优异成绩庆祝建党 100 周年。

春节快到了，借此机会给同志们拜个早年，祝大家身体健康、工作顺利、新春吉祥、幸福美满！

# 在第十三届全国人大常委会第二十六次会议上的讲话

（2021年2月28日）

栗战书

本次常委会会议顺利完成了各项预定任务。会议审议并原则通过常委会工作报告稿，通过十三届全国人大四次会议议程草案、主席团和秘书长名单草案、列席人员名单草案等，为即将召开的十三届全国人大四次会议做了准备；还审议了有关法律草案和报告等，通过了代表资格审查报告和任免案。

全国人大常委会对全国人民代表大会负责、向大会报告工作是人民代表大会制度的重要安排，体现了任何国家机关都要接受人大代表和人民群众监督的宪法精神。在审议今年的常委会工作报告稿时，常委会组成人员和列席会议的同志对常委会近一年来的工作给予充分肯定，普遍赞成工作报告稿。大家一致认为，在以习近平同志为核心的党中央坚强领导下，全国人大常委会坚持以习近平新时代中国特色社会主义思想为指导，深入学习贯彻习近平法治思想和习近平总书记关于坚持和完善人民代表大会制度的重要思想，认真贯彻落实党中央大政方针、决策部署和十三届全国人大三次会议的部署要求，紧紧围绕党和国家工作大局依法履职尽责，立法、监督、代表、对外交往、自身建设等各项工作都取得了新进展新成效。特别是在大事要事上行动快、有担当、善作为，旗帜鲜明敢于斗争、善于斗争、依法斗争，为推动重大工作部署、应对重大风险挑战、维护国家安全提供了法律支持，为全面建成小康社会作出了人大应有的贡献。大家指出，工作报告稿站位高、落点实，结构清晰、内容丰富、文风朴实，是一个成熟的文件。大家在审议中对报告稿提出的意见建议，文件起草组要逐条梳理，能吸收的尽量吸收，抓紧修改完善报告稿，按程序提交十三届全国人大四次会议审议；对常委会工作的意见建议，有关方面要认真研究采纳，在今后工作中不断改进和提高。

会议初次审议了印花税法草案，请宪法法律委、法工委会同有关方面认真研究常委会组成人员的审议意见和各方面的意见建议，把草案进一步修改好，为以后的常委会会议审议做好准备。

会议听取审议了国务院关于研究处理野生动物保护"一决定一法"执法检查报告及审议意见情况的报告，最高人民法院关于民事诉讼程序繁简分流改革试点情况的中期报告。安排听取审议这两个报告是对此前相关工作的跟踪问效：去年2月常委会作出关于全面禁止野生动物非法交易和食用的决定，随后开展执法检查，8月份的常委会会议听取审议执法检查报告，这次会议听取审议国务院的反馈报告，同时抓紧修订野生动物保护法；2019年12月常委会作出开展民事诉讼程序繁简分流改革试点工作的授权决定，这次会议听取审议试点情况中期报告，今后还将根据改革进展研究推进相关修法工作。像这样紧紧围绕党中央决策部署依法履职，多措并举、环环相扣、久久为功，是本届常委会工作的一个突出特点。要认真总结这方面的经验做法，对党中央大政方针和决策部署、人民群众所思所想所盼、经济社会发展中的难点痛点堵点问题，只要是人大职责所在，就要义不容辞地承担起来，持续发力、一抓到底，确保取得实实在在的效果。

再过5天，十三届全国人大四次会议就要召开了。今年的大会是在全面建设社会主义现代化国家开局起步阶段召开的一次重要会议，是国家政治生活中的一件大事。会议将听取审议"一府两院"工作报告和常委会工作报告，审查批准"十四五"规划和2035年远景目标纲要以及年度计划、预算，还将审议全国人大组织法、全国人大议事规则修正草案等议案。开好这次大会，总结成绩，明确目标，部署任务，对于鼓舞和动员全国各族人民更加紧密地团结在以习近平同志为核心的党中央周围，坚定信心、振奋精神，做好今年经济社会发展工作，迈好"十四五"时期我国发展第一步，以优异成绩庆祝建党100周年，具有十分重要的意义。习近平总书记、党中央对开好大会高度重视，多次听取汇报，进行研究部署，提出明确要求。我们要坚决贯彻落实习近平总书记重要指示精神和党中央决策部署，以高度的政治责任感和使命感，同全体代表一道尽职尽责，全力以赴完成各项预定任务，把十三届全国人大四次会议开成民主、团结、求实、奋进的大会。这里，我再强调三点：

**一要聚焦主题认真审议。**今年是实施“十四五”规划、开启全面建设社会主义现代化国家新征程的第一年，各方面工作都是围绕开好局、起好步来展开的，这也是今年大会的鲜明主题。要把思想和行动统一到党中央对形势的分析判断和重大决策部署上来，集思广益、凝聚共识，把各项议案、报告审议好、完善好，确保高票通过。要充分发扬民主，使每位代表都有发言机会，特别要多听取来自基层一线的代表的意见，把人民群众的愿望呼声反映上来。常委会组成人员都是全国人大代表，要把握好这个双重身份，在审议中发挥示范和引导作用，认真听取其他代表的意见建议，主动做好解释说明工作，能现场回应的就现场回应，重要情况及时向大会秘书处反映。

**二要营造强信心、暖人心、聚民心的会议气氛和舆论氛围。**每年的全国“两会”都倍受国内外关注，是展现我国国家制度、国家形象和大政方针的重要窗口。今年的全国“两会”是在我国疫情防控取得重大战略成果、全面建成小康社会取得伟大历史性成就、脱贫攻坚战取得全面胜利的大背景下召开的，这三大辉煌成就，极大地鼓舞了全国各族人民的士气，进一步增强了“四个意识”，坚定了“四个自信”，更加自觉地做到“两个维护”，这为开好今年“两会”营造了良好的政治环境和舆论氛围。我们要从讲政治的高度组织好这次人大会议，特别要做好宣传舆论工作。要编发好会议简报，组织好新闻发布会、记者会、部长通道、代表通道等活动，及时、准确、全面反映和报道代表审议意见和会议动态，彰显畅所欲言、共商国是、共谋发展的生动局面。要综合利用中央主流媒体，充分发挥网络平台和新媒体作用，集中宣传在以习近平同志为核心的党中央坚强领导下，我国“十三五”经济社会发展取得的重大成就，宣传我国脱贫攻坚创造的人类奇迹，宣传我国疫情防控取得的重大战略成果，集中宣传人大代表群策群力、履职尽责的事迹和风采，集中宣传中国特色社会主义民主政治制度及其显著优势。要密切关注舆情，加强分析研判，正确应对突发敏感事件，坚决反击错误言论，把牢舆论斗争主动权，传递正能量，弘扬主旋律。

**三要做到会议组织紧凑高效，确保各项工作特别是疫情防控和安全警卫工作万无一失。**要认真总结去年大会行之有效的经验做法，形成一套好的会议制度模式，适应新时代人大工作的新气象新要求。常委会组成人员要守规矩、作表率，深入贯彻中央八项规定及其实施细则精神，严格遵守会议纪律要求，持之以恒改进会风，以清新会风展现良好党风政风。目前，国外疫情仍在发展变化，国内也时有散发病例。疫情防控这根弦要时刻绷紧，克服一切麻痹思想、侥幸心理、松劲心态，带头遵守“闭环管理”规定，切实做好个人防护。要严格执行安全警卫措施，自觉配合警卫工作，树立“人人都是安全员”的意识，确保绝对安全。大会秘书处要抓紧最后时间对组织筹备工作进行再检查、再督促、再落实，为大会提供周密细致的服务，保障大会顺利进行、圆满成功。

# 在第十三届全国人大常委会第二十七次会议上的讲话

（2021 年 3 月 30 日）

栗战书

本次常委会会议只有两个半天的时间，但议程十分重要。在大家共同努力下，圆满完成预定任务。会议经过认真审议，全票通过了《中华人民共和国香港特别行政区基本法附件一香港特别行政区行政长官的产生办法（修订草案）》和《中华人民共和国香港特别行政区基本法附件二香港特别行政区立法会的产生办法和表决程序（修订草案）》，还通过了人事任免案。

常委会组成人员一致认为，十三届全国人大四次会议闭幕不久，常委会迅速行动，专门加开会议，行使全国人大授予的相关立法职权，全面系统修改香港基本法附件一和附件二，完善香港特别行政区选举制度，体现了贯彻落实党中央决策部署和十三届全国人大四次会议精神的高度政治自觉和行动自觉。通过“决定 + 修法”，圆满完成了这项重大立法任务，彰显了包括香港同胞在内的全国各族人民维护国家主权、安全、发展利益，维护香港特别行政区宪制秩序的坚定决心和共同意志。

大家一致认为，完善后的香港特别行政区选举制度，对香港特别行政区选举委员会进行重新建构并增加赋权，调整和优化选举委员会的规模、组成和产生办法，继续由选举委员会选举产生行政长官，并赋予选举委员会选举产生较大比例的立法会议员和直接参与提名全部立法会议员候选人的新职能，建立健全有关候选人资格审查制度机制等，形成了一套符合香港法律地位和实际情况的民主选举制度。这些宪制性制度安排，把坚持“一国”原则和尊重“两制”差异、维护中央对特别行政区全面管治权和保障特别行政区高度自治权结合起来，全面落实了“爱国者治港”这一根本原则，具有坚实的政治基础、法治基础和民意基础，对于坚持和完善“一国两制”制度体系，维护宪法和香港基本法确定的香港特别行政区宪制秩序，确保“一国两制”方针不会变、不动摇，确保“一国两制”在香港的实践不走样、不变形，确保香港长治久安和长期繁荣稳定，具有重要意义。

大家指出，全国人大及其常委会对香港特别行政区和行政长官落实全国人大有关决定和修订后的香港基本法附件一、附件二，都提出了明确的要求。香港特别行政区要依法及时修改香港特别行政区本地有关法律，抓紧落实完善香港特别行政区选举制度的有关事宜，依法组织、规管相关选举活动。有关方面要加强宣传阐释工作，讲清讲透完善香港特别行政区选举制度的重要性、必要性、合法性，主动发声、阐法释理，为法律实施营造良好政治和舆论环境。

大家一致认为，随着香港特别行政区选举制度的完善和实施，随着“爱国者治港”原则的有效贯彻，中央对香港特别行政区的全面管治权将得到有效落实，香港特别行政区治理效能将显著提高，香港各种深层次问题将得到有效解决，香港将实现长治久安，为实现中华民族伟大复兴作出应有的贡献！

# 在第十三届全国人大常委会第二十八次会议上的讲话

（2021 年 4 月 29 日）

栗战书

本次常委会会议议程很丰富，在大家的共同努力下，圆满完成了预定任务。

会议审议通过了 8 件法律和决定草案。乡村振兴促进法，坚持党对“三农”工作的领导，坚持贯彻新发展理念，规定了一整套保障和推动乡村振兴的制度措施、体制机制和政策体系，为实施乡村振兴战略提供了有力法治保障。反食品浪费法，贯彻落实习近平总书记重要指示精神，建立反食品浪费长效机制，是“小快灵”、“小切口”立法的生动实践。对实施 37 年的海上交通安全法进行首次修改，有利于全面提升海上交通安全管理水平，更好维护人民群众生命财产安全，切实保障国家主权、安全和发展利益。教育法修改是一次专项修改，贯彻落实习近平总书记关于教育的重要指示和全国教育大会精神，明确了习近平新时代中国特色社会主义思想的教育指导思想地位，对社会关注的冒名顶替入学行为等作出规范。全面修改关于加强中央预算审查监督的决定，把有关改革举措、成功经验和有效做法上升为法律规定，加强全口径审查和全过程监管，体现预算审查监督重点向支出预算和政策拓展的要求，强化对国有资本经营预算和对国有资产管理的监督。会议还作出关于修改道路交通安全法等 8 部法律的决定、关于修改中国人民解放军选举人大代表的办法的决定、关于授权国务院在自由贸易试验区暂时调整适用有关法律规定的决定。各地区各部门要广泛宣传、认真实施这些法律和决定，在法治轨道上推进相关工作，把党中央决策部署落到实处。

会议初次审议了期货法、陆地国界法草案等，对数据安全法、个人信息保护法、海南自由贸易港法、监察官法、军人地位和权益保障法草案进行了二次审议，请宪法法律委、法工委会同有关方面认真研究，对草案作进一步修改完善，提请以后的常委会会议继续审议。

会议听取审议了国务院关于 2020 年度环境状况和环境保护目标完成情况、研究处理土壤污染防治法执法检查报告及审议意见情况、依法打好污染防治攻坚战工作情况的报告。过去一年全国生态环境质量持续改善，蓝天、碧水、净土三大保卫战取得决定性成效。同时也要认识到，生态环境保护结构性、根源性、趋势性压力总体上尚未根本缓解，生态环保任重道远。国务院及有关部门要坚决贯彻习近平生态文明思想，保持战略定力，坚持系统治理，加快推动绿色低碳发展，广泛深入开展碳达峰行动，以生态环境高水平保护助力和保障经济社会高质量发展。

会议还批准了4件条约，通过了代表资格审查报告和任免案。

近日，常委会2021年“一个要点、三个计划”已经正式印发，今年各方面任务仍然艰巨繁重，我们要统筹安排，扎实做好各项工作，以优异成绩迎接建党一百周年。

这里，我就做好立法工作讲几点意见。根据立法工作计划，今年继续审议的法律案有18件，初次审议的法律案39件，还有不少预备项目，以及授权决定和改革决定等。现在，每次常委会会议都有立法议程，而且数量不少，这次会议就有16件法律和决定草案。可以说，覆盖广、数量多、节奏快、要求高已经成为立法工作的新常态。做好新时代立法工作，要深入学习贯彻习近平法治思想，坚持党对立法工作的全面领导，紧扣建设中国特色社会主义法治体系、建设社会主义法治国家总目标，坚持系统观念，统筹立改废释纂，深入推进科学立法、民主立法、依法立法，加快完善中国特色社会主义法律体系，为全面建设社会主义现代化国家提供法治保障。

**一是要准确把握立法工作面临的新形势新任务，切实加强重点领域、新兴领域、涉外领域立法。**进入新时代，随着党和国家事业不断发展、人民美好生活需要日益增长、国际环境深刻复杂变化，各方面对立法的需求越来越多，也越来越迫切。习近平总书记在全面依法治国工作会议上提出，要积极推进国家安全、科技创新、公共卫生、生物安全、生态文明、防范风险、涉外法治等重要领域立法。今年的常委会立法工作计划，就是围绕总书记的要求来部署安排的。比如，围绕强化公共卫生法治保障，去年制定了专项立法修法计划，已完成6项任务，今年将完成野生动物保护法、执业医师法、突发事件应对法、传染病防治法、突发公共卫生事件应对法等11项任务。还有，围绕加强涉外立法，本次会议通过了1件法律，审议了6件相关法律草案。列入今年立法计划的项目，涉及政治建设、创新发展、深化改革、对外开放、乡村振兴、文化建设、绿色发展、医疗教育、社会保障、国家安全、国防和军队等诸多领域，这些都是国家治理急需、人民群众期盼的立法。我们要吃透党中央精神，从政治和全局的高度深刻认识新时代立法工作担负的使命责任，集中力量、全力以赴完成好党中央部署的重大立法任务，积极回应人民群众对立法工作的新要求新期待，为推动高质量发展、统筹发展和安全提供法治支撑。

**二是要把握适当加快的原则，在保证质量的前提下加快立法工作步伐。**2010年，我国宣布形成了中国特色社会主义法律体系。现在看来，完善法律体系的任务也很重。习近平总书记明确提出，要加快完善中国特色社会主义法律体系，使之更加科学完备、统一权威。这就要求我们更深入地研究和把握立法规律，坚持急用先行，区分轻重缓急，在保证立法质量的同时，进一步提高立法效率。这两年，我们贯彻总书记指示要求，在较短时间内制定出台疫苗管理法、生物安全法、长江保护法，完成涉港重大立法任务。还有，丰富立法形式，根据实际需要推进“小快灵”立法。当然，全国人大的立法更多的是“大块头”，地方立法可以更加注重“小快灵”、“小切口”，增强立法的及时性、针对性、可操作性。这些方面的经验要好好总结，继续坚持和完善。立法工作任务重了、节奏快了，对常委会组成人员和工作机构的要求也就更高了。希望大家振奋精神，勇于担当，按照立法工作计划提前做好调研、起草和审议准备工作。只要是符合法定程序，工作能往前赶的就尽量往前赶，努力做到“又快又好”地完成立法任务。

**三是要加强立法人才队伍建设，更好发挥立法工作整体合力。**人大的一个突出特点是人才荟萃。常委会组成人员、专门委员会组成人员都是来自党政军部门、地方的领导干部和相关领域的专家学者，有的已在人大工作几十年。我们这些同志，有的政治站位高，有的专业知识强，有的理论水平好，有的实践经验多，可以说是各有所长、各有所专。我们要进一步增强政治思维、理论思维、法律思维和实践探索，善于从政治大局和专业角度，从理论指导和实践结合上，把握立法重点，推动解决立法难题，广泛凝聚立法共识。全国人大机关，包括法工委、预算工委和专门委员会办事机构的同志，常年从事立法工作，要发挥法学功底扎实、立法技术娴熟的特长，充实各领域、各方面专业知识，认真研究落实常委会组成人员、专门委员会组成人员的审议意见，做好调研、起草、协调、修改、核校等各项基础性工作,提供高水平服务保障。要健全完善人大在立法工作中发挥主导作用的体制机制,各专门委员会、工作委员会要做好牵头起草、提前介入、审议把关各环节工作,加强组织协调、密切协同配合,形成工作合力,确保列入计划的法律草案如期高质量提请审议。

# 在第十三届全国人大常委会第二十九次会议上的讲话

(2021 年 6 月 10 日)

栗战书

本次常委会会议安排了 21 项议程,在大家的共同努力下,圆满完成了各项预定任务。共审议 12 件法律和决定草案,通过了其中 8 件,听取审议国务院 5 个报告和 1 个执法检查报告,审查批准了 2020 年中央决算,作出 1 个决议,还通过了代表资格审查报告和人事任免案。

会议审议通过了反外国制裁法、海南自由贸易港法、数据安全法、军人地位和权益保障法、印花税法,修改了安全生产法、军事设施保护法,作出关于授权上海市人大及其常委会制定浦东新区法规的决定。有关方面要认真做好宣传解读和舆论引导工作,抓紧制定完善配套规定,确保这 8 件法律和决定得到有效实施。

会议对法律援助法草案、医师法草案进行了第二次审议,初次审议了职业教育法修订草案、审计法修正草案。请宪法法律委、法工委会同有关方面认真研究,进一步把草案修改好完善好。

会议听取审议了中医药法执法检查报告,充分肯定执法检查组的工作,普遍赞成执法检查报告,提出要进一步加强中医药法贯彻实施,充分认识中医药的巨大价值,积极推进中医药传承创新,助力健康中国建设。会议听取审议了国务院关于建设现代综合交通运输体系有关工作情况的报告并开展专题询问;听取审议了国务院关于长江流域生态环境保护工作情况的报告;听取审议了国务院关于“七五”普法决议贯彻落实情况的报告和相关议案,通过了“八五”普法决议;听取审议了 2020 年中央决算报告和全国人大财经委的审查结果报告、审计工作报告,批准了 2020 年中央决算。常委会组成人员充分肯定了我国现代综合交通运输事业发展、长江流域生态环境保护、“七五”普法工作取得的成绩,赞同 2020 年中央决算报告和审计工作报告,对上述工作提出了意见和要求,请相关部门认真予以研究、落实。

加强对财政预算执行情况和审计情况的监督,这是常委会的法定职责,我们要把这一职责履行好。一要把讲政治贯穿财政和审计监督工作的始终。政治性表现在财政、审计工作中,就是要看是否能够体现党中央一系列重大路线方针政策。我们要善于运用政治眼光审视和分析经济社会问题,把党中央要求贯穿财政工作和审计监督全过程并转化为具体举措,为党中央确定的重点任务做好财政和审计保障。二要围绕党和国家工作大局,紧扣把握新发展阶段、贯彻新发展理念、构建新发展格局,加大对经济社会发展重大战略、重大举措、重大项目等的财政支出和审计监督力度,努力做到政策出台“最先一公里”到贯彻落实“最后一公里”的全流程、全链条跟踪,确保党中央政令畅通。三要坚持党政机关过紧日子的思想不放松,对“国之大者”做到心中有数,突出重点,优化结构,加强预算绩效管理,减少不必要的支出,把调整出来的钱用于办国家大事、民生难事。四要严肃财经纪律、抓好审计整改,把保障财政资金合规安全高效作为财政和审计的“看家本领”,增强预算意识和预算约束刚性,严格落实整改要求,对违纪违规问题,要依法依规严肃处理。要切实解决和杜绝屡查屡犯的问题。五要深入推进人大预算审查监督重点拓展改革,发挥好职能作用,对财政预算执行情况、审计情况进行监督,推动预算审查监督重点拓展改革落细落实。

建设海南自由贸易区和自由贸易港,是以习近平同志为核心的党中央在新时代推进高水平对外开放的战略举措。制定一部体现中国特色、符合国际惯例、反映时代要求的自由贸易港法,就是要在法治轨道上打造开放层次更高、营商环境更优、辐射作用更强的开放新高地。常委会组成人员认为,这部法律全面贯彻习近平总书记指示精神和党中央决策部署,从国家立法层面为海南自由贸易港的建设发展提供了重要的法律保障，立法思路和主要制度符合党中央关于海南自由贸易港建设的要求，定位清晰，框架合理，内容全面，符合实际，将对海南自由贸易港建设发展起到重要的推动和保障作用。海南省和各有关方面要全面实施好这部法律，围绕海南战略定位，发挥海南优势，推进改革创新，分步骤、分阶段建立自由贸易港政策和制度体系，适时制定有关海南自由贸易港的行政法规，实现贸易、投资、跨境资金流动、人员进出、运输来往自由便利和数据安全有序流动，努力建设高水平的中国特色海南自由贸易港，推动形成更高层次改革开放的新格局。

反外国制裁法的制定出台，是全国人大常委会贯彻习近平法治思想和习近平外交思想、加快涉外立法的重要举措。一段时间以来，某些西方国家出于政治操弄需要和意识形态偏见，利用各种借口对我国进行造谣污蔑和遏制打压，违反国际法和国际关系基本准则，粗暴干涉我国内政，无端对我实施制裁，严重危害我国主权、安全、发展利益。他们的目的很清楚，就是要颠覆我国家制度、遏制我发展强大、维护其在世界的霸权地位。我们的立场、原则、态度也很鲜明和坚定，就是要针锋相对，以其人之道还治其人之身。中国始终坚持独立自主的和平外交政策，致力于与各国互利共赢、共同发展，但我们决不放弃自己的正当权益，任何人不要幻想让中国吞下损害自身利益的苦果。对于各种制裁和干涉，中国政府和人民将坚决予以反制。贯彻党中央决策部署，全国人大常委会结合反制裁斗争实践，遵循国际惯例，借鉴外国相关做法，在较短时间内审议通过反外国制裁法，明确了反制的情形、程序和措施等，为反击霸权主义和强权政治、维护国家和人民利益提供了法治支撑。有关方面要全面、正确理解本法规定，适时运用本法开展强有力的反制裁斗争。

习近平总书记在中央全面依法治国工作会议上强调，要坚持统筹推进国内法治和涉外法治，加快涉外法治工作战略布局，加快形成系统完备的涉外法律法规体系。随着世界百年未有之大变局加速演变，国际环境不稳定性不确定性明显上升，法治作为国家核心竞争力的重要性更加凸显，运用法治和规则维护自身合法权益的需求更为迫切。作为国家立法机关，全国人大常委会在维护国家主权、安全、发展利益上承担着重要职责。我们要坚决贯彻习近平总书记指示要求和党中央决策部署，立足国内国际两个大局，统筹安全和发展，坚持底线思维和风险意识，按照本届全国人民代表大会第四次会议确定的完善涉外立法工作要求，统筹部署、加快推进涉外立法，围绕反制裁、反干涉、反制长臂管辖等，充实应对挑战、防范风险的法律“工具箱”，更好运用法律武器维护国家主权、安全、发展利益，保护我国公民、组织合法权益。

# 在第十三届全国人大常委会第三十次会议上的讲话

（2021 年 8 月 20 日）

栗战书

本次会议议程较多，共审议 15 件法律和决定草案，通过其中 7 件；听取审议国务院 4 个报告和 2 个执法检查报告；还通过了代表资格审查报告和人事任免案。经过大家共同努力，圆满完成了预定任务。

会议审议通过的个人信息保护法，是我国首部保护个人信息安全的专门法律，也是网络安全法治建设的重要立法，对于保护公民人身和财产权利，规范信息收集、使用、加工、公开、删除等处理活动，促进信息合法合理利用，具有重要意义。制定监察官法，是依法推动国家监察体制改革，推进高素质专业化监察官队伍建设和监察工作规范化、法治化的必然要求，是加强新时代监察工作的重要举措。制定法律援助法，就是要把法律援助工作这项重要民心工程纳入法治轨道，以更好地维护公民合法权益、维护法律正确实施、维护社会公平正义。医师法是对 1998 年颁布的执业医师法所作的全面系统修订，可以更好保障医师合法权益，规范医师执业行为，促进健康中国建设。对兵役法进行全面修改，进一步完善了我国兵役政策制度，为加快实现军事人力资源现代化、全面建成世界一流军队提供了坚强法治保障。修改人口与计划生育法，是贯彻党中央关于一对夫妻可以生育三个子女的决策部署,完善生育、养育、教育相关规定,依法推动国家人口发展战略实施的需要。作出关于授权最高人民法院组织开展四级法院审级职能定位改革试点工作的决定,对于进一步探索我国审判体系和审判制度改革,提高我国法院审判能力是必要的。这7件法律和决定都非常重要,各方面要积极开展学习宣传,制定完善配套规定,做好实施工作。

会议初次审议了科学技术进步法修订草案、噪声污染防治法草案、种子法修正草案,二次审议了反有组织犯罪法草案、家庭教育促进法草案、陆地国界法草案。宪法法律委、法工委和有关方面要认真研究出席和列席人员的意见,进一步修改完善草案。

会议听取审议了企业破产法、畜牧法2个执法检查报告。常委会组成人员充分肯定执法检查组的工作,普遍赞成执法检查报告。大家提出,企业有“生”有“死”,是市场经济发展中不可避免的现象。要引导那些无法清偿到期债务的企业正确理解、主动运用破产程序整理债权债务,保护债权人和债务人合法权益,维护市场经济秩序,营造良好市场信用环境。大家提出,要重视畜牧业存在的突出问题,加强畜禽遗传资源保护,扶持畜禽品种选育和生产经营,抓好疫病防控,推动畜牧产业升级、产业链壮大,发展优质、高效、绿色、安全的畜牧业。

会议听取审议了国务院关于计划执行、预算执行、文物工作和文物保护法实施、雄安新区和白洋淀生态保护工作情况的4个报告。常委会组成人员充分肯定国务院及其有关部门的工作和成效,并提出了一些意见和建议,请有关方面认真研究处理。大家强调,上半年我国经济持续稳定恢复、稳中向好,高质量发展取得新成效。同时,外部环境更趋复杂严峻,国内经济恢复仍然不稳固、不均衡。要把思想和行动统一到党中央对当前经济形势的分析判断和决策部署上来,全面落实十三届全国人大四次会议批准的计划和预算,重点抓好疫情防控、宏观政策跨周期调节、挖掘国内市场潜力、科技创新、改革攻坚、高水平开放、防范化解重点领域风险、民生保障、防汛救灾等工作,兜牢基层“三保”底线,确保完成全年目标任务。

习近平总书记在庆祝中国共产党成立100周年大会上发表重要讲话,现在大家都在进行认真学习。习近平总书记在讲话中强调“发展全过程人民民主”,这一重大理论的提出,丰富和发展了社会主义民主政治理论,集中概括了党领导人民发展社会主义民主特别是党的十八大以来民主政治建设的理论和实践成果,深刻阐明了中国式民主的鲜明特色和显著优势,为新时代发展社会主义民主政治、建设社会主义政治文明提供了指引和遵循。我们要继续对这一重大理论深入学习、思考、研究,并在人大工作中很好贯彻落实。

学习领会习近平总书记关于支持和保证人民当家作主、发展全过程人民民主的论述要求,我们要深刻认识到:全过程人民民主是社会主义民主的本质特征,体现了国家一切权力属于人民的宪法原则,体现了全心全意为人民服务的根本宗旨,能够更好体现人民意志、维护人民权益、激发人民创造;全过程人民民主在我国已有较完整的制度体系和参与实践,体现在人民依法实行民主选举、民主协商、民主决策、民主管理、民主监督的各方面各环节,保证了人民当家作主具体地、现实地落实到国家政治生活和社会生活之中;全过程人民民主是在党的领导下形成、发展和实现的,党的领导是实行全过程人民民主的根本政治保证,只有始终坚持党的领导、全面落实党的领导,全过程人民民主才能有序推进,人民当家作主才能充分实现。

人民代表大会制度是坚持党的领导、人民当家作主、依法治国有机统一的根本政治制度安排,是发展全过程人民民主、保证中国人民当家作主的重要途径和最高实现形式。如何认识人民代表大会制度与发展全过程人民民主的关系,我们可以从三个方面来理解和把握:

一是人民代表大会制度的初心和使命,就是保证人民当家作主。中国共产党从成立之日起,就把人民民主写在自己的旗帜上,把为中国人民谋幸福、为中华民族谋复兴作为初心使命。党的初心使命体现在政治上,就是保证人民当家作主。党团结带领中国人民经过长期奋斗和艰辛探索,建立了人民民主专政的中华人民共和国,建立了与这一国体相适应的人民代表大会制度的政体。人民代表大会制度承载着党的初心和使命,反映了人民的利益和意志。坚持好完善好人民代表大会制度,就是践行党的初心和使命,就是发展全过程人民民主,就是支持和保证人民当家作主。

二是人民代表大会制度的设计和安排,体现了发展全过程人民民主的要求。我国一切权力属于人民,人民行使国家权力的机关是人民代表大会,各级人大由民主选举产生、对人民负责、受人民监督,国家行政机关、监察机关、审判机关、检察机关由人大产生、对人大负责、受人大监督，各级人大代表忠实代表人民利益和意志参加行使国家权力，等等。这些都是人民代表大会制度的主要内容，是发展全过程人民民主的可靠制度保障。人大通过制定完善经济、政治、社会、文化、环境等各领域的法律，以完备的法治保障人民民主、增进人民福祉。人大及其常委会的运行机制和程序，也要求各项工作充分发扬民主，扩大人民有序参与。

三是人民代表大会制度的运行和实践，有力保障了实现全过程人民民主。西方的民主，往往是选举时漫天许诺，而选举后则无人过问。习近平总书记指出："人民只有投票的权利而没有广泛参与的权利，人民只有在投票时被唤醒、投票后就进入休眠期，这样的民主是形式主义的。"不管西方怎么宣扬他们的民主制度，实际上都是西方政党"权力的游戏"，背后是利益集团的操控，最终代表的是资产阶级的利益。与西方民主制度形成鲜明对比，我国的全过程人民民主是最广泛、最真实、最管用的民主。人民代表大会制度在选举、协商、决策、管理、监督的各个环节都坚持民主原则，这一制度的有效运行，保证了人民不仅在选举时有投票的权利，在日常政治生活和社会管理中也有广泛参与的权利。目前正在进行的全国县乡两级人大换届选举，10 亿多选民一人一票直接选举产生200 多万名人大代表，组成基层国家权力机关，这就是全过程人民民主的生动体现。国家和地方的重大决策，都是通过人大及其常委会，在广泛征求意见、反复酝酿讨论的基础上，按照大多数人的意见集体作出决定，将各方面社情民意统一于人民的根本利益之中。不管是开展立法、制定实施计划规划，还是审查批准计划预算、对国家机关和国家工作人员进行监督，都体现了人民参与，维护了人民利益。

发展全过程人民民主，是人大及其常委会的重要职责和使命。要在党的领导下，充分发挥人民代表大会这一主要民主渠道作用，把发展全过程人民民主的要求贯彻体现到人大各项工作中。当前和今后一个时期，要重点抓好以下几方面工作：

第一，完善人民代表大会及其常委会运行的制度机制。不断完善人大的组织制度、会议制度、工作程序、运行机制等，通过法定的途径、渠道、方式、程序，使人民依法享有的知情权、参与权、表达权、监督权真实、生动、具体地体现在人大工作各方面各环节全过程，确保党和国家在决策环节、执行环节、监督落实环节都能听到来自人民的声音。十三届全国人大四次会议对全国人大组织法和全国人大议事规则作出修改，将坚持全过程民主、发挥代表在全过程民主中的作用等写进法律。今年还将对地方组织法、全国人大常委会议事规则进行修改，要进一步完善发展全过程人民民主的措施和要求，为广大人民通过人民代表大会行使国家权力提供法治保障。

第二，人大各项工作都要广泛征求和充分听取各方面意见。人大审议制定法律法规，决定经济社会发展重大问题和事关人民群众切身利益的问题，作出任何决议决定等，都要通过调查研究，通过座谈、论证、咨询、听证、恳谈等方式，最大限度吸纳民意、汇聚民智，做到科学决策、正确决策。设立立法联系点、基层联系点，加强代表之家、代表联络站建设，是人大及其常委会深入听取人民群众意见建议的重要举措，要支持人大代表、人民群众通过这些联系群众的工作平台，更加有效地参与人大工作，参与管理国家和社会事务。

第三，充分发挥人大代表在全过程人民民主中的作用。人大代表是人民代表大会的主体，是党和国家联系人民群众的桥梁和纽带。全国 260 多万人大代表充分发挥作用，就能够更好地发展全过程人民民主，就能够更好地保障人民依法行使国家权力。这些年，我们不断加强常委会同人大代表、人大代表同人民群众的联系，形成了一系列制度化安排。今后要在这些方面持续努力，进一步推动代表密切联系群众，听取和反映群众的呼声期盼，不断拓展代表参与常委会工作的广度和深度，做到民有所呼、我有所应。

第四，加强对全过程人民民主的理论研究和宣传阐释工作。围绕习近平总书记关于社会主义民主政治建设、发展全过程人民民主的重要论述，结合人大制度与人大工作实际，确定一批研究课题，整合研究力量，深入开展研究。组织刊发一批高质量、有深度的理论文章，深入阐释我国全过程人民民主的原则理念、制度安排、生动实践和巨大成就，做到理论上清醒、政治上坚定、制度上自信、行动上自觉。近日，中央宣传部制定了关于加强中国特色社会主义民主宣传报道方案，常委会办公厅、法工委等有关部门要积极配合，抓好落实，共同讲好中国式民主故事。

# 在第十三届全国人大常委会第三十一次会议上的讲话

（2021 年 10 月 23 日）

栗战书

在大家的共同努力下，本次常委会会议圆满完成了各项议程。会议传达学习中央人大工作会议精神；审议 15 件法律和决定草案，通过其中 6 件；听取审议 5 个工作报告、1 个执法检查报告和 1 个专题调研报告；审议通过 5 个专门委员会关于代表议案审议结果的报告；批准 2 件条约，还通过了代表资格审查报告和人事任免案。

会议审议通过家庭教育促进法，明确父母或者其他监护人的主体责任，规定政府、学校、社会对家庭教育的支持和保障措施，为促进未成年人健康成长提供了更完备的法治保障。制定陆地国界法，依法规范和加强陆地国界的划定、勘定、防卫、管理和建设等活动，维护国家主权、安全和领土完整。修改审计法，坚持党对审计工作的领导，扩展审计范围和审计权限，规范审计程序和行为，推动构建集中统一、全面覆盖、权威高效的审计监督体系。会议审议通过关于授权国务院在营商环境创新试点城市暂时调整适用计量法有关规定的决定、关于授权国务院在部分地区开展房地产税改革试点工作的决定、关于深化国防动员体制改革期间暂时调整适用相关法律规定的决定等 3 个决定，保证相关改革于法有据、稳妥推进。有关方面要广泛宣传解读，采取有力措施推动会议通过的法律和决定贯彻实施。

会议初次审议了反电信网络诈骗法草案、地方组织法修正草案、畜牧法修订草案、体育法修订草案、反垄断法修正草案、农产品质量安全法修订草案、民事诉讼法修正草案，二次审议了湿地保护法草案、期货法草案。请宪法法律委、法工委充分吸纳常委会组成人员和各方面意见建议，继续对草案进行修改完善。

会议听取审议了国务院关于 2020 年度国有资产管理情况的综合报告和国有自然资源资产管理情况的专项报告、关于教师队伍建设和教师法实施情况的报告，最高人民法院关于人民法院知识产权审判工作情况的报告，最高人民检察院关于人民检察院办理控告申诉案件工作情况的报告。常委会组成人员充分肯定国务院、“两高”所做的工作和取得的成效，并提出了一些有针对性的意见和建议。国务院及其有关部门、“两高”要认真研究，进一步加强和改进有关工作。今年是连续第 4 年审议国有资产管理情况的综合报告，同时也是首次听取审议国有自然资源资产管理情况的专项报告。大家指出，国有自然资源资产是宪法和法律规定属于国家所有的各类自然资源，是全体人民和子孙后代共同拥有的宝贵财富。国务院及有关方面要认真贯彻落实党中央关于自然资源改革发展的决策部署，处理好开发与保护、政府与市场、中央与地方、资产管理与资源监管等重大关系，健全国家自然资源资产管理体制，提升国家资源安全保障能力，强化科学布局、整体保护、系统修复、高效利用、综合治理，更好发挥自然资源在经济社会发展和生态文明建设中的基础支撑作用。大家强调，要认真执行常委会去年作出的关于加强国有资产管理情况监督的决定，全面落实全口径、全覆盖的国有资产管理情况报告制度，推动国务院及其有关部门进一步提升国有资产管理水平，更好服务大局、造福人民。

会议听取审议了固体废物污染环境防治法执法检查报告并开展专题询问。这是本届全国人大常委会连续第 4 年开展生态环保领域执法检查，推动深入打好污染防治攻坚战。常委会组成人员普遍赞成执法检查报告。大家强调，要持续加大对法律的学习宣传力度，认真贯彻法律确定的减量化、资源化、无害化原则，重点抓好全面禁止洋垃圾入境、生活垃圾分类、危险废物和医疗垃圾处理、防止过度包装等工作，严格落实政府、企业和社会各方面的法律责任，加强科技支撑和经费保障，在法治轨道上治理固体废物污染，推动减污降碳协同增效。会议还听取审议了全国人大常委会专题调研组关于加强种质资源保护和育种创新情况的调研报告，国务院及有关方面要认真研究调研报告和审议意见，加强和改进相关工作，确保种质资源应保尽保，加快提升种业科技创新水平。

10 月 13 日至 14 日，中央人大工作会议胜利召开，习近平总书记在会议上发表重要讲话。15日，常委会党组举行了集体学习。本次常委会会议将学习贯彻习近平总书记重要讲话和会议精神列为第一项议程，常委会组成人员和列席人员用半天时间集中进行学习讨论。

大家一致认为，中央人大工作会议的召开，是我国社会主义民主政治建设进程中具有里程碑意义的一件大事，体现了党中央和习近平总书记对人大工作的高度重视、坚强领导和殷切期望，大家深受鼓舞、倍感振奋。习近平总书记的重要讲话，从坚持和完善中国特色社会主义制度、推进国家治理体系和治理能力现代化的战略高度，深刻回答了发展中国特色社会主义民主政治、坚持和完善人民代表大会制度的一系列重大理论和实践问题，是新时代坚持和完善人民代表大会制度、加强和改进人大工作的纲领性文献，也是新时代发展全过程人民民主、推进社会主义民主政治建设的纲领性文献。大家表示，要把思想和行动统一到习近平总书记重要讲话和会议精神上来，自觉用习近平新时代中国特色社会主义思想特别是总书记关于坚持和完善人民代表大会制度的重要思想统揽和指引人大制度建设和人大工作，更好发挥人民代表大会制度在中国特色社会主义制度和国家治理体系中的重要作用，使我国根本政治制度优势更好转化为国家治理效能。

学习贯彻习近平总书记在中央人大工作会议上的重要讲话和会议精神，是当前和今后一个时期各级人大及其常委会的重大政治任务。我们要全面、系统、深入抓好学习贯彻工作，以学习成果坚定制度自信、提升工作实效。这里，我再强调几点。

第一，坚持党的全面领导这一最高政治原则，坚决维护党中央权威和集中统一领导。习近平总书记指出，人民代表大会制度是坚持党的领导、人民当家作主、依法治国有机统一的根本政治制度安排，也是党在国家政权中充分发扬民主、贯彻群众路线的重要实现形式。党的十八大以来人大工作取得的历史性成就充分证明，党的领导坚持得越好，人大工作就越有成效，人民代表大会制度的优越性就越能得到彰显。全国人大及其常委会要始终坚持在党中央的集中统一领导下开展工作，增强“四个意识”、坚定“四个自信”、做到“两个维护”，把党的领导贯穿于人大工作各方面全过程。要坚决贯彻落实党中央决策部署和习近平总书记重要指示批示，人大工作中的重大问题、重要事项、重要工作进展情况及时向党中央请示报告。要紧紧围绕党和国家工作大局履职尽责，做到党和国家工作重心在哪里，人大工作就跟进到哪里，力量就汇聚到哪里，作用就发挥到哪里。

第二，坚定不移走中国特色社会主义政治发展道路，毫不动摇坚持、与时俱进完善人民代表大会制度。习近平总书记全面总结了党领导人民建立、巩固、发展人民代表大会制度的光辉历程，高度评价了我国根本政治制度的优势和功效。总书记指出，人民代表大会制度是“好制度”、是“伟大创造”、是“全新政治制度”，为创造“两个奇迹”提供了重要制度保障；总书记用“三个有效保证”集中概括了人民代表大会制度的显著功效，用“六个必须坚持”深刻总结了党的十八大以来党中央推进人民代表大会制度理论和实践创新的新理念新思想新要求。这些重要论述拓展和深化了人民代表大会制度的科学内涵、本质特征和实践要求，丰富和发展了马克思主义国家学说和社会主义民主政治理论。世界各国都有权选择适合自己的政治发展道路和政治制度，选择民主的具体实现途径。中国特色社会主义政治发展道路、人民代表大会制度之所以行得通、有生命力、有效率，就是因为它是从中国的社会土壤中生长起来的，是中国共产党把马克思主义基本原理同中国具体实际相结合、同中华优秀传统文化相结合的重大成果，是历史和人民的选择。中国有960多万平方公里土地、56个民族、14亿人口，有自己独特的历史文化和国情实际，我们不能照搬别人的模式，别人也没有权力对我们说三道四、指手画脚。在政治制度、政治发展道路这些关系党和国家前途命运的重大问题上，我们要始终做到头脑清醒、旗帜鲜明，坚定不移走党领导人民成功开辟的中国特色社会主义政治发展道路，把人民代表大会制度坚持好贯彻好发展好。我们需要借鉴国外政治文明有益成果，但绝不能放弃中国政治制度的根本，坚决反对、抵制和防止西方所谓“宪政”、多党竞选、三权鼎立、两院制、司法独立的侵蚀影响。

第三，坚持人民当家作主，更好发挥人大在发展全过程人民民主中的重要作用。习近平总书记深刻论述了我们党关于民主的立场、理念和基本观点，再次强调评价一个国家政治制度是不是民主的、有效的“八个能否”的标准，创造性地提出一个国家民主不民主“四个要看、四个更要看”的标准，系统概括了我们党坚持和发展人民民主的五个基本观点。总书记的重要论述，既秉承历史脉络，也具有现实考量，清楚表明了中国共产党的“民主观”和中国政治制度运行的内在逻辑，是对“西方民主”

的回击、扬弃和质的超越。总书记第一次全面阐述了全过程人民民主这一重大理念，丰富了社会主义民主的深刻内涵，揭示了人民当家作主制度体系的本质特征，指明了在新征程上发展中国特色社会主义民主的根本方向。全过程人民民主的精髓在于这个"全"字，更在于"人民"二字，是对人民至上的生动实践和充分诠释。全过程人民民主，能够体现人民利益、传递人民心声、反映人民愿望、实现人民期盼、增进人民福祉，能够有效动员全体人民以主人翁的地位投入国家建设，所以这样的民主能够得到最广大人民拥护，是顺应时代、扎根本土、适合中国国情实际的民主形态，也为推动人类政治文明进步提供了中国智慧、中国方案。我们要充满自信和底气，在党中央领导下，继续推进全过程人民民主建设，充分发挥中国特色社会主义民主的优越性。

习近平总书记指出，人民代表大会制度是实现我国全过程人民民主的重要制度载体，对具体地、现实地践行全过程人民民主提出明确要求。各级人大及其常委会在推进全过程人民民主建设中承担着重要职责和光荣使命，要充分发挥职能作用，保证人民的知情权、参与权、表达权、监督权落实到人大工作各方面各环节全过程，确保党和国家在决策、执行、监督落实各个环节都能听到来自人民的声音。要完善人大的民主民意表达平台和机制，做好人大协商、立法协商工作，通过调研、座谈、论证、咨询、听证、公开征求意见、立法联系点和基层联系点等方式，最大限度吸纳民意、汇集民智，把各方面社情民意统一于最广大人民根本利益之中。

第四，全面提升人大工作质量和水平，为推进国家治理体系和治理能力现代化、全面建设社会主义现代化国家提供法治保障。习近平总书记统筹"两个大局"，精准分析形势，总结实践经验，对做好新时代人大工作作出总体部署、提出明确要求。总书记强调，要全面贯彻实施宪法，维护宪法权威和尊严；加快完善中国特色社会主义法律体系，以良法促进发展、保障善治；用好宪法赋予人大的监督权，实行正确监督、有效监督、依法监督；充分发挥人大代表作用，做到民有所呼、我有所应。这些部署和要求，与党的十八大以来党中央、总书记关于人大工作的一系列重大部署和指示要求一脉相承又与时俱进，引领新时代人大工作取得历史性成就，为进一步加强和改进人大工作提供了科学指引和根本遵循。我们要跟进学习总书记在这次中央人大工作会上作出的新概括新阐述和新部署新要求，也要结合之前总书记的有关重要讲话、论述和指示批示，掌握并运用好精髓要义和科学方法，做到融会贯通、全面贯彻。经过几十年的巩固完善发展，人民代表大会制度及其运行机制已经基本成熟定型，人大工作取得巨大成就并积累了宝贵经验。在新的历史起点上做好人大工作，关键是在提高质量上下功夫。要紧跟党中央重大决策部署，紧贴人民群众美好生活需要，紧扣推进国家治理体系和治理能力现代化、全面建设社会主义现代化国家的需求，推动人大工作高质量发展，更好发挥人大及其常委会的职能作用，完成新时代新征程赋予人大的使命任务。

第五，按照"四个机关"的定位和要求，全面加强人大及其常委会自身建设。习近平总书记要求各级人大及其常委会"成为自觉坚持中国共产党领导的政治机关、保证人民当家作主的国家权力机关、全面担负宪法法律赋予的各项职责的工作机关、始终同人民群众保持密切联系的代表机关"。"四个机关"的重大论断，鲜明指出了人大的本质属性和职责使命，既是人大及其常委会加强自身建设的目标方向，也是依法履职、做好工作的明确要求。要深刻学习领会总书记提出的"四个机关"的定位和要求，以政治建设为统领，推进人大及其常委会各方面建设，筑牢思想政治根基，提升履职能力水平，打造政治坚定、服务人民、尊崇法治、发扬民主、勤勉尽责的人大工作队伍。要增强做好新时代人大工作的责任感使命感，担当进取，恪尽职守，不辜负党和人民的重托。

第六，加强对中国特色社会主义民主、对人民代表大会制度的理论研究和宣传阐释。这方面的工作我们一直在做，但做得还不够深、不够透、不够全、不够广。习近平总书记要求，讲清楚我国政治制度的特点和优势，讲好中国民主故事。要做到"讲清楚"，就要加强理论研究，深化对坚持和完善人民代表大会制度的历史逻辑、理论逻辑、实践逻辑的认识和把握，深化对人大工作规律特点的认识和把握，多出高质量的研究成果。要做到"讲好"，就要统筹运用各类传统媒体和新兴媒体，通过新闻报道、权威解读、答记者问、理论文章、图文视频等形式，用生动鲜活、深入浅出、喜闻乐见的方式，讲好中国民主故事，展现各级人大及其常委会的工作成效、各级人大代表的履职风采，推动中国特色社会主义民主、人民代表大会制度深入人心。

近期要做好以下几项重点工作：一是，组织好学习贯彻工作，常委会、各专门委员会、机关各部门各单位要通过讲座、轮训、研讨等多种形式持续深入开展学习，自觉用习近平总书记重要讲话和会议精神武装头脑、指导实践、推动工作。要部署开展全国人大代表专题培训，力争在2023年换届前轮训一遍。二是，根据中央人大工作会议精神，结合工作实际研究制定实施方案，明确任务举措和职责分工，以钉钉子精神一项一项抓好落实、确保见效。三是，在12月份举行第四次深入学习贯彻习近平总书记关于坚持和完善人民代表大会制度的重要思想交流会，推动各级人大把学习贯彻习近平总书记重要讲话和会议精神引向深入。四是，对照党中央新部署新要求，认真梳理今年各项工作任务要求，进一步提高质量、增强实效，圆满完成全年目标任务。五是，启动常委会工作报告、"一个要点三个计划"的起草工作，做好对今年工作的总结和对明年工作的谋划安排，把习近平总书记重要讲话和会议精神贯彻体现到全国人大及其常委会工作的各方面各环节全过程。

# 在第十三届全国人大常委会第三十二次会议上的讲话

（2021年12月24日）

栗战书

本次常委会会议适逢年末，任务较多，有32项议程。会议审议19件法律草案和决定草案，通过了其中的8件；作出关于召开十三届全国人大五次会议的决定；听取审议2个执法检查报告和国务院3个专项工作报告；审议通过3个专门委员会关于代表议案审议结果的报告，听取关于代表建议办理情况的2个报告；听取审议2021年备案审查工作情况报告；通过了代表资格审查报告和人事任免案。在大家的共同努力下，顺利完成了各项预定任务。

会议审议通过反有组织犯罪法，总结扫黑除恶专项斗争实践经验，推动扫黑除恶工作机制化、常态化、规范化开展。通过湿地保护法，建立湿地保护、利用、修复、管理等一整套法律制度，更好维护湿地生态功能及生物多样性。通过噪声污染防治法，重点解决工业、建筑施工、交通运输、社会生活领域噪声污染防治问题，保障公众健康。修改科学技术进步法，围绕加强基础研究、增强国家战略科技力量、推动关键核心技术攻关、完善和优化国家创新体系等方面作出新的规定。修改种子法，增加植物新品种权保护、加强种业科学技术研究、促进种业创新发展等方面的法律规定，推动打好种业翻身仗，保障国家粮食安全。修改民事诉讼法，将民事诉讼程序繁简分流改革试点工作中成熟可行的经验上升为法律规定。修改工会法，加强党对工会工作的领导，完善工会基本职责，扩大基层工会组织覆盖面。全面修订常委会关于加强经济工作监督的决定，完善工作程序、内容、机制，增强监督刚性和实效。这8件法律和决定，有关方面要加强宣传解读，完善配套法规和落实措施，确保全面有效贯彻实施。

会议审议地方组织法修正草案、关于第十四届全国人大代表名额和选举问题的决定草案，香港、澳门选举第十四届全国人大代表的办法草案，决定将上述草案提请十三届全国人大五次会议审议。会议还初次审议了公司法修订草案、全国人大常委会议事规则修正草案、黑土地保护法草案、妇女权益保障法修订草案、黄河保护法草案、突发事件应对管理法草案，二次审议了职业教育法修订草案。请宪法法律委、法工委会同有关方面认真研究常委会组成人员的审议意见和各方面的意见建议，进一步修改好完善好这些法律草案。

会议听取审议了国务院关于2020年度中央预算执行和其他财政收支审计查出问题整改、加快构建新型农业经营体系推动小农户和现代农业发展有机衔接、财政交通运输资金分配和使用情况等报告。大家认为，国务院及其部门对审计查出问题整改工作高度重视、责任明确，形成整改合力，取得了良好效果，建议进一步加强审计监督，健全长效机制，强化追责问责，提高整改质量。大家指出，要适应大国小农的基本国情农情，加快构建立体式复合型现代农业经营体系，促进小农户和现代农业有机衔接。要进一步强化财政投入保障机制，改进财政交通运输资金分配和使用管理，引导和调动各方面积极性参与交通强国建设。

会议听取审议了公证法、消防法两个执法检查报告。大家充分肯定执法检查组的工作，认为执法检查报告查找问题准确、提出建议可行。大家指出,要落实党中央对发展公证法律服务业的部署要求,进一步促进公证法实施和公证事业健康发展。大家提出,要全面落实消防法规定,贯彻预防为主、防消结合的方针,既要提升“消”的能力,也要提升“防”的效果,为经济社会高质量发展、全面建设社会主义现代化国家创造安全环境。

会议听取审议了法制工作委员会关于2021年备案审查工作情况的报告。一年来,对报送备案的行政法规、监察法规、地方性法规、司法解释、特别行政区法律等1921件进行逐件审查,认真审查研究公民、组织提出的审查建议6339件,组织开展涉及长江流域保护、行政处罚、计划生育等3个方面法规、规章、规范性文件专项清理工作。大家提出,要持续加强备案审查制度和能力建设,完善备案审查信息平台,切实维护国家法制统一、尊严、权威。

会议听取审议了宪法法律委、教科文卫委、农业农村委关于代表议案审议结果的报告,听取了常委会办公厅、教育部关于代表建议办理情况的报告,对办理代表议案、建议等工作给予肯定。目前,十三届全国人大四次会议主席团交付审议的473件代表议案、代表在会议期间提出的8993件建议,已全部办理完成。

2021年是党和国家历史上具有里程碑意义的一年。我们隆重庆祝中国共产党成立一百周年,正式宣布全面建成小康社会,开启全面建设社会主义现代化国家新征程,党的十九届六中全会通过关于党的百年奋斗重大成就和历史经验的决议,全党全国各族人民自信心和自豪感、凝聚力和向心力极大提升。党中央首次召开中央人大工作会议,印发关于新时代坚持和完善人民代表大会制度、加强和改进人大工作的意见,为做好新时代人大工作指明了方向、提供了遵循,各级人大的同志倍受鼓舞、倍感振奋。

一年来,全国人大及其常委会深入学习贯彻习近平新时代中国特色社会主义思想特别是习近平法治思想、习近平总书记关于坚持和完善人民代表大会制度的重要思想,坚持党的领导、人民当家作主、依法治国有机统一,围绕中心、服务大局,依法履职、担当作为,常委会立法工作、监督工作、代表工作、对外工作和自身建设都取得了新的进展。这里做一个简要盘点:

**一是筹备开好中央人大工作会议,推动会议精神的落实。**常委会党组开展专题调研,党组同志分别带队赴12个省(区、市)了解实际情况,组织召开30多场座谈会,形成60多份调研材料,认真完成相关文件起草任务。及时学习贯彻习近平总书记在中央人大工作会议上的重要讲话和会议精神,研究提出贯彻落实举措,组织学习宣传活动,召开第四次深入学习贯彻习近平总书记关于坚持和完善人民代表大会制度的重要思想交流会、第二十七次全国地方立法工作座谈会,推动中央人大工作会议精神落地见效。

**二是在确保质量的前提下加快立法工作步伐。**共审议法律草案、决定决议草案71件,通过其中54件,包括制定法律17件、修改法律26件、通过有关法律问题和重大问题的决定决议11件。根据十三届全国人大四次会议的决定,常委会及时修改香港基本法附件一和附件二,完善香港特别行政区选举制度。制定反外国制裁法,充实涉外法治斗争工具箱。因需、应时、统筹、有序制定反食品浪费法、海南自由贸易港法、乡村振兴促进法、陆地国界法、反有组织犯罪法、数据安全法、军人地位和权益保障法,修改审计法、兵役法、人口与计划生育法、安全生产法、海上交通安全法等一批重要法律。

**三是认真履行宪法法律赋予的监督权。**检查6部法律实施情况,听取审议24个有关工作报告,开展2次专题询问,进行7项专题调研。聚焦生态文明建设,听取审议相关工作报告,检查固体废物污染环境防治法实施情况,这是连续第四年对生态环保领域重要法律进行执法检查。深化预算决算审查监督和国有资产管理监督,听取审议预算决算方面的5个报告,审查批准2020年中央决算,首次听取审议国有自然资源资产管理情况专项报告,实现四大类别国有资产即金融企业国有资产、行政事业性国有资产、企业国有资产(不含金融企业)、国有自然资源资产管理情况的监督全覆盖。进一步规范和完善监督工作机制,制定《全国人大常委会执法检查工作办法》。

**四是支持和保障代表依法履职。**全年共邀请151人次代表列席常委会会议、参加列席代表座谈会。安排27名代表参加全国人大外事活动,为近千名代表参加“一府一委两院”联系活动提供服务保障。组织830多名代表开展调研等活动,形成70多份调研报告。举办3期线下培训班,704名代表参加集中学习;举办3期网络培训班,2101名代表观看线上授课。

**五是更好服务党中央外交战略部署。**探索疫情形势下对外工作新形式、新渠道,举行双边视频活动120场,线上出席国际会议73场,进行通话交流21场，开展线下外事活动32场，外交信函往来700余件。在涉台、涉港、涉疆、涉藏、新冠病毒溯源政治化等重大问题上，及时主动发声，阐明中方立场，维护我国主权、安全、发展利益。

**六是持续加强自身建设。**扎实开展党史学习教育，传承红色基因，弘扬伟大建党精神。认真学习贯彻党的十九届六中全会精神，深刻认识“两个确立”对新时代党和国家事业发展、对推进中华民族伟大复兴历史进程的决定性意义。举办党组集体学习9次、常委会专题讲座5次。持续改进会风，精心筹备组织十三届全国人大四次会议，安全、节俭、高效举行8次常委会会议。

一年来，我们深刻学习领会党的百年奋斗重大成就和历史经验，学习领会习近平总书记关于坚持和完善人民代表大会制度的新理念新思想新要求，在履职实践中进一步深化了对把牢人大工作正确方向、推动新时代人大工作高质量发展的认识和把握。这就是：

**必须坚定不移走中国特色社会主义政治发展道路，毫不动摇坚持、与时俱进完善人民代表大会制度。**中国特色社会主义政治发展道路是党领导人民经过艰辛探索、不懈奋斗而成功开辟的。这条政治发展道路，最根本的就是坚持党的领导、人民当家作主、依法治国有机统一，核心是坚持党的领导，目的是保证党领导人民依法有效治理国家。人民代表大会制度是党百年奋斗的重大制度成果，是“三者有机统一”的根本政治制度安排。要从党的百年奋斗史中深刻认识实行人民代表大会制度的历史必然、深远意义和巨大优越性，把人大制度、人大工作同党和人民进行的艰苦奋斗和创造的辉煌成就紧密联系起来，同党和人民开辟的前进道路和积累的宝贵经验紧密联系起来，在政治发展道路、政治制度等事关党和国家前途命运的重大问题上始终立场坚定、旗帜鲜明，坚决守住我国政治制度的根本，把人民代表大会制度的特点和优势充分发挥出来。

**必须始终坚持党的全面领导，把党的领导贯穿于人大工作各方面全过程。**坚持党对人大工作的领导，关键在于把握“全面”二字。人大坚持党的领导，是全覆盖、全过程、全方位的，不仅是履职工作中要贯彻党的主张和意图，在政治、思想、组织、工作、学习、生活、纪律等各方面各环节，都要坚持党的领导、落实党的要求。无论是人大代表、常委会组成人员还是人大机关干部，无论是党内同志还是党外同志，说到底，都是党安排到人大来工作的，肩负着党和人民的重托，代表着党和国家的形象。人民重托和党的重托是一致的，反映人民意志、依法履行职责和坚持党的领导是一致的。人大及人大工作者的一举一动、一言一行都要从党和国家工作大局、人民根本利益出发，符合党的要求、维护党的形象、遵守纪律和规矩，一切行动听党指挥，把坚持党的领导体现到日常工作、生活的行为习惯中。

**必须聚焦党中央重大决策部署，找准人大职责所在，积极主动开展工作。**党中央关于人大工作的决策部署，总书记对人大工作的指示要求，这是党直接交给人大的任务，必须不折不扣完成。同时，党中央、总书记作出的重大决策部署，有些虽然没有直接给人大部署任务，但实际上与人大工作密切相关。要善于通过学习领会党中央决策部署、会议和文件精神，学习领会总书记的重要讲话、指示批示精神，吃透党中央意图，从中找到人大所在的“位置”，找到人大应当承担的责任、应当主动去干的事情，创造性地去开展工作，推动党中央决策部署在国家工作中得到全面贯彻和有效执行。

**必须坚持人民当家作主，不断发展全过程人民民主。**全过程人民民主是党领导人民经过长期探索和实践创造的新型政治文明形态，其本质和核心是人民当家作主，目的是体现人民意志，保障人民权益，激发人民创造活力。我国的全过程人民民主，不仅有完整的制度程序，而且有完整的参与实践；不仅有畅通、有序的民主表达渠道，如民主选举、民主参与、民主管理、民主评议、民主协商等，而且有系统、严密的民主监督体系，如人大监督、政党监督、行政监督、监察监督、司法监督、审计监督、财会监督、统计监督、群众监督、舆论监督等，是最广泛、最真实、最管用的社会主义民主。人民代表大会制度是实现我国全过程人民民主的重要制度载体。人大及其常委会要发挥好在发展全过程人民民主中的职能作用，进一步完善民主民意表达平台和载体，健全吸纳民意、汇集民智的工作机制，维护人民群众的合法权益，依法加强对权力运行的监督制约，把人民当家作主具体地、现实地体现到人大各个方面、各个层级、各个环节的工作之中。

**必须全面提升人大工作质量和水平，为推进国家治理体系和治理能力现代化、全面建设社会主义现代化国家提供有力法治保障。**经过几十年的巩固完善发展，人民代表大会制度及其运行机制已经基本成熟定型，人大工作取得巨大成就并积累了宝贵经验。在新的历史起点上做好人大工作，关键是在提高质量上下功夫。要聚焦党和国家确定的发展目标和中心工作，紧跟党中央重大决策部署，紧贴人民群众美好生活需要，紧扣推进国家治理体系和治理能力现代化、全面建设社会主义现代化国家的需求，切实肩负起新时代新征程赋予人大的新使命新任务，推动人大工作高质量发展，推动人民代表大会制度优势更好转化为国家治理效能。要以“四个机关”建设为总抓手，全面加强人大及其常委会自身建设，打造一支政治坚定、服务人民、尊崇法治、发扬民主、勤勉尽责的人大工作队伍，在推进党和人民的伟大事业中展现人大的担当作为。

2022 年，我们党将召开具有重大而深远意义的第二十次全国代表大会。前不久召开的中央经济工作会议，对明年经济社会发展作出全面部署。我们要认真学习贯彻习近平总书记重要讲话和中央经济工作会议精神，坚持稳中求进工作总基调，完整、准确、全面贯彻新发展理念，不断发展全过程人民民主，高质量做好立法、监督、代表、对外交往等工作，全面加强自身建设，以优异成绩迎接党的二十大胜利召开。近期，一是继续抓好中央人大工作会议精神和党中央关于新时代坚持和完善人民代表大会制度、加强和改进人大工作的意见的学习宣传贯彻工作。二是谋划安排好明年的各项工作。11 月 29 日的委员长会议，原则通过全国人大常委会 2022 年工作要点和立法、监督、代表工作计划，对新一年工作作出了预安排。最近又根据中央经济工作会议精神作了补充完善。各专门委员会、工作委员会和办公厅要按照“一个要点、三个计划”，加强与有关方面的沟通协调，提早动手做好相关工作。三是做好十三届全国人大五次会议的组织筹备工作。组织好代表集中视察、研读讨论法律草案等活动，周密细致做好会务、文件、后勤服务、安全保卫、疫情防控等工作，确保大会胜利召开。

再过几天就是元旦了。借此机会，向在座的各位委员、各位同志，向全国人大代表，向全国人大机关工作人员，向所有关心和支持人大工作的各界人士，致以新年的祝福！

# 在长江保护法实施座谈会上的讲话

（2021 年 1 月 22 日）

栗战书

2019 年 6 月，全国人大常委会在苏州召开了长江保护法立法座谈会；今天，又召开长江保护法实施座谈会，就是表明，我们不仅要把法律立好，还要保证法律实施好。刚才，全国人大宪法法律委、司法部、国家发展改革委、水利部、湖北省人大常委会、江苏省人大常委会的负责同志作了发言，讲得都很好，角度和内容各有不同，目的都是推动长江保护法贯彻实施，用法治力量守护好长江母亲河。

长江保护法是一部分量很重的法律，不仅关系长江流域的生态环境保护，而且关系党和国家工作大局，关系中华民族伟大复兴战略全局。各地区各部门尤其是长江流域的广大人民群众都很关注这部法律，对法律实施的期待也很高。这就要求我们提高政治站位，充分认识长江保护法出台的重大意义和深远影响，增强执行和实施法律的责任感使命感。

**第一，长江保护法把习近平总书记关于长江保护的重要指示要求和党中央重大决策部署转化为国家意志和全社会的行为准则。**长江保护法是习近平总书记亲自确定的重大立法任务。2016 年 1 月、2018 年 4 月、2020 年 11 月，总书记分别在重庆、武汉、南京主持召开推动长江经济带发展座谈会并发表重要讲话，对长江保护作出重要部署。总书记专门指出，长江保护法治进程滞后，要抓紧制定一部长江保护法，联动修订水法、航道法等，让保护长江生态环境有法可依。2016 年党中央印发的《长江经济带发展规划纲要》，2019 年中央政治局常委会工作要点，都明确提出制定长江保护法。全国人大常委会在以习近平同志为核心的党中央领导下，成立立法专班，用一年时间完成了起草，又用一年时间进行了 3 次审议，2 次向社会公布草案全文，广泛吸收各方面意见建议，于 2020 年 12 月通过长江保护法，把习近平总书记关于长江保护的重要指示要求和党中央重大决策部署以法律形式确定下来。实施好长江保护法，就是践行习近平生态文明思想，就是推动生态优先、绿色发展，共抓大保护、不搞大开发，统筹协调、科学规划、创新驱动、系统治理等理念要求和决策部署的贯彻落实。

**第二，长江保护法为长江母亲河永葆生机活力、中华民族永续发展提供了法治保障。**长江全长6300多公里，流域面积180万平方公里，占有全国三分之一的水资源、五分之三的水能资源，还具有独特的自然生态系统、丰富的野生动植物资源和矿产资源，是我国重要的战略水源地、生态宝库和黄金水道，千百年来哺育了中华民族、滋养了中华文明。一段时间以来，长江水质受到了严重污染，水体遭到了破坏，正如总书记指出，长江病了，而且病得还不轻。近几年，生态环境部、中央广电总台每年都制作长江生态环境警示片，反映了很多问题，让人触目惊心、心情沉重。再不果断采取行动，沿着老路走下去，必然是“山穷水尽”，影响中华民族的可持续发展。实施好长江保护法，保护好长江母亲河，确保一江清水绵延后世、惠泽人民，是我们这代人对子孙后代、对民族未来必须肩负起的历史责任。

**第三，长江保护法对长江经济带高质量发展具有重要的引领和促进作用。**长江经济带面积约205万平方公里，覆盖11个省、市，横跨东、中、西三大板块，人口规模和经济总量占据全国“半壁江山”，生态地位突出，发展潜力巨大。总书记对长江经济带寄予厚望，提出使长江经济带成为我国生态优先绿色发展主战场、畅通国内国际双循环主动脉、引领经济高质量发展主力军。实施好长江保护法，就是要走出一条生态优先、绿色发展之路，把长江经济带建成生态更优美、交通更顺畅、经济更协调、市场更统一、机制更科学的黄金经济带和绿色发展示范带，更好发挥长江经济带在践行新发展理念、构建新发展格局、推动高质量发展中的重要作用。

长江保护法共9章、96条，既与其他相关法律紧密衔接，又聚焦长江保护的特殊性，规定了许多具有针对性、适用性、可操作性的制度措施。这部法律3月1日就要正式施行了。各地区各部门各方面要全面准确理解法律的主要内容和重要制度，切实抓好学习宣传贯彻工作，确保取得最佳的实施效果。以下几个方面要重点把握。

**一是坚持生态优先、绿色发展的战略定位。**总书记在第一次推动长江经济带发展座谈会上就明确提出“共抓大保护、不搞大开发”，振聋发聩，令人警醒，从根本上扭转了许多地方和部门准备搞新一轮大开发的片面认识和错误观念。长江保护法的定位，首先是一部生态环境的保护法，在资源保护、污染防治、生态修复等各方面建立了一系列硬约束机制。实施中要始终把保护和修复生态环境摆在压倒性位置，依法严格规范各类开发、建设活动，防范和纠正各种影响、破坏生态环境的行为，促进人与自然和谐共生。这是长江保护立法的本意和要旨，是中国人民根本利益和中华民族长远利益所在。

长江保护法也是一部绿色发展的促进法，在推动重点产业升级改造和重污染企业清洁化改造、促进城乡融合发展、改善城乡人居环境质量、加强节水型城市和海绵城市建设、提升长江黄金水道功能等方面规定了许多支持性、保障性同时又有必要约束性的措施。要全面落实法律规定，把握好生态环境保护和经济发展的辩证统一关系，加快形成节约能源资源和保护生态环境的产业结构、增长方式、消费模式，促进长江流域经济社会发展全面绿色转型，让清水绿岸产生巨大生态效益、经济效益、社会效益。

**二是全面履行法定职责，在法治轨道上推进长江保护重点工作。**法律能不能有效落实，政府是关键。各级政府及有关部门要坚决贯彻落实党中央关于长江保护的重大决策部署，严格执行长江保护法的各项规定，用法律破解制约长江保护的热点、难点、痛点问题，努力取得事半功倍的效果。

规划是加强长江保护的重要基础性工作。要落实法律规定，加快建立包括发展规划、空间规划、专项规划、区域规划在内的长江流域规划体系，强化“一张图”、“一盘棋”，统筹安排生态、农业、城镇等功能空间，划定生态保护红线、永久基本农田、城镇开发边界。要充分发挥规划的引领、指导和约束作用，依照规划实施分区、分类用途管制，保障长江流域产业结构和布局与生态系统和资源环境承载能力相适应。

长期以来，长江岸线、港口乱占滥用、无序发展问题突出，重化工业沿江高密度分布，给长江生态环境带来极大风险隐患。为此，法律对河湖岸线实施特殊管制，禁止在长江干支流岸线一公里范围内新建、扩建化工园区和化工项目，禁止在长江干流岸线三公里范围内和重要支流岸线一公里范围内新建、改建、扩建尾矿库。有关部门和地方要依法划定河湖岸线保护范围，严格控制岸线开发建设，大力整治“化工围江”，促进岸线合理高效利用。

长江十年禁渔是总书记、党中央着眼全局和长远作出的重大决策，是扭转长江生态功能恶化和水生生物资源衰退趋势的重要突破口。长江保护法对此作出明确规定，从法律层面推动这一禁令有效执行。要以更大力度做好禁捕退捕工作，加强对珍贵、濒危水生野生动物的重点保护，促进恢复和改善长江流域生态系统功能和生物多样性。禁渔涉及退捕渔民生计问题。目前,已有 11.1 万艘渔船、23.1 万渔民退捕上岸。要依法做好补偿安置工作,做到应补尽补、到船到户,实现有序转产就业,确保社会和谐稳定。

**三是坚持系统观念,增强长江保护的系统性、整体性、协同性。**长江保护法是我国第一部全流域的专门法,根据长江流域自然地理状况,打破了行政区划界限,将法律适用的地域范围确定为长江干流、支流和湖泊形成的集水区域所涉及的 11 个省(区、市)以及 8 个省(区)的部分县级行政区域。国务院及其有关部门要依法建立长江流域协调机制,统一指导、监督长江保护工作,统筹协调长江保护重大政策、重大规划、重大事项,督促检查长江保护重要工作的落实情况。各地方要履行好本行政区域内保护长江的法定职责,在地方立法、规划编制、监督执法等方面积极开展合作,推进长江上中下游、江河湖库、左右岸、干支流协同治理。

生态保护补偿制度是流域性、区域性治理的一项重要制度。这次法律明确规定建立长江流域生态保护补偿制度,由国家加大财政转移支付力度,对长江干流、重要支流源头等生态功能区域给予补偿,并鼓励地方开展横向生态保护补偿。有关部门和地方要按照法律要求,进一步探索总结并及时推开生态保护补偿的具体有效办法。

**四是严格执法监督问责,切实增强法律的刚性和权威性。**法律明确了各方面的权利义务和应当承担的法律责任,规定得很具体、很严格。对于破坏长江自然资源和生态环境的违法行为,设定了警告、罚款、没收违法所得和非法财物、责令停产停业、吊销生产经营许可证等多种处罚方式,罚款额度最高达到 500 万元,货值金额或者销售价款的 20 倍,构成犯罪的要依法追究刑事责任。法律责任更大更严,违法处罚更重更硬,要有效运行起来,真正发挥出威力。

我看到一个材料。在暴利的驱使下,非法采砂、非法捕捞等行为屡禁不绝。即使被抓获,最多只判个三四年,不少人释放后立即重操旧业。现在甚至出现集团化、专业化倾向,老板躲在幕后,船上都是打工的,有专门的“法务人员”对付执法人员,执法人员稍有不慎,就可能落入圈套。还有暴力抗法的现象,不久前,安徽绩溪县板桥头乡下溪村第一书记章建军在制止非法电鱼时,竟然被不法分子持刀捅伤后身亡。对于这些严重违法案件,执法机关要加大执法力度,开展联合执法,重拳出击,形成震慑,切实防止“灰色执法”、“消极执法”。审判机关、检察机关和司法行政机关要建立健全长江流域生态环境保护司法服务机制,加强对各类环境违法犯罪的公益诉讼,公开审判,严惩重处,让敢于挑战法律权威、敢于破坏长江生态环境者付出沉重代价。各级人大要担负起监督法律实施的职责,依法定期听取审议政府关于法律实施和长江流域生态环境工作情况的报告,督促有关部门及其工作人员依法履职、不敢松懈。全国人大常委会已经安排 6 月份听取审议国务院的相关报告,有关地方也要把这项工作尽快开展起来。

**五是加快推进相关立法修法工作,确保法律制度规范严密、衔接有序、协调统一。**长江保护法的全面有效实施,需要水法、航道法、渔业法以及行政处罚法、刑法等相关法律的协同配合,还需要通过行政法规、地方性法规、规章等不同层级的规范性文件加以细化、具体化。目前,涉及长江保护的法律法规和政策文件很多,有的未能及时更新,存在“打架”、“空白”的地方,给不法分子留下钻漏洞的机会,也给执法工作带来困难。比如,法律明确长江禁渔,但对休闲垂钓没有具体规定。一些垂钓者打着休闲垂钓的幌子,进行多竿多钓、盈利性垂钓,每天可以钓几十斤鱼,其中不乏珍稀特有鱼类。执法人员对此只能劝阻,如果收缴渔具则缺乏依据,涉嫌侵犯私有财产。关于法律责任的规定也有不一致,比如对非法采砂行为,长江保护法规定处货值金额 2 倍以上 20 倍以下罚款,货值金额不足 10 万元的,处 20 万元以上 200 万元以下罚款;而长江河道采砂管理条例仅规定处 10 万元以上 30 万元以下罚款,处罚力度明显偏轻。

国务院及有关部门和长江流域地方要对标长江保护法,尽快对法规文件开展全面清理,该制定的制定,该修改的修改,该废止的废止,确保符合上位法规定,避免政出多门、相互打架,谨防配套法规“小空子”影响长江保护“大工程”。有关地方还可以开展流域性、区域性的协同立法。上海、江苏、浙江同步作出关于促进和保障长三角生态绿色一体化发展示范区建设若干问题的决定,云南、贵州、四川三省对赤水河流域保护进行共同立法,都取得了不错的效果,要认真研究总结,继续探索完善。全国人大常委会也要围绕贯彻落实总书记指示要求持续发力,抓紧研究修改相关法律。同时,还要认真总结长江保护立法工作的经验做法,为其他流域性区域性立法提供借鉴。现在,黄河保护立法已经提上议事日程,总书记多次作出重要指示,党中央印发的《黄河流域生态保护和高质量发展规划纲要》作出明确部署。有关方面要深入开展黄河保护治理立法基础性研究工作，为起草法律草案、适时提请审议做好充分准备。

**六是加强对法律的宣传教育普及，推动全社会增强法治意识和生态文明理念。**现在，我国生态环保领域的法律制度已经比较完善，但通过这几年的执法检查等工作发现，法律的宣传教育普及仍然不够广泛和深入。一些部门和地方运用法治思维、法治方式推进工作的能力不足。一些干部和群众平时不学法，遇事不知道有法，解决问题想不起来用法，对身边发生的环境违法行为熟视无睹。有关方面要进一步加强和改进生态环保法律的宣传教育工作，通过法律的实施和普及，推动习近平生态文明思想进一步深入人心，推动尊法学法守法用法成为习惯和自觉。法治宣传既要阐释制度规定，更要善于讲故事，用好传统媒体和新媒体等多种平台，用生动具体的案例，展现立法的必要性、紧迫性和重要意义，展现依法保护长江的实践和成效。要抓住领导干部这个关键，推进依法行政、依法治理、依法办事。要鼓励和引导公民拿起法律武器同破坏长江、破坏生态环境的行为作斗争，使绿色生产方式和生活方式成为全社会的共同行动。关于长江保护法的宣传教育，一是请全国人大常委会办公厅与中宣部、司法部协商，在该法实施前后进行一段规模性集中宣传；二是建议有关部门和长江流域各级党委、人大、政府的领导同志特别是一把手，都能原原本本地学习一遍长江保护法。

# 在生物安全法实施座谈会上的讲话

（2021 年 4 月 1 日）

栗战书

今天，我们召开生物安全法实施座谈会，目的是深入学习贯彻习近平总书记关于国家生物安全的重要指示批示，推动宣传普及贯彻实施生物安全法。刚才，中央国安办、全国人大宪法法律委、国家卫生健康委、外交部、科技部、农业农村部、生态环境部、司法部等 8 个单位的负责同志作了发言。大家紧扣生物安全法的宣传和实施，结合各自工作职责谈了非常具体的意见，讲得都很好。

制定生物安全法是习近平总书记亲自部署的重大立法任务。习近平总书记多次对生物安全立法作出指示，深刻阐述生物安全的若干重大问题，明确提出制定一部什么样的生物安全法，为制定实施法律提供了根本遵循。2018 年 12 月 16 日，习近平总书记明确要求加快生物安全法立法步伐。2020 年 2 月 14 日，总书记在中央全面深化改革委员会第十二次会议上再次强调要尽快推动出台生物安全法，加快构建国家生物安全法律法规体系、制度保障体系。习近平总书记为什么多次要求加快生物安全法立法步伐？我认为，这主要是：第一，生物安全关乎人民生命健康、民生福祉，关乎国家长治久安，特别是关乎中华民族的永续发展，是党和国家的核心利益。第二，目前国家安全处于战略承压期和风险集中期，方方面面风险都很大。生物安全有明显的不稳定性、不确定性和不可预测性，防控难度大，我国在生物安全领域还有很多瓶颈短板，进一步增加了风险。第三，生物安全总体上说是一个新兴领域，通过立法形式明确生物安全领域的重要制度、法律责任，有利于增强社会公众生物安全意识，压实防范生物安全风险的责任。

全国人大常委会坚决贯彻落实习近平总书记重要指示批示和党中央决策部署，成立立法专班，广泛开展调查研究，加快工作进度，用一年多的时间完成了起草和审议工作。生物安全法起草始终把握三个原则。一是用法律划定生物技术发展边界，抵御利用生物技术实施侵害的行为，引导和规范生物技术沿着对人类有利无害的方向发展；二是构建严密的国家生物安全体系，奠定应对生物威胁、保护生物安全的基础和屏障；三是将国家生物安全能力建设纳入法律，加快推进我国生物技术发展，掌握打赢各种形式生物战的主动权。去年 10 月常委会通过了生物安全法。这部法律的起草和出台，在座的各部门和有关方面都积极参与，贡献了智慧和力量，发挥了重要作用。

生物安全法是生物安全领域的一部基础性、综合性、系统性、统领性法律，它的颁布和实施起到一个里程碑的作用，标志着我国生物安全进入依法治理的新阶段。这部法律的出台,一是在生物安全领域形成国家生物安全战略、国家生物安全法律、国家生物安全政策“三位一体”的生物安全风险防控和治理体系,有利于防范生物恐怖和生物武器威胁,化解各类生物安全风险、提升国家生物安全治理能力,是一部改变被动局面、取得国家生物安全战略主动地位乃至战略优势的法律;二是强化了防控重大传染病和动植物疫情的法律制度,集中体现“以人为本”的立法原则,以法治力量保障人民健康安全、守护民生福祉,是一部建立国家生物安全体系、守护好自己家园的法律;三是有效应对境外机构非法采集我国人类遗传资源、我国珍稀物种及其遗传资源流出、外来物种入侵等问题,用法律手段保护我国人类遗传资源和生物资源安全,是一部应对生物威胁、防范生物风险的法律;四是为生物技术发展划定了边界,订立了规矩,规定了很多具有针对性、适用性、可操作性的制度措施,是一部促进生物技术发展、提高生物技术水平、提升国家生物安全能力建设的法律。这部法律在国家安全领域法律制度中具有特殊重要性,要贯彻实施好有很多工作要做。下面,我再谈几点意见。

**第一,全面落实法律规定的重要制度。**生物安全法系统梳理了当前我国生物安全领域存在的疫情防控、生物技术发展、实验室安全、人类遗传资源和生物资源安全、外来物种入侵和生物多样化、微生物耐药、生物恐怖袭击和生物武器威胁等 8 个方面的主要风险,建立健全了生物安全风险监测预警制度、风险调查评估制度、信息共享制度、信息发布制度、名单和清单制度、标准制度、生物安全审查制度、应急制度、调查溯源制度、国家准入制度、境外重大生物安全事件应对制度等 11 项基本制度,全链条构建了生物安全风险防控的“四梁八柱”。法律还明确了政府等公共管理部门、科研院校、医疗机构、企业事业单位、新闻媒体和社会公众在生物安全方面的权利义务。

这些法律制度和重要规定,将习近平总书记关于生物安全的重要指示精神和党中央有关生物安全的战略部署转化为国家意志,贯彻了坚持总体国家安全观、统筹发展和安全的根本要求,体现了“以人为本、风险预防、分类管理、协同配合”的立法原则,是实践经验的科学总结,具有很强的针对性和可操作性。实施中要逐条对照法律规定,严格落实法律制度,加快建立监测预警体系,依法采取法定防控措施。从事生物安全活动的实验室、科研院所、医疗机构、企业等社会主体要依法建立健全管理制度,严格遵守管理规范,从源头上防止生物安全风险发生。

**第二,全面落实政府法定职责和法律责任。**生物安全具有涉及范围广、发展变化快的特点。要做好这项工作,需要各级政府和有关方面密切配合,切实履行好法定职责。常委会办公厅理了理,生物安全法的 10 章 88 条中,涉及国务院及有关部门职责和工作的有 51 条,涉及地方政府和有关部门职责和工作的有 23 条。同时,法律规定的各项制度都涉及多个部门。比如,法律第 27 条规定建立传染病、疫情、检疫和环境安全监测网络,就涉及国务院卫生健康、农业农村、林业草原、海关、生态环境主管部门。法律第 54 条规定开展人类遗传资源和生物资源调查,就涉及国务院科学技术、自然资源、生态环境、卫生健康、农业农村、林业草原、中医药主管部门,等等。为此,法律第 2 章专门规定了生物安全风险防控体制,要求国家和各省、区、市都要建立生物安全工作协调机制,组织协调、督促推进生物安全相关工作。总之,各级政府和有关部门要增强责任感、使命感,对标生物安全法规定,严格履行领导职责、监管职责和工作职责,形成贯彻实施法律的工作合力。

**第三,全面加强执法司法,切实增强法律的刚性和权威性。**生物安全法第 9 章规定了法律责任,设定了一系列处罚措施,除了行政处罚外,还规定了民事责任和刑事责任。去年常委会通过的刑法修正案(十一),专门增加了非法采集人类遗传资源、走私人类遗传资源材料罪,非法植入基因编辑、克隆胚胎罪,非法引进、释放、丢弃外来入侵物种罪等 3 项“新罪”,这就是与生物安全法的相关规定进行有效衔接,让生物安全法长出了“牙齿”。法律实施后,行政机关要加大执法力度,确定一批典型案件,重拳出击,形成震慑。检察机关、审判机关要加强生物安全违法犯罪的公诉和审判,用国家强制力保障法律的有效实施,让敢于挑战法律权威、敢于危害国家生物安全者付出沉重代价。

**第四,加快构建国家生物安全法律法规体系、制度保障体系。**生物安全法是生物安全领域的基础性法律,规定的是主要原则和制度。这部法律的全面有效实施,还需要通过行政法规、地方性法规、规章等不同层级的规范性文件加以细化、具体化,也需要生物安全领域有关专门法律和其他领域相关法律的协同配合。

要抓紧完善配套法规制度。比如,法律第 18 条规定,国务院及其有关部门要制定、公布生物安全名录或者清单并动态调整。第 19 条规定,国务院标准化主管部门和国务院其他有关部门要制定完善生物安全领域相关标准。第 42 条规定,国家制定统一的实验室生物安全标准。第 54 条规定,国务院科学技术主管部门制定重要遗传家系和特定地区人类遗传资源申报登记办法。国务院科学技术、自然资源、生态环境、卫生健康、农业农村、林业草原、中医药主管部门制定重要生物资源申报登记办法。第 60 条规定,国务院农业农村主管部门会同国务院其他有关部门制定外来入侵物种名录和管理办法。按照立法法第 62 条的规定,有关方面要在法律实施后一年内制定完善相关法规、规章、标准和名录,这项工作要抓紧。未能按期完成的,就是没有落实好这个法律责任,有关部门要及时处理好后续工作。

要加快构建生物安全法律法规体系。研究梳理野生动物保护法、传染病防治法、国境卫生检疫法、突发事件应对法、种子法、粮食安全保障法等与生物安全相关的法律,统筹推进立法修法工作。生物安全法实施后,全国人大有关专门委员会和常委会工作机构要持续跟进,开展专题调研或执法检查,推动生物安全法有效实施。各地人大常委会也要结合本地实际,坚持“小切口”、精细化、创造性制定修改相关地方性法规。

加强法律宣传是保证法律实施的基础性工作。各级领导干部要带头学习生物安全法,增强生物安全法治意识。要在各级政府和司法机关开展法律培训,督促执法司法人员熟练掌握法律,提高执法司法能力和水平。生物安全法的专业性比较强,宣传普及要注意方式方法,尽量用通俗易懂的语言解读法条,用生动具体的案例阐释规定。全国人大环资委提出要在“学习强国”平台上开展专项答题活动,推动有关部门、企业事业单位和社会公众学习了解生物安全法,要切实组织好。这部法律将于 2021 年 4 月 15 日施行,正逢我国第六个全民国家安全教育日。请全国人大常委会办公厅与中央国安办、中宣部、司法部加强统筹谋划,结合全民国家安全教育日组织开展一系列集中宣传普及活动,推动全社会形成尊法学法守法用法的法治氛围。

# 在黄河保护立法座谈会上的讲话

(2021 年 4 月 13 日上午　陕西西安)

栗战书

今天,我和沈跃跃副委员长一起,在西安召开黄河保护立法座谈会,邀请黄河流域 9 省区人大常委会和国务院有关部门的同志、2 位全国人大代表参加,学习贯彻习近平总书记关于黄河流域生态保护和高质量发展的重要指示精神和党中央决策部署,进一步凝聚立法共识,加快立法进程。去年 10 月中央政治局审议通过《黄河流域生态保护和高质量发展规划纲要》,规划纲要明确要求,适时启动立法工作,将黄河保护治理中行之有效的普遍性政策、机制、制度等予以立法确认。根据习近平总书记和党中央决策部署,这部法律的起草工作由国务院负责,9 个部门参与,水利部、国家发展改革委牵头,成立了起草工作小组。黄河保护立法已列入今年全国人大常委会立法工作计划,沈跃跃、丁仲礼副委员长和全国人大环资委多次听取有关部门汇报,目的就是发挥人大在立法工作中的主导作用,提前介入,统筹协调,共同完成好这一重大立法任务。

国务院牵头起草的法律,全国人大常委会召开立法座谈会,就是要请起草工作小组来听取地方人大和全国人大代表的意见建议。刚才,沈跃跃副委员长讲了几个立法重点,我都同意。李国英同志介绍了立法工作进展,1 位全国人大代表和 9 个省区人大常委会负责同志作了发言,讲得都很好,听了很受启发,所提建议意见将认真研究,不少可在法律文本中体现。根据大家所谈和近一个时期的思考、研究,我也谈三个方面的意见,供立法参考。

## 一、关于黄河保护立法的指导思想

黄河流域生态保护和高质量发展是事关中华民族伟大复兴和永续发展的千秋大计,是习近平总书记始终心系的大事。党的十八大以来,总书记 7 次实地考察黄河,就黄河生态保护和高质量发展多次召开会议,多次作出重要指示要求。2014 年 3

月，总书记到河南兰考县调研时，专程前往黄河最后一弯的东坝头乡张庄村考察。2016年7月，总书记考察宁夏时，要求沿岸各省区都要自觉承担起保护黄河的重要责任，坚决杜绝污染黄河行为。2016年8月，总书记在青海调研时指出，“中华水塔”是国家的生命之源，保护好三江源，对中华民族发展至关重要。2019年8月，总书记在甘肃调研时指出，要共同抓好大保护，协同推进大治理，推动黄河流域高质量发展，让黄河成为造福人民的幸福河。2019年9月18日，总书记在河南郑州主持召开黄河流域生态保护和高质量发展座谈会并发表重要讲话，强调黄河流域生态保护和高质量发展是国家战略，要牢固树立“一盘棋”思想，更加注重保护和治理的系统性、整体性、协同性。2020年1月3日，总书记在中央财经委员会第六次会议上强调，黄河流域必须下大气力进行大保护、大治理，走生态保护和高质量发展的路子。2020年4月，总书记在陕西考察时指出，要推动黄河流域从过度干预、过度利用向自然修复、休养生息转变。2020年5月，总书记在山西考察时指出，要推动山西沿黄地区在保护中开发、开发中保护。2020年6月，总书记在宁夏视察时指出，要明确黄河保护红线底线，统筹推进堤防建设、河道整治、滩区治理、生态修复等重大工程，守好改善生态环境生命线。2020年8月27日和31日，总书记先后主持召开中央政治局常委会会议和中央政治局会议，审议通过了《黄河流域生态保护和高质量发展规划纲要》。总书记在参加十三届全国人大四次会议内蒙古代表团、青海代表团审议时，对沿黄省区保护生态环境，走生态优先、绿色发展之路再次提出明确要求。

总书记对黄河流域生态保护和高质量发展的讲话、指示如此之多，充分体现了对黄河保护的高度重视，也为做好这项工作提供了指引和遵循。总的来说，黄河保护立法要全面贯彻习近平生态文明思想，全面贯彻新发展理念，把总书记提出的生态优先、绿色发展，量水而行、节水为重，因地制宜、分类施策，统筹谋划、协同推进，共同抓好大保护，协同推进大治理，推动实现高质量发展的理念要求和决策部署，充分体现到法律条文中，制定一部保护黄河的良法、促进发展的善法、造福人民的好法。

## 二、关于黄河保护立法的主要内容

对总书记关于黄河的论述、指示进行系统梳理、思考，不难看出，总书记始终强调和集中突出的是两点：一个是黄河流域的生态保护和治理，一个是黄河流域高质量发展。对黄河立法，前一段在保护、治理方面思考、研究得多一些，所以，今天我重点谈一谈黄河的保护和治理。关于高质量发展方面，还要作进一步的调研、思考，以后找机会再作沟通。

我认为，黄河保护立法与长江保护法既有共同之处，也有不同之处。一是黄河水土流失严重，泥沙多，生态脆弱，水沙关系、水土关系极不协调；二是两条江河流域降水量悬殊，黄河水资源严重短缺，总量不到长江的7%，但开发利用率已高达80%，黄河少水和局部断流几率现实存在；三是黄河沿岸经济总量不如长江沿岸，但沿黄各省区产业倚能倚重问题却更加突出，也存在低质低效问题；四是黄河基本没有航运，而长江则是黄金水道。这些特点决定了在保护、治理上，黄河与长江各有特性，但总体上黄河任务更重，工作更加艰难。正因为如此，总书记2019年在甘肃调研时讲，“长江病了，而且病得还不轻。今天我要说，黄河一直以来也是体弱多病，水患频繁。”总书记的这个比喻非常贴切。黄河保护立法，主基调是保护和治理。实际上，黄河生态环境保护、治理与高质量发展是辩证的、统一的，且保护、治理是前提，是基础，只有保护好黄河、治理好黄河，才能为高质量发展提供最基本的保障，才谈得上高质量发展。水没有了，黄河流域哪来的高质量发展？生态严重破坏了，哪有高质量发展？人民生活连饮水都有巨大困难，还说什么幸福河？这就决定了，黄河保护立法，大量的内容应该是保护、治理的规定。从法律角度讲，也不是规定高质量发展什么产业、怎么去推动创新、如何去吸引人才等等，而是围绕“水”这条“线”和“流域”这个“面”，为自然生态的永久平衡、为自然资源的永续利用、为人民群众的永世安宁提供法律支持，这样，也就是支持了高质量的发展。

黄河全长5464公里，连接青藏高原、黄土高原、华北平原，横跨东中西部，是我国重要的生态安全屏障。黄河治理是一个系统工程，要按照总书记提出的“共同抓好大保护，协同推进大治理”要求，因地制宜、分类施策、尊重规律，统筹推进山水林田湖草沙综合治理、系统治理、源头治理。这部法律除了总则、保障措施、法律责任等常有的章节内容以外，我想，还应突出以下内容：

**一是突出生态保护修复。**要牢固树立绿水青山就是金山银山的理念，顺应自然、尊重规律，从过度干预、过度利用向自然修复、休养生息转变，改变黄河流域生态脆弱现状。

在生态保护修复中，要按照总书记要求，充分考虑上中下游差异，采取不同的保护治理措施。陈克恭、刘同德等同志的发言材料都提出了黄河源生态环境保护问题。黄河上游是生态功能重要地区，就是要以三江源、祁连山、甘南黄河上游水源涵养区为重点，提高源头区水源涵养功能。中游流经黄土高原，是严重的水土流失区，要重点强化水土保持与污染治理，健全完善水土流失防治制度。陕西在渭河北岸黄土高塬和黄土台塬地面坡度大、水土流失严重等地区，探索了塬面、沟头、沟坡、沟道"四位一体"防护措施，诸如此类的好做法，可作系统梳理、提炼总结，经过认真研究论证，确实比较成熟的，可以写进法律。下游黄河三角洲地区是沙土淤积滩区，除了要加强河道安全防护外，还要处理好治理和利用的关系。要重点推进黄河滩区治理，构建生态廊道，推进退耕还湿、退养还滩、河岸带和滩涂岸线生态保护修复，建立入海河口生态保护修复制度等，促进河流生态系统健康，而主要不是搞农业开发、水产养殖或大规模的工业开发区等等。

陕北地区和上中游一些土石山区存在大量历史遗留矿山和采空区、沉陷区。这次在佳县的座谈会上，几个县都反映，大量遗留矿山压占土地，对土壤、植被、地下水含水层造成很大破坏，采空区、沉陷区既涉及地表生态又危及生命安全，亟须采取土地复垦利用、矿山植被重建、空陷区块治理等措施，实现矿区生态系统功能恢复和提升。对解决这些问题，在法律中也要有明确规定。

**二是突出流域生态环境保护规划，落实生态环境空间管控。**方兰代表等不少同志都提到了规划和空间管控问题，和彦苓同志也提出，要强化"一盘棋"引领，加快黄河流域生态保护和高质量发展总体规划和各类专项规划的编制。这些意见，要在法律中予以体现，通过规划推进沿黄9省区探索富有地域特色、因地制宜的生态环境保护和高质量发展路径。

要全面落实黄河流域主体功能区规划，明确黄河流域生产、生活、生态空间开发管制界限，明晰管控指标，划定并严守沿黄9省区生态红线。预留必要的生态资源开发利用空间，立足不同地区生态环境及经济社会发展的区域差异性，统筹考虑主体功能区的定位，因地制宜实施差别化分类管控要求。

**三是突出全流域水资源节约集约利用。**水是黄河最突出的问题。黄河水资源总量仅占全国的2%，却养育着全国12%的人口，灌溉着全国15%的耕地，人均占有量仅为全国平均水平的27%。总书记为什么提出"四水四定"的要求，因为说来说去，保护生态也好，高质量发展也好，核心和关键就是一个"水"字，要把总书记提出的"以水定城、以水定地、以水定人、以水定产"作为龙头，作为一项"硬约束"指标，在控水方面划下红线，作出约束性、强制性要求。要在法律中建立最严格的水资源保护利用制度，与水资源条件相适应，合理规划人口、城市和产业发展，可以考虑建立完善水资源消耗总量和强度双控制度、水资源配置和动态调整机制、水资源水沙统一调度制度，还要把重要的、重大的节水措施法定化，把重要的涉水工程列入建设规划。

**四是突出污染系统治理。**各省区都很重视黄河污染治理，刘国中书记的发言材料和其他几个省区的发言材料都谈到了建立河湖长制在推进黄河治理中的重要作用，这些好的经验和做法，在制定法律时要认真研究吸纳。同时也要看到，黄河流域部分河段水污染仍较突出。第二次全国污染源普查公报显示，与第一次普查相比，七大水系中只有黄河水系好于Ⅲ类水质断面的比例没有提高，其单位地表水资源化学需氧量排放强度还增加了10%。要针对黄河流域污染最严重的地方、最严重的问题，建立最严格的环境监管制度、最严密的水污染防治制度，对污染较重河流的产业准入与淘汰要求、排污总量控制、污水处理及管理、劣Ⅴ类断面治理、畜禽养殖污染防治、灌区农业面源综合整治等，都要有针对性更强、更为精细化的管理措施。

要明确规定非法排污、非法占用岸线资源等污染行为应承担的法律责任，加大处罚力度。着重规范生态环境损害评估鉴定与赔偿，确立污染损害赔偿的无过错原则。建立流域污染公益诉讼制度。对于行政机关人员、相关单位及个人未尽职责、超越职责以及滥用职权的行为，也要明确其法律责任。

**五是突出水沙调控这个重点。**黄河是全世界泥沙含量最高、治理难度最大的河流之一，水害严重，治理问题困扰中华民族几千年。现在黄河下游地上悬河长达800公里，王良同志的发言材料讲到，山东这个问题就十分突出，一旦发生洪水决溢，将造成长期难以修复的生态环境灾难。要紧紧抓住水沙关系调节这个牛鼻子，建立健全水沙调控体系和机制，强化综合性防洪减灾体系建设，构筑沿黄人民生命财产安全的稳固法治防线。

**六是突出流域生态环境风险管控。**杨洪波同志发言材料中谈到，黄河流域地质灾害风险隐患大，生物多样性保护受威胁，生态安全形势严峻。对此，法律要明确建立流域突发环境事件监控预警体系，对可能发生的生态环境风险事故及其危险因素，依法进行监测、分析、预测、预警和环境影响评价等，强化流域生态环境风险防范。完善应急预案体系，建立应急机制和应急联合调度制度，明确应急协作的工作程序与协调机制，及时妥善处理生态环境突发事件。

**七是完善流域管理体制机制。**黄河流域管理体制特殊，涉及中央和地方，多个流域省份，多个部门多个领域，存在区域和部门分割管理、流域区域协作机制不完善，流域综合执法、监督监测能力较为薄弱等问题，赵素萍等同志的发言材料就讲到了现在黄河治理“九龙治水”、多头管理的问题，这确实是黄河管理体制的主要问题。彭友东等同志的发言材料提出要建立中央统筹、省区负总责、市县落实的工作机制。这些意见在法律中如何体现，要认真研究，形成一套管用、可行、能操作的制度规定。

对于黄河流域高质量发展，起草小组要根据习近平总书记指示要求和党中央决策部署、规划纲要进行深入研究，各省区也要结合自身实际提出意见建议，我就不多讲了。

这里，我还要强调一个重要问题，在黄河保护立法中要就文化传承保护问题作出专门规定。很多同志都提出，要加强对黄河文化的传承和保护。黄河文化是中华文明的文脉，文化根基深厚，有河湟文化、关中文化、河洛文化、齐鲁文化等特色鲜明的地域文化，各种历史文化遗产星罗棋布，黄河流域还有大量宝贵的红色文化遗存。传承黄河文化、保护这些珍贵的历史文物是黄河高质量发展的重要内容，优秀传统文化是中华民族生生不息的“根”，红色革命文化是中国共产党坚强成长、不断强大的“魂”，也是凝聚中华民族、中国人民信心和力量的精神支柱。要通过保护传统历史文化、红色文化，带动高质量发展。这次立法，黄河文化的传承保护是一个重大问题，做好了会成为一个亮点。在法律中专门就流域文化作出规定，过去是没有过的。应当把黄河文化资源调查认定、黄河文化遗产廊道建设、黄河红色文化遗存整修保护利用、黄河国家文化公园建设、打造黄河文化旅游带等重要措施以法律形式固定下来，把文化旅游产业定位为黄河流域各省区的支柱产业，既带动当地群众致富，也推动中华文化的传承、保护和弘扬。对大拆大建，破坏黄河文化的，要依法予以严惩。

## 三、关于推进黄河保护立法的几个具体问题

在黄河保护立法工作中，要把握这三个具体问题。

**一是关于法律名称。**关于黄河立法的名称，有“黄河法”、“黄河保护法”、“黄河保护治理法”、“黄河流域生态保护和高质量发展法”等多个建议。现在比较一致的意见是用“黄河保护法”，治理本身也属于“保护”的范畴。这个名称符合总书记的指示精神，能够更好地体现总书记“共同抓好大保护，协同推进大治理”的指示要求，也符合规划纲要明确的“将黄河保护治理中行之有效的普遍性政策、机制、制度等予以立法确认”的法律定位，也能保持长江、黄河两条母亲河在法律名称上的一致性。

**二是关于法律的适用范围。**目前，有关黄河流域的规划和行政法规适用范围主要有 3 个，包括《黄河流域生态保护和高质量发展规划纲要》的规划范围、《黄河流域综合规划》的规划范围、《黄河水量调度条例》的适用范围。这部法律的适用范围应与规划纲要保持一致，为黄河干支流流经的 9 省区相关县级行政区域。河南、山东两省部分市县虽不属于黄河流域，但却依赖黄河供水并承担防洪任务，可再听听各方面意见，考虑扩展到河南、山东黄河供水区的县级行政区域。

**三是关于生态补偿机制。**黄河流域经济社会发展相对滞后，生态环境脆弱，生态保护修复任务重，需要中央财政给予一定的倾斜和支持。李俊明等多位同志的发言材料都提出了生态补偿问题，规划纲要中也有了明确规定，就是中央财政设立黄河流域生态保护和高质量发展专项奖补资金，对此，可以考虑在法律中作出制度设计。相关上下游、左右岸和相关区域的生态补偿，情况复杂，有关方面意见分歧比较大甚至相左。法律对此不能回避，要专题进行调查、研究，总结成功做法，探索有效途径，上升到法律规定。

大家提出的需要中央支持和解决的一些具体问题，包括在陕西调研期间有关地方提出的问题，不宜在法律中规定的，我们将带回去转交有关部门研究处理。

# 习近平法治思想是全面依法治国的根本遵循和行动指南

栗战书

习近平总书记在中央全面依法治国工作会议上的讲话，从统筹中华民族伟大复兴战略全局和世界百年未有之大变局、实现党和国家长治久安的战略高度，深入回答了我国社会主义法治建设一系列重大理论和实践问题，明确提出了当前和今后一个时期推进全面依法治国的总体要求，系统阐述了新时代推进全面依法治国的重要思想和战略部署。“十一个坚持”高屋建瓴、视野宏阔、内涵丰富、思想深刻，是指导新时代全面依法治国的纲领性文件。

## 一、习近平法治思想的重大意义

习近平法治思想是习近平新时代中国特色社会主义思想的重要组成部分，是全面依法治国的根本遵循和行动指南，深刻回答了为什么要全面依法治国、怎样全面依法治国这个重大时代课题。

全面依法治国是中国特色社会主义的本质要求和重要保障。新中国成立70多年来经济快速发展、社会长期稳定两大奇迹的实践证明，法治是国家治理体系和治理能力的重要依托，社会主义法治是我国制度之治最基本最稳定最可靠的保障。中国特色社会主义进入新时代，中华民族迎来了从站起来、富起来到强起来的伟大飞跃。当前，世界百年未有之大变局加速演变，国际环境不稳定性不确定性明显上升，我国日益走近世界舞台中央，国内改革发展稳定任务日益繁重，全面依法治国在党和国家工作全局中的地位更加突出、作用更加重大。在这样一个关键的历史时段，习近平法治思想的提出，为深入推进全面依法治国、加快建设社会主义法治国家，运用制度威力应对风险挑战，全面建设社会主义现代化国家、实现中华民族伟大复兴的中国梦，提供了科学的法治理论指导和制度保障。

习近平法治思想是在推进伟大斗争、伟大工程、伟大事业、伟大梦想的实践之中完善形成的，也还会随着实践的发展而进一步丰富。党的十八大以来，以习近平同志为核心的党中央从坚持和发展中国特色社会主义的全局和战略高度定位法治、布局法治、厉行法治，把全面依法治国纳入“四个全面”战略布局，创造性地提出了全面依法治国的一系列新理念新思想新战略，领导和推动我国社会主义法治建设发生历史性变革、取得历史性成就。十八届四中全会专门研究全面依法治国，出台关于全面推进依法治国若干重大问题的决定，对全面依法治国进行顶层设计、描绘了宏伟蓝图；党的十九大提出到2035年基本建成法治国家、法治政府、法治社会，确立了新时代法治中国建设的路线图、时间表；十九届二中全会专题研究宪法修改，由宪法及时确认党和人民创造的伟大成就和宝贵经验，以更好发挥宪法的规范、引领、推动、保障作用；十九届三中全会站在加强党对全面依法治国的集中统一领导的高度，成立中央全面依法治国委员会，统筹推进全面依法治国工作；十九届四中全会从推进国家治理体系和治理能力现代化的角度，对坚持和完善中国特色社会主义法治体系，提高党依法治国、依法执政能力作出部署；十九届五中全会在制定“十四五”规划和二〇三五年远景目标建议时，再次就全面依法治国作出部署，对立足新发展阶段、贯彻新发展理念、构建新发展格局立法工作提出新的要求。总书记已经主持召开3次中央全面依法治国委员会会议，在第一次会议上，总书记提出“十个坚持”，系统阐述了全面依法治国的若干重大理论和实践问题。党的十八大以来，习近平总书记领导全党开展的一系列工作实践、理论创新，应运而生形成了习近平法治思想，这一思想最为集中地体现在党的十八大报告、十八届四中全会文件、党的十九大报告、十九届二中全会文件、中央全面依法治国委员会第一次会议上的讲话和这次中央全面依法治国工作会议上的讲话中。

习近平法治思想凝聚着中国共产党人在法治建设长期探索中形成的经验积累和智慧结晶，标志着我们党对共产党执政规律、社会主义建设规律、人类社会发展规律的认识达到了新高度，开辟了21世纪马克思主义法治理论和实践的新境界。

## 二、习近平法治思想的深刻内涵

习近平法治思想体系完整、理论厚重、博大精深。总书记用“十一个坚持”对全面依法治国进行阐释、部署,都是涉及理论和实践的方向性、根本性、全局性的重大问题。以下五点尤需深刻把握。

一是,坚定做到“两个不动摇”,就是坚持宪法确定的中国共产党领导地位不动摇,坚持宪法确定的人民民主专政的国体和人民代表大会制度的政体不动摇,这是中国特色社会主义民主政治制度和发展道路的根本原则。党的领导是我国社会主义法治之魂,是我国法治同西方资本主义法治最大的区别。全面依法治国,是要加强和改善党的领导,巩固党的执政地位,完成党的执政使命,而绝不是要削弱党的领导。推进全面依法治国,是要健全党领导全面依法治国的制度和工作机制,推进党的领导制度化、法治化,通过法治保障党的路线方针政策有效实施。事实证明,我国政治制度和法治体系是适合我国国情和实际的制度,具有显著优越性,对此要有自信、有底气、有定力,决不能走西方“宪政”、“三权鼎立”、“司法独立”的路子。

推进全面依法治国,根本目的是依法保障人民权益。人民权益要靠法律保障,法律权威要靠人民维护。随着我国经济社会持续发展和人民生活水平不断提高,人民群众对民主、法治、公平、正义、安全、环境等方面的要求日益增长。全面依法治国,就是要把体现人民利益、反映人民愿望、维护人民权益、增进人民福祉落实到全面依法治国的各领域全过程,保证人民在党的领导下通过各种途径和形式管理国家事务、管理经济文化事业、管理社会事务,保证人民依法享有广泛的权利和自由、承担应尽的义务。

习近平法治思想的确立,标志着中国特色社会主义法律制度的不断完善和成熟。每一种法治形态背后都有一套政治理论,每一种法治模式当中都有一种政治逻辑,每一条法治道路底下都有一种政治立场。过去在法学理论界,讲到法律制度的划分,好多都用大陆法系、英美法系来划分一个国家的法律制度。实际上,这个只是形式上的划分。从阶级属性讲,西方国家的大陆法系、英美法系都属于资本主义法系。对于资本主义法系,恩格斯曾经指出,“法律是资产者本身的创造物,是经过他的同意并且是为了保护他和他的利益而颁布的”,这种法律对于广大民众而言是“资产者给他准备的鞭子”。在当代中国,法律是在党的领导下,保证人民的根本利益,保证人民当家作主的权利,保证人民民主专政国体和人民代表大会制度政体,这就形成了与资本主义法系性质完全不同的当代中国法系,是中国特色社会主义道路、理论、制度、文化在法治上的集中体现。

二是,要坚定不移走中国特色社会主义法治道路,这是全面依法治国必须始终坚持的正确方向。习近平法治思想,本质上是坚持和发展中国特色社会主义在法治领域的理论体现,是习近平新时代中国特色社会主义思想的重要组成部分。这一重要思想的提出,就是要为党和国家事业发展提供法治上的思想武器、科学指引、根本遵循和行动指南。

新中国创造的“两大奇迹”,同我们党不断推进法治建设密不可分。坚定坚持依宪治国、依宪执政,在法治轨道上推进国家治理体系和治理能力现代化,就能依法应对重大挑战、抵御重大风险、克服重大阻力、解决重大矛盾,更好发挥法治固根本、稳预期、利长远的作用,最大限度凝聚社会共识,从而也就保证了国家治理体系的系统性、规范性、协调性。

走中国特色社会主义法治道路,要坚持依法治国、依法执政、依法行政共同推进,法治国家、法治政府、法治社会一体建设,全面推进科学立法、严格执法、公正司法、全民守法,健全社会公平正义法治保障制度,努力让人民群众在每一个司法案件中感受到公平正义。

三是,要深刻理解构建完善的中国特色社会主义法治体系,这是推进全面依法治国的基础保障。这个体系包括完备的法律规范体系、高效的法治实施体系、严密的法治监督体系、有力的法治保障体系,以及完善的党内法规体系,这五大体系相辅相成、相得益彰,构成全面依法治国的基础性制度保障。

建设中国特色社会主义法治体系是全面依法治国总目标的重要组成部分,是建设社会主义法治国家的前提和基础。中国特色社会主义法治体系贯通法治国家、法治政府、法治社会建设各个领域,涵盖立法、执法、司法、守法各个环节,涉及法律规范、法治实施、法治监督、法治保障各个方面,对推进全面依法治国具有纲举目张的重要意义。

法治体系是国家治理体系的骨干工程。新中国成立 70 多年来,我们党不断深化对共产党执政规律、社会主义建设规律、人类社会发展规律的认识,确立了法治作为治国理政的基本方式,逐步建立健全中国特色社会主义法治体系。实践证明,只有把党和国家工作纳入法治化轨道,使各方面制度更加科学、更加成熟、更加定型、更加完善,实现党、国家、社会各项事务治理制度化、规范化、程序化,善于运用制度和法治治理国家,才能最终实现国家治理体系和治理能力现代化。必须加快完善中国特色社会主义法治体系，不断从法治上为解决党和国家事业发展面临的一系列问题提供制度化方案。

四是，要协调推进国内治理和国际治理，更好维护国家主权、安全、发展利益。法治是国家竞争力的重要内容。当前，世界百年未有之大变局加速演变，和平与发展仍然是时代主题，但国际环境不稳定性不确定性明显上升，新冠肺炎疫情大流行影响广泛深远。要立足维护国家主权、安全、发展利益，全面梳理和检视法治领域的现状和趋势，积极参与国际规则制定，占领法治制高点，把握战略主动权，坚决维护国家主权、尊严和核心利益，构建人类命运共同体。

五是，要抓住领导干部这个"关键少数"。领导干部具体行使党的执政权和国家立法权、行政权、监察权、司法权，是全面依法治国的关键。领导干部法治意识、法治能力强，全面依法治国就能顺利推进。总书记多次阐述不存在"党大还是法大"这个问题，这其中还有一个要求，就是领导干部要正确认识和对待法治。党作为一个执政整体、就党的执政地位和领导地位而言，当然要领导全面依法治国，要领导立法、执法、司法，但是，具体到每个党政组织、每个领导干部，就必须服从和遵守宪法法律。全国人大常委会的领导干部，一定要带头尊崇法治、敬畏法律，运用法治思维和法治方式开展工作，做尊法学法守法用法的模范，确保所有的行为都符合宪法法律规范。

## 三、贯彻落实好习近平法治思想

学习贯彻习近平法治思想，首先是要吃透基本精神、把握核心要义，把握住全面依法治国的政治方向、重要地位、工作布局、重点任务、重大关系、重要保障，自觉把人大工作放在党和国家工作大局中来考虑、来谋划、来推进。总书记提出的"十一个坚持"的部署要求，都与人大工作密切相关。前三个"坚持"是根本政治要求，是管总的，是管方向、管道路的；从第四个"坚持"开始，既是重大原则要求，也部署了一系列具体任务，有的是由人大直接承担，有的需要人大通过立法、监督工作来推动和保障。要逐条逐项对照落实，贯彻到人大各项工作之中。

一是，把握"加快"这个要求，推进法治体系的完善。总书记明确用了"加快"二字，要求加快完善中国特色社会主义法律体系，使之更加科学完备、统一权威。总书记具体点了国家安全、科技创新、公共卫生、生物安全、生态文明、防范风险、涉外法治等7个重点领域，要求积极推进，填补空白点、补强薄弱点。我们还要及时研究数字经济、互联网金融、人工智能、大数据、云计算等新技术领域的立法，保障新业态、新模式健康发展。

人大各专委会和人大常委会工作委员会要紧紧围绕这些要求，把立法质量和立法效率统一起来，区分轻重缓急，坚持急用先行，研究和谋划当前和今后一个时期的立法工作，抓紧提出立法计划，因时因情因需加以推进。要对标对表总书记要求，加强与有关部门的沟通配合，正在审议的要加快推进，已经安排的要加快立法进程，没有安排的要抓紧研究部署。

民法典为其他领域立法法典化提供了很好的范例，要总结编纂民法典的经验，适时推动条件成熟的立法领域法典编纂工作。编纂民法典的经验，由全国人大常委会法工委认真总结。

关于涉外法治建设，总书记指出，要加快涉外法治工作战略布局，协调推进国内治理和国际治理，更好维护国家主权、安全、发展利益。我们要落实总书记指示要求，有步骤、分阶段加快推进涉外领域立法，积极参与对国际法和国际规则、国际机制制定和改革的研究，为应对挑战、防范风险、反制打压提供法治保障。

总书记指出，要完善预防性法律制度，坚持和发展新时代"枫桥经验"，促进社会和谐稳定。这也是一项新要求。我国有14亿人口，大大小小的事都要打官司，那肯定不行，国情决定了我们不能成为"诉讼大国"。法工委要认真梳理研究，在社会矛盾纠纷多元预防调处方面有哪些法律制度，有哪些还是空白，有哪些需要完善，为推进基层社会治理现代化、促进社会和谐稳定提供法治保障。

二是，要注重"小切口"角度，丰富立法形式。可以搞一些"大块头"，也要搞一些"小快灵"，增强立法的针对性、适用性、可操作性。

作为国家立法机关，我们制定的很多法律，具有管全国、管根本、管长远的作用，是系统的、全面的法律。比如，民法典就是大块头。但是，也不限于都是大块头。民生立法既要关注涉及人民群众切身利益的重要领域，又要关注人民群众日常生活某些事项的立法，以"小切口"解决大问题。这个"小切口"，一是立法的角度，就是不一定都要大题目，比如，总书记2019年对垃圾分类作出指示，这个切口就小，但却是一个大问题。一是法律的文本，需要几条就定几条，能用三五条解决问题就不要搞

"鸿篇巨制"。

三是，要把握"科学完备、统一权威"原则，维护国家法治统一。维护国家法治统一，是一个严肃的政治问题。我们国家，地方立法和国家立法构成完整的国家法律体系，既要相互补充、支持，又要协调统一，做到科学完备。这就要求，地方立法不能与国家立法相抵触，下位法不能违反上位法，部门规章、司法解释和各类规范性文件也不能与国家法律相冲突、不一致。各个法律之间也要有机衔接。

党中央专门就备案审查工作印发了文件，就是要人大发挥职能作用，维护国家法治的统一。所以，一方面，在法律的制定过程中，就要有意识维护法律的统一和协调一致；另一方面，要做好合宪性审查和备案审查工作，加大主动审查力度，围绕贯彻党中央重大决策部署开展专项审查，做到"有件必备、有备必审、有错必纠"。我们搞过生态环保、食品药品安全等领域法规、文件的集中清理工作，但清理完了不是一劳永逸，对一些重点领域要定期清理、持续跟进。

四是，要围绕推动法治政府建设、公正司法，强化法律监督。总书记对法治政府建设、公正司法提出了一系列要求。我们要用法治给行政权力定规矩、划界限，提高依法行政水平，推进严格规范公正文明执法，加快打造市场化、法治化、国际化营商环境，形成全国统一、公平竞争、规范有序的市场体系。要规范司法权力运行，加快构建规范高效的制约监督体系，健全社会公平正义法治保障制度，努力让人民群众在每一个案件中感受到公平正义。我们要从人大职能出发，通过增强监督实效、保障法律实施来推动落实。还有预算审查监督、国有资产管理监督，近年来有一些重大改革举措和行之有效的方式方法，比如预算审查监督重点向支出预算和政策拓展、预算联网监督等，还将就加强国有资产管理监督作出一个决定。这些工作要在实践中继续探索完善。要根据总书记的指示要求，统筹安排好监督项目，综合运用听取审议专项工作报告、执法检查、专题询问、专题调研等法定形式开展监督工作，推动"一府一委两院"认真落实法律责任，确保行政权、监察权、审判权、检察权在法治轨道上运行，确保公民、法人和其他组织的合法权益得到切实维护。

五是，要坚持以人民为中心，做好人大代表工作。总书记强调，全面依法治国最广泛、最深厚的基础在人民，必须坚持为了人民、依靠人民，积极回应人民群众新要求新期待。人大代表是党和国家联系人民群众的桥梁纽带，在用法治反映人民愿望、维护人民权益方面具有不可替代的重要作用。近年来，各地代表工作开展得有声有色，代表活动丰富多彩，代表联络站、基层联系点等平台作用得到充分发挥，代表的能力水平和履职积极性明显提高，与群众的联系更加紧密。要切实尊重代表主体地位，为代表依法履职做好服务保障，用好代表联系群众的制度机制和工作平台，不断丰富和拓展代表联系群众的渠道、方式、内容，更好发挥代表在反映群众诉求、解决民生难题中的作用，努力做到民有所呼、我有所应。代表在帮助推动解决问题时，要注意运用法治方式，不要搞成"个人信访站"，而是在了解情况、发现问题的过程中，对于一些带有共性、普遍性的问题，注重通过法定途径提出议案和建议，推动从法律、政策、工作层面予以解决。

这是栗战书同志 2020 年 11 月 23 日在全国人大常委会党组会议学习习近平法治思想时的讲话。

# 在乡村振兴促进法实施座谈会上的讲话

（2021 年 5 月 27 日）

栗战书

根据习近平总书记签署的主席令，6 月 1 日，乡村振兴促进法将正式实施。今天，我们召开座谈会，推动这部法律的贯彻实施和宣传普及。刚才，5 位同志先后作了发言，讲得都很好，还有一些部门提供了书面交流材料，我都赞成。

习近平总书记和党中央高度重视乡村振兴。总书记多次发表重要讲话，深刻阐释乡村振兴的重大意义，明确战略举措和工作重点，从理论和实践的高度，为中国特色社会主义乡村振兴道路指明了方向。党的十九大明确提出实施乡村振兴战略后，党中央连续出台政策文件，制定发展规划，为乡村振兴提供政策指导和支持。2018年6月，党中央印发《乡村振兴战略规划（2018—2022年）》，明确了乡村振兴的总体要求、基本原则、发展目标和具体内容。2018年、2019年、2020年、2021年中央一号文件，都以乡村振兴为主题，对“三农”工作进行全面部署。现在，我国已经实现了农村贫困人口整体脱贫，“三农”工作重心转向了全面推进乡村振兴、加快农业农村现代化，这也标志着我国农业农村工作进入新的发展阶段。我们要清醒认识到，全面建设社会主义现代化国家，实现中华民族伟大复兴，最艰巨最繁重的任务依然在农村，最广泛最深厚的基础依然在农村；全面推进乡村振兴，广度、深度、难度和时间长度，一点也不亚于脱贫攻坚。必须坚持以习近平新时代中国特色社会主义思想为指导，深入学习贯彻习近平总书记关于“三农”工作的重要论述，坚持农业农村优先发展，坚持农业现代化与农村现代化一体设计、一并推进，坚持足以凝聚智慧和力量的脱贫攻坚精神，持续深入地促进农业高质高效、乡村宜居宜业、农民富裕富足。

全面振兴乡村，法治是重要保障。根据习近平总书记的指示要求和党中央的重大决策部署，全国人大常委会把制定乡村振兴促进法列入本届立法规划，由全国人大农业农村委牵头起草，历时一年多，于2020年6月初次提请审议。今年4月29日，常委会第28次会议审议通过。这部法律立足新发展阶段，全面总结了这些年来我国“三农”工作的法治实践，是一部“三农”领域的基础性、综合性法律。正确理解这部法律，有三个大的要领必须把握住、把握好：一是，乡村振兴促进法是以增加农民收入、提高农民生活水平、提升农村文明程度为核心的振兴法，不只是促进经济发展，而是立足于促进乡村全面振兴，除了产业振兴之外，还包括农村人才振兴、文化振兴、生态振兴、组织振兴，是要推动农业全面升级、农村全面进步、农民全面发展。二是，这部法律要解决好农业农村承担的三大历史性任务，即保障好农产品供给安全，保护好农村生态屏障安全，传承好中国农村优秀传统文化。对此，在今年中央一号文件中，也有明确表述，即“充分发挥农业农产品供给、生态屏障、文化传承等功能”。我认为，无论是过去、现在、还是将来，这三大历史性任务都是农业农村在国家发展中的战略定位，都是应该长期发挥的功能和作用，即使乡村全面振兴和农业农村现代化实现了，这三大历史性任务也不会改变。三是，全面加强农村社会主义精神文明建设。这包括思想政治、道德文化、社会文明等方面的建设，这其中，坚持农民主体地位、全面提升新时代农民素质是关键。乡村振兴，当然要举全党全国之力，要靠城市、工业的支持和反哺，但从根本上讲，主体还是农村群众，核心要素是一代又一代高素质的新型农民。因此，实现乡村振兴，重要的是培养造就更多乡村人才，让乡村振兴有足够的人才力量，特别是让年轻人热爱农村、热心农业、有志于在农村创业扎根。

我们要站在全局的战略高度来认识乡村振兴促进法的重要意义，一条一条贯彻落实好这部法律。下面，我围绕这部法律规定的若干重点，作些提示和强调。

## 一、要因地制宜促进乡村产业发展，进一步增加农民收入、提高农民生活水平

法律第二章用了12条（12至23条）专门讲产业发展，占了整部法律74条的近六分之一。

现在，乡村产业不像过去那样就是“种、养、加”了，还有乡村旅游、休闲农业、文体体验、健康养老、电子商务、人工智能、大数据等新产业新业态，同时，现代新兴工业在一些乡村也可以发展起来。现代农村产业可以是一个三次产业融合发展的产业体系。乡村振兴首先要使农民收入不断增加、农民生活水平不断提升，而要做到这一点，产业支撑是基础。由于各种原因，乡村产业发展还有一些堵点和痛点，比如缺人才、缺资金，市场渠道不畅，抗风险能力不强等。对于如何解决这些问题，法律都有了明确的规定。要通过推进法律实施，让法律规定落下去、实起来，支持、促进农村一二三产业融合发展，推动建立现代农业产业体系、生产体系和经营体系，提高农业质量、效益和竞争力，实现农业农村高质量发展。

乡村产业振兴，一定要避免一种倾向，就是忽视粮食和农产品生产。我们是一个人口大国，什么时候都不能轻言粮食过关了。去年我国粮食总产量创历史新高，有1万3千多亿斤，但粮食进口量也创历史新高，约2800亿斤，相当于总产量的20%还多，粮食进口依存度还是很高的。粮食等农产品问题，决不能靠大量进口来解决，还是要靠农村，靠农林畜等产业的发展来保障。要把这些产业作为农村的基础产业来支持、培育、发展。发展其他什么

可以发展的产业都行，但决不能削弱、动摇、放弃这些基础产业。对此，法律第 8 条作了明确规定，确立以我为主、立足国内、确保产能、适度进口、科技支撑的粮食安全战略。与此同时，第 14 条、第 15 条，对保障粮食安全的“两个要害”，即耕地和种子也作了明确规定，这些都要认真贯彻落实。

## 二、要培养造就新型职业农民队伍

我国还处在工业化、城镇化的发展阶段，乡村人才、土地、资金等要素总的看仍然是单向流入城市，可以说处于“失血”、“贫血”状态。特别是人才问题，很多地方由于青壮年劳动力外出务工，形成空壳村，出现了“386199”部队的现象，一定程度上影响了农村发展。

如何解决好乡村振兴的人才问题，法律有明确的规定。第三章讲了乡村振兴的人才支撑，包括完善人才工作体制机制、改善农村教育条件、加强乡村医疗队伍建设、大力发展职业教育和继续教育、促进人才向乡村流动等，这为乡村振兴的人才支撑提供了法律保障。

乡村人才振兴，要抓住培养造就新型职业农民队伍这个关键。要广泛依靠农民、教育引导农民、组织带动农民，激发广大农民群众投身乡村振兴、建设美好家园的主动性、积极性、创造性。对于思想政治教育，在城市、公职人员当中，有专门的机构、队伍和机制、制度，但在农村、农民当中，还普遍比较薄弱。要把对农民的教育作为落实这部法律的一个重点，完善教育机制、灵活教育方式，教育他们爱党爱国，热爱社会主义，加强社会公德、职业道德、家庭美德、个人品德建设，普遍提升农民的思想政治素质和文化素质。要组织开展农业技能培训、返乡创业就业培训和职业技术培训，培养有文化、懂技术、善经营、会管理的高素质农民和农村实用人才、创新创业带头人。

## 三、要传承好农村优秀传统文化

习近平总书记深刻指出，乡村不仅要塑形，更要铸魂。

我国历史悠久，在广大农村地区，形成了丰富多彩的优秀文化和优良传统。比如，向上向善、尊老爱幼、重义守信、勤俭持家、家庭和睦、邻里和谐等，都是我国农村传统文化的精髓；武术、戏曲、舞龙、舞狮、锣鼓等民间艺术、民俗表演，还有各具特色的传统节日、传统工艺、民歌小调，都属于我国民间乡土文化；历史悠久的古村落、古民居、少数民族传统村寨等，都是中华传统文化的物质精品。以上这些，都是推动乡村振兴的宝贵资源。

乡村振兴促进法对乡村文化有专章规定。一方面，要通过传承发扬优秀传统文化，采取措施保护农业文化遗产和非物质文化遗产，挖掘优秀农业文化深厚内涵，对历史文化名镇名村、传统村落和乡村风貌加强保护，引导特色鲜明、优势突出的乡村文化产业发展。另一方面，要推进移风易俗、破除陈规陋习，倡导科学健康的生产生活方式，发挥村规民约积极作用，创建文明村镇、文明家庭，培育文明乡风、良好家风、淳朴民风，建设文明乡村。

## 四、要加强农村生态环境保护

良好生态环境是农村最大优势和宝贵财富。在我们这一代人的记忆中，小时候的农村，呈现的是河里游泳、溪里捉鱼、池塘洗菜、上树摘果的景象。过去若干年来，由于各种原因，一些地方不顾资源环境的承载能力，搞围湖造田、毁林造地、过度养殖、过度放牧、滥用农药等，加之农村污水处理、垃圾处理设施跟不上，甚至没有污水处理、垃圾处理设施，造成农业面源污染，影响农村居住环境。这种情况在党的十八大后虽然有了历史性的巨大改变，但农村的生态环境仍然一点也不容乐观。

实施乡村振兴促进法，一个重要任务，就是推行绿色发展方式和生活方式，让生态美起来、环境靓起来，再现山清水秀、天蓝地绿、村美人和的美丽画卷。要加强农业面源污染防治，推进农业投入品减量化、生产清洁化、废弃物资源化、产业模式生态化。要推进国土综合整治和生态修复，加强森林、草原、湿地等保护修复，开展荒漠化、石漠化、水土流失综合治理，改善乡村生态环境。要综合整治农村水系，因地制宜推广卫生厕所和简便易行的垃圾分类，持续改善农村人居环境。

## 五、要加强农村基层政权建设，巩固和确保党长期执政的基层基础

乡村振兴促进法和各项政策，最终要靠农村基

层组织来落实。我们在基层工作都知道,农村凡是发展好的地方,都有一个好的支部,一个好的书记。基层组织建设好了,党的基层政权就牢固,实现全面振兴就有希望。

从农村基层组织建设的角度,法律重点强调三个层面:一是加强乡镇、村“两委”组织和能力建设;二是完善农村社会组织、基层群团组织建设,发挥他们在团结群众、联系群众、服务群众等方面的作用;三是健全农村集体经济组织,以及农民专业合作社、家庭农场、农业企业等多种经营主体。从强化基层政权角度,法律强调要以乡镇党委和村党组织建设为主线,突出政治功能,提升组织力,宣传党的主张,贯彻党的决定,领导基层治理,团结动员群众,发挥其在改革发展稳定中的全面领导和战斗堡垒作用,同时加强乡镇人民政府社会管理和服务能力建设,把乡镇建成乡村治理中心、农村服务中心、乡村经济中心。

法律没有过多地、具体地去讲基层党组织建设,但实际上,农村基层党组织在乡村振兴中发挥的是全面领导作用。村党组织是党在农村的基层组织,乡镇党委既是党的基层组织又是党在农村的政权机构,这两级党组织是党在农村全部工作和战斗力的基础,削弱了这些组织就削弱了党对“三农”工作的领导,动摇了这些组织就动摇了党在农村的执政根基。实施乡村振兴战略,一方面必须坚持党的领导,一方面必须有利于强化党在基层的政权。法律有几处讲到了党的领导,其中第 4 条讲到,“全面实施乡村振兴战略,应当坚持中国共产党的领导”;第 42 条讲到,“中国共产党农村基层组织,按照中国共产党章程和有关规定发挥全面领导作用。村民委员会、农村集体经济组织等应当在乡镇党委和村党组织的领导下,实行村民自治,发展集体所有制经济,维护农民合法权益”。这些条款都是强化党的领导和巩固党的基层政权的法律规定,我们就是要旗帜鲜明地坚持。对此,一定要有正确的认识和全面的理解。

## 六、要保障好维护好农民的合法权益

实现乡村振兴,说来说去,最为根本的就是要保障好维护好农民合法权益,让农民过上更好的日子。

保障好维护好农民的合法权益,这是贯穿法律始终的一条主线。可以说,法律的每一条,要么是促进农业农村发展,要么就是保障维护农民的权益;促进农业农村发展,也是保障维护农民的权益。

除此之外,法律还在不同的条款中,专门强调了农民权益的保护。比如,总则第 4 条提出,要坚持农民主体地位,充分尊重农民意愿,保障农民民主权利和其他合法权益。第 51 条规定,严禁违背农民意愿、违反法定程序撤并村庄。第 55 条规定,要促进在城镇稳定就业和生活的农民自愿有序进城落户,不得以退出土地承包经营权、宅基地使用权、集体收益分配权作为农民进城落户的条件。第 57 条规定,全面落实城乡劳动者平等就业、同工同酬,依法保障农民工工资支付和社会保障权益,等等。特别是农民关心关切的问题,在法律中也都有具体回应,让农民吃上了长效的“定心丸”。

乡村振兴促进法是党中央关于乡村振兴重大决策部署的法律体现。实施好法律,还有几项具体工作要抓好:一是各级政府要承担起应有的职责。法律中“政府应当”的表述出现了 51 次,第 9 章还明确了目标责任制和考核评价制。各级政府及其相关部门要严格执行法律规定,确保不打折扣、不作变通。二是各级人大要发挥好职能作用。法律第 70 条规定,政府应当向同级人大或其常委会报告乡村振兴促进工作情况。各级人大要高度重视,认真做好听取审议专项工作报告的有关工作,不断完善工作机制,切实履行好这一法定职责。三是加快完善法律制度体系。现有的涉农法律有综合法,比如农业法,也有专业性法律,比如农村土地承包法、农民专业合作社法、种子法、畜牧法、农产品质量安全法等。要对这些法律进行研究梳理,适应农业农村发展需要,统筹开展制定和修改工作。抓紧制定配套规章制度,将法律确定的重要原则和制度要求等转化为可操作、能考核、能落地的制度措施。有立法权的地方要在乡村振兴促进法的总体框架下,结合地方实际,及时制定配套法规,完善乡村振兴的地方立法。四是做好普法宣传。通过多种方式解读法律政策,让广大农村干部群众准确理解把握法律相关规定。抓住领导干部这个关键,加强学习培训,增强运用法治思维和法治方式推进乡村振兴的能力和水平。以农民丰收节等活动为契机,加大普法宣传力度,生动展现农业农村发展成就,在全社会营造依法推进乡村全面振兴的良好氛围。

总之,乡村振兴促进法的出台,农民群众都很期待,社会各方面都很关注。我们要进一步提高政治站位,从各自职责出发,抓好贯彻实施和学习宣传工作。

# 秉持人类命运共同体理念
# 携手共建人与自然和谐共生的美丽世界

——在 2021 年生态文明贵阳国际论坛上的主旨演讲

(2021 年 7 月 12 日)

栗战书

尊敬的各国政要、前政要，
尊敬的各位嘉宾，
女士们，先生们，朋友们：

在生态文明贵阳国际论坛开幕之际，我谨代表中国政府和人民，代表习近平主席，向本届论坛的召开表示热烈的祝贺，向出席论坛的各位嘉宾、各位朋友表示热烈的欢迎！

中国共产党和中国政府高度重视生态文明建设。中共十八大以来，以习近平同志为核心的中共中央把生态文明建设纳入中国特色社会主义总体布局，在推进生态文明建设的实践中，形成了习近平生态文明思想。这一思想，深化了对自然规律、人类社会发展规律的认识。习近平主席提出的"坚持人与自然和谐共生"，揭示了人与自然是生命共同体，人类善待自然，自然也会馈赠人类；提出的"绿水青山就是金山银山"，揭示了经济发展与生态环境保护的关系，保护生态环境就是保护生产力，改善生态环境就是发展生产力；提出的"良好生态环境是最普惠的民生福祉"，揭示了生态产品的本质属性，反映了人民群众对美好生活的新要求新期盼；提出的"山水林田湖草沙综合治理"，揭示了生态是统一的、平衡的自然系统，是相互依存、紧密联系的有机链条，人类利用自然、改造自然要尊重自然客观规律，人类的一切活动都要以不破坏生态平衡为前提。这些新理念新思想新战略、新观点新判断新要求，为中国生态文明建设提供了有力的理论指导和行动指南。

在习近平生态文明思想的引领下，中国把生态文明建设提升到国家战略全局的高度来认识，把节约资源和保护环境确立为基本国策，把可持续发展确立为国家战略，采取一系列根本性、开创性、长远性工作，推进重大生态工程建设，打响污染防治攻坚战，织密生态环保法律网，推动生态环境保护发生了历史性、转折性、全局性变化。在中国大地上，蓝天白云日日常见，绿色版图不断扩展，绿色经济加快发展，能耗物耗不断降低，城乡环境更加宜居，在经济快速发展的同时，实现了生态环境质量同步改善、日益优良。过去 10 年，中国森林资源增长面积超过 7000 万公顷，居世界首位。全国各级各类自然保护地面积占到陆域国土面积的 18%，90% 的陆地生态系统类型和 85% 的重点野生动物种群得到有效保护。建成全球最大的清洁能源系统，光伏、风能装机容量和发电量均居世界首位，新能源汽车产销量、保有量占世界一半。我们可以自豪地说，在生态文明建设的征程上，中华大地正在进行一场发展理念和发展方式的深刻变革。

作为世界大家庭的一员，中国一直承担着负责任大国应有的责任。中国政府积极参与生态环境保护与气候变化国际合作，批准落实联合国主导的重要国际公约，率先发布实施可持续发展战略国家方案，是世界上第一个大规模开展 $PM_{2.5}$ 治理的发展中大国，形成了世界最大的污水处理能力，成为对全球臭氧层保护贡献最大的国家。近年来，中国进一步强化自主责任，以实际行动展示应对气候变化的决心。中国积极推动气候变化《巴黎协定》的签署、生效、实施，成为首批完成批准协定的缔约方；2020 年 9 月，习近平主席在第 75 届联合国大会一般性辩论上宣布，中国将提高国家自主贡献力度，采取更加有力的政策和措施，力争到 2030 年前二氧化碳排放达到峰值，努力争取 2060 年前实现碳中和；12 月 12 日，习近平主席出席联合国气候雄心峰会，进一步向世界宣布，到 2030 年，中国单位国内生产总值二氧化碳排放将比 2005 年下降 65% 以上，非化石能源占一次能源消费比重将达到 25% 左右，森林蓄积量将比 2005 年增加 60 亿立方米，风电、太阳能发电总装机容量将达到 12 亿千瓦以上。中国历来重信守诺，我们将全面落实既定目标，为保护生态环境、保育生物多样性、应对气候变化作出更大贡献。

女士们,先生们,朋友们!

今年是中国共产党成立100周年。7月1日,中共中央总书记习近平同志在庆祝中国共产党成立100周年大会上发表重要讲话,庄严宣告中国全面建成小康社会,实现了第一个百年奋斗目标,正在向着全面建成社会主义现代化强国的第二个百年奋斗目标迈进。中国的现代化是人与自然和谐共生的现代化。我们将秉持人类命运共同体理念,与国际社会一道,共同为应对全球气候环境挑战、维护地球生态安全作出积极贡献。

第一,要牢固树立生态文明理念。生态环境没有替代品,用之不觉,失之难存。环境就是民生,青山就是美丽,蓝天也是幸福。生态文明建设同每个人息息相关。要深刻认识生态兴则文明兴、生态衰则文明衰这一历史规律,像保护眼睛一样保护生态环境,像对待生命一样对待生态环境,让良好生态环境成为人民生活改善的增长点、成为经济社会持续健康发展的支撑点,坚定不移走生产发展、生活富裕、生态良好的文明发展道路。

第二,要加快推动绿色低碳发展。生态环境问题归根到底是发展方式和生活方式问题。"十四五"时期,中国生态文明建设进入了以降碳为重点战略方向、推动减污降碳协同增效、促进经济社会发展全面绿色转型、实现生态环境质量改善由量变到质变的关键时期。我们将把实现减污降碳协同增效作为总抓手,抓住资源利用这个源头和产业结构调整这个关键,加快建立健全绿色低碳循环发展的经济体系,加快形成简约适度、绿色低碳的生活方式。降低二氧化碳排放、应对气候变化不是别人要我们做,而是我们自己要做。中国正在制定碳达峰、碳中和顶层设计文件,编制碳达峰行动方案,将明确时间表、路线图、施工图,推动经济社会发展建立在资源高效利用和绿色低碳发展的基础之上。

第三,要全面加强污染防治工作。污染防治是一个长期的过程,一天也不能停歇。有污染要坚决治理,更重要的是防止污染、杜绝污染。我们将严守生态保护红线、环境质量底线、资源利用上线,把经济活动、人的行为限制在自然资源和生态环境能够承受的限度内。强化多污染物协同控制和区域协同治理,继续打好蓝天保卫战、碧水保卫战、净土保卫战。实施垃圾分类和减量化、资源化,强化白色污染、重金属污染、农业面源污染、新污染物的治理,加强危险废物、医疗废物收集处理,有效防范生态环境风险。坚持山水林田湖草沙一体化、系统化保护和修复,开展国土绿化行动和水土流失、荒漠化、石漠化治理,为子孙后代留下蓝天白云、繁星闪烁、清水绿岸的美丽家园。

第四,要健全完善法律制度体系。保护生态环境必须依靠制度、依靠法治。中国已经有了一套保护生态环境的完整制度规定,制定了30多部生态、环境、资源等相关法律,形成了环保督察、执法检查的严格落实机制。我们将继续加强生态文明法律和制度建设,强化绿色发展法律和政策保障,健全自然资源资产产权制度和法律法规,用法治的力量保护生态环境、促进绿色发展。深入推进生态文明体制改革,完善环境保护、节能减排约束性指标管理,建立健全稳定的财政资金投入机制。完善资源环境价格机制,推进排污权、用能权、用水权、碳排放权市场化交易,发展绿色金融,充分发挥市场机制在生态文明建设中的作用。

第五,要积极推动国际交流合作。保护生态环境、应对气候变化,是全人类面临的共同挑战。中国是全球生态文明建设的重要参与者、贡献者、引领者。我们要坚持共同但有区别的责任原则、公平原则和各自能力原则,坚定维护多边主义,加强应对气候变化、海洋治理、生物多样性保护等领域国际合作,认真履行国际公约,主动承担同国情、发展阶段和能力相适应的环境治理义务。加强南南合作,加强同周边国家的合作,共同打造绿色"一带一路",让生态文明建设造福沿线国家和人民。中国将承办《生物多样性公约》第十五次缔约方大会,我们将同各方一道,为推动全球生物多样性治理作出积极贡献。

女士们,先生们,朋友们!

贵州既是生态文明建设的探索者,也是生态文明建设成果的受益者。贵州的生态文明建设,是中国生态文明建设成就的一个缩影。过去的贵州,曾经因为严重的石漠化、水土流失问题,一些地方陷入生态破坏—经济贫困—人口膨胀的恶性循环之中,一度成为中国贫困面最大、贫困人口最多、贫困程度最深的省份。中共十八大以来,贵州建立了国家生态文明建设试验区,坚持守好发展和生态两条底线,**按照创新、协调、绿色、开放、共享的新发展理念指导发展,把绿水青山真正变成了金山银山。**10年来,贵州森林覆盖率年均提高2个百分点,达到61.5%。现在的贵州,923万绝对贫困人口全部脱贫,与全国同步全面建成小康社会,到处都是"江从白鹭飞边转,云在青山缺处生"的美丽景象,一幅幅望得见山、看得见水、记得住乡愁的美丽画卷，正在多彩贵州大地上徐徐铺展开来。在贵州，我们真切感受到了绿水青山既是自然财富、生态财富，又是社会财富、经济财富，绿水青山就是金山银山！

女士们，先生们，朋友们！

在习近平主席的亲自指导支持下，生态文明贵阳国际论坛已经成为推动生态文明建设国际交流合作的重要平台，世界了解中国生态文明建设的重要窗口。本届论坛以“低碳转型、绿色发展——共同构建人与自然生命共同体”为主题，将举办一系列丰富的活动。希望与会嘉宾聚焦主题、畅所欲言，共商推动绿色低碳转型之策，共谋人与自然和谐共生之道，为推动构建人与自然生命共同体、构建人类命运共同体作出积极贡献。

祝 2021 年生态文明贵阳国际论坛圆满成功！

谢谢大家。

# 在第十三届全国人大常委会第三十一次会议联组会议上的讲话

（2021 年 10 月 22 日）

栗战书

今天的联组会议是审议固体废物污染环境防治法执法检查报告并开展专题询问。刚才 8 位同志提出询问，王勇同志和国务院有关部门、最高人民法院、最高人民检察院的负责同志回答了问题。大家本着高度负责的态度坦诚相见、沟通协商，专题询问达到了预期的目的和效果。关于固体废物污染环境防治法实施和固体废物污染防治工作的成效和问题，执法检查报告作了比较全面的反映，提出了 6 个方面建议，常委会组成人员在审议和询问时也提出了不少好的意见建议，请国务院及有关方面认真研究处理。

固体废物污染防治一头连着减污，一头连着降碳，是生态文明建设的重要内容，也是深入打好污染防治攻坚战的重要任务。现在，我国生态文明建设进入了以降碳为重点战略方向、推动减污降碳协同增效、促进经济社会发展全面绿色转型、实现生态环境质量改善由量变到质变的关键时期。8 月 30 日，习近平总书记主持召开中央全面深化改革委员会第二十一次会议，审议通过《关于深入打好污染防治攻坚战的意见》。这充分体现了党中央建设美丽中国的战略定力和坚强决心，也意味着污染防治工作面临新的挑战和更高的要求。总书记高度重视生态文明建设，讲了很多脍炙人口的金句。关于固体废物污染环境防治，总书记说“城市建设必须把人民宜居安居摆在首要位置，把最好的资源留给人民”、“垃圾是放错位置的资源，把垃圾资源化，化腐朽为神奇，是一门艺术”、“垃圾分类就是新时尚”等等。这些金句都是习近平生态文明思想的体现。我们要深入学习贯彻习近平生态文明思想、习近平法治思想，从人大职能定位出发，紧紧围绕深入打好污染防治攻坚战这一党中央重大决策部署，持续发力，以法治力量守护绿水青山。

这次固体废物污染环境防治法执法检查，是本届全国人大常委会连续第 4 年开展生态环保领域法律实施情况的检查。固体废物污染环境防治法自 1995 年制定实施后进行过 5 次修改，开展过两次执法检查。去年再次进行全面修订，把习近平生态文明思想、党中央部署要求写进法律，从 6 章 91 条增加到 9 章 126 条。这部法律实施以来，我国固体废物污染防治工作取得长足进步，收集、处理和利用能力都有明显提升。“十三五”期间，全国累计利用各类大宗固体废物 130 亿吨，利用率提高 5 个百分点。在检查中，各方面普遍反映，新修订的固体废物污染环境防治法抓住了防治的关键，是一部符合实际、切实管用的好法律。

同时也要看到，在推进高质量发展进程中，做好固体废物污染防治工作仍然十分艰巨。我国的固体废物增量和存量仍处于历史高位，随着经济的发展，在一定时间内总量可能还会增加，污染防治新老问题叠加。现在每年产生工业固体废物约 33 亿吨，历年累积的工业固体废物总量超过 600 亿吨，建筑垃圾、农业固体废物等也是数十亿吨甚至上百亿吨的规模，大量历史遗留的废渣、尾矿库污染防治还未完全解决。与此同时，我国固体废物的收集处理设施和能力缺口较大，综合利用率总体偏低，缺少高附加值、规模化利用的产品。现在，新能源产业快速发展，也会产生大量新的固体废物。对此，要有充分、冷静的判断，必须坚持系统观念，完整、准确、全面贯彻新发展理念，深入贯彻实施固体废物污染环境防治法等法律法规，在法治轨道上不断推动固体废物污染防治工作取得新成效。

结合执法检查和审议情况，我就法律的贯彻实施再强调几点意见。

**第一，把法律确立的"三化"原则贯彻体现于固体废物污染防治全过程、各方面。**固体废物污染环境防治法确立的一个重要原则就是坚持减量化、资源化、无害化，这部法律的重大制度、重要规定都是围绕"三化"原则来设计和运行的。

"三化"之中，首先是"无害化"。这是以人民为中心，保障人民身体健康和生命安全的必然要求，也是固体废物从产生、收集、处理到再利用的全过程都必须遵循的底线原则。"减量化"是固体废物防治的最佳途径，不管从哪个角度说，少产生甚至不产生固体废物都是最经济、对环境破坏最小的办法。我国是世界上固体废物产生量最大的国家之一，单位 GDP 固体废物产生量也远高于发达国家，"减量化"的空间非常大。"资源化"就是除害兴利、变废为宝，也是固体废物防治的治本之策。有一组数据，每回收利用 1 万吨废旧物资，可节约自然资源 4.12 万吨，节约能源 1.4 万吨标准煤，减少 3.7 万吨二氧化碳排放。有效回收利用固体废物资源，就相当于开启了"第二矿山"，而且还是一座富矿。我国人口总量大、资源人均占有率低的特殊国情，以及日趋复杂严峻的外部环境，要求我们必须大力推进固体废物资源化利用，这不仅是污染防治的需要，也是关系到国家能源资源安全、推进高质量发展、实现高水平自立自强的战略问题。

要统筹推进减量化、资源化、无害化，三者不可偏废。当然，不同地方的发展阶段和实际情况各有不同，防治工作可能各有侧重。在执法检查中，我看到不少地方主要还处于收集和无害化处理阶段，而上海等大城市固体废物收集和无害化处理已经达到很高的水平，正在向减量化和资源化利用方面集中发力。要认真总结推广好的经验做法，在工作中切实把"三化"原则落实落细，体现在技术、标准、体系和政策等方面，构建起减污和降碳一体谋划、一体部署、一体推进、一体考核的综合治理制度机制，不断提升固体废物污染治理的科学化、法治化、精准化、现代化水平。

**第二，持续抓好新增制度措施落实，用法律武器破解固体废物污染防治重点难点问题。**生活垃圾、医疗废物、洋垃圾、危险废物等方面的防治规定，是固体废物污染环境防治法新增的制度措施，也是针对人民群众反映强烈的重点难点问题规定的。禁止洋垃圾入境得到切实执行，去年年底基本做到零进口。医疗废物防治也在疫情防控关键时刻打了个漂亮仗，守住了阻断病毒传播链条的关口，总体来说控制得不错。

但也不是说有了法律规定，有关问题就都迎刃而解了。在检查中发现，一些制度措施还没有完全执行到位。比如，法律的配套法规、标准等的制定修订问题，各方面反映比较集中。实事求是地讲，有些配套法规、标准和名录存在滞后性，跟不上实际需要。建议国务院有关部门及时制定修订固体废物综合利用、产品包装和设计制造等标准，形成严密衔接的法规制度体系，打通固体废物污染环境防治法落地生根的"最后一公里"。

刚才大家提到的生活垃圾分类处理问题，也比较突出。法律中关于强化生活垃圾分类处理的规定，在各地进展不平衡，发达城市和一般城市、城市和乡村、东部和西部差距很大。上海走在前列，基本建成了生活垃圾全过程分类体系，现在在搞数字化转型，不少小区都安装了智能垃圾箱。但不少地方"混合倾倒、混合清运、混合堆放、混合处理"的情况仍然存在，有的地方群众议论"垃圾分类，分了个寂寞"，显然是不满意。生活垃圾一章增加了 17 条规定，都要逐条逐项对照落实，争取在这方面也打个漂亮的翻身仗。

刚才有委员提到快递、外卖包装的问题，这涉及法律第 68 条、第 69 条。今年 1 至 8 月，全国快递服务企业业务量累计完成 673.2 亿件，同比增长 40.1%。相比之下，快递包装减量化、绿色化、循环化水平还有很大差距。现在月饼等产品过度包装的问题依然普遍存在。产品包装简便实用就可以，不能过度铺张浪费。有关部门要把标准和管理卡得再严一点，执行力度再大一些，督促有关企业严格落实，在生产流通中念好反对过度包装的"紧箍咒"。

报告中列举了多处没有完全落实的条款，涉及法律第 8、16、29、36、70、73、75、78、79、81 条等。除了上面提到的，还有危险废物跨省转移、异地倾倒，与生活垃圾混杂堆放，相关审批和管理不规范、不精准、不协调的问题。实际上，这些重点难点问题大都是长期累积的结果，是固体废物污染治理中的"硬骨头"。新修订的固体废物污染环境防治法提供了治理原则、方法、路径和制度保障，后续需要重点关注执行，以钉钉子的精神抓好落实。

**第三，压实各方法律责任，加快形成政府、企业、公众共治的绿色行动体系。**法律实施效果好不好，关键在于政府责任是不是落实到位。要依法建立和实施好固体废物污染防治目标责任制和考核评价制度，督促各级政府及其有关部门依法履行好领导、规划、组织、协调、监督管理、信息公开等方面的职责。地方各级人大常委会在听取审议年度环境状况和环境保护目标完成情况报告时，要把固体废物污染防治情况作为重点关注内容，督促同级政府依法履职尽责。现在有的部门和执法人员运用法律武器解决问题的意识和能力不够，影响了法律实施的效果。其实，法治是推进工作的最好方式，能起到事半功倍的效果。各级人大和政府及有关部门都要尊法学法守法用法，切实增强依法推动工作的能力，更好用法治方式解决问题，维护人民权益。

实施法律、保护环境，政府要主导，企业、公众也要自觉履行法律义务。要加强法律引导和监督管理，督促企业落实治污主体责任，做到依法生产、依法排放。对企业环境违法行为要依法查处，坚决防止"企业得利、群众受害、政府买单"的现象。固体废物污染环境防治法是一部与居民生活息息相关、条款十分贴近居民生活方方面面的法律。上海徐汇区徐家汇街道提出：垃圾分类，党员须先行。针对该街道有 67 幢商务楼宇的企业和 2000 多名白领党员，街道社区党委发起了"党员'+'(油)、垃圾'-'(量)"活动，组建了志愿者团队，成为各楼宇垃圾分类的生力军、先锋队。他们还说，现在各家各户都将垃圾分类做得非常自觉，不分垃圾反倒感觉不自在了。在垃圾分类工作中，形成了"人心聚起来、垃圾分起来"、"拜拜塑料袋，OK 布袋袋"等广为流行的民间"金句"。从"屋里厢"到"垃圾箱"这段不长的距离，大家跨出了文明的距离，折射出了城市的软实力。要持之以恒地开展法律宣传普及工作，推动增强全民节约意识、环保意识、生态意识，从垃圾分类等点滴小事做起，一起为改善生态环境作努力，一起为绿色发展、可持续发展作贡献。

**第四，加强固体废物污染环境防治科技支撑，促进固体废物处置产业专业化、规模化发展。**推进固体废物污染治理大有可为，关键在于强有力的科技支撑。检查中，我们看到了不少科技治污方面的进展和成效。我实地考察上海老港固体废弃物综合利用基地，那里曾经垃圾遍地、臭味熏天、蚊蝇成片，现在是一座"智慧工厂"和国内领先的生态环保基地，每天数千吨垃圾在烈焰中化为清洁能源，炉渣则变身建筑材料，运营以来累计处理处置各类固体废物近 1 亿吨。这就是科技的力量。建议国务院和有关部门更加重视这方面研究和成果转化应用工作，特别是要针对我国"大量消耗、大量消费、大量废弃"的粗放型资源利用模式和固体废物产出模式，加大对传统制造业升级改造急需的先进适用技术的攻关力度，加大对 5G 技术、人工智能、物联网等信息技术的研究和运用，提升固体废物污染防治科学化、信息化水平。

"十四五"时期，我国固体废物处置的减量化和循环利用将加速推进，对固体废物处置产业的规模、结构等提出了新的要求。这是一个很大的产业，蕴藏着巨大的市场机遇。生态环境部发布的《2020 中国环保产业发展状况报告》显示，2019 年我国固体废物处置领域实现营收 6591.7 亿元、营业利润 698.3 亿元，两者占比均位居环保各细分领域第一位，分别为 41.1% 和 46.7%。有的机构预测，2025 年我国固体废物处置行业产值将达到 1.3 万亿元。近年来，以固体废物处置为主业的环保企业已经积累了大量的环保资产与项目，政府可以给予一些支持，推动加强技术突破，利用数字化手段提升项目整合运营效率，促进这一行业快速健康发展。

# 在家庭教育促进法实施座谈会上的讲话

（2021 年 11 月 22 日）

栗战书

今天，我们召开家庭教育促进法实施座谈会，目的是深入学习贯彻习近平总书记关于注重家庭家教家风建设的重要论述，推动这部法律的宣传普及和贯彻实施。刚才，全国人大常委会法工委、教育部、全国妇联、中国关工委、民政部、司法部等6家单位的负责同志结合各自职责谈了认识体会和具体举措，一位家长代表结合自己教育子女的亲身实践作了发言，大家思考得都很深，讲得也很好。

家庭是社会的基本细胞，家庭的前途命运同国家和民族命运紧密相连。党的十八大以来，习近平总书记站在培养担当民族复兴大任时代新人、确保党和国家事业后继有人的高度就家庭教育作出一系列重要论述。习近平总书记就注重家庭、注重家教、注重家风提出了一系列新理念新思想新要求，特别强调"要重视家庭文明建设，努力使千千万万个家庭成为国家发展、民族进步、社会和谐的重要基点"；强调"家庭是人生的第一所学校，家长是孩子的第一任老师，要给孩子讲好'第一课'，帮助扣好人生第一粒扣子"；强调"家庭教育涉及很多方面，但最重要的是品德教育，是如何做人的教育"；强调"家长要时时处处给孩子做榜样，用正确行动、正确思想、正确方法教育引导孩子"；强调"要在家庭中培育和践行社会主义核心价值观"。党的十九大和十九届四中、五中、六中全会都对家庭教育工作提出明确要求。十三届全国人大常委会贯彻落实党中央决策部署和习近平总书记重要指示要求，积极回应社会关切，加快家庭教育立法进程。家庭教育促进法由全国人大社会建设委员会牵头组织起草，今年1月初次提请审议，10月份常委会第三十一次会议审议通过，将于明年1月1日起正式施行。

重视家庭教育是中华民族的优良传统。过去古人常讲"耕读传家"、"望子成龙"、"仁义礼智信"等，民间也流传着"三娘教子"，"岳母刺字"、"孔融让梨"、"二十四孝"等家喻户晓的故事，很多在今天看来仍具有正面、积极的意义。我们制定家庭教育促进法，就是在继承中华民族传统美德的基础上，进一步适应新时代需求，以法治的力量来推动、促进家庭教育发展。这部法律共6章、55条，通篇贯彻了习近平总书记关于注重家庭家教家风建设重要论述的精神，核心是培养德智体美劳全面发展的社会主义建设者和接班人。贯彻实施好家庭教育促进法，首先要充分认识制定这部法律的重要意义。

**这是一部调动全社会力量共同做好家庭教育工作的法律。**"家是最小国，国是千万家。"家庭教育不仅是家庭内部的事务，同时也涉及公共福祉。这部法律最初的名字是家庭教育法，但几经反复论证，最后将法名确定为家庭教育促进法，就是表明，不仅每个家庭要重视家庭教育，还要动员全社会力量来做好家庭教育。家庭教育促进法，着眼于全面建设社会主义现代化国家的现实需要，通过制度设计，压实家庭责任，细化国家支持和社会协同，就是要推动实现家庭教育从单个家庭的以家规、家训、家书为载体的传统模式，向全社会的以法治为引领、以社会主义核心价值观为主要内容的新模式转换，将家庭教育由传统的"家事"，上升为新时代的"国事"。

**这是一部以"立德树人"为主线的法律。**品德教育在家庭教育中处于核心地位。习近平总书记指出，"青少年是祖国的未来、民族的希望。我们党立志于中华民族千秋伟业，必须培养一代又一代拥护中国共产党领导和我国社会主义制度、立志为中国特色社会主义事业奋斗终身的有用人才。"这一代又一代的有用人才，德是根本。家庭教育促进法，明确规定家庭教育的根本任务是立德树人，在内容上突出家庭教育"以德为先"的鲜明特色，就是要进一步培育弘扬社会主义核心价值观，发扬光大中华民族传统家庭美德。

**这是一部促进未成年人全面健康成长的法律。**未成年人的成长涉及社会生活方方面面，迫切需要健全的法律规范营造有利环境。目前，由全国人大及其常委会制定通过的教育类法律包括教育法、义务教育法、职业教育法、高等教育法、民办教育促进法、教师法、学位条例，加上家庭教育促进法，共有8部法律。其中，教育法是管总的，其他法律如义务教育法、高等教育法、职业教育法是针对教育的不同阶段或者专门领域的。而家庭教育促进法则适用于孕期和未成年人从婴幼儿时期到幼儿园、中小学的整个成长阶段，有关内容在法律条文中都有明确规定。家庭教育促进法，聚焦于家庭，夯实父母或者其他监护人的养育、教育责任，并为其提供科学指引和必要帮助，在内容上与未成年人保护法、预防未成年人犯罪法、教育法、义务教育法等法律有机衔接、密切配合，就是要进一步健全学校、家庭、社会协同育人机制，为未成年人健康成长提供更为完备的法治保障。

我们要站在实现中华民族伟大复兴战略全局的高度来正确理解家庭教育促进法，认真抓好法律的宣传普及和贯彻落实。这里，我拣几个重点讲一讲。

**第一，突出"以德为先"的鲜明导向。**法律明确规定，家庭教育以立德树人为根本任务。家庭教育跟其他教育一样，要解决好培养什么人、怎样培养人、为谁培养人这个根本问题。要理直气壮、春风化雨地进行理想信念和思想品德教育，从小就引导他们逐步增强对中华历史、中华文化、中国共产党、党的理论、中国道路、中国制度的认知和自信，从小就树立马克思主义的信仰、对中国特色社会主义的信念、对中华民族伟大复兴中国梦的信心。教育他们热爱中国共产党，热爱伟大的祖国、担当时代的责任、练就过硬的本领，以一生的真情投入、一辈子的顽强奋斗来体现爱国主义情怀。要注重从中华民族传统美德中汲取道德滋养，有饮水思源的感恩之心，感恩党和国家，感恩社会和人民，自觉抵制拜金主义、享乐主义、极端个人主义、历史虚无主义等错误思想，形成和铸就优良、高尚的品德素养。

家庭教育中，家风对道德品质的养成尤其重要。家风是一个家庭成员之间相互耳濡目染、潜移默化、激荡砥砺而形成的一种价值观念和行为习惯，包括精神风貌、道德品质、审美格调、整体气质。一句话，一个故事，一段记忆，都是家风的载体。在一定意义上讲，家风影响甚至决定一个人的人生观、价值观、名利观，什么样的家风决定什么样的家庭。对此，习近平总书记多次作出重要指示要求，对家庭、家教、家风教育亲自作出部署，因为这不仅仅是一个文化传统的问题，更是关系党和人民事业后继有人，是强国富民的大事。习近平总书记家庭的家教家风本身就是一个典型，值得我们学习。今年10月15日，中央党校《学习时报》刊载了《习仲勋的家风》，文章总结和梳理了“九条家风”，就是：忠诚为民、严格自律、勤俭节约、低调谦让、坚韧不拔、真诚坦荡、团结向上、仁爱崇善、父慈子孝。其中的许多事例和细节，读了让人很感动，也值得我们思考、总结、学习和传承。

2001年习老88岁生日时，总书记当时在福建任省长，不能回到北京给父亲拜寿，就写了一封祝寿信，表达了对父母的感激和敬重。这封信由总书记的姐姐代读。信中有这样几段话：“今天是您的88周岁生日，中国人将之称为米寿。若按旧历虚两岁的话，又是您90岁大寿。这是一个值得庆祝的大喜日子。昨晚我辗转反侧，夜不能寐，既为庆祝您的生日而激动，又因未能前往祝寿而感到遗憾和自责”，“您是一个农民的儿子，您热爱中国人民，热爱革命战友，热爱家乡父老，热爱您的父母、妻子、儿女。您用自己博大的爱，影响着周围的人们。您像一头老黄牛，为中国人民默默地耕耘着。这也激励着我将自己的毕生精力投入到为人民群众服务的事业中，报效养育我的锦绣中华和父老乡亲”，“我们从小就是在父亲的这种教育下，养成勤俭持家习惯的。这是一个堪称楷模的老布尔什维克和共产党人的家风。这样的好家风应世代相传”。习老听完信后，当时就说：“还是以工作为重，以国家大事为重”，“为人民服务，就是对父母最大的孝！”总书记的母亲齐老后来说，“这封信，既是近平本人并代表儿女们对父亲真实情感的流露，也是一个革命后代继承先辈精神的誓言”。

习老特别注重教育子女们要低调谦让，在家谦让父母，谦让兄弟姐妹；在外，谦让长辈，谦让同学同事；谦让荣誉，谦让利益，谦让值得谦让的一切。在习近平同志读小学的时候，习老不止一次拿着课本给他讲《孔融让梨》的道理。习老更是率先垂范、言传身教，为子女们作出榜样。在“文革”期间，康生等人给习老扣上“反党集团”帽子，为了保护同志和下属，他尽可能把所谓的“罪名”都揽到自己身上，尽可能为别人开脱。子女们曾问习老这是为什么？习老说，这些所谓的问题，“放在他们身上就是西瓜，放在我身上就是芝麻。”这些教育，深深地影响了子女们，培养了他们宽容、大度、谦虚、真诚的品格。习老在最后的日子里，多次对儿女们说：“我没有给你们留下什么财富，但给你们留了个好名声！”

毛泽东同志的家教家风也是我们学习的榜样。1946年，毛岸英从苏联回到延安，父子分别19年，喜悦之情溢于言表。回来后，才一起在家吃了两天饭，毛泽东就要求他住到机关，和其他同志一起在食堂大灶吃饭。之后，又送到延安吴家枣园村上“劳动大学”，跟劳动英模吴满有开荒、种地。临行前，毛泽东同志对孩子说：“过去你是吃面包喝牛奶，回来要吃中国饭，吃陕北的小米，小米可养人哪！”几个月后，因为胡宗南进攻延安，毛岸英回来时，毛主席看着他头扎白毛巾，身上穿着灰土布汗褂褂，脸也晒黑了，跟陕北农民一个样，主席就说：“好哇！白胖子变成了黑胖子了！”拉着他的长着厚厚茧子的手说：“这就是‘劳动大学的毕业证书’”。1950年，毛泽东又把毛岸英送到了朝鲜战场，毛岸英最终英勇牺牲在朝鲜战场。

陈毅同志十分重视对儿女的教育方式，曾多次作书以示儿女。1961年7月，其子陈丹淮考上了哈尔滨军事工程学院，陈毅同志就写了《示丹淮》一诗给子女。这首诗分两个部分，白天写成了之后，还是放心不下，晚上又提笔写了下半部分。其中心的思想，就是叮嘱孩子要信党爱党、重德修德、爱民为民，诗中写的“汝是党之子，革命是吾风”，“人民培养汝，报答立事功”，“祖国如有难，汝应作先锋”，

"尤其难上难，锻炼品德纯"，"人民培养汝，一切为人民"，"革命重坚定，永作座右铭"等，体现的都是老一辈的高尚品质和革命情怀。

习近平总书记说："不论时代发生多大变化，不论生活格局发生多大变化，我们都要重视家庭建设，注重家庭、注重家教、注重家风。"我们制定和实施家庭教育促进法，就是要用习近平新时代中国特色社会主义思想铸魂育人，厚植社会主义、爱国主义情怀，加强党的优良传统和作风教育，把社会主义核心价值观融入家庭教育的全过程各方面。

**第二，切实推动未成年人的父母或者其他监护人担负起家庭教育的主体责任。**家庭教育主要是父母对子女言传身教、潜移默化的影响。家庭教育促进法第2章就是"家庭责任"，用了10个条文来规定父母或者其他监护人的主体责任，包括树立责任意识和正确教育理念，开展家庭建设，家庭教育的内容、方式方法，与中小学校、幼儿园婴幼儿照护服务机构、社区密切配合等。既有对家长开展家庭教育的具体指引，也有针对实际问题作出的明确规范。比如，对当前反映强烈的"丧偶式育儿"的现象，法律明确要求父母双方都要加强亲子陪伴、关心孩子成长。即使未成年人的父母分居或者离异，也不能拒绝或者怠于履行家庭教育的责任。刚才，家长代表的发言，对这些认识就很到位。我们就是要让广大家长牢固树立家庭教育主体责任的意识，自觉学习家庭教育理念、知识和方法，提高家庭教育的能力和水平，从每一位父母做起，真正把素质教育的根本理念、立德树人的根本任务落到实处。

这部法律还与正在开展的减轻学生作业负担、减轻校外培训负担的教育"双减"政策进行了衔接，要求合理安排未成年人学习、休息、娱乐和体育锻炼的时间，实现家庭教育、学校教育、社会教育协同。贯彻实施好这部法律，就是在法治轨道上落实教育"双减"政策的具体行动，就是让家长、学校和社会各方面按照科学规律和正确理念办事，防止教育"内卷"和情绪焦虑，发挥好家庭教育带动实现青少年健康成长、社会和谐稳定的作用。

**第三，全面落实国家有关方面的法定职责。**当前家庭教育领域存在的问题，很大一部分与我国社会转型速度加快、传统的家庭结构和功能发生深刻变化有关，仅靠家长一方承担责任是不够的。现在全国农村留守儿童有七八百万人，多数由祖父母或外祖父母"隔代"照护，存在很多问题；一些父母或者其他监护人也缺少正确的家庭教育理念和科学的家庭教育方法，这些都需要国家有关方面提供引导和支持。这次制定法律，明确对各级政府及有关部门、法院、检察院、妇联、工会、共青团、残联、科协、关工委等各方面的职能作用提出要求，以专章规定了国家支持家庭教育的举措。特别是教育行政部门和妇联，承担着家庭教育工作的日常事务，既要把各自系统的家长学校办好，还要加强沟通配合，统筹协调社会资源，协同推进覆盖城乡的家庭教育指导服务体系建设。各级政府和有关方面也要通过建设共享服务平台、开设网课、线上线下结合等方式，补足家庭教育资源分布不均衡的短板，扩大优质家庭教育资源的覆盖面，提高教育资源的利用率。总之，各方面要密切合作，加大工作力度，切实担负起法律规定的各项职责，为家庭教育特别是留守儿童和困难家庭的家庭教育提供帮助、创造条件，共同做好这项重要工作。

**第四，充分调动各方面的积极性共同抓好社会协同这篇大文章。**家庭教育是大教育的组成部分，需要社会各方面协调一致、共同发力，形成全链条的协同工作机制。法律专设"社会协同"一章，规定了居委会、村委会、中小学、幼儿园、医疗保健机构、公共文化服务机构等的家庭教育指导服务职能，涉及从母亲孕产期到婴幼儿、中小学各阶段的不同需求。这里要特别强调两点。一个是落实好中小学校的配合。家校配合对做好家庭教育至关重要。家庭教育促进法规定了县级以上地方人民政府推进家校配合的责任，并用5个条文对中小学、幼儿园开展家庭教育指导服务作出规定。地方各级人民政府要认真履行法定职责，督促指导中小学、幼儿园做好家庭教育指导服务。另一个是利用好丰富的优秀传统文化和红色文化资源。各公共文化服务机构和爱国主义教育基地，要善于挖掘上述资源的家庭教育价值，积极开发相关公共文化服务产品，定期组织公益性家庭教育宣传和实践活动，在服务家庭教育中传承优秀传统文化，赓续红色血脉。在这方面，今年围绕建党百年举办的一系列庆祝纪念活动对未成年人影响就很大，起到了很好的红色教育效果。

**第五，运用多种形式加强对法律的宣传教育普及。**这是我国首部关于家庭教育的专门立法，立法理念比较新，有关制度规定涉及千家万户，一定要做好宣传解读工作。国家就家庭教育专门立法，不仅是提要求、立规矩，也是为家庭赋能、为家长提供帮助，这一点要在宣传中讲清楚、说明白。要组织好对重点法律条文内容的宣讲解读，特别是要结合社会公众热议的问题，有针对性地解疑释惑，让广大人民群众真正理解这部法律，真正拥护这部法律，真正践行这部法律。宣传要注意方式方法，讲求实效。既要在全国家庭教育宣传周开展集中宣传，也要注重在日常工作中开展常态化宣传，充分发挥传统媒体和新媒体的优势特点，贴近生活、贴近实际、贴近家庭，引导人们自觉承担家庭责任，形成良好社会风尚。

总之，家庭教育促进法的出台，社会关注、意义重大。我们要提高政治站位，强化责任担当，从各自职责出发，把这部法律的学习宣传和贯彻实施抓紧抓实、抓出成效，为促进未成年人健康成长、增进家庭幸福和社会和谐作出应有的贡献。

# 在第八个国家宪法日座谈会上的讲话

（2021 年 12 月 3 日）

栗战书

在第八个国家宪法日来临之际，我们举行座谈会，目的是深入学习贯彻习近平新时代中国特色社会主义思想，贯彻落实党的十九届六中全会和中央人大工作会议精神，坚定历史自信、担当历史使命，在新时代新征程上推动宪法全面实施，不断发展全过程人民民主，更好发挥宪法在全面建设社会主义现代化国家中的重要作用。

刚才，9 位同志作了发言，从不同角度谈了对学习贯彻宪法的思考和认识，讲得都很好。

今年是中国共产党成立一百周年，在这个对中华民族、对人类社会都具有重大历史意义的节点上，党中央成功举办庆祝中国共产党成立 100 周年系列活动，习近平总书记发表重要讲话，党的十九届六中全会通过关于党的百年奋斗重大成就和历史经验的决议。党中央还召开了中央人大工作会议，在我们党的历史上、人民代表大会制度历史上都是第一次。习近平总书记出席会议并发表重要讲话，深刻阐述坚持和完善人民代表大会制度、不断发展全过程人民民主的一系列重大理论和实践问题；党中央印发关于新时代坚持和完善人民代表大会制度、加强和改进人大工作的意见。总书记的这一系列重要讲话、六中全会决议、中央人大工作会议精神，对于我们学习贯彻好宪法具有十分重要的指导意义。这里，我谈以下几点。

**第一，我国宪法凝聚着党带领人民百年奋斗取得的伟大成就和宝贵经验，学习贯彻宪法，必须毫不动摇做到“两个坚持”**

习近平总书记指出，我国宪法发展史是中国近现代史的一个缩影。1840 年鸦片战争以后，中国逐步成为半殖民地半封建社会。为了民族复兴，无数仁人志士进行了各种形式的探索，各种宪法文件先后推出，各种政治势力反复博弈，但都以失败而告终。历史证明，不推翻压在中国人民身上的三座大山，不实行人民民主，任何宪法都不可能得到人民拥护，都不能起到推动我国社会发展进步的作用。

中国共产党成立以后，始终把为中国人民谋幸福、为中华民族谋复兴作为自己的初心使命，团结带领全国各族人民不断夺取一个又一个伟大胜利，以百年奋斗书写了中华民族几千年历史上最恢宏的史诗。我们党在推进中国革命、建设、改革的实践中，高度重视宪法和法制建设。从建立革命根据地开始，我们党就进行了制定和实施人民宪法的探索和实践，1931 年，在中央苏区成立中华苏维埃共和国临时中央政府，颁布中华苏维埃宪法大纲；1946 年，在陕甘宁边区颁布陕甘宁边区宪法原则。这些代表性文献为新中国宪法的制定提供了宝贵的实践经验。

夺取新民主主义革命胜利，成立中华人民共和国，为制定中国历史上第一部真正意义上属于人民的全新宪法，奠定了政治前提。1949 年，中国人民政治协商会议第一届全体会议制定具有临时宪法作用的共同纲领。1954 年，第一届全国人民代表大会第一次会议召开，通过了中华人民共和国宪法。1982 年，根据党的十一届三中全会的路线方针政策，适应改革开放和社会主义现代化建设历史新时期的需要，五届全国人大五次会议通过了修改后的现行宪法；1988 年、1993 年、1999 年、2004 年，全国人大先后对宪法的个别条文和部分内容作出修正。根据党的十九大精神，2018 年，十三届全国人大一次会议通过宪法修正案，将党和人民在实践中特别是十八大以来取得的重大理论创新、实践创新、制度创新成果载入国家根本法。1949 年的共同纲领、

1954 年宪法、1982 年宪法及 2018 年的宪法修正案，这些党领导人民推进宪法制度建设的重大成果，党的十九届六中全会决议都给予了充分肯定。

我国宪法的一大特色和优势，就是凝聚了党和人民奋斗的成果和经验。现行宪法明确宣示：“本宪法以法律的形式确认了中国各族人民奋斗的成果”。毛泽东同志 1954 年 6 月在中央人民政府委员会第三十次会议上，阐释宪法草案为什么得到大家拥护、为什么好，第一条原因就是正确恰当地总结了经验。他说：“我们这个宪法草案，主要是总结了我国的革命经验和建设经验，同时它也是本国经验和国际经验的结合”。1954 年宪法在序言部分，用 900 多字总结了党领导人民进行新民主主义革命和新中国成立最初 5 年进行社会改革、推进建设的成就和经验。现行 1982 年宪法在共同纲领和 1954 年宪法基础上，总结了建国 30 多年社会主义革命和建设的经验。2018 年宪法修正案总结了党领导人民推进改革开放和社会主义现代化建设特别是开创中国特色社会主义新时代的历史进程中创造的新经验，确认了新成果。宪法所总结的历史成果、历史经验同十九届六中全会决议总结党的百年奋斗成就和经验，在精神实质上是完全一致的。

在宪法凝聚的历史成果和经验中，最重要、最根本的就是“两个坚持”，即始终坚持中国共产党的领导、始终坚持以党的指导思想为国家指导思想。宪法序言回顾总结中国近代以来发生的翻天覆地的伟大历史变革，得出结论：中国革命、建设和改革的成果都是在中国共产党领导下取得的，中国各族人民将继续在中国共产党的领导下前进。2018 年修改宪法，将习近平新时代中国特色社会主义思想写入序言，确立为国家指导思想，将“中国共产党领导是中国特色社会主义最本质的特征”写入总纲第一条。党的十九届六中全会决议深刻指出，党确立习近平同志党中央的核心、全党的核心地位，确立习近平新时代中国特色社会主义思想的指导地位，反映了全党全军全国各族人民共同心愿，对新时代党和国家事业发展、对推进中华民族伟大复兴历史进程具有决定性意义。结合“两个确立”，我们就能更加深刻地认识 2018 年修宪的重大政治意义、历史意义，更加深刻地认识“两个确立”、“两个维护”和“两个坚持”的历史必然。

习近平总书记指出，回顾我国宪法制度发展历程，我们愈加感到，我国宪法同党和人民进行的艰苦奋斗和创造的辉煌成就紧密相连，同党和人民开辟的前进道路和积累的宝贵经验紧密相连。总书记强调，坚持依宪治国、依宪执政，就必须坚持宪法确定的中国共产党领导地位不动摇，坚持宪法确定的人民民主专政的国体和人民代表大会制度的政体不动摇。我们学习贯彻宪法，第一位的就是坚定不移坚持党的全面领导，坚持以习近平新时代中国特色社会主义思想为指导，坚决维护以习近平同志为核心的党中央的权威和集中统一领导，确保党始终在国家政权中总揽全局、协调各方，始终成为国家和社会的最高政治领导力量，始终成为中国特色社会主义事业的坚强领导核心，坚决防范和抵制西方所谓“宪政”、多党轮流执政、“三权鼎力”、司法独立等政治思潮的侵蚀影响，也绝不能被“党大还是法大”这样的伪命题所迷惑。在这个根本问题上，我们必须头脑十分清醒、立场十分坚定、旗帜十分鲜明。

**第二，我国宪法是充分体现人民共同意志、充分保障人民民主权利、充分维护人民根本利益的好宪法，学习贯彻宪法，必须不断发展全过程人民民主**

民主是中国共产党和中国人民始终不渝坚持的重要理念。我们党始终高举人民民主的旗帜，通过实行最广泛的民主来制定真正的人民宪法，又通过宪法来保障中国人民真正实现当家作主，保障实践和发展全过程人民民主。

我们党在领导立宪修宪过程中，坚持过程民主和成果民主、程序民主和实质民主、直接民主和间接民主、人民民主和国家意志相统一，确保宪法充分反映人民的共同意志，具有最坚实、最深厚的民意基础。1954 年宪法草案初稿形成后，先组织国家机关、全国政协、各民主党派、人民团体以及社会各界代表 8000 多人进行讨论；之后，向全民公布宪法草案征求人民意见，在历时近 3 个月的讨论中，有 1.5 亿人参与，提出的意见建议经归纳整理后有 100 多万条。1982 年 4 月，全国人大常委会作出决议，将现行宪法草案交付全国各族人民讨论。这次全民讨论宪法草案时间长达 4 个月，全国各地 80% 到 90% 的成年公民参加讨论，群众参加规模之大、热情之高前所未有。在最近一次的修宪中，党中央广泛征求各地区各部门各方面的意见建议，习近平总书记专门主持召开党外人士座谈会，当面听取各民主党派中央、全国工商联负责人和无党派人士代表的意见和建议。坚持领导与群众相结合，坚持充分发扬民主、广泛凝聚共识，这样的制宪修宪充分彰显了人民民主的真谛。

我国宪法坚持国家一切权力属于人民，将党和人民关于民主的价值和理念转化为科学、有效、完整的制度安排。宪法确立我国人民民主专政的国体，确立人民代表大会制度的政体，确立中国共产党领导的多党合作和政治协商制度、民族区域自治制度、基层群众自治制度等基本政治制度，明确国家机构实行民主集中制原则，形成了全面、广泛、有机衔接的人民当家作主制度体系，构建了多样、畅通、有序的民主渠道。全体人民依照宪法和法律，实行民主选举、民主协商、民主决策、民主管理、民主监督，依法通过各种途径和形式管理国家事务，管理经济和文化事业，管理社会事务，通过全过程人民民主的制度程序和参与实践，把国家和民族的前途命运牢牢掌握在人民自己手中。

我国宪法赋予人民广泛的权利和自由，保障人民对美好生活的向往不断变为现实。宪法总纲确立国家尊重和保障人权的原则，明确国家在实现和扩大公民各方面权利的基本政策和措施。宪法第二章系统规定公民的基本权利和义务，明确规定公民在法律面前一律平等，赋予公民在政治、经济、文化、社会等各方面充分的权利。现行宪法实施 30 多年来，党和国家始终坚持发展为了人民、发展依靠人民、发展成果由人民共享，不断促进人的全面发展、社会全面进步。在改革开放和社会主义现代化建设时期，我国实现了人民生活从温饱不足到总体小康、奔向全面小康的历史性跨越。进入新时代，党和国家把实现人民对美好生活的向往作为奋斗目标，增进民生福祉、补齐民生短板，人民生活全方位改善，人民获得感、幸福感、安全感更加充实、更有保障、更可持续。在以习近平同志为核心的党中央坚强领导下，我国打赢脱贫攻坚战，历史性地解决了绝对贫困问题；夺取抗击新冠肺炎疫情斗争重大战略成果，最大限度保护人民生命安全和身体健康。中国全面建成小康社会，正朝着实现全体人民共同富裕的目标奋进。

习近平总书记指出："要在党的领导下，不断扩大人民有序政治参与，加强人权法治保障，保证人民依法享有广泛权利和自由。""我们要继续推进全过程人民民主建设，把人民当家作主具体地、现实地体现到党治国理政的政策措施上来，具体地、现实地体现到党和国家机关各个方面各个层级工作上来，具体地、现实地体现到实现人民对美好生活向往的工作上来。"我们学习贯彻宪法，就是要坚持以人民为中心，坚持国家一切权力属于人民，发展更加广泛、更加充分、更加健全的全过程人民民主，不断健全人民当家作主制度体系，充分发挥人民代表大会制度的根本政治制度作用，支持和保证人民通过人民代表大会行使国家权力，保障人民依法行使选举权、知情权、参与权、表达权、监督权，保障人民平等参与、平等发展权利，不断实现好、维护好、发展好最广大人民根本利益。

**第三，我国宪法明确了国家根本任务和奋斗目标，必须通过贯彻实施宪法推进全面建设社会主义现代化国家**

习近平总书记指出，我国宪法的一大特色就是明确规定了国家的根本任务、发展道路、奋斗目标，经济建设、政治建设、文化建设、社会建设、生态文明建设和国家各方面事业在宪法中都有体现、都有要求。正因为我国宪法具有把党的意志、人民的意志以根本大法形式转化为国家意志的鲜明特点，因此，我国宪法就能够有力地凝聚起全国各族人民的力量，有力地推动和保障国家事业发展。

现行宪法实施 30 多年来，党和国家适应时代变化和发展要求，不断充实完善宪法确立的目标、任务等大政方针。先后将社会主义初级阶段，中国特色社会主义道路，发展社会主义市场经济，推动物质文明、政治文明和精神文明协调发展，把我国建设成为富强、民主、文明的社会主义国家等内容写入宪法。这一系列重大修改，使宪法始终保持同时代发展要求同频共振，发挥根本法的规范、引领、推动、保障作用。

2018 年的修宪，一个重要内容是贯彻落实习近平新时代中国特色社会主义思想和党的十九大精神，调整充实中国特色社会主义事业总体布局和第二个百年奋斗目标的内容，明确提出"推动物质文明、政治文明、精神文明、社会文明、生态文明协调发展，把我国建设成为富强民主文明和谐美丽的社会主义现代化强国，实现中华民族伟大复兴"，并把"贯彻新发展理念"写入宪法，实现了国家发展目标、基本国策的与时俱进，从这个意义上说，使其成为新时代中国特色社会主义事业发展进步的宪法坐标。

今天，我们踏上全面建设社会主义现代化强国的新征程。我们学习贯彻宪法，就是要在党的领导下团结动员全国各族人民，按照"沿着中国特色社会主义道路，集中力量进行社会主义现代化建设"这一宪法确定的国家根本任务要求，锚定奋斗目标，统筹推进"五位一体"总体布局，协调推进"四个全面"战略布局，立足新发展阶段、贯彻新发展理念、构建新发展格局、推动高质量发展，让中国特色社会主义道路越走越宽广，让中国式现代化道路展现更强大的影响力和感召力。

习近平总书记关于宪法的重要论述，凝聚了我们党领导人民制定完善宪法、运用宪法治国理政的智慧和经验，是我们学习贯彻宪法的指引和遵循。我们要认真学习领会、全面贯彻落实习近平总书记关于宪法的重要论述精神和指示要求，更加深刻地认识到，维护宪法权威，就是维护党和人民共同意志的权威，捍卫宪法尊严，就是捍卫党和人民共同意志的尊严，保证宪法实施，就是保证人民根本利益的实现，切实尊崇宪法、严格实施宪法，在新时代新征程上更好展现国家根本法的力量。

**一要增强宪法自信。**宪法思想、宪法理论在国家制度和法律制度理论中处于基础性地位，要紧紧围绕习近平总书记关于宪法的重要论述，深化我国宪法理论研究，把宪法同党的百年奋斗历程联系起来、同实现“两大奇迹”联系起来、同人民群众对美好生活的向往联系起来，总结好阐释好我国宪法制度发展的历史经验和宪法的优势特色、实践功效，推动全党全国各族人民坚定宪法自信，为坚定“四个自信”提供理论支撑。

**二要用科学有效、系统完备的制度体系保证宪法实施。**宪法确立的制度、原则、规则，需要通过法律法规来得到贯彻落实。要加快完善以宪法为核心的中国特色社会主义法律体系，加强重点领域、新兴领域、涉外领域立法，健全国家治理急需、满足人民群众日益增长的美好生活需要必备的法律制度。完善特别行政区同宪法和基本法实施相关的制度和机制，维护好宪法和基本法确定的特别行政区宪制秩序。

**三要加强宪法实施和监督。**各级人大、政府、监委、法院、检察院都要严格依照宪法法律积极主动、独立负责、协调一致开展工作。全国人大及其常委会要担负起监督宪法实施的重要职责，加强对宪法法律实施情况的监督检查，推进合宪性审查工作，提高备案审查工作质量。地方各级人大常委会要保证宪法法律在本行政区域内得到遵守和执行，自觉维护国家法治统一。

**四要弘扬宪法精神。**今年，全国人大常委会作出了“八五”普法决议，中央宣传部、司法部出台“八五”普法规划，都把宣传宪法摆在突出位置。要认真贯彻落实决议和规划要求，深入持久开展宪法宣传教育，加强宪法实施案例宣传，全面落实宪法宣誓制度，不断拓展宪法宣传教育的深度和广度，让宪法精神深入人心。

宪法承载了中国共产党百年奋斗重大成就和历史经验，承载了14亿人民共圆民族复兴的伟大梦想。在新中国第一部宪法出台前，毛泽东同志说到：“我们现在要团结全国人民，要团结一切可以团结和应当团结的力量，为建设一个伟大的社会主义国家而奋斗。这个宪法就是为这个目的而写的。”今天，在我们党团结带领人民踏上实现第二个百年奋斗目标新征程的重要历史时刻，习近平总书记号召我们：“勿忘昨天的苦难辉煌，无愧今天的使命担当，不负明天的伟大梦想，以史为鉴、开创未来，埋头苦干、勇毅前行，为实现第二个百年奋斗目标、实现中华民族伟大复兴的中国梦而不懈奋斗。”让我们更加紧密地团结在以习近平同志为核心的党中央周围，全面贯彻习近平新时代中国特色社会主义思想，共同把宪法维护好贯彻好实施好，依照宪法推动国家各项事业、各方面工作，在新时代新征程上赢得更加伟大的胜利和光荣，以优异成绩迎接党的二十大召开！

**附：**

# 在国内执法检查和调研座谈时的新闻通稿

## 栗战书在全国人大常委会固体废物污染环境防治法执法检查组第一次全体会议上指出<br>深入学习贯彻习近平生态文明思想和习近平法治思想<br>推动固体废物污染环境防治法全面贯彻落实

**新华社北京3月29日电** 中共中央政治局常委、全国人大常委会委员长栗战书29日在京主持召开全国人大常委会固体废物污染环境防治法执法检查组第一次全体会议。栗战书强调，要持续深入学习贯彻习近平生态文明思想、习近平法治思想，运用法治方式巩固和深化污染防治攻坚战成果，周密部署、精心安排，确保执法检查取得实实在在的效果，推动新修订的固体废物污染环境防治法得到全面贯彻落实。

栗战书说，党的十八大以来，以习近平同志为核心的党中央高度重视生态文明建设，坚决向污染宣战，谋划开展了一系列根本性、开创性、长远性工作，推动污染防治攻坚战取得显著成效。贯彻党中央决策部署，本届全国人大常委会用 3 年时间先后开展大气污染防治法、水污染防治法、土壤污染防治法的执法检查。这次固体废物污染环境防治法执法检查是第四年对生态环保领域重要法律实施情况进行检查，今年还要听取审议年度环境状况与依法打好污染防治攻坚战工作情况报告等，目的就是通过完善法律制度、强化法律实施监督，持续用力推进污染防治和生态环境保护。

栗战书指出，习近平总书记多次对固体废物污染防治作出重要指示批示，为做好这项工作提供了指引和遵循。固体废物具有量大面广、种类繁多、性质复杂和危害程度深等特点，是大气、水、土壤的重要污染来源。经过各方面不懈努力，我国固体废物污染防治工作取得长足进步，同时防治形势依然严峻。固体废物污染环境防治法是生态环保领域的一部重要法律，自 1995 年制定实施以来经历过 5 次修改，特别是 2020 年的全面修订，为防治固体废物污染提供了强有力的法律支撑。这次执法检查，是在新修订的固体废物污染环境防治法实施仅半年多的时间开展的，既是了解法律实施情况，也是推动法律全面贯彻落实。检查要把握好四个重点：一是法律确立的重大原则及相关规定落实情况；二是新增重要制度措施落实情况；三是法定职责和法律责任落实情况；四是配套法规和标准、名录的制定情况。

栗战书强调，做好执法检查，组织实施很关键。要把学习宣传习近平生态文明思想、习近平法治思想贯穿执法检查全过程；坚持紧扣法律，逐条逐项对照检查；深入基层、深入一线，认真听取人民群众呼声愿望，注重通过人大代表了解情况；完善工作方式方法，提高执法检查的科学性、针对性和监督刚性。

中共中央政治局委员、全国人大常委会副委员长王晨，全国人大常委会副委员长沈跃跃、丁仲礼出席会议。国务委员王勇出席会议并讲话。国务院有关部门负责人作了发言。各省（区、市）人大常委会负责同志通过视频形式参加会议。

此次执法检查由栗战书委员长任组长，分为 4 个检查小组赴 8 个省（区、市）开展实地检查，同时委托其他省级人大常委会开展检查，实现 31 个省（区、市）"全覆盖"。

## 栗战书在生物安全法实施座谈会上强调<br>坚持总体国家安全观　从统筹发展和安全战略高度实施好生物安全法

**新华社北京 4 月 1 日电**　全国人大常委会 1 日上午在京举行生物安全法实施座谈会。中共中央政治局常委、全国人大常委会委员长栗战书出席座谈会并讲话。他强调，要深入贯彻习近平总书记关于生物安全的重要指示精神，坚持总体国家安全观，从统筹发展和安全的战略高度，全面有效实施生物安全法。

栗战书指出，以习近平同志为核心的党中央高度重视生物安全工作，对国家生物安全战略、政策和生物安全立法作出了一系列重大部署。全国人大常委会坚决贯彻落实党中央决策部署，去年 10 月，审议通过了生物安全法。这是生物安全领域的一部基础性、综合性、系统性、统领性法律，它的颁布和实施起到一个里程碑的作用，标志着我国生物安全进入依法治理的新阶段。这部法律的出台，在生物安全领域形成国家生物安全战略、法律、政策"三位一体"的生物安全风险防控和治理体系，强化了防控重大传染病和动植物疫情的法律制度，集中体现"以人为本"的立法原则，让生物技术发展更好服务于国家发展、人民幸福、人类文明进步。

栗战书指出，今年是"十四五"和全面建设社会主义现代化国家的开局起步之年。生物安全法自 4 月 15 日起施行，要切实抓好学习宣传贯彻工作，确保法律得到全面有效实施。一要全面贯彻落实法律规定的重要制度，逐条对照法律规定，加快建立监测预警体系，依法采取法定防控措施。二要全面落实政府法定职责和法律责任，严格履行领导职责、监管职责和工作职责，形成贯彻实施法律的工作合力。三要全面加强执法司法，切实增强法律的刚性和权威性，用国家强制力保障法律的有效实施。四要加快构建国家生物安全法律法规体系、制度保障体系，统筹推进立法修法工作，抓紧完善配套法规制度。

栗战书要求，生物安全法实施后，全国人大有关专门委员会和常委会工作机构要持续跟进，开展专题调研或执法检查。各地人大常委会要结合本地实际，坚持小切口、精细化、创造性制定修改相关地方性法规。要加强法律宣传，推动全社会形成尊法学法守法用法的法治氛围。

中共中央政治局委员、全国人大常委会副委员长王晨主持座谈会，全国人大常委会副委员长沈跃跃、丁仲礼出席。

中央国安办、全国人大宪法法律委、国家卫健委、外交部、科技部、农业农村部、生态环境部、司法部负责同志在座谈会上发言。

## 栗战书主持召开黄河保护立法座谈会强调 凝聚立法共识 加快立法进程 制定保护黄河的良法 促进发展的善法 造福人民的好法

**新华社西安4月14日电** 中共中央政治局常委、全国人大常委会委员长栗战书13日在陕西西安主持召开黄河保护立法座谈会时强调，要以习近平新时代中国特色社会主义思想为指导，全面贯彻习近平总书记关于黄河流域生态保护和高质量发展的重要指示精神和党中央决策部署，进一步凝聚立法共识，加快立法进程，制定一部保护黄河的良法、促进发展的善法、造福人民的好法。

栗战书指出，黄河流域生态保护和高质量发展，是以习近平同志为核心的党中央着眼中华民族伟大复兴和永续发展确定的国家战略。党的十八大以来，习近平总书记多次实地考察黄河，作出重要指示要求，为推动黄河流域生态保护和高质量发展提供了指引和遵循。黄河保护立法要贯彻习近平生态文明思想，贯彻新发展理念，把习近平总书记指示要求和党中央决策部署充分体现到法律条文中，把实践证明行之有效的黄河保护治理的政策、机制、制度予以立法确认。要坚持生态优先、绿色发展，量水而行、节水为重，因地制宜、分类施策，统筹谋划、协同推进，共同抓好大保护，协同推进大治理，推动实现高质量发展。

栗战书强调，黄河生态环境保护、治理与高质量发展辩证统一。黄河保护立法要围绕“水”这条“线”和“流域”这个“面”，为自然生态的永久平衡、为自然资源的永续利用、为人民群众的永世安宁提供法律支持。一是突出生态保护修复。从过度干预、过度利用向自然修复、休养生息转变，改变黄河流域生态脆弱现状，对上中下游采取不同的保护治理措施。二是突出流域生态环境保护规划，落实生态环境空间管控。全面落实黄河流域主体功能区规划，划定生态红线。三是突出全流域水资源节约集约利用。把“以水定城、以水定地、以水定人、以水定产”作为龙头，建立最严格的水资源保护利用制度。四是突出污染系统治理。建立最严格的环境监管制度、最严密的水污染防治制度。五是突出水沙调控这个重点。建立健全水沙调控体系和机制，强化综合性防洪减灾体系建设。六是突出流域生态环境风险管控。建立突发环境事件监控预警体系，完善应急预案体系。

栗战书指出，黄河保护立法要始终强调和集中突出两点：一是黄河流域的生态保护和治理，一是黄河流域高质量发展。黄河保护立法，主基调是保护和治理。保护和治理是前提、是基础，只有保护好黄河、治理好黄河，才能为高质量发展提供最基本的保障，才谈得上高质量发展。传承和保护黄河文化是黄河流域高质量发展的重要内容，要在法律中加强对黄河文化的传承保护。

全国人大常委会副委员长沈跃跃出席会议。

全国人大环资委、全国人大常委会办公厅、国务院有关部门、黄河流域9省区人大常委会负责同志，部分全国人大代表参加会议。

栗战书还就黄河保护立法在陕西进行了调研，听取基层同志有关意见建议。

## 栗战书与全国人大常委会会议列席代表座谈时强调 坚持尊重代表服务代表接受代表监督 切实加强和改进新时代人大常委会工作

**新华社北京 4 月 26 日电** 中共中央政治局常委、全国人大常委会委员长栗战书 26 日下午同列席十三届全国人大常委会第二十八次会议的全国人大代表座谈交流。他强调，人大常委会要坚持尊重代表、服务代表、接受代表监督，为人大代表依法履职积极创造条件，提供优质高效服务保障。

座谈会上，代表们积极发言，围绕加强和改进新时代人大工作谈体会、提建议。栗战书认真倾听，与大家深入交流。他说，人民代表大会制度的历史，是我们党的历史的一个重要组成部分。我们党从成立之日起，就把人民民主写在自己的旗帜上，对建立新型人民民主政权及其组织形式进行不懈的实践探索和理论思考。60 多年来，在党的领导下，人民代表大会制度不断巩固和发展，有力支持和保证了人民当家作主，有效推动和保障了党和国家事业阔步前行，展现出国家根本政治制度的巨大优势和功效。

栗战书指出，党的十八大以来，习近平总书记和党中央高度重视，推动人民代表大会制度建设和人大工作取得历史性成就。习近平总书记提出一系列新理念新思想新要求，形成了习近平总书记关于坚持和完善人民代表大会制度的重要思想，标志着我们党对人民代表大会制度的规律性认识达到了一个新的高度，为做好新时代人大工作提供了行动指南和根本遵循。

栗战书指出，人大代表是人民代表大会的主体。人大工作做得怎么样，要看人大代表作用发挥得怎么样；人大保持同人民群众的密切联系，做到民有所呼、我有所应，关键也要靠人大代表发挥桥梁纽带作用，察民情、汇民意、聚民智。十三届全国人大常委会牢固树立为代表服务的意识，健全完善代表工作机制，成效明显。各地的代表之家、代表联络站、代表活动小组广泛建立，活动开展得很活跃，各级人大代表对常委会工作的参与越来越深入，发挥的作用越来越大。人大常委会要进一步增强联系人民、代表人民、服务人民的自觉性主动性，有效发挥代表在反映群众诉求、解决民生难题、参与管理国家事务中的积极作用，把人大工作、代表工作做得更好。

栗战书强调，全国人大代表是最高国家权力机关组成人员，使命光荣、责任重大。希望代表们认真学习贯彻习近平新时代中国特色社会主义思想特别是习近平法治思想、习近平总书记关于坚持和完善人民代表大会制度的重要思想，增强做好新时代人大工作的责任感使命感，按照党和人民对人大代表的要求，更好地履行职责、发挥作用。

中共中央政治局委员、全国人大常委会副委员长王晨主持座谈会。

## 栗战书在同地方人大常委会负责同志交流座谈时强调 坚持党的领导人民当家作主依法治国有机统一 更好围绕中心和大局　更好服务国家和人民

**新华社北京 4 月 30 日电** 中共中央政治局常委、全国人大常委会委员长栗战书 29 日下午在京主持召开会议，围绕加强和改进新时代人大工作同地方人大常委会负责同志交流座谈、听取意见。他强调，在人大工作实践中，必须把坚持党的领导、人民当家作主、依法治国真正打通，有机统一起来，紧跟党中央重大决策部署，紧贴人民群众美好生活对法治建设的呼声期盼，紧扣国家治理体系和治理能力现代化提出的法律需求实际，履行好宪法法律赋予的职责，使各项工作更好围绕中心和大局、更好服务国家和人民。

座谈会上，地方人大常委会负责同志紧紧围绕新时代坚持和完善人民代表大会制度提出了很多建设性的意见建议。在听取大家发言后，栗战书指出，党的十八大以来，人民代表大会制度之所以不断得到巩固和发展，人大工作之所以能够取得历史性成就，根本在于习近平新时代中国特色社会主义思想的科学指引，在于以习近平同志为核心的党中央坚强领导。习近平总书记关于坚持和完善人民代表大会制度的重要思想，为做好新时代人大工作提供了行动指南和根本遵循。

栗战书强调，要深入研究和阐释习近平总书记关于坚持和完善人民代表大会制度的重要思想，用以更好统揽和指引人大工作。要坚定制度自信，坚定不移走中国特色社会主义政治发展道路。要深刻分析新时代人大工作面临的新情况新问题、呈现的新特点新特征，明确新时代人大工作的基本定位、基本职责、重大使命、历史任务，推动人大工作与时俱进、完善发展。要认真总结新时代人大工作的新经验新做法，将重要的行之有效的工作举措制度化、规范化，推动各级人大提升工作水平。要认真梳理分析人大工作和建设中面临的突出问题，从组织制度和工作制度层面提出有针对性的具体措施，更好发挥人大职能作用。

栗战书指出，多年来，地方人大依法履职、担当尽责，积累了许多好经验好做法，要深入总结，继续坚持和完善。一是坚持以党的创新理论武装头脑、指导实践、推动工作。二是坚持党对人大工作的全面领导，坚决贯彻党中央重大决策部署和同级党委部署安排，把党的领导贯穿于履职全过程和各方面。三是围绕大局、立足实际，创造性做好工作，全面履行宪法法律赋予的职责。四是充分发挥代表主体作用，始终保持同人民群众的密切联系，注重为老百姓办实事。五是围绕提高人大履职能力和水平加强自身建设，强化政治机关意识，不断提高工作质量和效率。

中共中央政治局委员、全国人大常委会副委员长王晨出席座谈会。

## 栗战书在乡村振兴促进法实施座谈会上强调<br>深入学习贯彻习近平总书记关于“三农”工作的重要论述<br>推动乡村振兴促进法贯彻实施和宣传普及

**新华社北京5月27日电**　全国人大常委会27日上午在京举行乡村振兴促进法实施座谈会。中共中央政治局常委、全国人大常委会委员长栗战书出席座谈会并讲话。他强调，要坚持以习近平新时代中国特色社会主义思想为指导，深入学习贯彻习近平总书记关于“三农”工作的重要论述，坚持农业农村优先发展，深入贯彻实施和宣传普及乡村振兴促进法，促进农业高质高效、乡村宜居宜业、农民富裕富足。

栗战书指出，以习近平同志为核心的党中央高度重视乡村振兴。习近平总书记多次发表重要讲话，深刻阐释乡村振兴的重大意义，明确战略举措和工作重点，从理论和实践的高度，为中国特色社会主义乡村振兴道路指明了方向。全面建设社会主义现代化国家，实现中华民族伟大复兴，最艰巨最繁重的任务依然在农村，最广泛最深厚的基础依然在农村。乡村振兴促进法是党中央关于乡村振兴重大决策部署的法律体现。要进一步提高政治站位，从党和国家事业全局的战略高度认识乡村振兴促进法的重要意义，一条一条贯彻落实好这部法律。

栗战书指出，乡村振兴促进法立足新发展阶段，全面总结了这些年来我国“三农”工作的法治实践，是一部“三农”领域的基础性、综合性法律。正确理解这部法律，有三个大的要领必须把握住、把握好。一是乡村振兴促进法是以增加农民收入、提高农民生活水平、提升农村文明程度为核心的振兴法，不只是促进经济发展，而是要推动农业全面升级、农村全面进步、农民全面发展。二是这部法律要解决好农业农村承担的保障好农产品供给安全、保护好农村生态屏障安全、传承好中国农村优秀传统文化等历史任务，明确农业农村发展在国家发展中的战略定位。三是全面加强农村社会主义精神文明建设，坚持农民主体地位，全面提升新时代农民素质，培养一代又一代高素质的新型农民。

栗战书强调，贯彻实施乡村振兴促进法，既要注重全面系统，也要突出重点和关键。一要因地制宜促进乡村产业发展，促进农村一二三产业融合发展，确保粮食安全，进一步增加农民收入、提高农民生活水平。二要培养造就新型职业农民队伍，广泛依靠农民、教育引导农民、组织带动农民，投身乡村振兴、建设美好家园。三要传承好农村优秀传统文化，倡导科学健康的生产生活方式，引导特色鲜明、优势突出的乡村文化产业发展。四要加强农村生态环境保护，推行绿色发展方式和生活方式，加强农业面源污染防治，持续改善农村人居环境。五要加强农村基层政权建设，巩固和确保党长期执政的基层基础。六要保障好维护好农民的合法权益，解决好农民群众关心关切的利益问题，让农民吃上长效"定心丸"。

栗战书指出，实施好乡村振兴促进法，各级政府要承担起应有的职责，各级人大要发挥好职能作用，切实履行好法定职责。要加快完善法律制度体系，及时制定配套法规。做好普法宣传，通过多种方式解读阐释法律，在全社会营造依法推进乡村全面振兴的良好氛围。

全国人大常委会副委员长吉炳轩主持座谈会，全国人大常委会副委员长武维华出席。

全国人大农业与农村委员会、国家发展改革委、农业农村部、黑龙江省人大常委会有关负责同志和基层干部代表在座谈会上发言。

## 栗战书看望全国人大机关新闻舆论工作人员并召开座谈会强调 以习近平新时代中国特色社会主义思想为指导 深度阐释人大制度 精彩讲述人大故事

**《中国人大》全媒体北京报道：**中共中央政治局常委、全国人大常委会委员长栗战书近日看望全国人大机关新闻舆论工作人员并召开座谈会强调，人大新闻舆论工作不仅仅是人大自身的新闻宣传，同时是党的新闻舆论工作的一部分，也是党的"喉舌"、党的宣传阵地。做好人大新闻舆论工作，最重要的是坚持马克思主义新闻观，以习近平新时代中国特色社会主义思想为指导，增强"四个意识"，坚定"四个自信"，做到"两个维护"，加强对党的理论和路线方针政策、对以习近平同志为核心的党中央治国理政实践的宣传报道。

栗战书首先来到中国人大杂志社，在资料室，听取杂志社历史沿革的汇报；在新媒体编辑部，深入了解媒体融合发展情况，点击推送"全国人大"微信公众号转发的《高天厚土铺展大美画卷——习近平总书记考察青海纪实》文章；在事业发展部，详细询问杂志发行工作。栗战书对杂志社的工作给予肯定，勉励大家："加快媒体融合发展，努力把刊物做深、网站做大、微信做活、微博做精。"

随后，栗战书亲切看望全国人大外事委发言人办公室，全国人大常委会法工委发言人办公室，常委会办公厅新闻局、信息中心和中国人大杂志社等部门的工作人员，为大家的辛勤付出点赞。

栗战书指出，本届以来，人大新闻舆论工作以习近平新时代中国特色社会主义思想为指导，守正创新、担当作为，积极宣传报道党的方针政策和取得的巨大成就，积极宣传报道人民代表大会制度和全国人大及其常委会依法履职的新进展新成效，不仅为人大工作的顺利开展、也为我国民主法治建设营造良好舆论氛围作出了贡献。特别是近两年来，各部门克服新冠肺炎疫情带来的不利因素，迎难而上，共同努力，让人大新闻报道工作有了较大改进和提升。

栗战书对大家说："每一位同志都在不同岗位、以不同形式为人大新闻舆论工作添砖加瓦、尽职尽责，都很辛苦！我们今天特地过来，就是看望同志们，肯定大家做出的努力和取得的成绩。同时，也给同志们加加油、鼓鼓劲，希望大家再接再厉，继续为做好人大新闻舆论工作作出更大贡献。"

同大家座谈时，栗战书就加强和改进新时代人大新闻舆论工作提出要求。他强调，人大的新闻舆论机构，是党的"喉舌"，是党领导下的马克思主义主导的意识形态阵地，必须坚持党的领导，同党中央保持高度一致，高扬主旋律、弘扬正能量，结合人大特点，创新提升宣传效果。要牢牢把握正确政治方向和舆论导向，深刻领会习近平法治思想和习近平总书记关于坚持和完善人民代表大会制度的重要思想，深入宣传人民代表大会制度的优势和特点，深度报道全国人大及其常委会依法履职的进程和成效。

栗战书指出，伟大的时代需要精彩的讲述。要加强新闻报道议程设置，依据人大工作节奏，既突出重点，又着眼全过程。不仅要做好各类会议的新闻报道，在闭会期间也要主动设置议程，开展日常报道和专题宣传，让人民群众经常看得到人大的新闻、听得见代表的声音。要加强媒体渠道建设，发挥传统媒体和新媒体各自优势。继续加强同人民日报、新华社、中央广播电视总台等主流媒体的联系，有效发挥其在人大新闻舆论工作中的主渠道作用，同时统筹网上网下宣传阵地建设，进一步提升运用互联网和新媒体的能力，开辟新媒体传播渠道，抢占新媒体传播阵地。

栗战书强调，要积极讲好人大故事。讲述人大故事，是讲好中国故事、传播好中国声音、展示社会主义民主政治优越性的重要内容。继续打造好人民代表大会会议的国际传播平台，更加充分利用外宣媒体渠道，加强与境外媒体的沟通与服务，运用外国受众可以理解、乐于接受的方式和语言，生动讲述中国人大故事，让国际社会更好地了解人民代表大会制度，了解我国社会主义民主政治的特质和优势。

全国人大常委会秘书长杨振武陪同看望，参加座谈。全国人大外事委主任委员张业遂、全国人大常委会法工委主任沈春耀参加座谈。全国人大常委会副秘书长汪铁民陪同看望和参加座谈。

## 全面领会习近平总书记关于全过程民主重要论述的深刻内涵 支持和确保人民当家作主

——栗战书与列席十三届全国人大常委会第二十九次会议的全国人大代表座谈

2019 年 11 月，习近平总书记到上海市长宁区虹桥街道的全国人大常委会法工委基层立法联系点考察时指出，我们走的是一条中国特色社会主义政治发展道路，人民民主是一种全过程的民主，所有的重大立法决策都是依照程序、经过民主酝酿，通过科学决策、民主决策产生的。

人民民主是社会主义的生命。习近平总书记提出的“全过程民主”这一重要论断，深刻揭示了人民民主的本质，是中国特色社会主义民主政治的实践新成果、理论新表达。

2021 年 6 月 9 日上午，中共中央政治局常委、全国人大常委会委员长栗战书在北京人民大会堂委员长会议室，与列席十三届全国人大常委会第二十九次会议的全国人大代表座谈时强调，要全面领会习近平总书记关于全过程民主重要论述的深刻内涵，充分发挥人大代表在全过程民主中的作用，更好支持和确保人民当家作主。

中共中央政治局委员、全国人大常委会副委员长王晨主持座谈会。全国人大常委会秘书长杨振武参加座谈。

**理论创新：“全过程民主”是对社会主义民主政治理论的重大创新**

参加座谈的全国人大代表，都是全过程民主的见证者和践行者。结合履职实践，大家聚焦全过程民主谈体会、讲感受。

“中国特色社会主义民主政治区别于西方形形色色资产阶级民主的显著特征，就是全过程民主。人民代表大会制度是我国的根本政治制度，作为一名全国人大代表，我见证了全过程民主，更加深切地体会到了我国政治制度的无比优越性。”王凤巧、方敏、范永贞等代表依法认真履职，对全过程民主感受深刻：

——一年一度的民主政治盛会，来自全国各地区、各民族、各行业的全国人大代表，把广大人民群众的呼声和愿望带到“两会”。大家共商国是，共谋发展，共逐梦想，让世界上最大规模人口国家的民主政治充满活力与朝气，熠熠生辉。中国式全过程民主，创造了中国奇迹，其魅力也令全世界为之惊叹。

——在以习近平同志为核心的党中央坚强领导下，本届全国人大及其常委会肩负起人民和历史的重托，开启了高质量立法的新征程。表决通过宪法修正案、制定民法典、出台监察法、通过香港国安法等等，立法分量之重、数量之多、速度之快、质量之高前所未有。从立法立项到立法调研，从草案征求意见到最后表决通过，全方位征求意见，全过程发扬民主，最大限度地体现了广大人民的利益。

——常委会监督、代表等工作坚持全过程民主，广泛听取民意、汇聚民智，确保国家政策制度更加符合人民意愿。比如，栗战书委员长等常委会领导同志到地方开展执法检查、调研，经常召开五级人大代表座谈会，了解基层情况，倾听人民声音；探索建立与列席常委会会议的代表座谈机制，密切常委会同代表联系；高质量办理代表议案和建议，努力做到民有所呼、我有所应。

卓长立、萧志伟等代表有着同样的感受。卓长立认为，全国人大及其常委会切实推动代表建议高质量办理，相关承办单位加强改进工作，在政策制定中采纳代表建议，激励大家深入基层，上传百姓呼声，下达中央精神，让每个人都有机会成为国家决策的参与者，这正是全过程民主的魅力所在。萧志伟说：“越来越多的法律草案通过中国人大网向全社会公开征求意见，同时不断增设基层立法联系点，让普通人民群众广泛参与到国家立法活动之中，这都体现了人民代表大会制度的优越性和全过程民主的中国特色。”

代表们的履职经历和内心感悟,无一不是全过程民主最鲜活的现实明证,最生动的实践写照。

对于大家的发言,栗战书十分赞同。他强调,习近平总书记关于全过程民主的重要论述,是对社会主义民主政治理论的重大创新,体现了习近平总书记对中国特色社会主义民主政治的深入思考,充分阐明了我国社会主义民主的特质和优势。这是坚持中国特色社会主义政治发展道路的重大问题,具有重要理论和实践意义。

**全面学习:准确把握全过程民主的突出特点**

发展社会主义民主政治,坚持全过程民主,是时代所趋、发展所需、民心所向。

栗战书同代表交流时指出,要全面学习贯彻习近平总书记关于全过程民主的重要论述,特别是准确把握全过程民主的突出特点。

一是全过程民主是社会主义民主政治的鲜明特点。全过程民主通过一系列法律和制度安排,真正将民主选举、民主协商、民主决策、民主管理、民主监督各个环节彼此贯通起来,支持和确保人民当家作主。因此,全过程民主是全链条、全方位、全覆盖的民主,是最广泛、最真实、最管用的民主。

二是中国共产党的领导是实行全过程民主的根本政治保证。中国共产党从成立之日起,就把人民民主写在自己的旗帜上。新中国成立以来,特别是改革开放以来,我们党团结带领人民在发展社会主义民主政治方面,取得了重大进展,成功开辟和坚持中国特色社会主义政治发展道路,为实现最广泛的人民民主确立了正确方向。实践证明,发展社会主义民主政治,保证人民当家作主,关键是要坚持党的领导、人民当家作主、依法治国有机统一,核心是坚持党的领导。只有始终坚持党的领导、全面落实党的领导,人民当家作主才能充分实现,全过程民主才能有序推进。

三是必须紧紧抓住人民代表大会这一主要民主渠道。十三届全国人大四次会议对全国人大组织法作出修改,将"全国人大及其常委会坚持全过程民主"写进法律,为更好地践行全过程民主提供了更坚实的制度保障。就人大制度和人大工作来讲,无论是选举,还是立法、监督、代表等工作,人大履职的各个方面各个环节,都体现了全过程民主的特点和要求。

比如,民法典的编纂,就先后10次向社会公开征求意见,累计收到42.5万人提出的102万条意见和建议。还有常委会设立基层立法联系点、预算工委基层联系点,目的都是让人民群众能够有效参与管理国家和社会事务,管理经济和文化事业,真正保障人民当家作主。

**深入践行:把全过程民主的理念落实到具体工作中去**

修改后的全国人大组织法规定:全国人民代表大会代表应当同原选举单位和人民保持密切联系,可以列席原选举单位的人民代表大会会议,通过多种方式听取和反映人民的意见和要求,努力为人民服务,充分发挥在全过程民主中的作用。

深入践行全过程民主,如何充分发挥人大代表作用?代表们踊跃发言,纷纷建言献策。龙献文、庞国明、马玉红等代表建议,增设基层立法联系点,完善"双联系"制度,让更多地方的人大代表和人民群众直接参与人大立法、监督等工作,大力提升全过程民主实效。

"全过程民主对代表履职提出新要求,迫切需要提升自身履职能力。"丁光宏希望全国人大网络学院进一步增加覆盖面,丰富课程资源,帮助代表提高政治站位,增强履职本领。张景辉建议进一步打通代表联系群众的"最后一公里",推动人大代表办好民生实事,及时解决老百姓的急难愁盼,让人民民主不仅在操作上体现全过程、全方位,更在结果上体现出良好的温度和广大人民群众满意度。

认真听取代表们的发言后,栗战书强调,人大代表来自人民、代表人民,在全过程民主中发挥着重要作用。

"密切联系人民群众是宪法法律赋予人大代表的重要职责,是依法履职的重要基础,也是践行全过程民主的重要内容。"栗战书指出,代表要发挥同人民群众工作和生活在一起的优势,用好代表联系群众的制度机制和工作平台,通过各种途径和形式深入开展调查研究,深入了解民情,真实反映民意,广泛集中民智,当好党和国家密切联系人民群众的桥梁和纽带。

民主不是装饰品,不是用来做摆设的,而是要用来解决人民要解决的问题的。栗战书说,人民选我当代表,我当代表为人民。在履职中践行全过程民主,人大代表应积极推动解决人民群众普遍关心的热点难点问题。他进一步阐释,作为人民的代表,要及时把人民群众最关心、最直接、最现实的问题通过适当的渠道反映给党委和政府,努力推动问题的解决,把全过程民主的理念落实到具体的工作中去。对于一时难以解决的问题,要给予正面引导和解释。对于一些带有共性、普遍性的问题依法提出议案和建议,推动从法律、政策层面予以解决。

“同时，要积极讲好人大故事，展示全过程民主的优势。”栗战书对大家说，习近平总书记多次强调要讲好中国故事，传播好中国声音，展示真实、立体、全面的中国。人大代表要结合自身的履职经历和体会，生动讲述中国人大故事、中国全过程民主故事，让国际社会更好地了解中国人民代表大会制度、了解社会主义全过程民主。

## 全国人大常委会认真贯彻党中央决策部署 切实推动地方人大加强对政府债务的审查监督 栗战书主持座谈会并讲话

**新华社北京7月23日电**　近日，中共中央办公厅印发了《关于加强地方人大对政府债务审查监督的意见》。全国人大常委会高度重视，采取一系列举措贯彻落实党中央部署要求。中共中央政治局常委、全国人大常委会委员长栗战书主持召开学习贯彻文件精神座谈会，要求认真抓好组织实施，切实推动地方人大加强对政府债务的审查监督。

栗战书指出，党中央高度重视地方政府债务风险防控工作。习近平总书记多次作出重要指示，党中央作出决策部署，要求各级地方党委和政府树立正确政绩观，严格控制地方政府债务增量，终身问责，倒查责任。文件总结实践经验，针对地方政府债务管理和监督中的突出问题、薄弱环节，从完善政府债务编制和相关报告、规范人大审查监督的内容和程序、强化对政府债务风险管控的监督等方面，对地方人大加强对政府债务审查监督作出了全面系统的规定，为这项工作提供了重要指导。

栗战书强调，加强地方人大对政府债务的审查监督，是党中央明确交给地方人大的重要任务，也是人大的法定职责，全国人大要积极推动地方人大全面落实中央规定。一要提升政治站位，从推动高质量发展的高度防控政府债务风险。要把握好新形势新任务，把思想和行动统一到党中央决策部署上来，切实转变发展方式，实现稳增长与防风险长期均衡，实现更高质量、更有效率、更加公平、更可持续、更为安全的发展。二要切实履行好职责，在党的领导下依法做好政府债务审查监督工作。要依照预算法、监督法等法律规定开展这项工作，确保政府债务管理在法治轨道上进行，确保政府债务资金安排和使用更好体现和落实党中央决策部署。要坚持全口径审查、坚持全过程监管，综合运用多种监督形式，深化人大代表对这项工作的参与，增强监督实效。三要依法加强债务管理。文件对政府及其有关部门的职责作了具体规定，要严格执行、落实到位。政府要加快建立健全政府债务管理制度，按照要求向本级人大及其常委会报告政府债务情况。要建立统一的政府债务信息披露机制，推动政府债务信息公开透明。

据悉，全国人大常委会预算工委负责人近日就《关于加强地方人大对政府债务审查监督的意见》回答了记者提问，介绍了有关背景、意义和主要内容。近期，全国人大常委会办公厅将出台有关具体实施意见。预算工委将会同财政部、审计署召开推进学习宣传贯彻有关意见的视频工作会议，并结合举行“预算审查监督和国有资产管理情况监督专题学习班”“推进预算联网监督工作交流会”等，深入贯彻落实党中央关于加强地方人大对政府债务审查监督的部署要求。

## “法律保护每一位公民的合法权益。在个人利益侵害大多数人利益时，法律要保护大多数人的利益”

——栗战书委员长主持召开十三届全国人大常委会第九十七次委员长会议

奋进新征程，人大立法任务越来越重，要求越来越高，难度越来越大，节奏越来越快。

如何保障立法质量，使之既贯彻党中央决策部署，又体现时代要求、符合人民意愿？回答好这个重大课题，全国人大常委会进行了新尝试新探索。

2021年7月9日，由栗战书委员长提议，全国人大常委会加开一次委员长会议，即第九十七次委员长会议，专题研究讨论正在进行审议的法律草案。

以往，举行常委会会议之前，一般召开一次委员长会议，研究讨论常委会会议议题，讨论审议法律草案，并决定会议日程。

此次加开委员长会议，是本届全国人大常委会以来的第一次，意义重大。

全国人大常委会副委员长王晨、曹建明、张春贤、沈跃跃、吉炳轩、艾力更·依明巴海、万鄂湘、陈竺、王东明、白玛赤林、丁仲礼、郝明金、蔡达峰、武维华，秘书长杨振武出席会议。

**首次加开：保证委员长会议组成人员充分、深入讨论法律案**

法律是治国之重器，法治是国家治理体系和治理能力的重要依托。伴随着全面依法治国深入推进，人大立法按下"加速键"，驶入"快车道"。

以最近的一次常委会会议为例，于6月10日下午闭幕的十三届全国人大常委会第二十九次会议表决通过了7件法律和1项决定，分别是数据安全法、海南自由贸易港法、军人地位和权益保障法、新修订的军事设施保护法、新修改的安全生产法、印花税法、反外国制裁法以及全国人大常委会关于授权上海市人大及其常委会制定浦东新区法规的决定。

这些法律和决定紧跟党中央重大决策部署，紧贴人民群众美好生活对法治建设的呼声期盼，紧扣国家治理体系和治理能力现代化提出的法律需求实际，对于经济社会高质量发展具有固根本、稳预期、利长远的保障作用。

面对提请常委会会议审议、表决的法律案明显增多的实际情况，仅召开一次委员长会议进行审议，时间明显不够用，审议也不充分。

解决这一问题，栗战书委员长一直在思考对策。5月26日，他在第九十四次委员长会议上提出，坚持问题导向，建议加开一次委员长会议，发扬民主，集思广益，保证委员长会议组成人员充分、深入讨论法律案中的重要内容、重点问题、有争议和社会关注度高的条文。

当时，这一建议就得到委员长会议组成人员的普遍赞同。

7月9日上午，十三届全国人大常委会首次加开委员长会议，即第九十七次委员长会议。栗战书委员长主持会议。

**立法为民：立法切忌简单化、片面化、机械化**

"江山就是人民、人民就是江山，打江山、守江山，守的是人民的心。"做好新时代立法工作，就要站稳人民立场，践行以人民为中心的发展思想，始终代表最广大人民根本利益。

个人信息保护立法关乎每个人的切身权益，也事关方方面面的利益调整，影响深远，备受社会各方面关注。

两个多小时的审议，个人信息保护法草案的有关条款引起委员长会议组成人员的热烈讨论。

对于大家发言集中谈到的涉及个人信息收集的问题，栗战书指出，法律要平衡好公民利益与部门、行业、组织的履职需要。从立法角度来讲，个人信息保护法要侧重于个人隐私的保护。既然是个人信息保护法，立足点是保护个人信息，首先要把住"搜集个人信息"这一关。

栗战书进一步说，个人信息保护法不是制定更多的"可以搜集"个人信息的条款，而是更多、更明确、更严格地制定"不能搜集"的条款，尤其是行业、部门、组织、互联网平台机构等不能随意借透明公开、公共服务去搜集个人信息。"要明确规定什么情况、什么人、什么机构不能搜集个人信息，把严第一个关口，然后再对合法搜集的信息提出保密的要求。"

栗战书强调，法律保护每一位公民的合法权益。在个人利益侵害大多数人利益时，法律要保护大多数人的利益。不管什么理由，都不能侵害大多数人的利益。"比如说，防止网络诈骗是为了保护公民的利益，要用严格的法律规定去预防，对诈骗行为进行惩罚。但在制定法律时，一定要考虑和照顾保护大多数人的利益这一原则，不能简单化、片面化、机械化，甚至事与愿违，更不能在实际上损害大多数公民利益。"

**深入审议："要酌情处理好能不改、能改、不能改的问题"**

"中国医师节"要不要入法，成为法定的全国性节日？广大医师群体十分关注。听取医师法草案的汇报后，委员长会议组成人员提出疑问，为什么有的节日由法律作出规定，而有的节日又没有？

针对这一情形，栗战书建议明确全国人大及其常委会与国务院关于"节"或者"日"的立法职责划分，"对'节'或者'日'进行梳理，划出一个原则，哪一类由人大决定，哪一类由国务院决定。由国务院决定的，哪些还需要在人大法律中确认一下，哪些不需要再在法律中确定，都要规范一下。现在还没有一个规范的说法。"

保障监察官依法履行职责，维护监察官合法权益，是制定监察官法的重要目的。听取监察官法草案的汇报后，关于监察官权利的表述成为审议焦点。

“法律条文要处理好共性内容与特别条款的关系。”栗战书在审议中认为，监察官法草案规定监察官享有的权利，不是一般人享有的共性权利，而是履行监察官职责应当具有的职权和工作条件，是从事这项工作特殊的、不同的、别的职业不能享有的一种权利。这些权利是职责所系，是从事这份职业需要什么权利，或者是由于这个岗位和职责特殊需要受到什么特殊的保护，应该围绕这些特点给予特别的权利。

“其他特殊职业、行业享有的权利，在法律表述中也应该是这样，而不是把公众都享有的共性权利进行重述。”栗战书强调。

审议发言时，大家要求进一步广泛听取各方面对法律草案的意见并认真修改、予以完善。

就此，栗战书指出，法律修改要酌情处理好能不改、能改、不能改的问题。有些法律，它的历史很长或者影响巨大，全社会都形成共识了，要坚持“能改能不改的就不改”这个原则，比如宪法。有些法律，既然提请修改、审议，也要坚持一个原则，就是“能改能不改的要改”。“特别是委员长会议组成人员提出的意见，一定要坚持能改的要改。当然，如果明显不能改的，那就是不改。能不改、能改、不能改这三个原则要很好把握。”

**意义重大：加开委员长会议非常有必要，效果也很好**

加开委员长会议，这是本届全国人大常委会深入学习贯彻习近平法治思想、加强和改进新时代立法工作的务实创新之举，既依法保证了程序民主，又在生动实践中促进了实质民主、践行了全过程人民民主，用高质量立法推动实现良法善治，更好保障人民权益、增进民生福祉。

对于这次会议，委员长会议组成人员在审议发言时一致表示，非常有必要，效果也很好。

张春贤副委员长在发言中表示，加开委员长会议，为进一步推敲法律草案、进一步提高立法质量创造了条件，体现了委员长会议对法律草案审议质量的高度重视，是推动高质量立法的有益探索，也是全过程民主的重要方面。

沈跃跃副委员长说：“加开一次委员长会议，对拟提请常委会审议的法律草案进行进一步审议、提出意见，以提高法律草案质量，我觉得是很有必要的。”

“我觉得增加工作层面的审议讨论，对提高法律草案的质量是非常有帮助的。”万鄂湘副委员长说，“我们在常委会会议上，有时候是没有时间发言，有时候发言也不完整，加开这么一次会议，让我们能够充分发表意见，有利于提高工作效率。”

## 全国人大常委会党组举行会议<br>学习贯彻习近平总书记在中央人大工作会议上的重要讲话和会议精神<br>栗战书主持并讲话

**新华社北京10月15日电**　中共全国人大常委会党组10月15日上午举行会议，学习贯彻习近平总书记在中央人大工作会议上的重要讲话和会议精神。中共中央政治局常委、全国人大常委会委员长、党组书记栗战书主持会议并讲话。

大家一致认为，党中央召开人大工作会议，在我国社会主义民主政治建设进程中具有里程碑意义，体现了习近平总书记、党中央对人大工作的高度重视，对人大的同志是极大鼓舞和激励。习近平总书记的重要讲话，从坚持和完善中国特色社会主义制度、推进国家治理体系和治理能力现代化的战略高度，深刻回答了新时代发展中国特色社会主义民主政治、坚持和完善人民代表大会制度的一系列重大理论和实践问题，丰富和拓展了中国特色社会主义民主政治和人民代表大会制度的政治内涵、理论内涵、实践内涵，是一篇闪耀着马克思主义光辉、充满马克思主义真理力量的纲领性文献。

大家一致认为，习近平总书记的重要讲话对坚持和完善人民代表大会制度的重要思想作了集中阐述，用“六个必须”集中概括了党的十八大以来人民代表大会制度理论和实践创新的新理念新思想新要求，强调要毫不动摇坚持、与时俱进完善人民代表大会制度。习近平总书记的重要讲话丰富和发展了总书记关于坚持和完善人民代表大会制度的重要思想，标志着我们党对人民代表大会制度的规律性认识达到新的高度。

大家一致认为，习近平总书记的重要讲话坚持中国特色社会主义政治发展道路这一根本方向，在强调“八个能否”的基础上，创造性地提出了“四个要看、四个更要看”，展现了强烈的中国特色社会主义民主自信和底气。习近平总书记系统论述了全过程人民民主这一重大理念，指出人民代表大会制度是实现我国全过程人民民主的重要制度载体，对具体地、现实地践行全过程人民民主提出明确要求，为新时代发展全过程人民民主、推进社会主义民主政治建设提供了指引和遵循。

会议强调，学习贯彻习近平总书记的重要讲话和会议精神，要落实到行动上和具体工作中。一是把学习贯彻工作作为重大政治任务抓紧抓好。二是坚持党对人大工作的全面领导，坚决做到“两个维护”。三是更好发挥人大及其常委会在发展全过程人民民主中的重要作用。四是围绕大局履职尽责，不断提升人大工作质量和水平。五是按照“四个机关”的定位和要求，全面加强人大自身建设。六是加强对社会主义民主、人民代表大会制度的理论研究和宣传阐释。

中共中央政治局委员、全国人大常委会党组副书记王晨，全国人大常委会党组成员曹建明、张春贤、沈跃跃、吉炳轩、艾力更·依明巴海、王东明、白玛赤林、杨振武出席会议并发言，全国人大常委会副委员长万鄂湘、陈竺、丁仲礼、郝明金、蔡达峰、武维华列席会议并发言。

## 十三届全国人大常委会第三十一次会议传达学习中央人大工作会议精神 栗战书出席并讲话

**新华社北京 10 月 19 日电**　十三届全国人大常委会第三十一次会议 19 日传达学习中央人大工作会议精神。中共中央政治局常委、全国人大常委会委员长栗战书出席并讲话。

栗战书指出，中央人大工作会议是在庆祝建党百年、我国开启全面建设社会主义现代化国家新征程的历史节点上召开的一次十分重要的会议，在我国社会主义政治发展进程中具有里程碑意义。习近平总书记的重要讲话，回顾党领导人民建立、巩固、发展人民代表大会制度的光辉历程，高度评价我国根本政治制度的优势和功效；用“六个必须坚持”深刻总结党的十八大以来党中央推进人民代表大会制度理论和实践创新的新理念新思想新要求；对新时代坚持和完善人民代表大会制度、加强和改进人大工作提出了六个方面重要任务；深刻阐述了党关于民主的立场、理念和基本观点，系统阐释全过程人民民主重大理念和实践。讲话更加坚定我们对中国特色社会主义政治制度的自信，更加坚定我们对中国特色社会主义政治发展道路的自信。

栗战书强调，习近平总书记在中央人大工作会议上的重要讲话和会议精神是做好新时代人大工作必须牢牢掌握的强大思想武器。全国人大常委会组成人员、专门委员会组成人员要带头学习贯彻，深入学习领会会议精神，把思想统一到总书记讲话精神上来，坚定制度自信，提升政治站位，把牢前进方向，自觉有效地把习近平总书记的重要讲话精神和党中央决策部署贯彻落实到人大工作各方面各环节全过程，不断提升新时代人大工作质量和水平。

19 日下午，常委会第三十一次会议围绕学习贯彻习近平总书记重要讲话和会议精神举行分组学习。大家一致认为，习近平总书记的重要讲话进一步阐明了我国社会主义民主政治的本质特征、方向道路、独特优势，彰显了坚定不移走中国特色社会主义政治发展道路，不断发展全过程人民民主，推进社会主义民主政治建设的鲜明立场和坚定信心；进一步丰富和发展了习近平总书记关于坚持和完善人民代表大会制度的重要思想，拓展和深化了人民代表大会制度的科学内涵、特征优势和实践要求；对新时代坚持和完善人民代表大会制度、加强和改进人大工作作出全面部署，明确了任务、提出了要求，指明了努力方向。大家一致表示，要切实增强贯彻落实的政治自觉、思想自觉、行动自觉，深刻认识中国特色社会主义政治制度和政治发展道路的历史必然和优势功效，深刻认识人民代表大会制度在推进国家治理体系和治理能力现代化、全面建设社会主义现代化国家中的定位和作用，以实际工作成效担当起新时代赋予人大工作的历史使命。

## 栗战书与全国人大常委会会议列席代表座谈时强调 深入学习贯彻中央人大工作会议精神 依法履职忠实代表人民利益意志

**新华社北京10月20日电** 中共中央政治局常委、全国人大常委会委员长栗战书20日下午同50多名列席十三届全国人大常委会第三十一次会议的全国人大代表座谈交流。他强调，要深入学习领会、认真贯彻落实中央人大工作会议精神特别是习近平总书记重要讲话精神，以高度责任感、使命感履行人大代表职责。

座谈会上，代表们结合学习习近平总书记在中央人大工作会议上的重要讲话精神和履职实践，交流学习体会，提出意见建议。听取大家发言后，栗战书说，习近平总书记在中央人大工作会议上的重要讲话，是一篇充满马克思主义真理力量的纲领性文献，具有很强的理论性、政治性、思想性。当前和今后一个时期，深入学习领会、认真贯彻落实中央人大工作会议精神特别是习近平总书记的重要讲话精神，是全国人大和地方各级人大的重大政治任务，也是各级人大代表的重大政治任务。

栗战书指出，人大代表是国家权力机关的组成人员，肩负重大政治责任、社会责任、法律责任。要按照总书记的嘱托，忠于党，忠于人民，忠于宪法法律，站稳政治立场，履行政治责任，做政治上的明白人，依照宪法法律规定履职尽责，忠实代表人民利益和意志，接受人民监督，为人民服务。要坚持高标准、严要求，倍加珍惜、自觉树立人大代表的良好形象，在本职岗位和履职活动中担当尽责、建功立业，无愧于党和人民的信任重托。各级人大常委会要加强代表工作能力建设，支持和保障代表更好依法履职，使发挥各级人大代表作用成为人民当家作主的重要体现。

栗战书指出，密切同人民群众的联系，是宪法法律赋予人大代表的重要职责，是依法履职的重要基础，也是践行全过程人民民主的重要内容。要充分发挥来自人民、扎根人民的特点优势，坚持围绕中心、服务大局、突出重点，聚焦党中央重大决策部署，聚焦人民群众所思所盼所愿，丰富联系人民群众的内容和形式，更好接地气、察民情、聚民智，同时自觉接受人民监督，当好党和国家密切联系人民群众的桥梁纽带。

栗战书强调，我国的人大代表分布在各个地方、工作在各个行业，既代表人民参加对国家事务的管理，又在各自岗位发挥模范带头作用。人大代表履职行权有很强的法定性、组织性、有序性，要保持清醒头脑，正确认识代表的角色定位、职责使命和行权方式，对代表身份的认识不能走偏、对肩负职责的定位不能走偏、对履职行权的范围不能走偏，确保人民赋予的权力用来为人民服务。

中共中央政治局委员、全国人大常委会副委员长王晨主持会议。

## 栗战书主持十三届全国人大常委会第三十一次会议闭幕会并作讲话强调 全面系统深入学习贯彻中央人大工作会议精神 坚定制度自信提升人大工作实效

**新华社北京10月23日电** 全国人大常委会委员长栗战书23日上午主持十三届全国人大常委会第三十一次会议闭幕会。在会议完成有关表决事项后，栗战书作了讲话。

栗战书说，本次常委会会议审议通过有关法律和决定草案，听取审议有关报告，批准条约，通过人事任免案等，圆满完成了各项议程。要充分吸纳常委会组成人员和各方面意见建议，继续做好相关工作，落实好常委会会议精神。今年是连续第4年审议国有资产管理情况的综合报告，也是首次听取审议国有自然资源资产管理情况的专项报告。国有自然资源资产是宪法和法律规定属于国家所有的各类自然资源，是全体人民和子孙后代共同拥有的宝贵财富。要认真贯彻落实党中央关于自然资源改革发展的决策部署，健全国家自然资源资产管理体制，提升国家资源安全保障能力，更好发挥自然资源在经济社会发展和生态文明建设中的基础支撑作用。会议审议了固体废物污染环境防治法执法检查报告并开展专题询问，要在法治轨道上治理固体废物污染、推动减污降碳协同增效。

栗战书指出，本次常委会会议将学习贯彻习近平总书记在中央人大工作会议上的重要讲话和会议精神列为第一项议程。大家一致表示，要把思想和行动统一到总书记重要讲话精神上来，自觉用习近平新时代中国特色社会主义思想特别是总书记关于坚持和完善人民代表大会制度的重要思想统揽人大制度建设和人大工作，更好发挥人民代表大会制度在中国特色社会主义制度和国家治理体系中的重要作用。

栗战书强调，各级人大及其常委会要全面、系统、深入抓好学习贯彻工作，以学习成果坚定制度自信、提升工作实效。一要坚持党的全面领导这一最高政治原则，坚决维护党中央权威和集中统一领导，紧紧围绕党和国家工作大局履职尽责，把党的领导贯穿于人大工作各方面全过程。二要坚定不移走中国特色社会主义政治发展道路，毫不动摇坚持、与时俱进完善人民代表大会制度，在关系党和国家前途命运的重大问题上，始终做到头脑清醒、旗帜鲜明。我们需要借鉴国外政治文明有益成果，但绝不能放弃中国政治制度的根本，坚决反对、抵制和防止西方所谓"宪政"、多党竞选、三权鼎立、两院制、司法独立的侵蚀影响。三要发挥人民代表大会制度作为实现我国全过程人民民主的重要制度载体作用，保证人民依法享有广泛民主权利，用制度体系保证人民当家作主。四要全面提升人大工作质量和水平，为推进国家治理体系和治理能力现代化、全面建设社会主义现代化国家提供法治保障。五要按照"四个机关"的定位和要求，以党的政治建设为统领，全面加强人大及其常委会自身建设。六要加强对中国特色社会主义民主、对人民代表大会制度的理论研究和宣传阐释，讲好中国民主故事。

## 栗战书在家庭教育促进法实施座谈会上强调<br>深入学习贯彻习近平总书记关于注重家庭家教家风建设的重要论述<br>推动家庭教育促进法宣传普及和贯彻实施

**新华社北京 11 月 22 日电** 全国人大常委会 22 日上午在京举行家庭教育促进法实施座谈会。中共中央政治局常委、全国人大常委会委员长栗战书出席座谈会并讲话。他强调，要深入学习贯彻习近平总书记关于注重家庭家教家风建设的重要论述，培育和践行社会主义核心价值观，推动家庭教育促进法的宣传普及和贯彻实施，为促进未成年人健康成长，增进家庭幸福和社会和谐作出应有贡献。

栗战书指出，家庭是社会的基本细胞，家庭的前途命运同国家和民族命运紧密相连。党的十八大以来，习近平总书记站在培养担当民族复兴大任时代新人、确保党和国家事业后继有人的高度就家庭教育作出一系列重要论述，党的十九大和十九届四中、五中全会对家庭教育工作提出明确要求，为通过立法引导全社会注重家庭、家教、家风，使千千万万个家庭成为国家发展、民族进步、社会和谐的重要基点指明了方向。

栗战书指出，十三届全国人大常委会贯彻落实党中央决策部署和习近平总书记重要指示要求，积极回应社会关切，加快家庭教育立法进程，于今年 10 月审议通过了家庭教育促进法。要充分认识制定这部法律的重要意义，深刻认识到家庭教育促进法体现了培养德智体美劳全面发展的社会主义建设者和接班人的立法目的，是一部调动全社会力量共同做好家庭教育工作的法律，一部以立德树人为主线的法律，一部促进未成年人全面健康成长的法律。

栗战书强调，要站在实现中华民族伟大复兴战略全局的高度正确理解家庭教育促进法，强化责任担当，把这部法律的学习宣传和贯彻实施抓紧抓实、抓出成效。一是突出"以德为先"的鲜明导向，用习近平新时代中国特色社会主义思想铸魂育人，厚植社会主义、爱国主义情怀，用好红色文化资源，加强党的优良传统和作风教育，把社会主义核心价值观融入家庭教育的全过程各方面。二是切实推动未成年人的父母或者其他监护人担负起家庭教育的主体责任，使素质教育的根本理念、立德树人的根本任务在家庭得到落实。三是全面落实国家有关方面的法定职责，协同推进覆盖城乡的家庭教育指导服务体系建设，为家庭教育特别是留守儿童和困难家庭的家庭教育提供帮助。四是充分调动各方面的积极性，特别是做好家校配合，形成社会协同、共同发力、全链条的工作机制。五是运用多种形式加强对法律的宣传教育普及，有针对性地解疑释惑，让广大人民群众真正理解、拥护、践行这部法律，自觉承担各自应尽的职责。

全国人大常委会副委员长张春贤主持座谈会，全国人大常委会副委员长沈跃跃、艾力更·依明巴海出席。

全国人大常委会法工委、教育部、全国妇联、中国关心下一代工作委员会、民政部、司法部有关负责同志和家长代表在座谈会上发言。

## 栗战书在第八个国家宪法日座谈会上强调 进一步全面贯彻实施宪法　推进全面建设社会主义现代化国家

**新华社北京12月3日电**　在第八个国家宪法日来临之际，全国人大常委会办公厅会同中央宣传部、司法部3日在京召开“全面贯彻实施宪法，不断发展全过程人民民主”座谈会。中共中央政治局常委、全国人大常委会委员长栗战书出席并讲话。他强调，要深入学习贯彻习近平新时代中国特色社会主义思想，贯彻落实党的十九届六中全会和中央人大工作会议精神，坚定历史自信、担当历史使命，在新时代新征程上推动宪法全面实施，不断发展全过程人民民主，更好发挥宪法在全面建设社会主义现代化国家中的重要作用。

栗战书指出，我国宪法凝聚着党带领人民百年奋斗取得的伟大成就和宝贵经验，学习贯彻宪法，必须毫不动摇做到“两个坚持”，坚持党的全面领导，坚持以习近平新时代中国特色社会主义思想为指导，坚决维护以习近平同志为核心的党中央权威和集中统一领导，确保党始终在国家政权中总揽全局、协调各方，始终成为国家和社会的最高政治领导力量，始终成为中国特色社会主义事业的坚强领导核心。

栗战书指出，我国宪法是充分体现人民共同意志、充分保障人民民主权利、充分维护人民根本利益的好宪法，学习贯彻宪法，必须不断发展全过程人民民主。要坚持以人民为中心，不断健全人民当家作主制度体系，充分发挥人民代表大会制度的根本政治制度作用，支持和保证人民通过人民代表大会行使国家权力，不断实现好、维护好、发展好最广大人民根本利益。

栗战书指出，我国宪法明确了国家根本任务和奋斗目标，要通过贯彻实施宪法，推进全面建设社会主义现代化国家。要在党的领导下团结动员全国各族人民，按照宪法确定的国家根本任务要求，立足新发展阶段、贯彻新发展理念、构建新发展格局、推动高质量发展，让中国特色社会主义道路越走越宽广，让中国式现代化道路展现更强大的影响力和感召力。

栗战书强调，要认真学习贯彻习近平总书记关于宪法的重要论述精神和指示要求，切实尊崇宪法、严格实施宪法，在新时代新征程上更好展现国家根本法的力量。一要增强宪法自信，深化我国宪法理论研究，为坚定“四个自信”提供理论支撑。二要用科学有效、系统完备的制度体系保证宪法实施，健全国家治理急需、满足人民群众日益增长的美好生活需要必备的法律制度。三要加强宪法实施和监督，切实维护国家法治统一。四要弘扬宪法精神，推动宪法深入人心。

中共中央政治局委员、全国人大常委会副委员长王晨主持座谈会。全国人大常委会副委员长万鄂湘、郝明金出席。

中央宣传部、全国人大常委会法工委、司法部、中央党史和文献研究院、最高人民法院、最高人民检察院、教育部、中国法学会有关负责同志和全国人大代表作了发言。

## 栗战书在深入学习贯彻习近平总书记关于坚持和完善人民代表大会制度的重要思想交流会上强调 切实肩负起新时代新征程赋予人大的新使命新任务 推动人民代表大会制度优势更好转化为国家治理效能

**新华社北京12月19日电**　学习贯彻党的十九届六中全会和中央人大工作会议精神、持续深入学习贯彻习近平总书记关于坚持和完善人民代表大会制度的重要思想交流会19日在京举行。中共中央政治局常委、全国人大常委会委员长栗战书出席会议并讲话。他强调，要深入学习贯彻党的十九届六中全会和中央人大工作会议精神，把学习贯彻习近平总书记关于坚持和完善人民代表大会制度的重要思想持续引向深入，在党的领导下毫不动摇坚持、与时俱进完善人民代表大会制度，切实肩负起新时代新征程赋予人大的新使命新任务，筑牢思想政治基础，提升人大工作质量和水平，推动人民代表大会制度优势更好转化为国家治理效能。

栗战书指出，坚持党的领导是全面的、绝对的，必须把党的领导贯穿于人大工作各方面全过程。要坚持以习近平新时代中国特色社会主义思想统揽和指导人大工作，牢牢把握坚持党的全面领导这一最高政治原则，增强“四个意识”、坚定“四个自信”、做到“两个维护”；要聚焦党中央重大决策部署积极主动履职尽责，吃透党中央精神，从中找到人大应当承担的责任、应当主动去干的事情，创造性地开展工作；要把党的领导体现在人大机关风气、人大工作者日常工作和生活的行为习惯中。要坚定不移走中国特色社会主义政治发展道路，在事关党和国家前途命运的重大政治问题上始终立场坚定、旗帜鲜明。坚持党的领导、人民当家作主、依法治国有机统一，通过依法履职，把我国政治制度的特点和优势充分发挥出来。

栗战书指出，要坚持人民当家作主，不断发展全过程人民民主。习近平总书记在中央人大工作会议上全面阐述了关于民主的立场、理念、观点，第一次系统阐述了全过程人民民主这一重大理念，清楚表明了中国共产党的“民主观”和中国政治制度运行的内在逻辑。人民代表大会制度是实现我国全过程人民民主的重要制度载体。要进一步健全完善发展全过程人民民主的机制和平台，使人大各项工作建立在坚实的民意基础之上。

栗战书强调，要全面提升人大工作质量和水平，为推进国家治理体系和治理能力现代化、全面建设社会主义现代化国家提供有力法治保障。全面贯彻实施宪法，加快完善中国特色社会主义法律体系，用好宪法赋予人大的监督权，实行正确监督、有效监督、依法监督，充分发挥人大代表作用，推动人大工作高质量发展。要牢牢把握“四个机关”的定位要求，全面加强人大及其常委会自身建设。坚持以党的政治建设为统领，不断提高政治判断力、政治领悟力、政治执行力，以高度的责任感和使命感，奋力开拓新时代人大工作新局面。

中共中央政治局委员、全国人大常委会副委员长王晨主持学习交流会。

与会同志在交流研讨时一致表示，要深入贯彻落实党的十九届六中全会和中央人大工作会议精神，推动新时代人大工作取得新成效，以优异成绩迎接党的二十大胜利召开。

# 立法工作

# 一、制定和修改的法律

## 中华人民共和国主席令

第六十九号

《中华人民共和国动物防疫法》已由中华人民共和国第十三届全国人民代表大会常务委员会第二十五次会议于2021年1月22日修订通过，现予公布，自2021年5月1日起施行。

中华人民共和国主席　习近平

2021年1月22日

## 中华人民共和国动物防疫法

（1997年7月3日第八届全国人民代表大会常务委员会第二十六次会议通过　2007年8月30日第十届全国人民代表大会常务委员会第二十九次会议第一次修订　根据2013年6月29日第十二届全国人民代表大会常务委员会第三次会议《关于修改〈中华人民共和国文物保护法〉等十二部法律的决定》第一次修正　根据2015年4月24日第十二届全国人民代表大会常务委员会第十四次会议《关于修改〈中华人民共和国电力法〉等六部法律的决定》第二次修正　2021年1月22日第十三届全国人民代表大会常务委员会第二十五次会议第二次修订）

### 目　录



### 第一章　总　　则

**第一条**　为了加强对动物防疫活动的管理，预防、控制、净化、消灭动物疫病，促进养殖业发展，防控人畜共患传染病，保障公共卫生安全和人体健康，制定本法。

**第二条**　本法适用于在中华人民共和国领域内的动物防疫及其监督管理活动。

进出境动物、动物产品的检疫，适用《中华人民共和国进出境动植物检疫法》。

**第三条**　本法所称动物，是指家畜家禽和人工饲养、捕获的其他动物。

本法所称动物产品，是指动物的肉、生皮、原毛、绒、脏器、脂、血液、精液、卵、胚胎、骨、蹄、头、角、筋以及可能传播动物疫病的奶、蛋等。

本法所称动物疫病，是指动物传染病，包括寄生虫病。

本法所称动物防疫，是指动物疫病的预防、控制、诊疗、净化、消灭和动物、动物产品的检疫，以及病死动物、病害动物产品的无害化处理。

**第四条** 根据动物疫病对养殖业生产和人体健康的危害程度，本法规定的动物疫病分为下列三类：

（一）一类疫病，是指口蹄疫、非洲猪瘟、高致病性禽流感等对人、动物构成特别严重危害，可能造成重大经济损失和社会影响，需要采取紧急、严厉的强制预防、控制等措施的；

（二）二类疫病，是指狂犬病、布鲁氏菌病、草鱼出血病等对人、动物构成严重危害，可能造成较大经济损失和社会影响，需要采取严格预防、控制等措施的；

（三）三类疫病，是指大肠杆菌病、禽结核病、鳖腮腺炎病等常见多发，对人、动物构成危害，可能造成一定程度的经济损失和社会影响，需要及时预防、控制的。

前款一、二、三类动物疫病具体病种名录由国务院农业农村主管部门制定并公布。国务院农业农村主管部门应当根据动物疫病发生、流行情况和危害程度，及时增加、减少或者调整一、二、三类动物疫病具体病种并予以公布。

人畜共患传染病名录由国务院农业农村主管部门会同国务院卫生健康、野生动物保护等主管部门制定并公布。

**第五条** 动物防疫实行预防为主，预防与控制、净化、消灭相结合的方针。

**第六条** 国家鼓励社会力量参与动物防疫工作。各级人民政府采取措施，支持单位和个人参与动物防疫的宣传教育、疫情报告、志愿服务和捐赠等活动。

**第七条** 从事动物饲养、屠宰、经营、隔离、运输以及动物产品生产、经营、加工、贮藏等活动的单位和个人，依照本法和国务院农业农村主管部门的规定，做好免疫、消毒、检测、隔离、净化、消灭、无害化处理等动物防疫工作，承担动物防疫相关责任。

**第八条** 县级以上人民政府对动物防疫工作实行统一领导，采取有效措施稳定基层机构队伍，加强动物防疫队伍建设，建立健全动物防疫体系，制定并组织实施动物疫病防治规划。

乡级人民政府、街道办事处组织群众做好本辖区的动物疫病预防与控制工作，村民委员会、居民委员会予以协助。

**第九条** 国务院农业农村主管部门主管全国的动物防疫工作。

县级以上地方人民政府农业农村主管部门主管本行政区域的动物防疫工作。

县级以上人民政府其他有关部门在各自职责范围内做好动物防疫工作。

军队动物卫生监督职能部门负责军队现役动物和饲养自用动物的防疫工作。

**第十条** 县级以上人民政府卫生健康主管部门和本级人民政府农业农村、野生动物保护等主管部门应当建立人畜共患传染病防治的协作机制。

国务院农业农村主管部门和海关总署等部门应当建立防止境外动物疫病输入的协作机制。

**第十一条** 县级以上地方人民政府的动物卫生监督机构依照本法规定，负责动物、动物产品的检疫工作。

**第十二条** 县级以上人民政府按照国务院的规定，根据统筹规划、合理布局、综合设置的原则建立动物疫病预防控制机构。

动物疫病预防控制机构承担动物疫病的监测、检测、诊断、流行病学调查、疫情报告以及其他预防、控制等技术工作；承担动物疫病净化、消灭的技术工作。

**第十三条** 国家鼓励和支持开展动物疫病的科学研究以及国际合作与交流，推广先进适用的科学研究成果，提高动物疫病防治的科学技术水平。

各级人民政府和有关部门、新闻媒体，应当加强对动物防疫法律法规和动物防疫知识的宣传。

**第十四条** 对在动物防疫工作、相关科学研究、动物疫情扑灭中做出贡献的单位和个人，各级人民政府和有关部门按照国家有关规定给予表彰、奖励。

有关单位应当依法为动物防疫人员缴纳工伤保险费。对因参与动物防疫工作致病、致残、死亡的人员，按照国家有关规定给予补助或者抚恤。

## 第二章 动物疫病的预防

**第十五条** 国家建立动物疫病风险评估制度。

国务院农业农村主管部门根据国内外动物疫情以及保护养殖业生产和人体健康的需要，及时会同国务院卫生健康等有关部门对动物疫病进行风险评估，并制定、公布动物疫病预防、控制、净化、消灭措施和技术规范。

省、自治区、直辖市人民政府农业农村主管部门会同本级人民政府卫生健康等有关部门开展本行政区域的动物疫病风险评估，并落实动物疫病预防、控制、净化、消灭措施。

**第十六条**　国家对严重危害养殖业生产和人体健康的动物疫病实施强制免疫。

国务院农业农村主管部门确定强制免疫的动物疫病病种和区域。

省、自治区、直辖市人民政府农业农村主管部门制定本行政区域的强制免疫计划；根据本行政区域动物疫病流行情况增加实施强制免疫的动物疫病病种和区域，报本级人民政府批准后执行，并报国务院农业农村主管部门备案。

**第十七条**　饲养动物的单位和个人应当履行动物疫病强制免疫义务，按照强制免疫计划和技术规范，对动物实施免疫接种，并按照国家有关规定建立免疫档案、加施畜禽标识，保证可追溯。

实施强制免疫接种的动物未达到免疫质量要求，实施补充免疫接种后仍不符合免疫质量要求的，有关单位和个人应当按照国家有关规定处理。

用于预防接种的疫苗应当符合国家质量标准。

**第十八条**　县级以上地方人民政府农业农村主管部门负责组织实施动物疫病强制免疫计划，并对饲养动物的单位和个人履行强制免疫义务的情况进行监督检查。

乡级人民政府、街道办事处组织本辖区饲养动物的单位和个人做好强制免疫，协助做好监督检查；村民委员会、居民委员会协助做好相关工作。

县级以上地方人民政府农业农村主管部门应当定期对本行政区域的强制免疫计划实施情况和效果进行评估，并向社会公布评估结果。

**第十九条**　国家实行动物疫病监测和疫情预警制度。

县级以上人民政府建立健全动物疫病监测网络，加强动物疫病监测。

国务院农业农村主管部门会同国务院有关部门制定国家动物疫病监测计划。省、自治区、直辖市人民政府农业农村主管部门根据国家动物疫病监测计划，制定本行政区域的动物疫病监测计划。

动物疫病预防控制机构按照国务院农业农村主管部门的规定和动物疫病监测计划，对动物疫病的发生、流行等情况进行监测；从事动物饲养、屠宰、经营、隔离、运输以及动物产品生产、经营、加工、贮藏、无害化处理等活动的单位和个人不得拒绝或者阻碍。

国务院农业农村主管部门和省、自治区、直辖市人民政府农业农村主管部门根据对动物疫病发生、流行趋势的预测，及时发出动物疫情预警。地方各级人民政府接到动物疫情预警后，应当及时采取预防、控制措施。

**第二十条**　陆路边境省、自治区人民政府根据动物疫病防控需要，合理设置动物疫病监测站点，健全监测工作机制，防范境外动物疫病传入。

科技、海关等部门按照本法和有关法律法规的规定做好动物疫病监测预警工作，并定期与农业农村主管部门互通情况，紧急情况及时通报。

县级以上人民政府应当完善野生动物疫源疫病监测体系和工作机制，根据需要合理布局监测站点；野生动物保护、农业农村主管部门按照职责分工做好野生动物疫源疫病监测等工作，并定期互通情况，紧急情况及时通报。

**第二十一条**　国家支持地方建立无规定动物疫病区，鼓励动物饲养场建设无规定动物疫病生物安全隔离区。对符合国务院农业农村主管部门规定标准的无规定动物疫病区和无规定动物疫病生物安全隔离区，国务院农业农村主管部门验收合格予以公布，并对其维持情况进行监督检查。

省、自治区、直辖市人民政府制定并组织实施本行政区域的无规定动物疫病区建设方案。国务院农业农村主管部门指导跨省、自治区、直辖市无规定动物疫病区建设。

国务院农业农村主管部门根据行政区划、养殖屠宰产业布局、风险评估情况等对动物疫病实施分区防控，可以采取禁止或者限制特定动物、动物产品跨区域调运等措施。

**第二十二条**　国务院农业农村主管部门制定并组织实施动物疫病净化、消灭规划。

县级以上地方人民政府根据动物疫病净化、消灭规划，制定并组织实施本行政区域的动物疫病净化、消灭计划。

动物疫病预防控制机构按照动物疫病净化、消灭规划、计划，开展动物疫病净化技术指导、培训，对动物疫病净化效果进行监测、评估。

国家推进动物疫病净化，鼓励和支持饲养动物的单位和个人开展动物疫病净化。饲养动物的单位和个人达到国务院农业农村主管部门规定的净化标准的，由省级以上人民政府农业农村主管部门予以公布。

**第二十三条**　种用、乳用动物应当符合国务院农业农村主管部门规定的健康标准。

饲养种用、乳用动物的单位和个人，应当按照国务院农业农村主管部门的要求，定期开展动物疫病检测；检测不合格的，应当按照国家有关规定处理。

**第二十四条** 动物饲养场和隔离场所、动物屠宰加工场所以及动物和动物产品无害化处理场所，应当符合下列动物防疫条件：

（一）场所的位置与居民生活区、生活饮用水水源地、学校、医院等公共场所的距离符合国务院农业农村主管部门的规定；

（二）生产经营区域封闭隔离，工程设计和有关流程符合动物防疫要求；

（三）有与其规模相适应的污水、污物处理设施，病死动物、病害动物产品无害化处理设施设备或者冷藏冷冻设施设备，以及清洗消毒设施设备；

（四）有与其规模相适应的执业兽医或者动物防疫技术人员；

（五）有完善的隔离消毒、购销台账、日常巡查等动物防疫制度；

（六）具备国务院农业农村主管部门规定的其他动物防疫条件。

动物和动物产品无害化处理场所除应当符合前款规定的条件外，还应当具有病原检测设备、检测能力和符合动物防疫要求的专用运输车辆。

**第二十五条** 国家实行动物防疫条件审查制度。

开办动物饲养场和隔离场所、动物屠宰加工场所以及动物和动物产品无害化处理场所，应当向县级以上地方人民政府农业农村主管部门提出申请，并附具相关材料。受理申请的农业农村主管部门应当依照本法和《中华人民共和国行政许可法》的规定进行审查。经审查合格的，发给动物防疫条件合格证；不合格的，应当通知申请人并说明理由。

动物防疫条件合格证应当载明申请人的名称（姓名）、场（厂）址、动物（动物产品）种类等事项。

**第二十六条** 经营动物、动物产品的集贸市场应当具备国务院农业农村主管部门规定的动物防疫条件，并接受农业农村主管部门的监督检查。具体办法由国务院农业农村主管部门制定。

县级以上地方人民政府应当根据本地情况，决定在城市特定区域禁止家畜家禽活体交易。

**第二十七条** 动物、动物产品的运载工具、垫料、包装物、容器等应当符合国务院农业农村主管部门规定的动物防疫要求。

染疫动物及其排泄物、染疫动物产品，运载工具中的动物排泄物以及垫料、包装物、容器等被污染的物品，应当按照国家有关规定处理，不得随意处置。

**第二十八条** 采集、保存、运输动物病料或者病原微生物以及从事病原微生物研究、教学、检测、诊断等活动，应当遵守国家有关病原微生物实验室管理的规定。

**第二十九条** 禁止屠宰、经营、运输下列动物和生产、经营、加工、贮藏、运输下列动物产品：

（一）封锁疫区内与所发生动物疫病有关的；

（二）疫区内易感染的；

（三）依法应当检疫而未经检疫或者检疫不合格的；

（四）染疫或者疑似染疫的；

（五）病死或者死因不明的；

（六）其他不符合国务院农业农村主管部门有关动物防疫规定的。

因实施集中无害化处理需要暂存、运输动物和动物产品并按照规定采取防疫措施的，不适用前款规定。

**第三十条** 单位和个人饲养犬只，应当按照规定定期免疫接种狂犬病疫苗，凭动物诊疗机构出具的免疫证明向所在地养犬登记机关申请登记。

携带犬只出户的，应当按照规定佩戴犬牌并采取系犬绳等措施，防止犬只伤人、疫病传播。

街道办事处、乡级人民政府组织协调居民委员会、村民委员会，做好本辖区流浪犬、猫的控制和处置，防止疫病传播。

县级人民政府和乡级人民政府、街道办事处应当结合本地实际，做好农村地区饲养犬只的防疫管理工作。

饲养犬只防疫管理的具体办法，由省、自治区、直辖市制定。

## 第三章 动物疫情的报告、通报和公布

**第三十一条** 从事动物疫病监测、检测、检验检疫、研究、诊疗以及动物饲养、屠宰、经营、隔离、运输等活动的单位和个人，发现动物染疫或者疑似染疫的，应当立即向所在地农业农村主管部门或者动物疫病预防控制机构报告，并迅速采取隔离等控制措施，防止动物疫情扩散。其他单位和个人发现动物染疫或者疑似染疫的，应当及时报告。

接到动物疫情报告的单位，应当及时采取临时隔离控制等必要措施，防止延误防控时机，并及时

按照国家规定的程序上报。

**第三十二条** 动物疫情由县级以上人民政府农业农村主管部门认定;其中重大动物疫情由省、自治区、直辖市人民政府农业农村主管部门认定,必要时报国务院农业农村主管部门认定。

本法所称重大动物疫情,是指一、二、三类动物疫病突然发生,迅速传播,给养殖业生产安全造成严重威胁、危害,以及可能对公众身体健康与生命安全造成危害的情形。

在重大动物疫情报告期间,必要时,所在地县级以上地方人民政府可以作出封锁决定并采取扑杀、销毁等措施。

**第三十三条** 国家实行动物疫情通报制度。

国务院农业农村主管部门应当及时向国务院卫生健康等有关部门和军队有关部门以及省、自治区、直辖市人民政府农业农村主管部门通报重大动物疫情的发生和处置情况。

海关发现进出境动物和动物产品染疫或者疑似染疫的,应当及时处置并向农业农村主管部门通报。

县级以上地方人民政府野生动物保护主管部门发现野生动物染疫或者疑似染疫的,应当及时处置并向本级人民政府农业农村主管部门通报。

国务院农业农村主管部门应当依照我国缔结或者参加的条约、协定,及时向有关国际组织或者贸易方通报重大动物疫情的发生和处置情况。

**第三十四条** 发生人畜共患传染病疫情时,县级以上人民政府农业农村主管部门与本级人民政府卫生健康、野生动物保护等主管部门应当及时相互通报。

发生人畜共患传染病时,卫生健康主管部门应当对疫区易感染的人群进行监测,并应当依照《中华人民共和国传染病防治法》的规定及时公布疫情,采取相应的预防、控制措施。

**第三十五条** 患有人畜共患传染病的人员不得直接从事动物疫病监测、检测、检验检疫、诊疗以及易感染动物的饲养、屠宰、经营、隔离、运输等活动。

**第三十六条** 国务院农业农村主管部门向社会及时公布全国动物疫情,也可以根据需要授权省、自治区、直辖市人民政府农业农村主管部门公布本行政区域的动物疫情。其他单位和个人不得发布动物疫情。

**第三十七条** 任何单位和个人不得瞒报、谎报、迟报、漏报动物疫情,不得授意他人瞒报、谎报、迟报动物疫情,不得阻碍他人报告动物疫情。

## 第四章 动物疫病的控制

**第三十八条** 发生一类动物疫病时,应当采取下列控制措施:

(一)所在地县级以上地方人民政府农业农村主管部门应当立即派人到现场,划定疫点、疫区、受威胁区,调查疫源,及时报请本级人民政府对疫区实行封锁。疫区范围涉及两个以上行政区域的,由有关行政区域共同的上一级人民政府对疫区实行封锁,或者由各有关行政区域的上一级人民政府共同对疫区实行封锁。必要时,上级人民政府可以责成下级人民政府对疫区实行封锁;

(二)县级以上地方人民政府应当立即组织有关部门和单位采取封锁、隔离、扑杀、销毁、消毒、无害化处理、紧急免疫接种等强制性措施;

(三)在封锁期间,禁止染疫、疑似染疫和易感染的动物、动物产品流出疫区,禁止非疫区的易感染动物进入疫区,并根据需要对出入疫区的人员、运输工具及有关物品采取消毒和其他限制性措施。

**第三十九条** 发生二类动物疫病时,应当采取下列控制措施:

(一)所在地县级以上地方人民政府农业农村主管部门应当划定疫点、疫区、受威胁区;

(二)县级以上地方人民政府根据需要组织有关部门和单位采取隔离、扑杀、销毁、消毒、无害化处理、紧急免疫接种、限制易感染的动物和动物产品及有关物品出入等措施。

**第四十条** 疫点、疫区、受威胁区的撤销和疫区封锁的解除,按照国务院农业农村主管部门规定的标准和程序评估后,由原决定机关决定并宣布。

**第四十一条** 发生三类动物疫病时,所在地县级、乡级人民政府应当按照国务院农业农村主管部门的规定组织防治。

**第四十二条** 二、三类动物疫病呈暴发性流行时,按照一类动物疫病处理。

**第四十三条** 疫区内有关单位和个人,应当遵守县级以上人民政府及其农业农村主管部门依法作出的有关控制动物疫病的规定。

任何单位和个人不得藏匿、转移、盗掘已被依法隔离、封存、处理的动物和动物产品。

**第四十四条** 发生动物疫情时,航空、铁路、道路、水路运输企业应当优先组织运送防疫人员和物资。

**第四十五条**　国务院农业农村主管部门根据动物疫病的性质、特点和可能造成的社会危害，制定国家重大动物疫情应急预案报国务院批准，并按照不同动物疫病病种、流行特点和危害程度，分别制定实施方案。

县级以上地方人民政府根据上级重大动物疫情应急预案和本地区的实际情况，制定本行政区域的重大动物疫情应急预案，报上一级人民政府农业农村主管部门备案，并抄送上一级人民政府应急管理部门。县级以上地方人民政府农业农村主管部门按照不同动物疫病病种、流行特点和危害程度，分别制定实施方案。

重大动物疫情应急预案和实施方案根据疫情状况及时调整。

**第四十六条**　发生重大动物疫情时，国务院农业农村主管部门负责划定动物疫病风险区，禁止或者限制特定动物、动物产品由高风险区向低风险区调运。

**第四十七条**　发生重大动物疫情时，依照法律和国务院的规定以及应急预案采取应急处置措施。

## 第五章　动物和动物产品的检疫

**第四十八条**　动物卫生监督机构依照本法和国务院农业农村主管部门的规定对动物、动物产品实施检疫。

动物卫生监督机构的官方兽医具体实施动物、动物产品检疫。

**第四十九条**　屠宰、出售或者运输动物以及出售或者运输动物产品前，货主应当按照国务院农业农村主管部门的规定向所在地动物卫生监督机构申报检疫。

动物卫生监督机构接到检疫申报后，应当及时指派官方兽医对动物、动物产品实施检疫；检疫合格的，出具检疫证明、加施检疫标志。实施检疫的官方兽医应当在检疫证明、检疫标志上签字或者盖章，并对检疫结论负责。

动物饲养场、屠宰企业的执业兽医或者动物防疫技术人员，应当协助官方兽医实施检疫。

**第五十条**　因科研、药用、展示等特殊情形需要非食用性利用的野生动物，应当按照国家有关规定报动物卫生监督机构检疫，检疫合格的，方可利用。

人工捕获的野生动物，应当按照国家有关规定报捕获地动物卫生监督机构检疫，检疫合格的，方可饲养、经营和运输。

国务院农业农村主管部门会同国务院野生动物保护主管部门制定野生动物检疫办法。

**第五十一条**　屠宰、经营、运输的动物，以及用于科研、展示、演出和比赛等非食用性利用的动物，应当附有检疫证明；经营和运输的动物产品，应当附有检疫证明、检疫标志。

**第五十二条**　经航空、铁路、道路、水路运输动物和动物产品的，托运人托运时应当提供检疫证明；没有检疫证明的，承运人不得承运。

进出口动物和动物产品，承运人凭进口报关单证或者海关签发的检疫单证运递。

从事动物运输的单位、个人以及车辆，应当向所在地县级人民政府农业农村主管部门备案，妥善保存行程路线和托运人提供的动物名称、检疫证明编号、数量等信息。具体办法由国务院农业农村主管部门制定。

运载工具在装载前和卸载后应当及时清洗、消毒。

**第五十三条**　省、自治区、直辖市人民政府确定并公布道路运输的动物进入本行政区域的指定通道，设置引导标志。跨省、自治区、直辖市通过道路运输动物的，应当经省、自治区、直辖市人民政府设立的指定通道入省境或者过省境。

**第五十四条**　输入到无规定动物疫病区的动物、动物产品，货主应当按照国务院农业农村主管部门的规定向无规定动物疫病区所在地动物卫生监督机构申报检疫，经检疫合格的，方可进入。

**第五十五条**　跨省、自治区、直辖市引进的种用、乳用动物到达输入地后，货主应当按照国务院农业农村主管部门的规定对引进的种用、乳用动物进行隔离观察。

**第五十六条**　经检疫不合格的动物、动物产品，货主应当在农业农村主管部门的监督下按照国家有关规定处理，处理费用由货主承担。

## 第六章　病死动物和病害动物产品的无害化处理

**第五十七条**　从事动物饲养、屠宰、经营、隔离以及动物产品生产、经营、加工、贮藏等活动的单位和个人，应当按照国家有关规定做好病死动物、病害动物产品的无害化处理，或者委托动物和动物产品无害化处理场所处理。

从事动物、动物产品运输的单位和个人，应当配合做好病死动物和病害动物产品的无害化处理，不得在途中擅自弃置和处理有关动物和动物产品。

任何单位和个人不得买卖、加工、随意弃置病死动物和病害动物产品。

动物和动物产品无害化处理管理办法由国务院农业农村、野生动物保护主管部门按照职责制定。

**第五十八条** 在江河、湖泊、水库等水域发现的死亡畜禽，由所在地县级人民政府组织收集、处理并溯源。

在城市公共场所和乡村发现的死亡畜禽，由所在地街道办事处、乡级人民政府组织收集、处理并溯源。

在野外环境发现的死亡野生动物，由所在地野生动物保护主管部门收集、处理。

**第五十九条** 省、自治区、直辖市人民政府制定动物和动物产品集中无害化处理场所建设规划，建立政府主导、市场运作的无害化处理机制。

**第六十条** 各级财政对病死动物无害化处理提供补助。具体补助标准和办法由县级以上人民政府财政部门会同本级人民政府农业农村、野生动物保护等有关部门制定。

## 第七章 动物诊疗

**第六十一条** 从事动物诊疗活动的机构，应当具备下列条件：

（一）有与动物诊疗活动相适应并符合动物防疫条件的场所；

（二）有与动物诊疗活动相适应的执业兽医；

（三）有与动物诊疗活动相适应的兽医器械和设备；

（四）有完善的管理制度。

动物诊疗机构包括动物医院、动物诊所以及其他提供动物诊疗服务的机构。

**第六十二条** 从事动物诊疗活动的机构，应当向县级以上地方人民政府农业农村主管部门申请动物诊疗许可证。受理申请的农业农村主管部门应当依照本法和《中华人民共和国行政许可法》的规定进行审查。经审查合格的，发给动物诊疗许可证；不合格的，应当通知申请人并说明理由。

**第六十三条** 动物诊疗许可证应当载明诊疗机构名称、诊疗活动范围、从业地点和法定代表人（负责人）等事项。

动物诊疗许可证载明事项变更的，应当申请变更或者换发动物诊疗许可证。

**第六十四条** 动物诊疗机构应当按照国务院农业农村主管部门的规定，做好诊疗活动中的卫生安全防护、消毒、隔离和诊疗废弃物处置等工作。

**第六十五条** 从事动物诊疗活动，应当遵守有关动物诊疗的操作技术规范，使用符合规定的兽药和兽医器械。

兽药和兽医器械的管理办法由国务院规定。

## 第八章 兽医管理

**第六十六条** 国家实行官方兽医任命制度。

官方兽医应当具备国务院农业农村主管部门规定的条件，由省、自治区、直辖市人民政府农业农村主管部门按照程序确认，由所在地县级以上人民政府农业农村主管部门任命。具体办法由国务院农业农村主管部门制定。

海关的官方兽医应当具备规定的条件，由海关总署任命。具体办法由海关总署会同国务院农业农村主管部门制定。

**第六十七条** 官方兽医依法履行动物、动物产品检疫职责，任何单位和个人不得拒绝或者阻碍。

**第六十八条** 县级以上人民政府农业农村主管部门制定官方兽医培训计划，提供培训条件，定期对官方兽医进行培训和考核。

**第六十九条** 国家实行执业兽医资格考试制度。具有兽医相关专业大学专科以上学历的人员或者符合条件的乡村兽医，通过执业兽医资格考试的，由省、自治区、直辖市人民政府农业农村主管部门颁发执业兽医资格证书；从事动物诊疗等经营活动的，还应当向所在地县级人民政府农业农村主管部门备案。

执业兽医资格考试办法由国务院农业农村主管部门商国务院人力资源主管部门制定。

**第七十条** 执业兽医开具兽医处方应当亲自诊断，并对诊断结论负责。

国家鼓励执业兽医接受继续教育。执业兽医所在机构应当支持执业兽医参加继续教育。

**第七十一条** 乡村兽医可以在乡村从事动物诊疗活动。具体管理办法由国务院农业农村主管部门制定。

**第七十二条** 执业兽医、乡村兽医应当按照所在地人民政府和农业农村主管部门的要求，参加动物疫病预防、控制和动物疫情扑灭等活动。

**第七十三条** 兽医行业协会提供兽医信息、技术、培训等服务，维护成员合法权益，按照章程建立健全行业规范和奖惩机制，加强行业自律，推动行业诚信建设，宣传动物防疫和兽医知识。

## 第九章　监督管理

**第七十四条**　县级以上地方人民政府农业农村主管部门依照本法规定，对动物饲养、屠宰、经营、隔离、运输以及动物产品生产、经营、加工、贮藏、运输等活动中的动物防疫实施监督管理。

**第七十五条**　为控制动物疫病，县级人民政府农业农村主管部门应当派人在所在地依法设立的现有检查站执行监督检查任务；必要时，经省、自治区、直辖市人民政府批准，可以设立临时性的动物防疫检查站，执行监督检查任务。

**第七十六条**　县级以上地方人民政府农业农村主管部门执行监督检查任务，可以采取下列措施，有关单位和个人不得拒绝或者阻碍：

（一）对动物、动物产品按照规定采样、留验、抽检；

（二）对染疫或者疑似染疫的动物、动物产品及相关物品进行隔离、查封、扣押和处理；

（三）对依法应当检疫而未经检疫的动物和动物产品，具备补检条件的实施补检，不具备补检条件的予以收缴销毁；

（四）查验检疫证明、检疫标志和畜禽标识；

（五）进入有关场所调查取证，查阅、复制与动物防疫有关的资料。

县级以上地方人民政府农业农村主管部门根据动物疫病预防、控制需要，经所在地县级以上地方人民政府批准，可以在车站、港口、机场等相关场所派驻官方兽医或者工作人员。

**第七十七条**　执法人员执行动物防疫监督检查任务，应当出示行政执法证件，佩带统一标志。

县级以上人民政府农业农村主管部门及其工作人员不得从事与动物防疫有关的经营性活动，进行监督检查不得收取任何费用。

**第七十八条**　禁止转让、伪造或者变造检疫证明、检疫标志或者畜禽标识。

禁止持有、使用伪造或者变造的检疫证明、检疫标志或者畜禽标识。

检疫证明、检疫标志的管理办法由国务院农业农村主管部门制定。

## 第十章　保障措施

**第七十九条**　县级以上人民政府应当将动物防疫工作纳入本级国民经济和社会发展规划及年度计划。

**第八十条**　国家鼓励和支持动物防疫领域新技术、新设备、新产品等科学技术研究开发。

**第八十一条**　县级人民政府应当为动物卫生监督机构配备与动物、动物产品检疫工作相适应的官方兽医，保障检疫工作条件。

县级人民政府农业农村主管部门可以根据动物防疫工作需要，向乡、镇或者特定区域派驻兽医机构或者工作人员。

**第八十二条**　国家鼓励和支持执业兽医、乡村兽医和动物诊疗机构开展动物防疫和疫病诊疗活动；鼓励养殖企业、兽药及饲料生产企业组建动物防疫服务团队，提供防疫服务。地方人民政府组织村级防疫员参加动物疫病防治工作的，应当保障村级防疫员合理劳务报酬。

**第八十三条**　县级以上人民政府按照本级政府职责，将动物疫病的监测、预防、控制、净化、消灭，动物、动物产品的检疫和病死动物的无害化处理，以及监督管理所需经费纳入本级预算。

**第八十四条**　县级以上人民政府应当储备动物疫情应急处置所需的防疫物资。

**第八十五条**　对在动物疫病预防、控制、净化、消灭过程中强制扑杀的动物、销毁的动物产品和相关物品，县级以上人民政府给予补偿。具体补偿标准和办法由国务院财政部门会同有关部门制定。

**第八十六条**　对从事动物疫病预防、检疫、监督检查、现场处理疫情以及在工作中接触动物疫病病原体的人员，有关单位按照国家规定，采取有效的卫生防护、医疗保健措施，给予畜牧兽医医疗卫生津贴等相关待遇。

## 第十一章　法律责任

**第八十七条**　地方各级人民政府及其工作人员未依照本法规定履行职责的，对直接负责的主管人员和其他直接责任人员依法给予处分。

**第八十八条**　县级以上人民政府农业农村主管部门及其工作人员违反本法规定，有下列行为之一的，由本级人民政府责令改正，通报批评；对直接负责的主管人员和其他直接责任人员依法给予处分：

（一）未及时采取预防、控制、扑灭等措施的；

（二）对不符合条件的颁发动物防疫条件合格证、动物诊疗许可证，或者对符合条件的拒不颁发动物防疫条件合格证、动物诊疗许可证的；

（三）从事与动物防疫有关的经营性活动，或者违法收取费用的；

（四）其他未依照本法规定履行职责的行为。

**第八十九条** 动物卫生监督机构及其工作人员违反本法规定，有下列行为之一的，由本级人民政府或者农业农村主管部门责令改正，通报批评；对直接负责的主管人员和其他直接责任人员依法给予处分：

（一）对未经检疫或者检疫不合格的动物、动物产品出具检疫证明、加施检疫标志，或者对检疫合格的动物、动物产品拒不出具检疫证明、加施检疫标志的；

（二）对附有检疫证明、检疫标志的动物、动物产品重复检疫的；

（三）从事与动物防疫有关的经营性活动，或者违法收取费用的；

（四）其他未依照本法规定履行职责的行为。

**第九十条** 动物疫病预防控制机构及其工作人员违反本法规定，有下列行为之一的，由本级人民政府或者农业农村主管部门责令改正，通报批评；对直接负责的主管人员和其他直接责任人员依法给予处分：

（一）未履行动物疫病监测、检测、评估职责或者伪造监测、检测、评估结果的；

（二）发生动物疫情时未及时进行诊断、调查的；

（三）接到染疫或者疑似染疫报告后，未及时按照国家规定采取措施、上报的；

（四）其他未依照本法规定履行职责的行为。

**第九十一条** 地方各级人民政府、有关部门及其工作人员瞒报、谎报、迟报、漏报或者授意他人瞒报、谎报、迟报动物疫情，或者阻碍他人报告动物疫情的，由上级人民政府或者有关部门责令改正，通报批评；对直接负责的主管人员和其他直接责任人员依法给予处分。

**第九十二条** 违反本法规定，有下列行为之一的，由县级以上地方人民政府农业农村主管部门责令限期改正，可以处一千元以下罚款；逾期不改正的，处一千元以上五千元以下罚款，由县级以上地方人民政府农业农村主管部门委托动物诊疗机构、无害化处理场所等代为处理，所需费用由违法行为人承担：

（一）对饲养的动物未按照动物疫病强制免疫计划或者免疫技术规范实施免疫接种的；

（二）对饲养的种用、乳用动物未按照国务院农业农村主管部门的要求定期开展疫病检测，或者经检测不合格而未按照规定处理的；

（三）对饲养的犬只未按照规定定期进行狂犬病免疫接种的；

（四）动物、动物产品的运载工具在装载前和卸载后未按照规定及时清洗、消毒的。

**第九十三条** 违反本法规定，对经强制免疫的动物未按照规定建立免疫档案，或者未按照规定加施畜禽标识的，依照《中华人民共和国畜牧法》的有关规定处罚。

**第九十四条** 违反本法规定，动物、动物产品的运载工具、垫料、包装物、容器等不符合国务院农业农村主管部门规定的动物防疫要求的，由县级以上地方人民政府农业农村主管部门责令改正，可以处五千元以下罚款；情节严重的，处五千元以上五万元以下罚款。

**第九十五条** 违反本法规定，对染疫动物及其排泄物、染疫动物产品或者被染疫动物、动物产品污染的运载工具、垫料、包装物、容器等未按照规定处置的，由县级以上地方人民政府农业农村主管部门责令限期处理；逾期不处理的，由县级以上地方人民政府农业农村主管部门委托有关单位代为处理，所需费用由违法行为人承担，处五千元以上五万元以下罚款。

造成环境污染或者生态破坏的，依照环境保护有关法律法规进行处罚。

**第九十六条** 违反本法规定，患有人畜共患传染病的人员，直接从事动物疫病监测、检测、检验检疫，动物诊疗以及易感染动物的饲养、屠宰、经营、隔离、运输等活动的，由县级以上地方人民政府农业农村或者野生动物保护主管部门责令改正；拒不改正的，处一千元以上一万元以下罚款；情节严重的，处一万元以上五万元以下罚款。

**第九十七条** 违反本法第二十九条规定，屠宰、经营、运输动物或者生产、经营、加工、贮藏、运输动物产品的，由县级以上地方人民政府农业农村主管部门责令改正、采取补救措施，没收违法所得、动物和动物产品，并处同类检疫合格动物、动物产品货值金额十五倍以上三十倍以下罚款；同类检疫合格动物、动物产品货值金额不足一万元的，并处五万元以上十五万元以下罚款；其中依法应当检疫而未检疫的，依照本法第一百条的规定处罚。

前款规定的违法行为人及其法定代表人（负责人）、直接负责的主管人员和其他直接责任人员，自处罚决定作出之日起五年内不得从事相关活动；构成犯罪的，终身不得从事屠宰、经营、运输动物或者生产、经营、加工、贮藏、运输动物产品等相关活动。

**第九十八条**　违反本法规定，有下列行为之一的，由县级以上地方人民政府农业农村主管部门责令改正，处三千元以上三万元以下罚款；情节严重的，责令停业整顿，并处三万元以上十万元以下罚款：

（一）开办动物饲养场和隔离场所、动物屠宰加工场所以及动物和动物产品无害化处理场所，未取得动物防疫条件合格证的；

（二）经营动物、动物产品的集贸市场不具备国务院农业农村主管部门规定的防疫条件的；

（三）未经备案从事动物运输的；

（四）未按照规定保存行程路线和托运人提供的动物名称、检疫证明编号、数量等信息的；

（五）未经检疫合格，向无规定动物疫病区输入动物、动物产品的；

（六）跨省、自治区、直辖市引进种用、乳用动物到达输入地后未按照规定进行隔离观察的；

（七）未按照规定处理或者随意弃置病死动物、病害动物产品的。

**第九十九条**　动物饲养场和隔离场所、动物屠宰加工场所以及动物和动物产品无害化处理场所，生产经营条件发生变化，不再符合本法第二十四条规定的动物防疫条件继续从事相关活动的，由县级以上地方人民政府农业农村主管部门给予警告，责令限期改正；逾期仍达不到规定条件的，吊销动物防疫条件合格证，并通报市场监督管理部门依法处理。

**第一百条**　违反本法规定，屠宰、经营、运输的动物未附有检疫证明，经营和运输的动物产品未附有检疫证明、检疫标志的，由县级以上地方人民政府农业农村主管部门责令改正，处同类检疫合格动物、动物产品货值金额一倍以下罚款；对货主以外的承运人处运输费用三倍以上五倍以下罚款，情节严重的，处五倍以上十倍以下罚款。

违反本法规定，用于科研、展示、演出和比赛等非食用性利用的动物未附有检疫证明的，由县级以上地方人民政府农业农村主管部门责令改正，处三千元以上一万元以下罚款。

**第一百零一条**　违反本法规定，将禁止或者限制调运的特定动物、动物产品由动物疫病高风险区调入低风险区的，由县级以上地方人民政府农业农村主管部门没收运输费用、违法运输的动物和动物产品，并处运输费用一倍以上五倍以下罚款。

**第一百零二条**　违反本法规定，通过道路跨省、自治区、直辖市运输动物，未经省、自治区、直辖市人民政府设立的指定通道入省境或者过省境的，由县级以上地方人民政府农业农村主管部门对运输人处五千元以上一万元以下罚款；情节严重的，处一万元以上五万元以下罚款。

**第一百零三条**　违反本法规定，转让、伪造或者变造检疫证明、检疫标志或者畜禽标识的，由县级以上地方人民政府农业农村主管部门没收违法所得和检疫证明、检疫标志、畜禽标识，并处五千元以上五万元以下罚款。

持有、使用伪造或者变造的检疫证明、检疫标志或者畜禽标识的，由县级以上人民政府农业农村主管部门没收检疫证明、检疫标志、畜禽标识和对应的动物、动物产品，并处三千元以上三万元以下罚款。

**第一百零四条**　违反本法规定，有下列行为之一的，由县级以上地方人民政府农业农村主管部门责令改正，处三千元以上三万元以下罚款：

（一）擅自发布动物疫情的；

（二）不遵守县级以上人民政府及其农业农村主管部门依法作出的有关控制动物疫病规定的；

（三）藏匿、转移、盗掘已被依法隔离、封存、处理的动物和动物产品的。

**第一百零五条**　违反本法规定，未取得动物诊疗许可证从事动物诊疗活动的，由县级以上地方人民政府农业农村主管部门责令停止诊疗活动，没收违法所得，并处违法所得一倍以上三倍以下罚款；违法所得不足三万元的，并处三千元以上三万元以下罚款。

动物诊疗机构违反本法规定，未按照规定实施卫生安全防护、消毒、隔离和处置诊疗废弃物的，由县级以上地方人民政府农业农村主管部门责令改正，处一千元以上一万元以下罚款；造成动物疫病扩散的，处一万元以上五万元以下罚款；情节严重的，吊销动物诊疗许可证。

**第一百零六条**　违反本法规定，未经执业兽医备案从事经营性动物诊疗活动的，由县级以上地方人民政府农业农村主管部门责令停止动物诊疗活动，没收违法所得，并处三千元以上三万元以下罚款；对其所在的动物诊疗机构处一万元以上五万元以下罚款。

执业兽医有下列行为之一的，由县级以上地方人民政府农业农村主管部门给予警告，责令暂停六个月以上一年以下动物诊疗活动；情节严重的，吊销执业兽医资格证书：

（一）违反有关动物诊疗的操作技术规范，造成或者可能造成动物疫病传播、流行的；

（二）使用不符合规定的兽药和兽医器械的；

（三）未按照当地人民政府或者农业农村主管部门要求参加动物疫病预防、控制和动物疫情扑灭活动的。

**第一百零七条**　违反本法规定，生产经营兽医器械，产品质量不符合要求的，由县级以上地方人民政府农业农村主管部门责令限期整改；情节严重的，责令停业整顿，并处二万元以上十万元以下罚款。

**第一百零八条**　违反本法规定，从事动物疫病研究、诊疗和动物饲养、屠宰、经营、隔离、运输，以及动物产品生产、经营、加工、贮藏、无害化处理等活动的单位和个人，有下列行为之一的，由县级以上地方人民政府农业农村主管部门责令改正，可以处一万元以下罚款；拒不改正的，处一万元以上五万元以下罚款，并可以责令停业整顿：

（一）发现动物染疫、疑似染疫未报告，或者未采取隔离等控制措施的；

（二）不如实提供与动物防疫有关的资料的；

（三）拒绝或者阻碍农业农村主管部门进行监督检查的；

（四）拒绝或者阻碍动物疫病预防控制机构进行动物疫病监测、检测、评估的；

（五）拒绝或者阻碍官方兽医依法履行职责的。

**第一百零九条**　违反本法规定，造成人畜共患传染病传播、流行的，依法从重给予处分、处罚。

违反本法规定，构成违反治安管理行为的，依法给予治安管理处罚；构成犯罪的，依法追究刑事责任。

违反本法规定，给他人人身、财产造成损害的，依法承担民事责任。

## 第十二章　附　则

**第一百一十条**　本法下列用语的含义：

（一）无规定动物疫病区，是指具有天然屏障或者采取人工措施，在一定期限内没有发生规定的一种或者几种动物疫病，并经验收合格的区域；

（二）无规定动物疫病生物安全隔离区，是指处于同一生物安全管理体系下，在一定期限内没有发生规定的一种或者几种动物疫病的若干动物饲养场及其辅助生产场所构成的，并经验收合格的特定小型区域；

（三）病死动物，是指染疫死亡、因病死亡、死因不明或者经检验检疫可能危害人体或者动物健康的死亡动物；

（四）病害动物产品，是指来源于病死动物的产品，或者经检验检疫可能危害人体或者动物健康的动物产品。

**第一百一十一条**　境外无规定动物疫病区和无规定动物疫病生物安全隔离区的无疫等效性评估，参照本法有关规定执行。

**第一百一十二条**　实验动物防疫有特殊要求的，按照实验动物管理的有关规定执行。

**第一百一十三条**　本法自2021年5月1日起施行。

# 关于《中华人民共和国动物防疫法（修订草案）》的说明

——2020年4月26日在第十三届全国人民代表大会常务委员会第十七次会议上

全国人大农业与农村委员会副主任委员　刘振伟

全国人民代表大会常务委员会：

我受全国人大农业与农村委员会委托，就《中华人民共和国动物防疫法（修订草案）》的有关问题作说明。

## 一、动物防疫法修改的必要性

动物防疫法自2008年1月1日修订实施以来，我国动物防疫工作不断加强，在保障养殖业生产安全、动物源性食品安全、公共卫生安全及生态环境安全方面发挥了重要作用。

但是，由于我国大多数生产经营主体养殖方式比较落后，基层动物防疫体系薄弱，加上动物及动物产品国际贸易活动频繁，我国动物防疫面临着复杂、严峻的形势。主要表现：一是动物疫病净化、消灭工作缺乏中长期规划，疫病种类多，疫情风险大，防控压力大。二是动物防疫制度体系不完善。病死动物和病害动物产品无害化处理、犬只防疫、兽医管理制度缺失;动物及动物产品调运监管、动物疫病区域化管理、动物防疫条件审查、疫病疫情监测预警等制度不够完善;基层动物防疫体系薄弱,保障措施满足不了防疫工作需要。三是动物防疫责任体系不完善。生产经营者防疫主体责任在一些地方难以落实到位,履行防疫义务自觉性不强。四是法律责任缺乏刚性。2020 年 2 月 24 日,全国人大常委会作出《关于全面禁止非法野生动物交易、革除滥食野生动物陋习、切实保障人民群众生命健康安全的决定》,对非食用性利用野生动物的审批和检疫检验提出明确要求,需要及时转化为法律规范。综上,需要尽快修改动物防疫法。

2018 年,全国人大农业与农村委员会对动物防疫法贯彻实施情况进行执法调研,提出修改思路。同年,修改动物防疫法列入第十三届全国人大常委会立法规划,由农业与农村委员会牵头,农业农村部等部门参与。两年来,认真听取各级动物卫生监督机构和防控机构、生产经营主体、动物卫生专家、部分全国人大代表意见,与国务院有关部门反复沟通,形成了动物防疫法修订草案(以下简称草案)。

## 二、动物防疫法修改的总体思路

深入学习贯彻习近平新时代中国特色社会主义思想,落实党的十九大、十九届二中、三中、四中全会精神,按照全面提升动物卫生水平的目标,着力解决动物防疫面临的突出问题,对动物防疫方针、防疫责任体系、制度体系、监管体系等调整完善,构建科学、合理、健全的动物防疫法律制度。草案突出六个“强化”:一是强化对重点动物疫病的净化、消灭,在全面防控的基础上,推动动物疫病从有效控制到逐步净化、消灭转变;二是强化非食用性利用野生动物检疫检验;三是强化生产经营者的防疫主体责任、行业部门的监管责任和地方政府的属地管理责任;四是强化动物疫源疫情的监测预警;五是强化动物防疫制度体系建设;六是强化基层动物防疫体系能力建设,完善保障措施。

## 三、动物防疫法修改的主要内容

### (一)关于完善动物疫病防控方针

长期以来,我国的动物防疫工作坚持“预防为主”方针,控制了高致病性禽流感、口蹄疫等重大动物疫病大范围发生。但是,从动物疫病流行规律看,单纯预防难以有效遏制动物病原体变异及侵害。有计划地控制、净化、消灭对畜牧业和公共卫生安全危害大的重点病种,推进重点病种从免疫临床发病向免疫临床无病例过渡,逐步清除动物机体和环境中存在的病原,降低疫病流行率,缩小病原污染面,是消灭重点动物疫病的科学路径,也是国际上的通行做法。我国于 1956 年、1996 年分别净化、消灭了牛瘟和牛肺疫,国外一些国家亦成功净化、消灭了十多种重点动物疫病,积累了不少成功经验。为了推动畜牧业转型升级,全面提高动物卫生水平并助力公共卫生安全,草案结合我国实际,调整完善动物防疫方针,即“实行预防为主,预防与控制、净化、消灭相结合的方针”。

### (二)关于完善对非食用性利用野生动物实行严格审批和检疫检验制度

按照习近平总书记要完善疫情防控相关立法重要指示精神,衔接全国人大常委会《关于全面禁止非法野生动物交易、革除滥食野生动物陋习、切实保障人民群众生命健康安全的决定》,草案作出五个方面的规定:一是因科研、药用、展示等特殊情形,需要非食用性利用野生动物的,应当按照国家有关规定严格审批和检疫检验;二是国务院或有关主管部门制定非食用性利用野生动物的审批、检疫检验及防疫条件审查的具体规定;三是非食用性利用野生动物不符合检疫检验及防疫条件审查规定的,依法从重处罚;四是在重大动物疫情认定过程中,发生地县级以上人民政府应当采取必要的应急处置措施,防止延误时机;五是县级以上人民政府林业草原主管部门承担野外环境陆生野生动物疫源疫病监测预警职责。

### (三)关于完善动物防疫责任制度

长期以来,我国动物防疫主要由政府兽医机构承担,乡村兽医协助。生产经营者动物防疫意识淡薄,主动性不足。草案立足于构建责任明确、各负其责、各尽其能的防疫责任体系,压实生产经营者的主体责任、行业部门的监管责任和地方政府的属地管理责任。草案规定:饲养动物的单位和个人依法承担强制免疫主体责任;从事屠宰、经营、隔离、运输以及动物产品生产、经营、加工、贮藏等活动的单位和个人依法承担动物防疫相关责任;地方政府在无规定动物疫病区建设、重点动物疫病净化消灭、保障防疫检疫条件等方面承担属地管理责任;动物防疫执法由县级以上地方人民政府农业农村

（畜牧兽医）主管部门承担。

（四）关于完善动物防疫管理制度

草案完善了动物调运监管、病死动物和病害动物产品无害化处理、动物疫病区域化管理和督导、动物疫病风险评估、动物防疫条件审查、动物疫病疫情监测预警等制度，构建完整的动物防疫管理制度链条。

一是建立健全动物及其产品调运监管制度。草案规定，国务院农业农村（畜牧兽医）主管部门在动物疫病风险评估的基础上，可以禁止或者限制特定动物、动物产品由高风险区向低风险区调运；国务院农业农村（畜牧兽医）主管部门牵头建立动物、动物产品卫生防疫安全追溯协作机制，对从事动物经营、运输的单位和个人，以及动物运输车辆实行备案管理制度；省级人民政府确定并公布动物、动物产品进入本省的指定通道并开展监督检查。

二是建立病死动物及病害动物产品无害化处理制度。草案规范了无害化处理设施的规划、建设及运营；明确生产经营者承担无害化处理的主体责任；建立无害化处理补助制度，由县级以上人民政府财政部门会同有关部门制定补助标准和补助办法；明确县、乡两级政府组织协调对水域和公共场所无主病死动物的收集处理和溯源责任。

三是完善有关动物防疫管理制度。在动物疫病风险评估方面，增加对动物疫病开展风险评估，根据评估结果制定净化、消灭及限制动物、动物产品调运等措施。在动物疫病强制免疫方面，对免疫病种和区域赋予地方政府较大自主权；将县级以上地方人民政府农业农村（畜牧兽医）主管部门职责，由“组织实施动物疫病强制免疫计划”调整为“对动物疫病强制免疫实施监督管理”。在动物疫源疫病监测预警方面，增加野生动物及陆路边境地区动物疫源疫病监测预警内容。在动物疫病区域化管理方面，建立区域管理和督导制度，统筹考虑行政区划、动物疫病防控和养殖屠宰产业布局等实施分区督导。在动物防疫条件审查方面，扩大动物防疫条件审查范围，将动物专业交易市场纳入审查范围。在动物检疫方面，规定屠宰企业、动物饲养场的兽医专业人员协助官方兽医实施检疫。

关于防控人畜共患传染病在人和动物之间传播，草案有五方面的规定：患有人畜共患传染病的人员不得直接从事动物诊疗以及易感染动物的饲养、屠宰、经营、隔离、运输等活动；人畜共患传染病名录由国务院农业农村（畜牧兽医）主管部门会同国务院卫生健康、林业草原主管部门制定并公布；发生人畜共患传染病时，卫生健康主管部门应当组织对疫区易感染的人群进行监测，并采取相应的预防、控制措施；发生人畜共患传染病的，县级以上人民政府农业农村（畜牧兽医）主管部门与同级卫生健康、林业草原主管部门应当及时相互通报；对危害人类健康的狂犬病预防接种作出规定，明确了相关部门的管理职责。

（五）关于完善兽医队伍管理制度

官方兽医、执业兽医、乡村兽医等兽医专业人员是动物防疫的主体。草案将现行动物防疫法中的官方兽医、执业兽医和乡村兽医管理规定合并为“兽医管理”一章，突出对兽医的管理和工作规范。条件成熟后，建议制定兽医法。

草案明确了官方兽医任命制度，将官方兽医确认权限下放到省级农业农村（畜牧兽医）主管部门，将海关从事进出境动物检疫人员纳入官方兽医范畴，对执业兽医开展诊疗活动进行了规范。

（六）关于完善保障措施

近些年来，国家通过产业政策、财政、保险等措施，在动物疫病防控等方面出台了一些保障措施，草案将行之有效的保障措施转化为法律规定，并根据实际需要增加了一些规定：一是拓展了县级以上人民政府财政对动物防疫工作的保障范围，将重点动物疫病净化、消灭补助及管理经费纳入政府预算。二是鼓励县级以上人民政府采取保险费补贴等措施，支持发展畜禽养殖保险。三是增加了动物防疫工作人员依法参加工伤保险，为因公参加动物防疫致残、致病、死亡人员的补助抚恤留出制度接口，增加了动物防疫人员享受畜牧兽医医疗卫生津贴的规定。四是增加国家对动物防疫新技术、新设备、新产品等技术创新研究开发的支持。

（七）关于法律责任

草案根据法律制度修改情况，对违法屠宰、经营、运输动物或者生产、经营、加工、贮藏、运输动物产品，违法调运动物、动物产品，未经指定通道跨省运输动物、动物产品，持有、使用伪造或者变造的检疫证明、检疫标志或者畜禽标识等行为，加大了处罚力度。

草案还对部分条款及文字作了修改。

《中华人民共和国动物防疫法（修订草案）》及上述说明是否妥当，请审议。

# 全国人民代表大会宪法和法律委员会关于《中华人民共和国动物防疫法(修订草案)》修改情况的汇报

——2020年8月8日在第十三届全国人民代表大会常务委员会第二十一次会议上

全国人大宪法和法律委员会副主任委员 丛 斌

全国人民代表大会常务委员会:

常委会第十七次会议对动物防疫法修订草案进行了初次审议。会后,法制工作委员会将修订草案印发各省(区、市)人大、基层立法联系点、中央有关部门、人大代表、高等院校和研究机构征求意见,并在中国人大网全文公布修订草案征求社会公众意见。宪法和法律委员会、农业与农村委员会、法制工作委员会联合召开座谈会,听取中央有关部门、专家学者、基层动物防疫工作人员以及畜禽养殖企业对修订草案的意见。宪法和法律委员会、法制工作委员会还到北京市调研,听取意见;并就修订草案的有关问题与司法部、农业农村部交换意见,共同研究。宪法和法律委员会于7月15日下午、7月17日下午召开会议,根据常委会组成人员的审议意见和各方面意见,对修订草案进行了逐条审议。农业与农村委员会、司法部、农业农村部的有关负责同志列席了会议。7月30日,宪法和法律委员会召开会议,再次进行了审议。现就修订草案主要问题修改情况汇报如下:

一、修订草案将主管动物防疫工作的部门表述为"农业农村(畜牧兽医)主管部门"。根据一些常委委员和部门的意见,宪法和法律委员会建议将修订草案中的"农业农村(畜牧兽医)主管部门"修改为"农业农村主管部门"。

二、有的常委会组成人员提出,在集贸市场进行畜禽活体交易,包括现场宰杀,容易导致疫病的传播,应当加强对集贸市场和畜禽活体交易的管理。宪法和法律委员会经研究,建议对修订草案作以下修改:一是恢复现行动物防疫法第二十条第三款关于经营动物、动物产品的集贸市场应当具备动物防疫条件的规定,并增加不具备动物防疫条件的法律责任;二是明确县级以上地方政府根据本地情况决定在特定区域禁止家畜家禽活体交易。

三、修订草案第二十八条对犬只饲养以及流浪犬、猫的管理等作了规定。在常委会审议和公开征求意见过程中,各方面对这个问题普遍关注,有两种意见:一种意见建议进一步细化、完善对犬、猫等宠物的管理规定;一种意见建议删去与防疫无关的内容。宪法和法律委员会经同有关方面研究认为,犬、猫等宠物的管理涉及的环节多,有关方面建议增加的内容多与动物防疫不直接相关,并且这个问题主要是地方事权,很多地方已经制定了地方性法规或政府规章,本法可重点从动物防疫方面进行规范。建议将这一条修改为:单位和个人饲养犬只,应当按照规定免疫接种狂犬病疫苗,凭农业农村部门的免疫证明向所在地养犬登记机关申请登记。街道办事处、乡级人民政府组织协调居民委员会、村民委员会,做好本辖区内流浪犬、猫的控制和处置,防止疫病传播。农村地区饲养犬只的防疫管理,由省、自治区、直辖市规定。

四、有些常委委员和地方提出,为加强公共卫生风险防控,保障人民群众生命健康安全,建议在修订草案有关人畜共患病疫情通报、监测等规定的基础上,增加建立人畜共患传染病防治合作机制的规定。宪法和法律委员会经研究,建议增加规定:卫生健康主管部门和农业农村、野生动物保护等主管部门建立人畜共患传染病防治合作机制。

五、修订草案第五十一条规定,需要非食用性利用野生动物的,应当按照国家有关规定严格审批和检疫检验。有的常委委员和地方、部门提出,《全国人民代表大会常务委员会关于全面禁止非法野生动物交易、革除滥食野生动物陋习、切实保障人民群众生命健康安全的决定》已经对此作了原则规定,本法应当对野生动物检疫问题进行细化,明确非食用性利用和人工捕获的野生动物的检疫部门,落实检疫责任;有的还提出,利用野生动物的"审批"不属于本法规范的范围,野生动物保护法对此已作了规定,建议删去。宪法和法律委员会经研究，建议对修订草案作以下修改：一是明确因科研、药用、展示等特殊情形需要非食用性利用的野生动物，应当按照规定报经动物卫生监督机构检疫，检疫合格的，方可利用。二是恢复现行法的规定，人工捕获的野生动物应当按照规定报经捕获地动物卫生监督机构检疫，检疫合格的，方可饲养、经营和运输。

六、有的部门提出，实验动物的防疫有特殊要求，相关行政法规已作出规定，建议予以衔接。宪法和法律委员会经研究，建议增加规定：实验动物防疫有特殊要求的，按照实验动物管理的有关规定执行。

此外，还对修订草案作了一些文字修改。

修订草案二次审议稿已按上述意见作了修改，宪法和法律委员会建议提请本次常委会会议继续审议。

修订草案二次审议稿和以上汇报是否妥当，请审议。

# 全国人民代表大会宪法和法律委员会关于《中华人民共和国动物防疫法（修订草案）》审议结果的报告

——2021 年 1 月 20 日在第十三届全国人民代表大会常务委员会第二十五次会议上

全国人大宪法和法律委员会副主任委员　丛　斌

全国人民代表大会常务委员会：

常委会第二十一次会议对动物防疫法修订草案进行了二次审议。会后，法制工作委员会在中国人大网全文公布修订草案征求社会公众意见。宪法和法律委员会、法制工作委员会到贵州、云南等地调研，听取意见，并就修订草案的有关问题同农业与农村委员会、农业农村部等部门交换意见，共同研究。宪法和法律委员会于 2020 年 12 月 30 日召开会议，根据常委会组成人员的审议意见和各方面意见，对修订草案进行了逐条审议。农业与农村委员会、司法部、农业农村部的有关负责同志列席了会议。2021 年 1 月 13 日，宪法和法律委员会召开会议，再次进行了审议。宪法和法律委员会认为，为贯彻落实党中央决策部署，完善我国公共卫生法律制度，保障人民群众生命健康，对动物防疫法作出修改是必要的，修订草案经过两次审议修改，已经比较成熟。同时，提出以下主要修改意见：

一、有的常委会组成人员建议，在修订草案二次审议稿第四条第一款中，明确将动物疫病对人体健康的危害程度和造成的经济损失、社会影响的程度作为动物疫病分类的依据。宪法和法律委员会经研究，建议对这一款作出修改，分别将动物疫病对人和动物构成“特别严重危害”“严重危害”“危害”，以及造成“重大”“较大”“一定程度”的经济损失和社会影响，作为一、二、三类动物疫病的划分依据。

二、一些常委会组成人员和地方、部门提出，实践中，在有的地方，基层动物防疫机构和队伍存在弱化的情况，不利于动物防疫工作的有效开展，建议根据国务院有关文件精神，在本法中对稳定基层防疫机构队伍提出要求。宪法和法律委员会经研究，建议采纳上述意见，在修订草案二次审议稿第八条第一款中增加相应规定。

三、有的常委委员和地方、部门建议，进一步强化动物疫病强制免疫、分区防控及相关监督措施，保证动物防疫工作效果。宪法和法律委员会经研究，建议对修订草案二次审议稿作以下修改：一是，要求村民委员会、居民委员会协助基层政府做好强制免疫相关工作。二是，增加农业农村主管部门定期对强制免疫计划实施情况和效果进行评估的规定。三是，增加对无规定动物疫病区和无规定动物疫病生物安全隔离区的维持情况进行监督检查的规定。四是，增加对动物疫病实施分区防控，可以采取禁止或者限制特定动物、动物产品跨区域调运等措施的规定。

四、有的常委委员和一些社会公众建议，进一步强化养犬管理，防止犬只伤人、传播疫病。宪法和法律委员会经研究，建议在修订草案二次审议稿第二十九条中增加携带犬只出户应当佩戴犬牌并采取系犬绳等措施、基层政府应当做好农村地区饲养犬只防疫管理工作的规定；同时，考虑到养犬管理的职责主要在地方，且各地情况不同，建议明确由省、自治区、直辖市制定饲养犬只防疫管理的具体办法。

五、有的常委委员提出，相关检疫规范的缺失，是当前野生动物疫源疫病防控工作的一个短板，建议由国务院农业农村主管部门会同野生动物保护主管部门制定野生动物检疫办法。宪法和法律委员会经研究，建议采纳上述意见，在修订草案二次审议稿第四十九条中增加相应规定。

六、有的常委会组成人员和社会公众建议，适当放宽参加执业兽医资格考试的人员范围，允许符合条件的乡村兽医参加执业兽医资格考试。宪法和法律委员会经研究，建议采纳上述意见，在修订草案二次审议稿第六十八条第一款中增加相应规定。

七、有的常委委员提出，动物防疫工作要注重发挥社会力量的作用，建议充实这方面的内容。宪法和法律委员会经研究，建议增加一条规定，鼓励和支持执业兽医、乡村兽医、动物诊疗机构、有关企业等开展动物防疫、提供防疫服务。

八、根据一些常委会组成人员的审议意见，宪法和法律委员会经研究，建议对部分违反本法规定的行为提高罚款数额，增加吊销相关资格证书、责令停业整顿等处罚。

此外，还对修订草案二次审议稿作了一些文字修改。

2021 年 1 月 8 日，法制工作委员会以现场和网络视频相结合的方式召开会议，邀请部分全国人大代表、专家学者、基层立法联系点、动物卫生监督机构、动物疫病预防控制机构和养殖企业等，就草案中主要制度规范的可行性、法律出台时机、法律实施的社会效果和可能出现的问题等进行评估。普遍认为，为了进一步加强动物防疫工作，有效预防和控制动物疫病，维护生物安全和公共卫生安全，对动物防疫法作出修改十分必要、及时。修订草案针对我国动物防疫中面临的突出问题，落实各方面的动物防疫责任，完善疫病预防、控制和应急处置等制度，强化动物防疫工作的支持和保障措施，针对性、可行性较强。修订草案经过广泛征求意见和常委会两次审议修改，已经比较成熟，建议尽快通过实施。与会人员还对修订草案提出了一些具体修改意见，有的意见已经采纳。

修订草案三次审议稿已按上述意见作了修改，宪法和法律委员会建议提请本次常委会会议审议通过。

修订草案三次审议稿和以上报告是否妥当，请审议。

# 全国人民代表大会宪法和法律委员会关于《中华人民共和国动物防疫法（修订草案三次审议稿）》修改意见的报告

——2021 年 1 月 22 日在第十三届全国人民代表大会常务委员会第二十五次会议上

全国人民代表大会常务委员会：

本次常委会会议于 1 月 20 日下午对动物防疫法修订草案三次审议稿进行了分组审议。普遍认为，草案已经比较成熟，建议进一步修改后，提请本次常委会会议表决通过。同时，有些常委会组成人员和列席人员还提出了一些修改意见和建议。宪法和法律委员会于 1 月 21 日上午召开会议，逐条研究了常委会组成人员的审议意见，对草案进行了审议。农业与农村委员会、司法部、农业农村部的有关负责同志列席了会议。宪法和法律委员会认为，草案是可行的，同时，提出以下修改意见：

一、一些常委会组成人员建议，进一步充实人畜共患传染病防控的内容，切实保障人民群众生命健康安全。宪法和法律委员会经研究，建议对修订草案三次审议稿作以下修改：一是在第一条中突出“防控人畜共患传染病，保障公共卫生安全和人体健康”的立法宗旨；二是将第三十三条中关于建立人畜共患传染病防治协作机制、制定并公布人畜共患传染病名录的内容移至总则一章中规定；三是在第三十三条中明确由卫生健康主管部门依照传染病防治法的规定及时公布人畜共患传染病疫情；四是在法律责任一章中增加规定：违反本法规定，造成人畜共患传染病传播、流行的，依法从重给予处分、处罚。

二、有的常委委员提出，对境外动物疫病输入的防控，有关部门也应当建立相应的协作机制。宪法和法律委员会经研究，建议增加规定：国务院农业农村主管部门和海关总署等部门应当建立防止境外动物疫病输入的协作机制。

三、有的常委委员提出，对动物疫病的发生、流行等情况进行监测，应当按照动物疫病监测计划进行。宪法和法律委员会经研究，建议采纳上述意见，在修订草案三次审议稿第十八条第四款中增加相应规定。

四、关于养犬管理问题，审议中有两种意见：有的建议进一步细化管理措施；有的建议授权地方规定，本法可不作统一规定。宪法和法律委员会经同有关方面反复研究认为，我国不同地区、城市和农村情况差异较大，实践中各地管理措施也不相同，修订草案三次审议稿主要从疫病防控的角度，对接种狂犬病疫苗、办理登记等重点环节提出要求，同时明确由省、自治区、直辖市制定具体管理办法，是合适的。

还有两个问题需要汇报：一是，有些常委委员建议对动物产品的含义作出界定。宪法和法律委员会经与农业农村部研究认为，修订草案延续了现行动物防疫法的规定，对动物产品的范围作了较为全面的列举，是符合动物防疫、检疫工作实际的，可不作修改。二是，有的常委委员建议将修订草案三次审议稿第四条第一款规定的狂犬病由二类动物疫病调整为一类。宪法和法律委员会经与农业农村部研究认为，狂犬病已在传染病防治法中明确为乙类传染病，在动物防疫工作中也一直是作为二类动物疫病管理，建议在本次修改中不作调整，可由国务院农业农村主管部门进一步组织研究论证。

经与有关部门研究，建议将修订后的动物防疫法的施行时间确定为2021年5月1日。

此外，根据常委会组成人员的审议意见，还对修订草案三次审议稿作了一些文字修改。

修订草案建议表决稿已按上述意见作了修改，宪法和法律委员会建议本次常委会会议审议通过。

修订草案建议表决稿和以上报告是否妥当，请审议。

# 中华人民共和国主席令

## 第七十号

《中华人民共和国行政处罚法》已由中华人民共和国第十三届全国人民代表大会常务委员会第二十五次会议于2021年1月22日修订通过，现予公布，自2021年7月15日起施行。

中华人民共和国主席　习近平

2021年1月22日

# 中华人民共和国行政处罚法

（1996年3月17日第八届全国人民代表大会第四次会议通过　根据2009年8月27日第十一届全国人民代表大会常务委员会第十次会议《关于修改部分法律的决定》第一次修正　根据2017年9月1日第十二届全国人民代表大会常务委员会第二十九次会议《关于修改〈中华人民共和国法官法〉等八部法律的决定》第二次修正　2021年1月22日第十三届全国人民代表大会常务委员会第二十五次会议修订）

## 目　　录

## 第一章　总　　则

**第一条**　为了规范行政处罚的设定和实施，保障和监督行政机关有效实施行政管理，维护公共利益和社会秩序，保护公民、法人或者其他组织的合法权益，根据宪法，制定本法。

**第二条**　行政处罚是指行政机关依法对违反行政管理秩序的公民、法人或者其他组织，以减损权益或者增加义务的方式予以惩戒的行为。

**第三条**　行政处罚的设定和实施，适用本法。

**第四条**　公民、法人或者其他组织违反行政管理秩序的行为，应当给予行政处罚的，依照本法由法律、法规、规章规定，并由行政机关依照本法规定的程序实施。

**第五条**　行政处罚遵循公正、公开的原则。

设定和实施行政处罚必须以事实为依据，与违法行为的事实、性质、情节以及社会危害程度相当。

对违法行为给予行政处罚的规定必须公布；未经公布的，不得作为行政处罚的依据。

**第六条**　实施行政处罚，纠正违法行为，应当坚持处罚与教育相结合，教育公民、法人或者其他组织自觉守法。

**第七条**　公民、法人或者其他组织对行政机关所给予的行政处罚，享有陈述权、申辩权；对行政处罚不服的，有权依法申请行政复议或者提起行政诉讼。

公民、法人或者其他组织因行政机关违法给予行政处罚受到损害的，有权依法提出赔偿要求。

**第八条**　公民、法人或者其他组织因违法行为受到行政处罚，其违法行为对他人造成损害的，应当依法承担民事责任。

违法行为构成犯罪，应当依法追究刑事责任的，不得以行政处罚代替刑事处罚。

## 第二章　行政处罚的种类和设定

**第九条**　行政处罚的种类：

（一）警告、通报批评；

（二）罚款、没收违法所得、没收非法财物；

（三）暂扣许可证件、降低资质等级、吊销许可证件；

（四）限制开展生产经营活动、责令停产停业、责令关闭、限制从业；

（五）行政拘留；

（六）法律、行政法规规定的其他行政处罚。

**第十条**　法律可以设定各种行政处罚。

限制人身自由的行政处罚，只能由法律设定。

**第十一条**　行政法规可以设定除限制人身自由以外的行政处罚。

法律对违法行为已经作出行政处罚规定，行政法规需要作出具体规定的，必须在法律规定的给予行政处罚的行为、种类和幅度的范围内规定。

法律对违法行为未作出行政处罚规定，行政法规为实施法律，可以补充设定行政处罚。拟补充设定行政处罚的，应当通过听证会、论证会等形式广泛听取意见，并向制定机关作出书面说明。行政法规报送备案时，应当说明补充设定行政处罚的情况。

**第十二条**　地方性法规可以设定除限制人身自由、吊销营业执照以外的行政处罚。

法律、行政法规对违法行为已经作出行政处罚规定，地方性法规需要作出具体规定的，必须在法律、行政法规规定的给予行政处罚的行为、种类和幅度的范围内规定。

法律、行政法规对违法行为未作出行政处罚规定，地方性法规为实施法律、行政法规，可以补充设定行政处罚。拟补充设定行政处罚的，应当通过听证会、论证会等形式广泛听取意见，并向制定机关作出书面说明。地方性法规报送备案时，应当说明补充设定行政处罚的情况。

**第十三条**　国务院部门规章可以在法律、行政法规规定的给予行政处罚的行为、种类和幅度的范围内作出具体规定。

尚未制定法律、行政法规的，国务院部门规章对违反行政管理秩序的行为，可以设定警告、通报批评或者一定数额罚款的行政处罚。罚款的限额由国务院规定。

**第十四条**　地方政府规章可以在法律、法规规定的给予行政处罚的行为、种类和幅度的范围内作出具体规定。

尚未制定法律、法规的，地方政府规章对违反行政管理秩序的行为，可以设定警告、通报批评或者一定数额罚款的行政处罚。罚款的限额由省、自治区、直辖市人民代表大会常务委员会规定。

**第十五条**　国务院部门和省、自治区、直辖市人民政府及其有关部门应当定期组织评估行政处罚的实施情况和必要性，对不适当的行政处罚事项及种类、罚款数额等，应当提出修改或者废止的建议。

**第十六条**　除法律、法规、规章外，其他规范性文件不得设定行政处罚。

## 第三章　行政处罚的实施机关

**第十七条**　行政处罚由具有行政处罚权的行政机关在法定职权范围内实施。

**第十八条**　国家在城市管理、市场监管、生态环境、文化市场、交通运输、应急管理、农业等领域推行建立综合行政执法制度，相对集中行政处罚权。

国务院或者省、自治区、直辖市人民政府可以决定一个行政机关行使有关行政机关的行政处罚权。

限制人身自由的行政处罚权只能由公安机关和法律规定的其他机关行使。

**第十九条**　法律、法规授权的具有管理公共事务职能的组织可以在法定授权范围内实施行政处罚。

**第二十条**　行政机关依照法律、法规、规章的规定，可以在其法定权限内书面委托符合本法第二十一条规定条件的组织实施行政处罚。行政机关不得委托其他组织或者个人实施行政处罚。

委托书应当载明委托的具体事项、权限、期限等内容。委托行政机关和受委托组织应当将委托书向社会公布。

委托行政机关对受委托组织实施行政处罚的行为应当负责监督，并对该行为的后果承担法律责任。

受委托组织在委托范围内，以委托行政机关名义实施行政处罚；不得再委托其他组织或者个人实施行政处罚。

**第二十一条**　受委托组织必须符合以下条件：

（一）依法成立并具有管理公共事务职能；

（二）有熟悉有关法律、法规、规章和业务并取得行政执法资格的工作人员；

（三）需要进行技术检查或者技术鉴定的，应当有条件组织进行相应的技术检查或者技术鉴定。

## 第四章　行政处罚的管辖和适用

**第二十二条**　行政处罚由违法行为发生地的行政机关管辖。法律、行政法规、部门规章另有规定的，从其规定。

**第二十三条**　行政处罚由县级以上地方人民政府具有行政处罚权的行政机关管辖。法律、行政法规另有规定的，从其规定。

**第二十四条**　省、自治区、直辖市根据当地实际情况，可以决定将基层管理迫切需要的县级人民政府部门的行政处罚权交由能够有效承接的乡镇人民政府、街道办事处行使，并定期组织评估。决定应当公布。

承接行政处罚权的乡镇人民政府、街道办事处应当加强执法能力建设，按照规定范围、依照法定程序实施行政处罚。

有关地方人民政府及其部门应当加强组织协调、业务指导、执法监督，建立健全行政处罚协调配合机制，完善评议、考核制度。

**第二十五条**　两个以上行政机关都有管辖权的，由最先立案的行政机关管辖。

对管辖发生争议的，应当协商解决，协商不成的，报请共同的上一级行政机关指定管辖；也可以直接由共同的上一级行政机关指定管辖。

**第二十六条**　行政机关因实施行政处罚的需要，可以向有关机关提出协助请求。协助事项属于被请求机关职权范围内的，应当依法予以协助。

**第二十七条**　违法行为涉嫌犯罪的，行政机关应当及时将案件移送司法机关，依法追究刑事责任。对依法不需要追究刑事责任或者免予刑事处罚，但应当给予行政处罚的，司法机关应当及时将案件移送有关行政机关。

行政处罚实施机关与司法机关之间应当加强协调配合，建立健全案件移送制度，加强证据材料移交、接收衔接，完善案件处理信息通报机制。

**第二十八条**　行政机关实施行政处罚时，应当责令当事人改正或者限期改正违法行为。

当事人有违法所得，除依法应当退赔的外，应当予以没收。违法所得是指实施违法行为所取得的款项。法律、行政法规、部门规章对违法所得的计算另有规定的，从其规定。

**第二十九条**　对当事人的同一个违法行为，不得给予两次以上罚款的行政处罚。同一个违法行为违反多个法律规范应当给予罚款处罚的，按照罚款数额高的规定处罚。

**第三十条**　不满十四周岁的未成年人有违法行为的，不予行政处罚，责令监护人加以管教；已满十四周岁不满十八周岁的未成年人有违法行为的，应当从轻或者减轻行政处罚。

**第三十一条**　精神病人、智力残疾人在不能辨认或者不能控制自己行为时有违法行为的，不予行政处罚，但应当责令其监护人严加看管和治疗。间歇性精神病人在精神正常时有违法行为的，应当给予行政处罚。尚未完全丧失辨认或者控制自己行为能力的精神病人、智力残疾人有违法行为的，可以从轻或者减轻行政处罚。

**第三十二条**　当事人有下列情形之一，应当从轻或者减轻行政处罚：

（一）主动消除或者减轻违法行为危害后果的；

（二）受他人胁迫或者诱骗实施违法行为的；

（三）主动供述行政机关尚未掌握的违法行为的；

（四）配合行政机关查处违法行为有立功表现的；

（五）法律、法规、规章规定其他应当从轻或者减轻行政处罚的。

**第三十三条**　违法行为轻微并及时改正，没有造成危害后果的，不予行政处罚。初次违法且危害后果轻微并及时改正的，可以不予行政处罚。

当事人有证据足以证明没有主观过错的，不予行政处罚。法律、行政法规另有规定的，从其规定。

对当事人的违法行为依法不予行政处罚的，行政机关应当对当事人进行教育。

**第三十四条**　行政机关可以依法制定行政处罚裁量基准，规范行使行政处罚裁量权。行政处罚裁量基准应当向社会公布。

**第三十五条**　违法行为构成犯罪，人民法院判处拘役或者有期徒刑时，行政机关已经给予当事人行政拘留的，应当依法折抵相应刑期。

违法行为构成犯罪，人民法院判处罚金时，行政机关已经给予当事人罚款的，应当折抵相应罚金；行政机关尚未给予当事人罚款的，不再给予罚款。

**第三十六条**　违法行为在二年内未被发现的，不再给予行政处罚；涉及公民生命健康安全、金融安全且有危害后果的，上述期限延长至五年。法律另有规定的除外。

前款规定的期限，从违法行为发生之日起计算；违法行为有连续或者继续状态的，从行为终了之日起计算。

**第三十七条**　实施行政处罚，适用违法行为发生时的法律、法规、规章的规定。但是，作出行政处罚决定时，法律、法规、规章已被修改或者废止，且新的规定处罚较轻或者不认为是违法的，适用新的规定。

**第三十八条**　行政处罚没有依据或者实施主体不具有行政主体资格的，行政处罚无效。

违反法定程序构成重大且明显违法的，行政处罚无效。

## 第五章　行政处罚的决定

### 第一节　一般规定

**第三十九条**　行政处罚的实施机关、立案依据、实施程序和救济渠道等信息应当公示。

**第四十条**　公民、法人或者其他组织违反行政管理秩序的行为，依法应当给予行政处罚的，行政机关必须查明事实；违法事实不清、证据不足的，不得给予行政处罚。

**第四十一条**　行政机关依照法律、行政法规规定利用电子技术监控设备收集、固定违法事实的，应当经过法制和技术审核，确保电子技术监控设备符合标准、设置合理、标志明显，设置地点应当向社会公布。

电子技术监控设备记录违法事实应当真实、清晰、完整、准确。行政机关应当审核记录内容是否符合要求；未经审核或者经审核不符合要求的，不得作为行政处罚的证据。

行政机关应当及时告知当事人违法事实，并采取信息化手段或者其他措施，为当事人查询、陈述和申辩提供便利。不得限制或者变相限制当事人享有的陈述权、申辩权。

**第四十二条**　行政处罚应当由具有行政执法资格的执法人员实施。执法人员不得少于两人，法律另有规定的除外。

执法人员应当文明执法，尊重和保护当事人合法权益。

**第四十三条**　执法人员与案件有直接利害关系或者有其他关系可能影响公正执法的，应当回避。

当事人认为执法人员与案件有直接利害关系或者有其他关系可能影响公正执法的，有权申请回避。

当事人提出回避申请的，行政机关应当依法审查，由行政机关负责人决定。决定作出之前，不停止调查。

**第四十四条**　行政机关在作出行政处罚决定之前，应当告知当事人拟作出的行政处罚内容及事实、理由、依据，并告知当事人依法享有的陈述、申辩、要求听证等权利。

**第四十五条**　当事人有权进行陈述和申辩。行政机关必须充分听取当事人的意见，对当事人提出的事实、理由和证据，应当进行复核；当事人提出的事实、理由或者证据成立的，行政机关应当采纳。

行政机关不得因当事人陈述、申辩而给予更重的处罚。

**第四十六条**　证据包括：

（一）书证；

（二）物证；

（三）视听资料；

（四）电子数据；

（五）证人证言；

（六）当事人的陈述；

（七）鉴定意见；

（八）勘验笔录、现场笔录。

证据必须经查证属实，方可作为认定案件事实的根据。

以非法手段取得的证据，不得作为认定案件事实的根据。

**第四十七条**　行政机关应当依法以文字、音像等形式，对行政处罚的启动、调查取证、审核、决定、送达、执行等进行全过程记录，归档保存。

**第四十八条**　具有一定社会影响的行政处罚决定应当依法公开。

公开的行政处罚决定被依法变更、撤销、确认违法或者确认无效的，行政机关应当在三日内撤回行政处罚决定信息并公开说明理由。

**第四十九条**　发生重大传染病疫情等突发事件，为了控制、减轻和消除突发事件引起的社会危害，行政机关对违反突发事件应对措施的行为，依法快速、从重处罚。

**第五十条**　行政机关及其工作人员对实施行政处罚过程中知悉的国家秘密、商业秘密或者个人隐私，应当依法予以保密。

### 第二节　简易程序

**第五十一条**　违法事实确凿并有法定依据，对公民处以二百元以下、对法人或者其他组织处以三千元以下罚款或者警告的行政处罚的，可以当场作出行政处罚决定。法律另有规定的，从其规定。

**第五十二条**　执法人员当场作出行政处罚决定的，应当向当事人出示执法证件，填写预定格式、编有号码的行政处罚决定书，并当场交付当事人。当事人拒绝签收的，应当在行政处罚决定书上注明。

前款规定的行政处罚决定书应当载明当事人的违法行为，行政处罚的种类和依据、罚款数额、时间、地点，申请行政复议、提起行政诉讼的途径和期限以及行政机关名称，并由执法人员签名或者盖章。

执法人员当场作出的行政处罚决定，应当报所属行政机关备案。

**第五十三条**　对当场作出的行政处罚决定，当事人应当依照本法第六十七条至第六十九条的规定履行。

### 第三节　普通程序

**第五十四条**　除本法第五十一条规定的可以当场作出的行政处罚外，行政机关发现公民、法人或者其他组织有依法应当给予行政处罚的行为的，必须全面、客观、公正地调查，收集有关证据；必要时，依照法律、法规的规定，可以进行检查。

符合立案标准的，行政机关应当及时立案。

**第五十五条**　执法人员在调查或者进行检查时，应当主动向当事人或者有关人员出示执法证件。当事人或者有关人员有权要求执法人员出示执法证件。执法人员不出示执法证件的，当事人或者有关人员有权拒绝接受调查或者检查。

当事人或者有关人员应当如实回答询问，并协助调查或者检查，不得拒绝或者阻挠。询问或者检查应当制作笔录。

**第五十六条**　行政机关在收集证据时，可以采取抽样取证的方法；在证据可能灭失或者以后难以取得的情况下，经行政机关负责人批准，可以先行登记保存，并应当在七日内及时作出处理决定，在此期间，当事人或者有关人员不得销毁或者转移证据。

**第五十七条**　调查终结，行政机关负责人应当对调查结果进行审查，根据不同情况，分别作出如下决定：

（一）确有应受行政处罚的违法行为的，根据情节轻重及具体情况，作出行政处罚决定；

（二）违法行为轻微，依法可以不予行政处罚的，不予行政处罚；

（三）违法事实不能成立的，不予行政处罚；

（四）违法行为涉嫌犯罪的，移送司法机关。

对情节复杂或者重大违法行为给予行政处罚，行政机关负责人应当集体讨论决定。

**第五十八条** 有下列情形之一，在行政机关负责人作出行政处罚的决定之前，应当由从事行政处罚决定法制审核的人员进行法制审核；未经法制审核或者审核未通过的，不得作出决定：

（一）涉及重大公共利益的；

（二）直接关系当事人或者第三人重大权益，经过听证程序的；

（三）案件情况疑难复杂、涉及多个法律关系的；

（四）法律、法规规定应当进行法制审核的其他情形。

行政机关中初次从事行政处罚决定法制审核的人员，应当通过国家统一法律职业资格考试取得法律职业资格。

**第五十九条** 行政机关依照本法第五十七条的规定给予行政处罚，应当制作行政处罚决定书。行政处罚决定书应当载明下列事项：

（一）当事人的姓名或者名称、地址；

（二）违反法律、法规、规章的事实和证据；

（三）行政处罚的种类和依据；

（四）行政处罚的履行方式和期限；

（五）申请行政复议、提起行政诉讼的途径和期限；

（六）作出行政处罚决定的行政机关名称和作出决定的日期。

行政处罚决定书必须盖有作出行政处罚决定的行政机关的印章。

**第六十条** 行政机关应当自行政处罚案件立案之日起九十日内作出行政处罚决定。法律、法规、规章另有规定的，从其规定。

**第六十一条** 行政处罚决定书应当在宣告后当场交付当事人；当事人不在场的，行政机关应当在七日内依照《中华人民共和国民事诉讼法》的有关规定，将行政处罚决定书送达当事人。

当事人同意并签订确认书的，行政机关可以采用传真、电子邮件等方式，将行政处罚决定书等送达当事人。

**第六十二条** 行政机关及其执法人员在作出行政处罚决定之前，未依照本法第四十四条、第四十五条的规定向当事人告知拟作出的行政处罚内容及事实、理由、依据，或者拒绝听取当事人的陈述、申辩，不得作出行政处罚决定；当事人明确放弃陈述或者申辩权利的除外。

### 第四节 听证程序

**第六十三条** 行政机关拟作出下列行政处罚决定，应当告知当事人有要求听证的权利，当事人要求听证的，行政机关应当组织听证：

（一）较大数额罚款；

（二）没收较大数额违法所得、没收较大价值非法财物；

（三）降低资质等级、吊销许可证件；

（四）责令停产停业、责令关闭、限制从业；

（五）其他较重的行政处罚；

（六）法律、法规、规章规定的其他情形。

当事人不承担行政机关组织听证的费用。

**第六十四条** 听证应当依照以下程序组织：

（一）当事人要求听证的，应当在行政机关告知后五日内提出；

（二）行政机关应当在举行听证的七日前，通知当事人及有关人员听证的时间、地点；

（三）除涉及国家秘密、商业秘密或者个人隐私依法予以保密外，听证公开举行；

（四）听证由行政机关指定的非本案调查人员主持；当事人认为主持人与本案有直接利害关系的，有权申请回避；

（五）当事人可以亲自参加听证，也可以委托一至二人代理；

（六）当事人及其代理人无正当理由拒不出席听证或者未经许可中途退出听证的，视为放弃听证权利，行政机关终止听证；

（七）举行听证时，调查人员提出当事人违法的事实、证据和行政处罚建议，当事人进行申辩和质证；

（八）听证应当制作笔录。笔录应当交当事人或者其代理人核对无误后签字或者盖章。当事人或者其代理人拒绝签字或者盖章的，由听证主持人在笔录中注明。

**第六十五条** 听证结束后，行政机关应当根据听证笔录，依照本法第五十七条的规定，作出决定。

## 第六章 行政处罚的执行

**第六十六条** 行政处罚决定依法作出后，当事人应当在行政处罚决定书载明的期限内，予以履行。

当事人确有经济困难，需要延期或者分期缴纳罚款的,经当事人申请和行政机关批准,可以暂缓或者分期缴纳。

**第六十七条** 作出罚款决定的行政机关应当与收缴罚款的机构分离。

除依照本法第六十八条、第六十九条的规定当场收缴的罚款外,作出行政处罚决定的行政机关及其执法人员不得自行收缴罚款。

当事人应当自收到行政处罚决定书之日起十五日内,到指定的银行或者通过电子支付系统缴纳罚款。银行应当收受罚款,并将罚款直接上缴国库。

**第六十八条** 依照本法第五十一条的规定当场作出行政处罚决定,有下列情形之一,执法人员可以当场收缴罚款:

(一)依法给予一百元以下罚款的;

(二)不当场收缴事后难以执行的。

**第六十九条** 在边远、水上、交通不便地区,行政机关及其执法人员依照本法第五十一条、第五十七条的规定作出罚款决定后,当事人到指定的银行或者通过电子支付系统缴纳罚款确有困难,经当事人提出,行政机关及其执法人员可以当场收缴罚款。

**第七十条** 行政机关及其执法人员当场收缴罚款的,必须向当事人出具国务院财政部门或者省、自治区、直辖市人民政府财政部门统一制发的专用票据;不出具财政部门统一制发的专用票据的,当事人有权拒绝缴纳罚款。

**第七十一条** 执法人员当场收缴的罚款,应当自收缴罚款之日起二日内,交至行政机关;在水上当场收缴的罚款,应当自抵岸之日起二日内交至行政机关;行政机关应当在二日内将罚款缴付指定的银行。

**第七十二条** 当事人逾期不履行行政处罚决定的,作出行政处罚决定的行政机关可以采取下列措施:

(一)到期不缴纳罚款的,每日按罚款数额的百分之三加处罚款,加处罚款的数额不得超出罚款的数额;

(二)根据法律规定,将查封、扣押的财物拍卖、依法处理或者将冻结的存款、汇款划拨抵缴罚款;

(三)根据法律规定,采取其他行政强制执行方式;

(四)依照《中华人民共和国行政强制法》的规定申请人民法院强制执行。

行政机关批准延期、分期缴纳罚款的,申请人民法院强制执行的期限,自暂缓或者分期缴纳罚款期限结束之日起计算。

**第七十三条** 当事人对行政处罚决定不服,申请行政复议或者提起行政诉讼的,行政处罚不停止执行,法律另有规定的除外。

当事人对限制人身自由的行政处罚决定不服,申请行政复议或者提起行政诉讼的,可以向作出决定的机关提出暂缓执行申请。符合法律规定情形的,应当暂缓执行。

当事人申请行政复议或者提起行政诉讼的,加处罚款的数额在行政复议或者行政诉讼期间不予计算。

**第七十四条** 除依法应当予以销毁的物品外,依法没收的非法财物必须按照国家规定公开拍卖或者按照国家有关规定处理。

罚款、没收的违法所得或者没收非法财物拍卖的款项,必须全部上缴国库,任何行政机关或者个人不得以任何形式截留、私分或者变相私分。

罚款、没收的违法所得或者没收非法财物拍卖的款项,不得同作出行政处罚决定的行政机关及其工作人员的考核、考评直接或者变相挂钩。除依法应当退还、退赔的外,财政部门不得以任何形式向作出行政处罚决定的行政机关返还罚款、没收的违法所得或者没收非法财物拍卖的款项。

**第七十五条** 行政机关应当建立健全对行政处罚的监督制度。县级以上人民政府应当定期组织开展行政执法评议、考核,加强对行政处罚的监督检查,规范和保障行政处罚的实施。

行政机关实施行政处罚应当接受社会监督。公民、法人或者其他组织对行政机关实施行政处罚的行为,有权申诉或者检举;行政机关应当认真审查,发现有错误的,应当主动改正。

## 第七章 法律责任

**第七十六条** 行政机关实施行政处罚,有下列情形之一,由上级行政机关或者有关机关责令改正,对直接负责的主管人员和其他直接责任人员依法给予处分:

(一)没有法定的行政处罚依据的;

(二)擅自改变行政处罚种类、幅度的;

(三)违反法定的行政处罚程序的;

(四)违反本法第二十条关于委托处罚的规定的;

(五)执法人员未取得执法证件的。

行政机关对符合立案标准的案件不及时立案的，依照前款规定予以处理。

**第七十七条** 行政机关对当事人进行处罚不使用罚款、没收财物单据或者使用非法定部门制发的罚款、没收财物单据的，当事人有权拒绝，并有权予以检举，由上级行政机关或者有关机关对使用的非法单据予以收缴销毁，对直接负责的主管人员和其他直接责任人员依法给予处分。

**第七十八条** 行政机关违反本法第六十七条的规定自行收缴罚款的，财政部门违反本法第七十四条的规定向行政机关返还罚款、没收的违法所得或者拍卖款项的，由上级行政机关或者有关机关责令改正，对直接负责的主管人员和其他直接责任人员依法给予处分。

**第七十九条** 行政机关截留、私分或者变相私分罚款、没收的违法所得或者财物的，由财政部门或者有关机关予以追缴，对直接负责的主管人员和其他直接责任人员依法给予处分；情节严重构成犯罪的，依法追究刑事责任。

执法人员利用职务上的便利，索取或者收受他人财物、将收缴罚款据为己有，构成犯罪的，依法追究刑事责任；情节轻微不构成犯罪的，依法给予处分。

**第八十条** 行政机关使用或者损毁查封、扣押的财物，对当事人造成损失的，应当依法予以赔偿，对直接负责的主管人员和其他直接责任人员依法给予处分。

**第八十一条** 行政机关违法实施检查措施或者执行措施，给公民人身或者财产造成损害、给法人或者其他组织造成损失的，应当依法予以赔偿，对直接负责的主管人员和其他直接责任人员依法给予处分；情节严重构成犯罪的，依法追究刑事责任。

**第八十二条** 行政机关对应当依法移交司法机关追究刑事责任的案件不移交，以行政处罚代替刑事处罚，由上级行政机关或者有关机关责令改正，对直接负责的主管人员和其他直接责任人员依法给予处分；情节严重构成犯罪的，依法追究刑事责任。

**第八十三条** 行政机关对应当予以制止和处罚的违法行为不予制止、处罚，致使公民、法人或者其他组织的合法权益、公共利益和社会秩序遭受损害的，对直接负责的主管人员和其他直接责任人员依法给予处分；情节严重构成犯罪的，依法追究刑事责任。

## 第八章 附 则

**第八十四条** 外国人、无国籍人、外国组织在中华人民共和国领域内有违法行为，应当给予行政处罚的，适用本法，法律另有规定的除外。

**第八十五条** 本法中“二日”“三日”“五日”“七日”的规定是指工作日，不含法定节假日。

**第八十六条** 本法自 2021 年 7 月 15 日起施行。

# 关于《中华人民共和国行政处罚法（修订草案）》的说明

——2020 年 6 月 28 日在第十三届全国人民代表大会常务委员会第二十次会议上

全国人大常委会法制工作委员会副主任 许安标

全国人民代表大会常务委员会：

我受委员长会议的委托，作关于《中华人民共和国行政处罚法（修订草案）》的说明。

## 一、修改的必要性和起草过程

行政处罚是行政机关有效实施行政管理，保障法律、法规贯彻施行的重要手段。现行行政处罚法于 1996 年由第八届全国人大第四次会议通过，2009 年和 2017 年先后两次作了个别条文修改，对行政处罚的种类、设定和实施作了基本规定。该法颁布施行以来，对增强行政机关及其工作人员依法行政理念，依法惩处各类行政违法行为，推动解决乱处罚问题，保护公民、法人和其他组织合法权益发挥了重要作用，积累了宝贵经验，同时，执法实践中也提出了一些新问题。党的十八大以来，以习近平同志为核心的党中央推进全面依法治国，深化行政执法体制改革，建立权责统一、权威高效的行政执法体制;完善行政执法程序,坚持严格规范公正文明执法。为贯彻落实党中央重大改革决策部署,推进国家治理体系和治理能力现代化,加强法治政府建设,完善行政处罚制度,解决执法实践中遇到的突出问题,有必要修改行政处罚法。

党的十八大以来,先后有近两百名全国人大代表、政协委员提出修改行政处罚法的议案、建议和提案,有关方面也陆续提出修改行政处罚法的意见和建议。行政处罚法修改列入十三届全国人大常委会立法规划。法制工作委员会于2018年启动行政处罚法的修改工作,先后到北京、江西、广东、内蒙古、天津、河南等地进行调研,多次召开国务院部门、地方人大、政府法制机构、专家学者、律师和企业座谈会,听取各方面的意见和建议。通过上海虹桥街道基层立法联系点走访基层执法部门了解实际情况,委托部分国务院部门、地方人大、基层立法联系点收集法律实施过程中存在的突出问题。通过课题委托、专题研究等方式,认真研究相关问题。在广泛征求意见和深入研究的基础上,2019年10月形成修改草案征求意见稿,书面征求国务院部门、31个省(区、市)和部分设区的市人大常委会法制工作机构,以及基层立法联系点、部分高等院校、科研单位的意见。召开座谈会,专门听取部分省、直辖市人大常委会法制工作机构主要负责同志意见。2020年1月,分别召开中央政法委、中央改革办、中央依法治国办、中央编办以及部分国务院部门、法院系统同志参加的座谈会,再次征求意见。根据各方面意见,对征求意见稿进一步修改完善,形成了行政处罚法修订草案。

## 二、修改的指导思想和主要考虑

修改工作坚持以习近平新时代中国特色社会主义思想为指导,深入贯彻党的十九大和十九届二中、三中、四中全会精神,全面贯彻习近平总书记全面依法治国新理念新思想新战略,适应推进全面依法治国的需要,落实完善行政执法体制、严格规范公正文明执法的改革要求,推进国家治理体系和治理能力现代化。

根据各方面意见,修改工作把握以下几点:一是贯彻落实党中央重大决策部署,立法主动适应改革需要,体现和巩固行政执法领域中取得的重大改革成果。二是坚持问题导向,适应实践需要,扩大地方的行政处罚设定权限,加大重点领域行政处罚力度。三是坚持权由法定的法治原则,增加综合行政执法,赋予乡镇街道行政处罚权,完善行政处罚程序,严格行政执法责任,更好地保障严格规范公正文明执法。四是把握通用性,从行政处罚法是行政处罚领域的通用规范出发,认真总结实践经验,发展和完善行政处罚的实体和程序规则,为单行法律、法规设定行政处罚和行政机关实施行政处罚提供基本遵循。

## 三、修改的主要内容

(一)关于行政处罚的定义和种类

现行行政处罚法第八条列举了七项行政处罚种类。一些意见反映,行政处罚法未对行政处罚进行界定,所列举的处罚种类较少,不利于行政执法实践和法律的实施。据此,作以下修改:一是增加行政处罚的定义,明确行政处罚是指行政机关在行政管理过程中,对违反行政管理秩序的公民、法人或者其他组织,以依法减损权利或者增加义务的方式予以惩戒的行为。二是将现行单行法律、法规中已经明确规定,行政执法实践中常用的行政处罚种类纳入本法,增加规定通报批评、降低资质等级、不得申请行政许可、限制开展生产经营活动、限制从业、责令停止行为、责令作出行为等行政处罚种类。

(二)关于地方性法规设定行政处罚的权限

现行行政处罚法第十一条规定:“地方性法规可以设定除限制人身自由、吊销企业营业执照以外的行政处罚。”“法律、行政法规对违法行为已经作出行政处罚规定,地方性法规需要作出具体规定的,必须在法律、行政法规规定的给予行政处罚的行为、种类和幅度的范围内规定。”多年来,一些地方人大同志反映,现行行政处罚法中有关地方性法规设定行政处罚的规定限制过严,地方保障法律法规实施的手段受限,建议扩大地方性法规的行政处罚设定权限。为充分发挥地方性法规在地方治理中的作用,增加规定:地方性法规为实施法律、行政法规,对法律、行政法规未规定的违法行为可以补充设定行政处罚。地方性法规拟补充设定行政处罚的,应当通过听证会、论证会等形式听取意见,并向制定机关作出说明。

(三)关于行政处罚实施主体

根据党和国家机构改革和行政执法体制改革要求,明确综合行政执法的法律地位,增加规定:国家在城市管理、市场监管、生态环境、文化市场、交通运输、农业等领域实行综合行政执法,相对集中行政处罚权，由一个行政机关统一实施相关领域的行政处罚。同时，根据基层整合审批服务执法力量改革要求，推进行政执法权限和力量向基层延伸和下沉，增加规定：省、自治区、直辖市根据当地实际情况，可以决定符合条件的乡镇人民政府、街道办事处对其管辖区域内的违法行为行使有关县级人民政府部门的部分行政处罚权。

（四）关于行政处罚的适用

经过多年的执法实践，行政处罚的适用规则不断发展完善，在总结实践经验基础上，作以下补充完善：一是明确行政机关实施行政处罚时，有违法所得的，应当予以没收。二是规范行政处罚自由裁量权行使，完善从轻、减轻的法定情形，增加规定当事人有证据证明没有主观过错的，不予行政处罚，法律、行政法规有特别规定的，依照其规定；行政机关可以依法制定行政处罚裁量基准。三是加大重点领域执法力度，涉及公民生命健康安全的违法行为的追责期限由两年延长至五年。四是增加“从旧兼从轻”适用规则，行政处罚的依据适用违法行为发生时的法律、法规和规章的规定，但是新的法律、法规和规章的规定更有利于当事人的，适用新的法律、法规和规章的规定。五是完善行政处罚决定无效制度，行政处罚没有法定依据或者实施主体不具有行政主体资格的，行政处罚无效；不遵守法定程序构成重大且明显违法的，行政处罚无效。六是明确行政处罚证据种类和适用规则，规定证据必须经查证属实，方可作为认定案件事实的根据；以非法手段取得的证据，不得作为认定案件事实的根据。七是进一步明确适用范围，外国人、无国籍人、外国组织在中华人民共和国领域内有违法行为，应当给予行政处罚的，适用本法，法律另有规定的除外。

（五）关于行政处罚的程序

为推进严格规范公正文明执法，巩固行政执法公示制度、行政执法全过程记录制度、重大执法决定法制审核制度“三项制度”改革成果，进一步完善行政处罚程序，作以下修改：一是明确公示要求，增加规定行政处罚的实施机关、立案依据、实施程序和救济渠道等信息应当公示；行政处罚决定应当依法公开。二是体现全程记录，增加规定行政机关应当依法以文字、音像等形式，对行政处罚的启动、调查取证、审核、决定、送达、执行等进行全过程记录，归档保存。三是细化法制审核程序，列明适用情形，明确未经法制审核或者审核未通过的不得作出行政处罚决定。四是规范非现场执法，增加规定行政机关依照法律、行政法规规定利用电子技术监控设备收集、固定违法事实的，应当经过法制和技术审核，确保设置合理、标准合格、标志明显，设置地点应当向社会公布，并对记录内容和方便当事人查询作出相应规定。五是进一步完善回避制度，细化回避情形，明确对回避申请应当依法审查，但不停止调查或者实施行政处罚。六是增加规定发生重大传染病疫情等突发事件，为了控制、减轻和消除突发事件引起的社会危害，行政机关对违反突发事件应对措施的行为，依法从重处罚，并可以简化程序。七是适应行政执法实际需要，将适用简易程序的罚款数额由五十元以下和一千元以下，分别提高至二百元以下和三千元以下。八是增加立案程序，除当场作出的行政处罚外，行政机关认为符合立案标准的，应当立案。九是完善听证程序，扩大适用范围，适当延长申请期限，明确行政机关应当结合听证笔录作出决定。

（六）关于行政处罚的执行

为保障行政处罚决定的依法履行，补充完善执行制度，作以下修改：一是适应行政执法实际需要，将行政机关当场收缴的罚款数额由二十元以下提高至一百元以下。二是与行政强制法相衔接，完善行政处罚的强制执行程序，规定当事人逾期不履行行政处罚决定的，行政机关可以根据法律规定实施行政强制执行。三是明确行政机关批准延期、分期缴纳罚款的，申请人民法院强制执行的期限，自暂缓或者分期缴纳罚款期限结束之日起计算。四是明确当事人申请行政复议或者提起行政诉讼的，加处罚款的数额在行政复议或者行政诉讼期间不予计算。

（七）关于执法监督

为贯彻落实行政执法责任制和责任追究制度，强化对行政处罚行为的监督，作以下修改：一是增加规定罚款、没收违法所得或者没收非法财物拍卖的款项，不得同作出行政处罚决定的行政机关及其工作人员的考核、考评直接或者变相挂钩。二是增加规定县级以上人民政府应当定期组织开展行政执法评议、考核，加强对行政处罚的监督检查，规范和保障行政处罚的实施。

此外，修订草案对管辖、行政执法协助、行政执法资格等规定也作了补充完善。

行政处罚法修订草案和以上说明是否妥当，请审议。

# 全国人民代表大会宪法和法律委员会关于《中华人民共和国行政处罚法(修订草案)》修改情况的汇报

——2020 年 10 月 13 日在第十三届全国人民代表大会常务委员会第二十二次会议上

全国人大宪法和法律委员会副主任委员　胡可明

全国人民代表大会常务委员会:

常委会第二十次会议对行政处罚法修订草案进行了初次审议。会后,法制工作委员会将修订草案印发各省(区、市)、立法联系点和中央有关部门等征求意见,在中国人大网公布修订草案全文,征求社会公众意见。宪法和法律委员会、法制工作委员会联合召开座谈会,听取部分全国人大代表和有关部门、专家、企业、行业协会等的意见;到辽宁、四川和广东等地调研,召开专题座谈会,听取地方人大、行政机关和企业的意见,实地了解综合行政执法实施情况;并就修订草案中的主要问题与有关部门交换意见,共同研究。宪法和法律委员会于 9 月 15 日召开会议,根据常委会组成人员的审议意见和各方面意见,对修订草案进行了逐条审议。司法部、最高人民法院的有关负责同志列席了会议。9 月 29 日,宪法和法律委员会召开会议,再次进行了审议。现将行政处罚法修订草案主要问题修改情况汇报如下:

一、修订草案第九条列举了六项行政处罚种类。有些常委委员、部门、地方和专家提出,有的常用的行政处罚种类尚未纳入,有些行政处罚种类与其他行政管理措施的边界不够清晰,建议进一步完善行政处罚种类的规定。宪法和法律委员会经研究,建议适当调整行政处罚种类:一是增加“责令关闭”的行政处罚种类;二是删去“不得申请行政许可”“责令停止行为”“责令作出行为”的行政处罚种类。

二、修订草案第十二条第三款对地方性法规补充设定行政处罚作了规定。有些常委委员、地方和社会公众提出,适当扩大地方性法规设定行政处罚的权限是必要的,建议进一步明确范围、完善程序,增加约束性要求。同时,司法部建议对行政法规补充设定行政处罚也作出相应规定。宪法和法律委员会经研究,建议增加规定:“法律对违法行为未作出行政处罚规定,行政法规为实施法律,可以补充设定行政处罚。拟补充设定行政处罚的,应当通过听证会、论证会等形式广泛听取意见,并向制定机关作出书面说明。行政法规报送备案时,应当说明补充设定行政处罚的情况。”并对地方性法规补充设定行政处罚的规定作相应完善。

三、中央编办提出,为了简政放权、优化营商环境,应当定期对已经设定的行政处罚进行评估,减少不必要的行政处罚事项。宪法和法律委员会经研究,建议增加规定:“国务院部门和省、自治区、直辖市人民政府及其有关部门应当定期组织评估行政处罚的实施情况和必要性,对不适当的行政处罚事项,应当提出修改或者废止的建议。”

四、修订草案第十七条第一款对综合行政执法作了规定。有些常委委员、部门、地方和社会公众提出,综合行政执法改革正在推进过程中,需要根据实践总结完善,立法应当为改革探索留有空间。宪法和法律委员会经研究,建议修改为:“国家在城市管理、市场监管、生态环境、文化市场、交通运输、农业等领域推行建立综合行政执法制度,相对集中行政处罚权。”

五、修订草案第二十二条第二款对行政处罚权下放乡镇、街道作了规定。有些常委会组成人员、部门、地方和社会公众提出,为满足基层执法需求,保障行政处罚权“放得下、接得住、管得好”,应当进一步明确下放行政处罚权的条件和情形。宪法和法律委员会经研究,建议修改为:“省、自治区、直辖市根据当地实际情况,可以决定将基层管理迫切需要的县级人民政府部门的行政处罚权交由能够有效承接且符合条件的乡镇人民政府、街道办事处行使。”

六、有些常委会组成人员、部门、地方和专家学者提出,行政处罚法的重要内容是规范行政处罚程序,建议进一步完善相关程序。宪法和法律委员会经研究，建议作以下修改：一是完善立案程序，规定符合立案标准的，行政机关应当及时立案。同时，对应当立案不及时立案的，设定相应法律责任。二是明确行政处罚期限，增加规定行政机关应当自行政处罚案件立案之日起九十日内作出行政处罚决定，法律、法规、规章另有规定的除外。三是完善听证程序，在听证范围中增加“降低资质等级”的行政处罚种类；明确听证结束后，行政机关应当根据听证笔录作出行政处罚决定。四是增加文明执法内容，执法人员应当文明执法，尊重和保护当事人合法权益。五是完善回避程序，增加规定执法人员的回避由行政机关负责人决定。六是细化行政处罚决定公开要求，明确行政处罚决定应当按照政府信息公开的有关规定予以公开。

此外，还对修订草案作了一些文字修改。

修订草案二次审议稿已按上述意见作了修改，宪法和法律委员会建议提请本次常委会会议继续审议。

修订草案二次审议稿和以上汇报是否妥当，请审议。

# 全国人民代表大会宪法和法律委员会关于《中华人民共和国行政处罚法（修订草案）》审议结果的报告

——2021 年 1 月 20 日在第十三届全国人民代表大会常务委员会第二十五次会议上

全国人大宪法和法律委员会副主任委员　胡可明

全国人民代表大会常务委员会：

常委会第二十二次会议对行政处罚法修订草案进行了二次审议。会后，法制工作委员会在中国人大网全文公布修订草案二次审议稿，再次征求社会公众的意见；到北京、河北、上海调研，召开专题座谈会，听取部分全国人大代表和行政执法机关、乡镇街道、基层立法联系点、专家学者、企业等的意见，实地了解综合行政执法、乡镇街道行使行政处罚权、行政处罚信息化建设等情况；就修订草案中的主要问题与有关部门交换意见，共同研究。宪法和法律委员会于 2020 年 12 月 30 日召开会议，根据常委会组成人员的审议意见和各方面的意见，对修订草案进行了审议。司法部、最高人民法院的有关负责同志列席了会议。2021 年 1 月 13 日，宪法和法律委员会召开会议，再次进行了审议。宪法和法律委员会认为，为了深入贯彻习近平法治思想，贯彻落实党中央关于全面依法治国重大决策部署，完善行政处罚制度，推进国家治理体系和治理能力现代化，对行政处罚法进行修订是必要的，修订草案经过两次审议修改，已经比较成熟。同时，提出以下主要修改意见：

一、修订草案二次审议稿第十八条第三款规定，限制人身自由的行政处罚权只能由公安机关行使。有的部门、地方提出，根据反间谍法和国家情报法的规定，国家安全机关也可以行使限制人身自由的行政处罚权，需要做好衔接。宪法和法律委员会经研究，建议修改为：“限制人身自由的行政处罚权只能由公安机关和法律规定的其他机关行使。”

二、修订草案二次审议稿第二十三条第二款对行政处罚权下放乡镇街道作了规定。有的常委委员、地方和社会公众提出，行政处罚权下放乡镇街道是必要的，但需要进一步规范，防止出现问题。宪法和法律委员会经研究，建议增加以下规定：一是省、自治区、直辖市将行政处罚权下放乡镇街道的决定应当公布。二是承接行政处罚权的乡镇人民政府、街道办事处应当加强执法能力建设，按照规定范围、依照法定程序实施行政处罚。三是有关地方人民政府及其部门应当加强组织协调、监督指导，建立健全行政处罚协调配合机制，完善评议、考核制度。

三、有的常委委员、地方、专家学者和社会公众建议完善行政处罚和刑事司法衔接机制，推动解决案件移送中的问题。宪法和法律委员会经研究，建议增加以下规定：一是对依法不需要追究刑事责任或者免予刑事处罚，但应当给予行政处罚的，司法机关应当及时将案件移送有关行政机关。二是行政处罚实施机关与司法机关之间应当加强协调配合，建立健全案件移送制度，加强证据材料移交、接收衔接,完善案件处理信息通报机制。三是违法行为构成犯罪判处罚金的,行政机关尚未给予当事人罚款的,不再给予罚款。

**四**、有的常委委员、地方和社会公众建议进一步细化过罚相当原则,强化行政处罚的教育功能。宪法和法律委员会经研究,建议增加以下规定:一是尚未完全丧失辨认或者控制自己行为能力的精神病人有违法行为的,可以从轻或者减轻行政处罚。二是初次违法且危害后果轻微并及时改正的,可以不予行政处罚。三是对当事人的违法行为不予行政处罚的,行政机关应当对当事人进行教育。

**五**、有的常委委员、部门、专家学者和社会公众提出,对运用信息化等手段实施行政处罚应当加强规范,在提高行政效率的同时,也要体现便民原则,保护当事人的陈述、申辩等权利。宪法和法律委员会经研究,建议作以下修改:一是进一步要求行政机关及时告知当事人电子技术监控设备记录的违法事实,并采取信息化手段或者其他措施,为当事人查询、陈述和申辩提供便利。不得限制或者变相限制当事人享有的陈述权、申辩权。二是增加规定当事人同意并签订确认书的,行政机关可以采用传真、电子邮件等方式,将行政处罚决定书等送达当事人。三是明确当事人可以通过电子支付系统缴纳罚款。

**六**、有的常委委员、代表、地方、专家学者和社会公众建议进一步完善行政处罚程序,健全行政处罚执行制度。宪法和法律委员会经研究,建议作以下修改:一是明确行政处罚决定公开的适当范围,要求具有一定社会影响的行政处罚决定依法公开。二是扩大听证范围,明确将其他较重的行政处罚纳入听证范围。三是增加规定当事人对限制人身自由的行政处罚决定不服,申请行政复议或者提起行政诉讼的,可以向作出决定的机关提出暂缓执行申请。符合法律规定情形的,应当暂缓执行。

**七**、有的常委委员、部门、地方、专家学者和社会公众建议完善行政处罚的适用规则,加强对行政处罚的社会监督。宪法和法律委员会经研究,建议作以下修改:一是增加规定违法所得是指实施违法行为所取得的款项,法律、行政法规、部门规章另有规定的除外。二是明确违法行为涉及公民生命健康安全、金融安全且有危害后果的,追责期限延长至五年。三是明确行政机关实施行政处罚应当接受社会监督。

此外,还对修订草案二次审议稿作了一些文字修改。

2021 年 1 月 12 日,法制工作委员会召开会议,邀请部分全国人大代表和行政执法机关、乡镇街道、专家学者、企业等就修订草案中主要制度规范的可行性、出台时机、实施的社会效果和可能出现的问题等进行评估。与会人员普遍认为,完善行政处罚制度,是法治政府建设的重要内容,修改行政处罚法是必要和及时的。修订草案坚持以习近平法治思想为指导,巩固行政执法领域重大改革成果,回应人民群众期待和实践需求,健全行政处罚实体和程序规则,制度规范可行。修订草案充分吸收了各方面意见,已经比较成熟,建议尽快通过实施。与会人员还对修订草案提出了一些具体修改意见,宪法和法律委员会进行了认真研究,对有的意见予以采纳。

修订草案三次审议稿已按上述意见作了修改,宪法和法律委员会建议提请本次常委会会议审议通过。

修订草案三次审议稿和以上报告是否妥当,请审议。

# 全国人民代表大会宪法和法律委员会关于《中华人民共和国行政处罚法(修订草案三次审议稿)》修改意见的报告

——2021 年 1 月 22 日在第十三届全国人民代表大会常务委员会第二十五次会议上

全国人民代表大会常务委员会:

本次常委会会议于 1 月 20 日下午对行政处罚法修订草案三次审议稿进行了分组审议。普遍认为,修订草案已经比较成熟,建议进一步修改后,提请本次常委会会议表决通过。同时,有些常委会组成人员和列席人员还提出了一些修改意见和建议。宪法和法律委员会于 1 月 21 日上午召开会议,逐条研究了常委会组成人员的审议意见,对修订草案进行了审议。司法部有关负责同志列席了会议。宪法和法律委员会认为，修订草案是可行的，同时，提出以下修改意见：

一、有的常委会组成人员提出，行政处罚应当以行政机关实施为主，委托其他组织实施应当从严，坚持依法委托。宪法和法律委员会经研究，建议增加规定：委托应当采用书面形式；委托书应当载明委托的具体事项、权限、期限等内容；委托书应当公布。

二、有的常委委员建议进一步规范乡镇街道行使行政处罚权，实行定期评估，强化执法监督。宪法和法律委员会经研究，建议采纳这一意见。

三、修订草案三次审议稿第四十五条第二款规定，行政机关不得因当事人申辩而加重处罚。有的常委委员提出，陈述权与申辩权都是重要的程序性权利，都不得因当事人陈述、申辩而给予更重的处罚。宪法和法律委员会经研究，建议修改为："行政机关不得因当事人陈述、申辩而给予更重的处罚。"

四、有的常委委员、列席人员建议完善集体讨论制度，明确逾期不缴纳罚款而加处罚款数额的上限。宪法和法律委员会经研究，建议作以下修改：一是要求对情节复杂或者重大违法行为给予行政处罚，行政机关负责人应当集体讨论决定。二是增加规定加处罚款的数额不得超出罚款的数额。

五、有的常委委员提出，实践中有案不移、有案不立等不作为问题较为突出，应当结合相关法律、行政法规规定，完善法律责任。宪法和法律委员会经研究，建议对依法应当移交追究刑事责任而不移交的，或者依法应当予以制止和处罚的违法行为不予制止、处罚的，加大追责力度，作相应规定。

在常委会审议中，有些常委会组成人员还就完善行政处罚种类、明确限制人身自由的行政处罚权行使主体、进一步细化行政处罚相关程序等提出了一些具体意见。有些常委会组成人员建议有关方面抓紧制定配套规定，及时开展法规、规章和其他规范性文件清理工作，加强法律宣传和指导，强化行政执法人财物保障。宪法和法律委员会经研究认为，上述意见涉及的问题，有的已在相关法律中作出规定，有的可在制定相关法律时作出规定，有的需要在配套规定中进一步细化，建议有关方面认真研究落实，抓紧完善配套规定，及时开展清理工作，做好法律宣传，加强行政执法保障，切实做好法律的贯彻实施。

经与有关部门研究，建议将修订后的行政处罚法的施行时间确定为 2021 年 7 月 15 日。

此外，根据常委会组成人员的审议意见，还对修订草案三次审议稿作了一些文字修改。

修订草案建议表决稿已按上述意见作了修改，宪法和法律委员会建议本次常委会会议审议通过。

修订草案建议表决稿和以上报告是否妥当，请审议。

# 中华人民共和国主席令

第七十一号

《中华人民共和国海警法》已由中华人民共和国第十三届全国人民代表大会常务委员会第二十五次会议于 2021 年 1 月 22 日通过，现予公布，自 2021 年 2 月 1 日起施行。

中华人民共和国主席　习近平

2021 年 1 月 22 日

# 中华人民共和国海警法

（2021 年 1 月 22 日第十三届全国人民代表大会常务委员会第二十五次会议通过）

目　录

## 第一章　总　　则

**第一条**　为了规范和保障海警机构履行职责，维护国家主权、安全和海洋权益，保护公民、法人和其他组织的合法权益，制定本法。

**第二条**　人民武装警察部队海警部队即海警机构，统一履行海上维权执法职责。

海警机构包括中国海警局及其海区分局和直属局、省级海警局、市级海警局、海警工作站。

**第三条**　海警机构在中华人民共和国管辖海域（以下简称我国管辖海域）及其上空开展海上维权执法活动，适用本法。

**第四条**　海上维权执法工作坚持中国共产党的领导，贯彻总体国家安全观，遵循依法管理、综合治理、规范高效、公正文明的原则。

**第五条**　海上维权执法工作的基本任务是开展海上安全保卫，维护海上治安秩序，打击海上走私、偷渡，在职责范围内对海洋资源开发利用、海洋生态环境保护、海洋渔业生产作业等活动进行监督检查，预防、制止和惩治海上违法犯罪活动。

**第六条**　海警机构及其工作人员依法执行职务受法律保护，任何组织和个人不得非法干涉、拒绝和阻碍。

**第七条**　海警机构工作人员应当遵守宪法和法律，崇尚荣誉，忠于职守，纪律严明，严格执法，清正廉洁。

**第八条**　国家建立陆海统筹、分工合作、科学高效的海上维权执法协作配合机制。国务院有关部门、沿海地方人民政府、军队有关部门和海警机构应当相互加强协作配合，做好海上维权执法工作。

**第九条**　对在海上维权执法活动中做出突出贡献的组织和个人，依照有关法律、法规的规定给予表彰和奖励。

## 第二章　机构和职责

**第十条**　国家在沿海地区按照行政区划和任务区域编设中国海警局海区分局和直属局、省级海警局、市级海警局和海警工作站，分别负责所管辖区域的有关海上维权执法工作。中国海警局按照国家有关规定领导所属海警机构开展海上维权执法工作。

**第十一条**　海警机构管辖区域应当根据海上维权执法工作的需要合理划定和调整，可以不受行政区划限制。

海警机构管辖区域的划定和调整应当及时向社会公布，并通报有关机关。

**第十二条**　海警机构依法履行下列职责：

（一）在我国管辖海域开展巡航、警戒，值守重点岛礁，管护海上界线，预防、制止、排除危害国家主权、安全和海洋权益的行为；

（二）对海上重要目标和重大活动实施安全保卫，采取必要措施保护重点岛礁以及专属经济区和大陆架的人工岛屿、设施和结构安全；

（三）实施海上治安管理，查处海上违反治安管理、入境出境管理的行为，防范和处置海上恐怖活动，维护海上治安秩序；

（四）对海上有走私嫌疑的运输工具或者货物、物品、人员进行检查，查处海上走私违法行为；

（五）在职责范围内对海域使用、海岛保护以及无居民海岛开发利用、海洋矿产资源勘查开发、海底电（光）缆和管道铺设与保护、海洋调查测量、海洋基础测绘、涉外海洋科学研究等活动进行监督检查，查处违法行为；

（六）在职责范围内对海洋工程建设项目、海洋倾倒废弃物对海洋污染损害、自然保护地海岸线向海一侧保护利用等活动进行监督检查，查处违法行为，按照规定权限参与海洋环境污染事故的应急处置和调查处理；

（七）对机动渔船底拖网禁渔区线外侧海域和特定渔业资源渔场渔业生产作业、海洋野生动物保护等活动进行监督检查，查处违法行为，依法组织或者参与调查处理海上渔业生产安全事故和渔业生产纠纷；

（八）预防、制止和侦查海上犯罪活动；

（九）按照国家有关职责分工，处置海上突发事件；

（十）依照法律、法规和我国缔结、参加的国际条约，在我国管辖海域以外的区域承担相关执法任务；

（十一）法律、法规规定的其他职责。

海警机构与公安、自然资源、生态环境、交通运输、渔业渔政、海关等主管部门的职责分工，按照国家有关规定执行。

**第十三条**　海警机构接到因海上自然灾害、事故灾难等紧急求助，应当及时通报有关主管部门，并积极开展应急救援和救助。

**第十四条**　中央国家机关按照国家有关规定对海上维权执法工作实行业务指导。

**第十五条**　中国海警局及其海区分局按照国家有关规定，协调指导沿海地方人民政府海上执法队伍开展海域使用、海岛保护开发、海洋生态环境保护、海洋渔业管理等相关执法工作。

根据海上维权执法工作需要，中国海警局及其海区分局可以统一协调组织沿海地方人民政府海上执法队伍的船舶、人员参与海上重大维权执法行动。

## 第三章　海上安全保卫

**第十六条**　为维护海上安全和秩序，海警机构有权依法对在我国管辖海域航行、停泊、作业的外国船舶进行识别查证，判明船舶的基本信息及其航行、作业的基本情况。对有违法嫌疑的外国船舶，海警机构有权采取跟踪监视等措施。

**第十七条**　对非法进入我国领海及其以内海域的外国船舶，海警机构有权责令其立即离开，或者采取扣留、强制驱离、强制拖离等措施。

**第十八条**　海警机构执行海上安全保卫任务，可以对在我国管辖海域航行、停泊、作业的船舶依法登临、检查。

海警机构登临、检查船舶，应当通过明确的指令要求被检查船舶停船接受检查。被检查船舶应当按照指令停船接受检查，并提供必要的便利；拒不配合检查的，海警机构可以强制检查；现场逃跑的，海警机构有权采取必要的措施进行拦截、紧追。

海警机构检查船舶，有权依法查验船舶和生产作业许可有关的证书、资料以及人员身份信息，检查船舶及其所载货物、物品，对有关违法事实进行调查取证。

对外国船舶登临、检查、拦截、紧追，遵守我国缔结、参加的国际条约的有关规定。

**第十九条**　海警机构因处置海上突发事件的紧急需要，可以采取下列措施：

（一）责令船舶停止航行、作业；

（二）责令船舶改变航线或者驶向指定地点；

（三）责令船舶上的人员下船，或者限制、禁止人员上船、下船；

（四）责令船舶卸载货物，或者限制、禁止船舶卸载货物；

（五）法律、法规规定的其他措施。

**第二十条**　未经我国主管机关批准，外国组织和个人在我国管辖海域和岛礁建造建筑物、构筑物，以及布设各类固定或者浮动装置的，海警机构有权责令其停止上述违法行为或者限期拆除；对拒不停止违法行为或者逾期不拆除的，海警机构有权予以制止或者强制拆除。

**第二十一条**　对外国军用船舶和用于非商业目的的外国政府船舶在我国管辖海域违反我国法律、法规的行为，海警机构有权采取必要的警戒和管制措施予以制止，责令其立即离开相关海域；对拒不离开并造成严重危害或者威胁的，海警机构有权采取强制驱离、强制拖离等措施。

**第二十二条**　国家主权、主权权利和管辖权在海上正在受到外国组织和个人的不法侵害或者面临不法侵害的紧迫危险时，海警机构有权依照本法和其他相关法律、法规，采取包括使用武器在内的一切必要措施制止侵害、排除危险。

## 第四章　海上行政执法

**第二十三条**　海警机构对违反海上治安、海关、海洋资源开发利用、海洋生态环境保护、海洋渔业管理等法律、法规、规章的组织和个人，依法实施包括限制人身自由在内的行政处罚、行政强制或者法律、法规规定的其他措施。

海警机构依照海洋资源开发利用、海洋生态环境保护、海洋渔业管理等法律、法规的规定，对海上生产作业现场进行监督检查。

海警机构因调查海上违法行为的需要，有权向有关组织和个人收集、调取证据。有关组织和个人应当如实提供证据。

海警机构为维护海上治安秩序，对有违法犯罪嫌疑的人员进行当场盘问、检查或者继续盘问的，依照《中华人民共和国人民警察法》的规定执行。

**第二十四条**　海警机构因开展行政执法需要登临、检查、拦截、紧追相关船舶的，依照本法第十八条规定执行。

**第二十五条**　有下列情形之一，省级海警局以上海警机构可以在我国管辖海域划定海上临时警戒区，限制或者禁止船舶、人员通行、停留：

（一）执行海上安全保卫任务需要的；

（二）打击海上违法犯罪活动需要的；

（三）处置海上突发事件需要的；

（四）保护海洋资源和生态环境需要的；

（五）其他需要划定海上临时警戒区的情形。

划定海上临时警戒区，应当明确海上临时警戒区的区域范围、警戒期限、管理措施等事项并予以公告。其中，可能影响海上交通安全的，应当在划定前征求海事管理机构的意见，并按照相关规定向海事管理机构申请发布航行通告、航行警告；涉及军事用海或者可能影响海上军事设施安全和使用的，应当依法征得军队有关部门的同意。

对于不需要继续限制或者禁止船舶、人员通行、停留的，海警机构应当及时解除警戒，并予公告。

**第二十六条**　对涉嫌违法正在接受调查处理的船舶，海警机构可以责令其暂停航行、作业，在指定地点停泊或者禁止其离港。必要时，海警机构可以将嫌疑船舶押解至指定地点接受调查处理。

**第二十七条**　国际组织、外国组织和个人的船舶经我国主管机关批准在我国管辖海域从事渔业生产作业以及其他自然资源勘查开发、海洋科学研究、海底电（光）缆和管道铺设等活动的，海警机构应当依法进行监管，可以派出执法人员随船监管。

**第二十八条**　为预防、制止和惩治在我国陆地领土、内水或者领海内违反有关安全、海关、财政、卫生或者入境出境管理法律、法规的行为，海警机构有权在毗连区行使管制权，依法实施行政强制措施或者法律、法规规定的其他措施。

**第二十九条**　违法事实确凿，并有下列情形之一，海警机构执法人员可以当场作出处罚决定：

（一）对个人处五百元以下罚款或者警告、对单位处五千元以下罚款或者警告的；

（二）罚款处罚决定不在海上当场作出，事后难以处罚的。

当场作出的处罚决定，应当及时报所属海警机构备案。

**第三十条**　对不适用当场处罚，但事实清楚，当事人自愿认错认罚，且对违法事实和法律适用没有异议的海上行政案件，海警机构征得当事人书面同意后，可以通过简化取证方式和审核审批等措施快速办理。

对符合快速办理条件的海上行政案件，当事人在自行书写材料或者询问笔录中承认违法事实、认错认罚，并有视听资料、电子数据、检查笔录等关键证据能够相互印证的，海警机构可以不再开展其他调查取证工作。

使用执法记录仪等设备对询问过程录音录像的，可以替代书面询问笔录。必要时，对视听资料的关键内容和相应时间段等作文字说明。

对快速办理的海上行政案件，海警机构应当在当事人到案后四十八小时内作出处理决定。

**第三十一条**　海上行政案件有下列情形之一，不适用快速办理：

（一）依法应当适用听证程序的；

（二）可能作出十日以上行政拘留处罚的；

（三）有重大社会影响的；

（四）可能涉嫌犯罪的；

（五）其他不宜快速办理的。

**第三十二条**　海警机构实施行政强制措施前，执法人员应当向本单位负责人报告并经批准。情况紧急，需要在海上当场实施行政强制措施的，应当在二十四小时内向本单位负责人报告，抵岸后及时补办批准手续；因不可抗力无法在二十四小时内向本单位负责人报告的，应当在不可抗力影响消除后二十四小时内向本单位负责人报告。海警机构负责人认为不应当采取行政强制措施的，应当立即解除。

**第三十三条**　当事人逾期不履行处罚决定的，作出处罚决定的海警机构可以依法采取下列措施：

（一）到期不缴纳罚款的，每日按罚款数额的百分之三加处罚款；

（二）将查封、扣押的财物依法拍卖、变卖或者将冻结的存款、汇款划拨抵缴罚款；

（三）根据法律规定，采取其他行政强制执行方式。

本法和其他法律没有规定海警机构可以实施行政强制执行的事项，海警机构应当申请人民法院强制执行。

**第三十四条**　各级海警机构对海上行政案件的管辖分工，由中国海警局规定。

海警机构与其他机关对海上行政案件管辖有争议的，由海警机构与其他机关按照有利于案件调查处理的原则进行协商。

**第三十五条**　海警机构办理海上行政案件时，有证据证明当事人在海上实施将物品倒入海中等故意毁灭证据的行为，给海警机构举证造成困难的，可以结合其他证据，推定有关违法事实成立，但是当事人有证据足以推翻的除外。

**第三十六条**　海警机构开展巡航、警戒、拦截、紧追等海上执法工作，使用标示有专用标志的执法船舶、航空器的,即为表明身份。

海警机构在进行行政执法调查或者检查时,执法人员不得少于两人,并应当主动出示执法证件表明身份。当事人或者其他有关人员有权要求执法人员出示执法证件。

**第三十七条** 海警机构开展海上行政执法的程序,本法未作规定的,适用《中华人民共和国行政处罚法》、《中华人民共和国行政强制法》、《中华人民共和国治安管理处罚法》等有关法律的规定。

## 第五章 海上犯罪侦查

**第三十八条** 海警机构办理海上发生的刑事案件,依照《中华人民共和国刑事诉讼法》和本法的有关规定行使侦查权,采取侦查措施和刑事强制措施。

**第三十九条** 海警机构在立案后,对于危害国家安全犯罪、恐怖活动犯罪、黑社会性质的组织犯罪、重大毒品犯罪或者其他严重危害社会的犯罪案件,依照《中华人民共和国刑事诉讼法》和有关规定,经过严格的批准手续,可以采取技术侦查措施,按照规定交由有关机关执行。

追捕被通缉或者批准、决定逮捕的在逃的犯罪嫌疑人、被告人,经过批准,可以采取追捕所必需的技术侦查措施。

**第四十条** 应当逮捕的犯罪嫌疑人在逃,海警机构可以按照规定发布通缉令,采取有效措施,追捕归案。

海警机构对犯罪嫌疑人发布通缉令的,可以商请公安机关协助追捕。

**第四十一条** 海警机构因办理海上刑事案件需要登临、检查、拦截、紧追相关船舶的,依照本法第十八条规定执行。

**第四十二条** 海警机构、人民检察院、人民法院依法对海上刑事案件的犯罪嫌疑人、被告人决定取保候审的,由被取保候审人居住地的海警机构执行。被取保候审人居住地未设海警机构的,当地公安机关应当协助执行。

**第四十三条** 海警机构、人民检察院、人民法院依法对海上刑事案件的犯罪嫌疑人、被告人决定监视居住的,由海警机构在被监视居住人住处执行;被监视居住人在负责办案的海警机构所在的市、县没有固定住处的,可以在指定的居所执行。对于涉嫌危害国家安全犯罪、恐怖活动犯罪,在住处执行可能有碍侦查的,经上一级海警机构批准,也可以在指定的居所执行。但是,不得在羁押场所、专门的办案场所执行。

**第四十四条** 海警工作站负责侦查发生在本管辖区域内的海上刑事案件。

市级海警局以上海警机构负责侦查管辖区域内的重大的危害国家安全犯罪、恐怖活动犯罪、涉外犯罪、经济犯罪、集团犯罪案件以及其他重大犯罪案件。

上级海警机构认为有必要的,可以侦查下级海警机构管辖范围内的海上刑事案件;下级海警机构认为案情重大需要上级海警机构侦查的海上刑事案件,可以报请上级海警机构管辖。

**第四十五条** 海警机构办理海上刑事案件,需要提请批准逮捕或者移送起诉的,应当向所在地相应人民检察院提请或者移送。

## 第六章 警械和武器使用

**第四十六条** 有下列情形之一,海警机构工作人员可以使用警械或者现场的其他装备、工具:

(一)依法登临、检查、拦截、紧追船舶时,需要迫使船舶停止航行的;

(二)依法强制驱离、强制拖离船舶的;

(三)依法执行职务过程中遭遇阻碍、妨害的;

(四)需要现场制止违法犯罪行为的其他情形。

**第四十七条** 有下列情形之一,经警告无效的,海警机构工作人员可以使用手持武器:

(一)有证据表明船舶载有犯罪嫌疑人或者非法载运武器、弹药、国家秘密资料、毒品等物品,拒不服从停船指令的;

(二)外国船舶进入我国管辖海域非法从事生产作业活动,拒不服从停船指令或者以其他方式拒绝接受登临、检查,使用其他措施不足以制止违法行为的。

**第四十八条** 有下列情形之一,海警机构工作人员除可以使用手持武器外,还可以使用舰载或者机载武器:

(一)执行海上反恐怖任务的;

(二)处置海上严重暴力事件的;

(三)执法船舶、航空器受到武器或者其他危险方式攻击的。

**第四十九条** 海警机构工作人员依法使用武器,来不及警告或者警告后可能导致更为严重危害后果的,可以直接使用武器。

**第五十条** 海警机构工作人员应当根据违法

犯罪行为和违法犯罪行为人的危险性质、程度和紧迫性，合理判断使用武器的必要限度，尽量避免或者减少不必要的人员伤亡、财产损失。

**第五十一条**　海警机构工作人员使用警械和武器，本法未作规定的，依照人民警察使用警械和武器的规定以及其他有关法律、法规的规定执行。

## 第七章　保障和协作

**第五十二条**　国家建立与海警机构担负海上维权执法任务和建设发展相适应的经费保障机制。所需经费按照国家有关规定列入预算。

**第五十三条**　国务院有关部门、沿海县级以上地方人民政府及其有关部门在编制国土空间规划和相关专项规划时，应当统筹海上维权执法工作需求，按照国家有关规定对海警机构执法办案、执勤训练、生活等场地和设施建设等予以保障。

**第五十四条**　海警机构因海上维权执法紧急需要，可以依照法律、法规、规章的规定优先使用或者征用组织和个人的交通工具、通信工具、场地，用后应当及时归还，并支付适当费用；造成损失的，按照国家有关规定给予补偿。

**第五十五条**　海警机构应当优化力量体系，建强人才队伍，加强教育培训，保障海警机构工作人员具备履行法定职责的知识、技能和素质，提高海上维权执法专业能力。

海上维权执法实行持证上岗和资格管理制度。

**第五十六条**　国家加强海上维权执法装备体系建设，保障海警机构配备与其履行职责相适应的船舶、航空器、武器以及其他装备。

**第五十七条**　海警机构应当加强信息化建设，运用现代信息技术，促进执法公开，强化便民服务，提高海上维权执法工作效率。

海警机构应当开通海上报警服务平台，及时受理人民群众报警、紧急求助。

**第五十八条**　海警机构分别与相应的外交（外事）、公安、自然资源、生态环境、交通运输、渔业渔政、应急管理、海关等主管部门，以及人民法院、人民检察院和军队有关部门建立信息共享和工作协作配合机制。

有关主管部门应当及时向海警机构提供与开展海上维权执法工作相关的基础数据、行政许可、行政管理政策等信息服务和技术支持。

海警机构应当将海上监督检查、查处违法犯罪等工作数据、信息，及时反馈有关主管部门，配合有关主管部门做好海上行政管理工作。海警机构依法实施行政处罚，认为需要吊销许可证件的，应当将相关材料移送发证机关处理。

**第五十九条**　海警机构因开展海上维权执法工作需要，可以向有关主管部门提出协助请求。协助请求属于有关主管部门职责范围内的，有关主管部门应当配合。

**第六十条**　海警机构对依法决定行政拘留的违法行为人和拘留审查的外国人，以及决定刑事拘留、执行逮捕的犯罪嫌疑人，分别送海警机构所在地拘留所或者看守所执行。

**第六十一条**　海警机构对依法扣押、扣留的涉案财物，应当妥善保管，不得损毁或者擅自处理。但是，对下列货物、物品，经市级海警局以上海警机构负责人批准，可以先行依法拍卖或者变卖并通知所有人，所有人不明确的，通知其他当事人：

（一）成品油等危险品；

（二）鲜活、易腐、易失效等不宜长期保存的；

（三）长期不使用容易导致机械性能下降、价值贬损的车辆、船舶等；

（四）体量巨大难以保管的；

（五）所有人申请先行拍卖或者变卖的。

拍卖或者变卖所得款项由海警机构暂行保存，待结案后按照国家有关规定处理。

**第六十二条**　海警机构对应当退还所有人或者其他当事人的涉案财物，通知所有人或者其他当事人在六个月内领取；所有人不明确的，应当采取公告方式告知所有人认领。在通知所有人、其他当事人或者公告后六个月内无人认领的，按无主财物处理，依法拍卖或者变卖后将所得款项上缴国库。遇有特殊情况的，可以延期处理，延长期限最长不超过三个月。

## 第八章　国际合作

**第六十三条**　中国海警局根据中华人民共和国缔结、参加的国际条约或者按照对等、互利的原则，开展海上执法国际合作；在规定权限内组织或者参与有关海上执法国际条约实施工作，商签海上执法合作性文件。

**第六十四条**　海警机构开展海上执法国际合作的主要任务是参与处置涉外海上突发事件，协调解决海上执法争端，管控海上危机，与外国海上执法机构和有关国际组织合作打击海上违法犯罪活动，保护海洋资源环境，共同维护国际和地区海洋公共安全和秩序。

**第六十五条** 海警机构可以与外国海上执法机构和有关国际组织开展下列海上执法国际合作：

（一）建立双边、多边海上执法合作机制，参加海上执法合作机制的活动；

（二）交流和共享海上执法情报信息；

（三）海上联合巡逻、检查、演练、训练；

（四）教育培训交流；

（五）互派海上执法国际合作联络人员；

（六）其他海上执法国际合作活动。

## 第九章 监 督

**第六十六条** 海警机构及其工作人员应当依照法律、法规规定的条件、权限和程序履行职责、行使职权，不得滥用职权、玩忽职守、徇私舞弊，不得侵犯组织和个人的合法权益。

**第六十七条** 海警机构应当尊重和依法保障公民、法人和其他组织对海警机构执法工作的知情权、参与权和监督权，增强执法工作透明度和公信力。

海警机构应当依法公开海上执法工作信息。

**第六十八条** 海警机构询问、讯问、继续盘问、辨认违法犯罪嫌疑人以及对违法犯罪嫌疑人进行安全检查、信息采集等执法活动，应当在办案场所进行。紧急情况下必须在现场进行询问、讯问或者有其他不宜在办案场所进行询问、讯问的情形除外。

海警机构应当按照国家有关规定以文字、音像等形式，对海上维权执法活动进行全过程记录，归档保存。

**第六十九条** 海警机构及其工作人员开展海上维权执法工作，依法接受检察机关、军队监察机关的监督。

**第七十条** 人民政府及其有关部门、公民、法人和其他组织对海警机构及其工作人员的违法违纪行为，有权向检察机关、军队监察机关通报、检举、控告。对海警机构及其工作人员正在发生的违法违纪或者失职行为，可以通过海上报警服务平台进行投诉、举报。

对依法检举、控告或者投诉、举报的公民、法人和其他组织，任何机关和个人不得压制和打击报复。

**第七十一条** 上级海警机构应当对下级海警机构的海上维权执法工作进行监督，发现其作出的处理措施或者决定有错误的，有权撤销、变更或者责令下级海警机构撤销、变更；发现其不履行法定职责的，有权责令其依法履行。

**第七十二条** 中国海警局应当建立健全海上维权执法工作监督机制和执法过错责任追究制度。

## 第十章 法律责任

**第七十三条** 有下列阻碍海警机构及其工作人员依法执行职务的行为之一，由公安机关或者海警机构依照《中华人民共和国治安管理处罚法》关于阻碍人民警察依法执行职务的规定予以处罚：

（一）侮辱、威胁、围堵、拦截、袭击海警机构工作人员的；

（二）阻碍调查取证的；

（三）强行冲闯海上临时警戒区的；

（四）阻碍执行追捕、检查、搜查、救险、警卫等任务的；

（五）阻碍执法船舶、航空器、车辆和人员通行的；

（六）采取危险驾驶、设置障碍等方法驾驶船舶逃窜，危及执法船舶、人员安全的；

（七）其他严重阻碍海警机构及其工作人员执行职务的行为。

**第七十四条** 海警机构工作人员在执行职务中，有下列行为之一，按照中央军事委员会的有关规定给予处分：

（一）泄露国家秘密、商业秘密和个人隐私的；

（二）弄虚作假，隐瞒案情，包庇、纵容违法犯罪活动的；

（三）刑讯逼供或者体罚、虐待违法犯罪嫌疑人的；

（四）违反规定使用警械、武器的；

（五）非法剥夺、限制人身自由，非法检查或者搜查人身、货物、物品、交通工具、住所或者场所的；

（六）敲诈勒索，索取、收受贿赂或者接受当事人及其代理人请客送礼的；

（七）违法实施行政处罚、行政强制，采取刑事强制措施或者收取费用的；

（八）玩忽职守，不履行法定义务的；

（九）其他违法违纪行为。

**第七十五条** 违反本法规定，构成犯罪的，依法追究刑事责任。

**第七十六条** 组织和个人对海警机构作出的行政行为不服的，有权依照《中华人民共和国行政复议法》的规定向上一级海警机构申请行政复议；

或者依照《中华人民共和国行政诉讼法》的规定向有管辖权的人民法院提起行政诉讼。

**第七十七条**　海警机构及其工作人员违法行使职权，侵犯组织和个人合法权益造成损害的，应当依照《中华人民共和国国家赔偿法》和其他有关法律、法规的规定给予赔偿。

## 第十一章　附　　则

**第七十八条**　本法下列用语的含义是：

（一）省级海警局，是指直接由中国海警局领导，在沿海省、自治区、直辖市设立的海警局；市级海警局，是指由省级海警局领导，在沿海省、自治区下辖市和直辖市下辖区设立的海警局；海警工作站，通常是指由市级海警局领导，在沿海县级行政区域设立的基层海警机构。

（二）船舶，是指各类排水或者非排水的船、艇、筏、水上飞行器、潜水器等移动式装置，不包括海上石油、天然气等作业平台。

**第七十九条**　外国在海上执法方面对我国公民、法人和其他组织采取歧视性的禁止、限制或者其他特别措施的，海警机构可以按照国家有关规定采取相应的对等措施。

**第八十条**　本法规定的对船舶的维权执法措施适用于海上各种固定或者浮动建筑、装置，固定或者移动式平台。

**第八十一条**　海警机构依照法律、法规和我国缔结、参加的国际条约，在我国管辖海域以外的区域执行执法任务时，相关程序可以参照本法有关规定执行。

**第八十二条**　中国海警局根据法律、行政法规和国务院、中央军事委员会的决定，就海上维权执法事项制定规章，并按照规定备案。

**第八十三条**　海警机构依照《中华人民共和国国防法》、《中华人民共和国人民武装警察法》等有关法律、军事法规和中央军事委员会的命令，执行防卫作战等任务。

**第八十四条**　本法自2021年2月1日起施行。

# 关于《中华人民共和国海警法（草案）》的说明

——2020年10月13日在第十三届全国人民代表大会常务委员会第二十二次会议上

中国人民武装警察部队司令员　王　宁

全国人民代表大会常务委员会：

我受中央军委委托，现就《中华人民共和国海警法（草案）》作说明。

## 一、制定《海警法》的必要性

为坚决维护国家主权、安全和海洋权益，加快推进海洋强国战略，党的十八大以来，党中央对海上维权执法体制进行了两次重大调整和改革。2018年6月30日，原海警队伍整体划归中国人民武装警察部队领导指挥，调整组建中国人民武装警察部队海警总队，称中国海警局，统一履行海上维权执法职责，理顺了海上维权执法体制。但中国海警局履行职责使命还缺乏系统充分的法律依据，迫切需要制定《海警法》。

一是建设海洋强国和维护海洋权益的时代要求。习主席深刻指出，建设海洋强国是中国特色社会主义事业的重要组成部分；要提高海洋维权能力，坚决维护我国海洋权益。当前，我国海上维权斗争面临严峻复杂局面，必须全面建设强大的海上维权执法力量，加快构建形成海上维权执法法律体系，加强经略海洋能力和实力建设。制定《海警法》是贯彻党中央、中央军委和习主席重大战略部署，加强海上维权执法力量建设、有效维护国家海洋权益、加快建设海洋强国的重要举措。

二是规范和保障海上维权执法活动的紧迫需求。目前，海警机构开展海上维权执法活动的法律依据较为分散，且多数法律尚未明确海警机构的执法主体地位；而涉及海上维权执法的一些内部文件，知情范围小，缺乏法律效力，已不适应依法治国、依法行政对海上维权执法的要求。通过制定《海警法》，系统明确海警机构的职能定位、权限措施和保障监督，理顺海警机构与其他涉海部门的职责分工和协作配合关系，健全完善海上维权执法工作机制，为履行海上维权执法职责提供法律保障。

三是巩固深化党和国家机构改革成果的重要举措。调整海警队伍领导指挥体制，完成规模结构和力量编成改革，赋予中国海警局继续统一履行海上维权执法职责，是深化党和国家机构改革的重要组成部分，是党中央统筹海上维权执法力量建设运用作出的重大战略决策。通过制定《海警法》，充分发挥法治的引领和推动作用，以法律的形式将党中央、中央军委和习主席关于海警队伍改革与建设的重大决策部署固化下来，确保改革成果落地落实。

四是遵循国际惯例和国际法相关精神及原则的现实需要。《联合国海洋法公约》确立了现代海洋法律制度，明确了沿海国对管辖海域享有的权利义务。世界许多海洋国家都成立了海上执法机构并进行专门立法，保障本国对海洋有效行使主权、主权权利和管辖权。制定《海警法》，与国际通行惯例接轨，有利于海警机构代表国家更好地履行《联合国海洋法公约》赋予的权利义务。

《全国人民代表大会常务委员会关于中国海警局行使海上维权执法职权的决定》明确，“条件成熟时，有关方面应当及时提出制定、修改有关法律的议案，依照法定程序提请审议”；《人民武装警察法》第四十七条规定，“人民武装警察部队执行海上维权执法任务，由法律另行规定”。2019 年 1 月，武警部队根据中央军委统一部署，成立《海警法》研究起草工作专班，深入调研论证，反复研究修改，广泛征求中央国家机关有关部门、沿海省（自治区、直辖市）人民政府，军委机关有关部门和有关战区、军兵种的意见；多次召开专家论证会，听取行政法、海洋法方面专家学者的意见，最大限度地凝聚共识、汇聚智慧，起草形成了草案。军委改革和编制办公室组织了立法评估，军委法制局作了立法审查，草案已经中央军委常务会议审议通过。

## 二、起草《海警法（草案）》的指导思想和基本思路

坚持以习近平新时代中国特色社会主义思想为指导，深入贯彻习近平强军思想，深入贯彻新时代军事战略方针，着眼扎实铸牢军魂、有效维权执法、夯实基层基础、加快改革重塑，聚焦使命任务，坚持以人民为中心，通过立法规范和促进海上维权执法工作，为海警机构维护国家主权、安全和海洋权益，保护公民、法人和其他组织的合法权益，提供坚强法律保障。按照以上指导思想，起草工作遵循以下思路和原则：一是坚持改革创新。贯彻党中央、中央军委和习主席关于海警队伍改革决策部署，特别是使命任务定位和建设发展要求，总结海上维权执法工作理论和实践成果，创新制度机制，体现海警队伍新体制、新使命的时代性，全面提升海上治理体系和治理能力现代化水平。二是坚持问题导向。紧紧围绕海警队伍建设发展和海上维权执法工作中的突出矛盾问题，聚焦职责使命，搞好立法设计，为海警机构依法履职提供坚强法治保障。三是坚持统筹衔接。厘清《海警法》的上位政策、关联政策、配套政策，处理好与《行政处罚法》、《刑事诉讼法》等基本法律，与《国防法》、《人民武装警察法》等军事法律以及与治安管理、海洋、渔业、海关等领域部门法之间的衔接关系，维护法律体系内在协调统一。四是坚持借鉴吸收。坚持立足国内、放眼国际，合理借鉴国内相关部门、有关国家和地区海上执法力量立法制度的有益经验，确保《海警法》制度设计的科学性、先进性。

## 三、《海警法（草案）》的主要内容

草案分为总则、机构和职责、海上安全保卫、海上行政执法、海上犯罪侦查、警械和武器使用、保障与协作、国际合作、监督、法律责任、附则 11 章，共 80 条。主要内容是：

（一）关于海警机构的性质和职责。海警队伍转隶武警部队后，兼具武装力量和行政执法力量双重属性。据此，草案在总则明确“海警机构是重要的海上武装力量和国家行政执法力量”的性质和职能定位。为推进海警机构职责法定化，依据《全国人民代表大会常务委员会关于中国海警局行使海上维权执法职权的决定》和党中央、中央军委有关文件精神，草案规定中国海警局统一履行海上维权执法职责，沿海地区编设的海警机构负责本级管辖区域有关海上维权执法工作；中央国家机关有关部门依照国家有关规定对海上维权执法工作实行业务指导，中国海警局及其授权的海区分局依照国家有关规定协调指导、监督沿海地方人民政府海上执法队伍相关执法工作；同时，集中明确海警机构具体承担 11 项职责。

（二）关于海上维权执法的权限和措施。为保障海警机构有效履行海上维权执法职责，草案分四章规定了海警机构遂行任务相应的权限、措施及程序要求。关于第三章“海上安全保卫”，主要是总结海上安全保卫工作实践，设置了识别查证、跟踪监视、强制驱离拖离、强制拆除、扣留船舶、登临、检查、紧追等符合海上特点的措施手段，有效维护国

家主权、安全和海洋权益,保护人民群众生命财产安全。关于第四章“海上行政执法”,根据《全国人民代表大会常务委员会关于中国海警局行使海上维权执法职权的决定》,规定了海警机构在海上治安管理、海上缉私、海洋资源开发利用、海洋生态环境保护、海洋渔业管理等五个行政执法领域,依照相关法律、法规实施监督检查、行政强制、行政处罚,并遵循《行政处罚法》、《行政强制法》等法律规定的基本程序。在此基础上,草案重点规定了其他法律未作规定、海上行政执法工作现实需要的执法措施,如海上临时警戒区设置、违法船舶调查管制、外籍船舶作业现场监管、毗连区管制等制度规定。考虑到海上执法环境特殊,调查取证难,执法成本高,为便利相对人,提高海上执法效能,草案适当扩大了当场处罚范围,规定了海上行政案件快速办理程序以及特殊证据规则。关于第五章“海上犯罪侦查”,主要是衔接《刑事诉讼法》,进一步明确海警机构对海上发生的刑事案件行使侦查权,可依法实施侦查措施和刑事强制措施,并结合实际对采取技术侦查、通缉、取保候审、监视居住等措施作了具体规定。关于第六章“警械和武器使用”,海警机构依法行使公安机关相应执法职权,海警机构工作人员使用警械和武器,依照人民警察使用警械和武器的规定以及其他有关法律、法规的规定执行。同时,草案结合海上维权执法特点以及其他国家海上立法实践,明确了舰载和机载武器使用、针对海上特殊情形的手持武器和警械使用等规定。

(三)关于保障与协作。为保障海警机构有效履行使命任务,同时为后续改革预留空间和接口,草案原则规定了海警机构的经费和设施保障机制。为适应海上维权执法工作特点,草案明确了海警机构信息化、海警队伍专业化建设方向和具体要求。为进一步形成海上维权执法工作合力,草案在信息共享、执法办案、人员羁押等方面,明确了海警机构与有关行政主管部门和军队有关部门的协作机制。为解决海上执法中涉案财物保管处置难的问题,草案根据执法实践需求,对涉案财物处理作了相关规定。

(四)关于国际合作。海上维权执法活动涉外性强,打击海上跨国违法犯罪,推进海洋国际公共治理,离不开国家间的紧密合作。草案对海上执法国际合作的原则、主体、任务和领域作了规定,为规范海警机构开展国际合作工作提供法律依据,并向国际社会表明我国积极推进海上执法合作、积极履行国际义务、与国际社会一道共同维护海洋公共安全与秩序的立场,树立负责任大国的形象。

(五)关于监督与法律责任。为强化对海警机构权力运行的监督,保护相对人的合法权益,结合海警机构管理体制和职能属性,草案设置了执法公开、表明身份、执法过程记录等制度,明确海警机构及其工作人员履行职责接受检察机关、军队监察机关的监督和人民政府及其有关部门、公民、法人及其他组织的社会监督,同时规定了海警机构的内部监督机制和追责机制。结合海警机构近年来执法实践,草案明确了个人或者组织阻碍海警机构工作人员执行职务需要承担法律责任的违法行为种类,并对海警机构工作人员的违法违纪责任和国家赔偿义务作了规定。

《中华人民共和国海警法(草案)》和以上说明是否妥当,请审议。

# 全国人民代表大会宪法和法律委员会关于《中华人民共和国海警法(草案)》修改情况的汇报

——2020年12月22日在第十三届全国人民代表大会常务委员会第二十四次会议上

全国人大宪法和法律委员会副主任委员　胡可明

全国人民代表大会常务委员会:

常委会第二十二次会议对海警法草案进行了初次审议。会后,法制工作委员会将草案印发沿海各省(区、市)人大、立法联系点和中央有关部门等征求意见,在中国人大网公布草案全文,征求社会公众意见。宪法和法律委员会、法制工作委员会联合召开座谈会,听取有关部门、专家、企业、行业协会等的意见;到武警部队机关、武警海警总队机关、部分海警基层部队以及上海、海南、广西调研;并就草案中的主要问题与有关方面交换意见,共同研究。宪法和法律委员会于 12 月 8 日召开会议,根据常委会组成人员的审议意见和各方面的意见,对草案进行了逐条审议。司法部、中央军委办公厅军委法制局、武警部队、中国海警局的有关负责同志列席了会议。12 月 11 日,宪法和法律委员会召开会议,再次进行了审议。现将海警法草案主要问题修改情况汇报如下:

一、草案第二条规定:"海警机构是重要的海上武装力量和国家行政执法力量。"有些常委委员、部门、专家学者和企业提出,草案主要是规范海警机构统一履行海上维权执法工作,应当紧扣这一立法目的明确职责任务,同时做好与人民武装警察法的衔接。宪法和法律委员会经研究,建议修改为:"人民武装警察部队海警部队即海警机构,统一履行海上维权执法职责。"

二、有些常委委员、部门和地方建议加强中央有关部门、沿海地方政府等与海警机构在海上维权执法工作中的协作配合。宪法和法律委员会经研究,建议增加规定:"国家建立陆海统筹、分工合作、科学高效的海上维权执法协作配合机制。国务院有关部门、沿海地方人民政府、军队有关部门和海警机构应当加强协作配合,做好海上维权执法工作。"

三、有的部门和社会公众提出,海警具有较强的海上救援能力,应当发挥其在海上应急救援方面的积极作用,建议进一步明确其开展海上应急救援和救助的职责。宪法和法律委员会经研究,建议增加规定:"海警机构接到因海上自然灾害、事故灾难等紧急求助,应当及时通报相关主管部门,并积极开展应急救援和救助。"

四、有些常委委员、部门和社会公众提出,海警依法综合行使刑事侦查、行政执法等职权,应当进一步强化程序规范和执法监督。宪法和法律委员会经研究,建议作以下修改:一是增加规定海警机构执法人员当场作出的行政处罚决定,应当报所属海警机构备案。二是完善海上执法特殊证据规则,有证据证明当事人在海上实施将物品倒入海中等故意毁灭证据的行为,给海警机构举证造成困难的,可以结合其他证据,推定有关违法事实成立。三是明确海警机构对依法扣押、扣留的涉案财物应当妥善保管,不得损毁或者擅自处理。四是规定人民政府及其有关部门对海警机构工作人员的违法违纪行为,有权向检察机关、军队监察机关通报。

五、有些常委委员和部门建议加强海警执法保障,适应维权执法任务需要。宪法和法律委员会经研究,建议增加规定:一是海警机构因海上维权执法紧急需要,可以依法优先使用或者征用组织和个人的交通工具、通信工具、场地。二是国家加强海上维权执法装备体系建设,保障海警机构配备与其履行职责相适应的船舶、航空器、武器以及其他装备。

六、草案第七十八条规定:"中国海警局根据法律、行政法规和国务院、中央军事委员会的决定,在本部门权限内,发布有关海上维权执法事项的规定、决定。"武警部队、中国海警局提出,海警机构履行海上维权执法职责,有很多制度建设任务,建议明确海警机构有权制定规章,对海上维权执法标准和程序作出统一规定。宪法和法律委员会经研究,建议修改为:"中国海警局根据法律、行政法规和国务院、中央军事委员会的决定,就海上维权执法事项制定规章,并按照规定备案。"

此外,还对草案作了一些文字修改。

草案二次审议稿已按上述意见作了修改,宪法和法律委员会建议提请本次常委会会议继续审议。

草案二次审议稿和以上汇报是否妥当,请审议。

# 全国人民代表大会宪法和法律委员会关于《中华人民共和国海警法(草案)》审议结果的报告

——2021 年 1 月 20 日在第十三届全国人民代表大会常务委员会第二十五次会议上

全国人大宪法和法律委员会副主任委员　胡可明

全国人民代表大会常务委员会:

常委会第二十四次会议对海警法草案进行了二次审议。会后,法制工作委员会到有关科研机构调研,听取部分国际法专家学者的意见;征求中央外办、外交部的意见；就草案中的主要问题与军队有关方面交换意见，共同研究。宪法和法律委员会于2020年12月31日召开会议，根据常委会组成人员的审议意见和各方面的意见，对草案进行了审议。司法部、中央军委办公厅军委法制局、武警部队、中国海警局的有关负责同志列席了会议。2021年1月13日，宪法和法律委员会召开会议，再次进行了审议。宪法和法律委员会认为，为了贯彻落实党中央、中央军委重大改革决策部署，有效维护国家主权、安全和海洋权益，规范和保障海警机构统一履行海上维权执法职责，制定海警法是必要的。草案经过两次审议修改，已经比较成熟。同时，提出以下主要修改意见：

一、中国海警局建议明确中国海警局的职责。宪法和法律委员会经研究，建议增加规定：中国海警局按照国家有关规定领导所属海警机构开展海上维权执法工作。

二、草案二次审议稿第十二条第一款第十一项规定，海警机构依法履行国家规定的其他职责。有的常委会组成人员提出，按照职权法定原则，海警机构履行职责应当具有法律、法规依据。宪法和法律委员会经研究，建议修改为依法履行法律、法规规定的其他职责。

三、有的常委委员、部门提出，应当进一步完善海警机构与公安机关的协作配合机制。宪法和法律委员会经研究，建议明确被取保候审人居住地未设海警机构的，当地公安机关应当协助执行取保候审。

四、有的常委委员、专家学者建议根据国际通行做法，结合我国维权执法实际需要，进一步完善海警机构的维权执法措施。宪法和法律委员会经研究，建议作以下修改：一是明确海警机构执行海上安全保卫任务，对船舶实施登临、检查，应当依法进行。二是针对未经批准在我国管辖海域和岛礁建造建筑物、构筑物以及布设装置，拒不停止违法行为或者逾期不拆除的，明确海警机构有权予以制止或者强制拆除。三是明确可以先行依法变卖或者拍卖的危险品，主要是指有社会利用价值的成品油等危险品。

此外，还对草案二次审议稿作了一些文字修改。

2021年1月12日，法制工作委员会召开会议，邀请部分全国人大代表和有关部门、海警机构、地方政府、专家学者、行业协会等就草案中主要制度规范的可行性、出台时机、实施的社会效果和可能出现的问题等进行评估。与会人员普遍认为，制定海警法有利于健全海上维权执法体制机制，推动海上维权执法力量建设，对于提升海上治理体系和治理能力现代化水平、加快建设海洋强国非常必要和及时。草案坚持以习近平新时代中国特色社会主义思想为指导，贯彻落实党中央海上维权执法体制改革精神，为海警机构依法履行职责，维护国家主权、安全和海洋权益，保护公民、法人和其他组织的合法权益提供了法治保障，将会产生良好的社会效果。草案充分吸收了各方面的意见，进一步增强了制度规范的针对性和可操作性，适合当前海上维权执法实践需求，已经比较成熟，建议尽快审议通过。与会人员还对草案提出了一些具体修改意见，宪法和法律委员会进行了认真研究，对有的意见予以采纳。

草案三次审议稿已按上述意见作了修改，宪法和法律委员会建议提请本次常委会会议审议通过。

草案三次审议稿和以上报告是否妥当，请审议。

# 全国人民代表大会宪法和法律委员会关于《中华人民共和国海警法（草案三次审议稿）》修改意见的报告

——2021年1月22日在第十三届全国人民代表大会常务委员会第二十五次会议上

全国人民代表大会常务委员会：

本次常委会会议于1月20日下午对海警法草案三次审议稿进行了分组审议。普遍认为，草案已经比较成熟，建议进一步修改后，提请本次常委会会议表决通过。同时，有些常委会组成人员和列席人员还提出了一些修改意见和建议。宪法和法律委员会于1月21日上午召开会议，逐条研究了常委会组成人员的审议意见，对草案进行了审议。中央军委办公厅军委法制局、武警部队、中国海警局有关负责同志列席了会议。宪法和法律委员会认为，草案是可行的，同时，提出以下修改意见：

一、有的常委委员提出，根据常委会关于中国海警局行使海上维权执法职权的决定，海警机构在执行维护海上治安等任务时，行使法律规定的公安机关的相应职权。正在审议的行政处罚法修订草案规定，限制人身自由的行政处罚权只能由公安机关和法律规定的其他机关行使，应当做好法律之间的衔接。宪法和法律委员会经研究，建议采纳这一意见，对海警机构行使限制人身自由行政处罚权、强制措施予以明确。

二、有的常委委员建议进一步规范海上执法程序，推进海警机构严格规范公正文明执法。宪法和法律委员会经研究，建议作以下修改：一是办理海上行政案件适用快速办理程序，应当事先征得当事人书面同意。二是明确海警机构在进行行政执法调查或者检查时，应当主动出示执法证件表明身份。

三、有的常委委员提出，应当完善权力制约机制，加强对海上维权执法活动的监督。宪法和法律委员会经研究，建议作以下修改：一是当场作出的处罚决定报所属海警机构备案的，应当及时报备。二是海警机构对海上维权执法活动进行全过程记录。

在常委会审议中，有的常委委员还就提高海上维权执法协作配合机制的层级、运用现代信息技术装备、增加当场收缴罚款的情形、采取对等措施前先行交涉等提出了一些具体意见。有的常委委员建议做好海警法与相关法律、国际条约的衔接。有的常委委员建议加强海警法正面宣传报道，防止不当炒作。宪法和法律委员会经研究认为，上述意见涉及的问题，有的需要在配套规定中进一步细化，有的是执行中的问题。建议军队有关方面认真研究落实，抓紧推进制度建设，做好法律衔接，切实保障法律有效贯彻实施。

经与有关部门研究，建议将本法的施行时间确定为 2021 年 2 月 1 日。

此外，根据常委会组成人员的审议意见，还对草案三次审议稿作了一些文字修改。

草案建议表决稿已按上述意见作了修改，宪法和法律委员会建议本次常委会会议审议通过。

草案建议表决稿和以上报告是否妥当，请审议。

# 中华人民共和国主席令

第七十五号

《中华人民共和国香港特别行政区基本法附件一香港特别行政区行政长官的产生办法》已由中华人民共和国第十三届全国人民代表大会常务委员会第二十七次会议于 2021 年 3 月 30 日修订通过，现将修订后的《中华人民共和国香港特别行政区基本法附件一香港特别行政区行政长官的产生办法》予以公布，自 2021 年 3 月 31 日起施行。

中华人民共和国主席　习近平

2021 年 3 月 30 日

# 中华人民共和国香港特别行政区基本法附件一香港特别行政区行政长官的产生办法

（1990 年 4 月 4 日第七届全国人民代表大会第三次会议通过　2010 年 8 月 28 日第十一届全国人民代表大会常务委员会第十六次会议批准修正　2021 年 3 月 30 日第十三届全国人民代表大会常务委员会第二十七次会议修订）

一、行政长官由一个具有广泛代表性、符合香港特别行政区实际情况、体现社会整体利益的选举委员会根据本法选出，由中央人民政府任命。

二、选举委员会委员共 1500 人，由下列各界人士组成：

第一界别：工商、金融界　300 人

第二界别：专业界　300 人

第三界别：基层、劳工和宗教等界　300 人

第四界别:立法会议员、地区组织代表等界　300 人

第五界别:香港特别行政区全国人大代表、香港特别行政区全国政协委员和有关全国性团体香港成员的代表界　300 人

选举委员会委员必须由香港特别行政区永久性居民担任。

选举委员会每届任期五年。

三、选举委员会各个界别的划分及名额如下:

第一界别设十八个界别分组:工业界(第一)(17 席)、工业界(第二)(17 席)、纺织及制衣界(17 席)、商界(第一)(17 席)、商界(第二)(17 席)、商界(第三)(17 席)、金融界(17 席)、金融服务界(17 席)、保险界(17 席)、地产及建造界(17 席)、航运交通界(17 席)、进出口界(17 席)、旅游界(17 席)、酒店界(16 席)、饮食界(16 席)、批发及零售界(17 席)、香港雇主联合会(15 席)、中小企业界(15 席)。

第二界别设十个界别分组:科技创新界(30 席)、工程界(30 席)、建筑测量都市规划及园境界(30 席)、会计界(30 席)、法律界(30 席)、教育界(30 席)、体育演艺文化及出版界(30 席)、医学及卫生服务界(30 席)、中医界(30 席)、社会福利界(30 席)。

第三界别设五个界别分组:渔农界(60 席)、劳工界(60 席)、基层社团(60 席)、同乡社团(60 席)、宗教界(60 席)。

第四界别设五个界别分组:立法会议员(90 席)、乡议局(27 席)、港九分区委员会及地区扑灭罪行委员会、地区防火委员会委员的代表(76 席)、“新界”分区委员会及地区扑灭罪行委员会、地区防火委员会委员的代表(80 席)、内地港人团体的代表(27 席)。

第五界别设两个界别分组:香港特别行政区全国人大代表和香港特别行政区全国政协委员(190 席)、有关全国性团体香港成员的代表(110 席)。

四、选举委员会以下列方式产生:

(一)香港特别行政区全国人大代表、香港特别行政区全国政协委员、全国人民代表大会常务委员会香港特别行政区基本法委员会香港委员、立法会议员、大学校长或者学校董事会或者校务委员会主席,以及工程界(15 席)、建筑测量都市规划及园境界(15 席)、教育界(5 席)、医学及卫生服务界(15 席)、社会福利界(15 席)等界别分组的法定机构、咨询组织及相关团体负责人,是相应界别分组的选举委员会委员。

除第五界别外,香港特别行政区全国人大代表和香港特别行政区全国政协委员也可以在其有密切联系的选举委员会其他界别分组登记为委员。如果香港特别行政区全国人大代表或者香港特别行政区全国政协委员登记为选举委员会其他界别分组的委员,则其计入相应界别分组的名额,该界别分组按照本款第三项规定产生的选举委员会委员的名额相应减少。香港特别行政区全国人大代表和香港特别行政区全国政协委员登记为选举委员会有关界别分组的委员后,在该届选举委员会任期内,根据上述规定确定的选举委员会各界别分组按照本款第一、二、三项规定产生的委员的名额维持不变。

(二)宗教界界别分组的选举委员会委员由提名产生;科技创新界界别分组的部分委员(15 席)在中国科学院、中国工程院香港院士中提名产生;会计界界别分组的部分委员(15 席)在国家财政部聘任的香港会计咨询专家中提名产生;法律界界别分组的部分委员(9 席)在中国法学会香港理事中提名产生;体育演艺文化及出版界界别分组的部分委员(15 席)由中国香港体育协会暨奥林匹克委员会、中国文学艺术界联合会香港会员总会和香港出版总会分别提名产生;中医界界别分组的部分委员(15 席)在世界中医药学会联合会香港理事中提名产生;内地港人团体的代表界别分组的委员(27 席)由各内地港人团体提名产生。

(三)除本款第一、二项规定的选举委员会委员外,其他委员由相应界别分组的合资格团体选民选出。各界别分组的合资格团体选民由法律规定的具有代表性的机构、组织、团体或企业构成。除香港特别行政区选举法列明者外,有关团体和企业须获得其所在界别分组相应资格后持续运作三年以上方可成为该界别分组选民。第四界别的乡议局、港九分区委员会及地区扑灭罪行委员会、地区防火委员会委员的代表、“新界”分区委员会及地区扑灭罪行委员会、地区防火委员会委员的代表和第五界别的有关全国性团体香港成员的代表等界别分组的选举委员会委员,可由个人选民选出。选举委员会委员候选人须获得其所在界别分组 5 个选民的提名。每个选民可提名不超过其所在界别分组选举委员会委员名额的候选人。选举委员会各界别分组选民根据提名的名单,以无记名投票选举产生该界别分组的选举委员会委员。

上款规定涉及的选举委员会委员的具体产生办法,包括有关界别分组的法定机构、咨询组织、相关团体和合资格团体选民的界定、候选人提名办法、投票办法等,由香港特别行政区以选举法规定。

五、选举委员会设召集人制度,负责必要时召集选举委员会会议,办理有关事宜。总召集人由担任国家领导职务的选举委员会委员担任,总召集人在选举委员会每个界别各指定若干名召集人。

六、行政长官候选人须获得不少于 188 名选举委员会委员的提名,且上述五个界别中每个界别参与提名的委员须不少于 15 名。每名选举委员会委员只可提出一名候选人。

七、选举委员会根据提名的名单,经一人一票无记名投票选出行政长官候任人,行政长官候任人须获得超过 750 票。具体选举办法由香港特别行政区以选举法规定。

八、香港特别行政区候选人资格审查委员会负责审查并确认选举委员会委员候选人和行政长官候选人的资格。香港特别行政区维护国家安全委员会根据香港特别行政区政府警务处维护国家安全部门的审查情况,就选举委员会委员候选人和行政长官候选人是否符合拥护中华人民共和国香港特别行政区基本法、效忠中华人民共和国香港特别行政区的法定要求和条件作出判断,并就不符合上述法定要求和条件者向香港特别行政区候选人资格审查委员会出具审查意见书。

对香港特别行政区候选人资格审查委员会根据香港特别行政区维护国家安全委员会的审查意见书作出的选举委员会委员候选人和行政长官候选人资格确认的决定,不得提起诉讼。

九、香港特别行政区应当采取措施,依法规管操纵、破坏选举的行为。

十、全国人民代表大会常务委员会依法行使本办法的修改权。全国人民代表大会常务委员会作出修改前,以适当形式听取香港社会各界意见。

十一、依据本办法产生的选举委员会任期开始时,依据原办法产生的选举委员会任期即告终止。

十二、本办法自 2021 年 3 月 31 日起施行。原附件一及有关修正案不再施行。

# 关于《中华人民共和国香港特别行政区基本法附件一香港特别行政区行政长官的产生办法（修订草案）》的说明

——2021 年 3 月 29 日在第十三届全国人民代表大会常务委员会第二十七次会议上

全国人大常委会法制工作委员会主任　沈春耀

全国人民代表大会常务委员会:

我受委员长会议委托,作关于《中华人民共和国香港特别行政区基本法附件一香港特别行政区行政长官的产生办法(修订草案)》(以下简称“行政长官产生办法”)的说明。

## 一、修订行政长官产生办法是贯彻落实十三届全国人大四次会议精神、全面完成“决定 + 修法”决策部署的关键步骤和重要任务

2021 年 3 月 11 日,十三届全国人大四次会议通过了《全国人民代表大会关于完善香港特别行政区选举制度的决定》(以下简称《决定》),自公布之日起施行。这是最高国家权力机关贯彻党的十九届四中全会精神,根据宪法和香港基本法的规定,坚持和完善“一国两制”制度体系,全面准确贯彻落实“一国两制”方针,确保“爱国者治港”,维护国家主权、安全、发展利益,保持香港长期繁荣稳定,从国家层面完善香港特别行政区选举制度的重要举措。《决定》的公布和施行,标志着贯彻落实“决定 + 修法”决策部署已顺利完成了第一步、进入到第二步阶段。

十三届全国人大四次会议通过的《决定》,是最高国家权力机关根据新的形势和需要就完善香港特别行政区选举制度作出的新的宪制性制度安排,为下一步修订行政长官产生办法提供了宪制依据。

以《决定》为依据修订行政长官产生办法，是完成这一重要制度安排的关键环节和重要组成部分。《决定》第六条规定："授权全国人民代表大会常务委员会根据本决定修改《中华人民共和国香港特别行政区基本法》附件一《香港特别行政区行政长官的产生办法》和附件二《香港特别行政区立法会的产生办法和表决程序》。"在今年全国"两会"期间，许多全国人大代表、全国政协委员和有关方面都提出，全国人大常委会应根据全国人大的有关决定尽快修订行政长官产生办法，完善香港特别行政区选举制度，并确保新的行政长官产生办法在香港特别行政区有效实施。十三届全国人大四次会议批准的《全国人民代表大会常务委员会工作报告》对大会作出有关决定后修改完善相关法律提出了明确要求。贯彻落实十三届全国人大四次会议精神，尽快完成行政长官产生办法的修订，是全国人大常委会当前立法工作中一项十分重要而紧迫的任务。

在党中央集中统一领导下，中央港澳工作领导小组组织中央和国家有关部门认真研究，按照"决定＋修法"决策部署精神，对新形势下完善香港特别行政区选举制度作出整体设计，在研究准备全国人大决定草案工作的同时就着手研究起草行政长官产生办法修订草案，统筹安排、分步推进、有序展开。关于全国人大决定草案的说明阐述了新形势下从国家层面完善香港特别行政区选举制度的总体要求，提出了必须遵循和把握好的五条基本原则，即：全面准确贯彻"一国两制"、"港人治港"、高度自治的方针，坚定维护国家主权、安全、发展利益，坚持依法治港，符合香港特别行政区实际情况，提高香港特别行政区治理效能。这些要求和原则对研究起草行政长官产生办法修订草案都是适用的。全国人大《决定》明确了修改完善香港特别行政区选举制度应当遵循的基本原则和修改完善的核心要素内容，将要修订的行政长官产生办法，是《决定》内容的全面展开和具体落实。

2020年10月下旬，中央港澳工作领导小组成立了由领导小组办公室、国务院港澳办、香港中联办、香港基本法委有关负责同志以及内地和香港有关专家学者共同组成的工作专班。近一段时间以来，工作专班集中力量研究起草行政长官产生办法修订草案。同时与香港特别行政区政府充分沟通协商，以适当方式听取香港社会各界人士意见，他们对修改方案提出的主要意见已被采纳。在此基础上，起草了行政长官产生办法修订草案初稿。有关方面多次专题研究修订草案，反复修改完善，统筹协调和推动完善香港特别行政区选举制度相关工作。

2021年1月27日，习近平主席在听取香港特别行政区行政长官2020年度述职报告时强调，香港由乱及治的重大转折，再次昭示了一个深刻道理，那就是要确保"一国两制"实践行稳致远，必须始终坚持"爱国者治港"。2月28日至3月1日，中央和国家有关部门在深圳连续召开4场座谈会，就完善"爱国者治港"有关制度广泛听取香港社会各界代表人士意见。今年全国"两会"期间，中央和国家有关部门专门听取了港区全国人大代表、全国政协委员对从国家层面完善香港特别行政区选举制度和做好相关工作的意见建议。2021年3月13日，全国人大常委会香港基本法委员会在深圳召开全体会议，专门研究讨论了修订香港基本法附件一和附件二的有关问题，并向全国人大常委会提供了有关意见。3月15日至17日，全国人大常委会法工委、国务院港澳办、香港中联办联合在香港特别行政区开展系列座谈、访谈等活动，广泛听取香港特别行政区政府和社会各界代表人士的意见和建议。上述听取意见和建议的情况均已向全国人大常委会报告，有关意见和建议也已汇总向全国人大常委会提交。

3月22日，委员长会议听取了全国人大常委会法工委、香港基本法委关于提请审议香港基本法附件一和附件二两个修订草案和有关工作建议的汇报，认为修订草案符合宪法规定和宪法原则，符合"一国两制"方针和香港基本法，符合全国人大《决定》精神，是成熟可行的，决定将《中华人民共和国香港特别行政区基本法附件一香港特别行政区行政长官的产生办法（修订草案）》提请全国人大常委会审议。

## 二、修订行政长官产生办法遵循的指导思想和工作原则

研究起草行政长官产生办法修订草案，坚持以习近平新时代中国特色社会主义思想为指导，深入贯彻落实党的十九届四中全会精神和十三届全国人大四次会议精神，根据宪法、香港基本法和全国人大《决定》的规定，全面、准确、有效行使全国人民代表大会授予全国人民代表大会常务委员会的有关立法职权。为此，必须坚持和完善"一国两制"制度体系，落实"爱国者治港"这一根本原则，确保中央对香港特别行政区的全面管治权，充分考虑完善香港特别行政区选举制度的现实需要和香港特别行政区的具体情况，全面系统地修改完善行政长官

产生办法，为“爱国者治港”提供坚实稳固、安全可靠的法治保障，切实维护国家主权、安全、发展利益，切实维护宪法和香港基本法确立的香港特别行政区宪制秩序，有效保持香港长治久安和长期繁荣稳定。

研究起草行政长官产生办法修订草案过程中，注意把握和体现以下工作原则：一是切实贯彻落实全国人大《决定》精神，在《决定》内容基础上进一步细化、实化；二是坚持中央主导，同时落实香港特别行政区主体责任；三是坚持问题导向，针对香港现行行政长官和立法会产生办法存在的漏洞和缺陷，加以修改完善；四是维护行政主导的治理架构和运行机制，确保香港特别行政区实行的行政主导政治体制有效运行；五是增强可操作性，按照“应写尽写”的精神，尽量具体、明确地规定有关制度安排。

## 三、修订草案的主要内容

行政长官产生办法修订草案共 12 条，保留原附件一的名称不变，体例基本不变。修订草案主要包括以下几个方面的内容：

（一）明确规定选举委员会的规模、组成、任期和委员身份资格。选举委员会委员共 1500 人，由下列各界人士组成：第一界别：工商、金融界（300 人）；第二界别：专业界（300 人）；第三界别：基层、劳工和宗教等界（300 人）；第四界别：立法会议员、地区组织代表等界（300 人）；第五界别：香港特别行政区全国人大代表、香港特别行政区全国政协委员和有关全国性团体香港成员的代表界（300 人）。选举委员会每届任期五年。依据本办法产生的选举委员会任期开始时，依据原办法产生的选举委员会任期即告终止。选举委员会委员必须由香港特别行政区永久性居民担任。

（二）明确选举委员会五大界别内界别分组划分和名额分配。选举委员会五大界别内界别分组划分和名额分配如下：第一界别设 18 个界别分组：工业界（第一）（17 席）、工业界（第二）（17 席）、纺织及制衣界（17 席）、商界（第一）（17 席）、商界（第二）（17 席）、商界（第三）（17 席）、金融界（17 席）、金融服务界（17 席）、保险界（17 席）、地产及建造界（17 席）、航运交通界（17 席）、进出口界（17 席）、旅游界（17 席）、酒店界（16 席）、饮食界（16 席）、批发及零售界（17 席）、香港雇主联合会（15 席）、中小企业界（15 席）。第二界别设 10 个界别分组：科技创新界（30 席）、工程界（30 席）、建筑测量都市规划及园境界（30 席）、会计界（30 席）、法律界（30 席）、教育界（30 席）、体育演艺文化及出版界（30 席）、医学及卫生服务界（30 席）、中医界（30 席）、社会福利界（30 席）。第三界别设 5 个界别分组：渔农界（60 席）、劳工界（60 席）、基层社团（60 席）、同乡社团（60 席）、宗教界（60 席）。第四界别设 5 个界别分组：立法会议员（90 席）、乡议局（27 席）、港九分区委员会及地区扑灭罪行委员会、地区防火委员会委员的代表（76 席）、“新界”分区委员会及地区扑灭罪行委员会、地区防火委员会委员的代表（80 席）、内地港人团体的代表（27 席）。第五界别设 2 个界别分组：香港特别行政区全国人大代表和香港特别行政区全国政协委员（190 席）、有关全国性团体香港成员的代表（110 席）。

（三）明确规定选举委员会委员的产生方式。选举委员会以下列方式产生：

1. 香港特别行政区全国人大代表、香港特别行政区全国政协委员、全国人民代表大会常务委员会香港特别行政区基本法委员会香港委员、立法会议员、大学校长或者学校董事会或者校务委员会主席，以及工程界（15 席）、建筑测量都市规划及园境界（15 席）、教育界（5 席）、医学及卫生服务界（15 席）、社会福利界（15 席）等界别分组的法定机构、咨询组织及相关团体负责人，是相应界别分组的选举委员会委员。除第五界别外，香港特别行政区全国人大代表和香港特别行政区全国政协委员也可以在其有密切联系的选举委员会其他界别分组登记为委员。如果香港特别行政区全国人大代表或者香港特别行政区全国政协委员登记为选举委员会其他界别分组的委员，则其计入相应界别分组的名额，该界别分组按照第四条第一款第三项规定产生的选举委员会委员的名额相应减少。香港特别行政区全国人大代表和香港特别行政区全国政协委员登记为选举委员会有关界别分组的委员后，在该届选举委员会任期内，根据上述规定确定的选举委员会各界别分组按照第四条第一款第一、二、三项规定产生的委员的名额维持不变。

2. 宗教界界别分组的选举委员会委员由提名产生；科技创新界界别分组的部分委员（15 席）在中国科学院、中国工程院香港院士中提名产生；会计界界别分组的部分委员（15 席）在国家财政部聘任的香港会计咨询专家中提名产生；法律界界别分组的部分委员（9 席）在中国法学会香港理事中提名产生；体育演艺文化及出版界界别分组的部分委员（15 席）由中国香港体育协会暨奥林匹克委员会、中国文学艺术界联合会香港会员总会和香港出版总会分别提名产生；中医界界别分组的部分委员（15席）在世界中医药学会联合会香港理事中提名产生；内地港人团体的代表界别分组的委员（27席）由各内地港人团体提名产生。

3. 除第四条第一款第一、二项规定的选举委员会委员外，其他委员由相应界别分组的合资格团体选民选出。各界别分组的合资格团体选民由法律规定的具有代表性的机构、组织、团体或企业构成。除香港特别行政区选举法列明者外，有关团体和企业须获得其所在界别分组相应资格后持续运作三年以上方可成为该界别分组选民。第四界别的乡议局、港九分区委员会及地区扑灭罪行委员会、地区防火委员会委员的代表、“新界”分区委员会及地区扑灭罪行委员会、地区防火委员会委员的代表和第五界别的有关全国性团体香港成员的代表等界别分组的选举委员会委员，可由个人选民选出。选举委员会委员候选人须获得其所在界别分组5个选民的提名。每个选民可提名不超过其所在界别分组选举委员会委员名额的候选人。选举委员会各界别分组选民根据提名的名单，以无记名投票选举产生该界别分组的选举委员会委员。

4. 选举委员会委员的具体产生办法，包括有关界别分组的法定机构、咨询组织、相关团体和合资格团体选民的界定、候选人提名办法、投票办法等，由香港特别行政区以选举法规定。

（四）明确规定行政长官的产生方式。行政长官由一个具有广泛代表性、符合香港特别行政区实际情况、体现社会整体利益的选举委员会根据本法选出，由中央人民政府任命。行政长官候选人须获得不少于188名选举委员会委员的提名，且上述五个界别中每个界别参与提名的委员须不少于15名。每名选举委员会委员只可提出1名候选人。选举委员会根据提名的名单，经一人一票无记名投票选出行政长官候任人，行政长官候任人须获得超过750票。具体选举办法由香港特别行政区以选举法规定。

（五）明确规定选举委员会设召集人制度。负责必要时召集选举委员会会议，办理有关事宜。总召集人由担任国家领导职务的选举委员会委员担任，总召集人在选举委员会每个界别各指定若干名召集人。

（六）健全完善候选人资格审查制度机制。香港特别行政区候选人资格审查委员会负责审查并确认选举委员会委员候选人和行政长官候选人的资格。香港特别行政区维护国家安全委员会根据香港特别行政区政府警务处维护国家安全部门的审查情况，就选举委员会委员候选人和行政长官候选人是否符合拥护中华人民共和国香港特别行政区基本法、效忠中华人民共和国香港特别行政区的法定要求和条件作出判断，并就不符合上述法定要求和条件者向香港特别行政区候选人资格审查委员会出具审查意见书。对香港特别行政区候选人资格审查委员会根据香港特别行政区维护国家安全委员会的审查意见书作出的选举委员会委员候选人和行政长官候选人资格确认的决定，不得提起诉讼。

修订草案还明确规定，全国人民代表大会常务委员会依法行使本办法的修改权。全国人民代表大会常务委员会作出修改前，以适当形式听取香港社会各界意见。

需要说明的是，修订后的香港基本法附件一经依法公布施行后，原附件一以及有关修正案同时被取代。

《中华人民共和国香港特别行政区基本法附件一香港特别行政区行政长官的产生办法（修订草案）》和以上说明，请审议。

# 全国人民代表大会宪法和法律委员会关于《中华人民共和国香港特别行政区基本法附件一香港特别行政区行政长官的产生办法（修订草案）》审议结果的报告

——2021年3月30日在第十三届全国人民代表大会常务委员会第二十七次会议上

全国人民代表大会常务委员会：

十三届全国人大常委会第二十七次会议于3月29日下午对委员长会议提请审议的《中华人民共和国香港特别行政区基本法附件一香港特别行政区

行政长官的产生办法(修订草案)》进行了分组审议。普遍认为,修改《中华人民共和国香港特别行政区基本法》附件一,是全国人大常委会贯彻落实第十三届全国人民代表大会第四次会议精神、行使全国人民代表大会授予的相关立法职权的重要举措和实际行动。修订工作和修订草案坚持以习近平新时代中国特色社会主义思想为指导,深入贯彻落实党的十九届四中全会精神和十三届全国人大四次会议精神,根据宪法、香港基本法和全国人大《决定》的规定,坚持和完善"一国两制"制度体系,落实"爱国者治港"这一根本原则,确保中央对香港特别行政区的全面管治权,充分考虑完善香港特别行政区选举制度的现实需要和香港特别行政区的具体情况,全面系统地修改完善行政长官产生办法,为"爱国者治港"提供坚实稳固、安全可靠的法治保障,有利于维护国家主权、安全、发展利益,维护宪法和香港基本法确立的香港特别行政区宪制秩序,保持香港长治久安和长期繁荣稳定,是必要的、适当的,建议进一步修改完善后提请本次会议表决通过。

3 月 29 日晚,宪法和法律委员会召开会议,对修订草案进行认真审议,对常委会组成人员提出的修改意见逐一研究。国务院港澳事务办公室有关负责同志列席了会议。宪法和法律委员会认为,全国人大常委会修改《中华人民共和国香港特别行政区基本法》附件一,符合宪法规定和原则,符合香港基本法;对于全面准确贯彻落实"一国两制"、"港人治港"、高度自治的方针,完善香港特别行政区选举制度,推动适合香港实际情况的民主政治制度发展,具有重要意义,是必要的;经过前期深入研究论证和充分听取意见,修订草案已经比较成熟,是可行的。同时,根据常委会组成人员的审议意见和有关方面的意见,宪法和法律委员会对修订草案作了进一步修改完善,主要是:

一、有的常委会组成人员、国务院港澳办等有关方面提出,按照修订草案第四条第一款第三项的规定,部分选举委员会委员由相应界别分组的合资格团体选民选出,这些团体选民由法律规定的具有代表性的机构、组织、团体或企业构成,其中明确规定"有关团体和企业须获得其所在界别分组相应资格后持续运作三年以上方可成为该界别分组选民"。考虑到香港特别行政区的实际情况,为了更加充分地体现选举委员会的广泛代表性,宜为香港特别行政区本地有关立法留下空间,建议将修订草案第四条第一款第三项"有关团体和企业须获得其所在界别分组相应资格后持续运作三年以上方可成为该界别分组选民"前面增加"除香港特别行政区选举法列明者外"。宪法和法律委员会经研究,建议采纳这一意见。

二、有的常委会组成人员、香港特别行政区基本法委员会以及其他有关方面提出,修订后的香港基本法附件一经依法公布施行后,原附件一及有关修正案应同时被取代,不再施行。在全国人大《决定》草案的说明中也已对这个问题作出了明确的表示。为了避免实施中可能出现歧义,建议在修订草案中予以明确,在修订草案第十二条关于本办法施行时间的规定后面增加规定:"原附件一及有关修正案不再施行。"宪法和法律委员会经研究,建议采纳这一意见。

三、经与有关方面研究,宪法和法律委员会建议将本办法的施行时间确定为 2021 年 3 月 31 日。

此外,根据常委会组成人员的审议意见,还对修订草案作了个别文字表述修改。

有的常委会组成人员还就其他一些问题提出意见建议。宪法和法律委员会经研究认为,这些问题有的已经在修订草案形成过程中经过了反复研究,有的问题将留待香港特别行政区制定本地有关法律予以规定,有的问题则需要在今后的实践和工作中再作深入研究,不断探索、总结、完善,建议修订草案暂不作修改。

有的常委会组成人员还对做好香港特别行政区本地立法修改、新的香港基本法附件一通过后的宣传和实施等工作提出了意见,建议有关方面应督促香港特别行政区尽快完成修改本地有关法律,依法组织、规管相关选举活动,并加强对香港基本法附件一的宣传和推广工作,确保全国人大《决定》和新的香港基本法附件一在香港特别行政区得以有效实施。宪法和法律委员会建议有关方面考虑上述意见,做好相关工作,并推动香港特别行政区根据香港基本法的有关规定及时将修改后的本地有关法律报送全国人大常委会备案。

修订草案已按上述意见作了修改,宪法和法律委员会建议本次常委会会议审议通过。

中华人民共和国香港特别行政区基本法附件一香港特别行政区行政长官的产生办法修订草案修改稿和以上报告是否妥当,请审议。

# 全国人民代表大会常务委员会香港特别行政区基本法委员会关于修订《中华人民共和国香港特别行政区基本法》附件一和附件二有关问题的意见

——2021年3月29日在第十三届全国人民代表大会常务委员会第二十七次会议上

全国人民代表大会常务委员会：

香港特别行政区基本法委员会于2021年3月13日下午在广东深圳召开会议，学习领会第十三届全国人民代表大会第四次会议精神和会议通过的《全国人民代表大会关于完善香港特别行政区选举制度的决定》（以下简称《决定》），并对全国人民代表大会常务委员会拟修订《中华人民共和国香港特别行政区基本法》（以下简称香港基本法）附件一和附件二有关问题进行了讨论。

香港特别行政区基本法委员会一致认为，香港回归祖国后，重新纳入国家治理体系，宪法和香港基本法共同构成香港特别行政区的宪制基础。香港特别行政区实行的选举制度，包括行政长官和立法会的产生办法，是香港特别行政区政治体制的重要组成部分，应当符合"一国两制"方针，符合香港特别行政区实际情况，确保爱国爱港者治港，有利于维护国家主权、安全、发展利益，保持香港长期繁荣稳定。近几年来，特别是2019年香港发生"修例风波"以来，香港社会出现了一些乱象，表明香港特别行政区现行的选举制度机制存在明显的漏洞和缺陷，为反中乱港势力夺取香港特别行政区管治权提供了可乘之机。因此，有必要从国家层面采取措施完善香港特别行政区选举制度，消除制度机制方面存在的隐患和风险。全国人大《决定》有利于确保以爱国者为主体的"港人治港"，确保在香港特别行政区依法施政和有效治理，确保香港"一国两制"实践始终沿着正确方向前进。

香港特别行政区基本法委员会赞成并支持采取"决定+修法"的方式完善香港特别行政区选举制度，认为由全国人民代表大会就完善香港特别行政区选举制度有关问题作出决定，明确修改完善香港特别行政区选举制度应当遵循的基本原则和修改完善的核心要素内容，同时授权全国人大常委会根据本决定修订香港基本法附件一和附件二，符合宪法规定和宪法原则，符合香港基本法，具有坚实的政治基础和法治基础。一致拥护全国人大《决定》，认为《决定》充分考虑了完善香港特别行政区有关选举制度的现实需要和香港特别行政区的具体情况，是就完善香港特别行政区选举制度，推动适合香港实际情况的民主政治制度发展，作出新的宪制性制度安排。

香港特别行政区基本法委员会重点对"决定+修法"的第二步，即全国人大常委会按照全国人大《决定》的要求，修订《中华人民共和国香港特别行政区基本法附件一香港特别行政区行政长官的产生办法》和《中华人民共和国香港特别行政区基本法附件二香港特别行政区立法会的产生办法和表决程序》的有关问题进行了研究。组成人员普遍认为，有关方面起草修订草案应当符合宪法、香港基本法、香港国安法以及全国人大常委会有关决定的规定，遵循全国人大《决定》的基本原则，全面落实全国人大《决定》明确的完善香港特别行政区选举制度的核心要素内容；充分考虑完善香港特别行政区有关选举制度的现实需要和香港特别行政区的具体情况，充分听取香港各界的意见，扩大均衡、有序政治参与，体现香港社会整体利益，对香港特别行政区实行的新的民主选举制度作出具体明确的规定。

香港特别行政区基本法委员会组成人员还提出了一些意见建议，认为宜明确香港基本法附件一和附件二修订后，原有的附件一和附件二及有关修正案即被取代，香港基本法第四十五条和第六十八条所提及的附件一和附件二，应指新修订的附件一和附件二。关于这些问题的具体意见和建议已转交有关方面在起草有关修订草案时参考。

香港特别行政区基本法委员会提出，为尽快

补足香港特别行政区现行的选举制度机制存在的漏洞和缺陷,有效维护宪法和香港基本法确定的香港特别行政区宪制秩序,建议全国人大常委会全面贯彻落实全国人大《决定》的精神和要求,缩短“决定 + 修法”之间的时间,及早启动并完成香港基本法附件一和附件二的修订。同时还提出,在全国人大常委会完成香港基本法附件一和附件二的修订后,香港特别行政区应当按照全国人大《决定》和修订后的香港基本法附件一、附件二的规定,尽快修改特别行政区本地有关法律,具体落实完善选举制度的有关事宜,并根据香港基本法的有关规定将本地有关法律报送全国人大常委会备案。

根据香港基本法的有关规定精神,香港特别行政区基本法委员会就全国人大常委会依法修订《中华人民共和国香港特别行政区基本法》附件一和附件二有关问题提出上述意见。

# 中华人民共和国主席令

第七十六号

《中华人民共和国香港特别行政区基本法附件二香港特别行政区立法会的产生办法和表决程序》已由中华人民共和国第十三届全国人民代表大会常务委员会第二十七次会议于 2021 年 3 月 30 日修订通过,现将修订后的《中华人民共和国香港特别行政区基本法附件二香港特别行政区立法会的产生办法和表决程序》予以公布,自 2021 年 3 月 31 日起施行。

中华人民共和国主席　习近平

2021 年 3 月 30 日

# 中华人民共和国香港特别行政区基本法附件二香港特别行政区立法会的产生办法和表决程序

(1990 年 4 月 4 日第七届全国人民代表大会第三次会议通过　2010 年 8 月 28 日第十一届全国人民代表大会常务委员会第十六次会议备案修正　2021 年 3 月 30 日第十三届全国人民代表大会常务委员会第二十七次会议修订)

一、香港特别行政区立法会议员每届 90 人,组成如下:

| | |
|---|---|
| 选举委员会选举的议员 | 40 人 |
| 功能团体选举的议员 | 30 人 |
| 分区直接选举的议员 | 20 人 |

上述选举委员会即本法附件一规定的选举委员会。

二、选举委员会选举的议员候选人须获得不少于 10 名、不多于 20 名选举委员会委员的提名,且每个界别参与提名的委员不少于 2 名、不多于 4 名。任何合资格选民均可被提名为候选人。每名选举委员会委员只可提出一名候选人。

选举委员会根据提名的名单进行无记名投票,每一选票所选的人数等于应选议员名额的有效,得票多的 40 名候选人当选。

三、功能团体选举设以下二十八个界别:渔农界、乡议局、工业界(第一)、工业界(第二)、纺织及制衣界、商界(第一)、商界(第二)、商界(第三)、金融界、金融服务界、保险界、地产及建造界、航运交通界、进出口界、旅游界、饮食界、批发及零售界、科技创新界、工程界、建筑测量都市规划及园境界、会计界、法律界、教育界、体育演艺文化及出版界、医疗卫生界、社会福利界、劳工界、香港特别行政区全国人大代表香港特别行政区全国政协委员及有关全国性团体代表界。其中,劳工界选举产生三名议员,其他界别各选举产生一名议员。

乡议局、工程界、建筑测量都市规划及园境界、会计界、法律界、教育界、医疗卫生界、社会福利界、香港特别行政区全国人大代表香港特别行政区全国政协委员及有关全国性团体代表界等界别的议员,由个人选民选出。其他界别的议员由合资格团体选民选举产生,各界别的合资格团体选民由法律规定的具有代表性的机构、组织、团体或企业构成。除香港特别行政区选举法列明者外,有关团体和企业须获得其所在界别相应资格后持续运作三年以上方可成为该界别选民。

候选人须获得所在界别不少于10个、不多于20个选民和选举委员会每个界别不少于2名、不多于4名委员的提名。每名选举委员会委员在功能团体选举中只可提出一名候选人。

各界别选民根据提名的名单,以无记名投票选举产生该界别立法会议员。

各界别有关法定团体的划分、合资格团体选民的界定、选举办法由香港特别行政区以选举法规定。

**四**、分区直接选举设立十个选区,每个选区选举产生两名议员。

候选人须获得所在选区不少于100个、不多于200个选民和选举委员会每个界别不少于2名、不多于4名委员的提名。每名选举委员会委员在分区直接选举中只可提出一名候选人。

选民根据提名的名单以无记名投票选择一名候选人,得票多的两名候选人当选。

选区划分、投票办法由香港特别行政区以选举法规定。

**五**、香港特别行政区候选人资格审查委员会负责审查并确认立法会议员候选人的资格。香港特别行政区维护国家安全委员会根据香港特别行政区政府警务处维护国家安全部门的审查情况,就立法会议员候选人是否符合拥护中华人民共和国香港特别行政区基本法、效忠中华人民共和国香港特别行政区的法定要求和条件作出判断,并就不符合上述法定要求和条件者向香港特别行政区候选人资格审查委员会出具审查意见书。

对香港特别行政区候选人资格审查委员会根据香港特别行政区维护国家安全委员会的审查意见书作出的立法会议员候选人资格确认的决定,不得提起诉讼。

**六**、香港特别行政区应当采取措施,依法规管操纵、破坏选举的行为。

**七**、除本法另有规定外,香港特别行政区立法会对法案和议案的表决采取下列程序:

政府提出的法案,如获得出席会议的全体议员的过半数票,即为通过。

立法会议员个人提出的议案、法案和对政府法案的修正案均须分别经选举委员会选举产生的议员和功能团体选举、分区直接选举产生的议员两部分出席会议议员各过半数通过。

**八**、全国人民代表大会常务委员会依法行使本办法和法案、议案的表决程序的修改权。全国人民代表大会常务委员会作出修改前,以适当形式听取香港社会各界意见。

**九**、本办法和法案、议案的表决程序自2021年3月31日起施行。原附件二及有关修正案不再施行。

# 关于《中华人民共和国香港特别行政区基本法附件二香港特别行政区立法会的产生办法和表决程序(修订草案)》的说明

——2021年3月29日在第十三届全国人民代表大会常务委员会第二十七次会议上

全国人大常委会法制工作委员会主任 沈春耀

全国人民代表大会常务委员会:

我受委员长会议委托,作关于《中华人民共和国香港特别行政区基本法附件二香港特别行政区立法会的产生办法和表决程序(修订草案)》(以下简称"立法会产生办法")的说明。

## 一、修订立法会产生办法是贯彻落实十三届全国人大四次会议精神、全面完成“决定+修法”决策部署的关键步骤和重要任务

2021 年 3 月 11 日，十三届全国人大四次会议通过了《全国人民代表大会关于完善香港特别行政区选举制度的决定》(以下简称《决定》)，自公布之日起施行。这是最高国家权力机关贯彻党的十九届四中全会精神，根据宪法和香港基本法的规定，坚持和完善“一国两制”制度体系，全面准确贯彻落实“一国两制”方针，确保“爱国者治港”，维护国家主权、安全、发展利益，保持香港长期繁荣稳定，从国家层面完善香港特别行政区选举制度的重要举措。《决定》的公布和施行，标志着贯彻落实“决定+修法”决策部署已顺利完成了第一步、进入到第二步阶段。

十三届全国人大四次会议通过的《决定》，是最高国家权力机关根据新的形势和需要就完善香港特别行政区选举制度作出的新的宪制性制度安排，为下一步修订立法会产生办法提供了宪制依据。以《决定》为依据修订立法会产生办法，是完成这一重要制度安排的关键环节和重要组成部分。《决定》第六条规定：“授权全国人民代表大会常务委员会根据本决定修改《中华人民共和国香港特别行政区基本法》附件一《香港特别行政区行政长官的产生办法》和附件二《香港特别行政区立法会的产生办法和表决程序》。”在今年全国“两会”期间，许多全国人大代表、全国政协委员和有关方面都提出，全国人大常委会应根据全国人大的有关决定尽快修订立法会产生办法，完善香港特别行政区选举制度，并确保新的立法会产生办法在香港特别行政区有效实施。十三届全国人大四次会议批准的《全国人民代表大会常务委员会工作报告》对大会作出有关决定后修改完善相关法律提出了明确要求。贯彻落实十三届全国人大四次会议精神，尽快完成立法会产生办法的修订，是全国人大常委会立法工作中一项十分重要而紧迫的任务。

在党中央集中统一领导下，中央港澳工作领导小组组织中央和国家有关部门认真研究，按照“决定+修法”决策部署精神，对新形势下完善香港特别行政区选举制度作出整体设计，在研究准备全国人大决定草案工作的同时就着手研究起草立法会产生办法修订草案，统筹安排、分步推进、有序展开。关于全国人大决定草案的说明阐述了新形势下从国家层面完善香港特别行政区选举制度的总体要求，提出了必须遵循和把握好的五条基本原则，即：全面准确贯彻“一国两制”、“港人治港”、高度自治的方针，坚定维护国家主权、安全、发展利益，坚持依法治港，符合香港特别行政区实际情况，提高香港特别行政区治理效能。这些要求和原则对研究起草立法会产生办法修订草案都是适用的。全国人大《决定》明确了修改完善香港特别行政区选举制度应当遵循的基本原则和修改完善的核心要素内容，将要修订的立法会产生办法，是《决定》内容的全面展开和具体落实。

2020 年 10 月下旬，中央港澳工作领导小组成立了由领导小组办公室、国务院港澳办、香港中联办、香港基本法委有关负责同志以及内地和香港有关专家学者共同组成的工作专班。近一段时间以来，工作专班集中力量研究起草立法会产生办法修订草案。同时与香港特别行政区政府充分沟通协商，以适当方式听取香港社会各界人士意见，他们对修改方案提出的主要意见已被采纳。在此基础上，起草了立法会产生办法修订草案初稿。有关方面多次专题研究修订草案，反复修改完善，统筹协调和推动完善香港特别行政区选举制度相关工作。

2021 年 1 月 27 日，习近平主席在听取香港特别行政区行政长官 2020 年度述职报告时强调，香港由乱及治的重大转折，再次昭示了一个深刻道理，那就是要确保“一国两制”实践行稳致远，必须始终坚持“爱国者治港”。2 月 28 日至 3 月 1 日，中央和国家有关部门在深圳连续召开 4 场座谈会，就完善“爱国者治港”有关制度广泛听取香港社会各界代表人士意见。今年全国“两会”期间，中央和国家有关部门专门听取了港区全国人大代表、全国政协委员对从国家层面完善香港特别行政区选举制度和做好相关工作的意见建议。2021 年 3 月 13 日，全国人大常委会香港基本法委员会在深圳召开全体会议，专门研究讨论了修订香港基本法附件一和附件二的有关问题，并向全国人大常委会提供了有关意见。3 月 15 日至 17 日，全国人大常委会法工委、国务院港澳办、香港中联办联合在香港特别行政区开展系列座谈、访谈等活动，广泛听取香港特别行政区政府和社会各界代表人士的意见和建议。上述听取意见和建议的情况均已向全国人大常委会报告，有关意见和建议也已汇总向全国人大常委会提交。

3月22日,委员长会议听取了全国人大常委会法工委、香港基本法委关于提请审议香港基本法附件一和附件二两个修订草案和有关工作建议的汇报,认为两个修订草案符合宪法规定和宪法原则,符合"一国两制"方针和香港基本法,符合全国人大《决定》精神,是成熟可行的,决定将《中华人民共和国香港特别行政区基本法附件二香港特别行政区立法会的产生办法和表决程序(修订草案)》提请全国人大常委会审议。

## 二、修订立法会产生办法遵循的指导思想和工作原则

研究起草立法会产生办法修订草案,坚持以习近平新时代中国特色社会主义思想为指导,深入贯彻落实党的十九届四中全会精神和十三届全国人大四次会议精神,根据宪法、香港基本法和全国人大《决定》的规定,全面、准确、有效行使全国人民代表大会授予全国人民代表大会常务委员会的有关立法职权。为此,必须坚持和完善"一国两制"制度体系,落实"爱国者治港"这一根本原则,确保中央对香港特别行政区的全面管治权,充分考虑完善香港特别行政区选举制度的现实需要和香港特别行政区的具体情况,全面系统地修改完善立法会产生办法,为"爱国者治港"提供坚实稳固、安全可靠的法治保障,切实维护国家主权、安全、发展利益,切实维护宪法和香港基本法确立的香港特别行政区宪制秩序,有效保持香港长治久安和长期繁荣稳定。

研究起草立法会产生办法修订草案过程中,注意把握和体现以下工作原则:一是切实贯彻落实全国人大《决定》精神,在《决定》内容基础上进一步细化、实化;二是坚持中央主导,同时落实香港特别行政区主体责任;三是坚持问题导向,针对香港现行行政长官和立法会产生办法存在的漏洞和缺陷,加以修改完善;四是维护行政主导的治理架构和运行机制,确保香港特别行政区实行的行政主导政治体制有效运行;五是增强可操作性,按照"应写尽写"的精神,尽量具体、明确地规定有关制度安排。

## 三、修订草案的主要内容

立法会产生办法修订草案共9条,保留原附件二的名称不变,体例基本不变。修订草案主要包括以下几个方面的内容:

(一)明确立法会的规模和构成。香港特别行政区立法会议员每届90人,组成如下:选举委员会选举的议员40人,功能团体选举的议员30人,分区直接选举的议员20人。上述选举委员会即本法附件一规定的选举委员会。

(二)明确规定选举委员会选举议员的产生方式。包括:选举委员会选举的议员候选人须获得不少于10名、不多于20名选举委员会委员的提名,且每个界别参与提名的委员不少于2名、不多于4名。任何合资格选民均可被提名为候选人。每名选举委员会委员只可提出1名候选人。选举委员会根据提名的名单进行无记名投票,每一选票所选的人数等于应选议员名额的有效,得票多的40名候选人当选。

(三)明确规定功能团体选举议员的产生方式。包括:功能团体选举设以下28个界别:渔农界、乡议局、工业界(第一)、工业界(第二)、纺织及制衣界、商界(第一)、商界(第二)、商界(第三)、金融界、金融服务界、保险界、地产及建造界、航运交通界、进出口界、旅游界、饮食界、批发及零售界、科技创新界、工程界、建筑测量都市规划及园境界、会计界、法律界、教育界、体育演艺文化及出版界、医疗卫生界、社会福利界、劳工界、香港特别行政区全国人大代表香港特别行政区全国政协委员及有关全国性团体代表界。其中,劳工界选举产生3名议员,其他界别各选举产生1名议员。乡议局、工程界、建筑测量都市规划及园境界、会计界、法律界、教育界、医疗卫生界、社会福利界、香港特别行政区全国人大代表香港特别行政区全国政协委员及有关全国性团体代表界等界别的议员,由个人选民选出。其他界别的议员由合资格团体选民选举产生,各界别的合资格团体选民由法律规定的具有代表性的机构、组织、团体或企业构成。除香港特别行政区选举法列明者外,有关团体和企业须获得其所在界别相应资格后持续运作三年以上方可成为该界别选民。候选人须获得所在界别不少于10个、不多于20个选民和选举委员会每个界别不少于2名、不多于4名委员的提名。每名选举委员会委员在功能团体选举中只可提出1名候选人。各界别选民根据提名的名单,以无记名投票选举产生该界别立法会议员。各界别有关法定团体的划分、合资格团体选民的界定、选举办法由香港特别行政区以选举法规定。

（四）明确规定分区直接选举议员的产生方式。包括：分区直接选举设立 10 个选区，每个选区选举产生 2 名议员。候选人须获得所在选区不少于 100 个、不多于 200 个选民和选举委员会每个界别不少于 2 名、不多于 4 名委员的提名。每名选举委员会委员在分区直接选举中只可提出 1 名候选人。选民根据提名的名单以无记名投票选择 1 名候选人，得票多的 2 名候选人当选。选区划分、投票办法由香港特别行政区以选举法规定。

（五）健全完善立法会议员候选人资格审查制度机制。香港特别行政区候选人资格审查委员会负责审查并确认立法会议员候选人的资格。香港特别行政区维护国家安全委员会根据香港特别行政区政府警务处维护国家安全部门的审查情况，就立法会议员候选人是否符合拥护中华人民共和国香港特别行政区基本法、效忠中华人民共和国香港特别行政区的法定要求和条件作出判断，并就不符合上述法定要求和条件者向香港特别行政区候选人资格审查委员会出具审查意见书。对香港特别行政区候选人资格审查委员会根据香港特别行政区维护国家安全委员会的审查意见书作出的立法会议员候选人资格确认的决定，不得提起诉讼。

（六）明确立法会对法案和议案的表决程序。除本法另有规定外，香港特别行政区立法会对法案和议案的表决采取下列程序：政府提出的法案，如获得出席会议的全体议员的过半数票，即为通过。立法会议员个人提出的议案、法案和对政府法案的修正案，均须分别经选举委员会选举产生的议员和功能团体选举、分区直接选举产生的议员两部分出席会议议员各过半数通过。

修订草案还明确规定，全国人民代表大会常务委员会依法行使本办法和法案、议案的表决程序的修改权。全国人民代表大会常务委员会作出修改前，以适当形式听取香港社会各界意见。

需要说明的是，修订后的香港基本法附件二经依法公布施行后，原附件二以及有关修正案同时被取代。

《中华人民共和国香港特别行政区基本法附件二香港特别行政区立法会的产生办法和表决程序（修订草案）》和以上说明，请审议。

# 全国人民代表大会宪法和法律委员会关于《中华人民共和国香港特别行政区基本法附件二香港特别行政区立法会的产生办法和表决程序（修订草案）》审议结果的报告

——2021 年 3 月 30 日在第十三届全国人民代表大会常务委员会第二十七次会议上

全国人民代表大会常务委员会：

十三届全国人大常委会第二十七次会议于 3 月 29 日下午对委员长会议提请审议的《中华人民共和国香港特别行政区基本法附件二香港特别行政区立法会的产生办法和表决程序（修订草案）》进行了分组审议。普遍认为，修改《中华人民共和国香港特别行政区基本法》附件二，是全国人大常委会贯彻落实第十三届全国人民代表大会第四次会议精神、行使全国人民代表大会授予的相关立法职权的重要举措和实际行动。修订工作和修订草案坚持以习近平新时代中国特色社会主义思想为指导，深入贯彻落实党的十九届四中全会精神和十三届全国人大四次会议精神，根据宪法、香港基本法和全国人大《决定》的规定，坚持和完善“一国两制”制度体系，落实“爱国者治港”这一根本原则，确保中央对香港特别行政区的全面管治权，充分考虑完善香港特别行政区选举制度的现实需要和香港特别行政区的具体情况，全面系统地修改立法会产生办法，为“爱国者治港”提供坚实稳固、安全可靠的法治保障，有利于维护国家主权、安全、发展利益，维护宪法和香港基本法确立的香港特别行政区宪制秩序，保持香港长治久安和长期繁荣稳定，是必要的、适当的，建议进一步修改完善后提请本次会议表决通过。

3 月 29 日晚，宪法和法律委员会召开会议，对修订草案进行认真审议，对常委会组成人员提出的修改意见逐一研究。国务院港澳事务办公室有关负责同志列席了会议。宪法和法律委员会认为，全国人大常委会修改《中华人民共和国香港特别行政区基本法》附件二,符合宪法规定和原则,符合香港基本法;对于全面准确贯彻落实"一国两制"、"港人治港"、高度自治的方针,完善香港特别行政区选举制度,推动适合香港实际情况的民主政治制度发展,具有重要意义,是必要的;经过前期深入研究论证和充分听取意见,修订草案已经比较成熟,是可行的。同时,根据常委会组成人员的审议意见和有关方面的意见,宪法和法律委员会对修订草案作了进一步修改完善,主要是:

一、有的常委会组成人员、国务院港澳办等有关方面提出,按照修订草案第三条第二款的规定,香港特别行政区立法会功能团体部分界别的议员由合资格团体选民选举产生,各界别的合资格团体选民由法律规定的具有代表性的机构、组织、团体或企业构成。其中明确规定,"有关团体和企业须获得其所在界别相应资格后持续运作三年以上方可成为该界别选民"。考虑到香港特别行政区的实际情况,为了更加充分地体现功能团体的代表性,宜为香港特别行政区本地有关立法留下空间,建议将修订草案第三条第二款"有关团体和企业须获得其所在界别相应资格后持续运作三年以上方可成为该界别选民"前面增加"除香港特别行政区选举法列明者外"。宪法和法律委员会经研究,建议采纳这一意见。

二、有的常委会组成人员、香港特别行政区基本法委员会以及其他有关方面提出,修订后的香港基本法附件二经依法公布施行后,原附件二及有关修正案应同时被取代,不再施行。在全国人大《决定》草案的说明中也已对这个问题作出了明确的表示。为了避免实施中可能出现歧义,建议在修订草案中予以明确,在修订草案第九条关于本办法施行时间的规定后面增加规定:"原附件二及有关修正案不再施行。"宪法和法律委员会经研究,建议采纳这一意见。

三、经与有关方面研究,宪法和法律委员会建议将本办法的施行时间确定为2021年3月31日。

此外,根据常委会组成人员的审议意见,还对修订草案作了个别文字表述修改。

有的常委会组成人员还就其他一些问题提出意见建议。宪法和法律委员会经研究认为,这些问题有的已经在修订草案形成过程中经过了反复研究,有的问题将留待香港特别行政区制定本地有关法律予以规定,有的问题则需要在今后的实践和工作中再作深入研究,不断探索、总结、完善,建议修订草案暂不作修改。

有的常委会组成人员还对做好香港特别行政区本地立法修改、新的香港基本法附件二通过后的宣传和实施等工作提出了意见,建议有关方面应督促香港特别行政区尽快完成修改本地有关法律,依法组织、规管相关选举活动,并加强对香港基本法附件二的宣传和推广工作,确保全国人大《决定》和新的香港基本法附件二在香港特别行政区得以有效实施。宪法和法律委员会建议有关方面考虑上述意见,做好相关工作,并推动香港特别行政区根据香港基本法的有关规定及时将修改后的本地有关法律报送全国人大常委会备案。

修订草案已按上述意见作了修改,宪法和法律委员会建议本次常委会会议审议通过。

中华人民共和国香港特别行政区基本法附件二香港特别行政区立法会的产生办法和表决程序修订草案修改稿和以上报告是否妥当,请审议。

# 中华人民共和国主席令

第七十七号

《中华人民共和国乡村振兴促进法》已由中华人民共和国第十三届全国人民代表大会常务委员会第二十八次会议于2021年4月29日通过,现予公布,自2021年6月1日起施行。

中华人民共和国主席 习近平

2021年4月29日

# 中华人民共和国乡村振兴促进法

（2021 年 4 月 29 日第十三届全国人民代表大会常务委员会第二十八次会议通过）

目　录



## 第一章　总　则

**第一条**　为了全面实施乡村振兴战略，促进农业全面升级、农村全面进步、农民全面发展，加快农业农村现代化，全面建设社会主义现代化国家，制定本法。

**第二条**　全面实施乡村振兴战略，开展促进乡村产业振兴、人才振兴、文化振兴、生态振兴、组织振兴，推进城乡融合发展等活动，适用本法。

本法所称乡村，是指城市建成区以外具有自然、社会、经济特征和生产、生活、生态、文化等多重功能的地域综合体，包括乡镇和村庄等。

**第三条**　促进乡村振兴应当按照产业兴旺、生态宜居、乡风文明、治理有效、生活富裕的总要求，统筹推进农村经济建设、政治建设、文化建设、社会建设、生态文明建设和党的建设，充分发挥乡村在保障农产品供给和粮食安全、保护生态环境、传承发展中华民族优秀传统文化等方面的特有功能。

**第四条**　全面实施乡村振兴战略，应当坚持中国共产党的领导，贯彻创新、协调、绿色、开放、共享的新发展理念，走中国特色社会主义乡村振兴道路，促进共同富裕，遵循以下原则：

（一）坚持农业农村优先发展，在干部配备上优先考虑，在要素配置上优先满足，在资金投入上优先保障，在公共服务上优先安排；

（二）坚持农民主体地位，充分尊重农民意愿，保障农民民主权利和其他合法权益，调动农民的积极性、主动性、创造性，维护农民根本利益；

（三）坚持人与自然和谐共生，统筹山水林田湖草沙系统治理，推动绿色发展，推进生态文明建设；

（四）坚持改革创新，充分发挥市场在资源配置中的决定性作用，更好发挥政府作用，推进农业供给侧结构性改革和高质量发展，不断解放和发展乡村社会生产力，激发农村发展活力；

（五）坚持因地制宜、规划先行、循序渐进，顺应村庄发展规律，根据乡村的历史文化、发展现状、区位条件、资源禀赋、产业基础分类推进。

**第五条**　国家巩固和完善以家庭承包经营为基础、统分结合的双层经营体制，发展壮大农村集体所有制经济。

**第六条**　国家建立健全城乡融合发展的体制机制和政策体系，推动城乡要素有序流动、平等交换和公共资源均衡配置，坚持以工补农、以城带乡，推动形成工农互促、城乡互补、协调发展、共同繁荣的新型工农城乡关系。

**第七条**　国家坚持以社会主义核心价值观为引领，大力弘扬民族精神和时代精神，加强乡村优秀传统文化保护和公共文化服务体系建设，繁荣发展乡村文化。

每年农历秋分日为中国农民丰收节。

**第八条**　国家实施以我为主、立足国内、确保产能、适度进口、科技支撑的粮食安全战略，坚持藏粮于地、藏粮于技，采取措施不断提高粮食综合生产能力，建设国家粮食安全产业带，完善粮食加工、流通、储备体系，确保谷物基本自给、口粮绝对安全，保障国家粮食安全。

国家完善粮食加工、储存、运输标准，提高粮食加工出品率和利用率，推动节粮减损。

**第九条**　国家建立健全中央统筹、省负总责、市县乡抓落实的乡村振兴工作机制。

各级人民政府应当将乡村振兴促进工作纳入国民经济和社会发展规划，并建立乡村振兴考核评价制度、工作年度报告制度和监督检查制度。

**第十条**　国务院农业农村主管部门负责全国

乡村振兴促进工作的统筹协调、宏观指导和监督检查;国务院其他有关部门在各自职责范围内负责有关的乡村振兴促进工作。

县级以上地方人民政府农业农村主管部门负责本行政区域内乡村振兴促进工作的统筹协调、指导和监督检查;县级以上地方人民政府其他有关部门在各自职责范围内负责有关的乡村振兴促进工作。

**第十一条**　各级人民政府及其有关部门应当采取多种形式,广泛宣传乡村振兴促进相关法律法规和政策,鼓励、支持人民团体、社会组织、企事业单位等社会各方面参与乡村振兴促进相关活动。

对在乡村振兴促进工作中作出显著成绩的单位和个人,按照国家有关规定给予表彰和奖励。

## 第二章　产业发展

**第十二条**　国家完善农村集体产权制度,增强农村集体所有制经济发展活力,促进集体资产保值增值,确保农民受益。

各级人民政府应当坚持以农民为主体,以乡村优势特色资源为依托,支持、促进农村一二三产业融合发展,推动建立现代农业产业体系、生产体系和经营体系,推进数字乡村建设,培育新产业、新业态、新模式和新型农业经营主体,促进小农户和现代农业发展有机衔接。

**第十三条**　国家采取措施优化农业生产力布局,推进农业结构调整,发展优势特色产业,保障粮食和重要农产品有效供给和质量安全,推动品种培优、品质提升、品牌打造和标准化生产,推动农业对外开放,提高农业质量、效益和竞争力。

国家实行重要农产品保障战略,分品种明确保障目标,构建科学合理、安全高效的重要农产品供给保障体系。

**第十四条**　国家建立农用地分类管理制度,严格保护耕地,严格控制农用地转为建设用地,严格控制耕地转为林地、园地等其他类型农用地。省、自治区、直辖市人民政府应当采取措施确保耕地总量不减少、质量有提高。

国家实行永久基本农田保护制度,建设粮食生产功能区、重要农产品生产保护区,建设并保护高标准农田。

地方各级人民政府应当推进农村土地整理和农用地科学安全利用,加强农田水利等基础设施建设,改善农业生产条件。

**第十五条**　国家加强农业种质资源保护利用和种质资源库建设,支持育种基础性、前沿性和应用技术研究,实施农作物和畜禽等良种培育、育种关键技术攻关,鼓励种业科技成果转化和优良品种推广,建立并实施种业国家安全审查机制,促进种业高质量发展。

**第十六条**　国家采取措施加强农业科技创新,培育创新主体,构建以企业为主体、产学研协同的创新机制,强化高等学校、科研机构、农业企业创新能力,建立创新平台,加强新品种、新技术、新装备、新产品研发,加强农业知识产权保护,推进生物种业、智慧农业、设施农业、农产品加工、绿色农业投入品等领域创新,建设现代农业产业技术体系,推动农业农村创新驱动发展。

国家健全农业科研项目评审、人才评价、成果产权保护制度,保障对农业科技基础性、公益性研究的投入,激发农业科技人员创新积极性。

**第十七条**　国家加强农业技术推广体系建设,促进建立有利于农业科技成果转化推广的激励机制和利益分享机制,鼓励企业、高等学校、职业学校、科研机构、科学技术社会团体、农民专业合作社、农业专业化社会化服务组织、农业科技人员等创新推广方式,开展农业技术推广服务。

**第十八条**　国家鼓励农业机械生产研发和推广应用,推进主要农作物生产全程机械化,提高设施农业、林草业、畜牧业、渔业和农产品初加工的装备水平,推动农机农艺融合、机械化信息化融合,促进机械化生产与农田建设相适应、服务模式与农业适度规模经营相适应。

国家鼓励农业信息化建设,加强农业信息监测预警和综合服务,推进农业生产经营信息化。

**第十九条**　各级人民政府应当发挥农村资源和生态优势,支持特色农业、休闲农业、现代农产品加工业、乡村手工业、绿色建材、红色旅游、乡村旅游、康养和乡村物流、电子商务等乡村产业的发展;引导新型经营主体通过特色化、专业化经营,合理配置生产要素,促进乡村产业深度融合;支持特色农产品优势区、现代农业产业园、农业科技园、农村创业园、休闲农业和乡村旅游重点村镇等的建设;统筹农产品生产地、集散地、销售地市场建设,加强农产品流通骨干网络和冷链物流体系建设;鼓励企业获得国际通行的农产品认证,增强乡村产业竞争力。

发展乡村产业应当符合国土空间规划和产业政策、环境保护的要求。

**第二十条**　各级人民政府应当完善扶持政策,加强指导服务,支持农民、返乡入乡人员在乡村创业创新，促进乡村产业发展和农民就业。

**第二十一条** 各级人民政府应当建立健全有利于农民收入稳定增长的机制，鼓励支持农民拓宽增收渠道，促进农民增加收入。

国家采取措施支持农村集体经济组织发展，为本集体成员提供生产生活服务，保障成员从集体经营收入中获得收益分配的权利。

国家支持农民专业合作社、家庭农场和涉农企业、电子商务企业、农业专业化社会化服务组织等以多种方式与农民建立紧密型利益联结机制，让农民共享全产业链增值收益。

**第二十二条** 各级人民政府应当加强国有农(林、牧、渔)场规划建设，推进国有农(林、牧、渔)场现代农业发展，鼓励国有农(林、牧、渔)场在农业农村现代化建设中发挥示范引领作用。

**第二十三条** 各级人民政府应当深化供销合作社综合改革，鼓励供销合作社加强与农民利益联结，完善市场运作机制，强化为农服务功能，发挥其为农服务综合性合作经济组织的作用。

## 第三章 人才支撑

**第二十四条** 国家健全乡村人才工作体制机制，采取措施鼓励和支持社会各方面提供教育培训、技术支持、创业指导等服务，培养本土人才，引导城市人才下乡，推动专业人才服务乡村，促进农业农村人才队伍建设。

**第二十五条** 各级人民政府应当加强农村教育工作统筹，持续改善农村学校办学条件，支持开展网络远程教育，提高农村基础教育质量，加大乡村教师培养力度，采取公费师范教育等方式吸引高等学校毕业生到乡村任教，对长期在乡村任教的教师在职称评定等方面给予优待，保障和改善乡村教师待遇，提高乡村教师学历水平、整体素质和乡村教育现代化水平。

各级人民政府应当采取措施加强乡村医疗卫生队伍建设，支持县乡村医疗卫生人员参加培训、进修，建立县乡村上下贯通的职业发展机制，对在乡村工作的医疗卫生人员实行优惠待遇，鼓励医学院校毕业生到乡村工作，支持医师到乡村医疗卫生机构执业、开办乡村诊所、普及医疗卫生知识，提高乡村医疗卫生服务能力。

各级人民政府应当采取措施培育农业科技人才、经营管理人才、法律服务人才、社会工作人才，加强乡村文化人才队伍建设，培育乡村文化骨干力量。

**第二十六条** 各级人民政府应当采取措施，加强职业教育和继续教育，组织开展农业技能培训、返乡创业就业培训和职业技能培训，培养有文化、懂技术、善经营、会管理的高素质农民和农村实用人才、创新创业带头人。

**第二十七条** 县级以上人民政府及其教育行政部门应当指导、支持高等学校、职业学校设置涉农相关专业，加大农村专业人才培养力度，鼓励高等学校、职业学校毕业生到农村就业创业。

**第二十八条** 国家鼓励城市人才向乡村流动，建立健全城乡、区域、校地之间人才培养合作与交流机制。

县级以上人民政府应当建立鼓励各类人才参与乡村建设的激励机制，搭建社会工作和乡村建设志愿服务平台，支持和引导各类人才通过多种方式服务乡村振兴。

乡镇人民政府和村民委员会、农村集体经济组织应当为返乡入乡人员和各类人才提供必要的生产生活服务。农村集体经济组织可以根据实际情况提供相关的福利待遇。

## 第四章 文化繁荣

**第二十九条** 各级人民政府应当组织开展新时代文明实践活动，加强农村精神文明建设，不断提高乡村社会文明程度。

**第三十条** 各级人民政府应当采取措施丰富农民文化体育生活，倡导科学健康的生产生活方式，发挥村规民约积极作用，普及科学知识，推进移风易俗，破除大操大办、铺张浪费等陈规陋习，提倡孝老爱亲、勤俭节约、诚实守信，促进男女平等，创建文明村镇、文明家庭，培育文明乡风、良好家风、淳朴民风，建设文明乡村。

**第三十一条** 各级人民政府应当健全完善乡村公共文化体育设施网络和服务运行机制，鼓励开展形式多样的农民群众性文化体育、节日民俗等活动，充分利用广播电视、视听网络和书籍报刊，拓展乡村文化服务渠道，提供便利可及的公共文化服务。

各级人民政府应当支持农业农村农民题材文艺创作，鼓励制作反映农民生产生活和乡村振兴实践的优秀文艺作品。

**第三十二条** 各级人民政府应当采取措施保护农业文化遗产和非物质文化遗产，挖掘优秀农业文化深厚内涵，弘扬红色文化，传承和发展优秀传统文化。

县级以上地方人民政府应当加强对历史文化名镇名村、传统村落和乡村风貌、少数民族特色村寨的保护，开展保护状况监测和评估，采取措施防御和减轻火灾、洪水、地震等灾害。

**第三十三条**　县级以上地方人民政府应当坚持规划引导、典型示范，有计划地建设特色鲜明、优势突出的农业文化展示区、文化产业特色村落，发展乡村特色文化体育产业，推动乡村地区传统工艺振兴，积极推动智慧广电乡村建设，活跃繁荣农村文化市场。

## 第五章　生态保护

**第三十四条**　国家健全重要生态系统保护制度和生态保护补偿机制，实施重要生态系统保护和修复工程，加强乡村生态保护和环境治理，绿化美化乡村环境，建设美丽乡村。

**第三十五条**　国家鼓励和支持农业生产者采用节水、节肥、节药、节能等先进的种植养殖技术，推动种养结合、农业资源综合开发，优先发展生态循环农业。

各级人民政府应当采取措施加强农业面源污染防治，推进农业投入品减量化、生产清洁化、废弃物资源化、产业模式生态化，引导全社会形成节约适度、绿色低碳、文明健康的生产生活和消费方式。

**第三十六条**　各级人民政府应当实施国土综合整治和生态修复，加强森林、草原、湿地等保护修复，开展荒漠化、石漠化、水土流失综合治理，改善乡村生态环境。

**第三十七条**　各级人民政府应当建立政府、村级组织、企业、农民等各方面参与的共建共管共享机制，综合整治农村水系，因地制宜推广卫生厕所和简便易行的垃圾分类，治理农村垃圾和污水，加强乡村无障碍设施建设，鼓励和支持使用清洁能源、可再生能源，持续改善农村人居环境。

**第三十八条**　国家建立健全农村住房建设质量安全管理制度和相关技术标准体系，建立农村低收入群体安全住房保障机制。建设农村住房应当避让灾害易发区域，符合抗震、防洪等基本安全要求。

县级以上地方人民政府应当加强农村住房建设管理和服务，强化新建农村住房规划管控，严格禁止违法占用耕地建房；鼓励农村住房设计体现地域、民族和乡土特色，鼓励农村住房建设采用新型建造技术和绿色建材，引导农民建设功能现代、结构安全、成本经济、绿色环保、与乡村环境相协调的宜居住房。

**第三十九条**　国家对农业投入品实行严格管理，对剧毒、高毒、高残留的农药、兽药采取禁用限用措施。农产品生产经营者不得使用国家禁用的农药、兽药或者其他有毒有害物质，不得违反农产品质量安全标准和国家有关规定超剂量、超范围使用农药、兽药、肥料、饲料添加剂等农业投入品。

**第四十条**　国家实行耕地养护、修复、休耕和草原森林河流湖泊休养生息制度。县级以上人民政府及其有关部门依法划定江河湖海限捕、禁捕的时间和区域，并可以根据地下水超采情况，划定禁止、限制开采地下水区域。

禁止违法将污染环境、破坏生态的产业、企业向农村转移。禁止违法将城镇垃圾、工业固体废物、未经达标处理的城镇污水等向农业农村转移。禁止向农用地排放重金属或者其他有毒有害物质含量超标的污水、污泥，以及可能造成土壤污染的清淤底泥、尾矿、矿渣等；禁止将有毒有害废物用作肥料或者用于造田和土地复垦。

地方各级人民政府及其有关部门应当采取措施，推进废旧农膜和农药等农业投入品包装废弃物回收处理，推进农作物秸秆、畜禽粪污的资源化利用，严格控制河流湖库、近岸海域投饵网箱养殖。

## 第六章　组织建设

**第四十一条**　建立健全党委领导、政府负责、民主协商、社会协同、公众参与、法治保障、科技支撑的现代乡村社会治理体制和自治、法治、德治相结合的乡村社会治理体系，建设充满活力、和谐有序的善治乡村。

地方各级人民政府应当加强乡镇人民政府社会管理和服务能力建设，把乡镇建成乡村治理中心、农村服务中心、乡村经济中心。

**第四十二条**　中国共产党农村基层组织，按照中国共产党章程和有关规定发挥全面领导作用。村民委员会、农村集体经济组织等应当在乡镇党委和村党组织的领导下，实行村民自治，发展集体所有制经济，维护农民合法权益，并应当接受村民监督。

**第四十三条**　国家建立健全农业农村工作干部队伍的培养、配备、使用、管理机制，选拔优秀干部充实到农业农村工作干部队伍，采取措施提高农业农村工作干部队伍的能力和水平，落实农村基层干部相关待遇保障，建设懂农业、爱农村、爱农民的农业农村工作干部队伍。

**第四十四条**　地方各级人民政府应当构建简

约高效的基层管理体制，科学设置乡镇机构，加强乡村干部培训，健全农村基层服务体系，夯实乡村治理基础。

**第四十五条** 乡镇人民政府应当指导和支持农村基层群众性自治组织规范化、制度化建设，健全村民委员会民主决策机制和村务公开制度，增强村民自我管理、自我教育、自我服务、自我监督能力。

**第四十六条** 各级人民政府应当引导和支持农村集体经济组织发挥依法管理集体资产、合理开发集体资源、服务集体成员等方面的作用，保障农村集体经济组织的独立运营。

县级以上地方人民政府应当支持发展农民专业合作社、家庭农场、农业企业等多种经营主体，健全农业农村社会化服务体系。

**第四十七条** 县级以上地方人民政府应当采取措施加强基层群团组织建设，支持、规范和引导农村社会组织发展，发挥基层群团组织、农村社会组织团结群众、联系群众、服务群众等方面的作用。

**第四十八条** 地方各级人民政府应当加强基层执法队伍建设，鼓励乡镇人民政府根据需要设立法律顾问和公职律师，鼓励有条件的地方在村民委员会建立公共法律服务工作室，深入开展法治宣传教育和人民调解工作，健全乡村矛盾纠纷调处化解机制，推进法治乡村建设。

**第四十九条** 地方各级人民政府应当健全农村社会治安防控体系，加强农村警务工作，推动平安乡村建设；健全农村公共安全体系，强化农村公共卫生、安全生产、防灾减灾救灾、应急救援、应急广播、食品、药品、交通、消防等安全管理责任。

## 第七章 城乡融合

**第五十条** 各级人民政府应当协同推进乡村振兴战略和新型城镇化战略的实施，整体筹划城镇和乡村发展，科学有序统筹安排生态、农业、城镇等功能空间，优化城乡产业发展、基础设施、公共服务设施等布局，逐步健全全民覆盖、普惠共享、城乡一体的基本公共服务体系，加快县域城乡融合发展，促进农业高质高效、乡村宜居宜业、农民富裕富足。

**第五十一条** 县级人民政府和乡镇人民政府应当优化本行政区域内乡村发展布局，按照尊重农民意愿、方便群众生产生活、保持乡村功能和特色的原则，因地制宜安排村庄布局，依法编制村庄规划，分类有序推进村庄建设，严格规范村庄撤并，严禁违背农民意愿、违反法定程序撤并村庄。

**第五十二条** 县级以上地方人民政府应当统筹规划、建设、管护城乡道路以及垃圾污水处理、供水供电供气、物流、客运、信息通信、广播电视、消防、防灾减灾等公共基础设施和新型基础设施，推动城乡基础设施互联互通，保障乡村发展能源需求，保障农村饮用水安全，满足农民生产生活需要。

**第五十三条** 国家发展农村社会事业，促进公共教育、医疗卫生、社会保障等资源向农村倾斜，提升乡村基本公共服务水平，推进城乡基本公共服务均等化。

国家健全乡村便民服务体系，提升乡村公共服务数字化智能化水平，支持完善村级综合服务设施和综合信息平台，培育服务机构和服务类社会组织，完善服务运行机制，促进公共服务与自我服务有效衔接，增强生产生活服务功能。

**第五十四条** 国家完善城乡统筹的社会保障制度，建立健全保障机制，支持乡村提高社会保障管理服务水平；建立健全城乡居民基本养老保险待遇确定和基础养老金标准正常调整机制，确保城乡居民基本养老保险待遇随经济社会发展逐步提高。

国家支持农民按照规定参加城乡居民基本养老保险、基本医疗保险，鼓励具备条件的灵活就业人员和农业产业化从业人员参加职工基本养老保险、职工基本医疗保险等社会保险。

国家推进城乡最低生活保障制度统筹发展，提高农村特困人员供养等社会救助水平，加强对农村留守儿童、妇女和老年人以及残疾人、困境儿童的关爱服务，支持发展农村普惠型养老服务和互助性养老。

**第五十五条** 国家推动形成平等竞争、规范有序、城乡统一的人力资源市场，健全城乡均等的公共就业创业服务制度。

县级以上地方人民政府应当采取措施促进在城镇稳定就业和生活的农民自愿有序进城落户，不得以退出土地承包经营权、宅基地使用权、集体收益分配权等作为农民进城落户的条件；推进取得居住证的农民及其随迁家属享受城镇基本公共服务。

国家鼓励社会资本到乡村发展与农民利益联结型项目，鼓励城市居民到乡村旅游、休闲度假、养生养老等，但不得破坏乡村生态环境，不得损害农村集体经济组织及其成员的合法权益。

**第五十六条** 县级以上人民政府应当采取措施促进城乡产业协同发展，在保障农民主体地位的基础上健全联农带农激励机制，实现乡村经济多元化和农业全产业链发展。

**第五十七条** 各级人民政府及其有关部门应

当采取措施鼓励农民进城务工，全面落实城乡劳动者平等就业、同工同酬，依法保障农民工工资支付和社会保障权益。

## 第八章　扶持措施

**第五十八条**　国家建立健全农业支持保护体系和实施乡村振兴战略财政投入保障制度。县级以上人民政府应当优先保障用于乡村振兴的财政投入，确保投入力度不断增强、总量持续增加、与乡村振兴目标任务相适应。

省、自治区、直辖市人民政府可以依法发行政府债券，用于现代农业设施建设和乡村建设。

各级人民政府应当完善涉农资金统筹整合长效机制，强化财政资金监督管理，全面实施预算绩效管理，提高财政资金使用效益。

**第五十九条**　各级人民政府应当采取措施增强脱贫地区内生发展能力，建立农村低收入人口、欠发达地区帮扶长效机制，持续推进脱贫地区发展；建立健全易返贫致贫人口动态监测预警和帮扶机制，实现巩固拓展脱贫攻坚成果同乡村振兴有效衔接。

国家加大对革命老区、民族地区、边疆地区实施乡村振兴战略的支持力度。

**第六十条**　国家按照增加总量、优化存量、提高效能的原则，构建以高质量绿色发展为导向的新型农业补贴政策体系。

**第六十一条**　各级人民政府应当坚持取之于农、主要用之于农的原则，按照国家有关规定调整完善土地使用权出让收入使用范围，提高农业农村投入比例，重点用于高标准农田建设、农田水利建设、现代种业提升、农村供水保障、农村人居环境整治、农村土地综合整治、耕地及永久基本农田保护、村庄公共设施建设和管护、农村教育、农村文化和精神文明建设支出，以及与农业农村直接相关的山水林田湖草沙生态保护修复、以工代赈工程建设等。

**第六十二条**　县级以上人民政府设立的相关专项资金、基金应当按照规定加强对乡村振兴的支持。

国家支持以市场化方式设立乡村振兴基金，重点支持乡村产业发展和公共基础设施建设。

县级以上地方人民政府应当优化乡村营商环境，鼓励创新投融资方式，引导社会资本投向乡村。

**第六十三条**　国家综合运用财政、金融等政策措施，完善政府性融资担保机制，依法完善乡村资产抵押担保权能，改进、加强乡村振兴的金融支持和服务。

财政出资设立的农业信贷担保机构应当主要为从事农业生产和与农业生产直接相关的经营主体服务。

**第六十四条**　国家健全多层次资本市场，多渠道推动涉农企业股权融资，发展并规范债券市场，促进涉农企业利用多种方式融资；丰富农产品期货品种，发挥期货市场价格发现和风险分散功能。

**第六十五条**　国家建立健全多层次、广覆盖、可持续的农村金融服务体系，完善金融支持乡村振兴考核评估机制，促进农村普惠金融发展，鼓励金融机构依法将更多资源配置到乡村发展的重点领域和薄弱环节。

政策性金融机构应当在业务范围内为乡村振兴提供信贷支持和其他金融服务，加大对乡村振兴的支持力度。

商业银行应当结合自身职能定位和业务优势，创新金融产品和服务模式，扩大基础金融服务覆盖面，增加对农民和农业经营主体的信贷规模，为乡村振兴提供金融服务。

农村商业银行、农村合作银行、农村信用社等农村中小金融机构应当主要为本地农业农村农民服务，当年新增可贷资金主要用于当地农业农村发展。

**第六十六条**　国家建立健全多层次农业保险体系，完善政策性农业保险制度，鼓励商业性保险公司开展农业保险业务，支持农民和农业经营主体依法开展互助合作保险。

县级以上人民政府应当采取保费补贴等措施，支持保险机构适当增加保险品种，扩大农业保险覆盖面，促进农业保险发展。

**第六十七条**　县级以上地方人民政府应当推进节约集约用地，提高土地使用效率，依法采取措施盘活农村存量建设用地，激活农村土地资源，完善农村新增建设用地保障机制，满足乡村产业、公共服务设施和农民住宅用地合理需求。

县级以上地方人民政府应当保障乡村产业用地，建设用地指标应当向乡村发展倾斜，县域内新增耕地指标应当优先用于折抵乡村产业发展所需建设用地指标，探索灵活多样的供地新方式。

经国土空间规划确定为工业、商业等经营性用途并依法登记的集体经营性建设用地，土地所有权人可以依法通过出让、出租等方式交由单位或者个人使用，优先用于发展集体所有制经济和乡村产业。

## 第九章　监督检查

**第六十八条**　国家实行乡村振兴战略实施目

标责任制和考核评价制度。上级人民政府应当对下级人民政府实施乡村振兴战略的目标完成情况等进行考核,考核结果作为地方人民政府及其负责人综合考核评价的重要内容。

**第六十九条**　国务院和省、自治区、直辖市人民政府有关部门建立客观反映乡村振兴进展的指标和统计体系。县级以上地方人民政府应当对本行政区域内乡村振兴战略实施情况进行评估。

**第七十条**　县级以上各级人民政府应当向本级人民代表大会或者其常务委员会报告乡村振兴促进工作情况。乡镇人民政府应当向本级人民代表大会报告乡村振兴促进工作情况。

**第七十一条**　地方各级人民政府应当每年向上一级人民政府报告乡村振兴促进工作情况。

县级以上人民政府定期对下一级人民政府乡村振兴促进工作情况开展监督检查。

**第七十二条**　县级以上人民政府发展改革、财政、农业农村、审计等部门按照各自职责对农业农村投入优先保障机制落实情况、乡村振兴资金使用情况和绩效等实施监督。

**第七十三条**　各级人民政府及其有关部门在乡村振兴促进工作中不履行或者不正确履行职责的,依照法律法规和国家有关规定追究责任,对直接负责的主管人员和其他直接责任人员依法给予处分。

违反有关农产品质量安全、生态环境保护、土地管理等法律法规的,由有关主管部门依法予以处罚;构成犯罪的,依法追究刑事责任。

## 第十章　附　　则

**第七十四条**　本法自 2021 年 6 月 1 日起施行。

# 关于《中华人民共和国乡村振兴促进法(草案)》的说明

——2020 年 6 月 18 日在第十三届全国人民代表大会常务委员会第十九次会议上

全国人大农业与农村委员会主任委员　陈锡文

全国人民代表大会常务委员会:

我受全国人大农业与农村委员会委托,就《中华人民共和国乡村振兴促进法(草案)》的有关问题作说明。

为保障乡村振兴战略的有效贯彻实施,落实 2018 年中央一号文件提出的“强化乡村振兴法治保障,抓紧研究制定乡村振兴法的有关工作,把行之有效的乡村振兴政策法定化,充分发挥立法在乡村振兴中的保障和推动作用”的要求,十三届全国人大常委会将制定乡村振兴促进法列入立法规划,并明确由全国人大农业与农村委员会牵头起草。农业与农村委员会高度重视,及时组织国家发展改革委、农业农村部、财政部等成立乡村振兴促进法起草领导小组和工作小组,抓紧开展起草工作,先后到部分省(自治区、直辖市)开展调研,深入听取地方政府、基层干部和农民群众的意见建议;广泛征求全国人大代表、中央和国务院有关部门、各省(自治区、直辖市)人大、有关研究机构的意见。经过深入分析研究,认真吸纳各方面意见,反复修改完善,形成了中华人民共和国乡村振兴促进法(草案)。

## 一、立法的指导思想和原则

起草乡村振兴促进法的指导思想是,深入贯彻习近平新时代中国特色社会主义思想,深入贯彻党的十九大和十九届二中、三中、四中全会精神,贯彻新发展理念,紧紧围绕统筹推进“五位一体”总体布局和协调推进“四个全面”战略布局要求,坚持农业农村优先发展,为加快推进农业农村现代化,走中国特色社会主义乡村振兴道路提供有力的法治保障。

起草工作遵循以下原则:一是坚持党管农村工作,毫不动摇地坚持和加强党对农村工作的领导,确保党在农村工作中始终总揽全局、协调各方,为乡村振兴提供坚强有力的政治保障;二是坚持农业农村优先发展,立足于发挥好乡村在保障国家粮食安全和农产品供给、保护生态和环境、传承发展中华优秀传统文化等方面的独特功能,从法律制度上促进实现乡村全面振兴和城乡融合发展;三是坚持问题导向,着重针对实施乡村振兴战略面临的薄弱环节和突出问题,做好顶层设计,规范和健全制度措施、体制机制和政策体系;四是坚持因地制宜、尊重规律,充分考虑乡村振兴的阶段性特征和不同地区发展水平的差异,注重法律制度的强制性和规范性,同时为分阶段、因地制宜推进乡村振兴留下空间;五是坚持立足国情,从我国农业农村发展实际出发,适当参考借鉴境外乡村振兴的有益经验,建立健全中国特色乡村振兴法律制度。

党的十九大报告提出实施乡村振兴战略以来,党中央、国务院先后出台了关于实施乡村振兴战略的意见(2018年中央一号文件)、乡村振兴战略规划(2018—2022)、中国共产党农村基层组织工作条例等。起草乡村振兴促进法的着力点是,把党中央关于乡村振兴的重大决策部署,包括乡村振兴的任务、目标、要求和原则等,转化为法律规范,确保乡村振兴战略部署得到落实,确保各地不松懈、不变调、不走样,持之以恒、久久为功促进乡村振兴;把党中央、国务院确定的促进乡村振兴的政策措施,特别是坚持农业农村优先发展、健全城乡融合发展的体制机制、建立新型城乡关系方面的政策,通过立法确定下来。

在起草过程中,还注意总结地方创造的实践证明行之有效、可复制可推广的乡村振兴经验,上升为法律规范;同时认真研究、参考我国现行有效的其他促进类法律的立法经验,强化法律规范的可操作性。

## 二、草案的主要内容

草案分为十一章,依次为总则、产业发展、人才支撑、文化传承、生态保护、组织建设、城乡融合、扶持措施、监督检查、法律责任、附则,共七十六条。

(一)关于调整对象和适用范围

如何确定本法的调整对象,特别是乡村振兴中乡村的范围,起草过程中有不同看法,不仅学术理论界与实务部门对乡村的概念存在不同认识,而且不同发展水平的地区对乡村的界定也有差别,例如城郊村、城中村、建制镇等是否属于乡村的范围、是否适用本法。考虑到本法属于促进法,法律的适用范围可为各地区从当地实际情况和工作需要出发保留一定尺度。为此,统筹考虑法律规范的统一性和各地乡村发展的不同情况,参照乡村振兴战略规划(2018—2022)的界定,草案规定,实施乡村振兴战略,开展促进乡村产业振兴、人才振兴、文化振兴、生态振兴、组织振兴,推进城乡融合发展等活动,适用本法。同时明确本法所称乡村,是指城市建成区以外具有自然、社会、经济特征和生产、生活、生态、文化等多重功能的地域综合体,包括乡(民族乡、镇)、村(含行政村、自然村)等。

(二)关于五大振兴

实现乡村全面振兴应当按照产业兴旺、生态宜居、乡风文明、治理有效、生活富裕的总要求,统筹推进农村经济建设、政治建设、文化建设、社会建设、生态文明建设。习近平总书记指出,要坚持乡村全面振兴,抓重点、补短板、强弱项,实现乡村产业振兴、人才振兴、文化振兴、生态振兴、组织振兴,推动农业全面升级、农村全面进步、农民全面发展。总书记强调的五大振兴,是乡村全面振兴的核心内涵和主要抓手。

因此,草案第二章至第六章分别以五大振兴为主要内容,着重从产业发展、人才支撑、文化传承、生态保护、组织建设等方面,将党中央有关方针政策和地方实践中的成功经验,通过立法形式确定下来,明确相关政策措施,完善相关制度,保障乡村全面振兴。特别是着重围绕发展壮大农村集体经济、培育新型农业经营主体、促进农业转型升级、不断提高农业科技水平、严格保护耕地、保障粮食等主要农产品供给、改善乡村生态和人居环境、提高乡村文明程度和思想道德建设水平、传承和发展中华优秀传统文化、建立健全乡村社会治理体系、加强基层组织建设等方面,作出相应规定。

(三)关于城乡融合

实施乡村振兴战略,必须重塑城乡关系,走城乡融合发展之路。要坚持好农村基本制度,坚守好底线,保护好农民利益,更好激发农村内部发展活力;同时,要着力统筹城乡基础设施建设,促进城乡基本公共服务均等化,优化农村外部发展环境,缩小城乡发展差距。对此,草案规定:国家坚持农村土地集体所有制,完善农村集体产权制度,巩固和完善农村基本经营制度,健全乡村治理制度;建立健全城乡融合发展的体制机制和政策体系,推动形成工农互促、城乡互补、全面融合、共同繁荣的新型工农城乡关系。还专设一章,规定各级人民政府应当协同推进乡村振兴战略和新型城镇化战略,促进农村一二三产业融合发展和城乡一体化发展;县级以上人民政府应当推进城乡统一规划,因地制宜安排村庄布局,完善城乡基本公共服务体系,提高乡村居民社会保障水平,推动人口、土地、资本等要素在城乡间有序流动,采取措施促进城乡产业协同发展,实现乡村经济多元化和农业全产业链发展,建立健全有利于农民收入持续稳定增长的机制。

(四)关于扶持政策

实施乡村振兴战略,坚持农业农村优先发展,必须强化乡村振兴的扶持措施。党的十八大以来,党中央持续加大强农惠农富农政策力度，出台了一系列切实有效的政策措施，有力促进了农业农村发展。2018年中央一号文件明确提出，实施乡村振兴战略，必须解决钱从哪里来的问题，要健全投入保障制度，确保财政投入持续增长，拓宽资金筹集渠道，创新投融资机制，提高金融服务水平，加快形成财政优先保障、金融重点倾斜、社会积极参与的多元投入格局，确保投入力度不断增强、总量持续增加。为此，草案专设扶持措施一章，将党中央强农惠农富农政策上升为法律规范，分别就财政投入、农业补贴、土地出让收入、资金基金、融资担保、资本市场、金融服务、农业保险、用地保障，以及社会资本参与乡村振兴等作出规定，从政策扶持上落实农业农村优先发展。

在征求意见过程中，地方和全国人大代表普遍提出，扶持措施的规定应当明确、过硬一些。经与有关部门反复沟通研究，考虑到乡村振兴是一个长期过程，不同阶段可能需要对具体政策措施加以适当调整，而且，在财政、税收、金融等方面，依据法律规定和中央有关要求，不宜也难以对扶持措施作出非常具体的规定。因此，草案对扶持措施作了较为明确的规定，能具体尽量具体，难以具体的作出原则规定。地方可以根据本地区实际情况，因地因时制定更具有针对性的扶持措施。

（五）关于监督检查

为确保乡村振兴各项工作有效开展，层层压实推进乡村振兴的责任，草案设监督检查一章，多层次、多角度地落实乡村振兴相关方面的责任。草案明确，建立实施乡村振兴战略的目标责任制和考核评价制度，地方党委和人民政府承担促进乡村振兴的主体责任，县级以上地方党委和人民政府应当以适当方式考核本级党委和人民政府相关部门负责人、下级党委和人民政府及其负责人完成乡村振兴目标情况，考核结果作为有关领导班子和领导干部综合考核评价的重要内容。草案还规定，各省（自治区、直辖市）党委和政府每年向党中央、国务院报告乡村振兴战略实施情况，省级以下各级党委和政府每年向上级党委和政府报告乡村振兴战略实施情况。国务院和县级以上地方各级人民政府应当向本级人民代表大会或者其常务委员会报告乡村振兴促进工作进展情况。乡（民族乡、镇）人民政府应当向本级人民代表大会报告乡村振兴促进工作进展情况。此外，草案还明确了各级审计、财政、发展改革、农业农村等部门以及县级以上人民政府的监督检查职责。

## 三、本法与农业法等涉农法律的关系

本法作为促进法，着重点在促进，通过建立健全法律制度和政策措施，促进乡村全面振兴和城乡融合发展，不取代农业法等其他涉农法律。因此，草案的条文与农业法等涉农法律的规定尽量不重复，确有必要的，作出衔接性规定；其他法律规定不完善的，作出补充性规定。同时，条文的表述也注意与其他涉农法律协调一致。

《中华人民共和国乡村振兴促进法（草案）》及以上说明是否妥当，请审议。

# 全国人民代表大会宪法和法律委员会关于《中华人民共和国乡村振兴促进法（草案）》修改情况的汇报

——2020年12月12日在第十三届全国人民代表大会常务委员会第二十四次会议上

全国人大宪法和法律委员会主任委员　李　飞

全国人民代表大会常务委员会：

常委会第十九次会议对乡村振兴促进法草案进行了初次审议。会后，法制工作委员会将草案印发各省（区、市）人大、中央有关部门和部分全国人大代表、基层立法联系点、高等院校、研究机构征求意见，并在中国人大网全文公布草案，征求社会公众意见。宪法和法律委员会、农业与农村委员会、法制工作委员会联合召开座谈会，听取中央有关部门、全国人大代表、专家学者的意见。宪法和法律委员会到陕西调研，听取意见。法制工作委员会多次就草案的有关问题与农业与农村委员会、农业农村部交换意见，共同研究。宪法和法律委员会于12月8日召开会议，根据常委会组成人员的审议意见和各方面意见对草案进行了逐条审议。农业与农村委员会、司法部、农业农村部有关负责同志列席了会议。12月11日，宪法和法律委员会召开会议，再次进行了审议。现将草案主要问题修改情况汇报如下：

一、一些常委委员和地方、专家、社会公众建议，在本法的立法宗旨中更加充分地体现党中央关于全面推进乡村振兴战略实施的目标任务，将草案第四条的内容合并到第一条中。宪法和法律委员会经研究，建议将草案第一条与第四条合并，修改为：为了全面实施乡村振兴战略，促进农业全面升级、农村全面进步、农民全面发展，加快农业农村现代化，全面建设社会主义现代化国家，制定本法。

二、一些常委委员和地方、部门、专家建议进一步突出党对乡村振兴工作的领导和实施乡村振兴战略应遵循的原则；同时，党内法规对党组织及其负责人的职权职责和相关工作机制已有规定的，本法可予以归并、集中表述。宪法和法律委员会经研究，建议对草案作以下修改：一是，将第三条和第五条合并，规定：全面实施乡村振兴战略，应当坚持中国共产党的领导，贯彻创新、协调、绿色、开放、共享的新发展理念，走中国特色社会主义乡村振兴道路；同时，对实施乡村振兴战略应遵循的原则进行充实完善。二是，将第四十条第二款和第四十一条合并，修改为：村民委员会和农村集体经济组织等应当在乡镇党委和村党组织的领导下，实行村民自治，发展集体经济，维护农民合法权益。中国共产党农村基层组织，按照中国共产党章程和有关规定发挥全面领导作用。

三、有的常委委员和部门、专家建议增加节约粮食、反对粮食浪费的内容。宪法和法律委员会经研究，建议在草案第十四条有关保障粮食安全规定的基础上，增加一款规定：国家完善粮食加工、储存、运输标准，推动节粮减损，提高粮食加工出品率和利用率，防止和减少粮食浪费。

四、有的常委委员和部门建议在草案中充实深化供销合作社综合改革、发挥其为农服务作用的规定。宪法和法律委员会经研究，建议增加一条规定：各级人民政府应当深化供销合作社综合改革，鼓励供销合作社加强与农民利益联结，完善市场运作机制，强化为农服务功能，发挥其为农服务综合性合作经济组织的作用。

五、一些常委委员和地方、部门、专家建议增加有关加强乡村无障碍设施建设和农村建房管理的内容。宪法和法律委员会经研究，建议对草案作以下修改：一是，在第三十六条中增加"加强乡村无障碍设施建设"的规定。二是，在第三十七条第二款中增加"强化新建农村住房规划管控，严格禁止违法占用耕地建房"的规定。

六、有的常委会组成人员和地方、专家建议增加巩固脱贫攻坚成果、建立脱贫攻坚与乡村振兴衔接机制的内容。宪法和法律委员会经研究，建议将草案第五十六条修改为：各级人民政府应当采取措施增强脱贫地区内生发展能力，持续推进脱贫地区发展，健全防止返贫监测和帮扶机制，建立解决相对贫困的长效机制，实现巩固拓展脱贫攻坚成果同乡村振兴有效衔接。

七、有的常委委员和部门提出，草案法律责任一章所列行为，其他法律已作出处罚规定的，本法不宜重复规定。宪法和法律委员会经研究，建议将草案第十章法律责任的内容整合后并入第九章监督检查中。

此外，还对草案作了一些文字修改。

草案二次审议稿已按上述意见作了修改，宪法和法律委员会建议提请本次常委会会议继续审议。

草案二次审议稿和以上汇报是否妥当，请审议。

# 全国人民代表大会宪法和法律委员会关于《中华人民共和国乡村振兴促进法(草案)》审议结果的报告

——2021年4月26日在第十三届全国人民代表大会常务委员会第二十八次会议上

全国人大宪法和法律委员会主任委员 李 飞

全国人民代表大会常务委员会：

常委会第二十四次会议对乡村振兴促进法草案进行了二次审议。会后，法制工作委员会在中国人大网全文公布草案二次审议稿征求社会公众意见。宪法和法律委员会、法制工作委员会到北京、山东等地调研，听取地方意见，并多次就草案二次审议稿的有关问题与有关方面交换意见，共同研究。宪法和法律委员会于3月26日召开会议，根据常委会组成人员的审议意见和各方面意见，对草案进行了审议。全国人大农业与农村委员会、司法部、农业农村部有关负责同志列席了会议。4月20日，宪法和法律委员会召开会议，再次进行了审议。宪法和法律委员会认为，为贯彻落实党中央决策部署，全面推进乡村振兴战略的实施，制定本法是必要的，草案经过两次审议修改，已经比较成熟。同时，提出以下主要修改意见：

一、根据一些常委委员的意见，宪法和法律委员会建议，在草案二次审议稿第三条中增加规定：充分发挥乡村在保障农产品供给和粮食安全、保护生态环境、传承发展中华民族优秀传统文化等方面的特有功能。

二、有的常委委员和有关部门建议，在总则中突出乡村文化振兴的内容，并增加中国农民丰收节的规定。宪法和法律委员会经研究，建议在总则中增加一条规定：国家坚持以社会主义核心价值观为引领，大力弘扬民族精神和时代精神，加强乡村优秀传统文化保护和公共文化服务体系建设，繁荣发展乡村文化。每年农历秋分日为中国农民丰收节。

三、一些常委委员和地方、部门建议，在本法中进一步强调保障国家粮食安全的重要性，并增加防止耕地"非农化、非粮化"以及保障种子安全等内容。宪法和法律委员会经研究，建议对草案二次审议稿作以下修改：一是，将保障国家粮食安全的内容移至总则，并在保障国家粮食安全应当坚持的原则中增加"坚持藏粮于地、藏粮于技"。二是，增加规定：国家实行重要农产品保障战略，构建科学合理、安全高效的重要农产品供给保障体系；严格控制农用地转为建设用地，严格控制耕地转为林地、园地等其他类型农用地。三是，增加一条保障种子安全的专门规定，包括：加强农业种质资源保护利用和种质资源库建设，实施育种关键技术攻关，鼓励种业科技成果转化推广，建立并实施种业国家安全审查机制，促进种业高质量发展等。

四、根据一些常委会组成人员和地方、部门的意见，宪法和法律委员会建议，充实支持乡村产业发展的内容，在草案二次审议稿中增加以下规定：一是，促进乡村产业发展应当坚持以农民为主体，以乡村优势特色资源为依托。二是，推动品种培优、品质提升、品牌打造和标准化生产。三是，构建以企业为主体、产学研协同的创新机制，建设现代农业产业技术体系。四是，引导新型经营主体通过特色化、专业化经营，合理配置生产要素，促进乡村产业深度融合。

五、根据一些常委会组成人员和地方、部门的意见，宪法和法律委员会建议，充实乡村人才队伍建设的内容，在草案二次审议稿中增加以下规定：一是，健全乡村人才工作体制机制、培养本土人才、引导城市人才下乡、推动专业人才服务乡村。二是，加大乡村教师培养力度、对乡村教师在职称评定等方面给予优待、支持医师到乡村医疗卫生机构执业、培育乡村法律服务人才、培养农村创新创业带头人。

六、根据一些常委会组成人员和地方、部门的意见，宪法和法律委员会建议，充实支持城乡融合发展的政策措施，对草案二次审议稿作以下修改：一是，突出城乡融合发展的目标，即：促进农业高质高效、乡村宜居宜业、农民富裕富足。二是，增加规定：按照方便群众生产生活、保持乡村功能和特色的原则，因地制宜安排村庄布局，依法编制村庄规划，分类有序推进村庄建设，严格规范村庄撤并，严禁违背农民意愿、违反法定程序撤并村庄。三是，增加规定：国家推进城乡最低生活保障制度统筹发展，提高农村特困人员供养等社会救助水平，加强对农村留守儿童、妇女和老年人以及困境儿童的关爱服务，支持发展农村普惠型养老服务和互助性养老。

七、根据一些常委会组成人员和地方、部门的意见，宪法和法律委员会建议，充实乡村振兴支持保障措施的内容，在草案二次审议稿中增加以下规定：一是，省、自治区、直辖市人民政府可以依法发行政府债券，用于现代农业设施建设和乡村建设。二是，建立农村低收入人口、欠发达地区帮扶机制，建立健全易返贫致贫人口动态监测预警机制。

此外，还对草案二次审议稿作了一些文字修改。

4月12日，法制工作委员会召开会议，邀请部分全国人大代表、专家学者、基层立法联系点、基层人民政府、农民专业合作社、农业企业、村干部和农民等方面的代表，就草案主要内容的可行性、法律出台时机、法律实施的社会效果和可能出现的问题等进行评估。普遍认为，草案贯彻落实党中央决策部署，把行之有效的乡村振兴政策法定化，为促进农业全面升级、农村全面进步、农民全面发展提供有力法律支撑，主要内容的针对性和可操作性较强，建议尽快通过实施。与会人员还对草案提出了一些具体修改意见，有的意见已经采纳。

草案三次审议稿已按上述意见作了修改，宪法和法律委员会建议提请本次常委会会议审议通过。

草案三次审议稿和以上报告是否妥当，请审议。

# 全国人民代表大会宪法和法律委员会关于《中华人民共和国乡村振兴促进法（草案三次审议稿）》修改意见的报告

——2021 年 4 月 28 日在第十三届全国人民代表大会常务委员会第二十八次会议上

全国人民代表大会常务委员会：

本次常委会会议于 4 月 26 日下午对乡村振兴促进法草案三次审议稿进行了分组审议。普遍认为，草案已经比较成熟，建议进一步修改后，提请本次常委会会议表决通过。同时，有些常委会组成人员还提出了一些修改意见。宪法和法律委员会于 4 月 27 日上午召开会议，逐条研究了常委会组成人员的审议意见，对草案进行了审议。农业与农村委员会、司法部、农业农村部有关负责同志列席了会议。宪法和法律委员会认为，草案是可行的，同时，提出以下修改意见：

一、有的常委委员建议，在草案三次审议稿中增加加强乡村振兴普法宣传、支持社会广泛参与的内容。宪法和法律委员会经研究，建议在草案三次审议稿第十一条中增加一款规定：各级人民政府及其有关部门应当采取多种形式，广泛宣传乡村振兴促进相关法律法规和政策，鼓励、支持人民团体、社会组织、企事业单位等社会各方面参与乡村振兴促进相关活动。

二、在审议中，常委会组成人员针对乡村产业振兴、人才振兴、文化振兴、生态振兴、组织振兴等提出了一些具体修改意见。宪法和法律委员会建议，根据常委会组成人员的审议意见，对草案三次审议稿作以下修改：一是增加持续改善农村学校办学条件，支持开展网络远程教育，支持县乡村医疗卫生人员参加培训、进修，支持医师到乡村普及医疗卫生知识等规定；二是将第四章章名“文化传承”修改为“文化繁荣”，在有关条款中增加提倡诚实守信、促进男女平等等规定；三是增加加强乡村环境治理，因地制宜推广简便易行的垃圾分类，鼓励和支持使用清洁能源、可再生能源等规定；四是增加推进数字乡村建设，加快县域城乡融合发展，提升乡村基本公共服务水平，加强对残疾人的关爱服务，保障农民工社会保障权益等规定；五是增加规定，村民委员会、农村集体经济组织等应当接受村民监督，村庄规划、建设应当尊重农民意愿。

三、有的常委委员提出，促进乡村振兴应当十分重视革命老区、民族地区、边疆地区的发展，加大支持力度。宪法和法律委员会经研究，建议采纳上述意见，在草案三次审议稿第五十九条中增加一款专门规定。

经与有关部门研究，建议将本法的施行时间确定为 2021 年 6 月 1 日。

此外，根据常委会组成人员的审议意见，还对草案三次审议稿作了一些文字修改。

草案修改稿已按上述意见作了修改，宪法和法律委员会建议本次常委会会议审议通过。

草案修改稿和以上报告是否妥当，请审议。

# 中华人民共和国主席令

第七十八号

《中华人民共和国反食品浪费法》已由中华人民共和国第十三届全国人民代表大会常务委员会第二十八次会议于 2021 年 4 月 29 日通过，现予公布，自公布之日起施行。

中华人民共和国主席　习近平

2021 年 4 月 29 日

# 中华人民共和国反食品浪费法

（2021 年 4 月 29 日第十三届全国人民代表大会常务委员会第二十八次会议通过）

**第一条** 为了防止食品浪费，保障国家粮食安全，弘扬中华民族传统美德，践行社会主义核心价值观，节约资源，保护环境，促进经济社会可持续发展，根据宪法，制定本法。

**第二条** 本法所称食品，是指《中华人民共和国食品安全法》规定的食品，包括各种供人食用或者饮用的食物。

本法所称食品浪费，是指对可安全食用或者饮用的食品未能按照其功能目的合理利用，包括废弃、因不合理利用导致食品数量减少或者质量下降等。

**第三条** 国家厉行节约，反对浪费。

国家坚持多措并举、精准施策、科学管理、社会共治的原则，采取技术上可行、经济上合理的措施防止和减少食品浪费。

国家倡导文明、健康、节约资源、保护环境的消费方式，提倡简约适度、绿色低碳的生活方式。

**第四条** 各级人民政府应当加强对反食品浪费工作的领导，确定反食品浪费目标任务，建立健全反食品浪费工作机制，组织对食品浪费情况进行监测、调查、分析和评估，加强监督管理，推进反食品浪费工作。

县级以上地方人民政府应当每年向社会公布反食品浪费情况，提出加强反食品浪费措施，持续推动全社会反食品浪费。

**第五条** 国务院发展改革部门应当加强对全国反食品浪费工作的组织协调；会同国务院有关部门每年分析评估食品浪费情况，整体部署反食品浪费工作，提出相关工作措施和意见，由各有关部门落实。

国务院商务主管部门应当加强对餐饮行业的管理，建立健全行业标准、服务规范；会同国务院市场监督管理部门等建立餐饮行业反食品浪费制度规范，采取措施鼓励餐饮服务经营者提供分餐服务、向社会公开其反食品浪费情况。

国务院市场监督管理部门应当加强对食品生产经营者反食品浪费情况的监督，督促食品生产经营者落实反食品浪费措施。

国家粮食和物资储备部门应当加强粮食仓储流通过程中的节粮减损管理，会同国务院有关部门组织实施粮食储存、运输、加工标准。

国务院有关部门依照本法和国务院规定的职责，采取措施开展反食品浪费工作。

**第六条** 机关、人民团体、国有企业事业单位应当按照国家有关规定，细化完善公务接待、会议、培训等公务活动用餐规范，加强管理，带头厉行节约，反对浪费。

公务活动需要安排用餐的，应当根据实际情况，节俭安排用餐数量、形式，不得超过规定的标准。

**第七条** 餐饮服务经营者应当采取下列措施，防止食品浪费：

（一）建立健全食品采购、储存、加工管理制度，加强服务人员职业培训，将珍惜粮食、反对浪费纳入培训内容；

（二）主动对消费者进行防止食品浪费提示提醒，在醒目位置张贴或者摆放反食品浪费标识，或者由服务人员提示说明，引导消费者按需适量点餐；

（三）提升餐饮供给质量，按照标准规范制作食品，合理确定数量、分量，提供小份餐等不同规格选择；

（四）提供团体用餐服务的，应当将防止食品浪费理念纳入菜单设计，按照用餐人数合理配置菜品、主食；

（五）提供自助餐服务的，应当主动告知消费规则和防止食品浪费要求，提供不同规格餐具，提醒消费者适量取餐。

餐饮服务经营者不得诱导、误导消费者超量点餐。

餐饮服务经营者可以通过在菜单上标注食品分量、规格、建议消费人数等方式充实菜单信息，为消费者提供点餐提示，根据消费者需要提供公勺公筷和打包服务。

餐饮服务经营者可以对参与“光盘行动”的消费者给予奖励；也可以对造成明显浪费的消费者收取处理厨余垃圾的相应费用，收费标准应当明示。

餐饮服务经营者可以运用信息化手段分析用餐需求，通过建设中央厨房、配送中心等措施，对食品采购、运输、储存、加工等进行科学管理。

**第八条**　设有食堂的单位应当建立健全食堂用餐管理制度，制定、实施防止食品浪费措施，加强宣传教育，增强反食品浪费意识。

单位食堂应当加强食品采购、储存、加工动态管理，根据用餐人数采购、做餐、配餐，提高原材料利用率和烹饪水平，按照健康、经济、规范的原则提供饮食，注重饮食平衡。

单位食堂应当改进供餐方式，在醒目位置张贴或者摆放反食品浪费标识，引导用餐人员适量点餐、取餐；对有浪费行为的，应当及时予以提醒、纠正。

**第九条**　学校应当对用餐人员数量、结构进行监测、分析和评估，加强学校食堂餐饮服务管理；选择校外供餐单位的，应当建立健全引进和退出机制，择优选择。

学校食堂、校外供餐单位应当加强精细化管理，按需供餐，改进供餐方式，科学营养配餐，丰富不同规格配餐和口味选择，定期听取用餐人员意见，保证菜品、主食质量。

**第十条**　餐饮外卖平台应当以显著方式提示消费者适量点餐。餐饮服务经营者通过餐饮外卖平台提供服务的，应当在平台页面上向消费者提供食品分量、规格或者建议消费人数等信息。

**第十一条**　旅游经营者应当引导旅游者文明、健康用餐。旅行社及导游应当合理安排团队用餐，提醒旅游者适量点餐、取餐。有关行业应当将旅游经营者反食品浪费工作情况纳入相关质量标准等级评定指标。

**第十二条**　超市、商场等食品经营者应当对其经营的食品加强日常检查，对临近保质期的食品分类管理，作特别标示或者集中陈列出售。

**第十三条**　各级人民政府及其有关部门应当采取措施，反对铺张浪费，鼓励和推动文明、节俭举办活动，形成浪费可耻、节约为荣的氛围。

婚丧嫁娶、朋友和家庭聚会、商务活动等需要用餐的，组织者、参加者应当适度备餐、点餐，文明、健康用餐。

**第十四条**　个人应当树立文明、健康、理性、绿色的消费理念，外出就餐时根据个人健康状况、饮食习惯和用餐需求合理点餐、取餐。

家庭及成员在家庭生活中，应当培养形成科学健康、物尽其用、防止浪费的良好习惯，按照日常生活实际需要采购、储存和制作食品。

**第十五条**　国家完善粮食和其他食用农产品的生产、储存、运输、加工标准，推广使用新技术、新工艺、新设备，引导适度加工和综合利用，降低损耗。

食品生产经营者应当采取措施，改善食品储存、运输、加工条件，防止食品变质，降低储存、运输中的损耗；提高食品加工利用率，避免过度加工和过量使用原材料。

**第十六条**　制定和修改有关国家标准、行业标准和地方标准，应当将防止食品浪费作为重要考虑因素，在保证食品安全的前提下，最大程度防止浪费。

食品保质期应当科学合理设置，显著标注，容易辨识。

**第十七条**　各级人民政府及其有关部门应当建立反食品浪费监督检查机制，对发现的食品浪费问题及时督促整改。

食品生产经营者在食品生产经营过程中严重浪费食品的，县级以上地方人民政府市场监督管理、商务等部门可以对其法定代表人或者主要负责人进行约谈。被约谈的食品生产经营者应当立即整改。

**第十八条**　机关事务管理部门会同有关部门建立机关食堂反食品浪费工作成效评估和通报制度，将反食品浪费纳入公共机构节约能源资源考核和节约型机关创建活动内容。

**第十九条**　食品、餐饮行业协会等应当加强行业自律，依法制定、实施反食品浪费等相关团体标准和行业自律规范，宣传、普及防止食品浪费知识，推广先进典型，引导会员自觉开展反食品浪费活动，对有浪费行为的会员采取必要的自律措施。

食品、餐饮行业协会等应当开展食品浪费监测，加强分析评估，每年向社会公布有关反食品浪费情况及监测评估结果，为国家机关制定法律、法规、政策、标准和开展有关问题研究提供支持，接受社会监督。

消费者协会和其他消费者组织应当对消费者加强饮食消费教育，引导形成自觉抵制浪费的消费习惯。

**第二十条**　机关、人民团体、社会组织、企业事业单位和基层群众性自治组织应当将厉行节约、反对浪费作为群众性精神文明创建活动内容，纳入相关创建测评体系和各地市民公约、村规民约、行业规范等，加强反食品浪费宣传教育和科学普及，推动开展“光盘行动”，倡导文明、健康、科学的饮食文化，增强公众反食品浪费意识。

县级以上人民政府及其有关部门应当持续组织开展反食品浪费宣传教育，并将反食品浪费作为全国粮食安全宣传周的重要内容。

**第二十一条** 教育行政部门应当指导、督促学校加强反食品浪费教育和管理。

学校应当按照规定开展国情教育，将厉行节约、反对浪费纳入教育教学内容，通过学习实践、体验劳动等形式，开展反食品浪费专题教育活动，培养学生形成勤俭节约、珍惜粮食的习惯。

学校应当建立防止食品浪费的监督检查机制，制定、实施相应的奖惩措施。

**第二十二条** 新闻媒体应当开展反食品浪费法律、法规以及相关标准和知识的公益宣传，报道先进典型，曝光浪费现象，引导公众树立正确饮食消费观念，对食品浪费行为进行舆论监督。有关反食品浪费的宣传报道应当真实、公正。

禁止制作、发布、传播宣扬量大多吃、暴饮暴食等浪费食品的节目或者音视频信息。

网络音视频服务提供者发现用户有违反前款规定行为的，应当立即停止传输相关信息；情节严重的，应当停止提供信息服务。

**第二十三条** 县级以上地方人民政府民政、市场监督管理部门等建立捐赠需求对接机制，引导食品生产经营者等在保证食品安全的前提下向有关社会组织、福利机构、救助机构等组织或者个人捐赠食品。有关组织根据需要，及时接收、分发食品。

国家鼓励社会力量参与食品捐赠活动。网络信息服务提供者可以搭建平台，为食品捐赠等提供服务。

**第二十四条** 产生厨余垃圾的单位、家庭和个人应当依法履行厨余垃圾源头减量义务。

**第二十五条** 国家组织开展营养状况监测、营养知识普及，引导公民形成科学的饮食习惯，减少不健康饮食引起的疾病风险。

**第二十六条** 县级以上人民政府应当采取措施，对防止食品浪费的科学研究、技术开发等活动予以支持。

政府采购有关商品和服务，应当有利于防止食品浪费。

国家实行有利于防止食品浪费的税收政策。

**第二十七条** 任何单位和个人发现食品生产经营者等有食品浪费行为的，有权向有关部门和机关举报。接到举报的部门和机关应当及时依法处理。

**第二十八条** 违反本法规定，餐饮服务经营者未主动对消费者进行防止食品浪费提示提醒的，由县级以上地方人民政府市场监督管理部门或者县级以上地方人民政府指定的部门责令改正，给予警告。

违反本法规定，餐饮服务经营者诱导、误导消费者超量点餐造成明显浪费的，由县级以上地方人民政府市场监督管理部门或者县级以上地方人民政府指定的部门责令改正，给予警告；拒不改正的，处一千元以上一万元以下罚款。

违反本法规定，食品生产经营者在食品生产经营过程中造成严重食品浪费的，由县级以上地方人民政府市场监督管理部门或者县级以上地方人民政府指定的部门责令改正，拒不改正的，处五千元以上五万元以下罚款。

**第二十九条** 违反本法规定，设有食堂的单位未制定或者未实施防止食品浪费措施的，由县级以上地方人民政府指定的部门责令改正，给予警告。

**第三十条** 违反本法规定，广播电台、电视台、网络音视频服务提供者制作、发布、传播宣扬量大多吃、暴饮暴食等浪费食品的节目或者音视频信息的，由广播电视、网信等部门按照各自职责责令改正，给予警告；拒不改正或者情节严重的，处一万元以上十万元以下罚款，并可以责令暂停相关业务、停业整顿，对直接负责的主管人员和其他直接责任人员依法追究法律责任。

**第三十一条** 省、自治区、直辖市或者设区的市、自治州根据具体情况和实际需要，制定本地方反食品浪费的具体办法。

**第三十二条** 本法自公布之日起施行。

# 关于《中华人民共和国反食品浪费法(草案)》的说明

——2020 年 12 月 22 日在第十三届全国人民代表大会常务委员会第二十四次会议上

全国人大常委会法制工作委员会副主任 许安标

全国人民代表大会常务委员会：

我受委员长会议委托，作关于《中华人民共和国反食品浪费法(草案)》的说明。

## 一、立法的必要性

党和国家历来坚持厉行勤俭节约、反对铺张浪费。党的十八大以来，习近平总书记多次就制止餐饮浪费行为作出重要批示，要求“厉行节约、反对浪费”。但是，受讲排场、比阔气、爱面子等不良风气和不科学、不文明消费习俗的影响，我国餐饮浪费问题一直存在、时常反复，成为一个顽疾，人民群众对此反映强烈。一些全国人大代表、政协委员提出议案、建议、提案，呼吁运用法律手段制止餐饮浪费。2020 年 8 月，习近平总书记再次作出重要批示，强调要加强立法，强化监管，采取有效措施，建立长效机制，坚决制止餐饮浪费行为。习近平总书记重要批示表明了党中央对制止餐饮浪费行为的高度重视和坚定决心，得到广大人民群众和社会各界的衷心拥护。贯彻落实习近平总书记重要批示精神和党中央决策部署，积极回应社会关切，制定反食品浪费法十分必要。

一是保障国家粮食安全的迫切需要。人口众多、土地资源相对不足是我国的基本国情，我国粮食供求长期处于紧平衡状态。粮食安全是国家安全的重要基础。保障粮食安全，需要在重视粮食生产的同时，高度重视防止浪费，把粮食生产和防止浪费放在同等重要的位置。今年全球新冠肺炎疫情所带来的影响更是给我们敲响了警钟，需要通过立法整治浪费行为，为粮食安全保驾护航。

二是弘扬中华民族传统美德，践行社会主义核心价值观的内在要求。珍惜粮食、物尽其用、勤俭节约是中华民族的传统美德。制定反食品浪费法，把体现中华民族传统美德和社会主义核心价值观的要求转化为法律规范，有利于运用法治力量引领形成正确价值观，在全社会树立文明新风尚。

三是节约资源、保护环境，促进经济社会可持续发展的重要举措。节约资源和保护环境是我国的基本国策。党的十九大报告指出，要推进资源全面节约和循环利用，倡导简约适度、绿色低碳的生活方式，反对奢侈浪费和不合理消费。餐饮浪费不仅意味着食品、食物、粮食本身的浪费，更意味着所投入的水、土地、能源以及其他生产资料的无效消耗。制定反食品浪费法，倡导文明、健康、理性、绿色的消费理念，对于加快推进资源节约型环境友好型社会建设，促进经济社会可持续发展具有重要意义。

四是巩固深化已有实践成果，建立制止餐饮浪费行为长效机制的现实需求。制定反食品浪费法，将近年来我国实践中行之有效的政策措施上升为法律规定，明确各相关主体的责任，有利于建立长效机制，发挥法律的引领和规范作用，为全社会确立餐饮消费、日常食品消费的基本行为准则。

## 二、起草过程和基本思路

全国人大常委会党组高度重视制止餐饮浪费行为立法工作，认真学习、深刻领会习近平总书记重要批示精神，加紧推进贯彻落实工作。栗战书同志、王晨同志多次作出批示指示，对加快制止餐饮浪费行为立法工作进行研究部署。法制工作委员会第一时间成立立法工作专班，积极开展研究起草工作。一是系统梳理党中央发布的文件、政策和现行法律、法规、规章、规范性文件，以及联合国、欧盟、法国、意大利、日本、英国等有关法律、规定和文件。二是广泛听取意见，多次召开座谈会听取中央有关部门、全国人大有关专门委员会、地方人大、行业协会、企业和专家学者意见，书面征求 9 个基层立法联系点意见，赴中国政法大学进行调研；形成草案征求意见稿后，印发各省（区、市）和中央有关部门等征求意见。三是加强与中央有关部门、地方人大沟通协调，对立法的主要问题深入研究论证，听取意见。总的来看，各方面对立法已形成广泛共识。在上述工作的基础上，经反复研究修改，形成了《中华人民共和国反食品浪费法（草案）》。

餐饮浪费表现为对食品、食物、粮食的浪费，涉及食用、销售、加工、储运、收获等多个环节，需要从立法、监管、技术、引导等多个方面进行系统治理。其中，立法具有统领性，可对各环节各方面防止浪费作出制度性安排。总体思路是通过专项立法和粮食安全保障法等相关立法相结合的办法，统筹推进制止餐饮浪费的制度建设。专项立法即制定反食品浪费法，起草工作坚持以习近平新时代中国特色社会主义思想为指导，深入学习贯彻党的十九大和十九届二中、三中、四中、五中全会精神，全面贯彻落实习近平总书记关于制止餐饮浪费行为重要批示精神和党中央决策部署，工作中注意把握以下几点：一是通过立法传承和弘扬中华民族传统美德，培育和践行社会主义核心价值观，为保障国家粮食安全，在全社会营造浪费可耻、节约为荣的氛围提供法治保障。二是准确把握立法定位，突出重点，针对实践中群众反映强烈的突出问题，以餐饮环节为切入点，聚焦食品消费、销售环节反浪费、促节约、严管控，处理好与即将制定的粮食安全保障法和其他有关法律的关系。三是规范与引导并重，着眼建立反食品浪费长效机制，加强对食品浪费不良行为的监督，坚持法治与德治相统一、相促进，积极倡导文明、健康、科学的饮食文化，增强公众反食品浪费意识。

## 三、草案的主要内容

草案共 32 条，分别对定义、反食品浪费的原则和要求、政府及其部门职责、各类主体责任、监管措施、法律责任等作了规定。主要内容如下：

（一）关于食品、食品浪费的定义

为了明确本法的适用范围，对本法相关用语作出界定，规定本法所称食品，是指《中华人民共和国食品安全法》规定的食品，包括各种供人食用或者饮用的食物。本法所称食品浪费，是指对可安全食用或者饮用的食品未能按照其功能目的利用。

（二）关于反食品浪费的原则和要求

强调国家厉行节约，反对浪费。明确国家坚持多措并举、精准施策、科学管理、社会共治的原则，采用技术上可行、经济上合理的措施防止和减少食品浪费。国家倡导文明、健康、节约资源、保护环境的消费方式，提倡简约适度、绿色低碳的生活方式。

（三）关于政府及其部门职责

压实各级人民政府及其有关部门反食品浪费责任。一是明确各级人民政府加强对反食品浪费工作的领导，建立健全反食品浪费工作机制，确定反食品浪费目标任务，加强监督管理，推进反食品浪费工作。二是规定县级以上地方人民政府每年向社会公布反食品浪费工作情况，提出加强反食品浪费措施。三是重点明确国务院发展改革部门、商务主管部门、市场监督管理部门、粮食和物资储备部门有关反食品浪费工作职责。

（四）关于各类主体责任

坚持约束与倡导相结合，约束公务用餐，规范餐饮服务提供者和餐饮外卖平台的餐饮服务行为，加强单位食堂、学校食堂、校外供餐单位管理，明确旅游经营者、食品经营者责任，倡导个人和家庭形成科学健康、物尽其用、防止浪费的良好习惯和生活方式，要求婚丧嫁娶、朋友聚会、家庭聚餐等活动的组织者、参加者科学适度点餐，文明、健康用餐。

（五）关于实行社会共治

构建政府领导、部门协作、行业引导、媒体监督、公众参与的反食品浪费社会共治机制。一是明确食品、餐饮行业协会加强行业自律，依法制定、实施反食品浪费等相关团体标准和行业自律规范。二是强调教育行政部门、学校将厉行节约、反对浪费纳入教育、教学内容。三是规定新闻媒体开展反食品浪费的公益宣传，禁止制作、发布、传播宣扬量大多吃、暴饮暴食等浪费食品的节目或者音视频信息。

（六）关于加强监管，完善约束措施

一是明确各级人民政府及其有关部门建立反食品浪费监督检查机制。二是规定县级以上人民政府采取措施，对防止食品浪费的科学研究、技术开发等活动予以支持；国家实行有利于防止食品浪费的税收政策。三是明确任何单位和个人发现食品生产经营者有食品浪费行为的，有权向有关主管部门和机关举报。四是对未主动进行防止食品浪费提示提醒，制作、发布、传播宣扬量大多吃、暴饮暴食等浪费食品的节目或者音视频信息等违法行为规定相应的法律责任。

反食品浪费法草案和以上说明是否妥当，请审议。

# 全国人民代表大会宪法和法律委员会关于《中华人民共和国反食品浪费法（草案）》审议结果的报告

——2021 年 4 月 26 日在第十三届全国人民代表大会常务委员会第二十八次会议上

全国人大宪法和法律委员会副主任委员　周光权

全国人民代表大会常务委员会：

常委会第二十四次会议对反食品浪费法草案进行了初次审议。会后，法制工作委员会将草案印发中央有关单位、各省（区、市）、设区的市、基层立法联系点、行业协会、企业和部分全国人大代表等征求意见；在中国人大网全文公布草案，征求社会公众意见；召开视频座谈会，到地方调研，听取福建、上海、广东有关部门、餐饮企业、学校师生、居民代表以及基层立法联系点意见；就食品浪费定义等书面征求专家意见，进行专题论证；宪法和法律委员会、法制工作委员会联合召开座谈会，听取部分全国人大代表和有关部门、行业协会、企业、专家等的意见；并就草案中的主要问题与有关部门交换意见，共同研究。宪法和法律委员会于3月25日召开会议，根据常委会组成人员的审议意见和各方面的意见，对草案进行了逐条审议。国家发展和改革委员会、司法部、商务部、国家市场监督管理总局、国家粮食和物资储备局的有关负责同志列席了会议。4月20日，宪法和法律委员会召开会议，再次进行了审议。宪法和法律委员会认为，为了防止食品浪费，保障国家粮食安全，弘扬中华民族传统美德，践行社会主义核心价值观，节约资源，保护环境，促进经济社会可持续发展，制定反食品浪费法是必要的，草案经过审议修改，已经比较成熟。同时，提出以下主要修改意见：

一、草案规定，本法所称食品浪费，是指对可安全食用或者饮用的食品未能按照其功能目的利用。有些常委委员、代表、部门、地方、专家和社会公众提出，上述定义比较原则，建议表述得更具体一些，也要有利于引导理性消费。宪法和法律委员会经研究，建议修改为：本法所称食品浪费，是指对可安全食用或者饮用的食品未能按照其功能目的的合理利用，包括废弃等。

二、有些常委会组成人员、部门、地方和社会公众提出，应当进一步明确反食品浪费工作的牵头部门和有关执法主体。宪法和法律委员会经研究，建议作以下修改：一是明确国务院发展改革部门应当加强对全国反食品浪费工作的组织协调。二是明确餐饮服务经营者的有关违法行为，由县级以上地方人民政府市场监督管理部门或者县级以上地方人民政府指定的部门实施处罚。

三、草案规定，公务活动用餐应当推行标准化饮食。有的常委会组成人员提出，应当进一步加强公务活动用餐管理，更好发挥示范带动作用。有的常委会组成人员、部门、地方提出，“标准化饮食”的表述不明确。宪法和法律委员会经研究，建议作以下修改：一是明确机关、国有企业事业单位等应当带头厉行节约，反对浪费。二是公务活动需要安排用餐的，应当根据实际情况，节俭安排用餐数量、形式，不得超过规定的标准。

四、有的常委会组成人员、代表建议进一步加强反食品浪费宣传教育，营造节约光荣、浪费可耻的社会氛围。宪法和法律委员会经研究，建议增加以下规定：一是县级以上人民政府及其有关部门应当经常性组织开展反食品浪费宣传教育。二是教育行政部门应当指导、督促学校加强反食品浪费教育和管理；学校应当培养学生形成勤俭节约、珍惜粮食的习惯。

五、有些常委会组成人员和社会公众提出，草案有关捐赠临近保质期食品的规定容易引起误解。有的行业组织、地方建议发挥相关部门、机构、社会力量在食品捐赠等方面的积极作用。宪法和法律委员会经研究，建议作以下修改：一是删去有关捐赠临近保质期食品的表述。二是明确民政、市场监督管理部门等引导食品生产经营者等在保证食品安全的前提下捐赠食品。三是增加规定，国家鼓励社会力量参与食品捐赠活动。

4月6日，法制工作委员会召开会议，邀请部分全国人大代表、专家、基层执法机关、餐饮企业、外卖平台、超市、行业协会等就草案中主要制度规范的可行性、出台时机、实施的社会效果和可能出现的问题等进行评估。与会人员普遍认为，草案贯彻落实习近平总书记关于制止餐饮浪费行为的重要批示精神，坚持规范与引导并重，通过压实各类主体责任，推动形成反食品浪费长效机制，对保障国家粮食安全，促进经济社会可持续发展具有重要意义。草案经过修改，充分吸收了各方面意见，比较可行，在当前形势下出台正当其时，建议尽快审议通过。与会人员还对草案提出了一些具体修改意见，宪法和法律委员会进行了认真研究，对有的意见予以采纳。

此外，还对草案作了一些文字修改。

草案二次审议稿已按上述意见作了修改，宪法和法律委员会建议提请本次常委会会议审议通过。

草案二次审议稿和以上报告是否妥当，请审议。

# 全国人民代表大会宪法和法律委员会关于《中华人民共和国反食品浪费法(草案二次审议稿)》修改意见的报告

——2021 年 4 月 28 日在第十三届全国人民代表大会常务委员会第二十八次会议上

全国人民代表大会常务委员会:

本次常委会会议于 4 月 26 日下午对反食品浪费法草案二次审议稿进行了分组审议。普遍认为,草案已经比较成熟,建议进一步修改后,提请本次常委会会议表决通过。同时,有些常委会组成人员和列席人员还提出了一些修改意见和建议。宪法和法律委员会于 4 月 27 日上午召开会议,逐条研究了常委会组成人员的审议意见,对草案进行了审议。国家发展和改革委员会、司法部、商务部、国家市场监督管理总局、国家粮食和物资储备局的有关负责同志列席了会议。宪法和法律委员会认为,草案是可行的,同时,提出以下修改意见:

一、有的常委委员提出,反食品浪费应当坚持规范和引导相结合,增加“光盘奖励”等鼓励性内容。宪法和法律委员会经研究,建议增加规定:餐饮服务经营者可以对参与“光盘行动”的消费者给予奖励。

二、草案二次审议稿第十三条第一款规定,各级人民政府及其有关部门应当采取措施,鼓励和推动文明、节俭举办活动,形成浪费可耻、节约为荣的氛围。有的常委会组成人员建议增加“反对铺张浪费”的内容。宪法和法律委员会经研究,建议采纳这一意见。

三、草案二次审议稿第十五条第一款规定了降低粮食损耗的措施。有的常委委员提出,对粮食以外的其他食用农产品,也应当采取相应措施。宪法和法律委员会经研究,建议将上述规定中有关“粮食”的表述修改为“粮食和其他食用农产品”。

四、有的常委委员提出,生产经营者严重浪费食品拒不改正的,也应当给予处罚。宪法和法律委员会经研究,建议增加规定:违反本法规定,食品生产经营者在食品生产经营过程中造成严重食品浪费的,由县级以上地方人民政府市场监督管理部门或者县级以上地方人民政府指定的部门责令改正,拒不改正的,处五千元以上五万元以下罚款。

在常委会审议中,有些常委会组成人员还就进一步完善反食品浪费体制机制、加强公务活动用餐管理、补充细化餐饮服务经营者相关义务、实行厨余垃圾处理阶梯收费等提出了一些具体意见。有些常委会组成人员建议加大法律宣传和舆论引导力度,在全社会营造浪费可耻、节约为荣的氛围。宪法和法律委员会经研究认为,上述意见涉及的问题,有的已在相关法律中作出规定,有的需要在有关部门和地方的配套规定中进一步细化,建议有关方面认真研究落实,尽快制定完善相关配套规定,扎实做好法律宣传工作,切实保障法律有效贯彻实施。

经与有关部门研究,建议将本法的施行时间确定为公布之日。

此外,根据常委会组成人员的审议意见,还对草案二次审议稿作了一些文字修改。

草案修改稿已按上述意见作了修改,宪法和法律委员会建议本次常委会会议审议通过。

草案修改稿和以上报告是否妥当,请审议。

# 中华人民共和国主席令

第七十九号

《中华人民共和国海上交通安全法》已由中华人民共和国第十三届全国人民代表大会常务委员会第二十八次会议于 2021 年 4 月 29 日修订通过,现予公布,自 2021 年 9 月 1 日起施行。

中华人民共和国主席　习近平

2021 年 4 月 29 日

# 中华人民共和国海上交通安全法

（1983年9月2日第六届全国人民代表大会常务委员会第二次会议通过　根据2016年11月7日第十二届全国人民代表大会常务委员会第二十四次会议《关于修改〈中华人民共和国对外贸易法〉等十二部法律的决定》修正　2021年4月29日第十三届全国人民代表大会常务委员会第二十八次会议修订）

## 目　录



## 第一章　总　则

**第一条**　为了加强海上交通管理，维护海上交通秩序，保障生命财产安全，维护国家权益，制定本法。

**第二条**　在中华人民共和国管辖海域内从事航行、停泊、作业以及其他与海上交通安全相关的活动，适用本法。

**第三条**　国家依法保障交通用海。

海上交通安全工作坚持安全第一、预防为主、便利通行、依法管理的原则，保障海上交通安全、有序、畅通。

**第四条**　国务院交通运输主管部门主管全国海上交通安全工作。

国家海事管理机构统一负责海上交通安全监督管理工作，其他各级海事管理机构按照职责具体负责辖区内的海上交通安全监督管理工作。

**第五条**　各级人民政府及有关部门应当支持海上交通安全工作，加强海上交通安全的宣传教育，提高全社会的海上交通安全意识。

**第六条**　国家依法保障船员的劳动安全和职业健康，维护船员的合法权益。

**第七条**　从事船舶、海上设施航行、停泊、作业以及其他与海上交通相关活动的单位、个人，应当遵守有关海上交通安全的法律、行政法规、规章以及强制性标准和技术规范；依法享有获得航海保障和海上救助的权利，承担维护海上交通安全和保护海洋生态环境的义务。

**第八条**　国家鼓励和支持先进科学技术在海上交通安全工作中的应用，促进海上交通安全现代化建设，提高海上交通安全科学技术水平。

## 第二章　船舶、海上设施和船员

**第九条**　中国籍船舶、在中华人民共和国管辖海域设置的海上设施、船运集装箱，以及国家海事管理机构确定的关系海上交通安全的重要船用设备、部件和材料，应当符合有关法律、行政法规、规章以及强制性标准和技术规范的要求，经船舶检验机构检验合格，取得相应证书、文书。证书、文书的清单由国家海事管理机构制定并公布。

设立船舶检验机构应当经国家海事管理机构许可。船舶检验机构设立条件、程序及其管理等依照有关船舶检验的法律、行政法规的规定执行。

持有相关证书、文书的单位应当按照规定的用途使用船舶、海上设施、船运集装箱以及重要船用设备、部件和材料，并应当依法定期进行安全技术检验。

**第十条**　船舶依照有关船舶登记的法律、行政法规的规定向海事管理机构申请船舶国籍登记、取得国籍证书后，方可悬挂中华人民共和国国旗航行、停泊、作业。

中国籍船舶灭失或者报废的，船舶所有人应当在国务院交通运输主管部门规定的期限内申请办理注销国籍登记；船舶所有人逾期不申请注销国籍登记的，海事管理机构可以发布关于拟强制注销船舶国籍登记的公告。船舶所有人自公告发布之日起六十日内未提出异议的，海事管理机构可以注销该船舶的国籍登记。

**第十一条** 中国籍船舶所有人、经营人或者管理人应当建立并运行安全营运和防治船舶污染管理体系。

海事管理机构经对前款规定的管理体系审核合格的，发给符合证明和相应的船舶安全管理证书。

**第十二条** 中国籍国际航行船舶的所有人、经营人或者管理人应当依照国务院交通运输主管部门的规定建立船舶保安制度，制定船舶保安计划，并按照船舶保安计划配备船舶保安设备，定期开展演练。

**第十三条** 中国籍船员和海上设施上的工作人员应当接受海上交通安全以及相应岗位的专业教育、培训。

中国籍船员应当依照有关船员管理的法律、行政法规的规定向海事管理机构申请取得船员适任证书，并取得健康证明。

外国籍船员在中国籍船舶上工作的，按照有关船员管理的法律、行政法规的规定执行。

船员在船舶上工作，应当符合船员适任证书载明的船舶、航区、职务的范围。

**第十四条** 中国籍船舶的所有人、经营人或者管理人应当为其国际航行船舶向海事管理机构申请取得海事劳工证书。船舶取得海事劳工证书应当符合下列条件：

（一）所有人、经营人或者管理人依法招用船员，与其签订劳动合同或者就业协议，并为船舶配备符合要求的船员；

（二）所有人、经营人或者管理人已保障船员在船舶上的工作环境、职业健康保障和安全防护、工作和休息时间、工资报酬、生活条件、医疗条件、社会保险等符合国家有关规定；

（三）所有人、经营人或者管理人已建立符合要求的船员投诉和处理机制；

（四）所有人、经营人或者管理人已就船员遣返费用以及在船就业期间发生伤害、疾病或者死亡依法应当支付的费用提供相应的财务担保或者投保相应的保险。

海事管理机构商人力资源社会保障行政部门，按照各自职责对申请人及其船舶是否符合前款规定条件进行审核。经审核符合规定条件的，海事管理机构应当自受理申请之日起十个工作日内颁发海事劳工证书；不符合规定条件的，海事管理机构应当告知申请人并说明理由。

海事劳工证书颁发及监督检查的具体办法由国务院交通运输主管部门会同国务院人力资源社会保障行政部门制定并公布。

**第十五条** 海事管理机构依照有关船员管理的法律、行政法规的规定，对单位从事海船船员培训业务进行管理。

**第十六条** 国务院交通运输主管部门和其他有关部门、有关县级以上地方人民政府应当建立健全船员境外突发事件预警和应急处置机制，制定船员境外突发事件应急预案。

船员境外突发事件应急处置由船员派出单位所在地的省、自治区、直辖市人民政府负责，船员户籍所在地的省、自治区、直辖市人民政府予以配合。

中华人民共和国驻外国使馆、领馆和相关海事管理机构应当协助处置船员境外突发事件。

**第十七条** 本章第九条至第十二条、第十四条规定适用的船舶范围由有关法律、行政法规具体规定，或者由国务院交通运输主管部门拟定并报国务院批准后公布。

## 第三章 海上交通条件和航行保障

**第十八条** 国务院交通运输主管部门统筹规划和管理海上交通资源，促进海上交通资源的合理开发和有效利用。

海上交通资源规划应当符合国土空间规划。

**第十九条** 海事管理机构根据海域的自然状况、海上交通状况以及海上交通安全管理的需要，划定、调整并及时公布船舶定线区、船舶报告区、交通管制区、禁航区、安全作业区和港外锚地等海上交通功能区域。

海事管理机构划定或者调整船舶定线区、港外锚地以及对其他海洋功能区域或者用海活动造成影响的安全作业区，应当征求渔业渔政、生态环境、自然资源等有关部门的意见。为了军事需要划定、调整禁航区的，由负责划定、调整禁航区的军事机关作出决定，海事管理机构予以公布。

**第二十条** 建设海洋工程、海岸工程影响海上交通安全的，应当根据情况配备防止船舶碰撞的设施、设备并设置专用航标。

**第二十一条** 国家建立完善船舶定位、导航、授时、通信和远程监测等海上交通支持服务系统，为船舶、海上设施提供信息服务。

**第二十二条** 任何单位、个人不得损坏海上交通支持服务系统或者妨碍其工作效能。建设建筑物、构筑物，使用设施设备可能影响海上交通支持服务系统正常使用的，建设单位、所有人或者使用人应当与相关海上交通支持服务系统的管理单位协商，作出妥善安排。

**第二十三条** 国务院交通运输主管部门应当采取必要的措施，保障海上交通安全无线电通信设施的合理布局和有效覆盖，规划本系统（行业）海上无线电台（站）的建设布局和台址，核发船舶制式无线电台执照及电台识别码。

国务院交通运输主管部门组织本系统（行业）的海上无线电监测系统建设并对其无线电信号实施监测，会同国家无线电管理机构维护海上无线电波秩序。

**第二十四条** 船舶在中华人民共和国管辖海域内通信需要使用岸基无线电台（站）转接的，应当通过依法设置的境内海岸无线电台（站）或者卫星关口站进行转接。

承担无线电通信任务的船员和岸基无线电台（站）的工作人员应当遵守海上无线电通信规则，保持海上交通安全通信频道的值守和畅通，不得使用海上交通安全通信频率交流与海上交通安全无关的内容。

任何单位、个人不得违反国家有关规定使用无线电台识别码，影响海上搜救的身份识别。

**第二十五条** 天文、气象、海洋等有关单位应当及时预报、播发和提供航海天文、世界时、海洋气象、海浪、海流、潮汐、冰情等信息。

**第二十六条** 国务院交通运输主管部门统一布局、建设和管理公用航标。海洋工程、海岸工程的建设单位、所有人或者经营人需要设置、撤除专用航标，移动专用航标位置或者改变航标灯光、功率等的，应当报经海事管理机构同意。需要设置临时航标的，应当符合海事管理机构确定的航标设置点。

自然资源主管部门依法保障航标设施和装置的用地、用海、用岛，并依法为其办理有关手续。

航标的建设、维护、保养应当符合有关强制性标准和技术规范的要求。航标维护单位和专用航标的所有人应当对航标进行巡查和维护保养，保证航标处于良好适用状态。航标发生位移、损坏、灭失的，航标维护单位或者专用航标的所有人应当及时予以恢复。

**第二十七条** 任何单位、个人发现下列情形之一的，应当立即向海事管理机构报告；涉及航道管理机构职责或者专用航标的，海事管理机构应当及时通报航道管理机构或者专用航标的所有人：

（一）助航标志或者导航设施位移、损坏、灭失；

（二）有妨碍海上交通安全的沉没物、漂浮物、搁浅物或者其他碍航物；

（三）其他妨碍海上交通安全的异常情况。

**第二十八条** 海事管理机构应当依据海上交通安全管理的需要，就具有紧迫性、危险性的情况发布航行警告，就其他影响海上交通安全的情况发布航行通告。

海事管理机构应当将航行警告、航行通告，以及船舶定线区的划定、调整情况通报海军航海保证部门，并及时提供有关资料。

**第二十九条** 海事管理机构应当及时向船舶、海上设施播发海上交通安全信息。

船舶、海上设施在定线区、交通管制区或者通航船舶密集的区域航行、停泊、作业时，海事管理机构应当根据其请求提供相应的安全信息服务。

**第三十条** 下列船舶在国务院交通运输主管部门划定的引航区内航行、停泊或者移泊的，应当向引航机构申请引航：

（一）外国籍船舶，但国务院交通运输主管部门经报国务院批准后规定可以免除的除外；

（二）核动力船舶、载运放射性物质的船舶、超大型油轮；

（三）可能危及港口安全的散装液化气船、散装危险化学品船；

（四）长、宽、高接近相应航道通航条件限值的船舶。

前款第三项、第四项船舶的具体标准，由有关海事管理机构根据港口实际情况制定并公布。

船舶自愿申请引航的，引航机构应当提供引航服务。

**第三十一条** 引航机构应当及时派遣具有相应能力、经验的引航员为船舶提供引航服务。

引航员应当根据引航机构的指派，在规定的水域登离被引领船舶，安全谨慎地执行船舶引航任务。被引领船舶应当配备符合规定的登离装置，并保障引航员在登离船舶及在船上引航期间的安全。

引航员引领船舶时，不解除船长指挥和管理船舶的责任。

**第三十二条** 国务院交通运输主管部门根据船舶、海上设施和港口面临的保安威胁情形，确定并及时发布保安等级。船舶、海上设施和港口应当根据保安等级采取相应的保安措施。

## 第四章 航行、停泊、作业

**第三十三条** 船舶航行、停泊、作业，应当持有有效的船舶国籍证书及其他法定证书、文书，配备依照有关规定出版的航海图书资料，悬挂相关国家、地区或者组织的旗帜，标明船名、船舶识别号、船籍港、载重线标志。

船舶应当满足最低安全配员要求，配备持有合格有效证书的船员。

海上设施停泊、作业，应当持有法定证书、文书，并按规定配备掌握避碰、信号、通信、消防、救生等专业技能的人员。

**第三十四条** 船长应当在船舶开航前检查并在开航时确认船员适任、船舶适航、货物适载，并了解气象和海况信息以及海事管理机构发布的航行通告、航行警告及其他警示信息，落实相应的应急措施，不得冒险开航。

船舶所有人、经营人或者管理人不得指使、强令船员违章冒险操作、作业。

**第三十五条** 船舶应当在其船舶检验证书载明的航区内航行、停泊、作业。

船舶航行、停泊、作业时，应当遵守相关航行规则，按照有关规定显示信号、悬挂标志，保持足够的富余水深。

**第三十六条** 船舶在航行中应当按照有关规定开启船舶的自动识别、航行数据记录、远程识别和跟踪、通信等与航行安全、保安、防治污染相关的装置，并持续进行显示和记录。

任何单位、个人不得拆封、拆解、初始化、再设置航行数据记录装置或者读取其记录的信息，但法律、行政法规另有规定的除外。

**第三十七条** 船舶应当配备航海日志、轮机日志、无线电记录簿等航行记录，按照有关规定全面、真实、及时记录涉及海上交通安全的船舶操作以及船舶航行、停泊、作业中的重要事件，并妥善保管相关记录簿。

**第三十八条** 船长负责管理和指挥船舶。在保障海上生命安全、船舶保安和防治船舶污染方面，船长有权独立作出决定。

船长应当采取必要的措施，保护船舶、在船人员、船舶航行文件、货物以及其他财产的安全。船长在其职权范围内发布的命令，船员、乘客及其他在船人员应当执行。

**第三十九条** 为了保障船舶和在船人员的安全，船长有权在职责范围内对涉嫌在船上进行违法犯罪活动的人员采取禁闭或者其他必要的限制措施，并防止其隐匿、毁灭、伪造证据。

船长采取前款措施，应当制作案情报告书，由其和两名以上在船人员签字。中国籍船舶抵达我国港口后，应当及时将相关人员移送有关主管部门。

**第四十条** 发现在船人员患有或者疑似患有严重威胁他人健康的传染病的，船长应当立即启动相应的应急预案，在职责范围内对相关人员采取必要的隔离措施，并及时报告有关主管部门。

**第四十一条** 船长在航行中死亡或者因故不能履行职责的，应当由驾驶员中职务最高的人代理船长职务；船舶在下一个港口开航前，其所有人、经营人或者管理人应当指派新船长接任。

**第四十二条** 船员应当按照有关航行、值班的规章制度和操作规程以及船长的指令操纵、管理船舶，保持安全值班，不得擅离职守。船员履行在船值班职责前和值班期间，不得摄入可能影响安全值班的食品、药品或者其他物品。

**第四十三条** 船舶进出港口、锚地或者通过桥区水域、海峡、狭水道、重要渔业水域、通航船舶密集的区域、船舶定线区、交通管制区，应当加强瞭望、保持安全航速，并遵守前述区域的特殊航行规则。

前款所称重要渔业水域由国务院渔业渔政主管部门征求国务院交通运输主管部门意见后划定并公布。

船舶穿越航道不得妨碍航道内船舶的正常航行，不得抢越他船船艏。超过桥梁通航尺度的船舶禁止进入桥区水域。

**第四十四条** 船舶不得违反规定进入或者穿越禁航区。

船舶进出船舶报告区，应当向海事管理机构报告船位和动态信息。

在安全作业区、港外锚地范围内，禁止从事养殖、种植、捕捞以及其他影响海上交通安全的作业或者活动。

**第四十五条** 船舶载运或者拖带超长、超高、超宽、半潜的船舶、海上设施或者其他物体航行，应当采取拖拽部位加强、护航等特殊的安全保障措施，在开航前向海事管理机构报告航行计划，并按有关规定显示信号、悬挂标志；拖带移动式平台、浮船坞等大型海上设施的，还应当依法交验船舶检验机构出具的拖航检验证书。

**第四十六条** 国际航行船舶进出口岸，应当依法向海事管理机构申请许可并接受海事管理机构及其他口岸查验机构的监督检查。海事管理机构应当自受理申请之日起五个工作日内作出许可或者不予许可的决定。

外国籍船舶临时进入非对外开放水域，应当依照国务院关于船舶进出口岸的规定取得许可。

国内航行船舶进出港口、港外装卸站，应当向海事管理机构报告船舶的航次计划、适航状态、船员配备和客货载运等情况。

**第四十七条**　船舶应当在符合安全条件的码头、泊位、装卸站、锚地、安全作业区停泊。船舶停泊不得危及其他船舶、海上设施的安全。

船舶进出港口、港外装卸站，应当符合靠泊条件和关于潮汐、气象、海况等航行条件的要求。

超长、超高、超宽的船舶或者操纵能力受到限制的船舶进出港口、港外装卸站可能影响海上交通安全的，海事管理机构应当对船舶进出港安全条件进行核查，并可以要求船舶采取加配拖轮、乘潮进港等相应的安全措施。

**第四十八条**　在中华人民共和国管辖海域内进行施工作业，应当经海事管理机构许可，并核定相应安全作业区。取得海上施工作业许可，应当符合下列条件：

（一）施工作业的单位、人员、船舶、设施符合安全航行、停泊、作业的要求；

（二）有施工作业方案；

（三）有符合海上交通安全和防治船舶污染海洋环境要求的保障措施、应急预案和责任制度。

从事施工作业的船舶应当在核定的安全作业区内作业，并落实海上交通安全管理措施。其他无关船舶、海上设施不得进入安全作业区。

在港口水域内进行采掘、爆破等可能危及港口安全的作业，适用港口管理的法律规定。

**第四十九条**　从事体育、娱乐、演练、试航、科学观测等水上水下活动，应当遵守海上交通安全管理规定；可能影响海上交通安全的，应当提前十个工作日将活动涉及的海域范围报告海事管理机构。

**第五十条**　海上施工作业或者水上水下活动结束后，有关单位、个人应当及时消除可能妨碍海上交通安全的隐患。

**第五十一条**　碍航物的所有人、经营人或者管理人应当按照有关强制性标准和技术规范的要求及时设置警示标志，向海事管理机构报告碍航物的名称、形状、尺寸、位置和深度，并在海事管理机构限定的期限内打捞清除。碍航物的所有人放弃所有权的，不免除其打捞清除义务。

不能确定碍航物的所有人、经营人或者管理人的，海事管理机构应当组织设置标志、打捞或者采取相应措施，发生的费用纳入部门预算。

**第五十二条**　有下列情形之一，对海上交通安全有较大影响的，海事管理机构应当根据具体情况采取停航、限速或者划定交通管制区等相应交通管制措施并向社会公告：

（一）天气、海况恶劣；

（二）发生影响航行的海上险情或者海上交通事故；

（三）进行军事训练、演习或者其他相关活动；

（四）开展大型水上水下活动；

（五）特定海域通航密度接近饱和；

（六）其他对海上交通安全有较大影响的情形。

**第五十三条**　国务院交通运输主管部门为维护海上交通安全、保护海洋环境，可以会同有关主管部门采取必要措施，防止和制止外国籍船舶在领海的非无害通过。

**第五十四条**　下列外国籍船舶进出中华人民共和国领海，应当向海事管理机构报告：

（一）潜水器；

（二）核动力船舶；

（三）载运放射性物质或者其他有毒有害物质的船舶；

（四）法律、行政法规或者国务院规定的可能危及中华人民共和国海上交通安全的其他船舶。

前款规定的船舶通过中华人民共和国领海，应当持有有关证书，采取符合中华人民共和国法律、行政法规和规章规定的特别预防措施，并接受海事管理机构的指令和监督。

**第五十五条**　除依照本法规定获得进入口岸许可外，外国籍船舶不得进入中华人民共和国内水；但是，因人员病急、机件故障、遇难、避风等紧急情况未及获得许可的可以进入。

外国籍船舶因前款规定的紧急情况进入中华人民共和国内水的，应当在进入的同时向海事管理机构紧急报告，接受海事管理机构的指令和监督。海事管理机构应当及时通报管辖海域的海警机构、就近的出入境边防检查机关和当地公安机关、海关等其他主管部门。

**第五十六条**　中华人民共和国军用船舶执行军事任务、公务船舶执行公务，遇有紧急情况，在保证海上交通安全的前提下，可以不受航行、停泊、作业有关规则的限制。

## 第五章　海上客货运输安全

**第五十七条**　除进行抢险或者生命救助外，客船应当按照船舶检验证书核定的载客定额载运乘客,货船载运货物应当符合船舶检验证书核定的载重线和载货种类,不得载运乘客。

**第五十八条** 客船载运乘客不得同时载运危险货物。

乘客不得随身携带或者在行李中夹带法律、行政法规或者国务院交通运输主管部门规定的危险物品。

**第五十九条** 客船应当在显著位置向乘客明示安全须知,设置安全标志和警示,并向乘客介绍救生用具的使用方法以及在紧急情况下应当采取的应急措施。乘客应当遵守安全乘船要求。

**第六十条** 海上渡口所在地的县级以上地方人民政府应当建立健全渡口安全管理责任制,制定海上渡口的安全管理办法,监督、指导海上渡口经营者落实安全主体责任,维护渡运秩序,保障渡运安全。

海上渡口的渡运线路由渡口所在地的县级以上地方人民政府交通运输主管部门会同海事管理机构划定。渡船应当按照划定的线路安全渡运。

遇有恶劣天气、海况,县级以上地方人民政府或者其指定的部门应当发布停止渡运的公告。

**第六十一条** 船舶载运货物,应当按照有关法律、行政法规、规章以及强制性标准和技术规范的要求安全装卸、积载、隔离、系固和管理。

**第六十二条** 船舶载运危险货物,应当持有有效的危险货物适装证书,并根据危险货物的特性和应急措施的要求,编制危险货物应急处置预案,配备相应的消防、应急设备和器材。

**第六十三条** 托运人托运危险货物,应当将其正式名称、危险性质以及应当采取的防护措施通知承运人,并按照有关法律、行政法规、规章以及强制性标准和技术规范的要求妥善包装,设置明显的危险品标志和标签。

托运人不得在托运的普通货物中夹带危险货物或者将危险货物谎报为普通货物托运。

托运人托运的货物为国际海上危险货物运输规则和国家危险货物品名表上未列明但具有危险特性的货物的,托运人还应当提交有关专业机构出具的表明该货物危险特性以及应当采取的防护措施等情况的文件。

货物危险特性的判断标准由国家海事管理机构制定并公布。

**第六十四条** 船舶载运危险货物进出港口,应当符合下列条件,经海事管理机构许可,并向海事管理机构报告进出港口和停留的时间等事项:

(一)所载运的危险货物符合海上安全运输要求;

(二)船舶的装载符合所持有的证书、文书的要求;

(三)拟靠泊或者进行危险货物装卸作业的港口、码头、泊位具备有关法律、行政法规规定的危险货物作业经营资质。

海事管理机构应当自收到申请之时起二十四小时内作出许可或者不予许可的决定。

定船舶、定航线并且定货种的船舶可以申请办理一定期限内多次进出港口许可,期限不超过三十日。海事管理机构应当自收到申请之日起五个工作日内作出许可或者不予许可的决定。

海事管理机构予以许可的,应当通报港口行政管理部门。

**第六十五条** 船舶、海上设施从事危险货物运输或者装卸、过驳作业,应当编制作业方案,遵守有关强制性标准和安全作业操作规程,采取必要的预防措施,防止发生安全事故。

在港口水域外从事散装液体危险货物过驳作业的,还应当符合下列条件,经海事管理机构许可并核定安全作业区:

(一)拟进行过驳作业的船舶或者海上设施符合海上交通安全与防治船舶污染海洋环境的要求;

(二)拟过驳的货物符合安全过驳要求;

(三)参加过驳作业的人员具备法律、行政法规规定的过驳作业能力;

(四)拟作业水域及其底质、周边环境适宜开展过驳作业;

(五)过驳作业对海洋资源以及附近的军事目标、重要民用目标不构成威胁;

(六)有符合安全要求的过驳作业方案、安全保障措施和应急预案。

对单航次作业的船舶,海事管理机构应当自收到申请之时起二十四小时内作出许可或者不予许可的决定;对在特定水域多航次作业的船舶,海事管理机构应当自收到申请之日起五个工作日内作出许可或者不予许可的决定。

## 第六章 海上搜寻救助

**第六十六条** 海上遇险人员依法享有获得生命救助的权利。生命救助优先于环境和财产救助。

**第六十七条** 海上搜救工作应当坚持政府领

导、统一指挥、属地为主、专群结合、就近快速的原则。

**第六十八条**　国家建立海上搜救协调机制，统筹全国海上搜救应急反应工作，研究解决海上搜救工作中的重大问题，组织协调重大海上搜救应急行动。协调机制由国务院有关部门、单位和有关军事机关组成。

中国海上搜救中心和有关地方人民政府设立的海上搜救中心或者指定的机构（以下统称海上搜救中心）负责海上搜救的组织、协调、指挥工作。

**第六十九条**　沿海县级以上地方人民政府应当安排必要的海上搜救资金，保障搜救工作的正常开展。

**第七十条**　海上搜救中心各成员单位应当在海上搜救中心统一组织、协调、指挥下，根据各自职责，承担海上搜救应急、抢险救灾、支持保障、善后处理等工作。

**第七十一条**　国家设立专业海上搜救队伍，加强海上搜救力量建设。专业海上搜救队伍应当配备专业搜救装备，建立定期演练和日常培训制度，提升搜救水平。

国家鼓励社会力量建立海上搜救队伍，参与海上搜救行动。

**第七十二条**　船舶、海上设施、航空器及人员在海上遇险的，应当立即报告海上搜救中心，不得瞒报、谎报海上险情。

船舶、海上设施、航空器及人员误发遇险报警信号的，除立即向海上搜救中心报告外，还应当采取必要措施消除影响。

其他任何单位、个人发现或者获悉海上险情的，应当立即报告海上搜救中心。

**第七十三条**　发生碰撞事故的船舶、海上设施，应当互通名称、国籍和登记港，在不严重危及自身安全的情况下尽力救助对方人员，不得擅自离开事故现场水域或者逃逸。

**第七十四条**　遇险的船舶、海上设施及其所有人、经营人或者管理人应当采取有效措施防止、减少生命财产损失和海洋环境污染。

船舶遇险时，乘客应当服从船长指挥，配合采取相关应急措施。乘客有权获知必要的险情信息。

船长决定弃船时，应当组织乘客、船员依次离船，并尽力抢救法定航行资料。船长应当最后离船。

**第七十五条**　船舶、海上设施、航空器收到求救信号或者发现有人遭遇生命危险的，在不严重危及自身安全的情况下，应当尽力救助遇险人员。

**第七十六条**　海上搜救中心接到险情报告后，应当立即进行核实，及时组织、协调、指挥政府有关部门、专业搜救队伍、社会有关单位等各方力量参加搜救，并指定现场指挥。参加搜救的船舶、海上设施、航空器及人员应当服从现场指挥，及时报告搜救动态和搜救结果。

搜救行动的中止、恢复、终止决定由海上搜救中心作出。未经海上搜救中心同意，参加搜救的船舶、海上设施、航空器及人员不得擅自退出搜救行动。

军队参加海上搜救，依照有关法律、行政法规的规定执行。

**第七十七条**　遇险船舶、海上设施、航空器或者遇险人员应当服从海上搜救中心和现场指挥的指令，及时接受救助。

遇险船舶、海上设施、航空器不配合救助的，现场指挥根据险情危急情况，可以采取相应救助措施。

**第七十八条**　海上事故或者险情发生后，有关地方人民政府应当及时组织医疗机构为遇险人员提供紧急医疗救助，为获救人员提供必要的生活保障，并组织有关方面采取善后措施。

**第七十九条**　在中华人民共和国缔结或者参加的国际条约规定由我国承担搜救义务的海域内开展搜救，依照本章规定执行。

中国籍船舶在中华人民共和国管辖海域以及海上搜救责任区域以外的其他海域发生险情的，中国海上搜救中心接到信息后，应当依据中华人民共和国缔结或者参加的国际条约的规定开展国际协作。

## 第七章　海上交通事故调查处理

**第八十条**　船舶、海上设施发生海上交通事故，应当及时向海事管理机构报告，并接受调查。

**第八十一条**　海上交通事故根据造成的损害后果分为特别重大事故、重大事故、较大事故和一般事故。事故等级划分的人身伤亡标准依照有关安全生产的法律、行政法规的规定确定；事故等级划分的直接经济损失标准，由国务院交通运输主管部门会同国务院有关部门根据海上交通事故中的特殊情况确定，报国务院批准后公布施行。

**第八十二条**　特别重大海上交通事故由国务院或者国务院授权的部门组织事故调查组进行调查，海事管理机构应当参与或者配合开展调查工作。

其他海上交通事故由海事管理机构组织事故

调查组进行调查，有关部门予以配合。国务院认为有必要的，可以直接组织或者授权有关部门组织事故调查组进行调查。

海事管理机构进行事故调查，事故涉及执行军事运输任务的，应当会同有关军事机关进行调查；涉及渔业船舶的，渔业渔政主管部门、海警机构应当参与调查。

**第八十三条** 调查海上交通事故，应当全面、客观、公正、及时，依法查明事故事实和原因，认定事故责任。

**第八十四条** 海事管理机构可以根据事故调查处理需要拆封、拆解当事船舶的航行数据记录装置或者读取其记录的信息，要求船舶驶向指定地点或者禁止其离港，扣留船舶或者海上设施的证书、文书、物品、资料等并妥善保管。有关人员应当配合事故调查。

**第八十五条** 海上交通事故调查组应当自事故发生之日起九十日内提交海上交通事故调查报告；特殊情况下，经负责组织事故调查组的部门负责人批准，提交事故调查报告的期限可以适当延长，但延长期限最长不得超过九十日。事故技术鉴定所需时间不计入事故调查期限。

海事管理机构应当自收到海上交通事故调查报告之日起十五个工作日内作出事故责任认定书，作为处理海上交通事故的证据。

事故损失较小、事实清楚、责任明确的，可以依照国务院交通运输主管部门的规定适用简易调查程序。

海上交通事故调查报告、事故责任认定书应当依照有关法律、行政法规的规定向社会公开。

**第八十六条** 中国籍船舶在中华人民共和国管辖海域外发生海上交通事故的，应当及时向海事管理机构报告事故情况并接受调查。

外国籍船舶在中华人民共和国管辖海域外发生事故，造成中国公民重伤或者死亡的，海事管理机构根据中华人民共和国缔结或者参加的国际条约的规定参与调查。

**第八十七条** 船舶、海上设施在海上遭遇恶劣天气、海况以及意外事故，造成或者可能造成损害，需要说明并记录时间、海域以及所采取的应对措施等具体情况的，可以向海事管理机构申请办理海事声明签注。海事管理机构应当依照规定提供签注服务。

## 第八章 监督管理

**第八十八条** 海事管理机构对在中华人民共和国管辖海域内从事航行、停泊、作业以及其他与海上交通安全相关的活动，依法实施监督检查。

海事管理机构依照中华人民共和国法律、行政法规以及中华人民共和国缔结或者参加的国际条约对外国籍船舶实施港口国、沿岸国监督检查。

海事管理机构工作人员执行公务时，应当按照规定着装，佩戴职衔标志，出示执法证件，并自觉接受监督。

海事管理机构依法履行监督检查职责，有关单位、个人应当予以配合，不得拒绝、阻碍依法实施的监督检查。

**第八十九条** 海事管理机构实施监督检查可以采取登船检查、查验证书、现场检查、询问有关人员、电子监控等方式。

载运危险货物的船舶涉嫌存在瞒报、谎报危险货物等情况的，海事管理机构可以采取开箱查验等方式进行检查。海事管理机构应当将开箱查验情况通报有关部门。港口经营人和有关单位、个人应当予以协助。

**第九十条** 海事管理机构对船舶、海上设施实施监督检查时，应当避免、减少对其正常作业的影响。

除法律、行政法规另有规定或者不立即实施监督检查可能造成严重后果外，不得拦截正在航行中的船舶进行检查。

**第九十一条** 船舶、海上设施对港口安全具有威胁的，海事管理机构应当责令立即或者限期改正、限制操作，责令驶往指定地点、禁止进港或者将其驱逐出港。

船舶、海上设施处于不适航或者不适拖状态，船员、海上设施上的相关人员未持有有效的法定证书、文书，或者存在其他严重危害海上交通安全、污染海洋环境的隐患的，海事管理机构应当根据情况禁止有关船舶、海上设施进出港，暂扣有关证书、文书或者责令其停航、改航、驶往指定地点或者停止作业。船舶超载的，海事管理机构可以依法对船舶进行强制减载。因强制减载发生的费用由违法船舶所有人、经营人或者管理人承担。

船舶、海上设施发生海上交通事故、污染事故，未结清国家规定的税费、滞纳金且未提供担保或者未履行其他法定义务的，海事管理机构应当责令改正，并可以禁止其离港。

**第九十二条** 外国籍船舶可能威胁中华人民共和国内水、领海安全的，海事管理机构有权责令其离开。

外国籍船舶违反中华人民共和国海上交通安全或者防治船舶污染的法律、行政法规的，海事管理机构可以依法行使紧追权。

**第九十三条** 任何单位、个人有权向海事管理机构举报妨碍海上交通安全的行为。海事管理机构接到举报后，应当及时进行核实、处理。

**第九十四条** 海事管理机构在监督检查中，发现船舶、海上设施有违反其他法律、行政法规行为的，应当依法及时通报或者移送有关主管部门处理。

## 第九章 法律责任

**第九十五条** 船舶、海上设施未持有有效的证书、文书的，由海事管理机构责令改正，对违法船舶或者海上设施的所有人、经营人或者管理人处三万元以上三十万元以下的罚款，对船长和有关责任人员处三千元以上三万元以下的罚款；情节严重的，暂扣船长、责任船员的船员适任证书十八个月至三十个月，直至吊销船员适任证书；对船舶持有的伪造、变造证书、文书，予以没收；对存在严重安全隐患的船舶，可以依法予以没收。

**第九十六条** 船舶或者海上设施有下列情形之一的，由海事管理机构责令改正，对违法船舶或者海上设施的所有人、经营人或者管理人处二万元以上二十万元以下的罚款，对船长和有关责任人员处二千元以上二万元以下的罚款；情节严重的，吊销违法船舶所有人、经营人或者管理人的有关证书、文书，暂扣船长、责任船员的船员适任证书十二个月至二十四个月，直至吊销船员适任证书：

（一）船舶、海上设施的实际状况与持有的证书、文书不符；

（二）船舶未依法悬挂国旗，或者违法悬挂其他国家、地区或者组织的旗帜；

（三）船舶未按规定标明船名、船舶识别号、船籍港、载重线标志；

（四）船舶、海上设施的配员不符合最低安全配员要求。

**第九十七条** 在船舶上工作未持有船员适任证书、船员健康证明或者所持船员适任证书、健康证明不符合要求的，由海事管理机构对船舶的所有人、经营人或者管理人处一万元以上十万元以下的罚款，对责任船员处三千元以上三万元以下的罚款；情节严重的，对船舶的所有人、经营人或者管理人处三万元以上三十万元以下的罚款，暂扣责任船员的船员适任证书六个月至十二个月，直至吊销船员适任证书。

**第九十八条** 以欺骗、贿赂等不正当手段为中国籍船舶取得相关证书、文书的，由海事管理机构撤销有关许可，没收相关证书、文书，对船舶所有人、经营人或者管理人处四万元以上四十万元以下的罚款。

以欺骗、贿赂等不正当手段取得船员适任证书的，由海事管理机构撤销有关许可，没收船员适任证书，对责任人员处五千元以上五万元以下的罚款。

**第九十九条** 船员未保持安全值班，违反规定摄入可能影响安全值班的食品、药品或者其他物品，或者有其他违反海上船员值班规则的行为的，由海事管理机构对船长、责任船员处一千元以上一万元以下的罚款，或者暂扣船员适任证书三个月至十二个月；情节严重的，吊销船长、责任船员的船员适任证书。

**第一百条** 有下列情形之一的，由海事管理机构责令改正；情节严重的，处三万元以上十万元以下的罚款：

（一）建设海洋工程、海岸工程未按规定配备相应的防止船舶碰撞的设施、设备并设置专用航标；

（二）损坏海上交通支持服务系统或者妨碍其工作效能；

（三）未经海事管理机构同意设置、撤除专用航标，移动专用航标位置或者改变航标灯光、功率等其他状况，或者设置临时航标不符合海事管理机构确定的航标设置点；

（四）在安全作业区、港外锚地范围内从事养殖、种植、捕捞以及其他影响海上交通安全的作业或者活动。

**第一百零一条** 有下列情形之一的，由海事管理机构责令改正，对有关责任人员处三万元以下的罚款；情节严重的，处三万元以上十万元以下的罚款，并暂扣责任船员的船员适任证书一个月至三个月：

（一）承担无线电通信任务的船员和岸基无线电台（站）的工作人员未保持海上交通安全通信频道的值守和畅通，或者使用海上交通安全通信频率交流与海上交通安全无关的内容；

（二）违反国家有关规定使用无线电台识别码，影响海上搜救的身份识别；

（三）其他违反海上无线电通信规则的行为。

**第一百零二条** 船舶未依照本法规定申请引航的，由海事管理机构对违法船舶的所有人、经营人或者管理人处五万元以上五十万元以下的罚款，对船长处一千元以上一万元以下的罚款；情节严重的，暂扣有关船舶证书三个月至十二个月，暂扣船长的船员适任证书一个月至三个月。

引航机构派遣引航员存在过失，造成船舶损失的，由海事管理机构对引航机构处三万元以上三十万元以下的罚款。

未经引航机构指派擅自提供引航服务的，由海事管理机构对引领船舶的人员处三千元以上三万元以下的罚款。

**第一百零三条** 船舶在海上航行、停泊、作业，有下列情形之一的，由海事管理机构责令改正，对违法船舶的所有人、经营人或者管理人处二万元以上二十万元以下的罚款，对船长、责任船员处二千元以上二万元以下的罚款，暂扣船员适任证书三个月至十二个月；情节严重的，吊销船长、责任船员的船员适任证书：

（一）船舶进出港口、锚地或者通过桥区水域、海峡、狭水道、重要渔业水域、通航船舶密集的区域、船舶定线区、交通管制区时，未加强瞭望、保持安全航速并遵守前述区域的特殊航行规则；

（二）未按照有关规定显示信号、悬挂标志或者保持足够的富余水深；

（三）不符合安全开航条件冒险开航，违章冒险操作、作业，或者未按照船舶检验证书载明的航区航行、停泊、作业；

（四）未按照有关规定开启船舶的自动识别、航行数据记录、远程识别和跟踪、通信等与航行安全、保安、防治污染相关的装置，并持续进行显示和记录；

（五）擅自拆封、拆解、初始化、再设置航行数据记录装置或者读取其记录的信息；

（六）船舶穿越航道妨碍航道内船舶的正常航行，抢越他船船艏或者超过桥梁通航尺度进入桥区水域；

（七）船舶违反规定进入或者穿越禁航区；

（八）船舶载运或者拖带超长、超高、超宽、半潜的船舶、海上设施或者其他物体航行，未采取特殊的安全保障措施，未在开航前向海事管理机构报告航行计划，未按规定显示信号、悬挂标志，或者拖带移动式平台、浮船坞等大型海上设施未依法交验船舶检验机构出具的拖航检验证书；

（九）船舶在不符合安全条件的码头、泊位、装卸站、锚地、安全作业区停泊，或者停泊危及其他船舶、海上设施的安全；

（十）船舶违反规定超过检验证书核定的载客定额、载重线、载货种类载运乘客、货物，或者客船载运乘客同时载运危险货物；

（十一）客船未向乘客明示安全须知、设置安全标志和警示；

（十二）未按照有关法律、行政法规、规章以及强制性标准和技术规范的要求安全装卸、积载、隔离、系固和管理货物；

（十三）其他违反海上航行、停泊、作业规则的行为。

**第一百零四条** 国际航行船舶未经许可进出口岸的，由海事管理机构对违法船舶的所有人、经营人或者管理人处三千元以上三万元以下的罚款，对船长、责任船员或者其他责任人员，处二千元以上二万元以下的罚款；情节严重的，吊销船长、责任船员的船员适任证书。

国内航行船舶进出港口、港外装卸站未依法向海事管理机构报告的，由海事管理机构对违法船舶的所有人、经营人或者管理人处三千元以上三万元以下的罚款，对船长、责任船员或者其他责任人员处五百元以上五千元以下的罚款。

**第一百零五条** 船舶、海上设施未经许可从事海上施工作业，或者未按照许可要求、超出核定的安全作业区进行作业的，由海事管理机构责令改正，对违法船舶、海上设施的所有人、经营人或者管理人处三万元以上三十万元以下的罚款，对船长、责任船员处三千元以上三万元以下的罚款，或者暂扣船员适任证书六个月至十二个月；情节严重的，吊销船长、责任船员的船员适任证书。

从事可能影响海上交通安全的水上水下活动，未按规定提前报告海事管理机构的，由海事管理机构对违法船舶、海上设施的所有人、经营人或者管理人处一万元以上三万元以下的罚款，对船长、责任船员处二千元以上二万元以下的罚款。

**第一百零六条** 碍航物的所有人、经营人或者管理人有下列情形之一的，由海事管理机构责令改正，处二万元以上二十万元以下的罚款；逾期未改正的，海事管理机构有权依法实施代履行，代履行的费用由碍航物的所有人、经营人或者管理人承担：

（一）未按照有关强制性标准和技术规范的要求及时设置警示标志；

（二）未向海事管理机构报告碍航物的名称、形状、尺寸、位置和深度；

（三）未在海事管理机构限定的期限内打捞清除碍航物。

**第一百零七条**　外国籍船舶进出中华人民共和国内水、领海违反本法规定的，由海事管理机构对违法船舶的所有人、经营人或者管理人处五万元以上五十万元以下的罚款，对船长处一万元以上三万元以下的罚款。

**第一百零八条**　载运危险货物的船舶有下列情形之一的，海事管理机构应当责令改正，对违法船舶的所有人、经营人或者管理人处五万元以上五十万元以下的罚款，对船长、责任船员或者其他责任人员，处五千元以上五万元以下的罚款；情节严重的，责令停止作业或者航行，暂扣船长、责任船员的船员适任证书六个月至十二个月，直至吊销船员适任证书：

（一）未经许可进出港口或者从事散装液体危险货物过驳作业；

（二）未按规定编制相应的应急处置预案，配备相应的消防、应急设备和器材；

（三）违反有关强制性标准和安全作业操作规程的要求从事危险货物装卸、过驳作业。

**第一百零九条**　托运人托运危险货物，有下列情形之一的，由海事管理机构责令改正，处五万元以上三十万元以下的罚款：

（一）未将托运的危险货物的正式名称、危险性质以及应当采取的防护措施通知承运人；

（二）未按照有关法律、行政法规、规章以及强制性标准和技术规范的要求对危险货物妥善包装，设置明显的危险品标志和标签；

（三）在托运的普通货物中夹带危险货物或者将危险货物谎报为普通货物托运；

（四）未依法提交有关专业机构出具的表明该货物危险特性以及应当采取的防护措施等情况的文件。

**第一百一十条**　船舶、海上设施遇险或者发生海上交通事故后未履行报告义务，或者存在瞒报、谎报情形的，由海事管理机构对违法船舶、海上设施的所有人、经营人或者管理人处三千元以上三万元以下的罚款，对船长、责任船员处二千元以上二万元以下的罚款，暂扣船员适任证书六个月至二十四个月；情节严重的，对违法船舶、海上设施的所有人、经营人或者管理人处一万元以上十万元以下的罚款，吊销船长、责任船员的船员适任证书。

**第一百一十一条**　船舶发生海上交通事故后逃逸的，由海事管理机构对违法船舶的所有人、经营人或者管理人处十万元以上五十万元以下的罚款，对船长、责任船员处五千元以上五万元以下的罚款并吊销船员适任证书，受处罚者终身不得重新申请。

**第一百一十二条**　船舶、海上设施不依法履行海上救助义务，不服从海上搜救中心指挥的，由海事管理机构对船舶、海上设施的所有人、经营人或者管理人处三万元以上三十万元以下的罚款，暂扣船长、责任船员的船员适任证书六个月至十二个月，直至吊销船员适任证书。

**第一百一十三条**　有关单位、个人拒绝、阻碍海事管理机构监督检查，或者在接受监督检查时弄虚作假的，由海事管理机构处二千元以上二万元以下的罚款，暂扣船长、责任船员的船员适任证书六个月至二十四个月，直至吊销船员适任证书。

**第一百一十四条**　交通运输主管部门、海事管理机构及其他有关部门的工作人员违反本法规定，滥用职权、玩忽职守、徇私舞弊的，依法给予处分。

**第一百一十五条**　因海上交通事故引发民事纠纷的，当事人可以依法申请仲裁或者向人民法院提起诉讼。

**第一百一十六条**　违反本法规定，构成违反治安管理行为的，依法给予治安管理处罚；造成人身、财产损害的，依法承担民事责任；构成犯罪的，依法追究刑事责任。

## 第十章　附　　则

**第一百一十七条**　本法下列用语的含义是：

船舶，是指各类排水或者非排水的船、艇、筏、水上飞行器、潜水器、移动式平台以及其他移动式装置。

海上设施，是指水上水下各种固定或者浮动建筑、装置和固定平台，但是不包括码头、防波堤等港口设施。

内水，是指中华人民共和国领海基线向陆地一侧至海岸线的海域。

施工作业，是指勘探、采掘、爆破，构筑、维修、拆除水上水下构筑物或者设施，航道建设、疏浚（航道养护疏浚除外）作业，打捞沉船沉物。

海上交通事故，是指船舶、海上设施在航行、停泊、作业过程中发生的，由于碰撞、搁浅、触礁、触碰、火灾、风灾、浪损、沉没等原因造成人员伤亡或者财产损失的事故。

海上险情，是指对海上生命安全、水域环境构成威胁，需立即采取措施规避、控制、减轻和消除的各种情形。

危险货物，是指国际海上危险货物运输规则和国家危险货物品名表上列明的,易燃、易爆、有毒、有腐蚀性、有放射性、有污染危害性等,在船舶载运过程中可能造成人身伤害、财产损失或者环境污染而需要采取特别防护措施的货物。

海上渡口,是指海上岛屿之间、海上岛屿与大陆之间,以及隔海相望的大陆与大陆之间,专用于渡船渡运人员、行李、车辆的交通基础设施。

**第一百一十八条** 公务船舶检验、船员配备的具体办法由国务院交通运输主管部门会同有关主管部门另行制定。

体育运动船舶的登记、检验办法由国务院体育主管部门另行制定。训练、比赛期间的体育运动船舶的海上交通安全监督管理由体育主管部门负责。

渔业船员、渔业无线电、渔业航标的监督管理,渔业船舶的登记管理,渔港水域内的海上交通安全管理,渔业船舶(含外国籍渔业船舶)之间交通事故的调查处理,由县级以上人民政府渔业渔政主管部门负责。法律、行政法规或者国务院对渔业船舶之间交通事故的调查处理另有规定的,从其规定。

除前款规定外,渔业船舶的海上交通安全管理由海事管理机构负责。渔业船舶的检验及其监督管理,由海事管理机构依照有关法律、行政法规的规定执行。

浮式储油装置等海上石油、天然气生产设施的检验适用有关法律、行政法规的规定。

**第一百一十九条** 海上军事管辖区和军用船舶、海上设施的内部海上交通安全管理,军用航标的设立和管理,以及为军事目的进行作业或者水上水下活动的管理,由中央军事委员会另行制定管理办法。

划定、调整海上交通功能区或者领海内特定水域,划定海上渡口的渡运线路,许可海上施工作业,可能对军用船舶的战备、训练、执勤等行动造成影响的,海事管理机构应当事先征求有关军事机关的意见。

执行军事运输任务有特殊需要的,有关军事机关应当及时向海事管理机构通报相关信息。海事管理机构应当给予必要的便利。

海上交通安全管理涉及国防交通、军事设施保护的,依照有关法律的规定执行。

**第一百二十条** 外国籍公务船舶在中华人民共和国领海航行、停泊、作业,违反中华人民共和国法律、行政法规的,依照有关法律、行政法规的规定处理。

在中华人民共和国管辖海域内的外国籍军用船舶的管理,适用有关法律的规定。

**第一百二十一条** 中华人民共和国缔结或者参加的国际条约同本法有不同规定的,适用国际条约的规定,但中华人民共和国声明保留的条款除外。

**第一百二十二条** 本法自 2021 年 9 月 1 日起施行。

# 关于《中华人民共和国海上交通安全法(修订草案)》的说明

——2020 年 12 月 22 日在第十三届全国人民代表大会常务委员会第二十四次会议上

交通运输部部长 李小鹏

全国人民代表大会常务委员会:

我受国务院委托,现对《中华人民共和国海上交通安全法(修订草案)》(以下简称《草案》)作说明。

## 一、修订工作情况

海上交通安全事关群众生命财产安全和海上运输、海洋资源开发等事业发展。1984 年起施行的《中华人民共和国海上交通安全法》(以下称现行法)确立了我国海上交通安全管理的基本制度,有力促进了我国海运事业的发展。随着改革开放日益深化和经济社会快速发展,该法有关内容已不能适应海运事业发展和海上交通安全管理的新形势、新要求,亟需修改完善:一是海上航行船舶、海上设施大幅增多,并呈现大型化、专业化发展态势,沿海水域空前繁忙,海上交通环境日益复杂、安全风险显著增加,监管难度不断加大,需要建立健全与之相适应的监管制度体系;二是海事执法活动涉及面广、专业性强,海上交通安全管理内涵随着实践发展日益丰富,为更好贯彻简政放权、放管结合、优化服务改革精神、落实行政执法规范化要求,需要根据有关法律规定,完善海事执法条件和程序,规范执法行为;三是现行条文关于海上交通安全管理的规定较为原则,在实施过程中出现了法律依据不够明确、制度规定不够具体、监管措施难以落实等问题,需要在总结经验的基础上完善制度设计,增强监管措施的针对性和实效性;四是海上运输和海事执法具有很强的国际性、涉外性,近年来,我国先后加入多部有关海上交通安全的国际条约,对海上交通安全管理制度提出了诸多新要求,需要通过修改完善现行法落实履行国际条约的义务。

按照党中央、国务院决策部署,交通运输部研究起草了现行法修订送审稿,上报国务院;司法部按程序多次征求了中央有关部门和单位、地方人民政府、企业的意见,并向社会公开征求了意见。经反复研究论证和修改完善,形成了《草案》。《草案》已经国务院第109次常务会议讨论通过。

## 二、修订的主要内容

现行法共十二章五十三条,《草案》共十章一百二十一条,修订工作从事前制度规范、加强事中事后监管、强化应急处置等方面完善制度设计,全方位落实安全管理要求,主要规定了以下内容:

（一）优化海上交通条件,提高安全保障水平。一是规定海事管理机构根据需要划定、调整并及时公布船舶定线区等海上交通功能区域。二是明确国家建立完善船舶定位、导航等海上交通支持服务系统。三是明确航标建设、维护、保养的行为规范和责任主体。四是规定强制引航范围,明确引航机构、引航员和被引领船舶的责任。

（二）强化船舶、船员管理,规范海上交通行为。一是规定船舶应当经船舶检验机构检验合格,取得相应证书、文书及国籍证书。二是规定船员应当经过相应专业教育、培训,持有合格有效证书,按照制度规程操纵和管理船舶。三是要求有关船舶所有人、经营人或管理人建立、运行安全营运和防污染管理体系及保安制度,取得海事劳工证书。四是明确船舶航行、停泊、作业需要普遍遵守的行为规则,规定船舶载运乘客、危险货物以及进行危险货物装卸过驳作业的安全保护措施。

（三）严控行政许可事项,规范行政执法行为。一是精简整合现行法律法规设立的涉及海上交通安全管理的行政许可事项,取消一批行政许可事项,将船舶安全检验改为第三方机构检验发证。二是为履行《国际海事劳工公约》,拟新设海事劳工证书核发许可。三是明确海上施工作业、船舶载运危险货物进出港口、海上危险货物运输或者装卸过驳作业等3项许可的适用范围和条件。四是明确海事管理机构在船舶超载、威胁港口安全等情形下可采取的强制措施,要求实施监督检查时避免、减少对正常作业的影响。

（四）完善海上搜救机制,健全事故调查处理制度。一是明确海上遇险人员依法享有获得生命救助的权利,规定生命救助优先于环境和财产救助的基本原则。二是规定建立海上搜救协调机制,加强海上搜救力量建设,设立海上搜救中心负责组织、协调、指挥工作,建立定期演练和日常培训制度,鼓励社会力量参与海上搜救工作。三是规定险情发生后遇险、救援、指挥各方的行为规范,保障搜救行动有序开展。四是规定海上交通事故分类标准、调查主体、原则、程序等。

此外,《草案》对各类违法行为规定了严格的法律责任,强化责任追究,明确民事纠纷仲裁程序;规定了渔船海上交通事故管理责任和调查处理机制。

《草案》及以上说明是否妥当,请审议。

# 全国人民代表大会宪法和法律委员会关于《中华人民共和国海上交通安全法(修订草案)》审议结果的报告

——2021年4月26日在第十三届全国人民代表大会常务委员会第二十八次会议上

全国人大宪法和法律委员会副主任委员　胡可明

全国人民代表大会常务委员会:

常委会第二十四次会议对海上交通安全法修订草案进行了初次审议。会后,法制工作委员会将草案印发地方人大、中央有关部门、法学教学研究机构、基层立法联系点和有关社会团体征求意见，并在中国人大网全文公布草案征求社会公众意见。王晨副委员长带队赴交通运输部调研，听取有关企业、协会、专家和执法部门同志的意见。宪法和法律委员会、财政经济委员会、法制工作委员会联合召开座谈会，听取中央有关部门、有关企业、协会和专家对草案的意见。宪法和法律委员会、法制工作委员会还到上海、深圳等地调研，并就草案主要问题同有关部门交换意见，共同研究。宪法和法律委员会于 3 月 31 日召开会议，根据常委会组成人员的审议意见和各方面意见，对草案进行了逐条审议。财政经济委员会、司法部、交通运输部有关负责同志列席了会议。4 月 20 日，宪法和法律委员会召开会议，再次进行了审议。宪法和法律委员会认为，修订草案已经比较成熟。同时，提出以下主要修改意见：

一、修订草案第二条规定，在中华人民共和国沿海水域内从事航行、停泊、作业等与海上交通安全相关的活动，应当遵守本法，并在“附则”中明确“沿海水域”包括我国的内水、领海和管辖的其他海域。有的部门、专家和社会公众提出，“沿海水域”的表述不很确切，本法适用范围不限于“沿海”，海洋环境保护法、海警法等法律已经使用了“管辖海域”的表述，草案中很多条文也使用了“管辖海域”的表述，建议保持相关法律用语的统一。宪法和法律委员会经研究，建议采纳这一意见，将上述规定中的“沿海水域”修改为“管辖海域”。

二、有的常委会组成人员、专家和社会公众提出，海上交通安全与海洋生态环境保护密切相关，建议明确海上交通安全参与者应当注意保护海洋生态环境。宪法和法律委员会经研究，建议采纳上述意见，对从事船舶、海上设施航行、停泊、作业以及其他与海上交通相关活动的单位、个人，增加规定应当承担保护海洋生态环境的义务。

三、修订草案第三条第三款规定，国家鼓励和支持先进科学技术在海上交通安全管理中的应用。有的常委委员、专家建议将该款规定单列一条，并增加规定相关内容。宪法和法律委员会经研究，建议采纳这一意见，将该款规定单列一条，规定：国家鼓励和支持先进科学技术在海上交通安全工作中的应用，促进海上交通安全现代化建设，提高海上交通安全科学技术水平。

四、修订草案第二十九条第一款规定，外国籍船舶、核动力船舶、载运放射性物质的船舶、超大型油轮等进出港口、港外锚地，在国务院交通运输主管部门划定的引航区内航行或者移泊的，应当向引航机构申请引航。有的专家、社会公众提出，强制引航的区域范围不限于船舶进出港口、港外锚地，且适用的活动范围除船舶航行、移泊外，还应当包括停泊。宪法和法律委员会经研究，建议采纳这一意见，删去上述规定中“进出港口、港外锚地”的范围限制，并在“航行”后增加“停泊”。

五、有的常委委员、专家提出，新冠肺炎疫情发生以来，船舶的疫情防控问题引发各方关注。为有效应对船舶发生传染病疫情，有必要明确船长在疫情防控方面的职责。宪法和法律委员会经研究，建议采纳这一意见，增加一条规定：发现在船人员患有或者疑似患有严重威胁他人健康的传染病的，船长应当立即启动相应的应急预案，在职责范围内对相关人员采取必要的隔离措施，并及时报告有关主管部门。

六、修订草案第一百一十八条规定，在香港、澳门进行船籍登记的船舶，参照本法关于外国籍船舶的规定执行；法律、行政法规或者国务院另有规定的，从其规定。有的常委委员、地方、法学教学研究机构、专家提出，在港澳登记的船舶属于中国籍船舶，不宜在法律中明确规定参照外国籍船舶的规定执行。有的部门、社会公众建议增加规定在台湾地区登记船舶的法律适用问题。宪法和法律委员会经研究认为，港澳台地区属于中国的一部分，在三地登记的船舶性质上属于中国籍船舶；同时，港澳台地区属于单独关税区，国家对三地登记的船舶实行特殊的政策和管理，总体上是参照外国籍船舶的规定执行，对此宜采用外商投资法等涉及此类问题立法的通常作法，由配套的下位立法作出规定，本法不规定不会改变、也不会影响多年来行之有效的制度安排和实际运作。据此，建议删去该条规定。

此外，还对修订草案作了一些文字修改。

4 月 9 日，法制工作委员会召开会议，邀请有关全国人大代表、专家学者和相关企业、行业协会、地方海事管理机构等方面的代表，就修订草案中主要制度规范的可行性、法律出台时机、法律实施的社会效果和可能出现的问题等进行评估。普遍认为，修订草案从事前制度规范、事中事后监管、应急处置等方面对现行法作了大幅修改完善，优化了海上交通条件，强化了船舶、船员管理，规范了行政执法行为，完善了海上搜救机制及事故调查处理制度，落实了履行相关国际条约的义务，有利于提升海上交通管理及安全保障水平，维护海上交通秩序和保障人民群众生命财产安全，有利于维护国家主权、安全和发展利益。修订草案内容全面，结构完整，规范明确，具有较强的针对性和可操作性，已基本成熟，建议尽快出台。与会人员还对修订草案提出了一些具体修改意见，有的意见已经予以采纳。

修订草案二次审议稿已按上述意见作了修改。鉴于本法作为涉外法律对加快形成系统完备的涉外法律法规体系具有积极意义，目前各方面对修订草案的意见比较一致，宪法和法律委员会建议提请本次常委会会议审议通过。

修订草案二次审议稿和以上报告是否妥当，请审议。

# 全国人民代表大会宪法和法律委员会关于《中华人民共和国海上交通安全法（修订草案二次审议稿）》修改意见的报告

——2021年4月28日在第十三届全国人民代表大会常务委员会第二十八次会议上

全国人民代表大会常务委员会：

本次常委会会议于4月26日下午对海上交通安全法修订草案二次审议稿进行了分组审议。普遍认为，草案已经比较成熟，建议进一步修改后，提请本次常委会会议表决通过。同时，有些常委会组成人员和列席人员还提出了一些修改意见和建议。宪法和法律委员会于4月27日上午召开会议，逐条研究了常委会组成人员的审议意见，对草案进行了审议。财政经济委员会、司法部、交通运输部有关负责同志列席了会议。宪法和法律委员会认为，草案是可行的，同时，提出以下修改意见：

一、修订草案二次审议稿第十四条第一款规定了中国籍船舶的所有人、经营人或者管理人为其国际航行船舶取得海事劳工证书应当符合的条件。有的常委会组成人员建议对该款第二项关于船员在船舶上工作环境等方面的规定进行完善，进一步强调船舶的所有人、经营人或者管理人在此方面的责任。宪法和法律委员会经研究，建议采纳这一意见，将该款第二项修改为：所有人、经营人或者管理人已保障船员在船舶上的工作环境、职业健康保障和安全防护、工作和休息时间、工资报酬、生活条件、医疗条件、社会保险等符合国家有关规定。

二、修订草案二次审议稿第八十三条规定，调查海上交通事故，应当全面、客观、公正，依法查明事故事实和原因，认定事故责任。有的常委委员提出，调查海上交通事故，除了全面、客观、公正外，还要强调“及时”。宪法和法律委员会经研究，建议采纳这一意见，将该条修改为：调查海上交通事故，应当全面、客观、公正、及时，依法查明事故事实和原因，认定事故责任。

三、修订草案二次审议稿第一百一十七条规定了海上交通事故的定义，即海上交通事故是指船舶、海上设施在航行、停泊、作业过程中发生的，由与船舶、海上设施操作直接相关的原因引起的，造成人员伤亡或者财产损失的事故。有的常委委员建议对这一定义进行完善，明确规定海上交通事故的具体情形，便于实践中理解与适用。宪法和法律委员会经研究，建议采纳这一意见，将上述规定修改为：海上交通事故，是指船舶、海上设施在航行、停泊、作业中发生的，由于碰撞、搁浅、触礁、触碰、火灾、风灾、浪损、沉没等原因造成人员伤亡或者财产损失的事故。

在审议过程中，有的常委会组成人员还就本法实施中要加强与海警法等法律的衔接，加强我国加入的有关国际海事公约的进一步转化，加大对紧急情况下进入我国内水的外国船舶的管理等提出了一些很好的意见和建议。宪法和法律委员会建议，国务院及交通运输部等部门要认真研究常委会组成人员的意见，制定完善有关配套规定，对落实国际条约义务作更细致的规定，并加强海事部门与有关部门在工作机制上的衔接配合；同时，进一步加大执法力度，更好维护国家权益，确保法律全面有效实施。

经与有关部门研究，建议将修订后的海上交通安全法的施行时间确定为2021年9月1日。

此外，根据常委会组成人员的审议意见，还对修订草案二次审议稿作了一些文字修改。

修订草案修改稿已按上述意见作了修改，宪法和法律委员会建议本次常委会会议审议通过。

修订草案修改稿和以上报告是否妥当，请审议。

# 中华人民共和国主席令

第八十号

《全国人民代表大会常务委员会关于修改〈中华人民共和国教育法〉的决定》已由中华人民共和国第十三届全国人民代表大会常务委员会第二十八次会议于 2021 年 4 月 29 日通过，现予公布，自 2021 年 4 月 30 日起施行。

中华人民共和国主席　习近平
2021 年 4 月 29 日

# 全国人民代表大会常务委员会关于修改《中华人民共和国教育法》的决定

（2021 年 4 月 29 日第十三届全国人民代表大会常务委员会第二十八次会议通过）

第十三届全国人民代表大会常务委员会第二十八次会议决定对《中华人民共和国教育法》作如下修改：

一、将第三条修改为："国家坚持中国共产党的领导，坚持以马克思列宁主义、毛泽东思想、邓小平理论、'三个代表'重要思想、科学发展观、习近平新时代中国特色社会主义思想为指导，遵循宪法确定的基本原则，发展社会主义的教育事业。"

二、将第四条第一款修改为："教育是社会主义现代化建设的基础，对提高人民综合素质、促进人的全面发展、增强中华民族创新创造活力、实现中华民族伟大复兴具有决定性意义，国家保障教育事业优先发展。"

三、将第五条修改为："教育必须为社会主义现代化建设服务、为人民服务，必须与生产劳动和社会实践相结合，培养德智体美劳全面发展的社会主义建设者和接班人。"

四、将第七条修改为："教育应当继承和弘扬中华优秀传统文化、革命文化、社会主义先进文化，吸收人类文明发展的一切优秀成果。"

五、将第七十七条修改为："在招收学生工作中滥用职权、玩忽职守、徇私舞弊的，由教育行政部门或者其他有关行政部门责令退回招收的不符合入学条件的人员；对直接负责的主管人员和其他直接责任人员，依法给予处分；构成犯罪的，依法追究刑事责任。

"盗用、冒用他人身份，顶替他人取得的入学资格的，由教育行政部门或者其他有关行政部门责令撤销入学资格，并责令停止参加相关国家教育考试二年以上五年以下；已经取得学位证书、学历证书或者其他学业证书的，由颁发机构撤销相关证书；已经成为公职人员的，依法给予开除处分；构成违反治安管理行为的，由公安机关依法给予治安管理处罚；构成犯罪的，依法追究刑事责任。

"与他人串通，允许他人冒用本人身份，顶替本人取得的入学资格的，由教育行政部门或者其他有关行政部门责令停止参加相关国家教育考试一年以上三年以下；有违法所得的，没收违法所得；已经成为公职人员的，依法给予处分；构成违反治安管理行为的，由公安机关依法给予治安管理处罚；构成犯罪的，依法追究刑事责任。

"组织、指使盗用或者冒用他人身份，顶替他人取得的入学资格的，有违法所得的，没收违法所得；属于公职人员的，依法给予处分；构成违反治安管理行为的，由公安机关依法给予治安管理处罚；构成犯罪的，依法追究刑事责任。

"入学资格被顶替权利受到侵害的，可以请求恢复其入学资格。"

本决定自 2021 年 4 月 30 日起施行。

《中华人民共和国教育法》根据本决定作相应修改，重新公布。

# 中华人民共和国教育法

（1995 年 3 月 18 日第八届全国人民代表大会第三次会议通过　根据 2009 年 8 月 27 日第十一届全国人民代表大会常务委员会第十次会议《关于修改部分法律的决定》第一次修正　根据 2015 年 12 月 27 日第十二届全国人民代表大会常务委员会第十八次会议《关于修改〈中华人民共和国教育法〉的决定》第二次修正　根据 2021 年 4 月 29 日第十三届全国人民代表大会常务委员会第二十八次会议《关于修改〈中华人民共和国教育法〉的决定》第三次修正）

## 目　录



## 第一章　总　　则

**第一条**　为了发展教育事业，提高全民族的素质，促进社会主义物质文明和精神文明建设，根据宪法，制定本法。

**第二条**　在中华人民共和国境内的各级各类教育，适用本法。

**第三条**　国家坚持中国共产党的领导，坚持以马克思列宁主义、毛泽东思想、邓小平理论、“三个代表”重要思想、科学发展观、习近平新时代中国特色社会主义思想为指导，遵循宪法确定的基本原则，发展社会主义的教育事业。

**第四条**　教育是社会主义现代化建设的基础，对提高人民综合素质、促进人的全面发展、增强中华民族创新创造活力、实现中华民族伟大复兴具有决定性意义，国家保障教育事业优先发展。

全社会应当关心和支持教育事业的发展。

全社会应当尊重教师。

**第五条**　教育必须为社会主义现代化建设服务、为人民服务，必须与生产劳动和社会实践相结合，培养德智体美劳全面发展的社会主义建设者和接班人。

**第六条**　教育应当坚持立德树人，对受教育者加强社会主义核心价值观教育，增强受教育者的社会责任感、创新精神和实践能力。

国家在受教育者中进行爱国主义、集体主义、中国特色社会主义的教育，进行理想、道德、纪律、法治、国防和民族团结的教育。

**第七条**　教育应当继承和弘扬中华优秀传统文化、革命文化、社会主义先进文化，吸收人类文明发展的一切优秀成果。

**第八条**　教育活动必须符合国家和社会公共利益。

国家实行教育与宗教相分离。任何组织和个人不得利用宗教进行妨碍国家教育制度的活动。

**第九条**　中华人民共和国公民有受教育的权利和义务。

公民不分民族、种族、性别、职业、财产状况、宗教信仰等，依法享有平等的受教育机会。

**第十条**　国家根据各少数民族的特点和需要，帮助各少数民族地区发展教育事业。

国家扶持边远贫困地区发展教育事业。

国家扶持和发展残疾人教育事业。

**第十一条**　国家适应社会主义市场经济发展和社会进步的需要，推进教育改革，推动各级各类教育协调发展、衔接融通，完善现代国民教育体系，健全终身教育体系，提高教育现代化水平。

国家采取措施促进教育公平，推动教育均衡发展。

国家支持、鼓励和组织教育科学研究，推广教育科学研究成果，促进教育质量提高。

**第十二条**　国家通用语言文字为学校及其他

教育机构的基本教育教学语言文字，学校及其他教育机构应当使用国家通用语言文字进行教育教学。

民族自治地方以少数民族学生为主的学校及其他教育机构，从实际出发，使用国家通用语言文字和本民族或者当地民族通用的语言文字实施双语教育。

国家采取措施，为少数民族学生为主的学校及其他教育机构实施双语教育提供条件和支持。

**第十三条** 国家对发展教育事业做出突出贡献的组织和个人，给予奖励。

**第十四条** 国务院和地方各级人民政府根据分级管理、分工负责的原则，领导和管理教育工作。

中等及中等以下教育在国务院领导下，由地方人民政府管理。

高等教育由国务院和省、自治区、直辖市人民政府管理。

**第十五条** 国务院教育行政部门主管全国教育工作，统筹规划、协调管理全国的教育事业。

县级以上地方各级人民政府教育行政部门主管本行政区域内的教育工作。

县级以上各级人民政府其他有关部门在各自的职责范围内，负责有关的教育工作。

**第十六条** 国务院和县级以上地方各级人民政府应当向本级人民代表大会或者其常务委员会报告教育工作和教育经费预算、决算情况，接受监督。

## 第二章 教育基本制度

**第十七条** 国家实行学前教育、初等教育、中等教育、高等教育的学校教育制度。

国家建立科学的学制系统。学制系统内的学校和其他教育机构的设置、教育形式、修业年限、招生对象、培养目标等，由国务院或者由国务院授权教育行政部门规定。

**第十八条** 国家制定学前教育标准，加快普及学前教育，构建覆盖城乡，特别是农村的学前教育公共服务体系。

各级人民政府应当采取措施，为适龄儿童接受学前教育提供条件和支持。

**第十九条** 国家实行九年制义务教育制度。

各级人民政府采取各种措施保障适龄儿童、少年就学。

适龄儿童、少年的父母或者其他监护人以及有关社会组织和个人有义务使适龄儿童、少年接受并完成规定年限的义务教育。

**第二十条** 国家实行职业教育制度和继续教育制度。

各级人民政府、有关行政部门和行业组织以及企业事业组织应当采取措施，发展并保障公民接受职业学校教育或者各种形式的职业培训。

国家鼓励发展多种形式的继续教育，使公民接受适当形式的政治、经济、文化、科学、技术、业务等方面的教育，促进不同类型学习成果的互认和衔接，推动全民终身学习。

**第二十一条** 国家实行国家教育考试制度。

国家教育考试由国务院教育行政部门确定种类，并由国家批准的实施教育考试的机构承办。

**第二十二条** 国家实行学业证书制度。

经国家批准设立或者认可的学校及其他教育机构按照国家有关规定，颁发学历证书或者其他学业证书。

**第二十三条** 国家实行学位制度。

学位授予单位依法对达到一定学术水平或者专业技术水平的人员授予相应的学位，颁发学位证书。

**第二十四条** 各级人民政府、基层群众性自治组织和企业事业组织应当采取各种措施，开展扫除文盲的教育工作。

按照国家规定具有接受扫除文盲教育能力的公民，应当接受扫除文盲的教育。

**第二十五条** 国家实行教育督导制度和学校及其他教育机构教育评估制度。

## 第三章 学校及其他教育机构

**第二十六条** 国家制定教育发展规划，并举办学校及其他教育机构。

国家鼓励企业事业组织、社会团体、其他社会组织及公民个人依法举办学校及其他教育机构。

国家举办学校及其他教育机构，应当坚持勤俭节约的原则。

以财政性经费、捐赠资产举办或者参与举办的学校及其他教育机构不得设立为营利性组织。

**第二十七条** 设立学校及其他教育机构，必须具备下列基本条件：

（一）有组织机构和章程；

（二）有合格的教师；

（三）有符合规定标准的教学场所及设施、设备等；

（四）有必备的办学资金和稳定的经费来源。

**第二十八条**　学校及其他教育机构的设立、变更和终止，应当按照国家有关规定办理审核、批准、注册或者备案手续。

**第二十九条**　学校及其他教育机构行使下列权利：

（一）按照章程自主管理；

（二）组织实施教育教学活动；

（三）招收学生或者其他受教育者；

（四）对受教育者进行学籍管理，实施奖励或者处分；

（五）对受教育者颁发相应的学业证书；

（六）聘任教师及其他职工，实施奖励或者处分；

（七）管理、使用本单位的设施和经费；

（八）拒绝任何组织和个人对教育教学活动的非法干涉；

（九）法律、法规规定的其他权利。

国家保护学校及其他教育机构的合法权益不受侵犯。

**第三十条**　学校及其他教育机构应当履行下列义务：

（一）遵守法律、法规；

（二）贯彻国家的教育方针，执行国家教育教学标准，保证教育教学质量；

（三）维护受教育者、教师及其他职工的合法权益；

（四）以适当方式为受教育者及其监护人了解受教育者的学业成绩及其他有关情况提供便利；

（五）遵照国家有关规定收取费用并公开收费项目；

（六）依法接受监督。

**第三十一条**　学校及其他教育机构的举办者按照国家有关规定，确定其所举办的学校或者其他教育机构的管理体制。

学校及其他教育机构的校长或者主要行政负责人必须由具有中华人民共和国国籍、在中国境内定居、并具备国家规定任职条件的公民担任，其任免按照国家有关规定办理。学校的教学及其他行政管理，由校长负责。

学校及其他教育机构应当按照国家有关规定，通过以教师为主体的教职工代表大会等组织形式，保障教职工参与民主管理和监督。

**第三十二条**　学校及其他教育机构具备法人条件的，自批准设立或者登记注册之日起取得法人资格。

学校及其他教育机构在民事活动中依法享有民事权利，承担民事责任。

学校及其他教育机构中的国有资产属于国家所有。

学校及其他教育机构兴办的校办产业独立承担民事责任。

## 第四章　教师和其他教育工作者

**第三十三条**　教师享有法律规定的权利，履行法律规定的义务，忠诚于人民的教育事业。

**第三十四条**　国家保护教师的合法权益，改善教师的工作条件和生活条件，提高教师的社会地位。

教师的工资报酬、福利待遇，依照法律、法规的规定办理。

**第三十五条**　国家实行教师资格、职务、聘任制度，通过考核、奖励、培养和培训，提高教师素质，加强教师队伍建设。

**第三十六条**　学校及其他教育机构中的管理人员，实行教育职员制度。

学校及其他教育机构中的教学辅助人员和其他专业技术人员，实行专业技术职务聘任制度。

## 第五章　受教育者

**第三十七条**　受教育者在入学、升学、就业等方面依法享有平等权利。

学校和有关行政部门应当按照国家有关规定，保障女子在入学、升学、就业、授予学位、派出留学等方面享有同男子平等的权利。

**第三十八条**　国家、社会对符合入学条件、家庭经济困难的儿童、少年、青年，提供各种形式的资助。

**第三十九条**　国家、社会、学校及其他教育机构应当根据残疾人身心特性和需要实施教育，并为其提供帮助和便利。

**第四十条**　国家、社会、家庭、学校及其他教育机构应当为有违法犯罪行为的未成年人接受教育创造条件。

**第四十一条**　从业人员有依法接受职业培训和继续教育的权利和义务。

国家机关、企业事业组织和其他社会组织，应当为本单位职工的学习和培训提供条件和便利。

**第四十二条**　国家鼓励学校及其他教育机构、

社会组织采取措施,为公民接受终身教育创造条件。

**第四十三条** 受教育者享有下列权利:

(一)参加教育教学计划安排的各种活动,使用教育教学设施、设备、图书资料;

(二)按照国家有关规定获得奖学金、贷学金、助学金;

(三)在学业成绩和品行上获得公正评价,完成规定的学业后获得相应的学业证书、学位证书;

(四)对学校给予的处分不服向有关部门提出申诉,对学校、教师侵犯其人身权、财产权等合法权益,提出申诉或者依法提起诉讼;

(五)法律、法规规定的其他权利。

**第四十四条** 受教育者应当履行下列义务:

(一)遵守法律、法规;

(二)遵守学生行为规范,尊敬师长,养成良好的思想品德和行为习惯;

(三)努力学习,完成规定的学习任务;

(四)遵守所在学校或者其他教育机构的管理制度。

**第四十五条** 教育、体育、卫生行政部门和学校及其他教育机构应当完善体育、卫生保健设施,保护学生的身心健康。

## 第六章 教育与社会

**第四十六条** 国家机关、军队、企业事业组织、社会团体及其他社会组织和个人,应当依法为儿童、少年、青年学生的身心健康成长创造良好的社会环境。

**第四十七条** 国家鼓励企业事业组织、社会团体及其他社会组织同高等学校、中等职业学校在教学、科研、技术开发和推广等方面进行多种形式的合作。

企业事业组织、社会团体及其他社会组织和个人,可以通过适当形式,支持学校的建设,参与学校管理。

**第四十八条** 国家机关、军队、企业事业组织及其他社会组织应当为学校组织的学生实习、社会实践活动提供帮助和便利。

**第四十九条** 学校及其他教育机构在不影响正常教育教学活动的前提下,应当积极参加当地的社会公益活动。

**第五十条** 未成年人的父母或者其他监护人应当为其未成年子女或者其他被监护人受教育提供必要条件。

未成年人的父母或者其他监护人应当配合学校及其他教育机构,对其未成年子女或者其他被监护人进行教育。

学校、教师可以对学生家长提供家庭教育指导。

**第五十一条** 图书馆、博物馆、科技馆、文化馆、美术馆、体育馆(场)等社会公共文化体育设施,以及历史文化古迹和革命纪念馆(地),应当对教师、学生实行优待,为受教育者接受教育提供便利。

广播、电视台(站)应当开设教育节目,促进受教育者思想品德、文化和科学技术素质的提高。

**第五十二条** 国家、社会建立和发展对未成年人进行校外教育的设施。

学校及其他教育机构应当同基层群众性自治组织、企业事业组织、社会团体相互配合,加强对未成年人的校外教育工作。

**第五十三条** 国家鼓励社会团体、社会文化机构及其他社会组织和个人开展有益于受教育者身心健康的社会文化教育活动。

## 第七章 教育投入与条件保障

**第五十四条** 国家建立以财政拨款为主、其他多种渠道筹措教育经费为辅的体制,逐步增加对教育的投入,保证国家举办的学校教育经费的稳定来源。

企业事业组织、社会团体及其他社会组织和个人依法举办的学校及其他教育机构,办学经费由举办者负责筹措,各级人民政府可以给予适当支持。

**第五十五条** 国家财政性教育经费支出占国民生产总值的比例应当随着国民经济的发展和财政收入的增长逐步提高。具体比例和实施步骤由国务院规定。

全国各级财政支出总额中教育经费所占比例应当随着国民经济的发展逐步提高。

**第五十六条** 各级人民政府的教育经费支出,按照事权和财权相统一的原则,在财政预算中单独列项。

各级人民政府教育财政拨款的增长应当高于财政经常性收入的增长,并使按在校学生人数平均的教育费用逐步增长,保证教师工资和学生人均公用经费逐步增长。

**第五十七条** 国务院及县级以上地方各级人民政府应当设立教育专项资金,重点扶持边远贫困地区、少数民族地区实施义务教育。

**第五十八条** 税务机关依法足额征收教育费

附加，由教育行政部门统筹管理，主要用于实施义务教育。

省、自治区、直辖市人民政府根据国务院的有关规定，可以决定开征用于教育的地方附加费，专款专用。

**第五十九条** 国家采取优惠措施，鼓励和扶持学校在不影响正常教育教学的前提下开展勤工俭学和社会服务，兴办校办产业。

**第六十条** 国家鼓励境内、境外社会组织和个人捐资助学。

**第六十一条** 国家财政性教育经费、社会组织和个人对教育的捐赠，必须用于教育，不得挪用、克扣。

**第六十二条** 国家鼓励运用金融、信贷手段，支持教育事业的发展。

**第六十三条** 各级人民政府及其教育行政部门应当加强对学校及其他教育机构教育经费的监督管理，提高教育投资效益。

**第六十四条** 地方各级人民政府及其有关行政部门必须把学校的基本建设纳入城乡建设规划，统筹安排学校的基本建设用地及所需物资，按照国家有关规定实行优先、优惠政策。

**第六十五条** 各级人民政府对教科书及教学用图书资料的出版发行，对教学仪器、设备的生产和供应，对用于学校教育教学和科学研究的图书资料、教学仪器、设备的进口，按照国家有关规定实行优先、优惠政策。

**第六十六条** 国家推进教育信息化，加快教育信息基础设施建设，利用信息技术促进优质教育资源普及共享，提高教育教学水平和教育管理水平。

县级以上人民政府及其有关部门应当发展教育信息技术和其他现代化教学方式，有关行政部门应当优先安排，给予扶持。

国家鼓励学校及其他教育机构推广运用现代化教学方式。

## 第八章 教育对外交流与合作

**第六十七条** 国家鼓励开展教育对外交流与合作，支持学校及其他教育机构引进优质教育资源，依法开展中外合作办学，发展国际教育服务，培养国际化人才。

教育对外交流与合作坚持独立自主、平等互利、相互尊重的原则，不得违反中国法律，不得损害国家主权、安全和社会公共利益。

**第六十八条** 中国境内公民出国留学、研究、进行学术交流或者任教，依照国家有关规定办理。

**第六十九条** 中国境外个人符合国家规定的条件并办理有关手续后，可以进入中国境内学校及其他教育机构学习、研究、进行学术交流或者任教，其合法权益受国家保护。

**第七十条** 中国对境外教育机构颁发的学位证书、学历证书及其他学业证书的承认，依照中华人民共和国缔结或者加入的国际条约办理，或者按照国家有关规定办理。

## 第九章 法律责任

**第七十一条** 违反国家有关规定，不按照预算核拨教育经费的，由同级人民政府限期核拨；情节严重的，对直接负责的主管人员和其他直接责任人员，依法给予处分。

违反国家财政制度、财务制度，挪用、克扣教育经费的，由上级机关责令限期归还被挪用、克扣的经费，并对直接负责的主管人员和其他直接责任人员，依法给予处分；构成犯罪的，依法追究刑事责任。

**第七十二条** 结伙斗殴、寻衅滋事，扰乱学校及其他教育机构教育教学秩序或者破坏校舍、场地及其他财产的，由公安机关给予治安管理处罚；构成犯罪的，依法追究刑事责任。

侵占学校及其他教育机构的校舍、场地及其他财产的，依法承担民事责任。

**第七十三条** 明知校舍或者教育教学设施有危险，而不采取措施，造成人员伤亡或者重大财产损失的，对直接负责的主管人员和其他直接责任人员，依法追究刑事责任。

**第七十四条** 违反国家有关规定，向学校或者其他教育机构收取费用的，由政府责令退还所收费用；对直接负责的主管人员和其他直接责任人员，依法给予处分。

**第七十五条** 违反国家有关规定，举办学校或者其他教育机构的，由教育行政部门或者其他有关行政部门予以撤销；有违法所得的，没收违法所得；对直接负责的主管人员和其他直接责任人员，依法给予处分。

**第七十六条** 学校或者其他教育机构违反国家有关规定招收学生的，由教育行政部门或者其他有关行政部门责令退回招收的学生，退还所收费用；对学校、其他教育机构给予警告，可以处违法所得五倍以下罚款；情节严重的，责令停止相关招生资格一年以上三年以下，直至撤销招生资格、吊销办学许可证；对直接负责的主管人员和其他直接责任人员，依法给予处分；构成犯罪的，依法追究刑事责任。

**第七十七条** 在招收学生工作中滥用职权、玩忽职守、徇私舞弊的，由教育行政部门或者其他有关行政部门责令退回招收的不符合入学条件的人员；对直接负责的主管人员和其他直接责任人员，依法给予处分；构成犯罪的，依法追究刑事责任。

盗用、冒用他人身份，顶替他人取得的入学资格的，由教育行政部门或者其他有关行政部门责令撤销入学资格，并责令停止参加相关国家教育考试二年以上五年以下；已经取得学位证书、学历证书或者其他学业证书的，由颁发机构撤销相关证书；已经成为公职人员的，依法给予开除处分；构成违反治安管理行为的，由公安机关依法给予治安管理处罚；构成犯罪的，依法追究刑事责任。

与他人串通，允许他人冒用本人身份，顶替本人取得的入学资格的，由教育行政部门或者其他有关行政部门责令停止参加相关国家教育考试一年以上三年以下；有违法所得的，没收违法所得；已经成为公职人员的，依法给予处分；构成违反治安管理行为的，由公安机关依法给予治安管理处罚；构成犯罪的，依法追究刑事责任。

组织、指使盗用或者冒用他人身份，顶替他人取得的入学资格的，有违法所得的，没收违法所得；属于公职人员的，依法给予处分；构成违反治安管理行为的，由公安机关依法给予治安管理处罚；构成犯罪的，依法追究刑事责任。

入学资格被顶替权利受到侵害的，可以请求恢复其入学资格。

**第七十八条** 学校及其他教育机构违反国家有关规定向受教育者收取费用的，由教育行政部门或者其他有关行政部门责令退还所收费用；对直接负责的主管人员和其他直接责任人员，依法给予处分。

**第七十九条** 考生在国家教育考试中有下列行为之一的，由组织考试的教育考试机构工作人员在考试现场采取必要措施予以制止并终止其继续参加考试；组织考试的教育考试机构可以取消其相关考试资格或者考试成绩；情节严重的，由教育行政部门责令停止参加相关国家教育考试一年以上三年以下；构成违反治安管理行为的，由公安机关依法给予治安管理处罚；构成犯罪的，依法追究刑事责任：

（一）非法获取考试试题或者答案的；

（二）携带或者使用考试作弊器材、资料的；

（三）抄袭他人答案的；

（四）让他人代替自己参加考试的；

（五）其他以不正当手段获得考试成绩的作弊行为。

**第八十条** 任何组织或者个人在国家教育考试中有下列行为之一，有违法所得的，由公安机关没收违法所得，并处违法所得一倍以上五倍以下罚款；情节严重的，处五日以上十五日以下拘留；构成犯罪的，依法追究刑事责任；属于国家机关工作人员的，还应当依法给予处分：

（一）组织作弊的；

（二）通过提供考试作弊器材等方式为作弊提供帮助或者便利的；

（三）代替他人参加考试的；

（四）在考试结束前泄露、传播考试试题或者答案的；

（五）其他扰乱考试秩序的行为。

**第八十一条** 举办国家教育考试，教育行政部门、教育考试机构疏于管理，造成考场秩序混乱、作弊情况严重的，对直接负责的主管人员和其他直接责任人员，依法给予处分；构成犯罪的，依法追究刑事责任。

**第八十二条** 学校或者其他教育机构违反本法规定，颁发学位证书、学历证书或者其他学业证书的，由教育行政部门或者其他有关行政部门宣布证书无效，责令收回或者予以没收；有违法所得的，没收违法所得；情节严重的，责令停止相关招生资格一年以上三年以下，直至撤销招生资格、颁发证书资格；对直接负责的主管人员和其他直接责任人员，依法给予处分。

前款规定以外的任何组织或者个人制造、销售、颁发假冒学位证书、学历证书或者其他学业证书，构成违反治安管理行为的，由公安机关依法给予治安管理处罚；构成犯罪的，依法追究刑事责任。

以作弊、剽窃、抄袭等欺诈行为或者其他不正当手段获得学位证书、学历证书或者其他学业证书的，由颁发机构撤销相关证书。购买、使用假冒学位证书、学历证书或者其他学业证书，构成违反治安管理行为的，由公安机关依法给予治安管理处罚。

**第八十三条** 违反本法规定，侵犯教师、受教育者、学校或者其他教育机构的合法权益，造成损失、损害的，应当依法承担民事责任。

## 第十章　附　　则

**第八十四条**　军事学校教育由中央军事委员会根据本法的原则规定。

宗教学校教育由国务院另行规定。

**第八十五条**　境外的组织和个人在中国境内办学和合作办学的办法，由国务院规定。

**第八十六条**　本法自1995年9月1日起施行。

# 关于《中华人民共和国教育法(修正草案)》的说明

——2021年1月20日在第十三届全国人民代表大会常务委员会第二十五次会议上

教育部副部长　田学军

全国人民代表大会常务委员会：

我受国务院的委托，现对《中华人民共和国教育法(修正草案)》作说明。

## 一、修改的背景和过程

教育是民族振兴、社会进步的重要基石，是功在当代、利在千秋的德政工程，对提高人民综合素质、促进人的全面发展、增强中华民族创新创造活力、实现中华民族伟大复兴具有决定性意义。党中央、国务院高度重视教育工作。习近平总书记指出，教育是国之大计、党之大计，事关国家发展、事关民族未来，具有基础性、先导性、全局性地位和作用，教育兴则国家兴，教育强则国家强。要全面贯彻党的教育方针，坚持立德树人根本任务，坚持社会主义办学方向，培养德智体美劳全面发展的社会主义建设者和接班人。李克强总理强调，要加快推进教育现代化、建设教育强国、办好人民满意的教育，为实现“两个一百年”奋斗目标提供有力支撑。

教育法是根据宪法制定的教育领域的基本法律，对发展教育事业、提高全民族的素质、促进社会主义物质文明和精神文明建设具有重要意义。我国现行教育法于1995年公布施行，先后于2009年、2015年进行过两次修正。2018年3月，第十三届全国人民代表大会第一次会议通过宪法修正案，将习近平新时代中国特色社会主义思想载入宪法，实现了国家指导思想的与时俱进。同年9月，全国教育大会召开，习近平总书记作了重要讲话，对新时代教育工作进行了全面系统深入的阐述和部署，明确把劳动教育纳入社会主义建设者和接班人的要求之中，提出“德智体美劳”的总体要求，实现了教育方针的与时俱进。为了深入贯彻落实习近平总书记关于教育的重要指示和全国教育大会精神，及时将党的教育主张转化为国家意志，有必要对教育法的相应条款进行修改。

2019年9月，教育部向国务院报送了《中华人民共和国教育法修正案(草案)(送审稿)》(以下简称送审稿)。收到此件后，司法部书面征求了中央和国家有关部门、地方人民政府的意见。此后，根据习近平总书记重要指示精神，中央教育工作领导小组秘书组就完善党的教育方针问题作了进一步研究，提出了规范表述。教育部根据中央领导同志指示批示精神和部门意见协调情况对送审稿作了修改，于2019年12月重新报送司法部。司法部再次征求了有关部门意见，会同教育部研究形成了《中华人民共和国教育法(修正草案)》(以下简称草案)。冒名顶替上大学事件曝光后，司法部又会同教育部对草案作了进一步修改完善。2020年11月11日，国务院第113次常务会议讨论并原则通过了草案。

## 二、修改的主要内容

草案共5条，主要是根据2018年宪法修正案规定和全国教育大会精神，对现行教育法涉及教育指导思想、地位、方针、内容的四个条款作相应修改，并着眼解决冒名顶替上大学问题完善相关法律责任。

一是丰富教育指导思想，鲜明体现教育的政治属性和意识形态要求。根据2018年宪法修正案，将第三条中的“建设有中国特色社会主义理论”修改为“邓小平理论、‘三个代表’重要思想、科学发展观、习近平新时代中国特色社会主义思想”。

二是强调教育作用，着力凸显教育国之大计、党之大计地位。根据全国教育大会关于教育的定位，在第四条第一款中增加教育“对提高人民综合素质、促进人的全面发展、增强中华民族创新创造活力、实现中华民族伟大复兴具有决定性意义”的表述。

三是进一步完善教育方针，充实教育“培养什么人”的内容。根据全国教育大会关于把劳动教育纳入社会主义建设者和接班人的要求之中的精神，将第五条中的“培养德、智、体、美等方面全面发展的社会主义建设者和接班人”修改为“培养德智体美劳全面发展的社会主义建设者和接班人”。

四是丰富教育内容，强化教育对继承和弘扬中国特色社会主义文化的重要作用。根据全国教育大会关于把中华优秀传统文化教育作为固本铸魂的基础工程的精神，将第七条中的“中华民族优秀的历史文化传统”修改为“中华优秀传统文化、革命文化、社会主义先进文化”。

五是完善冒名顶替入学行为的法律责任，维护教育公平。回应社会关切，进一步明确冒名顶替入学相关行为的法律责任，将第七十七条中的“在招收学生工作中徇私舞弊的”修改为“在招收学生工作中滥用职权、玩忽职守、徇私舞弊的”，并增加两款，分别规定冒名顶替入学及与他人串通、允许他人冒用本人姓名和入学资格顶替入学行为的法律责任。

草案和以上说明是否妥当，请审议。

# 全国人民代表大会宪法和法律委员会关于《中华人民共和国教育法（修正草案）》审议结果的报告

——2021 年 4 月 26 日在第十三届全国人民代表大会常务委员会第二十八次会议上

全国人大宪法和法律委员会副主任委员　徐　辉

全国人民代表大会常务委员会：

常委会第二十五次会议对教育法修正草案进行了初次审议。会后，法制工作委员会在中国人大网公布修正草案全文，征求社会公众意见，书面征求中央有关单位、地方和高等院校的意见。宪法和法律委员会、教育科学文化卫生委员会和法制工作委员会召开座谈会，听取有关全国人大代表、专家和相关方面的意见。宪法和法律委员会、法制工作委员会赴广东调研，还就修正草案中的主要问题与有关方面沟通协商、共同研究。宪法和法律委员会于 3 月 25 日召开会议，根据常委会组成人员的审议意见和各方面的意见，对修正草案进行了逐条审议。教育科学文化卫生委员会、司法部、教育部的有关负责同志列席了会议。4 月 20 日，宪法和法律委员会召开会议，再次进行了审议。宪法和法律委员会认为，为了深入贯彻落实习近平总书记关于教育的重要指示批示和全国教育大会精神，针对现实中的突出问题，对教育法进行修改是必要的，修正草案经过审议修改，已经比较成熟。同时，提出以下主要修改意见：

修正草案第五条中规定了冒名顶替入学行为的法律责任。有的常委委员、代表、部门、地方和社会公众建议相关表述与刑法修正案（十一）相衔接，加大处罚力度，增加对组织、指使他人实施冒名顶替行为的处罚。宪法和法律委员会经研究，建议作如下修改：一是将冒名顶替行为表述为“盗用、冒用他人身份，顶替他人取得的入学资格”。二是将责令冒名顶替者停止参加相关国家教育考试的年限由“一年以上三年以下”修改为“二年以上五年以下”。三是增加规定，组织、指使盗用或者冒用他人身份，顶替他人取得的入学资格的，属于公职人员的，依法给予处分；构成违反治安管理行为的，由公安机关依法给予治安管理处罚；构成犯罪的，依法追究刑事责任。

此外，还对修正草案作了一些文字修改。

在常委会审议中，有些常委委员还就统筹研究修改教育法、加强素质教育、健全教育评价体系、加强校外培训管理等提出了一些好的意见和建议。考虑到此次修改主要是根据 2018 年宪法修正案规定和全国教育大会精神，落实习近平总书记有关重要指示批示精神的专项修改，教育部正在对加强校外培训管理等问题抓紧开展工作，宪法和法律委员会经研究，建议教育主管部门认真研究常委委员的审议意见，条件成熟时对教育领域法律统筹修改。

宪法和法律委员会已按上述意见提出了全国人民代表大会常务委员会关于修改《中华人民共和国教育法》的决定（草案），建议提请本次常委会会议审议通过。

修改决定草案和以上报告是否妥当，请审议。

# 全国人民代表大会宪法和法律委员会关于《全国人民代表大会常务委员会关于修改〈中华人民共和国教育法〉的决定（草案）》修改意见的报告

——2021年4月28日在第十三届全国人民代表大会常务委员会第二十八次会议上

全国人民代表大会常务委员会：

本次常委会会议于4月26日下午对关于修改教育法的决定草案进行了分组审议。普遍认为，草案已经比较成熟，建议进一步修改后，提请本次常委会会议表决通过。同时，有些常委会组成人员和列席人员还提出了一些修改意见和建议。宪法和法律委员会于4月27日下午召开会议，逐条研究了常委会组成人员的审议意见，对草案进行了审议。教育科学文化卫生委员会、司法部、教育部有关负责同志列席了会议。宪法和法律委员会认为，草案是可行的，同时，提出以下修改意见：

一、有些常委会组成人员提出，应进一步明确发展教育事业必须坚持中国共产党的领导。宪法和法律委员会建议采纳这一意见。

二、修改决定草案第五条第四款规定了组织、指使他人实施冒名顶替入学行为的法律责任。有的常委委员提出，组织、指使他人实施冒名顶替入学行为，有违法所得的，应当予以没收。宪法和法律委员会经研究，建议采纳这一意见。

三、有的常委委员建议增加对被冒名顶替者给予救济的内容。宪法和法律委员会经研究，建议增加一款："入学资格被顶替权利受到侵害的，可以请求恢复其入学资格。"

在常委会审议中，有些常委会组成人员还对统筹研究修改教育法提出了一些好的意见和建议。宪法和法律委员会建议国务院教育行政主管部门和有关部门深入研究有关意见，抓紧工作，加快推进教育领域相关立法，积极回应人民群众关切。

经与有关部门研究，建议将本决定的施行时间确定为2021年4月30日。

修改决定草案修改稿已按上述意见作了修改，宪法和法律委员会建议本次常委会会议审议通过。

修改决定草案修改稿和以上报告是否妥当，请审议。

# 中华人民共和国主席令

第八十一号

《全国人民代表大会常务委员会关于修改〈中华人民共和国道路交通安全法〉等八部法律的决定》已由中华人民共和国第十三届全国人民代表大会常务委员会第二十八次会议于2021年4月29日通过，现予公布，自公布之日起施行。

中华人民共和国主席 习近平

2021年4月29日

# 全国人民代表大会常务委员会关于修改《中华人民共和国道路交通安全法》等八部法律的决定

（2021 年 4 月 29 日第十三届全国人民代表大会常务委员会第二十八次会议通过）

第十三届全国人民代表大会常务委员会第二十八次会议决定：

## 一、对《中华人民共和国道路交通安全法》作出修改

将第二十条第一款修改为："机动车的驾驶培训实行社会化，由交通运输主管部门对驾驶培训学校、驾驶培训班实行备案管理，并对驾驶培训活动加强监督，其中专门的拖拉机驾驶培训学校、驾驶培训班由农业（农业机械）主管部门实行监督管理。"

## 二、对《中华人民共和国消防法》作出修改

（一）将第十五条修改为："公众聚集场所投入使用、营业前消防安全检查实行告知承诺管理。公众聚集场所在投入使用、营业前，建设单位或者使用单位应当向场所所在地的县级以上地方人民政府消防救援机构申请消防安全检查，作出场所符合消防技术标准和管理规定的承诺，提交规定的材料，并对其承诺和材料的真实性负责。

"消防救援机构对申请人提交的材料进行审查；申请材料齐全、符合法定形式的，应当予以许可。消防救援机构应当根据消防技术标准和管理规定，及时对作出承诺的公众聚集场所进行核查。

"申请人选择不采用告知承诺方式办理的，消防救援机构应当自受理申请之日起十个工作日内，根据消防技术标准和管理规定，对该场所进行检查。经检查符合消防安全要求的，应当予以许可。

"公众聚集场所未经消防救援机构许可的，不得投入使用、营业。消防安全检查的具体办法，由国务院应急管理部门制定。"

（二）将第三十四条修改为："消防设施维护保养检测、消防安全评估等消防技术服务机构应当符合从业条件，执业人员应当依法获得相应的资格；依照法律、行政法规、国家标准、行业标准和执业准则，接受委托提供消防技术服务，并对服务质量负责。"

（三）将第五十八条第一款第四项修改为："（四）公众聚集场所未经消防救援机构许可，擅自投入使用、营业的，或者经核查发现场所使用、营业情况与承诺内容不符的"。

增加一款，作为第二款："核查发现公众聚集场所使用、营业情况与承诺内容不符，经责令限期改正，逾期不整改或者整改后仍达不到要求的，依法撤销相应许可。"

（四）将第六十九条修改为："消防设施维护保养检测、消防安全评估等消防技术服务机构，不具备从业条件从事消防技术服务活动或者出具虚假文件的，由消防救援机构责令改正，处五万元以上十万元以下罚款，并对直接负责的主管人员和其他直接责任人员处一万元以上五万元以下罚款；不按照国家标准、行业标准开展消防技术服务活动的，责令改正，处五万元以下罚款，并对直接负责的主管人员和其他直接责任人员处一万元以下罚款；有违法所得的，并处没收违法所得；给他人造成损失的，依法承担赔偿责任；情节严重的，依法责令停止执业或者吊销相应资格；造成重大损失的，由相关部门吊销营业执照，并对有关责任人员采取终身市场禁入措施。

"前款规定的机构出具失实文件，给他人造成损失的，依法承担赔偿责任；造成重大损失的，由消防救援机构依法责令停止执业或者吊销相应资格，由相关部门吊销营业执照，并对有关责任人员采取终身市场禁入措施。"

## 三、对《中华人民共和国进出口商品检验法》作出修改

（一）将第三条中的"经国家商检部门许可的检验机构"修改为"依法设立的检验机构（以下称其他

检验机构）”。

（二）第六条增加一款，作为第三款：“对本条第一款规定的进出口商品检验，商检机构可以采信检验机构的检验结果；国家商检部门对前述检验机构实行目录管理。”

（三）将第八条中的“经国家商检部门许可的检验机构”修改为“其他检验机构”。

（四）删去第二十二条。

（五）将第二十三条改为第二十二条，将其中的“经国家商检部门许可的检验机构”修改为“其他检验机构”。

（六）删去第三十四条。

## 四、对《中华人民共和国广告法》作出修改

（一）删去第二十九条中的“并向县级以上地方市场监督管理部门办理广告发布登记”。

（二）删去第五十五条第三款、第五十七条、第五十八条第三款中的“吊销广告发布登记证件”。

（三）删去第六十条。

## 五、对《中华人民共和国草原法》作出修改

（一）将第五十二条修改为：“在草原上开展经营性旅游活动，应当符合有关草原保护、建设、利用规划，并不得侵犯草原所有者、使用者和承包经营者的合法权益，不得破坏草原植被。”

（二）删去第六十九条中的“擅自”。

## 六、对《中华人民共和国民用航空法》作出修改

（一）将第六十四条第一款修改为：“设立国际机场，由机场所在地省级人民政府报请国务院审查批准。”

（二）将第一百四十七条第一款修改为：“从事非经营性通用航空的，应当向国务院民用航空主管部门备案。”

（三）第二百一十一条增加一款，作为第二款：“从事非经营性通用航空未向国务院民用航空主管部门备案的，由国务院民用航空主管部门责令改正；逾期未改正的，处三万元以下罚款。”

## 七、对《中华人民共和国海关法》作出修改

（一）删去第九条第一款中的“海关准予注册登记的”。

（二）将第十一条修改为：“进出口货物收发货人、报关企业办理报关手续，应当依法向海关备案。

“报关企业和报关人员不得非法代理他人报关。”

（三）将第八十八条修改为：“未向海关备案从事报关业务的，海关可以处以罚款。”

（四）将第八十九条修改为：“报关企业非法代理他人报关的，由海关责令改正，处以罚款；情节严重的，禁止其从事报关活动。

“报关人员非法代理他人报关的，由海关责令改正，处以罚款。”

（五）将第九十条第一款修改为：“进出口货物收发货人、报关企业向海关工作人员行贿的，由海关禁止其从事报关活动，并处以罚款；构成犯罪的，依法追究刑事责任。”

## 八、对《中华人民共和国食品安全法》作出修改

将第三十五条第一款修改为：“国家对食品生产经营实行许可制度。从事食品生产、食品销售、餐饮服务，应当依法取得许可。但是，销售食用农产品和仅销售预包装食品的，不需要取得许可。仅销售预包装食品的，应当报所在地县级以上地方人民政府食品安全监督管理部门备案。”

本决定自公布之日起施行。

《中华人民共和国道路交通安全法》、《中华人民共和国消防法》、《中华人民共和国进出口商品检验法》、《中华人民共和国广告法》、《中华人民共和国草原法》、《中华人民共和国民用航空法》、《中华人民共和国海关法》、《中华人民共和国食品安全法》根据本决定作相应修改并对条文顺序作相应调整，重新公布。

# 中华人民共和国道路交通安全法

（2003 年 10 月 28 日第十届全国人民代表大会常务委员会第五次会议通过　根据 2007 年 12 月 29 日第十届全国人民代表大会常务委员会第三十一次会议《关于修改〈中华人民共和国道路交通安全法〉的决定》第一次修正　根据 2011 年 4 月 22 日第十一届全国人民代表大会常务委员会第二十次会议《关于修改〈中华人民共和国道路交通安全法〉的决定》第二次修正　根据 2021 年 4 月 29 日第十三届全国人民代表大会常务委员会第二十八次会议《关于修改〈中华人民共和国道路交通安全法〉等八部法律的决定》第三次修正）

目　录



## 第一章　总　则

**第一条**　为了维护道路交通秩序，预防和减少交通事故，保护人身安全，保护公民、法人和其他组织的财产安全及其他合法权益，提高通行效率，制定本法。

**第二条**　中华人民共和国境内的车辆驾驶人、行人、乘车人以及与道路交通活动有关的单位和个人，都应当遵守本法。

**第三条**　道路交通安全工作，应当遵循依法管理、方便群众的原则，保障道路交通有序、安全、畅通。

**第四条**　各级人民政府应当保障道路交通安全管理工作与经济建设和社会发展相适应。

县级以上地方各级人民政府应当适应道路交通发展的需要，依据道路交通安全法律、法规和国家有关政策，制定道路交通安全管理规划，并组织实施。

**第五条**　国务院公安部门负责全国道路交通安全管理工作。县级以上地方各级人民政府公安机关交通管理部门负责本行政区域内的道路交通安全管理工作。

县级以上各级人民政府交通、建设管理部门依据各自职责，负责有关的道路交通工作。

**第六条**　各级人民政府应当经常进行道路交通安全教育，提高公民的道路交通安全意识。

公安机关交通管理部门及其交通警察执行职务时，应当加强道路交通安全法律、法规的宣传，并模范遵守道路交通安全法律、法规。

机关、部队、企业事业单位、社会团体以及其他组织，应当对本单位的人员进行道路交通安全教育。

教育行政部门、学校应当将道路交通安全教育纳入法制教育的内容。

新闻、出版、广播、电视等有关单位，有进行道路交通安全教育的义务。

**第七条**　对道路交通安全管理工作，应当加强科学研究，推广、使用先进的管理方法、技术、设备。

## 第二章　车辆和驾驶人

### 第一节　机动车、非机动车

**第八条**　国家对机动车实行登记制度。机动车经公安机关交通管理部门登记后，方可上道路行驶。尚未登记的机动车，需要临时上道路行驶的，应当取得临时通行牌证。

**第九条**　申请机动车登记，应当提交以下证明、凭证：

（一）机动车所有人的身份证明；

（二）机动车来历证明；

（三）机动车整车出厂合格证明或者进口机动车进口凭证；

（四）车辆购置税的完税证明或者免税凭证；

（五）法律、行政法规规定应当在机动车登记时提交的其他证明、凭证。

公安机关交通管理部门应当自受理申请之日起五个工作日内完成机动车登记审查工作，对符合前款规定条件的，应当发放机动车登记证书、号牌和行驶证；对不符合前款规定条件的，应当向申请人说明不予登记的理由。

公安机关交通管理部门以外的任何单位或者个人不得发放机动车号牌或者要求机动车悬挂其他号牌，本法另有规定的除外。

机动车登记证书、号牌、行驶证的式样由国务院公安部门规定并监制。

**第十条**　准予登记的机动车应当符合机动车国家安全技术标准。申请机动车登记时，应当接受对该机动车的安全技术检验。但是，经国家机动车产品主管部门依据机动车国家安全技术标准认定的企业生产的机动车型，该车型的新车在出厂时经检验符合机动车国家安全技术标准，获得检验合格证的，免予安全技术检验。

**第十一条**　驾驶机动车上道路行驶，应当悬挂机动车号牌，放置检验合格标志、保险标志，并随车携带机动车行驶证。

机动车号牌应当按照规定悬挂并保持清晰、完整，不得故意遮挡、污损。

任何单位和个人不得收缴、扣留机动车号牌。

**第十二条**　有下列情形之一的，应当办理相应的登记：

（一）机动车所有权发生转移的；

（二）机动车登记内容变更的；

（三）机动车用作抵押的；

（四）机动车报废的。

**第十三条**　对登记后上道路行驶的机动车，应当依照法律、行政法规的规定，根据车辆用途、载客载货数量、使用年限等不同情况，定期进行安全技术检验。对提供机动车行驶证和机动车第三者责任强制保险单的，机动车安全技术检验机构应当予以检验，任何单位不得附加其他条件。对符合机动车国家安全技术标准的，公安机关交通管理部门应当发给检验合格标志。

对机动车的安全技术检验实行社会化。具体办法由国务院规定。

机动车安全技术检验实行社会化的地方，任何单位不得要求机动车到指定的场所进行检验。

公安机关交通管理部门、机动车安全技术检验机构不得要求机动车到指定的场所进行维修、保养。

机动车安全技术检验机构对机动车检验收取费用，应当严格执行国务院价格主管部门核定的收费标准。

**第十四条**　国家实行机动车强制报废制度，根据机动车的安全技术状况和不同用途，规定不同的报废标准。

应当报废的机动车必须及时办理注销登记。

达到报废标准的机动车不得上道路行驶。报废的大型客、货车及其他营运车辆应当在公安机关交通管理部门的监督下解体。

**第十五条**　警车、消防车、救护车、工程救险车应当按照规定喷涂标志图案，安装警报器、标志灯具。其他机动车不得喷涂、安装、使用上述车辆专用的或者与其相类似的标志图案、警报器或者标志灯具。

警车、消防车、救护车、工程救险车应当严格按照规定的用途和条件使用。

公路监督检查的专用车辆，应当依照公路法的规定，设置统一的标志和示警灯。

**第十六条**　任何单位或者个人不得有下列行为：

（一）拼装机动车或者擅自改变机动车已登记的结构、构造或者特征；

（二）改变机动车型号、发动机号、车架号或者车辆识别代号；

（三）伪造、变造或者使用伪造、变造的机动车登记证书、号牌、行驶证、检验合格标志、保险标志；

（四）使用其他机动车的登记证书、号牌、行驶证、检验合格标志、保险标志。

**第十七条**　国家实行机动车第三者责任强制保险制度，设立道路交通事故社会救助基金。具体办法由国务院规定。

**第十八条**　依法应当登记的非机动车，经公安机关交通管理部门登记后，方可上道路行驶。

依法应当登记的非机动车的种类，由省、自治区、直辖市人民政府根据当地实际情况规定。

非机动车的外形尺寸、质量、制动器、车铃和夜间反光装置,应当符合非机动车安全技术标准。

第二节 机动车驾驶人

**第十九条** 驾驶机动车,应当依法取得机动车驾驶证。

申请机动车驾驶证,应当符合国务院公安部门规定的驾驶许可条件;经考试合格后,由公安机关交通管理部门发给相应类别的机动车驾驶证。

持有境外机动车驾驶证的人,符合国务院公安部门规定的驾驶许可条件,经公安机关交通管理部门考核合格的,可以发给中国的机动车驾驶证。

驾驶人应当按照驾驶证载明的准驾车型驾驶机动车;驾驶机动车时,应当随身携带机动车驾驶证。

公安机关交通管理部门以外的任何单位或者个人,不得收缴、扣留机动车驾驶证。

**第二十条** 机动车的驾驶培训实行社会化,由交通运输主管部门对驾驶培训学校、驾驶培训班实行备案管理,并对驾驶培训活动加强监督,其中专门的拖拉机驾驶培训学校、驾驶培训班由农业(农业机械)主管部门实行监督管理。

驾驶培训学校、驾驶培训班应当严格按照国家有关规定,对学员进行道路交通安全法律、法规、驾驶技能的培训,确保培训质量。

任何国家机关以及驾驶培训和考试主管部门不得举办或者参与举办驾驶培训学校、驾驶培训班。

**第二十一条** 驾驶人驾驶机动车上道路行驶前,应当对机动车的安全技术性能进行认真检查;不得驾驶安全设施不全或者机件不符合技术标准等具有安全隐患的机动车。

**第二十二条** 机动车驾驶人应当遵守道路交通安全法律、法规的规定,按照操作规范安全驾驶、文明驾驶。

饮酒、服用国家管制的精神药品或者麻醉药品,或者患有妨碍安全驾驶机动车的疾病,或者过度疲劳影响安全驾驶的,不得驾驶机动车。

任何人不得强迫、指使、纵容驾驶人违反道路交通安全法律、法规和机动车安全驾驶要求驾驶机动车。

**第二十三条** 公安机关交通管理部门依照法律、行政法规的规定,定期对机动车驾驶证实施审验。

**第二十四条** 公安机关交通管理部门对机动车驾驶人违反道路交通安全法律、法规的行为,除依法给予行政处罚外,实行累积记分制度。公安机关交通管理部门对累积记分达到规定分值的机动车驾驶人,扣留机动车驾驶证,对其进行道路交通安全法律、法规教育,重新考试;考试合格的,发还其机动车驾驶证。

对遵守道路交通安全法律、法规,在一年内无累积记分的机动车驾驶人,可以延长机动车驾驶证的审验期。具体办法由国务院公安部门规定。

## 第三章 道路通行条件

**第二十五条** 全国实行统一的道路交通信号。

交通信号包括交通信号灯、交通标志、交通标线和交通警察的指挥。

交通信号灯、交通标志、交通标线的设置应当符合道路交通安全、畅通的要求和国家标准,并保持清晰、醒目、准确、完好。

根据通行需要,应当及时增设、调换、更新道路交通信号。增设、调换、更新限制性的道路交通信号,应当提前向社会公告,广泛进行宣传。

**第二十六条** 交通信号灯由红灯、绿灯、黄灯组成。红灯表示禁止通行,绿灯表示准许通行,黄灯表示警示。

**第二十七条** 铁路与道路平面交叉的道口,应当设置警示灯、警示标志或者安全防护设施。无人看守的铁路道口,应当在距道口一定距离处设置警示标志。

**第二十八条** 任何单位和个人不得擅自设置、移动、占用、损毁交通信号灯、交通标志、交通标线。

道路两侧及隔离带上种植的树木或者其他植物,设置的广告牌、管线等,应当与交通设施保持必要的距离,不得遮挡路灯、交通信号灯、交通标志,不得妨碍安全视距,不得影响通行。

**第二十九条** 道路、停车场和道路配套设施的规划、设计、建设,应当符合道路交通安全、畅通的要求,并根据交通需求及时调整。

公安机关交通管理部门发现已经投入使用的道路存在交通事故频发路段,或者停车场、道路配套设施存在交通安全严重隐患的,应当及时向当地人民政府报告,并提出防范交通事故、消除隐患的建议,当地人民政府应当及时作出处理决定。

**第三十条** 道路出现坍塌、坑漕、水毁、隆起等损毁或者交通信号灯、交通标志、交通标线等交通设施损毁、灭失的,道路、交通设施的养护部门或者管理部门应当设置警示标志并及时修复。

公安机关交通管理部门发现前款情形,危及交通安全，尚未设置警示标志的，应当及时采取安全措施，疏导交通，并通知道路、交通设施的养护部门或者管理部门。

**第三十一条**　未经许可，任何单位和个人不得占用道路从事非交通活动。

**第三十二条**　因工程建设需要占用、挖掘道路，或者跨越、穿越道路架设、增设管线设施，应当事先征得道路主管部门的同意；影响交通安全的，还应当征得公安机关交通管理部门的同意。

施工作业单位应当在经批准的路段和时间内施工作业，并在距离施工作业地点来车方向安全距离处设置明显的安全警示标志，采取防护措施；施工作业完毕，应当迅速清除道路上的障碍物，消除安全隐患，经道路主管部门和公安机关交通管理部门验收合格，符合通行要求后，方可恢复通行。

对未中断交通的施工作业道路，公安机关交通管理部门应当加强交通安全监督检查，维护道路交通秩序。

**第三十三条**　新建、改建、扩建的公共建筑、商业街区、居住区、大（中）型建筑等，应当配建、增建停车场；停车泊位不足的，应当及时改建或者扩建；投入使用的停车场不得擅自停止使用或者改作他用。

在城市道路范围内，在不影响行人、车辆通行的情况下，政府有关部门可以施划停车泊位。

**第三十四条**　学校、幼儿园、医院、养老院门前的道路没有行人过街设施的，应当施划人行横道线，设置提示标志。

城市主要道路的人行道，应当按照规划设置盲道。盲道的设置应当符合国家标准。

## 第四章　道路通行规定

### 第一节　一般规定

**第三十五条**　机动车、非机动车实行右侧通行。

**第三十六条**　根据道路条件和通行需要，道路划分为机动车道、非机动车道和人行道的，机动车、非机动车、行人实行分道通行。没有划分机动车道、非机动车道和人行道的，机动车在道路中间通行，非机动车和行人在道路两侧通行。

**第三十七条**　道路划设专用车道的，在专用车道内，只准许规定的车辆通行，其他车辆不得进入专用车道内行驶。

**第三十八条**　车辆、行人应当按照交通信号通行；遇有交通警察现场指挥时，应当按照交通警察的指挥通行；在没有交通信号的道路上，应当在确保安全、畅通的原则下通行。

**第三十九条**　公安机关交通管理部门根据道路和交通流量的具体情况，可以对机动车、非机动车、行人采取疏导、限制通行、禁止通行等措施。遇有大型群众性活动、大范围施工等情况，需要采取限制交通的措施，或者作出与公众的道路交通活动直接有关的决定，应当提前向社会公告。

**第四十条**　遇有自然灾害、恶劣气象条件或者重大交通事故等严重影响交通安全的情形，采取其他措施难以保证交通安全时，公安机关交通管理部门可以实行交通管制。

**第四十一条**　有关道路通行的其他具体规定，由国务院规定。

### 第二节　机动车通行规定

**第四十二条**　机动车上道路行驶，不得超过限速标志标明的最高时速。在没有限速标志的路段，应当保持安全车速。

夜间行驶或者在容易发生危险的路段行驶，以及遇有沙尘、冰雹、雨、雪、雾、结冰等气象条件时，应当降低行驶速度。

**第四十三条**　同车道行驶的机动车，后车应当与前车保持足以采取紧急制动措施的安全距离。有下列情形之一的，不得超车：

（一）前车正在左转弯、掉头、超车的；

（二）与对面来车有会车可能的；

（三）前车为执行紧急任务的警车、消防车、救护车、工程救险车的；

（四）行经铁路道口、交叉路口、窄桥、弯道、陡坡、隧道、人行横道、市区交通流量大的路段等没有超车条件的。

**第四十四条**　机动车通过交叉路口，应当按照交通信号灯、交通标志、交通标线或者交通警察的指挥通过；通过没有交通信号灯、交通标志、交通标线或者交通警察指挥的交叉路口时，应当减速慢行，并让行人和优先通行的车辆先行。

**第四十五条**　机动车遇有前方车辆停车排队等候或者缓慢行驶时，不得借道超车或者占用对面车道，不得穿插等候的车辆。

在车道减少的路段、路口，或者在没有交通信号灯、交通标志、交通标线或者交通警察指挥的交叉路口遇到停车排队等候或者缓慢行驶时，机动车应当依次交替通行。

**第四十六条**　机动车通过铁路道口时，应当按照交通信号或者管理人员的指挥通行;没有交通信号或者管理人员的,应当减速或者停车,在确认安全后通过。

**第四十七条** 机动车行经人行横道时,应当减速行驶;遇行人正在通过人行横道,应当停车让行。

机动车行经没有交通信号的道路时,遇行人横过道路,应当避让。

**第四十八条** 机动车载物应当符合核定的载质量,严禁超载;载物的长、宽、高不得违反装载要求,不得遗洒、飘散载运物。

机动车运载超限的不可解体的物品,影响交通安全的,应当按照公安机关交通管理部门指定的时间、路线、速度行驶,悬挂明显标志。在公路上运载超限的不可解体的物品,并应当依照公路法的规定执行。

机动车载运爆炸物品、易燃易爆化学物品以及剧毒、放射性等危险物品,应当经公安机关批准后,按指定的时间、路线、速度行驶,悬挂警示标志并采取必要的安全措施。

**第四十九条** 机动车载人不得超过核定的人数,客运机动车不得违反规定载货。

**第五十条** 禁止货运机动车载客。

货运机动车需要附载作业人员的,应当设置保护作业人员的安全措施。

**第五十一条** 机动车行驶时,驾驶人、乘坐人员应当按规定使用安全带,摩托车驾驶人及乘坐人员应当按规定戴安全头盔。

**第五十二条** 机动车在道路上发生故障,需要停车排除故障时,驾驶人应当立即开启危险报警闪光灯,将机动车移至不妨碍交通的地方停放;难以移动的,应当持续开启危险报警闪光灯,并在来车方向设置警告标志等措施扩大示警距离,必要时迅速报警。

**第五十三条** 警车、消防车、救护车、工程救险车执行紧急任务时,可以使用警报器、标志灯具;在确保安全的前提下,不受行驶路线、行驶方向、行驶速度和信号灯的限制,其他车辆和行人应当让行。

警车、消防车、救护车、工程救险车非执行紧急任务时,不得使用警报器、标志灯具,不享有前款规定的道路优先通行权。

**第五十四条** 道路养护车辆、工程作业车进行作业时,在不影响过往车辆通行的前提下,其行驶路线和方向不受交通标志、标线限制,过往车辆和人员应当注意避让。

洒水车、清扫车等机动车应当按照安全作业标准作业;在不影响其他车辆通行的情况下,可以不受车辆分道行驶的限制,但是不得逆向行驶。

**第五十五条** 高速公路、大中城市中心城区内的道路,禁止拖拉机通行。其他禁止拖拉机通行的道路,由省、自治区、直辖市人民政府根据当地实际情况规定。

在允许拖拉机通行的道路上,拖拉机可以从事货运,但是不得用于载人。

**第五十六条** 机动车应当在规定地点停放。禁止在人行道上停放机动车;但是,依照本法第三十三条规定施划的停车泊位除外。

在道路上临时停车的,不得妨碍其他车辆和行人通行。

### 第三节 非机动车通行规定

**第五十七条** 驾驶非机动车在道路上行驶应当遵守有关交通安全的规定。非机动车应当在非机动车道内行驶;在没有非机动车道的道路上,应当靠车行道的右侧行驶。

**第五十八条** 残疾人机动轮椅车、电动自行车在非机动车道内行驶时,最高时速不得超过十五公里。

**第五十九条** 非机动车应当在规定地点停放。未设停放地点的,非机动车停放不得妨碍其他车辆和行人通行。

**第六十条** 驾驭畜力车,应当使用驯服的牲畜;驾驭畜力车横过道路时,驾驭人应当下车牵引牲畜;驾驭人离开车辆时,应当拴系牲畜。

### 第四节 行人和乘车人通行规定

**第六十一条** 行人应当在人行道内行走,没有人行道的靠路边行走。

**第六十二条** 行人通过路口或者横过道路,应当走人行横道或者过街设施;通过有交通信号灯的人行横道,应当按照交通信号灯指示通行;通过没有交通信号灯、人行横道的路口,或者在没有过街设施的路段横过道路,应当在确认安全后通过。

**第六十三条** 行人不得跨越、倚坐道路隔离设施,不得扒车、强行拦车或者实施妨碍道路交通安全的其他行为。

**第六十四条** 学龄前儿童以及不能辨认或者不能控制自己行为的精神疾病患者、智力障碍者在道路上通行,应当由其监护人、监护人委托的人或者对其负有管理、保护职责的人带领。

盲人在道路上通行,应当使用盲杖或者采取其他导盲手段，车辆应当避让盲人。

**第六十五条**　行人通过铁路道口时，应当按照交通信号或者管理人员的指挥通行；没有交通信号和管理人员的，应当在确认无火车驶临后，迅速通过。

**第六十六条**　乘车人不得携带易燃易爆等危险物品，不得向车外抛洒物品，不得有影响驾驶人安全驾驶的行为。

#### 第五节　高速公路的特别规定

**第六十七条**　行人、非机动车、拖拉机、轮式专用机械车、铰接式客车、全挂拖斗车以及其他设计最高时速低于七十公里的机动车，不得进入高速公路。高速公路限速标志标明的最高时速不得超过一百二十公里。

**第六十八条**　机动车在高速公路上发生故障时，应当依照本法第五十二条的有关规定办理；但是，警告标志应当设置在故障车来车方向一百五十米以外，车上人员应当迅速转移到右侧路肩上或者应急车道内，并且迅速报警。

机动车在高速公路上发生故障或者交通事故，无法正常行驶的，应当由救援车、清障车拖曳、牵引。

**第六十九条**　任何单位、个人不得在高速公路上拦截检查行驶的车辆，公安机关的人民警察依法执行紧急公务除外。

### 第五章　交通事故处理

**第七十条**　在道路上发生交通事故，车辆驾驶人应当立即停车，保护现场；造成人身伤亡的，车辆驾驶人应当立即抢救受伤人员，并迅速报告执勤的交通警察或者公安机关交通管理部门。因抢救受伤人员变动现场的，应当标明位置。乘车人、过往车辆驾驶人、过往行人应当予以协助。

在道路上发生交通事故，未造成人身伤亡，当事人对事实及成因无争议的，可以即行撤离现场，恢复交通，自行协商处理损害赔偿事宜；不即行撤离现场的，应当迅速报告执勤的交通警察或者公安机关交通管理部门。

在道路上发生交通事故，仅造成轻微财产损失，并且基本事实清楚的，当事人应当先撤离现场再进行协商处理。

**第七十一条**　车辆发生交通事故后逃逸的，事故现场目击人员和其他知情人员应当向公安机关交通管理部门或者交通警察举报。举报属实的，公安机关交通管理部门应当给予奖励。

**第七十二条**　公安机关交通管理部门接到交通事故报警后，应当立即派交通警察赶赴现场，先组织抢救受伤人员，并采取措施，尽快恢复交通。

交通警察应当对交通事故现场进行勘验、检查，收集证据；因收集证据的需要，可以扣留事故车辆，但是应当妥善保管，以备核查。

对当事人的生理、精神状况等专业性较强的检验，公安机关交通管理部门应当委托专门机构进行鉴定。鉴定结论应当由鉴定人签名。

**第七十三条**　公安机关交通管理部门应当根据交通事故现场勘验、检查、调查情况和有关的检验、鉴定结论，及时制作交通事故认定书，作为处理交通事故的证据。交通事故认定书应当载明交通事故的基本事实、成因和当事人的责任，并送达当事人。

**第七十四条**　对交通事故损害赔偿的争议，当事人可以请求公安机关交通管理部门调解，也可以直接向人民法院提起民事诉讼。

经公安机关交通管理部门调解，当事人未达成协议或者调解书生效后不履行的，当事人可以向人民法院提起民事诉讼。

**第七十五条**　医疗机构对交通事故中的受伤人员应当及时抢救，不得因抢救费用未及时支付而拖延救治。肇事车辆参加机动车第三者责任强制保险的，由保险公司在责任限额范围内支付抢救费用；抢救费用超过责任限额的，未参加机动车第三者责任强制保险或者肇事后逃逸的，由道路交通事故社会救助基金先行垫付部分或者全部抢救费用，道路交通事故社会救助基金管理机构有权向交通事故责任人追偿。

**第七十六条**　机动车发生交通事故造成人身伤亡、财产损失的，由保险公司在机动车第三者责任强制保险责任限额范围内予以赔偿；不足的部分，按照下列规定承担赔偿责任：

（一）机动车之间发生交通事故的，由有过错的一方承担赔偿责任；双方都有过错的，按照各自过错的比例分担责任。

（二）机动车与非机动车驾驶人、行人之间发生交通事故，非机动车驾驶人、行人没有过错的，由机动车一方承担赔偿责任；有证据证明非机动车驾驶人、行人有过错的，根据过错程度适当减轻机动车一方的赔偿责任；机动车一方没有过错的，承担不超过百分之十的赔偿责任。

交通事故的损失是由非机动车驾驶人、行人故意碰撞机动车造成的，机动车一方不承担赔偿责任。

**第七十七条** 车辆在道路以外通行时发生的事故，公安机关交通管理部门接到报案的，参照本法有关规定办理。

## 第六章 执法监督

**第七十八条** 公安机关交通管理部门应当加强对交通警察的管理，提高交通警察的素质和管理道路交通的水平。

公安机关交通管理部门应当对交通警察进行法制和交通安全管理业务培训、考核。交通警察经考核不合格的，不得上岗执行职务。

**第七十九条** 公安机关交通管理部门及其交通警察实施道路交通安全管理，应当依据法定的职权和程序，简化办事手续，做到公正、严格、文明、高效。

**第八十条** 交通警察执行职务时，应当按照规定着装，佩带人民警察标志，持有人民警察证件，保持警容严整，举止端庄，指挥规范。

**第八十一条** 依照本法发放牌证等收取工本费，应当严格执行国务院价格主管部门核定的收费标准，并全部上缴国库。

**第八十二条** 公安机关交通管理部门依法实施罚款的行政处罚，应当依照有关法律、行政法规的规定，实施罚款决定与罚款收缴分离；收缴的罚款以及依法没收的违法所得，应当全部上缴国库。

**第八十三条** 交通警察调查处理道路交通安全违法行为和交通事故，有下列情形之一的，应当回避：

（一）是本案的当事人或者当事人的近亲属；

（二）本人或者其近亲属与本案有利害关系；

（三）与本案当事人有其他关系，可能影响案件的公正处理。

**第八十四条** 公安机关交通管理部门及其交通警察的行政执法活动，应当接受行政监察机关依法实施的监督。

公安机关督察部门应当对公安机关交通管理部门及其交通警察执行法律、法规和遵守纪律的情况依法进行监督。

上级公安机关交通管理部门应当对下级公安机关交通管理部门的执法活动进行监督。

**第八十五条** 公安机关交通管理部门及其交通警察执行职务，应当自觉接受社会和公民的监督。

任何单位和个人都有权对公安机关交通管理部门及其交通警察不严格执法以及违法违纪行为进行检举、控告。收到检举、控告的机关，应当依据职责及时查处。

**第八十六条** 任何单位不得给公安机关交通管理部门下达或者变相下达罚款指标；公安机关交通管理部门不得以罚款数额作为考核交通警察的标准。

公安机关交通管理部门及其交通警察对超越法律、法规规定的指令，有权拒绝执行，并同时向上级机关报告。

## 第七章 法律责任

**第八十七条** 公安机关交通管理部门及其交通警察对道路交通安全违法行为，应当及时纠正。

公安机关交通管理部门及其交通警察应当依据事实和本法的有关规定对道路交通安全违法行为予以处罚。对于情节轻微，未影响道路通行的，指出违法行为，给予口头警告后放行。

**第八十八条** 对道路交通安全违法行为的处罚种类包括：警告、罚款、暂扣或者吊销机动车驾驶证、拘留。

**第八十九条** 行人、乘车人、非机动车驾驶人违反道路交通安全法律、法规关于道路通行规定的，处警告或者五元以上五十元以下罚款；非机动车驾驶人拒绝接受罚款处罚的，可以扣留其非机动车。

**第九十条** 机动车驾驶人违反道路交通安全法律、法规关于道路通行规定的，处警告或者二十元以上二百元以下罚款。本法另有规定的，依照规定处罚。

**第九十一条** 饮酒后驾驶机动车的，处暂扣六个月机动车驾驶证，并处一千元以上二千元以下罚款。因饮酒后驾驶机动车被处罚，再次饮酒后驾驶机动车的，处十日以下拘留，并处一千元以上二千元以下罚款，吊销机动车驾驶证。

醉酒驾驶机动车的，由公安机关交通管理部门约束至酒醒，吊销机动车驾驶证，依法追究刑事责任；五年内不得重新取得机动车驾驶证。

饮酒后驾驶营运机动车的，处十五日拘留，并处五千元罚款，吊销机动车驾驶证，五年内不得重新取得机动车驾驶证。

醉酒驾驶营运机动车的，由公安机关交通管理部门约束至酒醒，吊销机动车驾驶证，依法追究刑事责任；十年内不得重新取得机动车驾驶证，重新取得机动车驾驶证后，不得驾驶营运机动车。

饮酒后或者醉酒驾驶机动车发生重大交通事故，构成犯罪的，依法追究刑事责任，并由公安机关交通管理部门吊销机动车驾驶证，终生不得重新取得机动车驾驶证。

**第九十二条**　公路客运车辆载客超过额定乘员的，处二百元以上五百元以下罚款；超过额定乘员百分之二十或者违反规定载货的，处五百元以上二千元以下罚款。

货运机动车超过核定载质量的，处二百元以上五百元以下罚款；超过核定载质量百分之三十或者违反规定载客的，处五百元以上二千元以下罚款。

有前两款行为的，由公安机关交通管理部门扣留机动车至违法状态消除。

运输单位的车辆有本条第一款、第二款规定的情形，经处罚不改的，对直接负责的主管人员处二千元以上五千元以下罚款。

**第九十三条**　对违反道路交通安全法律、法规关于机动车停放、临时停车规定的，可以指出违法行为，并予以口头警告，令其立即驶离。

机动车驾驶人不在现场或者虽在现场但拒绝立即驶离，妨碍其他车辆、行人通行的，处二十元以上二百元以下罚款，并可以将该机动车拖移至不妨碍交通的地点或者公安机关交通管理部门指定的地点停放。公安机关交通管理部门拖车不得向当事人收取费用，并应当及时告知当事人停放地点。

因采取不正确的方法拖车造成机动车损坏的，应当依法承担补偿责任。

**第九十四条**　机动车安全技术检验机构实施机动车安全技术检验超过国务院价格主管部门核定的收费标准收取费用的，退还多收取的费用，并由价格主管部门依照《中华人民共和国价格法》的有关规定给予处罚。

机动车安全技术检验机构不按照机动车国家安全技术标准进行检验，出具虚假检验结果的，由公安机关交通管理部门处所收检验费用五倍以上十倍以下罚款，并依法撤销其检验资格；构成犯罪的，依法追究刑事责任。

**第九十五条**　上道路行驶的机动车未悬挂机动车号牌，未放置检验合格标志、保险标志，或者未随车携带行驶证、驾驶证的，公安机关交通管理部门应当扣留机动车，通知当事人提供相应的牌证、标志或者补办相应手续，并可以依照本法第九十条的规定予以处罚。当事人提供相应的牌证、标志或者补办相应手续的，应当及时退还机动车。

故意遮挡、污损或者不按规定安装机动车号牌的，依照本法第九十条的规定予以处罚。

**第九十六条**　伪造、变造或者使用伪造、变造的机动车登记证书、号牌、行驶证、驾驶证的，由公安机关交通管理部门予以收缴，扣留该机动车，处十五日以下拘留，并处二千元以上五千元以下罚款；构成犯罪的，依法追究刑事责任。

伪造、变造或者使用伪造、变造的检验合格标志、保险标志的，由公安机关交通管理部门予以收缴，扣留该机动车，处十日以下拘留，并处一千元以上三千元以下罚款；构成犯罪的，依法追究刑事责任。

使用其他车辆的机动车登记证书、号牌、行驶证、检验合格标志、保险标志的，由公安机关交通管理部门予以收缴，扣留该机动车，处二千元以上五千元以下罚款。

当事人提供相应的合法证明或者补办相应手续的，应当及时退还机动车。

**第九十七条**　非法安装警报器、标志灯具的，由公安机关交通管理部门强制拆除，予以收缴，并处二百元以上二千元以下罚款。

**第九十八条**　机动车所有人、管理人未按照国家规定投保机动车第三者责任强制保险的，由公安机关交通管理部门扣留车辆至依照规定投保后，并处依照规定投保最低责任限额应缴纳的保险费的二倍罚款。

依照前款缴纳的罚款全部纳入道路交通事故社会救助基金。具体办法由国务院规定。

**第九十九条**　有下列行为之一的，由公安机关交通管理部门处二百元以上二千元以下罚款：

（一）未取得机动车驾驶证、机动车驾驶证被吊销或者机动车驾驶证被暂扣期间驾驶机动车的；

（二）将机动车交由未取得机动车驾驶证或者机动车驾驶证被吊销、暂扣的人驾驶的；

（三）造成交通事故后逃逸，尚不构成犯罪的；

（四）机动车行驶超过规定时速百分之五十的；

（五）强迫机动车驾驶人违反道路交通安全法律、法规和机动车安全驾驶要求驾驶机动车，造成交通事故，尚不构成犯罪的；

（六）违反交通管制的规定强行通行，不听劝阻的；

（七）故意损毁、移动、涂改交通设施，造成危害后果，尚不构成犯罪的；

（八）非法拦截、扣留机动车辆，不听劝阻，造成交通严重阻塞或者较大财产损失的。

行为人有前款第二项、第四项情形之一的，可以并处吊销机动车驾驶证；有第一项、第三项、第五项至第八项情形之一的，可以并处十五日以下拘留。

**第一百条** 驾驶拼装的机动车或者已达到报废标准的机动车上道路行驶的，公安机关交通管理部门应当予以收缴，强制报废。

对驾驶前款所列机动车上道路行驶的驾驶人，处二百元以上二千元以下罚款，并吊销机动车驾驶证。

出售已达到报废标准的机动车的，没收违法所得，处销售金额等额的罚款，对该机动车依照本条第一款的规定处理。

**第一百零一条** 违反道路交通安全法律、法规的规定，发生重大交通事故，构成犯罪的，依法追究刑事责任，并由公安机关交通管理部门吊销机动车驾驶证。

造成交通事故后逃逸的，由公安机关交通管理部门吊销机动车驾驶证，且终生不得重新取得机动车驾驶证。

**第一百零二条** 对六个月内发生二次以上特大交通事故负有主要责任或者全部责任的专业运输单位，由公安机关交通管理部门责令消除安全隐患，未消除安全隐患的机动车，禁止上道路行驶。

**第一百零三条** 国家机动车产品主管部门未按照机动车国家安全技术标准严格审查，许可不合格机动车型投入生产的，对负有责任的主管人员和其他直接责任人员给予降级或者撤职的行政处分。

机动车生产企业经国家机动车产品主管部门许可生产的机动车型，不执行机动车国家安全技术标准或者不严格进行机动车成品质量检验，致使质量不合格的机动车出厂销售的，由质量技术监督部门依照《中华人民共和国产品质量法》的有关规定给予处罚。

擅自生产、销售未经国家机动车产品主管部门许可生产的机动车型的，没收非法生产、销售的机动车成品及配件，可以并处非法产品价值三倍以上五倍以下罚款；有营业执照的，由工商行政管理部门吊销营业执照，没有营业执照的，予以查封。

生产、销售拼装的机动车或者生产、销售擅自改装的机动车的，依照本条第三款的规定处罚。

有本条第二款、第三款、第四款所列违法行为，生产或者销售不符合机动车国家安全技术标准的机动车，构成犯罪的，依法追究刑事责任。

**第一百零四条** 未经批准，擅自挖掘道路、占用道路施工或者从事其他影响道路交通安全活动的，由道路主管部门责令停止违法行为，并恢复原状，可以依法给予罚款；致使通行的人员、车辆及其他财产遭受损失的，依法承担赔偿责任。

有前款行为，影响道路交通安全活动的，公安机关交通管理部门可以责令停止违法行为，迅速恢复交通。

**第一百零五条** 道路施工作业或者道路出现损毁，未及时设置警示标志、未采取防护措施，或者应当设置交通信号灯、交通标志、交通标线而没有设置或者应当及时变更交通信号灯、交通标志、交通标线而没有及时变更，致使通行的人员、车辆及其他财产遭受损失的，负有相关职责的单位应当依法承担赔偿责任。

**第一百零六条** 在道路两侧及隔离带上种植树木、其他植物或者设置广告牌、管线等，遮挡路灯、交通信号灯、交通标志，妨碍安全视距的，由公安机关交通管理部门责令行为人排除妨碍；拒不执行的，处二百元以上二千元以下罚款，并强制排除妨碍，所需费用由行为人负担。

**第一百零七条** 对道路交通违法行为人予以警告、二百元以下罚款，交通警察可以当场作出行政处罚决定，并出具行政处罚决定书。

行政处罚决定书应当载明当事人的违法事实、行政处罚的依据、处罚内容、时间、地点以及处罚机关名称，并由执法人员签名或者盖章。

**第一百零八条** 当事人应当自收到罚款的行政处罚决定书之日起十五日内，到指定的银行缴纳罚款。

对行人、乘车人和非机动车驾驶人的罚款，当事人无异议的，可以当场予以收缴罚款。

罚款应当开具省、自治区、直辖市财政部门统一制发的罚款收据；不出具财政部门统一制发的罚款收据的，当事人有权拒绝缴纳罚款。

**第一百零九条** 当事人逾期不履行行政处罚决定的，作出行政处罚决定的行政机关可以采取下列措施：

（一）到期不缴纳罚款的，每日按罚款数额的百分之三加处罚款；

（二）申请人民法院强制执行。

**第一百一十条** 执行职务的交通警察认为应当对道路交通违法行为人给予暂扣或者吊销机动车驾驶证处罚的，可以先予扣留机动车驾驶证，并在二十四小时内将案件移交公安机关交通管理部门处理。

道路交通违法行为人应当在十五日内到公安

机关交通管理部门接受处理。无正当理由逾期未接受处理的，吊销机动车驾驶证。

公安机关交通管理部门暂扣或者吊销机动车驾驶证的，应当出具行政处罚决定书。

**第一百一十一条**　对违反本法规定予以拘留的行政处罚，由县、市公安局、公安分局或者相当于县一级的公安机关裁决。

**第一百一十二条**　公安机关交通管理部门扣留机动车、非机动车，应当当场出具凭证，并告知当事人在规定期限内到公安机关交通管理部门接受处理。

公安机关交通管理部门对被扣留的车辆应当妥善保管，不得使用。

逾期不来接受处理，并且经公告三个月仍不来接受处理的，对扣留的车辆依法处理。

**第一百一十三条**　暂扣机动车驾驶证的期限从处罚决定生效之日起计算；处罚决定生效前先予扣留机动车驾驶证的，扣留一日折抵暂扣期限一日。

吊销机动车驾驶证后重新申请领取机动车驾驶证的期限，按照机动车驾驶证管理规定办理。

**第一百一十四条**　公安机关交通管理部门根据交通技术监控记录资料，可以对违法的机动车所有人或者管理人依法予以处罚。对能够确定驾驶人的，可以依照本法的规定依法予以处罚。

**第一百一十五条**　交通警察有下列行为之一的，依法给予行政处分：

（一）为不符合法定条件的机动车发放机动车登记证书、号牌、行驶证、检验合格标志的；

（二）批准不符合法定条件的机动车安装、使用警车、消防车、救护车、工程救险车的警报器、标志灯具，喷涂标志图案的；

（三）为不符合驾驶许可条件、未经考试或者考试不合格人员发放机动车驾驶证的；

（四）不执行罚款决定与罚款收缴分离制度或者不按规定将依法收取的费用、收缴的罚款及没收的违法所得全部上缴国库的；

（五）举办或者参与举办驾驶学校或者驾驶培训班、机动车修理厂或者收费停车场等经营活动的；

（六）利用职务上的便利收受他人财物或者谋取其他利益的；

（七）违法扣留车辆、机动车行驶证、驾驶证、车辆号牌的；

（八）使用依法扣留的车辆的；

（九）当场收取罚款不开具罚款收据或者不如实填写罚款额的；

（十）徇私舞弊，不公正处理交通事故的；

（十一）故意刁难，拖延办理机动车牌证的；

（十二）非执行紧急任务时使用警报器、标志灯具的；

（十三）违反规定拦截、检查正常行驶的车辆的；

（十四）非执行紧急公务时拦截搭乘机动车的；

（十五）不履行法定职责的。

公安机关交通管理部门有前款所列行为之一的，对直接负责的主管人员和其他直接责任人员给予相应的行政处分。

**第一百一十六条**　依照本法第一百一十五条的规定，给予交通警察行政处分的，在作出行政处分决定前，可以停止其执行职务；必要时，可以予以禁闭。

依照本法第一百一十五条的规定，交通警察受到降级或者撤职行政处分的，可以予以辞退。

交通警察受到开除处分或者被辞退的，应当取消警衔；受到撤职以下行政处分的交通警察，应当降低警衔。

**第一百一十七条**　交通警察利用职权非法占有公共财物，索取、收受贿赂，或者滥用职权、玩忽职守，构成犯罪的，依法追究刑事责任。

**第一百一十八条**　公安机关交通管理部门及其交通警察有本法第一百一十五条所列行为之一，给当事人造成损失的，应当依法承担赔偿责任。

## 第八章　附　　则

**第一百一十九条**　本法中下列用语的含义：

（一）“道路”，是指公路、城市道路和虽在单位管辖范围但允许社会机动车通行的地方，包括广场、公共停车场等用于公众通行的场所。

（二）“车辆”，是指机动车和非机动车。

（三）“机动车”，是指以动力装置驱动或者牵引，上道路行驶的供人员乘用或者用于运送物品以及进行工程专项作业的轮式车辆。

（四）“非机动车”，是指以人力或者畜力驱动，上道路行驶的交通工具，以及虽有动力装置驱动但设计最高时速、空车质量、外形尺寸符合有关国家标准的残疾人机动轮椅车、电动自行车等交通工具。

（五）“交通事故”，是指车辆在道路上因过错或者意外造成的人身伤亡或者财产损失的事件。

**第一百二十条**　中国人民解放军和中国人民

武装警察部队在编机动车牌证、在编机动车检验以及机动车驾驶人考核工作，由中国人民解放军、中国人民武装警察部队有关部门负责。

**第一百二十一条** 对上道路行驶的拖拉机，由农业（农业机械）主管部门行使本法第八条、第九条、第十三条、第十九条、第二十三条规定的公安机关交通管理部门的管理职权。

农业（农业机械）主管部门依照前款规定行使职权，应当遵守本法有关规定，并接受公安机关交通管理部门的监督；对违反规定的，依照本法有关规定追究法律责任。

本法施行前由农业（农业机械）主管部门发放的机动车牌证，在本法施行后继续有效。

**第一百二十二条** 国家对入境的境外机动车的道路交通安全实施统一管理。

**第一百二十三条** 省、自治区、直辖市人民代表大会常务委员会可以根据本地区的实际情况，在本法规定的罚款幅度内，规定具体的执行标准。

**第一百二十四条** 本法自 2004 年 5 月 1 日起施行。

# 中华人民共和国消防法

（1998 年 4 月 29 日第九届全国人民代表大会常务委员会第二次会议通过　2008 年 10 月 28 日第十一届全国人民代表大会常务委员会第五次会议修订　根据 2019 年 4 月 23 日第十三届全国人民代表大会常务委员会第十次会议《关于修改〈中华人民共和国建筑法〉等八部法律的决定》第一次修正　根据 2021 年 4 月 29 日第十三届全国人民代表大会常务委员会第二十八次会议《关于修改〈中华人民共和国道路交通安全法〉等八部法律的决定》第二次修正）

## 目　录



## 第一章　总　则

**第一条** 为了预防火灾和减少火灾危害，加强应急救援工作，保护人身、财产安全，维护公共安全，制定本法。

**第二条** 消防工作贯彻预防为主、防消结合的方针，按照政府统一领导、部门依法监管、单位全面负责、公民积极参与的原则，实行消防安全责任制，建立健全社会化的消防工作网络。

**第三条** 国务院领导全国的消防工作。地方各级人民政府负责本行政区域内的消防工作。

各级人民政府应当将消防工作纳入国民经济和社会发展计划，保障消防工作与经济社会发展相适应。

**第四条** 国务院应急管理部门对全国的消防工作实施监督管理。县级以上地方人民政府应急管理部门对本行政区域内的消防工作实施监督管理，并由本级人民政府消防救援机构负责实施。军事设施的消防工作，由其主管单位监督管理，消防救援机构协助；矿井地下部分、核电厂、海上石油天然气设施的消防工作，由其主管单位监督管理。

县级以上人民政府其他有关部门在各自的职责范围内，依照本法和其他相关法律、法规的规定做好消防工作。

法律、行政法规对森林、草原的消防工作另有规定的，从其规定。

**第五条** 任何单位和个人都有维护消防安全、保护消防设施、预防火灾、报告火警的义务。任何单位和成年人都有参加有组织的灭火工作的义务。

**第六条** 各级人民政府应当组织开展经常性的消防宣传教育，提高公民的消防安全意识。

机关、团体、企业、事业等单位，应当加强对本单位人员的消防宣传教育。

应急管理部门及消防救援机构应当加强消防法律、法规的宣传，并督促、指导、协助有关单位做好消防宣传教育工作。

教育、人力资源行政主管部门和学校、有关职业培训机构应当将消防知识纳入教育、教学、培训的内容。

新闻、广播、电视等有关单位，应当有针对性地面向社会进行消防宣传教育。

工会、共产主义青年团、妇女联合会等团体应当结合各自工作对象的特点，组织开展消防宣传教育。

村民委员会、居民委员会应当协助人民政府以及公安机关、应急管理等部门，加强消防宣传教育。

**第七条**　国家鼓励、支持消防科学研究和技术创新，推广使用先进的消防和应急救援技术、设备；鼓励、支持社会力量开展消防公益活动。

对在消防工作中有突出贡献的单位和个人，应当按照国家有关规定给予表彰和奖励。

## 第二章　火灾预防

**第八条**　地方各级人民政府应当将包括消防安全布局、消防站、消防供水、消防通信、消防车通道、消防装备等内容的消防规划纳入城乡规划，并负责组织实施。

城乡消防安全布局不符合消防安全要求的，应当调整、完善；公共消防设施、消防装备不足或者不适应实际需要的，应当增建、改建、配置或者进行技术改造。

**第九条**　建设工程的消防设计、施工必须符合国家工程建设消防技术标准。建设、设计、施工、工程监理等单位依法对建设工程的消防设计、施工质量负责。

**第十条**　对按照国家工程建设消防技术标准需要进行消防设计的建设工程，实行建设工程消防设计审查验收制度。

**第十一条**　国务院住房和城乡建设主管部门规定的特殊建设工程，建设单位应当将消防设计文件报送住房和城乡建设主管部门审查，住房和城乡建设主管部门依法对审查的结果负责。

前款规定以外的其他建设工程，建设单位申请领取施工许可证或者申请批准开工报告时应当提供满足施工需要的消防设计图纸及技术资料。

**第十二条**　特殊建设工程未经消防设计审查或者审查不合格的，建设单位、施工单位不得施工；其他建设工程，建设单位未提供满足施工需要的消防设计图纸及技术资料的，有关部门不得发放施工许可证或者批准开工报告。

**第十三条**　国务院住房和城乡建设主管部门规定应当申请消防验收的建设工程竣工，建设单位应当向住房和城乡建设主管部门申请消防验收。

前款规定以外的其他建设工程，建设单位在验收后应当报住房和城乡建设主管部门备案，住房和城乡建设主管部门应当进行抽查。

依法应当进行消防验收的建设工程，未经消防验收或者消防验收不合格的，禁止投入使用；其他建设工程经依法抽查不合格的，应当停止使用。

**第十四条**　建设工程消防设计审查、消防验收、备案和抽查的具体办法，由国务院住房和城乡建设主管部门规定。

**第十五条**　公众聚集场所投入使用、营业前消防安全检查实行告知承诺管理。公众聚集场所在投入使用、营业前，建设单位或者使用单位应当向场所所在地的县级以上地方人民政府消防救援机构申请消防安全检查，作出场所符合消防技术标准和管理规定的承诺，提交规定的材料，并对其承诺和材料的真实性负责。

消防救援机构对申请人提交的材料进行审查；申请材料齐全、符合法定形式的，应当予以许可。消防救援机构应当根据消防技术标准和管理规定，及时对作出承诺的公众聚集场所进行核查。

申请人选择不采用告知承诺方式办理的，消防救援机构应当自受理申请之日起十个工作日内，根据消防技术标准和管理规定，对该场所进行检查。经检查符合消防安全要求的，应当予以许可。

公众聚集场所未经消防救援机构许可的，不得投入使用、营业。消防安全检查的具体办法，由国务院应急管理部门制定。

**第十六条**　机关、团体、企业、事业等单位应当履行下列消防安全职责：

（一）落实消防安全责任制，制定本单位的消防安全制度、消防安全操作规程，制定灭火和应急疏散预案；

（二）按照国家标准、行业标准配置消防设施、器材，设置消防安全标志，并定期组织检验、维修，确保完好有效；

（三）对建筑消防设施每年至少进行一次全面检测，确保完好有效，检测记录应当完整准确，存档备查；

（四）保障疏散通道、安全出口、消防车通道畅通，保证防火防烟分区、防火间距符合消防技术标准；

（五）组织防火检查，及时消除火灾隐患；

（六）组织进行有针对性的消防演练；

（七）法律、法规规定的其他消防安全职责。

单位的主要负责人是本单位的消防安全责任人。

**第十七条** 县级以上地方人民政府消防救援机构应当将发生火灾可能性较大以及发生火灾可能造成重大的人身伤亡或者财产损失的单位，确定为本行政区域内的消防安全重点单位，并由应急管理部门报本级人民政府备案。

消防安全重点单位除应当履行本法第十六条规定的职责外，还应当履行下列消防安全职责：

（一）确定消防安全管理人，组织实施本单位的消防安全管理工作；

（二）建立消防档案，确定消防安全重点部位，设置防火标志，实行严格管理；

（三）实行每日防火巡查，并建立巡查记录；

（四）对职工进行岗前消防安全培训，定期组织消防安全培训和消防演练。

**第十八条** 同一建筑物由两个以上单位管理或者使用的，应当明确各方的消防安全责任，并确定责任人对共用的疏散通道、安全出口、建筑消防设施和消防车通道进行统一管理。

住宅区的物业服务企业应当对管理区域内的共用消防设施进行维护管理，提供消防安全防范服务。

**第十九条** 生产、储存、经营易燃易爆危险品的场所不得与居住场所设置在同一建筑物内，并应当与居住场所保持安全距离。

生产、储存、经营其他物品的场所与居住场所设置在同一建筑物内的，应当符合国家工程建设消防技术标准。

**第二十条** 举办大型群众性活动，承办人应当依法向公安机关申请安全许可，制定灭火和应急疏散预案并组织演练，明确消防安全责任分工，确定消防安全管理人员，保持消防设施和消防器材配置齐全、完好有效，保证疏散通道、安全出口、疏散指示标志、应急照明和消防车通道符合消防技术标准和管理规定。

**第二十一条** 禁止在具有火灾、爆炸危险的场所吸烟、使用明火。因施工等特殊情况需要使用明火作业的，应当按照规定事先办理审批手续，采取相应的消防安全措施；作业人员应当遵守消防安全规定。

进行电焊、气焊等具有火灾危险作业的人员和自动消防系统的操作人员，必须持证上岗，并遵守消防安全操作规程。

**第二十二条** 生产、储存、装卸易燃易爆危险品的工厂、仓库和专用车站、码头的设置，应当符合消防技术标准。易燃易爆气体和液体的充装站、供应站、调压站，应当设置在符合消防安全要求的位置，并符合防火防爆要求。

已经设置的生产、储存、装卸易燃易爆危险品的工厂、仓库和专用车站、码头，易燃易爆气体和液体的充装站、供应站、调压站，不再符合前款规定的，地方人民政府应当组织、协调有关部门、单位限期解决，消除安全隐患。

**第二十三条** 生产、储存、运输、销售、使用、销毁易燃易爆危险品，必须执行消防技术标准和管理规定。

进入生产、储存易燃易爆危险品的场所，必须执行消防安全规定。禁止非法携带易燃易爆危险品进入公共场所或者乘坐公共交通工具。

储存可燃物资仓库的管理，必须执行消防技术标准和管理规定。

**第二十四条** 消防产品必须符合国家标准；没有国家标准的，必须符合行业标准。禁止生产、销售或者使用不合格的消防产品以及国家明令淘汰的消防产品。

依法实行强制性产品认证的消防产品，由具有法定资质的认证机构按照国家标准、行业标准的强制性要求认证合格后，方可生产、销售、使用。实行强制性产品认证的消防产品目录，由国务院产品质量监督部门会同国务院应急管理部门制定并公布。

新研制的尚未制定国家标准、行业标准的消防产品，应当按照国务院产品质量监督部门会同国务院应急管理部门规定的办法，经技术鉴定符合消防安全要求的，方可生产、销售、使用。

依照本条规定经强制性产品认证合格或者技术鉴定合格的消防产品，国务院应急管理部门应当予以公布。

**第二十五条** 产品质量监督部门、工商行政管理部门、消防救援机构应当按照各自职责加强对消防产品质量的监督检查。

**第二十六条** 建筑构件、建筑材料和室内装修、装饰材料的防火性能必须符合国家标准；没有国家标准的，必须符合行业标准。

人员密集场所室内装修、装饰，应当按照消防技术标准的要求，使用不燃、难燃材料。

**第二十七条**　电器产品、燃气用具的产品标准，应当符合消防安全的要求。

电器产品、燃气用具的安装、使用及其线路、管路的设计、敷设、维护保养、检测，必须符合消防技术标准和管理规定。

**第二十八条**　任何单位、个人不得损坏、挪用或者擅自拆除、停用消防设施、器材，不得埋压、圈占、遮挡消火栓或者占用防火间距，不得占用、堵塞、封闭疏散通道、安全出口、消防车通道。人员密集场所的门窗不得设置影响逃生和灭火救援的障碍物。

**第二十九条**　负责公共消防设施维护管理的单位，应当保持消防供水、消防通信、消防车通道等公共消防设施的完好有效。在修建道路以及停电、停水、截断通信线路时有可能影响消防队灭火救援的，有关单位必须事先通知当地消防救援机构。

**第三十条**　地方各级人民政府应当加强对农村消防工作的领导，采取措施加强公共消防设施建设，组织建立和督促落实消防安全责任制。

**第三十一条**　在农业收获季节、森林和草原防火期间、重大节假日期间以及火灾多发季节，地方各级人民政府应当组织开展有针对性的消防宣传教育，采取防火措施，进行消防安全检查。

**第三十二条**　乡镇人民政府、城市街道办事处应当指导、支持和帮助村民委员会、居民委员会开展群众性的消防工作。村民委员会、居民委员会应当确定消防安全管理人，组织制定防火安全公约，进行防火安全检查。

**第三十三条**　国家鼓励、引导公众聚集场所和生产、储存、运输、销售易燃易爆危险品的企业投保火灾公众责任保险；鼓励保险公司承保火灾公众责任保险。

**第三十四条**　消防设施维护保养检测、消防安全评估等消防技术服务机构应当符合从业条件，执业人员应当依法获得相应的资格；依照法律、行政法规、国家标准、行业标准和执业准则，接受委托提供消防技术服务，并对服务质量负责。

## 第三章　消防组织

**第三十五条**　各级人民政府应当加强消防组织建设，根据经济社会发展的需要，建立多种形式的消防组织，加强消防技术人才培养，增强火灾预防、扑救和应急救援的能力。

**第三十六条**　县级以上地方人民政府应当按照国家规定建立国家综合性消防救援队、专职消防队，并按照国家标准配备消防装备，承担火灾扑救工作。

乡镇人民政府应当根据当地经济发展和消防工作的需要，建立专职消防队、志愿消防队，承担火灾扑救工作。

**第三十七条**　国家综合性消防救援队、专职消防队按照国家规定承担重大灾害事故和其他以抢救人员生命为主的应急救援工作。

**第三十八条**　国家综合性消防救援队、专职消防队应当充分发挥火灾扑救和应急救援专业力量的骨干作用；按照国家规定，组织实施专业技能训练，配备并维护保养装备器材，提高火灾扑救和应急救援的能力。

**第三十九条**　下列单位应当建立单位专职消防队，承担本单位的火灾扑救工作：

（一）大型核设施单位、大型发电厂、民用机场、主要港口；

（二）生产、储存易燃易爆危险品的大型企业；

（三）储备可燃的重要物资的大型仓库、基地；

（四）第一项、第二项、第三项规定以外的火灾危险性较大、距离国家综合性消防救援队较远的其他大型企业；

（五）距离国家综合性消防救援队较远、被列为全国重点文物保护单位的古建筑群的管理单位。

**第四十条**　专职消防队的建立，应当符合国家有关规定，并报当地消防救援机构验收。

专职消防队的队员依法享受社会保险和福利待遇。

**第四十一条**　机关、团体、企业、事业等单位以及村民委员会、居民委员会根据需要，建立志愿消防队等多种形式的消防组织，开展群众性自防自救工作。

**第四十二条**　消防救援机构应当对专职消防队、志愿消防队等消防组织进行业务指导；根据扑救火灾的需要，可以调动指挥专职消防队参加火灾扑救工作。

## 第四章　灭火救援

**第四十三条**　县级以上地方人民政府应当组织有关部门针对本行政区域内的火灾特点制定应急预案，建立应急反应和处置机制，为火灾扑救和应急救援工作提供人员、装备等保障。

**第四十四条** 任何人发现火灾都应当立即报警。任何单位、个人都应当无偿为报警提供便利，不得阻拦报警。严禁谎报火警。

人员密集场所发生火灾，该场所的现场工作人员应当立即组织、引导在场人员疏散。

任何单位发生火灾，必须立即组织力量扑救。邻近单位应当给予支援。

消防队接到火警，必须立即赶赴火灾现场，救助遇险人员，排除险情，扑灭火灾。

**第四十五条** 消防救援机构统一组织和指挥火灾现场扑救，应当优先保障遇险人员的生命安全。

火灾现场总指挥根据扑救火灾的需要，有权决定下列事项：

（一）使用各种水源；

（二）截断电力、可燃气体和可燃液体的输送，限制用火用电；

（三）划定警戒区，实行局部交通管制；

（四）利用临近建筑物和有关设施；

（五）为了抢救人员和重要物资，防止火势蔓延，拆除或者破损毗邻火灾现场的建筑物、构筑物或者设施等；

（六）调动供水、供电、供气、通信、医疗救护、交通运输、环境保护等有关单位协助灭火救援。

根据扑救火灾的紧急需要，有关地方人民政府应当组织人员、调集所需物资支援灭火。

**第四十六条** 国家综合性消防救援队、专职消防队参加火灾以外的其他重大灾害事故的应急救援工作，由县级以上人民政府统一领导。

**第四十七条** 消防车、消防艇前往执行火灾扑救或者应急救援任务，在确保安全的前提下，不受行驶速度、行驶路线、行驶方向和指挥信号的限制，其他车辆、船舶以及行人应当让行，不得穿插超越；收费公路、桥梁免收车辆通行费。交通管理指挥人员应当保证消防车、消防艇迅速通行。

赶赴火灾现场或者应急救援现场的消防人员和调集的消防装备、物资，需要铁路、水路或者航空运输的，有关单位应当优先运输。

**第四十八条** 消防车、消防艇以及消防器材、装备和设施，不得用于与消防和应急救援工作无关的事项。

**第四十九条** 国家综合性消防救援队、专职消防队扑救火灾、应急救援，不得收取任何费用。

单位专职消防队、志愿消防队参加扑救外单位火灾所损耗的燃料、灭火剂和器材、装备等，由火灾发生地的人民政府给予补偿。

**第五十条** 对因参加扑救火灾或者应急救援受伤、致残或者死亡的人员，按照国家有关规定给予医疗、抚恤。

**第五十一条** 消防救援机构有权根据需要封闭火灾现场，负责调查火灾原因，统计火灾损失。

火灾扑灭后，发生火灾的单位和相关人员应当按照消防救援机构的要求保护现场，接受事故调查，如实提供与火灾有关的情况。

消防救援机构根据火灾现场勘验、调查情况和有关的检验、鉴定意见，及时制作火灾事故认定书，作为处理火灾事故的证据。

## 第五章　监督检查

**第五十二条** 地方各级人民政府应当落实消防工作责任制，对本级人民政府有关部门履行消防安全职责的情况进行监督检查。

县级以上地方人民政府有关部门应当根据本系统的特点，有针对性地开展消防安全检查，及时督促整改火灾隐患。

**第五十三条** 消防救援机构应当对机关、团体、企业、事业等单位遵守消防法律、法规的情况依法进行监督检查。公安派出所可以负责日常消防监督检查、开展消防宣传教育，具体办法由国务院公安部门规定。

消防救援机构、公安派出所的工作人员进行消防监督检查，应当出示证件。

**第五十四条** 消防救援机构在消防监督检查中发现火灾隐患的，应当通知有关单位或者个人立即采取措施消除隐患；不及时消除隐患可能严重威胁公共安全的，消防救援机构应当依照规定对危险部位或者场所采取临时查封措施。

**第五十五条** 消防救援机构在消防监督检查中发现城乡消防安全布局、公共消防设施不符合消防安全要求，或者发现本地区存在影响公共安全的重大火灾隐患的，应当由应急管理部门书面报告本级人民政府。

接到报告的人民政府应当及时核实情况，组织或者责成有关部门、单位采取措施，予以整改。

**第五十六条** 住房和城乡建设主管部门、消防救援机构及其工作人员应当按照法定的职权和程序进行消防设计审查、消防验收、备案抽查和消防安全检查，做到公正、严格、文明、高效。

住房和城乡建设主管部门、消防救援机构及其工作人员进行消防设计审查、消防验收、备案抽查和消防安全检查等，不得收取费用，不得利用职务谋取利益；不得利用职务为用户、建设单位指定或者变相指定消防产品的品牌、销售单位或者消防技术服务机构、消防设施施工单位。

**第五十七条**　住房和城乡建设主管部门、消防救援机构及其工作人员执行职务，应当自觉接受社会和公民的监督。

任何单位和个人都有权对住房和城乡建设主管部门、消防救援机构及其工作人员在执法中的违法行为进行检举、控告。收到检举、控告的机关，应当按照职责及时查处。

## 第六章　法律责任

**第五十八条**　违反本法规定，有下列行为之一的，由住房和城乡建设主管部门、消防救援机构按照各自职权责令停止施工、停止使用或者停产停业，并处三万元以上三十万元以下罚款：

（一）依法应当进行消防设计审查的建设工程，未经依法审查或者审查不合格，擅自施工的；

（二）依法应当进行消防验收的建设工程，未经消防验收或者消防验收不合格，擅自投入使用的；

（三）本法第十三条规定的其他建设工程验收后经依法抽查不合格，不停止使用的；

（四）公众聚集场所未经消防救援机构许可，擅自投入使用、营业的，或者经核查发现场所使用、营业情况与承诺内容不符的。

核查发现公众聚集场所使用、营业情况与承诺内容不符，经责令限期改正，逾期不整改或者整改后仍达不到要求的，依法撤销相应许可。

建设单位未依照本法规定在验收后报住房和城乡建设主管部门备案的，由住房和城乡建设主管部门责令改正，处五千元以下罚款。

**第五十九条**　违反本法规定，有下列行为之一的，由住房和城乡建设主管部门责令改正或者停止施工，并处一万元以上十万元以下罚款：

（一）建设单位要求建筑设计单位或者建筑施工企业降低消防技术标准设计、施工的；

（二）建筑设计单位不按照消防技术标准强制性要求进行消防设计的；

（三）建筑施工企业不按照消防设计文件和消防技术标准施工，降低消防施工质量的；

（四）工程监理单位与建设单位或者建筑施工企业串通，弄虚作假，降低消防施工质量的。

**第六十条**　单位违反本法规定，有下列行为之一的，责令改正，处五千元以上五万元以下罚款：

（一）消防设施、器材或者消防安全标志的配置、设置不符合国家标准、行业标准，或者未保持完好有效的；

（二）损坏、挪用或者擅自拆除、停用消防设施、器材的；

（三）占用、堵塞、封闭疏散通道、安全出口或者有其他妨碍安全疏散行为的；

（四）埋压、圈占、遮挡消火栓或者占用防火间距的；

（五）占用、堵塞、封闭消防车通道，妨碍消防车通行的；

（六）人员密集场所在门窗上设置影响逃生和灭火救援的障碍物的；

（七）对火灾隐患经消防救援机构通知后不及时采取措施消除的。

个人有前款第二项、第三项、第四项、第五项行为之一的，处警告或者五百元以下罚款。

有本条第一款第三项、第四项、第五项、第六项行为，经责令改正拒不改正的，强制执行，所需费用由违法行为人承担。

**第六十一条**　生产、储存、经营易燃易爆危险品的场所与居住场所设置在同一建筑物内，或者未与居住场所保持安全距离的，责令停产停业，并处五千元以上五万元以下罚款。

生产、储存、经营其他物品的场所与居住场所设置在同一建筑物内，不符合消防技术标准的，依照前款规定处罚。

**第六十二条**　有下列行为之一的，依照《中华人民共和国治安管理处罚法》的规定处罚：

（一）违反有关消防技术标准和管理规定生产、储存、运输、销售、使用、销毁易燃易爆危险品的；

（二）非法携带易燃易爆危险品进入公共场所或者乘坐公共交通工具的；

（三）谎报火警的；

（四）阻碍消防车、消防艇执行任务的；

（五）阻碍消防救援机构的工作人员依法执行职务的。

**第六十三条**　违反本法规定，有下列行为之一的，处警告或者五百元以下罚款；情节严重的，处五日以下拘留：

（一）违反消防安全规定进入生产、储存易燃易爆危险品场所的；

（二）违反规定使用明火作业或者在具有火灾、爆炸危险的场所吸烟、使用明火的。

**第六十四条**　违反本法规定，有下列行为之一，尚不构成犯罪的，处十日以上十五日以下拘留，可以并处五百元以下罚款；情节较轻的，处警告或者五百元以下罚款：

（一）指使或者强令他人违反消防安全规定，冒险作业的；

（二）过失引起火灾的；

（三）在火灾发生后阻拦报警，或者负有报告职责的人员不及时报警的；

（四）扰乱火灾现场秩序，或者拒不执行火灾现场指挥员指挥，影响灭火救援的；

（五）故意破坏或者伪造火灾现场的；

（六）擅自拆封或者使用被消防救援机构查封的场所、部位的。

**第六十五条**　违反本法规定，生产、销售不合格的消防产品或者国家明令淘汰的消防产品的，由产品质量监督部门或者工商行政管理部门依照《中华人民共和国产品质量法》的规定从重处罚。

人员密集场所使用不合格的消防产品或者国家明令淘汰的消防产品的，责令限期改正；逾期不改正的，处五千元以上五万元以下罚款，并对其直接负责的主管人员和其他直接责任人员处五百元以上二千元以下罚款；情节严重的，责令停产停业。

消防救援机构对于本条第二款规定的情形，除依法对使用者予以处罚外，应当将发现不合格的消防产品和国家明令淘汰的消防产品的情况通报产品质量监督部门、工商行政管理部门。产品质量监督部门、工商行政管理部门应当对生产者、销售者依法及时查处。

**第六十六条**　电器产品、燃气用具的安装、使用及其线路、管路的设计、敷设、维护保养、检测不符合消防技术标准和管理规定的，责令限期改正；逾期不改正的，责令停止使用，可以并处一千元以上五千元以下罚款。

**第六十七条**　机关、团体、企业、事业等单位违反本法第十六条、第十七条、第十八条、第二十一条第二款规定的，责令限期改正；逾期不改正的，对其直接负责的主管人员和其他直接责任人员依法给予处分或者给予警告处罚。

**第六十八条**　人员密集场所发生火灾，该场所的现场工作人员不履行组织、引导在场人员疏散的义务，情节严重，尚不构成犯罪的，处五日以上十日以下拘留。

**第六十九条**　消防设施维护保养检测、消防安全评估等消防技术服务机构，不具备从业条件从事消防技术服务活动或者出具虚假文件的，由消防救援机构责令改正，处五万元以上十万元以下罚款，并对直接负责的主管人员和其他直接责任人员处一万元以上五万元以下罚款；不按照国家标准、行业标准开展消防技术服务活动的，责令改正，处五万元以下罚款，并对直接负责的主管人员和其它直接责任人员处一万元以下罚款；有违法所得的，并处没收违法所得；给他人造成损失的，依法承担赔偿责任；情节严重的，依法责令停止执业或者吊销相应资格；造成重大损失的，由相关部门吊销营业执照，并对有关责任人员采取终身市场禁入措施。

前款规定的机构出具失实文件，给他人造成损失的，依法承担赔偿责任；造成重大损失的，由消防救援机构依法责令停止执业或者吊销相应资格，由相关部门吊销营业执照，并对有关责任人员采取终身市场禁入措施。

**第七十条**　本法规定的行政处罚，除应当由公安机关依照《中华人民共和国治安管理处罚法》的有关规定决定的外，由住房和城乡建设主管部门、消防救援机构按照各自职权决定。

被责令停止施工、停止使用、停产停业的，应当在整改后向作出决定的部门或者机构报告，经检查合格，方可恢复施工、使用、生产、经营。

当事人逾期不执行停产停业、停止使用、停止施工决定的，由作出决定的部门或者机构强制执行。

责令停产停业，对经济和社会生活影响较大的，由住房和城乡建设主管部门或者应急管理部门报请本级人民政府依法决定。

**第七十一条**　住房和城乡建设主管部门、消防救援机构的工作人员滥用职权、玩忽职守、徇私舞弊，有下列行为之一，尚不构成犯罪的，依法给予处分：

（一）对不符合消防安全要求的消防设计文件、建设工程、场所准予审查合格、消防验收合格、消防安全检查合格的；

（二）无故拖延消防设计审查、消防验收、消防安全检查，不在法定期限内履行职责的；

（三）发现火灾隐患不及时通知有关单位或者个人整改的；

（四）利用职务为用户、建设单位指定或者变相指定消防产品的品牌、销售单位或者消防技术服务机构、消防设施施工单位的；

（五）将消防车、消防艇以及消防器材、装备和设施用于与消防和应急救援无关的事项的；

（六）其他滥用职权、玩忽职守、徇私舞弊的行为。

产品质量监督、工商行政管理等其他有关行政主管部门的工作人员在消防工作中滥用职权、玩忽职守、徇私舞弊，尚不构成犯罪的，依法给予处分。

**第七十二条**　违反本法规定，构成犯罪的，依法追究刑事责任。

## 第七章　附　　则

**第七十三条**　本法下列用语的含义：

（一）消防设施，是指火灾自动报警系统、自动灭火系统、消火栓系统、防烟排烟系统以及应急广播和应急照明、安全疏散设施等。

（二）消防产品，是指专门用于火灾预防、灭火救援和火灾防护、避难、逃生的产品。

（三）公众聚集场所，是指宾馆、饭店、商场、集贸市场、客运车站候车室、客运码头候船厅、民用机场航站楼、体育场馆、会堂以及公共娱乐场所等。

（四）人员密集场所，是指公众聚集场所，医院的门诊楼、病房楼，学校的教学楼、图书馆、食堂和集体宿舍，养老院，福利院，托儿所，幼儿园，公共图书馆的阅览室，公共展览馆、博物馆的展示厅，劳动密集型企业的生产加工车间和员工集体宿舍，旅游、宗教活动场所等。

**第七十四条**　本法自2009年5月1日起施行。

# 中华人民共和国进出口商品检验法

（1989年2月21日第七届全国人民代表大会常务委员会第六次会议通过　根据2002年4月28日第九届全国人民代表大会常务委员会第二十七次会议《关于修改〈中华人民共和国进出口商品检验法〉的决定》第一次修正　根据2013年6月29日第十二届全国人民代表大会常务委员会第三次会议《关于修改〈中华人民共和国文物保护法〉等十二部法律的决定》第二次修正　根据2018年4月27日第十三届全国人民代表大会常务委员会第二次会议《关于修改〈中华人民共和国国境卫生检疫法〉等六部法律的决定》第三次修正　根据2018年12月29日第十三届全国人民代表大会常务委员会第七次会议《关于修改〈中华人民共和国产品质量法〉等五部法律的决定》第四次修正　根据2021年4月29日第十三届全国人民代表大会常务委员会第二十八次会议《关于修改〈中华人民共和国道路交通安全法〉等八部法律的决定》第五次修正）

## 目　　录



## 第一章　总　　则

**第一条**　为了加强进出口商品检验工作，规范进出口商品检验行为，维护社会公共利益和进出口贸易有关各方的合法权益，促进对外经济贸易关系的顺利发展，制定本法。

**第二条**　国务院设立进出口商品检验部门（以下简称国家商检部门），主管全国进出口商品检验工作。国家商检部门设在各地的进出口商品检验机构（以下简称商检机构）管理所辖地区的进出口商品检验工作。

**第三条**　商检机构和依法设立的检验机构（以下称其他检验机构），依法对进出口商品实施检验。

**第四条**　进出口商品检验应当根据保护人类健康和安全、保护动物或者植物的生命和健康、保护环境、防止欺诈行为、维护国家安全的原则，由国家商检部门制定、调整必须实施检验的进出口商品目录（以下简称目录）并公布实施。

**第五条** 列入目录的进出口商品，由商检机构实施检验。

前款规定的进口商品未经检验的，不准销售、使用；前款规定的出口商品未经检验合格的，不准出口。

本条第一款规定的进出口商品，其中符合国家规定的免予检验条件的，由收货人或者发货人申请，经国家商检部门审查批准，可以免予检验。

**第六条** 必须实施的进出口商品检验，是指确定列入目录的进出口商品是否符合国家技术规范的强制性要求的合格评定活动。

合格评定程序包括：抽样、检验和检查；评估、验证和合格保证；注册、认可和批准以及各项的组合。

对本条第一款规定的进出口商品检验，商检机构可以采信检验机构的检验结果；国家商检部门对前述检验机构实行目录管理。

**第七条** 列入目录的进出口商品，按照国家技术规范的强制性要求进行检验；尚未制定国家技术规范的强制性要求的，应当依法及时制定，未制定之前，可以参照国家商检部门指定的国外有关标准进行检验。

**第八条** 其他检验机构可以接受对外贸易关系人或者外国检验机构的委托，办理进出口商品检验鉴定业务。

**第九条** 法律、行政法规规定由其他检验机构实施检验的进出口商品或者检验项目，依照有关法律、行政法规的规定办理。

**第十条** 国家商检部门和商检机构应当及时收集和向有关方面提供进出口商品检验方面的信息。

国家商检部门和商检机构的工作人员在履行进出口商品检验的职责中，对所知悉的商业秘密负有保密义务。

## 第二章 进口商品的检验

**第十一条** 本法规定必须经商检机构检验的进口商品的收货人或者其代理人，应当向报关地的商检机构报检。

**第十二条** 本法规定必须经商检机构检验的进口商品的收货人或者其代理人，应当在商检机构规定的地点和期限内，接受商检机构对进口商品的检验。商检机构应当在国家商检部门统一规定的期限内检验完毕，并出具检验证单。

**第十三条** 本法规定必须经商检机构检验的进口商品以外的进口商品的收货人，发现进口商品质量不合格或者残损短缺，需要由商检机构出证索赔的，应当向商检机构申请检验出证。

**第十四条** 对重要的进口商品和大型的成套设备，收货人应当依据对外贸易合同约定在出口国装运前进行预检验、监造或者监装，主管部门应当加强监督；商检机构根据需要可以派出检验人员参加。

## 第三章 出口商品的检验

**第十五条** 本法规定必须经商检机构检验的出口商品的发货人或者其代理人，应当在商检机构规定的地点和期限内，向商检机构报检。商检机构应当在国家商检部门统一规定的期限内检验完毕，并出具检验证单。

**第十六条** 经商检机构检验合格发给检验证单的出口商品，应当在商检机构规定的期限内报关出口；超过期限的，应当重新报检。

**第十七条** 为出口危险货物生产包装容器的企业，必须申请商检机构进行包装容器的性能鉴定。生产出口危险货物的企业，必须申请商检机构进行包装容器的使用鉴定。使用未经鉴定合格的包装容器的危险货物，不准出口。

**第十八条** 对装运出口易腐烂变质食品的船舱和集装箱，承运人或者装箱单位必须在装货前申请检验。未经检验合格的，不准装运。

## 第四章 监督管理

**第十九条** 商检机构对本法规定必须经商检机构检验的进出口商品以外的进出口商品，根据国家规定实施抽查检验。

国家商检部门可以公布抽查检验结果或者向有关部门通报抽查检验情况。

**第二十条** 商检机构根据便利对外贸易的需要，可以按照国家规定对列入目录的出口商品进行出厂前的质量监督管理和检验。

**第二十一条** 为进出口货物的收发货人办理报检手续的代理人办理报检手续时应当向商检机构提交授权委托书。

**第二十二条**　国家商检部门和商检机构依法对其他检验机构的进出口商品检验鉴定业务活动进行监督，可以对其检验的商品抽查检验。

**第二十三条**　国务院认证认可监督管理部门根据国家统一的认证制度，对有关的进出口商品实施认证管理。

**第二十四条**　认证机构可以根据国务院认证认可监督管理部门同外国有关机构签订的协议或者接受外国有关机构的委托进行进出口商品质量认证工作，准许在认证合格的进出口商品上使用质量认证标志。

**第二十五条**　商检机构依照本法对实施许可制度的进出口商品实行验证管理，查验单证，核对证货是否相符。

**第二十六条**　商检机构根据需要，对检验合格的进出口商品，可以加施商检标志或者封识。

**第二十七条**　进出口商品的报检人对商检机构作出的检验结果有异议的，可以向原商检机构或者其上级商检机构以至国家商检部门申请复验，由受理复验的商检机构或者国家商检部门及时作出复验结论。

**第二十八条**　当事人对商检机构、国家商检部门作出的复验结论不服或者对商检机构作出的处罚决定不服的，可以依法申请行政复议，也可以依法向人民法院提起诉讼。

**第二十九条**　国家商检部门和商检机构履行职责，必须遵守法律，维护国家利益，依照法定职权和法定程序严格执法，接受监督。

国家商检部门和商检机构应当根据依法履行职责的需要，加强队伍建设，使商检工作人员具有良好的政治、业务素质。商检工作人员应当定期接受业务培训和考核，经考核合格，方可上岗执行职务。

商检工作人员必须忠于职守，文明服务，遵守职业道德，不得滥用职权，谋取私利。

**第三十条**　国家商检部门和商检机构应当建立健全内部监督制度，对其工作人员的执法活动进行监督检查。

商检机构内部负责受理报检、检验、出证放行等主要岗位的职责权限应当明确，并相互分离、相互制约。

**第三十一条**　任何单位和个人均有权对国家商检部门、商检机构及其工作人员的违法、违纪行为进行控告、检举。收到控告、检举的机关应当依法按照职责分工及时查处，并为控告人、检举人保密。

## 第五章　法律责任

**第三十二条**　违反本法规定，将必须经商检机构检验的进口商品未报经检验而擅自销售或者使用的，或者将必须经商检机构检验的出口商品未报经检验合格而擅自出口的，由商检机构没收违法所得，并处货值金额百分之五以上百分之二十以下的罚款；构成犯罪的，依法追究刑事责任。

**第三十三条**　进口或者出口属于掺杂掺假、以假充真、以次充好的商品或者以不合格进出口商品冒充合格进出口商品的，由商检机构责令停止进口或者出口，没收违法所得，并处货值金额百分之五十以上三倍以下的罚款；构成犯罪的，依法追究刑事责任。

**第三十四条**　伪造、变造、买卖或者盗窃商检单证、印章、标志、封识、质量认证标志的，依法追究刑事责任；尚不够刑事处罚的，由商检机构、认证认可监督管理部门依据各自职责责令改正，没收违法所得，并处货值金额等值以下的罚款。

**第三十五条**　国家商检部门、商检机构的工作人员违反本法规定，泄露所知悉的商业秘密的，依法给予行政处分，有违法所得的，没收违法所得；构成犯罪的，依法追究刑事责任。

**第三十六条**　国家商检部门、商检机构的工作人员滥用职权，故意刁难的，徇私舞弊，伪造检验结果的，或者玩忽职守，延误检验出证的，依法给予行政处分；构成犯罪的，依法追究刑事责任。

## 第六章　附　　则

**第三十七条**　商检机构和其他检验机构依照本法的规定实施检验和办理检验鉴定业务，依照国家有关规定收取费用。

**第三十八条**　国务院根据本法制定实施条例。

**第三十九条**　本法自1989年8月1日起施行。

# 中华人民共和国广告法

（1994 年 10 月 27 日第八届全国人民代表大会常务委员会第十次会议通过　2015 年 4 月 24 日第十二届全国人民代表大会常务委员会第十四次会议修订　根据 2018 年 10 月 26 日第十三届全国人民代表大会常务委员会第六次会议《关于修改〈中华人民共和国野生动物保护法〉等十五部法律的决定》第一次修正　根据 2021 年 4 月 29 日第十三届全国人民代表大会常务委员会第二十八次会议《关于修改〈中华人民共和国道路交通安全法〉等八部法律的决定》第二次修正）

## 目　录



## 第一章　总　　则

**第一条**　为了规范广告活动，保护消费者的合法权益，促进广告业的健康发展，维护社会经济秩序，制定本法。

**第二条**　在中华人民共和国境内，商品经营者或者服务提供者通过一定媒介和形式直接或者间接地介绍自己所推销的商品或者服务的商业广告活动，适用本法。

本法所称广告主，是指为推销商品或者服务，自行或者委托他人设计、制作、发布广告的自然人、法人或者其他组织。

本法所称广告经营者，是指接受委托提供广告设计、制作、代理服务的自然人、法人或者其他组织。

本法所称广告发布者，是指为广告主或者广告主委托的广告经营者发布广告的自然人、法人或者其他组织。

本法所称广告代言人，是指广告主以外的，在广告中以自己的名义或者形象对商品、服务作推荐、证明的自然人、法人或者其他组织。

**第三条**　广告应当真实、合法，以健康的表现形式表达广告内容，符合社会主义精神文明建设和弘扬中华民族优秀传统文化的要求。

**第四条**　广告不得含有虚假或者引人误解的内容，不得欺骗、误导消费者。

广告主应当对广告内容的真实性负责。

**第五条**　广告主、广告经营者、广告发布者从事广告活动，应当遵守法律、法规，诚实信用，公平竞争。

**第六条**　国务院市场监督管理部门主管全国的广告监督管理工作，国务院有关部门在各自的职责范围内负责广告管理相关工作。

县级以上地方市场监督管理部门主管本行政区域的广告监督管理工作，县级以上地方人民政府有关部门在各自的职责范围内负责广告管理相关工作。

**第七条**　广告行业组织依照法律、法规和章程的规定，制定行业规范，加强行业自律，促进行业发展，引导会员依法从事广告活动，推动广告行业诚信建设。

## 第二章　广告内容准则

**第八条**　广告中对商品的性能、功能、产地、用途、质量、成分、价格、生产者、有效期限、允诺等或者对服务的内容、提供者、形式、质量、价格、允诺等有表示的，应当准确、清楚、明白。

广告中表明推销的商品或者服务附带赠送的，应当明示所附带赠送商品或者服务的品种、规格、数量、期限和方式。

法律、行政法规规定广告中应当明示的内容，应当显著、清晰表示。

**第九条**　广告不得有下列情形：

（一）使用或者变相使用中华人民共和国的国旗、国歌、国徽，军旗、军歌、军徽；

（二）使用或者变相使用国家机关、国家机关工

作人员的名义或者形象;

(三)使用“国家级”、“最高级”、“最佳”等用语;

(四)损害国家的尊严或者利益,泄露国家秘密;

(五)妨碍社会安定,损害社会公共利益;

(六)危害人身、财产安全,泄露个人隐私;

(七)妨碍社会公共秩序或者违背社会良好风尚;

(八)含有淫秽、色情、赌博、迷信、恐怖、暴力的内容;

(九)含有民族、种族、宗教、性别歧视的内容;

(十)妨碍环境、自然资源或者文化遗产保护;

(十一)法律、行政法规规定禁止的其他情形。

**第十条** 广告不得损害未成年人和残疾人的身心健康。

**第十一条** 广告内容涉及的事项需要取得行政许可的,应当与许可的内容相符合。

广告使用数据、统计资料、调查结果、文摘、引用语等引证内容的,应当真实、准确,并表明出处。引证内容有适用范围和有效期限的,应当明确表示。

**第十二条** 广告中涉及专利产品或者专利方法的,应当标明专利号和专利种类。

未取得专利权的,不得在广告中谎称取得专利权。

禁止使用未授予专利权的专利申请和已经终止、撤销、无效的专利作广告。

**第十三条** 广告不得贬低其他生产经营者的商品或者服务。

**第十四条** 广告应当具有可识别性,能够使消费者辨明其为广告。

大众传播媒介不得以新闻报道形式变相发布广告。通过大众传播媒介发布的广告应当显著标明“广告”,与其他非广告信息相区别,不得使消费者产生误解。

广播电台、电视台发布广告,应当遵守国务院有关部门关于时长、方式的规定,并应当对广告时长作出明显提示。

**第十五条** 麻醉药品、精神药品、医疗用毒性药品、放射性药品等特殊药品,药品类易制毒化学品,以及戒毒治疗的药品、医疗器械和治疗方法,不得作广告。

前款规定以外的处方药,只能在国务院卫生行政部门和国务院药品监督管理部门共同指定的医学、药学专业刊物上作广告。

**第十六条** 医疗、药品、医疗器械广告不得含有下列内容:

(一)表示功效、安全性的断言或者保证;

(二)说明治愈率或者有效率;

(三)与其他药品、医疗器械的功效和安全性或者其他医疗机构比较;

(四)利用广告代言人作推荐、证明;

(五)法律、行政法规规定禁止的其他内容。

药品广告的内容不得与国务院药品监督管理部门批准的说明书不一致,并应当显著标明禁忌、不良反应。处方药广告应当显著标明“本广告仅供医学药学专业人士阅读”,非处方药广告应当显著标明“请按药品说明书或者在药师指导下购买和使用”。

推荐给个人自用的医疗器械的广告,应当显著标明“请仔细阅读产品说明书或者在医务人员的指导下购买和使用”。医疗器械产品注册证明文件中有禁忌内容、注意事项的,广告中应当显著标明“禁忌内容或者注意事项详见说明书”。

**第十七条** 除医疗、药品、医疗器械广告外,禁止其他任何广告涉及疾病治疗功能,并不得使用医疗用语或者易使推销的商品与药品、医疗器械相混淆的用语。

**第十八条** 保健食品广告不得含有下列内容:

(一)表示功效、安全性的断言或者保证;

(二)涉及疾病预防、治疗功能;

(三)声称或者暗示广告商品为保障健康所必需;

(四)与药品、其他保健食品进行比较;

(五)利用广告代言人作推荐、证明;

(六)法律、行政法规规定禁止的其他内容。

保健食品广告应当显著标明“本品不能代替药物”。

**第十九条** 广播电台、电视台、报刊音像出版单位、互联网信息服务提供者不得以介绍健康、养生知识等形式变相发布医疗、药品、医疗器械、保健食品广告。

**第二十条** 禁止在大众传播媒介或者公共场所发布声称全部或者部分替代母乳的婴儿乳制品、饮料和其他食品广告。

**第二十一条** 农药、兽药、饲料和饲料添加剂广告不得含有下列内容:

(一)表示功效、安全性的断言或者保证;

(二)利用科研单位、学术机构、技术推广机构、行业协会或者专业人士、用户的名义或者形象作推荐、证明；

（三）说明有效率；

（四）违反安全使用规程的文字、语言或者画面；

（五）法律、行政法规规定禁止的其他内容。

**第二十二条**　禁止在大众传播媒介或者公共场所、公共交通工具、户外发布烟草广告。禁止向未成年人发送任何形式的烟草广告。

禁止利用其他商品或者服务的广告、公益广告，宣传烟草制品名称、商标、包装、装潢以及类似内容。

烟草制品生产者或者销售者发布的迁址、更名、招聘等启事中，不得含有烟草制品名称、商标、包装、装潢以及类似内容。

**第二十三条**　酒类广告不得含有下列内容：

（一）诱导、怂恿饮酒或者宣传无节制饮酒；

（二）出现饮酒的动作；

（三）表现驾驶车、船、飞机等活动；

（四）明示或者暗示饮酒有消除紧张和焦虑、增加体力等功效。

**第二十四条**　教育、培训广告不得含有下列内容：

（一）对升学、通过考试、获得学位学历或者合格证书，或者对教育、培训的效果作出明示或者暗示的保证性承诺；

（二）明示或者暗示有相关考试机构或者其工作人员、考试命题人员参与教育、培训；

（三）利用科研单位、学术机构、教育机构、行业协会、专业人士、受益者的名义或者形象作推荐、证明。

**第二十五条**　招商等有投资回报预期的商品或者服务广告，应当对可能存在的风险以及风险责任承担有合理提示或者警示，并不得含有下列内容：

（一）对未来效果、收益或者与其相关的情况作出保证性承诺，明示或者暗示保本、无风险或者保收益等，国家另有规定的除外；

（二）利用学术机构、行业协会、专业人士、受益者的名义或者形象作推荐、证明。

**第二十六条**　房地产广告，房源信息应当真实，面积应当表明为建筑面积或者套内建筑面积，并不得含有下列内容：

（一）升值或者投资回报的承诺；

（二）以项目到达某一具体参照物的所需时间表示项目位置；

（三）违反国家有关价格管理的规定；

（四）对规划或者建设中的交通、商业、文化教育设施以及其他市政条件作误导宣传。

**第二十七条**　农作物种子、林木种子、草种子、种畜禽、水产苗种和种养殖广告关于品种名称、生产性能、生长量或者产量、品质、抗性、特殊使用价值、经济价值、适宜种植或者养殖的范围和条件等方面的表述应当真实、清楚、明白，并不得含有下列内容：

（一）作科学上无法验证的断言；

（二）表示功效的断言或者保证；

（三）对经济效益进行分析、预测或者作保证性承诺；

（四）利用科研单位、学术机构、技术推广机构、行业协会或者专业人士、用户的名义或者形象作推荐、证明。

**第二十八条**　广告以虚假或者引人误解的内容欺骗、误导消费者的，构成虚假广告。

广告有下列情形之一的，为虚假广告：

（一）商品或者服务不存在的；

（二）商品的性能、功能、产地、用途、质量、规格、成分、价格、生产者、有效期限、销售状况、曾获荣誉等信息，或者服务的内容、提供者、形式、质量、价格、销售状况、曾获荣誉等信息，以及与商品或者服务有关的允诺等信息与实际情况不符，对购买行为有实质性影响的；

（三）使用虚构、伪造或者无法验证的科研成果、统计资料、调查结果、文摘、引用语等信息作证明材料的；

（四）虚构使用商品或者接受服务的效果的；

（五）以虚假或者引人误解的内容欺骗、误导消费者的其他情形。

## 第三章　广告行为规范

**第二十九条**　广播电台、电视台、报刊出版单位从事广告发布业务的，应当设有专门从事广告业务的机构，配备必要的人员，具有与发布广告相适应的场所、设备。

**第三十条**　广告主、广告经营者、广告发布者之间在广告活动中应当依法订立书面合同。

**第三十一条**　广告主、广告经营者、广告发布者不得在广告活动中进行任何形式的不正当竞争。

**第三十二条**　广告主委托设计、制作、发布广告，应当委托具有合法经营资格的广告经营者、广告发布者。

**第三十三条**　广告主或者广告经营者在广告中使用他人名义或者形象的，应当事先取得其书面同意；使用无民事行为能力人、限制民事行为能力人的名义或者形象的，应当事先取得其监护人的书面同意。

**第三十四条**　广告经营者、广告发布者应当按照国家有关规定，建立、健全广告业务的承接登记、审核、档案管理制度。

广告经营者、广告发布者依据法律、行政法规查验有关证明文件，核对广告内容。对内容不符或者证明文件不全的广告，广告经营者不得提供设计、制作、代理服务，广告发布者不得发布。

**第三十五条**　广告经营者、广告发布者应当公布其收费标准和收费办法。

**第三十六条**　广告发布者向广告主、广告经营者提供的覆盖率、收视率、点击率、发行量等资料应当真实。

**第三十七条**　法律、行政法规规定禁止生产、销售的产品或者提供的服务，以及禁止发布广告的商品或者服务，任何单位或者个人不得设计、制作、代理、发布广告。

**第三十八条**　广告代言人在广告中对商品、服务作推荐、证明，应当依据事实，符合本法和有关法律、行政法规规定，并不得为其未使用过的商品或者未接受过的服务作推荐、证明。

不得利用不满十周岁的未成年人作为广告代言人。

对在虚假广告中作推荐、证明受到行政处罚未满三年的自然人、法人或者其他组织，不得利用其作为广告代言人。

**第三十九条**　不得在中小学校、幼儿园内开展广告活动，不得利用中小学生和幼儿的教材、教辅材料、练习册、文具、教具、校服、校车等发布或者变相发布广告，但公益广告除外。

**第四十条**　在针对未成年人的大众传播媒介上不得发布医疗、药品、保健食品、医疗器械、化妆品、酒类、美容广告，以及不利于未成年人身心健康的网络游戏广告。

针对不满十四周岁的未成年人的商品或者服务的广告不得含有下列内容：

（一）劝诱其要求家长购买广告商品或者服务；

（二）可能引发其模仿不安全行为。

**第四十一条**　县级以上地方人民政府应当组织有关部门加强对利用户外场所、空间、设施等发布户外广告的监督管理，制定户外广告设置规划和安全要求。

户外广告的管理办法，由地方性法规、地方政府规章规定。

**第四十二条**　有下列情形之一的，不得设置户外广告：

（一）利用交通安全设施、交通标志的；

（二）影响市政公共设施、交通安全设施、交通标志、消防设施、消防安全标志使用的；

（三）妨碍生产或者人民生活，损害市容市貌的；

（四）在国家机关、文物保护单位、风景名胜区等的建筑控制地带，或者县级以上地方人民政府禁止设置户外广告的区域设置的。

**第四十三条**　任何单位或者个人未经当事人同意或者请求，不得向其住宅、交通工具等发送广告，也不得以电子信息方式向其发送广告。

以电子信息方式发送广告的，应当明示发送者的真实身份和联系方式，并向接收者提供拒绝继续接收的方式。

**第四十四条**　利用互联网从事广告活动，适用本法的各项规定。

利用互联网发布、发送广告，不得影响用户正常使用网络。在互联网页面以弹出等形式发布的广告，应当显著标明关闭标志，确保一键关闭。

**第四十五条**　公共场所的管理者或者电信业务经营者、互联网信息服务提供者对其明知或者应知的利用其场所或者信息传输、发布平台发送、发布违法广告的，应当予以制止。

## 第四章　监督管理

**第四十六条**　发布医疗、药品、医疗器械、农药、兽药和保健食品广告，以及法律、行政法规规定应当进行审查的其他广告，应当在发布前由有关部门（以下称广告审查机关）对广告内容进行审查；未经审查，不得发布。

**第四十七条**　广告主申请广告审查，应当依照法律、行政法规向广告审查机关提交有关证明文件。

广告审查机关应当依照法律、行政法规规定作出审查决定，并应当将审查批准文件抄送同级市场监督管理部门。广告审查机关应当及时向社会公布批准的广告。

**第四十八条** 任何单位或者个人不得伪造、变造或者转让广告审查批准文件。

**第四十九条** 市场监督管理部门履行广告监督管理职责，可以行使下列职权：

（一）对涉嫌从事违法广告活动的场所实施现场检查；

（二）询问涉嫌违法当事人或者其法定代表人、主要负责人和其他有关人员，对有关单位或者个人进行调查；

（三）要求涉嫌违法当事人限期提供有关证明文件；

（四）查阅、复制与涉嫌违法广告有关的合同、票据、账簿、广告作品和其他有关资料；

（五）查封、扣押与涉嫌违法广告直接相关的广告物品、经营工具、设备等财物；

（六）责令暂停发布可能造成严重后果的涉嫌违法广告；

（七）法律、行政法规规定的其他职权。

市场监督管理部门应当建立健全广告监测制度，完善监测措施，及时发现和依法查处违法广告行为。

**第五十条** 国务院市场监督管理部门会同国务院有关部门，制定大众传播媒介广告发布行为规范。

**第五十一条** 市场监督管理部门依照本法规定行使职权，当事人应当协助、配合，不得拒绝、阻挠。

**第五十二条** 市场监督管理部门和有关部门及其工作人员对其在广告监督管理活动中知悉的商业秘密负有保密义务。

**第五十三条** 任何单位或者个人有权向市场监督管理部门和有关部门投诉、举报违反本法的行为。市场监督管理部门和有关部门应当向社会公开受理投诉、举报的电话、信箱或者电子邮件地址，接到投诉、举报的部门应当自收到投诉之日起七个工作日内，予以处理并告知投诉、举报人。

市场监督管理部门和有关部门不依法履行职责的，任何单位或者个人有权向其上级机关或者监察机关举报。接到举报的机关应当依法作出处理，并将处理结果及时告知举报人。

有关部门应当为投诉、举报人保密。

**第五十四条** 消费者协会和其他消费者组织对违反本法规定，发布虚假广告侵害消费者合法权益，以及其他损害社会公共利益的行为，依法进行社会监督。

## 第五章 法律责任

**第五十五条** 违反本法规定，发布虚假广告的，由市场监督管理部门责令停止发布广告，责令广告主在相应范围内消除影响，处广告费用三倍以上五倍以下的罚款，广告费用无法计算或者明显偏低的，处二十万元以上一百万元以下的罚款；两年内有三次以上违法行为或者有其他严重情节的，处广告费用五倍以上十倍以下的罚款，广告费用无法计算或者明显偏低的，处一百万元以上二百万元以下的罚款，可以吊销营业执照，并由广告审查机关撤销广告审查批准文件、一年内不受理其广告审查申请。

医疗机构有前款规定违法行为，情节严重的，除由市场监督管理部门依照本法处罚外，卫生行政部门可以吊销诊疗科目或者吊销医疗机构执业许可证。

广告经营者、广告发布者明知或者应知广告虚假仍设计、制作、代理、发布的，由市场监督管理部门没收广告费用，并处广告费用三倍以上五倍以下的罚款，广告费用无法计算或者明显偏低的，处二十万元以上一百万元以下的罚款；两年内有三次以上违法行为或者有其他严重情节的，处广告费用五倍以上十倍以下的罚款，广告费用无法计算或者明显偏低的，处一百万元以上二百万元以下的罚款，并可以由有关部门暂停广告发布业务、吊销营业执照。

广告主、广告经营者、广告发布者有本条第一款、第三款规定行为，构成犯罪的，依法追究刑事责任。

**第五十六条** 违反本法规定，发布虚假广告，欺骗、误导消费者，使购买商品或者接受服务的消费者的合法权益受到损害的，由广告主依法承担民事责任。广告经营者、广告发布者不能提供广告主的真实名称、地址和有效联系方式的，消费者可以要求广告经营者、广告发布者先行赔偿。

关系消费者生命健康的商品或者服务的虚假广告，造成消费者损害的，其广告经营者、广告发布者、广告代言人应当与广告主承担连带责任。

前款规定以外的商品或者服务的虚假广告，造成消费者损害的，其广告经营者、广告发布者、广告代言人，明知或者应知广告虚假仍设计、制作、代理、发布或者作推荐、证明的，应当与广告主承担连带责任。

**第五十七条**　有下列行为之一的，由市场监督管理部门责令停止发布广告，对广告主处二十万元以上一百万元以下的罚款，情节严重的，并可以吊销营业执照，由广告审查机关撤销广告审查批准文件、一年内不受理其广告审查申请；对广告经营者、广告发布者，由市场监督管理部门没收广告费用，处二十万元以上一百万元以下的罚款，情节严重的，并可以吊销营业执照：

（一）发布有本法第九条、第十条规定的禁止情形的广告的；

（二）违反本法第十五条规定发布处方药广告、药品类易制毒化学品广告、戒毒治疗的医疗器械和治疗方法广告的；

（三）违反本法第二十条规定，发布声称全部或者部分替代母乳的婴儿乳制品、饮料和其他食品广告的；

（四）违反本法第二十二条规定发布烟草广告的；

（五）违反本法第三十七条规定，利用广告推销禁止生产、销售的产品或者提供的服务，或者禁止发布广告的商品或者服务的；

（六）违反本法第四十条第一款规定，在针对未成年人的大众传播媒介上发布医疗、药品、保健食品、医疗器械、化妆品、酒类、美容广告，以及不利于未成年人身心健康的网络游戏广告的。

**第五十八条**　有下列行为之一的，由市场监督管理部门责令停止发布广告，责令广告主在相应范围内消除影响，处广告费用一倍以上三倍以下的罚款，广告费用无法计算或者明显偏低的，处十万元以上二十万元以下的罚款；情节严重的，处广告费用三倍以上五倍以下的罚款，广告费用无法计算或者明显偏低的，处二十万元以上一百万元以下的罚款，可以吊销营业执照，并由广告审查机关撤销广告审查批准文件、一年内不受理其广告审查申请：

（一）违反本法第十六条规定发布医疗、药品、医疗器械广告的；

（二）违反本法第十七条规定，在广告中涉及疾病治疗功能，以及使用医疗用语或者易使推销的商品与药品、医疗器械相混淆的用语的；

（三）违反本法第十八条规定发布保健食品广告的；

（四）违反本法第二十一条规定发布农药、兽药、饲料和饲料添加剂广告的；

（五）违反本法第二十三条规定发布酒类广告的；

（六）违反本法第二十四条规定发布教育、培训广告的；

（七）违反本法第二十五条规定发布招商等有投资回报预期的商品或者服务广告的；

（八）违反本法第二十六条规定发布房地产广告的；

（九）违反本法第二十七条规定发布农作物种子、林木种子、草种子、种畜禽、水产苗种和种养殖广告的；

（十）违反本法第三十八条第二款规定，利用不满十周岁的未成年人作为广告代言人的；

（十一）违反本法第三十八条第三款规定，利用自然人、法人或者其他组织作为广告代言人的；

（十二）违反本法第三十九条规定，在中小学校、幼儿园内或者利用与中小学生、幼儿有关的物品发布广告的；

（十三）违反本法第四十条第二款规定，发布针对不满十四周岁的未成年人的商品或者服务的广告的；

（十四）违反本法第四十六条规定，未经审查发布广告的。

医疗机构有前款规定违法行为，情节严重的，除由市场监督管理部门依照本法处罚外，卫生行政部门可以吊销诊疗科目或者吊销医疗机构执业许可证。

广告经营者、广告发布者明知或者应知有本条第一款规定违法行为仍设计、制作、代理、发布的，由市场监督管理部门没收广告费用，并处广告费用一倍以上三倍以下的罚款，广告费用无法计算或者明显偏低的，处十万元以上二十万元以下的罚款；情节严重的，处广告费用三倍以上五倍以下的罚款，广告费用无法计算或者明显偏低的，处二十万元以上一百万元以下的罚款，并可以由有关部门暂停广告发布业务、吊销营业执照。

**第五十九条**　有下列行为之一的，由市场监督管理部门责令停止发布广告，对广告主处十万元以下的罚款：

（一）广告内容违反本法第八条规定的；

（二）广告引证内容违反本法第十一条规定的；

（三）涉及专利的广告违反本法第十二条规定的；

（四）违反本法第十三条规定，广告贬低其他生产经营者的商品或者服务的。

广告经营者、广告发布者明知或者应知有前款规定违法行为仍设计、制作、代理、发布的，由市场监督管理部门处十万元以下的罚款。

广告违反本法第十四条规定，不具有可识别性的，或者违反本法第十九条规定，变相发布医疗、药品、医疗器械、保健食品广告的，由市场监督管理部门责令改正，对广告发布者处十万元以下的罚款。

**第六十条** 违反本法第三十四条规定，广告经营者、广告发布者未按照国家有关规定建立、健全广告业务管理制度的，或者未对广告内容进行核对的，由市场监督管理部门责令改正，可以处五万元以下的罚款。

违反本法第三十五条规定，广告经营者、广告发布者未公布其收费标准和收费办法的，由价格主管部门责令改正，可以处五万元以下的罚款。

**第六十一条** 广告代言人有下列情形之一的，由市场监督管理部门没收违法所得，并处违法所得一倍以上二倍以下的罚款：

（一）违反本法第十六条第一款第四项规定，在医疗、药品、医疗器械广告中作推荐、证明的；

（二）违反本法第十八条第一款第五项规定，在保健食品广告中作推荐、证明的；

（三）违反本法第三十八条第一款规定，为其未使用过的商品或者未接受过的服务作推荐、证明的；

（四）明知或者应知广告虚假仍在广告中对商品、服务作推荐、证明的。

**第六十二条** 违反本法第四十三条规定发送广告的，由有关部门责令停止违法行为，对广告主处五千元以上三万元以下的罚款。

违反本法第四十四条第二款规定，利用互联网发布广告，未显著标明关闭标志，确保一键关闭的，由市场监督管理部门责令改正，对广告主处五千元以上三万元以下的罚款。

**第六十三条** 违反本法第四十五条规定，公共场所的管理者和电信业务经营者、互联网信息服务提供者，明知或者应知广告活动违法不予制止的，由市场监督管理部门没收违法所得，违法所得五万元以上的，并处违法所得一倍以上三倍以下的罚款，违法所得不足五万元的，并处一万元以上五万元以下的罚款；情节严重的，由有关部门依法停止相关业务。

**第六十四条** 违反本法规定，隐瞒真实情况或者提供虚假材料申请广告审查的，广告审查机关不予受理或者不予批准，予以警告，一年内不受理该申请人的广告审查申请；以欺骗、贿赂等不正当手段取得广告审查批准的，广告审查机关予以撤销，处十万元以上二十万元以下的罚款，三年内不受理该申请人的广告审查申请。

**第六十五条** 违反本法规定，伪造、变造或者转让广告审查批准文件的，由市场监督管理部门没收违法所得，并处一万元以上十万元以下的罚款。

**第六十六条** 有本法规定的违法行为的，由市场监督管理部门记入信用档案，并依照有关法律、行政法规规定予以公示。

**第六十七条** 广播电台、电视台、报刊音像出版单位发布违法广告，或者以新闻报道形式变相发布广告，或者以介绍健康、养生知识等形式变相发布医疗、药品、医疗器械、保健食品广告，市场监督管理部门依照本法给予处罚的，应当通报新闻出版、广播电视主管部门以及其他有关部门。新闻出版、广播电视主管部门以及其他有关部门应当依法对负有责任的主管人员和直接责任人员给予处分；情节严重的，并可以暂停媒体的广告发布业务。

新闻出版、广播电视主管部门以及其他有关部门未依照前款规定对广播电台、电视台、报刊音像出版单位进行处理的，对负有责任的主管人员和直接责任人员，依法给予处分。

**第六十八条** 广告主、广告经营者、广告发布者违反本法规定，有下列侵权行为之一的，依法承担民事责任：

（一）在广告中损害未成年人或者残疾人的身心健康的；

（二）假冒他人专利的；

（三）贬低其他生产经营者的商品、服务的；

（四）在广告中未经同意使用他人名义或者形象的；

（五）其他侵犯他人合法民事权益的。

**第六十九条** 因发布虚假广告，或者有其他本法规定的违法行为，被吊销营业执照的公司、企业的法定代表人，对违法行为负有个人责任的，自该公司、企业被吊销营业执照之日起三年内不得担任公司、企业的董事、监事、高级管理人员。

**第七十条** 违反本法规定，拒绝、阻挠市场监督管理部门监督检查，或者有其他构成违反治安管理行为的，依法给予治安管理处罚；构成犯罪的，依法追究刑事责任。

**第七十一条** 广告审查机关对违法的广告内容作出审查批准决定的，对负有责任的主管人员和直接责任人员，由任免机关或者监察机关依法给予处分；构成犯罪的，依法追究刑事责任。

**第七十二条**　市场监督管理部门对在履行广告监测职责中发现的违法广告行为或者对经投诉、举报的违法广告行为，不依法予以查处的，对负有责任的主管人员和直接责任人员，依法给予处分。

市场监督管理部门和负责广告管理相关工作的有关部门的工作人员玩忽职守、滥用职权、徇私舞弊的，依法给予处分。

有前两款行为，构成犯罪的，依法追究刑事责任。

## 第六章　附　　则

**第七十三条**　国家鼓励、支持开展公益广告宣传活动，传播社会主义核心价值观，倡导文明风尚。

大众传播媒介有义务发布公益广告。广播电台、电视台、报刊出版单位应当按照规定的版面、时段、时长发布公益广告。公益广告的管理办法，由国务院市场监督管理部门会同有关部门制定。

**第七十四条**　本法自2015年9月1日起施行。

# 中华人民共和国草原法

（1985年6月18日第六届全国人民代表大会常务委员会第十一次会议通过　2002年12月28日第九届全国人民代表大会常务委员会第三十一次会议修订　根据2009年8月27日第十一届全国人民代表大会常务委员会第十次会议《关于修改部分法律的决定》第一次修正　根据2013年6月29日第十二届全国人民代表大会常务委员会第三次会议《关于修改〈中华人民共和国文物保护法〉等十二部法律的决定》第二次修正　根据2021年4月29日第十三届全国人民代表大会常务委员会第二十八次会议《关于修改〈中华人民共和国道路交通安全法〉等八部法律的决定》第三次修正）

## 目　　录



## 第一章　总　　则

**第一条**　为了保护、建设和合理利用草原，改善生态环境，维护生物多样性，发展现代畜牧业，促进经济和社会的可持续发展，制定本法。

**第二条**　在中华人民共和国领域内从事草原规划、保护、建设、利用和管理活动，适用本法。

本法所称草原，是指天然草原和人工草地。

**第三条**　国家对草原实行科学规划、全面保护、重点建设、合理利用的方针，促进草原的可持续利用和生态、经济、社会的协调发展。

**第四条**　各级人民政府应当加强对草原保护、建设和利用的管理，将草原的保护、建设和利用纳入国民经济和社会发展计划。

各级人民政府应当加强保护、建设和合理利用草原的宣传教育。

**第五条**　任何单位和个人都有遵守草原法律法规、保护草原的义务，同时享有对违反草原法律法规、破坏草原的行为进行监督、检举和控告的权利。

**第六条**　国家鼓励与支持开展草原保护、建设、利用和监测方面的科学研究，推广先进技术和先进成果，培养科学技术人才。

**第七条**　国家对在草原管理、保护、建设、合理利用和科学研究等工作中做出显著成绩的单位和个人，给予奖励。

**第八条**　国务院草原行政主管部门主管全国草原监督管理工作。

县级以上地方人民政府草原行政主管部门主

管本行政区域内草原监督管理工作。

乡(镇)人民政府应当加强对本行政区域内草原保护、建设和利用情况的监督检查,根据需要可以设专职或者兼职人员负责具体监督检查工作。

## 第二章 草原权属

**第九条** 草原属于国家所有,由法律规定属于集体所有的除外。国家所有的草原,由国务院代表国家行使所有权。

任何单位或者个人不得侵占、买卖或者以其他形式非法转让草原。

**第十条** 国家所有的草原,可以依法确定给全民所有制单位、集体经济组织等使用。

使用草原的单位,应当履行保护、建设和合理利用草原的义务。

**第十一条** 依法确定给全民所有制单位、集体经济组织等使用的国家所有的草原,由县级以上人民政府登记,核发使用权证,确认草原使用权。

未确定使用权的国家所有的草原,由县级以上人民政府登记造册,并负责保护管理。

集体所有的草原,由县级人民政府登记,核发所有权证,确认草原所有权。

依法改变草原权属的,应当办理草原权属变更登记手续。

**第十二条** 依法登记的草原所有权和使用权受法律保护,任何单位或者个人不得侵犯。

**第十三条** 集体所有的草原或者依法确定给集体经济组织使用的国家所有的草原,可以由本集体经济组织内的家庭或者联户承包经营。

在草原承包经营期内,不得对承包经营者使用的草原进行调整;个别确需适当调整的,必须经本集体经济组织成员的村(牧)民会议三分之二以上成员或者三分之二以上村(牧)民代表的同意,并报乡(镇)人民政府和县级人民政府草原行政主管部门批准。

集体所有的草原或者依法确定给集体经济组织使用的国家所有的草原由本集体经济组织以外的单位或者个人承包经营的,必须经本集体经济组织成员的村(牧)民会议三分之二以上成员或者三分之二以上村(牧)民代表的同意,并报乡(镇)人民政府批准。

**第十四条** 承包经营草原,发包方和承包方应当签订书面合同。草原承包合同的内容应当包括双方的权利和义务、承包草原四至界限、面积和等级、承包期和起止日期、承包草原用途和违约责任等。承包期届满,原承包经营者在同等条件下享有优先承包权。

承包经营草原的单位和个人,应当履行保护、建设和按照承包合同约定的用途合理利用草原的义务。

**第十五条** 草原承包经营权受法律保护,可以按照自愿、有偿的原则依法转让。

草原承包经营权转让的受让方必须具有从事畜牧业生产的能力,并应当履行保护、建设和按照承包合同约定的用途合理利用草原的义务。

草原承包经营权转让应当经发包方同意。承包方与受让方在转让合同中约定的转让期限,不得超过原承包合同剩余的期限。

**第十六条** 草原所有权、使用权的争议,由当事人协商解决;协商不成的,由有关人民政府处理。

单位之间的争议,由县级以上人民政府处理;个人之间、个人与单位之间的争议,由乡(镇)人民政府或者县级以上人民政府处理。

当事人对有关人民政府的处理决定不服的,可以依法向人民法院起诉。

在草原权属争议解决前,任何一方不得改变草原利用现状,不得破坏草原和草原上的设施。

## 第三章 规　　划

**第十七条** 国家对草原保护、建设、利用实行统一规划制度。国务院草原行政主管部门会同国务院有关部门编制全国草原保护、建设、利用规划,报国务院批准后实施。

县级以上地方人民政府草原行政主管部门会同同级有关部门依据上一级草原保护、建设、利用规划编制本行政区域的草原保护、建设、利用规划,报本级人民政府批准后实施。

经批准的草原保护、建设、利用规划确需调整或者修改时,须经原批准机关批准。

**第十八条** 编制草原保护、建设、利用规划,应当依据国民经济和社会发展规划并遵循下列原则:

(一)改善生态环境,维护生物多样性,促进草原的可持续利用;

(二)以现有草原为基础,因地制宜,统筹规划,分类指导;

(三)保护为主、加强建设、分批改良、合理利用;

（四）生态效益、经济效益、社会效益相结合。

**第十九条**　草原保护、建设、利用规划应当包括：草原保护、建设、利用的目标和措施，草原功能分区和各项建设的总体部署，各项专业规划等。

**第二十条**　草原保护、建设、利用规划应当与土地利用总体规划相衔接，与环境保护规划、水土保持规划、防沙治沙规划、水资源规划、林业长远规划、城市总体规划、村庄和集镇规划以及其他有关规划相协调。

**第二十一条**　草原保护、建设、利用规划一经批准，必须严格执行。

**第二十二条**　国家建立草原调查制度。

县级以上人民政府草原行政主管部门会同同级有关部门定期进行草原调查；草原所有者或者使用者应当支持、配合调查，并提供有关资料。

**第二十三条**　国务院草原行政主管部门会同国务院有关部门制定全国草原等级评定标准。

县级以上人民政府草原行政主管部门根据草原调查结果、草原的质量，依据草原等级评定标准，对草原进行评等定级。

**第二十四条**　国家建立草原统计制度。

县级以上人民政府草原行政主管部门和同级统计部门共同制定草原统计调查办法，依法对草原的面积、等级、产草量、载畜量等进行统计，定期发布草原统计资料。

草原统计资料是各级人民政府编制草原保护、建设、利用规划的依据。

**第二十五条**　国家建立草原生产、生态监测预警系统。

县级以上人民政府草原行政主管部门对草原的面积、等级、植被构成、生产能力、自然灾害、生物灾害等草原基本状况实行动态监测，及时为本级政府和有关部门提供动态监测和预警信息服务。

## 第四章　建　设

**第二十六条**　县级以上人民政府应当增加草原建设的投入，支持草原建设。

国家鼓励单位和个人投资建设草原，按照谁投资、谁受益的原则保护草原投资建设者的合法权益。

**第二十七条**　国家鼓励与支持人工草地建设、天然草原改良和饲草饲料基地建设，稳定和提高草原生产能力。

**第二十八条**　县级以上人民政府应当支持、鼓励和引导农牧民开展草原围栏、饲草饲料储备、牲畜圈舍、牧民定居点等生产生活设施的建设。

县级以上地方人民政府应当支持草原水利设施建设，发展草原节水灌溉，改善人畜饮水条件。

**第二十九条**　县级以上人民政府应当按照草原保护、建设、利用规划加强草种基地建设，鼓励选育、引进、推广优良草品种。

新草品种必须经全国草品种审定委员会审定，由国务院草原行政主管部门公告后方可推广。从境外引进草种必须依法进行审批。

县级以上人民政府草原行政主管部门应当依法加强对草种生产、加工、检疫、检验的监督管理，保证草种质量。

**第三十条**　县级以上人民政府应当有计划地进行火情监测、防火物资储备、防火隔离带等草原防火设施的建设，确保防火需要。

**第三十一条**　对退化、沙化、盐碱化、石漠化和水土流失的草原，地方各级人民政府应当按照草原保护、建设、利用规划，划定治理区，组织专项治理。

大规模的草原综合治理，列入国家国土整治计划。

**第三十二条**　县级以上人民政府应当根据草原保护、建设、利用规划，在本级国民经济和社会发展计划中安排资金用于草原改良、人工种草和草种生产，任何单位或者个人不得截留、挪用；县级以上人民政府财政部门和审计部门应当加强监督管理。

## 第五章　利　用

**第三十三条**　草原承包经营者应当合理利用草原，不得超过草原行政主管部门核定的载畜量；草原承包经营者应当采取种植和储备饲草饲料、增加饲草饲料供应量、调剂处理牲畜、优化畜群结构、提高出栏率等措施，保持草畜平衡。

草原载畜量标准和草畜平衡管理办法由国务院草原行政主管部门规定。

**第三十四条**　牧区的草原承包经营者应当实行划区轮牧，合理配置畜群，均衡利用草原。

**第三十五条**　国家提倡在农区、半农半牧区和有条件的牧区实行牲畜圈养。草原承包经营者应当按照饲养牲畜的种类和数量，调剂、储备饲草饲料，采用青贮和饲草饲料加工等新技术，逐步改变依赖天然草地放牧的生产方式。

在草原禁牧、休牧、轮牧区，国家对实行舍饲圈养的给予粮食和资金补助，具体办法由国务院或者国务院授权的有关部门规定。

**第三十六条**　县级以上地方人民政府草原行政主管部门对割草场和野生草种基地应当规定合理的割草期、采种期以及留茬高度和采割强度，实行轮割轮采。

**第三十七条**　遇到自然灾害等特殊情况，需要临时调剂使用草原的，按照自愿互利的原则，由双方协商解决；需要跨县临时调剂使用草原的，由有关县级人民政府或者共同的上级人民政府组织协商解决。

**第三十八条**　进行矿藏开采和工程建设，应当不占或者少占草原；确需征收、征用或者使用草原的，必须经省级以上人民政府草原行政主管部门审核同意后，依照有关土地管理的法律、行政法规办理建设用地审批手续。

**第三十九条**　因建设征收、征用集体所有的草原的，应当依照《中华人民共和国土地管理法》的规定给予补偿；因建设使用国家所有的草原的，应当依照国务院有关规定对草原承包经营者给予补偿。

因建设征收、征用或者使用草原的，应当交纳草原植被恢复费。草原植被恢复费专款专用，由草原行政主管部门按照规定用于恢复草原植被，任何单位和个人不得截留、挪用。草原植被恢复费的征收、使用和管理办法，由国务院价格主管部门和国务院财政部门会同国务院草原行政主管部门制定。

**第四十条**　需要临时占用草原的，应当经县级以上地方人民政府草原行政主管部门审核同意。

临时占用草原的期限不得超过二年，并不得在临时占用的草原上修建永久性建筑物、构筑物；占用期满，用地单位必须恢复草原植被并及时退还。

**第四十一条**　在草原上修建直接为草原保护和畜牧业生产服务的工程设施，需要使用草原的，由县级以上人民政府草原行政主管部门批准；修筑其他工程，需要将草原转为非畜牧业生产用地的，必须依法办理建设用地审批手续。

前款所称直接为草原保护和畜牧业生产服务的工程设施，是指：

（一）生产、贮存草种和饲草饲料的设施；

（二）牲畜圈舍、配种点、剪毛点、药浴池、人畜饮水设施；

（三）科研、试验、示范基地；

（四）草原防火和灌溉设施。

## 第六章　保　　护

**第四十二条**　国家实行基本草原保护制度。下列草原应当划为基本草原，实施严格管理：

（一）重要放牧场；

（二）割草地；

（三）用于畜牧业生产的人工草地、退耕还草地以及改良草地、草种基地；

（四）对调节气候、涵养水源、保持水土、防风固沙具有特殊作用的草原；

（五）作为国家重点保护野生动植物生存环境的草原；

（六）草原科研、教学试验基地；

（七）国务院规定应当划为基本草原的其他草原。

基本草原的保护管理办法，由国务院制定。

**第四十三条**　国务院草原行政主管部门或者省、自治区、直辖市人民政府可以按照自然保护区管理的有关规定在下列地区建立草原自然保护区：

（一）具有代表性的草原类型；

（二）珍稀濒危野生动植物分布区；

（三）具有重要生态功能和经济科研价值的草原。

**第四十四条**　县级以上人民政府应当依法加强对草原珍稀濒危野生植物和种质资源的保护、管理。

**第四十五条**　国家对草原实行以草定畜、草畜平衡制度。县级以上地方人民政府草原行政主管部门应当按照国务院草原行政主管部门制定的草原载畜量标准，结合当地实际情况，定期核定草原载畜量。各级人民政府应当采取有效措施，防止超载过牧。

**第四十六条**　禁止开垦草原。对水土流失严重、有沙化趋势、需要改善生态环境的已垦草原，应当有计划、有步骤地退耕还草；已造成沙化、盐碱化、石漠化的，应当限期治理。

**第四十七条**　对严重退化、沙化、盐碱化、石漠化的草原和生态脆弱区的草原，实行禁牧、休牧制度。

**第四十八条**　国家支持依法实行退耕还草和禁牧、休牧。具体办法由国务院或者省、自治区、直辖市人民政府制定。

对在国务院批准规划范围内实施退耕还草的

农牧民，按照国家规定给予粮食、现金、草种费补助。退耕还草完成后，由县级以上人民政府草原行政主管部门核实登记，依法履行土地用途变更手续，发放草原权属证书。

**第四十九条** 禁止在荒漠、半荒漠和严重退化、沙化、盐碱化、石漠化、水土流失的草原以及生态脆弱区的草原上采挖植物和从事破坏草原植被的其他活动。

**第五十条** 在草原上从事采土、采砂、采石等作业活动，应当报县级人民政府草原行政主管部门批准；开采矿产资源的，并应当依法办理有关手续。

经批准在草原上从事本条第一款所列活动的，应当在规定的时间、区域内，按照准许的采挖方式作业，并采取保护草原植被的措施。

在他人使用的草原上从事本条第一款所列活动的，还应当事先征得草原使用者的同意。

**第五十一条** 在草原上种植牧草或者饲料作物，应当符合草原保护、建设、利用规划；县级以上地方人民政府草原行政主管部门应当加强监督管理，防止草原沙化和水土流失。

**第五十二条** 在草原上开展经营性旅游活动，应当符合有关草原保护、建设、利用规划，并不得侵犯草原所有者、使用者和承包经营者的合法权益，不得破坏草原植被。

**第五十三条** 草原防火工作贯彻预防为主、防消结合的方针。

各级人民政府应当建立草原防火责任制，规定草原防火期，制定草原防火扑火预案，切实做好草原火灾的预防和扑救工作。

**第五十四条** 县级以上地方人民政府应当做好草原鼠害、病虫害和毒害草防治的组织管理工作。县级以上地方人民政府草原行政主管部门应当采取措施，加强草原鼠害、病虫害和毒害草监测预警、调查以及防治工作，组织研究和推广综合防治的办法。

禁止在草原上使用剧毒、高残留以及可能导致二次中毒的农药。

**第五十五条** 除抢险救灾和牧民搬迁的机动车辆外，禁止机动车辆离开道路在草原上行驶，破坏草原植被；因从事地质勘探、科学考察等活动确需离开道路在草原上行驶的，应当事先向所在地县级人民政府草原行政主管部门报告行驶区域和行驶路线，并按照报告的行驶区域和行驶路线在草原上行驶。

## 第七章 监督检查

**第五十六条** 国务院草原行政主管部门和草原面积较大的省、自治区的县级以上地方人民政府草原行政主管部门设立草原监督管理机构，负责草原法律、法规执行情况的监督检查，对违反草原法律、法规的行为进行查处。

草原行政主管部门和草原监督管理机构应当加强执法队伍建设，提高草原监督检查人员的政治、业务素质。草原监督检查人员应当忠于职守，秉公执法。

**第五十七条** 草原监督检查人员履行监督检查职责时，有权采取下列措施：

（一）要求被检查单位或者个人提供有关草原权属的文件和资料，进行查阅或者复制；

（二）要求被检查单位或者个人对草原权属等问题作出说明；

（三）进入违法现场进行拍照、摄像和勘测；

（四）责令被检查单位或者个人停止违反草原法律、法规的行为，履行法定义务。

**第五十八条** 国务院草原行政主管部门和省、自治区、直辖市人民政府草原行政主管部门，应当加强对草原监督检查人员的培训和考核。

**第五十九条** 有关单位和个人对草原监督检查人员的监督检查工作应当给予支持、配合，不得拒绝或者阻碍草原监督检查人员依法执行职务。

草原监督检查人员在履行监督检查职责时，应当向被检查单位和个人出示执法证件。

**第六十条** 对违反草原法律、法规的行为，应当依法作出行政处理，有关草原行政主管部门不作出行政处理决定的，上级草原行政主管部门有权责令有关草原行政主管部门作出行政处理决定或者直接作出行政处理决定。

## 第八章 法律责任

**第六十一条** 草原行政主管部门工作人员及其他国家机关有关工作人员玩忽职守、滥用职权，不依法履行监督管理职责，或者发现违法行为不予查处，造成严重后果，构成犯罪的，依法追究刑事责任；尚不够刑事处罚的，依法给予行政处分。

**第六十二条** 截留、挪用草原改良、人工种草和草种生产资金或者草原植被恢复费，构成犯罪的，依法追究刑事责任；尚不够刑事处罚的，依法给予行政处分。

**第六十三条** 无权批准征收、征用、使用草原的单位或者个人非法批准征收、征用、使用草原的，超越批准权限非法批准征收、征用、使用草原的，或者违反法律规定的程序批准征收、征用、使用草原，构成犯罪的，依法追究刑事责任；尚不够刑事处罚的，依法给予行政处分。非法批准征收、征用、使用草原的文件无效。非法批准征收、征用、使用的草原应当收回，当事人拒不归还的，以非法使用草原论处。

非法批准征收、征用、使用草原，给当事人造成损失的，依法承担赔偿责任。

**第六十四条** 买卖或者以其他形式非法转让草原，构成犯罪的，依法追究刑事责任；尚不够刑事处罚的，由县级以上人民政府草原行政主管部门依据职权责令限期改正，没收违法所得，并处违法所得一倍以上五倍以下的罚款。

**第六十五条** 未经批准或者采取欺骗手段骗取批准，非法使用草原，构成犯罪的，依法追究刑事责任；尚不够刑事处罚的，由县级以上人民政府草原行政主管部门依据职权责令退还非法使用的草原，对违反草原保护、建设、利用规划擅自将草原改为建设用地的，限期拆除在非法使用的草原上新建的建筑物和其他设施，恢复草原植被，并处草原被非法使用前三年平均产值六倍以上十二倍以下的罚款。

**第六十六条** 非法开垦草原，构成犯罪的，依法追究刑事责任；尚不够刑事处罚的，由县级以上人民政府草原行政主管部门依据职权责令停止违法行为，限期恢复植被，没收非法财物和违法所得，并处违法所得一倍以上五倍以下的罚款；没有违法所得的，并处五万元以下的罚款；给草原所有者或者使用者造成损失的，依法承担赔偿责任。

**第六十七条** 在荒漠、半荒漠和严重退化、沙化、盐碱化、石漠化、水土流失的草原，以及生态脆弱区的草原上采挖植物或者从事破坏草原植被的其他活动的，由县级以上地方人民政府草原行政主管部门依据职权责令停止违法行为，没收非法财物和违法所得，可以并处违法所得一倍以上五倍以下的罚款；没有违法所得的，可以并处五万元以下的罚款；给草原所有者或者使用者造成损失的，依法承担赔偿责任。

**第六十八条** 未经批准或者未按照规定的时间、区域和采挖方式在草原上进行采土、采砂、采石等活动的，由县级人民政府草原行政主管部门责令停止违法行为，限期恢复植被，没收非法财物和违法所得，可以并处违法所得一倍以上二倍以下的罚款；没有违法所得的，可以并处二万元以下的罚款；给草原所有者或者使用者造成损失的，依法承担赔偿责任。

**第六十九条** 违反本法第五十二条规定，在草原上开展经营性旅游活动，破坏草原植被的，由县级以上地方人民政府草原行政主管部门依据职权责令停止违法行为，限期恢复植被，没收违法所得，可以并处违法所得一倍以上二倍以下的罚款；没有违法所得的，可以并处草原被破坏前三年平均产值六倍以上十二倍以下的罚款；给草原所有者或者使用者造成损失的，依法承担赔偿责任。

**第七十条** 非抢险救灾和牧民搬迁的机动车辆离开道路在草原上行驶，或者从事地质勘探、科学考察等活动，未事先向所在地县级人民政府草原行政主管部门报告或者未按照报告的行驶区域和行驶路线在草原上行驶，破坏草原植被的，由县级人民政府草原行政主管部门责令停止违法行为，限期恢复植被，可以并处草原被破坏前三年平均产值三倍以上九倍以下的罚款；给草原所有者或者使用者造成损失的，依法承担赔偿责任。

**第七十一条** 在临时占用的草原上修建永久性建筑物、构筑物的，由县级以上地方人民政府草原行政主管部门依据职权责令限期拆除；逾期不拆除的，依法强制拆除，所需费用由违法者承担。

临时占用草原，占用期届满，用地单位不予恢复草原植被的，由县级以上地方人民政府草原行政主管部门依据职权责令限期恢复；逾期不恢复的，由县级以上地方人民政府草原行政主管部门代为恢复，所需费用由违法者承担。

**第七十二条** 未经批准，擅自改变草原保护、建设、利用规划的，由县级以上人民政府责令限期改正；对直接负责的主管人员和其他直接责任人员，依法给予行政处分。

**第七十三条** 对违反本法有关草畜平衡制度的规定，牲畜饲养量超过县级以上地方人民政府草原行政主管部门核定的草原载畜量标准的纠正或者处罚措施，由省、自治区、直辖市人民代表大会或者其常务委员会规定。

## 第九章 附 则

**第七十四条** 本法第二条第二款中所称的天然草原包括草地、草山和草坡，人工草地包括改良草地和退耕还草地，不包括城镇草地。

**第七十五条** 本法自 2003 年 3 月 1 日起施行。

# 中华人民共和国民用航空法

（1995年10月30日第八届全国人民代表大会常务委员会第十六次会议通过　根据2009年8月27日第十一届全国人民代表大会常务委员会第十次会议《关于修改部分法律的决定》第一次修正　根据2015年4月24日第十二届全国人民代表大会常务委员会第十四次会议《关于修改〈中华人民共和国计量法〉等五部法律的决定》第二次修正　根据2016年11月7日第十二届全国人民代表大会常务委员会第二十四次会议《关于修改〈中华人民共和国对外贸易法〉等十二部法律的决定》第三次修正　根据2017年11月4日第十二届全国人民代表大会常务委员会第三十次会议《关于修改〈中华人民共和国会计法〉等十一部法律的决定》第四次修正　根据2018年12月29日第十三届全国人民代表大会常务委员会第七次会议《关于修改〈中华人民共和国劳动法〉等七部法律的决定》第五次修正　根据2021年4月29日第十三届全国人民代表大会常务委员会第二十八次会议《关于修改〈中华人民共和国道路交通安全法〉等八部法律的决定》第六次修正）

## 目　录



## 第一章　总　则

**第一条**　为了维护国家的领空主权和民用航空权利，保障民用航空活动安全和有秩序地进行，保护民用航空活动当事人各方的合法权益，促进民用航空事业的发展，制定本法。

**第二条**　中华人民共和国的领陆和领水之上的空域为中华人民共和国领空。中华人民共和国对领空享有完全的、排他的主权。

**第三条**　国务院民用航空主管部门对全国民用航空活动实施统一监督管理；根据法律和国务院的决定，在本部门的权限内，发布有关民用航空活动的规定、决定。

国务院民用航空主管部门设立的地区民用航空管理机构依照国务院民用航空主管部门的授权，监督管理各该地区的民用航空活动。

**第四条**　国家扶持民用航空事业的发展，鼓励和支持发展民用航空的科学研究和教育事业，提高民用航空科学技术水平。

国家扶持民用航空器制造业的发展，为民用航空活动提供安全、先进、经济、适用的民用航空器。

## 第二章 民用航空器国籍

**第五条** 本法所称民用航空器，是指除用于执行军事、海关、警察飞行任务外的航空器。

**第六条** 经中华人民共和国国务院民用航空主管部门依法进行国籍登记的民用航空器，具有中华人民共和国国籍，由国务院民用航空主管部门发给国籍登记证书。

国务院民用航空主管部门设立中华人民共和国民用航空器国籍登记簿，统一记载民用航空器的国籍登记事项。

**第七条** 下列民用航空器应当进行中华人民共和国国籍登记：

（一）中华人民共和国国家机构的民用航空器；

（二）依照中华人民共和国法律设立的企业法人的民用航空器；企业法人的注册资本中有外商出资的，其机构设置、人员组成和中方投资人的出资比例，应当符合行政法规的规定；

（三）国务院民用航空主管部门准予登记的其他民用航空器。

自境外租赁的民用航空器，承租人符合前款规定，该民用航空器的机组人员由承租人配备的，可以申请登记中华人民共和国国籍，但是必须先予注销该民用航空器原国籍登记。

**第八条** 依法取得中华人民共和国国籍的民用航空器，应当标明规定的国籍标志和登记标志。

**第九条** 民用航空器不得具有双重国籍。未注销外国国籍的民用航空器不得在中华人民共和国申请国籍登记。

## 第三章 民用航空器权利

### 第一节 一般规定

**第十条** 本章规定的对民用航空器的权利，包括对民用航空器构架、发动机、螺旋桨、无线电设备和其他一切为了在民用航空器上使用的，无论安装于其上或者暂时拆离的物品的权利。

**第十一条** 民用航空器权利人应当就下列权利分别向国务院民用航空主管部门办理权利登记：

（一）民用航空器所有权；

（二）通过购买行为取得并占有民用航空器的权利；

（三）根据租赁期限为六个月以上的租赁合同占有民用航空器的权利；

（四）民用航空器抵押权。

**第十二条** 国务院民用航空主管部门设立民用航空器权利登记簿。同一民用航空器的权利登记事项应当记载于同一权利登记簿中。

民用航空器权利登记事项，可以供公众查询、复制或者摘录。

**第十三条** 除民用航空器经依法强制拍卖外，在已经登记的民用航空器权利得到补偿或者民用航空器权利人同意之前，民用航空器的国籍登记或者权利登记不得转移至国外。

### 第二节 民用航空器所有权和抵押权

**第十四条** 民用航空器所有权的取得、转让和消灭，应当向国务院民用航空主管部门登记；未经登记的，不得对抗第三人。

民用航空器所有权的转让，应当签订书面合同。

**第十五条** 国家所有的民用航空器，由国家授予法人经营管理或者使用的，本法有关民用航空器所有人的规定适用于该法人。

**第十六条** 设定民用航空器抵押权，由抵押权人和抵押人共同向国务院民用航空主管部门办理抵押权登记；未经登记的，不得对抗第三人。

**第十七条** 民用航空器抵押权设定后，未经抵押权人同意，抵押人不得将被抵押民用航空器转让他人。

### 第三节 民用航空器优先权

**第十八条** 民用航空器优先权，是指债权人依照本法第十九条规定，向民用航空器所有人、承租人提出赔偿请求，对产生该赔偿请求的民用航空器具有优先受偿的权利。

**第十九条** 下列各项债权具有民用航空器优先权：

（一）援救该民用航空器的报酬；

（二）保管维护该民用航空器的必需费用。

前款规定的各项债权，后发生的先受偿。

**第二十条** 本法第十九条规定的民用航空器优先权，其债权人应当自援救或者保管维护工作终了之日起三个月内，就其债权向国务院民用航空主管部门登记。

**第二十一条** 为了债权人的共同利益，在执行人民法院判决以及拍卖过程中产生的费用，应当从民用航空器拍卖所得价款中先行拨付。

**第二十二条**　民用航空器优先权先于民用航空器抵押权受偿。

**第二十三条**　本法第十九条规定的债权转移的，其民用航空器优先权随之转移。

**第二十四条**　民用航空器优先权应当通过人民法院扣押产生优先权的民用航空器行使。

**第二十五条**　民用航空器优先权自援救或者保管维护工作终了之日起满三个月时终止；但是，债权人就其债权已经依照本法第二十条规定登记，并具有下列情形之一的除外：

（一）债权人、债务人已经就此项债权的金额达成协议；

（二）有关此项债权的诉讼已经开始。

民用航空器优先权不因民用航空器所有权的转让而消灭；但是，民用航空器经依法强制拍卖的除外。

### 第四节　民用航空器租赁

**第二十六条**　民用航空器租赁合同，包括融资租赁合同和其他租赁合同，应当以书面形式订立。

**第二十七条**　民用航空器的融资租赁，是指出租人按照承租人对供货方和民用航空器的选择，购得民用航空器，出租给承租人使用，由承租人定期交纳租金。

**第二十八条**　融资租赁期间，出租人依法享有民用航空器所有权，承租人依法享有民用航空器的占有、使用、收益权。

**第二十九条**　融资租赁期间，出租人不得干扰承租人依法占有、使用民用航空器；承租人应当适当地保管民用航空器，使之处于原交付时的状态，但是合理损耗和经出租人同意的对民用航空器的改变除外。

**第三十条**　融资租赁期满，承租人应当将符合本法第二十九条规定状态的民用航空器退还出租人；但是，承租人依照合同行使购买民用航空器的权利或者为继续租赁而占有民用航空器的除外。

**第三十一条**　民用航空器融资租赁中的供货方，不就同一损害同时对出租人和承租人承担责任。

**第三十二条**　融资租赁期间，经出租人同意，在不损害第三人利益的情况下，承租人可以转让其对民用航空器的占有权或者租赁合同约定的其他权利。

**第三十三条**　民用航空器的融资租赁和租赁期限为六个月以上的其他租赁，承租人应当就其对民用航空器的占有权向国务院民用航空主管部门办理登记；未经登记的，不得对抗第三人。

## 第四章　民用航空器适航管理

**第三十四条**　设计民用航空器及其发动机、螺旋桨和民用航空器上设备，应当向国务院民用航空主管部门申请领取型号合格证书。经审查合格的，发给型号合格证书。

**第三十五条**　生产、维修民用航空器及其发动机、螺旋桨和民用航空器上设备，应当向国务院民用航空主管部门申请领取生产许可证书、维修许可证书。经审查合格的，发给相应的证书。

**第三十六条**　外国制造人生产的任何型号的民用航空器及其发动机、螺旋桨和民用航空器上设备，首次进口中国的，该外国制造人应当向国务院民用航空主管部门申请领取型号认可证书。经审查合格的，发给型号认可证书。

已取得外国颁发的型号合格证书的民用航空器及其发动机、螺旋桨和民用航空器上设备，首次在中国境内生产的，该型号合格证书的持有人应当向国务院民用航空主管部门申请领取型号认可证书。经审查合格的，发给型号认可证书。

**第三十七条**　具有中华人民共和国国籍的民用航空器，应当持有国务院民用航空主管部门颁发的适航证书，方可飞行。

出口民用航空器及其发动机、螺旋桨和民用航空器上设备，制造人应当向国务院民用航空主管部门申请领取出口适航证书。经审查合格的，发给出口适航证书。

租用的外国民用航空器，应当经国务院民用航空主管部门对其原国籍登记国发给的适航证书审查认可或者另发适航证书，方可飞行。

民用航空器适航管理规定，由国务院制定。

**第三十八条**　民用航空器的所有人或者承租人应当按照适航证书规定的使用范围使用民用航空器，做好民用航空器的维修保养工作，保证民用航空器处于适航状态。

## 第五章　航空人员

### 第一节　一般规定

**第三十九条**　本法所称航空人员，是指下列从事民用航空活动的空勤人员和地面人员：

（一）空勤人员，包括驾驶员、飞行机械人员、乘务员；

（二）地面人员，包括民用航空器维修人员、空中交通管制员、飞行签派员、航空电台通信员。

**第四十条**　航空人员应当接受专门训练，经考核合格，取得国务院民用航空主管部门颁发的执照，方可担任其执照载明的工作。

空勤人员和空中交通管制员在取得执照前，还应当接受国务院民用航空主管部门认可的体格检查单位的检查，并取得国务院民用航空主管部门颁发的体格检查合格证书。

**第四十一条**　空勤人员在执行飞行任务时，应当随身携带执照和体格检查合格证书，并接受国务院民用航空主管部门的查验。

**第四十二条**　航空人员应当接受国务院民用航空主管部门定期或者不定期的检查和考核；经检查、考核合格的，方可继续担任其执照载明的工作。

空勤人员还应当参加定期的紧急程序训练。

空勤人员间断飞行的时间超过国务院民用航空主管部门规定时限的，应当经过检查和考核；乘务员以外的空勤人员还应当经过带飞。经检查、考核、带飞合格的，方可继续担任其执照载明的工作。

### 第二节　机　　组

**第四十三条**　民用航空器机组由机长和其他空勤人员组成。机长应当由具有独立驾驶该型号民用航空器的技术和经验的驾驶员担任。

机组的组成和人员数额，应当符合国务院民用航空主管部门的规定。

**第四十四条**　民用航空器的操作由机长负责，机长应当严格履行职责，保护民用航空器及其所载人员和财产的安全。

机长在其职权范围内发布的命令，民用航空器所载人员都应当执行。

**第四十五条**　飞行前，机长应当对民用航空器实施必要的检查；未经检查，不得起飞。

机长发现民用航空器、机场、气象条件等不符合规定，不能保证飞行安全的，有权拒绝起飞。

**第四十六条**　飞行中，对于任何破坏民用航空器、扰乱民用航空器内秩序、危害民用航空器所载人员或者财产安全以及其他危及飞行安全的行为，在保证安全的前提下，机长有权采取必要的适当措施。

飞行中，遇到特殊情况时，为保证民用航空器及其所载人员的安全，机长有权对民用航空器作出处置。

**第四十七条**　机长发现机组人员不适宜执行飞行任务的，为保证飞行安全，有权提出调整。

**第四十八条**　民用航空器遇险时，机长有权采取一切必要措施，并指挥机组人员和航空器上其他人员采取抢救措施。在必须撤离遇险民用航空器的紧急情况下，机长必须采取措施，首先组织旅客安全离开民用航空器；未经机长允许，机组人员不得擅自离开民用航空器；机长应当最后离开民用航空器。

**第四十九条**　民用航空器发生事故，机长应当直接或者通过空中交通管制单位，如实将事故情况及时报告国务院民用航空主管部门。

**第五十条**　机长收到船舶或者其他航空器的遇险信号，或者发现遇险的船舶、航空器及其人员，应当将遇险情况及时报告就近的空中交通管制单位并给予可能的合理的援助。

**第五十一条**　飞行中，机长因故不能履行职务的，由仅次于机长职务的驾驶员代理机长；在下一个经停地起飞前，民用航空器所有人或者承租人应当指派新机长接任。

**第五十二条**　只有一名驾驶员，不需配备其他空勤人员的民用航空器，本节对机长的规定，适用于该驾驶员。

## 第六章　民用机场

**第五十三条**　本法所称民用机场，是指专供民用航空器起飞、降落、滑行、停放以及进行其他活动使用的划定区域，包括附属的建筑物、装置和设施。

本法所称民用机场不包括临时机场。

军民合用机场由国务院、中央军事委员会另行制定管理办法。

**第五十四条**　民用机场的建设和使用应当统筹安排、合理布局，提高机场的使用效率。

全国民用机场的布局和建设规划，由国务院民用航空主管部门会同国务院其他有关部门制定，并按照国家规定的程序，经批准后组织实施。

省、自治区、直辖市人民政府应当根据全国民用机场的布局和建设规划，制定本行政区域内的民用机场建设规划，并按照国家规定的程序报经批准后，将其纳入本级国民经济和社会发展规划。

**第五十五条**　民用机场建设规划应当与城市建设规划相协调。

**第五十六条**　新建、改建和扩建民用机场，应当符合依法制定的民用机场布局和建设规划，符合民用机场标准,并按照国家规定报经有关主管机关批准并实施。

不符合依法制定的民用机场布局和建设规划的民用机场建设项目,不得批准。

**第五十七条**　新建、扩建民用机场,应当由民用机场所在地县级以上地方人民政府发布公告。

前款规定的公告应当在当地主要报纸上刊登,并在拟新建、扩建机场周围地区张贴。

**第五十八条**　禁止在依法划定的民用机场范围内和按照国家规定划定的机场净空保护区域内从事下列活动:

(一)修建可能在空中排放大量烟雾、粉尘、火焰、废气而影响飞行安全的建筑物或者设施;

(二)修建靶场、强烈爆炸物仓库等影响飞行安全的建筑物或者设施;

(三)修建不符合机场净空要求的建筑物或者设施;

(四)设置影响机场目视助航设施使用的灯光、标志或者物体;

(五)种植影响飞行安全或者影响机场助航设施使用的植物;

(六)饲养、放飞影响飞行安全的鸟类动物和其他物体;

(七)修建影响机场电磁环境的建筑物或者设施。

禁止在依法划定的民用机场范围内放养牲畜。

**第五十九条**　民用机场新建、扩建的公告发布前,在依法划定的民用机场范围内和按照国家规定划定的机场净空保护区域内存在的可能影响飞行安全的建筑物、构筑物、树木、灯光和其他障碍物体,应当在规定的期限内清除;对由此造成的损失,应当给予补偿或者依法采取其他补救措施。

**第六十条**　民用机场新建、扩建的公告发布后,任何单位和个人违反本法和有关行政法规的规定,在依法划定的民用机场范围内和按照国家规定划定的机场净空保护区域内修建、种植或者设置影响飞行安全的建筑物、构筑物、树木、灯光和其他障碍物体的,由机场所在地县级以上地方人民政府责令清除;由此造成的损失,由修建、种植或者设置该障碍物体的人承担。

**第六十一条**　在民用机场及其按照国家规定划定的净空保护区域以外,对可能影响飞行安全的高大建筑物或者设施,应当按照国家有关规定设置飞行障碍灯和标志,并使其保持正常状态。

**第六十二条**　国务院民用航空主管部门规定的对公众开放的民用机场应当取得机场使用许可证,方可开放使用。其他民用机场应当按照国务院民用航空主管部门的规定进行备案。

申请取得机场使用许可证,应当具备下列条件,并按照国家规定经验收合格:

(一)具备与其运营业务相适应的飞行区、航站区、工作区以及服务设施和人员;

(二)具备能够保障飞行安全的空中交通管制、通信导航、气象等设施和人员;

(三)具备符合国家规定的安全保卫条件;

(四)具备处理特殊情况的应急计划以及相应的设施和人员;

(五)具备国务院民用航空主管部门规定的其他条件。

国际机场还应当具备国际通航条件,设立海关和其他口岸检查机关。

**第六十三条**　民用机场使用许可证由机场管理机构向国务院民用航空主管部门申请,经国务院民用航空主管部门审查批准后颁发。

**第六十四条**　设立国际机场,由机场所在地省级人民政府报请国务院审查批准。

国际机场的开放使用,由国务院民用航空主管部门对外公告;国际机场资料由国务院民用航空主管部门统一对外提供。

**第六十五条**　民用机场应当按照国务院民用航空主管部门的规定,采取措施,保证机场内人员和财产的安全。

**第六十六条**　供运输旅客或者货物的民用航空器使用的民用机场,应当按照国务院民用航空主管部门规定的标准,设置必要设施,为旅客和货物托运人、收货人提供良好服务。

**第六十七条**　民用机场管理机构应当依照环境保护法律、行政法规的规定,做好机场环境保护工作。

**第六十八条**　民用航空器使用民用机场及其助航设施的,应当缴纳使用费、服务费;使用费、服务费的收费标准,由国务院民用航空主管部门制定。

**第六十九条**　民用机场废弃或者改作他用,民用机场管理机构应当依照国家规定办理报批手续。

## 第七章　空中航行

### 第一节　空域管理

**第七十条**　国家对空域实行统一管理。

**第七十一条**　划分空域,应当兼顾民用航空和国防安全的需要以及公众的利益，使空域得到合理、充分、有效的利用。

**第七十二条** 空域管理的具体办法，由国务院、中央军事委员会制定。

## 第二节 飞行管理

**第七十三条** 在一个划定的管制空域内，由一个空中交通管制单位负责该空域内的航空器的空中交通管制。

**第七十四条** 民用航空器在管制空域内进行飞行活动，应当取得空中交通管制单位的许可。

**第七十五条** 民用航空器应当按照空中交通管制单位指定的航路和飞行高度飞行；因故确需偏离指定的航路或者改变飞行高度飞行的，应当取得空中交通管制单位的许可。

**第七十六条** 在中华人民共和国境内飞行的航空器，必须遵守统一的飞行规则。

进行目视飞行的民用航空器，应当遵守目视飞行规则，并与其他航空器、地面障碍物体保持安全距离。

进行仪表飞行的民用航空器，应当遵守仪表飞行规则。

飞行规则由国务院、中央军事委员会制定。

**第七十七条** 民用航空器机组人员的飞行时间、执勤时间不得超过国务院民用航空主管部门规定的时限。

民用航空器机组人员受到酒类饮料、麻醉剂或者其他药物的影响，损及工作能力的，不得执行飞行任务。

**第七十八条** 民用航空器除按照国家规定经特别批准外，不得飞入禁区；除遵守规定的限制条件外，不得飞入限制区。

前款规定的禁区和限制区，依照国家规定划定。

**第七十九条** 民用航空器不得飞越城市上空；但是，有下列情形之一的除外：

（一）起飞、降落或者指定的航路所必需的；

（二）飞行高度足以使该航空器在发生紧急情况时离开城市上空，而不致危及地面上的人员、财产安全的；

（三）按照国家规定的程序获得批准的。

**第八十条** 飞行中，民用航空器不得投掷物品；但是，有下列情形之一的除外：

（一）飞行安全所必需的；

（二）执行救助任务或者符合社会公共利益的其他飞行任务所必需的。

**第八十一条** 民用航空器未经批准不得飞出中华人民共和国领空。

对未经批准正在飞离中华人民共和国领空的民用航空器，有关部门有权根据具体情况采取必要措施，予以制止。

## 第三节 飞行保障

**第八十二条** 空中交通管制单位应当为飞行中的民用航空器提供空中交通服务，包括空中交通管制服务、飞行情报服务和告警服务。

提供空中交通管制服务，旨在防止民用航空器同航空器、民用航空器同障碍物体相撞，维持并加速空中交通的有秩序的活动。

提供飞行情报服务，旨在提供有助于安全和有效地实施飞行的情报和建议。

提供告警服务，旨在当民用航空器需要搜寻援救时，通知有关部门，并根据要求协助该有关部门进行搜寻援救。

**第八十三条** 空中交通管制单位发现民用航空器偏离指定航路、迷失航向时，应当迅速采取一切必要措施，使其回归航路。

**第八十四条** 航路上应当设置必要的导航、通信、气象和地面监视设备。

**第八十五条** 航路上影响飞行安全的自然障碍物体，应当在航图上标明；航路上影响飞行安全的人工障碍物体，应当设置飞行障碍灯和标志，并使其保持正常状态。

**第八十六条** 在距离航路边界三十公里以内的地带，禁止修建靶场和其他可能影响飞行安全的设施；但是，平射轻武器靶场除外。

在前款规定地带以外修建固定的或者临时性对空发射场，应当按照国家规定获得批准；对空发射场的发射方向，不得与航路交叉。

**第八十七条** 任何可能影响飞行安全的活动，应当依法获得批准，并采取确保飞行安全的必要措施，方可进行。

**第八十八条** 国务院民用航空主管部门应当依法对民用航空无线电台和分配给民用航空系统使用的专用频率实施管理。

任何单位或者个人使用的无线电台和其他仪器、装置，不得妨碍民用航空无线电专用频率的正常使用。对民用航空无线电专用频率造成有害干扰的，有关单位或者个人应当迅速排除干扰；未排除干扰前，应当停止使用该无线电台或者其他仪器、装置。

**第八十九条**　邮电通信企业应当对民用航空电信传递优先提供服务。

国家气象机构应当对民用航空气象机构提供必要的气象资料。

第四节　飞行必备文件

**第九十条**　从事飞行的民用航空器，应当携带下列文件：

（一）民用航空器国籍登记证书；

（二）民用航空器适航证书；

（三）机组人员相应的执照；

（四）民用航空器航行记录簿；

（五）装有无线电设备的民用航空器，其无线电台执照；

（六）载有旅客的民用航空器，其所载旅客姓名及其出发地点和目的地点的清单；

（七）载有货物的民用航空器，其所载货物的舱单和明细的申报单；

（八）根据飞行任务应当携带的其他文件。

民用航空器未按规定携带前款所列文件的，国务院民用航空主管部门或者其授权的地区民用航空管理机构可以禁止该民用航空器起飞。

## 第八章　公共航空运输企业

**第九十一条**　公共航空运输企业，是指以营利为目的，使用民用航空器运送旅客、行李、邮件或者货物的企业法人。

**第九十二条**　企业从事公共航空运输，应当向国务院民用航空主管部门申请领取经营许可证。

**第九十三条**　取得公共航空运输经营许可，应当具备下列条件：

（一）有符合国家规定的适应保证飞行安全要求的民用航空器；

（二）有必需的依法取得执照的航空人员；

（三）有不少于国务院规定的最低限额的注册资本；

（四）法律、行政法规规定的其他条件。

**第九十四条**　公共航空运输企业的组织形式、组织机构适用公司法的规定。

本法施行前设立的公共航空运输企业，其组织形式、组织机构不完全符合公司法规定的，可以继续沿用原有的规定，适用前款规定的日期由国务院规定。

**第九十五条**　公共航空运输企业应当以保证飞行安全和航班正常，提供良好服务为准则，采取有效措施，提高运输服务质量。

公共航空运输企业应当教育和要求本企业职工严格履行职责，以文明礼貌、热情周到的服务态度，认真做好旅客和货物运输的各项服务工作。

旅客运输航班延误的，应当在机场内及时通告有关情况。

**第九十六条**　公共航空运输企业申请经营定期航班运输（以下简称航班运输）的航线，暂停、终止经营航线，应当报经国务院民用航空主管部门批准。

公共航空运输企业经营航班运输，应当公布班期时刻。

**第九十七条**　公共航空运输企业的营业收费项目，由国务院民用航空主管部门确定。

国内航空运输的运价管理办法，由国务院民用航空主管部门会同国务院物价主管部门制定，报国务院批准后执行。

国际航空运输运价的制定按照中华人民共和国政府与外国政府签订的协定、协议的规定执行；没有协定、协议的，参照国际航空运输市场价格确定。

**第九十八条**　公共航空运输企业从事不定期运输，应当经国务院民用航空主管部门批准，并不得影响航班运输的正常经营。

**第九十九条**　公共航空运输企业应当依照国务院制定的公共航空运输安全保卫规定，制定安全保卫方案，并报国务院民用航空主管部门备案。

**第一百条**　公共航空运输企业不得运输法律、行政法规规定的禁运物品。

公共航空运输企业未经国务院民用航空主管部门批准，不得运输作战军火、作战物资。

禁止旅客随身携带法律、行政法规规定的禁运物品乘坐民用航空器。

**第一百零一条**　公共航空运输企业运输危险品，应当遵守国家有关规定。

禁止以非危险品品名托运危险品。

禁止旅客随身携带危险品乘坐民用航空器。除因执行公务并按照国家规定经过批准外，禁止旅客携带枪支、管制刀具乘坐民用航空器。禁止违反国务院民用航空主管部门的规定将危险品作为行李托运。

危险品品名由国务院民用航空主管部门规定并公布。

**第一百零二条**　公共航空运输企业不得运输

拒绝接受安全检查的旅客，不得违反国家规定运输未经安全检查的行李。

公共航空运输企业必须按照国务院民用航空主管部门的规定，对承运的货物进行安全检查或者采取其他保证安全的措施。

**第一百零三条**　公共航空运输企业从事国际航空运输的民用航空器及其所载人员、行李、货物应当接受边防、海关等主管部门的检查；但是，检查时应当避免不必要的延误。

**第一百零四条**　公共航空运输企业应当依照有关法律、行政法规的规定优先运输邮件。

**第一百零五条**　公共航空运输企业应当投保地面第三人责任险。

## 第九章　公共航空运输

### 第一节　一般规定

**第一百零六条**　本章适用于公共航空运输企业使用民用航空器经营的旅客、行李或者货物的运输，包括公共航空运输企业使用民用航空器办理的免费运输。

本章不适用于使用民用航空器办理的邮件运输。

对多式联运方式的运输，本章规定适用于其中的航空运输部分。

**第一百零七条**　本法所称国内航空运输，是指根据当事人订立的航空运输合同，运输的出发地点、约定的经停地点和目的地点均在中华人民共和国境内的运输。

本法所称国际航空运输，是指根据当事人订立的航空运输合同，无论运输有无间断或者有无转运，运输的出发地点、目的地点或者约定的经停地点之一不在中华人民共和国境内的运输。

**第一百零八条**　航空运输合同各方认为几个连续的航空运输承运人办理的运输是一项单一业务活动的，无论其形式是以一个合同订立或者数个合同订立，应当视为一项不可分割的运输。

### 第二节　运输凭证

**第一百零九条**　承运人运送旅客，应当出具客票。旅客乘坐民用航空器，应当交验有效客票。

**第一百一十条**　客票应当包括的内容由国务院民用航空主管部门规定，至少应当包括以下内容：

（一）出发地点和目的地点；

（二）出发地点和目的地点均在中华人民共和国境内，而在境外有一个或者数个约定的经停地点的，至少注明一个经停地点；

（三）旅客航程的最终目的地点、出发地点或者约定的经停地点之一不在中华人民共和国境内，依照所适用的国际航空运输公约的规定，应当在客票上声明此项运输适用该公约的，客票上应当载有该项声明。

**第一百一十一条**　客票是航空旅客运输合同订立和运输合同条件的初步证据。

旅客未能出示客票、客票不符合规定或者客票遗失，不影响运输合同的存在或者有效。

在国内航空运输中，承运人同意旅客不经其出票而乘坐民用航空器的，承运人无权援用本法第一百二十八条有关赔偿责任限制的规定。

在国际航空运输中，承运人同意旅客不经其出票而乘坐民用航空器的，或者客票上未依照本法第一百一十条第（三）项的规定声明的，承运人无权援用本法第一百二十九条有关赔偿责任限制的规定。

**第一百一十二条**　承运人载运托运行李时，行李票可以包含在客票之内或者与客票相结合。除本法第一百一十条的规定外，行李票还应当包括下列内容：

（一）托运行李的件数和重量；

（二）需要声明托运行李在目的地点交付时的利益的，注明声明金额。

行李票是行李托运和运输合同条件的初步证据。

旅客未能出示行李票、行李票不符合规定或者行李票遗失，不影响运输合同的存在或者有效。

在国内航空运输中，承运人载运托运行李而不出具行李票的，承运人无权援用本法第一百二十八条有关赔偿责任限制的规定。

在国际航空运输中，承运人载运托运行李而不出具行李票的，或者行李票上未依照本法第一百一十条第（三）项的规定声明的，承运人无权援用本法第一百二十九条有关赔偿责任限制的规定。

**第一百一十三条**　承运人有权要求托运人填写航空货运单，托运人有权要求承运人接受该航空货运单。托运人未能出示航空货运单、航空货运单不符合规定或者航空货运单遗失，不影响运输合同的存在或者有效。

**第一百一十四条**　托运人应当填写航空货运单正本一式三份，连同货物交给承运人。

航空货运单第一份注明“交承运人”，由托运人签字、盖章；第二份注明“交收货人”，由托运人和承运人签字、盖章；第三份由承运人在接受货物后签字、盖章，交给托运人。

承运人根据托运人的请求填写航空货运单的，在没有相反证据的情况下，应当视为代托运人填写。

**第一百一十五条** 航空货运单应当包括的内容由国务院民用航空主管部门规定，至少应当包括以下内容：

（一）出发地点和目的地点；

（二）出发地点和目的地点均在中华人民共和国境内，而在境外有一个或者数个约定的经停地点的，至少注明一个经停地点；

（三）货物运输的最终目的地点、出发地点或者约定的经停地点之一不在中华人民共和国境内，依照所适用的国际航空运输公约的规定，应当在货运单上声明此项运输适用该公约的，货运单上应当载有该项声明。

**第一百一十六条** 在国内航空运输中，承运人同意未经填具航空货运单而载运货物的，承运人无权援用本法第一百二十八条有关赔偿责任限制的规定。

在国际航空运输中，承运人同意未经填具航空货运单而载运货物的，或者航空货运单上未依照本法第一百一十五条第（三）项的规定声明的，承运人无权援用本法第一百二十九条有关赔偿责任限制的规定。

**第一百一十七条** 托运人应当对航空货运单上所填关于货物的说明和声明的正确性负责。

因航空货运单上所填的说明和声明不符合规定、不正确或者不完全，给承运人或者承运人对之负责的其他人造成损失的，托运人应当承担赔偿责任。

**第一百一十八条** 航空货运单是航空货物运输合同订立和运输条件以及承运人接受货物的初步证据。

航空货运单上关于货物的重量、尺寸、包装和包装件数的说明具有初步证据的效力。除经过承运人和托运人当面查对并在航空货运单上注明经过查对或者书写关于货物的外表情况的说明外，航空货运单上关于货物的数量、体积和情况的说明不能构成不利于承运人的证据。

**第一百一十九条** 托运人在履行航空货物运输合同规定的义务的条件下，有权在出发地机场或者目的地机场将货物提回，或者在途中经停时中止运输，或者在目的地点或者途中要求将货物交给非航空货运单上指定的收货人，或者要求将货物运回出发地机场；但是，托运人不得因行使此种权利而使承运人或者其他托运人遭受损失，并应当偿付由此产生的费用。

托运人的指示不能执行的，承运人应当立即通知托运人。

承运人按照托运人的指示处理货物，没有要求托运人出示其所收执的航空货运单，给该航空货运单的合法持有人造成损失的，承运人应当承担责任，但是不妨碍承运人向托运人追偿。

收货人的权利依照本法第一百二十条规定开始时，托运人的权利即告终止；但是，收货人拒绝接受航空货运单或者货物，或者承运人无法同收货人联系的，托运人恢复其对货物的处置权。

**第一百二十条** 除本法第一百一十九条所列情形外，收货人于货物到达目的地点，并在缴付应付款项和履行航空货运单上所列运输条件后，有权要求承运人移交航空货运单并交付货物。

除另有约定外，承运人应当在货物到达后立即通知收货人。

承运人承认货物已经遗失，或者货物在应当到达之日起七日后仍未到达的，收货人有权向承运人行使航空货物运输合同所赋予的权利。

**第一百二十一条** 托运人和收货人在履行航空货物运输合同规定的义务的条件下，无论为本人或者他人的利益，可以以本人的名义分别行使本法第一百一十九条和第一百二十条所赋予的权利。

**第一百二十二条** 本法第一百一十九条、第一百二十条和第一百二十一条的规定，不影响托运人同收货人之间的相互关系，也不影响从托运人或者收货人获得权利的第三人之间的关系。

任何与本法第一百一十九条、第一百二十条和第一百二十一条规定不同的合同条款，应当在航空货运单上载明。

**第一百二十三条** 托运人应当提供必需的资料和文件，以便在货物交付收货人前完成法律、行政法规规定的有关手续；因没有此种资料、文件，或者此种资料、文件不充足或者不符合规定造成的损失，除由于承运人或者其受雇人、代理人的过错造成的外，托运人应当对承运人承担责任。

除法律、行政法规另有规定外，承运人没有对前款规定的资料或者文件进行检查的义务。

### 第三节 承运人的责任

**第一百二十四条** 因发生在民用航空器上或者在旅客上、下民用航空器过程中的事件，造成旅客人身伤亡的，承运人应当承担责任；但是，旅客的人身伤亡完全是由于旅客本人的健康状况造成的，承运人不承担责任。

**第一百二十五条** 因发生在民用航空器上或者在旅客上、下民用航空器过程中的事件，造成旅客随身携带物品毁灭、遗失或者损坏的，承运人应当承担责任。因发生在航空运输期间的事件，造成旅客的托运行李毁灭、遗失或者损坏的，承运人应当承担责任。

旅客随身携带物品或者托运行李的毁灭、遗失或者损坏完全是由于行李本身的自然属性、质量或者缺陷造成的，承运人不承担责任。

本章所称行李，包括托运行李和旅客随身携带的物品。

因发生在航空运输期间的事件，造成货物毁灭、遗失或者损坏的，承运人应当承担责任；但是，承运人证明货物的毁灭、遗失或者损坏完全是由于下列原因之一造成的，不承担责任：

（一）货物本身的自然属性、质量或者缺陷；

（二）承运人或者其受雇人、代理人以外的人包装货物的，货物包装不良；

（三）战争或者武装冲突；

（四）政府有关部门实施的与货物入境、出境或者过境有关的行为。

本条所称航空运输期间，是指在机场内、民用航空器上或者机场外降落的任何地点，托运行李、货物处于承运人掌管之下的全部期间。

航空运输期间，不包括机场外的任何陆路运输、海上运输、内河运输过程；但是，此种陆路运输、海上运输、内河运输是为了履行航空运输合同而装载、交付或者转运，在没有相反证据的情况下，所发生的损失视为在航空运输期间发生的损失。

**第一百二十六条** 旅客、行李或者货物在航空运输中因延误造成的损失，承运人应当承担责任；但是，承运人证明本人或者其受雇人、代理人为了避免损失的发生，已经采取一切必要措施或者不可能采取此种措施的，不承担责任。

**第一百二十七条** 在旅客、行李运输中，经承运人证明，损失是由索赔人的过错造成或者促成的，应当根据造成或者促成此种损失的过错的程度，相应免除或者减轻承运人的责任。旅客以外的其他人就旅客死亡或者受伤提出赔偿请求时，经承运人证明，死亡或者受伤是旅客本人的过错造成或者促成的，同样应当根据造成或者促成此种损失的过错的程度，相应免除或者减轻承运人的责任。

在货物运输中，经承运人证明，损失是由索赔人或者代行权利人的过错造成或者促成的，应当根据造成或者促成此种损失的过错的程度，相应免除或者减轻承运人的责任。

**第一百二十八条** 国内航空运输承运人的赔偿责任限额由国务院民用航空主管部门制定，报国务院批准后公布执行。

旅客或者托运人在交运托运行李或者货物时，特别声明在目的地点交付时的利益，并在必要时支付附加费的，除承运人证明旅客或者托运人声明的金额高于托运行李或者货物在目的地点交付时的实际利益外，承运人应当在声明金额范围内承担责任；本法第一百二十九条的其他规定，除赔偿责任限额外，适用于国内航空运输。

**第一百二十九条** 国际航空运输承运人的赔偿责任限额按照下列规定执行：

（一）对每名旅客的赔偿责任限额为 16600 计算单位；但是，旅客可以同承运人书面约定高于本项规定的赔偿责任限额。

（二）对托运行李或者货物的赔偿责任限额，每公斤为 17 计算单位。旅客或者托运人在交运托运行李或者货物时，特别声明在目的地点交付时的利益，并在必要时支付附加费的，除承运人证明旅客或者托运人声明的金额高于托运行李或者货物在目的地点交付时的实际利益外，承运人应当在声明金额范围内承担责任。

托运行李或者货物的一部分或者托运行李、货物中的任何物件毁灭、遗失、损坏或者延误的，用以确定承运人赔偿责任限额的重量，仅为该一包件或者数包件的总重量；但是，因托运行李或者货物的一部分或者托运行李、货物中的任何物件的毁灭、遗失、损坏或者延误，影响同一份行李票或者同一份航空货运单所列其他包件的价值的，确定承运人的赔偿责任限额时，此种包件的总重量也应当考虑在内。

（三）对每名旅客随身携带的物品的赔偿责任限额为 332 计算单位。

**第一百三十条** 任何旨在免除本法规定的承运人责任或者降低本法规定的赔偿责任限额的条款，均属无效；但是，此种条款的无效，不影响整个航空运输合同的效力。

**第一百三十一条** 有关航空运输中发生的损失的诉讼，不论其根据如何，只能依照本法规定的条件和赔偿责任限额提出，但是不妨碍谁有权提起诉讼以及他们各自的权利。

**第一百三十二条**　经证明，航空运输中的损失是由于承运人或者其受雇人、代理人的故意或者明知可能造成损失而轻率地作为或者不作为造成的，承运人无权援用本法第一百二十八条、第一百二十九条有关赔偿责任限制的规定；证明承运人的受雇人、代理人有此种作为或者不作为的，还应当证明该受雇人、代理人是在受雇、代理范围内行事。

**第一百三十三条**　就航空运输中的损失向承运人的受雇人、代理人提起诉讼时，该受雇人、代理人证明他是在受雇、代理范围内行事的，有权援用本法第一百二十八条、第一百二十九条有关赔偿责任限制的规定。

在前款规定情形下，承运人及其受雇人、代理人的赔偿总额不得超过法定的赔偿责任限额。

经证明，航空运输中的损失是由于承运人的受雇人、代理人的故意或者明知可能造成损失而轻率地作为或者不作为造成的，不适用本条第一款和第二款的规定。

**第一百三十四条**　旅客或者收货人收受托运行李或者货物而未提出异议，为托运行李或者货物已经完好交付并与运输凭证相符的初步证据。

托运行李或者货物发生损失的，旅客或者收货人应当在发现损失后向承运人提出异议。托运行李发生损失的，至迟应当自收到托运行李之日起七日内提出；货物发生损失的，至迟应当自收到货物之日起十四日内提出。托运行李或者货物发生延误的，至迟应当自托运行李或者货物交付旅客或者收货人处置之日起二十一日内提出。

任何异议均应当在前款规定的期间内写在运输凭证上或者另以书面提出。

除承运人有欺诈行为外，旅客或者收货人未在本条第二款规定的期间内提出异议的，不能向承运人提出索赔诉讼。

**第一百三十五条**　航空运输的诉讼时效期间为二年，自民用航空器到达目的地点、应当到达目的地点或者运输终止之日起计算。

**第一百三十六条**　由几个航空承运人办理的连续运输，接受旅客、行李或者货物的每一个承运人应当受本法规定的约束，并就其根据合同办理的运输区段作为运输合同的订约一方。

对前款规定的连续运输，除合同明文约定第一承运人应当对全程运输承担责任外，旅客或者其继承人只能对发生事故或者延误的运输区段的承运人提起诉讼。

托运行李或者货物的毁灭、遗失、损坏或者延误，旅客或者托运人有权对第一承运人提起诉讼，旅客或者收货人有权对最后承运人提起诉讼，旅客、托运人和收货人均可以对发生毁灭、遗失、损坏或者延误的运输区段的承运人提起诉讼。上述承运人应当对旅客、托运人或者收货人承担连带责任。

### 第四节　实际承运人履行航空运输的特别规定

**第一百三十七条**　本节所称缔约承运人，是指以本人名义与旅客或者托运人，或者与旅客或者托运人的代理人，订立本章调整的航空运输合同的人。

本节所称实际承运人，是指根据缔约承运人的授权，履行前款全部或者部分运输的人，不是指本章规定的连续承运人；在没有相反证明时，此种授权被认为是存在的。

**第一百三十八条**　除本节另有规定外，缔约承运人和实际承运人都应当受本章规定的约束。缔约承运人应当对合同约定的全部运输负责。实际承运人应当对其履行的运输负责。

**第一百三十九条**　实际承运人的作为和不作为，实际承运人的受雇人、代理人在受雇、代理范围内的作为和不作为，关系到实际承运人履行的运输的，应当视为缔约承运人的作为和不作为。

缔约承运人的作为和不作为，缔约承运人的受雇人、代理人在受雇、代理范围内的作为和不作为，关系到实际承运人履行的运输的，应当视为实际承运人的作为和不作为；但是，实际承运人承担的责任不因此种作为或者不作为而超过法定的赔偿责任限额。

任何有关缔约承运人承担本章未规定的义务或者放弃本章赋予的权利的特别协议，或者任何有关依照本法第一百二十八条、第一百二十九条规定所作的在目的地点交付时利益的特别声明，除经实际承运人同意外，均不得影响实际承运人。

**第一百四十条**　依照本章规定提出的索赔或者发出的指示，无论是向缔约承运人还是向实际承运人提出或者发出的，具有同等效力；但是，本法第一百一十九条规定的指示，只在向缔约承运人发出时，方有效。

**第一百四十一条**　实际承运人的受雇人、代理人或者缔约承运人的受雇人、代理人，证明他是在受雇、代理范围内行事的，就实际承运人履行的运输而言，有权援用本法第一百二十八条、第一百二十九条有关赔偿责任限制的规定，但是依照本法规定不得援用赔偿责任限制规定的除外。

**第一百四十二条**　对于实际承运人履行的运

输,实际承运人、缔约承运人以及他们的在受雇、代理范围内行事的受雇人、代理人的赔偿总额不得超过依照本法得以从缔约承运人或者实际承运人获得赔偿的最高数额;但是,其中任何人都不承担超过对他适用的赔偿责任限额。

**第一百四十三条** 对实际承运人履行的运输提起的诉讼,可以分别对实际承运人或者缔约承运人提起,也可以同时对实际承运人和缔约承运人提起;被提起诉讼的承运人有权要求另一承运人参加应诉。

**第一百四十四条** 除本法第一百四十三条规定外,本节规定不影响实际承运人和缔约承运人之间的权利、义务。

## 第十章 通用航空

**第一百四十五条** 通用航空,是指使用民用航空器从事公共航空运输以外的民用航空活动,包括从事工业、农业、林业、渔业和建筑业的作业飞行以及医疗卫生、抢险救灾、气象探测、海洋监测、科学实验、教育训练、文化体育等方面的飞行活动。

**第一百四十六条** 从事通用航空活动,应当具备下列条件:

(一)有与所从事的通用航空活动相适应,符合保证飞行安全要求的民用航空器;

(二)有必需的依法取得执照的航空人员;

(三)符合法律、行政法规规定的其他条件。

从事经营性通用航空,限于企业法人。

**第一百四十七条** 从事非经营性通用航空的,应当向国务院民用航空主管部门备案。

从事经营性通用航空的,应当向国务院民用航空主管部门申请领取通用航空经营许可证。

**第一百四十八条** 通用航空企业从事经营性通用航空活动,应当与用户订立书面合同,但是紧急情况下的救护或者救灾飞行除外。

**第一百四十九条** 组织实施作业飞行时,应当采取有效措施,保证飞行安全,保护环境和生态平衡,防止对环境、居民、作物或者牲畜等造成损害。

**第一百五十条** 从事通用航空活动的,应当投保地面第三人责任险。

## 第十一章 搜寻援救和事故调查

**第一百五十一条** 民用航空器遇到紧急情况时,应当发送信号,并向空中交通管制单位报告,提出援救请求;空中交通管制单位应当立即通知搜寻援救协调中心。民用航空器在海上遇到紧急情况时,还应当向船舶和国家海上搜寻援救组织发送信号。

**第一百五十二条** 发现民用航空器遇到紧急情况或者收听到民用航空器遇到紧急情况的信号的单位或者个人,应当立即通知有关的搜寻援救协调中心、海上搜寻援救组织或者当地人民政府。

**第一百五十三条** 收到通知的搜寻援救协调中心、地方人民政府和海上搜寻援救组织,应当立即组织搜寻援救。

收到通知的搜寻援救协调中心,应当设法将已经采取的搜寻援救措施通知遇到紧急情况的民用航空器。

搜寻援救民用航空器的具体办法,由国务院规定。

**第一百五十四条** 执行搜寻援救任务的单位或者个人,应当尽力抢救民用航空器所载人员,按照规定对民用航空器采取抢救措施并保护现场,保存证据。

**第一百五十五条** 民用航空器事故的当事人以及有关人员在接受调查时,应当如实提供现场情况和与事故有关的情节。

**第一百五十六条** 民用航空器事故调查的组织和程序,由国务院规定。

## 第十二章 对地面第三人损害的赔偿责任

**第一百五十七条** 因飞行中的民用航空器或者从飞行中的民用航空器上落下的人或者物,造成地面(包括水面,下同)上的人身伤亡或者财产损害的,受害人有权获得赔偿;但是,所受损害并非造成损害的事故的直接后果,或者所受损害仅是民用航空器依照国家有关的空中交通规则在空中通过造成的,受害人无权要求赔偿。

前款所称飞行中,是指自民用航空器为实际起飞而使用动力时起至着陆冲程终了时止;就轻于空气的民用航空器而言,飞行中是指自其离开地面时起至其重新着地时止。

**第一百五十八条** 本法第一百五十七条规定的赔偿责任,由民用航空器的经营人承担。

前款所称经营人,是指损害发生时使用民用航空器的人。民用航空器的使用权已经直接或者间接地授予他人,本人保留对该民用航空器的航行控制权的，本人仍被视为经营人。

经营人的受雇人、代理人在受雇、代理过程中使用民用航空器，无论是否在其受雇、代理范围内行事，均视为经营人使用民用航空器。

民用航空器登记的所有人应当被视为经营人，并承担经营人的责任；除非在判定其责任的诉讼中，所有人证明经营人是他人，并在法律程序许可的范围内采取适当措施使该人成为诉讼当事人之一。

**第一百五十九条**　未经对民用航空器有航行控制权的人同意而使用民用航空器，对地面第三人造成损害的，有航行控制权的人除证明本人已经适当注意防止此种使用外，应当与该非法使用人承担连带责任。

**第一百六十条**　损害是武装冲突或者骚乱的直接后果，依照本章规定应当承担责任的人不承担责任。

依照本章规定应当承担责任的人对民用航空器的使用权业经国家机关依法剥夺的，不承担责任。

**第一百六十一条**　依照本章规定应当承担责任的人证明损害是完全由于受害人或者其受雇人、代理人的过错造成的，免除其赔偿责任；应当承担责任的人证明损害是部分由于受害人或者其受雇人、代理人的过错造成的，相应减轻其赔偿责任。但是，损害是由于受害人的受雇人、代理人的过错造成时，受害人证明其受雇人、代理人的行为超出其所授权的范围的，不免除或者不减轻应当承担责任的人的赔偿责任。

一人对另一人的死亡或者伤害提起诉讼，请求赔偿时，损害是该另一人或者其受雇人、代理人的过错造成的，适用前款规定。

**第一百六十二条**　两个以上的民用航空器在飞行中相撞或者相扰，造成本法第一百五十七条规定的应当赔偿的损害，或者两个以上的民用航空器共同造成此种损害的，各有关民用航空器均应当被认为已经造成此种损害，各有关民用航空器的经营人均应当承担责任。

**第一百六十三条**　本法第一百五十八条第四款和第一百五十九条规定的人，享有依照本章规定经营人所能援用的抗辩权。

**第一百六十四条**　除本章有明确规定外，经营人、所有人和本法第一百五十九条规定的应当承担责任的人，以及他们的受雇人、代理人，对于飞行中的民用航空器或者从飞行中的民用航空器上落下的人或者物造成的地面上的损害不承担责任，但是故意造成此种损害的人除外。

**第一百六十五条**　本章不妨碍依照本章规定应当对损害承担责任的人向他人追偿的权利。

**第一百六十六条**　民用航空器的经营人应当投保地面第三人责任险或者取得相应的责任担保。

**第一百六十七条**　保险人和担保人除享有与经营人相同的抗辩权，以及对伪造证件进行抗辩的权利外，对依照本章规定提出的赔偿请求只能进行下列抗辩：

（一）损害发生在保险或者担保终止有效后；然而保险或者担保在飞行中期满的，该项保险或者担保在飞行计划中所载下一次降落前继续有效，但是不得超过二十四小时；

（二）损害发生在保险或者担保所指定的地区范围外，除非飞行超出该范围是由于不可抗力、援助他人所必需，或者驾驶、航行或者领航上的差错造成的。

前款关于保险或者担保继续有效的规定，只在对受害人有利时适用。

**第一百六十八条**　仅在下列情形下，受害人可以直接对保险人或者担保人提起诉讼，但是不妨碍受害人根据有关保险合同或者担保合同的法律规定提起直接诉讼的权利：

（一）根据本法第一百六十七条第（一）项、第（二）项规定，保险或者担保继续有效的；

（二）经营人破产的。

除本法第一百六十七条第一款规定的抗辩权，保险人或者担保人对受害人依照本章规定提起的直接诉讼不得以保险或者担保的无效或者追溯力终止为由进行抗辩。

**第一百六十九条**　依照本法第一百六十六条规定提供的保险或者担保，应当被专门指定优先支付本章规定的赔偿。

**第一百七十条**　保险人应当支付给经营人的款项，在本章规定的第三人的赔偿请求未满足前，不受经营人的债权人的扣留和处理。

**第一百七十一条**　地面第三人损害赔偿的诉讼时效期间为二年，自损害发生之日起计算；但是，在任何情况下，时效期间不得超过自损害发生之日起三年。

**第一百七十二条**　本章规定不适用于下列损害：

（一）对飞行中的民用航空器或者对该航空器上的人或者物造成的损害；

（二）为受害人同经营人或者同发生损害时对

民用航空器有使用权的人订立的合同所约束，或者为适用两方之间的劳动合同的法律有关职工赔偿的规定所约束的损害；

（三）核损害。

## 第十三章 对外国民用航空器的特别规定

**第一百七十三条** 外国人经营的外国民用航空器，在中华人民共和国境内从事民用航空活动，适用本章规定；本章没有规定的，适用本法其他有关规定。

**第一百七十四条** 外国民用航空器根据其国籍登记国政府与中华人民共和国政府签订的协定、协议的规定，或者经中华人民共和国国务院民用航空主管部门批准或者接受，方可飞入、飞出中华人民共和国领空和在中华人民共和国境内飞行、降落。

对不符合前款规定，擅自飞入、飞出中华人民共和国领空的外国民用航空器，中华人民共和国有关机关有权采取必要措施，令其在指定的机场降落；对虽然符合前款规定，但是有合理的根据认为需要对其进行检查的，有关机关有权令其在指定的机场降落。

**第一百七十五条** 外国民用航空器飞入中华人民共和国领空，其经营人应当提供有关证明书，证明其已经投保地面第三人责任险或者已经取得相应的责任担保；其经营人未提供有关证明书的，中华人民共和国国务院民用航空主管部门有权拒绝其飞入中华人民共和国领空。

**第一百七十六条** 外国民用航空器的经营人经其本国政府指定，并取得中华人民共和国国务院民用航空主管部门颁发的经营许可证，方可经营中华人民共和国政府与该外国政府签订的协定、协议规定的国际航班运输；外国民用航空器的经营人经其本国政府批准，并获得中华人民共和国国务院民用航空主管部门批准，方可经营中华人民共和国境内一地和境外一地之间的不定期航空运输。

前款规定的外国民用航空器经营人，应当依照中华人民共和国法律、行政法规的规定，制定相应的安全保卫方案，报中华人民共和国国务院民用航空主管部门备案。

**第一百七十七条** 外国民用航空器的经营人，不得经营中华人民共和国境内两点之间的航空运输。

**第一百七十八条** 外国民用航空器，应当按照中华人民共和国国务院民用航空主管部门批准的班期时刻或者飞行计划飞行；变更班期时刻或者飞行计划的，其经营人应当获得中华人民共和国国务院民用航空主管部门的批准；因故变更或者取消飞行的，其经营人应当及时报告中华人民共和国国务院民用航空主管部门。

**第一百七十九条** 外国民用航空器应当在中华人民共和国国务院民用航空主管部门指定的设关机场起飞或者降落。

**第一百八十条** 中华人民共和国国务院民用航空主管部门和其他主管机关，有权在外国民用航空器降落或者飞出时查验本法第九十条规定的文件。

外国民用航空器及其所载人员、行李、货物，应当接受中华人民共和国有关主管机关依法实施的入境出境、海关、检疫等检查。

实施前两款规定的查验、检查，应当避免不必要的延误。

**第一百八十一条** 外国民用航空器国籍登记国发给或者核准的民用航空器适航证书、机组人员合格证书和执照，中华人民共和国政府承认其有效；但是，发给或者核准此项证书或者执照的要求，应当等于或者高于国际民用航空组织制定的最低标准。

**第一百八十二条** 外国民用航空器在中华人民共和国搜寻援救区内遇险，其所有人或者国籍登记国参加搜寻援救工作，应当经中华人民共和国国务院民用航空主管部门批准或者按照两国政府协议进行。

**第一百八十三条** 外国民用航空器在中华人民共和国境内发生事故，其国籍登记国和其他有关国家可以指派观察员参加事故调查。事故调查报告和调查结果，由中华人民共和国国务院民用航空主管部门告知该外国民用航空器的国籍登记国和其他有关国家。

## 第十四章 涉外关系的法律适用

**第一百八十四条** 中华人民共和国缔结或者参加的国际条约同本法有不同规定的，适用国际条约的规定；但是，中华人民共和国声明保留的条款除外。

中华人民共和国法律和中华人民共和国缔结或者参加的国际条约没有规定的，可以适用国际惯例。

**第一百八十五条**　民用航空器所有权的取得、转让和消灭,适用民用航空器国籍登记国法律。

**第一百八十六条**　民用航空器抵押权适用民用航空器国籍登记国法律。

**第一百八十七条**　民用航空器优先权适用受理案件的法院所在地法律。

**第一百八十八条**　民用航空运输合同当事人可以选择合同适用的法律,但是法律另有规定的除外;合同当事人没有选择的,适用与合同有最密切联系的国家的法律。

**第一百八十九条**　民用航空器对地面第三人的损害赔偿,适用侵权行为地法律。

民用航空器在公海上空对水面第三人的损害赔偿,适用受理案件的法院所在地法律。

**第一百九十条**　依照本章规定适用外国法律或者国际惯例,不得违背中华人民共和国的社会公共利益。

## 第十五章　法律责任

**第一百九十一条**　以暴力、胁迫或者其他方法劫持航空器的,依照刑法有关规定追究刑事责任。

**第一百九十二条**　对飞行中的民用航空器上的人员使用暴力,危及飞行安全的,依照刑法有关规定追究刑事责任。

**第一百九十三条**　违反本法规定,隐匿携带炸药、雷管或者其他危险品乘坐民用航空器,或者以非危险品品名托运危险品的,依照刑法有关规定追究刑事责任。

企业事业单位犯前款罪的,判处罚金,并对直接负责的主管人员和其他直接责任人员依照前款规定追究刑事责任。

隐匿携带枪支子弹、管制刀具乘坐民用航空器的,依照刑法有关规定追究刑事责任。

**第一百九十四条**　公共航空运输企业违反本法第一百零一条的规定运输危险品的,由国务院民用航空主管部门没收违法所得,可以并处违法所得一倍以下的罚款。

公共航空运输企业有前款行为,导致发生重大事故的,没收违法所得,判处罚金;并对直接负责的主管人员和其他直接责任人员依照刑法有关规定追究刑事责任。

**第一百九十五条**　故意在使用中的民用航空器上放置危险品或者唆使他人放置危险品,足以毁坏该民用航空器,危及飞行安全的,依照刑法有关规定追究刑事责任。

**第一百九十六条**　故意传递虚假情报,扰乱正常飞行秩序,使公私财产遭受重大损失的,依照刑法有关规定追究刑事责任。

**第一百九十七条**　盗窃或者故意损毁、移动使用中的航行设施,危及飞行安全,足以使民用航空器发生坠落、毁坏危险的,依照刑法有关规定追究刑事责任。

**第一百九十八条**　聚众扰乱民用机场秩序的,依照刑法有关规定追究刑事责任。

**第一百九十九条**　航空人员玩忽职守,或者违反规章制度,导致发生重大飞行事故,造成严重后果的,依照刑法有关规定追究刑事责任。

**第二百条**　违反本法规定,尚不够刑事处罚,应当给予治安管理处罚的,依照治安管理处罚法的规定处罚。

**第二百零一条**　违反本法第三十七条的规定,民用航空器无适航证书而飞行,或者租用的外国民用航空器未经国务院民用航空主管部门对其原国籍登记国发给的适航证书审查认可或者另发适航证书而飞行的,由国务院民用航空主管部门责令停止飞行,没收违法所得,可以并处违法所得一倍以上五倍以下的罚款;没有违法所得的,处以十万元以上一百万元以下的罚款。

适航证书失效或者超过适航证书规定范围飞行的,依照前款规定处罚。

**第二百零二条**　违反本法第三十四条、第三十六条第二款的规定,将未取得型号合格证书、型号认可证书的民用航空器及其发动机、螺旋桨或者民用航空器上的设备投入生产的,由国务院民用航空主管部门责令停止生产,没收违法所得,可以并处违法所得一倍以下的罚款;没有违法所得的,处以五万元以上五十万元以下的罚款。

**第二百零三条**　违反本法第三十五条的规定,未取得生产许可证书、维修许可证书而从事生产、维修活动的,违反本法第九十二条、第一百四十七条第二款的规定,未取得公共航空运输经营许可证或者通用航空经营许可证而从事公共航空运输或者从事经营性通用航空的,国务院民用航空主管部门可以责令停止生产、维修或者经营活动。

**第二百零四条**　已取得本法第三十五条规定的生产许可证书、维修许可证书的企业,因生产、维修的质量问题造成严重事故的,国务院民用航空主管部门可以吊销其生产许可证书或者维修许可证书。

**第二百零五条**　违反本法第四十条的规定，未取得航空人员执照、体格检查合格证书而从事相应的民用航空活动的，由国务院民用航空主管部门责令停止民用航空活动，在国务院民用航空主管部门规定的限期内不得申领有关执照和证书，对其所在单位处以二十万元以下的罚款。

**第二百零六条**　有下列违法情形之一的，由国务院民用航空主管部门对民用航空器的机长给予警告或者吊扣执照一个月至六个月的处罚，情节较重的，可以给予吊销执照的处罚：

（一）机长违反本法第四十五条第一款的规定，未对民用航空器实施检查而起飞的；

（二）民用航空器违反本法第七十五条的规定，未按照空中交通管制单位指定的航路和飞行高度飞行，或者违反本法第七十九条的规定飞越城市上空的。

**第二百零七条**　违反本法第七十四条的规定，民用航空器未经空中交通管制单位许可进行飞行活动的，由国务院民用航空主管部门责令停止飞行，对该民用航空器所有人或者承租人处以一万元以上十万元以下的罚款；对该民用航空器的机长给予警告或者吊扣执照一个月至六个月的处罚，情节较重的，可以给予吊销执照的处罚。

**第二百零八条**　民用航空器的机长或者机组其他人员有下列行为之一的，由国务院民用航空主管部门给予警告或者吊扣执照一个月至六个月的处罚；有第（二）项或者第（三）项所列行为的，可以给予吊销执照的处罚：

（一）在执行飞行任务时，不按照本法第四十一条的规定携带执照和体格检查合格证书的；

（二）民用航空器遇险时，违反本法第四十八条的规定离开民用航空器的；

（三）违反本法第七十七条第二款的规定执行飞行任务的。

**第二百零九条**　违反本法第八十条的规定，民用航空器在飞行中投掷物品的，由国务院民用航空主管部门给予警告，可以对直接责任人员处以二千元以上二万元以下的罚款。

**第二百一十条**　违反本法第六十二条的规定，未取得机场使用许可证开放使用民用机场的，由国务院民用航空主管部门责令停止开放使用；没收违法所得，可以并处违法所得一倍以下的罚款。

**第二百一十一条**　公共航空运输企业、通用航空企业违反本法规定，情节较重的，除依照本法规定处罚外，国务院民用航空主管部门可以吊销其经营许可证。

从事非经营性通用航空未向国务院民用航空主管部门备案的，由国务院民用航空主管部门责令改正；逾期未改正的，处三万元以下罚款。

**第二百一十二条**　国务院民用航空主管部门和地区民用航空管理机构的工作人员，玩忽职守、滥用职权、徇私舞弊，构成犯罪的，依法追究刑事责任；尚不构成犯罪的，依法给予行政处分。

## 第十六章　附　　则

**第二百一十三条**　本法所称计算单位，是指国际货币基金组织规定的特别提款权；其人民币数额为法院判决之日、仲裁机构裁决之日或者当事人协议之日，按照国家外汇主管机关规定的国际货币基金组织的特别提款权对人民币的换算办法计算得出的人民币数额。

**第二百一十四条**　国务院、中央军事委员会对无人驾驶航空器的管理另有规定的，从其规定。

**第二百一十五条**　本法自 1996 年 3 月 1 日起施行。

# 中华人民共和国海关法

（1987 年 1 月 22 日第六届全国人民代表大会常务委员会第十九次会议通过　根据 2000 年 7 月 8 日第九届全国人民代表大会常务委员会第十六次会议《关于修改〈中华人民共和国海关法〉的决定》第一次修正　根据 2013 年 6 月 29 日第十二届全国人民代表大会常务委员会第三次会议《关于修改〈中华人民共和国文物保护法〉等十二部法律的决定》第二次修正　根据 2013 年 12 月 28 日第十二届全国人民代表大会常务委员会第六次会议《关于修改〈中华人民共和国海洋环境保护法〉等七部法律的决定》第三次修正　根据 2016 年 11 月 7 日第十二届全国人民代表大会常务委员会第

二十四次会议《关于修改〈中华人民共和国对外贸易法〉等十二部法律的决定》第四次修正　根据2017年11月4日第十二届全国人民代表大会常务委员会第三十次会议《关于修改〈中华人民共和国会计法〉等十一部法律的决定》第五次修正　根据2021年4月29日第十三届全国人民代表大会常务委员会第二十八次会议《关于修改〈中华人民共和国道路交通安全法〉等八部法律的决定》第六次修正）

目　录



## 第一章　总　　则

**第一条**　为了维护国家的主权和利益，加强海关监督管理，促进对外经济贸易和科技文化交往，保障社会主义现代化建设，特制定本法。

**第二条**　中华人民共和国海关是国家的进出关境（以下简称进出境）监督管理机关。海关依照本法和其他有关法律、行政法规，监管进出境的运输工具、货物、行李物品、邮递物品和其他物品（以下简称进出境运输工具、货物、物品），征收关税和其他税、费，查缉走私，并编制海关统计和办理其他海关业务。

**第三条**　国务院设立海关总署，统一管理全国海关。

国家在对外开放的口岸和海关监管业务集中的地点设立海关。海关的隶属关系，不受行政区划的限制。

海关依法独立行使职权，向海关总署负责。

**第四条**　国家在海关总署设立专门侦查走私犯罪的公安机构，配备专职缉私警察，负责对其管辖的走私犯罪案件的侦查、拘留、执行逮捕、预审。

海关侦查走私犯罪公安机构履行侦查、拘留、执行逮捕、预审职责，应当按照《中华人民共和国刑事诉讼法》的规定办理。

海关侦查走私犯罪公安机构根据国家有关规定，可以设立分支机构。各分支机构办理其管辖的走私犯罪案件，应当依法向有管辖权的人民检察院移送起诉。

地方各级公安机关应当配合海关侦查走私犯罪公安机构依法履行职责。

**第五条**　国家实行联合缉私、统一处理、综合治理的缉私体制。海关负责组织、协调、管理查缉走私工作。有关规定由国务院另行制定。

各有关行政执法部门查获的走私案件，应当给予行政处罚的，移送海关依法处理；涉嫌犯罪的，应当移送海关侦查走私犯罪公安机构、地方公安机关依据案件管辖分工和法定程序办理。

**第六条**　海关可以行使下列权力：

（一）检查进出境运输工具，查验进出境货物、物品；对违反本法或者其他有关法律、行政法规的，可以扣留。

（二）查阅进出境人员的证件；查问违反本法或者其他有关法律、行政法规的嫌疑人，调查其违法行为。

（三）查阅、复制与进出境运输工具、货物、物品有关的合同、发票、帐册、单据、记录、文件、业务函电、录音录像制品和其他资料；对其中与违反本法或者其他有关法律、行政法规的进出境运输工具、货物、物品有牵连的，可以扣留。

（四）在海关监管区和海关附近沿海沿边规定地区，检查有走私嫌疑的运输工具和有藏匿走私货物、物品嫌疑的场所，检查走私嫌疑人的身体；对有走私嫌疑的运输工具、货物、物品和走私犯罪嫌疑人，经直属海关关长或者其授权的隶属海关关长批准，可以扣留；对走私犯罪嫌疑人，扣留时间不超过二十四小时，在特殊情况下可以延长至四十八小时。

在海关监管区和海关附近沿海沿边规定地区以外，海关在调查走私案件时，对有走私嫌疑的运输工具和除公民住处以外的有藏匿走私货物、物品嫌疑的场所，经直属海关关长或者其授权的隶属海关关长批准，可以进行检查，有关当事人应当到场；当事人未到场的，在有见证人在场的情况下，可以径行检查；对其中有证据证明有走私嫌疑的运输工具、货物、物品，可以扣留。

海关附近沿海沿边规定地区的范围，由海关总署和国务院公安部门会同有关省级人民政府确定。

（五）在调查走私案件时，经直属海关关长或者其授权的隶属海关关长批准，可以查询案件涉嫌单位和涉嫌人员在金融机构、邮政企业的存款、汇款。

（六）进出境运输工具或者个人违抗海关监管逃逸的，海关可以连续追至海关监管区和海关附近沿海沿边规定地区以外，将其带回处理。

（七）海关为履行职责，可以配备武器。海关工作人员佩带和使用武器的规则，由海关总署会同国务院公安部门制定，报国务院批准。

（八）法律、行政法规规定由海关行使的其他权力。

**第七条** 各地方、各部门应当支持海关依法行使职权，不得非法干预海关的执法活动。

**第八条** 进出境运输工具、货物、物品，必须通过设立海关的地点进境或者出境。在特殊情况下，需要经过未设立海关的地点临时进境或者出境的，必须经国务院或者国务院授权的机关批准，并依照本法规定办理海关手续。

**第九条** 进出口货物，除另有规定的外，可以由进出口货物收发货人自行办理报关纳税手续，也可以由进出口货物收发货人委托报关企业办理报关纳税手续。

进出境物品的所有人可以自行办理报关纳税手续，也可以委托他人办理报关纳税手续。

**第十条** 报关企业接受进出口货物收发货人的委托，以委托人的名义办理报关手续的，应当向海关提交由委托人签署的授权委托书，遵守本法对委托人的各项规定。

报关企业接受进出口货物收发货人的委托，以自己的名义办理报关手续的，应当承担与收发货人相同的法律责任。

委托人委托报关企业办理报关手续的，应当向报关企业提供所委托报关事项的真实情况；报关企业接受委托人的委托办理报关手续的，应当对委托人所提供情况的真实性进行合理审查。

**第十一条** 进出口货物收发货人、报关企业办理报关手续，应当依法向海关备案。

报关企业和报关人员不得非法代理他人报关。

**第十二条** 海关依法执行职务，有关单位和个人应当如实回答询问，并予以配合，任何单位和个人不得阻挠。

海关执行职务受到暴力抗拒时，执行有关任务的公安机关和人民武装警察部队应当予以协助。

**第十三条** 海关建立对违反本法规定逃避海关监管行为的举报制度。

任何单位和个人均有权对违反本法规定逃避海关监管的行为进行举报。

海关对举报或者协助查获违反本法案件的有功单位和个人，应当给予精神的或者物质的奖励。

海关应当为举报人保密。

## 第二章　进出境运输工具

**第十四条** 进出境运输工具到达或者驶离设立海关的地点时，运输工具负责人应当向海关如实申报，交验单证，并接受海关监管和检查。

停留在设立海关的地点的进出境运输工具，未经海关同意，不得擅自驶离。

进出境运输工具从一个设立海关的地点驶往另一个设立海关的地点的，应当符合海关监管要求，办理海关手续，未办结海关手续的，不得改驶境外。

**第十五条** 进境运输工具在进境以后向海关申报以前，出境运输工具在办结海关手续以后出境以前，应当按照交通主管机关规定的路线行进；交通主管机关没有规定的，由海关指定。

**第十六条** 进出境船舶、火车、航空器到达和驶离时间、停留地点、停留期间更换地点以及装卸货物、物品时间，运输工具负责人或者有关交通运输部门应当事先通知海关。

**第十七条** 运输工具装卸进出境货物、物品或者上下进出境旅客，应当接受海关监管。

货物、物品装卸完毕，运输工具负责人应当向海关递交反映实际装卸情况的交接单据和记录。

上下进出境运输工具的人员携带物品的，应当向海关如实申报，并接受海关检查。

**第十八条** 海关检查进出境运输工具时，运输工具负责人应当到场，并根据海关的要求开启舱室、房间、车门；有走私嫌疑的，并应当开拆可能藏匿走私货物、物品的部位，搬移货物、物料。

海关根据工作需要，可以派员随运输工具执行职务，运输工具负责人应当提供方便。

**第十九条** 进境的境外运输工具和出境的境内运输工具，未向海关办理手续并缴纳关税，不得转让或者移作他用。

**第二十条** 进出境船舶和航空器兼营境内客、货运输，应当符合海关监管要求。

进出境运输工具改营境内运输，需向海关办理手续。

**第二十一条**　沿海运输船舶、渔船和从事海上作业的特种船舶，未经海关同意，不得载运或者换取、买卖、转让进出境货物、物品。

**第二十二条**　进出境船舶和航空器，由于不可抗力的原因，被迫在未设立海关的地点停泊、降落或者抛掷、起卸货物、物品，运输工具负责人应当立即报告附近海关。

## 第三章　进出境货物

**第二十三条**　进口货物自进境起到办结海关手续止，出口货物自向海关申报起到出境止，过境、转运和通运货物自进境起到出境止，应当接受海关监管。

**第二十四条**　进口货物的收货人、出口货物的发货人应当向海关如实申报，交验进出口许可证件和有关单证。国家限制进出口的货物，没有进出口许可证件的，不予放行，具体处理办法由国务院规定。

进口货物的收货人应当自运输工具申报进境之日起十四日内，出口货物的发货人除海关特准的外应当在货物运抵海关监管区后、装货的二十四小时以前，向海关申报。

进口货物的收货人超过前款规定期限向海关申报的，由海关征收滞报金。

**第二十五条**　办理进出口货物的海关申报手续，应当采用纸质报关单和电子数据报关单的形式。

**第二十六条**　海关接受申报后，报关单证及其内容不得修改或者撤销，但符合海关规定情形的除外。

**第二十七条**　进口货物的收货人经海关同意，可以在申报前查看货物或者提取货样。需要依法检疫的货物，应当在检疫合格后提取货样。

**第二十八条**　进出口货物应当接受海关查验。海关查验货物时，进口货物的收货人、出口货物的发货人应当到场，并负责搬移货物，开拆和重封货物的包装。海关认为必要时，可以径行开验、复验或者提取货样。

海关在特殊情况下对进出口货物予以免验，具体办法由海关总署制定。

**第二十九条**　除海关特准的外，进出口货物在收发货人缴清税款或者提供担保后，由海关签印放行。

**第三十条**　进口货物的收货人自运输工具申报进境之日起超过三个月未向海关申报的，其进口货物由海关提取依法变卖处理，所得价款在扣除运输、装卸、储存等费用和税款后，尚有余款的，自货物依法变卖之日起一年内，经收货人申请，予以发还；其中属于国家对进口有限制性规定，应当提交许可证件而不能提供的，不予发还。逾期无人申请或者不予发还的，上缴国库。

确属误卸或者溢卸的进境货物，经海关审定，由原运输工具负责人或者货物的收发货人自该运输工具卸货之日起三个月内，办理退运或者进口手续；必要时，经海关批准，可以延期三个月。逾期未办手续的，由海关按前款规定处理。

前两款所列货物不宜长期保存的，海关可以根据实际情况提前处理。

收货人或者货物所有人声明放弃的进口货物，由海关提取依法变卖处理；所得价款在扣除运输、装卸、储存等费用后，上缴国库。

**第三十一条**　按照法律、行政法规、国务院或者海关总署规定暂时进口或者暂时出口的货物，应当在六个月内复运出境或者复运进境；需要延长复运出境或者复运进境期限的，应当根据海关总署的规定办理延期手续。

**第三十二条**　经营保税货物的储存、加工、装配、展示、运输、寄售业务和经营免税商店，应当符合海关监管要求，经海关批准，并办理注册手续。

保税货物的转让、转移以及进出保税场所，应当向海关办理有关手续，接受海关监管和查验。

**第三十三条**　企业从事加工贸易，应当按照海关总署的规定向海关备案。加工贸易制成品单位耗料量由海关按照有关规定核定。

加工贸易制成品应当在规定的期限内复出口。其中使用的进口料件，属于国家规定准予保税的，应当向海关办理核销手续；属于先征收税款的，依法向海关办理退税手续。

加工贸易保税进口料件或者制成品内销的，海关对保税的进口料件依法征税；属于国家对进口有限制性规定的，还应当向海关提交进口许可证件。

**第三十四条**　经国务院批准在中华人民共和国境内设立的保税区等海关特殊监管区域，由海关按照国家有关规定实施监管。

**第三十五条**　进口货物应当由收货人在货物的进境地海关办理海关手续，出口货物应当由发货人在货物的出境地海关办理海关手续。

经收发货人申请，海关同意，进口货物的收货人可以在设有海关的指运地、出口货物的发货人可以在设有海关的启运地办理海关手续。上述货物的转关运输，应当符合海关监管要求；必要时，海关可以派员押运。

经电缆、管道或者其他特殊方式输送进出境的货物，经营单位应当定期向指定的海关申报和办理海关手续。

**第三十六条** 过境、转运和通运货物，运输工具负责人应当向进境地海关如实申报，并应当在规定期限内运输出境。

海关认为必要时，可以查验过境、转运和通运货物。

**第三十七条** 海关监管货物，未经海关许可，不得开拆、提取、交付、发运、调换、改装、抵押、质押、留置、转让、更换标记、移作他用或者进行其他处置。

海关加施的封志，任何人不得擅自开启或者损毁。

人民法院判决、裁定或者有关行政执法部门决定处理海关监管货物的，应当责令当事人办结海关手续。

**第三十八条** 经营海关监管货物仓储业务的企业，应当经海关注册，并按照海关规定，办理收存、交付手续。

在海关监管区外存放海关监管货物，应当经海关同意，并接受海关监管。

违反前两款规定或者在保管海关监管货物期间造成海关监管货物损毁或者灭失的，除不可抗力外，对海关监管货物负有保管义务的人应当承担相应的纳税义务和法律责任。

**第三十九条** 进出境集装箱的监管办法、打捞进出境货物和沉船的监管办法、边境小额贸易进出口货物的监管办法，以及本法未具体列明的其他进出境货物的监管办法，由海关总署或者由海关总署会同国务院有关部门另行制定。

**第四十条** 国家对进出境货物、物品有禁止性或者限制性规定的，海关依据法律、行政法规、国务院的规定或者国务院有关部门依据法律、行政法规的授权作出的规定实施监管。具体监管办法由海关总署制定。

**第四十一条** 进出口货物的原产地按照国家有关原产地规则的规定确定。

**第四十二条** 进出口货物的商品归类按照国家有关商品归类的规定确定。

海关可以要求进出口货物的收发货人提供确定商品归类所需的有关资料；必要时，海关可以组织化验、检验，并将海关认定的化验、检验结果作为商品归类的依据。

**第四十三条** 海关可以根据对外贸易经营者提出的书面申请，对拟作进口或者出口的货物预先作出商品归类等行政裁定。

进口或者出口相同货物，应当适用相同的商品归类行政裁定。

海关对所作出的商品归类等行政裁定，应当予以公布。

**第四十四条** 海关依照法律、行政法规的规定，对与进出境货物有关的知识产权实施保护。

需要向海关申报知识产权状况的，进出口货物收发货人及其代理人应当按照国家规定向海关如实申报有关知识产权状况，并提交合法使用有关知识产权的证明文件。

**第四十五条** 自进出口货物放行之日起三年内或者在保税货物、减免税进口货物的海关监管期限内及其后的三年内，海关可以对与进出口货物直接有关的企业、单位的会计帐簿、会计凭证、报关单证以及其他有关资料和有关进出口货物实施稽查。具体办法由国务院规定。

## 第四章 进出境物品

**第四十六条** 个人携带进出境的行李物品、邮寄进出境的物品，应当以自用、合理数量为限，并接受海关监管。

**第四十七条** 进出境物品的所有人应当向海关如实申报，并接受海关查验。

海关加施的封志，任何人不得擅自开启或者损毁。

**第四十八条** 进出境邮袋的装卸、转运和过境，应当接受海关监管。邮政企业应当向海关递交邮件路单。

邮政企业应当将开拆及封发国际邮袋的时间事先通知海关，海关应当按时派员到场监管查验。

**第四十九条** 邮运进出境的物品，经海关查验放行后，有关经营单位方可投递或者交付。

**第五十条** 经海关登记准予暂时免税进境或者暂时免税出境的物品，应当由本人复带出境或者复带进境。

过境人员未经海关批准，不得将其所带物品留在境内。

**第五十一条**　进出境物品所有人声明放弃的物品、在海关规定期限内未办理海关手续或者无人认领的物品，以及无法投递又无法退回的进境邮递物品，由海关依照本法第三十条的规定处理。

**第五十二条**　享有外交特权和豁免的外国机构或者人员的公务用品或者自用物品进出境，依照有关法律、行政法规的规定办理。

## 第五章　关　税

**第五十三条**　准许进出口的货物、进出境物品，由海关依法征收关税。

**第五十四条**　进口货物的收货人、出口货物的发货人、进出境物品的所有人，是关税的纳税义务人。

**第五十五条**　进出口货物的完税价格，由海关以该货物的成交价格为基础审查确定。成交价格不能确定时，完税价格由海关依法估定。

进口货物的完税价格包括货物的货价、货物运抵中华人民共和国境内输入地点起卸前的运输及其相关费用、保险费；出口货物的完税价格包括货物的货价、货物运至中华人民共和国境内输出地点装载前的运输及其相关费用、保险费，但是其中包含的出口关税税额，应当予以扣除。

进出境物品的完税价格，由海关依法确定。

**第五十六条**　下列进出口货物、进出境物品，减征或者免征关税：

（一）无商业价值的广告品和货样；

（二）外国政府、国际组织无偿赠送的物资；

（三）在海关放行前遭受损坏或者损失的货物；

（四）规定数额以内的物品；

（五）法律规定减征、免征关税的其他货物、物品；

（六）中华人民共和国缔结或者参加的国际条约规定减征、免征关税的货物、物品。

**第五十七条**　特定地区、特定企业或者有特定用途的进出口货物，可以减征或者免征关税。特定减税或者免税的范围和办法由国务院规定。

依照前款规定减征或者免征关税进口的货物，只能用于特定地区、特定企业或者特定用途，未经海关核准并补缴关税，不得移作他用。

**第五十八条**　本法第五十六条、第五十七条第一款规定范围以外的临时减征或者免征关税，由国务院决定。

**第五十九条**　暂时进口或者暂时出口的货物，以及特准进口的保税货物，在货物收发货人向海关缴纳相当于税款的保证金或者提供担保后，准予暂时免纳关税。

**第六十条**　进出口货物的纳税义务人，应当自海关填发税款缴款书之日起十五日内缴纳税款；逾期缴纳的，由海关征收滞纳金。纳税义务人、担保人超过三个月仍未缴纳的，经直属海关关长或者其授权的隶属海关关长批准，海关可以采取下列强制措施：

（一）书面通知其开户银行或者其他金融机构从其存款中扣缴税款；

（二）将应税货物依法变卖，以变卖所得抵缴税款；

（三）扣留并依法变卖其价值相当于应纳税款的货物或者其他财产，以变卖所得抵缴税款。

海关采取强制措施时，对前款所列纳税义务人、担保人未缴纳的滞纳金同时强制执行。

进出境物品的纳税义务人，应当在物品放行前缴纳税款。

**第六十一条**　进出口货物的纳税义务人在规定的纳税期限内有明显的转移、藏匿其应税货物以及其他财产迹象的，海关可以责令纳税义务人提供担保；纳税义务人不能提供纳税担保的，经直属海关关长或者其授权的隶属海关关长批准，海关可以采取下列税收保全措施：

（一）书面通知纳税义务人开户银行或者其他金融机构暂停支付纳税义务人相当于应纳税款的存款；

（二）扣留纳税义务人价值相当于应纳税款的货物或者其他财产。

纳税义务人在规定的纳税期限内缴纳税款的，海关必须立即解除税收保全措施；期限届满仍未缴纳税款的，经直属海关关长或者其授权的隶属海关关长批准，海关可以书面通知纳税义务人开户银行或者其他金融机构从其暂停支付的存款中扣缴税款，或者依法变卖所扣留的货物或者其他财产，以变卖所得抵缴税款。

采取税收保全措施不当，或者纳税义务人在规定期限内已缴纳税款，海关未立即解除税收保全措施，致使纳税义务人的合法权益受到损失的，海关应当依法承担赔偿责任。

**第六十二条**　进出口货物、进出境物品放行后，海关发现少征或者漏征税款，应当自缴纳税款或者货物、物品放行之日起一年内，向纳税义务人补征。因纳税义务人违反规定而造成的少征或者漏征，海关在三年以内可以追征。

**第六十三条**　海关多征的税款，海关发现后应当立即退还；纳税义务人自缴纳税款之日起一年内，可以要求海关退还。

**第六十四条**　纳税义务人同海关发生纳税争议时，应当缴纳税款，并可以依法申请行政复议；对复议决定仍不服的，可以依法向人民法院提起诉讼。

**第六十五条**　进口环节海关代征税的征收管理，适用关税征收管理的规定。

## 第六章　海关事务担保

**第六十六条**　在确定货物的商品归类、估价和提供有效报关单证或者办结其他海关手续前，收发货人要求放行货物的，海关应当在其提供与其依法应当履行的法律义务相适应的担保后放行。法律、行政法规规定可以免除担保的除外。

法律、行政法规对履行海关义务的担保另有规定的，从其规定。

国家对进出境货物、物品有限制性规定，应当提供许可证件而不能提供的，以及法律、行政法规规定不得担保的其他情形，海关不得办理担保放行。

**第六十七条**　具有履行海关事务担保能力的法人、其他组织或者公民，可以成为担保人。法律规定不得为担保人的除外。

**第六十八条**　担保人可以以下列财产、权利提供担保：

(一)人民币、可自由兑换货币；

(二)汇票、本票、支票、债券、存单；

(三)银行或者非银行金融机构的保函；

(四)海关依法认可的其他财产、权利。

**第六十九条**　担保人应当在担保期限内承担担保责任。担保人履行担保责任的，不免除被担保人应当办理有关海关手续的义务。

**第七十条**　海关事务担保管理办法，由国务院规定。

## 第七章　执法监督

**第七十一条**　海关履行职责，必须遵守法律，维护国家利益，依照法定职权和法定程序严格执法，接受监督。

**第七十二条**　海关工作人员必须秉公执法，廉洁自律，忠于职守，文明服务，不得有下列行为：

(一)包庇、纵容走私或者与他人串通进行走私；

(二)非法限制他人人身自由，非法检查他人身体、住所或者场所，非法检查、扣留进出境运输工具、货物、物品；

(三)利用职权为自己或者他人谋取私利；

(四)索取、收受贿赂；

(五)泄露国家秘密、商业秘密和海关工作秘密；

(六)滥用职权，故意刁难，拖延监管、查验；

(七)购买、私分、占用没收的走私货物、物品；

(八)参与或者变相参与营利性经营活动；

(九)违反法定程序或者超越权限执行职务；

(十)其他违法行为。

**第七十三条**　海关应当根据依法履行职责的需要，加强队伍建设，使海关工作人员具有良好的政治、业务素质。

海关专业人员应当具有法律和相关专业知识，符合海关规定的专业岗位任职要求。

海关招收工作人员应当按照国家规定，公开考试，严格考核，择优录用。

海关应当有计划地对其工作人员进行政治思想、法制、海关业务培训和考核。海关工作人员必须定期接受培训和考核，经考核不合格的，不得继续上岗执行职务。

**第七十四条**　海关总署应当实行海关关长定期交流制度。

海关关长定期向上一级海关述职，如实陈述其执行职务情况。海关总署应当定期对直属海关关长进行考核，直属海关应当定期对隶属海关关长进行考核。

**第七十五条**　海关及其工作人员的行政执法活动，依法接受监察机关的监督；缉私警察进行侦查活动，依法接受人民检察院的监督。

**第七十六条**　审计机关依法对海关的财政收支进行审计监督，对海关办理的与国家财政收支有关的事项，有权进行专项审计调查。

**第七十七条**　上级海关应当对下级海关的执法活动依法进行监督。上级海关认为下级海关作出的处理或者决定不适当的，可以依法予以变更或者撤销。

**第七十八条**　海关应当依照本法和其他有关法律、行政法规的规定，建立健全内部监督制度，对其工作人员执行法律、行政法规和遵守纪律的情况，进行监督检查。

**第七十九条**　海关内部负责审单、查验、放行、稽查和调查等主要岗位的职责权限应当明确,并相互分离、相互制约。

**第八十条** 任何单位和个人均有权对海关及其工作人员的违法、违纪行为进行控告、检举。收到控告、检举的机关有权处理的,应当依法按照职责分工及时查处。收到控告、检举的机关和负责查处的机关应当为控告人、检举人保密。

**第八十一条** 海关工作人员在调查处理违法案件时,遇有下列情形之一的,应当回避:

(一)是本案的当事人或者是当事人的近亲属;

(二)本人或者其近亲属与本案有利害关系;

(三)与本案当事人有其他关系,可能影响案件公正处理的。

## 第八章 法律责任

**第八十二条** 违反本法及有关法律、行政法规,逃避海关监管,偷逃应纳税款、逃避国家有关进出境的禁止性或者限制性管理,有下列情形之一的,是走私行为:

(一)运输、携带、邮寄国家禁止或者限制进出境货物、物品或者依法应当缴纳税款的货物、物品进出境的;

(二)未经海关许可并且未缴纳应纳税款、交验有关许可证件,擅自将保税货物、特定减免税货物以及其他海关监管货物、物品、进境的境外运输工具,在境内销售的;

(三)有逃避海关监管,构成走私的其他行为的。

有前款所列行为之一,尚不构成犯罪的,由海关没收走私货物、物品及违法所得,可以并处罚款;专门或者多次用于掩护走私的货物、物品,专门或者多次用于走私的运输工具,予以没收,藏匿走私货物、物品的特制设备,责令拆毁或者没收。

有第一款所列行为之一,构成犯罪的,依法追究刑事责任。

**第八十三条** 有下列行为之一的,按走私行为论处,依照本法第八十二条的规定处罚:

(一)直接向走私人非法收购走私进口的货物、物品的;

(二)在内海、领海、界河、界湖,船舶及所载人员运输、收购、贩卖国家禁止或者限制进出境的货物、物品,或者运输、收购、贩卖依法应当缴纳税款的货物,没有合法证明的。

**第八十四条** 伪造、变造、买卖海关单证,与走私人通谋为走私人提供贷款、资金、帐号、发票、证明、海关单证,与走私人通谋为走私人提供运输、保管、邮寄或者其他方便,构成犯罪的,依法追究刑事责任;尚不构成犯罪的,由海关没收违法所得,并处罚款。

**第八十五条** 个人携带、邮寄超过合理数量的自用物品进出境,未依法向海关申报的,责令补缴关税,可以处以罚款。

**第八十六条** 违反本法规定有下列行为之一的,可以处以罚款,有违法所得的,没收违法所得:

(一)运输工具不经设立海关的地点进出境的;

(二)不将进出境运输工具到达的时间、停留的地点或者更换的地点通知海关的;

(三)进出口货物、物品或者过境、转运、通运货物向海关申报不实的;

(四)不按照规定接受海关对进出境运输工具、货物、物品进行检查、查验的;

(五)进出境运输工具未经海关同意,擅自装卸进出境货物、物品或者上下进出境旅客的;

(六)在设立海关的地点停留的进出境运输工具未经海关同意,擅自驶离的;

(七)进出境运输工具从一个设立海关的地点驶往另一个设立海关的地点,尚未办结海关手续又未经海关批准,中途擅自改驶境外或者境内未设立海关的地点的;

(八)进出境运输工具,不符合海关监管要求或者未向海关办理手续,擅自兼营或者改营境内运输的;

(九)由于不可抗力的原因,进出境船舶和航空器被迫在未设立海关的地点停泊、降落或者在境内抛掷、起卸货物、物品,无正当理由,不向附近海关报告的;

(十)未经海关许可,擅自将海关监管货物开拆、提取、交付、发运、调换、改装、抵押、质押、留置、转让、更换标记、移作他用或者进行其他处置的;

(十一)擅自开启或者损毁海关封志的;

(十二)经营海关监管货物的运输、储存、加工等业务,有关货物灭失或者有关记录不真实,不能提供正当理由的;

(十三)有违反海关监管规定的其他行为的。

**第八十七条** 海关准予从事有关业务的企业,违反本法有关规定的,由海关责令改正,可以给予警告,暂停其从事有关业务,直至撤销注册。

**第八十八条** 未向海关备案从事报关业务的,海关可以处以罚款。

**第八十九条** 报关企业非法代理他人报关的，由海关责令改正，处以罚款；情节严重的，禁止其从事报关活动。

报关人员非法代理他人报关的，由海关责令改正，处以罚款。

**第九十条** 进出口货物收发货人、报关企业向海关工作人员行贿的，由海关禁止其从事报关活动，并处以罚款；构成犯罪的，依法追究刑事责任。

报关人员向海关工作人员行贿的，处以罚款；构成犯罪的，依法追究刑事责任。

**第九十一条** 违反本法规定进出口侵犯中华人民共和国法律、行政法规保护的知识产权的货物的，由海关依法没收侵权货物，并处以罚款；构成犯罪的，依法追究刑事责任。

**第九十二条** 海关依法扣留的货物、物品、运输工具，在人民法院判决或者海关处罚决定作出之前，不得处理。但是，危险品或者鲜活、易腐、易失效等不宜长期保存的货物、物品以及所有人申请先行变卖的货物、物品、运输工具，经直属海关关长或者其授权的隶属海关关长批准，可以先行依法变卖，变卖所得价款由海关保存，并通知其所有人。

人民法院判决没收或者海关决定没收的走私货物、物品、违法所得、走私运输工具、特制设备，由海关依法统一处理，所得价款和海关决定处以的罚款，全部上缴中央国库。

**第九十三条** 当事人逾期不履行海关的处罚决定又不申请复议或者向人民法院提起诉讼的，作出处罚决定的海关可以将其保证金抵缴或者将其被扣留的货物、物品、运输工具依法变价抵缴，也可以申请人民法院强制执行。

**第九十四条** 海关在查验进出境货物、物品时，损坏被查验的货物、物品的，应当赔偿实际损失。

**第九十五条** 海关违法扣留货物、物品、运输工具，致使当事人的合法权益受到损失的，应当依法承担赔偿责任。

**第九十六条** 海关工作人员有本法第七十二条所列行为之一的，依法给予行政处分；有违法所得的，依法没收违法所得；构成犯罪的，依法追究刑事责任。

**第九十七条** 海关的财政收支违反法律、行政法规规定的，由审计机关以及有关部门依照法律、行政法规的规定作出处理；对直接负责的主管人员和其他直接责任人员，依法给予行政处分；构成犯罪的，依法追究刑事责任。

**第九十八条** 未按照本法规定为控告人、检举人、举报人保密的，对直接负责的主管人员和其他直接责任人员，由所在单位或者有关单位依法给予行政处分。

**第九十九条** 海关工作人员在调查处理违法案件时，未按照本法规定进行回避的，对直接负责的主管人员和其他直接责任人员，依法给予行政处分。

## 第九章 附 则

**第一百条** 本法下列用语的含义：

直属海关，是指直接由海关总署领导，负责管理一定区域范围内的海关业务的海关；隶属海关，是指由直属海关领导，负责办理具体海关业务的海关。

进出境运输工具，是指用以载运人员、货物、物品进出境的各种船舶、车辆、航空器和驮畜。

过境、转运和通运货物，是指由境外启运、通过中国境内继续运往境外的货物。其中，通过境内陆路运输的，称过境货物；在境内设立海关的地点换装运输工具，而不通过境内陆路运输的，称转运货物；由船舶、航空器载运进境并由原装运输工具载运出境的，称通运货物。

海关监管货物，是指本法第二十三条所列的进出口货物，过境、转运、通运货物，特定减免税货物，以及暂时进出口货物、保税货物和其他尚未办结海关手续的进出境货物。

保税货物，是指经海关批准未办理纳税手续进境，在境内储存、加工、装配后复运出境的货物。

海关监管区，是指设立海关的港口、车站、机场、国界孔道、国际邮件互换局（交换站）和其他有海关监管业务的场所，以及虽未设立海关，但是经国务院批准的进出境地点。

**第一百零一条** 经济特区等特定地区同境内其他地区之间往来的运输工具、货物、物品的监管办法，由国务院另行规定。

**第一百零二条** 本法自 1987 年 7 月 1 日起施行。1951 年 4 月 18 日中央人民政府公布的《中华人民共和国暂行海关法》同时废止。

# 中华人民共和国食品安全法

（2009 年 2 月 28 日第十一届全国人民代表大会常务委员会第七次会议通过　2015 年 4 月 24 日第十二届全国人民代表大会常务委员会第十四次会议修订　根据 2018 年 12 月 29 日第十三届全国人民代表大会常务委员会第七次会议《关于修改〈中华人民共和国产品质量法〉等五部法律的决定》第一次修正　根据 2021 年 4 月 29 日第十三届全国人民代表大会常务委员会第二十八次会议《关于修改〈中华人民共和国道路交通安全法〉等八部法律的决定》第二次修正）

## 目　　录



## 第一章　总　　则

**第一条**　为了保证食品安全，保障公众身体健康和生命安全，制定本法。

**第二条**　在中华人民共和国境内从事下列活动，应当遵守本法：

（一）食品生产和加工（以下称食品生产），食品销售和餐饮服务（以下称食品经营）；

（二）食品添加剂的生产经营；

（三）用于食品的包装材料、容器、洗涤剂、消毒剂和用于食品生产经营的工具、设备（以下称食品相关产品）的生产经营；

（四）食品生产经营者使用食品添加剂、食品相关产品；

（五）食品的贮存和运输；

（六）对食品、食品添加剂、食品相关产品的安全管理。

供食用的源于农业的初级产品（以下称食用农产品）的质量安全管理，遵守《中华人民共和国农产品质量安全法》的规定。但是，食用农产品的市场销售、有关质量安全标准的制定、有关安全信息的公布和本法对农业投入品作出规定的，应当遵守本法的规定。

**第三条**　食品安全工作实行预防为主、风险管理、全程控制、社会共治，建立科学、严格的监督管理制度。

**第四条**　食品生产经营者对其生产经营食品的安全负责。

食品生产经营者应当依照法律、法规和食品安全标准从事生产经营活动，保证食品安全，诚信自律，对社会和公众负责，接受社会监督，承担社会责任。

**第五条**　国务院设立食品安全委员会，其职责由国务院规定。

国务院食品安全监督管理部门依照本法和国务院规定的职责，对食品生产经营活动实施监督管理。

国务院卫生行政部门依照本法和国务院规定的职责，组织开展食品安全风险监测和风险评估，会同国务院食品安全监督管理部门制定并公布食品安全国家标准。

国务院其他有关部门依照本法和国务院规定的职责，承担有关食品安全工作。

**第六条**　县级以上地方人民政府对本行政区域的食品安全监督管理工作负责，统一领导、组织、协调本行政区域的食品安全监督管理工作以及食品安全突发事件应对工作，建立健全食品安全全程监督管理工作机制和信息共享机制。

县级以上地方人民政府依照本法和国务院的规定，确定本级食品安全监督管理、卫生行政部门和其他有关部门的职责。有关部门在各自职责范围内负责本行政区域的食品安全监督管理工作。

县级人民政府食品安全监督管理部门可以在乡镇或者特定区域设立派出机构。

**第七条**　县级以上地方人民政府实行食品安全监督管理责任制。上级人民政府负责对下一级人民政府的食品安全监督管理工作进行评议、考核。县级以上地方人民政府负责对本级食品安全监督管理部门和其他有关部门的食品安全监督管理工作进行评议、考核。

**第八条**　县级以上人民政府应当将食品安全工作纳入本级国民经济和社会发展规划，将食品安全工作经费列入本级政府财政预算，加强食品安全监督管理能力建设，为食品安全工作提供保障。

县级以上人民政府食品安全监督管理部门和其他有关部门应当加强沟通、密切配合，按照各自职责分工，依法行使职权，承担责任。

**第九条**　食品行业协会应当加强行业自律，按照章程建立健全行业规范和奖惩机制，提供食品安全信息、技术等服务，引导和督促食品生产经营者依法生产经营，推动行业诚信建设，宣传、普及食品安全知识。

消费者协会和其他消费者组织对违反本法规定，损害消费者合法权益的行为，依法进行社会监督。

**第十条**　各级人民政府应当加强食品安全的宣传教育，普及食品安全知识，鼓励社会组织、基层群众性自治组织、食品生产经营者开展食品安全法律、法规以及食品安全标准和知识的普及工作，倡导健康的饮食方式，增强消费者食品安全意识和自我保护能力。

新闻媒体应当开展食品安全法律、法规以及食品安全标准和知识的公益宣传，并对食品安全违法行为进行舆论监督。有关食品安全的宣传报道应当真实、公正。

**第十一条**　国家鼓励和支持开展与食品安全有关的基础研究、应用研究，鼓励和支持食品生产经营者为提高食品安全水平采用先进技术和先进管理规范。

国家对农药的使用实行严格的管理制度，加快淘汰剧毒、高毒、高残留农药，推动替代产品的研发和应用，鼓励使用高效低毒低残留农药。

**第十二条**　任何组织或者个人有权举报食品安全违法行为，依法向有关部门了解食品安全信息，对食品安全监督管理工作提出意见和建议。

**第十三条**　对在食品安全工作中做出突出贡献的单位和个人，按照国家有关规定给予表彰、奖励。

## 第二章　食品安全风险监测和评估

**第十四条**　国家建立食品安全风险监测制度，对食源性疾病、食品污染以及食品中的有害因素进行监测。

国务院卫生行政部门会同国务院食品安全监督管理等部门，制定、实施国家食品安全风险监测计划。

国务院食品安全监督管理部门和其他有关部门获知有关食品安全风险信息后，应当立即核实并向国务院卫生行政部门通报。对有关部门通报的食品安全风险信息以及医疗机构报告的食源性疾病等有关疾病信息，国务院卫生行政部门应当会同国务院有关部门分析研究，认为必要的，及时调整国家食品安全风险监测计划。

省、自治区、直辖市人民政府卫生行政部门会同同级食品安全监督管理等部门，根据国家食品安全风险监测计划，结合本行政区域的具体情况，制定、调整本行政区域的食品安全风险监测方案，报国务院卫生行政部门备案并实施。

**第十五条**　承担食品安全风险监测工作的技术机构应当根据食品安全风险监测计划和监测方案开展监测工作，保证监测数据真实、准确，并按照食品安全风险监测计划和监测方案的要求报送监测数据和分析结果。

食品安全风险监测工作人员有权进入相关食用农产品种植养殖、食品生产经营场所采集样品、收集相关数据。采集样品应当按照市场价格支付费用。

**第十六条**　食品安全风险监测结果表明可能存在食品安全隐患的，县级以上人民政府卫生行政部门应当及时将相关信息通报同级食品安全监督管理等部门，并报告本级人民政府和上级人民政府卫生行政部门。食品安全监督管理等部门应当组织开展进一步调查。

**第十七条**　国家建立食品安全风险评估制度，运用科学方法，根据食品安全风险监测信息、科学数据以及有关信息，对食品、食品添加剂、食品相关产品中生物性、化学性和物理性危害因素进行风险评估。

国务院卫生行政部门负责组织食品安全风险评估工作，成立由医学、农业、食品、营养、生物、环境等方面的专家组成的食品安全风险评估专家委员会进行食品安全风险评估。食品安全风险评估结果由国务院卫生行政部门公布。

对农药、肥料、兽药、饲料和饲料添加剂等的安全性评估，应当有食品安全风险评估专家委员会的专家参加。

食品安全风险评估不得向生产经营者收取费用，采集样品应当按照市场价格支付费用。

**第十八条**　有下列情形之一的，应当进行食品安全风险评估：

（一）通过食品安全风险监测或者接到举报发现食品、食品添加剂、食品相关产品可能存在安全隐患的；

（二）为制定或者修订食品安全国家标准提供科学依据需要进行风险评估的；

（三）为确定监督管理的重点领域、重点品种需要进行风险评估的；

（四）发现新的可能危害食品安全因素的；

（五）需要判断某一因素是否构成食品安全隐患的；

（六）国务院卫生行政部门认为需要进行风险评估的其他情形。

**第十九条**　国务院食品安全监督管理、农业行政等部门在监督管理工作中发现需要进行食品安全风险评估的，应当向国务院卫生行政部门提出食品安全风险评估的建议，并提供风险来源、相关检验数据和结论等信息、资料。属于本法第十八条规定情形的，国务院卫生行政部门应当及时进行食品安全风险评估，并向国务院有关部门通报评估结果。

**第二十条**　省级以上人民政府卫生行政、农业行政部门应当及时相互通报食品、食用农产品安全风险监测信息。

国务院卫生行政、农业行政部门应当及时相互通报食品、食用农产品安全风险评估结果等信息。

**第二十一条**　食品安全风险评估结果是制定、修订食品安全标准和实施食品安全监督管理的科学依据。

经食品安全风险评估，得出食品、食品添加剂、食品相关产品不安全结论的，国务院食品安全监督管理等部门应当依据各自职责立即向社会公告，告知消费者停止食用或者使用，并采取相应措施，确保该食品、食品添加剂、食品相关产品停止生产经营；需要制定、修订相关食品安全国家标准的，国务院卫生行政部门应当会同国务院食品安全监督管理部门立即制定、修订。

**第二十二条**　国务院食品安全监督管理部门应当会同国务院有关部门，根据食品安全风险评估结果、食品安全监督管理信息，对食品安全状况进行综合分析。对经综合分析表明可能具有较高程度安全风险的食品，国务院食品安全监督管理部门应当及时提出食品安全风险警示，并向社会公布。

**第二十三条**　县级以上人民政府食品安全监督管理部门和其他有关部门、食品安全风险评估专家委员会及其技术机构，应当按照科学、客观、及时、公开的原则，组织食品生产经营者、食品检验机构、认证机构、食品行业协会、消费者协会以及新闻媒体等，就食品安全风险评估信息和食品安全监督管理信息进行交流沟通。

## 第三章　食品安全标准

**第二十四条**　制定食品安全标准，应当以保障公众身体健康为宗旨，做到科学合理、安全可靠。

**第二十五条**　食品安全标准是强制执行的标准。除食品安全标准外，不得制定其他食品强制性标准。

**第二十六条**　食品安全标准应当包括下列内容：

（一）食品、食品添加剂、食品相关产品中的致病性微生物，农药残留、兽药残留、生物毒素、重金属等污染物质以及其他危害人体健康物质的限量规定；

（二）食品添加剂的品种、使用范围、用量；

（三）专供婴幼儿和其他特定人群的主辅食品的营养成分要求；

（四）对与卫生、营养等食品安全要求有关的标签、标志、说明书的要求；

（五）食品生产经营过程的卫生要求；

（六）与食品安全有关的质量要求；

（七）与食品安全有关的食品检验方法与规程；

（八）其他需要制定为食品安全标准的内容。

**第二十七条**　食品安全国家标准由国务院卫生行政部门会同国务院食品安全监督管理部门制定、公布，国务院标准化行政部门提供国家标准编号。

食品中农药残留、兽药残留的限量规定及其检验方法与规程由国务院卫生行政部门、国务院农业行政部门会同国务院食品安全监督管理部门制定。

屠宰畜、禽的检验规程由国务院农业行政部门会同国务院卫生行政部门制定。

**第二十八条**　制定食品安全国家标准，应当依据食品安全风险评估结果并充分考虑食用农产品安全风险评估结果，参照相关的国际标准和国际食品安全风险评估结果，并将食品安全国家标准草案向社会公布，广泛听取食品生产经营者、消费者、有关部门等方面的意见。

食品安全国家标准应当经国务院卫生行政部门组织的食品安全国家标准审评委员会审查通过。食品安全国家标准审评委员会由医学、农业、食品、营养、生物、环境等方面的专家以及国务院有关部门、食品行业协会、消费者协会的代表组成，对食品安全国家标准草案的科学性和实用性等进行审查。

**第二十九条**　对地方特色食品，没有食品安全国家标准的，省、自治区、直辖市人民政府卫生行政部门可以制定并公布食品安全地方标准，报国务院卫生行政部门备案。食品安全国家标准制定后，该地方标准即行废止。

**第三十条**　国家鼓励食品生产企业制定严于食品安全国家标准或者地方标准的企业标准，在本企业适用，并报省、自治区、直辖市人民政府卫生行政部门备案。

**第三十一条**　省级以上人民政府卫生行政部门应当在其网站上公布制定和备案的食品安全国家标准、地方标准和企业标准，供公众免费查阅、下载。

对食品安全标准执行过程中的问题，县级以上人民政府卫生行政部门应当会同有关部门及时给予指导、解答。

**第三十二条**　省级以上人民政府卫生行政部门应当会同同级食品安全监督管理、农业行政等部门，分别对食品安全国家标准和地方标准的执行情况进行跟踪评价，并根据评价结果及时修订食品安全标准。

省级以上人民政府食品安全监督管理、农业行政等部门应当对食品安全标准执行中存在的问题进行收集、汇总，并及时向同级卫生行政部门通报。

食品生产经营者、食品行业协会发现食品安全标准在执行中存在问题的，应当立即向卫生行政部门报告。

## 第四章　食品生产经营

### 第一节　一般规定

**第三十三条**　食品生产经营应当符合食品安全标准，并符合下列要求：

（一）具有与生产经营的食品品种、数量相适应的食品原料处理和食品加工、包装、贮存等场所，保持该场所环境整洁，并与有毒、有害场所以及其他污染源保持规定的距离；

（二）具有与生产经营的食品品种、数量相适应的生产经营设备或者设施，有相应的消毒、更衣、盥洗、采光、照明、通风、防腐、防尘、防蝇、防鼠、防虫、洗涤以及处理废水、存放垃圾和废弃物的设备或者设施；

（三）有专职或者兼职的食品安全专业技术人员、食品安全管理人员和保证食品安全的规章制度；

（四）具有合理的设备布局和工艺流程，防止待加工食品与直接入口食品、原料与成品交叉污染，避免食品接触有毒物、不洁物；

（五）餐具、饮具和盛放直接入口食品的容器，使用前应当洗净、消毒，炊具、用具用后应当洗净，保持清洁；

（六）贮存、运输和装卸食品的容器、工具和设备应当安全、无害，保持清洁，防止食品污染，并符合保证食品安全所需的温度、湿度等特殊要求，不得将食品与有毒、有害物品一同贮存、运输；

（七）直接入口的食品应当使用无毒、清洁的包装材料、餐具、饮具和容器；

（八）食品生产经营人员应当保持个人卫生，生产经营食品时，应当将手洗净，穿戴清洁的工作衣、帽等；销售无包装的直接入口食品时，应当使用无毒、清洁的容器、售货工具和设备；

（九）用水应当符合国家规定的生活饮用水卫生标准；

（十）使用的洗涤剂、消毒剂应当对人体安全、无害；

（十一）法律、法规规定的其他要求。

非食品生产经营者从事食品贮存、运输和装卸的，应当符合前款第六项的规定。

**第三十四条**　禁止生产经营下列食品、食品添加剂、食品相关产品：

（一）用非食品原料生产的食品或者添加食品添加剂以外的化学物质和其他可能危害人体健康物质的食品，或者用回收食品作为原料生产的食品；

（二）致病性微生物，农药残留、兽药残留、生物毒素、重金属等污染物质以及其他危害人体健康的物质含量超过食品安全标准限量的食品、食品添加剂、食品相关产品；

（三）用超过保质期的食品原料、食品添加剂生产的食品、食品添加剂；

（四）超范围、超限量使用食品添加剂的食品；

（五）营养成分不符合食品安全标准的专供婴幼儿和其他特定人群的主辅食品；

（六）腐败变质、油脂酸败、霉变生虫、污秽不洁、混有异物、掺假掺杂或者感官性状异常的食品、食品添加剂；

（七）病死、毒死或者死因不明的禽、畜、兽、水产动物肉类及其制品；

（八）未按规定进行检疫或者检疫不合格的肉类，或者未经检验或者检验不合格的肉类制品；

（九）被包装材料、容器、运输工具等污染的食品、食品添加剂；

（十）标注虚假生产日期、保质期或者超过保质期的食品、食品添加剂；

（十一）无标签的预包装食品、食品添加剂；

（十二）国家为防病等特殊需要明令禁止生产经营的食品；

（十三）其他不符合法律、法规或者食品安全标准的食品、食品添加剂、食品相关产品。

**第三十五条** 国家对食品生产经营实行许可制度。从事食品生产、食品销售、餐饮服务，应当依法取得许可。但是，销售食用农产品和仅销售预包装食品的，不需要取得许可。仅销售预包装食品的，应当报所在地县级以上地方人民政府食品安全监督管理部门备案。

县级以上地方人民政府食品安全监督管理部门应当依照《中华人民共和国行政许可法》的规定，审核申请人提交的本法第三十三条第一款第一项至第四项规定要求的相关资料，必要时对申请人的生产经营场所进行现场核查；对符合规定条件的，准予许可；对不符合规定条件的，不予许可并书面说明理由。

**第三十六条** 食品生产加工小作坊和食品摊贩等从事食品生产经营活动，应当符合本法规定的与其生产经营规模、条件相适应的食品安全要求，保证所生产经营的食品卫生、无毒、无害，食品安全监督管理部门应当对其加强监督管理。

县级以上地方人民政府应当对食品生产加工小作坊、食品摊贩等进行综合治理，加强服务和统一规划，改善其生产经营环境，鼓励和支持其改进生产经营条件，进入集中交易市场、店铺等固定场所经营，或者在指定的临时经营区域、时段经营。

食品生产加工小作坊和食品摊贩等的具体管理办法由省、自治区、直辖市制定。

**第三十七条** 利用新的食品原料生产食品，或者生产食品添加剂新品种、食品相关产品新品种，应当向国务院卫生行政部门提交相关产品的安全性评估材料。国务院卫生行政部门应当自收到申请之日起六十日内组织审查；对符合食品安全要求的，准予许可并公布；对不符合食品安全要求的，不予许可并书面说明理由。

**第三十八条** 生产经营的食品中不得添加药品，但是可以添加按照传统既是食品又是中药材的物质。按照传统既是食品又是中药材的物质目录由国务院卫生行政部门会同国务院食品安全监督管理部门制定、公布。

**第三十九条** 国家对食品添加剂生产实行许可制度。从事食品添加剂生产，应当具有与所生产食品添加剂品种相适应的场所、生产设备或者设施、专业技术人员和管理制度，并依照本法第三十五条第二款规定的程序，取得食品添加剂生产许可。

生产食品添加剂应当符合法律、法规和食品安全国家标准。

**第四十条** 食品添加剂应当在技术上确有必要且经过风险评估证明安全可靠，方可列入允许使用的范围；有关食品安全国家标准应当根据技术必要性和食品安全风险评估结果及时修订。

食品生产经营者应当按照食品安全国家标准使用食品添加剂。

**第四十一条** 生产食品相关产品应当符合法律、法规和食品安全国家标准。对直接接触食品的包装材料等具有较高风险的食品相关产品，按照国家有关工业产品生产许可证管理的规定实施生产许可。食品安全监督管理部门应当加强对食品相关产品生产活动的监督管理。

**第四十二条** 国家建立食品安全全程追溯制度。

食品生产经营者应当依照本法的规定，建立食品安全追溯体系，保证食品可追溯。国家鼓励食品生产经营者采用信息化手段采集、留存生产经营信息，建立食品安全追溯体系。

国务院食品安全监督管理部门会同国务院农业行政等有关部门建立食品安全全程追溯协作机制。

**第四十三条**　地方各级人民政府应当采取措施鼓励食品规模化生产和连锁经营、配送。

国家鼓励食品生产经营企业参加食品安全责任保险。

第二节　生产经营过程控制

**第四十四条**　食品生产经营企业应当建立健全食品安全管理制度，对职工进行食品安全知识培训，加强食品检验工作，依法从事生产经营活动。

食品生产经营企业的主要负责人应当落实企业食品安全管理制度，对本企业的食品安全工作全面负责。

食品生产经营企业应当配备食品安全管理人员，加强对其培训和考核。经考核不具备食品安全管理能力的，不得上岗。食品安全监督管理部门应当对企业食品安全管理人员随机进行监督抽查考核并公布考核情况。监督抽查考核不得收取费用。

**第四十五条**　食品生产经营者应当建立并执行从业人员健康管理制度。患有国务院卫生行政部门规定的有碍食品安全疾病的人员，不得从事接触直接入口食品的工作。

从事接触直接入口食品工作的食品生产经营人员应当每年进行健康检查，取得健康证明后方可上岗工作。

**第四十六条**　食品生产企业应当就下列事项制定并实施控制要求，保证所生产的食品符合食品安全标准：

（一）原料采购、原料验收、投料等原料控制；

（二）生产工序、设备、贮存、包装等生产关键环节控制；

（三）原料检验、半成品检验、成品出厂检验等检验控制；

（四）运输和交付控制。

**第四十七条**　食品生产经营者应当建立食品安全自查制度，定期对食品安全状况进行检查评价。生产经营条件发生变化，不再符合食品安全要求的，食品生产经营者应当立即采取整改措施；有发生食品安全事故潜在风险的，应当立即停止食品生产经营活动，并向所在地县级人民政府食品安全监督管理部门报告。

**第四十八条**　国家鼓励食品生产经营企业符合良好生产规范要求，实施危害分析与关键控制点体系，提高食品安全管理水平。

对通过良好生产规范、危害分析与关键控制点体系认证的食品生产经营企业，认证机构应当依法实施跟踪调查；对不再符合认证要求的企业，应当依法撤销认证，及时向县级以上人民政府食品安全监督管理部门通报，并向社会公布。认证机构实施跟踪调查不得收取费用。

**第四十九条**　食用农产品生产者应当按照食品安全标准和国家有关规定使用农药、肥料、兽药、饲料和饲料添加剂等农业投入品，严格执行农业投入品使用安全间隔期或者休药期的规定，不得使用国家明令禁止的农业投入品。禁止将剧毒、高毒农药用于蔬菜、瓜果、茶叶和中草药材等国家规定的农作物。

食用农产品的生产企业和农民专业合作经济组织应当建立农业投入品使用记录制度。

县级以上人民政府农业行政部门应当加强对农业投入品使用的监督管理和指导，建立健全农业投入品安全使用制度。

**第五十条**　食品生产者采购食品原料、食品添加剂、食品相关产品，应当查验供货者的许可证和产品合格证明；对无法提供合格证明的食品原料，应当按照食品安全标准进行检验；不得采购或者使用不符合食品安全标准的食品原料、食品添加剂、食品相关产品。

食品生产企业应当建立食品原料、食品添加剂、食品相关产品进货查验记录制度，如实记录食品原料、食品添加剂、食品相关产品的名称、规格、数量、生产日期或者生产批号、保质期、进货日期以及供货者名称、地址、联系方式等内容，并保存相关凭证。记录和凭证保存期限不得少于产品保质期满后六个月；没有明确保质期的，保存期限不得少于二年。

**第五十一条**　食品生产企业应当建立食品出厂检验记录制度，查验出厂食品的检验合格证和安全状况，如实记录食品的名称、规格、数量、生产日期或者生产批号、保质期、检验合格证号、销售日期以及购货者名称、地址、联系方式等内容，并保存相关凭证。记录和凭证保存期限应当符合本法第五十条第二款的规定。

**第五十二条**　食品、食品添加剂、食品相关产品的生产者，应当按照食品安全标准对所生产的食品、食品添加剂、食品相关产品进行检验，检验合格后方可出厂或者销售。

**第五十三条**　食品经营者采购食品，应当查验供货者的许可证和食品出厂检验合格证或者其他合格证明（以下称合格证明文件）。

食品经营企业应当建立食品进货查验记录制

度，如实记录食品的名称、规格、数量、生产日期或者生产批号、保质期、进货日期以及供货者名称、地址、联系方式等内容，并保存相关凭证。记录和凭证保存期限应当符合本法第五十条第二款的规定。

实行统一配送经营方式的食品经营企业，可以由企业总部统一查验供货者的许可证和食品合格证明文件，进行食品进货查验记录。

从事食品批发业务的经营企业应当建立食品销售记录制度，如实记录批发食品的名称、规格、数量、生产日期或者生产批号、保质期、销售日期以及购货者名称、地址、联系方式等内容，并保存相关凭证。记录和凭证保存期限应当符合本法第五十条第二款的规定。

**第五十四条** 食品经营者应当按照保证食品安全的要求贮存食品，定期检查库存食品，及时清理变质或者超过保质期的食品。

食品经营者贮存散装食品，应当在贮存位置标明食品的名称、生产日期或者生产批号、保质期、生产者名称及联系方式等内容。

**第五十五条** 餐饮服务提供者应当制定并实施原料控制要求，不得采购不符合食品安全标准的食品原料。倡导餐饮服务提供者公开加工过程，公示食品原料及其来源等信息。

餐饮服务提供者在加工过程中应当检查待加工的食品及原料，发现有本法第三十四条第六项规定情形的，不得加工或者使用。

**第五十六条** 餐饮服务提供者应当定期维护食品加工、贮存、陈列等设施、设备；定期清洗、校验保温设施及冷藏、冷冻设施。

餐饮服务提供者应当按照要求对餐具、饮具进行清洗消毒，不得使用未经清洗消毒的餐具、饮具；餐饮服务提供者委托清洗消毒餐具、饮具的，应当委托符合本法规定条件的餐具、饮具集中消毒服务单位。

**第五十七条** 学校、托幼机构、养老机构、建筑工地等集中用餐单位的食堂应当严格遵守法律、法规和食品安全标准；从供餐单位订餐的，应当从取得食品生产经营许可的企业订购，并按照要求对订购的食品进行查验。供餐单位应当严格遵守法律、法规和食品安全标准，当餐加工，确保食品安全。

学校、托幼机构、养老机构、建筑工地等集中用餐单位的主管部门应当加强对集中用餐单位的食品安全教育和日常管理，降低食品安全风险，及时消除食品安全隐患。

**第五十八条** 餐具、饮具集中消毒服务单位应当具备相应的作业场所、清洗消毒设备或者设施，用水和使用的洗涤剂、消毒剂应当符合相关食品安全国家标准和其他国家标准、卫生规范。

餐具、饮具集中消毒服务单位应当对消毒餐具、饮具进行逐批检验，检验合格后方可出厂，并应当随附消毒合格证明。消毒后的餐具、饮具应当在独立包装上标注单位名称、地址、联系方式、消毒日期以及使用期限等内容。

**第五十九条** 食品添加剂生产者应当建立食品添加剂出厂检验记录制度，查验出厂产品的检验合格证和安全状况，如实记录食品添加剂的名称、规格、数量、生产日期或者生产批号、保质期、检验合格证号、销售日期以及购货者名称、地址、联系方式等相关内容，并保存相关凭证。记录和凭证保存期限应当符合本法第五十条第二款的规定。

**第六十条** 食品添加剂经营者采购食品添加剂，应当依法查验供货者的许可证和产品合格证明文件，如实记录食品添加剂的名称、规格、数量、生产日期或者生产批号、保质期、进货日期以及供货者名称、地址、联系方式等内容，并保存相关凭证。记录和凭证保存期限应当符合本法第五十条第二款的规定。

**第六十一条** 集中交易市场的开办者、柜台出租者和展销会举办者，应当依法审查入场食品经营者的许可证，明确其食品安全管理责任，定期对其经营环境和条件进行检查，发现其有违反本法规定行为的，应当及时制止并立即报告所在地县级人民政府食品安全监督管理部门。

**第六十二条** 网络食品交易第三方平台提供者应当对入网食品经营者进行实名登记，明确其食品安全管理责任；依法应当取得许可证的，还应当审查其许可证。

网络食品交易第三方平台提供者发现入网食品经营者有违反本法规定行为的，应当及时制止并立即报告所在地县级人民政府食品安全监督管理部门；发现严重违法行为的，应当立即停止提供网络交易平台服务。

**第六十三条** 国家建立食品召回制度。食品生产者发现其生产的食品不符合食品安全标准或者有证据证明可能危害人体健康的，应当立即停止生产，召回已经上市销售的食品，通知相关生产经营者和消费者，并记录召回和通知情况。

食品经营者发现其经营的食品有前款规定情形的，应当立即停止经营，通知相关生产经营者和消费者，并记录停止经营和通知情况。食品生产者认为应当召回的，应当立即召回。由于食品经营者的原因造成其经营的食品有前款规定情形的，食品经营者应当召回。

食品生产经营者应当对召回的食品采取无害化处理、销毁等措施，防止其再次流入市场。但是，对因标签、标志或者说明书不符合食品安全标准而被召回的食品，食品生产者在采取补救措施且能保证食品安全的情况下可以继续销售；销售时应当向消费者明示补救措施。

食品生产经营者应当将食品召回和处理情况向所在地县级人民政府食品安全监督管理部门报告；需要对召回的食品进行无害化处理、销毁的，应当提前报告时间、地点。食品安全监督管理部门认为必要的，可以实施现场监督。

食品生产经营者未依照本条规定召回或者停止经营的，县级以上人民政府食品安全监督管理部门可以责令其召回或者停止经营。

**第六十四条** 食用农产品批发市场应当配备检验设备和检验人员或者委托符合本法规定的食品检验机构，对进入该批发市场销售的食用农产品进行抽样检验；发现不符合食品安全标准的，应当要求销售者立即停止销售，并向食品安全监督管理部门报告。

**第六十五条** 食用农产品销售者应当建立食用农产品进货查验记录制度，如实记录食用农产品的名称、数量、进货日期以及供货者名称、地址、联系方式等内容，并保存相关凭证。记录和凭证保存期限不得少于六个月。

**第六十六条** 进入市场销售的食用农产品在包装、保鲜、贮存、运输中使用保鲜剂、防腐剂等食品添加剂和包装材料等食品相关产品，应当符合食品安全国家标准。

### 第三节 标签、说明书和广告

**第六十七条** 预包装食品的包装上应当有标签。标签应当标明下列事项：

（一）名称、规格、净含量、生产日期；

（二）成分或者配料表；

（三）生产者的名称、地址、联系方式；

（四）保质期；

（五）产品标准代号；

（六）贮存条件；

（七）所使用的食品添加剂在国家标准中的通用名称；

（八）生产许可证编号；

（九）法律、法规或者食品安全标准规定应当标明的其他事项。

专供婴幼儿和其他特定人群的主辅食品，其标签还应当标明主要营养成分及其含量。

食品安全国家标准对标签标注事项另有规定的，从其规定。

**第六十八条** 食品经营者销售散装食品，应当在散装食品的容器、外包装上标明食品的名称、生产日期或者生产批号、保质期以及生产经营者名称、地址、联系方式等内容。

**第六十九条** 生产经营转基因食品应当按照规定显著标示。

**第七十条** 食品添加剂应当有标签、说明书和包装。标签、说明书应当载明本法第六十七条第一款第一项至第六项、第八项、第九项规定的事项，以及食品添加剂的使用范围、用量、使用方法，并在标签上载明“食品添加剂”字样。

**第七十一条** 食品和食品添加剂的标签、说明书，不得含有虚假内容，不得涉及疾病预防、治疗功能。生产经营者对其提供的标签、说明书的内容负责。

食品和食品添加剂的标签、说明书应当清楚、明显，生产日期、保质期等事项应当显著标注，容易辨识。

食品和食品添加剂与其标签、说明书的内容不符的，不得上市销售。

**第七十二条** 食品经营者应当按照食品标签标示的警示标志、警示说明或者注意事项的要求销售食品。

**第七十三条** 食品广告的内容应当真实合法，不得含有虚假内容，不得涉及疾病预防、治疗功能。食品生产经营者对食品广告内容的真实性、合法性负责。

县级以上人民政府食品安全监督管理部门和其他有关部门以及食品检验机构、食品行业协会不得以广告或者其他形式向消费者推荐食品。消费者组织不得以收取费用或者其他牟取利益的方式向消费者推荐食品。

### 第四节 特殊食品

**第七十四条** 国家对保健食品、特殊医学用途配方食品和婴幼儿配方食品等特殊食品实行严格监督管理。

**第七十五条** 保健食品声称保健功能，应当具有科学依据，不得对人体产生急性、亚急性或者慢性危害。

保健食品原料目录和允许保健食品声称的保健功能目录,由国务院食品安全监督管理部门会同国务院卫生行政部门、国家中医药管理部门制定、调整并公布。

保健食品原料目录应当包括原料名称、用量及其对应的功效;列入保健食品原料目录的原料只能用于保健食品生产,不得用于其他食品生产。

**第七十六条** 使用保健食品原料目录以外原料的保健食品和首次进口的保健食品应当经国务院食品安全监督管理部门注册。但是,首次进口的保健食品中属于补充维生素、矿物质等营养物质的,应当报国务院食品安全监督管理部门备案。其他保健食品应当报省、自治区、直辖市人民政府食品安全监督管理部门备案。

进口的保健食品应当是出口国(地区)主管部门准许上市销售的产品。

**第七十七条** 依法应当注册的保健食品,注册时应当提交保健食品的研发报告、产品配方、生产工艺、安全性和保健功能评价、标签、说明书等材料及样品,并提供相关证明文件。国务院食品安全监督管理部门经组织技术审评,对符合安全和功能声称要求的,准予注册;对不符合要求的,不予注册并书面说明理由。对使用保健食品原料目录以外原料的保健食品作出准予注册决定的,应当及时将该原料纳入保健食品原料目录。

依法应当备案的保健食品,备案时应当提交产品配方、生产工艺、标签、说明书以及表明产品安全性和保健功能的材料。

**第七十八条** 保健食品的标签、说明书不得涉及疾病预防、治疗功能,内容应当真实,与注册或者备案的内容相一致,载明适宜人群、不适宜人群、功效成分或者标志性成分及其含量等,并声明“本品不能代替药物”。保健食品的功能和成分应当与标签、说明书相一致。

**第七十九条** 保健食品广告除应当符合本法第七十三条第一款的规定外,还应当声明“本品不能代替药物”;其内容应当经生产企业所在地省、自治区、直辖市人民政府食品安全监督管理部门审查批准,取得保健食品广告批准文件。省、自治区、直辖市人民政府食品安全监督管理部门应当公布并及时更新已经批准的保健食品广告目录以及批准的广告内容。

**第八十条** 特殊医学用途配方食品应当经国务院食品安全监督管理部门注册。注册时,应当提交产品配方、生产工艺、标签、说明书以及表明产品安全性、营养充足性和特殊医学用途临床效果的材料。

特殊医学用途配方食品广告适用《中华人民共和国广告法》和其他法律、行政法规关于药品广告管理的规定。

**第八十一条** 婴幼儿配方食品生产企业应当实施从原料进厂到成品出厂的全过程质量控制,对出厂的婴幼儿配方食品实施逐批检验,保证食品安全。

生产婴幼儿配方食品使用的生鲜乳、辅料等食品原料、食品添加剂等,应当符合法律、行政法规的规定和食品安全国家标准,保证婴幼儿生长发育所需的营养成分。

婴幼儿配方食品生产企业应当将食品原料、食品添加剂、产品配方及标签等事项向省、自治区、直辖市人民政府食品安全监督管理部门备案。

婴幼儿配方乳粉的产品配方应当经国务院食品安全监督管理部门注册。注册时,应当提交配方研发报告和其他表明配方科学性、安全性的材料。

不得以分装方式生产婴幼儿配方乳粉,同一企业不得用同一配方生产不同品牌的婴幼儿配方乳粉。

**第八十二条** 保健食品、特殊医学用途配方食品、婴幼儿配方乳粉的注册人或者备案人应当对其提交材料的真实性负责。

省级以上人民政府食品安全监督管理部门应当及时公布注册或者备案的保健食品、特殊医学用途配方食品、婴幼儿配方乳粉目录,并对注册或者备案中获知的企业商业秘密予以保密。

保健食品、特殊医学用途配方食品、婴幼儿配方乳粉生产企业应当按照注册或者备案的产品配方、生产工艺等技术要求组织生产。

**第八十三条** 生产保健食品,特殊医学用途配方食品、婴幼儿配方食品和其他专供特定人群的主辅食品的企业,应当按照良好生产规范的要求建立与所生产食品相适应的生产质量管理体系,定期对该体系的运行情况进行自查,保证其有效运行,并向所在地县级人民政府食品安全监督管理部门提交自查报告。

## 第五章 食品检验

**第八十四条** 食品检验机构按照国家有关认证认可的规定取得资质认定后,方可从事食品检验活动。但是,法律另有规定的除外。

食品检验机构的资质认定条件和检验规范,由国务院食品安全监督管理部门规定。

符合本法规定的食品检验机构出具的检验报告具有同等效力。

县级以上人民政府应当整合食品检验资源,实现资源共享。

**第八十五条** 食品检验由食品检验机构指定的检验人独立进行。

检验人应当依照有关法律、法规的规定,并按照食品安全标准和检验规范对食品进行检验,尊重科学,恪守职业道德,保证出具的检验数据和结论客观、公正,不得出具虚假检验报告。

**第八十六条** 食品检验实行食品检验机构与检验人负责制。食品检验报告应当加盖食品检验机构公章,并有检验人的签名或者盖章。食品检验机构和检验人对出具的食品检验报告负责。

**第八十七条** 县级以上人民政府食品安全监督管理部门应当对食品进行定期或者不定期的抽样检验,并依据有关规定公布检验结果,不得免检。进行抽样检验,应当购买抽取的样品,委托符合本法规定的食品检验机构进行检验,并支付相关费用;不得向食品生产经营者收取检验费和其他费用。

**第八十八条** 对依照本法规定实施的检验结论有异议的,食品生产经营者可以自收到检验结论之日起七个工作日内向实施抽样检验的食品安全监督管理部门或者其上一级食品安全监督管理部门提出复检申请,由受理复检申请的食品安全监督管理部门在公布的复检机构名录中随机确定复检机构进行复检。复检机构出具的复检结论为最终检验结论。复检机构与初检机构不得为同一机构。复检机构名录由国务院认证认可监督管理、食品安全监督管理、卫生行政、农业行政等部门共同公布。

采用国家规定的快速检测方法对食用农产品进行抽查检测,被抽查人对检测结果有异议的,可以自收到检测结果时起四小时内申请复检。复检不得采用快速检测方法。

**第八十九条** 食品生产企业可以自行对所生产的食品进行检验,也可以委托符合本法规定的食品检验机构进行检验。

食品行业协会和消费者协会等组织、消费者需要委托食品检验机构对食品进行检验的,应当委托符合本法规定的食品检验机构进行。

**第九十条** 食品添加剂的检验,适用本法有关食品检验的规定。

## 第六章 食品进出口

**第九十一条** 国家出入境检验检疫部门对进出口食品安全实施监督管理。

**第九十二条** 进口的食品、食品添加剂、食品相关产品应当符合我国食品安全国家标准。

进口的食品、食品添加剂应当经出入境检验检疫机构依照进出口商品检验相关法律、行政法规的规定检验合格。

进口的食品、食品添加剂应当按照国家出入境检验检疫部门的要求随附合格证明材料。

**第九十三条** 进口尚无食品安全国家标准的食品,由境外出口商、境外生产企业或者其委托的进口商向国务院卫生行政部门提交所执行的相关国家(地区)标准或者国际标准。国务院卫生行政部门对相关标准进行审查,认为符合食品安全要求的,决定暂予适用,并及时制定相应的食品安全国家标准。进口利用新的食品原料生产的食品或者进口食品添加剂新品种、食品相关产品新品种,依照本法第三十七条的规定办理。

出入境检验检疫机构按照国务院卫生行政部门的要求,对前款规定的食品、食品添加剂、食品相关产品进行检验。检验结果应当公开。

**第九十四条** 境外出口商、境外生产企业应当保证向我国出口的食品、食品添加剂、食品相关产品符合本法以及我国其他有关法律、行政法规的规定和食品安全国家标准的要求,并对标签、说明书的内容负责。

进口商应当建立境外出口商、境外生产企业审核制度,重点审核前款规定的内容;审核不合格的,不得进口。

发现进口食品不符合我国食品安全国家标准或者有证据证明可能危害人体健康的,进口商应当立即停止进口,并依照本法第六十三条的规定召回。

**第九十五条** 境外发生的食品安全事件可能对我国境内造成影响,或者在进口食品、食品添加剂、食品相关产品中发现严重食品安全问题的,国家出入境检验检疫部门应当及时采取风险预警或者控制措施,并向国务院食品安全监督管理、卫生行政、农业行政部门通报。接到通报的部门应当及时采取相应措施。

县级以上人民政府食品安全监督管理部门对国内市场上销售的进口食品、食品添加剂实施监督管理。发现存在严重食品安全问题的,国务院食品安全监督管理部门应当及时向国家出入境检验检疫部门通报。国家出入境检验检疫部门应当及时采取相应措施。

**第九十六条**　向我国境内出口食品的境外出口商或者代理商、进口食品的进口商应当向国家出入境检验检疫部门备案。向我国境内出口食品的境外食品生产企业应当经国家出入境检验检疫部门注册。已经注册的境外食品生产企业提供虚假材料，或者因其自身的原因致使进口食品发生重大食品安全事故的，国家出入境检验检疫部门应当撤销注册并公告。

国家出入境检验检疫部门应当定期公布已经备案的境外出口商、代理商、进口商和已经注册的境外食品生产企业名单。

**第九十七条**　进口的预包装食品、食品添加剂应当有中文标签；依法应当有说明书的，还应当有中文说明书。标签、说明书应当符合本法以及我国其他有关法律、行政法规的规定和食品安全国家标准的要求，并载明食品的原产地以及境内代理商的名称、地址、联系方式。预包装食品没有中文标签、中文说明书或者标签、说明书不符合本条规定的，不得进口。

**第九十八条**　进口商应当建立食品、食品添加剂进口和销售记录制度，如实记录食品、食品添加剂的名称、规格、数量、生产日期、生产或者进口批号、保质期、境外出口商和购货者名称、地址及联系方式、交货日期等内容，并保存相关凭证。记录和凭证保存期限应当符合本法第五十条第二款的规定。

**第九十九条**　出口食品生产企业应当保证其出口食品符合进口国（地区）的标准或者合同要求。

出口食品生产企业和出口食品原料种植、养殖场应当向国家出入境检验检疫部门备案。

**第一百条**　国家出入境检验检疫部门应当收集、汇总下列进出口食品安全信息，并及时通报相关部门、机构和企业：

（一）出入境检验检疫机构对进出口食品实施检验检疫发现的食品安全信息；

（二）食品行业协会和消费者协会等组织、消费者反映的进口食品安全信息；

（三）国际组织、境外政府机构发布的风险预警信息及其他食品安全信息，以及境外食品行业协会等组织、消费者反映的食品安全信息；

（四）其他食品安全信息。

国家出入境检验检疫部门应当对进出口食品的进口商、出口商和出口食品生产企业实施信用管理，建立信用记录，并依法向社会公布。对有不良记录的进口商、出口商和出口食品生产企业，应当加强对其进出口食品的检验检疫。

**第一百零一条**　国家出入境检验检疫部门可以对向我国境内出口食品的国家（地区）的食品安全管理体系和食品安全状况进行评估和审查，并根据评估和审查结果，确定相应检验检疫要求。

## 第七章　食品安全事故处置

**第一百零二条**　国务院组织制定国家食品安全事故应急预案。

县级以上地方人民政府应当根据有关法律、法规的规定和上级人民政府的食品安全事故应急预案以及本行政区域的实际情况，制定本行政区域的食品安全事故应急预案，并报上一级人民政府备案。

食品安全事故应急预案应当对食品安全事故分级、事故处置组织指挥体系与职责、预防预警机制、处置程序、应急保障措施等作出规定。

食品生产经营企业应当制定食品安全事故处置方案，定期检查本企业各项食品安全防范措施的落实情况，及时消除事故隐患。

**第一百零三条**　发生食品安全事故的单位应当立即采取措施，防止事故扩大。事故单位和接收病人进行治疗的单位应当及时向事故发生地县级人民政府食品安全监督管理、卫生行政部门报告。

县级以上人民政府农业行政等部门在日常监督管理中发现食品安全事故或者接到事故举报，应当立即向同级食品安全监督管理部门通报。

发生食品安全事故，接到报告的县级人民政府食品安全监督管理部门应当按照应急预案的规定向本级人民政府和上级人民政府食品安全监督管理部门报告。县级人民政府和上级人民政府食品安全监督管理部门应当按照应急预案的规定上报。

任何单位和个人不得对食品安全事故隐瞒、谎报、缓报，不得隐匿、伪造、毁灭有关证据。

**第一百零四条**　医疗机构发现其接收的病人属于食源性疾病病人或者疑似病人的，应当按照规定及时将相关信息向所在地县级人民政府卫生行政部门报告。县级人民政府卫生行政部门认为与食品安全有关的，应当及时通报同级食品安全监督管理部门。

县级以上人民政府卫生行政部门在调查处理传染病或者其他突发公共卫生事件中发现与食品

安全相关的信息，应当及时通报同级食品安全监督管理部门。

**第一百零五条**　县级以上人民政府食品安全监督管理部门接到食品安全事故的报告后，应当立即会同同级卫生行政、农业行政等部门进行调查处理，并采取下列措施，防止或者减轻社会危害：

（一）开展应急救援工作，组织救治因食品安全事故导致人身伤害的人员；

（二）封存可能导致食品安全事故的食品及其原料，并立即进行检验；对确认属于被污染的食品及其原料，责令食品生产经营者依照本法第六十三条的规定召回或者停止经营；

（三）封存被污染的食品相关产品，并责令进行清洗消毒；

（四）做好信息发布工作，依法对食品安全事故及其处理情况进行发布，并对可能产生的危害加以解释、说明。

发生食品安全事故需要启动应急预案的，县级以上人民政府应当立即成立事故处置指挥机构，启动应急预案，依照前款和应急预案的规定进行处置。

发生食品安全事故，县级以上疾病预防控制机构应当对事故现场进行卫生处理，并对与事故有关的因素开展流行病学调查，有关部门应当予以协助。县级以上疾病预防控制机构应当向同级食品安全监督管理、卫生行政部门提交流行病学调查报告。

**第一百零六条**　发生食品安全事故，设区的市级以上人民政府食品安全监督管理部门应当立即会同有关部门进行事故责任调查，督促有关部门履行职责，向本级人民政府和上一级人民政府食品安全监督管理部门提出事故责任调查处理报告。

涉及两个以上省、自治区、直辖市的重大食品安全事故由国务院食品安全监督管理部门依照前款规定组织事故责任调查。

**第一百零七条**　调查食品安全事故，应当坚持实事求是、尊重科学的原则，及时、准确查清事故性质和原因，认定事故责任，提出整改措施。

调查食品安全事故，除了查明事故单位的责任，还应当查明有关监督管理部门、食品检验机构、认证机构及其工作人员的责任。

**第一百零八条**　食品安全事故调查部门有权向有关单位和个人了解与事故有关的情况，并要求提供相关资料和样品。有关单位和个人应当予以配合，按照要求提供相关资料和样品，不得拒绝。

任何单位和个人不得阻挠、干涉食品安全事故的调查处理。

## 第八章　监督管理

**第一百零九条**　县级以上人民政府食品安全监督管理部门根据食品安全风险监测、风险评估结果和食品安全状况等，确定监督管理的重点、方式和频次，实施风险分级管理。

县级以上地方人民政府组织本级食品安全监督管理、农业行政等部门制定本行政区域的食品安全年度监督管理计划，向社会公布并组织实施。

食品安全年度监督管理计划应当将下列事项作为监督管理的重点：

（一）专供婴幼儿和其他特定人群的主辅食品；

（二）保健食品生产过程中的添加行为和按照注册或者备案的技术要求组织生产的情况，保健食品标签、说明书以及宣传材料中有关功能宣传的情况；

（三）发生食品安全事故风险较高的食品生产经营者；

（四）食品安全风险监测结果表明可能存在食品安全隐患的事项。

**第一百一十条**　县级以上人民政府食品安全监督管理部门履行食品安全监督管理职责，有权采取下列措施，对生产经营者遵守本法的情况进行监督检查：

（一）进入生产经营场所实施现场检查；

（二）对生产经营的食品、食品添加剂、食品相关产品进行抽样检验；

（三）查阅、复制有关合同、票据、账簿以及其他有关资料；

（四）查封、扣押有证据证明不符合食品安全标准或者有证据证明存在安全隐患以及用于违法生产经营的食品、食品添加剂、食品相关产品；

（五）查封违法从事生产经营活动的场所。

**第一百一十一条**　对食品安全风险评估结果证明食品存在安全隐患，需要制定、修订食品安全标准的，在制定、修订食品安全标准前，国务院卫生行政部门应当及时会同国务院有关部门规定食品中有害物质的临时限量值和临时检验方法，作为生产经营和监督管理的依据。

**第一百一十二条**　县级以上人民政府食品安全监督管理部门在食品安全监督管理工作中可以采用国家规定的快速检测方法对食品进行抽查检测。

对抽查检测结果表明可能不符合食品安全标准的食品，应当依照本法第八十七条的规定进行检验。抽查检测结果确定有关食品不符合食品安全标准的，可以作为行政处罚的依据。

**第一百一十三条**　县级以上人民政府食品安全监督管理部门应当建立食品生产经营者食品安全信用档案，记录许可颁发、日常监督检查结果、违法行为查处等情况，依法向社会公布并实时更新；对有不良信用记录的食品生产经营者增加监督检查频次，对违法行为情节严重的食品生产经营者，可以通报投资主管部门、证券监督管理机构和有关的金融机构。

**第一百一十四条**　食品生产经营过程中存在食品安全隐患，未及时采取措施消除的，县级以上人民政府食品安全监督管理部门可以对食品生产经营者的法定代表人或者主要负责人进行责任约谈。食品生产经营者应当立即采取措施，进行整改，消除隐患。责任约谈情况和整改情况应当纳入食品生产经营者食品安全信用档案。

**第一百一十五条**　县级以上人民政府食品安全监督管理等部门应当公布本部门的电子邮件地址或者电话，接受咨询、投诉、举报。接到咨询、投诉、举报，对属于本部门职责的，应当受理并在法定期限内及时答复、核实、处理；对不属于本部门职责的，应当移交有权处理的部门并书面通知咨询、投诉、举报人。有权处理的部门应当在法定期限内及时处理，不得推诿。对查证属实的举报，给予举报人奖励。

有关部门应当对举报人的信息予以保密，保护举报人的合法权益。举报人举报所在企业的，该企业不得以解除、变更劳动合同或者其他方式对举报人进行打击报复。

**第一百一十六条**　县级以上人民政府食品安全监督管理等部门应当加强对执法人员食品安全法律、法规、标准和专业知识与执法能力等的培训，并组织考核。不具备相应知识和能力的，不得从事食品安全执法工作。

食品生产经营者、食品行业协会、消费者协会等发现食品安全执法人员在执法过程中有违反法律、法规规定的行为以及不规范执法行为的，可以向本级或者上级人民政府食品安全监督管理等部门或者监察机关投诉、举报。接到投诉、举报的部门或者机关应当进行核实，并将经核实的情况向食品安全执法人员所在部门通报；涉嫌违法违纪的，按照本法和有关规定处理。

**第一百一十七条**　县级以上人民政府食品安全监督管理等部门未及时发现食品安全系统性风险，未及时消除监督管理区域内的食品安全隐患的，本级人民政府可以对其主要负责人进行责任约谈。

地方人民政府未履行食品安全职责，未及时消除区域性重大食品安全隐患的，上级人民政府可以对其主要负责人进行责任约谈。

被约谈的食品安全监督管理等部门、地方人民政府应当立即采取措施，对食品安全监督管理工作进行整改。

责任约谈情况和整改情况应当纳入地方人民政府和有关部门食品安全监督管理工作评议、考核记录。

**第一百一十八条**　国家建立统一的食品安全信息平台，实行食品安全信息统一公布制度。国家食品安全总体情况、食品安全风险警示信息、重大食品安全事故及其调查处理信息和国务院确定需要统一公布的其他信息由国务院食品安全监督管理部门统一公布。食品安全风险警示信息和重大食品安全事故及其调查处理信息的影响限于特定区域的，也可以由有关省、自治区、直辖市人民政府食品安全监督管理部门公布。未经授权不得发布上述信息。

县级以上人民政府食品安全监督管理、农业行政部门依据各自职责公布食品安全日常监督管理信息。

公布食品安全信息，应当做到准确、及时，并进行必要的解释说明，避免误导消费者和社会舆论。

**第一百一十九条**　县级以上地方人民政府食品安全监督管理、卫生行政、农业行政部门获知本法规定需要统一公布的信息，应当向上级主管部门报告，由上级主管部门立即报告国务院食品安全监督管理部门；必要时，可以直接向国务院食品安全监督管理部门报告。

县级以上人民政府食品安全监督管理、卫生行政、农业行政部门应当相互通报获知的食品安全信息。

**第一百二十条**　任何单位和个人不得编造、散布虚假食品安全信息。

县级以上人民政府食品安全监督管理部门发现可能误导消费者和社会舆论的食品安全信息，应当立即组织有关部门、专业机构、相关食品生产经营者等进行核实、分析，并及时公布结果。

**第一百二十一条**　县级以上人民政府食品安

全监督管理等部门发现涉嫌食品安全犯罪的，应当按照有关规定及时将案件移送公安机关。对移送的案件，公安机关应当及时审查；认为有犯罪事实需要追究刑事责任的，应当立案侦查。

公安机关在食品安全犯罪案件侦查过程中认为没有犯罪事实，或者犯罪事实显著轻微，不需要追究刑事责任，但依法应当追究行政责任的，应当及时将案件移送食品安全监督管理等部门和监察机关，有关部门应当依法处理。

公安机关商请食品安全监督管理、生态环境等部门提供检验结论、认定意见以及对涉案物品进行无害化处理等协助的，有关部门应当及时提供，予以协助。

## 第九章 法律责任

**第一百二十二条** 违反本法规定，未取得食品生产经营许可从事食品生产经营活动，或者未取得食品添加剂生产许可从事食品添加剂生产活动的，由县级以上人民政府食品安全监督管理部门没收违法所得和违法生产经营的食品、食品添加剂以及用于违法生产经营的工具、设备、原料等物品；违法生产经营的食品、食品添加剂货值金额不足一万元的，并处五万元以上十万元以下罚款；货值金额一万元以上的，并处货值金额十倍以上二十倍以下罚款。

明知从事前款规定的违法行为，仍为其提供生产经营场所或者其他条件的，由县级以上人民政府食品安全监督管理部门责令停止违法行为，没收违法所得，并处五万元以上十万元以下罚款；使消费者的合法权益受到损害的，应当与食品、食品添加剂生产经营者承担连带责任。

**第一百二十三条** 违反本法规定，有下列情形之一，尚不构成犯罪的，由县级以上人民政府食品安全监督管理部门没收违法所得和违法生产经营的食品，并可以没收用于违法生产经营的工具、设备、原料等物品；违法生产经营的食品货值金额不足一万元的，并处十万元以上十五万元以下罚款；货值金额一万元以上的，并处货值金额十五倍以上三十倍以下罚款；情节严重的，吊销许可证，并可以由公安机关对其直接负责的主管人员和其他直接责任人员处五日以上十五日以下拘留：

（一）用非食品原料生产食品、在食品中添加食品添加剂以外的化学物质和其他可能危害人体健康的物质，或者用回收食品作为原料生产食品，或者经营上述食品；

（二）生产经营营养成分不符合食品安全标准的专供婴幼儿和其他特定人群的主辅食品；

（三）经营病死、毒死或者死因不明的禽、畜、兽、水产动物肉类，或者生产经营其制品；

（四）经营未按规定进行检疫或者检疫不合格的肉类，或者生产经营未经检验或者检验不合格的肉类制品；

（五）生产经营国家为防病等特殊需要明令禁止生产经营的食品；

（六）生产经营添加药品的食品。

明知从事前款规定的违法行为，仍为其提供生产经营场所或者其他条件的，由县级以上人民政府食品安全监督管理部门责令停止违法行为，没收违法所得，并处十万元以上二十万元以下罚款；使消费者的合法权益受到损害的，应当与食品生产经营者承担连带责任。

违法使用剧毒、高毒农药的，除依照有关法律、法规规定给予处罚外，可以由公安机关依照第一款规定给予拘留。

**第一百二十四条** 违反本法规定，有下列情形之一，尚不构成犯罪的，由县级以上人民政府食品安全监督管理部门没收违法所得和违法生产经营的食品、食品添加剂，并可以没收用于违法生产经营的工具、设备、原料等物品；违法生产经营的食品、食品添加剂货值金额不足一万元的，并处五万元以上十万元以下罚款；货值金额一万元以上的，并处货值金额十倍以上二十倍以下罚款；情节严重的，吊销许可证：

（一）生产经营致病性微生物，农药残留、兽药残留、生物毒素、重金属等污染物质以及其他危害人体健康的物质含量超过食品安全标准限量的食品、食品添加剂；

（二）用超过保质期的食品原料、食品添加剂生产食品、食品添加剂，或者经营上述食品、食品添加剂；

（三）生产经营超范围、超限量使用食品添加剂的食品；

（四）生产经营腐败变质、油脂酸败、霉变生虫、污秽不洁、混有异物、掺假掺杂或者感官性状异常的食品、食品添加剂；

（五）生产经营标注虚假生产日期、保质期或者超过保质期的食品、食品添加剂；

（六）生产经营未按规定注册的保健食品、特殊医学用途配方食品、婴幼儿配方乳粉，或者未按注册的产品配方、生产工艺等技术要求组织生产；

(七)以分装方式生产婴幼儿配方乳粉，或者同一企业以同一配方生产不同品牌的婴幼儿配方乳粉；

(八)利用新的食品原料生产食品，或者生产食品添加剂新品种，未通过安全性评估；

(九)食品生产经营者在食品安全监督管理部门责令其召回或者停止经营后，仍拒不召回或者停止经营。

除前款和本法第一百二十三条、第一百二十五条规定的情形外，生产经营不符合法律、法规或者食品安全标准的食品、食品添加剂的，依照前款规定给予处罚。

生产食品相关产品新品种，未通过安全性评估，或者生产不符合食品安全标准的食品相关产品的，由县级以上人民政府食品安全监督管理部门依照第一款规定给予处罚。

**第一百二十五条** 违反本法规定，有下列情形之一的，由县级以上人民政府食品安全监督管理部门没收违法所得和违法生产经营的食品、食品添加剂，并可以没收用于违法生产经营的工具、设备、原料等物品；违法生产经营的食品、食品添加剂货值金额不足一万元的，并处五千元以上五万元以下罚款；货值金额一万元以上的，并处货值金额五倍以上十倍以下罚款；情节严重的，责令停产停业，直至吊销许可证：

(一)生产经营被包装材料、容器、运输工具等污染的食品、食品添加剂；

(二)生产经营无标签的预包装食品、食品添加剂或者标签、说明书不符合本法规定的食品、食品添加剂；

(三)生产经营转基因食品未按规定进行标示；

(四)食品生产经营者采购或者使用不符合食品安全标准的食品原料、食品添加剂、食品相关产品。

生产经营的食品、食品添加剂的标签、说明书存在瑕疵但不影响食品安全且不会对消费者造成误导的，由县级以上人民政府食品安全监督管理部门责令改正；拒不改正的，处二千元以下罚款。

**第一百二十六条** 违反本法规定，有下列情形之一的，由县级以上人民政府食品安全监督管理部门责令改正，给予警告；拒不改正的，处五千元以上五万元以下罚款；情节严重的，责令停产停业，直至吊销许可证：

(一)食品、食品添加剂生产者未按规定对采购的食品原料和生产的食品、食品添加剂进行检验；

(二)食品生产经营企业未按规定建立食品安全管理制度，或者未按规定配备或者培训、考核食品安全管理人员；

(三)食品、食品添加剂生产经营者进货时未查验许可证和相关证明文件，或者未按规定建立并遵守进货查验记录、出厂检验记录和销售记录制度；

(四)食品生产经营企业未制定食品安全事故处置方案；

(五)餐具、饮具和盛放直接入口食品的容器，使用前未经洗净、消毒或者清洗消毒不合格，或者餐饮服务设施、设备未按规定定期维护、清洗、校验；

(六)食品生产经营者安排未取得健康证明或者患有国务院卫生行政部门规定的有碍食品安全疾病的人员从事接触直接入口食品的工作；

(七)食品经营者未按规定要求销售食品；

(八)保健食品生产企业未按规定向食品安全监督管理部门备案，或者未按备案的产品配方、生产工艺等技术要求组织生产；

(九)婴幼儿配方食品生产企业未将食品原料、食品添加剂、产品配方、标签等向食品安全监督管理部门备案；

(十)特殊食品生产企业未按规定建立生产质量管理体系并有效运行，或者未定期提交自查报告；

(十一)食品生产经营者未定期对食品安全状况进行检查评价，或者生产经营条件发生变化，未按规定处理；

(十二)学校、托幼机构、养老机构、建筑工地等集中用餐单位未按规定履行食品安全管理责任；

(十三)食品生产企业、餐饮服务提供者未按规定制定、实施生产经营过程控制要求。

餐具、饮具集中消毒服务单位违反本法规定用水，使用洗涤剂、消毒剂，或者出厂的餐具、饮具未按规定检验合格并随附消毒合格证明，或者未按规定在独立包装上标注相关内容的，由县级以上人民政府卫生行政部门依照前款规定给予处罚。

食品相关产品生产者未按规定对生产的食品相关产品进行检验的，由县级以上人民政府食品安全监督管理部门依照第一款规定给予处罚。

食用农产品销售者违反本法第六十五条规定的，由县级以上人民政府食品安全监督管理部门依照第一款规定给予处罚。

**第一百二十七条** 对食品生产加工小作坊、食品摊贩等的违法行为的处罚，依照省、自治区、直辖市制定的具体管理办法执行。

**第一百二十八条**　违反本法规定，事故单位在发生食品安全事故后未进行处置、报告的，由有关主管部门按照各自职责分工责令改正，给予警告；隐匿、伪造、毁灭有关证据的，责令停产停业，没收违法所得，并处十万元以上五十万元以下罚款；造成严重后果的，吊销许可证。

**第一百二十九条**　违反本法规定，有下列情形之一的，由出入境检验检疫机构依照本法第一百二十四条的规定给予处罚：

（一）提供虚假材料，进口不符合我国食品安全国家标准的食品、食品添加剂、食品相关产品；

（二）进口尚无食品安全国家标准的食品，未提交所执行的标准并经国务院卫生行政部门审查，或者进口利用新的食品原料生产的食品或者进口食品添加剂新品种、食品相关产品新品种，未通过安全性评估；

（三）未遵守本法的规定出口食品；

（四）进口商在有关主管部门责令其依照本法规定召回进口的食品后，仍拒不召回。

违反本法规定，进口商未建立并遵守食品、食品添加剂进口和销售记录制度、境外出口商或者生产企业审核制度的，由出入境检验检疫机构依照本法第一百二十六条的规定给予处罚。

**第一百三十条**　违反本法规定，集中交易市场的开办者、柜台出租者、展销会的举办者允许未依法取得许可的食品经营者进入市场销售食品，或者未履行检查、报告等义务的，由县级以上人民政府食品安全监督管理部门责令改正，没收违法所得，并处五万元以上二十万元以下罚款；造成严重后果的，责令停业，直至由原发证部门吊销许可证；使消费者的合法权益受到损害的，应当与食品经营者承担连带责任。

食用农产品批发市场违反本法第六十四条规定的，依照前款规定承担责任。

**第一百三十一条**　违反本法规定，网络食品交易第三方平台提供者未对入网食品经营者进行实名登记、审查许可证，或者未履行报告、停止提供网络交易平台服务等义务的，由县级以上人民政府食品安全监督管理部门责令改正，没收违法所得，并处五万元以上二十万元以下罚款；造成严重后果的，责令停业，直至由原发证部门吊销许可证；使消费者的合法权益受到损害的，应当与食品经营者承担连带责任。

消费者通过网络食品交易第三方平台购买食品，其合法权益受到损害的，可以向入网食品经营者或者食品生产者要求赔偿。网络食品交易第三方平台提供者不能提供入网食品经营者的真实名称、地址和有效联系方式的，由网络食品交易第三方平台提供者赔偿。网络食品交易第三方平台提供者赔偿后，有权向入网食品经营者或者食品生产者追偿。网络食品交易第三方平台提供者作出更有利于消费者承诺的，应当履行其承诺。

**第一百三十二条**　违反本法规定，未按要求进行食品贮存、运输和装卸的，由县级以上人民政府食品安全监督管理等部门按照各自职责分工责令改正，给予警告；拒不改正的，责令停产停业，并处一万元以上五万元以下罚款；情节严重的，吊销许可证。

**第一百三十三条**　违反本法规定，拒绝、阻挠、干涉有关部门、机构及其工作人员依法开展食品安全监督检查、事故调查处理、风险监测和风险评估的，由有关主管部门按照各自职责分工责令停产停业，并处二千元以上五万元以下罚款；情节严重的，吊销许可证；构成违反治安管理行为的，由公安机关依法给予治安管理处罚。

违反本法规定，对举报人以解除、变更劳动合同或者其他方式打击报复的，应当依照有关法律的规定承担责任。

**第一百三十四条**　食品生产经营者在一年内累计三次因违反本法规定受到责令停产停业、吊销许可证以外处罚的，由食品安全监督管理部门责令停产停业，直至吊销许可证。

**第一百三十五条**　被吊销许可证的食品生产经营者及其法定代表人、直接负责的主管人员和其他直接责任人员自处罚决定作出之日起五年内不得申请食品生产经营许可，或者从事食品生产经营管理工作、担任食品生产经营企业食品安全管理人员。

因食品安全犯罪被判处有期徒刑以上刑罚的，终身不得从事食品生产经营管理工作，也不得担任食品生产经营企业食品安全管理人员。

食品生产经营者聘用人员违反前两款规定的，由县级以上人民政府食品安全监督管理部门吊销许可证。

**第一百三十六条**　食品经营者履行了本法规定的进货查验等义务，有充分证据证明其不知道所采购的食品不符合食品安全标准，并能如实说明其进货来源的，可以免予处罚，但应当依法没收其不符合食品安全标准的食品；造成人身、财产或者其他损害的，依法承担赔偿责任。

**第一百三十七条** 违反本法规定，承担食品安全风险监测、风险评估工作的技术机构、技术人员提供虚假监测、评估信息的，依法对技术机构直接负责的主管人员和技术人员给予撤职、开除处分；有执业资格的，由授予其资格的主管部门吊销执业证书。

**第一百三十八条** 违反本法规定，食品检验机构、食品检验人员出具虚假检验报告的，由授予其资质的主管部门或者机构撤销该食品检验机构的检验资质，没收所收取的检验费用，并处检验费用五倍以上十倍以下罚款，检验费用不足一万元的，并处五万元以上十万元以下罚款；依法对食品检验机构直接负责的主管人员和食品检验人员给予撤职或者开除处分；导致发生重大食品安全事故的，对直接负责的主管人员和食品检验人员给予开除处分。

违反本法规定，受到开除处分的食品检验机构人员，自处分决定作出之日起十年内不得从事食品检验工作；因食品安全违法行为受到刑事处罚或者因出具虚假检验报告导致发生重大食品安全事故受到开除处分的食品检验机构人员，终身不得从事食品检验工作。食品检验机构聘用不得从事食品检验工作的人员的，由授予其资质的主管部门或者机构撤销该食品检验机构的检验资质。

食品检验机构出具虚假检验报告，使消费者的合法权益受到损害的，应当与食品生产经营者承担连带责任。

**第一百三十九条** 违反本法规定，认证机构出具虚假认证结论，由认证认可监督管理部门没收所收取的认证费用，并处认证费用五倍以上十倍以下罚款，认证费用不足一万元的，并处五万元以上十万元以下罚款；情节严重的，责令停业，直至撤销认证机构批准文件，并向社会公布；对直接负责的主管人员和负有直接责任的认证人员，撤销其执业资格。

认证机构出具虚假认证结论，使消费者的合法权益受到损害的，应当与食品生产经营者承担连带责任。

**第一百四十条** 违反本法规定，在广告中对食品作虚假宣传，欺骗消费者，或者发布未取得批准文件、广告内容与批准文件不一致的保健食品广告的，依照《中华人民共和国广告法》的规定给予处罚。

广告经营者、发布者设计、制作、发布虚假食品广告，使消费者的合法权益受到损害的，应当与食品生产经营者承担连带责任。

社会团体或者其他组织、个人在虚假广告或者其他虚假宣传中向消费者推荐食品，使消费者的合法权益受到损害的，应当与食品生产经营者承担连带责任。

违反本法规定，食品安全监督管理等部门、食品检验机构、食品行业协会以广告或者其他形式向消费者推荐食品，消费者组织以收取费用或者其他牟取利益的方式向消费者推荐食品的，由有关主管部门没收违法所得，依法对直接负责的主管人员和其他直接责任人员给予记大过、降级或者撤职处分；情节严重的，给予开除处分。

对食品作虚假宣传且情节严重的，由省级以上人民政府食品安全监督管理部门决定暂停销售该食品，并向社会公布；仍然销售该食品的，由县级以上人民政府食品安全监督管理部门没收违法所得和违法销售的食品，并处二万元以上五万元以下罚款。

**第一百四十一条** 违反本法规定，编造、散布虚假食品安全信息，构成违反治安管理行为的，由公安机关依法给予治安管理处罚。

媒体编造、散布虚假食品安全信息的，由有关主管部门依法给予处罚，并对直接负责的主管人员和其他直接责任人员给予处分；使公民、法人或者其他组织的合法权益受到损害的，依法承担消除影响、恢复名誉、赔偿损失、赔礼道歉等民事责任。

**第一百四十二条** 违反本法规定，县级以上地方人民政府有下列行为之一的，对直接负责的主管人员和其他直接责任人员给予记大过处分；情节较重的，给予降级或者撤职处分；情节严重的，给予开除处分；造成严重后果的，其主要负责人还应当引咎辞职：

（一）对发生在本行政区域内的食品安全事故，未及时组织协调有关部门开展有效处置，造成不良影响或者损失；

（二）对本行政区域内涉及多环节的区域性食品安全问题，未及时组织整治，造成不良影响或者损失；

（三）隐瞒、谎报、缓报食品安全事故；

（四）本行政区域内发生特别重大食品安全事故，或者连续发生重大食品安全事故。

**第一百四十三条** 违反本法规定，县级以上地方人民政府有下列行为之一的，对直接负责的主管人员和其他直接责任人员给予警告、记过或者记大过处分；造成严重后果的，给予降级或者撤职处分：

（一）未确定有关部门的食品安全监督管理职责，未建立健全食品安全全程监督管理工作机制和信息共享机制，未落实食品安全监督管理责任制；

（二）未制定本行政区域的食品安全事故应急预案，或者发生食品安全事故后未按规定立即成立事故处置指挥机构、启动应急预案。

**第一百四十四条**　违反本法规定，县级以上人民政府食品安全监督管理、卫生行政、农业行政等部门有下列行为之一的，对直接负责的主管人员和其他直接责任人员给予记大过处分；情节较重的，给予降级或者撤职处分；情节严重的，给予开除处分；造成严重后果的，其主要负责人还应当引咎辞职：

（一）隐瞒、谎报、缓报食品安全事故；

（二）未按规定查处食品安全事故，或者接到食品安全事故报告未及时处理，造成事故扩大或者蔓延；

（三）经食品安全风险评估得出食品、食品添加剂、食品相关产品不安全结论后，未及时采取相应措施，造成食品安全事故或者不良社会影响；

（四）对不符合条件的申请人准予许可，或者超越法定职权准予许可；

（五）不履行食品安全监督管理职责，导致发生食品安全事故。

**第一百四十五条**　违反本法规定，县级以上人民政府食品安全监督管理、卫生行政、农业行政等部门有下列行为之一，造成不良后果的，对直接负责的主管人员和其他直接责任人员给予警告、记过或者记大过处分；情节较重的，给予降级或者撤职处分；情节严重的，给予开除处分：

（一）在获知有关食品安全信息后，未按规定向上级主管部门和本级人民政府报告，或者未按规定相互通报；

（二）未按规定公布食品安全信息；

（三）不履行法定职责，对查处食品安全违法行为不配合，或者滥用职权、玩忽职守、徇私舞弊。

**第一百四十六条**　食品安全监督管理等部门在履行食品安全监督管理职责过程中，违法实施检查、强制等执法措施，给生产经营者造成损失的，应当依法予以赔偿，对直接负责的主管人员和其他直接责任人员依法给予处分。

**第一百四十七条**　违反本法规定，造成人身、财产或者其他损害的，依法承担赔偿责任。生产经营者财产不足以同时承担民事赔偿责任和缴纳罚款、罚金时，先承担民事赔偿责任。

**第一百四十八条**　消费者因不符合食品安全标准的食品受到损害的，可以向经营者要求赔偿损失，也可以向生产者要求赔偿损失。接到消费者赔偿要求的生产经营者，应当实行首负责任制，先行赔付，不得推诿；属于生产者责任的，经营者赔偿后有权向生产者追偿；属于经营者责任的，生产者赔偿后有权向经营者追偿。

生产不符合食品安全标准的食品或者经营明知是不符合食品安全标准的食品，消费者除要求赔偿损失外，还可以向生产者或者经营者要求支付价款十倍或者损失三倍的赔偿金；增加赔偿的金额不足一千元的，为一千元。但是，食品的标签、说明书存在不影响食品安全且不会对消费者造成误导的瑕疵的除外。

**第一百四十九条**　违反本法规定，构成犯罪的，依法追究刑事责任。

## 第十章　附　　则

**第一百五十条**　本法下列用语的含义：

食品，指各种供人食用或者饮用的成品和原料以及按照传统既是食品又是中药材的物品，但是不包括以治疗为目的的物品。

食品安全，指食品无毒、无害，符合应当有的营养要求，对人体健康不造成任何急性、亚急性或者慢性危害。

预包装食品，指预先定量包装或者制作在包装材料、容器中的食品。

食品添加剂，指为改善食品品质和色、香、味以及为防腐、保鲜和加工工艺的需要而加入食品中的人工合成或者天然物质，包括营养强化剂。

用于食品的包装材料和容器，指包装、盛放食品或者食品添加剂用的纸、竹、木、金属、搪瓷、陶瓷、塑料、橡胶、天然纤维、化学纤维、玻璃等制品和直接接触食品或者食品添加剂的涂料。

用于食品生产经营的工具、设备，指在食品或者食品添加剂生产、销售、使用过程中直接接触食品或者食品添加剂的机械、管道、传送带、容器、用具、餐具等。

用于食品的洗涤剂、消毒剂，指直接用于洗涤或者消毒食品、餐具、饮具以及直接接触食品的工具、设备或者食品包装材料和容器的物质。

食品保质期，指食品在标明的贮存条件下保持品质的期限。

食源性疾病，指食品中致病因素进入人体引起的感染性、中毒性等疾病，包括食物中毒。

食品安全事故，指食源性疾病、食品污染等源于食品，对人体健康有危害或者可能有危害的事故。

**第一百五十一条**　转基因食品和食盐的食品安全管理，本法未作规定的，适用其他法律、行政法规的规定。

**第一百五十二条**　铁路、民航运营中食品安全的管理办法由国务院食品安全监督管理部门会同国务院有关部门依照本法制定。

保健食品的具体管理办法由国务院食品安全监督管理部门依照本法制定。

食品相关产品生产活动的具体管理办法由国务院食品安全监督管理部门依照本法制定。

国境口岸食品的监督管理由出入境检验检疫机构依照本法以及有关法律、行政法规的规定实施。

军队专用食品和自供食品的食品安全管理办法由中央军事委员会依照本法制定。

**第一百五十三条**　国务院根据实际需要，可以对食品安全监督管理体制作出调整。

**第一百五十四条**　本法自2015年10月1日起施行。

# 关于《〈中华人民共和国道路交通安全法〉等9部法律的修正案(草案)》的说明

——2021年4月26日在第十三届全国人民代表大会常务委员会第二十八次会议上

司法部部长　唐一军

全国人民代表大会常务委员会：

我受国务院委托，现对《〈中华人民共和国道路交通安全法〉等9部法律的修正案(草案)》作说明。

## 一、基本情况

开展“证照分离”改革，是落实党中央、国务院重大决策部署，持续优化营商环境，释放企业创业创新活力的重要举措。习近平总书记指出，要大幅减少政府对资源的直接配置行为，继续大力简政放权，强化事中事后监管，凡是市场能自主调节的就让市场来调节，凡是企业能干的就让企业干。李克强总理强调，扎实做好“证照分离”改革试点扩面工作，着力推进照后减证和简化审批，坚决克服“准入不准营”现象，促进更多新企业开办和发展壮大。2019年，经全国人大常委会授权，国务院决定在全国各自贸试验区开展“证照分离”改革全覆盖试点，试点取得良好成效。《中央全面深化改革委员会2020年工作要点》要求，深入推进“证照分离”改革，加快解决“准入不准营”问题。为贯彻落实党中央、国务院重大决策部署，国务院办公厅、市场监管总局、司法部系统总结近年来“证照分离”改革经验和存在的问题，研究优化“证照分离”改革制度设计，起草了《关于深化“证照分离”改革进一步激发市场主体发展活力的通知(送审稿)》(以下简称《通知稿》)，编制了《中央层面设定的涉企经营许可事项改革清单(2021年全国版)》，已经中央全面深化改革委员会审议通过。改革措施包括直接取消审批、审批改为备案、实行告知承诺、优化审批服务。同时，为了进一步推进“放管服”改革，节约立法成本，维护法律权威，我们将“放管服”改革涉及的相关事项也一并进行了统筹。上述改革措施，共涉及《中华人民共和国道路交通安全法》、《中华人民共和国种子法》、《中华人民共和国消防法》、《中华人民共和国进出口商品检验法》、《中华人民共和国广告法》、《中华人民共和国草原法》、《中华人民共和国民用航空法》、《中华人民共和国海关法》、《中华人民共和国食品安全法》等9部法律的相关规定。按照重大改革于法有据的要求，司法部会同国务院有关部门，经商中央宣传部、全国人大常委会法工委，起草了《〈中华人民共和国道路交通安全法〉等9部法律的修正案(草案)》。草案已经国务院同意。

## 二、修改的主要内容

(一)关于直接取消审批涉及法律规定的修改。

一是《中华人民共和国道路交通安全法》设定的拖拉机驾驶培训学校、驾驶培训班资格认定。取消许可后，仍由省级农业农村部门负责对拖拉机驾驶培训学校进行监管，教学大纲仍由农业农村部门制定。据此，草案将道路交通安全法第二十条第一款中的“专门的拖拉机驾驶培训学校、驾驶培训班由农业（农业机械）主管部门实行资格管理”修改为“专门的拖拉机驾驶培训学校、驾驶培训班由农业（农业机械）主管部门实行监督管理”。

二是《中华人民共和国种子法》设定的相关审批。《通知稿》明确，取消“林草种子（林木良种苗木）生产经营许可证”、“林草种子（选育生产经营相结合单位）生产经营许可证”类别，保留“林木良种种子（籽粒、穗条）生产经营许可证”类别。转变林木种子生产经营管理方式，将林木良种苗木纳入一般林木种苗管理，将林草种子选育生产经营相结合单位纳入一般林草种子生产经营企业管理，不再实施特别的管理措施。此外，2020 年 8 月 26 日，国务院第 105 次常务会议决定建议取消“主要农作物杂交种子及其亲本种子生产经营许可证审核（初审）”、“实行选育生产经营相结合的农作物种子企业的种子生产经营许可证审核（初审）”。据此，草案将种子法第三十一条第二款修改为：“从事主要农作物杂交种子及其亲本种子、林木良种繁殖材料生产经营的，以及符合国务院农业主管部门规定条件的实行选育生产经营相结合的农作物种子企业的种子生产经营许可证，由省、自治区、直辖市人民政府农业、林业主管部门核发。”

2016 年 1 月 13 日，国务院第 119 次常务会议决定建议取消“对国家林业局负责的向境外提供或从境外引进林木种质资源审批初审”。据此，草案将种子法第十一条第一款修改为：“国家对种质资源享有主权，任何单位和个人向境外提供种质资源，或者与境外机构、个人开展合作研究利用种质资源的，应当报国务院农业、林业主管部门批准。提出申请时，需要提交国家共享惠益的方案；其中，向境外提供或者与境外机构、个人开展合作研究利用农作物种质资源的，还应当经省、自治区、直辖市人民政府农业主管部门审核。”

2016 年 1 月 13 日，国务院第 119 次常务会议决定建议取消“使用低于国家或地方规定的种用标准的林木种子审批”。据此，将种子法第五十三条改为第五十二条，并删去其中的“林木种子应当经用种地省、自治区、直辖市人民政府批准”。

2017 年 9 月 6 日，国务院第 185 次常务会议决定建议取消“收购珍贵树木种子和限制收购林木种子批准”。据此，删去种子法第三十九条、第八十四条。

2017 年 9 月 6 日，国务院第 185 次常务会议决定建议取消“林木种子苗木（种用）进口审批”。据此，将种子法第五十八条改为第五十七条，修改为：“从事种子进出口业务的，应当具备种子生产经营许可证；其中，从事农作物种子进出口业务的，还应当依照国家有关规定取得种子进出口许可。”“从境外引进农作物、林木种子的审定权限，农作物种子的进口审批办法，引进转基因植物品种的管理办法，由国务院规定。”

三是《中华人民共和国消防法》设定的消防技术服务机构资质审批。根据 2019 年 5 月 30 日中办、国办印发的《关于深化消防执法改革的意见》（厅字〔2019〕34 号），取消消防设施维护保养检测、消防安全评估机构资质许可制度。

据此，草案将消防法第三十四条修改为：“消防设施维护保养检测、消防安全评估等消防技术服务机构应当符合从业条件，执业人员应当依法获得相应的资格；依照法律、行政法规、国家标准、行业标准和执业准则，接受委托提供消防安全技术服务，并对服务质量负责。”

将第六十九条修改为：“消防设施维护保养检测、消防安全评估等消防技术服务机构，不具备从业条件从事消防技术服务活动或者出具虚假文件的，由消防救援机构责令改正，处五万元以上十万元以下罚款，并对直接负责的主管人员和其他直接责任人员处一万元以上五万元以下罚款；不按照国家标准、行业标准开展消防技术服务活动的，责令改正，处五万元以下罚款，并对直接负责的主管人员和其他直接责任人员处一万元以下罚款；有违法所得的，并处没收违法所得；给他人造成损失的，依法承担赔偿责任；情节严重的，依法责令停止执业或者吊销相应资格；造成重大损失的，由相关部门吊销营业执照，并对有关责任人员采取终身市场禁入措施。”“前款规定的机构出具失实文件，给他人造成损失的，依法承担赔偿责任；造成重大损失的，由消防救援机构依法责令停止执业或者吊销相应资格，由相关部门吊销营业执照，并对有关责任人员采取终身市场禁入措施。”

四是《中华人民共和国进出口商品检验法》设定的进出口商品检验鉴定业务的检验许可。取消许可后，仍需办理市场监管部门实施的“检验检测机构资质认定”。据此，草案将进出口商品检验法第三条中的“经国家商检部门许可的检验机构”修改为“依法设立的检验机构（以下称其他检验机构）”，第六条增加一款作为第三款：“对本条第一款规定的进出口商品检验，商检机构可以采信检验机构的检验结果；国家商检部门对前述检验机构实行目录管理。”将第八条中的“经国家商检部门许可的检验机构，”修改为“其他检验机构”，删去第二十二条，将第二十三条改为第二十二条，并将该条中的“经国家商检部门许可的检验机构”修改为“其他检验机构”，删去第三十四条。

五是《中华人民共和国广告法》设定的广告发布登记及农药、兽药广告审批。《通知稿》明确，取消“广告发布登记”。此外，2020 年 8 月 26 日，国务院第 105 次常务会议决定建议取消农药、兽药广告审批。据此，草案删去广告法第二十九条中的“并向县级以上地方市场监督管理部门办理广告发布登记”，删去第四十六条中的“农药、兽药”，删去第五十五条第三款、第五十七条、第五十八条第三款中的“吊销广告发布登记证件”，删去第六十条。

六是《中华人民共和国草原法》设定的在草原上开展经营性旅游活动审批。取消行政审批后，在草原上开展经营性旅游活动，涉及永久占用和临时使用草原的，通过矿藏开采、工程建设征收、征用或者使用草原审核和临时占用草原审批等其他审批事项审查把关。据此，草案将草原法第五十二条修改为：“在草原上开展经营性旅游活动，应当符合有关草原保护、建设、利用规划，并不得侵犯草原所有者、使用者和承包经营者的合法权益，不得破坏草原植被。”并删去第六十九条中的“擅自在草原上开展经营性旅游活动”的“擅自”。

（二）关于审批改为备案涉及法律规定的修改。

一是《中华人民共和国道路交通安全法》设定的机动车驾驶员培训许可。许可改为备案后，仍由县级交通部门负责对机动车驾驶培训学校进行监管，教学大纲仍由交通部门制定。据此，草案将道路交通安全法第二十条第一款中的“由交通主管部门对驾驶培训学校、驾驶培训班实行资格管理”修改为“由交通运输主管部门对驾驶培训学校、驾驶培训班实行备案管理，并对驾驶培训活动加强监督”。

二是《中华人民共和国民用航空法》设定的非经营性通用航空活动登记核准。草案将民用航空法第一百四十七条第一款修改为：“从事非经营性通用航空的，应当向国务院民用航空主管部门备案。”在第二百一十一条增加一款规定，明确从事非经营性通用航空未向国务院民用航空主管部门备案的法律责任。

三是《中华人民共和国海关法》设定的报关企业注册登记。草案删去海关法第九条第一款中的“海关准予注册登记的”，将第十一条修改为：“进出口货物收发货人、报关企业办理报关手续，应当依法向海关备案。”“报关企业和报关人员不得非法代理他人报关。”将第八十八条修改为：“未向海关备案从事报关业务的，海关可以处以罚款。”将第八十九条修改为：“报关企业非法代理他人报关的，由海关责令改正，处以罚款；情节严重的，禁止其从事报关活动。”“报关人员非法代理他人报关的，由海关责令改正，处以罚款。”将第九十条第一款修改为：“进出口货物收发货人、报关企业向海关工作人员行贿的，由海关禁止其从事报关活动，并处以罚款；构成犯罪的，依法追究刑事责任。”

四是《中华人民共和国食品安全法》设定的食品经营许可（仅销售预包装食品）。2019 年 10 月 26 日，《全国人民代表大会常务委员会关于授权国务院在自由贸易试验区暂时调整适用有关法律规定的决定》授权国务院在自贸试验区暂时调整适用食品安全法第三十五条的有关规定，将仅销售预包装食品的食品经营许可改为备案，并提出对实践证明可行的，国务院应当提出修改有关法律的意见。各自贸试验区稳步开展此项改革举措，试点工作情况反映良好，未发生因实施改革导致的重大食品安全事件。为深化“证照分离”改革，建议将该项改革举措在全国范围推开。据此，草案将食品安全法第三十五条第一款修改为：“国家对食品生产经营实行许可制度。从事食品生产、食品销售、餐饮服务，应当依法取得许可。但是，销售食用农产品和仅销售预包装食品的，不需要取得许可。仅销售预包装食品的，应当向所在地县级以上地方人民政府食品安全监督管理部门备案。”

（三）关于实行告知承诺涉及法律规定的修改。

《中华人民共和国消防法》设定了公众聚集场所投入使用、营业前消防安全检查。根据 2019 年 5 月 30 日中办、国办印发的《关于深化消防执法改革的意见》，简化公众聚集场所投入使用、营业前消防安全检查，实行告知承诺管理。据此，草案将消防法第十五条修改为：“公众聚集场所投入使用、营业前消防安全检查实行告知承诺管理。公众聚集场所在投入使用、营业前，建设单位或者使用单位应当向场所所在地的县级以上地方人民政府消防救援机构申请消防安全检查，作出场所符合消防安全标准的承诺，提交规定的材料，并对其承诺和材料的真实性负责。”“消防救援机构对申请人提交的材料进行审查；申请材料齐全、符合法定形式的，应当予以许可。消防救援机构应当根据消防安全标准和管理规定，及时对作出承诺的公众聚集场所进行核查。”“申请人选择不采用告知承诺方式办理的，消防救援机构应当自受理申请之日起十个工作日内,根据消防安全标准和管理规定,对该场所进行检查。经检查符合消防安全要求的,应当予以许可。”“公众聚集场所未经消防救援机构许可的,不得投入使用、营业。消防安全标准和消防安全检查的具体办法,由国务院应急管理部门制定。”将第五十八条第一款第四项修改为:“公众聚集场所未经消防救援机构许可,擅自投入使用、营业的,或者经核查发现场所使用、营业情况与承诺内容不符的”,增加一款,作为第二款:“核查发现公众聚集场所使用、营业情况与承诺内容不符,经责令限期改正,逾期不整改或者整改后仍达不到要求的,依法撤销相应许可。”

(四)关于优化审批服务涉及法律规定的修改。

一是《中华人民共和国种子法》设定的省级林草部门实施的对林草种子(进出口)生产经营许可证审核(初审)。2019 年 10 月 26 日,《全国人民代表大会常务委员会关于授权国务院在自由贸易试验区暂时调整适用有关法律规定的决定》授权国务院在自贸试验区暂时调整适用种子法第三十一条第一款的有关规定,优化林草种子(进出口)生产经营许可证核发审批服务,取消省级林草部门实施的审核(初审)。为深化“证照分离”改革,国务院决定在全国范围内推行“证照分离”改革全覆盖。据此,将种子法第三十一条第一款修改为:“从事种子进出口业务的种子生产经营许可证,由国务院农业、林业主管部门核发;其中,申请从事农作物种子进出口业务的种子生产经营许可证的,还应当经省、自治区、直辖市人民政府农业主管部门审核。”

二是《中华人民共和国民用航空法》设定的设立国际机场审批。考虑到实践中设立国际机场是由省级人民政府向国务院提出口岸开放申请,为了简化审批程序,草案将民用航空法第六十四条第一款修改为:“设立国际机场,由机场所在地省级人民政府报请国务院审查批准。”

草案和以上说明是否妥当,请审议。

# 全国人民代表大会宪法和法律委员会关于《〈中华人民共和国道路交通安全法〉等 9 部法律的修正案(草案)》审议结果的报告

——2021 年 4 月 28 日在第十三届全国人民代表大会常务委员会第二十八次会议上

全国人民代表大会常务委员会:

本次常委会会议于 4 月 27 日上午对道路交通安全法等九部法律的修正案草案进行了分组审议。普遍认为,为全面贯彻落实党中央、国务院的决策部署,深化“证照分离”改革,推进“放管服”改革,激发市场主体发展活力,优化营商环境,对道路交通安全法等法律作相应修改,是必要的,修正案草案基本可行,赞成提请本次常委会会议表决通过。同时,有些常委会组成人员还提出了一些修改意见和建议。宪法和法律委员会于 4 月 27 日下午召开会议,逐条研究了常委会组成人员的审议意见,对修正案草案进行了审议。司法部、应急管理部、海关总署、国务院办公厅政府职能转变办公室的有关同志列席了会议。宪法和法律委员会认为,修正案草案总体是可行的,同时,提出以下修改意见:

一、修正案草案将消防法第十五条中的“消防技术标准”修改为“消防安全标准”。有的常委委员提出,考虑到与消防法其他有关条文的衔接,建议仍使用“消防技术标准”的表述。宪法和法律委员会经研究认为,消防安全标准包含消防技术标准和有关管理规定,为适应实行告知承诺管理后消防安全检查工作的需要,并与消防法其他规定保持一致,建议将“消防安全标准”修改为“消防技术标准和管理规定”。

二、有的常委会组成人员提出,鉴于全国人大相关专门委员会已经启动了种子法的修改,修正案草案关于种子法的相关修改内容可以在种子法的修改中一并纳入,建议删除草案中有关种子法修改的内容。宪法和法律委员会经研究,建议采纳这一意见。

三、有的常委会组成人员提出,鉴于农药、兽药对生态和人民群众健康安全有影响,为更好地把住食品药品安全关,建议保留现行广告法有关规定内容。宪法和法律委员会经研究,建议采纳这一意见。

在审议中,有的常委会组成人员还就取消行政审批后,需要进一步加强事中事后监管,提出了很好的意见建议。宪法和法律委员会建议，国务院及其有关部门要认真研究常委会组成人员的意见，进一步完善事中事后监管措施，确保监管责任落实，维护好国家利益、公共利益和人民群众的合法权益。

此外，根据常委会组成人员的审议意见，还对修正案草案作了个别文字修改。

宪法和法律委员会已按上述意见提出了全国人民代表大会常务委员会关于修改《中华人民共和国道路交通安全法》等八部法律的决定（草案），建议本次常委会会议审议通过。

决定草案和以上报告是否妥当，请审议。

# 中华人民共和国主席令

第八十二号

《全国人民代表大会常务委员会关于修改〈中国人民解放军选举全国人民代表大会和县级以上地方各级人民代表大会代表的办法〉的决定》已由中华人民共和国第十三届全国人民代表大会常务委员会第二十八次会议于2021年4月29日通过，现予公布，自2021年4月30日起施行。

中华人民共和国主席　习近平

2021年4月29日

# 全国人民代表大会常务委员会关于修改《中国人民解放军选举全国人民代表大会和县级以上地方各级人民代表大会代表的办法》的决定

（2021年4月29日第十三届全国人民代表大会常务委员会第二十八次会议通过）

第十三届全国人民代表大会常务委员会第二十八次会议决定对《中国人民解放军选举全国人民代表大会和县级以上地方各级人民代表大会代表的办法》作如下修改：

一、将第五条第一款修改为：“人民解放军军人、文职人员，军队管理的离休、退休人员和其他人员，参加军队选举。”

二、将第八条第三款修改为：“选举委员会任期五年，行使职权至新的选举委员会产生为止。选举委员会的组成人员调离本单位或者免职、退役的，其在选举委员会中担任的职务自行终止；因职务调整或者其他原因不宜继续在选举委员会中担任职务的，应当免除其在选举委员会中担任的职务。选举委员会的组成人员出缺时，应当及时增补。”

三、将第十一条第二款修改为：“办公室设在政治工作部门，工作人员由本级选举委员会确定。”

四、将第十三条修改为：“中央军事委员会机关部门和战区、军兵种、军事科学院、国防大学、国防科技大学等单位应选全国人民代表大会代表的名额，由人民解放军选举委员会分配。中央军事委员会直属机构参加其代管部门的选举。”

五、将第十四条第二款修改为：“有关选举事宜，由省军区（卫戍区、警备区）、军分区（警备区）、人民武装部分别与驻地的人民代表大会常务委员会协商决定。”

六、将第十六条第二款修改为：“中央军事委员会机关部门和战区、军兵种、军事科学院、国防大学、国防科技大学等单位的军人代表大会，选举全国人民代表大会代表。”

七、第三十八条增加一款，作为第四款：“因执行任务等原因无法召开军人代表大会的，可以由本级选举委员会进行补选。”

八、增加一条，作为第四十条：“人民武装警察部队选举全国人民代表大会和县级以上地方各级人民代表大会代表，适用本办法。"

**九**、将第二条、第十五条第一款中的"现役军人"修改为"军人"。

本决定自 2021 年 4 月 30 日起施行。

《中国人民解放军选举全国人民代表大会和县级以上地方各级人民代表大会代表的办法》根据本决定作相应修改，重新公布。

# 中国人民解放军选举全国人民代表大会和县级以上地方各级人民代表大会代表的办法

（1981 年 6 月 10 日第五届全国人民代表大会常务委员会第十九次会议通过　1996 年 10 月 29 日第八届全国人民代表大会常务委员会第二十二次会议修订　根据 2012 年 6 月 30 日第十一届全国人民代表大会常务委员会第二十七次会议《关于修改〈中国人民解放军选举全国人民代表大会和县级以上地方各级人民代表大会代表的办法〉的决定》第一次修正　根据 2021 年 4 月 29 日第十三届全国人民代表大会常务委员会第二十八次会议《关于修改〈中国人民解放军选举全国人民代表大会和县级以上地方各级人民代表大会代表的办法〉的决定》第二次修正）

## 目　录



## 第一章　总　　则

**第一条**　根据《中华人民共和国宪法》和《中华人民共和国全国人民代表大会和地方各级人民代表大会选举法》的有关规定，制定本办法。

**第二条**　人民解放军军人和参加军队选举的其他人员依照本办法选举全国人民代表大会和县级以上地方各级人民代表大会代表。

**第三条**　人民解放军及人民解放军团级以上单位设立选举委员会。

人民解放军选举委员会领导全军的选举工作，其他各级选举委员会主持本单位的选举工作。

**第四条**　连和其他基层单位的军人委员会，主持本单位的选举工作。

**第五条**　人民解放军军人、文职人员，军队管理的离休、退休人员和其他人员，参加军队选举。

驻军的驻地距离当地居民的居住地较远，随军家属参加地方选举有困难的，经选举委员会或者军人委员会批准，可以参加军队选举。

**第六条**　驻地方工厂、铁路、水运、科研等单位的军代表，在地方院校学习的军队人员，可以参加地方选举。

**第七条**　本办法第五条所列人员，凡年满十八周岁，不分民族、种族、性别、职业、家庭出身、宗教信仰、教育程度、财产状况、居住期限，都具有选民资格，享有选举权和被选举权。

依照法律被剥夺政治权利的人没有选举权和被选举权。

精神病患者不能行使选举权利的，经选举委员会确认，不参加选举。

## 第二章　选举委员会

**第八条**　人民解放军选举委员会的组成人员，由全国人民代表大会常务委员会批准。其他各级选举委员会的组成人员，由上一级选举委员会批准。

下级选举委员会受上级选举委员会的领导。

选举委员会任期五年，行使职权至新的选举委员会产生为止。选举委员会的组成人员调离本单位或者免职、退役的，其在选举委员会中担任的职务自行终止；因职务调整或者其他原因不宜继续在选举委员会中担任职务的，应当免除其在选举委员会中担任的职务。选举委员会的组成人员出缺时，应当及时增补。

**第九条**　人民解放军选举委员会由十一至十九人组成，设主任一人，副主任一至三人，委员若干人。其他各级选举委员会由七至十七人组成，设主任一人，副主任一至二人，委员若干人。

**第十条**　团级以上单位的选举委员会组织、指导所属单位的选举，办理下列事项：

（一）审查军人代表大会代表资格；

（二）确定选举日期；

（三）公布人民代表大会代表候选人名单；

（四）主持本级军人代表大会或者军人大会的投票选举；

（五）确定选举结果是否有效，公布当选的人民代表大会代表名单；

（六）主持本级军人代表大会或者军人大会罢免和补选人民代表大会代表、接受人民代表大会代表辞职。

**第十一条**　选举委员会下设办公室，具体承办本级有关选举的日常工作。

办公室设在政治工作部门，工作人员由本级选举委员会确定。

## 第三章　代表名额的决定和分配

**第十二条**　人民解放军应选全国人民代表大会代表的名额，由全国人民代表大会常务委员会决定。

**第十三条**　中央军事委员会机关部门和战区、军兵种、军事科学院、国防大学、国防科技大学等单位应选全国人民代表大会代表的名额，由人民解放军选举委员会分配。中央军事委员会直属机构参加其代管部门的选举。

**第十四条**　各地驻军应选县级以上地方各级人民代表大会代表的名额，由驻地各该级人民代表大会常务委员会决定。

有关选举事宜，由省军区（卫戍区、警备区）、军分区（警备区）、人民武装部分别与驻地的人民代表大会常务委员会协商决定。

## 第四章　选区和选举单位

**第十五条**　驻军选举县级人民代表大会代表，由驻该行政区域的军人和参加军队选举的其他人员按选区直接选举产生。选区按该行政区域内驻军各单位的分布情况划分。

选区的大小，按照每一选区选一名至三名代表划分。

**第十六条**　驻军应选的设区的市、自治州、省、自治区、直辖市人民代表大会代表，由团级以上单位召开军人代表大会选举产生。

中央军事委员会机关部门和战区、军兵种、军事科学院、国防大学、国防科技大学等单位的军人代表大会，选举全国人民代表大会代表。

**第十七条**　人民解放军师级以上单位的军人代表大会代表，由下级军人代表大会选举产生。下级单位不召开军人代表大会的，由军人大会选举产生。

旅、团级单位的军人代表大会代表，由连和其他基层单位召开军人大会选举产生。

军人代表大会由选举委员会召集，军人大会由选举委员会或者军人委员会召集。

军人代表大会每届任期五年。军人代表大会代表任期从本届军人代表大会举行第一次会议开始，到下届军人代表大会举行第一次会议为止。

## 第五章　代表候选人的提出

**第十八条**　人民解放军选举全国和县级以上地方各级人民代表大会代表，候选人按选区或者选举单位提名产生。

中国共产党在军队中的各级组织，可以推荐代表候选人。选民或者军人代表大会代表，十人以上联名，也可以推荐代表候选人。推荐者应向选举委员会或者军人委员会介绍候选人的情况。接受推荐的代表候选人应当向选举委员会或者军人委员会如实提供个人基本情况。提供的基本情况不实的，选举委员会或者军人委员会应当向选民或者军人代表大会代表通报。

**第十九条**　人民解放军选举全国和县级以上地方各级人民代表大会代表实行差额选举，代表候选人的人数应多于应选代表的名额。

由选民直接选举的，代表候选人的人数应多于应选代表名额三分之一至一倍；由军人代表大会选举的，代表候选人的人数应多于应选代表名额五分之一至二分之一。

**第二十条**　由选民直接选举的，代表候选人由选举委员会或者军人委员会汇总后，将代表候选人名单以及代表候选人的基本情况在选举日的十五日以前公布，并交各该选区的选民反复讨论、协商，确定正式代表候选人名单。如果所提代表候选人的人数超过本办法第十九条规定的最高差额比例，由选举委员会或者军人委员会交各该选区的选民讨论、协商，根据较多数选民的意见，确定正式代表候选人名单；对正式代表候选人不能形成较为一致意见的，进行预选，根据预选时得票多少的顺序，确定正式代表候选人名单。正式代表候选人名单以及代表候选人的基本情况应当在选举日的七日以前公布。

团级以上单位的军人代表大会在选举人民代表大会代表时，提名、酝酿代表候选人的时间不得少于两天。各该级选举委员会将依法提出的代表候选人名单以及代表候选人的基本情况印发军人代表大会全体代表酝酿、讨论。如果所提代表候选人的人数符合本办法第十九条规定的差额比例，直接进行投票选举。如果所提代表候选人的人数超过本办法第十九条规定的最高差额比例，进行预选，根据预选时得票多少的顺序，按照本级军人代表大会确定的具体差额比例，确定正式代表候选人名单，进行投票选举。

**第二十一条** 军人代表大会在选举全国和县级以上地方各级人民代表大会代表时，代表候选人不限于本级军人代表大会代表。

**第二十二条** 选举委员会或者军人委员会应当介绍代表候选人的情况。

推荐代表候选人的组织或者个人可以在选民小组或者军人代表大会小组会议上介绍所推荐的代表候选人的情况。直接选举时，选举委员会或者军人委员会根据选民的要求，应当组织代表候选人与选民见面，由代表候选人介绍本人的情况，回答选民的问题。但是，在选举日必须停止对代表候选人的介绍。

## 第六章 选举程序

**第二十三条** 直接选举时，各选区应当召开军人大会进行选举，或者按照方便选民投票的原则设立投票站进行选举。驻地分散或者行动不便的选民，可以在流动票箱投票。投票选举由军人委员会或者选举委员会主持。

军人代表大会的投票选举，由选举委员会主持。

**第二十四条** 人民解放军选举全国和县级以上地方各级人民代表大会代表，一律采用无记名投票的方法。选举时应当设有秘密写票处。

选民因残疾等原因不能写选票，可以委托他信任的人代写。

**第二十五条** 选民如果在选举期间外出，经军人委员会或者选举委员会同意，可以书面委托其他选民代为投票。每一选民接受的委托不得超过三人，并应当按照委托人的意愿代为投票。

**第二十六条** 选举人对代表候选人可以投赞成票，可以投反对票，可以另选其他任何选民，也可以弃权。

**第二十七条** 投票结束后，由选民推选的或者军人代表大会代表推选的监票、计票人员和选举委员会或者军人委员会的人员将投票人数和票数加以核对，作出记录，并由监票人签字。

代表候选人的近亲属不得担任监票人、计票人。

**第二十八条** 每次选举所投的票数，多于投票人数的无效，等于或者少于投票人数的有效。

每一选票所选的人数，多于规定应选代表人数的作废，等于或者少于规定应选代表人数的有效。

**第二十九条** 直接选举时，参加投票的选民超过选区全体选民的半数，选举有效。代表候选人获得参加投票的选民过半数的选票时，始得当选。

军人代表大会选举时，代表候选人获得全体代表过半数的选票，始得当选。

**第三十条** 获得过半数选票的代表候选人的人数超过应选代表名额时，以得票多的当选。如遇票数相等不能确定当选人时，应就票数相等的候选人再次投票，以得票多的当选。

获得过半数选票的当选代表的人数少于应选代表名额时，不足的名额另行选举。另行选举时，根据在第一次投票时得票多少的顺序，按照本办法第十九条规定的差额比例，确定候选人名单。如果只选一人，候选人应为二人。

依照前款规定另行选举县级人民代表大会代表时，代表候选人以得票多的当选，但是得票数不得少于选票的三分之一；团级以上单位的军人代表大会在另行选举设区的市、自治州、省、自治区、直辖市和全国人民代表大会代表时，代表候选人获得军人代表大会全体代表过半数的选票，始得当选。

**第三十一条** 选举结果由选举委员会或者军人委员会根据本办法确定是否有效，并予以宣布。

## 第七章 对代表的监督和罢免、辞职、补选

**第三十二条** 人民解放军选出的全国和县级以上地方各级人民代表大会代表，受选民和原选举

单位的监督。选民或者选举单位都有权罢免自己选出的代表。

**第三十三条**　对于县级人民代表大会代表，原选区选民十人以上联名，可以向旅、团级选举委员会书面提出罢免要求。

罢免要求应当写明罢免理由。被提出罢免的代表有权在军人大会上提出申辩意见，也可以书面提出申辩意见。

旅、团级选举委员会应当将罢免要求和被提出罢免的代表的书面申辩意见印发原选区选民。

表决罢免要求，由旅、团级选举委员会主持。

**第三十四条**　军人代表大会举行会议时，团级以上单位的选举委员会可以提出对由该级军人代表大会选出的人民代表大会代表的罢免案。罢免案应当写明罢免理由。

军人代表大会举行会议时，被提出罢免的代表有权在会议上提出申辩意见，或者书面提出申辩意见。罢免案经会议审议后予以表决。

**第三十五条**　罢免代表采用无记名投票的表决方式。

**第三十六条**　罢免县级人民代表大会代表，须经原选区过半数的选民通过。

罢免由军人代表大会选出的人民代表大会代表，由各该级军人代表大会过半数的代表通过。

罢免的决议，须报送同级人民代表大会常务委员会和军队上一级选举委员会备案。

**第三十七条**　人民解放军选出的设区的市、自治州、省、自治区、直辖市和全国人民代表大会代表，可以向原选举单位的选举委员会书面提出辞职。人民解放军选出的县级人民代表大会代表，可以向原选区的选举委员会或者军人委员会书面提出辞职。接受辞职，须经军人代表大会或者军人大会全体人员的过半数通过，并报送各该级人民代表大会常务委员会和军队上一级选举委员会备案。

因执行任务等原因无法召开军人代表大会的，团级以上单位的选举委员会可以接受各该级选出的设区的市、自治州、省、自治区、直辖市和全国人民代表大会代表辞职。选举委员会接受人民代表大会代表辞职后，应当及时通报选举产生该代表的军人代表大会的代表，并报送各该级人民代表大会常务委员会和军队上一级选举委员会备案。

**第三十八条**　代表在任期内因故出缺，由原选区或者原选举单位补选。

人民解放军选出的县级以上地方各级人民代表大会代表，在任期内调离本行政区域的，其代表资格自行终止，缺额另行补选。

补选代表时，代表候选人的名额可以多于应选代表的名额，也可以同应选代表的名额相等。

因执行任务等原因无法召开军人代表大会的，可以由本级选举委员会进行补选。

## 第八章　附　　则

**第三十九条**　人民解放军的选举经费，由军费开支。

**第四十条**　人民武装警察部队选举全国人民代表大会和县级以上地方各级人民代表大会代表，适用本办法。

# 关于《中国人民解放军选举全国人民代表大会和县级以上地方各级人民代表大会代表的办法（修正草案）》的说明

——2021 年 4 月 26 日在第十三届全国人民代表大会常务委员会第二十八次会议上

中央军委委员、中央军委政治工作部主任　苗　华

全国人民代表大会常务委员会：

我受中央军委委托，现就《中国人民解放军选举全国人民代表大会和县级以上地方各级人民代表大会代表的办法（修正草案）》（以下简称《选举办法》修正草案）作说明：

## 一、修改《选举办法》的必要性

《选举办法》是保障军人依法行使民主选举权利、依法产生军队人大代表的一部重要法律，于

1981 年制定,并在 1996 年、2012 年两次作了修改。现行《选举办法》施行以来,对于指导和规范军队选举工作发挥了重要作用。随着国防和军队改革深入推进,现行《选举办法》的一些规定与部队新体制新编成不相适应;武警部队领导指挥体制调整后,其选举工作的适用法律问题亟待明确;部队在选举工作中的一些有益经验,也需要通过法律形式固化下来。因此,有必要对现行《选举办法》进行修改。

## 二、修改《选举办法》的指导思想

坚持以习近平新时代中国特色社会主义思想为指导,深入贯彻习近平强军思想,严格遵循选举法基本原则,紧密结合深化国防和军队改革实际,总结实践经验,着力解决矛盾问题,健全完善军队人大代表选举制度,进一步保障军队在国家政治生活中应有的地位和作用。

## 三、修正草案中的几个主要问题

(一)关于武警部队选举工作适用《选举办法》问题

根据《中共中央关于调整中国人民武装警察部队领导指挥体制的决定》,自 2018 年 1 月 1 日零时起,武警部队由党中央和中央军委集中统一领导,实行"中央军委—武警部队—部队"领导指挥体制。为确保相关制度设置与改革决策相一致,为武警部队选举人大代表工作提供法律依据,此次修改明确武警部队选举工作适用本办法。

(二)关于明确军队选举单位组成问题

按照改革后的军队领导指挥体制,参照十三届全国人大代表选举时的做法,对《选举办法》第十三条、第十六条第二款进行修改,将选举全国人大代表的选举单位由"各总部、大军区级单位和中央军事委员会办公厅"调整为"中央军事委员会机关部门和战区、军兵种、军事科学院、国防大学、国防科技大学"等单位,并明确中央军事委员会直属机构参加其代管部门的选举。

(三)关于选举委员会组成人员调整问题

由于军队人员流动性较大,各级选举委员会组成人员在任期内调离本单位或免职、退役情况较多,现行《选举办法》缺乏增免相关规定。经与全国人大常委会有关部门沟通,2012 年军队有关通知明确,选举委员会的组成人员调离本单位或者免职、退役的,其在选举委员会中担任的职务自行终止;因职务调整或者其他原因不宜继续在选举委员会中担任职务的,应当免除其在选举委员会中担任的职务。选举委员会的组成人员出缺时,应当及时增补。此次修改,将相关内容写入《选举办法》第八条予以规范。

(四)关于动态分散条件下部队选举工作组织实施问题

近年来,部队在外执行战备演训任务更趋频繁,任务分队临时抽组、机动混编情况越来越多,一些单位反映难以集中开会补选代表。根据这些实际,按照《选举法》有关精神,明确因执行任务等原因无法召开军人代表大会的,可以由本级选举委员会进行补选,同时,明确补选代表的候选人可以由同级单位政治工作部门推荐。

此外,根据军队体制编制和人员构成变化情况,对个别文字表述作了修改。

修正草案和以上说明是否妥当,请审议。

# 全国人民代表大会宪法和法律委员会关于《中国人民解放军选举全国人民代表大会和县级以上地方各级人民代表大会代表的办法(修正草案)》审议结果的报告

——2021 年 4 月 28 日在第十三届全国人民代表大会常务委员会第二十八次会议上

全国人民代表大会常务委员会:

本次常委会会议于 4 月 27 日上午对《中国人民解放军选举全国人民代表大会和县级以上地方各级人民代表大会代表的办法》(以下简称《选举办法》)修正草案进行了分组审议。普遍认为,修正草案深入贯彻习近平强军思想,适应国防和军队改革的实际需要，健全完善军队人大代表选举制度，有利于进一步保障军人依法行使民主选举权利、依法参与管理国家事务。修正草案经过反复研究论证，已经比较成熟，赞成提请本次常委会会议表决通过。同时，有些常委会组成人员和列席人员还提出了一些修改意见和建议。宪法和法律委员会于4月27日下午召开会议，逐条研究了常委会组成人员的审议意见，对修正草案进行了审议。中央军委办公厅军委法制局、中央军委政治工作部有关负责同志列席了会议。宪法和法律委员会认为，为适应国防和军队改革的新形势、新任务，解决实际工作中面临的新情况、新问题，修改《选举办法》是必要的；修正草案符合选举法的有关规定，是可行的。同时，提出以下修改意见：

一、修正草案第七条规定："补选代表时，代表候选人可以由同级单位政治工作部门推荐，名额可以多于应选代表的名额，也可以同应选代表的名额相等。"有的常委委员提出，《选举办法》规定了党组织可以推荐代表候选人，实践中由政治工作部门推荐代表候选人属于内部工作程序，可不在法律中规定。宪法和法律委员会经研究，建议删去修正草案中的上述规定，保留现行《选举办法》的有关规定。

二、有的意见提出，为与国防法有关规定的表述一致，建议将《选举办法》中的"现役军人"修改为"军人"。宪法和法律委员会经研究，建议将第二条、第十五条第一款中的"现役军人"修改为"军人"。

经与中央军委办公厅军委法制局、中央军委政治工作部研究，建议将本决定的施行时间确定为2021年4月30日。

此外，根据常委会组成人员的审议意见，还对修正草案作了个别文字修改。

宪法和法律委员会已按上述意见提出了全国人民代表大会常务委员会关于修改《中国人民解放军选举全国人民代表大会和县级以上地方各级人民代表大会代表的办法》的决定（草案），建议本次常委会会议审议通过。

修改决定草案和以上报告是否妥当，请审议。

# 中华人民共和国主席令

第八十四号

《中华人民共和国数据安全法》已由中华人民共和国第十三届全国人民代表大会常务委员会第二十九次会议于2021年6月10日通过，现予公布，自2021年9月1日起施行。

中华人民共和国主席　习近平

2021年6月10日

# 中华人民共和国数据安全法

（2021年6月10日第十三届全国人民代表大会常务委员会第二十九次会议通过）

## 目　录



## 第一章　总　　则

**第一条**　为了规范数据处理活动，保障数据安全，促进数据开发利用，保护个人、组织的合法权益，维护国家主权、安全和发展利益，制定本法。

**第二条**　在中华人民共和国境内开展数据处理活动及其安全监管，适用本法。

在中华人民共和国境外开展数据处理活动，损害中华人民共和国国家安全、公共利益或者公民、组织合法权益的,依法追究法律责任。

**第三条** 本法所称数据,是指任何以电子或者其他方式对信息的记录。

数据处理,包括数据的收集、存储、使用、加工、传输、提供、公开等。

数据安全,是指通过采取必要措施,确保数据处于有效保护和合法利用的状态,以及具备保障持续安全状态的能力。

**第四条** 维护数据安全,应当坚持总体国家安全观,建立健全数据安全治理体系,提高数据安全保障能力。

**第五条** 中央国家安全领导机构负责国家数据安全工作的决策和议事协调,研究制定、指导实施国家数据安全战略和有关重大方针政策,统筹协调国家数据安全的重大事项和重要工作,建立国家数据安全工作协调机制。

**第六条** 各地区、各部门对本地区、本部门工作中收集和产生的数据及数据安全负责。

工业、电信、交通、金融、自然资源、卫生健康、教育、科技等主管部门承担本行业、本领域数据安全监管职责。

公安机关、国家安全机关等依照本法和有关法律、行政法规的规定,在各自职责范围内承担数据安全监管职责。

国家网信部门依照本法和有关法律、行政法规的规定,负责统筹协调网络数据安全和相关监管工作。

**第七条** 国家保护个人、组织与数据有关的权益,鼓励数据依法合理有效利用,保障数据依法有序自由流动,促进以数据为关键要素的数字经济发展。

**第八条** 开展数据处理活动,应当遵守法律、法规,尊重社会公德和伦理,遵守商业道德和职业道德,诚实守信,履行数据安全保护义务,承担社会责任,不得危害国家安全、公共利益,不得损害个人、组织的合法权益。

**第九条** 国家支持开展数据安全知识宣传普及,提高全社会的数据安全保护意识和水平,推动有关部门、行业组织、科研机构、企业、个人等共同参与数据安全保护工作,形成全社会共同维护数据安全和促进发展的良好环境。

**第十条** 相关行业组织按照章程,依法制定数据安全行为规范和团体标准,加强行业自律,指导会员加强数据安全保护,提高数据安全保护水平,促进行业健康发展。

**第十一条** 国家积极开展数据安全治理、数据开发利用等领域的国际交流与合作,参与数据安全相关国际规则和标准的制定,促进数据跨境安全、自由流动。

**第十二条** 任何个人、组织都有权对违反本法规定的行为向有关主管部门投诉、举报。收到投诉、举报的部门应当及时依法处理。

有关主管部门应当对投诉、举报人的相关信息予以保密,保护投诉、举报人的合法权益。

## 第二章 数据安全与发展

**第十三条** 国家统筹发展和安全,坚持以数据开发利用和产业发展促进数据安全,以数据安全保障数据开发利用和产业发展。

**第十四条** 国家实施大数据战略,推进数据基础设施建设,鼓励和支持数据在各行业、各领域的创新应用。

省级以上人民政府应当将数字经济发展纳入本级国民经济和社会发展规划,并根据需要制定数字经济发展规划。

**第十五条** 国家支持开发利用数据提升公共服务的智能化水平。提供智能化公共服务,应当充分考虑老年人、残疾人的需求,避免对老年人、残疾人的日常生活造成障碍。

**第十六条** 国家支持数据开发利用和数据安全技术研究,鼓励数据开发利用和数据安全等领域的技术推广和商业创新,培育、发展数据开发利用和数据安全产品、产业体系。

**第十七条** 国家推进数据开发利用技术和数据安全标准体系建设。国务院标准化行政主管部门和国务院有关部门根据各自的职责,组织制定并适时修订有关数据开发利用技术、产品和数据安全相关标准。国家支持企业、社会团体和教育、科研机构等参与标准制定。

**第十八条** 国家促进数据安全检测评估、认证等服务的发展,支持数据安全检测评估、认证等专业机构依法开展服务活动。

国家支持有关部门、行业组织、企业、教育和科研机构、有关专业机构等在数据安全风险评估、防范、处置等方面开展协作。

**第十九条** 国家建立健全数据交易管理制度,规范数据交易行为,培育数据交易市场。

**第二十条** 国家支持教育、科研机构和企业等开展数据开发利用技术和数据安全相关教育和培训，采取多种方式培养数据开发利用技术和数据安全专业人才，促进人才交流。

## 第三章　数据安全制度

**第二十一条**　国家建立数据分类分级保护制度，根据数据在经济社会发展中的重要程度，以及一旦遭到篡改、破坏、泄露或者非法获取、非法利用，对国家安全、公共利益或者个人、组织合法权益造成的危害程度，对数据实行分类分级保护。国家数据安全工作协调机制统筹协调有关部门制定重要数据目录，加强对重要数据的保护。

关系国家安全、国民经济命脉、重要民生、重大公共利益等数据属于国家核心数据，实行更加严格的管理制度。

各地区、各部门应当按照数据分类分级保护制度，确定本地区、本部门以及相关行业、领域的重要数据具体目录，对列入目录的数据进行重点保护。

**第二十二条**　国家建立集中统一、高效权威的数据安全风险评估、报告、信息共享、监测预警机制。国家数据安全工作协调机制统筹协调有关部门加强数据安全风险信息的获取、分析、研判、预警工作。

**第二十三条**　国家建立数据安全应急处置机制。发生数据安全事件，有关主管部门应当依法启动应急预案，采取相应的应急处置措施，防止危害扩大，消除安全隐患，并及时向社会发布与公众有关的警示信息。

**第二十四条**　国家建立数据安全审查制度，对影响或者可能影响国家安全的数据处理活动进行国家安全审查。

依法作出的安全审查决定为最终决定。

**第二十五条**　国家对与维护国家安全和利益、履行国际义务相关的属于管制物项的数据依法实施出口管制。

**第二十六条**　任何国家或者地区在与数据和数据开发利用技术等有关的投资、贸易等方面对中华人民共和国采取歧视性的禁止、限制或者其他类似措施的，中华人民共和国可以根据实际情况对该国家或者地区对等采取措施。

## 第四章　数据安全保护义务

**第二十七条**　开展数据处理活动应当依照法律、法规的规定，建立健全全流程数据安全管理制度，组织开展数据安全教育培训，采取相应的技术措施和其他必要措施，保障数据安全。利用互联网等信息网络开展数据处理活动，应当在网络安全等级保护制度的基础上，履行上述数据安全保护义务。

重要数据的处理者应当明确数据安全负责人和管理机构，落实数据安全保护责任。

**第二十八条**　开展数据处理活动以及研究开发数据新技术，应当有利于促进经济社会发展，增进人民福祉，符合社会公德和伦理。

**第二十九条**　开展数据处理活动应当加强风险监测，发现数据安全缺陷、漏洞等风险时，应当立即采取补救措施；发生数据安全事件时，应当立即采取处置措施，按照规定及时告知用户并向有关主管部门报告。

**第三十条**　重要数据的处理者应当按照规定对其数据处理活动定期开展风险评估，并向有关主管部门报送风险评估报告。

风险评估报告应当包括处理的重要数据的种类、数量，开展数据处理活动的情况，面临的数据安全风险及其应对措施等。

**第三十一条**　关键信息基础设施的运营者在中华人民共和国境内运营中收集和产生的重要数据的出境安全管理，适用《中华人民共和国网络安全法》的规定；其他数据处理者在中华人民共和国境内运营中收集和产生的重要数据的出境安全管理办法，由国家网信部门会同国务院有关部门制定。

**第三十二条**　任何组织、个人收集数据，应当采取合法、正当的方式，不得窃取或者以其他非法方式获取数据。

法律、行政法规对收集、使用数据的目的、范围有规定的，应当在法律、行政法规规定的目的和范围内收集、使用数据。

**第三十三条**　从事数据交易中介服务的机构提供服务，应当要求数据提供方说明数据来源，审核交易双方的身份，并留存审核、交易记录。

**第三十四条**　法律、行政法规规定提供数据处理相关服务应当取得行政许可的，服务提供者应当依法取得许可。

**第三十五条**　公安机关、国家安全机关因依法维护国家安全或者侦查犯罪的需要调取数据，应当按照国家有关规定，经过严格的批准手续，依法进行，有关组织、个人应当予以配合。

**第三十六条**　中华人民共和国主管机关根据有关法律和中华人民共和国缔结或者参加的国际条约、协定，或者按照平等互惠原则，处理外国司法或者执法机构关于提供数据的请求。非经中华人民共和国主管机关批准，境内的组织、个人不得向外国司法或者执法机构提供存储于中华人民共和国境内的数据。

## 第五章　政务数据安全与开放

**第三十七条**　国家大力推进电子政务建设，提高政务数据的科学性、准确性、时效性，提升运用数据服务经济社会发展的能力。

**第三十八条**　国家机关为履行法定职责的需要收集、使用数据，应当在其履行法定职责的范围内依照法律、行政法规规定的条件和程序进行；对在履行职责中知悉的个人隐私、个人信息、商业秘密、保密商务信息等数据应当依法予以保密，不得泄露或者非法向他人提供。

**第三十九条**　国家机关应当依照法律、行政法规的规定，建立健全数据安全管理制度，落实数据安全保护责任，保障政务数据安全。

**第四十条**　国家机关委托他人建设、维护电子政务系统，存储、加工政务数据，应当经过严格的批准程序，并应当监督受托方履行相应的数据安全保护义务。受托方应当依照法律、法规的规定和合同约定履行数据安全保护义务，不得擅自留存、使用、泄露或者向他人提供政务数据。

**第四十一条**　国家机关应当遵循公正、公平、便民的原则，按照规定及时、准确地公开政务数据。依法不予公开的除外。

**第四十二条**　国家制定政务数据开放目录，构建统一规范、互联互通、安全可控的政务数据开放平台，推动政务数据开放利用。

**第四十三条**　法律、法规授权的具有管理公共事务职能的组织为履行法定职责开展数据处理活动，适用本章规定。

## 第六章　法律责任

**第四十四条**　有关主管部门在履行数据安全监管职责中，发现数据处理活动存在较大安全风险的，可以按照规定的权限和程序对有关组织、个人进行约谈，并要求有关组织、个人采取措施进行整改，消除隐患。

**第四十五条**　开展数据处理活动的组织、个人不履行本法第二十七条、第二十九条、第三十条规定的数据安全保护义务的，由有关主管部门责令改正，给予警告，可以并处五万元以上五十万元以下罚款，对直接负责的主管人员和其他直接责任人员可以处一万元以上十万元以下罚款；拒不改正或者造成大量数据泄露等严重后果的，处五十万元以上二百万元以下罚款，并可以责令暂停相关业务、停业整顿、吊销相关业务许可证或者吊销营业执照，对直接负责的主管人员和其他直接责任人员处五万元以上二十万元以下罚款。

违反国家核心数据管理制度，危害国家主权、安全和发展利益的，由有关主管部门处二百万元以上一千万元以下罚款，并根据情况责令暂停相关业务、停业整顿、吊销相关业务许可证或者吊销营业执照；构成犯罪的，依法追究刑事责任。

**第四十六条**　违反本法第三十一条规定，向境外提供重要数据的，由有关主管部门责令改正，给予警告，可以并处十万元以上一百万元以下罚款，对直接负责的主管人员和其他直接责任人员可以处一万元以上十万元以下罚款；情节严重的，处一百万元以上一千万元以下罚款，并可以责令暂停相关业务、停业整顿、吊销相关业务许可证或者吊销营业执照，对直接负责的主管人员和其他直接责任人员处十万元以上一百万元以下罚款。

**第四十七条**　从事数据交易中介服务的机构未履行本法第三十三条规定的义务的，由有关主管部门责令改正，没收违法所得，处违法所得一倍以上十倍以下罚款，没有违法所得或者违法所得不足十万元的，处十万元以上一百万元以下罚款，并可以责令暂停相关业务、停业整顿、吊销相关业务许可证或者吊销营业执照；对直接负责的主管人员和其他直接责任人员处一万元以上十万元以下罚款。

**第四十八条**　违反本法第三十五条规定，拒不配合数据调取的，由有关主管部门责令改正，给予警告，并处五万元以上五十万元以下罚款，对直接负责的主管人员和其他直接责任人员处一万元以上十万元以下罚款。

违反本法第三十六条规定，未经主管机关批准向外国司法或者执法机构提供数据的，由有关主管部门给予警告，可以并处十万元以上一百万元以下罚款，对直接负责的主管人员和其他直接责任人员可以处一万元以上十万元以下罚款；造成严重后果的，处一百万元以上五百万元以下罚款，并可以责令暂停相关业务、停业整顿、吊销相关业务许可证或者吊销营业执照，对直接负责的主管人员和其他直接责任人员处五万元以上五十万元以下罚款。

**第四十九条**　国家机关不履行本法规定的数

据安全保护义务的，对直接负责的主管人员和其他直接责任人员依法给予处分。

**第五十条**　履行数据安全监管职责的国家工作人员玩忽职守、滥用职权、徇私舞弊的，依法给予处分。

**第五十一条**　窃取或者以其他非法方式获取数据，开展数据处理活动排除、限制竞争，或者损害个人、组织合法权益的，依照有关法律、行政法规的规定处罚。

**第五十二条**　违反本法规定，给他人造成损害的，依法承担民事责任。

违反本法规定，构成违反治安管理行为的，依法给予治安管理处罚；构成犯罪的，依法追究刑事责任。

## 第七章　附　　则

**第五十三条**　开展涉及国家秘密的数据处理活动，适用《中华人民共和国保守国家秘密法》等法律、行政法规的规定。

在统计、档案工作中开展数据处理活动，开展涉及个人信息的数据处理活动，还应当遵守有关法律、行政法规的规定。

**第五十四条**　军事数据安全保护的办法，由中央军事委员会依据本法另行制定。

**第五十五条**　本法自2021年9月1日起施行。

# 关于《中华人民共和国数据安全法(草案)》的说明

——2020年6月28日在第十三届全国人民代表大会常务委员会第二十次会议上

全国人大常委会法制工作委员会副主任　刘俊臣

全国人民代表大会常务委员会：

我受委员长会议的委托，作关于《中华人民共和国数据安全法(草案)》的说明。

## 一、关于制定本法的必要性

随着信息技术和人类生产生活交汇融合，各类数据迅猛增长、海量聚集，对经济发展、社会治理、人民生活都产生了重大而深刻的影响。数据安全已成为事关国家安全与经济社会发展的重大问题。党中央对此高度重视，习近平总书记多次作出重要指示批示，提出加快法规制度建设、切实保障国家数据安全等明确要求。党的十九大报告提出，推动互联网、大数据、人工智能和实体经济深度融合。党的十九届四中全会决定明确将数据作为新的生产要素。按照党中央部署和贯彻落实总体国家安全观的要求，制定一部数据安全领域的基础性法律十分必要：一是，数据是国家基础性战略资源，没有数据安全就没有国家安全。因此，应当按照总体国家安全观的要求，通过立法加强数据安全保护，提升国家数据安全保障能力，有效应对数据这一非传统领域的国家安全风险与挑战，切实维护国家主权、安全和发展利益。二是，当前，各类数据的拥有主体多样，处理活动复杂，安全风险加大，必须通过立法建立健全各项制度措施，切实加强数据安全保护，维护公民、组织的合法权益。三是，发挥数据的基础资源作用和创新引擎作用，加快形成以创新为主要引领和支撑的数字经济，更好服务我国经济社会发展，必须通过立法规范数据活动，完善数据安全治理体系，以安全保发展、以发展促安全。四是，为适应电子政务发展的需要，提升政府决策、管理、服务的科学性和效率，应当通过立法明确政务数据安全管理制度和开放利用规则，大力推进政务数据资源开放和开发利用。

## 二、关于起草工作和把握的几点

按照党中央部署，制定数据安全法列入了十三届全国人大常委会立法规划和年度立法工作计划。2018年10月，全国人大常委会法工委会同有关方面成立工作专班，抓紧草案研究起草工作。在起草过程中，多次召开座谈会，认真听取有关部门、企业和专家学者的意见；整理国内外有关立法资料，开展专题研究；并到有关地方和部门调研，深入了解数据安全领域存在的突出问题，听取立法意见建议。形成数据安全法草案稿后，又征求了中央有关部门和部分企业、专家的意见，经反复修改完善后，形成了《中华人民共和国数据安全法(草案)》。

起草工作注意把握以下几点：一是，把握正确政治方向，贯彻落实总体国家安全观，坚持党对数据安全工作的领导。二是，立足数据安全工作实际，着力解决数据安全领域突出问题，同时坚持包容审慎原则，鼓励和促进数据依法合理有效利用。三是，数据安全法作为数据领域的基础性法律，重点是确立数据安全保护管理各项基本制度，并与网络安全法、正在制定的个人信息保护法等做好衔接。

需要说明的是，按照全国人大常委会立法规划和年度立法工作计划的安排，全国人大常委会法工委会同中央网信办正在抓紧个人信息保护法草案起草工作，争取尽早提请全国人大常委会审议。

## 三、关于草案的主要内容

草案共七章五十一条，主要内容包括：

（一）关于本法的适用范围

草案明确在我国境内开展的数据活动适用本法，其中数据是任何以电子或者非电子形式对信息的记录，数据活动是指数据的收集、存储、加工、使用、提供、交易、公开等行为。同时，草案赋予本法必要的域外适用效力，规定：中华人民共和国境外的组织、个人开展数据活动，损害中华人民共和国国家安全、公共利益或者公民、组织合法权益的，依法追究法律责任。

（二）关于支持、促进数据安全与发展的措施

草案坚持安全与发展并重，设专章对支持促进数据安全与发展的措施作了规定，保护个人、组织与数据有关的权益，提升数据安全治理和数据开发利用水平，促进以数据为关键要素的数字经济发展。包括：实施大数据战略，制定数字经济发展规划；支持数据相关技术研发和商业创新；推进数据相关标准体系建设，促进数据安全检测评估、认证等服务的发展；培育数据交易市场；支持采取多种方式培养专业人才等。

（三）关于数据安全制度

为有效应对境内外数据安全风险，有必要建立健全国家数据安全管理制度，完善国家数据安全治理体系。对此，草案主要作了以下规定：一是，建立数据分级分类管理制度，确定重要数据保护目录，对列入目录的数据进行重点保护。二是，建立集中统一、高效权威的数据安全风险评估、报告、信息共享、监测预警机制，加强数据安全风险信息的获取、分析、研判、预警工作。三是，建立数据安全应急处置机制，有效应对和处置数据安全事件。四是，与相关法律相衔接，确立数据安全审查制度和出口管制制度。五是，针对一些国家对我国的相关投资和贸易采取歧视性等不合理措施的做法，明确我国可以根据实际情况采取相应的措施。

（四）关于数据安全保护义务

保障数据安全，关键是要落实开展数据活动的组织、个人的主体责任。对此，草案主要作了以下规定：一是，开展数据活动必须遵守法律法规，尊重社会公德和伦理，有利于促进经济社会发展，增进人民福祉，不得违法收集、使用数据，不得危害国家安全、公共利益，不得损害公民、组织的合法权益。二是，开展数据活动应当按照规定建立健全全流程数据安全管理制度，组织开展数据安全教育培训，采取相应的技术措施和其他必要措施，保障数据安全。三是，开展数据活动应当加强数据安全风险监测、定期开展风险评估，及时处置数据安全事件，并履行相应的报告义务。四是，对数据交易中介服务和在线数据处理服务等作出规范。五是，对公安机关和国家安全机关因依法履行职责需要调取数据以及境外执法机构调取境内数据时，有关组织和个人的相关义务作了规定。

（五）关于政务数据安全与开放

为保障政务数据安全，并推动政务数据开放利用，草案主要作了以下规定：一是，对推进电子政务建设，提升运用数据服务经济社会发展的能力提出要求。二是，规定国家机关收集、使用数据应当在其履行法定职责的范围内依照法律、行政法规规定的条件和程序进行，并落实数据安全保护责任，保障政务数据安全。三是，对国家机关委托他人存储、加工或者向他人提供政务数据的审批要求和监督义务作出规定。四是，要求国家机关按照规定及时准确公开政务数据，制定政务数据开放目录，构建政务数据开放平台，推动政务数据开放利用。

（六）关于数据安全工作职责

数据安全涉及各行业各领域，涉及多个部门的职责，草案明确中央国家安全领导机构对数据安全工作的决策和统筹协调等职责，加强对数据安全工作的组织领导；同时对有关行业部门和有关主管部门的数据安全监管职责作了规定。

此外，草案还对违反本法规定的法律责任等作了规定。

数据安全法草案和以上说明是否妥当，请审议。

# 全国人民代表大会宪法和法律委员会关于《中华人民共和国数据安全法(草案)》修改情况的汇报

——2021 年 4 月 26 日在第十三届全国人民代表大会常务委员会第二十八次会议上

全国人大宪法和法律委员会副主任委员　徐　辉

全国人民代表大会常务委员会：

常委会第二十次会议对数据安全法草案进行了初次审议。会后，法制工作委员会将草案印发各省(区、市)、中央有关部门和部分基层立法联系点、人大代表、企业、研究机构等征求意见，在中国人大网全文公布草案征求社会公众意见。宪法和法律委员会、法制工作委员会联合召开座谈会，听取中央有关部门和部分专家、企业的意见，到北京、深圳、湖南调研，听取地方意见，并就草案的有关问题与有关方面交换意见，共同研究。宪法和法律委员会于 4 月 1 日召开会议，根据常委会组成人员的审议意见和各方面意见，对草案进行了逐条审议。中央国家安全委员会办公室有关负责同志列席了会议。4 月 20 日，宪法和法律委员会召开会议，再次进行了审议。现将数据安全法草案主要问题修改情况汇报如下：

一、一些常委委员和地方、部门、专家建议，与民法典等有关规定相衔接，对草案中的数据活动、数据安全等用语的含义予以完善。宪法和法律委员会经研究，建议将草案第二条中的“开展数据活动”修改为“开展数据处理活动及其安全监管”，并对有关用语的含义作适当调整完善。

二、草案第十九条对地方、部门制定重要数据目录作了规定。一些常委委员和地方、部门、企业、专家提出，应由国家层面确定重要数据目录，再由地方、部门据此制定具体目录。宪法和法律委员会经研究，建议在草案第十九条中规定，国家建立数据分类分级保护制度，确定重要数据目录，加强对重要数据的保护；各地区、各部门按照规定确定本地区、本部门以及相关行业、领域的重要数据具体目录。

三、有的部门提出，网络安全法已要求网络运营者按照网络安全等级保护制度采取相应措施，保障数据安全，建议草案有关制度与网络安全等级保护制度做好衔接。宪法和法律委员会经研究，建议在有关条款中增加规定，开展数据处理活动应当“在网络安全等级保护制度的基础上”建立健全全流程安全管理制度，加强数据安全保护。

四、有的地方、部门提出，网络安全法关于重要数据出境的安全评估等要求限于关键信息基础设施，应根据实践发展和数据安全管理工作的需要，相应扩大范围。宪法和法律委员会经研究，建议增加一条规定：关键信息基础设施的运营者在我国境内运营中收集和产生的重要数据的出境安全管理，适用网络安全法的规定；其他数据处理者在我国境内运营中收集和产生的重要数据的出境安全管理办法，由国家网信部门会同国务院有关部门制定。

五、根据草案第三十三条的规定，境外司法和执法机构要求调取境内数据的，未经主管机关批准，不得提供。有的部门、专家建议，增加未经批准擅自提供数据的处罚规定，为有关组织、个人拒绝外国不合理要求提供更为充分的法律依据。宪法和法律委员会经研究，建议采纳上述意见，增加相应的处罚规定。

此外，还对草案作了一些文字修改。

草案二次审议稿已按上述意见作了修改，宪法和法律委员会建议提请本次常委会会议继续审议。

草案二次审议稿和以上汇报是否妥当，请审议。

# 全国人民代表大会宪法和法律委员会关于《中华人民共和国数据安全法（草案）》审议结果的报告

——2021 年 6 月 7 日在第十三届全国人民代表大会常务委员会第二十九次会议上

全国人大宪法和法律委员会副主任委员　徐　辉

全国人民代表大会常务委员会：

常委会第二十八次会议对数据安全法草案进行了二次审议。会后，法制工作委员会在中国人大网全文公布草案征求社会公众意见；就草案的有关问题与有关方面交换意见，共同研究。宪法和法律委员会于 5 月 17 日召开会议，根据常委会组成人员的审议意见和各方面意见，对草案进行了审议。中央国家安全委员会办公室有关负责同志列席了会议。5 月 27 日，宪法和法律委员会召开会议，再次进行了审议。宪法和法律委员会认为，为贯彻落实总体国家安全观，维护国家主权、安全和发展利益，规范数据处理活动，促进数据开发利用，制定本法是必要的，草案经过两次审议修改，已经比较成熟。同时，提出以下主要修改意见：

一、有的常委委员和部门提出，数据安全工作涉及面广，应当建立相应的协调机制，加强对数据安全工作的统筹。宪法和法律委员会经研究，建议对草案二次审议稿作以下修改：一是在中央国家安全领导机构的规定中增加“建立国家数据安全工作协调机制”；二是明确国家数据安全工作协调机制在制定重要数据目录、加强数据安全风险分析预警等方面的统筹协调职能。

二、有的常委会组成人员提出，关系国家安全、国计民生等数据属于国家核心数据，应当实行更加严格的管理制度，对违反规定损害国家核心利益的应当从严从重处罚，建议完善草案相关规定。宪法和法律委员会经研究，建议增加规定：关系国家安全、国民经济命脉、重要民生、重大公共利益等数据属于国家核心数据，实行更加严格的管理制度；同时，对违反国家核心数据管理制度，危害国家主权、安全和发展利益的行为规定严格的处罚。

三、有的常委委员和社会公众提出，在大力推进公共服务数字化发展的过程中，不应当对老年人、残疾人享受应有的公共服务造成障碍，建议增加有针对性规定。宪法和法律委员会经研究，建议增加一条规定：国家支持开发利用数据提升公共服务的智能化水平。提供智能化公共服务，应当充分考虑老年人、残疾人的需求，不得对老年人、残疾人的日常生活造成障碍。

四、有的常委委员提出，防范数据安全风险应当发挥社会各方面作用，加强政府、企业、专业机构之间的合作。宪法和法律委员会经研究，建议增加规定：国家支持有关部门、行业组织、企业、科研机构和有关专业机构等在数据安全风险评估、防范、处置等方面开展协作。

五、有的常委委员提出，电子政务系统的建设维护、政务数据的存储加工，很多都是委托专业机构实施的，建议强化受托方的数据安全义务。宪法和法律委员会经研究，建议增加规定：国家机关委托他人建设、维护电子政务系统，存储、加工政务数据，受托方应当依照法律、法规的规定和合同约定履行数据安全保护义务，不得擅自留存、使用、泄露或者向他人提供政务数据。

六、有的常委委员建议，加大对违法向境外提供数据行为的处罚力度。宪法和法律委员会经研究，建议采纳上述意见，对违法向境外提供重要数据、未经主管机关批准向外国司法或者执法机构提供数据行为的处罚规定予以修改完善。

此外，还对草案二次审议稿作了一些文字修改。

草案三次审议稿已按上述意见作了修改，宪法和法律委员会建议提请本次常委会会议审议通过。

草案三次审议稿和以上报告是否妥当，请审议。

# 全国人民代表大会宪法和法律委员会关于《中华人民共和国数据安全法(草案三次审议稿)》修改意见的报告

——2021 年 6 月 10 日在第十三届全国人民代表大会常务委员会第二十九次会议上

全国人民代表大会常务委员会：

本次常委会会议于 6 月 8 日上午对数据安全法草案三次审议稿进行了分组审议。普遍认为，草案已经比较成熟，建议进一步修改后，提请本次常委会会议表决通过。同时，有些常委会组成人员和列席人员还提出了一些修改意见和建议。宪法和法律委员会于 6 月 9 日上午召开会议，逐条研究了常委会组成人员的审议意见，对草案进行了审议。中央国家安全委员会办公室有关负责同志列席了会议。宪法和法律委员会认为，草案是可行的，同时，提出以下修改意见：

一、有的常委委员建议，做好有关用语与民法典、网络安全法有关规定的衔接。宪法和法律委员会经研究，建议将草案三次审议稿第三条第一款数据定义中的“电子或者非电子形式”修改为“电子或者其他方式”，将第六条第一款中的“产生、汇总、加工”修改为“收集和产生”。

二、草案三次审议稿第二十七条规定，开展数据处理活动应当在网络安全等级保护制度的基础上，建立健全全流程安全管理制度。有的常委委员提出，线下数据处理活动不适用网络安全等级保护制度，建议区分情况分别作出规定。宪法和法律委员会经研究，建议采纳上述意见，对这一条作相应修改。

三、有的常委委员建议，在本法中对与统计、档案有关的数据处理活动的法律适用问题作出衔接性规定。宪法和法律委员会经研究，建议增加规定，在统计、档案工作中开展数据处理活动，还应当遵守有关法律、行政法规的规定。

经与有关部门研究，建议将本法的施行时间确定为 2021 年 9 月 1 日。

此外，根据常委会组成人员的审议意见，还对草案三次审议稿作了一些文字修改。

草案修改稿已按上述意见作了修改，宪法和法律委员会建议本次常委会会议审议通过。

草案修改稿和以上报告是否妥当，请审议。

# 中华人民共和国主席令

第八十五号

《中华人民共和国海南自由贸易港法》已由中华人民共和国第十三届全国人民代表大会常务委员会第二十九次会议于 2021 年 6 月 10 日通过，现予公布，自公布之日起施行。

中华人民共和国主席　习近平

2021 年 6 月 10 日

# 中华人民共和国海南自由贸易港法

（2021 年 6 月 10 日第十三届全国人民代表大会常务委员会第二十九次会议通过）

目　　录

## 第一章 总 则

**第一条** 为了建设高水平的中国特色海南自由贸易港,推动形成更高层次改革开放新格局,建立开放型经济新体制,促进社会主义市场经济平稳健康可持续发展,制定本法。

**第二条** 国家在海南岛全岛设立海南自由贸易港,分步骤、分阶段建立自由贸易港政策和制度体系,实现贸易、投资、跨境资金流动、人员进出、运输来往自由便利和数据安全有序流动。

海南自由贸易港建设和管理活动适用本法。本法没有规定的,适用其他有关法律法规的规定。

**第三条** 海南自由贸易港建设,应当体现中国特色,借鉴国际经验,围绕海南战略定位,发挥海南优势,推进改革创新,加强风险防范,贯彻创新、协调、绿色、开放、共享的新发展理念,坚持高质量发展,坚持总体国家安全观,坚持以人民为中心,实现经济繁荣、社会文明、生态宜居、人民幸福。

**第四条** 海南自由贸易港建设,以贸易投资自由化便利化为重点,以各类生产要素跨境自由有序安全便捷流动和现代产业体系为支撑,以特殊的税收制度安排、高效的社会治理体系和完备的法治体系为保障,持续优化法治化、国际化、便利化的营商环境和公平统一高效的市场环境。

**第五条** 海南自由贸易港实行最严格的生态环境保护制度,坚持生态优先、绿色发展,创新生态文明体制机制,建设国家生态文明试验区。

**第六条** 国家建立海南自由贸易港建设领导机制,统筹协调海南自由贸易港建设重大政策和重大事项。国务院发展改革、财政、商务、金融管理、海关、税务等部门按照职责分工,指导推动海南自由贸易港建设相关工作。

国家建立与海南自由贸易港建设相适应的行政管理体制,创新监管模式。

海南省应当切实履行责任,加强组织领导,全力推进海南自由贸易港建设各项工作。

**第七条** 国家支持海南自由贸易港建设发展,支持海南省依照中央要求和法律规定行使改革自主权。国务院及其有关部门根据海南自由贸易港建设的实际需要,及时依法授权或者委托海南省人民政府及其有关部门行使相关管理职权。

**第八条** 海南自由贸易港构建系统完备、科学规范、运行有效的海南自由贸易港治理体系,推动政府机构改革和职能转变,规范政府服务标准,加强预防和化解社会矛盾机制建设,提高社会治理智能化水平,完善共建共治共享的社会治理制度。

国家推进海南自由贸易港行政区划改革创新,优化行政区划设置和行政区划结构体系。

**第九条** 国家支持海南自由贸易港主动适应国际经济贸易规则发展和全球经济治理体系改革新趋势,积极开展国际交流合作。

**第十条** 海南省人民代表大会及其常务委员会可以根据本法,结合海南自由贸易港建设的具体情况和实际需要,遵循宪法规定和法律、行政法规的基本原则,就贸易、投资及相关管理活动制定法规(以下称海南自由贸易港法规),在海南自由贸易港范围内实施。

海南自由贸易港法规应当报送全国人民代表大会常务委员会和国务院备案;对法律或者行政法规的规定作变通规定的,应当说明变通的情况和理由。

海南自由贸易港法规涉及依法应当由全国人民代表大会及其常务委员会制定法律或者由国务院制定行政法规事项的,应当分别报全国人民代表大会常务委员会或者国务院批准后生效。

## 第二章 贸易自由便利

**第十一条** 国家建立健全全岛封关运作的海南自由贸易港海关监管特殊区域制度。在依法有效监管基础上,建立自由进出、安全便利的货物贸易管理制度,优化服务贸易管理措施,实现贸易自由化便利化。

**第十二条** 海南自由贸易港应当高标准建设口岸基础设施,加强口岸公共卫生安全、国门生物安全、食品安全、商品质量安全管控。

**第十三条** 在境外与海南自由贸易港之间,货物、物品可以自由进出,海关依法进行监管,列入海南自由贸易港禁止、限制进出口货物、物品清单的除外。

前款规定的清单,由国务院商务主管部门会同国务院有关部门和海南省制定。

**第十四条** 货物由海南自由贸易港进入境内其他地区(以下简称内地),原则上按进口规定办理相关手续。物品由海南自由贸易港进入内地,按规定进行监管。对海南自由贸易港前往内地的运输工具,简化进口管理。

货物、物品以及运输工具由内地进入海南自由贸易港,按国内流通规定管理。

货物、物品以及运输工具在海南自由贸易港和内地之间进出的具体办法由国务院有关部门会同海南省制定。

**第十五条** 各类市场主体在海南自由贸易港内依法自由开展货物贸易以及相关活动,海关实施低干预、高效能的监管。

在符合环境保护、安全生产等要求的前提下,海南自由贸易港对进出口货物不设存储期限,货物存放地点可以自由选择。

**第十六条** 海南自由贸易港实行通关便利化政策,简化货物流转流程和手续。除依法需要检验检疫或者实行许可证件管理的货物外,货物进入海南自由贸易港,海关按照有关规定径予放行,为市场主体提供通关便利服务。

**第十七条** 海南自由贸易港对跨境服务贸易实行负面清单管理制度,并实施相配套的资金支付和转移制度。对清单之外的跨境服务贸易,按照内外一致的原则管理。

海南自由贸易港跨境服务贸易负面清单由国务院商务主管部门会同国务院有关部门和海南省制定。

## 第三章 投资自由便利

**第十八条** 海南自由贸易港实行投资自由化便利化政策,全面推行极简审批投资制度,完善投资促进和投资保护制度,强化产权保护,保障公平竞争,营造公开、透明、可预期的投资环境。

海南自由贸易港全面放开投资准入,涉及国家安全、社会稳定、生态保护红线、重大公共利益等国家实行准入管理的领域除外。

**第十九条** 海南自由贸易港对外商投资实行准入前国民待遇加负面清单管理制度。特别适用于海南自由贸易港的外商投资准入负面清单由国务院有关部门会同海南省制定,报国务院批准后发布。

**第二十条** 国家放宽海南自由贸易港市场准入。海南自由贸易港放宽市场准入特别清单(特别措施)由国务院有关部门会同海南省制定。

海南自由贸易港实行以过程监管为重点的投资便利措施,逐步实施市场准入承诺即入制。具体办法由海南省会同国务院有关部门制定。

**第二十一条** 海南自由贸易港按照便利、高效、透明的原则,简化办事程序,提高办事效率,优化政务服务,建立市场主体设立便利、经营便利、注销便利等制度,优化破产程序。具体办法由海南省人民代表大会及其常务委员会制定。

**第二十二条** 国家依法保护自然人、法人和非法人组织在海南自由贸易港内的投资、收益和其他合法权益,加强对中小投资者的保护。

**第二十三条** 国家依法保护海南自由贸易港内自然人、法人和非法人组织的知识产权,促进知识产权创造、运用和管理服务能力提升,建立健全知识产权领域信用分类监管、失信惩戒等机制,对知识产权侵权行为,严格依法追究法律责任。

**第二十四条** 海南自由贸易港建立统一开放、竞争有序的市场体系,强化竞争政策的基础性地位,落实公平竞争审查制度,加强和改进反垄断和反不正当竞争执法,保护市场公平竞争。

海南自由贸易港的各类市场主体,在准入许可、经营运营、要素获取、标准制定、优惠政策等方面依法享受平等待遇。具体办法由海南省人民代表大会及其常务委员会制定。

## 第四章 财政税收制度

**第二十五条** 在海南自由贸易港开发建设阶段,中央财政根据实际,结合税制变化情况,对海南自由贸易港给予适当财政支持。鼓励海南省在国务院批准的限额内发行地方政府债券支持海南自由贸易港项目建设。海南省设立政府引导、市场化方式运作的海南自由贸易港建设投资基金。

**第二十六条** 海南自由贸易港可以根据发展需要,自主减征、免征、缓征除具有生态补偿性质外的政府性基金。

**第二十七条** 按照税种结构简单科学、税制要素充分优化、税负水平明显降低、收入归属清晰、财政收支基本均衡的原则,结合国家税制改革方向,建立符合需要的海南自由贸易港税制体系。

全岛封关运作时,将增值税、消费税、车辆购置税、城市维护建设税及教育费附加等税费进行简并,在货物和服务零售环节征收销售税;全岛封关运作后,进一步简化税制。

国务院财政部门会同国务院有关部门和海南省及时提出简化税制的具体方案。

**第二十八条** 全岛封关运作、简并税制后,海南自由贸易港对进口征税商品实行目录管理,目录之外的货物进入海南自由贸易港，免征进口关税。进口征税商品目录由国务院财政部门会同国务院有关部门和海南省制定。

全岛封关运作、简并税制前，对部分进口商品，免征进口关税、进口环节增值税和消费税。

对由海南自由贸易港离境的出口应税商品，征收出口关税。

**第二十九条** 货物由海南自由贸易港进入内地，原则上按照进口征税；但是，对鼓励类产业企业生产的不含进口料件或者含进口料件在海南自由贸易港加工增值达到一定比例的货物，免征关税。具体办法由国务院有关部门会同海南省制定。

货物由内地进入海南自由贸易港，按照国务院有关规定退还已征收的增值税、消费税。

全岛封关运作、简并税制前，对离岛旅客购买免税物品并提货离岛的，按照有关规定免征进口关税、进口环节增值税和消费税。全岛封关运作、简并税制后，物品在海南自由贸易港和内地之间进出的税收管理办法，由国务院有关部门会同海南省制定。

**第三十条** 对注册在海南自由贸易港符合条件的企业，实行企业所得税优惠；对海南自由贸易港内符合条件的个人，实行个人所得税优惠。

**第三十一条** 海南自由贸易港建立优化高效统一的税收征管服务体系，提高税收征管服务科学化、信息化、国际化、便民化水平，积极参与国际税收征管合作，提高税收征管服务质量和效率，保护纳税人的合法权益。

## 第五章 生态环境保护

**第三十二条** 海南自由贸易港健全生态环境评价和监测制度，制定生态环境准入清单，防止污染，保护生态环境；健全自然资源资产产权制度和有偿使用制度，促进资源节约高效利用。

**第三十三条** 海南自由贸易港推进国土空间规划体系建设，实行差别化的自然生态空间用途管制，严守生态保护红线，构建以国家公园为主体的自然保护地体系，推进绿色城镇化、美丽乡村建设。

海南自由贸易港严格保护海洋生态环境，建立健全陆海统筹的生态系统保护修复和污染防治区域联动机制。

**第三十四条** 海南自由贸易港实行严格的进出境环境安全准入管理制度，加强检验检疫能力建设，防范外来物种入侵，禁止境外固体废物输入；提高医疗废物等危险废物处理处置能力，提升突发生态环境事件应急准备与响应能力，加强生态风险防控。

**第三十五条** 海南自由贸易港推进建立政府主导、企业和社会参与、市场化运作、可持续的生态保护补偿机制，建立生态产品价值实现机制，鼓励利用市场机制推进生态环境保护，实现可持续发展。

**第三十六条** 海南自由贸易港实行环境保护目标责任制和考核评价制度。县级以上地方人民政府对本级人民政府负有环境监督管理职责的部门及其负责人和下级人民政府及其负责人的年度考核，实行环境保护目标完成情况一票否决制。

环境保护目标未完成的地区，一年内暂停审批该地区新增重点污染物排放总量的建设项目环境影响评价文件；对负有责任的地方人民政府及负有环境监督管理职责的部门的主要责任人，一年内不得提拔使用或者转任重要职务，并依法予以处分。

**第三十七条** 海南自由贸易港实行生态环境损害责任终身追究制。对违背科学发展要求、造成生态环境严重破坏的地方人民政府及有关部门主要负责人、直接负责的主管人员和其他直接责任人员，应当严格追究责任。

## 第六章 产业发展与人才支撑

**第三十八条** 国家支持海南自由贸易港建设开放型生态型服务型产业体系，积极发展旅游业、现代服务业、高新技术产业以及热带特色高效农业等重点产业。

**第三十九条** 海南自由贸易港推进国际旅游消费中心建设，推动旅游与文化体育、健康医疗、养老养生等深度融合，培育旅游新业态新模式。

**第四十条** 海南自由贸易港深化现代服务业对内对外开放，打造国际航运枢纽，推动港口、产业、城市融合发展，完善海洋服务基础设施，构建具有国际竞争力的海洋服务体系。

境外高水平大学、职业院校可以在海南自由贸易港设立理工农医类学校。

**第四十一条** 国家支持海南自由贸易港建设重大科研基础设施和条件平台，建立符合科研规律的科技创新管理制度和国际科技合作机制。

**第四十二条** 海南自由贸易港依法建立安全有序自由便利的数据流动管理制度，依法保护个人、组织与数据有关的权益，有序扩大通信资源和业务开放，扩大数据领域开放，促进以数据为关键要素的数字经济发展。

国家支持海南自由贸易港探索实施区域性国际数据跨境流动制度安排。

**第四十三条**　海南自由贸易港实施高度自由便利开放的运输政策，建立更加开放的航运制度和船舶管理制度，建设“中国洋浦港”船籍港，实行特殊的船舶登记制度；放宽空域管制和航路限制，优化航权资源配置，提升运输便利化和服务保障水平。

**第四十四条**　海南自由贸易港深化人才发展体制机制改革，创新人才培养支持机制，建立科学合理的人才引进、认定、使用和待遇保障机制。

**第四十五条**　海南自由贸易港建立高效便利的出境入境管理制度，逐步实施更大范围适用免签入境政策，延长免签停留时间，优化出境入境检查管理，提供出境入境通关便利。

**第四十六条**　海南自由贸易港实行更加开放的人才和停居留政策，实行更加宽松的人员临时出境入境政策、便利的工作签证政策，对外国人工作许可实行负面清单管理，进一步完善居留制度。

**第四十七条**　海南自由贸易港放宽境外人员参加职业资格考试的限制，对符合条件的境外专业资格认定，实行单向认可清单制度。

## 第七章　综合措施

**第四十八条**　国务院可以根据海南自由贸易港建设的需要，授权海南省人民政府审批由国务院审批的农用地转为建设用地和土地征收事项；授权海南省人民政府在不突破海南省国土空间规划明确的生态保护红线、永久基本农田面积、耕地和林地保有量、建设用地总规模等重要指标并确保质量不降低的前提下，按照国家规定的条件，对全省耕地、永久基本农田、林地、建设用地布局调整进行审批。

海南自由贸易港积极推进城乡及垦区一体化协调发展和小城镇建设用地新模式，推进农垦土地资产化。

依法保障海南自由贸易港国家重大项目用海需求。

**第四十九条**　海南自由贸易港建设应当切实保护耕地，加强土地管理，建立集约节约用地制度、评价标准以及存量建设用地盘活处置制度。充分利用闲置土地，以出让方式取得土地使用权进行开发的土地，超过出让合同约定的竣工日期一年未竣工的，应当在竣工前每年征收出让土地现值一定比例的土地闲置费。具体办法由海南省制定。

**第五十条**　海南自由贸易港坚持金融服务实体经济，推进金融改革创新，率先落实金融业开放政策。

**第五十一条**　海南自由贸易港建立适应高水平贸易投资自由化便利化需要的跨境资金流动管理制度，分阶段开放资本项目，逐步推进非金融企业外债项下完全可兑换，推动跨境贸易结算便利化，有序推进海南自由贸易港与境外资金自由便利流动。

**第五十二条**　海南自由贸易港内经批准的金融机构可以通过指定账户或者在特定区域经营离岸金融业务。

**第五十三条**　海南自由贸易港加强社会信用体系建设和应用，构建守信激励和失信惩戒机制。

**第五十四条**　国家支持探索与海南自由贸易港相适应的司法体制改革。海南自由贸易港建立多元化商事纠纷解决机制，完善国际商事纠纷案件集中审判机制，支持通过仲裁、调解等多种非诉讼方式解决纠纷。

**第五十五条**　海南自由贸易港建立风险预警和防控体系，防范和化解重大风险。

海关负责口岸和其他海关监管区的常规监管，依法查缉走私和实施后续监管。海警机构负责查处海上走私违法行为。海南省人民政府负责全省反走私综合治理工作，加强对非设关地的管控，建立与其他地区的反走私联防联控机制。境外与海南自由贸易港之间、海南自由贸易港与内地之间，人员、货物、物品、运输工具等均需从口岸进出。

在海南自由贸易港依法实施外商投资安全审查制度，对影响或者可能影响国家安全的外商投资进行安全审查。

海南自由贸易港建立健全金融风险防控制度，实施网络安全等级保护制度，建立人员流动风险防控制度，建立传染病和突发公共卫生事件监测预警机制与防控救治机制，保障金融、网络与数据、人员流动和公共卫生等领域的秩序和安全。

## 第八章　附　　则

**第五十六条**　对本法规定的事项，在本法施行后，海南自由贸易港全岛封关运作前，国务院及其有关部门和海南省可以根据本法规定的原则，按照职责分工，制定过渡性的具体办法，推动海南自由贸易港建设。

**第五十七条**　本法自公布之日起施行。

# 关于《中华人民共和国海南自由贸易港法(草案)》的说明

——2020 年 12 月 22 日在第十三届全国人民代表大会常务委员会第二十四次会议上

全国人大常委会法制工作委员会主任　沈春耀

全国人民代表大会常务委员会:

我受委员长会议委托,作关于《中华人民共和国海南自由贸易港法(草案)》的说明。

## 一、制定海南自由贸易港法的重大意义

支持海南逐步探索、稳步推进中国特色自由贸易港建设,分步骤、分阶段建立自由贸易港政策和制度体系,是习近平总书记亲自谋划、亲自部署、亲自推动的改革开放重大举措,是党中央着眼国内国际两个大局,深入研究、统筹考虑、科学谋划作出的战略决策。制定海南自由贸易港法,贯彻落实以习近平同志为核心的党中央的决策部署,以高质量立法引领推动高质量发展,为海南自由贸易港的建设和平稳有序运行提供法律保障,具有重要意义。

第一,制定海南自由贸易港法,是贯彻党中央决策部署、落实国家重大战略、以立法引领和保障改革的重要举措。党的十九大以来,党中央和习近平总书记对建设海南自由贸易港作出了一系列重要部署。2018 年和 2020 年,中共中央、国务院先后印发了《关于支持海南全面深化改革开放的指导意见》和《海南自由贸易港建设总体方案》,专门对海南全面深化改革开放和海南自由贸易港建设进行规划设计。制定海南自由贸易港法,将党中央关于建设海南自由贸易港的决策部署转化为法律规范,为海南自由贸易港建设提供立法引领和法治保障,对于全面深化改革,全面依法治国,有效发挥法治固根本、稳预期、利长远的保障作用,十分重要。

第二,制定海南自由贸易港法,是进一步彰显我国对外开放、推动经济全球化决心的客观要求。当今国际环境复杂多变,经济全球化遭遇更大的逆风和回头浪。在新的历史条件下,我国扩大对外开放和推动经济全球化的步伐从未减弱。制定海南自由贸易港法,保障海南自由贸易港在法治轨道上有序运行,打造法治化、国际化、便利化的营商环境,推动海南成为新时代全面深化改革开放的新标杆,有利于充分展示我国建立对外开放新格局、坚定不移全面扩大开放、推动建设开放型世界经济的意志和决心。

第三,制定海南自由贸易港法,是从国家立法层面为海南自由贸易港实现制度创新、系统协调推进改革提供法律基础的实际需要。海南自由贸易港政策制度体系的核心是制度创新,需要积极探索建立适应自由贸易港建设的更加灵活高效的法律法规、监管模式和管理体制,逐步形成在国家法制统一前提下的海南自由贸易港法律法规体系。制定海南自由贸易港法,对自由贸易港的功能定位、运行方式、管理模式进行顶层设计,有利于加强制度设计的系统性与协调性,保障政策措施的稳定性与权威性,避免各级各类法律规范在适用中可能出现的冲突,使各项制度措施相互配合、相得益彰,提高制度的整体效益。

## 二、起草过程和主要考虑

按照党中央部署,制定海南自由贸易港法列入了十三届全国人大常委会立法工作计划。全国人大常委会高度重视这项立法工作,栗战书委员长专门听取海南专题汇报并对相关工作作出部署,决定成立以王晨副委员长担任组长的海南相关立法调研小组,有关专门委员会负责同志、常委会办公厅有关负责同志和部分常委委员参加调研小组。调研小组多次听取汇报、召开座谈会并几次赴海南调研,听取对立法工作的意见建议。全国人大常委会法制工作委员会扎实做好相关具体工作,委托专家开展专题研究,搜集整理国内外资料,多次与国务院有关部门和海南省共同研究。在此基础上,经反复研究修改,并征求中央和国家机关有关部门、海南省意见,形成了海南自由贸易港法草案。

起草工作着重把握以下几点:

一是,及时将习近平总书记关于海南自由贸易

港建设的指示精神和党中央关于海南自由贸易港建设的决策部署法律化、制度化。习近平总书记关于海南自由贸易港建设的重要讲话和指示精神具有重大指导意义，党中央关于海南自由贸易港建设的决策部署是经统筹考虑、科学谋划后确定的，海南自由贸易港法要以此作为基本遵循，并依据《关于支持海南全面深化改革开放的指导意见》和《海南自由贸易港建设总体方案》设计各项法律制度和具体条文。

二是，坚持海南自由贸易港法的原则性、基础性定位。重点围绕贸易投资自由化便利化这一中心任务，着眼于基本框架和关键制度，制定一部在海南自由贸易港法律法规体系中起龙头作用、具有统领性质的法律。考虑到海南自由贸易港建设各方面工作还处于起步和探索阶段，法律条文可以概括一点、原则一些，构建起海南自由贸易港建设法治保障的“四梁八柱”，为海南自由贸易港建设提供必要的制度供给，同时为改革发展预留空间。

三是，体现中国特色和借鉴国际经验相结合。在具体的制度设计上，参考国际先进成熟自由贸易港的建设经验，注重与国际通行的高水平经贸规则相衔接，同时立足我国国情和海南实际，围绕国家赋予海南的战略定位，充分发挥海南优势，聚焦“推进中国特色自由贸易港建设”的目标，鼓励发展旅游业、现代服务业和高新技术产业，确保海南自由贸易港建设的正确方向。

四是，在保证国家法制统一的前提下赋予海南更大改革自主权。按照党中央要求“赋予海南更大改革自主权”“给予充分法律授权”的精神，授予海南更大的立法权限，由海南省人大及其常委会制定海南自由贸易港法规。这样，既确保党中央集中统一领导和国家法制统一，又有利于海南进行全面深化改革开放的探索。

## 三、海南自由贸易港法草案的主要内容

草案分为八章，包括总则、贸易自由便利、投资自由便利、财政税收制度、生态环境保护、产业发展与人才支撑、综合措施、附则，共五十四条，主要有六个方面的内容：

（一）关于管理权限和授权立法。一是管理权限，规定国家建立海南自由贸易港建设领导机制和与海南自由贸易港建设相适应的行政管理体制，国务院及其有关部门根据实际需要，依法授权或者委托海南省人民政府及其有关部门行使相关管理职权。二是授权立法，授权海南省人民代表大会及其常务委员会根据本法，结合实际需要，制定海南自由贸易港法规，涉及法律保留事项或者依法应当由国务院制定行政法规事项的，应当分别报全国人民代表大会常务委员会或者国务院批准后生效。

（二）关于贸易投资自由化便利化。一是货物贸易，确立“一线放开、二线管住”的货物贸易监管模式，对其他国家和地区进出海南自由贸易港的货物、物品实行清单管理，清单外的货物、物品自由进出；由海南进入国内其他地区（以下简称内地）的货物，原则上按进口规定办理手续，行邮物品按规定进行监管，运输工具简化进口管理；货物、物品及运输工具由内地进入海南自由贸易港按国内流通管理。二是服务贸易，规定对于负面清单以外的跨境服务贸易，按照内外一致的原则管理，并实施相配套的资金支付和转移制度。三是投资准入和市场准入，规定对外商投资实行准入前国民待遇加负面清单管理制度，适用放宽市场准入特别清单，推进市场准入承诺即入制。

（三）关于税收制度。一是简税制，规定海南自由贸易港逐步简化税制。二是“一线”零关税，规定全岛封关运作、简并税制前，对部分商品免征关税、进口环节增值税和消费税，全岛封关运作、简并税制后，对进口征税商品目录以外的商品免征进口关税。三是货物、物品进出“二线”的税收管理，规定货物由海南自由贸易港进入内地，原则上按照进口货物征税；物品由海南自由贸易港进入内地以及货物、物品由内地进入海南自由贸易港的税收管理办法，由国务院有关部门会同海南省制定。四是低税率，规定对海南自由贸易港内符合条件的企业和个人实行所得税优惠。

（四）关于生态环境保护。一是海南自由贸易港实行最严格的生态环境保护制度，规定年度考核环境保护目标完成情况一票否决制和生态环境损害责任终身追究制。二是生态空间管控，规定海南自由贸易港推进国土空间规划体系建设，实行差别化的自然生态空间用途管制，构建以国家公园为主体的自然保护地体系，严格保护海洋生态环境。三是生态风险防控，规定海南自由贸易港实行严格的进出境环境安全准入管理制度，提升突发生态环境事件应急准备与响应能力。

（五）关于产业发展、人才支撑和综合措施。一

是明确国家支持海南自由贸易港建设开放型生态型服务型产业体系，发展旅游业、现代服务业和高新技术产业等实体经济，促进数字经济发展，实行高度自由便利的运输政策等。二是规定海南自由贸易港建立市场导向的人才引进、认定和使用机制，在出境入境管理、停居留政策、外国人工作许可、参加职业资格考试、境外专业资格认定等方面实行更加开放的政策。三是授权海南省人民政府审批由国务院审批的农用地转为建设用地和土地征收事项，按规定对土地布局调整进行审批。四是规定充分利用闲置土地，以出让方式取得土地使用权进行开发的土地，超过出让合同约定的竣工日期一年未竣工的，应当在竣工前每年征收出让土地现值一定比例的土地闲置费，具体办法由海南省制定。五是规定坚持金融服务实体经济，分阶段开放资本项目，推动跨境贸易结算便利化，允许经批准的金融机构经营离岸金融业务。六是规定建立风险预警和防控体系，防范、化解贸易、投资、金融、网络与数据、人员流动和公共卫生等方面的重大风险。

（六）关于过渡性措施。草案立足于满足全岛封关运作、简并税制后的立法需求，对主要的制度措施进行规定。对海南自由贸易港全岛封关运作、简并税制前的过渡性措施，国务院及其有关部门和海南省可以根据本法规定的原则，按照职责分工，制定具体办法。

海南自由贸易港法草案和以上说明是否妥当，请审议。

# 全国人民代表大会宪法和法律委员会关于《中华人民共和国海南自由贸易港法（草案）》修改情况的汇报

——2021 年 4 月 26 日在第十三届全国人民代表大会常务委员会第二十八次会议上

全国人大宪法和法律委员会副主任委员　沈春耀

全国人民代表大会常务委员会：

常委会第二十四次会议对海南自由贸易港法草案进行了初次审议。会后，法制工作委员会将草案印发部分地方、中央有关部门和基层立法联系点、研究机构等征求意见，在中国人大网全文公布草案征求社会公众意见。宪法和法律委员会、法制工作委员会联合召开座谈会，听取海南省、中央有关部门、部分驻琼企业、全国人大代表、专家学者的意见，并多次就草案的有关问题与中央有关部门和海南省交换意见，共同研究。宪法和法律委员会于 4 月 2 日召开会议，根据常委会组成人员的审议意见和各方面意见，对草案进行了逐条审议。国家发展改革委、司法部、商务部、海关总署、海南省人大常委会有关负责同志列席了会议。4 月 20 日，宪法和法律委员会召开会议，再次进行了审议。现将海南自由贸易港法草案主要问题修改情况汇报如下：

一、有的常委会组成人员和有关方面建议做好法律之间的衔接，明确本法和其他相关法律的关系。宪法和法律委员会经研究，建议在草案第二条中增加一款：海南自由贸易港建设和管理活动适用本法，本法没有规定的，适用其他有关法律法规的规定。

二、草案第六条中规定，在贸易、投资以及相关的金融、海关、海事、税务等方面创新监管模式。有的部门建议扩大创新监管模式的领域，有的建议缩小，有的建议本法可只作原则要求，不必进行详细列举。宪法和法律委员会经研究，建议删去这一条中关于具体领域列举的规定。

三、有的地方、部门建议，增加强化口岸建设和监管的规定。宪法和法律委员会经研究，建议作以下修改：一是将草案有关内容予以完善并单独作为一条：海南自由贸易港应当高标准建设口岸基础设施，加强口岸公共卫生安全、国门生物安全、食品安全、商品质量安全管控；二是在草案有关条款中增加规定：境外与海南自由贸易港之间、海南自由贸易港与内地之间，人员、货物、物品、运输工具等均需从口岸进出。

四、有的地方、部门提出，对“一线”货物、物品进出口管理，应当明确以自由进出为原则、负面清单管理为例外，以体现自由贸易的特点。宪法和法律委员会经研究，建议将草案有关条款修改为：境外与海南自由贸易港之间，货物和物品可以自由进出，海关依法进行监管。但是，列入海南自由贸易港禁止、限制进出口货物、物品清单的除外。

五、有的部门、单位提出，贸易救济措施应依据对外贸易法和我国参加的国际公约，由国家统一决定采取，草案第十六条强调贸易救济措施在海南自由贸易港的特殊适用，不合适。宪法和法律委员会经研究，建议将有关条款修改为：海南自由贸易港维护公平的对外贸易秩序，依法保护对外贸易经营者的合法权益。

六、一些常委会组成人员和部门提出，海南自由贸易港应依据其生态文明试验区的定位，实行最严格的生态环境保护制度，建议根据党中央关于生态环境保护的最新要求，完善草案相关规定。宪法和法律委员会经研究，建议在有关条款中增加“严守生态保护红线”、“禁止境外固体废物输入”、“建立生态产品价值实现机制”等规定。

此外，还对草案作了一些文字修改。

草案二次审议稿已按上述意见作了修改，宪法和法律委员会建议提请本次常委会会议继续审议。

草案二次审议稿和以上汇报是否妥当，请审议。

# 全国人民代表大会宪法和法律委员会关于《中华人民共和国海南自由贸易港法（草案）》审议结果的报告

——2021年6月7日在第十三届全国人民代表大会常务委员会第二十九次会议上

全国人大宪法和法律委员会副主任委员　沈春耀

全国人民代表大会常务委员会：

常委会第二十八次会议对海南自由贸易港法草案进行了二次审议。会后，法制工作委员会在中国人大网全文公布草案二次审议稿征求社会公众意见；到海南、上海调研，听取意见；多次就草案的有关问题与中央有关部门和海南省人大常委会交换意见，共同研究。宪法和法律委员会于5月19日召开会议，根据常委会组成人员的审议意见和各方面意见，对草案进行了逐条审议。国家发展改革委、司法部、商务部、海关总署、海南省人大常委会有关负责同志列席了会议。5月27日，宪法和法律委员会召开会议，再次进行了审议。宪法和法律委员会认为，草案经过两次审议修改，已经比较成熟。同时，提出以下主要修改意见：

一、有的常委会组成人员建议在法律中明确海南自由贸易港的内涵、定位等。宪法和法律委员会经研究，建议将草案二次审议稿相关条文修改为：国家在海南岛全岛设立海南自由贸易港，分步骤、分阶段建立自由贸易港政策和制度体系，实现贸易、投资、跨境资金流动、人员进出、运输来往自由便利和数据安全有序流动。

二、有的部门提出，简并税制是海南自由贸易港封关运作的关键环节之一，对于海南自由贸易港建设关系重大，建议进一步细化相关规定。宪法和法律委员会经研究，建议在草案二次审议稿相关条文中增加一款：全岛封关运作时，将增值税、消费税、车辆购置税、城市维护建设税及教育费附加等税费进行简并，在货物和服务零售环节征收销售税；全岛封关运作后，进一步简化税制。

三、有些常委委员、海南省人大常委会和有的部门提出，海南自由贸易港封关运作、简并税制后，内地货物进入海南自由贸易港，应当退还增值税、消费税，否则，将导致内地货物与进口货物的税负不平衡，不利于内地货物在海南市场的公平竞争。宪法和法律委员会经研究，建议在草案二次审议稿相关条文中增加规定：货物由内地进入海南自由贸易港，按照有关规定退还已征收的增值税、消费税。

四、有的常委委员提出，海南自由贸易港应当进一步强调生态安全，坚持可持续发展，建议完善草案相关规定。宪法和法律委员会经研究，建议在草案相关条文中增加以下内容：“制定生态环境准入清单”“防范外来物种入侵”“实现可持续发展”。

此外，还对草案二次审议稿作了一些文字修改。

5月24日，法制工作委员会召开会议，邀请国家发展改革委、司法部、财政部、商务部、海关总署等中央有关部门、海南省人大常委会的有关负责同志和全国人大代表、专家学者、相关企业等，就草案主要内容的可行性、法律出台时机、法律实施的社会效果和可能出现的问题等进行评估。普遍认为，草案贯彻落实党中央决策部署，从国家立法层面为海南自由贸易港的建设发展提供重要的法律保障，立法思路和主要制度符合党中央关于海南自由贸易港建设的要求，定位清晰，框架合理，内容全面，符合实际，将对海南自由贸易港建设发展起到重要的推动和保障作用，建议尽快通过实施。与会人员还对草案提出了一些具体修改意见，有的意见已经采纳。

草案三次审议稿已按上述意见作了修改，宪法和法律委员会建议提请本次常委会会议审议通过。

草案三次审议稿和以上报告是否妥当，请审议。

军人地位和权益保障法草案和以上说明是否妥当，请审议。

# 全国人民代表大会宪法和法律委员会关于《中华人民共和国海南自由贸易港法（草案三次审议稿）》修改意见的报告

——2021年6月10日在第十三届全国人民代表大会常务委员会第二十九次会议上

全国人民代表大会常务委员会：

本次常委会会议于6月8日上午对海南自由贸易港法草案三次审议稿进行了分组审议。普遍认为，草案已经比较成熟，建议进一步修改后，提请本次常委会会议表决通过。同时，有些常委会组成人员和列席人员还提出了一些修改意见和建议。宪法和法律委员会于6月8日晚召开会议，逐条研究了常委会组成人员的审议意见，对草案进行了审议。国家发展改革委、司法部、商务部、海关总署、海南省人大常委会的有关负责同志列席了会议。宪法和法律委员会认为，草案是可行的，同时，提出以下修改意见：

一、有的常委委员提出，简化税制对于建设海南自由贸易港至关重要，应当按照海南自由贸易港建设总体方案的分工要求，明确简化税制具体方案的制定主体，以保障简化税制按期实施。宪法和法律委员会经研究，建议在草案三次审议稿相关条文中增加一款：国务院财政部门会同国务院有关部门和海南省及时提出简化税制的具体方案。

二、有的专委会委员建议对现行海南离岛免税购物政策作出规定。考虑到对于全岛封关运作、简并税制后，包括离岛免税购物政策在内的物品在海南自由贸易港和内地之间进出的税收管理办法，国务院有关部门仍在研究，宪法和法律委员会经研究，建议将草案三次审议稿相关条文修改为：全岛封关运作、简并税制前，对离岛旅客购买免税物品并提货离岛的，按照有关规定免征进口关税、进口环节增值税和消费税。全岛封关运作、简并税制后，物品在海南自由贸易港和内地之间进出的税收管理办法，由国务院有关部门会同海南省制定。

三、有的常委会组成人员建议对海南自由贸易港检验检疫能力建设提出要求。宪法和法律委员会经研究，建议在草案三次审议稿相关条文中增加“加强检验检疫能力建设”的规定。

四、有的常委委员建议增加海南自由贸易港进行司法体制改革探索的规定。宪法和法律委员会经研究，建议在草案三次审议稿相关条文中增加“国家支持探索与海南自由贸易港相适应的司法体制改革”的规定。

五、有的常委委员提出，海南自由贸易港法尽早实施，对于保障海南自由贸易港建设在法治轨道上顺利进行意义重大，建议本法自公布之日起施行。宪法和法律委员会经与有关方面研究，建议采纳上述意见，规定本法自公布之日起施行。

此外，根据常委会组成人员的审议意见，还对草案三次审议稿作了一些文字修改。

草案修改稿已按上述意见作了修改，宪法和法律委员会建议本次常委会会议审议通过。

草案修改稿和以上报告是否妥当，请审议。

# 中华人民共和国主席令

第八十六号

《中华人民共和国军人地位和权益保障法》已由中华人民共和国第十三届全国人民代表大会常务委员会第二十九次会议于2021年6月10日通过，现予公布，自2021年8月1日起施行。

中华人民共和国主席　习近平

2021年6月10日

# 中华人民共和国军人地位和权益保障法

（2021年6月10日第十三届全国人民代表大会常务委员会第二十九次会议通过）

目　录



## 第一章　总　　则

**第一条**　为了保障军人地位和合法权益，激励军人履行职责使命，让军人成为全社会尊崇的职业，促进国防和军队现代化建设，根据宪法，制定本法。

**第二条**　本法所称军人，是指在中国人民解放军服现役的军官、军士、义务兵等人员。

**第三条**　军人肩负捍卫国家主权、安全、发展利益和保卫人民的和平劳动的神圣职责和崇高使命。

**第四条**　军人是全社会尊崇的职业。国家和社会尊重、优待军人，保障军人享有与其职业特点、担负职责使命和所做贡献相称的地位和权益，经常开展各种形式的拥军优属活动。

一切国家机关和武装力量、各政党和群团组织、企业事业单位、社会组织和其他组织都有依法保障军人地位和权益的责任，全体公民都应当依法维护军人合法权益。

**第五条**　军人地位和权益保障工作，坚持中国共产党的领导，以服务军队战斗力建设为根本目的，遵循权利与义务相统一、物质保障与精神激励相结合、保障水平与国民经济和社会发展相适应的原则。

**第六条**　中央军事委员会政治工作部门、国务院退役军人工作主管部门以及中央和国家有关机关、中央军事委员会有关部门按照职责分工做好军人地位和权益保障工作。

县级以上地方各级人民政府负责本行政区域内有关军人地位和权益保障工作。军队团级以上单位政治工作部门负责本单位的军人地位和权益保障工作。

省军区（卫戍区、警备区）、军分区（警备区）和县、自治县、市、市辖区的人民武装部，负责所在行政区域人民政府与军队单位之间军人地位和权益保障方面的联系协调工作，并根据需要建立工作协调机制。

乡镇人民政府、街道办事处、基层群众性自治组织应当按照职责做好军人地位和权益保障工作。

**第七条**　军人地位和权益保障所需经费，由中央和地方按照事权和支出责任相适应的原则列入预算。

**第八条**　中央和国家有关机关、县级以上地方人民政府及其有关部门、军队各级机关，应当将军人地位和权益保障工作情况作为拥军优属、拥政爱民等工作评比和有关单位负责人以及工作人员考核评价的重要内容。

**第九条** 国家鼓励和引导群团组织、企业事业单位、社会组织、个人等社会力量依法通过捐赠、志愿服务等方式为军人权益保障提供支持，符合规定条件的，依法享受税收优惠等政策。

**第十条** 每年8月1日为中国人民解放军建军节。各级人民政府和军队单位应当在建军节组织开展庆祝、纪念等活动。

**第十一条** 对在军人地位和权益保障工作中做出突出贡献的单位和个人，按照国家有关规定给予表彰、奖励。

## 第二章 军人地位

**第十二条** 军人是中国共产党领导的国家武装力量基本成员，必须忠于祖国，忠于中国共产党，听党指挥，坚决服从命令，认真履行巩固中国共产党的领导和社会主义制度的重要职责使命。

**第十三条** 军人是人民子弟兵，应当热爱人民，全心全意为人民服务，保卫人民生命财产安全，当遇到人民群众生命财产受到严重威胁时，挺身而出、积极救助。

**第十四条** 军人是捍卫国家主权、统一、领土完整的坚强力量，应当具备巩固国防、抵抗侵略、保卫祖国所需的战斗精神和能力素质，按照实战要求始终保持戒备状态，苦练杀敌本领，不怕牺牲，能打胜仗，坚决完成任务。

**第十五条** 军人是中国特色社会主义现代化建设的重要力量，应当积极投身全面建设社会主义现代化国家的事业，依法参加突发事件的应急救援和处置工作。

**第十六条** 军人享有宪法和法律规定的政治权利，依法参加国家权力机关组成人员选举，依法参加管理国家事务、管理经济和文化事业、管理社会事务。

**第十七条** 军队实行官兵一致，军人之间在政治和人格上一律平等，应当互相尊重、平等对待。

军队建立健全军人代表会议、军人委员会等民主制度，保障军人知情权、参与权、建议权和监督权。

**第十八条** 军人必须模范遵守宪法和法律，认真履行宪法和法律规定的公民义务，严格遵守军事法规、军队纪律，作风优良，带头践行社会主义核心价值观。

**第十九条** 国家为军人履行职责提供保障，军人依法履行职责的行为受法律保护。

军人因执行任务给公民、法人或者其他组织的合法权益造成损害的，按照有关规定由国家予以赔偿或者补偿。

公民、法人和其他组织应当为军人依法履行职责提供必要的支持和协助。

**第二十条** 军人因履行职责享有的特定权益、承担的特定义务，由本法和有关法律法规规定。

## 第三章 荣誉维护

**第二十一条** 军人荣誉是国家、社会对军人献身国防和军队建设、社会主义现代化建设的褒扬和激励，是鼓舞军人士气、提升军队战斗力的精神力量。

国家维护军人荣誉，激励军人崇尚和珍惜荣誉。

**第二十二条** 军队加强爱国主义、集体主义、革命英雄主义教育，强化军人的荣誉意识，培育有灵魂、有本事、有血性、有品德的新时代革命军人，锻造具有铁一般信仰、铁一般信念、铁一般纪律、铁一般担当的过硬部队。

**第二十三条** 国家采取多种形式的宣传教育、奖励激励和保障措施，培育军人的职业使命感、自豪感和荣誉感，激发军人建功立业、报效国家的积极性、主动性、创造性。

**第二十四条** 全社会应当学习中国人民解放军光荣历史，宣传军人功绩和牺牲奉献精神，营造维护军人荣誉的良好氛围。

各级各类学校设置的国防教育课程中，应当包括中国人民解放军光荣历史、军人英雄模范事迹等内容。

**第二十五条** 国家建立健全军人荣誉体系，通过授予勋章、荣誉称号和记功、嘉奖、表彰、颁发纪念章等方式，对做出突出成绩和贡献的军人给予功勋荣誉表彰，褒扬军人为国家和人民做出的奉献和牺牲。

**第二十六条** 军人经军队单位批准可以接受地方人民政府、群团组织和社会组织等授予的荣誉，以及国际组织和其他国家、军队等授予的荣誉。

**第二十七条** 获得功勋荣誉表彰的军人享受相应礼遇和待遇。军人执行作战任务获得功勋荣誉表彰的，按照高于平时的原则享受礼遇和待遇。

获得功勋荣誉表彰和执行作战任务的军人的姓名和功绩，按照规定载入功勋簿、荣誉册、地方志等史志。

**第二十八条** 中央和国家有关机关、地方和军队各级有关机关，以及广播、电视、报刊、互联网等媒体，应当积极宣传军人的先进典型和英勇事迹。

**第二十九条**　国家和社会尊崇、铭记为国家、人民、民族牺牲的军人，尊敬、礼遇其遗属。

国家建立英雄烈士纪念设施供公众瞻仰，悼念缅怀英雄烈士，开展纪念和教育活动。

国家推进军人公墓建设。军人去世后，符合规定条件的可以安葬在军人公墓。

**第三十条**　国家建立军人礼遇仪式制度。在公民入伍、军人退出现役等时机，应当举行相应仪式；在烈士和因公牺牲军人安葬等场合，应当举行悼念仪式。

各级人民政府应当在重大节日和纪念日组织开展走访慰问军队单位、军人家庭和烈士、因公牺牲军人、病故军人的遗属等活动，在举行重要庆典、纪念活动时邀请军人、军人家属和烈士、因公牺牲军人、病故军人的遗属代表参加。

**第三十一条**　地方人民政府应当为军人和烈士、因公牺牲军人、病故军人的遗属的家庭悬挂光荣牌。军人获得功勋荣誉表彰，由当地人民政府有关部门和军事机关给其家庭送喜报，并组织做好宣传工作。

**第三十二条**　军人的荣誉和名誉受法律保护。

军人获得的荣誉由其终身享有，非因法定事由、非经法定程序不得撤销。

任何组织和个人不得以任何方式诋毁、贬损军人的荣誉，侮辱、诽谤军人的名誉，不得故意毁损、玷污军人的荣誉标识。

## 第四章　待遇保障

**第三十三条**　国家建立军人待遇保障制度，保证军人履行职责使命，保障军人及其家庭的生活水平。

对执行作战任务和重大非战争军事行动任务的军人，以及在艰苦边远地区、特殊岗位工作的军人，待遇保障从优。

**第三十四条**　国家建立相对独立、特色鲜明、具有比较优势的军人工资待遇制度。军官和军士实行工资制度，义务兵实行供给制生活待遇制度。军人享受个人所得税优惠政策。

国家建立军人工资待遇正常增长机制。

军人工资待遇的结构、标准及其调整办法，由中央军事委员会规定。

**第三十五条**　国家采取军队保障、政府保障与市场配置相结合，实物保障与货币补贴相结合的方式，保障军人住房待遇。

军人符合规定条件的，享受军队公寓住房或者安置住房保障。

国家建立健全军人住房公积金制度和住房补贴制度。军人符合规定条件购买住房的，国家给予优惠政策支持。

**第三十六条**　国家保障军人按照规定享受免费医疗和疾病预防、疗养、康复等待遇。

军人在地方医疗机构就医所需费用，符合规定条件的，由军队保障。

**第三十七条**　国家实行体现军人职业特点、与社会保险制度相衔接的军人保险制度，适时补充军人保险项目，保障军人的保险待遇。

国家鼓励和支持商业保险机构为军人及其家庭成员提供专属保险产品。

**第三十八条**　军人享有年休假、探亲假等休息休假的权利。对确因工作需要未休假或者未休满假的，给予经济补偿。

军人配偶、子女与军人两地分居的，可以前往军人所在部队探亲。军人配偶前往部队探亲的，其所在单位应当按照规定安排假期并保障相应的薪酬待遇，不得因其享受探亲假期而辞退、解聘或者解除劳动关系。符合规定条件的军人配偶、未成年子女和不能独立生活的成年子女的探亲路费，由军人所在部队保障。

**第三十九条**　国家建立健全军人教育培训体系，保障军人的受教育权利，组织和支持军人参加专业和文化学习培训，提高军人履行职责的能力和退出现役后的就业创业能力。

**第四十条**　女军人的合法权益受法律保护。军队应当根据女军人的特点，合理安排女军人的工作任务和休息休假，在生育、健康等方面为女军人提供特别保护。

**第四十一条**　国家对军人的婚姻给予特别保护，禁止任何破坏军人婚姻的行为。

**第四十二条**　军官和符合规定条件的军士，其配偶、未成年子女和不能独立生活的成年子女可以办理随军落户；符合规定条件的军人父母可以按照规定办理随子女落户。夫妻双方均为军人的，其子女可以选择父母中的一方随军落户。

军人服现役所在地发生变动的，已随军的家属可以随迁落户，或者选择将户口迁至军人、军人配偶原户籍所在地或者军人父母、军人配偶父母户籍所在地。

地方人民政府有关部门、军队有关单位应当及时高效地为军人家属随军落户办理相关手续。

**第四十三条** 国家保障军人、军人家属的户籍管理和相关权益。

公民入伍时保留户籍。

符合规定条件的军人,可以享受服现役所在地户籍人口在教育、养老、医疗、住房保障等方面的相关权益。

军人户籍管理和相关权益保障办法,由国务院和中央军事委员会规定。

**第四十四条** 国家对依法退出现役的军人,依照退役军人保障法律法规的有关规定,给予妥善安置和相应优待保障。

## 第五章 抚恤优待

**第四十五条** 国家和社会尊重军人、军人家庭为国防和军队建设做出的奉献和牺牲,优待军人、军人家属,抚恤优待烈士、因公牺牲军人、病故军人的遗属,保障残疾军人的生活。

国家建立抚恤优待保障体系,合理确定抚恤优待标准,逐步提高抚恤优待水平。

**第四十六条** 军人家属凭有关部门制发的证件享受法律法规规定的优待保障。具体办法由国务院和中央军事委员会有关部门制定。

**第四十七条** 各级人民政府应当保障抚恤优待对象享受公民普惠待遇,同时享受相应的抚恤优待待遇。

**第四十八条** 国家实行军人死亡抚恤制度。

军人死亡后被评定为烈士的,国家向烈士遗属颁发烈士证书,保障烈士遗属享受规定的烈士褒扬金、抚恤金和其他待遇。

军人因公牺牲、病故的,国家向其遗属颁发证书,保障其遗属享受规定的抚恤金和其他待遇。

**第四十九条** 国家实行军人残疾抚恤制度。

军人因战、因公、因病致残的,按照国家有关规定评定残疾等级并颁发证件,享受残疾抚恤金和其他待遇,符合规定条件的以安排工作、供养、退休等方式妥善安置。

**第五十条** 国家对军人家属和烈士、因公牺牲军人、病故军人的遗属予以住房优待。

军人家属和烈士、因公牺牲军人、病故军人的遗属,符合规定条件申请保障性住房的,或者居住农村且住房困难的,由当地人民政府优先解决。

烈士、因公牺牲军人、病故军人的遗属符合前款规定情形的,当地人民政府给予优惠。

**第五十一条** 公立医疗机构应当为军人就医提供优待服务。军人家属和烈士、因公牺牲军人、病故军人的遗属,在军队医疗机构和公立医疗机构就医享受医疗优待。

国家鼓励民营医疗机构为军人、军人家属和烈士、因公牺牲军人、病故军人的遗属就医提供优待服务。

国家和社会对残疾军人的医疗依法给予特别保障。

**第五十二条** 国家依法保障军人配偶就业安置权益。机关、群团组织、企业事业单位、社会组织和其他组织,应当依法履行接收军人配偶就业安置的义务。

军人配偶随军前在机关或者事业单位工作的,由安置地人民政府按照有关规定安排到相应的工作单位;在其他单位工作或者无工作单位的,由安置地人民政府提供就业指导和就业培训,优先协助就业。烈士、因公牺牲军人的遗属和符合规定条件的军人配偶,当地人民政府应当优先安排就业。

**第五十三条** 国家鼓励有用工需求的用人单位优先安排随军家属就业。国有企业在新招录职工时,应当按照用工需求的适当比例聘用随军家属;有条件的民营企业在新招录职工时,可以按照用工需求的适当比例聘用随军家属。

**第五十四条** 国家鼓励和扶持军人配偶自主就业、自主创业。军人配偶从事个体经营的,按照国家有关优惠政策给予支持。

**第五十五条** 国家对军人子女予以教育优待。地方各级人民政府及其有关部门应当为军人子女提供当地优质教育资源,创造接受良好教育的条件。

军人子女入读公办义务教育阶段学校和普惠性幼儿园,可以在本人、父母、祖父母、外祖父母或者其他法定监护人户籍所在地,或者父母居住地、部队驻地入学,享受当地军人子女教育优待政策。

军人子女报考普通高中、中等职业学校,同等条件下优先录取;烈士、因公牺牲军人的子女和符合规定条件的军人子女,按照当地军人子女教育优待政策享受录取等方面的优待。

因公牺牲军人的子女和符合规定条件的军人子女报考高等学校,按照国家有关规定优先录取;烈士子女享受加分等优待。

烈士子女和符合规定条件的军人子女按照规定享受奖学金、助学金和有关费用免除等学生资助政策。

国家鼓励和扶持具备条件的民办学校,为军人子女和烈士、因公牺牲军人的子女提供教育优待。

**第五十六条**　军人家属和烈士、因公牺牲军人、病故军人的遗属，符合规定条件申请在国家兴办的光荣院、优抚医院集中供养、住院治疗、短期疗养的，享受优先、优惠待遇；申请到公办养老机构养老的，同等条件下优先安排。

**第五十七条**　军人、军人家属和烈士、因公牺牲军人、病故军人的遗属，享受参观游览公园、博物馆、纪念馆、展览馆、名胜古迹以及文化和旅游等方面的优先、优惠服务。

军人免费乘坐市内公共汽车、电车、轮渡和轨道交通工具。军人和烈士、因公牺牲军人、病故军人的遗属，以及与其随同出行的家属，乘坐境内运行的火车、轮船、长途公共汽车以及民航班机享受优先购票、优先乘车（船、机）等服务，残疾军人享受票价优惠。

**第五十八条**　地方人民政府和军队单位对因自然灾害、意外事故、重大疾病等原因，基本生活出现严重困难的军人家庭，应当给予救助和慰问。

**第五十九条**　地方人民政府和军队单位对在未成年子女入学入托、老年人养老等方面遇到困难的军人家庭，应当给予必要的帮扶。

国家鼓励和支持企业事业单位、社会组织和其他组织以及个人为困难军人家庭提供援助服务。

**第六十条**　军人、军人家属和烈士、因公牺牲军人、病故军人遗属的合法权益受到侵害的，有权向有关国家机关和军队单位提出申诉、控告。负责受理的国家机关和军队单位，应当依法及时处理，不得推诿、拖延。依法向人民法院提起诉讼的，人民法院应当优先立案、审理和执行，人民检察院可以支持起诉。

**第六十一条**　军人、军人家属和烈士、因公牺牲军人、病故军人的遗属维护合法权益遇到困难的，法律援助机构应当依法优先提供法律援助，司法机关应当依法优先提供司法救助。

**第六十二条**　侵害军人荣誉、名誉和其他相关合法权益，严重影响军人有效履行职责使命，致使社会公共利益受到损害的，人民检察院可以根据民事诉讼法、行政诉讼法的相关规定提起公益诉讼。

## 第六章　法律责任

**第六十三条**　国家机关及其工作人员、军队单位及其工作人员违反本法规定，在军人地位和权益保障工作中滥用职权、玩忽职守、徇私舞弊的，由其所在单位、主管部门或者上级机关责令改正；对负有责任的领导人员和直接责任人员，依法给予处分。

**第六十四条**　群团组织、企业事业单位、社会组织和其他组织违反本法规定，不履行优待义务的，由有关部门责令改正；对直接负责的主管人员和其他直接责任人员，依法给予处分。

**第六十五条**　违反本法规定，通过大众传播媒介或者其他方式，诋毁、贬损军人荣誉，侮辱、诽谤军人名誉，或者故意毁损、玷污军人的荣誉标识的，由公安、文化和旅游、新闻出版、电影、广播电视、网信或者其他有关主管部门依据各自的职权责令改正，并依法予以处理；造成精神损害的，受害人有权请求精神损害赔偿。

**第六十六条**　冒领或者以欺诈、伪造证明材料等手段骗取本法规定的相关荣誉、待遇或者抚恤优待的，由有关部门予以取消，依法给予没收违法所得等行政处罚。

**第六十七条**　违反本法规定，侵害军人的合法权益，造成财产损失或者其他损害的，依法承担民事责任。

违反本法规定，构成违反治安管理行为的，依法给予治安管理处罚；构成犯罪的，依法追究刑事责任。

## 第七章　附　　则

**第六十八条**　本法所称军人家属，是指军人的配偶、父母（扶养人）、未成年子女、不能独立生活的成年子女。

本法所称烈士、因公牺牲军人、病故军人的遗属，是指烈士、因公牺牲军人、病故军人的配偶、父母（扶养人）、子女，以及由其承担抚养义务的兄弟姐妹。

**第六十九条**　中国人民武装警察部队服现役的警官、警士和义务兵等人员，适用本法。

**第七十条**　省、自治区、直辖市可以结合本地实际情况，根据本法制定保障军人地位和权益的具体办法。

**第七十一条**　本法自2021年8月1日起施行。

# 关于《中华人民共和国军人地位和权益保障法(草案)》的说明

——2020年12月22日在第十三届全国人民代表大会常务委员会第二十四次会议上

中央军委委员、中央军委政治工作部主任 苗 华

全国人民代表大会常务委员会:

我受国务院、中央军委委托,现对《中华人民共和国军人地位和权益保障法(草案)》作说明。

## 一、制定的必要性

维护军人尊崇地位、保障军人合法权益,事关国防和军队现代化建设,事关国家安全和发展全局,是党和国家的一贯方针。进入新时代,实现中华民族伟大复兴对人民军队履行使命任务提出新的更高要求,通过立法保障军人地位和权益意义重大、势在必行。

(一)制定这部法律是贯彻落实党中央和习主席决策部署的需要。党的十九大提出,“维护军人军属合法权益,让军人成为全社会尊崇的职业。”习主席多次强调,要抓紧制定完善军人地位和权益保障方面的法规制度,增强军事职业吸引力和军人使命感、荣誉感。此次军事政策制度改革,专门就推动出台军人地位和权益保障法作了部署安排。贯彻落实党中央和习主席决策部署,实现让军人成为全社会尊崇的职业,有必要将党的意志和改革举措转化为制度安排、固化为法律规范。

(二)制定这部法律是实现党在新时代的强军目标的需要。强国必须强军,军强才能国安。党的十八大以来,在习近平强军思想指引下,国防和军队建设取得一系列历史性成就,实现一系列历史性变革,人民军队体制一新、结构一新、格局一新、面貌一新,圆满完成党和人民赋予的使命任务。军人是国防力量的中坚、军队建设的主体,是战争制胜的决定性因素。实现中国梦强军梦,有必要将军人地位和权益保障以法律形式固化下来,以激励广大官兵更加有效履行职责和使命,为全面建成世界一流军队提供有力支撑。

(三)制定这部法律是完善军事法律体系的需要。军人职业具有高风险性、高流动性、高奉献性。党、国家和军队对军人地位和权益保障工作高度重视,出台了一系列法规政策,对增强军事职业吸引力、凝聚力、战斗力发挥了重要作用。但从整体上看,这方面的政策法规还比较零散细碎,效力层级偏低,一些待遇保障政策落实还不到位,有些措施已明显滞后于经济社会发展,迫切需要适应形势任务变化、制定一部综合性法律,系统规定军人地位和权益保障的基本原则和制度,推动军事法律体系化建设。

(四)制定这部法律是强化全民国防意识的需要。当今世界正经历百年未有之大变局,我国发展环境正面临深刻复杂变化,迫切需要强化各级机关和全社会的国防意识和忧患意识,统筹好发展和安全两件大事。制定这部法律,褒扬军人军属的牺牲奉献精神,明确组织和公民的相关责任和义务,有利于引导全社会积极参与支持国防和军队建设,切实为广大官兵排忧解难,推动形成尊崇军人职业的浓厚氛围,凝聚起富国强军的强大正能量。

## 二、制定过程

上世纪90年代初,八届全国人大常委会曾将制定《军人地位和权益保护法》纳入立法规划。1994年组织起草《国防法》时,对制定专门法律保护军人地位和权益启动了相关研究,最后确定将相关内容在《国防法》中作出原则性规定。党的十八大以来,军人地位和权益保障立法步伐明显加快,2016年6月经习主席批准,中央军委政治工作部、后勤保障部组织力量展开系统研究论证。2019年1月,根据军事政策制度改革部署安排,中央军委政治工作部成立专门工作班子,全面展开《军人地位和权益保障法》研究起草工作。

草案起草主要做了以下工作:一是组织专题研究。深入学习领会习主席一系列重要指示精神,掌握立法思想武器;系统梳理党、国家和军队现行法规政策,深入研究历史文献资料,切实搞清相关制

度的历史传承和发展脉络，并组织研究外军立法情况。二是深入调研论证。赴6省11市军地单位进行座谈调研和问卷调查，司法部领导带队到军地开展立法调研；组织各行业领域进行“军人职业社会尊崇度调查”，形成综合报告和数据图表；多次听取中央和国家机关有关部门、军委机关有关部门的立法建议和需求。三是广泛征求意见。先后2次书面征求中央和国家机关部门、军委机关部门和大单位意见，与有关部门就分歧意见反复沟通协商，与中央组织部、中央宣传部、教育部、财政部等9个部门就有关问题进行集中会商。期间，中央军委改革和编制办公室组织了立法评估，司法部牵头召开法律专家座谈会进行论证咨询。各方面对草案形成了一致意见。目前，草案已经国务院常务会议和中央军委常务会议讨论通过。

## 三、制定的指导思想和原则

坚持以习近平新时代中国特色社会主义思想为指导，深入贯彻习近平强军思想，坚决落实军事政策制度改革部署，聚焦服务备战打仗，紧贴军人职业特殊属性，重点规范军人地位和权益保障的基本原则和基本制度，力争构建一部具有中国特色、适应强军要求、体现鲜明导向的军人地位和权益保障法律。

起草中主要把握以下原则：一是立牢根本遵循。全面贯彻习主席关于军人地位和权益保障的重要指示，全程对标对表改革方案，确保将党的意志转化为国家意志、实现改革目标。二是服务备战打仗。既立足平时又着眼战时，突出特殊地区、特殊岗位和执行特殊任务官兵，突出军属、烈属等对象给予政策倾斜，树立备战打仗的鲜明导向。三是坚持继承创新。总结固化优良传统和实践经验，合理规范保障内容，拓展保障渠道，提高保障水平，增强制度安排的时代性和含金量。四是注重统筹兼顾。坚持与国民经济和社会发展水平相适应，物质保障与精神激励相结合，兼顾其他利益群体的关联性和历史遗留矛盾的牵连性。五是搞好体系设计。按照军人地位和权益保障“管总”的法律定位，系统构建基本政策制度体系，既与相关法律衔接耦合，又为制定完善下位法规提供依据、预留接口。

## 四、草案的主要内容

草案共6章48条，主要包括以下6个方面内容：

（一）规范军人法律地位。一是突出军人职业性质，明确军人是中国共产党领导的人民军队的基本组成部分，是人民的子弟兵，肩负捍卫国家主权、安全、发展利益和保卫人民生命财产安全的神圣职责和崇高使命，是社会主义现代化建设的重要力量。二是明确军人履行职责使命的特殊要求。三是强化国家和社会保障军人地位和权益的主体责任。

（二）规范军人地位和权益保障的基本原则和管理体制。一是规定军人地位和权益保障工作的基本原则，即坚持中国共产党的领导，以服务军队战斗力建设为根本目的，遵循权利与义务相统一、物质保障与精神激励相结合、保障水平与国民经济和社会发展相适应的原则。二是规定军人地位和权益保障的管理体制，形成军地衔接的运行机制。三是对军人地位和权益保障所需经费作出规定，明确考核和表彰奖励相关内容。

（三）规范军人荣誉维护制度。一是规定国家建立军人荣誉体系，军人应当崇尚荣誉、珍惜荣誉。二是明确获得功勋荣誉表彰的军人享受相应礼遇和待遇。三是规范军人荣誉宣扬，规定重大节日纪念和走访慰问、举行军人礼遇仪式、悬挂光荣牌等彰显尊崇的措施。四是规定军人的荣誉和人格尊严受法律保护。

（四）规范军人待遇保障制度。一是明确国家建立军人待遇制度，对于符合条件的军人待遇保障从优。二是强调军人依法履行职责的行为受法律保护。三是从工资、住房、医疗、保险、休息休假、户籍权益等方面，规定军人应当享有的待遇，明确保障制度。四是明确军人婚姻保护、家属随军落户以及军人配偶探亲的有关规定。五是原则规定退役军人的妥善安置和待遇保障。

（五）规范军人抚恤优待制度。一是规定国家建立抚恤优待保障体系，优待军人、军人家属，抚恤优待烈士、因公牺牲军人、病故军人的遗属，保障残疾军人的生活。二是完善军人军属在住房、医疗、就业安置、子女教育、养老以及参观游览、交通出行、司法服务等方面的优待政策。三是完善对烈士、因公牺牲军人、病故军人的遗属和残疾军人的抚恤优待制度。四是明确符合条件的军人家庭按照规定享受救助和必要的帮扶。五是规定抚恤优待对象享受公民普惠待遇，同时享受相应的抚恤优待待遇。

（六）规范权益救济和法律责任。一是规定军人权益受到侵害后，依法提出申诉和控告、申请调解和行政复议、提起诉讼等权益救济机制和渠道。二是规定国家机关和军队单位及其工作人员，人民团体、企业事业组织、社会组织和其他组织，以及全体公民，违反本法规定应当承担的法律责任和处罚措施。

此外，草案附则对制定配套法规作了授权，对涉及的名词用语作了解释，对适用范围作了补充规定。

军人地位和权益保障法草案和以上说明是否妥当，请审议。

# 全国人民代表大会宪法和法律委员会关于《中华人民共和国军人地位和权益保障法（草案）》修改情况的汇报

——2021 年 4 月 26 日在第十三届全国人民代表大会常务委员会第二十八次会议上

全国人大宪法和法律委员会副主任委员　刘季幸

全国人民代表大会常务委员会：

常委会第二十四次会议对军人地位和权益保障法草案进行了初次审议。会后，法制工作委员会将草案印发各省（区、市）、部分基层立法联系点和中央有关单位等征求意见，在中国人大网公布草案全文，征求社会公众意见；梳理全国人大代表在十三届全国人大四次会议上提出的有关建议；宪法和法律委员会、法制工作委员会委托四川、福建、青海、山西、吉林、湖南六省人大常委会调研，到北京、江西、福建实地调研，并通过远程视频连线西藏、新疆、黑龙江艰苦边远地区一线部队官兵开展调研，听取全国人大代表、军队和地方有关部门、军人和军人家属代表等方面的意见，还就草案主要问题与有关部门交换意见，共同研究。宪法和法律委员会于 3 月 31 日召开会议，根据常委会组成人员的审议意见和各方面意见，对草案进行了逐条审议。司法部、退役军人事务部、中央军委法制局、中央军委政治工作部、中央军委改革和编制办公室、立法工作专班的有关负责同志列席了会议。4 月 20 日，宪法和法律委员会召开会议，再次进行了审议。现将军人地位和权益保障法草案主要问题的修改情况汇报如下：

一、有些常委委员、单位和社会公众提出，本法是军人地位和权益保障法，应突出军人特殊地位和职责使命，建议专章对军人地位作出规定。宪法和法律委员会经研究，建议采纳这一意见，在草案总则有关内容基础上，增加“军人地位”一章，规定军人是中国共产党领导的武装力量基本成员，是人民子弟兵，是人民军队捍卫国家主权、统一、领土完整的坚强力量，是中国特色社会主义现代化建设的重要力量，并相应规定军人担负的具体职责使命。同时，对军人政治权利、军队官兵一致、军人履职保障等作出规定。

二、草案对军人地位和权益保障工作体制及有关职责分工作了规定。有的常委会组成人员建议，增加规定乡镇街道、城乡社区的有关职责。宪法和法律委员会经研究，建议增加规定：乡镇人民政府、街道办事处、基层群众性自治组织应当按照职责做好军人地位和权益保障工作。

三、草案对军人地位和权益保障所需经费负担机制作了规定。有些常委委员、地方和社会公众建议，进一步明确经费负担机制，突出中央财政的主要责任。宪法和法律委员会经研究，建议规定：军人地位和权益保障所需经费实行中央财政负担与中央财政和地方财政共同负担相结合，按照国家有关规定列入预算。

四、有的常委委员建议，对国家鼓励社会力量为军人地位和权益保障工作提供支持作出总体规范。宪法和法律委员会经研究，建议在总则中规定：国家鼓励和引导群团组织、企业事业单位、社会组织、个人等社会力量依法通过捐赠、志愿服务等方式为军人地位和权益保障提供支持，符合条件的，依法享受税收优惠等政策。

五、有些常委委员、地方和社会公众提出，军人崇尚和珍惜荣誉，将荣誉视为生命，建议进一步完善军人荣誉激励相关规定。宪法和法律委员会经研究，建议增加以下规定：一是军人荣誉是国家、社会对军人献身国防和军队建设、社会主义现代化建设的褒扬和激励，是鼓舞军人士气、提升军队战斗力的精神力量。国家鼓励军人崇尚荣誉，自觉维护和珍惜荣誉。二是国家采取多种形式的宣传教育、奖励激励和保障措施，培育军人的职业使命感、自豪感和荣誉感，激发军人建功立业、报效国家的积极性、主动性、创造性。三是国家鼓励单位和个人学习中国人民解放军光荣历史，宣传军人牺牲奉献精神，在全社会营造维护军人荣誉的良好氛围。四是军队加强爱国主义、集体主义、革命英雄主义教育，强化军人的荣誉意识，培育有灵魂、有本事、有血性、有品德的新时代革命军人，锻造具有铁一般信仰、铁一般信念、铁一般纪律、铁一般担当的过硬部队。

六、有些常委委员、地方和社会公众建议，根据现有政策做法，在荣誉维护一章中明确表彰方式、强化媒体责任、扩大礼遇对象。宪法和法律委员会经研究，建议增加以下规定：一是国家通过授予勋章、荣誉称号和记功、嘉奖、表彰、颁发纪念章等方式，对做出突出成绩和贡献的军人给予功勋荣誉表彰。二是广播、电视、报刊、互联网等媒体，应当积极宣传军人的先进典型和英勇事迹。三是各级人民政府应当走访慰问烈士、因公牺牲军人、病故军人的遗属，地方人民政府为其家庭悬挂光荣牌，举行重要庆典、纪念活动时邀请军人家属和烈士、因公牺牲军人、病故军人的遗属代表参加。

七、草案对军人及军人家属探亲休假作了规定。有的常委委员、全国人大代表建议，明确军人家属探亲的有关费用保障。宪法和法律委员会经研究，建议增加规定：军人配偶、未成年子女和不能独立生活的成年子女的探亲路费，由军人所在部队保障。

八、有些常委委员、全国人大代表建议，在本法中对女军人特殊权益保障作出规定。宪法和法律委员会经研究，建议增加规定：女军人的合法权益受法律保护。军队应当根据女军人的特点，合理安排女军人的工作任务和休息休假，在生育、健康等方面为女军人提供特别保护。

九、有些常委委员、社会公众和艰苦边远地区的基层官兵提出，军人家属享受优待常常需要证明军人家属身份，建议草案对此作出规定。宪法和法律委员会经研究，建议增加规定：军人家属凭相关证件享受法律法规规定的优待保障。具体办法由国务院、中央军事委员会有关部门制定。

十、一些常委委员、地方、部门和社会公众建议，对民营医疗机构为军人及其家属提供优待服务作出规定。宪法和法律委员会经研究，建议增加规定：国家鼓励民营医疗机构为军人、军人家属和烈士、因公牺牲军人、病故军人的遗属就医提供优待服务。

此外，还对草案作了一些文字修改。

草案二次审议稿已按上述意见作了修改，宪法和法律委员会建议提请常委会第二十八次会议继续审议。

草案二次审议稿和以上汇报是否妥当，请审议。

# 全国人民代表大会宪法和法律委员会关于《中华人民共和国军人地位和权益保障法（草案）》审议结果的报告

——2021年6月7日在第十三届全国人民代表大会常务委员会第二十九次会议上

全国人大宪法和法律委员会副主任委员　刘季幸

全国人民代表大会常务委员会：

常委会第二十八次会议对军人地位和权益保障法草案进行了二次审议。会后，法制工作委员会在中国人大网公布草案二次审议稿全文，征求社会公众意见；宪法和法律委员会到江苏实地调研，听取全国人大代表、地方有关部门、军队等方面的意见；宪法和法律委员会、法制工作委员会召开中央有关部门座谈会，进一步听取中央有关部门的意见建议，还就草案主要问题与有关部门交换意见，共同研究。宪法和法律委员会于5月18日召开会议，根据常委会组成人员的审议意见和各方面的意见，对草案进行了逐条审议。司法部、退役军人事务部、中央军委办公厅军委法制局、中央军委政治工作部、中央军委改革和编制办公室、立法工作专班有关负责同志列席了会议。5 月 27 日，宪法和法律委员会召开会议，再次进行了审议。宪法和法律委员会认为，为保障军人地位和合法权益，激励军人履行职责和使命，让军人成为全社会尊崇的职业，促进国防和军队现代化建设，制定本法是必要的，草案经过两次审议修改，已经比较成熟。同时，提出以下主要修改意见：

一、有些常委委员、部门提出，应当进一步明确军人地位和权益保障工作的主管部门。宪法和法律委员会经研究，建议规定：中央军事委员会政治工作部门、国务院退役军人工作主管部门以及中央和国家有关机关、中央军事委员会有关部门按照职责分工做好军人地位和权益保障工作。

二、有的部门、地方建议，进一步完善军人地位和权益保障所需经费的规定，突出事权和支出责任相适应的原则。宪法和法律委员会经研究，建议规定：军人地位和权益保障所需经费，由中央和地方按照事权和支出责任相适应的原则列入预算。

三、有的常委委员、部门和地方建议，充实荣誉维护相关规定，加强人民解放军光荣历史和军人先进典型、英勇事迹宣传教育，突出执行作战任务军人礼遇待遇。宪法和法律委员会经研究，建议增加规定：各级各类学校设置的国防教育课程中，应当包括中国人民解放军光荣历史、军人先进典型和英勇事迹等内容。军人执行作战任务获得功勋荣誉表彰的，按照高于平时的原则享受礼遇和待遇。

四、有的部门、地方、社会公众和军人代表提出，住房公积金和住房补贴是军人住房权益保障的重要内容，建议增加相关规定。宪法和法律委员会经研究，建议增加规定：国家建立健全军人住房公积金制度和住房补贴制度。

五、有的常委委员、部门、地方和军人代表提出，教育培训是提高军人履行职责等能力的重要途径，建议对军人受教育权利保障措施作出规定。宪法和法律委员会经研究，建议增加规定：国家建立健全军人教育培训体系，保障军人的受教育权利，组织和支持军人参加专业和文化学习培训，提高军人履行职责的能力和退出现役后的就业创业能力。

六、有些常委委员、部门、社会公众和军人代表建议，随军家属为军队建设作出了重要奉献，建议进一步完善有关就业保障措施。宪法和法律委员会经研究，建议增加规定：国家鼓励有用工需求的用人单位优先安排随军家属就业。国有企业在新招录职工时，应当按照用工需求的适当比例聘用随军家属；有条件的民营企业在新招录职工时，可以按照用工需求的适当比例聘用随军家属。

七、有的常委委员、部门、地方和军人代表提出，军人特别是艰苦边远地区服现役军人、双军人的家庭在子女入学方面存在不少实际困难，建议进一步完善军人子女教育优待措施。宪法和法律委员会经研究，建议规定：地方各级人民政府及其有关部门应当为军人子女提供当地优质教育资源，创造接受良好教育的条件。同时，规定军人子女入读公办义务教育阶段学校和普惠性幼儿园，可以在祖父母、外祖父母户籍所在地入学，享受当地军人子女教育优待政策。

八、有些常委会组成人员、部门和地方建议，对军人地位和权益保障领域的公益诉讼作出规定。宪法和法律委员会经研究，建议增加规定：侵害军人荣誉、名誉和其他合法权益，严重影响军人有效履行职责和使命，致使社会公共利益受到损害的，人民检察院可以根据民事诉讼法、行政诉讼法的相关规定提起公益诉讼。

九、草案对随军未就业的军人配偶参加社会保险作了规定。有的常委委员、部门提出，目前随军未就业的军人配偶参加社会保险正在改革，有关制度尚未定型，建议在本法中暂不规定，为有关改革留有余地。宪法和法律委员会经研究，建议采纳这一意见，删去草案的上述规定。

此外，还对草案二次审议稿作了一些文字修改。

5 月 21 日，法制工作委员会召开会议，邀请部分全国人大代表、现役军人及家属、专家学者和基层军队政治工作部门、退役军人工作主管部门的代表，就草案主要制度规范的可行性、出台时机、实施的社会效果和可能出现的问题等进行评估。与会人员普遍认为，制定军人地位和权益保障法是贯彻落实党中央决策部署的重要举措，是依法维护军人地位和权益的必然要求。草案经过修改完善后，坚持问题导向，聚焦备战打仗，回应官兵诉求，内容体系严谨、结构合理、切实可行，建议尽快审议通过。法律颁布实施后，必将更好地激励广大官兵安心服役、建功军营。与会人员还对草案提出了一些具体修改意见,宪法和法律委员会进行了认真研究,对有的意见予以采纳。

草案三次审议稿已按上述意见作了修改,宪法和法律委员会建议提请本次常委会会议审议通过。

草案三次审议稿和以上报告是否妥当,请审议。

# 全国人民代表大会宪法和法律委员会关于《中华人民共和国军人地位和权益保障法（草案三次审议稿）》修改意见的报告

——2021 年 6 月 10 日在第十三届全国人民代表大会常务委员会第二十九次会议上

全国人民代表大会常务委员会:

本次常委会会议于6月8日上午对军人地位和权益保障法草案三次审议稿进行了分组审议。普遍认为,草案已经比较成熟,建议进一步修改后,提请本次常委会会议表决通过。同时,有些常委会组成人员和列席人员还提出了一些修改意见和建议。宪法和法律委员会于6月8日晚召开会议,逐条研究了常委会组成人员的审议意见,对草案进行了审议。司法部、中央军委办公厅军委法制局、中央军委政治工作部、中央军委改革和编制办公室、立法工作专班有关负责同志列席了会议。宪法和法律委员会认为,草案是可行的,同时,提出以下修改意见:

一、草案三次审议稿对军人家属随军落户作了规定。有的常委委员提出,军人家属随军落户是军人待遇的重要保障,但实践中在手续办理等方面还存在不少困难,建议对有关保障措施提出明确要求。宪法和法律委员会经研究,建议增加规定:地方人民政府有关部门、军队有关单位应当及时高效地为军人家属随军落户办理相关手续。

二、草案三次审议稿规定,烈士子女和符合规定条件的军人子女按照规定享受费用减免等学生资助政策。有的常委委员、部门提出,根据现有政策做法,对烈士子女和符合规定条件军人子女的资助政策在免除有关费用之外,还包括奖学金、助学金等,建议在法律中予以体现。宪法和法律委员会经研究,建议将上述规定修改为:烈士子女和符合规定条件的军人子女按照规定享受奖学金、助学金和有关费用免除等学生资助政策。

经与有关部门研究,建议将本法的施行时间确定为 2021 年 8 月 1 日。

此外,根据常委会组成人员的审议意见,还对草案三次审议稿作了个别文字修改。

草案修改稿已按上述意见作了修改,宪法和法律委员会建议本次常委会会议审议通过。

草案修改稿和以上报告是否妥当,请审议。

# 中华人民共和国主席令

第八十七号

《中华人民共和国军事设施保护法》已由中华人民共和国第十三届全国人民代表大会常务委员会第二十九次会议于 2021 年 6 月 10 日修订通过,现予公布,自 2021 年 8 月 1 日起施行。

中华人民共和国主席　习近平

2021 年 6 月 10 日

# 中华人民共和国军事设施保护法

（1990 年 2 月 23 日第七届全国人民代表大会常务委员会第十二次会议通过　根据 2009 年 8 月 27 日第十一届全国人民代表大会常务委员会第十次会议《关于修改部分法律的决定》第一次修正　根据 2014 年 6 月 27 日第十二届全国人民代表大会常务委员会第九次会议《关于修改〈中华人民共和国军事设施保护法〉的决定》第二次修正　2021 年 6 月 10 日第十三届全国人民代表大会常务委员会第二十九次会议修订）

## 目　　录



## 第一章　总　　则

**第一条**　为了保护军事设施的安全，保障军事设施的使用效能和军事活动的正常进行，加强国防现代化建设，巩固国防，抵御侵略，根据宪法，制定本法。

**第二条**　本法所称军事设施，是指国家直接用于军事目的的下列建筑、场地和设备：

（一）指挥机关，地上和地下的指挥工程、作战工程；

（二）军用机场、港口、码头；

（三）营区、训练场、试验场；

（四）军用洞库、仓库；

（五）军用信息基础设施，军用侦察、导航、观测台站，军用测量、导航、助航标志；

（六）军用公路、铁路专用线，军用输电线路，军用输油、输水、输气管道；

（七）边防、海防管控设施；

（八）国务院和中央军事委员会规定的其他军事设施。

前款规定的军事设施，包括军队为执行任务必需设置的临时设施。

**第三条**　军事设施保护工作坚持中国共产党的领导。各级人民政府和军事机关应当共同保护军事设施，维护国防利益。

国务院、中央军事委员会按照职责分工，管理全国的军事设施保护工作。地方各级人民政府会同有关军事机关，管理本行政区域内的军事设施保护工作。

有关军事机关应当按照规定的权限和程序，提出需要地方人民政府落实的军事设施保护需求，地方人民政府应当会同有关军事机关制定具体保护措施并予以落实。

设有军事设施的地方，有关军事机关和县级以上地方人民政府应当建立军地军事设施保护协调机制，相互配合，监督、检查军事设施的保护工作，协调解决军事设施保护工作中的问题。

**第四条**　中华人民共和国的组织和公民都有保护军事设施的义务。

禁止任何组织或者个人破坏、危害军事设施。

任何组织或者个人对破坏、危害军事设施的行为，都有权检举、控告。

**第五条**　国家统筹兼顾经济建设、社会发展和军事设施保护，促进经济社会发展和军事设施保护相协调。

**第六条**　国家对军事设施实行分类保护、确保重点的方针。军事设施的分类和保护标准，由国务院和中央军事委员会规定。

**第七条**　国家对因设有军事设施、经济建设受到较大影响的地方，采取相应扶持政策和措施。具体办法由国务院和中央军事委员会规定。

**第八条**　对在军事设施保护工作中做出突出贡献的组织和个人，依照有关法律、法规的规定给予表彰和奖励。

## 第二章　军事禁区、军事管理区的划定

**第九条**　军事禁区、军事管理区根据军事设施

的性质、作用、安全保密的需要和使用效能的要求划定，具体划定标准和确定程序，由国务院和中央军事委员会规定。

本法所称军事禁区，是指设有重要军事设施或者军事设施安全保密要求高、具有重大危险因素，需要国家采取特殊措施加以重点保护，依照法定程序和标准划定的军事区域。

本法所称军事管理区，是指设有较重要军事设施或者军事设施安全保密要求较高、具有较大危险因素，需要国家采取特殊措施加以保护，依照法定程序和标准划定的军事区域。

**第十条**　军事禁区、军事管理区由国务院和中央军事委员会确定，或者由有关军事机关根据国务院和中央军事委员会的规定确定。

军事禁区、军事管理区的撤销或者变更，依照前款规定办理。

**第十一条**　陆地和水域的军事禁区、军事管理区的范围，由省、自治区、直辖市人民政府和有关军级以上军事机关共同划定，或者由省、自治区、直辖市人民政府、国务院有关部门和有关军级以上军事机关共同划定。空中军事禁区和特别重要的陆地、水域军事禁区的范围，由国务院和中央军事委员会划定。

军事禁区、军事管理区的范围调整，依照前款规定办理。

**第十二条**　军事禁区、军事管理区应当由县级以上地方人民政府按照国家统一规定的样式设置标志牌。

**第十三条**　军事禁区、军事管理区范围的划定或者调整，应当在确保军事设施安全保密和使用效能的前提下，兼顾经济建设、生态环境保护和当地居民的生产生活。

因军事设施建设需要划定或者调整军事禁区、军事管理区范围的，应当在军事设施建设项目开工建设前完成。但是，经战区级以上军事机关批准的除外。

**第十四条**　军事禁区、军事管理区范围的划定或者调整，需要征收、征用土地、房屋等不动产，压覆矿产资源，或者使用海域、空域等的，依照有关法律、法规的规定办理。

**第十五条**　军队为执行任务设置的临时军事设施需要划定陆地、水域临时军事禁区、临时军事管理区范围的，由县级以上地方人民政府和有关团级以上军事机关共同划定，并各自向上一级机关备案。其中，涉及有关海事管理机构职权的，应当在划定前征求其意见。划定之后，由县级以上地方人民政府或者有关海事管理机构予以公告。

军队执行任务结束后，应当依照前款规定的程序及时撤销划定的陆地、水域临时军事禁区、临时军事管理区。

## 第三章　军事禁区的保护

**第十六条**　军事禁区管理单位应当根据具体条件，按照划定的范围，为陆地军事禁区修筑围墙、设置铁丝网等障碍物，为水域军事禁区设置障碍物或者界线标志。

水域军事禁区的范围难以在实际水域设置障碍物或者界线标志的，有关海事管理机构应当向社会公告水域军事禁区的位置和边界。海域的军事禁区应当在海图上标明。

**第十七条**　禁止陆地、水域军事禁区管理单位以外的人员、车辆、船舶等进入军事禁区，禁止航空器在陆地、水域军事禁区上空进行低空飞行，禁止对军事禁区进行摄影、摄像、录音、勘察、测量、定位、描绘和记述。但是，经有关军事机关批准的除外。

禁止航空器进入空中军事禁区，但依照国家有关规定获得批准的除外。

使用军事禁区的摄影、摄像、录音、勘察、测量、定位、描绘和记述资料，应当经有关军事机关批准。

**第十八条**　在陆地军事禁区内，禁止建造、设置非军事设施，禁止开发利用地下空间。但是，经战区级以上军事机关批准的除外。

在水域军事禁区内，禁止建造、设置非军事设施，禁止从事水产养殖、捕捞以及其他妨碍军用舰船行动、危害军事设施安全和使用效能的活动。

**第十九条**　在陆地、水域军事禁区内采取的防护措施不足以保证军事设施安全保密和使用效能，或者陆地、水域军事禁区内的军事设施具有重大危险因素的，省、自治区、直辖市人民政府和有关军事机关，或者省、自治区、直辖市人民政府、国务院有关部门和有关军事机关根据军事设施性质、地形和当地经济建设、社会发展情况，可以在共同划定陆地、水域军事禁区范围的同时，在禁区外围共同划定安全控制范围，并在其外沿设置安全警戒标志。

安全警戒标志由县级以上地方人民政府按照国家统一规定的样式设置，地点由军事禁区管理单位和当地县级以上地方人民政府共同确定。

水域军事禁区外围安全控制范围难以在实际水域设置安全警戒标志的，依照本法第十六条第二款的规定执行。

**第二十条** 划定陆地、水域军事禁区外围安全控制范围，不改变原土地及土地附着物、水域的所有权。在陆地、水域军事禁区外围安全控制范围内，当地居民可以照常生产生活，但是不得进行爆破、射击以及其他危害军事设施安全和使用效能的活动。

因划定军事禁区外围安全控制范围影响不动产所有权人或者用益物权人行使权利的，依照有关法律、法规的规定予以补偿。

## 第四章 军事管理区的保护

**第二十一条** 军事管理区管理单位应当根据具体条件，按照划定的范围，为军事管理区修筑围墙、设置铁丝网或者界线标志。

**第二十二条** 军事管理区管理单位以外的人员、车辆、船舶等进入军事管理区，或者对军事管理区进行摄影、摄像、录音、勘察、测量、定位、描绘和记述，必须经军事管理区管理单位批准。

**第二十三条** 在陆地军事管理区内，禁止建造、设置非军事设施，禁止开发利用地下空间。但是，经军级以上军事机关批准的除外。

在水域军事管理区内，禁止从事水产养殖；未经军级以上军事机关批准，不得建造、设置非军事设施；从事捕捞或者其他活动，不得影响军用舰船的战备、训练、执勤等行动。

**第二十四条** 划为军事管理区的军民合用港口的水域，实行军地分区管理；在地方管理的水域内需要新建非军事设施的，必须事先征得军事设施管理单位的同意。

划为军事管理区的军民合用机场、港口、码头的管理办法，由国务院和中央军事委员会规定。

## 第五章 没有划入军事禁区、军事管理区的军事设施的保护

**第二十五条** 没有划入军事禁区、军事管理区的军事设施，军事设施管理单位应当采取措施予以保护；军队团级以上管理单位也可以委托当地人民政府予以保护。

**第二十六条** 在没有划入军事禁区、军事管理区的军事设施一定距离内进行采石、取土、爆破等活动，不得危害军事设施的安全和使用效能。

**第二十七条** 没有划入军事禁区、军事管理区的作战工程外围应当划定安全保护范围。作战工程的安全保护范围，应当根据作战工程性质、地形和当地经济建设、社会发展情况，由省、自治区、直辖市人民政府和有关军事机关共同划定，或者由省、自治区、直辖市人民政府、国务院有关部门和有关军事机关共同划定。在作战工程布局相对集中的地区，作战工程安全保护范围可以连片划定。县级以上地方人民政府应当按照有关规定为作战工程安全保护范围设置界线标志。

作战工程安全保护范围的撤销或者调整，依照前款规定办理。

**第二十八条** 划定作战工程安全保护范围，不改变原土地及土地附着物的所有权。在作战工程安全保护范围内，当地居民可以照常生产生活，但是不得进行开山采石、采矿、爆破；从事修筑建筑物、构筑物、道路和进行农田水利基本建设、采伐林木等活动，不得危害作战工程安全和使用效能。

因划定作战工程安全保护范围影响不动产所有权人或者用益物权人行使权利的，依照有关法律、法规的规定予以补偿。

禁止私自开启封闭的作战工程，禁止破坏作战工程的伪装，禁止阻断进出作战工程的通道。未经作战工程管理单位师级以上的上级主管军事机关批准，不得对作战工程进行摄影、摄像、录音、勘察、测量、定位、描绘和记述，不得在作战工程内存放非军用物资器材或者从事种植、养殖等生产活动。

新建工程和建设项目，确实难以避开作战工程的，应当按照国家有关规定提出拆除或者迁建、改建作战工程的申请；申请未获批准的，不得拆除或者迁建、改建作战工程。

**第二十九条** 在军用机场净空保护区域内，禁止修建超出机场净空标准的建筑物、构筑物或者其他设施，不得从事影响飞行安全和机场助航设施使用效能的活动。

军用机场管理单位应当定期检查机场净空保护情况，发现修建的建筑物、构筑物或者其他设施超过军用机场净空保护标准的，应当及时向有关军事机关和当地人民政府主管部门报告。有关军事机关和当地人民政府主管部门应当依照本法规定及时处理。

**第三十条** 有关军事机关应当向地方人民政府通报当地军用机场净空保护有关情况和需求。

地方人民政府应当向有关军事机关通报可能影响军用机场净空保护的当地有关国土空间规划和高大建筑项目建设计划。

地方人民政府应当制定保护措施，督促有关单

位对军用机场净空保护区域内的高大建筑物、构筑物或者其他设施设置飞行障碍标志。

**第三十一条**　军民合用机场以及由军队管理的保留旧机场、直升机起落坪的净空保护工作，适用军用机场净空保护的有关规定。

公路飞机跑道的净空保护工作，参照军用机场净空保护的有关规定执行。

**第三十二条**　地方各级人民政府和有关军事机关采取委托看管、分段负责等方式，实行军民联防，保护军用管线安全。

地下军用管线应当设立路由标石或者永久性标志，易遭损坏的路段、部位应当设置标志牌。已经公布具体位置、边界和路由的海域水下军用管线应当在海图上标明。

**第三十三条**　在军用无线电固定设施电磁环境保护范围内，禁止建造、设置影响军用无线电固定设施使用效能的设备和电磁障碍物体，不得从事影响军用无线电固定设施电磁环境的活动。

军用无线电固定设施电磁环境的保护措施，由军地无线电管理机构按照国家无线电管理相关规定和标准共同确定。

军事禁区、军事管理区内无线电固定设施电磁环境的保护，适用前两款规定。

军用无线电固定设施电磁环境保护涉及军事系统与非军事系统间的无线电管理事宜的，按照国家无线电管理的有关规定执行。

**第三十四条**　未经国务院和中央军事委员会批准或者国务院和中央军事委员会授权的机关批准，不得拆除、移动边防、海防管控设施，不得在边防、海防管控设施上搭建、设置民用设施。在边防、海防管控设施周边安排建设项目，不得危害边防、海防管控设施安全和使用效能。

**第三十五条**　任何组织和个人不得损毁或者擅自移动军用测量标志。在军用测量标志周边安排建设项目，不得危害军用测量标志安全和使用效能。

军用测量标志的保护，依照有关法律、法规的规定执行。

## 第六章　管理职责

**第三十六条**　县级以上地方人民政府编制国民经济和社会发展规划、安排可能影响军事设施保护的建设项目，国务院有关部门、地方人民政府编制国土空间规划等规划，应当兼顾军事设施保护的需要，并按照规定书面征求有关军事机关的意见。必要时，可以由地方人民政府会同有关部门、有关军事机关对建设项目进行评估。

国务院有关部门或者县级以上地方人民政府有关部门审批前款规定的建设项目，应当审查征求军事机关意见的情况；对未按规定征求军事机关意见的，应当要求补充征求意见；建设项目内容在审批过程中发生的改变可能影响军事设施保护的，应当再次征求有关军事机关的意见。

有关军事机关应当自收到征求意见函之日起三十日内提出书面答复意见；需要请示上级军事机关或者需要勘察、测量、测试的，答复时间可以适当延长，但通常不得超过九十日。

**第三十七条**　军队编制军事设施建设规划、组织军事设施项目建设，应当考虑地方经济建设、生态环境保护和社会发展的需要，符合国土空间规划等规划的总体要求，并进行安全保密环境评估和环境影响评价。涉及国土空间规划等规划的，应当征求国务院有关部门、地方人民政府的意见，尽量避开生态保护红线、自然保护地、地方经济建设热点区域和民用设施密集区域。确实不能避开，需要将生产生活设施拆除或者迁建的，应当依法进行。

**第三十八条**　县级以上地方人民政府安排建设项目或者开辟旅游景点，应当避开军事设施。确实不能避开，需要将军事设施拆除、迁建或者改作民用的，由省、自治区、直辖市人民政府或者国务院有关部门和战区级军事机关商定，并报国务院和中央军事委员会批准或者国务院和中央军事委员会授权的机关批准；需要将军事设施改建的，由有关军事机关批准。

因前款原因将军事设施拆除、迁建、改建或者改作民用的，由提出需求的地方人民政府依照有关规定给予有关军事机关政策支持或者经费补助。将军事设施迁建、改建涉及用地用海用岛的，地方人民政府应当依法及时办理相关手续。

**第三十九条**　军事设施因军事任务调整、周边环境变化和自然损毁等原因，失去使用效能并无需恢复重建的，军事设施管理单位应当按照规定程序及时报国务院和中央军事委员会批准或者国务院和中央军事委员会授权的机关批准，予以拆除或者改作民用。

军队执行任务结束后，应当及时将设置的临时军事设施拆除。

**第四十条**　军用机场、港口实行军民合用的，需经国务院和中央军事委员会批准。军用码头实行军民合用的，需经省、自治区、直辖市人民政府或者国务院有关部门会同战区级军事机关批准。

**第四十一条** 军事禁区、军事管理区和没有划入军事禁区、军事管理区的军事设施，县级以上地方人民政府应当会同军事设施管理单位制定具体保护措施，可以公告施行。

划入军事禁区、军事管理区的军事设施的具体保护措施，应当随军事禁区、军事管理区范围划定方案一并报批。

**第四十二条** 各级军事机关应当严格履行保护军事设施的职责，教育军队人员爱护军事设施，保守军事设施秘密，建立健全保护军事设施的规章制度，监督、检查、解决军事设施保护工作中的问题。

有关军事机关应当支持配合军事设施保护执法、司法活动。

**第四十三条** 军事设施管理单位应当认真执行有关保护军事设施的规章制度，建立军事设施档案，对军事设施进行检查、维护。

军事设施管理单位对军事设施的重要部位应当采取安全监控和技术防范措施，并及时根据军事设施保护需要和科技进步升级完善。

军事设施管理单位不得将军事设施用于非军事目的，但因执行应急救援等紧急任务的除外。

**第四十四条** 军事设施管理单位应当了解掌握军事设施周边建设项目等情况，发现可能危害军事设施安全和使用效能的，应当及时向有关军事机关和当地人民政府主管部门报告，并配合有关部门依法处理。

**第四十五条** 军事禁区、军事管理区的管理单位应当依照有关法律、法规的规定，保护军事禁区、军事管理区内的生态环境、自然资源和文物。

**第四十六条** 军事设施管理单位必要时应当向县级以上地方人民政府提供地下、水下军用管线的位置资料。地方进行建设时，当地人民政府应当对地下、水下军用管线予以保护。

**第四十七条** 各级人民政府应当加强国防和军事设施保护教育，使全体公民增强国防观念，保护军事设施，保守军事设施秘密，制止破坏、危害军事设施的行为。

**第四十八条** 县级以上地方人民政府应当会同有关军事机关，定期组织检查和评估本行政区域内军事设施保护情况，督促限期整改影响军事设施保护的隐患和问题，完善军事设施保护措施。

**第四十九条** 国家实行军事设施保护目标责任制和考核评价制度，将军事设施保护目标完成情况作为对地方人民政府、有关军事机关和军事设施管理单位及其负责人考核评价的内容。

**第五十条** 军事禁区、军事管理区需要公安机关协助维护治安管理秩序的，经国务院和中央军事委员会决定或者由有关军事机关提请省、自治区、直辖市公安机关批准，可以设立公安机构。

**第五十一条** 违反本法规定，有下列情形之一的，军事设施管理单位的执勤人员应当予以制止：

（一）非法进入军事禁区、军事管理区或者在陆地、水域军事禁区上空低空飞行的；

（二）对军事禁区、军事管理区非法进行摄影、摄像、录音、勘察、测量、定位、描绘和记述的；

（三）进行破坏、危害军事设施的活动的。

**第五十二条** 有本法第五十一条所列情形之一，不听制止的，军事设施管理单位依照国家有关规定，可以采取下列措施：

（一）强制带离、控制非法进入军事禁区、军事管理区或者驾驶、操控航空器在陆地、水域军事禁区上空低空飞行的人员，对违法情节严重的人员予以扣留并立即移送公安、国家安全等有管辖权的机关；

（二）立即制止信息传输等行为，扣押用于实施违法行为的器材、工具或者其他物品，并移送公安、国家安全等有管辖权的机关；

（三）在紧急情况下，清除严重危害军事设施安全和使用效能的障碍物；

（四）在危及军事设施安全或者执勤人员生命安全等紧急情况下依法使用武器。

军人、军队文职人员和军队其他人员有本法第五十一条所列情形之一的，依照军队有关规定处理。

## 第七章 法律责任

**第五十三条** 违反本法第十七条、第十八条、第二十三条规定，擅自进入水域军事禁区，在水域军事禁区内从事水产养殖、捕捞，在水域军事管理区内从事水产养殖，或者在水域军事管理区内从事捕捞等活动影响军用舰船行动的，由交通运输、渔业等主管部门给予警告，责令离开，没收渔具、渔获物。

**第五十四条** 违反本法第十八条、第二十三条、第二十四条规定，在陆地、水域军事禁区、军事管理区内建造、设置非军事设施，擅自开发利用陆地军事禁区、军事管理区地下空间，或者在划为军事管理区的军民合用港口地方管理的水域未征得军事设施管理单位同意建造、设置非军事设施的，由住房和城乡建设、自然资源、交通运输、渔业等主管部门责令停止兴建活动，对已建成的责令限期拆除。

**第五十五条** 违反本法第二十八条第一款规定，在作战工程安全保护范围内开山采石、采矿、爆破的，由自然资源、生态环境等主管部门以及公安机关责令停止违法行为，没收采出的产品和违法所得；修筑建筑物、构筑物、道路或者进行农田水利基本建设影响作战工程安全和使用效能的，由自然资源、生态环境、交通运输、农业农村、住房和城乡建设等主管部门给予警告，责令限期改正。

**第五十六条** 违反本法第二十八条第三款规定，私自开启封闭的作战工程，破坏作战工程伪装，阻断作战工程通道，将作战工程用于存放非军用物资器材或者种植、养殖等生产活动的，由公安机关以及自然资源等主管部门责令停止违法行为，限期恢复原状。

**第五十七条** 违反本法第二十八条第四款、第三十四条规定，擅自拆除、迁建、改建作战工程，或者擅自拆除、移动边防、海防管控设施的，由住房和城乡建设主管部门、公安机关等责令停止违法行为，限期恢复原状。

**第五十八条** 违反本法第二十九条第一款规定，在军用机场净空保护区域内修建超出军用机场净空保护标准的建筑物、构筑物或者其他设施的，由住房和城乡建设、自然资源主管部门责令限期拆除超高部分。

**第五十九条** 违反本法第三十三条规定，在军用无线电固定设施电磁环境保护范围内建造、设置影响军用无线电固定设施使用效能的设备和电磁障碍物体，或者从事影响军用无线电固定设施电磁环境的活动的，由自然资源、生态环境等主管部门以及无线电管理机构给予警告，责令限期改正；逾期不改正的，查封干扰设备或者强制拆除障碍物。

**第六十条** 有下列行为之一的，适用《中华人民共和国治安管理处罚法》第二十三条的处罚规定：

（一）非法进入军事禁区、军事管理区或者驾驶、操控航空器在陆地、水域军事禁区上空低空飞行，不听制止的；

（二）在军事禁区外围安全控制范围内，或者在没有划入军事禁区、军事管理区的军事设施一定距离内，进行危害军事设施安全和使用效能的活动，不听制止的；

（三）在军用机场净空保护区域内，进行影响飞行安全和机场助航设施使用效能的活动，不听制止的；

（四）对军事禁区、军事管理区非法进行摄影、摄像、录音、勘察、测量、定位、描绘和记述，不听制止的；

（五）其他扰乱军事禁区、军事管理区管理秩序和危害军事设施安全的行为，情节轻微，尚不够刑事处罚的。

**第六十一条** 违反国家规定，故意干扰军用无线电设施正常工作的，或者对军用无线电设施产生有害干扰，拒不按照有关主管部门的要求改正的，依照《中华人民共和国治安管理处罚法》第二十八条的规定处罚。

**第六十二条** 毁坏边防、海防管控设施以及军事禁区、军事管理区的围墙、铁丝网、界线标志或者其他军事设施的，依照《中华人民共和国治安管理处罚法》第三十三条的规定处罚。

**第六十三条** 有下列行为之一，构成犯罪的，依法追究刑事责任：

（一）破坏军事设施的；

（二）过失损坏军事设施，造成严重后果的；

（三）盗窃、抢夺、抢劫军事设施的装备、物资、器材的；

（四）泄露军事设施秘密，或者为境外的机构、组织、人员窃取、刺探、收买、非法提供军事设施秘密的；

（五）破坏军用无线电固定设施电磁环境，干扰军用无线电通讯，情节严重的；

（六）其他扰乱军事禁区、军事管理区管理秩序和危害军事设施安全的行为，情节严重的。

**第六十四条** 军人、军队文职人员和军队其他人员有下列行为之一，按照军队有关规定给予处分；构成犯罪的，依法追究刑事责任：

（一）有本法第五十三条至第六十三条规定行为的；

（二）擅自将军事设施用于非军事目的，或者有其他滥用职权行为的；

（三）擅离职守或者玩忽职守的。

**第六十五条** 公职人员在军事设施保护工作中有玩忽职守、滥用职权、徇私舞弊等行为的，依法给予处分；构成犯罪的，依法追究刑事责任。

**第六十六条** 违反本法规定，破坏、危害军事设施的，属海警机构职权范围的，由海警机构依法处理。

违反本法规定，有其他破坏、危害军事设施行为的，由有关主管部门依法处理。

**第六十七条**　违反本法规定，造成军事设施损失的，依法承担赔偿责任。

**第六十八条**　战时违反本法的，依法从重追究法律责任。

## 第八章　附　　则

**第六十九条**　中国人民武装警察部队所属军事设施的保护，适用本法。

**第七十条**　国防科技工业重要武器装备的科研、生产、试验、存储等设施的保护，参照本法有关规定执行。具体办法和设施目录由国务院和中央军事委员会规定。

**第七十一条**　国务院和中央军事委员会根据本法制定实施办法。

**第七十二条**　本法自 2021 年 8 月 1 日起施行。

# 关于《中华人民共和国军事设施保护法(修订草案)》的说明

——2020 年 12 月 22 日在第十三届全国人民代表大会常务委员会第二十四次会议上

中央军委国防动员部部长　盛　斌

全国人民代表大会常务委员会：

受国务院、中央军委的委托，我对《中华人民共和国军事设施保护法(修订草案)》作说明。

## 一、修订军事设施保护法的必要性和简要过程

军事设施是国家国防实力和军队战斗力的重要依托，是部队能打仗打胜仗的基础支撑。现行军事设施保护法 1990 年 2 月 23 日第七届全国人民代表大会常务委员会第十二次会议通过，后于 2009 年、2014 年两次修正。该法施行以来，对于保护军事设施安全、保障军事设施使用效能和军事活动正常进行、加强国防现代化建设发挥了重要作用。

近年来，国家安全和发展的内外环境发生深刻变化，军事设施保护面临着安全保密形势日趋严峻，与经济社会发展统筹协调难度增大等新情况新问题。为适应新形势新任务新要求，根据军事政策制度改革部署安排，中央军委国防动员部、中央军委改革和编制办公室经深入研究论证、广泛征求意见、专题协调对接、专家咨询评估，反复修改完善后，起草了《中华人民共和国军事设施保护法(修订草案)》(送审稿)，于 2020 年 4 月 14 日呈报国务院、中央军委。司法部和中央军委法制局征求了有关中央和国家机关、省级人民政府和军队有关单位的意见，在此基础上修改形成了《中华人民共和国军事设施保护法(修订草案)》(以下简称修订草案)。目前，修订草案已经国务院常务会议和中央军委常务会议讨论通过。

## 二、修订工作的指导思想和原则

以习近平新时代中国特色社会主义思想为指导，坚持总体国家安全观，深入贯彻习近平强军思想，深入贯彻军民融合发展战略。我们在修订中重点把握了以下几点：一是适应内外环境发展变化和军事斗争准备的需要，在现有法律制度基础上着力解决突出问题，将现行军事设施保护法实施以来行之有效的制度和规定上升为法律。二是对表改革后新体制新职能，调整完善领导管理体制机制，优化职能配置，压实军地责任，强化军地协调，进一步增强军事设施保护的领导力统筹力执行力。三是深入贯彻“分类保护、确保重点”的方针，学习借鉴国内生态环境保护和国外军事设施保护先进经验，细化分类保护措施，强化科技手段应用，创设保护制度，不断提高军事设施保护工作的精确化、科学化、规范化水平。

## 三、修订的主要内容

此次修订后，由原来的 8 章 53 条调整为 8 章 66 条。

(一)健全领导管理体制。一是贯彻党的领导入法入规要求，明确“军事设施保护工作坚持中国共产党的领导”。二是对表改革后的新体制新职能，明确国务院、中央军委按照职责分工，管理全国的军事设施保护工作；地方各级人民政府会同有关军事机关，管理本行政区域内的军事设施保护工作。

（二）完善保护制度措施。一是健全长效机制，着眼解决现实矛盾问题，增设军事设施保护工作检查整改、考核评价、影响补偿等制度。二是强化科技运用和主动保护，明确军事设施开工建设前要完成保护区域的划定或者调整；规定军事设施管理单位要根据保护需要和科技进步，升级完善保护手段和防范措施；明确划入军事禁区、军事管理区的军事设施的具体保护措施，应当随军事禁区、军事管理区范围划定方案一并报批。三是细化针对性保护措施，增加水域军事禁区可以划定外围安全控制范围的规定；明确临时军事设施保护区域划定、撤销和保护要求；规定开发利用陆地军事禁区、军事管理区地下空间须经批准；完善对低慢小飞行器防范处置的措施；增加战时违反本法从重追究法律责任的原则规定。

（三）压实军地单位责任。一是规定有关军事机关提出军事设施保护需求，地方人民政府会同有关军事机关制定具体保护措施并予以落实。二是明确地方经济建设征求军事机关意见的时机、程序、要求等内容。三是增加了军事禁区外围安全控制范围、作战工程安全保护范围不改变原土地及土地附着物、水域的所有权，影响不动产所有人或者用益物权人行使权利的，依据有关法律法规进行补偿的规定。四是细化了各类人员违法违规行为的处置规定。

（四）增强法律可操作性。一是细化军事设施分类保护，明确军事设施的分类、具体保护标准要求，由国务院和中央军委规定。二是将实施办法中作战工程、机场净空、军用管线等部分条款上升为法律规定。三是将部分因地方经济建设需要改建军事设施的，由国务院、中央军委审批调整为由有关军事机关审批；明确军用码头实行军民合用的，由省、自治区、直辖市人民政府或者国务院有关部门和战区级军事机关批准。

此外，对一些条文的文字表述也根据修订内容的需要作了必要调整。

军事设施保护法修订草案和以上说明是否妥当，请审议。

# 全国人民代表大会宪法和法律委员会关于《中华人民共和国军事设施保护法（修订草案）》审议结果的报告

——2021 年 6 月 7 日在第十三届全国人民代表大会常务委员会第二十九次会议上

全国人大宪法和法律委员会副主任委员　刘季幸

全国人民代表大会常务委员会：

常委会第二十四次会议对军事设施保护法修订草案进行了初次审议。会后，法制工作委员会将草案印发各省（区、市）、中央有关部门、单位和部分高等院校、法学研究机构、全国人大代表等征求意见，在中国人大网全文公布草案，征求社会公众意见。宪法和法律委员会、法制工作委员会联合召开座谈会，听取中央有关部门、全国人大代表和专家学者的意见，并赴山东进行调研。宪法和法律委员会于 5 月 18 日召开会议，根据常委会组成人员的审议意见和各方面意见，对修订草案进行了逐条审议。司法部、中央军委办公厅军委法制局、中央军委改革和编制办公室、中央军委国防动员部有关负责同志列席了会议。5 月 27 日，宪法和法律委员会召开会议，再次进行了审议。宪法和法律委员会认为，为进一步保护军事设施安全，保障军事设施使用效能，统筹军事设施保护与经济社会发展，及时对军事设施保护法进行修订是必要的，修订草案经过审议修改，已经比较成熟。同时，提出以下主要修改意见：

一、修订草案第十七条、第二十二条、第二十八条中规定，禁止对军事禁区、军事管理区、作战工程进行摄影、摄像、录音、勘察、测量、描绘和记述，经有关军事机关批准的除外。有的委员建议还要对定位活动予以禁止。宪法和法律委员会经研究，建议在上述条文中增加禁止“定位”规定。同时，对法律责任涉及的条款作相应修改。

二、修订草案第三十条第三款规定，军用机场管理单位应当定期检查机场净空保护情况，发现擅自修建超过军用机场净空保护标准的建筑物、构筑物或者其他设施的，应当及时向有关军事机关和当地人民政府主管部门报告。有的地方提出，应当对发现问题如何处理作出规定。宪法和法律委员会经研究，建议增加规定："有关军事机关和当地人民政府主管部门应当依照本法规定及时处理"。

三、修订草案第三十六条中规定，国务院有关部门、地方人民政府编制国民经济和社会发展规划、国土空间规划等，安排可能影响军事设施保护的建设项目，由有关主管部门按照规定征求有关军事机关的意见。有的部门提出，应当明确军事机关反馈意见的时限。宪法和法律委员会经研究，建议增加规定："有关军事机关应当自收到征求意见函之日起三十日内提出书面答复意见；需要请示上级军事机关或者需要勘察、测量、测试的，答复时间可以适当延长，但通常不得超过九十日"。

此外，还对修订草案作了一些文字修改。

5 月 25 日，法制工作委员会召开会议，邀请专家学者以及有关部门，就修订草案中主要制度规范的可行性、法律出台时机、法律实施的社会效果和可能出现的问题进行评估。与会人员普遍认为，军事设施保护法修订草案深入贯彻习近平强军思想，积极回应军事设施保护工作面临的新情况新问题，进一步明确了军事设施的保护范围、保护措施、法律责任等，对于完善军事设施保护体制机制，提高军事设施保护工作的科学化、精确化、规范化水平具有重要作用。修订草案经过修改，充分吸收了各方面意见，增强有关表述的规范性，已经比较成熟，建议尽快审议通过。与会人员还对草案提出了一些具体修改意见，宪法和法律委员会进行了认真研究，对有的意见予以采纳。

修订草案二次审议稿已按上述意见作了修改，宪法和法律委员会建议提请本次常委会会议审议通过。

修订草案二次审议稿和以上报告是否妥当，请审议。

# 全国人民代表大会宪法和法律委员会关于《中华人民共和国军事设施保护法(修订草案二次审议稿)》修改意见的报告

——2021 年 6 月 10 日在第十三届全国人民代表大会常务委员会第二十九次会议上

全国人民代表大会常务委员会：

本次常委会会议于 6 月 8 日上午对军事设施保护法修订草案二次审议稿进行了分组审议。普遍认为，草案已经比较成熟，建议进一步修改后，提请本次常委会会议表决通过。同时，有些常委会组成人员还提出了一些修改意见和建议。宪法和法律委员会于 6 月 8 日下午召开会议，逐条研究了常委会组成人员的审议意见，对草案进行了审议。司法部、中央军委办公厅军委法制局、中央军委编制和改革办公室、中央军委国防动员部有关负责同志列席了会议。宪法和法律委员会认为，草案是可行的，同时，提出以下修改意见：

一、有的常委委员建议在修订草案二次审议稿第三十条中明确军队和地方人民政府应当相互通报军用机场净空保护的有关需求和情况，共同做好净空保护工作。宪法和法律委员会经研究，建议将该条修改为："有关军事机关应当向地方人民政府通报当地军用机场净空保护有关情况和需求。""地方人民政府应当向有关军事机关通报可能影响军用机场净空保护的当地有关国土空间规划和高大建筑项目建设计划。""地方人民政府应当制定保护措施，督促有关单位对军用机场净空保护区域内的高大建筑物、构筑物或者其他设施设置飞行障碍标志。"

二、有的常委委员提出，修订草案二次审议稿第五十六条对破坏作战工程行为的处罚，应当更完善一些。宪法和法律委员会经研究，建议将该条修改为："违反本法第二十八条第三款规定，私自开启封闭的作战工程，破坏作战工程伪装，阻断作战工程通道，将作战工程用于存放非军用物资器材或者种植、养殖等生产活动的，由公安机关以及自然资源等主管部门责令停止违法行为，限期恢复原状。"

此外，根据常委会组成人员的审议意见，还对修订草案二次审议稿作了一些文字修改。

经与有关部门研究，建议将修订后的军事设施保护法的施行时间确定为2021年8月1日。

修订草案修改稿已按上述意见作了修改，宪法和法律委员会建议本次常委会会议审议通过。

修订草案修改稿和以上报告是否妥当，请审议。

# 中华人民共和国主席令

第八十八号

《全国人民代表大会常务委员会关于修改〈中华人民共和国安全生产法〉的决定》已由中华人民共和国第十三届全国人民代表大会常务委员会第二十九次会议于2021年6月10日通过，现予公布，自2021年9月1日起施行。

中华人民共和国主席　习近平

2021年6月10日

# 全国人民代表大会常务委员会关于修改《中华人民共和国安全生产法》的决定

（2021年6月10日第十三届全国人民代表大会常务委员会第二十九次会议通过）

第十三届全国人民代表大会常务委员会第二十九次会议决定对《中华人民共和国安全生产法》作如下修改：

一、将第三条修改为："安全生产工作坚持中国共产党的领导。

"安全生产工作应当以人为本，坚持人民至上、生命至上，把保护人民生命安全摆在首位，树牢安全发展理念，坚持安全第一、预防为主、综合治理的方针，从源头上防范化解重大安全风险。

"安全生产工作实行管行业必须管安全、管业务必须管安全、管生产经营必须管安全，强化和落实生产经营单位主体责任与政府监管责任，建立生产经营单位负责、职工参与、政府监管、行业自律和社会监督的机制。"

二、将第四条修改为："生产经营单位必须遵守本法和其他有关安全生产的法律、法规，加强安全生产管理，建立健全全员安全生产责任制和安全生产规章制度，加大对安全生产资金、物资、技术、人员的投入保障力度，改善安全生产条件，加强安全生产标准化、信息化建设，构建安全风险分级管控和隐患排查治理双重预防机制，健全风险防范化解机制，提高安全生产水平，确保安全生产。

"平台经济等新兴行业、领域的生产经营单位应当根据本行业、领域的特点，建立健全并落实全员安全生产责任制，加强从业人员安全生产教育和培训，履行本法和其他法律、法规规定的有关安全生产义务。"

三、将第五条修改为："生产经营单位的主要负责人是本单位安全生产第一责任人，对本单位的安全生产工作全面负责。其他负责人对职责范围内的安全生产工作负责。"

四、将第八条改为两条，作为第八条、第九条，修改为："第八条　国务院和县级以上地方各级人民政府应当根据国民经济和社会发展规划制定安全生产规划，并组织实施。安全生产规划应当与国土空间规划等相关规划相衔接。

"各级人民政府应当加强安全生产基础设施建设和安全生产监管能力建设，所需经费列入本级预算。

"县级以上地方各级人民政府应当组织有关部门建立完善安全风险评估与论证机制，按照安全风险管控要求，进行产业规划和空间布局，并对位置相邻、行业相近、业态相似的生产经营单位实施重大安全风险联防联控。"

"第九条　国务院和县级以上地方各级人民政府应当加强对安全生产工作的领导，建立健全安全生产工作协调机制，支持、督促各有关部门依法履行安全生产监督管理职责，及时协调、解决安全生产监督管理中存在的重大问题。

“乡镇人民政府和街道办事处，以及开发区、工业园区、港区、风景区等应当明确负责安全生产监督管理的有关工作机构及其职责，加强安全生产监管力量建设，按照职责对本行政区域或者管理区域内生产经营单位安全生产状况进行监督检查，协助人民政府有关部门或者按照授权依法履行安全生产监督管理职责。”

**五**、将第九条改为第十条，修改为：“国务院应急管理部门依照本法，对全国安全生产工作实施综合监督管理；县级以上地方各级人民政府应急管理部门依照本法，对本行政区域内安全生产工作实施综合监督管理。

“国务院交通运输、住房和城乡建设、水利、民航等有关部门依照本法和其他有关法律、行政法规的规定，在各自的职责范围内对有关行业、领域的安全生产工作实施监督管理；县级以上地方各级人民政府有关部门依照本法和其他有关法律、法规的规定，在各自的职责范围内对有关行业、领域的安全生产工作实施监督管理。对新兴行业、领域的安全生产监督管理职责不明确的，由县级以上地方各级人民政府按照业务相近的原则确定监督管理部门。

“应急管理部门和对有关行业、领域的安全生产工作实施监督管理的部门，统称负有安全生产监督管理职责的部门。负有安全生产监督管理职责的部门应当相互配合、齐抓共管、信息共享、资源共用，依法加强安全生产监督管理工作。”

**六**、增加一条，作为第十二条：“国务院有关部门按照职责分工负责安全生产强制性国家标准的项目提出、组织起草、征求意见、技术审查。国务院应急管理部门统筹提出安全生产强制性国家标准的立项计划。国务院标准化行政主管部门负责安全生产强制性国家标准的立项、编号、对外通报和授权批准发布工作。国务院标准化行政主管部门、有关部门依据法定职责对安全生产强制性国家标准的实施进行监督检查。”

**七**、增加一条，作为第十七条：“县级以上各级人民政府应当组织负有安全生产监督管理职责的部门依法编制安全生产权力和责任清单，公开并接受社会监督。”

**八**、将第十八条改为第二十一条，修改为：“生产经营单位的主要负责人对本单位安全生产工作负有下列职责：

“（一）建立健全并落实本单位全员安全生产责任制，加强安全生产标准化建设；

“（二）组织制定并实施本单位安全生产规章制度和操作规程；

“（三）组织制定并实施本单位安全生产教育和培训计划；

“（四）保证本单位安全生产投入的有效实施；

“（五）组织建立并落实安全风险分级管控和隐患排查治理双重预防工作机制，督促、检查本单位的安全生产工作，及时消除生产安全事故隐患；

“（六）组织制定并实施本单位的生产安全事故应急救援预案；

“（七）及时、如实报告生产安全事故。”

**九**、将第二十二条改为第二十五条，修改为：“生产经营单位的安全生产管理机构以及安全生产管理人员履行下列职责：

“（一）组织或者参与拟订本单位安全生产规章制度、操作规程和生产安全事故应急救援预案；

“（二）组织或者参与本单位安全生产教育和培训，如实记录安全生产教育和培训情况；

“（三）组织开展危险源辨识和评估，督促落实本单位重大危险源的安全管理措施；

“（四）组织或者参与本单位应急救援演练；

“（五）检查本单位的安全生产状况，及时排查生产安全事故隐患，提出改进安全生产管理的建议；

“（六）制止和纠正违章指挥、强令冒险作业、违反操作规程的行为；

“（七）督促落实本单位安全生产整改措施。

“生产经营单位可以设置专职安全生产分管负责人，协助本单位主要负责人履行安全生产管理职责。”

**十**、将第三十三条改为第三十六条，增加两款，作为第三款、第四款：“生产经营单位不得关闭、破坏直接关系生产安全的监控、报警、防护、救生设备、设施，或者篡改、隐瞒、销毁其相关数据、信息。

“餐饮等行业的生产经营单位使用燃气的，应当安装可燃气体报警装置，并保障其正常使用。”

**十一**、将第三十七条改为第四十条，第二款修改为：“生产经营单位应当按照国家有关规定将本单位重大危险源及有关安全措施、应急措施报有关地方人民政府应急管理部门和有关部门备案。有关地方人民政府应急管理部门和有关部门应当通过相关信息系统实现信息共享。”

**十二**、将第三十八条改为第四十一条，修改为：

"生产经营单位应当建立安全风险分级管控制度，按照安全风险分级采取相应的管控措施。

"生产经营单位应当建立健全并落实生产安全事故隐患排查治理制度，采取技术、管理措施，及时发现并消除事故隐患。事故隐患排查治理情况应当如实记录，并通过职工大会或者职工代表大会、信息公示栏等方式向从业人员通报。其中，重大事故隐患排查治理情况应当及时向负有安全生产监督管理职责的部门和职工大会或者职工代表大会报告。

"县级以上地方各级人民政府负有安全生产监督管理职责的部门应当将重大事故隐患纳入相关信息系统，建立健全重大事故隐患治理督办制度，督促生产经营单位消除重大事故隐患。"

十三、将第四十一条改为第四十四条，增加一款，作为第二款："生产经营单位应当关注从业人员的身体、心理状况和行为习惯，加强对从业人员的心理疏导、精神慰藉，严格落实岗位安全生产责任，防范从业人员行为异常导致事故发生。"

十四、将第四十六条改为第四十九条，增加一款，作为第三款："矿山、金属冶炼建设项目和用于生产、储存、装卸危险物品的建设项目的施工单位应当加强对施工项目的安全管理，不得倒卖、出租、出借、挂靠或者以其他形式非法转让施工资质，不得将其承包的全部建设工程转包给第三人或者将其承包的全部建设工程支解以后以分包的名义分别转包给第三人，不得将工程分包给不具备相应资质条件的单位。"

十五、将第四十八条改为第五十一条，第二款修改为："国家鼓励生产经营单位投保安全生产责任保险；属于国家规定的高危行业、领域的生产经营单位，应当投保安全生产责任保险。具体范围和实施办法由国务院应急管理部门会同国务院财政部门、国务院保险监督管理机构和相关行业主管部门制定。"

十六、将第五十三条改为第五十六条，修改为："生产经营单位发生生产安全事故后，应当及时采取措施救治有关人员。

"因生产安全事故受到损害的从业人员，除依法享有工伤保险外，依照有关民事法律尚有获得赔偿的权利的，有权提出赔偿要求。"

十七、将第五十四条改为第五十七条，修改为："从业人员在作业过程中，应当严格落实岗位安全责任，遵守本单位的安全生产规章制度和操作规程，服从管理，正确佩戴和使用劳动防护用品。"

十八、将第六十九条改为第七十二条，修改为："承担安全评价、认证、检测、检验职责的机构应当具备国家规定的资质条件，并对其作出的安全评价、认证、检测、检验结果的合法性、真实性负责。资质条件由国务院应急管理部门会同国务院有关部门制定。

"承担安全评价、认证、检测、检验职责的机构应当建立并实施服务公开和报告公开制度，不得租借资质、挂靠、出具虚假报告。"

十九、将第七十条改为第七十三条，修改为："负有安全生产监督管理职责的部门应当建立举报制度，公开举报电话、信箱或者电子邮件地址等网络举报平台，受理有关安全生产的举报；受理的举报事项经调查核实后，应当形成书面材料；需要落实整改措施的，报经有关负责人签字并督促落实。对不属于本部门职责，需要由其他有关部门进行调查处理的，转交其他有关部门处理。

"涉及人员死亡的举报事项，应当由县级以上人民政府组织核查处理。"

二十、将第七十一条改为第七十四条，增加一款，作为第二款："因安全生产违法行为造成重大事故隐患或者导致重大事故，致使国家利益或者社会公共利益受到侵害的，人民检察院可以根据民事诉讼法、行政诉讼法的相关规定提起公益诉讼。"

二十一、将第七十五条改为第七十八条，修改为："负有安全生产监督管理职责的部门应当建立安全生产违法行为信息库，如实记录生产经营单位及其有关从业人员的安全生产违法行为信息；对违法行为情节严重的生产经营单位及其有关从业人员，应当及时向社会公告，并通报行业主管部门、投资主管部门、自然资源主管部门、生态环境主管部门、证券监督管理机构以及有关金融机构。有关部门和机构应当对存在失信行为的生产经营单位及其有关从业人员采取加大执法检查频次、暂停项目审批、上调有关保险费率、行业或者职业禁入等联合惩戒措施，并向社会公示。

"负有安全生产监督管理职责的部门应当加强对生产经营单位行政处罚信息的及时归集、共享、应用和公开，对生产经营单位作出处罚决定后七个工作日内在监督管理部门公示系统予以公开曝光，强化对违法失信生产经营单位及其有关从业人员的社会监督，提高全社会安全生产诚信水平。"

二十二、将第七十六条改为第七十九条，修改为："国家加强生产安全事故应急能力建设，在重点行业、领域建立应急救援基地和应急救援队伍，并由国家安全生产应急救援机构统一协调指挥；鼓励生产经营单位和其他社会力量建立应急救援队伍，配备相应的应急救援装备和物资，提高应急救援的专业化水平。

“国务院应急管理部门牵头建立全国统一的生产安全事故应急救援信息系统，国务院交通运输、住房和城乡建设、水利、民航等有关部门和县级以上地方人民政府建立健全相关行业、领域、地区的生产安全事故应急救援信息系统，实现互联互通、信息共享，通过推行网上安全信息采集、安全监管和监测预警，提升监管的精准化、智能化水平。”

**二十三**、将第七十七条改为第八十条，增加一款，作为第二款：“乡镇人民政府和街道办事处，以及开发区、工业园区、港区、风景区等应当制定相应的生产安全事故应急救援预案，协助人民政府有关部门或者按照授权依法履行生产安全事故应急救援工作职责。”

**二十四**、将第八十三条改为第八十六条，第一款修改为：“事故调查处理应当按照科学严谨、依法依规、实事求是、注重实效的原则，及时、准确地查清事故原因，查明事故性质和责任，评估应急处置工作，总结事故教训，提出整改措施，并对事故责任单位和人员提出处理建议。事故调查报告应当依法及时向社会公布。事故调查和处理的具体办法由国务院制定。”

增加一款，作为第三款：“负责事故调查处理的国务院有关部门和地方人民政府应当在批复事故调查报告后一年内，组织有关部门对事故整改和防范措施落实情况进行评估，并及时向社会公开评估结果；对不履行职责导致事故整改和防范措施没有落实的有关单位和人员，应当按照有关规定追究责任。”

**二十五**、将第八十九条改为第九十二条，修改为：“承担安全评价、认证、检测、检验职责的机构出具失实报告的，责令停业整顿，并处三万元以上十万元以下的罚款；给他人造成损害的，依法承担赔偿责任。

“承担安全评价、认证、检测、检验职责的机构租借资质、挂靠、出具虚假报告的，没收违法所得；违法所得在十万元以上的，并处违法所得二倍以上五倍以下的罚款，没有违法所得或者违法所得不足十万元的，单处或者并处十万元以上二十万元以下的罚款；对其直接负责的主管人员和其他直接责任人员处五万元以上十万元以下的罚款；给他人造成损害的，与生产经营单位承担连带赔偿责任；构成犯罪的，依照刑法有关规定追究刑事责任。

“对有前款违法行为的机构及其直接责任人员，吊销其相应资质和资格，五年内不得从事安全评价、认证、检测、检验等工作；情节严重的，实行终身行业和职业禁入。”

**二十六**、将第九十一条改为第九十四条，第一款修改为：“生产经营单位的主要负责人未履行本法规定的安全生产管理职责的，责令限期改正，处二万元以上五万元以下的罚款；逾期未改正的，处五万元以上十万元以下的罚款，责令生产经营单位停产停业整顿。”

**二十七**、将第九十二条改为第九十五条，修改为：“生产经营单位的主要负责人未履行本法规定的安全生产管理职责，导致发生生产安全事故的，由应急管理部门依照下列规定处以罚款：

“（一）发生一般事故的，处上一年年收入百分之四十的罚款；

“（二）发生较大事故的，处上一年年收入百分之六十的罚款；

“（三）发生重大事故的，处上一年年收入百分之八十的罚款；

“（四）发生特别重大事故的，处上一年年收入百分之一百的罚款。”

**二十八**、将第九十三条改为第九十六条，修改为：“生产经营单位的其他负责人和安全生产管理人员未履行本法规定的安全生产管理职责的，责令限期改正，处一万元以上三万元以下的罚款；导致发生生产安全事故的，暂停或者吊销其与安全生产有关的资格，并处上一年年收入百分之二十以上百分之五十以下的罚款；构成犯罪的，依照刑法有关规定追究刑事责任。”

**二十九**、将第九十四条改为第九十七条，修改为：“生产经营单位有下列行为之一的，责令限期改正，处十万元以下的罚款；逾期未改正的，责令停产停业整顿，并处十万元以上二十万元以下的罚款，对其直接负责的主管人员和其他直接责任人员处二万元以上五万元以下的罚款：

“（一）未按照规定设置安全生产管理机构或者配备安全生产管理人员、注册安全工程师的；

“（二）危险物品的生产、经营、储存、装卸单位以及矿山、金属冶炼、建筑施工、运输单位的主要负责人和安全生产管理人员未按照规定经考核合格的；

“(三)未按照规定对从业人员、被派遣劳动者、实习学生进行安全生产教育和培训,或者未按照规定如实告知有关的安全生产事项的;

“(四)未如实记录安全生产教育和培训情况的;

“(五)未将事故隐患排查治理情况如实记录或者未向从业人员通报的;

“(六)未按照规定制定生产安全事故应急救援预案或者未定期组织演练的;

“(七)特种作业人员未按照规定经专门的安全作业培训并取得相应资格,上岗作业的。”

三十、将第九十五条改为第九十八条,修改为:“生产经营单位有下列行为之一的,责令停止建设或者停产停业整顿,限期改正,并处十万元以上五十万元以下的罚款,对其直接负责的主管人员和其他直接责任人员处二万元以上五万元以下的罚款;逾期未改正的,处五十万元以上一百万元以下的罚款,对其直接负责的主管人员和其他直接责任人员处五万元以上十万元以下的罚款;构成犯罪的,依照刑法有关规定追究刑事责任:

“(一)未按照规定对矿山、金属冶炼建设项目或者用于生产、储存、装卸危险物品的建设项目进行安全评价的;

“(二)矿山、金属冶炼建设项目或者用于生产、储存、装卸危险物品的建设项目没有安全设施设计或者安全设施设计未按照规定报经有关部门审查同意的;

“(三)矿山、金属冶炼建设项目或者用于生产、储存、装卸危险物品的建设项目的施工单位未按照批准的安全设施设计施工的;

“(四)矿山、金属冶炼建设项目或者用于生产、储存、装卸危险物品的建设项目竣工投入生产或者使用前,安全设施未经验收合格的。”

三十一、将第九十六条改为第九十九条,增加两项,作为第四项、第八项:“(四)关闭、破坏直接关系生产安全的监控、报警、防护、救生设备、设施,或者篡改、隐瞒、销毁其相关数据、信息的;

“(八)餐饮等行业的生产经营单位使用燃气未安装可燃气体报警装置的。”

三十二、将第九十八条改为第一百零一条,修改为:“生产经营单位有下列行为之一的,责令限期改正,处十万元以下的罚款;逾期未改正的,责令停产停业整顿,并处十万元以上二十万元以下的罚款,对其直接负责的主管人员和其他直接责任人员处二万元以上五万元以下的罚款;构成犯罪的,依照刑法有关规定追究刑事责任:

“(一)生产、经营、运输、储存、使用危险物品或者处置废弃危险物品,未建立专门安全管理制度、未采取可靠的安全措施的;

“(二)对重大危险源未登记建档,未进行定期检测、评估、监控,未制定应急预案,或者未告知应急措施的;

“(三)进行爆破、吊装、动火、临时用电以及国务院应急管理部门会同国务院有关部门规定的其他危险作业,未安排专门人员进行现场安全管理的;

“(四)未建立安全风险分级管控制度或者未按照安全风险分级采取相应管控措施的;

“(五)未建立事故隐患排查治理制度,或者重大事故隐患排查治理情况未按照规定报告的。”

三十三、将第九十九条改为第一百零二条,修改为:“生产经营单位未采取措施消除事故隐患的,责令立即消除或者限期消除,处五万元以下的罚款;生产经营单位拒不执行的,责令停产停业整顿,对其直接负责的主管人员和其他直接责任人员处五万元以上十万元以下的罚款;构成犯罪的,依照刑法有关规定追究刑事责任。”

三十四、将第一百条改为第一百零三条,增加一款,作为第三款:“矿山、金属冶炼建设项目和用于生产、储存、装卸危险物品的建设项目的施工单位未按照规定对施工项目进行安全管理的,责令限期改正,处十万元以下的罚款,对其直接负责的主管人员和其他直接责任人员处二万元以下的罚款;逾期未改正的,责令停产停业整顿。以上施工单位倒卖、出租、出借、挂靠或者以其他形式非法转让施工资质的,责令停产停业整顿,吊销资质证书,没收违法所得;违法所得十万元以上的,并处违法所得二倍以上五倍以下的罚款,没有违法所得或者违法所得不足十万元的,单处或者并处十万元以上二十万元以下的罚款;对其直接负责的主管人员和其他直接责任人员处五万元以上十万元以下的罚款;构成犯罪的,依照刑法有关规定追究刑事责任。”

三十五、将第一百零四条改为第一百零七条,修改为:“生产经营单位的从业人员不落实岗位安全责任,不服从管理,违反安全生产规章制度或者操作规程的,由生产经营单位给予批评教育,依照有关规章制度给予处分;构成犯罪的,依照刑法有关规定追究刑事责任。”

三十六、增加一条,作为第一百零九条:“高危行业、领域的生产经营单位未按照国家规定投保安全生产责任保险的，责令限期改正，处五万元以上十万元以下的罚款；逾期未改正的，处十万元以上二十万元以下的罚款。”

**三十七**、增加一条，作为第一百一十二条：“生产经营单位违反本法规定，被责令改正且受到罚款处罚，拒不改正的，负有安全生产监督管理职责的部门可以自作出责令改正之日的次日起，按照原处罚数额按日连续处罚。”

**三十八**、将第一百零八条改为第一百一十三条，修改为：“生产经营单位存在下列情形之一的，负有安全生产监督管理职责的部门应当提请地方人民政府予以关闭，有关部门应当依法吊销其有关证照。生产经营单位主要负责人五年内不得担任任何生产经营单位的主要负责人；情节严重的，终身不得担任本行业生产经营单位的主要负责人：

“（一）存在重大事故隐患，一百八十日内三次或者一年内四次受到本法规定的行政处罚的；

“（二）经停产停业整顿，仍不具备法律、行政法规和国家标准或者行业标准规定的安全生产条件的；

“（三）不具备法律、行政法规和国家标准或者行业标准规定的安全生产条件，导致发生重大、特别重大生产安全事故的；

“（四）拒不执行负有安全生产监督管理职责的部门作出的停产停业整顿决定的。”

**三十九**、将第一百零九条改为第一百一十四条，修改为：“发生生产安全事故，对负有责任的生产经营单位除要求其依法承担相应的赔偿等责任外，由应急管理部门依照下列规定处以罚款：

“（一）发生一般事故的，处三十万元以上一百万元以下的罚款；

“（二）发生较大事故的，处一百万元以上二百万元以下的罚款；

“（三）发生重大事故的，处二百万元以上一千万元以下的罚款；

“（四）发生特别重大事故的，处一千万元以上二千万元以下的罚款。

“发生生产安全事故，情节特别严重、影响特别恶劣的，应急管理部门可以按照前款罚款数额的二倍以上五倍以下对负有责任的生产经营单位处以罚款。”

**四十**、将第一百一十条改为第一百一十五条，修改为：“本法规定的行政处罚，由应急管理部门和其他负有安全生产监督管理职责的部门按照职责分工决定；其中，根据本法第九十五条、第一百一十条、第一百一十四条的规定应当给予民航、铁路、电力行业的生产经营单位及其主要负责人行政处罚的，也可以由主管的负有安全生产监督管理职责的部门进行处罚。予以关闭的行政处罚，由负有安全生产监督管理职责的部门报请县级以上人民政府按照国务院规定的权限决定；给予拘留的行政处罚，由公安机关依照治安管理处罚的规定决定。”

**四十一**、将第一百一十三条改为第一百一十八条，第二款修改为：“国务院应急管理部门和其他负有安全生产监督管理职责的部门应当根据各自的职责分工，制定相关行业、领域重大危险源的辨识标准和重大事故隐患的判定标准。”

**四十二**、对部分条文作以下修改：

（一）将第二十条、第二十四条、第二十七条、第三十五条、第四十条、第五十九条、第六十二条、第七十三条、第八十六条、第一百零六条中的“安全生产监督管理部门”修改为“应急管理部门”，第三十一条中的“安全生产监督管理部门”修改为“负有安全生产监督管理职责的部门”，第四十条中的“吊装”修改为“吊装、动火、临时用电”。

（二）将第十四条中的“生产安全事故责任人员”修改为“生产安全事故责任单位和责任人员”。

（三）将第十九条中的“安全生产责任制”修改为“全员安全生产责任制”。

（四）将第二十一条、第二十四条中的“道路运输单位”修改为“运输单位”，“储存”修改为“储存、装卸”；将第三十一条第二款中的“储存”修改为“储存、装卸”。

（五）将第三十九条第二款、第一百零二条第二项中的“锁闭、封堵”修改为“占用、锁闭、封堵”，“出口”修改为“出口、疏散通道”。

（六）将第六十四条中的“监督执法”修改为“行政执法”。

（七）删去第六十八条中的“行政”。

（八）将第八十四条中的“第八十七条”修改为“第九十条”。

（九）删去第九十六条、第一百条、第一百零一条、第一百零二条中的“可以”。

本决定自 2021 年 9 月 1 日起施行。

《中华人民共和国安全生产法》根据本决定作相应修改并对条文顺序作相应调整，重新公布。

# 中华人民共和国安全生产法

（2002 年 6 月 29 日第九届全国人民代表大会常务委员会第二十八次会议通过　根据 2009 年 8 月 27 日第十一届全国人民代表大会常务委员会第十次会议《关于修改部分法律的决定》第一次修正　根据 2014 年 8 月 31 日第十二届全国人民代表大会常务委员会第十次会议《关于修改〈中华人民共和国安全生产法〉的决定》第二次修正　根据 2021 年 6 月 10 日第十三届全国人民代表大会常务委员会第二十九次会议《关于修改〈中华人民共和国安全生产法〉的决定》第三次修正）

## 目　录



## 第一章　总　则

**第一条**　为了加强安全生产工作，防止和减少生产安全事故，保障人民群众生命和财产安全，促进经济社会持续健康发展，制定本法。

**第二条**　在中华人民共和国领域内从事生产经营活动的单位（以下统称生产经营单位）的安全生产，适用本法；有关法律、行政法规对消防安全和道路交通安全、铁路交通安全、水上交通安全、民用航空安全以及核与辐射安全、特种设备安全另有规定的，适用其规定。

**第三条**　安全生产工作坚持中国共产党的领导。

安全生产工作应当以人为本，坚持人民至上、生命至上，把保护人民生命安全摆在首位，树牢安全发展理念，坚持安全第一、预防为主、综合治理的方针，从源头上防范化解重大安全风险。

安全生产工作实行管行业必须管安全、管业务必须管安全、管生产经营必须管安全，强化和落实生产经营单位主体责任与政府监管责任，建立生产经营单位负责、职工参与、政府监管、行业自律和社会监督的机制。

**第四条**　生产经营单位必须遵守本法和其他有关安全生产的法律、法规，加强安全生产管理，建立健全全员安全生产责任制和安全生产规章制度，加大对安全生产资金、物资、技术、人员的投入保障力度，改善安全生产条件，加强安全生产标准化、信息化建设，构建安全风险分级管控和隐患排查治理双重预防机制，健全风险防范化解机制，提高安全生产水平，确保安全生产。

平台经济等新兴行业、领域的生产经营单位应当根据本行业、领域的特点，建立健全并落实全员安全生产责任制，加强从业人员安全生产教育和培训，履行本法和其他法律、法规规定的有关安全生产义务。

**第五条**　生产经营单位的主要负责人是本单位安全生产第一责任人，对本单位的安全生产工作全面负责。其他负责人对职责范围内的安全生产工作负责。

**第六条**　生产经营单位的从业人员有依法获得安全生产保障的权利，并应当依法履行安全生产方面的义务。

**第七条**　工会依法对安全生产工作进行监督。

生产经营单位的工会依法组织职工参加本单位安全生产工作的民主管理和民主监督，维护职工在安全生产方面的合法权益。生产经营单位制定或者修改有关安全生产的规章制度，应当听取工会的意见。

**第八条**　国务院和县级以上地方各级人民政府应当根据国民经济和社会发展规划制定安全生产规划，并组织实施。安全生产规划应当与国土空间规划等相关规划相衔接。

各级人民政府应当加强安全生产基础设施建设和安全生产监管能力建设，所需经费列入本级预算。

县级以上地方各级人民政府应当组织有关部门建立完善安全风险评估与论证机制，按照安全风险管控要求，进行产业规划和空间布局，并对位置相邻、行业相近、业态相似的生产经营单位实施重大安全风险联防联控。

**第九条** 国务院和县级以上地方各级人民政府应当加强对安全生产工作的领导，建立健全安全生产工作协调机制，支持、督促各有关部门依法履行安全生产监督管理职责，及时协调、解决安全生产监督管理中存在的重大问题。

乡镇人民政府和街道办事处，以及开发区、工业园区、港区、风景区等应当明确负责安全生产监督管理的有关工作机构及其职责，加强安全生产监管力量建设，按照职责对本行政区域或者管理区域内生产经营单位安全生产状况进行监督检查，协助人民政府有关部门或者按照授权依法履行安全生产监督管理职责。

**第十条** 国务院应急管理部门依照本法，对全国安全生产工作实施综合监督管理；县级以上地方各级人民政府应急管理部门依照本法，对本行政区域内安全生产工作实施综合监督管理。

国务院交通运输、住房和城乡建设、水利、民航等有关部门依照本法和其他有关法律、行政法规的规定，在各自的职责范围内对有关行业、领域的安全生产工作实施监督管理；县级以上地方各级人民政府有关部门依照本法和其他有关法律、法规的规定，在各自的职责范围内对有关行业、领域的安全生产工作实施监督管理。对新兴行业、领域的安全生产监督管理职责不明确的，由县级以上地方各级人民政府按照业务相近的原则确定监督管理部门。

应急管理部门和对有关行业、领域的安全生产工作实施监督管理的部门，统称负有安全生产监督管理职责的部门。负有安全生产监督管理职责的部门应当相互配合、齐抓共管、信息共享、资源共用，依法加强安全生产监督管理工作。

**第十一条** 国务院有关部门应当按照保障安全生产的要求，依法及时制定有关的国家标准或者行业标准，并根据科技进步和经济发展适时修订。

生产经营单位必须执行依法制定的保障安全生产的国家标准或者行业标准。

**第十二条** 国务院有关部门按照职责分工负责安全生产强制性国家标准的项目提出、组织起草、征求意见、技术审查。国务院应急管理部门统筹提出安全生产强制性国家标准的立项计划。国务院标准化行政主管部门负责安全生产强制性国家标准的立项、编号、对外通报和授权批准发布工作。国务院标准化行政主管部门、有关部门依据法定职责对安全生产强制性国家标准的实施进行监督检查。

**第十三条** 各级人民政府及其有关部门应当采取多种形式，加强对有关安全生产的法律、法规和安全生产知识的宣传，增强全社会的安全生产意识。

**第十四条** 有关协会组织依照法律、行政法规和章程，为生产经营单位提供安全生产方面的信息、培训等服务，发挥自律作用，促进生产经营单位加强安全生产管理。

**第十五条** 依法设立的为安全生产提供技术、管理服务的机构，依照法律、行政法规和执业准则，接受生产经营单位的委托为其安全生产工作提供技术、管理服务。

生产经营单位委托前款规定的机构提供安全生产技术、管理服务的，保证安全生产的责任仍由本单位负责。

**第十六条** 国家实行生产安全事故责任追究制度，依照本法和有关法律、法规的规定，追究生产安全事故责任单位和责任人员的法律责任。

**第十七条** 县级以上各级人民政府应当组织负有安全生产监督管理职责的部门依法编制安全生产权力和责任清单，公开并接受社会监督。

**第十八条** 国家鼓励和支持安全生产科学技术研究和安全生产先进技术的推广应用，提高安全生产水平。

**第十九条** 国家对在改善安全生产条件、防止生产安全事故、参加抢险救护等方面取得显著成绩的单位和个人，给予奖励。

## 第二章 生产经营单位的安全生产保障

**第二十条** 生产经营单位应当具备本法和有关法律、行政法规和国家标准或者行业标准规定的安全生产条件；不具备安全生产条件的，不得从事生产经营活动。

**第二十一条** 生产经营单位的主要负责人对本单位安全生产工作负有下列职责：

（一）建立健全并落实本单位全员安全生产责任制，加强安全生产标准化建设；

（二）组织制定并实施本单位安全生产规章制度和操作规程；

（三）组织制定并实施本单位安全生产教育和培训计划；

（四）保证本单位安全生产投入的有效实施；

（五）组织建立并落实安全风险分级管控和隐患排查治理双重预防工作机制，督促、检查本单位的安全生产工作，及时消除生产安全事故隐患；

（六）组织制定并实施本单位的生产安全事故应急救援预案；

（七）及时、如实报告生产安全事故。

**第二十二条**　生产经营单位的全员安全生产责任制应当明确各岗位的责任人员、责任范围和考核标准等内容。

生产经营单位应当建立相应的机制，加强对全员安全生产责任制落实情况的监督考核，保证全员安全生产责任制的落实。

**第二十三条**　生产经营单位应当具备的安全生产条件所必需的资金投入，由生产经营单位的决策机构、主要负责人或者个人经营的投资人予以保证，并对由于安全生产所必需的资金投入不足导致的后果承担责任。

有关生产经营单位应当按照规定提取和使用安全生产费用，专门用于改善安全生产条件。安全生产费用在成本中据实列支。安全生产费用提取、使用和监督管理的具体办法由国务院财政部门会同国务院应急管理部门征求国务院有关部门意见后制定。

**第二十四条**　矿山、金属冶炼、建筑施工、运输单位和危险物品的生产、经营、储存、装卸单位，应当设置安全生产管理机构或者配备专职安全生产管理人员。

前款规定以外的其他生产经营单位，从业人员超过一百人的，应当设置安全生产管理机构或者配备专职安全生产管理人员；从业人员在一百人以下的，应当配备专职或者兼职的安全生产管理人员。

**第二十五条**　生产经营单位的安全生产管理机构以及安全生产管理人员履行下列职责：

（一）组织或者参与拟订本单位安全生产规章制度、操作规程和生产安全事故应急救援预案；

（二）组织或者参与本单位安全生产教育和培训，如实记录安全生产教育和培训情况；

（三）组织开展危险源辨识和评估，督促落实本单位重大危险源的安全管理措施；

（四）组织或者参与本单位应急救援演练；

（五）检查本单位的安全生产状况，及时排查生产安全事故隐患，提出改进安全生产管理的建议；

（六）制止和纠正违章指挥、强令冒险作业、违反操作规程的行为；

（七）督促落实本单位安全生产整改措施。

生产经营单位可以设置专职安全生产分管负责人，协助本单位主要负责人履行安全生产管理职责。

**第二十六条**　生产经营单位的安全生产管理机构以及安全生产管理人员应当恪尽职守，依法履行职责。

生产经营单位作出涉及安全生产的经营决策，应当听取安全生产管理机构以及安全生产管理人员的意见。

生产经营单位不得因安全生产管理人员依法履行职责而降低其工资、福利等待遇或者解除与其订立的劳动合同。

危险物品的生产、储存单位以及矿山、金属冶炼单位的安全生产管理人员的任免，应当告知主管的负有安全生产监督管理职责的部门。

**第二十七条**　生产经营单位的主要负责人和安全生产管理人员必须具备与本单位所从事的生产经营活动相应的安全生产知识和管理能力。

危险物品的生产、经营、储存、装卸单位以及矿山、金属冶炼、建筑施工、运输单位的主要负责人和安全生产管理人员，应当由主管的负有安全生产监督管理职责的部门对其安全生产知识和管理能力考核合格。考核不得收费。

危险物品的生产、储存、装卸单位以及矿山、金属冶炼单位应当有注册安全工程师从事安全生产管理工作。鼓励其他生产经营单位聘用注册安全工程师从事安全生产管理工作。注册安全工程师按专业分类管理，具体办法由国务院人力资源和社会保障部门、国务院应急管理部门会同国务院有关部门制定。

**第二十八条**　生产经营单位应当对从业人员进行安全生产教育和培训，保证从业人员具备必要的安全生产知识，熟悉有关的安全生产规章制度和安全操作规程，掌握本岗位的安全操作技能，了解事故应急处理措施，知悉自身在安全生产方面的权利和义务。未经安全生产教育和培训合格的从业人员，不得上岗作业。

生产经营单位使用被派遣劳动者的，应当将被派遣劳动者纳入本单位从业人员统一管理，对被派遣劳动者进行岗位安全操作规程和安全操作技能的教育和培训。劳务派遣单位应当对被派遣劳动者进行必要的安全生产教育和培训。

生产经营单位接收中等职业学校、高等学校学生实习的，应当对实习学生进行相应的安全生产教育和培训，提供必要的劳动防护用品。学校应当协助生产经营单位对实习学生进行安全生产教育和培训。

生产经营单位应当建立安全生产教育和培训档案，如实记录安全生产教育和培训的时间、内容、参加人员以及考核结果等情况。

**第二十九条** 生产经营单位采用新工艺、新技术、新材料或者使用新设备，必须了解、掌握其安全技术特性，采取有效的安全防护措施，并对从业人员进行专门的安全生产教育和培训。

**第三十条** 生产经营单位的特种作业人员必须按照国家有关规定经专门的安全作业培训，取得相应资格，方可上岗作业。

特种作业人员的范围由国务院应急管理部门会同国务院有关部门确定。

**第三十一条** 生产经营单位新建、改建、扩建工程项目（以下统称建设项目）的安全设施，必须与主体工程同时设计、同时施工、同时投入生产和使用。安全设施投资应当纳入建设项目概算。

**第三十二条** 矿山、金属冶炼建设项目和用于生产、储存、装卸危险物品的建设项目，应当按照国家有关规定进行安全评价。

**第三十三条** 建设项目安全设施的设计人、设计单位应当对安全设施设计负责。

矿山、金属冶炼建设项目和用于生产、储存、装卸危险物品的建设项目的安全设施设计应当按照国家有关规定报经有关部门审查，审查部门及其负责审查的人员对审查结果负责。

**第三十四条** 矿山、金属冶炼建设项目和用于生产、储存、装卸危险物品的建设项目的施工单位必须按照批准的安全设施设计施工，并对安全设施的工程质量负责。

矿山、金属冶炼建设项目和用于生产、储存、装卸危险物品的建设项目竣工投入生产或者使用前，应当由建设单位负责组织对安全设施进行验收；验收合格后，方可投入生产和使用。负有安全生产监督管理职责的部门应当加强对建设单位验收活动和验收结果的监督核查。

**第三十五条** 生产经营单位应当在有较大危险因素的生产经营场所和有关设施、设备上，设置明显的安全警示标志。

**第三十六条** 安全设备的设计、制造、安装、使用、检测、维修、改造和报废，应当符合国家标准或者行业标准。

生产经营单位必须对安全设备进行经常性维护、保养，并定期检测，保证正常运转。维护、保养、检测应当作好记录，并由有关人员签字。

生产经营单位不得关闭、破坏直接关系生产安全的监控、报警、防护、救生设备、设施，或者篡改、隐瞒、销毁其相关数据、信息。

餐饮等行业的生产经营单位使用燃气的，应当安装可燃气体报警装置，并保障其正常使用。

**第三十七条** 生产经营单位使用的危险物品的容器、运输工具，以及涉及人身安全、危险性较大的海洋石油开采特种设备和矿山井下特种设备，必须按照国家有关规定，由专业生产单位生产，并经具有专业资质的检测、检验机构检测、检验合格，取得安全使用证或者安全标志，方可投入使用。检测、检验机构对检测、检验结果负责。

**第三十八条** 国家对严重危及生产安全的工艺、设备实行淘汰制度，具体目录由国务院应急管理部门会同国务院有关部门制定并公布。法律、行政法规对目录的制定另有规定的，适用其规定。

省、自治区、直辖市人民政府可以根据本地区实际情况制定并公布具体目录，对前款规定以外的危及生产安全的工艺、设备予以淘汰。

生产经营单位不得使用应当淘汰的危及生产安全的工艺、设备。

**第三十九条** 生产、经营、运输、储存、使用危险物品或者处置废弃危险物品的，由有关主管部门依照有关法律、法规的规定和国家标准或者行业标准审批并实施监督管理。

生产经营单位生产、经营、运输、储存、使用危险物品或者处置废弃危险物品，必须执行有关法律、法规和国家标准或者行业标准，建立专门的安全管理制度，采取可靠的安全措施，接受有关主管部门依法实施的监督管理。

**第四十条** 生产经营单位对重大危险源应当登记建档，进行定期检测、评估、监控，并制定应急预案，告知从业人员和相关人员在紧急情况下应当采取的应急措施。

生产经营单位应当按照国家有关规定将本单位重大危险源及有关安全措施、应急措施报有关地方人民政府应急管理部门和有关部门备案。有关地方人民政府应急管理部门和有关部门应当通过相关信息系统实现信息共享。

**第四十一条** 生产经营单位应当建立安全风险分级管控制度，按照安全风险分级采取相应的管控措施。

生产经营单位应当建立健全并落实生产安全事故隐患排查治理制度，采取技术、管理措施，及时发现并消除事故隐患。事故隐患排查治理情况应当如实记录，并通过职工大会或者职工代表大会、信息公示栏等方式向从业人员通报。其中，重大事故隐患排查治理情况应当及时向负有安全生产监督管理职责的部门和职工大会或者职工代表大会报告。

县级以上地方各级人民政府负有安全生产监督管理职责的部门应当将重大事故隐患纳入相关信息系统，建立健全重大事故隐患治理督办制度，督促生产经营单位消除重大事故隐患。

**第四十二条**　生产、经营、储存、使用危险物品的车间、商店、仓库不得与员工宿舍在同一座建筑物内，并应当与员工宿舍保持安全距离。

生产经营场所和员工宿舍应当设有符合紧急疏散要求、标志明显、保持畅通的出口、疏散通道。禁止占用、锁闭、封堵生产经营场所或者员工宿舍的出口、疏散通道。

**第四十三条**　生产经营单位进行爆破、吊装、动火、临时用电以及国务院应急管理部门会同国务院有关部门规定的其他危险作业，应当安排专门人员进行现场安全管理，确保操作规程的遵守和安全措施的落实。

**第四十四条**　生产经营单位应当教育和督促从业人员严格执行本单位的安全生产规章制度和安全操作规程；并向从业人员如实告知作业场所和工作岗位存在的危险因素、防范措施以及事故应急措施。

生产经营单位应当关注从业人员的身体、心理状况和行为习惯，加强对从业人员的心理疏导、精神慰藉，严格落实岗位安全生产责任，防范从业人员行为异常导致事故发生。

**第四十五条**　生产经营单位必须为从业人员提供符合国家标准或者行业标准的劳动防护用品，并监督、教育从业人员按照使用规则佩戴、使用。

**第四十六条**　生产经营单位的安全生产管理人员应当根据本单位的生产经营特点，对安全生产状况进行经常性检查；对检查中发现的安全问题，应当立即处理；不能处理的，应当及时报告本单位有关负责人，有关负责人应当及时处理。检查及处理情况应当如实记录在案。

生产经营单位的安全生产管理人员在检查中发现重大事故隐患，依照前款规定向本单位有关负责人报告，有关负责人不及时处理的，安全生产管理人员可以向主管的负有安全生产监督管理职责的部门报告，接到报告的部门应当依法及时处理。

**第四十七条**　生产经营单位应当安排用于配备劳动防护用品、进行安全生产培训的经费。

**第四十八条**　两个以上生产经营单位在同一作业区域内进行生产经营活动，可能危及对方生产安全的，应当签订安全生产管理协议，明确各自的安全生产管理职责和应当采取的安全措施，并指定专职安全生产管理人员进行安全检查与协调。

**第四十九条**　生产经营单位不得将生产经营项目、场所、设备发包或者出租给不具备安全生产条件或者相应资质的单位或者个人。

生产经营项目、场所发包或者出租给其他单位的，生产经营单位应当与承包单位、承租单位签订专门的安全生产管理协议，或者在承包合同、租赁合同中约定各自的安全生产管理职责；生产经营单位对承包单位、承租单位的安全生产工作统一协调、管理，定期进行安全检查，发现安全问题的，应当及时督促整改。

矿山、金属冶炼建设项目和用于生产、储存、装卸危险物品的建设项目的施工单位应当加强对施工项目的安全管理，不得倒卖、出租、出借、挂靠或者以其他形式非法转让施工资质，不得将其承包的全部建设工程转包给第三人或者将其承包的全部建设工程支解以后以分包的名义分别转包给第三人，不得将工程分包给不具备相应资质条件的单位。

**第五十条**　生产经营单位发生生产安全事故时，单位的主要负责人应当立即组织抢救，并不得在事故调查处理期间擅离职守。

**第五十一条**　生产经营单位必须依法参加工伤保险，为从业人员缴纳保险费。

国家鼓励生产经营单位投保安全生产责任保险；属于国家规定的高危行业、领域的生产经营单位，应当投保安全生产责任保险。具体范围和实施办法由国务院应急管理部门会同国务院财政部门、国务院保险监督管理机构和相关行业主管部门制定。

## 第三章　从业人员的安全生产权利义务

**第五十二条**　生产经营单位与从业人员订立的劳动合同，应当载明有关保障从业人员劳动安全、防止职业危害的事项，以及依法为从业人员办理工伤保险的事项。

生产经营单位不得以任何形式与从业人员订立协议，免除或者减轻其对从业人员因生产安全事故伤亡依法应承担的责任。

**第五十三条**　生产经营单位的从业人员有权了解其作业场所和工作岗位存在的危险因素、防范措施及事故应急措施，有权对本单位的安全生产工作提出建议。

**第五十四条**　从业人员有权对本单位安全生产工作中存在的问题提出批评、检举、控告；有权拒绝违章指挥和强令冒险作业。

生产经营单位不得因从业人员对本单位安全生产工作提出批评、检举、控告或者拒绝违章指挥、强令冒险作业而降低其工资、福利等待遇或者解除与其订立的劳动合同。

**第五十五条**　从业人员发现直接危及人身安全的紧急情况时，有权停止作业或者在采取可能的应急措施后撤离作业场所。

生产经营单位不得因从业人员在前款紧急情况下停止作业或者采取紧急撤离措施而降低其工资、福利等待遇或者解除与其订立的劳动合同。

**第五十六条**　生产经营单位发生生产安全事故后，应当及时采取措施救治有关人员。

因生产安全事故受到损害的从业人员，除依法享有工伤保险外，依照有关民事法律尚有获得赔偿的权利的，有权提出赔偿要求。

**第五十七条**　从业人员在作业过程中，应当严格落实岗位安全责任，遵守本单位的安全生产规章制度和操作规程，服从管理，正确佩戴和使用劳动防护用品。

**第五十八条**　从业人员应当接受安全生产教育和培训，掌握本职工作所需的安全生产知识，提高安全生产技能，增强事故预防和应急处理能力。

**第五十九条**　从业人员发现事故隐患或者其他不安全因素，应当立即向现场安全生产管理人员或者本单位负责人报告；接到报告的人员应当及时予以处理。

**第六十条**　工会有权对建设项目的安全设施与主体工程同时设计、同时施工、同时投入生产和使用进行监督，提出意见。

工会对生产经营单位违反安全生产法律、法规，侵犯从业人员合法权益的行为，有权要求纠正；发现生产经营单位违章指挥、强令冒险作业或者发现事故隐患时，有权提出解决的建议，生产经营单位应当及时研究答复；发现危及从业人员生命安全的情况时，有权向生产经营单位建议组织从业人员撤离危险场所，生产经营单位必须立即作出处理。

工会有权依法参加事故调查，向有关部门提出处理意见，并要求追究有关人员的责任。

**第六十一条**　生产经营单位使用被派遣劳动者的，被派遣劳动者享有本法规定的从业人员的权利，并应当履行本法规定的从业人员的义务。

## 第四章　安全生产的监督管理

**第六十二条**　县级以上地方各级人民政府应当根据本行政区域内的安全生产状况，组织有关部门按照职责分工，对本行政区域内容易发生重大生产安全事故的生产经营单位进行严格检查。

应急管理部门应当按照分类分级监督管理的要求，制定安全生产年度监督检查计划，并按照年度监督检查计划进行监督检查，发现事故隐患，应当及时处理。

**第六十三条**　负有安全生产监督管理职责的部门依照有关法律、法规的规定，对涉及安全生产的事项需要审查批准（包括批准、核准、许可、注册、认证、颁发证照等，下同）或者验收的，必须严格依照有关法律、法规和国家标准或者行业标准规定的安全生产条件和程序进行审查；不符合有关法律、法规和国家标准或者行业标准规定的安全生产条件的，不得批准或者验收通过。对未依法取得批准或者验收合格的单位擅自从事有关活动的，负责行政审批的部门发现或者接到举报后应当立即予以取缔，并依法予以处理。对已经依法取得批准的单位，负责行政审批的部门发现其不再具备安全生产条件的，应当撤销原批准。

**第六十四条**　负有安全生产监督管理职责的部门对涉及安全生产的事项进行审查、验收，不得收取费用；不得要求接受审查、验收的单位购买其指定品牌或者指定生产、销售单位的安全设备、器材或者其他产品。

**第六十五条**　应急管理部门和其他负有安全生产监督管理职责的部门依法开展安全生产行政执法工作，对生产经营单位执行有关安全生产的法律、法规和国家标准或者行业标准的情况进行监督检查，行使以下职权：

（一）进入生产经营单位进行检查，调阅有关资料，向有关单位和人员了解情况；

（二）对检查中发现的安全生产违法行为，当场予以纠正或者要求限期改正；对依法应当给予行政处罚的行为，依照本法和其他有关法律、行政法规的规定作出行政处罚决定；

（三）对检查中发现的事故隐患，应当责令立即排除；重大事故隐患排除前或者排除过程中无法保证安全的，应当责令从危险区域内撤出作业人员，责令暂时停产停业或者停止使用相关设施、设备；重大事故隐患排除后，经审查同意，方可恢复生产经营和使用；

（四）对有根据认为不符合保障安全生产的国家标准或者行业标准的设施、设备、器材以及违法生产、储存、使用、经营、运输的危险物品予以查封或者扣押，对违法生产、储存、使用、经营危险物品的作业场所予以查封，并依法作出处理决定。

监督检查不得影响被检查单位的正常生产经营活动。

**第六十六条**　生产经营单位对负有安全生产监督管理职责的部门的监督检查人员（以下统称安全生产监督检查人员）依法履行监督检查职责，应当予以配合，不得拒绝、阻挠。

**第六十七条**　安全生产监督检查人员应当忠于职守，坚持原则，秉公执法。

安全生产监督检查人员执行监督检查任务时，必须出示有效的行政执法证件；对涉及被检查单位的技术秘密和业务秘密，应当为其保密。

**第六十八条**　安全生产监督检查人员应当将检查的时间、地点、内容、发现的问题及其处理情况，作出书面记录，并由检查人员和被检查单位的负责人签字；被检查单位的负责人拒绝签字的，检查人员应当将情况记录在案，并向负有安全生产监督管理职责的部门报告。

**第六十九条**　负有安全生产监督管理职责的部门在监督检查中，应当互相配合，实行联合检查；确需分别进行检查的，应当互通情况，发现存在的安全问题应当由其他有关部门进行处理的，应当及时移送其他有关部门并形成记录备查，接受移送的部门应当及时进行处理。

**第七十条**　负有安全生产监督管理职责的部门依法对存在重大事故隐患的生产经营单位作出停产停业、停止施工、停止使用相关设施或者设备的决定，生产经营单位应当依法执行，及时消除事故隐患。生产经营单位拒不执行，有发生生产安全事故的现实危险的，在保证安全的前提下，经本部门主要负责人批准，负有安全生产监督管理职责的部门可以采取通知有关单位停止供电、停止供应民用爆炸物品等措施，强制生产经营单位履行决定。通知应当采用书面形式，有关单位应当予以配合。

负有安全生产监督管理职责的部门依照前款规定采取停止供电措施，除有危及生产安全的紧急情形外，应当提前二十四小时通知生产经营单位。生产经营单位依法履行行政决定、采取相应措施消除事故隐患的，负有安全生产监督管理职责的部门应当及时解除前款规定的措施。

**第七十一条**　监察机关依照监察法的规定，对负有安全生产监督管理职责的部门及其工作人员履行安全生产监督管理职责实施监察。

**第七十二条**　承担安全评价、认证、检测、检验职责的机构应当具备国家规定的资质条件，并对其作出的安全评价、认证、检测、检验结果的合法性、真实性负责。资质条件由国务院应急管理部门会同国务院有关部门制定。

承担安全评价、认证、检测、检验职责的机构应当建立并实施服务公开和报告公开制度，不得租借资质、挂靠、出具虚假报告。

**第七十三条**　负有安全生产监督管理职责的部门应当建立举报制度，公开举报电话、信箱或者电子邮件地址等网络举报平台，受理有关安全生产的举报；受理的举报事项经调查核实后，应当形成书面材料；需要落实整改措施的，报经有关负责人签字并督促落实。对不属于本部门职责，需要由其他有关部门进行调查处理的，转交其他有关部门处理。

涉及人员死亡的举报事项，应当由县级以上人民政府组织核查处理。

**第七十四条**　任何单位或者个人对事故隐患或者安全生产违法行为，均有权向负有安全生产监督管理职责的部门报告或者举报。

因安全生产违法行为造成重大事故隐患或者导致重大事故，致使国家利益或者社会公共利益受到侵害的，人民检察院可以根据民事诉讼法、行政诉讼法的相关规定提起公益诉讼。

**第七十五条**　居民委员会、村民委员会发现其所在区域内的生产经营单位存在事故隐患或者安全生产违法行为时，应当向当地人民政府或者有关部门报告。

**第七十六条**　县级以上各级人民政府及其有关部门对报告重大事故隐患或者举报安全生产违法行为的有功人员，给予奖励。具体奖励办法由国务院应急管理部门会同国务院财政部门制定。

**第七十七条**　新闻、出版、广播、电影、电视等单位有进行安全生产公益宣传教育的义务，有对违反安全生产法律、法规的行为进行舆论监督的权利。

**第七十八条**　负有安全生产监督管理职责的部门应当建立安全生产违法行为信息库，如实记录生产经营单位及其有关从业人员的安全生产违法行为信息;对违法行为情节严重的生产经营单位及其有关从业人员,应当及时向社会公告,并通报行业主管部门、投资主管部门、自然资源主管部门、生态环境主管部门、证券监督管理机构以及有关金融机构。有关部门和机构应当对存在失信行为的生产经营单位及其有关从业人员采取加大执法检查频次、暂停项目审批、上调有关保险费率、行业或者职业禁入等联合惩戒措施,并向社会公示。

负有安全生产监督管理职责的部门应当加强对生产经营单位行政处罚信息的及时归集、共享、应用和公开,对生产经营单位作出处罚决定后七个工作日内在监督管理部门公示系统予以公开曝光,强化对违法失信生产经营单位及其有关从业人员的社会监督,提高全社会安全生产诚信水平。

## 第五章　生产安全事故的应急救援与调查处理

**第七十九条**　国家加强生产安全事故应急能力建设,在重点行业、领域建立应急救援基地和应急救援队伍,并由国家安全生产应急救援机构统一协调指挥;鼓励生产经营单位和其他社会力量建立应急救援队伍,配备相应的应急救援装备和物资,提高应急救援的专业化水平。

国务院应急管理部门牵头建立全国统一的生产安全事故应急救援信息系统,国务院交通运输、住房和城乡建设、水利、民航等有关部门和县级以上地方人民政府建立健全相关行业、领域、地区的生产安全事故应急救援信息系统,实现互联互通、信息共享,通过推行网上安全信息采集、安全监管和监测预警,提升监管的精准化、智能化水平。

**第八十条**　县级以上地方各级人民政府应当组织有关部门制定本行政区域内生产安全事故应急救援预案,建立应急救援体系。

乡镇人民政府和街道办事处,以及开发区、工业园区、港区、风景区等应当制定相应的生产安全事故应急救援预案,协助人民政府有关部门或者按照授权依法履行生产安全事故应急救援工作职责。

**第八十一条**　生产经营单位应当制定本单位生产安全事故应急救援预案,与所在地县级以上地方人民政府组织制定的生产安全事故应急救援预案相衔接,并定期组织演练。

**第八十二条**　危险物品的生产、经营、储存单位以及矿山、金属冶炼、城市轨道交通运营、建筑施工单位应当建立应急救援组织;生产经营规模较小的,可以不建立应急救援组织,但应当指定兼职的应急救援人员。

危险物品的生产、经营、储存、运输单位以及矿山、金属冶炼、城市轨道交通运营、建筑施工单位应当配备必要的应急救援器材、设备和物资,并进行经常性维护、保养,保证正常运转。

**第八十三条**　生产经营单位发生生产安全事故后,事故现场有关人员应当立即报告本单位负责人。

单位负责人接到事故报告后,应当迅速采取有效措施,组织抢救,防止事故扩大,减少人员伤亡和财产损失,并按照国家有关规定立即如实报告当地负有安全生产监督管理职责的部门,不得隐瞒不报、谎报或者迟报,不得故意破坏事故现场、毁灭有关证据。

**第八十四条**　负有安全生产监督管理职责的部门接到事故报告后,应当立即按照国家有关规定上报事故情况。负有安全生产监督管理职责的部门和有关地方人民政府对事故情况不得隐瞒不报、谎报或者迟报。

**第八十五条**　有关地方人民政府和负有安全生产监督管理职责的部门的负责人接到生产安全事故报告后,应当按照生产安全事故应急救援预案的要求立即赶到事故现场,组织事故抢救。

参与事故抢救的部门和单位应当服从统一指挥,加强协同联动,采取有效的应急救援措施,并根据事故救援的需要采取警戒、疏散等措施,防止事故扩大和次生灾害的发生,减少人员伤亡和财产损失。

事故抢救过程中应当采取必要措施,避免或者减少对环境造成的危害。

任何单位和个人都应当支持、配合事故抢救,并提供一切便利条件。

**第八十六条**　事故调查处理应当按照科学严谨、依法依规、实事求是、注重实效的原则,及时、准确地查清事故原因,查明事故性质和责任,评估应急处置工作,总结事故教训,提出整改措施,并对事故责任单位和人员提出处理建议。事故调查报告应当依法及时向社会公布。事故调查和处理的具体办法由国务院制定。

事故发生单位应当及时全面落实整改措施,负有安全生产监督管理职责的部门应当加强监督检查。

负责事故调查处理的国务院有关部门和地方人民政府应当在批复事故调查报告后一年内,组织有关部门对事故整改和防范措施落实情况进行评估，并及时向社会公开评估结果；对不履行职责导致事故整改和防范措施没有落实的有关单位和人员，应当按照有关规定追究责任。

**第八十七条**　生产经营单位发生生产安全事故，经调查确定为责任事故的，除了应当查明事故单位的责任并依法予以追究外，还应当查明对安全生产的有关事项负有审查批准和监督职责的行政部门的责任，对有失职、渎职行为的，依照本法第九十条的规定追究法律责任。

**第八十八条**　任何单位和个人不得阻挠和干涉对事故的依法调查处理。

**第八十九条**　县级以上地方各级人民政府应急管理部门应当定期统计分析本行政区域内发生生产安全事故的情况，并定期向社会公布。

## 第六章　法律责任

**第九十条**　负有安全生产监督管理职责的部门的工作人员，有下列行为之一的，给予降级或者撤职的处分；构成犯罪的，依照刑法有关规定追究刑事责任：

（一）对不符合法定安全生产条件的涉及安全生产的事项予以批准或者验收通过的；

（二）发现未依法取得批准、验收的单位擅自从事有关活动或者接到举报后不予取缔或者不依法予以处理的；

（三）对已经依法取得批准的单位不履行监督管理职责，发现其不再具备安全生产条件而不撤销原批准或者发现安全生产违法行为不予查处的；

（四）在监督检查中发现重大事故隐患，不依法及时处理的。

负有安全生产监督管理职责的部门的工作人员有前款规定以外的滥用职权、玩忽职守、徇私舞弊行为的，依法给予处分；构成犯罪的，依照刑法有关规定追究刑事责任。

**第九十一条**　负有安全生产监督管理职责的部门，要求被审查、验收的单位购买其指定的安全设备、器材或者其他产品的，在对安全生产事项的审查、验收中收取费用的，由其上级机关或者监察机关责令改正，责令退还收取的费用；情节严重的，对直接负责的主管人员和其他直接责任人员依法给予处分。

**第九十二条**　承担安全评价、认证、检测、检验职责的机构出具失实报告的，责令停业整顿，并处三万元以上十万元以下的罚款；给他人造成损害的，依法承担赔偿责任。

承担安全评价、认证、检测、检验职责的机构租借资质、挂靠、出具虚假报告的，没收违法所得；违法所得在十万元以上的，并处违法所得二倍以上五倍以下的罚款，没有违法所得或者违法所得不足十万元的，单处或者并处十万元以上二十万元以下的罚款；对其直接负责的主管人员和其他直接责任人员处五万元以上十万元以下的罚款；给他人造成损害的，与生产经营单位承担连带赔偿责任；构成犯罪的，依照刑法有关规定追究刑事责任。

对有前款违法行为的机构及其直接责任人员，吊销其相应资质和资格，五年内不得从事安全评价、认证、检测、检验等工作；情节严重的，实行终身行业和职业禁入。

**第九十三条**　生产经营单位的决策机构、主要负责人或者个人经营的投资人不依照本法规定保证安全生产所必需的资金投入，致使生产经营单位不具备安全生产条件的，责令限期改正，提供必需的资金；逾期未改正的，责令生产经营单位停产停业整顿。

有前款违法行为，导致发生生产安全事故的，对生产经营单位的主要负责人给予撤职处分，对个人经营的投资人处二万元以上二十万元以下的罚款；构成犯罪的，依照刑法有关规定追究刑事责任。

**第九十四条**　生产经营单位的主要负责人未履行本法规定的安全生产管理职责的，责令限期改正，处二万元以上五万元以下的罚款；逾期未改正的，处五万元以上十万元以下的罚款，责令生产经营单位停产停业整顿。

生产经营单位的主要负责人有前款违法行为，导致发生生产安全事故的，给予撤职处分；构成犯罪的，依照刑法有关规定追究刑事责任。

生产经营单位的主要负责人依照前款规定受刑事处罚或者撤职处分的，自刑罚执行完毕或者受处分之日起，五年内不得担任任何生产经营单位的主要负责人；对重大、特别重大生产安全事故负有责任的，终身不得担任本行业生产经营单位的主要负责人。

**第九十五条**　生产经营单位的主要负责人未履行本法规定的安全生产管理职责，导致发生生产安全事故的，由应急管理部门依照下列规定处以罚款：

（一）发生一般事故的，处上一年年收入百分之四十的罚款；

（二）发生较大事故的，处上一年年收入百分之六十的罚款；

（三）发生重大事故的，处上一年年收入百分之八十的罚款；

（四）发生特别重大事故的，处上一年年收入百分之一百的罚款。

**第九十六条** 生产经营单位的其他负责人和安全生产管理人员未履行本法规定的安全生产管理职责的，责令限期改正，处一万元以上三万元以下的罚款；导致发生生产安全事故的，暂停或者吊销其与安全生产有关的资格，并处上一年年收入百分之二十以上百分之五十以下的罚款；构成犯罪的，依照刑法有关规定追究刑事责任。

**第九十七条** 生产经营单位有下列行为之一的，责令限期改正，处十万元以下的罚款；逾期未改正的，责令停产停业整顿，并处十万元以上二十万元以下的罚款，对其直接负责的主管人员和其他直接责任人员处二万元以上五万元以下的罚款：

（一）未按照规定设置安全生产管理机构或者配备安全生产管理人员、注册安全工程师的；

（二）危险物品的生产、经营、储存、装卸单位以及矿山、金属冶炼、建筑施工、运输单位的主要负责人和安全生产管理人员未按照规定经考核合格的；

（三）未按照规定对从业人员、被派遣劳动者、实习学生进行安全生产教育和培训，或者未按照规定如实告知有关的安全生产事项的；

（四）未如实记录安全生产教育和培训情况的；

（五）未将事故隐患排查治理情况如实记录或者未向从业人员通报的；

（六）未按照规定制定生产安全事故应急救援预案或者未定期组织演练的；

（七）特种作业人员未按照规定经专门的安全作业培训并取得相应资格，上岗作业的。

**第九十八条** 生产经营单位有下列行为之一的，责令停止建设或者停产停业整顿，限期改正，并处十万元以上五十万元以下的罚款，对其直接负责的主管人员和其他直接责任人员处二万元以上五万元以下的罚款；逾期未改正的，处五十万元以上一百万元以下的罚款，对其直接负责的主管人员和其他直接责任人员处五万元以上十万元以下的罚款；构成犯罪的，依照刑法有关规定追究刑事责任：

（一）未按照规定对矿山、金属冶炼建设项目或者用于生产、储存、装卸危险物品的建设项目进行安全评价的；

（二）矿山、金属冶炼建设项目或者用于生产、储存、装卸危险物品的建设项目没有安全设施设计或者安全设施设计未按照规定报经有关部门审查同意的；

（三）矿山、金属冶炼建设项目或者用于生产、储存、装卸危险物品的建设项目的施工单位未按照批准的安全设施设计施工的；

（四）矿山、金属冶炼建设项目或者用于生产、储存、装卸危险物品的建设项目竣工投入生产或者使用前，安全设施未经验收合格的。

**第九十九条** 生产经营单位有下列行为之一的，责令限期改正，处五万元以下的罚款；逾期未改正的，处五万元以上二十万元以下的罚款，对其直接负责的主管人员和其他直接责任人员处一万元以上二万元以下的罚款；情节严重的，责令停产停业整顿；构成犯罪的，依照刑法有关规定追究刑事责任：

（一）未在有较大危险因素的生产经营场所和有关设施、设备上设置明显的安全警示标志的；

（二）安全设备的安装、使用、检测、改造和报废不符合国家标准或者行业标准的；

（三）未对安全设备进行经常性维护、保养和定期检测的；

（四）关闭、破坏直接关系生产安全的监控、报警、防护、救生设备、设施，或者篡改、隐瞒、销毁其相关数据、信息的；

（五）未为从业人员提供符合国家标准或者行业标准的劳动防护用品的；

（六）危险物品的容器、运输工具，以及涉及人身安全、危险性较大的海洋石油开采特种设备和矿山井下特种设备未经具有专业资质的机构检测、检验合格，取得安全使用证或者安全标志，投入使用的；

（七）使用应当淘汰的危及生产安全的工艺、设备的；

（八）餐饮等行业的生产经营单位使用燃气未安装可燃气体报警装置的。

**第一百条** 未经依法批准，擅自生产、经营、运输、储存、使用危险物品或者处置废弃危险物品的，依照有关危险物品安全管理的法律、行政法规的规定予以处罚；构成犯罪的，依照刑法有关规定追究刑事责任。

**第一百零一条** 生产经营单位有下列行为之一的，责令限期改正，处十万元以下的罚款；逾期未改正的，责令停产停业整顿，并处十万元以上二十万元以下的罚款，对其直接负责的主管人员和其他直接责任人员处二万元以上五万元以下的罚款；构成犯罪的，依照刑法有关规定追究刑事责任：

（一）生产、经营、运输、储存、使用危险物品或者处置废弃危险物品，未建立专门安全管理制度、未采取可靠的安全措施的；

（二）对重大危险源未登记建档，未进行定期检测、评估、监控，未制定应急预案，或者未告知应急措施的；

（三）进行爆破、吊装、动火、临时用电以及国务院应急管理部门会同国务院有关部门规定的其他危险作业，未安排专门人员进行现场安全管理的；

（四）未建立安全风险分级管控制度或者未按照安全风险分级采取相应管控措施的；

（五）未建立事故隐患排查治理制度，或者重大事故隐患排查治理情况未按照规定报告的。

**第一百零二条**　生产经营单位未采取措施消除事故隐患的，责令立即消除或者限期消除，处五万元以下的罚款；生产经营单位拒不执行的，责令停产停业整顿，对其直接负责的主管人员和其他直接责任人员处五万元以上十万元以下的罚款；构成犯罪的，依照刑法有关规定追究刑事责任。

**第一百零三条**　生产经营单位将生产经营项目、场所、设备发包或者出租给不具备安全生产条件或者相应资质的单位或者个人的，责令限期改正，没收违法所得；违法所得十万元以上的，并处违法所得二倍以上五倍以下的罚款；没有违法所得或者违法所得不足十万元的，单处或者并处十万元以上二十万元以下的罚款；对其直接负责的主管人员和其他直接责任人员处一万元以上二万元以下的罚款；导致发生生产安全事故给他人造成损害的，与承包方、承租方承担连带赔偿责任。

生产经营单位未与承包单位、承租单位签订专门的安全生产管理协议或者未在承包合同、租赁合同中明确各自的安全生产管理职责，或者未对承包单位、承租单位的安全生产统一协调、管理的，责令限期改正，处五万元以下的罚款，对其直接负责的主管人员和其他直接责任人员处一万元以下的罚款；逾期未改正的，责令停产停业整顿。

矿山、金属冶炼建设项目和用于生产、储存、装卸危险物品的建设项目的施工单位未按照规定对施工项目进行安全管理的，责令限期改正，处十万元以下的罚款，对其直接负责的主管人员和其他直接责任人员处二万元以下的罚款；逾期未改正的，责令停产停业整顿。以上施工单位倒卖、出租、出借、挂靠或者以其他形式非法转让施工资质的，责令停产停业整顿，吊销资质证书，没收违法所得；违法所得十万元以上的，并处违法所得二倍以上五倍以下的罚款，没有违法所得或者违法所得不足十万元的，单处或者并处十万元以上二十万元以下的罚款；对其直接负责的主管人员和其他直接责任人员处五万元以上十万元以下的罚款；构成犯罪的，依照刑法有关规定追究刑事责任。

**第一百零四条**　两个以上生产经营单位在同一作业区域内进行可能危及对方安全生产的生产经营活动，未签订安全生产管理协议或者未指定专职安全生产管理人员进行安全检查与协调的，责令限期改正，处五万元以下的罚款，对其直接负责的主管人员和其他直接责任人员处一万元以下的罚款；逾期未改正的，责令停产停业。

**第一百零五条**　生产经营单位有下列行为之一的，责令限期改正，处五万元以下的罚款，对其直接负责的主管人员和其他直接责任人员处一万元以下的罚款；逾期未改正的，责令停产停业整顿；构成犯罪的，依照刑法有关规定追究刑事责任：

（一）生产、经营、储存、使用危险物品的车间、商店、仓库与员工宿舍在同一座建筑内，或者与员工宿舍的距离不符合安全要求的；

（二）生产经营场所和员工宿舍未设有符合紧急疏散需要、标志明显、保持畅通的出口、疏散通道，或者占用、锁闭、封堵生产经营场所或者员工宿舍出口、疏散通道的。

**第一百零六条**　生产经营单位与从业人员订立协议，免除或者减轻其对从业人员因生产安全事故伤亡依法应承担的责任的，该协议无效；对生产经营单位的主要负责人、个人经营的投资人处二万元以上十万元以下的罚款。

**第一百零七条**　生产经营单位的从业人员不落实岗位安全责任，不服从管理，违反安全生产规章制度或者操作规程的，由生产经营单位给予批评教育，依照有关规章制度给予处分；构成犯罪的，依照刑法有关规定追究刑事责任。

**第一百零八条**　违反本法规定，生产经营单位拒绝、阻碍负有安全生产监督管理职责的部门依法实施监督检查的，责令改正；拒不改正的，处二万元以上二十万元以下的罚款；对其直接负责的主管人员和其他直接责任人员处一万元以上二万元以下的罚款；构成犯罪的，依照刑法有关规定追究刑事责任。

**第一百零九条**　高危行业、领域的生产经营单位未按照国家规定投保安全生产责任保险的，责令限期改正，处五万元以上十万元以下的罚款；逾期未改正的，处十万元以上二十万元以下的罚款。

**第一百一十条** 生产经营单位的主要负责人在本单位发生生产安全事故时，不立即组织抢救或者在事故调查处理期间擅离职守或者逃匿的，给予降级、撤职的处分，并由应急管理部门处上一年年收入百分之六十至百分之一百的罚款；对逃匿的处十五日以下拘留；构成犯罪的，依照刑法有关规定追究刑事责任。

生产经营单位的主要负责人对生产安全事故隐瞒不报、谎报或者迟报的，依照前款规定处罚。

**第一百一十一条** 有关地方人民政府、负有安全生产监督管理职责的部门，对生产安全事故隐瞒不报、谎报或者迟报的，对直接负责的主管人员和其他直接责任人员依法给予处分；构成犯罪的，依照刑法有关规定追究刑事责任。

**第一百一十二条** 生产经营单位违反本法规定，被责令改正且受到罚款处罚，拒不改正的，负有安全生产监督管理职责的部门可以自作出责令改正之日的次日起，按照原处罚数额按日连续处罚。

**第一百一十三条** 生产经营单位存在下列情形之一的，负有安全生产监督管理职责的部门应当提请地方人民政府予以关闭，有关部门应当依法吊销其有关证照。生产经营单位主要负责人五年内不得担任任何生产经营单位的主要负责人；情节严重的，终身不得担任本行业生产经营单位的主要负责人：

（一）存在重大事故隐患，一百八十日内三次或者一年内四次受到本法规定的行政处罚的；

（二）经停产停业整顿，仍不具备法律、行政法规和国家标准或者行业标准规定的安全生产条件的；

（三）不具备法律、行政法规和国家标准或者行业标准规定的安全生产条件，导致发生重大、特别重大生产安全事故的；

（四）拒不执行负有安全生产监督管理职责的部门作出的停产停业整顿决定的。

**第一百一十四条** 发生生产安全事故，对负有责任的生产经营单位除要求其依法承担相应的赔偿等责任外，由应急管理部门依照下列规定处以罚款：

（一）发生一般事故的，处三十万元以上一百万元以下的罚款；

（二）发生较大事故的，处一百万元以上二百万元以下的罚款；

（三）发生重大事故的，处二百万元以上一千万元以下的罚款；

（四）发生特别重大事故的，处一千万元以上二千万元以下的罚款。

发生生产安全事故，情节特别严重、影响特别恶劣的，应急管理部门可以按照前款罚款数额的二倍以上五倍以下对负有责任的生产经营单位处以罚款。

**第一百一十五条** 本法规定的行政处罚，由应急管理部门和其他负有安全生产监督管理职责的部门按照职责分工决定；其中，根据本法第九十五条、第一百一十条、第一百一十四条的规定应当给予民航、铁路、电力行业的生产经营单位及其主要负责人行政处罚的，也可以由主管的负有安全生产监督管理职责的部门进行处罚。予以关闭的行政处罚，由负有安全生产监督管理职责的部门报请县级以上人民政府按照国务院规定的权限决定；给予拘留的行政处罚，由公安机关依照治安管理处罚的规定决定。

**第一百一十六条** 生产经营单位发生生产安全事故造成人员伤亡、他人财产损失的，应当依法承担赔偿责任；拒不承担或者其负责人逃匿的，由人民法院依法强制执行。

生产安全事故的责任人未依法承担赔偿责任，经人民法院依法采取执行措施后，仍不能对受害人给予足额赔偿的，应当继续履行赔偿义务；受害人发现责任人有其他财产的，可以随时请求人民法院执行。

## 第七章 附 则

**第一百一十七条** 本法下列用语的含义：

危险物品，是指易燃易爆物品、危险化学品、放射性物品等能够危及人身安全和财产安全的物品。

重大危险源，是指长期地或者临时地生产、搬运、使用或者储存危险物品，且危险物品的数量等于或者超过临界量的单元（包括场所和设施）。

**第一百一十八条** 本法规定的生产安全一般事故、较大事故、重大事故、特别重大事故的划分标准由国务院规定。

国务院应急管理部门和其他负有安全生产监督管理职责的部门应当根据各自的职责分工，制定相关行业、领域重大危险源的辨识标准和重大事故隐患的判定标准。

**第一百一十九条** 本法自 2002 年 11 月 1 日起施行。

# 关于《中华人民共和国安全生产法（修正草案）》的说明

——2021年1月20日在第十三届全国人民代表大会常务委员会第二十五次会议上

应急管理部党委书记、副部长　黄　明

全国人民代表大会常务委员会：

我受国务院委托，现对《中华人民共和国安全生产法（修正草案）》作说明。

## 一、修改的必要性

安全生产是关系人民群众生命财产安全的大事，是经济社会高质量发展的重要标志，是党和政府对人民利益高度负责的重要体现。党中央、国务院高度重视安全生产工作。习近平总书记多次作出重要指示，强调各级党委政府务必把安全生产摆到重要位置，统筹发展和安全，坚持人民至上、生命至上，树牢安全发展理念，严格落实安全生产责任制，强化风险防控，从根本上消除事故隐患，切实把确保人民生命安全放在第一位落到实处。李克强总理多次作出重要批示，要求压实各层级各环节责任，严格安全监管执法，强化安全风险防控和隐患排查治理，加强安全基础能力建设，坚决防范遏制重特大安全事故，保障人民群众生命财产安全。

《中华人民共和国安全生产法》（以下简称《安全生产法》）于2002年公布施行，2009年和2014年进行了两次修正，对预防和减少生产安全事故，保障人民群众生命财产安全发挥了重要作用，但新发展阶段、新发展理念、新发展格局对安全生产提出了更高的要求，需要对《安全生产法》进行修改完善。一是习近平总书记对加强安全生产工作作出一系列重要指示批示，2016年12月，中共中央、国务院印发《关于推进安全生产领域改革发展的意见》，对安全生产工作的指导思想、基本原则、制度措施等作出新的重大部署，需要通过修法进一步贯彻落实。二是我国安全生产仍处于爬坡过坎期，过去长期积累的隐患集中暴露，新的风险不断涌现，需要通过修法进一步压实各方安全生产责任，有效防范化解重大安全风险。三是根据2018年深化党和国家机构改革方案，原国家安监总局的职责划入应急部，其他有关部门和职责也作了调整，需要通过修法对原来的法定职责进行修改。

2019年1月，应急部向国务院报送了《〈中华人民共和国安全生产法〉修正案（草案送审稿）》。2019年1月和2020年2月司法部先后两次征求有关部门、省级政府和部分研究机构、行业协会、企业的意见，并会同应急部进一步开展了实地调研、专家座谈、沟通协调，反复修改完善，形成了《中华人民共和国安全生产法（修正草案）》（以下简称草案）。草案已经2020年11月25日国务院第115次常务会议讨论通过。

## 二、修改的总体思路

草案在总体思路上主要把握以下三点：一是将习近平总书记关于安全生产工作一系列重要指示批示精神和党中央、国务院有关决策部署转化为法律规定，确保落地见效。二是强化企业安全生产主体责任，建立完善安全风险预防控制体系，加大违法处罚力度，提高违法成本，推进依法治理。三是完善政府安全监管体制机制和责任制度，强化基础保障能力，依靠法治力量推进安全生产治理体系和治理能力现代化。

## 三、修改的主要内容

（一）进一步完善安全生产工作的原则要求。为加强党对安全生产工作的领导，贯彻党的十九届五中全会精神，落实习近平总书记提出的“三个必须”原则，对有关内容作了修改完善，规定安全生产工作应当坚持中国共产党的领导，以人为本，坚持人民至上、生命至上，把保护人民生命安全摆在首位，树牢安全发展理念，坚持安全第一、预防为主、综合治理的方针，从源头上防范化解重大安全风险，实行管行业必须管安全、管业务必须管安全、管生产经营必须管安全。

（二）进一步强化和落实生产经营单位的主体责任。一是确保生产经营单位的安全生产责任制落实到位，规定生产经营单位应当建立健全全员安全生产责任制和安全生产规章制度，加大投入保障力度，改善安全生产条件，加强标准化建设，构建安全风险分级管控和隐患排查治理双重预防体系，健全风险防范化解机制。明确生产经营单位的主要负责人是本单位安全生产第一责任人，其他负责人对职责范围内的安全生产工作负责。二是强化预防措施，规定生产经营单位应当建立安全风险分级管控制度，按安全风险分级采取相应管控措施；重大事故隐患排查治理情况应当及时向有关部门报告。三是加大对从业人员心理疏导、精神慰藉等人文关怀和保护力度，防范行为异常导致事故发生。四是发挥市场机制的推动作用，要求属于国家规定的高危行业、领域的生产经营单位应当投保安全生产责任保险。

（三）进一步明确地方政府和有关部门的安全生产监督管理职责。一是强化领导责任，规定各级人民政府应当加强安全生产基础设施和能力建设，所需经费列入本级预算；乡、镇人民政府和街道办事处，以及开发区、港区、风景区等应当明确负责安全监管的机构及其职责，加强监管力量建设，建立完善安全风险评估与论证机制，实施重大安全风险联防联控。二是厘清有关部门在安全生产强制性国家标准方面的职责，规定国务院有关部门分工负责安全生产强制性国家标准的有关工作，依据法定职责对强制性国家标准的实施进行监督检查。三是提升安全生产监管的信息化、智能化水平，监管部门之间应当对重大危险源及有关安全和应急措施备案信息实现信息共享。有关部门应当将重大事故隐患纳入相关信息系统，建立健全治理督办制度，督促消除重大事故隐患。国务院应急管理部门牵头建立全国统一的生产安全事故应急救援信息系统，有关部门和县级以上地方人民政府建立健全相关行业、领域、地区的事故应急救援信息系统，实现互联互通、信息共享，提升监管的精准化、智能化水平。

（四）进一步加大对生产经营单位及其负责人安全生产违法行为的处罚力度。一是在现行《安全生产法》规定的基础上，普遍提高了对违法行为的罚款数额。二是增加生产经营单位被责令改正且受到罚款处罚，拒不改正的，监管部门可以按日连续处罚。三是针对安全生产领域“屡禁不止、屡罚不改”等问题，加大对违法行为恶劣的生产经营单位关闭力度，依法吊销有关证照，对主要负责人实施职业禁入。四是加大对违法失信行为的联合惩戒和公开力度，规定监管部门发现生产经营单位未按规定履行公示义务的，予以联合惩戒；有关部门和机构对存在失信行为的单位及人员采取联合惩戒措施，并向社会公示。

草案和以上说明是否妥当，请审议。

# 全国人民代表大会宪法和法律委员会关于《中华人民共和国安全生产法（修正草案）》审议结果的报告

——2021年6月7日在第十三届全国人民代表大会常务委员会第二十九次会议上

全国人大宪法和法律委员会副主任委员　胡可明

全国人民代表大会常务委员会：

常委会第二十五次会议对安全生产法修正草案进行了初次审议。会后，法制工作委员会将草案印发各省（区、市）、部分基层立法联系点、地方和中央有关单位等征求意见，在中国人大网公布草案全文，征求社会公众意见；宪法和法律委员会、法制工作委员会到江苏、湖南、山东实地调研，听取全国人大代表、地方有关部门、企业等方面的意见；宪法和法律委员会、社会建设委员会和法制工作委员会召开中央有关部门座谈会，进一步听取中央有关部门的意见建议，还就草案主要问题与有关部门交换意见，共同研究。宪法和法律委员会于5月19日召开会议，根据常委会组成人员的审议意见和各方面的意见，对草案进行了逐条审议。社会建设委员会、司法部、应急管理部的有关负责同志列席了会议。5月27日，宪法和法律委员会召开会议，再次进行了审议。宪法和法律委员会认为，为贯彻落实党中央改革决策部署，加强安全生产工作，防止和减少生产安全事故，切实保障人民群众生命和财产安全，修改安全生产法是必要的，草案经过审议修改，已经比较成熟。同时，提出以下主要修改意见：

一、有的常委委员和部门提出，应明确平台经济等新兴行业、领域的安全生产责任，加强安全生产监督管理，依法保障从业人员安全。宪法和法律委员会经研究，建议增加规定：平台经济等新兴行业、领域的生产经营单位应当根据本行业、领域的特点，建立健全并落实全员安全生产责任制，履行本法和其他法律、法规规定的有关安全生产义务；对新兴行业、领域的安全生产监督管理职责不明确的，由县级以上地方各级人民政府按照业务相近的原则确定监督管理部门。

二、有的部门和社会公众提出，餐饮等行业燃气用户存在的安全隐患，以及矿山、金属冶炼、危险物品有关建设项目施工单位非法转让施工资质、违法分包转包等，是当前安全生产工作中面临的突出问题，应完善相应安全生产保障措施和法律责任，强化安全生产监督管理。宪法和法律委员会经研究，建议增加规定：餐饮等行业的生产经营单位使用燃气的，应当安装可燃气体报警装置，并保障其正常使用；矿山、金属冶炼建设项目和用于生产、储存、装卸危险物品的建设项目施工单位应当加强对施工项目的安全管理，不得倒卖、出租、出借、挂靠或者以其他形式非法转让施工资质，不得将其承包的全部建设工程转包给第三人或者将其承包的全部建设工程支解以后以分包的名义分别转包给第三人，不得将工程分包给不具备相应资质条件的单位。同时，增加有关违法行为的法律责任。

三、有些常委委员、部门和地方提出，生产安全事故和重大事故隐患涉及国家利益和社会公共利益维护，为切实保护人民群众生命财产安全，建议根据中央有关文件精神，对安全生产领域的公益诉讼作出规定。宪法和法律委员会经研究，建议增加规定：因安全生产违法行为造成重大事故隐患或者导致重大事故，致使国家利益或者社会公共利益受到侵害的，人民检察院可以根据民事诉讼法、行政诉讼法的相关规定提起公益诉讼。

四、有的部门建议，结合安全生产应急救援工作有益经验和实践做法，进一步明确国家安全生产应急救援机构的统一协调指挥职能。宪法和法律委员会经研究，建议规定：国家加强生产安全事故应急能力建设，在重点行业、领域建立应急救援基地和应急救援队伍，并由国家安全生产应急救援机构统一协调指挥。

此外，还对修正草案作了一些文字修改。

5月24日，法制工作委员会召开会议，邀请部分全国人大代表、政协委员、专家学者和生产经营单位、安全评价认证服务机构、保险机构、基层应急管理部门、检察机关的代表，就草案主要制度规范的可行性、出台时机、实施的社会效果和可能出现的问题等进行评估。与会人员普遍认为，草案贯彻落实党中央有关重大决策部署，在安全生产指导思想、生产经营单位主体责任、政府部门监督管理职责、违法行为处罚等方面增加了系列规定，修法正当其时。草案经过修改完善后，内容更加合理、切实可行，建议尽快审议通过。法律颁布实施后，必将深入推进安全生产工作，为人民群众生命和财产安全提供有力法治保障。与会人员还对草案提出了一些具体修改意见，宪法和法律委员会进行了认真研究，对有的意见予以采纳。

宪法和法律委员会已按上述意见提出了全国人民代表大会常务委员会关于修改《中华人民共和国安全生产法》的决定（草案），建议提请本次常委会会议审议通过。

修改决定草案和以上报告是否妥当，请审议。

# 全国人民代表大会宪法和法律委员会关于《全国人民代表大会常务委员会关于修改〈中华人民共和国安全生产法〉的决定（草案）》修改意见的报告

——2021年6月10日在第十三届全国人民代表大会常务委员会第二十九次会议上

全国人民代表大会常务委员会：

本次常委会会议于6月8日上午对关于修改安全生产法的决定草案进行了分组审议。普遍认为，草案已经比较成熟，建议进一步修改后，提请本次常委会会议表决通过。同时，有些常委会组成人员和列席人员还提出了一些修改意见和建议。宪法和法律委员会于6月9日上午召开会议，逐条研究了常委会组成人员的审议意见，对草案进行了审议。社会建设委员会、司法部、应急管理部有关负责同志列席了会议。宪法和法律委员会认为，草案是可行的，同时，提出以下修改意见：

一、有的常委委员提出，平台经济生产经营单位健全全员安全生产责任制，应该重点提高从业人员的安全生产意识。宪法和法律委员会经研究，建议增加规定：平台经济等新兴行业、领域的生产经营单位应当加强从业人员安全生产教育和培训。

二、有些常委委员提出，刑法修正案（十一）针对生产安全事故频发增加规定了危险作业罪，建议安全生产法在监督管理上与刑法的相关规定做好衔接。宪法和法律委员会经研究，建议增加规定：生产经营单位不得关闭、破坏直接关系生产安全的监控、报警、防护、救生设备、设施，或者篡改、隐瞒、销毁其相关数据、信息。生产经营单位有以上行为的，责令限期改正，处五万元以下的罚款；逾期未改正的，处五万元以上二十万元以下的罚款，对其直接负责的主管人员和其他直接责任人员处一万元以上二万元以下的罚款；情节严重的，责令停产停业整顿。

三、有的常委委员提出，近年来有关部门拓展完善网络举报途径，取得了良好社会效果，建议在法律中体现相关经验和做法。宪法和法律委员会经研究，建议增加规定：负有安全生产监督管理职责的部门应当建立举报制度，公开举报电话、信箱或者电子邮件地址等网络举报平台。

经与有关部门研究，建议将本决定的施行时间确定为2021年9月1日。

此外，根据常委会组成人员的审议意见，还对修改决定草案作了一些文字修改。

修改决定草案修改稿已按上述意见作了修改，宪法和法律委员会建议本次常委会会议审议通过。

修改决定草案修改稿和以上报告是否妥当，请审议。

# 中华人民共和国主席令

第八十九号

《中华人民共和国印花税法》已由中华人民共和国第十三届全国人民代表大会常务委员会第二十九次会议于2021年6月10日通过，现予公布，自2022年7月1日起施行。

中华人民共和国主席　习近平

2021年6月10日

# 中华人民共和国印花税法

（2021年6月10日第十三届全国人民代表大会常务委员会第二十九次会议通过）

**第一条**　在中华人民共和国境内书立应税凭证、进行证券交易的单位和个人，为印花税的纳税人，应当依照本法规定缴纳印花税。

在中华人民共和国境外书立在境内使用的应税凭证的单位和个人，应当依照本法规定缴纳印花税。

**第二条**　本法所称应税凭证，是指本法所附《印花税税目税率表》列明的合同、产权转移书据和营业账簿。

**第三条**　本法所称证券交易，是指转让在依法设立的证券交易所、国务院批准的其他全国性证券交易场所交易的股票和以股票为基础的存托凭证。

证券交易印花税对证券交易的出让方征收，不对受让方征收。

**第四条**　印花税的税目、税率，依照本法所附《印花税税目税率表》执行。

**第五条**　印花税的计税依据如下：

（一）应税合同的计税依据，为合同所列的金额，不包括列明的增值税税款；

（二）应税产权转移书据的计税依据，为产权转移书据所列的金额，不包括列明的增值税税款；

（三）应税营业账簿的计税依据，为账簿记载的实收资本（股本）、资本公积合计金额；

（四）证券交易的计税依据，为成交金额。

**第六条**　应税合同、产权转移书据未列明金额的，印花税的计税依据按照实际结算的金额确定。

计税依据按照前款规定仍不能确定的，按照书立合同、产权转移书据时的市场价格确定；依法应当执行政府定价或者政府指导价的，按照国家有关规定确定。

**第七条**　证券交易无转让价格的，按照办理过户登记手续时该证券前一个交易日收盘价计算确定计税依据；无收盘价的，按照证券面值计算确定计税依据。

**第八条**　印花税的应纳税额按照计税依据乘以适用税率计算。

**第九条**　同一应税凭证载有两个以上税目事项并分别列明金额的，按照各自适用的税目税率分别计算应纳税额；未分别列明金额的，从高适用税率。

**第十条**　同一应税凭证由两方以上当事人书立的，按照各自涉及的金额分别计算应纳税额。

**第十一条**　已缴纳印花税的营业账簿，以后年度记载的实收资本（股本）、资本公积合计金额比已缴纳印花税的实收资本（股本）、资本公积合计金额增加的，按照增加部分计算应纳税额。

**第十二条**　下列凭证免征印花税：

（一）应税凭证的副本或者抄本；

（二）依照法律规定应当予以免税的外国驻华使馆、领事馆和国际组织驻华代表机构为获得馆舍书立的应税凭证；

（三）中国人民解放军、中国人民武装警察部队书立的应税凭证；

（四）农民、家庭农场、农民专业合作社、农村集体经济组织、村民委员会购买农业生产资料或者销售农产品书立的买卖合同和农业保险合同；

（五）无息或者贴息借款合同、国际金融组织向中国提供优惠贷款书立的借款合同；

（六）财产所有权人将财产赠与政府、学校、社会福利机构、慈善组织书立的产权转移书据；

（七）非营利性医疗卫生机构采购药品或者卫生材料书立的买卖合同；

（八）个人与电子商务经营者订立的电子订单。

根据国民经济和社会发展的需要，国务院对居民住房需求保障、企业改制重组、破产、支持小型微型企业发展等情形可以规定减征或者免征印花税，报全国人民代表大会常务委员会备案。

**第十三条**　纳税人为单位的，应当向其机构所在地的主管税务机关申报缴纳印花税；纳税人为个人的，应当向应税凭证书立地或者纳税人居住地的主管税务机关申报缴纳印花税。

不动产产权发生转移的，纳税人应当向不动产所在地的主管税务机关申报缴纳印花税。

**第十四条**　纳税人为境外单位或者个人，在境内有代理人的，以其境内代理人为扣缴义务人；在境内没有代理人的，由纳税人自行申报缴纳印花税，具体办法由国务院税务主管部门规定。

证券登记结算机构为证券交易印花税的扣缴义务人，应当向其机构所在地的主管税务机关申报解缴税款以及银行结算的利息。

**第十五条**　印花税的纳税义务发生时间为纳税人书立应税凭证或者完成证券交易的当日。

证券交易印花税扣缴义务发生时间为证券交易完成的当日。

**第十六条**　印花税按季、按年或者按次计征。实行按季、按年计征的，纳税人应当自季度、年度终了之日起十五日内申报缴纳税款；实行按次计征的，纳税人应当自纳税义务发生之日起十五日内申报缴纳税款。

证券交易印花税按周解缴。证券交易印花税扣缴义务人应当自每周终了之日起五日内申报解缴税款以及银行结算的利息。

**第十七条**　印花税可以采用粘贴印花税票或者由税务机关依法开具其他完税凭证的方式缴纳。

印花税票粘贴在应税凭证上的，由纳税人在每枚税票的骑缝处盖戳注销或者画销。

印花税票由国务院税务主管部门监制。

**第十八条**　印花税由税务机关依照本法和《中华人民共和国税收征收管理法》的规定征收管理。

**第十九条**　纳税人、扣缴义务人和税务机关及其工作人员违反本法规定的，依照《中华人民共和国税收征收管理法》和有关法律、行政法规的规定追究法律责任。

**第二十条**　本法自 2022 年 7 月 1 日起施行。1988 年 8 月 6 日国务院发布的《中华人民共和国印花税暂行条例》同时废止。

附：

## 印花税税目税率表

<table>
<tr><th colspan="2">税　目</th><th>税　率</th><th>备　注</th></tr>
<tr><td rowspan="11">合同（指书面合同）</td><td>借款合同</td><td>借款金额的万分之零点五</td><td>指银行业金融机构、经国务院银行业监督管理机构批准设立的其他金融机构与借款人（不包括同业拆借）的借款合同</td></tr>
<tr><td>融资租赁合同</td><td>租金的万分之零点五</td><td></td></tr>
<tr><td>买卖合同</td><td>价款的万分之三</td><td>指动产买卖合同（不包括个人书立的动产买卖合同）</td></tr>
<tr><td>承揽合同</td><td>报酬的万分之三</td><td></td></tr>
<tr><td>建设工程合同</td><td>价款的万分之三</td><td></td></tr>
<tr><td>运输合同</td><td>运输费用的万分之三</td><td>指货运合同和多式联运合同（不包括管道运输合同）</td></tr>
<tr><td>技术合同</td><td>价款、报酬或者使用费的万分之三</td><td>不包括专利权、专有技术使用权转让书据</td></tr>
<tr><td>租赁合同</td><td>租金的千分之一</td><td></td></tr>
<tr><td>保管合同</td><td>保管费的千分之一</td><td></td></tr>
<tr><td>仓储合同</td><td>仓储费的千分之一</td><td></td></tr>
<tr><td>财产保险合同</td><td>保险费的千分之一</td><td>不包括再保险合同</td></tr>
<tr><td rowspan="4">产权转移书据</td><td>土地使用权出让书据</td><td>价款的万分之五</td><td rowspan="4">转让包括买卖（出售）、继承、赠与、互换、分割</td></tr>
<tr><td>土地使用权、房屋等建筑物和构筑物所有权转让书据（不包括土地承包经营权和土地经营权转移）</td><td>价款的万分之五</td></tr>
<tr><td>股权转让书据（不包括应缴纳证券交易印花税的）</td><td>价款的万分之五</td></tr>
<tr><td>商标专用权、著作权、专利权、专有技术使用权转让书据</td><td>价款的万分之三</td></tr>
<tr><td colspan="2">营业账簿</td><td>实收资本（股本）、资本公积合计金额的万分之二点五</td><td></td></tr>
<tr><td colspan="2">证券交易</td><td>成交金额的千分之一</td><td></td></tr>
</table>

# 关于《中华人民共和国印花税法（草案）》的说明

## ——2021 年 2 月 27 日在第十三届全国人民代表大会常务委员会第二十六次会议上

财政部部长　刘　昆

全国人民代表大会常务委员会：

我受国务院委托，现对《中华人民共和国印花税法（草案）》作说明。

1988 年 8 月，国务院发布《中华人民共和国印花税暂行条例》（以下简称《暂行条例》），规定在中华人民共和国境内书立或者领受合同、产权转移书据、营业账簿和权利、许可证照等应税凭证的单位和个人应当缴纳印花税。1992 年，国家统一对上海证券交易所、深圳证券交易所的股票交易征收印花税。2018 年，国务院同意对存托凭证的出让方征收印花税。《暂行条例》施行以来，印花税运行平稳。1988 年至 2020 年，全国累计征收印花税 29199 亿元。其中，一般印花税收入 12131 亿元，占比 41.55%；证券交易印花税收入 17068 亿元，占比 58.45%；2020 年，全国印花税收入为 3087 亿元。

《中共中央关于全面深化改革若干重大问题的决定》提出“落实税收法定原则”。为贯彻落实党中央、国务院决策部署，推动完善税收法律制度，提高印花税规范化、法治化水平，减少自由裁量权，使税收征管更加科学规范，财政部、税务总局在广泛调研、听取各有关方面意见并向社会公开征求意见的基础上，起草了《中华人民共和国印花税法（送审稿）》。司法部充分征求各方面意见，会同财政部、税务总局对送审稿作了修改完善，形成了《中华人民共和国印花税法（草案）》（以下简称草案）。草案已经国务院常务会议讨论通过。现说明如下：

## 一、立法的总体思路

从实际执行情况看，印花税税制要素基本合理，运行比较平稳。制定印花税法，总体上按照税制平移的思路，保持现行税制框架和税负水平基本不变，将《暂行条例》和证券交易印花税有关规定上升为法律。同时，根据实际情况对部分内容作了必要调整，适当简并税目、降低部分税率。

## 二、草案的主要内容

草案共 20 条，主要规定了以下内容：

（一）纳税人。在中华人民共和国境内书立应税凭证或者进行证券交易的单位和个人为印花税的纳税人。证券交易印花税对证券交易的出让方征收，不对受让方征收。

（二）征税范围。草案所附《印花税税目税率表》列明的合同、产权转移书据、营业账簿和证券交易为印花税的征税范围，应当依法缴纳印花税。

（三）税目税率。基本维持现行税率水平，适当简并税目税率、减轻税负。一是借款合同、买卖合同、技术合同、证券交易等税目维持现行税率不变；二是将加工承揽合同、建设工程勘察设计合同、货物运输合同的税率由万分之五降为万分之三；三是将营业账簿的税率由万分之五降为万分之二点五；四是取消对权利、许可证照每件征收 5 元印花税的规定。

（四）计税依据和应纳税额。应税凭证的计税依据为合同和产权转移书据所列的金额、营业账簿记载的金额，证券交易的计税依据为证券交易成交金额。印花税的应纳税额按照计税依据乘以适用税率计算。

（五）税收优惠。总体维持现行税收优惠政策不变，在保留《暂行条例》中免税规定的同时，将现行有关文件规定的部分税收优惠政策上升为法律。同时规定，根据国民经济和社会发展的需要，国务院可以规定减征或者免征印花税的情形，报全国人民代表大会常务委员会备案。

此外，草案还对印花税的纳税地点、扣缴义务人、计征方式、印花税票的使用管理等税收征管事项作了规定。

草案和以上说明是否妥当，请审议。

# 全国人民代表大会宪法和法律委员会关于《中华人民共和国印花税法（草案）》审议结果的报告

——2021 年 6 月 7 日在第十三届全国人民代表大会常务委员会第二十九次会议上

全国人大宪法和法律委员会副主任委员　胡可明

全国人民代表大会常务委员会：

常委会第二十六次会议对印花税法草案进行了初次审议。会后，法制工作委员会将草案印发各省、自治区、直辖市、基层立法联系点和中央有关部门以及部分高等院校、研究机构征求意见，在中国人大网全文公布草案征求社会公众意见。宪法和法律委员会、财政经济委员会、法制工作委员会和预算工作委员会联合召开座谈会，听取部分全国人大代表、中央有关部门、行业协会、企业和专家学者对草案的意见；宪法和法律委员会、法制工作委员会还到重庆、广西进行调研，听取意见；并就草案的有关问题与有关部门交换意见，共同研究。宪法和法律委员会于5月17日召开会议，根据常委会组成人员的审议意见和各方面的意见，对草案进行了逐条审议。财政经济委员会、预算工作委员会、司法部、财政部、国家税务总局有关负责同志列席了会议。5月27日，宪法和法律委员会召开会议，再次进行了审议。宪法和法律委员会认为，草案经过审议修改，已经比较成熟。同时，提出以下主要修改意见：

一、有的常委会组成人员和地方、部门、专家建议，按照减税降费的要求，支持创新发展，鼓励知识产权实施应用，建议降低知识产权转让税目的税率。宪法和法律委员会经研究，建议将草案所附税目税率表中“商标专用权、著作权、专利权、专有技术使用权转让书据”的税率由万分之五降低至万分之三。

二、有的常委会组成人员提出，税目税率表将“买卖合同”税目界定为“动产买卖合同”，超出了印花税暂行条例“购销合同”税目中纳税人仅限于生产经营者的限定，实际上扩大了纳税人范围。宪法和法律委员会经研究，建议在税目税率表中明确，“动产买卖合同”不包括个人书立的动产买卖合同。

三、有的常委委员提出，草案第三条第一款将应税证券交易界定为在依法设立的证券交易场所转让相关证券，在表述上不够周延，不能涵盖继承、赠与等不在证券交易场所内转让证券的情况。宪法和法律委员会经研究，建议将相关规定修改为：本法所称证券交易，是指转让在依法设立的证券交易所、国务院批准的其他全国性证券交易场所交易的股票和以股票为基础的存托凭证。

四、有的常委会组成人员和地方、部门提出，草案第十二条中规定对“电子商务经营者与用户订立的电子订单”免征印花税，可能导致线上和线下交易活动税负不公平，建议进一步细化区分；有的提出，个人线下交易活动通常不需要缴纳印花税，可以对个人用户与电子商务经营者订立的电子订单实行免税，保持个人线上线下税负一致。宪法和法律委员会经研究，建议将草案上述免税规定限定为“个人与电子商务经营者订立的电子订单”。

五、有的常委会组成人员提出，草案第十二条第二款授权国务院根据国民经济和社会发展需要规定其他减免税情形，但未明确相关范围和要求，建议增加。宪法和法律委员会经研究，建议将相关规定修改为：根据国民经济和社会发展的需要，国务院对居民住房需求保障、企业改制重组、支持小型微型企业发展等情形可以规定减征或者免征印花税，报全国人民代表大会常务委员会备案。

六、草案第十四条规定，纳税人为境外单位或者个人，在境内没有代理人的，按照国务院税务主管部门的规定办理。有的常委委员提出，上述境外纳税人如何办理纳税，应当在本法中作出原则性规定，不宜笼统授权。宪法和法律委员会经研究，建议将相关规定修改为：纳税人为境外单位或者个人，在境内没有代理人的，由纳税人自行申报缴纳印花税，具体办法由国务院税务主管部门规定。

此外，还对草案作了一些文字修改。

草案二次审议稿已按上述意见作了修改，宪法和法律委员会建议提请本次常委会会议审议通过。

草案二次审议稿和以上报告是否妥当，请审议。

# 全国人民代表大会宪法和法律委员会关于《中华人民共和国印花税法（草案二次审议稿）》修改意见的报告

——2021年6月10日在第十三届全国人民代表大会常务委员会第二十九次会议上

全国人民代表大会常务委员会：

本次常委会会议于6月8日上午对印花税法草案二次审议稿进行了分组审议。普遍认为，草案已经比较成熟，建议进一步修改后，提请本次常委会会议表决通过。同时，有些常委会组成人员还提出了一些修改意见和建议。宪法和法律委员会于6月8日下午召开会议，逐条研究了常委会组成人员的审议意见，对草案进行了审议。财政经济委员会、预算工作委员会、司法部、财政部、国家税务总局的有关负责同志列席了会议。宪法和法

律委员会认为,草案是可行的,同时,提出以下修改意见:

草案二次审议稿第十二条第二款规定,根据国民经济和社会发展的需要,国务院对居民住房需求保障、企业改制重组、支持小型微型企业发展等情形可以规定减征或者免征印花税,报全国人民代表大会常务委员会备案。有的意见建议在上述减免税情形中增加"破产"的情形。宪法和法律委员会经研究,建议采纳这一意见。

有的常委会组成人员在审议中还对印花税的一些具体制度安排提出了意见和建议。宪法和法律委员会经同有关部门研究后认为,此次立法主要是将国务院相关税收暂行条例的规定平移上升为法律,对于涉及税制调整的建议,可由国务院及其有关部门在下一步按照党中央的要求深化税收制度改革中予以统筹考虑,建议此次对相关内容不作修改;对于涉及法律执行的意见,建议国务院有关部门在依法征收印花税的过程中认真研究采纳,完善税款征收相关程序。

经与有关部门研究,建议将本法的施行时间确定为2022年7月1日。

此外,根据常委会组成人员的审议意见,还对草案二次审议稿作了个别文字修改。

草案修改稿已按上述意见作了修改,宪法和法律委员会建议本次常委会会议审议通过。

草案修改稿和以上报告是否妥当,请审议。

# 中华人民共和国主席令

第九十号

《中华人民共和国反外国制裁法》已由中华人民共和国第十三届全国人民代表大会常务委员会第二十九次会议于2021年6月10日通过,现予公布,自公布之日起施行。

中华人民共和国主席 习近平

2021年6月10日

# 中华人民共和国反外国制裁法

(2021年6月10日第十三届全国人民代表大会常务委员会第二十九次会议通过)

**第一条** 为了维护国家主权、安全、发展利益,保护我国公民、组织的合法权益,根据宪法,制定本法。

**第二条** 中华人民共和国坚持独立自主的和平外交政策,坚持互相尊重主权和领土完整、互不侵犯、互不干涉内政、平等互利、和平共处的五项原则,维护以联合国为核心的国际体系和以国际法为基础的国际秩序,发展同世界各国的友好合作,推动构建人类命运共同体。

**第三条** 中华人民共和国反对霸权主义和强权政治,反对任何国家以任何借口、任何方式干涉中国内政。

外国国家违反国际法和国际关系基本准则,以各种借口或者依据其本国法律对我国进行遏制、打压,对我国公民、组织采取歧视性限制措施,干涉我国内政的,我国有权采取相应反制措施。

**第四条** 国务院有关部门可以决定将直接或者间接参与制定、决定、实施本法第三条规定的歧视性限制措施的个人、组织列入反制清单。

**第五条** 除根据本法第四条规定列入反制清单的个人、组织以外,国务院有关部门还可以决定对下列个人、组织采取反制措施:

(一)列入反制清单个人的配偶和直系亲属;

(二)列入反制清单组织的高级管理人员或者实际控制人;

(三)由列入反制清单个人担任高级管理人员的组织;

(四)由列入反制清单个人和组织实际控制或者参与设立、运营的组织。

**第六条** 国务院有关部门可以按照各自职责和任务分工,对本法第四条、第五条规定的个人、组织,根据实际情况决定采取下列一种或者几种措施：

（一）不予签发签证、不准入境、注销签证或者驱逐出境；

（二）查封、扣押、冻结在我国境内的动产、不动产和其他各类财产；

（三）禁止或者限制我国境内的组织、个人与其进行有关交易、合作等活动；

（四）其他必要措施。

**第七条** 国务院有关部门依据本法第四条至第六条规定作出的决定为最终决定。

**第八条** 采取反制措施所依据的情形发生变化的，国务院有关部门可以暂停、变更或者取消有关反制措施。

**第九条** 反制清单和反制措施的确定、暂停、变更或者取消，由外交部或者国务院其他有关部门发布命令予以公布。

**第十条** 国家设立反外国制裁工作协调机制，负责统筹协调相关工作。

国务院有关部门应当加强协同配合和信息共享，按照各自职责和任务分工确定和实施有关反制措施。

**第十一条** 我国境内的组织和个人应当执行国务院有关部门采取的反制措施。

对违反前款规定的组织和个人，国务院有关部门依法予以处理，限制或者禁止其从事相关活动。

**第十二条** 任何组织和个人均不得执行或者协助执行外国国家对我国公民、组织采取的歧视性限制措施。

组织和个人违反前款规定，侵害我国公民、组织合法权益的，我国公民、组织可以依法向人民法院提起诉讼，要求其停止侵害、赔偿损失。

**第十三条** 对于危害我国主权、安全、发展利益的行为，除本法规定外，有关法律、行政法规、部门规章可以规定采取其他必要的反制措施。

**第十四条** 任何组织和个人不执行、不配合实施反制措施的，依法追究法律责任。

**第十五条** 对于外国国家、组织或者个人实施、协助、支持危害我国主权、安全、发展利益的行为，需要采取必要反制措施的，参照本法有关规定执行。

**第十六条** 本法自公布之日起施行。

# 关于《中华人民共和国反外国制裁法（草案）》的说明

——2021 年 4 月 26 日在第十三届全国人民代表大会常务委员会第二十八次会议上

全国人大常委会法制工作委员会主任 沈春耀

全国人民代表大会常务委员会：

我受委员长会议的委托，作关于《中华人民共和国反外国制裁法（草案）》的说明。

## 一、关于立法的必要性

近年来，某些西方国家为了遏制我国发展，利用涉台涉港涉藏涉疆涉海涉疫等问题对我进行遏制打压，粗暴干涉我国内政，严重违反国际法和国际关系基本准则。为了维护我国的国家主权、安全、发展利益，有必要制定专门法律应对某些西方国家对我实施的所谓“单边制裁”，为对外斗争提供法律支撑。

（一）反击霸权主义和强权政治的迫切需要

长期以来，某些西方国家打着维护民主、人权的幌子，借口维护国家安全，滥施“制裁”措施，肆意干涉我国内政，违反了主权平等的国际法根本原则、不干涉内政的国际关系基本准则、和平合作的联合国基本宗旨。我国历来坚决反对任何外国和境外势力以任何方式干涉我国内部事务，始终高举和平、发展、合作、共赢的旗帜，坚定奉行独立自主的和平外交政策，维护国际公平正义，反对把自己的意志强加于人，反对干涉别国内政。制定反外国制裁法，是反击霸权主义、强权政治的迫切需要，有利于捍卫国际法治，推动建设相互尊重、公平正义、合作共赢的新型国际关系。

（二）维护国家主权、安全、发展利益的迫切需要

当前，世界百年未有之大变局加速演变，和平与发展仍然是时代主题，但单边主义、保护主义、霸凌行径愈演愈烈，国际环境不稳定性不确定性明显上升。依法反制某些西方国家对我遏制打压，掌握

化险为夷、转危为机的战略主动,坚持底线思维和风险意识,迫切需要制定反外国制裁法。

(三)统筹推进国内法治和涉外法治的迫切需要

党中央明确提出,要坚持统筹推进国内法治和涉外法治,丰富和充实法律"工具箱"。根据当前斗争形势和实践,制定反外国制裁法,明确反外国制裁的情形、反制程序和反制措施等,充分发挥法治在对外斗争中的引领、规范和保障作用,有利于提升我国应对世情国情深刻变化的法治能力,有利于充实我国对外斗争法律"工具箱",加快形成系统完备的涉外法律法规体系,加快建设中国特色社会主义法治体系。

## 二、关于立法的主要过程、总体要求和遵循的原则

今年全国"两会"前后,一些全国人大代表、全国政协委员和社会各界人士提出意见建议,认为国家有必要制定一部专门的反外国制裁法,为我国依法反制外国歧视性措施提供有力的法治支撑和保障。法制工作委员会按照工作安排,全面梳理了目前我国反制裁工作的有关情况以及我国法律中相关规定,研究了国外反制裁的法律制度,根据对外斗争的实践和需要,起草了《中华人民共和国反外国制裁法(草案)》,经委员长会议讨论,决定将反外国制裁法(草案)提请本次常委会会议审议。

制定反外国制裁法的总体要求是:坚持以习近平新时代中国特色社会主义思想为指导,深入贯彻习近平法治思想和习近平外交思想,全面贯彻党的十九大和十九届二中、三中、四中、五中全会精神,坚持总体国家安全观,更好统筹发展和安全,恪守维护世界和平、促进共同发展的外交政策,维护国家主权、安全、发展利益,保护我国公民、组织的合法权益,为全面建设社会主义现代化国家、实现中华民族伟大复兴的中国梦创造良好外部环境。

贯彻上述总体要求,必须遵循和把握好以下重要原则:一是,坚持服务大局,运用法治思维和法治方式应对重大风险挑战,协调推进国内治理和国际治理,服务国内国际两个大局。二是,坚持急用先行,根据实践和形势需要,采取专项立法形式,增强反外国制裁立法的针对性和可操作性。三是,坚持依法依规,总结我国实践经验,借鉴国外相关做法,健全完善反制裁、反干涉、反长臂管辖法律法规制度,提高依法管控风险、依法应对挑战的能力。

## 三、关于草案的主要内容

草案共15条,主要内容如下:

(一)外交基本原则

我国一贯主张在坚持和平共处五项原则的基础上发展同世界各国的友好关系,立法进行反制与某些西方国家的"单边制裁"有着本质区别,是应对遏制打压我国的防御措施。草案重申我国长期以来的外交政策,宣示我国坚持独立自主的和平外交政策,坚持和平共处五项原则,维护以联合国为核心的国际体系和以国际法为基础的国际秩序等。

(二)反外国制裁的情形

坚持问题导向,体现"小切口",草案明确了两类反制情形:一是,针对外国国家以干涉我国内政为目的,依据本国法律对我国公民、组织采取遏制、打压等歧视性限制措施,我国有权采取相应反制措施。二是,针对一些实体和个人鼓吹、煽动、资助台独、疆独、藏独、港独等严重侵犯我国主权、安全、发展利益的行为,我国主动采取必要的反制措施。

(三)反制对象

考虑到某些西方国家的有关措施名义上是通过法律规定或者国内行政程序采取的,但背后体现的是一批反华势力的意志。为实现精准打击,有力震慑这些反华势力的嚣张气焰,草案规定设立反制清单制度,授权国务院有关部门可以发布决定、命令,将"直接或者间接参与制定、决定、实施"有关涉我措施或者行为的个人或者组织纳入清单。

同时,为进一步加大打击力度,除纳入清单的个人和组织外,草案规定还可以视情况扩大制裁对象的范围,涵盖被列入反制清单个人的配偶和直系亲属,被列入反制清单组织的高级管理人员或者实际控制人,由被列入反制清单个人担任高级管理人员的组织,由被列入反制清单个人和组织实际控制或者参与创办、运营的组织等。

(四)反制措施

草案明确列举了三类反制措施:一是,禁止入境、注销签证或者驱逐出境;二是,冻结在我国境内的存款、股票、债券、基金份额和其他资产;三是,禁止与我国境内的组织、个人进行交易或者对有关交易活动进行限制。

同时,草案明确国务院有关部门可以按照各自职责和任务分工,根据实际情况采取上述措施,国务院有关部门还可以增加规定其他必要措施。

为了强化反制措施的执行力和威慑力,体现主权行为性质,草案规定相关反制决定为最终决定。同时,明确反制情形发生变化的,国务院有关部门可以暂停或者取消有关反制措施。

(五)加强部门配合和信息共享

对外国制裁进行反制需要多部门协调联动、共同配合。草案规定国家设立反外国制裁工作协调机制,负责统筹协调相关工作;国务院有关部门应当加强协同配合和信息共享,按照各自职责和任务分工确定和实施有关反制措施;相关部门作出的有关反制清单和具体反制对象,反制措施的确定、变更、暂停或者取消等决定,由外交部公布。

(六)组织和个人的义务

草案从两方面规定组织和个人的义务:一是,我国境内的组织和个人应当执行国务院有关部门的反制措施。二是,任何组织和个人不得执行或者协助执行外国国家对中国公民、组织采取的遏制、打压等歧视性限制措施。

(七)反制措施的衔接规定

鉴于某些西方国家对我遏制打压的情形较为复杂,需要相机应对和反制。应对挑战、防范风险的法律"工具箱"应当是全方位、多种工具齐备的,我国目前在金融、投资、进出口贸易、出入境、国家安全等领域还有许多已有规定,因此,需要做好本法与其他法律、行政法规规定的反制措施的衔接。

草案和以上说明是否妥当,请审议。

# 全国人民代表大会宪法和法律委员会关于《中华人民共和国反外国制裁法(草案)》审议结果的报告

——2021 年 6 月 7 日在第十三届全国人民代表大会常务委员会第二十九次会议上

全国人大宪法和法律委员会副主任委员 沈春耀

全国人民代表大会常务委员会:

常委会第二十八次会议对反外国制裁法草案进行了初次审议。常委会组成人员普遍赞成制定这部法律,一致认为,为了反击霸权主义和强权政治,维护国家主权、安全、发展利益,充分发挥法治在对外斗争中的重要作用,制定反外国制裁法是必要的。常委会初审后,法制工作委员会征求中央和国家有关部门意见,并召开座谈会听取中央政法委员会、外交部和商务部的意见。宪法和法律委员会于 5 月 19 日召开会议,根据常委会组成人员的审议意见和有关方面的意见,对草案进行了逐条审议。外事委员会、外交部、商务部有关负责同志列席了会议。5 月 27 日,宪法和法律委员会召开会议,再次进行了审议。宪法和法律委员会认为,草案经过审议修改,已经比较成熟。同时,提出以下主要修改意见:

一、草案第三条第二款规定:"外国国家以干涉我国内政为目的,依据本国法律对我国公民或者组织采取遏制、打压等歧视性限制措施,我国有权采取相应反制措施。"有的常委委员和部门提出,外国国家以各种借口或者依据其本国法律对我采取所谓"单边制裁",违反了国际法和国际关系基本原则,属于国际不法行为,我国采取相应反制措施是必要的、正当的,建议进一步明确。宪法和法律委员会经研究,建议修改为:"外国国家违反国际法和国际关系基本原则,以各种借口或者依据其本国法律对我国进行遏制、打压,对我国公民、组织采取歧视性限制措施,干涉我国内政的,我国有权采取相应反制措施。"

二、草案第三条第三款规定:"外国国家、组织或者个人实施、协助、支持严重危害我国主权、安全、发展利益的行为,我国有权采取必要制裁措施。"有的常委委员和部门提出,草案相关制度主要解决应对外国"单边制裁"的反制问题,第三款是针对外国国家、组织或者个人采取的危害我国主权、安全、发展利益的不法事实行为,明确我国有权采取必要的反制措施,建议单作一条规定,并明确参照适用本法执行。宪法和法律委员会经研究,建议采纳这一意见，将第三款作为第十五条，并修改为："对于外国国家、组织或者个人实施、协助、支持危害我国主权、安全、发展利益的行为，需要采取必要反制措施的，参照本法有关规定执行。"

三、草案第六条对反制措施作了具体规定。其中，第二项规定"查封、冻结或者没收在我国境内的动产、不动产和其他各类财产权"；第三项规定"禁止中华人民共和国境内的组织、个人与其进行交易或者对有关交易活动进行限制"。有的常委委员和部门提出，"没收"与查封、扣押、冻结等强制措施有所不同，应当慎重；第三项只规定禁止和限制交易，不够全面，还应当禁止或者限制开展有关合作活动。宪法和法律委员会经研究，建议将第二项修改为："查封、扣押、冻结在我国境内的动产、不动产和其他各类财产"；将第三项修改为："禁止或者限制我国境内的组织、个人与其进行有关交易、合作等活动"。

四、草案第九条规定："反制清单和具体反制对象，反制措施的确定、变更、暂停或者取消，由外交部公布。"有的常委委员和部门建议，除外交部外，也可以由国务院其他有关部门根据职责公布，增强操作性。宪法和法律委员会经研究，建议将第九条修改为："反制清单和反制措施的确定、暂停、变更或者取消，由外交部或者国务院其他有关部门发布命令予以公布。"

五、草案第十三条规定："对于危害我国主权、安全、发展利益的行为，有关法律、行政法规可以规定其他必要的反制措施。"有的部门提出，有的反制措施是以部门规章的形式规定的，建议增加"部门规章"。宪法和法律委员会经研究，建议采纳上述意见。

此外，还对草案作了一些文字修改。

草案二次审议稿已按上述意见作了修改，宪法和法律委员会建议提请本次常委会会议审议通过。

草案二次审议稿和以上报告是否妥当，请审议。

# 全国人民代表大会宪法和法律委员会关于《中华人民共和国反外国制裁法(草案二次审议稿)》修改意见的报告

——2021 年 6 月 10 日在第十三届全国人民代表大会常务委员会第二十九次会议上

全国人民代表大会常务委员会：

本次常委会会议于 6 月 8 日上午对反外国制裁法草案二次审议稿进行了分组审议。普遍认为，草案已经比较成熟，建议进一步修改后，提请本次常委会会议表决通过。同时，有些常委会组成人员和列席人员还提出了一些修改意见和建议。宪法和法律委员会于 6 月 8 日晚召开会议，逐条研究了常委会组成人员的审议意见，对草案进行了审议。外事委员会、外交部、商务部有关负责同志列席了会议。宪法和法律委员会认为，草案是可行的，同时根据常委会组成人员的审议意见，对草案二次审议稿作了个别文字修改。

经研究，建议将本法的施行时间确定为自公布之日起施行。

草案修改稿已按上述意见作了修改，宪法和法律委员会建议本次常委会会议审议通过。

草案修改稿和以上报告是否妥当，请审议。

# 中华人民共和国主席令

第九十一号

《中华人民共和国个人信息保护法》已由中华人民共和国第十三届全国人民代表大会常务委员会第三十次会议于 2021 年 8 月 20 日通过，现予公布，自 2021 年 11 月 1 日起施行。

中华人民共和国主席 习近平

2021 年 8 月 20 日

# 中华人民共和国个人信息保护法

（2021 年 8 月 20 日第十三届全国人民代表大会常务委员会第三十次会议通过）

目　　录



## 第一章　总　　则

**第一条**　为了保护个人信息权益，规范个人信息处理活动，促进个人信息合理利用，根据宪法，制定本法。

**第二条**　自然人的个人信息受法律保护，任何组织、个人不得侵害自然人的个人信息权益。

**第三条**　在中华人民共和国境内处理自然人个人信息的活动，适用本法。

在中华人民共和国境外处理中华人民共和国境内自然人个人信息的活动，有下列情形之一的，也适用本法：

（一）以向境内自然人提供产品或者服务为目的；

（二）分析、评估境内自然人的行为；

（三）法律、行政法规规定的其他情形。

**第四条**　个人信息是以电子或者其他方式记录的与已识别或者可识别的自然人有关的各种信息，不包括匿名化处理后的信息。

个人信息的处理包括个人信息的收集、存储、使用、加工、传输、提供、公开、删除等。

**第五条**　处理个人信息应当遵循合法、正当、必要和诚信原则，不得通过误导、欺诈、胁迫等方式处理个人信息。

**第六条**　处理个人信息应当具有明确、合理的目的，并应当与处理目的直接相关，采取对个人权益影响最小的方式。

收集个人信息，应当限于实现处理目的的最小范围，不得过度收集个人信息。

**第七条**　处理个人信息应当遵循公开、透明原则，公开个人信息处理规则，明示处理的目的、方式和范围。

**第八条**　处理个人信息应当保证个人信息的质量，避免因个人信息不准确、不完整对个人权益造成不利影响。

**第九条**　个人信息处理者应当对其个人信息处理活动负责，并采取必要措施保障所处理的个人信息的安全。

**第十条**　任何组织、个人不得非法收集、使用、加工、传输他人个人信息，不得非法买卖、提供或者公开他人个人信息；不得从事危害国家安全、公共利益的个人信息处理活动。

**第十一条**　国家建立健全个人信息保护制度，预防和惩治侵害个人信息权益的行为，加强个人信息保护宣传教育，推动形成政府、企业、相关社会组织、公众共同参与个人信息保护的良好环境。

**第十二条**　国家积极参与个人信息保护国际规则的制定，促进个人信息保护方面的国际交流与合作，推动与其他国家、地区、国际组织之间的个人信息保护规则、标准等互认。

## 第二章　个人信息处理规则

### 第一节　一般规定

**第十三条**　符合下列情形之一的，个人信息处理者方可处理个人信息：

（一）取得个人的同意；

（二）为订立、履行个人作为一方当事人的合同所必需，或者按照依法制定的劳动规章制度和依法签订的集体合同实施人力资源管理所必需；

（三）为履行法定职责或者法定义务所必需；

（四）为应对突发公共卫生事件，或者紧急情况下为保护自然人的生命健康和财产安全所必需；

（五）为公共利益实施新闻报道、舆论监督等行为，在合理的范围内处理个人信息；

（六）依照本法规定在合理的范围内处理个人自行公开或者其他已经合法公开的个人信息；

（七）法律、行政法规规定的其他情形。

依照本法其他有关规定，处理个人信息应当取得个人同意，但是有前款第二项至第七项规定情形的，不需取得个人同意。

**第十四条**　基于个人同意处理个人信息的，该同意应当由个人在充分知情的前提下自愿、明确作出。法律、行政法规规定处理个人信息应当取得个人单独同意或者书面同意的，从其规定。

个人信息的处理目的、处理方式和处理的个人信息种类发生变更的，应当重新取得个人同意。

**第十五条**　基于个人同意处理个人信息的，个人有权撤回其同意。个人信息处理者应当提供便捷的撤回同意的方式。

个人撤回同意，不影响撤回前基于个人同意已进行的个人信息处理活动的效力。

**第十六条**　个人信息处理者不得以个人不同意处理其个人信息或者撤回同意为由，拒绝提供产品或者服务；处理个人信息属于提供产品或者服务所必需的除外。

**第十七条**　个人信息处理者在处理个人信息前，应当以显著方式、清晰易懂的语言真实、准确、完整地向个人告知下列事项：

（一）个人信息处理者的名称或者姓名和联系方式；

（二）个人信息的处理目的、处理方式，处理的个人信息种类、保存期限；

（三）个人行使本法规定权利的方式和程序；

（四）法律、行政法规规定应当告知的其他事项。

前款规定事项发生变更的，应当将变更部分告知个人。

个人信息处理者通过制定个人信息处理规则的方式告知第一款规定事项的，处理规则应当公开，并且便于查阅和保存。

**第十八条**　个人信息处理者处理个人信息，有法律、行政法规规定应当保密或者不需要告知的情形的，可以不向个人告知前条第一款规定的事项。

紧急情况下为保护自然人的生命健康和财产安全无法及时向个人告知的，个人信息处理者应当在紧急情况消除后及时告知。

**第十九条**　除法律、行政法规另有规定外，个人信息的保存期限应当为实现处理目的所必要的最短时间。

**第二十条**　两个以上的个人信息处理者共同决定个人信息的处理目的和处理方式的，应当约定各自的权利和义务。但是，该约定不影响个人向其中任何一个个人信息处理者要求行使本法规定的权利。

个人信息处理者共同处理个人信息，侵害个人信息权益造成损害的，应当依法承担连带责任。

**第二十一条**　个人信息处理者委托处理个人信息的，应当与受托人约定委托处理的目的、期限、处理方式、个人信息的种类、保护措施以及双方的权利和义务等，并对受托人的个人信息处理活动进行监督。

受托人应当按照约定处理个人信息，不得超出约定的处理目的、处理方式等处理个人信息；委托合同不生效、无效、被撤销或者终止的，受托人应当将个人信息返还个人信息处理者或者予以删除，不得保留。

未经个人信息处理者同意，受托人不得转委托他人处理个人信息。

**第二十二条**　个人信息处理者因合并、分立、解散、被宣告破产等原因需要转移个人信息的，应当向个人告知接收方的名称或者姓名和联系方式。接收方应当继续履行个人信息处理者的义务。接收方变更原先的处理目的、处理方式的，应当依照本法规定重新取得个人同意。

**第二十三条**　个人信息处理者向其他个人信息处理者提供其处理的个人信息的，应当向个人告知接收方的名称或者姓名、联系方式、处理目的、处理方式和个人信息的种类，并取得个人的单独同意。接收方应当在上述处理目的、处理方式和个人信息的种类等范围内处理个人信息。接收方变更原先的处理目的、处理方式的，应当依照本法规定重新取得个人同意。

**第二十四条**　个人信息处理者利用个人信息进行自动化决策，应当保证决策的透明度和结果公平、公正，不得对个人在交易价格等交易条件上实行不合理的差别待遇。

通过自动化决策方式向个人进行信息推送、商业营销，应当同时提供不针对其个人特征的选项，或者向个人提供便捷的拒绝方式。

通过自动化决策方式作出对个人权益有重大影响的决定，个人有权要求个人信息处理者予以说明，并有权拒绝个人信息处理者仅通过自动化决策的方式作出决定。

**第二十五条**　个人信息处理者不得公开其处理的个人信息，取得个人单独同意的除外。

**第二十六条**　在公共场所安装图像采集、个人身份识别设备，应当为维护公共安全所必需，遵守国家有关规定，并设置显著的提示标识。所收集的个人图像、身份识别信息只能用于维护公共安全的目的，不得用于其他目的；取得个人单独同意的除外。

**第二十七条**　个人信息处理者可以在合理的范围内处理个人自行公开或者其他已经合法公开的个人信息；个人明确拒绝的除外。个人信息处理者处理已公开的个人信息，对个人权益有重大影响的，应当依照本法规定取得个人同意。

### 第二节　敏感个人信息的处理规则

**第二十八条**　敏感个人信息是一旦泄露或者非法使用，容易导致自然人的人格尊严受到侵害或者人身、财产安全受到危害的个人信息，包括生物识别、宗教信仰、特定身份、医疗健康、金融账户、行踪轨迹等信息，以及不满十四周岁未成年人的个人信息。

只有在具有特定的目的和充分的必要性，并采取严格保护措施的情形下，个人信息处理者方可处理敏感个人信息。

**第二十九条**　处理敏感个人信息应当取得个人的单独同意；法律、行政法规规定处理敏感个人信息应当取得书面同意的，从其规定。

**第三十条**　个人信息处理者处理敏感个人信息的，除本法第十七条第一款规定的事项外，还应当向个人告知处理敏感个人信息的必要性以及对个人权益的影响；依照本法规定可以不向个人告知的除外。

**第三十一条**　个人信息处理者处理不满十四周岁未成年人个人信息的，应当取得未成年人的父母或者其他监护人的同意。

个人信息处理者处理不满十四周岁未成年人个人信息的，应当制定专门的个人信息处理规则。

**第三十二条**　法律、行政法规对处理敏感个人信息规定应当取得相关行政许可或者作出其他限制的，从其规定。

### 第三节　国家机关处理个人信息的特别规定

**第三十三条**　国家机关处理个人信息的活动，适用本法；本节有特别规定的，适用本节规定。

**第三十四条**　国家机关为履行法定职责处理个人信息，应当依照法律、行政法规规定的权限、程序进行，不得超出履行法定职责所必需的范围和限度。

**第三十五条**　国家机关为履行法定职责处理个人信息，应当依照本法规定履行告知义务；有本法第十八条第一款规定的情形，或者告知将妨碍国家机关履行法定职责的除外。

**第三十六条**　国家机关处理的个人信息应当在中华人民共和国境内存储；确需向境外提供的，应当进行安全评估。安全评估可以要求有关部门提供支持与协助。

**第三十七条**　法律、法规授权的具有管理公共事务职能的组织为履行法定职责处理个人信息，适用本法关于国家机关处理个人信息的规定。

## 第三章　个人信息跨境提供的规则

**第三十八条**　个人信息处理者因业务等需要，确需向中华人民共和国境外提供个人信息的，应当具备下列条件之一：

（一）依照本法第四十条的规定通过国家网信部门组织的安全评估；

（二）按照国家网信部门的规定经专业机构进行个人信息保护认证；

（三）按照国家网信部门制定的标准合同与境外接收方订立合同，约定双方的权利和义务；

（四）法律、行政法规或者国家网信部门规定的其他条件。

中华人民共和国缔结或者参加的国际条约、协定对向中华人民共和国境外提供个人信息的条件等有规定的，可以按照其规定执行。

个人信息处理者应当采取必要措施，保障境外接收方处理个人信息的活动达到本法规定的个人信息保护标准。

**第三十九条**　个人信息处理者向中华人民共和国境外提供个人信息的，应当向个人告知境外接收方的名称或者姓名、联系方式、处理目的、处理方式、个人信息的种类以及个人向境外接收方行使本法规定权利的方式和程序等事项，并取得个人的单独同意。

**第四十条**　关键信息基础设施运营者和处理个人信息达到国家网信部门规定数量的个人信息处理者，应当将在中华人民共和国境内收集和产生的个人信息存储在境内。确需向境外提供的，应当通过国家网信部门组织的安全评估；法律、行政法规和国家网信部门规定可以不进行安全评估的，从其规定。

**第四十一条**　中华人民共和国主管机关根据有关法律和中华人民共和国缔结或者参加的国际条约、协定，或者按照平等互惠原则，处理外国司法或者执法机构关于提供存储于境内个人信息的请求。非经中华人民共和国主管机关批准，个人信息处理者不得向外国司法或者执法机构提供存储于中华人民共和国境内的个人信息。

**第四十二条**　境外的组织、个人从事侵害中华人民共和国公民的个人信息权益，或者危害中华人民共和国国家安全、公共利益的个人信息处理活动的，国家网信部门可以将其列入限制或者禁止个人信息提供清单，予以公告，并采取限制或者禁止向其提供个人信息等措施。

**第四十三条**　任何国家或者地区在个人信息保护方面对中华人民共和国采取歧视性的禁止、限制或者其他类似措施的，中华人民共和国可以根据实际情况对该国家或者地区对等采取措施。

## 第四章　个人在个人信息处理活动中的权利

**第四十四条**　个人对其个人信息的处理享有知情权、决定权，有权限制或者拒绝他人对其个人信息进行处理；法律、行政法规另有规定的除外。

**第四十五条**　个人有权向个人信息处理者查阅、复制其个人信息；有本法第十八条第一款、第三十五条规定情形的除外。

个人请求查阅、复制其个人信息的，个人信息处理者应当及时提供。

个人请求将个人信息转移至其指定的个人信息处理者，符合国家网信部门规定条件的，个人信息处理者应当提供转移的途径。

**第四十六条**　个人发现其个人信息不准确或者不完整的，有权请求个人信息处理者更正、补充。

个人请求更正、补充其个人信息的，个人信息处理者应当对其个人信息予以核实，并及时更正、补充。

**第四十七条**　有下列情形之一的，个人信息处理者应当主动删除个人信息；个人信息处理者未删除的，个人有权请求删除：

（一）处理目的已实现、无法实现或者为实现处理目的不再必要；

（二）个人信息处理者停止提供产品或者服务，或者保存期限已届满；

（三）个人撤回同意；

（四）个人信息处理者违反法律、行政法规或者违反约定处理个人信息；

（五）法律、行政法规规定的其他情形。

法律、行政法规规定的保存期限未届满，或者删除个人信息从技术上难以实现的，个人信息处理者应当停止除存储和采取必要的安全保护措施之外的处理。

**第四十八条**　个人有权要求个人信息处理者对其个人信息处理规则进行解释说明。

**第四十九条**　自然人死亡的，其近亲属为了自身的合法、正当利益，可以对死者的相关个人信息行使本章规定的查阅、复制、更正、删除等权利；死者生前另有安排的除外。

**第五十条**　个人信息处理者应当建立便捷的个人行使权利的申请受理和处理机制。拒绝个人行使权利的请求的，应当说明理由。

个人信息处理者拒绝个人行使权利的请求的，个人可以依法向人民法院提起诉讼。

## 第五章　个人信息处理者的义务

**第五十一条**　个人信息处理者应当根据个人信息的处理目的、处理方式、个人信息的种类以及对个人权益的影响、可能存在的安全风险等，采取下列措施确保个人信息处理活动符合法律、行政法规的规定，并防止未经授权的访问以及个人信息泄露、篡改、丢失：

（一）制定内部管理制度和操作规程；

（二）对个人信息实行分类管理；

（三）采取相应的加密、去标识化等安全技术措施；

（四）合理确定个人信息处理的操作权限，并定期对从业人员进行安全教育和培训；

（五）制定并组织实施个人信息安全事件应急预案；

（六）法律、行政法规规定的其他措施。

**第五十二条**　处理个人信息达到国家网信部门规定数量的个人信息处理者应当指定个人信息保护负责人，负责对个人信息处理活动以及采取的保护措施等进行监督。

个人信息处理者应当公开个人信息保护负责人的联系方式，并将个人信息保护负责人的姓名、联系方式等报送履行个人信息保护职责的部门。

**第五十三条** 本法第三条第二款规定的中华人民共和国境外的个人信息处理者,应当在中华人民共和国境内设立专门机构或者指定代表,负责处理个人信息保护相关事务,并将有关机构的名称或者代表的姓名、联系方式等报送履行个人信息保护职责的部门。

**第五十四条** 个人信息处理者应当定期对其处理个人信息遵守法律、行政法规的情况进行合规审计。

**第五十五条** 有下列情形之一的,个人信息处理者应当事前进行个人信息保护影响评估,并对处理情况进行记录:

(一)处理敏感个人信息;

(二)利用个人信息进行自动化决策;

(三)委托处理个人信息、向其他个人信息处理者提供个人信息、公开个人信息;

(四)向境外提供个人信息;

(五)其他对个人权益有重大影响的个人信息处理活动。

**第五十六条** 个人信息保护影响评估应当包括下列内容:

(一)个人信息的处理目的、处理方式等是否合法、正当、必要;

(二)对个人权益的影响及安全风险;

(三)所采取的保护措施是否合法、有效并与风险程度相适应。

个人信息保护影响评估报告和处理情况记录应当至少保存三年。

**第五十七条** 发生或者可能发生个人信息泄露、篡改、丢失的,个人信息处理者应当立即采取补救措施,并通知履行个人信息保护职责的部门和个人。通知应当包括下列事项:

(一)发生或者可能发生个人信息泄露、篡改、丢失的信息种类、原因和可能造成的危害;

(二)个人信息处理者采取的补救措施和个人可以采取的减轻危害的措施;

(三)个人信息处理者的联系方式。

个人信息处理者采取措施能够有效避免信息泄露、篡改、丢失造成危害的,个人信息处理者可以不通知个人;履行个人信息保护职责的部门认为可能造成危害的,有权要求个人信息处理者通知个人。

**第五十八条** 提供重要互联网平台服务、用户数量巨大、业务类型复杂的个人信息处理者,应当履行下列义务:

(一)按照国家规定建立健全个人信息保护合规制度体系,成立主要由外部成员组成的独立机构对个人信息保护情况进行监督;

(二)遵循公开、公平、公正的原则,制定平台规则,明确平台内产品或者服务提供者处理个人信息的规范和保护个人信息的义务;

(三)对严重违反法律、行政法规处理个人信息的平台内的产品或者服务提供者,停止提供服务;

(四)定期发布个人信息保护社会责任报告,接受社会监督。

**第五十九条** 接受委托处理个人信息的受托人,应当依照本法和有关法律、行政法规的规定,采取必要措施保障所处理的个人信息的安全,并协助个人信息处理者履行本法规定的义务。

## 第六章 履行个人信息保护职责的部门

**第六十条** 国家网信部门负责统筹协调个人信息保护工作和相关监督管理工作。国务院有关部门依照本法和有关法律、行政法规的规定,在各自职责范围内负责个人信息保护和监督管理工作。

县级以上地方人民政府有关部门的个人信息保护和监督管理职责,按照国家有关规定确定。

前两款规定的部门统称为履行个人信息保护职责的部门。

**第六十一条** 履行个人信息保护职责的部门履行下列个人信息保护职责:

(一)开展个人信息保护宣传教育,指导、监督个人信息处理者开展个人信息保护工作;

(二)接受、处理与个人信息保护有关的投诉、举报;

(三)组织对应用程序等个人信息保护情况进行测评,并公布测评结果;

(四)调查、处理违法个人信息处理活动;

(五)法律、行政法规规定的其他职责。

**第六十二条** 国家网信部门统筹协调有关部门依据本法推进下列个人信息保护工作:

(一)制定个人信息保护具体规则、标准;

(二)针对小型个人信息处理者、处理敏感个人信息以及人脸识别、人工智能等新技术、新应用,制定专门的个人信息保护规则、标准;

(三)支持研究开发和推广应用安全、方便的电子身份认证技术,推进网络身份认证公共服务建设;

(四)推进个人信息保护社会化服务体系建设,

支持有关机构开展个人信息保护评估、认证服务；

（五）完善个人信息保护投诉、举报工作机制。

**第六十三条**　履行个人信息保护职责的部门履行个人信息保护职责，可以采取下列措施：

（一）询问有关当事人，调查与个人信息处理活动有关的情况；

（二）查阅、复制当事人与个人信息处理活动有关的合同、记录、账簿以及其他有关资料；

（三）实施现场检查，对涉嫌违法的个人信息处理活动进行调查；

（四）检查与个人信息处理活动有关的设备、物品；对有证据证明是用于违法个人信息处理活动的设备、物品，向本部门主要负责人书面报告并经批准，可以查封或者扣押。

履行个人信息保护职责的部门依法履行职责，当事人应当予以协助、配合，不得拒绝、阻挠。

**第六十四条**　履行个人信息保护职责的部门在履行职责中，发现个人信息处理活动存在较大风险或者发生个人信息安全事件的，可以按照规定的权限和程序对该个人信息处理者的法定代表人或者主要负责人进行约谈，或者要求个人信息处理者委托专业机构对其个人信息处理活动进行合规审计。个人信息处理者应当按照要求采取措施，进行整改，消除隐患。

履行个人信息保护职责的部门在履行职责中，发现违法处理个人信息涉嫌犯罪的，应当及时移送公安机关依法处理。

**第六十五条**　任何组织、个人有权对违法个人信息处理活动向履行个人信息保护职责的部门进行投诉、举报。收到投诉、举报的部门应当依法及时处理，并将处理结果告知投诉、举报人。

履行个人信息保护职责的部门应当公布接受投诉、举报的联系方式。

## 第七章　法律责任

**第六十六条**　违反本法规定处理个人信息，或者处理个人信息未履行本法规定的个人信息保护义务的，由履行个人信息保护职责的部门责令改正，给予警告，没收违法所得，对违法处理个人信息的应用程序，责令暂停或者终止提供服务；拒不改正的，并处一百万元以下罚款；对直接负责的主管人员和其他直接责任人员处一万元以上十万元以下罚款。

有前款规定的违法行为，情节严重的，由省级以上履行个人信息保护职责的部门责令改正，没收违法所得，并处五千万元以下或者上一年度营业额百分之五以下罚款，并可以责令暂停相关业务或者停业整顿、通报有关主管部门吊销相关业务许可或者吊销营业执照；对直接负责的主管人员和其他直接责任人员处十万元以上一百万元以下罚款，并可以决定禁止其在一定期限内担任相关企业的董事、监事、高级管理人员和个人信息保护负责人。

**第六十七条**　有本法规定的违法行为的，依照有关法律、行政法规的规定记入信用档案，并予以公示。

**第六十八条**　国家机关不履行本法规定的个人信息保护义务的，由其上级机关或者履行个人信息保护职责的部门责令改正；对直接负责的主管人员和其他直接责任人员依法给予处分。

履行个人信息保护职责的部门的工作人员玩忽职守、滥用职权、徇私舞弊，尚不构成犯罪的，依法给予处分。

**第六十九条**　处理个人信息侵害个人信息权益造成损害，个人信息处理者不能证明自己没有过错的，应当承担损害赔偿等侵权责任。

前款规定的损害赔偿责任按照个人因此受到的损失或者个人信息处理者因此获得的利益确定；个人因此受到的损失和个人信息处理者因此获得的利益难以确定的，根据实际情况确定赔偿数额。

**第七十条**　个人信息处理者违反本法规定处理个人信息，侵害众多个人的权益的，人民检察院、法律规定的消费者组织和由国家网信部门确定的组织可以依法向人民法院提起诉讼。

**第七十一条**　违反本法规定，构成违反治安管理行为的，依法给予治安管理处罚；构成犯罪的，依法追究刑事责任。

## 第八章　附　　则

**第七十二条**　自然人因个人或者家庭事务处理个人信息的，不适用本法。

法律对各级人民政府及其有关部门组织实施的统计、档案管理活动中的个人信息处理有规定的，适用其规定。

**第七十三条**　本法下列用语的含义：

（一）个人信息处理者，是指在个人信息处理活动中自主决定处理目的、处理方式的组织、个人。

（二）自动化决策，是指通过计算机程序自动分析、评估个人的行为习惯、兴趣爱好或者经济、健康、信用状况等,并进行决策的活动。

(三)去标识化,是指个人信息经过处理,使其在不借助额外信息的情况下无法识别特定自然人的过程。

(四)匿名化,是指个人信息经过处理无法识别特定自然人且不能复原的过程。

**第七十四条** 本法自 2021 年 11 月 1 日起施行。

# 关于《中华人民共和国个人信息保护法(草案)》的说明

——2020 年 10 月 13 日在第十三届全国人民代表大会常务委员会第二十二次会议上

全国人大常委会法制工作委员会副主任 刘俊臣

全国人民代表大会常务委员会:

我受委员长会议的委托,作关于《中华人民共和国个人信息保护法(草案)》的说明。

## 一、关于制定本法的必要性

随着信息化与经济社会持续深度融合,网络已成为生产生活的新空间、经济发展的新引擎、交流合作的新纽带。截至 2020 年 3 月,我国互联网用户已达 9 亿,互联网网站超过 400 万个、应用程序数量超过 300 万个,个人信息的收集、使用更为广泛。虽然近年来我国个人信息保护力度不断加大,但在现实生活中,一些企业、机构甚至个人,从商业利益等出发,随意收集、违法获取、过度使用、非法买卖个人信息,利用个人信息侵扰人民群众生活安宁、危害人民群众生命健康和财产安全等问题仍十分突出。在信息化时代,个人信息保护已成为广大人民群众最关心最直接最现实的利益问题之一。社会各方面广泛呼吁出台专门的个人信息保护法,本届以来,全国人大代表共有 340 人次提出 39 件相关议案、建议,全国政协委员共提出相关提案 32 件。党中央高度重视网络空间法治建设,对个人信息保护立法工作作出部署。习近平总书记多次强调,要坚持网络安全为人民、网络安全靠人民,保障个人信息安全,维护公民在网络空间的合法权益,对加强个人信息保护工作提出明确要求。为及时回应广大人民群众的呼声和期待,落实党中央部署要求,制定一部个人信息保护方面的专门法律,将广大人民群众的个人信息权益实现好、维护好、发展好,具有重要意义。

第一,制定个人信息保护法是进一步加强个人信息保护法制保障的客观要求。党的十八大以来,全国人大及其常委会在制定关于加强网络信息保护的决定、网络安全法、电子商务法、修改消费者权益保护法等立法工作中,确立了个人信息保护的主要规则;在修改刑法中,完善了惩治侵害个人信息犯罪的法律制度;在编纂民法典中,将个人信息受法律保护作为一项重要民事权利作出规定。我国个人信息保护法律制度逐步建立,但仍难以适应信息化快速发展的现实情况和人民日益增长的美好生活需要。因此,应当在现行法律基础上制定出台专门法律,增强法律规范的系统性、针对性和可操作性,在个人信息保护方面形成更加完备的制度、提供更加有力的法律保障。

第二,制定个人信息保护法是维护网络空间良好生态的现实需要。网络空间是亿万民众共同的家园,必须在法治轨道上运行。违法收集、使用个人信息等行为不仅损害人民群众的切身利益,而且危害交易安全,扰乱市场竞争,破坏网络空间秩序。因此,应当制定出台专门法律,以严密的制度、严格的标准、严厉的责任,规范个人信息处理活动,落实企业、机构等个人信息处理者的法律义务和责任,维护网络空间良好生态。

第三,制定个人信息保护法是促进数字经济健康发展的重要举措。当前,以数据为新生产要素的数字经济蓬勃发展,数据的竞争已成为国际竞争的重要领域,而个人信息数据是大数据的核心和基础。党的十九大报告提出了建设网络强国、数字中国、智慧社会的任务要求。按照这一要求,应当统筹个人信息保护与利用,通过立法建立权责明确、保护有效、利用规范的制度规则,在保障个人信息权益的基础上,促进信息数据依法合理有效利用,推动数字经济持续健康发展。

## 二、关于起草工作和把握的几点

制定个人信息保护法列入了十三届全国人大

常委会立法规划和年度立法工作计划。栗战书委员长和王晨副委员长等常委会领导同志高度重视这项立法工作，多次作出指示批示。2018 年全国人大常委会法制工作委员会会同中央网络安全和信息化委员会办公室，着手研究起草个人信息保护法草案。在起草过程中，认真梳理研究近年来全国人大代表、政协委员提出的建议，召开座谈会听取部分全国人大代表的意见；委托专家组开展专题研究，搜集整理国内外立法资料，形成研究报告；通过多种方式深入调研，广泛征求有关部门、企业和专家等各方面意见。在上述工作的基础上，经反复研究修改，形成了《中华人民共和国个人信息保护法（草案）》。

起草工作注意把握以下几点：一是，坚持立足国情与借鉴国际经验相结合。从我国实际出发，深入总结网络安全法等法律、法规、标准的实施经验，将行之有效的做法和措施上升为法律规范。从上世纪 70 年代开始，经济合作与发展组织、亚太经济合作组织和欧盟等先后出台了个人信息保护相关准则、指导原则和法规，有 140 多个国家和地区制定了个人信息保护方面的法律。草案充分借鉴有关国际组织和国家、地区的有益做法，建立健全适应我国个人信息保护和数字经济发展需要的法律制度。二是，坚持问题导向和立法前瞻性相结合。既立足于个人信息保护领域存在的突出问题和人民群众的重大关切，建立完善可行的制度规范。同时，对一些尚存争议的理论问题，在本法中留下必要空间，对新技术新应用带来的新问题，在充分研究论证的基础上作出必要规定，体现法律的包容性、前瞻性。三是，处理好与有关法律的关系。把握权益保护的立法定位，与民法典等有关法律规定相衔接，细化、充实个人信息保护制度规则。同时，与网络安全法和已提请全国人大常委会审议的数据安全法草案相衔接，对于网络安全法、数据安全法草案确立的网络和数据安全监管相关制度措施，本法不再作规定。

## 三、关于草案的主要内容

草案共八章七十条，主要内容包括：

（一）明确本法适用范围

一是，对本法相关用语作出界定，规定：个人信息是以电子或者其他方式记录的与已识别或者可识别的自然人有关的各种信息；个人信息的处理包括个人信息的收集、存储、使用、加工、传输、提供、公开等活动。

二是，明确在我国境内处理个人信息的活动适用本法的同时，借鉴有关国家和地区的做法，赋予本法必要的域外适用效力，以充分保护我国境内个人的权益，规定：以向境内自然人提供产品或者服务为目的，或者为分析、评估境内自然人的行为等发生在我国境外的个人信息处理活动，也适用本法；并要求境外的个人信息处理者在境内设立专门机构或者指定代表，负责个人信息保护相关事务。

（二）健全个人信息处理规则

一是，确立个人信息处理应遵循的原则，强调处理个人信息应当采用合法、正当的方式，具有明确、合理的目的，限于实现处理目的的最小范围，公开处理规则，保证信息准确，采取安全保护措施等，并将上述原则贯穿于个人信息处理的全过程、各环节。

二是，确立以“告知—同意”为核心的个人信息处理一系列规则，要求处理个人信息应当在事先充分告知的前提下取得个人同意，并且个人有权撤回同意；重要事项发生变更的应当重新取得个人同意；不得以个人不同意为由拒绝提供产品或者服务。考虑到经济社会生活的复杂性和个人信息处理的不同情况，草案还对基于个人同意以外合法处理个人信息的情形作了规定。

三是，根据个人信息处理的不同环节、不同个人信息种类，对个人信息的共同处理、委托处理、向第三方提供、公开、用于自动化决策、处理已公开的个人信息等提出有针对性的要求。

四是，设专节对处理敏感个人信息作出更严格的限制，只有在具有特定的目的和充分的必要性的情形下，方可处理敏感个人信息，并且应当取得个人的单独同意或者书面同意。

五是，设专节规定国家机关处理个人信息的规则，在保障国家机关依法履行职责的同时，要求国家机关处理个人信息应当依照法律、行政法规规定的权限和程序进行。

在应对新冠肺炎疫情中，大数据应用为联防联控和复工复产提供了有力支持。为此，草案将应对突发公共卫生事件，或者紧急情况下保护自然人的生命健康，作为处理个人信息的合法情形之一。需要强调的是，在上述情形下处理个人信息，也必须严格遵守本法规定的处理规则，履行个人信息保护义务。

（三）完善个人信息跨境提供规则

一是，明确关键信息基础设施运营者和处理个人信息达到国家网信部门规定数量的处理者，确需向境外提供个人信息的，应当通过国家网信部门组织的安全评估；对于其他需要跨境提供个人信息的，规定了经专业机构认证等途径。

二是，对跨境提供个人信息的“告知—同意”作出更严格的要求。

三是，对因国际司法协助或者行政执法协助，需要向境外提供个人信息的，要求依法申请有关主管部门批准。

四是，对从事损害我国公民个人信息权益等活动的境外组织、个人，以及在个人信息保护方面对我国采取不合理措施的国家和地区，规定了可以采取的相应措施。

（四）明确个人信息处理活动中个人的权利和处理者义务

一是，与民法典的有关规定相衔接，明确在个人信息处理活动中个人的各项权利，包括知情权、决定权、查询权、更正权、删除权等，并要求个人信息处理者建立个人行使权利的申请受理和处理机制。

二是，明确个人信息处理者的合规管理和保障个人信息安全等义务，要求其按照规定制定内部管理制度和操作规程，采取相应的安全技术措施，并指定负责人对其个人信息处理活动进行监督；定期对其个人信息活动进行合规审计；对处理敏感个人信息、向境外提供个人信息等高风险处理活动，事前进行风险评估；履行个人信息泄露通知和补救义务等。

（五）关于履行个人信息保护职责的部门

个人信息保护涉及各个领域和多个部门的职责。草案根据个人信息保护工作实际，明确国家网信部门负责个人信息保护工作的统筹协调，发挥其统筹协调作用；同时规定：国家网信部门和国务院有关部门在各自职责范围内负责个人信息保护和监督管理工作。

此外，草案还对违反本法规定行为的处罚及侵害个人信息权益的民事赔偿等作了规定。

个人信息保护法（草案）和以上说明是否妥当，请审议。

# 全国人民代表大会宪法和法律委员会关于《中华人民共和国个人信息保护法（草案）》修改情况的汇报

——2021 年 4 月 16 日在第十三届全国人民代表大会常务委员会第二十八次会议上

全国人大宪法和法律委员会副主任委员　江必新

全国人民代表大会常务委员会：

常委会第二十二次会议对个人信息保护法草案进行了初次审议。会后，法制工作委员会将草案印发各省（区、市）、中央有关部门和部分基层立法联系点、人大代表、企业、研究机构等征求意见，在中国人大网全文公布草案征求社会公众意见。宪法和法律委员会、法制工作委员会联合召开座谈会，听取中央有关部门和部分人大代表、专家、企业的意见，到北京、深圳、湖南调研，听取地方意见，并就草案的有关问题与有关方面交换意见，共同研究。宪法和法律委员会于 4 月 1 日召开会议，根据常委会组成人员的审议意见和各方面意见，对草案进行了逐条审议。中央网络安全和信息化委员会办公室有关负责同志列席了会议。4 月 20 日，宪法和法律委员会召开会议，再次进行了审议。现将个人信息保护法草案主要问题修改情况汇报如下：

一、草案第五条至第八条规定了个人信息处理应遵循的原则。一些常委会组成人员和地方、部门、专家、社会公众提出，当前，个人信息收集、使用规则不透明及过度收集、使用等问题仍很突出，建议有针对性地完善上述内容。宪法和法律委员会经研究，建议对上述规定予以修改完善，进一步明确：不得通过“胁迫”方式处理个人信息；处理个人信息应当限于实现处理目的的所必要的最小范围、采取对个人权益影响最小的方式；处理个人信息应当公开个人信息处理规则，明示处理目的、方式和范围，并应当保证个人信息的质量，避免因个人信息不准确、不完整对个人权益造成不利影响。

二、根据一些常委会组成人员和地方、部门、专家、企业、社会公众的意见，宪法和法律委员会经研究,建议进一步完善个人信息处理规则,对草案作以下修改:一是增加规定:个人信息处理者应当为个人提供便捷的撤回同意的方式;个人撤回同意,不影响撤回同意前已进行的个人信息处理活动的效力。二是规定:通过自动化决策方式进行商业营销、信息推送,应当同时提供不针对其个人特征的选项,或者向个人提供拒绝的方式。三是明确:个人信息跨境提供的合同应"按照国家网信部门制定的标准合同"订立。

三、有的常委委员和专家、社会公众提出,民法典中规定,死者的姓名、肖像、名誉等受到侵害的,其近亲属有权依法请求行为人承担民事责任。建议参照上述内容对死者的个人信息保护问题作出规定。宪法和法律委员会经研究,建议增加一条规定:自然人死亡的,个人在个人信息处理活动中的权利由其近亲属行使。

四、有的部门、专家建议,强化超大型互联网平台的个人信息保护义务,并加强监督。宪法和法律委员会经研究,建议增加一条规定:提供基础性互联网平台服务、用户数量巨大、业务类型复杂的个人信息处理者,应当履行下列义务:(一)成立主要由外部成员组成的独立机构,对个人信息处理活动进行监督;(二)对严重违反法律、行政法规处理个人信息的平台内的产品或者服务提供者,停止提供服务;(三)定期发布个人信息保护社会责任报告,接受社会监督。

五、有的常委委员和部门、专家提出,接受委托处理个人信息的受托方,不属于本法规定的个人信息处理者,但仍应履行相应的个人信息安全保护义务,建议增加这方面的内容。宪法和法律委员会经研究,建议增加一条规定:接受委托处理个人信息的受托方,应当履行第五章规定的相关义务,采取必要措施保障所处理的个人信息的安全。

六、有的部门、专家提出,应当充分发挥国家网信部门的统筹协调作用,推进配套规定制定等工作,保证本法有效贯彻实施。宪法和法律委员会经研究,建议在有关条款中明确由国家网信部门统筹推进个人信息保护有关工作,包括:制定个人信息保护具体规则、标准;针对敏感个人信息以及人脸识别、人工智能等新技术、新应用制定专门的个人信息保护规则、标准;支持研究开发安全、方便的电子身份认证技术等。

七、草案第六十五条规定,因个人信息处理活动侵害个人信息权益,个人信息处理者能够证明自己没有过错的,可以减轻或者免除责任。一些常委委员和地方、部门、专家、企业建议,根据过错推定责任原则确定侵害个人信息权益的损害赔偿责任。宪法和法律委员会经研究,建议根据民法典有关规定,将上述规定修改为:个人信息权益因个人信息处理活动受到侵害,个人信息处理者不能证明自己没有过错的,应当承担损害赔偿等侵权责任。

此外,还对草案作了一些文字修改。

草案二次审议稿已按上述意见作了修改,宪法和法律委员会建议提请本次常委会会议继续审议。

草案二次审议稿和以上汇报是否妥当,请审议。

# 全国人民代表大会宪法和法律委员会关于《中华人民共和国个人信息保护法(草案)》审议结果的报告

——2021年8月17日在第十三届全国人民代表大会常务委员会第三十次会议上

全国人大宪法和法律委员会副主任委员 江必新

全国人民代表大会常务委员会:

常委会第二十八次会议对个人信息保护法草案进行了二次审议。会后,法制工作委员会在中国人大网全文公布草案征求社会公众意见。宪法和法律委员会、法制工作委员会召开座谈会,分别听取有关专家、企业和法院系统的意见;就草案的有关问题与有关方面交换意见,共同研究。宪法和法律委员会于7月14日召开会议,根据7月9日委员长会议精神、常委会组成人员审议意见和各方面的意见,对草案进行了逐条审议。中央网络安全和信息化委员会办公室有关负责同志列席了会议。7月28日,宪法和法律委员会召开会议,再次进行了审议。宪法和法律委员会认为，为加强个人信息保护，维护人民群众在网络空间的合法权益，并促进信息合理利用，制定本法是必要的，草案经过两次审议修改，已经比较成熟。同时，提出以下主要修改意见：

一、有的常委委员和社会公众、专家提出，我国宪法规定，国家尊重和保障人权；公民的人格尊严不受侵犯；公民的通信自由和通信秘密受法律保护。制定实施本法对于保障公民的人格尊严和其他权益具有重要意义，建议在草案二次审议稿第一条中增加规定“根据宪法”制定本法。宪法和法律委员会经研究，赞同上述意见，建议予以采纳。

二、一些常委会组成人员和地方、部门、社会公众建议，进一步完善个人信息处理规则，特别是对应用程序（APP）过度收集个人信息、大数据杀熟以及非法买卖、泄露个人信息等作出有针对性规范。宪法和法律委员会经研究，建议对草案二次审议稿作以下修改：一是进一步明确处理个人信息应当遵循合法、正当、必要原则。二是将第六条修改为：处理个人信息应当具有明确、合理的目的，并应当与处理目的直接相关，采取对个人权益影响最小的方式。收集个人信息，应当限于实现处理目的的最小范围。三是增加规定，任何组织、个人不得非法收集、使用、加工、传输他人个人信息，不得非法买卖、提供或者公开他人个人信息。四是增加规定，利用个人信息进行自动化决策，不得对个人在交易价格等交易条件上实行不合理的差别待遇。五是增加规定，履行个人信息保护职责的部门应当组织对应用程序等个人信息保护情况进行测评、公布测评结果，对违法处理个人信息的应用程序，责令暂停或者终止提供服务。

三、有的常委委员和企业、专家提出，现实中有关企业、单位在人力资源管理工作中需要处理个人信息，建议在草案中将此类情况作为允许收集和处理个人信息的情形。宪法和法律委员会经研究，建议采纳上述意见，在草案二次审议稿第十三条中增加相应规定。

四、一些常委会组成人员和地方、部门、企业、专家建议，进一步做好草案有关条款与民法典有关规定的衔接。宪法和法律委员会经研究，建议对草案二次审议稿作以下修改：一是将第二十八条修改为，个人信息处理者可以在合理的范围内处理已合法公开的个人信息，个人明确拒绝的除外；对个人权益有重大影响的，应当取得个人同意。二是将第五十六条中的“个人信息泄露”修改为“个人信息泄露、篡改、丢失”。

五、有些常委会组成人员建议，将未成年人个人信息作为敏感个人信息予以严格保护。宪法和法律委员会经研究，建议明确将不满十四周岁未成年人的个人信息作为敏感个人信息，并要求个人信息处理者对此制定专门的个人信息处理规则。

六、有的常委委员和部门、专家提出，按照我国缔结或者参加的经贸合作等国际条约，可以向境外提供个人信息，草案中应当考虑规定这种情形，同时，也需要规定，对转移到境外的个人信息的保护，不应低于我国的保护标准。宪法和法律委员会经研究，建议增加规定：中华人民共和国缔结或者参加的国际条约、协定对向境外提供个人信息的条件等有规定的，可以按照其规定执行；个人信息处理者应当采取必要措施，保障境外接收方处理个人信息的活动达到本法规定的个人信息保护标准。

七、有的常委委员和社会公众、部门、专家提出，为方便个人获取并转移其个人信息，建议借鉴有关国家和地区的立法，增加个人信息可携带权的规定。宪法和法律委员会经研究，建议增加规定：个人请求将其个人信息转移至其指定的个人信息处理者，符合国家网信部门规定条件的，个人信息处理者应当提供转移的途径。

八、草案二次审议稿第四十九条对死者个人信息的保护作了规定。有的常委委员和专家提出，死者的近亲属行使相关权利应当有合理的理由，并尊重死者生前的安排，建议对上述规定再作研究。宪法和法律委员会经研究，建议将这一条修改为：自然人死亡的，其近亲属为了自身的合法、正当利益，可以对死者的个人信息行使本章规定的查阅、复制、更正、删除等权利；死者生前另有安排的除外。

九、有的部门、专家提出，大型互联网企业制定有关个人信息保护的平台规则时，应当公平合理地对待平台内经营者。有的常委委员和企业、专家提出，对处理信息数量少、处理活动简单的小型个人信息处理者，应适当减轻其合规成本。宪法和法律委员会经研究，建议对草案二次审议稿作以下修改：一是增加规定，大型互联网企业应当遵循公开、公平、公正的原则，制定有关个人信息保护的平台规则；二是授权国家网信部门针对小型个人信息处理者制定相关规则。

十、有的常委委员和部门、社会公众提出，有关部门应完善个人信息保护投诉、举报机制，并在案件查处方面加强协同配合。宪法和法律委员会经研究,建议在草案二次审议稿中增加以下规定:一是国家网信部门统筹协调有关部门完善个人信息保护投诉、举报工作机制。二是履行个人信息保护职责的部门发现违法处理个人信息涉嫌犯罪的,应当及时移送公安机关依法处理;对有关责任人员可以决定禁止其在一定期限内担任相关企业的董事、监事、高级管理人员和个人信息保护负责人等职务。

此外,还对草案二次审议稿作了一些文字修改。

7月28日,法制工作委员会召开会议,邀请部分全国人大代表、专家学者以及基层立法联系点、地方有关部门、企业等方面的代表,就草案中主要制度规范的可行性、法律出台时机、法律实施的社会效果和可能出现的问题等进行评估。普遍认为,草案适应我国信息化发展需要,聚集人民群众重大关切,深入总结现行法律实施经验,健全完善个人信息保护制度规则,对于维护广大人民群众网络空间合法权益具有重要意义。草案内容全面、系统,针对性和可操作性较强,并具有一定的包容性、前瞻性,建议尽快通过实施。与会人员还对草案提出了一些具体修改意见,有的意见已经采纳。

草案三次审议稿已按上述意见作了修改,宪法和法律委员会建议提请本次常委会会议审议通过。

草案三次审议稿和以上报告是否妥当,请审议。

# 全国人民代表大会宪法和法律委员会关于《中华人民共和国个人信息保护法(草案三次审议稿)》修改意见的报告

——2021年8月19日在第十三届全国人民代表大会常务委员会第三十次会议上

全国人民代表大会常务委员会:

本次常委会会议于8月17日下午对个人信息保护法草案三次审议稿进行了分组审议。普遍认为,草案已经比较成熟,建议进一步修改后,提请本次常委会会议表决通过。同时,有些常委会组成人员和列席人员还提出了一些修改意见和建议。宪法和法律委员会于8月17日晚召开会议,逐条研究了常委会组成人员的审议意见,对草案进行了审议。宪法和法律委员会认为,草案是可行的,同时,提出以下修改意见:

一、一些常委委员建议,根据最小必要原则,在草案已有规定的基础上,进一步强调不得过度收集个人信息。宪法和法律委员会经研究,建议采纳上述意见,在草案三次审议稿第六条中增加相应规定。

二、有的常委委员建议,对草案三次审议稿中关于为人力资源管理所必需处理个人信息的规定作出必要限制。宪法和法律委员会经研究,建议将草案有关规定修改为:按照依法制定的劳动规章制度和依法签订的集体合同实施人力资源管理所必需。

三、有的常委委员提出,应当要求个人信息处理者提供便捷的途径,并明确个人向人民法院起诉寻求救济的权利,以更好保障个人行使个人信息查询、复制等权利。宪法和法律委员会经研究,建议在草案三次审议稿第五十条中增加以下规定:一是个人信息处理者应当建立"便捷的"个人行使权利的申请受理和处理机制;二是个人信息处理者拒绝个人行使权利的请求的,个人可以依法向人民法院提起诉讼。

四、有的常委委员提出,应当要求大型互联网平台建立个人信息保护合规体系,加强内部合规管理。宪法和法律委员会经研究,建议在草案三次审议稿第五十八条中增加规定,大型互联网平台应当"按照国家规定建立健全个人信息保护合规制度体系"。

五、有关部门提出,为减少网络身份认证中对个人信息的过度采集,有关方面遵循自愿原则正在试点应用网络身份认证公共服务,建议在草案中增加相应规定。宪法和法律委员会经研究,建议在草案三次审议稿第六十二条中增加规定,国家网信部门统筹协调有关部门"推进网络身份认证公共服务建设"。

六、中国消费者协会建议,与消费者权益保护法有关规定相衔接,在本法中明确法律规定的消费者组织可以对违法处理个人信息侵害众多个人权益的行为提起诉讼。宪法和法律委员会经研究,建议采纳上述意见,在草案三次审议稿第七十条中增加相应规定。

经与有关部门研究，建议将本法的施行时间确定为 2021 年 11 月 1 日。

此外，根据常委会组成人员的审议意见，还对草案三次审议稿作了一些文字修改。

草案修改稿已按上述意见作了修改，宪法和法律委员会建议本次常委会会议审议通过。

草案修改稿和以上报告是否妥当，请审议。

# 中华人民共和国主席令

第九十二号

《中华人民共和国监察官法》已由中华人民共和国第十三届全国人民代表大会常务委员会第三十次会议于 2021 年 8 月 20 日通过，现予公布，自 2022 年 1 月 1 日起施行。

中华人民共和国主席　习近平

2021 年 8 月 20 日

# 中华人民共和国监察官法

（2021 年 8 月 20 日第十三届全国人民代表大会常务委员会第三十次会议通过）

目　　录



## 第一章　总　　则

**第一条**　为了加强对监察官的管理和监督，保障监察官依法履行职责，维护监察官合法权益，推进高素质专业化监察官队伍建设，推进监察工作规范化、法治化，根据宪法和《中华人民共和国监察法》，制定本法。

**第二条**　监察官的管理和监督坚持中国共产党领导，坚持以马克思列宁主义、毛泽东思想、邓小平理论、“三个代表”重要思想、科学发展观、习近平新时代中国特色社会主义思想为指导，坚持党管干部原则，增强监察官的使命感、责任感、荣誉感，建设忠诚干净担当的监察官队伍。

**第三条**　监察官包括下列人员：

（一）各级监察委员会的主任、副主任、委员；

（二）各级监察委员会机关中的监察人员；

（三）各级监察委员会派驻或者派出到中国共产党机关、国家机关、法律法规授权或者委托管理公共事务的组织和单位以及所管辖的行政区域等的监察机构中的监察人员、监察专员；

（四）其他依法行使监察权的监察机构中的监察人员。

对各级监察委员会派驻到国有企业的监察机构工作人员、监察专员，以及国有企业中其他依法行使监察权的监察机构工作人员的监督管理，参照执行本法有关规定。

**第四条**　监察官应当忠诚坚定、担当尽责、清正廉洁，做严格自律、作风优良、拒腐防变的表率。

**第五条**　监察官应当维护宪法和法律的尊严和权威，以事实为根据，以法律为准绳，客观公正地履行职责，保障当事人的合法权益。

**第六条**　监察官应当严格按照规定的权限和程序履行职责，坚持民主集中制，重大事项集体研究。

**第七条**　监察机关应当建立健全对监察官的监督制度和机制，确保权力受到严格约束。

监察官应当自觉接受组织监督和民主监督、社会监督、舆论监督。

**第八条**　监察官依法履行职责受法律保护，不受行政机关、社会团体和个人的干涉。

## 第二章　监察官的职责、义务和权利

**第九条**　监察官依法履行下列职责：

（一）对公职人员开展廉政教育；

（二）对公职人员依法履职、秉公用权、廉洁从政从业以及道德操守情况进行监督检查；

（三）对法律规定由监察机关管辖的职务违法和职务犯罪进行调查；

（四）根据监督、调查的结果，对办理的监察事项提出处置意见；

（五）开展反腐败国际合作方面的工作；

（六）法律规定的其他职责。

监察官在职权范围内对所办理的监察事项负责。

**第十条**　监察官应当履行下列义务：

（一）自觉坚持中国共产党领导，严格执行中国共产党和国家的路线方针政策、重大决策部署；

（二）模范遵守宪法和法律；

（三）维护国家和人民利益，秉公执法，勇于担当、敢于监督，坚决同腐败现象作斗争；

（四）依法保障监察对象及有关人员的合法权益；

（五）忠于职守，勤勉尽责，努力提高工作质量和效率；

（六）保守国家秘密和监察工作秘密，对履行职责中知悉的商业秘密和个人隐私、个人信息予以保密；

（七）严守纪律，恪守职业道德，模范遵守社会公德、家庭美德；

（八）自觉接受监督；

（九）法律规定的其他义务。

**第十一条**　监察官享有下列权利：

（一）履行监察官职责应当具有的职权和工作条件；

（二）履行监察官职责应当享有的职业保障和福利待遇；

（三）人身、财产和住所安全受法律保护；

（四）提出申诉或者控告；

（五）《中华人民共和国公务员法》等法律规定的其他权利。

## 第三章　监察官的条件和选用

**第十二条**　担任监察官应当具备下列条件：

（一）具有中华人民共和国国籍；

（二）忠于宪法，坚持中国共产党领导和社会主义制度；

（三）具有良好的政治素质、道德品行和廉洁作风；

（四）熟悉法律、法规、政策，具有履行监督、调查、处置等职责的专业知识和能力；

（五）具有正常履行职责的身体条件和心理素质；

（六）具备高等学校本科及以上学历；

（七）法律规定的其他条件。

本法施行前的监察人员不具备前款第六项规定的学历条件的，应当接受培训和考核，具体办法由国家监察委员会制定。

**第十三条**　有下列情形之一的，不得担任监察官：

（一）因犯罪受过刑事处罚，以及因犯罪情节轻微被人民检察院依法作出不起诉决定或者被人民法院依法免予刑事处罚的；

（二）被撤销中国共产党党内职务、留党察看、开除党籍的；

（三）被撤职或者开除公职的；

（四）被依法列为失信联合惩戒对象的；

（五）配偶已移居国（境）外，或者没有配偶但是子女均已移居国（境）外的；

（六）法律规定的其他情形。

**第十四条**　监察官的选用，坚持德才兼备、以德为先，坚持五湖四海、任人唯贤，坚持事业为上、公道正派，突出政治标准，注重工作实绩。

**第十五条**　监察官采用考试、考核的办法，从符合监察官条件的人员中择优选用。

**第十六条**　录用监察官，应当依照法律和国家有关规定采取公开考试、严格考察、平等竞争、择优录取的办法。

**第十七条**　监察委员会可以根据监察工作需要，依照法律和国家有关规定从中国共产党机关、国家机关、事业单位、国有企业等机关、单位从事公务的人员中选择符合任职条件的人员担任监察官。

**第十八条**　监察委员会可以根据监察工作需要，依照法律和国家有关规定在从事与监察机关职能职责相关的职业或者教学、研究的人员中选拔或者聘任符合任职条件的人员担任监察官。

## 第四章 监察官的任免

**第十九条** 国家监察委员会主任由全国人民代表大会选举和罢免，副主任、委员由国家监察委员会主任提请全国人民代表大会常务委员会任免。

地方各级监察委员会主任由本级人民代表大会选举和罢免，副主任、委员由监察委员会主任提请本级人民代表大会常务委员会任免。

新疆生产建设兵团各级监察委员会主任、副主任、委员，由新疆维吾尔自治区监察委员会主任提请自治区人民代表大会常务委员会任免。

其他监察官的任免，按照管理权限和规定的程序办理。

**第二十条** 监察官就职时应当依照法律规定进行宪法宣誓。

**第二十一条** 监察官有下列情形之一的，应当免去其监察官职务：

（一）丧失中华人民共和国国籍的；

（二）职务变动不需要保留监察官职务的；

（三）退休的；

（四）辞职或者依法应当予以辞退的；

（五）因违纪违法被调离或者开除的；

（六）法律规定的其他情形。

**第二十二条** 监察官不得兼任人民代表大会常务委员会的组成人员，不得兼任行政机关、审判机关、检察机关的职务，不得兼任企业或者其他营利性组织、事业单位的职务，不得兼任人民陪审员、人民监督员、执业律师、仲裁员和公证员。

监察官因工作需要兼职的，应当按照管理权限批准，但是不得领取兼职报酬。

**第二十三条** 监察官担任县级、设区的市级监察委员会主任的，应当按照有关规定实行地域回避。

**第二十四条** 监察官之间有夫妻关系、直系血亲关系、三代以内旁系血亲以及近姻亲关系的，不得同时担任下列职务：

（一）同一监察委员会的主任、副主任、委员，上述人员和其他监察官；

（二）监察委员会机关同一部门的监察官；

（三）同一派驻机构、派出机构或者其他监察机构的监察官；

（四）上下相邻两级监察委员会的主任、副主任、委员。

## 第五章 监察官的管理

**第二十五条** 监察官等级分为十三级，依次为总监察官、一级副总监察官、二级副总监察官，一级高级监察官、二级高级监察官、三级高级监察官、四级高级监察官，一级监察官、二级监察官、三级监察官、四级监察官、五级监察官、六级监察官。

**第二十六条** 国家监察委员会主任为总监察官。

**第二十七条** 监察官等级的确定，以监察官担任的职务职级、德才表现、业务水平、工作实绩和工作年限等为依据。

监察官等级晋升采取按期晋升和择优选升相结合的方式，特别优秀或者作出特别贡献的，可以提前选升。

**第二十八条** 监察官的等级设置、确定和晋升的具体办法，由国家另行规定。

**第二十九条** 初任监察官实行职前培训制度。

**第三十条** 对监察官应当有计划地进行政治、理论和业务培训。

培训应当突出政治机关特色，坚持理论联系实际、按需施教、讲求实效，提高专业能力。

监察官培训情况，作为监察官考核的内容和任职、等级晋升的依据之一。

**第三十一条** 监察官培训机构按照有关规定承担培训监察官的任务。

**第三十二条** 国家加强监察学科建设，鼓励具备条件的普通高等学校设置监察专业或者开设监察课程，培养德才兼备的高素质监察官后备人才，提高监察官的专业能力。

**第三十三条** 监察官依照法律和国家有关规定实行任职交流。

**第三十四条** 监察官申请辞职，应当由本人书面提出，按照管理权限批准后，依照规定的程序免去其职务。

**第三十五条** 监察官有依法应当予以辞退情形的，依照规定的程序免去其职务。

辞退监察官应当按照管理权限决定。辞退决定应当以书面形式通知被辞退的监察官，并列明作出决定的理由和依据。

## 第六章 监察官的考核和奖励

**第三十六条** 对监察官的考核，应当全面、客观、公正，实行平时考核、专项考核和年度考核相结合。

**第三十七条**　监察官的考核应当按照管理权限，全面考核监察官的德、能、勤、绩、廉，重点考核政治素质、工作实绩和廉洁自律情况。

**第三十八条**　年度考核结果分为优秀、称职、基本称职和不称职四个等次。

考核结果作为调整监察官等级、工资以及监察官奖惩、免职、降职、辞退的依据。

**第三十九条**　年度考核结果以书面形式通知监察官本人。监察官对考核结果如果有异议，可以申请复核。

**第四十条**　对在监察工作中有显著成绩和贡献，或者有其他突出事迹的监察官、监察官集体，给予奖励。

**第四十一条**　监察官有下列表现之一的，给予奖励：

（一）履行监督职责，成效显著的；

（二）在调查、处置职务违法和职务犯罪工作中，做出显著成绩和贡献的；

（三）提出有价值的监察建议，对防止和消除重大风险隐患效果显著的；

（四）研究监察理论、总结监察实践经验成果突出，对监察工作有指导作用的；

（五）有其他功绩的。

监察官的奖励按照有关规定办理。

## 第七章　监察官的监督和惩戒

**第四十二条**　监察机关应当规范工作流程，加强内部监督制约机制建设，强化对监察官执行职务和遵守法律情况的监督。

**第四十三条**　任何单位和个人对监察官的违纪违法行为，有权检举、控告。受理检举、控告的机关应当及时调查处理，并将结果告知检举人、控告人。

对依法检举、控告的单位和个人，任何人不得压制和打击报复。

**第四十四条**　对于审判机关、检察机关、执法部门等移送的监察官违纪违法履行职责的问题线索，监察机关应当及时调查处理。

**第四十五条**　监察委员会根据工作需要，按照规定从各方面代表中聘请特约监察员等监督人员，对监察官履行职责情况进行监督，提出加强和改进监察工作的意见、建议。

**第四十六条**　监察官不得打听案情、过问案件、说情干预。对于上述行为，办理监察事项的监察官应当及时向上级报告。有关情况应当登记备案。

办理监察事项的监察官未经批准不得接触被调查人、涉案人员及其特定关系人，或者与其进行交往。对于上述行为，知悉情况的监察官应当及时向上级报告。有关情况应当登记备案。

**第四十七条**　办理监察事项的监察官有下列情形之一的，应当自行回避，监察对象、检举人、控告人及其他有关人员也有权要求其回避；没有主动申请回避的，监察机关应当依法决定其回避：

（一）是监察对象或者检举人、控告人的近亲属的；

（二）担任过本案的证人的；

（三）本人或者其近亲属与办理的监察事项有利害关系的；

（四）有可能影响监察事项公正处理的其他情形的。

**第四十八条**　监察官应当严格执行保密制度，控制监察事项知悉范围和时间，不得私自留存、隐匿、查阅、摘抄、复制、携带问题线索和涉案资料，严禁泄露监察工作秘密。

监察官离岗离职后，应当遵守脱密期管理规定，严格履行保密义务，不得泄露相关秘密。

**第四十九条**　监察官离任三年内，不得从事与监察和司法工作相关联且可能发生利益冲突的职业。

监察官离任后，不得担任原任职监察机关办理案件的诉讼代理人或者辩护人，但是作为当事人的监护人或者近亲属代理诉讼、进行辩护的除外。

监察官被开除后，不得担任诉讼代理人或者辩护人，但是作为当事人的监护人或者近亲属代理诉讼、进行辩护的除外。

**第五十条**　监察官应当遵守有关规范领导干部配偶、子女及其配偶经商办企业行为的规定。违反规定的，予以处理。

**第五十一条**　监察官的配偶、父母、子女及其配偶不得以律师身份担任该监察官所任职监察机关办理案件的诉讼代理人、辩护人，或者提供其他有偿法律服务。

**第五十二条**　监察官有下列行为之一的，依法给予处理；构成犯罪的，依法追究刑事责任：

（一）贪污贿赂的；

（二）不履行或者不正确履行监督职责，应当发现的问题没有发现，或者发现问题不报告、不处置，造成恶劣影响的；

（三）未经批准、授权处置问题线索，发现重大案情隐瞒不报，或者私自留存、处理涉案材料的；

（四）利用职权或者职务上的影响干预调查工作、以案谋私的；

（五）窃取、泄露调查工作信息，或者泄露举报事项、举报受理情况以及举报人信息的；

（六）隐瞒、伪造、变造、故意损毁证据、案件材料的；

（七）对被调查人或者涉案人员逼供、诱供，或者侮辱、打骂、虐待、体罚、变相体罚的；

（八）违反规定采取调查措施或者处置涉案财物的；

（九）违反规定发生办案安全事故，或者发生安全事故后隐瞒不报、报告失实、处置不当的；

（十）其他职务违法犯罪行为。

监察官有其他违纪违法行为，影响监察官队伍形象，损害国家和人民利益的，依法追究相应责任。

**第五十三条** 监察官涉嫌违纪违法，已经被立案审查、调查、侦查，不宜继续履行职责的，按照管理权限和规定的程序暂时停止其履行职务。

**第五十四条** 实行监察官责任追究制度，对滥用职权、失职失责造成严重后果的，终身追究责任或者进行问责。

监察官涉嫌严重职务违法、职务犯罪或者对案件处置出现重大失误的，应当追究负有责任的领导人员和直接责任人员的责任。

## 第八章　监察官的职业保障

**第五十五条** 除下列情形外，不得将监察官调离：

（一）按规定需要任职回避的；

（二）按规定实行任职交流的；

（三）因机构、编制调整需要调整工作的；

（四）因违纪违法不适合继续从事监察工作的；

（五）法律规定的其他情形。

**第五十六条** 任何单位或者个人不得要求监察官从事超出法定职责范围的事务。

对任何干涉监察官依法履职的行为，监察官有权拒绝并予以全面如实记录和报告；有违纪违法情形的，由有关机关根据情节轻重追究有关人员的责任。

**第五十七条** 监察官的职业尊严和人身安全受法律保护。

任何单位和个人不得对监察官及其近亲属打击报复。

对监察官及其近亲属实施报复陷害、侮辱诽谤、暴力侵害、威胁恐吓、滋事骚扰等违法犯罪行为的，应当依法从严惩治。

**第五十八条** 监察官因依法履行职责遭受不实举报、诬告陷害、侮辱诽谤，致使名誉受到损害的，监察机关应当会同有关部门及时澄清事实，消除不良影响，并依法追究相关单位或者个人的责任。

**第五十九条** 监察官因依法履行职责，本人及其近亲属人身安全面临危险的，监察机关、公安机关应当对监察官及其近亲属采取人身保护、禁止特定人员接触等必要保护措施。

**第六十条** 监察官实行国家规定的工资制度，享受监察官等级津贴和其他津贴、补贴、奖金、保险、福利待遇。监察官的工资及等级津贴制度，由国家另行规定。

**第六十一条** 监察官因公致残的，享受国家规定的伤残待遇。监察官因公牺牲或者病故的，其亲属享受国家规定的抚恤和优待。

**第六十二条** 监察官退休后，享受国家规定的养老金和其他待遇。

**第六十三条** 对于国家机关及其工作人员侵犯监察官权利的行为，监察官有权提出控告。

受理控告的机关应当依法调查处理，并将调查处理结果及时告知本人。

**第六十四条** 监察官对涉及本人的政务处分、处分和人事处理不服的，可以依照规定的程序申请复审、复核，提出申诉。

**第六十五条** 对监察官的政务处分、处分或者人事处理错误的，应当及时予以纠正；造成名誉损害的，应当恢复名誉、消除影响、赔礼道歉；造成经济损失的，应当赔偿。对打击报复的直接责任人员，应当依法追究其责任。

## 第九章　附　　则

**第六十六条** 有关监察官的权利、义务和管理制度，本法已有规定的，适用本法的规定；本法未作规定的，适用《中华人民共和国公务员法》等法律法规的规定。

**第六十七条** 中国人民解放军和中国人民武装警察部队的监察官制度，按照国家和军队有关规定执行。

**第六十八条** 本法自 2022 年 1 月 1 日起施行。

# 关于《中华人民共和国监察官法（草案）》的说明

——2020 年 12 月 22 日在第十三届全国人民代表大会常务委员会第二十四次会议上

全国人大监察和司法委员会主任委员　吴玉良

全国人民代表大会常务委员会：

我受全国人大监察和司法委员会委托，就《中华人民共和国监察官法（草案）》（以下简称监察官法）作说明。

## 一、制定监察官法的必要性

（一）坚持和加强党对国家监察工作领导的必然要求

深化国家监察体制改革的根本目的是加强党对反腐败工作的领导，加强党中央对纪检监察工作的集中统一领导。坚持和加强党的领导，不仅体现在监察机关履行监督、调查、处置等职责中，也要落实到纪检监察干部队伍建设上。制定监察官法，明确党对监察官制度的领导，规范选人用人、职能职责、管理监督等环节，对于建设一支党领导下忠诚干净担当的纪检监察队伍具有重要意义。

（二）深化国家监察体制改革的重要举措

建立监察官制度是深化国家监察体制改革的一项重要内容。2018 年修改后的宪法专设一节规定监察委员会，监察法第十四条规定国家实行监察官制度。落实宪法和监察法规定，制定监察官法，有利于进一步深化国家监察体制改革，健全反腐败领导体制和工作机制，完善党和国家监督体系，推进国家治理体系和治理能力现代化。

（三）促进监察官依法履行职责的重要保障

党的十八大以来，习近平总书记多次谈到“谁来监督纪委监委”的问题，并指出纪检监察机关不是天然的保险箱，监察权也要关进制度的笼子，严格依纪依法行使。制定监察官法，将监察官的履职要求具体化、制度化、法律化，有利于进一步明确权力边界、严格内控机制，强化自我约束、加强外部监督，促进国家监察权规范正确行使。

（四）建设高素质专业化监察官队伍的现实需要

实现新时代纪检监察工作高质量发展，关键是建设高素质专业化的纪检监察队伍。通过制定监察官法，围绕提升监察官的政治素质和专业能力，高标准设立监察官条件，强调严格准入、择优选用，规范等级设置、评定晋升、培训交流等制度，为建设政治过硬、本领高强的监察官队伍提供法律遵循。

## 二、起草过程、总体要求和基本思路

制定监察官法列入全国人大常委会 2020 年度立法工作计划，起草工作由国家监察委员会牵头，全国人大监察和司法委员会、全国人大常委会法制工作委员会参加。国家监委深入调查研究，广泛听取意见，多次修改后形成草案初稿，于 2020 年 2 月 13 日提交全国人大常委会办公厅，建议依法启动立法工作程序。

根据工作职责，这个法律案确定由全国人大监察和司法委员会提请审议。我委接到草案初稿后，会同中央纪委国家监委机关、全国人大常委会法工委组成监察官法立法工作领导小组，成立工作专班，深入学习习近平总书记有关重要讲话精神，围绕重点问题先后到北京、广东、黑龙江、云南等地开展专题调研，召开专家学者和有关部门座谈会，根据各方面意见建议，对草案初稿研究论证并反复修改，形成法律草案。

制定监察官法，总体要求是坚持以习近平新时代中国特色社会主义思想为指导，贯彻党的十九大和十九届二中、三中、四中、五中全会精神，增强“四个意识”，坚定“四个自信”，做到“两个维护”，落实党中央深化国家监察体制改革的重大决策部署，以宪法和监察法为依据，突出政治性、法治性、规范性、专业性，构建中国特色社会主义监察官制度。

监察官法起草工作遵循以下思路和原则：一是坚持党管干部原则。将党的领导融入监察官选用管理的各方面，把坚持党的领导、执行党和国家路线方针政策和决策部署明确为监察官法定义务，在任免、考核中强调干部管理权限。二是坚持从严管理。坚守责任法定位,明确监察官法定职责,聚焦履职风险点建立健全监督制约机制,确保监察权规范正确行使。三是坚持改革创新。解放思想,实事求是,注意总结吸收监察体制改革、党和国家机构改革后纪检监察干部队伍建设的新经验新成果,并为今后的改革预留一定制度空间。四是体现监察工作特色。既吸收借鉴法官法、检察官法、人民警察法等法律的相关规定,体现推进依法治国、加强队伍建设的共性要求,又结合监察工作的特点和规律,在选任条件、履职方式、等级设置、监督管理等方面体现监察特色。

## 三、主要内容

草案分为9章,包括总则,监察官的职责、义务和权利,监察官的条件和选用,监察官的任免,监察官的管理,监察官的考核和奖励,监察官的监督和惩戒,监察官的职业保障以及附则,共68条。主要内容是:

(一)关于监察官的范围和基本要求

草案将各级监察委员会机关和派驻派出机构的监察人员统一纳入监察官范围,这是按照监察法的规定实现监督全覆盖的需要。为突出对监察官的严格要求,草案规定监察官应当忠诚坚定、担当尽责、清正廉洁,密切联系群众,以事实为根据,以法律为准绳,客观公正地履行职责。

(二)关于监察官职责、义务和权利

草案依据监察法的规定,明确了监察官的六项职责。根据监察工作特点和要求,列明了监察官应当履行的九项义务,要求监察官自觉坚持中国共产党领导,模范遵守宪法和法律,忠于职守,勤勉尽责,提高工作质量和效率,依法保障监察对象及有关人员的合法权益等。同时,还规定了监察官应当享有的权利。

(三)关于监察官的条件和选用

着眼于建设高素质专业化的监察官队伍,草案明确监察官的任职条件,规定监察官应当具有中华人民共和国国籍,具有良好的政治素质、道德品行和廉洁作风,具备运用法律、法规、政策实施监督、调查、处置等能力,具备普通高等学校本科及以上学历。同时,在任职限制方面作了严格规定。

草案规定监察官的选用坚持德才兼备、以德为先,坚持五湖四海、任人唯贤,初任监察官采用考试、考核的办法,从具备监察官条件的人员中择优选用。

(四)关于监察官的任免

草案根据宪法和监察法相关规定,以列举方式明确了国家监察委员会、地方各级监察委员会、新疆生产建设兵团各级监察委员会主任、副主任、委员的任免方式,并规定其他监察官的任免,按照管理权限和规定的程序办理。

与干部选拔任用相关规定衔接,草案规定监察官不得在本人成长地担任县级监察委员会主任,一般不得在本人成长地担任设区的市级监察委员会主任。

(五)关于监察官的管理、考核和奖励

草案第五章、第六章规定了监察官的等级设置、培训交流、考核奖励等制度。在等级设置上主要参考了法官法、检察官法和警衔条例的规定,同时明确监察官等级的确定,以职务职级、德才表现、业务水平、工作实绩和工作年限等为依据。在考核方面,规定全面考核监察官的德、能、勤、绩、廉,重点考核政治素质、工作实绩和廉洁自律情况。另外,还针对监察官承担的职责任务设定了奖励情形。

(六)关于监察官的监督和惩戒

强化对监察官的严格监督,是制定本法的重中之重。草案第七章专章规定"监察官的监督和惩戒",系统梳理党内法规、国家法律中对纪检监察干部的监督要求,并吸收纪检监察体制改革成功经验,强调监察官应当坚持中国共产党的领导、管理和监督,依法接受人民代表大会及其常务委员会的监督,接受民主监督、社会监督、舆论监督;强调监察机关应当加强内部监督制约机制建设,依法处理对监察官的检举控告,及时调查处理执法机关、司法机关等发现的监察官违纪违法履行职责的问题线索,充分发挥特约监察员的监督作用;明确了打听案情和说情干预登记备案、工作回避、保密、离任回避、规范亲属从业等具体监督措施;明确责任追究制度,并对追责豁免情形进行了规定。同时,还针对监察工作特点,具体规定了监察官违纪违法应当承担的法律责任。

(七)关于监察官的职业保障

参考公务员法、法官法、检察官法的做法,草案第八章规定了监察官的职业保障,明确了履职保障、人身保护、对诬告陷害的澄清正名、工资福利待遇、权利救济等内容。

(八)关于配套规定

为保障本法的规定得到落实,增强可操作性,草案规定,对监察官等级设置、确定和升降的具体办法，工资及等级津贴制度，由国家另行规定；对初任监察官考试、考核的具体办法，由国家监察委员会会同有关部门制定；本法施行前的监察人员因不具备规定的学历条件接受培训和考核的办法，由国家监察委员会制定。

草案和以上说明是否妥当，请审议。

# 全国人民代表大会宪法和法律委员会关于《中华人民共和国监察官法（草案）》修改情况的汇报

——2021 年 4 月 26 日在第十三届全国人民代表大会常务委员会第二十八次会议上

全国人大宪法和法律委员会副主任委员　江必新

全国人民代表大会常务委员会：

常委会第二十四次会议对监察官法草案进行了初次审议。会后，法制工作委员会将草案印发各省（区、市）人大常委会、中央有关部门和部分高等院校、研究机构、基层立法联系点等征求意见。宪法和法律委员会、监察和司法委员会、法制工作委员会召开座谈会，听取中央有关部门和有关专家对草案的意见。宪法和法律委员会、法制工作委员会与监察和司法委员会到江苏进行调研，了解情况、听取意见。法制工作委员会根据各方面意见对草案进行修改，并与监察和司法委员会、国家监察委员会有关部门沟通协商。宪法和法律委员会于 4 月 2 日召开会议，根据常委会组成人员的审议意见和各方面的意见，对草案进行了逐条审议。监察和司法委员会、国家监察委员会有关负责同志列席了会议。4 月 20 日，宪法和法律委员会召开会议，再次进行了审议。现将监察官法草案主要问题的修改情况汇报如下：

一、草案第三条对监察官的范围作了规定。有的常委委员、部门和地方提出，目前各级监察委员会派驻派出机构改革正在进行过程中，国有企业中派驻派出人员的构成存在不同情况，草案中的一些规定不一定都能适用于这些人员，建议对监察官的范围进一步予以完善。宪法和法律委员会经与国家监察委员会研究，建议将本条修改为："监察官包括下列人员：（一）各级监察委员会的主任、副主任、委员；（二）各级监察委员会机关中的监察人员；（三）各级监察委员会派驻或者派出到中国共产党机关、国家机关、法律法规授权或者委托管理公共事务的组织和单位以及所管辖的行政区域等监察机构中的监察人员、监察专员；（四）其他依法行使监察权的监察机构中的监察人员。""对各级监察委员会派驻到国有企业的监察机构工作人员、监察专员，以及国有企业中其他依法行使监察权的监察机构工作人员的监督管理，参照执行本法有关规定。"

二、草案第五条规定："监察官应当密切联系群众，以事实为根据，以法律为准绳，客观公正地履行职责。"有的代表、地方、专家建议，明确监察官保障当事人合法权益的要求。宪法和法律委员会经研究，建议将本条修改为："监察官应当维护宪法和法律，以事实为根据，以法律为准绳，客观公正地履行职责，保障当事人的合法权益。"

三、草案第十条第八项规定，监察官应当"依法接受法律监督和人民群众监督"。草案第四十一条规定，监察官依法接受人民代表大会及其常务委员会的监督，接受民主监督、社会监督、舆论监督，确保权力受到严格约束。有的地方、专家提出，应当在总则中对监察官接受监督作出规定。宪法和法律委员会经研究，建议将草案第四十一条移至总则规定，修改为"监察官接受法定监督和民主监督、社会监督、舆论监督，确保权力受到严格约束"；同时将草案第十条第八项修改为"依法接受监督"。

四、草案第二十一条规定了应当依法免除监察官职务的情形。有的常委委员、代表、地方提出，草案列举的情形不全，应当增加兜底规定。宪法和法律委员会经研究，建议增加一项，规定"法律规定的其他情形"。

五、草案第二十二条中规定，监察官"非经批准不得在监察机关外兼职。"有的专家提出，公务员法规定公务员不得领取兼职报酬，监察官经过批准兼任社会职务的，也不得领取报酬。宪法和法律委员会经研究，建议修改为：“监察官因工作需要兼职的，应当按照管理权限批准，并不得领取兼职报酬。”

六、草案第二十三条规定：“监察官不得在本人成长地担任县级监察委员会主任，一般不得在本人成长地担任设区的市级监察委员会主任。”有的常委会组成人员、地方、专家提出，“成长地”的表述不够明确，建议与公务员法规定的地域回避制度表述一致。宪法和法律委员会经研究，建议将本条修改为：“监察官担任县级、设区的市级监察委员会主任的，应当按照有关规定实行地域回避。”

此外，还对草案作了一些文字修改。

草案二次审议稿已按上述意见作了修改，宪法和法律委员会建议提请本次常委会会议继续审议。

草案二次审议稿和以上汇报是否妥当，请审议。

# 全国人民代表大会宪法和法律委员会关于《中华人民共和国监察官法（草案）》审议结果的报告

——2021 年 8 月 17 日在第十三届全国人民代表大会常务委员会第三十次会议上

全国人大宪法和法律委员会副主任委员　江必新

全国人民代表大会常务委员会：

常委会第二十八次会议对监察官法草案进行了二次审议。会后，法制工作委员会在中国人大网全文公布草案二次审议稿，征求社会公众意见，并就草案的修改完善与监察和司法委员会、国家监察委员会有关部门反复沟通协商。宪法和法律委员会于 7 月 13 日召开会议，根据委员长会议精神、常委会组成人员的审议意见和各方面的意见，对草案进行了逐条审议。监察和司法委员会、国家监察委员会有关负责同志列席了会议。7 月 28 日，宪法和法律委员会召开会议，再次进行了审议。宪法和法律委员会认为，为了推进高素质专业化监察官队伍建设，制定本法是必要的，草案经过两次审议修改，已经比较成熟。同时，提出以下主要修改意见：

一、有的常委委员建议增加提高监察官专业能力的规定。宪法和法律委员会经研究，建议将有关规定修改为监察官应当“熟悉法律、法规、政策，具有履行监督、调查、处置等职责的专业知识和能力”。同时把“提高监察官的专业能力”作为国家加强监察学科建设的重要内容。

二、有的部门、社会公众提出，公务员法对于公务员的录用、交流（包括调任、转任）等有明确规定，对拟进入公务员队伍的监察官的录用、选拔，均应依照公务员法的有关规定办理。宪法和法律委员会经研究，建议将草案二次审议稿第十六条修改为：“初任监察官采用考试、考核的办法，从符合监察官条件的人员中择优选用”；将第十七条修改为：“录用监察官，应当依照法律和国家有关规定采取公开考试、严格考察、平等竞争、择优录取的办法”；在第十八条、第十九条中明确“依照法律和国家有关规定”选用。

三、有的地方、专家学者建议，国家机关及其工作人员侵犯监察官权利的行为，监察官均有权提出控告；受理控告的机关应当依法调查处理，及时告知调查处理结果。宪法和法律委员会经研究，建议将草案二次审议稿第六十四条修改为：“对于国家机关及其工作人员侵犯监察官权利的行为，监察官有权提出控告。”“受理控告的机关应当依法调查处理，并将调查处理结果及时告知本人。”

此外，还对草案二次审议稿作了一些文字修改。

7 月 26 日，法制工作委员会召开会议，邀请部分专家学者和北京市、区两级监察委员会工作人员就草案中主要制度规范的可行性、法律出台时机、法律实施的社会效果和可能出现的问题等进行评估。与会人员普遍认为，草案深入贯彻落实党中央关于深化国家监察体制改革的决策部署，加强对监察官的管理和监督，保障监察官依法履行职责，维护监察官合法权益，有利于建设高素质专业化监察官队伍。草案已经比较全面、成熟，其主要制度规范是可行的，现在出台是必要的、适时的。同时，有的与会人员还对草案提出了一些具体修改意见，宪法和法律委员会进行了认真研究，对有的意见予以采纳。

草案三次审议稿已按上述意见作了修改，宪法和法律委员会建议提请本次常委会会议审议通过。

草案三次审议稿和以上报告是否妥当，请审议。

# 全国人民代表大会宪法和法律委员会关于《中华人民共和国监察官法(草案三次审议稿)》修改意见的报告

——2021年8月19日在第十三届全国人民代表大会常务委员会第三十次会议上

全国人民代表大会常务委员会：

本次常委会会议于8月17日下午对监察官法草案三次审议稿进行了分组审议。普遍认为，草案已经比较成熟，建议进一步修改后，提请本次常委会会议表决通过。同时，有些常委会组成人员和列席人员还提出了一些修改意见和建议。宪法和法律委员会于8月17日晚召开会议，逐条研究了常委会组成人员的审议意见，对草案进行了审议。监察和司法委员会有关负责同志列席了会议。宪法和法律委员会认为，草案是可行的，同时，提出以下修改意见：

一、草案三次审议稿第九条规定了监察官的职责。有的常委会组成人员提出，应当明确监察官在职权范围内对所办理的案件负责。宪法和法律委员会经研究，建议增加一款，规定："监察官在职权范围内对所办理的监察事项负责。"

二、草案三次审议稿第三十八条第一款规定："年度考核依照法律法规的规定确定等次。"有的常委委员、地方、专家、社会公众提出，应当依照公务员法的规定对年度考核结果等次作出规定。宪法和法律委员会经研究，建议将上述规定修改为："年度考核结果分为优秀、称职、基本称职和不称职四个等次。"

经与有关部门研究，建议将本法的施行时间确定为2022年1月1日。

此外，根据常委会组成人员的审议意见，还对草案三次审议稿作了一些文字修改。

草案修改稿已按上述意见作了修改，宪法和法律委员会建议本次常委会会议审议通过。

草案修改稿和以上报告是否妥当，请审议。

# 中华人民共和国主席令

第九十三号

《中华人民共和国法律援助法》已由中华人民共和国第十三届全国人民代表大会常务委员会第三十次会议于2021年8月20日通过，现予公布，自2022年1月1日起施行。

中华人民共和国主席　习近平

2021年8月20日

# 中华人民共和国法律援助法

(2021年8月20日第十三届全国人民代表大会常务委员会第三十次会议通过)

目　录

## 第一章 总　　则

**第一条** 为了规范和促进法律援助工作,保障公民和有关当事人的合法权益,保障法律正确实施,维护社会公平正义,制定本法。

**第二条** 本法所称法律援助,是国家建立的为经济困难公民和符合法定条件的其他当事人无偿提供法律咨询、代理、刑事辩护等法律服务的制度,是公共法律服务体系的组成部分。

**第三条** 法律援助工作坚持中国共产党领导,坚持以人民为中心,尊重和保障人权,遵循公开、公平、公正的原则,实行国家保障与社会参与相结合。

**第四条** 县级以上人民政府应当将法律援助工作纳入国民经济和社会发展规划、基本公共服务体系,保障法律援助事业与经济社会协调发展。

县级以上人民政府应当健全法律援助保障体系,将法律援助相关经费列入本级政府预算,建立动态调整机制,保障法律援助工作需要,促进法律援助均衡发展。

**第五条** 国务院司法行政部门指导、监督全国的法律援助工作。县级以上地方人民政府司法行政部门指导、监督本行政区域的法律援助工作。

县级以上人民政府其他有关部门依照各自职责,为法律援助工作提供支持和保障。

**第六条** 人民法院、人民检察院、公安机关应当在各自职责范围内保障当事人依法获得法律援助,为法律援助人员开展工作提供便利。

**第七条** 律师协会应当指导和支持律师事务所、律师参与法律援助工作。

**第八条** 国家鼓励和支持群团组织、事业单位、社会组织在司法行政部门指导下,依法提供法律援助。

**第九条** 国家鼓励和支持企业事业单位、社会组织和个人等社会力量,依法通过捐赠等方式为法律援助事业提供支持;对符合条件的,给予税收优惠。

**第十条** 司法行政部门应当开展经常性的法律援助宣传教育,普及法律援助知识。

新闻媒体应当积极开展法律援助公益宣传,并加强舆论监督。

**第十一条** 国家对在法律援助工作中做出突出贡献的组织和个人,按照有关规定给予表彰、奖励。

## 第二章 机构和人员

**第十二条** 县级以上人民政府司法行政部门应当设立法律援助机构。法律援助机构负责组织实施法律援助工作,受理、审查法律援助申请,指派律师、基层法律服务工作者、法律援助志愿者等法律援助人员提供法律援助,支付法律援助补贴。

**第十三条** 法律援助机构根据工作需要,可以安排本机构具有律师资格或者法律职业资格的工作人员提供法律援助;可以设置法律援助工作站或者联络点,就近受理法律援助申请。

**第十四条** 法律援助机构可以在人民法院、人民检察院和看守所等场所派驻值班律师,依法为没有辩护人的犯罪嫌疑人、被告人提供法律援助。

**第十五条** 司法行政部门可以通过政府采购等方式,择优选择律师事务所等法律服务机构为受援人提供法律援助。

**第十六条** 律师事务所、基层法律服务所、律师、基层法律服务工作者负有依法提供法律援助的义务。

律师事务所、基层法律服务所应当支持和保障本所律师、基层法律服务工作者履行法律援助义务。

**第十七条** 国家鼓励和规范法律援助志愿服务;支持符合条件的个人作为法律援助志愿者,依法提供法律援助。

高等院校、科研机构可以组织从事法学教育、研究工作的人员和法学专业学生作为法律援助志愿者,在司法行政部门指导下,为当事人提供法律咨询、代拟法律文书等法律援助。

法律援助志愿者具体管理办法由国务院有关部门规定。

**第十八条** 国家建立健全法律服务资源依法跨区域流动机制,鼓励和支持律师事务所、律师、法律援助志愿者等在法律服务资源相对短缺地区提供法律援助。

**第十九条** 法律援助人员应当依法履行职责,及时为受援人提供符合标准的法律援助服务,维护受援人的合法权益。

**第二十条** 法律援助人员应当恪守职业道德和执业纪律,不得向受援人收取任何财物。

**第二十一条** 法律援助机构、法律援助人员对提供法律援助过程中知悉的国家秘密、商业秘密和个人隐私应当予以保密。

## 第三章 形式和范围

**第二十二条** 法律援助机构可以组织法律援助人员依法提供下列形式的法律援助服务：

（一）法律咨询；

（二）代拟法律文书；

（三）刑事辩护与代理；

（四）民事案件、行政案件、国家赔偿案件的诉讼代理及非诉讼代理；

（五）值班律师法律帮助；

（六）劳动争议调解与仲裁代理；

（七）法律、法规、规章规定的其他形式。

**第二十三条** 法律援助机构应当通过服务窗口、电话、网络等多种方式提供法律咨询服务；提示当事人享有依法申请法律援助的权利，并告知申请法律援助的条件和程序。

**第二十四条** 刑事案件的犯罪嫌疑人、被告人因经济困难或者其他原因没有委托辩护人的，本人及其近亲属可以向法律援助机构申请法律援助。

**第二十五条** 刑事案件的犯罪嫌疑人、被告人属于下列人员之一，没有委托辩护人的，人民法院、人民检察院、公安机关应当通知法律援助机构指派律师担任辩护人：

（一）未成年人；

（二）视力、听力、言语残疾人；

（三）不能完全辨认自己行为的成年人；

（四）可能被判处无期徒刑、死刑的人；

（五）申请法律援助的死刑复核案件被告人；

（六）缺席审判案件的被告人；

（七）法律法规规定的其他人员。

其他适用普通程序审理的刑事案件，被告人没有委托辩护人的，人民法院可以通知法律援助机构指派律师担任辩护人。

**第二十六条** 对可能被判处无期徒刑、死刑的人，以及死刑复核案件的被告人，法律援助机构收到人民法院、人民检察院、公安机关通知后，应当指派具有三年以上相关执业经历的律师担任辩护人。

**第二十七条** 人民法院、人民检察院、公安机关通知法律援助机构指派律师担任辩护人时，不得限制或者损害犯罪嫌疑人、被告人委托辩护人的权利。

**第二十八条** 强制医疗案件的被申请人或者被告人没有委托诉讼代理人的，人民法院应当通知法律援助机构指派律师为其提供法律援助。

**第二十九条** 刑事公诉案件的被害人及其法定代理人或者近亲属，刑事自诉案件的自诉人及其法定代理人，刑事附带民事诉讼案件的原告人及其法定代理人，因经济困难没有委托诉讼代理人的，可以向法律援助机构申请法律援助。

**第三十条** 值班律师应当依法为没有辩护人的犯罪嫌疑人、被告人提供法律咨询、程序选择建议、申请变更强制措施、对案件处理提出意见等法律帮助。

**第三十一条** 下列事项的当事人，因经济困难没有委托代理人的，可以向法律援助机构申请法律援助：

（一）依法请求国家赔偿；

（二）请求给予社会保险待遇或者社会救助；

（三）请求发给抚恤金；

（四）请求给付赡养费、抚养费、扶养费；

（五）请求确认劳动关系或者支付劳动报酬；

（六）请求认定公民无民事行为能力或者限制民事行为能力；

（七）请求工伤事故、交通事故、食品药品安全事故、医疗事故人身损害赔偿；

（八）请求环境污染、生态破坏损害赔偿；

（九）法律、法规、规章规定的其他情形。

**第三十二条** 有下列情形之一，当事人申请法律援助的，不受经济困难条件的限制：

（一）英雄烈士近亲属为维护英雄烈士的人格权益；

（二）因见义勇为行为主张相关民事权益；

（三）再审改判无罪请求国家赔偿；

（四）遭受虐待、遗弃或者家庭暴力的受害人主张相关权益；

（五）法律、法规、规章规定的其他情形。

**第三十三条** 当事人不服司法机关生效裁判或者决定提出申诉或者申请再审，人民法院决定、裁定再审或者人民检察院提出抗诉，因经济困难没有委托辩护人或者诉讼代理人的，本人及其近亲属可以向法律援助机构申请法律援助。

**第三十四条** 经济困难的标准，由省、自治区、直辖市人民政府根据本行政区域经济发展状况和法律援助工作需要确定，并实行动态调整。

## 第四章 程序和实施

**第三十五条** 人民法院、人民检察院、公安机关和有关部门在办理案件或者相关事务中，应当及时告知有关当事人有权依法申请法律援助。

**第三十六条** 人民法院、人民检察院、公安机关办理刑事案件，发现有本法第二十五条第一款、第二十八条规定情形的，应当在三日内通知法律援助机构指派律师。法律援助机构收到通知后，应当在三日内指派律师并通知人民法院、人民检察院、公安机关。

**第三十七条** 人民法院、人民检察院、公安机关应当保障值班律师依法提供法律帮助，告知没有辩护人的犯罪嫌疑人、被告人有权约见值班律师，并依法为值班律师了解案件有关情况、阅卷、会见等提供便利。

**第三十八条** 对诉讼事项的法律援助，由申请人向办案机关所在地的法律援助机构提出申请；对非诉讼事项的法律援助，由申请人向争议处理机关所在地或者事由发生地的法律援助机构提出申请。

**第三十九条** 被羁押的犯罪嫌疑人、被告人、服刑人员，以及强制隔离戒毒人员等提出法律援助申请的，办案机关、监管场所应当在二十四小时内将申请转交法律援助机构。

犯罪嫌疑人、被告人通过值班律师提出代理、刑事辩护等法律援助申请的，值班律师应当在二十四小时内将申请转交法律援助机构。

**第四十条** 无民事行为能力人或者限制民事行为能力人需要法律援助的，可以由其法定代理人代为提出申请。法定代理人侵犯无民事行为能力人、限制民事行为能力人合法权益的，其他法定代理人或者近亲属可以代为提出法律援助申请。

被羁押的犯罪嫌疑人、被告人、服刑人员，以及强制隔离戒毒人员，可以由其法定代理人或者近亲属代为提出法律援助申请。

**第四十一条** 因经济困难申请法律援助的，申请人应当如实说明经济困难状况。

法律援助机构核查申请人的经济困难状况，可以通过信息共享查询，或者由申请人进行个人诚信承诺。

法律援助机构开展核查工作，有关部门、单位、村民委员会、居民委员会和个人应当予以配合。

**第四十二条** 法律援助申请人有材料证明属于下列人员之一的，免予核查经济困难状况：

（一）无固定生活来源的未成年人、老年人、残疾人等特定群体；

（二）社会救助、司法救助或者优抚对象；

（三）申请支付劳动报酬或者请求工伤事故人身损害赔偿的进城务工人员；

（四）法律、法规、规章规定的其他人员。

**第四十三条** 法律援助机构应当自收到法律援助申请之日起七日内进行审查，作出是否给予法律援助的决定。决定给予法律援助的，应当自作出决定之日起三日内指派法律援助人员为受援人提供法律援助；决定不给予法律援助的，应当书面告知申请人，并说明理由。

申请人提交的申请材料不齐全的，法律援助机构应当一次性告知申请人需要补充的材料或者要求申请人作出说明。申请人未按要求补充材料或者作出说明的，视为撤回申请。

**第四十四条** 法律援助机构收到法律援助申请后，发现有下列情形之一的，可以决定先行提供法律援助：

（一）距法定时效或者期限届满不足七日，需要及时提起诉讼或者申请仲裁、行政复议；

（二）需要立即申请财产保全、证据保全或者先予执行；

（三）法律、法规、规章规定的其他情形。

法律援助机构先行提供法律援助的，受援人应当及时补办有关手续，补充有关材料。

**第四十五条** 法律援助机构为老年人、残疾人提供法律援助服务的，应当根据实际情况提供无障碍设施设备和服务。

法律法规对向特定群体提供法律援助有其他特别规定的，依照其规定。

**第四十六条** 法律援助人员接受指派后，无正当理由不得拒绝、拖延或者终止提供法律援助服务。

法律援助人员应当按照规定向受援人通报法律援助事项办理情况，不得损害受援人合法权益。

**第四十七条** 受援人应当向法律援助人员如实陈述与法律援助事项有关的情况，及时提供证据材料，协助、配合办理法律援助事项。

**第四十八条** 有下列情形之一的，法律援助机构应当作出终止法律援助的决定：

（一）受援人以欺骗或者其他不正当手段获得法律援助；

（二）受援人故意隐瞒与案件有关的重要事实或者提供虚假证据；

（三）受援人利用法律援助从事违法活动；

（四）受援人的经济状况发生变化，不再符合法律援助条件；

（五）案件终止审理或者已经被撤销；

（六）受援人自行委托律师或者其他代理人；

（七）受援人有正当理由要求终止法律援助；

（八）法律法规规定的其他情形。

法律援助人员发现有前款规定情形的，应当及时向法律援助机构报告。

**第四十九条** 申请人、受援人对法律援助机构不予法律援助、终止法律援助的决定有异议的，可以向设立该法律援助机构的司法行政部门提出。

司法行政部门应当自收到异议之日起五日内进行审查，作出维持法律援助机构决定或者责令法律援助机构改正的决定。

申请人、受援人对司法行政部门维持法律援助机构决定不服的，可以依法申请行政复议或者提起行政诉讼。

**第五十条** 法律援助事项办理结束后，法律援助人员应当及时向法律援助机构报告，提交有关法律文书的副本或者复印件、办理情况报告等材料。

## 第五章 保障和监督

**第五十一条** 国家加强法律援助信息化建设，促进司法行政部门与司法机关及其他有关部门实现信息共享和工作协同。

**第五十二条** 法律援助机构应当依照有关规定及时向法律援助人员支付法律援助补贴。

法律援助补贴的标准，由省、自治区、直辖市人民政府司法行政部门会同同级财政部门，根据当地经济发展水平和法律援助的服务类型、承办成本、基本劳务费用等确定，并实行动态调整。

法律援助补贴免征增值税和个人所得税。

**第五十三条** 人民法院应当根据情况对受援人缓收、减收或者免收诉讼费用；对法律援助人员复制相关材料等费用予以免收或者减收。

公证机构、司法鉴定机构应当对受援人减收或者免收公证费、鉴定费。

**第五十四条** 县级以上人民政府司法行政部门应当有计划地对法律援助人员进行培训，提高法律援助人员的专业素质和服务能力。

**第五十五条** 受援人有权向法律援助机构、法律援助人员了解法律援助事项办理情况；法律援助机构、法律援助人员未依法履行职责的，受援人可以向司法行政部门投诉，并可以请求法律援助机构更换法律援助人员。

**第五十六条** 司法行政部门应当建立法律援助工作投诉查处制度；接到投诉后，应当依照有关规定受理和调查处理，并及时向投诉人告知处理结果。

**第五十七条** 司法行政部门应当加强对法律援助服务的监督，制定法律援助服务质量标准，通过第三方评估等方式定期进行质量考核。

**第五十八条** 司法行政部门、法律援助机构应当建立法律援助信息公开制度，定期向社会公布法律援助资金使用、案件办理、质量考核结果等情况，接受社会监督。

**第五十九条** 法律援助机构应当综合运用庭审旁听、案卷检查、征询司法机关意见和回访受援人等措施，督促法律援助人员提升服务质量。

**第六十条** 律师协会应当将律师事务所、律师履行法律援助义务的情况纳入年度考核内容，对拒不履行或者怠于履行法律援助义务的律师事务所、律师，依照有关规定进行惩戒。

## 第六章 法律责任

**第六十一条** 法律援助机构及其工作人员有下列情形之一的，由设立该法律援助机构的司法行政部门责令限期改正；有违法所得的，责令退还或者没收违法所得；对直接负责的主管人员和其他直接责任人员，依法给予处分：

（一）拒绝为符合法律援助条件的人员提供法律援助，或者故意为不符合法律援助条件的人员提供法律援助；

（二）指派不符合本法规定的人员提供法律援助；

（三）收取受援人财物；

（四）从事有偿法律服务；

（五）侵占、私分、挪用法律援助经费；

（六）泄露法律援助过程中知悉的国家秘密、商业秘密和个人隐私；

（七）法律法规规定的其他情形。

**第六十二条** 律师事务所、基层法律服务所有下列情形之一的，由司法行政部门依法给予处罚：

（一）无正当理由拒绝接受法律援助机构指派；

（二）接受指派后，不及时安排本所律师、基层法律服务工作者办理法律援助事项或者拒绝为本所律师、基层法律服务工作者办理法律援助事项提供支持和保障；

（三）纵容或者放任本所律师、基层法律服务工作者怠于履行法律援助义务或者擅自终止提供法律援助；

（四）法律法规规定的其他情形。

**第六十三条** 律师、基层法律服务工作者有下列情形之一的，由司法行政部门依法给予处罚：

（一）无正当理由拒绝履行法律援助义务或者怠于履行法律援助义务；

（二）擅自终止提供法律援助；

（三）收取受援人财物；

（四）泄露法律援助过程中知悉的国家秘密、商业秘密和个人隐私；

（五）法律法规规定的其他情形。

**第六十四条** 受援人以欺骗或者其他不正当手段获得法律援助的，由司法行政部门责令其支付已实施法律援助的费用，并处三千元以下罚款。

**第六十五条** 违反本法规定，冒用法律援助名义提供法律服务并谋取利益的，由司法行政部门责令改正，没收违法所得，并处违法所得一倍以上三倍以下罚款。

**第六十六条** 国家机关及其工作人员在法律援助工作中滥用职权、玩忽职守、徇私舞弊的，对直接负责的主管人员和其他直接责任人员，依法给予处分。

**第六十七条** 违反本法规定，构成犯罪的，依法追究刑事责任。

## 第七章 附 则

**第六十八条** 工会、共产主义青年团、妇女联合会、残疾人联合会等群团组织开展法律援助工作，参照适用本法的相关规定。

**第六十九条** 对外国人和无国籍人提供法律援助，我国法律有规定的，适用法律规定；我国法律没有规定的，可以根据我国缔结或者参加的国际条约，或者按照互惠原则，参照适用本法的相关规定。

**第七十条** 对军人军属提供法律援助的具体办法，由国务院和中央军事委员会有关部门制定。

**第七十一条** 本法自 2022 年 1 月 1 日起施行。

# 关于《中华人民共和国法律援助法（草案）》的说明

——2021 年 1 月 20 日在第十三届全国人民代表大会常务委员会第二十五次会议上

全国人大监察和司法委员会副主任委员 张苏军

全国人民代表大会常务委员会：

我受全国人大监察和司法委员会委托，就《中华人民共和国法律援助法（草案）》（以下简称法律援助法）作说明。

## 一、制定法律援助法的必要性

法律援助工作是体现以人民为中心的发展思想，切实维护人民群众合法权益的一项重要民生工程，有利于贯彻公民在法律面前一律平等的宪法原则，使公民不论经济条件好坏、社会地位高低都能获得必要的法律服务；有利于保障社会公平正义，保证人民群众在遇到法律问题或者权利受到侵害时获得及时有效法律帮助。党的十八届三中、四中全会明确提出，完善法律援助制度，扩大援助范围。中共中央办公厅、国务院办公厅《关于完善法律援助制度的意见》提出，推进法律援助立法工作，提高法治化水平。近年来，许多全国人大代表也提出议案和建议，希望加快法律援助立法，进一步推动法律援助工作实现高质量发展。

2003 年，国务院制定法律援助条例，为规范和促进法律援助事业发展发挥了重要作用。近年来，法律援助覆盖面逐步扩大，服务质量不断提高，制度建设积极推进，保障能力逐步增强。但随着我国经济社会不断发展，社会主要矛盾转化为人民日益增长的美好生活需要和不平衡不充分的发展之间的矛盾，人民群众在民主、法治、公平、正义、安全、环境等方面的要求日益增长。现行法律援助条例已经不能很好地适应法律援助工作需要，与人民群众特别是困难群众日益增长的法律援助需求相比，法律援助工作还存在制度不够完善、保障不够充分、援助范围亟待扩大等问题。及时制定法律援助法，是贯彻落实中央关于推进全面依法治国的重大战略部署，完善中国特色社会主义法律援助制度的必然要求，是努力让人民群众在每一个司法案件中感受到公平正义的重要举措，对于更好地维护公民合法权益、维护法律正确实施、维护社会公平正义具有十分重要的意义。

## 二、起草过程、立法指导思想和原则

法律援助法列入十三届全国人大常委会立法规划，由全国人大监察和司法委员会牵头组织起草，并列入2020年度立法工作计划初次审议项目。2018年10月，我委启动立法工作，研究制定起草工作实施方案，组织成立起草工作领导小组，下设办公室和工作专班。

起草工作启动后，我委认真领会中央有关文件精神，收集整理国内外立法资料，先后赴深圳、云南、重庆、浙江、上海及澳门特别行政区等地开展调研，认真总结法律援助实践经验，梳理研究立法重点问题。2019年6月，根据实施方案要求，司法部向全国人大监察和司法委员会提交草案建议稿后，我委将草案建议稿印发中央编办、全国人大常委会法工委、国务院有关部门、最高人民法院、最高人民检察院、全国律协等有关单位征求意见，结合前期立法调研、会议研究等工作成果，于2019年底形成了草案征求意见稿初稿，并经再次征求有关单位意见和反复研究修改，形成草案征求意见稿。此后，我委通过将草案征求意见稿印发各省（区、市）人大监察和司法委员会征求意见、召开起草工作领导小组办公室会议、召开专家学者座谈会、书面征求我委联系的部分全国人大代表意见等方式，充分听取各方面意见，进一步完善草案征求意见稿。2020年10月，由全国人大常委会办公厅发函，书面征求国务院办公厅的意见。在上述工作基础上，经过反复研究修改，形成了议案、法律草案和说明。

法律援助法立法工作坚持以习近平新时代中国特色社会主义思想为指导，贯彻习近平法治思想，贯彻党的十八大、十九大和十九届二中、三中、四中、五中全会精神，落实党中央关于法律援助工作的决策部署，总结我国法律援助工作积累的实践经验，借鉴国际有益做法，坚持改革方向，坚持问题导向，从实际出发，通过立法完善法律援助制度，推动法律援助工作，促进公正司法，维护社会和谐稳定。

起草工作遵循以下原则：第一，坚持以人民为中心。始终把维护人民群众合法权益作为出发点和落脚点，努力为困难群众获得及时便利、优质高效的法律援助服务提供法治保障。第二，坚持立足基本国情。从我国国情和实际出发，适应经济社会发展，兼顾区域差异，尽力而为，量力而行，处理好法律援助需求与法律援助供给之间的关系。第三，坚持国家保障与社会参与相结合。鼓励和支持人民团体、事业单位、社会组织在司法行政部门指导下，依法参与法律援助工作。鼓励和支持组织、个人提供法律援助志愿服务，捐助法律援助事业，推动法律援助健康有序可持续发展。

## 三、主要内容和重点问题

草案分为7章，包括总则、法律援助机构和人员、法律援助范围、法律援助程序、保障措施、法律责任和附则，共61条。主要内容包括：

（一）明确法律援助的概念

草案将法律援助定义为：“国家为经济困难公民和符合法定条件的当事人无偿提供的法律咨询、代理、刑事辩护、值班律师法律帮助等法律服务。”明确了法律援助对象除经济困难公民外，还包括诉讼中符合法定条件的当事人（不限于公民）。考虑到我国法律援助发展现状及保障水平，对福利机构、提起公益诉讼的社会组织等非自然人，各地可组织律师提供减免费用等法律服务，根据实际情况在实践中继续探索，法律中暂不作明确规定。

（二）明确法律援助的提供主体

草案规定，法律援助的提供主体包括执业律师、法律援助机构律师、基层法律服务工作者、法律援助志愿者。考虑到当前律师资源分布不均，中西部地区仍有一些无律师县或者律师资源缺乏的地方，为了适应值班律师、刑事案件律师辩护全覆盖等刑事诉讼改革需求，草案规定法律援助机构律师为法律援助提供主体之一，并对其应当具备的条件作出专门规定。

（三）适当扩大法律援助范围

为落实党中央关于法律援助工作的决策部署，总结当前我国法律援助工作现状，草案对法律援助范围作出适当扩大。一是关于刑事法律援助。刑事法律援助事项除按照现行法律规定予以明确外，根据当前刑事诉讼改革需求，结合刑事案件律师辩护全覆盖试点工作，草案增加规定刑事案件的犯罪嫌疑人、被告人没有委托辩护人的，司法机关通知的法律援助事项包括“适用普通程序审判案件的被告人”和“死刑复核案件的被告人”。二是关于民事法律援助。草案增加规定请求工伤事故、交通事故、食品药品安全事故、医疗事故人身损害赔偿和请求固体废物污染、水污染等环境污染损害赔偿两类情形。三是根据十八届四中全会决定精神，将聘不起律师的申诉人纳入法律援助范围。同时，草案第十八条、第二十条、第二十二条设置了兜底条款“法律法规规定的其他法律援助服务”“法律法规规定的其他情形”，为今后通过立法或者制定行政法规、地方性法规等扩大法律援助范围提供了依据。

（四）明确值班律师法律帮助相关内容

刑事诉讼法规定了法律援助机构可以在人民法院、看守所等场所派驻值班律师，为没有辩护人的犯罪嫌疑人、被告人提供法律帮助。草案明确值班律师法律帮助是法律援助的一种服务形式，并对法律援助机构可以在人民法院、人民检察院和看守所等场所派驻值班律师，值班律师法律帮助的内容，保障值班律师履职，有关工作程序等作出具体规定。

（五）规定了法律援助的程序

草案第四章对法律援助程序进行了规定，明确司法机关和有关部门通知指派、权利告知等义务，对提出法律援助申请、经济困难审查、决定和指派、办理情况报告等程序作出规定，明确免于经济困难审查、先行提供法律援助等情形。同时，对法律援助人员工作规范、受援人的权利义务、终止法律援助、救济程序等也作出相应规定。考虑到法律援助工作程序的具体时限属于操作层面的问题，现行法律法规、司法解释等已有明确规定，并且法律援助事项难易程度不同、情况复杂，草案对此仅作原则性规定。

（六）明确法律援助的保障措施

草案在总则中明确法律援助属于国家责任，明确政府及各部门的职责。设置保障措施一章，对总体发展要求、经费保障、培训、监督管理和质量考核、信息化建设、宣传教育等作出规定。对于实践中一些地方提出办案补贴标准较低、刑事案件律师辩护全覆盖后经费需求增长较大、落后地方经费困难希望加大中央财政转移力度等意见，建议由国务院有关部门通过制定规范性文件研究解决。

草案和以上说明是否妥当，请审议。

# 全国人民代表大会宪法和法律委员会关于《中华人民共和国法律援助法（草案）》修改情况的汇报

——2021 年 6 月 7 日在第十三届全国人民代表大会常务委员会第二十九次会议上

全国人大宪法和法律委员会副主任委员　江必新

全国人民代表大会常务委员会：

常委会第二十五次会议对法律援助法草案进行了初次审议。会后，法制工作委员会将草案印送有关部门、地方和单位征求意见；在中国人大网公布草案全文，征求社会公众意见；先后到湖北、江苏调研，听取地方政府有关部门以及法律援助机构、法院、检察院、人民团体、高等院校、律师事务所和全国人大代表的意见。宪法和法律委员会于 5 月 19 日召开会议，根据常委会组成人员的审议意见和各方面的意见，对草案进行了逐条审议。监察和司法委员会、司法部、全国总工会有关负责同志列席了会议。5 月 27 日，宪法和法律委员会召开会议，再次进行了审议。现将法律援助法草案主要问题的修改情况汇报如下：

一、有的常委会组成人员、部门、地方和社会公众提出，草案将提供法律援助的主体限定为法律援助机构，但实践中还包括群团组织、事业单位和社会组织，应当尊重现实做法，进一步拓宽渠道，鼓励和支持更多社会力量参与法律援助。宪法和法律委员会经研究，建议删去“法律援助由法律援助机构组织法律援助人员实施”的规定，明确鼓励和支持群团组织、事业单位、社会组织依法提供法律援助，并增加规定：工会、共产主义青年团、妇联等群团组织开展法律援助工作，参照适用本法的相关规定。

二、有的常委委员、部门、地方和社会公众提出，政府应当不断加大法律援助经费投入，提高经费保障水平。宪法和法律委员会经研究，建议明确县级以上人民政府应当健全法律援助保障体系，将法律援助相关经费列入本级政府预算，建立动态调整机制，保障法律援助工作需要，促进法律援助均衡发展。

三、草案第九条规定，法律援助机构可以指派“法律援助机构律师”提供法律援助；第十三条规定了“法律援助机构律师”应当具备的条件。有的常委委员、单位、地方和社会公众提出，法律援助机构既负责监督管理，又直接提供法律援助，这种做法不妥；同时，在律师法等法律之外再创设新的律师种类，也缺乏必要依据。宪法和法律委员会经研究，建议删去有关“法律援助机构律师”的规定。

四、有的常委会组成人员、部门、地方和社会公众提出，应当鼓励法律援助志愿服务，完善志愿服务范围和管理规范。宪法和法律委员会经研究，建议明确高等院校、科研机构可以组织法律援助志愿者，提供“法律咨询、代拟法律文书等法律援助”，并增加规定：国家鼓励和规范法律援助志愿服务；支持符合条件的个人作为法律援助志愿者，依法提供法律援助。法律援助志愿者具体管理办法由国务院有关部门规定。

五、有的常委委员、地方和社会公众提出，对于一些特殊案件，应当指派具有一定经验的律师担任辩护人。宪法和法律委员会经研究，建议明确可能被判处无期徒刑、死刑的人以及死刑复核案件的被告人需要法律援助的，法律援助机构应当指派具有三年以上相关执业经历的律师担任辩护人。

六、有的常委会组成人员、部门、地方和社会公众提出，应当进一步扩大民事、行政法律援助覆盖面，放宽免于审查经济困难状况的情形。宪法和法律委员会经研究，建议落实有关中央文件精神，在申请法律援助的事项中增加“确认劳动关系”、“生态破坏损害赔偿”以及“规章”规定的其他情形，并增加规定：英雄烈士近亲属维护英雄烈士的人格权益、因见义勇为行为主张相关民事权益等情形下，当事人申请法律援助的，不受经济困难条件限制。

七、有的常委委员、地方和社会公众提出，应当根据经济发展水平及时调整法律援助补贴标准，提高法律援助人员待遇水平。宪法和法律委员会经研究，建议明确法律援助补贴标准实行动态调整，法律援助补贴免征增值税和个人所得税。

八、有的常委委员、地方和社会公众提出，应当落实有关中央文件精神，建立健全法律援助工作有关监督制度。宪法和法律委员会经研究，建议增加规定：司法行政部门应当建立法律援助工作投诉查处制度，依照有关规定调查处理，并及时向投诉人告知处理结果；司法行政部门、法律援助机构应当建立法律援助信息公开制度，定期向社会公布法律援助资金使用、案件办理等情况；司法行政部门应当制定法律援助服务质量标准，通过第三方评估等方式定期进行质量考核；法律援助机构应当采取措施，督促法律援助人员提升服务质量；律师协会应当加强律师事务所、律师履行法律援助义务的考核管理等。

此外，还对草案作了一些文字修改。

草案二次审议稿已按上述意见作了修改，宪法和法律委员会建议提请本次常委会会议继续审议。

草案二次审议稿和以上汇报是否妥当，请审议。

# 全国人民代表大会宪法和法律委员会关于《中华人民共和国法律援助法（草案）》审议结果的报告

——2021 年 8 月 17 日在第十三届全国人民代表大会常务委员会第三十次会议上

全国人大宪法和法律委员会副主任委员　江必新

全国人民代表大会常务委员会：

常委会第二十九次会议对法律援助法草案进行了二次审议。会后，法制工作委员会在中国人大网公布草案二次审议稿全文，向社会公开征求意见；先后到重庆、云南调研，听取地方政府有关部门以及法律援助机构、法院、检察院、群团组织、高等院校、律师事务所和全国人大代表的意见。宪法和法律委员会于 7 月 12 日召开会议，根据委员长会议精神、常委会组成人员审议意见和各方面的意见，对草案进行了逐条审议。监察和司法委员会、司法部、全国总工会有关负责同志列席了会议。7 月 27 日，宪法和法律委员会、监察和司法委员会、法制工作委员会召开会议，进一步听取了司法部、全国总工会等有关方面的意见。7 月 28 日，宪法和法律委员员会召开会议，再次进行了审议。宪法和法律委员会认为，草案经过两次审议修改，已经比较成熟。同时，提出以下主要修改意见：

一、有的常委委员和部门提出，为满足实际需要，法律援助机构指派本机构具有一定资格的工作人员提供法律援助，是现实做法，法律上应当有所体现。宪法和法律委员会经研究，建议增加规定，法律援助机构根据工作需要，可以安排本机构具有律师资格或者法律职业资格的工作人员提供法律援助。

二、有的常委委员和地方提出，应当合理调配法律服务资源，为偏远地区开展法律援助工作提供更多支持。宪法和法律委员会经研究，建议落实有关中央文件精神，增加一条规定："国家建立健全法律服务资源依法跨区域流动制度机制，鼓励和支持律师、法律援助志愿者等在法律服务资源相对短缺地区提供法律援助。"

三、有的常委委员提出，应当进一步完善法律援助机构服务的方式和内容，保障当事人合法权益。宪法和法律委员会经研究，建议增加规定，法律援助机构应当提示当事人享有依法申请法律援助的权利，并告知申请法律援助的条件和程序。

四、有的常委委员和部门提出，法律援助应当与刑事案件律师辩护全覆盖试点工作相结合，加大人权司法保障力度。宪法和法律委员会经研究，建议在已有规定基础上，进一步增加规定："其他适用普通程序审理的案件，被告人没有委托辩护人的，人民法院根据实际情况，可以通知法律援助机构指派律师担任辩护人。"

五、有的常委委员提出，人民法院、人民检察院、公安机关通知法律援助机构指派律师辩护时，应当尊重当事人委托辩护的权利。宪法和法律委员会经研究，建议增加一条规定："人民法院、人民检察院、公安机关通知法律援助机构指派律师担任辩护人时，不得限制或者损害犯罪嫌疑人、被告人委托辩护人的权利。"

六、草案二次审议稿第六十五条规定，工会、共产主义青年团、妇联等群团组织开展法律援助工作，参照适用本法的相关规定。有的常委委员建议增加"残疾人联合会"。宪法和法律委员会经研究，建议采纳这一意见。

此外，还对草案二次审议稿作了一些文字修改。

7 月 20 日，法制工作委员会召开会议，邀请部分全国人大代表、专家学者和地方有关部门、法院、检察院、法律援助机构、律师事务所等方面的代表就草案中主要制度规范的可行性、出台时机、实施的社会效果和可能出现的问题等进行评估。与会人员普遍认为，草案经过多次审议修改，坚持问题导向，贯彻落实有关中央文件精神，吸收了各方面的意见，回应了社会关切，主要制度设计符合实际，具有较强的针对性和可操作性，已经比较成熟。同时，还对草案提出了一些具体修改意见，宪法和法律委员会对有的意见予以采纳。

草案三次审议稿已按上述意见作了修改，宪法和法律委员会建议提请本次常委会会议审议通过。

草案三次审议稿和以上报告是否妥当，请审议。

# 全国人民代表大会宪法和法律委员会关于《中华人民共和国法律援助法（草案三次审议稿）》修改意见的报告

——2021 年 8 月 19 日在第十三届全国人民代表大会常务委员会第三十次会议上

全国人民代表大会常务委员会：

本次常委会会议于 8 月 17 日下午对法律援助法草案三次审议稿进行了分组审议。普遍认为，草案已经比较成熟，建议进一步修改后，提请本次常委会会议表决通过。同时，有些常委会组成人员和列席人员还提出了一些修改意见。宪法和法律委员会于 8 月 18 日上午召开会议，逐条研究了常委会组成人员的审议意见，对草案进行了审议。法制工作委员会就草案修改与司法部进行了沟通，共同研究。宪法和法律委员会认为，草案是可行的，同时，提出以下修改意见：

一、草案三次审议稿第十八条规定，国家鼓励和支持律师、法律援助志愿者等在法律服务资源相对短缺地区提供法律援助。有的常委委员提出，为更好地保障律师在上述地区开展法律援助工作，建议在鼓励和支持的对象中增加"律师事务所"。宪法和法律委员会经研究，建议采纳这一意见。

二、草案三次审议稿第二十二条对法律援助的形式作出规定。有的常委委员建议，对其中规定的诉讼代理与非诉讼代理，进一步明确关系和范围。宪法和法律委员会经研究，建议将第四项“国家赔偿、民事和行政诉讼代理及其非诉讼代理”修改为“民事案件、行政案件、国家赔偿案件的诉讼代理及非诉讼代理”。

三、草案三次审议稿第三十一条规定，在一定情形下，当事人因经济困难没有委托代理人的，可以申请法律援助。有的常委委员提出，认定公民无民事行为能力或者限制民事行为能力，关系公民重大权益，建议在可以申请法律援助的情形中增加这项内容。宪法和法律委员会经研究，建议采纳这一意见。

经与有关部门研究，建议将本法的施行时间确定为2022年1月1日。

此外，根据常委会组成人员的审议意见，还对草案三次审议稿作了一些文字修改。

草案修改稿已按上述意见作了修改，宪法和法律委员会建议本次常委会会议审议通过。

草案修改稿和以上报告是否妥当，请审议。

# 中华人民共和国主席令

第九十四号

《中华人民共和国医师法》已由中华人民共和国第十三届全国人民代表大会常务委员会第三十次会议于2021年8月20日通过，现予公布，自2022年3月1日起施行。

中华人民共和国主席　习近平

2021年8月20日

# 中华人民共和国医师法

（2021年8月20日第十三届全国人民代表大会常务委员会第三十次会议通过）

目　录



## 第一章　总　　则

**第一条**　为了保障医师合法权益，规范医师执业行为，加强医师队伍建设，保护人民健康，推进健康中国建设，制定本法。

**第二条**　本法所称医师，是指依法取得医师资格，经注册在医疗卫生机构中执业的专业医务人员，包括执业医师和执业助理医师。

**第三条**　医师应当坚持人民至上、生命至上，发扬人道主义精神，弘扬敬佑生命、救死扶伤、甘于奉献、大爱无疆的崇高职业精神，恪守职业道德，遵守执业规范，提高执业水平，履行防病治病、保护人民健康的神圣职责。

医师依法执业，受法律保护。医师的人格尊严、人身安全不受侵犯。

**第四条**　国务院卫生健康主管部门负责全国的医师管理工作。国务院教育、人力资源社会保障、中医药等有关部门在各自职责范围内负责有关的医师管理工作。

县级以上地方人民政府卫生健康主管部门负责本行政区域内的医师管理工作。县级以上地方人民政府教育、人力资源社会保障、中医药等有关部门在各自职责范围内负责有关的医师管理工作。

**第五条**　每年8月19日为中国医师节。

对在医疗卫生服务工作中做出突出贡献的医

师，按照国家有关规定给予表彰、奖励。

全社会应当尊重医师。各级人民政府应当关心爱护医师，弘扬先进事迹，加强业务培训，支持开拓创新，帮助解决困难，推动在全社会广泛形成尊医重卫的良好氛围。

**第六条** 国家建立健全医师医学专业技术职称设置、评定和岗位聘任制度，将职业道德、专业实践能力和工作业绩作为重要条件，科学设置有关评定、聘任标准。

**第七条** 医师可以依法组织和参加医师协会等有关行业组织、专业学术团体。

医师协会等有关行业组织应当加强行业自律和医师执业规范，维护医师合法权益，协助卫生健康主管部门和其他有关部门开展相关工作。

## 第二章 考试和注册

**第八条** 国家实行医师资格考试制度。

医师资格考试分为执业医师资格考试和执业助理医师资格考试。医师资格考试由省级以上人民政府卫生健康主管部门组织实施。

医师资格考试的类别和具体办法，由国务院卫生健康主管部门制定。

**第九条** 具有下列条件之一的，可以参加执业医师资格考试：

（一）具有高等学校相关医学专业本科以上学历，在执业医师指导下，在医疗卫生机构中参加医学专业工作实践满一年；

（二）具有高等学校相关医学专业专科学历，取得执业助理医师执业证书后，在医疗卫生机构中执业满二年。

**第十条** 具有高等学校相关医学专业专科以上学历，在执业医师指导下，在医疗卫生机构中参加医学专业工作实践满一年的，可以参加执业助理医师资格考试。

**第十一条** 以师承方式学习中医满三年，或者经多年实践医术确有专长的，经县级以上人民政府卫生健康主管部门委托的中医药专业组织或者医疗卫生机构考核合格并推荐，可以参加中医医师资格考试。

以师承方式学习中医或者经多年实践，医术确有专长的，由至少二名中医医师推荐，经省级人民政府中医药主管部门组织实践技能和效果考核合格后，即可取得中医医师资格及相应的资格证书。

本条规定的相关考试、考核办法，由国务院中医药主管部门拟订，报国务院卫生健康主管部门审核、发布。

**第十二条** 医师资格考试成绩合格，取得执业医师资格或者执业助理医师资格，发给医师资格证书。

**第十三条** 国家实行医师执业注册制度。

取得医师资格的，可以向所在地县级以上地方人民政府卫生健康主管部门申请注册。医疗卫生机构可以为本机构中的申请人集体办理注册手续。

除有本法规定不予注册的情形外，卫生健康主管部门应当自受理申请之日起二十个工作日内准予注册，将注册信息录入国家信息平台，并发给医师执业证书。

未注册取得医师执业证书，不得从事医师执业活动。

医师执业注册管理的具体办法，由国务院卫生健康主管部门制定。

**第十四条** 医师经注册后，可以在医疗卫生机构中按照注册的执业地点、执业类别、执业范围执业，从事相应的医疗卫生服务。

中医、中西医结合医师可以在医疗机构中的中医科、中西医结合科或者其他临床科室按照注册的执业类别、执业范围执业。

医师经相关专业培训和考核合格，可以增加执业范围。法律、行政法规对医师从事特定范围执业活动的资质条件有规定的，从其规定。

经考试取得医师资格的中医医师按照国家有关规定，经培训和考核合格，在执业活动中可以采用与其专业相关的西医药技术方法。西医医师按照国家有关规定，经培训和考核合格，在执业活动中可以采用与其专业相关的中医药技术方法。

**第十五条** 医师在二个以上医疗卫生机构定期执业的，应当以一个医疗卫生机构为主，并按照国家有关规定办理相关手续。国家鼓励医师定期定点到县级以下医疗卫生机构，包括乡镇卫生院、村卫生室、社区卫生服务中心等，提供医疗卫生服务，主执业机构应当支持并提供便利。

卫生健康主管部门、医疗卫生机构应当加强对有关医师的监督管理，规范其执业行为，保证医疗卫生服务质量。

**第十六条** 有下列情形之一的，不予注册：

（一）无民事行为能力或者限制民事行为能力；

（二）受刑事处罚，刑罚执行完毕不满二年或者被依法禁止从事医师职业的期限未满；

（三）被吊销医师执业证书不满二年；

（四）因医师定期考核不合格被注销注册不满一年；

（五）法律、行政法规规定不得从事医疗卫生服务的其他情形。

受理申请的卫生健康主管部门对不予注册的，应当自受理申请之日起二十个工作日内书面通知申请人和其所在医疗卫生机构，并说明理由。

**第十七条** 医师注册后有下列情形之一的，注销注册，废止医师执业证书：

（一）死亡；

（二）受刑事处罚；

（三）被吊销医师执业证书；

（四）医师定期考核不合格，暂停执业活动期满，再次考核仍不合格；

（五）中止医师执业活动满二年；

（六）法律、行政法规规定不得从事医疗卫生服务或者应当办理注销手续的其他情形。

有前款规定情形的，医师所在医疗卫生机构应当在三十日内报告准予注册的卫生健康主管部门；卫生健康主管部门依职权发现医师有前款规定情形的，应当及时通报准予注册的卫生健康主管部门。准予注册的卫生健康主管部门应当及时注销注册，废止医师执业证书。

**第十八条** 医师变更执业地点、执业类别、执业范围等注册事项的，应当依照本法规定到准予注册的卫生健康主管部门办理变更注册手续。

医师从事下列活动的，可以不办理相关变更注册手续：

（一）参加规范化培训、进修、对口支援、会诊、突发事件医疗救援、慈善或者其他公益性医疗、义诊；

（二）承担国家任务或者参加政府组织的重要活动等；

（三）在医疗联合体内的医疗机构中执业。

**第十九条** 中止医师执业活动二年以上或者本法规定不予注册的情形消失，申请重新执业的，应当由县级以上人民政府卫生健康主管部门或者其委托的医疗卫生机构、行业组织考核合格，并依照本法规定重新注册。

**第二十条** 医师个体行医应当依法办理审批或者备案手续。

执业医师个体行医，须经注册后在医疗卫生机构中执业满五年；但是，依照本法第十一条第二款规定取得中医医师资格的人员，按照考核内容进行执业注册后，即可在注册的执业范围内个体行医。

县级以上地方人民政府卫生健康主管部门对个体行医的医师，应当按照国家有关规定实施监督检查，发现有本法规定注销注册的情形的，应当及时注销注册，废止医师执业证书。

**第二十一条** 县级以上地方人民政府卫生健康主管部门应当将准予注册和注销注册的人员名单及时予以公告，由省级人民政府卫生健康主管部门汇总，报国务院卫生健康主管部门备案，并按照规定通过网站提供医师注册信息查询服务。

## 第三章 执业规则

**第二十二条** 医师在执业活动中享有下列权利：

（一）在注册的执业范围内，按照有关规范进行医学诊查、疾病调查、医学处置、出具相应的医学证明文件，选择合理的医疗、预防、保健方案；

（二）获取劳动报酬，享受国家规定的福利待遇，按照规定参加社会保险并享受相应待遇；

（三）获得符合国家规定标准的执业基本条件和职业防护装备；

（四）从事医学教育、研究、学术交流；

（五）参加专业培训，接受继续医学教育；

（六）对所在医疗卫生机构和卫生健康主管部门的工作提出意见和建议，依法参与所在机构的民主管理；

（七）法律、法规规定的其他权利。

**第二十三条** 医师在执业活动中履行下列义务：

（一）树立敬业精神，恪守职业道德，履行医师职责，尽职尽责救治患者，执行疫情防控等公共卫生措施；

（二）遵循临床诊疗指南，遵守临床技术操作规范和医学伦理规范等；

（三）尊重、关心、爱护患者，依法保护患者隐私和个人信息；

（四）努力钻研业务，更新知识，提高医学专业技术能力和水平，提升医疗卫生服务质量；

（五）宣传推广与岗位相适应的健康科普知识，对患者及公众进行健康教育和健康指导；

（六）法律、法规规定的其他义务。

**第二十四条** 医师实施医疗、预防、保健措施，签署有关医学证明文件，必须亲自诊查、调查，并按照规定及时填写病历等医学文书，不得隐匿、伪造、篡改或者擅自销毁病历等医学文书及有关资料。

医师不得出具虚假医学证明文件以及与自己执业范围无关或者与执业类别不相符的医学证明文件。

**第二十五条** 医师在诊疗活动中应当向患者说明病情、医疗措施和其他需要告知的事项。需要实施手术、特殊检查、特殊治疗的,医师应当及时向患者具体说明医疗风险、替代医疗方案等情况,并取得其明确同意;不能或者不宜向患者说明的,应当向患者的近亲属说明,并取得其明确同意。

**第二十六条** 医师开展药物、医疗器械临床试验和其他医学临床研究应当符合国家有关规定,遵守医学伦理规范,依法通过伦理审查,取得书面知情同意。

**第二十七条** 对需要紧急救治的患者,医师应当采取紧急措施进行诊治,不得拒绝急救处置。

因抢救生命垂危的患者等紧急情况,不能取得患者或者其近亲属意见的,经医疗机构负责人或者授权的负责人批准,可以立即实施相应的医疗措施。

国家鼓励医师积极参与公共交通工具等公共场所急救服务;医师因自愿实施急救造成受助人损害的,不承担民事责任。

**第二十八条** 医师应当使用经依法批准或者备案的药品、消毒药剂、医疗器械,采用合法、合规、科学的诊疗方法。

除按照规范用于诊断治疗外,不得使用麻醉药品、医疗用毒性药品、精神药品、放射性药品等。

**第二十九条** 医师应当坚持安全有效、经济合理的用药原则,遵循药品临床应用指导原则、临床诊疗指南和药品说明书等合理用药。

在尚无有效或者更好治疗手段等特殊情况下,医师取得患者明确知情同意后,可以采用药品说明书中未明确但具有循证医学证据的药品用法实施治疗。医疗机构应当建立管理制度,对医师处方、用药医嘱的适宜性进行审核,严格规范医师用药行为。

**第三十条** 执业医师按照国家有关规定,经所在医疗卫生机构同意,可以通过互联网等信息技术提供部分常见病、慢性病复诊等适宜的医疗卫生服务。国家支持医疗卫生机构之间利用互联网等信息技术开展远程医疗合作。

**第三十一条** 医师不得利用职务之便,索要、非法收受财物或者牟取其他不正当利益;不得对患者实施不必要的检查、治疗。

**第三十二条** 遇有自然灾害、事故灾难、公共卫生事件和社会安全事件等严重威胁人民生命健康的突发事件时,县级以上人民政府卫生健康主管部门根据需要组织医师参与卫生应急处置和医疗救治,医师应当服从调遣。

**第三十三条** 在执业活动中有下列情形之一的,医师应当按照有关规定及时向所在医疗卫生机构或者有关部门、机构报告:

(一)发现传染病、突发不明原因疾病或者异常健康事件;

(二)发生或者发现医疗事故;

(三)发现可能与药品、医疗器械有关的不良反应或者不良事件;

(四)发现假药或者劣药;

(五)发现患者涉嫌伤害事件或者非正常死亡;

(六)法律、法规规定的其他情形。

**第三十四条** 执业助理医师应当在执业医师的指导下,在医疗卫生机构中按照注册的执业类别、执业范围执业。

在乡、民族乡、镇和村医疗卫生机构以及艰苦边远地区县级医疗卫生机构中执业的执业助理医师,可以根据医疗卫生服务情况和本人实践经验,独立从事一般的执业活动。

**第三十五条** 参加临床教学实践的医学生和尚未取得医师执业证书、在医疗卫生机构中参加医学专业工作实践的医学毕业生,应当在执业医师监督、指导下参与临床诊疗活动。医疗卫生机构应当为有关医学生、医学毕业生参与临床诊疗活动提供必要的条件。

**第三十六条** 有关行业组织、医疗卫生机构、医学院校应当加强对医师的医德医风教育。

医疗卫生机构应当建立健全医师岗位责任、内部监督、投诉处理等制度,加强对医师的管理。

## 第四章　培训和考核

**第三十七条** 国家制定医师培养规划,建立适应行业特点和社会需求的医师培养和供需平衡机制,统筹各类医学人才需求,加强全科、儿科、精神科、老年医学等紧缺专业人才培养。

国家采取措施,加强医教协同,完善医学院校教育、毕业后教育和继续教育体系。

国家通过多种途径,加强以全科医生为重点的基层医疗卫生人才培养和配备。

国家采取措施,完善中医西医相互学习的教育制度,培养高层次中西医结合人才和能够提供中西医结合服务的全科医生。

**第三十八条**　国家建立健全住院医师规范化培训制度，健全临床带教激励机制，保障住院医师培训期间待遇，严格培训过程管理和结业考核。

国家建立健全专科医师规范化培训制度，不断提高临床医师专科诊疗水平。

**第三十九条**　县级以上人民政府卫生健康主管部门和其他有关部门应当制定医师培训计划，采取多种形式对医师进行分级分类培训，为医师接受继续医学教育提供条件。

县级以上人民政府应当采取有力措施，优先保障基层、欠发达地区和民族地区的医疗卫生人员接受继续医学教育。

**第四十条**　医疗卫生机构应当合理调配人力资源，按照规定和计划保证本机构医师接受继续医学教育。

县级以上人民政府卫生健康主管部门应当有计划地组织协调县级以上医疗卫生机构对乡镇卫生院、村卫生室、社区卫生服务中心等基层医疗卫生机构中的医疗卫生人员开展培训，提高其医学专业技术能力和水平。

有关行业组织应当为医师接受继续医学教育提供服务和创造条件，加强继续医学教育的组织、管理。

**第四十一条**　国家在每年的医学专业招生计划和教育培训计划中，核定一定比例用于定向培养、委托培训，加强基层和艰苦边远地区医师队伍建设。

有关部门、医疗卫生机构与接受定向培养、委托培训的人员签订协议，约定相关待遇、服务年限、违约责任等事项，有关人员应当履行协议约定的义务。县级以上人民政府有关部门应当采取措施，加强履约管理。协议各方违反约定的，应当承担违约责任。

**第四十二条**　国家实行医师定期考核制度。

县级以上人民政府卫生健康主管部门或者其委托的医疗卫生机构、行业组织应当按照医师执业标准，对医师的业务水平、工作业绩和职业道德状况进行考核，考核周期为三年。对具有较长年限执业经历、无不良行为记录的医师，可以简化考核程序。

受委托的机构或者组织应当将医师考核结果报准予注册的卫生健康主管部门备案。

对考核不合格的医师，县级以上人民政府卫生健康主管部门应当责令其暂停执业活动三个月至六个月，并接受相关专业培训。暂停执业活动期满，再次进行考核，对考核合格的，允许其继续执业。

**第四十三条**　省级以上人民政府卫生健康主管部门负责指导、检查和监督医师考核工作。

## 第五章　保障措施

**第四十四条**　国家建立健全体现医师职业特点和技术劳动价值的人事、薪酬、职称、奖励制度。

对从事传染病防治、放射医学和精神卫生工作以及其他特殊岗位工作的医师，应当按照国家有关规定给予适当的津贴。津贴标准应当定期调整。

在基层和艰苦边远地区工作的医师，按照国家有关规定享受津贴、补贴政策，并在职称评定、职业发展、教育培训和表彰奖励等方面享受优惠待遇。

**第四十五条**　国家加强疾病预防控制人才队伍建设，建立适应现代化疾病预防控制体系的医师培养和使用机制。

疾病预防控制机构、二级以上医疗机构以及乡镇卫生院、社区卫生服务中心等基层医疗卫生机构应当配备一定数量的公共卫生医师，从事人群疾病及危害因素监测、风险评估研判、监测预警、流行病学调查、免疫规划管理、职业健康管理等公共卫生工作。医疗机构应当建立健全管理制度，严格执行院内感染防控措施。

国家建立公共卫生与临床医学相结合的人才培养机制，通过多种途径对临床医师进行疾病预防控制、突发公共卫生事件应对等方面业务培训，对公共卫生医师进行临床医学业务培训，完善医防结合和中西医协同防治的体制机制。

**第四十六条**　国家采取措施，统筹城乡资源，加强基层医疗卫生队伍和服务能力建设，对乡村医疗卫生人员建立县乡村上下贯通的职业发展机制，通过县管乡用、乡聘村用等方式，将乡村医疗卫生人员纳入县域医疗卫生人员管理。

执业医师晋升为副高级技术职称的，应当有累计一年以上在县级以下或者对口支援的医疗卫生机构提供医疗卫生服务的经历；晋升副高级技术职称后，在县级以下或者对口支援的医疗卫生机构提供医疗卫生服务，累计一年以上的，同等条件下优先晋升正高级技术职称。

国家采取措施，鼓励取得执业医师资格或者执业助理医师资格的人员依法开办村医疗卫生机构，或者在村医疗卫生机构提供医疗卫生服务。

**第四十七条**　国家鼓励在村医疗卫生机构中

向村民提供预防、保健和一般医疗服务的乡村医生通过医学教育取得医学专业学历；鼓励符合条件的乡村医生参加医师资格考试，依法取得医师资格。

国家采取措施，通过信息化、智能化手段帮助乡村医生提高医学技术能力和水平，进一步完善对乡村医生的服务收入多渠道补助机制和养老等政策。

乡村医生的具体管理办法，由国务院制定。

**第四十八条** 医师有下列情形之一的，按照国家有关规定给予表彰、奖励：

（一）在执业活动中，医德高尚，事迹突出；

（二）在医学研究、教育中开拓创新，对医学专业技术有重大突破，做出显著贡献；

（三）遇有突发事件时，在预防预警、救死扶伤等工作中表现突出；

（四）长期在艰苦边远地区的县级以下医疗卫生机构努力工作；

（五）在疾病预防控制、健康促进工作中做出突出贡献；

（六）法律、法规规定的其他情形。

**第四十九条** 县级以上人民政府及其有关部门应当将医疗纠纷预防和处理工作纳入社会治安综合治理体系，加强医疗卫生机构及周边治安综合治理，维护医疗卫生机构良好的执业环境，有效防范和依法打击涉医违法犯罪行为，保护医患双方合法权益。

医疗卫生机构应当完善安全保卫措施，维护良好的医疗秩序，及时主动化解医疗纠纷，保障医师执业安全。

禁止任何组织或者个人阻碍医师依法执业，干扰医师正常工作、生活；禁止通过侮辱、诽谤、威胁、殴打等方式，侵犯医师的人格尊严、人身安全。

**第五十条** 医疗卫生机构应当为医师提供职业安全和卫生防护用品，并采取有效的卫生防护和医疗保健措施。

医师受到事故伤害或者在职业活动中因接触有毒、有害因素而引起疾病、死亡的，依照有关法律、行政法规的规定享受工伤保险待遇。

**第五十一条** 医疗卫生机构应当为医师合理安排工作时间，落实带薪休假制度，定期开展健康检查。

**第五十二条** 国家建立完善医疗风险分担机制。医疗机构应当参加医疗责任保险或者建立、参加医疗风险基金。鼓励患者参加医疗意外保险。

**第五十三条** 新闻媒体应当开展医疗卫生法律、法规和医疗卫生知识的公益宣传，弘扬医师先进事迹，引导公众尊重医师、理性对待医疗卫生风险。

## 第六章 法律责任

**第五十四条** 在医师资格考试中有违反考试纪律等行为，情节严重的，一年至三年内禁止参加医师资格考试。

以不正当手段取得医师资格证书或者医师执业证书的，由发给证书的卫生健康主管部门予以撤销，三年内不受理其相应申请。

伪造、变造、买卖、出租、出借医师执业证书的，由县级以上人民政府卫生健康主管部门责令改正，没收违法所得，并处违法所得二倍以上五倍以下的罚款，违法所得不足一万元的，按一万元计算；情节严重的，吊销医师执业证书。

**第五十五条** 违反本法规定，医师在执业活动中有下列行为之一的，由县级以上人民政府卫生健康主管部门责令改正，给予警告；情节严重的，责令暂停六个月以上一年以下执业活动直至吊销医师执业证书：

（一）在提供医疗卫生服务或者开展医学临床研究中，未按照规定履行告知义务或者取得知情同意；

（二）对需要紧急救治的患者，拒绝急救处置，或者由于不负责任延误诊治；

（三）遇有自然灾害、事故灾难、公共卫生事件和社会安全事件等严重威胁人民生命健康的突发事件时，不服从卫生健康主管部门调遣；

（四）未按照规定报告有关情形；

（五）违反法律、法规、规章或者执业规范，造成医疗事故或者其他严重后果。

**第五十六条** 违反本法规定，医师在执业活动中有下列行为之一的，由县级以上人民政府卫生健康主管部门责令改正，给予警告，没收违法所得，并处一万元以上三万元以下的罚款；情节严重的，责令暂停六个月以上一年以下执业活动直至吊销医师执业证书：

（一）泄露患者隐私或者个人信息；

（二）出具虚假医学证明文件，或者未经亲自诊查、调查，签署诊断、治疗、流行病学等证明文件或者有关出生、死亡等证明文件；

（三）隐匿、伪造、篡改或者擅自销毁病历等医学文书及有关资料；

（四）未按照规定使用麻醉药品、医疗用毒性药品、精神药品、放射性药品等；

（五）利用职务之便，索要、非法收受财物或者牟取其他不正当利益，或者违反诊疗规范，对患者实施不必要的检查、治疗造成不良后果；

（六）开展禁止类医疗技术临床应用。

**第五十七条**　违反本法规定，医师未按照注册的执业地点、执业类别、执业范围执业的，由县级以上人民政府卫生健康主管部门或者中医药主管部门责令改正，给予警告，没收违法所得，并处一万元以上三万元以下的罚款；情节严重的，责令暂停六个月以上一年以下执业活动直至吊销医师执业证书。

**第五十八条**　严重违反医师职业道德、医学伦理规范，造成恶劣社会影响的，由省级以上人民政府卫生健康主管部门吊销医师执业证书或者责令停止非法执业活动，五年直至终身禁止从事医疗卫生服务或者医学临床研究。

**第五十九条**　违反本法规定，非医师行医的，由县级以上人民政府卫生健康主管部门责令停止非法执业活动，没收违法所得和药品、医疗器械，并处违法所得二倍以上十倍以下的罚款，违法所得不足一万元的，按一万元计算。

**第六十条**　违反本法规定，阻碍医师依法执业，干扰医师正常工作、生活，或者通过侮辱、诽谤、威胁、殴打等方式，侵犯医师人格尊严、人身安全，构成违反治安管理行为的，依法给予治安管理处罚。

**第六十一条**　违反本法规定，医疗卫生机构未履行报告职责，造成严重后果的，由县级以上人民政府卫生健康主管部门给予警告，对直接负责的主管人员和其他直接责任人员依法给予处分。

**第六十二条**　违反本法规定，卫生健康主管部门和其他有关部门工作人员或者医疗卫生机构工作人员弄虚作假、滥用职权、玩忽职守、徇私舞弊的，依法给予处分。

**第六十三条**　违反本法规定，构成犯罪的，依法追究刑事责任；造成人身、财产损害的，依法承担民事责任。

## 第七章　附　　则

**第六十四条**　国家采取措施，鼓励具有中等专业学校医学专业学历的人员通过参加更高层次学历教育等方式，提高医学技术能力和水平。

在本法施行前以及在本法施行后一定期限内取得中等专业学校相关医学专业学历的人员，可以参加医师资格考试。具体办法由国务院卫生健康主管部门会同国务院教育、中医药等有关部门制定。

**第六十五条**　中国人民解放军和中国人民武装警察部队执行本法的具体办法，由国务院、中央军事委员会依据本法制定。

**第六十六条**　境外人员参加医师资格考试、申请注册、执业或者从事临床示教、临床研究、临床学术交流等活动的具体管理办法，由国务院卫生健康主管部门制定。

**第六十七条**　本法自2022年3月1日起施行。《中华人民共和国执业医师法》同时废止。

# 关于修订《中华人民共和国执业医师法》的说明

——2021年1月20日在第十三届全国人民代表大会常务委员会第二十五次会议上

全国人大教育科学文化卫生委员会副主任委员　刘　谦

全国人民代表大会常务委员会：

我受全国人大教育科学文化卫生委员会委托，就修订《中华人民共和国执业医师法》作说明。

## 一、修法的必要性和主要过程

党的十八大以来，以习近平同志为核心的党中央高度重视医师队伍建设。特别是党的十九届五中全会、中央全面依法治国工作会议和习近平总书记对加强公共卫生法治保障作出的一系列重要指示，对医师队伍建设、管理和保障等方面提出了新要求。同时，随着我国经济社会发展和医改不断深入推进，医师队伍建设与管理出现了许多新情况、新问题，执业医师法已不能很好地适应实际工作需要，主要表现为：一是医师执业管理有待加强；二是医师职责和权利义务需要进一步明确；三是医师教育培养制度不够健全；四是有些条文规定过于原则、操作性不强；五是实践中的一些好的经验和做法需要上升为法律。综上，有必要对执业医师法进行修改。

修改执业医师法是十三届全国人大常委会立法规划项目，由教科文卫委负责提请审议。2019 年 1 月，教科文卫委会同国家卫生健康委等九部门共同成立了修法工作领导小组，组织开展调研，并召开三次会议研究修法工作。新冠肺炎疫情发生后，按照习近平总书记关于强化公共卫生法治保障的重要指示精神，落实全国人大常委会工作部署和栗战书委员长的指示要求，由艾力更·依明巴海、陈竺、蔡达峰三位副委员长牵头组织成立工作专班，多次召开专项工作会议，研究推进修法工作。在深入调研和听取梳理各方面意见建议的基础上，形成了《中华人民共和国医师法（草案）》，并经由教科文卫委第二十四次全体会议进行审议。

## 二、修法的基本原则

坚持以习近平新时代中国特色社会主义思想为指导，按照全国人大常委会的部署要求，在具体工作中主要把握了以下几点：一是把习近平总书记关于卫生健康和医师队伍建设的重要指示贯彻在法律修改之中；二是坚持人民至上、生命至上，努力为实施健康中国战略提供有效法律支撑和保障；三是坚持问题导向，强基层、补短板、堵漏洞，同时做好与相关法律的衔接；四是遵循医师培养成长规律，使医师队伍符合时代要求；五是体现尊重关爱医务工作者，强化保障机制，推动营造尊医重卫的良好氛围。

## 三、草案的主要内容

现行执业医师法共六章四十八条。草案共七章五十八条，新增“保障措施”一章作为第五章，并对现行法律作了较大幅度修改。

（一）保障医师合法权益及待遇

草案进一步明确医师享有的权利，包括在执业活动中，人格尊严、人身安全不受侵犯；获得符合国家规定标准的执业基本条件和职业防护装备；获取合理劳动报酬和津贴，享受国家规定的福利待遇，按照规定参加社会保险并享受相应待遇等。

草案增加“保障措施”一章，从薪酬待遇、队伍建设、执业环境治理、职业防护、行业自律等方面作出规定。包括国家建立健全符合医疗卫生行业特点的人事、薪酬、职称、奖励制度，体现医师职业特点和技术劳动价值；政府应当维护医师执业环境，有效防范和依法打击涉医违法犯罪行为；医疗卫生机构应当为医务人员提供职业安全和卫生防护用品；新闻媒体报道医疗卫生事件应当做到真实、客观、公正等。

（二）完善医师的职责和义务

草案规定，医师要遵循临床有关操作规范和医学伦理规范，并对患者进行健康指导；医师在医疗活动中发现有关情形应及时报告；医师进行医学研究和试验性临床医疗，应当符合国家有关规定并征得患者或者其近亲属明确同意。

关于“实习医生”的合法性问题。草案规定，尚未取得执业医师或者执业助理医师资格，在医疗卫生机构服务或者接受规范化培训的医学毕业生和参加临床教学实践的医学生应当在执业医师监督指导下，参加临床诊疗活动。

（三）完善医师考试注册管理制度

草案将医师分为临床、中医（含中西医结合）、口腔和公共卫生等四个类别；将参加医师资格考试的最低学历由中专提升为大专。

草案规定，医师注册的执业范围应与所在执业机构诊疗科目的设置相适应，医师经过培训和考核，可以增加执业范围，并补充医师有“严重违反医师职业道德、医学伦理的”等情形不予注册的规定。

草案还对可不办理执业注册变更的情形和对港澳台地区的人员及外籍医师的执业管理加以明确。

（四）完善医师教育培训和考核制度

关于医师教育培训制度，草案规定，国家制定医师培养规划，加强医教协同，完善医学院校教育、毕业后教育和继续医学教育体系。

为了加强基层卫生队伍建设，草案规定，国家通过多种途径，加强以全科医生为重点的基层医疗卫生人才培养；国家加强基层医疗卫生队伍和服务能力建设，建立县乡村上下贯通的职业发展机制，鼓励执业医师下基层，完善对乡村医生的相关待遇政策等；政府应当采取措施，优先保障基层、贫困地区和少数民族地区的医务人员接受培训和继续医学教育。

关于医师定期考核制度，草案规定，医师定期考核周期为三年。县级以上人民政府卫生健康主管部门负责指导、检查和监督医师考核工作，对考核不合格的医师给予相应处理。

（五）完善法律责任

草案明确了医师“以不正当手段取得医师资格证书或执业证书”、“严重违反医师职业道德、医学伦理”、发生紧急情况擅自离岗或不服从调遣、违规开展有关医疗技术临床应用、使用假劣药以及未履行报告义务等行为的法律后果，并对擅自以医疗机构名义行医或者非医师行医、扰乱医疗卫生秩序等违法行为进行处罚。

草案还对部分条款及文字作了修改。

## 四、需要重点说明的问题

（一）将弘扬医师崇高职业精神等新理念入法

根据习近平总书记关于卫生健康工作的重要指示精神，草案明确本法宗旨是保护人民健康，规范医师执业行为，保障医师和公众的合法权益，推进健康中国建设，并规定，医师应当坚持人民至上、生命至上，弘扬“敬佑生命、救死扶伤、甘于奉献、大爱无疆”的崇高职业精神；每年8月19日为中国医师节，是广大医务工作者的共同节日，各级政府推动全社会形成尊医重卫的良好氛围。

（二）吸收新冠肺炎疫情防控经验入法

新冠肺炎疫情防控实践再次证明，党的领导和我国社会主义制度、国家治理体系具有强大生命力和显著优越性。草案积极总结吸收疫情防控的成功经验和做法。例如，草案规定，国家建立适应现代化疾病预防控制体系的人才培养和使用机制；遇有紧急情况以及国防动员需求时，医师应当服从卫生健康主管部门的调遣；医师发现传染病、突发不明原因疾病和异常健康事件时有及时报告的义务；对在预防预警、救死扶伤等工作中表现突出的医师给予表彰或者奖励。

（三）修改法律名称

草案建议将法律名称由“执业医师法”改为“医师法”。主要考虑：一是我国涉及职业类别的相关法律法规，如教师法、法官法、律师法、护士条例等，都有严格的资格认证和执业注册等管理制度，但在法律法规名称上都没有“执业”二字的限定，更名有利于保持法律体系的协调统一。二是法律名称修改为医师法，是听取采纳医疗卫生机构、一线医务人员和有关行业组织的建议，也与中国医师节的内涵相一致。三是法律名称的修改不涉及现行医师分类管理、资格考试、执业注册考核等制度，不影响对医师执业行为的严格要求。

草案及上述说明是否妥当，请审议。

# 全国人民代表大会宪法和法律委员会关于《中华人民共和国医师法（草案）》修改情况的汇报

——2021年6月7日在第十三届全国人民代表大会常务委员会第二十九次会议上

全国人大宪法和法律委员会副主任委员　丛　斌

全国人民代表大会常务委员会：

常委会第二十五次会议对医师法草案进行了初次审议。会后，法制工作委员会将草案印发中央有关单位、各省（区、市）、部分设区的市、基层立法联系点、有关行业组织、医疗卫生机构和部分全国人大代表等征求意见；在中国人大网全文公布草案，征求社会公众意见。宪法和法律委员会、法制工作委员会到江苏、安徽调研，并就草案中的主要问题与有关部门交换意见，共同研究。宪法和法律委员会、教育科学文化卫生委员会和法制工作委员会联合召开座谈会，听取部分全国人大代表和有关部门、专家、医师等的意见。宪法和法律委员会于5月20日召开会议，根据常委会组成人员的审议意见和各方面的意见，对草案进行了逐条审议。教育科学文化卫生委员会、司法部、国家卫生健康委员会有关负责同志列席了会议。5月27日，宪法和法律委员会召开会议，再次进行了审议。现将医师法草案主要问题的修改情况汇报如下：

一、有些常委会组成人员、部门、地方和行业协会提出，应当进一步明确并发挥医师协会等行业组织的作用。宪法和法律委员会经研究，建议作以下修改：一是在总则中明确医师协会等行业组织应当加强行业自律和医师执业规范，维护医师合法权益，协助卫生健康主管部门和其他有关部门开展相关工作。二是明确有关行业组织应当为医师接受继续医学教育提供服务和创造条件，加强继续医学教育的组织、管理。三是明确县级以上人民政府卫生健康主管部门可以委托行业组织对医师进行考核。

二、有些常委委员、地方提出，应积极稳妥推进医师多点执业，并进一步明确医师执业规则，加强执业规范。有的常委会组成人员建议进一步完善医师注册条件、信息发布等相关制度。宪法和法律委员会经研究，建议作以下修改：一是增加规定，执业医师在两个以上医疗卫生机构执业的，应当以其中一个医疗卫生机构为主，并按照国家有关规定办理变更注册、备案等手续。卫生健康主管部门、医疗卫生机构应当加强对相关医师的监督管理，规范其执业行为，保证医疗卫生服务质量。二是明确医师不得出具虚假医学证明文件，不得对患者实施过度医疗。三是明确法律、行政法规对医师从事特定范围执业活动的资质条件有规定的，从其规定。四是明确卫生健康主管部门应当将准予注册和注销注册的人员名单及时予以公告，并按照规定通过网站等提供医师注册信息查询服务。五是明确国家鼓励医师和其他医疗卫生人员积极参与公共场所急救服务。

三、有的常委委员提出，应当积极引导优质医疗资源向基层流动，推动更多更高水平执业医师为基层服务。宪法和法律委员会经研究，建议增加规定：执业医师晋升副高级技术职称后，在县级以下或者对口支援的医疗卫生机构提供医疗卫生服务，累计一年以上的，同等条件下优先晋升正高级技术职称。

四、有的常委委员、代表和部门提出，针对“伤医”、“医闹”等突出问题，应当进一步强化对医师执业安全的保障。宪法和法律委员会经研究，建议在总则中明确医师的人格尊严、人身安全不受侵犯，同时增加规定：禁止任何组织或者个人阻碍医师依法执业，干扰医师正常工作、生活；禁止通过侮辱、诽谤、威胁、殴打等方式，侵犯医师人格尊严、人身安全和人身自由。

五、有的常委委员、部门、地方和社会公众建议进一步完善法律责任规定。宪法和法律委员会经研究，建议作以下修改：一是明确以不正当手段取得医师资格证书或者医师执业证书的，三年内不受理其相应申请。二是明确违反医师职业道德、医学伦理规范，造成严重后果的，由省级以上人民政府卫生健康主管部门责令停止执业活动，吊销医师执业证书，并可以终身禁止从事医疗卫生服务。三是对医师在依法允许的医疗卫生机构外执业，或者超出注册的执业地点、执业类别、执业范围执业的违法行为，明确法律责任，加大处罚力度。

六、草案将参加医师资格考试的最低学历由中专提升为大专，并规定了过渡期，即本法施行之日起五年内，具有中等专业学校医学专业学历的人员可以参加医师资格考试。有的常委委员、部门、地方和社会公众提出，已经取得中专学历的人员参加考试可以不受五年期限的限制。宪法和法律委员会经研究，建议将有关规定修改为：在本法施行前以及在本法施行后五年内取得中等专业学校医学专业学历的人员，可以参加医师资格考试，具体办法由国务院卫生健康主管部门会同教育、中医药等有关部门制定。

七、草案对港澳台人员和外国人参加医师资格考试、注册、执业等分别作了规定。有的常委委员、部门提出，对境外人员相关活动的管理，本法可作原则规定。宪法和法律委员会经研究，建议将上述规定合并修改为：境外人员参加医师资格考试，申请注册、执业或者从事临床示教、临床研究、临床学术交流等活动的具体管理办法，由国务院卫生健康主管部门制定。

此外，还对草案作了一些文字修改。

草案二次审议稿已按上述意见作了修改，宪法和法律委员会建议提请本次常委会会议继续审议。

草案二次审议稿和以上汇报是否妥当，请审议。

# 全国人民代表大会宪法和法律委员会<br>关于《中华人民共和国医师法（草案）》审议结果的报告

——2021 年 8 月 17 日在第十三届全国人民代表大会常务委员会第三十次会议上

全国人大宪法和法律委员会副主任委员　丛　斌

全国人民代表大会常务委员会：

常委会第二十九次会议对医师法草案进行了二次审议。会后，法制工作委员会在中国人大网全文公布草案二次审议稿，征求社会公众意见，同时再次书面征求国务院有关部门意见，召开医疗机构座谈会和基层立法联系点视频座谈会，到山西调研，听取各有关方面意见，并就草案中的主要问题与有关部门交换意见，共同研究。宪法和法律委员会于7月15日召开会议，根据委员长会议精神、常委会组成人员的审议意见和各方面的意见，对草案进行了逐条审议。教育科学文化卫生委员会、司法部、国家卫生健康委员会有关负责同志列席了会议。7月28日，宪法和法律委员会召开会议，再次进行了审议。宪法和法律委员会认为，为了保障医师合法权益，规范医师执业行为，加强医师队伍建设，保护人民健康，推进健康中国建设，对执业医师法进行修订是必要的，草案经过两次审议修改，已经比较成熟。同时，提出以下主要修改意见：

一、有的常委委员提出，医师晋升考核评价应当突出临床工作业绩，树立正确评价导向。宪法和法律委员会经研究，建议将有关规定修改为：国家建立健全医师医学专业技术职称设置、评定和岗位聘任制度，将职业道德、专业实践能力和工作业绩作为重要条件，科学设置有关评定、聘任标准。

二、有的常委委员提出，应当在医师执业活动中进一步促进中西医结合。有的部门、地方和社会公众提出，实践中有的医疗机构对中医医师在临床科室执业设置了限制，不利于促进中西医结合，建议对此予以规范。宪法和法律委员会经研究，建议增加以下规定：一是中医、中西医结合医师可以在医疗机构中的中医科、中西医结合科或者其他临床科室按照注册的执业类别、执业范围执业。二是经考试取得医师资格的中医医师按照国家有关规定，经培训和考核合格，在执业活动中可以采用与其专业相关的西医药技术方法。西医医师按照国家有关规定，经培训和考核合格，在执业活动中可以采用与其专业相关的中医药技术方法。三是国家采取措施，完善中医西医相互学习的教育制度，培养高层次中西医结合人才和能够提供中西医结合服务的全科医生。

三、有的常委委员提出，要采取切实有效措施，加强基层医师队伍建设。宪法和法律委员会经研究，建议作以下修改：一是增加规定，国家鼓励医师定期定点到县级以下医疗卫生机构，包括乡镇卫生院、村卫生室、社区卫生服务中心等，提供医疗卫生服务，主执业机构应当支持并提供便利。二是增加规定，县级以上人民政府卫生健康主管部门应当有计划地组织协调县级以上医疗卫生机构对乡镇卫生院、村卫生室、社区卫生服务中心等基层医疗卫生机构中的医疗卫生人员开展培训，提高其医学技术能力和水平。三是增加规定，国家在每年的医学专业招生计划和教育培训计划中，核定一定比例用于定向培养、委托培训，加强基层和艰苦边远地区医师队伍建设。有关部门、医疗卫生机构与接受定向培养、委托培训项目的人员签订协议，约定相关待遇、服务年限、违约责任等事项，有关人员应当履行协议约定的义务。县级以上人民政府有关部门应当采取措施，加强履约管理。协议各方违反约定的，应当承担违约责任。四是明确国家采取措施，统筹城乡资源，通过“县管乡用”、“乡聘村用”等方式，将乡村医疗卫生人员纳入县域医疗卫生人员管理。五是明确国家采取措施，进一步完善对乡村医生的服务收入多渠道补助机制和养老等政策。

四、有的常委会组成人员、地方提出，为了鼓励医师积极参与公共场所的救治活动，应当对参与救治的医师予以免责。宪法和法律委员会经研究，建议根据民法典有关规定，明确医师在公共场所因自愿实施急救造成受助人损害的，不承担民事责任。

五、有的常委会组成人员建议进一步加强紧缺专业医师培养，完善医师培训和考核制度。宪法和法律委员会经研究，建议作以下修改：一是明确国家加强全科、儿科、精神科、老年医学等紧缺专业人才培养。二是增加规定，国家建立公共卫生与临床医学相结合的人才培养机制，通过多种途径对临床医师进行疾病预防控制、突发公共卫生事件应对等方面业务培训，对公共卫生医师进行临床医学业务培训，加强医防结合和中西医协同防治。三是完善定期考核，对具有较长年限执业经历、无不良行为记录的医师，可以简化考核程序。

六、有的常委委员、地方提出，应当进一步体现对医师的关心爱护，充实完善医师休息休假、医疗风险分担机制等规定。宪法和法律委员会经研究，建议作以下修改：一是增加规定，医疗卫生机构应当为医师合理安排工作时间，落实带薪休假制度，定期开展健康检查。二是明确医疗机构应当参加医疗责任保险或者建立、参加医疗风险基金。

七、有的常委委员提出，应当进一步加强医疗卫生机构对医师的管理，规范医师执业行为。宪法和法律委员会经研究，建议作以下修改：一是增加规定，有关行业组织、医疗卫生机构、医学院校应当加强对医师的医德医风教育。医疗卫生机构应当建立健全医师岗位责任、内部监督、投诉处理等制度，加强对医师的管理。二是明确违反医师资格考试纪律，伪造、变造、买卖、出租、出借医师执业证书等的法律责任，加大对有关违法行为的处罚力度。

此外，还对草案二次审议稿作了一些文字修改。

7月26日，法制工作委员会召开会议，邀请部分全国人大代表、医师、专家、地方有关部门、行业协会等就草案中主要制度规范的可行性、出台时机、实施的社会效果和可能出现的问题等进行评估。与会人员普遍认为，草案贯彻落实习近平总书记关于卫生健康和医师队伍建设的重要指示精神，以保护人民健康为宗旨，以强基层为重点，坚持医防结合、中西医并重，全面保障医师合法权益，充分体现对医师的关心关爱，对加强医师队伍建设、在全社会营造尊医重卫的良好氛围具有重要意义。草案经过修改，充分吸收了各方面意见，已经比较成熟，在当前形势下出台正当其时，建议尽快审议通过。与会人员还对草案提出了一些具体修改意见，宪法和法律委员会进行了认真研究，对有的意见予以采纳。

草案三次审议稿已按上述意见作了修改，宪法和法律委员会建议提请本次常委会会议审议通过。

草案三次审议稿和以上报告是否妥当，请审议。

# 全国人民代表大会宪法和法律委员会关于《中华人民共和国医师法（草案三次审议稿）》修改意见的报告

——2021年8月19日在第十三届全国人民代表大会常务委员会第三十次会议上

全国人民代表大会常务委员会：

本次常委会会议于8月17日下午对医师法草案三次审议稿进行了分组审议。普遍认为，草案已经比较成熟，建议进一步修改后，提请本次常委会会议表决通过。同时，有些常委会组成人员还提出了一些修改意见和建议。宪法和法律委员会于8月18日上午召开会议，逐条研究了常委会组成人员的审议意见，对草案进行了审议。教育科学文化卫生委员会有关负责同志列席了会议。法制工作委员会就草案修改与司法部、国家卫生健康委员会等部门进行了沟通，共同研究。宪法和法律委员会认为，草案是可行的，同时，提出以下修改意见：

一、草案三次审议稿第十六条第二款、第十七条第二款中规定，对不予注册和注销注册的，可以依法申请行政复议或者提起行政诉讼。有的常委委员提出，行政复议法和行政诉讼法已经对可以申请行政复议、提起行政诉讼的范围作了明确规定，涵盖了行政许可、行政处罚等行政行为，有关当事人可以依法申请复议、提起诉讼，本法可不再规定，避免挂一漏万。宪法和法律委员会经研究，建议采纳这一意见。

二、有些常委会组成人员提出，新冠肺炎疫情防控中医院内交叉感染的问题时有发生，法律应当对加强院内感染防控提出要求。宪法和法律委员会经研究，建议增加规定：医疗机构应当建立健全管理制度，严格执行院内感染防控措施。

经与有关部门研究，建议将本法的施行时间确定为2022年3月1日。

此外，根据常委会组成人员的审议意见，还对草案三次审议稿作了一些文字修改。

草案修改稿已按上述意见作了修改，宪法和法律委员会建议本次常委会会议审议通过。

草案修改稿和以上报告是否妥当，请审议。

# 中华人民共和国主席令

第九十五号

《中华人民共和国兵役法》已由中华人民共和国第十三届全国人民代表大会常务委员会第三十次会议于2021年8月20日修订通过，现予公布，自2021年10月1日起施行。

中华人民共和国主席　习近平

2021年8月20日

# 中华人民共和国兵役法

（1984年5月31日第六届全国人民代表大会第二次会议通过　根据1998年12月29日第九届全国人民代表大会常务委员会第六次会议《关于修改〈中华人民共和国兵役法〉的决定》第一次修正　根据2009年8月27日第十一届全国人民代表大会常务委员会第十次会议《关于修改部分法律的决定》第二次修正　根据2011年10月29日第十一届全国人民代表大会常务委员会第二十三次会议《关于修改〈中华人民共和国兵役法〉的决定》第三次修正　2021年8月20日第十三届全国人民代表大会常务委员会第三十次会议修订）

## 目　　录



## 第一章　总　　则

**第一条**　为了规范和加强国家兵役工作，保证公民依法服兵役，保障军队兵员补充和储备，建设巩固国防和强大军队，根据宪法，制定本法。

**第二条**　保卫祖国、抵抗侵略是中华人民共和国每一个公民的神圣职责。

**第三条**　中华人民共和国实行以志愿兵役为主体的志愿兵役与义务兵役相结合的兵役制度。

**第四条**　兵役工作坚持中国共产党的领导，贯彻习近平强军思想，贯彻新时代军事战略方针，坚持与国家经济社会发展相协调，坚持与国防和军队建设相适应，遵循服从国防需要、聚焦备战打仗、彰显服役光荣、体现权利和义务一致的原则。

**第五条**　中华人民共和国公民，不分民族、种族、职业、家庭出身、宗教信仰和教育程度，都有义务依照本法的规定服兵役。

有严重生理缺陷或者严重残疾不适合服兵役的公民，免服兵役。

依照法律被剥夺政治权利的公民，不得服兵役。

**第六条**　兵役分为现役和预备役。在中国人民解放军服现役的称军人；预编到现役部队或者编入预备役部队服预备役的，称预备役人员。

**第七条**　军人和预备役人员，必须遵守宪法和法律，履行公民的义务，同时享有公民的权利；由于服兵役而产生的权利和义务，由本法和其他相关法律法规规定。

**第八条**　军人必须遵守军队的条令和条例，忠于职守，随时为保卫祖国而战斗。

预备役人员必须按照规定参加军事训练、担负战备勤务、执行非战争军事行动任务，随时准备应召参战，保卫祖国。

军人和预备役人员入役时应当依法进行服役宣誓。

**第九条**　全国的兵役工作，在国务院、中央军事委员会领导下，由国防部负责。

省军区（卫戍区、警备区）、军分区（警备区）和县、自治县、不设区的市、市辖区的人民武装部，兼各该级人民政府的兵役机关，在上级军事机关和同级人民政府领导下，负责办理本行政区域的兵役工作。

机关、团体、企业事业组织和乡、民族乡、镇的人民政府，依照本法的规定完成兵役工作任务。兵役工作业务，在设有人民武装部的单位，由人民武装部办理；不设人民武装部的单位，确定一个部门办理。普通高等学校应当有负责兵役工作的机构。

**第十条**　县级以上地方人民政府兵役机关应当会同相关部门，加强对本行政区域内兵役工作的组织协调和监督检查。

县级以上地方人民政府和同级军事机关应当将兵役工作情况作为拥军优属、拥政爱民评比和有关单位及其负责人考核评价的内容。

**第十一条**　国家加强兵役工作信息化建设，采取有效措施实现有关部门之间信息共享，推进兵役信息收集、处理、传输、存储等技术的现代化，为提高兵役工作质量效益提供支持。

兵役工作有关部门及其工作人员应当对收集的个人信息严格保密，不得泄露或者向他人非法提供。

**第十二条**　国家采取措施，加强兵役宣传教育，增强公民依法服兵役意识，营造服役光荣的良好社会氛围。

**第十三条**　军人和预备役人员建立功勋的，按照国家和军队关于功勋荣誉表彰的规定予以褒奖。

组织和个人在兵役工作中作出突出贡献的，按照国家和军队有关规定予以表彰和奖励。

## 第二章　兵役登记

**第十四条**　国家实行兵役登记制度。兵役登记包括初次兵役登记和预备役登记。

**第十五条**　每年十二月三十一日以前年满十八周岁的男性公民，都应当按照兵役机关的安排在当年进行初次兵役登记。

机关、团体、企业事业组织和乡、民族乡、镇的人民政府，应当根据县、自治县、不设区的市、市辖区人民政府兵役机关的安排，负责组织本单位和本行政区域的适龄男性公民进行初次兵役登记。

初次兵役登记可以采取网络登记的方式进行，也可以到兵役登记站（点）现场登记。进行兵役登记，应当如实填写个人信息。

**第十六条**　经过初次兵役登记的未服现役的公民，符合预备役条件的，县、自治县、不设区的市、市辖区人民政府兵役机关可以根据需要，对其进行预备役登记。

**第十七条**　退出现役的士兵自退出现役之日起四十日内，退出现役的军官自确定安置地之日起三十日内，到安置地县、自治县、不设区的市、市辖区人民政府兵役机关进行兵役登记信息变更；其中，符合预备役条件，经部队确定需要办理预备役登记的，还应当办理预备役登记。

**第十八条**　县级以上地方人民政府兵役机关负责本行政区域兵役登记工作。

县、自治县、不设区的市、市辖区人民政府兵役机关每年组织兵役登记信息核验，会同有关部门对公民兵役登记情况进行查验，确保兵役登记及时，信息准确完整。

## 第三章　平时征集

**第十九条**　全国每年征集服现役的士兵的人数、次数、时间和要求，由国务院和中央军事委员会的命令规定。

县级以上地方各级人民政府组织兵役机关和有关部门组成征集工作机构，负责组织实施征集工作。

**第二十条**　年满十八周岁的男性公民，应当被征集服现役；当年未被征集的，在二十二周岁以前仍可以被征集服现役。普通高等学校毕业生的征集年龄可以放宽至二十四周岁，研究生的征集年龄可以放宽至二十六周岁。

根据军队需要，可以按照前款规定征集女性公民服现役。

根据军队需要和本人自愿，可以征集年满十七周岁未满十八周岁的公民服现役。

**第二十一条**　经初次兵役登记并初步审查符合征集条件的公民，称应征公民。

在征集期间，应征公民应当按照县、自治县、不设区的市、市辖区征集工作机构的通知，按时参加体格检查等征集活动。

应征公民符合服现役条件，并经县、自治县、不设区的市、市辖区征集工作机构批准的，被征集服现役。

**第二十二条**　在征集期间，应征公民被征集服现役，同时被机关、团体、企业事业组织招录或者聘用的，应当优先履行服兵役义务；有关机关、团体、企业事业组织应当服从国防和军队建设的需要，支持兵员征集工作。

**第二十三条**　应征公民是维持家庭生活唯一劳动力的，可以缓征。

**第二十四条**　应征公民因涉嫌犯罪正在被依法监察调查、侦查、起诉、审判或者被判处徒刑、拘役、管制正在服刑的，不征集。

## 第四章　士兵的现役和预备役

**第二十五条**　现役士兵包括义务兵役制士兵

和志愿兵役制士兵，义务兵役制士兵称义务兵，志愿兵役制士兵称军士。

**第二十六条**　义务兵服现役的期限为二年。

**第二十七条**　义务兵服现役期满，根据军队需要和本人自愿，经批准可以选改为军士；服现役期间表现特别优秀的，经批准可以提前选改为军士。根据军队需要，可以直接从非军事部门具有专业技能的公民中招收军士。

军士实行分级服现役制度。军士服现役的期限一般不超过三十年，年龄不超过五十五周岁。

军士分级服现役的办法和直接从非军事部门招收军士的办法，按照国家和军队有关规定执行。

**第二十八条**　士兵服现役期满，应当退出现役。

士兵因国家建设或者军队编制调整需要退出现役的，经军队医院诊断证明本人健康状况不适合继续服现役的，或者因其他特殊原因需要退出现役的，经批准可以提前退出现役。

**第二十九条**　士兵服现役的时间自征集工作机构批准入伍之日起算。

士兵退出现役的时间为部队下达退出现役命令之日。

**第三十条**　依照本法第十七条规定经过预备役登记的退出现役的士兵，由部队会同兵役机关根据军队需要，遴选确定服士兵预备役；经过考核，适合担任预备役军官职务的，服军官预备役。

**第三十一条**　依照本法第十六条规定经过预备役登记的公民，符合士兵预备役条件的，由部队会同兵役机关根据军队需要，遴选确定服士兵预备役。

**第三十二条**　预备役士兵服预备役的最高年龄，依照其他有关法律规定执行。

预备役士兵达到服预备役最高年龄的，退出预备役。

## 第五章　军官的现役和预备役

**第三十三条**　现役军官从下列人员中选拔、招收：

（一）军队院校毕业学员；

（二）普通高等学校应届毕业生；

（三）表现优秀的现役士兵；

（四）军队需要的专业技术人员和其他人员。

战时根据需要，可以从现役士兵、军队院校学员、征召的预备役军官和其他人员中直接任命军官。

**第三十四条**　预备役军官包括下列人员：

（一）确定服军官预备役的退出现役的军官；

（二）确定服军官预备役的退出现役的士兵；

（三）确定服军官预备役的专业技术人员和其他人员。

**第三十五条**　军官服现役和服预备役的最高年龄，依照其他有关法律规定执行。

**第三十六条**　现役军官按照规定服现役已满最高年龄或者衔级最高年限的，退出现役；需要延长服现役或者暂缓退出现役的，依照有关法律规定执行。

现役军官按照规定服现役未满最高年龄或者衔级最高年限，因特殊情况需要退出现役的，经批准可以退出现役。

**第三十七条**　依照本法第十七条规定经过预备役登记的退出现役的军官、依照本法第十六条规定经过预备役登记的公民，符合军官预备役条件的，由部队会同兵役机关根据军队需要，遴选确定服军官预备役。

预备役军官按照规定服预备役已满最高年龄的，退出预备役。

## 第六章　军队院校从青年学生中招收的学员

**第三十八条**　根据军队建设的需要，军队院校可以从青年学生中招收学员。招收学员的年龄，不受征集服现役年龄的限制。

**第三十九条**　学员完成学业达到军队培养目标的，由院校发给毕业证书；按照规定任命为现役军官或者军士。

**第四十条**　学员未达到军队培养目标或者不符合军队培养要求的，由院校按照国家和军队有关规定发给相应证书，并采取多种方式分流；其中，回入学前户口所在地的学员，就读期间其父母已办理户口迁移手续的，可以回父母现户口所在地，由县、自治县、不设区的市、市辖区的人民政府按照国家有关规定接收安置。

**第四十一条**　学员被开除学籍的，回入学前户口所在地；就读期间其父母已办理户口迁移手续的，可以回父母现户口所在地，由县、自治县、不设区的市、市辖区的人民政府按照国家有关规定办理。

**第四十二条**　军队院校从现役士兵中招收的学员，适用本法第三十九条、第四十条、第四十一条的规定。

## 第七章 战时兵员动员

**第四十三条** 为了应对国家主权、统一、领土完整、安全和发展利益遭受的威胁,抵抗侵略,各级人民政府、各级军事机关,在平时必须做好战时兵员动员的准备工作。

**第四十四条** 在国家发布动员令或者国务院、中央军事委员会依照《中华人民共和国国防动员法》采取必要的国防动员措施后,各级人民政府、各级军事机关必须依法迅速实施动员,军人停止退出现役,休假、探亲的军人立即归队,预备役人员随时准备应召服现役,经过预备役登记的公民做好服预备役被征召的准备。

**第四十五条** 战时根据需要,国务院和中央军事委员会可以决定适当放宽征召男性公民服现役的年龄上限,可以决定延长公民服现役的期限。

**第四十六条** 战争结束后,需要复员的军人,根据国务院和中央军事委员会的复员命令,分期分批地退出现役,由各级人民政府妥善安置。

## 第八章 服役待遇和抚恤优待

**第四十七条** 国家保障军人享有符合军事职业特点、与其履行职责相适应的工资、津贴、住房、医疗、保险、休假、疗养等待遇。军人的待遇应当与国民经济发展相协调,与社会进步相适应。

女军人的合法权益受法律保护。军队应当根据女军人的特点,合理安排女军人的工作任务和休息休假,在生育、健康等方面为女军人提供特别保护。

**第四十八条** 预备役人员参战、参加军事训练、担负战备勤务、执行非战争军事行动任务,享受国家规定的伙食、交通等补助。预备役人员是机关、团体、企业事业组织工作人员的,参战、参加军事训练、担负战备勤务、执行非战争军事行动任务期间,所在单位应当保持其原有的工资、奖金和福利待遇。预备役人员的其他待遇保障依照有关法律法规和国家有关规定执行。

**第四十九条** 军人按照国家有关规定,在医疗、金融、交通、参观游览、法律服务、文化体育设施服务、邮政服务等方面享受优待政策。公民入伍时保留户籍。

军人因战、因公、因病致残的,按照国家规定评定残疾等级,发给残疾军人证,享受国家规定的待遇、优待和残疾抚恤金。因工作需要继续服现役的残疾军人,由所在部队按照规定发给残疾抚恤金。

军人牺牲、病故,国家按照规定发给其遗属抚恤金。

**第五十条** 国家建立义务兵家庭优待金制度。义务兵家庭优待金标准由地方人民政府制定,中央财政给予定额补助。具体补助办法由国务院退役军人工作主管部门、财政部门会同中央军事委员会机关有关部门制定。

义务兵和军士入伍前是机关、团体、事业单位或者国有企业工作人员的,退出现役后可以选择复职复工。

义务兵和军士入伍前依法取得的农村土地承包经营权,服现役期间应当保留。

**第五十一条** 现役军官和军士的子女教育,家属的随军、就业创业以及工作调动,享受国家和社会的优待。

符合条件的军人家属,其住房、医疗、养老按照有关规定享受优待。

军人配偶随军未就业期间,按照国家有关规定享受相应的保障待遇。

**第五十二条** 预备役人员因参战、参加军事训练、担负战备勤务、执行非战争军事行动任务致残、牺牲的,由当地人民政府依照有关规定给予抚恤优待。

## 第九章 退役军人的安置

**第五十三条** 对退出现役的义务兵,国家采取自主就业、安排工作、供养等方式妥善安置。

义务兵退出现役自主就业的,按照国家规定发给一次性退役金,由安置地的县级以上地方人民政府接收,根据当地的实际情况,可以发给经济补助。国家根据经济社会发展,适时调整退役金的标准。

服现役期间平时获得二等功以上荣誉或者战时获得三等功以上荣誉以及属于烈士子女的义务兵退出现役,由安置地的县级以上地方人民政府安排工作;待安排工作期间由当地人民政府按照国家有关规定发给生活补助费;根据本人自愿,也可以选择自主就业。

因战、因公、因病致残的义务兵退出现役,按照国家规定的评定残疾等级采取安排工作、供养等方式予以妥善安置;符合安排工作条件的,根据本人自愿，也可以选择自主就业。

**第五十四条**　对退出现役的军士，国家采取逐月领取退役金、自主就业、安排工作、退休、供养等方式妥善安置。

军士退出现役，服现役满规定年限的，采取逐月领取退役金方式予以妥善安置。

军士退出现役，服现役满十二年或者符合国家规定的其他条件的，由安置地的县级以上地方人民政府安排工作；待安排工作期间由当地人民政府按照国家有关规定发给生活补助费；根据本人自愿，也可以选择自主就业。

军士服现役满三十年或者年满五十五周岁或者符合国家规定的其他条件的，作退休安置。

因战、因公、因病致残的军士退出现役，按照国家规定的评定残疾等级采取安排工作、退休、供养等方式予以妥善安置；符合安排工作条件的，根据本人自愿，也可以选择自主就业。

军士退出现役，不符合本条第二款至第五款规定条件的，依照本法第五十三条规定的自主就业方式予以妥善安置。

**第五十五条**　对退出现役的军官，国家采取退休、转业、逐月领取退役金、复员等方式妥善安置；其安置方式的适用条件，依照有关法律法规的规定执行。

**第五十六条**　残疾军人、患慢性病的军人退出现役后，由安置地的县级以上地方人民政府按照国务院、中央军事委员会的有关规定负责接收安置；其中，患过慢性病旧病复发需要治疗的，由当地医疗机构负责给予治疗，所需医疗和生活费用，本人经济困难的，按照国家规定给予补助。

## 第十章　法律责任

**第五十七条**　有服兵役义务的公民有下列行为之一的，由县级人民政府责令限期改正；逾期不改正的，由县级人民政府强制其履行兵役义务，并处以罚款：

（一）拒绝、逃避兵役登记的；

（二）应征公民拒绝、逃避征集服现役的；

（三）预备役人员拒绝、逃避参加军事训练、担负战备勤务、执行非战争军事行动任务和征召的。

有前款第二项行为，拒不改正的，不得录用为公务员或者参照《中华人民共和国公务员法》管理的工作人员，不得招录、聘用为国有企业和事业单位工作人员，两年内不准出境或者升学复学，纳入履行国防义务严重失信主体名单实施联合惩戒。

**第五十八条**　军人以逃避服兵役为目的，拒绝履行职责或者逃离部队的，按照中央军事委员会的规定给予处分。

军人有前款行为被军队除名、开除军籍或者被依法追究刑事责任的，依照本法第五十七条第二款的规定处罚；其中，被军队除名的，并处以罚款。

明知是逃离部队的军人而招录、聘用的，由县级人民政府责令改正，并处以罚款。

**第五十九条**　机关、团体、企业事业组织拒绝完成本法规定的兵役工作任务的，阻挠公民履行兵役义务的，或者有其他妨害兵役工作行为的，由县级以上地方人民政府责令改正，并可以处以罚款；对单位负有责任的领导人员、直接负责的主管人员和其他直接责任人员，依法予以处罚。

**第六十条**　扰乱兵役工作秩序，或者阻碍兵役工作人员依法执行职务的，依照《中华人民共和国治安管理处罚法》的规定处罚。

**第六十一条**　国家工作人员和军人在兵役工作中，有下列行为之一的，依法给予处分：

（一）贪污贿赂的；

（二）滥用职权或者玩忽职守的；

（三）徇私舞弊，接送不合格兵员的；

（四）泄露或者向他人非法提供兵役个人信息的。

**第六十二条**　违反本法规定，构成犯罪的，依法追究刑事责任。

**第六十三条**　本法第五十七条、第五十八条、第五十九条规定的处罚，由县级以上地方人民政府兵役机关会同有关部门查明事实，经同级地方人民政府作出处罚决定后，由县级以上地方人民政府兵役机关、发展改革、公安、退役军人工作、卫生健康、教育、人力资源和社会保障等部门按照职责分工具体执行。

## 第十一章　附　　则

**第六十四条**　本法适用于中国人民武装警察部队。

**第六十五条**　本法自2021年10月1日起施行。

# 关于《中华人民共和国兵役法(修订草案)》的说明

——2020 年 12 月 22 日在第十三届全国人民代表大会常务委员会第二十四次会议上

中央军委国防动员部部长　盛　斌

全国人民代表大会常务委员会:

我受国务院、中央军委委托,现对《中华人民共和国兵役法(修订草案)》作说明。

## 一、修订兵役法的必要性和简要过程

现行兵役法于 1984 年公布施行,1998 年、2009 年、2011 年分别作了修正。随着形势任务发展变化,现行兵役法与经济社会快速发展、战争形态深刻演变、深化国防和军队改革不相适应的问题日益凸显,迫切需要予以修订完善。根据党中央、国务院、中央军委决策部署,2017 年 6 月启动修法工作。修法过程中,军委国防动员部会同军地有关部门,组织多层级、大范围调研,召开 200 多场座谈会,组织 6 万多名军地人员问卷调查,5 次书面征求军地单位意见,与国防法、退役军人保障法、军人地位和权益保障法等多次对接。目前,修订草案已经国务院常务会议和中央军委常务会议讨论通过。

## 二、修订工作的指导思想和原则

坚持以习近平新时代中国特色社会主义思想为指导,深入贯彻习近平强军思想,深入贯彻新时代军事战略方针,适应时代发展,服务国防和军队建设,聚焦建设世界一流军队,在修法中重点把握以下几个方面:一是以强军目标为根本指向。强化党对兵役工作的统一领导,着眼吸引入役、激励在役、保障退役,对我国兵役政策制度进行整体重塑,为加快实现军事人力资源现代化、全面建成世界一流军队提供法律支撑。二是以备战打仗为有力牵引。适应信息化局部战争需要,调整公民服役标准条件,优化预备役制度设计,完善战时兵员动员体制,重构促进战斗力生成的兵役政策体系、制度安排和运行机制。三是以改革创新为内在驱动。适应改革发展需要,围绕有效破解兵役工作体制性障碍、结构性矛盾、政策性问题,明晰军地权责、完善政策制度、健全工作机制,加快推进新时代兵役工作创新发展。四是以军地协调为方法手段。充分考虑兵役工作跨军地、跨领域、跨部门的复杂性、关联性,对涉及军人待遇保障、抚恤优待、退役安置等问题,加强军地对接协调,搞好法律切分和衔接,在重大问题上形成最大公约数。五是以服役光荣为鲜明导向。贯彻落实党的十九大关于“让军人成为全社会尊崇的职业”的决策部署,对兵役宣传、入役形式、抚恤优待、退役安置、荣誉表彰等进行统筹安排,把行之有效的政策规定上升为法律规范,凝聚全社会热爱国防、支持军队的强大合力。

## 三、修订的主要内容

现行兵役法共 12 章 74 条。这次修订,增加“兵役登记”一章,将“现役军人的待遇和退出现役的安置”一章拆分为“服役待遇和抚恤优待”、“退出现役军人的安置”两章,删除“民兵”、“预备役人员的军事训练”、“普通高等学校和普通高中学生的军事训练”三章,修订后的兵役法草案为 11 章 63 条。主要改点集中在以下 5 个方面:

(一)强化党对兵役工作的统一领导。修订草案规定“兵役工作坚持中国共产党的领导,贯彻习近平强军思想,贯彻新时代军事战略方针,坚持与国家经济社会发展相协调,坚持与国防和军队建设相适应,遵循满足国防需要、聚焦备战打仗、彰显服役光荣、体现权利和义务一致的原则”,从法律体系上进一步强化党对兵役工作的统一领导,明确新时代兵役工作的指导思想和基本原则,保证兵役工作的正确方向。

(二)落实军事政策制度改革要求。一是调整兵役基本制度。这次调整,保留义务兵役制,突出志愿兵役制的主体地位,厘清民兵与预备役的关系,将“义务兵与志愿兵相结合、民兵与预备役相结合的兵役制度”,调整为“以志愿兵役为主体的志愿兵役与义务兵役相结合的兵役制度”。二是优化预备役制度。明确“预编到现役部队或者编入预备役部队服预备役的，称预备役人员”，突出预备役“军”的属性，推进预备役与现役一体化建设创新发展。三是调整军人户籍制度。明确“公民入伍时保留户籍”，推动解决官兵原户籍地涉及征地拆迁、土地承包等权益问题。四是调整义务兵家庭优待金制度。明确“义务兵家庭优待金标准由地方人民政府制定，中央财政给予定额补助”，把义务兵家庭优待金调整为中央与地方共同财政事权。五是完善退役安置政策。在现行以扶持就业为主，自主就业、安排工作、退休、供养等多种方式相结合的安置制度基础上，增加军士和军官退出现役可以“采取逐月领取退役金”的方式进行安置，加快走开退役军人差异化安置的路子。

（三）调整完善征集和服役制度。一是健全兵役登记制度。新增“兵役登记”一章，对兵役登记的对象范围、标准条件、程序办法、信息管理、查验核验等进行系统规范，发挥兵役登记在强化公民依法服兵役“责任感”、优质兵员征集“蓄水池”、战时兵员动员“调节器”上的特殊作用。二是规范高校征兵工作机构。适应以大学生为重点征集对象的时代要求，规定“普通高等学校应当有负责兵役工作的机构”，从法律层面规范高校征兵工作机构建设，为常态化征集大学生奠定可靠的组织基础。三是放宽研究生入伍年龄限制。为把军队特殊专业、难以培养、建设急需的研究生以上学历的征集对象纳入征集范围，规定“研究生的征集年龄可以放宽至二十六周岁”。四是缩短优秀义务兵选改军士的服役年限。明确义务兵“服现役期间表现特别优秀的，经批准可以提前选改为军士”，吸引和保留更多高素质兵员更快进入军士队伍。

（四）创新兵役工作方式方法。一是规定“国家加强兵役信息化建设，采取有效措施实现有关部门之间信息共享，推进兵役信息收集、处理、传输、存储等技术的现代化”，有利于实现兵员潜力供给侧与部队岗位需求侧的精准对接，破除军地有关部门在兵役工作上的信息壁垒，从技术手段上提高兵役工作的质量效益。二是为压实“军队需求主导、政府主责落实、社会共同参与”的兵役责任，调动军地各方面参与兵役工作的积极性，明确“县级以上地方人民政府兵役机关应当会同相关部门，加强对本行政区域内兵役工作的组织协调和监督检查”，并“将兵役工作情况作为拥军优属、拥政爱民评比和有关单位及其负责人考核评价的内容”。三是针对近年来兵役违法行为惩处规定操作性不强的问题，增加违法公民“不得聘用为国有企业和事业单位工作人员”、“纳入履行国防义务严重失信主体名单实施联合惩戒”等惩处措施，进一步强化公民依法服兵役的约束力。同时，着眼解决兵役执法难问题，还明确对违反兵役法的单位和个人的处罚，“由县级以上地方人民政府兵役机关提出处罚意见，经同级地方人民政府作出处罚决定后”，由相关职能部门按照职责分工具体办理，将处罚建议权、决定权和执行权相对分离，体现政府在执法中的主体地位，强化兵役机关的主导作用。

（五）衔接优化由其他法律规范的内容。一是对“三结合”武装力量体制、中国人民解放军实行军衔制度等国防法已规范的内容，兵役法修订草案不再重复规范。二是根据预备役制度的调整，民兵不再纳入预备役范畴，现行兵役法关于民兵的内容，改由正在制定的专门法予以规范。三是鉴于学生参加军训的主要目的是接受国防教育，与兵役的强制性、军事性存在差异，将现行兵役法关于学生军训的内容调整由正在修订的其他相关法律予以规范。四是将现行兵役法关于预备役人员的服役年龄、军事训练等内容调整由正在制定的专门法予以规范。五是为搞好与军人地位和权益保障法、退役军人保障法的内容切分，对现行兵役法关于军人服役待遇、抚恤优待和退役安置等具体规定作了归纳提炼，对其他法律已作承接的相关内容作原则表述，对未作承接的、实践可行的继续予以保留。六是搞好与国防动员法的衔接，将现行兵役法规定的“在国家发布动员令以后，各级人民政府、各级军事机关，必须迅速实施动员”，调整为“在国家发布动员令或者国务院、中央军事委员会依照国防动员法采取必要的国防动员措施后，各级人民政府、各级军事机关必须依法迅速实施动员”，提高战时实施快速动员的决策效能。

修订草案和以上说明是否妥当，请审议。

# 全国人民代表大会宪法和法律委员会关于《中华人民共和国兵役法(修订草案)》审议结果的报告

——2021 年 8 月 17 日在第十三届全国人民代表大会常务委员会第三十次会议上

全国人大宪法和法律委员会副主任委员　王　宁

全国人民代表大会常务委员会：

常委会第二十四次会议对兵役法修订草案进行了初次审议。会后,法制工作委员会将草案印发各省(区、市)、中央有关部门、基层立法联系点和部分高等院校、法学研究机构等征求意见,在中国人大网全文公布草案,征求社会公众意见。宪法和法律委员会、法制工作委员会召开座谈会,听取中央有关部门、全国人大代表和专家学者的意见,并赴湖南进行调研;就修订草案有关问题与中央军委办公厅军委法制局、中央军委改革和编制办公室、中央军委国防动员部等部门进行多次沟通;对常委会审议意见和各方面意见进行认真研究。宪法和法律委员会于 7 月 14 日召开会议,根据委员长会议精神、常委会组成人员审议意见和各方面的意见,对修订草案进行了逐条审议。司法部、中央军委办公厅军委法制局、中央军委改革和编制办公室、中央军委国防动员部有关负责同志列席了会议。7 月 28 日,宪法和法律委员会召开会议,再次进行了审议。宪法和法律委员会认为,为落实军事政策制度改革要求,进一步调整完善兵役制度,保证与相关法律衔接统一,建设巩固国防和强大军队,及时对兵役法进行修订是必要的,修订草案经过审议修改,已经比较成熟。同时,提出以下主要修改意见：

一、有的常委委员提出,现行兵役法重申了宪法第五十五条中"保卫祖国、抵抗侵略是中华人民共和国每一个公民的神圣职责"的内容,建议保留。宪法和法律委员会经研究,建议采纳这一意见。

二、有的地方建议增加保护个人信息安全的内容。宪法和法律委员会经研究,建议在有关条文中增加规定:"兵役工作有关部门及其工作人员应当对其收集的个人信息严格保密,不得泄露或者向他人非法提供"。同时,在有关法律责任条款中增加规定:"泄露或者向他人非法提供兵役个人信息的",依法给予处分。

三、修订草案对初次兵役登记作了规定。有的地方和专家提出,初次兵役登记应当明确时限要求,增强操作性。宪法和法律委员会经研究,建议将有关条文修改为:"每年十二月三十一日以前年满十八周岁的男性公民,都应当按照兵役机关的安排在当年进行初次兵役登记"。

四、有的常委委员、研究机构和社会公众提出,为方便登记,提高工作效率,初次兵役登记可以采取网络方式进行;同时,预备役登记可由兵役机关根据需要直接办理。宪法和法律委员会经研究,建议增加规定:"初次兵役登记可以采取网络登记的方式进行,也可以到兵役登记站(点)现场登记。进行兵役登记,应当如实填写个人信息";将修订草案有关条文修改为:"经过初次兵役登记、未服现役的公民,符合预备役条件的,县、自治县、不设区的市、市辖区人民政府兵役机关可以根据需要,对其进行预备役登记"。

五、修订草案规定退役军人自退出现役之日起四十日内,到安置地兵役机关进行兵役登记信息变更。有的专家提出,军官和士兵的安置方式不同,确定安置地的时间也不同,应当根据实际情况分别作出规定。宪法和法律委员会经研究,建议将有关条文修改为:"退出现役的士兵自退出现役之日起四十日内,退出现役的军官自到达安置地后三十日内",到安置地兵役机关进行兵役登记信息变更。

六、有的地方提出,士兵服现役的起算时间决定军人身份及相关权利义务,建议予以明确。宪法和法律委员会经研究,建议增加规定:"士兵服现役的时间自征集工作机构批准入伍之日起算"。

七、有的常委会组成人员建议增加对女军人权益保护的规定。宪法和法律委员会经研究,建议增加规定:"女军人的合法权益受法律保护。军队应当根据女军人的特点,合理安排女军人的工作任务和休息休假,在生育、健康等方面为女军人提供特别保护”。

此外,还对修订草案作了一些文字修改。

7月26日,法制工作委员会召开会议,邀请全国人大代表、专家学者,就修订草案中主要制度规范的可行性、法律出台时机、法律实施的社会效果和可能出现的问题进行评估。与会人员普遍认为,修订草案深入贯彻习近平强军思想,对我国兵役制度进行调整完善,厘清了民兵与预备役的关系,健全了兵役登记制度,作好与相关法律的衔接,有利于推进新时代兵役工作创新发展。修订草案经过修改,充分吸收了各方面意见,制度设计更加简洁精确,已经比较成熟,建议尽快审议通过。与会人员还对修订草案提出了一些具体修改意见,宪法和法律委员会进行了认真研究,对有的意见予以采纳。

修订草案二次审议稿已按上述意见作了修改,宪法和法律委员会建议提请本次常委会会议审议通过。

修订草案二次审议稿和以上报告是否妥当,请审议。

# 全国人民代表大会宪法和法律委员会关于《中华人民共和国兵役法(修订草案二次审议稿)》修改意见的报告

——2021年8月19日在第十三届全国人民代表大会常务委员会第三十次会议上

全国人民代表大会常务委员会:

本次常委会会议于8月17日下午对兵役法修订草案二次审议稿进行了分组审议。普遍认为,草案已经比较成熟,建议进一步修改后,提请本次常委会会议表决通过。同时,有些常委会组成人员和列席人员还提出了一些修改意见和建议。宪法和法律委员会于8月17日晚召开会议,逐条研究了常委会组成人员的审议意见,对草案进行了审议。宪法和法律委员会认为,草案是可行的,同时,提出以下修改意见:

一、修订草案二次审议稿第十七条中规定,退出现役的军官自到达安置地后三十日内,进行兵役登记信息变更。有的常委委员提出,为了使退役军官及时办理兵役登记信息的变更,建议修改为“自确定安置地之日起三十日内”进行兵役登记信息变更。宪法和法律委员会经研究,建议采纳这一意见。

二、修订草案二次审议稿第二十一条第一款规定:“经兵役登记并初步审查符合征集条件的公民,称应征公民。”有的常委委员建议明确此处的兵役登记是指初次兵役登记还是预备役登记。宪法和法律委员会经研究,建议将“兵役登记”修改为“初次兵役登记”。

经与有关部门研究,建议将修订后的兵役法的施行时间确定为2021年10月1日。

此外,根据常委会组成人员的审议意见,还对修订草案二次审议稿作了一些文字修改。

修订草案修改稿已按上述意见作了修改,宪法和法律委员会建议本次常委会会议审议通过。

修订草案修改稿和以上报告是否妥当,请审议。

# 中华人民共和国主席令

第九十六号

《全国人民代表大会常务委员会关于修改〈中华人民共和国人口与计划生育法〉的决定》已由中华人民共和国第十三届全国人民代表大会常务委员会第三十次会议于2021年8月20日通过,现予公布,自公布之日起施行。

中华人民共和国主席　习近平

2021年8月20日

# 全国人民代表大会常务委员会关于修改《中华人民共和国人口与计划生育法》的决定

（2021 年 8 月 20 日第十三届全国人民代表大会常务委员会第三十次会议通过）

第十三届全国人民代表大会常务委员会第三十次会议决定对《中华人民共和国人口与计划生育法》作如下修改：

**一**、将第二条第二款修改为："国家采取综合措施，调控人口数量，提高人口素质，推动实现适度生育水平，优化人口结构，促进人口长期均衡发展。"

**二**、将第十一条修改为："人口与计划生育实施方案应当规定调控人口数量，提高人口素质，推动实现适度生育水平，优化人口结构，加强母婴保健和婴幼儿照护服务，促进家庭发展的措施。"

**三**、将第十五条第二款中的"贫困地区"修改为"欠发达地区"。

**四**、将第十八条第一款修改为："国家提倡适龄婚育、优生优育。一对夫妻可以生育三个子女。"

**五**、第二十五条增加一款，作为第二款："国家支持有条件的地方设立父母育儿假。"

**六**、将第二十六条修改为："妇女怀孕、生育和哺乳期间，按照国家有关规定享受特殊劳动保护并可以获得帮助和补偿。国家保障妇女就业合法权益，为因生育影响就业的妇女提供就业服务。

"公民实行计划生育手术，享受国家规定的休假。"

**七**、增加一条，作为第二十七条："国家采取财政、税收、保险、教育、住房、就业等支持措施，减轻家庭生育、养育、教育负担。"

**八**、增加一条，作为第二十八条："县级以上各级人民政府综合采取规划、土地、住房、财政、金融、人才等措施，推动建立普惠托育服务体系，提高婴幼儿家庭获得服务的可及性和公平性。

"国家鼓励和引导社会力量兴办托育机构，支持幼儿园和机关、企业事业单位、社区提供托育服务。

"托育机构的设置和服务应当符合托育服务相关标准和规范。托育机构应当向县级人民政府卫生健康主管部门备案。"

**九**、增加一条，作为第二十九条："县级以上地方各级人民政府应当在城乡社区建设改造中，建设与常住人口规模相适应的婴幼儿活动场所及配套服务设施。

"公共场所和女职工比较多的用人单位应当配置母婴设施，为婴幼儿照护、哺乳提供便利条件。"

**十**、增加一条，作为第三十条："县级以上各级人民政府应当加强对家庭婴幼儿照护的支持和指导，增强家庭的科学育儿能力。

"医疗卫生机构应当按照规定为婴幼儿家庭开展预防接种、疾病防控等服务，提供膳食营养、生长发育等健康指导。"

**十一**、将第二十七条改为第三十一条，删去第四款，将第五款改为第四款，修改为："在国家提倡一对夫妻生育一个子女期间，按照规定应当享受计划生育家庭老年人奖励扶助的，继续享受相关奖励扶助，并在老年人福利、养老服务等方面给予必要的优先和照顾。"

**十二**、增加一条，作为第三十二条："获得《独生子女父母光荣证》的夫妻，独生子女发生意外伤残、死亡的，按照规定获得扶助。县级以上各级人民政府建立、健全对上述人群的生活、养老、医疗、精神慰藉等全方位帮扶保障制度。"

**十三**、将第二十九条改为第三十四条，将其中的"奖励"修改为"奖励和社会保障"，"较大的市"修改为"设区的市、自治州"。

**十四**、将第五章章名修改为"计划生育服务"。

**十五**、将第三十一条改为第三十六条，修改为："各级人民政府应当采取措施，保障公民享有计划生育服务，提高公民的生殖健康水平。"

**十六**、将第三十三条改为第三十七条，修改为："医疗卫生机构应当针对育龄人群开展优生优育知识宣传教育，对育龄妇女开展围孕期、孕产期保健服务，承担计划生育、优生优育、生殖保健的咨询、指导和技术服务，规范开展不孕不育症诊疗。"

**十七**、增加一条，作为第四十一条："托育机构违反托育服务相关标准和规范的，由卫生健康主管部门责令改正，给予警告；拒不改正的，处五千元以上五万元以下的罚款；情节严重的，责令停止托育服务，并处五万元以上十万元以下的罚款。

"托育机构有虐待婴幼儿行为的，其直接负责的主管人员和其他直接责任人员终身不得从事婴幼儿照护服务；构成犯罪的，依法追究刑事责任。"

**十八**、将第三十九条改为第四十三条，删去第四项中的"或者社会抚养费"，将"行政处分"修改为"处分"；将第四十条改为第四十四条，将其中的"行政处分"修改为"处分"。

**十九**、删去第十九条第一款、第二十四条第三款、第三十二条、第三十四条第二款、第三十六条第三项、第三十七条、第四十一条、第四十二条、第四十五条。

**二十**、将第四十六条改为第四十七条，修改为："中国人民解放军和中国人民武装警察部队执行本法的具体办法，由中央军事委员会依据本法制定。"

**二十一**、将第四条、第六条、第十条中的"计划生育行政部门"修改为"卫生健康主管部门"；将第十三条第一款中的第一处"计划生育"修改为"卫生健康"，删去"卫生"；将第三十六条改为第四十条，将其中的"计划生育行政部门或者卫生行政部门依据职权"修改为"卫生健康主管部门"；将第四十三条改为第四十五条，将其中的"计划生育行政部门"修改为"卫生健康主管部门"。

本决定自公布之日起施行。

《中华人民共和国人口与计划生育法》根据本决定作相应修改并对条文顺序作相应调整，重新公布。

# 中华人民共和国人口与计划生育法

（2001年12月29日第九届全国人民代表大会常务委员会第二十五次会议通过　根据2015年12月27日第十二届全国人民代表大会常务委员会第十八次会议《关于修改〈中华人民共和国人口与计划生育法〉的决定》第一次修正　根据2021年8月20日第十三届全国人民代表大会常务委员会第三十次会议《关于修改〈中华人民共和国人口与计划生育法〉的决定》第二次修正）

## 目　　录



## 第一章　总　　则

**第一条**　为了实现人口与经济、社会、资源、环境的协调发展，推行计划生育，维护公民的合法权益，促进家庭幸福、民族繁荣与社会进步，根据宪法，制定本法。

**第二条**　我国是人口众多的国家，实行计划生育是国家的基本国策。

国家采取综合措施，调控人口数量，提高人口素质，推动实现适度生育水平，优化人口结构，促进人口长期均衡发展。

国家依靠宣传教育、科学技术进步、综合服务、建立健全奖励和社会保障制度，开展人口与计划生育工作。

**第三条**　开展人口与计划生育工作，应当与增加妇女受教育和就业机会、增进妇女健康、提高妇女地位相结合。

**第四条**　各级人民政府及其工作人员在推行计划生育工作中应当严格依法行政，文明执法，不得侵犯公民的合法权益。

卫生健康主管部门及其工作人员依法执行公务受法律保护。

**第五条**　国务院领导全国的人口与计划生育工作。

地方各级人民政府领导本行政区域内的人口与计划生育工作。

**第六条**　国务院卫生健康主管部门负责全国计划生育工作和与计划生育有关的人口工作。

县级以上地方各级人民政府卫生健康主管部门负责本行政区域内的计划生育工作和与计划生育有关的人口工作。

县级以上各级人民政府其他有关部门在各自的职责范围内，负责有关的人口与计划生育工作。

**第七条**　工会、共产主义青年团、妇女联合会及计划生育协会等社会团体、企业事业组织和公民应当协助人民政府开展人口与计划生育工作。

**第八条**　国家对在人口与计划生育工作中作出显著成绩的组织和个人，给予奖励。

## 第二章　人口发展规划的制定与实施

**第九条**　国务院编制人口发展规划，并将其纳入国民经济和社会发展计划。

县级以上地方各级人民政府根据全国人口发展规划以及上一级人民政府人口发展规划，结合当地实际情况编制本行政区域的人口发展规划，并将其纳入国民经济和社会发展计划。

**第十条**　县级以上各级人民政府根据人口发展规划，制定人口与计划生育实施方案并组织实施。

县级以上各级人民政府卫生健康主管部门负责实施人口与计划生育实施方案的日常工作。

乡、民族乡、镇的人民政府和城市街道办事处负责本管辖区域内的人口与计划生育工作，贯彻落实人口与计划生育实施方案。

**第十一条**　人口与计划生育实施方案应当规定调控人口数量，提高人口素质，推动实现适度生育水平，优化人口结构，加强母婴保健和婴幼儿照护服务，促进家庭发展的措施。

**第十二条**　村民委员会、居民委员会应当依法做好计划生育工作。

机关、部队、社会团体、企业事业组织应当做好本单位的计划生育工作。

**第十三条**　卫生健康、教育、科技、文化、民政、新闻出版、广播电视等部门应当组织开展人口与计划生育宣传教育。

大众传媒负有开展人口与计划生育的社会公益性宣传的义务。

学校应当在学生中，以符合受教育者特征的适当方式，有计划地开展生理卫生教育、青春期教育或者性健康教育。

**第十四条**　流动人口的计划生育工作由其户籍所在地和现居住地的人民政府共同负责管理，以现居住地为主。

**第十五条**　国家根据国民经济和社会发展状况逐步提高人口与计划生育经费投入的总体水平。各级人民政府应当保障人口与计划生育工作必要的经费。

各级人民政府应当对欠发达地区、少数民族地区开展人口与计划生育工作给予重点扶持。

国家鼓励社会团体、企业事业组织和个人为人口与计划生育工作提供捐助。

任何单位和个人不得截留、克扣、挪用人口与计划生育工作费用。

**第十六条**　国家鼓励开展人口与计划生育领域的科学研究和对外交流与合作。

## 第三章　生育调节

**第十七条**　公民有生育的权利，也有依法实行计划生育的义务，夫妻双方在实行计划生育中负有共同的责任。

**第十八条**　国家提倡适龄婚育、优生优育。一对夫妻可以生育三个子女。

符合法律、法规规定条件的，可以要求安排再生育子女。具体办法由省、自治区、直辖市人民代表大会或者其常务委员会规定。

少数民族也要实行计划生育，具体办法由省、自治区、直辖市人民代表大会或者其常务委员会规定。

夫妻双方户籍所在地的省、自治区、直辖市之间关于再生育子女的规定不一致的，按照有利于当事人的原则适用。

**第十九条**　国家创造条件，保障公民知情选择安全、有效、适宜的避孕节育措施。实施避孕节育手术，应当保证受术者的安全。

**第二十条**　育龄夫妻自主选择计划生育避孕节育措施，预防和减少非意愿妊娠。

**第二十一条**　实行计划生育的育龄夫妻免费享受国家规定的基本项目的计划生育技术服务。

前款规定所需经费，按照国家有关规定列入财政预算或者由社会保险予以保障。

**第二十二条**　禁止歧视、虐待生育女婴的妇女和不育的妇女。

禁止歧视、虐待、遗弃女婴。

## 第四章　奖励与社会保障

**第二十三条**　国家对实行计划生育的夫妻，按照规定给予奖励。

**第二十四条**　国家建立、健全基本养老保险、基本医疗保险、生育保险和社会福利等社会保障制度，促进计划生育。

国家鼓励保险公司举办有利于计划生育的保险项目。

**第二十五条**　符合法律、法规规定生育子女的夫妻，可以获得延长生育假的奖励或者其他福利待遇。

国家支持有条件的地方设立父母育儿假。

**第二十六条**　妇女怀孕、生育和哺乳期间，按照国家有关规定享受特殊劳动保护并可以获得帮助和补偿。国家保障妇女就业合法权益，为因生育影响就业的妇女提供就业服务。

公民实行计划生育手术，享受国家规定的休假。

**第二十七条**　国家采取财政、税收、保险、教育、住房、就业等支持措施，减轻家庭生育、养育、教育负担。

**第二十八条**　县级以上各级人民政府综合采取规划、土地、住房、财政、金融、人才等措施，推动建立普惠托育服务体系，提高婴幼儿家庭获得服务的可及性和公平性。

国家鼓励和引导社会力量兴办托育机构，支持幼儿园和机关、企业事业单位、社区提供托育服务。

托育机构的设置和服务应当符合托育服务相关标准和规范。托育机构应当向县级人民政府卫生健康主管部门备案。

**第二十九条**　县级以上地方各级人民政府应当在城乡社区建设改造中，建设与常住人口规模相适应的婴幼儿活动场所及配套服务设施。

公共场所和女职工比较多的用人单位应当配置母婴设施，为婴幼儿照护、哺乳提供便利条件。

**第三十条**　县级以上各级人民政府应当加强对家庭婴幼儿照护的支持和指导，增强家庭的科学育儿能力。

医疗卫生机构应当按照规定为婴幼儿家庭开展预防接种、疾病防控等服务，提供膳食营养、生长发育等健康指导。

**第三十一条**　在国家提倡一对夫妻生育一个子女期间，自愿终身只生育一个子女的夫妻，国家发给《独生子女父母光荣证》。

获得《独生子女父母光荣证》的夫妻，按照国家和省、自治区、直辖市有关规定享受独生子女父母奖励。

法律、法规或者规章规定给予获得《独生子女父母光荣证》的夫妻奖励的措施中由其所在单位落实的，有关单位应当执行。

在国家提倡一对夫妻生育一个子女期间，按照规定应当享受计划生育家庭老年人奖励扶助的，继续享受相关奖励扶助，并在老年人福利、养老服务等方面给予必要的优先和照顾。

**第三十二条**　获得《独生子女父母光荣证》的夫妻，独生子女发生意外伤残、死亡的，按照规定获得扶助。县级以上各级人民政府建立、健全对上述人群的生活、养老、医疗、精神慰藉等全方位帮扶保障制度。

**第三十三条**　地方各级人民政府对农村实行计划生育的家庭发展经济，给予资金、技术、培训等方面的支持、优惠；对实行计划生育的贫困家庭，在扶贫贷款、以工代赈、扶贫项目和社会救济等方面给予优先照顾。

**第三十四条**　本章规定的奖励和社会保障措施，省、自治区、直辖市和设区的市、自治州的人民代表大会及其常务委员会或者人民政府可以依据本法和有关法律、行政法规的规定，结合当地实际情况，制定具体实施办法。

## 第五章　计划生育服务

**第三十五条**　国家建立婚前保健、孕产期保健制度，防止或者减少出生缺陷，提高出生婴儿健康水平。

**第三十六条**　各级人民政府应当采取措施，保障公民享有计划生育服务，提高公民的生殖健康水平。

**第三十七条**　医疗卫生机构应当针对育龄人群开展优生优育知识宣传教育，对育龄妇女开展围孕期、孕产期保健服务，承担计划生育、优生优育、生殖保健的咨询、指导和技术服务，规范开展不孕不育症诊疗。

**第三十八条**　计划生育技术服务人员应当指导实行计划生育的公民选择安全、有效、适宜的避孕措施。

国家鼓励计划生育新技术、新药具的研究、应用和推广。

**第三十九条**　严禁利用超声技术和其他技术手段进行非医学需要的胎儿性别鉴定；严禁非医学需要的选择性别的人工终止妊娠。

## 第六章　法律责任

**第四十条**　违反本法规定，有下列行为之一的，由卫生健康主管部门责令改正，给予警告，没收违法所得；违法所得一万元以上的，处违法所得二倍以上六倍以下的罚款；没有违法所得或者违法所得不足一万元的，处一万元以上三万元以下的罚款；情节严重的，由原发证机关吊销执业证书；构成犯罪的，依法追究刑事责任：

（一）非法为他人施行计划生育手术的；

（二）利用超声技术和其他技术手段为他人进行非医学需要的胎儿性别鉴定或者选择性别的人工终止妊娠的。

**第四十一条** 托育机构违反托育服务相关标准和规范的，由卫生健康主管部门责令改正，给予警告；拒不改正的，处五千元以上五万元以下的罚款；情节严重的，责令停止托育服务，并处五万元以上十万元以下的罚款。

托育机构有虐待婴幼儿行为的，其直接负责的主管人员和其他直接责任人员终身不得从事婴幼儿照护服务；构成犯罪的，依法追究刑事责任。

**第四十二条** 计划生育技术服务人员违章操作或者延误抢救、诊治，造成严重后果的，依照有关法律、行政法规的规定承担相应的法律责任。

**第四十三条** 国家机关工作人员在计划生育工作中，有下列行为之一，构成犯罪的，依法追究刑事责任；尚不构成犯罪的，依法给予处分；有违法所得的，没收违法所得：

（一）侵犯公民人身权、财产权和其他合法权益的；

（二）滥用职权、玩忽职守、徇私舞弊的；

（三）索取、收受贿赂的；

（四）截留、克扣、挪用、贪污计划生育经费的；

（五）虚报、瞒报、伪造、篡改或者拒报人口与计划生育统计数据的。

**第四十四条** 违反本法规定，不履行协助计划生育管理义务的，由有关地方人民政府责令改正，并给予通报批评；对直接负责的主管人员和其他直接责任人员依法给予处分。

**第四十五条** 拒绝、阻碍卫生健康主管部门及其工作人员依法执行公务的，由卫生健康主管部门给予批评教育并予以制止；构成违反治安管理行为的，依法给予治安管理处罚；构成犯罪的，依法追究刑事责任。

**第四十六条** 公民、法人或者其他组织认为行政机关在实施计划生育管理过程中侵犯其合法权益，可以依法申请行政复议或者提起行政诉讼。

## 第七章 附 则

**第四十七条** 中国人民解放军和中国人民武装警察部队执行本法的具体办法，由中央军事委员会依据本法制定。

**第四十八条** 本法自 2002 年 9 月 1 日起施行。

# 关于《中华人民共和国人口与计划生育法（修正草案）》的说明

——2021 年 8 月 17 日在第十三届全国人民代表大会常务委员会第三十次会议上

国家卫生健康委员会副主任 于学军

全国人民代表大会常务委员会：

我受国务院委托，现对《中华人民共和国人口与计划生育法（修正草案）》作说明。

## 一、修改的背景和过程

党中央、国务院高度重视人口问题。习近平总书记指出，人口问题始终是一个全局性、战略性问题，强调要促进生育政策和相关经济社会政策配套衔接，加强人口发展战略研究。李克强总理要求，实施积极应对人口老龄化国家战略，优化生育政策，推动实现适度生育水平。

现行人口与计划生育法于 2002 年施行，2015 年实施全面两孩政策时进行了修改。人口与计划生育法施行以来，对落实计划生育基本国策，促进人口与经济、社会、资源、环境协调发展，起到了重要作用。适应我国人口与经济社会发展的新形势，党的十九届五中全会提出，优化生育政策，增强生育政策包容性，促进人口长期均衡发展。2021 年 5 月，中央政治局会议审议了《关于优化生育政策促进人口长期均衡发展的决定》（以下简称《决定》），明确实施一对夫妻可以生育三个子女政策及配套支持措施。

根据工作部署，卫生健康委、发展改革委起草了《中华人民共和国人口与计划生育法（修订草案送审稿）》。司法部征求了中央有关部门和部分地方政府的意见，会同卫生健康委、发展改革委研究修改，形成了《中华人民共和国人口与计划生育法（修正草案）》（以下简称草案）。草案已经国务院第139次常务会议讨论通过。

## 二、草案的主要内容

草案共26条，主要是贯彻落实党的十九届五中全会精神和《决定》要求，立足促进人口长期均衡发展，重点围绕实施三孩生育政策、取消社会抚养费等制约措施、配套实施积极生育支持措施进行修改，同时强化对全面两孩政策实施前计划生育家庭合法权益的保障，确保相关政策措施尽快落地实施。对与三孩生育政策无关的内容，此次原则上未予修改。

（一）优化生育政策。一是规定采取综合措施，推动实现适度生育水平，优化人口结构，促进人口长期均衡发展。二是提倡适龄婚育、优生优育，实施一对夫妻可以生育三个子女政策。三是取消社会抚养费，删除相关处分规定，删除与三孩生育政策不适应的规定。

（二）完善积极生育支持措施。一是规定采取支持措施，减轻家庭生育、养育、教育负担。二是要求医疗卫生机构开展围孕期、孕产期保健服务，加强对家庭婴幼儿照护的支持和指导。三是推动建立普惠托育服务体系，提高婴幼儿家庭获得服务的可及性和公平性，规范托育服务。四是支持有条件的地方探索设立父母育儿假。五是在居住社区建设婴幼儿活动场所及配套服务设施，在公共场所、工作场所按规定配置母婴设施。有关税收、住房、教育等方面的支持措施，在相关领域法律法规或政策中予以研究规定。

（三）保障计划生育家庭的合法权益。对全面两孩政策实施前的计划生育家庭，在现行法律规定的奖励扶助措施基础上，进一步完善相关规定：一是在老年人福利、养老服务等方面给予必要的优先和照顾；二是独生子女发生意外伤残、死亡的，给予全方位帮扶保障。

此外，草案还根据机构改革等情况对涉及部门名称、计划生育技术服务机构的部分条款内容和表述作了修改、删减。

草案和以上说明是否妥当，请审议。

# 全国人民代表大会宪法和法律委员会关于《中华人民共和国人口与计划生育法（修正草案）》审议结果的报告

——2021年8月19日在第十三届全国人民代表大会常务委员会第三十次会议上

全国人民代表大会常务委员会：

本次常委会会议于8月17日下午对人口与计划生育法修正草案进行了分组审议。普遍认为，为贯彻落实党中央关于优化生育政策、促进人口长期均衡发展的决策部署，重点围绕实施一对夫妻可以生育三个子女政策，取消社会抚养费等制约措施，配套实施积极生育支持措施等，对人口与计划生育法进行修改，是必要的；修正草案具有较好基础，建议进一步修改完善后，提请本次常委会会议表决通过。同时，有些常委会组成人员和列席人员还提出了一些修改意见和建议。7月初国务院向全国人大常委会提出议案后，法制工作委员会召开中央有关部门、单位和专家座谈会，委托上海、广东、山东、浙江、湖北、贵州、甘肃七省（市）人大常委会法工委开展调研并通过视频召开座谈会，听取有关方面对修正草案的意见建议，还就修正草案主要问题与有关部门交换意见，共同研究。宪法和法律委员会于8月18日上午召开会议，逐条研究了常委会组成人员的审议意见和有关方面意见，对修正草案进行了审议。教育科学文化卫生委员会有关负责同志列席了会议，法制工作委员会就修改方案征求了司法部、国家卫生健康委员会的意见。宪法和法律委员会认为，修正草案是可行的，同时，提出以下修改意见：

一、有些常委委员、部门和地方提出，随着我国人口发展变化形势，生育政策不断调整完善，在党中央决定实施三孩生育政策及配套支持措施的背景下，修正草案中有关“控制人口数量”的表述需要进一步研究。宪法和法律委员会经研究，建议修改为“调控人口数量”。

二、修正草案删除了现行法第二十三条“国家对实行计划生育的夫妻，按照规定给予奖励”的规定。有些常委委员、地方提出，现行法第四章章名是“奖励与社会保障”，其中关于延长生育假奖励、独生子女父母奖励、计划生育家庭老年人奖励扶助等规定是上述内容的体现，也是相关具体政策措施的法律依据，今后仍将继续执行，建议保留。宪法和法律委员会经研究，建议采纳这一意见。

三、修正草案第七条规定，支持有条件的地方探索设立父母育儿假。有些常委委员、地方提出，由地方自行“探索”设立父母育儿假，不能充分体现国家对地方设立父母育儿假的支持。宪法和法律委员会经研究，建议修改为：国家支持有条件的地方设立父母育儿假。

四、有些常委委员、单位和地方提出，保障女性就业合法权益是积极生育支持政策的重要内容，建议在修正草案中进一步体现。宪法和法律委员会经研究，建议增加规定：国家保障妇女就业合法权益，为因生育影响就业的妇女提供就业服务。

五、修正草案第九条规定，国家采取支持措施，减轻家庭生育、养育、教育负担。有些常委委员、单位和地方建议进一步细化和明确国家采取支持措施的主要内容，为有关方面出台配套法规政策提供依据。宪法和法律委员会经研究，建议根据中央有关文件精神修改为：国家采取财政、税收、保险、教育、住房、就业等支持措施，减轻家庭生育、养育、教育负担。

六、有些常委委员提出，构建托育服务体系需要社会力量参与，支持幼儿园和机关、企业事业单位等提供托育服务是发展托育服务的重要措施，建议予以体现。宪法和法律委员会经研究，建议增加规定：国家鼓励和引导社会力量兴办托育机构，支持幼儿园和机关、企业事业单位、社区提供托育服务。

七、修正草案第十四条中规定，县级以上各级人民政府建立、健全对独生子女发生意外伤残、死亡的夫妻的全方位帮扶保障制度。有些常委委员、地方建议进一步细化对计划生育特殊家庭全方位帮扶保障的具体内容。宪法和法律委员会经研究，建议将有关内容修改为“县级以上各级人民政府建立、健全对上述人群的生活、养老、医疗、精神慰藉等全方位帮扶保障制度”。

八、有些常委委员、地方建议在本法中进一步细化有关生育保障、医疗保健等方面的具体措施。宪法和法律委员会经研究认为，目前很多保障措施可由各地根据实际情况，在地方立法中进一步规定，建议将现行法第二十九条修改为：本章规定的奖励和社会保障措施，省、自治区、直辖市和设区的市、自治州的人民代表大会及其常务委员会或者人民政府可以依据本法和有关法律、行政法规的规定，结合当地实际情况，制定具体实施办法。

九、现行法第十九条第一款规定，实行计划生育，以避孕为主。有些常委委员、地方提出，这一规定与当前促进生育的政策导向不协调，建议删去。宪法和法律委员会经研究，建议采纳这一意见。

在审议过程中，有些常委委员还就进一步加大修法力度，修改有关计划生育的表述，充实细化有关生育支持措施，完善相关配套规定，妥善处理历史遗留问题等提出了意见建议。宪法和法律委员会经研究认为，本次修改人口与计划生育法，主要是贯彻落实党中央关于优化生育政策、促进人口长期均衡发展的决策部署，让三孩生育政策及配套支持措施尽快落地，及时回应社会关切和群众期盼，相关意见有的涉及具体制度建设，有的需要在实际工作中予以落实。建议国务院及其有关部门在本法修改决定施行后，认真研究常委会组成人员的审议意见，积极推进有关配套制度建设，各地也要做好政策衔接，尽快对地方性法规进行修改。同时，各有关方面要加强人口监测，研判人口变化形势，根据三孩生育政策及配套支持措施的实施情况，及时评估法律法规政策实施效果，总结经验，推动优化生育政策、促进人口长期均衡发展的各项法律制度和政策措施不断完善。

还有一个问题需要专门说明。我国宪法对“计划生育”作出了相关规定。有意见提出，人口与计划生育法是根据宪法制定的，修改人口与计划生育法，涉及对宪法有关规定的理解和把握，需要研究合宪性问题，以利于顺利推进相关工作。宪法和法律委员会、法制工作委员会经研究认为，我国宪法有关计划生育的规定，特别是第二十五条关于“国家推行计划生育，使人口的增长同经济和社会发展计划相适应”的规定，体现了问题导向与目标导向相统一、指向性与方向性相统一，具有相当的包容性和适应性，可以涵盖不同时期实行的生育政策、相关工作及配套措施。修改人口与计划生育法，落实优化生育政策、促进人口长期均衡发展的决策部署,是与时俱进理解和把握宪法规定和精神的具体体现,也是与时俱进通过立法推动和保证宪法实施的生动实践,符合宪法规定和精神。

经与有关部门研究,建议规定本决定自公布之日起施行。

此外,根据常委会组成人员的审议意见,还对修正草案作了一些文字修改。

宪法和法律委员会已按上述意见提出了全国人民代表大会常务委员会关于修改《中华人民共和国人口与计划生育法》的决定(草案),建议本次常委会会议审议通过。

修改决定草案和以上报告是否妥当,请审议。

# 全国人民代表大会常务委员会法制工作委员会关于修改人口与计划生育法涉及宪法规定问题的研究意见

2021年6月,党中央印发《中共中央国务院关于优化生育政策促进人口长期均衡发展的决定》,实施一对夫妻可以生育三个子女政策及配套支持措施,并明确提出修改《中华人民共和国人口与计划生育法》。7月,国务院向全国人大常委会提出关于提请审议人口与计划生育法修正草案的议案。

我国宪法对"计划生育"作出了相关规定。近年来,有关方面、人大代表和专家学者在研究实行新生育政策问题过程中时常提及和关注宪法有关计划生育的规定,有的认为需要赋予新的含义,有的认为需要进行修改或者解释,有的认为修改人口与计划生育法需要明确合宪性问题。

为保证党和国家关于优化生育政策、促进人口长期均衡发展决策部署的贯彻落实,根据党中央关于推进合宪性审查工作的精神和要求,法制工作委员会宪法室对修改人口与计划生育法涉及宪法规定问题进行了认真研究,现将有关情况和研究意见报告如下。

## 一、我国宪法关于计划生育的规定

党和国家始终坚持人口与发展综合决策,科学把握人口发展规律,坚持计划生育基本国策,有力促进了经济发展和社会进步,为全面建成小康社会奠定了坚实基础。我国现行宪法对"计划生育"作了4处规定:(1)第一章《总纲》第二十五条规定:"国家推行计划生育,使人口的增长同经济和社会发展计划相适应";(2)第二章《公民的基本权利和义务》第四十九条第二款规定:"夫妻双方有实行计划生育的义务";(3)第三章《国家机构》第八十九条关于国务院职权的规定中有"计划生育"的内容;(4)第一百零七条关于地方人民政府职权的规定中有"计划生育"的内容。

我国现行法律中还有一些法律规定了"计划生育"相关内容。

## 二、我国计划生育政策的历史演变

我国宪法对"计划生育"作出了规定,但没有对计划生育的具体政策作出规定。因此,对宪法有关规定内涵的理解和认识,需要从计划生育政策、制度、工作的实践和历史演变中来把握。

计划生育基本国策是国家在特定历史条件下为缓解严峻的人口形势而推行的一项重大战略。上个世纪五六十年代,随着经济恢复、社会安定、人民生活改善和医疗卫生保障水平的提高,我国总人口从新中国成立初期的5.4亿人迅速增加到1970年的8.3亿人,给经济社会发展带来了巨大压力。为控制人口过快增长,国家从上个世纪七十年代开始在城乡推行计划生育。1971年7月,国务院批转《关于做好计划生育工作的报告》,把控制人口增长的指标首次纳入国民经济发展计划。1978年,我国宪法首次规定"国家提倡和推行计划生育"。1980年9月,党中央发出《中共中央关于控制我国人口增长问题致全体共产党员共青团员的公开信》,提倡一对夫妇只生育一个孩子。1982年,党的十二大将计划生育确定为基本国策,五届全国人大五次会议通过的新宪法(即现行宪法)对计划生育作出相关规定。此后,各省、自治区、直辖市根据党和国家计划生育政策精神、宪法规定和精神并结合本地区实际,先后制定了一批有关计划生育的地方性法规。在多年实践经验基础上,全国人大常委会于2001年制定了人口与计划生育法。实践证明,实行计划生育,对于控制人口过快增长、缓解资源环境压力发挥了重要作用。这是我国在特定历史发展阶段作出的正确选择。

随着经济社会发展，我国人口发展的内在动力和外部条件发生显著变化，人口形势出现了新的情况。一是育龄妇女规模减少，出生人口下降，人口发展进入关键转折期。二是群众生育意愿降低，生育观念已总体转向少生优生；同时，由于来自诸多方面的压力和影响，我国适龄人口生育意愿受到制约。三是近年来人口老龄化程度不断加深，积极应对人口老龄化已经成为我国发展面临的重大课题。

党的十八大以来，以习近平同志为核心的党中央高度重视人口问题，根据我国人口发展新形势新变化，作出一系列调整完善生育政策、促进人口长期均衡发展的重大决策。2013 年 11 月，党的十八届三中全会调整完善生育政策，实施"单独两孩"政策。2015 年 10 月，党的十八届五中全会决定实施"全面两孩"政策。2018 年 2 月，党的十九届三中全会通过《深化党和国家机构改革方案》，确定组建国家卫生健康委员会，不再保留国家卫生和计划生育委员会。2020 年 10 月，党的十九届五中全会提出："实施积极应对人口老龄化国家战略"，"优化生育政策，增强生育政策包容性"。2021 年 6 月，为进一步适应人口形势新变化和推动高质量发展新要求，党中央印发《中共中央国务院关于优化生育政策促进人口长期均衡发展的决定》，优化生育政策，实施一对夫妻可以生育三个子女政策，并取消社会抚养费等制约措施、清理和废止相关处罚规定，配套实施积极生育支持措施。这一系列政策调整，有利于改善人口结构，落实积极应对人口老龄化国家战略；有利于保持人力资源禀赋优势，应对世界百年未有之大变局；有利于平缓总和生育率下降趋势，推动实现适度生育水平；有利于巩固全面建成小康社会成果，促进人与自然和谐共生。

从我国计划生育政策和实践的历史演变中可以看出，党和国家始终坚持人口与发展综合决策，科学把握人口发展规律，根据我国人口发展变化的形势，适时逐步调整完善生育政策。因此，我国计划生育政策不是一成不变的，而是历经调整变化，在不同时期具有不尽相同的政策内涵和时代特征。

## 三、我国宪法有关计划生育的规定具有包容性和适应性，修改人口与计划生育法符合宪法规定和精神

宪法第一章《总纲》第二十五条规定："国家推行计划生育，使人口的增长同经济和社会发展计划相适应。"这一规定明确了实行计划生育政策的根本目的，是使人口增长同经济社会发展相适应。根据这一规定，一方面，国家可以通过推行计划生育、控制人口数量，实现人口增长与经济社会发展的适应性；另一方面，人口增长同经济社会发展相适应又是检验和调整人口政策的基本标准和依据，随着经济社会发展和人口形势变化，计划生育政策应当适时予以调整，计划生育规定的含义也应当作与时俱进的理解。

始于上个世纪七十年代的计划生育政策，是在人口快速增长给经济社会发展带来了巨大压力的情况下实行的。在后来很长一段时间里实行的政策和法律法规，主要内容是一对夫妻生育一个子女，严格控制出生人口数量。这是符合特定时期经济社会发展状况和人口形势的，也是符合宪法规定和精神的。

随着我国经济社会的发展，我国人口形势出现了新的情况和新的变化，计划生育政策进入了适时调整时期。2013 年、2015 年，党中央先后作出实行"单独两孩"、"全面两孩"生育政策，全国人大常委会先后通过关于调整完善生育政策的决议和关于修改人口与计划生育法的决定。2021 年 6 月出台了《中共中央国务院关于优化生育政策促进人口长期均衡发展的决定》。实施三孩生育政策及配套支持措施，是党和国家根据我国人口发展变化形势作出的重大决策，是促进人口长期均衡发展、推动高质量发展的重大举措。主要内容是：实施三孩生育政策及配套支持措施，改革服务管理制度，提升家庭发展能力，推动实现适度生育水平，促进人口长期均衡发展。这一新举措还注重加强政策调整有序衔接，强调维护好计划生育家庭合法权益，建立健全计划生育特殊家庭全方位帮扶保障制度，使"计划生育"政策、制度和工作的内涵有了新的拓展。从宪法角度看，上述生育政策的调整和相关制度的完善都是贯彻落实宪法规定和精神的具体举措，都是符合宪法规定和精神的。

总的看，我国宪法有关计划生育的规定，体现了问题导向与目标导向相统一、指向性与方向性相统一，具有相当的包容性和适应性，可以涵盖不同时期实行的生育政策、相关工作及配套措施。修改人口与计划生育法，落实优化生育政策、促进人口长期均衡发展的决策部署，是与时俱进理解和把握宪法规定和精神的具体体现，也是与时俱进通过立法推动和保证宪法实施的生动实践，符合宪法规定

和精神。关于修改宪法有关计划生育规定的意见，也有一定道理。2020 年 5 月出台的民法典，在编纂时对原有婚姻法、收养法中有关“计划生育”的内容没有再继续保留。这个问题可以继续研究论证，目前同修改人口与计划生育法议程不必挂钩，将来适当时候再作统筹考虑。

# 中华人民共和国主席令

第九十八号

《中华人民共和国家庭教育促进法》已由中华人民共和国第十三届全国人民代表大会常务委员会第三十一次会议于 2021 年 10 月 23 日通过，现予公布，自 2022 年 1 月 1 日起施行。

中华人民共和国主席　习近平

2021 年 10 月 23 日

# 中华人民共和国家庭教育促进法

（2021 年 10 月 23 日第十三届全国人民代表大会常务委员会第三十一次会议通过）

## 目　　录



## 第一章　总　　则

**第一条**　为了发扬中华民族重视家庭教育的优良传统，引导全社会注重家庭、家教、家风，增进家庭幸福与社会和谐，培养德智体美劳全面发展的社会主义建设者和接班人，制定本法。

**第二条**　本法所称家庭教育，是指父母或者其他监护人为促进未成年人全面健康成长，对其实施的道德品质、身体素质、生活技能、文化修养、行为习惯等方面的培育、引导和影响。

**第三条**　家庭教育以立德树人为根本任务，培育和践行社会主义核心价值观，弘扬中华民族优秀传统文化、革命文化、社会主义先进文化，促进未成年人健康成长。

**第四条**　未成年人的父母或者其他监护人负责实施家庭教育。

国家和社会为家庭教育提供指导、支持和服务。

国家工作人员应当带头树立良好家风，履行家庭教育责任。

**第五条**　家庭教育应当符合以下要求：

（一）尊重未成年人身心发展规律和个体差异；

（二）尊重未成年人人格尊严，保护未成年人隐私权和个人信息，保障未成年人合法权益；

（三）遵循家庭教育特点，贯彻科学的家庭教育理念和方法；

（四）家庭教育、学校教育、社会教育紧密结合、协调一致；

（五）结合实际情况采取灵活多样的措施。

**第六条**　各级人民政府指导家庭教育工作，建立健全家庭学校社会协同育人机制。县级以上人民政府负责妇女儿童工作的机构，组织、协调、指导、督促有关部门做好家庭教育工作。

教育行政部门、妇女联合会统筹协调社会资源，协同推进覆盖城乡的家庭教育指导服务体系建设，并按照职责分工承担家庭教育工作的日常事务。

县级以上精神文明建设部门和县级以上人民政府公安、民政、司法行政、人力资源和社会保障、文化和旅游、卫生健康、市场监督管理、广播电视、体育、新闻出版、网信等有关部门在各自的职责范围内做好家庭教育工作。

**第七条**　县级以上人民政府应当制定家庭教

育工作专项规划，将家庭教育指导服务纳入城乡公共服务体系和政府购买服务目录，将相关经费列入财政预算，鼓励和支持以政府购买服务的方式提供家庭教育指导。

**第八条** 人民法院、人民检察院发挥职能作用，配合同级人民政府及其有关部门建立家庭教育工作联动机制，共同做好家庭教育工作。

**第九条** 工会、共产主义青年团、残疾人联合会、科学技术协会、关心下一代工作委员会以及居民委员会、村民委员会等应当结合自身工作，积极开展家庭教育工作，为家庭教育提供社会支持。

**第十条** 国家鼓励和支持企业事业单位、社会组织及个人依法开展公益性家庭教育服务活动。

**第十一条** 国家鼓励开展家庭教育研究，鼓励高等学校开设家庭教育专业课程，支持师范院校和有条件的高等学校加强家庭教育学科建设，培养家庭教育服务专业人才，开展家庭教育服务人员培训。

**第十二条** 国家鼓励和支持自然人、法人和非法人组织为家庭教育事业进行捐赠或者提供志愿服务，对符合条件的，依法给予税收优惠。

国家对在家庭教育工作中做出突出贡献的组织和个人，按照有关规定给予表彰、奖励。

**第十三条** 每年 5 月 15 日国际家庭日所在周为全国家庭教育宣传周。

## 第二章 家庭责任

**第十四条** 父母或者其他监护人应当树立家庭是第一个课堂、家长是第一任老师的责任意识，承担对未成年人实施家庭教育的主体责任，用正确思想、方法和行为教育未成年人养成良好思想、品行和习惯。

共同生活的具有完全民事行为能力的其他家庭成员应当协助和配合未成年人的父母或者其他监护人实施家庭教育。

**第十五条** 未成年人的父母或者其他监护人及其他家庭成员应当注重家庭建设，培育积极健康的家庭文化，树立和传承优良家风，弘扬中华民族家庭美德，共同构建文明、和睦的家庭关系，为未成年人健康成长营造良好的家庭环境。

**第十六条** 未成年人的父母或者其他监护人应当针对不同年龄段未成年人的身心发展特点，以下列内容为指引，开展家庭教育：

（一）教育未成年人爱党、爱国、爱人民、爱集体、爱社会主义，树立维护国家统一的观念，铸牢中华民族共同体意识，培养家国情怀；

（二）教育未成年人崇德向善、尊老爱幼、热爱家庭、勤俭节约、团结互助、诚信友爱、遵纪守法，培养其良好社会公德、家庭美德、个人品德意识和法治意识；

（三）帮助未成年人树立正确的成才观，引导其培养广泛兴趣爱好、健康审美追求和良好学习习惯，增强科学探索精神、创新意识和能力；

（四）保证未成年人营养均衡、科学运动、睡眠充足、身心愉悦，引导其养成良好生活习惯和行为习惯，促进其身心健康发展；

（五）关注未成年人心理健康，教导其珍爱生命，对其进行交通出行、健康上网和防欺凌、防溺水、防诈骗、防拐卖、防性侵等方面的安全知识教育，帮助其掌握安全知识和技能，增强其自我保护的意识和能力；

（六）帮助未成年人树立正确的劳动观念，参加力所能及的劳动，提高生活自理能力和独立生活能力，养成吃苦耐劳的优秀品格和热爱劳动的良好习惯。

**第十七条** 未成年人的父母或者其他监护人实施家庭教育，应当关注未成年人的生理、心理、智力发展状况，尊重其参与相关家庭事务和发表意见的权利，合理运用以下方式方法：

（一）亲自养育，加强亲子陪伴；

（二）共同参与，发挥父母双方的作用；

（三）相机而教，寓教于日常生活之中；

（四）潜移默化，言传与身教相结合；

（五）严慈相济，关心爱护与严格要求并重；

（六）尊重差异，根据年龄和个性特点进行科学引导；

（七）平等交流，予以尊重、理解和鼓励；

（八）相互促进，父母与子女共同成长；

（九）其他有益于未成年人全面发展、健康成长的方式方法。

**第十八条** 未成年人的父母或者其他监护人应当树立正确的家庭教育理念，自觉学习家庭教育知识，在孕期和未成年人进入婴幼儿照护服务机构、幼儿园、中小学校等重要时段进行有针对性的学习，掌握科学的家庭教育方法，提高家庭教育的能力。

**第十九条** 未成年人的父母或者其他监护人应当与中小学校、幼儿园、婴幼儿照护服务机构、社区密切配合，积极参加其提供的公益性家庭教育指导和实践活动，共同促进未成年人健康成长。

**第二十条**　未成年人的父母分居或者离异的，应当相互配合履行家庭教育责任，任何一方不得拒绝或者怠于履行；除法律另有规定外，不得阻碍另一方实施家庭教育。

**第二十一条**　未成年人的父母或者其他监护人依法委托他人代为照护未成年人的，应当与被委托人、未成年人保持联系，定期了解未成年人学习、生活情况和心理状况，与被委托人共同履行家庭教育责任。

**第二十二条**　未成年人的父母或者其他监护人应当合理安排未成年人学习、休息、娱乐和体育锻炼的时间，避免加重未成年人学习负担，预防未成年人沉迷网络。

**第二十三条**　未成年人的父母或者其他监护人不得因性别、身体状况、智力等歧视未成年人，不得实施家庭暴力，不得胁迫、引诱、教唆、纵容、利用未成年人从事违反法律法规和社会公德的活动。

## 第三章　国家支持

**第二十四条**　国务院应当组织有关部门制定、修订并及时颁布全国家庭教育指导大纲。

省级人民政府或者有条件的设区的市级人民政府应当组织有关部门编写或者采用适合当地实际的家庭教育指导读本，制定相应的家庭教育指导服务工作规范和评估规范。

**第二十五条**　省级以上人民政府应当组织有关部门统筹建设家庭教育信息化共享服务平台，开设公益性网上家长学校和网络课程，开通服务热线，提供线上家庭教育指导服务。

**第二十六条**　县级以上地方人民政府应当加强监督管理，减轻义务教育阶段学生作业负担和校外培训负担，畅通学校家庭沟通渠道，推进学校教育和家庭教育相互配合。

**第二十七条**　县级以上地方人民政府及有关部门组织建立家庭教育指导服务专业队伍，加强对专业人员的培养，鼓励社会工作者、志愿者参与家庭教育指导服务工作。

**第二十八条**　县级以上地方人民政府可以结合当地实际情况和需要，通过多种途径和方式确定家庭教育指导机构。

家庭教育指导机构对辖区内社区家长学校、学校家长学校及其他家庭教育指导服务站点进行指导，同时开展家庭教育研究、服务人员队伍建设和培训、公共服务产品研发。

**第二十九条**　家庭教育指导机构应当及时向有需求的家庭提供服务。

对于父母或者其他监护人履行家庭教育责任存在一定困难的家庭，家庭教育指导机构应当根据具体情况，与相关部门协作配合，提供有针对性的服务。

**第三十条**　设区的市、县、乡级人民政府应当结合当地实际采取措施，对留守未成年人和困境未成年人家庭建档立卡，提供生活帮扶、创业就业支持等关爱服务，为留守未成年人和困境未成年人的父母或者其他监护人实施家庭教育创造条件。

教育行政部门、妇女联合会应当采取有针对性的措施，为留守未成年人和困境未成年人的父母或者其他监护人实施家庭教育提供服务，引导其积极关注未成年人身心健康状况、加强亲情关爱。

**第三十一条**　家庭教育指导机构开展家庭教育指导服务活动，不得组织或者变相组织营利性教育培训。

**第三十二条**　婚姻登记机构和收养登记机构应当通过现场咨询辅导、播放宣传教育片等形式，向办理婚姻登记、收养登记的当事人宣传家庭教育知识，提供家庭教育指导。

**第三十三条**　儿童福利机构、未成年人救助保护机构应当对本机构安排的寄养家庭、接受救助保护的未成年人的父母或者其他监护人提供家庭教育指导。

**第三十四条**　人民法院在审理离婚案件时，应当对有未成年子女的夫妻双方提供家庭教育指导。

**第三十五条**　妇女联合会发挥妇女在弘扬中华民族家庭美德、树立良好家风等方面的独特作用，宣传普及家庭教育知识，通过家庭教育指导机构、社区家长学校、文明家庭建设等多种渠道组织开展家庭教育实践活动，提供家庭教育指导服务。

**第三十六条**　自然人、法人和非法人组织可以依法设立非营利性家庭教育服务机构。

县级以上地方人民政府及有关部门可以采取政府补贴、奖励激励、购买服务等扶持措施，培育家庭教育服务机构。

教育、民政、卫生健康、市场监督管理等有关部门应当在各自职责范围内，依法对家庭教育服务机构及从业人员进行指导和监督。

**第三十七条**　国家机关、企业事业单位、群团组织、社会组织应当将家风建设纳入单位文化建设，支持职工参加相关的家庭教育服务活动。

文明城市、文明村镇、文明单位、文明社区、文明校园和文明家庭等创建活动，应当将家庭教育情况作为重要内容。

## 第四章　社会协同

**第三十八条**　居民委员会、村民委员会可以依托城乡社区公共服务设施，设立社区家长学校等家庭教育指导服务站点，配合家庭教育指导机构组织面向居民、村民的家庭教育知识宣传，为未成年人的父母或者其他监护人提供家庭教育指导服务。

**第三十九条**　中小学校、幼儿园应当将家庭教育指导服务纳入工作计划，作为教师业务培训的内容。

**第四十条**　中小学校、幼儿园可以采取建立家长学校等方式，针对不同年龄段未成年人的特点，定期组织公益性家庭教育指导服务和实践活动，并及时联系、督促未成年人的父母或者其他监护人参加。

**第四十一条**　中小学校、幼儿园应当根据家长的需求，邀请有关人员传授家庭教育理念、知识和方法，组织开展家庭教育指导服务和实践活动，促进家庭与学校共同教育。

**第四十二条**　具备条件的中小学校、幼儿园应当在教育行政部门的指导下，为家庭教育指导服务站点开展公益性家庭教育指导服务活动提供支持。

**第四十三条**　中小学校发现未成年学生严重违反校规校纪的，应当及时制止、管教，告知其父母或者其他监护人，并为其父母或者其他监护人提供有针对性的家庭教育指导服务；发现未成年学生有不良行为或者严重不良行为的，按照有关法律规定处理。

**第四十四条**　婴幼儿照护服务机构、早期教育服务机构应当为未成年人的父母或者其他监护人提供科学养育指导等家庭教育指导服务。

**第四十五条**　医疗保健机构在开展婚前保健、孕产期保健、儿童保健、预防接种等服务时，应当对有关成年人、未成年人的父母或者其他监护人开展科学养育知识和婴幼儿早期发展的宣传和指导。

**第四十六条**　图书馆、博物馆、文化馆、纪念馆、美术馆、科技馆、体育场馆、青少年宫、儿童活动中心等公共文化服务机构和爱国主义教育基地每年应当定期开展公益性家庭教育宣传、家庭教育指导服务和实践活动，开发家庭教育类公共文化服务产品。

广播、电视、报刊、互联网等新闻媒体应当宣传正确的家庭教育知识，传播科学的家庭教育理念和方法，营造重视家庭教育的良好社会氛围。

**第四十七条**　家庭教育服务机构应当加强自律管理，制定家庭教育服务规范，组织从业人员培训，提高从业人员的业务素质和能力。

## 第五章　法律责任

**第四十八条**　未成年人住所地的居民委员会、村民委员会、妇女联合会，未成年人的父母或者其他监护人所在单位，以及中小学校、幼儿园等有关密切接触未成年人的单位，发现父母或者其他监护人拒绝、怠于履行家庭教育责任，或者非法阻碍其他监护人实施家庭教育的，应当予以批评教育、劝诫制止，必要时督促其接受家庭教育指导。

未成年人的父母或者其他监护人依法委托他人代为照护未成年人，有关单位发现被委托人不依法履行家庭教育责任的，适用前款规定。

**第四十九条**　公安机关、人民检察院、人民法院在办理案件过程中，发现未成年人存在严重不良行为或者实施犯罪行为，或者未成年人的父母或者其他监护人不正确实施家庭教育侵害未成年人合法权益的，根据情况对父母或者其他监护人予以训诫，并可以责令其接受家庭教育指导。

**第五十条**　负有家庭教育工作职责的政府部门、机构有下列情形之一的，由其上级机关或者主管单位责令限期改正；情节严重的，对直接负责的主管人员和其他直接责任人员依法予以处分：

（一）不履行家庭教育工作职责；

（二）截留、挤占、挪用或者虚报、冒领家庭教育工作经费；

（三）其他滥用职权、玩忽职守或者徇私舞弊的情形。

**第五十一条**　家庭教育指导机构、中小学校、幼儿园、婴幼儿照护服务机构、早期教育服务机构违反本法规定，不履行或者不正确履行家庭教育指导服务职责的，由主管部门责令限期改正；情节严重的，对直接负责的主管人员和其他直接责任人员依法予以处分。

**第五十二条**　家庭教育服务机构有下列情形

之一的，由主管部门责令限期改正；拒不改正或者情节严重的，由主管部门责令停业整顿、吊销营业执照或者撤销登记：

（一）未依法办理设立手续；

（二）从事超出许可业务范围的行为或作虚假、引人误解宣传，产生不良后果；

（三）侵犯未成年人及其父母或者其他监护人合法权益。

**第五十三条**　未成年人的父母或者其他监护人在家庭教育过程中对未成年人实施家庭暴力的，依照《中华人民共和国未成年人保护法》、《中华人民共和国反家庭暴力法》等法律的规定追究法律责任。

**第五十四条**　违反本法规定，构成违反治安管理行为的，由公安机关依法予以治安管理处罚；构成犯罪的，依法追究刑事责任。

### 第六章　附　　则

**第五十五条**　本法自2022年1月1日起施行。

## 关于《中华人民共和国家庭教育法（草案）》的说明

——2021年1月20日在第十三届全国人民代表大会常务委员会第二十五次会议上

全国人大社会建设委员会主任委员　何毅亭

全国人民代表大会常务委员会：

我受全国人大社会建设委员会委托，作关于《中华人民共和国家庭教育法（草案）》的说明。

### 一、制定家庭教育法的必要性和立法过程

家庭教育是教育的开端，关乎未成年人的终身发展和家庭的幸福安宁，也关乎国家发展、民族进步、社会和谐稳定。重视家庭教育是中华民族的优良传统。党的十八大以来，习近平总书记站在培养担当民族复兴大任时代新人的高度，向全党全社会发出了注重家庭、注重家教、注重家风的动员令，并就家庭教育作出一系列重要论述，强调“家庭是人生的第一所学校，家长是孩子的第一任老师，要给孩子讲好‘人生第一课’，帮助扣好人生第一粒扣子”“家长要时时处处给孩子做榜样，用正确行动、正确思想、正确方法教育引导孩子”“要在家庭中培育和践行社会主义核心价值观”。党的十九大明确指出，培育和践行社会主义核心价值观要从家庭做起、从娃娃抓起。党的十九届四中全会明确要求构建覆盖城乡的家庭教育指导服务体系，注重发挥家庭家教家风在基层社会治理中的重要作用。党的十九届五中全会进一步提出要加强家庭、家教、家风建设，健全学校家庭社会协同育人机制。这些都为发展家庭教育指明了正确方向、提供了基本遵循。

实践中，随着我国社会转型速度加快，传统的家庭结构和功能发生深刻变化，家庭教育存在的问题日益凸显：监护缺失、家庭教育缺位导致部分农村留守未成年人受到伤害的极端事件屡有发生；不少父母缺乏正确的成才观，“重智轻德”“重身体健康、轻心理健康”的倾向广泛存在；很多父母表示不知道用什么方法教育孩子，有的甚至将殴打虐待作为家庭教育方式。上述这些问题，影响了许多未成年人的健康成长，一些未成年人的合法权益受到严重侵害，引发社会广泛关注。十三届全国人大二次、三次会议上，先后有368名全国人大代表提出相关议案12件，要求启动家庭教育立法、推进家庭教育工作。

十三届全国人大常委会贯彻落实党中央决策部署，积极回应社会关切，将家庭教育立法列入常委会立法规划和2020年度立法工作计划，并明确由全国人大社会建设委员会承担牵头起草工作。社会建设委员会自2018年起，在进行未成年人保护法和预防未成年人犯罪法修改工作的过程中，即对家庭教育立法进行统筹考虑，提请常委会审议的这两部法律修订草案，已对家庭教育作出原则规定、为其留出相应接口。2020年以来，社会建设委员会在全国妇联提交的草案建议稿的基础上，进行了深入的调查研究，多次与党中央和国务院有关部门、最高人民法院、最高人民检察院、全国妇联等有关方面沟通协调、交换意见；通过向全国31个省（自治区、直辖市）人大书面征求意见、开

展实地调研、委托地方调研、召开专家座谈会等方式,广泛听取各方面意见。经过认真总结实践经验、充分研究论证,形成了《中华人民共和国家庭教育法(草案)》。

## 二、家庭教育法起草的指导思想和总体思路

(一)指导思想

本法起草的指导思想是:以习近平新时代中国特色社会主义思想为指导,深入贯彻习近平总书记关于家庭教育的重要论述,坚持从国情实际出发,着力完善家庭教育工作体制机制,夯实家庭教育责任,构建家庭教育服务体系,强化家庭教育支持,为促进家庭教育发展提供法治保障。

(二)总体思路

家庭教育不仅仅是家庭内部的事务,也事关公共福祉。对于家庭教育,既要充分尊重父母或者其他监护人的自主性,也要有效发挥政府、学校和社会的促进作用,必要时进行国家干预,从而加强家庭教育的价值引领和教育功能,促进未成年人德智体美劳全面发展。基于以上考虑,本法起草的总体思路是:

1. 贯穿立德树人主线。家庭教育涉及很多方面,但最重要的是品德教育,是如何做人的教育。无论是实施家庭教育还是为家庭教育提供服务,都应牢牢把握立德树人根本任务,把社会主义核心价值观贯穿其中,确保家庭教育的正确方向。

2. 突出问题导向。当前家庭教育领域存在诸多问题,比较突出的有:(1)父母或者其他监护人家庭教育主体责任意识不强,对未成年人生而不养、养而不教、教而不当的现象不同程度存在;(2)家庭教育工作的体制机制不完善,主责机构不明确,部门责任不清晰,各方面合力不够,影响了家庭教育工作的实际效果;(3)家庭教育服务机构发育不健全、发展不规范,服务水平有待提高;(4)对于家庭教育实施已经明显出现问题的情况,有关方面缺乏明确、有效的干预手段。本法着力制定和完善相关制度和措施,对这些问题作出积极回应。

3. 及时总结实践经验。近年来,全国家庭教育工作取得了很大进展,国家出台了《关于指导推进家庭教育的五年规划(2016—2020 年)》《全国家庭教育指导大纲(修订)》等一系列政策文件;8 个省(直辖市)出台了家庭教育地方性法规;各地在家庭教育工作中探索形成了一些好的经验做法。本法认真总结各地的实践成果,同时分析借鉴域外的有益经验,将行之有效的做法及时上升为法律,更好地保障家庭教育事业的发展。

4. 注重法律之间的和谐统一。我国多部现行法律包含与家庭教育有关的内容,民法典、教育法、未成年人保护法、预防未成年人犯罪法、反家庭暴力法等法律对实施家庭教育有原则性规定,但对父母或者其他监护人如何实施家庭教育、有关方面如何开展家庭教育服务等并无明确规定。本法力图做到与上述法律有效对接,对这些问题作出具体规范;对其他法律中已有明确规定的内容,本法中只作衔接性规定。

## 三、草案的主要内容

草案文本包括总则、家庭教育实施、家庭教育促进、家庭教育干预、法律责任、附则,共六章 52 条。主要内容是:

第一章"总则"。本章对立法目的、家庭教育的定义、家庭教育的根本任务、家庭教育法律关系、家庭教育工作基本原则作出规定,明确了政府推进家庭教育工作的领导体制、工作机制和保障措施,以及司法机关、人民团体和其他有关社会组织的职责等内容。

第二章"家庭教育实施"。未成年人的父母或者其他监护人是家庭教育的第一责任人。本章明确了父母或者其他监护人实施家庭教育的法定责任,对其提高家庭教育能力、营造良好家庭环境提出要求,并按照习近平总书记关于培养孩子好思想、好品行、好习惯的指示要求,对家庭教育的内容和方法作出指引和规定。

第三章"家庭教育促进"。实现家庭教育服务有效供给,是当前家庭教育工作中迫切需要通过立法加以规范和保障的。本章明确了政府、村(居)民委员会、学校、其他有关社会公共机构等不同主体在促进家庭教育方面的责任和义务,对家庭教育服务机构的设立和管理等作出规定。

第四章"家庭教育干预"。未成年人的父母或者其他监护人拒绝或者怠于履行家庭教育责任、实施家庭教育不当,导致未成年人行为出现偏差或者合法权益受到损害时,已经意味着家庭教育实施出现了严重问题,应当予以必要的干预。本章赋予学校、村(居)民委员会、父母或者其他监护人的所在单位批评教育和督促的权力,明确公安机关、人民检察院、人民法院干预家庭教育的情形

和主要措施，并对强制家庭教育指导的实施作出具体规定。

第五章“法律责任”。为达到本法的立法目的，既要有倡导性、引领性规范，也需要有强制性规范。本章重点对未成年人的父母或者其他监护人、负有家庭教育工作职责的政府部门或机构、学校、家庭教育服务机构违反本法规定的有关情形，规定了法律责任，同时设计了兜底的法律责任条款。

第六章“附则”。规定家庭教育法的施行时间。

《中华人民共和国家庭教育法（草案）》和以上说明是否妥当，请审议。

# 全国人民代表大会宪法和法律委员会关于《中华人民共和国家庭教育法（草案）》修改情况的汇报

——2021 年 8 月 17 日在第十三届全国人民代表大会常务委员会第三十次会议上

全国人大宪法和法律委员会副主任委员　徐　辉

全国人民代表大会常务委员会：

常委会第二十五次会议对家庭教育法草案进行了初次审议。会后，法制工作委员会将草案印发有关部门、地方和单位征求意见；在中国人大网上公布草案全文，向社会公开征求意见；先后到江西、宁夏、安徽调研，听取地方政府有关部门、妇联、家庭教育机构、全国人大代表、中小学校、幼儿园以及学生和家长代表的意见。宪法和法律委员会于 7 月 16 日召开会议，根据常委会组成人员的审议意见和各方面的意见，对草案进行了逐条审议。社会建设委员会、教育部、全国妇联有关负责同志列席了会议。7 月 28 日，宪法和法律委员会召开会议，再次进行了审议。现将家庭教育法草案主要问题的修改情况汇报如下：

一、有的常委会组成人员、单位、地方和社会公众提出，家庭教育立法主要是为了促进家庭教育，家庭是实施家庭教育的主体，国家、社会为家庭提供支持、协助。建议将本法的名称修改为家庭教育促进法，并对各章结构作出调整。宪法和法律委员会经研究，建议将本法名称修改为“中华人民共和国家庭教育促进法”，并将第二章至第四章的章名“家庭教育实施”、“家庭教育促进”和“家庭教育干预”分别修改为“家庭责任”、“国家支持”和“社会协同”。

二、有的常委会组成人员提出，中华民族具有重视家庭教育的优良传统，家庭教育立法目的应当体现这一优良传统；家庭教育的任务，除了弘扬中华优秀传统文化，还应当包括弘扬革命文化和社会主义先进文化。宪法和法律委员会经研究，建议采纳这一意见。

三、有的常委委员提出，草案第二条规定的家庭教育概念没有充分体现家庭教育的特点，建议完善。宪法和法律委员会经研究，建议修改为：“本法所称家庭教育，是指父母或者其他监护人为促进未成年人健康成长，对其实施的道德品质、知识技能、文化修养、生活习惯等方面的培育、引导和影响。”

四、有的常委委员、单位和地方提出，家庭教育工作应当充分发挥社会力量的作用。宪法和法律委员会经研究，建议增加规定：“国家鼓励和支持公民、法人和非法人组织为家庭教育事业进行捐赠或者提供志愿服务，对符合条件的，给予税收优惠。”

五、有的常委委员提出，未成年人的父母或者其他监护人依法委托他人照护未成年人，不能减轻其家庭教育的责任。宪法和法律委员会经研究，建议将草案第十六条中的“应当与被委托人共同实施家庭教育”修改为“应当与被委托人保持联系，定期了解未成年人学习、生活情况和心理状况，共同履行家庭教育责任”。

六、有的常委委员和地方提出，鉴于当前教育培训机构的乱象，对家庭教育指导服务机构和家庭教育服务机构应当有限制性的规定。宪法和法律委员会经研究，建议增加一条规定：“家庭教育指导服务机构开展家庭教育指导服务活动，不得组织或者变相组织营利性教育培训。”同时，将公民、法人和非法人组织依法设立的家庭教育服务机构明确为“非营利性家庭教育服务机构”。

七、有的常委委员、单位和地方提出，家庭教育的主要责任在家庭，政府特别是司法机关不宜过度干预，更不宜采取罚款、拘留等过于严厉的处罚措施，建议与未成年人保护法等法律相衔接。宪法和法律委员会经研究，建议对草案第四十四条作适当修改，并删除草案第四十五条、第四十六条、第四十七条的规定。

此外，还对草案作了一些文字修改。

草案二次审议稿已按上述意见作了修改，宪法和法律委员会建议提请本次常委会会议继续审议。

草案二次审议稿和以上汇报是否妥当，请审议。

# 全国人民代表大会宪法和法律委员会关于《中华人民共和国家庭教育促进法(草案)》审议结果的报告

——2021 年 10 月 19 日在第十三届全国人民代表大会常务委员会第三十一次会议上

全国人大宪法和法律委员会副主任委员 徐 辉

全国人民代表大会常务委员会：

常委会第三十次会议对家庭教育促进法草案进行了二次审议。会后，法制工作委员会在中国人大网全文公布草案二次审议稿，征求社会公众意见。宪法和法律委员会到福建、浙江调研，听取地方政府有关部门、妇联、人大代表、家庭教育机构、学校以及学生和家长代表的意见。宪法和法律委员会于 9 月 14 日召开会议，根据委员长会议精神、常委会组成人员审议意见和各方面的意见，对草案进行了逐条审议。社会建设委员会、教育部、全国妇联有关负责同志列席了会议。9 月 29 日，宪法和法律委员会召开会议，再次进行了审议。宪法和法律委员会认为，草案经过两次审议修改，已经比较成熟。同时，提出以下主要修改意见：

一、有的常委会组成人员提出，草案二次审议稿关于家庭教育概念和家庭教育内容的规定，应当进一步厘清家庭教育和学校教育的界限，更充分地体现家庭教育的特点。宪法和法律委员会经研究，建议将草案二次审议稿第二条中的“道德品质、知识技能、文化修养、生活习惯”修改为“道德品质、身体素质、生活技能、文化修养、行为习惯”；同时，对草案二次审议稿第十六条规定的家庭教育内容进行修改完善，增加规定：“引导未成年人培养广泛兴趣爱好，增强科学探索精神和创新意识”。

二、有的常委委员提出，有的家长对未成年子女期望值过高、施加的学习负担过重，有的家长对未成年子女沉迷网络等行为疏于管教，法律应当对这些突出问题作出回应。宪法和法律委员会经研究，建议增加规定：“未成年人的父母或者其他监护人应当合理安排未成年人学习、休息、娱乐和体育锻炼的时间，避免加重未成年人学习负担，预防未成年人沉迷网络。”

三、有的常委委员和地方提出，中央有关文件对减轻义务教育阶段学生作业负担和校外培训负担提出了新的明确要求，本法应当贯彻和体现这一精神，补充完善家庭教育、学校教育相协同等内容。宪法和法律委员会经研究，建议增加规定：“县级以上地方人民政府应当采取措施，减轻义务教育阶段学生作业负担和校外培训负担，畅通学校家庭沟通渠道，推进学校教育和家庭教育相互配合。”

四、有的常委会组成人员和地方提出，留守儿童和困境儿童的家庭教育面临较多困难，应当采取更精准的措施对这些未成年人的家庭加大扶持力度，提供更多帮助。宪法和法律委员会经研究，建议增加规定：“设区的市、县、乡级人民政府应当结合当地实际采取措施，对留守未成年人和困境未成年人家庭建档立卡，提供生活帮扶、创业就业支持等服务，为留守未成年人和困境未成年人的父母或者其他监护人实施家庭教育创造条件。”“教育行政部门、妇女联合会应当采取有针对性的措施，为留守未成年人和困境未成年人的父母或者其他监护人实施家庭教育提供服务，引导其积极关注未成年人身心健康状况、加强亲情关爱。”

五、有的常委委员提出，根据习近平总书记重要讲话精神，建议明确妇联在家庭教育工作中的作用。宪法和法律委员会经研究，建议增加规定："妇女联合会发挥妇女在弘扬中华民族家庭美德、树立良好家风等方面的独特作用，宣传普及家庭教育知识，通过家庭教育指导机构、社区家长学校、文明家庭建设等多种渠道组织开展家庭教育实践活动，提供家庭教育指导服务。"

六、有的常委会组成人员建议，明确委托照护情形下被委托人不依法履行家庭教育责任的法律责任。宪法和法律委员会经研究，建议采纳这一意见。

七、有的常委委员提出，有的家长不采用正确的家庭教育方法，对未成年子女实施家庭暴力，侵害未成年子女的权益，甚至导致严重后果，建议进一步做好与未成年人保护法、反家庭暴力法等法律的衔接，以有效防治家庭暴力问题。宪法和法律委员会经研究，建议增加相关规定。

此外，还对草案二次审议稿作了一些文字修改。

9月27日，法制工作委员会召开专题会议，邀请部分全国人大代表、专家学者和地方有关单位、家庭教育机构、学校和幼儿园以及家长代表，就草案中主要制度规范的可行性、出台时机、实施的社会效果和可能出现的问题等进行评估。与会人员普遍认为，草案经过多次审议修改，坚持问题导向，贯彻落实中央有关文件精神，吸收了各方面的意见，回应了社会关切，主要制度设计符合实际，具有较强的针对性和可操作性，已经比较成熟，现在出台是必要的、适时的。同时，还对草案提出了一些具体修改意见，宪法和法律委员会对有的意见予以采纳。

草案三次审议稿已按上述意见作了修改，宪法和法律委员会建议提请本次常委会会议审议通过。

草案三次审议稿和以上报告是否妥当，请审议。

# 全国人民代表大会宪法和法律委员会关于《中华人民共和国家庭教育促进法(草案三次审议稿)》修改意见的报告

——2021年10月22日在第十三届全国人民代表大会常务委员会第三十一次会议上

全国人民代表大会常务委员会：

本次常委会会议于10月20日上午对家庭教育促进法草案三次审议稿进行了分组审议。普遍认为，草案已经比较成熟，建议进一步修改后，提请本次常委会会议表决通过。同时，有些常委会组成人员和列席人员还提出了一些修改意见。宪法和法律委员会于10月20日下午召开会议，逐条研究了常委会组成人员的审议意见，对草案进行了审议。社会建设委员会、全国妇联有关负责同志列席了会议。宪法和法律委员会认为，草案是可行的，同时，提出以下修改意见：

一、有的常委委员提出，习近平总书记强调把家风建设作为领导干部作风建设的重要内容，应当将习近平总书记重要指示精神落实到家庭教育中。宪法和法律委员会经研究，建议增加规定："国家工作人员应当带头树立良好家风，履行家庭教育责任。"

二、有的常委委员建议，进一步落实中央有关进一步加强家庭家教家风建设的文件精神，树立家长的责任意识。宪法和法律委员会经研究，建议将草案三次审议稿第十四条第一款修改为："父母或者其他监护人应当树立家庭是第一个课堂、家长是第一任老师的责任意识，承担对未成年人实施家庭教育的主体责任，用正确思想、方法和行为教育未成年人养成良好思想、品行和习惯。"

三、草案三次审议稿第十六条规定了家庭教育的内容。有的常委委员建议，进一步充实相关内容，增加促进心理健康、树立正确成才观、培养自理能力、开展防诈骗安全教育等方面的规定。宪法和法律委员会经研究，建议采纳这一意见，并作相应修改完善。

经与有关方面研究，建议将本法的施行时间确定为2022年1月1日。

此外，根据常委会组成人员的审议意见，还对草案三次审议稿作了一些文字修改。

草案修改稿已按上述意见作了修改，宪法和法律委员会建议本次常委会会议审议通过。

草案修改稿和以上报告是否妥当，请审议。

# 中华人民共和国主席令

第九十九号

《中华人民共和国陆地国界法》已由中华人民共和国第十三届全国人民代表大会常务委员会第三十一次会议于 2021 年 10 月 23 日通过，现予公布，自 2022 年 1 月 1 日起施行。

中华人民共和国主席 习近平

2021 年 10 月 23 日

# 中华人民共和国陆地国界法

（2021 年 10 月 23 日第十三届全国人民代表大会常务委员会第三十一次会议通过）

目 录



## 第一章 总 则

**第一条** 为了规范和加强陆地国界工作，保障陆地国界及边境的安全稳定，促进我国与陆地邻国睦邻友好和交流合作，维护国家主权、安全和领土完整，根据宪法，制定本法。

**第二条** 中华人民共和国陆地国界的划定和勘定，陆地国界及边境的防卫、管理和建设，陆地国界事务的国际合作等，适用本法。

**第三条** 陆地国界是指划分中华人民共和国与陆地邻国接壤的领陆和内水的界限。陆地国界垂直划分中华人民共和国与陆地邻国的领空和底土。

中华人民共和国陆地国界内侧一定范围内的区域为边境。

**第四条** 中华人民共和国的主权和领土完整神圣不可侵犯。

国家采取有效措施，坚决维护领土主权和陆地国界安全，防范和打击任何损害领土主权和破坏陆地国界的行为。

**第五条** 国家对陆地国界工作实行统一的领导。

**第六条** 外交部负责陆地国界涉外事务，参与陆地国界管理相关工作，牵头开展对外谈判、缔约、履约及国际合作，处理需要通过外交途径解决的问题，组织开展国界线和界标维护管理。

国务院公安部门负责边境地区公安工作，指导、监督边境公安机关加强社会治安管理，防范和打击边境违法犯罪活动。

海关总署负责边境口岸等的进出境相关监督管理工作，依法组织实施进出境交通运输工具、货物、物品和人员的海关监管、检疫。

国家移民管理部门负责边境地区移民管理工作，依法组织实施出入境边防检查、边民往来管理和边境地区边防管理。

国务院其他有关部门按照各自职责分工，依法行使职权，开展相关工作。

**第七条** 在中央军事委员会领导下，有关军事机关组织、指导、协调陆地国界及边境的防卫管控、维护社会稳定、处置突发事件、边防合作及相关工作。

中国人民解放军、中国人民武装警察部队按照各自任务分工，警戒守卫陆地国界，抵御武装侵略，处置陆地国界及边境重大突发事件和恐怖活动，会同或者协助地方有关部门防范、制止和打击非法越界，保卫陆地国界及边境的安全稳定。

**第八条**　边境省、自治区的各级人民代表大会及其常务委员会在本行政区域内，保证有关陆地国界及边境的法律法规的遵守和执行。

边境省、自治区的各级人民政府依照法律法规规定管理本行政区域内的陆地国界及边境相关工作。

**第九条**　军地有关部门、单位依托有关统筹协调机构，合力推进强边固防，组织开展边防防卫管控、边防基础设施建设与维护管理等工作，共同维护陆地国界及边境的安全稳定与正常秩序。

**第十条**　国家采取有效措施，加强边防建设，支持边境经济社会发展和对外开放，推进固边兴边富民行动，提高边境公共服务和基础设施建设水平，改善边境生产生活条件，鼓励和支持边民在边境生产生活，促进边防建设与边境经济社会协调发展。

**第十一条**　国家加强陆地国界宣传教育，铸牢中华民族共同体意识，弘扬中华民族捍卫祖国统一和领土完整的精神，增强公民的国家观念和国土安全意识，构筑中华民族共有精神家园。

各级人民政府和有关教育科研机构应当加强对陆地国界及边境相关史料的收集、保护和研究。

公民和组织发现陆地国界及边境相关史料、史迹和实物，应当依法及时上报或者上交国家有关部门。

**第十二条**　国家保障陆地国界工作经费。

国务院和边境省、自治区的县级以上各级人民政府，应当将陆地国界及边境相关工作纳入国民经济和社会发展规划。

**第十三条**　公民和组织应当维护陆地国界及边境安全稳定，保护界标和边防基础设施，配合、协助开展陆地国界相关工作。

国家对配合、协助开展陆地国界相关工作的公民和组织给予鼓励和支持，对作出突出贡献的公民和组织按照有关规定给予表彰、奖励。

**第十四条**　中华人民共和国遵守同外国缔结或者共同参加的有关陆地国界事务的条约。

**第十五条**　国家坚持平等互信、友好协商的原则，通过谈判与陆地邻国处理陆地国界及相关事务，妥善解决争端和历史遗留的边界问题。

## 第二章　陆地国界的划定和勘定

**第十六条**　国家与陆地邻国通过谈判缔结划定陆地国界的条约，规定陆地国界的走向和位置。

划定陆地国界的条约应当依照法律规定由国务院提请全国人民代表大会常务委员会决定批准，由中华人民共和国主席根据全国人民代表大会常务委员会的决定予以批准。

**第十七条**　国家与陆地邻国根据划界条约，实地勘定陆地国界并缔结勘界条约。

勘界条约应当依照法律规定由国务院核准。

**第十八条**　为保持国界线清晰稳定，国家与有关陆地邻国开展陆地国界联合检查，缔结联合检查条约。

**第十九条**　勘定陆地国界依据的自然地理环境发生无法恢复原状的重大变化时，国家可与陆地邻国协商，重新勘定陆地国界。

**第二十条**　国家设置界标在实地标示陆地国界。

界标的位置、种类、规格、材质及设置方式等，由外交部与陆地邻国相关部门协商确定。

**第二十一条**　陆地国界的划定、勘定、联合检查和设置界标等具体工作，由外交部会同国务院有关部门、有关军事机关和有关边境省、自治区依法组织实施。

## 第三章　陆地国界及边境的防卫

**第二十二条**　中国人民解放军、中国人民武装警察部队应当在边境开展边防执勤、管控，组织演训和勘察等活动，坚决防范、制止和打击入侵、蚕食、渗透、挑衅等行为，守卫陆地国界，维护边境安全稳定。

**第二十三条**　边境省、自治区的各级人民政府统筹资源配置，加强维护国界安全的群防队伍建设，支持和配合边防执勤、管控工作。

边境省、自治区的各级人民政府建设基础设施，应当统筹兼顾陆地国界及边境防卫需求。

公民和组织应当支持边防执勤、管控活动，为其提供便利条件或者其他协助。

**第二十四条**　国家根据边防管控需要，可以在靠近陆地国界的特定区域划定边境禁区并设置警示标志，禁止无关人员进入。

划定边境禁区应当兼顾经济社会发展、自然资源和生态环境保护、居民生产生活，由有关军事机关会同边境省、自治区人民政府提出方案，经征求国务院有关部门意见后，报国务院和中央军事委员会批准。

边境禁区的变更或者撤销，依照前款规定程序办理。

**第二十五条** 国家根据陆地国界及边境防卫需要，可以在陆地国界内侧建设拦阻、交通、通信、监控、警戒、防卫及辅助设施等边防基础设施，也可以与陆地邻国协商后在陆地国界线上建设拦阻设施。

边防基础设施的建设和维护在保证国家主权、安全和领土完整的前提下，兼顾经济社会发展、自然资源和生态环境保护、野生动物迁徙、居民生产生活的需要，并且不得损害陆地国界与边防基础设施之间领土的有效管控。

边防基础设施的建设规划由国务院和中央军事委员会批准。

## 第四章 陆地国界及边境的管理

### 第一节 一般规定

**第二十六条** 国家对陆地国界及边境的管理和相关建设实行统筹协调、分工负责、依法管理。

**第二十七条** 陆地国界及边境管理应当保障陆地国界清晰和安全稳定。

**第二十八条** 依照本法规定在边境地区设立经济、贸易、旅游等跨境合作区域或者开展跨境合作活动，应当符合边防管控要求，不得危害边防安全。

**第二十九条** 在陆地国界及边境管理中遇有重要情况和重大问题，有关地方人民政府、军事机关应当立即按照规定向上级机关报告。

**第三十条** 边境省、自治区可以根据本行政区域的具体情况和实际需要制定地方性法规、地方政府规章，对陆地国界及边境管理执行中的问题作出规定。

**第三十一条** 国家可以与有关陆地邻国缔结条约，就陆地国界及边境管理制度作出规定。条约对陆地国界及边境管理制度另有规定的，按照条约的规定执行。

### 第二节 陆地国界管理

**第三十二条** 界标和边防基础设施受法律保护。

任何组织或者个人不得擅自移动、损毁界标和边防基础设施。

界标被移动、损毁、遗失的，由外交部与陆地邻国相关部门协商后组织恢复、修缮或者重建。

**第三十三条** 为保持陆地国界清晰可视，国家可以在陆地国界内侧开辟和清理通视道。

**第三十四条** 国务院有关部门和边境省、自治区的各级人民政府应当采取措施维护界河（江、湖）走向稳定，并依照有关条约保护和合理利用边界水。

船舶和人员需要进入界河（江、湖）活动的，应当由有关主管部门批准或者备案，向公安机关报告，并接受查验。

**第三十五条** 国家经与陆地邻国协商，可以在靠近陆地国界的适当地点设立边境口岸。

边境口岸的设立、关闭、管理等，应当依照法律法规和有关条约确定，并通过外交途径通知陆地邻国。

**第三十六条** 国务院有关部门经与陆地邻国相关部门协商或者根据照顾边民往来、维护边境安全稳定的需要，可以设立边民通道并予以规范管理。

**第三十七条** 人员、交通运输工具、货物、物品等应当依照相关法律法规通过陆地国界出境入境，并接受有关主管部门的检查、检疫和监管。

特殊情况下，通过缔结条约或者经外交途径、主管部门协商后，有关人员、交通运输工具、货物、物品等应当从国务院、中央军事委员会或者其授权的部门批准的地点出境入境。

**第三十八条** 禁止任何个人非法越界。

非法越界人员被控制后，由公安机关等主管部门处理；非法越界人员为武装部队人员的，由有关军事机关处理。

非法越界人员行凶、拒捕或者实施其他暴力行为，危及他人人身和财产安全的，执法执勤人员可以依法使用警械和武器。

**第三十九条** 航空器飞越陆地国界，应当经有关主管机关批准并且遵守我国法律法规规定。未经批准飞越陆地国界的，有关主管机关应当采取必要措施进行处置。

任何组织或者个人未经有关主管机关批准不得在陆地国界附近操控无人驾驶航空器飞行。模型航空器、三角翼、无人驾驶自由气球等的飞行活动，参照无人驾驶航空器管理。

**第四十条** 任何组织或者个人未经有关主管部门批准不得在陆地国界附近修建永久性建筑物。

**第四十一条** 任何组织或者个人不得在陆地国界附近通过声音、光照、展示标示物、投掷或者传递物品、放置漂流物或者空飘物等方式从事危害国家安全或者影响我国与邻国友好关系的活动。

个人在陆地国界及其附近打捞或者捡拾的漂流物、空飘物等可疑物品，应当及时交当地人民政府或者有关军事机关，不得擅自处理。

### 第三节　边境管理

**第四十二条**　国家根据边防管理需要可以划定边境管理区。边境管理区人员通行、居住依照国家有关规定实行专门管理措施。

边境管理区的划定、变更、撤销由边境省、自治区人民政府提出方案，经征求国务院有关部门和有关军事机关意见后，报国务院批准并公告。

**第四十三条**　国家支持沿边城镇建设，健全沿边城镇体系，完善边境城镇功能，强化支撑能力建设。

**第四十四条**　国务院有关部门和边境省、自治区人民政府依照有关规定，可以建设或者批准设立边民互市贸易区（点）、边境经济合作区等区域。

**第四十五条**　国务院有关部门和边境省、自治区的各级人民政府应当采取措施保护边境生态环境，防止生态破坏，防治大气、水、土壤和其他污染。

**第四十六条**　国务院有关部门和边境省、自治区的各级人民政府应当采取措施预防传染病、动植物疫情、外来物种入侵以及洪涝、火灾等从陆地国界传入或者在边境传播、蔓延。

**第四十七条**　有下列情形之一的，国家可以封控边境、关闭口岸，并依照有关法律法规采取其他紧急措施：

（一）周边发生战争或者武装冲突可能影响国家边防安全稳定；

（二）发生使国家安全或者边境居民的人身财产安全受到严重威胁的重大事件；

（三）边境受到自然灾害、事故灾难、公共卫生事件或者核生化污染的严重威胁；

（四）其他严重影响陆地国界及边境安全稳定的情形。

前款规定的措施由国务院有关部门、有关军事机关和地方人民政府依照相关法律和规定组织实施。

## 第五章　陆地国界事务的国际合作

**第四十八条**　国家按照平等互利原则与陆地邻国开展国际合作，处理陆地国界事务，推进安全合作，深化互利共赢。

**第四十九条**　国家可以与有关陆地邻国协商建立边界联合委员会机制，指导和协调有关国际合作，执行有关条约，协商并处理与陆地国界管理有关的重要事项。

**第五十条**　有关军事机关可以与陆地邻国相关部门建立边防合作机制，沟通协商边防交往合作中的重大事项与问题，通过与陆地邻国相关边防机构建立边防会谈会晤机制，交涉处理边防有关事务，巩固和发展睦邻友好关系，共同维护陆地国界的安全稳定。

**第五十一条**　国家可以与有关陆地邻国在相应国界地段协商建立边界（边防）代表机制，由代表、副代表和相关工作人员组成，通过会谈、会晤和联合调查等方式处理边界事件、日常纠纷等问题。

边界（边防）代表的具体工作在国务院有关部门、中央军事委员会机关有关部门指导下，由中国人民解放军会同外事、公安、移民等相关部门组织实施。

**第五十二条**　公安、海关、移民等部门可以与陆地邻国相关部门建立合作机制，交流信息，开展执法合作，共同防范和打击跨界违法犯罪活动。

**第五十三条**　国家有关主管机关和有关军事机关可以与陆地邻国相关部门开展合作，共同打击恐怖主义、分裂主义和极端主义活动。

**第五十四条**　国家提升沿边对外开放便利化水平，优化边境地区营商环境；经与陆地邻国协商，可以在双方接壤区域设立跨境经济合作区、跨境旅游合作区、生态保护区等区域。

国家与陆地邻国共同建设并维护跨界设施，可以在陆地国界内侧设立临时的封闭建设区。

**第五十五条**　边境省、自治区的县级以上各级人民政府依照国家有关规定，可以与陆地邻国相应行政区域地方政府开展经济、旅游、文化、体育、抢险救灾和生态环境等领域合作。

**第五十六条**　国务院有关部门可以与陆地邻国相关部门在口岸建设和管理、自然资源利用、生态环境保护、疫情防控、应急管理等领域开展合作，建立相互通报、信息共享、技术与人才交流等合作机制。

边境省、自治区的县级以上各级人民政府可以在国家有关主管部门指导下，参与相关合作机制，承担具体合作工作。

## 第六章 法律责任

**第五十七条** 有违反本法第三十二条第二款行为的，由公安机关依照《中华人民共和国治安管理处罚法》、《中华人民共和国军事设施保护法》有关规定处罚。损毁界标、边防基础设施的，应当责令行为人赔偿损失。

有违反本法第三十四条第二款或者第四十一条规定行为之一的，由公安机关处警告或者两千元以下罚款；情节严重的，处五日以下拘留或者两千元以上一万元以下罚款。

**第五十八条** 有违反本法第三十七条、第三十八条第一款或者第三十九条规定行为的，由有关部门依照相关法律法规，按照职责分工处罚。

有违反本法第四十条规定行为的，由有关主管部门责令停止违法行为、恢复原状，处五千元以上两万元以下罚款；情节严重的，处两万元以上五万元以下罚款。单位有违反该条规定行为的，处五万元以上二十万元以下罚款。

有违反本法第三十四条第二款、第三十九条第二款或者第四十一条规定行为之一的，还可以收缴用于实施违反陆地国界及边境管理行为的工具。

**第五十九条** 国家机关及其工作人员在陆地国界工作中不履行法定职责，泄露国家秘密或者滥用职权、玩忽职守、徇私舞弊的，对直接负责的主管人员和其他直接责任人员，依法给予处分。

**第六十条** 违反本法规定，构成犯罪的，依法追究刑事责任。

## 第七章 附 则

**第六十一条** 界标是指竖立在陆地国界上或者陆地国界两侧，在实地标示陆地国界走向，且其地理坐标已测定并记载于勘界条约或者联合检查条约中的标志，包括基本界标、辅助界标、导标和浮标等。

通视道是指为使陆地国界保持通视，在陆地国界两侧一定宽度范围内开辟的通道。

**第六十二条** 本法自 2022 年 1 月 1 日起施行。

# 关于《中华人民共和国陆地国界法(草案)》的说明

——2021 年 4 月 26 日在第十三届全国人民代表大会常务委员会第二十八次会议上

全国人大外事委员会主任委员 张业遂

全国人民代表大会常务委员会：

党的十八大以来，以习近平同志为核心的党中央高度重视国家安全问题，提出总体国家安全观，作出了制定陆地国界法的重要部署。陆地国界法列入全国人大常委会 2021 年度工作要点和立法工作计划。

十三届全国人大常委会高度重视陆地国界立法工作。栗战书委员长、王晨副委员长多次作出指示批示，提出明确要求。全国人大外事委员会(以下简称外事委)负责牵头起草和提请审议，在深入开展调研、充分听取意见、多次修改调整的基础上，经相关各方面广泛参与，已形成《中华人民共和国陆地国界法(草案)》(以下简称草案)。2020 年 12 月 31 日，起草工作领导小组召开会议，同意向全国人大常委会提请审议草案。2021 年 1 月 6 日，草案经外事委第十五次全体会议审议通过。

受外事委委托，我就有关情况说明如下。

## 一、关于制定陆地国界法的必要性

*(一)制定陆地国界法是贯彻落实习近平法治思想、推进重要领域立法的要求*

习近平总书记在中央全面依法治国工作会议上指出，要坚持建设中国特色社会主义法治体系，积极推进国家安全、涉外法治等重要领域立法，健全国家治理急需的法律制度。我国陆地国界线长约 2.2 万公里，9 个边境省区分别与 14 个陆地邻国接壤。我国在国家层面一直没有法律统筹规范国界工作的顶层设计、管理制度、法律责任，迫切需要制定一部陆地国界的专门法律，健全边疆治理急需的法律制度。

（二）制定陆地国界法是适应国家安全和发展形势、贯彻落实总体国家安全观的需要，是贯彻落实习近平总书记和党中央关于管边治边理念和部署的需要

党的十八大以来，以习近平同志为核心的党中央提出总体国家安全观，高度重视国土和边境安全，把边疆治理摆在极为重要的战略地位，对稳边固边、兴边睦邻作出一系列重大判断和战略安排。需要将这些管边治边的理论成果和决策部署以法律形式固定下来，全面反映和体现到有关国界工作的法律中，以更好发挥法治固根本、利长远、促发展的基础作用。

（三）制定陆地国界法是巩固深化党和国家机构改革、国防和军队改革成果的需要

党的十八大以来，在以习近平同志为核心的党中央坚强领导下，党和国家机构改革、国防和军队改革不断深入推进，国家移民管理体制改革调整基本完成。一个职责清晰、分工明确、要素完整、运转高效的边境（边界）管理格局已初步确立。这些改革的成功经验和实践成果需要通过陆地国界立法予以体现和确认。

（四）制定陆地国界法是构建统一规范的国界工作法律制度体系的需要

经过多年的实践探索，国界工作的政策法规不断丰富充实，但国界的确定、国界及边境的防卫管理、国界事务的国际合作等工作缺少一部专门的法律来规范。随着国内外形势的不断变化，边界防卫和管控工作中出现了一些新的问题和挑战，现有的政策法规难以满足实践发展的需要。制定陆地国界法，把党中央精神、人民群众的期盼和边境省区的实践经验总结提炼，转化为法律制度，为国界工作提供法律制度的基本遵循，有利于确保构建系统完备、权责匹配、上下协调、科学规范的国界工作法律制度体系，切实推进陆地国界治理体系和治理能力现代化。

## 二、立法工作的指导思想和基本思路

在法律起草过程中，坚持以习近平新时代中国特色社会主义思想为指导，贯彻习近平法治思想，贯彻总体国家安全观，贯彻新时代管边治边理念，体现党的集中统一领导，突出目标引领和问题导向，体现改革成果，固化实践经验，回应各方关切，力求使陆地国界法为维护国家主权、安全、发展利益提供坚强法律保障。

立法工作遵循以下基本思路和原则：

一是始终坚持党的领导。坚持以习近平法治思想和党中央有关决策部署引领立法工作，把党的集中统一领导贯穿于立法全过程，在草案章节条文中全面贯彻总体国家安全观，全面体现习近平总书记和党中央关于管边治边的理念和部署，全面体现党和国家机构改革、国防和军队改革成果。

二是准确把握基本定位。坚持把陆地国界法作为国界工作领域的基本法，对国界工作的指导原则、职责定位、管理制度、国际合作等中央事权明确原则性规范，发挥基础性、指导性作用。

三是突出加强体系设计。根据党中央、国务院和中央军委的有关文件、相关部门的“三定”方案以及工作实践，借鉴有关国家的经验，注意与相关法律衔接，明确规范国界工作的内涵和外延以及相关工作制度的框架结构和主要内容，为“下位法”提供依据、预留空间。

四是坚持问题导向。将当前国界工作实践中存在的一些突出问题作为立法的重点，如对部门职责定位、涉边特殊区域的设置管理、公民和组织的权利义务、边防基础设施建设等进行明确的、有针对性的规范，通过“法律责任”条款增强法律的权威性和可操作性。

## 三、起草过程

多年来，有关方面和边境省区持续关注陆地国界立法，1999 年至今累计有 340 人次的全国人大代表先后提出 15 件关于制定陆地国（边）界法的议案和建议。外事委整理了历届人大代表提出的议案建议、陆地邻国的相关法律，梳理了各部门规章、各边境省区的地方性法规以及国际条约。派出调研组多次赴 9 个陆地边境省、自治区了解情况，听取意见。起草工作领导小组多次组织各有关方面、专家学者座谈与研讨，反复修改草案。起草工作体现了各有关方面的意见，草案已比较成熟。

## 四、关于草案的主要内容

草案共七章五十六条，主要内容如下：

第一章是“总则”，有十五条。包括：立法宗旨和依据、调整范围、陆地国界的定义、维护领土主权和国界安全的原则、领导体制、部门职责、地方职

责、合力强边固防、边防建设与边境发展、经费保障和政策支持、公民和组织的义务、国家对公民和组织的支持、对外关系以及条约信守原则。

第二章是“陆地国界的确定”，有六条。包括：划定及勘定国界、国界联合检查、国界的调整、界标等。

第三章是“陆地国界及边境的防卫”，有四条。包括：边防管控、边境禁区、边防基础设施等。

第四章是“陆地国界及边境的管理”，有十六条。包括：管理界标，保持国界清晰稳定，保护和利用界河水资源，规范管理边境口岸、边民通道、边境管理区、涉边特殊区域，管理和处置出境入境行为、进入界河的活动、航空器飞越国界以及非法越界行为，规范一些影响国界及边境管理秩序的限制或者禁止行为，保护边境生态环境、预防边境疫情灾情，特定情形下封控边境等。

第五章是“陆地国界事务的国际合作”，有九条。包括：联合机制、边界（边防）代表、边防合作、打击跨界违法犯罪的合作、联合打击“三股势力”的合作、跨境合作区域和跨界设施封闭建设区建设、经济往来与人文交流合作等。

第六章是“法律责任”，有四条。包括：需要援引相关法律来处置的行为和罚则、需由本法来处置的行为和罚则、国家机关及其工作人员的法律责任、刑事责任。

第七章是“附则”，有两条，包括有关术语说明或者含义、本法生效日期。

草案和以上说明是否妥当，请审议。

# 全国人民代表大会宪法和法律委员会关于《中华人民共和国陆地国界法（草案）》修改情况的汇报

——2021 年 8 月 17 日在第十三届全国人民代表大会常务委员会第三十次会议上

全国人大宪法和法律委员会副主任委员 王 宁

全国人民代表大会常务委员会：

常委会第二十八次会议对陆地国界法草案进行了初次审议。会后，法制工作委员会将草案印发有关地方、中央有关部门和部分高等院校、法学研究机构等征求意见。宪法和法律委员会、外事委员会、法制工作委员会召开座谈会，听取中央有关部门和专家学者的意见，并赴新疆进行调研；就草案有关问题与外交部、中央军委国防动员部进行多次沟通；对常委会审议意见和各方面意见进行认真研究。宪法和法律委员会于 7 月 15 日召开会议，根据常委会组成人员的审议意见和各方面的意见，对草案进行了逐条审议。外事委员会、外交部、中央军委国防动员部有关负责同志列席了会议。7 月 28 日，宪法和法律委员会召开会议，再次进行了审议。现将陆地国界法草案主要问题的修改情况汇报如下：

一、草案第二章为“陆地国界的确定”。有的意见提出，这一章的内容是具体规定陆地国界的划定、勘定，建议章名与内容相统一。宪法和法律委员会经研究，建议将第二章章名修改为“陆地国界的划定和勘定”，同时将第二条有关规定作相应修改。

二、有的常委委员、部门和地方提出，加强基础设施建设，改善边境生产生活条件，对于巩边固防十分重要。宪法和法律委员会经研究，建议将草案第十条修改为：“国家采取有效措施，加强边防建设，支持边境经济社会发展和对外开放，提高边境公共服务和基础设施建设水平，改善边境生产生活条件，鼓励边民在边境生产生活，推进兴边富民，促进边防建设与边境经济社会协调发展。”

三、有的意见提出，为了提高公民的国土安全意识，应当增加有关陆地国界宣传教育的规定。宪法和法律委员会经研究，建议增加一条规定：“国家加强陆地国界宣传教育，增强公民的国土安全意识。”

四、草案第十七条对划定陆地国界作了规定，第十八条对勘定陆地国界作了规定。有的常委委员提出，应当进一步明确缔结划界条约、勘界条约的权限和程序。宪法和法律委员会经研究，建议根据宪法和缔结条约程序法的规定，增加两款规定：一是“划界条约应当按照法律规定程序由国务院提请全国人民代表大会常务委员会决定批准，并由中华人民共和国主席根据全国人民代表大会常务委员会的决定予以批准”；二是“勘界条约应当按照法律规定程序由国务院核准”。

五、有的常委委员和部门提出，陆地国界及边境管理的许多具体工作是由地方政府和军队承担，对陆地国界及边境管理中的重要情况和重大问题，应当及时上报。宪法和法律委员会经研究，建议增加规定：“在陆地国界及边境管理中遇有重要情况和重大问题，有关地方人民政府、军事机关应当立即按照规定向上级机关报告。”

此外，还对草案作了一些文字修改。

草案二次审议稿已按上述意见作了修改，宪法和法律委员会建议提请本次常委会会议继续审议。

草案二次审议稿和以上汇报是否妥当，请审议。

# 全国人民代表大会宪法和法律委员会关于《中华人民共和国陆地国界法（草案）》审议结果的报告

——2021 年 10 月 19 日在第十三届全国人民代表大会常务委员会第三十一次会议上

全国人大宪法和法律委员会副主任委员　王　宁

全国人民代表大会常务委员会：

常委会第三十次会议对陆地国界法草案进行了二次审议。会后，法制工作委员会将草案二次审议稿印发中央有关部门和部分高等院校、法学研究机构等征求意见，在中国人大网全文公布草案，征求社会公众意见。法制工作委员会赴西藏进行调研，就草案有关问题与外事委员会、外交部、国家移民管理局、中央军委国防动员部等部门进行沟通。宪法和法律委员会于 9 月 13 日召开会议，根据委员长会议精神、常委会组成人员审议意见和各方面的意见，对草案进行了逐条审议。外事委员会、外交部、中央军委国防动员部有关负责同志列席了会议。9 月 29 日，宪法和法律委员会召开会议，再次进行了审议。宪法和法律委员会认为，为了维护国家主权、安全和领土完整，规范陆地国界及边境的防卫、管理和建设，促进我国与陆地邻国睦邻友好和交流合作，制定出台陆地国界法是必要的，草案经过两次审议修改，已经比较成熟。同时，提出以下主要修改意见：

一、贯彻落实习近平总书记在中央民族工作会议上的重要讲话精神，宪法和法律委员会经研究，建议在第一章“总则”相关条款中增加“推进固边兴边富民行动”，“构筑中华民族共有精神家园”，“铸牢中华民族共同体意识”等内容。

二、有的常委委员提出，地方政府在支持、配合解放军和武警部队开展边境防卫活动中发挥了重要作用，建议予以明确。宪法和法律委员会经研究，建议增加规定“边境省、自治区的各级人民政府统筹资源配置，加强维护国界安全的群防队伍建设，支持和配合边防执勤、管控工作”，“边境省、自治区的各级人民政府建设基础设施，应当统筹兼顾陆地国界及边境防卫需求”。

三、有的意见提出，加强沿边城镇、村庄建设，完善边境城镇功能，强化人口和经济支撑，对于稳边固边具有重要意义，建议在法律上予以适当体现。宪法和法律委员会经研究，建议根据“十四五”规划纲要和中央民族工作会议精神，增加一条规定：“国家支持沿边城镇建设，健全沿边城镇体系，完善边境城镇功能，强化支撑能力建设。”

四、为贯彻落实习近平外交思想，体现我国与陆地邻国安全、经济等各个领域的友好合作，宪法和法律委员会经研究，建议将草案相关条款修改为：“国家按照平等互利原则与陆地邻国开展国际合作，处理陆地国界事务，推进安全合作，深化互利共赢。”

此外，还对草案二次审议稿作了一些文字修改。

9 月 27 日，法制工作委员会召开会议，邀请部分全国人大代表、专家学者和中央有关部门，就草案中主要制度规范的可行性、法律出台时机、法律实施的社会效果和可能出现的问题进行评估。与会人员普遍认为,草案深入贯彻落实总体国家安全观,贯彻落实习近平总书记和党中央关于管边治边理念和部署要求,总结实践经验、满足群众期盼,将为推动陆地国界工作提供扎实的法律基础。草案经过修改,充分吸收了各方面意见,制度设计更加完善,条文表述更加精准,已经比较成熟,建议尽快审议通过。与会人员还对草案提出了一些具体修改意见,宪法和法律委员会进行了认真研究,对有的意见予以采纳。

草案三次审议稿已按上述意见作了修改。宪法和法律委员会建议提请本次常委会会议审议通过。

草案三次审议稿和以上报告是否妥当,请审议。

# 全国人民代表大会宪法和法律委员会关于《中华人民共和国陆地国界法(草案三次审议稿)》修改意见的报告

——2021 年 10 月 22 日在第十三届全国人民代表大会常务委员会第三十一次会议上

全国人民代表大会常务委员会:

本次常委会会议于 10 月 20 日上午对陆地国界法草案三次审议稿进行了分组审议。普遍认为,草案已经比较成熟,建议进一步修改后,提请本次常委会会议表决通过。同时,有些常委会组成人员和列席人员还提出了一些修改意见和建议。宪法和法律委员会于 10 月 20 日下午召开会议,逐条研究了常委会组成人员的审议意见,对草案进行了审议。外事委员会、外交部、中央军委国防动员部有关负责同志列席了会议。宪法和法律委员会认为,草案是可行的,同时,提出以下修改意见:

一、有的常委委员和部门提出,草案三次审议稿第六条第三款关于海关总署职责的表述比较宽泛,与国家移民管理部门职责存在一定交叉重叠,建议修改完善。宪法和法律委员会经研究,建议修改为:"海关总署负责边境口岸等的进出境相关监督管理工作,依法组织实施进出境交通运输工具、货物、物品和人员的海关监管、检疫。"

二、有的常委委员提出,加强陆地国界及边境的史料收集、保护和研究,对于维护国界安全稳定具有重要意义,建议在草案中予以明确。宪法和法律委员会经研究,建议在草案三次审议稿第十一条中增加两款,规定:"各级人民政府和有关教育科研机构应当加强对陆地国界及边境相关史料的收集、保护和研究。""公民和组织发现陆地国界及边境相关史料、史迹和实物,应当依法及时上报或者上交国家有关部门。"

三、有的常委委员提出,对于国家机关工作人员在陆地国界工作中泄露国家秘密、损害国家利益的行为,应当明确法律责任。宪法和法律委员会经研究,建议在草案三次审议稿第五十九条中增加"泄露国家秘密"的情形。

经研究,建议将本法的施行时间确定为 2022 年 1 月 1 日。

此外,根据常委会组成人员的审议意见,还对草案三次审议稿作了个别文字修改。

草案修改稿已按上述意见作了修改,宪法和法律委员会建议本次常委会会议审议通过。

草案修改稿和以上报告是否妥当,请审议。

# 中华人民共和国主席令

第一〇〇号

《全国人民代表大会常务委员会关于修改〈中华人民共和国审计法〉的决定》已由中华人民共和国第十三届全国人民代表大会常务委员会第三十一次会议于 2021 年 10 月 23 日通过,现予公布,自 2022 年 1 月 1 日起施行。

中华人民共和国主席　习近平

2021 年 10 月 23 日

# 全国人民代表大会常务委员会关于修改《中华人民共和国审计法》的决定

（2021年10月23日第十三届全国人民代表大会常务委员会第三十一次会议通过）

第十三届全国人民代表大会常务委员会第三十一次会议决定对《中华人民共和国审计法》作如下修改：

一、将第二条第一款分为两款，作为第一款、第二款，修改为："国家实行审计监督制度。坚持中国共产党对审计工作的领导，构建集中统一、全面覆盖、权威高效的审计监督体系。

"国务院和县级以上地方人民政府设立审计机关。"

二、将第四条修改为："国务院和县级以上地方人民政府应当每年向本级人民代表大会常务委员会提出审计工作报告。审计工作报告应当报告审计机关对预算执行、决算草案以及其他财政收支的审计情况，重点报告对预算执行及其绩效的审计情况，按照有关法律、行政法规的规定报告对国有资源、国有资产的审计情况。必要时，人民代表大会常务委员会可以对审计工作报告作出决议。

"国务院和县级以上地方人民政府应当将审计工作报告中指出的问题的整改情况和处理结果向本级人民代表大会常务委员会报告。"

三、将第十一条修改为："审计机关履行职责所必需的经费，应当列入预算予以保证。"

四、增加一条，作为第十二条："审计机关应当建设信念坚定、为民服务、业务精通、作风务实、敢于担当、清正廉洁的高素质专业化审计队伍。

"审计机关应当加强对审计人员遵守法律和执行职务情况的监督，督促审计人员依法履职尽责。

"审计机关和审计人员应当依法接受监督。"

五、将第十二条改为第十三条，增加一款，作为第二款："审计机关根据工作需要，可以聘请具有与审计事项相关专业知识的人员参加审计工作。"

六、增加一条，作为第十四条："审计机关和审计人员不得参加可能影响其依法独立履行审计监督职责的活动，不得干预、插手被审计单位及其相关单位的正常生产经营和管理活动。"

七、将第十四条改为第十六条，修改为："审计机关和审计人员对在执行职务中知悉的国家秘密、工作秘密、商业秘密、个人隐私和个人信息，应当予以保密，不得泄露或者向他人非法提供。"

八、将第十八条第二款、第二十条、第二十一条合并，作为第二十二条，修改为："审计机关对国有企业、国有金融机构和国有资本占控股地位或者主导地位的企业、金融机构的资产、负债、损益以及其他财务收支情况，进行审计监督。

"遇有涉及国家财政金融重大利益情形，为维护国家经济安全，经国务院批准，审计署可以对前款规定以外的金融机构进行专项审计调查或者审计。"

九、将第二十二条改为第二十三条，修改为："审计机关对政府投资和以政府投资为主的建设项目的预算执行情况和决算，对其他关系国家利益和公共利益的重大公共工程项目的资金管理使用和建设运营情况，进行审计监督。"

十、将第二十三条改为第二十四条，修改为："审计机关对国有资源、国有资产，进行审计监督。

"审计机关对政府部门管理的和其他单位受政府委托管理的社会保险基金、全国社会保障基金、社会捐赠资金以及其他公共资金的财务收支，进行审计监督。"

十一、增加一条，作为第二十六条："根据经批准的审计项目计划安排，审计机关可以对被审计单位贯彻落实国家重大经济社会政策措施情况进行审计监督。"

十二、增加一条，作为第二十八条："审计机关可以对被审计单位依法应当接受审计的事项进行全面审计，也可以对其中的特定事项进行专项审计。"

十三、增加一条，作为第三十条："审计机关履行审计监督职责，发现经济社会运行中存在风险隐患的，应当及时向本级人民政府报告或者向有关主管机关、单位通报。”

**十四**、将第二十八条改为第三十一条，将第一款修改为：“审计机关根据被审计单位的财政、财务隶属关系或者国有资源、国有资产监督管理关系，确定审计管辖范围。”

将第三款修改为：“上级审计机关对其审计管辖范围内的审计事项，可以授权下级审计机关进行审计，但本法第十八条至第二十条规定的审计事项不得进行授权；上级审计机关对下级审计机关审计管辖范围内的重大审计事项，可以直接进行审计，但是应当防止不必要的重复审计。”

**十五**、将第二十九条改为第三十二条，修改为：“被审计单位应当加强对内部审计工作的领导，按照国家有关规定建立健全内部审计制度。

“审计机关应当对被审计单位的内部审计工作进行业务指导和监督。”

**十六**、将第三十一条改为第三十四条，修改为：“审计机关有权要求被审计单位按照审计机关的规定提供财务、会计资料以及与财政收支、财务收支有关的业务、管理等资料，包括电子数据和有关文档。被审计单位不得拒绝、拖延、谎报。

“被审计单位负责人应当对本单位提供资料的及时性、真实性和完整性负责。

“审计机关对取得的电子数据等资料进行综合分析，需要向被审计单位核实有关情况的，被审计单位应当予以配合。”

**十七**、增加一条，作为第三十五条：“国家政务信息系统和数据共享平台应当按照规定向审计机关开放。

“审计机关通过政务信息系统和数据共享平台取得的电子数据等资料能够满足需要的，不得要求被审计单位重复提供。”

**十八**、将第三十二条改为第三十六条，修改为：“审计机关进行审计时，有权检查被审计单位的财务、会计资料以及与财政收支、财务收支有关的业务、管理等资料和资产，有权检查被审计单位信息系统的安全性、可靠性、经济性，被审计单位不得拒绝。”

**十九**、将第三十三条改为第三十七条，将第三款修改为：“审计机关有证据证明被审计单位违反国家规定将公款转入其他单位、个人在金融机构账户的，经县级以上人民政府审计机关主要负责人批准，有权查询有关单位、个人在金融机构与审计事项相关的存款。”

**二十**、将第三十四条改为第三十八条，将第一款修改为：“审计机关进行审计时，被审计单位不得转移、隐匿、篡改、毁弃财务、会计资料以及与财政收支、财务收支有关的业务、管理等资料，不得转移、隐匿、故意毁损所持有的违反国家规定取得的资产。”

**二十一**、将第三十六条改为第四十条，将第二款修改为：“审计机关通报或者公布审计结果，应当保守国家秘密、工作秘密、商业秘密、个人隐私和个人信息，遵守法律、行政法规和国务院的有关规定。”

**二十二**、将第三十七条改为第四十一条，修改为：“审计机关履行审计监督职责，可以提请公安、财政、自然资源、生态环境、海关、税务、市场监督管理等机关予以协助。有关机关应当依法予以配合。”

**二十三**、将第三十八条改为第四十二条，将第一款修改为：“审计机关根据经批准的审计项目计划确定的审计事项组成审计组，并应当在实施审计三日前，向被审计单位送达审计通知书；遇有特殊情况，经县级以上人民政府审计机关负责人批准，可以直接持审计通知书实施审计。”

**二十四**、将第三十九条改为第四十三条，修改为：“审计人员通过审查财务、会计资料，查阅与审计事项有关的文件、资料，检查现金、实物、有价证券和信息系统，向有关单位和个人调查等方式进行审计，并取得证明材料。

“向有关单位和个人进行调查时，审计人员应当不少于二人，并出示其工作证件和审计通知书副本。”

**二十五**、将第四十一条改为第四十五条，修改为：“审计机关按照审计署规定的程序对审计组的审计报告进行审议，并对被审计单位对审计组的审计报告提出的意见一并研究后，出具审计机关的审计报告。对违反国家规定的财政收支、财务收支行为，依法应当给予处理、处罚的，审计机关在法定职权范围内作出审计决定；需要移送有关主管机关、单位处理、处罚的，审计机关应当依法移送。

“审计机关应当将审计机关的审计报告和审计决定送达被审计单位和有关主管机关、单位，并报上一级审计机关。审计决定自送达之日起生效。”

**二十六**、将第四十三条改为第四十七条，修改为：“被审计单位违反本法规定，拒绝、拖延提供与审计事项有关的资料的，或者提供的资料不真实、不完整的，或者拒绝、阻碍检查、调查、核实有关情况的，由审计机关责令改正，可以通报批评，给予警告；拒不改正的，依法追究法律责任。”

二十七、将第四十四条改为第四十八条，修改为：“被审计单位违反本法规定，转移、隐匿、篡改、毁弃财务、会计资料以及与财政收支、财务收支有关的业务、管理等资料，或者转移、隐匿、故意毁损所持有的违反国家规定取得的资产，审计机关认为对直接负责的主管人员和其他直接责任人员依法应当给予处分的，应当向被审计单位提出处理建议，或者移送监察机关和有关主管机关、单位处理，有关机关、单位应当将处理结果书面告知审计机关；构成犯罪的，依法追究刑事责任。”

二十八、增加一条，作为第五十二条：“被审计单位应当按照规定时间整改审计查出的问题，将整改情况报告审计机关，同时向本级人民政府或者有关主管机关、单位报告，并按照规定向社会公布。

“各级人民政府和有关主管机关、单位应当督促被审计单位整改审计查出的问题。审计机关应当对被审计单位整改情况进行跟踪检查。

“审计结果以及整改情况应当作为考核、任免、奖惩领导干部和制定政策、完善制度的重要参考；拒不整改或者整改时弄虚作假的，依法追究法律责任。”

二十九、将第四十九条改为第五十四条，修改为：“被审计单位的财政收支、财务收支违反国家规定，审计机关认为对直接负责的主管人员和其他直接责任人员依法应当给予处分的，应当向被审计单位提出处理建议，或者移送监察机关和有关主管机关、单位处理，有关机关、单位应当将处理结果书面告知审计机关。”

三十、将第二十五条改为第五十八条，修改为：“领导干部经济责任审计和自然资源资产离任审计，依照本法和国家有关规定执行。”

三十一、将第五十三条改为第五十九条，修改为：“中国人民解放军和中国人民武装警察部队审计工作的规定，由中央军事委员会根据本法制定。

“审计机关和军队审计机构应当建立健全协作配合机制，按照国家有关规定对涉及军地经济事项实施联合审计。”

三十二、将第十七条中的“预算执行情况和其他财政收支情况”修改为“预算执行情况、决算草案以及其他财政收支情况”；将第三十条中的“审计机关审计监督对象”、第四十条中的“被审计对象”修改为“被审计单位”；将第三十四条第三款、第三十五条、第四十五条、第四十六条、第四十七条第二款中的“主管部门”修改为“主管机关、单位”；将第三十五条中的“有权处理的机关”修改为“有权处理的机关、单位”；将第四十五条第四项中的“会计制度”修改为“财务、会计制度”；将第四十七条第二款中的“被审计单位上缴”修改为“被审计单位缴纳”，“将结果书面通知审计机关”修改为“将处理结果书面告知审计机关”；将第五十二条中的“泄露”修改为“泄露、向他人非法提供”，“国家秘密、商业秘密”修改为“国家秘密、工作秘密、商业秘密、个人隐私和个人信息”。

本决定自2022年1月1日起施行。

《中华人民共和国审计法》根据本决定作相应修改并对条文顺序作相应调整，重新公布。

# 中华人民共和国审计法

（1994年8月31日第八届全国人民代表大会常务委员会第九次会议通过　根据2006年2月28日第十届全国人民代表大会常务委员会第二十次会议《关于修改〈中华人民共和国审计法〉的决定》第一次修正　根据2021年10月23日第十三届全国人民代表大会常务委员会第三十一次会议《关于修改〈中华人民共和国审计法〉的决定》第二次修正）

## 目　录

## 第一章 总 则

**第一条** 为了加强国家的审计监督，维护国家财政经济秩序，提高财政资金使用效益，促进廉政建设，保障国民经济和社会健康发展，根据宪法，制定本法。

**第二条** 国家实行审计监督制度。坚持中国共产党对审计工作的领导，构建集中统一、全面覆盖、权威高效的审计监督体系。

国务院和县级以上地方人民政府设立审计机关。

国务院各部门和地方各级人民政府及其各部门的财政收支，国有的金融机构和企业事业组织的财务收支，以及其他依照本法规定应当接受审计的财政收支、财务收支，依照本法规定接受审计监督。

审计机关对前款所列财政收支或者财务收支的真实、合法和效益，依法进行审计监督。

**第三条** 审计机关依照法律规定的职权和程序，进行审计监督。

审计机关依据有关财政收支、财务收支的法律、法规和国家其他有关规定进行审计评价，在法定职权范围内作出审计决定。

**第四条** 国务院和县级以上地方人民政府应当每年向本级人民代表大会常务委员会提出审计工作报告。审计工作报告应当报告审计机关对预算执行、决算草案以及其他财政收支的审计情况，重点报告对预算执行及其绩效的审计情况，按照有关法律、行政法规的规定报告对国有资源、国有资产的审计情况。必要时，人民代表大会常务委员会可以对审计工作报告作出决议。

国务院和县级以上地方人民政府应当将审计工作报告中指出的问题的整改情况和处理结果向本级人民代表大会常务委员会报告。

**第五条** 审计机关依照法律规定独立行使审计监督权，不受其他行政机关、社会团体和个人的干涉。

**第六条** 审计机关和审计人员办理审计事项，应当客观公正，实事求是，廉洁奉公，保守秘密。

## 第二章 审计机关和审计人员

**第七条** 国务院设立审计署，在国务院总理领导下，主管全国的审计工作。审计长是审计署的行政首长。

**第八条** 省、自治区、直辖市、设区的市、自治州、县、自治县、不设区的市、市辖区的人民政府的审计机关，分别在省长、自治区主席、市长、州长、县长、区长和上一级审计机关的领导下，负责本行政区域内的审计工作。

**第九条** 地方各级审计机关对本级人民政府和上一级审计机关负责并报告工作，审计业务以上级审计机关领导为主。

**第十条** 审计机关根据工作需要，经本级人民政府批准，可以在其审计管辖范围内设立派出机构。

派出机构根据审计机关的授权，依法进行审计工作。

**第十一条** 审计机关履行职责所必需的经费，应当列入预算予以保证。

**第十二条** 审计机关应当建设信念坚定、为民服务、业务精通、作风务实、敢于担当、清正廉洁的高素质专业化审计队伍。

审计机关应当加强对审计人员遵守法律和执行职务情况的监督，督促审计人员依法履职尽责。

审计机关和审计人员应当依法接受监督。

**第十三条** 审计人员应当具备与其从事的审计工作相适应的专业知识和业务能力。

审计机关根据工作需要，可以聘请具有与审计事项相关专业知识的人员参加审计工作。

**第十四条** 审计机关和审计人员不得参加可能影响其依法独立履行审计监督职责的活动，不得干预、插手被审计单位及其相关单位的正常生产经营和管理活动。

**第十五条** 审计人员办理审计事项，与被审计单位或者审计事项有利害关系的，应当回避。

**第十六条** 审计机关和审计人员对在执行职务中知悉的国家秘密、工作秘密、商业秘密、个人隐私和个人信息，应当予以保密，不得泄露或者向他人非法提供。

**第十七条** 审计人员依法执行职务，受法律保护。

任何组织和个人不得拒绝、阻碍审计人员依法执行职务，不得打击报复审计人员。

审计机关负责人依照法定程序任免。审计机关负责人没有违法失职或者其他不符合任职条件的情况的，不得随意撤换。

地方各级审计机关负责人的任免，应当事先征求上一级审计机关的意见。

## 第三章　审计机关职责

**第十八条**　审计机关对本级各部门（含直属单位）和下级政府预算的执行情况和决算以及其他财政收支情况，进行审计监督。

**第十九条**　审计署在国务院总理领导下，对中央预算执行情况、决算草案以及其他财政收支情况进行审计监督，向国务院总理提出审计结果报告。

地方各级审计机关分别在省长、自治区主席、市长、州长、县长、区长和上一级审计机关的领导下，对本级预算执行情况、决算草案以及其他财政收支情况进行审计监督，向本级人民政府和上一级审计机关提出审计结果报告。

**第二十条**　审计署对中央银行的财务收支，进行审计监督。

**第二十一条**　审计机关对国家的事业组织和使用财政资金的其他事业组织的财务收支，进行审计监督。

**第二十二条**　审计机关对国有企业、国有金融机构和国有资本占控股地位或者主导地位的企业、金融机构的资产、负债、损益以及其他财务收支情况，进行审计监督。

遇有涉及国家财政金融重大利益情形，为维护国家经济安全，经国务院批准，审计署可以对前款规定以外的金融机构进行专项审计调查或者审计。

**第二十三条**　审计机关对政府投资和以政府投资为主的建设项目的预算执行情况和决算，对其他关系国家利益和公共利益的重大公共工程项目的资金管理使用和建设运营情况，进行审计监督。

**第二十四条**　审计机关对国有资源、国有资产，进行审计监督。

审计机关对政府部门管理的和其他单位受政府委托管理的社会保险基金、全国社会保障基金、社会捐赠资金以及其他公共资金的财务收支，进行审计监督。

**第二十五条**　审计机关对国际组织和外国政府援助、贷款项目的财务收支，进行审计监督。

**第二十六条**　根据经批准的审计项目计划安排，审计机关可以对被审计单位贯彻落实国家重大经济社会政策措施情况进行审计监督。

**第二十七条**　除本法规定的审计事项外，审计机关对其他法律、行政法规规定应当由审计机关进行审计的事项，依照本法和有关法律、行政法规的规定进行审计监督。

**第二十八条**　审计机关可以对被审计单位依法应当接受审计的事项进行全面审计，也可以对其中的特定事项进行专项审计。

**第二十九条**　审计机关有权对与国家财政收支有关的特定事项，向有关地方、部门、单位进行专项审计调查，并向本级人民政府和上一级审计机关报告审计调查结果。

**第三十条**　审计机关履行审计监督职责，发现经济社会运行中存在风险隐患的，应当及时向本级人民政府报告或者向有关主管机关、单位通报。

**第三十一条**　审计机关根据被审计单位的财政、财务隶属关系或者国有资源、国有资产监督管理关系，确定审计管辖范围。

审计机关之间对审计管辖范围有争议的，由其共同的上级审计机关确定。

上级审计机关对其审计管辖范围内的审计事项，可以授权下级审计机关进行审计，但本法第十八条至第二十条规定的审计事项不得进行授权；上级审计机关对下级审计机关审计管辖范围内的重大审计事项，可以直接进行审计，但是应当防止不必要的重复审计。

**第三十二条**　被审计单位应当加强对内部审计工作的领导，按照国家有关规定建立健全内部审计制度。

审计机关应当对被审计单位的内部审计工作进行业务指导和监督。

**第三十三条**　社会审计机构审计的单位依法属于被审计单位的，审计机关按照国务院的规定，有权对该社会审计机构出具的相关审计报告进行核查。

## 第四章　审计机关权限

**第三十四条**　审计机关有权要求被审计单位按照审计机关的规定提供财务、会计资料以及与财政收支、财务收支有关的业务、管理等资料，包括电子数据和有关文档。被审计单位不得拒绝、拖延、谎报。

被审计单位负责人应当对本单位提供资料的及时性、真实性和完整性负责。

审计机关对取得的电子数据等资料进行综合

分析，需要向被审计单位核实有关情况的，被审计单位应当予以配合。

**第三十五条** 国家政务信息系统和数据共享平台应当按照规定向审计机关开放。

审计机关通过政务信息系统和数据共享平台取得的电子数据等资料能够满足需要的，不得要求被审计单位重复提供。

**第三十六条** 审计机关进行审计时，有权检查被审计单位的财务、会计资料以及与财政收支、财务收支有关的业务、管理等资料和资产，有权检查被审计单位信息系统的安全性、可靠性、经济性，被审计单位不得拒绝。

**第三十七条** 审计机关进行审计时，有权就审计事项的有关问题向有关单位和个人进行调查，并取得有关证明材料。有关单位和个人应当支持、协助审计机关工作，如实向审计机关反映情况，提供有关证明材料。

审计机关经县级以上人民政府审计机关负责人批准，有权查询被审计单位在金融机构的账户。

审计机关有证据证明被审计单位违反国家规定将公款转入其他单位、个人在金融机构账户的，经县级以上人民政府审计机关主要负责人批准，有权查询有关单位、个人在金融机构与审计事项相关的存款。

**第三十八条** 审计机关进行审计时，被审计单位不得转移、隐匿、篡改、毁弃财务、会计资料以及与财政收支、财务收支有关的业务、管理等资料，不得转移、隐匿、故意毁损所持有的违反国家规定取得的资产。

审计机关对被审计单位违反前款规定的行为，有权予以制止；必要时，经县级以上人民政府审计机关负责人批准，有权封存有关资料和违反国家规定取得的资产；对其中在金融机构的有关存款需要予以冻结的，应当向人民法院提出申请。

审计机关对被审计单位正在进行的违反国家规定的财政收支、财务收支行为，有权予以制止；制止无效的，经县级以上人民政府审计机关负责人批准，通知财政部门和有关主管机关、单位暂停拨付与违反国家规定的财政收支、财务收支行为直接有关的款项，已经拨付的，暂停使用。

审计机关采取前两款规定的措施不得影响被审计单位合法的业务活动和生产经营活动。

**第三十九条** 审计机关认为被审计单位所执行的上级主管机关、单位有关财政收支、财务收支的规定与法律、行政法规相抵触的，应当建议有关主管机关、单位纠正；有关主管机关、单位不予纠正的，审计机关应当提请有权处理的机关、单位依法处理。

**第四十条** 审计机关可以向政府有关部门通报或者向社会公布审计结果。

审计机关通报或者公布审计结果，应当保守国家秘密、工作秘密、商业秘密、个人隐私和个人信息，遵守法律、行政法规和国务院的有关规定。

**第四十一条** 审计机关履行审计监督职责，可以提请公安、财政、自然资源、生态环境、海关、税务、市场监督管理等机关予以协助。有关机关应当依法予以配合。

## 第五章 审计程序

**第四十二条** 审计机关根据经批准的审计项目计划确定的审计事项组成审计组，并应当在实施审计三日前，向被审计单位送达审计通知书；遇有特殊情况，经县级以上人民政府审计机关负责人批准，可以直接持审计通知书实施审计。

被审计单位应当配合审计机关的工作，并提供必要的工作条件。

审计机关应当提高审计工作效率。

**第四十三条** 审计人员通过审查财务、会计资料，查阅与审计事项有关的文件、资料，检查现金、实物、有价证券和信息系统，向有关单位和个人调查等方式进行审计，并取得证明材料。

向有关单位和个人进行调查时，审计人员应当不少于二人，并出示其工作证件和审计通知书副本。

**第四十四条** 审计组对审计事项实施审计后，应当向审计机关提出审计组的审计报告。审计组的审计报告报送审计机关前，应当征求被审计单位的意见。被审计单位应当自接到审计组的审计报告之日起十日内，将其书面意见送交审计组。审计组应当将被审计单位的书面意见一并报送审计机关。

**第四十五条** 审计机关按照审计署规定的程序对审计组的审计报告进行审议，并对被审计单位对审计组的审计报告提出的意见一并研究后，出具审计机关的审计报告。对违反国家规定的财政收支、财务收支行为，依法应当给予处理、处罚的，审计机关在法定职权范围内作出审计决定；需要移送有关主管机关、单位处理、处罚的，审计机关应当依法移送。

审计机关应当将审计机关的审计报告和审计决定送达被审计单位和有关主管机关、单位,并报上一级审计机关。审计决定自送达之日起生效。

**第四十六条** 上级审计机关认为下级审计机关作出的审计决定违反国家有关规定的,可以责成下级审计机关予以变更或者撤销,必要时也可以直接作出变更或者撤销的决定。

## 第六章 法律责任

**第四十七条** 被审计单位违反本法规定,拒绝、拖延提供与审计事项有关的资料的,或者提供的资料不真实、不完整的,或者拒绝、阻碍检查、调查、核实有关情况的,由审计机关责令改正,可以通报批评,给予警告;拒不改正的,依法追究法律责任。

**第四十八条** 被审计单位违反本法规定,转移、隐匿、篡改、毁弃财务、会计资料以及与财政收支、财务收支有关的业务、管理等资料,或者转移、隐匿、故意毁损所持有的违反国家规定取得的资产,审计机关认为对直接负责的主管人员和其他直接责任人员依法应当给予处分的,应当向被审计单位提出处理建议,或者移送监察机关和有关主管机关、单位处理,有关机关、单位应当将处理结果书面告知审计机关;构成犯罪的,依法追究刑事责任。

**第四十九条** 对本级各部门(含直属单位)和下级政府违反预算的行为或者其他违反国家规定的财政收支行为,审计机关、人民政府或者有关主管机关、单位在法定职权范围内,依照法律、行政法规的规定,区别情况采取下列处理措施:

(一)责令限期缴纳应当上缴的款项;

(二)责令限期退还被侵占的国有资产;

(三)责令限期退还违法所得;

(四)责令按照国家统一的财务、会计制度的有关规定进行处理;

(五)其他处理措施。

**第五十条** 对被审计单位违反国家规定的财务收支行为,审计机关、人民政府或者有关主管机关、单位在法定职权范围内,依照法律、行政法规的规定,区别情况采取前条规定的处理措施,并可以依法给予处罚。

**第五十一条** 审计机关在法定职权范围内作出的审计决定,被审计单位应当执行。

审计机关依法责令被审计单位缴纳应当上缴的款项,被审计单位拒不执行的,审计机关应当通报有关主管机关、单位,有关主管机关、单位应当依照有关法律、行政法规的规定予以扣缴或者采取其他处理措施,并将处理结果书面告知审计机关。

**第五十二条** 被审计单位应当按照规定时间整改审计查出的问题,将整改情况报告审计机关,同时向本级人民政府或者有关主管机关、单位报告,并按照规定向社会公布。

各级人民政府和有关主管机关、单位应当督促被审计单位整改审计查出的问题。审计机关应当对被审计单位整改情况进行跟踪检查。

审计结果以及整改情况应当作为考核、任免、奖惩领导干部和制定政策、完善制度的重要参考;拒不整改或者整改时弄虚作假的,依法追究法律责任。

**第五十三条** 被审计单位对审计机关作出的有关财务收支的审计决定不服的,可以依法申请行政复议或者提起行政诉讼。

被审计单位对审计机关作出的有关财政收支的审计决定不服的,可以提请审计机关的本级人民政府裁决,本级人民政府的裁决为最终决定。

**第五十四条** 被审计单位的财政收支、财务收支违反国家规定,审计机关认为对直接负责的主管人员和其他直接责任人员依法应当给予处分的,应当向被审计单位提出处理建议,或者移送监察机关和有关主管机关、单位处理,有关机关、单位应当将处理结果书面告知审计机关。

**第五十五条** 被审计单位的财政收支、财务收支违反法律、行政法规的规定,构成犯罪的,依法追究刑事责任。

**第五十六条** 报复陷害审计人员的,依法给予处分;构成犯罪的,依法追究刑事责任。

**第五十七条** 审计人员滥用职权、徇私舞弊、玩忽职守或者泄露、向他人非法提供所知悉的国家秘密、工作秘密、商业秘密、个人隐私和个人信息的,依法给予处分;构成犯罪的,依法追究刑事责任。

## 第七章 附 则

**第五十八条** 领导干部经济责任审计和自然资源资产离任审计,依照本法和国家有关规定执行。

**第五十九条** 中国人民解放军和中国人民武装警察部队审计工作的规定,由中央军事委员会根据本法制定。

审计机关和军队审计机构应当建立健全协作

配合机制，按照国家有关规定对涉及军地经济事项实施联合审计。

**第六十条**　本法自 1995 年 1 月 1 日起施行。1988 年 11 月 30 日国务院发布的《中华人民共和国审计条例》同时废止。

# 关于《中华人民共和国审计法（修正草案）》的说明

——2021 年 6 月 7 日在第十三届全国人民代表大会常务委员会第二十九次会议上

审计署审计长　侯　凯

全国人民代表大会常务委员会：

我受国务院委托，现对《中华人民共和国审计法（修正草案）》作说明。

《中华人民共和国审计法》（以下简称审计法）于 1995 年施行，2006 年 2 月根据第十届全国人大常委会第二十次会议决定作了修改。审计法实施 20 多年来，对于保障审计机关依法独立行使审计监督权，促进国家重大决策部署贯彻落实，维护国家经济安全，推进廉政建设发挥了重要作用。党的十八大以来，习近平总书记对审计工作作出一系列重要指示批示。党的十九大以来，党中央作出改革审计管理体制的重大决策部署，组建中央审计委员会，加强党对审计工作的集中统一领导；整合优化审计监督力量，将国家发展改革委的重大项目稽察、财政部的中央预算执行情况和其他财政收支情况的监督检查、国务院国资委的国有企业领导干部经济责任审计和国有重点大型企业监事会的职责划入审计署。党中央、国务院印发多个重要文件，要求完善审计制度，保障审计机关依法独立行使审计监督权，更好发挥审计在党和国家监督体系中的重要作用。为此，有必要将党中央、国务院对审计工作的有关要求转化为法律规定，对现行审计法进行相应修改完善。按照全国人大常委会和国务院立法工作计划，审计署在广泛调研、听取各有关方面意见并向社会公开征求意见的基础上，起草了《中华人民共和国审计法（修订草案送审稿）》（以下简称送审稿）。司法部充分征求各方面意见，会同审计署对送审稿作了修改完善，形成了《中华人民共和国审计法（修正草案）》（以下简称草案）。草案已经国务院常务会议讨论通过。现说明如下：

## 一、修改的总体思路

一是贯彻落实党中央、国务院关于审计工作的决策部署，将改革成果法治化，更好发挥审计在党和国家监督体系中的重要作用。二是保持审计法规定的基本制度不变，着力解决审计工作中的突出问题，在宪法框架下扩展审计范围，强化审计监督手段，增强审计监督的独立性和公信力。三是坚持权责相符，既保障审计监督作用充分发挥，又严格规范审计行为，完善审计程序，维护被审计单位的合法权益。

## 二、草案的主要内容

（一）坚持党对审计工作的领导。规定：坚持中国共产党对审计工作的领导，构建集中统一、全面覆盖、权威高效的审计监督体系。

（二）扩展审计范围。一是在现行审计法第二十二条规定审计机关对政府投资和以政府投资为主的建设项目的预算执行情况和决算进行审计监督的基础上，增加规定：审计机关对其他关系国家利益和公共利益的重大公共工程项目的资金管理使用和建设运营情况，进行审计监督。二是明确将国有资源、国有资产、公共资金纳入审计监督范围，规定：审计机关对国有资源、国有资产进行审计监督，对政府部门管理的和其他单位受政府委托管理的社会保险基金、全国社会保障基金、社会捐赠资金以及其他公共资金的财务收支进行审计监督。三是在现行审计法第二十一条规定对国有资本占控股地位或者主导地位的企业、金融机构进行审计监督的基础上，增加规定：为维护国家经济安全和公共利益，经国务院批准，审计署可以对其他金融机构进行专项审计调查或者审计监督。四是发挥审计对促进国家重大决策部署落实的保障作用，规定：根据审计项目计划安排，审计机关可以对被审计单位贯彻落实国家重大经济社会政策措施情况进行审计监督。

（三）加强审计队伍建设。一是建设高素质专业化审计队伍，规定：审计机关应当建设信念坚定、为民服务、业务精通、作风务实、敢于担当、清正廉洁的高素质专业化审计队伍；审计机关应当加强对审计人员执行职务和遵守法律情况的监督，督促审计人员依法履职尽责；审计机关和审计人员应当依法接受监督。二是加强审计工作的专业保障，规定：审计机关根据工作需要，可以聘请具有与审计事项相关专业知识的人员参加审计工作。

（四）赋予审计机关履行职责必需的权限。在现行审计法有关审计机关权限规定的基础上，规定：一是审计机关对取得的电子数据等资料进行综合分析，需要向被审计单位核实有关情况的，被审计单位应当予以配合。二是国家政务信息系统和数据共享平台应当按照规定向审计机关开放。三是审计机关进行审计时，有权检查被审计单位信息系统的安全性、可靠性、经济性。四是扩大审计机关查询被审计单位违规存款的范围，将现行审计法第三十三条规定的“审计机关有证据证明被审计单位以个人名义存储公款的，经县级以上人民政府审计机关主要负责人批准，有权查询被审计单位以个人名义在金融机构的存款”修改为“审计机关有证据证明被审计单位违反国家规定将公款转入其他单位、个人在金融机构账户的，经县级以上人民政府审计机关主要负责人批准，有权查询有关单位、个人在金融机构与审计事项相关的存款”。五是明确审计机关可以对被审计单位依法应当接受审计的事项进行全面审计，也可以对其中的特定事项进行专项审计。

（五）严格规范审计行为。一是审计机关和审计人员不得参加可能影响其依法独立履行审计监督职责的活动，不得干预、插手被审计单位及其相关单位的正常生产经营和管理活动。二是审计人员对在执行职务中知悉的国家秘密、工作秘密、商业秘密和个人隐私负有保密的义务；审计机关取得的保密商务信息、个人信息等资料不得用于审计以外的用途。三是审计机关通过政务信息系统和数据共享平台取得电子数据等资料能够满足需要的，不得要求被审计单位重复提供。

（六）明确审计整改和监督责任。一是被审计单位应当按照规定时间整改审计查出的问题，将整改情况书面通知审计机关，同时向本级人民政府或者有关主管机关、单位报告，并按照规定向社会公布。二是各级人民政府和有关主管机关、单位应当督促被审计单位整改审计查出的问题；审计机关应当对被审计单位整改情况进行跟踪检查；审计结果以及整改情况应当作为考核、任免、奖惩领导干部的重要参考；对拒不整改或者整改时弄虚作假的，依法追究责任。三是审计机关履行审计监督职责，发现经济社会运行中的风险隐患，应当及时向本级人民政府或者有关主管机关、单位反映。

此外，草案规定：领导干部经济责任审计和自然资源资产离任审计，依照本法和国家有关规定执行；审计机关和军队审计机构应当建立健全协作配合机制，按照国家有关规定对涉及军地经济事项实施联合审计。同时，对法律责任作了相应修改，对部分条款的文字表述作了调整。

草案和以上说明是否妥当，请审议。

# 全国人民代表大会宪法和法律委员会关于《中华人民共和国审计法（修正草案）》审议结果的报告

——2021年10月19日在第十三届全国人民代表大会常务委员会第三十一次会议上

全国人大宪法和法律委员会副主任委员　周光权

全国人民代表大会常务委员会：

常委会第二十九次会议对审计法修正草案进行了初次审议。会后，法制工作委员会将修正草案印发各省（区、市）、部分设区的市、基层立法联系点和中央有关部门、单位等征求意见，并在中国人大网全文公布修正草案，征求社会公众意见。宪法和法律委员会、财政经济委员会、法制工作委员会、预算工作委员会联合召开座谈会，听取全国人大代表、中央有关部门、有关企业和专家对修正草案的意见。宪法和法律委员会、法制工作委员会还到宁夏调研，并与有关基层立法联系点召开视频座谈会，听取基层同志意见。法制工作委员会还就修正草案中的主要问题与有关部门交换意见，共同研究。宪法和法律委员会于9月13日召开会议，根据委员长会议精神、常委会组成人员的审议意见和各方面的意见，对修正草案进行了逐条审议。财政经济委员会、预算工作委员会、司法部、审计署的有关负责同志列席了会议。9月29日，宪法和法律委员会召开会议，再次进行了审议。宪法和法律委员会认为，为贯彻落实党中央、国务院关于审计工作的决策部署，将改革成果法治化，更好发挥审计在党和国家监督体系中的重要作用，对审计法进行修改是必要的。修正草案经过修改，已经比较成熟。同时，提出以下主要修改意见：

一、有的常委会组成人员提出，为贯彻落实党中央关于全面实施预算绩效管理的决策部署，建议增加对预算绩效管理进行审计监督的规定。有的常委委员建议与全国人大常委会关于加强国有资产管理情况监督的决定相衔接，明确审计工作报告应当按照有关法律、行政法规的规定报告对国有资源、国有资产的审计情况。宪法和法律委员会经研究，建议采纳上述意见，对修正草案作如下修改：一是规定审计工作报告应当重点报告对预算执行及其绩效的审计情况；二是明确审计工作报告应当按照有关法律、行政法规的规定报告对国有资源、国有资产的审计情况。

二、修正草案第三条规定，审计机关履行职责所必需的经费，原则上应当列入本级预算予以保证。有些常委委员、地方、中央有关部门、高等院校和社会公众提出，为使审计工作经费切实得到保障，建议删去“原则上”的表述。宪法和法律委员会经研究认为，修正草案规定审计工作经费“原则上应当列入本级预算予以保证”主要是考虑到，实行审计机关人财物管理改革试点的一些地方已经试行由省级财政统一保证市、县级审计机关的经费。为避免理解上产生歧义并为相关改革留有空间，建议不具体规定列入哪一级预算，将上述规定修改为：审计机关履行职责所必需的经费，应当列入预算予以保证。

三、有的常委委员、地方提出，为了与民法典、个人信息保护法对个人信息保护的规定相衔接，建议增加规定：审计机关和审计人员在执行职务中，应对知悉的个人信息予以保密，不得泄露或者向他人非法提供。有的常委委员和专家提出，审计机关对取得的相关信息除用于审计用途外，有时还有其他法定用途，建议删去修正草案第十九条第二款的规定。宪法和法律委员会经研究，建议采纳上述意见，对有关表述予以修改完善。

**四**、现行审计法第三十八条第一款规定，审计机关遇有特殊情况，经本级人民政府批准，可以直接持审计通知书实施审计，不受实施审计三日前送达审计通知书规定的限制。有的部门和专家提出，目前审计机关实施审计的事项是经过批准的审计项目计划确定的，为进一步提高审计工作效率，建议将该款中的“经本级人民政府批准”修改为“经县级以上人民政府审计机关负责人批准”。宪法和法律委员会经研究，建议采纳上述意见，对相关规定作出修改。

**五**、现行审计法第四十一条第二款规定，审计机关应当将审计机关的审计报告和审计决定送达被审计单位和有关主管机关、单位。有的全国人大代表、部门和专家提出，为了强化上级审计机关对下级审计机关的领导和监督，建议明确审计机关的审计报告和审计决定应当同时报送上一级审计机关。宪法和法律委员会经研究，建议采纳上述意见，对相关规定作出修改。

**六**、有的常委会组成人员建议进一步增强审计结果的运用，明确审计结果以及整改情况可以作为制定政策、完善制度的重要依据或者参考。宪法和法律委员会经研究，建议增加规定：审计结果以及整改情况应当作为制定政策、完善制度的重要参考。

此外，还对修正草案作了一些文字修改。

9月29日，法制工作委员会召开会议，邀请部分全国人大代表、专家学者和有关企业、审计学会以及地方审计机关等方面的代表，就草案中主要制度规范的可行性、法律出台时机、法律实施的社会效果和可能出现的问题等进行评估。普遍认为，草案贯彻落实了党的十八大以来习近平总书记对审计工作的一系列重要指示批示精神和党中央关于改革审计管理体制的重大决策部署，进一步加强了党对审计工作的统一领导，有利于在法治轨道上推进审计制度改革，有利于构建集中统一、全面覆盖、权威高效的审计监督体系，以更好地发挥审计在党和国家监督体系中的重要作用。草案结构合理、思路清晰，具有较强的针对性和可操作性，已基本成熟，应尽早出台。与会人员还对草案提出了一些具体修改意见，宪法和法律委员会对有的意见已经采纳。

宪法和法律委员会已按上述意见提出了全国

人民代表大会常务委员会关于修改《中华人民共和国审计法》的决定（草案），建议提请本次常委会会议审议通过。

修改决定草案和以上报告是否妥当，请审议。

# 全国人民代表大会宪法和法律委员会关于《全国人民代表大会常务委员会关于修改〈中华人民共和国审计法〉的决定（草案）》修改意见的报告

——2021 年 10 月 22 日在第十三届全国人民代表大会常务委员会第三十一次会议上

全国人民代表大会常务委员会：

本次常委会会议于 10 月 20 日上午对关于修改审计法的决定草案进行了分组审议。普遍认为，草案已经比较成熟，建议进一步修改后，提请本次常委会会议表决通过。同时，有些常委会组成人员和列席人员还提出了一些修改意见和建议。宪法和法律委员会于 10 月 20 日下午召开会议，逐条研究了常委会组成人员的审议意见，对草案进行了审议。财政经济委员会、预算工作委员会、司法部、审计署的有关负责同志列席了会议。宪法和法律委员会认为，草案总体是可行的，同时，提出以下修改意见：

现行审计法第三十九条第二款规定，审计人员向有关单位和个人进行调查时，应当出示审计人员的工作证件和审计通知书副本。有的常委委员提出，为进一步规范审计人员的调查行为，完善审计程序，建议增加规定，审计人员向有关单位和个人进行调查时，不得少于二人。宪法和法律委员会经研究，建议采纳这一意见，对该款规定作相应修改。

在审议过程中，有的常委会组成人员还就细化审计人员办理审计事项的回避制度、完善审计人员职业保障制度、加强对审计人员的教育培训和安全保密教育等提出了一些很好的意见和建议。宪法和法律委员会经研究认为，上述意见建议，有的已在配套的法规、规章中作出了规定，可以在本法修改后作进一步细化完善，有的需要在法律施行中通过加强执法予以落实。建议国务院和审计署等部门要认真研究常委会组成人员的审议意见，制定完善配套规定，加强执法，切实保障法律有效贯彻实施。

经与有关部门研究，建议将本决定的施行时间确定为 2022 年 1 月 1 日。

此外，根据常委会组成人员的审议意见，还对修改决定草案作了个别文字修改。

修改决定草案修改稿已按上述意见作了修改，宪法和法律委员会建议本次常委会会议审议通过。

修改决定草案修改稿和以上报告是否妥当，请审议。

# 中华人民共和国主席令

第一〇一号

《中华人民共和国反有组织犯罪法》已由中华人民共和国第十三届全国人民代表大会常务委员会第三十二次会议于 2021 年 12 月 24 日通过，现予公布，自 2022 年 5 月 1 日起施行。

中华人民共和国主席 习近平

2021 年 12 月 24 日

# 中华人民共和国反有组织犯罪法

（2021年12月24日第十三届全国人民代表大会常务委员会第三十二次会议通过）

## 目 录



## 第一章 总 则

**第一条** 为了预防和惩治有组织犯罪，加强和规范反有组织犯罪工作，维护国家安全、社会秩序、经济秩序，保护公民和组织的合法权益，根据宪法，制定本法。

**第二条** 本法所称有组织犯罪，是指《中华人民共和国刑法》第二百九十四条规定的组织、领导、参加黑社会性质组织犯罪，以及黑社会性质组织、恶势力组织实施的犯罪。

本法所称恶势力组织，是指经常纠集在一起，以暴力、威胁或者其他手段，在一定区域或者行业领域内多次实施违法犯罪活动，为非作恶，欺压群众，扰乱社会秩序、经济秩序，造成较为恶劣的社会影响，但尚未形成黑社会性质组织的犯罪组织。

境外的黑社会组织到中华人民共和国境内发展组织成员、实施犯罪，以及在境外对中华人民共和国国家或者公民犯罪的，适用本法。

**第三条** 反有组织犯罪工作应当坚持总体国家安全观，综合运用法律、经济、科技、文化、教育等手段，建立健全反有组织犯罪工作机制和有组织犯罪预防治理体系。

**第四条** 反有组织犯罪工作应当坚持专门工作与群众路线相结合，坚持专项治理与系统治理相结合，坚持与反腐败相结合，坚持与加强基层组织建设相结合，惩防并举、标本兼治。

**第五条** 反有组织犯罪工作应当依法进行，尊重和保障人权，维护公民和组织的合法权益。

**第六条** 监察机关、人民法院、人民检察院、公安机关、司法行政机关以及其他有关国家机关，应当根据分工，互相配合，互相制约，依法做好反有组织犯罪工作。

有关部门应当动员、依靠村民委员会、居民委员会、企业事业单位、社会组织，共同开展反有组织犯罪工作。

**第七条** 任何单位和个人都有协助、配合有关部门开展反有组织犯罪工作的义务。

国家依法对协助、配合反有组织犯罪工作的单位和个人给予保护。

**第八条** 国家鼓励单位和个人举报有组织犯罪。

对举报有组织犯罪或者在反有组织犯罪工作中作出突出贡献的单位和个人，按照国家有关规定给予表彰、奖励。

## 第二章 预防和治理

**第九条** 各级人民政府和有关部门应当依法组织开展有组织犯罪预防和治理工作，将有组织犯罪预防和治理工作纳入考评体系。

村民委员会、居民委员会应当协助人民政府以及有关部门开展有组织犯罪预防和治理工作。

**第十条** 承担有组织犯罪预防和治理职责的部门应当开展反有组织犯罪宣传教育，增强公民的反有组织犯罪意识和能力。

监察机关、人民法院、人民检察院、公安机关、司法行政机关应当通过普法宣传、以案释法等方式，开展反有组织犯罪宣传教育。

新闻、广播、电视、文化、互联网信息服务等单位，应当有针对性地面向社会开展反有组织犯罪宣传教育。

**第十一条** 教育行政部门、学校应当会同有关部门建立防范有组织犯罪侵害校园工作机制，加强反有组织犯罪宣传教育，增强学生防范有组织犯罪的意识，教育引导学生自觉抵制有组织犯罪，防范有组织犯罪的侵害。

学校发现有组织犯罪侵害学生人身、财产安

全，妨害校园及周边秩序的，有组织犯罪组织在学生中发展成员的，或者学生参加有组织犯罪活动的，应当及时制止，采取防范措施，并向公安机关和教育行政部门报告。

**第十二条**　民政部门应当会同监察机关、公安机关等有关部门，对村民委员会、居民委员会成员候选人资格进行审查，发现因实施有组织犯罪受过刑事处罚的，应当依照有关规定及时作出处理；发现有组织犯罪线索的，应当及时向公安机关报告。

**第十三条**　市场监管、金融监管、自然资源、交通运输等行业主管部门应当会同公安机关，建立健全行业有组织犯罪预防和治理长效机制，对相关行业领域内有组织犯罪情况进行监测分析，对有组织犯罪易发的行业领域加强监督管理。

**第十四条**　监察机关、人民法院、人民检察院、公安机关在办理案件中发现行业主管部门有组织犯罪预防和治理工作存在问题的，可以书面向相关行业主管部门提出意见建议。相关行业主管部门应当及时处理并书面反馈。

**第十五条**　公安机关可以会同有关部门根据本地有组织犯罪情况，确定预防和治理的重点区域、行业领域或者场所。

重点区域、行业领域或者场所的管理单位应当采取有效措施，加强管理，并及时将工作情况向公安机关反馈。

**第十六条**　电信业务经营者、互联网服务提供者应当依法履行网络信息安全管理义务，采取安全技术防范措施，防止含有宣扬、诱导有组织犯罪内容的信息传播；发现含有宣扬、诱导有组织犯罪内容的信息的，应当立即停止传输，采取消除等处置措施，保存相关记录，并向公安机关或者有关部门报告，依法为公安机关侦查有组织犯罪提供技术支持和协助。

网信、电信、公安等主管部门对含有宣扬、诱导有组织犯罪内容的信息，应当按照职责分工，及时责令有关单位停止传输、采取消除等处置措施，或者下架相关应用、关闭相关网站、关停相关服务。有关单位应当立即执行，并保存相关记录，协助调查。对互联网上来源于境外的上述信息，电信主管部门应当采取技术措施，及时阻断传播。

**第十七条**　国务院反洗钱行政主管部门、国务院其他有关部门、机构应当督促金融机构和特定非金融机构履行反洗钱义务。发现与有组织犯罪有关的可疑交易活动的，有关主管部门可以依法进行调查，经调查不能排除洗钱嫌疑的，应当及时向公安机关报案。

**第十八条**　监狱、看守所、社区矫正机构对有组织犯罪的罪犯，应当采取有针对性的监管、教育、矫正措施。

有组织犯罪的罪犯刑满释放后，司法行政机关应当会同有关部门落实安置帮教等必要措施，促进其顺利融入社会。

**第十九条**　对因组织、领导黑社会性质组织被判处刑罚的人员，设区的市级以上公安机关可以决定其自刑罚执行完毕之日起，按照国家有关规定向公安机关报告个人财产及日常活动。报告期限不超过五年。

**第二十条**　曾被判处刑罚的黑社会性质组织的组织者、领导者或者恶势力组织的首要分子开办企业或者在企业中担任高级管理人员的，相关行业主管部门应当依法审查，对其经营活动加强监督管理。

**第二十一条**　移民管理、海关、海警等部门应当会同公安机关严密防范境外的黑社会组织入境渗透、发展、实施违法犯罪活动。

出入境证件签发机关、移民管理机构对境外的黑社会组织的人员，有权决定不准其入境、不予签发入境证件或者宣布其入境证件作废。

移民管理、海关、海警等部门发现境外的黑社会组织的人员入境的，应当及时通知公安机关。发现相关人员涉嫌违反我国法律或者发现涉嫌有组织犯罪物品的，应当依法扣留并及时处理。

## 第三章　案件办理

**第二十二条**　办理有组织犯罪案件，应当以事实为根据，以法律为准绳，坚持宽严相济。

对有组织犯罪的组织者、领导者和骨干成员，应当严格掌握取保候审、不起诉、缓刑、减刑、假释和暂予监外执行的适用条件，充分适用剥夺政治权利、没收财产、罚金等刑罚。

有组织犯罪的犯罪嫌疑人、被告人自愿如实供述自己的罪行，承认指控的犯罪事实，愿意接受处罚的，可以依法从宽处理。

**第二十三条**　利用网络实施的犯罪，符合本法第二条规定的，应当认定为有组织犯罪。

为谋取非法利益或者形成非法影响，有组织地进行滋扰、纠缠、哄闹、聚众造势等，对他人形成心理强制，足以限制人身自由、危及人身财产安全，影响正常社会秩序、经济秩序的，可以认定为有组织犯罪的犯罪手段。

**第二十四条** 公安机关应当依法运用现代信息技术,建立有组织犯罪线索收集和研判机制,分级分类进行处置。

公安机关接到对有组织犯罪的报案、控告、举报后,应当及时开展统计、分析、研判工作,组织核查或者移送有关主管机关依法处理。

**第二十五条** 有关国家机关在履行职责时发现有组织犯罪线索,或者接到对有组织犯罪的举报的,应当及时移送公安机关等主管机关依法处理。

**第二十六条** 公安机关核查有组织犯罪线索,可以按照国家有关规定采取调查措施。公安机关向有关单位和个人收集、调取相关信息和材料的,有关单位和个人应当如实提供。

**第二十七条** 公安机关核查有组织犯罪线索,经县级以上公安机关负责人批准,可以查询嫌疑人员的存款、汇款、债券、股票、基金份额等财产信息。

公安机关核查黑社会性质组织犯罪线索,发现涉案财产有灭失、转移的紧急风险的,经设区的市级以上公安机关负责人批准,可以对有关涉案财产采取紧急止付或者临时冻结、临时扣押的紧急措施,期限不得超过四十八小时。期限届满或者适用紧急措施的情形消失的,应当立即解除紧急措施。

**第二十八条** 公安机关核查有组织犯罪线索,发现犯罪事实或者犯罪嫌疑人的,应当依照《中华人民共和国刑事诉讼法》的规定立案侦查。

**第二十九条** 公安机关办理有组织犯罪案件,可以依照《中华人民共和国出境入境管理法》的规定,决定对犯罪嫌疑人采取限制出境措施,通知移民管理机构执行。

**第三十条** 对有组织犯罪案件的犯罪嫌疑人、被告人,根据办理案件和维护监管秩序的需要,可以采取异地羁押、分别羁押或者单独羁押等措施。采取异地羁押措施的,应当依法通知犯罪嫌疑人、被告人的家属和辩护人。

**第三十一条** 公安机关在立案后,根据侦查犯罪的需要,依照《中华人民共和国刑事诉讼法》的规定,可以采取技术侦查措施、实施控制下交付或者由有关人员隐匿身份进行侦查。

**第三十二条** 犯罪嫌疑人、被告人检举、揭发重大犯罪的其他共同犯罪人或者提供侦破重大案件的重要线索或者证据,同案处理可能导致其本人或者近亲属有人身危险的,可以分案处理。

**第三十三条** 犯罪嫌疑人、被告人积极配合有组织犯罪案件的侦查、起诉、审判等工作,有下列情形之一的,可以依法从宽处罚,但对有组织犯罪的组织者、领导者应当严格适用:

(一)为查明犯罪组织的组织结构及其组织者、领导者、首要分子的地位、作用提供重要线索或者证据的;

(二)为查明犯罪组织实施的重大犯罪提供重要线索或者证据的;

(三)为查处国家工作人员涉有组织犯罪提供重要线索或者证据的;

(四)协助追缴、没收尚未掌握的赃款赃物的;

(五)其他为查办有组织犯罪案件提供重要线索或者证据的情形。

对参加有组织犯罪组织的犯罪嫌疑人、被告人不起诉或者免予刑事处罚的,可以根据案件的不同情况,依法予以训诫、责令具结悔过、赔礼道歉、赔偿损失,或者由主管部门予以行政处罚或者处分。

**第三十四条** 对黑社会性质组织的组织者、领导者,应当依法并处没收财产。对其他组织成员,根据其在犯罪组织中的地位、作用以及所参与违法犯罪活动的次数、性质、违法所得数额、造成的损失等,可以依法并处罚金或者没收财产。

**第三十五条** 对有组织犯罪的罪犯,执行机关应当依法从严管理。

黑社会性质组织的组织者、领导者或者恶势力组织的首要分子被判处十年以上有期徒刑、无期徒刑、死刑缓期二年执行的,应当跨省、自治区、直辖市异地执行刑罚。

**第三十六条** 对被判处十年以上有期徒刑、无期徒刑、死刑缓期二年执行的黑社会性质组织的组织者、领导者或者恶势力组织的首要分子减刑的,执行机关应当依法提出减刑建议,报经省、自治区、直辖市监狱管理机关复核后,提请人民法院裁定。

对黑社会性质组织的组织者、领导者或者恶势力组织的首要分子假释的,适用前款规定的程序。

**第三十七条** 人民法院审理黑社会性质组织犯罪罪犯的减刑、假释案件,应当通知人民检察院、执行机关参加审理,并通知被报请减刑、假释的罪犯参加,听取其意见。

**第三十八条** 执行机关提出减刑、假释建议以及人民法院审理减刑、假释案件,应当充分考虑罪犯履行生效裁判中财产性判项、配合处置涉案财产等情况。

## 第四章 涉案财产认定和处置

**第三十九条** 办理有组织犯罪案件中发现的

可用以证明犯罪嫌疑人、被告人有罪或者无罪的各种财物、文件，应当依法查封、扣押。

公安机关、人民检察院、人民法院可以依照《中华人民共和国刑事诉讼法》的规定查询、冻结犯罪嫌疑人、被告人的存款、汇款、债券、股票、基金份额等财产。有关单位和个人应当配合。

**第四十条**　公安机关、人民检察院、人民法院根据办理有组织犯罪案件的需要，可以全面调查涉嫌有组织犯罪的组织及其成员的财产状况。

**第四十一条**　查封、扣押、冻结、处置涉案财物，应当严格依照法定条件和程序进行，依法保护公民和组织的合法财产权益，严格区分违法所得与合法财产、本人财产与其家属的财产，减少对企业正常经营活动的不利影响。不得查封、扣押、冻结与案件无关的财物。经查明确实与案件无关的财物，应当在三日以内解除查封、扣押、冻结，予以退还。对被害人的合法财产，应当及时返还。

查封、扣押、冻结涉案财物，应当为犯罪嫌疑人、被告人及其扶养的家属保留必需的生活费用和物品。

**第四十二条**　公安机关可以向反洗钱行政主管部门查询与有组织犯罪相关的信息数据，提请协查与有组织犯罪相关的可疑交易活动，反洗钱行政主管部门应当予以配合并及时回复。

**第四十三条**　对下列财产，经县级以上公安机关、人民检察院或者人民法院主要负责人批准，可以依法先行出售、变现或者变卖、拍卖，所得价款由扣押、冻结机关保管，并及时告知犯罪嫌疑人、被告人或者其近亲属：

（一）易损毁、灭失、变质等不宜长期保存的物品；

（二）有效期即将届满的汇票、本票、支票等；

（三）债券、股票、基金份额等财产，经权利人申请，出售不损害国家利益、被害人利益，不影响诉讼正常进行的。

**第四十四条**　公安机关、人民检察院应当对涉案财产审查甄别。在移送审查起诉、提起公诉时，应当对涉案财产提出处理意见。

在审理有组织犯罪案件过程中，应当对与涉案财产的性质、权属有关的事实、证据进行法庭调查、辩论。人民法院应当依法作出判决，对涉案财产作出处理。

**第四十五条**　有组织犯罪组织及其成员违法所得的一切财物及其孳息、收益，违禁品和供犯罪所用的本人财物，应当依法予以追缴、没收或者责令退赔。

依法应当追缴、没收的涉案财产无法找到、灭失或者与其他合法财产混合且不可分割的，可以追缴、没收其他等值财产或者混合财产中的等值部分。

被告人实施黑社会性质组织犯罪的定罪量刑事实已经查清，有证据证明其在犯罪期间获得的财产高度可能属于黑社会性质组织犯罪的违法所得及其孳息、收益，被告人不能说明财产合法来源的，应当依法予以追缴、没收。

**第四十六条**　涉案财产符合下列情形之一的，应当依法予以追缴、没收：

（一）为支持或者资助有组织犯罪活动而提供给有组织犯罪组织及其成员的财产；

（二）有组织犯罪组织成员的家庭财产中实际用于支持有组织犯罪活动的部分；

（三）利用有组织犯罪组织及其成员的违法犯罪活动获得的财产及其孳息、收益。

**第四十七条**　黑社会性质组织犯罪案件的犯罪嫌疑人、被告人逃匿，在通缉一年后不能到案，或者犯罪嫌疑人、被告人死亡，依照《中华人民共和国刑法》规定应当追缴其违法所得及其他涉案财产的，依照《中华人民共和国刑事诉讼法》有关犯罪嫌疑人、被告人逃匿、死亡案件违法所得的没收程序的规定办理。

**第四十八条**　监察机关、公安机关、人民检察院发现与有组织犯罪相关的洗钱以及掩饰、隐瞒犯罪所得、犯罪所得收益等犯罪的，应当依法查处。

**第四十九条**　利害关系人对查封、扣押、冻结、处置涉案财物提出异议的，公安机关、人民检察院、人民法院应当及时予以核实，听取其意见，依法作出处理。

公安机关、人民检察院、人民法院对涉案财物作出处理后，利害关系人对处理不服的，可以提出申诉或者控告。

## 第五章　国家工作人员涉有组织犯罪的处理

**第五十条**　国家工作人员有下列行为的，应当全面调查，依法作出处理：

（一）组织、领导、参加有组织犯罪活动的；

（二）为有组织犯罪组织及其犯罪活动提供帮助的；

（三）包庇有组织犯罪组织、纵容有组织犯罪活动的；

（四）在查办有组织犯罪案件工作中失职渎职的；

（五）利用职权或者职务上的影响干预反有组织犯罪工作的；

（六）其他涉有组织犯罪的违法犯罪行为。

国家工作人员组织、领导、参加有组织犯罪的，应当依法从重处罚。

**第五十一条** 监察机关、人民法院、人民检察院、公安机关、司法行政机关应当加强协作配合，建立线索办理沟通机制，发现国家工作人员涉嫌本法第五十条规定的违法犯罪的线索，应当依法处理或者及时移送主管机关处理。

任何单位和个人发现国家工作人员与有组织犯罪有关的违法犯罪行为，有权向监察机关、人民检察院、公安机关等部门报案、控告、举报。有关部门接到报案、控告、举报后，应当及时处理。

**第五十二条** 依法查办有组织犯罪案件或者依照职责支持、协助查办有组织犯罪案件的国家工作人员，不得有下列行为：

（一）接到报案、控告、举报不受理，发现犯罪信息、线索隐瞒不报、不如实报告，或者未经批准、授权擅自处置、不移送犯罪线索、涉案材料；

（二）向违法犯罪人员通风报信，阻碍案件查处；

（三）违背事实和法律处理案件；

（四）违反规定查封、扣押、冻结、处置涉案财物；

（五）其他滥用职权、玩忽职守、徇私舞弊的行为。

**第五十三条** 有关机关接到对从事反有组织犯罪工作的执法、司法工作人员的举报后，应当依法处理，防止犯罪嫌疑人、被告人等利用举报干扰办案、打击报复。

对利用举报等方式歪曲捏造事实，诬告陷害从事反有组织犯罪工作的执法、司法工作人员的，应当依法追究责任；造成不良影响的，应当按照规定及时澄清事实，恢复名誉，消除不良影响。

## 第六章 国际合作

**第五十四条** 中华人民共和国根据缔结或者参加的国际条约，或者按照平等互惠原则，与其他国家、地区、国际组织开展反有组织犯罪合作。

**第五十五条** 国务院有关部门根据国务院授权，代表中国政府与外国政府和有关国际组织开展反有组织犯罪情报信息交流和执法合作。

国务院公安部门应当加强跨境反有组织犯罪警务合作，推动与有关国家和地区建立警务合作机制。经国务院公安部门批准，边境地区公安机关可以与相邻国家或者地区执法机构建立跨境有组织犯罪情报信息交流和警务合作机制。

**第五十六条** 涉及有组织犯罪的刑事司法协助、引渡，依照有关法律的规定办理。

**第五十七条** 通过反有组织犯罪国际合作取得的材料可以在行政处罚、刑事诉讼中作为证据使用，但依据条约规定或者我方承诺不作为证据使用的除外。

## 第七章 保障措施

**第五十八条** 国家为反有组织犯罪工作提供必要的组织保障、制度保障和物质保障。

**第五十九条** 公安机关和有关部门应当依照职责，建立健全反有组织犯罪专业力量，加强人才队伍建设和专业训练，提升反有组织犯罪工作能力。

**第六十条** 国务院和县级以上地方各级人民政府应当按照事权划分，将反有组织犯罪工作经费列入本级财政预算。

**第六十一条** 因举报、控告和制止有组织犯罪活动，在有组织犯罪案件中作证，本人或者其近亲属的人身安全面临危险的，公安机关、人民检察院、人民法院应当按照有关规定，采取下列一项或者多项保护措施：

（一）不公开真实姓名、住址和工作单位等个人信息；

（二）采取不暴露外貌、真实声音等出庭作证措施；

（三）禁止特定的人接触被保护人员；

（四）对人身和住宅采取专门性保护措施；

（五）变更被保护人员的身份，重新安排住所和工作单位；

（六）其他必要的保护措施。

**第六十二条** 采取本法第六十一条第三项、第四项规定的保护措施，由公安机关执行。根据本法第六十一条第五项规定，变更被保护人员身份的，由国务院公安部门批准和组织实施。

公安机关、人民检察院、人民法院依法采取保护措施，有关单位和个人应当配合。

**第六十三条** 实施有组织犯罪的人员配合侦

查、起诉、审判等工作，对侦破案件或者查明案件事实起到重要作用的，可以参照证人保护的规定执行。

**第六十四条**　对办理有组织犯罪案件的执法、司法工作人员及其近亲属，可以采取人身保护、禁止特定的人接触等保护措施。

**第六十五条**　对因履行反有组织犯罪工作职责或者协助、配合有关部门开展反有组织犯罪工作导致伤残或者死亡的人员，按照国家有关规定给予相应的待遇。

## 第八章　法律责任

**第六十六条**　组织、领导、参加黑社会性质组织，国家机关工作人员包庇、纵容黑社会性质组织，以及黑社会性质组织、恶势力组织实施犯罪的，依法追究刑事责任。

境外的黑社会组织的人员到中华人民共和国境内发展组织成员、实施犯罪，以及在境外对中华人民共和国国家或者公民犯罪的，依法追究刑事责任。

**第六十七条**　发展未成年人参加黑社会性质组织、境外的黑社会组织，教唆、诱骗未成年人实施有组织犯罪，或者实施有组织犯罪侵害未成年人合法权益的，依法从重追究刑事责任。

**第六十八条**　对有组织犯罪的罪犯，人民法院可以依照《中华人民共和国刑法》有关从业禁止的规定，禁止其从事相关职业，并通报相关行业主管部门。

**第六十九条**　有下列情形之一，尚不构成犯罪的，由公安机关处五日以上十日以下拘留，可以并处一万元以下罚款；情节较重的，处十日以上十五日以下拘留，并处一万元以上三万元以下罚款；有违法所得的，除依法应当返还被害人的以外，应当予以没收：

（一）参加境外的黑社会组织的；

（二）积极参加恶势力组织的；

（三）教唆、诱骗他人参加有组织犯罪组织，或者阻止他人退出有组织犯罪组织的；

（四）为有组织犯罪活动提供资金、场所等支持、协助、便利的；

（五）阻止他人检举揭发有组织犯罪、提供有组织犯罪证据，或者明知他人有有组织犯罪行为，在司法机关向其调查有关情况、收集有关证据时拒绝提供的。

教唆、诱骗未成年人参加有组织犯罪组织或者阻止未成年人退出有组织犯罪组织，尚不构成犯罪的，依照前款规定从重处罚。

**第七十条**　违反本法第十九条规定，不按照公安机关的决定如实报告个人财产及日常活动的，由公安机关给予警告，并责令改正；拒不改正的，处五日以上十日以下拘留，并处三万元以下罚款。

**第七十一条**　金融机构等相关单位未依照本法第二十七条规定协助公安机关采取紧急止付、临时冻结措施的，由公安机关责令改正；拒不改正的，由公安机关处五万元以上二十万元以下罚款，并对直接负责的主管人员和其他直接责任人员处五万元以下罚款；情节严重的，公安机关可以建议有关主管部门对直接负责的主管人员和其他直接责任人员依法给予处分。

**第七十二条**　电信业务经营者、互联网服务提供者有下列情形之一的，由有关主管部门责令改正；拒不改正或者情节严重的，由有关主管部门依照《中华人民共和国网络安全法》的有关规定给予处罚：

（一）拒不为侦查有组织犯罪提供技术支持和协助的；

（二）不按照主管部门的要求对含有宣扬、诱导有组织犯罪内容的信息停止传输、采取消除等处置措施、保存相关记录的。

**第七十三条**　有关国家机关、行业主管部门拒不履行或者拖延履行反有组织犯罪法定职责，或者拒不配合反有组织犯罪调查取证，或者在其他工作中滥用反有组织犯罪工作有关措施的，由其上级机关责令改正；情节严重的，对负有责任的领导人员和直接责任人员，依法给予处分；构成犯罪的，依法追究刑事责任。

**第七十四条**　有关部门和单位、个人应当对在反有组织犯罪工作过程中知悉的国家秘密、商业秘密和个人隐私予以保密。违反规定泄露国家秘密、商业秘密和个人隐私的，依法追究法律责任。

**第七十五条**　国家工作人员有本法第五十条、第五十二条规定的行为，构成犯罪的，依法追究刑事责任；尚不构成犯罪的，依法给予处分。

**第七十六条**　有关单位和个人对依照本法作出的行政处罚和行政强制措施决定不服的，可以依法申请行政复议或者提起行政诉讼。

## 第九章　附　　则

**第七十七条**　本法自 2022 年 5 月 1 日起施行。

# 关于《中华人民共和国反有组织犯罪法(草案)》的说明

——2020 年 12 月 22 日在第十三届全国人民代表大会常务委员会第二十四次会议上

全国人大常委会法制工作委员会副主任　李　宁

全国人民代表大会常务委员会:

我受委员长会议委托,作关于《中华人民共和国反有组织犯罪法(草案)》的说明。

## 一、制定反有组织犯罪法的必要性和起草过程

新中国成立后,党和政府采取高压严打政策,彻底清除了旧中国遗留下来的黑恶势力。改革开放以来,受多方面因素影响,黑恶势力在一些地方又沉渣泛起。1997 年刑法规定了组织、领导、参加黑社会性质组织罪。此后,根据实践需要,立法和司法机关通过刑法修正案、法律解释、司法解释等形式,对相关规定作了完善。扫黑除恶专项斗争开展以来,针对司法实践中的新情况、新问题,全国扫黑除恶专项斗争领导小组办公室协调中央纪委国家监委和中央政法单位发布了依法办理恶势力、“套路贷”刑事案件的规定等 10 个法律政策文件。从总体上看,我国现有反有组织犯罪的法律制度虽具备一定规模,但仍比较分散、未成体系,部分文件效力位阶低,防范、治理和保障等相关法律规定比较缺乏,有必要在现有法律规定的基础上,制定一部专门的反有组织犯罪法。

按照党中央部署,全国人大常委会将制定反有组织犯罪法列入了 2020 年度立法工作计划,中央政法委牵头,公安部具体负责,成立了起草工作领导小组和工作专班。起草过程中,多次征求中央纪委国家监委、中央组织部、中央宣传部等 23 家全国扫黑除恶专项斗争领导小组成员单位和全国人大常委会法工委的意见,同时向各地各有关部门特别是基层执法部门和一线政法干警征求了意见。在总结实践经验、深入调查研究、广泛听取意见、开展专题论证、反复讨论修改的基础上,形成了草案。

## 二、起草工作的总体思路

起草工作坚持以习近平新时代中国特色社会主义思想为指导,认真贯彻落实习近平法治思想和以习近平同志为核心的党中央关于扫黑除恶的决策部署,依照宪法、刑法、刑事诉讼法等有关法律规定,系统总结扫黑除恶专项斗争实践经验,推动扫黑除恶工作机制化、常态化开展,提升扫黑除恶工作法治化、规范化、专业化水平,为遏制有组织犯罪滋生蔓延、推进国家治理体系和治理能力现代化提供法治保障。

起草过程中,重点把握了以下原则:一是坚持法治思维。深入把握有组织犯罪规律特点,坚持打击与预防相结合、实体与程序相结合、权力与责任相结合。二是坚持问题导向。聚焦有组织犯罪新动向,对法律规定不明确、法律适用不统一、依法惩治不精准等问题作出相应规定。三是坚持统一协调。妥善处理与刑法、刑事诉讼法及其他法律、现行规范性文件的关系,切实维护法律体系的统一性、协调性。四是从国情和实际出发,广泛听取各方面意见特别是基层的意见建议,合理借鉴境外有益经验。

## 三、草案的主要内容

草案共 10 章 83 条,主要规定了五个方面的内容:

(一)将党中央决策部署转化为法律,写入总则

一是规定了立法宗旨、指导思想、基本原则。二是规定了有组织犯罪概念。将有组织犯罪限定为组织、领导、参加黑社会性质组织犯罪,以及黑社会性质组织、境外黑社会组织、恶势力组织实施的具体犯罪。此外,将恶势力组织上升为法律概念,规定了信息网络有组织犯罪的认定标准。

(二)突出防治要求和责任

一是规定了预防政策和预防主体。草案明确了承担预防和治理工作的主体及其职责,综合运用法律、经济、行政、科技等手段,加强源头治理,依法建立健全科学高效的有组织犯罪预防和治理体系。二是规定了一般预防措施与特殊预防措施。草案

明确了宣传教育、基层组织预防、行业监管等一般预防措施。同时,针对国内外有组织犯罪的发展态势和跨境有组织犯罪的危害性,强调对境外黑社会组织入境渗透、发展的严格防控。三是规定了相关法律责任。草案明确了具有防范义务的责任主体未尽职责时应承担的责任,明确单位和个人报案、控告、举报和救济的权利。同时,对部分危害较轻的行为,不作为犯罪处理,以实现分化瓦解、教育挽救的目的。

(三)规范情报线索处置、案件办理机制

一是确立了线索统一归口管理模式。规定核查阶段可对嫌疑财产采取紧急处置措施,对重点嫌疑人可限制出入境。同时,充分考虑保障当事人合法权益不受侵害,对相关措施设置了严格的审批程序。二是充分体现了从严打击有组织犯罪的要求。规定了软暴力手段认定、侦查措施授权、证据综合运用、特殊组织成员处理、财产刑适用等内容。为多举措降低再犯可能性,规定了减刑、假释的从严控制要求,将财产刑执行情况和配合处置涉案财产情况与减刑、假释挂钩,并对从业禁止、异地服刑、社区矫正等作了专门规定。三是规定了国际合作。规定了合作原则、合作部门及合作中取得证据材料的效力问题。

(四)固化"打财断血""打伞破网"经验做法

一是规定了涉案财产调查相关制度。规定在侦查起诉阶段,应当全面调查涉案财产状况,金融机构等有关单位应当在法定时限内协助配合;在审判阶段,人民法院应当准确认定涉案财产权属性质。二是规定了对涉案财产的处理措施。规定办案单位对涉案财产可以采取价值认定、保管、先行处置、移送、提出处理建议等措施;人民法院经审理,可以对涉案财产、第三人取得的涉案财物或其他等值财产分别作出返还、追缴、没收等判决。三是规定了对国家工作人员涉有组织犯罪的查处。将查办国家工作人员涉有组织犯罪明确为反有组织犯罪工作重点,构建国家工作人员涉有组织犯罪线索移送制度,明确从重处罚和从重处分情形;对于针对从事反有组织犯罪工作的执法、司法人员的举报,规定审慎原则,对匿名举报可以不予受理,对诬告陷害从严处理等制度。

(五)明确相关保障制度

一是规定了组织保障。规定公安机关和有关部门应当建立反有组织犯罪工作专门机构,提升反有组织犯罪工作能力。二是规定了制度保障。规定对证人、鉴定人、被害人和报案人、控告人、举报人的特殊保护制度。三是规定了物质保障。规定县级以上地方各级人民政府应当按照事权划分,将反有组织犯罪工作经费列入财政预算,给予必要的经费支持。

反有组织犯罪法(草案)和以上说明是否妥当,请审议。

# 全国人民代表大会宪法和法律委员会关于《中华人民共和国反有组织犯罪法(草案)》修改情况的汇报

——2021 年 8 月 17 日在第十三届全国人民代表大会常务委员会第三十次会议上

全国人大宪法和法律委员会副主任委员 周光权

全国人民代表大会常务委员会:

常委会第二十四次会议对反有组织犯罪法草案进行了初次审议。会后,法制工作委员会将草案印发各省、自治区、直辖市人大常委会、中央有关部门及部分高等院校、研究机构、基层立法联系点征求意见,在中国人大网全文公布草案,征求社会公众意见。宪法和法律委员会、法制工作委员会还到一些地方进行调研,并就草案的有关问题与中央纪委国家监委、中央政法委、最高人民法院、最高人民检察院、公安部、国家安全部、司法部等部门交换意见,共同研究。宪法和法律委员会于 7 月 16 日召开会议,根据常委会组成人员的审议意见和各方面意见,对草案进行了逐条审议。中央政法委、公安部有关负责同志列席了会议。7 月 28 日,宪法和法律委员会召开会议,再次进行了审议。现将反有组织犯罪法草案主要问题的修改情况汇报如下:

一、草案第二条中规定了有组织犯罪和恶势力组织的概念。有的常委委员、地方和部门提出，草案关于恶势力组织概念的界定，与扫黑除恶专项斗争中的有关指导意见和实践中掌握的标准不尽一致，可能导致将恶势力犯罪泛化到一般的团伙犯罪，打击面过大。同时，有组织犯罪的概念应明确与境外黑社会组织有所区别，并处理好对境外黑社会组织的法律适用问题。宪法和法律委员会经研究，建议作出以下修改：一是，根据专项斗争的实践经验，在恶势力组织的概念中增加“在一定区域或者行业领域内”“扰乱经济、社会生活秩序，造成较为恶劣的社会影响”的特征条件。二是，增加一款，明确境外黑社会组织在我国境内发展组织成员、实施犯罪，以及在境外对我国国家或者公民实施犯罪的，适用本法。

二、草案第三条中对构建具有中国特色的打击、防范、治理有组织犯罪制度作了规定。第十条中规定，有关国家机关共同履行有组织犯罪预防和治理工作职责。有的地方和部门建议总结扫黑除恶专项斗争经验，在草案中增加建立健全反有组织犯罪工作机制、将有组织犯罪预防和治理工作纳入考评体系的规定。宪法和法律委员会经研究，建议采纳这一意见。

三、草案第十三条规定了教育部门防范有组织犯罪的职责。有的常委会组成人员、地方和部门建议进一步完善涉及未成年人的反有组织犯罪工作的规定。宪法和法律委员会经研究，建议作出以下修改：一是，完善学校的防范职责和报告义务。二是，增加有关部门对未成年人开展反有组织犯罪宣传教育的规定。三是，规定对涉及未成年人的有组织犯罪活动依法从重追究刑事责任等。

四、草案第四十六条规定，对于不宜查封、扣押、冻结的经营性财产，公安机关、人民检察院、人民法院可以报请同级人民政府指定有关部门或者委托有关机构代管或者托管。草案第五十二条对应当追缴、没收的财产转移到第三人后应当依法追缴的情形作了规定。有的地方、部门提出，涉案财产代管、托管涉及财产权益处置，属于民事法律制度调整的范围，现行民事、公司法律中没有相关基础性规定；实践中的情况比较复杂，各地做法不尽相同，对于代管、托管双方的权利义务以及造成损失的后果承担、法律责任等问题存在不同认识，目前难以在法律中作出统一规定。同时，第三人善意取得涉案财物是否追缴的问题比较复杂，涉及被害人和善意第三人财产的合理处置，各方面还存在不同认识，从案件处理的政治和社会效果考量，目前根据实际情况灵活处理较为妥当。宪法和法律委员会经研究，建议本法对上述两个问题暂不作规定，可在实践中进一步探索，待取得成熟经验后再在法律中规定。

五、草案第五十条第五项中规定，确实无法查清涉案财产权属，但有证据证明涉案财产与有组织犯罪存在关联，被告人无法说明财产合法来源的，应当予以没收。有的地方和部门提出，这有利于实现“打财断血”，铲除有组织犯罪的经济基础。但对这种犯罪组织及其成员的财产，还是应尽力查清其状况，并在本法中对证明涉案财产与有组织犯罪存在关联的证据标准作出明确规定，防止造成滥用。宪法和法律委员会经研究，建议：一是，吸收有的地方的成功经验，增加规定办理有组织犯罪案件，办案机关可以全面调查该犯罪组织及其成员的财产状况。二是，参照联合国打击跨国有组织犯罪公约，吸收有关司法解释的规定，将草案第五十条第五项有关规定修改为：被告人实施黑社会性质组织犯罪的定罪量刑事实已经查清，有足够的证据证明其在犯罪期间获得的财产高度可能属于黑社会性质组织犯罪的违法所得及其孳息、收益，被告人无法说明财产合法来源的，应当依法予以追缴、没收。

六、有的常委委员、地方、部门和社会公众建议增加保障涉案个人和单位合法权益的内容。宪法和法律委员会经研究，建议与刑事诉讼法等相衔接，作出以下修改：一是，对因犯组织、领导黑社会性质组织罪被判处刑罚的刑满释放人员的个人财产及日常活动报告制度的审批，由县级以上公安机关审批修改为设区的市级以上公安机关审批。二是，增加对有组织犯罪的犯罪嫌疑人、被告人适用认罪认罚从宽制度的规定。三是，增加对犯罪嫌疑人、被告人采取异地羁押、分别羁押或者单独羁押等措施依法通知其家属和辩护人的规定。四是，明确公安机关采取技术侦查、控制下交付等措施应当依照刑事诉讼法的规定进行。五是，增加规定涉案财物处置应当严格依照法定条件和程序进行，依法保护公民和组织的合法财产权益。六是，明确涉案财物处置应当保障利害关系人的有关诉讼权利。七是，进一步完善对证人、鉴定人、被害人、举报人等的保护措施。

七、有的地方、部门和社会公众提出，对国家工作人员涉有组织犯罪的违法犯罪行为应当从重处罚，建议根据刑法等法律规定，在本法中作出明确规定，便于司法实践中掌握。宪法和法律委员会经研究,建议进一步明确有关违法和犯罪行为的类型,完善有关法律责任的规定。

此外,还对草案作了一些文字修改。

草案二次审议稿已按上述意见作了修改,宪法和法律委员会建议提请本次常委会会议继续审议。

草案二次审议稿和以上汇报是否妥当,请审议。

# 全国人民代表大会宪法和法律委员会关于《中华人民共和国反有组织犯罪法(草案)》审议结果的报告

——2021 年 12 月 20 日在第十三届全国人民代表大会常务委员会第三十二次会议上

全国人大宪法和法律委员会副主任委员 周光权

全国人民代表大会常务委员会:

常委会第三十次会议对反有组织犯罪法草案进行了二次审议。会后,宪法和法律委员会、法制工作委员会联合召开座谈会,听取中央有关部门、全国人大代表和有关专家学者的意见。法制工作委员会在中国人大网全文公布草案,再次征求社会公众意见;到一些地方进行调研,并就草案有关问题与中央政法委、公安部等部门交换意见,共同研究。宪法和法律委员会于 11 月 10 日召开会议,根据委员长会议精神、常委会组成人员审议意见和各方面的意见,对草案进行了逐条审议。中央政法委、公安部有关负责同志列席了会议。11 月 30 日,宪法和法律委员会召开会议,再次进行了审议。宪法和法律委员会认为,贯彻落实党中央关于扫黑除恶常态化的决策部署,总结扫黑除恶专项斗争的实践经验,制定反有组织犯罪法,是必要的。草案经过两次审议修改,已经比较成熟。同时,提出以下主要修改意见:

一、草案二次审议稿第十一条规定,民政部门应当会同有关部门对村民委员会、居民委员会成员候选人资格进行审查,发现有组织犯罪线索的,应当及时移送公安机关。有的常委委员和部门提出,对“两委”候选人资格进行审查,是为了防止黑恶势力向基层组织渗透,审查中发现因实施有组织犯罪受过刑事处罚的,应当作出处理。宪法和法律委员会经研究,建议根据党中央加强基层组织建设、防范和整治“村霸”的有关文件精神,增加规定,发现因实施有组织犯罪受过刑事处罚的,应当依照有关规定及时作出处理。

二、草案二次审议稿第十二条第一款规定,教育行政部门、学校应当会同有关部门建立防范有组织犯罪侵害校园工作机制,加强反有组织犯罪宣传教育,增强未成年人防范有组织犯罪的意识和能力,教育引导未成年人自觉抵制有组织犯罪,防范有组织犯罪的侵害。有的常委委员、专家学者和社会公众提出,在校学生无论是否成年,都应当加强对他们的反有组织犯罪教育。宪法和法律委员会经研究,建议将上述规定中的“未成年人”修改为“学生”。

三、草案二次审议稿第四十条规定了查封、扣押、冻结、处置涉案财物的程序和规范,第六十九条规定了对尚不构成犯罪的涉黑涉恶违法行为的行政处罚。有的地方建议增加对被害人的合法财产应当及时返还和对违法所得应当予以没收的规定。宪法和法律委员会经研究,建议采纳上述意见。

四、草案二次审议稿第七十条规定,违反本法第十九条规定的报告制度的,由公安机关给予警告,并责令改正;拒不改正的,处三万元以下罚款。有的常委委员和部门提出,草案二次审议稿规定的处罚力度不够,建议对拒不改正的,增加拘留的处罚措施。宪法和法律委员会经研究,对于拒不改正的,建议增加规定五日以上十日以下拘留。

此外,还对草案二次审议稿作了一些文字修改。

12 月 3 日,法制工作委员会召开会议,邀请部分全国人大代表、专家学者和基层政法部门、村民委员会、律师等方面的代表,就草案中主要制度规范的可行性、法律出台时机、法律实施的社会效果和可能出现的问题等进行评估。与会人员普遍认为,草案深入贯彻落实党中央决策部署,坚持从国情和实际出发,坚持法治思维和问题导向,系统总结扫黑除恶斗争的实践经验，突出预防和惩治的要求，明确了一系列的重要制度措施，对于保障在法治轨道上常态化开展扫黑除恶工作，建设更高水平的平安中国、法治中国，具有重要意义。草案经过修改，充分吸收了各方面意见，制度设计更加合理，具有较强的针对性和可操作性，已经比较成熟，建议尽快审议通过。与会人员还对草案提出了一些具体修改意见，宪法和法律委员会对有的意见已经采纳。

草案三次审议稿已按上述意见作了修改，宪法和法律委员会建议提请本次常委会会议审议通过。

草案三次审议稿和以上报告是否妥当，请审议。

# 全国人民代表大会宪法和法律委员会关于《中华人民共和国反有组织犯罪法（草案三次审议稿）》修改意见的报告

——2021 年 12 月 24 日在第十三届全国人民代表大会常务委员会第三十二次会议上

全国人民代表大会常务委员会：

本次常委会会议于 12 月 21 日上午对反有组织犯罪法草案三次审议稿进行了分组审议。普遍认为，草案已经比较成熟，建议进一步修改后，提请本次常委会会议表决通过。同时，有些常委会组成人员和列席人员还提出了一些修改意见和建议。宪法和法律委员会于 12 月 21 日晚召开会议，逐条研究了常委会组成人员和列席人员的审议意见，对草案进行了审议。中央政法委有关负责同志列席了会议。宪法和法律委员会认为，草案是可行的，同时，提出以下修改意见：

一、草案三次审议稿第二十二条第二款中规定，对于有组织犯罪的组织者、领导者和骨干成员，应当严格掌握取保候审、不起诉、缓刑、减刑、假释和暂予监外执行的适用条件，充分适用剥夺政治权利、没收财产等刑罚。有的常委委员提出，根据刑法有关规定，对有组织犯罪的罪犯还可以适用罚金刑，建议予以明确。宪法和法律委员会经研究，建议增加适用罚金刑的规定。

二、草案三次审议稿第七十一条规定了对金融机构等相关单位未依照本法规定协助公安机关采取紧急止付、临时冻结措施的处罚。有的常委委员提出，对于这类不配合执法的行为，应当先由公安机关责令改正，对拒不改正的再予以处罚，并增加公安机关对有关责任人员建议主管部门给予处分的规定。宪法和法律委员会经研究，建议采纳这一意见。

经与有关部门研究，建议将本法的施行时间确定为 2022 年 5 月 1 日。

此外，根据常委会组成人员的审议意见，还对草案三次审议稿作了一些文字修改。

草案修改稿已按上述意见作了修改，宪法和法律委员会建议本次常委会会议审议通过。

草案修改稿和以上报告是否妥当，请审议。

# 中华人民共和国主席令

## 第一〇二号

《中华人民共和国湿地保护法》已由中华人民共和国第十三届全国人民代表大会常务委员会第三十二次会议于 2021 年 12 月 24 日通过，现予公布，自 2022 年 6 月 1 日起施行。

中华人民共和国主席　习近平

2021 年 12 月 24 日

# 中华人民共和国湿地保护法

（2021年12月24日第十三届全国人民代表大会常务委员会第三十二次会议通过）

## 目　录



## 第一章　总　则

**第一条**　为了加强湿地保护，维护湿地生态功能及生物多样性，保障生态安全，促进生态文明建设，实现人与自然和谐共生，制定本法。

**第二条**　在中华人民共和国领域及管辖的其他海域内从事湿地保护、利用、修复及相关管理活动，适用本法。

本法所称湿地，是指具有显著生态功能的自然或者人工的、常年或者季节性积水地带、水域，包括低潮时水深不超过六米的海域，但是水田以及用于养殖的人工的水域和滩涂除外。国家对湿地实行分级管理及名录制度。

江河、湖泊、海域等的湿地保护、利用及相关管理活动还应当适用《中华人民共和国水法》、《中华人民共和国防洪法》、《中华人民共和国水污染防治法》、《中华人民共和国海洋环境保护法》、《中华人民共和国长江保护法》、《中华人民共和国渔业法》、《中华人民共和国海域使用管理法》等有关法律的规定。

**第三条**　湿地保护应当坚持保护优先、严格管理、系统治理、科学修复、合理利用的原则，发挥湿地涵养水源、调节气候、改善环境、维护生物多样性等多种生态功能。

**第四条**　县级以上人民政府应当将湿地保护纳入国民经济和社会发展规划，并将开展湿地保护工作所需经费按照事权划分原则列入预算。

县级以上地方人民政府对本行政区域内的湿地保护负责，采取措施保持湿地面积稳定，提升湿地生态功能。

乡镇人民政府组织群众做好湿地保护相关工作，村民委员会予以协助。

**第五条**　国务院林业草原主管部门负责湿地资源的监督管理，负责湿地保护规划和相关国家标准拟定、湿地开发利用的监督管理、湿地生态保护修复工作。国务院自然资源、水行政、住房城乡建设、生态环境、农业农村等其他有关部门，按照职责分工承担湿地保护、修复、管理有关工作。

国务院林业草原主管部门会同国务院自然资源、水行政、住房城乡建设、生态环境、农业农村等主管部门建立湿地保护协作和信息通报机制。

**第六条**　县级以上地方人民政府应当加强湿地保护协调工作。县级以上地方人民政府有关部门按照职责分工负责湿地保护、修复、管理有关工作。

**第七条**　各级人民政府应当加强湿地保护宣传教育和科学知识普及工作，通过湿地保护日、湿地保护宣传周等开展宣传教育活动，增强全社会湿地保护意识；鼓励基层群众性自治组织、社会组织、志愿者开展湿地保护法律法规和湿地保护知识宣传活动，营造保护湿地的良好氛围。

教育主管部门、学校应当在教育教学活动中注重培养学生的湿地保护意识。

新闻媒体应当开展湿地保护法律法规和湿地保护知识的公益宣传，对破坏湿地的行为进行舆论监督。

**第八条**　国家鼓励单位和个人依法通过捐赠、资助、志愿服务等方式参与湿地保护活动。

对在湿地保护方面成绩显著的单位和个人，按照国家有关规定给予表彰、奖励。

**第九条**　国家支持开展湿地保护科学技术研究开发和应用推广，加强湿地保护专业技术人才培养，提高湿地保护科学技术水平。

**第十条**　国家支持开展湿地保护科学技术、生物多样性、候鸟迁徙等方面的国际合作与交流。

**第十一条**　任何单位和个人都有保护湿地的义务，对破坏湿地的行为有权举报或者控告，接到举报或者控告的机关应当及时处理，并依法保护举报人、控告人的合法权益。

## 第二章　湿地资源管理

**第十二条**　国家建立湿地资源调查评价制度。

国务院自然资源主管部门应当会同国务院林业草原等有关部门定期开展全国湿地资源调查评价工作，对湿地类型、分布、面积、生物多样性、保护与利用情况等进行调查，建立统一的信息发布和共享机制。

**第十三条**　国家实行湿地面积总量管控制度，将湿地面积总量管控目标纳入湿地保护目标责任制。

国务院林业草原、自然资源主管部门会同国务院有关部门根据全国湿地资源状况、自然变化情况和湿地面积总量管控要求，确定全国和各省、自治区、直辖市湿地面积总量管控目标，报国务院批准。地方各级人民政府应当采取有效措施，落实湿地面积总量管控目标的要求。

**第十四条**　国家对湿地实行分级管理，按照生态区位、面积以及维护生态功能、生物多样性的重要程度，将湿地分为重要湿地和一般湿地。重要湿地包括国家重要湿地和省级重要湿地，重要湿地以外的湿地为一般湿地。重要湿地依法划入生态保护红线。

国务院林业草原主管部门会同国务院自然资源、水行政、住房城乡建设、生态环境、农业农村等有关部门发布国家重要湿地名录及范围，并设立保护标志。国际重要湿地应当列入国家重要湿地名录。

省、自治区、直辖市人民政府或者其授权的部门负责发布省级重要湿地名录及范围，并向国务院林业草原主管部门备案。

一般湿地的名录及范围由县级以上地方人民政府或者其授权的部门发布。

**第十五条**　国务院林业草原主管部门应当会同国务院有关部门，依据国民经济和社会发展规划、国土空间规划和生态环境保护规划编制全国湿地保护规划，报国务院或者其授权的部门批准后组织实施。

县级以上地方人民政府林业草原主管部门应当会同有关部门，依据本级国土空间规划和上一级湿地保护规划编制本行政区域内的湿地保护规划，报同级人民政府批准后组织实施。

湿地保护规划应当明确湿地保护的目标任务、总体布局、保护修复重点和保障措施等内容。经批准的湿地保护规划需要调整的，按照原批准程序办理。

编制湿地保护规划应当与流域综合规划、防洪规划等规划相衔接。

**第十六条**　国务院林业草原、标准化主管部门会同国务院自然资源、水行政、住房城乡建设、生态环境、农业农村主管部门组织制定湿地分级分类、监测预警、生态修复等国家标准；国家标准未作规定的，可以依法制定地方标准并备案。

**第十七条**　县级以上人民政府林业草原主管部门建立湿地保护专家咨询机制，为编制湿地保护规划、制定湿地名录、制定相关标准等提供评估论证等服务。

**第十八条**　办理自然资源权属登记涉及湿地的，应当按照规定记载湿地的地理坐标、空间范围、类型、面积等信息。

**第十九条**　国家严格控制占用湿地。

禁止占用国家重要湿地，国家重大项目、防灾减灾项目、重要水利及保护设施项目、湿地保护项目等除外。

建设项目选址、选线应当避让湿地，无法避让的应当尽量减少占用，并采取必要措施减轻对湿地生态功能的不利影响。

建设项目规划选址、选线审批或者核准时，涉及国家重要湿地的，应当征求国务院林业草原主管部门的意见；涉及省级重要湿地或者一般湿地的，应当按照管理权限，征求县级以上地方人民政府授权的部门的意见。

**第二十条**　建设项目确需临时占用湿地的，应当依照《中华人民共和国土地管理法》、《中华人民共和国水法》、《中华人民共和国森林法》、《中华人民共和国草原法》、《中华人民共和国海域使用管理法》等有关法律法规的规定办理。临时占用湿地的期限一般不得超过二年，并不得在临时占用的湿地上修建永久性建筑物。

临时占用湿地期满后一年内，用地单位或者个人应当恢复湿地面积和生态条件。

**第二十一条**　除因防洪、航道、港口或者其他水工程占用河道管理范围及蓄滞洪区内的湿地外，经依法批准占用重要湿地的单位应当根据当地自然条件恢复或者重建与所占用湿地面积和质量相当的湿地；没有条件恢复、重建的，应当缴纳湿地恢复费。缴纳湿地恢复费的，不再缴纳其他相同性质的恢复费用。

湿地恢复费缴纳和使用管理办法由国务院财

政部门会同国务院林业草原等有关部门制定。

**第二十二条** 国务院林业草原主管部门应当按照监测技术规范开展国家重要湿地动态监测，及时掌握湿地分布、面积、水量、生物多样性、受威胁状况等变化信息。

国务院林业草原主管部门应当依据监测数据，对国家重要湿地生态状况进行评估，并按照规定发布预警信息。

省、自治区、直辖市人民政府林业草原主管部门应当按照监测技术规范开展省级重要湿地动态监测、评估和预警工作。

县级以上地方人民政府林业草原主管部门应当加强对一般湿地的动态监测。

## 第三章 湿地保护与利用

**第二十三条** 国家坚持生态优先、绿色发展，完善湿地保护制度，健全湿地保护政策支持和科技支撑机制，保障湿地生态功能和永续利用，实现生态效益、社会效益、经济效益相统一。

**第二十四条** 省级以上人民政府及其有关部门根据湿地保护规划和湿地保护需要，依法将湿地纳入国家公园、自然保护区或者自然公园。

**第二十五条** 地方各级人民政府及其有关部门应当采取措施，预防和控制人为活动对湿地及其生物多样性的不利影响，加强湿地污染防治，减缓人为因素和自然因素导致的湿地退化，维护湿地生态功能稳定。

在湿地范围内从事旅游、种植、畜牧、水产养殖、航运等利用活动，应当避免改变湿地的自然状况，并采取措施减轻对湿地生态功能的不利影响。

县级以上人民政府有关部门在办理环境影响评价、国土空间规划、海域使用、养殖、防洪等相关行政许可时，应当加强对有关湿地利用活动的必要性、合理性以及湿地保护措施等内容的审查。

**第二十六条** 地方各级人民政府对省级重要湿地和一般湿地利用活动进行分类指导，鼓励单位和个人开展符合湿地保护要求的生态旅游、生态农业、生态教育、自然体验等活动，适度控制种植养殖等湿地利用规模。

地方各级人民政府应当鼓励有关单位优先安排当地居民参与湿地管护。

**第二十七条** 县级以上地方人民政府应当充分考虑保障重要湿地生态功能的需要，优化重要湿地周边产业布局。

县级以上地方人民政府可以采取定向扶持、产业转移、吸引社会资金、社区共建等方式，推动湿地周边地区绿色发展，促进经济发展与湿地保护相协调。

**第二十八条** 禁止下列破坏湿地及其生态功能的行为：

（一）开（围）垦、排干自然湿地，永久性截断自然湿地水源；

（二）擅自填埋自然湿地，擅自采砂、采矿、取土；

（三）排放不符合水污染物排放标准的工业废水、生活污水及其他污染湿地的废水、污水，倾倒、堆放、丢弃、遗撒固体废物；

（四）过度放牧或者滥采野生植物，过度捕捞或者灭绝式捕捞，过度施肥、投药、投放饵料等污染湿地的种植养殖行为；

（五）其他破坏湿地及其生态功能的行为。

**第二十九条** 县级以上人民政府有关部门应当按照职责分工，开展湿地有害生物监测工作，及时采取有效措施预防、控制、消除有害生物对湿地生态系统的危害。

**第三十条** 县级以上人民政府应当加强对国家重点保护野生动植物集中分布湿地的保护。任何单位和个人不得破坏鸟类和水生生物的生存环境。

禁止在以水鸟为保护对象的自然保护地及其他重要栖息地从事捕鱼、挖捕底栖生物、捡拾鸟蛋、破坏鸟巢等危及水鸟生存、繁衍的活动。开展观鸟、科学研究以及科普活动等应当保持安全距离，避免影响鸟类正常觅食和繁殖。

在重要水生生物产卵场、索饵场、越冬场和洄游通道等重要栖息地应当实施保护措施。经依法批准在洄游通道建闸、筑坝，可能对水生生物洄游产生影响的，建设单位应当建造过鱼设施或者采取其他补救措施。

禁止向湿地引进和放生外来物种，确需引进的应当进行科学评估，并依法取得批准。

**第三十一条** 国务院水行政主管部门和地方各级人民政府应当加强对河流、湖泊范围内湿地的管理和保护，因地制宜采取水系连通、清淤疏浚、水源涵养与水土保持等治理修复措施，严格控制河流源头和蓄滞洪区、水土流失严重区等区域的湿地开发利用活动，减轻对湿地及其生物多样性的不利影响。

**第三十二条** 国务院自然资源主管部门和沿

海地方各级人民政府应当加强对滨海湿地的管理和保护，严格管控围填滨海湿地。经依法批准的项目，应当同步实施生态保护修复，减轻对滨海湿地生态功能的不利影响。

**第三十三条** 国务院住房城乡建设主管部门和地方各级人民政府应当加强对城市湿地的管理和保护，采取城市水系治理和生态修复等措施，提升城市湿地生态质量，发挥城市湿地雨洪调蓄、净化水质、休闲游憩、科普教育等功能。

**第三十四条** 红树林湿地所在地县级以上地方人民政府应当组织编制红树林湿地保护专项规划，采取有效措施保护红树林湿地。

红树林湿地应当列入重要湿地名录；符合国家重要湿地标准的，应当优先列入国家重要湿地名录。

禁止占用红树林湿地。经省级以上人民政府有关部门评估，确因国家重大项目、防灾减灾等需要占用的，应当依照有关法律规定办理，并做好保护和修复工作。相关建设项目改变红树林所在河口水文情势、对红树林生长产生较大影响的，应当采取有效措施减轻不利影响。

禁止在红树林湿地挖塘，禁止采伐、采挖、移植红树林或者过度采摘红树林种子，禁止投放、种植危害红树林生长的物种。因科研、医药或者红树林湿地保护等需要采伐、采挖、移植、采摘的，应当依照有关法律法规办理。

**第三十五条** 泥炭沼泽湿地所在地县级以上地方人民政府应当制定泥炭沼泽湿地保护专项规划，采取有效措施保护泥炭沼泽湿地。

符合重要湿地标准的泥炭沼泽湿地，应当列入重要湿地名录。

禁止在泥炭沼泽湿地开采泥炭或者擅自开采地下水；禁止将泥炭沼泽湿地蓄水向外排放，因防灾减灾需要的除外。

**第三十六条** 国家建立湿地生态保护补偿制度。

国务院和省级人民政府应当按照事权划分原则加大对重要湿地保护的财政投入，加大对重要湿地所在地区的财政转移支付力度。

国家鼓励湿地生态保护地区与湿地生态受益地区人民政府通过协商或者市场机制进行地区间生态保护补偿。

因生态保护等公共利益需要，造成湿地所有者或者使用者合法权益受到损害的，县级以上人民政府应当给予补偿。

## 第四章 湿地修复

**第三十七条** 县级以上人民政府应当坚持自然恢复为主、自然恢复和人工修复相结合的原则，加强湿地修复工作，恢复湿地面积，提高湿地生态系统质量。

县级以上人民政府对破碎化严重或者功能退化的自然湿地进行综合整治和修复，优先修复生态功能严重退化的重要湿地。

**第三十八条** 县级以上人民政府组织开展湿地保护与修复，应当充分考虑水资源禀赋条件和承载能力，合理配置水资源，保障湿地基本生态用水需求，维护湿地生态功能。

**第三十九条** 县级以上地方人民政府应当科学论证，对具备恢复条件的原有湿地、退化湿地、盐碱化湿地等，因地制宜采取措施，恢复湿地生态功能。

县级以上地方人民政府应当按照湿地保护规划，因地制宜采取水体治理、土地整治、植被恢复、动物保护等措施，增强湿地生态功能和碳汇功能。

禁止违法占用耕地等建设人工湿地。

**第四十条** 红树林湿地所在地县级以上地方人民政府应当对生态功能重要区域、海洋灾害风险等级较高地区、濒危物种保护区域或者造林条件较好地区的红树林湿地优先实施修复，对严重退化的红树林湿地进行抢救性修复，修复应当尽量采用本地树种。

**第四十一条** 泥炭沼泽湿地所在地县级以上地方人民政府应当因地制宜，组织对退化泥炭沼泽湿地进行修复，并根据泥炭沼泽湿地的类型、发育状况和退化程度等，采取相应的修复措施。

**第四十二条** 修复重要湿地应当编制湿地修复方案。

重要湿地的修复方案应当报省级以上人民政府林业草原主管部门批准。林业草原主管部门在批准修复方案前，应当征求同级人民政府自然资源、水行政、住房城乡建设、生态环境、农业农村等有关部门的意见。

**第四十三条** 修复重要湿地应当按照经批准的湿地修复方案进行修复。

重要湿地修复完成后，应当经省级以上人民政府林业草原主管部门验收合格，依法公开修复情况。省级以上人民政府林业草原主管部门应当加强修复湿地后期管理和动态监测，并根据需要开展修复效果后期评估。

**第四十四条**　因违法占用、开采、开垦、填埋、排污等活动，导致湿地破坏的，违法行为人应当负责修复。违法行为人变更的，由承继其债权、债务的主体负责修复。

因重大自然灾害造成湿地破坏，以及湿地修复责任主体灭失或者无法确定的，由县级以上人民政府组织实施修复。

## 第五章　监督检查

**第四十五条**　县级以上人民政府林业草原、自然资源、水行政、住房城乡建设、生态环境、农业农村主管部门应当依照本法规定，按照职责分工对湿地的保护、修复、利用等活动进行监督检查，依法查处破坏湿地的违法行为。

**第四十六条**　县级以上人民政府林业草原、自然资源、水行政、住房城乡建设、生态环境、农业农村主管部门进行监督检查，有权采取下列措施：

（一）询问被检查单位或者个人，要求其对与监督检查事项有关的情况作出说明；

（二）进行现场检查；

（三）查阅、复制有关文件、资料，对可能被转移、销毁、隐匿或者篡改的文件、资料予以封存；

（四）查封、扣押涉嫌违法活动的场所、设施或者财物。

**第四十七条**　县级以上人民政府林业草原、自然资源、水行政、住房城乡建设、生态环境、农业农村主管部门依法履行监督检查职责，有关单位和个人应当予以配合，不得拒绝、阻碍。

**第四十八条**　国务院林业草原主管部门应当加强对国家重要湿地保护情况的监督检查。省、自治区、直辖市人民政府林业草原主管部门应当加强对省级重要湿地保护情况的监督检查。

县级人民政府林业草原主管部门和有关部门应当充分利用信息化手段，对湿地保护情况进行监督检查。

各级人民政府及其有关部门应当依法公开湿地保护相关信息，接受社会监督。

**第四十九条**　国家实行湿地保护目标责任制，将湿地保护纳入地方人民政府综合绩效评价内容。

对破坏湿地问题突出、保护工作不力、群众反映强烈的地区，省级以上人民政府林业草原主管部门应当会同有关部门约谈该地区人民政府的主要负责人。

**第五十条**　湿地的保护、修复和管理情况，应当纳入领导干部自然资源资产离任审计。

## 第六章　法律责任

**第五十一条**　县级以上人民政府有关部门发现破坏湿地的违法行为或者接到对违法行为的举报，不予查处或者不依法查处，或者有其他玩忽职守、滥用职权、徇私舞弊行为的，对直接负责的主管人员和其他直接责任人员依法给予处分。

**第五十二条**　违反本法规定，建设项目擅自占用国家重要湿地的，由县级以上人民政府林业草原等有关主管部门按照职责分工责令停止违法行为，限期拆除在非法占用的湿地上新建的建筑物、构筑物和其他设施，修复湿地或者采取其他补救措施，按照违法占用湿地的面积，处每平方米一千元以上一万元以下罚款；违法行为人不停止建设或者逾期不拆除的，由作出行政处罚决定的部门依法申请人民法院强制执行。

**第五十三条**　建设项目占用重要湿地，未依照本法规定恢复、重建湿地的，由县级以上人民政府林业草原主管部门责令限期恢复、重建湿地；逾期未改正的，由县级以上人民政府林业草原主管部门委托他人代为履行，所需费用由违法行为人承担，按照占用湿地的面积，处每平方米五百元以上二千元以下罚款。

**第五十四条**　违反本法规定，开（围）垦、填埋自然湿地的，由县级以上人民政府林业草原等有关主管部门按照职责分工责令停止违法行为，限期修复湿地或者采取其他补救措施，没收违法所得，并按照破坏湿地面积，处每平方米五百元以上五千元以下罚款；破坏国家重要湿地的，并按照破坏湿地面积，处每平方米一千元以上一万元以下罚款。

违反本法规定，排干自然湿地或者永久性截断自然湿地水源的，由县级以上人民政府林业草原主管部门责令停止违法行为，限期修复湿地或者采取其他补救措施，没收违法所得，并处五万元以上五十万元以下罚款；造成严重后果的，并处五十万元以上一百万元以下罚款。

**第五十五条**　违反本法规定，向湿地引进或者放生外来物种的，依照《中华人民共和国生物安全法》等有关法律法规的规定处理、处罚。

**第五十六条**　违反本法规定，在红树林湿地内挖塘的，由县级以上人民政府林业草原等有关主管部门按照职责分工责令停止违法行为，限期修复湿地或者采取其他补救措施，按照破坏湿地面积，处每平方米一千元以上一万元以下罚款；对树木造成毁坏的，责令限期补种成活毁坏株数一倍以上三倍以下的树木，无法确定毁坏株数的，按照相同区域同类树种生长密度计算株数。

违反本法规定，在红树林湿地内投放、种植妨碍红树林生长物种的，由县级以上人民政府林业草原主管部门责令停止违法行为，限期清理，处二万元以上十万元以下罚款；造成严重后果的，处十万元以上一百万元以下罚款。

**第五十七条**　违反本法规定开采泥炭的，由县级以上人民政府林业草原等有关主管部门按照职责分工责令停止违法行为，限期修复湿地或者采取其他补救措施，没收违法所得，并按照采挖泥炭体积，处每立方米二千元以上一万元以下罚款。

违反本法规定，从泥炭沼泽湿地向外排水的，由县级以上人民政府林业草原主管部门责令停止违法行为，限期修复湿地或者采取其他补救措施，没收违法所得，并处一万元以上十万元以下罚款；情节严重的，并处十万元以上一百万元以下罚款。

**第五十八条**　违反本法规定，未编制修复方案修复湿地或者未按照修复方案修复湿地，造成湿地破坏的，由省级以上人民政府林业草原主管部门责令改正，处十万元以上一百万元以下罚款。

**第五十九条**　破坏湿地的违法行为人未按照规定期限或者未按照修复方案修复湿地的，由县级以上人民政府林业草原主管部门委托他人代为履行，所需费用由违法行为人承担；违法行为人因被宣告破产等原因丧失修复能力的，由县级以上人民政府组织实施修复。

**第六十条**　违反本法规定，拒绝、阻碍县级以上人民政府有关部门依法进行的监督检查的，处二万元以上二十万元以下罚款；情节严重的，可以责令停产停业整顿。

**第六十一条**　违反本法规定，造成生态环境损害的，国家规定的机关或者法律规定的组织有权依法请求违法行为人承担修复责任、赔偿损失和有关费用。

**第六十二条**　违反本法规定，构成违反治安管理行为的，由公安机关依法给予治安管理处罚；构成犯罪的，依法追究刑事责任。

## 第七章　附　则

**第六十三条**　本法下列用语的含义：

（一）红树林湿地，是指由红树植物为主组成的近海和海岸潮间湿地；

（二）泥炭沼泽湿地，是指有泥炭发育的沼泽湿地。

**第六十四条**　省、自治区、直辖市和设区的市、自治州可以根据本地实际，制定湿地保护具体办法。

**第六十五条**　本法自 2022 年 6 月 1 日起施行。

# 关于《中华人民共和国湿地保护法（草案）》的说明

——2021 年 1 月 20 日在第十三届全国人民代表大会常务委员会第二十五次会议上

全国人大环境与资源保护委员会主任委员　高虎城

全国人民代表大会常务委员会：

习近平总书记高度重视湿地保护工作，多次对湿地保护作出重要指示批示。党中央把湿地保护和修复纳入生态文明建设的战略部署。全国人大常委会坚决贯彻习近平总书记重要指示批示精神和党中央决策部署，将湿地保护立法列入第十三届全国人大常委会立法规划和年度立法工作计划，由全国人大环资委牵头研究起草和提请审议。栗战书委员长，王晨、沈跃跃、丁仲礼副委员长多次就湿地保护立法作出批示指示，提出要求。全国人大环资委制定了立法工作方案，成立了湿地保护立法领导小组，组建了国务院有关部门参与的起草小组，抓紧立法调研论证起草工作。遵循科学立法、民主立法、依法立法原则，着眼强化湿地保护，坚持问题导向，聚焦湿地保护和修复，深入开展调查研究，充分听取国务院有关部门的意见，广泛听取地方以及专家意见，就重点难点问题开展专题论证，着力提高立法质量。经过深入研究论证，认真吸纳各方面意见，反复修改，形成了《中华人民共和国湿地保护法（草案）》（以下简称“草案”），已经全国人大环资委第二十七次全体会议审议通过。有关情况说明如下：

## 一、湿地保护立法的重要性和必要性

（一）湿地保护立法是贯彻落实习近平总书记重要指示批示和党中央决策部署的重要举措。党的十八大和十九大报告分别提出“扩大湿地面积，保护生物多样性，增强生态系统稳定性”和“强化湿地保护和恢复”。习近平总书记多次强调指出，要建立湿地保护修复制度，实行湿地面积总量管理，严格湿地用途管制，增强湿地生态功能，维护湿地生物多样性，为湿地保护立法指明了方向，提供了根本遵循。针对湿地保护进行立法，将习近平总书记重要指示批示和党中央决策部署落实落细，将党的主张通过法定程序转化为国家意志，为全社会强化湿地保护和修复提供法律遵循。

（二）湿地保护立法是为强化湿地保护和修复提供法治保障的迫切需要。湿地是全球重要生态系统之一，具有涵养水源、净化水质、维护生物多样性、蓄洪防旱、调节气候和固碳等重要的生态功能，对维护我国生态、粮食和水资源安全具有重要作用。中共中央、国务院印发的《关于加快推进生态文明建设的意见》和《生态文明体制改革总体方案》均提出要制定湿地保护方面的法律法规。针对湿地保护进行立法，有利于从湿地生态系统的整体性和系统性出发，建立完整的湿地保护法律制度体系，为强化湿地的保护和修复提供法治保障。

（三）湿地保护立法是坚持人民至上、回应社会期待的必然要求。人和自然是生命共同体。良好生态环境是最普惠的民生福祉。湿地保护立法也是多年来代表持续关注的重要议题，十届全国人大会议以来，陆续有代表提出湿地保护立法的相关议案和建议，这些议案表达了代表的意愿，也反映了人民的心声。湿地保护立法坚持生态优先的原则，坚持以人民为中心，坚持生态惠民、生态利民、生态为民，通过制度规范保护湿地生态环境，让湿地成为人民群众共享的绿色空间，满足人民日益增长的对优美生态环境的需要。

（四）湿地保护立法是履行湿地公约的重要行动。经过近50年发展历程，《国际重要湿地特别是水禽栖息地公约》（以下简称“湿地公约”）已经从单纯的候鸟保护，转向湿地生态系统的全面保护，更加注重湿地生态系统及其多种功能的发挥。2021年是湿地公约缔约50周年，我国将于2021年在武汉承办湿地公约第十四届缔约方大会。加快我国湿地保护立法进程，对于全面履行湿地公约，参与和引领国际湿地保护，彰显中国推进构建人类命运共同体的良好国际形象，具有重要的促进作用。

从本世纪以来，各地根据本地区湿地保护的需要，陆续出台地方性湿地保护条例和规定。目前，已有28个省（自治区、直辖市）出台了湿地保护的地方性法规和规章，建立了一系列湿地保护制度措施，为湿地保护立法提供了良好的实践基础。

## 二、法律制定的指导思想和原则

湿地保护立法的指导思想是，坚持以习近平新时代中国特色社会主义思想和习近平生态文明思想、习近平法治思想为指导，贯彻落实党的十九大和十九届二中、三中、四中、五中全会精神，贯彻落实习近平总书记关于湿地保护的重要指示要求，坚持以人民为中心的发展思想，坚持山水林田湖草是生命共同体的理念，从维护湿地生态系统整体性出发，建立湿地保护修复制度，增强湿地生态功能，维护湿地生物多样性，保障生态安全，促进生态文明建设。

湿地保护立法的基本原则：一是坚持保护优先、系统治理、科学修复和合理利用，推动湿地的系统保护和可持续利用；二是坚持问题导向，注重解决湿地保护中存在的主要问题，妥善处理湿地保护中政府有关部门的相互关系，做好与相关法律的衔接，增强法律的针对性和可操作性；三是坚持政府主导、社会参与，充分发挥社会各界在湿地保护、修复工作中的作用；四是坚持立法的稳定性和创新性，吸收地方已被实践证明可行的做法，借鉴国际湿地立法的有关经验。

## 三、草案的主要内容

草案分为总则、湿地管理、湿地保护、湿地修复、检查与监督、法律责任和附则，共7章59条。主要内容包括：

（一）关于适用范围。草案明确本法适用的湿地，是指具有显著生态功能的自然湿地和具有重点保护野生动植物栖息、生长功能的人工湿地。国家对湿地实行分级管理及名录制度。根据实践中湿地管理情况，明确规定水田和人工养殖水域、滩涂的保护、利用及相关管理活动适用土地管理法和渔业法、海域使用管理法等有关法律的规定，明确江河、湖泊、海域等湿地的保护、利用及相关管理活动还应当适用水法、防洪法、水污染防治法、海域使用管理法、海洋环境保护法等有关法律的规定。

（二）关于湿地管理体制。根据《深化党和国家机构改革方案》和国务院“三定”方案，草案明确国务院林业草原主管部门负责湿地资源的监督管理，拟定湿地保护规划和相关国家标准，负责湿地生态保护修复工作，监督管理湿地的开发利用。国务院自然资源、生态环境、水利、农业农村等有关部门，按照职责承担湿地管理、保护和修复等有关工作。县级以上人民政府应当加强湿地保护协调工作。县级以上地方人民政府有关部门，根据职责分工负责相关管理工作。尊重湿地保护管理的历史和现状，依照各部门职责分工，在湿地管理、保护、修复等各章具体条款中，明确了国务院有关部门的相应职责。

（三）关于湿地分级管理和湿地名录制度。根据中央全面深化改革领导小组第二十九次会议审议通过的《湿地保护修复制度方案》关于“建立湿地分级体系”的要求，对湿地实行分级管理制度。规定国家对湿地实行分级管理及名录制度。按照生态区位、生态功能和生物多样性等重要程度，将湿地分为重要湿地和一般湿地。国务院林业草原主管部门会同国务院有关部门发布国家重要湿地名录。省、自治区、直辖市人民政府或者其授权的部门负责制定省级重要湿地名录，并按照湿地资源调查评价结果在相关国土空间规划中划定一般湿地范围。相关名录制定主体应当依照有关法律规定及时发布名录。

（四）关于湿地调查评价、规划和重要湿地资源动态监测与预警。根据《湿地保护修复制度方案》和自然资源部印发的《自然资源调查监测体系构建总体方案》等有关规定，结合湿地生态系统管理的特殊要求，对湿地调查评价、规划和重要湿地资源动态监测与预警作出系统规定：一是明确全国湿地调查评价的责任主体和具体内容；二是明确全国湿地保护规划的编制和调整程序及要求；三是明确重要湿地资源动态监测与预警的具体内容和要求。

（五）关于湿地合理利用。根据《建立以国家公园为主体的自然保护地体系的指导意见》“坚持生态为民，科学利用”的原则和“探索全民共享机制”的要求，推动湿地成为人民群众共享的绿意空间，在明确湿地合理利用要求的前提下，鼓励单位和个人开展符合湿地保护要求的多种利用活动，鼓励有关单位优先安排当地居民参与湿地生态管护；县级以上地方人民政府可以采取定向扶持、产业转移、吸引社会资金、社区共建等方式，推动湿地周边地区绿色发展，促进经济发展与湿地保护相协调。

（六）关于湿地保护和修复。一是明确了湿地保护方式；二是提出了湿地利用要求；三是规范了湿地修复原则、责任主体、修复方案及措施等；四是对红树林湿地和泥炭沼泽湿地的保护和修复作出具体规定。

（七）关于检查与监督和法律责任。草案对湿地执法主体、检查措施及行政相对人的配合义务等作出规定。明确监管部门及工作人员不依法履职和违法主体直接破坏湿地的法律责任，对其他法律中已经有明确法律责任的违法行为，本法不做重复性规定，同时作出了与相关法律的衔接性规定。

草案和以上说明是否妥当，请审议。

# 全国人民代表大会宪法和法律委员会关于《中华人民共和国湿地保护法（草案）》修改情况的汇报

——2021年10月19日在第十三届全国人民代表大会常务委员会第三十一次会议上

全国人大宪法和法律委员会副主任委员　胡可明

全国人民代表大会常务委员会：

常委会第二十五次会议对湿地保护法草案进行了初次审议。会后，法制工作委员会将草案印发各省（区、市）人大、中央有关部门和部分基层立法联系点、全国人大代表、研究机构等征求意见；在中国人大网全文公布草案，征求社会公众意见。宪法和法律委员会、环境与资源保护委员会、法制工作委员会联合召开座谈会，听取全国人大代表、中央有关部门、基层立法联系点、湿地管理机构和专家学者对草案的意见。宪法和法律委员会、法制工作委员会到辽宁、黑龙江、内蒙古、新疆等地调研，听取意见；并就草案的有关问题与有关方面交换意见，共同研究。宪法和法律委员会于9月15日召开会议，根据常委会组成人员的审议意见和各方面意见，对草案进行了逐条审议。环境与资源保护委员会、司法部、自然资源部、生态环境部、水利部、农业农村部、国家林业和草原局有关负责同志列席了会议。9月29日，宪法和法律委员会召开会议，再次进行了审议。现将湿地保护法草案主要问题的修改情况汇报如下：

一、一些常委会组成人员和地方、部门、社会公众建议，参考国际湿地公约和我国现行有关规定，对湿地的定义和保护范围予以研究完善，以有利于法律的有效实施。宪法和法律委员会经研究，建议对草案作以下修改：一是明确湿地是指：具有显著生态功能的自然或者人工的、常年或者季节性积水地带、水域，包括低潮时水深不超过六米的海域，但水田以及用于养殖的人工水域和滩涂除外。二是在实行湿地名录制度的基础上，增加发布湿地范围的规定。

二、草案第五条规定，国务院林业草原主管部门负责湿地资源的监督管理；国务院自然资源、生态环境、水利、农业农村等有关部门，按照职责承担湿地管理、保护和修复等有关工作。一些常委委员和部门、社会公众建议，进一步体现有关部门和乡镇人民政府在湿地保护中的职责。宪法和法律委员会经研究，建议对草案作以下修改：一是增加规定：乡镇人民政府、街道办事处组织群众做好本辖区的湿地保护工作，村民委员会、居民委员会予以协助。二是分别增加水行政主管部门对河湖湿地、自然资源主管部门对滨海湿地、住房城乡建设主管部门对城市湿地的保护职责。

三、一些常委委员和地方、部门、社会公众建议，对重要湿地以外的一般湿地的保护管理，进一步完善有关规定。宪法和法律委员会经研究，建议对草案作以下修改：一是增加发布一般湿地名录及加强一般湿地动态监测的规定。二是增加规定：建设项目占用一般湿地的，应当按照管理权限，征求县级以上地方人民政府授权的部门的意见。

四、根据常委委员和地方、部门的意见，宪法和法律委员会经研究，建议增加建设项目临时占用湿地审批等规定，同时明确占用湿地缴纳湿地恢复费的，不再缴纳其他相同性质的恢复费用，做好与土地管理法等法律的衔接。

五、根据常委委员和部门、社会公众的意见，宪法和法律委员会经研究，建议适当提高擅自占用国家重要湿地、严重破坏自然湿地等违法行为的罚款数额，加大处罚力度。

此外，还对草案作了一些文字修改。

草案二次审议稿已按上述意见作了修改，宪法和法律委员会建议提请本次常委会会议继续审议。

草案二次审议稿和以上汇报是否妥当，请审议。

# 全国人民代表大会宪法和法律委员会关于《中华人民共和国湿地保护法（草案）》审议结果的报告

——2021年12月20日在第十三届全国人民代表大会常务委员会第三十二次会议上

全国人大宪法和法律委员会副主任委员　胡可明

全国人民代表大会常务委员会：

常委会第三十一次会议对湿地保护法草案进行了二次审议。会后，法制工作委员会在中国人大网全文公布草案二次审议稿，征求社会公众意见，并就草案的有关问题同有关方面交换意见，共同研究。宪法和法律委员会于11月11日召开会议，根据委员长会议精神、常委会组成人员审议意见和各方面的意见，对草案进行了逐条审议。环境与资源保护委员会、司法部、自然资源部、水利部、国家林业和草原局有关负责同志列席了会议。11 月 30 日，宪法和法律委员会召开会议，再次进行了审议。宪法和法律委员会认为，为贯彻落实党中央决策部署，加强湿地保护和修复，制定本法是必要的，草案经过两次审议修改，已经比较成熟。同时，提出以下主要修改意见：

一、有的常委会组成人员和部门提出，承担湿地保护职责的部门应加强协作，形成工作合力，建议对此提出明确要求。宪法和法律委员会经研究，建议增加规定：国务院林业草原主管部门会同国务院自然资源、水行政、住房城乡建设、生态环境、农业农村等主管部门建立湿地保护协作和信息通报机制。

二、一些常委委员和部门建议，通过开展湿地保护日、湿地保护宣传周等宣传教育活动，加强社会监督等方式，鼓励社会各方面参与湿地保护。宪法和法律委员会经研究，建议增加以下规定：一是，各级人民政府通过湿地保护日、湿地保护宣传周等开展宣传教育活动，增强全社会湿地保护意识。二是，各级人民政府及其有关部门应当依法公开湿地保护相关信息，接受社会监督。

三、一些常委会组成人员建议，进一步明确湿地保护与合理利用的关系，充分发挥湿地多种功能。宪法和法律委员会经研究，建议增加规定：国家坚持生态优先、绿色发展，完善湿地保护制度，健全湿地保护政策支持和科技支撑机制，保障湿地生态功能和永续利用，实现生态效益、社会效益、经济效益相统一。

四、有的常委会组成人员和部门提出，泥炭沼泽湿地对生态环境极为重要和特殊，建议明确禁止开采泥炭，并加大对开采泥炭违法行为的处罚力度。宪法和法律委员会经研究，建议采纳上述意见，对相关条款予以修改完善。

五、有的常委会组成人员提出，对重要湿地的修复应加强管理和持续跟踪评估，保证修复效果。宪法和法律委员会经研究，建议增加规定：林业草原主管部门应当加强修复湿地后期管理和动态监测，并根据需要开展修复效果后期评估。

六、有的常委会组成人员建议，明确破坏湿地违法行为人确实无力修复时的政府责任，以及时修复被破坏湿地。宪法和法律委员会经研究，建议增加规定：违法行为人因被宣告破产等原因丧失修复能力的，由县级以上人民政府组织实施修复。

七、有的常委委员提出，我国湿地资源种类丰富，但情况差异较大，建议授权地方根据本地实际制定具体办法。宪法和法律委员会经研究，建议增加规定：省、自治区、直辖市可以根据本地实际，制定湿地保护具体办法。

此外，还对草案二次审议稿作了一些文字修改。

11 月 19 日，法制工作委员会召开会议，邀请部分全国人大代表、专家学者、地方湿地管理部门以及基层立法联系点等，就草案主要内容的可行性、法律出台时机、法律实施的社会效果和可能出现的问题等进行评估。普遍认为，草案贯彻落实党中央决策部署，坚持问题导向，从维护湿地生态系统整体性出发，建立健全湿地保护和修复制度，主要内容的针对性和可行性较强，建议尽快通过实施。与会人员还对草案提出了一些具体修改意见，有的意见已经采纳。

草案三次审议稿已按上述意见作了修改，宪法和法律委员会建议提请本次常委会会议审议通过。

草案三次审议稿和以上报告是否妥当，请审议。

# 全国人民代表大会宪法和法律委员会关于《中华人民共和国湿地保护法（草案三次审议稿）》修改意见的报告

——2021 年 12 月 24 日在第十三届全国人民代表大会常务委员会第三十二次会议上

全国人民代表大会常务委员会：

本次常委会会议于 12 月 21 日上午对湿地保护法草案三次审议稿进行了分组审议。普遍认为，草案已经比较成熟，建议进一步修改后，提请本次常委会会议表决通过。同时，有些常委会组成人员和列席人员还提出了一些修改意见和建议。宪法和法律委员会于 12 月 21 日晚召开会议，逐条研究了常委会组成人员和列席人员的审议意见，对草案进行了审议。环境与资源保护委员会、自然资源部、水利部、国家林业和草原局有关负责同志列席了会议。宪法和法律委员会认为，草案是可行的，同时，提出以下修改意见：

一、草案三次审议稿第七条中规定，新闻媒体应当开展湿地保护法律法规和湿地保护知识的宣传。有的意见建议将上述规定中的“宣传”修改为“公益宣传”。宪法和法律委员会经研究，建议采纳这一意见。

二、有的常委委员提出，当前，有的地方在城市建设中违规挖湖造景，对此应予明确禁止。宪法和法律委员会经研究，建议增加规定：禁止违法占用耕地等建设人工湿地。

三、草案三次审议稿第三十条中规定，禁止向湿地引进和放生外来物种。有的意见建议增加违反上述规定的法律责任。宪法和法律委员会经研究，建议增加规定：违反本法规定，向湿地引进或者放生外来物种的，依照《中华人民共和国生物安全法》等有关法律法规的规定处理、处罚。

经与有关部门研究，建议将本法的施行时间确定为2022年6月1日。

此外，根据常委会组成人员的审议意见，还对草案三次审议稿作了一些文字修改。

草案修改稿已按上述意见作了修改，宪法和法律委员会建议本次常委会会议审议通过。

草案修改稿和以上报告是否妥当，请审议。

# 中华人民共和国主席令

第一〇三号

《中华人民共和国科学技术进步法》已由中华人民共和国第十三届全国人民代表大会常务委员会第三十二次会议于2021年12月24日修订通过，现予公布，自2022年1月1日起施行。

中华人民共和国主席　习近平

2021年12月24日

# 中华人民共和国科学技术进步法

（1993年7月2日第八届全国人民代表大会常务委员会第二次会议通过　2007年12月29日第十届全国人民代表大会常务委员会第三十一次会议第一次修订　2021年12月24日第十三届全国人民代表大会常务委员会第三十二次会议第二次修订）

## 目　录



## 第一章　总　　则

**第一条**　为了全面促进科学技术进步，发挥科学技术第一生产力、创新第一动力、人才第一资源的作用，促进科技成果向现实生产力转化，推动科技创新支撑和引领经济社会发展，全面建设社会主义现代化国家，根据宪法，制定本法。

**第二条**　坚持中国共产党对科学技术事业的

全面领导。

国家坚持新发展理念，坚持科技创新在国家现代化建设全局中的核心地位，把科技自立自强作为国家发展的战略支撑，实施科教兴国战略、人才强国战略和创新驱动发展战略，走中国特色自主创新道路，建设科技强国。

**第三条** 科学技术进步工作应当面向世界科技前沿、面向经济主战场、面向国家重大需求、面向人民生命健康，为促进经济社会发展、维护国家安全和推动人类可持续发展服务。

国家鼓励科学技术研究开发，推动应用科学技术改造提升传统产业、发展高新技术产业和社会事业，支撑实现碳达峰碳中和目标，催生新发展动能，实现高质量发展。

**第四条** 国家完善高效、协同、开放的国家创新体系，统筹科技创新与制度创新，健全社会主义市场经济条件下新型举国体制，充分发挥市场配置创新资源的决定性作用，更好发挥政府作用，优化科技资源配置，提高资源利用效率，促进各类创新主体紧密合作、创新要素有序流动、创新生态持续优化，提升体系化能力和重点突破能力，增强创新体系整体效能。

国家构建和强化以国家实验室、国家科学技术研究开发机构、高水平研究型大学、科技领军企业为重要组成部分的国家战略科技力量，在关键领域和重点方向上发挥战略支撑引领作用和重大原始创新效能，服务国家重大战略需要。

**第五条** 国家统筹发展和安全，提高科技安全治理能力，健全预防和化解科技安全风险的制度机制，加强科学技术研究、开发与应用活动的安全管理，支持国家安全领域科技创新，增强科技创新支撑国家安全的能力和水平。

**第六条** 国家鼓励科学技术研究开发与高等教育、产业发展相结合，鼓励学科交叉融合和相互促进。

国家加强跨地区、跨行业和跨领域的科学技术合作，扶持革命老区、民族地区、边远地区、欠发达地区的科学技术进步。

国家加强军用与民用科学技术协调发展，促进军用与民用科学技术资源、技术开发需求的互通交流和技术双向转移，发展军民两用技术。

**第七条** 国家遵循科学技术活动服务国家目标与鼓励自由探索相结合的原则，超前部署重大基础研究、有重大产业应用前景的前沿技术研究和社会公益性技术研究，支持基础研究、前沿技术研究和社会公益性技术研究持续、稳定发展，加强原始创新和关键核心技术攻关，加快实现高水平科技自立自强。

**第八条** 国家保障开展科学技术研究开发的自由，鼓励科学探索和技术创新，保护科学技术人员自由探索等合法权益。

科学技术研究开发机构、高等学校、企业事业单位和公民有权自主选择课题，探索未知科学领域，从事基础研究、前沿技术研究和社会公益性技术研究。

**第九条** 学校及其他教育机构应当坚持理论联系实际，注重培养受教育者的独立思考能力、实践能力、创新能力和批判性思维，以及追求真理、崇尚创新、实事求是的科学精神。

国家发挥高等学校在科学技术研究中的重要作用，鼓励高等学校开展科学研究、技术开发和社会服务，培养具有社会责任感、创新精神和实践能力的高级专门人才。

**第十条** 科学技术人员是社会主义现代化建设事业的重要人才力量，应当受到全社会的尊重。

国家坚持人才引领发展的战略地位，深化人才发展体制机制改革，全方位培养、引进、用好人才，营造符合科技创新规律和人才成长规律的环境，充分发挥人才第一资源作用。

**第十一条** 国家营造有利于科技创新的社会环境，鼓励机关、群团组织、企业事业单位、社会组织和公民参与和支持科学技术进步活动。

全社会都应当尊重劳动、尊重知识、尊重人才、尊重创造，形成崇尚科学的风尚。

**第十二条** 国家发展科学技术普及事业，普及科学技术知识，加强科学技术普及基础设施和能力建设，提高全体公民特别是青少年的科学文化素质。

科学技术普及是全社会的共同责任。国家建立健全科学技术普及激励机制，鼓励科学技术研究开发机构、高等学校、企业事业单位、社会组织、科学技术人员等积极参与和支持科学技术普及活动。

**第十三条** 国家制定和实施知识产权战略，建立和完善知识产权制度，营造尊重知识产权的社会环境，保护知识产权，激励自主创新。

企业事业单位、社会组织和科学技术人员应当增强知识产权意识，增强自主创新能力，提高创造、运用、保护、管理和服务知识产权的能力，提高知识产权质量。

**第十四条** 国家建立和完善有利于创新的科学技术评价制度。

科学技术评价应当坚持公开、公平、公正的原则，以科技创新质量、贡献、绩效为导向，根据不同科学技术活动的特点，实行分类评价。

**第十五条** 国务院领导全国科学技术进步工作，制定中长期科学和技术发展规划、科技创新规划，确定国家科学技术重大项目、与科学技术密切相关的重大项目。中长期科学和技术发展规划、科技创新规划应当明确指导方针，发挥战略导向作用，引导和统筹科技发展布局、资源配置和政策制定。

县级以上人民政府应当将科学技术进步工作纳入国民经济和社会发展规划，保障科学技术进步与经济建设和社会发展相协调。

地方各级人民政府应当采取有效措施，加强对科学技术进步工作的组织和管理，优化科学技术发展环境，推进科学技术进步。

**第十六条** 国务院科学技术行政部门负责全国科学技术进步工作的宏观管理、统筹协调、服务保障和监督实施；国务院其他有关部门在各自的职责范围内，负责有关的科学技术进步工作。

县级以上地方人民政府科学技术行政部门负责本行政区域的科学技术进步工作；县级以上地方人民政府其他有关部门在各自的职责范围内，负责有关的科学技术进步工作。

**第十七条** 国家建立科学技术进步工作协调机制，研究科学技术进步工作中的重大问题，协调国家科学技术计划项目的设立及相互衔接，协调科学技术资源配置、科学技术研究开发机构的整合以及科学技术研究开发与高等教育、产业发展相结合等重大事项。

**第十八条** 每年 5 月 30 日为全国科技工作者日。

国家建立和完善科学技术奖励制度，设立国家最高科学技术奖等奖项，对在科学技术进步活动中做出重要贡献的组织和个人给予奖励。具体办法由国务院规定。

国家鼓励国内外的组织或者个人设立科学技术奖项，对科学技术进步活动中做出贡献的组织和个人给予奖励。

## 第二章 基础研究

**第十九条** 国家加强基础研究能力建设，尊重科学发展规律和人才成长规律，强化项目、人才、基地系统布局，为基础研究发展提供良好的物质条件和有力的制度保障。

国家加强规划和部署，推动基础研究自由探索和目标导向有机结合，围绕科学技术前沿、经济社会发展、国家安全重大需求和人民生命健康，聚焦重大关键技术问题，加强新兴和战略产业等领域基础研究，提升科学技术的源头供给能力。

国家鼓励科学技术研究开发机构、高等学校、企业等发挥自身优势，加强基础研究，推动原始创新。

**第二十条** 国家财政建立稳定支持基础研究的投入机制。

国家鼓励有条件的地方人民政府结合本地区经济社会发展需要，合理确定基础研究财政投入，加强对基础研究的支持。

国家引导企业加大基础研究投入，鼓励社会力量通过捐赠、设立基金等方式多渠道投入基础研究，给予财政、金融、税收等政策支持。

逐步提高基础研究经费在全社会科学技术研究开发经费总额中的比例，与创新型国家和科技强国建设要求相适应。

**第二十一条** 国家设立自然科学基金，资助基础研究，支持人才培养和团队建设。确定国家自然科学基金资助项目，应当坚持宏观引导、自主申请、平等竞争、同行评审、择优支持的原则。

有条件的地方人民政府结合本地区经济社会实际情况和发展需要，可以设立自然科学基金，支持基础研究。

**第二十二条** 国家完善学科布局和知识体系建设，推进学科交叉融合，促进基础研究与应用研究协调发展。

**第二十三条** 国家加大基础研究人才培养力度，强化对基础研究人才的稳定支持，提高基础研究人才队伍质量和水平。

国家建立满足基础研究需要的资源配置机制，建立与基础研究相适应的评价体系和激励机制，营造潜心基础研究的良好环境，鼓励和吸引优秀科学技术人员投身基础研究。

**第二十四条** 国家强化基础研究基地建设。

国家完善基础研究的基础条件建设，推进开放共享。

**第二十五条** 国家支持高等学校加强基础学科建设和基础研究人才培养，增强基础研究自主布局能力，推动高等学校基础研究高质量发展。

## 第三章 应用研究与成果转化

**第二十六条** 国家鼓励以应用研究带动基础

研究，促进基础研究与应用研究、成果转化融通发展。

国家完善共性基础技术供给体系，促进创新链产业链深度融合，保障产业链供应链安全。

**第二十七条** 国家建立和完善科研攻关协调机制，围绕经济社会发展、国家安全重大需求和人民生命健康，加强重点领域项目、人才、基地、资金一体化配置，推动产学研紧密合作，推动关键核心技术自主可控。

**第二十八条** 国家完善关键核心技术攻关举国体制，组织实施体现国家战略需求的科学技术重大任务，系统布局具有前瞻性、战略性的科学技术重大项目，超前部署关键核心技术研发。

**第二十九条** 国家加强面向产业发展需求的共性技术平台和科学技术研究开发机构建设，鼓励地方围绕发展需求建设应用研究科学技术研究开发机构。

国家鼓励科学技术研究开发机构、高等学校加强共性基础技术研究，鼓励以企业为主导，开展面向市场和产业化应用的研究开发活动。

**第三十条** 国家加强科技成果中试、工程化和产业化开发及应用，加快科技成果转化为现实生产力。

利用财政性资金设立的科学技术研究开发机构和高等学校，应当积极促进科技成果转化，加强技术转移机构和人才队伍建设，建立和完善促进科技成果转化制度。

**第三十一条** 国家鼓励企业、科学技术研究开发机构、高等学校和其他组织建立优势互补、分工明确、成果共享、风险共担的合作机制，按照市场机制联合组建研究开发平台、技术创新联盟、创新联合体等，协同推进研究开发与科技成果转化，提高科技成果转移转化成效。

**第三十二条** 利用财政性资金设立的科学技术计划项目所形成的科技成果，在不损害国家安全、国家利益和重大社会公共利益的前提下，授权项目承担者依法取得相关知识产权，项目承担者可以依法自行投资实施转化、向他人转让、联合他人共同实施转化、许可他人使用或者作价投资等。

项目承担者应当依法实施前款规定的知识产权，同时采取保护措施，并就实施和保护情况向项目管理机构提交年度报告；在合理期限内没有实施且无正当理由的，国家可以无偿实施，也可以许可他人有偿实施或者无偿实施。

项目承担者依法取得的本条第一款规定的知识产权，为了国家安全、国家利益和重大社会公共利益的需要，国家可以无偿实施，也可以许可他人有偿实施或者无偿实施。

项目承担者因实施本条第一款规定的知识产权所产生的利益分配，依照有关法律法规规定执行；法律法规没有规定的，按照约定执行。

**第三十三条** 国家实行以增加知识价值为导向的分配政策，按照国家有关规定推进知识产权归属和权益分配机制改革，探索赋予科学技术人员职务科技成果所有权或者长期使用权制度。

**第三十四条** 国家鼓励利用财政性资金设立的科学技术计划项目所形成的知识产权首先在境内使用。

前款规定的知识产权向境外的组织或者个人转让，或者许可境外的组织或者个人独占实施的，应当经项目管理机构批准；法律、行政法规对批准机构另有规定的，依照其规定。

**第三十五条** 国家鼓励新技术应用，按照包容审慎原则，推动开展新技术、新产品、新服务、新模式应用试验，为新技术、新产品应用创造条件。

**第三十六条** 国家鼓励和支持农业科学技术的应用研究，传播和普及农业科学技术知识，加快农业科技成果转化和产业化，促进农业科学技术进步，利用农业科学技术引领乡村振兴和农业农村现代化。

县级以上人民政府应当采取措施，支持公益性农业科学技术研究开发机构和农业技术推广机构进行农业新品种、新技术的研究开发、应用和推广。

地方各级人民政府应当鼓励和引导农业科学技术服务机构、科技特派员和农村群众性科学技术组织为种植业、林业、畜牧业、渔业等的发展提供科学技术服务，为农民提供科学技术培训和指导。

**第三十七条** 国家推动科学技术研究开发与产品、服务标准制定相结合，科学技术研究开发与产品设计、制造相结合；引导科学技术研究开发机构、高等学校、企业和社会组织共同推进国家重大技术创新产品、服务标准的研究、制定和依法采用，参与国际标准制定。

**第三十八条** 国家培育和发展统一开放、互联互通、竞争有序的技术市场，鼓励创办从事技术评估、技术经纪和创新创业服务等活动的中介服务机构，引导建立社会化、专业化、网络化、信息化和智能化的技术交易服务体系和创新创业服务体系，推动科技成果的应用和推广。

技术交易活动应当遵循自愿平等、互利有偿和诚实信用的原则。

## 第四章 企业科技创新

**第三十九条** 国家建立以企业为主体，以市场为导向，企业同科学技术研究开发机构、高等学校紧密合作的技术创新体系，引导和扶持企业技术创新活动，支持企业牵头国家科技攻关任务，发挥企业在技术创新中的主体作用，推动企业成为技术创新决策、科研投入、组织科研和成果转化的主体，促进各类创新要素向企业集聚，提高企业技术创新能力。

国家培育具有影响力和竞争力的科技领军企业，充分发挥科技领军企业的创新带动作用。

**第四十条** 国家鼓励企业开展下列活动：

（一）设立内部科学技术研究开发机构；

（二）同其他企业或者科学技术研究开发机构、高等学校开展合作研究，联合建立科学技术研究开发机构和平台，设立科技企业孵化机构和创新创业平台，或者以委托等方式开展科学技术研究开发；

（三）培养、吸引和使用科学技术人员；

（四）同科学技术研究开发机构、高等学校、职业院校或者培训机构联合培养专业技术人才和高技能人才，吸引高等学校毕业生到企业工作；

（五）设立博士后工作站或者流动站；

（六）结合技术创新和职工技能培训，开展科学技术普及活动，设立向公众开放的普及科学技术的场馆或者设施。

**第四十一条** 国家鼓励企业加强原始创新，开展技术合作与交流，增加研究开发和技术创新的投入，自主确立研究开发课题，开展技术创新活动。

国家鼓励企业对引进技术进行消化、吸收和再创新。

企业开发新技术、新产品、新工艺发生的研究开发费用可以按照国家有关规定，税前列支并加计扣除，企业科学技术研究开发仪器、设备可以加速折旧。

**第四十二条** 国家完善多层次资本市场，建立健全促进科技创新的机制，支持符合条件的科技型企业利用资本市场推动自身发展。

国家加强引导和政策扶持，多渠道拓宽创业投资资金来源，对企业的创业发展给予支持。

国家完善科技型企业上市融资制度，畅通科技型企业国内上市融资渠道，发挥资本市场服务科技创新的融资功能。

**第四十三条** 下列企业按照国家有关规定享受税收优惠：

（一）从事高新技术产品研究开发、生产的企业；

（二）科技型中小企业；

（三）投资初创科技型企业的创业投资企业；

（四）法律、行政法规规定的与科学技术进步有关的其他企业。

**第四十四条** 国家对公共研究开发平台和科学技术中介、创新创业服务机构的建设和运营给予支持。

公共研究开发平台和科学技术中介、创新创业服务机构应当为中小企业的技术创新提供服务。

**第四十五条** 国家保护企业研究开发所取得的知识产权。企业应当不断提高知识产权质量和效益，增强自主创新能力和市场竞争能力。

**第四十六条** 国有企业应当建立健全有利于技术创新的研究开发投入制度、分配制度和考核评价制度，完善激励约束机制。

国有企业负责人对企业的技术进步负责。对国有企业负责人的业绩考核，应当将企业的创新投入、创新能力建设、创新成效等情况纳入考核范围。

**第四十七条** 县级以上地方人民政府及其有关部门应当创造公平竞争的市场环境，推动企业技术进步。

国务院有关部门和省级人民政府应当通过制定产业、财政、金融、能源、环境保护和应对气候变化等政策，引导、促使企业研究开发新技术、新产品、新工艺，进行技术改造和设备更新，淘汰技术落后的设备、工艺，停止生产技术落后的产品。

## 第五章 科学技术研究开发机构

**第四十八条** 国家统筹规划科学技术研究开发机构布局，建立和完善科学技术研究开发体系。

国家在事关国家安全和经济社会发展全局的重大科技创新领域建设国家实验室，建立健全以国家实验室为引领、全国重点实验室为支撑的实验室体系，完善稳定支持机制。

利用财政性资金设立的科学技术研究开发机构，应当坚持以国家战略需求为导向，提供公共科技供给和应急科技支撑。

**第四十九条** 自然人、法人和非法人组织有权依法设立科学技术研究开发机构。境外的组织或者个人可以在中国境内依法独立设立科学技术研究开发机构，也可以与中国境内的组织或者个人联合设立科学技术研究开发机构。

从事基础研究、前沿技术研究、社会公益性技术研究的科学技术研究开发机构，可以利用财政性资金设立。利用财政性资金设立科学技术研究开发机构，应当优化配置，防止重复设置。

科学技术研究开发机构、高等学校可以设立博士后流动站或者工作站。科学技术研究开发机构可以依法在国外设立分支机构。

**第五十条**　科学技术研究开发机构享有下列权利：

（一）依法组织或者参加学术活动；

（二）按照国家有关规定，自主确定科学技术研究开发方向和项目，自主决定经费使用、机构设置、绩效考核及薪酬分配、职称评审、科技成果转化及收益分配、岗位设置、人员聘用及合理流动等内部管理事务；

（三）与其他科学技术研究开发机构、高等学校和企业联合开展科学技术研究开发、技术咨询、技术服务等活动；

（四）获得社会捐赠和资助；

（五）法律、行政法规规定的其他权利。

**第五十一条**　科学技术研究开发机构应当依法制定章程，按照章程规定的职能定位和业务范围开展科学技术研究开发活动；加强科研作风学风建设，建立和完善科研诚信、科技伦理管理制度，遵守科学研究活动管理规范；不得组织、参加、支持迷信活动。

利用财政性资金设立的科学技术研究开发机构开展科学技术研究开发活动，应当为国家目标和社会公共利益服务；有条件的，应当向公众开放普及科学技术的场馆或者设施，组织开展科学技术普及活动。

**第五十二条**　利用财政性资金设立的科学技术研究开发机构，应当建立职责明确、评价科学、开放有序、管理规范的现代院所制度，实行院长或者所长负责制，建立科学技术委员会咨询制和职工代表大会监督制等制度，并吸收外部专家参与管理、接受社会监督；院长或者所长的聘用引入竞争机制。

**第五十三条**　国家完善利用财政性资金设立的科学技术研究开发机构的评估制度，评估结果作为机构设立、支持、调整、终止的依据。

**第五十四条**　利用财政性资金设立的科学技术研究开发机构，应当建立健全科学技术资源开放共享机制，促进科学技术资源的有效利用。

国家鼓励社会力量设立的科学技术研究开发机构，在合理范围内实行科学技术资源开放共享。

**第五十五条**　国家鼓励企业和其他社会力量自行创办科学技术研究开发机构，保障其合法权益。

社会力量设立的科学技术研究开发机构有权按照国家有关规定，平等竞争和参与实施利用财政性资金设立的科学技术计划项目。

国家完善对社会力量设立的非营利性科学技术研究开发机构税收优惠制度。

**第五十六条**　国家支持发展新型研究开发机构等新型创新主体，完善投入主体多元化、管理制度现代化、运行机制市场化、用人机制灵活化的发展模式，引导新型创新主体聚焦科学研究、技术创新和研发服务。

## 第六章　科学技术人员

**第五十七条**　国家营造尊重人才、爱护人才的社会环境，公正平等、竞争择优的制度环境，待遇适当、保障有力的生活环境，为科学技术人员潜心科研创造良好条件。

国家采取多种措施，提高科学技术人员的社会地位，培养和造就专门的科学技术人才，保障科学技术人员投入科技创新和研究开发活动，充分发挥科学技术人员的作用。禁止以任何方式和手段不公正对待科学技术人员及其科技成果。

**第五十八条**　国家加快战略人才力量建设，优化科学技术人才队伍结构，完善战略科学家、科技领军人才等创新人才和团队的培养、发现、引进、使用、评价机制，实施人才梯队、科研条件、管理机制等配套政策。

**第五十九条**　国家完善创新人才教育培养机制，在基础教育中加强科学兴趣培养，在职业教育中加强技术技能人才培养，强化高等教育资源配置与科学技术领域创新人才培养的结合，加强完善战略性科学技术人才储备。

**第六十条**　各级人民政府、企业事业单位和社会组织应当采取措施，完善体现知识、技术等创新要素价值的收益分配机制，优化收入结构，建立工资稳定增长机制，提高科学技术人员的工资水平；对有突出贡献的科学技术人员给予优厚待遇和荣誉激励。

利用财政性资金设立的科学技术研究开发机

构和高等学校的科学技术人员，在履行岗位职责、完成本职工作、不发生利益冲突的前提下，经所在单位同意，可以从事兼职工作获得合法收入。技术开发、技术咨询、技术服务等活动的奖酬金提取，按照科技成果转化有关规定执行。

国家鼓励科学技术研究开发机构、高等学校、企业等采取股权、期权、分红等方式激励科学技术人员。

**第六十一条**　各级人民政府和企业事业单位应当保障科学技术人员接受继续教育的权利，并为科学技术人员的合理、畅通、有序流动创造环境和条件，发挥其专长。

**第六十二条**　科学技术人员可以根据其学术水平和业务能力选择工作单位、竞聘相应的岗位，取得相应的职务或者职称。

科学技术人员应当信守工作承诺，履行岗位责任，完成职务或者职称相应工作。

**第六十三条**　国家实行科学技术人员分类评价制度，对从事不同科学技术活动的人员实行不同的评价标准和方式，突出创新价值、能力、贡献导向，合理确定薪酬待遇、配置学术资源、设置评价周期，形成有利于科学技术人员潜心研究和创新的人才评价体系，激发科学技术人员创新活力。

**第六十四条**　科学技术行政等有关部门和企业事业单位应当完善科学技术人员管理制度，增强服务意识和保障能力，简化管理流程，避免重复性检查和评估，减轻科学技术人员项目申报、材料报送、经费报销等方面的负担，保障科学技术人员科研时间。

**第六十五条**　科学技术人员在艰苦、边远地区或者恶劣、危险环境中工作，所在单位应当按照国家有关规定给予补贴，提供其岗位或者工作场所应有的职业健康卫生保护和安全保障，为其接受继续教育、业务培训等提供便利条件。

**第六十六条**　青年科学技术人员、少数民族科学技术人员、女性科学技术人员等在竞聘专业技术职务、参与科学技术评价、承担科学技术研究开发项目、接受继续教育等方面享有平等权利。鼓励老年科学技术人员在科学技术进步中发挥积极作用。

各级人民政府和企业事业单位应当为青年科学技术人员成长创造环境和条件，鼓励青年科学技术人员在科技领域勇于探索、敢于尝试，充分发挥青年科学技术人员的作用。发现、培养和使用青年科学技术人员的情况，应当作为评价科学技术进步工作的重要内容。

各级人民政府和企业事业单位应当完善女性科学技术人员培养、评价和激励机制，关心孕哺期女性科学技术人员，鼓励和支持女性科学技术人员在科学技术进步中发挥更大作用。

**第六十七条**　科学技术人员应当大力弘扬爱国、创新、求实、奉献、协同、育人的科学家精神，坚守工匠精神，在各类科学技术活动中遵守学术和伦理规范，恪守职业道德，诚实守信；不得在科学技术活动中弄虚作假，不得参加、支持迷信活动。

**第六十八条**　国家鼓励科学技术人员自由探索、勇于承担风险，营造鼓励创新、宽容失败的良好氛围。原始记录等能够证明承担探索性强、风险高的科学技术研究开发项目的科学技术人员已经履行了勤勉尽责义务仍不能完成该项目的，予以免责。

**第六十九条**　科研诚信记录作为对科学技术人员聘任专业技术职务或者职称、审批科学技术人员申请科学技术研究开发项目、授予科学技术奖励等的重要依据。

**第七十条**　科学技术人员有依法创办或者参加科学技术社会团体的权利。

科学技术协会和科学技术社会团体按照章程在促进学术交流、推进学科建设、推动科技创新、开展科学技术普及活动、培养专门人才、开展咨询服务、加强科学技术人员自律和维护科学技术人员合法权益等方面发挥作用。

科学技术协会和科学技术社会团体的合法权益受法律保护。

## 第七章　区域科技创新

**第七十一条**　国家统筹科学技术资源区域空间布局，推动中央科学技术资源与地方发展需求紧密衔接，采取多种方式支持区域科技创新。

**第七十二条**　县级以上地方人民政府应当支持科学技术研究和应用，为促进科技成果转化创造条件，为推动区域创新发展提供良好的创新环境。

**第七十三条**　县级以上人民政府及其有关部门制定的与产业发展相关的科学技术计划，应当体现产业发展的需求。

县级以上人民政府及其有关部门确定科学技术计划项目，应当鼓励企业平等竞争和参与实施；对符合产业发展需求、具有明确市场应用前景的项目，应当鼓励企业联合科学技术研究开发机构、高等学校共同实施。

地方重大科学技术计划实施应当与国家科学

技术重大任务部署相衔接。

**第七十四条** 国务院可以根据需要批准建立国家高新技术产业开发区、国家自主创新示范区等科技园区，并对科技园区的建设、发展给予引导和扶持，使其形成特色和优势，发挥集聚和示范带动效应。

**第七十五条** 国家鼓励有条件的县级以上地方人民政府根据国家发展战略和地方发展需要，建设重大科技创新基地与平台，培育创新创业载体，打造区域科技创新高地。

国家支持有条件的地方建设科技创新中心和综合性科学中心，发挥辐射带动、深化创新改革和参与全球科技合作作用。

**第七十六条** 国家建立区域科技创新合作机制和协同互助机制，鼓励地方各级人民政府及其有关部门开展跨区域创新合作，促进各类创新要素合理流动和高效集聚。

**第七十七条** 国家重大战略区域可以依托区域创新平台，构建利益分享机制，促进人才、技术、资金等要素自由流动，推动科学仪器设备、科技基础设施、科学工程和科技信息资源等开放共享，提高科技成果区域转化效率。

**第七十八条** 国家鼓励地方积极探索区域科技创新模式，尊重区域科技创新集聚规律，因地制宜选择具有区域特色的科技创新发展路径。

## 第八章　国际科学技术合作

**第七十九条** 国家促进开放包容、互惠共享的国际科学技术合作与交流，支撑构建人类命运共同体。

**第八十条** 中华人民共和国政府发展同外国政府、国际组织之间的科学技术合作与交流。

国家鼓励科学技术研究开发机构、高等学校、科学技术社会团体、企业和科学技术人员等各类创新主体开展国际科学技术合作与交流，积极参与科学研究活动，促进国际科学技术资源开放流动，形成高水平的科技开放合作格局，推动世界科学技术进步。

**第八十一条** 国家鼓励企业事业单位、社会组织通过多种途径建设国际科技创新合作平台，提供国际科技创新合作服务。

鼓励企业事业单位、社会组织和科学技术人员参与和发起国际科学技术组织，增进国际科学技术合作与交流。

**第八十二条** 国家采取多种方式支持国内外优秀科学技术人才合作研发，应对人类面临的共同挑战，探索科学前沿。

国家支持科学技术研究开发机构、高等学校、企业和科学技术人员积极参与和发起组织实施国际大科学计划和大科学工程。

国家完善国际科学技术研究合作中的知识产权保护与科技伦理、安全审查机制。

**第八十三条** 国家扩大科学技术计划对外开放合作，鼓励在华外资企业、外籍科学技术人员等承担和参与科学技术计划项目，完善境外科学技术人员参与国家科学技术计划项目的机制。

**第八十四条** 国家完善相关社会服务和保障措施，鼓励在国外工作的科学技术人员回国，吸引外籍科学技术人员到中国从事科学技术研究开发工作。

科学技术研究开发机构及其他科学技术组织可以根据发展需要，聘用境外科学技术人员。利用财政性资金设立的科学技术研究开发机构、高等学校聘用境外科学技术人员从事科学技术研究开发工作的，应当为其工作和生活提供方便。

外籍杰出科学技术人员到中国从事科学技术研究开发工作的，按照国家有关规定，可以优先获得在华永久居留权或者取得中国国籍。

## 第九章　保障措施

**第八十五条** 国家加大财政性资金投入，并制定产业、金融、税收、政府采购等政策，鼓励、引导社会资金投入，推动全社会科学技术研究开发经费持续稳定增长。

**第八十六条** 国家逐步提高科学技术经费投入的总体水平；国家财政用于科学技术经费的增长幅度，应当高于国家财政经常性收入的增长幅度。全社会科学技术研究开发经费应当占国内生产总值适当的比例，并逐步提高。

**第八十七条** 财政性科学技术资金应当主要用于下列事项的投入：

（一）科学技术基础条件与设施建设；

（二）基础研究和前沿交叉学科研究；

（三）对经济建设和社会发展具有战略性、基础性、前瞻性作用的前沿技术研究、社会公益性技术研究和重大共性关键技术研究；

（四）重大共性关键技术应用和高新技术产业化示范；

（五）关系生态环境和人民生命健康的科学技术研究开发和成果的应用、推广；

（六）农业新品种、新技术的研究开发和农业科技成果的应用、推广；

（七）科学技术人员的培养、吸引和使用；

（八）科学技术普及。

对利用财政性资金设立的科学技术研究开发机构，国家在经费、实验手段等方面给予支持。

**第八十八条**　设立国家科学技术计划，应当按照国家需求，聚焦国家重大战略任务，遵循科学研究、技术创新和成果转化规律。

国家建立科学技术计划协调机制和绩效评估制度，加强专业化管理。

**第八十九条**　国家设立基金，资助中小企业开展技术创新，推动科技成果转化与应用。

国家在必要时可以设立支持基础研究、社会公益性技术研究、国际联合研究等方面的其他非营利性基金，资助科学技术进步活动。

**第九十条**　从事下列活动的，按照国家有关规定享受税收优惠：

（一）技术开发、技术转让、技术许可、技术咨询、技术服务；

（二）进口国内不能生产或者性能不能满足需要的科学研究、技术开发或者科学技术普及的用品；

（三）为实施国家重大科学技术专项、国家科学技术计划重大项目，进口国内不能生产的关键设备、原材料或者零部件；

（四）科学技术普及场馆、基地等开展面向公众开放的科学技术普及活动；

（五）捐赠资助开展科学技术活动；

（六）法律、国家有关规定规定的其他科学研究、技术开发与科学技术应用活动。

**第九十一条**　对境内自然人、法人和非法人组织的科技创新产品、服务，在功能、质量等指标能够满足政府采购需求的条件下，政府采购应当购买；首次投放市场的，政府采购应当率先购买，不得以商业业绩为由予以限制。

政府采购的产品尚待研究开发的，通过订购方式实施。采购人应当优先采用竞争性方式确定科学技术研究开发机构、高等学校或者企业进行研究开发，产品研发合格后按约定采购。

**第九十二条**　国家鼓励金融机构开展知识产权质押融资业务，鼓励和引导金融机构在信贷、投资等方面支持科学技术应用和高新技术产业发展，鼓励保险机构根据高新技术产业发展的需要开发保险品种，促进新技术应用。

**第九十三条**　国家遵循统筹规划、优化配置的原则，整合和设置国家科学技术研究实验基地。

国家鼓励设置综合性科学技术实验服务单位，为科学技术研究开发机构、高等学校、企业和科学技术人员提供或者委托他人提供科学技术实验服务。

**第九十四条**　国家根据科学技术进步的需要，按照统筹规划、突出共享、优化配置、综合集成、政府主导、多方共建的原则，统筹购置大型科学仪器、设备，并开展对以财政性资金为主购置的大型科学仪器、设备的联合评议工作。

**第九十五条**　国家加强学术期刊建设，完善科研论文和科学技术信息交流机制，推动开放科学的发展，促进科学技术交流和传播。

**第九十六条**　国家鼓励国内外的组织或者个人捐赠财产、设立科学技术基金，资助科学技术研究开发和科学技术普及。

**第九十七条**　利用财政性资金设立的科学技术研究开发机构、高等学校和企业，在推进科技管理改革、开展科学技术研究开发、实施科技成果转化活动过程中，相关负责人锐意创新探索，出现决策失误、偏差，但尽到合理注意义务和监督管理职责，未牟取非法利益的，免除其决策责任。

## 第十章　监督管理

**第九十八条**　国家加强科技法治化建设和科研作风学风建设，建立和完善科研诚信制度和科技监督体系，健全科技伦理治理体制，营造良好科技创新环境。

**第九十九条**　国家完善科学技术决策的规则和程序，建立规范的咨询和决策机制，推进决策的科学化、民主化和法治化。

国家改革完善重大科学技术决策咨询制度。制定科学技术发展规划和重大政策，确定科学技术重大项目、与科学技术密切相关的重大项目，应当充分听取科学技术人员的意见，发挥智库作用，扩大公众参与，开展科学评估，实行科学决策。

**第一百条**　国家加强财政性科学技术资金绩效管理，提高资金配置效率和使用效益。财政性科学技术资金的管理和使用情况，应当接受审计机关、财政部门的监督检查。

科学技术行政等有关部门应当加强对利用财政性资金设立的科学技术计划实施情况的监督，强化科研项目资金协调、评估、监管。

任何组织和个人不得虚报、冒领、贪污、挪用、截留财政性科学技术资金。

**第一百零一条** 国家建立科学技术计划项目分类管理机制，强化对项目实效的考核评价。利用财政性资金设立的科学技术计划项目，应当坚持问题导向、目标导向、需求导向进行立项，按照国家有关规定择优确定项目承担者。

国家建立科技管理信息系统，建立评审专家库，健全科学技术计划项目的专家评审制度和评审专家的遴选、回避、保密、问责制度。

**第一百零二条** 国务院科学技术行政部门应当会同国务院有关主管部门，建立科学技术研究基地、科学仪器设备等资产和科学技术文献、科学技术数据、科学技术自然资源、科学技术普及资源等科学技术资源的信息系统和资源库，及时向社会公布科学技术资源的分布、使用情况。

科学技术资源的管理单位应当向社会公布所管理的科学技术资源的共享使用制度和使用情况，并根据使用制度安排使用；法律、行政法规规定应当保密的，依照其规定。

科学技术资源的管理单位不得侵犯科学技术资源使用者的知识产权，并应当按照国家有关规定确定收费标准。管理单位和使用者之间的其他权利义务关系由双方约定。

**第一百零三条** 国家建立科技伦理委员会，完善科技伦理制度规范，加强科技伦理教育和研究，健全审查、评估、监管体系。

科学技术研究开发机构、高等学校、企业事业单位等应当履行科技伦理管理主体责任，按照国家有关规定建立健全科技伦理审查机制，对科学技术活动开展科技伦理审查。

**第一百零四条** 国家加强科研诚信建设，建立科学技术项目诚信档案及科研诚信管理信息系统，坚持预防与惩治并举、自律与监督并重，完善对失信行为的预防、调查、处理机制。

县级以上地方人民政府和相关行业主管部门采取各种措施加强科研诚信建设，企业事业单位和社会组织应当履行科研诚信管理的主体责任。

任何组织和个人不得虚构、伪造科研成果，不得发布、传播虚假科研成果，不得从事学术论文及其实验研究数据、科学技术计划项目申报验收材料等的买卖、代写、代投服务。

**第一百零五条** 国家建立健全科学技术统计调查制度和国家创新调查制度，掌握国家科学技术活动基本情况，监测和评价国家创新能力。

国家建立健全科技报告制度，财政性资金资助的科学技术计划项目的承担者应当按照规定及时提交报告。

**第一百零六条** 国家实行科学技术保密制度，加强科学技术保密能力建设，保护涉及国家安全和利益的科学技术秘密。

国家依法实行重要的生物种质资源、遗传资源、数据资源等科学技术资源和关键核心技术出境管理制度。

**第一百零七条** 禁止危害国家安全、损害社会公共利益、危害人体健康、违背科研诚信和科技伦理的科学技术研究开发和应用活动。

从事科学技术活动，应当遵守科学技术活动管理规范。对严重违反科学技术活动管理规范的组织和个人，由科学技术行政等有关部门记入科研诚信严重失信行为数据库。

## 第十一章　法律责任

**第一百零八条** 违反本法规定，科学技术行政等有关部门及其工作人员，以及其他依法履行公职的人员滥用职权、玩忽职守、徇私舞弊的，对直接负责的主管人员和其他直接责任人员依法给予处分。

**第一百零九条** 违反本法规定，滥用职权阻挠、限制、压制科学技术研究开发活动，或者利用职权打压、排挤、刁难科学技术人员的，对直接负责的主管人员和其他直接责任人员依法给予处分。

**第一百一十条** 违反本法规定，虚报、冒领、贪污、挪用、截留用于科学技术进步的财政性资金或者社会捐赠资金的，由有关主管部门责令改正，追回有关财政性资金，责令退还捐赠资金，给予警告或者通报批评，并可以暂停拨款，终止或者撤销相关科学技术活动；情节严重的，依法处以罚款，禁止一定期限内承担或者参与财政性资金支持的科学技术活动；对直接负责的主管人员和其他直接责任人员依法给予行政处罚和处分。

**第一百一十一条** 违反本法规定，利用财政性资金和国有资本购置大型科学仪器、设备后，不履行大型科学仪器、设备等科学技术资源共享使用义务的，由有关主管部门责令改正，给予警告或者通报批评，对直接负责的主管人员和其他直接责任人员依法给予处分。

**第一百一十二条** 违反本法规定，进行危害国家安全、损害社会公共利益、危害人体健康、违背科研诚信和科技伦理的科学技术研究开发和应用活动的，由科学技术人员所在单位或者有关主管部门责令改正；获得用于科学技术进步的财政性资金或者有违法所得的，由有关主管部门终止或者撤销相关科学技术活动，追回财政性资金，没收违法所得；情节严重的，由有关主管部门向社会公布其违法行为，依法给予行政处罚和处分，禁止一定期限内承担或者参与财政性资金支持的科学技术活动、申请相关科学技术活动行政许可；对直接负责的主管人员和其他直接责任人员依法给予行政处罚和处分。

违反本法规定，虚构、伪造科研成果，发布、传播虚假科研成果，或者从事学术论文及其实验研究数据、科学技术计划项目申报验收材料等的买卖、代写、代投服务的，由有关主管部门给予警告或者通报批评，处以罚款；有违法所得的，没收违法所得；情节严重的，吊销许可证件。

**第一百一十三条** 违反本法规定，从事科学技术活动违反科学技术活动管理规范的，由有关主管部门责令限期改正，并可以追回有关财政性资金，给予警告或者通报批评，暂停拨款、终止或者撤销相关财政性资金支持的科学技术活动；情节严重的，禁止一定期限内承担或者参与财政性资金支持的科学技术活动，取消一定期限内财政性资金支持的科学技术活动管理资格；对直接负责的主管人员和其他直接责任人员依法给予处分。

**第一百一十四条** 违反本法规定，骗取国家科学技术奖励的，由主管部门依法撤销奖励，追回奖章、证书和奖金等，并依法给予处分。

违反本法规定，提名单位或者个人提供虚假数据、材料，协助他人骗取国家科学技术奖励的，由主管部门给予通报批评；情节严重的，暂停或者取消其提名资格，并依法给予处分。

**第一百一十五条** 违反本法规定的行为，本法未作行政处罚规定，其他有关法律、行政法规有规定的，依照其规定；造成财产损失或者其他损害的，依法承担民事责任；构成违反治安管理行为的，依法给予治安管理处罚；构成犯罪的，依法追究刑事责任。

## 第十二章 附 则

**第一百一十六条** 涉及国防科学技术进步的其他有关事项，由国务院、中央军事委员会规定。

**第一百一十七条** 本法自2022年1月1日起施行。

# 关于《中华人民共和国科学技术进步法（修订草案）》的说明

——2021年8月17日在第十三届全国人民代表大会常务委员会第三十次会议上

全国人大教育科学文化卫生委员会主任委员 李学勇

全国人民代表大会常务委员会：

我受全国人大教育科学文化卫生委员会委托，就修订《中华人民共和国科学技术进步法》作说明。

## 一、修法的必要性和重要意义

（一）修改科技进步法是贯彻落实以习近平同志为核心的党中央关于科技创新决策部署的重要举措。党的十八大以来，习近平总书记高度重视科技创新工作，对实施创新驱动发展战略、加快科技创新提出一系列新思想新论断新要求。党中央把创新作为一项国策，作出一系列重大决策部署，推动我国科技进步和创新发展取得历史性成就。贯彻习近平总书记关于科技创新的重要论述，落实党中央重大决策部署，深入实施创新驱动发展战略，完善国家创新体系，依靠科技创新支撑引领经济社会发展，加快建设科技强国，需要跟进修改科技进步法，使党的主张成为国家意志和行动，以更好引领促进科技进步与创新发展。

（二）修改科技进步法是立足新发展阶段、贯彻新发展理念、构建新发展格局、推动高质量发展的客观要求。进入新时代新阶段，我国社会主要矛盾转化在科技进步领域的突出表现，是高质量发展需要与科技创新能力不足的矛盾。建设现代化经济体系、满足人民对美好生活的向往、构建新发展格局，都迫切需要科学技术提供有力支撑。通过修改科技进步法，进一步突出科技创新的战略地位，按照“面向世界科技前沿、面向经济主战场、面向国家重大需求、面向人民生命健康”战略方向，加强统筹科技创新体系建设、能力建设和制度建设，运用法治力量不断提高科技创新质量和效率，加快推动新阶段高质量发展。

（三）*修改科技进步法是应对百年变局、实现科技自立自强的迫切需要。*当今世界百年未有之大变局加速演进，国际环境错综复杂，新一轮科技革命和产业变革突飞猛进，科技创新成为国际战略博弈的主要战场，围绕科技制高点的竞争空前激烈，不稳定性不确定性明显增加，科技创新统筹发展和安全的双重功能越来越凸显。当前，我国经济社会、民生改善、国防建设面临许多需要解决的现实问题。科技领域在创新能力、资源配置、体制机制、科技生态和创新环境等方面与新形势新任务还存在不相适应的地方，原始创新能力迫切需要提升，一些关键核心技术受制于人，激励和保障科技创新创造的体制机制还需要进一步完善。修改科技进步法，就是要从提高自主创新能力、实现高水平科技自立自强上抓关键、补短板、强弱项，健全社会主义市场经济条件下新型举国体制，强化国家战略科技力量，集中力量攻克“卡脖子”技术瓶颈，以体制机制改革创新激发创新创造活力，加快推动我国从科技大国向科技强国的战略性转变。

（四）*修改科技进步法是在法治轨道上推进科技治理体系和治理能力现代化的有力保障。*1993年，八届全国人大常委会第二次会议通过了科技进步法。2007 年为适应当时国内外科技发展的形势变化作了重要修改。作为我国科技领域具有基本法性质的法律，科技进步法对保障和促进科学技术健康发展、推动科技创新为经济社会发展服务、提高全民科学素质、建设创新型国家发挥了重要作用。随着我国科技进步和创新发展面临的国内外环境的深刻变化，特别是实现我国全面建设社会主义现代化国家的奋斗目标，迫切需要与时俱进修改科技进步法，促进科技治理体系和治理能力有效提升，以更好适应新时代科技治理的新形势和新要求。

## 二、修法的总体要求和主要过程

坚持以习近平新时代中国特色社会主义思想为指导，全面贯彻党的十九大和十九届二中、三中、四中、五中全会精神，坚持把科技创新摆在国家发展全局的核心位置，把科技自立自强作为国家发展的战略支撑，聚焦“四个面向”，加快科技创新步伐，完善国家创新体系，深入实施创新驱动发展战略，为建设科技强国提供有力法治保障。

修法过程中，注重把握以下主要原则：一是坚持以党的创新理论为引领。把习近平总书记关于科技创新的重要论述贯穿于修法工作全过程，全面贯彻党中央决策部署，强化创新的核心地位。二是明确修法导向。坚持需求导向和问题导向，立足国家紧迫需要和长远需求，抓关键、补短板、强弱项，调整和完善相关法律制度。三是遵循科学规律。把握科技立法特点，遵循科学研究、创新发展、人才成长、成果转化等规律，建立完善激励保障机制。四是突出改革开放。把科技改革发展中的成功经验和做法上升为法律规范，激发科技创新主体活力，形成支持全面创新的基础制度。五是注重系统观念。处理好继承与创新、局部与整体、当前与长远的关系，做好相关法律法规的统筹衔接。

科技进步法修改是经党中央批准的十三届全国人大常委会立法规划的重要项目。栗战书委员长高度重视、作出重要指示，王晨副委员长主持召开座谈会听取意见、提出工作要求，艾力更·依明巴海、蔡达峰副委员长带队开展调研。2018 年 11月，全国人大教科文卫委牵头会同科技部等 15 个部门和单位组成修法工作领导小组，并成立起草工作小组，扎实有序推进修法工作。一是加强学习贯彻。认真学习贯彻习近平总书记关于科技创新的重要论述，跟进学习贯彻总书记最新重要讲话精神，全面学习贯彻党的十九届五中全会精神，使修法与“十四五”规划和 2035 年远景目标紧密衔接、同向同行。二是广泛听取意见。赴地方、科研院所、高校和企业开展实地调研，多次召开座谈会听取科技界、产业界、有关部门、地方人大和科技工作者的意见建议，认真办理全国人大代表的相关议案建议。本届全国人大常委会两次听取审议国务院关于实施创新驱动发展战略和科技进步法实施情况专项报告，近百位常委会组成人员对修法提出了很好的意见和建议。三是深入研究论证。认真梳理修法中的重要问题，专门赴中国科学院、中国工程院、中国科协、国家自然科学基金委和部分高校深入开展研讨交流，召开科技、经济、法律、人文和管理领域专家参加的研究论证会，聚焦重点问题，深入研究论证。同时，开展了对国内外科技创新政策法规的研究，为借鉴经验提供参考。四是密切协作沟通。草案起草过程中，与修法工作领导小组各成员单位多次沟通协调，与有关部门面对面深入交换意见。积极与全国人大宪法法律委、常委会法工委等加强联系沟通，他们前期介入发挥了重要作用。2021 年 3 月 30 日，全国人大教科文卫委召开第二十八次会议，审议通过了修订草案。4月1日，王晨副委员长主持召开中央深改委民主法制领域改革专项小组会议，听取了教科文卫委关于科技进步法修改情况的汇报。

## 三、修改的主要内容

本次科技进步法修改，在现行法律八章七十五条的基础上，对法律框架和内容作出部分调整，其中新增“基础研究”、“区域科技创新”、“国际科学技术合作”三章，共计十一章一百零六条。主要修改内容如下：

（一）进一步完善立法宗旨和指导方针

草案强调，坚持中国共产党对科学技术工作的全面领导，坚持新发展理念，坚持科技创新在国家现代化建设全局中的核心地位，坚持建设科技强国的战略目标，体现“四个面向”的战略要求，坚持统筹发展和安全。

（二）加强基础研究、提升原始创新能力

草案增加“基础研究”一章，主要包括：建立基础研究稳定支持的投入机制，提高基础研究经费在全社会研究开发经费总额中的比例，为基础研究发展提供良好的物质条件和有力的制度保障；围绕科学技术前沿、经济社会发展和国家安全重大需求，聚焦重大科学问题，提升科学技术的源头创新能力；鼓励科学技术研究开发机构、高等学校、企业等加强基础研究；完善学科和知识体系布局，支持基础研究基地建设等。

（三）强化国家战略科技力量

为更好发挥我国的制度优势，着力解决制约国家发展和安全的重大难题，草案明确，强化以国家实验室、国家科学技术研究开发机构、高水平研究型大学、科技领军企业为重要组成部分的国家战略科技力量，在事关国家安全和经济社会发展全局的重大科技创新领域设立国家实验室，完善稳定支持机制；推进科研院所、高校和企业科研力量优化配置和资源共享，形成体系化能力。

（四）推动关键核心技术攻关

为积极应对各种风险挑战和突破瓶颈制约，坚决打赢关键核心技术攻坚战，草案规定，完善社会主义市场经济条件下关键核心技术攻关新型举国体制；聚焦国家重大战略任务，推动关键核心技术攻关，实现自主可控；支持基础研究、前沿技术研究和社会公益性技术研究持续、稳定发展；建立和完善科研攻关协调机制，加强重点领域项目、基地、人才、资金一体化配置。

（五）完善和优化国家创新体系

草案规定，国家构建和完善高效、协同、开放的国家创新体系；充分发挥市场配置创新资源的决定性作用，更好发挥政府作用，促进各类创新主体紧密合作、创新要素充分有序流动；提升体系化能力和重点突破能力，增强创新体系整体效能；促进科学技术进步与经济社会发展相结合，建立和完善技术转移转化体系；建立以企业为主体、市场为导向、产学研相结合的技术创新体系。

（六）激发科学技术人员创新创造活力、加强创新人才教育培养

草案总则中，增加了科学技术人员应当受到全社会尊重的内容，强调创造有利的环境和条件，保障科学技术人员投入科技创新和研究开发活动。草案规定，国家采取多种措施提高科学技术人员的社会地位；建立健全创新人才教育培养机制，完善战略性科技人才储备；实行科学技术人员分类评价制度，突出创新价值、能力、贡献导向；促进科学技术人员的合理畅通有序流动；为青年科学技术人员成长创造环境和条件；鼓励老年科学技术人员在科学技术进步中发挥积极作用；规定每年5月30日为全国科技工作者日。

（七）优化区域创新布局

草案新增“区域科技创新”一章，主要包括：国家采取多种方式支持区域科技创新，县级以上地方各级人民政府应当支持科学技术研究和应用，为促进科技成果转化创造条件；发挥国家高新技术产业开发区、国家自主创新示范区等科技园区的集聚和示范带动效应；建设重大科技创新基地与平台，培育创新创业载体，打造区域科技创新高地；建立区域科技创新合作机制和协同互助机制等。

（八）扩大科学技术开放与合作

草案新增“国际科学技术合作”一章，主要包括：国家促进开放包容、互惠共享的国际科学技术合作与交流，促进国际科技资源开放流动，支持国内外优秀科技人才合作研发，扩大科学技术计划对外开放合作；鼓励在国外工作的科学技术人员回国，吸引外籍科学技术人员到中国从事科学技术研究开发工作，并完善相关社会服务和保障；多种途径建设国际科技创新合作平台。

（九）营造良好创新环境

为加强科研诚信和科技伦理制度建设，草案规定，国家加强科研作风学风建设，建立和完善科研诚信制度和科技监督体系，健全科技伦理治理体

制;科学技术研究开发机构应当建立和完善科研诚信、科技伦理管理制度;科学技术人员的科研诚信记录作为评聘、项目审批和奖励的依据;弘扬科学家精神和工匠精神;建立科技伦理委员会,健全审查、评估、监管体系;建立科技项目诚信档案及科研诚信管理信息系统,完善对科学技术活动违规行为的调查、处理机制;禁止危害国家安全、损害公共利益、危害人体健康、违背科研诚信和伦理道德的科学技术研究开发和应用活动,并完善相关法律责任。

为更好发挥科学技术普及对培育和提高全社会科学意识与科学素养的作用,草案规定,科学技术普及是全社会的共同任务,并对开展科学技术普及活动予以鼓励和支持。

为营造鼓励创新、宽容失败的良好氛围,草案对承担科学技术研究开发任务的科技人员和管理人员,在特定情况下予以免责作出了规定。

草案还对部分条款的顺序及文字作了调整修改。

草案及上述说明是否妥当,请审议。

# 全国人民代表大会宪法和法律委员会关于《中华人民共和国科学技术进步法(修订草案)》审议结果的报告

——2021年12月20日在第十三届全国人民代表大会常务委员会第三十二次会议上

全国人大宪法和法律委员会副主任委员　丛　斌

全国人民代表大会常务委员会:

常委会第三十次会议对科学技术进步法修订草案进行了初次审议。会后,法制工作委员会将修订草案印发中央和国家机关有关部门、部分省级和设区的市人大常委会、基层立法联系点、全国人大代表等征求意见;在中国人大网公布修订草案全文,征求社会公众意见;到海南、福建、浙江、上海调研,听取全国人大代表、地方有关部门、科研机构、高等学校、科技型企业等方面的意见;对常委会审议意见和各方面意见进行认真研究;还就修订草案主要问题与有关方面交换意见,共同研究。宪法和法律委员会于11月11日召开会议,根据委员长会议精神、常委会组成人员审议意见和各方面的意见,对修订草案进行了逐条审议。全国人大教育科学文化卫生委员会、科学技术部、司法部、财政部有关负责同志列席了会议。11月30日,宪法和法律委员会召开会议,再次进行了审议。宪法和法律委员会认为,为贯彻落实习近平总书记关于科技创新重要论述和党中央有关重大决策部署,全面促进科学技术进步,加快实现高水平科技自立自强,建设科技强国,修改科学技术进步法是必要的,修订草案经过审议修改,已经比较成熟。同时,提出以下主要修改意见:

一、贯彻落实习近平总书记对科学技术进步工作新的重要指示,宪法和法律委员会根据常委会组成人员的意见,建议增加规定:支撑实现碳达峰碳中和目标;中长期科学和技术发展规划、科技创新规划应当明确指导方针,发挥战略导向作用,引导和统筹科技发展布局、资源配置和政策制定;国家培育具有影响力和竞争力的科技领军企业,充分发挥科技领军企业的创新带动作用;建立健全以国家实验室为引领、国家重点实验室为支撑的实验室体系。

二、修订草案第七条中规定,超前部署和发展基础研究、前沿技术研究和社会公益性技术研究。有的常委会组成人员提出,超前部署的范围应当集中在重大基础研究、有重大产业应用前景的前沿技术研究和社会公益性技术研究。宪法和法律委员会经研究,建议采纳这一意见。

三、有的常委会组成人员和地方提出,基础研究是科技创新的源头,建议加大基础研究投入力度。宪法和法律委员会经研究,建议增加规定:县级以上地方人民政府合理确定基础研究财政投入;国家引导企业加大基础研究投入,鼓励社会力量通过捐赠、设立基金等方式多渠道投入基础研究;县级以上地方人民政府结合本地区经济社会实际情况和发展需要,可以设立自然科学基金,支持基础研究。

四、有的地方和社会公众建议,加大职务科技成果权属改革力度,促进科技成果转移转化。宪法和法律委员会经研究,建议增加规定:国家实行以增加知识价值为导向的分配政策,按照国家有关规定推进知识产权归属和权益分配机制改革，探索赋予科学技术人员职务科技成果所有权或者长期使用权制度。

五、有的地方和社会公众提出，“融资难”是科技型企业面临的突出难题，建议拓宽融资渠道，充分发挥资本市场促进科技创新的重要作用。宪法和法律委员会经研究，建议增加规定：国家完善科技型企业上市融资制度，畅通科技型企业国内上市融资渠道，发挥资本市场服务科技创新的融资功能。

六、有的常委委员、部门和地方建议，对新型创新主体作出规定，促进其健康有序发展。宪法和法律委员会经研究，建议增加规定：国家支持发展新型研究开发机构等新型创新主体，完善投入主体多元化、管理制度现代化、运行机制市场化、用人机制灵活化的发展模式，引导新型创新主体聚焦科学研究、技术创新和研发服务。

七、有的部门和社会公众提出，科技领军人才等战略人才对实现关键核心技术重大突破具有重要作用，建议对加强战略人才力量建设作出规定。宪法和法律委员会经研究，建议增加规定：国家加快战略人才力量建设，优化科学技术人才队伍结构，完善战略科学家、科技领军人才等创新人才和团队的培养、发现、使用、评价机制，实施人才梯队、科研条件、管理机制等配套政策。

八、修订草案第五十八条第二款中规定，技术开发、技术咨询、技术服务等活动的奖酬金提取，视同科学技术成果转化，依照法律规定办理。有的常委委员和部门建议上述规定与科技成果转化有关规定相衔接。宪法和法律委员会经研究，建议修改为：技术开发、技术咨询、技术服务等活动的奖酬金提取，按照科技成果转化有关规定执行。

九、有的常委委员和地方提出，人才是推动科技创新的关键力量，建议采取有效激励措施，调动广大科学技术人员的积极性。宪法和法律委员会经研究，建议增加规定：国家鼓励科学技术研究开发机构、高等学校、企业等采取股权、期权、分红等方式激励科学技术人员。

十、有的常委委员和社会公众建议，完善相关管理制度，减轻科学技术人员事务性负担，为科学技术人员潜心科研提供服务和保障。宪法和法律委员会经研究，建议增加规定：科学技术行政等有关部门和企业事业单位应当完善科学技术人员管理制度，增强服务意识和保障能力，简化管理流程，避免重复性检查，减轻科学技术人员项目申报、材料报送、经费报销等方面的负担，保障科学技术人员科研时间。

十一、有的常委会组成人员建议，充分重视女性科学技术人员在科学技术进步中的作用，给予女性科学技术人员更多的关切和支持。宪法和法律委员会经研究，建议增加规定：各级人民政府和企业事业单位应当完善女性科学技术人员培养、评价和激励机制，关心孕哺期女性科学技术人员，鼓励女性科学技术人员在科学技术进步中发挥更大作用。

十二、有的常委委员、部门和地方建议，鼓励地方结合国家重大战略和区域定位发挥自身优势，推动区域创新发展。宪法和法律委员会经研究，建议增加规定：国家重大战略区域可以依托区域创新平台，构建利益分享机制，促进人才、技术、资金等要素自由流动，推动科学仪器设备、科技基础设施、科学工程和科技信息资源等开放共享，提高科技成果区域转化效率；国家鼓励地方积极探索区域科技创新模式，尊重区域科技创新集聚规律，因地制宜选择具有区域特色的科技创新发展路径。

十三、有的常委委员和部门建议，对科技统计调查和科技报告制度作出规定，为科技决策提供依据。宪法和法律委员会经研究，建议增加规定：国家建立健全科学技术统计调查制度和国家创新调查制度，掌握国家科学技术活动基本情况，监测和评价国家创新能力；国家建立健全科技报告制度，财政性资金资助的科学技术计划项目的承担者应当按照规定及时提交报告。

十四、有的常委委员和地方提出，修订草案第九章“保障措施”中的禁止性和限制性规定不属于保障措施，建议作优化调整。宪法和法律委员会经研究，建议增加第十章“监督管理”，将修订草案第一章、第九章、第十章中有关具体监管制度的规定移至该章。

此外，还对修订草案作了一些文字修改。

11月26日，法制工作委员会召开会议，邀请部分全国人大代表、科学技术人员和科学技术研究开发机构、高等学校、科技型企业、技术交易市场代表，就修订草案主要制度规范的可行性、出台时机、实施的社会效果和可能出现的问题等进行评估。与会人员普遍认为，为应对百年变局、实现科技自立自强，修法正当其时，意义重大。修订草案贯彻落实以习近平同志为核心的党中央关于科技创新重大决策部署，在基础研究、应用研究与成果转化、区域科技创新、国际科学技术合作等方面增加系列规定。修订草案经过修改，内容更加丰富、措施更加完善，已经比较成熟，建议尽快审议通过。法律颁布实施后，将为全面促进科学技术进步、实现高质量发展提供有力法治保障。与会人员还对修订草案提出了一些具体修改意见，宪法和法律委员会进行了认真研究，对有的意见予以采纳。

修订草案二次审议稿已按上述意见作了修改，宪法和法律委员会建议提请本次常委会会议审议通过。

修订草案二次审议稿和以上报告是否妥当，请审议。

# 全国人民代表大会宪法和法律委员会关于《中华人民共和国科学技术进步法(修订草案二次审议稿)》修改意见的报告

——2021年12月24日在第十三届全国人民代表大会常务委员会第三十二次会议上

全国人民代表大会常务委员会：

本次常委会会议于12月21日上午对科学技术进步法修订草案二次审议稿进行了分组审议。普遍认为，修订草案已经比较成熟，建议进一步修改后，提请本次常委会会议表决通过。同时，有些常委会组成人员和列席人员还提出了一些修改意见和建议。宪法和法律委员会于12月21日晚召开会议，逐条研究了常委会组成人员和列席人员的审议意见，对修订草案进行了审议。教育科学文化卫生委员会、科学技术部有关负责同志列席了会议。宪法和法律委员会认为，修订草案是可行的，同时，提出以下修改意见：

一、有些常委会组成人员提出，保护人才、用好人才，为人才创造良好环境，是科学技术进步的重要前提，建议强化有关内容。宪法和法律委员会经研究，建议增加规定：一是，国家坚持人才引领发展的战略地位，深化人才发展体制机制改革，全方位培养、引进、用好人才，营造符合科技创新规律和人才成长规律的环境，充分发挥人才第一资源作用。二是，国家营造尊重人才、爱护人才的社会环境，公正平等、竞争择优的制度环境，待遇适当、保障有力的生活环境，为科学技术人员潜心科研创造良好条件。禁止以任何方式和手段不公正对待科学技术人员及其科技成果。三是，利用职权打压、排挤、刁难科学技术人员的，对直接负责的主管人员和其他直接责任人员依法给予处分。

二、修订草案二次审议稿第十七条第二款对科学技术奖励制度作了规定。有的常委委员提出，现有的国家最高科学技术奖等奖项对激励自主创新、激发人才活力、营造崇尚科学风尚发挥了重要作用，建议在法律中予以明确。宪法和法律委员会经研究，建议增加规定“设立国家最高科学技术奖等奖项”。

三、有的常委会组成人员提出，保障人民生命健康是科技创新的重要目标任务，建议在基础研究、应用研究与成果转化中增加相关规定。宪法和法律委员会经研究，建议采纳这一意见。

四、有些常委委员和列席人员提出，基础研究需要足够财力和人才，不宜普遍要求县级以上地方人民政府加强基础研究投入、设立自然科学基金，建议将有关条款中规定的“县级以上地方人民政府”修改为“有条件的地方人民政府”。宪法和法律委员会经研究，建议采纳这一意见。

五、有的常委委员提出，高等学校在基础研究人才培养、学科交叉融合等方面具有突出优势，应当强化高等学校在基础研究领域的重要作用。宪法和法律委员会经研究，建议增加规定：国家支持高等学校加强基础学科建设和基础研究人才培养，增强基础研究自主布局能力，推动高等学校基础研究高质量发展。

六、有的常委委员提出，应当充分保障科学技术人员权益，科学技术人员也应当诚实守信，恪尽职守。宪法和法律委员会经研究，建议增加规定：科学技术人员应当信守工作承诺，履行岗位责任，完成职务或者职称相应工作。

七、有的常委委员提出，科研单位应当按照中央关于加强科技伦理治理的要求，强化科技伦理日常监督管理，防范化解科技活动中的伦理风险。宪法和法律委员会经研究，建议增加规定：科学技术研究开发机构、高等学校、企业事业单位等应当履行科技伦理管理主体责任，按照国家有关规定建立健全科技伦理审查机制，对科学技术活动开展科技伦理审查。

经与有关方面研究，建议将修订后的科学技术进步法的施行时间确定为2022年1月1日。

此外,根据常委会组成人员的审议意见,还对修订草案二次审议稿作了一些文字修改。

修订草案修改稿已按上述意见作了修改,宪法和法律委员会建议本次常委会会议审议通过。

修订草案修改稿和以上报告是否妥当,请审议。

# 中华人民共和国主席令

## 第一〇四号

《中华人民共和国噪声污染防治法》已由中华人民共和国第十三届全国人民代表大会常务委员会第三十二次会议于2021年12月24日通过,现予公布,自2022年6月5日起施行。

中华人民共和国主席　习近平

2021年12月24日

# 中华人民共和国噪声污染防治法

(2021年12月24日第十三届全国人民代表大会常务委员会第三十二次会议通过)

## 目　　录



## 第一章　总　　则

**第一条**　为了防治噪声污染,保障公众健康,保护和改善生活环境,维护社会和谐,推进生态文明建设,促进经济社会可持续发展,制定本法。

**第二条**　本法所称噪声,是指在工业生产、建筑施工、交通运输和社会生活中产生的干扰周围生活环境的声音。

本法所称噪声污染,是指超过噪声排放标准或者未依法采取防控措施产生噪声,并干扰他人正常生活、工作和学习的现象。

**第三条**　噪声污染的防治,适用本法。

因从事本职生产经营工作受到噪声危害的防治,适用劳动保护等其他有关法律的规定。

**第四条**　噪声污染防治应当坚持统筹规划、源头防控、分类管理、社会共治、损害担责的原则。

**第五条**　县级以上人民政府应当将噪声污染防治工作纳入国民经济和社会发展规划、生态环境保护规划,将噪声污染防治工作经费纳入本级政府预算。

生态环境保护规划应当明确噪声污染防治目标、任务、保障措施等内容。

**第六条**　地方各级人民政府对本行政区域声环境质量负责,采取有效措施,改善声环境质量。

国家实行噪声污染防治目标责任制和考核评价制度,将噪声污染防治目标完成情况纳入考核评价内容。

**第七条**　县级以上地方人民政府应当依照本法和国务院的规定,明确有关部门的噪声污染防治监督管理职责,根据需要建立噪声污染防治工作协调联动机制,加强部门协同配合、信息共享,推进本行政区域噪声污染防治工作。

**第八条**　国务院生态环境主管部门对全国噪声污染防治实施统一监督管理。

地方人民政府生态环境主管部门对本行政区域噪声污染防治实施统一监督管理。

各级住房和城乡建设、公安、交通运输、铁路监督管理、民用航空、海事等部门,在各自职责范围内,对建筑施工、交通运输和社会生活噪声污染防治实施监督管理。

基层群众性自治组织应当协助地方人民政府及其有关部门做好噪声污染防治工作。

**第九条** 任何单位和个人都有保护声环境的义务,同时依法享有获取声环境信息、参与和监督噪声污染防治的权利。

排放噪声的单位和个人应当采取有效措施,防止、减轻噪声污染。

**第十条** 各级人民政府及其有关部门应当加强噪声污染防治法律法规和知识的宣传教育普及工作,增强公众噪声污染防治意识,引导公众依法参与噪声污染防治工作。

新闻媒体应当开展噪声污染防治法律法规和知识的公益宣传,对违反噪声污染防治法律法规的行为进行舆论监督。

国家鼓励基层群众性自治组织、社会组织、公共场所管理者、业主委员会、物业服务人、志愿者等开展噪声污染防治法律法规和知识的宣传。

**第十一条** 国家鼓励、支持噪声污染防治科学技术研究开发、成果转化和推广应用,加强噪声污染防治专业技术人才培养,促进噪声污染防治科学技术进步和产业发展。

**第十二条** 对在噪声污染防治工作中做出显著成绩的单位和个人,按照国家规定给予表彰、奖励。

## 第二章 噪声污染防治标准和规划

**第十三条** 国家推进噪声污染防治标准体系建设。

国务院生态环境主管部门和国务院其他有关部门,在各自职责范围内,制定和完善噪声污染防治相关标准,加强标准之间的衔接协调。

**第十四条** 国务院生态环境主管部门制定国家声环境质量标准。

县级以上地方人民政府根据国家声环境质量标准和国土空间规划以及用地现状,划定本行政区域各类声环境质量标准的适用区域;将以用于居住、科学研究、医疗卫生、文化教育、机关团体办公、社会福利等的建筑物为主的区域,划定为噪声敏感建筑物集中区域,加强噪声污染防治。

声环境质量标准适用区域范围和噪声敏感建筑物集中区域范围应当向社会公布。

**第十五条** 国务院生态环境主管部门根据国家声环境质量标准和国家经济、技术条件,制定国家噪声排放标准以及相关的环境振动控制标准。

省、自治区、直辖市人民政府对尚未制定国家噪声排放标准的,可以制定地方噪声排放标准;对已经制定国家噪声排放标准的,可以制定严于国家噪声排放标准的地方噪声排放标准。地方噪声排放标准应当报国务院生态环境主管部门备案。

**第十六条** 国务院标准化主管部门会同国务院发展改革、生态环境、工业和信息化、住房和城乡建设、交通运输、铁路监督管理、民用航空、海事等部门,对可能产生噪声污染的工业设备、施工机械、机动车、铁路机车车辆、城市轨道交通车辆、民用航空器、机动船舶、电气电子产品、建筑附属设备等产品,根据声环境保护的要求和国家经济、技术条件,在其技术规范或者产品质量标准中规定噪声限值。

前款规定的产品使用时产生噪声的限值,应当在有关技术文件中注明。禁止生产、进口或者销售不符合噪声限值的产品。

县级以上人民政府市场监督管理等部门对生产、销售的有噪声限值的产品进行监督抽查,对电梯等特种设备使用时发出的噪声进行监督抽测,生态环境主管部门予以配合。

**第十七条** 声环境质量标准、噪声排放标准和其他噪声污染防治相关标准应当定期评估,并根据评估结果适时修订。

**第十八条** 各级人民政府及其有关部门制定、修改国土空间规划和相关规划,应当依法进行环境影响评价,充分考虑城乡区域开发、改造和建设项目产生的噪声对周围生活环境的影响,统筹规划,合理安排土地用途和建设布局,防止、减轻噪声污染。有关环境影响篇章、说明或者报告书中应当包括噪声污染防治内容。

**第十九条** 确定建设布局,应当根据国家声环境质量标准和民用建筑隔声设计相关标准,合理划定建筑物与交通干线等的防噪声距离,并提出相应的规划设计要求。

**第二十条** 未达到国家声环境质量标准的区域所在的设区的市、县级人民政府,应当及时编制声环境质量改善规划及其实施方案,采取有效措施,改善声环境质量。

声环境质量改善规划及其实施方案应当向社会公开。

**第二十一条** 编制声环境质量改善规划及其实施方案,制定、修订噪声污染防治相关标准,应当征求有关行业协会、企业事业单位、专家和公众等的意见。

## 第三章　噪声污染防治的监督管理

**第二十二条**　排放噪声、产生振动,应当符合噪声排放标准以及相关的环境振动控制标准和有关法律、法规、规章的要求。

排放噪声的单位和公共场所管理者,应当建立噪声污染防治责任制度,明确负责人和相关人员的责任。

**第二十三条**　国务院生态环境主管部门负责制定噪声监测和评价规范,会同国务院有关部门组织声环境质量监测网络,规划国家声环境质量监测站(点)的设置,组织开展全国声环境质量监测,推进监测自动化,统一发布全国声环境质量状况信息。

地方人民政府生态环境主管部门会同有关部门按照规定设置本行政区域声环境质量监测站(点),组织开展本行政区域声环境质量监测,定期向社会公布声环境质量状况信息。

地方人民政府生态环境等部门应当加强对噪声敏感建筑物周边等重点区域噪声排放情况的调查、监测。

**第二十四条**　新建、改建、扩建可能产生噪声污染的建设项目,应当依法进行环境影响评价。

**第二十五条**　建设项目的噪声污染防治设施应当与主体工程同时设计、同时施工、同时投产使用。

建设项目在投入生产或者使用之前,建设单位应当依照有关法律法规的规定,对配套建设的噪声污染防治设施进行验收,编制验收报告,并向社会公开。未经验收或者验收不合格的,该建设项目不得投入生产或者使用。

**第二十六条**　建设噪声敏感建筑物,应当符合民用建筑隔声设计相关标准要求,不符合标准要求的,不得通过验收、交付使用;在交通干线两侧、工业企业周边等地方建设噪声敏感建筑物,还应当按照规定间隔一定距离,并采取减少振动、降低噪声的措施。

**第二十七条**　国家鼓励、支持低噪声工艺和设备的研究开发和推广应用,实行噪声污染严重的落后工艺和设备淘汰制度。

国务院发展改革部门会同国务院有关部门确定噪声污染严重的工艺和设备淘汰期限,并纳入国家综合性产业政策目录。

生产者、进口者、销售者或者使用者应当在规定期限内停止生产、进口、销售或者使用列入前款规定目录的设备。工艺的采用者应当在规定期限内停止采用列入前款规定目录的工艺。

**第二十八条**　对未完成声环境质量改善规划设定目标的地区以及噪声污染问题突出、群众反映强烈的地区,省级以上人民政府生态环境主管部门会同其他负有噪声污染防治监督管理职责的部门约谈该地区人民政府及其有关部门的主要负责人,要求其采取有效措施及时整改。约谈和整改情况应当向社会公开。

**第二十九条**　生态环境主管部门和其他负有噪声污染防治监督管理职责的部门,有权对排放噪声的单位或者场所进行现场检查。被检查者应当如实反映情况,提供必要的资料,不得拒绝或者阻挠。实施检查的部门、人员对现场检查中知悉的商业秘密应当保密。

检查人员进行现场检查,不得少于两人,并应当主动出示执法证件。

**第三十条**　排放噪声造成严重污染,被责令改正拒不改正的,生态环境主管部门或者其他负有噪声污染防治监督管理职责的部门,可以查封、扣押排放噪声的场所、设施、设备、工具和物品。

**第三十一条**　任何单位和个人都有权向生态环境主管部门或者其他负有噪声污染防治监督管理职责的部门举报造成噪声污染的行为。

生态环境主管部门和其他负有噪声污染防治监督管理职责的部门应当公布举报电话、电子邮箱等,方便公众举报。

接到举报的部门应当及时处理并对举报人的相关信息保密。举报事项属于其他部门职责的,接到举报的部门应当及时移送相关部门并告知举报人。举报人要求答复并提供有效联系方式的,处理举报事项的部门应当反馈处理结果等情况。

**第三十二条**　国家鼓励开展宁静小区、静音车厢等宁静区域创建活动,共同维护生活环境和谐安宁。

**第三十三条**　在举行中等学校招生考试、高等学校招生统一考试等特殊活动期间,地方人民政府或者其指定的部门可以对可能产生噪声影响的活动,作出时间和区域的限制性规定,并提前向社会公告。

## 第四章　工业噪声污染防治

**第三十四条**　本法所称工业噪声,是指在工业生产活动中产生的干扰周围生活环境的声音。

**第三十五条** 工业企业选址应当符合国土空间规划以及相关规划要求,县级以上地方人民政府应当按照规划要求优化工业企业布局,防止工业噪声污染。

在噪声敏感建筑物集中区域,禁止新建排放噪声的工业企业,改建、扩建工业企业的,应当采取有效措施防止工业噪声污染。

**第三十六条** 排放工业噪声的企业事业单位和其他生产经营者,应当采取有效措施,减少振动、降低噪声,依法取得排污许可证或者填报排污登记表。

实行排污许可管理的单位,不得无排污许可证排放工业噪声,并应当按照排污许可证的要求进行噪声污染防治。

**第三十七条** 设区的市级以上地方人民政府生态环境主管部门应当按照国务院生态环境主管部门的规定,根据噪声排放、声环境质量改善要求等情况,制定本行政区域噪声重点排污单位名录,向社会公开并适时更新。

**第三十八条** 实行排污许可管理的单位应当按照规定,对工业噪声开展自行监测,保存原始监测记录,向社会公开监测结果,对监测数据的真实性和准确性负责。

噪声重点排污单位应当按照国家规定,安装、使用、维护噪声自动监测设备,与生态环境主管部门的监控设备联网。

## 第五章 建筑施工噪声污染防治

**第三十九条** 本法所称建筑施工噪声,是指在建筑施工过程中产生的干扰周围生活环境的声音。

**第四十条** 建设单位应当按照规定将噪声污染防治费用列入工程造价,在施工合同中明确施工单位的噪声污染防治责任。

施工单位应当按照规定制定噪声污染防治实施方案,采取有效措施,减少振动、降低噪声。建设单位应当监督施工单位落实噪声污染防治实施方案。

**第四十一条** 在噪声敏感建筑物集中区域施工作业,应当优先使用低噪声施工工艺和设备。

国务院工业和信息化主管部门会同国务院生态环境、住房和城乡建设、市场监督管理等部门,公布低噪声施工设备指导名录并适时更新。

**第四十二条** 在噪声敏感建筑物集中区域施工作业,建设单位应当按照国家规定,设置噪声自动监测系统,与监督管理部门联网,保存原始监测记录,对监测数据的真实性和准确性负责。

**第四十三条** 在噪声敏感建筑物集中区域,禁止夜间进行产生噪声的建筑施工作业,但抢修、抢险施工作业,因生产工艺要求或者其他特殊需要必须连续施工作业的除外。

因特殊需要必须连续施工作业的,应当取得地方人民政府住房和城乡建设、生态环境主管部门或者地方人民政府指定的部门的证明,并在施工现场显著位置公示或者以其他方式公告附近居民。

## 第六章 交通运输噪声污染防治

**第四十四条** 本法所称交通运输噪声,是指机动车、铁路机车车辆、城市轨道交通车辆、机动船舶、航空器等交通运输工具在运行时产生的干扰周围生活环境的声音。

**第四十五条** 各级人民政府及其有关部门制定、修改国土空间规划和交通运输等相关规划,应当综合考虑公路、城市道路、铁路、城市轨道交通线路、水路、港口和民用机场及其起降航线对周围声环境的影响。

新建公路、铁路线路选线设计,应当尽量避开噪声敏感建筑物集中区域。

新建民用机场选址与噪声敏感建筑物集中区域的距离应当符合标准要求。

**第四十六条** 制定交通基础设施工程技术规范,应当明确噪声污染防治要求。

新建、改建、扩建经过噪声敏感建筑物集中区域的高速公路、城市高架、铁路和城市轨道交通线路等的,建设单位应当在可能造成噪声污染的重点路段设置声屏障或者采取其他减少振动、降低噪声的措施,符合有关交通基础设施工程技术规范以及标准要求。

建设单位违反前款规定的,由县级以上人民政府指定的部门责令制定、实施治理方案。

**第四十七条** 机动车的消声器和喇叭应当符合国家规定。禁止驾驶拆除或者损坏消声器、加装排气管等擅自改装的机动车以轰鸣、疾驶等方式造成噪声污染。

使用机动车音响器材,应当控制音量,防止噪声污染。

机动车应当加强维修和保养,保持性能良好,防止噪声污染。

**第四十八条**　机动车、铁路机车车辆、城市轨道交通车辆、机动船舶等交通运输工具运行时，应当按照规定使用喇叭等声响装置。

警车、消防救援车、工程救险车、救护车等机动车安装、使用警报器，应当符合国务院公安等部门的规定；非执行紧急任务，不得使用警报器。

**第四十九条**　地方人民政府生态环境主管部门会同公安机关根据声环境保护的需要，可以划定禁止机动车行驶和使用喇叭等声响装置的路段和时间，向社会公告，并由公安机关交通管理部门依法设置相关标志、标线。

**第五十条**　在车站、铁路站场、港口等地指挥作业时使用广播喇叭的，应当控制音量，减轻噪声污染。

**第五十一条**　公路养护管理单位、城市道路养护维修单位应当加强对公路、城市道路的维护和保养，保持减少振动、降低噪声设施正常运行。

城市轨道交通运营单位、铁路运输企业应当加强对城市轨道交通线路和城市轨道交通车辆、铁路线路和铁路机车车辆的维护和保养，保持减少振动、降低噪声设施正常运行，并按照国家规定进行监测，保存原始监测记录，对监测数据的真实性和准确性负责。

**第五十二条**　民用机场所在地人民政府，应当根据环境影响评价以及监测结果确定的民用航空器噪声对机场周围生活环境产生影响的范围和程度，划定噪声敏感建筑物禁止建设区域和限制建设区域，并实施控制。

在禁止建设区域禁止新建与航空无关的噪声敏感建筑物。

在限制建设区域确需建设噪声敏感建筑物的，建设单位应当对噪声敏感建筑物进行建筑隔声设计，符合民用建筑隔声设计相关标准要求。

**第五十三条**　民用航空器应当符合国务院民用航空主管部门规定的适航标准中的有关噪声要求。

**第五十四条**　民用机场管理机构负责机场起降航空器噪声的管理，会同航空运输企业、通用航空企业、空中交通管理部门等单位，采取低噪声飞行程序、起降跑道优化、运行架次和时段控制、高噪声航空器运行限制或者周围噪声敏感建筑物隔声降噪等措施，防止、减轻民用航空器噪声污染。

民用机场管理机构应当按照国家规定，对机场周围民用航空器噪声进行监测，保存原始监测记录，对监测数据的真实性和准确性负责，监测结果定期向民用航空、生态环境主管部门报送。

**第五十五条**　因公路、城市道路和城市轨道交通运行排放噪声造成严重污染的，设区的市、县级人民政府应当组织有关部门和其他有关单位对噪声污染情况进行调查评估和责任认定，制定噪声污染综合治理方案。

噪声污染责任单位应当按照噪声污染综合治理方案的要求采取管理或者工程措施，减轻噪声污染。

**第五十六条**　因铁路运行排放噪声造成严重污染的，铁路运输企业和设区的市、县级人民政府应当对噪声污染情况进行调查，制定噪声污染综合治理方案。

铁路运输企业和设区的市、县级人民政府有关部门和其他有关单位应当按照噪声污染综合治理方案的要求采取有效措施，减轻噪声污染。

**第五十七条**　因民用航空器起降排放噪声造成严重污染的，民用机场所在地人民政府应当组织有关部门和其他有关单位对噪声污染情况进行调查，综合考虑经济、技术和管理措施，制定噪声污染综合治理方案。

民用机场管理机构、地方各级人民政府和其他有关单位应当按照噪声污染综合治理方案的要求采取有效措施，减轻噪声污染。

**第五十八条**　制定噪声污染综合治理方案，应当征求有关专家和公众等的意见。

## 第七章　社会生活噪声污染防治

**第五十九条**　本法所称社会生活噪声，是指人为活动产生的除工业噪声、建筑施工噪声和交通运输噪声之外的干扰周围生活环境的声音。

**第六十条**　全社会应当增强噪声污染防治意识，自觉减少社会生活噪声排放，积极开展噪声污染防治活动，形成人人有责、人人参与、人人受益的良好噪声污染防治氛围，共同维护生活环境和谐安宁。

**第六十一条**　文化娱乐、体育、餐饮等场所的经营管理者应当采取有效措施，防止、减轻噪声污染。

**第六十二条**　使用空调器、冷却塔、水泵、油烟净化器、风机、发电机、变压器、锅炉、装卸设备等可能产生社会生活噪声污染的设备、设施的企业事业单位和其他经营管理者等，应当采取优化布局、集中排放等措施，防止、减轻噪声污染。

**第六十三条** 禁止在商业经营活动中使用高音广播喇叭或者采用其他持续反复发出高噪声的方法进行广告宣传。

对商业经营活动中产生的其他噪声，经营者应当采取有效措施，防止噪声污染。

**第六十四条** 禁止在噪声敏感建筑物集中区域使用高音广播喇叭，但紧急情况以及地方人民政府规定的特殊情形除外。

在街道、广场、公园等公共场所组织或者开展娱乐、健身等活动，应当遵守公共场所管理者有关活动区域、时段、音量等规定，采取有效措施，防止噪声污染；不得违反规定使用音响器材产生过大音量。

公共场所管理者应当合理规定娱乐、健身等活动的区域、时段、音量，可以采取设置噪声自动监测和显示设施等措施加强管理。

**第六十五条** 家庭及其成员应当培养形成减少噪声产生的良好习惯，乘坐公共交通工具、饲养宠物和其他日常活动尽量避免产生噪声对周围人员造成干扰，互谅互让解决噪声纠纷，共同维护声环境质量。

使用家用电器、乐器或者进行其他家庭场所活动，应当控制音量或者采取其他有效措施，防止噪声污染。

**第六十六条** 对已竣工交付使用的住宅楼、商铺、办公楼等建筑物进行室内装修活动，应当按照规定限定作业时间，采取有效措施，防止、减轻噪声污染。

**第六十七条** 新建居民住房的房地产开发经营者应当在销售场所公示住房可能受到噪声影响的情况以及采取或者拟采取的防治措施，并纳入买卖合同。

新建居民住房的房地产开发经营者应当在买卖合同中明确住房的共用设施设备位置和建筑隔声情况。

**第六十八条** 居民住宅区安装电梯、水泵、变压器等共用设施设备的，建设单位应当合理设置，采取减少振动、降低噪声的措施，符合民用建筑隔声设计相关标准要求。

已建成使用的居民住宅区电梯、水泵、变压器等共用设施设备由专业运营单位负责维护管理，符合民用建筑隔声设计相关标准要求。

**第六十九条** 基层群众性自治组织指导业主委员会、物业服务人、业主通过制定管理规约或者其他形式，约定本物业管理区域噪声污染防治要求，由业主共同遵守。

**第七十条** 对噪声敏感建筑物集中区域的社会生活噪声扰民行为，基层群众性自治组织、业主委员会、物业服务人应当及时劝阻、调解；劝阻、调解无效的，可以向负有社会生活噪声污染防治监督管理职责的部门或者地方人民政府指定的部门报告或者投诉，接到报告或者投诉的部门应当依法处理。

## 第八章　法律责任

**第七十一条** 违反本法规定，拒绝、阻挠监督检查，或者在接受监督检查时弄虚作假的，由生态环境主管部门或者其他负有噪声污染防治监督管理职责的部门责令改正，处二万元以上二十万元以下的罚款。

**第七十二条** 违反本法规定，生产、进口、销售超过噪声限值的产品的，由县级以上人民政府市场监督管理部门、海关按照职责责令改正，没收违法所得，并处货值金额一倍以上三倍以下的罚款；情节严重的，报经有批准权的人民政府批准，责令停业、关闭。

违反本法规定，生产、进口、销售、使用淘汰的设备，或者采用淘汰的工艺的，由县级以上人民政府指定的部门责令改正，没收违法所得，并处货值金额一倍以上三倍以下的罚款；情节严重的，报经有批准权的人民政府批准，责令停业、关闭。

**第七十三条** 违反本法规定，建设单位建设噪声敏感建筑物不符合民用建筑隔声设计相关标准要求的，由县级以上地方人民政府住房和城乡建设主管部门责令改正，处建设工程合同价款百分之二以上百分之四以下的罚款。

违反本法规定，建设单位在噪声敏感建筑物禁止建设区域新建与航空无关的噪声敏感建筑物的，由地方人民政府指定的部门责令停止违法行为，处建设工程合同价款百分之二以上百分之十以下的罚款，并报经有批准权的人民政府批准，责令拆除。

**第七十四条** 违反本法规定，在噪声敏感建筑物集中区域新建排放噪声的工业企业的，由生态环境主管部门责令停止违法行为，处十万元以上五十万元以下的罚款，并报经有批准权的人民政府批准，责令关闭。

违反本法规定，在噪声敏感建筑物集中区域改建、扩建工业企业，未采取有效措施防止工业噪声污染的，由生态环境主管部门责令改正，处十万元以上五十万元以下的罚款；拒不改正的，报经有批准权的人民政府批准，责令关闭。

**第七十五条** 违反本法规定，无排污许可证或者超过噪声排放标准排放工业噪声的，由生态环境主管部门责令改正或者限制生产、停产整治，并处二万元以上二十万元以下的罚款；情节严重的，报经有批准权的人民政府批准，责令停业、关闭。

**第七十六条** 违反本法规定，有下列行为之一，由生态环境主管部门责令改正，处二万元以上二十万元以下的罚款；拒不改正的，责令限制生产、停产整治：

（一）实行排污许可管理的单位未按照规定对工业噪声开展自行监测，未保存原始监测记录，或者未向社会公开监测结果的；

（二）噪声重点排污单位未按照国家规定安装、使用、维护噪声自动监测设备，或者未与生态环境主管部门的监控设备联网的。

**第七十七条** 违反本法规定，建设单位、施工单位有下列行为之一，由工程所在地人民政府指定的部门责令改正，处一万元以上十万元以下的罚款；拒不改正的，可以责令暂停施工：

（一）超过噪声排放标准排放建筑施工噪声的；

（二）未按照规定取得证明，在噪声敏感建筑物集中区域夜间进行产生噪声的建筑施工作业的。

**第七十八条** 违反本法规定，有下列行为之一，由工程所在地人民政府指定的部门责令改正，处五千元以上五万元以下的罚款；拒不改正的，处五万元以上二十万元以下的罚款：

（一）建设单位未按照规定将噪声污染防治费用列入工程造价的；

（二）施工单位未按照规定制定噪声污染防治实施方案，或者未采取有效措施减少振动、降低噪声的；

（三）在噪声敏感建筑物集中区域施工作业的建设单位未按照国家规定设置噪声自动监测系统，未与监督管理部门联网，或者未保存原始监测记录的；

（四）因特殊需要必须连续施工作业，建设单位未按照规定公告附近居民的。

**第七十九条** 违反本法规定，驾驶拆除或者损坏消声器、加装排气管等擅自改装的机动车轰鸣、疾驶，机动车运行时未按照规定使用声响装置，或者违反禁止机动车行驶和使用声响装置的路段和时间规定的，由县级以上地方人民政府公安机关交通管理部门依照有关道路交通安全的法律法规处罚。

违反本法规定，铁路机车车辆、城市轨道交通车辆、机动船舶等交通运输工具运行时未按照规定使用声响装置的，由交通运输、铁路监督管理、海事等部门或者地方人民政府指定的城市轨道交通有关部门按照职责责令改正，处五千元以上一万元以下的罚款。

**第八十条** 违反本法规定，有下列行为之一，由交通运输、铁路监督管理、民用航空等部门或者地方人民政府指定的城市道路、城市轨道交通有关部门，按照职责责令改正，处五千元以上五万元以下的罚款；拒不改正的，处五万元以上二十万元以下的罚款：

（一）公路养护管理单位、城市道路养护维修单位、城市轨道交通运营单位、铁路运输企业未履行维护和保养义务，未保持减少振动、降低噪声设施正常运行的；

（二）城市轨道交通运营单位、铁路运输企业未按照国家规定进行监测，或者未保存原始监测记录的；

（三）民用机场管理机构、航空运输企业、通用航空企业未采取措施防止、减轻民用航空器噪声污染的；

（四）民用机场管理机构未按照国家规定对机场周围民用航空器噪声进行监测，未保存原始监测记录，或者监测结果未定期报送的。

**第八十一条** 违反本法规定，有下列行为之一，由地方人民政府指定的部门责令改正，处五千元以上五万元以下的罚款；拒不改正的，处五万元以上二十万元以下的罚款，并可以报经有批准权的人民政府批准，责令停业：

（一）超过噪声排放标准排放社会生活噪声的；

（二）在商业经营活动中使用高音广播喇叭或者采用其他持续反复发出高噪声的方法进行广告宣传的；

（三）未对商业经营活动中产生的其他噪声采取有效措施造成噪声污染的。

**第八十二条** 违反本法规定，有下列行为之一，由地方人民政府指定的部门说服教育，责令改正；拒不改正的，给予警告，对个人可以处二百元以上一千元以下的罚款，对单位可以处二千元以上二万元以下的罚款：

（一）在噪声敏感建筑物集中区域使用高音广播喇叭的；

（二）在公共场所组织或者开展娱乐、健身等活动，未遵守公共场所管理者有关活动区域、时段、音量等规定，未采取有效措施造成噪声污染，或者违反规定使用音响器材产生过大音量的；

（三）对已竣工交付使用的建筑物进行室内装修活动，未按照规定在限定的作业时间内进行，或者未采取有效措施造成噪声污染的；

（四）其他违反法律规定造成社会生活噪声污染的。

**第八十三条** 违反本法规定，有下列行为之一，由县级以上地方人民政府房产管理部门责令改正，处一万元以上五万元以下的罚款；拒不改正的，责令暂停销售：

（一）新建居民住房的房地产开发经营者未在销售场所公示住房可能受到噪声影响的情况以及采取或者拟采取的防治措施，或者未纳入买卖合同的；

（二）新建居民住房的房地产开发经营者未在买卖合同中明确住房的共用设施设备位置或者建筑隔声情况的。

**第八十四条** 违反本法规定，有下列行为之一，由地方人民政府指定的部门责令改正，处五千元以上五万元以下的罚款；拒不改正的，处五万元以上二十万元以下的罚款：

（一）居民住宅区安装共用设施设备，设置不合理或者未采取减少振动、降低噪声的措施，不符合民用建筑隔声设计相关标准要求的；

（二）对已建成使用的居民住宅区共用设施设备，专业运营单位未进行维护管理，不符合民用建筑隔声设计相关标准要求的。

**第八十五条** 噪声污染防治监督管理人员滥用职权、玩忽职守、徇私舞弊的，由监察机关或者任免机关、单位依法给予处分。

**第八十六条** 受到噪声侵害的单位和个人，有权要求侵权人依法承担民事责任。

对赔偿责任和赔偿金额纠纷，可以根据当事人的请求，由相应的负有噪声污染防治监督管理职责的部门、人民调解委员会调解处理。

国家鼓励排放噪声的单位、个人和公共场所管理者与受到噪声侵害的单位和个人友好协商，通过调整生产经营时间、施工作业时间，采取减少振动、降低噪声措施，支付补偿金、异地安置等方式，妥善解决噪声纠纷。

**第八十七条** 违反本法规定，产生社会生活噪声，经劝阻、调解和处理未能制止，持续干扰他人正常生活、工作和学习，或者有其他扰乱公共秩序、妨害社会管理等违反治安管理行为的，由公安机关依法给予治安管理处罚。

违反本法规定，构成犯罪的，依法追究刑事责任。

## 第九章 附 则

**第八十八条** 本法中下列用语的含义：

（一）噪声排放，是指噪声源向周围生活环境辐射噪声；

（二）夜间，是指晚上十点至次日早晨六点之间的期间，设区的市级以上人民政府可以另行规定本行政区域夜间的起止时间，夜间时段长度为八小时；

（三）噪声敏感建筑物，是指用于居住、科学研究、医疗卫生、文化教育、机关团体办公、社会福利等需要保持安静的建筑物；

（四）交通干线，是指铁路、高速公路、一级公路、二级公路、城市快速路、城市主干路、城市次干路、城市轨道交通线路、内河高等级航道。

**第八十九条** 省、自治区、直辖市或者设区的市、自治州根据实际情况，制定本地方噪声污染防治具体办法。

**第九十条** 本法自 2022 年 6 月 5 日起施行。《中华人民共和国环境噪声污染防治法》同时废止。

# 关于修订《中华人民共和国环境噪声污染防治法》的说明

——2021 年 8 月 17 日在第十三届全国人民代表大会常务委员会第三十次会议上

全国人大环境与资源保护委员会主任委员 高虎城

全国人民代表大会常务委员会：

噪声污染与人民群众息息相关，越来越成为社会和广大人民群众关心的问题。全国人大常委会高度重视噪声污染问题，将环境噪声污染防治法修改列入十三届全国人大常委会立法规划的一类项目,由全国人大环资委牵头起草和提请审议。全国人大环资委成立了环境噪声污染防治法修改领导小组,制定法律修改工作方案,组建了有关单位参与的起草小组,委托国务院有关主管部门起草法律修改建议稿和相关章节内容,深入开展调查研究,广泛征求对法律修改的意见建议,就重点难点问题开展专题研究。根据各方面意见建议修改完善后,形成了《中华人民共和国噪声污染防治法(草案)》,于 2021 年 5 月 14 日经全国人大环资委第三十二次全体会议审议通过。现就有关情况说明如下:

## 一、法律修改的重要性和必要性

现行环境噪声污染防治法经第八届全国人大常委会第二十次会议于 1996 年 10 月 29 日通过,自 1997 年 3 月 1 日起施行,2018 年对个别条款作出修正。自实施以来,我国噪声污染防治法规标准体系不断完善,噪声污染防治措施取得积极成效。但是与 20 多年前相比,我国噪声污染防治的形势已发生了重大的变化,环境噪声污染防治法已不能适应新形势的要求,亟需修改完善。

(一)环境噪声污染防治法修改是落实习近平总书记重要指示和党中央决策部署的具体行动。习近平总书记多次强调要坚持以人民为中心,积极回应人民群众新要求新期待,强调坚持良好的生态环境是最普惠的民生福祉;坚持人与自然和谐共生,还自然以宁静、和谐、美丽;要求系统研究谋划和解决法治领域人民群众反映强烈的突出问题,不断增强人民群众获得感、幸福感、安全感,用法治保障人民安居乐业。“十四五”规划和二〇三五年远景目标纲要明确提出,要加强环境噪声污染治理。修改环境噪声污染防治法,是贯彻落实习近平总书记的重要指示精神和党中央一系列重大决策部署的具体行动。

(二)环境噪声污染防治法修改是不断满足人民群众日益增长的安宁和谐环境需要的务实举措。随着我国经济社会的发展,噪声污染防治状况也随之发生了重大改变,污染区域由城市扩展到了农村,高铁、城市轨道交通等新型噪声源不断出现,室外活动噪声、室内噪声污染也日益多发、多样。环保热线举报平台中噪声投诉长期居高不下,位居各污染要素的第 2 位,仅次于大气污染。从十届全国人大开始,全国人大代表就修改环境噪声污染防治法、加强噪声污染防治多次提出议案,表达了代表的意愿,也反映了人民的心声。修改环境噪声污染防治法,是呼应人民群众需求的务实举措。

(三)环境噪声污染防治法修改是推进生态环境治理体系和治理能力现代化的客观需要。随着近年生态环境法律的不断制定修改完善,不少新的环保制度得以建立,同时一些不合时宜的制度也相继淘汰,现行法律已不能适应噪声污染防治新形势、新任务的要求,主要表现在落实地方政府声环境质量改善责任不够,源头管控要求不够,落实噪声排放单位主体责任不足,噪声监管职责不清,监管范围有空白,与最新环保法律法规衔接不够,法律责任不完善等问题。修改环境噪声污染防治法,健全环境治理体系的薄弱环节,优先提升地方生态环境治理能力,既是当务之急,更是长远之策。

## 二、法律修改的指导思想和原则

环境噪声污染防治法修改的指导思想是,坚持以习近平新时代中国特色社会主义思想特别是习近平生态文明思想和习近平法治思想为指导,贯彻落实习近平总书记提出的积极回应人民群众新要求新期待、系统研究谋划和解决法治领域人民群众反映强烈的突出问题的要求,坚持以人民为中心,以问题为导向,分类防治噪声污染,以保护和改善生活环境,保障公众健康,推进生态文明建设。

环境噪声污染防治法修改遵循以下原则:一是加强源头防控。发挥规划、产品噪声限值及振动控制在噪声污染防治中的重要作用。二是聚焦突出问题。着力解决群众集中反映的问题。三是制度措施可行。充分研究论证,确保相关制度措施切实可行。四是总结成功经验。充分借鉴国内外相关法律法规和实践中成功的管理经验,推动达成共识,改善治理成效。五是提升治理能力。强化政府监督管理责任,明确各部门监管职责,落实噪声排放单位污染防治的主体责任,加强社会共治。

## 三、法律修改的主要内容

现行环境噪声污染防治法共八章 64 条。本次修订后共九章 84 条。主要修改内容包括以下几个方面:

(一)着眼于维护最广大人民群众的根本利益,增加防治对象、调整适用范围。针对群众反映突出的部分噪声污染行为在现行法律中仍存在监管空白的问题，草案增加了噪声污染的防治对象，扩大了法律适用范围：一是修改工业噪声定义，将工业噪声扩展到生产活动中产生的噪声；二是修改交通运输噪声定义，增加城市轨道交通运输噪声；三是扩展适用的地域范围，将工业噪声、建筑施工噪声、交通运输噪声和社会生活噪声仅适用于城市市区的规定，修改扩展至农村地区。

（二）着眼于满足人民群众对高质量公共服务的新需要，完善政府及其相关部门职责。针对当前地方政府对噪声污染治理重视程度不够的问题，草案完善政府及其相关部门的职责，一是规定县级以上人民政府应当将噪声污染防治工作纳入国民经济和社会发展规划；二是增加目标责任制和考核评价制度，将噪声污染防治目标完成情况纳入考核评价内容；三是要求未达到国家声环境质量标准的设区的市、县级人民政府及时编制声环境质量改善规划及实施方案，分阶段逐步改善声环境质量或者减轻、消除噪声影响；四是根据中央深化行政执法体制改革要求和地方有效实践，修改完善了执法主体。

（三）着眼于实现人民群众对美好生活的向往与追求，加强源头防控。源头防控是噪声污染防治最有效的方法之一。草案强化源头防控要求，一是完善产品噪声限值制度，对于可能产生噪声污染的工业设备、施工机械等产品，要求在其技术规范或者产品质量标准中规定噪声限值，并且对产品及其使用时发出的噪声进行监督抽测；二是增加规划防控要求，新增工业噪声、交通运输噪声规划控制要求条款；三是增加环境振动控制标准和措施要求，从源头上防治噪声污染。

（四）着眼于提高人民群众的满意度，针对突出问题、加强噪声分类管理。针对四类噪声管理中存在的突出问题，草案完善噪声管理措施。一是对于工业噪声，增加排污许可和自行监测条款，要求排放工业噪声的单位应当依法取得排污许可证或者填报排污登记表，按照要求开展自行监测。二是对于建筑施工噪声，新增优先使用低噪声施工设备和自动监测条款。三是对于交通运输噪声，严格新建交通项目和在已有交通干线两侧新建噪声敏感建筑物的标准要求，规定建设单位应当采取措施，符合相关标准；增加交通项目运营、养护机构职责，加强对车辆、线路和减少振动、降低噪声设施的维护；新增机场管理机构对机场起降航空器噪声的管理和监测规定；新增制定噪声污染治理方案的规定，减轻现有交通运输噪声污染。四是对于社会生活噪声，规定在公共场所开展娱乐、健身等活动的，应当遵守公共场所管理者有关活动区域和时段等规定；规定新建居民住房的房地产开发经营者应当公示所销售住房受到的噪声影响及采取或者拟采取的措施，明确所销售住房共用设施设备位置和建筑隔声情况；规定楼内共用设施设备设置应当符合民用建筑隔声设计相关标准要求，采取措施后应使居民住宅声环境质量符合相关标准要求。

（五）着眼于充分发挥公众参与治理的积极作用，强化社会共治。针对当前噪声污染涉及面广且投诉量大的问题，草案强化社会共治内容，一是新增环境教育和公众参与规定，鼓励社会各界开展噪声污染防治宣传教育和科学普及，增强公众噪声污染防治意识，引导公众依法参与噪声污染防治工作；二是新增宁静区域创建条款，鼓励开展宁静小区、静音车厢等宁静区域创建，共同维护生活环境和谐安宁；三是新增自治管理规定，要求居（村）民委员会等基层群众性自治组织指导业主委员会及其委托的管理单位、业主通过制定管理规约等形式，约定本物业管理区域内噪声污染防治的管理要求，由业主共同遵守。

（六）着眼于回应人民群众对公平正义的新期待，明确法律责任、加大处罚力度。针对现行法律未明确罚款幅度范围、相关处罚手段欠缺等问题，一是明确罚款额度，完善处罚机制；二是对排放噪声造成严重后果，被责令改正拒不执行的，规定相关监督管理部门可以采取查封扣押的强制措施；三是丰富处罚手段，对工业噪声和建筑施工噪声违法行为引入按日计罚等处罚手段。

此外，采纳了国务院有关主管部门、基层执法人员和有关专家的意见建议，删除原法名称中的“环境”二字，将《中华人民共和国环境噪声污染防治法》修改为《中华人民共和国噪声污染防治法》，一是更加明确法律规范对象仅限于人为噪声；二是与水、大气、土壤等污染防治法律名称中突出要素管理的表述保持体例上的一致；三是法律名称的修改不影响对噪声污染防治行为的严格要求。

《中华人民共和国噪声污染防治法（草案）》及以上说明是否妥当，请审议。

# 全国人民代表大会宪法和法律委员会关于《中华人民共和国噪声污染防治法(草案)》审议结果的报告

——2021 年 12 月 20 日在第十三届全国人民代表大会常务委员会第三十二次会议上

全国人大宪法和法律委员会副主任委员　江必新

全国人民代表大会常务委员会:

常委会第三十次会议对噪声污染防治法草案进行了初次审议。会后,法制工作委员会将草案印发全国人大代表、中央有关单位、部分省(区、市)和设区的市人大以及立法联系点征求意见;在中国人大网公布草案全文,征求社会公众意见。宪法和法律委员会、法制工作委员会多次召开座谈会,听取有关全国人大代表、中央有关部门、街道和社区、高等院校、专业机构和相关专家的意见;赴北京、重庆、四川进行调研,实地考察工业生产、建筑施工、交通运输、社会生活各类噪声污染防治情况;就草案中的主要问题与有关方面反复沟通协商、共同研究。宪法和法律委员会于 11 月 9 日召开会议,根据委员长会议精神、常委会组成人员审议意见和各方面的意见,对草案进行了逐条审议。环境与资源保护委员会、司法部、生态环境部有关负责同志列席了会议。11 月 30 日,宪法和法律委员会召开会议,再次进行了审议。宪法和法律委员会认为,为了防治噪声污染,保障公众健康,保护和改善生活环境,推进生态文明建设,制定噪声污染防治法是必要的,草案经过审议修改,已经比较成熟。同时,提出以下主要修改意见:

一、草案第二条第二款规定,噪声污染是指所产生的噪声超过国家或者地方规定的噪声排放标准,并干扰他人正常生活、工作和学习的现象。有些常委委员、代表、部门、地方、立法联系点、专家和社会公众提出,有些产生噪声的领域没有噪声排放标准,但对他人正常生活造成干扰,也应当纳入噪声污染的范围。宪法和法律委员会经研究,建议将“未依法采取防控措施”产生噪声干扰他人正常生活、工作和学习的现象界定为噪声污染。

二、草案第三条第二款规定,因从事本职生产、经营工作受到噪声危害的防治,不适用本法。有的常委会组成人员、单位建议明确职业活动中噪声危害防治的法律适用。宪法和法律委员会经研究,建议明确因从事本职生产经营工作受到噪声危害的防治,适用劳动保护等其他有关法律的规定。

三、有的常委委员、代表、部门、地方、立法联系点和社会公众提出,噪声污染防治涉及部门较多,既要各司其职,又要协同配合,建议进一步厘清部门职责,建立协调联动机制,形成防治合力。宪法和法律委员会经研究,建议作以下修改:一是增加规定,县级以上地方人民政府根据需要,建立噪声污染防治工作协调联动机制,加强部门协同配合、信息共享,推进本行政区域噪声污染防治工作。二是增加规定,基层群众性自治组织应当协助地方人民政府及其有关部门做好噪声污染防治工作。三是明确因特殊需要必须夜间施工作业的,应当取得“地方人民政府住房和城乡建设、生态环境主管部门或者地方人民政府指定的其他部门”的证明;明确由“地方人民政府生态环境主管部门会同公安机关”划定禁止机动车行驶和使用声响装置的路段和时间、“由公安机关交通管理部门依法设置相关标志、标线”;规定对噪声敏感建筑物集中区域的社会生活噪声扰民行为劝阻、调解无效的,可以向“负有社会生活噪声污染防治监督管理职责的部门或者地方人民政府指定的部门”报告;明确对建设单位建设噪声敏感建筑物不符合民用建筑隔声设计相关标准要求行为,由“县级以上地方人民政府住房和城乡建设主管部门”处罚。

四、有的代表、部门、专家和社会公众建议进一步完善规划和标准制度,强化源头预防。宪法和法律委员会经研究,建议作以下修改:一是增加规定,生态环境保护规划应当明确噪声污染防治目标、任务、保障措施等内容。二是增加规定,国家推进噪声污染防治标准体系建设;国务院生态环境主管部门和国务院其他有关部门,在各自职责范围内,制定和完善噪声污染防治相关标准,加强标准之间的衔接协调。三是要求制定、修改规划应当依法进行环境影响评价，有关环境影响篇章、说明或者报告书中应当包括噪声污染防治内容。四是规定建设噪声敏感建筑物应当符合民用建筑隔声设计相关标准要求，不符合标准要求的，不得通过验收、交付使用。

五、有的常委委员、代表、地方和社会公众建议进一步明确噪声排放具体要求，夯实企业主体责任，加强政府监督管理。宪法和法律委员会经研究，建议作以下修改：一是规定排放噪声、产生振动，应当符合噪声排放标准以及相关的环境振动控制标准和有关法律、法规、规章的要求；排放噪声的单位和公共场所管理者，应当建立噪声污染防治责任制度，明确负责人和相关人员的责任。二是要求地方人民政府生态环境等部门应当加强噪声排放情况的调查、监测。三是要求在噪声敏感建筑物集中区域施工作业的建设单位、城市轨道交通运营单位、铁路运输企业、民用机场管理机构对监测数据的真实性和准确性负责。

六、有的常委委员、代表、部门、地方、立法联系点和社会公众建议根据各类噪声污染的不同特征，有针对性地完善防治措施，解决突出问题。宪法和法律委员会经研究，建议作以下修改：一是规定实行排污许可管理的单位不得无排污许可证排放工业噪声。二是明确建设单位应当监督施工单位落实噪声污染防治实施方案。三是增加规定，全社会应当增强噪声污染防治意识，自觉减少社会生活噪声排放，积极开展噪声污染防治活动，形成人人有责、人人参与、人人受益的良好噪声污染防治氛围，共同维护生活环境和谐安宁。四是要求体育、餐饮等场所的经营管理者应当采取有效措施，防止、减轻噪声污染。五是增加规定，家庭及其成员应当培养形成减少噪声产生的良好习惯，生活中尽量避免产生噪声对周围人员造成干扰，互谅互让解决噪声纠纷，共同维护声环境质量。

七、有的常委委员、部门、地方、立法联系点和社会公众建议加强噪声污染防治信息公开，强化公众参与。宪法和法律委员会经研究，建议作以下修改：一是明确单位和个人依法享有获取声环境信息的权利。二是声环境质量标准适用区域范围和噪声敏感建筑物集中区域范围应当向社会公布。三是声环境质量改善规划实施方案应当向社会公开。四是编制声环境质量改善规划及其实施方案，制定、修订噪声污染防治相关标准，应当征求有关行业协会、企业事业单位、专家和公众等的意见。五是约谈的整改情况应当向社会公开。六是增加规定，制定噪声污染综合治理方案，应当征求有关专家和公众等的意见。

八、有的常委委员、部门、地方和社会公众建议加大对违法行为的惩处力度，优化处罚措施。宪法和法律委员会经研究，建议作以下修改：一是增加无排污许可证排放工业噪声行为的处罚。二是规定对超过噪声排放标准排放建筑施工噪声等违法行为，拒不改正的，可以责令暂停施工。三是加大对在噪声敏感建筑物集中区域使用高音广播喇叭等社会生活噪声违法行为的处罚，拒不改正的，对单位可以处二千元以上二万元以下的罚款。四是规定对一些社会生活噪声违法行为，先进行说服教育，责令改正，对拒不改正的予以处罚。

九、有的常委委员、部门、地方和立法联系点建议授权地方根据实际就噪声污染防治作出具体规定。宪法和法律委员会经研究，建议增加规定：省、自治区、直辖市或者设区的市、自治州根据实际情况，制定本地方噪声污染防治具体办法。

此外，还对草案在法律衔接和文字方面作了一些修改。

11月25日，法制工作委员会召开会议，邀请全国人大代表、执法部门、街道办事处、居民委员会、公共场所管理机构、物业服务企业、专家学者等就法律出台时机、草案中主要制度规范的可行性、实施的社会效果和可能出现的问题等进行评估。与会人员普遍认为，人民群众对美好生活的要求越来越高，社会各界希望通过立法维护和谐安宁的社会生活环境；噪声污染防治工作积累了很多好的经验和做法，需要及时上升为法律制度，出台噪声污染防治法契合人民群众期盼和现实需求，很有必要、正当其时。草案完善噪声污染概念内涵，明确噪声污染防治基本原则，理顺监管体制，完善监管措施，严格防控要求，积极回应社会关切，具有可行性、可操作性和一定的前瞻性。草案已经比较成熟，建议尽快审议通过。这部法律的颁布施行，将有利于解决噪声污染防治中的突出问题，切实改善声环境质量，满足人民对美好生活环境的需要。同时，与会人员还对草案提出了一些具体修改意见，宪法和法律委员会进行了认真研究，对有的意见予以采纳。

草案二次审议稿已按上述意见作了修改，宪法和法律委员会建议提请本次常委会会议审议通过。

草案二次审议稿和以上报告是否妥当，请审议。

# 全国人民代表大会宪法和法律委员会关于《中华人民共和国噪声污染防治法(草案二次审议稿)》修改意见的报告

——2021 年 12 月 24 日在第十三届全国人民代表大会常务委员会第三十二次会议上

全国人民代表大会常务委员会:

本次常委会会议于 12 月 21 日上午对噪声污染防治法草案二次审议稿进行了分组审议。普遍认为,草案已经比较成熟,建议进一步修改后,提请本次常委会会议表决通过。同时,有些常委会组成人员和列席人员还提出了一些修改意见和建议。宪法和法律委员会于 12 月 22 日下午召开会议,逐条研究了常委会组成人员和列席人员的审议意见,对草案进行了审议。环境与资源保护委员会、生态环境部有关负责同志列席了会议。宪法和法律委员会认为,草案是可行的,同时,提出以下修改意见:

一、有的常委会组成人员提出,本法的一个重要目的是消除噪声对群众生活的侵扰,促进社会和谐,建议在立法目的中予以体现。宪法和法律委员会经研究,建议在立法目的中增加“维护社会和谐”。

二、有的常委委员和列席人员提出,噪声污染防治工作涉及多个部门,地方人民政府应当及时明确指定的部门和相关的部门在噪声污染防治方面的具体职责,以利于法律实施。宪法和法律委员会经研究,建议规定县级以上地方人民政府“应当依照本法和国务院的规定,明确有关部门的噪声污染防治监督管理职责”。

三、有的常委委员建议加强噪声敏感建筑物周边区域噪声污染状况监测。宪法和法律委员会经研究,建议规定地方人民政府生态环境等部门应当加强对“噪声敏感建筑物周边等重点区域”噪声排放情况的调查、监测。

四、有的常委委员建议明确检查人员进行现场检查不得少于两人。宪法和法律委员会经研究,建议采纳这一意见。

五、有的常委委员和列席人员建议对使用机动车音响器材产生过大音量造成噪声污染、饲养宠物噪声扰民、乘坐公共交通工具产生噪声干扰他人的情形作出规定。宪法和法律委员会经研究,建议作以下修改:一是规定“使用机动车音响器材,应当控制音量,防止噪声污染。”二是规定“乘坐公共交通工具、饲养宠物和其他日常活动”应当尽量避免产生噪声对周围人员造成干扰。

六、有些常委委员提出,不服从劝阻、调解和处理,仍产生社会生活噪声严重干扰他人的,应给予治安管理处罚。宪法和法律委员会经研究,建议将有关规定合并修改为:违反本法规定,产生社会生活噪声,经劝阻、调解和处理未能制止,持续干扰他人正常生活、工作和学习,或者有其他扰乱公共秩序、妨害社会管理等违反治安管理行为的,由公安机关依法给予治安管理处罚。

在常委会审议中,有些常委会组成人员和列席人员还就加强部门执法配合、支持噪声污染防治科技研究、完善农村噪声污染防治措施、规定噪声污染公益诉讼等提出了一些好的意见和建议。宪法和法律委员会经研究认为,有的内容本法和相关法律已有规定,有的内容可在有关法规、规章中予以细化。有的常委会组成人员还建议抓紧制定相关配套规定,加大法律宣传力度。宪法和法律委员会建议国务院及其有关部门、有关地方尽快制定相关规定,扎实做好法律宣传工作,切实保障法律贯彻实施。

经与有关部门研究,建议将本法的施行时间确定为 2022 年 6 月 5 日。

此外,根据常委会组成人员的审议意见,还对草案二次审议稿作了一些文字修改。

草案修改稿已按上述意见作了修改,宪法和法律委员会建议本次常委会会议审议通过。

草案修改稿和以上报告是否妥当,请审议。

# 中华人民共和国主席令

## 第一〇五号

《全国人民代表大会常务委员会关于修改〈中华人民共和国种子法〉的决定》已由中华人民共和国第十三届全国人民代表大会常务委员会第三十二次会议于2021年12月24日通过，现予公布，自2022年3月1日起施行。

中华人民共和国主席　习近平

2021年12月24日

# 全国人民代表大会常务委员会关于修改《中华人民共和国种子法》的决定

（2021年12月24日第十三届全国人民代表大会常务委员会第三十二次会议通过）

第十三届全国人民代表大会常务委员会第三十二次会议决定对《中华人民共和国种子法》作如下修改：

一、将第一条修改为："为了保护和合理利用种质资源，规范品种选育、种子生产经营和管理行为，加强种业科学技术研究，鼓励育种创新，保护植物新品种权，维护种子生产经营者、使用者的合法权益，提高种子质量，发展现代种业，保障国家粮食安全，促进农业和林业的发展，制定本法。"

二、在第九条中的"国家有计划地普查、收集、整理、鉴定、登记、保存、交流和利用种质资源"后增加"重点收集珍稀、濒危、特有资源和特色地方品种"。

三、将第十一条第一款修改为："国家对种质资源享有主权。任何单位和个人向境外提供种质资源，或者与境外机构、个人开展合作研究利用种质资源的，应当报国务院农业农村、林业草原主管部门批准，并同时提交国家共享惠益的方案。国务院农业农村、林业草原主管部门可以委托省、自治区、直辖市人民政府农业农村、林业草原主管部门接收申请材料。国务院农业农村、林业草原主管部门应当将批准情况通报国务院生态环境主管部门。"

**四**、将第十二条第一款、第二款修改为："国家支持科研院所及高等院校重点开展育种的基础性、前沿性和应用技术研究以及生物育种技术研究，支持常规作物、主要造林树种育种和无性繁殖材料选育等公益性研究。

"国家鼓励种子企业充分利用公益性研究成果，培育具有自主知识产权的优良品种；鼓励种子企业与科研院所及高等院校构建技术研发平台，开展主要粮食作物、重要经济作物育种攻关，建立以市场为导向、利益共享、风险共担的产学研相结合的种业技术创新体系。"

五、将第二十八条修改为："植物新品种权所有人对其授权品种享有排他的独占权。植物新品种权所有人可以将植物新品种权许可他人实施，并按照合同约定收取许可使用费；许可使用费可以采取固定价款、从推广收益中提成等方式收取。

"任何单位或者个人未经植物新品种权所有人许可，不得生产、繁殖和为繁殖而进行处理、许诺销售、销售、进口、出口以及为实施上述行为储存该授权品种的繁殖材料，不得为商业目的将该授权品种的繁殖材料重复使用于生产另一品种的繁殖材料。本法、有关法律、行政法规另有规定的除外。

"实施前款规定的行为，涉及由未经许可使用授权品种的繁殖材料而获得的收获材料的，应当得到植物新品种权所有人的许可；但是，植物新品种权所有人对繁殖材料已有合理机会行使其权利的除外。

"对实质性派生品种实施第二款、第三款规定行为的，应当征得原始品种的植物新品种权所有人的同意。

“实质性派生品种制度的实施步骤和办法由国务院规定。”

**六**、将第三十一条第一款、第二款修改为:“从事种子进出口业务的种子生产经营许可证,由国务院农业农村、林业草原主管部门核发。国务院农业农村、林业草原主管部门可以委托省、自治区、直辖市人民政府农业农村、林业草原主管部门接收申请材料。

“从事主要农作物杂交种子及其亲本种子、林木良种繁殖材料生产经营的,以及符合国务院农业农村主管部门规定条件的实行选育生产经营相结合的农作物种子企业的种子生产经营许可证,由省、自治区、直辖市人民政府农业农村、林业草原主管部门核发。”

**七**、将第三十四条修改为:“种子生产应当执行种子生产技术规程和种子检验、检疫规程,保证种子符合净度、纯度、发芽率等质量要求和检疫要求。

“县级以上人民政府农业农村、林业草原主管部门应当指导、支持种子生产经营者采用先进的种子生产技术,改进生产工艺,提高种子质量。”

**八**、删去第三十九条。

**九**、将第五十三条改为第五十二条,删去其中的“林木种子应当经用种地省、自治区、直辖市人民政府批准”。

**十**、将第五十八条改为第五十七条,修改为:“从事种子进出口业务的,应当具备种子生产经营许可证;其中,从事农作物种子进出口业务的,还应当按照国家有关规定取得种子进出口许可。

“从境外引进农作物、林木种子的审定权限,农作物种子的进口审批办法,引进转基因植物品种的管理办法,由国务院规定。”

**十一**、将第六十四条改为第六十三条,修改为:“国家加强种业公益性基础设施建设,保障育种科研设施用地合理需求。

“对优势种子繁育基地内的耕地,划入永久基本农田。优势种子繁育基地由国务院农业农村主管部门商所在省、自治区、直辖市人民政府确定。”

**十二**、将第七十三条改为第七十二条,将第三款修改为:“侵犯植物新品种权的赔偿数额按照权利人因被侵权所受到的实际损失确定;实际损失难以确定的,可以按照侵权人因侵权所获得的利益确定。权利人的损失或者侵权人获得的利益难以确定的,可以参照该植物新品种权许可使用费的倍数合理确定。故意侵犯植物新品种权,情节严重的,可以在按照上述方法确定数额的一倍以上五倍以下确定赔偿数额。”

将第四款中的“三百万元”修改为“五百万元”。

增加一款,作为第五款:“赔偿数额应当包括权利人为制止侵权行为所支付的合理开支。”

**十三**、将第七十五条改为第七十四条,将第一款中的“一万元”修改为“二万元”,“十万元”修改为“二十万元”。

**十四**、将第七十六条改为第七十五条,将第一款中的“一万元”修改为“二万元”,“五千元”修改为“一万元”,“五万元”修改为“十万元”。

**十五**、将第七十七条改为第七十六条,在第一款中的“第三十三条”后增加“第三十四条”。

第一款增加两项,作为第五项、第六项:“(五)不再具有繁殖种子的隔离和培育条件,或者不再具有无检疫性有害生物的种子生产地点或者县级以上人民政府林业草原主管部门确定的采种林,继续从事种子生产的;

“(六)未执行种子检验、检疫规程生产种子的。”

**十六**、删去第八十四条。

**十七**、将第九十二条改为第九十条,增加一项,作为第十项:“(十)实质性派生品种是指由原始品种实质性派生,或者由该原始品种的实质性派生品种派生出来的品种,与原始品种有明显区别,并且除派生引起的性状差异外,在表达由原始品种基因型或者基因型组合产生的基本性状方面与原始品种相同。”

**十八**、将第九十三条改为第九十一条,增加一款,作为第一款:“国家加强中药材种质资源保护,支持开展中药材育种科学技术研究。”

**十九**、将本法中的“农业主管部门”修改为“农业农村主管部门”,“林业主管部门”修改为“林业草原主管部门”,“农业、林业主管部门”修改为“农业农村、林业草原主管部门”。

本决定自2022年3月1日起施行。

《中华人民共和国种子法》根据本决定作相应修改并对条文顺序作相应调整,重新公布。

# 中华人民共和国种子法

（2000 年 7 月 8 日第九届全国人民代表大会常务委员会第十六次会议通过　根据 2004 年 8 月 28 日第十届全国人民代表大会常务委员会第十一次会议《关于修改〈中华人民共和国种子法〉的决定》第一次修正　根据 2013 年 6 月 29 日第十二届全国人民代表大会常务委员会第三次会议《关于修改〈中华人民共和国文物保护法〉等十二部法律的决定》第二次修正　2015 年 11 月 4 日第十二届全国人民代表大会常务委员会第十七次会议修订　根据 2021 年 12 月 24 日第十三届全国人民代表大会常务委员会第三十二次会议《关于修改〈中华人民共和国种子法〉的决定》第三次修正）

## 目　录



## 第一章　总　　则

**第一条**　为了保护和合理利用种质资源，规范品种选育、种子生产经营和管理行为，加强种业科学技术研究，鼓励育种创新，保护植物新品种权，维护种子生产经营者、使用者的合法权益，提高种子质量，发展现代种业，保障国家粮食安全，促进农业和林业的发展，制定本法。

**第二条**　在中华人民共和国境内从事品种选育、种子生产经营和管理等活动，适用本法。

本法所称种子，是指农作物和林木的种植材料或者繁殖材料，包括籽粒、果实、根、茎、苗、芽、叶、花等。

**第三条**　国务院农业农村、林业草原主管部门分别主管全国农作物种子和林木种子工作；县级以上地方人民政府农业农村、林业草原主管部门分别主管本行政区域内农作物种子和林木种子工作。

各级人民政府及其有关部门应当采取措施，加强种子执法和监督，依法惩处侵害农民权益的种子违法行为。

**第四条**　国家扶持种质资源保护工作和选育、生产、更新、推广使用良种，鼓励品种选育和种子生产经营相结合，奖励在种质资源保护工作和良种选育、推广等工作中成绩显著的单位和个人。

**第五条**　省级以上人民政府应当根据科教兴农方针和农业、林业发展的需要制定种业发展规划并组织实施。

**第六条**　省级以上人民政府建立种子储备制度，主要用于发生灾害时的生产需要及余缺调剂，保障农业和林业生产安全。对储备的种子应当定期检验和更新。种子储备的具体办法由国务院规定。

**第七条**　转基因植物品种的选育、试验、审定和推广应当进行安全性评价，并采取严格的安全控制措施。国务院农业农村、林业草原主管部门应当加强跟踪监管并及时公告有关转基因植物品种审定和推广的信息。具体办法由国务院规定。

## 第二章　种质资源保护

**第八条**　国家依法保护种质资源，任何单位和个人不得侵占和破坏种质资源。

禁止采集或者采伐国家重点保护的天然种质资源。因科研等特殊情况需要采集或者采伐的，应当经国务院或者省、自治区、直辖市人民政府的农业农村、林业草原主管部门批准。

**第九条**　国家有计划地普查、收集、整理、鉴定、登记、保存、交流和利用种质资源，重点收集珍稀、濒危、特有资源和特色地方品种，定期公布可供利用的种质资源目录。具体办法由国务院农业农村、林业草原主管部门规定。

**第十条**　国务院农业农村、林业草原主管部门应当建立种质资源库、种质资源保护区或者种质资源保护地。省、自治区、直辖市人民政府农业农村、林业草原主管部门可以根据需要建立种质资源库、种质资源保护区、种质资源保护地。种质资源库、种质资源保护区、种质资源保护地的种质资源属公共资源，依法开放利用。

占用种质资源库、种质资源保护区或者种质资源保护地的，需经原设立机关同意。

**第十一条**　国家对种质资源享有主权。任何单位和个人向境外提供种质资源，或者与境外机构、个人开展合作研究利用种质资源的，应当报国务院农业农村、林业草原主管部门批准，并同时提交国家共享惠益的方案。国务院农业农村、林业草原主管部门可以委托省、自治区、直辖市人民政府农业农村、林业草原主管部门接收申请材料。国务院农业农村、林业草原主管部门应当将批准情况通报国务院生态环境主管部门。

从境外引进种质资源的，依照国务院农业农村、林业草原主管部门的有关规定办理。

## 第三章　品种选育、审定与登记

**第十二条**　国家支持科研院所及高等院校重点开展育种的基础性、前沿性和应用技术研究以及生物育种技术研究，支持常规作物、主要造林树种育种和无性繁殖材料选育等公益性研究。

国家鼓励种子企业充分利用公益性研究成果，培育具有自主知识产权的优良品种；鼓励种子企业与科研院所及高等院校构建技术研发平台，开展主要粮食作物、重要经济作物育种攻关，建立以市场为导向、利益共享、风险共担的产学研相结合的种业技术创新体系。

国家加强种业科技创新能力建设，促进种业科技成果转化，维护种业科技人员的合法权益。

**第十三条**　由财政资金支持形成的育种发明专利权和植物新品种权，除涉及国家安全、国家利益和重大社会公共利益的外，授权项目承担者依法取得。

由财政资金支持为主形成的育种成果的转让、许可等应当依法公开进行，禁止私自交易。

**第十四条**　单位和个人因林业草原主管部门为选育林木良种建立测定林、试验林、优树收集区、基因库等而减少经济收入的，批准建立的林业草原主管部门应当按照国家有关规定给予经济补偿。

**第十五条**　国家对主要农作物和主要林木实行品种审定制度。主要农作物品种和主要林木品种在推广前应当通过国家级或者省级审定。由省、自治区、直辖市人民政府林业草原主管部门确定的主要林木品种实行省级审定。

申请审定的品种应当符合特异性、一致性、稳定性要求。

主要农作物品种和主要林木品种的审定办法由国务院农业农村、林业草原主管部门规定。审定办法应当体现公正、公开、科学、效率的原则，有利于产量、品质、抗性等的提高与协调，有利于适应市场和生活消费需要的品种的推广。在制定、修改审定办法时，应当充分听取育种者、种子使用者、生产经营者和相关行业代表意见。

**第十六条**　国务院和省、自治区、直辖市人民政府的农业农村、林业草原主管部门分别设立由专业人员组成的农作物品种和林木品种审定委员会。品种审定委员会承担主要农作物品种和主要林木品种的审定工作，建立包括申请文件、品种审定试验数据、种子样品、审定意见和审定结论等内容的审定档案，保证可追溯。在审定通过的品种依法公布的相关信息中应当包括审定意见情况，接受监督。

品种审定实行回避制度。品种审定委员会委员、工作人员及相关测试、试验人员应当忠于职守，公正廉洁。对单位和个人举报或者监督检查发现的上述人员的违法行为，省级以上人民政府农业农村、林业草原主管部门和有关机关应当及时依法处理。

**第十七条**　实行选育生产经营相结合，符合国务院农业农村、林业草原主管部门规定条件的种子企业，对其自主研发的主要农作物品种、主要林木品种可以按照审定办法自行完成试验，达到审定标准的，品种审定委员会应当颁发审定证书。种子企业对试验数据的真实性负责，保证可追溯，接受省级以上人民政府农业农村、林业草原主管部门和社会的监督。

**第十八条**　审定未通过的农作物品种和林木品种，申请人有异议的，可以向原审定委员会或者国家级审定委员会申请复审。

**第十九条**　通过国家级审定的农作物品种和林木良种由国务院农业农村、林业草原主管部门公告，可以在全国适宜的生态区域推广。通过省级审定的农作物品种和林木良种由省、自治区、直辖市人民政府农业农村、林业草原主管部门公告，可以在本行政区域内适宜的生态区域推广；其他省、自治区、直辖市属于同一适宜生态区的地域引种农作物品种、林木良种的，引种者应当将引种的品种和区域报所在省、自治区、直辖市人民政府农业农村、林业草原主管部门备案。

引种本地区没有自然分布的林木品种，应当按照国家引种标准通过试验。

**第二十条**　省、自治区、直辖市人民政府农业农村、林业草原主管部门应当完善品种选育、审定工作的区域协作机制，促进优良品种的选育和推广。

**第二十一条**　审定通过的农作物品种和林木良种出现不可克服的严重缺陷等情形不宜继续推广、销售的，经原审定委员会审核确认后，撤销审定，由原公告部门发布公告，停止推广、销售。

**第二十二条**　国家对部分非主要农作物实行品种登记制度。列入非主要农作物登记目录的品种在推广前应当登记。

实行品种登记的农作物范围应当严格控制，并根据保护生物多样性、保证消费安全和用种安全的原则确定。登记目录由国务院农业农村主管部门制定和调整。

申请者申请品种登记应当向省、自治区、直辖市人民政府农业农村主管部门提交申请文件和种子样品，并对其真实性负责，保证可追溯，接受监督检查。申请文件包括品种的种类、名称、来源、特性、育种过程以及特异性、一致性、稳定性测试报告等。

省、自治区、直辖市人民政府农业农村主管部门自受理品种登记申请之日起二十个工作日内，对申请者提交的申请文件进行书面审查，符合要求的，报国务院农业农村主管部门予以登记公告。

对已登记品种存在申请文件、种子样品不实的，由国务院农业农村主管部门撤销该品种登记，并将该申请者的违法信息记入社会诚信档案，向社会公布；给种子使用者和其他种子生产经营者造成损失的，依法承担赔偿责任。

对已登记品种出现不可克服的严重缺陷等情形的，由国务院农业农村主管部门撤销登记，并发布公告，停止推广。

非主要农作物品种登记办法由国务院农业农村主管部门规定。

**第二十三条**　应当审定的农作物品种未经审定的，不得发布广告、推广、销售。

应当审定的林木品种未经审定通过的，不得作为良种推广、销售，但生产确需使用的，应当经林木品种审定委员会认定。

应当登记的农作物品种未经登记的，不得发布广告、推广，不得以登记品种的名义销售。

**第二十四条**　在中国境内没有经常居所或者营业场所的境外机构、个人在境内申请品种审定或者登记的，应当委托具有法人资格的境内种子企业代理。

## 第四章　新品种保护

**第二十五条**　国家实行植物新品种保护制度。对国家植物品种保护名录内经过人工选育或者发现的野生植物加以改良，具备新颖性、特异性、一致性、稳定性和适当命名的植物品种，由国务院农业农村、林业草原主管部门授予植物新品种权，保护植物新品种权所有人的合法权益。植物新品种权的内容和归属、授予条件、申请和受理、审查与批准，以及期限、终止和无效等依照本法、有关法律和行政法规规定执行。

国家鼓励和支持种业科技创新、植物新品种培育及成果转化。取得植物新品种权的品种得到推广应用的，育种者依法获得相应的经济利益。

**第二十六条**　一个植物新品种只能授予一项植物新品种权。两个以上的申请人分别就同一个品种申请植物新品种权的，植物新品种权授予最先申请的人；同时申请的，植物新品种权授予最先完成该品种育种的人。

对违反法律，危害社会公共利益、生态环境的植物新品种，不授予植物新品种权。

**第二十七条**　授予植物新品种权的植物新品种名称，应当与相同或者相近的植物属或者种中已知品种的名称相区别。该名称经授权后即为该植物新品种的通用名称。

下列名称不得用于授权品种的命名：

（一）仅以数字表示的；

（二）违反社会公德的；

（三）对植物新品种的特征、特性或者育种者身份等容易引起误解的。

同一植物品种在申请新品种保护、品种审定、品种登记、推广、销售时只能使用同一个名称。生产推广、销售的种子应当与申请植物新品种保护、品种审定、品种登记时提供的样品相符。

**第二十八条**　植物新品种权所有人对其授权品种享有排他的独占权。植物新品种权所有人可以将植物新品种权许可他人实施，并按照合同约定收取许可使用费；许可使用费可以采取固定价款、从推广收益中提成等方式收取。

任何单位或者个人未经植物新品种权所有人许可，不得生产、繁殖和为繁殖而进行处理、许诺销售、销售、进口、出口以及为实施上述行为储存该授权品种的繁殖材料，不得为商业目的将该授权品种的繁殖材料重复使用于生产另一品种的繁殖材料。本法、有关法律、行政法规另有规定的除外。

实施前款规定的行为，涉及由未经许可使用授权品种的繁殖材料而获得的收获材料的，应当得到植物新品种权所有人的许可；但是，植物新品种权所有人对繁殖材料已有合理机会行使其权利的除外。

对实质性派生品种实施第二款、第三款规定行为的，应当征得原始品种的植物新品种权所有人的同意。

实质性派生品种制度的实施步骤和办法由国务院规定。

**第二十九条**　在下列情况下使用授权品种的，可以不经植物新品种权所有人许可，不向其支付使用费，但不得侵犯植物新品种权所有人依照本法、有关法律、行政法规享有的其他权利：

（一）利用授权品种进行育种及其他科研活动；

（二）农民自繁自用授权品种的繁殖材料。

**第三十条**　为了国家利益或者社会公共利益，国务院农业农村、林业草原主管部门可以作出实施植物新品种权强制许可的决定，并予以登记和公告。

取得实施强制许可的单位或者个人不享有独占的实施权，并且无权允许他人实施。

## 第五章　种子生产经营

**第三十一条**　从事种子进出口业务的种子生产经营许可证，由国务院农业农村、林业草原主管部门核发。国务院农业农村、林业草原主管部门可以委托省、自治区、直辖市人民政府农业农村、林业草原主管部门接收申请材料。

从事主要农作物杂交种子及其亲本种子、林木良种繁殖材料生产经营的，以及符合国务院农业农村主管部门规定条件的实行选育生产经营相结合的农作物种子企业的种子生产经营许可证，由省、自治区、直辖市人民政府农业农村、林业草原主管部门核发。

前两款规定以外的其他种子的生产经营许可证，由生产经营者所在地县级以上地方人民政府农业农村、林业草原主管部门核发。

只从事非主要农作物种子和非主要林木种子生产的，不需要办理种子生产经营许可证。

**第三十二条**　申请取得种子生产经营许可证的，应当具有与种子生产经营相适应的生产经营设施、设备及专业技术人员，以及法规和国务院农业农村、林业草原主管部门规定的其他条件。

从事种子生产的，还应当同时具有繁殖种子的隔离和培育条件，具有无检疫性有害生物的种子生产地点或者县级以上人民政府林业草原主管部门确定的采种林。

申请领取具有植物新品种权的种子生产经营许可证的，应当征得植物新品种权所有人的书面同意。

**第三十三条**　种子生产经营许可证应当载明生产经营者名称、地址、法定代表人、生产种子的品种、地点和种子经营的范围、有效期限、有效区域等事项。

前款事项发生变更的，应当自变更之日起三十日内，向原核发许可证机关申请变更登记。

除本法另有规定外，禁止任何单位和个人无种子生产经营许可证或者违反种子生产经营许可证的规定生产、经营种子。禁止伪造、变造、买卖、租借种子生产经营许可证。

**第三十四条**　种子生产应当执行种子生产技术规程和种子检验、检疫规程，保证种子符合净度、纯度、发芽率等质量要求和检疫要求。

县级以上人民政府农业农村、林业草原主管部门应当指导、支持种子生产经营者采用先进的种子生产技术，改进生产工艺，提高种子质量。

**第三十五条**　在林木种子生产基地内采集种子的，由种子生产基地的经营者组织进行，采集种子应当按照国家有关标准进行。

禁止抢采掠青、损坏母树，禁止在劣质林内、劣质母树上采集种子。

**第三十六条**　种子生产经营者应当建立和保存包括种子来源、产地、数量、质量、销售去向、销售日期和有关责任人员等内容的生产经营档案，保证可追溯。种子生产经营档案的具体载明事项，种子生产经营档案及种子样品的保存期限由国务院农业农村、林业草原主管部门规定。

**第三十七条**　农民个人自繁自用的常规种子有剩余的，可以在当地集贸市场上出售、串换，不需要办理种子生产经营许可证。

**第三十八条**　种子生产经营许可证的有效区

域由发证机关在其管辖范围内确定。种子生产经营者在种子生产经营许可证载明的有效区域设立分支机构的，专门经营不再分装的包装种子的，或者受具有种子生产经营许可证的种子生产经营者以书面委托生产、代销其种子的，不需要办理种子生产经营许可证，但应当向当地农业农村、林业草原主管部门备案。

实行选育生产经营相结合，符合国务院农业农村、林业草原主管部门规定条件的种子企业的生产经营许可证的有效区域为全国。

**第三十九条** 销售的种子应当加工、分级、包装。但是不能加工、包装的除外。

大包装或者进口种子可以分装；实行分装的，应当标注分装单位，并对种子质量负责。

**第四十条** 销售的种子应当符合国家或者行业标准，附有标签和使用说明。标签和使用说明标注的内容应当与销售的种子相符。种子生产经营者对标注内容的真实性和种子质量负责。

标签应当标注种子类别、品种名称、品种审定或者登记编号、品种适宜种植区域及季节、生产经营者及注册地、质量指标、检疫证明编号、种子生产经营许可证编号和信息代码，以及国务院农业农村、林业草原主管部门规定的其他事项。

销售授权品种种子的，应当标注品种权号。

销售进口种子的，应当附有进口审批文号和中文标签。

销售转基因植物品种种子的，必须用明显的文字标注，并应当提示使用时的安全控制措施。

种子生产经营者应当遵守有关法律、法规的规定，诚实守信，向种子使用者提供种子生产者信息、种子的主要性状、主要栽培措施、适应性等使用条件的说明、风险提示与有关咨询服务，不得作虚假或者引人误解的宣传。

任何单位和个人不得非法干预种子生产经营者的生产经营自主权。

**第四十一条** 种子广告的内容应当符合本法和有关广告的法律、法规的规定，主要性状描述等应当与审定、登记公告一致。

**第四十二条** 运输或者邮寄种子应当依照有关法律、行政法规的规定进行检疫。

**第四十三条** 种子使用者有权按照自己的意愿购买种子，任何单位和个人不得非法干预。

**第四十四条** 国家对推广使用林木良种造林给予扶持。国家投资或者国家投资为主的造林项目和国有林业单位造林，应当根据林业草原主管部门制定的计划使用林木良种。

**第四十五条** 种子使用者因种子质量问题或者因种子的标签和使用说明标注的内容不真实，遭受损失的，种子使用者可以向出售种子的经营者要求赔偿，也可以向种子生产者或者其他经营者要求赔偿。赔偿额包括购种价款、可得利益损失和其他损失。属于种子生产者或者其他经营者责任的，出售种子的经营者赔偿后，有权向种子生产者或者其他经营者追偿；属于出售种子的经营者责任的，种子生产者或者其他经营者赔偿后，有权向出售种子的经营者追偿。

## 第六章　种子监督管理

**第四十六条** 农业农村、林业草原主管部门应当加强对种子质量的监督检查。种子质量管理办法、行业标准和检验方法，由国务院农业农村、林业草原主管部门制定。

农业农村、林业草原主管部门可以采用国家规定的快速检测方法对生产经营的种子品种进行检测，检测结果可以作为行政处罚依据。被检查人对检测结果有异议的，可以申请复检，复检不得采用同一检测方法。因检测结果错误给当事人造成损失的，依法承担赔偿责任。

**第四十七条** 农业农村、林业草原主管部门可以委托种子质量检验机构对种子质量进行检验。

承担种子质量检验的机构应当具备相应的检测条件、能力，并经省级以上人民政府有关主管部门考核合格。

种子质量检验机构应当配备种子检验员。种子检验员应当具有中专以上有关专业学历，具备相应的种子检验技术能力和水平。

**第四十八条** 禁止生产经营假、劣种子。农业农村、林业草原主管部门和有关部门依法打击生产经营假、劣种子的违法行为，保护农民合法权益，维护公平竞争的市场秩序。

下列种子为假种子：

（一）以非种子冒充种子或者以此种品种种子冒充其他品种种子的；

（二）种子种类、品种与标签标注的内容不符或者没有标签的。

下列种子为劣种子：

（一）质量低于国家规定标准的；

（二）质量低于标签标注指标的；

（三）带有国家规定的检疫性有害生物的。

**第四十九条**　农业农村、林业草原主管部门是种子行政执法机关。种子执法人员依法执行公务时应当出示行政执法证件。农业农村、林业草原主管部门依法履行种子监督检查职责时，有权采取下列措施：

（一）进入生产经营场所进行现场检查；

（二）对种子进行取样测试、试验或者检验；

（三）查阅、复制有关合同、票据、账簿、生产经营档案及其他有关资料；

（四）查封、扣押有证据证明违法生产经营的种子，以及用于违法生产经营的工具、设备及运输工具等；

（五）查封违法从事种子生产经营活动的场所。

农业农村、林业草原主管部门依照本法规定行使职权，当事人应当协助、配合，不得拒绝、阻挠。

农业农村、林业草原主管部门所属的综合执法机构或者受其委托的种子管理机构，可以开展种子执法相关工作。

**第五十条**　种子生产经营者依法自愿成立种子行业协会，加强行业自律管理，维护成员合法权益，为成员和行业发展提供信息交流、技术培训、信用建设、市场营销和咨询等服务。

**第五十一条**　种子生产经营者可自愿向具有资质的认证机构申请种子质量认证。经认证合格的，可以在包装上使用认证标识。

**第五十二条**　由于不可抗力原因，为生产需要必须使用低于国家或者地方规定标准的农作物种子的，应当经用种地县级以上地方人民政府批准。

**第五十三条**　从事品种选育和种子生产经营以及管理的单位和个人应当遵守有关植物检疫法律、行政法规的规定，防止植物危险性病、虫、杂草及其他有害生物的传播和蔓延。

禁止任何单位和个人在种子生产基地从事检疫性有害生物接种试验。

**第五十四条**　省级以上人民政府农业农村、林业草原主管部门应当在统一的政府信息发布平台上发布品种审定、品种登记、新品种保护、种子生产经营许可、监督管理等信息。

国务院农业农村、林业草原主管部门建立植物品种标准样品库，为种子监督管理提供依据。

**第五十五条**　农业农村、林业草原主管部门及其工作人员，不得参与和从事种子生产经营活动。

## 第七章　种子进出口和对外合作

**第五十六条**　进口种子和出口种子必须实施检疫，防止植物危险性病、虫、杂草及其他有害生物传入境内和传出境外，具体检疫工作按照有关植物进出境检疫法律、行政法规的规定执行。

**第五十七条**　从事种子进出口业务的，应当具备种子生产经营许可证；其中，从事农作物种子进出口业务的，还应当按照国家有关规定取得种子进出口许可。

从境外引进农作物、林木种子的审定权限，农作物种子的进口审批办法，引进转基因植物品种的管理办法，由国务院规定。

**第五十八条**　进口种子的质量，应当达到国家标准或者行业标准。没有国家标准或者行业标准的，可以按照合同约定的标准执行。

**第五十九条**　为境外制种进口种子的，可以不受本法第五十七条第一款的限制，但应当具有对外制种合同，进口的种子只能用于制种，其产品不得在境内销售。

从境外引进农作物或者林木试验用种，应当隔离栽培，收获物也不得作为种子销售。

**第六十条**　禁止进出口假、劣种子以及属于国家规定不得进出口的种子。

**第六十一条**　国家建立种业国家安全审查机制。境外机构、个人投资、并购境内种子企业，或者与境内科研院所、种子企业开展技术合作，从事品种研发、种子生产经营的审批管理依照有关法律、行政法规的规定执行。

## 第八章　扶持措施

**第六十二条**　国家加大对种业发展的支持。对品种选育、生产、示范推广、种质资源保护、种子储备以及制种大县给予扶持。

国家鼓励推广使用高效、安全制种采种技术和先进适用的制种采种机械，将先进适用的制种采种机械纳入农机具购置补贴范围。

国家积极引导社会资金投资种业。

**第六十三条**　国家加强种业公益性基础设施建设，保障育种科研设施用地合理需求。

对优势种子繁育基地内的耕地，划入永久基本农田。优势种子繁育基地由国务院农业农村主管部门商所在省、自治区、直辖市人民政府确定。

**第六十四条**　对从事农作物和林木品种选育、生产的种子企业，按照国家有关规定给予扶持。

**第六十五条**　国家鼓励和引导金融机构为种子生产经营和收储提供信贷支持。

**第六十六条** 国家支持保险机构开展种子生产保险。省级以上人民政府可以采取保险费补贴等措施，支持发展种业生产保险。

**第六十七条** 国家鼓励科研院所及高等院校与种子企业开展育种科技人员交流，支持本单位的科技人员到种子企业从事育种成果转化活动；鼓励育种科研人才创新创业。

**第六十八条** 国务院农业农村、林业草原主管部门和异地繁育种子所在地的省、自治区、直辖市人民政府应当加强对异地繁育种子工作的管理和协调，交通运输部门应当优先保证种子的运输。

## 第九章 法律责任

**第六十九条** 农业农村、林业草原主管部门不依法作出行政许可决定，发现违法行为或者接到对违法行为的举报不予查处，或者有其他未依照本法规定履行职责的行为的，由本级人民政府或者上级人民政府有关部门责令改正，对负有责任的主管人员和其他直接责任人员依法给予处分。

违反本法第五十五条规定，农业农村、林业草原主管部门工作人员从事种子生产经营活动的，依法给予处分。

**第七十条** 违反本法第十六条规定，品种审定委员会委员和工作人员不依法履行职责，弄虚作假、徇私舞弊的，依法给予处分；自处分决定作出之日起五年内不得从事品种审定工作。

**第七十一条** 品种测试、试验和种子质量检验机构伪造测试、试验、检验数据或者出具虚假证明的，由县级以上人民政府农业农村、林业草原主管部门责令改正，对单位处五万元以上十万元以下罚款，对直接负责的主管人员和其他直接责任人员处一万元以上五万元以下罚款；有违法所得的，并处没收违法所得；给种子使用者和其他种子生产经营者造成损失的，与种子生产经营者承担连带责任；情节严重的，由省级以上人民政府有关主管部门取消种子质量检验资格。

**第七十二条** 违反本法第二十八条规定，有侵犯植物新品种权行为的，由当事人协商解决，不愿协商或者协商不成的，植物新品种权所有人或者利害关系人可以请求县级以上人民政府农业农村、林业草原主管部门进行处理，也可以直接向人民法院提起诉讼。

县级以上人民政府农业农村、林业草原主管部门，根据当事人自愿的原则，对侵犯植物新品种权所造成的损害赔偿可以进行调解。调解达成协议的，当事人应当履行；当事人不履行协议或者调解未达成协议的，植物新品种权所有人或者利害关系人可以依法向人民法院提起诉讼。

侵犯植物新品种权的赔偿数额按照权利人因被侵权所受到的实际损失确定；实际损失难以确定的，可以按照侵权人因侵权所获得的利益确定。权利人的损失或者侵权人获得的利益难以确定的，可以参照该植物新品种权许可使用费的倍数合理确定。故意侵犯植物新品种权，情节严重的，可以在按照上述方法确定数额的一倍以上五倍以下确定赔偿数额。

权利人的损失、侵权人获得的利益和植物新品种权许可使用费均难以确定的，人民法院可以根据植物新品种权的类型、侵权行为的性质和情节等因素，确定给予五百万元以下的赔偿。

赔偿数额应当包括权利人为制止侵权行为所支付的合理开支。

县级以上人民政府农业农村、林业草原主管部门处理侵犯植物新品种权案件时，为了维护社会公共利益，责令侵权人停止侵权行为，没收违法所得和种子；货值金额不足五万元的，并处一万元以上二十五万元以下罚款；货值金额五万元以上的，并处货值金额五倍以上十倍以下罚款。

假冒授权品种的，由县级以上人民政府农业农村、林业草原主管部门责令停止假冒行为，没收违法所得和种子；货值金额不足五万元的，并处一万元以上二十五万元以下罚款；货值金额五万元以上的，并处货值金额五倍以上十倍以下罚款。

**第七十三条** 当事人就植物新品种的申请权和植物新品种权的权属发生争议的，可以向人民法院提起诉讼。

**第七十四条** 违反本法第四十八条规定，生产经营假种子的，由县级以上人民政府农业农村、林业草原主管部门责令停止生产经营，没收违法所得和种子，吊销种子生产经营许可证；违法生产经营的货值金额不足二万元的，并处二万元以上二十万元以下罚款；货值金额二万元以上的，并处货值金额十倍以上二十倍以下罚款。

因生产经营假种子犯罪被判处有期徒刑以上刑罚的，种子企业或者其他单位的法定代表人、直接负责的主管人员自刑罚执行完毕之日起五年内不得担任种子企业的法定代表人、高级管理人员。

**第七十五条** 违反本法第四十八条规定，生产经营劣种子的，由县级以上人民政府农业农村、林业草原主管部门责令停止生产经营,没收违法所得和种子;违法生产经营的货值金额不足二万元的,并处一万元以上十万元以下罚款;货值金额二万元以上的,并处货值金额五倍以上十倍以下罚款;情节严重的,吊销种子生产经营许可证。

因生产经营劣种子犯罪被判处有期徒刑以上刑罚的,种子企业或者其他单位的法定代表人、直接负责的主管人员自刑罚执行完毕之日起五年内不得担任种子企业的法定代表人、高级管理人员。

**第七十六条** 违反本法第三十二条、第三十三条、第三十四条规定,有下列行为之一的,由县级以上人民政府农业农村、林业草原主管部门责令改正,没收违法所得和种子;违法生产经营的货值金额不足一万元的,并处三千元以上三万元以下罚款;货值金额一万元以上的,并处货值金额三倍以上五倍以下罚款;可以吊销种子生产经营许可证:

(一)未取得种子生产经营许可证生产经营种子的;

(二)以欺骗、贿赂等不正当手段取得种子生产经营许可证的;

(三)未按照种子生产经营许可证的规定生产经营种子的;

(四)伪造、变造、买卖、租借种子生产经营许可证的;

(五)不再具有繁殖种子的隔离和培育条件,或者不再具有无检疫性有害生物的种子生产地点或者县级以上人民政府林业草原主管部门确定的采种林,继续从事种子生产的;

(六)未执行种子检验、检疫规程生产种子的。

被吊销种子生产经营许可证的单位,其法定代表人、直接负责的主管人员自处罚决定作出之日起五年内不得担任种子企业的法定代表人、高级管理人员。

**第七十七条** 违反本法第二十一条、第二十二条、第二十三条规定,有下列行为之一的,由县级以上人民政府农业农村、林业草原主管部门责令停止违法行为,没收违法所得和种子,并处二万元以上二十万元以下罚款:

(一)对应当审定未经审定的农作物品种进行推广、销售的;

(二)作为良种推广、销售应当审定未经审定的林木品种的;

(三)推广、销售应当停止推广、销售的农作物品种或者林木良种的;

(四)对应当登记未经登记的农作物品种进行推广,或者以登记品种的名义进行销售的;

(五)对已撤销登记的农作物品种进行推广,或者以登记品种的名义进行销售的。

违反本法第二十三条、第四十一条规定,对应当审定未经审定或者应当登记未经登记的农作物品种发布广告,或者广告中有关品种的主要性状描述的内容与审定、登记公告不一致的,依照《中华人民共和国广告法》的有关规定追究法律责任。

**第七十八条** 违反本法第五十七条、第五十九条、第六十条规定,有下列行为之一的,由县级以上人民政府农业农村、林业草原主管部门责令改正,没收违法所得和种子;违法生产经营的货值金额不足一万元的,并处三千元以上三万元以下罚款;货值金额一万元以上的,并处货值金额三倍以上五倍以下罚款;情节严重的,吊销种子生产经营许可证:

(一)未经许可进出口种子的;

(二)为境外制种的种子在境内销售的;

(三)从境外引进农作物或者林木种子进行引种试验的收获物作为种子在境内销售的;

(四)进出口假、劣种子或者属于国家规定不得进出口的种子的。

**第七十九条** 违反本法第三十六条、第三十八条、第三十九条、第四十条规定,有下列行为之一的,由县级以上人民政府农业农村、林业草原主管部门责令改正,处二千元以上二万元以下罚款:

(一)销售的种子应当包装而没有包装的;

(二)销售的种子没有使用说明或者标签内容不符合规定的;

(三)涂改标签的;

(四)未按规定建立、保存种子生产经营档案的;

(五)种子生产经营者在异地设立分支机构、专门经营不再分装的包装种子或者受委托生产、代销种子,未按规定备案的。

**第八十条** 违反本法第八条规定,侵占、破坏种质资源,私自采集或者采伐国家重点保护的天然种质资源的,由县级以上人民政府农业农村、林业草原主管部门责令停止违法行为,没收种质资源和违法所得,并处五千元以上五万元以下罚款;造成损失的,依法承担赔偿责任。

**第八十一条** 违反本法第十一条规定,向境外提供或者从境外引进种质资源,或者与境外机构、个人开展合作研究利用种质资源的,由国务院或者省、自治区、直辖市人民政府的农业农村、林业草原主管部门没收种质资源和违法所得,并处二万元以上二十万元以下罚款。

未取得农业农村、林业草原主管部门的批准文件携带、运输种质资源出境的，海关应当将该种质资源扣留，并移送省、自治区、直辖市人民政府农业农村、林业草原主管部门处理。

**第八十二条** 违反本法第三十五条规定，抢采掠青、损坏母树或者在劣质林内、劣质母树上采种的，由县级以上人民政府林业草原主管部门责令停止采种行为，没收所采种子，并处所采种子货值金额二倍以上五倍以下罚款。

**第八十三条** 违反本法第十七条规定，种子企业有造假行为的，由省级以上人民政府农业农村、林业草原主管部门处一百万元以上五百万元以下罚款；不得再依照本法第十七条的规定申请品种审定；给种子使用者和其他种子生产经营者造成损失的，依法承担赔偿责任。

**第八十四条** 违反本法第四十四条规定，未根据林业草原主管部门制定的计划使用林木良种的，由同级人民政府林业草原主管部门责令限期改正；逾期未改正的，处三千元以上三万元以下罚款。

**第八十五条** 违反本法第五十三条规定，在种子生产基地进行检疫性有害生物接种试验的，由县级以上人民政府农业农村、林业草原主管部门责令停止试验，处五千元以上五万元以下罚款。

**第八十六条** 违反本法第四十九条规定，拒绝、阻挠农业农村、林业草原主管部门依法实施监督检查的，处二千元以上五万元以下罚款，可以责令停产停业整顿；构成违反治安管理行为的，由公安机关依法给予治安管理处罚。

**第八十七条** 违反本法第十三条规定，私自交易育种成果，给本单位造成经济损失的，依法承担赔偿责任。

**第八十八条** 违反本法第四十三条规定，强迫种子使用者违背自己的意愿购买、使用种子，给使用者造成损失的，应当承担赔偿责任。

**第八十九条** 违反本法规定，构成犯罪的，依法追究刑事责任。

## 第十章 附 则

**第九十条** 本法下列用语的含义是：

（一）种质资源是指选育植物新品种的基础材料，包括各种植物的栽培种、野生种的繁殖材料以及利用上述繁殖材料人工创造的各种植物的遗传材料。

（二）品种是指经过人工选育或者发现并经过改良，形态特征和生物学特性一致，遗传性状相对稳定的植物群体。

（三）主要农作物是指稻、小麦、玉米、棉花、大豆。

（四）主要林木由国务院林业草原主管部门确定并公布；省、自治区、直辖市人民政府林业草原主管部门可以在国务院林业草原主管部门确定的主要林木之外确定其他八种以下的主要林木。

（五）林木良种是指通过审定的主要林木品种，在一定的区域内，其产量、适应性、抗性等方面明显优于当前主栽材料的繁殖材料和种植材料。

（六）新颖性是指申请植物新品种权的品种在申请日前，经申请权人自行或者同意销售、推广其种子，在中国境内未超过一年；在境外，木本或者藤本植物未超过六年，其他植物未超过四年。

本法施行后新列入国家植物品种保护名录的植物的属或者种，从名录公布之日起一年内提出植物新品种权申请的，在境内销售、推广该品种种子未超过四年的，具备新颖性。

除销售、推广行为丧失新颖性外，下列情形视为已丧失新颖性：

1. 品种经省、自治区、直辖市人民政府农业农村、林业草原主管部门依据播种面积确认已经形成事实扩散的；

2. 农作物品种已审定或者登记两年以上未申请植物新品种权的。

（七）特异性是指一个植物品种有一个以上性状明显区别于已知品种。

（八）一致性是指一个植物品种的特性除可预期的自然变异外，群体内个体间相关的特征或者特性表现一致。

（九）稳定性是指一个植物品种经过反复繁殖后或者在特定繁殖周期结束时，其主要性状保持不变。

（十）实质性派生品种是指由原始品种实质性派生，或者由该原始品种的实质性派生品种派生出来的品种，与原始品种有明显区别，并且除派生引起的性状差异外，在表达由原始品种基因型或者基因型组合产生的基本性状方面与原始品种相同。

（十一）已知品种是指已受理申请或者已通过品种审定、品种登记、新品种保护，或者已经销售、推广的植物品种。

（十二）标签是指印制、粘贴、固定或者附着在种子、种子包装物表面的特定图案及文字说明。

**第九十一条**　国家加强中药材种质资源保护，支持开展中药材育种科学技术研究。

草种、烟草种、中药材种、食用菌菌种的种质资源管理和选育、生产经营、管理等活动，参照本法执行。

**第九十二条**　本法自2016年1月1日起施行。

# 关于《中华人民共和国种子法(修正草案)》的说明

——2021年8月17日在第十三届全国人民代表大会常务委员会第三十次会议上

全国人大农业与农村委员会副主任委员　刘振伟

全国人民代表大会常务委员会：

我受全国人大农业与农村委员会委托，就《中华人民共和国种子法(修正草案)》的有关问题作说明。

## 一、为什么修改种子法

种子是发展现代农业，保障国家粮食安全的基础。建立激励和保护原始创新的种业法律制度，是"打好种业翻身仗"的关键。党中央、国务院高度重视种业发展和知识产权保护。习近平总书记指出，"创新是引领发展的第一动力，保护知识产权就是保护创新。""要下决心把我国种业搞上去，抓紧培育具有自主知识产权的优良品种，从源头上保障国家粮食安全。""实现种业科技自强自立、种源自主可控。"2020年中央经济工作会议、中央农村工作会议提出，要大力推动自主创新，保护知识产权，打好种业翻身仗。今年7月9日，中央全面深化改革委员会第二十次会议审议通过《种业振兴行动方案》，将修改种子法列为重点任务，会议强调，推进种业振兴，加强知识产权保护，优化营商环境，要综合运用法律、经济、技术、行政等多种手段，推行全链条、全流程监管，对假冒伪劣、套牌侵权等突出问题要重拳出击，让侵权者付出沉重代价。

2015年修订的种子法，对植物新品种的授权条件、授权原则、品种命名、权利范围及例外、强制许可等作了规范，将植物新品种知识产权保护从行政法规上升到法律层次，为保护育种者合法权益、促进种业创新发展提供了法治保障。但总体上看，我国种业知识产权保护还有短板弱项，国内主要粮食作物品种中修饰性品种比较多，一些品种繁育停留在对主要推广品种和核心亲本的修饰改良上，导致品种遗传基础窄，审定品种多但突破性品种少，同质化问题比较突出，难以适应加强植物新品种知识产权保护、激励育种原始创新、保障粮食安全的新形势。因此，亟须对种子法进行修改，扩大植物新品种知识产权权利保护范围，延伸保护环节，提高保护水平，加大保护力度，用制度导向激发原始创新活力。

从今年3月开始，全国人大农业与农村委员会牵头启动了修改种子法工作，全国人大常委会法工委、农业农村部、国家林业和草原局、司法部、国家知识产权局等部门参与。起草组深入调查研究，广泛征求国务院有关部门、种子企业及专家意见，召开评估论证会，反复研究，形成了种子法修正草案。

## 二、修改的主要内容

*一是扩大植物新品种权的保护范围及保护环节*。为了加强植物新品种知识产权保护，维护品种权人的合法权益，借鉴国际通行做法，草案扩大了植物新品种权的保护范围及保护环节，将保护范围由授权品种的繁殖材料延伸到收获材料，将保护环节由生产、繁殖、销售扩展到生产、繁殖、加工(为繁殖进行的种子处理)、许诺销售、销售、进口、出口、储存等。草案体现权利一次用尽原则，植物新品种权所有人对繁殖材料已有合理机会行使其权利，不再对收获材料行使权利。

*二是建立实质性派生品种制度*。为激励育种原始创新，从源头上解决种子同质化严重问题，草案建立实质性派生品种制度，明确实质性派生品种可以申请植物新品种权，并可以获得授权，但对其以商业为目的利用时，应当征得原始品种的植物新品种权所有人的同意。在国际植物新品种保护联盟77个成员中，有68个已经实行这一制度。鉴于实施这一制度是循序渐进的过程，草案作出授权性

规定，实质性派生品种实施名录及判定指南等，由国务院农业农村、林业草原主管部门依照本法及有关法律确定。自实质性派生品种实施名录发布之日起申请的植物新品种，按照实质性派生品种相关制度管理，不溯及既往。

三是完善侵权赔偿制度。为提高对侵害植物新品种权行为的威慑力，加大了惩罚性赔偿数额，对权利人的损失或侵权人获得的利益或品种权许可使用费可以确定数额的，将赔偿数额的上限由三倍提高到五倍，难以确定数额的，将赔偿限额由三百万元提高到五百万元。为保护种子市场正常交易，增加侵权人合法来源抗辩条款。草案规定，不知道是未经植物新品种权所有人许可的授权品种的繁殖材料或者收获材料，能证明该繁殖材料或者收获材料具有合法来源的，不承担赔偿责任。

四是完善法律责任。为强化对种子生产特别是果树种苗生产检验、检疫的管理，防止携带疫病果树种苗流入市场，草案明确，不具有繁殖种子的隔离和培育条件，不具有无检疫性有害生物的种子生产地点或者县级以上人民政府林业草原主管部门确定的采种林从事种子生产，未执行种子检验、检疫规程生产种子的，追究法律责任。

今年 4 月 26 日，全国人大常委会第二十八次会议审议了国务院提出的《〈中华人民共和国道路交通安全法〉等 9 部法律的修正案（草案）》，其中种子法修改主要针对“放管服”改革，对林木种子有关行政许可事项作出调整。经与宪法和法律委员会研究，将上述修正案涉及种子法的内容与农业与农村委员会提出的修正草案合并，提交全国人大常委会继续审议。

此外，草案还对有关条款作了文字修改。

《中华人民共和国种子法（修正草案）》和以上说明是否妥当，请审议。

# 全国人民代表大会宪法和法律委员会关于《中华人民共和国种子法（修正草案）》审议结果的报告

——2021 年 12 月 20 日在第十三届全国人民代表大会常务委员会第三十二次会议上

全国人大宪法和法律委员会副主任委员　丛　斌

全国人民代表大会常务委员会：

常委会第三十次会议对种子法修正草案进行了初次审议。会后，常委会办公厅就修正草案有关问题征求国务院办公厅意见。法制工作委员会将修正草案印发部分省（区、市）人大、中央有关部门和基层立法联系点、全国人大代表、研究机构等征求意见；在中国人大网全文公布修正草案，征求社会公众意见。宪法和法律委员会、农业与农村委员会、法制工作委员会联合召开座谈会，听取中央有关部门、基层立法联系点、全国人大代表、专家学者、基层执法机构、行业协会和种子企业等对修正草案的意见；宪法和法律委员会、法制工作委员会到北京调研，听取意见；并就修正草案的有关问题同有关方面交换意见，共同研究。宪法和法律委员会于 11 月 11 日召开会议，根据委员长会议精神、常委会组成人员审议意见和各方面的意见，对修正草案进行了逐条审议。农业与农村委员会、最高人民法院、司法部、农业农村部、国家林业和草原局有关负责同志列席了会议。根据委员长会议精神，宪法和法律委员会还组织召开种子法修改专题座谈会，听取有关部门和专家意见。11 月 30 日，宪法和法律委员会召开会议，再次进行了审议。宪法和法律委员会认为，为贯彻落实党中央决策部署，推动种业“放管服”改革，强化种业知识产权保护，支持种业科学技术研究，进一步推进种业振兴，修改本法是必要的，修正草案经过审议修改，已经比较成熟。同时，提出以下主要修改意见：

一、有的常委会组成人员建议，贯彻党中央、国务院种业振兴有关文件精神，充实关于加强种业科学技术研究、种质资源保护等方面的规定。宪法和法律委员会经研究，建议增加以下规定：一是，在第一条中增加“加强种业科学技术研究”。二是，在现行种子法有关种质资源收集等规定基础上，增加规定，重点收集珍稀、濒危、特有资源和特色地方品种。三是，在有关条款中增加支持生物育种技术研究，鼓励种子企业与科研院所及高等院校开展主要粮食作物、重要经济作物育种攻关的内容。四是，增加保障育种科研设施用地合理需求的内容。

二、修正草案第二条、第四条规定，对于报经国务院农业农村主管部门批准的相关事项，应当先经省级农业农村主管部门审核。有的常委委员提出，省级农业农村主管部门的审核属于方便申请人提交申请材料的程序，不属于行政许可，建议予以明确。宪法和法律委员会经研究，建议将有关内容修改为：国务院农业农村、林业草原主管部门可以委托省、自治区、直辖市人民政府农业农村、林业草原主管部门接收申请材料。

三、有的常委会组成人员建议，进一步加强对植物新品种权所有人合法权益的保护。宪法和法律委员会经研究，建议对草案作以下修改：一是，明确品种权所有人有权按照许可合同约定通过提成等方式收取使用费，以从种子推广经营中获得长期收益，增加规定，植物新品种权所有人可以将植物新品种权许可他人实施，并按照合同约定收取许可使用费；许可使用费可以采取固定价款、从推广收益中提成等方式收取。二是，考虑到植物新品种权侵权行为的认定技术性强，比较复杂，拟删去修正草案第八条中关于行为人能证明合法来源不承担赔偿责任的规定，可由人民法院在案件审理中具体处理。

四、修正草案第三条中规定，实质性派生品种实施名录及判定指南等，由国务院农业农村、林业草原主管部门依照本法及有关法律确定；自实质性派生品种实施名录发布之日起申请的植物新品种，按照实质性派生品种相关制度管理。有的常委委员和地方提出，党中央、国务院种业振兴和知识产权保护有关文件提出要及时修订植物新品种保护条例，建议由国务院在修改该条例时对实质性派生品种制度作出具体规定。宪法和法律委员会经研究，建议将上述规定修改为：实质性派生品种保护的实施步骤和办法由国务院规定。

五、有的常委会组成人员建议，进一步加大对假、劣种子的处罚力度。宪法和法律委员会经研究，建议将生产经营假种子行为的有关罚款数额由“一万元以上十万元以下”提高到“五万元以上五十万元以下”；将生产经营劣种子行为的有关罚款数额由“五千元以上五万元以下”提高到“二万元以上十万元以下”。

此外，还对修正草案作了一些文字修改。

11 月 19 日，法制工作委员会召开会议，邀请部分全国人大代表、专家学者、基层立法联系点、种子企业、基层干部等，就草案主要内容的可行性、法律出台时机、法律实施的社会效果和可能出现的问题等进行评估。普遍认为，草案贯彻落实党中央决策部署，加强植物新品种权保护，支持种业科学技术研究，调整部分行政审批事项，主要内容的针对性和可操作性较强，是可行的，建议尽快通过实施。与会人员还对草案提出了一些具体修改意见，有的意见已经采纳。

宪法和法律委员会已按上述意见提出了全国人民代表大会常务委员会关于修改《中华人民共和国种子法》的决定（草案），建议提请本次常委会会议审议通过。

修改决定草案和以上报告是否妥当，请审议。

# 全国人民代表大会宪法和法律委员会关于《全国人民代表大会常务委员会关于修改〈中华人民共和国种子法〉的决定（草案）》修改意见的报告

——2021 年 12 月 24 日在第十三届全国人民代表大会常务委员会第三十二次会议上

全国人民代表大会常务委员会：

本次常委会会议于 12 月 21 日上午对关于修改种子法的决定草案进行了分组审议。普遍认为，修改决定草案已经比较成熟，建议进一步修改后，提请本次常委会会议表决通过。同时，有些常委会组成人员和列席人员还提出了一些修改意见和建议。宪法和法律委员会于 12 月 21 日晚召开会议，逐条研究了常委会组成人员和列席人员的审议意见，对修改决定草案进行了审议。农业与农村委员会、最高人民法院、农业农村部、国家林业和草原局有关负责同志列席了会议。宪法和法律委员会认为，修改决定草案是可行的，同时，提出以下修改意见：

一、有的常委会组成人员建议，对加强种子规范化生产、提高种子质量提出明确要求。宪法和法律委员会经研究，建议将现行种子法第三十四条修改为：种子生产应当执行种子生产技术规程和种子检验、检疫规程，保证种子符合净度、纯度、发芽率等质量要求和检疫要求。县级以上人民政府农业农村、林业草原主管部门应当指导、支持种子生产经营者采用先进的种子生产技术，改进生产工艺，提高种子质量。

二、有的常委委员建议，对生产经营假种子行为按货值金额倍数处罚的起算标准作适当调整，进一步体现从严处罚的精神。宪法和法律委员会经研究，建议将上述起算标准由货值金额“五万元”改为“二万元”。

经与有关部门研究，建议将本决定的施行时间确定为 2022 年 3 月 1 日。

此外，根据常委会组成人员的审议意见，还对修改决定草案作了个别文字修改。

修改决定草案修改稿已按上述意见作了修改，宪法和法律委员会建议本次常委会会议审议通过。

修改决定草案修改稿和以上报告是否妥当，请审议。

# 中华人民共和国主席令

第一〇六号

《全国人民代表大会常务委员会关于修改〈中华人民共和国民事诉讼法〉的决定》已由中华人民共和国第十三届全国人民代表大会常务委员会第三十二次会议于 2021 年 12 月 24 日通过，现予公布，自 2022 年 1 月 1 日起施行。

中华人民共和国主席　习近平

2021 年 12 月 24 日

# 全国人民代表大会常务委员会关于修改《中华人民共和国民事诉讼法》的决定

（2021 年 12 月 24 日第十三届全国人民代表大会常务委员会第三十二次会议通过）

第十三届全国人民代表大会常务委员会第三十二次会议决定对《中华人民共和国民事诉讼法》作如下修改：

一、增加一条，作为第十六条：“经当事人同意，民事诉讼活动可以通过信息网络平台在线进行。

“民事诉讼活动通过信息网络平台在线进行的，与线下诉讼活动具有同等法律效力。”

二、将第三十九条改为第四十条，第二款修改为：“适用简易程序审理的民事案件，由审判员一人独任审理。基层人民法院审理的基本事实清楚、权利义务关系明确的第一审民事案件，可以由审判员一人适用普通程序独任审理。”

三、将第四十条改为第四十一条，增加一款，作为第二款：“中级人民法院对第一审适用简易程序审结或者不服裁定提起上诉的第二审民事案件，事实清楚、权利义务关系明确的，经双方当事人同意，可以由审判员一人独任审理。”

四、增加一条，作为第四十二条：“人民法院审理下列民事案件，不得由审判员一人独任审理：

“（一）涉及国家利益、社会公共利益的案件；

“（二）涉及群体性纠纷，可能影响社会稳定的案件；

“（三）人民群众广泛关注或者其他社会影响较大的案件；

“（四）属于新类型或者疑难复杂的案件；

“（五）法律规定应当组成合议庭审理的案件；

“（六）其他不宜由审判员一人独任审理的案件。”

五、增加一条，作为第四十三条：“人民法院在审理过程中，发现案件不宜由审判员一人独任审理的，应当裁定转由合议庭审理。

“当事人认为案件由审判员一人独任审理违反

法律规定的，可以向人民法院提出异议。人民法院对当事人提出的异议应当审查，异议成立的，裁定转由合议庭审理；异议不成立的，裁定驳回。”

**六**、将第八十七条改为第九十条，修改为：“经受送达人同意，人民法院可以采用能够确认其收悉的电子方式送达诉讼文书。通过电子方式送达的判决书、裁定书、调解书，受送达人提出需要纸质文书的，人民法院应当提供。

“采用前款方式送达的，以送达信息到达受送达人特定系统的日期为送达日期。”

**七**、将第九十二条改为第九十五条，第一款修改为：“受送达人下落不明，或者用本节规定的其他方式无法送达的，公告送达。自发出公告之日起，经过三十日，即视为送达。”

**八**、将第一百六十一条改为第一百六十四条，修改为：“人民法院适用简易程序审理案件，应当在立案之日起三个月内审结。有特殊情况需要延长的，经本院院长批准，可以延长一个月。”

**九**、将第一百六十二条改为第一百六十五条，修改为：“基层人民法院和它派出的法庭审理事实清楚、权利义务关系明确、争议不大的简单金钱给付民事案件，标的额为各省、自治区、直辖市上年度就业人员年平均工资百分之五十以下的，适用小额诉讼的程序审理，实行一审终审。

“基层人民法院和它派出的法庭审理前款规定的民事案件，标的额超过各省、自治区、直辖市上年度就业人员年平均工资百分之五十但在二倍以下的，当事人双方也可以约定适用小额诉讼的程序。”

**十**、增加一条，作为第一百六十六条：“人民法院审理下列民事案件，不适用小额诉讼的程序：

“（一）人身关系、财产确权案件；

“（二）涉外案件；

“（三）需要评估、鉴定或者对诉前评估、鉴定结果有异议的案件；

“（四）一方当事人下落不明的案件；

“（五）当事人提出反诉的案件；

“（六）其他不宜适用小额诉讼的程序审理的案件。”

**十一**、增加一条，作为第一百六十七条：“人民法院适用小额诉讼的程序审理案件，可以一次开庭审结并且当庭宣判。”

**十二**、增加一条，作为第一百六十八条：“人民法院适用小额诉讼的程序审理案件，应当在立案之日起两个月内审结。有特殊情况需要延长的，经本院院长批准，可以延长一个月。”

**十三**、增加一条，作为第一百六十九条：“人民法院在审理过程中，发现案件不宜适用小额诉讼的程序的，应当适用简易程序的其他规定审理或者裁定转为普通程序。

“当事人认为案件适用小额诉讼的程序审理违反法律规定的，可以向人民法院提出异议。人民法院对当事人提出的异议应当审查，异议成立的，应当适用简易程序的其他规定审理或者裁定转为普通程序；异议不成立的，裁定驳回。”

**十四**、将第一百六十九条改为第一百七十六条，第一款修改为：“第二审人民法院对上诉案件应当开庭审理。经过阅卷、调查和询问当事人，对没有提出新的事实、证据或者理由，人民法院认为不需要开庭审理的，可以不开庭审理。”

**十五**、将第一百九十四条改为第二百零一条，修改为：“经依法设立的调解组织调解达成调解协议，申请司法确认的，由双方当事人自调解协议生效之日起三十日内，共同向下列人民法院提出：

“（一）人民法院邀请调解组织开展先行调解的，向作出邀请的人民法院提出；

“（二）调解组织自行开展调解的，向当事人住所地、标的物所在地、调解组织所在地的基层人民法院提出；调解协议所涉纠纷应当由中级人民法院管辖的，向相应的中级人民法院提出。”

**十六**、将第十三条中的“诚实信用”修改为“诚信”；将第四十六条、第一百三十七条、第一百四十一条中的“审判长”修改为“审判长或者独任审判员”；将第八十二条中的“节假日”修改为“法定休假日”；将第一百零六条、第一百五十一条、第二百零六条、第二百五十七条中的“抚育费”修改为“抚养费”；将第一百二十八条中的“合议庭组成人员”修改为“审判人员”；将第一百四十九条中的“由本院院长批准”修改为“经本院院长批准”；将第一百八十四条、第一百八十五条中的“意外事故”修改为“意外事件”；将第一百八十七条中的“其近亲属或者其他利害关系人”修改为“利害关系人或者有关组织”；将第一百九十条中的“或者他的监护人”修改为“本人、利害关系人或者有关组织”；将第一百九十三条中的“民法通则”修改为“民法典”；将第一百九十六条中的“物权法”修改为“民法典”；将第二百三十九条中的“从规定的每次履行期间的最后一日起计算”修改为“从最后一期履行期限届满之日起计算”。

本决定自 2022 年 1 月 1 日起施行。

《中华人民共和国民事诉讼法》根据本决定作相应修改并对条文顺序作相应调整，重新公布。

# 中华人民共和国民事诉讼法

（1991 年 4 月 9 日第七届全国人民代表大会第四次会议通过　根据 2007 年 10 月 28 日第十届全国人民代表大会常务委员会第三十次会议《关于修改〈中华人民共和国民事诉讼法〉的决定》第一次修正　根据 2012 年 8 月 31 日第十一届全国人民代表大会常务委员会第二十八次会议《关于修改〈中华人民共和国民事诉讼法〉的决定》第二次修正　根据 2017 年 6 月 27 日第十二届全国人民代表大会常务委员会第二十八次会议《关于修改〈中华人民共和国民事诉讼法〉和〈中华人民共和国行政诉讼法〉的决定》第三次修正　根据 2021 年 12 月 24 日第十三届全国人民代表大会常务委员会第三十二次会议《关于修改〈中华人民共和国民事诉讼法〉的决定》第四次修正）

## 目　录



## 第一编　总　　则

### 第一章　任务、适用范围和基本原则

**第一条**　中华人民共和国民事诉讼法以宪法为根据，结合我国民事审判工作的经验和实际情况制定。

**第二条** 中华人民共和国民事诉讼法的任务，是保护当事人行使诉讼权利，保证人民法院查明事实，分清是非，正确适用法律，及时审理民事案件，确认民事权利义务关系，制裁民事违法行为，保护当事人的合法权益，教育公民自觉遵守法律，维护社会秩序、经济秩序，保障社会主义建设事业顺利进行。

**第三条** 人民法院受理公民之间、法人之间、其他组织之间以及他们相互之间因财产关系和人身关系提起的民事诉讼，适用本法的规定。

**第四条** 凡在中华人民共和国领域内进行民事诉讼，必须遵守本法。

**第五条** 外国人、无国籍人、外国企业和组织在人民法院起诉、应诉，同中华人民共和国公民、法人和其他组织有同等的诉讼权利义务。

外国法院对中华人民共和国公民、法人和其他组织的民事诉讼权利加以限制的，中华人民共和国人民法院对该国公民、企业和组织的民事诉讼权利，实行对等原则。

**第六条** 民事案件的审判权由人民法院行使。

人民法院依照法律规定对民事案件独立进行审判，不受行政机关、社会团体和个人的干涉。

**第七条** 人民法院审理民事案件，必须以事实为根据，以法律为准绳。

**第八条** 民事诉讼当事人有平等的诉讼权利。人民法院审理民事案件，应当保障和便利当事人行使诉讼权利，对当事人在适用法律上一律平等。

**第九条** 人民法院审理民事案件，应当根据自愿和合法的原则进行调解；调解不成的，应当及时判决。

**第十条** 人民法院审理民事案件，依照法律规定实行合议、回避、公开审判和两审终审制度。

**第十一条** 各民族公民都有用本民族语言、文字进行民事诉讼的权利。

在少数民族聚居或者多民族共同居住的地区，人民法院应当用当地民族通用的语言、文字进行审理和发布法律文书。

人民法院应当对不通晓当地民族通用的语言、文字的诉讼参与人提供翻译。

**第十二条** 人民法院审理民事案件时，当事人有权进行辩论。

**第十三条** 民事诉讼应当遵循诚信原则。

当事人有权在法律规定的范围内处分自己的民事权利和诉讼权利。

**第十四条** 人民检察院有权对民事诉讼实行法律监督。

**第十五条** 机关、社会团体、企业事业单位对损害国家、集体或者个人民事权益的行为，可以支持受损害的单位或者个人向人民法院起诉。

**第十六条** 经当事人同意，民事诉讼活动可以通过信息网络平台在线进行。

民事诉讼活动通过信息网络平台在线进行的，与线下诉讼活动具有同等法律效力。

**第十七条** 民族自治地方的人民代表大会根据宪法和本法的原则，结合当地民族的具体情况，可以制定变通或者补充的规定。自治区的规定，报全国人民代表大会常务委员会批准。自治州、自治县的规定，报省或者自治区的人民代表大会常务委员会批准，并报全国人民代表大会常务委员会备案。

## 第二章 管 辖

### 第一节 级别管辖

**第十八条** 基层人民法院管辖第一审民事案件，但本法另有规定的除外。

**第十九条** 中级人民法院管辖下列第一审民事案件：

（一）重大涉外案件；

（二）在本辖区有重大影响的案件；

（三）最高人民法院确定由中级人民法院管辖的案件。

**第二十条** 高级人民法院管辖在本辖区有重大影响的第一审民事案件。

**第二十一条** 最高人民法院管辖下列第一审民事案件：

（一）在全国有重大影响的案件；

（二）认为应当由本院审理的案件。

### 第二节 地域管辖

**第二十二条** 对公民提起的民事诉讼，由被告住所地人民法院管辖；被告住所地与经常居住地不一致的，由经常居住地人民法院管辖。

对法人或者其他组织提起的民事诉讼，由被告住所地人民法院管辖。

同一诉讼的几个被告住所地、经常居住地在两个以上人民法院辖区的，各该人民法院都有管辖权。

**第二十三条** 下列民事诉讼，由原告住所地人民法院管辖；原告住所地与经常居住地不一致的，由原告经常居住地人民法院管辖：

（一）对不在中华人民共和国领域内居住的人

提起的有关身份关系的诉讼；

（二）对下落不明或者宣告失踪的人提起的有关身份关系的诉讼；

（三）对被采取强制性教育措施的人提起的诉讼；

（四）对被监禁的人提起的诉讼。

**第二十四条**　因合同纠纷提起的诉讼，由被告住所地或者合同履行地人民法院管辖。

**第二十五条**　因保险合同纠纷提起的诉讼，由被告住所地或者保险标的物所在地人民法院管辖。

**第二十六条**　因票据纠纷提起的诉讼，由票据支付地或者被告住所地人民法院管辖。

**第二十七条**　因公司设立、确认股东资格、分配利润、解散等纠纷提起的诉讼，由公司住所地人民法院管辖。

**第二十八条**　因铁路、公路、水上、航空运输和联合运输合同纠纷提起的诉讼，由运输始发地、目的地或者被告住所地人民法院管辖。

**第二十九条**　因侵权行为提起的诉讼，由侵权行为地或者被告住所地人民法院管辖。

**第三十条**　因铁路、公路、水上和航空事故请求损害赔偿提起的诉讼，由事故发生地或者车辆、船舶最先到达地、航空器最先降落地或者被告住所地人民法院管辖。

**第三十一条**　因船舶碰撞或者其他海事损害事故请求损害赔偿提起的诉讼，由碰撞发生地、碰撞船舶最先到达地、加害船舶被扣留地或者被告住所地人民法院管辖。

**第三十二条**　因海难救助费用提起的诉讼，由救助地或者被救助船舶最先到达地人民法院管辖。

**第三十三条**　因共同海损提起的诉讼，由船舶最先到达地、共同海损理算地或者航程终止地的人民法院管辖。

**第三十四条**　下列案件，由本条规定的人民法院专属管辖：

（一）因不动产纠纷提起的诉讼，由不动产所在地人民法院管辖；

（二）因港口作业中发生纠纷提起的诉讼，由港口所在地人民法院管辖；

（三）因继承遗产纠纷提起的诉讼，由被继承人死亡时住所地或者主要遗产所在地人民法院管辖。

**第三十五条**　合同或者其他财产权益纠纷的当事人可以书面协议选择被告住所地、合同履行地、合同签订地、原告住所地、标的物所在地等与争议有实际联系的地点的人民法院管辖，但不得违反本法对级别管辖和专属管辖的规定。

**第三十六条**　两个以上人民法院都有管辖权的诉讼，原告可以向其中一个人民法院起诉；原告向两个以上有管辖权的人民法院起诉的，由最先立案的人民法院管辖。

### 第三节　移送管辖和指定管辖

**第三十七条**　人民法院发现受理的案件不属于本院管辖的，应当移送有管辖权的人民法院，受移送的人民法院应当受理。受移送的人民法院认为受移送的案件依照规定不属于本院管辖的，应当报请上级人民法院指定管辖，不得再自行移送。

**第三十八条**　有管辖权的人民法院由于特殊原因，不能行使管辖权的，由上级人民法院指定管辖。

人民法院之间因管辖权发生争议，由争议双方协商解决；协商解决不了的，报请它们的共同上级人民法院指定管辖。

**第三十九条**　上级人民法院有权审理下级人民法院管辖的第一审民事案件；确有必要将本院管辖的第一审民事案件交下级人民法院审理的，应当报请其上级人民法院批准。

下级人民法院对它所管辖的第一审民事案件，认为需要由上级人民法院审理的，可以报请上级人民法院审理。

## 第三章　审判组织

**第四十条**　人民法院审理第一审民事案件，由审判员、陪审员共同组成合议庭或者由审判员组成合议庭。合议庭的成员人数，必须是单数。

适用简易程序审理的民事案件，由审判员一人独任审理。基层人民法院审理的基本事实清楚、权利义务关系明确的第一审民事案件，可以由审判员一人适用普通程序独任审理。

陪审员在执行陪审职务时，与审判员有同等的权利义务。

**第四十一条**　人民法院审理第二审民事案件，由审判员组成合议庭。合议庭的成员人数，必须是单数。

中级人民法院对第一审适用简易程序审结或者不服裁定提起上诉的第二审民事案件，事实清楚、权利义务关系明确的，经双方当事人同意，可以由审判员一人独任审理。

发回重审的案件，原审人民法院应当按照第一审程序另行组成合议庭。

审理再审案件，原来是第一审的，按照第一审程序另行组成合议庭；原来是第二审的或者是上级人民法院提审的，按照第二审程序另行组成合议庭。

**第四十二条** 人民法院审理下列民事案件，不得由审判员一人独任审理：

（一）涉及国家利益、社会公共利益的案件；

（二）涉及群体性纠纷，可能影响社会稳定的案件；

（三）人民群众广泛关注或者其他社会影响较大的案件；

（四）属于新类型或者疑难复杂的案件；

（五）法律规定应当组成合议庭审理的案件；

（六）其他不宜由审判员一人独任审理的案件。

**第四十三条** 人民法院在审理过程中，发现案件不宜由审判员一人独任审理的，应当裁定转由合议庭审理。

当事人认为案件由审判员一人独任审理违反法律规定的，可以向人民法院提出异议。人民法院对当事人提出的异议应当审查，异议成立的，裁定转由合议庭审理；异议不成立的，裁定驳回。

**第四十四条** 合议庭的审判长由院长或者庭长指定审判员一人担任；院长或者庭长参加审判的，由院长或者庭长担任。

**第四十五条** 合议庭评议案件，实行少数服从多数的原则。评议应当制作笔录，由合议庭成员签名。评议中的不同意见，必须如实记入笔录。

**第四十六条** 审判人员应当依法秉公办案。

审判人员不得接受当事人及其诉讼代理人请客送礼。

审判人员有贪污受贿，徇私舞弊，枉法裁判行为的，应当追究法律责任；构成犯罪的，依法追究刑事责任。

## 第四章 回 避

**第四十七条** 审判人员有下列情形之一的，应当自行回避，当事人有权用口头或者书面方式申请他们回避：

（一）是本案当事人或者当事人、诉讼代理人近亲属的；

（二）与本案有利害关系的；

（三）与本案当事人、诉讼代理人有其他关系，可能影响对案件公正审理的。

审判人员接受当事人、诉讼代理人请客送礼，或者违反规定会见当事人、诉讼代理人的，当事人有权要求他们回避。

审判人员有前款规定的行为的，应当依法追究法律责任。

前三款规定，适用于书记员、翻译人员、鉴定人、勘验人。

**第四十八条** 当事人提出回避申请，应当说明理由，在案件开始审理时提出；回避事由在案件开始审理后知道的，也可以在法庭辩论终结前提出。

被申请回避的人员在人民法院作出是否回避的决定前，应当暂停参与本案的工作，但案件需要采取紧急措施的除外。

**第四十九条** 院长担任审判长或者独任审判员时的回避，由审判委员会决定；审判人员的回避，由院长决定；其他人员的回避，由审判长或者独任审判员决定。

**第五十条** 人民法院对当事人提出的回避申请，应当在申请提出的三日内，以口头或者书面形式作出决定。申请人对决定不服的，可以在接到决定时申请复议一次。复议期间，被申请回避的人员，不停止参与本案的工作。人民法院对复议申请，应当在三日内作出复议决定，并通知复议申请人。

## 第五章 诉讼参加人

### 第一节 当事人

**第五十一条** 公民、法人和其他组织可以作为民事诉讼的当事人。

法人由其法定代表人进行诉讼。其他组织由其主要负责人进行诉讼。

**第五十二条** 当事人有权委托代理人，提出回避申请，收集、提供证据，进行辩论，请求调解，提起上诉，申请执行。

当事人可以查阅本案有关材料，并可以复制本案有关材料和法律文书。查阅、复制本案有关材料的范围和办法由最高人民法院规定。

当事人必须依法行使诉讼权利，遵守诉讼秩序，履行发生法律效力的判决书、裁定书和调解书。

**第五十三条** 双方当事人可以自行和解。

**第五十四条** 原告可以放弃或者变更诉讼请求。被告可以承认或者反驳诉讼请求，有权提起反诉。

**第五十五条** 当事人一方或者双方为二人以上，其诉讼标的是共同的，或者诉讼标的是同一种类、人民法院认为可以合并审理并经当事人同意的,为共同诉讼。

共同诉讼的一方当事人对诉讼标的有共同权利义务的,其中一人的诉讼行为经其他共同诉讼人承认,对其他共同诉讼人发生效力;对诉讼标的没有共同权利义务的,其中一人的诉讼行为对其他共同诉讼人不发生效力。

**第五十六条** 当事人一方人数众多的共同诉讼,可以由当事人推选代表人进行诉讼。代表人的诉讼行为对其所代表的当事人发生效力,但代表人变更、放弃诉讼请求或者承认对方当事人的诉讼请求,进行和解,必须经被代表的当事人同意。

**第五十七条** 诉讼标的是同一种类、当事人一方人数众多在起诉时人数尚未确定的,人民法院可以发出公告,说明案件情况和诉讼请求,通知权利人在一定期间向人民法院登记。

向人民法院登记的权利人可以推选代表人进行诉讼;推选不出代表人的,人民法院可以与参加登记的权利人商定代表人。

代表人的诉讼行为对其所代表的当事人发生效力,但代表人变更、放弃诉讼请求或者承认对方当事人的诉讼请求,进行和解,必须经被代表的当事人同意。

人民法院作出的判决、裁定,对参加登记的全体权利人发生效力。未参加登记的权利人在诉讼时效期间提起诉讼的,适用该判决、裁定。

**第五十八条** 对污染环境、侵害众多消费者合法权益等损害社会公共利益的行为,法律规定的机关和有关组织可以向人民法院提起诉讼。

人民检察院在履行职责中发现破坏生态环境和资源保护、食品药品安全领域侵害众多消费者合法权益等损害社会公共利益的行为,在没有前款规定的机关和组织或者前款规定的机关和组织不提起诉讼的情况下,可以向人民法院提起诉讼。前款规定的机关或者组织提起诉讼的,人民检察院可以支持起诉。

**第五十九条** 对当事人双方的诉讼标的,第三人认为有独立请求权的,有权提起诉讼。

对当事人双方的诉讼标的,第三人虽然没有独立请求权,但案件处理结果同他有法律上的利害关系的,可以申请参加诉讼,或者由人民法院通知他参加诉讼。人民法院判决承担民事责任的第三人,有当事人的诉讼权利义务。

前两款规定的第三人,因不能归责于本人的事由未参加诉讼,但有证据证明发生法律效力的判决、裁定、调解书的部分或者全部内容错误,损害其民事权益的,可以自知道或者应当知道其民事权益受到损害之日起六个月内,向作出该判决、裁定、调解书的人民法院提起诉讼。人民法院经审理,诉讼请求成立的,应当改变或者撤销原判决、裁定、调解书;诉讼请求不成立的,驳回诉讼请求。

### 第二节 诉讼代理人

**第六十条** 无诉讼行为能力人由他的监护人作为法定代理人代为诉讼。法定代理人之间互相推诿代理责任的,由人民法院指定其中一人代为诉讼。

**第六十一条** 当事人、法定代理人可以委托一至二人作为诉讼代理人。

下列人员可以被委托为诉讼代理人:

(一)律师、基层法律服务工作者;

(二)当事人的近亲属或者工作人员;

(三)当事人所在社区、单位以及有关社会团体推荐的公民。

**第六十二条** 委托他人代为诉讼,必须向人民法院提交由委托人签名或者盖章的授权委托书。

授权委托书必须记明委托事项和权限。诉讼代理人代为承认、放弃、变更诉讼请求,进行和解,提起反诉或者上诉,必须有委托人的特别授权。

侨居在国外的中华人民共和国公民从国外寄交或者托交的授权委托书,必须经中华人民共和国驻该国的使领馆证明;没有使领馆的,由与中华人民共和国有外交关系的第三国驻该国的使领馆证明,再转由中华人民共和国驻该第三国使领馆证明,或者由当地的爱国华侨团体证明。

**第六十三条** 诉讼代理人的权限如果变更或者解除,当事人应当书面告知人民法院,并由人民法院通知对方当事人。

**第六十四条** 代理诉讼的律师和其他诉讼代理人有权调查收集证据,可以查阅本案有关材料。查阅本案有关材料的范围和办法由最高人民法院规定。

**第六十五条** 离婚案件有诉讼代理人的,本人除不能表达意思的以外,仍应出庭;确因特殊情况无法出庭的,必须向人民法院提交书面意见。

## 第六章 证 据

**第六十六条** 证据包括:

(一)当事人的陈述;

（二）书证；

（三）物证；

（四）视听资料；

（五）电子数据；

（六）证人证言；

（七）鉴定意见；

（八）勘验笔录。

证据必须查证属实，才能作为认定事实的根据。

**第六十七条** 当事人对自己提出的主张，有责任提供证据。

当事人及其诉讼代理人因客观原因不能自行收集的证据，或者人民法院认为审理案件需要的证据，人民法院应当调查收集。

人民法院应当按照法定程序，全面地、客观地审查核实证据。

**第六十八条** 当事人对自己提出的主张应当及时提供证据。

人民法院根据当事人的主张和案件审理情况，确定当事人应当提供的证据及其期限。当事人在该期限内提供证据确有困难的，可以向人民法院申请延长期限，人民法院根据当事人的申请适当延长。当事人逾期提供证据的，人民法院应当责令其说明理由；拒不说明理由或者理由不成立的，人民法院根据不同情形可以不予采纳该证据，或者采纳该证据但予以训诫、罚款。

**第六十九条** 人民法院收到当事人提交的证据材料，应当出具收据，写明证据名称、页数、份数、原件或者复印件以及收到时间等，并由经办人员签名或者盖章。

**第七十条** 人民法院有权向有关单位和个人调查取证，有关单位和个人不得拒绝。

人民法院对有关单位和个人提出的证明文书，应当辨别真伪，审查确定其效力。

**第七十一条** 证据应当在法庭上出示，并由当事人互相质证。对涉及国家秘密、商业秘密和个人隐私的证据应当保密，需要在法庭出示的，不得在公开开庭时出示。

**第七十二条** 经过法定程序公证证明的法律事实和文书，人民法院应当作为认定事实的根据，但有相反证据足以推翻公证证明的除外。

**第七十三条** 书证应当提交原件。物证应当提交原物。提交原件或者原物确有困难的，可以提交复制品、照片、副本、节录本。

提交外文书证，必须附有中文译本。

**第七十四条** 人民法院对视听资料，应当辨别真伪，并结合本案的其他证据，审查确定能否作为认定事实的根据。

**第七十五条** 凡是知道案件情况的单位和个人，都有义务出庭作证。有关单位的负责人应当支持证人作证。

不能正确表达意思的人，不能作证。

**第七十六条** 经人民法院通知，证人应当出庭作证。有下列情形之一的，经人民法院许可，可以通过书面证言、视听传输技术或者视听资料等方式作证：

（一）因健康原因不能出庭的；

（二）因路途遥远，交通不便不能出庭的；

（三）因自然灾害等不可抗力不能出庭的；

（四）其他有正当理由不能出庭的。

**第七十七条** 证人因履行出庭作证义务而支出的交通、住宿、就餐等必要费用以及误工损失，由败诉一方当事人负担。当事人申请证人作证的，由该当事人先行垫付；当事人没有申请，人民法院通知证人作证的，由人民法院先行垫付。

**第七十八条** 人民法院对当事人的陈述，应当结合本案的其他证据，审查确定能否作为认定事实的根据。

当事人拒绝陈述的，不影响人民法院根据证据认定案件事实。

**第七十九条** 当事人可以就查明事实的专门性问题向人民法院申请鉴定。当事人申请鉴定的，由双方当事人协商确定具备资格的鉴定人；协商不成的，由人民法院指定。

当事人未申请鉴定，人民法院对专门性问题认为需要鉴定的，应当委托具备资格的鉴定人进行鉴定。

**第八十条** 鉴定人有权了解进行鉴定所需要的案件材料，必要时可以询问当事人、证人。

鉴定人应当提出书面鉴定意见，在鉴定书上签名或者盖章。

**第八十一条** 当事人对鉴定意见有异议或者人民法院认为鉴定人有必要出庭的，鉴定人应当出庭作证。经人民法院通知，鉴定人拒不出庭作证的，鉴定意见不得作为认定事实的根据；支付鉴定费用的当事人可以要求返还鉴定费用。

**第八十二条** 当事人可以申请人民法院通知有专门知识的人出庭，就鉴定人作出的鉴定意见或者专业问题提出意见。

**第八十三条** 勘验物证或者现场，勘验人必须出示人民法院的证件，并邀请当地基层组织或者当事人所在单位派人参加。当事人或者当事人的成年家属应当到场，拒不到场的，不影响勘验的进行。

有关单位和个人根据人民法院的通知，有义务保护现场，协助勘验工作。

勘验人应当将勘验情况和结果制作笔录，由勘验人、当事人和被邀参加人签名或者盖章。

**第八十四条**　在证据可能灭失或者以后难以取得的情况下，当事人可以在诉讼过程中向人民法院申请保全证据，人民法院也可以主动采取保全措施。

因情况紧急，在证据可能灭失或者以后难以取得的情况下，利害关系人可以在提起诉讼或者申请仲裁前向证据所在地、被申请人住所地或者对案件有管辖权的人民法院申请保全证据。

证据保全的其他程序，参照适用本法第九章保全的有关规定。

## 第七章　期间、送达

### 第一节　期　　间

**第八十五条**　期间包括法定期间和人民法院指定的期间。

期间以时、日、月、年计算。期间开始的时和日，不计算在期间内。

期间届满的最后一日是法定休假日的，以法定休假日后的第一日为期间届满的日期。

期间不包括在途时间，诉讼文书在期满前交邮的，不算过期。

**第八十六条**　当事人因不可抗拒的事由或者其他正当理由耽误期限的，在障碍消除后的十日内，可以申请顺延期限，是否准许，由人民法院决定。

### 第二节　送　　达

**第八十七条**　送达诉讼文书必须有送达回证，由受送达人在送达回证上记明收到日期，签名或者盖章。

受送达人在送达回证上的签收日期为送达日期。

**第八十八条**　送达诉讼文书，应当直接送交受送达人。受送达人是公民的，本人不在交他的同住成年家属签收；受送达人是法人或者其他组织的，应当由法人的法定代表人、其他组织的主要负责人或者该法人、组织负责收件的人签收；受送达人有诉讼代理人的，可以送交其代理人签收；受送达人已向人民法院指定代收人的，送交代收人签收。

受送达人的同住成年家属，法人或者其他组织的负责收件的人，诉讼代理人或者代收人在送达回证上签收的日期为送达日期。

**第八十九条**　受送达人或者他的同住成年家属拒绝接收诉讼文书的，送达人可以邀请有关基层组织或者所在单位的代表到场，说明情况，在送达回证上记明拒收事由和日期，由送达人、见证人签名或者盖章，把诉讼文书留在受送达人的住所；也可以把诉讼文书留在受送达人的住所，并采用拍照、录像等方式记录送达过程，即视为送达。

**第九十条**　经受送达人同意，人民法院可以采用能够确认其收悉的电子方式送达诉讼文书。通过电子方式送达的判决书、裁定书、调解书，受送达人提出需要纸质文书的，人民法院应当提供。

采用前款方式送达的，以送达信息到达受送达人特定系统的日期为送达日期。

**第九十一条**　直接送达诉讼文书有困难的，可以委托其他人民法院代为送达，或者邮寄送达。邮寄送达的，以回执上注明的收件日期为送达日期。

**第九十二条**　受送达人是军人的，通过其所在部队团以上单位的政治机关转交。

**第九十三条**　受送达人被监禁的，通过其所在监所转交。

受送达人被采取强制性教育措施的，通过其所在强制性教育机构转交。

**第九十四条**　代为转交的机关、单位收到诉讼文书后，必须立即交受送达人签收，以在送达回证上的签收日期，为送达日期。

**第九十五条**　受送达人下落不明，或者用本节规定的其他方式无法送达的，公告送达。自发出公告之日起，经过三十日，即视为送达。

公告送达，应当在案卷中记明原因和经过。

## 第八章　调　　解

**第九十六条**　人民法院审理民事案件，根据当事人自愿的原则，在事实清楚的基础上，分清是非，进行调解。

**第九十七条**　人民法院进行调解，可以由审判员一人主持，也可以由合议庭主持，并尽可能就地进行。

人民法院进行调解，可以用简便方式通知当事人、证人到庭。

**第九十八条**　人民法院进行调解，可以邀请有关单位和个人协助。被邀请的单位和个人，应当协助人民法院进行调解。

**第九十九条** 调解达成协议，必须双方自愿，不得强迫。调解协议的内容不得违反法律规定。

**第一百条** 调解达成协议，人民法院应当制作调解书。调解书应当写明诉讼请求、案件的事实和调解结果。

调解书由审判人员、书记员署名，加盖人民法院印章，送达双方当事人。

调解书经双方当事人签收后，即具有法律效力。

**第一百零一条** 下列案件调解达成协议，人民法院可以不制作调解书：

（一）调解和好的离婚案件；

（二）调解维持收养关系的案件；

（三）能够即时履行的案件；

（四）其他不需要制作调解书的案件。

对不需要制作调解书的协议，应当记入笔录，由双方当事人、审判人员、书记员签名或者盖章后，即具有法律效力。

**第一百零二条** 调解未达成协议或者调解书送达前一方反悔的，人民法院应当及时判决。

## 第九章 保全和先予执行

**第一百零三条** 人民法院对于可能因当事人一方的行为或者其他原因，使判决难以执行或者造成当事人其他损害的案件，根据对方当事人的申请，可以裁定对其财产进行保全、责令其作出一定行为或者禁止其作出一定行为；当事人没有提出申请的，人民法院在必要时也可以裁定采取保全措施。

人民法院采取保全措施，可以责令申请人提供担保，申请人不提供担保的，裁定驳回申请。

人民法院接受申请后，对情况紧急的，必须在四十八小时内作出裁定；裁定采取保全措施的，应当立即开始执行。

**第一百零四条** 利害关系人因情况紧急，不立即申请保全将会使其合法权益受到难以弥补的损害的，可以在提起诉讼或者申请仲裁前向被保全财产所在地、被申请人住所地或者对案件有管辖权的人民法院申请采取保全措施。申请人应当提供担保，不提供担保的，裁定驳回申请。

人民法院接受申请后，必须在四十八小时内作出裁定；裁定采取保全措施的，应当立即开始执行。

申请人在人民法院采取保全措施后三十日内不依法提起诉讼或者申请仲裁的，人民法院应当解除保全。

**第一百零五条** 保全限于请求的范围，或者与本案有关的财物。

**第一百零六条** 财产保全采取查封、扣押、冻结或者法律规定的其他方法。人民法院保全财产后，应当立即通知被保全财产的人。

财产已被查封、冻结的，不得重复查封、冻结。

**第一百零七条** 财产纠纷案件，被申请人提供担保的，人民法院应当裁定解除保全。

**第一百零八条** 申请有错误的，申请人应当赔偿被申请人因保全所遭受的损失。

**第一百零九条** 人民法院对下列案件，根据当事人的申请，可以裁定先予执行：

（一）追索赡养费、扶养费、抚养费、抚恤金、医疗费用的；

（二）追索劳动报酬的；

（三）因情况紧急需要先予执行的。

**第一百一十条** 人民法院裁定先予执行的，应当符合下列条件：

（一）当事人之间权利义务关系明确，不先予执行将严重影响申请人的生活或者生产经营的；

（二）被申请人有履行能力。

人民法院可以责令申请人提供担保，申请人不提供担保的，驳回申请。申请人败诉的，应当赔偿被申请人因先予执行遭受的财产损失。

**第一百一十一条** 当事人对保全或者先予执行的裁定不服的，可以申请复议一次。复议期间不停止裁定的执行。

## 第十章 对妨害民事诉讼的强制措施

**第一百一十二条** 人民法院对必须到庭的被告，经两次传票传唤，无正当理由拒不到庭的，可以拘传。

**第一百一十三条** 诉讼参与人和其他人应当遵守法庭规则。

人民法院对违反法庭规则的人，可以予以训诫，责令退出法庭或者予以罚款、拘留。

人民法院对哄闹、冲击法庭，侮辱、诽谤、威胁、殴打审判人员，严重扰乱法庭秩序的人，依法追究刑事责任；情节较轻的，予以罚款、拘留。

**第一百一十四条** 诉讼参与人或者其他人有下列行为之一的，人民法院可以根据情节轻重予以罚款、拘留；构成犯罪的，依法追究刑事责任：

（一）伪造、毁灭重要证据，妨碍人民法院审理案件的；

（二）以暴力、威胁、贿买方法阻止证人作证或者指使、贿买、胁迫他人作伪证的；

（三）隐藏、转移、变卖、毁损已被查封、扣押的财产，或者已被清点并责令其保管的财产，转移已被冻结的财产的；

（四）对司法工作人员、诉讼参加人、证人、翻译人员、鉴定人、勘验人、协助执行的人，进行侮辱、诽谤、诬陷、殴打或者打击报复的；

（五）以暴力、威胁或者其他方法阻碍司法工作人员执行职务的；

（六）拒不履行人民法院已经发生法律效力的判决、裁定的。

人民法院对有前款规定的行为之一的单位，可以对其主要负责人或者直接责任人员予以罚款、拘留；构成犯罪的，依法追究刑事责任。

**第一百一十五条** 当事人之间恶意串通，企图通过诉讼、调解等方式侵害他人合法权益的，人民法院应当驳回其请求，并根据情节轻重予以罚款、拘留；构成犯罪的，依法追究刑事责任。

**第一百一十六条** 被执行人与他人恶意串通，通过诉讼、仲裁、调解等方式逃避履行法律文书确定的义务的，人民法院应当根据情节轻重予以罚款、拘留；构成犯罪的，依法追究刑事责任。

**第一百一十七条** 有义务协助调查、执行的单位有下列行为之一的，人民法院除责令其履行协助义务外，并可以予以罚款：

（一）有关单位拒绝或者妨碍人民法院调查取证的；

（二）有关单位接到人民法院协助执行通知书后，拒不协助查询、扣押、冻结、划拨、变价财产的；

（三）有关单位接到人民法院协助执行通知书后，拒不协助扣留被执行人的收入、办理有关财产权证照转移手续、转交有关票证、证照或者其他财产的；

（四）其他拒绝协助执行的。

人民法院对有前款规定的行为之一的单位，可以对其主要负责人或者直接责任人员予以罚款；对仍不履行协助义务的，可以予以拘留；并可以向监察机关或者有关机关提出予以纪律处分的司法建议。

**第一百一十八条** 对个人的罚款金额，为人民币十万元以下。对单位的罚款金额，为人民币五万元以上一百万元以下。

拘留的期限，为十五日以下。

被拘留的人，由人民法院交公安机关看管。在拘留期间，被拘留人承认并改正错误的，人民法院可以决定提前解除拘留。

**第一百一十九条** 拘传、罚款、拘留必须经院长批准。

拘传应当发拘传票。

罚款、拘留应当用决定书。对决定不服的，可以向上一级人民法院申请复议一次。复议期间不停止执行。

**第一百二十条** 采取对妨害民事诉讼的强制措施必须由人民法院决定。任何单位和个人采取非法拘禁他人或者非法私自扣押他人财产追索债务的，应当依法追究刑事责任，或者予以拘留、罚款。

### 第十一章 诉讼费用

**第一百二十一条** 当事人进行民事诉讼，应当按照规定交纳案件受理费。财产案件除交纳案件受理费外，并按照规定交纳其他诉讼费用。

当事人交纳诉讼费用确有困难的，可以按照规定向人民法院申请缓交、减交或者免交。

收取诉讼费用的办法另行制定。

## 第二编 审判程序

### 第十二章 第一审普通程序

#### 第一节 起诉和受理

**第一百二十二条** 起诉必须符合下列条件：

（一）原告是与本案有直接利害关系的公民、法人和其他组织；

（二）有明确的被告；

（三）有具体的诉讼请求和事实、理由；

（四）属于人民法院受理民事诉讼的范围和受诉人民法院管辖。

**第一百二十三条** 起诉应当向人民法院递交起诉状，并按照被告人数提出副本。

书写起诉状确有困难的，可以口头起诉，由人民法院记入笔录，并告知对方当事人。

**第一百二十四条** 起诉状应当记明下列事项：

（一）原告的姓名、性别、年龄、民族、职业、工作单位、住所、联系方式，法人或者其他组织的名称、住所和法定代表人或者主要负责人的姓名、职务、联系方式；

（二）被告的姓名、性别、工作单位、住所等信息，法人或者其他组织的名称、住所等信息；

（三）诉讼请求和所根据的事实与理由；

（四）证据和证据来源，证人姓名和住所。

**第一百二十五条**　当事人起诉到人民法院的民事纠纷，适宜调解的，先行调解，但当事人拒绝调解的除外。

**第一百二十六条**　人民法院应当保障当事人依照法律规定享有的起诉权利。对符合本法第一百二十二条的起诉，必须受理。符合起诉条件的，应当在七日内立案，并通知当事人；不符合起诉条件的，应当在七日内作出裁定书，不予受理；原告对裁定不服的，可以提起上诉。

**第一百二十七条**　人民法院对下列起诉，分别情形，予以处理：

（一）依照行政诉讼法的规定，属于行政诉讼受案范围的，告知原告提起行政诉讼；

（二）依照法律规定，双方当事人达成书面仲裁协议申请仲裁、不得向人民法院起诉的，告知原告向仲裁机构申请仲裁；

（三）依照法律规定，应当由其他机关处理的争议，告知原告向有关机关申请解决；

（四）对不属于本院管辖的案件，告知原告向有管辖权的人民法院起诉；

（五）对判决、裁定、调解书已经发生法律效力的案件，当事人又起诉的，告知原告申请再审，但人民法院准许撤诉的裁定除外；

（六）依照法律规定，在一定期限内不得起诉的案件，在不得起诉的期限内起诉的，不予受理；

（七）判决不准离婚和调解和好的离婚案件，判决、调解维持收养关系的案件，没有新情况、新理由，原告在六个月内又起诉的，不予受理。

### 第二节　审理前的准备

**第一百二十八条**　人民法院应当在立案之日起五日内将起诉状副本发送被告，被告应当在收到之日起十五日内提出答辩状。答辩状应当记明被告的姓名、性别、年龄、民族、职业、工作单位、住所、联系方式；法人或者其他组织的名称、住所和法定代表人或者主要负责人的姓名、职务、联系方式。人民法院应当在收到答辩状之日起五日内将答辩状副本发送原告。

被告不提出答辩状的，不影响人民法院审理。

**第一百二十九条**　人民法院对决定受理的案件，应当在受理案件通知书和应诉通知书中向当事人告知有关的诉讼权利义务，或者口头告知。

**第一百三十条**　人民法院受理案件后，当事人对管辖权有异议的，应当在提交答辩状期间提出。人民法院对当事人提出的异议，应当审查。异议成立的，裁定将案件移送有管辖权的人民法院；异议不成立的，裁定驳回。

当事人未提出管辖异议，并应诉答辩的，视为受诉人民法院有管辖权，但违反级别管辖和专属管辖规定的除外。

**第一百三十一条**　审判人员确定后，应当在三日内告知当事人。

**第一百三十二条**　审判人员必须认真审核诉讼材料，调查收集必要的证据。

**第一百三十三条**　人民法院派出人员进行调查时，应当向被调查人出示证件。

调查笔录经被调查人校阅后，由被调查人、调查人签名或者盖章。

**第一百三十四条**　人民法院在必要时可以委托外地人民法院调查。

委托调查，必须提出明确的项目和要求。受委托人民法院可以主动补充调查。

受委托人民法院收到委托书后，应当在三十日内完成调查。因故不能完成的，应当在上述期限内函告委托人民法院。

**第一百三十五条**　必须共同进行诉讼的当事人没有参加诉讼的，人民法院应当通知其参加诉讼。

**第一百三十六条**　人民法院对受理的案件，分别情形，予以处理：

（一）当事人没有争议，符合督促程序规定条件的，可以转入督促程序；

（二）开庭前可以调解的，采取调解方式及时解决纠纷；

（三）根据案件情况，确定适用简易程序或者普通程序；

（四）需要开庭审理的，通过要求当事人交换证据等方式，明确争议焦点。

### 第三节　开庭审理

**第一百三十七条**　人民法院审理民事案件，除涉及国家秘密、个人隐私或者法律另有规定的以外，应当公开进行。

离婚案件，涉及商业秘密的案件，当事人申请不公开审理的，可以不公开审理。

**第一百三十八条**　人民法院审理民事案件，根据需要进行巡回审理，就地办案。

**第一百三十九条**　人民法院审理民事案件，应当在开庭三日前通知当事人和其他诉讼参与人。

公开审理的，应当公告当事人姓名、案由和开庭的时间、地点。

**第一百四十条**　开庭审理前，书记员应当查明当事人和其他诉讼参与人是否到庭，宣布法庭纪律。

开庭审理时，由审判长或者独任审判员核对当事人，宣布案由，宣布审判人员、书记员名单，告知当事人有关的诉讼权利义务，询问当事人是否提出回避申请。

**第一百四十一条**　法庭调查按照下列顺序进行：

（一）当事人陈述；

（二）告知证人的权利义务，证人作证，宣读未到庭的证人证言；

（三）出示书证、物证、视听资料和电子数据；

（四）宣读鉴定意见；

（五）宣读勘验笔录。

**第一百四十二条**　当事人在法庭上可以提出新的证据。

当事人经法庭许可，可以向证人、鉴定人、勘验人发问。

当事人要求重新进行调查、鉴定或者勘验的，是否准许，由人民法院决定。

**第一百四十三条**　原告增加诉讼请求，被告提出反诉，第三人提出与本案有关的诉讼请求，可以合并审理。

**第一百四十四条**　法庭辩论按照下列顺序进行：

（一）原告及其诉讼代理人发言；

（二）被告及其诉讼代理人答辩；

（三）第三人及其诉讼代理人发言或者答辩；

（四）互相辩论。

法庭辩论终结，由审判长或者独任审判员按照原告、被告、第三人的先后顺序征询各方最后意见。

**第一百四十五条**　法庭辩论终结，应当依法作出判决。判决前能够调解的，还可以进行调解，调解不成的，应当及时判决。

**第一百四十六条**　原告经传票传唤，无正当理由拒不到庭的，或者未经法庭许可中途退庭的，可以按撤诉处理；被告反诉的，可以缺席判决。

**第一百四十七条**　被告经传票传唤，无正当理由拒不到庭的，或者未经法庭许可中途退庭的，可以缺席判决。

**第一百四十八条**　宣判前，原告申请撤诉的，是否准许，由人民法院裁定。

人民法院裁定不准许撤诉的，原告经传票传唤，无正当理由拒不到庭的，可以缺席判决。

**第一百四十九条**　有下列情形之一的，可以延期开庭审理：

（一）必须到庭的当事人和其他诉讼参与人有正当理由没有到庭的；

（二）当事人临时提出回避申请的；

（三）需要通知新的证人到庭，调取新的证据，重新鉴定、勘验，或者需要补充调查的；

（四）其他应当延期的情形。

**第一百五十条**　书记员应当将法庭审理的全部活动记入笔录，由审判人员和书记员签名。

法庭笔录应当当庭宣读，也可以告知当事人和其他诉讼参与人当庭或者在五日内阅读。当事人和其他诉讼参与人认为对自己的陈述记录有遗漏或者差错的，有权申请补正。如果不予补正，应当将申请记录在案。

法庭笔录由当事人和其他诉讼参与人签名或者盖章。拒绝签名盖章的，记明情况附卷。

**第一百五十一条**　人民法院对公开审理或者不公开审理的案件，一律公开宣告判决。

当庭宣判的，应当在十日内发送判决书；定期宣判的，宣判后立即发给判决书。

宣告判决时，必须告知当事人上诉权利、上诉期限和上诉的法院。

宣告离婚判决，必须告知当事人在判决发生法律效力前不得另行结婚。

**第一百五十二条**　人民法院适用普通程序审理的案件，应当在立案之日起六个月内审结。有特殊情况需要延长的，经本院院长批准，可以延长六个月；还需要延长的，报请上级人民法院批准。

### 第四节　诉讼中止和终结

**第一百五十三条**　有下列情形之一的，中止诉讼：

（一）一方当事人死亡，需要等待继承人表明是否参加诉讼的；

（二）一方当事人丧失诉讼行为能力，尚未确定法定代理人的；

（三）作为一方当事人的法人或者其他组织终止，尚未确定权利义务承受人的；

（四）一方当事人因不可抗拒的事由，不能参加诉讼的；

（五）本案必须以另一案的审理结果为依据，而另一案尚未审结的；

（六）其他应当中止诉讼的情形。

中止诉讼的原因消除后,恢复诉讼。

**第一百五十四条** 有下列情形之一的,终结诉讼:

(一)原告死亡,没有继承人,或者继承人放弃诉讼权利的;

(二)被告死亡,没有遗产,也没有应当承担义务的人的;

(三)离婚案件一方当事人死亡的;

(四)追索赡养费、扶养费、抚养费以及解除收养关系案件的一方当事人死亡的。

### 第五节 判决和裁定

**第一百五十五条** 判决书应当写明判决结果和作出该判决的理由。判决书内容包括:

(一)案由、诉讼请求、争议的事实和理由;

(二)判决认定的事实和理由、适用的法律和理由;

(三)判决结果和诉讼费用的负担;

(四)上诉期间和上诉的法院。

判决书由审判人员、书记员署名,加盖人民法院印章。

**第一百五十六条** 人民法院审理案件,其中一部分事实已经清楚,可以就该部分先行判决。

**第一百五十七条** 裁定适用于下列范围:

(一)不予受理;

(二)对管辖权有异议的;

(三)驳回起诉;

(四)保全和先予执行;

(五)准许或者不准许撤诉;

(六)中止或者终结诉讼;

(七)补正判决书中的笔误;

(八)中止或者终结执行;

(九)撤销或者不予执行仲裁裁决;

(十)不予执行公证机关赋予强制执行效力的债权文书;

(十一)其他需要裁定解决的事项。

对前款第一项至第三项裁定,可以上诉。

裁定书应当写明裁定结果和作出该裁定的理由。裁定书由审判人员、书记员署名,加盖人民法院印章。口头裁定的,记入笔录。

**第一百五十八条** 最高人民法院的判决、裁定,以及依法不准上诉或者超过上诉期没有上诉的判决、裁定,是发生法律效力的判决、裁定。

**第一百五十九条** 公众可以查阅发生法律效力的判决书、裁定书,但涉及国家秘密、商业秘密和个人隐私的内容除外。

## 第十三章 简易程序

**第一百六十条** 基层人民法院和它派出的法庭审理事实清楚、权利义务关系明确、争议不大的简单的民事案件,适用本章规定。

基层人民法院和它派出的法庭审理前款规定以外的民事案件,当事人双方也可以约定适用简易程序。

**第一百六十一条** 对简单的民事案件,原告可以口头起诉。

当事人双方可以同时到基层人民法院或者它派出的法庭,请求解决纠纷。基层人民法院或者它派出的法庭可以当即审理,也可以另定日期审理。

**第一百六十二条** 基层人民法院和它派出的法庭审理简单的民事案件,可以用简便方式传唤当事人和证人、送达诉讼文书、审理案件,但应当保障当事人陈述意见的权利。

**第一百六十三条** 简单的民事案件由审判员一人独任审理,并不受本法第一百三十九条、第一百四十一条、第一百四十四条规定的限制。

**第一百六十四条** 人民法院适用简易程序审理案件,应当在立案之日起三个月内审结。有特殊情况需要延长的,经本院院长批准,可以延长一个月。

**第一百六十五条** 基层人民法院和它派出的法庭审理事实清楚、权利义务关系明确、争议不大的简单金钱给付民事案件,标的额为各省、自治区、直辖市上年度就业人员年平均工资百分之五十以下的,适用小额诉讼的程序审理,实行一审终审。

基层人民法院和它派出的法庭审理前款规定的民事案件,标的额超过各省、自治区、直辖市上年度就业人员年平均工资百分之五十但在二倍以下的,当事人双方也可以约定适用小额诉讼的程序。

**第一百六十六条** 人民法院审理下列民事案件,不适用小额诉讼的程序:

(一)人身关系、财产确权案件;

(二)涉外案件;

(三)需要评估、鉴定或者对诉前评估、鉴定结果有异议的案件;

(四)一方当事人下落不明的案件;

(五)当事人提出反诉的案件;

(六)其他不宜适用小额诉讼的程序审理的

案件。

**第一百六十七条** 人民法院适用小额诉讼的程序审理案件，可以一次开庭审结并且当庭宣判。

**第一百六十八条** 人民法院适用小额诉讼的程序审理案件，应当在立案之日起两个月内审结。有特殊情况需要延长的，经本院院长批准，可以延长一个月。

**第一百六十九条** 人民法院在审理过程中，发现案件不宜适用小额诉讼的程序的，应当适用简易程序的其他规定审理或者裁定转为普通程序。

当事人认为案件适用小额诉讼的程序审理违反法律规定的，可以向人民法院提出异议。人民法院对当事人提出的异议应当审查，异议成立的，应当适用简易程序的其他规定审理或者裁定转为普通程序；异议不成立的，裁定驳回。

**第一百七十条** 人民法院在审理过程中，发现案件不宜适用简易程序的，裁定转为普通程序。

## 第十四章 第二审程序

**第一百七十一条** 当事人不服地方人民法院第一审判决的，有权在判决书送达之日起十五日内向上一级人民法院提起上诉。

当事人不服地方人民法院第一审裁定的，有权在裁定书送达之日起十日内向上一级人民法院提起上诉。

**第一百七十二条** 上诉应当递交上诉状。上诉状的内容，应当包括当事人的姓名，法人的名称及其法定代表人的姓名或者其他组织的名称及其主要负责人的姓名；原审人民法院名称、案件的编号和案由；上诉的请求和理由。

**第一百七十三条** 上诉状应当通过原审人民法院提出，并按照对方当事人或者代表人的人数提出副本。

当事人直接向第二审人民法院上诉的，第二审人民法院应当在五日内将上诉状移交原审人民法院。

**第一百七十四条** 原审人民法院收到上诉状，应当在五日内将上诉状副本送达对方当事人，对方当事人在收到之日起十五日内提出答辩状。人民法院应当在收到答辩状之日起五日内将副本送达上诉人。对方当事人不提出答辩状的，不影响人民法院审理。

原审人民法院收到上诉状、答辩状，应当在五日内连同全部案卷和证据，报送第二审人民法院。

**第一百七十五条** 第二审人民法院应当对上诉请求的有关事实和适用法律进行审查。

**第一百七十六条** 第二审人民法院对上诉案件应当开庭审理。经过阅卷、调查和询问当事人，对没有提出新的事实、证据或者理由，人民法院认为不需要开庭审理的，可以不开庭审理。

第二审人民法院审理上诉案件，可以在本院进行，也可以到案件发生地或者原审人民法院所在地进行。

**第一百七十七条** 第二审人民法院对上诉案件，经过审理，按照下列情形，分别处理：

（一）原判决、裁定认定事实清楚，适用法律正确的，以判决、裁定方式驳回上诉，维持原判决、裁定；

（二）原判决、裁定认定事实错误或者适用法律错误的，以判决、裁定方式依法改判、撤销或者变更；

（三）原判决认定基本事实不清的，裁定撤销原判决，发回原审人民法院重审，或者查清事实后改判；

（四）原判决遗漏当事人或者违法缺席判决等严重违反法定程序的，裁定撤销原判决，发回原审人民法院重审。

原审人民法院对发回重审的案件作出判决后，当事人提起上诉的，第二审人民法院不得再次发回重审。

**第一百七十八条** 第二审人民法院对不服第一审人民法院裁定的上诉案件的处理，一律使用裁定。

**第一百七十九条** 第二审人民法院审理上诉案件，可以进行调解。调解达成协议，应当制作调解书，由审判人员、书记员署名，加盖人民法院印章。调解书送达后，原审人民法院的判决即视为撤销。

**第一百八十条** 第二审人民法院判决宣告前，上诉人申请撤回上诉的，是否准许，由第二审人民法院裁定。

**第一百八十一条** 第二审人民法院审理上诉案件，除依照本章规定外，适用第一审普通程序。

**第一百八十二条** 第二审人民法院的判决、裁定，是终审的判决、裁定。

**第一百八十三条** 人民法院审理对判决的上诉案件，应当在第二审立案之日起三个月内审结。有特殊情况需要延长的，由本院院长批准。

人民法院审理对裁定的上诉案件，应当在第二审立案之日起三十日内作出终审裁定。

## 第十五章　特别程序

### 第一节　一般规定

**第一百八十四条**　人民法院审理选民资格案件、宣告失踪或者宣告死亡案件、认定公民无民事行为能力或者限制民事行为能力案件、认定财产无主案件、确认调解协议案件和实现担保物权案件，适用本章规定。本章没有规定的，适用本法和其他法律的有关规定。

**第一百八十五条**　依照本章程序审理的案件，实行一审终审。选民资格案件或者重大、疑难的案件，由审判员组成合议庭审理；其他案件由审判员一人独任审理。

**第一百八十六条**　人民法院在依照本章程序审理案件的过程中，发现本案属于民事权益争议的，应当裁定终结特别程序，并告知利害关系人可以另行起诉。

**第一百八十七条**　人民法院适用特别程序审理的案件，应当在立案之日起三十日内或者公告期满后三十日内审结。有特殊情况需要延长的，由本院院长批准。但审理选民资格的案件除外。

### 第二节　选民资格案件

**第一百八十八条**　公民不服选举委员会对选民资格的申诉所作的处理决定，可以在选举日的五日以前向选区所在地基层人民法院起诉。

**第一百八十九条**　人民法院受理选民资格案件后，必须在选举日前审结。

审理时，起诉人、选举委员会的代表和有关公民必须参加。

人民法院的判决书，应当在选举日前送达选举委员会和起诉人，并通知有关公民。

### 第三节　宣告失踪、宣告死亡案件

**第一百九十条**　公民下落不明满二年，利害关系人申请宣告其失踪的，向下落不明人住所地基层人民法院提出。

申请书应当写明失踪的事实、时间和请求，并附有公安机关或者其他有关机关关于该公民下落不明的书面证明。

**第一百九十一条**　公民下落不明满四年，或者因意外事件下落不明满二年，或者因意外事件下落不明，经有关机关证明该公民不可能生存，利害关系人申请宣告其死亡的，向下落不明人住所地基层人民法院提出。

申请书应当写明下落不明的事实、时间和请求，并附有公安机关或者其他有关机关关于该公民下落不明的书面证明。

**第一百九十二条**　人民法院受理宣告失踪、宣告死亡案件后，应当发出寻找下落不明人的公告。宣告失踪的公告期间为三个月，宣告死亡的公告期间为一年。因意外事件下落不明，经有关机关证明该公民不可能生存的，宣告死亡的公告期间为三个月。

公告期间届满，人民法院应当根据被宣告失踪、宣告死亡的事实是否得到确认，作出宣告失踪、宣告死亡的判决或者驳回申请的判决。

**第一百九十三条**　被宣告失踪、宣告死亡的公民重新出现，经本人或者利害关系人申请，人民法院应当作出新判决，撤销原判决。

### 第四节　认定公民无民事行为能力、限制民事行为能力案件

**第一百九十四条**　申请认定公民无民事行为能力或者限制民事行为能力，由利害关系人或者有关组织向该公民住所地基层人民法院提出。

申请书应当写明该公民无民事行为能力或者限制民事行为能力的事实和根据。

**第一百九十五条**　人民法院受理申请后，必要时应当对被请求认定为无民事行为能力或者限制民事行为能力的公民进行鉴定。申请人已提供鉴定意见的，应当对鉴定意见进行审查。

**第一百九十六条**　人民法院审理认定公民无民事行为能力或者限制民事行为能力的案件，应当由该公民的近亲属为代理人，但申请人除外。近亲属互相推诿的，由人民法院指定其中一人为代理人。该公民健康情况许可的，还应当询问本人的意见。

人民法院经审理认定申请有事实根据的，判决该公民为无民事行为能力或者限制民事行为能力人；认定申请没有事实根据的，应当判决予以驳回。

**第一百九十七条**　人民法院根据被认定为无民事行为能力人、限制民事行为能力人本人、利害关系人或者有关组织的申请，证实该公民无民事行为能力或者限制民事行为能力的原因已经消除的，应当作出新判决，撤销原判决。

### 第五节　认定财产无主案件

**第一百九十八条**　申请认定财产无主，由公

民、法人或者其他组织向财产所在地基层人民法院提出。

申请书应当写明财产的种类、数量以及要求认定财产无主的根据。

**第一百九十九条**　人民法院受理申请后，经审查核实，应当发出财产认领公告。公告满一年无人认领的，判决认定财产无主，收归国家或者集体所有。

**第二百条**　判决认定财产无主后，原财产所有人或者继承人出现，在民法典规定的诉讼时效期间可以对财产提出请求，人民法院审查属实后，应当作出新判决，撤销原判决。

### 第六节　确认调解协议案件

**第二百零一条**　经依法设立的调解组织调解达成调解协议，申请司法确认的，由双方当事人自调解协议生效之日起三十日内，共同向下列人民法院提出：

（一）人民法院邀请调解组织开展先行调解的，向作出邀请的人民法院提出；

（二）调解组织自行开展调解的，向当事人住所地、标的物所在地、调解组织所在地的基层人民法院提出；调解协议所涉纠纷应当由中级人民法院管辖的，向相应的中级人民法院提出。

**第二百零二条**　人民法院受理申请后，经审查，符合法律规定的，裁定调解协议有效，一方当事人拒绝履行或者未全部履行的，对方当事人可以向人民法院申请执行；不符合法律规定的，裁定驳回申请，当事人可以通过调解方式变更原调解协议或者达成新的调解协议，也可以向人民法院提起诉讼。

### 第七节　实现担保物权案件

**第二百零三条**　申请实现担保物权，由担保物权人以及其他有权请求实现担保物权的人依照民法典等法律，向担保财产所在地或者担保物权登记地基层人民法院提出。

**第二百零四条**　人民法院受理申请后，经审查，符合法律规定的，裁定拍卖、变卖担保财产，当事人依据该裁定可以向人民法院申请执行；不符合法律规定的，裁定驳回申请，当事人可以向人民法院提起诉讼。

## 第十六章　审判监督程序

**第二百零五条**　各级人民法院院长对本院已经发生法律效力的判决、裁定、调解书，发现确有错误，认为需要再审的，应当提交审判委员会讨论决定。

最高人民法院对地方各级人民法院已经发生法律效力的判决、裁定、调解书，上级人民法院对下级人民法院已经发生法律效力的判决、裁定、调解书，发现确有错误的，有权提审或者指令下级人民法院再审。

**第二百零六条**　当事人对已经发生法律效力的判决、裁定，认为有错误的，可以向上一级人民法院申请再审；当事人一方人数众多或者当事人双方为公民的案件，也可以向原审人民法院申请再审。当事人申请再审的，不停止判决、裁定的执行。

**第二百零七条**　当事人的申请符合下列情形之一的，人民法院应当再审：

（一）有新的证据，足以推翻原判决、裁定的；

（二）原判决、裁定认定的基本事实缺乏证据证明的；

（三）原判决、裁定认定事实的主要证据是伪造的；

（四）原判决、裁定认定事实的主要证据未经质证的；

（五）对审理案件需要的主要证据，当事人因客观原因不能自行收集，书面申请人民法院调查收集，人民法院未调查收集的；

（六）原判决、裁定适用法律确有错误的；

（七）审判组织的组成不合法或者依法应当回避的审判人员没有回避的；

（八）无诉讼行为能力人未经法定代理人代为诉讼或者应当参加诉讼的当事人，因不能归责于本人或者其诉讼代理人的事由，未参加诉讼的；

（九）违反法律规定，剥夺当事人辩论权利的；

（十）未经传票传唤，缺席判决的；

（十一）原判决、裁定遗漏或者超出诉讼请求的；

（十二）据以作出原判决、裁定的法律文书被撤销或者变更的；

（十三）审判人员审理该案件时有贪污受贿，徇私舞弊，枉法裁判行为的。

**第二百零八条**　当事人对已经发生法律效力的调解书，提出证据证明调解违反自愿原则或者调解协议的内容违反法律的，可以申请再审。经人民法院审查属实的，应当再审。

**第二百零九条**　当事人对已经发生法律效力的解除婚姻关系的判决、调解书，不得申请再审。

**第二百一十条** 当事人申请再审的，应当提交再审申请书等材料。人民法院应当自收到再审申请书之日起五日内将再审申请书副本发送对方当事人。对方当事人应当自收到再审申请书副本之日起十五日内提交书面意见；不提交书面意见的，不影响人民法院审查。人民法院可以要求申请人和对方当事人补充有关材料，询问有关事项。

**第二百一十一条** 人民法院应当自收到再审申请书之日起三个月内审查，符合本法规定的，裁定再审；不符合本法规定的，裁定驳回申请。有特殊情况需要延长的，由本院院长批准。

因当事人申请裁定再审的案件由中级人民法院以上的人民法院审理，但当事人依照本法第二百零六条的规定选择向基层人民法院申请再审的除外。最高人民法院、高级人民法院裁定再审的案件，由本院再审或者交其他人民法院再审，也可以交原审人民法院再审。

**第二百一十二条** 当事人申请再审，应当在判决、裁定发生法律效力后六个月内提出；有本法第二百零七条第一项、第三项、第十二项、第十三项规定情形的，自知道或者应当知道之日起六个月内提出。

**第二百一十三条** 按照审判监督程序决定再审的案件，裁定中止原判决、裁定、调解书的执行，但追索赡养费、扶养费、抚养费、抚恤金、医疗费用、劳动报酬等案件，可以不中止执行。

**第二百一十四条** 人民法院按照审判监督程序再审的案件，发生法律效力的判决、裁定是由第一审法院作出的，按照第一审程序审理，所作的判决、裁定，当事人可以上诉；发生法律效力的判决、裁定是由第二审法院作出的，按照第二审程序审理，所作的判决、裁定，是发生法律效力的判决、裁定；上级人民法院按照审判监督程序提审的，按照第二审程序审理，所作的判决、裁定是发生法律效力的判决、裁定。

人民法院审理再审案件，应当另行组成合议庭。

**第二百一十五条** 最高人民检察院对各级人民法院已经发生法律效力的判决、裁定，上级人民检察院对下级人民法院已经发生法律效力的判决、裁定，发现有本法第二百零七条规定情形之一的，或者发现调解书损害国家利益、社会公共利益的，应当提出抗诉。

地方各级人民检察院对同级人民法院已经发生法律效力的判决、裁定，发现有本法第二百零七条规定情形之一的，或者发现调解书损害国家利益、社会公共利益的，可以向同级人民法院提出检察建议，并报上级人民检察院备案；也可以提请上级人民检察院向同级人民法院提出抗诉。

各级人民检察院对审判监督程序以外的其他审判程序中审判人员的违法行为，有权向同级人民法院提出检察建议。

**第二百一十六条** 有下列情形之一的，当事人可以向人民检察院申请检察建议或者抗诉：

（一）人民法院驳回再审申请的；

（二）人民法院逾期未对再审申请作出裁定的；

（三）再审判决、裁定有明显错误的。

人民检察院对当事人的申请应当在三个月内进行审查，作出提出或者不予提出检察建议或者抗诉的决定。当事人不得再次向人民检察院申请检察建议或者抗诉。

**第二百一十七条** 人民检察院因履行法律监督职责提出检察建议或者抗诉的需要，可以向当事人或者案外人调查核实有关情况。

**第二百一十八条** 人民检察院提出抗诉的案件，接受抗诉的人民法院应当自收到抗诉书之日起三十日内作出再审的裁定；有本法第二百零七条第一项至第五项规定情形之一的，可以交下一级人民法院再审，但经该下一级人民法院再审的除外。

**第二百一十九条** 人民检察院决定对人民法院的判决、裁定、调解书提出抗诉的，应当制作抗诉书。

**第二百二十条** 人民检察院提出抗诉的案件，人民法院再审时，应当通知人民检察院派员出席法庭。

## 第十七章 督促程序

**第二百二十一条** 债权人请求债务人给付金钱、有价证券，符合下列条件的，可以向有管辖权的基层人民法院申请支付令：

（一）债权人与债务人没有其他债务纠纷的；

（二）支付令能够送达债务人的。

申请书应当写明请求给付金钱或者有价证券的数量和所根据的事实、证据。

**第二百二十二条** 债权人提出申请后，人民法院应当在五日内通知债权人是否受理。

**第二百二十三条** 人民法院受理申请后，经审查债权人提供的事实、证据，对债权债务关系明确、合法的，应当在受理之日起十五日内向债务人发出支付令；申请不成立的，裁定予以驳回。

债务人应当自收到支付令之日起十五日内清

偿债务，或者向人民法院提出书面异议。

债务人在前款规定的期间不提出异议又不履行支付令的，债权人可以向人民法院申请执行。

**第二百二十四条**　人民法院收到债务人提出的书面异议后，经审查，异议成立的，应当裁定终结督促程序，支付令自行失效。

支付令失效的，转入诉讼程序，但申请支付令的一方当事人不同意提起诉讼的除外。

## 第十八章　公示催告程序

**第二百二十五条**　按照规定可以背书转让的票据持有人，因票据被盗、遗失或者灭失，可以向票据支付地的基层人民法院申请公示催告。依照法律规定可以申请公示催告的其他事项，适用本章规定。

申请人应当向人民法院递交申请书，写明票面金额、发票人、持票人、背书人等票据主要内容和申请的理由、事实。

**第二百二十六条**　人民法院决定受理申请，应当同时通知支付人停止支付，并在三日内发出公告，催促利害关系人申报权利。公示催告的期间，由人民法院根据情况决定，但不得少于六十日。

**第二百二十七条**　支付人收到人民法院停止支付的通知，应当停止支付，至公示催告程序终结。

公示催告期间，转让票据权利的行为无效。

**第二百二十八条**　利害关系人应当在公示催告期间向人民法院申报。

人民法院收到利害关系人的申报后，应当裁定终结公示催告程序，并通知申请人和支付人。

申请人或者申报人可以向人民法院起诉。

**第二百二十九条**　没有人申报的，人民法院应当根据申请人的申请，作出判决，宣告票据无效。判决应当公告，并通知支付人。自判决公告之日起，申请人有权向支付人请求支付。

**第二百三十条**　利害关系人因正当理由不能在判决前向人民法院申报的，自知道或者应当知道判决公告之日起一年内，可以向作出判决的人民法院起诉。

# 第三编　执行程序

## 第十九章　一般规定

**第二百三十一条**　发生法律效力的民事判决、裁定，以及刑事判决、裁定中的财产部分，由第一审人民法院或者与第一审人民法院同级的被执行的财产所在地人民法院执行。

法律规定由人民法院执行的其他法律文书，由被执行人住所地或者被执行的财产所在地人民法院执行。

**第二百三十二条**　当事人、利害关系人认为执行行为违反法律规定的，可以向负责执行的人民法院提出书面异议。当事人、利害关系人提出书面异议的，人民法院应当自收到书面异议之日起十五日内审查，理由成立的，裁定撤销或者改正；理由不成立的，裁定驳回。当事人、利害关系人对裁定不服的，可以自裁定送达之日起十日内向上一级人民法院申请复议。

**第二百三十三条**　人民法院自收到申请执行书之日起超过六个月未执行的，申请执行人可以向上一级人民法院申请执行。上一级人民法院经审查，可以责令原人民法院在一定期限内执行，也可以决定由本院执行或者指令其他人民法院执行。

**第二百三十四条**　执行过程中，案外人对执行标的提出书面异议的，人民法院应当自收到书面异议之日起十五日内审查，理由成立的，裁定中止对该标的的执行；理由不成立的，裁定驳回。案外人、当事人对裁定不服，认为原判决、裁定错误的，依照审判监督程序办理；与原判决、裁定无关的，可以自裁定送达之日起十五日内向人民法院提起诉讼。

**第二百三十五条**　执行工作由执行员进行。

采取强制执行措施时，执行员应当出示证件。执行完毕后，应当将执行情况制作笔录，由在场的有关人员签名或者盖章。

人民法院根据需要可以设立执行机构。

**第二百三十六条**　被执行人或者被执行的财产在外地的，可以委托当地人民法院代为执行。受委托人民法院收到委托函件后，必须在十五日内开始执行，不得拒绝。执行完毕后，应当将执行结果及时函复委托人民法院；在三十日内如果还未执行完毕，也应当将执行情况函告委托人民法院。

受委托人民法院自收到委托函件之日起十五日内不执行的，委托人民法院可以请求受委托人民法院的上级人民法院指令受委托人民法院执行。

**第二百三十七条**　在执行中，双方当事人自行和解达成协议的，执行员应当将协议内容记入笔录，由双方当事人签名或者盖章。

申请执行人因受欺诈、胁迫与被执行人达成和解协议，或者当事人不履行和解协议的，人民法院可以根据当事人的申请，恢复对原生效法律文书的执行。

**第二百三十八条**　在执行中，被执行人向人民法院提供担保，并经申请执行人同意的，人民法院可以决定暂缓执行及暂缓执行的期限。被执行人逾期仍不履行的，人民法院有权执行被执行人的担保财产或者担保人的财产。

**第二百三十九条**　作为被执行人的公民死亡的，以其遗产偿还债务。作为被执行人的法人或者其他组织终止的，由其权利义务承受人履行义务。

**第二百四十条**　执行完毕后，据以执行的判决、裁定和其他法律文书确有错误，被人民法院撤销的，对已被执行的财产，人民法院应当作出裁定，责令取得财产的人返还；拒不返还的，强制执行。

**第二百四十一条**　人民法院制作的调解书的执行，适用本编的规定。

**第二百四十二条**　人民检察院有权对民事执行活动实行法律监督。

## 第二十章　执行的申请和移送

**第二百四十三条**　发生法律效力的民事判决、裁定，当事人必须履行。一方拒绝履行的，对方当事人可以向人民法院申请执行，也可以由审判员移送执行员执行。

调解书和其他应当由人民法院执行的法律文书，当事人必须履行。一方拒绝履行的，对方当事人可以向人民法院申请执行。

**第二百四十四条**　对依法设立的仲裁机构的裁决，一方当事人不履行的，对方当事人可以向有管辖权的人民法院申请执行。受申请的人民法院应当执行。

被申请人提出证据证明仲裁裁决有下列情形之一的，经人民法院组成合议庭审查核实，裁定不予执行：

（一）当事人在合同中没有订有仲裁条款或者事后没有达成书面仲裁协议的；

（二）裁决的事项不属于仲裁协议的范围或者仲裁机构无权仲裁的；

（三）仲裁庭的组成或者仲裁的程序违反法定程序的；

（四）裁决所根据的证据是伪造的；

（五）对方当事人向仲裁机构隐瞒了足以影响公正裁决的证据的；

（六）仲裁员在仲裁该案时有贪污受贿，徇私舞弊，枉法裁决行为的。

人民法院认定执行该裁决违背社会公共利益的，裁定不予执行。

裁定书应当送达双方当事人和仲裁机构。

仲裁裁决被人民法院裁定不予执行的，当事人可以根据双方达成的书面仲裁协议重新申请仲裁，也可以向人民法院起诉。

**第二百四十五条**　对公证机关依法赋予强制执行效力的债权文书，一方当事人不履行的，对方当事人可以向有管辖权的人民法院申请执行，受申请的人民法院应当执行。

公证债权文书确有错误的，人民法院裁定不予执行，并将裁定书送达双方当事人和公证机关。

**第二百四十六条**　申请执行的期间为二年。申请执行时效的中止、中断，适用法律有关诉讼时效中止、中断的规定。

前款规定的期间，从法律文书规定履行期间的最后一日起计算；法律文书规定分期履行的，从最后一期履行期限届满之日起计算；法律文书未规定履行期间的，从法律文书生效之日起计算。

**第二百四十七条**　执行员接到申请执行书或者移交执行书，应当向被执行人发出执行通知，并可以立即采取强制执行措施。

## 第二十一章　执行措施

**第二百四十八条**　被执行人未按执行通知履行法律文书确定的义务，应当报告当前以及收到执行通知之日前一年的财产情况。被执行人拒绝报告或者虚假报告的，人民法院可以根据情节轻重对被执行人或者其法定代理人、有关单位的主要负责人或者直接责任人员予以罚款、拘留。

**第二百四十九条**　被执行人未按执行通知履行法律文书确定的义务，人民法院有权向有关单位查询被执行人的存款、债券、股票、基金份额等财产情况。人民法院有权根据不同情形扣押、冻结、划拨、变价被执行人的财产。人民法院查询、扣押、冻结、划拨、变价的财产不得超出被执行人应当履行义务的范围。

人民法院决定扣押、冻结、划拨、变价财产，应当作出裁定，并发出协助执行通知书，有关单位必须办理。

**第二百五十条**　被执行人未按执行通知履行法律文书确定的义务，人民法院有权扣留、提取被执行人应当履行义务部分的收入。但应当保留被执行人及其所扶养家属的生活必需费用。

人民法院扣留、提取收入时，应当作出裁定，并发出协助执行通知书，被执行人所在单位、银行、信用合作社和其他有储蓄业务的单位必须办理。

**第二百五十一条**　被执行人未按执行通知履行法律文书确定的义务，人民法院有权查封、扣押、冻结、拍卖、变卖被执行人应当履行义务部分的财产。但应当保留被执行人及其所扶养家属的生活必需品。

采取前款措施，人民法院应当作出裁定。

**第二百五十二条**　人民法院查封、扣押财产时，被执行人是公民的，应当通知被执行人或者他的成年家属到场；被执行人是法人或者其他组织的，应当通知其法定代表人或者主要负责人到场。拒不到场的，不影响执行。被执行人是公民的，其工作单位或者财产所在地的基层组织应当派人参加。

对被查封、扣押的财产，执行员必须造具清单，由在场人签名或者盖章后，交被执行人一份。被执行人是公民的，也可以交他的成年家属一份。

**第二百五十三条**　被查封的财产，执行员可以指定被执行人负责保管。因被执行人的过错造成的损失，由被执行人承担。

**第二百五十四条**　财产被查封、扣押后，执行员应当责令被执行人在指定期间履行法律文书确定的义务。被执行人逾期不履行的，人民法院应当拍卖被查封、扣押的财产；不适于拍卖或者当事人双方同意不进行拍卖的，人民法院可以委托有关单位变卖或者自行变卖。国家禁止自由买卖的物品，交有关单位按照国家规定的价格收购。

**第二百五十五条**　被执行人不履行法律文书确定的义务，并隐匿财产的，人民法院有权发出搜查令，对被执行人及其住所或者财产隐匿地进行搜查。

采取前款措施，由院长签发搜查令。

**第二百五十六条**　法律文书指定交付的财物或者票证，由执行员传唤双方当事人当面交付，或者由执行员转交，并由被交付人签收。

有关单位持有该项财物或者票证的，应当根据人民法院的协助执行通知书转交，并由被交付人签收。

有关公民持有该项财物或者票证的，人民法院通知其交出。拒不交出的，强制执行。

**第二百五十七条**　强制迁出房屋或者强制退出土地，由院长签发公告，责令被执行人在指定期间履行。被执行人逾期不履行的，由执行员强制执行。

强制执行时，被执行人是公民的，应当通知被执行人或者他的成年家属到场；被执行人是法人或者其他组织的，应当通知其法定代表人或者主要负责人到场。拒不到场的，不影响执行。被执行人是公民的，其工作单位或者房屋、土地所在地的基层组织应当派人参加。执行员应当将强制执行情况记入笔录，由在场人签名或者盖章。

强制迁出房屋被搬出的财物，由人民法院派人运至指定处所，交给被执行人。被执行人是公民的，也可以交给他的成年家属。因拒绝接收而造成的损失，由被执行人承担。

**第二百五十八条**　在执行中，需要办理有关财产权证照转移手续的，人民法院可以向有关单位发出协助执行通知书，有关单位必须办理。

**第二百五十九条**　对判决、裁定和其他法律文书指定的行为，被执行人未按执行通知履行的，人民法院可以强制执行或者委托有关单位或者其他人完成，费用由被执行人承担。

**第二百六十条**　被执行人未按判决、裁定和其他法律文书指定的期间履行给付金钱义务的，应当加倍支付迟延履行期间的债务利息。被执行人未按判决、裁定和其他法律文书指定的期间履行其他义务的，应当支付迟延履行金。

**第二百六十一条**　人民法院采取本法第二百四十九条、第二百五十条、第二百五十一条规定的执行措施后，被执行人仍不能偿还债务的，应当继续履行义务。债权人发现被执行人有其他财产的，可以随时请求人民法院执行。

**第二百六十二条**　被执行人不履行法律文书确定的义务的，人民法院可以对其采取或者通知有关单位协助采取限制出境，在征信系统记录、通过媒体公布不履行义务信息以及法律规定的其他措施。

## 第二十二章　执行中止和终结

**第二百六十三条**　有下列情形之一的，人民法院应当裁定中止执行：

（一）申请人表示可以延期执行的；

（二）案外人对执行标的提出确有理由的异议的；

（三）作为一方当事人的公民死亡，需要等待继承人继承权利或者承担义务的；

（四）作为一方当事人的法人或者其他组织终止，尚未确定权利义务承受人的；

（五）人民法院认为应当中止执行的其他情形。

中止的情形消失后，恢复执行。

**第二百六十四条**　有下列情形之一的，人民法院裁定终结执行：

（一）申请人撤销申请的；

（二）据以执行的法律文书被撤销的；

（三）作为被执行人的公民死亡，无遗产可供执行，又无义务承担人的；

（四）追索赡养费、扶养费、抚养费案件的权利人死亡的；

（五）作为被执行人的公民因生活困难无力偿还借款，无收入来源，又丧失劳动能力的；

（六）人民法院认为应当终结执行的其他情形。

**第二百六十五条**　中止和终结执行的裁定，送达当事人后立即生效。

# 第四编　涉外民事诉讼程序的特别规定

## 第二十三章　一般原则

**第二百六十六条**　在中华人民共和国领域内进行涉外民事诉讼，适用本编规定。本编没有规定的，适用本法其他有关规定。

**第二百六十七条**　中华人民共和国缔结或者参加的国际条约同本法有不同规定的，适用该国际条约的规定，但中华人民共和国声明保留的条款除外。

**第二百六十八条**　对享有外交特权与豁免的外国人、外国组织或者国际组织提起的民事诉讼，应当依照中华人民共和国有关法律和中华人民共和国缔结或者参加的国际条约的规定办理。

**第二百六十九条**　人民法院审理涉外民事案件，应当使用中华人民共和国通用的语言、文字。当事人要求提供翻译的，可以提供，费用由当事人承担。

**第二百七十条**　外国人、无国籍人、外国企业和组织在人民法院起诉、应诉，需要委托律师代理诉讼的，必须委托中华人民共和国的律师。

**第二百七十一条**　在中华人民共和国领域内没有住所的外国人、无国籍人、外国企业和组织委托中华人民共和国律师或者其他人代理诉讼，从中华人民共和国领域外寄交或者托交的授权委托书，应当经所在国公证机关证明，并经中华人民共和国驻该国使领馆认证，或者履行中华人民共和国与该所在国订立的有关条约中规定的证明手续后，才具有效力。

## 第二十四章　管　辖

**第二百七十二条**　因合同纠纷或者其他财产权益纠纷，对在中华人民共和国领域内没有住所的被告提起的诉讼，如果合同在中华人民共和国领域内签订或者履行，或者诉讼标的物在中华人民共和国领域内，或者被告在中华人民共和国领域内有可供扣押的财产，或者被告在中华人民共和国领域内设有代表机构，可以由合同签订地、合同履行地、诉讼标的物所在地、可供扣押财产所在地、侵权行为地或者代表机构住所地人民法院管辖。

**第二百七十三条**　因在中华人民共和国履行中外合资经营企业合同、中外合作经营企业合同、中外合作勘探开发自然资源合同发生纠纷提起的诉讼，由中华人民共和国人民法院管辖。

## 第二十五章　送达、期间

**第二百七十四条**　人民法院对在中华人民共和国领域内没有住所的当事人送达诉讼文书，可以采用下列方式：

（一）依照受送达人所在国与中华人民共和国缔结或者共同参加的国际条约中规定的方式送达；

（二）通过外交途径送达；

（三）对具有中华人民共和国国籍的受送达人，可以委托中华人民共和国驻受送达人所在国的使领馆代为送达；

（四）向受送达人委托的有权代其接受送达的诉讼代理人送达；

（五）向受送达人在中华人民共和国领域内设立的代表机构或者有权接受送达的分支机构、业务代办人送达；

（六）受送达人所在国的法律允许邮寄送达的，可以邮寄送达，自邮寄之日起满三个月，送达回证没有退回，但根据各种情况足以认定已经送达的，期间届满之日视为送达；

（七）采用传真、电子邮件等能够确认受送达人收悉的方式送达；

（八）不能用上述方式送达的，公告送达，自公告之日起满三个月，即视为送达。

**第二百七十五条** 被告在中华人民共和国领域内没有住所的,人民法院应当将起诉状副本送达被告,并通知被告在收到起诉状副本后三十日内提出答辩状。被告申请延期的,是否准许,由人民法院决定。

**第二百七十六条** 在中华人民共和国领域内没有住所的当事人,不服第一审人民法院判决、裁定的,有权在判决书、裁定书送达之日起三十日内提起上诉。被上诉人在收到上诉状副本后,应当在三十日内提出答辩状。当事人不能在法定期间提起上诉或者提出答辩状,申请延期的,是否准许,由人民法院决定。

**第二百七十七条** 人民法院审理涉外民事案件的期间,不受本法第一百五十二条、第一百八十三条规定的限制。

## 第二十六章 仲 裁

**第二百七十八条** 涉外经济贸易、运输和海事中发生的纠纷,当事人在合同中订有仲裁条款或者事后达成书面仲裁协议,提交中华人民共和国涉外仲裁机构或者其他仲裁机构仲裁的,当事人不得向人民法院起诉。

当事人在合同中没有订有仲裁条款或者事后没有达成书面仲裁协议的,可以向人民法院起诉。

**第二百七十九条** 当事人申请采取保全的,中华人民共和国的涉外仲裁机构应当将当事人的申请,提交被申请人住所地或者财产所在地的中级人民法院裁定。

**第二百八十条** 经中华人民共和国涉外仲裁机构裁决的,当事人不得向人民法院起诉。一方当事人不履行仲裁裁决的,对方当事人可以向被申请人住所地或者财产所在地的中级人民法院申请执行。

**第二百八十一条** 对中华人民共和国涉外仲裁机构作出的裁决,被申请人提出证据证明仲裁裁决有下列情形之一的,经人民法院组成合议庭审查核实,裁定不予执行:

(一)当事人在合同中没有订有仲裁条款或者事后没有达成书面仲裁协议的;

(二)被申请人没有得到指定仲裁员或者进行仲裁程序的通知,或者由于其他不属于被申请人负责的原因未能陈述意见的;

(三)仲裁庭的组成或者仲裁的程序与仲裁规则不符的;

(四)裁决的事项不属于仲裁协议的范围或者仲裁机构无权仲裁的。

人民法院认定执行该裁决违背社会公共利益的,裁定不予执行。

**第二百八十二条** 仲裁裁决被人民法院裁定不予执行的,当事人可以根据双方达成的书面仲裁协议重新申请仲裁,也可以向人民法院起诉。

## 第二十七章 司法协助

**第二百八十三条** 根据中华人民共和国缔结或者参加的国际条约,或者按照互惠原则,人民法院和外国法院可以相互请求,代为送达文书、调查取证以及进行其他诉讼行为。

外国法院请求协助的事项有损于中华人民共和国的主权、安全或者社会公共利益的,人民法院不予执行。

**第二百八十四条** 请求和提供司法协助,应当依照中华人民共和国缔结或者参加的国际条约所规定的途径进行;没有条约关系的,通过外交途径进行。

外国驻中华人民共和国的使领馆可以向该国公民送达文书和调查取证,但不得违反中华人民共和国的法律,并不得采取强制措施。

除前款规定的情况外,未经中华人民共和国主管机关准许,任何外国机关或者个人不得在中华人民共和国领域内送达文书、调查取证。

**第二百八十五条** 外国法院请求人民法院提供司法协助的请求书及其所附文件,应当附有中文译本或者国际条约规定的其他文字文本。

人民法院请求外国法院提供司法协助的请求书及其所附文件,应当附有该国文字译本或者国际条约规定的其他文字文本。

**第二百八十六条** 人民法院提供司法协助,依照中华人民共和国法律规定的程序进行。外国法院请求采用特殊方式的,也可以按照其请求的特殊方式进行,但请求采用的特殊方式不得违反中华人民共和国法律。

**第二百八十七条** 人民法院作出的发生法律效力的判决、裁定,如果被执行人或者其财产不在中华人民共和国领域内,当事人请求执行的,可以由当事人直接向有管辖权的外国法院申请承认和执行,也可以由人民法院依照中华人民共和国缔结或者参加的国际条约的规定,或者按照互惠原则,请求外国法院承认和执行。

中华人民共和国涉外仲裁机构作出的发生法律效力的仲裁裁决，当事人请求执行的，如果被执行人或者其财产不在中华人民共和国领域内，应当由当事人直接向有管辖权的外国法院申请承认和执行。

**第二百八十八条** 外国法院作出的发生法律效力的判决、裁定，需要中华人民共和国人民法院承认和执行的，可以由当事人直接向中华人民共和国有管辖权的中级人民法院申请承认和执行，也可以由外国法院依照该国与中华人民共和国缔结或者参加的国际条约的规定，或者按照互惠原则，请求人民法院承认和执行。

**第二百八十九条** 人民法院对申请或者请求承认和执行的外国法院作出的发生法律效力的判决、裁定，依照中华人民共和国缔结或者参加的国际条约，或者按照互惠原则进行审查后，认为不违反中华人民共和国法律的基本原则或者国家主权、安全、社会公共利益的，裁定承认其效力，需要执行的，发出执行令，依照本法的有关规定执行。违反中华人民共和国法律的基本原则或者国家主权、安全、社会公共利益的，不予承认和执行。

**第二百九十条** 国外仲裁机构的裁决，需要中华人民共和国人民法院承认和执行的，应当由当事人直接向被执行人住所地或者其财产所在地的中级人民法院申请，人民法院应当依照中华人民共和国缔结或者参加的国际条约，或者按照互惠原则办理。

**第二百九十一条** 本法自公布之日起施行，《中华人民共和国民事诉讼法（试行）》同时废止。

# 关于《中华人民共和国民事诉讼法（修正草案）》的说明

——2021 年 10 月 19 日在第十三届全国人民代表大会常务委员会第三十一次会议上

最高人民法院院长　周　强

全国人民代表大会常务委员会：

我代表最高人民法院，作关于《中华人民共和国民事诉讼法（修正草案）》的说明。

## 一、修改民事诉讼法的背景和必要性

民事诉讼法是国家的基本法律，是规范民事诉讼程序的基本规则。我国现行民事诉讼法是 1991 年第七届全国人大第四次会议通过的，先后经历了 2007 年、2012 年、2017 年三次修正，民事诉讼规则不断优化完善，对保护当事人诉讼权利，保障人民法院公正、高效审理民事案件，促进国家治理体系和治理能力现代化，发挥了重要作用。近年来，随着经济社会形势发展变化和信息化时代全面到来，人民群众司法需求日益多元，矛盾纠纷数量持续高速增长，民事审判工作形势发生深刻变化，民事诉讼法的有些规定已经不能完全适应人民群众对公正、高效、便捷解纷的司法需求，制约了司法资源的优化配置和司法效能的有效提升，有必要进一步予以完善。

习近平总书记在 2019 年召开的中央政法工作会议上指出："要深化诉讼制度改革，推进案件繁简分流、轻重分离、快慢分道"，为民事诉讼制度发展完善提出了明确要求，指明了改革方向。2019 年，中共中央办公厅印发《关于政法领域全面深化改革的实施意见》，将"推进民事诉讼制度改革"确定为重大改革任务。2019 年 12 月 28 日，第十三届全国人大常委会第十五次会议作出《关于授权最高人民法院在部分地区开展民事诉讼程序繁简分流改革试点工作的决定》（以下简称《授权决定》），授权在 15 个省（区、市）20 个城市的法院开展为期两年的民事诉讼程序繁简分流改革试点工作，围绕优化司法确认程序、完善小额诉讼程序、完善简易程序、扩大独任制适用、健全在线诉讼规则等五个方面开展试点探索。

试点工作开展以来，在以习近平同志为核心的党中央坚强领导下，在全国人大及其常委会有力监督下，最高人民法院指导各试点法院扎实推进各项试点任务，不断完善民事诉讼程序机制，司法质量效率得到有效提升，司法资源配置更加合理优化，当事人权利保障更加充分，人民群众对公平正义的获得感不断增强，试点工作取得明显成效。根据《授权决定》要求，"试点期满后，对实践证明可行的，应当修改完善有关法律"。经过近两年的试点，试点相关程序规则已被实践证明切实可行，所涉重点难点问题也基本形成共识，修改民事诉讼法的条件已经具备。

## 二、草案起草的基本思路和工作过程

最高人民法院在草案起草过程中，遵循了以下基本思路：

一是坚持以习近平新时代中国特色社会主义思想为指导，确保正确政治方向。深入学习贯彻习近平新时代中国特色社会主义思想，学习贯彻习近平总书记“七一”重要讲话精神和习近平法治思想，落实党中央关于深化民事诉讼制度改革决策部署，健全完善立体化、多层次、精细化的民事诉讼程序体系，提升人民法院纠纷化解能力，推动在更高层次上实现公正与效率的统一，促进国家治理体系和治理能力现代化。

二是坚持以人民为中心的发展思想，充分保障诉讼权利。对简单案件做到“简程序不减权益”，对复杂案件做到“加资源不加负担”。充分尊重当事人程序选择权、满足诉讼知情权、保障程序异议权，通过完善程序规则，促进当事人充分、便捷、及时行使诉讼权利，实现优质、高效、低成本地解决纠纷。

三是全面总结试点经验，有效体现试点成果。遵循“确有必要则改、条件成熟则改”的原则，注重保持法律的稳定性。对于经试点证明行之有效的规则，进一步提炼完善后，推动上升为立法。对于有待优化改进的规则审慎对待、暂不规定，确保修法内容符合法治规律、群众需要和审判实际。

四是强化程序运行制约监督，切实提升审判质效。结合修法内容，完善相关配套措施，加强对小额诉讼、简易程序、独任制案件的质量把控，通过全面落实司法责任制、加强审判监督管理、完善法律统一适用机制、强化司法公开、提升法官能力素质等配套措施，保障程序规范运行，确保案件质量效率。

最高人民法院党组高度重视民事诉讼法有关规定的修改工作，自试点工作开展之初，即同步开展相关论证研究，会同全国人大常委会法工委等开展实地调研。草案先后征求了中央政法委、全国人大监察司法委、全国人大常委会法工委、最高人民检察院、司法部等中央国家机关，以及各高级人民法院、部分全国人大代表、全国政协委员、专家学者、律师代表的意见建议。

## 三、草案的主要内容

草案共对民事诉讼法作出 16 处调整，其中新增条文 8 条，修改条文 8 条，主要包含以下内容：

(一)优化司法确认程序

一是合理扩大司法确认程序适用范围。将司法确认程序适用范围从原来的仅限于“人民调解协议”扩展至“依法设立的调解组织或者依法任职的调解员主持达成的调解协议”，允许中级人民法院和专门人民法院受理符合级别管辖和专门管辖标准的司法确认申请，进一步发挥司法确认制度对多元解纷方式的促进保障作用，丰富人民群众解纷渠道，推动矛盾纠纷源头治理。

二是优化司法确认案件管辖规则。根据调解主体和调解类型的不同，明确了三种情形下司法确认案件的管辖规则。既有利于完善诉调对接，便于审查和执行，又有效防控虚假调解和虚假确认的风险。

(二)完善小额诉讼程序

一是完善小额诉讼程序适用范围和方式。将适用案件类型限定为“金钱给付”案件，适用标的额从原来的“各省、自治区、直辖市上年度就业人员年平均工资百分之三十以下”提升到“百分之五十以下”，新增当事人合意选择适用模式。进一步降低小额诉讼程序适用门槛，加大适用力度，充分保障当事人程序选择权和利益处分权，有效发挥小额诉讼程序便捷、高效、一次性终局解纷的制度优势。

二是明确不得适用小额诉讼程序的案件。规定对确权类、涉外、需要评估鉴定、一方当事人下落不明、提出反诉等六种情形的纠纷不得适用小额诉讼程序，避免实践中的滥用或不当适用。

三是简化小额诉讼案件审理方式。在充分保障当事人权利基础上，将小额诉讼案件的答辩期、举证期限从 15 日缩短至 7 日。审理方式上可以简化起诉、答辩、传唤、送达、庭审和裁判文书，一般应当一次开庭审结并当庭宣判。审理期限从原来的 3 个月缩短为 2 个月，进一步降低当事人诉讼成本，提高审理效率，及时有效维护当事人的合法权益。

四是赋予当事人程序异议权。当事人认为案件不符合适用小额诉讼程序条件的，可以向人民法院提出异议，经审查异议成立，应当转换审理程序，有效保障当事人的程序异议权，加强对程序适用的制约监督。

（三）完善简易程序

调整简易程序适用条件，删除“事实清楚、权利义务关系明确、争议不大”中的“争议不大”，推动简易程序适用更加聚焦于案件本身的繁简和难易程度，不因当事人对立程度和主观认识差异影响到程序适用，使简易程序更加符合其制度定位。

（四）扩大独任制适用范围

一是建立独任制普通程序审理模式。对于基层人民法院审理的“基本事实清楚、权利义务关系明确”的第一审民事案件，可以由审判员一人适用普通程序独任审理，解除独任制与简易程序的严格绑定，推动独任制形式与审理程序灵活精准匹配，适应基层人民法院案件类型多元的工作实际。实践中，部分案件的核心和关键事实清楚，仅部分事实细节或者关联事实需进一步查实，查明需要经过当事人补充举证质证、评估、鉴定、审计、调查取证等程序环节，耗时较长，这类案件总体上仍为简单案件，并无组成合议庭审理的必要，适宜由独任法官适用普通程序审理。

二是建立二审独任制审理模式。中级、专门人民法院对一审以简易程序结案的上诉案件和裁定类上诉案件，满足“事实清楚，权利义务关系明确”条件的，可以采用独任制审理。在合理控制二审独任制适用范围的基础上，推动二审案件繁简分流，防止所有案件“平均用力”，提升司法整体效能。

三是加强对独任制适用的制约监督。在扩大独任制适用的同时，明确适用标准，划定适用边界，确保适用独任制审理案件的质量。第一，明确不得适用独任制的6类案件，包括：涉及重大利益、影响社会稳定、产生广泛社会影响、新类型或疑难复杂、法律规定应当适用合议制的案件等。第二，保障当事人异议权。当事人认为案件违反独任制适用标准、适用范围，不符合民事诉讼法、人民陪审员法等法律中关于应当适用合议制的有关规定的，可以向人民法院提出异议，强化当事人对独任制适用的制约监督。第三，完善独任制向合议制转换机制。人民法院发现案件存在案情复杂、社会影响较大、法律适用疑难等情形，不宜由审判员一人独任审理的，以及当事人异议成立的，裁定转由合议庭审理。第四，强化独任制案件审判监督管理。健全独任法官审判权责清单机制，依托信息化手段，加强对独任制案件裁判情况的全过程公开、全流程监督，发挥专业法官会议对独任法官的咨询、监督作用，完善独任制案件评查机制，确保“独任不放任”。

（五）完善在线诉讼及送达规则

一是确立在线诉讼法律效力。明确在线诉讼与线下诉讼具有同等法律效力，推动民事诉讼方式与信息化时代相适应，为未来在线诉讼发展拓展制度空间。

二是完善电子送达规则。在遵循当事人自愿原则的基础上，加大电子送达适用力度，允许对判决书、裁定书、调解书适用电子送达，优化送达方式，细化生效标准，进一步拓展电子送达适用范围，丰富送达渠道，提升电子送达有效性，切实保障当事人诉讼知情权。

三是合理缩短公告送达时间。根据经济社会发展变化，将公告送达期限从60天缩短为30天，进一步缩短审理周期，降低诉讼成本、防止诉讼拖延。最高人民法院将建立统一、权威、规范的公告送达平台，大力推进电子公告，全面提升公告送达的覆盖面和精准度。

《中华人民共和国民事诉讼法（修正草案）》和以上说明是否妥当，请审议。

# 全国人民代表大会宪法和法律委员会关于《中华人民共和国民事诉讼法（修正草案）》审议结果的报告

——2021年12月20日在第十三届全国人民代表大会常务委员会第三十二次会议上

全国人大宪法和法律委员会副主任委员　江必新

全国人民代表大会常务委员会：

常委会第三十一次会议对民事诉讼法修正草案进行了初次审议。会后，法制工作委员会将修正草案印发中央有关单位、各省（区、市）、部分设区的市、基层立法联系点和部分全国人大代表等征求意见,并在中国人大网全文公布修正草案,征求社会公众意见。宪法和法律委员会、监察和司法委员会、法制工作委员会联合召开座谈会,听取全国人大代表、中央有关部门、有关人民法院、人民调解委员会、基层立法联系点,以及有关协会和专家的意见。宪法和法律委员会、法制工作委员会还到北京调研,并就修正草案中的主要问题与有关方面交换意见,共同研究。宪法和法律委员会于 11 月 9 日召开会议,根据委员长会议精神、常委会组成人员审议意见和各方面的意见,对修正草案进行了逐条审议。监察和司法委员会、最高人民法院的有关负责同志列席了会议。11 月 30 日,宪法和法律委员会召开会议,再次进行了审议。宪法和法律委员会认为,修正草案经过审议修改,已经比较成熟。同时,提出以下主要修改意见:

一、修正草案第一条规定,民事诉讼活动通过信息网络平台在线进行的,与线下诉讼活动具有同等法律效力。有的常委委员、地方和专家提出,要尊重和保障当事人对在线诉讼的选择权,建议明确进行在线诉讼应当经当事人同意。宪法和法律委员会经研究,建议采纳这一意见,在该条中增加一款规定:经当事人同意,民事诉讼活动可以通过信息网络平台在线进行。

二、修正草案第三条规定,部分民事案件二审可以采用独任制审理。有的单位、专家提出,为更好保护当事人的诉讼权利,应当明确经双方当事人同意,二审民事案件才可以由审判员一人独任审理。宪法和法律委员会经研究,建议采纳这一意见,对上述规定作出修改。

三、现行民事诉讼法第一百六十一条规定,人民法院适用简易程序审理案件,应当在立案之日起三个月内审结。有的地方、专家和社会公众提出,司法实践中,部分适用简易程序审理的案件,因为审限不够而转为适用普通程序审理。为解决这一问题,此次授权改革试点允许对适用简易程序审理的案件,在特殊情况下经本院院长批准延长一个月审限,实践效果较好,建议在法律中予以规定。宪法和法律委员会经研究,建议采纳这一意见,在该条中增加规定:有特殊情况需要延长的,经本院院长批准,可以延长一个月。

四、修正草案第十一条规定,适用小额诉讼程序审理的案件,当事人明确表示放弃答辩和举证期限的,人民法院可以直接开庭审理。被告要求答辩的,期限为七日,特殊情况下经申请可以延长至十五日;举证期限不得超过七日,确有困难经申请可以延长至十五日。有的地方和专家提出,现行民事诉讼法对小额诉讼案件,在举证和答辩方面均没有特殊规定,与普通程序案件相同。该条对当事人的答辩、举证期限均作了缩减规定,不利于保护当事人的诉讼权利,建议删除。宪法和法律委员会经研究,建议采纳这一意见,删除该条规定。

五、修正草案第十二条第一款规定,适用小额诉讼程序审理的案件,可以简化起诉、答辩、传唤、送达、庭审等程序和裁判文书内容,但应当保障当事人的诉讼权利。有的地方和专家提出,小额诉讼程序位于"简易程序"一章中,该章已规定了审理简单民事案件,可以用简便方式传唤当事人和证人、送达诉讼文书、审理案件。这一规定可以适用于小额诉讼案件,没有必要再作重复规定。宪法和法律委员会经研究,建议采纳这一意见,删除该款规定。

六、修正草案第十六条规定,经依法设立的调解组织或者依法任职的调解员调解达成的调解协议可以申请司法确认。有的部门、地方和专家提出,由于经法院确认后的调解协议具有强制执行力,因此,相关范围的扩大应当严格、谨慎,建议删除依法任职的调解员调解达成的调解协议可以申请司法确认的规定。宪法和法律委员会经研究,建议采纳这一意见,对相关规定作出修改。

征求意见过程中,各方面还提出了一些涉及民事诉讼其他方面的意见和建议。考虑到这次主要是针对民事诉讼程序繁简分流改革试点工作所作的专项修改,法制工作委员会将会同最高人民法院等有关方面,认真研究这些意见建议,适时再次启动民事诉讼法修改工作。

此外,根据常委会组成人员的审议意见,并考虑做好与民法典相关规定表述的衔接,还对修正草案作了一些文字修改。

11 月 26 日,法制工作委员会召开会议,邀请部分全国人大代表、专家学者、律师和有关地方人民法院,就修正草案中主要制度规范的可行性、出台时机、实施的社会效果和可能出现的问题等进行评估。普遍认为,修正草案贯彻落实党中央关于深化民事诉讼制度改革的决策部署,全面总结民事诉讼程序繁简分流改革工作的经验,从优化司法确认程序、完善小额诉讼程序、完善简易程序、扩大独任制适用范围、完善在线诉讼及送达规则等方面对现行法进行了修改完善,进一步提升了司法质量效率,优化了司法资源配置，更有助于保障当事人的诉讼权利，维护司法公正。修正草案较好体现了民事诉讼繁简分流改革的试点经验，重点突出，规范明确，具有较强的针对性和可操作性，已基本成熟，建议尽快出台。与会人员还对修正草案提出了一些具体修改意见，宪法和法律委员会对有的意见已经予以采纳。

宪法和法律委员会已按上述意见提出了全国人民代表大会常务委员会关于修改《中华人民共和国民事诉讼法》的决定（草案），建议提请本次常委会会议审议通过。

修改决定草案和以上报告是否妥当，请审议。

# 全国人民代表大会宪法和法律委员会关于《全国人民代表大会常务委员会关于修改〈中华人民共和国民事诉讼法〉的决定（草案）》修改意见的报告

——2021 年 12 月 24 日在第十三届全国人民代表大会常务委员会第三十二次会议上

全国人民代表大会常务委员会：

本次常委会会议于 12 月 21 日上午对关于修改民事诉讼法的决定草案进行了分组审议。普遍认为，修改决定草案已经比较成熟，建议进一步修改后，提请本次常委会会议表决通过。同时，有些常委会组成人员和列席人员还提出了一些修改意见和建议。宪法和法律委员会于 12 月 22 日下午召开会议，逐条研究了常委会组成人员和列席人员的审议意见，对修改决定草案进行了审议。监察和司法委员会、最高人民法院有关负责同志列席了会议。宪法和法律委员会认为，修改决定草案是可行的，同时，提出以下修改意见：

修改决定草案第九条第二款规定，标的额超过各省、自治区、直辖市上年度就业人员年平均工资百分之五十但在三倍以下的民事案件，当事人双方也可以约定适用小额诉讼的程序。有的常委委员提出，小额诉讼案件的标的额不宜过高，建议将各省上年度就业人员年平均工资“三倍”的上限标准，修改为“二倍”。宪法和法律委员会经研究，建议采纳这一意见。

在审议过程中，有的常委会组成人员还就加强在线诉讼、电子送达、公告送达制度的配套网络设施建设等提出了一些很好的意见和建议。宪法和法律委员会建议最高人民法院认真研究常委会组成人员的审议意见，加快相关配套设施建设，切实保障法律有效贯彻实施。

经与有关方面研究，建议将本决定的施行时间确定为 2022 年 1 月 1 日。

此外，根据常委会组成人员的审议意见，还对修改决定草案作了一些文字修改。

修改决定草案修改稿已按上述意见作了修改，宪法和法律委员会建议本次常委会会议审议通过。

修改决定草案修改稿和以上报告是否妥当，请审议。

# 中华人民共和国主席令

## 第一〇七号

《全国人民代表大会常务委员会关于修改〈中华人民共和国工会法〉的决定》已由中华人民共和国第十三届全国人民代表大会常务委员会第三十二次会议于 2021 年 12 月 24 日通过，现予公布，自 2022 年 1 月 1 日起施行。

中华人民共和国主席　习近平

2021 年 12 月 24 日

# 全国人民代表大会常务委员会关于修改《中华人民共和国工会法》的决定

（2021 年 12 月 24 日第十三届全国人民代表大会常务委员会第三十二次会议通过）

第十三届全国人民代表大会常务委员会第三十二次会议决定对《中华人民共和国工会法》作如下修改：

一、将第二条第一款修改为："工会是中国共产党领导的职工自愿结合的工人阶级群众组织，是中国共产党联系职工群众的桥梁和纽带。"

二、将第三条修改为："在中国境内的企业、事业单位、机关、社会组织（以下统称用人单位）中以工资收入为主要生活来源的劳动者，不分民族、种族、性别、职业、宗教信仰、教育程度，都有依法参加和组织工会的权利。任何组织和个人不得阻挠和限制。

"工会适应企业组织形式、职工队伍结构、劳动关系、就业形态等方面的发展变化，依法维护劳动者参加和组织工会的权利。"

三、将第四条第一款修改为："工会必须遵守和维护宪法，以宪法为根本的活动准则，以经济建设为中心，坚持社会主义道路，坚持人民民主专政，坚持中国共产党的领导，坚持马克思列宁主义、毛泽东思想、邓小平理论、'三个代表'重要思想、科学发展观、习近平新时代中国特色社会主义思想，坚持改革开放，保持和增强政治性、先进性、群众性，依照工会章程独立自主地开展工作。"

四、将第六条修改为："维护职工合法权益、竭诚服务职工群众是工会的基本职责。工会在维护全国人民总体利益的同时，代表和维护职工的合法权益。

"工会通过平等协商和集体合同制度等，推动健全劳动关系协调机制，维护职工劳动权益，构建和谐劳动关系。

"工会依照法律规定通过职工代表大会或者其他形式，组织职工参与本单位的民主选举、民主协商、民主决策、民主管理和民主监督。

"工会建立联系广泛、服务职工的工会工作体系，密切联系职工，听取和反映职工的意见和要求，关心职工的生活，帮助职工解决困难，全心全意为职工服务。"

五、增加一条，作为第八条："工会推动产业工人队伍建设改革，提高产业工人队伍整体素质，发挥产业工人骨干作用，维护产业工人合法权益，保障产业工人主人翁地位，造就一支有理想守信念、懂技术会创新、敢担当讲奉献的宏大产业工人队伍。"

六、将第二十条改为第二十一条，修改为："工会帮助、指导职工与企业、实行企业化管理的事业单位、社会组织签订劳动合同。

"工会代表职工与企业、实行企业化管理的事业单位、社会组织进行平等协商，依法签订集体合同。集体合同草案应当提交职工代表大会或者全体职工讨论通过。

"工会签订集体合同，上级工会应当给予支持和帮助。

"企业、事业单位、社会组织违反集体合同，侵犯职工劳动权益的，工会可以依法要求企业、事业单位、社会组织予以改正并承担责任；因履行集体合同发生争议，经协商解决不成的，工会可以向劳动争议仲裁机构提请仲裁，仲裁机构不予受理或者对仲裁裁决不服的，可以向人民法院提起诉讼。"

七、将第二十二条改为第二十三条，修改为："企业、事业单位、社会组织违反劳动法律法规规定，有下列侵犯职工劳动权益情形，工会应当代表职工与企业、事业单位、社会组织交涉，要求企业、事业单位、社会组织采取措施予以改正；企业、事业单位、社会组织应当予以研究处理，并向工会作出答复；企业、事业单位、社会组织拒不改正的，工会可以提请当地人民政府依法作出处理：

"（一）克扣、拖欠职工工资的；

"（二）不提供劳动安全卫生条件的；

"（三）随意延长劳动时间的；

"（四）侵犯女职工和未成年工特殊权益的；

"（五）其他严重侵犯职工劳动权益的。"

八、将第二十九条改为第三十条，修改为："县级以上各级总工会依法为所属工会和职工提供法律援助等法律服务。"

九、将第三十一条改为第三十二条，修改为：

"工会会同用人单位加强对职工的思想政治引领，教育职工以国家主人翁态度对待劳动，爱护国家和单位的财产；组织职工开展群众性的合理化建议、技术革新、劳动和技能竞赛活动，进行业余文化技术学习和职工培训，参加职业教育和文化体育活动，推进职业安全健康教育和劳动保护工作。"

十、将第三十八条改为第三十九条，修改为："企业、事业单位、社会组织研究经营管理和发展的重大问题应当听取工会的意见；召开会议讨论有关工资、福利、劳动安全卫生、工作时间、休息休假、女职工保护和社会保险等涉及职工切身利益的问题，必须有工会代表参加。

"企业、事业单位、社会组织应当支持工会依法开展工作，工会应当支持企业、事业单位、社会组织依法行使经营管理权。"

十一、对部分条文作以下修改：

（一）将第十条、第三十条、第四十一条、第四十二条第一款、第四十五条中的"企业、事业单位、机关"修改为"用人单位"，将第二十一条第二款、第三款中的"企业"修改为"用人单位"。

（二）将第十二条中的"企业终止或者所在的事业单位、机关被撤销"修改为"用人单位终止或者被撤销"。

（三）将第十三条、第十九条、第二十一条第一款、第二十五条、第二十七条、第四十条、第四十二条第二款、第四十三条中的"企业、事业单位"修改为"企业、事业单位、社会组织"。

（四）将第十四条中的"民法通则"修改为"民法典"。

本决定自2022年1月1日起施行。

《中华人民共和国工会法》根据本决定作相应修改并对条文顺序作相应调整，重新公布。

# 中华人民共和国工会法

（1992年4月3日第七届全国人民代表大会第五次会议通过　根据2001年10月27日第九届全国人民代表大会常务委员会第二十四次会议《关于修改〈中华人民共和国工会法〉的决定》第一次修正　根据2009年8月27日第十一届全国人民代表大会常务委员会第十次会议《关于修改部分法律的决定》第二次修正　根据2021年12月24日第十三届全国人民代表大会常务委员会第三十二次会议《关于修改〈中华人民共和国工会法〉的决定》第三次修正）

目　录



## 第一章　总　　则

**第一条**　为保障工会在国家政治、经济和社会生活中的地位，确定工会的权利与义务，发挥工会在社会主义现代化建设事业中的作用，根据宪法，制定本法。

**第二条**　工会是中国共产党领导的职工自愿结合的工人阶级群众组织，是中国共产党联系职工群众的桥梁和纽带。

中华全国总工会及其各工会组织代表职工的利益，依法维护职工的合法权益。

**第三条**　在中国境内的企业、事业单位、机关、社会组织（以下统称用人单位）中以工资收入为主要生活来源的劳动者，不分民族、种族、性别、职业、宗教信仰、教育程度，都有依法参加和组织工会的权利。任何组织和个人不得阻挠和限制。

工会适应企业组织形式、职工队伍结构、劳动关系、就业形态等方面的发展变化，依法维护劳动者参加和组织工会的权利。

**第四条**　工会必须遵守和维护宪法，以宪法为根本的活动准则，以经济建设为中心，坚持社会主义道路，坚持人民民主专政，坚持中国共产党的领导，坚持马克思列宁主义、毛泽东思想、邓小平理论、“三个代表”重要思想、科学发展观、习近平新时代中国特色社会主义思想，坚持改革开放，保持和增强政治性、先进性、群众性，依照工会章程独立自主地开展工作。

工会会员全国代表大会制定或者修改《中国工会章程》，章程不得与宪法和法律相抵触。

国家保护工会的合法权益不受侵犯。

**第五条** 工会组织和教育职工依照宪法和法律的规定行使民主权利，发挥国家主人翁的作用，通过各种途径和形式，参与管理国家事务、管理经济和文化事业、管理社会事务；协助人民政府开展工作，维护工人阶级领导的、以工农联盟为基础的人民民主专政的社会主义国家政权。

**第六条** 维护职工合法权益、竭诚服务职工群众是工会的基本职责。工会在维护全国人民总体利益的同时，代表和维护职工的合法权益。

工会通过平等协商和集体合同制度等，推动健全劳动关系协调机制，维护职工劳动权益，构建和谐劳动关系。

工会依照法律规定通过职工代表大会或者其他形式，组织职工参与本单位的民主选举、民主协商、民主决策、民主管理和民主监督。

工会建立联系广泛、服务职工的工会工作体系，密切联系职工，听取和反映职工的意见和要求，关心职工的生活，帮助职工解决困难，全心全意为职工服务。

**第七条** 工会动员和组织职工积极参加经济建设，努力完成生产任务和工作任务。教育职工不断提高思想道德、技术业务和科学文化素质，建设有理想、有道德、有文化、有纪律的职工队伍。

**第八条** 工会推动产业工人队伍建设改革，提高产业工人队伍整体素质，发挥产业工人骨干作用，维护产业工人合法权益，保障产业工人主人翁地位，造就一支有理想守信念、懂技术会创新、敢担当讲奉献的宏大产业工人队伍。

**第九条** 中华全国总工会根据独立、平等、互相尊重、互不干涉内部事务的原则，加强同各国工会组织的友好合作关系。

## 第二章 工会组织

**第十条** 工会各级组织按照民主集中制原则建立。

各级工会委员会由会员大会或者会员代表大会民主选举产生。企业主要负责人的近亲属不得作为本企业基层工会委员会成员的人选。

各级工会委员会向同级会员大会或者会员代表大会负责并报告工作，接受其监督。

工会会员大会或者会员代表大会有权撤换或者罢免其所选举的代表或者工会委员会组成人员。

上级工会组织领导下级工会组织。

**第十一条** 用人单位有会员二十五人以上的，应当建立基层工会委员会；不足二十五人的，可以单独建立基层工会委员会，也可以由两个以上单位的会员联合建立基层工会委员会，也可以选举组织员一人，组织会员开展活动。女职工人数较多的，可以建立工会女职工委员会，在同级工会领导下开展工作；女职工人数较少的，可以在工会委员会中设女职工委员。

企业职工较多的乡镇、城市街道，可以建立基层工会的联合会。

县级以上地方建立地方各级总工会。

同一行业或者性质相近的几个行业，可以根据需要建立全国的或者地方的产业工会。

全国建立统一的中华全国总工会。

**第十二条** 基层工会、地方各级总工会、全国或者地方产业工会组织的建立，必须报上一级工会批准。

上级工会可以派员帮助和指导企业职工组建工会，任何单位和个人不得阻挠。

**第十三条** 任何组织和个人不得随意撤销、合并工会组织。

基层工会所在的用人单位终止或者被撤销，该工会组织相应撤销，并报告上一级工会。

依前款规定被撤销的工会，其会员的会籍可以继续保留，具体管理办法由中华全国总工会制定。

**第十四条** 职工二百人以上的企业、事业单位、社会组织的工会，可以设专职工会主席。工会专职工作人员的人数由工会与企业、事业单位、社会组织协商确定。

**第十五条** 中华全国总工会、地方总工会、产业工会具有社会团体法人资格。

基层工会组织具备民法典规定的法人条件的，依法取得社会团体法人资格。

**第十六条** 基层工会委员会每届任期三年或者五年。各级地方总工会委员会和产业工会委员会每届任期五年。

**第十七条** 基层工会委员会定期召开会员大会或者会员代表大会，讨论决定工会工作的重大问题。经基层工会委员会或者三分之一以上的工会会员提议,可以临时召开会员大会或者会员代表大会。

**第十八条** 工会主席、副主席任期未满时,不得随意调动其工作。因工作需要调动时,应当征得本级工会委员会和上一级工会的同意。

罢免工会主席、副主席必须召开会员大会或者会员代表大会讨论,非经会员大会全体会员或者会员代表大会全体代表过半数通过,不得罢免。

**第十九条** 基层工会专职主席、副主席或者委员自任职之日起,其劳动合同期限自动延长,延长期限相当于其任职期间;非专职主席、副主席或者委员自任职之日起,其尚未履行的劳动合同期限短于任期的,劳动合同期限自动延长至任期期满。但是,任职期间个人严重过失或者达到法定退休年龄的除外。

## 第三章 工会的权利和义务

**第二十条** 企业、事业单位、社会组织违反职工代表大会制度和其他民主管理制度,工会有权要求纠正,保障职工依法行使民主管理的权利。

法律、法规规定应当提交职工大会或者职工代表大会审议、通过、决定的事项,企业、事业单位、社会组织应当依法办理。

**第二十一条** 工会帮助、指导职工与企业、实行企业化管理的事业单位、社会组织签订劳动合同。

工会代表职工与企业、实行企业化管理的事业单位、社会组织进行平等协商,依法签订集体合同。集体合同草案应当提交职工代表大会或者全体职工讨论通过。

工会签订集体合同,上级工会应当给予支持和帮助。

企业、事业单位、社会组织违反集体合同,侵犯职工劳动权益的,工会可以依法要求企业、事业单位、社会组织予以改正并承担责任;因履行集体合同发生争议,经协商解决不成的,工会可以向劳动争议仲裁机构提请仲裁,仲裁机构不予受理或者对仲裁裁决不服的,可以向人民法院提起诉讼。

**第二十二条** 企业、事业单位、社会组织处分职工,工会认为不适当的,有权提出意见。

用人单位单方面解除职工劳动合同时,应当事先将理由通知工会,工会认为用人单位违反法律、法规和有关合同,要求重新研究处理时,用人单位应当研究工会的意见,并将处理结果书面通知工会。

职工认为用人单位侵犯其劳动权益而申请劳动争议仲裁或者向人民法院提起诉讼的,工会应当给予支持和帮助。

**第二十三条** 企业、事业单位、社会组织违反劳动法律法规规定,有下列侵犯职工劳动权益情形,工会应当代表职工与企业、事业单位、社会组织交涉,要求企业、事业单位、社会组织采取措施予以改正;企业、事业单位、社会组织应当予以研究处理,并向工会作出答复;企业、事业单位、社会组织拒不改正的,工会可以提请当地人民政府依法作出处理:

(一)克扣、拖欠职工工资的;

(二)不提供劳动安全卫生条件的;

(三)随意延长劳动时间的;

(四)侵犯女职工和未成年工特殊权益的;

(五)其他严重侵犯职工劳动权益的。

**第二十四条** 工会依照国家规定对新建、扩建企业和技术改造工程中的劳动条件和安全卫生设施与主体工程同时设计、同时施工、同时投产使用进行监督。对工会提出的意见,企业或者主管部门应当认真处理,并将处理结果书面通知工会。

**第二十五条** 工会发现企业违章指挥、强令工人冒险作业,或者生产过程中发现明显重大事故隐患和职业危害,有权提出解决的建议,企业应当及时研究答复;发现危及职工生命安全的情况时,工会有权向企业建议组织职工撤离危险现场,企业必须及时作出处理决定。

**第二十六条** 工会有权对企业、事业单位、社会组织侵犯职工合法权益的问题进行调查,有关单位应当予以协助。

**第二十七条** 职工因工伤亡事故和其他严重危害职工健康问题的调查处理,必须有工会参加。工会应当向有关部门提出处理意见,并有权要求追究直接负责的主管人员和有关责任人员的责任。对工会提出的意见,应当及时研究,给予答复。

**第二十八条** 企业、事业单位、社会组织发生停工、怠工事件,工会应当代表职工同企业、事业单位、社会组织或者有关方面协商,反映职工的意见和要求并提出解决意见。对于职工的合理要求,企业、事业单位、社会组织应当予以解决。工会协助企业、事业单位、社会组织做好工作,尽快恢复生产、工作秩序。

**第二十九条** 工会参加企业的劳动争议调解工作。

地方劳动争议仲裁组织应当有同级工会代表参加。

**第三十条** 县级以上各级总工会依法为所属工会和职工提供法律援助等法律服务。

**第三十一条** 工会协助用人单位办好职工集体福利事业,做好工资、劳动安全卫生和社会保险工作。

**第三十二条** 工会会同用人单位加强对职工的思想政治引领,教育职工以国家主人翁态度对待劳动,爱护国家和单位的财产;组织职工开展群众性的合理化建议、技术革新、劳动和技能竞赛活动,进行业余文化技术学习和职工培训,参加职业教育和文化体育活动,推进职业安全健康教育和劳动保护工作。

**第三十三条** 根据政府委托,工会与有关部门共同做好劳动模范和先进生产(工作)者的评选、表彰、培养和管理工作。

**第三十四条** 国家机关在组织起草或者修改直接涉及职工切身利益的法律、法规、规章时,应当听取工会意见。

县级以上各级人民政府制定国民经济和社会发展计划,对涉及职工利益的重大问题,应当听取同级工会的意见。

县级以上各级人民政府及其有关部门研究制定劳动就业、工资、劳动安全卫生、社会保险等涉及职工切身利益的政策、措施时,应当吸收同级工会参加研究,听取工会意见。

**第三十五条** 县级以上地方各级人民政府可以召开会议或者采取适当方式,向同级工会通报政府的重要的工作部署和与工会工作有关的行政措施,研究解决工会反映的职工群众的意见和要求。

各级人民政府劳动行政部门应当会同同级工会和企业方面代表,建立劳动关系三方协商机制,共同研究解决劳动关系方面的重大问题。

## 第四章 基层工会组织

**第三十六条** 国有企业职工代表大会是企业实行民主管理的基本形式,是职工行使民主管理权力的机构,依照法律规定行使职权。

国有企业的工会委员会是职工代表大会的工作机构,负责职工代表大会的日常工作,检查、督促职工代表大会决议的执行。

**第三十七条** 集体企业的工会委员会,应当支持和组织职工参加民主管理和民主监督,维护职工选举和罢免管理人员、决定经营管理的重大问题的权力。

**第三十八条** 本法第三十六条、第三十七条规定以外的其他企业、事业单位的工会委员会,依照法律规定组织职工采取与企业、事业单位相适应的形式,参与企业、事业单位民主管理。

**第三十九条** 企业、事业单位、社会组织研究经营管理和发展的重大问题应当听取工会的意见;召开会议讨论有关工资、福利、劳动安全卫生、工作时间、休息休假、女职工保护和社会保险等涉及职工切身利益的问题,必须有工会代表参加。

企业、事业单位、社会组织应当支持工会依法开展工作,工会应当支持企业、事业单位、社会组织依法行使经营管理权。

**第四十条** 公司的董事会、监事会中职工代表的产生,依照公司法有关规定执行。

**第四十一条** 基层工会委员会召开会议或者组织职工活动,应当在生产或者工作时间以外进行,需要占用生产或者工作时间的,应当事先征得企业、事业单位、社会组织的同意。

基层工会的非专职委员占用生产或者工作时间参加会议或者从事工会工作,每月不超过三个工作日,其工资照发,其他待遇不受影响。

**第四十二条** 用人单位工会委员会的专职工作人员的工资、奖励、补贴,由所在单位支付。社会保险和其他福利待遇等,享受本单位职工同等待遇。

## 第五章 工会的经费和财产

**第四十三条** 工会经费的来源:

(一)工会会员缴纳的会费;

(二)建立工会组织的用人单位按每月全部职工工资总额的百分之二向工会拨缴的经费;

(三)工会所属的企业、事业单位上缴的收入;

(四)人民政府的补助;

(五)其他收入。

前款第二项规定的企业、事业单位、社会组织拨缴的经费在税前列支。

工会经费主要用于为职工服务和工会活动。经费使用的具体办法由中华全国总工会制定。

**第四十四条** 企业、事业单位、社会组织无正当理由拖延或者拒不拨缴工会经费,基层工会或者上级工会可以向当地人民法院申请支付令;拒不执行支付令的,工会可以依法申请人民法院强制执行。

**第四十五条** 工会应当根据经费独立原则,建立预算、决算和经费审查监督制度。

各级工会建立经费审查委员会。

各级工会经费收支情况应当由同级工会经费

审查委员会审查，并且定期向会员大会或者会员代表大会报告，接受监督。工会会员大会或者会员代表大会有权对经费使用情况提出意见。

工会经费的使用应当依法接受国家的监督。

**第四十六条**　各级人民政府和用人单位应当为工会办公和开展活动，提供必要的设施和活动场所等物质条件。

**第四十七条**　工会的财产、经费和国家拨给工会使用的不动产，任何组织和个人不得侵占、挪用和任意调拨。

**第四十八条**　工会所属的为职工服务的企业、事业单位，其隶属关系不得随意改变。

**第四十九条**　县级以上各级工会的离休、退休人员的待遇，与国家机关工作人员同等对待。

## 第六章　法律责任

**第五十条**　工会对违反本法规定侵犯其合法权益的，有权提请人民政府或者有关部门予以处理，或者向人民法院提起诉讼。

**第五十一条**　违反本法第三条、第十二条规定，阻挠职工依法参加和组织工会或者阻挠上级工会帮助、指导职工筹建工会的，由劳动行政部门责令其改正；拒不改正的，由劳动行政部门提请县级以上人民政府处理；以暴力、威胁等手段阻挠造成严重后果，构成犯罪的，依法追究刑事责任。

**第五十二条**　违反本法规定，对依法履行职责的工会工作人员无正当理由调动工作岗位，进行打击报复的，由劳动行政部门责令改正、恢复原工作；造成损失的，给予赔偿。

对依法履行职责的工会工作人员进行侮辱、诽谤或者进行人身伤害，构成犯罪的，依法追究刑事责任；尚未构成犯罪的，由公安机关依照治安管理处罚法的规定处罚。

**第五十三条**　违反本法规定，有下列情形之一的，由劳动行政部门责令恢复其工作，并补发被解除劳动合同期间应得的报酬，或者责令给予本人年收入二倍的赔偿：

（一）职工因参加工会活动而被解除劳动合同的；

（二）工会工作人员因履行本法规定的职责而被解除劳动合同的。

**第五十四条**　违反本法规定，有下列情形之一的，由县级以上人民政府责令改正，依法处理：

（一）妨碍工会组织职工通过职工代表大会和其他形式依法行使民主权利的；

（二）非法撤销、合并工会组织的；

（三）妨碍工会参加职工因工伤亡事故以及其他侵犯职工合法权益问题的调查处理的；

（四）无正当理由拒绝进行平等协商的。

**第五十五条**　违反本法第四十七条规定，侵占工会经费和财产拒不返还的，工会可以向人民法院提起诉讼，要求返还，并赔偿损失。

**第五十六条**　工会工作人员违反本法规定，损害职工或者工会权益的，由同级工会或者上级工会责令改正，或者予以处分；情节严重的，依照《中国工会章程》予以罢免；造成损失的，应当承担赔偿责任；构成犯罪的，依法追究刑事责任。

## 第七章　附　则

**第五十七条**　中华全国总工会会同有关国家机关制定机关工会实施本法的具体办法。

**第五十八条**　本法自公布之日起施行。1950年6月29日中央人民政府颁布的《中华人民共和国工会法》同时废止。

# 关于《中华人民共和国工会法（修正草案）》的说明

——2021年12月20日在第十三届全国人民代表大会常务委员会第三十二次会议上

全国人大常委会法制工作委员会副主任　张　勇

全国人民代表大会常务委员会：

我受委员长会议委托，作关于《中华人民共和国工会法（修正草案）》的说明。

## 一、修改的背景和过程

《中华人民共和国工会法》（以下简称工会法）

是明确工会法律地位和工作职责的重要法律，是工会组织依法开展工作的重要制度保障。现行工会法于 1992 年公布施行，2001 年、2009 年进行了两次修改。工会法实施以来，为各级工会履行团结引导职工群众听党话跟党走的政治责任提供了有力法治保障，在发挥工会职能作用、维护职工合法权益、构建和谐劳动关系等方面起到了有力的推动作用，总体上适应经济社会发展需要。

党的十八大以来，党和国家事业取得历史性成就、发生历史性变革，对工会工作提出了新要求。习近平新时代中国特色社会主义思想已经写入党章、宪法，成为党和国家长期坚持的指导思想，也是工会组织和工会工作必须长期坚持的指导思想。习近平总书记对坚持党对工会工作的领导提出明确要求，指出工会要认真履行维护职工合法权益、竭诚服务职工群众的基本职责，构建联系广泛、服务职工的工会工作体系，切实保持和增强政治性、先进性、群众性。各级工会在推进产业工人队伍建设改革和工会改革中也积累了宝贵经验。有必要通过修改工会法，贯彻落实党中央决策部署和习近平总书记重要指示精神，及时将行之有效的经验做法上升为法律规定。

2019 年以来，全国人大常委会法工委和全国总工会密切沟通，围绕工会法修改作了比较充分的准备工作。2019 年上半年，全国总工会在全国范围内开展了工会法实施情况专题调研，广泛听取各级工会组织、广大职工群众和社会各方面的意见建议，在此基础上形成修正草案建议稿。全国总工会专门就工会法修改及修改内容向党中央请示，党中央同意全国总工会的建议。2021 年 4 月，工会法修改列入全国人大常委会 2021 年度立法工作计划。其后，法工委进一步征求中央和国家有关部门、部分省（自治区、直辖市）人大、基层立法联系点的意见，与全国总工会共同开展调研。在此基础上，提出了修正草案。

## 二、修改的总体思路

工会法修改在总体思路上，主要把握以下五点：一是坚持以习近平新时代中国特色社会主义思想为指导和根本遵循，充分体现党中央关于工人阶级和工会工作的重要指示精神。二是突出坚持党的领导，保持和增强工会组织的政治性、先进性、群众性，不断增强工会组织的吸引力、凝聚力、战斗力。三是坚持从国情出发，着力完善相关制度和工作机制，为工会维护职工合法权益、竭诚服务职工群众提供有力的法治保障。四是适应我国法治建设需要，维护国家法制统一，妥善处理相关法律之间的关系，确保工会法与相关法律法规衔接一致。五是坚持必要性原则，根据党中央精神和现实需要，确有必要的才作修改，可改可不改的不作修改，保持现有法律框架和主要内容基本稳定。

## 三、修改的主要内容

（一）突出坚持党的领导。明确工会是中国共产党领导的职工自愿结合的工人阶级的群众组织，是中国共产党联系职工群众的桥梁和纽带，应当保持和增强政治性、先进性、群众性，建立联系广泛、服务职工的工会工作体系。

（二）落实党中央对工会改革的新要求。明确新就业形态劳动者参加和组织工会的权利，增加规定：工会适应企业组织形式、职工队伍结构、劳动关系等方面的发展变化，维护劳动者参加和组织工会的权利。

（三）完善工会法和工会工作指导思想。明确将习近平新时代中国特色社会主义思想同马克思列宁主义、毛泽东思想、邓小平理论、“三个代表”重要思想、科学发展观一道，确立为工会法和工会工作的指导思想。

（四）完善工会基本职责。将工会的基本职责由“维护职工合法权益”扩展为“维护职工合法权益、竭诚服务职工群众”。同时，增加工会组织职工参与本单位的民主选举、民主协商，加强对职工的思想政治引领，以及开展劳动和技能竞赛活动的规定。

（五）体现中央对产业工人队伍建设改革的新要求。增加规定：工会推动产业工人队伍建设改革，提高产业工人队伍整体素质，发挥产业工人骨干作用，维护产业工人合法权益，保障产业工人主人翁地位，造就一支有理想守信念、懂技术会创新、敢担当讲奉献的宏大产业工人队伍。

（六）做好与相关法律的衔接。法律援助法规定，工会等群团组织开展法律援助工作，参照适用其相关规定。据此明确县级以上各级总工会可以为所属工会和职工提供法律援助等法律服务。

（七）扩大基层工会组织覆盖面。明确社会组织中的劳动者有依法参加和组织工会的权利，将工会组织以及工会工作的覆盖面由“企业、事业单位、机关”扩展为“企业、事业单位、机关、社会组织”。

此外，对部分条文作了文字修改。

工会法修正草案和以上说明是否妥当，请审议。

# 全国人民代表大会宪法和法律委员会关于《中华人民共和国工会法（修正草案）》审议结果的报告

——2021 年 12 月 24 日在第十三届全国人民代表大会常务委员会第三十二次会议上

全国人民代表大会常务委员会：

本次常委会会议于 12 月 22 日上午对工会法修正草案进行了分组审议。普遍认为，修正草案突出坚持党的领导，落实党中央对工会改革的新要求，完善工会工作的指导思想和基本职责，已经较为成熟，赞成提请本次常委会会议表决通过。同时，有些常委会组成人员和列席人员还提出了一些修改意见和建议。宪法和法律委员会于 12 月 22 日下午召开会议，逐条研究了常委会组成人员和列席人员的审议意见，对修正草案进行了审议。全国总工会有关负责同志列席了会议。宪法和法律委员会认为，修正草案总体是可行的，同时，提出以下修改意见：

一、有的常委会组成人员提出，随着经济社会发展，就业形态、用工形式等方面出现新变化，应当体现这些变化特点。宪法和法律委员会经研究，建议将现行工会法第三条修改为：“在中国境内的企业、事业单位、机关、社会组织（以下统称用人单位）中以工资收入为主要生活来源的劳动者，不分民族、种族、性别、职业、宗教信仰、教育程度，都有依法参加和组织工会的权利。任何组织和个人不得阻挠和限制。”“工会适应企业组织形式、职工队伍结构、劳动关系、就业形态等方面的发展变化，依法维护劳动者参加和组织工会的权利。”

二、有的常委会组成人员提出，为切实维护职工合法权益，应当进一步完善工会职责，加强职业安全和劳动保护等方面的责任。宪法和法律委员会经研究，建议将现行工会法第三十一条修改为：“工会会同用人单位加强对职工的思想政治引领，教育职工以国家主人翁态度对待劳动，爱护国家和单位的财产；组织职工开展群众性的合理化建议、技术革新、劳动和技能竞赛活动，进行业余文化技术学习和职工培训，参加职业教育和文化体育活动，推进职业安全健康教育和劳动保护工作。”

三、有的常委会组成人员提出，在涉及职工切身利益的问题上，应当提高工会代表的参与度，更好反映职工诉求。宪法和法律委员会经研究，建议将现行工会法第三十八条修改为：“企业、事业单位、社会组织研究经营管理和发展的重大问题应当听取工会的意见；召开会议讨论有关工资、福利、劳动安全卫生、工作时间、休息休假、女职工保护和社会保险等涉及职工切身利益的问题，必须有工会代表参加。”“企业、事业单位、社会组织应当支持工会依法开展工作，工会应当支持企业、事业单位、社会组织依法行使经营管理权。”

经与全国总工会研究，建议将修改决定的施行时间确定为 2022 年 1 月 1 日。

此外，根据常委会组成人员的审议意见，还对修正草案作了一些文字修改。

宪法和法律委员会已按上述意见提出了全国人民代表大会常务委员会关于修改《中华人民共和国工会法》的决定（草案），建议本次常委会会议审议通过。

修改决定草案和以上报告是否妥当，请审议。

# 二、通过有关法律问题和重大问题的决定

## 全国人民代表大会常务委员会关于设立北京金融法院的决定

（2021 年 1 月 22 日第十三届全国人民代表大会常务委员会第二十五次会议通过）

为实施国家金融战略，维护金融安全，健全金融审判体系，加大金融司法保护力度，营造良好金融法治环境，根据宪法和人民法院组织法，特作如下决定：

一、设立北京金融法院。

北京金融法院审判庭的设置，由最高人民法院根据金融案件的类型和数量决定。

二、北京金融法院专门管辖以下案件：

（一）应由北京市的中级人民法院管辖的第一审金融民商事案件；

（二）应由北京市的中级人民法院管辖的以金融监管机构为被告的第一审涉金融行政案件；

（三）以住所地在北京市的金融基础设施机构为被告或者第三人，与其履行职责相关的第一审金融民商事案件和涉金融行政案件；

（四）北京市基层人民法院第一审金融民商事案件和涉金融行政案件判决、裁定的上诉、抗诉案件以及再审案件；

（五）依照法律规定应由其执行的案件；

（六）最高人民法院确定由其管辖的其他金融案件。

北京金融法院第一审判决、裁定的上诉案件，由北京市高级人民法院审理。

三、北京金融法院对北京市人民代表大会常务委员会负责并报告工作。

北京金融法院审判工作受最高人民法院和北京市高级人民法院监督。北京金融法院依法接受人民检察院法律监督。

四、北京金融法院院长由北京市人民代表大会常务委员会主任会议提请北京市人民代表大会常务委员会任免。

北京金融法院副院长、审判委员会委员、庭长、副庭长、审判员由北京金融法院院长提请北京市人民代表大会常务委员会任免。

五、本决定自 2021 年 1 月 23 日起施行。

## 《关于设立北京金融法院的决定（草案）》的说明

——2021 年 1 月 20 日在第十三届全国人民代表大会常务委员会第二十五次会议上

最高人民法院院长　周　强

全国人民代表大会常务委员会：

按照会议安排，根据中央全面深化改革委员会第十七次会议审议通过的《关于设立北京金融法院的方案》，现就《关于设立北京金融法院的决定（草案）》作如下说明。

### 一、设立北京金融法院的必要性和可行性

习近平总书记深刻指出：“金融是现代经济的

核心”“金融是实体经济的血脉”“金融是国家重要的核心竞争力”“金融安全是国家安全的重要组成部分,是经济健康发展的重要基础”。2017 年,党中央、国务院印发的《关于服务实体经济防控金融风险深化金融改革的若干意见》(中发〔2017〕23 号)明确提出:“根据需要设立金融公诉和审判机构,健全涉众型金融纠纷案件诉讼机制,完善行政和解调解、仲裁等多元化纠纷解决机制。”北京是国家的金融政策调控中枢,是党中央、国务院明确的国家金融管理中心,也是重要金融基础设施和众多国际金融机构中国区总部所在地,金融单位数量居全国首位,金融业高度繁荣发展。2017 年,党中央、国务院批复的《北京城市总体规划(2016—2035)》明确提出,将北京建设成为国家科技金融创新中心,依托北京商务中心区打造国际金融功能和现代服务业集聚地。设立北京金融法院,是贯彻落实中央重大战略部署的必然要求,对于保障国家金融战略实施,服务金融工作三项重大任务,完善金融审判体系,防范化解系统性金融风险,推动北京经济高质量发展,进一步提升我国金融司法的国际影响力和国际话语权,具有重要意义。

从目前北京法院金融审判工作情况来看,设立北京金融法院的条件已经具备。一是具有较好的审判基础。为加强金融审判工作,北京市高级人民法院设立了金融审判专业合议庭,4 家基层法院设立了金融审判庭或法庭,在金融行政案件集中的西城区人民法院、北京市第一中级人民法院组建了“金融行政审判团队”,其他法院也相应设立了金融审判专项合议庭,基本形成相对完整的金融审判组织体系。二是具有较好的审判队伍人才基础。目前,北京法院从事金融商事审判的法官 240 人、法官助理 256 人。审结了全国首例股权众筹民事案件“人人投”案、证券“乌龙指”事件引发的行政案件、欣泰电气 IPO 造假退市处罚案在内的一批重大疑难复杂案件。三是有足够的案件数量支撑。2019 年北京各中级人民法院一审、二审金融案件数量分别为 1269 件、5519 件,此外,“一行两会一局”等金融监管机构作为单一被告的行政案件均由北京法院审理,2018 年、2019 年此类行政案件分别为 267 件、209 件。

## 二、《决定(草案)》的主要内容

### (一)关于北京金融法院的案件管辖

北京金融法院专门管辖北京市内应由中级人民法院管辖的金融民商事案件和涉金融行政案件。为充分发挥北京金融法院的职能作用,统一司法裁判尺度,北京金融法院拟管辖以下案件:1. 北京市辖区内应由中级人民法院受理的下列第一审金融民商事案件:证券、期货交易、信托、保险、票据、信用证、金融借款合同、银行卡、融资租赁合同、委托理财合同、典当等纠纷;独立保函、保理、私募基金等新型金融民商事纠纷;金融民商事纠纷的仲裁司法审查案件;申请承认和执行外国法院金融民商事纠纷的判决、裁定案件。2. 北京市辖区内应由中级人民法院受理的以金融监管机构为被告的第一审涉金融行政案件。3. 以住所地在北京市的金融市场基础设施为被告或者第三人与其履行职责相关的第一审金融民商事案件和涉金融行政案件。4. 北京市基层人民法院第一审金融民商事案件和涉金融行政案件判决、裁定的上诉、抗诉案件以及再审案件。5. 依照法律规定应由其执行的案件。6. 最高人民法院确定由其管辖的其他案件。

当事人对北京金融法院作出的第一审判决和裁定提起的上诉案件,由北京市高级人民法院审理。北京市其他中级人民法院不再管辖金融民商事案件和涉金融行政案件。上述案件管辖范围仅是原则性意见,《决定(草案)》经全国人大常委会批准后,最高人民法院还将专门出台相关司法解释,进一步明确北京金融法院的案件管辖问题。

### (二)关于北京金融法院的监督

北京金融法院属专门法院,其审级与北京市其他中级人民法院相同。北京金融法院依法定程序设立后,对北京市人民代表大会常务委员会负责并报告工作。根据法律规定,北京金融法院的审判工作,接受最高人民法院和北京市高级人民法院的业务指导和审判监督。此外,北京金融法院依法接受人民检察院法律监督。

### (三)关于北京金融法院的法官任免

参照全国人民代表大会常务委员会《关于在北京、上海、广州设立知识产权法院的决定》《关于设立上海金融法院的决定》,《决定(草案)》明确,北京金融法院院长由北京市人民代表大会常务委员会主任会议提请北京市人民代表大会常务委员会任免。副院长、审判委员会委员、庭长、副庭长、审判员由北京金融法院院长提请北京市人民代表大会常务委员会任免。

北京金融法院法官从现有经验丰富的优秀金融审判、民商事审判或行政审判法官中选任,也可探索从优秀律师、法学专家及相关部门专业人员中公开选拔。

### 三、需要说明的问题

（一）关于深化司法改革。设立北京金融法院是深化司法体制综合配套改革，完善法院组织体系的重要举措。北京金融法院设立后，将深入推进司法体制改革，优化司法职权配置，全面落实司法责任制，规范审判权力运行机制，实行法官员额制，精干设置内设机构，推行扁平化管理，进一步提升我国司法形象。

（二）关于配套措施。为确保北京金融法院职能作用的充分发挥，北京金融法院将不断制定完善配套措施，建立完善金融审判专家辅助制度，加强金融纠纷案件多元化解决机制建设，加强金融案件大数据资源库和金融风险防范信息共享机制建设，完善金融司法研究机制和智库建设，确保改革取得预期效果。

《关于设立北京金融法院的决定（草案）》和以上说明是否妥当，请审议。

## 全国人民代表大会宪法和法律委员会对《关于设立北京金融法院的决定（草案）》审议结果的报告

——2021 年 1 月 22 日在第十三届全国人民代表大会常务委员会第二十五次会议上

全国人民代表大会常务委员会：

本次常委会会议于 1 月 20 日下午对关于设立北京金融法院的决定草案进行了分组审议。普遍认为，为实施国家金融战略，维护金融安全，健全金融审判体系，加大金融司法保护力度，营造良好金融法治环境，由全国人大常委会决定设立北京金融法院，是必要的，赞成提请本次常委会会议表决通过。同时，有些常委会组成人员和列席人员还提出了一些修改意见和建议。宪法和法律委员会于 1 月 21 日上午召开会议，逐条研究了常委会组成人员的审议意见，对决定草案进行了审议。最高人民法院有关负责同志列席了会议。宪法和法律委员会认为，决定草案是可行的，同时，提出以下修改意见：

一、决定草案第一段规定了设立北京金融法院的目的。有的常委会组成人员建议增加“维护金融安全”的表述。宪法和法律委员会经研究，建议采纳这一意见。

二、决定草案第二条第六项规定北京金融法院管辖“最高人民法院确定由其管辖的其他案件”。有的意见提出，作为兜底规定，“其他案件”的范围太宽泛，应当限定为金融类案件。宪法和法律委员会经研究，建议将“其他案件”修改为“其他金融案件”。

经与有关部门研究，建议将本决定的施行时间确定为 2021 年 1 月 23 日。

此外，根据常委会组成人员的审议意见，还对决定草案作了个别文字修改。

宪法和法律委员会已按上述意见提出了全国人民代表大会常务委员会关于设立北京金融法院的决定（草案建议表决稿），建议本次常委会会议审议通过。

决定草案建议表决稿和以上报告是否妥当，请审议。

## 全国人民代表大会常务委员会关于加强中央预算审查监督的决定

（1999 年 12 月 25 日第九届全国人民代表大会常务委员会第十三次会议通过 2021 年 4 月 29 日第十三届全国人民代表大会常务委员会第二十八次会议修订）

为履行宪法法律赋予全国人民代表大会及其常务委员会的预算审查监督职责，贯彻落实党中央关于加强人大预算决算审查监督职能的部署要求，推进全面依法治国，健全完善中国特色社会主义预算审查监督制度，规范预算行为，提高预算绩效，厉行节约，更好地发挥中央预算在推进国家治理体系和治理能力现代化、推动高质量发展、促进社会进步、改善人民生活和全面深化改革开放中的重要作用，必须进一步加强对中央预算的审查监督。为此，特作如下决定：

**一、加强全口径审查和全过程监管。**全国人民代表大会及其常务委员会对政府预算决算开展全口径审查和全过程监管，坚持党中央集中统一领导，坚持围绕服务党和国家工作大局，坚持以人民为中心，坚持依法审查监督，聚焦重点，注重实效，保障宪法和法律贯彻实施，保障国家方针政策和决策部署贯彻落实。

（一）加强财政政策审查监督。审查监督重点包括：财政政策贯彻落实国家方针政策和决策部署的情况；与经济社会发展目标和宏观调控总体要求相衔接的情况；加强中期财政规划管理工作，对国家重大战略任务保障的情况；财政政策制定过程中充分听取人大代表与社会各界意见建议的情况；财政政策的合理性、可行性、可持续性等情况。

（二）加强一般公共预算审查监督。审查监督一般公共预算支出总量和结构的重点包括：支出总量和结构贯彻落实国家方针政策和决策部署的情况；支出总量及其增减的情况，财政赤字规模及其占年度预计国内生产总值比重的情况；调整优化支出结构，严格控制一般性支出，提高财政资金配置效率和使用绩效等情况。

审查监督重点支出与重大投资项目的重点包括：重点支出预算和支出政策相衔接的情况；重点支出规模变化和结构优化的情况；重点支出决策论证、政策目标和绩效的情况。重大投资项目与国民经济和社会发展规划相衔接的情况；重大投资项目决策论证、投资安排和实施效果的情况。

审查监督部门预算的重点包括：部门各项收支全部纳入预算的情况；部门预算与支出政策、部门职责衔接匹配的情况；项目库建设情况；部门重点项目预算安排和绩效的情况；新增资产配置情况；结转资金使用情况；审计查出问题整改落实等情况。

审查监督中央对地方转移支付的重点包括：各类转移支付保障中央财政承担的财政事权和支出责任的情况；促进地区间财力均衡及增强基层公共服务保障能力的情况；健全规范转移支付制度、优化转移支付结构的情况；专项转移支付定期评估和退出的情况；转移支付预算下达和使用的情况；转移支付绩效的情况。

审查监督一般公共预算收入的重点包括：预算收入安排与经济社会发展目标、国家宏观调控总体要求相适应的情况；各项税收收入与对应税基相协调的情况；预算收入依法依规征收、真实完整的情况；预算收入结构优化、质量提高的情况；依法规范非税收入管理等情况。

（三）加强政府债务审查监督。审查监督中央政府债务重点包括：根据中央财政赤字规模和上年末国债余额限额，科学确定当年国债余额限额，合理控制国债余额与限额之间的差额；评估政府债务风险水平情况，推进实现稳增长和防风险的长期均衡。审查监督地方政府债务重点包括：地方政府债务纳入预算管理的情况；根据债务率、利息支出率等指标评估地方政府债务风险水平，审查地方政府新增一般债务限额和专项债务限额的合理性情况；地方政府专项债务偿还的情况；积极稳妥化解地方政府债务风险等情况。

（四）加强政府性基金预算审查监督。审查监督重点包括：基金项目设立、征收、使用和期限符合法律法规规定的情况；收支政策和预算安排的合理性、可行性、可持续性的情况；政府性基金支出使用情况；政府性基金项目绩效和评估调整等情况。

（五）加强国有资本经营预算审查监督。审查监督重点包括：预算范围完整、制度规范的情况；国有资本足额上缴收益和产权转让等收入的情况；支出使用方向和项目符合法律法规规定和政策的情况；国有资本经营预算调入一般公共预算的情况；政府投资基金管理的情况；发挥优化国有资本布局、与国资国企改革相衔接等情况。

（六）加强社会保险基金预算审查监督。审查监督重点包括：各项基金收支安排、财政补助和预算平衡的情况；预算安排贯彻落实社会保障政策的情况；推进基本养老保险全国统筹的情况；基金绩效和运营投资的情况；中长期收支预测及可持续运行等情况。

（七）进一步推进预算决算公开，提高预算决算透明度。以公开为常态、不公开为例外，监督中央政府及其部门依法及时公开预算决算信息，主动回应社会普遍关注的问题，接受社会监督。

**二、加强中央预算编制的监督工作。**坚持先有预算、后有支出、严格按预算支出的原则，细化预算和提前编制预算。按预算法规定的时间将中央预算草案全部编制完毕。中央预算应当按照宪法和法律规定，贯彻落实国家方针政策和决策部署，做到政策明确、标准科学、安排合理，增强可读性和可审性。

中央一般公共预算草案，应当列示预算收支情况表、转移支付预算表、基本建设支出表、政府债务情况表等，说明收支预算安排及转移支付绩效目标情况。中央政府性基金预算草案应当按基金项目分别编列、分别说明。政府性基金支出编列到资金使用的具体项目，说明结转结余和绩效目标情况。中央国有资本经营预算草案收入编列到行业或企业，说明纳入预算的企业单位的上年总体经营财务状况；支出编列到使用方向和用途，说明项目安排的依据和绩效目标。中央社会保险基金预算草案应当按保险项目编制，反映基本养老保险全国统筹推进情况，说明社会保险基金可持续运行情况。

**三、加强和改善中央预算的初步审查工作。**国务院财政部门应当及时向全国人民代表大会财政经济委员会和全国人民代表大会常务委员会预算工作委员会通报有关中央预算编制的情况。预算工作委员会应当结合听取全国人大代表和社会各界意见建议情况，与国务院财政等部门密切沟通，研究提出关于年度预算的分析报告。在全国人民代表大会会议举行的四十五日前，国务院财政部门应当将中央预算草案初步方案提交财政经济委员会，由财政经济委员会对中央预算草案初步方案进行初步审查，并就有关重点问题开展专题审议，提出初步审查意见。

财政经济委员会开展初步审查阶段，全国人民代表大会有关专门委员会围绕国家方针政策和决策部署，对相关领域部门预算初步方案、转移支付资金和政策开展专项审查，提出专项审查意见。专项审查意见中增加相关支出预算的建议，应当与减少其他支出预算的建议同时提出，以保持预算的平衡性、完整性和统一性。有关专门委员会的专项审查意见，送财政经济委员会、预算工作委员会研究处理，必要时作为初步审查意见的附件印发全国人民代表大会会议。

**四、加强中央预算执行情况的监督工作。**在全国人民代表大会及其常务委员会领导下，财政经济委员会和预算工作委员会应当做好有关工作。国务院有关部门应当及时向财政经济委员会、预算工作委员会提交落实全国人民代表大会关于预算决议的情况。国务院财政部门应当定期提供全国、中央和地方的预算执行报表，反映预算收支、政府债务等相关情况。国务院有关部门应当通过国家电子政务网等平台，定期提供部门预算执行、宏观经济、金融、审计、税务、海关、社会保障、国有资产等方面政策制度和数据信息。

全国人民代表大会常务委员会通过听取和审议专项工作报告、执法检查、专题调研等监督方式，加强对重点收支政策贯彻实施、重点领域财政资金分配和使用、重大财税改革和政策调整、重大投资项目落实情况的监督。国务院在每年八月向全国人民代表大会常务委员会报告当年预算执行情况。国务院财政部门及相关主管部门每季度提供预算执行、有关政策实施和重点项目进展情况。

全国人民代表大会常务委员会利用现代信息技术开展预算联网监督，提高预算审查监督效能，实现预算审查监督的网络化、智能化。对预算联网监督发现的问题，适时向国务院有关部门通报，有关部门应当核实处理并反馈处理情况。

**五、加强中央预算调整方案的审查工作。**中央预算执行中，农业、教育、科技、社会保障等重点领域支出的调减，新增发行特别国债，增加地方政府举借债务规模，须经全国人民代表大会常务委员会审查和批准。中央预算执行中必须作出预算调整的，国务院应当编制中央预算调整方案，一般于当年六月至十月期间提交全国人民代表大会常务委员会。严格控制预算调剂，各部门、各单位的预算支出应当按照预算执行，因重大事项确需调剂的，严格按照规定程序办理。中央预算执行中出台重要的增加财政收入或者支出的政策措施，调入全国社会保障基金，或者预算收支结构发生重要变化的情况，国务院财政部门应当及时向预算工作委员会通报。预算工作委员会及时将有关情况向财政经济委员会通报，必要时向全国人民代表大会常务委员会报告。

**六、加强中央决算的审查工作。**中央决算草案应当按照全国人民代表大会批准的预算所列科目编制，按预算数、调整预算数以及决算数分别列出，对重要变化应当作出说明。一般公共预算支出应当按功能分类编列到项，按经济性质分类编列到款。政府性基金预算支出、国有资本经营预算支出、社会保险基金预算支出，应当按功能分类编列到项。按照国务院规定实行权责发生制的特定事项，在审查中央决算草案前向全国人民代表大会常务委员会报告。中央决算草案应当在全国人民代表大会常务委员会举行会议审查和批准的三十日前，提交财政经济委员会，由财政经济委员会结合审计工作报告进行初步审查。

**七、加强预算绩效的审查监督工作。**各部门、各单位应当实施全面预算绩效管理，强化事前绩效评估，严格绩效目标管理，完善预算绩效指标体系，提升绩效评价质量。加强绩效评价结果运用，促进绩效评价结果与完善政策、安排预算和改进管理相结合，推进预算绩效信息公开，将重要绩效评价结果与决算草案同步报送全国人民代表大会常务委员会审查。全国人民代表大会常务委员会加强对重点支出和重大项目绩效目标、绩效评价结果的审查监督。必要时，召开预算绩效听证会。

**八、加强对中央预算执行和决算的审计监督。**审计机关应当按照真实、合法和效益的要求，对中央预算执行和其他财政收支情况以及决算草案进行审计监督，为全国人民代表大会常务委员会开展预算执行、决算审查监督提供支持服务。国务院应当在每年六月向全国人民代表大会常务委员会提出对上一年度中央预算执行和其他财政收支的审计工作报告。审计工作报告应当重点报告上一年度中央预算执行和决算草案、重要政策实施、财政资金绩效的审计情况，全面客观反映审计查出的问题，揭示问题产生的原因，提出改进工作的建议。审计查出的问题要依法纠正、处理，加强审计结果运用，强化责任追究，完善审计查出问题整改工作机制，健全整改情况公开机制。必要时，全国人民代表大会常务委员会可以对审计工作报告作出决议。

**九、加强审计查出问题整改情况的监督工作。**全国人民代表大会常务委员会对审计查出突出问题整改情况开展跟踪监督。综合运用听取和审议专项工作报告、专题询问等方式开展跟踪监督，加大监督力度，增强监督效果，推动建立健全整改长效机制，完善预算管理制度。健全人大预算审查监督与纪检监察监督、审计监督的贯通协调机制，加强信息共享，形成监督合力。

全国人民代表大会常务委员会在每年十二月听取和审议国务院关于审计查出问题整改情况的报告，根据需要可以听取审计查出突出问题相关责任部门单位的单项整改情况报告。有关责任部门单位负责人应当到会听取意见，回答询问。国务院提交的整改情况报告，应当与审计工作报告揭示的问题和提出的建议相对应，重点反映审计查出突出问题的整改情况，并提供审计查出突出问题的单项整改结果和中央部门预算执行审计查出问题整改情况清单。必要时，全国人民代表大会常务委员会可以对审计查出问题整改情况报告作出决议。

**十、依法执行备案制度、强化预算法律责任。**国务院应当将有关预算的法规及规范性文件，中央预算与地方预算有关收入和支出项目的划分、地方向中央上解收入、中央对地方税收返还或者转移支付的具体办法，省、自治区、直辖市政府报送国务院备案的预算决算的汇总，中央政府综合财务报告，以及其他应当报送的事项，及时报送全国人民代表大会常务委员会备案。

全国人民代表大会常务委员会开展预算决算审查监督工作发现的问题，相关机关、部门单位和地方应当及时研究处理，对违反预算法等法律规定的，依法追究法律责任；需要给予政务处分的，全国人民代表大会常务委员会有关工作机构及时通报监察机关。

**十一、更好发挥全国人大代表作用。**国务院财政等部门应当通过座谈会、通报会、专题调研、办理议案建议和邀请全国人大代表视察等方式，在编制预算、制定政策、推进改革过程中，认真听取全国人大代表意见建议，主动回应全国人大代表关切。全国人民代表大会有关专门委员会、常务委员会有关工作机构应当加强与全国人大代表的沟通联系，更好发挥代表作用。健全预算审查联系代表工作机制。

**十二、预算工作委员会职责。**预算工作委员会是全国人民代表大会常务委员会的工作机构，协助财政经济委员会承担全国人民代表大会及其常务委员会审查预算决算、审查预算调整方案和监督预算执行方面的具体工作；承担国有资产管理情况监督、审计查出突出问题整改情况跟踪监督方面的具体工作；承担预算、国有资产联网监督方面的具体工作；受委员长会议委托，承担有关法律草案的起草工作，协助财政经济委员会承担有关法律草案审议方面的具体工作；以及承办本决定规定的和常务委员会、委员长会议交办以及财政经济委员会需要协助办理的其他有关财政预算的具体事项。经委员长会议同意，预算工作委员会可以要求政府有关部门和单位提供预算情况，并获取相关信息资料及说明。经委员长会议批准，可以对各部门、各预算单位、重大建设项目的预算资金使用和专项资金的使用进行调查，政府有关部门和单位应积极协助、配合。

本决定自公布之日起施行。

# 关于《全国人民代表大会常务委员会关于加强中央预算审查监督的决定(修订草案)》的说明

——2021 年 4 月 26 日在第十三届全国人民代表大会常务委员会第二十八次会议上

全国人大常委会预算工作委员会主任　史耀斌

全国人民代表大会常务委员会:

我受委员长会议委托,作关于《全国人民代表大会常务委员会关于加强中央预算审查监督的决定(修订草案)》的说明。

## 一、关于修订的必要性

审查批准预算、决算和监督预算执行是宪法和法律赋予全国人大及其常委会的重要职权,是依法决定国家重大事项,实现党的领导、人民当家作主、依法治国有机统一的重要载体。以习近平同志为核心的党中央把加强人大预算决算审查监督职能,作为坚持和完善人民代表大会制度、完善国家监督体系、推进国家治理体系和治理能力现代化的一个重要抓手,作出一系列重要决策部署,提出一系列重要改革举措。党的十八大提出"加强对政府全口径预算决算的审查和监督";党的十八届三中全会提出"加强人大预算决算审查监督、国有资产监督职能";党的十九届三中全会提出"加强人大对预算决算、国有资产管理等的监督职能";党的十九届四中全会提出"支持和保证人大及其常委会依法行使职权,健全人大对'一府一委两院'监督制度";党的十九届五中全会提出"有效发挥法治固根本、稳预期、利长远的保障作用"。

根据党中央决策部署和加强人大预算决算审查监督职能的改革要求,修改后的预算法颁布实施,推进人大预算审查监督重点向支出预算和政策拓展、改进审计查出突出问题整改情况向全国人大常委会报告机制、建立预算审查前听取人大代表和社会各界意见建议机制、开展预算联网监督等重要改革举措相继出台。新时代人大预算审查监督制度不断健全完善,预算审查监督工作取得新进展、新成效。

按照坚持改革与法治相统一、相促进的原则,将人大预算审查监督有关改革举措、成功经验和有效做法上升为法律规定,对进一步贯彻落实党中央改革部署,全面贯彻实施预算法,更好发挥人民代表大会制度的国家根本政治制度作用,对进一步推进依法行政、依法理财,加快建立现代财政制度,具有重要意义。适应新时代、新发展阶段的新形势和新要求,对 1999 年 12 月九届全国人大常委会第十三次会议通过的《全国人民代表大会常务委员会关于加强中央预算审查监督的决定》作出修订,是十分必要的,也是切实可行的。

## 二、关于修订起草过程和基本思路

贯彻落实党的十九届四中全会《关于坚持和完善中国特色社会主义制度、推进国家治理体系和治理能力现代化若干重大问题的决定》有关要求,根据中央全面深化改革委员会 2020 年工作要点部署和全国人大常委会立法工作安排,研究修订《全国人民代表大会常务委员会关于加强中央预算审查监督的决定》(以下简称《决定》)改革和立法任务,由全国人大常委会预算工作委员会具体承担。

全国人大常委会党组对这项改革和立法任务高度重视。栗战书委员长、王晨副委员长就贯彻落实党中央关于人大预算审查监督重点向支出预算和政策拓展、加强人大预算决算审查监督职能,多次作出指示批示,提出明确要求。修订工作,坚持以习近平新时代中国特色社会主义思想为指导,深入贯彻党的十八大、十九大和十九届二中、三中、四中、五中全会精神,贯彻落实党中央关于加强人大预算决算审查监督职能的改革部署,全面贯彻实施预算法、监督法,总结全国人大和地方人大加强预算审查监督的经验做法,补短板、强弱项,推进人大预算审查监督法律制度与时俱进、健全完善。修订工作始终遵循以下原则:一是坚持党对全面依法治国的领导。将"两个维护"要求落到实处,通过法定程序使党的主张成为国家意志,通过立法引领改革,实现改革于法有据。二是坚持和完善人民代表大会制度。坚持党的领导、人民当家作主、依法治国有机统一，坚持依法监督、正确监督、有效监督，健全完善预算审查监督内容、程序和机制，推进预算审查监督规范化、标准化和信息化。三是坚持问题导向。创新审查监督方式方法，将预算法、监督法中有关预算审查监督的条文细化具体化，并与预算法实施条例、国务院关于进一步深化预算管理制度改革的意见做好衔接。四是坚持从实际出发。坚持积极探索与扎实推进相结合，既加强和改进预算审查监督工作，又考虑实际可能，具有可操作性。

2021 年 2 月，中央全面深化改革委员会书面审议同意了《决定（修订草案）》。2021 年 4 月，习近平总书记主持召开的中央政治局常委会会议，听取并原则同意全国人大常委会党组关于《决定（修订草案）》的请示汇报，为做好《决定》修订工作、人大预算审查监督工作提供了重要指导。

根据立法工作安排，全国人大常委会预算工委于 2020 年初启动《决定》修订工作，经广泛征求各方面意见、认真研究，提出了《决定（修订草案）》。期间，主要开展了以下工作：一是梳理法律文件规定。系统梳理党中央有关决策部署、全国人大及其常委会制定的相关法律、国务院有关行政法规和地方人大预算审查监督法规。开展相关重点和难点问题攻关研究。二是广泛听取意见。多次召开座谈会听取全国人大各专门委员会和工作委员会、国务院有关部门、部分全国人大代表、部分地方人大同志和专家学者的意见，到部分地方和基层预算审查监督联系点进行调研。三是充分征求意见。提出《决定（修订草案）》稿后，分别征求了中央纪委国家监委机关、中央财办、全国人大各专门委员会和工作委员会、31 个省级人大和 15 个副省级城市人大及 5 个基层预算审查监督联系点的意见，征求了国务院办公厅及财政部、国家发改委、审计署等相关部门的意见，并根据提出的意见作了修改完善。各方面对修订工作已形成广泛共识。在上述工作基础上，经反复研究修改，形成了《决定（修订草案）》。《决定（修订草案）》已经委员长会议审议通过。

## 三、修订草案的主要内容

《决定（修订草案）》共有 12 条，分别对全口径审查和全过程监管、预算编制监督、预算初步审查、预算执行监督、预算调整审查、决算审查、预算绩效审查监督、审计监督、审计查出问题整改情况监督、强化预算法律责任、发挥全国人大代表作用、预算工作委员会职责等作出规定。主要内容包括：

（一）加强全口径审查和全过程监管。2018 年 3 月中共中央办公厅印发的《关于人大预算审查监督重点向支出预算和政策拓展的指导意见》明确提出，人大对支出预算和政策开展全口径审查和全过程监管；审查监督的主要内容包括支出预算的总量与结构、重点支出与重大投资项目、部门预算、财政转移支付、政府债务和政府预算收入。《决定（修订草案）》对加强全口径审查和全过程监管，以及预算审查监督重点向支出预算和政策拓展的内容作出相应规定。

（二）加强预算编制的监督工作。为建立标准科学、规范透明、约束有力的预算制度，《决定（修订草案）》提出：中央预算应当做到政策明确、标准科学、安排合理，增强可读性和可审性；预算编报要细化，并对完善一般公共预算、政府性基金预算、国有资本经营预算、社会保险基金预算的编报分别作出规定。

（三）加强和改善中央预算的初步审查工作。为进一步健全完善预算审查监督的程序和机制，《决定（修订草案）》提出：预算工作委员会要充分听取意见建议，研究提出关于年度预算的分析报告；财政经济委员会对中央预算草案进行初步审查，就有关重点问题开展专题审议；有关专门委员会对对口联系部门的部门预算或相关领域预算资金开展专项审查。

（四）加强预算执行的监督工作。为增强预算审查监督的针对性和实效性，《决定（修订草案）》提出：国务院财政部门定期报送预算收支信息，国务院有关部门及时提供有关财政经济方面的数据；综合运用各种监督方式，加强预算执行监督；利用现代信息技术开展预算联网监督，提高预算审查监督效能。

（五）加强预算调整变动的审查监督。为落实预算法关于预算调整和调剂的规定，《决定（修订草案）》进一步明确需要报全国人大常委会审批的具体事项；健全新出台重要财税政策和预算重要变化情况的通报机制。

（六）加强决算审查和预算绩效审查监督。为贯彻落实党中央关于全面实施预算绩效管理等改革要求，《决定（修订草案）》对细化决算草案编报作出具体规定，新增一条关于预算绩效审查监督的规定。

（七）加强审计监督和审计查出问题整改情况的监督。为更好发挥审计监督作用，加强人大预算审查监督与审计监督等贯通协调，《决定（修订草案)》提出:审计机关按照真实、合法和效益要求,对中央预算执行和其他财政收支以及决算草案开展审计监督;全国人大常委会对审计查出突出问题整改情况开展跟踪监督;全国人大常委会听取和审议国务院关于审计查出问题整改情况的报告。

(八)依法执行备案制度、强化预算法律责任。为落实预算法关于违反预算法律责任的规定,《决定(修订草案)》从严格执行备案制度、与法律规定不符的情况进行处理反馈等方面,作出进一步规定。

(九)更好发挥全国人大代表作用。为更好坚持和发挥人大代表的主体作用,《决定(修订草案)》提出:国务院财政等部门应当认真听取代表意见建议,主动回应代表关切;全国人大常委会有关工作机构应当加强与全国人大代表的沟通联系,健全预算审查联系代表工作机制。

(十)补充完善预算工作委员会职责。根据党中央关于人大预算审查监督重点拓展改革、人大加强国有资产管理情况监督等文件规定,在 1999 年《决定》关于"预算工作委员会职责"规定基础上,补充了"承担国有资产管理情况监督、审计查出突出问题整改情况跟踪监督方面的具体工作;承担预算、国有资产联网监督方面的具体工作"内容。

《决定(修订草案)》和以上说明是否妥当,请审议。

# 全国人民代表大会宪法和法律委员会关于《全国人民代表大会常务委员会关于加强中央预算审查监督的决定(修订草案)》审议结果的报告

——2021 年 4 月 28 日在第十三届全国人民代表大会常务委员会第二十八次会议上

全国人民代表大会常务委员会:

本次常委会会议于 4 月 27 日上午对关于加强中央预算审查监督的决定修订草案进行了分组审议。普遍认为,为贯彻落实党中央关于加强人大预算决算审查监督职能的部署要求,健全完善中国特色社会主义预算审查监督制度,进一步加强中央预算审查监督工作,对本决定作出修订是必要的,修订草案比较成熟,赞成进一步修改完善后提请本次常委会会议表决通过。同时,有些常委会组成人员和列席人员还提出了一些修改意见和建议。宪法和法律委员会于 4 月 27 日下午召开会议,逐条研究了常委会组成人员的审议意见,对修订草案进行了审议。财政经济委员会、预算工作委员会、司法部、财政部、审计署的有关负责同志列席了会议。宪法和法律委员会认为,修订草案是可行的,同时,提出以下修改意见:

有的常委会组成人员建议进一步强化预算绩效审查监督工作。宪法和法律委员会经研究,建议作以下修改:一是在修订草案第一段中增加"提高预算绩效";二是在修订草案第七条中强化绩效评价结果的运用,增加规定:促进绩效评价结果与完善政策、安排预算和改进管理相结合。

此外,根据常委会组成人员的审议意见,还对修订草案作了一些文字修改。

修订草案修改稿已按上述意见作了修改,宪法和法律委员会建议本次常委会会议审议通过。

修订草案修改稿和以上报告是否妥当,请审议。

# 全国人民代表大会常务委员会关于授权国务院在自由贸易试验区暂时调整适用有关法律规定的决定

(2021 年 4 月 29 日第十三届全国人民代表大会常务委员会第二十八次会议通过)

为深化"证照分离"改革,进一步推进"放管服"改革,优化营商环境,激发市场活力,加快政府职能转变，第十三届全国人民代表大会常务委员会第二十八次会议决定：授权国务院在自由贸易试验区内，暂时调整适用《中华人民共和国民办教育促进法》、《中华人民共和国会计法》、《中华人民共和国注册会计师法》、《中华人民共和国拍卖法》、《中华人民共和国银行业监督管理法》、《中华人民共和国商业银行法》、《中华人民共和国保险法》的有关规定（目录附后），自由贸易试验区所在县、不设区的市、市辖区的其他区域参照执行。上述调整的期限为三年，自本决定施行之日起算。

国务院及其有关部门要加强对试点工作的指导、协调和监督，及时总结试点工作经验，并就暂时调整适用有关法律规定的情况向全国人民代表大会常务委员会作出中期报告。对实践证明可行的，国务院应当提出修改有关法律的意见；对实践证明不宜调整的，在试点期限届满后恢复施行有关法律规定。

本决定自2021年7月1日起施行。

# 关于《关于授权国务院在自由贸易试验区暂时调整适用有关法律规定的决定（草案）》的说明

——2021年4月26日在第十三届全国人民代表大会常务委员会第二十八次会议上

司法部部长　唐一军

全国人民代表大会常务委员会：

我受国务院委托，现对《关于授权国务院在自由贸易试验区暂时调整适用有关法律规定的决定（草案）》作说明。

## 一、基本情况

开展"证照分离"改革，是落实党中央、国务院重大决策部署，持续优化营商环境，释放企业创业创新活力的重要举措。习近平总书记指出，要大幅减少政府对资源的直接配置行为，继续大力简政放权，强化事中事后监管，凡是市场能自主调节的就让市场来调节，凡是企业能干的就让企业干。李克强总理强调，扎实做好"证照分离"改革试点扩面工作，着力推进照后减证和简化审批，坚决克服"准入不准营"现象，促进更多新企业开办和发展壮大。2019年，经全国人大常委会授权，国务院决定在全国各自贸试验区开展"证照分离"改革全覆盖试点，试点取得良好成效。《中央全面深化改革委员会2020年工作要点》要求，深入推进"证照分离"改革，加快解决"准入不准营"问题。为贯彻落实党中央、国务院重大决策部署，国务院办公厅、市场监管总局、司法部系统总结近年来"证照分离"改革经验和存在的问题，研究优化"证照分离"改革制度设计，起草了《关于深化"证照分离"改革进一步激发市场主体发展活力的通知（送审稿）》，编制了《中央层面设定的涉企经营许可事项改革清单（2021年自由贸易试验区版）》，已经中央全面深化改革委员会审议通过。司法部会同有关部门研究后认为，在自贸试验区加大"证照分离"改革试点力度，部分改革措施涉及暂时调整适用有关法律的规定，建议依照法定程序，提请全国人大常委会授权国务院在自贸试验区内暂时调整适用有关法律规定，待改革措施成熟后，及时修改有关法律。为此，司法部会同有关部门，经商全国人大常委会法工委，起草了《关于授权国务院在自由贸易试验区暂时调整适用有关法律规定的决定（草案）》。草案已经国务院同意。

## 二、草案的主要内容

草案规定，授权国务院在自贸试验区暂时调整适用《中华人民共和国民办教育促进法》等7部法律的有关规定。具体包括两种情形：

一是按照直接取消审批的方式，暂时调整适用《中华人民共和国民办教育促进法》规定的实施中等及中等以下学历教育、学前教育、自学考试助学及其他文化教育的民办学校筹设审批，民办普通、高级技工学校筹设审批，民办技师学院筹设审批，《中华人民共和国会计法》规定的中介机构从事代理记账业务审批。

二是按照审批改为备案的方式，暂时调整适用《中华人民共和国民办教育促进法》规定的实施自学考试助学的民办学校设立、变更和终止审批，《中华人民共和国注册会计师法》规定的会计师事务所分支机构设立审批,《中华人民共和国拍卖法》规定的从事拍卖业务许可,《中华人民共和国银行业监督管理法》、《中华人民共和国商业银行法》规定的中资银行业金融机构分行级以下分支机构(不含分行)设立、变更、终止以及业务范围审批,中资银行业金融机构分行级以下分支机构(不含分行)高级管理人员任职资格核准,外资银行分行级以下分支机构(不含分行)设立、变更、终止以及部分业务范围审批,外资银行分行级以下分支机构(不含分行)高级管理人员任职资格核准,《中华人民共和国保险法》规定的保险公司支公司及以下分支机构设立、重大事项变更、撤销审批,保险公司支公司及以下分支机构高级管理人员任职资格审批。

关于暂时调整适用有关法律规定的期限,草案明确,上述调整在三年内试行。关于适用地域范围,2019 年,“证照分离”改革全覆盖试点的实施范围限定为自贸试验区,实践中,除海南外,自贸试验区片区与所在的区县级行政区划均不一致,造成同一区县内适用两套市场准入制度,在审批、服务、监管各环节造成了不便,基层政府和企业呼吁解决这一问题。对此,草案明确自贸试验区所在县、不设区的市、市辖区的其他区域参照执行。对实践证明可行的,由国务院提出修改有关法律的意见;对实践证明不宜调整的,在试点期限届满后,恢复施行有关法律规定。试点过程中,由国务院有关部门和自贸试验区所在地省级人民政府对试点情况进行评估,适时提出修改有关法律规定或者恢复施行有关法律规定的建议。

关于暂时调整适用有关法律规定的具体日期,建议全国人大常委会授权后,自 2021 年 7 月 1 日起施行。

## 三、改革配套措施

试点过程中,有关部门和地方将按照国务院部署和要求制定实施方案,细化改革举措,做好改革政策工作培训和宣传解读,调整优化业务流程,修订完善工作规则和服务指南,改造升级信息系统,加强事中事后监管,守牢安全底线,确保改革措施全面落实。对实施中出现的重要情况和问题,各自贸试验区所在地省级人民政府、国务院有关部门要及时向国务院请示报告。

草案和以上说明是否妥当,请予审议。

# 全国人民代表大会宪法和法律委员会对《关于授权国务院在自由贸易试验区暂时调整适用有关法律规定的决定(草案)》审议结果的报告

——2021 年 4 月 28 日在第十三届全国人民代表大会常务委员会第二十八次会议上

全国人民代表大会常务委员会:

本次常委会会议于 4 月 27 日上午对关于授权国务院在自由贸易试验区暂时调整适用有关法律规定的决定草案进行了分组审议。普遍认为,为贯彻落实党中央重大决策部署,由全国人大常委会授权国务院在自由贸易试验区暂时调整适用有关法律规定,是必要的,决定草案基本可行,赞成提请本次常委会会议表决通过。同时,有些常委会组成人员还提出了一些修改意见和建议。宪法和法律委员会于 4 月 27 日下午召开会议,逐条研究了常委会组成人员的审议意见,对决定草案进行了审议。司法部、国务院办公厅政府职能转变办公室的有关同志列席了会议。宪法和法律委员会认为,决定草案总体是可行的。同时,提出以下修改意见:

一、有的常委委员建议,进一步明确在自由贸易试验区暂时调整适用有关法律规定的期限起算点。宪法和法律委员会经研究,建议将决定草案中的“上述调整在三年内试行”修改为“上述调整的期限为三年,自本决定施行之日起算”。

二、有的常委委员提出,国务院及其有关部门应当加强对试点工作的监督、指导,以防控风险。

有的常委委员建议增加国务院向全国人大常委会报告试点情况的内容。宪法和法律委员会经研究，建议采纳这一意见，在决定草案中增加规定："国务院及其有关部门要加强对试点工作的指导、协调和监督，及时总结试点工作经验，并就暂时调整适用有关法律规定的情况向全国人民代表大会常务委员会作出中期报告。"

此外，根据常委会组成人员的审议意见，还对决定草案作了个别文字修改。

宪法和法律委员会已按上述意见提出了全国人民代表大会常务委员会关于授权国务院在自由贸易试验区暂时调整适用有关法律规定的决定（草案修改稿），建议本次常委会会议审议通过。

决定草案修改稿和以上报告是否妥当，请审议。

# 全国人民代表大会常务委员会关于授权上海市人民代表大会及其常务委员会制定浦东新区法规的决定

（2021年6月10日第十三届全国人民代表大会常务委员会第二十九次会议通过）

第十三届全国人民代表大会常务委员会第二十九次会议审议了国务院关于提请审议《关于授权上海市人民代表大会及其常务委员会制定浦东新区法规的决定（草案）》的议案。为建立完善与支持浦东大胆试、大胆闯、自主改相适应的法治保障体系，推动浦东新区高水平改革开放，打造社会主义现代化建设引领区，第十三届全国人民代表大会常务委员会第二十九次会议决定：

一、授权上海市人民代表大会及其常务委员会根据浦东改革创新实践需要，遵循宪法规定以及法律和行政法规基本原则，制定浦东新区法规，在浦东新区实施。

二、根据本决定制定的浦东新区法规，应当依照《中华人民共和国立法法》的有关规定分别报全国人民代表大会常务委员会和国务院备案。浦东新区法规报送备案时，应当说明对法律、行政法规、部门规章作出变通规定的情况。

三、本决定自公布之日起施行。

# 对《关于授权上海市人民代表大会及其常务委员会制定浦东新区法规的决定（草案）》的说明

——2021年6月7日在第十三届全国人民代表大会常务委员会第二十九次会议上

司法部部长　唐一军

全国人民代表大会常务委员会：

我受国务院委托，现对《关于授权上海市人民代表大会及其常务委员会制定浦东新区法规的决定（草案）》作说明。

## 一、基本情况

2021年4月，中共中央、国务院印发《关于支持浦东新区高水平改革开放打造社会主义现代化建设引领区的意见》（以下简称《意见》），明确支持浦东勇于挑最重的担子、啃最硬的骨头，努力成为更高水平改革开放的开路先锋、全面建设社会主义现代化国家的排头兵、彰显"四个自信"的实践范例，更好向世界展示中国理念、中国精神、中国道路。《意见》提出，建立完善与支持浦东大胆试、大胆闯、自主改相适应的法治保障体系；比照经济特区法规，授权上海市人民代表大会及其常务委员会立足浦东改革创新实践需要，遵循宪法规定以及法律和行政法规基本原则，制定法规，可以对法律、行政法规、部门规章等作变通规定，在浦东实施；对暂无法律法规或明确规定的领域，支持浦东先行制定相关管理措施，按程序报备实施，探索形成的好经验好做法适时以法规规章等形式固化下来；《意见》提出的各项改革措施，凡涉及调整适用现行法律和行政法规的，按法定程序办理。

为深入贯彻落实党中央、国务院决策部署，按照重大改革于法有据的要求，有必要通过全国人大常委会决定的方式，对浦东高水平改革开放的法治保障工作加以明确。2021年5月，上海市人民政府向国务院报送请示，建议国务院向全国人大常委会报送提请审议关于支持浦东新区高水平改革开放加强法治保障的相关议案。司法部在认真审核并征求有关方面意见的基础上，起草形成了《关于授权上海市人民代表大会及其常务委员会制定浦东新区法规的决定（草案）》（以下简称草案）。草案已经国务院同意。

## 二、草案的主要内容

（一）关于被授权主体。草案规定，授权上海市人民代表大会及其常务委员会制定浦东新区法规。

（二）关于授权制定法规的权限要求。草案规定，根据浦东改革创新实践需要，遵循宪法规定以及法律和行政法规基本原则，制定浦东新区法规。

（三）关于授权制定法规的实施范围。考虑到《意见》已明确授权制定法规在浦东实施，草案规定实施范围为浦东新区。

（四）关于授权制定法规的备案审查。为了切实维护国家法制统一，草案要求上海市人民代表大会及其常务委员会应当依照立法法的有关规定将浦东新区法规分别报全国人民代表大会常务委员会和国务院备案。浦东新区法规报送备案时，应当说明对法律、行政法规、部门规章作出变通规定的情况。

草案和以上说明是否妥当，请审议。

# 全国人民代表大会宪法和法律委员会对《关于授权上海市人民代表大会及其常务委员会制定浦东新区法规的决定（草案）》审议结果的报告

——2021年6月10日在第十三届全国人民代表大会常务委员会第二十九次会议上

全国人民代表大会常务委员会：

本次常委会会议于6月8日上午对国务院提请审议的《关于授权上海市人民代表大会及其常务委员会制定浦东新区法规的决定（草案）》进行了分组审议。普遍认为，贯彻落实党中央决策部署，在浦东改革开放再出发的关键时期，为浦东改革开放提供法治保障，由全国人大常委会作出决定，授权上海市人大及其常委会制定浦东新区法规，是必要的，对于支持浦东新区成为更高水平改革开放的开路先锋、全面建设社会主义现代化国家的排头兵和彰显“四个自信”的实践范例，具有重要意义。决定草案已经比较成熟，赞成提请本次常委会会议表决通过。同时，有的常委会组成人员和列席人员还提出了一些修改意见和建议。宪法和法律委员会于6月8日晚召开会议，逐条研究了常委会组成人员的审议意见，对决定草案进行了审议。司法部、上海市人大常委会有关负责同志列席了会议。宪法和法律委员会认为，决定草案是可行的，同时，根据常委会组成人员的审议意见，对决定草案作了个别文字修改。

经与有关部门研究，建议将本决定的施行时间确定为自公布之日起施行。

宪法和法律委员会已按上述意见提出了全国人民代表大会常务委员会关于授权上海市人民代表大会及其常务委员会制定浦东新区法规的决定（草案修改稿），建议本次常委会会议审议通过。

决定草案修改稿和以上报告是否妥当，请审议。

# 全国人民代表大会常务委员会关于开展第八个五年法治宣传教育的决议

（2021 年 6 月 10 日第十三届全国人民代表大会常务委员会第二十九次会议通过）

2016 年至 2020 年，全国第七个五年法治宣传教育决议顺利实施，取得重要成果，全社会法治观念明显增强，社会治理法治化水平明显提高。当前，我国已开启全面建设社会主义现代化国家新征程，进入新发展阶段，为深入学习宣传贯彻习近平法治思想，使法治成为社会共识和基本准则，夯实全面依法治国的社会基础，有必要从 2021 年至 2025 年在全体公民中开展第八个五年法治宣传教育。通过开展第八个五年法治宣传教育，使公民法治素养和社会治理法治化水平显著提升，形成全社会尊法学法守法用法的良好氛围。特作决议如下：

**一、以习近平法治思想引领全民普法工作。**坚持习近平新时代中国特色社会主义思想，全面贯彻落实习近平法治思想，在党中央集中统一领导下推进全民普法工作。突出学习宣传习近平法治思想，推动习近平法治思想入脑入心、走深走实，引导全社会坚定不移走中国特色社会主义法治道路。紧紧围绕服务"十四五"时期经济社会发展，推动普法工作守正创新、提质增效、全面发展，为全面建设社会主义现代化国家营造良好法治环境。

**二、大力弘扬社会主义法治精神。**突出重点内容，深入宣传宪法和宪法相关法，全面落实宪法宣誓制度，加强宪法实施案例宣传，阐释好宪法精神和"中国之治"的制度基础；深入宣传民法典，全面提升民法典普法质量，让民法典深入人心。深入宣传促进科技创新、优化营商环境、加强生态环境保护等与推动高质量发展密切相关的法律法规；深入宣传加强国家安全体系和能力建设、推动更高水平平安中国建设等与社会治理现代化密切相关的法律法规。加强社会主义法治文化建设，弘扬社会主义核心价值观，推动中华优秀传统法律文化创造性转化、创新性发展，坚持依法治国与以德治国相结合，让人民群众感受到正义可期待、权利有保障、义务须履行，引导全社会树立权利与义务、个人自由与社会责任相统一的观念。

**三、持续提升公民法治素养。**实行公民终身法治教育制度，把法治教育纳入干部教育体系、国民教育体系、社会教育体系，不断提升全体公民法治意识和法治素养。落实国家工作人员学法用法制度，把法治素养和依法履职情况纳入考核评价干部的重要内容，引导国家工作人员树立社会主义法治理念，提高依法办事的意识和能力。重点抓好"关键少数"，发挥领导干部带头示范作用，建立领导干部应知应会法律法规清单制度，让尊法学法守法用法成为领导干部自觉行为和必备素质。大力加强青少年法治教育，全面落实《青少年法治教育大纲》，推动法治教育进课堂，教育引导青少年从小养成尊法守法习惯。

**四、推进普法与依法治理有机融合。**加强基层组织和部门、行业依法治理，深化法治乡村（社区）建设和依法治企、依法治校、依法治网，加大普法力度，完善预防性法律制度，推动形成办事依法、遇事找法、解决问题用法、化解矛盾靠法的法治环境。开展公共卫生安全、突发事件应急管理等方面的法治宣传教育，提高全社会应急状态下依法治理能力和水平，促进依法行动、依法行事。坚持依法治理与系统治理、综合治理、源头治理有机结合，深入开展多层次多形式法治创建活动，大力提高社会治理法治化水平。

**五、着力提高普法工作的针对性和实效性。**注重把普法深度融入立法、执法、司法和法律服务全过程，开展实时普法。加大以案普法、以案释法力度，使典型案事件依法处理过程成为全民普法的公开课。充分运用社会力量开展公益普法，健全社会普法教育机制。充分运用新技术新媒体开展精准普法，提高普法产品供给质量，使普法更为群众喜闻乐见。注重分层分类，坚持集中宣传教育与经常宣传教育相结合，重在常态化、制度化，把普法融入法治实践、基层治理和日常生活。

**六、加强组织实施和监督检查。**落实党政主要负责人推进法治建设第一责任人职责，进一步完善国家机关"谁执法谁普法"等普法责任制，全面落实普法责任清单制度，促进各社会团体、企事业单位以及其他组织履行普法责任，推动形成党委领导下的大普法工作格局。健全和落实媒体公益普法制度，加大融媒体普法力度。推动制定法治宣传教育法，为全民普法工作提供有力法律保障。健全普法工作评估指标体系和奖惩制度，做好中期评估和终期检查，加强检查结果的运用。各级人民政府要积极开展第八个五年法治宣传教育工作，向本级人民代表大会常务委员会报告工作开展情况。各级人民代表大会及其常务委员会要加强对法治宣传教育工作的监督检查，促进本决议有效实施。

# 对《关于开展第八个五年法治宣传教育的决议（草案）》的说明

——2021年6月7日在第十三届全国人民代表大会常务委员会第二十九次会议上

司法部部长　唐一军

全国人民代表大会常务委员会：

我受国务院委托，现对《关于开展第八个五年法治宣传教育的决议（草案）》（以下简称《决议（草案）》）作如下说明。

全民普法和守法是全面依法治国的长期基础性工作。为全面贯彻落实中央全面依法治国工作会议精神，推进全民普法工作深入开展，中央宣传部、司法部通过深入调查研究，在听取各地各部门和社会各界意见基础上，提出了《关于开展法治宣传教育的第八个五年规划（2021—2025年）》。

“八五”普法工作的指导思想是：坚持以马克思列宁主义、毛泽东思想、邓小平理论、“三个代表”重要思想、科学发展观、习近平新时代中国特色社会主义思想为指导，深入贯彻习近平法治思想，全面贯彻党的十九大和十九届二中、三中、四中、五中全会精神，增强“四个意识”、坚定“四个自信”、做到“两个维护”，坚定不移走中国特色社会主义法治道路，紧跟时代，紧紧围绕服务“十四五”时期经济社会发展，以使法治成为社会共识和基本准则为目标，以持续提升公民法治素养为重点，以提高普法的针对性、实效性为着力点，完善和落实“谁执法谁普法”等普法责任制，以高质量普法推动高质量发展，促进提高社会文明程度，为全面建设社会主义现代化国家营造良好法治环境。主要目标是：到2025年，公民法治素养和社会治理法治化水平显著提升，全民普法工作体系更加健全。公民对法律法规的知晓度、法治精神的认同度、法治实践的参与度显著提高，全社会尊法学法守法用法的自觉性、主动性显著增强。多层次多领域依法治理深入推进，全社会办事依法、遇事找法、解决问题用法、化解矛盾靠法的法治环境显著改善。全民普法制度完备、实施精准、评价科学、责任落实的工作体系基本形成。

在“八五”普法规划实施之际，特提请全国人大常委会作出决议，以推进“八五”普法工作顺利开展，实现规划预定目标。

## 一、起草过程和总体考虑

2020年下半年，司法部在开展“七五”普法工作总结的同时开展地方调研，与全国人大监察司法委多次沟通，研究起草了《决议（草案）》初稿。今年以来，按照3月11日全国人大监察司法委第16次全体会议听取汇报后的反馈意见，作了修改。4月21日中央政治局常委会会议审议并原则通过《中央宣传部、司法部关于开展法治宣传教育的第八个五年规划（2021—2025年）》，我们根据会议精神又作了进一步修改完善。目前《决议（草案）》已经国务院同意。在起草中，我们的总体考虑是：

坚持以习近平新时代中国特色社会主义思想为指导，全面贯彻落实党的十九大和十九届二中、三中、四中、五中全会及中央全面依法治国工作会议精神，以习近平法治思想引领新发展阶段全民普法工作，紧紧围绕服务“十四五”时期经济社会发展，以高质量普法推动高质量发展。一是坚持党的领导，确保全民普法工作正确政治方向。二是坚持以人民为中心，以高质量普法满足人民群众新需求新期待。三是坚持围绕中心、服务大局，助推高质量发展。四是坚持问题导向，针对法治宣传教育工作中存在的短板和不足，提出解决问题的基本思路和要求。

## 二、《决议（草案）》的主要内容

《决议（草案）》从6个方面对深入开展法治宣

传教育提出了要求。

一是以习近平法治思想引领新发展阶段全民普法工作。在新时代坚持和巩固马克思主义法治理论的指导地位，最重要的就是坚持习近平法治思想在全面依法治国中的指导地位。《决议（草案）》要求深入学习宣传贯彻习近平法治思想，把习近平法治思想贯彻落实到全民普法全过程和各方面，引导全社会坚定不移走中国特色社会主义法治道路。

二是大力弘扬社会主义法治精神。以宪法为核心的中国特色社会主义法律体系不断完善，法律法规众多，深入开展法治宣传教育，必须坚持重点突出、内容有所侧重。《决议（草案）》要求，深入宣传宪法和宪法相关法、民法典以及与促进高质量发展和推动社会治理现代化密切相关的法律法规，加强社会主义法治文化建设，弘扬社会主义核心价值观，推动中华优秀传统法律文化创造性转化、创新性发展，引导全社会树立权利与义务、个人自由与社会责任相统一的观念。

三是持续提升公民法治素养。提升公民法治素养是全民普法的主要目标，也是补齐全面依法治国短板的迫切要求，必须突出重点对象，开展分类指导。《决议（草案）》提出，以领导干部和青少年为重点，实施公民法治素养提升行动，重点抓好“关键少数”，发挥领导干部带头示范作用，让尊法学法守法用法成为领导干部自觉行为和必备素质。落实国家工作人员学法用法制度，教育引导青少年从小尊法守法，注重分层分类开展法治教育，让尊法守法成为全社会的生活方式。

四是推进普法与依法治理有机融合。坚持学用结合、普治并举，是做好法治宣传教育工作的一条宝贵经验。《决议（草案）》要求，深化法治乡村（社区）建设和专项依法治理，完善预防性法律制度，推动形成办事依法、遇事找法、解决问题用法、化解矛盾靠法的法治环境。提高全社会应急状态下依法治理能力和水平，促进依法行动、依法行事。坚持依法治理与系统治理、综合治理、源头治理有机结合，深入开展多层次多形式法治创建活动，大力提高社会治理法治化水平。

五是着力提高普法的针对性和实效性。习近平总书记强调“普法工作要紧跟时代，在针对性和实效性上下功夫”。《决议（草案）》要求，注重在立法、执法、司法和法律服务过程中开展实时普法，把普法深度融入立法、执法、司法和法律服务全过程，加大以案普法、以案释法力度，充分运用社会力量开展公益普法，充分运用新技术新媒体开展精准普法，提高普法产品供给质量。坚持集中宣传教育与经常宣传教育相结合，把普法融入法治实践、基层治理和日常生活。

六是加强党对全民普法工作的全面领导。以高质量普法推动高质量发展，最根本的是要发挥党的领导优势和社会主义制度的政治优势，不断创新完善工作机制，有效统筹资源力量。《决议（草案）》要求，坚持在以习近平同志为核心的党中央集中统一领导下推进全民普法工作，进一步完善普法工作领导体制和工作机制，落实党政主要负责人推进法治建设第一责任人职责，进一步完善国家机关“谁执法谁普法”普法责任制，全面落实普法责任清单制度，促进各责任主体履行普法责任，推动形成全民普法工作新格局。要求加强监督检查，强化激励制约，保证决议得到贯彻落实。

党中央、全国人大、国务院一直高度重视、关心支持法治宣传教育工作。我们将全面贯彻落实“八五”普法规划和全国人大常委会决议，认真履行职责，扎实推进普法和依法治理工作深入开展，努力为推进全面依法治国、建设社会主义现代化国家作出新的更大贡献！

《决议（草案）》和以上说明是否妥当，请审议。

## 全国人民代表大会监察和司法委员会对《关于开展第八个五年法治宣传教育的决议（草案）》审议情况和修改意见的报告

——2021 年 6 月 10 日在第十三届全国人民代表大会常务委员会第二十九次会议上

全国人民代表大会常务委员会：

本次常委会会议于 6 月 8 日下午，对国务院提请审议的《关于开展第八个五年法治宣传教育的决议（草案）》进行了分组审议。普遍认为，为深入学习宣传习近平法治思想，服务“十四五”时期经济社会发展，由全国人大常委会作出决议，继续在全体公民中开展第八个五年法治宣传教育，是必要的，赞成提请本次会议表决通过。同时，有些常委会组成人员还提出了一些修改意见。监察和司法委员会于6月8日晚召开会议，逐条研究常委会组成人员的审议意见。司法部有关负责同志列席会议。监察和司法委员会认为，决议草案基本可行。同时，提出以下修改意见：

一、有的常委会组成人员提出，“八五”普法工作是在我国开启全面建设社会主义现代化国家新征程的背景下开展的，应当在决议中明确“八五”普法要达到的主要目标。监察和司法委员会经研究，建议采纳这一意见，在草案第一自然段增加“通过开展第八个五年法治宣传教育，使公民法治素养和社会治理法治化水平显著提升，形成全社会尊法学法守法用法的良好氛围。”

二、有的常委会组成人员提出，草案第六条“加强党对普法工作的全面领导”的有关内容位置较为靠后，应当前移。监察和司法委员会经研究，建议采纳这一意见，在草案第一条规定“在党中央集中统一领导下推进全民普法工作”。相应地，将草案第六条标题修改为“加强组织实施和监督检查”。

三、有的常委会组成人员提出，草案第二条应当明确“八五”普法内容，进一步突出宣传宪法和民法典。监察和司法委员会经研究，建议采纳这一意见，在“深入宣传宪法和宪法相关法”后增加“全面落实宪法宣誓制度，加强宪法实施案例宣传”的规定，并对普法内容作了完善。

四、有的常委会组成人员提出，草案第三条对提升公民法治素养的表述不够充分，对落实国家工作人员学法用法制度的措施不够明确。监察和司法委员会经研究，建议采纳这一意见，对该条内容作了相应调整。

五、有的常委会组成人员提出，普法工作中司法行政部门唱“独角戏”的情况依然存在，部门间协调配合不够。监察和司法委员会经研究，建议在第六条中明确“推动形成党委领导下的大普法工作格局”。

此外，我们还对决议草案作了个别文字修改。监察和司法委员会根据常委会组成人员和列席代表的审议意见，建议本次常委会会议通过。

决议草案修改稿和以上报告是否妥当，请审议。

# 全国人民代表大会常务委员会关于授权最高人民法院组织开展四级法院审级职能定位改革试点工作的决定

（2021 年 8 月 20 日第十三届全国人民代表大会常务委员会第三十次会议通过）

为推动完善我国诉讼制度，明确四级法院审级职能定位，加强审级制约监督体系建设，优化司法资源配置，保障法律正确统一适用，第十三届全国人民代表大会常务委员会第三十次会议决定：

授权最高人民法院在本院和北京、天津、辽宁、上海、江苏、浙江、山东、河南、广东、四川、重庆、陕西12个省、直辖市的人民法院组织开展四级法院审级职能定位改革试点工作，就完善民事、行政案件级别管辖制度，完善案件管辖权转移和提级审理机制，完善民事、行政再审申请程序和标准，完善最高人民法院审判权力运行机制等内容开展改革试点。试点期间，试点法院暂时调整适用《中华人民共和国民事诉讼法》第一百九十九条，《中华人民共和国行政诉讼法》第十五条、第九十条。试点工作应当遵循有关诉讼法律的基本原则，充分保障当事人的诉讼权利，坚持依法纠错与维护生效裁判权威相统一，确保司法公正。试点具体办法由最高人民法院组织研究制定，报全国人民代表大会常务委员会备案。试点期限为二年，自试点办法印发之日起算。

最高人民法院应当加强对试点工作的组织指导和监督检查。试点过程中，最高人民法院应当就试点情况向全国人民代表大会常务委员会作出中期报告。试点期满后，对实践证明可行的，应当修改完善有关法律；对实践证明不宜调整的，恢复施行有关法律规定。

本决定自公布之日起施行。

# 关于《关于授权最高人民法院在该院和部分地区开展四级法院审级职能定位改革试点工作的决定（草案）》的说明

——2021 年 8 月 17 日在第十三届全国人民代表大会常务委员会第三十次会议上

最高人民法院院长 周 强

全国人民代表大会常务委员会：

我代表最高人民法院，对《关于授权最高人民法院在该院和部分地区开展四级法院审级职能定位改革试点工作的决定（草案）》作说明。

为贯彻落实党中央关于完善四级法院审级职能定位改革的决策部署，最高人民法院经认真调研论证，在充分征求并吸收中央政法委、中央编办、全国人大监察司法委、全国人大常委会法工委、最高人民检察院、司法部等单位意见基础上，研究制定了《关于完善四级法院审级职能定位的改革方案》（以下简称《改革方案》）。《改革方案》已经中央全面深化改革委员会审议通过，并由中央司法体制改革领导小组印发。现提请全国人大常委会作出决定，授权最高人民法院在本院和部分地区开展四级法院审级职能定位改革试点工作。

## 一、试点的必要性

按照我国现行法律规定，人民法院分为四级，实行两审终审制，一个案件经过两级法院的审理即告终结。“四级两审制”总体上符合我国的国情实际，兼顾了公正与效率的统一，也有利于诉讼分流、职能分层和资源配置。但从制度发展和实践需求来看，仍然存在以下三个方面问题：一是审级职能定位不够清晰，缺乏自下而上的有效分流机制，不利于矛盾纠纷化解在基层，也影响到审判资源的合理化配置。二是案件提级审理机制不够健全，一些具有普遍法律适用指导意义或者关乎重大国家利益、社会公共利益的案件，以及可能存在“诉讼主客场”现象的案件，受诉讼标的等各种因素制约，难以进入较高层级法院审理，不利于其发挥排除外部干预、统一法律适用的优势。三是民事、行政再审申请的标准和程序有待优化，未能充分发挥“阻断”“过滤”无理缠诉、任意滥诉的效能，既不利于维护生效裁判权威，又因过分挤占司法资源，一定程度上影响了再审程序依法纠错功能的发挥。

针对上述问题，中共中央办公厅印发的《关于政法领域全面深化改革的实施意见》，提出要“明确四级法院职能定位，健全完善案件移送管辖和提级审理机制，完善民事再审申请程序，探索将具有法律适用指导意义、关乎社会公共利益的案件交由较高层级法院审理。”按照中央关于加强审级监督体系建设的决策部署，最高人民法院严格依照《改革方案》要求，积极推进完善四级法院审级职能定位改革试点工作。根据中央关于“凡属重大改革都要于法有据”的要求，因部分试点举措涉及调整适用现行《中华人民共和国民事诉讼法》和《中华人民共和国行政诉讼法》相关规定，需要经过全国人大常委会授权，才能开展相应试点工作。

## 二、试点的主要内容

一是完善民事、行政案件级别管辖制度。根据经济社会形势发展需要，完善第一审民事案件级别管辖标准，逐步实现第一审民事案件主要由基层人民法院审理、少量由中级人民法院审理。根据地方因素可能对当事人合法权益、案件公正审理的影响程度，合理调整第一审行政案件级别管辖标准，推动行政争议实质性化解。

二是完善案件管辖权转移和提级审理机制。建立“特殊类型案件”第一审案件管辖权“上提一级”与提级审理机制，明确“特殊类型案件”的识别标准。上级人民法院对下级人民法院管辖的第一审案件，认为属于“特殊类型案件”，由自己审理更有利于统一法律适用或者打破“诉讼主客场”现象的，可以决定提级审理，并明确提级审理的程序和标准。

三是改革民事、行政再审申请程序和标准。进一步凸显最高人民法院作为最高审判机关的宪法地位,优化向最高人民法院申请再审的事由与程序。最高人民法院通过再审提审,主要审理在全国范围内具有普遍法律适用指导意义的案件、涉及重大国家利益、社会公共利益的案件、打破"诉讼主客场"现象的重大案件,监督指导全国法院审判工作,研究制定司法解释、司法文件和司法政策,确保国家法律正确统一适用。

四是完善最高人民法院审判权力运行机制。对于具有普遍法律适用指导意义的案件,健全完善大法官参与案件审理机制,建立跨审判部门的五人以上大合议庭审理机制。建立当事人和其他诉讼参与人反映人民法院法律适用不一致问题机制,配套完善监测、反馈和公开机制。规范高级人民法院办案指导文件、参考性案例的发布程序,建立向最高人民法院备案机制,杜绝不同地区适用法律、办案标准的不合理差异。

## 三、试点地区

拟选择在最高人民法院,以及北京、天津、辽宁、上海、江苏、浙江、山东、河南、广东、四川、重庆、陕西 12 个省(市)的人民法院开展试点工作。试点地区的选择主要基于地域分布、案件数量、工作基础等因素综合确定。

## 四、试点期限

试点期限为二年,自试点办法印发之日起算。

最高人民法院将牵头研究制定试点实施办法,并报全国人大常委会备案。试点期间,最高人民法院将加强对试点工作的组织指导和监督检查,及时解决试点中遇到的问题,向全国人大常委会作出中期报告。试点期满后,对实践证明可行的,及时提出修改完善有关法律规定的建议;对实践证明不宜调整的,及时恢复施行有关法律规定。

《决定(草案)》和以上说明是否妥当,请审议。

# 全国人民代表大会宪法和法律委员会对《关于授权最高人民法院在该院和部分地区开展四级法院审级职能定位改革试点工作的决定(草案)》审议结果的报告

——2021 年 8 月 19 日在第十三届全国人民代表大会常务委员会第三十次会议上

全国人民代表大会常务委员会:

本次常委会会议于 8 月 17 日下午对最高人民法院提请审议的《关于授权最高人民法院在该院和部分地区开展四级法院审级职能定位改革试点工作的决定(草案)》进行了分组审议。普遍认为,为贯彻落实党中央重大决策部署,由全国人大常委会授权最高人民法院组织开展四级法院审级职能定位改革试点工作是必要的,决定草案基本可行,建议进一步修改完善后,提请本次常委会会议表决通过。同时,有些常委会组成人员还提出了一些修改意见和建议。宪法和法律委员会于 8 月 17 日晚召开会议,逐条研究了常委会组成人员的审议意见,对决定草案进行了审议。监察和司法委员会有关负责同志列席了会议,同时,宪法和法律委员会就决定草案的修改建议与最高人民法院进行了沟通,共同研究。宪法和法律委员会认为,决定草案是可行的。同时,提出以下修改意见:

有的常委委员建议将此次授权决定的名称修改为"全国人民代表大会常务委员会关于授权最高人民法院组织开展四级法院审级职能定位改革试点工作的决定",以使表述更加简练。宪法和法律委员会经研究,建议采纳这一意见。

经与有关部门研究,建议将本决定的施行时间确定为公布之日。

此外,根据常委会组成人员的审议意见,还对决定草案作了个别文字修改。

在常委会审议中,有些常委会组成人员还对完善配套制度,开展好此项试点工作提出了一些建议,如加强与相关改革的统筹协调,在人员编制、法官员额配置、经费保障等方面向基层倾斜,调整级别管辖标准等。宪法和法律委员会建议，最高人民法院在制定试点办法时对这些意见一并深入研究，作出具体规定。

宪法和法律委员会已按上述意见提出了全国人民代表大会常务委员会关于授权最高人民法院组织开展四级法院审级职能定位改革试点工作的决定（草案修改稿），建议本次常委会会议审议通过。

决定草案修改稿和以上报告是否妥当，请审议。

# 全国人民代表大会常务委员会关于授权国务院在营商环境创新试点城市暂时调整适用《中华人民共和国计量法》有关规定的决定

（2021年10月23日第十三届全国人民代表大会常务委员会第三十一次会议通过）

为进一步转变政府职能，优化营商环境，激发市场活力，第十三届全国人民代表大会常务委员会第三十一次会议决定：授权国务院暂时调整适用《中华人民共和国计量法》的有关规定（目录附后），在北京、上海、重庆、杭州、广州、深圳等6个营商环境创新试点城市试行。暂时调整适用的期限为三年，自本决定施行之日起算。国务院应当加强对试点工作的指导、协调和监督，及时总结试点工作经验，并就暂时调整适用有关法律规定的情况向全国人民代表大会常务委员会作出报告。对实践证明可行的，修改完善有关法律；对实践证明不宜调整的，恢复施行有关法律规定。

本决定自公布之日起施行。

## 授权国务院在营商环境创新试点城市暂时调整适用《中华人民共和国计量法》有关规定目录

| 序号 | 法律规定 | 调整适用内容 |
|---|---|---|
| 1 | 《中华人民共和国计量法》<br>**第八条**　企业、事业单位根据需要，可以建立本单位使用的计量标准器具，其各项最高计量标准器具经有关人民政府计量行政部门主持考核合格后使用。 | 暂时调整适用《中华人民共和国计量法》第八条、第九条第一款的有关规定，对在北京、上海、重庆、杭州、广州、深圳等6个营商环境创新试点城市内的企业内部使用的最高计量标准器具，由企业自主管理，不需计量行政部门考核发证，不再实行强制检定。<br>调整后，营商环境创新试点城市加强对企业自主管理最高计量标准器具的指导和事中事后监管，确保满足计量溯源性要求和计量标准准确。 |
| 2 | **第九条第一款**　县级以上人民政府计量行政部门对社会公用计量标准器具，部门和企业、事业单位使用的最高计量标准器具，以及用于贸易结算、安全防护、医疗卫生、环境监测方面的列入强制检定目录的工作计量器具，实行强制检定。未按照规定申请检定或者检定不合格的，不得使用。实行强制检定的工作计量器具的目录和管理办法，由国务院制定。 | |

# 对《关于授权国务院在营商环境创新试点城市暂时调整适用〈中华人民共和国计量法〉有关规定的决定（草案）》的说明

——2021年10月19日在第十三届全国人民代表大会常务委员会第三十一次会议上

司法部部长　唐一军

全国人民代表大会常务委员会：

我受国务院委托，现对《关于授权国务院在营商环境创新试点城市暂时调整适用〈中华人民共和国计量法〉有关规定的决定（草案）》作说明。

## 一、基本情况

党中央、国务院高度重视优化营商环境工作。近年来，我国营商环境持续改善，特别是部分地方主动对标国际先进做法率先加大营商环境改革力度，取得明显成效，对推动全国营商环境整体优化、培育和激发市场主体活力发挥了较好的示范带动作用。为鼓励有条件的地方进一步瞄准最高标准、最高水平开展先行先试，加快构建与国际通行规则相衔接的营商环境制度体系，持续优化市场化法治化国际化营商环境，国务院决定，选择北京、上海、重庆、杭州、广州、深圳等 6 个经济体量大、市场主体数量多、改革基础条件好的城市，聚焦市场主体和群众关切，对标国际先进水平，进一步深化“放管服”改革，开展营商环境创新试点。

营商环境创新试点围绕进一步破除区域分割和地方保护、方便市场主体准入和退出、提升投资和建设便利度、提升对外开放水平、创新和完善监管、优化涉企服务等 10 个领域推出 101 项改革举措。其中，取消企业内部使用的最高计量标准器具的考核发证以及强制检定，涉及暂时调整适用《中华人民共和国计量法》有关规定，在试点正式启动前，需由全国人大常委会作出授权决定。按照国务院工作部署，司法部在征求国务院有关部门意见的基础上，起草了《关于授权国务院在营商环境创新试点城市暂时调整适用〈中华人民共和国计量法〉有关规定的决定（草案）》。草案已经国务院同意。

## 二、草案的主要内容

草案规定，授权国务院在北京、上海、重庆、杭州、广州、深圳等 6 个营商环境创新试点城市内，暂时调整适用《中华人民共和国计量法》第八条、第九条第一款的有关规定，对企业内部使用的最高计量标准器具，由企业自主管理，不需计量行政部门考核发证，不再实行强制检定。

关于暂时调整适用有关法律规定的期限，草案明确，上述调整在三年内试行。对实践证明可行的，修改完善有关法律；对实践证明不宜调整的，恢复施行有关法律规定。试点过程中，国务院有关部门和试点城市人民政府将对试点情况进行评估，适时提出修改完善有关法律或者恢复施行有关法律规定的建议。

## 三、改革配套措施

试点城市将制定具体实施方案，进一步完善监管措施，加强对企业自主管理最高计量标准器具的指导和事中事后监管，确保满足计量溯源性要求和计量标准准确。国务院有关部门将加强对试点城市推进试点工作的指导，并及时跟踪社会舆情，做好应对工作。

草案和以上说明是否妥当，请审议。

# 全国人民代表大会宪法和法律委员会对《关于授权国务院在营商环境创新试点城市暂时调整适用〈中华人民共和国计量法〉有关规定的决定（草案）》审议结果的报告

——2021 年 10 月 22 日在第十三届全国人民代表大会常务委员会第三十一次会议上

全国人民代表大会常务委员会：

本次常委会会议于 10 月 20 日上午对《关于授权国务院在营商环境创新试点城市暂时调整适用〈中华人民共和国计量法〉有关规定的决定（草案）》进行了分组审议。普遍认为，为保障营商环境创新试点工作依法进行，由全国人大常委会就授权国务院在营商环境创新试点城市暂时调整适用计量法有关规定作出决定，是必要的，建议提请本次常委会会议表决通过。同时，有些常委委员还提出了个别修改意见。宪法和法律委员会于 10 月 20 日下午召开会议，逐条研究了常委会组成人员的审议意见，对决定草案进行了审议。司法部、国家市场监督管理总局有关负责同志列席了会议。宪法和法律委员会认为，决定草案是可行的，同时，提出以下修改意见：

有的常委委员建议，明确调整适用法律规定的起算时间，并对国务院向全国人大常委会报告试点工作情况等作出规定。宪法和法律委员会经研究，建议采纳上述意见，增加规定：暂时调整适用的期限，自本决定施行之日起算。国务院应当加强对试点工作的指导、协调和监督，及时总结试点工作经验，并就暂时调整适用有关法律规定的情况向全国人大常委会作出报告。

此外，根据常委会组成人员的审议意见，还对决定草案作了个别文字修改。

宪法和法律委员会已按上述意见提出了全国人民代表大会常务委员会关于授权国务院在营商环境创新试点城市暂时调整适用《中华人民共和国计量法》有关规定的决定（草案修改稿），建议本次常委会会议审议通过。

决定草案修改稿和以上报告是否妥当，请审议。

# 全国人民代表大会常务委员会关于授权国务院在部分地区开展房地产税改革试点工作的决定

（2021年10月23日第十三届全国人民代表大会常务委员会第三十一次会议通过）

为积极稳妥推进房地产税立法与改革，引导住房合理消费和土地资源节约集约利用，促进房地产市场平稳健康发展，第十三届全国人民代表大会常务委员会第三十一次会议决定：授权国务院在部分地区开展房地产税改革试点工作。

一、试点地区的房地产税征税对象为居住用和非居住用等各类房地产，不包括依法拥有的农村宅基地及其上住宅。土地使用权人、房屋所有权人为房地产税的纳税人。非居住用房地产继续按照《中华人民共和国房产税暂行条例》、《中华人民共和国城镇土地使用税暂行条例》执行。

二、国务院制定房地产税试点具体办法，试点地区人民政府制定具体实施细则。国务院及其有关部门、试点地区人民政府应当构建科学可行的征收管理模式和程序。

三、国务院按照积极稳妥的原则，统筹考虑深化试点与统一立法、促进房地产市场平稳健康发展等情况确定试点地区，报全国人民代表大会常务委员会备案。

本决定授权的试点期限为五年，自国务院试点办法印发之日起算。试点过程中，国务院应当及时总结试点经验，在授权期限届满的六个月以前，向全国人民代表大会常务委员会报告试点情况，需要继续授权的，可以提出相关意见，由全国人民代表大会常务委员会决定。条件成熟时，及时制定法律。

本决定自公布之日起施行，试点实施启动时间由国务院确定。

# 对《关于授权国务院在部分地区开展房地产税改革试点工作的决定（草案）》的说明

——2021年10月19日在第十三届全国人民代表大会常务委员会第三十一次会议上

财政部部长　刘　昆

全国人民代表大会常务委员会：

我受国务院委托，现对《关于授权国务院在部分地区开展房地产税改革试点工作的决定（草案）》作说明。

## 一、基本情况

党中央、国务院高度重视房地产税立法与改革工作。2011 年，经国务院同意，上海市、重庆市开展了个人住房房产税改革试点。2013 年以来，根据党的十八届三中全会关于“加快房地产税立法并适时推进改革”的要求，全国人大常委会预算工委、财政部会同有关方面积极推进房地产税立法工作，取得阶段性成果。由于房地产市场全国差异很大，实际情况十分复杂，房地产税立法工作需要循序渐进、稳妥推进。

在总结上海市、重庆市个人住房房产税改革试点经验的基础上，结合新形势新情况，进一步深化房地产税改革试点，可以发挥试点对整体改革的示范、突破、带动作用，强化房地产调控需求侧管理，稳定市场预期，也为今后全国统一立法积累经验、创造条件。为此，建议“先深化地方试点、再国家统一立法”，由全国人大常委会依法授权国务院在部分地区开展房地产税改革试点工作，为稳妥推进改革试点提供法律保障。按照以上工作考虑，财政部、司法部会同全国人大常委会预算工委、住房城乡建设部、税务总局等方面研究起草了《关于授权国务院在部分地区开展房地产税改革试点工作的决定（草案）》（以下简称草案）。

## 二、草案的主要内容

（一）征税对象和纳税人。试点地区的房地产税征税对象为居住用和非居住用等各类房地产，土地使用权人、房屋所有权人为房地产税的纳税人。考虑到目前我国城乡经济社会发展和居民收入水平总体上仍有较大差距，为减少试点对农村居民的影响，对依法拥有的农村宅基地及其上住宅不纳入试点征税范围。

为避免对企业生产经营带来影响，此次试点对非居住用房地产继续按照《中华人民共和国房产税暂行条例》、《中华人民共和国城镇土地使用税暂行条例》执行，征税范围、计税依据、税率、税收优惠和征收管理等维持现行制度不变，确保试点期间税负平移。

（二）制定房地产税试点办法和具体实施细则。全国人大常委会授权后，国务院将制定房地产税试点办法，明确具体试点政策。试点地区人民政府制定具体实施细则，细化改革试点落地措施。房地产税征管涉及大量自然人，为确保有效征管并优化纳税服务，国务院及其有关部门、试点地区人民政府将构建科学可行的征管模式和程序。

（三）试点地区的确定。国务院按照积极稳妥的原则，统筹考虑深化试点与统一立法、促进房地产市场平稳健康发展等情况确定试点地区，报全国人大常委会备案。

（四）试点期限和启动时间。试点期限为五年。试点过程中，国务院将及时总结试点经验，在授权期限届满的六个月以前，向全国人大常委会报告试点情况，需要继续授权的，可以提出相关意见，由全国人大常委会决定。条件成熟时，及时制定法律。试点实施启动时间由国务院确定。

草案和以上说明是否妥当，请审议。

# 全国人民代表大会宪法和法律委员会对《关于授权国务院在部分地区开展房地产税改革试点工作的决定（草案）》审议结果的报告

——2021 年 10 月 22 日在第十三届全国人民代表大会常务委员会第三十一次会议上

全国人民代表大会常务委员会：

本次常委会会议于 10 月 20 日上午对国务院提请审议的《关于授权国务院在部分地区开展房地产税改革试点工作的决定（草案）》进行了分组审议。普遍认为，为引导住房合理消费和土地资源节约集约利用，促进房地产市场平稳健康发展，以积极稳妥的方式推进房地产税立法与改革，是必要的，赞成授权国务院在部分地区开展房地产税改革试点工作。草案基本可行，赞成提请本次常委会会议表决通过。同时，有些常委会组成人员和列席人员还提出了一些修改意见和建议。宪法和法律委员会于 10 月 20 日下午召开会议，逐条研究了常委会组成人员的审议意见，对决定草案进行了审议。财政经济委员会、预算工作委员会、司法部、财政部、住房和城乡建设部、国家税务总局的有关负责同志列席了会议。宪法和法律委员会认为，决定草案总体是可行的，同时，提出以下修改意见：

一、有的常委委员提出，我国居住用房地产的情况较为复杂，各类人员的住房需求、税收负担能力差异较大，对房地产税的计税依据、适用税率、减除标准等税制要素，建议授权国务院在改革试点过程中逐步研究探索、及时调整完善，形成成熟经验后再在法律中统一规定，授权决定可不对相关内容作出规定。宪法和法律委员会经研究，建议采纳这一意见，删除决定草案第二条、第三条。

二、有的常委委员提出，草案规定授权期限为五年，但何时起算不清楚，建议明确。宪法和法律委员会经研究，建议将相关规定修改为：本决定授权的试点期限为五年，自国务院试点办法印发之日起算。

在审议中，有的常委会组成人员还对推出房地产税的时机，授权决定关于试点范围等具体内容的规定如何与立法法相关规定进行衔接，如何处理好房地产存量和增量的关系，如何针对实践中居住用房地产的复杂情况进行分类处理、稳妥推进等问题提出了意见。同时，还对试点征收房地产税的一些具体制度安排提出了建议。宪法和法律委员会建议，国务院及其有关部门、试点地区人民政府在制定试点办法和具体执行过程中，认真研究吸收常委会组成人员的审议意见，积极稳妥推进房地产税改革试点工作，充分考虑实践中各种复杂情况和可能出现的社会影响，充分考虑各类人员的基本住房需求和税收负担能力，认真研究论证，积极做好宣传引导；建议国务院及其有关部门及时总结试点经验，完善试点办法，适时推进房地产税立法。

经与有关部门研究，建议本决定自公布之日起施行。

此外，根据常委会组成人员的审议意见，还对决定草案作了个别文字修改。

宪法和法律委员会已按上述意见提出了全国人民代表大会常务委员会关于授权国务院在部分地区开展房地产税改革试点工作的决定（草案修改稿），建议本次常委会会议审议通过。

决定草案修改稿和以上报告是否妥当，请审议。

# 全国人民代表大会常务委员会关于深化国防动员体制改革期间暂时调整适用相关法律规定的决定

（2021 年 10 月 23 日第十三届全国人民代表大会常务委员会第三十一次会议通过）

为了深入贯彻党中央关于深化国防动员体制改革的决策部署，依据宪法和《中华人民共和国国防法》，第十三届全国人民代表大会常务委员会第三十一次会议决定：深化国防动员体制改革期间，暂时调整适用《中华人民共和国国防动员法》、《中华人民共和国人民防空法》、《中华人民共和国国防交通法》、《中华人民共和国国防教育法》中有关国防动员以及人民武装动员、经济动员、人民防空、交通战备、国防教育的领导管理体制、军地职能配置、工作机构设置和国防动员资源指挥运用的规定。具体办法按照党中央的有关决定、国务院和中央军事委员会的有关规定执行。改革措施成熟后，及时修改完善有关法律。

本决定自 2021 年 10 月 24 日起施行。

# 对《关于深化国防动员体制改革期间暂时调整适用相关法律规定的决定（草案）》的说明

——2021 年 10 月 19 日在第十三届全国人民代表大会常务委员会第三十一次会议上

中央军委国防动员部部长　盛　斌

全国人民代表大会常务委员会：

我受国务院、中央军委委托，现对《关于深化国防动员体制改革期间暂时调整适用相关法律规定的决定（草案）》作说明。

## 一、暂时调整适用的必要性

为深入贯彻习近平总书记关于深化国防动员体制改革的重要指示精神，加强党中央对国防动员工作的集中统一领导，完善国防动员体系，推进国防动员现代化建设，党中央对深化国防动员体制改革作出了重大决策部署。党的十八届三中全会通过的《中共中央关于全面深化改革若干重大问题的决定》，明确要求“健全国防动员体制机制”。党的十九大报告明确了“完善国防动员体系”的战略要求。党的十九届四中全会通过的《中共中央关于坚持和完善中国特色社会主义制度推进国家治理体系和治理能力现代化若干重大问题的决定》，明确要求“深化国防动员体制改革”。党中央明确，坚持与党和国家机构改革相协调、与军队领导指挥体制改革相衔接、与打赢信息化战争需求相适应，调整职能配置、优化组织架构、完善政策制度，构建在党中央集中统一领导下、军地既各司其责又密切协同的国防动员新格局，为推进国防动员现代化建设提供体制保障。

现行《中华人民共和国国防动员法》、《中华人民共和国人民防空法》、《中华人民共和国国防交通法》、《中华人民共和国国防教育法》对国防动员以及人民武装动员、经济动员、人民防空、交通战备、国防教育的领导管理体制、军地职能配置、工作机构设置和国防动员资源指挥运用等作了规定。为了保证深化国防动员体制改革于法有据、稳妥推进，需要对上述法律规定作出相应修改。考虑到此项改革任务较为紧迫，而法律修改周期较长，有必要请全国人大常委会作出暂时调整适用相关法律规定的决定。

## 二、暂时调整适用的主要内容

坚持“党全面领导、政府抓建、军队使用”的原则，完善国防动员领导管理体制，依法厘清各系统国防动员职责，调整人民武装动员、经济动员、人民防空、交通战备、国防教育职能配置。优化机构设置，完善国防动员委员会设置，调整设立国防动员委员会办事机构。贯通指挥运用的军地协调链路。结合军事政策制度改革，统筹推进完善国防动员政策制度。

## 三、暂时调整适用的组织实施

本决定的组织实施，按照党中央的有关决定、国务院和中央军委的有关规定执行。改革措施成熟后，将及时提出修改有关法律的议案，按照立法权限报批。

决定草案和以上说明是否妥当，请审议。

# 全国人民代表大会宪法和法律委员会对《关于深化国防动员体制改革期间暂时调整适用相关法律规定的决定（草案）》审议结果的报告

——2021 年 10 月 22 日在第十三届全国人民代表大会常务委员会第三十一次会议上

全国人民代表大会常务委员会：

本次常委会会议于 10 月 20 日上午对《关于深化国防动员体制改革期间暂时调整适用相关法律规定的决定（草案）》进行了分组审议。普遍认为，为深入贯彻落实党中央关于深化国防动员体制改革的决策部署，由全国人大常委会作出决定，在深化国防动员体制改革期间暂时调整适用相关法律规定，是必要的，赞成将决定草案提请本次会议表决通过。同时，有的常委会组成人员还提出了个别修改意见。宪法和法律委员会于 10 月 20 日下午召开会议，逐条研究了常委会组成人员的审议意见，对决定草案进行了审议。司法部、中央军委办公厅军委法制局、中央军委改革和编制办公室有关负责同志列席了会议。宪法和法律委员会认为，决定草案是可行的。同时，根据常委会组成人员的审议意见，对决定草案作了文字修改。

经与有关部门研究，建议将本决定的施行时间确定为2021年10月24日。

宪法和法律委员会已按上述意见提出了全国人民代表大会常务委员会关于深化国防动员体制改革期间暂时调整适用相关法律规定的决定（草案修改稿），建议本次常委会会议审议通过。

决定草案修改稿和以上报告是否妥当，请审议。

# 全国人民代表大会常务委员会关于加强经济工作监督的决定

（2000年3月1日第九届全国人民代表大会常务委员会第十四次会议通过　2021年12月24日第十三届全国人民代表大会常务委员会第三十二次会议修订）

为更好地履行宪法和法律赋予全国人民代表大会及其常务委员会的职责，贯彻落实党中央决策部署，进一步加强经济工作监督，切实增强监督实效，推动高质量发展，推进国家治理体系和治理能力现代化，结合实践经验，作如下决定：

一、全国人民代表大会常务委员会依法对国务院经济工作行使监督职权。全国人民代表大会财政经济委员会和有关专门委员会在全国人民代表大会及其常务委员会领导下，承担有关具体工作。国务院及其有关部门应当做好协助和配合。

二、全国人民代表大会常务委员会开展经济工作监督，应当坚持中国共产党的领导，坚持以马克思列宁主义、毛泽东思想、邓小平理论、“三个代表”重要思想、科学发展观、习近平新时代中国特色社会主义思想为指导，坚持以人民为中心，坚持和完善社会主义基本经济制度，保障和促进市场在资源配置中起决定性作用和更好发挥政府作用，立足新发展阶段，贯彻新发展理念，构建新发展格局，推动高质量发展。

三、根据全国人民代表大会议事规则的有关规定，全国人民代表大会财政经济委员会应当在全国人民代表大会会议举行的四十五日前，会同有关专门委员会，对国民经济和社会发展年度计划进行初步审查，形成初步审查意见，送国务院有关主管部门。国务院有关主管部门应当将处理情况及时反馈财政经济委员会。

全国人民代表大会财政经济委员会开展初步审查阶段，有关专门委员会可以开展专项审查，提出专项审查意见，送财政经济委员会研究处理。

四、对国民经济和社会发展年度计划初步审查时，国务院有关主管部门应当提交以下材料：

（一）关于上一年度国民经济和社会发展计划执行情况与本年度国民经济和社会发展计划草案的报告，其中应当报告上一年度国民经济和社会发展计划主要目标和任务完成情况、全国人民代表大会决议贯彻落实情况，对本年度国民经济和社会发展计划主要目标、工作任务及相应的主要政策、措施的编制依据和考虑作出说明和解释；

（二）本年度国民经济和社会发展计划草案的初步方案；

（三）关于上一年度中央预算内投资计划执行情况的说明和本年度中央预算内投资计划的安排；

（四）初步审查所需要的其他材料。

五、对国民经济和社会发展年度计划初步审查的重点是：上一年度国民经济和社会发展计划完成情况，特别是主要目标和任务的完成情况；本年度国民经济和社会发展计划编制的指导思想应当符合党中央决策部署和中央经济工作会议精神，符合国民经济和社会发展五年规划纲要和中长期规划纲要；主要目标、重点任务和重大工程项目应当符合经济社会发展条件特别是资源、财力、环境实际支撑能力，符合五年规划纲要实施的基本要求，有利于经济社会长期健康发展；主要政策取向和措施安排应当符合完善体制机制和依法行政的要求，坚持目标导向和问题导向，针对性强且切实可行，财政政策、货币政策应当与主要目标相匹配。

六、全国人民代表大会财政经济委员会向全国人民代表大会主席团提出关于上一年度国民经济和社会发展计划执行情况和本年度国民经济和社会发展计划草案的审查结果报告。审查结果报告应当包括下列内容：

（一）关于上一年度国民经济和社会发展计划执行情况的总体评价，需要关注的主要问题；

（二）对本年度国民经济和社会发展计划报告

和计划草案的可行性作出评价，对本年度国民经济和社会发展计划执行工作提出意见和建议；

（三）对全国人民代表大会会议批准国民经济和社会发展年度计划报告和计划草案提出建议。

**七、**全国人民代表大会常务委员会应当加强对全国人民代表大会批准的国民经济和社会发展年度计划执行的监督。

全国人民代表大会常务委员会应当在每年八月听取和审议国务院关于本年度上一阶段国民经济和社会发展计划执行情况的报告。常务委员会组成人员的审议意见交由国务院研究处理，国务院应当将研究处理情况向常务委员会提出书面报告。国民经济和社会发展年度计划执行情况的报告、常务委员会组成人员的审议意见和国务院对审议意见的研究处理情况，向全国人民代表大会代表通报并向社会公布。

全国人民代表大会财政经济委员会结合上半年经济形势分析做好相关准备工作，向常务委员会提出分析报告。

**八、**对国民经济和社会发展年度计划执行监督的重点是：国民经济和社会发展年度计划执行应当贯彻党中央决策部署和中央经济工作会议精神，落实全国人民代表大会决议要求，符合政府工作报告中提出的各项目标和任务要求；主要目标特别是约束性指标完成情况、重点任务和重大工程项目进展情况应当符合国民经济和社会发展年度计划进度安排；国民经济和社会发展计划执行情况的报告应当深入分析存在的主要困难和问题及其原因，对未达到预期进度的指标和任务应当作出说明和解释，提出具有针对性且切实可行的政策措施，推动国民经济和社会发展年度计划顺利完成。

**九、**全国人民代表大会财政经济委员会在每年四月、七月和十月中旬分别召开季度经济形势分析会议，听取国务院有关部门关于一季度、上半年、前三季度国民经济运行情况的汇报，进行分析研究，将会议对国民经济运行情况的分析和提出的意见建议向委员长会议报告，并以会议纪要和简报形式发送国务院办公厅及有关部门，各省、自治区、直辖市人民代表大会常务委员会办公厅。

**十、**国民经济和社会发展五年规划纲要和中长期规划纲要草案的初步审查和审查，参照本决定第三条、第六条的规定执行。

五年规划纲要和中长期规划纲要草案提请全国人民代表大会审查批准的前一年，全国人民代表大会常务委员会围绕五年规划纲要和中长期规划纲要编制工作开展专题调研，听取调研工作情况的报告，并将调研报告送有关方面研究参考，为全国人民代表大会审查批准做好准备工作。

全国人民代表大会常务委员会办公厅和财政经济委员会承担具体组织工作，拟定调研工作方案，协调有关专门委员会和常务委员会工作机构开展专题调研，汇总集成调研成果。

**十一、**对五年规划纲要和中长期规划纲要草案初步审查时，国务院有关主管部门应当提交以下材料：

（一）五年规划纲要和中长期规划纲要草案；

（二）关于五年规划纲要和中长期规划纲要草案及其编制情况的说明，其中应当对上一个五年规划纲要主要目标和任务完成情况、全国人民代表大会决议贯彻落实情况、本五年规划纲要主要目标和重点任务的编制依据和考虑等作出说明和解释；

（三）关于重大工程项目的安排；

（四）初步审查所需要的其他材料。

**十二、**对五年规划纲要和中长期规划纲要草案初步审查的重点是：上一个五年规划纲要实施情况；本五年规划纲要编制的指导思想应当符合党中央关于五年规划的建议精神，能够发挥未来五年发展蓝图和行动纲领的作用；主要目标、重点任务和重大工程项目应当符合我国国情和发展阶段，符合经济社会发展的客观规律，符合国家中长期发展战略目标，兼顾必要性与可行性；主要政策取向应当符合党的基本理论、基本路线、基本方略，针对性强且切实可行。

**十三、**国务院应当加强对五年规划纲要实施情况的动态监测、中期评估和总结评估。全国人民代表大会常务委员会应当加强对五年规划纲要实施的监督。

全国人民代表大会财政经济委员会和有关专门委员会在全国人民代表大会及其常务委员会领导下，有针对性地做好五年规划纲要实施的监督工作，推动五年规划纲要顺利实施。

国务院有关主管部门应当将五年规划纲要实施情况的动态监测材料送全国人民代表大会财政经济委员会。

**十四、**五年规划纲要实施的中期阶段，国务院应当将五年规划纲要实施情况的中期评估报告提请全国人民代表大会常务委员会审议。常务委员会组成人员的审议意见交由国务院研究处理，国务院应当将研究处理情况向常务委员会提出书面报告。五年规划纲要实施情况的中期评估报告、常务委员会组成人员的审议意见和国务院对审议意见的研究处理情况，向全国人民代表大会代表通报并向社会公布。财政经济委员会会同有关专门委员会开展专题调研，向常务委员会提出调研报告。

对五年规划纲要实施情况中期评估的监督重点是：五年规划纲要实施应当符合党中央的建议精神，贯彻落实全国人民代表大会决议要求；主要目标特别是约束性指标完成情况、重点任务和重大工程项目进展情况应当符合五年规划纲要进度安排；五年规划纲要实施情况的中期评估报告应当深入分析存在的主要困难和问题及其原因，对未达到预期进度的指标和任务应当作出解释和说明，提出有针对性且切实可行的政策措施，推动五年规划纲要顺利完成。

**十五**、国务院应当对上一个五年规划纲要实施情况进行总结评估，形成总结评估报告，与提请全国人民代表大会审查批准的五年规划纲要草案一并印发全国人民代表大会会议。五年规划纲要的总结评估报告应当包括下列内容：

（一）主要指标完成情况；

（二）重点任务落实情况；

（三）重大工程项目实施情况；

（四）存在的主要困难和问题；

（五）相关意见建议。

**十六**、经全国人民代表大会批准的国民经济和社会发展年度计划、五年规划纲要在执行过程中，出现下列情况之一的，可以进行调整：

（一）因国内外经济形势发生重大变化导致宏观调控政策取向和主要目标、重点任务等必须作出重大调整的；

（二）国家发生特别重大自然灾害、全局性的重大公共安全事件或者进入紧急状态等导致国民经济和社会发展年度计划、五年规划纲要无法正常执行或者完成的；

（三）其他特殊情况导致国民经济和社会发展年度计划、五年规划纲要无法正常执行或者完成的。

**十七**、国民经济和社会发展年度计划、五年规划纲要经全国人民代表大会批准后，在执行过程中需要作部分调整的，国务院应当将调整方案提请全国人民代表大会常务委员会审查和批准。国民经济和社会发展年度计划调整方案的提出一般不迟于当年第三季度末；五年规划纲要调整方案的提出一般不迟于其实施的第四年第二季度末。除特殊情况外，国务院应当在全国人民代表大会常务委员会会议举行的三十日前，将调整方案报送常务委员会。

除特殊情况外，国务院有关主管部门应当在全国人民代表大会常务委员会会议举行的四十五日前，将国务院的调整方案送交全国人民代表大会财政经济委员会，由财政经济委员会进行初步审查，并向常务委员会提出审查结果报告。

经全国人民代表大会常务委员会批准的国民经济和社会发展年度计划、五年规划纲要调整方案，应当向全国人民代表大会下次会议报告。

**十八**、全国人民代表大会常务委员会围绕党和国家经济工作中心和全局依法加强监督，重点关注深化经济体制改革、优化营商环境、加强科技创新、推动区域协调发展、坚持绿色低碳发展、保障和改善民生、促进共同富裕、推进高水平对外开放、维护国家经济安全等方面工作落实情况，必要时可以听取和审议国务院专项工作报告、开展专题询问或者作出决议。

全国人民代表大会财政经济委员会、有关专门委员会和常务委员会有关工作机构在常务委员会领导下做好相关工作，督促国务院有关部门更好地推进落实工作。

**十九**、国务院对事关国民经济和社会发展全局、涉及人民群众切身利益的重大决策，依法在出台前向全国人民代表大会常务委员会报告。

出现下列情况之一的，国务院或者国务院有关部门应当向全国人民代表大会常务委员会或者财政经济委员会和有关专门委员会报告，作出说明：

（一）因国际经济形势或者国内经济运行发生重大变化需要对宏观调控政策取向作出重大调整；

（二）涉及国计民生、国家经济安全、人民群众切身利益的重大经济体制改革或者对外开放方案出台前；

（三）重大自然灾害或者给国家财产、集体财产、人民群众生命财产造成严重损失的重大事件发生后；

（四）其他有必要向全国人民代表大会常务委员会或者财政经济委员会和有关专门委员会报告的重大经济事项。

全国人民代表大会常务委员会认为必要时，可以依法作出决定决议，也可以将讨论中的意见建议转送国务院及其有关部门研究处理。

**二十**、对涉及面广、影响深远、投资巨大的国家特别重大建设项目，国务院可以向全国人民代表大会或者常务委员会提出议案，由全国人民代表大会或者常务委员会审议并作出决定。

根据全国人民代表大会或者常务委员会安排，财政经济委员会会同有关专门委员会对前款所述议案进行初步审查，并向全国人民代表大会或者常务委员会提出审查报告。

二十一、全国人民代表大会常务委员会对国民经济和社会发展年度计划、五年规划纲要确定的重大工程项目和本决定第二十条所述的国家特别重大建设项目等，根据需要听取国务院的工作汇报，进行审议，认为必要时可以作出决议。

根据全国人民代表大会常务委员会安排，财政经济委员会会同有关专门委员会和常务委员会有关工作机构，可以对前款所述项目的实施情况开展专题调研，向常务委员会提出专题调研报告。

国务院有关主管部门应当每半年向全国人民代表大会财政经济委员会提供中央预算内投资计划实施情况的有关材料。

二十二、全国人民代表大会常务委员会应当加强对金融工作的监督。国务院应当在每年十月向全国人民代表大会常务委员会报告下列情况：

（一）货币政策执行情况；

（二）金融业运行情况和监督管理工作情况；

（三）金融支持实体经济情况；

（四）金融体系改革和对外开放情况；

（五）防范化解金融风险隐患情况。

国务院有关主管部门应当及时向全国人民代表大会财政经济委员会提供月度、季度和年度金融运行数据和相关材料，配合支持跟踪监督工作。

二十三、同外国或者国际组织缔结有关经济方面的条约和协定，凡根据缔结条约程序法的规定，应当由全国人民代表大会常务委员会决定批准或者加入的，由国务院向全国人民代表大会常务委员会提出议案，提请审议决定。按照常务委员会议事规则有关规定，可以将议案交由财政经济委员会提出审议意见。

上述条约和协定的修改、废除或者退出，比照其缔结的程序办理。

二十四、全国人民代表大会常务委员会通过听取和审议专项工作报告、执法检查、询问和质询、特定问题调查、专题调研等方式，加强对国务院及其有关部门经济工作的监督。

根据全国人民代表大会常务委员会安排，财政经济委员会和有关专门委员会可以召开会议，听取国务院有关部门的专题汇报。

全国人民代表大会常务委员会，财政经济委员会和有关专门委员会可以运用审计监督、财会监督和统计监督成果，聘请研究机构和专家学者，委托第三方评估，利用大数据技术等，提高经济工作监督效能。

二十五、对全国人民代表大会及其常务委员会在经济工作监督中作出的决议、决定和审议意见等，常务委员会应当加强跟踪监督，督促国务院及其有关部门贯彻执行决议和决定，认真研究处理意见和建议并及时反馈。常务委员会认为必要时，可以就有关情况听取和审议国务院的专项工作报告。国务院应当在规定期限内，将决定决议的执行情况或者审议意见的研究处理情况向全国人民代表大会常务委员会报告。财政经济委员会承担跟踪监督的具体工作。

对不执行决定决议或者执行决定决议不力造成严重后果的，全国人民代表大会及其常务委员会可以通过专题询问、质询、特定问题调查等方式加强监督。

二十六、全国人民代表大会常务委员会行使经济工作监督职权的情况，应当向全国人民代表大会报告，接受监督。财政经济委员会和有关专门委员会提出的意见和建议，应当报告委员长会议，由委员长会议决定是否批转国务院及其有关部门研究处理，并将结果报告全国人民代表大会常务委员会。

二十七、全国人民代表大会常务委员会开展经济工作监督，应当充分发挥全国人民代表大会代表的作用，认真听取代表意见建议，主动回应代表关切，支持代表依法履职。

全国人民代表大会财政经济委员会和有关专门委员会应当建立健全经济工作监督联系代表工作机制。确定监督项目、开展监督工作，应当认真听取全国人民代表大会代表的意见建议。财政经济委员会和有关专门委员会围绕代表议案建议提出的、代表普遍关注的经济社会发展工作中的突出问题，组织开展专题调研。

全国人民代表大会财政经济委员会对国民经济和社会发展年度计划和五年规划纲要草案进行初步审查时，应当邀请全国人民代表大会代表参加。本决定所列其他事项的监督工作，可以根据需要邀请有关方面的全国人民代表大会代表参加。

开展经济工作监督的有关情况应当通过代表工作机构及时向全国人民代表大会代表通报，有关材料应当及时发送全国人民代表大会代表。

二十八、全国人民代表大会常务委员会听取和审议、讨论本决定所列事项时，国务院及其有关部门应当根据要求,及时提供相关的信息资料和情况说明,并派国务院负责人或者有关部门负责人到会汇报情况,听取意见,回答询问。

全国人民代表大会财政经济委员会和有关专门委员会听取和审议、讨论本决定所列事项时,国务院有关部门应当根据要求,及时提供相关的信息资料和情况说明,并派本部门有关负责人到会汇报情况,听取意见,回答询问。

国务院有关部门根据全国人民代表大会财政经济委员会和有关专门委员会的要求,利用国家电子政务网等方式,定期提供国民经济和社会发展数据和相关材料。

**二十九、**全国人民代表大会常务委员会开展经济工作监督的情况,除法律另有规定外,向社会公开。

本决定自公布之日起施行。

# 关于《全国人民代表大会常务委员会关于加强经济工作监督的决定(修订草案)》的说明

——2021 年 12 月 20 日在第十三届全国人民代表大会常务委员会第三十二次会议上

全国人大财政经济委员会主任委员　徐绍史

全国人民代表大会常务委员会:

我受全国人大财政经济委员会(以下简称财经委)委托,作关于《全国人民代表大会常务委员会关于加强经济工作监督的决定(修订草案)》的说明。

为深入贯彻中央人大工作会议精神,准确把握新时代人大经济工作监督新形势新任务,进一步规范监督程序,明确监督重点,增强工作实效,为全国人大常委会开展经济工作监督提供更加规范有力的法律支撑,报经全国人大常委会党组批准,财经委于 2020 年 11 月启动《全国人民代表大会常务委员会关于加强经济工作监督的决定》(以下简称《决定》)修订工作。

在全国人大常委会领导下,财经委认真研究宪法、法律和中央有关文件,广泛征求地方人大意见建议,积极与全国人大有关机构和国务院有关部门沟通协商,起草形成《决定(修订草案)》。之后,征求全国人大有关机构、国务院办公厅及有关部门、各省(区、市)和副省级城市人大财经委的意见,就重大问题反复协调、形成共识,对草案进行修改完善。2021 年 9 月 18 日,经财经委第五十九次全体会议审议通过,提请全国人民代表大会常务委员会审议。

## 一、修订的必要性

2000 年 3 月 1 日,第九届全国人大常委会第十四次会议通过了《全国人民代表大会常务委员会关于加强经济工作监督的决定》,为全国人大常委会依法开展经济工作监督提供了专门的法律规范,实现了监督常态化,对促进政府更好地推进经济社会发展工作和依法行政发挥了重要作用。目前,《决定》已实施二十多年,从当前工作实践的需要和各方面的反映看,亟需进行修订。

第一,需要体现新时代新要求。党的十八大以来,党中央对经济工作提出一系列新理念、新思想、新部署,特别是十九届六中全会通过的《中共中央关于党的百年奋斗重大成就和历史经验的决议》所明确的,“必须坚持和完善社会主义基本经济制度,使市场在资源配置中起决定性作用,更好发挥政府作用,把握新发展阶段,贯彻创新、协调、绿色、开放、共享的新发展理念,加快构建以国内大循环为主体、国内国际双循环相互促进的新发展格局,推动高质量发展,统筹发展和安全”。同时,党中央对人大工作作出了总体部署,对人大经济工作监督提出了新的更高要求。这是当前和今后开展人大监督工作的重要指引和遵循,需要充分体现到常委会关于经济工作监督的决定中。第二,一些重要方面的现行规定比较原则。对计划规划初步审查和执行监督、计划规划调整、重大事项报告、重大工程项目监督、监督工作重点、监督工作机制,以及充分发挥人大代表在监督中的作用等方面的规定,需要细化、强化和充实。第三,《决定》实施二十多年中,各级人大常委会和财经委及有关专门委员会在改进和加强经济工作监督方面作了许多有益探索和创新,需要将有效做法和成熟经验转化为法律规范。第四,《决定》的某些规定需要与之后制定和修改的监督法、代表大会组织法和议事规则等做好衔接。

## 二、修订的指导思想和基本原则

本次修订的指导思想是：以习近平新时代中国特色社会主义思想为指导，全面贯彻党的十九大和十九届历次全会精神，深入贯彻中央人大工作会议精神，增强“四个意识”，坚定“四个自信”，做到“两个维护”，坚持中国特色社会主义制度，坚持和完善人民代表大会制度，坚持以人民为中心，立足新发展阶段，贯彻新发展理念，构建新发展格局，推动高质量发展，推进国家治理体系和治理能力现代化。

修订工作遵循的原则，一是坚持党对经济工作的集中统一领导。确保党的主张通过法定程序转化为国家意志，通过法治方式保障党的经济工作路线方针政策和决策部署得到有效贯彻落实。二是坚持围绕中心、突出重点。对标对表新时代新阶段的新目标和新要求，聚焦工作实践中面临的突出问题，进一步明确监督重点。三是坚持正确监督、有效监督、依法监督。健全完善人大常委会经济工作监督的内容和机制等，进一步推动经济工作监督规范化，切实增强监督工作实效。四是兼顾必要与可行。全面总结《决定》实施以来的成功经验，积极稳妥推进人大监督工作探索创新。五是现行法律和其他决定中已作具体规定的，不再重复规定。

## 三、《决定（修订草案）》的主要内容

《决定（修订草案）》共 29 条，主要有六方面内容：

（一）明确常委会开展经济工作监督的指导思想

为充分体现新时代党的创新理论成果，《决定（修订草案）》规定：全国人大常委会开展经济工作监督，应当坚持中国共产党的领导，坚持以马克思列宁主义、毛泽东思想、邓小平理论、“三个代表”重要思想、科学发展观、习近平新时代中国特色社会主义思想为指导，坚持以人民为中心，坚持和完善社会主义基本经济制度，保障和促进市场在资源配置中起决定性作用和更好发挥政府作用，立足新发展阶段，贯彻新发展理念，构建新发展格局，推动高质量发展。

（二）细化和完善年度计划、五年规划纲要初步审查及执行监督的有关规定

针对现行《决定》和有关法律对计划规划初步审查、执行监督及调整的规定较为原则，《决定（修订草案）》第三条至第十七条作出以下规定：一是细化年度计划初步审查的程序，明确初步审查的重点、国务院需要提交的材料、审查结果报告的主要内容等。二是明确年度计划执行和经济运行监督的方式和重点。三是明确五年规划纲要初步审查和执行监督的程序、重点和需提交的材料。四是细化计划规划调整的条件和程序，规定可以对计划规划进行调整的三种情况，明确调整报告时间。

（三）围绕党和国家经济工作中心和全局明确监督重点

在计划规划初步审查和执行监督基础上，全国人大常委会应当围绕党和国家经济工作中心和全局，对重点工作、重点任务和重点项目的落实情况依法加强监督。为此，《决定（修订草案）》第十八条至第二十二条作出以下规定：一是明确经济工作监督的重点。主要是深化经济体制改革、优化营商环境、加强科技创新、推动区域协调发展、坚持绿色低碳发展、保障和改善民生、促进共同富裕、推进高水平对外开放、维护国家经济安全等方面工作的落实情况。二是界定重大事项报告的范围。根据《关于健全人大讨论决定重大事项制度、各级政府重大决策出台前向本级人大报告的实施意见》，明确国务院应当报告的四种重大决策或重大事项。三是强化对重大工程项目的监督。四是从货币政策执行等五个方面加强对金融工作的监督。

（四）健全完善经济工作监督有关工作机制

总结多年实践经验，健全完善有关工作机制，是本次修订的一个重要方面。为此，《决定（修订草案）》第二十四条至第二十六条和第二十八条分别作出以下规定：一是加强对代表大会及其常委会决议、决定和审议意见执行、处理情况的跟踪监督。二是运用审计监督成果、第三方评估、大数据技术等，为开展经济工作监督提供支持。三是参照监督法等法律，规定常委会行使经济工作监督职权的情况，应当向代表大会报告。四是对国务院及其有关部门自觉接受人大监督提出一些具体要求。

（五）充分发挥有关专门委员会在经济工作监督中的作用

为进一步发挥各专门委员会的作用，形成监督合力，《决定（修订草案）》规定，财经委和有关专门委员会在全国人大及其常委会领导下，承担有关具体工作。一是在计划规划初步审查阶段，有关专门委员会可以开展专项审查，提出专项审查意见。二是有关专门委员会根据常委会统一安排，围绕五年规划纲要编制工作开展专题调研，有针对性地对规

划纲要执行进行监督。三是在全国人大或者常委会决定国家特别重大建设项目时，由财经委会同有关专门委员会进行初步审查并报告审查情况。

（六）充分发挥代表在经济工作监督中的主体地位和作用

本届全国人大常委会高度重视代表工作，对充分发挥代表主体作用提出明确要求，对加强和改进代表工作作出全面部署。为此，《决定（修订草案）》新增一条，对充分发挥全国人大代表在经济工作监督中的作用分四款作了规定。

《决定（修订草案）》和以上说明是否妥当，请审议。

# 全国人民代表大会宪法和法律委员会关于《全国人民代表大会常务委员会关于加强经济工作监督的决定（修订草案）》审议结果的报告

——2021年12月24日在第十三届全国人民代表大会常务委员会第三十二次会议上

全国人民代表大会常务委员会：

本次常委会会议于12月22日上午对关于加强经济工作监督的决定修订草案进行了分组审议。普遍认为，为贯彻落实中央人大工作会议精神和党中央关于加强人大经济工作监督的部署要求，对本决定作出修订是必要的，修订草案比较成熟，赞成进一步修改完善后提请本次常委会会议表决通过。同时，有些常委会组成人员和列席人员还提出了一些修改意见和建议。宪法和法律委员会于12月22日下午召开会议，逐条研究了常委会组成人员的审议意见，对修订草案进行了审议。财政经济委员会、国家发展改革委的有关负责同志列席了会议。宪法和法律委员会认为，修订草案是可行的，同时，提出以下修改意见：

一、修订草案第十条第一款规定，国民经济和社会发展五年规划纲要和中长期规划纲要草案的初步审查，参照本决定第三条、第六条的规定执行。有的意见提出，第六条不是关于初步审查的规定，是关于全国人民代表大会会议召开期间审查的规定，修订草案的相关表述不严谨，建议完善。宪法和法律委员会经研究，建议将其中的“初步审查”修改为“初步审查和审查”。

二、修订草案第二十条第二款规定，“受全国人民代表大会或者常务委员会委托”，财政经济委员会会同有关专门委员会对特别重大建设项目相关议案进行初步审查并提出审查报告。有的意见建议将其中的“受全国人民代表大会或者常务委员会委托”修改为“根据全国人民代表大会或者常务委员会安排”。宪法和法律委员会经研究，建议采纳这一意见。

三、有的常委委员建议，将修订草案第二十二条第一款关于国务院向全国人大常委会报告金融工作的时间由“每年六月”修改为“每年十月”。宪法和法律委员会经研究，建议采纳这一意见。

四、经与有关方面研究，建议本决定经修订后自公布之日起施行，并增加相应规定。

此外，根据常委会组成人员的审议意见，还对修订草案作了个别文字修改。

修订草案修改稿已按上述意见作了修改，宪法和法律委员会建议本次常委会会议审议通过。

修订草案修改稿和以上报告是否妥当，请审议。

# 全国人民代表大会常务委员会关于召开第十三届全国人民代表大会第五次会议的决定

（2021年12月24日第十三届全国人民代表大会常务委员会第三十二次会议通过）

第十三届全国人民代表大会常务委员会第三十二次会议决定：中华人民共和国第十三届全国

人民代表大会第五次会议于 2022 年 3 月 5 日在北京召开。建议会议的议程是：审议政府工作报告；审查 2021 年国民经济和社会发展计划执行情况与 2022 年国民经济和社会发展计划草案的报告、2022 年国民经济和社会发展计划草案；审查 2021 年中央和地方预算执行情况与 2022 年中央和地方预算草案的报告、2022 年中央和地方预算草案；审议全国人民代表大会常务委员会关于提请审议《中华人民共和国地方各级人民代表大会和地方各级人民政府组织法（修正草案）》的议案；审议全国人民代表大会常务委员会关于提请审议《第十三届全国人民代表大会第五次会议关于第十四届全国人民代表大会代表名额和选举问题的决定（草案）》的议案；审议全国人民代表大会常务委员会关于提请审议《中华人民共和国香港特别行政区选举第十四届全国人民代表大会代表的办法（草案）》的议案；审议全国人民代表大会常务委员会关于提请审议《中华人民共和国澳门特别行政区选举第十四届全国人民代表大会代表的办法（草案）》的议案；审议全国人民代表大会常务委员会工作报告；审议最高人民法院工作报告；审议最高人民检察院工作报告。

# 三、全国地方立法工作座谈会

## 在第二十七次全国地方立法工作座谈会上的讲话

（2021 年 12 月 2 日）

栗战书

地方立法工作座谈会举办以来，已经成为地方人大立法工作交流的有效平台。今年是第 27 次会议。上个月，我们党召开十九届六中全会，习近平总书记发表重要讲话，会议通过了《中共中央关于党的百年奋斗重大成就和历史经验的决议》。习近平总书记的重要讲话和全会决议，思想含量、知识含量都十分丰富，充分显示了我们党高度的历史自信、政治自觉，是新时代中国共产党人牢记初心使命、坚持和发展中国特色社会主义的政治宣言，是以史为鉴、开创未来、实现中华民族伟大复兴的行动指南。所以，我们这次座谈会，也是推动学习十九届六中全会精神，以立法工作的实践贯彻党中央的决策部署。

去年 11 月 16 日至 17 日，中央召开全面依法治国工作会议，确立并阐述习近平法治思想，对包括立法工作在内的新时代全面依法治国工作作出部署。今年 10 月 13 日至 14 日中央又召开人大工作会议，深刻阐述习近平总书记关于坚持和完善人民代表大会制度的重要思想，明确了新时代加强和改进人大工作的指导思想、重大原则和重点任务。习近平总书记关于人大制度、人大工作、立法工作的重要思想和指示要求，党中央印发的关于新时代坚持和完善人民代表大会制度、加强和改进人大工作的意见，是做好人大工作、立法工作的根本遵循，我们要认真学习贯彻，全面落实到工作中去。

刚才，10 位地方人大同志作了发言，围绕会议主题，结合各地实际，介绍了情况和经验，讲得都很好。下面，我从三个方面谈些意见，同大家交流。第一个方面，主要是梳理一下习近平总书记关于立法工作包括地方立法工作的重要思想、指示、要求；第二个方面，主要是介绍一下各地立法工作的一些成功经验、好的做法；第三个方面，主要是说一说进一步提高地方立法水平需要深入研究、探讨的几个问题。

### 一、用习近平总书记关于立法工作的重要指示要求引领地方立法工作

习近平法治思想、习近平总书记关于坚持和完善人民代表大会制度的重要思想是习近平新时代中国特色社会主义思想的重要组成部分。去年，中央全面依法治国工作会议之后，我们即在山西举办地方立法工作座谈会，一起学习贯彻习近平法治思想，今天的会议也正逢中央人大工作会议之后。习近平总书记在全面依法治国工作会上提出的“十一个坚持”重点工作，在中央人大工作会议上总结的“六个必须坚持”重大原则和“六个方面”重点任务，对立法工作都具有直接和间接的重要指导意义。

习近平总书记关于立法工作的指示要求，内容十分丰富，主要的有：一是关于立法的政治原则，鲜明提出党的领导是社会主义法治之魂，加强党对立法工作的集中统一领导，健全党领导立法的制度机制，确保党的主张通过法定程序成为国家意志。二是关于立法的目标，鲜明提出要加快完善中国特色社会主义法律体系，以良法促进发展、保障善治。三是关于立法的主要任务，鲜明提出加强重点领域、新兴领域、涉外领域立法，注重将社会主义核心价值观融入立法，健全国家治理急需、满足人民日益增长的美好生活需要必备的法律制度。四是关于立法的功效作用，鲜明提出发挥立法的引领和推动作用，把改革发展决策同立法决策更好结合起来，确保国家发展、重大改革于法有据。五是关于立法的指导原则，鲜明提出要坚持科学立法、民主

立法、依法立法，坚持尊重和体现客观规律，坚持为了人民、依靠人民，坚持严格依照法定权限和法定程序，努力使每一项立法都符合宪法精神、反映人民意愿、得到人民拥护。六是关于立法的着力点，鲜明提出抓住提高立法质量这个关键，在确保质量的前提下加快立法工作步伐，增强立法的系统性、整体性、协同性，使法律体系更加科学完备、统一权威。七是关于立法的主体责任，鲜明提出发挥好人大在立法工作中的主导作用，健全立法起草、论证、协调、审议机制，坚持系统观念和问题导向，丰富立法形式，增强立法的针对性、适用性、可操作性。

除了以上 7 个方面，习近平总书记还专门针对地方立法工作作了十分具体、明确的指示要求。一是紧扣大局。习近平总书记在纪念地方人大设立常委会 40 周年之际作出重要指示，要求地方人大及其常委会要围绕地方党委贯彻落实党中央大政方针的决策部署，更好助力经济社会发展和改革攻坚任务。在中央人大工作会议上，习近平总书记强调，要严格遵循立法权限，围绕贯彻落实党中央大政方针和决策部署，做好地方立法工作。地方立法作为中国特色社会主义法律体系的重要组成部分，是国家法律、行政法规的重要补充，最主要的职能就是通过法定程序使党的政策、中央精神、国家法律落地生根，解决好法治通达群众、通达基层的“最后一公里”问题。二是着眼急需。“坚持急用先行”，是习近平总书记对立法工作的明确要求。习近平总书记强调，要有步骤、分阶段加快推进重要领域立法，积极回应人民群众新要求新期待，系统研究谋划和解决法治领域人民群众反映强烈的突出问题。要发挥法治对改革发展稳定的引领、规范、保障作用，以立法高质量保障和促进经济持续健康发展。要深刻领会和把握这些指示要求，找准地方立法的着力点、切入口，制定出更多适用、管用的良善之法。去年在疫情防控关键时期，习近平总书记明确要求“在法治轨道上统筹推进各项防控工作”，强调要完善疫情防控相关立法，构建系统完备、科学规范、运行有效的疫情防控法律体系。当年就有 20 多个省级人大及时通过关于依法防疫的地方性法规，有力保障疫情防控工作有序进行。三是着力解决实际问题。在十八届中央政治局第四次集体学习时，习近平总书记指出：“人民群众对立法的期盼，已经不是有没有，而是好不好、管用不管用、能不能解决实际问题”。在去年中央全面依法治国工作会议上，习近平总书记强调，要有地方特色，需要几条就定几条，能用三五条解决问题就不要搞“鸿篇巨制”，关键是吃透党中央精神，从地方实际出发，解决突出问题。在今年中央人大工作会议上，习近平总书记又强调，要做好地方立法工作，着力解决实际问题。这就是要求地方立法找准在法律体系中的定位，突出实践特色和针对性、适用性、可操作性，发挥协同效能，更好、更有效地解决实际问题。四是维护国家法治统一。习近平总书记指出，要严格遵循立法权限，自觉维护国家法治统一。对一切违反宪法法律的法规、规范性文件必须坚决予以纠正和撤销，防止和杜绝违背上位法规定、地方立法“放水”等问题。要深刻认识到，维护国家法治统一，关乎国家统一、民族团结、社会稳定，不仅是法治建设中的重大问题，也是一个严肃的政治问题。在地方立法工作中，必须始终牢记、自觉贯彻。

习近平总书记关于立法工作的重要论述和指示要求，具有很强的政治性、理论性、指导性、实践性，是做好国家立法和地方立法工作的根本遵循，我们必须领会精髓要义、做到融会贯通，落实到立法实践的全过程、各方面。

## 二、各地人大充分发挥主导作用，丰富立法形式，有力服务了地方经济社会发展

近年来，各地人大围绕贯彻落实习近平总书记关于立法工作的重要指示要求，在立法工作中依法履职、担当作为，制定和修改了一大批适应时代要求、体现地方特色的地方性法规，有力促进了地方改革开放和社会主义现代化建设，为立法理论和实践做了大量创新性的工作，对国家立法工作也有启示意义。

从立法内容看，普遍做到了围绕中心、服务大局，立足各地实际，服务地方经济社会发展成效显著。

一是围绕高质量发展的立法明显增多。北京、江西制定科技成果转化、高新技术发展、地方金融监管、促进中小企业发展等条例。山东出台新旧动能转换促进条例，湖南率先开展先进制造业立法，以高质量立法服务高质量发展。广东出台数字经济促进条例、信息化促进条例、自主创新促进条例，在全国率先明确人力资源成本费在科研项目经费中的比例。天津、辽宁制定促进智能制造发展条例、大数据条例、网络虚假信息治理若干规定等。天津的知识产权保护条例，是我国第一部相关领域的综合性地方法规。这些立法抓住了推动高质量

发展的要害，紧密结合和反映各地实际，在实践中取得了很好的经济效果、社会效果和法律效果。

二是围绕改革开放的立法明显增多。上海出台关于制定浦东新区法规相关立法工作规程的规定，形成了法规立法需求项目清单，已通过了关于深化"一业一证"、市场主体退出等4部浦东新区法规。山西坚持以法治方式服务国家资源型经济转型综合配套改革试验区建设，出台了开发区条例等一大批服务转型综合改革的法规，占新制定法规的一半左右。海南加快构建自由贸易港法规体系，制定全国首个保护公平竞争条例、首个反消费欺诈法规。黑龙江、河南、四川、陕西聚焦服务深化"放管服"改革，制定或修改优化营商环境条例等。这些都为落实党中央关于全面深化改革、推进高水平对外开放决策部署，推动各地改革开放相关工作提供了法律保障。

三是围绕生态环保领域的立法明显增多。安徽制定我国首个省级林长制法规，江西出台实施河长制湖长制条例，创新了林、河、湖管护体制机制。河北制定白洋淀生态环境治理和保护条例，强化京津冀晋流域协作。山东启动黄河三角洲生态保护立法，还将统筹全省和沿黄设区的市开展黄河相关立法。河南正在制定南水北调饮用水水源保护条例，确保"一渠清水永续北供"。云南率先出台生物多样性保护、国家公园管理等专项地方性法规，依法筑牢我国西南生态安全屏障。吉林、黑龙江制定黑土地保护利用条例，突出秸秆还田、少耕免耕、深松深耕等保护性措施，切实利用好、保护好"耕地中的大熊猫"。青海生态领域地方性法规有70多件，约占法规总数的26%，构筑起富有特色的生态保护制度体系。这些立法贯彻习近平生态文明思想，是地方积极落实中央生态环保重大决策部署的具体举措，对国家生态环保法律也是重要的补充和完善。

四是紧贴人民美好生活需要的立法明显增多。福建出台餐饮服务从业人员佩戴口罩条例、儿童乘坐机动车使用安全座椅规定等，这些立法，受到了人民群众的普遍欢迎。甘肃制定中小学校安全条例，对强化学校安全管理、有效预防和妥善处置各类安全事故等进行规范。陕西修订全民健身条例，突出全运会"全民全运、同心同行"主题，推动提高公民身体素质和健康水平。宁夏制定的公共卫生服务促进条例，依法促进人人享有均等公共卫生服务。河北民生领域立法达38件，占全省法规总数的一半以上。用法律方式保障人民群众获得感、幸福感、安全感，也体现了我们党坚守一切为了人民初心使命的决心和意志。

五是推动社会治理的立法明显增多。北京出台我国第一部规范接诉即办工作的地方性法规，为构建主动治理的基本制度框架提供了法律支撑；还有医院安全秩序管理规定实施一年来，全市涉医刑事案件发案率下降了65%。河南率先制定社会信用条例，要求县乡两级人民政府加强城市社区、农村等基层信用体系建设。西藏、宁夏、新疆等民族自治地方，制定民族团结进步模范区创建条例、自治区平安建设条例等，把铸牢中华民族共同体意识融入立法修法工作。这一领域的立法，不仅关系社会和谐稳定，而且是国家安全的重要内容，非常重要，也大有可为。

从立法形式看，形成了一些体现地方特点、符合立法规律的立法模式和经验。这实际是对立法理论和实践的探索，成效也十分显著。

一是区域协同立法加快发展。今年7月，北京、天津、河北三地通过关于授权政府为保障冬奥会筹备和举办工作规定临时性行政措施的决定。上海、江苏、浙江、安徽"三省一市"协同制定关于促进和保障长江流域禁捕工作若干问题的决定，体现了"决策协同、文本协调"的特点，推进长江流域生态环境保护和修复维护。福建、江西、湖南搞好区域内协同立法，通过厦门、漳州、泉州、龙岩关于加强九龙江流域水生态环境协同保护的决定，制定萍乡、宜春和吉安武功山区域发展协同立法工作方案，长沙、株洲、湘潭城市群一体化发展协同立法也在加快推进。区域协同立法，是适应区域经济一体化发展应运而生的一种新的立法形式，解决了因为行政区划而形不成政策制度合力的问题。目前协同立法已在跨区域生态环保、大气污染防治、疫情联防联控、交通一体化等方面发挥了积极作用。其中，京津冀、长三角已形成比较固定的立法协同工作机制。

二是探索流域共治共同立法模式。云南、贵州、四川共同立法保护赤水河，今年5月三省同步通过关于加强赤水河流域共同保护决定和各自省份的赤水河流域保护条例，并于7月1日同步实施，开创了我国地方流域共同立法的先河。采取"决定+条例"的新模式，以共同决定的原则和规定为遵循，再通过各自的条例细化保护赤水河流域的防治措施、法律责任等，既强化了流域共治、又体现了各自特色，为全国区域共同立法提供了新思路、新经验。

三是坚持"一事一法"，通过"小切口"、"小快灵"精准立法。去年的地方立法座谈会上，我专门讲了山西通过"小切口"立法解决实际问题的做法。

近年来,山西坚持立法“切小题目、切准特色、切细内容、切实措施”,走出了一条精细立法、精准立法的路子。在省人大常委会制定的法规中,调整事项相对单一的占70%以上,不设章节的超过50%。立法工作效率也大幅提升,修改野生动物保护法实施办法从启动到通过不到20天、禁止野外用火决定从立项到出台仅1个月。重庆抓实“小快灵”、“小而精”立法,今年9月修改的实施农村土地承包法办法,篇幅从原来的8章54条缩减为“一文到底”36条,被农村干部群众称为能看懂、易执行的“干货式”立法。河北的塞罕坝森林草原防火条例前不久正式施行,这是一部森林草原防火方面的“小切口、大部头”专项立法。内蒙古制定的额济纳胡杨林保护条例,施行1个月后,全国首例刑事附带民事公益诉讼案件就在当地开庭审理,说明“小切口”立法的补充作用、灵活功效得到充分彰显,所以,群众就说这是“立一部法,只为保护一棵树”。还有,陕西的延安革命旧址保护条例、秦腔艺术传承发展条例,贵州的长征国家文化公园条例等,以立法保护红色资源、传承历史文化,效果都很好。

*四是立法工作透明度和公众参与度进一步提升,成为践行全过程人民民主的生动实践。*上海的基层立法联系点,在立法工作中发挥了很好的作用。过去5年来,全市基层立法联系点共参与20件国家法律、64件地方性法规征求意见工作,提交立法建议6530条,其中530多条在立法修法时被采纳。广西实现14个设区的市基层立法联系点全覆盖,南宁市基层立法联系点有700多个,收集和反映群众意见建议,做到“不过滤、不修饰、不曲解”,最大限度地保持“原汁原味”,为的是这个环节真实反映人民意愿。北京、天津等地扩大代表有序有效参与立法,建立“万名代表下基层”、代表全程参与立法等工作机制,让立法之路满载民意。辽宁注重代表议案向立法项目的转化,2019年以来根据代表议案确定的立法项目占50%以上。浙江推进地方立法数字化改革,对立法工作机制、方式流程、手段工具进行系统性重塑,加强立法信息管理平台建设,通过信息化、智能化建设提高立法质量和效率。

*五是成立“立法专班”起草法律。*通过立法专班起草法律,北京人大探索得比较早。现在,包括山东、广东、福建等地,还有其他地方都比较多地在采用这一法律起草形式。成立立法专班,是立法工作方式的重要创新。一方面,通过立法专班有利于处理好各方面关系,加强工作上的协同配合,从而有助于更好发挥人大在立法中的主导作用;另一方面,专班有效整合了有关方面的专业人才和实践人才,形成工作合力,从而能够提高立法效率和质量水平。从实践来看,采取立法专班的形式起草法律,取得了良好的效果。

*六是积极探索“1 + N”立法模式。*贵州采取“1 + N”(综合性法规 + 专项法规)的立法模式,完善巩固脱贫攻坚成果与乡村振兴的有效衔接机制。组织起草乡村振兴促进条例,作出顶层设计;同步开展乡村振兴专项立法,包括制定和修改农业产业发展、农村基本经营制度、农村耕地保护制度、农村集体产权制度、农产品质量、乡村文化等法规,准备用三五年时间形成全省乡村振兴地方性法规的“四梁八柱”。

*七是强化备案审查和法规清理工作。*备案审查和法规清理是地方立法必不可少的环节和工作,地方人大负有确保地方性法规、自治条例和单行条例符合宪法法律精神,维护国家法治统一、尊严和权威的重大责任。这方面各地都有不少符合实际、着眼长远的新举措。湖北创新备案审查工作机制,将这项工作列入改革项目清单,实行备案审查工作情况年度报告、考核制度。甘肃建立地方性法规动态清理长效机制,经过8次专项清理和1次全面清理,发现需要修改或废止的省级、市州法规101件,已修改32件、废止22件。重庆坚持备案审查与地方立法协同发力,实现了听取审议备案审查工作报告全覆盖。

*以上是各地的一些具体做法,尽管做法不同,但有一个共同的显著特点,就是在立法工作中的主导作用得到切实加强,人大作为立法机关的职能得到彰显。*

发挥人大在立法工作中的主导作用,这是党中央的明确要求,也是立法法的明确规定。2014年10月,党的十八届四中全会首次提出:“健全有立法权的人大主导立法工作的体制机制,发挥人大及其常委会在立法工作中的主导作用”。2016年,中央出台的关于加强党领导立法工作的意见,专门对充分发挥人大在立法工作中的主导作用作了部署、提了要求。习近平总书记在党的十九大和十九届四中全会、中央人大工作会议上,以及每年听取全国人大常委会党组汇报时的重要讲话中,都强调要发挥人大在立法工作中的主导作用。

这些年来,围绕如何发挥好主导作用,全国人大和地方人大都在进行探索。2019年9月4日,在天津召开的省级人大立法工作交流会上,我结合各地探索作了一个总结,强调省级人大发挥立法主导作用，最主要的是发挥人大在确定立法选题、组织法案起草、审议把关三个方面的主导作用，以及组织协调推动，发挥好专工委、人大代表的作用。同时强调，发挥人大在立法中的主导作用，不是完全由人大“作主”，而是必须坚持党委确定或审批；也不是由人大常委会“闭门造车”，而是坚持民主立法，广泛听取包括人大代表在内的各方面的意见。今年中央人大工作会议上，我围绕学习贯彻习近平总书记重要讲话精神，强调人大主导主要是通过贯彻党的意图、制定并组织实施立法规划计划、协调和正确处理各方利益、维护法治公平、确保法律法规符合宪法精神来体现。要在党中央领导下发挥人大在立法工作中的主导作用，找准在立法选题、评估、论证、立项、协调、起草、征求意见、审议等各个环节的定位，发挥把关作用，防止部门利益和地方保护主义法律化。这些精神和指导原则，也已经体现到了中央文件之中，是全国人大和地方人大共同探索的制度成果，将为我们下一步的立法工作提供指南。

正是在发挥主导作用的过程中，地方人大牵头起草的法规草案数量明显增多。广西人大本届以来牵头起草的法规草案占34%。北京、湖北、重庆、四川、西藏等地完善立法工作专班机制，由人大和政府有关负责同志担任“双组长”，人大提前介入、深度参与调研起草工作，将立法的重点难点问题解决在前端。甘肃通过严把“五关”，即立项关、起草关、合法性审议关、专委会审查关、法制委统一审议关，确保法规有效、管用。江苏率先制定《省人大“十四五”工作规划》，使地方立法更好融入发展大局、服务中心工作，这也是发挥人大主导作用的具体体现。人大在立法工作中主导作用的发挥，也推动了地方立法人才队伍建设。广东实施关于加强立法工作队伍建设的若干意见、关于高层次立法工作人才培养计划等，提出到2025年建立一支包括15名领军人才、80名骨干人才、200名专业人才的立法工作队伍，为推动全省立法高质量发展提供人才支撑和智力保障。安徽省人大优化法制委人员结构，成立人大立法研究中心，核定全额拨款事业编制15名。

如果要总结这几年地方立法工作，**可以用“两个显著、一个主导”概括**，就是立法服务地方经济社会发展的成效显著，丰富创新地方立法形式的成效显著，人大在立法工作中的主导作用得到充分发挥。要及时总结、交流、宣传、推广这些好的经验和做法，担负起、完成好新时代赋予地方立法的使命任务，共同在法治轨道上推进国家治理体系和治理能力现代化。

## 三、继续探索、及时总结经验做法，推动地方立法工作高质量发展

在新时代新征程上，立法工作呈现覆盖广、数量多、节奏快、要求高的新特点。这就决定了，立法工作要持续守正创新，适应时代和实践不断提出的新任务新要求。在工作中，以下几个方面的问题，有的要具体地抓好落实，有的还要深入探讨总结。

*一是如何具体地、全面地落实党对立法工作的领导*。党对立法工作的领导，这是一个政治原则，也是工作原则。对此，习近平总书记有明确的指示要求，就是“地方人大及其常委会要按照党中央关于人大工作的要求，围绕地方党委贯彻落实党中央大政方针的决策部署，结合地方实际，创造性地做好立法、监督等工作，更好助力经济社会发展和改革攻坚任务”。这就是说，地方各级人大接受同级党委领导，但最终都是贯彻落实党中央的决策部署。希望各地继续努力，不论是立法内容，还是立法程序，都要把这些要求落细落实、落具体，看得见、摸得着，体现到立法工作的每一个环节、每一个方面、每一个领域，确保党的领导这一政治原则在立法工作中得到全面贯彻。

*二是如何突出地方实际，通过立法服务地方改革发展稳定大局*。要坚持实事求是、因地制宜，把地方立法决策同本地改革发展决策更好结合起来，需要解决什么问题，就立什么法。40多年前，我国首批地方性法规在新疆诞生，内容涉及加强边境管理、民族文字使用等，就具有鲜明的地方特点。现在，我们已经踏上了全面建设社会主义现代化国家的新征程，如何结合各地实际，在高质量发展、生态环保、科技创新、数字经济、营商环境、乡村振兴、社会治理、重大风险防范、弘扬文明新风以及满足人民美好生活向往等方面，都有许多具体的、重要的立法选题。这也就是习近平总书记强调的，要“坚持围绕中心、服务大局、突出重点，聚焦党中央重大决策部署，聚焦人民群众所思所盼所愿，推动解决制约经济社会发展的突出矛盾和问题”。

*三是如何进一步丰富立法形式*。地方立法可以不拘形式、突出特色，这样往往也容易搞活，探索创新的空间也大。要深化现有经验做法，在此基础上继续丰富和深化立法形式。在内容上，坚持问题导向，紧密结合省情区情市情实际，更加注重针对性，聚焦实际问题“对症下药”；在条文体例上，不搞

"大而全"、"小而全",而是开门见山、直入主题,增强法律条款的针对性、可执行性,避免宣誓性立法、口号式立法、简单化立法;在工作机制上,把"坚持党委领导、人大主导、政府依托、各方参与"这一要求进一步细化落实,使人大主导作用有更多的具体形式。还有,现在各地对于互联互通、流域治理、公共服务等共性事项方面的立法需求比较强烈,我们就可以根据实际情况,探索更多更有效的立法形式。当然,目的还是要解决实际问题,做到立得住、行得通、真管用。

*四是如何发扬全过程人民民主,广泛凝聚立法共识。*人民代表大会制度是实现我国全过程人民民主的重要制度载体。地方立法最有条件、最应该更好发扬民主、发挥人民群众参与立法的积极性。要建设好基层立法联系点、人大代表"家站"平台等,发挥"民意直通车"作用;广泛听取人大代表的意见,发挥他们作为党和政府联系人民的桥梁纽带作用;用好各级信访平台和数据,在立法工作中充分了解社会矛盾和群众诉求;充分利用和挖掘大数据,运用科技手段为立法服务;做好网上征求意见的工作,高度重视、积极吸纳网民的意见建议。我们就是要通过多种方式、多种途径,使立法工作体现民主民意,确保立法符合中央精神、体现时代特点、反映人民意愿。

*五是如何依照法定权限、遵循法定程序开展地方立法。*要全面贯彻实施立法法,把准地方立法的定位和职责。一些地方性法规是为国家法律、行政法规配套的,具有实施性、补充性特点,这就要结合各地实际,通过具体、细化的规定,使上位法更具可操作性、更利于执行。一些地方性法规是根据实际需要制定的,具有创制性、探索性特点,这就要在立法时吃透中央精神、找准政策取向,对更好管理地方事务作出规范。宪法法律赋予地方的立法权有着很大的实践空间,关键是在遵循法定权限和程序的前提下,把地方立法权用足用好。

*六是如何更好维护国家法治统一。*要牢固树立宪法意识,维护宪法权威和尊严。任何地方性法规都不得同宪法、法律、行政法规、监察法规不一致或相抵触,地方性法规之间也要衔接协调。提高合宪性审查、备案审查工作质量,审查中若发现涉宪性、合宪性问题,要及时向全国人大常委会有关工作机构提出,促进合宪性审查与备案审查有序衔接、相互贯通。

立法是一项政治性、专业性、理论性、实践性都很强的复杂工作,需要高素质的立法专业人才作保障。习近平总书记指出,"建设德才兼备的高素质法治工作队伍","打造政治坚定、服务人民、尊崇法治、发扬民主、勤勉尽责的人大工作队伍",这当然也包括人大立法工作队伍。希望地方人大及其常委会在同级党委的领导下,切实加强立法队伍和立法能力建设。

地方立法是国家法律体系的重要组成部分。我们要进一步增强"四个意识"、坚定"四个自信"、做到"两个维护",按照习近平总书记关于立法工作的重要指示要求,紧紧围绕加快完善中国特色社会主义法律体系这个目标,扎实做好国家立法和地方立法工作,为全面建设社会主义现代化国家作出应有贡献。

# 以铸牢中华民族共同体意识为主线<br>加强民族领域立法修法工作

内蒙古自治区人大常委会副主任　廉　素

内蒙古作为党领导建立的第一个省级民族自治区,在促进民族团结、维护边疆稳固上肩负着重大责任和特殊使命。自治区人大常委会始终把民族工作作为放在心中的"国之大者",紧扣铸牢中华民族共同体意识这条主线开展立法修法工作,切实推动民族工作法治化水平。

## 一、以铸牢中华民族共同体意识为主线,确保民族工作正确的政治方向

落实习近平总书记"扎实推进民族团结、边疆稳固"的重要要求,我们在2021年的人民代表大会上通过了《内蒙古自治区促进民族团结进步条例》。条例以习近平总书记关于加强和改进民族工作的重要思想为指导,坚持突出铸牢中华民族共同体意识这条主线,全面纠正我区民族立法工作中的偏差,确保我区民族工作正确的政治方向,确保通过法定程序把习近平总书记关于加强和改进民族工作的重要思想和党中央关于民族工作的决策部署在内蒙古得到坚决有效的贯彻落实。条例的颁布和实施,标志着内蒙古民族工作进入依法治理的新阶段。

## 二、以铸牢中华民族共同体意识为主线，推进中华民族共有精神家园建设和各民族广泛交往交流交融

一部中国史，就是一部各民族交融汇聚成多元一体中华民族的历史。我们辽阔的疆域是各民族共同开拓的，我们悠久的历史是各民族共同书写的，我们灿烂的文化是各民族共同创造的，我们伟大的精神是各民族共同培育的。在立法过程中，我们始终坚持中华民族多元一体格局，坚持增进共同性、尊重和包容差异性的重要原则，特别强调促进中华文化认同和文化传承，加强各民族交往交流交融。比如，《内蒙古自治区促进民族团结进步条例》强调树立和突出各民族共享的中华文化符号和中华民族形象，构筑中华民族共有精神家园。同时也规定保护和传承优秀民族传统文化、弘扬“蒙古马精神”和“乌兰牧骑精神”等。《内蒙古自治区教育条例》规定将铸牢中华民族共同体意识融入办学治校、教书育人全过程，同时又强调鼓励各民族学生互相学习语言文字，推进各民族学生同校共班，促进各民族学生交往交流交融、共学共进。

## 三、以铸牢中华民族共同体意识为主线，推广普及国家通用语言文字

针对我区在推广普及国家通用语言文字工作中存在的问题和实际需要，我们在自治区促进民族团结进步条例、教育条例、实施国家通用语言文字法办法等多部法规中，都强调国家通用语言文字为学校及其他教育机构的基本教育教学语言文字，全面推行使用国家统编教材，全面普及国家通用语言文字教学，推进少数民族儿童学前学会普通话，确保少数民族初中毕业生基本掌握和使用国家通用语言文字，少数民族高中毕业生熟练掌握和使用国家通用语言文字。同时也规定了尊重和保障少数民族学生学习本民族或者当地民族通用的语言文字。

## 四、以铸牢中华民族共同体意识为主线，全面清理地方性法规

按照坚持正确的、调整过时的要求，我们组织有关方面对自治区、设区的市和自治旗的381件地方性法规和自治条例、单行条例以及153件政府规章、7055件规范性文件进行了一次全面集中清理，就35件涉民族问题的法规和239件涉民族问题的文件提出处理意见。针对内蒙古教育领域法规存在的问题，制定了《内蒙古自治区教育条例》，修改了《内蒙古自治区实施〈中华人民共和国国家通用语言文字法〉办法》，同步废止了自治区民族教育条例、蒙古语言文字工作条例等6件涉民族问题的法规，取得了政治效果和法治效果的统一。

# 让基层立法联系点成为上海践行全过程人民民主的鲜活载体、响亮品牌

上海市人大常委会主任　蒋卓庆

根据会议安排，我就上海市人大常委会贯彻全过程人民民主、加强基层立法联系点建设情况作简要汇报。

## 一、深入学习领会全过程人民民主对地方立法工作的新部署新要求

2019年11月，习近平总书记在上海虹桥街道考察基层立法联系点时首次提出全过程人民民主。市人大常委会牢记“首提地”的特殊光荣使命，制定《关于深入学习贯彻习近平总书记全过程人民民主重要论述、推动新时代上海人大工作守正创新高质量发展的实施意见》，坚定不移以全过程人民民主指导上海地方立法工作。一是坚持党对立法工作的全面领导。根据市委常委会审定通过的年度立法计划安排，市人大常委会党组充分发挥把方向、管大局、保落实的作用，今年计划执行和新增项目共43件，保证地方立法紧跟中央部署，紧贴群众期盼，紧扣发展大局。二是坚持“人民至上”的立法价值取向。建立从代表议案建议、基层立法联系点、

人民建议征集、社情民意反映平台等渠道遴选立法项目的机制，在立法中切实守住基本民生底线、公平正义底线、公共安全底线、生态环境底线。三是坚持在立法全过程听取人民群众意见。每部法规在调研、起草、审议的全过程都充分听取各区人大常委会、人大代表、基层立法联系点的意见，并向社会公开征询意见，保证地方立法反映人民声音，凝聚人民智慧，回应人民期待。

## 二、把抓好基层立法联系点建设作为贯彻全过程人民民主的重中之重

在全国人大常委会的指导推动下，今年上海基层立法联系点工作取得四方面新进展。一是征集意见质效有了新提升。迄今，覆盖全市各区的25家基层立法联系点共组织培训、解读、征询、宣传活动300余场，对国家相关法律提出建议210条，对本市《红色资源传承弘扬和保护利用条例》、《城市更新条例》、《人民建议征集若干规定》等一批法规提出建议1760条，其中236条被本市立法采纳。二是全过程参与立法实现新拓展。参与立法从“立法中”逐步向“立法前”、“立法后”两端延伸。根据联系点的建议，《浦东新区建立高水平知识产权保护制度若干规定》作为浦东新区法规，得到及时立项并在年内通过。常委会还邀请联系点相关同志列席立法审议会议。三是联系点功能发展取得新成效。部分联系点从参与立法向监督执法、促进守法、宣传普法拓展，全程参与《养老服务条例》、《优化营商环境条例》等执法检查，形成调研专报，被市人大常委会执法检查报告采纳。积极开展涉企普法宣传活动，受到园区企业欢迎。四是宣传人大制度跃上新台阶。今年国家和上海主流媒体对基层立法联系点工作进行了40多次报道。特别是6月17日，作为“中国共产党的故事——习近平新时代中国特色社会主义思想在上海的实践”特别对话会的活动之一，40多个国家驻华使节参访了虹桥街道古北市民中心基层立法联系点，向世界展现了“全过程人民民主”的丰硕成果和生动实践。

## 三、加强全过程人民民主贯彻落实、基层立法联系点建设的法规制度保障

上海市人大常委会高度重视以制度体系保障和推进全过程人民民主、加强基层立法联系点建设。修改《上海市人民代表大会议事规则》，把全过程人民民主要求全面贯彻落实到上海人大各项工作中。制定《上海市区人大常委会人大街道工委工作条例》，明确基层立法联系点的法律地位和功能作用，为保障联系点建设提供法治支撑。制定的《基层立法联系点工作指引》、《关于征询基层立法联系点意见建议的若干意见》正在顺利实施，有效激励人民群众参与地方立法的热情。我们将继续努力，让全过程人民民主更加生动具体、可触可感，让基层立法联系点成为上海实践全过程人民民主的最鲜活载体、最响亮品牌。

# 推进数字化改革促进高质量立法

浙江省人大常委会副主任 赵光君

以习近平同志为核心的党中央高度重视发展数字经济，实施网络强国战略和大数据战略。浙江省委作出数字化改革重大部署，以此作为全面深化改革的总牵引，打造数字变革高地。浙江省人大常委会紧跟省委决策部署，主动融入党政机关整体智治体系，积极开展立法数字化改革的实践探索，初步建成“浙江人大立法综合应用系统”，实现省市人大“一体使用”、立法情况“一屏掌控”、起草审议“一网协同”、流程进度“一览无余”、工作任务“一键智达”。现将有关情况报告如下：

**第一，明确改革目标和重点任务。**省委明确提出“加快地方立法综合应用场景建设，促进立法流程再造、大成集智”。省人大常委会成立工作专班，加强统筹协调和研究论证，明确立法数字化改革的总体目标，就是围绕立法这“一件事”，充分运用数字化手段，创新立法工作机制、业务流程、方式方法，实现全过程网络化智能化管理。重点聚焦三个方面：一是提高立法质量效率。加快数字赋能科学立法，完善法规立项、起草、审议、实施等制度，畅通立法任务链和执行链，不断推进立法的精准选题、

精良设计和精炼表达。二是发展全过程人民民主。运用信息化手段，建立起各方参与立法的“数字绿道”，不断拓宽人民有序参与立法的途径，推进立法协商。三是完善立法工作格局。通过构建全流程数据互通、数字化全面协同、跨部门流程再造的机制，不断完善党委领导、人大主导、政府依托、各方参与的工作格局。

**第二，把握改革理念要求**。一是创新突破。运用数字思维、数字认知和数字技术，把立法业务与数字技术紧密结合起来，催生立法工作和数字技术的化学融合，针对立法中的难点堵点，进行场景化技术重构，为立法插上“数字引擎”，使立法更快更精确回应社会需求，推进科学决策、民主决策。二是多跨协同。建设法规全流程应用场景，打通立法与监督、代表等工作的数据流，架起人大与政府、公众的业务流，实现跨部门、跨业务、跨系统的工作协同和数据互通。三是闭环管理。通过构建立法数字孪生场景，打造从法规制定实施到修改完善的闭环链条，并不断迭代升级。

**第三，全力打造典型场景**。遵循数字化改革的理念要求，运用V字模型分析方法，全面梳理立法核心业务，细化事项“颗粒度”，强化系统集成，建成了规范统一、功能全面的数字化平台，将省法规制定、设区市法规制定、报批法规审查、立法计划编制、法规清理等工作流程从线下搬到线上，实现立法全生命周期数字化管理。在此基础上，集成立项需求库、立法协同、全过程民主立法、法规实施监督和备案审查等五个多跨场景，旨在实现民意反映高频词动态抓取，立法需求分析预测，起草专班线上协同，立法意见征集精准投放、自动汇总和及时反馈，法规实施情况报告和配套规范性文件制定等任务实时推送和逾期提醒，以及备案审查工作的可量化可监测可评价，达到业务协同、责任明晰、节点可控，推动立法工作的流程重塑和机制创新。

**第四，增量开发智能应用**。在实现立法工作从传统模式到信息化和数字化改革跨越的同时，积极开展智能立法的探索，针对立法工作者需要查询海量数据资源、进行大量文本操作、处理繁复文字资料导致工作效率不高、存在重复劳动的现状，运用文字识别、数字建模、数据分析等技术，谋划开发智能起草、智能检索、智能比对、智能文本、智能清理、智能统计等六大智能应用，努力实现立法资料收集分享、文本在线辅助生成、关联法规自动匹配、草案自动查错纠正、修改记录全程留痕和法规清理智能提醒等功能，帮助立法工作者摆脱简单重复的机械劳动，有更多的时间精力投入到研究思考上，更好地分析、研判和发现客观规律，不断提高立法质效。

# 深入学习贯彻习近平法治思想<br>积极加强重点领域新兴领域立法

安徽省人大常委会副主任　刘明波

根据会议安排，我就安徽省人大常委会深入学习贯彻习近平法治思想，加强重点领域、新兴领域立法工作情况作简要汇报。

**一、紧紧抓住践行“两个维护”这个根本政治要求，及时根据党中央重大决策部署谋划立法**。始终坚持政治属性是立法工作第一属性，切实做到“总书记有号令、党中央有部署，安徽见行动”。一是严格对标对表习近平总书记考察安徽重要讲话精神谋划立法。统筹提出25件立法修法项目，并有序推进立法修法进程。二是认真贯彻落实党的十九届五中全会精神统筹立法。坚持急用为先，区分轻重缓急，今年安排立法计划项目70件，其中审议类项目30件。三是主动保障重大决策部署开展立法。比如，坚持改革决策和立法决策相统一、相协调，针对我省是全国第二个开展创新型省份建设试点的需要，今年5月审议通过了《安徽创新型省份建设促进条例》。

**二、紧紧抓住加强新兴领域立法这个重要方向，积极开展大数据等方面立法**。认真贯彻习近平总书记关于实施国家大数据发展战略有关指示要求，将新兴领域立法作为立法工作的“重头戏”。一是主动将新兴领域立法摆上重要位置。每年在安排年度立法项目时都列入一定数量新兴领域立法项目。二是积极为大数据发展保驾护航。比如，结合我省正在加快推进的“数字江淮”建设，今年3月审议通过了《安徽省大数据发展条例》。三是全面规范无线电管理。随着无线电技术的广泛应用，为应对频谱资源供需矛盾日益突出的新挑战，今年7

月修订通过了《安徽省无线电管理条例》。

**三、紧紧抓住建党百年这个重要节点，及时开展红色资源保护和传承立法。**安徽作为中国革命的重要策源地、人民军队的重要发源地，红色资源十分丰富，安徽省人大常委会决定将制定《安徽省红色资源保护和传承条例》作为今年立法工作的一项重大政治任务，并作为今年安徽省党史学习教育的重要制度性成果，目前这个条例已于今年11月审议通过。

**四、紧紧抓住绿色发展这个重要理念，不断加强生态环境保护立法。**认真贯彻习近平生态文明思想，持续在生态环境保护立法上用力。一是强化环境保护立法。比如，总结提炼我省在全国率先开展林长制改革试点的制度成果，今年5月审议通过了《安徽省林长制条例》，这是我国首件省级林长制法规。二是强化节约资源立法。为积极贯彻国家绿色建筑行动方案有关要求，今年9月审议通过了《安徽省绿色建筑发展条例》。三是强化污染治理立法。为防治固体废物污染环境，今年5月修订通过了《安徽省实施〈中华人民共和国固体废物污染环境防治法〉办法》。为促进生活垃圾减量化、资源化、无害化，今年11月审议通过了《安徽省生活垃圾分类管理条例》。

**五、紧紧抓住长三角一体化建设这个发展战略，扎实开展协同立法。**认真贯彻落实习近平总书记主持召开扎实推进长三角一体化发展座谈会精神。一是及时完成紧急协同立法项目。全面贯彻习近平总书记关于长江"十年禁渔"指示精神，积极落实《长江保护法》的有关要求，在上海市人大常委会的协调下，今年3月与沪苏浙两省一市协同出台了《关于促进和保障长江流域禁捕工作若干问题的决定》。二是继续巩固已有协同立法项目。持续推进《安徽省科学技术进步条例》修订工作，目前该条例草案已经二审；协同制定《安徽省铁路安全管理条例》，目前该条例草案已经一审。三是提前谋划新的协同立法项目。为贯彻落实习近平总书记关于建立居民服务"一卡通"指示要求，将开展长三角区域居民服务"一卡通"立法列入2022年立法计划，协同加速立法进程。

会后，我们将认真学习贯彻本次会议精神，特别是栗战书委员长重要讲话精神，进一步提高我省立法工作质量和水平。

# 找准"小切口"立好管用法

福建省人大常委会副主任　檀云坤

为贯彻落实习近平总书记关于做好地方立法工作的重要指示，落实栗战书委员长关于"小切口"立法的具体要求，今年1月和5月，福建省人大常委会接连通过了《福建省餐饮服务从业人员佩戴口罩的规定》、《福建省儿童乘坐机动车使用安全座椅的规定》，在"小切口"立法方面进行了积极探索和实践，受到社会广泛关注和普遍好评，取得良好的法律效果和社会效果。佩戴口罩规定通过当天，就登上"热搜榜"前10名，共有4600多万网友关注，认为这项立法及时、给力、管用，起了很好的示范作用。佩戴口罩规定的"小切口"立法还被评为福建省首届"十大法治事件"。儿童乘坐机动车使用安全座椅，纳入了机动车驾驶证考试范围，并作为交警执法的一项重要内容。

在工作中，我们感到，"小切口"立法对加强和改进地方立法工作是有益的，主要体现在四个"有利"：**一是有利于解决实际问题。**"小切口"立法化繁为简、短小精悍、直面问题，形式上不追求条例化或综合性结构，可以有效克服地方立法贪大求全、照抄照搬的弊病，避免重复立法、低质立法、无效立法。**二是有利于提高地方立法质量。**佩戴口罩规定和使用儿童安全座椅规定都只有短短四条，直接针对社会大众关心的突出问题，有助于增强地方立法的针对性、有效性、可操作性。三是有利于发挥立法引领推动作用。这两个法规重在引导公民养成文明行为习惯，形成良好社会风尚，法律责任设置都较轻，却取得更好社会效果。规定出台后，通过广泛宣传发动，很好地营造了餐饮从业人员自觉佩戴口罩和关心关爱儿童交通安全的社会氛围。四是有利于发挥人大立法主导作用。这两个法规制定过程中，人大常委会在立项起草、修改论证和审议通过等环节都发挥了实质性的主导作用，统筹安排、严格把关、高效推进，确保法规顺利通过。

做好"小切口"立法，我们体会应当加强对其规律、特点的研究，处理好四个关系：一是内容与形式的关系。"小切口"立法既是形式创新，更对内容提出更高要求。条文是多是少、结构是否完整不是重点，关键是增强地方立法的针对性、适用性、可操作性，真正做到特色鲜明、有效管用。二是质量与进度的关系。这两个法规均是一审通过，与其他法规相比立法进度较快，但是我们坚持立法步骤和工作流程一样不少，确保程序规范、确保立法质量。三是“大块头”与“小快灵”的关系。“大块头”和“小快灵”都是地方立法的重要形式，该大则大，该小则小，二者不可偏废，应当根据实际情况优选立法形式，既要避免立法越立越大、越立越长的现象，又要防止立法割裂、碎片化的问题。四是立法与执法的关系。处理好法规制定与实施的关系，在立法过程中充分考量执行层面的问题，提前谋划、精心设计，确保立得住、行得通、真管用。

下一步，福建省人大常委会将深入学习贯彻党的十九届六中全会和中央人大工作会议精神，认真落实今天座谈会上栗战书委员长的重要讲话要求，努力提升地方立法的质量和效率，注重开展“小切口”立法，从实际出发，彰显地方特色，着力解决实际问题，不断增强地方立法的针对性、适用性、可操作性。

# 探索开展协同立法助推区域协调发展

江西省人大常委会党组书记、副主任　赵力平

全国人大常委会坚持每年召开地方立法工作座谈会，这是深入学习贯彻习近平法治思想、整体提升人大立法质量的重要举措。按照全国人大常委会加强协同立法的工作部署，近年来，江西省人大常委会积极探索、主动作为，在与兄弟省人大常委会开展铁路安全协同立法基础上，指导省内设区的市协同开展武功山保护立法工作。主要有三个方面：

**一、科学选题、精准聚焦。重点把握好“三个维度”。**一是以中央精神为指向。积极贯彻落实中央实施区域协调发展战略的重大部署和全国人大常委会抓好协同立法的重要要求，吃透中央精神，加强统筹谋划，深入调查研究，决定就江西武功山风景区保护利用开展协同立法。二是坚持以发展难题为导向。江西武功山横跨我省萍乡、宜春、吉安三个设区的市，“一山三治”的格局导致旅游资源分散、多头经营、发展不足等问题日益明显。这次协同立法的重点就是树立“一盘棋”思想，打破“一亩三分地”的思维定式，从法律制度上解决“一山三治”问题。三是坚持以改革成果为取向。2017年以来，江西省政府深入实施旅游强省战略，着力实施武功山旅游管理体制改革，取得了不少实践经验。这次协同立法着力把前期改革成功经验总结上升为地方性法规，同时坚持问题导向、结果导向，以法治思维和法治方式推进武功山经营管理体制改革，通过区域协同立法引领改革实践，为推动生态强省、旅游强省和区域协同发展提供法治保障。

**二、统筹谋划、凝聚合力。**重点做到“三个强化”。一是强化组织领导。省委、省人大常委会党组高度重视武功山协同立法工作，将其作为2021年度立法工作重点项目。省人大相关委办、省直有关部门、相关设区的市人大常委会组建协同机构、成立工作专班。三个设区的市市委和人大常委会党组把协同立法摆上重要议事日程，与省里统一制定的协同立法工作方案密切对接。二是强化部门联动。人大政府同心同向，省市协同发力，省人大法制委、常委会法工委强化牵头引导，组织三个设区的市同步开展起草调研、集中研究修改，并牵头起草法规条文框架，作为三个设区的市法规的参照模板；省发改委、文旅厅、林业局等省直单位积极参与制度设计，共谋治山良策；三个设区的市人大常委会和三地景区管委会发挥主体作用，深入开展调研论证和交流合作，共解立法难题。三是强化工作协调。省人大常委会坚持“增进共识、谋求共计、形成共为”原则，组织相关单位及时互通工作进展、共商制度设计；多次开展专题调研并召开协同立法研商会探讨法规中涉及的共性问题，协调解决立法过程中的争议分歧，切实提高协同立法的工作效率。

**三、压茬指导、周密调度。**重点做到“三个协同”。一是衔接好协同立法进度。省人大常委会定期开展统筹调度，督促三个设区的市人大常委会和相关单位按照时间节点有序推进协同立法，确保法规同步起草、同步审议、同步报批和同步实施。有关方面按照要求衔接配合，同频共振，推动协同立法工作如期完成。二是规范好协同立法内容。在协同立法制度设计时，既注重解决共性问题，对景

区管理机构及其职责、景区环境保护、协商协调机制及法律责任等作了统一规定；又注重突出各地特色，支持各地根据实际形成的帐篷文化、月亮文化和福文化等旅游特色作出相应规定，确保法规有统有分、统分结合、特色明显。三是组织好协同立法宣传。省人大常委会审查批准三个设区的市武功山景区条例后，常委会办公厅和法工委牵头开展了系列立法宣传工作，组织央地新闻单位开展集中采访活动，及时做好协同立法的学法、守法、施法工作。

下一步，我们将按照会议要求，特别是栗战书委员长的讲话精神，持续探索协同立法新途径、新方法，切实提高地方立法工作质效，为推动江西高质量跨越式发展提供坚强法治保障。

# 用立法守护红色血脉传承红色基因

湖南省人大常委会党组书记、副主任 刘莲玉

根据会议安排，我就《湖南省红色资源保护和利用条例》立法的有关情况作个汇报。

## 一、坚持政治对标，彰显法治担当

湖南是伟人故里、将帅之乡、红色热土、革命摇篮。2020 年 9 月，习近平总书记考察湖南时就用“十步之内必有芳草”来高度评价我省丰富的红色资源，嘱托要用好红色资源、讲好红色故事、搞好红色教育、让红色基因代代相传，从党的光辉历程中汲取砥砺奋进的精神力量。

2020 年 10 月，省委专门召开全会就贯彻落实习近平总书记考察湖南的重要讲话指示精神作出决定。决定明确要求“加强红色资源保护、开发和利用，建好用好红色教育基地”。为贯彻落实习近平总书记重要讲话指示精神和省委决定要求，省人大常委会立足人大职能职责、主动谋划，积极作为，在建党百年华诞这个重要历史节点高票通过了加强红色资源保护和利用的地方性法规，这既是立足我省红色资源保护和利用法治建设的现实需要，也是“学党史、悟思想、办实事、开新局”的有力举措，更是运用法治思维和法治方式守护红色血脉、赓续红色基因的重要举措。

## 二、坚持党的领导，形成工作合力

一是始终坚持在省委领导下开展工作。红色资源保护立法政治性很强，从一开始我们就注意提升政治站位，增强省委领导立法工作的政治自觉、思想自觉和行动自觉。今年 4 月，省委宣传部牵头召开了协调会议，成立了立法工作专班。7 月初，省人大常委会党组就法规中涉及的重点问题向省委作了专项汇报，省委的集中统一领导为法规顺利通过提供了坚强的政治保证。二是充分发挥人大主导作用。红色资源保护立法涉及面广、综合性强，且时间紧、任务重。省人大常委会党组决定由省人大教科文卫委员会负责组织牵头起草并提出立法议案。从起草、提出议案到修改、审议阶段，分别由分管教科文卫委和法工委的常委会领导“挂帅出征”，全力推进立法进程。三是注重夯实政府依托责任。红色资源类型较多，涉及文旅、退役军人事务、文物、档案等多个部门。我们从启动立法开始，就注意与政府相关部门密切沟通、有效衔接，多次召开立法座谈会、协调会，充分听取政府相关部门的意见和建议，确保权责明晰。四是广泛凝聚社会共识。法规起草阶段我们邀请了中南大学法学院专家参与起草；常委会领导带队赴市州开展立法调研，深入田间地头、车间码头听取意见；先后向 25 家省直单位、14 个市州、9 个立法工作基层联系点以及部分省人大代表征集意见和建议；面向社会公开征集意见，力求使立法过程成为践行全过程人民民主理念的生动实践。

## 三、坚持守正创新，提升立法质效

一是摸清“家底”，发放“身份证”。法规规定按照分级分类原则对红色资源实施名录管理制度，相关管理部门开展红色资源普查和专项调查；明确对列入名录管理的红色资源设置保护标志，破解红色资源“养在深闺”或者散在野外的窘境。二是明确“管家”，建立联席会议机制。法规明确由党委宣传部门牵头建立红色资源保护利用联席会议机制，统筹、协调、指导、推动解决红色资源保护利用中的重大事项，有关部门共同做好红色资源保护利用工

作;明确管理责任人制度,确保红色资源保护落实到责任主体。三是注重运用,“活化”红色资源。法规突出传承利用,分别从理论研究、出版发行、文艺创作、重大纪念日活动、文创开发、旅游资源融合以及融入学校思想道德、文化知识、社会实践等方面作出了规定,深入挖掘红色资源丰富内涵,充分发挥红色资源在铸魂育人方面不可替代的作用。

下一步,我们将按照中央人大工作会议的部署,认真学习领会、贯彻落实栗战书委员长此次会议的重要讲话精神,学习借鉴兄弟省市区的成功经验,坚持政治站位和职能定位有机融合,以正视问题的清醒和解决问题的担当,在新的赶考路上不断丰富湖南人大地方立法的时代特色和实践特色。

# 加强制度能力建设　探索创新工作方式<br>推动备案审查工作走深走实

重庆市人大常委会主任　张　轩

重庆市人大常委会深入学习贯彻党的十九届六中全会精神和中央人大工作会议精神,按照习近平总书记对新时代坚持和完善人民代表大会制度、加强和改进人大工作的要求,全面贯彻实施宪法、维护宪法权威和尊严,持续加强备案审查制度和能力建设,推动备案审查工作向纵深发展。

## 一、不断夯实基层基础,“全面激活”备案审查制度

按照“备案审查工作要向省、市、县级协同推进”的部署,重庆市人大常委会将2021年确定为“区县备案审查工作提升年”,具体抓好三项工作:一是强化培训和宣传。举办全市规范性文件备案审查培训班,实现培训对象全覆盖。讲好备案审查“故事”,增设《重庆人大备案审查信息》载体,大力宣传区县备案审查工作。二是实现工作报告全覆盖。重庆市人大常委会提出今年内所有区县全面落实听取和审议备案审查工作报告的目标,通过加强全过程督促与指导,6月底实现“全覆盖”。38个区县人大常委会2020年共审查文件614件,纠正问题文件30余件,切实推进备案审查工作显性化、常态化。三是建立案例指导通报制度。汇总案例资源,召开案例交流会、定期通报问题,帮助区县提升能力、改进方法,提高文件制定质量。

## 二、持续开展专项审查,全方位检视法规配套规定

中央人大工作会议强调,各级人大及其常委会要加强对法律法规实施情况的监督,完善人大监督制度。重庆市人大常委会近两年紧盯重点领域开展专项审查,探索备案审查与立法工作协同发力。选题回应人民关切。找准“切入点”,从专项审查法规配套规定的角度切入,“点面结合”推动法规贯彻实施。“点”上,从聚焦中央要求、顺应改革需要、体现人民关切出发,选取卫生健康、优化营商环境和交通等三个重点领域开展专项审查;“面”上,全面清理现行有效法规配套规定制定总体情况。审查发挥多方合力。确定“着力点”,构建高效运转的专项审查机制。成立领导小组,市人大专工委、市司法局、区县人大常委会各司其职,审查法规配套规定是否及时制定,已出台文件是否存在问题。整改注重长短结合。紧盯“落脚点”,注重延长监督工作链条,将“问题整改、规范管理、制度建设”有机融合。市人大常委会主任会议通过《地方性法规配套规范性文件制定监督办法》,建立法规配套规定立项论证、审查联动和跟踪督办等长效机制。法规检视双向发力。专项审查同步检视法规本身存在的问题,如提出配套规定过多、内容滞后等,提出法规修改或者废止建议作为立法计划的参考,促进备案审查成果更多运用到立法工作中。

## 三、积极探索创新,全动员开启数据库建设试点

建设法规规章规范性文件数据库是推进全面依法治国的重要基础性工作。全国人大常委会法工委选择重庆等4个省(区、市)作为试点,要求率先建成省级法规规章规范性文件数据库。重庆市

人大常委会高度重视，报请重庆市委同意并列入改革复制推广计划工作任务，以试点为契机推动法治建设迈上新台阶。加强组织领导，完善工作机制。成立备案审查信息化领导小组，形成“人大管总、部门配合、区县协同、乡镇联动”的工作格局。制定《数据库建设试点实施方案》。及时动员部署，凝聚思想共识。通过视频形式召开动员部署和培训会，出台相关问题解答、统一工作尺度。把握关键环节，精准科学施策。切实抓好“清理、报备、入库”三个关键环节，摸清市、区县、乡镇规范性文件的底数，同步推进电子报备和数据共享，将数据转换为标准格式后集中审核“入库”。着眼开放便民，提升应用水平。力争建立“建管用”统筹、综合服务与应用相结合的数据库建设和运行的新机制、新模式，优化系统管理和用户体验，适时与国家法律法规数据库联网对接。

重庆市人大常委会将认真贯彻本次会议精神和栗战书委员长讲话要求，为加快建立全国统一的备案审查信息平台、全面落实“有件必备、有备必审、有错必纠”做出重庆的实践贡献。

# 积极探索区域协同立法<br>为成渝地区双城经济圈建设提供法治保障

四川省人大常委会副主任　陈文华

为深入贯彻习近平总书记和党中央关于推动成渝地区双城经济圈建设战略部署，四川省人大常委会与重庆市人大常委会积极开展区域协同立法，共同研究破解区域发展中的共性难题，为唱好“双城记”、建好“经济圈”提供有力制度供给和法治保障，做出有益有效尝试。

## 一、认真落实中央决策部署

四川省人大常委会在中共四川省委的领导下，按照栗战书委员长“要围绕区域发展战略和特点做好协同立法”的要求，把区域协同立法作为贯彻落实中央关于成渝地区双城经济圈建设战略部署的重要抓手。省委书记、省人大常委会主任彭清华对协同立法亲自安排部署，多次对具体协同立法事项提出明确要求。两地人大常委会签署协同助力成渝地区双城经济圈建设合作协议，明确以“立法项目协商确定，立法文本协商起草，立法程序同步推进，立法成果共同运用，法规实施协同监督”为原则，开展协同立法工作。制定《川渝人大法制工作机构推动成渝地区双城经济圈建设协同立法工作办法》，明确协同立法的基本原则、重点领域、主要形式等，为协同立法制度化、规范化开展提供制度保障。

## 二、扎实开展区域协同立法

一是聚焦打造川渝一体化营商环境，开展优化营商环境协同立法。去年以来，川渝两地人大常委会通过多次沟通协调，研究论证，达成一致，今年 3 月，同步审议通过优化营商环境条例，已于今年 7 月 1 日起同时实施。条例对加强毗邻地区建设、统一政务服务标准、跨省通办、监管联合、数据共享、证照互认、完善执法联动和司法协作等三十多个事项作出具体协同规定，为打破行政区划对要素流动的不合理限制，打造川渝一体化营商环境提供了法治支撑。

二是聚焦筑牢长江上游生态屏障，开展嘉陵江流域生态环境保护协同立法。开展嘉陵江流域生态环境保护协同立法，是践行习近平生态文明思想，落实生态共建、环境共保，共筑长江上游生态屏障的重要举措。去年以来，我们会同重庆市人大常委会多次就水污染联防共治、资源开发利用、生态环境联合预防预警、生态环境突发事件协同处置等方面共同研究，达成共识。两地法规已于今年 11 月同步审议通过，明年 1 月 1 日同步实施。

三是聚焦共同打造安全畅通运输网，开展铁路安全协同立法。习近平总书记多次就铁路外部环境整治和铁路线路安全做出重要批示。到 2025 年，成渝地区双城经济圈铁路网规模将达九千公里以上，基本建成“轨道上的双城经济圈”，依法保障铁路安全运行尤为急需和迫切。今年 8 月，我们与重庆市人大常委会共同开展立法调研，共同研究协同立法事项，形成条例草案。条例草案除规定构建信息互通、资源共享、联勤联动的安全管理体系等协同事项外，有关禁止性、限制性规定也保持一致，并于今年11月同步一审。

### 三、开展协同立法的工作体会

川渝协同立法，是贯彻落实习近平总书记和党中央战略部署的具体体现，是川渝两地人大常委会主动协同、担当作为的生动实践，也是在栗战书委员长、沈跃跃副委员长指导下四川、云南、贵州赤水河保护跨流域协同立法成功的基础上，向跨区域协同立法的积极拓展。有以下体会：一是协同立法必须坚持党的领导，要牢牢把握正确政治方向。二是协同立法必须牢固树立大局意识，要旗帜鲜明围绕中心、服务大局。三是协同立法必须坚持以人民为中心的发展思想，要把增进人民福祉作为出发点和落脚点。四是协同立法必须坚持务实的创新精神，要不断深化对地方立法的探索创新。

## 精准聚焦精细立法助推“一优两高”战略行稳致远

青海省人大常委会党组副书记、副主任　马　伟

为深入贯彻落实习近平总书记对青海工作的重大要求，省委及时作出“坚持生态保护优先，推动高质量发展，创造高品质生活”的发展战略，省人大常委会积极跟进，为推进“一优两高”战略提供坚实法治保障。

### 一、坚持统筹规划，加强推进“一优两高”立法决策

坚持把发展改革决策同立法决策结合起来，科学谋划、精准施策，发挥好立法的引领和推动作用。一是在科学立项上用心。编制立法规划、立法计划时注重与全国人大立法进程相衔接，与全省中心工作相统一，与人民群众意愿相呼应，本届省人大常委会立法规划23件立法项目中，安排生态保护方面5件，经济方面7件，民生和社会治理方面10件，从源头上保证立法决策与推进“一优两高”战略目标有机衔接。二是在急难险重中用力。应对新冠疫情，及时调整立法计划，新增禁止非法猎捕、交易和食用野生动物的决定为立法项目，确保疫情防控重大决策部署落实。坚持急用先行，制定了首部全国省级层面关于美丽城镇建设的地方性法规。三是在地方特色上用智。把制定修改涉及民族、宗教事务的法规列入立法计划。在全国率先开展新一轮自治条例修订工作，制定我省促进民族团结进步条例，推动铸牢中华民族共同体意识。

### 二、坚持质效并举，筑牢推进“一优两高”法治根基

为有效推动“一优两高”决策部署落实，我们在统筹谋划的基础上，稳步推进立法工作。

一是立法为生态保护优先保驾护航。我们把制度建设作为推进生态文明建设的重中之重，完善顶层设计，强化立改废释，生态领域立法70多件，已达总数的26%，构筑起具有青海特色的生态保护制度体系。围绕保护青藏高原生态安全，制定大气污染防治、循环经济、实施河长制湖长制等条例，开展生态领域法规专项清理工作，对湿地保护条例、青海湖流域生态环境保护条例等50余部法规条例进行修改和废止，增强立法的系统性、整体性、协同性，以制度集成创新推进绿色发展、生态保护。

二是立法为高质量发展强基固本。既注重保障基础设施建设和优化营商环境立法，为高质量发展“铺路架桥”，也注重科技领域和新经济新业态立法，为高质量发展“插上翅膀”，制定优化营商环境、民用机场管理、促进科技成果转化、非物质文化遗产等条例。我们坚持立法为民，强化技术规范，体现立法温度。如在制定高速公路条例时，针对征地拆迁、电子不停车收费、服务区经营管理等重点难点问题，始终站稳人民立场，破除体制束缚，着力解决实际问题。

三是立法为高品质生活汇智聚力。围绕保护信息安全、创新社会治理等要求，制定修改了燃气管理、公共信用信息、禁毒等法规。我们坚持精细立法，特色立法，立管用之法。既注重与上位法有效衔接，又不搞“一刀切”和“上下一般”粗的立法，提升立法的针对性和可操作性。如在畜禽屠宰管理条例立法中，就城镇农村牧区自宰自食、不合格产品召回等热点难点问题，以有特色、能管用的制度设计保障人民群众“舌尖上的安全”。

## 三、坚持综合施策，奋力推进“一优两高”深入实施

为推动法律有效执行，真正管用，我们从立法基础工作做起，着重强化监督质效。健全立法全过程民主的工作机制。制定了立法评估、基层立法联系点等多项工作制度，调整补充了 15 个基层立法联系点，组建了立法智库，立法各环节都能听到人民的声音，都有人民的参与。指导市州人大立法工作提质增效。指导市州人大遵循“小切口”、有特色、精细化、可操作的地方立法原则，聚焦地方立法领域的热点痛点堵点问题，找准立法需求，以“小切口”解决“大问题”。加强法律法规执行情况的监督检查。持续运用执法检查、专题询问、备案审查、立法后评估、满意度测评等手段，开展正确监督、有效监督、依法监督，切实把制度优势转化为治理效能。

# 栗战书在第二十七次全国地方立法工作座谈会上强调 深入学习贯彻党的十九届六中全会精神 推动地方立法工作高质量发展

**《人民日报》北京 12 月 2 日电**　中共中央政治局常委、全国人大常委会委员长栗战书 2 日在北京出席第二十七次全国地方立法工作座谈会并讲话。他强调，要深入学习贯彻党的十九届六中全会精神，增强“四个意识”、坚定“四个自信”、做到“两个维护”，用习近平总书记关于立法工作的重要指示要求引领地方立法工作，紧紧围绕加快完善中国特色社会主义法律体系的目标，推动地方立法工作高质量发展，为全面建设社会主义现代化国家作出贡献。

栗战书指出，习近平总书记在党的十九届六中全会、中央全面依法治国工作会议、中央人大工作会议等会议上发表重要讲话，对立法的政治原则、立法目标、主要任务、功效作用、指导原则、立法着力点、主体责任等作出重要指示，要求地方立法紧扣大局、着眼急需、着力解决实际问题、维护国家法治统一。习近平总书记关于立法工作的重要指示要求，具有很强的政治性、理论性、指导性、实践性，是做好国家立法和地方立法工作的根本遵循。要领会精髓要义、做到融会贯通，把习近平总书记关于立法工作的重要指示要求落实到立法实践的全过程、各方面。

栗战书指出，近年来，各地人大坚持党的领导，充分发挥主导作用，丰富立法形式，有力服务了地方经济社会发展。从立法内容看，普遍做到了围绕中心、服务大局，立足各地实际，服务地方经济社会发展成效显著。从立法形式看，形成了一些体现地方特点、符合立法规律的立法模式和经验，丰富创新地方立法形式的成效显著。人大在立法工作中的主导作用得到充分发挥。

栗战书强调，新时代新征程上，立法工作要坚持守正创新，继续探索、及时总结经验做法，推动地方立法工作高质量发展。一是具体地、全面地落实党对立法工作的领导，确保党的领导这一政治原则在立法工作中得到全面贯彻。二是突出地方实际，通过立法服务地方改革发展稳定大局。三是进一步丰富立法形式，在立法内容、条文体例、工作机制等方面积极探索。四是发扬全过程人民民主，广泛凝聚立法共识，确保立法符合中央精神、体现时代特点、反映人民意愿。五是依照法定权限、遵循法定程序开展地方立法。六是更好维护国家法治统一，牢固树立宪法意识，提高合宪性审查、备案审查工作质量。七是加强高素质立法专业人才保障，推动立法队伍和立法能力建设。

中共中央政治局委员、全国人大常委会副委员长王晨主持座谈会。

全国人大常委会副委员长万鄂湘，全国人大常委会秘书长，全国人大各专门委员会、常委会有关工作委员会、常委会办公厅、各省区市人大常委会有关负责同志等出席座谈会。10 位地方人大常委会有关负责同志作了交流发言。

座谈会以视频会议形式举行，在北京设主会场，各省区市设分会场。

# 批准公约和条约

# 全国人民代表大会常务委员会关于批准《中华人民共和国和比利时王国关于移管被判刑人的条约》的决定

（2021 年 1 月 22 日第十三届全国人民代表大会常务委员会第二十五次会议通过）

第十三届全国人民代表大会常务委员会第二十五次会议决定：批准 2016 年 10 月 31 日由中华人民共和国代表在北京签署的《中华人民共和国和比利时王国关于移管被判刑人的条约》。

# 中华人民共和国和比利时王国关于移管被判刑人的条约

（中文本）

中华人民共和国和比利时王国（以下简称“双方”），在相互尊重主权和平等互利的基础上，为加强两国在刑事司法领域的合作，使被判刑人得以在其国籍国服刑，以有利于被判刑人重返社会，议定下列各条：

## 第一条　定　　义

在本条约中：

（一）“判刑方”是指在其境内对可能或者已经被移管的人员判处刑罚的国家；

（二）“执行方”是指被判刑人可能或者已经被移管到其境内服刑的国家；

（三）“被判刑人”系指在判刑方被法院判处监禁刑罚的人。

## 第二条　一般规定

一、双方承诺在本条约规定的范围内，就移管被判刑人相互提供最广泛的合作。

二、根据本条约的规定，一方可以向另一方移管被判刑人，以便在执行方境内执行判刑方对该人所判处的刑罚。

## 第三条　中央机关

一、为适用本条约的目的，双方应当通过各自指定的中央机关进行联系。

二、本条第一款所述的中央机关，在中华人民共和国方面系指司法部，在比利时方面系指联邦司法部。

三、一方如果变更其指定的中央机关，应当通过外交途径书面通知另一方。

## 第四条　移管的条件

一、只有符合下列条件，方可移管被判刑人：

（一）被判刑人是执行方的国民；

（二）对被判刑人判处刑罚所针对的行为按照执行方的法律也构成犯罪；

（三）对被判刑人判处刑罚的判决已经发生法律效力，且已在被执行；

（四）在接到移管请求时，被判刑人还需服刑至少一年；

（五）被判刑人书面同意移管，或者任何一方鉴于该人的年龄、身体或精神状况认为有必要时，经被判刑人的合法代理人书面同意移管；以及

（六）双方均同意移管。

二、在例外情况下，即使被判刑人尚需服刑的期限少于本条第一款第（四）项规定的期限，双方也可以同意移管。

## 第五条　移管的决定

任何一方均可自主决定是否同意另一方提出

的移管请求。

## 第六条 请求与答复

一、被判刑人可依据本条约向任何一方提出移管申请。收到被判刑人移管申请的一方应将该申请书面告知另一方。

在此情况下，判刑方应提供以下信息：

（一）被判刑人的姓名、出生日期、出生地点；

（二）如果可能，还应当包括被判刑人在执行方境内的住址；

（三）据以科处刑罚的事实的说明；

（四）刑罚的性质、期限及开始执行的日期。

二、根据提供的符合第一款的信息，一方可以表示其不同意移管。

三、除了第二款规定的情况，任何一方均可提出移管请求。被请求方应当将其是否同意移管请求的决定尽快通知请求方。

四、移管的请求与答复均应采取书面形式。

## 第七条 证明文件

一、如有移管请求，判刑方应当向执行方提供下列文件或说明：

（一）经证明无误的判决书副本，包括判决所依据的法律条文；

（二）关于刑罚的种类、刑期、起算日期、包括审前羁押在内的已服刑期、剩余刑期、减刑和其他有关刑罚执行事项的说明；

（三）关于被判刑人的服刑表现的说明；

（四）关于本条约第四条第一款第（五）项所提及的同意移管的书面声明；以及

（五）关于被判刑人身体及精神健康状况的说明，在具备提供条件并情况适当时，有关被判刑人的医疗或社会报告、在判刑方的处遇情况以及在执行方继续接受治疗的任何建议。

二、执行方应当向判刑方提供下列文件或说明：

（一）证明被判刑人是执行方国民的文件或说明；

（二）对被判刑人判处刑罚所针对的行为，根据执行方法律也构成犯罪的有关条文；

（三）执行方执行判刑方所判处刑罚的相关法律条文。

## 第八条 通知被判刑人

一、双方应当在各自境内通知本条约适用的被判刑人，其可以根据本条约的规定被移管。

二、双方应当将判刑方或者执行方根据本条约第五条和第六条就移管请求所采取的措施或者所作出的决定，书面通知在其境内的有关被判刑人。

## 第九条 被判刑人同意及其核实

一、判刑方应当确保被判刑人，或者当合适时，其合法代理人在完全知晓移管的法律后果的情况下自愿表示同意移管，并由其在同意移管的声明中对此予以确认。表示同意的程序根据判刑方的法律进行。

二、如经执行方请求，判刑方应当提供机会，使执行方通过指定的官员核实被判刑人已按前款规定的条件表示同意。

## 第十条 移交的执行

双方如果就移管达成一致，应当尽快通过本条约第三条第一款规定的途径协商确定移交被判刑人的时间、地点和方式。

## 第十一条 继续执行刑罚

一、在接收被判刑人后，执行方应按照判刑方确定的刑罚性质和期限继续执行刑罚。

二、如果判刑方所确定的刑罚性质或期限不符合执行方的法律，执行方可以将该刑罚调整为本国法律对同类犯罪规定的相应刑罚。调整刑罚时：

（一）执行方应当受判刑方判决中关于事实认定的约束；

（二）调整后的刑罚应当尽可能与判刑方所判处的刑罚相一致；

（三）调整后的刑罚在性质上或刑期上不得加重判刑方所判处的刑罚，不得超过执行方法律对同类犯罪所适用的最高刑期，也不受执行方法律对同类犯罪所适用的最低刑的约束；

（四）执行方不得将剥夺自由刑调整为财产刑。

三、应当扣除被判刑人在判刑方境内已服刑的期间。

四、移管后，继续执行刑罚适用执行方的法律和程序，包括对被判刑人减刑、假释或采取其他刑罚执行中的有关措施。

五、执行方相关机关接管被判刑人，判刑方中止执行对被判刑人的刑罚。

六、如果执行方完成了刑罚执行，判刑方不再执行该刑罚。

## 第十二条 复 审

一、只有判刑方有权对任何重新审理的请求作出裁决。

二、在被告知由判刑方根据本条作出的任何导致变更或撤销其法院对被判刑人的定罪和量刑决定后，执行方应当立即变更或终止刑罚的执行。

## 第十三条 赦 免

任何一方均可以根据本国法律对已被移管的被判刑人给予赦免，并应当及时将赦免决定通过本条约第三条第一款规定的途径通知另一方。

## 第十四条 通报执行信息

有下列情形之一的，执行方应当向判刑方提供其执行刑罚的信息：

（一）刑罚已经执行完毕；

（二）被判刑人在刑罚执行完毕前逃脱或死亡；或者

（三）判刑方要求提供一份特殊报告。

## 第十五条 过 境

一、任何一方如果为履行与第三国达成的移管被判刑人协议需要从另一方领土过境，应当向该另一方提出过境请求。

二、前款规定不适用于使用航空运输且未计划在另一方领土降落的情形。

三、被请求方在不违反本国法律的情况下，应当同意请求方提出的过境请求。

## 第十六条 联系语言

为本条约之目的，双方应当使用各自的官方语言或英语进行联系；移管请求和证明文件应提供另一方官方语言或官方语言之一的译文。

## 第十七条 免除认证

为本条约之目的，由双方主管机关制作并通过本条约第三条第一款规定途径递交的文件，经一方主管机关签名或者盖章，即可以在另一方境内使用，无须认证。

## 第十八条 费 用

依据条约移管被判刑人的费用由执行方承担，但是完全在判刑方境内发生的费用除外。

## 第十九条 争议的解决

因本条约的解释、适用或实施产生的争议，应当通过外交途径解决。

## 第二十条 条约的生效和终止

一、双方根据本国法律完成为本条约生效所需的一切必要程序后，应当通过外交照会通知另一方。本条约自后一份照会发出之日起第三十天生效。

二、任何一方可以随时通过外交途径，以书面形式通知终止本条约。终止自该通知发出之日后第一百八十天生效。

三、本条约适用于本条约生效后提出的任何移管请求，即使请求涉及的犯罪是在本条约生效前发生的。

下列签署人经本国政府适当授权，在本条约上签字，以昭信守。

本条约于二〇一六年十月三十一日在北京签订，一式两份，每份均以中文、法文、荷兰文和英文写成，四种文本同等作准。如遇解释上的分歧，以英文本为准。

| 中华人民共和国代表 | 比利时王国代表 |
| --- | --- |
| 刘志强 | 马怀宇 |
| （签字） | （签字） |

# 全国人民代表大会外事委员会审议《国务院关于提请审议批准〈中华人民共和国和比利时王国关于移管被判刑人的条约〉的议案》的报告

全国人民代表大会常务委员会：

2020 年 11 月 11 日，第十三届全国人民代表大会外事委员会举行第十四次全体会议，审议了《国务院关于提请审议批准〈中华人民共和国和比利时王国关于移管被判刑人的条约〉的议案》。

外事委员会认为，2016 年 10 月 31 日由我国时任司法部副部长刘志强和比利时时任驻华大使马怀宇分别代表本国在北京签署的《中华人民共和国和比利时王国关于移管被判刑人的条约》符合我国法律的基本原则和司法实践；批准该条约符合我国利益和实际需要。建议全国人民代表大会常务委员会决定批准该条约。

全国人民代表大会外事委员会

2020 年 11 月 11 日

# 全国人民代表大会常务委员会关于批准《中华人民共和国与摩洛哥王国引渡条约》的决定

（2021 年 1 月 22 日第十三届全国人民代表大会常务委员会第二十五次会议通过）

第十三届全国人民代表大会常务委员会第二十五次会议决定：批准 2016 年 5 月 11 日由中华人民共和国代表在北京签署的《中华人民共和国与摩洛哥王国引渡条约》。

# 中华人民共和国与摩洛哥王国引渡条约

（中文本）

中华人民共和国和摩洛哥王国（以下称双方），

在相互尊重主权和平等互利基础上，为促进两国在打击犯罪方面的更有效合作，决定缔结引渡条约，并达成协议如下：

## 第一条　引渡义务

双方同意根据本条约的规定，应对方请求，相互引渡在一方境内的被另一方通缉的人员，以便对其就可引渡的罪行进行追诉或者执行刑罚。

## 第二条　引渡的条件

一、以追诉为目的的引渡所针对的犯罪根据双方法律应当均可判处 1 年以上剥夺自由的刑罚或者更重的刑罚。

二、以执行刑罚为目的的引渡所针对的本条第一款所指犯罪的剩余刑期应当至少为 6 个月。

三、根据本条第一款确定某一行为是否根据双方法律均构成犯罪时，不应考虑双方法律是否将该行为归入同一犯罪种类或者使用同一罪名。

四、如果引渡请求涉及两个以上根据双方法律均构成犯罪的行为，只要其中有一项行为符合本条第一款、第二款规定的条件，被请求方即可以针对上述各项行为准予引渡。

## 第三条　应当拒绝引渡的理由

有下列情形之一的，应当拒绝引渡：

(一)如果在犯罪行为发生时，被请求引渡人是被请求方的国民。在此情况下，被请求方应当根据其法律以及请求方的请求，将该案件提交主管机关，以便提起刑事诉讼。为此目的，请求方应当向被请求方提供与该案件有关的文件和证据。被请求方应当通知请求方处理的结果；

(二)如果被请求方认为，引渡请求所针对的犯罪根据其法律是政治犯罪。为本条约的目的，政治犯罪不包括：

1. 根据双方都是缔约方的多边条约，缔约方应当承担或引渡或起诉义务所针对的犯罪；

2. 危及国家元首及其直系亲属、政府首脑或者成员生命的袭击行为，或者其他企图或者策划实施此种犯罪的行为；

3. 与恐怖主义有关的犯罪；

(三)如果被请求方有充分理由认为，请求引渡的目的是基于被请求引渡人的性别、种族、宗教、国籍、政治见解或者该人在司法程序中的地位将会因为上述任何原因受到损害；

(四)如果请求所针对的犯罪纯属军事犯罪；

(五)如果被请求方已经对被请求引渡人就引渡请求所针对的犯罪作出生效判决或者终止刑事诉讼程序；

(六)根据任何一方的法律，由于时效已过或者赦免等原因，被请求引渡人已经被免予追诉或者免予执行刑罚；

(七)如果被请求引渡人被缺席判决有罪，但请求方书面保证被请求引渡人有机会在其出庭的情况下对案件进行重新审理的除外。

## 第四条　可以拒绝引渡的理由

有下列情形之一的，可以拒绝引渡：

(一)如果引渡请求针对的犯罪根据被请求方的法律全部或者部分发生在被请求方境内或者管辖范围内；

(二)如果被请求方对被请求引渡人就引渡请求针对的犯罪正在进行刑事诉讼；

(三)被请求方在考虑了犯罪的严重性和请求方利益的情况下，认为由于被请求引渡人的年龄、健康等原因，引渡不符合人道主义考虑。

## 第五条　引渡请求及所需文件

一、引渡请求应当以书面形式通过外交途径提出。

二、引渡请求应有请求方机关的名称，并包括以下内容：

(一)由请求方主管机关出具的逮捕令，或者其他任何具有同等效力的文件；以及在被请求引渡人已被判刑的情况下，生效判决的原件或者经证明无误的副本；

(二)引渡请求针对的犯罪事实和行为的说明，包括犯罪时间、地点、性质、经过、结果以及定罪、刑罚和有关时效的法律规定；

(三)对被请求引渡人尽可能准确的描述，并附有其他任何可以用来确认其身份、下落和国籍的信息；

(四)如果引渡请求针对某个需要继续服刑的人，关于需要执行的剩余刑期的说明。

三、引渡请求所需文件应当由请求方主管机关签字或者盖章。

四、如果被请求方认为，为支持引渡请求所提供的材料不充分，可以要求自通过外交途径通知请求方之日起30天内提交补充材料。如果请求方提出合理要求，这一期限可以延长15天。如果请求方未在该期限内提交补充材料，应当被视为自动放弃请求，但是不妨碍请求方就同一犯罪对同一人重新提出引渡请求。

## 第六条　临时羁押

一、在紧急情况下，请求方主管机关可以请求临时羁押被请求引渡人。被请求方的主管机关应当根据其法律就此作出决定。

二、临时羁押请求应当说明已出具第五条第二款第(一)项所提到的文件之一，并且有意提出引渡请求。还应当说明引渡请求所针对的犯罪，实施该犯罪的时间、地点、经过及适用的法律规定，并且应当尽可能提供有关被请求引渡人的描述以及在可能的情况下其所在地。

三、临时羁押请求应当通过外交途径、国际刑警组织或者双方同意的其他途径以书面形式提出。请求方应当被及时地通知有关请求的结果。

四、如果被请求方在自羁押之日起45天内未收到引渡请求以及第五条中提到的文件，则应当解除临时羁押。如果随后收到引渡请求,释放不得妨碍重新逮捕和引渡。

## 第七条 特定规则

一、除准予引渡所针对的犯罪外,请求方对被引渡的人,不得因其在引渡前所实施的其他犯罪而追诉或者执行刑罚,但是有下列情形的除外:

(一)被请求方事先同意。为此目的,被请求方可以要求提供本条约第五条所规定的文件或者资料,以及被引渡人就有关犯罪所作的陈述;

(二)该人在可以自由离开请求方之日后的30天内未离开该方。但是由于其无法控制的原因未能离开请求方的时间不计算在此期限内;

(三)该人在已经离开请求方后又自愿回到该方。

二、如果对被引渡人的犯罪的法律定性发生改变,则根据新的犯罪定性,该人仅在根据本条约可以引渡的情况下被追诉或者执行刑罚。

## 第八条 向第三国再次引渡

未经被请求方同意,请求方不得将被引渡人移交给第三国,但有本条约第七条规定的被引渡人未离开请求方或者返回请求方的情形时除外。

## 第九条 数国提出的引渡请求

如果两个以上国家对同一犯罪或者不同犯罪提出引渡请求,被请求方应当在考虑所有相关情况后自行作出决定,特别是是否存在条约关系、被请求引渡人的国籍、收到请求的不同时间、不同犯罪的严重性、犯罪发生地点和再引渡到第三国的可能性。

## 第十条 对引渡请求作出决定

一、被请求方应当根据本国法律规定的程序处理引渡请求,并且及时通过外交途径将决定通知请求方。

二、被请求方如果全部或者部分拒绝引渡请求,应当将理由通知请求方。

## 第十一条 移交被引渡人

一、如果被请求方同意引渡,双方应当商定执行引渡的时间、地点等有关事宜。同时,被请求方应当将被引渡人在移交之前为引渡而被羁押的时间通知请求方。

二、如果请求方在商定的执行引渡之日后的15天内未接收被引渡人,被请求方应当立即释放该人,并且可以拒绝请求方就同一犯罪再次提出的引渡该人的请求。

三、如果一方因为其无法控制的原因不能在商定的期间内移交或者接收被引渡人,应当立即通知另一方。双方应当再次商定执行引渡的有关事宜。

## 第十二条 暂缓引渡或者临时引渡

一、被请求方可以在同意引渡后暂缓引渡被请求引渡人,直至该人相关诉讼程序终结,或者如果该人被判有罪,应当直至该人服完引渡请求针对的犯罪之外的犯罪所判处的刑罚。在这种情况下,被请求方应当通知请求方其决定。

二、本条第一款的规定不影响在必要情况下将被请求引渡人临时移交给请求方,但请求方应当在完成诉讼程序后将该人送还被请求方。

## 第十三条 扣押及移交物品

一、如果请求方提出请求,被请求方应当在本国法律允许的范围内,扣押在其境内发现的犯罪所得、犯罪工具以及可作为证据的财物,并且在准予引渡的情况下,将这些财物移交给请求方。

二、在准予引渡的情况下,即使因为被请求引渡人死亡或者脱逃而无法实施引渡,本条第一款提到的财物仍然可以移交。

三、被请求方为审理其他未决刑事诉讼案件,可以推迟移交上述财物直至诉讼终结,或者在请求方承诺返还的条件下临时移交这些财物。

四、移交上述财物不得损害被请求方或者任何第三方对该财物的合法权利。如果存在此种权利,请求方应当根据被请求方的要求在诉讼结束之后尽快将被移交的财物无偿返还给被请求方。

## 第十四条 通报结果

请求方应当根据被请求方的要求,及时向被请求方通报有关对被引渡人进行刑事诉讼、执行刑罚或者将该人引渡给第三国的情况。

### 第十五条　过　　境

一、一方从第三国引渡人员需要经过另一方领土时，应当通过外交途径请求另一方允许该人过境。

二、被请求方在收到包含相关信息的过境请求后，应当根据其国内法规定的程序处理该请求。被请求方应当尽快批准过境请求，除非其根本利益会因此受到损害。

### 第十六条　费　　用

被请求方应当承担在其境内的引渡程序所产生的费用。请求方应当承担与移交被请求引渡人有关的交通费用和过境费用。

### 第十七条　语　　言

引渡请求及其所需文件应当附有被请求方文字的译文或者英文译文。

### 第十八条　争议的解决

由于本条约解释或者适用所产生的任何争议，双方应当通过外交途径协商解决。

### 第十九条　最后条款

一、本条约须经批准。

二、缔约双方应当在各自完成国内法律程序后通过外交途径通知对方。本条约自后一份通知书收到之日起第30天生效。

三、本条约应当适用于其生效之后提出的请求，即使相关犯罪发生于本条约生效前。

四、本条约不影响双方根据双方均为缔约方的其他条约开展引渡合作。

五、本条约可以随时经双方书面协议予以修订。此类修订应当按照本条第一款规定的相同程序生效，并构成本条约的一部分。

六、缔约任何一方可以随时通过外交途径书面通知另一方终止本条约。上述终止自通知之日起满6个月后生效。本条约的终止不影响条约终止前已经开始的引渡程序。

下列签署人经各自政府适当授权，签署本条约，以昭信守。

本条约于二〇一六年五月十一日订于北京，一式两份，每份均用中文和阿拉伯文写成，两种文本同等作准。

| 中华人民共和国代表 | 摩洛哥王国代表 |
| --- | --- |
| 张业遂 | 穆斯塔法·哈密德 |
| （签字） | （签字） |

# 全国人民代表大会外事委员会审议《国务院关于提请审议批准〈中华人民共和国与摩洛哥王国引渡条约〉的议案》的报告

全国人民代表大会常务委员会：

2020年11月11日，第十三届全国人民代表大会外事委员会举行第十四次全体会议，审议了《国务院关于提请审议批准〈中华人民共和国与摩洛哥王国引渡条约〉的议案》。

外事委员会认为，2016年5月11日由我国时任外交部副部长张业遂和摩洛哥时任司法大臣穆斯塔法·哈密德分别代表本国在北京签署的《中华人民共和国与摩洛哥王国引渡条约》符合我国法律的基本原则和司法实践；批准该条约符合我国利益和实际需要。建议全国人民代表大会常务委员会决定批准该条约。

全国人民代表大会外事委员会

2020年11月11日

# 全国人民代表大会常务委员会关于批准《〈上海合作组织成员国关于举行联合军事演习的协定〉补充议定书》的决定

（2021 年 4 月 29 日第十三届全国人民代表大会常务委员会第二十八次会议通过）

第十三届全国人民代表大会常务委员会第二十八次会议决定：批准 2019 年 4 月由中华人民共和国代表在比什凯克签署的《〈上海合作组织成员国关于举行联合军事演习的协定〉补充议定书》。

# 《上海合作组织成员国关于举行联合军事演习的协定》补充议定书

（中文本）

上海合作组织成员国（以下称各方），

遵循完善落实二〇〇七年六月二十七日签署的《上海合作组织成员国关于举行联合军事演习的协定》（以下简称《协定》）机制的必要性，

达成共识如下：

## 第一条

《协定》第二十七条增加以下内容：

“《协定》生效后，对上海合作组织所有成员国开放。

对于加入《协定》的国家，《协定》将自保存机构收到关于加入的文件后 30 日起生效。

保存机构向各方通报《协定》对加入国家的生效日期。”

## 第二条

本议定书是《协定》不可分割的组成部分，自保存机构收到各缔约方最后一份关于完成使本议定书生效所必需的国内程序的书面通知之日起生效。

保存机构在本议定书签署后 15 日内将副本送各方。

本议定书于二〇一九年四月二十九日在比什凯克签署，正本一式一份，分别用中文和俄文书就，两种文本同等作准。

哈萨克斯坦共和国代表
努尔兰·拜乌扎科维奇·叶尔梅克巴耶夫
（签字）

俄罗斯联邦代表
谢尔盖·库茹格托维奇·绍伊古
（签字）

中华人民共和国代表
魏凤和
（签字）

吉尔吉斯共和国代表
伊姆别尔季·谢伊达科马托维奇·杜伊申比耶夫
（签字）

塔吉克斯坦共和国代表
舍拉里·米尔佐
（签字）

乌兹别克斯坦共和国代表
巴霍季尔·尼扎莫维奇·库尔班诺夫
（签字）

# 全国人民代表大会外事委员会审议《国务院关于提请审议批准〈《上海合作组织成员国关于举行联合军事演习的协定》补充议定书〉的议案》的报告

全国人民代表大会常务委员会：

2021年3月24日，第十三届全国人民代表大会外事委员会举行第十七次全体会议，审议了《国务院关于提请审议批准〈《上海合作组织成员国关于举行联合军事演习的协定》补充议定书〉的议案》。

外事委员会认为，2019年4月由我国国务委员兼国防部部长魏凤和与哈萨克斯坦、吉尔吉斯斯坦、俄罗斯、乌兹别克斯坦代表分别代表本国在比什凯克签署的《〈上海合作组织成员国关于举行联合军事演习的协定〉补充议定书》符合我国法律的基本原则，批准该议定书符合我国利益和实际需要。建议全国人民代表大会常务委员会决定批准该议定书。

全国人民代表大会外事委员会

2021年3月24日

# 全国人民代表大会常务委员会关于批准《中华人民共和国和伊朗伊斯兰共和国关于刑事司法协助的条约》的决定

（2021年4月29日第十三届全国人民代表大会常务委员会第二十八次会议通过）

第十三届全国人民代表大会常务委员会第二十八次会议决定：批准2016年1月23日由中华人民共和国代表在德黑兰签署的《中华人民共和国和伊朗伊斯兰共和国关于刑事司法协助的条约》。

# 中华人民共和国和伊朗伊斯兰共和国关于刑事司法协助的条约

（中文本）

## 序　　言

中华人民共和国和伊朗伊斯兰共和国（以下称双方），

在相互尊重主权和平等互利的基础上，为促进两国在刑事司法协助领域的有效合作，决定缔结本条约，并达成协议如下：

## 第一条　条约范围

一、双方应当根据本条约的规定，在刑事侦查、起诉和审判程序中相互提供最广泛的司法协助。

二、协助应当包括：

（一）送达包括传票在内的刑事诉讼文书；

（二）获取有关人员的证言或者陈述；

（三）提供文件、记录和证据物品；

（四）获取和提供鉴定意见；

（五）查找、辨认人员；

（六）进行勘验或者检查；

（七）安排有关人员作证或者协助调查；

（八）移送在押人员以便作证或者协助调查；

（九）查询、搜查、冻结和扣押包括犯罪工具在内的物品；

（十）与查找、没收和（或）追回犯罪资产、犯罪所得和犯罪工具有关的协助；

（十一）通报刑事诉讼结果和提供犯罪记录；

（十二）交流法律资料；

（十三）不违背被请求方法律的其他形式的协助。

三、本条约仅适用于双方之间的相互司法协助。

## 第二条 联系途径

一、为本条约的目的，双方指定的中央机关应当通过外交途径就本条约所适用的事项进行联系。

二、本条第一款所指的中央机关，在中华人民共和国方面为司法部，在伊朗伊斯兰共和国方面为司法部。

三、任何一方如果变更其对中央机关的指定，应当通过外交途径通知另一方。

## 第三条 拒绝或者推迟协助的理由

一、有下列情形之一的，被请求方可以拒绝提供协助：

（一）请求涉及的行为根据被请求方法律不构成犯罪；

（二）被请求方认为请求涉及的犯罪是政治犯罪，但恐怖主义犯罪和双方均为缔约国的国际公约不认为是政治犯罪的除外；

（三）请求涉及的犯罪仅构成军事犯罪；

（四）被请求方有充分理由认为，请求的目的是基于某人的种族、性别、宗教、国籍或者政治见解而对该人进行侦查、起诉、处罚或者其他诉讼程序，或者该人在司法程序中的地位可能由于上述任何原因受到损害；

（五）被请求方正在对请求所涉及的同一犯罪嫌疑人或者被告人就同一犯罪进行刑事诉讼，或者已经终止刑事诉讼，或者已经作出生效判决；

（六）被请求方认为，执行请求将损害本国主权、安全、公共秩序或者其他重大公共利益；

（七）被请求方认为请求提供的协助与刑事诉讼缺乏实质联系。

二、如果执行请求将会妨碍被请求方正在进行的侦查、起诉或者审判程序，被请求方可以推迟提供协助。

三、在根据本条拒绝或者推迟提供协助前，被请求方应当考虑是否可以在其认为必要的条件下准予协助。请求方如果接受附条件的协助，则应当遵守这些条件。

四、被请求方如果拒绝或者推迟协助，应当将拒绝或者推迟的理由通知请求方。

## 第四条 请求的形式和内容

一、协助请求应当以书面形式提出，并且由请求方中央机关签署或者盖章。在紧急情形下，请求方可以通过电传、传真、电子邮件等被请求方接受的其他形式提出请求，但应当随后迅速按照本条约第二条规定以书面形式确认该请求。

二、协助请求应当包括以下内容：

（一）请求所涉及的侦查、起诉或者审判程序的主管机关的名称；

（二）对于请求所涉及的案件性质的说明，以及该案的事实概要和可适用的法律规定；

（三）对于请求协助的事项、协助的目的及其与刑事诉讼程序相关性的说明；

（四）希望请求得以执行的期限。

三、在必要和可能的范围内，协助请求还应当包括以下内容：

（一）关于被取证人员的身份和居住地的资料；

（二）关于受送达人的身份、居住地以及该人与诉讼关系的资料；

（三）关于需查找或者辨认的人员身份及下落的资料；

（四）关于需勘验或者检查的对象的说明；

（五）关于需查询、搜查、冻结和扣押的对象的说明；

（六）关于需查找、没收和（或）追回的资产及所得的说明；

（七）希望在执行请求时，在符合本条约第六条第二款的前提下，需遵循的特别程序及其理由的说明；

（八）保密的需要及其理由的说明；

（九）关于被邀请前往请求方境内作证或者协助调查的人员有权得到的津贴和费用的说明；

（十）询问证人的问题清单；

（十一）有助于执行请求的其他资料。

四、本条第三款所指的人员身份可以包括该人的姓氏、名字、父名、国籍和职业。

五、被请求方如果认为请求中包括的内容不足以使其处理该请求，可以要求提供补充资料。

六、根据本条约提出的请求和辅助文件均应一式两份。

## 第五条 文 字

一、根据本条约提出的请求以及提交的辅助文件应当附有被请求方文字的译文或者英文。

二、在向请求方提供协助时，被请求方应使用其官方文字或者英文。

## 第六条 请求的执行

一、被请求方应当按照本国法律执行协助请求。

二、被请求方在不违背本国法律的前提下，可以按照请求方要求的方式执行协助请求。

三、被请求方应当将执行请求的结果及时通知请求方。如果无法提供所请求的协助，被请求方应当将原因及时通知请求方。

## 第七条 保密和限制使用

一、如果请求方提出要求，被请求方应当对请求，包括其内容和辅助文件，以及按照请求所采取的行动予以保密。如果不违反保密要求则无法执行请求，被请求方应当将此情况通知请求方，请求方应当随即决定该请求是否仍然应当予以执行。

二、如果被请求方提出要求，请求方应当对被请求方提供的资料和证据予以保密，或者仅在被请求方指明的条件下使用。

三、未经被请求方事先同意，请求方不得为请求所述案件以外的任何其他目的使用根据本条约获得的资料或者证据。

## 第八条 送达文书

一、应请求方请求，被请求方应当在符合本国法律的前提下，送达请求方转递的包括传票在内的文书。

二、被请求方完成送达后，应当向请求方出具送达证明。送达证明应当载明送达日期、送达地点和送达方式，并且应当由送达文书的机关签署或者盖章。

## 第九条 调取证据

一、被请求方应当根据本国法律并依请求，调取证据并移交给请求方。

二、如果请求涉及移交文件或者记录，被请求方可以移交经证明的副本或者影印件；然而，在请求方明示要求移交原件的情况下，被请求方应当尽可能满足此项要求。

三、根据本条移交给请求方的文件和其他资料，在不违背被请求方法律的前提下，应当按照请求方要求的形式予以证明，以便使其可以依请求方法律得到采用。

四、被请求方在不违背本国法律的前提下，应当同意请求中指明的请求方有关机关人员在执行请求时到场，并允许这些人员通过被请求方主管机关人员向被取证人员提问。为此目的，被请求方应当及时将执行请求的时间和地点通知请求方。

## 第十条 拒绝作证

一、根据本条约被要求作证的人员，如果被请求方法律允许该人在被请求方提起的诉讼中的类似情形下不作证，可以拒绝作证。

二、根据本条约被要求作证的人员，如果主张依请求方法律有拒绝作证的权利或者特权，被请求方应当将该人的主张告知请求方，并要求请求方提供是否存在该权利或者特权的证明。请求方的证明应当视为是否存在该权利或者特权的充分证据，除非有明确的相反证据。

## 第十一条 安排人员作证或者协助调查

一、被请求方应当根据请求方的请求，邀请鉴定人或证人前往请求方境内有关机关作证或者协助调查。请求方应当说明需向该人支付的津贴和费用的范围。被请求方应当将该人的答复迅速通知请求方。

二、邀请有关人员到请求方境内作证或者协助调查的请求，应当在不迟于预定的到场日 60 天前向被请求方提出。紧急情形下，被请求方可以同意在较短期限内提出。

## 第十二条 移送在押人员以便作证或者协助调查

一、被请求方可以根据请求方请求，将在其境内的在押人员临时移送至请求方境内以便作证或者协助调查，条件是该人同意，并且双方已经就移送条件事先达成书面协议。

二、如果依被请求方法律应当对该被移送人予以羁押，请求方应当对该人予以羁押。

三、作证或者协助调查完毕后，请求方应当尽快将该被移送人送回被请求方。

四、为本条的目的，该被移送人在请求方被羁押的期间，应当折抵在被请求方被判处的刑期。

## 第十三条 证人和鉴定人的保护

一、请求方对于到达其境内的证人或者鉴定人，不得由于该人在入境前的任何作为或者不作为而进行侦查、起诉、羁押、处罚或者采取其他限制人身自由的措施。请求方也不得强迫该人在请求所未涉及的任何侦查、起诉或者其他诉讼程序中作证或者协助调查，但事先征得被请求方和该人同意的除外。

二、如果上述人员在被正式通知无需继续停留后 15 天内未离开请求方境内，或者离开后又自愿返回，则不再适用本条第一款的规定。但是，该期限不包括该人由于本人无法控制的原因而未离开请求方境内的期间。

三、对于拒绝根据本条约第十一条或者第十二条作证或者协助调查的人员，不得由于此种拒绝而被施加任何刑罚或者采取任何限制其人身自由的强制措施。

## 第十四条 查询、搜查、冻结和扣押

一、被请求方应当在本国法律允许的范围内，执行查询、搜查、冻结和扣押包括犯罪工具在内的证据物品的请求。

二、被请求方应当向请求方提供执行上述请求的结果，包括查询或者搜查的结果、证据物品被冻结或者扣押的地点和状况。

三、被请求方可以将被扣押物品移交给请求方。双方应当商定移交的条件。

## 第十五条 归还文件、记录和证据物品

请求方应当根据被请求方的请求，尽快归还被请求方根据本条约第九条和第十四条向其提供的文件或者记录的原件和证据物品。

## 第十六条 犯罪资产及犯罪所得

一、被请求方应当根据请求，努力确定犯罪资产及犯罪所得是否位于其境内，并将结果通知请求方。在提出这种请求时，请求方应当将其认为上述犯罪资产及犯罪所得可能位于被请求方境内的理由通知被请求方。

二、一旦根据本条第一款找到涉嫌的犯罪资产及犯罪所得，被请求方应当根据请求方的请求，按照本国法律采取措施查找、冻结、扣押、没收上述犯罪资产及犯罪所得。

三、在双方商定的条件下，被请求方应当根据请求方的请求，将上述犯罪资产及犯罪所得，或者出售有关资产的所得移交给请求方。

四、在适用本条时，被请求方和第三人对这些财物的合法权益应当受到尊重。

## 第十七条 通报刑事诉讼结果

请求方应当根据被请求方的要求，向被请求方通报协助请求所涉及的刑事诉讼的结果。

## 第十八条 提供犯罪记录

如果某人正在请求方受到侦查或者起诉，被请求方应当根据请求，提供该人在被请求方的犯罪记录。

## 第十九条 交流法律资料

双方应当根据请求，相互交流各自国家与履行本条约有关的法律和司法实践的资料。

## 第二十条 认 证

为本条约的目的，根据本条约第二条移交的任何文件，无需进行任何形式的认证，但本条约另有规定的除外。

### 第二十一条　费　　用

一、被请求方应当负担执行请求所产生的费用，但是请求方应当负担下列费用：

（一）有关人员按照本条约第九条第四款的规定，前往、停留于和离开被请求方的费用；

（二）有关人员按照本条约第十一条或者第十二条的规定，前往、停留于和离开请求方的津贴或者费用，这些津贴或者费用应当根据发生地的标准和规定支付；

（三）鉴定人鉴定的费用；

（四）口译的费用。

二、请求方应当根据要求，预付由其负担的上述费用。

三、如果执行请求明显需要超常性质的费用，双方应当相互协商决定可以执行请求的条件。

### 第二十二条　其他合作基础

本条约不妨碍任何一方根据其他可适用的国际条约，特别是《联合国反腐败公约》，或者本国法律向另一方提供协助。双方也可以根据任何其他安排、协议或者惯例提供协助。

### 第二十三条　争议的解决

由于本条约的解释和适用产生的争议，应由双方通过协商方式解决。

### 第二十四条　生效、修订和终止

一、任何一方根据本国法律完成本条约生效所需的一切必要程序后，应当通过外交照会通知另一方。本条约自后一份照会发出之日起第30天生效。

二、本条约可以经双方书面协议随时予以修订。此类修订应当按照本条第一款规定的相同程序生效，并构成本条约的一部分。

三、任何一方可以随时通过外交途径，以书面形式通知终止本条约。终止自该通知发出之日后第180天生效。本条约的终止不影响终止前提出的请求。

四、本条约适用于其生效后提出的请求，即使有关作为或者不作为发生于本条约生效前。

下列签署人经各自政府适当授权，签署本条约，以昭信守。

本条约于二〇一六年一月二十三日订于德黑兰，一式两份，每份均以中文、波斯文和英文制成，三种文本同等作准。如遇解释上的分歧，以英文本为准。

| 中华人民共和国代表 | 伊朗伊斯兰共和国代表 |
|---|---|
| 王　毅 | 穆斯塔法·普尔默哈马迪 |
| （签字） | （签字） |

## 全国人民代表大会外事委员会审议《国务院关于提请审议批准〈中华人民共和国和伊朗伊斯兰共和国关于刑事司法协助的条约〉的议案》的报告

全国人民代表大会常务委员会：

2021年3月24日，第十三届全国人民代表大会外事委员会举行第十七次全体会议，审议了《国务院关于提请审议批准〈中华人民共和国和伊朗伊斯兰共和国关于刑事司法协助的条约〉的议案》。

外事委员会认为，2016年1月23日由我国外交部部长王毅和伊朗时任司法部部长穆斯塔法·普尔默哈马迪分别代表本国在德黑兰签署的《中华人民共和国和伊朗伊斯兰共和国关于刑事司法协助的条约》符合我国法律的基本原则和司法实践，批准该条约符合我国利益和实际需要。建议全国人民代表大会常务委员会决定批准该条约。

全国人民代表大会外事委员会

2021年3月24日

# 全国人民代表大会常务委员会关于批准《中华人民共和国和伊朗伊斯兰共和国关于民事和商事司法协助的条约》的决定

（2021 年 4 月 29 日第十三届全国人民代表大会常务委员会第二十八次会议通过）

第十三届全国人民代表大会常务委员会第二十八次会议决定：批准 2016 年 1 月 23 日由中华人民共和国代表在德黑兰签署的《中华人民共和国和伊朗伊斯兰共和国关于民事和商事司法协助的条约》。

# 中华人民共和国和伊朗伊斯兰共和国关于民事和商事司法协助的条约

（中文本）

中华人民共和国和伊朗伊斯兰共和国（以下单称一方，合称双方），

在相互尊重主权和平等互利的基础上，为加强两国在民事和商事领域的司法合作，

决定缔结本条约，并达成下列协议：

## 第一条　司法协助的范围

本条约规定的司法协助包括：

（一）送达司法文书；

（二）调查取证；

（三）承认与执行法院裁决以及仲裁裁决；

（四）交换法律资料；

（五）任何不违背双方法律的其他形式的民事或者商事司法协助，包括但不限于与人身权利相关的协助。

## 第二条　诉讼费用减免和法律援助

一、一方国民在另一方境内，应当有权在与该另一方国民同等的条件下和范围内获得诉讼费用减免和法律援助。

二、申请获得第一款规定的诉讼费用减免或法律援助，应当由申请人住所或者居所所在地的一方主管机关出具关于该人财产状况的证明。如果申请人在双方境内均无住所和居所，可以由该人国籍所属的一方的外交或者领事代表出具或者确认有关该事项的证明。

三、负责对诉讼费用减免或法律援助申请作出决定的司法机关或者其他主管机关可以要求提供补充材料。

## 第三条　司法保护

一、一方国民在另一方境内，应当享有与另一方国民同等的司法保护，有权在与另一方国民同等的条件下，在另一方法院进行诉讼。

二、一方法院对于另一方国民，不得仅因为该人是外国人或者在其境内没有住所或者居所而要求该人提供诉讼费用担保。

三、本条第一款和第二款的规定亦适用于位于任何一方境内并依该方法律成立的法人。

## 第四条　司法协助的联系途径

一、为了本条约的目的，双方指定的中央机关应当通过外交途径就本条约范围内的事项进行联系。

二、本条第一款所指的中央机关，在中华人民共和国方面为司法部，在伊朗伊斯兰共和国方面为司法部。

三、任何一方如果变更其对中央机关的指定，

应当通过外交途径通知另一方。

## 第五条　司法协助适用的法律

双方执行司法协助请求时，适用各自的法律，但是本条约另有规定的除外。

## 第六条　司法协助的拒绝

一、被请求方如果认为提供司法协助将有损本国的主权、安全或者重大公共利益，或者违反本国法律的基本原则，或者请求的事项超出本国司法机关的主管范围，可以拒绝提供司法协助，并应当向请求方说明拒绝理由。

二、对于送达司法文书和调查取证的协助请求，被请求方不得仅因为本国法院对该项诉讼标的有专属管辖权而拒绝提供协助。

## 第七条　司法协助请求的形式和内容

一、司法协助的请求应当以书面形式提出，由请求机关签署或者盖章，并包括下列内容：

（一）请求机关的名称；

（二）可能时，被请求机关的名称；

（三）请求所涉及人员的全名、国籍以及地址；如果系法人，法人的名称和地址；

（四）必要时，所涉及案件当事人的代理人的姓名和地址；

（五）请求所涉及的诉讼性质的说明、案情摘要和相关法律；

（六）请求协助的事项；

（七）请求方要求采取特殊方式的原因及其说明；

（八）希望请求得以执行的时限；

（九）执行请求所需要的其他材料。

二、被请求方如果认为请求方提供的材料不足以使其根据本条约处理该请求，可以要求请求方提供补充材料。

## 第八条　文　　字

一、双方的中央机关进行书面联系时，应当使用本国官方文字并附对方文字或者英文的译文。

二、司法协助请求书及其所附文件，应当使用请求方的文字并附被请求方文字或者英文的译文。

## 第九条　送达司法文书

一、一方应当根据本条约的规定，执行另一方提出的向在其境内的人员送达司法文书的请求。

二、被请求方应当根据其法律规定的方式执行送达请求。

三、被请求方应当在不违背其法律的范围内，按照请求方明示要求的特殊方式执行送达。

四、被请求机关如果无权执行请求，应当将该项请求移送有权执行的主管机关，以便执行。

五、被请求方如果难以按照请求方指明的地址执行送达，应当采取必要措施确定地址，必要时可以要求请求方提供补充材料。如果仍然无法确定地址或者因为其他原因无法执行请求，被请求方应当将请求书以及所附文件退回请求方，并说明妨碍送达的原因。

## 第十条　通知送达结果

被请求方应当通过本条约第四条规定的联系途径，向请求方书面通知送达结果，并附送达机关出具的证明。该证明应当注明受送达人全名等身份信息、送达日期、地点以及送达方式。如果受送达人拒收，应当注明拒收的原因。

## 第十一条　调查取证

一、一方应当根据本条约的规定，执行另一方提出的调查取证的请求，包括获取案件当事人陈述和证人证言、调取物证和书证、进行鉴定或者与调查取证有关的司法行为。

二、本条约不适用于下列情况：

（一）调取不打算用于已经开始或者即将开始的司法程序的证据；

（二）调取未在请求书中列明或者与案件没有直接密切联系的文件。

## 第十二条　调查取证请求的执行

一、被请求方应当根据本国法律执行调查取证的请求。

二、被请求方应当在不违背其法律的范围内，按照请求方要求的特殊方式执行调查取证的请求。

三、被请求方收到请求的机关如果无权执行请求，应当将该项请求移送有权执行的主管机关，以便执行。

四、被请求方如果由于请求方所提供的信息不足而难以调查取证，可以要求请求方提供补充材料。如果因为其他原因仍然无法执行请求，被请求方应当将请求书及所附文件退回请求方，并说明妨碍执行的原因。

五、如果请求方明示要求，被请求方应当通知请求方执行请求的时间和地点，以便案件当事人或者其代理人到场。上述当事人或者其代理人在到场时应当遵守被请求方的法律。

## 第十三条　通知调查取证的执行结果

被请求方应当通过本条约第四条规定的联系途径，向请求方书面通知执行调查取证请求的结果，并转交所取得的证据材料。

## 第十四条　安排有关人员作证

一、被请求方应当根据请求方的请求，邀请有关人员前往请求方境内出庭作证。请求方应当说明需向该人支付的津贴和(或)费用的范围和标准。被请求方应当将该人的答复迅速通知请求方。如果有关人员愿意前往请求方境内出庭作证，请求方应当在该人出发前向其支付津贴和(或)费用。

二、邀请有关人员在请求方境内出庭作证的文书送达请求，应当在不迟于预定的出庭日 60 天前递交给被请求方，除非在紧急情况下，被请求方同意在较短期限内转交。

## 第十五条　拒绝作证的权利或特权

一、如果根据本条约被要求作证的人员主张依请求方法律有拒绝作证的权利或者特权，被请求方应当要求请求方提供是否存在该项权利或者特权的证明。请求方的证明应当视为是否存在该项权利或者特权的充分证据，除非有明确的相反证据。

二、如果被请求方法律允许根据本条约被要求作证的人员在被请求方提起的诉讼中的类似情形下拒绝作证，该人可以拒绝作证。

## 第十六条　移交在押人员以便作证

一、经请求方请求，被请求方可以将在其境内的在押人员临时移交至请求方以便出庭作证，条件是该人同意，而且双方已经就移交条件事先达成书面协议。

二、如果依被请求方法律该被移交人应予羁押，请求方应当对该人予以羁押。

三、作证完毕后，请求方应当立即将该人送回被请求方。

四、为本条的目的，该被移交人在请求方被羁押的时间，应当折抵在被请求方判处的刑期。

## 第十七条　证人和鉴定人的保护

一、请求方对于到达其境内的证人或鉴定人，不得因该人在入境前的任何作为或者不作为而予以起诉、羁押、处罚或者采取任何其他限制人身自由的措施，也不得强迫该人在请求所未涉及的任何其他诉讼程序中作证，除非事先取得被请求方和该人同意。

二、如果上述人员在被正式通知无需继续停留后 15 天内未离开请求方，或者离开后又自愿返回，则不再适用本条第一款。但该期限不包括该人因本人无法控制的原因而未离开请求方的期间。

三、对于拒绝接受根据本条约第十四条或者第十六条提出的作证邀请的人员，不得因此种拒绝而施加任何处罚或者采取任何限制其人身自由的强制措施。

## 第十八条　承认和执行法院裁决

一、一方法院在本条约生效后作出的下列裁决，应当根据本条约规定的条件在另一方境内得到承认和执行：

(一)法院在民事和商事案件中作出的裁决；

(二)法院在刑事案件中作出的向被害人给予赔偿和返还财物的民事裁决。

二、本条第一款所述“裁决”包括法院就民事和商事案件制作的调解书。

## 第十九条　承认和执行法院裁决申请的提出

一、承认与执行裁决的申请，可以向作出该裁决的法院提出并按本条约第四条规定的联系途径转交。

二、申请及其所附文件也可以由案件当事人在完成被请求方法律规定的认证程序后，直接向被请求方的主管法院提出。

## 第二十条　承认和执行法院裁决申请应附的文件

一、承认和执行裁决的申请,应当附有下列文件:

(一)经证明无误的裁决副本,如果部分裁决已经执行,则应附有裁决已获执行部分的证明文件;

(二)证明裁决是终局的文件,以及在申请执行时,证明裁决是可以执行的文件,除非裁决中对此已经予以明确说明;

(三)证明已经向败诉的案件当事人适当送达裁决和无诉讼行为能力的当事人已经得到适当代理的文件;

(四)如果是缺席裁决,证明已经合法传唤缺席的案件当事人出庭的文件。

二、申请书和上述裁决及文件,均应当附有经证明无误的被请求方文字或者英文的译文。

## 第二十一条　承认和执行法院裁决的拒绝

对于本条约第十八条第一款列举的裁决,除可以根据本条约第六条的规定拒绝承认与执行外,有下列情形之一的,也可以拒绝承认与执行:

(一)根据作出裁决一方的法律,该裁决不是终局的或者不具有执行效力;

(二)根据本条约第二十二条的规定,作出裁决的法院无管辖权;

(三)败诉的案件当事人未经合法传唤,或者无诉讼行为能力的当事人没有得到适当代理;

(四)被请求方法院正在审理相同当事人之间就同一标的提起的诉讼;

(五)该裁决与被请求方法院已经作出的裁决或已经承认的第三国法院作出的裁决不符;

(六)被请求方法院对案件标的具有专属管辖权。

## 第二十二条　法院裁决得以承认和执行的管辖权

为承认和执行法院裁决的目的,符合下列情况之一的,作出裁决一方的法院即被视为有管辖权:

(一)在提起诉讼时,案件被告在该方境内有住所或者居所;

(二)因案件被告在该方境内设立的分支机构的商业活动产生诉讼;

(三)案件被告已经明示接受该方法院的管辖;

(四)案件被告未对管辖权提出异议,并就争议的实质问题进行了答辩;

(五)在合同案件中,合同在该方境内签订,或者已经或者应当在该方境内履行,或者诉讼标的物在该方境内;

(六)在非合同性质的侵权案件中,侵权行为或者结果发生在该方境内;

(七)在扶养义务案件中,债权人在提起诉讼时在该方境内有住所或者居所;

(八)作为诉讼标的物的不动产位于该方境内;

(九)在继承案件中,被继承人死亡时在该方境内有住所或者居所,或者主要遗产位于该方境内;

(十)在人身权利案件中,诉讼当事人在该方境内有住所或者居所。

## 第二十三条　承认和执行法院裁决的程序

一、裁决的承认和执行应当适用被请求方法律规定的程序。

二、被请求方法院应当仅限于审查裁决是否符合本条约规定的条件,不得对裁决作任何实质性审查。

三、如果裁决涉及多项可分开的内容,且无法得到全部承认和执行,被请求方法院可以决定仅承认和执行裁决的部分内容。

## 第二十四条　承认和执行法院裁决的效力

被承认和执行的法院裁决在被请求方境内应当与被请求方法院作出的裁决具有相同的效力。

## 第二十五条　仲裁裁决的承认与执行

双方应当根据一九五八年六月十日在纽约签订的《承认及执行外国仲裁裁决公约》,相互承认和执行在对方境内作出的仲裁裁决。

## 第二十六条　交换法律资料

双方应当根据请求,相互交换与本条约的实施相关的本国现行法律或者司法实践的资料。

### 第二十七条 外交或者领事代表送达文书和调查取证

一方可以通过本国派驻另一方的外交或者领事代表向在该另一方境内的本国国民送达司法文书和调查取证，但应当遵守该另一方法律，并且不得采取任何强制措施。

### 第二十八条 认证的免除

为适用本条约的目的，由双方法院或者其他主管机关制作或者证明，并且通过本条约第四条规定的联系途径转递的文件，免除任何形式的认证。

### 第二十九条 费 用

一、被请求方应当负担执行请求的费用，但请求方应当负担下列费用：

（一）有关人员按照本条约第十二条第五款的规定，前往、停留于和离开被请求方的费用；

（二）本条约第十四条第一款规定的津贴和（或）费用；

（三）鉴定人鉴定的费用；

（四）口译的费用；

（五）按照请求方要求的特殊方式执行请求发生的费用。

二、请求方应当根据请求预付其应负担的费用。

三、如果执行请求明显地需要超常性质的费用，双方应当协商决定可以执行请求的条件。

### 第三十条 其他合作基础

本条约不妨碍双方根据其他可适用的国际条约相互提供协助。双方也可以根据任何其他商定的安排提供协助。

### 第三十一条 与其他条约的关系

本条约不影响现有或将来双方缔结的双边或多边条约。

### 第三十二条 争议的解决

因解释或者实施本条约所产生的任何分歧，双方应当通过外交途径以协商和谈判的方式解决。

### 第三十三条 生效、修正和终止

一、双方根据本国法律完成本条约生效所需的一切必要程序后，应当通过外交照会通知对方。本条约自后一份照会发出之日起第 30 天生效。

二、本条约可以经双方书面协议随时予以修正。此类修订应当按照本条第一款规定的相同程序生效，并构成本条约的一部分。

三、任何一方可以随时通过外交途径，以书面形式通知另一方终止本条约。终止自该通知发出之日后第 180 天生效。本条约的终止不影响终止前提出的请求。

四、本条约适用于其生效后提出的请求，即使有关作为或者不作为发生于本条约生效前。

下列签署人经各自政府适当授权，签署本条约，以昭信守。

本条约于二〇一六年一月二十三日在德黑兰签订，一式两份，每份均以中文、波斯文和英文制成，三种文本同等作准。如遇解释上的分歧，以英文本为准。

| 中华人民共和国代表 | 伊朗伊斯兰共和国代表 |
|---|---|
| 王 毅 | 穆斯塔法·普尔默哈马迪 |
| （签字） | （签字） |

# 全国人民代表大会外事委员会审议《国务院关于提请审议批准〈中华人民共和国和伊朗伊斯兰共和国关于民事和商事司法协助的条约〉的议案》的报告

全国人民代表大会常务委员会：

2021 年 3 月 24 日，第十三届全国人民代表大会外事委员会举行第十七次全体会议，审议了《国务院关于提请审议批准〈中华人民共和国和伊朗伊斯兰共和国关于民事和商事司法协助的条约〉的议案》。

外事委员会认为,2016 年 1 月 23 日由我国外交部部长王毅和伊朗时任司法部部长穆斯塔法·普尔默哈马迪分别代表本国在德黑兰签署的《中华人民共和国和伊朗伊斯兰共和国关于民事和商事司法协助的条约》符合我国法律的基本原则和司法实践,批准该条约符合我国利益和实际需要。建议全国人民代表大会常务委员会决定批准该条约。

全国人民代表大会外事委员会

2021 年 3 月 24 日

# 全国人民代表大会常务委员会关于批准《成立平方公里阵列天文台公约》的决定

(2021 年 4 月 29 日第十三届全国人民代表大会常务委员会第二十八次会议通过)

第十三届全国人民代表大会常务委员会第二十八次会议决定:批准 2019 年 3 月 12 日由中华人民共和国代表在罗马签署的《成立平方公里阵列天文台公约》,同时声明:

在中华人民共和国政府另行通知前,《成立平方公里阵列天文台公约》暂不适用于中华人民共和国香港特别行政区。

# 成立平方公里阵列天文台公约

(中译本)

本公约各缔约方,

希求藉由广泛的国际合作以实现二十一世纪最具远见和雄心的一项大科学工程;

承诺挑战工程与科学的极限,探索天文学和物理学的基本问题;

认识到平方公里阵列作为下一代射电望远镜,其科学发现的潜力将远超于此前任何射电望远镜装置;

意识到平方公里阵列的规模和雄心需要全球长期投资合作;

期盼科学发现的潜力将有助于技术发展和创新,为产业和社会带来更多福祉;

致力于实现平方公里阵列项目的全部宏伟目标;

认可平方公里阵列组织为建立平方公里阵列天文台所做的前期准备工作;

承诺致力于建立一个促进并尊重多元和平等的国际组织。

同意如下条款:

## 第一条 定 义

本公约及其议定书中:

1.“SKAO”,系平方公里阵列天文台的缩略语;

2.“SKA”,系平方公里阵列,指 SKA 射电望远镜设施;

3.“SKA 项目”,指 SKA 建造、维护、运行和最终退役的全球合作事项;

4.“SKA—1”,指 SKA 项目初始阶段;

5.“总部国”,指 SKAO 全球总部所在的国家;

6.“台址国”,指 SKA 项目的台址所在国;

7.“成员”,指缔结本公约的国家或者国际组织;

8.“准成员”,指非本公约缔约方,但根据本公约第六条第 3 款被许可参与 SKAO 相关活动的国家或者国际组织;

9.“公平工作回报”,指在采购过程中某成员交付货物、工程和服务的累积价值大致体现其承诺的财务贡献时视为已经实现其目标;

10.“公务活动”,指按照本公约进行的所有活动,包括 SKAO 的管理活动;

11.“职员”,指 SKAO 工作职员或者借调人员;

12.“出资计划”,指列明成员和准成员为 SKAO 建设和运行所需付出的财务贡献及其条款和条件的计划表。

## 第二条 SKAO 的成立与地位

1. 依据本公约成立的 SKAO 是具有法律人格的国际组织,拥有为履行其职能及实现宗旨所需的如下行为能力:

(1)签订合同;

(2)获取和处分动产及不动产,以及;

(3)提起司法程序及作为司法程序的当事人。

2. SKAO 总部国为大不列颠及北爱尔兰联合王国,全球总部设于桥卓尔班克。

3. SKAO 应当与总部国和台址国就 SKAO 和 SKA 项目的台址事项签署协议。该等协议应当经理事会一致表决通过。

## 第三条 SKAO 的宗旨

1. SKAO 的宗旨是,在射电天文领域便利和促进全球合作,以期实现重大科学突破。全球合作的首要目标是实现 SKA 项目。

2. 根据理事会决议,SKAO 可以启动或者参与 SKA 项目之外涉及射电天文科学、技术和相关应用的项目。参与该等其他项目应该是选择性的。

## 第四条 特权和豁免

1. SKAO 所有成员应当根据作为本公约附件和组成部分的《SKAO 特权和豁免议定书》,给予 SKAO 相应的特权和豁免。

2. 所有特权和豁免授予的目的应当仅为开展 SKAO 公务活动和实现其宗旨。

## 第五条 SKA 项目

1. SKA 项目的设计应具有变革性的科学性能,其灵敏度、角分辨率和巡天速度必须远远超过目前现有的设备。

2. SKA 项目将分期实施,并从 SKA—1 开始启动,以期积极推进后续项目阶段。

3. SKA—1 台址位于澳大利亚联邦和南非共和国,SKA—1 的各组成部分将分别位于两个台址国,SKAO 国际总部将位于总部国,以上信息将在一份通过理事会审议的《技术附件》中进行具体描述。

4. SKA 项目的后续阶段由理事会批准后启动。后续阶段建设的参与是选择性的。后续阶段实施的出资由《SKAO 财务议定书》确定。

## 第六条 成员资格和其他合作形式

1. 本公约各缔约方应当为 SKAO 成员。成员资格向所有国家和国际组织开放。

2. 理事会可以根据本公约及其确定的条件,以一致表决通过的方式批准新成员加入 SKAO。本公约根据第十九条第 4 款对某一国家或者国际组织生效时,该国家或者国际组织即成为本公约成员,并遵守理事会确定的条件。

3. 理事会可以按其确定的条件一致表决接受 SKAO 准成员。该等条件应当确保准成员不得享有与成员同等的权益。准成员资格向所有国家和国际组织开放。

4. 经理事会一致表决通过,可以邀请其他实体如国家、国际组织和机构与 SKAO 进行合作。SKAO 可以为此目的与这些实体达成协议和安排。该等协议和安排应当经过理事会批准决定。

## 第七条 机 构

SKAO 由理事会和其职员协助下的总干事组成。

## 第八条 理事会

1. 理事会是 SKAO 的治理机构。每一成员在理事会中最多有两名代表,其中之一为投票代表,并获得代表该成员行动和投票之授权。顾问可以协助代表工作。

2. 理事会负责 SKAO 的整体战略部署与科学方向、良好治理和目标实现。理事会应当具备一切必要和合理的权限以有效履行其职责。

3. 除本公约其他条款列明的职能外,理事会应当:

(1)根据《人事条例》的规定任命总干事和批准其他高级职员的任命;

(2)批准 SKAO 有关事项的政策、规则和条例,包括科学、技术、财务和行政事务,以及 SKA 及其数据的使用;

(3)批准预算,监督开支和财务活动;

(4)任命审计师;

(5)批准和发布年度财务审计报表;

(6)批准和发布年度报告;

(7)为 SKAO 的运行而采取其他必要措施。

4. 现场或者远程召开的任何会议，以及理事会的任何决议，应当由全体成员的三分之二方可构成法定人数。无投票资格之成员不得计入法定人数。

5. 除另有规定外，每个成员在理事会均有一票表决权。

6. 除另有规定外，理事会决议应当经三分之二多数同意。

7. 在计算本公约或者《SKAO 财务议定书》中规定的一致通过或者多数票时，缺席、未参加投票、弃权或者无投票权的成员不得计入在内。

8. 对于总部国和各台址国的选择，理事会可以根据本公约第十五条的规定，通过一致表决的方式进行变更。

9. 根据本公约第三条第 2 款批准的项目，成员同意财务贡献后方可享有投票权。

10. 在遵守本公约的前提下，理事会应当制定其《议事规则》。

11. 理事会选举一名主席和一名副主席，任期两年。主席和副主席的任职不得超过两届。

12. 主席应当根据理事会《议事规则》召集理事会会议。理事会应当根据需要召集会议，每年不少于一次。

13. 理事会应当成立可以代表各成员的财务委员会。为实现 SKAO 的宗旨，理事会可以设立其他相关委员会，并确定委员会的职责和人员组成。

## 第九条　总干事和职员

1. 理事会应当任命一名有固定任期的总干事，并有权根据理事会批准的《人事条例》在任何时间终止其任职。总干事为 SKAO 首席执行官和法定代表人。总干事应当向理事会报告。

2. 总干事的职责包括：

(1)根据理事会的规定行使规划、运行和财务方面的职权；

(2)向理事会提交年度报告；

(3)向理事会提交预算估算报告；

(4)向理事会提交年度财务审计报表；

(5)除理事会另有规定外，为提供咨询而参加理事会会议；

(6)负责 SKAO 事务的综合管理；

(7)负责卫生与安全事务；

(8)执行理事会交办的其他任务。

3. 在符合本公约第八条第 3 款(1)项规定的前提下，在理事会授权范围内，总干事可以得到其认为必要的科学、技术和行政职员的协助。职员由总干事根据《人事条例》任免。

4. 总干事和职员应当尊重 SKAO 的国际性，并仅为 SKAO 的利益履行职责。

## 第十条　财　　务

1. SKAO 应当根据《SKAO 财务议定书》的规定处理财务事宜。该《SKAO 财务议定书》是本公约的附件和组成部分。

2. 成员和准成员应当按照理事会依据《SKAO 财务议定书》批准的出资计划进行财务贡献。

3. 出资计划可以根据《SKAO 财务议定书》进行修正。

4. 成员和准成员应当根据其对 SKA 项目的累计承诺财务贡献享有相应比例的份额。

## 第十一条　知识产权

1. SKAO 应当制定经理事会一致表决通过的《知识产权政策》。理事会对该政策的任何修正应当经三分之二多数通过，但该政策规定应当经一致表决通过修正的条款除外。

2. 该政策应当确保 SKAO 能够以最小的风险和成本进行知识产权管理。

3. 该政策应当界定相关依据，以使参与 SKAO 项目实施的任何实体在 SKA 范围之外可以使用因其参与而产生的创新成果。

4. 理事会可以决定将新增知识产权通过非排他的、全球范围、免费、永久且不可撤销的分许可授予 SKA 贡献方。根据该许可，SKA 贡献方可以为 SKA 项目和其他非商业性研究和教育之目的使用这些创新和工作成果，但应当获得原有知识产权和第三方知识产权项下的适当授权。该等分许可不得用于与新增知识产权所有人形成竞争关系的活动。

## 第十二条　采　　购

1. 采购的首要目标是通过现金、实物或者二者兼有的财务贡献方式成功获取实施 SKA 项目所需的货物、工程和服务，同时有效管理风险。

2.《采购政策》应当经理事会一致表决通过批准。理事会对该政策的任何修正应当经三分之二多数通过，但该政策中规定需经一致表决通过修正的条款除外。

3. 采购的实施应当遵循公平工作回报、平等、透明和竞争的原则。

## 第十三条　运行和使用

1. SKAO 应当根据理事会一致表决通过的《运行政策》运行。理事会对该政策的任何修正应当经三分之二多数通过,但该政策中规定需经一致表决通过修正的条款除外。

2. SKA 望远镜和其他资源的使用时间应当根据理事会一致表决通过的《使用政策》分配。理事会对该政策的任何修正需经三分之二多数通过,但该政策中规定需经一致表决通过修正的条款除外。

3. SKAO 应当依照成员和准成员所占项目份额的比例分配使用的原则运行,但理事会一致表决通过其他决定的除外。

## 第十四条　争端解决

成员之间或者成员与 SKAO 之间就本公约解释和适用问题产生的任何争端,如不能通过协商解决,应当按照争端各方的请求提交常设仲裁法院依据《常设仲裁法庭仲裁规则》进行仲裁,但争端各方同意以其他方式解决的情形除外。

## 第十五条　修　　正

1. 任何对本公约及其议定书提出修正要求的成员均应当将提案告知总干事。总干事应当迅速将提案送达所有成员。主席应当在至少三个月内召集理事会会议,在该会议上决定是否通过并建议对成员提案的修正。

2. 理事会通过并建议的修正案应当在所有成员按照其国内要求均已接受之后方可对所有成员生效。该修正案应当于保存人收到该修正案的最后一份接受通知的三十日后生效。

## 第十六条　退　　出

1. 自本公约生效十年后,任何成员均可以随时通过向本公约保存人提交书面退出通知的方式退出本公约。提出退出的成员应当在完成其义务之后方可被允许退出,但理事会决定免除其义务的情形除外。

2. 退出成员应当在本公约保存人收到退出通知后继续对 SKAO 承担所有直接和持续的义务,直至退出通知正式生效。退出成员已完成其义务的,退出即应当在退出通知被收到之后的 SKAO 下一个财政年度结束时生效,但理事会批准可以提前退出的情形除外。

3. 退出成员对 SKAO 的资产或者其已经履行的财务贡献无请求权。退出成员对本公约保存人收到退出通知之后 SKAO 运行所产生的债务不承担责任。

## 第十七条　终止和解除

1. 理事会可以一致表决通过在任何时间终止本公约。在 SKAO 履行其对台址国的义务(包括 SKA 退役义务)之前,该决议不具有效力;义务履行完毕后,理事会应当决定终止生效的日期。自终止之日起,SKAO 应当被解散并停止其国际组织身份。任何资产都应当进行清算并分配收益,在成员之间按照其成为成员后的实际出资之比例进行分配。

2. SKAO 被决定终止后的任何未偿债务由全体成员按照其成为成员后被要求财务贡献的比例并在该出资范围内进行分摊。如果 SKAO 的债务或者责任超出其拥有的资金总量,理事会应当通过全体一致表决,争取提高各成员履行这些债务或者责任的出资额。

## 第十八条　履约不能

如果理事会确定任何成员未履行其在本公约所确定的义务,包括财务贡献义务,理事会应当要求其纠正违约行为。如果该成员未在告知的时间内回应理事会提出的要求,该成员在理事会的投票权自动暂停。理事会的其他成员可以采取在此情形下的其他合理措施,包括理事会其他成员一致表决终止该成员的 SKAO 成员资格。

## 第十九条　签署、批准、接受、核准、加入和生效

1. 本公约应于二〇一九年三月十二日在罗马开放签署,自二〇一九年三月十二日后由下列各国提交保存国:

澳大利亚联邦

中华人民共和国

印度共和国

意大利共和国

荷兰王国

新西兰

葡萄牙共和国

瑞典

南非共和国

大不列颠及北爱尔兰联合王国

2. 本公约应当由本条第 1 款所列国家按照其国内法律要求进行批准、接受或者核准。本公约应当于澳大利亚联邦、南非共和国和大不列颠及北爱尔兰联合王国以及其他两个签署国批准、接受或者核准文书存放之日起三十日后生效。

3. 本公约对于未列入本条第 1 款的国家和国际组织,根据第六条第 2 款开放加入。

4. 本公约生效后,任何已存放其批准、接受、核准或者加入本公约之文件的国家或者国际组织,自该等文件提交保管之日起三十日后,本公约对其生效。

### 第二十条 保存人

1. 本公约的保存人为大不列颠及北爱尔兰联合王国政府。

2. 保存人应当:

(1)将每次签署及其日期和本公约的生效日期通报签署方和成员;

(2)将每次提交保存批准、接受、核准或者加入文件的情况以及本公约对该国或者国际组织生效的日期通报各签署方和成员;

(3)将修正案的收到通知和生效的时间通报成员;

(4)将退出的通知和退出生效的时间通报成员;

(5)将本公约终止的时间通报成员;

(6)将理事会终止某一成员 SKAO 成员资格的决定和生效日期通报成员。

3. 本公约生效后,保存人应当根据《联合国宪章》第 102 条将其登记于联合国秘书处。

# 全国人民代表大会外事委员会审议《国务院关于提请审议批准〈成立平方公里阵列天文台公约〉的议案》的报告

全国人民代表大会常务委员会:

2021 年 3 月 24 日,第十三届全国人民代表大会外事委员会举行第十七次全体会议,审议了《国务院关于提请审议批准〈成立平方公里阵列天文台公约〉的议案》。

外事委员会认为,2019 年 3 月 12 日由我国时任科技部副部长、国家外专局局长张建国与澳大利亚、意大利、荷兰、葡萄牙、南非、英国代表分别代表本国在罗马签署的《成立平方公里阵列天文台公约》符合我国法律的基本原则,批准该公约符合我国利益和实际需要。建议全国人民代表大会常务委员会决定批准该公约,同时声明:

在中华人民共和国政府另行通知前,《成立平方公里阵列天文台公约》暂不适用于中华人民共和国香港特别行政区。

全国人民代表大会外事委员会

2021 年 3 月 24 日

# 全国人民代表大会常务委员会关于批准《中华人民共和国和智利共和国引渡条约》的决定

(2021 年 10 月 23 日第十三届全国人民代表大会常务委员会第三十一次会议通过)

第十三届全国人民代表大会常务委员会第三十一次会议决定:批准 2015 年 5 月 25 日由中华人民共和国代表在圣地亚哥签署的《中华人民共和国和智利共和国引渡条约》。

# 中华人民共和国和智利共和国引渡条约

（中文本）

中华人民共和国和智利共和国（以下称双方），

在相互尊重主权和平等互利的基础上，为促进两国在打击犯罪方面的有效合作，决定缔结本条约，

达成协议如下：

## 第一条 引渡义务

双方有义务根据本条约的规定，应对方请求，相互引渡在一方境内发现的被另一方通缉的人员，以便就可引渡的犯罪对其进行刑事诉讼或者执行请求方法院判处的刑罚。

## 第二条 可引渡的犯罪

一、依双方法律均构成犯罪，并且符合下列条件之一的，为可引渡的犯罪：

（一）为了对被请求引渡人进行刑事诉讼而请求引渡的，根据双方法律，对于该犯罪均可判处 1 年以上有期徒刑或者更重的刑罚；

（二）为了对被请求引渡人执行刑罚而请求引渡的，在请求方提出引渡请求时，被请求引渡人尚未服完的刑期至少为 1 年。

二、根据本条第一款确定某行为是否依双方法律均构成犯罪时：

（一）不必考虑双方法律是否将该行为归入同一犯罪种类或者使用同一罪名；

（二）应当对该行为作整体考虑，而不论该犯罪行为的构成要件根据双方法律是否存在差别。

三、如果引渡请求涉及若干犯罪，每项犯罪根据双方法律均应当受到处罚，但其中某些犯罪不符合本条第一款第（一）项或者第（二）项规定的条件，只要被请求引渡人犯有至少一项可予引渡的犯罪，被请求方即可以就上述各项犯罪准予引渡。

## 第三条 多边条约

对于双方均为缔约方的多边条约所规定的犯罪，可以根据本条约准予引渡。

## 第四条 财税犯罪

如果引渡请求系基于违反有关赋税、关税、外汇管制或者其他税务事项的法律的犯罪，被请求方不得以本国法律未规定同类的赋税或者关税，或者未规定与请求方法律同样的赋税、关税或者外汇管制条款为理由拒绝引渡。

## 第五条 应当拒绝引渡的理由

有下列情形之一的，应当拒绝引渡：

（一）被请求方认为，引渡请求所针对的犯罪是政治犯罪。为此目的，恐怖主义犯罪和双方均为缔约方的国际公约不认为是政治犯罪的行为均不视为政治犯罪；

（二）被请求方有充分理由认为，请求引渡的目的是基于被请求引渡人的种族、性别、宗教、国籍或者政治见解而对该人进行刑事诉讼或者执行刑罚，或者该人在司法程序中的地位将会因为上述任何原因受到损害；

（三）引渡请求所针对的犯罪纯属军事犯罪；

（四）根据被请求方法律，由于时效已过或者其他原因，不得就引渡请求中列明的犯罪进行追诉或者执行刑罚；

（五）被请求方主管机关对被请求引渡人就引渡请求所针对的犯罪已经作出生效判决，或者已经终止刑事诉讼程序；

（六）请求方根据缺席判决提出引渡请求，并且没有保证在引渡后重新进行审理；

（七）根据请求方法律，被请求引渡人可能因引渡请求所针对的犯罪被判处死刑，除非请求方作出被请求方认为足够的保证不判处死刑，或者在判处死刑的情况下不执行死刑。

## 第六条 可以拒绝引渡的理由

有下列情形之一的，可以拒绝引渡：

（一）被请求方根据本国法律对引渡请求所针

对的犯罪具有管辖权。在此情况下，被请求方应当将案件提交其主管机关以便根据本国法律提起刑事诉讼；

（二）被请求方在考虑犯罪的严重性和请求方利益的情况下，认为由于被请求引渡人尚未成年或者年老、健康状况或者其他原因，引渡不符合人道主义考虑。

### 第七条　国民的引渡

一、双方有权拒绝引渡本国国民。

二、如果根据本条第一款不同意引渡，被请求方应当根据请求方的要求，将该案提交其主管机关以便根据本国法律提起刑事诉讼。为此目的，请求方应当向被请求方提供与该案有关的文件和证据。

### 第八条　联系途径

为本条约的目的，双方应当通过外交途径进行联系。双方可以指定其他机关接收和转递引渡请求。

### 第九条　引渡请求及所需文件

一、请求应当以书面形式提出，并且包括或者附有：

（一）请求机关的名称；

（二）被请求引渡人的姓名、出生日期、年龄、性别、国籍、身份证件、住所地以及其他有助于确定被请求引渡人的身份和可能所在地点的信息；

（三）有关案情的说明，包括犯罪行为及其法律后果的概述；

（四）有关该项犯罪的刑事管辖权、定罪、刑罚的法律规定；

（五）有关追诉时效或者执行刑罚期限的法律规定。

二、除本条第一款规定外，

（一）为了对被请求引渡人进行刑事诉讼提出引渡请求的，应当附有请求方主管机关签发的逮捕证的副本；

（二）为了对被请求引渡人执行刑罚提出引渡请求的，应当附有已经发生法律效力的法院裁判文书的副本和关于已经执行刑期的说明。

三、引渡请求及所需文件应当经签署或者盖章，并且应当附有被请求方文字的译文。上述文件无需认证。

### 第十条　补充材料

如果被请求方认为，为支持引渡请求所提供的材料不充分，可以要求在45天内提交补充材料。如果请求方提出合理要求，这一期限可以延长30天。如果请求方未在该期间内提交补充材料，应当视为自动放弃请求，但是不妨碍请求方就同一犯罪重新提出引渡请求。

### 第十一条　临时羁押

一、在紧急情况下，一方可以请求另一方在收到引渡请求前临时羁押被请求引渡人。此种请求可以通过第八条规定的途径或者双方同意的其他途径以书面形式提出。

二、临时羁押请求应当包括第九条第一款第（一）、（二）、（三）项所列内容，并说明已经备有该条第二款所列文件，以及即将提出正式引渡请求。

三、被请求方应当将处理该请求的情况及时通知请求方。

四、如果被请求方在羁押被请求引渡人之后的2个月内未收到正式引渡请求，则应当解除临时羁押。应请求方合理要求，上述期限可以延长30天。

五、如果被请求方事后收到正式引渡请求，根据本条第四款解除的临时羁押不妨碍对被请求引渡人的引渡。

### 第十二条　对引渡请求作出决定

一、被请求方应当根据本国法律规定的程序对引渡请求作出决定，并且及时通知请求方。

二、如果被请求方全部或者部分拒绝引渡请求，应当将理由告知请求方。

### 第十三条　移交被引渡人

一、如果被请求方同意引渡，双方应当商定移交的时间、地点等有关事宜。同时，被请求方应当将被引渡人在移交之前已经被羁押的时间告知请求方。

二、除本条第三款规定外，如果请求方在商定的移交之日后的 15 天内未接收被引渡人，被请求方应当立即释放该人，并且可以拒绝请求方就同一犯罪再次提出的引渡该人的请求。

三、如果一方因为其无法控制的原因不能在商定的期间内移交或者接收被引渡人，应当及时通知另一方。双方应当再次商定移交的有关事宜，并适用本条第二款的规定。

### 第十四条　推迟移交和临时移交

一、如果被请求引渡人正在被请求方因为引渡请求所针对的犯罪之外的犯罪被提起刑事诉讼或者服刑，被请求方可以在作出同意引渡的决定后，推迟移交该人直至诉讼终结或者服刑完毕。被请求方应当将推迟移交事项通知请求方。

二、如果本条第一款规定的推迟移交会造成请求方刑事追诉时效丧失或者妨碍对引渡请求所针对的犯罪进行侦查，被请求方可以在本国法律允许的范围内，根据双方确定的条件，将被请求引渡人临时移交给请求方。请求方在完成有关程序后，应当立即将该人送回被请求方。

### 第十五条　简易引渡

如果被请求引渡人在被告知其在引渡程序中的权利和受到的保护后明确表示同意引渡，被请求方在本国法律允许的情况下可以同意引渡。

### 第十六条　多国提出引渡请求

如果多个国家就相同或者不同犯罪针对同一人提出引渡请求，被请求方应当自主对这些请求作出决定，并告知请求方。作此决定时，被请求方应当考虑所有情形，尤其是犯罪的相对严重程度、犯罪地点、提出引渡请求的日期、被请求引渡人的国籍以及再引渡给另一国的可能性。

### 第十七条　特定规则

除同意引渡所针对的犯罪外，对于根据本条约被引渡的人，请求方不得就其在引渡前实施的其他犯罪进行刑事诉讼或者执行刑罚，也不得将其引渡给第三国，但是有下列情形之一的除外：

（一）被请求方事先同意。为此目的，被请求方可以要求提供第九条所规定的文件或者资料，以及被请求引渡人就有关犯罪所作的陈述；

（二）该人在被释放后的 30 天内未离开请求方领土。但是由于其无法控制的原因未能离开该方领土的时间不计算在此期限内；

（三）该人在已经离开请求方领土后又自愿回到该方领土。

### 第十八条　冻结、扣押和移交财物

一、如果请求方提出请求，被请求方应当在本国法律允许的范围内，冻结或者扣押在其境内发现的犯罪所得、犯罪工具以及其他可作为证据的财物，并且在同意引渡的情况下，将上述财物移交给请求方。

二、在同意引渡的情况下，即使因为被请求引渡人死亡、失踪或者脱逃而无法移交该人，本条第一款提及的财物仍然可以移交。

三、被请求方为审理其他未决刑事案件，可以推迟移交上述财物直至诉讼终结，或者在请求方返还的条件下临时移交上述财物。

四、移交上述财物不得损害被请求方或者任何第三方对该财物的合法权利。如果存在此种权利，请求方应当根据被请求方的要求，在诉讼结束之后尽快将被移交的财物无偿返还给被请求方。

### 第十九条　过　境

一、一方从第三国引渡人员需经过另一方领土时，前一方应当向后一方提出同意过境的请求。如果使用航空运输并且没有在后一方境内降落的计划，则无需获得此种同意。

二、被请求方在不违反本国法律的情况下，应当同意请求方提出的过境请求。

### 第二十条　通报结果

请求方应当及时向被请求方通报有关对被引渡人进行刑事诉讼、执行刑罚或者将该人再引渡给第三国的情况。

### 第二十一条　费　用

在被请求方的引渡程序中产生的费用应当由被请求方承担。与移交和接收被引渡人有关的交通费用和过境费用应当由请求方承担。

### 第二十二条　与其他条约的关系

本条约不影响双方根据任何其他条约享有的权利和承担的义务。

### 第二十三条　争议的解决

由于实施或者解释本条约产生的任何争议，应当通过外交途径协商解决。

### 第二十四条　生效、修正和终止

一、双方完成使本条约生效的国内法律程序后，应当通过外交照会相互通知。本条约自后一份照会发出之日60天后生效。

二、本条约无限期有效。

三、本条约可以经双方书面协议随时予以修正。修正的生效程序与本条第一款规定的程序相同。

四、任何一方可以随时通过外交途径，以书面形式通知终止本条约。终止自该通知发出之日后第180天生效。但本条约继续适用于在其失效之日未处理完毕的引渡请求。

五、本条约适用于其生效后提出的请求，即使有关作为或者不作为发生于本条约生效前。

下列签署人经各自政府适当授权，签署本条约，以昭信守。

本条约于二〇一五年五月二十五日订于圣地亚哥，一式两份，每份均以中文和西班牙文制成，两种文本同等作准。

| 中华人民共和国代表 | 智利共和国代表 |
| --- | --- |
| 王　毅 | 穆尼奥斯 |
| （签字） | （签字） |

# 全国人民代表大会外事委员会审议《国务院关于提请审议批准〈中华人民共和国和智利共和国引渡条约〉的议案》的报告

全国人民代表大会常务委员会：

2021年9月16日，第十三届全国人民代表大会外事委员会举行第十八次全体会议，审议了《国务院关于提请审议批准〈中华人民共和国和智利共和国引渡条约〉的议案》。

外事委员会认为，2015年5月25日由我国外交部部长王毅与智利时任外交部部长穆尼奥斯分别代表本国在圣地亚哥签署的《中华人民共和国和智利共和国引渡条约》符合我国法律的基本原则和司法实践，批准该条约符合我国利益和实际需要。建议全国人民代表大会常务委员会决定批准该条约。

全国人民代表大会外事委员会

2021年9月16日

# 全国人民代表大会常务委员会关于批准《关于为盲人、视力障碍者或其他印刷品阅读障碍者获得已出版作品提供便利的马拉喀什条约》的决定

（2021年10月23日第十三届全国人民代表大会常务委员会第三十一次会议通过）

第十三届全国人民代表大会常务委员会第三十一次会议决定：批准2013年6月28日由中华人民共和国代表在马拉喀什签署的《关于为盲人、视力障碍者或其他印刷品阅读障碍者获得已出版作

品提供便利的马拉喀什条约》(以下简称《马拉喀什条约》),同时声明:

一、中华人民共和国香港特别行政区适用《马拉喀什条约》,并依据该条约第四条第四款的规定,将该条规定的版权例外限于市场中无法从商业渠道以合理条件为受益人获得特定无障碍格式的作品。

二、在中华人民共和国政府另行通知前,《马拉喀什条约》暂不适用于中华人民共和国澳门特别行政区。

# 关于为盲人、视力障碍者或其他印刷品阅读障碍者获得已出版作品提供便利的马拉喀什条约[①]

(中文本)

## 目　录



## 序　言

缔约各方,

回顾《世界人权宣言》和联合国《残疾人权利公约》宣告的不歧视、机会均等、无障碍以及充分和切实地参与和融入社会的原则,

注意到不利于视力障碍或其他印刷品阅读障碍者全面发展的种种挑战限制了他们的言论自由,包括在与其他人平等的基础上,寻求、接受和传递各种信息和思想的自由,其中包括通过他们自行选择的一切交流形式寻求、接受和传递各种信息和思想的自由,也限制了他们享受受教育的权利和从事研究的机会,

强调版权保护对激励和回报文学与艺术创作的重要性,以及增加机会,使包括视力障碍或其他印刷品阅读障碍者在内的每个人参加社会的文化生活、享受艺术和分享科学进步成果及其产生的利益的重要性,

意识到视力障碍或其他印刷品阅读障碍者为在社会上实现机会均等,在获得已出版的作品方面面临的障碍,还意识到既有必要增加无障碍格式作品的数量,也有必要改善这种作品的流通,

考虑到多数视力障碍或其他印刷品阅读障碍者生活在发展中国家和最不发达国家,

认识到尽管各国的版权法存在不同,但新的信息和通信技术对视力障碍或其他印刷品阅读障碍者的生活产生的积极影响,可以通过加强国际法律框架而得到扩大,

① 本条约由关于缔结一项为视力障碍者和印刷品阅读障碍者获取已发表的作品提供便利的条约的外交会议于 2013 年 6 月 27 日通过。

认识到很多成员国已在本国的版权法中为视力障碍或其他印刷品阅读障碍者规定了限制与例外,但适合他们使用的无障碍格式版作品仍然持续匮乏,还认识到各国使他们无障碍地获得作品的努力需要大量资源,而无障碍格式版不能跨境交换,导致不得不重复这些努力,

认识到权利人在使视力障碍或其他印刷品阅读障碍者无障碍地获得其作品中的重要作用,还认识到,规定适当的限制与例外,特别是在市场无法提供这种以无障碍方式获得作品的机会时,对于使视力障碍或其他印刷品阅读障碍者无障碍地获得作品的重要性,

认识到有必要在作者权利的有效保护与更大的公共利益之间,尤其是与教育、研究和获得信息之间保持平衡,而且这种平衡必须为有效和及时地获得作品提供便利,使视力障碍或其他印刷品阅读障碍者受益,

重申缔约各方根据现有国际版权保护条约承担的义务,以及《保护文学和艺术作品伯尔尼公约》第九条第二款和其他国际文书中规定的有关限制与例外的三步检验标准的重要性和灵活性,

回顾世界知识产权组织大会2007年所通过的旨在确保发展方面的考虑构成该组织工作组成部分的发展议程各项建议的重要性,

认识到国际版权制度的重要性,出于对限制与例外进行协调,为视力障碍或其他印刷品阅读障碍者获得和使用作品提供便利的愿望,

达成协议如下:

## 第一条　与其他公约和条约的关系

本条约的任何内容均不减损缔约各方相互之间依任何其他条约承担的任何义务,也不损害缔约方依任何其他条约享有的任何权利。

## 第二条　定　　义

在本条约中:

(一)"作品"是指《保护文学和艺术作品伯尔尼公约》第二条第一款所指的文学和艺术作品,形式为文字、符号和(或)相关图示,不论是已出版的作品,还是以其他方式通过任何媒介公开提供的作品①;

(二)"无障碍格式版"是指采用替代方式或形式,让受益人能够使用作品,包括让受益人能够与无视力障碍或其他印刷品阅读障碍者一样切实可行、舒适地使用作品的作品版本。无障碍格式版为受益人专用,必须尊重原作的完整性,但要适当考虑将作品制成替代性无障碍格式所需要的修改和受益人的无障碍需求;

(三)"被授权实体"是指得到政府授权或承认,以非营利方式向受益人提供教育、指导培训、适应性阅读或信息渠道的实体。被授权实体也包括其主要活动或机构义务之一是向受益人提供相同服务的政府机构或非营利组织②。

被授权实体在以下方面制定并遵循自己的做法:

1. 确定其服务的人为受益人;

2. 将无障碍格式版的发行和提供限于受益人和(或)被授权实体;

3. 劝阻复制、发行和提供未授权复制件的行为;以及

4. 对作品复制件的处理保持应有注意并设置记录,同时根据第八条尊重受益人的隐私。

## 第三条　受益人

受益人为不论有无任何其他残疾的下列人:

(一)盲人;

(二)有视觉缺陷、知觉障碍或阅读障碍的人,无法改善到基本达到无此类缺陷或障碍者的视觉功能,因而无法以与无缺陷或无障碍者基本相同的程度阅读印刷作品;或者③

(三)在其他方面因身体残疾而不能持书或翻书,或者不能集中目光或移动目光进行正常阅读的人。

## 第四条　关于无障碍格式版的国内法限制与例外

一、(一)缔约各方应在其国内版权法中规定对复制权、发行权和《世界知识产权组织版权条约》规

① 关于第二条第(一)项的议定声明:各方达成共识,为本条约的目的,该定义包括有声形式的此种作品,例如有声读物。

② 关于第二条第(三)项的议定声明:各方达成共识,为本条约的目的,"得到政府承认的实体"可以包括接受政府财政支持,以非营利方式向受益人提供教育、指导培训、适应性阅读或信息渠道的实体。

③ 关于第三条第(二)项的议定声明:此处的措辞不意味着"无法改善"必须使用所有可能的医学诊断程序和疗法。

定的向公众提供权的限制或例外，以便于向受益人提供无障碍格式版的作品。国内法规定的限制或例外应当允许将作品制成替代性无障碍格式所需要的修改。

（二）缔约各方为便于受益人获得作品，还可以规定对公开表演权的限制或例外。

二、缔约方为执行第四条第一款关于该款所述各项权利的规定，可以在其国内版权法中规定限制或例外，以便：

（一）在符合下列全部条件时，允许被授权实体在未经版权权利人授权的情况下制作作品的无障碍格式版，从另一被授权实体获得无障碍格式版，以任何方式，包括以非商业性出借或者以有线或无线电子传播的方式将这些无障碍格式版提供给受益人，以及为实现这些目的采取任何中间步骤：

1. 希望进行上述活动的被授权实体依法有权使用作品或该作品的复制件；

2. 作品被转为无障碍格式版，其中可以包括浏览无障碍格式的信息所需要的任何手段，但除了使作品对受益人无障碍所需要的修改之外，未进行其他修改；

3. 这种无障碍格式版供受益人专用；并且

4. 进行的活动属于非营利性；

而且

（二）受益人依法有权使用作品或该作品的复制件的，受益人或代表其行事的人，包括主要看护人或照顾者，可以制作作品的无障碍格式版供受益人个人使用，也可以通过其他方式帮助受益人制作和使用无障碍格式版。

三、缔约方为执行第四条第一款的规定，可以根据第十条和第十一条在其国内版权法中规定其他限制或例外[①]。

四、缔约方可以将本条规定的限制或例外限于在该市场中无法从商业渠道以合理条件为受益人获得特定无障碍格式的作品。利用这种可能性的缔约方，应在批准、接受或加入本条约时，或者在之后的任何时间，在向世界知识产权组织总干事交存的通知中作出声明[②]。

五、本条规定的限制或例外是否需要支付报酬，由国内法决定。

### 第五条　无障碍格式版的跨境交换

一、缔约方应规定，如果无障碍格式版系根据限制或例外或者依法制作的，该无障碍格式版可以由一个被授权实体向另一缔约方的受益人或被授权实体发行或提供[③]。

二、缔约方为执行第五条第一款的规定，可以在其国内版权法中规定限制或例外，以便：

（一）允许被授权实体在未经权利人授权的情况下向另一缔约方的被授权实体发行或提供受益人专用的无障碍格式版；并且

（二）允许被授权实体在未经权利人授权的情况下根据第二条第（三）项向另一缔约方的受益人发行或提供无障碍格式版；

条件是在发行或提供之前，作为来源方的被授权实体不知道或者没有合理理由知道无障碍格式版将被用于受益人以外的目的[④]。

三、缔约方为执行第五条第一款的规定，可以根据第五条第四款、第十条和第十一条在其国内版权法中规定其他限制或例外。

四、（一）缔约方的被授权实体依第五条第一款收到无障碍格式版，而且该缔约方不承担《伯尔尼公约》第九条规定的义务的，它将根据其自身的法律制度和做法，确保无障碍格式版仅为该缔约方管辖范围内的受益人复制、发行或提供。

（二）被授权实体依第五条第一款发行和提供无障碍格式版，应限于该管辖范围，除非缔约方是《世界知识产权组织版权条约》的缔约方，或者以其他方式将旨在实施本条约的对发行权和向公众提供权的限制与例外限于某些不与作品的正常利用相抵触、也不致不合理地损害权利人合法利益的特殊情况[⑤][⑥]。

---

① 关于第四条第三款的议定声明：各方达成共识，对于视力障碍或其他印刷品阅读障碍者而言，在翻译权方面，本款既不缩小也不扩大《伯尔尼公约》所允许的限制与例外的适用范围。

② 关于第四条第四款的议定声明：各方达成共识，不得以商业可获得性要求为根据对依本条规定的限制或例外是否符合三步检验标准进行预先判定。

③ 关于第五条第一款的议定声明：另外，各方达成共识，本条约的任何内容均不缩小也不扩大任何其他条约规定的专有权的范围。

④ 关于第五条第二款的议定声明：各方达成共识，为直接向另一缔约方的受益人发行或提供无障碍格式版，被授权实体采取进一步措施，确认其正在服务的人是受益人，并按第二条第（三）项所述遵循其自身的做法，可能是适当的。

⑤ 关于第五条第四款第（二）项的议定声明：各方达成共识，本条约的任何内容均不要求或意味着缔约方在其依本文书或其他国际条约承担的义务以外采用或适用三步检验标准。

⑥ 关于第五条第四款第（二）项的议定声明：各方达成共识，本条约的任何内容均不对缔约方增加批准或加入《世界知识产权组织版权条约》或遵守其任何规定的任何义务，并且本条约的任何内容均不损害《世界知识产权组织版权条约》中所载的任何权利、限制和例外。

（三）本条的任何内容均不影响对何种行为构成发行行为或向公众提供行为的认定。

五、本条约的任何内容均不得用于处理权利用尽问题。

## 第六条　无障碍格式版的进口

只要缔约方的国内法允许受益人、代表受益人行事的人或被授权实体制作作品的无障碍格式版，该缔约方的国内法也应同样允许其在未经权利人授权的情况下，为受益人的利益进口无障碍格式版[①]。

## 第七条　关于技术措施的义务

缔约各方应在必要时采取适当措施，确保在其为制止规避有效的技术措施规定适当的法律保护和有效的法律救济时，这种法律保护不妨碍受益人享受本条约规定的限制与例外[②]。

## 第八条　尊重隐私

缔约各方在实施本条约规定的限制与例外时，应努力在与其他人平等的基础上保护受益人的隐私。

## 第九条　开展合作为跨境交换提供便利

一、缔约各方应鼓励自愿共享信息，帮助被授权实体互相确认，以努力促进无障碍格式版的跨境交换。世界知识产权组织国际局应为此建立信息联络点。

二、缔约各方承诺帮助本方从事第五条规定的各项活动的被授权实体提供与第二条第（三）项所述其各项做法有关的信息，一方面通过在被授权实体之间共享信息，另一方面通过酌情向有关各方和公众提供有关其政策和做法的信息，其中包括与无障碍格式版的跨境交换有关的政策和做法的信息。

三、请世界知识产权组织国际局在有与本条约发挥作用有关的信息时，共享这种信息。

四、缔约各方承认国际合作与促进国际合作在支持各国努力实现本条约的宗旨和各项目标方面的重要性[③]。

## 第十条　关于实施的一般原则

一、缔约各方承诺采取必要措施，确保本条约的适用。

二、任何内容均不妨碍缔约各方决定在自身的法律制度和做法中实施本条约各项规定的适当办法[④]。

三、缔约各方为履行其依本条约享有的权利和承担的义务，可以在其国内法律制度和做法中专为受益人规定限制或例外、规定其他限制或例外或者同时规定二者。这些可以包括根据缔约各方依《伯尔尼公约》、其他国际条约和第十一条享有的权利和承担的义务，为了受益人的利益，对旨在满足受益人需求的公平做法、公平行为或合理使用进行司法、行政和监管上的认定。

## 第十一条　关于限制与例外的一般义务

缔约方在采取必要措施确保本条约的适用时，可以行使该缔约方依照《伯尔尼公约》、《与贸易有关的知识产权协定》和《世界知识产权组织版权条约》，包括它们的各项解释性协议，所享有的权利，并应遵守其依照这些条约承担的义务，因此，

（一）依照《伯尔尼公约》第九条第二款，缔约方可以允许在某些特殊情况下复制作品，只要这种复制不与作品的正常利用相抵触、也不致不合理地损害作者的合法利益；

（二）依照《与贸易有关的知识产权协定》第十三条，缔约方应将对专有权的限制或例外限于某些不与作品的正常利用相抵触、也不致不合理地损害权利人合法利益的特殊情况；

（三）依照《世界知识产权组织版权条约》第十

---

① 关于第六条的议定声明：各方达成共识，缔约各方在履行其依第六条承担的义务时，享有第四条所规定的相同灵活性。

② 关于第七条的议定声明：各方达成共识，被授权实体在很多情况下选择在无障碍格式版的制作、发行和提供中采用技术措施，本条的任何内容均不对符合国内法的这种做法造成妨碍。

③ 关于第九条的议定声明：各方达成共识，第九条不意味着被授权实体的强制登记，也不构成被授权实体从事本条约所承认的各种活动的前提条件；该条规定的是可以开展信息共享，为无障碍格式版的跨境交换提供便利。

④ 关于第十条第二款的议定声明：各方达成共识，当作品属于第二条第（一）项规定的作品，包括有声形式的此种作品时，出于制作、发行和向受益人提供无障碍格式版的需要，本条约规定的限制与例外比照适用于相关权。

条第一款，缔约方在某些不与作品的正常利用相抵触、也不致不合理地损害作者合法利益的特殊情况下，可以对依《世界知识产权组织版权条约》授予作者的权利规定限制或例外；

（四）依照《世界知识产权组织版权条约》第十条第二款，缔约方在适用《伯尔尼公约》时，应将对权利的任何限制或例外限于某些不与作品的正常利用相抵触、也不致不合理地损害作者合法利益的特殊情况。

## 第十二条 其他限制与例外

一、缔约各方承认，缔约方可以依照该缔约方的国际权利和义务，根据该缔约方的经济情况与社会和文化需求，对于最不发达国家，还应考虑其特殊需求、其特定的国际权利和义务及这些权利和义务的灵活性，在其国内法中为受益人实施本条约未规定的其他版权限制与例外。

二、本条约不损害国内法为残疾人规定的其他限制与例外。

## 第十三条 大 会

一、（一）缔约方应设大会。

（二）每一缔约方应有一名代表出席大会，该代表可以由副代表、顾问和专家协助。

（三）各代表团的费用应由指派它的缔约方负担。大会可以要求世界知识产权组织提供财政援助，为按照联合国大会既定惯例被认为是发展中国家的缔约方或者系市场经济转型期国家的缔约方的代表团参会提供便利。

二、（一）大会应处理与维护和发展本条约及适用和实施本条约有关的事项。

（二）大会应履行第十五条指派给它的关于接纳某些政府间组织为本条约缔约方的职能。

（三）大会应对召开任何修订本条约的外交会议作出决定，并给予世界知识产权组织总干事筹备此种外交会议的必要指示。

三、（一）凡属国家的每一缔约方应有一票，并只能以其自己的名义表决。

（二）凡属政府间组织的缔约方可以代替其成员国参加表决，其票数与其属本条约缔约方的成员国数目相等。如果此种政府间组织的任何一个成员国行使其表决权，则该组织不得参加表决，反之亦然。

四、大会应由总干事召集，如无例外情况，应与世界知识产权组织大会同时同地举行。

五、大会应努力通过协商一致作出决定，并应制定自己的议事规则，包括召集特别会议、法定人数的要求，以及按本条约的规定，作出各类决定所需的多数等规则。

## 第十四条 国际局

与本条约有关的行政工作应由世界知识产权组织国际局履行。

## 第十五条 成为本条约缔约方的资格

一、世界知识产权组织的任何成员国均可以成为本条约的缔约方。

二、如果任何政府间组织声明其对于本条约涵盖的事项具有权限并自身具有约束其所有成员国的立法，并声明其根据其内部程序被正式授权要求成为本条约的缔约方，大会可以决定接纳该政府间组织成为本条约的缔约方。

三、欧洲联盟在通过本条约的外交会议上作出上款提及的声明后，可以成为本条约的缔约方。

## 第十六条 本条约规定的权利和义务

除本条约有任何相反的具体规定以外，每一缔约方均应享有本条约规定的一切权利并承担本条约规定的一切义务。

## 第十七条 本条约的签署

本条约通过后即在马拉喀什外交会议并随后在世界知识产权组织总部开放给任何有资格的有关方签署，期限一年。

## 第十八条 本条约的生效

本条约应在二十个第十五条所指的有资格的有关方交存批准书或加入书三个月之后生效。

## 第十九条 成为本条约缔约方的生效日期

本条约应自下列日期起具有约束力：

（一）对第十八条提到的二十个有资格的有关

方，自本条约生效之日起；

（二）对第十五条提到的每一个其他有资格的有关方，自其向世界知识产权组织总干事交存批准书或加入书之日满三个月起。

### 第二十条　退　　约

任何缔约方均可以退出本条约，退约应通知世界知识产权组织总干事。任何退约应于世界知识产权组织总干事收到通知之日起一年后生效。

### 第二十一条　本条约的语文

一、本条约的签字原件为一份，以中文、阿拉伯文、英文、法文、俄文和西班牙文签署，各该文种的文本同等作准。

二、除第二十一条第一款提到的语文外，任何其他语文的正式文本须由世界知识产权组织总干事应有关方请求，在与所有有关方磋商之后制定。在本款中，“有关方”系指涉及到其正式语文或正式语文之一的世界知识产权组织任何成员国，并且如果涉及到其正式语文之一，亦指欧洲联盟和可以成为本条约缔约方的任何其他政府间组织。

### 第二十二条　保存人

世界知识产权组织总干事为本条约的保存人。

二〇一三年六月二十七日订于马拉喀什。

# 全国人民代表大会外事委员会审议《国务院关于提请审议批准〈关于为盲人、视力障碍者或其他印刷品阅读障碍者获得已出版作品提供便利的马拉喀什条约〉的议案》的报告

全国人民代表大会常务委员会：

2021 年 9 月 16 日，第十三届全国人民代表大会外事委员会举行第十八次全体会议，审议了《国务院关于提请审议批准〈关于为盲人、视力障碍者或其他印刷品阅读障碍者获得已出版作品提供便利的马拉喀什条约〉的议案》。

外事委员会认为，2013 年 6 月 28 日由国务院委派的全权代表在马拉喀什签署的《关于为盲人、视力障碍者或其他印刷品阅读障碍者获得已出版作品提供便利的马拉喀什条约》（以下简称《马拉喀什条约》）符合我国法律的基本原则和司法实践，批准该条约符合我国利益和实际需要。建议全国人民代表大会常务委员会决定批准该条约，同时声明：

一、中华人民共和国香港特别行政区适用《马拉喀什条约》，并依据该条约第四条第四款的规定，将该条规定的版权例外限于市场中无法从商业渠道以合理条件为受益人获得特定无障碍格式的作品。

二、在中华人民共和国政府另行通知前，《马拉喀什条约》暂不适用于中华人民共和国澳门特别行政区。

全国人民代表大会外事委员会

2021 年 9 月 16 日

# 监督工作

# 一、听取和审议专项工作报告

## 国务院关于研究处理《全国人民代表大会常务委员会关于全面禁止非法野生动物交易、革除滥食野生动物陋习、切实保障人民群众生命健康安全的决定》和《中华人民共和国野生动物保护法》执法检查报告及审议意见情况的报告

——2021 年 2 月 27 日在第十三届全国人民代表大会常务委员会第二十六次会议上

国家林业和草原局局长　关志鸥

全国人民代表大会常务委员会：

2020 年 5 月至 7 月，全国人大常委会组织开展了《全国人民代表大会常务委员会关于全面禁止非法野生动物交易、革除滥食野生动物陋习、切实保障人民群众生命健康安全的决定》（以下简称《决定》）和《中华人民共和国野生动物保护法》执法检查（以下称“一决定一法”执法检查）。十三届全国人大常委会第二十一次会议听取和审议了执法检查报告。按照全国人大常委会安排，受国务院委托，现就研究处理“一决定一法”执法检查报告及审议意见情况报告如下，请审议。

### 一、总体情况

2020 年是极不平凡的一年。全国人大常委会作出《决定》，并组织开展“一决定一法”执法检查，是深入贯彻落实习近平总书记重要指示、贯彻落实党中央决策部署的实际行动，是推进生态文明建设的重大举措，对我国加强野生动物保护、推进生态文明建设将产生重要而深远的影响。国务院高度重视，提出明确要求，多次研究协调部署相关工作。

（一）有力促进了各地区各部门对禁食野生动物、加强野生动物保护的空前重视，统一了思想认识，形成了广泛共识。各地区各部门坚持以习近平生态文明思想和系列重要指示批示精神为根本遵循，深刻认识出台《决定》和开展执法检查的重要意义，进一步提高政治站位，强化组织领导，形成坚决贯彻落实“一决定一法”的强大合力。

（二）有力推动了各地区各部门主动作为，完成禁食野生动物的处置和养殖户补偿任务，同时解决一些长期问题。自然资源部、林草局、农业农村部等部门多次专题研究出台具体工作举措。林草局牵头成立工作专班，督导各地完成了禁食野生动物处置和养殖户补偿任务，并会同农业农村部研究解决了畜禽范围科学界定等问题，拓展国家重点保护野生动物名录范围。中央政法委将打击滥食和非法交易野生动物列入平安中国建设重要考核指标；公安部组织开展“昆仑 2020”专项行动，严厉打击涉野生动物犯罪；交通运输部、海关总署、市场监管总局、邮政局等及时发文指导各地强化封控、查验、监管等措施，实现了对野生动物非法交易等活动的多环节、跨区域联防联控，极大提升了执法监管效能，有效遏制了滥食野生动物及非法交易的势头。

（三）有力增强了人民群众保护野生动物的意识，拒食野味正在成为社会共识。《决定》发布后得到人民群众广泛拥护，中央宣传部、中央网信办迅

速部署加强野生动物保护宣传、舆论引导和负面有害信息管控。全国普法办组织开展专项法治宣传行动,大力宣传野生动物保护法律法规。林草局、农业农村部及时组织专家解读滥食野生动物的危害及法律责任,指导中国野生动物保护协会、世界自然基金会等国内外民间团体,联合发布了《抵制野生动植物非法交易行业自律公约》,推动建立野生动植物保护举报奖励制度。各地区各部门积极开展野生动物保护系列宣传活动,通过散发宣传册页、发布野生动物保护公益广告等方式,积极倡导绿色、健康、文明饮食理念,鼓励公众自觉抵制、举报滥食野生动物及非法交易行为,极大增强了全民保护意识,推动摒弃了"野味滋补"等落后观念,革除滥食野生动物陋习初见成效,文明健康的生活方式逐步养成,拒食野味、爱护生灵、树立生态文明新风尚正在成为全社会共识。

## 二、工作进展

全国人大常委会执法检查组"一决定一法"执法检查报告指出,"一决定一法"实施过程中存在食用性人工繁育野生动物产业转产转型问题较为突出、相关名录亟待调整完善、执法监管机制存在漏洞、栖息地保护管理有待加强、野生动物致害情况时有发生、相关法律制度亟待修改完善等问题。各地区各部门按照执法检查报告和审议意见,采取一系列加强和改进工作的有力措施,取得了积极成效。

(一)切实做好禁食野生动物后续工作,完成在养野生动物处置和养殖户补偿任务。国务院及时部署有关部门研究出台具体意见,指导各地有序开展在养野生动物处置和养殖户补偿相关工作,维护养殖户合法权益和社会稳定。农业农村部、林草局会同各有关部门认真研究,科学制定政策,发布了《国家畜禽遗传资源目录》和《关于进一步规范蛙类保护管理的通知》,明确了畜禽种类范围,解决了部分陆生、水生野生动物交叉管理问题。林草局印发通知规范禁食野生动物分类管理范围,发布《妥善处置在养野生动物技术指南》,明确对 45 种禁食野生动物引导养殖户停止养殖,对 19 种禁食野生动物仅限用于科研、药用等非食用性目的的养殖,指导督促各地妥善处置在养动物,分类引导养殖户转产转型。财政部积极指导地方按规定统筹自有财力和中央转移支付资金用于相关工作,并新增安排预算资金补助有关地方。发展改革委印发关于科学利用林地资源促进木本粮油和林下经济高质量发展的意见,支持养殖户转型。原扶贫办及时组织调查建档立卡贫困户受影响情况,会同有关部门督促指导地方制定落实转产转型扶持政策和兜底保障措施。工业和信息化部主动引导中药、化妆品等企业与养殖户对接;林草局会同工业和信息化部、农业农村部、药监局、中医药局对蛇类养殖进行了专题调研;药监局修订了有关野生动物药用技术指导原则。林草局、信访局、公安部和中央网信办密切关注养殖户群体动态,切实强化协调会商,妥善应对信访舆情,指导基层做好政策宣传,主动化解矛盾,防止苗头性问题演变扩大,目前没有出现大规模进京上访和极端恶性事件。各地区积极安排资金履行主体责任,合理制定补偿标准、补偿办法和帮扶措施,工作平稳有序。在养禁食野生动物处置任务于 2020 年 10 月中旬完成;受禁食政策影响的养殖户至 2020 年 12 月 9 日全部按标准领取补偿资金;大部分养殖户已重新就业或转向其他养殖、种植活动。

(二)健全野生动物保护执法监管长效机制,组织开展综合整治和执法打击行动。国务院办公厅牵头制定加强野生动物保护领域立法执法工作的落实方案,报请党中央、国务院批准后部署各有关方面实施,有力推进了工作。中央政法委全力支持野生动植物违法犯罪打击整治工作,并结合扫黑除恶专项斗争,深挖破坏野生动物资源刑事犯罪背后黑恶势力及其"保护伞"。林草局组织 26 个部门和单位召开了打击野生动植物非法贸易部际联席会议第三次会议,完善执法机制,部署执法行动。最高人民法院、最高人民检察院、公安部、司法部研究制定了依法惩治非法交易野生动物犯罪指导意见,最高人民检察院及时发布野生动物保护公益诉讼典型案例,加大办案力度。市场监管总局、农业农村部、林草局联合发布公告暂停野生动物交易,实施最严厉的野生动物管控措施,共检查农(集)贸市场、商超等重点场所 3084.7 万处次,检查经营户 9715.1 万户次,监测电商平台(网站)609.4 万个次,检查人工繁育场所 26 万处,清理非法交易信息 127.4 万条,停业整顿 7956 户。市场监管总局进一步强化执法办案中行刑衔接、准确适用法律等问题的指导,林草局部署了春秋季候鸟等野生动物保护专项措施,农业农村部组织销毁了 60 余吨砗磲、玳瑁等非法来源水生野生动物制品,海关总署加大对进出口野生动物及其制品的查验力度,交通运输部等部门指导落实国内货物运输实名制,中央网信办对网络非法交易野生动物信息进行清理，邮政局严禁非法寄递受保护的野生动物及其制品。公安部、农业农村部、海关总署、市场监管总局、林草局等部门开展打击野生动物违规交易等专项执法行动，出动执法人员约290万人次、车辆约35万车次，办理野生动物违法案件3792起，收缴盗猎工具6207件，收缴野生动物约12万只（条、头）、野生动物制品约5063公斤，有力遏制了违法犯罪势头。

（三）统计评估野猪等野生动物致害情况，研究部署防控综合试点。林草局对近5年来野猪等野生动物伤人、损害农作物或其他财产的情况进行了统计评估。对商洛野猪泛滥、青海棕熊伤人、云南亚洲象致人伤残及财产损失等重点案例，林草局和发展改革委进行了专题调研，提出了科学开展种群猎捕调控、事先主动预防、事后充分补偿、研究生态移民及转产激励机制等工作思路。财政部加大对国家重点保护野生动植物保护补偿的支持力度，地方按规定统筹中央财政资金对国家重点保护陆生野生动物造成的损害予以适当补偿。林草局结合全国第二次陆生野生动物资源调查，全面掌握各区域野生动物种群实际情况，科学评估其发展趋势，着手建立网络化监测体系和预警信息平台，并加大督导力度，推动有关省（区、市）加快研究预防措施，明确补偿对象、标准和补偿办法。在总结各地工作基础上，林草局在河北、山西、福建、江西、广东、陕西等地启动防控野猪危害综合试点，在云南启动致害严重的野象个体活捕转移项目，会同有关部门探索建立防控野猪等野生动物危害的有效模式。

（四）研究制定野生动物保护配套制度和规划，夯实依法保护基础。按照全国人大常委会统一部署，组织开展野生动物保护领域法规、规章、规范性文件清理工作，认真梳理、积极完善野生动物保护配套制度。一是加快相关名录调整。经国务院批准，林草局、农业农村部完成《国家重点保护野生动物名录》调整，这是30多年以来首次全面调整。林草局组织专家拟定了《有重要生态、科学、社会价值的陆生野生动物名录》（以下称“三有”名录）调整初步方案和陆生野生动物重要栖息地评估认定规程，争取早日发布第一批陆生野生动物重要栖息地名录。二是优化完善生态保护空间布局。自然资源部、林草局积极推进自然保护地整合优化，新建一批自然保护地填补保护空缺，编制修订自然保护地总体规划。全面总结国家公园体制试点工作，发布了《国家公园设立规范》等5项国家标准，编制了国家公园空间布局方案，推动明确了国家公园管理机构设置的指导意见，积极构建以国家公园为主体的自然保护地体系。三是编制“十四五”野生动物保护规划。林草局、农业农村部专题研究了“十四五”期间野生动植物保护和自然保护地建设的重点领域、方向和项目，着手编制海南长臂猿、穿山甲等重点物种专项保护方案。四是完善野生动物及其制品行政许可、专用标识管理、价值评估等制度。林草局起草了野生动物及其制品专用标识管理办法和范围，最高人民法院、最高人民检察院、公安部、司法部对涉案野生动物及其制品价值评估标准和核算方法作出了相应规定。野生动物保护配套制度体系逐步完善。

（五）加强野生动物疫源疫病监测，及时发现和有效防控野生动物疫情。林草局会同有关部门积极推动监测防控体系建设，布设国家级陆生野生动物疫源疫病监测防控站点742处和一批省级、市县级站点；坚持开展陆生野生动物疫源疫病监测信息日报制度，2020年第一时间发现多起野生动物疫情，并及时采取封控措施，有效防范了疫病传播。组织开展重点野生动物疫病专项本底调查，实施有关陆生野生动物疫病及传播风险研究等重大科技项目，举办野生动物疫情预警处置等多个培训班，切实提升监测防控一线人员应急处置业务能力。农业农村部、林草局建立了野生动物检疫沟通协作机制，共同组织开展蛇类、动物园人工繁育野生动物检疫等调研，研究起草有关野生动物检疫规程，确保检疫防疫规定落到实处。

（六）配合做好《野生动物保护法》修订等相关立法工作，推动完善配套法规制度。全力配合全国人大常委会做好修订野生动物保护法、动物防疫法和制定生物安全法等相关工作。林草局、农业农村部成立野生动物保护法修订工作领导小组，积极配合全国人大常委会“一决定一法”执法检查和修法调研，向系统内基层单位广泛征求修法意见并及时整理报告。受全国人大环资委委托，林草局对专业猎捕机构和人工繁育、猎捕非国家重点保护野生动物行政许可等事项，及时组织专家评估论证。林草局、农业农村部、司法部参加了全国人大常委会野生动物保护法修改专班和起草小组工作，提出修法思路和建议，积极参与条款修改。2020年10月16日，第十三届全国人大常委会第二十二次会议对野生动物保护法修订草案进行了第一次审议。林草局、农业农村部根据审议意见迅速进行专题研究，建议对法律调整范围、地方政府责任、部门职责分工等问题再开展深入调研,争取将法律进一步修改完善好。在全国人大常委会修订动物防疫法和制定生物安全法工作中,农业农村部、林草局和有关部门加强研究,及时提出了意见建议。此外,林草局、农业农村部着手研究修改《陆生野生动物保护实施条例》《水生野生动物保护实施条例》等配套法规,进一步推动完善野生动物保护法律体系。

## 三、下一步工作重点

在“一决定一法”执法检查的有力推动下,落实禁食野生动物、加强野生动物保护工作取得了明显进展,但仍存在一些问题需要解决,一些工作还需要进一步深化完善和持续发力、久久为功。一是仍有部分养殖户没有确定转型发展方向,少数养殖户因养殖设施损失大、债务重等原因,需要继续加大帮扶力度。二是基层野生动物保护执法监管力量薄弱、专业能力不足等问题,仍是制约执法效能的主要因素。同时,有关部门和单位执法监管分工职责还需进一步落实,多环节联动机制有待进一步健全。三是部分区域野猪等野生动物致害问题日趋严重,不少地方重视不够,没有依法采取预防措施和制定补偿标准、办法,甚至将保护野生动物与猎捕调控种群对立起来,没有维护好群众切身利益。四是合法从事野生动物人工繁育活动的技术标准和分类管理政策不到位,特别是对执法检查中暴露出的蛇类、鹦鹉等野生动物养殖难题,需要尽快出台管用的举措。五是执法监管分工职责还需进一步明晰,多环节联动机制有待进一步健全。

下一步,将在以下方面重点发力、持续推进。

(一)继续做好养殖户转产转型帮扶工作。压实地方政府主体责任,因地制宜研究政策措施,持续跟踪指导养殖户转产转型,特别是对损失大、债务重等困难养殖户实行“一户一策”帮扶制度。有关部门和单位根据实际情况研究完善信贷支持措施,结合农业发展项目等渠道优先帮扶养殖户转产转型,加大力度扶持养殖蛇类非食用性新产品研发,加快推动解决养殖蛇类等野生动物药用标准问题。地方政府和有关部门继续加强与养殖户的对接联系,及时帮助解决问题,多措并举扶持养殖户稳定发展。

(二)综合施策防控野猪等野生动物危害。指导河北、山西、福建、江西、广东、陕西推进野猪危害防控综合试点,指导云南抓好致害严重野象个体转移项目。研究猎捕调控枪支使用管理制度,加强猎捕技能培训,调查评估野生动物生境容量,科学规范推动猎捕调控活动,探讨设置隔离设施、引进天敌、监测预警等主动预防措施。指导督促地方尽快依法出台补偿标准办法,创立有效防控、合理补偿模式并逐步推广,统筹兼顾、妥善处理好保护野生动物与维护人民群众切身利益之间的关系。

(三)持续强化执法监管。充分发挥打击野生动植物非法贸易部际联席会议制度作用,林草局、农业农村部、中央政法委、公安部、交通运输部、中央网信办、市场监管总局、海关总署等部门自2021年1月31日起,启动开展为期两个月的“清风”专项执法行动,坚决防止滥食野生动物及非法交易现象“死灰复燃”,并进一步落实多环节、跨区域执法监管职责,完善执法检测鉴定、价值评估、查获物处理等制度,健全联防联控长效机制。

(四)推动完善野生动物保护法律法规和配套制度体系。以野生动物保护法修订为契机,积极修改完善相关法规规章,科学界定法律调整的物种范围,推动建立地方政府保护目标责任制,落实有关部门分工监管职责,力争尽早发布“三有”名录、野生动物重要栖息地名录和野生动物及其制品专用标识管理办法,实现对野生动物栖息地保护、猎捕、人工繁育、经营利用、运输寄递、市场及网络交易、进出口等多环节、全链条的保护管理,全面强化野生动物保护法制基础。

(五)加强野生动物保护基础建设。“十四五”期间,加快推进以国家公园为主体的自然保护地体系建设,加强基层保护队伍及能力建设,完善野生动物重要栖息地保护体系和野生动物收容救护、疫源疫病监测防控、科技支撑等体系,切实提高保护管理人员能力水平。

长期以来,全国人大常委会高度重视、大力支持野生动物保护工作,不断强化立法、实施监督和执法检查,为推进生态文明建设、保护野生动物发挥重要作用。我们将更加紧密地团结在以习近平同志为核心的党中央周围,坚持以习近平新时代中国特色社会主义思想为指导,深入贯彻习近平生态文明思想,增强“四个意识”,坚定“四个自信”,做到“两个维护”,在全国人大及其常委会监督支持下,进一步加强野生动物保护工作,推动生物多样性和生态平衡持续向好,为建设人与自然和谐共生的现代化作出应有贡献。

# 最高人民法院关于民事诉讼程序繁简分流改革试点情况的中期报告

——2021 年 2 月 27 日在第十三届全国人民代表大会常务委员会第二十六次会议上

最高人民法院院长　周　强

全国人民代表大会常务委员会：

根据本次会议安排，我代表最高人民法院报告一年来民事诉讼程序繁简分流改革试点工作情况，请审议。

深化民事诉讼制度改革，是深入贯彻习近平法治思想的必然要求，是推进全面依法治国、促进国家治理体系和治理能力现代化的重要举措，是满足新时代人民群众日益增长司法需求的重要方式。2019 年 1 月，习近平总书记在中央政法工作会议上指出，"要深化诉讼制度改革，推进案件繁简分流、轻重分离、快慢分道"，为民事诉讼制度改革指明了目标和方向。2019 年 5 月，中央办公厅印发《关于政法领域全面深化改革的实施意见》，将"推进民事诉讼制度改革"确定为重大改革任务。2019 年 12 月 28 日，第十三届全国人大常委会第十五次会议作出《关于授权最高人民法院在部分地区开展民事诉讼程序繁简分流改革试点工作的决定》，授权在全国 15 个省（区、市）的 20 个城市开展试点工作。2020 年 1 月 15 日，最高人民法院印发《民事诉讼程序繁简分流改革试点方案》和《民事诉讼程序繁简分流改革试点实施办法》，试点工作正式启动。一年来，在以习近平同志为核心的党中央坚强领导下，在全国人大及其常委会有力监督下，最高人民法院指导各试点法院积极探索优化司法确认程序、完善小额诉讼程序、完善简易程序规则、扩大独任制适用范围、健全电子诉讼规则，扎实有序推进各项试点工作。全国人大常委会高度重视试点工作，全国人大监察司法委、全国人大常委会法工委专程赴试点法院调研，现场听取汇报，开展监督指导，促进试点工作有序开展。

在推进试点工作过程中，最高人民法院始终坚持以习近平新时代中国特色社会主义思想为指导，认真学习贯彻习近平法治思想，准确把握试点工作目标定位，确保试点工作沿着正确方向前进。一是切实提升政治站位。全面贯彻落实党的十九届四中、五中全会精神，将试点工作纳入国家治理体系和治理能力现代化大局中谋划和推进，坚持把非诉讼纠纷解决机制挺在前面，健全诉调对接和多元解纷机制，推动完善社会治理体系。二是坚持以人民为中心。从新时代人民群众解纷需求出发，通过创新程序规则、优化流程机制、强化权利保障，着力解决一些地方纠纷化解渠道不足、司法效率不高、诉讼方式不便捷、权利保障不充分等问题，根本目标是提升人民群众的获得感和满意度，绝不以减损人民群众诉讼权益来换取审判提速增效。三是适应形势任务变化。近年来，人民法院受理案件数量处于高位运行状态，2020 年全国法院受理案件超过 3000 万件，其中民事案件占比达 55%，法官年人均办案数量达到 225 件，部分法院审判工作压力大，一些法院存在案件积压、审理周期长、人员紧缺等问题。试点工作以诉讼制度改革为突破口，从程序规则、司法模式、资源配置等层面发力，探索构建分层递进、繁简结合、供需适配的多层次解决纠纷体系，有效提升司法质量、效率和公信力，确保司法公正。

## 一、试点工作开展情况

最高人民法院高度重视改革试点工作，建立贯通四级法院的统筹推进机制，确保各项试点任务精准落地。定期召开司法改革领导小组会议和试点工作联席会议，研究讨论试点重大问题，加强对下指导。印发试点问答口径、文书样式、数据指标体系等 5 个配套性文件，细化试点程序规则，统一文书体例，规范试点运行。建立试点工作月报、季报制度，定期汇总各地试点情况，总结试点进展，分析存在问题，研究提出改进对策。加强试点政策解读宣传，编发典型案例，印发工作专刊，编辑出版读本，组织刊发系列解读文章，讲清讲透试点政策，形成全社会理解支持试点工作的良好氛围。深入北京、上海、深圳、郑州、成都、苏州等地开展实地调研，会同全国人大监察司法委、全国人大常委会法工委开展试点督察评估，现场指导四川、贵州、云南、宁夏等地试点工作，客观评估试点成效，研究解决存在问题，督促各地整改优化。各试点地区高级人民法院积极落实主体责任，成立试点工作领导小组，由一把手主抓，强化统筹协调、对下指导和督促检查。及时制定试点工作实施方案和配套实施细则，明确主要举措，细化任务分工。定期总结辖区试点情况，分析工作态势，针对试点中出现的问题提出对策建议，充分发挥推进试点工作"枢纽"作用。各试点法院严格落实试点要求，大胆探索、主动作为，结合工作实际，细化程序操作规程，健全完善配套举措，增强系统集成效应。积极争取地方党委政府政策支持，主动向地方人大常委会报告试点工作，推动将试点工作融入地方改革发展大局，确保试点工作因地制宜、精准落地。

## 二、试点工作的阶段性成效

经过一年试点探索，民事诉讼程序繁简分流改革效果逐步显现，司法质量、效率进一步提升，司法资源配置更加合理优化，人民群众对公平正义的获得感不断增强，试点工作取得阶段性成效。深化民事诉讼制度改革符合我国国情，符合司法规律，有利于在更高层次上实现公正与效率的统一，有利于推进全面依法治国、促进国家治理体系和治理能力现代化。实践充分证明，党中央决策部署和全国人大常委会授权决定是完全正确的。

*一是合理拓宽司法确认程序适用范围，群众化解纠纷更加多元便捷高效。*严格落实调解自愿原则，在充分尊重当事人自主选择权基础上，积极推进诉前调解。探索拓宽司法确认程序适用范围，完善案件管辖规则，加强特邀调解与司法确认制度衔接，有效解决解纷渠道单一、多元调解质量不高、非诉讼解纷机制司法保障力度不足等问题。一年来，各试点法院诉前委派调解纠纷 169.66 万件，成功化解 54.34 万件，纠纷诉前化解率达 32%，既有效减少了诉讼增量，又保障纠纷得到及时高效化解，大大降低了群众解决纠纷的时间、精力和费用成本。受理司法确认申请 13.31 万件，裁定确认调解协议有效 12.91 万件，确认有效率达 97%，诉前调解质量显著提升，也未出现司法确认案件数量激增情况。试点法院全部建立特邀调解名册，2020 年纳入名册的特邀调解组织 4062 家，特邀调解员 26433 名，同比分别上升了 44%、58%，通过严把入册标准，加强业务培训，强化规范运行，培育和促进多元解纷力量的发展壮大，助力构建多层次、立体化的纠纷化解体系。北京、杭州、贵阳等地试点法院利用在线平台，整合汇聚多元解纷资源，实现"在线调解 + 司法确认"无缝衔接。深圳前海法院设立在线司法确认工作室，建设大湾区商事纠纷解决平台，与香港、澳门等多家仲裁、调解机构合作，探索由港澳籍特邀调解员调解跨境商事纠纷，促进提升大湾区社会治理水平。

*二是加大小额诉讼程序适用力度，快速便捷终局解纷优势逐步显现。*健全完善独立于简易程序的小额诉讼程序规则，通过降低适用门槛、探索合意适用模式、有序简化审理方式和裁判文书，充分发挥小额诉讼程序高效、便捷、低成本、一次性解纷的制度优势，避免人民群众"赢了官司、亏了时间"现象发生。一年来，各试点法院适用小额诉讼程序审结案件 61.11 万件，小额诉讼程序适用率从试点前的 5.7%，上升至 19.3%，有效改变了试点前小额诉讼程序的"休眠"状态，形成常态化适用趋势。试点法院大力完善小额诉讼案件审理机制，细化适用标准、优化审理流程、组建专门审判团队、加强质量把控，全面提升小额诉讼案件质效，小额诉讼案件平均审理期限 27 天，少于法定审限的一半，提起再审率为 0.1%，再审改发率为 0.01%，实现了司法质量、效率双提升。北京、济南、成都等地法院组建"立审执一体化团队"，优化资源配置，打通程序梗阻，确保小额诉讼案件"快立快审快执"。郑州法院畅通小额诉讼案件申诉渠道，强化审判监督，按照普通程序对案件进行实质性审查，打消当事人适用顾虑。西安、宁波等地法院推进小额诉讼程序与要素式庭审、要素式裁判文书相结合，制定各类文书模板，简化规范审理环节，实现提速增效。

*三是完善简易程序适用规则，繁简分流的程序运行机制基本形成。*合理扩大简易程序适用范围，明确庭审程序和裁判文书简化方式，强化简易程序审限要求，真正发挥简易程序"简、快、灵"的制度优势，与小额诉讼程序、普通程序形成合理区分、有效衔接。试点法院准确把握程序适用规则，细化繁简识别标准，建立程序分流机制，推动审判工作提速增效。一年来，各试点法院共适用简易程序审结案件 207.98 万件，简易程序适用率达到 63.8%，平均审理期限 48 天，较法定审限缩短 42 天，审理效率明显提升。简易程序案件上诉率为 7.6%，二审改发率为 0.8%，较试点前同比分别下降 18.1% 和 13.4%，案件质量相关指标均优于全国平均水平。

福州法院依托大数据技术，探索建立“人工识别＋智能化辅助”繁简识别机制，提升案件繁简识别精准度。南京法院建立简易案件快速识别和要素式审判机制，明确集中审理、要素化审判的标准化流程。合肥法院针对金融借款纠纷、融资租赁合同纠纷等批量简易案件，实行集中排期、送达和开庭，推动类案快审。试点法院在“简”字上狠下功夫，同时针对相对复杂的案件组建“精审”团队，依法适用普通程序审理，积极推行类案检索，强化专业法官会议作用，完善法律适用分歧解决机制，努力实现“简案有质量，繁案出精品”。2020年，试点法院共有6个案例被纳入最高人民法院指导性案例，公正审理广州摘杨梅坠亡再审案等一批社会广泛关注的重大案件，取得良好政治效果、法律效果和社会效果。

*四是有序扩大独任审判适用范围，审判资源配置更加科学精准。*明确基层人民法院独任法官可以适用普通程序审理特定情形案件，探索对简单二审案件适用独任制审理，实现审判组织与案件类型、审理程序灵活精准匹配。积极细化独任制适用标准，试点法院普遍以“正反面清单”形式规范独任制适用范围，严格依照规定适用合议制，完善独任制与合议制转换程序，打破“合而不议”顽疾，优化了司法资源配置。一年来，试点法院一审独任制适用率为84.8%，较改革前提升14.8个百分点，二审独任制适用率为29.3%，基本形成一审“独任制为主，合议制为辅”、二审“合议制为主，独任制为辅”的审判组织格局。严把独任制案件“质量关”，强化审判监督管理，确保法官“独任而不放任”，坚决防止案件质量下滑。试点法院独任制一审案件上诉率为6.1%，二审改发率为0.6%，同比分别下降27%和29%；独任制二审案件提起再审率为0.6%，再审改发数为17件，案件质量指标一定程度优于合议制案件。南京、宁波、郑州等地基层人民法院细化独任制普通程序案件类型，加强程序适用的标准化指引。北京市第一中级人民法院、上海市第二中级人民法院等强化二审独任制与专业法官会议、审判委员会的有机结合，加大对拟改判发回的独任制二审案件专业把关力度。河南省洛阳市中级人民法院、福建省厦门市中级人民法院、宁夏回族自治区银川市中级人民法院等建立二审独任制案件报备、评查机制，将二审适用独任制审理的案件纳入院庭长监督范围，参照“四类案件”标准实行常态化监管，确保“提效率不损质量”。

*五是加强和规范在线诉讼，线上线下并行的诉讼模式初步形成。*及时回应互联网时代群众司法需求，明确在线诉讼活动法律效力，完善电子化材料提交、在线庭审、电子送达等在线诉讼规则。积极开展在线诉讼，通过细化流程规则、加强诉讼引导、完善系统平台，探索构建从立案到执行的全流程在线诉讼模式。特别是在新冠肺炎疫情防控形势严峻的特殊时期，各试点法院依托“中国移动微法院”等在线诉讼平台，推行案件办理全流程网上运行，实现疫情期间“公正不止步、服务不掉线、诉讼零接触”，确保了疫情防控和审判执行工作两不误。一年来，试点法院在线立案率为54.5%、电子送达适用率为56.1%，较试点前同比分别上升17个百分点和34个百分点。在线庭审占所有庭审的近30%，平均庭审时长46分钟，较线下庭审缩短60%，在线诉讼应用规模和质量不断提升。浙江省杭州市中级人民法院优化在线庭审智能支持手段，为法官提供知识图谱、案卷材料分析、实时归纳庭审争议焦点、同步制作裁判文书等智能化辅助。广东省广州市中级人民法院、河南省郑州市中级人民法院建设5G全流程多场景智慧庭审系统，为当事人和法官提供超高清、无延时的庭审体验。南京、昆明、苏州等地法院与当地司法局、律师协会、企事业单位等开展合作，建立专用固定电子送达地址库，推动相关主体事前作出适用电子送达承诺，大大提升送达工作质量和效率。随着在线诉讼日益普及，人民群众普遍感受到诉讼方式更加便捷、诉讼成本大大降低、解纷效率明显提升。

*六是充分保护当事人诉讼权利，切实维护群众合法权益。*充分尊重当事人程序选择权、利益处分权和诉讼知情权，做到“简化程序不减权利，提高效率不降标准”。针对诉前调解工作，坚持以合法自愿为基本前提，做到“分流不限流、引导不强制”，严格遵守立案登记制要求，坚决防止拖延立案、抬高门槛。在小额诉讼案件中，强化法官释明告知义务，尊重当事人合意适用选择权。发送小额诉讼程序告知书、程序选择确认书、程序适用指南等，确保当事人知悉诉讼权利义务和法律后果。针对案件适用的审理程序和审判组织，赋予当事人对小额诉讼程序、简易程序和独任制审理的异议权，接受当事人对诉讼程序的监督，确保程序运行合法有序。推进在线诉讼过程中，充分尊重当事人对诉讼方式的选择权，未经当事人同意不得对其适用在线调解、在线庭审、电子送达等在线诉讼方式，当事人选择线下诉讼的，及时提供线下诉讼服务，兼顾不同群体诉讼能力和诉讼需求。

## 三、试点工作面临的问题和困难

当前,试点工作仍处于不断探索和深化推进阶段,还面临一些问题和困难。

一是各地工作开展不够平衡。各试点地区在落实改革任务上还存在"温差""落差"现象。一些法院和干警习惯于传统工作模式,对试点工作的重要意义认识不足。有的结合实际创造性开展工作不够,有的未根据试点推进情况和最高人民法院出台的政策,及时调整前期制定的程序规则。

二是改革系统集成效应还不突出。试点工作与司法责任制、分调裁审机制、矛盾纠纷源头化解等改革密切相关,有的试点法院统筹推进、协同配合、系统集成有待加强。部分法院未将试点工作与司法责任制综合配套改革有机结合,在优化审判团队、加强"四类案件"识别监管、完善专业法官会议制度等方面,还没有充分体现试点工作新要求,影响了试点工作效果。

三是配套保障举措还不完善。从法院内部看,部分试点地区因经费保障等问题,导致特邀调解力量配备不足、积极性不高。一些法院的电子诉讼平台和办案系统没有实现全面兼容互通,诉讼环节线上线下交互不够顺畅。少数法院设置试点考核评价指标不科学,盲目追求所有指标"高数值",不符合司法规律。深入推进试点工作的机制不够配套,比如,法院对特邀调解组织的管理职责权限不清,相关调解主体的资质审核、管理主体和权利义务缺乏统一明确规范。当前亟待制定专门的调解法,健全诉讼与非诉讼解纷机制之间的程序衔接和效力规则。诉讼费用制度改革推进相对滞后,诉讼收费范围和标准与当事人司法需求、诉讼程序特点和司法资源投入没有形成合理匹配。

## 四、下一步工作举措

目前,民事诉讼程序繁简分流改革试点工作已进入"攻坚期"和"深水区",下一阶段试点任务依然艰巨。最高人民法院将坚持以习近平新时代中国特色社会主义思想为指导,深入贯彻习近平法治思想,按照全国人大常委会授权决定要求,努力解决工作中存在的问题,确保改革试点圆满成功,加快推动完善具有中国特色、符合司法规律的民事诉讼制度。

一是强化统筹指导,推动试点深入开展。进一步健全试点工作推进机制,加强统筹指导和督察评估工作。继续会同有关部门开展联合调研,实地了解试点工作推进情况,评估工作成效。对推进缓慢、成效不大的,要找出症结,督促整改。对出现理解偏差、执行走样的,要及时纠正,切实解决部分试点地区工作不均衡、系统集成效应不突出等问题。

二是做好监督管理,完善试点配套举措。强化案件质量监督,密切跟踪试点法院审判质效,压实各试点地区高级人民法院主体责任,细化完善"四类案件"识别标准和程序规则,处理好办案质量和效率的关系。以提升审判质效为导向,健全完善考核机制,合理设置考核指标,发挥绩效考核在评估试点成效方面作用,坚决杜绝一味追求审判效率而损害当事人诉讼权益的情况发生。制定规范特邀调解名册管理文件,明确进入名册的标准和管理机制,提升诉前调解质效。优化升级相关信息化平台,完善系统功能,促进数据互通,提升诉讼体验,确保安全可控。

三是深入系统总结,适时建议完善相关立法。以本次中期报告工作为契机,进一步总结试点工作成效和各地成功经验,做好试点工作数据统计分析,为民事诉讼程序改革提供扎实的实证基础。适时建议修改民事诉讼法,对标对表全国人大常委会关于修法的程序、内容和时限要求,及时开展相关工作,确保按时形成修法建议稿。

四是加强宣传解读,营造改革良好氛围。加强宣传引导,回应社会普遍关切,为推动试点工作和民事诉讼法修改营造良好氛围。

全国人大常委会专门听取和审议民事诉讼程序繁简分流改革试点工作情况中期报告,充分体现了对改革试点工作的高度重视和关心支持。我们将在以习近平同志为核心的党中央坚强领导下,在全国人大及其常委会有力监督下,深入贯彻落实授权决定和试点方案要求,认真落实本次会议审议意见,开拓进取,奋发有为,确保试点工作取得良好效果,努力让人民群众在每一个司法案件中感受到公平正义,为全面建设社会主义现代化国家、实现中华民族伟大复兴的中国梦作出新的更大贡献。

# 对民事诉讼程序繁简分流改革试点情况中期报告的意见和建议

2月28日，十三届全国人大常委会第二十六次会议审议了最高人民法院院长周强作的关于民事诉讼程序繁简分流改革试点情况的中期报告，共有21人次发言。现根据会议发言情况，将常委会组成人员和列席人员的主要意见整理如下。

出席人员普遍认为，深化民事诉讼制度改革，推进民事诉讼程序繁简分流改革试点，是以习近平同志为核心的党中央作出的重大决策部署，是坚持以人民为中心、推动司法体制改革实践发展的必然要求。全国人大常委会依法作出授权决定，为改革先试先行提供了法治保障。最高人民法院认真指导试点法院开展改革探索，特别是新冠肺炎疫情发生后，积极采取措施，确保疫情防控和试点工作"两手抓"、"两不误"，推动试点工作取得初步成效。出席人员强调，民事诉讼程序繁简分流改革试点工作已进入"攻坚期"和"深水区"，要深入贯彻落实党中央的改革部署要求和全国人大常委会授权决定，进一步深化试点改革，认真总结经验，研究解决问题，加快完善具有中国特色、符合司法规律的民事诉讼制度。

## 一、深入推进试点工作

一些出席人员提出，民事诉讼程序繁简分流改革的整体框架已初步形成，下一步应在确保改革方向不偏的前提下，坚持因地制宜，鼓励地方大胆创新、先行先试，积累更多可推广可复制的经验；注重做好改革"精装修"，在完善制度细节上下功夫，让人民群众更切身感受到司法改革"红利"。

有的出席人员建议，最高人民法院应进一步加强对试点工作的统筹指导和评估问效，及时释疑解惑、纠正偏差，协调解决试点中遇到的矛盾问题，不断完善配套政策，确保高质高效完成改革试点任务。有的出席人员建议，进一步加大宣传解读力度，及时回应社会关切，增强社会认同，为推动试点工作和民事诉讼法修改营造良好氛围。

## 二、完善多元解纷机制

有的出席人员提出，目前大多数法院已经与政府有关部门建立了诉调对接机制，但由于当事人认可度不高、衔接配合不畅等原因，调解成功率不尽如人意。应健全多元解纷机制，发挥司法的引领、推动作用，整合商事调解、行政调解、行业调解等多方力量，促进各种解纷方式协同配合，有效缓解诉讼压力。有的出席人员提出，应重视总结改革中的诉前调解经验，坚持和发展"枫桥经验"、人民调解等具有中国特色的解纷方式，完善相关预防性法律制度，为多元化解纠纷提供法制保障。有的出席人员提到，各试点法院委派的特邀调解员多数是司法系统的离退休人员，有司法实践经验丰富的优势，但也存在一些调解员工作积极性主动性不强、效率不高等问题。建议参考仲裁委员会仲裁员的选任方式，探索建立遵循市场规律和法治要求的特邀调解员队伍，为诉前调解工作提供充足的人才保障。有的出席人员提出，应密切关注国际商事调解发展现状和趋势，积极研究新加坡调解公约批准问题。

## 三、加强小额诉讼程序适用

有的出席人员提出，应加强对当事人合意适用小额诉讼程序的引导，充分发挥其高效、便捷、低成本的优势，同时注重规范法官自由裁量权行使，防止为追求效率而牺牲程序公正。有的出席人员指出，本次改革对小额诉讼程序的适用条件作出调整，从以各地年均工资为基准的比例制改为5至10万元的定额制。考虑到我国各地经济社会发展水平还存在较大差异，建议在保持定额制的基础上，适当吸收以往比例制的内容，因地制宜确定小额诉讼程序的"入口"。

## 四、健全在线诉讼规则

有的出席人员认为，在线诉讼能够节约资源、提高效率，也对设施配备等提出新的要求，还对如何保证司法审判的现场性、公开性、亲历性提出新的课题。建议结合最高院《关于人民法院在线办理案件若干问题的规定》的征求意见工作，系统研究梳理在线诉讼的难点堵点，进一步完善程序规则、加强设施配备，充分释放在线诉讼的效能。有的出席人员指出，司法文书电子送达工作仍存在一些不足：法院系统内部设有多套电子送达系统，存在多头管理、资源浪费等现象；有些当事人提供无效电子邮箱或者邮箱的信件拦截功能设置不当，导致司法文书送而不达、达而不悉。建议进一步规范送达程序、明确送达标准，加快建立全国统一的法律文书送达平台，协调各大电信运营商，整合短信、微信、电子邮箱等渠道，提高电子送达的权威性和实效性。

## 五、完善简易程序规则

有的出席人员提出，涉及英雄烈士名誉保护等方面的案件关系弘扬社会主义核心价值观，社会关注度高、影响深远，应通过普通程序来审理，使审理过程成为法治宣传教育的过程。有的出席人员认为，二审案件适用独任制可能会削弱二审的监督和纠错功能，应审慎扩大独任制适用范围。有的出席人员提出，应加强要素式审判的研究和实践，为在民事诉讼中运用和普及人工智能创造条件。有的出席人员提出，应高度重视案件快速审理后的执行问题，切实增强百姓打赢官司的获得感。

## 六、完善改革配套措施

一些出席人员认为，诉讼费用是调节案件流向、节省司法资源的重要手段。当前小额诉讼程序适用率不高的原因之一，就是其诉讼费用标准不适应改革要求。建议尽快启动诉讼收费制度改革，结合诉讼程序特点、司法资源投入等方面因素，科学设置收费标准，完善缴费办法，促进司法资源合理配置。有的出席人员提出，应完善试点法院考核评价指标体系，全面体现法官办案的质量、效率、效果，避免简单以“高数值”论英雄。

## 七、加快修法进程

一些出席人员强调，按照全国人大常委会的授权决定，试点工作还有 8 个多月就要期满。建议及时总结试点工作中小额诉讼程序、简易诉讼程序、独任制等成熟经验，加强沟通、加快进度，尽早启动民事诉讼法的修改工作，确保改革试点与法律修改同步进行、无缝衔接。

# 国务院关于 2020 年度环境状况和环境保护目标完成情况、研究处理土壤污染防治法执法检查报告及审议意见情况、依法打好污染防治攻坚战工作情况的报告

——2021 年 4 月 26 日在第十三届全国人民代表大会常务委员会第二十八次会议上

生态环境部部长　黄润秋

全国人民代表大会常务委员会：

按照环境保护法规定和全国人大常委会安排，受国务院委托，就 2020 年度环境状况和环境保护目标完成情况、研究处理土壤污染防治法执法检查报告及审议意见情况、依法打好污染防治攻坚战工作情况报告如下，请审议。

党中央、国务院高度重视生态环境保护工作。过去的一年，面对错综复杂的国际形势、艰巨繁重的国内改革发展稳定任务，特别是突如其来的新冠肺炎疫情，习近平总书记始终高度重视生态文明建设和生态环境保护，无论是出席重要会议，还是到地方考察，都反复强调要牢固树立绿水青山就是金山银山的理念，坚决打赢蓝天、碧水、净土保卫战，提出人不负青山、青山定不负人等一系列新理念新思想新战略，与时俱进丰富、拓展和深化了习近平生态文明思想，为做好新时代生态环境保护工作提供了重要指引和根本遵循。李克强总理强调，要持续抓好污染防治和生态建设，深入实施可持续发展

战略，促进生产生活方式绿色转型，不断改善生态环境质量。韩正副总理等领导同志提出明确工作要求。

十三届全国人大常委会连续三年开展大气、水、土壤污染防治法等生态环境保护法律执法检查，栗战书委员长亲自担任执法检查组组长，并带队实地检查。组织开展《关于全面加强生态环境保护依法推动打好污染防治攻坚战的决议》（以下简称《决议》）贯彻落实情况专题调研，加强生态环境立法和监督，对推进生态文明建设、打赢污染防治攻坚战发挥重要指导和推动作用。

各地区各部门坚持以习近平新时代中国特色社会主义思想为指导，全面落实党的十九大和十九届二中、三中、四中、五中全会精神，深入贯彻习近平生态文明思想、习近平法治思想，按照党中央、国务院决策部署，统筹做好疫情防控和经济社会发展生态环保工作，圆满完成污染防治攻坚战阶段性目标任务，取得新的明显成效，厚植了全面建成小康社会的绿色底色和质量成色。

## 一、2020 年度环境状况和环境保护目标完成情况

2020 年，全国生态环境质量持续改善，环境安全形势趋于稳定，有的地区和领域生态环境改善成效还不稳固。

（一）环境空气状况。一是全国空气质量明显改善，重点区域持续向好。全国 337 个地级及以上城市中，202 个城市空气质量达标，同比增加 45 个。全国地级及以上城市细颗粒物（$PM_{2.5}$）年均浓度为 33 微克/立方米，同比下降 8.3%；空气质量优良天数比率为 87%，同比提高 5 个百分点；重度及以上污染天数比率为 1.2%，同比下降 0.5 个百分点。京津冀及周边地区、长三角地区、汾渭平原等重点区域优良天数比率同比分别提高 10.4、8.7、8.9 个百分点，重污染天数同比分别减少 36.1%、16.7%、52.7%。北京市 $PM_{2.5}$ 年均浓度为 38 微克/立方米，同比下降 9.5%。二是主要污染物浓度降幅显著，“十三五”以来臭氧（$O_3$）浓度首次下降。2015—2019 年全国二氧化氮（$NO_2$）年均浓度基本保持稳定，2020 年降低到 24 微克/立方米，同比下降 11.1%。2015—2019 年全国 $O_3$ 年均浓度呈逐年缓慢上升趋势，2020 年降低到 138 微克/立方米，同比下降 6.8%，实现自 2015 年以来的首次下降。全国可吸入颗粒物（$PM_{10}$）、二氧化硫（$SO_2$）、一氧化碳（CO）年均浓度同比分别下降 11.1%、9.1%、7.1%。三是多污染物协同控制有待强化，重污染天气仍有发生。以 $O_3$ 为首要污染物的超标天数占比上升，其中长三角地区已经超过 50%，加强 $PM_{2.5}$ 和 $O_3$ 协同控制成为持续改善空气质量的迫切需要。全国还有 40% 的城市 $PM_{2.5}$ 年均浓度超标，京津冀及周边地区、汾渭平原 $PM_{2.5}$ 年均浓度分别超标 45.7%、37.1%。地级及以上城市共发生重度及以上污染 1497 天次，重点区域秋冬季大气污染依然较重。

（二）水环境状况。一是地表水环境质量进一步改善。全国地表水Ⅰ—Ⅲ类水质断面比例为 83.4%，同比上升 8.5 个百分点；劣Ⅴ类水质断面比例为 0.6%，同比下降 2.8 个百分点。地级及以上城市集中式饮用水水源水质达到或优于Ⅲ类比例为 96.2%，同比上升 3 个百分点，饮用水水源安全保障水平不断提升。二是重点流域和湖库水质稳中向好。长江干流历史性实现全Ⅱ类及以上水质，珠江流域水质由良好改善为优，黄河、松花江和淮河流域水质由轻度污染改善为良好。长江、黄河、珠江、松花江、淮河、辽河等重点流域基本消除劣Ⅴ类水质断面。开展监测的 112 个重点湖库中，Ⅰ—Ⅲ类水质湖库个数占 76.8%，同比上升 7.7 个百分点；劣Ⅴ类水质湖库个数占 5.4%，同比下降 1.9 个百分点。三是水生态环境改善成效还不稳固。水生态破坏问题仍较普遍，有的河流生态流量不足，大量河湖缺乏应有的水生植被和生态缓冲带。水环境中以氮、磷为代表的营养性物质问题逐步显现，面源污染在一些地方正由原来的次要矛盾上升为主要矛盾。太湖、巢湖等重点湖泊水华仍处于高发态势。

（三）海洋环境状况。我国管辖海域海水水质保持平稳向好，夏季符合一类标准的海域面积占 96.8%，同比基本持平。全国近岸海域优良（一、二类）水质面积比例为 77.4%，同比上升 0.8 个百分点；劣四类水质面积比例为 9.4%，同比下降 2.3 个百分点。其中，渤海近岸海域优良水质面积比例同比上升 4.4 个百分点，劣四类水质面积比例同比下降 3.6 个百分点。辽东湾、江苏沿岸、长江口、杭州湾、浙江沿岸、珠江口等近岸海域污染较为严重，主要超标指标为无机氮、活性磷酸盐和化学需氧量。

（四）土壤环境状况。全国土壤环境风险得到基本管控，经初步核算，受污染耕地安全利用率达到 90% 左右，污染地块安全利用率达到 93% 以上，土壤污染加重趋势得到初步遏制。全国农用地土

壤环境状况总体稳定,影响农用地土壤环境质量的主要污染物是重金属,其中镉是首要污染物。农产品超标风险、污染地块违法违规开发利用风险依然存在。

(五)生态系统状况。全国自然生态状况总体稳定。森林覆盖率达到 23.04%,草原综合植被盖度达到 56.1%。各级各类自然保护地总数达到 1.18 万处。2020 年监测的 2583 个县域中,生态质量为优和良的县域面积占国土面积的 46.6%,同比增加 2 个百分点。局部区域生态退化等问题还比较严重,生物多样性下降的总趋势尚未得到有效遏制,生态系统质量和稳定性有待提升。

(六)声环境状况。全国城市声环境质量总体向好,功能区声环境质量昼间、夜间总达标率分别为 94.6%、80.1%,同比上升 2.2、5.7 个百分点。区域、道路交通昼间声环境质量优良(一、二级)城市比例分别为 70.7%、95.7%。但部分重点领域和重点城市噪声问题仍较突出,4a 类功能区(交通干线两侧区域)夜间达标率仅为 62.9%。

(七)核与辐射安全状况。全国核与辐射安全态势总体平稳。未发生国际核与放射事件分级表 2 级及以上事件或事故。放射源事故发生率稳定在万分之一以下。全国辐射环境质量和重点设施周围辐射环境水平总体良好,环境电磁辐射水平低于控制限值。

(八)环境风险状况。全国环境安全形势趋于稳定。全年共发生各类突发环境事件 208 起,同比下降 20.3%,其中重大和较大突发环境事件数量 10 起。突发环境事件多发频发的态势仍未得到根本改变,因安全生产事故、化学品运输事故引发的突发环境事件时有发生。

2020 年是"十三五"规划收官之年。经过努力,国民经济和社会发展"十三五"规划纲要确定的生态环境领域 9 项约束性指标和污染防治攻坚战阶段性目标任务超额完成。与 2015 年相比,2020 年全国地级及以上城市空气质量优良天数比率达到 87%,超过"十三五"规划目标 2.5 个百分点;$PM_{2.5}$ 未达标地级及以上城市年均浓度达到 37 微克/立方米,累计降低 28.8%,超过"十三五"规划目标 10.8 个百分点;地表水 Ⅰ—Ⅲ 类水质断面比例由 66% 上升到 83.4%,提高 17.4 个百分点,超过"十三五"规划目标 13.4 个百分点;劣 Ⅴ 类水质断面比例由 9.7%下降到 0.6%,降低 9.1 个百分点,超过"十三五"规划目标 4.4 个百分点;二氧化硫、氮氧化物、化学需氧量、氨氮排放量较 2015 年分别下降 25.5%、19.7%、13.8%、15.0%,单位 GDP 二氧化碳排放较 2015 年降低 18.8%,均超过"十三五"规划目标。总体上看,"十三五"时期是我国生态环境质量改善成效最大、生态环境保护事业发展最好的五年,为"十四五"时期进一步加强生态环境保护、深入打好污染防治攻坚战探索积累了成功做法和经验。

## 二、依法打好污染防治攻坚战工作情况

2020 年,各地区各部门坚持方向不变、力度不减,突出精准治污、科学治污、依法治污,深入落实《决议》和大气污染防治法、水污染防治法、土壤污染防治法、海洋环境保护法等执法检查报告及审议意见要求,坚决打赢污染防治攻坚战。

(一)加强生态环境立法和督察执法。一是加强生态环境法治建设。积极配合全国人大常委会,开展土壤污染防治法、野生动物保护法和有关决定执法检查,颁布长江保护法、生物安全法,完成固体废物污染环境防治法修订,推动黄河保护立法。出台排污许可管理条例,推进碳排放权交易管理、生态保护补偿、生态环境监测等法规制修订。二是加强生态环境保护督察执法。深入开展第二轮第二批中央生态环境保护例行督察,对 3 个省(市)、2 家央企开展督察,对 2 个部门开展探讨式督察试点。2018 年和 2019 年长江经济带生态环境警示片披露的 315 个问题,已完成整改 283 个,其他问题正在抓紧整改。全国开展生态环境执法检查 58.74 万家次,下达环境行政处罚决定书 12.61 万份,罚没款金额总计 82.36 亿元。持续开展蓝天保卫战监督帮扶,帮助地方发现和推动解决大气污染问题 11.8 万个。完成黄河流域试点地区入河排污口排查。组织实施"昆仑 2020"专项行动,共侦办破坏生态环境资源犯罪案件 4.8 万起。开展打击长江流域非法捕捞专项整治行动。严厉打击危险废物环境违法犯罪行为。三是加强司法与行政执法联动。推进环境司法专门审判机构建设,各级法院共审结环境资源一审刑事、民事、行政案件 25 万余件。加大生态环境领域办案力度,各级检察机关共批准逮捕破坏环境资源犯罪 2140 件、3335 人,通过检察公益诉讼追偿修复生态、治理环境费用约 116 亿元。

(二)统筹做好疫情防控和经济社会发展生态环保工作。印发实施《关于统筹做好疫情防控和经济社会发展生态环保工作的指导意见》、《关于在疫

情防控常态化前提下积极服务落实“六保”任务坚决打赢打好污染防治攻坚战的意见》。不断强化医疗废物、医疗废水处理处置等相关环境监管和服务措施，全国医疗废物处置能力增加近30%。制定实施环评审批和监督执法“两个正面清单”，3.5万个建设项目环评实施告知承诺制审批，8.4万余家企业纳入监督执法正面清单管理，大力支持企业复工复产。积极推进医疗废物集中处置、城镇生活污水处理等环境基础设施建设。聚焦京津冀协同发展、长江经济带发展、粤港澳大湾区建设、长三角一体化发展、黄河流域生态保护和高质量发展等区域重大战略，统筹推进重点区域绿色发展。

（三）坚决打赢蓝天保卫战。开展秋冬季$PM_{2.5}$和夏季$O_3$污染防治攻坚行动，推进产业结构、能源结构、运输结构、用地结构优化调整，加强区域联防联控，蓝天保卫战成效持续显现。

一是推进产业结构优化调整。加快钢铁、水泥、玻璃、电解铝等落后产能淘汰和过剩产能化解工作，推进传统制造业绿色化改造。推动城镇人口密集区不符合安全和防护距离的危险化学品生产企业搬迁改造。基本完成“散乱污”企业排查和分类整治。截至2020年年底，全国实现超低排放的煤电机组装机累计约9.5亿千瓦，229家企业、6.2亿吨粗钢产能完成或正在实施超低排放改造。

二是推进能源结构优化调整。加强能源消费总量和强度双控管理，推进煤炭消费减量替代。截至2020年年底，北方地区冬季清洁取暖率提升到60%以上，京津冀及周边地区、汾渭平原累计完成散煤治理约2500万户。重点区域35蒸吨以下燃煤锅炉基本淘汰，65蒸吨及以上燃煤锅炉基本完成超低排放改造。2020年全国煤炭消费比重降低到56.8%，非化石能源消费比重提高到15.9%。

三是推进运输结构优化调整。大力推动“公转铁”、“公转水”，全国铁路、水路货运量不断增加。京津冀及周边地区、汾渭平原加大力度淘汰国三及以下排放标准营运柴油货车。全国共注销黄标车17.6万辆、老旧车336.5万辆。设立船舶大气污染物排放控制监测监管试验区。全面实施轻型汽车国六排放标准，建立汽车排放与维护制度。截至2020年年底，累计完成188万台非道路移动机械编码登记。持续打击和清理取缔黑加油站点、流动加油站。

四是推进用地结构优化调整。推动加快露天矿山综合整治工作。严格施工扬尘监管，推进道路扬尘治理。推动落实秸秆综合利用和禁烧责任，2020年全国秸秆综合利用率超过86%，秸秆焚烧火点数量比2015年降低30%左右。

五是有效应对重污染天气。完善重点区域大气污染防治协作机制。开展重污染天气重点行业绩效分级管理，对钢铁、焦化等39个重点行业实施差异化管控。

（四）深入推进碧水保卫战。持续实施水源地保护、城市黑臭水体治理、农业农村污染治理、长江保护修复、渤海综合治理等标志性战役，保好水、治差水，碧水保卫战取得重要进展。

一是加强饮用水安全保障。全国10638个农村“千吨万人”（日供水千吨或服务万人以上）水源地全部完成保护区划定。农村集中供水率达到88%、自来水普及率达到83%。持续排查整治水源地生态环境问题。饮用水水质监测网络实现全国乡镇全覆盖。

二是加强工业水污染治理。组织开展工业园区污水处理设施整治专项行动，全国省级及以上工业园区污水集中处理设施实现应建尽建。长江经济带279家“三磷”企业（矿、库）基本完成问题整治。

三是加强城镇水污染防治。开展城市黑臭水体整治环境保护专项行动，全国地级及以上城市建成区黑臭水体消除比例达到98.2%。经国务院同意，印发《关于推进污水资源化利用的指导意见》。截至2020年年底，累计排查城市污水管网22.8万公里，新建改造污水管网4.5万公里，消除生活污水直排口近1万个。

四是加强农业农村污染治理。“十三五”期间共计完成15万余个建制村环境整治，农村生活污水治理率达到25.5%。实施农村人居环境整治村庄清洁行动，农村卫生厕所普及率达到68%以上。加强农业面源污染防治，化肥农药使用量连续实现负增长。

五是加强船舶水污染治理。开展为期一年的长江经济带船舶和港口污染突出问题专项整治。全面完成内河400总吨及以上船舶加装生活污水收集或处理设施。完成全国沿海和内河港口船舶污染物码头接收设施或船舶移动接收设施建设任务。

六是加强海洋生态环境保护。持续推进渤海综合治理，纳入“消劣行动”的10个国控入海河流断面全部消除劣Ⅴ类，开展渤海入海排污口溯源整治试点，印发渤海海洋垃圾污染防治实施方案，滨海湿地修复规模达到8891公顷，整治修复岸线132公里。制定加强海水养殖污染生态环境监管的意见。开展“蓝色海湾”整治行动,推进红树林保护修复,实施海岸带保护修复工程,严格围填海管控和海岸线分类保护。组织实施“碧海2020”海洋生态环境保护专项执法行动。稳步提升海上应急处置能力。

(五)扎实推进净土保卫战。全面落实土壤污染防治法执法检查报告及审议意见,强化农用地和建设用地土壤污染风险管控,贯彻实施新修订的固体废物污染环境防治法,持续推进固体废物减量化、资源化和无害化,净土保卫战取得积极成效。

一是健全土壤污染防治法规标准。推动落实《关于贯彻落实土壤污染防治法推动解决突出土壤污染问题的实施意见》。出台建设用地、农用地土壤污染责任人认定暂行办法。出台土壤污染防治基金管理办法,推动设立省级土壤污染防治基金。强化土壤污染防治目标责任制,将土壤污染防治有关目标任务完成情况纳入污染防治攻坚战成效考核。

二是加强农用地风险管控和修复。完成农用地土壤污染状况详查。2783个涉农县级单位全部完成耕地土壤环境质量类别划分工作。不断健全耕地轮作休耕制度,全国受污染耕地安全利用和严格管控任务顺利完成。开展涉镉等重金属重点行业企业排查整治三年行动,累计完成1865个污染源整治。

三是严格建设用地准入管理。完成1.3万多个地块的初步采样调查。现场检查污染地块6700多块,督促地方对违规开发利用地块立整立改。开展污染地块开发利用遥感监管试点。30个省(区、市)依法建立并公开建设用地土壤污染风险管控和修复名录,已累计公开列入名录地块951个。截至2020年,全国共评审土壤污染状况调查报告21602份、风险评估报告660份、风险管控及修复效果评估报告403份。

四是加快推动垃圾分类处理。印发《关于进一步推进生活垃圾分类工作的若干意见》,全面推进地级及以上城市生活垃圾分类。全国城市生活垃圾无害化处理率达到99.2%。全国农村生活垃圾进行收运处理的行政村比例超过90%。非正规垃圾堆放点整治任务基本完成。

五是强化固体废物污染防治。“无废城市”建设试点形成一批可复制可推广的示范模式。国务院办公厅转发关于加快推进快递包装绿色转型的意见。开展塑料污染治理联合专项行动。组织对6万多家企业和250个化工园区开展危险废物专项排查。严格废弃电器电子产品拆解处理。印发《京津冀及周边地区工业资源综合利用产业协同转型提升计划(2020—2022年)》,促进工业固体废物综合利用。基本完成长江经济带重点尾矿库污染治理。超额完成重点行业重点重金属污染物排放量下降10%的目标任务。开展“蓝天2020”打击洋垃圾走私专项行动,发布全面禁止进口固体废物的公告,圆满完成2020年年底基本实现固体废物零进口目标。

(六)大力推进生态保护修复。印发《全国重要生态系统保护和修复重大工程总体规划(2021—2035年)》。实施长江流域重点水域十年禁渔。统筹推进生态保护红线评估调整与自然保护地整合优化。印发《生态保护红线监管指标体系(试行)》及相关技术规范,开展“绿盾2020”自然保护地强化监督,实施黄河流域国家级自然保护区管护成效评估。深入推进大规模国土绿化,扩大退耕还林还草规模。“十三五”期间累计治理沙化和石漠化土地面积1.8亿亩,新增水土流失综合治理面积30.6万平方公里。组织开展重点区域历史遗留废弃矿山环境修复治理。清理整治河湖“四乱”问题2.24万个。完成286条重点河湖生态流量保障目标制订工作,基本完成长江经济带小水电清理整改。开展生物多样性调查、观测和评估。遴选命名第四批国家生态文明建设示范市县和“绿水青山就是金山银山”实践创新基地。

(七)积极应对气候变化。坚决落实习近平总书记关于碳达峰、碳中和目标的重大宣示,启动编制2030年前二氧化碳排放达峰行动方案。出台《碳排放权交易管理办法(试行)》,制定相关配套文件,启动全国碳排放权交易市场第一个履约周期。印发《关于促进应对气候变化投融资的指导意见》。推动建立应对气候变化与污染防治、生态保护修复等协同优化高效的工作体系。积极参与和引领全球气候治理,扎实开展应对气候变化南南合作。

(八)严格核与辐射安全监管。高效运转国家核安全工作协调机制。完善全国核电厂经验反馈体系并有效运行。开展全国核与辐射安全隐患排查三年行动。49台运行核电机组、19座在役民用研究堆(临界装置)、18座民用核燃料循环设施安全状况良好,14台在建核电机组、1座在建研究堆质量受控。加快推动历史遗留核设施退役治理工作。推进核与辐射应急指挥平台和信息系统数据库建设,完成244个新国控辐射环境空气自动监测站建设。

（九）推动生态环境保护全民参与。进一步加强生态环境保护法治宣传教育，严格实行“谁执法谁普法”的普法责任制。全国共有2100多家企业向社会开放环保设施，地级及以上城市向社会开放环保设施的任务全面完成。实施生态环境违法行为举报奖励制度，鼓励公众参与，加强社会监督。全国环保举报平台共接到举报43万件，基本做到按期办结，推动解决人民群众身边的突出环境问题。充分听取人大代表对生态环境保护工作的意见，高质量办理人大代表议案建议，并转化为推动打好污染防治攻坚战的有力举措。

（十）不断提升生态环境治理效能。中共中央办公厅、国务院办公厅印发《关于构建现代环境治理体系的指导意见》。国务院办公厅印发《生态环境领域中央与地方财政事权和支出责任划分改革方案》。基本完成省以下生态环境机构监测监察执法垂直管理制度改革任务。28个省（区、市）已经发布“三线一单”（生态保护红线、环境质量底线、资源利用上线和生态环境准入清单）成果。圆满完成第二次全国污染源普查工作。基本实现全国固定污染源排污许可全覆盖。发布国家生态环境标准122项、国家生态环境基准4项。印发生态环境监测规划纲要（2020—2035年）。发布《2020年中国环境噪声污染防治报告》。2020年中央财政共安排生态环保领域资金4073亿元。支持引导黄河全流域建立横向生态保护补偿机制。经国务院同意，发布《国家生态文明试验区改革举措和经验做法推广清单》。印发《关于加快建立绿色生产和消费法规政策体系的意见》。深入实施绿色制造工程，开展绿色建筑、绿色商场创建行动，建立绿色产品认证与标识体系。探索建立领导干部自然资源资产离任审计评价指标体系。稳妥推进自然资源资产负债表编制工作。

同时，我们也清醒认识到，当前我国生态文明建设仍处于压力叠加、负重前行的关键期，保护与发展长期矛盾和短期问题交织，生态环境保护结构性、根源性、趋势性压力总体上尚未根本缓解，生态环保任重道远，需要付出更为艰巨、更为艰苦的努力。一是新发展理念需要进一步贯彻落实。部分地区对生态环境保护的重视程度减弱，一些省份对碳达峰、碳中和存在模糊认识，部分地方有上马高耗能高排放项目的冲动，给全国碳达峰、产业结构和能源结构调整、大气污染治理等工作带来挑战和风险。二是生态环境质量改善成效并不稳固。部分地区、领域生态环境问题依然突出。我国城市空气质量总体上仍未摆脱“气象影响型”，城市黑臭水体治理长效机制还不健全，土壤污染风险管控水平有待提升，农业农村污染治理亟待加强，噪声、油烟等污染问题增多，与人民群众的期待还有不小差距。三是依法推进生态环境保护存在薄弱环节。生态环境领域法律制度体系还不够完善，宣传普及还不到位，部分配套法规和标准制定工作滞后。一些企业履行污染防治主体责任意识不强，有的地方污染治理压力和责任逐级递减，基层生态环境执法监管能力与工作要求还不相适应。许多法律条款没有得到有效执行和落实，用法治思维和法治方式治理环境污染、保护生态环境的能力水平有待提升。四是生态环境治理体系和治理能力现代化亟需加强。绿色发展的激励和约束机制不够健全，环保参与宏观经济治理手段不足，生态环境保护多元化投入模式尚未有效建立。生态环境科技创新、成果转化和推广应用还不够，环保产业支撑体系不健全，解决环境问题专业能力和水平有待提升。

## 三、下一步工作安排

“十四五”时期是开启全面建设社会主义现代化国家新征程、谱写美丽中国建设新篇章、实现生态文明建设新进步的五年，是深入打好污染防治攻坚战、持续改善生态环境的五年。

“十四五”生态环境保护的指导思想是，以习近平新时代中国特色社会主义思想为指导，认真贯彻党的十九大和十九届二中、三中、四中、五中全会精神，深入落实习近平生态文明思想、习近平法治思想，按照党中央、国务院决策部署，准确把握进入新发展阶段、贯彻新发展理念、构建新发展格局对生态环境保护提出的新任务新要求，坚持系统观念，把实现减污降碳协同效应作为总要求，牢牢把握精准治污、科学治污、依法治污的工作方针，深入打好污染防治攻坚战，加快推动绿色低碳发展，持续改善生态环境质量，推进生态环境治理体系和治理能力现代化，为开启全面建设社会主义现代化国家新征程奠定坚实的生态环境基础。

“十四五”生态环境保护的总体思路，初步归纳为“提气、降碳、强生态，增水、固土、防风险”。“提气”就是以$PM_{2.5}$和$O_3$协同控制为主线，进一步降低$PM_{2.5}$和$O_3$浓度，提升空气质量。“降碳”就是降低碳排放，推进二氧化碳排放达峰行动，支持有条件的地方率先达峰。“强生态”就是统筹山水林田湖草系统修复和治理，强化生态保护监管体系，坚决守住自然生态安全边界。“增水”就是以水生态改善为核心，统筹水资源、水生态、水环境治理，增加好水，增加生态水，提升水生态。“固土”就是以土壤安全利用、强化危险废物监管与利用处置为重点，持续实施土壤污染防治行动计划。“防风险”就是牢固树立底线意识、风险意识，有效防范和化解各类生态环境风险。

2021 年是“十四五”开局之年。我们将认真落实党中央、国务院决策部署，继续加大生态环境治理力度，扎实做好碳达峰、碳中和各项工作，促进生产生活方式绿色转型。

（一）加快推动绿色低碳发展。坚定不移实施积极应对气候变化国家战略，制定实施 2030 年前二氧化碳排放达峰行动方案。组织建设并运行全国碳排放权注册登记结算系统、交易系统，率先在发电行业启动上线交易。强化应对气候变化能力建设，加快建立国家自主贡献重点项目库。编制《国家适应气候变化战略 2035》。统筹推进重大国家战略区域生态环境保护工作，加快建立“三线一单”生态环境分区管控体系。加快推动城乡建设绿色发展，推进城市生态修复、功能完善工程。实施工业低碳行动和绿色制造工程，严格控制高耗能高排放项目建设，合理控制煤电建设投产规模和时序，建立健全清洁能源消纳长效机制。深入开展清洁生产审核，培育壮大节能环保产业，积极推动重点行业和重点领域绿色化改造。

（二）切实加强生态环境立法和督察执法。积极配合全国人大常委会推进黄河保护立法和环境噪声污染防治法、海洋环境保护法等法律制修订，做好固体废物污染环境防治法等法律执法检查，推动长江保护法、生物安全法等法律贯彻实施。扎实推进配套法规和标准制修订。继续开展第二轮中央生态环境保护督察，落实督察整改调度、盯办、督办机制，强化督察结果运用。围绕蓝天保卫战重点任务，协同推进专项监督帮扶和远程监督帮扶。深入推进生态环境保护综合行政执法改革，完成执法队伍组建工作。组织开展“昆仑 2021”专项行动，持续打击破坏生态环境资源违法犯罪。不断完善生态环境行政执法与司法衔接机制。

（三）深入打好污染防治攻坚战。保持攻坚力度、延伸攻坚深度、拓展攻坚广度，继续开展污染防治行动，实现减污降碳协同效应。

持续推进空气质量提升行动。加强 $PM_{2.5}$ 和 $O_3$ 协同控制，深入开展挥发性有机物（VOCs）综合治理。继续推动北方地区冬季清洁取暖、钢铁行业超低排放改造、锅炉与炉窑综合治理，推进水泥、焦化、玻璃、陶瓷等行业深度治理。强化新生产车辆达标排放监管，加速老旧车辆淘汰，加大对机动车和非道路移动机械的执法监管力度。积极推动铁路专用线建设，提高铁路货运比例。加强区域大气污染防治协作。推动开展声环境功能区划评估。做好北京冬奥会和冬残奥会空气质量保障工作。

继续实施水污染防治行动和海洋污染综合治理行动。推动重点流域、湖泊生态保护修复，加强生态流量管理，大力推进美丽河湖、美丽海湾保护与建设。组织开展乡镇级集中式饮用水水源保护区划定。继续推进城市黑臭水体治理，持续推进城镇污水管网全覆盖。加强城镇（园区）污水处理环境管理，推动区域再生水循环利用试点。完成长江入河、渤海入海排污口监测与溯源工作，推进赤水河和黄河入河排污口排查。推动长江口—杭州湾、珠江口及邻近海域等实施综合治理。加强海洋垃圾污染防治监管。推进海上突发环境事件应急体系建设。

深入开展土壤污染防治行动。巩固提升受污染耕地安全利用水平，严格建设用地准入管理和风险管控。加强土壤污染重点监管单位环境监管，强化土壤污染源头防控。持续开展农村环境整治，推进农村生活污水和黑臭水体治理。继续推进“无废城市”建设，开展白色污染综合治理，深入推进城乡生活垃圾分类。扎实开展全国危险废物专项整治三年行动，实施黄河流域“清废行动”。加强有毒有害化学物质环境风险防控，实施新污染物治理。

（四）持续加强生态保护修复。编制全国重要生态系统保护和修复重大工程相关专项规划。进一步完善生态保护监管体系，强化生态保护红线和自然保护地监管。组织开展自然保护地人类活动遥感监测、“绿盾 2021”自然保护地强化监督、国家级自然保护区保护成效评估。科学实施大规模国土绿化行动。扎实推动生物多样性保护重大工程实施，筹备开好《生物多样性公约》第十五次缔约方大会。持续推进生态文明示范建设。

（五）强化核与辐射安全监管。继续开展全国核与辐射安全隐患排查三年行动。强化核电、研究堆安全监管。协助推进核电废物处置，推动历史遗留核设施退役治理，加快推进放射性污染防治。加强国家辐射环境监测网络运行管理，强化核安全预警监测信息化平台建设。

（六）加快构建现代环境治理体系。编制实施“十四五”生态环境保护规划及专项规划。制定构建现代环境治理体系三年工作方案。持续深化省以下生态环境机构监测监察执法垂直管理制度改革。构建以排污许可制为核心的固定污染源监管制度体系。深化国家生态文明试验区建设。促进新型节能环保技术、装备和产品研发应用，培育壮大节能环保产业，推动资源节约高效利用。创新绿色金融产品与服务。深入推进生态环境损害赔偿和环境信息依法披露制度改革。加强生态环境科技创新与成果转化。持续推进生态环境监测评价与监测质量监督检查。加强生态环境宣传教育，实施“美丽中国，我是行动者”五年行动计划。

委员长、各位副委员长、秘书长、各位委员，长期以来，全国人大常委会高度重视、大力支持生态环境保护工作，不断加强立法、实施监督和执法检查，为推进生态文明、建设美丽中国发挥重要作用。我们将更加紧密地团结在以习近平同志为核心的党中央周围，在全国人大及其常委会监督支持下，脚踏实地、迎难而上，以生态环境高水平保护推动高质量发展，以优异成绩庆祝中国共产党成立100周年！

# 对2020年度环境状况和环境保护目标完成情况、研究处理土壤污染防治法执法检查报告及审议意见情况、依法打好污染防治攻坚战工作情况报告的意见和建议

4月28日，十三届全国人大常委会第二十八次会议审议了生态环境部部长黄润秋受国务院委托作的关于2020年度环境状况和环境保护目标完成情况、研究处理土壤污染防治法执法检查报告及审议意见情况、依法打好污染防治攻坚战工作情况的报告，共有21人次发言。现根据会议发言情况，将常委会组成人员和列席人员对报告的主要意见整理如下。

出席人员普遍认为，“十三五”以来，国务院及其有关部门、地方各级政府坚决贯彻落实习近平生态文明思想和党中央重大决策部署，深入贯彻落实生态环境保护法律制度和全国人大常委会有关决议，全国生态环境质量持续改善，污染防治攻坚战取得决定性成效。同时也要清醒认识到，生态环境保护结构性、根源性、趋势性压力总体上尚未根本缓解，生态环保任重道远。大家强调，国务院及有关部门要坚决贯彻习近平生态文明思想，保持战略定力，坚持系统治理，加快推动绿色低碳发展，广泛深入开展碳达峰行动，以生态环境高水平保护推动高质量发展。审议中，大家还提出了一些具体意见和建议。

## 一、做好“十四五”时期生态环境保护规划编制实施工作

部分出席人员提出，要准确把握立足新发展阶段、贯彻新发展理念、构建新发展格局，推动高质量发展对生态环境保护提出的新任务新要求，编制好实施好“十四五”生态环境保护规划及专项规划，抓紧制定实施2030年前碳排放达峰行动方案。应坚持系统观念，树立大生态保护的理念，统筹考虑气候变化、环境治理、生物多样性保护等各方面需求，强化总体规划和各专项规划的协调衔接。有的出席人员提出，制定生态要素和生态空间规划应根据各地区环境承载、资源禀赋、产业布局等实际情况，分地域、级别、行业开展系统研究，分解细化任务指标，增强指导性和可操作性。

有的出席人员指出，从执法检查和专题调研中了解的情况看，一些地方政府及相关部门、企业对“气十条”、“水十条”、“土十条”等政策措施很熟悉，但对法律规定的职责、义务不够清楚。应进一步加强生态环保法律学习宣传普及，推动政府、企业以及全社会增强法治观念，用法治力量守护好生态环境。

## 二、加快发展方式绿色转型

有些出席人员认为，应下功夫提高资源利用效率，加快发展循环经济。有的出席人员建议，重视从废弃电路板、电器和尾矿中提炼稀有贵重金属技术的研发攻关和推广应用，构建打通污染防治与资

源循环利用的技术链产业链。有的出席人员提出，工业结构偏重、能源结构偏煤、利用效率偏低仍是制约我国实现绿色低碳发展的主要原因；我国单位 GDP 能耗是世界平均水平的 1.5 倍。建议把推动能源结构调整和工业领域节能降耗作为重中之重，强化对非化石能源比重和单位 GDP 能耗指标落实情况的考核，确保“十四五”规划指标的实现。

## 三、深入打好污染防治攻坚战

部分出席人员提出，我国生态环境保护仍处于压力叠加、负重前行的关键期，要保持战略定力，突出精准治污、科学治污、依法治污，以钉钉子精神加强大气、水、土壤污染的治理力度。有的出席人员提出，京津冀及周边、汾渭平原等重点区域秋冬季时段大气污染依然较为严重，全国臭氧污染超标天数占比上升。建议进一步加强 $PM_{2.5}$ 和臭氧协同控制，指导各地完善提升重污染天气差异化管控措施，使之更加精细、科学。有的出席人员建议，应着力解决影响长江、黄河水生态环境改善的突出问题，一是精准溯源，强化入河排污口排查与监测；二是突出治理重点，狠抓排污口整治和工业水污染防治，加强工业园区污水集中处理设施运行监管；三是推进区域再生水循环利用，研究出台提高污水资源化利用率的鼓励政策。有的出席人员提出，长江流域港口船舶油污水处置能力不足，部分港口油污水接收费用过高，岸电设施利用率不高，出现了部分船舶直排生活污水、偷排含油污水等现象，建议加大船舶污染物“船上储存、转岸交付”的零排放工作力度。固体废物治理应更加突出资源化、减量化要求，明确和细化相关标准、规范，为减少工业固体废物、生活垃圾提供指引。

有的出席人员认为，应重视管控土壤环境风险，加强农用地分类管理，严格落实受污染耕地安全利用、风险管控措施，下大力气抓好农业面源污染防控。有些列席人员建议，根据不同的资源禀赋、土地利用方式以及土壤背景值等，分地区分类型建立土壤环境标准体系，明确相应的土壤保护目标，指导各地统筹做好土地开发利用和土壤保护工作；强化成本较低、操作便利的污染土地安全利用技术的研发和推广，重视解决土壤污染修复企业鱼龙混杂问题；积极推广可降解农用地膜，提高可降解地膜产能，降低生产成本，对农民使用可降解地膜给予适当补贴。

有的出席人员提出，今年“两会”后生态环境部暗访发现唐山 4 家钢铁企业在重污染天气应急响应期间高负荷生产，且生产记录存在造假，连续 3 年拍摄的长江经济带环保警示片暴露出一批触目惊心的环境违法问题。应当持续严厉打击环境违法行为，保持高压震慑态势不放松。

## 四、加强生态系统修复工作

有些出席人员提出，我国天然草原总面积约占国土面积的 42%，是我国最大的陆地生态系统，但草原保护工作相对滞后。建议把保护草原摆在更突出的位置，加大对养护草原的投入，强化对草原地区矿产资源开发的审批把关，减少开发对草原的破坏。有的出席人员提出，应重视城市生态系统的保护和建设，发挥其在调节气候、美化环境、保护生物多样性、促进休闲游憩等方面的功能。有的列席人员提出，长江生态系统修复不只是防治污染，还应深入研究解决长江流域存在的全物质通量减少问题，处理好开发利用和生态修复的关系。

## 五、强化生态环境保护基础设施和能力建设

有的出席人员提出，目前各地普遍加大环境保护基础设施建设的力度，但县乡等基层的基础设施仍比较薄弱，此外，还面临建好后怎么保证有效运行的问题。应继续推进环境保护基础设施建设，重点是抓好污水收集管网等“里子”工程建设，多措并举提高设施的运营水平，加大财政对基层特别是农村治污设施运营经费的保障力度。有些出席人员提出，应持续深化省以下生态环境机构监测监察执法垂直管理制度改革，强化基层执法队伍建设，重点提升基层环境监测能力，通过与科研院所、高校联合共建等方式，弥补监测能力不足的短板。有的出席人员提出，应加大各类污染形成机理和治理技术的研究攻关，强化污染防治的科技支撑。

## 六、加强生态环境领域立法

有些出席人员提出，应继续加快生态环境领域立法，健全生态文明法律制度体系。有的出席人员认为，面对土地保护的严峻形势，应加快完善土壤环境保护相关的法律法规，修改土地管理法，明确农村土地承包过程中的土壤环境管理要求，理顺和

细化有关部门与乡镇、街道办事处在土壤环境保护、污染地块治理等方面的职责，通过作出法律解释、出台配套法规制度等，推动土壤污染防治法有效实施。有的出席人员提出，应进一步完善生态环境保护相关法律制度，明确政府及有关部门在涵养水源、防风固沙、生物栖息地和生物多样性保护等方面的职责，加大对破坏具有特殊生态价值的草地、湿地等违法犯罪行为的打击力度，完善生态环境损害赔偿制度，织密生态环境保护法律网。有的出席人员提出，目前污染控制方面的法律相对完善，但生态保护、应对气候变化领域的立法还有短板。建议加快推进国家公园法、自然保护地法等相关立法进程，围绕实现碳达峰碳中和目标，统筹修改煤炭法、电力法、可再生能源法、节约能源法等法律，研究制定应对气候变化法。

# 国务院关于建设现代综合交通运输体系有关工作情况的报告

——2021 年 6 月 7 日在第十三届全国人民代表大会常务委员会第二十九次会议上

交通运输部部长　李小鹏

全国人民代表大会常务委员会：

受国务院委托，我向全国人大常委会报告现代综合交通运输体系建设工作情况，请审议。

党中央、国务院高度重视现代综合交通运输体系建设。习近平总书记多次作出重要指示，为现代综合交通运输体系发展指明了方向、提供了根本遵循。习近平总书记强调，综合交通运输进入了新的发展阶段，在体制机制、方式方法、工作措施上都要勇于创新、敢于创新、善于创新，各种运输方式都要融合发展，提高效率和质量，支撑经济发展和民生不断改善；要做立体的规划，整体设计综合交通运输；要加快形成安全、便捷、高效、绿色、经济的综合交通体系。李克强总理要求，立足构建大交通体系，加强交通基础设施网络建设，调整运输结构，提高综合运输效率，让物畅其流、人畅其行，促进经济发展和民生改善，使交通真正成为发展的先行官。栗战书委员长要求，把交通建设放在优先发展的战略位置，加快构建现代综合交通运输体系。党的十九大作出建设交通强国的战略部署，党中央、国务院印发《交通强国建设纲要》和《国家综合立体交通网规划纲要》，明确了当前和今后一个时期现代综合交通运输体系建设的总体思路、主要目标和重点任务。

## 一、现代综合交通运输体系建设主要进展和成效

经过长期发展，我国综合交通运输实现了由“瓶颈制约”到“总体缓解”再到“基本适应”的历史性转变，我国已成为名副其实的交通大国。近年来，交通运输行业认真贯彻落实党中央、国务院决策部署，紧紧抓住交通运输基础设施发展、服务水平提高和转型发展的黄金时期，牢牢把握“先行官”定位，加快建设现代综合交通运输体系，开启了交通强国建设的新征程。

（一）综合立体交通网络加快构建，有效支撑国家重大战略实施。一是交通基础设施加速成网。基本形成以“十纵十横”综合运输大通道为主骨架、内畅外通的综合立体交通网络。截至 2020 年底，铁路营业里程 14.6 万公里，其中高铁 3.8 万公里；公路通车里程 520 万公里，其中高速公路 16.1 万公里；内河航道通航里程 12.8 万公里，其中高等级航道 1.6 万公里；城市轨道交通运营里程 7354.7 公里。我国高速铁路里程、高速公路里程、城市轨道交通运营里程、沿海港口万吨级及以上泊位数都稳居世界第一，铁路、高速公路对城区常住人口 20 万以上城市的覆盖率均超过 95%，民航运输机场已覆盖 92% 的地级市。二是综合交通枢纽布局逐步完善。45 个国家物流枢纽建设工作稳步推进，“通道 + 枢纽 + 网络”的现代物流运行体系框架基本形成。上海虹桥、北京大兴等一批现代化综合交通枢纽项目建成投运，有效提升了综合运输能力和效率。北京、上海、广州、深圳等综合交通枢纽城市的国际竞争力、影响力全面提升。三是重点区域交通运输协调发展水平不断提升。京津冀、长三角交通一体化取得明显进展，长江经济带综合立体交通走

廊建设、粤港澳大湾区交通互联互通稳步推进，黄河流域、成渝地区双城经济圈综合立体交通布局不断完善，为优化区域经济布局、促进区域协调发展奠定了坚实基础。

（二）综合交通运输服务能力大幅提升，人民群众获得感明显增强。一是旅客出行更加便捷舒适。2019 年①，完成营业性客运量约 176 亿人、旅客周转量约 3.5 万亿人公里。以道路运输为基础，高铁、民航快速发展的出行服务体系不断完善。动车组列车承担铁路客运量比例约 70%，高铁旅客发送量达 23.6 亿人次。枢纽机场轨道接入率达 68%，民航航班正常率连续 3 年超过 80%。公交优先战略深入实施，国家公交都市建设取得显著成效，公交运营线路长度达 148 万公里，公交专用道超过 1.6 万公里，服务保障能力明显提升。二是货物流通更加经济高效。2020 年，完成营业性货运量约 464.4 亿吨、货物周转量超过 19 万亿吨公里。大宗物资“公转铁”“公转水”深入推进，铁水联运、公铁联运、空铁联运、江海联运等运输组织模式创新发展，“十三五”时期集装箱铁水联运量年均增长约 23%。取消高速公路省界收费站，实现全国高速公路“一张网”运行、“一体化”服务。“十三五”时期公路铁路水路可量化措施降低物流成本超过 5500 亿元。三是全面打赢交通运输脱贫攻坚战。“四好农村路”建设取得重要成效，具备条件的乡镇和建制村全部通硬化路、通客车，“十三五”时期解决了 2.8 万个贫困地区建制村通客车难题，使 3500 万贫困地区农村人口受益。全国 81 对公益性“慢火车”常态化开行，建成 155 个无轨站，惠及 600 余个边远山区县的百姓出行。贫困地区运输机场 72 个、通用机场 46 个，民航对贫困人口覆盖率达 82.6%。县乡村三级农村物流网络体系基本建立，实现村村直接通邮、乡镇快递网点基本覆盖。城乡交通运输一体化水平明显提升，农村出行难已成为历史，实现了“小康路上不让任何一地因交通而掉队”的庄严承诺。

（三）综合交通运输创新能力显著提升，发展质量持续提高。一是科技创新能力大幅跃升。跨海桥隧、深水航道、自动化码头等成套技术跻身世界前列，港珠澳大桥、京张高铁、上海洋山港自动化码头等一批超级工程建成，油船、散货船、集装箱船三大主流船型的智能示范船交付运营，复兴号系列动车组上线运行，C919 大型客机全面开展试验试飞，ARJ21 支线客机进入规模化运营阶段。二是智慧交通发展步伐加快。多种智能交通方式建设有序推进，无人机、智能船舶、智能网联汽车、无人仓加快应用，北斗系统在交通运输领域深入推广，共享单车、网约车、无人机投递、网络货运等新业态新模式蓬勃发展。三是节能降碳和污染治理取得实效。严格实施能源消费总量和强度双控制度，推广应用新能源和清洁能源运输装备，城市公交、出租车和货运配送成为新能源汽车应用的主要领域，使用量超过 120 万辆，新能源公交车占城市公交的比例超过 60%，铁路电气化率达 72.8%，电力机车完成的牵引工作量接近 90%，“十三五”时期交通运输碳排放强度下降率达 7.5%。坚决打好交通运输领域污染防治攻坚战，加快淘汰老旧和高排放装备，设立船舶大气污染物排放控制区，抓好长江经济带船舶和港口污染突出问题整治，打赢民航蓝天保卫战，推进快递包装绿色转型。全面开展运输结构调整三年行动，与 2017 年相比，2020 年铁路货运增量 8.63 亿吨、水路货运增量 9.38 亿吨，沿海港口大宗货物公路运输量减少 3.7 亿吨。

（四）交通运输安全体系不断健全，安全应急保障能力显著提升。一是安全生产形势总体稳定。“十三五”时期，铁路未发生重大事故，道路运输重大事故起数和死亡人数分别下降 75% 和 69%，水上较大等级以上交通事故起数大幅下降，民航实现持续安全飞行 124 个月的新纪录，邮政快递未发生较大以上安全生产事故。二是应急救援处置能力不断提升。深入实施高铁安全防护、公路安全生命防护等工程，及时防范化解交通重大安全风险，有效应对处置各类灾害事故，海上搜救成功率达 96.2%。三是有效保障疫情防控和复工复产。实施“一断三不断”部署，推出铁路“七快速”、公路“三不一优先”、水运“四优先”、民航客运“五个一”②、邮政“绿色通道”等政策措施，全力阻断病毒通过交通工具传播，保障应急物资和生活必需品运输。成立国际物流保障协调工作机制，加强多种运输资源统筹调度，确保国际物流供应链稳定畅通。

---

① 受新冠肺炎疫情影响，2020 年旅客运输数据不具有参考性。

② “一断三不断”指：坚决阻断病毒传播渠道，确保交通网络不能断、应急运输绿色通道不能断、必要的群众生产生活物资运输通道不能断；

“七快速”指：快速受理、快速配空、快速装车、快速挂运、快速输送、快速卸车、快速交付；

“三不一优先”指：应急车辆不停车、不检查、不收费、优先通行；

“四优先”指：防疫物资和重点生产生活物资运输优先过闸、优先引航、优先锚泊、优先靠离泊；

“五个一”指：中外航空公司国际客运航班按照“一司一国一线一周一班”的方式运营。

（五）交通运输对外开放合作持续深化，国际影响力明显增强。一是对外交通运输网络逐步形成。服务“六廊六路多国多港”的交通互联互通架构基本形成，中欧班列通达21个国家，国际道路运输合作范围拓展至19个国家，水路国际运输航线覆盖100多个国家，民航航线通达64个国家和地区。二是积极参与全球交通运输治理。深化交通运输领域对外交流与合作，加入近120项交通运输领域多边条约，积极参与国际组织事务，多次当选或连任国际海事组织A类理事国、国际民航组织一类理事国、万国邮政联盟相关理事会理事国。三是“走出去”步伐不断加快。合作建成中巴“两大”公路①、拉合尔“橙线”轨道、中俄黑河公路大桥等重大项目，积极参与希腊比雷埃夫斯港、斯里兰卡科伦坡港、巴基斯坦瓜达尔港等海外港口的建设和运营，对外开放合作水平明显提高。

（六）综合交通运输体制机制逐步完善，治理效能不断提升。一是综合交通运输管理体制初步构建。形成了“一部三局”综合交通运输管理体制架构。省级综合交通运输管理体制改革逐步推进，运行机制逐步健全。二是综合交通运输协调机制持续完善。成立交通强国建设纲要起草组，着力完善综合交通运输发展规划体系。建立健全海上搜救和重大海上溢油应急处置、交通运输新业态协同监管、铁路沿线安全环境治理等部际联席会议制度，加强在国际物流、国内“春运”等方面的跨部门协作。三是重点领域和关键环节改革纵深推进。交通运输“放管服”改革、综合行政执法改革、财政事权与支出责任划分改革、投融资体制改革等取得积极进展。铁路、邮政公司制改革总体完成，收费公路制度改革、农村公路管理养护体制改革、区域港口一体化改革、出租车改革等持续推进，通用航空改革不断深化。四是法律法规和标准体系加快形成。初步形成了包括8部法律、43部行政法规、300部地方性法规、288件部门规章、290件地方政府规章的综合交通法规体系。成立全国综合交通运输标准化技术委员会和交通运输部标准化管理委员会，形成了包括3850余项国家和行业标准的综合交通运输标准体系。

## 二、现代综合交通运输体系建设面临的主要问题

当今世界正经历百年未有之大变局，世界经济格局深度调整，新一轮科技革命和产业变革深入发展，受新冠肺炎疫情等影响，全球产业链供应链受到冲击，综合交通运输发展面临新机遇新挑战。我国区域经济布局、国土开发保护格局、人口结构分布、消费需求特征、要素供给模式等正发生深刻变化，对综合交通运输加快补齐短板、促进一体融合、深化改革创新、提升整体效能提出新要求。面对加快建设交通强国、服务全面建成社会主义现代化国家的新形势新任务，综合交通运输体系仍存在质量不优、效率不高、韧性不强等发展不平衡不充分问题，主要包括以下5个方面。

（一）综合交通网络布局有待完善。部分战略骨干通道亟须强化，京沪、京港澳、长深、沪昆、连霍等部分路段方向的通道能力长期紧张。西部地区铁路网覆盖仍需加强，普通国道有9000公里待贯通路段，内河建设尚存短板，对照2035年规划目标还有约9000公里高等级航道需要建设，民用运输机场布局尚需加快完善。部分农村地区、边境地区交通通达深度仍需提升、条件有待改善。

（二）各种运输方式衔接协同有待强化。资源要素集约利用、共建共享水平不高。旅客联程运输发展滞后，部分综合客运枢纽换乘不便、换乘设施不完善。多式联运货运量和沿海港口铁水联运占比较低，铁路与港口等大型货运枢纽之间仍存在“邻而不接”“接而不畅”等问题。

（三）综合交通可持续发展能力有待提高。交通运输总需求仍处于增长阶段，运输结构调整有待进一步深化，污染控制和减排难度不断加大，实现碳达峰、碳中和目标面临较大挑战。支撑交通运输发展的土地、空域、资金等要素资源保障亟待加强。

（四）交通运输重点领域改革有待深化。综合交通运输职能体系有待健全，体制机制改革有待深化。统一开放的交通运输市场体系亟待建立健全，部分市场定价、准入退出机制还不完善。各种运输方式间、区域间隐性壁垒仍然存在。交通运输行政执法规范化水平需进一步提升，交通运输平台经济等新业态新模式监管能力仍待提高。

（五）综合交通法律法规和标准体系有待完善。综合交通运输法规体系需进一步建立健全，促进各种运输方式深度融合的“龙头法”亟须制定，不同运输方式的法律、法规、规划、政策等统筹衔接有待加强。综合交通枢纽、旅客联程运输、货物多式联运、新业态新模式等领域标准规范亟待进一步完善，各种运

① 中巴“两大”公路指：喀喇昆仑公路二期赫雷科特—伊斯兰堡段公路、卡拉奇—白沙瓦高速公路木尔坦至苏库尔段公路。

输方式之间技术标准规范亟待进一步协调衔接。

## 三、下一步工作考虑

以习近平新时代中国特色社会主义思想为指导,全面贯彻党的十九大和十九届二中、三中、四中、五中全会精神,准确把握新发展阶段,全面贯彻新发展理念,加快构建新发展格局,认真落实《交通强国建设纲要》和《国家综合立体交通网规划纲要》部署,聚焦“三个转变”[①]和“四个一流”[②],着力补短板、促融合、提质效、保安畅、强服务、优治理,以完善法制、体制、机制、规制为抓手,加快基础设施“硬联通”和运行管理“软联通”,推动交通运输跨方式、跨领域、跨区域、跨产业一体化融合发展,提高各种运输方式的组合效率和综合效益,构建安全、便捷、高效、绿色、经济的现代化综合交通运输体系,加快建设交通强国,为全面建设社会主义现代化国家提供战略支撑。

(一)加快构建高质量的综合立体交通网。一是持续完善综合运输大通道。加强出疆入藏、沿边沿江沿海、西部陆海新通道等战略骨干通道建设,有序推进能力紧张通道升级扩容,促进通道内交通资源优化配置、线位布局统筹、断面空间整合。二是建设多层级一体化综合交通枢纽。加快建设京津冀、长三角、粤港澳大湾区、成渝地区双城经济圈等 4 大国际性综合交通枢纽集群,提升北京—天津、上海、广州—深圳、重庆—成都等国际性综合交通枢纽的全球互联互通水平,加快推进 80 个左右全国性综合交通枢纽城市建设,统筹推进“十四五”时期 120 个国家物流枢纽建设,实施一批综合客运和货运枢纽重大项目。三是强化交通基础设施网络建设。统筹铁路、公路、水运、民航、邮政快递、城市交通等发展,加强各种运输方式的统筹规划和联通衔接,打通“最后一公里”,实现旅客顺畅换乘、货物高效中转,提高综合运输效率。以中西部地区为重点,精准补齐网络覆盖短板,稳步提高交通通达深度,逐步打造“全国 123 出行交通圈”“全球 123 快货物流圈”。加快推动重点城市群城际铁路、都市圈市域(郊)铁路发展,促进城市群和都市圈交通一体化发展。四是完善全球运输网络。围绕“一带一路”建设,持续推进中欧班列发展,促进国际道路运输便利化,拓展国际海运、航空物流网络,加强国际航空货运能力建设加快形成多元化国际运输通道网络。推动构建全球交通命运共同体,加强与世界各国和联合国等国际组织的交流合作,加大交通运输领域对外开放力度,办好第二届联合国全球可持续交通大会。

(二)加快提升高品质多元化的综合运输服务能力。一是提高出行服务品质。加强各种运输方式运营管理协同,加快发展旅客联程运输,推进城市候机楼建设,推行“一站式”等服务。打造多模式公共交通系统,深入推进城乡交通运输一体化,提升客运服务均等化水平。二是创新运输组织模式。深入实施国家多式联运示范工程,加快发展铁水联运、江海直达、高铁快运等组织模式,推广全程“一单制”服务和双层集装箱铁路运输,推动冷链等专业化物流快速发展。

(三)加快形成统一开放的交通运输市场。一是着力优化营商环境。持续简政放权,深化“证照分离”改革,推行“一网通办”“跨省通办”,进一步规范铁路、公路、水运、航空等收费。二是完善市场制度体系。健全交通运输价格形成机制和市场准入退出机制,推进铁路竞争性环节市场化改革,建立健全铁路等公益性、政策性运输补贴机制,规范中欧班列、民航国际航线等补贴政策。三是健全行业监管体系。开展全国交通运输执法领域突出问题专项整治,推进严格规范公正文明执法,切实保障从业人员合法权益。优化监管框架,加快构建以信用为基础的新型市场监管机制。加强反垄断监管,保护数据、信息安全,推动交通运输平台经济等新业态规范健康持续发展。

(四)着力提高综合交通运输发展质量效益。一是提升安全发展水平。强化底线思维,切实加强交通运输各领域安全生产管理,坚决防止重特大事故的发生。深入推进交通运输重点领域安全整治,提高交通运输网络抗风险能力。构建综合交通运输应急管理体制机制,提高应急保障能力,切实维护道路运输、水上运输、交通运输新业态等行业稳定。二是提升智慧发展水平。推动既有设施智能化改造升级和交通新型基础设施建设,健全完善信息共享机制。稳步推进北斗系统推广应用和强化自动驾驶等关键核心技术研发,夯实创新发展基础。三是提升绿色发展水平。健全交通运输碳排放控制政策体系,优化调整运输结构,大力发展绿色出行,积极推广应用新能源和清洁能源运输装备,加快建设铁路

---

① “三个转变”指:推动交通发展由追求速度规模向更加注重质量效益转变,由各种交通方式相对独立发展向更加注重一体化融合发展转变,由依靠传统要素驱动向更加注重创新驱动转变。

② “四个一流”指:打造一流设施、一流技术、一流管理、一流服务。

专用线，建立健全长江经济带船舶和港口污染防治长效机制，加快推进快递包装绿色转型，推动交通运输碳达峰、碳中和目标如期实现。

（五）着力深化综合交通运输体制机制改革。一是进一步完善综合交通运输管理体制和运行机制。完善综合交通运输职能体系，强化部省间、部门间协同工作机制，加快建立有利于综合交通运输一体化发展的战略规划体系、组织管理体系、工作运行体系和政策制度体系，夯实加快建设交通强国的制度基础。二是深化重点领域改革。深入推进铁路市场化改革，持续推动收费公路制度和农村公路管理养护体制改革，深化国家空管体制改革，实现邮政普遍服务业务和竞争性业务分业经营。三是创新投融资体制机制。稳定车购税、民航发展基金等中央专项资金政策，完善国家铁路建设投入资金保障机制，完善收费公路专项债券政策，研究建立“里程税（费）”制度，建立水运发展资金保障机制，调整完善邮政发展资金政策。

（六）着力完善综合交通法律法规和标准体系。一是建立健全法律法规体系。抓紧研究制修订综合交通以及铁路、公路、水路、民航、邮政等相关法律法规。二是健全标准体系。完善综合交通枢纽、旅客联程运输、货物多式联运、智慧绿色交通、交通安全应急、新业态新模式等领域标准规范。三是建立健全统计评价指标体系。建立交通强国建设评价指标体系和动态调整机制，构建综合交通运输高质量统计体系，推进常规统计调查和大数据应用深度融合。

# 国务院关于长江流域生态环境保护工作情况的报告

——2021年6月7日在第十三届全国人民代表大会常务委员会第二十九次会议上

生态环境部部长　黄润秋

全国人民代表大会常务委员会：

按照长江保护法规定和全国人大常委会安排，受国务院委托，就长江流域生态环境保护工作情况报告如下，请审议。

党中央、国务院高度重视长江流域生态环境保护工作。习近平总书记多次深入沿江省（市）调研，主持召开推动长江经济带发展座谈会并发表重要讲话，强调要把修复长江生态环境摆在压倒性位置，共抓大保护，不搞大开发。李克强总理明确指出，长江经济带发展要坚持上中下游协同，加强生态保护修复和综合交通运输体系建设，打造高质量发展经济带。韩正副总理等领导同志提出工作要求。

全国人大常委会高度重视长江流域生态环境保护，2019年以长江流域为重点开展水污染防治法执法检查，栗战书委员长担任执法检查组组长，并带队对四川、江苏检查。2020年12月26日，十三届全国人大常委会第二十四次会议审议通过了我国第一部流域法律——长江保护法，为长江生态环境保护提供了重要法治保障。

各地区各部门坚决贯彻习近平生态文明思想，按照党中央、国务院决策部署，认真贯彻长江保护法、水污染防治法等相关法律法规和制度要求，坚持问题导向和目标导向，扎实推动各项污染治理工程，全力打好长江保护修复攻坚战，取得显著成效。2020年，长江流域水质优良（Ⅰ—Ⅲ类）断面比例为96.7%，高于全国平均水平13.3个百分点，较2015年提高14.9个百分点，干流首次全线达到Ⅱ类水质。劣Ⅴ类断面比例较2015年降低6.1个百分点。长江流域19省（区、市）均完成“十三五”水环境质量约束性指标。长江经济带经济保持持续健康发展，实现了在发展中保护、在保护中发展。

## 一、长江流域生态环境保护成效显著

各地区各部门始终把长江保护修复摆在各项工作中的突出位置来抓，突出重点、协同联动、扎实推进，取得重要进展。

（一）强化国土空间管控，严守生态保护红线

一是组织编制《长江经济带（长江流域）国土空间规划（2021—2035年）》，开展长江经济带国土空间用途管制等试点，构建差别化自然生态空间用途管制规则。二是制定环境分区管控方案和生态环境准入清单。长江流域19省（区、市）编制印发“三线一单”（生态保护红线、环境质量底线、资源利用上线和生态环境准入清单），基本建成信息共享系

统。完成生态保护红线评估调整成果技术审核。三是强化综合管控机制。建立长江经济带负面清单管理制度体系，明确产业发展、区域开发、岸线利用等方面管控要求。四是开展劣V类国控断面整治行动。长江保护修复攻坚战明确的劣V类国控断面全部完成消劣。

（二）落实长江“十年禁渔”，改善水生生物多样性

一是完成重点水域渔船渔民退捕任务。累计退捕渔船11万艘、渔民22.8万人。建立退捕渔船渔民信息管理系统和实名制动态帮扶系统，出台9项安置保障措施，拨付中央补助资金130亿元，引导各地安排资金123.68亿元，实现应保尽保、应帮尽帮。二是开展非法捕捞专项整治。2020年累计清理取缔涉渔“三无”船舶3.4万艘、违规网具26.7万张（顶），查处非法捕捞案件7579起、涉案人员8361人。设立长江口禁捕管理区。清理整治长江干流、洞庭湖、鄱阳湖非法矮围，清除围堤120余公里。三是开展“长江禁捕打非断链”专项行动。累计检查水产制品生产企业等568.22万家（个）次，监测电商平台（网站）264.49万个次，推动下架（删除、屏蔽）非法交易信息2.66万条。禁捕后，长江江豚等旗舰物种的出现频率增加。在2017年率先全面禁捕的赤水河，特有鱼类种类数由禁捕前的32种上升至37种，资源量达到禁捕前的1.95倍，生物多样性水平逐渐提升。

（三）排查整治排污口，推进水陆统一监管

一是全面启动长江干流、九条主要支流及太湖入河排污口底数摸排，徒步排查岸线2.4万公里，首次实现“无人机航测＋实地核查”高精度全覆盖，共发现入河排污口60292个，比之前掌握的数量增加约30倍。二是在全面排查基础上，同步开展入河排污口水质水量监测。安徽省通过在工业企业安装自动监控、每月手工监测相关水系、建设入江口微型水站，初步建成综合监测体系。三是探索建立一整套排污口排查整治工作规范体系和长效机制。江苏泰州市和重庆渝北区、两江新区等试点地区累计实施治理示范工程100余个，完成监测、溯源和80%整治任务，解决污水直排、乱排问题6000余个。

（四）加强工业污染治理，防范生态环境风险

一是优化产业结构布局。完成长江经济带城镇人口密集区危险化学品生产企业搬迁改造558家，完成率97.2%。完成沿江化工企业“搬改关”228家，其中沿江1公里范围内落后化工产能已全部淘汰。制定《化工园区综合评价导则》、《化工园区开发建设导则》，推动化工园区规范发展和合理布局。二是加强工业园区环境管理，省级及以上工业园区全部建成污水集中处理设施。浙江省264个重点工业园区建成“污水零直排区”。三是开展“三磷”（磷矿、磷化工企业、磷石膏库）排查整治专项行动，存在问题的281家“三磷”企业（矿、库）均已完成整治。四是深入开展“清废行动”（打击固体废物环境违法行为专项行动）。共发现问题点位3252个，整改完成3221个，完成率99.0%。五是深入推进尾矿库综合治理，开展风险隐患排查。完成干流及主要支流岸线1公里范围内停用超过3年的尾矿库闭库。1641座尾矿库全部完成污染防治方案编制，其中1618座完成污染治理，完成率98.6%。六是加强土壤污染风险管控。完成989个涉农县域耕地土壤环境质量类别划分。推进建设用地中的污染地块风险管控。七是提升危险废物环境风险防范能力，推进川渝云贵等长江上游地区、江浙沪皖等长三角地区分别建立区域危险废物联防联治机制。

（五）持续改善农村人居环境，遏制农业面源污染

一是整县推进农村人居环境整治项目，实施农村“厕所革命”整村推进财政奖补政策和农村人居环境整治激励措施。开展农村生活垃圾收运处理的行政村占比超过98%，基本完成9835个非正规垃圾堆放点整治。二是推进化肥农药减量增效。长江经济带实现测土配方施肥技术推广面积6.8亿亩，化肥施用量逐步减少，肥料利用率大幅提高。农作物绿色防控技术应用面积达3.19亿亩，农作物病虫绿色防控覆盖率37.54%。三是加强农业面源污染防治。在8省53个县开展农业面源污染综合治理试点，初步构建农业面源污染治理模式和机制。开展污染负荷评估，探索建立种植业污染负荷和治理绩效评估方法体系，编制优先治理区域清单。发布《农用薄膜管理办法》，支持建设秸秆综合利用重点县。

（六）补齐环境基础设施短板，保障饮用水水源水质安全

一是加快补齐生活污水收集处理设施短板。长江干流沿线城市集中式污水处理设施实现全覆盖。城市建成区共消除生活污水直排口近2.4万个城市生活污水集中收集率达62.1%。二是推进生活垃圾处理处置。沿江城市生活垃圾基本实现全收集全处理，上海等28个重点城市基本建成生活垃

圾分类处理系统。三是开展城市黑臭水体整治专项行动，推动控源截污、内源治理、生态修复、活水保质，地级及以上城市建成区黑臭水体基本消除。四是加强长江经济带饮用水水源地保护。1474个县级及以上集中式饮用水水源地3161个问题全部完成整治，城市饮用水水源地规范化建设完成比例达91.1%，9973个乡镇级集中式饮用水水源保护区全部完成划定。地级及以上城市集中式饮用水水源水质优良比例达97.6%。优化沿江取水口和应急水源布局，地级及以上城市备用或应急水源建设基本完成。

(七)加强航运污染治理，防范船舶港口环境风险

一是完善港口码头环境基础设施。船舶污染物接收设施建设基本完成，长江经济带累计建设接收设施33872个。二是加强船舶污染防治及风险管控。建立健全长江经济带船舶和港口污染防治长效机制。落实单壳化学品船和600载重吨以上单壳油船禁航制度。推进船舶配置污染物收集或处理装置，完成31323艘100总吨以上船舶改造。三是持续推进长江经济带港口船舶使用新能源、清洁能源。沿江港口岸电设施覆盖泊位4700余个，2020年累计使用岸电约5000万度，较2019年翻了一番。

(八)优化水资源配置，保障生态用水需求

一是实行水资源消耗总量和强度双控。长江(含太湖)流域共完成69152个取水项目整改提升，完成率99.75%。批复赤水河、沱江等9条跨省江河流域水量分配方案。万元工业增加值用水量显著下降。二是清理退出涉及自然保护区核心区或缓冲区、严重破坏生态环境的水电站3500多座，完成整改2万多座。三是建立重点跨省河湖主要控制断面生态流量保障目标体系，确定62个主要控制断面保障目标，编制完成保障实施方案。在运水电站均按规定下泄生态流量，并接入各级生态流量监管平台。连续4年实施三峡等水库联合生态调度实验，改善鱼类自然繁殖生境。

(九)强化生态系统管护，严厉打击生态破坏行为

一是持续推进生态系统保护修复。“十三五”期间，长江流域累计完成造林2.2亿亩、森林抚育1.2亿亩、石漠化治理1560万亩，新增水土流失治理7.85万平方公里。完成长江干流和主要支流两岸10公里范围内废弃露天矿山生态修复治理1.3万公顷。完成长江流域防护林体系建设。长江流域国际重要湿地达40处。中央财政安排奖补资金180亿元，支持实施9个山水林田湖草生态保护修复工程试点。二是推进自然保护地体系建设和野生动植物保护。青海省创新建立三江源国家公园全新体制。大熊猫、朱鹮、扬子鳄等濒危野生动植物种群数量稳中有升，陆生野生动物疫源疫病监测防控工作扎实推进。三是实施“绿盾”(自然保护区监督检查)专项行动，发现15.5万条问题线索，明确国家级自然保护区重点问题2547个，建立台账，开展联合巡查，督促整改完成2315个。四是清理整治河湖“四乱”(乱占、乱采、乱堆、乱建)问题7.8万个。开展采砂联合检查和清江行动，严厉打击非法采砂，干流规模性非法采砂基本得到控制。清理整治长江干流违法违规岸线利用项目2431个，腾退长江岸线158公里。五是实施国家重点生态功能区县域生态环境质量监测评估。2019年度，纳入中央财政国家重点生态功能区转移支付名单的283个县域中，生态环境质量“基本稳定”的有241个，“变好”的有24个。

## 二、长江流域生态环境保护工作持续加强

各地区各部门加快建立健全法治保障，完善制度机制，强化服务能力，为长江流域生态环境保护重点任务推进提供强有力支撑。

(一)建立健全法治保障

一是贯彻落实好长江保护法。配合全国人大常委会制定长江保护法，并做好宣传贯彻等工作。国务院统一部署各地区各部门完成涉及长江流域保护法规、规章、规范性文件清理工作，对需要制修订的抓紧推动落实。制定打击长江流域非法捕捞犯罪的司法解释。各地积极宣传贯彻长江保护法，推进相关地方配套立法，探索开展流域保护协同立法。二是持续推进长江经济带司法协作机制，各地设立环境资源审判庭等专门审判机构1203个。三是发布生态环境损害鉴定评估技术指南，推进生态环境损害赔偿，各地办理相关案件40余件，赔偿资金超1.4亿元。

(二)依法完善制度机制

一是全面落实生态环境保护“党政同责”、“一岗双责”，完善共抓大保护体制机制，推动政府、部门、企业等各类主体落实法律责任。二是强化顶层设计。构建“1+N”规划体系，深入贯彻落实《长江经济带发展规划纲要》，制定印发生态环境保护、综合交通运输体系等专项规划。三是完善生态环境

保护标准体系，印发相关技术导则，指导各地因地制宜制定地方水污染物排放标准。研究建立长江水生生物完整性指数评价体系。四是构建以排污许可制为核心的固定污染源监管制度体系。在长江流域核发排污许可证11万余张，基本实现固定污染源排污许可全覆盖。五是推进完善流域生态保护补偿机制，累计安排长江经济带生态保护修复奖励资金180亿元。研究制定支持长江全流域建立横向生态保护补偿机制实施方案。六是健全价格、融资机制。在长江经济带建立污水处理收费动态调整机制，利用价格杠杆强化水污染防治。指导金融机构加大绿色信贷支持力度，积极发展绿色债券市场，支持沿线城市开展绿色金融改革创新。进一步以市场化方式动员公共和私人部门资金参与长江生态环境保护修复。七是建立完善分析预警、调度通报、独立调查、跟踪督办相结合的问题发现和推动解决工作机制，定期分析研判水生态环境形势，推动解决突出问题。

（三）发挥中央生态环境保护督察作用

一是狠抓生态环境突出问题整改。连续三年拍摄长江经济带生态环境警示片，每年在推动长江经济带发展领导小组会议上专题播放，以警示促重视、以警示促落实、以警示促整改。紧盯警示片披露问题，建立问题台账，制定整改方案，加强督促检查，强力推动整改。三年警示片披露的484个问题已整改完成318个，长江经济带沿江省（市）自查整改问题4137个。二是将长江流域生态环境保护情况纳入中央生态环境保护督察重点范畴。完成对上海、重庆、浙江三省（市）第二轮督察反馈，并紧盯地方整改进展。2021年4月，对安徽、江西、河南、湖南、广西、云南等6省（区）实施第二轮督察。

（四）强化支撑服务保障

一是落实深化党和国家机构改革要求，组建长江流域生态环境监督管理局以及生态环境监测与科学研究中心，为长江生态环境监管提供组织保障。二是加快推进全国碳排放权交易市场和相关法规制度建设，充分发挥市场机制在减污降碳方面的重要作用，积极推动湖北省、上海市建设全国碳排放权注册登记系统和交易系统。三是完善监测预警体系。在长江经济带布设1720个国控断面和913个水质自动监测站，实现长江干流及重要支流省、市、县跨界断面自动监测全覆盖，实时发布水质监测数据，对长江流域水环境质量进行通报预警。开展水生态状况调查监测。四是加强区域联动协同。推动长三角区域一体化高质量发展和生态环境共同保护。指导建立跨省流域上下游突发水污染事件联防联控机制。五是强化环境应急管控。完成长江经济带突发环境风险地图绘制，实现2万多家涉重金属和危险化学品企业环境应急预案备案全覆盖。94.1%的县级以上地表水饮用水水源地完成应急预案备案。河南省南阳市编制“一河一策一图”应急处置方案，形成“以空间换时间，以时间保安全”的“南阳实践”。六是强化科技创新支撑。开展农业面源污染防治、固体废物资源化利用等关键技术研发。成立国家长江生态环境保护修复联合研究中心，推进58个驻点城市跟踪研究和技术帮扶，推进水专项成果转化。大力发展节能环保产业，积极探索开展环境治理模式创新。

## 三、长江流域生态环境保护问题依然突出

我们也清醒地认识到，尽管长江流域生态环境保护取得积极进展，但基础薄弱、历史欠账多，水生态问题仍然是长江流域最主要的问题，长江保护修复任重道远。

（一）长江保护法贯彻落实尚需加强

各地区各部门对长江保护法的主要内容和重要制度学习把握不够，部分企业法律意识淡薄、法治观念不强。区域联动、信息共享、联合执法等机制有待完善。

（二）污染防治任务依然艰巨

长江流域污染排放基数大，部分工业企业环境风险不容忽视。部分地区雨污分流不到位、生活污水收集管网建设滞后。不少地区农业面源污染已上升为主要矛盾。船舶含油废水等直排入江现象依然存在。排污口整治和管理难度大。

（三）生态破坏仍然严重

部分地区湿地、湖泊萎缩，生物多样性减少。部分河道生态流量保障不足，水体自净能力减弱。落实长江“十年禁渔”效果还不稳固。非法采砂案件仍有发生，监管执法存在较多挑战。矿山污染防治和生态修复难度大、欠账多。

（四）生态环境治理仍存短板

生态环境治理整体性、系统性尚需加强。清洁生产推行仍需深入。生态环境治理投入不足，管网建设和维护资金保障机制不健全。流域监测预警机制衔接不够。生态环境综合执法人员、经费、手段不足。流域内尾矿库存在环境风险。

## 四、依法推动长江流域生态环境保护

2021年是全面贯彻落实长江保护法的第一年。我们将以习近平新时代中国特色社会主义思想为指导，全面贯彻党的十九大和十九届二中、三中、四中、五中全会精神，深入贯彻习近平生态文明思想、习近平法治思想，贯彻落实长江保护法，坚持综合治理、系统治理、源头治理，突出精准治污、科学治污、依法治污，落实减污降碳协同增效总要求，深入打好长江保护修复攻坚战，推进美丽河湖保护与建设，持续改善长江生态环境，确保“十四五”生态环境保护起好步、开好局，以优异成绩庆祝建党100周年。

（一）全面宣传贯彻落实长江保护法

进一步加强长江保护法等法律宣贯实施，推动形成以长江保护法为统领、相关法规规章和规范性文件为支撑的法治体系，有序推进相关立改废释工作，把法律规定的责任体系落到实处。建立长江流域协调机制，统一指导、统筹协调长江保护工作，审议长江保护重大政策、重大规划，协调跨地区跨部门重大事项，督促检查长江保护重要工作的落实情况。

（二）扎实推动绿色发展

鼓励有条件的地方先行先试，力争在推动碳排放达峰行动、重点行业绿色发展等关键环节取得突破。引导推动重点行业开展清洁化改造，深入推进清洁生产与节能减排政策协同一致，加强高污染、高排放项目环评管控，切实发挥减污降碳协同效应。严格执行负面清单管理制度，严禁污染型产业、企业向中上游地区转移。开展化工园区评价认定，指导城镇人口密集区危化品企业搬迁改造和沿江化工企业“搬改关”工作。推动新建冶金、电镀、化工、印染、制革、原料药制造等企业在符合产业定位的园区布局，排放污水由园区集中处理。制订分区差别化的污染物排放标准，推动优化产业布局。继续推进绿色航道建设，持续推进新能源、清洁能源在船舶上的应用。推广应用节水技术装备，持续培育节能环保产业，推动沿江省（市）产业聚集化、高质量、可持续发展。

（三）深入开展污染防治

补齐基础设施短板，推动沿江城市加大污水管网改造力度，推进建制镇污水收集处理设施建设，提高沿江城镇垃圾收集处理能力，力争地级及以上城市建成区黑臭水体治理实现长治久清。深入推动排污口整治，落实地方主体责任，确保整治方案落地见效。巩固提升工业园区污水处理设施整治、“三磷”专项排查整治工作成效。以嘉陵江上游尾矿库为重点，统筹抓好长江经济带尾矿库污染防治。推进长江经济带耕地周边涉镉等重金属行业企业排查整治并支持绿色化提标改造。加强面源污染防治，推进长江干流和主要支流沿线规模化养殖场配套建设粪污处理设施。强化船舶到港口、港口到城市的污染物接收转运处置有效衔接。

（四）持续开展生态修复

坚持自然恢复为主，实施山水林田湖草沙一体化保护和修复，加大防护林体系建设力度，加强天然林保护修复，持续推进石漠化综合治理和退耕还林还草，推动建立以国家公园为主体的自然保护地体系，分类分区加强湿地生态系统和滨海湿地保护修复，深入开展废弃露天矿山生态修复。落实好长江“十年禁渔”，开展非法捕捞专项整治行动，确保管理措施常态化、可持续，确保退捕渔民退得出、稳得住。构建长江水生生物完整性指数评价体系，加快建立长江水生生物资源监测网络。制定重点河湖生态流量（水位、水量）控制指标，巩固和提升小水电清理整治成果，保障生态用水。深入推进非法采砂入刑实践，坚决防止非法采砂反弹。持续开展“绿盾”专项行动，依法查处破坏生态环境的违法违规问题。持续推进长江流域珍贵、濒危物种保护。强化陆生野生动物疫源疫病监测，防范野生动物致害，加强外来物种风险管控。

（五）建立健全制度机制

充分发挥规划对推进长江流域生态环境保护和绿色发展的引领、指导和约束作用，编制形成长江流域“十四五”规划体系。继续做好国土空间用途管制，推动“三线一单”落地实施和应用，严格控制岸线开发建设，促进岸线高效开发利用。深入开展中央生态环境保护督察，将长江流域生态环境保护目标任务完成情况纳入督察重点范畴。聚焦突出问题，深入开展调研，搞清楚症结在哪里、对策是什么、落实怎么办，建立健全问题发现和解决机制。继续制作长江经济带生态环境警示片，促进沿江省（市）深化自查自纠，开展全面排查，狠抓系统整改，紧盯问题、追根溯源、举一反三，推动解决一批关联性、衍生性和其他生态环境问题。国家实行长江流域生态环境保护责任制和考核制度，尽快建立长江流域水生态考核机制。优化生态环境保护执法方式，开展联合执法，提高执法效能，健全部门协调联动机制，完善区域交叉检查制度，健全跨省流域上下游突发水污染事件联防联控机制，提高环境风险防范能力。强化环境监测与科技支撑。完善基于水生态系统健康性的长江水环境质量监测预警体系，健全提升水环境、水生态、水资源统筹监测网络与应急预警能力，全面组织开展长江水生态质量调查监测工作。开展重点区域流域生态保护红线、自然保护地等生态状况监测评估，实施生物多样性调查与评估。建立健全长江流域生态环境、资源、水文、气象、航运、自然灾害等监测信息共享机制和平台，共建共享长江监测"一张网"。持续做好财政资金保障，引导金融机构在可持续条件下支持长江流域生态环境保护工作。推动长江全流域开展横向生态保护补偿，深入推进生态环境损害赔偿。

长期以来，全国人大常委会不断加强立法、法律实施监督和执法检查，为指导推动长江流域生态环境保护和建设美丽中国发挥重要作用。我们将更加紧密地团结在以习近平同志为核心的党中央周围，坚持以习近平新时代中国特色社会主义思想为指导，立足新发展阶段、贯彻新发展理念、构建新发展格局，在全国人大及其常委会监督支持下，全面贯彻落实长江保护法，深入打好长江保护修复攻坚战，不断改善长江流域生态环境质量，为全面开启建设社会主义现代化国家新征程奠定坚实生态环境基础！

# 国务院关于"七五"普法决议贯彻落实情况的报告

——2021 年 6 月 7 日在第十三届全国人民代表大会常务委员会第二十九次会议上

司法部部长　唐一军

全国人民代表大会常务委员会：

我受国务院委托，向全国人大常委会报告"七五"普法决议贯彻落实情况，请审议。

2016 年 4 月 28 日，第十二届全国人大常委会第二十次会议审议通过了《关于开展第七个五年法治宣传教育的决议》。5 年来，在习近平新时代中国特色社会主义思想科学引领下，在党中央、国务院正确领导和全国人大常委会有力监督下，在各地各部门共同努力下，全国第七个五年法治宣传教育决议全面贯彻落实，在服务经济社会发展、服务人民群众中取得重大成就，公民法治素养明显提升，社会治理法治化水平明显提升。

## 一、基本情况

（一）党对普法工作的领导全面加强。以习近平同志为核心的党中央高度重视普法工作。党的十八大以来，习近平总书记对法治宣传教育作出系列重要指示，为新时代全民普法工作提供了根本遵循和行动指南。习近平总书记多次主持中央政治局集体学习就法治主题进行学习研究，为全党全社会尊法学法守法用法作出了表率。党中央对普法工作进行了科学顶层设计，建立健全了国家工作人员学法用法制度、青少年法治教育大纲、"谁执法谁普法"普法责任制、法治乡村建设、社会主义法治文化建设等主干性、基础性制度。全国人大加强了监督检查，全国人大及地方各级人大专门委员会就贯彻落实"七五"普法决议情况积极开展专项调研。各地各部门党委（党组）积极推动普法工作，加强组织实施。20 个省（区、市）制定和修订了法治宣传教育条例，为普法工作提供了法律保障。

（二）重大主题普法活动扎实开展。习近平法治思想学习宣传正在向基层延伸、向群众贴近。宪法和民法典普法工作落得实、效果好。在全社会持续开展宪法宣传，在"12·4"国家宪法日开展集中宣传。司法部会同全国人大常委会办公厅等 8 部门及时部署安排民法典学习宣传工作，推动民法典走到群众身边、走进群众心里。在全国迅速组织开展了"防控疫情、法治同行"专项法治宣传行动，引导全社会依法行动、依法行事。党内法规宣传逐步深入，"学习强国"平台以党内法规为内容开展答题，每年答题量超过 1 亿人次。

（三）"谁执法谁普法"普法责任制全面实行。成立了落实普法责任制部际联席会议，中央 16 家成员单位带头落实普法责任制。统一编制并公布了两批中央和国家机关普法责任清单。在立法过程中，广泛听取全社会意见，及时以通俗易懂语言解读。在执法全过程中主动普法，将行政执法相关的法律依据、救济途径等进行公示。在司法办案各个环节宣讲法律，最高人民法院、司法部建立了国家工作人员旁听庭审活动工作机制，推动以案释法制度化、常态化。

（四）法治乡村建设有序推进。认真落实中央全面依法治国委员会《关于加强法治乡村建设的意见》，着力提升乡村治理法治化水平。实施农村“法律明白人”培养工程，完善村（居）法律顾问制度，开展骨干培训、制定工作规范，引导干部群众遇事找法。民主法治示范村（社区）创建扎实推进，司法部、民政部联合组织开展了第七批、第八批全国民主法治示范村（社区）命名工作，制定了考核标准和命名管理办法，定期开展复核，确保创建质量。

（五）社会主义法治文化繁荣发展。法治文化阵地的覆盖面扩大，全国共设立法治文化主题公园3500多个、广场1.2万多个、长廊3.4万多个。司法部命名了浙江省杭州市“五四宪法”历史资料陈列馆等3批72个全国法治宣传教育基地。各地各部门结合实际开展了法治人物和事件评选、法治文艺演出等基层法治文化活动。新媒体新技术在普法中广泛运用，全国普法办建立“智慧普法”平台，“中国普法”微信公众号粉丝数已达1900多万，年阅读量4.6亿多人次。

（六）全社会法治观念明显增强。宪法法律纳入了干部教育体系，国家工作人员的权由法定、权依法使、法定职责必须为、法无授权不可为等法治理念明显增强。法治教育纳入了国民教育体系，青少年的规则意识和依法保护自身合法权益的意识、能力明显增强。深入开展“法律进企业”活动，企业经营管理人员合规意识进一步增强，2019年全国企业劳动合同签订率达90%以上，覆盖职工1.49亿人。2020年，中宣部委托国家统计局形成的“2020年全国社会心态调查综合分析报告”显示：当自己或家人遇到不公平事情时，选择“通过法律渠道解决”的居第一位，比2016年提升3.7个百分点；选择“托关系、找熟人”的比例明显下降。这表明全面依法治国迈出坚实步伐，人民的法治观念、法律意识不断提高，“遇事讲法、遇事找法”逐步成为全社会普遍共识。

“七五”普法工作取得了重大成就，积累了宝贵经验。一是必须坚持党对普法工作的全面领导，以习近平法治思想引领新发展阶段全民普法工作。二是必须坚持以人民为中心的普法理念，做到普法为了人民、依靠人民、服务人民。三是必须坚持围绕中心、服务大局，促进在法治轨道上推进国家治理体系和治理能力现代化。四是必须坚持普法与法治实践深度融合，做到全民普法与科学立法、严格执法、公正司法一体推进。

与此同时，我们也清醒认识到，“七五”普法工作还存在着一些不容忽视的问题和困难，主要有：一是有的地方和部门对普法工作的重视程度不够，存在“说起来重要、干起来次要、忙起来不要”现象。二是普法工作发展存在不平衡、不充分现象，有的地方和部门基层普法工作力量不足，经费保障不足。三是“谁执法谁普法”普法责任制还需全面落实，一些地方和部门还不同程度存在执法和普法“两张皮”现象。四是普法的针对性和实效性有待提高，高质量普法内容供给不足，社会力量参与力度还需加大等。这些困难和问题，需要在下一步的工作中加以解决。

## 二、下一步工作措施

党中央、全国人大、国务院高度重视法治宣传教育工作。党的十九大和十九届二中、三中、四中、五中全会及中央全面依法治国工作会议，都对普法工作提出了明确要求。“十四五”规划要求“加强社会主义法治文化建设，深入开展法治宣传教育，实施‘八五’普法规划”。政府工作报告中多次对普法工作作出部署。中共中央、国务院将转发《中央宣传部　司法部关于开展法治宣传教育的第八个五年规划（2021—2025年）》。我们将在党中央、国务院的正确领导和全国人大的有力监督下，坚持以习近平新时代中国特色社会主义思想为指导，深入学习宣传贯彻习近平法治思想，紧紧围绕服务“十四五”时期经济社会发展，以使法治成为社会共识和基本准则为目标，以持续提升公民法治素养为重点，以提高普法的针对性、实效性为工作着力点，完善和落实“谁执法谁普法”等普法责任制，以高质量普法推动高质量发展，为全面建设社会主义现代化国家营造良好法治环境。

一是以习近平法治思想引领新发展阶段全民普法工作，坚持习近平法治思想在全面依法治国中的指导地位，把习近平法治思想贯彻落实到全民普法全过程和各方面，突出学习宣传习近平法治思想，推动习近平法治思想深入人心，引导全社会坚定不移走中国特色社会主义法治道路。

二是大力弘扬社会主义法治精神，深入宣传中国特色社会主义法律体系，深入宣传宪法和宪法相关法、民法典以及与促进高质量发展和推动社会治理现代化密切相关的法律法规，加强社会主义法治文化建设，大力弘扬社会主义法治精神。

三是持续提升公民法治素养，实施公民法治素养提升行动，把法治教育纳入干部教育体系、国民教育体系、社会教育体系，抓住领导干部"关键少数"，加强青少年法治教育。

四是推进普法与依法治理有机融合，深化法治乡村（社区）建设，深入开展多层次多形式法治创建活动，提高全社会应急状态下依法治理能力和水平，促进依法行动、依法行事，坚持依法治理与系统治理、综合治理、源头治理有机结合，大力提高社会治理法治化水平。

五是着力提高普法工作的针对性和实效性，创新普法理念、机制和方式方法，落实普法责任制，在立法、执法、司法和法律服务过程中开展实时普法，进一步发动社会力量开展公益普法，充分运用新技术新媒体开展精准普法。

六是加强党对全民普法工作的全面领导，强化组织实施和监督检查，健全普法工作评估指标体系和奖惩制度，推动法治宣传教育立法。

# 国务院关于文物工作和文物保护法实施情况的报告

——2021 年 8 月 18 日在第十三届全国人民代表大会常务委员会第三十次会议上

文化和旅游部副部长、国家文物局局长　李　群

全国人民代表大会常务委员会：

受国务院委托，我向全国人大常委会报告文物工作和文物保护法实施情况，请审议。

党的十八大以来，在以习近平同志为核心的党中央坚强领导下，在全国人大常委会关心重视下，各地区各有关部门深入贯彻落实习近平总书记关于文物工作重要论述和重要指示批示精神，严格执行文物保护法律法规，全面提升文物保护管理利用水平，着力加强考古工作和历史研究，文物安全形势总体平稳，文物保护法实施取得明显进展。下面，我从 5 个方面进行汇报。

## 一、贯彻落实习近平总书记重要指示批示，推动新时代文物事业蓬勃发展

习近平总书记高度重视文物工作，主持会议审议加强文物保护利用改革的文件，在敦煌研究院座谈时发表重要讲话，主持召开中央政治局第二十三次和第三十一次集体学习，分别就考古和历史文化遗产保护以及用好红色资源、赓续红色血脉发表重要讲话。习近平总书记还就文物安全、文物科技创新、革命文物、文物人才队伍建设等作出百余次重要指示批示。他强调，要树立保护文物也是政绩的科学理念，统筹好文物保护与经济社会发展，全面贯彻"保护为主、抢救第一、合理利用、加强管理"的工作方针，努力走出一条符合国情的文物保护利用之路；强调历史文化遗产不可再生、不可替代，要始终把保护放在第一位；强调考古是展示和构建中华民族历史、中华文明瑰宝的重要工作，要努力建设中国特色中国风格中国气派的考古学；强调要加强革命文物保护利用，弘扬革命文化、传承红色基因；强调要让收藏在博物馆里的文物、陈列在广阔大地上的遗产、书写在古籍里的文字都活起来。这些重要论述，为新时代文物事业发展指明了前进方向、提供了根本遵循。李克强总理多次对文物工作作出批示，主持会议审议文物保护重要文件，考察文博单位考古现场，要求坚持统筹规划、保护为主、保用结合，在严格保护基础上有效挖掘文物价值，发挥文物公共文化服务和社会教育功能。王沪宁同志和孙春兰、黄坤明同志多次就文物保护利用提出要求，主持会议研究部署任务、安排工作。各地区各有关部门深入贯彻习近平总书记关于文物工作重要指示批示精神，认真落实中央领导同志要求，主要采取了以下举措。

一是将文物工作纳入党和国家发展大局，全面加强文物保护利用政策供给。文物工作作为文化建设的重要组成部分，被纳入"四个全面"战略布局和"五位一体"总体布局。国务院出台《关于进一步加强文物工作的指导意见》，中办、国办印发《关于实施中华优秀传统文化传承发展工程的意见》《关于加强文物保护利用改革的若干意见》《关于实施革命文物保护利用工程（2018—2022 年）的意见》，国办印发《关于进一步加强文物安全工作的实施意见》《关于加强石窟寺保护利用工作的指导意见》。重大政策文件密集出台，为推动文物保护法贯彻落

实提供了进一步保障。

二是构建党委领导、政府主导、部门协作、社会参与的文物工作格局，落实文物保护责任。充分发挥全国文物安全工作部际联席会议机制作用，建立流失文物追索返还部际协调机制，文物安全工作纳入全国文明城市年度测评指标体系、全国安全生产与消防工作考核巡查范围，文物市场执法纳入文化市场综合行政执法。中央宣传部、发展改革委、教育部、科技部、公安部、财政部、人力资源社会保障部、自然资源部、住房城乡建设部等部门积极提供政策支持，协同推进工作。31个省份和新疆生产建设兵团出台文物保护利用改革实施意见，26个省份将文物安全工作纳入地方政府考核评价体系。推动社会力量参与文物保护，开展“文明守望工程”、“拯救老屋行动”，鼓励社会各界捐助，壮大文物保护志愿者队伍。

三是完善配套制度。全国人大常委会高度重视文物立法，2013年以来对文物保护法作出三次修正，并将修改文物保护法列入本届全国人大常委会立法规划。国务院颁布实施《博物馆条例》，正在研究修订《水下文物保护管理条例》。17部相关法律法规规章、200余部地方性法规初步构建起文物保护法律制度体系。最高人民法院、最高人民检察院出台办理妨害文物管理刑事案件司法解释，将文物保护纳入公益诉讼范围。有关部门出台《国有文物资源资产管理暂行办法》。文物法治建设取得显著进步。

四是强化科技、经费、人才支撑。实施国家重点研发计划“文化遗产保护利用关键技术研究与应用示范”专题任务，开展“互联网+中华文明”行动，制定出台了145项文物保护国家和行业标准，确定了33家国家文物局重点科研基地。加强文物保护领域中央与地方财政事权和支出责任划分改革，修订《国家文物保护专项资金管理办法》，持续加大文物保护经费投入，中央财政累计安排国家文物保护资金570亿元，投入博物馆纪念馆免费开放补助资金278亿元。加强文博人才队伍建设，中央编办两次核增国家文物局编制，补充优化地方文保机构队伍，文物系统从业人员增至16万人。优化文博事业单位人事管理，改革文物博物专业人员职称制度，实施人才培养“金鼎工程”，推动文动事业后继有人。

## 二、全面落实文物保护法，文物工作取得历史性成就

党的十八大以来，各地区各有关部门严格落实文物保护法要求，不断加强文物工作，文物事业改革发展迎来历史最好时期。主要体现在：

一是坚持保护第一，文物保护状况明显改善。不断廓清文物资源家底，完成第一次全国可移动文物普查，深化长城、石窟寺等专项调查。普查登记不可移动文物76.67万处、国有可移动文物1.08亿件套。国务院公布第七批、第八批全国重点文物保护单位，国保单位累计达5058处。现有省保单位2万余处，市县级文保单位11万余处。国家历史文化名城137座，历史文化名镇名村799个。大运河、鼓浪屿、良渚遗址、泉州：宋元中国的世界海洋商贸中心等列入世界遗产名录，中国的世界遗产达56项。重点文保工程顺利实施，长城、大运河、长征、黄河国家文化公园建设加快推进。历史文化遗产保护管理纳入国土空间规划。军队营区不可移动文物保护得到加强。文物保护单位“四有”工作扎实推进，低级别不可移动文物保护状况有所改善，世界文化遗产保护监测体系日趋完善。建成全国可移动文物普查数据库，加强博物馆藏品征集管理，完成6.2万件套国有馆藏珍贵文物保护修复，博物馆库房保存条件得到提升。

二是坚守底线红线，文物安全长效机制逐步完善。党的十八大以来，公安机关侦破各类文物犯罪案件1.5万起，抓获犯罪嫌疑人1.4万名，追缴文物10余万件。公安部连续部署打击文物犯罪专项行动，发布六批A级通缉令，通缉重大文物犯罪在逃人员。严查严办明十三陵、清东陵、殷墟遗址、钱镠墓等重大文物案件。各级法院受理检察机关就妨害文物管理提起的公诉案件3996件，涉及11871名犯罪嫌疑人。深刻汲取国内外重大文物灾害事故教训，开展博物馆和文物建筑消防安全大检查、文物火灾隐患排查整治行动，排查文博单位14.8万余家，督促整改火灾安全隐患13.5万余处。国务院安委会挂牌督办33家博物馆和文物建筑完成火灾隐患整改。中央财政年均投入超过10亿元用于文物平安工程，共支持实施3500多项国保单位安全防护工程。建设中国被盗（丢失）文物信息发布平台。开展文物法人违法三年专项整治、长城专项执法督察和国保单位卫星遥感监测，畅通文物违法举报渠道。

三是加强文物考古，实证5000多年中华文明史。中华文明起源与早期发展综合研究取得重要进展，“考古中国”重大项目持续推进。批准实施7000多项考古发掘项目，二里头、石峁、良渚等遗址考古取得重要成果，新疆、西藏等地边疆考古取得

重要进展。北京城市副中心、雄安新区考古工作有力保障了重点项目实施。水下考古稳步推进,组织实施南海、东海、黄渤海及内水重点区域水下文化遗产调查,西沙北礁海域完成首次深海考古试探,"南海Ⅰ号"沉船考古发掘文物超过 18 万件套,"致远舰""经远舰""定远舰"等水下考古陆续开展。成立国家文物局考古研究中心。36 家国家考古遗址公园建设开放,科技考古、涉外考古、公众考古快速发展,考古工作实证中华文明、传播中华文化作用不断彰显。

四是传承红色基因,革命文物保护利用取得突破。中央宣传部等部门召开全国革命文物工作会议。国家文物局设立革命文物司,20 个省级文物行政部门设立革命文物处。全国不可移动革命文物 3.6 万多处,国有可移动革命文物 100 多万件套,革命类博物馆、纪念馆超过 1600 家。公布两批 37 个革命文物保护利用片区,覆盖全国 1433 个县,创建革命文物片区合作机制。实施赣南等原中央苏区革命遗址、延安革命旧址群等保护工程,革命文物保护状况有效改善。制定革命旧址保护利用导则,编制长征文物和文化资源保护传承专项规划。实施百年党史文物保护展示工程,中国共产党历史展览馆、上海中共一大纪念馆、北大红楼与中国共产党早期北京革命活动旧址对外开放。"十三五"期间推出革命文物展览 4000 多个。推介庆祝中国共产党成立 100 周年精品展览,实施革命文物"三个百集"宣传传播工程。加快发展红色旅游,更好发挥革命文物作用。

五是提升展陈服务,博物馆创新发展成绩令人瞩目。博物馆建设布局进一步优化,全国登记备案博物馆 5788 家,其中行业博物馆 825 家,非国有博物馆 1860 家;免费开放博物馆纪念馆 5214 家。建立健全博物馆定级评估制度,公布国家一、二、三级博物馆 1224 家。依托二里头、景德镇御窑厂遗址等建设国家级遗址博物馆,支持市县博物馆特别是边疆民族地区博物馆建设,北京、南京、西安等地推动建设"博物馆之城"。有关部门出台《关于推进博物馆改革发展的实施意见》《关于利用博物馆资源开展中小学教育教学的意见》。1051 家博物馆法人治理结构改革任务基本完成,智慧博物馆建设加快推进。博物馆公共文化服务水平显著提升,2019 年博物馆接待观众 12.27 亿人次,青少年占 25%,举办教育活动 33.46 万场;2020 年疫情期间推出在线展览 2000 多项,在全社会兴起"博物馆热"。

六是加强民间收藏文物管理,不断优化文物进出境监管。促进文物市场规范有序发展,批准设立文物商店 202 家、文物拍卖企业 607 家。"十三五"期间审核 4388 场文物拍卖会、137 万多件套文物标的,拍卖成交额约 1200 亿元。推进"放管服"改革,减少文物经营资质审批环节,优化审批服务措施,开展"双随机一公开"检查,加强文物购销、拍卖信息与信用监管系统建设。出台《文物拍卖管理办法》《文物拍卖标的审核办法》,进一步规范文物拍卖管理。上海、广东、陕西等地面向公众开展常态化公益鉴定咨询服务,国有文博机构鉴定咨询 3 万多件套文物艺术品。有关部门出台《涉案文物鉴定评估管理办法》,规范涉案文物鉴定评估工作。组建 21 家文物进出境审核机构,严守文物进出境国门关,"十三五"期间审核申报进出境标的约 55.7 万件套,保护 3600 余件珍贵文物免于流失。海外流失文物追索返还取得突破性进展,习近平主席见证意大利返还 796 件文物艺术品,英、美、日等国返还 1300 余件套流失文物。国家文物局设立文物返还办公室,举办新中国成立 70 周年流失文物回归成果展,马首铜像划拨入藏圆明园,激发全民爱国热情。

七是坚持合理适度利用,让文物活起来工作成绩明显。加强政策研究,出台促进文物合理利用指导意见、文物建筑开放导则及案例指南、大遗址利用导则等政策,公布第一批国家文物保护利用示范区创建名单,推介乡村遗产酒店示范项目。开放 346 万件馆藏珍贵文物数据信息,出台博物馆馆藏资源知识产权授权操作指引,文博单位与基础电信企业、互联网企业合作,实现文物与教育、旅游、传媒等跨界融合。出台政策支持文博单位开发文化创意产品,故宫博物院、敦煌研究院等文创开发广受关注。文博单位成为重要文化地标和旅游目的地,世界文化遗产地年接待游客超 3 亿人次,国家考古遗址公园年接待游客 3460 万人次。创新文物全媒体传播,强化主题宣传,文化和自然遗产日活动影响广泛,《如果国宝会说话》《国家宝藏》等节目深受欢迎,三星堆考古发现引起全社会关注,宣传传播总量超 70 亿人次。

八是坚持开放合作,文物国际交流拓展深化。习近平主席在故宫博物院、湖北省博物馆等文博场所会见外国元首,在乌兹别克斯坦接见我援外文保工作者。有关部门举办 49 国参与的"大美亚细亚——亚洲文明展","秦汉文明""华夏瑰宝""秦始皇和兵马俑展""四川古代文明特展"等展览,在国外引起巨大反响。与美国等 23 国签署防止盗窃、盗掘和非法进出境文物双边协定或谅解备忘录,中国、哈萨克斯坦、吉尔吉斯斯坦“丝绸之路：长安—天山廊道的路网”联合申遗成功。实施11项文物保护合作工程、44个中外联合考古项目。“一带一路”文物保护交流合作成果丰硕，亚洲文化遗产保护行动有序推进。

## 三、存在的问题

中国特色社会主义进入新时代，文物工作机遇与挑战并存。对标建设社会主义文化强国目标，对标贯彻新发展理念、构建新发展格局，文物工作仍然存在不少差距和问题。

一是文物安全形势依然严峻，法人违法、盗窃盗掘、火灾事故时有发生。一些地方未能正确处理文物保护与城乡建设、发展旅游的关系，文物保护主体责任落实不到位，文物大拆大建、违法建设、隐瞒不报、过度开发等问题突出。2020年全国文物执法巡查发现各类违法行为590起，其中涉及国保单位103起，国家文物局直接督察督办236起。一些地方安全管理存在漏洞，盗窃盗掘、倒卖走私文物案件频发，火灾等安全隐患治理不到位，防灾减灾能力亟待增强。2020年全国文物安全检查发现安全隐患6.8万余项；2017年至2020年运用卫星遥感抽查20省份280处国保单位，督办处理违法建设案件392起。一些地方田野文物看护巡查、风险防范投入严重不足，设施装备极为短缺。

二是文物机构队伍依然薄弱，“小马拉大车”现象突出。全国县级文物行政编制仅有5000多人，平均每县不足2人；一些文物大市、大县文物行政机构不健全，与保护管理任务极不匹配。文物保护修复、可移动文物鉴定研究人员匮乏。工程建设考古力量紧缺，有的城市待考古勘探发掘的地块面积不断累积。文物考古行业工资待遇偏低、工作条件艰苦，人才流失严重，一些市县文博机构长期面临专业人才招不来、留不住的困境。文物进出境审核机构不健全，职能属性长期得不到确认。

三是文物研究存在短板，考古成果作用发挥依然不足。文物保护和考古相关学科体系不够健全，高校“双一流”建设考古学权重仍需加强，考古专业本科生培养数量较少，跨学科合作亟待加强，交叉学科建设有待突破。考古研究人员长期陷于繁重的涉建考古任务，难以从事研究攻关和成果转化，考古成果整理研究、阐释鉴证亟待加强。利用文物教育引导广大干部群众特别是青少年增强文化自信的作用尚未充分发挥。围绕夏文化研究等重大问题，组织多学科集中攻关力度依然不够，考古工作能力有待提升。

四是文物科技创新力量薄弱，创新体系尚未形成。文物保护科研力量分散、未形成规模，文物科技资源配置总体规模有限、稳定性经费比例偏低。在国家科技计划经费中，文物保护领域的竞争性经费平均每年不足1亿元，难以支撑文物保护所需的系统性、持久性科学研究。文物保护科技创新体系尚未形成，面向关键科学问题的基础研究亟待加强。

五是改革破题能力依然不足，文物保护管理利用体系有待完善。文物保护领域以行政审批为主的管理模式日益受到挑战，事中事后监管水平亟待提升。民间收藏文物管理制度有待健全，文物市场仍需进一步规范，海外文物入境优惠政策供给不足。文物活化利用创新力度不大、方法不多，社会力量参与不足，需要采取更加务实有效的举措予以推进。

## 四、下一步工作思路

文物保护利用和文化遗产保护传承责任重大、使命光荣。下一步，我们将聚焦新时代文物工作的新任务新使命，重点抓好以下几方面工作。

一是坚持党的领导，进一步增强文物保护责任感使命感。坚决贯彻落实习近平总书记关于文物工作重要论述和重要指示批示精神，以对历史、对未来和对人民负责的政治自觉，牢固树立保护文物也是政绩的科学理念，处理好文物保护与经济发展、城乡建设、旅游开发、人民群众生产生活的关系，坚决防止建设性、开发性破坏。完善文物保护协调机制，落实主体责任，研究制定更多有针对性的政策措施，集中力量解决基层文物保护管理急难愁盼问题，充实文保机构人才队伍，加强经费保障。

二是坚持依法管理，进一步强化文物法治保障。完善文物保护法律法规体系，推动长城、大运河、长征文物、革命文物保护立法，鼓励制定文物保护地方性法规。开展国家文物督察，强化监督管理，推动落实保护责任。深化执法协作，严厉打击文物犯罪，严惩法人违法行为，规范管理文物市场。加大文物普法力度，不断增强全社会文物保护意识。建立健全文物保护公益诉讼制度，鼓励举报文物违法行为。

三是坚持系统保护，进一步完善文物保护研究利用体系。推动制定实施《“十四五”文物保护和科技创新规划》，高质量高标准推进文物保护。实施文物保护重大工程，加强革命文物保护利用，做好石窟寺、古建筑和大遗址保护，加强长城、大运河、长征、黄河、长江等文化遗产系统性保护，提高世界遗产保护能力和水平，强化馆藏珍贵文物保护修复。围绕考古实证我国百万年人类史、一万年文化史、五千多年文明史，深入实施中华文明探源研究工程和“考古中国”项目，加强水下、边疆和科技考古，推进建设中国特色中国风格中国气派的考古学。持续加强文物安全监管，落实文物安全责任制，完善防范文物犯罪长效机制和风险预警机制，建设文物安全监管平台，将文物安全工作全面纳入地方政府考核评价体系，筑牢文物安全底线。

*四是坚持科技支撑，进一步构建产学研用深度融合的文物科技创新体系。*出台实施加强文物科技创新政策文件，从优化创新布局、强化机构平台建设、夯实人才基础、优化管理体制机制等，统筹解决制约文物科技创新的瓶颈问题。通过国家重点研发计划深入部署实施“历史文化遗产保护利用科技创新”研发任务，加快建设国家文化遗产科技创新中心和文物保护领域国家重点实验室。加强跨部门联合攻关，加强文博单位与高校、科研机构合作，协同解决文物保护关键技术和重点问题，推动科技成果转化。

*五是坚持深化改革，进一步激发文物事业发展强劲动能。*深化文物保护利用改革，推进落实各项改革任务，以国家文物保护利用示范区建设、博物馆改革发展、社会文物管理、流失文物追索返还制度构建、文物资源资产管理等为抓手，着力解决制约文物事业发展的重点难点问题。大力推动让文物活起来，充分发挥文博单位功能，有效引导高校、科研机构和企事业单位参与研究阐释、开发文化创意产品；深入实施“互联网 + 中华文明”工程，建设国家文物资源数据库，提升文物保护信息化水平；加快推进中华文物全媒体传播，助力中华优秀传统文化创造性转化、创新性发展。加强对外交流合作，深度参与文物保护国际治理，实施中外联合考古与文物保护合作项目，持续推进亚洲文化遗产保护行动；着力打造文物外展精品，不断提升中华文化国际影响力。

## 五、文物保护法实施情况及修订的初步考虑

文物保护法颁布实施近 40 年来，各地区各有关部门认真执行文物工作方针，落实法定职责，文物保护法关于不可移动文物、考古发掘、馆藏文物、民间收藏文物及文物出境进境管理的各项重要规定基本得到贯彻落实。随着我国社会主要矛盾发生变化，文物事业发展面临新形势新任务，文物保护法在实施过程中也出现一些问题，如依然存在有法不依、执法不严的现象，执法力量不足、以行政处罚代替刑事处罚问题突出，文物违法成本低，罚款额度偏低，行政强制措施少，违法行为整改不到位，法律震慑和警示作用不强。有些条款规定不明确、可操作性不强，在文物合理利用、社会力量参与、文物保护补偿等方面存在制度盲区，法律引导示范作用不明显。地方文物部门和社会各界呼吁尽快修改文物保护法，以适应文物保护利用改革和经济社会发展需要。

十三届全国人大常委会将修改文物保护法列入立法规划第一类项目，目前，司法部正在抓紧审查有关修订草案，积极推进立法进程，将在确保立法质量的基础上，尽快推动将草案提请全国人大常委会审议。目前的修订草案坚持以习近平新时代中国特色社会主义思想为指导，全面贯彻习近平法治思想、习近平总书记关于文物工作重要论述和重要指示批示精神，主要作了以下修改完善。

*一是完善立法宗旨，丰富文物定义和类型。*要求促进文物合理利用、培育和践行社会主义核心价值观、增强中华民族文化自信、促进人类文明交流互鉴。同时明确文物概念以及革命文物、文化景观等文物类型。

*二是强化政府责任，鼓励社会参与。*进一步明晰各级政府责任，对地方文物保护管理机构和专业队伍建设等作出规定。鼓励社会力量参与文物保护。

*三是加大不可移动文物保护和考古管理力度。*规定不可移动文物认定制度，明确未核定为文物保护单位的不可移动文物的登记程序和管理措施。强化文物保护单位建设控制地带管理要求。设计了不可移动文物降级撤销制度。增加地下文物埋藏区、水下文物保护区制度。完善考古管理制度，建立“先考古、后出让”制度，增扩考古调查、勘探力量。

*四是加强馆藏文物保护利用。*明确支持非国有文物收藏单位的措施。明晰馆藏文物认定和等级确定相关程序。健全完善文物收藏单位馆藏文物调拨、借用、交换等制度。提出馆藏文物降级退出制度。

五是进一步规范文物流通，加强市场监管。细化禁止买卖的文物类型。提出公益、市场、司法三种文物鉴定途径，拟按程序研究设立文物鉴定经营机构资质许可并加强监管。进一步规范和优化文物进出境审核管理工作。

六是加强文物保护监督检查。建立国家文物督察制度和文物安全风险等级管理制度。明确文物主管部门和有关执法部门的行政检查措施。进一步明确文物安全责任。

七是加大文物违法行为处罚力度。增加地方政府违法责任追究专条，明确有关部门行政处罚职责，建立文物违法失信惩戒制度。进一步提高文物违法行为罚款额度，增加行政处罚种类。

长期以来，全国人大及其常委会高度重视文物工作，不断推动完善文物保护法。此次全国人大常委会专门听取审议文物工作和文物保护法实施情况的汇报，对我们既是鼓励也是鞭策。我们将坚持以习近平新时代中国特色社会主义思想为指导，深入学习贯彻习近平总书记在庆祝中国共产党成立100周年大会上的重要讲话精神，全面落实审议意见，进一步改进工作，推动文物事业高质量发展，为建设社会主义文化强国、助力实现中华民族伟大复兴中国梦作出贡献。

# 对文物工作和文物保护法实施情况报告的意见和建议

8月18日，十三届全国人大常委会第三十次会议审议了文化和旅游部副部长、国家文物局局长李群受国务院委托作的关于文物工作和文物保护法实施情况的报告，共有29人次发言。现根据会议发言情况，将常委会组成人员和列席人员的主要意见整理如下。

出席人员普遍认为，党的十八大以来，在以习近平同志为核心的党中央坚强领导下，各地区各有关部门严格落实文物保护法要求，不断加强文物工作，文物事业发展迎来历史最好时期。大家对国务院的专项工作报告给予充分肯定，普遍认为报告内容全面、重点突出，提出的建议切实可行。大家强调，新时代对文物工作提出了新的更高要求，要深入学习贯彻习近平总书记关于文物工作的新理念新思想新战略，立足新发展阶段，对标建设社会主义文化强国目标，把文物工作摆在更加突出的重要位置，采取更加有力的举措，不断提高文物保护利用水平，努力开创新时代文物工作的新局面。审议中，大家还提出了一些具体意见和建议。

## 一、进一步提高文物工作站位

一些出席人员提出，文物是文化和文明的重要载体，见证了历史的沧海桑田，记录了民族的兴衰荣辱。要站在传承中华优秀传统文化、实现中华民族伟大复兴的战略高度，深刻认识文物工作的重要性，通过有效保护和合理利用，充分发挥文物在传承中华文明、砥砺民族品格、坚定文化自信等方面重要作用，为新时代坚持和发展中国特色社会主义提供精神食粮。

## 二、守住文物保护底线

有些出席人员强调，文物是不可再生、不可替代的宝贵资源，必须始终把保护放在第一位。有些出席人员提出，应树立保护文物也是政绩的科学观念，正确处理文物保护与城乡建设、旅游开发、经济发展的关系，特别是在城镇化进程中，坚决防止建设性、开发性、经营性破坏。一些出席人员提到，田野文物的基层保护力量严重不足，野外文物受日晒、雨淋、风蚀等自然因素影响，损毁隐患极大，应对重点田野文物部署开展抢救性保护。有的出席人员提到，有的地方由于存在“不敢修、怕修坏”的“畏修”心态，文物修缮工作不及时不到位，一些珍贵文物濒临损毁，对此应予以重视，尽快拿出抢救方案。有的出席人员强调，在重视保护文物本体的同时，也应重视保护与文物相伴相生的自然环境和文化生态，把文物的全部价值和历史信息完完整整、原汁原味地留传下去。有的出席人员提出，应深度参与文物保护国际治理，严厉打击文物犯罪，展现我国负责任大国形象。

## 三、加大文物工作投入力度

有的出席人员提出，应适应新时代文物事业发展的新形势新要求，进一步加大文物保护的财政投入力度。有的出席人员建议,加大对民族、边远和基层地区的文物保护投入力度,适当放宽地方的资金使用权限,加强对层级较低的文物保护单位和未定级文物的保障。有的出席人员提出,应建立健全文物保护社会参与机制,拓宽资金渠道,壮大人员力量。有的出席人员认为,边疆少数民族地区文物遗存丰富,是各民族融合交流、扎根中华文明沃土的有力见证,在维护国家文化安全、促进睦邻友好中发挥着重要作用,应从战略高度加强对边疆民族地区文物工作的支持。

## 四、提高文物保护利用水平

有些出席人员提出,文物本身不会说话,需要通过系统深入的研究展现其价值,实现更好的利用。有的出席人员提出,文物研究工作涉及历史、考古、哲学、美术、语言、民俗等众多专业领域,耗时长、难度大。应从经费保障、学科建设、人才培养等多方面,完善体制机制,组织人员力量,加强文物内涵研究,提升文物实证能力,更好讲述文物故事。一些出席人员提出,应推动高校深度参与文物工作,发挥人才、技术等优势,同步推进教学研究和保护利用。

有些出席人员认为,应强化文物工作科技支撑,推进科技成果在文物工作中转化和运用。有的出席人员提出,应充分运用互联网、大数据、云计算、人工智能等信息技术,推动文物展陈方式的融合创新,优化用户体验,满足观众的感知和互动需求。有的出席人员提到,应推广运用高科技手段,解决手工修复无法完成的难题,特别是通过扫描、拍摄、文字识别等方式,让古籍文献“活”起来。有的出席人员建议,通过网络直播、影视表演等高品质文化产品,更好让文物文化走进百姓生活。

## 五、促进合理利用

一些出席人员认为,应充分发挥文物的精神滋养和社会教育作用,让文物工作成果更多惠及人民群众。有些出席人员建议,在调查摸底、评估文物价值的基础上,制定景区内免费开放的革命文物遗址名录。有的出席人员提到,现有的行业博物馆大多由各行业主管部门或行业公司建立,缺乏政策资金支持和业务指导,藏品数量有较大限制,定级评估也不够科学。建议深入研究行业博物馆的业务功能、发展定位、管理体制等问题,出台专门的指导意见,更好发挥行业博物馆的优势作用。有的出席人员提出,应大力支持高校博物馆建设,赋予其可移动文物保护修复资格。有的出席人员提出,应充分考虑老年人、残障人士等特殊群体需求,在文物展示场馆逐步配套无障碍设施,提供便利化服务。有的出席人员提出,应推进文物工作与教育、旅游、传媒等领域的跨界融合,把文物资源优势转化为经济发展优势,推动文物实现更大价值。

## 六、加强文物工作队伍建设

有些出席人员提出,专业人才不足是当前文物工作的一个突出短板。有的高校虽然考古学科优势显著,但连续多年招不满人;文保机构普遍待遇偏低,工作艰苦,专业人才“引不进、留不住”。建议进一步加强文物工作队伍建设:(1)增加高校历史、考古、博物馆等学科设置,适当扩大招生规模,加强交叉学科人才培养;(2)通过政府购买服务,加强与高校、科研机构的人才交流等方式,充实文物保护队伍;(3)搭建多种培训平台,提升基层文物工作者的能力水平;(4)解决薪资待遇、职称评聘等实际问题,增强文物工作的职业吸引力。有的出席人员提出,探索建立与文物保护职责任务相适应的编制管理制度,保证基层文物机构的人员力量。

## 七、做好相关法治保障工作

一些出席人员提出,应适应新形势新任务,对文物保护法进行全面系统修订,在确保立法质量的前提下,加快立法步伐,尽快将修订草案提请全国人大常委会审议。一些出席人员对法律修改提出了具体建议,包括重新定义文物内涵、规范文物数字化保护利用、加强海洋考古和水下考古等。有的出席人员提出,应进一步加大文物保护相关法律法规的宣传普及力度,增强全社会特别是青少年的文物保护意识,营造“保护文物,人人有责”的良好社会氛围。

# 国务院关于雄安新区和白洋淀生态保护工作情况的报告

——2021 年 8 月 18 日在第十三届全国人民代表大会常务委员会第三十次会议上

国家发展和改革委员会主任 何立峰

全国人民代表大会常务委员会：

按照全国人大常委会监督工作计划的安排，受国务院委托，现就雄安新区和白洋淀生态保护工作情况报告如下，请审议。

设立河北雄安新区，是以习近平同志为核心的党中央深入推进京津冀协同发展作出的重大决策部署，是千年大计、国家大事。以习近平同志为核心的党中央高度重视雄安新区和白洋淀生态保护工作，习近平总书记多次赴雄安新区实地考察，多次主持召开重要会议、发表重要讲话、作出重要指示，为雄安新区和白洋淀生态保护工作指明方向、提供根本遵循。李克强总理主持召开国务院常务会议审议雄安新区相关规划。栗战书委员长对相关工作作出重要批示。韩正副总理等国务院领导同志提出明确要求。

全国人大常委会高度重视雄安新区及白洋淀生态保护工作，组织有关方面赴河北省、北京市就大清河及白洋淀流域生态保护开展调研座谈，协调指导京津冀晋四省市人大常委会开展白洋淀生态保护协同立法，听取国务院有关部门意见建议，充分发挥法治对雄安新区和白洋淀生态保护的保障作用。

国家发展改革委（京津冀协同发展领导小组办公室，以下简称“领导小组办公室”）会同国务院有关部门与京津冀等相关省市，深入学习贯彻习近平总书记等中央领导同志重要指示批示精神，落实党中央、国务院决策部署，依法高标准、高质量扎实推进实施雄安新区和白洋淀生态保护各项工作，取得明显成效。

## 一、高标准构建雄安新区和白洋淀生态保护规划政策体系

雄安新区和白洋淀地处大清河流域“九河下梢”，两者因水而联，生态环境特别是水资源利用保护事关该区域安全和长远发展。有关地区和部门高度重视，从全局的高度和更长远的考虑来认识和做好雄安新区和白洋淀生态保护、防洪排涝体系建设等工作，统筹推进规划编制、标准制定和法治建设，推动雄安新区建设蓝绿交织、清新明亮、水城共融的生态城市。

（一）加强生态保护顶层设计。国家发展改革委、有关部门与河北省等方面，按照世界眼光、国际标准、中国特色、高点定位的要求，坚持生态优先、绿色发展，顺应自然、尊重规律，加强规划引领，高标准推进雄安新区生态保护工作。一是报经党中央、国务院批复同意后印发实施《河北雄安新区规划纲要》、《河北雄安新区总体规划》及起步区控制性规划、启动区控制性详细规划等重要规划，明确了雄安新区加强生态建设、打造优美自然环境的总体要求和主要任务，提出构建“一淀、三带、九片、多廊”生态空间格局。二是印发实施《白洋淀生态环境治理和保护规划（2018—2035 年）》，明确以水面恢复、水质达标、生态修复为目标，到 2035 年雄安新区森林覆盖率达到 40%、起步区城市绿化覆盖率达到 50%、生物多样性明显提高，同时提出白洋淀生态用水保障、流域综合治理、淀区生态修复、保护与利用等方面的要求和举措，实现城市与淀泊共融共生。三是研究编制国家生态文明试验区（雄安新区）实施方案，创新生态文明体制机制，推动白洋淀生态环境治理和保护，统筹推进雄安新区城市建设和生态文明建设，打造美丽中国的雄安样板。

（二）完善防洪排涝专项规划。国家发展改革委、有关部门与河北省等方面高度关注雄安新区防洪体系建设，围绕落实雄安新区规划纲要、总体规划等要求，针对当前和未来一段时期城市规划、建设、运营中存在的防洪防汛、排水排涝等短板弱项等，抓紧制定完善相关规划，强化工程设施建设，提升雄安新区防灾抗灾能力。一是编制实施《河北雄安新区防洪专项规划》、《河北雄安新区起步区排水（雨水）防涝专项规划》等，提出防洪排涝总体布局、重点工程和保障措施。其中，作为雄安新区主城区的起步区，防洪标准为 200 年一遇，内涝防治标准为 50 年一遇。二是印发实施《“十四五”时期雄安新区防洪排涝体系建设、白洋淀生态环境治理和保护

实施方案》和 2021 年行动计划，明确有关工作的阶段性目标和重点任务举措。三是水利部等有关方面正在组织编制大清河流域综合规划和海河流域蓄滞洪区调整方案，从流域系统性、完整性的角度出发，考虑统筹加快建设和完善水利基础设施，全面提升流域综合管理能力。天津市积极配合提升雄安新区和白洋淀下游河道行洪能力，加强蓄滞洪区建设，不断巩固和加强区域防洪体系。

（三）加强绿色环保创新。贯彻绿色循环低碳理念，在推进实现碳达峰碳中和目标任务进程中围绕创造“雄安质量”、打造推动高质量发展的全国样板，推动雄安新区使用最先进的环保节能材料和技术工艺标准进行城市建设，打造国际一流、绿色、现代、智慧城市。一是全面推广绿色建筑。因地制宜提高雄安新区绿色建筑和节能标准，推广超低能耗建筑，引导选用绿色建材，推动起步区新建居住建筑、公共建筑的节能率分别达到 75% 和 65% 以上。二是大力发展绿色交通。在雄安新区起步区构建“公交 + 自行车 + 步行”的绿色出行模式，逐步实现到 2030 年公共交通占机动化出行比例达到 80%、绿色交通出行比例达到 90% 的目标。三是支持供应绿色能源。科学利用绿色电力、地热、天然气、生物质等能源供给方式，形成以跨区域、大容量的绿色电力为主、区内分布式可再生能源为辅的多能互补清洁能源供应系统。

（四）强化立法执法保障。在全国人大常委会指导支持下，国务院有关部门积极协调支持河北省等方面加强白洋淀生态保护法治保障，推动制定地方性法规并开展联合执法，形成依法协同治理的有效合力。一是完善地方立法。河北省牵头，北京市、天津市、山西省密切配合，国务院有关部门积极支持，起草制定了《白洋淀生态环境治理和保护条例》，由河北省人大审议通过并于 2021 年 4 月 1 日颁布实施。二是加大普法力度。开展相关法规政策学习宣传和普及教育，建立完善公众参与和社会监督机制，增强社会公众生态安全和洪涝风险意识，营造加强白洋淀生态保护的良好法治环境。三是开展联合执法。强化执法队伍建设，探索跨部门跨区域综合执法、联合执法，对入淀河流流经的 21 个县市上下游河道 200 余公里开展排查，依法查处环境违法违规问题。

## 二、高质量推进雄安新区和白洋淀生态保护工作

目前，雄安新区已进入承接北京非首都功能疏解和新区建设同步推进的发展阶段。各有关地区和部门协同推进补水、治污、防洪，推动白洋淀“华北明珠”重现光彩，构建完善安全可靠的防洪排涝体系，为承接北京非首都功能疏解创造良好环境。

（一）实施重点工程，防洪排涝项目加快建设。按照相关规划部署，加快构建雄安新区环起步区防洪体系，完善排水防涝工程。一是加快建设重大防洪工程。按照“在建一批、新开工一批、储备论证一批”的原则，滚动推进实施防洪工程建设，加强起步区防洪安全保障。其中，萍河左堤、白沟引河右堤已具备 200 年一遇防洪能力。二是有序建设排水防涝管网。按照“先地下、后地上”的原则，稳步推进雄安新区截排系统、雨水管渠、水网系统等建设。同步推进海绵城市建设。

雄安新区成立以来，相关防洪排涝工程有效发挥了作用，2017—2020 年 4 个主汛期全部安全度汛。截至目前，雄安新区范围内未发生洪水灾害，建设工地等未发生内涝险情，基本经受住了防洪排涝考验。

（二）开展综合治理，大清河流域及白洋淀污染防控全面推进。对大清河流域实施“控源—截污—治河”系统治理，持续推进、稳步恢复白洋淀“华北之肾”功能。一是加强污染源头管控。严控工业污染源，取缔大清河上中游流域散乱污企业 3 万余家，封堵入河入淀非法排污口 1.3 万个。严控农业污染源，在沿河沿淀 1000 米范围设立化肥农药禁施区，取缔水产养殖 741 处。严控旅游污染源，将白洋淀景区 1328 艘燃油营运船舶替换为清洁动力船舶，推动旅游厕所全部达到 A 级，对景区航道垃圾实行网格化清洁管理。二是加大截污处置力度。大清河上游入淀河流沿线城市建成区雨污分流全部改造到位。完成 78 个淀中村、淀边村污水垃圾厕所一体化治理，将淀边原直排入淀的 57 座小型污水处理站尾水导排至淀外资源化利用，流域市县生活垃圾实现收运体系全覆盖和新增垃圾日产日清。三是实施入淀河道治理。开展大清河流域河道“清四乱”（清理乱占、乱采、乱堆、乱建）常态化规范化整治，有效维护了白洋淀及上游河道生态环境。

（三）强化修复与管控，白洋淀生态环境持续提升。围绕白洋淀水生态、水环境、水生物等开展系统治理，努力打造生态文明建设典范。一是加强生态系统修复。稳妥实施退耕还淀，已全部退出淀区内稻田、藕田。建成唐河、府河、孝义河及萍河河口湿地水质净化工程并实现有效运转。持续开展水

生植物平衡收割及资源化利用，恢复白洋淀生态功能和自然风光。二是实施生态环境分区管控。对白洋淀实行“三线一单”（生态保护红线、环境治理底线、资源利用上线和生态环境准入清单）管理措施，明确优先保护单元、重点管控单元和一般管控单元，严格开展相关项目环评审批、强化环境保护措施。三是大力推进植树造林。雄安新区坚持先植绿后建城，以建设全国森林城市示范区为目标，加快“千年秀林”建设，2017 年以来，已累计造林 42.8 万亩，有效改善了水土流失状况。四是开展生物多样性保护。组织实施白洋淀水生生物资源系统调查，摸清淀区、上游水库和入淀河流生物资源状况并开展增殖放流，2020 年在重点淀泊放流鱼类、青虾等苗种 6800 万单位。

（四）统筹补水和调水，白洋淀水资源配置明显改善。统筹雄安新区水资源配置，不断强化白洋淀生态用水保障，积极建设节水型流域。一是开展白洋淀多水源生态补水。制定实施白洋淀水位保持及补水方案，统筹引黄入冀、南水北调、当地水和再生水，科学安排补水时段、水源和水量，完善太行山区大型水库、南水北调中线干渠向白洋淀生态补水的供水网络，有序推进白洋淀生态补水。2017—2020 年，白洋淀累计补水 14.81 亿立方米。二是加强水资源配置管理。制定实施雄安新区水系与城市生态水资源配置专项方案，统筹本地水与外调水、地下水与地表水，限制审批新增取用地下水。雄安新区 2020 年浅层地下水位平均埋深达到 18.88 米，深层地下水位平均埋深达到 42.75 米，分别比 2018 年同比回升 0.76 和 0.56 米。三是推进水资源节约利用。加强用水消耗总量和强度双控，强化取水管理和监测计量，推行城镇工商服务业用水超定额累进加价等措施，提升用水效率和效益。加强农业节水建设，鼓励种植耐旱作物，严格控制发展高耗水作物，加快建设高标准农田，大力推广管灌、喷灌、滴灌等高效节水灌溉技术。

（五）加强环境监测，淀区生态环境得到有效管控。在推进白洋淀生态环境质量持续改善的基础上，大力推广创新技术应用，加强监测预警，持续开展环境分析。一是强化科技支撑保障。持续强化绿色环保高科技、新技术在白洋淀生态保护工作中的运用，开发水质模拟预警、数字白洋淀等应用系统，率先采用 5G 网络、VR 全景视频等先进技术开展移动式监测，为加强白洋淀生态保护提供有效支撑。二是实施全域水质监测。组织开展白洋淀流域地下水型饮用水源和重点污染源周边地下水调查评估，逐步建立白洋淀生态环境基础数据库，对重点排污单位安装联网在线监测设备，完善“散乱污”企业排查和动态清零长效机制。三是开展生态环境分析。组织编制雄安新区生态环境监测方案，逐月开展白洋淀水生态环境形势分析，并通过中央环保督察、专项督查和日常盯办等压实责任，逐步建立完善分析预警、调度通报、独立调查、跟踪督办相结合工作机制。

（六）加大支持力度，资金用地等要素得到有效保障。一是支持生态保护和环境治理。将白洋淀生态保护纳入《全国重要生态系统保护和修复重大工程总体规划（2021—2035 年）》。中央财政累计下达雄安新区山水林田湖草生态保护修复工程基础奖补资金 20 亿元、生态环境保护减收增支补偿 19.5 亿元。二是支持防洪工程建设。将雄安新区骨干防洪治理工程纳入国务院确定的重大水利工程范围，有力保证了相关工程建设。

在各方面共同努力下，白洋淀生态环境治理取得明显成效，基本实现了《白洋淀生态环境治理和保护规划（2018—2035 年）》明确的阶段性目标。淀区整体水质由 2017 年的劣Ⅴ类提升到 2020 年的Ⅳ类，淀心区平均水质达到Ⅲ类标准。2021 年 1—6 月，白洋淀 8 个国考点位水质全部达到或优于Ⅳ类。府河、孝义河、瀑河、白沟引河等 4 条主要入淀河流及上游流域 50 个河流断面水质全部达到或优于Ⅳ类，为近 10 年来最好水平。

## 三、存在的主要问题

雄安新区和白洋淀生态保护工作取得了阶段性成绩，同时也要清醒看到，该区域生态环境质量基础较薄弱、历史欠账较多，改善程度距离规划目标仍有一定差距，生态保护和污染防治还面临不少困难和问题，一些突出短板和弱项亟需研究解决。

（一）白洋淀生态环境治理难度较大。白洋淀清运和处理任务较重，随着水面面积逐步扩大，淀区存量污染物对水质的影响将进一步加大。同时，淀区芦苇、水草较多，随着淀区传统芦苇收割利用产业的关停并转、转型升级，苇草就地腐烂对水质也会产生较大影响。

（二）生态用水配置有待进一步完善。白洋淀补水主要依靠引黄入冀、南水北调等外调水，对外依存度偏高、难以长期持续。长期稳定、可持续的流域水资源分配制度有待进一步完善。

（三）大清河流域防洪治理存在薄弱环节。近年来我国北方地区极端降雨天气频现,大清河流域出现严重暴雨洪灾的可能性不断增加。目前流域中下游骨干河道尚未完成彻底治理,行洪能力不容乐观。同时,规划蓄滞洪区的人口和经济总量不断增加,启用难度和成本越来越大。

(四)流域依法协同治污需进一步加强。大清河流域面积广、涉及地区多、协调难度大。目前,已开展的流域污染治理合作主要停留在较浅层次的具体工作上,统一规划、统一行动的污染协同治理体制机制尚未完全建立,相关协同立法、普法、执法后续工作还需要进一步加强。

## 四、下一步工作考虑

"十四五"时期是推进雄安新区建设、打造白洋淀优美生态环境的关键阶段。我们将以习近平新时代中国特色社会主义思想为指导,全面贯彻党的十九大和十九届二中、三中、四中、五中全会精神,按照党中央、国务院决策部署和全国人大常委会要求,立足新发展阶段,完整、准确、全面贯彻新发展理念,服务和融入新发展格局,高标准高质量推进雄安新区建设,坚持把雄安新区和白洋淀生态保护工作放在突出位置,统筹建设防洪排涝工程,协调推进水资源配置、水生态保护和节约用水等工作,努力构建安全可靠的防洪排涝体系,打造蓝绿交织的优美生态空间,为雄安新区建设北京非首都功能疏解集中承载地创造良好环境。

(一)深入开展白洋淀环境综合治理和生态修复。深入贯彻落实《白洋淀生态环境治理和保护规划(2018—2035 年)》,加强淀区河湖生态保护修复,稳妥有序推进淀中村、淀边村生态搬迁及退耕还淀,逐步恢复淀区湿地生态环境系统完整性。强化大清河流域综合治理,大力实施工业污染综合治理,支持重点行业清洁化改造。加快补齐城镇污水收集处理设施短板,推进城镇污水管网全覆盖。建立完善农村生活垃圾收运处置体系,加大力度清理存量垃圾。深入推进农业面源污染防治,持续削减入河入淀污染负荷。

(二)大力实施白洋淀生态补水与节约用水。优化雄安新区和白洋淀水资源配置,加强上下游和省市间统筹,综合利用入淀河流、引黄入冀补淀、南水北调、上游水库调剂或其他外调水源、非常规水源等,科学实施白洋淀生态补水,确保生态用水需求。严格落实"以水定城、以水定地、以水定人、以水定产"的要求,坚持用水节水并重,加强总量控制,优化定额标准,改变高耗水发展方式,提高水资源节约集约利用效率。

(三)滚动推进防洪排涝工程项目建设。落实落细已出台的雄安新区有关规划,科学合理安排建设时序,加快推进防洪工程建设,完善防洪排涝工程体系,筑牢防洪安全屏障。聚焦雄安新区启动区、起步区等重点地区,结合城市建设和片区开发进度,有序推进地下综合管廊以及海绵城市蓄水排涝设施建设,完善在建项目基坑排水防涝措施。同步采取工程措施提升白洋淀下游河道泄洪能力,加大堤防和蓄滞洪区建设力度。完善监测预报、工程调度和应急处置等工作机制,提升应急救援能力,夯实城市安全基础。

(四)持续加强区域协同立法和联动执法。落实全国人大常委会要求,支持京津冀晋四省市持续开展白洋淀流域综合治理和生态保护的跨区域协同立法、普法、执法等工作。协调河北省加快制定完善雄安新区和白洋淀生态环境保护地方性法律法规体系,织牢织密法治保障网络。推动雄安新区和相关市县、各级河(湖)长依法履行落实责任,依法惩处各类违法行为。支持流域内北京、天津、山西等省市加强区域协调联动,加大环境执法监督力度,共同形成上下游联防联控、各方面齐抓共管的工作格局,更好发挥法治对雄安新区和白洋淀生态环境保护工作的保障与服务作用。

(五)建立健全流域协同治理工作机制。支持大清河流域各省市从全流域"一盘棋"的角度出发,创新和完善协同治理工作机制,实施以流域为单元的综合治理,统筹谋划上下游、干支流、左右岸、地表地下、城市乡村一体化管控,努力打破行政分割、破除利益藩篱,共同推进流域协同治理。进一步加强区域合作,将全流域生态保护同经济社会协调发展统筹考虑、一体部署推进,不断提高合作层次、拓宽合作领域,推动区域协调协同发展迈上新台阶。

(六)切实抓好各项工作任务落实。国家发展改革委将积极承担好领导小组办公室的协调服务职责,督促有关地方切实履行在生态保护、水污染防治以及防洪排涝等方面的主体责任,推动地方与部门加强沟通对接,加大对工作推进中遇到的难点堵点的协调力度,形成推进雄安新区和白洋淀生态保护工作的合力。

下一步,我们将在以习近平同志为核心的党中央坚强领导下,增强"四个意识",坚定"四个自信",做到"两个维护",切实把思想认识行动统一到习近平总书记重要讲话和指示批示精神上来，坚定不移贯彻落实党中央、国务院决策部署和全国人大常委会要求，按照本次会议审议提出的意见，扎扎实实做好有关工作，推动雄安新区和白洋淀生态保护不断取得新进展、新成效，打造白洋淀优美生态环境，努力建设天蓝、地绿、水清的美丽雄安。

# 对雄安新区和白洋淀生态保护工作情况报告的意见和建议

8月19日，十三届全国人大常委会第三十次会议审议了国家发展和改革委员会主任何立峰受国务院委托作的关于雄安新区和白洋淀生态保护工作情况的报告，共有6人次发言。现根据会议发言情况，将出席人员和列席人员的主要意见整理如下。

出席人员普遍认为，国务院有关部门和京津冀晋四省市贯彻落实习近平总书记重要指示批示精神和党中央重大决策部署，扎实推进雄安新区和白洋淀生态保护工作，依法推动防洪、治污、补水工作取得显著成效。出席人员充分肯定国务院的专项工作报告，普遍认为全国人大环资委的调研报告实事求是、重点突出，建议务实中肯，希望国务院及有关方面认真研究改进工作。出席人员认为，设立河北雄安新区，是以习近平同志为核心的党中央深入推进京津冀协同发展作出的重大决策部署，是千年大计、国家大事。要深入学习贯彻习近平生态文明思想、习近平法治思想和习近平总书记关于雄安新区和白洋淀生态保护重要指示批示精神，深入开展白洋淀环境综合治理和生态修复、生态补水与节约用水、防洪抗灾能力建设，加强区域协同立法和联动执法，建立健全流域协同治理工作机制。审议中，大家还提出了一些具体意见和建议。

## 一、进一步提高生态保护顶层设计和专项规划水平

部分出席人员指出，雄安新区和白洋淀地处大清河流域“九河下梢”，开发建设保护工作要全面深入贯彻新发展理念，进一步做好总体规划、各专项规划和有关项目计划的制定和实施。建议：（1）从大清河流域上中下游水资源、水环境、水生态系统治理的全局出发，科学编制防洪排涝、污染防治、水资源利用等规划，统筹推进流域内地上地下一体保护。（2）国务院有关部门加强对相关省（市）的协调指导，加大生态保护项目资金、科技和人才支持力度。（3）在技术设计、成本控制等方面进一步加强科学论证、提高项目实施综合效益。高标准开展工程和建筑设计，切实做好节能减排工作，扎实推进雄安新区海绵城市建设。（4）进一步提高生态保护规划设计、工作信息和项目信息公开力度和公众参与度。

## 二、做好污染防治和水资源保护

有的出席人员提出，雄安新区和白洋淀的生态保护尤其是水污染防治面临诸多挑战。建议扎实做好区域流域的污染防治工作，全力做好农村污水、垃圾收集转运等工作，提高周边生活污水、农业面源污染、工业固体废物和危险废物清理处置能力，完善排污管网建设，同时还要做好外源输入性污染防控工作。有的出席人员提出，雄安新区和白洋淀水资源的供给矛盾仍然突出，建议深入治理地下水超采、径流阻断、水土流失等问题，推进生态补水工作。加强流域水资源节约利用，加大节水监管力度。

## 三、推进流域防洪治理

有的出席人员提出，近年来北方极端降雨天气频现，雄安新区和白洋淀地处大型平原洼地，防洪排涝能力建设面临考验，补齐短板弱项刻不容缓。应做好防洪工程规划，坚持高标准、严要求，加快推进行洪区、滞洪区工程建设，着力增强防洪应急处置能力，处理好城市排涝、流域防洪、水系治理的关系，全面加强区域防洪抗灾能力建设。

## 四、进一步强化法治保障

有的出席人员建议，应在雄安新区和白洋淀持续对生态环境保护法律实施情况开展监督检查，确保生态环境保护相关法律要求成为各级各部门、全

社会的共同遵循。国务院有关部门应加强对白洋淀生态保护工作跨区域、跨部门联动执法的指导监督，推动各级政府落实主体责任，加大对各类违法行为的处罚力度。有的出席人员提出，雄安新区和白洋淀相关地方立法已经形成“一地为主、三地支持”的态势，建议有关省市紧紧围绕雄安新区和白洋淀生态保护，加强工作对接，进一步完善相关配套法规，持续做好区域协同立法。

# 国务院关于2020年度国有资产管理情况的综合报告

全国人民代表大会常务委员会：

根据《中共中央关于建立国务院向全国人大常委会报告国有资产管理情况制度的意见》、《全国人民代表大会常务委员会关于加强国有资产管理情况监督的决定》要求，形成了《国务院关于2020年度国有资产管理情况的综合报告》，主要内容如下：

## 一、国有资产总体情况

（一）企业国有资产（不含金融企业）。

2020年，中央企业资产总额94.0万亿元、负债总额62.5万亿元、国有资本权益19.6万亿元，平均资产负债率66.5%。

2020年，地方国有企业资产总额174.5万亿元、负债总额109.0万亿元、国有资本权益56.4万亿元，平均资产负债率62.4%。

汇总中央和地方情况，2020年，全国国有企业资产总额268.5万亿元、负债总额171.5万亿元、国有资本权益76.0万亿元。

（二）金融企业国有资产。

2020年，中央金融企业资产总额219.0万亿元、负债总额196.2万亿元，形成国有资产（国有资本及应享有的权益，本章节内下同）16.5万亿元。

2020年，地方金融企业资产总额104.2万亿元、负债总额92.4万亿元，形成国有资产6.2万亿元。

汇总中央和地方情况，2020年，全国国有金融企业资产总额323.2万亿元、负债总额288.6万亿元，形成国有资产22.7万亿元。

（三）行政事业性国有资产。

2020年，中央行政事业性国有资产总额5.8万亿元、负债总额1.6万亿元、净资产4.2万亿元。其中，行政单位资产总额1.5万亿元，事业单位资产总额4.3万亿元。

2020年，地方行政事业性国有资产总额37.7万亿元、负债总额9.6万亿元、净资产28.1万亿元。其中，行政单位资产总额13.8万亿元，事业单位资产总额23.9万亿元。

汇总中央和地方情况，2020年，全国行政事业性国有资产总额43.5万亿元、负债总额11.2万亿元、净资产32.3万亿元。其中，行政单位资产总额15.3万亿元，事业单位资产总额28.2万亿元。

（四）国有自然资源资产。

截至2020年底，全国国有土地总面积52333.8万公顷（785006.9万亩）。其中，国有建设用地1760.6万公顷、国有耕地1957.2万公顷、国有园地238.7万公顷、国有林地11284.1万公顷、国有草地19733.4万公顷、国有湿地2182.7万公顷。根据《联合国海洋法公约》有关规定和我国主张，管辖海域面积约300万平方千米。2020年，全国水资源总量31605.2亿立方米。

## 二、国有资产管理工作情况

（一）企业国有资产（不含金融企业）。

1. 贯彻新时代党建总要求，构建企业改革发展坚强保障。国资委完善践行“两个维护”的体制机制，健全“第一议题”制度，夯实基层组织建设，实施中央企业党建工作责任制考核和基层党组织抓党建述职评议考核。开展覆盖全部中央企业和地方国资委的混改国企党建工作情况等专题调研，指导做好混合所有制企业党建工作。

2. 全力以赴抗击疫情，彰显大国重器责任担当。疫情发生后，中央企业坚决执行国家政策，助企纾困，累计降低全社会运行成本约1965亿元。中国建筑、国家电网等以极限速度建成火神山和雷神山医院，国铁集团坚决保障铁路大动脉安全畅通，邮政集团紧急开通防疫捐赠物资寄递绿色通道，中国石化、上汽集团等紧急转产抗疫物资设备，国药集团积极研制新冠疫苗，有力支持抗击疫情工作。

3. 聚焦重点突破难点，实施国企改革三年行动。实施国企改革三年行动，明确深化国企改革的任务书、时间表、路线图。中央企业公司制改革基本完成。混合所有制改革稳妥有序深化，中国国有企业混合所有制改革基金挂牌成立。以管资本为主的国有资产监管体制不断健全，国资监管机构职能转变进一步深化，国有资本授权经营体制改革稳步推进。

4. 精准抓好着力点，增强"两链"自主可控能力。加强产业技术协同创新，搭建中央企业北斗产业协同发展平台、新能源汽车产业平台、大湾区中央企业数字化协同创新联盟和中央企业数字化发展研究院等协同创新平台。中央企业关键核心技术攻关工作体系不断建立健全，科技催生新发展动能力度进一步加大，产业链、供应链现代化水平加快提升。天问一号、嫦娥五号等科技创新成果陆续涌现。

5. 推动布局结构优化，提升国有资本配置效率。《关于新时代推进国有经济布局优化和结构调整的意见》印发出台。编制《"十四五"中央企业发展规划纲要》、《"十四五"全国国资系统国有资本布局优化和结构调整规划》，创新构建覆盖全国国资系统的三级规划体系。中检集团转隶、国家管网集团资产重组和股权多元化改革等多项任务顺利完成，南水北调集团、中国广电股份等中央企业成功组建，全国有线电视网络整合与广电5G一体化发展加快推进。

(二)金融企业国有资产。

1. 贯彻落实党中央决策部署，完善国有金融资本管理。财政部会同有关部门加快制定国有金融资本管理条例。开展国有金融资本产权登记专项行动。出台《中央金融企业名录管理暂行规定》，建立动态调整机制和名录公示制度。建立金融企业国有产权交易机构管理机制。有序开展国有金融资本管理系统建设。健全董事管理制度。

2. 研究完善财政金融奖补措施，支持实施国家战略部署。农业保险2020年累计实现保费收入814.9亿元，提供风险保障4.1万亿元，积极支持打赢脱贫攻坚战。出台政府和社会资本合作(PPP)项目绩效管理操作指引，规范推进PPP工作，助力"稳投资"。

3. 加强金融企业监管，打好防范化解重大金融风险攻坚战。加快修订《金融企业财务规则》，印发《国有金融企业选聘会计师事务所管理办法》，规范财务管理，加强审计质量控制。支持推进中小银行风险化解和资本补充，用好地方政府专项债券资金，补充中小银行资本，促进经营机制转换。

4. 支持普惠金融提质增效，助力经济民生薄弱环节发展。完善创业担保贷款贴息支持政策，助力保居民就业。加大创业担保贷款贴息力度，全力支持重点群体复工复产。发挥政府性融资担保体系增信分险作用，助力保市场主体。2020年全年对小微企业减半收取融资担保、再担保费。落实加快农业保险高质量发展的指导意见，助力保粮食安全。

5. 健全完善公司治理，深化国有金融机构改革。深入推进政策性金融机构改革。起草政策性银行业务分类管理和分账核算总体实施方案，更好发挥政策性金融作用。持续深化重点金融机构改革。引导国有金融机构聚焦主业、压缩层级，规范各层级子公司管理，促进国有金融机构持续健康发展。

(三)行政事业性国有资产。

1. 推动完善顶层设计，填补行政事业性国有资产管理法规空白。2020年12月，国务院第120次常务会议审议通过《行政事业性国有资产管理条例》，自2021年4月1日起施行。加强行政事业单位固定资产管理等制度规定陆续出台，公路资产、国有文物资源资产等管理办法加快制定，行政事业性国有资产管理制度体系进一步完善。

2. 发挥资产保障作用，推进实施国家重大战略和民生工程。建立疫情防控资产保障政策"绿色通道"。各级行政事业单位落实免租惠企要求，全面支持复工复产、复商复市。832个贫困县乡村两级医疗卫生机构和人员"空白点"动态清零。加大研发机构、高等院校科技成果转化有关国有资产管理授权力度。提高文化场馆、体育场地向社会公众开放程度，盘活和优化资产使用。

3. 落实过紧日子要求，提升行政事业性国有资产使用效益。财政部会同各有关部门强化资产配置标准等制度执行，确保重点项目所需资产配置到位。将科研仪器共享共用情况作为新增资产配置预算审核参考因素。探索跨部门资产调剂，有效盘活存量资产。推进公物仓建设，促进低效运转、长期闲置资产的循环利用。按季度跟踪评估中央部门落实过紧日子要求情况，将闲置办公用房和货币资金纳入评估指标体系。

4. 夯实基础管理工作，落实加强财政资源统筹部署要求。财政部印发《〈政府会计准则第10号——政府和社会资本合作项目合同〉应用指南》。加快公共基础设施类等行政事业性国有资产入账进度。贯彻落实财政资源统筹要求，将资产管理与预算管理改革同步部署推进，建立预算资金形成资产的全链条管理机制。

（四）国有自然资源资产。

1. 坚决贯彻生态文明体制改革要求，建立健全自然资源管理制度体系。围绕生态文明体制改革目标，出台了一系列制度文件，内容覆盖耕地保护、现代环境治理体系、林长制，以及自然资源、生态环境领域中央与地方财政事权和支出责任划分等。强化国土空间规划和用途管控，推动优化国土空间开发保护格局，促进形成协调发展的局面。

2. 加强重大基础性工作，有力支撑自然资源资产管理。加强自然资源统一调查监测体系建设，全面完成第三次全国国土调查。推进全民所有自然资源资产所有权委托代理机制和清查试点。试编全国和省级自然资源资产负债表。健全完善全民所有自然资源资产有偿使用制度，发布自然资源分等定级、价格评估及全民所有土地资源资产核算标准。

3. 加大自然资源保护力度，夯实国家安全资源基础。开展省级政府耕地保护责任目标考核，严格落实和改进耕地占补平衡制度，开展补充耕地项目核查，建立耕地和永久基本农田动态监测监管机制。推进找矿突破战略行动，有力保障矿产资源安全。强化河湖保护治理，推进长江岸线、黄河岸线清理整治，重点流域和湖库水质稳中向好。

4. 加大生态保护修复力度，构筑国家生态安全屏障。推动构建以国家公园为主体、自然保护区为基础、各类自然公园为补充的自然保护地体系。推行林长制，持续推进国土绿化行动和国家储备林建设工程。强化农用地和建设用地土壤污染管控。统筹推进山水林田湖草沙系统治理、综合治理、源头治理。推动建立覆盖重点领域、重要区域和流域的生态保护补偿制度。

5. 强化自然资源节约集约利用，促进发展方式绿色转型。持续实施建设用地总量和强度双控。持续提升矿产资源综合开发利用水平。加快建立水资源刚性约束指标体系，推进地下水开采总量与水位双控，深入实施国家节水行动。加快建设海洋强国，协同推进海洋生态保护、海洋经济发展。完善自然资源开发利用准入机制，强化综合政策引导。

## 三、下一步工作安排

（一）以全面加强党的建设为统领，不断推进党建工作与国资监管工作相统一。进一步完善国有企业坚定维护党中央权威和集中统一领导各项制度，在国有企业完善公司治理中切实加强党的领导。落实国有企业和国有金融机构全面从严治党责任。巩固党委（党组）在公司治理中的法定地位。

（二）以落实三年行动方案为抓手，持续深化国资国企改革。逐级压实责任，加强督导推动，以重点领域和关键环节的新突破，牵引带动整体改革，开创国有企业改革新局面。强化市场化竞争和激励约束，稳妥深化混合所有制改革，推动国有资本布局优化和结构调整。不断健全完善国资监管法规制度体系。

（三）以优化国有金融资本布局为目标，加快理顺国有金融资本管理体制。夯实完善国有金融资本管理基础，适时出台国有金融资本管理条例，理顺国有金融资本管理体制。健全国有金融企业授权经营体系，完善绩效评价体系，引导国有金融机构做强做优做大。加强财政财务监管，健全国有金融机构追责问责机制。

（四）以落实《行政事业性国有资产管理条例》为契机，扎实推进行政事业性国有资产管理提质增效。全力推动条例贯彻实施，研究出台和完善相关配套制度办法。切实做好行政事业单位新增资产配置预算工作。推动行政事业单位国有资产调剂和共享共用。建立健全公共基础设施等行政事业性国有资产管理体系，抓好公路资产、国有文物资源资产、公共租赁住房资产等管理办法的实施工作。

（五）以生态保护和高质量发展为引领，统筹健全自然资源资产管理体系。严守耕地红线，严控新增建设用地。推进资源总量管理、科学配置、全面节约、循环利用。优化国土空间开发保护格局。坚持山水林田湖草沙冰一体化保护和系统治理，大力实施全国重要生态系统保护和修复重大工程。加快建立以国家公园为主体的自然保护地体系，实施生物多样性保护重大工程。建立健全国有自然资源资产管理制度体系。

（六）以完善国有资产报告制度为主线，持续夯实国有资产管理和监督基础。贯彻落实《全国人民代表大会常务委员会关于加强国有资产管理情况监督的决定》，进一步发挥国有资产报告部际协调机制作用，积极研究优化报告体例框架，充实国有资产报告内容，提高报告数据质量，不断增强报告可读性和可审性。

以上报告，请审议。

# 国务院关于2020年度国有自然资源资产管理情况的专项报告

——2021年10月21日在第十三届全国人民代表大会常务委员会第三十一次会议上

自然资源部部长　陆　昊

全国人民代表大会常务委员会：

受国务院委托，我向全国人大常委会报告2020年度国有自然资源资产管理情况，请审议。

建设生态文明，关系人民福祉，关乎民族未来。党的十八大以来，以习近平同志为核心的党中央站在实现中华民族伟大复兴的战略高度，坚持以人民为中心，把生态文明建设放在突出位置，融入经济建设、政治建设、文化建设、社会建设各方面和全过程，开展了一系列根本性、开创性、长远性工作，生态文明建设从认识到实践都发生了历史性、转折性、全局性变化。党中央、国务院高度重视国有自然资源资产管理工作。习近平总书记指出，健全国家自然资源资产管理体制是健全自然资源资产产权制度的一项重大改革，也是建立系统完备的生态文明制度体系的内在要求。李克强总理强调，开展健全国家自然资源资产管理体制试点，为生态文明建设提供有力制度保障。栗战书、王沪宁、韩正等中央领导同志对国有自然资源资产管理提出明确要求。按照党中央、国务院决策部署，国有自然资源资产管理工作全面推进。

## 一、国有自然资源资产基本情况

（一）主要国有自然资源资产总量情况。

截至2020年底，全国国有土地总面积52333.8万公顷（785006.9万亩）。其中：

1. 建设用地

全国国有建设用地1760.6万公顷（26408.5万亩），其中，城市用地473.1万公顷（7097.2万亩），占26.9%；建制镇用地392.4万公顷（5886.0万亩），占22.3%；村庄用地242.4万公顷（3636.5万亩），占13.8%；采矿用地136.1万公顷（2042.1万亩），占7.7%；风景名胜及特殊用地32.5万公顷（486.9万亩），占1.8%；交通运输用地420.6万公顷（6309.2万亩），占23.9%。

2. 耕地

全国国有耕地1957.2万公顷（29357.4万亩），其中，水田410.3万公顷（6154.7万亩），占21.0%；水浇地675.0万公顷（10125.3万亩），占34.5%；旱地871.8万公顷（13077.5万亩），占44.5%。国有耕地主要分布在黑龙江、新疆、内蒙古和吉林。

3. 园地

全国国有园地238.7万公顷（3581.1万亩），其中，果园119.1万公顷（1786.5万亩），占49.9%；茶园9.6万公顷（144.4万亩），占4.0%；橡胶园62.8万公顷（941.8万亩），占26.3%；其他园地47.2万公顷（708.3万亩），占19.8%。国有园地主要分布在海南、新疆、云南和广东。

4. 森林

全国国有林地11284.1万公顷（169261.7万亩），其中，乔木林地7903.3万公顷（118549.9万亩），占70.1%；竹林地38.2万公顷（573.4万亩），占0.3%；灌木林地2915.3万公顷（43730.2万亩），占25.8%；其他林地427.2万公顷（6408.2万亩），占3.8%。国有林地主要分布在黑龙江、西藏、内蒙古、四川和新疆。全国国有森林蓄积量101.2亿立方米。

5. 草原

全国国有草地19733.4万公顷（296000.7万亩），其中，天然牧草地16156.8万公顷（242352.0万亩），占81.8%；人工牧草地31.0万公顷（464.9万亩），占0.2%；其他草地3545.6万公顷（53183.8万亩），占18.0%。

6. 湿地

全国国有湿地2182.7万公顷（32740.8万亩），其中，红树林地2.2万公顷（32.8万亩），占0.1%；森林沼泽219.0万公顷（3285.0万亩），占10.0%；灌丛沼泽69.6万公顷（1043.8万亩），占3.2%；沼泽草地991.3万公顷（14869.9万亩），占45.4%；沿海滩涂146.2万公顷（2192.9万亩），占6.7%；内陆滩涂583.0万公顷（8745.5万亩），占26.7%；沼泽地171.4万公顷（2571.0万亩），占7.9%。国有湿地主要分布在青海、西藏、黑龙江、内蒙古和新疆。

7. 矿产

全国已发现矿产资源 173 种，其中具有资源储量的矿种 163 个。战略性矿产资源中，现有石油探明技术可采储量 36.2 亿吨，现有天然气探明技术可采储量 62665.8 亿立方米，煤炭储量 1622.9 亿吨、铁矿储量 108.8 亿吨、铜矿储量 2701.3 万吨、铝土矿储量 57650.2 万吨、钨矿储量 222.5 万吨（三氧化钨）、钼矿储量 373.6 万吨、锂矿储量 234.5 万吨（氧化锂）、晶质石墨储量 5231.9 万吨。

8. 水

2020 年，全国水资源总量 31605.2 亿立方米，其中，地表水资源量 30407.0 亿立方米，与地表水资源不重复的地下水资源量为 1198.2 亿立方米。

全国 1940 个国家地表水考核断面中，Ⅰ—Ⅴ类水质分别约占 7.3%、47.0%、29.1%、13.6%、2.4%，劣Ⅴ类占 0.6%。

9. 海洋

根据《联合国海洋法公约》有关规定和我国主张，管辖海域面积约 300 万平方公里。我国共有海岛 11000 多个，其中，东海海岛数量约占我国海岛总数的 59%，南海海岛约占 30%，渤海和黄海海岛约占 11%。我国海岛中，无居民海岛约占 90%。我国海岸线长度约 3.2 万千米，其中，大陆海岸线约 1.8 万千米，岛屿岸线约 1.4 万千米。我国还拥有海洋生物 2 万多种，其中海洋鱼类 3000 多种。

10. 自然保护地

全国共有自然保护地 9200 个，其中，国家公园体制试点 10 个、自然保护区 2676 个（含国家级自然保护区 474 个）、自然公园 6514 个。

2015 年以来，国家陆续开展了三江源、大熊猫、东北虎豹、祁连山、海南热带雨林、武夷山、神农架、香格里拉普达措、钱江源、南山等 10 处国家公园体制试点，涉及 12 个省份，总面积 2231.9 万公顷。

11. 野生动植物

我国是世界上生物多样性最丰富的国家之一。我国自然分布的野生动物中，脊椎动物约 7300 种，已定名昆虫约 13 万种，其中大熊猫、朱鹮等 400 多种野生动物为我国特有。我国有高等植物 3.6 万余种，其中特有种高达 1.5 万—1.8 万种。

国家重点保护野生动物共有 980 种和 8 类，其中国家一级保护野生动物 234 种和 1 类；国家重点保护野生植物共有 455 种和 40 类，其中国家一级保护野生植物 54 种和 4 类。大熊猫、朱鹮、藏羚羊等濒危野生动物已基本扭转了持续下降的态势。

（二）国有自然资源资产配置情况。

通过优化国有自然资源资产配置，依法合规取得国有土地使用权出让、矿业权出让等收益，有力维护国家所有者权益。同时，国家持续加大对自然资源资产保护修复的投入力度，促进自然资源资产保值增值。

“十三五”期间，全国国有建设用地累计供应 306.1 万公顷，其中，以出让方式供应 129.1 万公顷，出让价款 290759.2 亿元。全国矿业权累计出让 10796 个，合同金额 4181.3 亿元。全国用海累计审批 91.5 万公顷，征收海域使用金 364.0 亿元。无居民海岛累计审批 33 个，征收无居民海岛使用金 1.4 亿元。

“十三五”期间，全国年平均用水总量 5986.6 亿立方米，其中，年平均生活用水 850.9 亿立方米，年平均工业用水 1218.9 亿立方米，年平均农业用水 3704.4 亿立方米，年平均人工生态环境补水 212.4 亿立方米。

## 二、全面加强自然资源管理，为国有自然资源资产管理奠定基础

“十三五”期间，各地区、各有关部门以习近平新时代中国特色社会主义思想为指导，贯彻习近平生态文明思想，增强“四个意识”、坚定“四个自信”、做到“两个维护”，按照党中央、国务院决策部署，坚持人与自然和谐共生，践行绿水青山就是金山银山理念，坚持节约优先、保护优先、自然恢复为主的方针，深入打好污染防治攻坚战，统筹山水林田湖草沙冰一体化保护和系统治理，深化生态文明体制改革，夯实工作基础，优化开发保护格局，提升资源利用效率，自然资源管理工作全面加强，为国有自然资源资产管理奠定坚实基础。

（一）坚决贯彻生态文明体制改革要求，建立健全自然资源管理制度体系。

一是加快自然资源管理制度体系建设。自然资源管理既涉及生态文明建设又关系经济社会持续发展和民生改善。按照党中央顶层设计和谋划，围绕生态文明体制改革目标出台了一系列文件，内容覆盖自然资源资产产权制度改革、自然保护地体系、国土空间规划、三条控制线（永久基本农田、生态保护红线、城镇开发边界）、耕地保护、河湖长制、林长制、天然林保护修复、资产有偿使用和生态补偿、生态产品价值实现机制、现代环境治理体系、耕地保护责任目标考核、领导干部自然资源资产离任

审计以及自然资源、生态环境领域中央与地方财政事权和支出责任划分等，建立了省以下生态环境机构监测监察执法垂直管理制度。及时推动农村土地制度改革三项试点（农村土地征收、集体经营性建设用地入市、宅基地管理制度改革试点）等成果纳入相关法律。

二是深化机构改革。贯彻落实中共中央关于深化党和国家机构改革的决定，根据十三届全国人大批准的国务院机构改革方案，着力推进机构职能优化和调整，组建自然资源部、生态环境部、国家林业和草原局，优化水利部、审计署职责，基本建立一类事项原则上由一个部门统筹、一件事情原则上由一个部门负责的自然资源资产管理体制。推动完善生态文明领域统筹协调机制，加强制度系统集成，促进形成协同推进的格局。

（二）加强重大基础性工作，有力支撑自然资源管理。

一是加快自然资源统一调查监测体系建设。自然资源部完善国土调查标准，统一陆海分界、明晰林草分类，将湿地列为一级地类。建立耕地资源质量分类技术体系。构建以立体空间位置为基本纽带的自然资源分层分类模型，划分地表基质层、地表覆盖层、管理层，在地表基质层下设置地下资源层，制定并实施自然资源统一调查监测制度，完善自然资源以及生态环境管理统计调查制度。统筹推进矿产资源国情调查、森林资源调查、第三次水资源调查等自然资源专项调查，完成全国森林碳储量和珊瑚礁、海草床、盐沼生态系统现状调查。加快推进实景三维中国建设。

二是全面完成第三次全国国土调查（以下简称“三调”）。“三调”共汇集了2.95亿个调查图斑，全面查清了我国陆地国土利用现状等情况，建立了覆盖国家、省、地、县四级的国土调查数据库。党中央权威和集中统一领导为确保“三调”数据真实准确提供了根本保障。国务院“三调”领导小组多次研究部署，强调“尽可能采用先进技术手段，减少可能出现的人为干扰，千方百计提高数据质量”。创新运用“互联网＋调查”机制，严格执行分阶段、分层级检查验收制度，县级初始调查成果平均经过了七轮反复核查整改。强化质量管控中的外部制衡，在调查关键节点先后开展四轮专项督察，引进第三方加强对调查成果的质量评估。

三是推进自然资源和不动产统一确权登记。构建贯穿土地管理全生命周期的地籍调查工作机制，应用不动产单元代码推动实现“一码管地”。自然资源部印发《自然资源确权登记操作指南（试行）》，完成了国家公园体制试点区、长江干流（宜宾以下）、淮河干流中游段、根河等5个国家重点林区、太湖等区域的自然资源确权登记。开展海域、无居民海岛自然资源确权登记试点。29个省（区、市）印发省级自然资源确权登记总体工作方案，24个省（区、市）组织实施了242个自然保护地、河流、湖泊等重要自然生态空间确权登记项目。加强国有农场土地使用管理，明确土地权利，全国农垦国有土地确权登记率达96%以上，维护了国有农场的合法权益。完成易地扶贫搬迁安置住房不动产登记。

四是加快构建全民所有自然资源资产所有者权益管理体系。明确主张所有、行使权利、履行义务、承担责任、落实权益的所有者职责。开展两省四市国有土地资源资产核算试点，推进全民所有自然资源资产清查试点。认真履行统一行使全民所有自然资源资产所有者职责，深入开展所有权委托代理的法理、理论、实践研究，有序开展试点。试编全国和省级自然资源资产负债表。落实全国人大国有资产管理情况监督要求，推动建立地方各级人民政府向本级人大常委会报告国有自然资源资产管理情况制度。

五是健全完善全民所有自然资源资产有偿使用制度。发布自然资源分等定级、价格评估及全民所有土地资源资产核算标准。改革矿产资源储量分类标准，建立健全矿业权出让收益制度，全面推进矿业权竞争性出让改革，推行油气探采合一制度。印发关于水资源有偿使用制度改革的意见，组建全国水权交易平台。

六是深化“放管服”改革。推广应用取水许可电子证照，累计发放取水许可电子证19060套。截至2020年底，全国大部分地区都实施了不动产登记、交易、缴税“一窗受理、并行办理”。改革土地管理制度，赋予省级人民政府更大用地自主权，国务院将永久基本农田以外的“农转用”审批事项授权各省级人民政府批准，试点将永久基本农田转为建设用地和国务院批准土地征收审批事项委托北京等8个省（市）人民政府批准。推进规划用地审批“多审合一、多证合一”改革，将建设用地审批和规划许可中同一个阶段的同类审批事项进行合并，优化审批流程，减少报件材料，缩短审批周期。建立用地审批“双随机、一公开”监管机制，对省级人民政府用地审批情况进行抽查检查，将抽查结果作为用地审批权委托试点省份动态调整的重要依据。

（三）加大自然资源保护力度，国家安全的资源基础不断夯实。

一是严守 18 亿亩耕地红线，确保粮食安全。开展省级人民政府耕地保护责任目标考核。自然资源部严格落实和改进耕地占补平衡制度，连续三年开展补充耕地项目核查，做到补充耕地可查询可追溯。运用卫星遥感、地理信息系统等技术手段，建立耕地和永久基本农田动态监测监管机制。推进高标准农田建设，实施土壤污染防治行动计划。

二是努力推进找矿突破战略行动，有力保障矿产资源安全。新形成 32 处非油气矿产资源基地，锰、锂、石墨等战略性矿产储量大幅增长。发现玛湖等 17 个亿吨级大油田和安岳等 21 个千亿立方米级大气田。海域天然气水合物成功完成"探索性"、"试验性"两轮试采。

三是强化水资源安全。水利部等部门扎实推进饮用水水源保护和华北地下水超采治理。实施重点水源和重大引调水等水资源配置工程建设。南水北调东中线全面通水 6 周年，累计调水 400 多亿立方米，直接受益人口达 1.2 亿人。建立河湖长制，强化河湖保护治理。推进长江岸线、黄河岸线清理整治，提升水生态系统稳定性。开展河湖"清四乱"专项行动，集中整治围垦、侵占、损害河湖的突出问题，重点流域和湖库水质稳中向好。

四是加强野生动物保护。落实全国人大常委会决定，全面禁止非法野生动物交易，革除滥食野生动物陋习。

五是提高自然灾害风险防控能力。初步建立以调查评价、监测预警、综合治理和应急处置为核心的地质灾害综合防治体系。"十三五"期间，地质灾害造成死亡（失踪）人数和直接经济损失较"十二五"期间分别减少 38.5% 和 41.5%。实施海岸带保护修复工程，提升抵御台风风暴潮等海洋灾害能力。稳步推进海洋灾害风险普查，完善海洋生态预警监测业务体系，实施黄海浒苔绿潮防控。

（四）加快构建国土空间规划体系和用途管制制度，推进国土空间开发保护格局不断优化。

一是总体建立"多规合一"的国土空间规划体系。落实国土空间规划顶层设计，统一了包括调查、规划、用途管制、执法督察全过程的用地用海分类标准，基于"三调"为"多规合一"的国土空间规划提供统一底版。

二是守住安全底线。开展永久基本农田、生态保护红线、城镇开发边界三条控制线划定工作，努力做到数、线、图相统一，可操作、可考核、可落地。自然资源部等部门结合自然保护地体系优化调整，开展 15 省份生态保护红线评估调整以及 16 省份生态保护红线划定工作。

三是全面推进各级国土空间规划编制。形成《全国国土空间规划纲要（2021—2035 年）》初步成果，推进长江经济带、黄河流域、成渝地区双城经济圈、长三角生态绿色一体化发展示范区、上海大都市圈、海岸带等重点区域和流域的国土空间专项规划编制工作，指导地方同步开展各级国土空间规划编制工作。

四是完善国土空间用途管制制度。改革土地利用计划管理方式，以符合规划、真实有效的项目落地作为配置计划指标的依据，切实保障有效投资用地需求。

（五）加大生态保护修复力度，构筑国家生态安全屏障。

一是推动构建以国家公园为主体的自然保护地体系。制定自然保护地分类划定标准，形成以国家公园为主体、自然保护区为基础、各类自然公园为补充的自然保护地分类系统。组织编制全国自然保护地规划，完成自然保护地体系建设总体设计，开展自然保护地整合优化工作。

二是积极构筑绿色生态屏障。国家林草局严格森林分类经营保护措施，实行森林采伐限额和凭证采伐制度，加强公益林管理和天然林保护，全面推进林长制。持续推进国土绿化行动和国家储备林基地建设，加强林草种质资源保护和良种选育推广，实施新一轮退耕还林还草工程，加强草原禁牧和草畜平衡。发布国家重要湿地名录。"十三五"期间，全国森林面积和蓄积量实现"双增长"，森林生态服务功能显著提升，全国累计完成造林 5.45 亿亩，建设国家储备林 4889 万亩，退耕还林 5438 万亩，退耕还草 516.5 万亩，森林覆盖率提高到 23.04%，完成防沙治沙任务 880 万公顷。

三是国有林区、国有林场生态功能稳步提升。完成国有林区、国有林场改革重点任务。林区林场不再承担行政职能，全力投入森林资源保护经营工作。2015 年改革以来，停止重点林区天然林商业性采伐，森林面积增长 1063.8 万亩，林区生物多样性日趋丰富；全国 4297 个国有林场森林面积增长 1.7 亿亩。总结推广国有林区、国有林场先进技术和经营管理经验，强化森林经营方案实施，促进集体林权保护和森林蓄积量增加、森林质量提高。

四是持续保卫蓝天碧水净土。生态环境部会

同有关部门开展秋冬季细颗粒物（$PM_{2.5}$）和夏季臭氧污染防治攻坚行动，持续实施长江保护修复、城市黑臭水体治理、水源地保护等标志性战役，强化农用地和建设用地土壤污染风险管控，蓝天碧水净土保卫战取得实效。2020年全国地级及以上城市空气质量优良天数比率达到87%，地表水Ⅰ—Ⅲ类水质断面比例达到83.4%，受污染耕地安全利用率和污染地块安全利用率均超过90%。

五是努力构建生态保护修复新格局。国家发展改革委、自然资源部印发《全国重要生态系统保护和修复重大工程总体规划（2021—2035年）》。实施雄安新区等4个区域生态环境保护规划，支持25个山水林田湖草生态保护修复工程试点。编制社会资本参与整治修复的系列文件，建立市场化、多元化的生态修复投入机制。国家重点支持长江经济带、黄河流域、京津冀、汾渭平原等重要区域和流域开展历史遗留废弃矿山修复治理。"十三五"期间，全国完成历史遗留废弃矿山修复治理面积约400万亩；人工种草1755.2万亩，改良退化草原2599.7万亩，治理黑土滩、毒害草1195.0万亩；京津风沙源工程二期实现固沙47.6万亩。

六是加快海洋生态保护修复。除国家重大项目外，全面禁止围填海。加强滨海湿地保护，开展"蓝色海湾"整治，加强保护红树林等典型海洋生态系统。"十三五"期间，修复滨海湿地34.5万亩，整治修复岸线1200千米，渤海入海河流消劣方案确定的10个国控断面水质均值全部达到Ⅴ类及以上。

七是推进建立生态产品价值实现机制。国务院办公厅印发《关于健全生态保护补偿机制的意见》，实施市场化、多元化生态补偿机制行动，推动建立覆盖重点领域、重要区域和流域的生态保护补偿制度，探索建立流域横向生态补偿机制，开展生态综合补偿试点。"十三五"期间，中央财政累计安排6000多亿元，持续加大对重要生态系统、重点区域生态保护补偿的支持力度。印发推广自然资源领域生态产品价值实现典型案例，支持地方开展生态产品价值实现机制探索，推动构建绿水青山转化为金山银山的政策制度体系。研究提升生态系统碳汇的具体措施。

（六）强化自然资源节约集约利用，促进发展方式绿色转型。

一是加大土地资源节约集约利用力度。实施建设用地总量和强度双控，"十三五"期间，单位国内生产总值建设用地使用面积持续下降，城镇低效用地再开发初现成效。2018—2020年，共消化2018年以前批准的批而未供土地69.42万公顷（1041.3万亩），处置闲置土地19.34万公顷（290.1万亩）。

二是持续提升矿产资源综合开发利用能力。自然资源部等部门建立矿产资源开发利用水平调查评估制度，推动绿色勘查和绿色矿山建设，遴选推广360项矿产资源节约和综合利用先进适用技术，发布124种矿产资源合理开发利用"三率"（矿山开采回采率、选矿回收率、综合利用率）最低指标要求。

三是严格水资源节约利用。水利部会同国家发展改革委等部门加快建立水资源刚性约束指标体系，推进地下水开采总量与水位双控，合理确定流域区域用水总量控制指标，严格水资源论证和取水许可管理，深入实施国家节水行动。推进农业水价综合改革，支持中型灌区续建配套与节水改造。2020年，万元国内生产总值用水量比2015年下降28%，农田灌溉水有效利用系数提高到0.565。

四是推进海洋资源合理利用。加快建设海洋强国，坚持陆海统筹，协同推进海洋生态保护、海洋经济发展。推进海水淡化和海洋能规模化利用。"十三五"期间，海水淡化、海洋能、海洋生物医药等海洋战略性新兴产业增加值年均增速超过11%。

五是强化综合政策引导。完善自然资源开发利用准入机制，全面推行居民用水用电用气阶梯价格制度。征收环境保护税，全面实施矿产资源税从价计征改革，开展水资源税改革试点，强化税收在资源节约集约利用和生态环境保护方面的调控作用。

（七）持续推进自然资源法治建设，自然资源综合监管效能逐步提升。

一是加强自然资源立法。全力配合全国人大常委会颁布实施长江保护法、生物安全法，完成土地管理法、森林法等修改或修订，稳步推进矿产资源法、国土空间开发保护法、国土空间规划法、野生动物保护法、湿地保护法、国家公园法等的立法或修法工作；修订土地管理法实施条例、森林法实施条例，加大部门规章和规范性文件的立改废释。

二是坚持依法行政。配合开展水法、野生动物保护法等执法检查，自觉接受全国人大常委会监督。全面实施行政执法"三项制度"，健全重大行政决策程序，加强对行政执法的制约。注重督察、审计、监察、司法等的协调，推动建立贯通协同的工作机制，综合监管效能持续提升。中共中央办公厅、国务院办公厅印发《生态环境损害赔偿制度改革方案》，进一步明确生态环境损害赔偿范围、责任主体、索赔主体、损害赔偿解决途径等。“十三五”期间，全国共办理生态损害赔偿案件4300多件，赔偿金额超过78亿元。

三是强化监督执法。有关部门在完成第一轮中央生态环境保护督察基础上，实施第二轮督察。大力开展自然资源执法督察，多批次公开曝光自然资源领域典型违法案例。开展“大棚房”问题专项清理整治、农村乱占耕地建房专项整治、违建别墅问题清查整治和耕地保护督察及有关海洋督察工作。组织森林草原联合执法、海洋生态环境保护专项执法，推广遥感监测等技术的执法应用，自然资源监管力度不断加大。审计署对自然资源领域重大政策跟踪落实情况进行专项审计，实行领导干部自然资源资产离任审计，全国共审计项目8400余个，涉及领导干部1.24万名。

自然资源管理工作取得积极进展，成效不断显现的同时，更要清醒地认识到存在的问题。一是资源约束趋紧和利用粗放并存。我国人均耕地、林地等资源占有量远低于世界平均水平，油气、铁、铜等大宗矿产对外依存度高。资源节约集约利用水平不高，与国际先进水平存在较大差距。二是我国生态系统整体质量和稳定性状况不容乐观。生态极脆弱和脆弱区域约占全国陆地国土空间的一半，河道断流、湖泊萎缩、水质污染等问题仍然存在，草原中度和重度退化面积占三分之一以上。三是自然资源资产产权制度还不健全。市场在资源配置中的决定性作用还未充分发挥，国有自然资源资产有偿使用范围需进一步扩大。中央与地方的全民所有自然资源资产所有权委托代理关系需要依法明确。自然资源管理重大理论和实践问题有待进一步探索，自然资源资产负债表的理论研究和实践运用还要深化，生态产品价值实现机制仍需加快探索创新。四是自然资源管理法律法规体系还不完善。自然资源政策规定有些不能体现新的要求，有些体现地区差异不够，有些还存在法律空白。国土空间开发保护法、湿地保护法等立法需更加积极配合推进，矿产资源法等修订亟需加大推进力度。五是自然资源领域违法违规仍时有发生。违法乱占耕地进行非农建设问题比较突出。无证和越界采矿，违法用海用岛，违法使用、破坏林草湿地资源，盗伐滥伐林木、滥捕野生动物等行为仍时有发生。

## 三、下一步工作考虑

“十四五”时期开启了全面建设社会主义现代化国家新征程。我们将以习近平新时代中国特色社会主义思想为指导，深入落实习近平生态文明思想，增强“四个意识”、坚定“四个自信”、做到“两个维护”，统筹推进“五位一体”总体布局、协调推进“四个全面”战略布局，按照党中央、国务院决策部署，立足新发展阶段，完整、准确、全面贯彻新发展理念，构建新发展格局，坚持以人民为中心，坚持节约资源和保护环境的基本国策，坚持人与自然和谐共生基本方略，牢固树立尊重自然、顺应自然、保护自然和绿水青山就是金山银山的理念，统筹发展和安全，坚持系统思维，紧紧依靠党中央权威和集中统一领导，深入推进重要领域和关键环节改革创新，健全完善自然资源监管体制，强化科学布局、整体保护、系统修复、高效利用、综合治理，在大力推进生态文明建设进程中，不断加强和改进国有自然资源资产管理。

（一）强化自然资源保护，提升国家资源安全保障能力。以“三调”成果为基数和底图，按照应保尽保、落地落图原则，严格划定永久基本农田，确保完成国家规划确定的耕地保护目标。压实地方各级党委和政府耕地保护目标责任，实行党政同责，加快探索建立田长制。把耕地保有量和永久基本农田保护目标任务带位置逐级分解下达，作为刚性指标严格考核。严格用途管制，坚决遏制耕地“非农化”、严格管控“非粮化”，从严控制耕地转为建设用地和其他农用地。规范完善耕地占补平衡，确保补充耕地数量相等、质量相当。实施新一轮找矿突破战略行动，加强能源资源综合开发利用基地建设。全面推行林长制，落实地方各级党委和政府保护发展林草资源主体责任。加大江河湖泊保护治理力度，推动河湖“清四乱”常态化、规范化。严格管控围填海，加强自然岸线保有率管控。实施更为严格的无居民海岛保护管理，已开发利用的加强生态保护修复，未开发利用的进行战略留白，纳入生态保护红线严格保护。严格林地、草地、湿地转为建设用地管控，保护生态空间。

（二）提高自然资源利用效率，促进自然资源永续利用。推进资源总量管理、科学配置、全面节约、循环利用，全面提高自然资源利用效率，促进经济绿色低碳转型发展。坚持最严格的节约用地制度，合理确定新增建设用地规模，科学划定城镇开发边界，将城镇建设严格限定在开发边界之内，推动资源向中心城市和城市群等优势地区倾斜。落实农村一二三产业融合发展用地政策，引导农村产业在县域范围内统筹布局。调整完善产业、基础设施、公共服务领域建设用地使用标准，强化土地使用标准和节约集约用地评价，加强项目生成阶段节约用地审查。强化成片开发管理，全面提升各类园区集约用地水平，健全政府引导市场参与的城镇低效用地再开发政策体系，着力推动城乡存量建设用地开发利用。通过编制地方调整型、重构型国土空间规划，推动城市土地有机更新，改善城市人居环境。稳妥有序推进农村集体经营性建设用地入市，健全城乡统一的建设用地市场，落实国家调控要求，调整优化土地出让竞拍规则，完善国有建设用地市场化配置机制。坚持节水优先方针，深入实施国家节水行动，建立水资源刚性约束制度，健全水资源产权制度，积极培育水权交易市场。深化矿产资源管理改革，深入推进矿业权竞争性出让，建立健全矿产资源节约集约技术、绿色勘查和绿色矿山建设标准体系。加强陆海统筹，推进"海岸—海域—海岛"全域保护和适度利用。

（三）优化国土空间开发保护格局，构建高质量发展的国土空间支撑体系。充分发挥自然资源部牵头、各相关部门参与的《全国国土空间纲要（2021—2035年）》编制工作专班作用，抓紧修改完善文件，同时指导地方各级国土空间规划将三条控制线落图落地。统筹发展和安全，深入实施区域重大战略、区域协调发展战略、主体功能区战略，优化国土生态安全格局、现代农业格局、城镇开发格局、海洋空间格局，形成主体功能明显的国土空间开发保护新格局。以一切从实际出发为原则，坚持科学态度，把严守耕地红线摆在首要位置，将批复的生态保护红线落地作为重要任务，在"三调"形成的统一底版上协调处理各类矛盾冲突，逐级划定落实安全底线，严格国土空间规划约束。按照统一底图、统一标准、统一规划、统一平台要求，搭建上下贯通的国土空间基础信息平台和规划"一张图"系统。建立健全覆盖全域全类型、统一衔接的国土空间用途管制规则，坚持审批和监管并重，探索建立用途管制对国土空间规划实施的预警反馈机制。

（四）提升生态系统质量和稳定性，促进人与自然和谐共生。坚持山水林田湖草沙冰一体化保护和系统治理，守住自然生态安全边界，促进自然生态系统质量整体改善。以维护国家生态安全为目标，形成以国家重要生态区带为骨架，以生态保护红线为重点，以自然保护地为核心的国家生态保护格局。对"三调"发现的不符合自然地理格局的土地利用方式，按照宜耕则耕、宜林则林、宜草则草、宜湿则湿、宜荒则荒、宜沙则沙原则，逐步进行调整。通盘安排未来生态退耕、国土绿化等生态建设，依据"三调"形成的统一底图，按照宜乔则乔、宜灌则灌、宜草则草原则，科学确定并带位置下达新的绿化任务。巩固提升三北防护林、天然林保护修复、退耕还林还草、京津风沙源治理、草原保护修复等生态工程。加强森林、草原、湿地、河湖、荒漠、海洋生态系统保护。注重修复实效，形成可自然维持的与周边生态环境协调的生态系统。开展典型海洋生态系统现状调查，分析评估受损状况及变化趋势，实施生物多样性保护重大工程。加大海洋、森林等生态系统碳汇基础理论和实现路径研究力度，开展海洋蓝碳生态系统碳储量调查评估试点工作，提升生态系统碳汇能力。研究生态产品价值核算方法，建立健全生态产品价值实现机制。加快建立"三线一单"生态环境分区管控体系和现代环境治理体系。

（五）建立健全国有自然资源资产管理制度体系，切实维护国家所有者权益。围绕履行所有者职责、维护所有者权益工作主线，以完善自然资源资产产权制度为重点，以落实产权主体为关键，加快构建中国特色自然资源资产管理制度体系、自然资源统一调查监测评价体系。及时更新国家公园自然资源确权登记数据，继续推进重点区域自然资源确权登记，开展大兴安岭国家重点林区、有关重要湿地等全民所有自然资源资产确权登记，深化海域、无居民海岛确权登记试点。加快推进全民所有自然资源资产所有权委托代理机制试点，完善自然资源资产权益管理制度。开展全民所有自然资源资产清查，探索建立全民所有自然资源资产核算标准体系。构建统一完善的自然资源处置配置规则，深化有偿使用制度改革，健全全民所有自然资源资产收益管理制度。加大自然资源资产负债研究力度，探索编制领导干部自然资源资产离任审计评价指标体系，研究建立履行所有者职责的考核机制，加强委托人对代理人的监督管理，按照实物量和价值量相结合的原则，建立和完善国有自然资源资产管理情况报告制度。推动自然资源立法修法工作，推动国土空间规划等立法工作，推进自然资源全面督察，建立统一的自然资源综合执法体系。

长期以来，全国人大常委会不断加强自然资源立法、法律实施监督和执法检查，专门审议国有自然资源资产管理情况的专项报告，充分体现了对自然资源管理工作的高度重视和有力监督。我们将更加紧密地团结在以习近平同志为核心的党中央周围，以习近平生态文明思想为指引，贯彻落实党中央、国务院决策部署，在全国人大常委会监督支持下，扎实做好国有自然资源资产管理工作，为全面建设社会主义现代化国家作出新的贡献，为实现中华民族伟大复兴的中国梦贡献更大力量。

# 对 2020 年度国有资产管理情况综合报告和 2020 年度国有自然资源资产管理情况专项报告的意见和建议

10 月 21 日，十三届全国人大常委会第三十一次会议审议了国务院关于 2020 年度国有资产管理情况的综合报告，听取审议了自然资源部部长陆昊受国务院委托作的关于 2020 年度国有自然资源资产管理情况的专项报告，共有 18 人次发言。现根据会议发言情况，将常委会组成人员和列席会议人员的主要意见整理如下。

出席人员普遍认为，全国人大常委会深入贯彻落实党中央关于建立国有资产管理情况报告制度的改革要求，连续第 4 年审议国有资产管理情况的综合报告，首次听取审议国有自然资源资产管理情况的专项报告。国务院的综合报告比较全面地报告了各类国有资产的规模、结构、分布、经营管理等主要情况，基本体现了“全口径、全覆盖”的要求，专项报告较为全面地报告了国有自然资源资产的基本情况，反映了国有自然资源资产支撑经济社会发展和改善生态环境质量、落实自然资源保护与节约集约利用、保护生态环境等重点内容，两个报告查找问题准确，提出的工作打算切实可行。全国人大常委会预算工委、全国人大财经委、全国人大环资委的专题调研报告内容详实、务实中肯，希望国务院及其有关部门认真研究落实调研报告提出的建议。大家指出，国有自然资源资产是宪法和法律规定属于国家所有的各类自然资源，是全体人民和子孙后代共同拥有的宝贵财富。国务院及有关方面要认真贯彻落实习近平生态文明思想，贯彻落实党中央关于自然资源改革发展的决策部署，处理好开发与保护、政府与市场、中央与地方、资产管理与资源监管等重大关系，健全国家自然资源资产管理体制，提升国家资源安全保障能力，强化科学布局、整体保护、系统修复、高效利用、综合治理，更好发挥自然资源在经济社会发展和生态文明建设中的基础支撑作用。大家强调，国务院及其有关部门要认真执行全国人大常委会关于加强国有资产管理情况监督的决定，全面落实全口径、全覆盖的国有资产管理情况报告制度，进一步提升国有资产管理水平，更好服务大局、造福人民。审议中，大家还提出了一些具体意见和建议。

## 一、继续夯实国有自然资源资产管理基础

有些出席人员提出，应不断加强国有自然资源资产基础管理工作，完善调查监测、统计核算、确权登记等制度办法，加快推进国有自然资源资产数据库和管理信息共享平台建设。应着力夯实自然资源实物量统计数据基础，深入研究价值量核算方式，积极探索资产价值的实现路径，畅通资源到资产再到资本的渠道，真正做到“资源有价”，促进国有自然资源的完整保护、合理开发和高效利用。有的出席人员认为，对自然资源资产价值的核算特别是生态资源资产价值核算难度较大，建议采取实物量加质量分级相结合的方式，建立自然资源资产的核算体系，对已经开发利用的、能够开展碳交易的自然资源资产，则可用价值量指标核算。有些出席人员提出，自然资源作为资产管理，需要编制好资产负债表，应加快自然资源资产负债研究，统计生态修复和污染治理的成本支出和历史欠账。有的出席人员建议，应围绕实现碳达峰、碳中和，加快出台生态产品价值核算办法，体现森林、草原、湿地、海洋等国有自然资源资产的碳汇价值，并纳入碳交易范围。有的出席人员提出，应进一步强化对国有自然资源资产管理的科技支撑，科学研判全球气候变化背景下我国各类自然资源变化态势，构建自然资源动态大数据体系；加强深地、深海战略性矿产资源绿色勘探和开发技术研发，为国家安全夯实资源基础。

## 二、完善自然资源资产管理制度

有些出席人员认为，应进一步提升国有自然资

源资产管理和治理水平：(1)统筹推进自然资源资产产权制度改革，完善自然资源资产管理机制；加快建立全民所有自然资源资产所有权委托代理机制，明确各类自然资源资产所有权行使模式。(2)完善自然资源统一确权登记制度，健全自然资源权属多元化纠纷协调解决机制。(3)积极推动自然资源资产有偿使用制度改革，进一步扩大国有建设用地等有偿使用范围。(4)构建统一的自然资源调查监测评价制度，进一步完善自然资源调查监测体系。有的出席人员提出，国有自然资源资产大体可分为两类，一类是主要发挥生态功能价值的公益性资产，一类是发挥经济价值的经营性资产。应根据其不同性质功能实行分类指导、分类管理、分类考核。

## 三、加大自然资源资产管理相关改革力度

有些出席人员提出，国有自然资源资产领域的重点改革还需要进一步深化：(1)自然资源部门内部整合需要向纵深推进，将所合并各部门原有的政策、标准、规程统一起来；(2)国土空间规划对经济社会的发展有重大指导作用，各个地方对国土空间规划的需求都很迫切，应进一步健全国土空间规划体系，有效衔接国家发展规划，理顺不同层级规划间关系，强化永久基本农田、生态保护红线和城镇开发边界等三条控制线约束力；(3)完善自然资源有偿使用制度和补偿机制，引导生态受益地区与保护地区之间通过资金补偿、产业转移、人才培训等方式实施补偿。有的出席人员提出，近年来地方在探索自然资源资产的生态价值实现方面做了不少探索，但各地方价值评价标准和结果存在较大差别，实现价值的有效途径还不够丰富，需要强化改革的系统性顶层设计。同时，也有地方在实现整体生态价值和建立全域生态补偿系统上取得有益经验，建议予以总结和推广。

## 四、全面提高自然资源利用效率

有些出席人员认为，我国自然资源利用总体比较粗放，应强化土地使用标准建设和节约集约用地评价，完善耕地保护工作机制，加强高标准农田建设，严守耕地保护红线；强化森林资源保护利用，推进草原资源可持续利用，提高林草资源利用水平。有的出席人员提出，土地利用粗放、土地长期闲置等问题仍不同程度存在，不少地方征收土地过程中超面积扩区，有些土地多年征而未用，有的土地出让后长期未开发建设。建议坚持审批和监管并重，加快完善国土空间信息平台和规划“一张图”系统，提高用地保障能力和审批效率；调整优化土地征收和土地出让竞拍规则，多渠道盘活征而未用闲置土地，推动已出让土地加快建设进度。有的出席人员提出，全国第三次国土调查显示我国现有耕地19.18亿亩，较10年前的“二调”结果减少1.13亿亩，守住18亿亩耕地红线的压力不容忽视。建议认真研究分析“三调”结果，进一步完善耕地保护制度政策，确保国家粮食安全和生态安全。有的出席人员提出，我国有海岛11000多个，无居民海岛约占90%，“十三五”期间只审批开发无居民海岛33个。应处理好保护海洋生态环境和巩固我国海洋边界、主权间的关系，推进海岛、海礁开发利用。

有的出席人员认为，应加强战略性矿产资源储备，实施好找矿突破战略行动，完善矿产地储备机制，将各类生态保护区、生态脆弱地区内国家出资查明的重要矿产地纳入储备管理，重点加强对钨、稀土、晶质石墨等战略性矿产重要矿产地的储备；完善优势矿产限产保值机制，严格限制开发当前无法合理利用的矿产资源；合理安排油气、铀矿、煤炭、煤层气等资源开发的空间、时序，促进多矿种资源有序开采和综合开发；严格矿产资源开发准入管理，提高环境保护、技术、资金投入、资源利用率等准入门槛，提高矿产利用效率。

## 五、加强国有资产管理

有的出席人员提出，行政事业性国有资产使用中“重资金争取、轻资产管理”现象仍然存在，资产配置预算的编制工作刚刚起步，资产管理与预算管理统筹协调的基础还不够扎实，行政机关和事业单位无预算或无计划配置资产、不严格执行政府采购程序等现象时有发生。应深入贯彻全国人大常委会关于加强国有资产管理情况监督的决定，加快编制政府资产负债表等会计报表和自然资源资产负债表；加快以权责发生制为基础的政府综合财务报告备案工作，加快国有资产联网监督系统建设，逐步实现国资监督与预算监督的衔接。有的列席人员认为，目前公有制企业普遍实现了股份化，很多企业股权结构中有个人股份甚至外资股份，如何精准核算其中的国有资产并进行有效管理是个难题，应引起高度重视，并加强监管。

## 六、加快推进国有资产管理法治化建设

有的出席人员认为，我国国有资产规模庞大、种类繁多、分布广泛，一些领域国有资产监管缺乏法律规定，特别是国有自然资源资产的许多规定仍停留在政策层面。建议进一步健全国有资产监管法律制度。有的出席人员提出，应结合生态环境法典编纂工作，整合自然资源特别是主要发挥生态功能价值的自然资源领域法律法规制度，实现生态功能区、自然保护地、国家公园、湿地、野生动物保护等法律制度既独立成篇，又有机联系。

## 七、落实落细国有资产报告制度

有些出席人员提出，应进一步改进政府向人大报告国有资产管理情况工作，坚持全口径、全覆盖原则，充实完善报告内容；综合报告应不断吸纳专项报告的成果，拓展报告的广度和深度，完善和规范报告的体例，增强报告内容的连续性和规范性；建立健全管理评价指标体系，客观反映各类国有资产管理情况与管理成效，对普遍反映、审计多次发现的问题不遮掩、不回避，切实增强报告的可读性和可审性。2022 年，全国人大常委会将首次听取审议国务院关于国有资产管理情况的综合报告，并开展专题询问。相关部门应提前谋划明年综合报告的起草工作，总结 4 年来实践经验，进一步规范报告框架、充实报告内容，特别是在数据报表等方面做到更全面、更丰富、更细致、更准确，切实提高报告质量。有些出席人员提出，国有自然资源资产管理情况报告工作需要进一步改进：(1)用动态数据来反映年度自然资源变化情况；(2)进一步明晰自然资源和自然资源资产的概念；(3)研究将水能、风能、太阳能等可再生资源纳入统计和报告范围；(4)对可再生资源的计量采用多年平均量标准。有的出席人员提出，应在中央层面出台国有自然资源资产专项报告模板，指导各地规范报告格式和内容。

# 全国人民代表大会常务委员会专题调研组关于加强种质资源保护和育种创新情况的调研报告

——2021 年 10 月 21 日在第十三届全国人民代表大会常务委员会第三十一次会议上

全国人大常委会副委员长　吉炳轩

全国人民代表大会常务委员会：

种业是国家战略性、基础性核心产业，是保障国家粮食安全和重要农产品有效供给，推动生态文明建设，维护生物多样性的重要基础。习近平总书记指出，“农业现代化，种子是基础，必须把民族种业搞上去，把种源安全提升到关系国家安全的战略高度，集中力量破难题、补短板、强优势、控风险，实现种业科技自立自强、种源自主可控”。为深入贯彻落实以习近平同志为核心的党中央关于打好种业翻身仗的决策部署，推动实施种业振兴行动方案，全国人大常委会对加强种质资源保护和育种创新情况开展了专题调研，由全国人大农业与农村委员会组织实施。全国人大常委会曾在 2019 年渔业法执法检查中对水产种业进行检查，今年畜牧法执法检查和修改畜牧法重点关注了畜禽遗传资源保护和畜禽良种选育情况，此次专题调研主要针对的是农作物和林木种子。

按照全国人大常委会 2021 年度监督工作计划，今年 4 月以来，全国人大常委会副委员长吉炳轩、武维华分别带队，先后赴江西、江苏、山东、湖南、海南等 5 省调研，全国人大农业农村委赴中国农业科学院、北京市农林科学院开展了调研，部分全国人大常委会委员、全国人大农业农村委组成人员、全国人大代表参加调研。全国人大农业农村委将开展专题调研与督办十三届全国人大四次会议“加强农业种质资源保护开发利用”重点建议结合起来，认真研究全国人大代表就加强种质资源保护的意见，还召开座谈会，广泛听取农业农村部、国家林业和草原局、国家发展和改革委员会、科技部、财政部等国务院有关部门、中国农业科学院、中国林业科学

研究院、中国农业大学、北京林业大学等科研院校和育种专家、中国农业发展银行、现代种业发展基金以及种子企业代表对加强种质资源保护、推动育种创新的意见和建议。现将有关情况报告如下：

## 一、基本情况

党的十八大以来，国务院及有关部门、地方各级政府坚持将种质资源作为现代种业发展和育种创新的物质基础，不断加大种质资源保护和利用力度，持续深化种业体制改革，积极实施现代种业提升工程，切实增强自主创新能力，推动现代种业发展取得明显成效。

### （一）种质资源保护取得积极进展

目前，我国已初步构建起由1个国家种质资源长期库、1个复份库、10座中期库和43个种质圃以及214个原生境保护区构成的农作物种质资源保护体系，建有林木种质资源保存库164处和草种质资源中心库、备份库及资源圃14个，初步构建起原地、异地、设施保存相结合的林草种质资源保护体系。自2015年开始实施第三次全国农作物种质资源普查行动以来，先后完成2323个县的全面普查、291个县的系统调查和抢救性收集，39个原产于我国的濒危野生物种得到妥善保护，全国农作物种质资源长期保存数量超过52万份，保存总量居世界第二位，农业微生物资源保存总量10万份，居于世界前列，新建成的种质资源长期库新库库容达到150万份，将有效增加我国农作物种质资源储备能力。2019年，国家林草局启动实施第一次全国林草种质资源普查与收集工作，目前已完成苏铁科、棕榈科、红豆杉以及原产我国的重点兰科、木兰科等珍稀濒危野生植物种质资源的收集保存工作，全国收集保存各类林木种质资源10万份、草种质资源6.1万份。各地通过制定保护实施意见、编制中长期保护规划、设立专项资金等方式不断加大保护力度，江苏省建设各级作物种质资源库11个，保存农作物种质资源6.8万份，江西省自2015年先后实施两轮林木种质资源调查，基本查清了省内主要树种的种质资源状况。

### （二）种业科技创新水平稳步提升

在加强种质资源保护的基础上，各地各部门积极推动种质资源鉴定评价和创新利用，2016年以来共完成1.48万份农作物种质资源精细特性鉴定，对200多个主要造林树种进行了不同程度的多样性评价。有关农林科研院校积极开展种质资源基因组测序和功能基因挖掘，水稻、小麦等农作物基因组研究处于国际领先水平，完成了10余个树种的全基因组测序，杂交育种、倍性育种技术不断强化，基因编辑、转基因、诱变等育种技术加快发展。农业农村部大力推动国家农业科技创新联盟建设，先后组织160多家种子企业、200多家科研院校开展了水稻、小麦、玉米、大豆四大粮食作物和油菜、马铃薯等11种特色作物的育种联合攻关，加快推动新一轮良种更新换代，水稻、小麦、油菜、花生等作物实现自主选育。“十三五”期间，国家和省级累计审定主要农作物品种1.69万个，登记非主要农作物品种超过2万个，全国农业植物新品种权申请量26164件，授权10614件；累计审认定林木良种近9000个，审定草品种622个，受理品种权申请5566件，授权2643件。企业育种创新主体地位逐步提升，2020年由企业选育的主要农作物品种3643个、占65.8%，品种权授权1532件、占52.6%。湖南省积极推动国家现代种业产业园建设，建立岳麓山种业创新中心，推动种子企业开展育种技术攻关。北京市农林科学院创新种业科研成果转化模式，实施院所、育种专家和种子企业股份制权益分配改革，助推育种成果快速转化。

### （三）种源供应保障能力持续增强

我国主要农作物商品种子生产能力提高到80亿公斤，商品种子供应率71%，玉米、杂交稻、棉花、杂交油菜种子商品化率达到100%，自主选育农作物品种种植面积占95%，农作物良种覆盖率超过96%，良种在粮食增产中的贡献率达到45%，构建起以海南、甘肃、四川三大国家级育制种基地为核心、52个制种大县和100个区域性良繁基地为骨干的种子供应体系，制种大县可以保障全国70%以上的农作物用种需求，其中玉米、杂交稻供种量分别占全国的85%、75%，为中国粮主要用中国种提供了重要支撑。2015年以来，国家累计投入16亿元支持海南南繁科研育种基地建设，划定科研育种保护区26.8万亩，全国29个省的700多家科研机构和种子企业在南繁基地开展科研育种和制繁种工作，成为我国种业科技资源最为集中的区域之一。目前，海南三亚崖州湾种子实验室建设进展顺利，三亚南繁科技城（南繁硅谷）建设已初见端倪。林草种苗供应能力不断增强，为推动生态文明建设和林草产业发展提供了重要保障。目前，全国共建有重点林木良种基地294处、林木种苗生产基地1200多个，林木良种年生产能力300万公斤，主要造林树木良种使用率超过65%；在草业主产区建立草种繁育基地230多个，2020年全国饲草种子种植面积143.9万亩，饲草种子年生产能力10万吨，其中苜蓿、燕麦种子产量分别达到1.8万吨、4.3万吨。

（四）扶持政策体系逐步建立健全

“十三五”期间，累计投资69.9亿元，其中中央预算内投资42亿元，支持种质资源保护、育种创新、测试评价、制种基地等基础设施建设项目454个；中央财政对通过认定的国家现代种业产业园，给予每个园区奖补资金1亿元，推动改善基础设施条件；通过国家重点研发计划“七大农作物育种”重点专项，安排中央财政经费22.69亿元，支持51个育种创新项目，推进国家南繁科研育种基地、南繁生物育种专区、国家生物育种产业创新中心、作物分子育种国家工程实验室等创新平台建设，实行“揭榜挂帅”、“先实施、后拨款”等机制，推动科研机构和种子企业开展关键核心技术攻关。实施制种大县奖励政策，2015年以来中央财政累计投入34亿元，改善制种大县种子生产条件，建成高标准种子田280万亩、种子仓储面积158万平方米、晒场1000万平方米、配备机械化作业设备6.5万台套，今年制种大县奖励资金增加至20亿元。实施种业保险保费补贴政策，将水稻、小麦、玉米制种纳入中央财政农业保险保费补贴范围，2020年为8万户次农户提供风险保障30亿元。2013年，国家设立现代种业发展基金，目前已累计向30家企业投资20.35亿元；中国农业发展银行今年出台投贷联动支持打赢种业翻身仗的指导意见，截至今年7月底投贷余额达240.6亿元；山东省对112家种子企业授信9.13亿元，增强现代种业发展能力。

（五）种子监督管理力度不断加大

加强品种审定和登记管理，不断完善品种审定标准和测试体系，农作物种子方面，在全国主要生态区建立1个新品种测试中心、27个分中心和6个专业测试站，开展农作物品种分子数据库建设，将水稻、玉米品种DNA指纹检测差异位点数由2个分别提高至3个、4个，推动解决品种“同物异名”问题；林木种子方面，颁布实施64项林木品种特异性、一致性和稳定性测试指南，建立起69个树种、406个林木良种的DNA标准样品库，编制完成油茶、杨树等树种的分子鉴定技术标准，林木品种鉴定能力不断提升。加大种子监管执法力度，开展常态化种子市场监督检查，依托345家农作物种子质量检验机构推动建立大数据平台，建立来源可查、去向可追、责任可究的种子质量追溯体系，2016年以来全国主要农作物种子质量抽检合格率稳定在97%以上，2020年全国农业农村部门共查处种子案件5023件，查没假冒伪劣种子106.1万公斤，涉案金额1900万元，有效保障了种子质量安全和农业用种安全。强化育种领域知识产权保护，优化种子市场环境，今年国务院有关部门、最高人民法院先后启动实施种业知识产权保护专项整治行动和种业监管执法年行动，以加强种业知识产权保护为重点，建立种子侵权信息共享和线索移送机制，聚焦品种管理、市场监管、案件查处等环节，严厉打击套牌侵权行为，维护品种权人合法权益。

## 二、主要问题

总体来看，我国用种安全是有保障的，风险是可控的，但也要清醒地看到，对标新阶段高质量发展要求，现代种业发展在保护设施、品种测试、育种创新、企业培育、知识产权保护、扶持政策等方面仍存在一些短板、弱项和隐患，加强种质资源保护和育种创新稳中有忧，还需安中思危。

一是实现种质资源应保尽保压力较大，精准鉴定不足制约育种创新。随着城镇化进程的快速推进，受多种因素影响，种质资源种类和数量减少趋势明显，地方品种和主要作物野生近缘种消失风险加剧，目前主要粮食作物地方品种数目丧失比例高达71.8%。例如，作为我国耐寒性水稻品种选育的基础材料，江西省东乡野生稻保护面临着资金投入不足、设施老化陈旧、专业技术力量缺乏等问题，野生稻种群已由9个减少到3个，处于濒临灭绝的边缘。精细特性鉴定和优异基因挖掘严重不足，难以为育种创新提供种质基础，“以保带用、以用促保”的保护利用机制尚未形成，种质资源优势尚未转化为品种和产业优势。目前，我国农作物种质资源80%以上来自国内，遗传多样性不足，在长期保存的52万份种质资源中，开展基因型和表型精准鉴定的数量不到10%，在现存的2.5万份玉米、4万份小麦和8万份水稻种质资源中，开展深度鉴定的只有5%。相比农作物种质资源，林草种质资源保护更为滞后，自2019年开展第一次全国林草种质资源普查以来，仅在秦岭部分地区开展了收集工作，国家林草种质资源设施保存库主库建设至今无法落实建设用地。一些优异种质资源通过贸易、科研、合作等途径流失情况时有发生。

二是品种多而不优且适用性不强，确保种源自主可控仍存一定隐患。农作物品种审定主要以高产为衡量指标，对品质、高效、抗性的考量不足，仍是普通品种多，优质、专用、绿色品种少，导致“新品种数不胜数、好品种屈指可数”。2019 年，全国达到中强筋品质指标的小麦品种只有 18 个，仅占小麦审定品种总量的 1.8%；2017 年至 2019 年审定的适合玉米机收的籽粒品种有 24 个，占同期玉米审定品种总量的比例不足 1%；目前通过审定的玉米品种有 8421 个，全国平均每个县就有多达 3 个品种，一些地方农民用种无所适从，一些主推品种的种植集中度呈逐年下降趋势。不同作物品种的自给水平不平衡，粮食作物强、经济作物弱，有的品种种源供应安全仍存隐患，其中玉米自主选育品种面积占 91%，其余 9% 为国内繁育的国外品种；蔬菜自主选育品种面积占 87%，进口品种占 13%，耐储番茄、甜椒、水果黄瓜等设施蔬菜专用品种进口超过 50%；甜菜种子 95% 需要进口，双孢蘑菇、白色金针菇等工厂化专用菌种基本来自进口；商品草种三分之一的用种需要通过进口解决，特别是苜蓿、黑麦草等优质高产饲草种子长期依赖进口，80% 的优质高产苜蓿用种为国外品种。

三是品种选育水平仍有差距，育种科研管理体制不适应育种创新需要。育种基础理论研究仍显薄弱，品种选育方式仍以杂交育种等传统方式为主，生物育种技术处于跟跑阶段，关键技术创新不足。除水稻、小麦等少数品种外，大部分作物育种水平与国际先进水平还存在差距。目前，我国水稻、小麦品种单产水平处于领先地位，但优势主要体现在应用技术层面，还面临着如何满足市场多元化和专用型品种需求的问题；2020 年我国大豆平均亩产 132.4 公斤，仅相当于美国单产水平的 58.8%、巴西的 57.6%、阿根廷的 69.2%；玉米育种力量分散在全国 3000 多家科研院校和种子企业，先进技术难以规模化应用到品种选育中，玉米亩产仅有美国的 60%。种业科技人员总量不少，但创新型人才缺乏，科研项目实施机制与育种长周期性特点不适应。育种专家普遍反映，现在的科研项目一般以 5 年为一周期，短时间内很难有创新成果产出；育种科研导向不明确，一些科研人员受论文发表、职称评定牵绊，无法潜心于育种基础性研究，产学研分割、“两张皮”现象普遍存在；育种科研院校与种子企业利益联结不够紧密，育种科研成果转化率较低，有的科研项目验收后就被束之高阁，推动产业发展的作用发挥不够。

四是种子企业育种创新能力还待提升，创新链和产业链融合发展不够。我国商业化育种体系建设尚处于起步阶段，具有原始创新能力的领军企业少，企业研发能力弱制约种子产业做大做强，产业发展水平低反过来又影响企业育种研发投入，如何以育种创新驱动产业发展、实现创新链与产业链良性互动仍需持续发力。产业集中度低，种子企业散、弱、小问题突出，目前全国共有持证农作物种子企业 7372 家，其中具备育繁推一体化能力的 109 家，仅占 1.5%，企业数量快速增长，但种子市场规模变化不大，企业商品种子销售收入仅由 2012 年的 731.9 亿元增长到 2019 年的 742.9 亿元，种子企业市场准入门槛较低，对其创新能力的条件要求不够，许多企业只是简单从事种子销售；2019 年 48 家种业骨干企业实现利润 7.77 亿元，仅占全部企业利润总额的 12.5%，全国 80% 的种子企业从事杂交玉米、杂交水稻种子生产经营，低水平重复，市场竞争力不强；2019 年全国种子企业科研总投入 45.68 亿元，与种子销售收入的比为 6.15%，距离国际大型种子企业 15% 以上的投入强度仍有很大差距；财政科研经费对企业支持较少，在 51 个“七大农作物育种”重点项目中，由企业牵头承担的 2 个，安排中央财政经费 7591 万元，仅占经费总额的 3.4%，在 2019 年企业科研总投入中，财政项目资金 3.03 亿元，仅占 6.7%。

五是种业扶持政策措施尚有弱项，育种创新支撑保障体系需要不断完善。对种质资源普查收集工作和资源保存设施建设的支持力度不够，是调研中各地各部门的普遍反映。林木种质资源普查经费每年仅有 300 万元，难以满足全面普查的需要；一些地方的种质资源库库容饱和，保存设施条件需要优化；一些离城镇较近的资源库容易受到侵占，造成种质资源和育种材料丢失。基础性、公益性育种科研投入不足，育种重大科技专项支撑力度仍待提升，“十三五”期间林木育种研究未获国家立项支持，一些树种的多年研究工作中断，一些重大育种项目的延续性无法得到充分保证。南繁科研育种基地的耕地资源越来越稀缺，科研用地以短期租用方式为主，目前一些地块的土地流转价格已涨到每亩每年 4000 元，不利于科研单位长期投入、踏实育种，对南繁科研单位育种、生产、生活等基础设施建设用地的保障力度亟待加强。种子企业融资难、融资贵问题还需破题，企业抵押担保物范围较小，贷款额度低且利率偏高，贷款期限与种子行业周期性不匹配，种子收购时短期流动资金无法得到有效满足，通过资本市场直接融资的能力有限，种业保险和再保险发展滞后，风险分散机制仍不健全。

六是育种领域知识产权保护存在制度性缺陷，种子监管能力仍待增强。现行种子法对模仿修饰性育种限制不够，实质性派生品种制度缺失，难以有效保护育种者创新积极性，成为制约育种原始创新的突出短板，这也在一定程度上造成近年来审定品种数量激增。目前，我国主要粮食作物推广品种和核心亲本修饰改造较多，品种遗传背景极其相似，据农业农村部有关部门抽样检测数据显示，我国主粮作物和经济作物约有 50% 的实质性派生品种，江西省开展水稻品种抽检发现，25% 的品种 DNA 指纹检测有 95% 以上的遗传相似度，50% 的品种达到 90% 的遗传相似度。种子行业监管和行政执法水平还需提升，现有的种子质量检验机构大多以常规检测为主，不具备分子检测和品种真实性判断能力，品种缺陷造成的种植风险仍然存在；调研组所赴省份大部分农业县市采取综合执法方式，一些基层执法人员对种子专业知识不熟悉，影响市场监管效果；一些无审批文号、无生产厂家、无生产日期的“白皮袋”种子仍然存在，假劣种子坑农害农事件时有发生。对品种权人合法权益的司法保护还需强化，2020 年司法系统审理植物新品种权侵权案件数量仅占知识产权案件总量的 1.3%，侵权赔偿额大部分在 50 万元以下，甚至不足 10 万元。

## 三、几点建议

进一步加强种质资源保护，推动育种创新，要坚持以习近平新时代中国特色社会主义思想为指导，深入贯彻落实党中央关于打好种业翻身仗的决策部署，站在确保国家安全的战略高度，立足推动我国由种业大国向种业强国转变的目标任务，加快构建种质资源保护利用体系，完善有利于原始创新的法律制度设计，以国内粮食和重要农产品稳产保供的确定性应对外部环境的不确定性，在推进乡村全面振兴和农业农村现代化的进程中，夯实筑牢我国的种业基础。

（一）进一步加强资源保护利用体系建设

一是牢固树立全面保护的理念，加快推进全国第三次农作物种质资源普查，尽快完成剩余 388 个县的系统调查与抢救性收集工作，加快建立健全国家和省两级农作物种质资源登记制度。加大对第一次全国林草种质资源普查收集工作和国家林草种质资源设施库建设的支持力度，确保在“十四五”期间基本摸清我国林草种质资源本底。二是明确种质资源保护领域中央和地方事权以及支出责任划分，立足种业国家安全的战略定位，把种质资源保护列为中央为主、地方为辅的共同事权。发挥好中央和地方两个积极性，统筹国家和省级种质资源库建设，通过加大中央财政转移支付力度，引导和支持地方加大投入，做好地方品种和野生近缘种的保护利用工作。三是推动构建多层次保护、多方式鉴定、多元化利用的种质资源保护利用格局。加快实施“农业生物种质资源挖掘与创新利用”重点专项，深入开展表型组和基因组相结合的种质资源精准鉴定，发掘携带优异基因资源的种质材料，定向创制优质、抗逆、高效利用的新种质并推动产业化利用。加强种质资源信息服务平台建设，推动数据互联互通、资源共享共用。促进对外合作交流健康发展，在防止优异种质资源流失的同时，积极引进国外种质资源。

（二）进一步增强种业科技自主创新能力

一是严格种子审定标准，健全完善产量指标和质量性状指标并重的品种审定标准体系，加大品质和绿色高效的权重要求，发挥审定标准对良种选育方向的引导作用，规范审定程序，加强品种试验监管，推动品种向“优特专”转变。以科研项目、经费管理体制创新推动育种创新，根据基础性研究和商业化育种的不同要求，建立符合育种长周期特点的科研项目申报、实施、考评、验收机制，赋予科学家更大的技术路线决定权、经费支配权和资源调度权。二是提升种业基础科研水平，加强作物重要性状形成、环境适应性、生物遗传科学等育种基础研究。在保持我国常规育种优势的基础上，积极推进生物育种重大项目，重点突破基因编辑等前沿技术，构建生物育种核心技术体系，尽快研究生物育种监管政策，保障生物育种产业化应用有序推进。统筹种业国家技术创新中心、国家重点实验室等创新平台建设，整合科研资金投入渠道，突出多学科交叉融合，推动种业科技自立自强。三是加强种业科研人才队伍建设，对从事种质资源普查、保存、鉴定和品种选育等不同类型的科研人员实施差异化的分类评价和绩效管理机制，支持农林科研院校专业学科发展和种子企业实践基地建设，加快培养一批具有国际先进水平、满足国家战略需求的育种领军人才和创新团队。

（三）进一步加大种源供应安全保障力度

一是加快推进以核心种源为重点的良种重大科技攻关，发挥举国体制优势，针对国内需求规模大、产业链条长、对外依存度高的农作物和林草品种，明确主攻方向和技术路线，以推动关键技术原始创新为目标，组织各方力量分品种、有步骤地开展“卡脖子”技术研发，着力破除育种瓶颈和卡点，自主培育一批拥有自主知识产权的突破性新品种，提升种源自主可控能力。二是不断提升良种供应水平，保持水稻、小麦等品种竞争优势，加快培育符合消费者需求的优质食味稻米品种、强筋低筋专用型小麦品种；以提高单产为方向缩小玉米、大豆等品种与国际先进水平的差距，加大玉米机收籽粒品种、高油高蛋白大豆选育力度；加快优质专用、绿色生态的特色作物新品种选育，推动提高农产品附加值和产品竞争力。三是加强国家级育制种基地建设，落实好对优势种子繁育基地的制种大县奖励、高标准农田建设、农机购置补贴、制种保险保费补贴等扶持政策措施；支持有条件的地方建设区域性良种繁育基地，以现代种业产业园为载体，推动优势基地与龙头企业合作发展，不断提升良种供应能力；加快实施国家南繁硅谷建设规划，完善管理服务体系，避免重复建设，兼顾地方政府、育种单位和农民利益，通过产业培育实现共赢发展。

（四）进一步建立健全商业化育种体系

一是不断完善种子企业和农林科研院校利益紧密联结、产学研深度融合、创新链和产业链高效联动的商业化育种体系，发挥种子企业的市场优势，推动企业成为技术创新决策、育种研发投入、实施品种选育的主体，发挥科研院校人才和技术优势，建立与种子企业利益共享、风险共担的共同体，促进育种创新力量有效配置。二是多措并举加大种子企业育种研发投入，制定实施重大品种研发与推广后补助政策，借鉴对制造业研发投入税收的“加计扣除”政策，激励企业加大研发投入，提升种子企业良种选育和育种技术创新能力，促进育繁推一体化发展；加大国家科技成果转化引导基金对育种创新的支持力度，促进育种科研成果加快向种子企业转移转化并实现产业化；支持具备研发能力、符合条件的种子企业优先承担国家种业科研和重大品种选育项目。三是增强种子企业育种创新力和市场竞争力，做大做强做优民族种业。提高种子企业资质门槛，控制种子企业数量扩张，支持创新能力强的种业龙头企业对产业链上下游实施兼并重组，推动资源、技术、人才、资本等创新要素向优势企业集聚，引导缺乏自主选育能力的企业向营销服务商转型，改变行业低效无序竞争状态。立足于我国大国小农和物种多、地域广的国情农情，支持种子企业开发特色资源、特色品种，形成优势品牌，打造种业“隐形冠军”。

（五）进一步完善育种创新支持保障政策

一是根据基础性育种研究长期性、系统性的特点，推动建立以财政资金投入为主的保障机制，对重大育种项目给予长期稳定支持。探索种质资源保护和良种培育扩繁用地利用模式，保障种质资源库建设、种子生产加工用地需求。实施林草品种培育中长期项目，完善林草良种繁育补助政策，提高林木和饲草良种补贴规模，对生态修复急需树种、草种给予重点支持。二是加快实施现代种业提升工程，加大中央预算内投资对“保、育、测、繁”等种业公益性基础设施建设的支持力度。研究将林草种业纳入现代种业提升工程规划，推动建立现代林草产业技术体系。正确处理好政府与市场的关系，充分发挥中央投资的引领作用，积极吸引工商资本、社会资本投入现代种业，探索合作共建模式。三是增强金融服务现代种业发展的有效性，发挥政策性金融补短板作用，支持金融机构创新信贷产品，探索品种权质押模式；扩大制种保险保障品种范围，围绕种业全链条，完善制种保险、种子知识产权保险、种企责任险等多层次保险产品体系；为种子企业在资本市场融资开设绿色通道，扩大现代种业发展基金规模，推动政策性产业基金支持种业的长效机制。同时，要加强对金融资本进入企业后的用途监管，真正用于现代种业发展。

（六）进一步提升依法治种依法兴种水平

一是加快修改种子法。今年8月，全国人大常委会初次审议了种子法修正草案，为推动育种创新，草案扩大了植物新品种权保护范围和保护环节，建立实质性派生品种制度，加重侵权赔偿责任，建议在广泛征求意见的基础上，加快种子法修法进程，依法强化育种领域知识产权保护，为打好种业翻身仗提供强有力的法治保障。二是依法加强种子监管和行政执法。加快建立作物分子指纹数据库，增强品种测试能力，综合运用信息化和生物技术手段实施全程监管；建立健全多部门联合执法机制，完善种子质量追溯体系，严厉打击种子套牌侵权、假冒授权、生产经营假劣种子等违法行为，优化市场环境，确保用种安全；明确基层种子管理机构和农业综合执法机构的职责分工，配齐配强工作力量和执法装备，加强基层执法队伍专业化建设。三是推动行政执法和司法保护有效衔接。完善执法部门和司法部门在植物新品种权侵权行为线索举报、案件受理、证据移交、情况通报等方面的协作配合机制，促进植物新品种行政执法标准和司法裁判标准统一，明确司法裁判的规则和尺度，综合考虑品种权市场价值、侵权人主观过错、侵权行为严重程度等因素，推动建立惩罚性赔偿制度，加大司法保护力度。

# 对加强种质资源保护和育种创新情况调研报告的意见和建议

10 月 22 日，十三届全国人大常委会第三十一次会议审议了全国人大常委会副委员长吉炳轩作的全国人大常委会专题调研组关于加强种质资源保护和育种创新情况的调研报告，共有 9 人次发言。现根据会议发言情况，将常委会组成人员和列席人员的主要意见整理如下。

出席人员普遍认为，党的十八大以来，在以习近平同志为核心的党中央坚强领导下，国务院及其有关部门、地方各级政府坚持将种质资源作为种业发展和育种创新的重要物质基础，不断加大种质资源保护和利用力度，持续深化种业体制改革，积极实施现代种业提升工程，切实增强自主创新能力，推动现代种业发展取得明显成效。大家指出，对标新阶段高质量发展要求，我国种业发展仍存在一些短板、弱项和隐患，加强种质资源保护和育种创新稳中有忧，还需安中思危。国务院及有关部门要认真研究调研报告和审议意见，加强和改进工作，确保种质资源应保尽保，加快提升种业科技创新水平。审议中，大家还提出了一些具体意见和建议。

## 一、进一步增强育种创新能力

有的出席人员提出，近些年来，我国种业育种创新能力取得长足进步，但在育种理论、关键核心技术等方面与国际先进水平相比还有较大差距。建议以“一高一优一稳”（高效、优质、稳产）为目标，进一步加强种业基础研究和前瞻性布局，着力构建现代种业创新体系，形成高水平育种创新能力。有的出席人员认为，我国不同农作物品种自给水平不均衡，粮食作物强、经济作物弱，有些农业种子面临着“卡脖子”问题，有关部门应尽快行动，针对短板弱项加快推进技术攻关。有些出席人员指出，目前的科研项目管理机制与育种研发工作特点还不相适应，科研项目一般以五年为一周期，而一个植物品种的育成需八到十年。建议研究建立符合种业发展规律的科研项目申报、实施、考评、验收机制。有的出席人员提出，育种企业在育种创新中发挥着不可替代的作用，建议遴选一批创新能力强、发展潜力大的育繁推一体化企业，支持产学研深度融合，促进技术、人才、资金等创新要素向企业聚集，使其在推助种业创新方面发挥更大作用。有的出席人员认为，甘薯、马铃薯、山药等无性繁殖作物的经济效益和社会效益很高，但育种转化难度较大，建议加大对此类作物育种转化科研工作的支持力度。

## 二、合理规划种质资源库建设

有些出席人员提出，种质资源库对种质资源的繁衍、保存、利用意义重大，现在有的地方因缺乏统一规划，省、市、县，甚至乡里都计划建设种质资源库，存在大量重复建设；有的种质资源库建设标准与定位严重不符，造成了资源浪费。建议有关部门要统筹做好全国种质资源库统一建设规划，做到分级、分类、分区域合理布局。有的出席人员认为，应集中力量先把国家级种质资源库建设好、维护好，确保种质资源的繁衍、保存、利用安全可靠，为地方种质资源库建设做好示范。

## 三、打造高素质育种科研人才队伍

有的出席人员提出，现在报考农科专业的大学生越来越少，许多农科学生学成后未从事本专业，农业科研人才缺乏已成为制约我国种业自主创新的重要因素，建议：（1）加强涉农专业毕业生就业引导，鼓励其到农业科研领域建功立业；（2）提高一线农业科研人员工资待遇，增强农业科研工作的吸引力。有的出席人员认为，育种科研需要种质资源普查、保存、鉴定等大量基础性工作，目前这些工作很多是公益的、无偿的，缺乏吸引力。建议有关部门研究出台指导性文件，建立对种质资源普查、保存、鉴定等育种科研基础性工作的保障激励机制，确保现有队伍不散，并吸引更多年青人参与。

## 四、提高依法治种水平

有的出席人员提出，现行种子法及其配套法规已不能适应当前种业发展需求，特别是在知识产权保护方面存在明显漏洞。建议进一步加快种子法的修改进程，结合实际及时修改完善相关行政法规和地方性法规等，为打好种业翻身仗提供强有力法治保障。有的出席人员指出，一些无审批文号、无生产厂家、无生产日期的“白皮袋”种子仍然存在，假劣种子坑农害农事件时有发生，种子行业行政执法能力仍待增强。建议加强基层执法队伍专业化建设，建立健全多部门联合执法机制，推动行政执法和司法有效衔接，形成打击种子套牌侵权、假冒授权、生产经营假劣种子等违法行为的工作合力。

# 国务院关于教师队伍建设和教师法实施情况的报告

——2021 年 10 月 21 日在第十三届全国人民代表大会常务委员会第三十一次会议上

教育部部长　怀进鹏

全国人民代表大会常务委员会：

受国务院委托，我向全国人大常委会报告教师队伍建设和教师法实施情况，请审议。

教师是立教之本、兴教之源。长期以来，党和国家坚持把加强教师队伍建设作为教育事业发展的基础性工作，1993 年《中华人民共和国教师法》（以下简称教师法）的颁布标志着教师的法律地位得以确立，为我国教师队伍制度化建设提供了法制保障。党的十八大以来，习近平总书记就加强教师队伍建设作出系列重要指示，强调教师是教育工作的中坚力量，广大教师要做“四有”好老师、“四个引路人”，实现“四个相统一”，各级党委和政府要坚持把教师队伍建设作为基础工作，提升教师素质，改善教师待遇，关心教师健康，维护教师权益，让教师真正成为最受社会尊重和令人羡慕的职业，支持优秀人才长期从教、终身从教。李克强总理强调，要依法加强义务教育教师收入保障，加大在职培训、学历教育力度，提高义务教育教师素质。在今年的《政府工作报告》中，李克强总理进一步强调健全教师工资保障长效机制，加大对乡村教师培训、在职提升学历、职称评定的政策倾斜。王沪宁、韩正、孙春兰同志多次对教师队伍建设工作提出明确要求。

各地区、各部门深入贯彻落实习近平总书记关于教育的重要论述和党中央、国务院决策部署，认真执行教师法，教师队伍建设工作取得明显进展。教师队伍规模不断扩大，专任教师总数由 1993 年的 1097.89 万人提高到 2020 年的 1792.97 万人，增长 63.31%。教师学历水平不断提升，1993 年至 2020 年，小学教师学历合格率从 84.7% 提高到 99.98%，初中教师学历合格率从 59.9% 提高到 99.89%，高中教师学历合格率从 51.5% 提高到 98.79%，幼儿园教师专科以上学历占比从 2.8% 增长至 85.75%，小学教师本科以上学历占比从 0.18% 增长至 66%，高中教师研究生学历占比从不到 1% 增长至 11.47%，高校具有博士学位教师占比从 1.70% 增长至 27.75%。强化教师待遇保障，加大教师表彰奖励力度，在全社会营造尊师重教的氛围，广大教师职业荣誉感、获得感、幸福感不断增强。

下面，我从四个方面就教师队伍建设和教师法实施情况进行汇报。

## 一、教师队伍建设和教师法实施重点工作情况

（一）坚持和加强党对教师工作的全面领导，牢牢把握正确方向。

一是坚持把教师队伍政治建设摆在首位。大力推进党的建设与教师队伍建设深度融合，增强“四个意识”、坚定“四个自信”、做到“两个维护”，确保党中央、国务院关于教师队伍建设改革的重大决策部署有效贯彻落实。二是抓好教师政治理论学习和“四史”学习教育。推动习近平新时代中国特色社会主义思想入脑入心，着力打造理想信念

坚定、政治素质过硬、业务能力精湛的教师队伍。三是加强和改进高校教师思想政治工作。推动修订普通高等学校基层组织工作条例，加快构建高校思想政治工作体系，加强教师党支部建设，配齐建强高校思想政治工作队伍和党务工作队伍，强化教师党支部书记“双带头人”队伍培育，高校总体配备“双带头人”比例超过 95%、民办高校达 80%以上。

（二）坚持师德师风是评价教师队伍素质的第一标准，健全师德建设长效机制。

一是完善师德建设制度体系。深入学习贯彻习近平总书记提出的“四有”好老师、“四个引路人”、“四个相统一”等要求，着力构建新时代师德师风建设管理制度体系，出台新时代高校、中小学、幼儿园教师职业行为十项准则（以下简称“十项准则”）及违规处理指导意见，明确新时代师德规范。二是建立健全师德教育常态机制。常态化开展师德专项教育，将师德师风“硬指标”全面落实到新教师岗前培训和在职教师全员培训中，作为教师招聘引进、职称评聘、评优奖励的首要要求，强化师德师风涵养。三是强化师德考核评价。建立教职员工准入查询性侵违法犯罪信息制度，制定违规问题查处和公开通报等一体化措施，严惩师德违规行为。开展中小学教师有偿补课和收受礼品礼金专项整治。四是强化先进典型引领。构建和完善以人民教育家、时代楷模、全国教书育人楷模、全国模范教师、全国优秀教师为代表的教师荣誉表彰体系。选树宣传“人民教育家”于漪、卫兴华、高铭暄，“七一勋章”获得者张桂梅，“时代楷模”李保国、黄大年、钟扬、陈立群等全国教师重大典型，充分发挥优秀教师的引领示范作用。

（三）大力振兴教师教育，提升教师能力素质。

一是建立中国特色教师教育体系。持续推动教师教育改革，形成了以师范院校为主、综合大学共同参与的开放灵活的教师培养格局，实现了由“本科、专科、中师”三级师范体系向“研究生、本科、专科”三级师范体系的跃升。目前，全国开办教师教育的院校共有 696 所，其中师范院校 207 所，非师范院校 489 所，在校师范专业学生 261.58 万人，为国家教育发展提供充足师资储备。二是持续为基础教育注入优质师资。2007 年起在教育部直属师范大学实行师范生免费教育（2018 年改为师范生公费教育），累计招收公费师范生 12.3 万人，90% 的毕业生到中西部省份任教。全国 28 个省份实施地方师范生公费教育，每年有 4 万余名高校毕业生到农村地区中小学任教。三是着力提升教师能力素质。2010 年启动实施“国培计划”，11 年来中央财政投入超过 200 亿元，培训教师校长超过 1700 万人次，带动各地建立五年一周期的教师全员培训制度。习近平总书记给予充分肯定，指出“国培计划”为中西部地区教育事业发展做了一件大好事。四是大力建设职业教育“双师型”教师队伍。“十三五”期间，中央财政每年投入 6.75 亿元支持实施职业院校教师素质提高计划，打造全国职业院校教师教学创新团队，大力推进校企共建“双师型”教师培养培训基地和企业实践基地，“双师型”教师队伍不断扩大。五是全面推进高校教师能力建设。落实教授为本专科生上课的教学制度，全面开展高等学校教师教学能力提升培训，助力高等教育内涵式发展。开展全国高校黄大年式教师团队创建工作，首批全国高校黄大年式教师团队在今年教师节前夕收到了习近平总书记重要回信。

（四）全面推进教师管理改革，现代化教师管理体系初步建立并不断完善。

一是推进教师资格制度改革。落实法定教师资格制度，2011 年启动中小学教师资格考试和定期注册改革试点，逐步实施国家统一的中小学、幼儿园教师资格考试制度，提高新任教师准入门槛和国家通用语言文字教育教学水平，严把教师入口质量关。截至 2020 年底，认定取得教师资格证书人员共 3693 万人次。坚持从严管理，“十项准则”颁布以来，121 人因严重违背师德问题被撤销教师资格，951 人因违法犯罪等丧失教师资格终身不得再取得。二是强化义务教育学校校长教师交流轮岗。2014 年出台县（区）域内义务教育学校校长教师交流轮岗意见，优化县域教师管理体制，推进“县管校聘”管理改革，促进教师合理流动，推动教师资源均衡配置。三是落实中小学校长教师管理评价改革。出台中小学校领导人员管理暂行办法，明确选拔任职资格和条件。推动各地开展中小学校长职级制改革，拓展校长职业发展空间。2011 年以来，先后颁布幼儿园、小学、普通中学、中等职业学校教师专业标准，印发幼儿园园长和义务教育学校、普通高中、中等职业学校校长专业标准，为校长教师考核评价提供基准依据。四是推动高校教师考核评价改革。2016 年印发深化高校教师考核评价制度改革的指导意见，高校教师评价突出教育教学业绩，完善科研评价导向，引领教师专业发展。2020 年出台关于加强新时代高校教师队伍建设改革的指导意见，大力推进高校人事制度和考核评价制度改革，努力破除唯论文、唯帽子、唯职称、唯学历、唯奖项弊端。五是深化教师职称和岗位制度改革。推进幼儿园、中小学、中等职业学校、高校教师职称制度改革，在中小学幼儿园设置正高级职称，建立符合职业教育特点的教师职称制度，将高校教师职称评审权下放至高校，激发教师创新创造活力。六是推进教师编制与配备管理改革。统一城乡中小学教职工编制标准，出台十余项专门政策措施，指导各地根据教职工编制在不同地区、城乡、学校及学段间的需求变化，加强教职工编制结构优化、存量挖潜和管理创新。加大编制统筹配置和跨市县调整力度，历史性解决了城乡编制标准“倒挂”问题。出台幼儿园教职工配备标准，支撑学前教育快速发展。推动各省结合实际制定特殊教育教师编制标准，强化特殊教育教师配备。研制外籍教师聘任和管理办法，规范外籍教师管理。七是推动中小学教师减负改革。2019年出台中小学教师减负政策，纳入整治形式主义专项工作，对影响教师教育教学的督查检查评比考核事项进行集中清理，为教师营造潜心教书、静心育人的良好环境。八是以新技术助推教师队伍建设改革。启动人工智能助推教师队伍建设行动试点，探索人工智能、大数据等新技术支撑教育改革的新路径与新模式。

（五）着力加强高层次人才建设，服务国家重大战略实施。

一是完善高校高层次人才建设制度。出台高层次人才发展指导意见，坚持党管人才、服务发展大局、突出育人导向、激发人才活力、优化人才布局、扩大人才开放基本原则，推动形成具有中国特色和国际竞争力的高校人才制度体系。二是加强紧缺领域人才培养。着眼于战略支撑和高端引领，实施基础学科深化建设行动、关键领域核心技术高层次人才培养行动、交叉学科高质量发展行动、产教融合建设行动等，加快高层次人才培养。三是实施好重大人才专项。实施好国家长江学者奖励计划等重大人才项目，着力打造创新团队，培养引进一批具有国际影响力的学科领军人才和青年学术英才。加强高端智库建设，依托人文社会科学重点研究基地等，汇聚培养一大批哲学社会科学名家名师。

（六）倾斜支持紧缺薄弱领域教师队伍建设，推进全面均衡发展。

一是全面加强乡村教师队伍建设。2015年启动乡村教师支持计划，2020年出台加强新时代乡村教师队伍建设的意见，加快培养“下得去、留得住、教得好”乡村教师，服务乡村振兴战略。强化乡村教师编制配备，大力实施“特岗计划”，累计为中西部地区乡村学校补充教师103万人，覆盖中西部22个省份、1000多个县、3万多所学校。深入实施乡村教师生活补助政策，覆盖中西部22个省份725个原连片特困地区县，8万所乡村学校、129.8万名教师受益。推动职称评聘向乡村教师倾斜，拓展乡村教师职业发展通道。大力提升乡村教师能力素质，“国培计划”重点支持中西部地区加强乡村教师培训，为乡村教师提供高质量学习机会。向在乡村学校从教30年以上的教师颁发荣誉证书，增强乡村教师职业荣誉感。二是强化学前教育教师配备。推动实施三期学前教育行动计划，落实幼儿园教职工配备标准，推动全国19个省份出台公办园教师编制标准，截至2020年，全国共有幼儿园教职工519.8万人，比2012年增加270.8万人。三是支持特殊教育教师队伍建设。实施特殊教育提升计划，加强教师配备，截至2020年，全国特殊教育教师有6.62万人，比2012年增加2.24万人。四是配齐建强高校思政课教师队伍。推动各地各校在核定教师编制时优先配备思政课教师，截至2021年4月，全国高校专兼职思政课教师达到11.6万人。构建国家、地方、高校三级培训体系，不断提高思政课教师综合素质，每年累计开展网络培训100多万人次。五是实施教师人才支教援助专项。党的十八大以来，先后实施“三区”人才计划教师专项、援藏援疆万名教师支教、中小学银龄讲学、高校银龄教师支援西部等系列支教计划，累计派出17万余名教师到“三区”县支教，1万名教师援藏援疆支教，招募近1万名优秀退休教师到农村中小学和西部高校支教讲学。

（七）着力提升教师地位待遇，教师职业吸引力不断增强。

一是持续抓好义务教育教师工资待遇保障落实。健全义务教育教师工资待遇保障长效机制，督促各地落实义务教育教师平均工资收入水平不低于或高于当地公务员平均工资收入水平的政策要求，全国2846个县根据预算安排全部实现“不低于”目标。二是完善中小学教师收入分配激励机制。实施并完善教师绩效工资制度，绩效工资发放有效体现教师工作量和工作绩效，向班主任和特殊教育教师倾斜，激发教师工作积极性。三是推进高等学校教师薪酬制度改革。落实以增加知识价值为导向的分配政策，扩大高校工资分配自主权，探索建立符合高校特点的薪酬分配制度，突出岗位职责、工作业绩、实际贡献导向，加大对教学型教师的激励力度。

## 二、教师队伍建设和教师法实施存在的问题

对标习近平总书记的要求，对标教师法的规定，对标教育改革发展的需求，对标广大教师的期盼，教师队伍建设工作还存在许多亟待破解的难题，具体包括以下五个方面：

*一是教师思想政治工作存在薄弱环节。*高校教师思政建设存在“上热中温下凉”问题，重视程度从校党委、院（系）党委到党支部和教师层层衰减。党委教师工作部职责边界不清晰，人员力量配备不足。二级学院院长、书记对教师思想政治工作存在认识误区和管理盲区。

*二是师德师风问题时有发生。*个别高校教师公开发表不当言论，高校对师德失范教师惩处上宽松软，在教师选聘、海外人才引进、外籍教师聘任、职称评聘中对思想政治和师德考察缺乏有效手段。中小学教师违规校外兼职有偿补课、体罚学生，幼儿园教师虐待儿童等问题仍时有发生，损害了教师整体形象。

*三是教师培养培训水平仍需提高。*地方师范院校在学科建设、师资力量等方面存在明显不足。职业院校教师培养体系不够健全，高水平普通高校开展职业院校教师培养的动力不足。教师培训的针对性和有效性有待提高，市县级教师发展机构建设薄弱，尚不能有效支撑教师全员培训与终身学习。

*四是教师管理体制机制仍需进一步创新。*城乡之间、区域之间、学段之间教师结构性矛盾仍然较为突出。公立学校非在编教师尚需进一步加强规范管理，教师县管校聘制度性障碍尚需突破。公办幼儿园教师职业吸引力较低，尚需创新教师补充配备方式、完善待遇保障机制，乡村教师待遇还有待进一步提高。

*五是教师职称晋升难问题亟待破解。*教育系统专业技术人员聚集，教师入职学历不断提升，专业技术高级、中级岗位比例偏低，教师职称晋升难、职业发展渠道狭窄，影响了教师职业发展。

从长远来看，教师队伍建设离实现教育现代化的要求还有较大差距：

*一是教师从教的责任感、使命感需要持续强化。*教师潜心从教、热心从教的动力需要提升，要进一步引导教师保持热爱教育的定力和淡泊名利的坚守，实现“经师”与“人师”的统一。

*二是教师队伍整体素质有待进一步提升。*教育现代化需要打造一批高素质专业化创新型的教师队伍，我国教师队伍庞大，但是整体素质不高，能力提升空间还很大，尚不能满足建设高质量教育体系的需要。中小学幼儿园教师学历层次不高、能力素质不足，具有研究生学历的教师不到4%；乡村教师整体层次素质更显薄弱；职教“双师型”教师素质能力建设任重道远，部分职业院校“双师型”教师比例过低，教师的实践经验、实践技能仍待提升；高校教师中高层次人才不足，创新人才培养能力不足，距离建设人才强国、科技强国要求还有一定差距。

*三是教师资源灵活均衡配置面临体制机制障碍。*区域之间、城乡之间、校际之间师资水平总体上仍存在差距。义务教育优质均衡发展、乡村教育振兴等重要工作的开展，都需要推进校长教师交流轮岗，灵活均衡配置教师资源，教师管理体制机制改革任务还很重。

*四是教师职业吸引力需要持续增强。*教师整体社会地位还不够高，教师职业吸引力还不够强，距离习近平总书记提出的让教师成为最受社会尊重和令人羡慕的职业还有一定差距，实现优秀人才争相从教、教师人人尽展其才、好教师不断涌现的良好局面任重道远。

## 三、加强教师队伍建设的下一步考虑

下一步，我们将全面贯彻落实习近平总书记关于教育的重要论述，针对教师队伍建设存在的突出问题，着眼于“十四五”教育改革发展的近期目标与2035年实现教育现代化、建成教育强国的远景目标，从以下几方面全力加强教师队伍建设。

*一是全面加强教师思想政治与师德师风建设。*健全高校教师思想政治工作体制机制。在各级党委（党组）对高校巡视中加强教师思想政治和师德师风专项检查，从严管理院长、书记关键岗位，把责任落实落细。坚持德法并举，推进“十项准则”贯彻落实，持续通报师德违规问题查处典型案例，开展警示教育。推进教师“四史”学习和师德常态化教育，引导广大教师坚持“四个相统一”，争做“四有”好老师，当好“四个引路人”，成为“大先生”。

二是着力构建高质量教师发展体系。推出新时代基础教育强师计划，加强师范院校建设支持力度，重点建设一批国家师范教育基地，支持一批地方薄弱师范院校，整体提升教师教育水平。鼓励支持高水平综合大学举办教师教育，稳步扩大研究生层次教师培养规模。推进实施师范类专业认证，提高师范教育门槛。建设国家教师队伍建设改革实验区，推动高校、地方政府、中小学“三位一体”的现代化教师治理模式。推进实施中西部欠发达地区优秀教师定向培养计划，每年为脱贫县和中西部陆地边境县定向培养万名优秀教师。着力加强县级教师发展机构建设，打造区域教师发展支持服务体系。鼓励支持高水平工科大学培养职业院校教师，建设职业教育师资培养培训基地、教师企业实践基地，强化校企合作、产教融合的高水平职教师资培养培训体系建设。推进高等学校建设教师发展机构，打造集教师研修、教学研究、个体咨询、教育技术创新于一体的综合平台。

三是全力打造高水平专业化教师队伍。围绕建设高素质专业化创新型教师队伍的核心目标，遵循教师发展规律，突出分类施策，打造高层次教师队伍。扩大高中研究生层次教师培养规模，将义务教育阶段教师培养提升到本科及以上层次，将幼儿园教师培养提升到专科及以上层次。着力推进教师培养培训一体化改革，推动教师培训与学历教育相衔接。深入实施名师名校长领航工程，打造基础教育改革发展带头人。深化产教融合、校企合作，推进职教“双师型”教师队伍建设。持续推进全国高校黄大年式教师团队建设。

四是重点破解教师队伍建设瓶颈难题。针对教师供给、职称、待遇等问题，持续发力，久久为功。强化教师供给配备，推动各地破解中小学教职工供需矛盾、结构矛盾，实现以县为单位，省市县全面达到国家基本编制标准。支持地方创新幼儿园教师补充配备方式，完善待遇保障机制。适当提高高级、中级教师岗位比例，畅通教师职业发展通道。优化教师性别比例。坚持“定向评价、定向使用”，继续推动中小学教师职称评聘向乡村教师倾斜。推动各地下放高校教师职称评审权，完善评价标准，创新评价机制，深化高校教师职称制度改革，充分激发高校教师积极性、创造性。健全义务教育教师待遇保障与调整机制，落实教师平均工资收入水平不低于当地公务员平均工资收入水平，压实地方经费保障责任，依法严格预算执行管理。落实好乡村教师生活补助政策，逐步提高乡村教师待遇，增强乡村教师获得感。

五是持续推进教师队伍建设综合改革。完善教师资格考试制度，提高教师准入门槛。推进“县管校聘”改革，稳妥推进校长教师交流轮岗，促进区域内教师均衡配置。推进“组团式”教师人才支教，服务和支撑国家乡村振兴、稳边固疆等重大战略。以教育评价改革为牵引，不断深化教师管理综合改革，突出质量导向，注重凭能力、实绩和贡献评价教师，坚决扭转轻教学、轻育人等倾向。推进大数据库建设与应用，强化技术助力教师队伍建设改革。

## 四、教师法修订工作进展与计划

1993年颁布的教师法为我国教师队伍建设提供了重要的法理基础、底线保障与改革方向。但是，一段时间以来教师队伍的规模、质量、结构都发生了很大变化，教师法的多项规定已经不能适应新时代教育改革发展要求，需要进行修订。2018年党中央、国务院印发《关于全面深化新时代教师队伍建设改革的意见》，确立了新时代教师队伍建设改革的主体框架和主要内容，明确提出修订教师法，教师法修订工作被列入第十三届全国人大常委会五年立法规划。加快推进教师法修订工作，开展专项课题研究，形成了教师法修订建议稿，广泛听取了各级各类学校、相关领域专家以及中央部门、地方教育行政部门意见，经认真研究、反复修改，形成了修订草案。

教师法修订整体思路是：深入贯彻习近平总书记关于教育的重要论述精神和党中央、国务院决策部署，落实立德树人根本任务，适应教育改革发展的新形势，加强制度供给，发挥法律在教师队伍建设中固根本、稳预期、利长远的重要作用，破解教师工作重点难点问题，针对教师整体素质需要提升、结构不够合理、培养体系不健全、管理制度不完善、权益保障需要强化等难题，创新管理制度、强化保障机制、破除体制机制障碍，打造党和人民满意的高素质专业化创新型教师队伍。

教师法修订主要聚焦以下内容：一是加强党对教师工作的领导，确保教师队伍建设政治方向正确。二是突出师德师风第一标准，将党中央、国务院关于师德师风建设的要求转化为法律规范。三是明确教师职业定位，强调教师承担为党育人、为国育才使命。四是明确教师权利义务，增加教师教育教学自主权、教育惩戒权和对创新内容的知识产权等，强化教师对未成年学生的保护救助义务。五是提高教师准入门槛，提高各级各类教师学历要求，建立教师从业资格审核把关机制，把好准入关口。六是健全教师聘任和管理制度，明确教师职称评聘应当与岗位设置相结合，在教师考核评价中突出师德师风第一标准和立德树人导向。七是加强培养培训，确立中国特色教师教育体系，建立公费师范生制度和在职教师全员培训等。八是强化待遇和保障，分类建立保障机制，建立多劳多得、优绩优酬的工资分配制度和晋级增薪机制，落实为教师减负要求，保障教师潜心教书、静心育人。九是完善教师奖惩制度，明确教师表彰的要求，细化教师违规情形和处理办法。

下一步，我们将按照法律修订程序，加快工作进程，进一步完善修订草案，尽快报请全国人大常委会审议。

长期以来，全国人大对教师队伍建设工作和教师法实施给予高度重视和大力支持，在此表示衷心感谢。也恳请全国人大一如既往地关心、支持教师队伍建设工作。

我们将紧密团结在以习近平同志为核心的党中央周围，以习近平新时代中国特色社会主义思想为指导，不忘初心、牢记使命，始终站稳改善民生和增进人民福祉的立场，认真研究落实全国人大和各位委员的意见，切实加强和改进教师队伍建设工作，努力建设一流教师队伍，为建设教育强国、办好人民满意的教育作出新的更大贡献。

# 对教师队伍建设和教师法实施情况报告的意见和建议

10 月 21 日，十三届全国人大常委会第三十一次会议审议了教育部部长怀进鹏受国务院委托作的国务院关于教师队伍建设和教师法实施情况的报告。共有 31 人次发言。现根据会议发言情况，将常委会组成人员和列席人员的主要意见整理如下。

出席人员普遍认为，教师是立教之本、兴教之源。党的十八大以来，国务院及其有关部门和地方各级党委政府、各级各类学校深入贯彻党中央和习近平总书记关于加强新时代教师队伍建设的决策部署和重要指示精神，认真实施教师法，推动教师队伍建设取得历史性成就，广大教师的幸福感、成就感、荣誉感不断增强。同时也要看到，对标建设高质量教育体系要求、面对人民群众对优质教育的期盼，教师队伍建设仍然存在差距和不足，要进一步强化党对教师工作的全面领导，采取更加有力措施解决教师工作存在的突出问题。审议中，大家还提出了一些具体意见和建议。

## 一、强化教师思想政治和师德师风建设

出席人员普遍认为，教师队伍思想政治素质、师德师风建设是事关教育工作成效的基础性工作。教育主管部门和各级各类学校应坚持落实意识形态工作责任制，加强教师队伍思想政治建设，支持保障教师队伍更好履行为党育人、为国育才、培养社会主义建设者和接班人的职责使命。完善师德师风建设长效机制，系统设计科学的、具有可操作性的师德师风建设制度，强化制度保障，全面提升教师思想政治素质和职业道德水平，确保社会主义核心价值观贯穿教书育人全过程。

## 二、加强和改进教师队伍管理

部分出席人员提出，应进一步理顺教师队伍管理体制机制，促进教师资源合理配置。部分出席人员指出，要注重解决义务教育教师队伍结构性缺编的问题。目前农村学生向城市集中，出现乡村学校教师相对过剩，城区学校教师数量不足、有使用非在编教师的现象。建议优化教师编制统筹配置机制，推动城乡教师合理流动。严把入口、打通出口，健全完善教师准入和退出机制。部分出席人员建议，加强对教师队伍改革举措的精细化设计。中小学校长教师交流轮岗工作应遵循教育教学规律、学生成长规律，分类指导、精准施策、稳慎推进，不能搞“一刀切”。完善配套措施，建立教师骨干人才到乡村学校任职培养成长机制。

部分出席人员指出，教育评价改革中“破五唯”工作已初见成效，但一些观念仍然根深蒂固，有些学校在教师评价和人才引进中对教育教学能力的

考察仍然不够,重科研轻教学的老问题还未根本解决,迫切需要加快完善教师评价体系。有的出席人员建议,要建立健全以教书育人、师德师风、教育教学实绩为主要依据的教师考核评价体系。

部分出席人员提出,教师不合理负担过重、合法权益受到侵害的情况时有发生。各级政府及有关部门应切实落实基层减负要求,减轻教师非教育教学任务负担,确保教师主要精力放在主责主业上。要关心和爱护一线教师,让教师没有后顾之忧。

## 三、进一步提高教师地位待遇

部分出席人员认为,近年来教师待遇保障得到较大改善,教师职业社会认可度明显提升,但还存在教师工资待遇保障政策未完全落实到位、中小学教师高级职称比例较低、限制较多等问题。建议:(1)持续加大力度,营造尊师重教的良好社会风气。(2)严格落实义务教育阶段教师平均工资水平不低于或高于当地公务员平均工资水平的规定。加强监督检查,加大对挪用教育经费、拖欠教师工资等行为的纠正、处理力度。(3)切实改善学前教育、职业教育、特殊教育等教师待遇,研究解决在编与非在编教师"同工不同酬"问题。(4)继续推进职称制度改革,根据队伍建设和教育工作实际需要,提高幼儿园、中小学中高级职称比例。

部分出席人员说,革命老区、民族地区、边疆地区教师人才难引进、难留住、难培养。要重视解决好乡村教师的待遇问题,稳定教师队伍,提高教师素质能力。建议对这些地区的教师给予待遇保障、职称评定等方面的倾斜政策,确保乡村优秀教育人才招得进、留得住、教得好。在有条件的地区,将集中连片特困地区乡村教师生活补助范围适当扩大,逐步覆盖贫困程度相当的邻近县乡。

部分出席人员指出,中西部和东北地区、民族地区高校存在着高学历教师数量偏少、高层次人才引进困难、教学科研能力不足、教师成长机会有限等问题。建议构建科学规范的人才竞争机制,引导高层次人才向中西部和东北地区高校流动。加强内培外引,畅通教师学历提升通道。

## 四、加强教师培养培训体系建设

部分出席人员指出,教师培养是教师队伍建设的源头活水,应健全教师培养培训长效机制,加大对师范教育的支持力度。建议:(1)师范院校要坚持以师范教育为主业,回归"培养教书匠"初心。(2)加强学前教育和音体美、心理健康教育等紧缺学科专业教师的培养补充力度,提高培养质量。(3)加大乡村教师和特岗教师培训力度,落实好"国培计划""乡村教师支持计划"。(4)关注专门学校教师培养工作。部分出席人员提出,教师资格体检标准应考虑残疾人等特殊群体实际,让热爱并投身教育事业的人获得更多机会。

## 五、做好法律修改和配套法规制定工作

部分出席人员说,教师法修改已列入全国人大常委会立法规划。建议有关部门在认真调查研究、广泛听取意见基础上,加快修法工作进程。有的出席人员提出,教师法规定,外籍教师的聘任办法由国务院教育行政部门规定。建议有关部门尽快出台办法,更好地规范外籍教师管理工作。

# 最高人民法院关于人民法院知识产权审判工作情况的报告

——2021 年 10 月 21 日在第十三届全国人民代表大会常务委员会第三十一次会议上

最高人民法院院长　周　强

全国人民代表大会常务委员会:

根据本次会议安排,我代表最高人民法院报告党的十八大以来人民法院知识产权审判工作情况,请审议。

党的十八大以来,以习近平同志为核心的党中央把知识产权保护工作摆在更加突出的位置,我国

已经成为名副其实的知识产权大国,知识产权事业发展取得显著成效,知识产权保护工作取得历史性成就,全社会尊重和保护知识产权意识明显提升,走出了一条中国特色知识产权发展之路。习近平总书记对知识产权保护作出一系列重要指示,亲自部署推动一系列重大改革,为新时代全面加强我国知识产权保护工作指明了方向、提供了根本遵循,引领我国知识产权保护工作沿着正确方向阔步前进。全国人大及其常委会高度重视知识产权保护法治化,在民法典中对知识产权作出专门规定,制定修改知识产权法律,对设立知识产权法院等重大改革作出决定,加强对知识产权司法的监督,开展知识产权审判专题调研,有力促进了知识产权审判工作发展。

知识产权审判是知识产权保护体系的重要组成部分,涉及人民法院民事、行政、刑事三大审判领域,主要审理专利、商标、著作权、商业秘密、集成电路布图设计、植物新品种、地理标志等权利保护以及不正当竞争、垄断行为规制相关案件,在激励创新创造、维护公平竞争、促进文化繁荣等方面承担着重要职能。随着我国向知识产权强国迈进,知识产权保护工作更加注重全面保护、更加注重严格保护、更加注重司法保护。当前,知识产权案件呈现以下特征:一是案件数量迅速攀升。全国法院受理各类知识产权一审案件从 2013 年的 10.1 万件增长到 2020 年的 46.7 万件,年均增长 24.5%,比全国法院受理案件总量年均增幅高出 12.8 个百分点,反映出经济社会高质量发展对知识产权保护需求明显增长。二是新型纠纷大量涌现。涉及互联网核心技术、基因技术、信息通信、集成电路、人工智能及平台经济等方面新型案件日益增多,复杂技术事实认定和法律适用难度加大,新领域新业态知识产权保护的权利边界、责任认定对司法裁判提出新挑战。三是网络侵权易发多发。网络已经成为知识产权侵权违法行为的最主要发生地之一。与线下侵权相比,线上侵权行为更易实施、更加隐蔽、更为复杂,影响涉及面更为广泛,收集固定证据更加困难,权利人维权难度进一步加大。四是利益平衡愈加复杂。知识产权涉及利益关系复杂,且与社会公共利益息息相关。平衡保护个人权利和公共利益,准确把握多层次价值取向,稳妥处理发展和安全的关系,都对知识产权审判提出更高要求。

党的十八大以来,与我国知识产权事业发展同步,知识产权司法保护工作在服务党和国家工作大局中发生深刻变革、实现长足进步。专业化审判体系基本建成,北京、上海、广州和海南自由贸易港知识产权法院相继设立,最高人民法院知识产权法庭挂牌成立。专业化审判能力显著提高,知识产权审判领域改革持续深化,全方位司法保护制度体系不断健全。智慧化审判模式广泛运用,现代科技与知识产权审判深度融合,为知识产权突出问题治理提供有力支撑。涉外审判影响力日益增长,中外权利人受到依法平等保护,知识产权司法交流合作深入开展。现在,我国已经成为审理知识产权案件尤其是专利案件最多的国家,也是审理周期最短的国家之一,并日益成为国际知识产权诉讼优选地,知识产权审判在服务创新驱动发展、推进品牌强国建设、维护良好市场环境、促进扩大对外开放等方面发挥了积极作用。

## 一、党的十八大以来知识产权审判工作情况及成效

在以习近平同志为核心的党中央坚强领导下,在全国人大及其常委会有力监督下,人民法院坚持以习近平新时代中国特色社会主义思想为指导,深入贯彻习近平法治思想,增强“四个意识”、坚定“四个自信”、做到“两个维护”,牢固树立保护知识产权就是保护创新理念,全面深化知识产权审判领域改革,着力破解知识产权维权“举证难、周期长、赔偿低、成本高”等难题,着力提升审判质量、效率和司法公信力,着力优化创新创造创业法治环境。2013 年至 2021 年 6 月,全国法院受理各类知识产权一审案件 218.1 万件,审结 206 万件。其中,审结专利案件 14.3 万件,著作权案件 131.6 万件,商标案件 43.7 万件,技术合同案件 1.8 万件。制定知识产权司法解释 19 件、司法政策性文件 11 件,发布指导性案例 30 个,完成党中央部署和最高人民法院提出的知识产权相关改革任务 12 项。通过充分发挥知识产权审判职能作用,为推动高质量发展、满足人民美好生活需要提供有力司法服务。

### (一)加强对创新的保护,服务创新驱动发展

创新是引领发展的第一动力,是贯彻新发展理念、构建新发展格局、推动高质量发展的必然要求。保护知识产权就是保护创新、激励创新。

依法保护科技创新成果专利。科技创新成果是知识产权保护的重要内容。最高人民法院研究制定指导意见,出台审理专利授权确权行政案件和侵犯专利权纠纷案件司法解释,依法严格保护发明

创造，加强科技创新成果保护，服务科技强国建设。制定司法解释，落实药品专利链接制度，维护人民群众生命健康。妥善审理涉及5G通信、生物医药、高端装备制造、新材料新能源等一批高新技术案件，加大对创新成果知识产权保护力度，激励科技创新，促进技术产业升级。

依法保护科技创新主体合法权益。人才是创新的第一资源，保护创新就要保护人才。落实科学技术进步法和促进科技成果转化法，妥善处理因科技成果权属认定、权利转让、价值确定和利益分配产生的纠纷，保障职务发明人合法权益，促进科技成果转移转化。支持赋予科研人员职务科技成果所有权或长期使用权试点，让优秀科技创新人才得到更大激励。审理职务发明奖励、报酬纠纷等案件，结合科技创新质量和实际贡献，保障职务发明人获得奖励报酬的权利。合理界定已尽勤勉义务科研人员因技术路线选择失误而承担的法律责任，保护科研人员技术成果利益和科研经费使用自主权，营造鼓励创新、包容创新的法治环境。

加强农业科技成果保护。农业科技创新，关系农业农村现代化，关系国家粮食安全。出台服务全面推进乡村振兴意见，加大对重大农业科技成果保护力度。制定植物新品种权案件司法解释，依法严格保护国家种质资源，加大对"南繁硅谷"等种业知识产权保护力度，促进种业科技创新。会同农业农村部共建合作机制，积极参加保护种业知识产权专项整治行动，建立种业知识产权司法保护专家智库，助力打好种业翻身仗。审理水稻"金粳818"、玉米"隆平206"等品种权案件，对假冒伪劣、套牌侵权等突出问题重拳出击。加强优质农产品地理标志保护，依法审理"库尔勒香梨"等地理标志侵权案，保障区域特色经济发展，服务全面推进乡村振兴。

（二）加强对公平竞争的保护，维护市场法治环境

产权和知识产权是社会主义市场经济的基石。保护知识产权，促进公平竞争，是营造市场化法治化国际化营商环境、建设现代化经济体系、完善社会主义市场经济体制的内在要求。

加强反垄断审判工作。鼓励竞争、反对垄断，有利于保护创新创造活力，保护中小企业发展空间，保护消费者合法权益。充分发挥司法竞争中性特点，准确把握竞争政策，尊重市场主体经营自主权，保护竞争活力。依法审理生物医药、电信服务、文化消费等民生领域垄断案件，消除市场封锁，促进公平竞争。依法审理奇虎与腾讯垄断纠纷等案件，坚决规制垄断协议和滥用市场支配地位等互联网领域垄断行为。研究完善涉互联网平台垄断行为认定标准，依法规范市场竞争秩序，防止资本无序扩张。

制止不正当竞争行为。不正当竞争违背诚信原则和商业道德，扰乱市场经济秩序，必须依法予以惩处。贯彻反不正当竞争法立法精神，审结不正当竞争案件2.4万件，保护竞争者利益，改善消费者福利。审理电商平台"二选一"、"网络虚假刷量"、屏蔽浏览器广告等涉互联网不正当竞争案件，规范网络空间市场竞争秩序。审理"小度"智能产品语音指令案，制裁人工智能产品市场恶意混淆、误导公众行为。坚决制止仿冒混淆、虚假宣传、诋毁商誉等不正当竞争行为，净化市场环境，引导经营者通过技术创新等方式进行良性竞争。

强化商业秘密司法保护。商业秘密是最具竞争力的无形财富，是创新主体的"安身立命之本"。保护商业秘密就是保护创新财产、保护公平竞争。出台商业秘密司法解释，细化保护客体、保密义务、侵权判断、民事责任等规定，统一裁判标准，加大侵权违法成本。明确诉讼中商业秘密保护的具体举措，打消对诉讼中"二次泄密"的顾虑，鼓励权利人依法维权。审理离职员工侵犯商业秘密等案件，依法严惩不诚信行为。审理泄露投标标底降幅案，明确标底降幅属于受保护的经营信息，坚决制裁招投标领域社会反映强烈的侵犯商业秘密行为。

规范商标注册使用行为。出台商标授权确权司法解释，维护诚信原则和商标注册秩序。2020年，审结商标授权确权一审行政案件1.6万件，有力促进商标注册秩序规范化。审理"海棠湾"商标抢注等案件，坚决制止恶意抢注、囤积商标等扰乱商标注册使用秩序行为。审理王老吉与加多宝虚假宣传纠纷等案件，妥善处理历史遗留的涉商标、品牌纠纷。加大驰名商标司法保护力度，重拳惩治商标攀附、仿冒搭车等行为，服务品牌强国建设。

（三）加强对新兴领域知识产权的保护，引导新领域新业态规范健康发展

新技术新业态新模式蓬勃发展，为经济社会发展注入新动能，也带来新的法律问题。知识产权审判要跟上新领域新业态发展，以规则之治激励创新创造、化解矛盾风险。

*探索新兴领域知识产权保护规则。*审理人工智能生成文章著作权案，对人工智能自动生成文章是否构成作品进行有益探索。审理“懒人听书”有声读物著作权案，明确朗读文字作品保护规则，引导新兴文化消费行业规范发展。审理共享单车“扫码开锁”专利权案，依法保护共享经济自主创新成果。审理证券金融信息知识产权案，明确抄袭金融数据终端产品行为构成不正当竞争，规范金融信息服务市场秩序。通过公正审理一系列新型知识产权案件，明晰保护规则，明确权利边界，引导新技术新业态新模式在法治轨道上健康有序发展。

*促进平台经济规范健康持续发展。*坚持发展和规范并重，妥善审理涉平台经济案件，明确规则、划清底线、规范秩序。出台涉电子商务平台知识产权民事案件指导意见，平衡保护知识产权权利人、平台经营者、平台内经营者、消费者合法权益。审理群控软件数据权益不正当竞争等案件，合理划分数据权益权属及边界，维护用户数据权益和隐私权。坚决制裁过度采集使用个人信息、利用算法实施价格歧视、价格欺诈等行为。妥善审理数据确权、交易、服务、隐私保护等案件，探索完善数据知识产权保护规则，推动营造开放、健康、安全的数字生态。

*（四）加强对文化知识产权的保护，促进社会主义文化繁荣*

文化知识产权保护，关系文化艺术创新创作，关系文化产业繁荣发展，关系满足人民文化需求，对推进社会主义文化强国建设具有重要意义。

*依法保护红色经典传承。*红色经典承载的精神价值，是党和国家宝贵精神财富，是中华民族共同历史记忆。出台司法政策，指导正确审理涉及红色经典传承和英烈合法权益保护案件，弘扬社会主义核心价值观，规范文化传播秩序，引导公众自觉抵制历史虚无主义，抵制低俗、庸俗、媚俗。严厉制裁侵害红色经典和英烈合法权益行为，旗帜鲜明保护红色资源，传承红色基因。依法审理“刀靶大捷雕塑”等红色经典著作权案，坚持尊重历史、尊重法律、尊重权利，兼顾经典传承和权利保护，努力实现法律效果、政治效果、社会效果的统一。

*加强著作权保护。*出台著作权保护意见，切实加强对文学、艺术和科学领域著作权的保护。依法保护创作者权益，兼顾传播者和社会公共利益，平衡激励创作和保障人民文化权益关系，促进智力成果创作和传播。制定网络知识产权侵权纠纷司法解释及相关司法政策，细化“通知删除”规则适用标准，合理确定网络服务提供者、电商平台经营者责任，平衡权利人和网络服务平台权利义务关系。严厉惩治虚构版权牟利等“碰瓷”行为，维护图片版权市场法治秩序。依法审理同人作品著作权及不正当竞争案件，保护在先创作者和取得合法授权传播者的合法权益，为“二次创作”厘清法律边界。在网络游戏侵害金庸武侠小说改编权案中，坚持市场价值导向，依法判处 1600 余万元赔偿。在侵犯《流浪地球》等热门影视作品著作权犯罪案中，对 8 名被告人判处实刑并追缴违法所得，彰显严惩侵犯著作权犯罪的力度和决心。

*加强文艺作品、文化产品保护。*注重发挥司法的规范、引导、促进和保障作用，激发文化创意活力，促进文化产业繁荣。依法审理体育赛事直播、网络游戏、网络直播、短视频等领域知识产权案件，促进新型文化业态、文化消费模式健康发展。审理“Q 版孙悟空”美术作品侵权案，尊重原作品权利人合法权益，也为传统历史文化再创作留出空间。审理涉“光头强”“喜羊羊”“米老鼠”“功夫熊猫”“小猪佩奇”等动漫形象知识产权案件，鼓励原创、反对剽窃。积极探索商品化权益保护，将知名作品名称、角色名称等作品元素作为在先权益予以保护，拓宽文艺作品、文创成果司法保护方式。

*加强传统文化、传统知识保护。*保护传统文化，就是保护民族瑰宝。依法审理涉及中医药、民间文学、非物质文化遗产、中华老字号等案件，促进中华优秀传统文化创造性转化、创新性发展。会同国家中医药管理局推进中医药知识产权综合保护体系建设，研究中药品种保护新情况新问题，助推中医药守正创新、传承发展。审理苏绣绣品侵权案，依法保护底稿作品著作权，保护刺绣艺人再创作付出的劳动，保障刺绣传统文化及刺绣产业健康发展。审理《寿光县志》古籍点校案，依法保护点校者创造性劳动，推动古籍发掘、保护和传播。设立景德镇知识产权法庭，保障国家陶瓷文化传承创新试验区建设。福建德化法院加强陶瓷知识产权司法保护，受到世界知识产权组织赞扬。

*（五）健全知识产权诉讼规则，破解知识产权司法保护难题*

由于知识产权权利的特殊性和侵权的隐蔽性，知识产权维权长期存在“举证难、周期长、赔偿低、成本高”等问题，备受社会关注，也是世界性难题。人民法院坚持问题导向，着力破解难题，切实提升知识产权审判质量、效率和司法公信力。

努力破解“举证难”问题。出台知识产权民事诉讼证据司法解释，完善证据提交、证明妨碍、证据保全、司法鉴定等制度，健全符合知识产权案件特点的证据规则。将“书证提出令”扩大到“证据提出令”，明确掌握证据一方举证义务，明确证明妨碍和妨害证据保全法律后果，依法适当减轻权利人举证负担，引导当事人积极、主动、全面、诚实提供证据。审理“挂机刷量”案，依法适用证据规则，判令无正当理由拒不提交证据的被告赔偿2300余万元。审理区块链存证等案件，支持当事人通过区块链技术固定、保存、提交证据。建立“云上物证室”，运用3D扫描技术建立电子物证管理系统，便利当事人举证、质证。

努力破解“周期长”问题。深入推进案件繁简分流，缩短知识产权诉讼周期。完善知识产权行为保全制度，为权利人及时提供司法救济，避免因诉讼周期长导致合法权益受损扩大。兼顾及时保护和稳妥保护，防止滥用保全进行不正当竞争。在平行诉讼高发的标准必要专利纠纷领域，探索完善“禁诉令”适用。审理涉电商平台反向行为保全案，26小时内紧急作出裁定，平衡保护专利权人、经营者、电商平台和消费者利益。审理大疆公司外观设计专利权纠纷等案件，采取“先行判决＋临时禁令”方式，及时有效制止侵权行为，防止权利人“赢了官司输了市场”。

努力破解“赔偿低、成本高”问题。知识产权侵权易发多发，违法成本低是重要症结之一。出台惩罚性赔偿司法解释，让严重侵权者得不偿失，让遭受侵权者得到充分赔偿。审理“小米”商标侵权、“卡波”技术秘密侵权等案件，依法判处惩罚性赔偿，显著提高侵权违法成本，让“侵犯知识产权就是盗取他人财产”观念深入人心。在“香兰素”技术秘密侵权案中，综合考虑原告全球市场份额高、涉案技术秘密商业价值大，被告侵权规模大、侵权时间长、拒不执行生效行为保全裁定等因素，判赔1.59亿元，切实保护重要产业核心技术，有效震慑不法行为。依法适用侵权人获利、证明妨碍制度等方式确定损害赔偿，让侵权违法者无利可图。

努力破解裁判标准不统一问题。加强知识产权案例指导，建立指导性案例、公报案例、典型案例等组成的案例指导制度体系，建成知识产权案例库和裁判规则库，出台加强类案检索指导意见。针对审判实践中疑难复杂法律适用问题，及时发布司法解释和司法政策，使法律适用标准有案例参照、有规则指引，推进裁判标准统一。

（六）深化知识产权审判领域司法改革，推进知识产权审判体系和审判能力现代化

坚持以改革思维破解难题，以创新方式保护创新，通过制度改革和科技变革，提升知识产权司法保护能力和水平。

健全知识产权专业化审判体系。成立最高人民法院知识产权法庭，审理全国范围内专利等技术类知识产权上诉案件。设立北京、上海、广州和海南自由贸易港知识产权法院。支持南京、武汉、深圳等24地设立知识产权专门审判机构，跨区域管辖专业技术性较强的知识产权案件。建成知识产权专业化审判体系，优化案件管辖布局，审理一大批标杆性案件，在统一裁判标准、优化科技创新法治环境方面发挥积极作用。

深入推进“三合一”改革。全国21个高级法院、164个中级法院和134个基层法院有序开展知识产权民事、行政和刑事案件审判“三合一”改革。会同有关单位推动刑事案件批捕、起诉集中管辖，促进民事维权、行政查处、刑事制裁有效衔接。会同最高人民检察院出台司法解释，明确入罪标准及从重处罚情形，规范办案程序。审结知识产权刑事案件6万件，严惩链条式、产业化犯罪。审理侵犯“乐高”积木著作权犯罪案，判处主犯有期徒刑六年并处9000万元罚金，充分发挥刑事制裁强大震慑效果。

完善技术事实查明机制。知识产权案件涉及大量专业、前沿、复杂技术问题，技术事实查明直接影响案件质效。建立技术调查官、技术咨询专家、技术鉴定人员、专家辅助人参与诉讼活动的技术事实查明机制，增强技术事实认定中立性、客观性和科学性。出台技术调查官参与诉讼活动司法解释，建立“全国法院技术调查人才库”和共享机制，450余名技术调查专家入库，覆盖30多个技术领域，全国范围共建共享、按需调派，有效缓解技术类案件事实查明难题。

加大知识产权案件执行力度。生效裁判的执行，决定知识产权司法保护最终效果。出台知识产权判决执行工作实施计划和工作指南，充分发挥以现代信息科技为支撑的执行查控模式、执行财产变现模式、执行监督管理模式作用，切实提升知识产权案件执行质效及规范性、透明度。

推进知识产权审判执行信息化智能化。充分运用智慧法院建设成果，加快建设适应知识产权审判的科技法庭，积极运用5G、AR、人工智能等现代科技，提升审判质效。建成全国法院统一的司法区

块链平台，支持当事人在线进行数据存证和验证。北京、杭州、广州互联网法院等积极探索互联网司法新模式，在线办理大量知识产权案件，有效克服新冠肺炎疫情影响，被人民群众称赞是立案“不打烊”、审理“云端见”、执行“不掉线”。

（七）参与构建大保护工作格局，强化知识产权全链条保护

知识产权保护是一个系统工程，要强化协同配合，构建大保护工作格局，增强系统保护能力。

加强司法审判与行政执法衔接协作。会同农业农村部、商务部、文旅部、国家市场监管总局、国家知识产权局等单位，完善协同配合机制，推进业务交流、数据交换和信息共享，形成保护合力。依法加强对知识产权行政行为的审查，促进行政执法标准与司法裁判标准统一。推进知识产权纠纷多元化解机制建设，完善行政调解协议司法确认制度，加强在线诉调对接。推动构建行政执法、仲裁调解、行业自律、司法保护衔接机制，强化协同治理效果。

推动区域知识产权保护机制建设。会同国家知识产权局指导长三角三省一市法院与当地知识产权局建立合作机制，加强长三角一体化科技创新知识产权保护，助推区域协同创新。出台服务北京“两区”建设、粤港澳大湾区、深圳先行示范区、海南自由贸易港、成渝地区双城经济圈建设等意见，支持科技创新中心建设，提升服务国家重大发展战略水平。

加强知识产权保护法治宣传教育。落实“谁执法谁普法”普法责任制，深化司法公开，推进阳光司法，增强全社会尊重和保护知识产权意识。积极开展知识产权宣传周活动，发布知识产权司法保护状况白皮书、知识产权案件年度报告，形成品牌效应。积极邀请人大代表、政协委员、专家学者、行业代表旁听重大案件庭审，连续多年发布中国法院十大知识产权案件和50件典型案例，加强以案释法，营造尊重创新、保护创新的社会氛围。

（八）加强知识产权平等保护与国际司法合作，提升我国知识产权司法保护国际影响力

坚定不移贯彻对外开放基本国策，尊重非歧视性规则的国际营商惯例，遵守国民待遇等世贸组织原则，对内外资企业、中外权利人一视同仁、平等保护，积极服务高水平对外开放。

平等保护中外权利人合法权益。公平公正审理涉外知识产权案件，促进营造公开透明的法治环境和平等竞争的市场环境，展示我国保护创新、开放包容的自信与决心。审理“施耐德”商标侵权案，依法制裁恶意抢注行为，有效保护外商的驰名商标。审理达索公司软件著作权案，判决对外国工业软件权利人予以高额赔偿。审理“红牛”商标权属案，依法维护外国企业合法权利。越来越多的外国企业选择到中国法院解决知识产权纠纷，我国日益成为值得信赖的国际知识产权争端解决优选地。

切实履行国际条约义务。出台知识产权行为保全司法解释，细化落实 TRIPs 协议有关临时措施规定。明确商业秘密“秘密性”、善意使用不停止使用等裁判标准，保障国际条约国内转化适用。审理“迪奥”商标行政案，准确把握《商标国际注册马德里协定》精神，便利外国权利人在华获得商标权保护。审理“双季米槐”植物新品种权案，依据《国际植物新品种保护公约》将“许诺销售”纳入“销售”行为调整范围，使权利人得到充分保障。审理新思公司软件著作权案，同时适用《伯尔尼保护文学和艺术作品公约》和我国国内法，对外国当事人权利给予有效保护。

深化与国际组织交流合作。同世界知识产权组织签署司法交流合作谅解备忘录，深度参与世界知识产权组织框架下的全球知识产权治理。联合发布典型案例集（中国卷），参与建设世界知识产权组织法律与条约数据库。与世界知识产权组织仲裁与调解中心开展诉调对接，成功调处多起涉跨国企业知识产权纠纷，拓宽参与国际知识产权争端解决渠道。最高人民法院法官受邀出任世界知识产权组织法官顾问委员会委员，促进知识产权司法保护经验交流。积极参与国际知识产权治理规则创设和修订，加强司法交流合作，讲好中国知识产权故事，为全球知识产权治理体制向着更加公正合理方向发展贡献中国智慧。

总的看，党的十八大以来我国知识产权司法保护工作取得显著成就。实践证明，我国知识产权审判制度具有强大生命力和显著优越性，主要体现在以下方面。第一，党的领导是我国知识产权司法保护工作始终沿着正确方向前进的根本保证，知识产权审判改革创新、实现历史性跨越，知识产权大保护工作格局加快健全，充分体现党的领导的政治优势和体制优势。第二，以人民为中心是我国知识产权司法保护工作的根本立场，坚持人民利益至上，始终把实现好、维护好、发展好最广大人民根本利益作为出发点和落脚点，坚持通过严格保护知识产权，维护群众权益，增进人民福祉，满足人民美好生活需要。第三，服务创新驱动发展是我国知识产权

司法保护工作的重要任务，主动融入和服务国家战略，着力营造尊重创新、尊重知识、尊重人才的法治环境，激发创新创造活力，维护公平竞争秩序，服务推动高质量发展和创造高品质生活。第四，依法平等保护是我国知识产权司法保护工作的基本准则，切实贯彻民法典和知识产权法律法规，遵守国际规则，履行国际条约，始终以事实为根据、以法律为准绳，依法平等保护各类市场主体和各国权利人知识产权，不断提高知识产权保护工作法治化水平。第五，防止权利滥用是我国知识产权司法保护工作的重要原则，坚持公正合理保护，既严格保护知识产权，又坚决防止权利滥用，平衡保护个人利益和社会公共利益，确保公共利益和激励创新兼得。

## 二、当前知识产权审判工作存在的问题和困难

结合全国人大监察和司法委员会调研报告反馈的问题清单，根据调研分析，知识产权审判工作主要存在以下问题和困难。

*一是知识产权司法理念与新时代新阶段要求还有差距。*有的法院对知识产权审判在构建新发展格局、推动高质量发展中的作用认识还不到位，主动服务创新驱动发展和扩大对外开放意识有待进一步增强。对正确处理依法严格保护和防止权利滥用关系、确保公共利益和激励创新兼得的认识需要深化，司法实践中平衡把握和准确运用存在差距。

*二是知识产权审判质效有待提升。*虽然破解“举证难、周期长、赔偿低、成本高”等问题取得积极进展，但这些问题仍然不同程度存在。知识产权案件赔偿数额总体上仍显不足，对维权费用支持偏低。案件数量增长迅速，一些案件审理周期仍然较长。部分案件裁判标准不统一现象仍然存在。知识产权案件诉前调解存在专业性、权威性不足现象。

*三是知识产权审判领域司法改革需要深化。*知识产权专业化审判体系不够健全。国家层面知识产权案件上诉审理机制有待进一步完善。知识产权审判“三合一”改革需要进一步深入推进，民事、行政和刑事保护衔接不够顺畅，制约了司法保护合力发挥。符合知识产权案件审判规律的诉讼规范尚不健全，证据规则、事实查明、保全制度、损害赔偿等审理规则亟待完善。

*四是知识产权司法保护新情况新问题研究不够。*如，新领域新业态知识产权司法保护规则如何健全，传统文化、传统知识等领域知识产权如何有效保护，互联网领域不正当竞争和垄断行为如何有效规制，平台经济反垄断裁判规则如何尽快完善，针对一些企业滥用知识产权保护妨害研发创新如何建立裁判救济机制，等等。

*五是知识产权领域突出问题治理存在薄弱环节。*一些领域侵权假冒易发多发、群众反映强烈，个别领域重复性纠纷居高不下，大量挤占司法资源。重点领域整治力度还不够、震慑还不到位，多元化纠纷解决机制作用发挥不够，综合运用法律、行政、经济、技术、社会治理等手段的体制机制还不健全。知识产权诚信体系建设需要进一步推进。行政执法标准与司法裁判标准存在不统一现象，司法审判与行政执法衔接协调有待加强。

*六是知识产权审判队伍建设存在不适应问题。*有的法官办理新型、复杂、高技术案件专业水平存在差距，服务国家战略的司法能力有待提高。知识产权复合型审判人才缺乏，专业法官流失现象在一些法院较为突出，人才储备和梯队建设亟待加强。技术调查官队伍尚不健全，在知识产权审判中作用发挥还不够。符合知识产权审判特点的制约监督机制还需完善，存在司法不规范现象，甚至出现以案谋私、利益输送、枉法裁判等违纪违法问题，严重影响司法公信力。

## 三、下一步的措施和建议

党的十九届五中全会明确提出坚持创新在我国现代化建设全局中的核心地位，“十四五”规划和2035年远景目标纲要对实施知识产权强国战略作出重大部署。当前，我国正在向着全面建成社会主义现代化强国的第二个百年奋斗目标迈进，知识产权作为国家发展战略性资源和国际竞争力核心要素作用愈发凸显，这对知识产权审判提出新的更高要求。人民法院要坚持以习近平新时代中国特色社会主义思想为指导，深入贯彻习近平总书记“七一”重要讲话精神和习近平法治思想，增强“四个意识”、坚定“四个自信”、做到“两个维护”，不断提高政治判断力、政治领悟力、政治执行力，坚决把党的领导贯穿知识产权审判各领域各环节，自觉接受人大监督，贯彻落实全过程人民民主，主动融入和服务国家战略，紧扣推动高质量发展主题，准确把握立足新发展阶段、贯彻新发展理念、构建新发展格局要求，全面推进知识产权审判事业高质量发展，为加快建设知识产权强国、全面建设社会主义现代

化国家提供有力司法服务。

*一是着力深化知识产权审判领域司法改革。*全面总结最高人民法院知识产权法庭三年试点工作情况,提出进一步改革方案,促进完善技术类知识产权审判,深化国家层面知识产权案件上诉审理机制建设。加强知识产权法院、知识产权法庭建设,完善案件审理专门化、管辖集中化和程序集约化的审判体系。强化互联网法院知识产权审判功能,加强信息化时代知识产权保护。深化知识产权审判“三合一”改革,健全知识产权案件管辖制度。健全知识产权诉讼制度,完善符合知识产权案件审判规律的诉讼规范。加大知识产权侵权惩治力度,提高维权费用支持比例,准确适用惩罚性赔偿。健全多元化技术事实查明机制,深化案件繁简分流改革,推进知识产权案例、裁判文书和裁判规则数据库深度应用,切实提高知识产权审判质量、效率和司法公信力。

*二是着力提升知识产权审判能力。*健全公正高效、管辖科学、权界清晰、系统完备的知识产权司法保护体制,服务现代化经济体系建设。加强专利权司法保护,切实保护科技创新成果,增强服务创新驱动发展能力。加强著作权司法保护,促进文化和科学事业发展。加强商标权司法保护,助推商标品牌建设和商品服务贸易发展。加强反垄断和反不正当竞争司法,强化竞争政策基础地位,促进形成高效规范、公平竞争的国内统一市场。加强传统文化、中医药资源知识产权保护,推动中华优秀传统文化传承创新发展。

*三是着力推动健全知识产权大保护工作格局。*强化司法审判与行政执法衔接机制,加强与知识产权行政职能部门协调配合,推进行政执法标准与司法裁判标准的统一。健全多元化纠纷解决机制,大力推进知识产权纠纷在线诉调对接工作,推动综合治理、源头治理。加强知识产权诉讼诚信体系建设,有效惩戒滥用权利、恶意诉讼行为。充分发挥刑罚威慑功能,对群众反映强烈的知识产权侵权易发多发领域重拳出击、整治到底、震慑到位。

*四是着力加强知识产权国际司法交流与合作。*统筹推进国内法治和涉外法治,积极参与知识产权领域国际合作。依法公正审理涉外知识产权案件,平等保护中外权利人,深入推进国际知识产权诉讼优选地建设。坚持人类命运共同体理念,积极参与世界知识产权组织框架下的全球知识产权治理,立足司法推动完善相关国际规则,促进创新创造更多惠及各国人民。加强跨境司法协作,依法保护我国公民、企业海外知识产权安全和合法权益。

*五是着力研究新情况解决新问题。*适应我国社会主要矛盾变化带来的新特征新要求,顺应科技进步和经济社会发展形势,加强知识产权新型疑难法律问题研究,坚持利益平衡原则,回应人民群众关切。健全大数据、人工智能、基因技术等新领域新业态知识产权司法保护规则。研究完善算法、商业秘密、人工智能产出物、开源知识产权司法保护规则。完善平台经济反垄断裁判规则,加强平台经济、科技创新、信息安全、民生保障等重点领域司法。研究完善防止知识产权滥用相关制度,惩处“专利陷阱”“专利海盗”等阻碍创新的不法行为。破解知识产权诉讼难题,降低权利人维权成本,提高知识产权保护效果。

*六是着力建设适应新时代要求的知识产权审判队伍。*深入开展党史学习教育和队伍教育整顿,坚持以党建带队建促审判,加强政治建设,筑牢政治忠诚,增强知识产权审判队伍服务大局意识和能力。加强知识产权法官专业化培养和职业化选拔,完善知识产权审判人才储备和遴选机制,努力锻造一支政治坚定、顾全大局、精通法律、熟悉技术、具有国际视野的知识产权审判队伍。加强基层和西部地区法院知识产权审判队伍建设,健全专业化审判人才梯队,切实解决优秀知识产权法官流失问题。深入推进党风廉政建设和反腐败斗争,完善知识产权领域审判权运行和监督制约机制,确保队伍忠诚干净担当。

针对当前知识产权审判工作面临的问题和困难,提出以下建议:一是针对知识产权诉讼特点,研究制定知识产权诉讼特别程序法,适时编纂知识产权法典,完善符合知识产权案件审判规律的诉讼规范。二是制定完善大数据、人工智能、基因技术等新领域新业态知识产权法律制度,完善规制知识产权滥用行为的法律制度。三是加大对知识产权审判领域改革创新的保障力度,完善知识产权法院布局,对知识产权审判队伍建设给予更多关心支持。四是加强对知识产权审判工作的监督,对知识产权法律实施情况开展专项执法检查监督,推动及时解决司法实践中的问题和困难,提高知识产权保护法治化水平。

全国人大常委会专门听取和审议人民法院关于知识产权审判工作情况的报告,充分体现了对知识产权审判的高度重视,全国法院和广大干警深受鼓舞。我们将在以习近平同志为核心的党中央坚强领导下,在全国人大及其常委会有力监督下,坚决执行全国人大及其常委会决定、决议，认真落实本次会议审议意见，不忘初心、牢记使命，改革创新、担当作为，努力开创新时代知识产权审判工作新局面，为实现第二个百年奋斗目标、实现中华民族伟大复兴的中国梦作出新的更大贡献！

# 对人民法院知识产权审判工作情况报告的意见和建议

10月21日，十三届全国人大常委会第三十一次会议审议了最高人民法院院长周强作的关于人民法院知识产权审判工作情况的报告，共有20人次发言。根据会议发言情况，将常委会组成人员和列席人员的主要意见整理如下。

出席人员普遍认为，党的十八大以来，以习近平同志为核心的党中央把知识产权保护工作摆在更加突出的位置，部署推进一系列重大改革，出台一系列重要政策，知识产权保护工作取得历史性成就，走出了一条中国特色知识产权发展之路。各级人民法院紧紧围绕党和国家工作大局，不断提高知识产权审判工作水平和效率，为贯彻落实创新驱动发展战略，加快建设科技强国提供了有力司法保障。大家强调，保护知识产权就是保护创新，人民法院要更加自觉地站在“两个大局”高度，进一步深化知识产权审判领域改革，积极构建知识产权大保护工作格局，加强审判能力和审判队伍建设，推动知识产权审判事业高质量发展，把习近平总书记和党中央关于实施知识产权强国战略的部署要求落实好。审议中，大家还提出了一些具体意见和建议。

## 一、树立新时代知识产权审判司法理念

有些出席人员提出，我国正在从知识产权引进大国向知识产权创造大国转变，关键核心技术不断实现突破，自主知识产权保护需求日益增长，树立新时代知识产权司法审判理念的紧迫性更加凸显。建议准确把握知识产权审判工作面临的新形势新任务，坚持以我为主、人民利益至上、公正合理保护的原则，积极行使司法管辖权，推进知识产权有关法律规定域外适用，维护知识产权领域国家安全。有的出席人员建议，逐步强化知识产权保护与流转利用的司法理念，通过司法审判鼓励和规范知识产权流转与利用，在实现知识产权价值中体现制度的激励和保护作用。

## 二、继续深化知识产权审判领域改革创新

有些出席人员提出，知识产权案件中民事诉讼和刑事诉讼程序先后不一、证据要求各异，相互交叉的问题比较突出；部分知识产权民事案件与行政诉讼交织，在程序、管辖权方面存在明显差别。建议深入研究符合知识产权审判规律的特别程序，建立与之相适应的案件管辖制度和诉讼证据规则，实现刑事、民事和行政三种不同诉讼有效衔接。有的出席人员提出，专利商标的行政诉讼程序与民事侵权诉讼程序“二元分立”的现状影响纠纷解决，建议进一步研究改进。

有些出席人员提出，一些地方实行知识产权刑事案件审判集中管辖后，案件交由部分设区的市、区（县）人民法院专门审理，但此类刑事案件的侦查、批捕、审查起诉仍然按照刑事诉讼法规定的属地管辖进行，管辖法院和异地公安机关、异地检察机关间刑事管辖权衔接不畅，部分知识产权法院只受理民事、行政案件，没有刑事案件管辖权。建议最高人民法院会同最高人民检察院、公安部等相关部门开展联合调研，强化顶层设计，加强沟通协调，打通痛点堵点，扎实推进知识产权审判“三合一”改革。

有的出席人员提出，有些企业、个人利用知识产权规则，大量收购版权，进而以“维权”名义滥诉使用者，要求高额赔偿。这种把维权当作生意的行为严重损害企业利益，严重影响创新创造，建议最高人民法院予以关注。

## 三、着力构建知识产权大保护工作格局

有些出席人员提出，知识产权保护领域宽、覆

盖广、涉及方面多，是一项系统性工程。建议把强化全链条保护摆在突出位置，加强审查授权、行政执法、司法保护、仲裁调解、行业自律、诚信体系建设等各环节各部门的协同协作，鼓励各方积极参与知识产权保护体系建设工程，努力构建大保护工作格局。有的出席人员提出，目前知识产权侵权违法犯罪活动呈现跨区域的新特点，而跨区域执法司法行动缺乏协调联动和快速高效的数据共享。建议推动构建跨区域执法司法协同和数据共享机制，指导省级司法机关与其他省份相关部门建立协作关系，在司法数据共享、案件取证和证据保全等方面加强协助，提高知识产权司法保护的整体效能。

## 四、切实加强审判队伍建设的支持保障

有些出席人员提出，最高人民法院知识产权法庭设立 2 年多来，知识产权审判“案多人少”的现象比较突出，建议适时开展工作评估，并与四级法院职能定位改革协调推进，统筹考虑机构设置和人员编制，推动人员力量与任务数量更加平衡。有的出席人员指出，知识产权法庭从地方法院借调了不少法官，审判队伍轮换频繁。建议按照“编随事走”的思路，推动解决编制问题，同时大力解决法官的后顾之忧，想方设法稳定审判人才队伍。有的出席人员建议，研究推动设立国家知识产权法院，保障知识产权审判队伍的专业性、专门性。

## 五、加强对知识产权司法保护领域新问题的研究

有些出席人员指出，知识产权已经成为当今大国博弈的核心要素，西方国家频频利用核心技术对我国“卡脖子”、滥用“长臂管辖”、侵害我国企业合法权益，在 5G 通讯领域表现得尤为明显，迫切需要加强对自主知识产权的保护。前几年，我国在平行诉讼高发的标准必要专利纠纷领域，探索完善“禁诉令”适用，起到了很好的效果，建议继续积极探索，切实用足用好，坚决维护我主权、安全、发展利益。有些出席人员提出，大数据、区块链、5G、人工智能、AR 技术等高新技术迅猛发展，新型知识产权纠纷、网络侵权、非典型知识产权案件等不断增多，很多案件纠纷呈现网络化、隐蔽化、复杂化的特点，审理难度加大，建议加大对知识产权司法保护新情况新问题的研究力度，着力在完善法律依据、运用技术支撑、创新方式方法等方面下功夫，强化审判队伍对新领域、新业态、新技术的学习，不断提升知识产权审判工作的质量效益。有的出席人员建议，加强知识产权法院和互联网法院审判功能建设，推动审判与科技创新深度融合，科学计算权利人损失，统一司法裁判标准，推进案件繁简分流，助力解决“举证难、周期长、赔偿低、成本高”问题。

# 最高人民检察院关于人民检察院办理控告申诉案件工作情况的报告

——2021 年 10 月 21 日在第十三届全国人民代表大会常务委员会第三十一次会议上

最高人民检察院检察长　张　军

全国人民代表大会常务委员会：

根据本次会议安排，我代表最高人民检察院报告人民检察院办理控告申诉案件工作情况，请审议。

我国宪法规定，公民有向有关国家机关提出申诉、控告或者检举的权利。根据刑事、民事、行政诉讼法规定，当事人不服人民法院生效裁判，不服公安机关、人民检察院处理决定，或者认为司法机关及其工作人员办案违法的，可依法向人民检察院提出控告、申诉，或申请监督。办理控告申诉案件是检察机关履行法律监督职责，将群众信访纳入法治轨道解决的重要方式，是人民信访工作的重要组成部分，直接关系人民权益和社会公平正义。习近平总书记明确要求下大气力把信访突出问题处理好，把群众合理合法的利益诉求解决好；在“七一”重要讲话中又特别强调“维护社会公平正义，着力解决发展不平衡不充分问题和人民群众急难愁盼问

题”。今年6月印发的《中共中央关于加强新时代检察机关法律监督工作的意见》要求“坚持和发展新时代‘枫桥经验’，健全控告申诉检察工作机制，完善办理群众信访制度”。各级检察机关认真贯彻习近平总书记重要指示精神和党中央决策部署，坚持以习近平法治思想为指引，坚持以人民为中心，以高度的政治自觉、法治自觉、检察自觉，用心用情办好控告申诉案件，努力化解矛盾纠纷，切实维护人民群众合法权益，为经济社会高质量发展提供有力司法保障。

## 一、近年来接收群众控告申诉信访的基本情况

检察机关办理的控告申诉案件，主要来源于接收的群众信访。各级检察机关专设职能部门，负责接收、处理群众信访，对符合受理条件的，依法审查办理；审查后认为确有错误或存在违法情形的，依法监督纠正。近年来，随着大量矛盾纠纷进入司法领域，检察机关接收群众控告申诉信访情况亦发生明显变化。

（一）信访总量高位运行。2013年党中央部署推进涉法涉诉信访改革，实行诉访分离，原由信访部门接收的涉法涉诉信访转至司法机关，当年检察机关接收信访总量即由2012年的42.6万件激增至83.1万件，之后都保持在年均100万件。检察机关接收的信访中，涉法涉诉信访占比不断提高，2019年以来已超过60%，表明人民群众对严格执法、公正司法的诉求更迫切、更集中。

（二）重复信访占比高。2013年至2018年，检察机关接收的群众信访40%以上是重复信访，经持续清理工作，现仍占比30%左右。最高人民检察院近三年接收的重复信访中，来信来访五至十次的约占20%，十次以上的约占26%，还有的数百次来信，长年持续上访。重复信访的原因，虽有一些信访人“信访不信法”，更确有案件程序空转、超期不结，反映的问题得不到实质性解决。

（三）越级信访问题突出。实践中，信访人因对法定级别管辖不了解、诉求在本地未得满足等原因，常作越级甚至进京访。最高人民检察院近三年年均接收群众信访21万件，占检察机关接收信访总量的23%，属于本院管辖的年均仅2300余件。越级信访问题突出，表明信访首办责任落实不力，导致矛盾上行，信访源头治理亟需加强。

（四）民事行政申诉大幅上升。2012年民事诉讼法、2014年行政诉讼法修订，赋予检察机关对民事、行政诉讼活动更重监督责任。检察机关接收民事行政申诉信访连续多年上升，总量已超过刑事申诉信访。近三年年均接收民事行政申诉信访31万件，较2013年增长近3倍；占涉法涉诉信访量的50%，较2013年增加17个百分点。民事申诉信访中，涉房屋土地纠纷、劳动争议、人身损害赔偿等问题的自然人申诉约占75%。行政申诉信访主要集中在土地争议、不服行政处罚等方面，不服强制拆迁的行政侵权类申诉明显上升。

（五）网上信访成为重要渠道。来信来访一直是群众反映诉求的主要方式，但近年来网上信访大幅上升。尤其2019年“12309中国检察网”上线，2020年又开通“检访通”信息系统，群众可通过网站、公众号、手机APP等向检察机关反映诉求并查询办理过程和结果。目前，网上信访约占检察机关接收信访总量的10%。受疫情影响，2020年接收网上信访19.5万件，同比上升91.2%，同期接待群众来访30万余人次，同比下降19.1%。

## 二、办理控告申诉案件、化解矛盾纠纷的主要做法及成效

新时代新发展阶段，我国社会主要矛盾转化，人民群众在民主、法治、公平、正义、安全、环境等方面有更高水平、更丰富内涵的需求，检察机关接收群众信访情况就反映了这种需求的变化。近年来，检察机关认真学习贯彻习近平法治思想，更加积极主动回应人民群众急难愁盼问题，自我加压，采取务实举措，把以人民为中心落实在每一个案件办理中，有效化解信访矛盾纠纷，有力维护司法公正，促进社会治理。今年1至8月，全国检察机关共接收群众信访65.6万件，较2019年同期下降4.2%；其中，重复信访20.7万件，占信访总量的31.6%，减少2.5个百分点。最高人民检察院接收13.8万件，占信访总量的21%，较2019年同期减少0.8个百分点。

（一）全面推行群众信访“件件有回复”，及时回应群众诉求。接收控告申诉信访后，及时回复办理情况，本是基本要求，但因工作力量不足等多方面原因，过去检察机关接收的群众来信，大多未予及时回复。有的申诉人多次寄信没有回音，就在申诉信里把邮资、信封附上，“请”我们回信，实际是对我们的批评。2019年最高人民检察院提出群众信访“7日内程序回复、3个月内办理过程或结果答复”，

并在全国两会上作出承诺。刚开始不少同志存在畏难情绪，担心做不到。关乎人民群众的揪心事，人手再紧也要做到，工作再难也要做好。两年多来，我们从五个方面力推力促、狠抓落实：一是健全工作机制，规范群众信访接收、回复、办理和答复等各环节工作。二是充实信访工作力量，按照司法责任制改革要求，成立以检察官为主体的控告申诉办案组织，实现控告申诉检察部门全员办信、办访。三是加强信息化建设，2019 年底上线运行网上信访信息系统，实现四级检察院所有信访线上办理，回复情况全流程监控。四是强化督导检查，系统梳理、定期通报"件件有回复"落实情况。对于落实不力的，直接向省级检察院检察长通报。五是定期开展"回头看"，围绕是否存在应回复未回复情况、是否存在办案不规范不尽责问题开展督查，广泛听取信访群众意见。

2019 年 3 月至今年 8 月，全国检察机关共接收群众信访 242.5 万件，均在 7 日内告知"已收到、谁在办"，3 个月内办理过程或结果答复率超过 90%。实践证明，群众信访"件件有回复"顺应人民群众急切期盼，有利于及时有效化解矛盾、维护社会和谐稳定。申诉人薛某因不服法院对其子盗窃案刑事判决，多年信访。2020 年 10 月，最高人民检察院收到申诉信后即电话联系其补充材料，得知其不识字，就帮助梳理申诉请求和理由，为其办好受理手续。薛某专门请人代写表扬信，表示"哪怕最后没有得到支持，我也一定不再上访"。江西省宜春市徐某因承包纠纷与杨某等人发生争执，不服检察机关对杨某不起诉决定，提出申诉。宜春市检察院收到申诉材料后当日受理，经审查认为不起诉决定并无不当，通过耐心释法说理促成双方和解。徐某动情地说："没有想到检察院这么快就回复我，让我只跑一趟就办好了手续，还为我解决了'心病'"。这些鲜活的案事例让我们更加深刻感受到，群众来信虽然数量很大，但只要从内心深处真正重视、情同此心，把信访群众当家人，把群众来信当家书，件件回复不仅能做到，而且完全能做好。

（二）检察长带头办理疑难复杂控告申诉信访案件，发挥"头雁"效应。件件回复不是关键，案结事了才是根本。受理信访案件后，就要依法及时审查办理。控告申诉案件大多已程序终了、诉讼结果生效，要化解矛盾、纠正可能存在的错误，工作复杂、难度极大。司法责任制改革强调入额领导干部带头办案。最高人民检察院要求各级检察院检察长带头办案，应主要办理疑难复杂信访案件，特别针对首办责任落实不力、导致矛盾上行问题，要求首次到基层检察院申诉的信访案件全部由院领导包案办理，尽可能把矛盾化解在首办环节。2018 年 1 月至今年 8 月，各级检察院检察长包案办理信访案件 4.3 万件，化解率超过 80%，推动解决了一批"老大难"问题。2020 年，最高人民检察院领导包案 18 件，全部妥善化解；今年以来包案 22 件，已化解 18 件。江西马某因其子所涉故意伤害案证据存疑、判决无罪，要求追究被害人诬告陷害和办案人员刑事责任，自 2016 年起赴省、进京上访数百次。江西省检察院检察长包案办理，直接调阅案卷，组织研究案情，在认定公检法机关处理结论并无不当后，多次上门释法说理并帮助解决困难，经过三个多月耐心细致工作，终使矛盾化解。领导干部带头办理疑难复杂信访案件，不仅带动一个院、一个地区控告申诉案件优质高效办理，更能发现、解决检察监督办案中的深层次问题，更实、更优化解社会矛盾、维护公平正义。

（三）创新以听证形式公开审查，既解"法结"又解"心结"。检察长只能办理众多信访案件的百分之一、千分之一，更多群众急难愁盼的问题要靠健全办案机制解决。特别是一些信访案件历经多年，深层次矛盾问题累积交织，单靠检察机关力量往往难以根本解决。最高人民检察院全面推行公开听证，邀请人大代表、政协委员、人民监督员、律师、村（居）委会代表以及专家学者等担任听证员，就案件事实、法律适用等疑难、争议问题针对性听证，共同释法说理，促依法办理、第三方评判、群众见证等形成合力，让公平正义看得见、听得懂、真实可感。坚持"应听证、尽听证"，2020 年组织控告申诉案件公开听证 4272 件，是 2019 年的 3.4 倍，听证后当场表示息诉息访的占 67.6%；今年 1 至 8 月组织公开听证 5036 件，是去年同期的 2.2 倍，听证后当场表示息诉息访的占 73.4%。福建周某被故意伤害，因对伤情鉴定有异议，不服对犯罪嫌疑人的不起诉决定，从 2001 年起申诉，经县、市、省三级检察院办理始终不服。最高人民检察院受理申诉后，组织公开听证，特别邀请 2 名法医专家现场解答，对原案伤情鉴定问题逐一回应，周某心服口服，持续 20 年的申诉终得了结。

今年以来，最高人民检察院又部署开展常态化"简易公开听证"，组建专门听证员队伍，在接待来访群众的同时，就地组织公开听证，促进信访矛盾在接访时就能及时有效解决。王某等 20 人到最高人民检察院集体信访，检察人员组织简易公开听证，针对诉求耐心释法说理，来访人代表完全接受听证意见，当场表示积极说服、引导其他来访群众依法维权。

（四）促进矛盾纠纷实质性化解，实现“三个效果”有机统一。实践中，一些控告申诉案件办理，形式上用尽了法定程序，当事人合理诉求却没有真正解决，导致反复申诉信访。对此，检察机关防止简单以“办理中无违法”即予程序结案，切实将法、理、情融为一体，“用心”“实质性”解决群众合理诉求，真正实现办理控告申诉案件政治效果、社会效果、法律效果有机统一，把以人民为中心落到实处。2019年10月，针对司法实践中一些行政诉讼案件程序已结但讼争未解的实际，最高人民检察院部署开展“促进行政争议实质性化解”专项活动，力促案结事了政和。一方面，依法加强监督，对当事人不服生效行政裁判提出申诉的，及时受理审查，认为确有错误的，依法运用抗诉、再审检察建议等方式启动监督程序，督促再审；另一方面，对司法程序已终结，行政裁判无实体违法情形，但当事人诉求正当、合理的，通过公开听证、司法救助、检察建议等方式，促进讼争、矛盾实质性化解。至2020年12月，共实质性化解行政争议6304件，集中解决了一批人民群众反映强烈的揪心事。今年部署常态化推进，发布指导性案例规范办案，截至8月共化解行政争议4018件，其中争议20年以上的40件、10年以上不满20年的212件。姚某2013年遭“莫某”骗婚，婚姻登记后“人财两空”。姚某先以被骗婚向公安机关报案，因确有合法婚姻登记不予立案；再向民政局申请撤销婚姻登记，因不存在胁迫等法定情形不予受理；三向法院提起离婚诉讼，被告知莫某系被冒名、不存在与姚某“离婚”问题，只能撤诉；四向法院申请宣告婚姻无效，因不符合婚姻法相关规定被驳回起诉；五向法院诉请撤销婚姻登记，又因超过5年起诉期限不予立案，姚某上诉、再申诉均被驳回。7年间，姚某依法维权，一次次被“依法”推拒，其与另一女子“结婚”并育有两子，却上不了户口、入不了学，生活受到严重影响。检察机关受理姚某申诉，调查核实以上情况后，举行公开听证，向民政局发出检察建议得到采纳，原婚姻登记被依法注销，同时监督公安机关依法立案，骗婚案犯罪嫌疑人“莫某”已被抓获。姚某一家人过上了正常生活。

（五）大力开展国家司法救助，解决信访群众燃眉之急。一些信访群众受案件影响，生活陷入困境，有的直接致贫、返贫。对这类案件如只解决法律问题，矛盾、积怨往往难以化解。检察机关办理控告申诉案件，充分运用党和国家政策，既依法妥善办理案件，又帮助解决“难”的问题。最高人民检察院与原国务院扶贫办会签文件，将司法救助作为助力脱贫攻坚的重要举措，坚持“应救尽救”，为受到犯罪侵害的困难群众及时提供帮助。特别是对未成年人、老年人、残疾人等重点人群，实行优先、快速办理，充分发挥司法救助“救急救困”作用，让信访群众实实在在感受到党和政府的关怀、司法的温情、社会的温暖。2020年，全国检察机关办理司法救助案件2万余件，发放救助金4亿余元。今年1至8月办理12073件，发放救助金2亿余元，同比分别上升61.2%和70%，较2019年同期均上升1.3倍。山东皇甫某因其子被害，两罪犯虽被追究刑事责任但均无力赔偿民事损失，以应从重判刑为由持续16年申诉。2020年6月，山东省检察院审查认为，原案办理并无不当，但皇甫某夫妻年事已高，无劳动能力，家中“顶梁柱”被害后，生活陷入困境，遂启动司法救助程序，举行公开听证，并协助民政部门为其孙子办理社会救助手续，帮助解决生活、上学等实际困难。皇甫某一家衷心感谢党的救助政策，表示不再申诉信访。

（六）加强监督纠错，促进司法办案质效提升。对经过认真审查，认为原司法程序或处理结果确有错误的控告申诉案件，依法启动诉讼监督程序，促进纠正错误，维护司法公正。一是认真办理涉刑事立案和侦查活动的申诉案件。重点解决信访群众反映强烈的以刑事办案权插手民事经济纠纷，应当立案而不立案、不应当立案而立案、长期“挂案”等问题。2019年10月，部署涉民营企业刑事“挂案”专项清理，共排查出2870件，已清理2423件。2020年10月，又会同公安部抓实新一轮专项清理，截至今年8月再排查出6951件，已清理6290件。二是加强对民事行政申诉案件的精准监督。针对民事行政申诉案件持续上升，通过实行繁简分流等措施，提升办案效率，全面清理积案。聚焦在司法理念、政策导向、法律适用方面有创新、引领价值的典型案件，通过抗诉发挥对类案的指导作用。2018年1月至今年8月，共向法院提出民事、行政抗诉17297件，法院同期审结12104件，其中改判、发回重审、调解、和解撤诉9520件，抗诉改变率78.7%。三是以严肃追责促进司法责任制落实。2018年1月至今年8月，按照审判监督程序提出刑事抗诉3881件，法院同期审结2720件，其中改判和发回重审2289件，占同期审结数的84.2%。不少刑事冤错案件检察机关审查起诉把关不严，承担重要责任。为深刻总结错案教训，最高人民检察院印发《人民检察院司法责任追究条例》，提出“纠错不能止于国家赔偿，追责必须落到责任主体”，严肃责任落实。今年初启动对 2018 年以来纠正冤错案件全面排查，逐案提出追责意见。最高人民检察院对错误关押 10 年以上的 22 件冤错案件挂牌督办，已全部提出严肃追责意见。

（七）坚持标本兼治，加强控告申诉信访案件诉源治理。化解信访矛盾不仅要治标，更应助推治本。涉法涉诉信访大多因司法机关首次受理、办理案件未能做到案结事了，致矛盾复杂、激化，形成信访案件。检察机关受理后，不仅对确有错误的案件启动监督程序，维护个案公正，更注意对同类案件反映的普遍、共性问题开展类案监督，通过制发检察建议、诉讼监督情况通报等形式，依法促进提升办案质效，助推解决司法理念、政策、导向问题，从源头上减少同类信访案件发生。2020 年 7 月，最高人民检察院针对群众信访反映的虚假诉讼高发问题，向最高人民法院发出检察建议。最高人民法院高度重视，加大惩治、预防虚假诉讼力度。今年 3 月，“两高两部”联合印发《关于进一步加强虚假诉讼犯罪惩治工作的意见》，健全惩防虚假诉讼长效机制。针对涉检信访多为不服检察机关不批捕、不起诉决定，坚定落实“少捕慎诉慎押”刑事司法政策，用好认罪认罚从宽制度，开展公开听证，释义法、理、情。今年 1 至 8 月，受理不服检察机关不批捕、不起诉决定申诉案件 2460 件，同比下降 23.1%。

## 三、工作中存在的问题及改进措施

近年来，检察机关办理控告申诉案件取得一些进展和成效，但与党中央要求、人民群众期盼相比还有很大差距，工作中还有许多不足。一是“从政治上看”做得不够。信访事关民生、民心。一些检察机关、检察人员没有从以人民为中心的政治高度认识和做好这项工作，有的办案只守住形式上“不违法”的底线，就案办案、机械司法，只满足程序了结、不注重办案效果，没能让人民群众真正感受到公平正义。二是信访综合治理机制尚待完善。解决群众信访需综合运用行政、司法、社会等多种手段。实践中，一些检察机关将群众信访“件件有回复”工作主动向党委政法委报告并得到支持，政法机关携手落实，效果彰显，但更多检察机关请示汇报不够，被动安于检察环节；对办案中发现的社会治理问题，向党委、政府主动报告不够，助推建立联动处理群众信访有效机制不力。三是控告申诉检察队伍素质能力不适应。运用法律监督履职化解矛盾纠纷的能力不足，“谁执法谁普法”责任制融入监督办案不够，法律文书说理和以案释法针对性不强。有的检察人员不敢、不愿、不善直接做信访群众工作，遇到信访矛盾难点、堵点绕着走，对创新运用公开听证等方式审查办理疑难复杂信访案件缺乏驾驭能力。四是信息化、智能化支持需进一步强化。检察机关办理控告申诉案件的信息化系统还未与信访部门、公安机关、人民法院等互联互通，不能实现协同办案和信访数据共享利用，数据壁垒、孤岛问题严重。通过分析、研判信访大数据，促进解决信访突出问题不够。

习近平总书记在“七一”重要讲话中庄严宣告，中国共产党团结带领中国人民踏上了实现第二个百年奋斗目标新的赶考之路。新征程中，检察机关要坚持以习近平新时代中国特色社会主义思想为指导，全面贯彻习近平法治思想，深入学习贯彻习近平总书记“七一”重要讲话精神，把更优质、更高效办好控告申诉案件作为常态化为民办实事的重要内容，进一步做实维护社会公平正义，促进解决人民群众急难愁盼问题。

（一）坚持以人民为中心，更好在控告申诉检察工作中践行初心使命。切实提高政治站位，从讲政治高度深刻认识、准确把握新时代控告申诉检察工作的定位，传承好人民检察制度“红色基因”，在控告申诉检察工作中检验、深化党史学习教育和政法队伍教育整顿成果。结合“检察为民办实事”实践活动，强化诉源治理，主动加强与公安机关、人民法院、司法行政机关和信访部门沟通协调，形成合力，努力让人民群众在每一个司法案件中感受到公平正义。通过办理控告申诉案件，对检察办案进行反向审视，查找和总结初次办理中的突出问题，推动法律监督更实更好维护人民群众合法权益。

（二）深化落实群众信访“件件有回复”制度，进一步促进案结事了。持续加强对回复情况的跟踪督导、回访，不断提高回复质效。严格把握、准确适用信访积案办结标准，源头、常态化治理重复信访、化解信访积案。实行案件序号终身制，健全信访“案一件比”质效评价标准，落实首办责任、院领导包案办理、定期通报等制度，提高信访案件办理质效，防止程序空转、矛盾上行。对因工作不负责造成矛盾激化、引发信访的，严肃落实责任追究。

（三）持续推进信息化建设，为办理控告申诉案件提供更有力支撑。进一步升级12309检察服务中心软硬件，加大信息技术的投入与运用。探索将远程视频连接技术广泛运用到跨地区接访、公开听证、司法救助等各办案环节，提供更及时、便捷、高效的检察服务。依靠人工智能辅助做好信息收集、类案推送、法律查询、风险评估预警等信访基础工作，打造智慧信访。深度运用大数据，促进实现信访部门和政法机关信访办案数据共享，加强信访数据研判与类案分析，掌握信访实时动态与规律，为国家治理提供决策参考。

（四）全面加强控告申诉检察队伍建设。办好控告申诉案件，既要懂检察监督办案，更要善于做群众工作。要把更多精干力量调配到控告申诉检察岗位，逐步改变队伍不精、能力不强局面。将公开听证、带案下访、巡回接访等作为常态化办案方式，强化实战练兵，提高监督办案和群众工作能力。建立控告申诉检察人才库，举办业务竞赛，培育优秀办案团队。完善控告申诉检察业绩考评机制，更好发挥"指挥棒"作用。

办好控告申诉案件，做好新时代控告申诉检察工作，离不开全国人大及其常委会的有力监督和关心支持。借此机会，谨提两项工作建议：一是对公开听证制度进行立法研究。公开听证作为检察履职审查办案的方式创新，在释法说理、宣传法治、化解矛盾等方面发挥了重要作用，但对司法听证目前尚无明确的法律规定。建议通过立法明确适用范围、办案程序。二是对行政争议实质性化解进行立法研究。实践证明，检察机关开展这项工作，有利于维护群众切身利益，把以人民为中心做实。建议在相关法律中专门作出规定，在程序上予以明确。

全国人大常委会专门听取人民检察院办理控告申诉案件工作情况的报告，充分体现了对检察工作的高度重视，也充分体现了对人民群众急难愁盼问题的深度关切。全国检察机关将更加紧密团结在以习近平同志为核心的党中央周围，坚持以习近平新时代中国特色社会主义思想为指导，全面贯彻习近平法治思想，认真落实本次常委会审议意见，更好履行控告申诉检察职能，助推国家治理体系和治理能力现代化，为实现全面建成社会主义现代化强国的第二个百年奋斗目标作出新贡献！

# 对人民检察院办理控告申诉案件工作情况报告的意见和建议

10月21日，十三届全国人大常委会第三十一次会议审议了最高人民检察院检察长张军作的关于人民检察院办理控告申诉案件工作情况的报告，共有14人次发言。现根据会议发言情况，将常委会组成人员的主要意见整理如下。

出席人员普遍认为，各级检察机关认真贯彻习近平总书记重要指示精神和党中央决策部署，坚持以人民为中心，履行法律监督职责，以群众信访件件有回复为牵引，全面加强控告申诉检察工作，促进矛盾纠纷实质性化解，在用心、用情、依法办好控告申诉案件上取得明显成效。大家普遍对最高人民检察院的报告表示赞成，认为报告内容具体实在，分析问题客观，改进措施可行。大家强调，要进一步提高政治站位和思想认识，不断完善控申检察工作机制，巩固工作成果，提升控申案件办理质效，更好维护人民群众合法权益，为经济社会高质量发展提供有力司法保障。审议中，大家还提出了一些具体意见和建议。

## 一、进一步增强做好控申检察工作的使命感责任感

有的出席人员提到，办理控申案件是检察机关履行法律监督职责，将解决群众信访问题纳入法治轨道的重要方式，也是维护社会公平正义的一道重要防线。应深刻认识控申检察工作的重要性，强化为大局服务、为人民司法意识，倾听群众呼声、体察民生疾苦、履行法定职责，切实纠正少数检察机关工作人员认为控申检察工作是"边缘"工作的倾向，把群众反映的问题解决好、把群众的情绪疏导好，把党和政府的温暖传递到千家万户，把人民群众凝聚到党的周围，为不断夯实党的执政基础作出积极贡献。

## 二、认真总结控告申诉检察新做法新经验

有些出席人员提出,应进一步巩固深化控申检察工作成果,完善群众信访件件有回复、公开听证、司法救助等行之有效的工作机制,认真做好积案清理工作,不断提高控申检察工作水平。有的出席人员认为,人民检察院在办理控申案件中采用公开听证的方式化解矛盾是一项重要创新,有利于改进检察权行使方式、保持检察机关客观公正立场、提升检察队伍素质能力,对进一步推进司法公开、破解监督者接受监督的难题等具有重要意义。建议深入开展相关立法调研,推动检察听证法治化、制度化。

## 三、推动完善相关信访工作机制

有的出席人员提出,应建立健全信访工作沟通协调机制,加强检察机关与审判、公安机关及其他有关部门的工作协同,形成化解矛盾纠纷的更大合力。有些出席人员提出,应压紧压实首办负责制,努力在第一时间解决新发问题,提高信访办理的及时性和有效性。对因责任落实不到位造成矛盾上行的,应严肃合理问责。有的出席人员提出,有些向检察机关反映的信访问题不属于控申检察职责范围,对这类问题,检察机关特别是基层检察机关应加强对信访群众的释法说理工作,引导群众找到合法正确反映诉求的部门,同时通过信访信息平台,督促有关部门研究解决群众诉求。有的出席人员建议,总结多年来最高法、最高检在残疾人权益保护、法律援助等方面的有益经验,推动残疾人信访工作纳入法治轨道。有些出席人员提到,2013 年以来,检察机关接收群众信访总量居高不下,特别是涉法涉诉案件不断上升,其中很多是重复访、长期访。办理控申案件,既要做到有错必究,也要实事求是,合理运用有限的司法资源。建议深入研究涉法涉诉信访问题,完善相关终结机制,维护信访秩序和法律尊严。

## 四、加强涉诉信访诉源治理

有的出席人员提出,办理控申案件不能仅就案办案,应充分发挥控申检察环节的反向审视功能,反向查找侦查、起诉、审判工作以及社会治理等环节存在的问题,研究提出相关工作建议,及时反馈有关部门,做好源头防控。

# 国务院关于加快构建新型农业经营体系推动小农户和现代农业发展有机衔接情况的报告

——2021 年 12 月 21 日在第十三届全国人民代表大会常务委员会第三十二次会议上

农业农村部副部长　邓小刚

全国人民代表大会常务委员会:

按照全国人大常委会安排,受国务院委托,现将加快构建新型农业经营体系,推动小农户和现代农业发展有机衔接情况报告如下,请审议。

## 一、工作开展情况和取得的成效

党中央、国务院高度重视新型农业经营体系构建和小农户发展问题。习近平总书记指出,大国小农是我们的基本国情农情,要加快构建以农户家庭经营为基础、合作与联合为纽带、社会化服务为支撑的立体式复合型现代农业经营体系,实现小农户和现代农业有机衔接。李克强总理强调,要大力扶持一二三产业融合、适度规模经营多样、社会化服务支撑、与“互联网 +”紧密结合的各类新型主体,更好带动小农生产和现代农业发展有机衔接。近年来,各地区、各部门认真贯彻落实党中央、国务院决策部署,采取有力举措,强化政策支持和责任落实,加快构建新型农业经营体系,通过主体联农、服务带农、政策强农,逐步将小农户引入现代农业发展轨道。

(一)相关工作开展情况。

一是不断健全政策支持体系,为小农户发展提供有力制度保障。近年来,中共中央、国务院先后

印发了《关于保持土地承包关系稳定并长久不变的意见》、《关于稳步推进农村集体产权制度改革的意见》;中办、国办先后印发了《关于加快构建政策体系培育新型农业经营主体的意见》、《关于促进小农户和现代农业发展有机衔接的意见》等一系列重要政策文件,进一步明确坚持家庭经营基础性地位、支持保护小农户发展的思路和政策举措。国家有关部门按照职责分工,就培育家庭农场、促进农民合作社规范提升、扶持壮大集体经济、加快发展农业社会化服务、培育高素质农民、促进农业产业化龙头企业和联合体发展、金融支持新型农业经营主体、加快农业保险高质量发展、保障和规范农村一二三产业融合发展用地等出台了多项具体政策措施,基本形成了小农户家庭经营与合作经营、集体经营、企业经营等共同发展的政策支持体系。

二是加快培育新型农业经营主体,创新带动小农户发展。实施家庭农场培育计划,鼓励引导有长期稳定务农意愿的小农户稳步发展成为适度规模经营的家庭农场,截至2021年9月底,全国家庭农场超过380万个,平均经营规模134.3亩。开展农民合作社规范提升行动,坚持农户成员在合作社中的主体地位,以内强素质、外强能力为重点,引导农民合作社建立健全规范管理制度,提升运行质量,深化社企对接,让农户成员切实受益;专项清理"空壳社",在406个县(市、区)实施质量提升整县推进试点。目前,全国依法登记的农民合作社223万家,带动全国近一半农户。其中,在脱贫地区培育农民合作社72万家,吸纳带动脱贫户630万。做大做强农业产业化龙头企业,构建龙头企业梯队,发展农业产业化联合体,完善利益联结机制,支持龙头企业通过订单收购、保底分红、股份合作、吸纳就业等多种形式带动小农户共同发展。目前,全国县级以上龙头企业9万家、联合体7000多个,辐射带动农户1700万户。农业农村部等部门积极开展示范家庭农场、示范社创建活动,共推介246个家庭农场、农民合作社典型案例,形成带动小农户发展的成熟模式和机制。

三是加快发展农业社会化服务,着力解决小农户干不了、干不好、干了不划算的难题。各地区、各部门坚持把发展农业社会化服务作为实现小农户和现代农业发展有机衔接的基本途径和主要机制,按照市场化、专业化、社会化方向,积极培育适应小农户需求的农业社会化服务多元主体。目前,农业专业服务公司等各类农业社会化服务组织已超过95万个,服务小农户7800万户。针对小农户开展农业生产多样化需求,因地制宜发展单环节、多环节、全程托管等多种服务模式。中央财政通过农业生产发展资金,扶持面向小农户的生产托管服务。组织搭建全国和区域性农业社会化服务平台,推动装备、设施、技术、人才等资源高效整合,促进服务需求与供给有效对接。鼓励支持涉农企业创新开展社会化服务,采取"农资+服务"、"科技+服务"、"互联网+服务"等方式,将小农户嵌入现代农业产业链条中。深化农村产权制度改革,发展壮大农村集体经济组织,支持其带领小农户发展优势特色产业,创办多种形式的服务实体,为小农户提供劳务介绍、土地流转、生产托管等统一服务。2020年,全国农业社会化服务营业收入超过1600亿元,服务面积达16.7亿亩次。

四是加强科技装备应用和基础设施建设,改善小农户生产条件。近年来,各地区、各部门不断加大投入力度,加快补齐小农户生产经营的科技弱项和基础设施短板。加强农业科技社会化服务体系建设,深入推行科技特派员制度,实施乡村振兴科技支撑行动,开展直通农户的气象服务;实施"互联网+小农户"计划,推进信息进村入户工程,手机应用技能培训超过1亿人次;出台新一轮农机购置补贴政策,推广"全程机械化+综合农事"服务模式,推动农田宜机化改造。2020年,全国农业科技进步贡献率超过60%、农作物良种覆盖率稳定在96%以上、农作物耕种收综合机械化率达到71%。加强农产品物流设施建设,在110个县开展"互联网+"农产品出村进城工程试点,支持1.1万多家农民合作社和家庭农场建设农产品仓储保鲜冷链设施,逐步把小农户引入现代农业流通体系。加强高标准农田建设,全面实施全国高标准农田建设总体规划,截至2020年底,累计完成8亿亩高标准农田建设任务,帮助小农户亩均节本增效约500元。2018年以来,中央财政安排水利发展资金60亿元,支持用水户和大田粮食作物种植户开展农田水利工程运行维护。中央预算内投资支持农业防灾减灾、农田水利等条件建设。

五是推动乡村产业发展,提升小农户参与现代农业建设的能力。2017年以来,国家有关部门支持创建国家农村产业融合发展示范园200个、国家现代农业产业园200个、优势特色产业集群100个、农业产业强镇1109个,认定3274个"一村一品"示范村镇,逐步形成带动小农户发展的现代农业产业集群。助力小农户拓展营销渠道,支持各地开展多种形式的产销对接活动,多次举办农交会等全国性展会和4届农民丰收节，累计建成全国性农产品产地市场21个，认定定点批发市场745家。推动农商互联，发展农村电子商务，2020年全国农产品网络零售额达5758.8亿元。实施农业生产“三品一标”提升行动，推进品种培优、品质提升、品牌打造和标准化生产，让小农户分享质量提升和品牌增值收益。支持小农户发展休闲农业和乡村旅游，2010年以来累计推介发布1216个美丽休闲乡村。实施高素质农民培育计划，“十三五”期间累计培育高素质农民500万人。实施返乡入乡创业带头人培养计划，推介农村创新创业典型县300个、建立返乡创业园3400多家，全国乡镇（街道）创新创业孵化实训基地覆盖率达到29%。发挥以工代赈功能，2021年下达中央资金70.7亿元，预计带动超过35万滞留农村劳动力务工就业。

（二）取得的成效。

一是带动小农户发展的现代农业经营体系初步形成。在坚持农村基本经营制度和家庭经营基础性地位的前提下，探索家庭农场改造提升小农户和农民合作社、农业社会化服务组织、农村集体经济组织、农业产业化龙头企业组织带动小农户发展的多种有效形式，初步形成了以家庭农场为基础、农民合作社为中坚、农业产业化龙头企业为骨干、农业社会化服务组织为支撑，引领带动小农户发展的立体式复合型现代农业经营体系。

二是引导小农户融入现代农业发展的路径逐步清晰。通过培育提升一批，不断加强技术推广、示范引领、设施改善、装备升级，一大批小农户的农业综合生产经营能力得到有效提升，率先成长为创业致富带头人。通过服务带动一批，引导小农户与各类新型农业经营主体融合发展，有效导入现代生产要素，提高小农户生产经营的组织化程度，加快融入到现代农业大格局。通过培养转化一批，引导一批有素质、有条件、有意愿的小农户从农业生产中脱离出来，投身农产品加工、流通和相关服务等领域，转化为现代农业产业链和服务体系中的产业工人。

三是促进小农户持续增收的渠道更加多元。依托农业社会化服务体系实现了农业生产的集约经营和集成服务，降低了小农户生产成本。据抽样调查，与农民自种和流转土地种粮相比，采用生产托管方式种粮，亩均成本最低、产量最高，纯收益平均提高20%以上。依托各类新型农业经营主体带动实现了农业价值链增值和农民就业增收，全国市级以上农业产业化龙头企业共吸纳近1400万农民稳定就业，各类农业产业化组织辐射带动1.27亿农户，户均年增收超过3500元。依托农村集体经济组织发展实现了要素分红促进增收，通过盘活农村集体资源资产，吸纳农户以土地、住房等入股集体经济组织，释放了小农户的财产性收入增长红利。

四是保障小农户发展的支持保护体系基本建立。支持保护制度持续优化，突出高质量绿色发展导向，农业补贴、农产品价格形成、主产区利益补偿等制度不断建立健全。小农户权益保护持续强化，农户土地承包经营权、宅基地使用权和集体收益分配权得到切实维护，截至2020年底，全国累计颁发农村土地承包经营权证2.1亿份，覆盖95.3%的家庭承包经营户，土地承包经营纠纷受理数连续4年下降。金融供给服务持续改善，截至2021年3季度末，全国农户贷款余额13.2万亿元，全国农担体系累计担保金额5586亿元、政策效能放大8.7倍。保险覆盖面持续扩大，2020年我国农业保险保费收入815亿元，为1.89亿户次农户提供风险保障4.13万亿元。

## 二、面临的困难和问题

促进小农户与现代农业发展有机衔接是一个艰巨的历史过程，当前仍面临一些突出困难和问题。

一是小农户对接现代农业的内生动力不足，自身发展能力有待增强。小农户老龄化、兼业化、副业化严重，农业经营性收入占家庭收入比重持续下降，客观上造成小农户缺乏主动融入现代农业的强烈愿望和内在积极性。小农户基数大，占农业经营户总数的98%以上，经营耕地10亩以下的约2.1亿户，土地细碎化问题突出，劳动生产率和资源利用率还不高，科技文化素质整体水平偏低，应用现代生产要素能力有限，自身发展能力不足。

二是新型农业经营主体发展不平衡不充分，对小农户的带动能力有待提升。多数新型农业经营主体仍处于成长期，单体规模偏小、整体实力偏弱，全产业链收益能力较低，联合合作不够，带动小农户能力还不强。小农户与新型农业经营主体利益联结机制不够紧密，处于弱势地位，难以充分享受产业链延伸、价值链增值的收益，合作共赢关系没有完全建立。

三是面向小农户的农业社会化服务刚刚兴起，体系建设有待健全。农业社会化服务组织发育不完全，农村集体经济组织服务小农户的作用发挥不够。农业服务产业规模偏小，单体服务规模不大、服务能力不强、服务质量不高，产前产后等环节和经济作物、养殖业等领域服务相对滞后。

四是帮助小农户进入农业现代流通体系的建设尚在探索，制约瓶颈有待破解。农村物流“最后一公里”尚未完全打通，小农户和新型农业经营主体通过网络销售农产品能力有待提升。网络销售农产品的品牌化、标准化和质量可追溯体系还需进一步完善，质量安全监管亟待加强。

五是农业发展的内外部环境不断变化，扶持小农户的政策体系有待完善。当前农业生产经营成本刚性增长，粮食等大田作物生产效益较低，影响农民种粮积极性。农业国际竞争日益加剧，新冠肺炎疫情不确定性大，自然灾害多发频发，对小农户发展形成新的冲击。扶持小农户发展的政策集成联动效果还不够，精准性和操作性有待加强。

## 三、下一步工作安排

加快构建新型农业经营体系，推动小农户和现代农业发展有机衔接，是深化农村改革的重要任务，是全面实施乡村振兴战略、加快农业农村现代化的必然要求。我们将以习近平新时代中国特色社会主义思想为指导，全面贯彻落实党的十九大和十九届历次全会精神，认真落实党中央、国务院决策部署，把促进小农户和现代农业有机衔接作为创新农业经营体制机制的主要着眼点，围绕组织小农户、服务小农户、提升小农户的目标导向，进一步完善新型农业经营体系，加快发展农业社会化服务，突出抓好家庭农场和农民合作社两类农业经营主体，强化政策支持、基础条件、体制机制三大保障，将更多小农户引入现代农业发展轨道。

（一）加快发展农业社会化服务。锚定培育农业服务业大产业的目标，加快形成组织结构合理、专业水平较高、服务能力较强、服务行为规范、全产业链覆盖的农业社会化服务体系。聚焦服务小农户，着力解决小农户生产关键薄弱环节的现代化难题。加强探索创新，推动农业社会化服务内容、方式和手段创新，推进信息化、智能化同农业社会化服务深度融合。引导资源共享，推动多元服务主体加强联合合作，扩大服务半径，强化服务力量，拓展服务领域。充分发挥农村集体经济组织“统”的优势和作用，为小农户和服务组织顺畅对接提供多种形式的居间服务。

（二）突出抓好家庭农场和农民合作社。着重围绕规范发展和质量提升，增强新型农业经营主体联农带农能力。实施新型农业经营主体提升行动，支持有条件的小农户成长为家庭农场，引导以家庭农场为主要成员组建农民合作社，深化示范创建，持续开展农民合作社质量提升整县推进，健全社企对接服务机制。加强辅导服务，建立新型农业经营主体辅导员队伍，探索依托社会组织建立服务中心，加强行业指导和公共服务。引导各类新型农业经营主体融合发展，推动组建规模大、竞争力强的大型农业经营组织。创新组织形式和利益联结机制，充分发挥农业产业化龙头企业引领带动小农户的功能作用。

（三）强化政策支持保障。完善农业支持保护制度，优化农产品价格支持和生产者补贴政策，完善补贴机制，提高补贴效能，积极支持农民提升生产技能、改善生产设施条件。强化金融保险支持，针对小农户需求特点创新金融产品，落实落细农业保险政策，引导金融机构满足农业社会化服务组织的合理融资需求。实施好小农户能力提升工程，强化高素质农民培训，深入实施农村创新创业带头人培育行动，加快培育农业科技应用人才和经营管理人才。

（四）强化基础条件保障。持续推进高标准农田建设，建立健全建后管护机制，重点开展小农户急需的田间灌排工程、田间道路、农田输配电设施等建设，统筹抓好田块整治、土壤改良等建设，改善小农户农业生产条件，引导鼓励小农户将高标准农田主要用于粮食生产，提升高标准农田粮食生产能力。改良农机装备，推进丘陵山区、经济作物、畜禽水产养殖机具研发推广。加强农业科技服务，推进农技推广体系建设，强化新一代信息技术在农业中的应用。持续推进农产品现代流通体系建设，加强冷链物流等基础设施建设，深入实施“互联网+”农产品出村进城工程，加快推进现代农业全产业链标准化工作，提升产品质量安全水平。

（五）强化体制机制保障。健全权益维护机制，稳妥做好第二轮土地承包到期后再延长30年试点工作，大力增强农村集体经济组织实力，切实保障小农户集体收益分配权利。健全利益联结机制，支持小农户参与农业多种功能、乡村多元价值开发，建立契约型、分红型、股权型等利益分享机制，让小农户成为现代农业发展成果的直接受益者。健全工作协调机制，加强部门间沟通协作，增强工作的系统性和协同性，推动形成政策合力。

长期以来，全国人大十分关心支持农业农村各项工作，不断加强立法、实施监督和执法检查，充分体现了对“三农”工作的高度重视和有力监督。我们将更加紧密地团结在以习近平同志为核心的党中央周围,在全国人大及其常委会监督支持下,加快构建新型农业经营体系,推动小农户和现代农业发展有机衔接,为全面推进乡村振兴、加快农业农村现代化作出新的贡献。

# 对加快构建新型农业经营体系推动小农户和现代农业发展有机衔接情况报告的意见和建议

12 月 23 日,十三届全国人大常委会第三十二次会议审议了农业农村部副部长邓小刚受国务院委托作的关于加快构建新型农业经营体系、推动小农户和现代农业发展有机衔接情况的报告,共有 18 人次发言。现根据会议发言情况,将常委会组成人员和列席人员的主要意见整理如下。

出席人员普遍认为,加快构建新型农业经营体系,推动小农户和现代农业发展有机衔接,是深化农村改革的重要任务,是全面实施乡村振兴战略、加快农业农村现代化的必然要求。近年来,各地区各部门贯彻落实党中央决策部署,采取有力措施,加快构建现代农业经营体系,推动小农户与现代农业发展有机衔接取得积极成效。大家对国务院的专项工作报告给予充分肯定,认为全国人大农业农村委深入开展调研,全面详实反映工作,实事求是分析问题,对下一步工作提出了务实中肯的意见建议,希望国务院及其有关部门认真研究调研报告,切实加强和改进工作。大家提出,当前和今后很长一个时期,小农户家庭经营仍将是我国农业的主要经营方式,应立足"大国小农"的基本国情农情,采取更有针对性的措施,不断拓展小农户和现代农业发展相衔接的有效途径,推进农民农村实现共同富裕。审议中,大家还提出了一些具体意见和建议。

## 一、保持发展现代农业的历史耐心

有些出席人员提出,从我国国情实际看,推动小农户融入现代农业发展是一个长期渐进的历史过程,其深度、广度、难度不亚于脱贫攻坚,不会一蹴而就,要保持足够的历史耐心,加强顶层设计,明确长期发展目标和任务,持之以恒分阶段稳步扎实推进。有些出席人员认为,用工业化引领农业现代化、用城镇化消除农村贫困、用减少农民实现富裕农民,是发展现代农业的有效路径。应进一步深化土地制度改革、加快城镇化进程,逐步减少小农户数量,发展和扩大农业生产经营规模;通过推进城乡基本公共服务均等化,健全城乡劳动者平等就业制度,扩大农村劳动力转移就业渠道,创造条件让更多农民自愿进城落户。

## 二、提升农业生产组织化水平

有的出席组成人员提出,农村集体经济组织是提高小农户生产组织化的重要载体,应进一步深化农村集体产权制度改革,通过创新创业、扶持赋能,不断壮大集体经济实力,引领带动小农户发展现代农业。有的出席人员建议,探索发展由国家投入、社会资本投入和农民合作社、农村集体经济组织以产权合作形成的混合股份合作制经济。有的出席人员提出,应总结实践经验,鼓励各地新型农业经营主体以"公司 + 农户"、"公司 + 农民合作社 + 农户"等多种方式开展联合与合作,促进农业专业化布局和规模化生产。有些出席人员提出,应推动建立小农户与新型农业经营主体的的利益联结机制,鼓励农民以自愿为原则入股新型农业经营主体,通过发展股份合作,建立与新型经营主体利益共享、风险共担的产业共同体,让农民分享产业链、价值链的增值收益。

有的出席人员提出,应加大农业职业教育和技能培训,鼓励和帮助小农户接受种养技术、经营管理、污染治理、法律法规等方面培训;重点培育新型农业经营主体带头人,下大力气培养引进农业科技应用、经营管理等方面人才,为构建新型农业经营体系提供人才支撑;加快培育新型职业农民队伍,让种粮务农有前途、有实惠。

## 三、推进土地集约利用

有些出席人员认为,应从实际出发,探索土地集约利用的多样方式、多种途径,推进小农户与现代农业相衔接。有些出席人员提到,近几年,土地托管服务面积已超过土地流转面积,在推进规模经营方面发挥了不小的作用。一方面,应总结有关经验,加强政策扶持,巩固和拓展现有成果;另一方面,应强化对农业生产托管合同的管理,提升托管服务规范化水平,有效保障农民合法权益。有的出席人员认为,土地流转和土地托管都是推动农业规模化经营的有效形式,两者是互补互促的关系,在发展现代农业过程中不能相互替代。

## 四、健全农业社会化服务体系

有些出席人员指出,小农户的农业生产具有分散性、季节性特点,同市场需求结合不够紧密,产后环节的社会化服务和硬件支持水平比较落后。应整合各类生产要素和服务主体,以现代农业发展和农户需求为方向,发展覆盖产前、产中、产后的全过程农业社会化服务。有的出席人员提出,应针对小农户急需的农产品收储、产地初加工、运输物流、网络营销等服务需求,加大农业社会化服务供给力度,发挥各类社会化服务组织的特点和优势,因地制宜创新服务模式、拓展服务领域,确保小农户更好对接市场。有的出席人员提到,应通过搭建平台、财政补贴等方式,有效降低粮食烘干、农机维修等基本农业服务成本,切实保障农民收入。有的出席人员提出,应支持农民合作社发挥平台作用,与当地新型农业经营主体、涉农公司等用人单位对接,让有劳动能力和意愿的农民参加农业组织化生产。

## 五、强化政策扶持

有的出席人员提出,应在国内农产品价格和WTO协议框架双重制约下,加快完善农业补贴政策,通过加大农业基础设施、农业科技和农业人才等方面投入,将政策支持重点从"黄箱"转为"绿箱",推动农业实现高质量发展。有些出席人员提出,应针对农业各门类特点和各生产环节,提高涉农政策的针对性和可操作性,结合各地实际,加强分类指导,推动形成政策合力。(1)对粮食、生猪、糖、棉花等关系国计民生且需求弹性较小的农产品,应发挥政府主导作用,采取保护和激励政策,稳妥做好市场调控。(2)对发展绿色生态循环农业、保护农业资源环境的小农户给予合理补偿,鼓励小农户积极参与生态保护、耕地草原森林湖泊的休养生息,成为绿色空间的守护人。

有的出席人员提到,农业金融服务有效供给不足仍是制约小农户融入现代农业发展的一个短板,应大力引导金融机构向农村下沉,适应小农户生产需要,创新金融服务产品和模式,切实解决小农户融资难问题。有的出席人员提到,应调整涉农贷款的统计口径,客观反映实际情况,把金融支农落到实处。

# 国务院关于财政交通运输资金分配和使用情况的报告

——2021年12月21日在第十三届全国人民代表大会常务委员会第三十二次会议上

财政部副部长 余蔚平

全国人民代表大会常务委员会:

受国务院委托,我向全国人大常委会报告财政交通运输资金分配和使用情况,请审议。

## 一、"十三五"期间财政支持交通运输发展取得显著成效

交通运输是国民经济的基础性、先导性、战略性产业和重要的服务性行业。党中央、国务院高度重视交通运输发展。党的十九届五中全会提出,加快建设交通强国。习近平总书记指出,"十三五"是交通运输基础设施发展、服务水平提高和转型发展的黄金时期。"十三五"期间,各级财政认真贯彻党中央、国务院决策部署,服务大局、服务人民,坚持谋划长远和统筹协调,持续发力支持加快建设人民满意、保障有力、世界前列的交通强国。

（一）持续加大各级财政投入，有力拉动全社会投资。中央财政与地方财政上下联动，通过一般公共预算、政府性基金预算、国有资本经营预算等多渠道安排资金，确保对交通运输领域的持续投入。各级财政五年累计投入资金 7.5 万亿元，拉动交通运输领域形成超过 16 万亿元的固定资产投资规模；财政投入逐年增加，年均增长 5%，高于该领域固定资产投资总体增速。其中，中央财政五年累计安排 3.4 万亿元，占交通运输领域财政总投入的 45%，包括车辆购置税收入补助地方资金 1.42 万亿元、成品油税费改革转移支付 3542 亿元、政府还贷二级公路取消收费后补助资金 1460 亿元、中央预算内投资 2539 亿元、铁路建设基金 2448 亿元、民航发展基金 1789 亿元、港口建设费 794 亿元、邮政普遍服务与特殊服务补贴 304 亿元等，为交通运输重点领域基础设施建设和服务能力提升提供了有力支撑。

（二）不断优化财政支出结构，有效推动行业转型升级。贯彻落实国家重大发展战略，不断优化交通运输领域财政支出结构，确保如期完成各项目标任务。在公路、铁路、民航、水运等重点行业，全国五年累计分别投入财政资金 5.69 万亿元、1.16 万亿元、0.39 万亿元、0.23 万亿元，拉动相关领域分别形成 11 万亿元、4 万亿元、0.89 万亿元、0.63 万亿元的固定资产投资规模。出台支持新能源汽车推广、机场“油改电”、船型标准化以及重点地区柴油货车淘汰等一系列政策措施，通过科技计划等支持智慧交通和交通科技创新、装备升级，引导调整优化交通运力结构和能源结构，促进行业转型升级，推动绿色低碳发展。

（三）支持打赢脱贫攻坚战和区域交通运输协调发展，助力打好疫情防控阻击战。中央财政努力践行“全面建成小康社会，一个也不能少；共同富裕路上，一个也不能掉队”的庄严承诺，加大对中西部地区交通运输领域投入，中央财政安排的交通运输资金有 78% 投向中西部地区，进一步提高对革命老区、民族地区、边疆地区、欠发达地区交通运输基础设施建设补助标准，支持这些地区提升交通运输通达深度，为其脱贫致富奠定坚实基础，有力促进区域协调发展和乡村振兴。2020 年，面对突如其来的新冠肺炎疫情，中央财政紧急调拨资金，支持国际航班“不停飞”、重大运输飞行任务、保障民航客改货；全力做好抗疫人员和防疫物资铁路运输保障，累计向湖北地区输送援鄂医护人员 458 批、1.39 万人次，运送防疫物资 2.6 万批、99.2 万吨。通过稳定国内外运输能力，促进稳定产业链供应链，支持有效应对疫情冲击。

在以习近平同志为核心的党中央坚强领导下，“十三五”期间，财政、交通运输等有关部门共同努力，推动我国成为名副其实的交通大国，并加快向交通强国迈进。全国交通基础设施形成超大规模网络。纵横东西南北的交通运输大通道基本贯通，发达的快速网、完善的干线网、广泛的基础网加快形成。全国高速铁路里程五年内翻了近一番，高速公路里程、万吨级码头泊位数量等保持世界第一，航空航海通达全球，综合交通网突破 600 万公里。京津冀、长江经济带、长三角、粤港澳大湾区、黄河流域等区域交通连片成网。运输服务质量显著提升。铁路、公路、水路、民航客货运输量和周转量等跻身世界前列，品质化、专业化、普惠化、安全性不断提高。港珠澳大桥、北京大兴国际机场等超大型交通工程以及京张高铁等重点工程建成投运。北京首都、上海浦东、广州白云等机场国际枢纽功能显著增强。智慧绿色平安交通加快建设。新能源、清洁能源在公路交通行业深入推广应用，26 个省（区、市）1128 对高速公路服务区具备充电服务功能，五年累计节油约 600 万吨。高速公路省界收费站全面取消，实现不停车快捷收费，提高通行效率，减少能源损耗及空气污染。公路安全隐患治理加快推进，应急装备物资储备加快布局。“一带一路”基础设施互联互通稳步推进。“六廊六路多国多港”的互联互通架构基本形成，交通运输领域国际交流合作不断深化。“十三五”以来，交通运输领域对国家经济社会发展和重大战略的支撑能力不断增强。

## 二、“十三五”期间财政交通运输资金重点投入使用情况

“十三五”期间，财政、交通运输等有关部门充分发挥职能作用，凝心聚力支持构建现代化交通运输网络体系，聚焦打通“大动脉”、畅通“微循环”，提升交通运输可持续发展能力，促进交通运输领域建设在全面建成小康社会决胜阶段取得积极成效，人民获得感和幸福感不断增强。

（一）公路方面。全国五年累计安排财政资金 5.69 万亿元，占财政交通运输领域投入总规模的 76%。支持推动高速公路、国道、省道里程分别增长 3.75 万公里、18.54 万公里、5.3 万公里，优良路的比例大幅提高。雄安新区对外公路通道、冬奥会配套公路等重点工程顺利实施。农村公路新改建超过 147 万公里，具备条件的乡镇和建制村全部通硬化路、通客车。截至 2020 年底，全国公路里程达

520万公里，五年累计完成营业性客运635.7亿人次、货运量1784.7亿吨；高速公路基本覆盖20万以上人口城市，普通国道基本覆盖县级及以上行政区和常年开通的边境口岸。中央财政五年累计安排2.12万亿元，其中，44%用于支持国家高速公路、普通国省道等公路干线建设及其灾后恢复重建；22%用于支持农村公路和县乡公路安防工程等微循环网络建设；17%用于支持公路养护和公路灾损抢修保通。此外，还安排1215亿元支持促进农村客运、出租车等城乡公共服务均等化，安排148亿元用于全国487个省界收费站全部取消配套设施建设等。

（二）铁路方面。全国五年累计安排财政资金1.16万亿元，占财政交通运输领域投入总规模的15%。支持推动全国铁路营业里程新增2.5万公里，高铁营业里程新增1.9万公里，“四纵四横”高铁网提前建成，“八纵八横”高铁网加密成型，高铁覆盖近95%的百万人口以上城市；全国铁路累计发送旅客149亿人次、发送货物158亿吨。中央财政五年累计安排8553亿元，其中，67%用于支持中西部干线以及战略性、标志性重大铁路项目建设；29%用于支持保障铁路公益性运输，累计运输学生、伤残军人2.1亿人次，涉农物资7.36亿吨。

（三）民航方面。全国五年累计安排财政资金0.39万亿元，占财政交通运输领域投入总规模的5%。支持推动新建、迁建运输机场43个，全国颁证运输机场增加到241个，机场新增设计容量约4亿人次、总容量达14亿人次，新增航路航线263条、里程3.8万公里，航空服务已覆盖92%的地级行政区。特别是围绕京津冀协同发展、粤港澳大湾区建设、长三角一体化发展等区域重大战略实施，深入推进与世界级城市群发展相适应的世界级机场群协同发展。支线航线旅客运输量年均增速超过20%。中央财政五年累计安排2140亿元，其中，81%用于支持民航基础设施建设；15%用于补贴中小机场、支线航空、通用航空运营等事项。

（四）水运方面。全国五年累计安排财政资金0.23万亿元，占财政交通运输领域投入总规模的3%。支持推动连云港30万吨级航道二期工程、广州港深水航道拓宽工程等国家重点项目顺利实施，锚地、防波堤等公共基础设施趋于完善，全国港口货物吞吐量由127.5亿吨提高至145.5亿吨。重点实施长江干线航道系统治理、西江航运干线扩能、京杭运河、长江南京以下12.5米深水航道建设等重大工程，促进等级航道达到6.73万公里，以“两横一纵两网十八线”为主体的内河航道体系初步形成，长江“黄金水道”功能进一步提升。加快全国重点水域安全监管和救助装备设施布局，促进水上险情处置能力不断提升。中央财政五年累计安排1400亿元，其中，45%用于支持长江干线以及其他内河航道建设、疏浚和航道应急抢通；39%用于支持水上交通安全监管和救助能力建设；12%用于支持沿海港口公共航道、防波堤工程等建设。

（五）邮政方面。全国五年累计安排财政资金415亿元，占财政交通运输领域投入总规模的1%。支持推动全国普遍服务营业局所达到5.4万个，普遍服务乡镇网点覆盖率和建制村直接通邮率提高至100%，促进实现邮政普遍服务投递深度延伸和时限缩短，乡村普遍服务能力和服务水平得到显著提升。县乡村累计建成各类仓储中心600多处、购置各类配送车4000多辆，邮政服务“三农”能力得到较大提升。中央财政五年累计安排395亿元，重点支持国家邮政普遍服务、特殊服务和“三农”服务发展。

## 三、“十三五”期间交通运输领域财政管理改革情况

财政是国家治理的基础和重要支柱。“十三五”期间，财政会同交通运输等有关部门认真贯彻党中央、国务院决策部署，落实预算法及其实施条例，立足长远和可持续发展，理清政府与市场边界，按照交通运输领域财政事权和支出责任划分改革方案要求，持续完善交通运输领域财政管理制度机制，不断提升财政预算管理规范化、法制化水平，提高财政资金政策效益，保障交通强国建设行稳致远。

（一）合理划分交通运输领域中央与地方财政事权和支出责任。针对交通运输领域特点，在深入研究、充分听取各方面意见基础上，起草《交通运输领域中央与地方财政事权和支出责任划分改革方案》，经中央政治局常委会审议通过后由国务院办公厅印发实施，按照提高效率、权责利统一、激励地方主动作为等原则，对公路、水路、铁路、民航、邮政、综合交通六大领域相关事项的中央与地方财政事权和支出责任进行了划分，并进一步将财政事权涉及的战略规划、政策决定、执行实施、监督评价等事项在中央与地方财政间作出安排。一是对现行法律法规没有明确划分的事项进行确认，包括国道、国家级口岸公路、京杭运河、运输机场等18项。二是适度加强中央财政事权，将公路领域的界河桥梁和边境口岸汽车出入境运输管理，水路领域的国

境、国际通航河流航道和西江航运干线等 4 项上划为中央财政事权。三是适当下划部分财政事权,将铁路领域干线铁路的组织实施从中央财政事权调整为中央与地方共同财政事权,将民航领域通用机场从中央与地方共同财政事权调整为地方财政事权。四是对已由中央财政承担的长江干线航道、空中交通管理和由地方承担的农村公路、道路运输管理等 34 项改革事项,重新厘清中央与地方财政责任。

（二）完善交通运输领域财政收入政策和投融资方式。坚持遵循财政收入和投入可持续原则,健全多元化投融资体系。一是持续推进交通运输领域减税降费,统筹降低企业物流成本和物流企业成本。将交通运输行业增值税税率由 11% 降至 9%,并扩大进项税抵扣范围,对交通运输业实行增值税汇总纳税等政策;对企业从事符合条件的交通运输领域公共基础设施项目投资经营所得,实施所得税"三免三减半"优惠政策;降低航空公司的民航发展基金征收标准。二是进一步发挥债券融资作用。各地区五年累计安排新增地方政府专项债券 1.1 万亿元,用于支持交通基础设施建设。同时,制定地方政府收费公路专项债券管理试行办法,规范设立地方政府收费公路专项债券。三是防范化解地方政府债务风险。中央财政安排补助资金 1460 亿元,用于帮助地方偿还政府还贷二级公路取消收费后的部分债务,目前已圆满完成既定目标任务,通过有效调整和优化收费公路结构,既减轻人民群众出行负担,又推动化解地方政府债务风险。四是规范有序推广运用政府和社会资本合作(PPP)模式。"十三五"期间,交通运输领域 PPP 项目开工 379 个、总投资 1.8 万亿元。其中,中国 PPP 基金自 2016 年成立以来,在交通运输领域累计签约金额 284 亿元,涉及项目总投资 4547 亿元,有力撬动社会资本积极参与交通运输领域基础设施建设运营,引导建立健全市场化长效机制。五是深化农村公路管理养护体制改革。明确到 2022 年基本建立权责清晰、齐抓共管的农村公路管理养护体制机制,形成财政投入职责明确、社会力量积极参与的格局。县级人民政府履行农村公路管理养护主体责任,做到"有路必养、养必到位",将农村公路养护资金及管理机构运行经费等支出纳入一般公共预算,加大管理养护投入力度。鼓励地方发挥政府资金引导作用,采取资金补助、先养后补、以奖代补等多种方式支持农村公路养护。完善成品油税费改革转移支付制度,加大对农村公路养护的支持力度。

（三）强化财政交通运输资金预算管理。聚焦交通运输领域分专项制定资金管理办法,改进和完善车辆购置税收入补助地方资金等财政资金使用和管理。一是加强预算事前约束。坚持财政和行业主管部门共同定投向、定支出标准,在规划编制、政策评估等方面,形成财政和行业主管部门共同研究、共同推进的有效机制。二是优化资金分配和使用方式。对铁路、国道、干线航道等重大项目,采取项目法分配,区分项目类型制定资金安排标准,通过直接补助、资本金注入等方式予以支持;对点多面广、投资规模较小的农村公路等项目,按因素法切块下达地方,由地方统筹分解下达到具体项目。三是改进资金全流程管理。明确地方各级财政部门及交通运输主管部门事前、事中、事后责任,建立"谁申报、谁负责"和"谁使用、谁负责"的责任机制。四是推动建立全方位、全过程、全覆盖的预算绩效管理体系。强化绩效目标管理,财政支持的交通运输领域项目全部设立可量化、可考核的绩效目标,包括产出指标、效益指标、服务对象满意度指标及过程管理指标等。加强绩效评价结果应用,将评价结果与财政资金安排挂钩,奖优罚劣,动态调整。对资金量较大、涉及面较广的车辆购置税收入补助地方资金等适时开展政策评估,总结政策成效和地方经验做法,梳理分析存在的问题,研究形成后续调整完善的思路和实施方案。

（四）大力推进铁路和邮政等重点领域公司制改革。按照深化国资国企改革要求,积极推进原中国铁路总公司、原中国邮政集团公司进行公司制改制,2019 年,两家企业均由全民所有制企业改制为公司制企业。财政部切实履行出资人职责,从"管资产"向"管资本"转变,不断推动两家企业完善公司法人治理结构,建立健全市场化经营机制。一是完善以管资本为主的国有资产管理体制。在制定印发国有资产与财务监督管理、工资决定机制改革、负责人薪酬考核管理等制度文件基础上,重点管好国有资本布局、规范资本运作、提高资本回报、维护资本安全,将企业自主经营决策的事项归位于企业,激发企业活力、创新力和内生动力。二是推进企业配齐建强董事会。在两家企业建立外部董事占多数的董事会制度,向两家企业选派外部董事,并制定印发外部董事工作指引,加强对派出外部董事的管理,规范外部董事履职行为,切实发挥外部董事在公司治理中的积极作用。三是积极稳妥推进混合所有制改革。按照"成熟一个推进一个"的工作要求,推动中国国家铁路集团有限公司、中国邮政集团有限公司旗下优质子企业完成引战、上市工作，京沪高铁成功登陆A股，邮储银行顺利完成A+H股两地上市。

在总结"十三五"工作经验和成效的同时，我们也清醒地认识到，百年变局和世纪疫情叠加给我国经济发展和民生改善带来严重挑战，与加快建设交通强国的要求相比，相关领域财政支持工作仍有一些突出问题和短板弱项亟待解决。一是投资需求较高与收入增长乏力的矛盾有待解决。"十四五"期间，贯彻落实《国家综合立体交通网规划纲要》等仍需较大规模投资；公路、水路等基础设施建设经过多年快速发展，大部分已进入养护高峰期，"重建轻养"、"以建代养"现象比较普遍，养护资金潜在需求较大。而交通运输项目单体投资规模较大、单位成本较高、投资回报周期较长，对社会资本吸引不足，尚未形成多元化投入长效机制。同时，车辆购置税、燃油税等收入受能源结构、汽车消费市场结构调整等因素影响呈下降趋势，港口建设费取消，再叠加新冠肺炎疫情等对民航发展基金、铁路建设基金、车辆通行费收入的影响，交通运输领域相关收入增长将比较有限。二是部分地方超规划超预算、过度超前建设容易引发债务风险。近年来，部分地方在规划范围外、未纳入财政预算的情况下，超前实施了一些高速公路、高速铁路项目，投资数额较大、回报较低，明显超出了自身财力承受能力范围，容易引发拖欠民营企业和中小企业工程账款、地方政府隐性债务风险等一系列问题。三是交通运输领域财政资金统筹配置不足，支出结构仍需优化。分领域、分部门、分事项设立财政专项资金、政府性基金的格局尚未改变，部分资金渠道在支出方向上存在交叉重复现象，缺乏跨行业、跨部门、跨区域的资金统筹协调机制，不利于引导多种运输方式资源互补、相互融合。四是项目和资金管理亟需细化，全面预算绩效管理理念有待加强。交通运输领域项目涉及面广、实施复杂、差异较大，全面实施绩效管理难度较大，需要完备的大数据跟踪分析作支撑。目前，部分地方项目库建设不够扎实，项目立项征求意见机制尚不完善，项目和预算衔接不足，部分地方在基础设施建设和服务提供标准的选择上缺乏成本效益分析，求新、求大、求快等倾向比较明显，仍然存在"重分配、轻管理，重支出、轻绩效"等突出问题。

## 四、下一步工作考虑

党的十九届五中全会提出，加快构建以国内大循环为主体、国内国际双循环相互促进的新发展格局。交通运输深度嵌入生产、流通、消费各个环节，是循环畅通的重要基础，在构建新发展格局中具有重要作用。财政将会同交通运输等有关部门坚持以习近平新时代中国特色社会主义思想为指导，全面贯彻落实党的十九大和十九届二中、三中、四中、五中、六中全会精神，坚持稳中求进工作总基调，完整、准确、全面贯彻新发展理念，坚持推动高质量发展，坚持系统观念，加强顶层设计，聚焦制约交通运输业持续健康发展的突出矛盾和问题，不断完善财政支持交通运输领域的政策体系，改进财政资金分配和使用管理，深化投融资体制改革，有效防范债务风险。

（一）健全交通运输领域财政投入保障机制。优化配置交通运输领域各项财政资金政策，进一步健全财政投入保障机制。一是预研预判交通运输领域能源结构调整、消费市场结构调整的趋势和规律，及时调整完善交通运输领域相关财政政策，合理确定车辆购置税收入补助地方资金、成品油税费改革转移支付等转移支付资金规模。二是加快推进《收费公路条例》修订工作，贯彻"使用者付费、差别化负担"理念，促进收费公路控规模、调结构、降成本、防风险、强监管、优服务。三是港口建设费取消后，通过相关资金渠道予以调整补充，确保在水运等重点领域的持续投入。四是坚持举债同偿债能力相匹配和尽力而为、量力而行的原则，通过地方政府债券积极支持符合条件的交通运输领域项目。

（二）进一步优化交通运输领域财政支出结构。加强财政资金统筹使用和管理，调整优化支出结构，努力做到六个坚持、六个更加突出。一是坚持可持续发展，在继续支持交通运输基础设施建设、完成一批国家重大项目的同时，更加突出对基础设施养护的支持引导，不仅要建设好，还要管理好、养护好、运营好。二是坚持融合发展，更加突出交通与产业的融合，支持引导交通运输服务链条向生产制造行业延伸，推动交通运输与生产制造、流通环节资源整合，鼓励物流组织模式与业态创新。三是坚持一体化发展，在继续支持铁路、公路、民航、水运、邮政等交通网络设施补短板强弱项的同时，更加突出对综合货运枢纽体系建设的支持引导，推进港口型、铁路型、航空型等不同类型货运枢纽高效多式联运，完善枢纽港站集疏运体系，提高综合交通基础设施承载力。四是坚持绿色低碳发展，更加突出对交通运输领域资源节约集约利用、节能减排的支持引导，促进新能源在公共交通行业的推广运用，加强绿色交通基础设施建设，鼓励引导绿色出行，让交通更环保、出行更低碳。五是坚持创新驱动发展，更加突出对智慧交通和智慧物流的支持引导，推动大数据、人工智能、区块链等新技术与交通运输行业深度融合，使人享其行、物畅其流。六是坚持对外开放，在继续支持国内物流体系做优做强的同时，更加突出加强国际互联互通，为物流快递企业走出去做好服务支撑，鼓励不同类型市场主体开放合作、资源互补，深入参与国际物流网络拓展，实现共商共建共享。

（三）更好发挥财政引导作用调动各方积极性。充分发挥市场在资源配置中的决定性作用，更好发挥政府作用，有序推进交通运输竞争性领域市场化改革，促进构建统一开放竞争有序的交通运输市场。一是鼓励符合条件的交通运输领域市场主体发行企业债券、公司债券，创新使用资产证券化、基础设施领域不动产投资信托基金等金融工具。二是遵循国际规则，继续清理涉企补贴，公共财政进一步聚焦“公共服务”领域，对具有一定收益的交通运输领域项目，鼓励社会资本通过 PPP 模式参与投资、建设、运营和维护等项目全周期管理，发挥政府和社会资本各自优势，提高交通基础设施供给质量和效率。三是进一步明确中央与地方财政责任，对属于中央与地方共同财政事权以及地方财政事权的事项，更多采用以奖代补、竞争性评审等激励机制，充分发挥地方贴近基层的信息优势，赋予地方结合实际编制实施方案、开展工作的自主决策空间，中央财政以绩效为导向，对积极有为、开拓创新、示范引领效果明显的地方加大奖补力度。

（四）促进交通运输领域财政资金提质增效。贯彻落实党的十九大关于“建立全面规范透明、标准科学、约束有力的预算制度，全面实施绩效管理”的要求，将绩效管理深度融入财政交通运输资金预算编制、执行和监督全过程。一是完善大数据跟踪分析体系，优化绩效目标设置，强化绩效运行动态监控，完善绩效评价指标体系，加大绩效结果反馈与运用力度。特别是强化评价结果刚性约束，将评价结果作为预算安排的重要依据，引导各级财政和有关单位精打细算，切实把钱花在刀刃上、紧要处，提高政策效益和效率。二是以党内监督为主导，促进审计、财政和行业监督等有机贯通、相互协调。自觉接受人大监督，进一步发挥社会监督作用，加强对交通运输领域重点政策落实情况、重点项目资金使用情况的督导力度。三是在督导评估的基础上，及时总结可复制可推广的先进经验，以点带面，在更大范围、更宽领域延伸运用，发挥好示范带动作用。

长期以来，全国人大常委会高度重视、大力支持财政交通运输工作，加强交通运输领域立法和执法监督，有力推动了交通运输事业发展。我们将更加紧密地团结在以习近平同志为核心的党中央周围，增强“四个意识”，坚定“四个自信”，做到“两个维护”，坚决贯彻党中央、国务院决策部署，按照全国人大常委会的审议意见，切实改进和加强财政交通运输资金使用和管理，为促进交通运输治理体系和治理能力现代化、实现第二个百年奋斗目标作出新贡献！

# 对财政交通运输资金分配和使用情况报告的意见和建议

12 月 23 日，十三届全国人大常委会第三十二次会议审议了财政部副部长余蔚平受国务院委托作的关于财政交通运输资金分配和使用情况的报告，共有 14 人次发言。现根据会议发言情况，将常委会组成人员和列席人员的主要意见整理如下。

出席人员普遍认为，“十三五”期间，国务院和各级地方人民政府及有关部门认真贯彻党中央关于建设交通强国的战略部署，充分发挥财政资金支持作用，保障国家交通运输规划和重点项目建设，为如期打赢脱贫攻坚战、实现全面建成小康社会目标、保障经济社会快速稳定发展等提供了有力支撑。大家充分肯定各级政府及其有关部门的工作，积极评价国务院的专项工作报告，认为全国人大常委会预算工委、全国人大财经委深入开展调研，全面细致地总结和反映情况成绩，实事求是地指出和剖析存在的问题，有针对性地提出意见建议，希望国务院及其有关部门认真研究调研报告指出的问题和提出的建议。大家强调，要进一步强化财政投入保障机制，改进财政交通运输资金分配和使用管理，引导和调动各方面积极参与交通强国建设。审议中，大家还提出了一些具体意见和建议。

## 一、优化财政功能定位

部分出席人员认为，我国交通运输已经从总体不足、扩张规模进入基本适应、提质增效的新发展阶段，应围绕建设交通强国和现代综合交通运输体系的目标任务，进一步厘清交通运输领域有为政府与有效市场的作用边界，把握好财政投入的方向、力度和节奏。有些出席人员提出，目前我国在发展陆海联运、公铁联运和推进“一带一路”基础设施互联互通等方面存在不少硬软件短板，难以充分发挥网络效应，应在推动综合交通运输体系建设上下更大功夫，推进公路、铁路、水运、航空、轨道等交通运输体系衔接融合。有的出席人员提出，新冠肺炎疫情给全球的航运贸易带来巨大冲击，今年以来影响尤为突出。建议“十四五”期间加大财政对水运的投入力度，做好已开工水运公共基础设施、支持保障项目的后续资金安排。有的出席人员认为，东、中、西部地区在交通基础设施方面有较大落差，建议统筹考虑东中西部地区和城乡发展特点，科学规划和布局交通运输建设项目、资金，推动交通协调发展。有些出席人员提出，现在的交通运输领域新开工项目较以往相比，建设成本更高，经济效益更低，融资难度更大，但一些地方大干快上的热情依然较高，对“十四五”期间安排的投资规模远高于“十三五”时期。建议加强对地方交通运输建设规划工作的指导，督促做好项目论证，根据财力状况合理确定建设标准、建设时间、建设规模。有的出席人员建议，应重视发挥市场主体对于各类交通运输资源和要素的整合作用，在规划、建设伊始就吸收大型交通运输主体参与，提高规划的衔接性科学性。

## 二、健全投入保障机制

部分出席人员指出，光依靠财政资金来推动我国交通运输高质量发展力有不逮，应创新投入保障机制，坚持财政保基本、使用者付费等原则，充分发挥财政的引领和保障作用，完善多元化投入体系，积极引导和合理运用社会资本和金融资本，鼓励更多市场主体参与交通运输领域项目建设。部分出席人员提出，财政交通运输资金的来源不稳定、规模小，迫切需要深化交通运输领域税费改革。（1）成品油税费改革转移支付是地方普通国省道养护最主要的资金来源，当前我国新能源汽车发展迅速，随着逐步替代燃油车，燃油税征收规模可能萎缩；同时，新能源汽车免征燃油税，但同样上路行驶，在体现使用者付费原则上有失公平。建议进一步完善成品油税费改革，对地方的资金补助应与普通公路里程数、地方汽车保有量、以及新能源汽车保有量挂钩。研究开征里程税。（2）依照现行规定，公路收费期限最长不得超过30年，难以支持解决收费公路债务问题，也不能适应高速公路长期养护管理需要。2019年全国收费公路通行费收支缺口高达4800多亿元，加之很多公路收费都面临到期，预计收支缺口将继续拉大。建议改革收费公路政策，实行长周期、低费率的政策，保证收费公路有稳定的现金流收入，能够回报投入、支撑养护，形成优质资产，也能够吸引更多社会资本集聚。研究授权地方政府根据实际建设成本、自身财力状况以及收费公路运营情况来设定收费期限。

有些出席人员建议完善交通运输领域投融资改革政策，支持地方深化交通运输领域投融资改革，兼顾降低物流成本和建设养护成本，通过优化收费公路定价政策、降低投融资财务成本等措施吸引社会资本投资，支持地方交通投融资平台加快转型。鼓励和支持市场主体创新融资方式，在交通运输领域探索推进资产证券化、发行企业债等。有的出席人员建议，完善收费公路专项债券制度，对纳入国家规划的项目，探索以投资需求确定债券额度，持续增加收费公路专项债券规模；探索发行与项目期限相匹配的长期专项债券，或根据收费期限分阶段发行专项债券。

## 三、优化支出方式

部分出席人员提出，财政交通运输资金应聚焦补短板、强弱项，优化支出方向，改进资金分配，完善补贴机制，做到精准发力。有些出席人员提出，中西部偏远地区和农村的交通基础设施提档升级需要大量资金，社会资本普遍不愿投入。中央财政应加大对中西部地区交通运输建设扶持力度，充分考虑到一些地方财力薄弱的实际情况，分类制定差异化补助政策标准。有些出席人员提出，财政交通运输资金使用应处理好建和养的关系，县域、乡村的道路养护资金缺乏来源，一些经济欠发达的地区很难做到“有路必养，养必到位”，只能造成“以建代养”，有些地质条件较差地方存在道路损坏后无人管、无钱修的情况。建议加大对农村公路养护的投入，进一步完善公路养护体制。

## 四、提高资金使用绩效

有些出席人员提出，应加强对财政交通运输资金使用情况的管理，积极探索推进交通运输领域财政支出政策评估和整体绩效评价，提高资金使用效益。有些出席人员提出，应全面加强对交通运输财政资金的绩效管理，拓展对重点项目的绩效评价，增强绩效评价的科学性准确性，强化绩效评价结果应用。对有市场主体参与投资的项目，应积极发挥其在成本管理上的特长。有些出席人员认为，有些地方在规划外、预算外超前实施高速公路、高铁项目，投资数额较大、回报较低，存在不可忽视的隐性债务风险。建议高度关注这一问题，采取切实有效措施防范化解风险隐患。有的出席人员提出，行政区域间“断头路”的现象依然存在，有些差几公里甚至几百米就能打通。建议在全国范围内排查和解决“断头路”问题，切实提高交通基础设施利用效率。

## 五、强化法治保障

有些出席人员提出，要加强交通运输领域法律法规建设，推进综合性交通运输立法，明确相关管理体制、资金保障等；修改完善铁路法、公路法，推动相关法律制度与时俱进。国务院应加快修改收费公路管理条例，保证收费公路养护资金调整和改革，研究制定收费公路管理法。

# 全国人民代表大会常务委员会法制工作委员会关于2021年备案审查工作情况的报告

——2021 年 12 月 21 日在第十三届全国人民代表大会常务委员会第三十二次会议上

全国人大常委会法制工作委员会主任　沈春耀

全国人民代表大会常务委员会：

现将 2021 年开展备案审查工作的情况报告如下，请审议。

一年来，法制工作委员会在全国人大常委会领导下，坚持以习近平新时代中国特色社会主义思想为指导，深入学习贯彻习近平法治思想、习近平总书记关于坚持和完善人民代表大会制度的重要思想，认真贯彻党中央决策部署和中央人大工作会议精神，努力践行全过程人民民主理念，围绕加快建设社会主义法治国家、推进国家治理体系和治理能力现代化，与全国人大有关专门委员会、常委会工作机构密切配合，扎实开展备案审查工作，“有件必备、有备必审、有错必纠”和备案审查制度建设取得新进展。

## 一、落实“有件必备”，全面提高报备质量

2021 年，全国人大常委会办公厅共收到报送备案的行政法规、监察法规、地方性法规、自治条例和单行条例、经济特区法规、司法解释、特别行政区法律 1921 件。其中行政法规 16 件，监察法规 1 件，省、自治区、直辖市地方性法规 779 件，设区的市、自治州、不设区的地级市地方性法规 688 件，自治条例和单行条例 87 件，经济特区法规 40 件，司法解释 251 件，香港特别行政区法律 42 件，澳门特别行政区法律 17 件。从报送备案的总体情况看，各报备机关按照法律规定，自觉履行报备义务，做到了应备尽备，报备质量全面提高。

全国人大常委会办公厅在备案工作中发现 23 件法规、司法解释存在施行日期不明确、缺少标准文本、公布日期早于批准日期、报送备案不及时、备案文件不齐全等问题，及时发函纠正，并在一定范围内通报，督促报备机关规范报备行为，有关报备机关均进行了认真整改。常委会办公厅将符合备案要求的法规、司法解释及时分送有关专门委员会、常委会工作机构审查，并汇总年度接收备案情况及文件目录，印送各有关方面参考。

## 二、推进“有备必审”，认真履行审查工作职责

我们着力加强主动审查力度，对制定机关报送

备案的法规、司法解释逐件开展审查，对审查中发现存在合宪性、合法性、适当性等问题的，及时与制定机关沟通，督促解决。对香港、澳门两个特别行政区报送备案的本地法律依法开展审查，尚未发现需要发回的情形。

2021年，共收到公民、组织提出的审查建议6339件，其中以书面寄送形式提出的1274件，通过在线受理审查建议平台提出的5065件。经研究，属于全国人大常委会审查范围的有5741件，包括针对行政法规和国务院决定的60件，针对地方性法规、自治条例和单行条例、经济特区法规的5596件，针对司法解释的85件。没有收到国务院、中央军委、最高人民法院、最高人民检察院和省、自治区、直辖市人大常委会提出的审查要求，收到1件国务院有关部门提出的合宪性审查建议。我们对审查建议逐一进行研究，同有关方面沟通，提出处理意见，并依照规定向审查建议人反馈。近年来的实践充分表明，认真接收、研究、处理公民、组织提出的审查建议并及时反馈，已经成为备案审查工作践行全过程人民民主的重要体现。

按照全国人大常委会工作部署，围绕贯彻党中央重大决策部署和推动保障重要法律实施，组织开展了三个方面法规、规章、规范性文件的集中清理，并有重点地开展专项审查。2020年12月26日十三届全国人大常委会第二十四次会议审议通过长江保护法。栗战书委员长在长江保护法实施座谈会上指出，要对标长江保护法，尽快对法规文件开展全面清理，确保符合上位法规定，谨防配套法规“小空子”影响长江保护“大工程”。贯彻落实委员长讲话精神，我们组织开展了涉及长江流域保护的法规、规章、规范性文件专项清理工作。清理发现需要修改或者废止的规范性文件322件，其中行政法规3件，部门规章和规范性文件14件，省级地方性法规107件，自治条例5件，单行条例15件，地方政府规章和规范性文件178件。目前有关方面已修改18件、废止41件。

2021年1月22日十三届全国人大常委会第二十五次会议审议通过新修订的行政处罚法。为保障新修订的行政处罚法贯彻实施，我们组织开展了涉及行政处罚内容的法规、规章和其他规范性文件专项清理工作。清理发现需要修改或者废止的规范性文件共4012件，其中行政法规13件，国务院规范性文件7件，部门规章和规范性文件610件，地方性法规725件，单行条例82件，经济特区法规5件，地方政府规章和规范性文件2570件。目前有关方面已修改31件、废止286件。

2021年8月20日十三届全国人大常委会第三十次会议审议通过关于修改人口与计划生育法的决定。为贯彻落实党中央关于优化生育政策促进人口长期均衡发展的决策部署，确保修改后的人口与计划生育法正确实施，我们组织开展了涉及计划生育内容的法规、规章、规范性文件专项清理工作，推动有关方面取消社会抚养费征收规定，废止计划生育相关处罚、处分规定，以及将个人生育情况与入学、入户、入职等相挂钩的有关规定。清理发现需要修改或者废止的规范性文件共3632件，其中行政法规3件，国务院规范性文件2件，部门规章和规范性文件43件，地方性法规57件，自治条例35件，单行条例11件，地方人大及其常委会决定、决议44件，地方政府规章和规范性文件3437件。目前有关方面已修改42件、废止428件。我们还建议有关方面适时组织开展涉及计划生育内容的党内法规、规范性文件集中清理。

过去一年，接收其他备案审查工作机构移送的审查工作建议141件，包括司法部移送的地方性法规136件。我们对有关问题逐一审查研究，及时提出处理意见。对不属于全国人大常委会审查范围的598件审查建议，及时移送相关备案审查工作机构研究处理。其中，移送中央办公厅3件，移送司法部566件，移送省级地方人大常委会19件，移送最高人民法院5件，同时移送司法部和地方人大常委会4件，同时移送最高人民法院和省级地方人大常委会1件。

总体上看，法规、司法解释等规范性文件制定机关严格依据宪法法律和党中央精神开展制定工作，为完善中国特色社会主义法律体系、深入推进全面依法治国发挥了重要作用。

## 三、坚持“有错必纠”，切实维护国家法治统一

一年来，我们着力增强备案审查制度刚性，就法规、司法解释等规范性文件中的合宪性、合法性、适当性等问题开展审查研究，对存在不符合宪法法律规定、明显不适当等问题的，督促制定机关予以改正。

国务院有关主管部门对有的民族自治地方民族教育条例等法规提出合宪性审查建议，认为条例中的有关规定存在合宪性问题，不利于促进民族交往交流交融。我们审查认为，宪法和有关法律已对

推广普及国家通用语言文字作出明确规定，包括民族地区在内的全国各地区应当全面推行国家通用语言文字教育教学，有关法规中的相关内容应予纠正。经沟通，制定机关已废止有关法规。

有的地方性法规规定，有关行政部门为调查计划生育违法事实，可以要求当事人进行亲子鉴定；对拒不配合的，处以一万元以上五万元以下罚款。有公民对上述规定提出审查建议。我们审查认为，亲子关系涉及公民人格尊严、身份、隐私和家庭关系和谐稳定，属于公民基本权益，受宪法法律保护，地方性法规不宜规定强制性亲子鉴定的内容，也不应对此设定相应的行政处罚、处分、处理措施。经沟通，制定机关已对相关规定作出修改。

有的地方性法规规定，小区业主参选业主委员会成员的前提条件之一是必须“按时交纳物业费等相关费用”。有公民对此规定提出审查建议。我们审查认为，业主委员会是业主自治组织，其参选资格以业主身份为基础。业主未按时交纳物业管理费，属于业主违反物业服务合同的民事违约行为。地方性法规以此限制业主参选业主委员会的资格，与民法典的有关规定相抵触。经沟通，制定机关已对相关规定作出修改。

有的地方性法规规定，停车人应当按照规定缴纳道路停车费用，逾期未缴纳的，进行催缴同时并处二百元以上一千元以下罚款。有公民对有关罚款规定提出审查建议。我们审查认为，停车人逾期未缴纳停车费，行政机关催缴同时并处二百元以上罚款的规定，程序设置失当，规定的罚款额度与行政处罚法确立的过罚相当原则不符，建议制定机关遵循法治原则，从实际出发，在充分论证的基础上，调整完善罚款的额度和程序。经沟通，制定机关已对相关规定进行修改完善。

有的地方性法规规定，开锁、公章刻制、信托寄卖、金银首饰加工、废旧金属收购等特种行业从业人员利用该行业便利进行违法活动受过行政或刑事处罚的，终身不得从事该行业。有公民对此规定提出审查建议。我们审查认为，地方性法规对某些特种行业设定较为严格的从业资格条件，对维护公共安全有积极作用，但在法律、行政法规没有规定从业限制的领域，地方性法规作出相关从业限制规定时，不宜规定“终身禁止”，建议制定机关调整完善相关规定。经沟通，制定机关已对相关规定作出修改调整。

有的地方性法规对随意处置垃圾等行为规定的处罚，轻于修订后的固体废物污染环境防治法的规定；有的地方性法规对未按规定设置大气污染物排放口及其标志的行为规定的处罚，轻于修订后的大气污染防治法的规定。我们已要求有关制定机关对上述规定作出修改完善，确保生态环保领域法律得到严格实施。

此外，我们还通过备案审查工作推动有关方面完善法律法规制度，支持地方开展地方立法探索。

国务院《婚姻登记条例》规定的办理结婚登记应出具的证明材料中，不包括婚前医学检查证明。有公民对此规定提出审查建议，认为该规定与母婴保健法关于结婚登记应当持有婚前医学检查证明的规定不一致。我们审查认为，自 2003 年 10 月《婚姻登记条例》实施以来，婚前医学检查事实上已成为公民的自愿行为；2021 年 1 月实施的民法典规定了婚前重大疾病的告知义务，将一方隐瞒重大疾病作为另一方可以请求撤销婚姻的情形予以规定，没有再将“患有医学上认为不应当结婚的疾病”规定为禁止结婚的情形。我们与国务院有关部门沟通，推动根据民法典精神适时统筹修改完善有关法律法规制度。

有的地方性法规规定，驾驶无号牌的非机动车上道路行驶，专用号牌电动自行车未按规定进行安全技术检查，驾驶禁止通行的非机动车上道路行驶，或者未按规定使用悬挂专用号牌的电动自行车的，由公安机关处五十元以上二百元以下罚款。有公民对上述规定提出审查建议，认为处罚幅度明显超出道路交通安全法有关规定。我们审查认为，道路交通安全法自 2003 年实施以来，随着社会的发展，出现了许多新的非机动车种类，数量多、速度快、安全性差，事故发生率、伤亡率高，社会危害性明显增加。地方人大基于道路交通安全管理的实际需要，通过制定法规对非机动车上路行驶的新情况新问题作出具体回应，既符合法律的原则和精神，又一定程度补足了法律规定的滞后。为发挥地方立法实施性、补充性、试验性作用，应当允许地方在合理范围内先行探索，逐步形成行之有效的经验，既解决实践急需，又为下一步修改完善国家法律提供实践依据。

## 四、加强备案审查制度建设，努力提升能力水平

一年来，围绕打基础、管长远这一目标，着力强化备案审查制度和能力建设，扎实推进备案审查工作往深里走、往实里走，进一步夯实备案审查稳步

发展的制度、理论和工作基础。

一是健全备案审查衔接联动机制。为贯彻落实党中央关于建立健全备案审查衔接联动机制的要求，积极加强与党中央、国务院、中央军委及省级地方人大常委会等单位备案审查工作机构之间的沟通协作，通过移送审查、征求意见、规范报备内容、协调审查标准、开展业务交流等方式，逐步探索并初步形成了一套协同各方、便于操作的备案审查衔接联动工作机制。我们将有关做法制度化、规范化，制定了法制工作委员会关于建立健全备案审查衔接联动机制的若干规定，为顺畅有效开展备案审查衔接联动工作提供制度保障。

二是细化备案审查工作流程。适应备案审查工作新形势新任务新要求，全面落实委员长会议通过的《法规、司法解释备案审查工作办法》，梳理总结近年来备案审查工作的实践做法，对法制工作委员会法规、司法解释备案审查工作规程（试行）作了全面修订，对备案审查工作各环节作了详细明确的规定，促进备案审查工作规范化。

三是借助外脑提升工作质量。成立备案审查专家委员会，为法工委开展备案审查制度建设、理论研究、重要审查工作等提供专家咨询意见。委托有关高校就地方优化营商环境条例、特种行业从业限制规定、备案审查标准的理解和把握等内容开展专题研究，积极发挥研究机构的优势。

四是参与建设国家法律法规数据库。备案审查信息平台建成后，与常委会办公厅有关方面共同协作，初步建成国家法律法规数据库，全面收录现行有效各类法律性、规范性文件，为社会公众提供看得见、找得着、用得上的法律产品，回应新时代人民群众的法治需求。

五是加强备案审查理论研究和宣传工作。积极加强备案审查重大理论问题研究，围绕审查标准体系等内容召开研讨会，推动研究机构和高校等出版备案审查专门刊物和学术丛书，推动有关高校开设备案审查专门课程。加强备案审查宣传工作，介绍备案审查工作重要进展情况，在微信平台创建“备审动态”公众号，发布备案审查工作动态、典型事例和理论研究成果，积极讲好备案审查故事。

## 五、加强对地方人大联系指导，增强备案审查工作整体实效

一年来，贯彻落实党中央关于加强地方人大备案审查工作、增强备案审查工作整体实效的要求，进一步加强了对地方人大备案审查工作的联系指导。

一是持续推动地方人大实现备案审查全覆盖。目前，地方“一府一委两院”制定的规范性文件已基本纳入同级地方人大常委会备案范围，接受人大监督。不少地方通过建立通报制度、纳入政府法治考核体系等多种形式规范制定机关报送备案的行为，对迟报、漏报、报备不规范等问题及时通报、予以纠正。

二是持续推动地方人大建立听取和审议备案审查工作情况报告制度。截至目前，31 个省、自治区、直辖市人大常委会和 318 个设区的市、自治州人大常委会已建立听取和审议备案审查工作情况报告制度，部分县级人大常委会也听取审议了备案审查工作情况报告。

三是组织开展“立法放水”问题研究。落实党中央和全国人大常委会要求，通过开展专题调研、组织地方人大同志进行专题研讨等方式，对这一问题的成因、对策等进行深入探讨，为防止地方立法出现类似问题提供理论参考和实践指引。

四是持续推动地方人大加强备案审查信息化建设。推动省级人大常委会在完善备案审查信息平台基础上开展法规规章规范性文件数据库建设，选择浙江、广东、重庆、宁夏四个省（区、市）人大常委会开展试点，为其他省级地方探索经验、提供示范。目前，试点地区的数据库建设工作进展顺利，试点地区以外的部分省份也启动了数据库建设工作。

五是组织开展备案审查典型事例交流。收集整理 2019 年 9 月以来各地省、市、县三级人大常委会纠正处理的典型事例 158 件，其中省级 53 件，市级 76 件，县级 29 件，印发地方人大交流，并送中央办公厅、司法部等单位备案审查工作机构参考。

## 六、2022 年工作初步安排

2022 年，我们将全面贯彻党的十九大和十九届历次全会精神，坚持以习近平新时代中国特色社会主义思想特别是习近平法治思想为指导，全面贯彻中央人大工作会议精神，认真落实全国人大常委会关于备案审查工作的要求，努力通过备案审查工作更好发挥人民代表大会制度优势，践行全过程人民民主理念，加强宪法实施监督，丰富和拓展人大备案审查工作的实践特色、时代特色。围绕提高备案审查工作质量，着重做好以下几方面工作。

一是深入推进备案审查工作，积极稳妥处理合宪性、涉宪性问题，坚决纠正同宪法、法律规定相抵触的规范性文件，必要时依法启动全国人大常委会撤销纠正程序。加强对法规、司法解释的主动审查工作。围绕贯彻落实党中央重大决策部署和保障重要法律实施，进一步加强对法规、司法解释和其他规范性文件的集中清理和专项审查。

二是进一步畅通人民利益表达渠道，保障人民群众依法行使立法监督权，健全完善人民群众与最高国家权力机关直接联系的平台与载体，认真做好公民、组织提出的审查建议的研究、处理和反馈工作。重点审查人民群众集中反映的、影响老百姓切身利益、直接涉及公民权利义务的法规、司法解释等规范性文件。

三是不断提高备案审查工作质量，进一步完善备案审查的机制、方式、程序和标准，增强备案审查制度刚性，加强衔接联动和沟通协作，提升备案审查工作整体实效。

四是进一步加强对地方人大的联系指导。通过培训和事例交流等形式帮助地方人大提升审查能力水平。推动县级人大常委会全面开展听取审议备案审查工作情况报告，健全各级人大常委会听取审议工作报告制度。加快完善全国统一的备案审查信息平台，推动全面建成省级法规规章规范性文件数据库，并与国家法律法规数据库实现对接。适时发布体现地方立法共性问题、具有指导意义的典型事例，探索开展备案审查案例指导工作。

有的地方对省、市两级人大常委会作出的决议、决定是否需要报送备案理解、把握不一。我们经研究认为，凡涉及公民、组织权利义务或者国家机关职权职责并设有法律责任内容的决议、决定，都属于法规性质文件、规范性文件，应当纳入报送备案的范围。

五是进一步加强备案审查理论研究，加快构建中国特色社会主义宪法监督制度理论体系，发挥备案审查专家委员会作用，加大备案审查工作宣传力度，讲好践行全过程人民民主的备案审查故事。

六是加强对香港、澳门两个特别行政区本地法律的备案审查，维护宪法和基本法确定的特别行政区宪制秩序和法治秩序，全面准确、坚定不移贯彻“一国两制”方针，确保宪法、基本法得到正确实施。

# 二、审查和批准决算，听取和审议计划、预算执行情况和审计工作报告

## 全国人民代表大会常务委员会关于批准2020年中央决算的决议

（2021年6月10日第十三届全国人民代表大会常务委员会第二十九次会议通过）

第十三届全国人民代表大会常务委员会第二十九次会议听取了财政部部长刘昆受国务院委托作的《国务院关于2020年中央决算的报告》和审计署审计长侯凯受国务院委托作的《国务院关于2020年度中央预算执行和其他财政收支的审计工作报告》。会议结合审议审计工作报告，对2020年中央决算（草案）和中央决算报告进行了审查。会议同意全国人民代表大会财政经济委员会提出的审查结果报告，决定批准2020年中央决算。

## 国务院关于2020年中央决算的报告

——2021年6月7日在第十三届全国人民代表大会常务委员会第二十九次会议上

财政部部长　刘　昆

全国人民代表大会常务委员会：

我受国务院委托，向全国人大常委会提出2020年中央决算报告和中央决算草案，请审查。

### 一、2020年中央财政收支决算情况

2020年，面对突如其来的新冠肺炎疫情、世界经济深度衰退等多重严重冲击，在以习近平同志为核心的党中央坚强领导下，各地区各部门坚持以习近平新时代中国特色社会主义思想为指导，全面贯彻党的十九大和十九届二中、三中、四中、五中全会精神，增强“四个意识”、坚定“四个自信”、做到“两个维护”，按照党中央、国务院决策部署，严格执行十三届全国人大三次会议审查批准的预算，统筹推进疫情防控和经济社会发展，疫情防控取得重大战略成果，在全球主要经济体中唯一实现经济正增长，脱贫攻坚战取得全面胜利，决胜全面建成小康社会取得决定性成就。在此基础上，财政改革发展各项工作取得新进展，中央决算情况总体较好。根据预算法有关规定，重点报告以下情况：

（一）2020年中央一般公共预算收支决算情况。

受疫情严重冲击，中央一般公共预算收入一季度大幅下降，为2009年以来首次负增长，随着疫情防控形势好转和经济逐步恢复，财政运行情况逐季向好。在税务、海关等部门的共同努力下，中央一般公共预算收入82770.72亿元，为预算的100%，下降7.3%。加上从中央预算稳定调节基金以及中央政府性基金预算、中央国有资本经营预算调入8880亿元，收入总量为91650.72亿元。中央一般公共预算支出118313.5亿元，完成预算的99%，增长8.1%。加上补充中央预算稳定调节基金1137.22亿元，支出总量为119450.72亿元。收支总量相抵，中央财政赤字27800亿元，与预算持平。

与向十三届全国人大四次会议报告的执行数相比，中央一般公共预算收入减少 0.36 亿元，主要是在库款报解整理期少量非税收入退库。中央一般公共预算支出减少 97.37 亿元，主要是可再生能源电价附加增值税返还地方负担资金等据实结算项目的地方上解数额增加，相应抵减中央对地方转移支付。以上减收减支共计 97.01 亿元，已包含在上述补充中央预算稳定调节基金的 1137.22 亿元中。

从收入决算具体情况看，税收收入 79644.23 亿元，为预算的 99.8%，下降 1.7%，主要是受出口退税增加等因素影响；非税收入 3126.49 亿元，为预算的 104.2%，下降 62.3%。税收收入中，国内增值税 28353.14 亿元，为预算的 98.8%，主要是受疫情影响工业和服务业增值税减收超出预期，以及下调增值税税率等政策形成翘尾减收；国内消费税 12028.1 亿元，为预算的 96.1%，主要是成品油产销量低于预期；进口货物增值税、消费税和关税合计 17099.75 亿元，为预算的 106.5%，主要是外贸进口恢复较快，进口规模超出预期；企业所得税 23257.53 亿元，为预算的 98.3%，主要是疫情在上半年对工业企业利润造成较大影响；个人所得税 6940.99 亿元，为预算的 109.3%，主要是居民收入随经济稳定恢复增长以及股权转让等财产性收入增加；车辆购置税 3530.88 亿元，为预算的 116.9%，主要是汽车销量回升超出预期；出口货物退增值税、消费税 13628.98 亿元，为预算的 112.3%，主要是出口好于预期，以及加快办理出口退税进度。

从支出决算具体情况看，中央本级支出 35095.57 亿元，完成预算的 100.2%，下降 0.1%；中央对地方转移支付 83217.93 亿元，完成预算的 99.2%，增长 11.9%。中央本级支出中，一般公共服务支出 1735.21 亿元，完成预算的 100.8%；外交支出 514.07 亿元，完成预算的 94.7%，主要是国际组织股本金等支出减少；国防支出 12679.92 亿元，完成预算的 100%；公共安全支出 1835.91 亿元，完成预算的 100.2%；教育支出 1673.64 亿元，完成预算的 98.5%；科学技术支出 3216.48 亿元，完成预算的 100.6%；粮油物资储备支出 1224.57 亿元，完成预算的 100.7%；债务付息支出 5538.95 亿元，完成预算的 102.6%，主要是利率变动等因素导致内债付息支出增加。中央对地方转移支付具体情况是：一般性转移支付 69459.86 亿元，完成预算的 99.1%，其中共同财政事权转移支付 32180.72 亿元、完成预算的 98.7%；专项转移支付 7765.92 亿元，完成预算的 100.1%；特殊转移支付 5992.15 亿元，完成预算的 99%。

2020 年，中央预备费预算 500 亿元，实际支出 146.41 亿元，主要用于洪涝灾害灾后恢复重建等方面，剩余 353.59 亿元全部转入中央预算稳定调节基金。

2020 年，中央一般公共预算支出结余 1136.5 亿元（含中央预备费结余 353.59 亿元），加上超收 0.72 亿元，合计 1137.22 亿元，全部用于补充中央预算稳定调节基金。2020 年初中央预算稳定调节基金余额 30.46 亿元，加上上述补充的 1137.22 亿元、按规定用中央政府性基金结转资金补充的 60.64 亿元，2020 年末中央预算稳定调节基金余额为 1228.32 亿元，2021 年调入一般公共预算 950 亿元后余额为 278.32 亿元。

2020 年，中央一般公共预算使用以前年度结转资金安排的支出 2703.41 亿元，其中，中央本级使用 1545.08 亿元，中央对地方转移支付使用 1158.33 亿元。中央预算周转金规模没有发生变化，2020 年末余额为 354.03 亿元，主要用于调剂预算年度内季节性收支差额。

2020 年，中央本级“三公”经费财政拨款支出合计 29.86 亿元（包括基本支出和项目支出安排的经费），比预算数减少 25.31 亿元，主要是中央部门落实过紧日子要求，厉行节约，从严控制和压缩“三公”经费支出，以及受客观因素影响，部分因公出国（境）、外事接待任务未实施，公务用车支出和公务接待支出减少。其中，因公出国（境）费 2.99 亿元，减少 3.79 亿元；公务用车购置及运行费 25.95 亿元，减少 19.84 亿元；公务接待费 0.92 亿元，减少 1.68 亿元。

2020 年，中央预算内投资支出 5999.8 亿元，其中，中央本级支出 929.8 亿元，对地方转移支付 5070 亿元。调整优化投资结构，重点保障地方建设项目，主要用于公共卫生等应对疫情补短板、重大基础设施建设、保障性安居工程、“三农”、创新驱动和结构调整、“一带一路”建设和区域协调发展、社会事业和社会治理、节能环保与生态建设等方面。

2020 年，中央财政发行国债 71782.75 亿元，其中内债 70907.87 亿元、外债 874.88 亿元，筹措资金除用于到期国债还本外，其余均由中央财政统筹安排使用。国债还本 30868.18 亿元，其中内债 30649.69 亿元、外债 218.49 亿元。年末国债余额为 208905.87 亿元，包括内债余额 206290.31 亿元、外债余额2615.56亿元，控制在全国人大批准的国债余额限额213008.35亿元以内。

（二）2020年中央政府性基金预算收支决算情况。

中央政府性基金预算收入3561.62亿元，为预算的98.6%。加上抗疫特别国债收入10000亿元、2019年结转收入181.55亿元，收入总量为13743.17亿元。中央政府性基金预算支出10439.87亿元，完成预算的96.8%。其中，中央本级支出2714.62亿元，对地方转移支付7725.25亿元。调入一般公共预算3002.5亿元，其中抗疫特别国债调入3000亿元、新疆生产建设兵团政府性基金调入2.5亿元。中央政府性基金预算收大于支300.8亿元，其中，结转下年继续使用240.16亿元；单项政府性基金结转超过当年收入30%的部分合计60.64亿元，按规定补充中央预算稳定调节基金。中央政府性基金收入决算数比执行数增加0.04亿元，主要是决算整理期内民航发展基金、港口建设费等收入增加；支出决算数与执行数相同。

（三）2020年中央国有资本经营预算收支决算情况。

中央国有资本经营预算收入1785.61亿元，为预算的105.6%。加上2019年结转收入144.09亿元，收入总量为1929.7亿元。中央国有资本经营预算支出939.06亿元，完成预算的74.6%，主要是部分中央企业国有资本经营预算执行低于预期，其中，中央本级支出873.69亿元，对地方转移支付65.37亿元。调入一般公共预算577.5亿元。结转下年支出413.14亿元。中央国有资本经营收入决算数、支出决算数均与执行数相同。

（四）2020年中央社会保险基金预算收支决算情况。

中央社会保险基金收入708.07亿元，为预算的51.1%，其中，保险费收入360.59亿元，财政补贴收入332.97亿元。加上地方上缴的基本养老保险中央调剂基金收入7379.55亿元和从全国社会保障基金调入的专项资金500亿元，收入总量为8587.62亿元。中央社会保险基金支出707.13亿元，完成预算的50.2%。加上安排给地方的基本养老保险中央调剂基金支出7370.05亿元和安排下达部分地方弥补企业职工基本养老保险基金缺口专项资金500亿元，支出总量为8577.18亿元。当年收支结余10.44亿元，年末滚存结余377.4亿元。中央社会保险基金收支预算执行率较低，主要是根据改革进展情况，中央单位开展机关事业单位养老保险制度改革实施准备期清算工作预计于2021年完成。与执行数相比，中央社会保险基金收入决算数增加3.24亿元，支出决算数减少1.29亿元，主要是中央单位编制社会保险基金预算的时间较早，实际执行中存在一定差异。

按照预算法和国务院有关规定，对2020年中央财政部分收支事项实行权责发生制核算，包括预算已经安排当年应支未支的工资和社保资金、国库集中支付年终结余以及国务院批准的其他特殊事项等。有关具体情况已向全国人大常委会专门报告。对上述资金，财政部将在预算执行中加强管理，及时拨付，尽快发挥资金效益。

## 二、全面落实积极的财政政策，有力保障疫情防控和经济社会发展

2020年，我们坚决贯彻党中央、国务院决策部署，按照全国人大有关决议要求和批准的预算，统筹推进疫情防控和经济社会发展，扎实做好“六稳”工作、全面落实“六保”任务，坚持积极的财政政策更加积极有为，推动经济运行逐步恢复常态和民生持续改善。

（一）加大政策对冲，促进经济持续稳定恢复。多渠道筹集资金加大支出力度。特殊时期采取特殊举措，赤字规模增加1万亿元，赤字率提高至3.7%，发行1万亿元抗疫特别国债，主要用于保居民就业、保基本民生、保市场主体，支持减税降费、减租降息、扩大消费和投资等。加大结转结存资金盘活使用力度，努力增加可用财力，弥补财政减收增支缺口。实施阶段性大规模减税降费。阶段性措施与制度性安排相结合，围绕市场主体急需，出台实施7批28项减税降费政策，加大对中小微企业、个体工商户和困难行业企业的支持。全年为市场主体减负超过2.6万亿元，其中减免社保费1.7万亿元，对保住上亿市场主体、帮助企业渡过难关发挥了重要作用。用好地方政府专项债券扩大有效投资。新增专项债券额度3.75万亿元，比上年增加1.6万亿元，坚持“资金跟着项目走”原则，适当拓宽使用范围，提高专项债券资金用作项目资本金的比例，带动社会资本加大投入。

（二）坚持生命至上，全力支持抗击新冠肺炎疫情。优先保障疫情防控经费。把疫情防控作为最重要、最紧迫的工作来抓，按照特事特办、急事急办

原则，加快资金拨付使用，确保人民群众不因担心费用问题而不敢就诊，确保各地不因资金问题而影响医疗救治和疫情防控。加强资金分配和使用监管，各级财政疫情防控资金投入超过4000亿元，为开展相关工作提供了坚实保障。强化应对疫情的财税支持政策。围绕减轻患者救治费用负担、提高疫情防治人员待遇、保障医疗防控物资供应、加强科研攻关特别是药物和疫苗研发等方面，出台实施一系列针对性强的财税政策。加强财政金融政策配合，对疫情防控重点保障企业专项再贷款给予50%贴息，支持6600多家企业获得优惠贷款。同时，大力支持疫情防控救治体系和应急物资保障体系建设，提升重大突发公共卫生事件应急处置、应急物资生产动员能力。

（三）精准聚焦发力，推动三大攻坚战取得决定性成就。支持如期打赢脱贫攻坚战。聚焦剩余贫困县和贫困人口，着力保障"粮草军需"，支持年初剩余的551万农村贫困人口全部脱贫、52个贫困县年内全部摘帽。中央财政专项扶贫资金连续第五年增加200亿元，达到1461亿元，并向受疫情影响较重地区、挂牌督战地区倾斜，同时一次性增加综合性财力补助资金300亿元，支持地方脱贫攻坚补短板。深入推进贫困县涉农资金整合，全年整合资金2985亿元。加强扶贫项目资金全过程绩效管理，健全部门协同、上下联动的资金监管机制。推动生态环境质量明显改善。支持打好蓝天、碧水、净土保卫战。引导黄河全流域开展横向生态补偿机制建设，带动沿黄各省区共抓大保护大治理。推动国家绿色发展基金挂牌运营，支持长江经济带沿线省市开展环境保护、能源资源节约利用等。深入推进山水林田湖草生态保护修复工程试点，提升生态系统质量和稳定性。防范化解重大风险取得积极成效。完善债务常态化监控机制，强化政策协同，实施联合监管，地方政府隐性债务风险得到缓释。从新增地方政府专项债券额度中安排2000亿元用于补充中小银行资本，支持化解中小银行风险，督促指导地方在处置过程中全面清产核资、严肃追责问责，严格落实地方政府属地责任和金融机构主体责任。

（四）加强创新引领，巩固实体经济发展根基。大力支持科技创新。聚焦国家战略需求，优化财政资金管理机制，着力保障关键核心技术攻关。推进科研院所改革发展，支持企业承担中央财政科技计划（专项、基金等）科研任务，引导企业加大研发投入。推动制造业高质量发展。发挥财政资金撬动作用，引导资本、资源向战略关键领域聚焦。整合设立专项资金，支持提升产业基础能力和产业链水平。延长新能源汽车购置补贴和免征车辆购置税政策至2022年底。支持深化农业供给侧结构性改革。落实"藏粮于地、藏粮于技"战略，支持新建高标准农田8000万亩，实施东北黑土地保护性耕作4000万亩，加强基层农技推广体系建设，增加产粮大县奖励，完善农机购置补贴政策，保障国家粮食安全。支持培育新型农业经营主体，推进农业生产社会化服务。对地方优势特色农产品保险以奖代补试点范围扩大至20个省份，支持新创建31个国家现代农业产业园、50个优势特色产业集群、259个农业产业强镇。

（五）突出民生兜底，优先稳就业保民生。着力保居民就业。拓宽就业相关资金保障渠道，支持就业创业扶持政策落实。加大失业保险稳岗返还和创业担保贷款贴息政策力度，助力稳企业保就业。推动教育公平发展和质量提升。统一全国义务教育生均公用经费基准定额，将中西部地区标准提高到与东部地区一致。深入实施义务教育薄弱环节改善与能力提升工作，基本消除城镇"大班额"，基本补齐乡村小规模学校和乡镇寄宿制学校短板。合理完善普惠性学前教育保障机制，促进职业教育高质量发展，加大对中西部高校的支持力度。强化卫生健康投入。加大公共卫生体系建设力度，深化疾病预防控制体系改革。居民医保、基本公共卫生服务经费人均财政补助标准分别提高到每人每年550元、74元。开展门诊费用跨省直接结算试点，完善药品和高值医用耗材集中采购政策。提高社会保障水平。按照5%左右的幅度调整退休人员基本养老金，城乡居民基础养老金最低标准提高到93元。企业职工基本养老保险基金中央调剂比例进一步提高至4%，22个中西部和老工业基地省份净受益1768.45亿元。全国社保基金稳健审慎投资运营，基金规模稳步扩大。支持各地开工改造城镇老旧小区4.03万个。优抚对象等人员抚恤和生活补助标准提高10%。保障困难群众基本生活。全年新增受疫情影响纳入低保、特困供养对象600多万人，对因疫情致困群众实施临时救助超过900万人次。

## 三、加快推进财税体制改革，持续提升财政管理水平

2020年，我们结合全国人大有关方面和审计署

提出的意见建议，统筹推进财税体制改革与财政管理，加强预算管理各项制度系统集成、协同高效，努力提升财政工作科学化规范化法治化水平。

（一）创新实施财政资金直达机制。按照“中央切块、省级细化、备案同意、快速直达”的原则，加快资金分配、拨付、使用。仅用20天使90%以上中央直达资金落实到市县基层，与往年相比使用进度明显加快。通过中央备案审核环节，保证资金用于符合中央调控要求和急需支持的领域。建立受益对象实名台账，做到流向明确、有账可查，促进资金精准惠企利民。下达地方的1.7万亿元直达资金中，除按规定可结转的抗疫特别国债资金外，形成支出1.56万亿元，涉及项目36万余个。严格监管资金，开发建设联通中央、省、市、县各级财政的监控系统，实现对每笔资金从源头到末端的全链条、全过程跟踪，确保资金和监管“一竿子插到底”，防止挤占挪用、沉淀闲置。直达机制运行有序有效，为支持市县基层落实减税降费发挥了“雪中送炭”作用，为稳住经济基本盘提供了重要支撑。

（二）全面落实政府过紧日子要求。始终牢固树立艰苦奋斗、勤俭节约思想，把政府过紧日子作为财政工作长期坚持的方针，切实做到节用为民。中央财政带头，从严编制预算，严把支出关口，除疫情防控、国债付息等必要增支外，其他支出总体上控制在批准的预算规模内。定期评估中央部门落实过紧日子要求的情况，加强预算执行监控结果运用，推动及时堵塞漏洞、改进管理。2020年中央本级支出负增长，其中非急需非刚性支出压减50%以上。安排2021年预算时，中央本级支出继续安排负增长，进一步大幅压减非急需非刚性支出，重点项目和政策性补贴也按照从严从紧、能压则压的原则审核安排。督促地方厉行勤俭节约，将过紧日子的要求落到实处，大力盘活财政存量资金，把更多宝贵财政资源腾出来，用于改善基本民生和支持市场主体发展。

（三）进一步加强预算管理。严格落实预算法有关规定，修订后的预算法实施条例颁布施行。加快推进预算管理一体化建设，制定全国统一的业务规范和技术标准，着力以信息化推动预算管理现代化。完善转移支付资金分配办法，建立标准控制和核查机制，健全定期评估机制。加强中期财政规划管理，增强对年度预算编制的指导和约束作用。强化部门预算管理约束机制，根据预算执行、决算、评审、审计、监管等工作中发现的问题，适当减少相关部门预算安排。扎实推进中央本级项目支出标准体系建设，进一步强化基本支出定员定额管理，更好发挥标准在预算管理中的基础性作用。大力推动预算公开，102个中央部门向社会公开部门预算，指导督促地方扎实做好预算公开工作，提高预算透明度。

（四）推动预算绩效管理提质增效。更加突出绩效导向，针对重点环节持续完善绩效管理制度框架，印发实施关于加强项目支出绩效评价管理、委托第三方机构参与预算绩效管理等规范性文件，不断健全分行业、分领域绩效指标体系。加强绩效目标审核，建立健全绩效目标与预算同步申报、同步审核、同步批复下达的工作机制。强化财政评价和绩效结果应用，组织对60多个重点民生政策和重大项目开展绩效评价，涉及年度预算金额超3000亿元，将绩效结果作为完善政策、安排预算、改进管理的重要依据。扩大向全国人大报送绩效信息范围，持续推动绩效信息向社会公开。加强与全国人大常委会预算工委、审计署沟通协调，邀请全国人大代表和专家学者参与绩效评价工作，提高绩效评价权威性和公信力。

（五）持续深化财税体制改革。围绕建立现代财税体制目标任务，加快推进重点领域改革。生态环境、公共文化、自然资源、应急救援等领域中央与地方财政事权和支出责任划分改革方案印发实施，积极推进省以下财政事权和支出责任划分改革。落实税收法定原则，契税法、城市维护建设税法顺利出台，印花税法草案按程序提请全国人大常委会初次审议。中央层面划转部分国有资本充实社保基金工作全面完成，共划转93家中央企业和金融机构国有资本总额1.68万亿元。295户中央企业新纳入国有资本经营预算编制范围。加快推进政府财务报告制度建设，中央部门编制范围由上年的40个扩大到108个，地方层面实现分级次政府综合财务报告编制全覆盖。

（六）强化地方政府债务管理。坚持底线思维，增强风险意识，进一步完善管理规范、责任清晰、公开透明、风险可控的地方政府举债融资机制。一方面，加强地方政府法定债务管理。兼顾稳增长和防风险需要，合理确定新增地方政府债券规模，完善分配机制，严控高风险地区新增债务限额，避免风险累积。健全以债务率为主的风险评估和预警指标体系，及时向各地区和相关部门通报风险评估预警结果。另一方面，抓实化解隐性债务风险工作。加强部门间信息共享和协同监管，及时发现和有效处置风险，完善长效监管制度框架。坚决遏制隐性债务增量,保持监管高压,对违法违规举债行为发现一起、查处一起、问责一起。积极稳妥化解隐性债务存量,指导督促地方建立市场化、法治化的债务违约处置机制,牢牢守住不发生系统性风险的底线。

(七)依法接受人大审查监督。认真贯彻《关于人大预算审查监督重点向支出预算和政策拓展的指导意见》等文件精神和全国人大有关要求,更好配合人大审查监督工作。落实全国人大及其常委会有关决议,对全国人大财经委提出的审查意见逐项研究、积极改进,全面报告落实情况和后续措施。依法向全国人大常委会报告2019年度国有资产管理情况、财政部履行出资人职责和资产监管职责企业国有资产管理情况,持续完善国有资产管理情况报告工作机制,加强成果运用。积极主动向人大代表汇报工作、倾听意见,及时回应关切,使财政工作更加符合民心民意。

2020年决算情况总体较好,同时也存在一些需要解决的问题。我们高度重视这些问题,采取有力措施整改,同时,举一反三,标本兼治,加强管理,完善制度,进一步提高财政预算管理水平。

今年以来,财政部门认真贯彻落实党中央、国务院决策部署,十三届全国人大四次会议审查批准中央预算后,及时批复中央部门预算,加快下达中央对地方转移支付,落实减税降费等举措。1—4月全国一般公共预算收入78008亿元,增长25.5%,与2019年同期相比增长7.4%。其中税收收入67450亿元,增长27.1%,税收中的国内增值税、国内消费税、进口环节税收、企业所得税分别增长24.7%、13.9%、27.6%、25.7%。财政收入呈现恢复性增长,反映我国经济恢复取得明显成效;同比增速较快主要是受到去年同期基数低的不可比因素以及当前工业生产者价格指数上涨等影响。全国一般公共预算支出76396亿元,增长3.8%,与2019年同期相比增长1%,积极的财政政策提质增效、更可持续,兼顾当前和长远,加强民生等重点领域支出保障。随着提高企业研发费用加计扣除比例等新增减税政策效应逐步释放,同时受去年下半年同期基数相对较高影响,预计全年收入增幅呈现前高后低走势,财政收支总体上仍处于紧平衡状态。此外,当前全球疫情形势不确定性依然较高,一些国家经济刺激政策可能带来的风险不容忽视,国内经济恢复不均衡、基础不稳固,完成全年预算需要付出艰苦努力。

下一步,我们将坚决贯彻中央经济工作会议精神和《政府工作报告》部署,严格执行全国人大批准的预算,坚持稳中求进工作总基调,准确把握新发展阶段,全面贯彻新发展理念,加快构建新发展格局,着力推动高质量发展,用好稳增长压力较小的窗口期,精准实施宏观政策,保持政策连续性、稳定性、可持续性,不急转弯,把握好时度效,坚持以人民为中心的发展思想,切实提升政策效能和资金效益,保持经济运行在合理区间,努力完成全年经济社会发展主要目标任务。重点做好以下工作:一是落实落细积极的财政政策。常态化实施财政资金直达机制,2021年将27项转移支付整体纳入直达范围,资金总量达到2.8万亿元,基本实现中央财政民生补助资金全覆盖,对冲部分阶段性政策“退坡”影响。用好地方政府专项债券,指导地方加强项目储备,适当放宽专项债券发行时间限制,合理把握发行节奏,提高债券资金使用绩效。加强部门协同配合,跟踪做好减税降费效果监测和分析研判,及时研究解决市场主体反映的突出问题。二是增强国家重大战略任务财力保障。支持科技自立自强,强化国家战略科技力量,加大基础研究投入,打好关键核心技术攻坚战,加快科技成果转移转化。推动区域协调发展和以人为核心的新型城镇化,着力提升基本公共服务均等化水平。支持全面实施乡村振兴战略,做好巩固拓展脱贫攻坚成果同乡村振兴有效衔接。加强污染防治和生态建设,有序推进碳达峰、碳中和工作。三是着力保障和改善民生。加强基本民生保障,支持解决好教育、养老、医疗等群众最关心最直接最现实的利益问题,继续做好疫苗接种、疫情防控等资金保障工作。尽力而为、量力而行,加强民生政策财政承受能力评估,推动建立民生支出清单管理制度,提高民生支出管理的规范性和透明度,增强民生政策可持续性。四是兜牢兜实基层“三保”底线。在较大幅度增加中央对地方财力支持的基础上,强化地方责任落实,加大财力下沉力度。密切跟踪监测地方财政收支运行、库款保障情况,精细测算并差异化调度资金,加强对困难地区的支持。五是进一步加强预算管理。强化预算对执行的控制,硬化预算约束。加强财政资源统筹,加大结余资金收回和结转资金消化力度。加快推进支出标准体系建设,进一步规范支出管理、优化支出结构。持续深化预算绩效管理,把宝贵的财政资金用到紧要处、关键点。强化监督问责,继续着力防范化解地方政府隐性债务风险。六是加大财会监督力度。促进财会监督与其他监督协同发力,运用“互联网+监管”、大数据等现代信息技术手段提升监督能力和水平。围绕财税政策落实、防范化解风险、提高资金绩效等开展监督检查和专项治理，强化政策跟踪问效。严肃财经纪律，加强会计审计监管，对违反有关财税法规的严肃追责问责，绝不允许把财经纪律当“稻草人”，维护良好的市场经济秩序和营商环境。七是抓紧抓实审计查出突出问题整改。明确整改责任主体，敢于较真碰硬，加强协调联动，形成整改合力。既抓好问题本身的整改，又从政策制度层面深入分析，完善体制机制，及时向全国人大常委会报告整改情况。

我们将更加紧密地团结在以习近平同志为核心的党中央周围，高举中国特色社会主义伟大旗帜，坚持以习近平新时代中国特色社会主义思想为指导，增强“四个意识”、坚定“四个自信”、做到“两个维护”，自觉接受全国人大常委会的监督，认真落实本次会议审查意见，积极发挥财政职能作用，增强全局观念，凝心聚力、担当实干，确保“十四五”开好局起好步，以优异成绩庆祝中国共产党成立100周年！

# 第十三届全国人民代表大会财政经济委员会关于2020年中央决算草案审查结果的报告

——2021年6月7日在第十三届全国人民代表大会常务委员会第二十九次会议上

全国人大财政经济委员会副主任委员　史耀斌

全国人民代表大会常务委员会：

第十三届全国人民代表大会财政经济委员会听取了财政部受国务院委托作的《关于2020年中央决算的报告》和审计署受国务院委托作的《关于2020年度中央预算执行和其他财政收支的审计工作报告》，并结合审计工作报告，对2020年中央决算草案进行初步审查，提出了关于中央决算草案的初步审查意见。财政部对财政经济委员会初步审查意见进行了研究反馈，初步审查意见和反馈的处理情况报告已印发会议。现将审查结果报告如下。

2020年中央决算草案反映，中央一般公共决算收入82771亿元，为预算的100%，下降7.3%，加上从中央预算稳定调节基金、中央政府性基金预算、中央国有资本经营预算调入8880亿元，决算收入总量为91651亿元；中央一般公共决算支出118314亿元，完成预算的99%，增长8.1%，加上补充中央预算稳定调节基金1137亿元，决算支出总量为119451亿元；收支总量相抵，中央财政赤字27800亿元，与预算持平。中央对地方转移支付83218亿元，完成预算的99.2%，增长11.9%，其中，一般性转移支付69460亿元，完成预算的99.1%，增长4.0%（共同财政事权转移支付32181亿元，完成预算的98.7%，增长0.7%）；专项转移支付7766亿元，完成预算的100.1%，增长2.7%。中央预算稳定调节基金余额为1228亿元。2020年末，中央财政国债余额208905.87亿元，地方政府一般债务余额127393.40亿元，专项债务余额129217.37亿元，均控制在全国人大批准的余额限额之内。

中央政府性基金决算收入3562亿元，为预算的98.6%，下降11.8%；中央政府性基金决算支出10440亿元，完成预算的96.8%，增长149.8%，主要是发行抗疫特别国债扩大了支出规模。

中央国有资本经营决算收入1786亿元，为预算的105.6%，增长9.1%；中央国有资本经营决算支出939亿元，完成预算的74.6%，下降15.3%，低于预算的主要原因是部分中央企业国有资本经营预算执行低于预期。

中央社会保险基金决算收入708亿元，为预算的51.1%，增长1.6%，加上地方上缴的企业职工基本养老保险中央调剂基金收入和从全国社会保障基金调入专项资金，决算收入总量为8588亿元；中央社会保险基金决算支出707亿元，完成预算的50.2%，增长6.6%，加上安排给地方的企业职工基本养老保险中央调剂基金支出和安排下达部分地方弥补企业职工基本养老保险基金缺口专项资金，决算支出总量为8577亿元；当年收支结余10亿元，年末滚存结余377亿元。中央社会保险基金决算收支与预算相差大，主要是部分机关事业单位养老保险实施准备期清算工作进度低于预期。

2020年中央决算草案与报十三届全国人大四次会议的中央预算执行情况基本一致：一般公共预算决算收入减少0.36亿元、决算支出减少97.37亿元,减收减支相抵97.01亿元,已补充中央预算稳定调节基金;政府性基金决算收入增加0.04亿元,支出决算数与执行数相同;国有资本经营收入、支出决算数均与执行数相同;社会保险基金决算收入增加3.24亿元,决算支出减少1.29亿元。

财政经济委员会认为,2020年,在以习近平同志为核心的党中央坚强领导下,国务院及其财政等部门以习近平新时代中国特色社会主义思想为指导,全面贯彻党的十九大和十九届二中、三中、四中、五中全会精神,认真落实党中央决策部署和十三届全国人大三次会议有关决议要求,统筹推进疫情防控和经济社会发展,扎实做好"六稳"工作、全面落实"六保"任务,积极的财政政策更加积极有为,实施规模性纾困政策,落实大规模减税降费政策,依法加强税费征管,创新财政资金直达机制,严格落实政府过紧日子要求,大力压减一般性支出,加强民生支出保障,有效发挥财政政策对稳定经济的关键作用,为推动"十三五"规划圆满收官,脱贫攻坚战取得全面胜利,决胜全面建成小康社会取得决定性成就,做出了重要贡献。2020年中央决算情况总体良好。财政经济委员会建议,全国人大常委会批准国务院提出的2020年中央决算草案。

财政经济委员会认为,2020年中央决算草案和审计工作报告也反映出预算决算编制、预算执行和财政管理中存在的一些问题。主要是:一些项目支出决算数与预算数相差较大,预算的约束力还不够;有些部门决算结转结余资金较多,财政资源统筹力度有待加强;财政支出标准体系不够完善,有些预算管理制度不够健全;一些绩效目标设定不够规范,有些部门绩效自评结果不真实,绩效管理质量有待提高;有些地方政府债券资金使用效率不高,新增地方政府隐性债务仍然存在,地方政府债务风险仍不容忽视。

财政经济委员会认为,审计署紧紧围绕党和国家中心工作,依法对2020年度中央财政管理、部门预算执行、重点专项资金和重大投资项目、重大政策措施落实、国有资产管理等方面,开展了审计,对查出的问题从体制机制等方面分析了原因,提出了审计建议,充分发挥了审计监督的重要作用。落实全国人大常委会加强国有资产管理情况监督决定要求,今年首次提出了国有资产专项审计报告。建议有关部门和地方高度重视审计查出的问题和提出的建议,深入分析原因,认真扎实做好整改工作。按照有关法律规定,国务院于今年年底前向全国人大常委会报告审计查出问题整改情况。

为深入贯彻落实党中央决策部署,全面贯彻实施预算法、新修订的《全国人大常委会关于加强中央预算审查监督的决定》和全国人大及其常委会预算、决算决议要求,进一步做好财政预算决算工作,财政经济委员会提出以下意见建议:

## 一、进一步规范预算决算草案编报和预算执行

扩大基本支出定员定额管理范围,加快项目支出标准体系建设,切实强化支出标准在预算决算草案编报中的基础性作用。加快推进按经济性质分类编报预算决算草案的工作。各部门、各单位要增强预算法治意识,严格执行预算,严控预算调剂,提升预算约束力。执行中确需作出调剂变化的,须按照程序审批。加强中央预算管理一体化建设,实现预算数据集中管理运用。加大预算决算信息公开力度,接受社会监督。

## 二、进一步保障党中央方针政策落实落地

要进一步增强财税政策的针对性、合理性和可实施性。加强相关政策之间的统筹衔接,形成政策合力。落实落细减税降费政策。要进一步细化实化党政机关过紧日子的制度措施,提高针对性、有效性。加强科技资源顶层设计和系统部署,提升资源配置效率和使用效益,拓展基础研究多元投入渠道,研究鼓励机构、个人捐赠基础研究的税收优惠政策。研究相关财政政策,鼓励低碳技术研发,积极发挥财政政策在实现碳达峰、碳中和目标过程中的重要作用。加强高标准农田建设资金保障,提高资金使用效益。

## 三、进一步强化预算绩效管理

要将绩效管理整体嵌入预算管理流程,加强动态实时管理,推进预算管理和绩效管理一体化。进一步科学合理设定绩效指标,加快构建分行业、分领域、分层次的核心绩效评价指标体系。研究从侧重单个项目的绩效评价,向部门整体支出和政策绩效评价拓展。加强项目事前绩效评估。探索运用成本效益分析,提高绩效评价质量。加强绩效评价结果运用,健全绩效评价结果与安排预算、完善政

策、加强管理的挂钩机制。改进相关项目绩效评价方法，推动绩效评价周期与项目实施周期衔接匹配。进一步增加提交全国人大常委会审查的重点项目绩效评价报告的数量。

## 四、进一步防范化解地方政府债务风险

围绕地方政府债务的总体规模和结构、资金使用、偿还能力等，加强债务风险评估和预警工作，适时向全国人大常委会报告。进一步加强地方政府专项债务全过程管理，统筹债务资金使用和偿还，完善相关政策措施。加强地方政府债务项目库建设，落实好"资金跟着项目走"要求，进一步提高地方政府债券资金使用效率。严格控制地方政府新增隐性债务，抓实化解政府隐性债务风险工作。推动建立地方党政主要领导负责的财政风险处置机制。全国地方政府债务限额经全国人大批准后，要及时下达分省限额。研究推进政府债务立法工作。

## 五、进一步深化财税体制改革

积极推进落实已经出台的分领域财政事权和支出责任划分改革方案。进一步优化支出结构，切实解决中央基本建设投资和其他财政资金交叉重复问题。健全规范转移支付制度，严格按规定标准和程序分配资金。完善共同财政事权转移支付管理制度。对现行专项转移支付开展全面评估。优化税制结构，提高直接税比重，健全地方税体系。加强中央财政直达资金管理和信息化建设。规范政府投资基金设立和管理。对贯彻实施新修订的《全国人大常委会关于加强中央预算审查监督的决定》作出工作部署。抓紧落实进一步加强预算管理制度改革的各项措施。推进省以下财税体制改革，增强基层财政保障能力。

## 六、进一步加大审计监督和审计查出问题整改力度

加强对重要政策落实、重大项目实施、重点资金使用的审计监督。对揭示反映的问题要区分体制性、政策性、管理性等不同性质，分类反映。要进一步深化对问题原因的分析，从体制机制和法律制度等根源上查找短板漏洞。对审计查出的问题，要加大整改力度，逐条抓好整改。要进一步细化明确整改的责任主体。主管部门与直接责任单位要上下联动，横向部门间要加强协调配合，形成整改工作合力。要依法依规依纪整改、限期整改，对明知故犯的要严肃查处，切实增强警示效果。要通过全面深化改革、完善体制机制、加强法律法规和制度建设，从源头上进行整改。审计机关要加强整改跟踪督促，提高整改质量水平。要进一步落实审计结果公告和审计整改情况公开机制。要持续推进政府财务报告审计试点工作。

以上报告，请审议。

# 国务院关于2020年度中央预算执行和其他财政收支的审计工作报告

——2021年6月7日在第十三届全国人民代表大会常务委员会第二十九次会议上

审计署审计长　侯　凯

全国人民代表大会常务委员会：

我受国务院委托，报告2020年度中央预算执行和其他财政收支的审计情况，请审议。

按照党中央、国务院决策部署，审计署依法审计了2020年度中央预算执行和其他财政收支情况。审计结果表明：各地区各部门坚持以习近平新时代中国特色社会主义思想为指导，全面贯彻党的十九大和十九届二中、三中、四中、五中全会精神，认真执行十三届全国人大三次会议有关决议，扎实做好"六稳"工作、全面落实"六保"任务，统筹疫情防控和经济社会发展，我国经济运行逐季改善、逐步恢复常态，在全球主要经济体中唯一实现正增长，脱贫攻坚战取得全面胜利，决胜全面建成小康社会取得决定性成就，交出了一份人民满意、世界瞩目、可

以载入史册的答卷。

——积极的财政政策和稳健的货币政策取得明显成效。围绕市场主体急需制定和实施规模性纾困政策，稳住了经济基本盘。全年为市场主体减负超过 2.6 万亿元，金融系统向实体经济让利 1.5 万亿元；对新增 2 万亿元中央财政资金建立直达机制，省①级财政加大资金下沉力度，为市县基层及时补充财力；部署各地加快推进重大项目建设，合理扩大有效投资，全年固定资产投资（不含农户）增长 2.9%，对经济恢复增长发挥了重要作用；中央对地方转移支付比上年增长 12%，有力支持地方“三保”工作。

——人民生活得到切实保障。作为最大发展中国家，在巨大冲击下保持了就业大局稳定。全年城镇新增就业 1186 万人，向 608 万户企业发放失业保险稳岗返还 1042 亿元，惠及 1.56 亿人；启动社会救助和保障标准与物价上涨挂钩联动机制，因疫情新纳入低保、特困供养近 600 万人，实施临时救助超过 800 万人次。中央本级卫生健康支出较上年增长 38.4%。

——三大攻坚战取得决定性成就。中央专项扶贫资金连续第 5 年增加 200 亿元，960 多万人易地扶贫搬迁建设任务全面完成，年初剩余 551 万人全部脱贫、52 个贫困县全部摘帽，加强易返贫致贫人口监测和帮扶；深入实施山水林田湖草沙生态保护修复工程试点，继续打好蓝天、碧水、净土保卫战，完成污染防治攻坚战阶段性目标任务；完善债务常态化监控机制，地方政府隐性债务风险得到缓释，安排 2000 亿元专项债券支持化解地方中小银行风险。

——审计整改力度进一步加大。至 2021 年 4 月，对 2019 年度审计发现的问题，有关部门单位和地方已整改 2545.4 亿元，制定完善制度 3485 项，追责问责 722 人；尚有 192 个问题未整改到位，涉及金额 98.7 亿元，主要是正在履行必要的行政和司法程序，或属于协调难度大的历史遗留问题。审计机关将持续跟进，督促加快整改。

## 一、中央财政管理审计情况

审计了财政部具体组织中央预算执行和编制中央决算草案情况。2020 年，中央一般公共预算收入 91650.72 亿元、支出 119450.72 亿元，赤字 27800 亿元，与预算持平。中央政府性基金收入 13743.17 亿元、支出 10439.87 亿元。中央国有资本经营收入 1929.7 亿元、支出 939.06 亿元。中央社会保险基金收入 8587.15 亿元、支出 8577.18 亿元。

审计了发展改革委组织分配中央财政投资情况。2020 年，发展改革委组织分配中央财政投资 6000 亿元，其中安排中央本级支出 930 亿元、对地方转移支付 5070 亿元。投向保障性安居工程、“三农”建设、公共卫生应急物资保障体系、重大基础设施建设、创新驱动和结构调整、“一带一路”建设和区域协调发展、社会事业和社会治理、节能环保和生态建设、中央本级建设等 9 大领域。

审计结果表明，财政部、发展改革委认真落实党中央、国务院决策部署，推动统筹疫情防控和经济社会发展，助力打赢三大攻坚战，财税体制改革进一步深化，预算和投资计划执行情况总体较好。对审计指出的中央决算草案个别事项编报不准确问题，财政部已对决算草案进行了调整。发现的其他主要问题：

（一）财政资源统筹工作有待改进。

1. 中央一级预算单位（以下统称部门）预算编制安排不合理。财政部在 5 个部门 16 个项目上年结转 1.53 亿元的情况下，继续向这些项目安排预算 2.84 亿元，至 2020 年底又结转 1.65 亿元；未按规定收回 3 个部门和 31 户央企结余资金 25.61 亿元。

2. 中央政府性基金和社保基金管理不到位。政府性基金目录清单未按要求公布基金征收方式和标准。2 项未严格执行以收定支原则，在短收情况下列支 1.16 亿元。全国社保基金理事会代管的原行业统筹企业职工基本养老保险基金结余 79.98 亿元尚未统筹使用。

3. 国有资本经营预算相关改革推进不畅。一是覆盖面仍不完整。至 2020 年底，有 62 个部门所属的 1257 家企业（资产总额 4793 亿元）未纳入。中国印钞造币总公司等 11 家金融企业依托行政权力、国有资产资源取得的收入（2020 年净利润 131.66 亿元）尚未纳入预算管理。二是上缴比例不达标，预算不细化。2 家中央金融企业上缴国有资本经营收益比例偏低；中央国有资本经营支出预算 438.46 亿元（占 36.6%）年初未细化到具体项目或单位。

（二）财政支出标准的基础性作用发挥不充分。

1. 基本支出定员定额管理有待改进。2020 年，应纳未纳入定员定额管理的部门及所属单位有 1950 家（占 26.4%）；已纳入的 5436 家中，有 5347

① 本报告对省级行政区统称为省，地市级行政区统称为市，县区级行政区统称为县，省市县统称为地区。

家（占98.3%）未实行实物费用定额管理。

2. 项目支出标准体系建设推进慢。至2020年底，未按要求明确标准化管理项目、共性项目范围等；78.4%的部门未按要求启动标准制定。已制定的128条专用标准仅适用33个部门，未达到基本覆盖所有部门核心职能活动的改革要求。

3. 事业单位补助政策有待完善。至2020年底，由于不同类型事业单位补助标准尚未建立，中央部门所属事业单位中，有705家公益一类及1104家公益二类事业单位基本延用改革前补助政策。

（三）中央与地方财政关系尚未理顺。

1. 共同财政事权转移支付管理不完善。为适应中央与地方财政事权和支出责任划分改革需要，财政部2019年设立54项共同财政事权转移支付，其中17项未出台对应领域财政事权与支出责任划分方案；部分已出台划分方案的仍沿用原专项管理办法，在项目设立、央地分担比例、资金分配等方面，未体现共同财政事权特征。

2. 转移支付分配不够规范严格。2020年，财政部管理的转移支付和发展改革委管理的投资专项分别为98项、74项。抽查发现其中42项在管理分配中存在以下问题：

一是分配中存在随意性。主要是未按规定办法分配、无明确标准调整分配规模，或对同类地区同类项目分配标准不一，涉及19项转移支付和5个投资专项。如老工业地区振兴发展投资专项向湖南省3个道路项目以投资总额30%比例补助3357万元，又以20%比例向该省另2个道路项目安排1148万元。

二是支持方向交叉雷同。涉及3项转移支付和9个投资专项。如财政部2项转移支付与发展改革委2个投资专项均包含城市管网、黑臭水体治理等项目。发展改革委2个投资专项均投向产业园区基础设施建设；财政部2项转移支付均安排南水北调生态补偿资金。

三是未及时向地方下达。涉及8项转移支付和3个投资专项。其中，3项转移支付未达到提前下达70%的规定比例；4项转移支付预算154.5亿元年初未细化至具体地区；1项转移支付的14.62亿元资金下达后，要求地方使用时再次上报审核。3个投资专项211个项目的承建单位自发展改革委下达投资计划，至收到财政部门预算指标的平均时长114天。

3. 对地方财政管理不到位，未及时发现纠正地方错误或违规行为。财政部对47个地区的财政专户监控不到位，其中44个地区通过专户延压收入360.33亿元或虚列支出102.36亿元。发展改革委对地方自行缩减内容、未按期开（完）工或暂停的13个投资项目（涉及中央财政投资17.78亿元），未及时督促整改。

## 二、中央部门预算执行审计情况

审计了43个中央部门及所属439家单位，抽查财政拨款2314.33亿元（占31.44%）。从审计情况看，预算执行情况总体较好。有关部门和单位积极压减非急需非刚性支出，财政拨款预算执行率89.08%，比上年提高0.24个百分点。发现的主要问题：

（一）部门预算不够完整准确，少（多）报预算、代编预算等问题依然存在。共涉及20个部门和98家所属单位、资金12.8亿元。其中，9个部门未将63家所属单位收支2.89亿元纳入年初预算；14个部门和93家所属单位未将投资收益、利息收入等8.94亿元纳入年初预算；3个部门和4家所属单位以同一项目等多申领预算1470.85万元；4个部门和4家所属单位代编预算8250.9万元。

（二）违反中央八项规定精神和过紧日子要求。共涉及29个部门和176家所属单位、资金9.05亿元。

1. “三公经费”等管理不严。3个部门和28家所属单位超标准配备公务用车、无偿占用下属单位车辆97辆，违规发放车补68.19万元；3家所属单位出国团组转嫁费用40.81万元。8个部门和13家所属单位无（超）计划召开会议1271个。8个部门和10家所属单位摊派或违规收（支）会议费1454.01万元。2个部门和17家所属单位违规发放津补贴等5440.4万元。3家所属单位超标配备办公用房1489.63平方米，2个部门违规装修办公楼，涉及761.29万元。

2. 依托部门职能或行业资源违规收费。7个部门和46家所属单位违规开展资质评审、评比表彰等，转嫁、摊派或收费3.92亿元；1个部门和15家所属单位通过出租期刊版面等获得收入5867.43万元。还有13家所属单位的190人违规投资入股企业，11人在行业协会等兼职或取酬5.85万元。

3. 年底突击花钱等现象有禁不止。一些部门抢在年底虚列预算支出，有9个部门和24家所属单位通过提前支付合同款等方式列支2.49亿元。还有10个部门和50个所属单位超预算超范围列支1.26亿元。

（三）预算管理存在薄弱环节。政府采购方面，3 个部门和 7 家所属单位政府采购预算（计划）不完整，涉及 7451.98 万元；16 个部门和 37 家所属单位存在未公开招标、违规转分包等问题，涉及 5.71 亿元。资金管理方面，3 个部门和 16 家所属单位违规将 577.16 亿元账外存放、大额提现或出借理财等；18 个部门和 54 家所属单位 8.29 亿元存量资金未按时清理或上缴；2 个部门和 2 家所属单位损失浪费 5022.84 万元。财务核算方面，10 个部门和 34 家所属单位少计或未按时上缴收入 20.4 亿元；7 个部门和 27 家所属单位 6.85 亿元往来账款长期未清理；6 个部门和 19 家所属单位存在会计核算不准确等问题 19.88 亿元。全面预算绩效管理方面，17 个部门和 245 家所属单位的 587 个项目绩效目标不完整、未细化或脱离实际；7 个部门和 57 家所属单位的 153 个项目未按规定开展绩效评价或自评结果不真实、不准确。

多年来，上述中央部门预算执行的不少问题屡次出现，所属二、三级单位尤为突出，反映出部门预算管理体制机制还不完善、制度执行还不到位。对照全国人大常委会关于健全完善审计整改长效机制的相关意见，具体分析如下：

一是预算编报和审核批复缺乏刚性约束。一些部门预算意识不强，编制预算时仍习惯于“基数＋增长”，财政部门对各部门预算审核把关有待进一步加强，预算执行评估结果与下年度预算安排挂钩机制还需强化。

二是预算管理存在制度空白。随着预算管理体制改革的不断深化，一些预算相关领域旧制度已废止，但新制度未及时建立，出现管理盲区。

三是部门财务管理能力滞后。近年来，按照党中央、国务院部署要求，中央财政推出全面预算绩效管理、三年支出规划、预决算公开、政府会计制度等改革举措，但一些部门财务管理建设相对滞后，财务人员能力不适应，难以精准把握和落实政策意图。

四是追责问责制度执行不到位。预算执行链条长、环节多、涉及面广，很多违反财政法规的问题实际都是单位行为。实际工作中多以通报批评、下不为例为主，警示教育效果不明显。

## 三、重点专项资金和重大投资项目审计情况

（一）全国基本医疗保险基金审计情况。2020 年，全国基本医疗保险（包括职工基本医疗保险和城乡居民基本医疗保险）参保人数达 13.61 亿人，参保覆盖面稳定在 95% 以上，基金运行总体安全平稳。发现的主要问题：

1. 骗取套取花样翻新。8780 家定点医药机构、中介机构及参保人员涉嫌骗取套取基金 10.59 亿元。与以往单一通过虚开药品多报销的手段相比，目前手段更加隐蔽、载体更加多样。一是虚开难以核实诊疗记录的项目。推拿、针灸等因不需耗材或缺乏计量标准等，被一些定点医疗机构大量虚开以提高结算基数。二是不法中介串联群体性骗保。一些不法中介利用定点医药机构多结算、参保人员多报销的利益趋同性，从中勾连助推以赚取手续费实现“三赢”。加之民政、医保等部门间数据不共享、报销单据审核手段有限，无法精准识别骗套行为，发现后也主要采取罚款、拒付等手段，难以起到震慑作用。

2. 统筹级次较低。至 2020 年底，全国共有 578 个职工基本医疗保险和 561 个城乡居民基本医疗保险统筹区，基本停留在市级统筹层面。

3. 部分医保政策未落实。28 省 17.82 万人未在户籍所在地参保，10 省 8.44 万人应获未获补助 858.59 万元；7 省 18 家中央或省属单位未按要求纳入医保属地化管理，涉及 260.43 万人；24 省 2865 家公立医院违规线下采购药品耗材，或未按时支付带量采购货款等 23.17 亿元。

4. 违规收支 71.55 亿元。收入方面，22 省 81 县少拨付中央医保补助或少安排地方补助 30.18 亿元；11 省 1 万多家机关事业单位少缴欠缴医疗保险费 24.21 亿元。支出方面，16 省 36 个单位挤占挪用等 15.99 亿元；28 省 330 家经办机构违规支付工伤医疗等非基金承担费用 1.17 亿元。

（二）全国基本养老保险基金审计情况。至 2020 年底，全国基本养老保险（包括企业职工、城乡居民和机关事业单位 3 项）参保人数达 9.99 亿人。各级政府逐年加大财政补贴力度，职工养老保险待遇实现“十六连调”。发现的主要问题：

1. 应保尽保仍有漏缺。至 2020 年底，全国 1551 家单位的 22 万人未按要求纳入机关事业单位养老保险参保范围。26 省 28.2 万人未在户籍所在地参加城乡居民养老保险，18 省 10.4 万人未按时足额获得补助 838 万元。

2. 违规收支 46.3 亿元。收入方面，24 省 197 家单位违规少缴或截留 1.2 亿元，18 省 3359 家单位应获未获保费减免 1.6 亿元。支出方面，全国 4.62 万人跨险种跨统筹区重复领取 3.7 亿元，17 省

挤占挪用39.8亿元用于日常经费、其他社会保障支出等。

（三）保障性安居工程审计情况。审计的6省6市及所辖66县2020年共筹集建设资金475.41亿元，至2020年底开工改造老旧小区962个、棚户区住房5.23万套，公租房在保户数达30.69万户。发现的主要问题：

1. 部分政策落实不精准。住房保障方面，5市5730套公租房被违规占用或长期空置，有7.27万人应获未获公租房保障。老旧小区改造方面，2市241个已改造小区不符合改造标准，138个小区符合标准未优先改造；抽查1207个已完工小区发现，365个未按规定配备专门物业，消防等设施时有损坏。

2. 资金违规使用或闲置。8县将19.49亿元用于弥补公用经费、非安居工程建设等，22县的79.73亿元闲置1年以上。

（四）城乡义务教育补助经费审计情况。2020年，审计的66个地区共安排城乡义务教育补助经费1217.05亿元（其中中央补助964.28亿元、本级预算252.77亿元）。审计发现，经费管理使用存在套取、挪用等问题，拖欠发放补助情况时有发生。3县通过虚报学生人数等套取8124.98万元；23个地区将1.97亿元挪用于平衡预算、偿还债务或人员经费等；1县1308.93万元闲置2年以上。5县184个校舍维修改造项目未按期开（完）工或建成后长期闲置。

（五）生态环保资金审计情况。重点抽审了20省2018年至2020年大气污染防治、退耕还林等7项生态环保资金3138.62亿元。结果表明，20省3年来共出台相关资金和项目管理制度132项，淘汰燃煤锅炉等8万余座，消除黑臭水体1790条，新增造林面积1.49亿亩，生态环境持续改善。发现的主要问题：

1. 中央支出责任落实存在越位。根据相关改革方案，区域内污染防治由地方承担主要支出责任，中央财政可予适当支持，但部分领域实际高度依赖中央财政，2020年全国4854个土壤污染防治项目中，有80%的项目中央投入占比超过90%。

2. 政策激励和引导作用发挥不充分。一些专项资金定位多元、政策目标冲突。有的既作为专项转移支付改善生态，又作为均衡性转移支付补充地方财力，实际分配范围逐步扩大。如18省3年将重点生态功能区转移支付530.78亿元（占31.85%），安排给894个非重点生态县域。部分退耕还林专项与耕地保护政策相冲突或脱离实情，6省将已享受退耕还林补贴的退耕土地重复申领农业支持保护补贴11.3亿元，3省因无耕地可退申请减少任务56.76万亩。

3. 部分资金和项目绩效不佳。16省动用10.9亿元用于修建公园、雕塑等景观工程，17省38.17亿元被套取骗取或挤占挪用，7省的3.23亿元闲置资金未及时上缴财政或统筹使用，18省的112个项目未按时开（完）工或建成后效益不佳。

## 四、重大政策措施落实跟踪审计情况

2020年7月以来，每季度选择若干项具有全局性、关键性的重大经济政策措施，集中开展落实情况跟踪审计。

（一）新增财政直达资金审计情况。组织全国审计机关对2万亿元新增财政资金进行跟踪审计。至2020年底，实行直达市县基层管理的1.7万亿元中，除40亿元结转下年、50亿元拨付2家中央部门外，其余1.69万亿元资金已全部下达地方；省级财政除预留少量资金外，其余1.66万亿元已全部下达市县基层；地方各级财政已支出1.56万亿元，尚未支出的均按程序结转下年。

审计结果表明，党中央、国务院作出新增财政资金直达市县基层直接惠企利民的重大决策部署，有力支持保障了大规模减税降费政策的落实到位，促进了上亿市场主体的生存发展，为做好“六稳”工作、落实“六保”任务特别是保居民就业、保基本民生、保市场主体，从而赢得各项工作主动权发挥了重要支撑作用。创新实施的特殊转移支付机制使资金下达更快捷、投向更精准、监管更有效，资金分配管理使用总体严格规范。但也发现部分地区资金分配不精准、下达支付不及时、扩大支出范围或虚报冒领、虚列支出或违规拨付等问题金额391.53亿元。至2020年底，有关地方已通过重新分配、收回资金、加快拨付等整改220.89亿元，促进新开工和调整项目1086个。

（二）金融服务实体经济审计情况。审计的19家金融机构不断加强普惠金融服务，企业融资难融资贵问题得到缓解。发现的主要问题：

1. 信贷审查不严影响“房住不炒”政策落实。重点核查4家银行1121笔10.94亿元可疑的个人经营性贷款和消费贷款发现，由于信贷申请、发放和使用等环节审查管理不严，有353笔1.79亿元转入房地产企业，其中231笔明确备注“购房”等信息。

2. 服务小微企业有偏差。5家金融机构通过存贷挂钩、违规收费等方式增加企业融资成本21.6亿元；2家金融机构违反政策要求，对受疫情影响的企业或个人抽回贷款或未办理贷款延期，涉及资金18.13亿元。

（三）政府债务风险审计调查情况。重点调查了17省本级、17市本级和21县共55个地区的政府债务管理情况，并延伸了其他地区。2020年底，重点调查的55个地区政府债务余额5.07万亿元，平均债务率较上年降低13个百分点。债务风险总体呈收敛态势，但仍存在专项债券重发行轻管理的问题。至2020年底，55个地区专项债余额1.27万亿元中有413.21亿元（占3.25%）未严格按用途使用，其中5个地区将204.67亿元投向无收益或年收入不足本息支出的项目，偿债能力堪忧。

（四）税收征管和减税降费政策落实审计情况。对税务总局和17省市税收征管及其他相关情况的审计结果表明，有关部门和地区认真贯彻党中央、国务院部署要求，新出台实施40项减税降费政策，认真实施阶段性大规模减税降费措施，积极推行"非接触式"办税缴费，明显减轻市场主体负担，有力推动了保市场主体目标落实，但具体执行中仍存在一些问题：

1. 税费优惠政策未全面落实。36个地区1.19万户企业未享受税费政策优惠108.16亿元，97户未及时享受优惠10.04亿元；12省41家单位违规收取已取消的行政事业性收费、依托行政资源转嫁费用1.87亿元；13省和24户央企向中小企业等多收电费、少减免房租8635.78万元。

2. 违规返还税款造成财政收入流失。15省市以财政奖励等名义返还税款238.73亿元，返还比例大多为地方分成收入的90%以上。

3. 违规征收过头税费增加企业负担。20个地区在应税事项未发生、缴税时限未到期等情况下，向111户企业多征预征税费29.9亿元；21个地区通过直接出台政策、作为工程款支付前置条件等方式，向1081户施工企业预征税款9.38亿元。

（五）脱贫攻坚和乡村振兴相关政策及资金审计情况。审计了28省137县乡村振兴政策落实及资金管理使用情况，共抽查资金903.28亿元、项目9251个，入户走访1.65万户家庭。结果表明，抽审地区99%有劳动力搬迁家庭实现了至少1人就业，77%的搬迁家庭获得产业扶持，农民增收渠道进一步拓宽，未发现规模性返贫风险。发现的主要问题：

1. 易地搬迁后续扶持仍需加强。对照中央"稳得住、有就业、逐步能致富"要求，在以下3方面仍存薄弱环节：一是就业扶持方面。12县4000多户有劳动力的搬迁家庭未实现至少1人就业；43县存在就业技能培训与市场脱节、拼凑人数等问题；11县3.16万名搬迁群众应纳未纳入返贫致贫监测。二是产业扶持方面。35县投资11.41亿元的341个项目效益不佳，其中139个建成后闲置或废弃；38县投入14.18亿元的333个项目未与搬迁群众建立稳固的利益联结，有的未按约定吸纳搬迁群众就业或兑现分红承诺。三是配套设施方面。35县的417个集中安置小区水电暖供应、周边道路等配套不到位，影响5.09万户搬迁家庭；7县31个小区因配套教育资源不足等，3800多名适龄儿童未能就近入园入学。

2. 乡村产业项目引领效应不够。抽查发现，8县30个农业园区在主导产业、建设内容等方面同质化严重，一定程度上分散了产业资源，难以发挥产业聚集效应；29县97个产业项目选址不当、管理不善，运营效益不佳，有的已面临拆除或倒闭，涉及投资7.22亿元；22县33个乡村产业项目偏离产业定位，2.41亿元被用于修建办公用房、公用经费等。

3. 涉农资金下拨错配农时。抽查8省2年接收的1020.66亿元农业生产发展资金发现，涉农资金分配部门多、链条长，有579.42亿元在省级财政未按规定时限下拨，其中17.23亿元到达基层后已错过农时。

此外，农村人居环境整治仍需加大力度，51县14.56万座已改造厕所因质量等问题无法使用；47县2469个污水或垃圾设施处理能力不足或未有效发挥作用，涉及投资6.34亿元。

## 五、国有资产审计情况

结合中央部门预算执行审计、经济责任审计、自然资源资产离任（任中）审计、政策跟踪审计等项目，重点审计了企业、金融、行政事业和自然资源等4类国有资产管理使用情况。

（一）企业国有资产审计情况。重点审计的11户央企2019年底账面资产总额20.27万亿元、负债总额13.6万亿元、国有资本权益4.06万亿元，国有资本保值增值率介于103.2%至123.4%之间。发现的主要问题：

1. 部分企业会计信息不真实。11户央企及236家所属单位资产不实389.36亿元（多计资产72

亿元、少计资产 317.36 亿元),占资产总额的 0.19%。

2. 存在部分低效无效资产。6 户收到的 16.7 亿元财政补助资金长期闲置;6 户压控存货和应收账款不到位;4 户存在资产损失(风险)58.5 亿元。

3. 国有经济布局和结构调整聚焦主责主业不够。2 户 11 个重大油气项目因论证不充分、未完成招标等进展缓慢,2 户重组调整后仍存在产业布局重复、内部无序竞争等问题;3 户科技创新和转型发展不足,如 1 家药企 6 年投入 21.73 亿元研发资金中,有 93% 用于升级产品外观等非新药研发技术。有的偏离主业投资,1 户以产业园区名义投资非主业酒店项目,2 户开展非主业金融投资等。

(二)金融企业国有资产审计情况。审计的 5 户中央金融企业和 2 户地方银行 2019 年底资产总额 39.48 万亿元、负债 36.18 万亿元,净资产收益率介于 10.4% 至 22.7% 之间。发现的主要问题:

1. 金融资源配置仍有脱实向虚倾向。2 户未按要求对 44.54 万份农险保单降低费率;3 户支持小微和民营企业的相关业务规模萎缩、占比过低或停滞不前。5 户违规为地方政府及(类)融资平台提供融资 580.65 亿元,6 户以信贷、理财等方式违规投入房地产领域 744.68 亿元。

2. 违规开展业务。涵盖存款、信贷、理财、信托、保险等多个业务领域。5 户违规通过产品交叉投资、设置不合理条件等开展理财和信贷业务 6594.93 亿元;4 户通过保费返还等不正当竞争手段开展保险业务等 499.2 亿元。6 户 2807 个采购项目(合同金额 381.49 亿元)未公开招投标或程序不合规。

3. 资产风险管控不严格。7 户会计核算均不够真实和准确,合计多计利润 46.99 亿元;6 户通过降低标准、虚假转让等方式掩盖不良资产 1423.14 亿元;4 户 13 个投资项目形成亏损(浮亏)256.89 亿元。7 户信息系统不同程度存在安全性弱、功能不健全等问题。

(三)行政事业性国有资产审计情况。43 个中央部门及所属单位和 4 所高校(以下统称单位)积极推进资产管理与预算管理的有机结合,健全国有资产管理制度,规范国有资产配置、管理和使用。发现的主要问题:

1. 国有资产报告范围不完整。2020 年,财政部报告的 2019 年度国有资产管理情况中,漏报 3 个部门的固定资产等 786.96 亿元和文物文化资产 3062 件。65 家单位 64.45 亿元资产和 264.94 万平方米土地、房产,因未纳入合并报表或未办理产权登记等,造成账实不符。

2. 资产统筹调剂不到位。8 家单位存在房产出租或闲置的同时又租入房产的情况,增加房租等支出 2.25 亿元。69 家单位的 239.12 万平方米房产、土地及价值 7766.5 万元的设备等长期闲置;4 所高校单价超 50 万元的 174 台科研仪器未对外提供服务,也未达到规定使用机时,其中 4 台近 3 年使用机时为零。

3. 违规出租(借)或处置资产。41 家单位未经审批出租出借资产,租金收入 8.2 亿元用于弥补日常经费等;9 家单位自行变卖、报废或转让资产 12.28 亿元;17 家单位无偿或低价出租出借资产;50 家单位资产出租处置收入 8566.4 万元未按规定上缴财政。2 家所属单位未履行报批程序对外投资 1250 万元。

(四)国有自然资源资产审计情况。对 16 个地区和部门 25 名领导干部自然资源资产离任(任中)审计结果表明,相关地区和单位及领导干部能够认真践行习近平生态文明思想,扎实推进自然资源开发保护。发现的主要问题:

1. 资源环境规划落实存在堵点。从规划出台"最先一公里"看,中央部门未对相关自然资源规划细化分解或制定配套措施,地方难以落实。从规划传导"中间段"看,部分地方未按要求编制区域规划或编制时自行降低标准。从规划落实"最后一公里"看,相关预算保障、目标考核等政策工具不够协同。

2. 高标准农田建设量质不同步。至 2020 年底,全国已建设的高标准农田中,抽查发现 13 个地区虚报完成量 558.16 万亩,30.33 万亩"非农化"、"非粮化"。质量上也未全部达标,151.75 万亩建在超标陡坡或因偷工减料质量差。因配套不完善或管护不到位,48 县 210 个高标准农田项目的灌溉设施无法正常使用。

3. 不可再生资源规范化集约化利用程度不高。2 省为条件不符的 95 家矿企违规办理采矿权延续;2 省的 176 座矿山违规越界、超核定能力开采或未开展沉陷影响评估;5 省三成以上的矿山地质环境重点治理区未启动生态修复;9 个地区违规取水或超采地下水 8.82 亿立方米;2 省 6.53 万眼非法灌溉机井尚未清理。

4. 部分生态文明建设改革任务推进不力。11 省未按要求出台环保领域省以下财政事权和支出责任改革方案,其中 3 省 59 县近 3 年已为生态修复等举债108.05亿元。3省的2421条河流未严格落实河长制相关要求,2省生态环境损害赔偿制度改革尚未真正启动。

5. 生态环境风险隐患未消除。5省783座尾矿库未按要求关闭或进行环境评估、地下水监测。2省148万吨垃圾渗滤液和870万立方米建筑垃圾长期未处置。2省509家土壤环境重点监管企业未开展土壤环境监测,2省部分受污染耕地未实施安全利用措施或在土壤污染区开垦耕地。

## 六、重大违纪违法问题线索情况

2020年5月以来,上述审计共发现并移送重大问题线索192起,涉及1430多亿元、1160多人。

(一)公共资金资产损(流)失问题较突出。共发现此类问题线索80多起,涉及70多亿元,多与掌握资金分配、项目审批、资产管理、招标采购等权力的公职人员设租寻租有关。有的怠于监管甚至纵容造假,使漏洞明显、手法拙劣的申报资料屡屡通过审核;有的利用职权及影响力直接插手、居间协调或借道中介干预招投标等事项,向特定关系人入股企业输送利益。如上海浦东发展银行原副行长穆矢幕后操纵其配偶插手本行业务,违规为关联企业提供融资通道业务,涉嫌受贿2000万元,已接受纪委监委纪律审查和监察调查。

(二)基层微腐败侵蚀群众获得感。共发现此类问题线索50多起,涉及1亿多元,主要发生在安居、扶贫等民生领域和县乡镇等基层单位。一些基层工作人员在名额分配、资金管理、物资发放等环节,利用信息采集、现场勘查、数据录入等"末梢"权力贪污截留、收受贿赂或优亲厚友。如安徽省砀山县一乡镇干部指使他人通过伪造合同、虚开发票等手段,骗取扶贫资金135.5万元。

(三)金融乱象有所变异。共发现非法集资、传销等问题线索20多起,涉及1330多亿元。一些不法团伙不断升级诈骗手法以增强迷惑性,有的利用合法牌照开展灰色活动,有的披上高科技新业态外衣,有的假借评级机构或政府背景为其增信。如北京、深圳等地的10家公司,以养老、理财等名义非法吸收公众存款700多亿元,其中200多亿元存在兑付风险。

(四)涉税涉票问题依然存在。共发现偷逃税款等问题线索9起,涉及金额18亿多元。多发生在汽车销售、农产品采购、高收入群体个税缴纳等领域。有的企业跨省联手,通过虚构业务、串通定价等,短期内虚开大量发票抵扣税款并随即注销;有的高收入人员恶意出让转移资产,逃缴高额个税。

## 七、审计建议

当前,我国经济社会发展仍面临不少风险挑战,经济稳定恢复的基础尚不牢固。需立足新发展阶段,贯彻新发展理念,构建新发展格局,增强忧患意识,坚定必胜信心,坚持底线思维,推动经济持续恢复和高质量发展。按照党中央、国务院的决策部署,结合审计反映的情况与问题,审计建议:

(一)坚持稳中求进工作总基调,保持宏观政策连续性稳定性。一是着力推动积极财政政策提质增效、更可持续。落实好今年2.8万亿元财政资金直达机制,督促去年2万亿元直达资金和3.75万亿元地方政府专项债券结转资金尽快形成实物量;进一步明确界定、科学测算基层"三保"范围,既加大转移支付精准弥补缺口,又防止随意扩大支出范围或脱离实际过度保障;当前一些基层财政支出压力加大,要抓紧清理和规范部分地方违规返还税收行为,避免财政收入大量流失影响财政可持续性。二是着力推动稳健货币政策灵活精准、合理适度。把金融服务实体经济放在更加突出位置,及时纠正金融资源脱实向虚问题,处理好恢复经济与防范金融风险的关系。多渠道补充银行资本金,严肃查处金融机构违规经营行为。

(二)深化财税改革,不断提升财政管理水平。一是加强财政资源统筹。加强一般公共预算与其他三本预算的衔接;进一步统筹盘活存量资金,切实提高国有资本经营预算的覆盖面和国有资本经营收益上缴比例。二是发挥好财政支出标准的基础引导作用。建立健全不同行业、不同地区、分类分档的预算项目支出标准体系并据实动态调整,将支出标准作为预算编制的基本依据;进一步细化量化政府过紧日子要求,不断增强预算刚性。三是优化财政支出结构。规范共同财政事权转移支付管理,加快出台相关领域财政事权与支出责任划分方案;对现行专项转移支付资金全面后评估,严格按照设立、退出制度和考核结果,调整专项转移支付相关政策,促进提高资金使用绩效。

(三)加强制度建设和统筹协调,增强重点领域改革规范性系统性。提升基本医疗保险统筹层次,补齐制度短板。辩证处理好改善生态和发展经济的关系,推动有序开展碳达峰、碳中和工作。按照建立现代财税体制的要求,改进重点领域财政管理方式，推进预算和绩效管理一体化。明晰企业、金融、行政事业和自然资源等4类国有资产的范围、边界、标准等，夯实中央政府综合财务报告编制基础。

（四）坚持底线思维，防范化解突出风险隐患。财政风险方面，加强地方债务实时监测，精准识别变相举借债务行为并严肃问责，有效遏制地方政府隐性债务。金融风险方面，指导地方加快推进国有金融资本集中统一管理，加强对区域内中小银行监管，防范发生区域性金融风险。生态及粮食安全方面，加强自然资源和环境保护执法检查，有效防止损害生态环境的风险隐患，扎实搞好粮食生产能力建设，确保粮食安全。

本报告反映的是中央预算执行和其他财政收支审计发现的主要问题，有关具体情况以附件形式印送各位委员并依法公告。审计指出问题后，有关地方、部门和单位正在积极整改，审计署将加强跟踪督促，国务院将在年底前向全国人大常委会报告全面整改情况。

今年是中国共产党成立100周年，也是“十四五”开局之年，做好各项审计工作意义重大。我们将更加紧密地团结在以习近平同志为核心的党中央周围，坚持以习近平新时代中国特色社会主义思想为指导，全面贯彻落实党的十九大和十九届二中、三中、四中、五中全会精神，自觉接受全国人大监督，依法履行审计监督职责，为“十四五”开好局、起好步作出新的更大贡献，以优异成绩庆祝建党100周年！

# 国务院关于今年以来国民经济和社会发展计划执行情况的报告

——2021年8月18日在第十三届全国人民代表大会常务委员会第三十次会议上

国家发展和改革委员会主任　何立峰

全国人民代表大会常务委员会：

受国务院委托，我向全国人大常委会报告今年以来国民经济和社会发展计划执行情况，请审议。

今年以来，面对严峻复杂的全球疫情和外部环境以及国内经济恢复发展中的矛盾问题，在以习近平同志为核心的党中央坚强领导下，各地区各部门深入贯彻落实党中央、国务院决策部署，认真执行十三届全国人大四次会议审议批准的《政府工作报告》和2021年国民经济和社会发展计划，落实全国人大财政经济委员会的审查意见，立足新发展阶段，完整、准确、全面贯彻新发展理念，构建新发展格局，推动高质量发展，统筹发展和安全，持续巩固拓展疫情防控和经济社会发展成果，扎实做好“六稳”工作、全面落实“六保”任务，立足当前、着眼长远，精准实施宏观政策，我国经济持续稳定恢复、符合预期，呈现稳中加固、稳中向好态势，生产需求继续回升，质量效益稳步提高，改革开放不断深化，内生动力逐步增强，人民生活持续改善，社会大局和谐稳定，为庆祝中国共产党成立100周年营造了良好环境，为实现全年经济社会发展目标打下了坚实基础。上半年国内生产总值同比增长12.7%，两年平均增长5.3%，其中二季度同比增长7.9%，环比增长1.3%，两年平均增长5.5%；上半年居民消费价格指数（CPI）同比上涨0.5%，其中二季度同比上涨1.1%；上半年城镇新增就业698万人，城镇调查失业率平均为5.2%，6月份已降至5%的较低水平；6月末外汇储备为32140亿美元，与上年末基本持平；用电量、货运量等实物量指标匹配度较好，主要指标符合预期目标要求。

（一）持续抓好常态化疫情防控，巩固了抗疫重大战略成果。落实《政府工作报告》和计划报告关于更好统筹疫情防控和经济社会发展的要求，坚持“外防输入、内防反弹”，抓紧构筑免疫屏障，扎密筑牢疫情防线。国内疫苗研发接种步伐明显加快。持续推进疫苗和药物研发，提升对变异毒株的适应性。多措并举扩大疫苗产能产量，分批次加快推进疫苗接种工作。疫苗接种能力不断提升，截至8月10日累计接种18.1亿剂次。各项防控措施有力有效。进一步加强隔离观察、进口物品防控、变异病毒监测、口岸能力建设等外防输入措施。巩固早发现早报告早隔离早治疗、重点环节防控、聚集性疫情应急处置等内防反弹举措，做好法定节假日疫情防控。疫情国际联防联控持续推进。我国两种疫苗已纳入世界卫生组织紧急使用清单,向 150 多个国家和 13 个国际组织提供抗疫物资援助,向 100 多个有需要的国家提供疫苗。

(二)把握好宏观调控时度效,政策效果不断显现。落实《政府工作报告》和计划报告关于保持宏观政策连续性稳定性可持续性的工作部署,强化政策协调落实和预期引导,根据经济恢复态势掌握好调控的节奏、力度和重点,政策前瞻性、精准性、有效性不断增强。积极的财政政策提质增效。落实落地支持小微企业和个体工商户、研发费用加计扣除等税收优惠政策,扩大先进制造业增值税期末留抵退税政策实施范围,上半年累计新增减税降费 3659 亿元。在落实减税降费政策的基础上,上半年全国财政收入增长 21.8%,呈现恢复性增长态势。进一步大幅压减非急需非刚性支出,坚持节用为民、过紧日子。加快中央财政直达资金分配使用,有力支持基层做好"三保"工作,有效发挥惠企利民作用,截至 6 月末 2.8 万亿元直达资金中已下达 2.59 万亿元,各地区形成支出 1.635 万亿元,支出进度达到 63.1%。稳健的货币政策灵活精准。保持市场流动性合理充裕,6 月末广义货币($M_2$)余额、社会融资规模存量分别增长 8.6%、11%。下调金融机构存款准备金率 0.5 个百分点,更好支持实体经济发展。继续实施直达实体经济的货币政策工具,信贷结构持续优化,6 月末制造业中长期贷款余额同比增长 41.6%,普惠小微贷款余额同比增长 31%,推动金融机构减费让利惠企利民。上半年首次公开发行(IPO)上市融资 2093 亿元。通过上调外汇存款准备金率和预期管理等方式稳定人民币汇率。就业优先政策持续发力。延续实施普惠性失业保险稳岗返还、以工代训扩围、困难人员培训生活费补贴等减负稳岗扩就业政策,落实好重点群体就业创业的税费减免、创业担保贷款贴息、就业创业补贴等政策。举办全国大中型企业面向应届高校毕业生双选月活动。加强脱贫人口、残疾人、零就业家庭成员就业帮扶。进一步拓宽灵活就业渠道。大宗商品保供稳价力度加大。制定原材料价格上涨应对方案以及分品种保供稳价工作方案,分批适当投放铜铝锌等大宗原材料国家储备。有序投放国家化肥商业储备。加强期现货市场联动监管,排查异常交易和恶意炒作行为。市场信心和预期总体稳定。加强宣传舆论引导,深入解读经济形势和政策措施,积极稳定市场预期。6 月份,制造业采购经理指数(PMI)、非制造业商务活动指数分别为 50.9%、53.5%,连续 16 个月保持在荣枯线以上。

(三)着力提升科技创新能力,产业结构持续优化。按照《政府工作报告》和计划报告关于依靠创新推动实体经济高质量发展的工作部署,充分发挥科技创新的引领带动作用,产业基础能力和产业链现代化水平进一步提升。重大创新成果不断涌现。"天问一号"探测器成功着陆火星,空间站"天和"核心舱、"天舟二号"货运飞船、"神舟十二号"载人飞船发射成功并完成对接,我国首座 1500 米水深半潜式生产储油平台"深海一号"正式投产,"海牛Ⅱ号"刷新深海海底钻机钻探深度世界纪录,上海软 X 射线自由电子激光装置成功获得首批试验数据,自主第三代核电机组"华龙一号"投入商业运行。"卡脖子"关键核心技术攻关持续加强。大力推行"揭榜挂帅"、"赛马"等制度机制,关键核心技术攻关取得阶段性成效。重大科技任务加快推进,首批国家实验室挂牌,全面推进国际科技创新中心、综合性国家科学中心建设,国家战略科技力量不断强化。深入推进全面创新改革工作,强化企业创新主体地位,推动产业链上中下游和大中小企业融通创新。创新创业创造推动新动能蓬勃发展。全国已布局建设 212 家双创示范基地、8500 多家众创空间和 5800 多家科技企业孵化器。加快建设全国一体化大数据中心算力枢纽,深入推进产业数字化智能化改造、数字经济新业态培育,持续推进 5G 和千兆光网建设应用,6 月末 5G 手机终端连接数已达 3.65 亿户。疫苗、诊断试剂、创新药物等生物医药行业快速成长。上半年高技术制造业增加值同比增长 22.6%,其中电子、医药行业同比分别增长 24.4%、29.5%,发明专利授权量同比增长 55.9%。企业生产效益总体稳定向好。深入实施制造业核心竞争力提升五年行动计划,加快推动传统产业转型升级,推进先进制造业和现代服务业融合发展。工业生产保持较快增长,上半年规模以上工业增加值同比增长 15.9%,两年平均增长 7%,其中二季度同比增长 8.9%,制造业增加值占国内生产总值比重同比上升,上半年工业企业利润同比增长 66.9%。服务业进一步恢复,上半年第三产业增加值同比增长 11.8%,两年平均增长 4.9%,其中二季度同比增长 8.3%。

(四)积极扩大居民消费和有效投资,内需潜力不断释放。按照《政府工作报告》和计划报告关于坚持扩大内需这个战略基点的要求,着力畅通供需循环,持续拓展内需空间,加快培育完整内需体系。消费持续回升。启动商品市场优化升级专项行动,组织开展全国消费促进月、双品网购节等促消费活动，商品消费稳步恢复，通讯器材、体育娱乐用品等升级类商品增势良好。完善消费场所常态化疫情防控措施，促进节假日消费需求释放，餐饮、旅游、文化、体育、娱乐等服务消费持续回暖，餐饮收入已恢复至2019年同期水平。推进线上线下消费融合，直播电商、智能家居等新型消费蓬勃发展。上半年社会消费品零售总额同比增长23%，两年平均增长4.4%，其中二季度同比增长13.9%；上半年实物商品网上零售额同比增长18.7%，占社会消费品零售总额比重达到23.7%。投资稳定恢复。加大补短板投资力度，持续推进"两新一重"项目建设，有序实施"十四五"规划纲要确定的102项重大工程，优化中央预算内投资结构，合理安排地方政府专项债券发行进度，督促地方做好项目前期工作，提高储备项目质量，加强资金、土地等要素保障，落实支持制造业投资、民间投资的各项政策。上半年固定资产投资同比增长12.6%，两年平均增长4.4%，其中二季度同比增长5.9%；制造业投资同比增长19.2%，两年平均增长2%、比一季度提高4个百分点；民间投资占全部投资比重达57.8%，同比提高1.4个百分点；高技术产业投资同比增长23.5%。

（五）进一步深化改革扩大开放，发展活力稳步提升。按照《政府工作报告》和计划报告关于深入推进重点领域改革和实行高水平对外开放的工作部署，加快推动各项改革举措落地见效，进一步巩固外贸外资基本盘，积极拓展我国际经贸交往空间。重点领域改革不断深化。加强要素市场基础制度建设，制定要素市场化配置综合改革试点总体方案。印发实施建设高标准市场体系行动方案。支持浦东新区高水平改革开放、打造社会主义现代化建设引领区。统筹推进国有企业混合所有制改革和支持民营企业改革发展。推进国有经济布局优化和结构调整。建立健全生态产品价值实现机制。印花税法正式出台。深交所主板和中小板合并顺利实施。首批基础设施领域不动产投资信托基金（REITs）试点项目成功上市。"放管服"改革和优化营商环境成效持续显现。深入实施优化营商环境条例，扎实开展营商环境评价。制定市场主体登记管理条例，统一市场主体登记管理。上半年日均新设市场主体7.7万户，同比增长25.5%。清理规范城镇供水供电供气供暖行业收费。在部分地区开展内地居民婚姻登记"跨省通办"试点。强化反垄断和反不正当竞争执法，加大对平台企业监管力度，坚决遏制资本无序扩张势头。外贸外资快速增长。全力落实各项外贸支持政策，加快外贸转型升级和新业态新模式发展。上半年以人民币计价的货物出口额、进口额同比分别增长28.1%、25.9%，比2019年同期分别增长23.8%、21.7%，顺差1.63万亿元。深入落实外商投资法及其实施条例、外资准入负面清单、鼓励外商投资产业目录，新增4个服务业扩大开放综合试点，上半年以人民币计价的实际使用外资同比增长28.7%，比2019年同期增长27.1%。开放平台建设持续加强。继续推动自贸试验区先行先试，总结推广成功经验。颁布实施海南自由贸易港法，出台实施海南自由贸易港贸易自由化便利化若干措施、放宽市场准入特别措施。共建"一带一路"高质量发展扎实推进。中老铁路、匈塞铁路、中泰铁路、雅万高铁、阿联酋哈利法港等项目建设进展良好，高质量推进中巴经济走廊建设。上半年境外投资平稳有序、结构优化，中欧班列开行量、货物发送量分别增长43%、52%。多双边经贸合作水平稳步提升。成功举办中国—中东欧国家博览会、中国国际消费品博览会，积极参与世贸组织（WTO）改革，正式批准区域全面经济伙伴关系协定（RCEP）并基本完成协定生效国内准备工作，积极考虑加入全面与进步跨太平洋伙伴关系协定（CPTPP），积极推进中日韩、中国—海合会等自贸协定谈判。

（六）全面实施乡村振兴战略，农业农村现代化步伐加快。按照《政府工作报告》和计划报告关于全面实施乡村振兴战略、促进农业稳定发展和农民增收的工作部署，颁布实施乡村振兴促进法，做好巩固拓展脱贫攻坚成果同乡村振兴有效衔接，抓好农业稳产增产。巩固拓展脱贫攻坚成果机制进一步健全。脱贫攻坚主要帮扶政策保持稳定，持续巩固"两不愁三保障"成果，开展社会救助兜底脱贫成果"回头看"，加强对脱贫不稳定户、边缘易致贫户、突发严重困难户的动态监测，做到早发现、早干预、早帮扶。切实做好易地扶贫搬迁后续扶持工作，调增人工工资占以工代赈资金的比例，千方百计增加农村居民收入，持续推进脱贫地区特色产业发展，支持脱贫县国家农村产业融合发展示范园配套基础设施建设。继续实施消费帮扶。粮食等重要农产品供给保障能力不断增强。持续加强高标准农田建设，启动实施国家黑土地保护工程，持续推进农业关键核心技术攻关。根据农资价格上涨情况对实际种粮农民一次性发放补贴，扩大三大粮食作物完全成本保险和收入保险试点范围，提高籼稻最低收购价格。夏收粮油再获丰收，夏粮总产量2916

亿斤、增产59亿斤，优质小麦占比提高。玉米播种面积增加，秋粮苗情与常年大体相当。非洲猪瘟疫情防控有力有效，生猪产能基本恢复到正常年份水平。农村生产生活条件加快改善。加强村庄建设规划管理。加大农业农村优先发展投入，加强乡村公共基础设施建设，农村基本公共服务水平持续提升。推进农村人居环境整治提升，从实际出发，分类有序推进农村厕所革命、生活垃圾和污水治理。健全现代农业经营体系，农村一二三产业融合发展势头良好。

（七）有效推进区域协调发展和新型城镇化，发展协调性进一步增强。按照《政府工作报告》和计划报告关于促进区域协调发展的工作部署，深入实施区域重大战略和区域协调发展战略，不断提升新型城镇化质量，空间格局更趋优化。区域重大战略有序实施。京津冀协同发展有力有序有效推进，印发实施北京非首都功能疏解相关方案，在雄安新区注册落地的首家中央企业正式揭牌成立，加快推进雄安新区重点项目建设。深入推进长江经济带生态环境突出问题整改和污染治理“4＋1”工程，全面开展长江保护法宣传贯彻工作，“十年禁渔”开局良好。出台实施横琴粤澳深度合作区建设总体方案、全面深化前海深港现代服务业合作区改革开放方案，粤港澳大湾区科技创新平台建设加快推进。长三角一体化示范区蓝色珠链等项目基本建成。高标准制定黄河流域生态保护和高质量发展规划和政策体系。区域协调发展战略深入实施。编制西部大开发“十四五”实施方案，深入推进东北全面振兴，出台实施新时代推动中部地区高质量发展的意见。西部和中部地区经济恢复势头较好，东北地区生产需求稳步恢复，东部地区主要指标保持快速增长。出台发展海洋经济推进建设海洋强国的意见。新型城镇化战略稳步实施。稳妥有序推进农业转移人口市民化。推动成渝地区双城经济圈建设，支持都市圈提高同城化水平。实施城市更新行动，全面推进城镇老旧小区改造。统筹运用各类资金，加快推进县城公共设施建设。加强城市内涝治理。

（八）有力有序推进绿色发展，生态文明建设取得新进展。按照《政府工作报告》和计划报告关于加强污染防治和生态建设的工作部署，污染防治成果巩固拓展，贯彻落实碳达峰碳中和重大战略决策，紧扣目标任务，推动形成绿色生产生活方式。污染防治不断深入。加快起草深入打好污染防治攻坚战的意见，狠抓重点区域大气污染综合治理攻坚，全力做好重污染天气应对，加强城市黑臭水体、农业面源污染、白色污染治理。中央生态环境保护督察持续推进。加强城镇污水垃圾处理设施、危险废物监管和利用处置能力建设。启动实施重型柴油车国六排放标准。上半年全国空气质量优良天数比例为84.3%，地级及以上城市细颗粒物（$PM_{2.5}$）平均浓度下降2.9%。碳达峰碳中和推进机制和政策体系加快构建。中央成立碳达峰碳中和工作领导小组，统筹国内国际工作协同和部署落实，研究提出全面贯彻新发展理念做好碳达峰碳中和工作的意见，加快编制2030年前碳达峰行动方案和分行业分领域碳达峰实施方案。产业绿色转型和能源结构调整持续推进。出台实施钢铁行业产能置换实施办法和钢铁冶炼项目备案管理意见，积极推进粗钢产量压减、去产能“回头看”等工作。坚决遏制“两高”项目盲目发展，深入实施重点行业绿色化改造，扎实推进绿色低碳循环发展经济体系建设。深入推进能源价格改革，风电、光伏发电装机规模快速增长，电力源网荷储一体化和多能互补深入发展，能源供应保障有力有序。加强比特币等虚拟货币全链条治理。上半年单位国内生产总值能耗同比下降2%。

（九）努力为群众办实事解难题，民生福祉不断增进。按照《政府工作报告》和计划报告关于切实增进民生福祉、不断提高社会建设水平的工作部署，加大保障和改善民生工作力度，切实解决好群众的操心事、烦心事、揪心事。居民收入稳步提高。加强促进共同富裕的顶层设计，支持浙江高质量发展建设共同富裕示范区。指导地方实施企业薪酬指引计划，稳慎做好最低工资标准调整工作。依法加强义务教育教师等群体收入保障。上半年全国居民人均可支配收入同比实际增长12%，两年平均增长5.2%、比一季度提高0.7个百分点。社会保障和公共服务水平进一步提升。决定实施一对夫妻可以生育三个子女政策及配套支持措施。调整退休人员基本养老金，加大企业职工基本养老保险基金中央调剂力度。建立健全职工基本医疗保险门诊共济保障机制，将门诊费用纳入统筹基金支付范围。积极扩大全国药品集中带量采购范围。深入实施健康中国行动，推动公立医院高质量发展，国家疾病预防控制局正式挂牌成立。实施全民健身设施补短板、社会服务设施兜底线、教育强国推进等六大公共服务工程。加强文化遗产保护传承利用，深化国有文艺院团改革。出台国家基本公共服务标准（2021年版）。重要民生商品调节有序保障有力。完善重要民生商品价格调控机制。切实做好粮食安全保障工作。完善政府猪肉储备调节机制,及时发布预警信息,启动猪肉储备收储。同时,加强房地产市场调控,试行住宅用地"两集中"出让模式,支持人口净流入的大城市建设保障性租赁住房。

今年以来,在全球疫情和世界经济复苏面临较大不确定性的情况下,我们统筹做好疫情防控和经济社会发展工作,经济运行保持在合理区间、结构持续优化、活力明显增强、民生不断改善,经济社会形势总体良好。这是以习近平同志为核心的党中央领航掌舵、坚强领导的结果,这是伟大建党精神薪火相传、发扬光大的结果,这是全国上下团结一致、共同奋斗的结果。

从国际看,各国疫情走势和经济恢复进程分化,外部风险仍在积累,对我冲击影响还会持续。从国内看,经济恢复发展进程还受到一些因素制约和掣肘,企业生产经营面临新困难、新挑战,经济运行中的不确定、不稳定、不均衡因素依然较多,巩固经济稳定恢复发展的基础还需要下更大力气。外部环境仍然复杂严峻,大宗商品价格高企等因素影响制造业企业生产经营,市场需求特别是内需持续恢复动力依然偏弱,经济恢复发展中困难和矛盾显现,重点领域风险防范处置难度较大,社会民生领域问题仍较突出。为此,我们要清醒认识和准确把握国内外发展趋势,充分发挥中国特色社会主义制度优势,充分挖掘强大国内市场潜力,充分调动亿万勤劳智慧人民干事创业的热情,维护和用好重要战略机遇期,推动我国经济长期持续平稳健康发展取得更大实效。

从目前掌握的上半年经济社会发展相关数据以及各方面了解的情况看,计划执行情况总体较好。经济增长、就业、居民消费价格、国际收支等主要指标符合预期,居民收入、市场销售、基本养老保险、粮食能源生产等相关指标进展顺利,能耗强度继续下降,生态环境质量保持改善趋势。

我们要在以习近平同志为核心的党中央坚强领导下,以习近平新时代中国特色社会主义思想为指导,全面贯彻党的十九大和十九届二中、三中、四中、五中全会精神,深入学习贯彻习近平总书记在庆祝中国共产党成立100周年大会上的重要讲话精神,落实中央经济工作会议部署,按照《政府工作报告》安排,根据十三届全国人大四次会议要求和全国人大常委会审议意见,扎实做好"六稳"工作、全面落实"六保"任务,保持经济运行在合理区间,确保完成全年经济社会发展主要目标任务,实现"十四五"良好开局,为明年经济持续稳定健康发展打下坚实基础。

下半年要围绕加快构建新发展格局,重点做好以下几方面工作。

(一)慎终如始抓好疫情防控。扎实做好常态化疫情防控,及时处置散发病例和局部地区聚集性疫情。提升疫苗接种服务能力,保障疫苗供应。加快补齐疫情防控治理体系短板,深入开展爱国卫生运动,开展重点公共卫生应急物资产能储备工作。持续推进疫情防控国际合作。

(二)着力保持经济运行在合理区间。积极的财政政策要提升政策效能,继续落实落细各项支持小微企业和个体工商户发展的财税政策。精简实施税费优惠政策的办理流程和手续。加大财力下沉力度和对困难地区的支持,兜牢基层"三保"底线。稳健的货币政策要稳字当头,保持流动性合理充裕,保持货币供应量和社会融资规模增速同名义经济增速基本匹配,进一步发挥好再贷款、再贴现和直达实体经济货币政策工具的牵引带动作用,继续引导金融系统积极支持实体经济恢复发展。加大就业优先政策实施力度,落实好减负稳岗扩就业政策措施。努力保持价格水平基本稳定,强化重点商品和服务市场调控及价格监管。精准支持实体经济发展,统筹推进企业降成本各项重点工作。

(三)强化创新驱动引领产业转型升级。进一步加强国家战略科技力量,不断完善"揭榜挂帅"、"赛马"机制,推动关键核心技术攻关取得更多阶段性成果。完善符合科研活动规律的科技成果评价机制。大力激发各类主体创新创业创造活力,发挥企业技术创新主体作用,加快构建龙头企业牵头、高校院所支撑、各创新主体相互协同的创新联合体。纵深推进大众创业万众创新。加强知识产权运用和保护。努力提升产业链供应链现代化水平。

(四)大力挖掘强大国内市场潜力。以城乡居民收入普遍增长提升消费能力,持续开展新能源汽车下乡,扩大绿色消费,加快推广高效终端用能设备和产品。加快培育新型消费,进一步推动线上线下消费融合。推动实施冰雪旅游发展行动计划。加大重大工程项目前期工作和推进力度,确保今年底明年初形成实物工作量。优化拓展有效投资空间,加快将"十四五"规划纲要确定的102项重大工程落实到具体项目,聚焦"两新一重"和补短板等领域扩大有效投资,做好重大项目用地用海等要素保障。支持地方加快城市老旧管网更换。规范有序推广政府和社会资本合作(PPP)模式,发挥政府资金引导带动作用,吸引民间资本参与市政、交通、生态环境、社会事业等补短板领域建设。稳妥开展基础设施领域不动产投资信托基金(REITs)试点。

(五)稳步推进农业农村现代化和乡村振兴。实现巩固拓展脱贫攻坚成果同乡村振兴有效衔接,落实防止返贫动态监测和帮扶机制,坚决守住防止规模性返贫底线。强化易地扶贫搬迁后续扶持,组织开展协作帮扶就业服务。发展壮大乡村特色产业。继续大力实施消费帮扶。深化东西部协作和定点帮扶。有序推进乡村建设,加强乡村公共基础设施建设,进一步提升农村基本公共服务水平,深入推进农村一二三产业融合发展。全力抓好农业生产,稳定粮食播种面积,抓实抓细田间管理,防范重大病虫害等灾害,努力提高单产水平。组织好夏粮、早稻和秋粮收购工作。

(六)深入实施区域重大战略、区域协调发展战略和新型城镇化战略。扎实推进区域重大战略,深入推进京津冀协同发展,推动北京非首都功能疏解取得突破性进展,加快推进雄安新区建设,支持北京副中心高质量发展。扎实推进长江经济带生态环境突出问题整改和污染治理“4+1”工程。积极稳妥推进粤港澳大湾区建设。提升长三角一体化发展水平,推进长三角世界级港口群建设。组织开展黄河流域生态环境突出问题整改和环境污染“3+1”综合治理。努力提高区域协调发展水平,支持西部地区产业结构调整、产业布局优化,加快推动东北振兴重点项目建设,巩固增强中部地区发展动能,积极发挥东部地区“压舱石”作用。着力提升城镇化发展质量,编制出台《国家新型城镇化规划(2021—2035年)》。

(七)坚定不移推进改革开放。着力推动重点领域改革,加快建设全国统一大市场,推进高标准市场体系建设。修订印发市场准入负面清单(2021年版)。深化国有企业混合所有制改革,加快建设世界一流企业。继续深化“放管服”改革,全面推进“证照分离”改革,着力推进照后减证并证。制定强化竞争政策实施的意见,反对垄断和不正当竞争,加强和改进平台经济监管。推动外贸稳定发展,大力发展跨境电商、市场采购贸易等外贸新业态新模式,办好进博会、广交会、服贸会等重大展会。持续推动增加海运运力,保障重点港口畅通运转。稳步提高利用外资水平,进一步缩减外资准入负面清单。加快建设对外开放新高地,推动出台自贸试验区贸易投资便利化改革创新政策措施。出台实施海南自由贸易港跨境服务贸易负面清单。推进共建“一带一路”高质量发展,巩固稳定提升中欧班列良好发展态势。持续深化多双边和区域经济合作。

(八)积极促进经济社会发展全面绿色转型。持续改善生态环境质量,深入打好污染防治攻坚战,强化细颗粒物和臭氧等多污染物协同控制和区域协同治理,推进减污降碳协同增效。因地制宜推进生活垃圾分类和减量化、资源化。统筹有序做好碳达峰碳中和工作,制定出台2030年前碳达峰行动方案,抓紧编制分行业分领域碳达峰实施方案及各项保障方案。大力推进能源结构调整和节能降碳,坚决遏制“两高”项目盲目发展。着力推进生态系统一体化保护和修复。坚持山水林田湖草沙系统治理,实施重要生态系统保护和修复重大工程,继续开展大规模国土绿化行动,严守生态保护红线。加强地下水治理与保护。强化河湖长制,实施好长江十年禁渔。

(九)注重防范化解重点领域风险。夯实粮食等农产品安全保障基础,落实最严格的耕地保护制度,完成今年1亿亩高标准农田建设任务。实行党政同责、强化落实粮食安全省长责任制,完善落实“菜篮子”市长负责制。提高能源安全保障能力,加快推动国内油气增储上产。持续推进能源产供储销体系建设。保持产业链供应链安全稳定。稳妥有序处置地方财政和金融风险,抓住窗口期加快存量风险化解,构建防范化解金融风险长效机制,打击各类扰乱金融秩序的非法行为。

(十)持续做好保障和改善民生工作。扎实推进共同富裕,制定出台促进共同富裕行动纲要,落实支持浙江高质量发展建设共同富裕示范区的各项政策。加强基本民生保障,落实好企业职工基本养老保险基金中央调剂制度,支持各地基本养老金按时足额发放。健全重特大疾病医疗保险和救助制度,进一步扩大药品、高值医用耗材集中带量采购范围。持续提升公共服务水平,推动各地出台基本公共服务具体实施标准,推进基本公共服务达标。采取有效措施稳地价稳房价稳预期,扩大保障性租赁住房供给。推进灵活就业人员参加住房公积金制度试点。加强安全生产、防灾减灾、社会治理和维护公共安全。压实责任全面排查各类安全隐患,防范安全生产等重大突发事件发生,做好救治和群众安抚等善后工作,切实保障人民群众生命和财产安全。

我们要更加紧密地团结在以习近平同志为核心的党中央周围,认真学习贯彻习近平总书记在庆祝中国共产党成立100周年大会上的重要讲话精神,增强“四个意识”、坚定“四个自信”、做到“两个维护”,坚持和加强党的全面领导,不断提高政治判断力、政治领悟力、政治执行力,切实把思想和行动统一到党中央对当前经济形势的判断和工作部署上来,坚定不移贯彻党中央、国务院决策部署以及十三届全国人大四次会议要求,落实好“十四五”规划纲要,强化政策前瞻性谋划、系统性推进、针对性落实,确保构建新发展格局迈好第一步,见到新气象,持续推动高质量发展,为全面建设社会主义现代化国家作出新的贡献。

# 国务院关于今年以来预算执行情况的报告

——2021年8月18日在第十三届全国人民代表大会常务委员会第三十次会议上

财政部副部长　许宏才

全国人民代表大会常务委员会:

受国务院委托,我向全国人大常委会报告今年以来预算执行情况,请审议。

## 一、预算执行基本情况

今年以来,面对严峻复杂的全球疫情和外部环境以及国内经济恢复中的矛盾问题,各地区各部门在以习近平同志为核心的党中央坚强领导下,以习近平新时代中国特色社会主义思想为指导,认真贯彻党的十九届五中全会精神和中央经济工作会议部署,按照《政府工作报告》安排,落实十三届全国人大四次会议关于预算的决议,坚持稳中求进工作总基调,立足新发展阶段,完整、准确、全面贯彻新发展理念,构建新发展格局,着力推动高质量发展,统筹发展和安全,持续巩固拓展疫情防控和经济社会发展成果,扎实做好“六稳”工作、全面落实“六保”任务,立足当前、着眼长远,精准实施宏观政策,我国经济持续稳定恢复、符合预期,呈现稳中加固、稳中向好态势,就业形势向好,社会民生得到有力保障。在此基础上,预算执行情况较好。

(一)一般公共预算执行情况。

1—7月,全国一般公共预算收入137716亿元,同比增长20%,与2019年同期相比增长9.6%。其中,中央一般公共预算收入64658亿元,同比增长20.7%,与2019年同期相比增长7%;地方一般公共预算本级收入73058亿元,同比增长19.5%,与2019年同期相比增长12%。财政收入呈现恢复性增长,反映我国经济恢复取得明显成效;同比增速较高主要是由于去年受疫情影响同期收入基数较低的不可比因素以及当前工业生产者出厂价格指数上涨等。全国一般公共预算支出137928亿元,同比增长3.3%,保持了较强的支出力度。收支运行的主要特点:

一是经济恢复拉动税收收入较快增长,主体税种和多数行业税收基本恢复或明显超过疫情前水平。全国税收收入119112亿元,同比增长20.9%,与2019年同期相比增长10.2%。分税种看,国内增值税同比增长20.3%,主要是工业、服务业稳步增长以及工业生产者出厂价格指数上涨;国内消费税同比增长10.3%,主要是成品油、汽车、卷烟销售增长较快;企业所得税同比增长19.4%,主要是企业利润持续稳定增长;个人所得税同比增长24.1%,主要是工资薪金稳定增长以及股权等财产转让收入较快增长;进口环节税收同比增长25.6%,主要是一般贸易进口持续增长。与2019年同期相比,国内增值税、国内消费税、企业所得税、进口环节税收分别增长-0.1%(主要受增值税税率降低等不可比因素影响)、3.2%、12.5%、8.8%;制造业、房地产业、金融业、批发和零售业、建筑业税收分别增长6.7%、5%、15.7%、11.8%、12%。

二是多重因素带动非税收入增长,降费政策得到有效落实。全国非税收入18604亿元,同比增长14.7%,主要是随着增值税、消费税较快恢复,附征的教育费附加等专项收入同比增长24.1%,拉高全国非税收入增幅6.2个百分点;各级财政多渠道盘活国有资源资产,国有资源(资产)有偿使用收入同比增长13.5%,拉高全国非税收入增幅4.6个百分点;对部分垄断行为的行政罚款等罚没收入同比增长26.6%,拉高全国非税收入增幅2.9个百分点。

同时，扎实执行各项降费政策，加大各类违规涉企收费整治力度，着力减轻企业负担。

三是全国各地财政收入普遍回升，地区间收入分化格局依然延续。分地区看，东部、中部、西部、东北地区财政收入与2019年同期相比分别增长13.4%、10.5%、11%、5.4%，东部地区继续发挥收入压舱石作用，东北地区收入恢复较慢。31个省份中已有30个收入超过2019年同期水平，其中，22个省份与2019年同期相比增幅超过7%，8个省份增幅在0%—7%之间，1个省份收入下降。

四是财政支出压一般、保重点，基本民生支出得到较好保障。中央部门带头落实过紧日子要求，大力压减一般性支出，中央一般公共预算本级支出17927亿元，同比下降5.5%，扣除部分支出拨付时间比去年有所延后因素影响后同比下降1.6%；地方一般公共预算支出120001亿元，同比增长4.8%。各级财政部门建立常态化财政资金直达机制，全国财政“三保”等重点支出增长较快，基本民生支出得到有力保障，社会保障和就业支出同比增长2.4%，完成预算的62.6%；卫生健康支出同比增长3.1%，完成预算的62.5%；教育支出同比增长9%；住房保障支出同比增长14.5%。截至7月底，中央预算内投资预算下达5047亿元，为预算的82.7%，相关部门加强沟通衔接，推动项目尽快形成实物工作量。

(二)政府性基金预算执行情况。

1—7月，全国政府性基金预算收入46967亿元，同比增长19.9%。其中，中央政府性基金预算收入2366亿元，同比增长29.5%；地方政府性基金预算本级收入44601亿元，同比增长19.4%，其中国有土地使用权出让收入同比增长18%，主要是去年同期基数相对较低以及今年部分城市土地出让价格有所上涨等。全国政府性基金预算支出49366亿元，同比下降6.8%。其中，中央政府性基金预算本级支出1244亿元，同比增长64.1%，主要是受疫情影响上年同期执行数较低，以及新增抗疫特别国债财务基金支出；地方政府性基金预算支出48122亿元，同比下降7.9%，主要是新增专项债券发行减少，安排的支出相应减少，其中国有土地使用权出让收入相关支出同比增长13.1%。

(三)国有资本经营预算执行情况。

1—7月，全国国有资本经营预算收入2002亿元，同比增长37.4%。其中，中央国有资本经营预算收入788亿元，同比增长16.3%，主要是金融企业上缴国资收益同比增加；地方国有资本经营预算本级收入1214亿元，同比增长55.7%，主要是受疫情影响上年同期执行数较低。全国国有资本经营预算支出1384亿元，同比增长89.1%，主要是受疫情影响上年同期执行数较低。其中，中央国有资本经营预算本级支出497亿元，同比增长71.5%；地方国有资本经营预算支出887亿元，同比增长100.6%。

(四)社会保险基金预算执行情况。

1—7月，全国社会保险基金预算收入53761亿元，同比增长30.7%，主要是随着疫情防控形势持续向好以及阶段性减免企业社会保险费政策退出实施，保险费收入大幅增长；同时，为确保各项社会保险待遇按时足额支付，各级财政持续加大对社会保险基金补助力度。其中，中央社会保险基金预算收入530亿元，同比增长10.9%；地方社会保险基金预算收入53231亿元，同比增长30.9%。全国社会保险基金预算支出48828亿元，同比增长11.8%。其中，中央社会保险基金预算支出432亿元，同比增长8%；地方社会保险基金预算支出48396亿元，同比增长11.8%。截至7月底，基金累计结余99470亿元。

总的看，今年以来预算执行情况符合预期，有力保障了党中央、国务院重大决策部署的贯彻落实。同时，财政运行和预算执行中也存在一些困难和问题，我们高度重视这些问题，将积极采取措施加以解决。

## 二、落实十三届全国人大四次会议预算决议情况

国务院有关部门认真贯彻预算法和《关于人大预算审查监督重点向支出预算和政策拓展的指导意见》，落实全国人大预算决议要求，坚持积极的财政政策提质增效、更可持续，增强国家重大战略任务财力保障，有力促进经济稳定恢复和民生持续改善。

(一)常态化实施财政资金直达机制。

一是扩大直达资金范围。资金范围由新增资金调整为以存量资金为主，将27项转移支付整体纳入直达范围，2021年直达资金总量达到2.8万亿元，比上年增加1.1万亿元，基本实现中央财政民生补助资金全覆盖，冲抵部分阶段性政策“退坡”影响。二是完善管理机制。通过提前下达、指标预通知等方式，将地方操作时间延长到30天，为地方细化分配直达资金留出充足时间。考虑地方实际情况，资金分配由全部安排给市县调整为兼顾省级统筹需要，同时将增量资金更多向市县基层倾斜。引

导地方合理安排直达资金支出进度,实现资金拨付与项目建设进度、实际经费需求有机衔接。三是严格资金监管。进一步升级改造直达资金监控系统,全面覆盖指标流、现金流和信息流,动态掌握资金分配使用情况。健全多部门协同联动工作机制,及时发现实施过程中出现的问题,促进提高资金使用绩效,确保资金用在刀刃上、紧要处。截至7月底,中央财政已下达直达资金2.66万亿元,占2.8万亿元资金总量的95%,具备条件的资金已全部下达。各地已形成支出1.757万亿元,占中央财政已下达的66.1%,重点用于支持全面落实"六保"任务、做好基层"三保"工作等方面。

(二)优化和落实减税降费政策。

一是加大对市场主体支持力度。继续执行降低增值税税率、增值税留抵退税等制度性减税政策,落实企业研发费用加计扣除等支持创新的税收优惠政策。实施新的结构性减税举措,从今年1月1日起,对小微企业和个体工商户年应纳税所得额不到100万元的部分,在现行优惠政策基础上,再减半征收所得税;从4月1日起,将小规模纳税人增值税起征点从月销售额10万元提高到15万元。二是分类调整应对疫情的阶段性政策。将小规模纳税人减征增值税等税费优惠政策延长1年,保持对经济恢复的必要支持力度。根据疫情变化,将支持疫情防控保供等临时性、应急性税收优惠政策延长一个季度后停止执行、有序退出。三是进一步加大降费力度。取消港口建设费、普通护照加注收费,将民航发展基金航空公司征收标准降低20%,继续免征相关防疫药品和医疗器械注册费等。四是强化涉企收费监管。开展涉企违规收费专项治理,严肃查处擅自设立收费项目、提高征收标准、扩大征收范围等问题,严控非税收入不合理增长,坚决防止弱化减税降费政策红利。

(三)管好用好地方政府债券。

一是合理把握地方政府债券发行节奏。综合考虑跨周期政策设计和调节需要,结合项目准备情况,科学安排新增债券额度下达和发行节奏,保持对重点项目支持力度。截至7月底,已下达新增债券额度42676亿元,累计发行18833亿元,其中一般债券、专项债券分别发行5287亿元、13546亿元。二是健全地方政府债务项目和资金管理机制。按照"资金跟着项目走"的原则,做好项目储备和前期准备等工作。运用信息化手段对专项债券项目实行穿透式监管,加强对项目全周期、常态化风险监控。印发专项债券项目资金绩效管理办法,对专项债券资金预算执行进度和绩效目标实施情况进行"双监控"。规范地方政府债券信息公开平台管理,进一步推进地方政府债务信息公开。三是稳妥推进专项债券补充中小银行资本金工作。落实地方政府属地责任和金融机构主体责任,指导地方严格按照流程标准对中小银行清产核资、追责问责,支持化解中小银行风险。

(四)推动创新发展和产业升级。

一是支持提升科技创新能力。健全稳定支持机制,大幅增加中央本级基础研究投入。全力支持打好关键核心技术攻坚战,加快重大科技项目组织实施。切实保障国家实验室建设运行,推进国家重点实验室体系重组,支持强化国家战略科技力量。激励企业加大研发投入,延续执行企业研发费用加计扣除75%政策,将制造业企业研发费用加计扣除比例提高到100%。用好中央引导地方科技发展资金,支持打造区域创新高地。二是推动产业链供应链优化升级。发挥产业基础再造和制造业高质量发展专项资金作用,聚焦工业母机等6条产业链,围绕堵点、断点,支持一批短板弱项攻关突破,推进一批重大技术装备、新材料创新产品突破应用。将运输设备、电气机械、医药等制造业企业纳入先进制造业企业增值税留抵退税政策范围,实行按月全额退还增量留抵税额。出台支持集成电路产业和软件产业、新型显示产业发展等进口税收政策。三是促进中小企业创新发展。安排奖补资金,分批重点支持1000余家国家级"专精特新"中小企业高质量发展,强化中小企业公共服务示范平台建设。继续落实小微企业融资担保业务降费奖补政策,引导地方将小微企业年化担保费率降低至1.5%以下。启动专利转化专项计划,提高中小企业专利实施能力。

(五)支持全面实施乡村振兴战略。

一是推动巩固拓展脱贫攻坚成果同乡村振兴有效衔接。对脱贫县保持财政支持政策和资金规模总体稳定,中央财政衔接推进乡村振兴补助资金(原中央财政专项扶贫资金)比上年增加100亿元,资金总量的70%投向西部省份。继续支持脱贫县统筹整合使用财政涉农资金,重点支持产业发展。分层分类加强对农村低收入人口常态化帮扶,确保不发生规模性返贫。二是支持保障国家粮食安全。扩大稻谷、小麦、玉米完全成本保险和种植收入保险实施范围,覆盖13个粮食主产省份500个产粮大县,增强种粮农户抵御风险能力。支持建设1亿亩高标准农田,将黑土地保护性耕作实施面积扩大到7000万亩。在年初安排耕地地力保护补贴资金

1205 亿元基础上，追加安排实际种粮农民一次性补贴 200 亿元，有效缓解农资价格上涨影响，提高种粮农民积极性。推进种业自主创新，支持农业良种培育和种业发展。完善粮食主产区利益补偿机制，加大产粮大县奖励力度。三是支持提升农业质量效益。实施新一轮农机购置补贴政策，推动农业机械化向全程全面高质高效转型升级。推进农村一二三产业深度融合发展，统筹支持新创建 50 个国家现代农业产业园、50 个优势特色产业集群和 298 个农业产业强镇，促进乡村产业振兴。全面推进农产品产地冷藏保鲜设施建设，启动实施绿色种养循环农业试点。

（六）加强污染防治和生态文明建设。

一是支持做好碳达峰碳中和工作。用好节能减排补助资金、可再生能源电价附加补助资金、清洁能源发展专项资金等，支持相关领域节能降碳，推动可再生能源发展，促进能源结构转型。在 20 个地市开展国土绿化试点示范，提升生态系统碳汇能力。二是支持深入打好污染防治攻坚战。增加大气、水、土壤污染防治资金规模，重点支持开展北方地区冬季清洁取暖、减污降碳协同增效，长江、黄河等重点流域水污染治理和水生态保护修复，土壤污染源头防控和风险管控等，资金分配向污染防治工作绩效突出地区倾斜。三是支持推进重点生态保护修复。启动实施"十四五"首批 10 个山水林田湖草沙一体化保护和修复工程项目，加强林业草原、海洋生态保护修复，支持历史遗留废弃矿山生态修复，切实提升生态系统质量和稳定性。四是完善生态保护补偿机制。研究制定关于深化生态保护补偿制度改革的意见，按规定统筹补偿资金，加大生态环境整体保护力度。支持和引导长江、黄河全流域建立横向生态保护补偿机制。

（七）保障和改善基本民生。

一是继续做好疫情防控相关工作。保障好疫情防控科研攻关资金需要，优化遴选机制，持续推进疫苗和药物研发。支持居民疫苗免费接种，对医保基金负担的新冠病毒疫苗及接种费用给予补助。二是落实就业优先政策。继续阶段性降低失业和工伤保险费率，实施普惠性失业保险稳岗返还、失业保险保障扩围、以工代训扩围等阶段性援企稳岗政策。适当拓宽职业技能培训补贴资金使用范围，持续支持开展大规模、多层次职业技能培训，全面推行中国特色企业新型学徒制。运用就业补助资金等，支持地方落实就业创业扶持政策，做好高校毕业生、退役军人、农民工等重点群体就业工作。三是完善社会保障体系。按照 4.5% 总体水平提高企业和机关事业单位退休人员基本养老金。企业职工基本养老保险基金中央调剂比例进一步提高至 4.5%，21 个中西部地区和老工业基地省份受益 2152 亿元。居民医保和基本公共卫生服务经费人均财政补助标准分别再增加 30 元和 5 元，推动门诊费用跨省直接结算。完善农村危房改造补助政策，支持做好农村低收入群体等重点对象住房安全保障工作。及时下达困难群众救助补助资金，加强低保、特困人员救助供养、临时救助、流浪乞讨人员救助等的保障。四是促进教育高质量发展。完善普惠性学前教育保障机制，扩大学前教育资源供给。深入推进义务教育薄弱环节改善与能力提升，持续改善农村基本办学条件，有序扩大城镇学位供给。深化职业院校产教融合、校企合作，支持高校加快"双一流"建设。健全学生资助政策体系，实现所有学段、公办民办学校、家庭经济困难学生全覆盖。五是推动文化体育事业发展。健全公共文化服务财政保障机制，创新实施文化惠民工程。加大文化遗产保护力度。加强国际传播能力建设。扎实做好北京冬奥会、冬残奥会筹备和国家队备战经费保障。同时，紧急下达救灾补助资金，支持河南等受灾地区开展应急抢险救援、受灾群众救助、灾后恢复重建等工作。

## 三、下一步财政重点工作安排

我们将在以习近平同志为核心的党中央坚强领导下，全面贯彻党的十九大和十九届二中、三中、四中、五中全会精神，深入学习贯彻习近平总书记在庆祝中国共产党成立 100 周年大会上的重要讲话精神，落实中央经济工作会议部署，按照《政府工作报告》安排，坚持稳中求进工作总基调，完整、准确、全面贯彻新发展理念，加快构建新发展格局，推动高质量发展，保持宏观政策连续性、稳定性、可持续性，增强前瞻性精准性，聚焦支持实体经济和促进就业，进一步激发市场主体动力活力，应对好可能发生的周期性风险，巩固经济稳中向好态势，保持经济运行在合理区间，努力完成全年经济社会发展主要目标任务。重点做好以下工作：

（一）积极的财政政策要提升政策效能。

加强经济走势预研预判，做好跨周期调节和前瞻性调控，促进经济持续稳定恢复。继续落实落细各项支持小微企业和个体工商户发展的减税降费政策，跟踪监测政策实施效果，督促地方依法依规组织收入，使市场主体切实享受到政策红利。管好用好直达资金，让资金流向群众希望、企业期盼的方向和领域，加强跨部门沟通协调和联合监督，动态跟踪地方资金分配、拨付和使用情况，确保直达资金更好发挥惠企利民实效。支持扩大有效投资，保障好“两新一重”、交通、能源、水利等重大工程项目资金需要，落实好教育、养老、医疗、住房保障等政策，紧紧围绕改善民生释放内需潜力。统筹做好国债、地方政府债券发行工作，合理安排期限结构、发行节奏和使用进度，保持财政库款平稳运行。

（二）全面落实政府过紧日子要求。

坚持统筹兼顾、突出重点，精打细算、严控开支，切实将政府过紧日子要求落到实处，做到节用为民。硬化预算约束，严格支出管理，做到无预算不支出、先预算再支出，严控预算追加事项，坚决禁止违反预算规定乱开口子，把每一笔钱都用在刀刃上、紧要处，全力支持保就业保民生保市场主体。开展重点支出项目和政策绩效评价，加强绩效评价结果应用，切实压减低效无效支出。完善预算执行动态监控机制，定期评估中央部门落实过紧日子要求情况，督促部门严格执行各项经费开支标准，加强财务报销审核和日常管理监督，从严控制“三公”经费。要求和督促地方加强管理，不得违规出台工资、津补贴政策，严禁新建扩建楼堂馆所和搞豪华装修，严禁各种形式的铺张浪费，坚决防止岁末年初突击花钱。加大结余资金收回和结转资金消化力度，精打细算统筹安排使用，避免资金沉淀闲置。

（三）兜牢兜实基层“三保”底线。

牢固树立底线思维，按照“县级为主、省级兜底”的原则，强化各级财政“三保”责任落实。在继续增加中央对地方转移支付的基础上，完善“中央到省、省到市县”的监控机制，密切监测地方库款保障情况，按日实施县级工资保障监测预警，精细测算并差异化调度资金，加强对困难地区的支持，切实保障“三保”支出需求。压实地方主体责任，指导地方建立健全事前审核、事中监控、事后处置的工作机制，统筹转移支付资金和自有财力，在优化支出结构上多下功夫，坚持“三保”支出在财政支出中的优先顺序，加大财力下沉力度，确保基层“三保”不出问题。

（四）防范化解地方政府债务风险。

增强风险意识，注重防患未然，做好地方政府债务存量风险化解和增量风险防范工作。加强地方政府专项债务风险防控，推进专项债券项目穿透式监测，定期组织开展债券资金使用情况核查，对严重偏离绩效目标的项目暂缓或停止拨款，对因准备不足短期内难以建设实施的项目，允许省级政府及时按程序调整用途，确保法定债券不出任何风险。抓实隐性债务风险化解工作，指导地方统筹各类资金资源，稳妥化解隐性债务存量。强化部门间信息共享和协同监管，对审计、财会以及各类行业监督发现的新增隐性债务问题，发现一起、查处一起、问责一起。

（五）深化财税体制改革。

落实关于进一步深化预算管理制度改革的意见，完善管理手段，创新管理技术，加强预算管理各项制度的系统集成、协同高效。健全地方税、直接税体系，研究后移部分品目消费税征收环节改革并稳步下划地方方案，积极稳妥推进房地产税立法和改革，配合做好增值税法、消费税法、关税法等立法审核工作。深化税收征管制度改革，推动国有土地使用权出让收入等非税收入统一划转税务部门征收。完善国有资本经营预算管理，合理确定国有资本收益上交比例，推动将具备条件的中央部门所属企业和金融基础设施类企业纳入国有资本经营预算范围。认真贯彻《全国人民代表大会常务委员会关于加强中央预算审查监督的决定》精神，进一步改进财政预算管理，更好配合人大审查监督工作。

（六）加大财会监督力度。

强化财会监督与其他监督的贯通协调，综合运用“互联网＋监管”、大数据等现代信息技术手段提升监管能力和执法水平。加大会计行业监管力度，加快推进注册会计师行业法律和基础制度建设，持续开展诚信教育，提高会计信息质量和会计师事务所等中介机构执业能力，坚持“零容忍”打击财务造假行为，优化执业环境。围绕财税政策落实、防范化解风险、提高财政资金绩效等开展监督检查、专项治理和绩效评价，强化政策跟踪问效，推动重大决策部署落实落地。严肃财经纪律，对违反有关财税法律法规的行为依法依规严肃处理，绝不允许把财经纪律当“稻草人”，维护良好的市场经济秩序和营商环境。

我们将更加紧密地团结在以习近平同志为核心的党中央周围，高举中国特色社会主义伟大旗帜，坚持以习近平新时代中国特色社会主义思想为指导，增强“四个意识”、坚定“四个自信”、做到“两个维护”，认真贯彻党中央、国务院决策部署，按照十三届全国人大四次会议的有关决议要求和全国人大常委会审议意见，凝心聚力、担当实干，扎实做好财政改革发展各项工作，确保“十四五”开好局起好步，为全面建设社会主义现代化国家作出新的贡献！

# 国务院关于 2020 年度中央预算执行和其他财政收支审计查出问题整改情况的报告

——2021 年 12 月 21 日在第十三届全国人民代表大会常务委员会第三十二次会议上

审计署审计长　侯　凯

全国人民代表大会常务委员会：

我受国务院委托，向全国人大常委会报告 2020 年度中央预算执行和其他财政收支审计查出问题的整改情况，请审议。

党中央、国务院高度重视审计整改工作。习近平总书记多次作出重要指示批示，要求被审计单位承担起审计整改的主体责任，主要负责人要尽好责抓到位，严格落实审计整改要求。李克强总理主持召开国务院常务会议研究部署审计整改工作，要求有关地方和部门扎实整改到位。2021 年 7 月，中共中央办公厅、国务院办公厅印发《关于建立健全审计查出问题整改长效机制的意见》（以下简称《意见》），为审计整改工作提供了制度遵循。为深入贯彻落实党中央、国务院决策部署，做好 2020 年度中央预算执行和其他财政收支审计查出问题的整改工作，审计署向有关地方、部门和单位印发整改通知。有关地方、部门和单位按要求报送了整改结果。现报告如下：

## 一、审计整改工作的部署落实情况

各地区各部门各单位坚持以习近平新时代中国特色社会主义思想为指导，深入贯彻落实习近平总书记关于审计整改工作的重要指示批示精神，认真落实《意见》各项要求，严格执行十三届全国人大常委会第二十九次会议有关审议意见，全面落实全国人大财经委审查意见，审计整改工作取得明显成效，体现出 3 方面特点：一是政治站位显著提高，二是整改责任更加压实，三是整改合力初步形成。

（一）各地区各部门各单位周密部署审计整改工作。31 个省[①]和新疆生产建设兵团主要负责同志认真履行第一责任人的责任，把抓好审计整改和《意见》落实作为重大政治任务，主持召开政府常务会议、专题会议等研究部署审计整改工作，有的还与党史学习教育、巡视整改等结合。很多中央部门成立了审计整改工作领导小组，主要负责同志担任组长，多次召开工作会议，压实审计整改责任。

（二）被审计单位认真落实审计整改主体责任。各地区各部门各单位严格执行审计整改要求，制定工作方案，建立整改台账，逐项分解任务，分类施策，倒排工期，避免久拖不决。注重从自身找原因，对未尽职等主观因素造成的问题，采取措施立即纠正；对体制机制不完善等客观原因导致的问题，与有关部门加强沟通，推动出台相关政策制度。很多地方、部门和单位将审计整改纳入督查督办，对虚假整改、推诿整改等情形探索开展约谈，严肃责任追究。

（三）有关主管部门切实履行监督管理责任。在推动被审计单位整改的同时，深入研究审计查出问题背后的体制障碍、机制缺陷和制度漏洞，坚持举一反三，推动标本兼治。有的部门组织召开主管行业领域的审计整改专题会议，通报审计查出问题，分解整改任务，推动落实整改责任。对涉及跨地区跨部门的整改任务，建立健全协调联动机制。有的建立督察执法行政监督与审计监督、纪检监察监督的贯通协作机制，推动审计查出问题的整改和问责。

（四）各类监督相互贯通，审计整改合力初步形成。国务院办公厅将审计整改情况纳入国务院第八次大督查，对 16 省的 373 个典型问题开展专项督查；14 个中央部门针对专项督查发现的问题，进一步督促整改，完善相关制度，提升审计整改效果。财政部、国资委、银保监会等部门联合开展整治财经领域重大信息虚假问题专项行动，以督促整改审计查出问题为基础，对地方财政收入、国有企业财务会计信息、银行保险机构财务会计信息及监管指标数据等 3 个领域进行整治。审计署按立行立改、分阶段整改、持续整改 3 种类型，实事求是地提出整改要求，并对 8 省和 23 个中央部门单位的 416 个重

① 本报告对省级行政区统称为省，地市级行政区统称为市，县区级行政区统称为县。

点问题整改情况开展专项审计。

## 二、审计查出问题的整改情况

总体看，今年的审计整改质量进一步提高，要求立行立改的问题基本整改到位，要求分阶段整改和持续整改的问题进展顺利；有关地区和部门制定修订了一批针对性、操作性强的规章制度，屡审屡犯现象初步得到遏制，审计整改责任意识明显增强。《国务院关于2020年度中央预算执行和其他财政收支的审计工作报告》反映的8949个问题中，要求立行立改、分阶段整改、持续整改的问题分别有7194个、382个、1373个。截至2021年10月底，要求立行立改的问题有6821个（占95%）已整改到位，要求分阶段整改的问题有318个（占83%）已完成整改，要求持续整改的问题均制定了措施和计划。有关地方、部门和单位采取多种方式加强审计整改：中央财政收回结余资金等32.88亿元，中央部门和单位通过加强全口径预算和资金资产管理等整改784.45亿元，有关地方通过追缴或盘活资金、调整账目等整改1681.45亿元，有关央企通过调整账目、清收不良资产等整改1512.68亿元，有关金融机构通过清收贷款、调整贷款分类等整改1.32万亿元；制定完善相关规章制度1435项，追责问责7700多人。主要情况是：

（一）中央财政管理审计查出问题的整改情况。财政部、发展改革委已整改32.88亿元，完善制度16项。

1. 关于财政资源统筹工作有待改进的问题。

一是对一些中央一级预算单位（以下统称部门）项目资金上年结转较大的情况下继续安排预算问题，财政部印发通知，明确预算安排要充分考虑结转资金、非财政拨款结余资金和事业单位专用基金等情况。对未按规定收回部门和央企结余资金问题，已组织收回3个部门的1.22亿元、27户央企的25.36亿元。

二是中央政府性基金和社保基金管理不到位问题。对政府性基金目录清单未按要求公布征收方式和标准问题，财政部修订全国政府性基金目录清单，将征收方式和标准向社会公布。对2项基金在短收情况下列支问题，财政部调减或收回了2项基金预算7.86亿元。对原行业统筹企业职工基本养老保险基金结余未统筹使用问题，研究提出了解决方案。

三是对国有资本经营预算覆盖面不完整问题，财政部已于2021年将7个部门的93家企业纳入实施范围；督促有关部门指导相关金融企业纳入国有资本经营预算管理。对上缴比例不达标问题，财政部要求中国证券投资者保护基金按2020年度净利润的10%上缴国有资本经营收益，将中央国债登记结算有限责任公司的上缴比例由10%提至20%。对预算不细化问题，财政部推动有关部门做好预算编制准备，提高年初预算到位率。

2. 关于财政支出标准的基础性作用发挥不充分的问题。对基本支出定员定额管理有待改进问题，2021年，财政部已将银保监会及各地银保监局、地市级邮政局和部分公益一类事业单位等纳入定员定额管理；要求在编制2022年预算时，将行政、参公和公益一类事业单位全部纳入定员定额管理。对项目支出标准体系建设推进慢问题，财政部要求编制2022年部门预算时，将支出标准作为预算编制的基本依据，各部门至少新启动一项支出标准制定工作。截至10月，已有112个部门制定了99项专用标准和810项部门内部标准，财政部等针对中央部门共性项目制定了41项通用标准。对事业单位补助政策有待完善问题，研究分类调整完善公益一类事业单位定额标准；推进公益二类事业单位补助与编制脱钩，将更多通过政府购买服务等方式予以支持。

3. 关于中央与地方财政关系尚未理顺的问题。

一是对共同财政事权转移支付未出台对应领域财政事权与支出责任划分方案问题，涉及的17项共同财政事权转移支付中，有1项2021年已到期取消，12项转移支付的对应领域已形成划分方案。对仍沿用原专项管理办法问题，农业生产领域事权划分改革工作正在推进，另有1项专项印发新的资金管理办法。

二是转移支付分配不够规范严格问题。对分配中存在随意性问题，财政部起草或修订相关资金管理办法，规范了16项转移支付的分配方式，另3项正在修订管理制度或完善分配方式。发展改革委通过修订制度、调整方向或标准等，规范了5个投资专项的资金分配。对支持方向交叉雷同问题，涉及3项转移支付，财政部明确要求不得重复获得补助，并调整转移支付的支持方向。对涉及的9个投资专项，发展改革委通过调整支持方向、明晰支持项目类型等进行整改。对未及时向地方下达问题，财政部修订了相关制度，除需与“十四五”规划等衔接暂无法落实到地区的资金外，8项转移支付的资金已下达；发展改革委、财政部加强沟通对接，对项目资金拨付情况按月调度，督促有关地方加快资金拨付。

三是对地方财政管理中财政专户监控不到位问题，财政部印发通知，要求地方加强专户管理，按时上报专户运行情况。对发展改革委未及时督促地方整改问题，涉及的13个项目中有8个已完成整改，通过统筹盘活、调整投资规模、加快拨付等整改2.12亿元，其中2个项目已投产。

（二）中央部门预算执行审计查出问题的整改情况。有关部门及所属单位已整改615.16亿元，完善制度61项，处理处分312人。

1. 关于部门预算不够完整准确等问题。涉及的20个部门和98家所属单位加强全口径预算管理，已整改12.72亿元。9个部门已将63家所属单位全部纳入2022年预算编报范围。对部分收入未纳入年初预算问题，有关部门和单位调整了2020年度决算报表，编制2022年预算时充分预计结转资金和当年收入。对多申领或代编预算问题，1个部门和2家所属单位已申请退回682.18万元；自2022年起由经费使用主体直接编报预算。

2. 关于违反中央八项规定精神和过紧日子要求的问题。29个部门和176家所属单位已整改7.86亿元。

一是三公经费等管理不严问题。对超标配车、无偿占用下属单位车辆、违规发放车补问题，2个部门和13家所属单位通过封存、拍卖或申请报废等处置40辆、退还23辆，诫勉谈话等5人，3家所属单位已停止违规发放车补。对转嫁出国费用问题，3家所属单位已向资助企业或单位支付40.81万元。对无（超）计划召开会议问题，8个部门和13家所属单位完善了会议计划编制和会议审批制度。对摊派或违规收（支）会议费问题，4个部门和3家所属单位退还费用或调整账目234.45万元。对违规发放津补贴等问题，有关部门和所属单位通过停止发放、从工资中扣回等进行整改，其中9家所属单位收回2510.82万元。对超标配备办公用房问题，3家所属单位对超标用房进行改造、调整为业务用房或公开招租。对违规装修问题，有1个部门已向主管部门备案，正在补办手续。

二是依托部门职能或行业资源违规收费问题。对违规开展评比表彰等问题，1个部门和27家所属单位已停止收费或取消评比表彰等，1个部门和3家所属单位退还资金451.91万元。对通过出租刊号等获取收入问题，已停止合作或终止协议，进一步规范经营活动。对违规投资入股企业问题，相关人员已完成股权变更登记、企业注销等手续，追责问责182人。对在行业协会等兼职或取酬问题，5人已清退违规领取的薪酬，4人补办兼职手续，2人已被免去兼任职务。

三是年底突击花钱等现象有禁不止问题。5个部门和21家所属单位收回资金或缴回财政5067.82万元，3个部门和14家所属单位调整账目2.15亿元。

3. 关于预算管理存在薄弱环节的问题。政府采购方面，对政府采购预算（计划）不完整问题，3个部门和7家所属单位修订完善相关制度，规范2021年度政府采购管理；对违规招标或转包分包等问题，16个部门和37家所属单位通过组织自查、终止合同或重新招标等进行整改。资金管理方面，2家所属单位将566.42亿元资金转存指定银行或按规定调整存款期限，其他部门和所属单位通过调整支付方式、纳入法定账户、归还原渠道等加强管理；13个部门和46家所属单位将5.86亿元存量资金缴回财政，其他部门和所属单位正在申请缴回或加快拨付进度等；1个部门已撤销2个项目并全面梳理其他项目，1个部门和1家所属单位不再安排或扣回已支付的相关经费35.07万元。财务核算方面，10个部门和20家所属单位上缴收入、调整账目等13.55亿元；7个部门和27家所属单位制定往来账款清理工作方案，加强对账核查，已核销、收回、上缴财政等4.97亿元；6个部门和19家所属单位加强会计核算，已调整有关账目和决算。全面预算绩效管理方面，17个部门和245家所属单位开展绩效管理培训等，改进项目绩效指标设置；7个部门和57家所属单位重新开展项目绩效自评，或委托第三方抽查自评结果等。

（三）重点民生资金和项目审计查出问题的整改情况。

1. 关于全国基本医疗保险基金审计方面的问题。已整改89.76亿元，完善制度274项，处理处分886人。

一是对骗取套取基金问题。被骗取套取的10.59亿元中，有8.46亿元已追回，剩余计划2022年6月底前追回；同时，通过移送司法机关、罚款、加收违约金等进一步整改2.77亿元。医保局会同公安部、卫生健康委开展打击欺诈骗保专项整治行动，查处和公开曝光四川达州、河北廊坊等一批案件，形成震慑；开展医疗费用审核结算专项治理，利用智能审核系统建立事前事中事后监管模式，及时发现并处理基金违规使用情况，遏制骗取套取基金问题发生。

二是对统筹层次较低问题。医保局、财政部在推动全面做实市地级统筹的基础上,推进省级统筹相关工作。对17.82万人未在户籍所在地参保问题,28省已排查清理16.36万人,除部分人员已死亡或无参保意愿外,已将保障对象全部纳入保障范围。对8.44万人应获未获补助问题,9省有8.3万人获得参保补助834.89万元。对18家中央或省属单位未纳入属地化管理问题,3省10户单位的51.32万人已纳入属地管理。对公立医院未及时支付货款等问题,24省全部完成整改,拖欠货款全部结清,制定修订制度29项,处理处分31人。

三是对少拨付中央补助或少安排地方补助问题。21省73县已拨付中央和地方补助资金17.63亿元,8省10县制定了4.91亿元资金的拨款计划。对机关事业单位少缴欠缴保费问题,11省已补缴10.89亿元,3省已明确10.1亿元保费的补缴计划。对挤占挪用等问题,15省32个单位归还原渠道或调整账目4.53亿元,2省制定了5.78亿元资金的还款计划。对违规支付非基金承担的费用问题,28省已整改1.04亿元,其中追回基金0.92亿元。

2. 关于全国基本养老保险基金审计方面的问题。已整改37.61亿元,完善制度48项,处理处分2人。

一是应保尽保仍有漏缺问题。对有关人员未纳入机关事业单位养老保险参保范围问题,1010家单位的9.48万人已完成参保,对因超编等未参保人员,人力资源社会保障部会同财政部研究提出了意见。对未在户籍所在地参保问题,25省对23.21万人进行了清理,除放弃参保等情形外,均已完成参保登记。对未按时足额获得补助问题,各地核实人员信息、加快资金拨付,18省已为10.4万人代缴保费830万元。

二是违规收支问题。收入方面:对少缴或截留问题,24省已追缴、补缴157家单位的保费1.09亿元;对应获未获保费减免问题,18省通过退还资金、调整企业划型等整改3354家单位的保费1.59亿元。支出方面:对重复领取待遇问题,各地通过收回资金、停发待遇等整改1.47亿元,涉及4.08万人;对挤占挪用问题,17省已归还33.38亿元。

3. 关于保障性安居工程审计方面的问题。已整改90.81亿元,完善制度13项。

一是部分政策落实不精准问题。对公租房被违规占用或长期空置问题,有796套被违规占用的公租房已退出或恢复原定用途,3714套空置1年以上的公租房已分配入住;对应获未获公租房保障问题,已完成对5.57万名困难群众的调查摸底,将对符合条件人员给予实物配租或租赁补贴。老旧小区改造方面,对符合标准未优先改造问题,有65个老旧小区已纳入改造计划,另73个小区将逐步纳入改造计划;对已完工小区未按规定配备物业等问题,有323个小区通过成立业主委员会、引入物业等完善了管理机制,引导另42个小区完善物业管理。

二是资金违规使用或闲置问题。对资金用于弥补公用经费等问题,8县归还原渠道或调整账目19.49亿元,1县出台制度规范棚改专项债券使用。对资金闲置问题,22县加快拨付进度安排使用59.8亿元,另有11.52亿元已制定用款计划。

4. 关于城乡义务教育补助经费审计方面的问题。已整改2.55亿元,完善制度6项,处理处分3人。对套取或挪用资金问题,25个地区通过追回资金、调整账目等整改2.42亿元;财政部会同教育部修订《城乡义务教育补助经费管理办法》,进一步督促地方加强资金管理。对资金闲置问题,涉及的1308.93万元通过加快拨付、上缴财政等已全部统筹盘活。对部分项目未按期开工或建成后长期闲置问题,4县推动52个校舍维修项目加快建设进度,有36个已投入使用。

5. 关于生态环保资金审计方面的问题。已整改90.87亿元,完善制度66项,处理处分97人。

一是中央支出责任落实存在越位问题。生态环境部制定《中央生态环境资金项目储备库入库指南(2021)》,明确入库项目应由地方承担相应支出责任、中央财政给予支持,对于申报时基本依靠中央财政的项目不予入库。

二是政策激励和引导作用发挥不充分问题。对政策目标冲突等问题,自然资源部、林草局开展实地调研督导,将工程目标、任务、资金等压实到省。对部分资金实际分配扩大范围问题,财政部调整了重点生态功能区转移支付的测算系数,生态环境部健全重点生态功能区县域生态环境质量监测与评价指标体系,作为资金分配依据或支撑。对退耕土地重复申领农业支持保护补贴问题,有5省通过停发耕地地力保护补贴、规范退耕还林补助发放等完成整改,四川省正在核实退耕还林情况并研究处置方案。对无耕地可退申请减少任务问题,有2省已核减剩余规划任务16.33万亩,退回资金1320万元。

三是部分资金和项目绩效不佳问题。对动用资金修建景观工程问题,有关地方通过追缴资金、归还原渠道等整改 5.32 亿元。对套取骗取、挤占挪用、闲置资金等问题，有关地方通过追回资金、归还原渠道、统筹盘活等整改 31.86 亿元。对项目未按时开（完）工或效益不佳问题，有关地方加强项目管理，推进 90 个项目开（完）工或发挥预期效益。

（四）重大政策措施落实跟踪审计查出问题的整改情况。

1. 关于新增财政直达资金审计方面的问题。有关地区通过加快下达拨付、收回资金、重新分配等整改 388.59 亿元，完善制度 149 项，处理处分 32 人。

2. 关于金融服务实体经济审计方面的问题。已整改 48.89 亿元，完善制度 52 项，处理处分 903 人。对信贷审查不严影响“房住不炒”政策落实问题，银保监会等部门联合印发通知，要求信息共享、联合排查、联合惩戒、严格问责；4 家银行收回或结清违规贷款 1.79 亿元，严格贷款客户准入和资质管理、强化资金流向监测。对服务小微企业有偏差等问题，2 家金融机构退还不合理收费 12.03 亿元，规范存贷款业务管理；2 家金融机构优化续贷管理规则，开辟绿色通道，为符合条件的企业办理贷款展期或延期，加大对小微企业的信贷支持。

3. 关于政府债务风险审计调查方面的问题。对未严格按用途使用的 413.21 亿元专项债券资金，5 个地区通过将收支缺口纳入预算等方式，增强了对投向无收益或年收入不足本息项目的 186.73 亿元专项债券的还本付息能力，33 个地区通过归还原渠道、加快拨付、调剂用途等整改 131.5 亿元，出台 3 项制度加强债券发行使用管理。

4. 关于税收征管和减税降费政策落实审计方面的问题。已整改 132.39 亿元，完善制度 27 项，处理处分 480 人。

一是税费优惠政策未全面落实问题。对未（及时）享受税费政策优惠问题，36 个地区为 1.19 万户企业办理退抵税费等 90.58 亿元。对违规收费等问题，12 省 39 家单位通过退还费用、取消收费项目等整改 1.71 亿元。对多收电费或少减免房租问题，13 省和 23 户央企已退还电费或减免房租 8239.26 万元。

二是违规返还税款或征收过头税问题。11 省清理废止不符合规定的税收返还政策文件、规范财政支出管理等，制定修订相关制度 11 项。对多预征的税费，20 个地区为 111 户企业办理退抵税费等 29.9 亿元。对向施工企业预征的税款，税务机关对全部 1081 户企业逐一摸排，为企业办理退抵税 9.38 亿元，并在信息管理系统中增加建筑服务异地预缴提示功能。

5. 关于脱贫攻坚和乡村振兴相关政策及资金审计方面的问题。已整改 530.64 亿元，完善制度 235 项，处理处分 32 人。

一是易地搬迁后续扶持仍需加强问题。已整改 21.29 亿元，制定完善就业培训、产业扶持等制度 97 项。就业扶持方面，11 县摸底搬迁群众就业意愿和现状，完善就业情况台账，通过设立公益性岗位、开展就业技能培训、扶持创业等，推动 3253 户有劳动力的搬迁家庭实现每个家庭至少 1 人就业。对搬迁群众未纳入返贫致贫监测问题，10 县完善防止返贫动态监测和帮扶机制，常态化排查化解返贫致贫风险，将 2.53 万名搬迁群众纳入监测范围。产业扶持方面，32 县调查分析项目亏损原因，加大技术指导、拓宽销售渠道，已整改 222 个项目的 8.29 亿元，完善制度 25 项。37 县制定收益分配管理、带贫益贫等制度 21 项，吸纳搬迁群众就业、兑现分红，涉及 273 个项目的 12.99 亿元。配套设施方面，28 县按要求采购设备、督促加快项目施工，补齐配套设施短板，完善饮水取水、垃圾收集清运等制度 11 项。6 县进一步完善硬件配备、合理配置规划教育资源等，推进解决适龄儿童无法就近入园入学问题。

二是乡村产业项目引领效应不够问题。对农业园区同质化严重问题，农业农村部印发通知，明确农业园区入选条件、申报审核流程等；有关地方加强园区建设指导，7 县 25 个农业园区已完成整改。对产业项目运营效果不佳等问题，20 县 76 个项目成立专门机构加强管护，修缮损坏设施设备，盘活闲置资产。18 县通过追缴资金、归还原渠道、调整账目等整改 24 个偏离产业定位项目的 7600.44 万元。

三是涉农资金下拨错配农时问题。农业农村部完善转移支付资金管理系统，按月加强预算执行监测，将监测结果与下一年度资金安排挂钩，督促地方加快预算执行。有关地方完善制度 9 项，通过优化分配方式、简化审批流程等整改 496.81 亿元。

四是农村人居环境整治仍需加大力度问题。农业农村部联合 7 部门印发指导意见，督促地方因地制宜开展厕所改造等工作；46 县对 3.78 万座问题厕所进行维修改造或拆除重建，加强日常管护。38 县增加管网等配套设施建设，完善运维管理机制，保障 1788 个污水或垃圾处理设施正常运行。

（五）国有资产审计查出问题的整改情况。

1. 关于企业国有资产审计方面的问题。已整改1512.68亿元，完善制度125项，处理处分275人。

一是部分企业会计信息失真问题。11户央企调整账目1445.05亿元，优化财务管理系统，健全防范惩戒财经领域信息虚假等制度87项，处理处分248人。

二是存在部分低效无效资产问题。6户央企将长期闲置的补助资金12.09亿元归还财政，通过调整投资计划、加快拨付等盘活4.24亿元。6户央企落实压控存货和应收账款工作要求，完善制度18项。4户央企通过调整资产分类、加强不良资产清收等整改资产损失（风险）问题9.39亿元，处理处分24人。

三是国有经济布局和结构调整聚焦主责主业不够问题。2户央企调整了11个项目的投资规模或实施计划等，加快有关工作进度。2户央企进一步优化产业布局，其中1户制定了整合方案。对科技创新和转型发展不足问题，国资委印发指导意见，推动企业加大研发投入；3户央企成立科技创新部或强化创新考核导向，完善科研经费管理等制度6项。对投资非主业项目等问题，1户央企通过调整项目用途等加快剥离非主业项目；2户央企严格投资方向审查，其中1户已停止实施既有非主业项目。

2. 关于金融企业国有资产审计方面的问题。已整改1.31万亿元，完善制度265项，处理处分4291人。

一是金融资源配置仍有脱实向虚倾向问题。对未按要求降低农险保单费率问题，2家金融机构已降低费率并纳入系统刚性管控，其中1家退还多收保费3266.86万元。对支持小微和民营企业相关业务规模萎缩等问题，3家金融机构通过宣传教育、纳入年度考核等，引导所属机构加大对中小微企业和民营企业的支持力度。对违规为融资平台提供资金问题，银保监会印发指导意见，5家金融机构结清或提前收回融资141.76亿元，对未偿还部分提出市场化运作或化解方案。对资金违规投入房地产领域问题，5家金融机构已结清或提前收回资金290.88亿元。

二是违规开展业务问题。5家金融机构通过停发新产品、逐步压降存量、清收贷款等整改违规理财和信贷业务6313.51亿元。4家金融机构纠正承保理赔、产品销售等环节存在问题，已整改违规保险业务417.83亿元。6家金融机构通过完善采购制度和业务流程、强化监督检查等整改违规招投标问题381.5亿元。

三是资产风险管控不严格问题。对7家金融机构会计核算不准确、掩盖不良等问题，有3家调整账表76.01亿元，6家通过逐笔排查风险、调整贷款分类等整改1402.72亿元，并进一步明确风险分类标准、规范分类测评行为。对投资项目亏损等问题，4家金融机构通过卖出止损、转让股权、债务重组等处置投资项目，处理处分55人。对信息系统问题，7家金融机构健全系统功能，堵塞安全漏洞，提高运行效率。

3. 关于行政事业性国有资产审计方面的问题。已整改169.29亿元，完善制度39项，处理处分94人。

一是国有资产报告范围不完整问题。财政部组织召开国有资产报告部际协调机制会议，要求有关部门将各类国有资产及时准确入账，目前136.78亿元资产已纳入报告范围，涉及的3062件文物文化资产也已全部纳入报告范围。62家单位开展资产清查，通过登记未入账资产、竣工项目转计固定资产、核销已出售资产等整改账实不符问题18.19亿元。

二是资产统筹调剂不到位问题。对房产出租或闲置的同时又租入房产问题，财政部要求存在闲置或对外出租情形的，原则上不得申请新增同类资产；有3家单位已完成房产调整，另5家单位正在调整。对资产长期闲置问题，69家单位将闲置资产自用、出租或调剂给其他单位使用等，涉及13.24万平方米房产、土地和3613.81万元设备；4所高校研究建立科研仪器共享制度，建设共享信息系统，加大科研仪器对外开放力度，对闲置设备进行调剂使用。

三是违规出租（借）或处置资产问题。39家单位停止出租出借资产，或补办审批手续等；9家单位补办资产处置审批手续，或完善管理制度等。17家单位通过评估后签订出租协议、收取租金、收回资产等整改无偿或低价出租出借资产问题。23家单位已将6951.63万元处置收入上缴财政。对未经批准对外投资问题，2家单位正在推进股权转让和解除代持协议等工作。

4. 关于国有自然资源资产审计方面的问题。有关地方和部门完善制度56项，追责问责320人。

一是资源环境规划落实存在堵点问题。规划出台方面，有关部门总结规划落实情况，细化分解任务或制定配套措施，为促进地方落实提供指引。规划传导方面，自然资源部加强省级地质灾害防治规划编制实施的监督管理，对地质灾害防治工作进行常态化督导。规划落实方面，有关部门和地方加强预算保障和目标考核，推动打通政策落实“最后一公里”。

二是高标准农田建设量质不同步问题。对虚报完成量问题，农业农村部印发通知，加快建设全国农田建设综合监测监管平台，规范统一调度口径；5 个地区挂牌督战，已整改 532.56 万亩。对“非农化”、“非粮化”问题，农业农村部印发文件，督导地方坚决制止“非农化”、“非粮化”；有关地区通过拆除违法建筑、完善灌溉设施等恢复耕种地块 1.58 万亩。对质量差问题，农业农村部印发《高标准农田建设质量管理办法（试行）》和《高标准农田建设项目竣工验收办法》，加强质量管理、规范项目验收；有关地区优化高标准农田项目选址，对建设不符合要求的区域进行重建或补建，涉及 126.73 万亩。有关地区筹措管护经费、修缮损毁工程，47 县 205 个项目的灌溉设施已可正常使用。

三是不可再生资源规范化集约化利用程度不高问题。2 省 95 座矿山中，有 4 座已完成绿色矿山建设规划编制，91 座已完成矿山地质环境保护和复垦方案修编等工作。存在越界开采等问题的 176 座矿山中，有 40 座已关闭，103 座已完成立案查处，处理处分 8 人。对相关矿山未启动生态修复和违规取水等问题，5 省完成矿山环境修复治理 1.81 万公顷。有关地区强化用水定额和计划管理，安排或实施水源置换、泉域保护工程 18 项，置换超采区地下水 4815 万立方米。

四是部分生态文明建设改革任务推进不力问题。10 省出台改革方案 18 项，3 省强化了省级支出责任。3 省的 2421 条河流已完成划定管理范围、编制岸线保护与利用规划等河长制相关任务。2 省深入推进生态环境损害赔偿制度改革相关工作，已开展赔偿案例实践 97 宗。

五是生态环境风险隐患未消除问题。5 省制定计划开展尾矿库专项整治，出台或完善尾矿库污染防控等制度 6 项，有 91 座尾矿库已关闭或开展风险评估。2 省处理积存垃圾渗滤液 86 万吨，清除建筑垃圾 564.35 万立方米。2 省涉及的 509 家重点监管企业中，有 489 家开展了土壤环境监测，其他企业已关停或移出监管名录；山西省受污染耕地安全利用率已达 97.5%。

（六）重大违纪违法问题线索的办理情况。对审计移送的 192 起违纪违法问题线索，有关部门正在组织调查或立案查处，同时针对这些问题举一反三，推动标本兼治。

1. 关于公共资金资产损（流）失较突出的问题。银保监会制定系统内工作人员个人投融资行为规定，规范领导干部及其近亲属经商办企业等行为，开展个人投融资清理，排查领导干部做“影子股东”问题。浦发银行原副行长穆矢违规为相关企业提供融资通道业务并涉嫌受贿，已被开除党籍并提起公诉。

2. 关于基层微腐败侵蚀群众获得感的问题。公安部指导各地严厉打击民生领域职务侵占犯罪行为，深入剖析原因，推动源头治理。人力资源社会保障部在全系统开展社会保险基金管理风险排查专项整治。乡村振兴局进行暗访调研，配合开展专项监督。对安徽省砀山县一干部骗取扶贫资金问题，已移交纪检监察机关查处。

3. 关于金融乱象变异升级的问题。人民银行协同银保监会、证监会等部门推进平台金融监管机制建设，规范金融产品网络营销行为，向 14 家互联网平台提出整改要求。证监会对相关违法违规问题及时采取处罚等监管措施，严惩违法机构和个人。银保监会落实《防范和处置非法集资条例》有关要求，推进存量非法集资案件处置。

4. 关于涉税涉票的问题。税务总局立案调查汽车销售、农产品采购、高收入群体个税缴纳等领域发生的偷逃税款问题，追缴税款 7.56 亿元。对高收入人员套用核定征收方式逃税问题，税务总局选取核定征收情况较多的地区进行试点，将符合一定情形的个人独资、合伙企业调整为查账征收，加强对个人股权转让逃避税的监管，增设日常监控指标，提高精准监管能力。

（七）审计建议落实情况。有关主管部门认真研究采纳审计建议，坚持深化改革、加强管理，推动将审计整改成果转化为治理效能。

1. 关于坚持稳中求进工作总基调、保持宏观政策连续性稳定性方面的建议。一是着力推动积极财政政策提质增效、更可持续方面。截至 6 月，除基本养老金等据实结算项目外，2.8 万亿元中央财政直达资金中具备条件的部分已下达完毕；财政部指导地方做好专项债券项目储备等前期工作，适当放宽发行时限和使用范围要求，促进形成实物工作量；修订县级基本财力保障机制奖补资金管理办法，督促引导各地加大对县级“三保”的投入；会同税务总局、证监会等部门清理和规范地方违规返还税收行为。二是着力推动稳健货币政策灵活精准、合理适度方面。人民银行、银保监会等部门保持金融政策连续性、稳定性，引导金融机构支持实体经济恢复发展，优化信贷结构，强化对重点领域和薄弱环节的支持,加强对地方金融机构的监管,稳妥处置高风险机构。

2. 关于深化财税改革、不断提升财政管理水平方面的建议。一是加强财政资源统筹方面。加大政府性基金预算、国有资本经营预算调入一般公共预算的力度,合理确定国有资本收益上缴比例。二是发挥好财政支出标准的基础引导作用方面。加快预算支出标准体系建设,推动项目支出通用标准和专用标准建设,扩大基本支出定员定额管理范围;指导地方规范超收收入使用管理,强化财经纪律刚性约束。三是优化财政支出结构方面。财政部推动已出台的11个分领域改革方案落实;印发转移支付和重大支出政策后评价实施方案,对水污染防治资金、援外优惠贷款贴息等项目开展后评价。

3. 关于加强制度建设和统筹协调、增强重点领域改革规范性系统性方面的建议。一是基本医疗保险方面。医保局、财政部健全医疗保障公共服务体系,巩固提高基金统筹层次,建立与之相适应的管理制度。二是生态环保政策方面。综合考虑减排目标、经济发展、企业承受能力、各项碳减排措施的衔接等因素,逐步完善碳达峰、碳中和财税支持政策体系。三是预算和绩效管理一体化方面。财政部出台预算公开、预算管理一体化等相关配套文件,推动将绩效管理理念和方法融入预算编制、执行、监督各环节。四是中央政府财务报告编制方面。财政部组织119个中央部门编制2020年度政府部门财务报告,试编2020年度中央政府本级综合财务报告。

4. 关于坚持底线思维、防范化解突出风险隐患方面的建议。一是财政风险方面。从2021年开始,财政部对各省隐性债务数据"先核后报";加强各部门监管政策协同,防止利用制度不衔接新增隐性债务;完善常态化监测机制,防止虚假化债,坚决查处各类新增隐性债务行为。二是金融风险方面。财政部指导地方加快推进国有金融资本集中统一管理。人民银行、银保监会等部门加强对中小银行的监管,推进高风险机构稳妥处置,严防单体机构风险溢出,牢牢守住不发生系统性风险的底线。三是生态及粮食安全方面。财政部加强对种粮主体的政策激励,支持地方发放耕地地力保护补贴。自然资源部推动完善退耕还湿还林还草还湖等制度建设,守好耕地红线。

需要说明的是,按照有关工作要求,发展改革委、财政部、自然资源部、税务总局和林草局,针对投资专项和转移支付管理分配不规范交叉雷同、地方政府专项债券重发行轻管理、违规返还税款、生态环保政策冲突和资金侵占挪用等4方面审计查出突出问题进行了专项整改,相关整改情况连同按要求需报告的中央部门单位2020年度预算执行等审计查出问题的整改情况,均已作为本报告的附件,一并提交本次会议审议。

## 三、后续工作安排

从整改情况看,要求立行立改的问题还有373项尚未整改到位:一是中央财政管理和中央部门预算执行方面的85项,二是重点专项资金和重大投资项目方面的108项,三是重大政策措施落实方面的54项,四是国有资产管理方面的126项。综合考虑要求分阶段整改或持续整改问题的相关情况,主要原因分析如下:

(一)有些机制制度问题本身即属于改革中长期任务,需要伴随着改革深化持续推进解决。如中央财政管理方面尚有12项未完成整改,主要涉及中央与地方财政关系、财政资源统筹使用、国有资产及收入属性确认等事项。这些事项均需与财政体制改革一体推进、同步完善。

(二)有些历史遗留问题时间跨度大、涉及人数多,需要制定审慎稳妥的处置方案有序推进解决。如部分中央部门往来款项长期未清理的问题,涉及部门本级、所属单位及社会企业等多方,且成因复杂、数额较大,有的款项还涉及合同纠纷,需一事一策、逐项清理。

(三)有些跨区域跨部门跨行业问题缺乏协调机制,需多方加强配合共同推进解决。如部分行业单位未纳入医保属地化管理仍封闭运行的问题,以及一些中央国家机关所属京外单位欠缴职工养老保险的问题,涉及主管部门出台政策、财政部门拨付资金、中央国家机关与驻在地有效对接等诸多方面,需要多方共同深入研究论证。

(四)有些问题整改受相关程序制约或整改前提已灭失,需堵塞漏洞加强监管。如一些资产处置、经营权收回等问题涉及民事诉讼,需要履行必要的行政或法律程序;全国4.62万人跨险种跨统筹区重复领取3.7亿元养老保险金问题,部分人员无法联系,有的无力退还或拒不退还。

有关部门单位和地方对后续整改作出了安排:一是分类制定整改计划。系统梳理未整改到位问题,明确整改时限及整改目标等,健全整改跟踪机制。二是强力推进整改落实。强化责任担当,拿出真招实招，统筹推动解决整改中的困难。三是大力推动标本兼治。对新情况、新问题，深入研究分析原因，主动探索，完善制度机制，加强管理。下一步，审计署将严格落实《意见》各项要求，持续加强对审计整改的跟踪督促检查，确保整改合规到位、扎实有效，推动党中央、国务院决策部署落实落地。

我们将更加紧密地团结在以习近平同志为核心的党中央周围，坚持以习近平新时代中国特色社会主义思想为指导，全面贯彻落实党的十九大和十九届二中、三中、四中、五中、六中全会精神，依法全面履行审计监督职责，为全面建设社会主义现代化国家作出积极贡献！

# 对 2020 年度中央预算执行和其他财政收支审计查出问题整改情况报告的意见和建议

12 月 23 日，十三届全国人大常委会第三十二次会议审议了审计署审计长侯凯受国务院委托作的关于 2020 年度中央预算执行和其他财政收支审计查出问题整改情况的报告，共有 16 人次发言。现根据会议发言情况，将常委会组成人员和列席人员的主要意见整理如下。

出席人员普遍认为，在以习近平同志为核心的党中央坚强领导下，国务院及其有关部门、各地区坚持以习近平新时代中国特色社会主义思想为指导，深入贯彻落实习近平总书记关于审计整改工作的重要指示批示精神，认真落实关于建立健全审计查出问题整改长效机制的意见，严格执行十三届全国人大常委会第二十九次会议有关审议意见，全面落实全国人大财经委审查意见，压实整改责任，形成整改工作合力，审计机关对整改情况进行专项审计，取得良好效果。全国人大财经委、常委会预算工委的跟踪监督报告深入细致，针对性强，希望有关方面认真研究处理。大家强调，要进一步加强审计监督，健全长效机制，强化追责问责，提高整改质量。审议中，大家还提出了一些具体意见和建议。

## 一、加强审计查出突出问题整改

有的出席人员提出，应加快构建分行业、分领域、分层次的绩效指标体系，加强对预算执行进度和绩效目标“双监控”，提高预算绩效管理规范化、精细化水平。有的出席人员认为，应重视绩效评估结果运用，把绩效自评和第三方评价结果作为预算支出安排的重要参考，对效益不好特别是多年绩效不佳的项目，应考虑核减资金或者取消项目。有的出席人员指出，不少项目完成情况并不理想，特别是有的建成项目不符合群众实际需要，造成了大量浪费，建议扎实做好立项前调研，围绕人民群众迫切需求，合理设计目标任务、实施方案、考核标准等，确保项目立得住、真管用。有的出席人员提出，针对项目重复申报、审批等问题，建议部门之间、部门内司局之间加强信息沟通，开展同类项目交叉审核，探索建立项目查重机制。有的出席人员提出，因项目前期工作准备不足、项目周期长等造成资金闲置、资金使用效率低的问题时有发生，建议资金拨付与项目周期、进度相协调，根据实际情况进行分批次拨付。

有的出席人员认为，现在地方政府专项债券重发行轻管理的问题较为普遍，由此造成的债务风险不容忽视，应着力做好风险监控，加强专项债券全生命周期收支平衡管理，避免出现债务违约事件，建议：(1)尽快实现专项债券穿透式监测全覆盖，及时对项目资金使用情况进行绩效评价，评价结果对社会公开；(2)探索建立专项债券支出进度通报预警制度，提前掌握并及时提醒存在的风险点。

## 二、继续完善财政体制

有的出席人员指出，目前财政支出标准的基础性作用发挥尚不充分，建议有关部门加快普适性财政支出标准体系建设，根据全国各地经济社会差异，在公共服务、社会民生等领域，制定托底的财政支出标准；对“三公”开支，在培训、车辆配置、接待等方面，制定限高的定额标准。

有的出席人员指出，应着力解决中央与地方财政关系尚未完全理顺的问题，以事权与财权相匹配为目标，进一步深化事权与支出责任划分改革，同步推进收入划分改革。有的出席人员认为，当前地方财力不足的问题较为突出，建议进一步健全地方税体系，适当提高地方财政收入占比，切实增强地方特别是中西部地区自有财力。

有的出席人员提出，事业单位分类改革中的配套政策没有及时到位，致使部分公益一类事业单位出现了经费保障不足的情况。建议相关部门加快调整完善公益一类事业单位定额标准，及时完善相关配套政策措施，为事业单位分类改革持续有效推进提供保障。

## 三、压紧压实整改责任

有的出席人员提出，审计机关主要是揭示问题、发现问题，政府及存在问题的部门要承担推进问题整改的主要责任。有关部门应在前期整改工作基础上进一步强化责任意识，推动层层压实审计整改责任，推动被审计单位认真落实主体责任，把工作着力点放在解决整改工作中最突出的矛盾和问题上。对有法不依、明知故犯、虚假整改、推诿整改等问题，加大追究责任的力度，该点名的要点名，该处分的要处分，触犯法律的要依法严惩；对整改不及时、不到位的，应探索建立约谈机制，确保整改工作不松劲。有的出席人员指出，应着力解决审计查出的历史遗留问题，建议组织力量进行专题研究，参照有关制度和规定提出解决方案，推动彻底清理，避免这些老问题年年挂在账上。

## 四、着力建立整改工作长效机制

有的出席人员认为，中央印发的《关于建立健全审计查出问题整改长效机制的意见》为审计整改工作提供了制度遵循，有关部门要认真贯彻落实意见要求，进一步加强对审计整改工作的领导，个性问题应采取精准措施推动解决，共性问题应剖析深层次原因，找准漏洞短板，在深化改革中通盘考虑，完善制度机制。有的出席人员认为，应进一步完善审计整改工作程序：(1)对整改情况适时开展回头看、再审计，对整改措施落实情况进行重点监督；(2)探索建立审计查出问题整改台账，明确责任单位、责任人、整改任务、时间安排等，适时将台账完成情况进行公开。有的出席人员提出，应把审计整改成果作为完善财税监管法律法规制度的重要抓手，强化制度约束，夯实依法理财、依法审计、依法监督的法治基础。

有的出席人员认为，对跨地区、跨部门的审计整改任务，应建立健全协调联动机制，加强组织领导，强化督促检查，做好部门间、地区间协调配合，开展整改工作联动、信息互通、线索移送、成果共享等，推动整改工作一体推进、一体见效。

## 五、充分发挥审计监督作用

有的出席人员提出，有关部门应深入学习、认真实施修改后的审计法，依法严守审计程序、规范审计行为。要把审计整改情况作为完善预算和政策的重要参考，充分发挥审计监督“治已病、防未病”的功效。有的出席人员认为，应把审计整改监督与人大的预算审查监督、国有资产管理监督有机结合起来，把审计查出的突出问题，特别是没有整改到位的问题，作为明年预算决算审查、预算执行监督、审计监督等财经监督工作的重点，持续跟进，形成长效机制。有的出席人员认为，应从构建党和国家监督体系、提升监督整体效能的高度出发，推动审计监督同党内监督、人大监督、司法监督、社会监督、舆论监督等各类监督有机贯通、相互协调，探索建立审计机关与纪检监察机关问题线索移交、监督意见互通的工作衔接机制，推动形成监督工作合力。

# 三、检查法律实施情况

## 全国人民代表大会常务委员会执法检查组关于检查《中华人民共和国中医药法》实施情况的报告

——2021 年 6 月 7 日在第十三届全国人民代表大会常务委员会第二十九次会议上

全国人大常委会副委员长 王 晨

全国人民代表大会常务委员会：

传承创新发展中医药是新时代中国特色社会主义事业的重要内容，是中华民族伟大复兴的大事。党的十八大以来，以习近平同志为核心的党中央从统筹推进“五位一体”总体布局、协调推进“四个全面”战略布局、增强民族自信和文化自信的全局和战略高度，对中医药传承创新发展作出一系列重大决策部署。习近平总书记对中医药工作作出一系列重要论述和重要指示，强调要遵循中医药发展规律，传承精华，守正创新，充分发挥中医药防病治病的独特优势和作用，推进健康中国建设。为贯彻落实党中央决策部署和习近平总书记重要指示精神，推动中医药法深入贯彻实施，切实把中医药这一宝贵财富继承好、发展好、利用好，全国人大常委会开展了中医药法执法检查。

本次执法检查，是全国人大常委会首次对中医药领域法律的实施情况进行检查。常委会领导高度重视，栗战书委员长作出重要指示，要求检查组要以习近平新时代中国特色社会主义思想为指导，认真贯彻落实党中央决策部署，督促有关方面全面落实好中医药法各项规定，确保检查取得好的效果。执法检查组由王晨、张春贤、艾力更·依明巴海、白玛赤林、蔡达峰副委员长任组长，教科文卫委李学勇主任委员任副组长，成员由全国人大常委会组成人员、常委会办公厅有关负责同志、教科文卫委组成人员、有关专门委员会负责同志和全国人大代表共 32 人组成。全国人大教科文卫委认真贯彻检查工作部署，与国务院相关部门加强联系沟通，3 月中旬赴中国中医科学院和北京市开展前期调研，协助常委会办公厅做好执法检查准备工作。3 月 31 日，执法检查组召开第一次全体会议，王晨副委员长出席会议并讲话，对执法检查提出工作要求。中医药局、教育部、卫生健康委、医保局、药监局相关负责同志在会上汇报了实施中医药法的工作情况，发展改革委、科技部、工信部、财政部、农业农村部作了书面汇报。4 月至 5 月中旬，执法检查组分为 5 个小组分别赴天津、山西、浙江、福建、河南、广西、贵州、甘肃等 8 个省（区、市）开展检查。各检查小组突出重点，深入一线，全方位、系统化开展检查，五个小组共下到 17 个市（州），听取地方政府和部门的汇报，与人大代表和相关中医药单位、企业代表、基层工作者座谈交流，实地检查了 20 所中医医院，9 所基层医疗卫生机构，8 所中医药高校，13 家中药企业，7 家中药材种植基地、交易市场和检测中心等。同时，委托 8 个省份开展自查。5 月 17 日，执法检查组召开第二次全体会议，研究讨论检查报告。

这次中医药法执法检查，工作中主要遵循几项原则：一是把深入学习贯彻习近平法治思想和习近平总书记关于中医药传承创新发展的重要论述贯穿全过程，及时跟进学习习近平总书记最新指示精神，深入贯彻领会，指导检查工作。二是认真落实栗战书委员长关于此次执法检查的指示，按照王晨副委员长在检查组第一次全体会议上的讲话要求，扎实做好前期调研，制定内容详实的检查方案，认真组织实施，着力增强检查实效。三是坚持问题导向、结果导向相统一，围绕方案确定的六项检查重点，坚持以中医药法规定为准绳，逐个条款对照检查，切实发挥法律制度的引领、规范和保障作用。四是全方位、系统化检查，充分了解情况。从中医药体制机制、服务体系、传承特色到人才培养、科研创新，从中药材种植、交易、生产、使用到质量检测、院内制剂，全链条、全方位覆盖。采取定点检查与随机抽查相结合，在检查日程之外，还随机抽查暗访了12家中医医院、乡镇卫生院、社区卫生服务中心和中医诊所等相关单位，全面系统了解法律实施真实情况。

## 一、中医药法实施的成效

中医药法是我国第一部中医药领域的综合性、全局性、基础性法律，是填补我国医药卫生领域法律空白、完善卫生健康制度体系的一部重要法律，也是一部具有鲜明中国特色、中国风格、体现了深厚历史底蕴文化自信的重要法律。中医药法自2016年12月通过，2017年7月1日起施行，该法的制定实施为促进中医药传承创新发展提供了坚实的法律保障。全国人大常委会高度重视中医药法实施工作，先后召开了宣传贯彻中医药法座谈会、中医药法实施一周年座谈会，积极部署、推动中医药法的宣传贯彻实施工作。全国人大常委会开展中医药法执法检查，中医药行业上下表示深受鼓舞，自觉增强了进一步贯彻实施中医药法，依法推进中医药传承创新发展的信心和动力。

从检查的情况看，国务院各有关部门、各地方全面贯彻以习近平同志为核心的党中央的决策部署，贯彻实施《中共中央国务院关于促进中医药传承创新发展的意见》，认真组织实施中医药法，中医药服务体系逐步健全、服务能力稳步提升，中医药各项事业和产业发展取得明显成效，中医药传承创新发展的整体水平稳步提高，中医药在维护和促进人民健康、推动健康中国建设中的独特作用越发明显。

（一）坚持依法履行职责，推动中医药法有效落实。一是加强顶层设计和统筹谋划。国务院建立完善了国家中医药工作部际联席会议制度，加强对法律制度、配套政策落实的指导、督促和检查。召开了全国中医药大会，全面部署中医药传承创新发展工作。各级地方政府将中医药工作摆在更加突出位置，建立本级中医药工作跨部门协调机制，加强组织领导和统筹协调。全国有20个省份召开了中医药大会，进一步落实中医药工作决策部署，依法将中医药事业纳入本级国民经济和社会发展规划，与脱贫攻坚、文化振兴等重大战略实施相结合，纳入相关考核评价体系，统一部署，一体推进。二是及时制定配套制度。国务院有关部门加强协调配合，制定完善配套制度，陆续出台了《中医诊所备案管理暂行办法》《中医医术确有专长人员医师资格考核注册管理暂行办法》《古代经典名方目录（第一批）》《古代经典名方中药复方制剂简化注册审批管理规定》《关于对医疗机构应用传统工艺配置中药制剂实施备案管理的公告》《促进中药传承创新发展的实施意见》等六项配套规定。全国有15个省份制定颁布了地方性中医药法规，为中医药法实施提供了有力支撑。有关方面将中医药法的落实情况纳入国务院医疗卫生行业综合监管大督查工作进行督查，联合开展中医药法实施情况调研，有效地促进了法律的实施。三是落实保障政策。各级政府将中医药事业发展经费纳入本级财政预算，“十三五”期间，中央财政累计安排地方中医药事业传承与发展补助资金86.06亿元，年均增长17.32%。将符合条件的中成药和中医诊疗项目，按规定纳入医保基金支付范围，2020年医保目录西药和中成药2800个，其中中成药有1374个，占比49.1%。许多地方中医药事业投入逐年增长，浙江等沿海发达地区增速高于当地经济发展和财政收入增速。

（二）中医药服务体系不断健全，服务能力稳步提升。一是中医药服务网络不断健全。推动建设以国家中医医学中心、区域中医医疗中心为龙头，各级各类中医医疗机构和其他医疗机构中医科室为骨干，基层医疗卫生机构为基础，融预防保健、疾病治疗和康复于一体的中医药服务体系，覆盖城乡的中医药服务网络基本形成。据统计，截至2019年，全国有中医类医疗机构6.6万个，比2012年增长67.4%，中医类年总诊疗量达11.6亿人次、出院人数达3950多万。二是管理机制不断改革完善。发挥中医药在医改中的独特作用，持续落实分级诊疗制度，27个省份建成了470个区域和省级中医专科联盟，中医医院现代医院管理制度建设逐步深化。推动建立符合中医药特点的医保支付政策，14个省份出台了医保支持中医药发展政策，16个省份发布中医优势病种目录。三是服务能力逐步提升。持续实施基层能力服务工程，98.3%的社区卫生服务中心、97.1%的乡镇卫生院、85.9%的社区卫生服务站和71.3%的村卫生室能够提供中医药服务，基本解决了人民群众在家门口“看中医、吃中药”的需求，中医药服务的可及性显著增强。

（三）中药保护与发展得到加强，中药质量监管机制日趋完善。一是加强中药资源普查和保护。覆盖全国 2564 个县（市）的第四次全国中药资源普查基本完成，建成了 28 个中药材种子种苗繁育基地和 2 个中药材种质资源库。开展濒危野生药用植物保护，建立濒危野生药用植物保护区 6 个，药用植物种质资源库 8 个，原生境保护药用物种达 400 多种。二是科学发展中药材生产。制定实施《全国道地药材生产基地建设规划（2018—2025 年）》，形成 7 大道地药材优势区域，制定实施《中药材保护和发展规划（2015—2020 年）》，中药材资源保护与监测体系比较完善，中药材保护和发展水平显著提高。三是加强中药质量安全监管。制定发布《中药注册分类及申报资料要求》《中成药规格表述技术指导原则》等中药相关技术指导原则，完善中药审评和监管配套技术指南。颁布实施 2020 年版《中国药典》，收载中药标准 2711 个，占药典收载品种的 45.9%。持续开展中药材、中药饮片质量监测，2018 年至 2020 年，平均每年抽检中药材、中药饮片约 5 万批次，抽检样品总体合格率分别为 88%、91% 和 98%。四是加强中药监管水平和能力建设。启动中国药品监管科学行动计划，监管部门加强与国内顶尖高校和科研机构合作，开展中药注射剂临床评价方法、中药注册审评证据评价技术等中药监管科学研究。认定了 27 家中药领域重点实验室，开展中药材及饮片质量研究和评价、中药安全研究和评价、中医药循证评价等原创性研究和科技攻关。

（四）中医药传承创新能力逐步提升，支撑保障作用不断加强。一是人才培养和队伍建设不断加强。持续加大中医药人才培养力度，探索创新中医药人才培养模式，着力提升学生中医思维和实践能力，深化中医药教育医教协同，初步形成了院校教育、毕业后教育、继续教育有机衔接，师承教育贯穿始终的中医药人才培养体系。截至“十三五”末，我国中医药人员总数达到 76.7 万人，千人口中医执业（助理）医师数达到 0.45 人；高层次中医药人才队伍发展不断壮大，新增中医药领域两院院士 3 名，评选表彰国医大师 30 名、全国名中医 100 名。二是科技创新能力不断提升。实施“十三五”中医药科技创新专项规划，开展“中医药现代化研究”国家重点科技项目，中医药防控心脑血管疾病、糖尿病等重大慢病以及重大传染性疾病临床研究取得积极进展。推动建成 40 个国家中医临床研究基地，支持建设 54 个中药炮制技术传承基地，调查活态性中医药传统知识近 3000 项。三是实施中医药健康文化素养提升工程。推动中医药进乡村、进社区、进家庭、进校园，据统计，我国公民中医药健康文化素养水平达 15.62%，普及率达 92.46%。四是推动中医药开放发展。截至目前，中医药已传播到 196 个国家和地区，与 43 个国家和地区签署了中医药专门协议，建设了 30 个海外中医药中心，中医药疗效被世界越来越多的国家认可、认同。

（五）中医药在新冠肺炎防控中发挥了重要作用。2020 年新冠肺炎疫情发生以来，中医药全程参与、深度介入疫情防控工作。有关方面统筹中西医资源，边救治边总结，优化形成覆盖预防、治疗和康复全过程的中医药方案，创新形成了“有机制、有团队、有措施、有成效”的中西医结合医疗模式。坚持科研攻关与临床救治一体推进，遴选出以“清肺排毒汤”为代表的“三药三方”等中药方药，并实现成果转化，探索形成了以中医药为特色、中西医结合救治患者的系统方案。先后派出 5 批 773 人的国家中医医疗队驰援武汉，全系统近 5000 人奋战在湖北抗疫一线，全国近 100 家中医医疗机构作为定点医院参与了救治工作。全国确诊病例中医药使用率超过 90%，为我国疫情防控取得重大战略成果贡献了中医药力量，成为中国方案的亮点，也是中医药传承精华、守正创新的生动实践。

## 二、法律实施存在的问题

中医药法实施三年多来，各部门各地方作了大量工作，取得了显著成效，但法律实施中还存在一些问题，需要引起重视并着力解决。

（一）有些部门和地方对依法加强中医药工作的重要性认识不足，中西医并重方针落实不够。中医药法第 3、4 条规定了国家大力发展中医药事业，实行中西医并重的方针，建立健全中医药管理体系，第 47、48、49 条对政策支持、条件保障、中医医疗服务收费和医保支持作出了规定。检查发现，一些部门和地方对中医药及中华优秀传统文化还不够自信，对中医药科学性的认识不到位，轻视、歧视甚至排斥中医药的情况还不同程度存在，中西医并重方针落实不够，还缺少对中医药工作的长期规划和有力配套政策支持。管理体系问题反映比较突出，部分地方存在弱化中医药管理机构、削减人员编制现象，有的省份没有单设中医药管理机构。管理上“小马拉大车”的现状直接影响了中医药监督管理的成效。部分地方财政对中医医疗机构的基本建设、设备购置和能力提升等投入与当地经济社会发展不相匹配。中医药人员技术劳务价值未能充分体现，普遍存在中医药服务项目少、收费低和部分中成药、中药饮片价格虚高并存的问题。有些地方在医保政策实施过程中，对确有疗效且深受群众欢迎的院内制剂的支持力度有待进一步加强。

（二）中医药服务体系和服务能力建设有待进一步加强。中医药法第11、12、16、17条对中医药服务体系和服务能力建设作出了具体规定。检查发现，这些规定在落实落地上还存在短板。中医优质医疗资源总量不足、分布不均，与人民群众日益增长的中医药健康需求还有一定差距。中医药在治未病中的主导作用、在重大疾病治疗中的协同作用、在疾病康复中的重要作用发挥还不充分。综合医院、专科医院中医药服务有逐年弱化的趋势。部分中医医院功能定位不清晰、特色不明显。中医医疗机构基本建设、学科布局、人才储备等还不适应传染病防控需要。基层中医药服务能力薄弱问题仍然比较突出。县级中医医院基础设施条件普遍弱于同级综合医院，部分县级中医医院基本设施设备、人员配置未达到国家标准。部分基层医疗卫生机构中医药服务能力薄弱、服务内容单一，特别是村医的中医药服务能力亟待加强。

（三）中药材质量安全问题比较突出，产业发展水平有待进一步提升。中医药法第21、22、24、29条对中药材种植养殖、生产流通监管、质量监测和中药新药研制生产作出规定。检查发现，这些规定还有待进一步细化完善相关配套政策举措，并推动落实落地。目前，中药材质量良莠不齐，中药材种子种苗发展混乱、农药残留超标等问题突出。一些企业和个人单纯追求中药材产量和利润，过度使用农药、化肥，不到年限乱采滥收，以次充好、以假乱真的现象时有发生。药材质量与稳定性控制的标准化规范化程度较低，中药材市场优质不优价、“劣币驱逐良币”现象不同程度存在，适合中药特点的质量控制体系有待建立。中药产业发展虽已形成一定规模，但企业数量多、规模小、拳头产品少。中药材产业产值还相对较低，高附加值精深加工产品开发不够，标准化、产业化、规模化生产水平亟需提升。原有的中药审评审批制度不能适应中药产业发展，需进一步改革完善。据地方反映，壮瑶医药等部分有循证医学基础的民族医药还未列入药典目录。

（四）中医药人才培养和队伍建设存在薄弱环节。中医药法第33、34、35、36条对中医药教育、人才队伍建设作出规定。检查发现，中医药院校专业课程体系设置还不够合理，一些院校的中医药教育中医经典的教学偏少，且与中医基础类课程和临床实践课程衔接、融合不够。中医药专业学生中医思维不稳固，临床动手能力有待加强。中医药理论功底扎实、临床经验丰富的优秀骨干教师明显缺乏。师承教育过于依靠项目推动，传承形式与效果有待改进和加强，老中医药专家师带徒、中青年专家跟师学习的激励保障机制不健全，师承教育的长效机制和制度体系亟待完善。一些老中医学术思想和老药工传统技艺面临失传。适合不同类别中医药特色人才培养的体系、模式还有待完善，突出表现在高水平中西医结合人才、疫病防治人才、科研创新人才和领军人才匮乏，不能满足中医药传承创新发展的迫切需要。

（五）中医药法一些制度规定还未完全落实到位。中医药法第15、30、31、32条对中医医术确有专长人员资格考核、古代经典名方简化审批、传统工艺配制院内制剂备案管理等改革创新作出了规定。检查发现，这些重要制度规定的落实工作推进缓慢。各地均已启动中医医术确有专长人员医师资格考核工作，目前仅21个省份完成过1次以上考核工作，10个省份仍在报名审核阶段。古代经典名方已发布了第一批目录，但仅公布了7首方剂的关键信息考证结果。一些地方反映，传统工艺配制中药院内制剂备案制管理的程序复杂，耗时长、费用高。中医药法第18条规定了发挥中医药在突发公共卫生事件应急工作中的作用，检查了解到，中医药应急工作协调机制还不够完善，信息渠道和中医医疗机构参与应急医疗救治的渠道还不够畅通，中医药第一时间参与突发公共卫生事件应急工作还需要更刚性、更具体的制度安排。法律第40条规定国家建立和完善符合中医药特点的科学技术创新体系、评价体系和管理体制，但还存在简单套用西医药标准体系评价中医药、不能充分尊重中医药特点的问题。此外，一些不法人员利用群众对中医药的信任，冒充“中医人员”或假借“中医方法”做养生保健虚假宣传或非法开展医疗活动的现象时有发生，严重损害了中医药形象。

## 三、意见和建议

综合检查中了解到的各方面情况，执法检查

组对进一步加强中医药法贯彻落实，更好地推进中医药传承创新发展，保障人民健康提出如下建议：

（一）切实加大法律贯彻实施力度，全面推进中医药法正确有效实施。一是深入贯彻党中央决策部署。各有关方面要深入学习领会习近平总书记关于中医药的一系列重要指示要求，紧密联系实际，明确发展思路举措。充分认识传承创新发展中医药是新时代中国特色社会主义事业的重要内容，是中华民族伟大复兴的大事。要立足新发展阶段、贯彻新发展理念、构建新发展格局，从国家战略高度，深刻认识和把握新形势下中医药发展面临的使命任务，加强中医药发展战略研究，明确中医药事业的发展方向。要坚定中医药自信，把发展中医药摆在更加突出的位置，充分挖掘中医药的健康、文化、经济、人文等多元功能和价值，依法推动中医药高质量发展。二是落实法定职责。国务院各有关部门和各级地方政府要把以人民为中心的发展思想落实到中医药工作各方面，强化法治思维和法治理念，提高依法办事的意识和能力，压紧压实中医药法赋予的职责，进一步完善中医药法配套法规政策，持续推进地方性法规落地落实，坚持中西医并重，发挥中医药特色优势，以实际行动切实抓好中医药法的贯彻实施。三是进一步加强普法宣传。各有关方面要加大中医药法宣传和普及力度，紧扣中医药法与人民生活息息相关的内容，普及中医药科学知识，弘扬中医药文化。创新宣传普及方式，与严厉打击各类“伪中医”违法行为结合起来，采取以案说法等方式加大中医药法及其实施成果的宣传，在全社会营造关注中医药、认同中医药、信任中医药、依法保护和促进中医药发展的良好法治环境和社会氛围。

（二）完善中医药管理体制机制，加大中医药发展保障力度。一是完善管理体系。各地方要全面落实中医药法关于建立健全中医药管理体系的规定，明确省、市、县各级政府承担中医药管理职能的机构，适应发展需要，合理配置人员力量，打通法律实施的“最后一公里”障碍。健全中医药发展统筹协调机制和工作机制，增强工作实效。二是加强统筹规划。各级政府及相关部门要在“十四五”规划中统筹谋划中医药工作，落实对公立中医医院基本建设、设备购置、重点学科发展、人才培养等方面的投入责任。充分发挥国家中医药产业发展综合试验区等改革举措的示范引领作用，灵活运用地方支持政策，鼓励、引导社会投入，提高中医临床竞争力，打造中医药健康服务高地和学科、产业集聚区。三是完善医保政策机制。进一步完善鼓励中医药服务提供和使用的医保政策。在医保药品采购中，注重优质优价。完善院内制剂的医保报销政策，提升企业和医疗机构传承创新的积极性。推进医保支付方式改革时，要加大对中医药的倾斜支持力度，健全符合中医治疗特点的医保管理和支付方式，扩大基层慢性病中医药防治纳入慢特病报销的范围，适当提高中医药服务的报销比例，降低起付标准。四是改革中医药人员薪酬制度。加快探索建立体现中医药人员技术劳务价值的中医医疗服务价格形成机制，建立符合中医药特点的薪酬制度和科学合理的薪酬分配机制，调动医务人员提供中医药服务的积极性，增强中医药对优秀人才职业发展的吸引力。

（三）健全中医药服务体系，提升中医药服务能力。一是完善体系。统筹考虑中医、西医医疗机构的功能定位和规划布局，补齐中医药服务的短板，着力打造国家中医医学中心、区域中医医疗中心，依托高水平的中医医院和科研机构建设一批国家中医药传承创新中心。支持中医医院牵头组建医联体，带动中医诊所、门诊部和特色专科医院发展。总结抗疫经验，布局建设一批国家中医疫病防治基地。二是强化基层。采取有效举措，促进省域优质中医医疗资源扩容下沉。进一步推动社区卫生服务中心和乡镇卫生院全部设置中医馆、配备中医医师，提高基层中医药服务内涵质量和规范化水平，支持更加灵活、高效、便民的基层中医药服务提供模式。推进“放管服”改革，加大开办中医诊所、中医坐堂门诊的支持力度，方便群众在身边看中医。三是切实发挥中医药特色。落实预防为主的卫生工作方针，充分发挥中医治未病优势，强化专病专科以及具有一定优势的慢性病科室建设，充分发挥中医药在疾病治疗、预防和特色康复等方面作用，强化以中医药服务为主的办院模式和服务功能，形成与综合性医院的差异化定位，建立健全体现中医药特点的现代医院管理制度。四是推进中西医协作。注重用现代科学解读中医药学原理，走中西医结合的道路。完善中西医结合机制，开展中西医结合有效模式的探索和推广，依托中西医结合工作基础好的医院，建设一批中西医协同的旗舰医院，建立中西医结合团队和中西医结合的临床诊疗中心。同时，加强综合性医院中医临床科室建设和中医药人员配备，开展中西医联合诊疗，建立中西医协作联动的医疗卫生服务格局。

（四）依法严格中药质量监管，推动中药产业高质量发展。一是形成监管合力。县级以上政府应当针对监管主体多元的实际情况，建立中药全过程联合执法的长效机制，综合运用互联网大数据等技术手段，汇聚整合监管执法数据资源，提高监管的实效。二是抓好源头监管。中药材具有农产品、药品等多重属性，不能等同于一般农副产品管理，县级以上政府应当根据中药材产业发展实际，结合乡村振兴农业农村现代化建设，统筹规划、科学推进。要建立健全中药材种植养殖指导和联合监督机制，推进中药材规范化种植养殖，严格农药、重金属残留标准和检测技术标准。遴选确定一批国家级、省级道地药材种植基地，鼓励中药企业自建或以订单形式联建稳定的中药材生产基地，推行中药材生态种植、野生抚育和仿生栽培，推动中药材种植规模化、设施现代化、生产标准化、管理规范化。三是强化中药饮片和中成药监管。依法加强中药上市产品的市场抽检，完善全过程质量追溯体系。要综合考虑中药材的道地性、生长年份、采收加工等方面因素，建立等级标准和价格机制，确保优质优价，促进中药饮片和中成药质量提升。四是建立符合中医药特点的审评审批制度。着力推动解决确有疗效和传承历史明确且安全可控的传统中药制剂的审批上市问题，以古代经典名方审批改革为突破口，优化中药审评机制，加快推动中药新药研发上市以及上市后研究评价工作。少数民族医药是中医药的重要组成部分，要扶持民族医药事业发展。依法加快推动符合条件的民族药进入国家药典。五是完善院内制剂管理。持续提高医疗机构制剂质量，优化报备程序，发挥医疗机构制剂优势，按照法律规定和监管要求，支持院内制剂在紧密型医联体内、对口支援医疗机构之间使用，更好满足中医临床需求，提高临床疗效，保持发挥中医药特色与优势。

（五）加强中医药人才队伍建设，夯实中医药长远发展基础。一是提高中医药教育整体水平。发挥中医药院校培养人才主阵地作用，创新人才培养模式和机制，强化中医思维和理论的培养，提高中医类专业经典课程比重，开展中医药经典能力考试。要特别注重临床实践，突出中医临床能力培养，加强"望、闻、问、切"四诊合参的基础诊疗能力训练，早临床、早跟师，不断提升诊疗水平。同时，进一步加强西医院校学生的中医药教育。二是发展中医药师承教育。完善师带徒制度，规范师承教育的资质、形式、考核等要件，增加多层次的师承教育，扩大师带徒的范围和数量，将师承教育贯穿临床实践教学全过程。三是完善中医药人才评价激励机制。鼓励各地结合实际，建立中医药优秀人才评价和激励机制。将中医药学才能、医德医风作为中医药人才主要评价标准，将会看病、看好病作为中医医师的主要评价内容。四是做好传统技艺技能传承。加快中医技能经验、中药传统技艺等领域的传承。同时，加强中医医术确有专长人员医师资格考核制度贯彻执行力度，妥善解决此类人员合法行医资格问题，更好地为人民群众提供中医药服务。

（六）加强科研体系和能力建设，加快推进中医药传承创新。一是完善平台支撑。发挥新型举国体制优势，加强中医药领域科技创新平台建设，抓紧布局建设一批中医药领域的国家重点实验室、临床医学研究中心，开展中医药防治癌症、老年痴呆和抑制抗生素耐药等世界医学难题研究，加快中药新药、器械设备的研制。二是加强基础研究。抓紧建立健全中医药标准体系，加强中医药标准化工作。综合运用中医药理念和现代化技术手段，强化中医药基础研究，力争在中医药理论传承与创新、重大技术攻关等方面实现突破。开展中医药循证医学研究，构建我国主导、国际认可的中医药循证医学方法学体系，不断推进中医药现代化。三是加强治未病研究。要科学总结和评估中西药在治疗新冠肺炎方面的效果，用科学的方法说明中药在治疗新冠肺炎中的疗效。发挥中医药的整体优势，统筹加强中医药预防重大传染性疾病研究，筛选发布一批诊疗方案和适宜技术、中药品种，为预防治疗传染病、促进人类卫生健康共同体建设做出新贡献。四是加强古籍抢救整理。加强国家中医药古籍和传统知识数字化工作，收集、整理、发掘藏在古籍、散在民间、融在生活中的中医药技术。五是加强中医药资源和知识产权保护。加强中药材资源的分级保护，完善国家级药用动植物资源种质资源库。尽快研究制定符合中医药特点的专利审查标准、中医药传统知识保护制度，加大对中医药处方、中医技术及稀缺中药资源的保护力度。强化中药品种保护，加大对中医药老字号保护发展的力度，加强对传统制药、鉴定、炮制技术及老药工经验的继承、研究和应用。

以上报告，请审议。

# 在中医药法执法检查组第一次全体会议上的讲话

（2021 年 3 月 31 日）

王　晨

党的十八大以来，以习近平同志为核心的党中央高度重视中医药工作，对中医药事业传承创新发展作出重要决策部署。开展中医药法执法检查，是全国人大常委会贯彻习近平总书记关于中医药工作重要指示，贯彻党中央重大决策部署，贯彻新发展理念的重要举措。栗战书委员长对此次中医药法执法检查高度重视，明确要求认真组织好此次检查，确保取得良好效果。2017 年开始实施的中医药法是中医药领域的第一部法律，是填补我国医药卫生领域法律空白、完善卫生健康制度体系的一部重要法律，体现了具有鲜明民族特色和深厚历史底蕴的文化自信。对这部法律开展执法检查，充分体现了全国人大常委会对维护人民群众身体健康的高度重视和对中医药传承创新发展的高度关注。刚才，蔡达峰副委员长介绍了执法检查有关部署安排，李学勇主任委员介绍了执法检查的前期准备工作，中医药局、教育部、卫生健康委、医保局、药监局的负责同志汇报了贯彻实施中医药法的工作情况，发展改革委、科技部、工信部、财政部、农业农村部提供了书面汇报材料。国务院及其相关部门对全国人大常委会这次执法检查高度重视，积极配合，做了认真准备，汇报的情况和提供的材料对开展执法检查很有帮助、很受启发。

下面，结合大家的发言，讲几点意见。

## 一、坚持以习近平新时代中国特色社会主义思想指导中医药传承创新发展工作

党的十八大以来，以习近平同志为核心的党中央把中医药工作摆在更加突出的位置，习近平总书记多次对中医药工作作出重要指示批示，亲自主持召开中央全面深化改革委员会会议研究中医药工作，对推动中医药传承创新发展作出一系列重要论述。习近平总书记 2016 年在全国卫生与健康大会上，强调“要着力推动中医药振兴发展，坚持中西医并重，建立健全中医药法规，建立健全中医药发展的政策举措，建立健全中医药管理体系，建立健全适合中医药发展的评价体系、标准体系”。今年 3 月 6 日，习近平总书记在参加全国政协十三届四次会议医药卫生界、教育界委员联组会时发表重要讲话，强调“要做好中医药守正创新、传承发展工作，建立符合中医药特点的服务体系、服务模式、管理模式、人才培养模式，使传统中医药发扬光大。要科学总结和评估中西药在治疗新冠肺炎方面的效果，用科学的方法说明中药在治疗新冠肺炎中的疗效”。习近平总书记的重要论述和重要指示，为中医药传承创新发展提供了根本遵循，指明了前进方向。我们要坚持以习近平新时代中国特色社会主义思想为指导，深入学习贯彻习近平法治思想，认真学习习近平总书记关于中医药工作的重要论述和重要指示，深刻领会其精神实质和丰富内涵，把握核心要义，在中医药传承创新发展中全面贯彻落实。

*一是坚持党对中医药工作的领导。*要增强“四个意识”，坚定“四个自信”，做到“两个维护”，不断提高政治判断力、政治领悟力、政治执行力。各级党委要加强对中医药工作的领导，各有关方面要依法履行职责，坚持中西医并重，以实际行动切实抓好中医药工作和中医药法的贯彻实施。

*二是坚持遵循中医药发展规律，传承精华，守正创新。*中医药学包含着中华民族几千年的健康理念及实践经验，凝聚着中国人民和中华民族的博大智慧，具有重视整体、注重平衡、强调个体化、突出“治未病”、使用简便等显著特点。要准确把握中医药发展的总体思路，传承精华，守正创新，改革体制机制，加强开放合作，走出一条符合中医药特点的发展道路。要遵循其自身规律，推动中医药特色发展；提高创新能力，推动中医药内涵发展；改革管理体系，推动中医药转型发展；坚持开放包容，推动中医药融合发展。

*三是坚持政府牵头，广泛参与，共同推动中医药事业发展。*中医药传承创新发展涉及多部门、多领域，仅中药的管理就涉及工信部、农业农村部、商

务部、药监局等多个部门,要发挥好国务院中医药工作部际联席会议和各级中医药工作领导小组、跨部门协调机制的统筹协调作用,把一些关系全局的重大改革、重大政策提出来,把一些需要多部门协同发力的大难题、老问题摆上来,推动及时研究,加大推动中医药振兴发展力度。要广泛动员全社会力量积极参与,营造全社会"信中医、爱中医、用中医"的浓厚氛围。长期以来,广大中医药工作者弘扬"大医精诚、仁心仁术"的精神,全心全意为人民服务,特别是抗击新冠肺炎疫情斗争中,中医药系统近5000人奋战在湖北省抗疫一线,全国确诊病例的中医药使用率超过90%,中医药为我国疫情防控取得重大战略成果贡献了力量,成为中国方案的亮点,也是中医药传承精华、守正创新的生动实践。要认真总结、科学评估中医药在治疗新冠肺炎等方面的效果,充分发挥中医药的积极作用。各级政府要关心广大中医药工作者,采取切实措施帮助他们改善条件,充分调动广大中医药工作者的积极性,发挥主力军作用,推动全社会形成尊医重卫的良好氛围,开创共同发展中医药的良好格局。

## 二、深刻认识发展中医药的重大意义,准确把握新阶段对中医药的新要求

中医药是中华文明的瑰宝。传承创新发展中医药是新时代中国特色社会主义事业的一项重要内容。坚持中西医并重方针,发挥中医药原创优势,打造中医药和西医药相互补充协调发展的中国特色卫生健康模式,对于弘扬中华优秀传统文化,增强民族自信、文化自信,促进文明互鉴和民心相通,推动构建人类命运共同体具有重要意义。

近年来,各级政府认真贯彻党中央决策部署,深入贯彻实施中医药法,中医药的传承创新与改革发展取得了新的成就。中医药服务能力大幅提高,中医药科技创新能力明显提升,中医药人才培养体系更加完善,中医药文化传承发展持续推进,中药产业也得到快速发展,中医药海外发展不断推进,中医药成为促进文明互鉴和民心相通的重要载体。同时也要看到,中西医并重方针仍需全面落实,遵循中医药规律的治理体系亟待健全,中医药发展基础和人才建设还比较薄弱,中药材质量良莠不齐,中医药传承创新有待加强,作用发挥不够充分。今年是实施"十四五"规划、开启全面建设社会主义现代化国家新征程的第一年,也是中国共产党成立100周年。面向"十四五",中医药事业站在了传承创新中实现高质量发展的历史新起点上。要立足新发展阶段、贯彻新发展理念、构建新发展格局、推动高质量发展,深刻认识和把握新形势下中医药发展面临的使命任务,抢抓战略机遇期,推动中医药高质量发展。

*一要深刻认识新发展阶段对中医药服务供给提出的新要求。*我国已转向高质量发展阶段,但发展不平衡不充分问题仍然突出。党的十八大以来,中医药事业发展取得历史性成就,中医药服务的可及性、可得性显著增强,解决了人民群众在家门口"看中医、吃中药"的需求,但与人民群众"看上好中医、吃上好中药"的愿望还有较大差距,我国城乡、区域中医药发展不平衡质量不高的问题仍然存在。要把坚持以人民为中心的发展思想落到实处,着力扬优势、补短板、强弱项,提升服务供给质量、效率和水平,加快构建覆盖全民和全生命周期的中医药服务体系,在全面推进健康中国建设中发挥中医药独特优势。

*二要深刻认识新发展理念对中医药高质量发展提出的新要求。*切实让新发展理念内化于心、外化于行、落实到行动中,是做好中医药工作要遵循的基本原则。要深刻把握"创新成为第一动力、协调成为内生特点、绿色成为普遍形态、开放成为必由之路、共享成为根本目的"的实践要求,加速释放政策叠加红利,转变发展理念,转变发展方式,激发发展动力,把新发展理念贯穿到中医药传承创新发展的全过程各环节,深入研究中医药问题,以逢山开路、遇水架桥的举措,解决制约发展的瓶颈障碍,加大推动中医药振兴发展的力度,促进中医药治理体系和治理能力现代化。

*三要深刻认识新发展格局对中医药工作提出的新要求。*要发挥好中医药卫生、科技、经济、文化、生态资源等多元功能和价值,把中医药放在国内国际两个大局中谋划。无论是加快培育完整的内需体系,加快科技自立自强,全面推进乡村振兴,推进区域协调发展,还是提高国家文化软实力,促进人与自然和谐共生,推动更高水平的对外开放,中医药都应该更好发挥作用,主动把自己摆进去,在构建新发展格局中找准位置和比较优势。要把科技创新摆在更加突出位置,促进中医药传承精华、守正创新,推动中医药事业实现高质量发展。

## 三、坚持问题导向、结果导向相统一，促进中医药法正确有效实施

中医药法自 2017 年 7 月实施以来，各级政府依法推动中医药事业发展，中医药的传承创新与改革发展取得了有目共睹的成绩。但同时也要看到，这部法律的实施还存在一些短板和弱项，依法发展中医药的理念还有待强化，各级政府的法定职责还需进一步压紧压实，一些地方中医药管理体系不健全，法律规定的一些改革创新制度还需要进一步贯彻落实等。全面贯彻落实中医药法各项规定仍然需要付出艰苦努力，需要各有关方面持之以恒地做好实施工作。开展中医药法执法检查，就是要贯彻创新、协调、绿色、开放、共享的新发展理念，尽快补上法律实施中存在的弱项和短板，为健康中国建设作出新贡献。

一要落实中医药法规定，必须压实压紧政府责任。中医药法对政府在中医药事业发展中的职责作了明确的规定，各级政府要严格依法履行职责，落实中医药法的相关规定，大力发展中医药事业，建立健全中医药管理体系，为中医药临床服务、人才培养、科研创新、中药质量安全等中医药事业各环节、各方面的持续健康发展，提供政策支持和条件保障。同时，各级政府还要发挥统一领导、组织和协调作用，建立中医药工作联系协调机制，有关部门要依法履行职责，形成工作合力，推动这部法律在本地区有效贯彻实施。

二要遵循中医药规律，全面推动法律制度有效落实。中医药是具有独特理论及技术方法的医药学体系。中医药法在医疗机构管理、医师执业管理、中药管理、人才培养等方面建立了符合中医药特点的管理制度。这些遵循中医药自身规律特点的制度规定，是保持和发挥中医药特色优势的关键依据，也是中医药法的亮点和生命力所在。各有关方面要进一步提高政治站位，增强系统观念和法治思维，紧紧围绕保持和发挥中医药特色优势，推动中医药法相关制度措施切实落实到位。

三要加强配套制度建设，切实完善中医药法律体系。法律的正确有效实施离不开配套制度的有力支撑。国务院及其有关部门要积极研究制订中医药法的配套法规和部门规章，地方人大和政府要结合当地实际研究制订相关地方性法规和政府规章，相关行业要进一步加强本领域制度建设，逐步形成以中医药法为核心，全方位、多层次、健全完善的中医药法律制度体系。各级政府及有关部门单位要主动对照法律规定，在制度建设及制度落实上找差距。已经建立相关制度的，要进一步提升制度执行力，通过推进配套制度建设确保中医药法各项规定落到实处。

## 四、强化责任担当，组织实施好执法检查工作

这次执法检查时间紧、任务重，希望同志们以认真负责的态度、求真务实的作风投入到工作中，确保各项检查任务顺利完成。

一要加强学习研究，认真做好思想和工作准备。认真学习领会习近平总书记关于中医药工作的重要论述和重要指示精神，贯彻落实栗战书委员长的要求，深入学习研究中医药法，努力掌握有关法律和政策，牢牢把握新时代新阶段中医药工作的目标任务，做好知识储备，做到心中有数，为执法检查工作做好充分的思想准备和工作准备。

二要紧扣法律规定，全面审视问题和成绩。不同于一般的工作检查和调研，执法检查是人大监督的法定形式和重要途径，是人大推动法律贯彻实施、推进依法治国建设的主要抓手。要坚持全面客观、求真务实的原则，认真对照中医药法具体条款开展检查。既要充分肯定各级政府的工作成绩，及时总结经验，更要抓住突出问题和薄弱环节，深入分析原因，提出切实可行的意见建议，推动国务院及相关部门切实加强和改进工作。

三要持续改进作风，充分听取各方面意见。要深入贯彻中央八项规定及其实施细则精神，严格遵守政治纪律、工作纪律和疫情防控要求，坚决杜绝形式主义、官僚主义。要重点围绕执法检查方案确定的重点问题，深入群众、深入基层、深入一线，广泛听取各方面意见、建议。今年“两会”期间，人大代表对中医药领域提出了 4 件议案、16 件建议，可以邀请相关代表参加检查，充分发挥人大代表熟悉基层情况、了解群众心声的优势，为执法检查夯实民意基础。

四要加强舆论引导，注重做好法律宣传。对于中医药传承创新发展问题，社会各方面比较关心，新闻媒体比较关注。各有关方面要认真扎实做好相关新闻报道工作。一方面要及时、准确、客观地反映中医药法实施情况及存在的问题；另一方面也要配合这次执法检查，营造珍视、热爱、发展、支持中医药的舆论氛围，增强尊法学法用法守法意识，

推动全社会更加深入全面地了解和落实中医药法。

同志们,今年是我国现代化建设进程中具有特殊重要性的一年,全面建设社会主义现代化国家新征程已经开启,我们将迎来中国共产党百年华诞。站在历史新起点上,希望大家共同努力,密切协作,扎实工作,积极推动中医药法正确有效实施,为维护人民身体健康提供更加有力地法治保障。

# 在中医药法执法检查组第一次全体会议上介绍检查部署安排

(2021 年 3 月 31 日)

蔡达峰

各位领导、同志们:

按照会议安排,我向大家介绍一下本次执法检查有关工作安排和具体要求、执法检查的目的、指导思想和重点内容。

常委会安排中医药法执法检查,主要是通过检查,全面了解中医药法贯彻实施情况,围绕法律实施中存在的问题,督促法律实施机关采取有效措施,促进新形势下中医药传承创新发展,确保中医药法落地见效,为维护人民群众身体健康、全面推进健康中国建设提供良好法治保障。

执法检查工作,要坚持以习近平新时代中国特色社会主义思想为指导,深入学习贯彻习近平法治思想,认真学习领会习近平总书记关于中医药工作的重要指示精神,落实栗战书委员长对本次执法检查工作的明确要求,坚持以人民为中心的发展思想,严格执行监督法的有关规定,依法行使监督权。

在全面了解中医药法实施情况的基础上,检查组重点围绕以下六个方面内容进行检查:一是中医药在推进健康中国建设中发挥作用的情况;二是中医药参与疫情防控的经验做法;三是中医药法有关重要制度的建设情况;四是中医药法有关保障措施的落实情况;五是中医药人才教育培养、队伍建设情况;六是进一步完善促进中医药传承创新发展法律制度的建议。请各检查小组牢牢把握以上内容、突出重点问题开展检查。

## 二、执法检查组的人员组成

执法检查组由中共中央政治局委员、全国人大常委会副委员长王晨同志,张春贤副委员长,艾力更·依明巴海副委员长,白玛赤林副委员长和我担任组长,李学勇主任委员任副组长,分为 5 个小组赴地方检查,由带队的全国人大常委会领导同志担任组长,教科文卫委主任委员或副主任委员任副组长,小组成员包括全国人大常委会委员、教科文卫委和相关专门委员会组成人员以及部分全国人大代表。工作人员从全国人大机关抽调,并请国家中医药管理局安排人员协助工作。

## 三、工作步骤和有关要求

(一)今天,执法检查组召开第一次全体会议,听取国务院有关部门的情况汇报,部署启动检查工作。

(二)4 月至 5 月上旬,常委会领导同志率各检查小组赴地方开展执法检查。根据疫情形势,拟赴 8 个省份进行检查。各小组在地方工作时,可以采取听取地方政府及有关部门汇报、召开座谈会、实地考察等多种方式,全面了解法律实施的真实情况,找准法律实施中的主要问题,及时形成执法检查分报告报送执法检查组。同时,受委托自查的省(市)人大常委会对本行政区域内中医药法实施情况进行检查,于 4 月 30 日前将检查报告送全国人大常委会办公厅,同时抄送教科文卫委。

(三)5 月中旬,执法检查组完成执法检查报告稿。5 月中下旬,适时召开执法检查组第二次全体会议,研究讨论报告稿。根据讨论意见,对执法检查报告稿修改完善后,报执法检查组组长审定。

(四)5 月下旬,教科文卫委负责同志在常委会党组会议和委员长会议上汇报执法检查情况,由委员长会议决定将执法检查报告提请常委会审议。6 月下旬,常委会领导同志在常委会会议上作关于检查中医药法实施情况的报告。

（五）常委会会议结束后，由常委会办公厅将执法检查报告和审议意见函送国务院办公厅，请国务院及有关部门认真研究处理。教科文卫委就研究处理情况进行跟踪监督，督促有关部门按规定提出研究处理情况的报告。研究处理情况的报告和教科文卫委的审议意见印发常委会会议。

同志们，这次中医药法执法检查，常委会领导高度重视，栗战书委员长做出了重要指示，提出了明确要求。过一会儿，王晨同志还要作重要讲话。我们一定要认真贯彻落实常委会领导同志的指示和要求，进一步提高政治站位，强化责任担当，加强学习研究，认真扎实做好检查的各项工作，切实增强监督实效。检查工作中要严格执行中央八项规定及其实施细则，严格遵守疫情防控要求，确保圆满完成执法检查任务。

我就介绍到这里，谢谢大家！

# 推动中医药事业发展振兴 在健康中国建设中发挥更大作用

——在甘肃省中医药法实施情况座谈会上的讲话

（2021 年 5 月 9 日　甘肃兰州）

王　晨

我们这次到甘肃省开展中医药法执法检查，是贯彻落实习近平总书记关于中医药工作重要指示精神的具体举措，是今年全国人大常委会监督工作的一项重要内容。刚才，全国人大教科文卫委员会主任委员李学勇同志介绍了这次执法检查的主要任务和有关要求。甘肃省委、省人大、省政府对此次执法检查高度重视，尹弘书记主持今天的会议，任振鹤省长代表省政府全面介绍了甘肃近年来贯彻实施中医药法的工作情况，有关部门结合工作职责作了很好的发言。大家既总结取得的成绩和经验，又分析工作中存在的问题和困难，对推进中医药法贯彻实施提出了一些很好的意见和建议，听后很受启发。这对我们开展好这次执法检查工作很有帮助，执法检查组将认真梳理研究吸纳。

根据安排，今天会议后执法检查组还要赴甘肃省中医院、兰州广武门街道卫生服务中心、甘肃奇正藏药公司和陇神戎发药业公司，分别查看中西医结合精准治疗、基层医院中医特色诊疗、中药饮片产业发展、全国独味中药品种研制等情况。之后到定西市陇西县，考察福星镇中药材种植基地、甘肃数字本草中药材检验中心、首阳中药材交易市场、陇西一方制药有限公司、陇西县第一人民医院和通安驿镇卫生院。相信通过实地查看，检查组将能够比较全面地了解从中药材种植、质量检测、采购销售、仓储物流、加工研制到中医药服务全链条、各环节的工作。下面，结合大家发言，我讲几点意见。

## 一、深入贯彻落实习近平总书记关于中医药工作的重要指示精神，推动中医药事业发展振兴

党的十八大以来，以习近平同志为核心的党中央高度重视中医药事业发展，习近平总书记多次对中医药工作作出重要指示批示，对推动中医药传承创新发展作出一系列重要论述。习近平总书记强调“中医药学是中华文明的瑰宝”，“要着力推动中医药振兴发展，坚持中西医并重，推动中医药和西医药相互补充、协调发展，努力实现中医药健康养生文化的创造性转化、创新性发展”。今年 3 月 6 日，习近平总书记在参加全国政协十三届四次会议医药卫生界、教育界委员联组会时指出，“要做好中医药守正创新、传承发展工作，建立符合中医药特点的服务体系、服务模式、管理模式、人才培养模式，使传统中医药发扬光大。要科学总结和评估中西药在治疗新冠肺炎方面的效果，用科学的方法说明中药在治疗新冠肺炎中的疗效”。习近平总书记的这些重要论述和重要指示，为做好新时代中医药工作指明了前进方向。

中医药是具有独特理论和技术方法的医药学体系，与西医药存在许多方面差异，有其鲜明的自

身发展规律和特点。实践证明，千百年来中华民族屡经天灾、战乱和瘟疫，一次次转危为安，人口不断增加、文明得以传承，中医药做出了不可磨灭的贡献。西医学传入中国并快速发展以来，中医药与西医药相互补充，共同为维护人民健康发挥了重要作用。我们要坚持以习近平新时代中国特色社会主义思想为指导，深入贯彻落实习近平总书记关于中医药工作的重要指示精神，坚持党对中医药工作的领导，坚持中西医并重，中西药并用，准确把握中医药发展的总体思路，改革体制机制，加强开放合作，走出一条符合中医药特点、符合本地区特色的发展道路。

## 二、立足新发展阶段，贯彻新发展理念，促进中医药事业高质量发展

今年是实施“十四五”规划、开启全面建设社会主义现代化国家新征程的第一年，中医药事业站在了传承创新中实现高质量发展的历史新起点上。各有关方面要充分认识中医药传承创新发展的重大意义，充分认识传承创新发展中医药是新时代中国特色社会主义事业的一项重要内容。

近年来，甘肃省以习近平新时代中国特色社会主义思想为指导，围绕促进中医药传承创新发展，扎实推进国家中医药发展综合改革试点示范省建设，加快建设第一个国家中医药产业发展综合试验区，中医药适宜技术在全省县、乡、村三级医疗卫生服务中得到广泛应用，目前已经承担了全省三分之一以上的门诊和住院服务量，群众认同度高，形成了“爱中医药、信中医药、用中医药”的浓厚氛围，中医药事业取得可喜进展。与此同时，刚才大家也讲到，甘肃省中医药发展还面临一些困难和问题。比如，优质中医医疗资源总量不足，基层中医院特色不明显、业务能力不强，知名老中医专家的技术传承缺乏有效手段；中医药产业深度开发和利用不够，中药材资源优势没有得到很好发挥，资源大省、产值小省的现状尚未得到根本改变；高素质、复合型、全科型中医药人才紧缺，高学历人才区域分布不均衡，甘肃中医药大学每年培养中医药专业人员2000人左右，同年取得执业医师人员不足一半，各类卫生职业院校培养中医药专业人员仅1500人；财政投入能力与中医药事业发展需求存在较大差距。

对于这些困难和问题，要在总结好的做法和经验基础上，深入贯彻新发展理念，加强中医药法实施和监督，推动中医药事业发展振兴，更好助力富民兴陇、护佑民生，在健康中国建设中发挥更大作用。要把坚持以人民为中心的发展思想落到实处，既要巩固脱贫攻坚成果，又要提升人民群众生活品质，加快构建覆盖全民和全生命周期的中医药服务体系，努力提供高质量中医药服务。要发挥好中医药卫生、科技、经济、文化、生态资源等多元功能和价值，把中医药事业发展放在国内国际两个大局中谋划，在构建新发展格局中找准位置、发挥比较优势。要扶持道地中药材生产基地建设，建立和完善道地中药材评价体系，确保中药材质量。要发挥甘肃中医药文化厚重、中药资源丰富优势，健全中医药法规和管理体系，促进中医药守正创新、传承发展，让“千年药乡”焕发生机活力。

## 三、加强中医药法实施和监督，依法推进中医药体制机制改革创新

中医药既是传统的，也是现代的。传承创新发展中医药，要立足中医的理论和传统，在做好传承的基础上，建立完善适应中医药事业发展特点的政策制度体系，充分激发各方面创新活力，促进中医药创新、服务、产业的有机融合。发展中医药事业必须坚持法治思维，遵循中医药内在的发展规律。中医药法在医疗机构管理、医师执业管理、中药管理、人才培养等方面建立了符合中医药特点的管理制度，这些制度规定是保持和发挥中医药特色优势的关键依据，也是中医药法的亮点和生命力所在。

中医药法施行三年多来，取得了有目共睹的成绩。同时也要看到，法律的实施还存在一些短板弱项，依法发展中医药的理念还有待强化，各级政府的法定职责还需进一步压紧压实，一些地方中医药管理体系不健全，法律规定的一些改革创新制度还需要进一步贯彻落实，等等。我们要坚持问题导向、结果导向相统一，持之以恒地做好法律实施工作，依法推进中医药体制机制改革创新，推动中医药特色发展、转型发展、融合发展。

各级政府要严格依法履行职责，落实中医药法的相关规定，大力发展中医药事业，建立健全中医药管理体系，为中医药临床服务、人才培养、科研创新、中药质量安全等中医药事业各环节各方面的持续健康发展提供政策支持和条件保障。法律的正

确有效实施离不开配套制度的有力支撑。地方人大和政府要结合当地实际制订完善相关地方性法规和政府规章，中医药行业要进一步加强本领域制度建设，逐步完善以中医药法为核心的全方位、多层次中医药法律制度体系。同时，要进一步提升制度执行力，通过推进配套制度建设确保中医药法各项规定落到实处，夯实保障中医药事业发展的法治基础。

# 在天津市开展中医药法执法检查座谈会上的讲话

（2021 年 4 月 12 日）

艾力更·依明巴海

同志们：

下午好！今天的会议开得很好。会议开始时，吴恒同志介绍了我们这次执法检查的有关背景情况和安排考虑，段春华主任介绍了天津市人大常委会主要工作情况，市政府比较全面汇报了天津市近年来贯彻实施中医药法的工作情况，有关部门补充汇报了相关工作情况，相关单位的同志作了发言。同志们总结了取得的成绩和经验，分析了工作中存在的问题和困难，对推进中医药法贯彻实施提出了许多好的意见和建议。刚才，检查组成员也就一些重点问题与大家进行了互动交流。可以看出，天津市对这次执法检查非常重视，从各个方面都做了认真扎实细致的准备。

听了大家的发言，我们有一个明显的感觉，就是天津市委、市人大、市政府坚持以习近平新时代中国特色社会主义思想为指导，紧紧围绕促进中医药传承创新发展，大力推动中医药法贯彻实施，不断提高执法水平，着力保障人民健康权益。天津市在贯彻实施中医药法的工作中，有很多好的经验、好的做法。比如，天津建立完善了三级中医医疗服务体系，重视中医药人才教育培养和队伍建设，着力强化财政等保障措施。特别让我们印象深刻的是，天津市建立了中西医协同机制，中医药深度参与疫情防控，成立了由张伯礼院士等专家组成的天津市中医应急医疗专家组和由来自三级中医医院呼吸等专业的天津市中医应急医疗队。抗疫斗争中，中医药有“三药三方”，其中张伯礼院士团队研制出“宣肺败毒方”，天津红日药业是研制生产了“血必净注射液”，中医药为疫情防控贡献了重要力量。我们对天津市在中医药事业发展和贯彻中医药法方面取得的成绩和大家的辛苦付出予以充分肯定。

同时，从刚才介绍的情况来看，中医药法在实施中还存在一些短板和弱项，中医药工作在实践中还面临一些困难和问题。希望同志们在总结好的做法和经验的基础上，以法治思维、法治方式解决好、处理好这些问题，坚持补短板、强弱项，进一步加强法律实施薄弱环节建设，不断提升中医药工作法治化水平，依法推动中医药工作在新时代新阶段取得新进展、迈上新台阶。下面，我谈几点意见。

## 一、坚持以习近平新时代中国特色社会主义思想指导中医药传承创新发展工作

党的十八大以来，以习近平同志为核心的党中央把中医药工作摆在更加突出的位置，习总书记多次对中医药工作作出重要指示批示，亲自主持召开中央全面深化改革委员会会议研究中医药工作，提出了推动中医药传承创新发展的一系列新思想、新理论。习近平总书记 2016 年在全国卫生与健康大会上，强调“要着力推动中医药振兴发展，坚持中西医并重，建立健全中医药法规，建立健全中医药发展的政策举措，建立健全中医药管理体系，建立健全适合中医药发展的评价体系、标准体系”。今年 3 月 6 日，习近平总书记在参加全国政协十三届四次会议医药卫生界、教育界委员联组会时发表重要讲话，强调“要做好中医药守正创新、传承发展工作，建立符合中医药特点的服务体系、服务模式、管理模式、人才培养模式，使传统中医药发扬光大。要科学总结和评估中西药在治疗新冠肺炎方面的效果，用科学的方法说明中药在治疗新冠肺炎中的疗效”。习近平总书记的重要论述和重要指示，为中医药传承创新发展提供了根本遵循，指明了前进方向。我们要坚持以习近平新时代中国特色社会主义思想为指导，深入学习贯彻习近平法治思想，认

真学习习近平总书记关于中医药工作的重要论述和重要指示，深刻领会其精神实质和丰富内涵，把握核心要义，在中医药传承创新发展中全面贯彻落实。要坚持党对中医药工作的领导，准确把握中医药发展的总体思路，传承精华，守正创新，改革体制机制，加强开放合作，走出一条符合中医药特点、符合本地区特色的发展道路。各级政府要依法履行职责，坚持中西医并重，中西药并用，以实际行动切实抓好中医药工作和中医药法的贯彻实施。

## 二、充分认识中医药传承创新发展的重大意义

近年来，各级党委政府认真贯彻党中央决策部署，深入贯彻实施中医药法，中医药的传承创新与改革发展取得了新的成就。中医药服务能力大幅提高，中医药科技创新能力明显提升，中医药人才培养体系进一步完善，中医药文化传承发展持续推进，中药产业也得到快速发展，中医药海外发展不断推进。今年是实施“十四五”规划、开启全面建设社会主义现代化国家新征程的第一年，也是中国共产党成立100周年。面向“十四五”，中医药事业站在了传承创新中实现高质量发展的历史新起点上。各有关方面要充分认识中医药传承创新发展的重大意义，充分认识传承创新发展中医药是新时代中国特色社会主义事业的重要内容，是中华民族伟大复兴的一件大事。坚持中西医并重方针，发挥中医药原创优势，打造中医药和西医药相互补充协调发展的中国特色卫生健康模式，对于弘扬中华优秀传统文化，增强民族自信、文化自信，促进文明互鉴和民心相通，推动构建人类命运共同体具有重要意义。要充分认识新发展阶段对中医药工作提出的新要求，把以人民为中心的发展思想落到实处，着力扬优势、补短板、强弱项，提升服务供给质量、效率和水平，加快构建覆盖全民和全生命周期的中医药服务体系，在全面推进健康中国建设中发挥中医药独特优势。

## 三、遵循中医药自身规律，依法推进中医药制度模式改革创新

中医药是具有独特理论和技术方法的医药学体系，与西医药存在许多方面差异，有其鲜明的自身发展规律和特点。实践证明，千百年来中华民族屡经天灾、战乱和瘟疫，一次次转危为安，人口不断增加、文明得以传承，中医药做出了不可磨灭的贡献。这次新冠肺炎疫情，我国中医药发挥辨证施治、多靶点干预的独特优势，深度介入，全程救治，在抗疫斗争中发挥了特殊的重要作用。西医学传入中国并快速发展以来，中医药与西医药相互补充，共同为维护人民健康发挥了重要作用。当前，中医药发展还面临一些突出问题，比如对中医药科学性认识还存在不到位，还不同程度的存在轻视、歧视中医药的情况，部分中医院中医特色不明显，高水平中医药人才不足，基层服务能力相对薄弱等。中医药既是传统的，也是现代的。发展中医药事业必须有中医药的思维，遵循中医药内在的发展规律。中医药法在医疗机构管理、医师执业管理、中药管理、人才培养等方面建立了符合中医药特点的管理制度，这些制度规定，是保持和发挥中医药特色优势的关键依据，也是中医药法的亮点和生命力所在。我们要深入贯彻实施中医药法，依法推进中医药制度模式的改革创新，推动中医药特色发展、转型发展、融合发展。传承创新发展中医药，要立足中医的理论和传统，建立完善适应中医药事业发展特点的政策制度体系。在做好传承的基础上，把科技创新摆在中医药高质量发展的核心位置。比如，有的中医院利用大数据研究平台，提升中医药在肿瘤防治中的作用；有的公司研发出了全自动中医脉象诊断系统以及中医舌面象仪，实现中医数字化、客观化、智能化，全面提升综合服务水平。这些创新融合了现代科技，挖掘、传承和弘扬了中医传统文化，值得高度关注。今天国家中医药管理局科技司李司长也在座，相信有关方面一定会充分激发各方面创新活力，促进中医药创新、服务、产业的有机融合，使这一古老医学焕发新春。

## 四、坚持问题导向、结果导向相统一，推动中医药法正确有效实施

中医药法实施三年多来，取得的成绩有目共睹。同时也要看到，法律的实施还存在一些短板和弱项，依法发展中医药的理念还有待强化，各级政府的法定职责还需进一步压紧压实，一些地方中医药管理体系不健全，法律规定的一些改革创新制度还需要进一步贯彻落实等。贯彻落实中医药法的任务仍然十分艰巨，需要各有关方面持之以恒地做好法律实施工作。要坚持问题导向、结果导向相统一，着力推动中医药法正确有效实施。各级政府要

严格依法履行职责，落实中医药法的相关规定，大力发展中医药事业，建立健全中医药管理体系，为中医药临床服务、人才培养、科研创新、中药质量安全等中医药事业各环节、各方面的持续健康发展，提供政策支持和条件保障。法律的正确有效实施离不开配套制度的有力支撑。地方人大和政府要结合当地实际制订完善相关地方性法规和政府规章，中医药行业要进一步加强本领域制度建设，逐步完善以中医药法为核心，全方位、多层次的中医药法律制度体系。同时，要进一步提升制度执行力，通过推进配套制度建设确保中医药法各项规定落到实处，夯实保障中医药事业发展的法治基础。

同志们，由于时间关系，我就讲到这里。这次座谈会后，我们还要到一些单位进行实地考察，请大家继续支持配合我们的工作。如果还有其他意见和建议，也欢迎向检查组提供。

最后，我代表执法检查组全体同志，对天津市委、市人大、市政府以及各有关方面为这次执法检查所做的认真准备和精心安排表示衷心感谢！同时，也祝愿天津的经济社会发展取得更多的成就，在推动"健康天津"建设，保障人民群众健康方面再上新的台阶。谢谢大家！

# 在中医药法执法检查浙江省汇报座谈会上的讲话

（2021 年 5 月 6 日　浙江杭州）

蔡达峰

同志们：

下午好！今天的会开得很好，为在浙江的检查工作开了个好头。会议开始时，殷方龙同志介绍了我们的来意，王文序同志代表省政府、陈卫强同志代表杭州市政府汇报了实施中医药法的工作情况，省有关部门负责同志补充介绍了具体情况。大家的汇报和发言准备充分，内容充实，重点突出，既谈了成绩和做法，也讲了问题和短板，并提出了有价值的意见和建议，听后很受启发。

从汇报发言和我们平时了解的情况看，浙江省各级党委、政府及相关部门对中医药事业发展和中医药法贯彻实施工作高度重视，省委省政府专门出台实施意见，省人大加快地方性法规修法立法进程，省政府开展中医药专项行动，建立健全相关制度，落实中医药法律保障措施，特别是去年以来，浙江省全程深度参与疫情防控，充分发挥了中医药特殊作用。可以说，浙江省在中医药传承创新发展方面做了大量扎实工作，取得了显著成效，积累了宝贵经验，彰显了地方特色，做出了浙江贡献。这些成绩的取得，是浙江省委省政府贯彻习近平新时代中国特色社会主义思想和总书记关于中医药工作重要论述精神、坚持以人民为中心的发展思想的生动体现，是认真贯彻实施中医药法、依法推进中医药事业发展的丰硕成果，同时也是社会各界共同努力的结果。

刚才的汇报和座谈中，大家也谈到了工作中存在的一些困难和问题。比如中医药服务体系还需要不断完善，中医药产业基础相对薄弱，中医药人才队伍青黄不接，中药材质量管理体系亟待完善等等。这些困难和问题，有些是属于全国共性的，需要从国家层面进一步完善政策措施来解决。全国人大常委会组织这次执法检查，主要目的就是了解法律实施中的突出问题，深入把握带有普遍性的情况，提出具有针对性的建议，督促推动国务院及有关部门采取有效措施，切实加以解决。另一方面，大家反映的有些问题还需要地方各级政府充分重视，进一步强化法律实施，坚持依法履职尽责，有力推动问题解决，以务实作风和进取精神，努力实现中医药传承创新发展。

下面，我谈几点意见。

## 一、坚持以习近平新时代中国特色社会主义思想指导中医药传承创新发展工作

党的十八大以来，以习近平同志为核心的党中央高度重视中医药事业，把中医药工作摆在更加突出的位置，作出重要决策部署。总书记多次作出重要指示批示，亲自主持召开中央全面深化改革委员

会会议研究中医药工作，提出推动中医药传承创新发展的一系列新思想、新理论，成为习近平新时代中国特色社会主义思想的重要组成部分。总书记在2015年12月致中国中医科学院成立60周年的贺信中指出："深入发掘中医药宝库中的精华，充分发挥中医药的独特优势，推进中医药现代化，推动中医药走向世界，切实把中医药这一祖先留给我们的宝贵财富继承好、发展好、利用好。"在2016年8月召开的全国卫生与健康大会上，总书记强调："要着力推动中医药振兴发展，坚持中西医并重，建立健全中医药法规，建立健全中医药发展的政策举措，建立健全中医药管理体系，建立健全适合中医药发展的评价体系、标准体系。"今年3月6日，总书记参加全国政协十三届四次会议医药卫生界、教育界委员联组会并发表重要讲话，指出："要做好中医药守正创新、传承发展工作，建立符合中医药特点的服务体系、服务模式、管理模式、人才培养模式，使传统中医药发扬光大。"同时强调："要科学总结和评估中西药在治疗新冠肺炎方面的效果，用科学的方法说明中药在治疗新冠肺炎中的疗效。"总书记的一系列重要论述和重要指示，为中医药传承创新发展提供了根本遵循，指明了前进方向，我们要认真学习好、领会好、贯彻好。要深刻领会精神实质和丰富内涵，准确把握核心要义，在中医药传承创新发展中全面贯彻落实。要深刻认识和把握新发展阶段、新发展理念、新发展格局对中医药工作的新要求，把中医药发展摆在更加突出的位置，加大工作力度，依法推进中医药传承创新发展。要深入贯彻习近平法治思想，树立和强化法治理念，坚持用法治思维、法治举措、法治力量来解决中医药发展面临的深层次问题，依法推进中医药事业持续健康发展。

## 二、推进中医药事业和产业在传承创新中高质量发展

习近平总书记在关于中医药工作的重要讲话和重要指示中，多次强调："推动中医药事业和产业高质量发展"。今年是实施"十四五"规划的开局之年，中医药事业和产业在传承创新中迈向了高质量发展的新起点。我们要深刻领会新时代全面推进健康中国建设的新要求，充分认识推进中医药事业和产业高质量发展的深远意义，积极适应未来医学从疾病医学向健康医学转变的新趋势，继承和发展中医药绿色健康、辩证施治、综合施治的诊疗模式，努力推进中医药事业和产业高质量发展。要以新时代新阶段人民群众"看上好中医、吃上好中药"的强烈愿望和巨大需求为牵引，不断增强发展中医药的内生动力，不断提升中医诊疗水平和中药材质量，真正让人民群众获得高质量的中医药服务。各级政府要进一步健全完善政策措施，在规划布局、产业调整、科技攻关、人才培养、资金扶持、市场拓展等方面，进一步强化引导、提供支持、创造条件，为中医药高质量发展提供良好条件和有力保障。要大力推进中医药现代化，坚持守正与创新相统一，在发挥中医药原创优势的基础上，不断强化科研平台建设，充分利用现代科学技术和方法，推进中医药理论与实践创新，提升服务供给质量和效率，促进中医药治理体系和治理能力现代化。要坚持统筹协调，促进中西医并重、中西药并用，打造相互补充、协调发展的中国特色卫生健康模式，加快构建覆盖全民和全生命周期的中医药服务体系。要加强中医药国际交流，深化优化国际合作，推进中医药在扩大开放中不断发展，在深化交流中持续提高。

## 三、遵循中医药自身发展规律，依法推进中医药制度模式改革创新

中医药是具有独特理论和技术方法的医药学体系，与西医药存在许多差异，有其鲜明的自身发展规律和特点。实践证明，千百年来中华民族屡经天灾、战乱和瘟疫，一次次转危为安，人口不断增加、文明得以传承，中医药做出了不可磨灭的贡献。同时，我们也看到，当前中医药发展还面临不少现实困难，人们对中医药科学性认识还不够到位，对中医药发展规律了解不够，对中医药与时俱进的发展需求看法不一致，甚至不同程度存在轻视、忽视乃至歧视的现象。中医药法在医疗机构管理、医师执业管理、中药管理、人才培养等方面建立了符合中医药特点的管理制度，这些制度规定，是保持和发挥中医药特色优势的关键依据，也是中医药法的亮点和生命力所在。我们要直面困难和挑战，着力破解矛盾和问题，深入实施中医药法，依法推进中医药制度模式的改革创新，推动中医药特色发展、转型发展、融合发展。要积极适应新发展阶段的新要求，推进中医药发展理念创新，实现中医药发展格局拓展，提升中医药发展定位。要坚持遵循中医药内在发展规律，立足中医药特色优势，传承发展中医理论与实践，进一步完善适应中医药发展要求

的政策制度体系，健全预防保健、疾病治疗、特色康复融为一体的中医药服务体系，健全符合中医药特点的服务模式和管理机制。要进一步完善以院校教育、师承教育为主要模式的中医药人才培养体系，建立符合中医药需要的人才评价和管理使用机制。要大力推进中药质量提升，建立和落实生产技术标准体系，改革完善中药注册分类，健全中药安全及疗效评价机制，深化中药审评审批制度改革，着力解决瓶颈制约，激发和释放中医药发展的巨大潜力和活力，使这一古老医学在新时代焕发盎然生机。

### 四、坚持问题导向、结果导向相统一，推动中医药法正确有效实施

中医药法实施三年多来，各级政府加强法律贯彻执行，依法保障和促进中医药事业发展，取得了明显进展。同时也要看到，法律实施还存在一些短板和弱项，推进中医药发展的法治理念还有待强化，各级政府及部门执法人员法治思维和法治方式运用不够充分，法定职责还需进一步压紧压实，一些地方中医药管理体系不够健全，高水平中医药人才不足，基层服务能力比较薄弱，法律规定的一些改革创新制度还需要进一步落实。实事求是地讲，中医药法的全面有效实施依然任重道远，需要各级政府及各有关方面持之以恒努力。要坚持问题导向、结果导向相统一，处理好规范与促进、管理与保护、传承与创新、改革与发展等关系，精准聚焦突出问题和主要矛盾，围绕人民群众关切，善于攻坚克难，着力破解热点难点问题，切实推进中医药法正确有效实施。各级政府及相关部门要严格依法履行法定职责，全面落实中医药法各项规定，着眼临床服务、人才培养、科研创新、中药质量安全等各环节、各方面目标要求，健全和完善相关制度措施，为中医药传承创新发展提供政策支持和条件保障。要着力推进配套法规制度及地方性法规建设，夯实中医药发展的法治基础，确保中医药法各项规定得到贯彻落实。中医药行业要进一步加强本领域制度建设，不断完善全方位、多层次的中医药制度体系，为法律实施提供有力支撑。浙江省人大和政府要以正在研究制定中医药条例为契机，立足地方实际，适应时代要求，深入调研论证，凝聚各方智慧，力争出台一部富有特色的高质量的地方性法规。

同志们，今天这个座谈会使我们对浙江省贯彻实施中医药法的工作有了一个基本了解和总体印象。后面几天，我们还要到一些地方、一些单位进行实地检查，请大家继续支持配合我们的工作。如果还有其他意见和建议，欢迎向检查组提供。

最后，我代表执法检查组全体同志，对浙江省委、省人大、省政府以及各有关方面为这次执法检查所做的认真准备和精心安排表示衷心感谢！希望浙江省继续深入贯彻实施中医药法，在中医药传承创新发展工作中取得更大的成绩，为推动健康中国建设、维护人民身体健康做出新贡献。

我就讲这些。谢谢大家！

# 在中医药法执法检查浙江中医药大学座谈时的讲话

（2021 年 5 月 7 日）

蔡达峰

同志们：

大家下午好。今天与会的同志都是中医药领域的专家学者和长期奋战在中医药医疗教学科研和管理工作一线的同志，多年来为中医药事业发展付出了艰苦努力，特别是新冠肺炎疫情发生后，中医药系统包括在座同志充分发挥中医药独特优势和作用，千方百计、抢救生命，彰显了医者仁心、大爱无疆，诠释了大医精诚、担当作为，赢得了党和人民高度评价。在此，向同志们表示深切问候并致以崇高敬意！

中医药法是中医药领域的基本法律，在中医药事业发展中具有基础性和全局性的重要作用。开展中医药法执法检查，主要目的就是督促各地方各有关方面认真履行法定职责，保证中医药法落地见效。今天，我们召开这个座谈会，就是要向大家了解中医药法实施情况，听取意见建议，共同研究促

进法律实施的措施办法。刚才，与会同志从不同角度作了很好的发言，饱含了中医药工作者的辛勤付出和实践经验，凝聚着对中医药事业发展的深厚感情和深入思考，听了很受启发。当前，发展进入新时代，新发展阶段、新发展理念、新发展格局对进一步做好中医药工作提出了新要求，我们要把握特色优势、弘扬优良作风、坚持传承创新，更加有力地推进中医药法全面有效实施。

下面，我讲几点意见。

## 一、坚持以习近平新时代中国特色社会主义思想指导中医药各项工作

党的十八大以来，以习近平同志为核心的党中央高度重视中医药事业，把中医药工作摆在更加突出的位置，作出重要决策部署。总书记多次作出重要指示批示，提出推动中医药传承创新发展的重大要求。总书记在2015年12月致中国中医科学院成立60周年的贺信中指出："深入发掘中医药宝库中的精华，充分发挥中医药的独特优势，推进中医药现代化，推动中医药走向世界，切实把中医药这一祖先留给我们的宝贵财富继承好、发展好、利用好。"在2016年8月召开的全国卫生与健康大会上，总书记强调："要着力推动中医药振兴发展，坚持中西医并重，建立健全中医药法规，建立健全中医药发展的政策举措，建立健全中医药管理体系，建立健全适合中医药发展的评价体系、标准体系。"今年3月6日，在全国政协十三届四次会议医药卫生界、教育界委员联组会上，总书记发表重要讲话，指出："要做好中医药守正创新、传承发展工作，建立符合中医药特点的服务体系、服务模式、管理模式、人才培养模式，使传统中医药发扬光大"，强调："要科学总结和评估中西药在治疗新冠肺炎方面的效果，用科学的方法说明中药在治疗新冠肺炎中的疗效。"总书记的一系列重要论述和重要指示，为中医药传承创新发展提供了根本遵循，指明了前进方向，我们要深刻领会丰富内涵，准确把握核心要义，在中医药传承创新发展中全面贯彻落实。现在，党和国家把发展中医药事业提升到了一个新的历史高度，为中医药发展提供了大好历史机遇。我们要清醒认识和充分把握历史机遇，乘势而上，克难前行，加大工作力度，依法推进中医药传承创新发展。要紧密结合新时代新阶段中医药工作实践，弄清贯彻新理念、构建新格局、推进高质量发展对中医药工作提出的新要求，抓住关键，夯实举措，推进中医药医疗、教育、科研、管理等各项工作提质增效，为维护人民群众身体健康和生命安全、全面推进健康中国建设作出新贡献。

## 二、准确把握中医药法的精神实质，推动中医药法全面深入实施

中医药是中华民族的瑰宝，是我国医药卫生体系的特色和优势，是当之无愧的国粹。为了实现国粹的国法保障，2016年12月，全国人大常委会通过了《中华人民共和国中医药法》，自2017年7月1日起施行。制定中医药法是中医药领域具有里程碑意义的一件大事，开辟了依法扶持促进保障中医药事业发展的新局面。中医药法立足于为人民群众提供公平、可及、满意的中医药服务，以保护、扶持、促进中医药发展为宗旨，着眼继承和弘扬中医药，强化政策支持与保障，坚持规范与扶持并重，注重制度创新，构建了符合中医药特点的管理制度，并着眼发挥中医药"五种资源"优势，即独特的卫生资源、潜力巨大的经济资源、具有原创优势的科技资源、优秀的文化资源、重要的生态资源等优势，将中医药的医疗、保健、教育、科研、产业、文化及国际交流等方面纳入法律框架，集中反映了中医药发展实践中的成熟经验和有效做法，为中医药事业发展提供了有力法治保障。各地方各有关方面要共同努力，持之以恒加强法律实施，切实落实法律规定的各项制度措施。中医药教育科研机构及其工作者要更好肩负起传承创新中医药的使命责任，胸怀"国之大者"，心系国粹传承，强化历史担当，推进教育改革创新，不断提高教育质量水平。要坚持立德树人、教书授业、为国育才，大力弘扬中医药文化，广泛宣传"大医精诚"理念，持续厚植全社会信赖中医药、厚爱中医药、支持中医药的坚实基础，确保中医药事业薪火相传、发扬光大。

## 三、遵循中医药发展规律，依法推进中医药传承创新发展

中医药既是传统的，也是现代的。传承发展好中医药事业，关键要尊重中医药的特质，遵循中医药的发展规律。必须立足中医药理论和传统，建立完善适应中医药事业发展的政策制度体系，推动中

医药事业高质量发展。要建立符合中医药特点的基本管理制度,中医药具有鲜明的特色和优势,在很多方面不同于西医药,例如,中医服务人员存在师承等培养方式,中医诊所主要是医师坐堂望闻问切,服务简便。要充分考虑中医药的特点和发展需要,在医疗机构管理、医师执业管理、中药管理、人才培养等方面建立符合中医药特点的管理制度。要加大对中医药事业的扶持力度,我国中医药总体规模不断扩大,发展水平和服务能力逐步提高,在常见病、多发病、慢性病及疑难病症、重大传染病防治中,中医药的作用得到进一步彰显。同时,也可以看到,中医药事业发展还存在一些困难和问题,需要认真研究,切实加以解决,特别在人才培养使用、规划设置、财政保障、医保支付等方面,要进一步依法加大扶持保障力度。要大力推进中医药现代化。把科技创新摆在中医药高质量发展的重要位置,坚持守正与创新相统一,在发挥中医药原创优势的基础上,不断强化科研平台建设,充分利用现代科学技术和方法,推进中医药理论与实践创新,提升服务供给质量和效率,努力促进中医药治理体系和治理能力现代化,彰显中国文化软实力。

同志们,今年是实施“十四五”规划的第一年,中医药事业站在了传承创新中实现高质量发展的历史新起点。贯彻实施好中医药法,依法传承创新发展中医药,服务好人民群众健康需求,是新时代赋予我们的历史使命。我们要共同努力,切实把中医药这一祖先留下的宝贵财富继承好、发展好、利用好,为推进健康中国建设作出更大贡献。

我就讲这些。谢谢大家!

# 在中医药法执法检查<br>山西省汇报座谈会上的讲话

(2021 年 5 月 10 日　山西太原)

蔡达峰

同志们:

上午好!今天的会开得很好,为在山西的检查工作开了个好头。会议开始时,殷方龙同志介绍了我们的来意,卢东亮同志代表省政府、张新伟同志代表太原市政府汇报了实施中医药法的工作情况,省有关部门负责同志补充介绍了具体情况,张伯礼代表和基层同志发表了意见和建议。大家的汇报和发言准备充分,内容充实,重点突出,既谈了成绩和做法,也讲了问题和短板,并提出了有价值的意见和建议,听后很受启发。

从汇报发言和我们平时了解的情况看,山西省各级党委、人大、政府及相关部门对中医药事业发展和中医药法贯彻实施工作高度重视,省人大于 2013 年就制定了《山西省发展中医药条例》并根据中医药法的精神启动了修订工作,省政府专门成立了以林武省长为组长的建设中医药强省领导小组,开展中医药专项行动,建立健全相关制度,落实中医药法律保障措施,特别是去年以来,山西省全程深度参与疫情防控,充分发挥了中医药特殊作用。可以说,山西省在中医药传承创新发展方面做了大量扎实工作,取得了显著成效,积累了宝贵经验,彰显了地方特色,做出了山西贡献。这些成绩的取得,是山西省委省政府贯彻习近平新时代中国特色社会主义思想和总书记关于中医药工作重要论述精神、坚持以人民为中心的发展思想的生动体现,是认真贯彻实施中医药法、依法推进中医药事业发展的丰硕成果,同时也是社会各界共同努力的结果。

刚才的汇报和座谈中,大家也谈到了工作中存在的一些困难和问题。比如中医药服务体系还需要不断完善,中医药产业基础相对薄弱,中医药人才队伍青黄不接,中药材质量管理体系亟待完善等等。这些困难和问题,有些是属于全国共性的,需要从国家层面进一步完善政策措施来解决。全国人大常委会组织这次执法检查,主要目的就是了解法律实施中的突出问题,深入把握带有普遍性的情况,提出具有针对性的建议,督促推动国务院及有关部门采取有效措施,切实加以解决。另一方面,大家反映的有些问题还需要地方各级政府充分重视,进一步强化法律实施,坚持依法履职尽责,有力推动问题解决,以务实作风和进取精神,努力实现中医药传承创新发展。

下面,我谈几点意见。

## 一、坚持以习近平新时代中国特色社会主义思想指导中医药传承创新发展工作

党的十八大以来，以习近平同志为核心的党中央高度重视中医药事业，把中医药工作摆在更加突出的位置，作出重要决策部署。总书记多次作出重要指示批示，亲自主持召开中央全面深化改革委员会会议研究中医药工作，提出推动中医药传承创新发展的一系列新思想、新理论，成为习近平新时代中国特色社会主义思想的重要组成部分。总书记在2015年12月致中国中医科学院成立60周年的贺信中指出："深入发掘中医药宝库中的精华，充分发挥中医药的独特优势，推进中医药现代化，推动中医药走向世界，切实把中医药这一祖先留给我们的宝贵财富继承好、发展好、利用好。"在2016年8月召开的全国卫生与健康大会上，总书记强调："要着力推动中医药振兴发展，坚持中西医并重，建立健全中医药法规，建立健全中医药发展的政策举措，建立健全中医药管理体系，建立健全适合中医药发展的评价体系、标准体系。"今年3月6日，总书记参加全国政协十三届四次会议医药卫生界、教育界委员联组会并发表重要讲话，指出："要做好中医药守正创新、传承发展工作，建立符合中医药特点的服务体系、服务模式、管理模式、人才培养模式，使传统中医药发扬光大。"同时强调："要科学总结和评估中西药在治疗新冠肺炎方面的效果，用科学的方法说明中药在治疗新冠肺炎中的疗效。"总书记的一系列重要论述和重要指示，为中医药传承创新发展提供了根本遵循，指明了前进方向，我们要认真学习好、领会好、贯彻好。要深刻领会精神实质和丰富内涵，准确把握核心要义，在中医药传承创新发展中全面贯彻落实。要深刻认识和把握新发展阶段、新发展理念、新发展格局对中医药工作的新要求，把中医药发展摆在更加突出的位置，加大工作力度，依法推进中医药传承创新发展。要深入贯彻习近平法治思想，树立和强化法治理念，坚持用法治思维、法治举措、法治力量来解决中医药发展面临的深层次问题，依法推进中医药事业持续健康发展。

## 二、推进中医药事业和产业在传承创新中高质量发展

习近平总书记在关于中医药工作的重要讲话和重要指示中，多次强调："推动中医药事业和产业高质量发展"。今年是实施"十四五"规划的开局之年，中医药事业和产业在传承创新中迈向了高质量发展的新起点。我们要深刻领会新时代全面推进健康中国建设的新要求，充分认识推进中医药事业和产业高质量发展的深远意义，积极适应未来医学从疾病医学向健康医学转变的新趋势，继承和发展中医药绿色健康、辩证施治、综合施治的诊疗模式，努力推进中医药事业和产业高质量发展。要以新时代新阶段人民群众"看上好中医、吃上好中药"的强烈愿望和巨大需求为牵引，不断增强发展中医药的内生动力，不断提升中医诊疗水平和中药材质量，真正让人民群众获得高质量的中医药服务。各级政府要进一步健全完善政策措施，在规划布局、产业调整、科技攻关、人才培养、资金扶持、市场拓展等方面，进一步强化引导、提供支持、创造条件，为中医药高质量发展提供良好条件和有力保障。要大力推进中医药现代化，坚持守正与创新相统一，在发挥中医药原创优势的基础上，不断强化科研平台建设，充分利用现代科学技术和方法，推进中医药理论与实践创新，提升服务供给质量和效率，促进中医药治理体系和治理能力现代化。要坚持统筹协调，促进中西医并重、中西药并用，打造相互补充、协调发展的中国特色卫生健康模式，加快构建覆盖全民和全生命周期的中医药服务体系。要加强中医药国际交流，深化优化国际合作，推进中医药在扩大开放中不断发展，在深化交流中持续提高。

## 三、遵循中医药自身发展规律，依法推进中医药制度模式改革创新

中医药是具有独特理论和技术方法的医药学体系，与西医药存在许多差异，有其鲜明的自身发展规律和特点。实践证明，千百年来中华民族屡经天灾、战乱和瘟疫，一次次转危为安，人口不断增加、文明得以传承，中医药做出了不可磨灭的贡献。同时，我们也看到，当前中医药发展还面临不少现实困难，人们对中医药科学性认识还不够到位，对中医药发展规律了解不够，对中医药与时俱进的发展需求看法不一致，甚至不同程度存在轻视、忽视乃至歧视的现象。中医药法在医疗机构管理、医师执业管理、中药管理、人才培养等方面建立了符合中医药特点的管理制度，这些制度规定，是保持和发挥中医药特色优势的关键依据，也是中医药法的亮点和生命力所在。我们要直面困难和挑战，着力

破解矛盾和问题，深入实施中医药法，依法推进中医药制度模式的改革创新，推动中医药特色发展、转型发展、融合发展。要积极适应新发展阶段的新要求，推进中医药发展理念创新，实现中医药发展格局拓展，提升中医药发展定位。要坚持遵循中医药内在发展规律，立足中医药特色优势，传承发展中医理论与实践，进一步完善适应中医药发展要求的政策制度体系，健全预防保健、疾病治疗、特色康复融为一体的中医药服务体系，健全符合中医药特点的服务模式和管理机制。要进一步完善以院校教育、师承教育为主要模式的中医药人才培养体系，建立符合中医药需要的人才评价和管理使用机制。要大力推进中药质量提升，建立和落实生产技术标准体系，改革完善中药注册分类，健全中药安全及疗效评价机制，深化中药审评审批制度改革，着力解决瓶颈制约，激发和释放中医药发展的巨大潜力和活力，使这一古老医学在新时代焕发盎然生机。

## 四、坚持问题导向、结果导向相统一，推动中医药法正确有效实施

中医药法实施三年多来，各级政府加强法律贯彻执行，依法保障和促进中医药事业发展，取得了明显进展。同时也要看到，法律实施还存在一些短板和弱项，推进中医药发展的法治理念还有待强化，各级政府及部门执法人员法治思维和法治方式运用不够充分，法定职责还需进一步压紧压实，一些地方中医药管理体系不够健全，高水平中医药人才不足，基层服务能力比较薄弱，法律规定的一些改革创新制度还需要进一步落实。实事求是地讲，中医药法的全面有效实施依然任重道远，需要各级政府及各有关方面持之以恒努力。要坚持问题导向、结果导向相统一，处理好规范与促进、管理与保护、传承与创新、改革与发展等关系，精准聚焦突出问题和主要矛盾，围绕人民群众关切，善于攻坚克难，着力破解热点难点问题，切实推进中医药法正确有效实施。各级政府及相关部门要严格依法履行法定职责，全面落实中医药法各项规定，着眼临床服务、人才培养、科研创新、中药质量安全等各环节、各方面目标要求，健全和完善相关制度措施，为中医药传承创新发展提供政策支持和条件保障。要着力推进配套法规制度及地方性法规建设，夯实中医药发展的法治基础，确保中医药法各项规定得到贯彻落实。中医药行业要进一步加强本领域制度建设，不断完善全方位、多层次的中医药制度体系，为法律实施提供有力支撑。山西省人大和政府要以修订发展中医药条例为契机，立足地方实际，适应时代要求，深入调研论证，凝聚各方智慧，力争出台一部富有特色的高质量的地方性法规。

同志们，今天这个座谈会使我们对山西省贯彻实施中医药法的工作有了一个基本了解和总体印象。后面几天，我们还要到一些地方、一些单位进行实地检查，请大家继续支持配合我们的工作。如果还有其他意见和建议，欢迎向检查组提供。

最后，我代表执法检查组全体同志，对山西省委、省人大、省政府以及各有关方面为这次执法检查所做的认真准备和精心安排表示衷心感谢！希望山西省继续深入贯彻实施中医药法，在中医药传承创新发展工作中取得更大的成绩，为推动健康中国建设、维护人民身体健康做出新贡献。

我就讲这些。谢谢大家！

# 全国人民代表大会常务委员会执法检查组关于检查《中华人民共和国企业破产法》实施情况的报告

——2021 年 8 月 18 日在第十三届全国人民代表大会常务委员会第三十次会议上

全国人大常委会副委员长　王东明

全国人民代表大会常务委员会：

企业破产法是市场经济的一项基础性法律制度。为全面贯彻落实党的十九大和十九届二中、三中、四中、五中全会精神，科学把握新发展阶段，全面贯彻新发展理念，服务构建新发展格局，深化供给侧结构性改革，促进高质量发展，推动企业破产

法有效实施，根据2021年度监督工作计划，全国人大常委会对《中华人民共和国企业破产法》的实施情况开展了检查。现将执法检查的主要情况报告如下。

## 一、执法检查的基本情况

以习近平同志为核心的党中央高度重视企业破产工作，党的十九届四中全会明确要求健全破产制度，《中共中央、国务院关于新时代加快完善社会主义市场经济体制的意见》等重要文件对健全优胜劣汰市场化退出机制、进一步完善企业破产法律制度作出了战略部署。今年是实施“十四五”规划、开启全面建设社会主义现代化国家新征程的开局之年，安排企业破产法执法检查工作，对于贯彻落实党中央决策部署，强化依法破产观念，加快“僵尸企业”退出，化解过剩产能，解决企业“生易死难”问题，促进市场出清，优化资源要素配置，激发市场活力，加快构建以国内大循环为主体、国内国际双循环相互促进的新发展格局，落实党中央“六稳”、“六保”工作任务要求，进一步优化营商环境，具有十分重要的意义。

全国人大常委会高度重视这次执法检查工作。栗战书委员长审定执法检查方案，并作出重要指示，要求从适应新发展阶段、贯彻新发展理念、构建新发展格局、推动高质量发展和进一步完善社会主义市场经济体制、扩大高水平对外开放、推动“十四五”开好局起好步的高度深化认识、精心组织、务求实效。陈竺、王东明、郝明金三位副委员长分别带队赴浙江、陕西、河北、山东、山西、吉林等6个省开展实地检查。检查组还委托黑龙江、江苏、湖南、广东、重庆、四川等6个省（市）人大常委会对本行政区域内企业破产法实施情况进行检查。

（一）执法检查聚焦重点难点问题。一是紧扣法律规定，确定检查重点问题。通过开展执法检查前期调研，认真梳理各方面反映的情况和问题，将企业破产法的贯彻实施情况、破产案件审判情况、管理人制度实施情况、企业破产中的政府协调机制建立运行情况、国有企业依法破产实施情况、对修改企业破产法的意见建议等10个问题作为本次执法检查的重点。二是进一步聚焦难点问题深入开展专项检查。在对企业破产法实施情况进行全面检查的基础上，对检查中发现的管理人制度、破产案件审理程序和府院联动机制等3个重点难点问题再赴上海、苏州、厦门、重庆等地开展专项检查。检查期间，全国人大财经委还到最高人民法院就人民法院实施企业破产法的主要情况开展调研。整个执法检查涉及面广，重点突出。

（二）创新执法检查方式方法。一是运用法律评估、大数据分析作为执法检查的辅助手段。在2019年委托国务院国资委、中国人民银行、最高人民法院开展企业破产法评估的基础上，今年进一步补充完善了评估报告。委托国家信息中心对企业破产法实施情况开展大数据分析，为更加全面真实反映企业破产法实施情况提供了有力支持。二是执法检查与关联法律分析相结合。在执法检查中我们认真梳理企业破产法与关联法律法规衔接协调情况，分析研究与破产程序相关的衍生法律问题，推动关联法律实施有机衔接、相互协调。三是以执法检查带动和促进修法工作。按照《全国人大常委会2021年度立法工作计划》，今年企业破产法修订草案将提请审议。为统筹做好企业破产法执法检查和修法工作，除将执法修法涉及的重点问题列入执法检查工作重点外，还就国有企业、民营企业、金融机构、上市公司的破产问题开展了4个专题调研，委托中国人民大学、中国政法大学和最高人民法院开展企业破产法与关联法律法规衔接协调情况、企业破产法律制度完善等相关专题研究。这些工作与执法检查齐头并进、相互配合，为修法奠定坚实的基础。

（三）执法检查工作步步深入。一是开展前期调研。检查组召开有关部门和企业的调研座谈会，赴北京、陕西、辽宁、湖南开展前期调研，了解掌握实际情况，确定执法检查重点。二是开展面上检查。按照执法检查重点，通过实地检查和委托检查的方式，对12个省（市）企业破产法的实施情况进行了全面检查。三是开展专项检查。针对面上检查的重点难点问题，赴4个城市进行了专项检查。四是开展随机抽查。在执法检查中随机抽取破产企业，深入一线进行检查，剖析典型案例。整个检查工作环环紧扣、步步深入。

在执法检查中，国务院国资委和最高人民法院积极配合，地方人大给予大力支持，执法检查组严格遵守中央八项规定及其实施细则精神，密切联系全国人大代表，通过多种方式全面了解法律实施情况。本次执法检查形成了2份前期调研简报、3份实地检查报告、6份委托检查报告、1份专项检查报告、4份专题调研报告、3份法律评估报告、1份大数据分析报告、3份委托研究报告，为向常委会报告有关情况提供了有力支撑。

## 二、企业破产法实施取得积极成效

在党中央坚强领导下,各级政府和法院深入贯彻实施企业破产法,建立健全破产法律制度体系,持续提升破产司法保障能力,推动符合条件的企业依法破产,法律实施取得了积极成效。从破产案件数量看,2007 年至 2020 年,全国法院共受理破产案件 59604 件,审结破产案件 48045 件。从时间顺序看,企业破产法实施后的一段时间,每年的破产案件数量在 3 千件左右,党的十八大以来,随着供给侧结构性改革持续深化,加快建立和完善市场主体挽救和退出机制,破产案件数量快速上升,2017 年至 2020 年受理和审结的破产案件分别占到法律实施以来案件总量的 54% 和 41%。从地域分布看,东部地区破产案件数量占到全国的近 80%,浙江、江苏、广东三省约占 60%。从破产企业类型看,随着国企改革持续推进,国有困难企业完成集中退出,民营企业破产案件占绝大多数,2020 年民营企业破产案件占案件总量的近 90%。大数据分析显示,舆论普遍肯定企业破产法的实施成效,2020 年以来对企业破产法相关话题的舆论满意度达 92%。

(一)开展法律宣传,破产法治意识不断增强。各级党委、政府和法院高度重视企业破产法的贯彻实施工作,大力开展法律宣传工作。一是积极普及破产法治观念。通过组织专家宣讲、投放公益广告、建立微信公众号、举办知识竞赛等多种形式,积极传播市场化、法治化破产理念,引导社会各方面正确认识企业破产,形成破产法治共识,持续优化企业破产法治环境。二是增强市场主体学法用法能力。通过发布破产审判白皮书、宣介破产典型案例、开展破产法治大讲堂、组织专业律师上门服务等方式,推动各类市场主体学习了解破产法律制度。企业破产法逐步被市场主体接受和社会认可,困境企业运用破产制度的能力增强,债务人企业主动申请破产案件的比例上升。三是提高破产法理论研究水平。企业破产法实施以来,国内高校科研机构成立了多家破产法研究机构,开展了大量研究工作,涌现出一批质量较高的研究成果,对破产司法实践产生了积极作用。

(二)着力完善相关制度,破产法律体系不断健全。国务院及其有关部门、最高人民法院和各地区积极开展企业破产法的配套制度建设。一是完善破产司法制度和司法政策。最高人民法院出台关于适用企业破产法若干问题规定的司法解释,制定关于强化破产案件受理、提高破产审判效率、推动执行案件转入破产程序、落实跨境破产等多项司法政策,为依法审判破产案件提供依据。二是健全破产政策。国家发展改革委等部门制定《加快完善市场主体退出制度改革方案》、《关于推动和保障管理人在破产程序中依法履职进一步优化营商环境的意见》等政策文件,有力支持了企业破产法的实施。三是地方建立破产配套制度。各地结合实际,制定与破产相关的地方性法规和各类政策文件约 475 件。经过多年努力,以企业破产法为基础,相关司法解释和司法政策为重要内容,法规以及规范性文件为补充,关联法律为支撑的中国特色破产法律制度逐步建立。

(三)做好统筹协调,破产工作机制不断完善。各级政府和法院加强统筹协调,健全相关工作机制,有力保障了企业破产法的实施。一是推动经营困难国企有序退出。2007 年以来,国务院国资委推动 97 家中央企业下属的 804 户企业依法完成破产或进入破产程序,采取破产方式的中央企业占全部“处僵治困”退出企业的 24.3%,有力支持了国有企业深化改革。河北省搭建困难国有企业破产服务平台,通过集中运作降低破产成本,提高处置效率。二是因企施策开展破产重整。对符合产业政策、有市场前景的困难企业,积极运用重整方式帮助企业提升产业层次、改善公司治理、实现重生发展,促进了供给侧结构性改革。重庆钢铁、东北特钢、青岛造船等一批大型企业通过重整实现了扭亏为盈和产业提质升级。三是破产办理更加便捷。国务院和地方政府将降低破产制度运行成本作为优化营商环境重要内容,政府相关部门与法院建立协调机制,共同推动解决破产程序中的启动费用、税收处置、信用修复、企业注销等问题,助力营商环境持续优化。在世界银行营商环境测评中,我国办理破产的评价名次从 2013 年的第 82 位提升到 2020 年的第 51 位。四是稳妥处置企业破产带来的风险。各级党委、政府和法院系统全面贯彻落实防疫抗疫决策部署,落实“六稳”、“六保”工作任务要求,大力推行参与破产程序的线上渠道,着力发挥破产制度挽救功能,帮助企业纾困解难,维护产业链供应链稳定,保障职工合法权益,维护社会大局和谐稳定。

(四)深化实践探索,破产司法程序有效实施。陷入困境企业通过司法程序实现破产退出,债权债务有序公平清理,债务风险有效化解,实现了资源要素的优化配置。法律规定的三种破产程序中,破产清算约占破产案件总量的 90%,重整约 10%,和解不到1%。一是充分发挥破产清算制度作用。企业通过破产清算方式实现退出，防止了债务风险的进一步累积。据国家发展改革委统计，2016年开展“僵尸企业”处置工作以来，7000多家长期亏损、扭亏无望、严重资不抵债的“僵尸企业”实现退出，其中大部分采用破产清算方式。山西省、陕西省相关部门密切协作，为“僵尸企业”破产清算开辟绿色通道。二是大力发挥重整制度作用。对符合重整条件的企业，积极运用重整方式进行挽救。加强对具有重整价值破产企业的甄别，探索实施“出售式重整”等新模式，推动一些大型企业风险得到有效化解。福建省厦门市中级人民法院等积极探索开展预重整工作，推动庭外重组与庭内重整有序衔接，及时处置债务风险，降低破产制度性成本。三是推进运用和解制度。积极发挥和解制度在化解小微企业债务风险方面的优势，上海破产法庭近两年推动17家进入破产清算的中小企业成功和解，清理逾44亿元债权债务，盘活约17亿元资产。四是探索建立个人破产制度。深圳经济特区出台个人破产条例，建立个人破产配套制度，稳步推进个人破产综合改革试点。浙江省温州市、台州市，山东省东营市等地开展个人债务清理试点，挽救因提供担保陷入困境的个人，推动化解企业债务连带风险。

（五）加强专业建设，破产司法保障能力不断提升。人民法院通过设立破产法庭、完善破产审判体制、加强专业化建设、健全管理人制度等举措，提高破产司法保障能力。一是加强破产审判组织机构建设。全国已设立14个破产法庭、近100个清算与破产审判庭以及专门的合议庭集中办理破产案件。浙江省设立的2个破产法庭、21个破产审判庭以及基层破产专业人民法庭，保障了快速增长的破产司法需求。二是提高破产审判专业化水平。将优秀员额法官充实到破产审判队伍中，目前全国共有从事破产审判工作的员额法官417名。重庆市形成以破产法庭和破产合议庭为基本架构，共计152人的破产审判专业化队伍。三是推动建立健全破产管理人制度。28家高级人民法院和284家中级人民法院编制了管理人名册，共纳入机构管理人5060家、个人管理人703人，各地共成立了131家管理人协会，管理人执业能力不断提升。山东省淄博市中级人民法院创新管理人选任模式，由破产案件各方当事人组成的选任委员会组织实施。四是借助信息化手段。最高人民法院建立了全国企业破产重整案件信息平台以及法官和管理人工作平台，各地法院大力推行线上的申报审核债权、债权人会议、处置分配财产、监督管理人账户等工作，提升破产审判效率。北京破产法庭推动案件全流程线上办理，将破产成本占破产财产的比例压缩到5.52%。

## 三、企业破产法实施仍存在突出困难和问题

企业破产法在取得积极成效的同时，实施中也存在破产意愿不强、破产程序执行薄弱、审理周期较长、府院协调不落地、配套制度不健全、财产清偿率较低、制度运行成本偏高等困难和问题，现实中“该破未破”的现象还比较普遍，对破产方式的运用还不够主动，破产制度的作用还未充分发挥。

（一）运用破产方式实现市场出清的意愿不强。符合破产条件的企业并未完全选择破产方式退出，2020年全国企业注销数量289.9万户，其中因破产原因注销的企业3908户，占比仅约1‰。一是企业申请破产顾虑多。企业破产法第2条规定了破产的法定情形，实践中企业符合条件但是不想破、不敢破的现象比较普遍。有些企业由于治理结构不健全、经营不规范，担心破产暴露经营问题被追究责任，有些企业在陷入困境后，继续冒险经营或放任公司亏损，造成破产申请普遍不及时。北京市法院系统近三年来受理的破产案件中，63.6%是在企业停止经营三年后提出申请。二是一些地方政府对企业破产退出有较多顾虑。特别是对于规模以上企业破产，由于担忧影响当地经济发展和人员就业，政府态度更加谨慎，造成了一些企业“应破未破”，矛盾不断积累。三是一些基层法院受理破产案件的能力和动力不足。破产审判人才储备总体不足，许多基层法院缺乏破产审判专业团队，一些法官缺乏办案能力，对受理破产案件存在畏难情绪。破产案件在审理方式上与一般民事诉讼案件不同，在考核机制上缺少专门的绩效考核办法，也影响了法官审判破产案件的动力。此外，“无产可破”企业缺乏破产费用。许多破产企业严重资不抵债，一些“僵尸企业”甚至无产可破，无法支付办理破产的相关费用。虽然有些地方探索建立了破产费用专项资金，但尚无对资金来源、管理、使用的统一规定。

（二）破产程序执行存在薄弱环节。一是破产案件程序启动难。企业破产法第7条、第8条、第10至14条对破产申请和受理作出了明确规定，但是实践中不受理或受理期限超过法律规定期限的情况比较普遍。有的地方在法律规定的基础上增

设受理条件,受理与否有时主要依赖法官主观判断而非法定条件。二是破产案件的审理周期普遍较长。企业破产法第 14 条关于通知债权人、第 45 条关于债权申报、第 79 条关于提交重整计划草案、第 84 条关于召开债权人会议、第 120 条关于裁定终结破产程序等,都对破产程序主要环节的时限作出了规定。但是实践中,破产案件的审理时间普遍较长,而且因案因地差异很大。一些省份法院已审结的破产案件平均周期超过 500 天,有些破产案件审理时间长达数年,少数破产案件甚至超过十年未能审结。三是财产保全措施难以解除。企业破产法第 19 条规定,法院受理破产申请后,有关债务人财产的保全措施应当解除,执行程序中止。有些对债务人财产采取了保全措施的机关将破产理解为清算程序,拒绝在重整、和解程序中给予解封,或者将保全措施仅理解为诉讼保全,不适用于公安、税务、海关等行政机关对财产的查封,对破产财产处置形成障碍。四是"执转破"等法律程序衔接存在困难。法院的"执行不能"案件中,大量作为被执行人的企业符合破产立案标准,但是执行案件移送破产审查的机制不完善,在移送条件和程序等方面缺乏明确具体的规定,对于被执行企业是否移送破产审查,各地标准差别很大。

(三)破产管理人制度尚未健全。管理人的业务能力不足、管理制度不完善,是当前影响破产案件办理质量的重要因素。一是管理人的能力素质不适应需要。有的管理人履职过程中漏报、错报企业信息,有的管理人以缺乏办理能力为由拖延履职,有的管理人未经法院许可擅自支取报酬,有的管理人频繁更换经办人员或者将业务转包,影响破产案件的办理。管理人制定重整方案质量参差不齐,有些重整方案难以实现促进企业重生发展的目的。二是管理人名册产生规则不统一。各地法院的管理人名册申请条件不统一、进入标准不透明,名册内的管理人数量少,可供选择范围有限。名册更新普遍不及时,有的地方五年没有更新。各地对于管理人分级分类的标准差别大,资质相互不认可,存在地方保护主义,尚未形成全国统一的管理人市场。三是破产案件的管理人选任方式有待改进。企业破产法第 22 条规定了管理人的指定与更换。多数地方主要通过抽签、摇号方式随机指定管理人,难以保证管理人的能力水平与破产案件相匹配,特别是一些复杂破产案件无法有针对性地选择高水平管理人。债权人对于管理人的选任以及更换缺乏发言权。四是管理人履职缺乏保障。企业破产法第 25 条规定了管理人的 9 项职责,实践中管理人身份尚未被社会普遍认同,履行财产调查等法定职责存在障碍。管理人报酬根据债务人最终清偿财产价值的一定比例分段确定,对于担保财产进行管理处置的费用没有规定,办理无产可破案件的收入缺乏保障,管理人履职积极性不高。五是对管理人的监管有待加强。企业破产法第 27 条规定了管理人应当勤勉尽责,忠实执行职务,第 69 条规定了管理人的行为告知义务。司法部门对管理人的监管缺乏抓手,管理人向人民法院报告工作的制度流于形式,地方破产管理人协会对会员的管理职责没有统一规定,破产企业和债权人对管理人违规执业难以制约。大数据分析的调查反映,2020 年因管理人履职发生的纠纷案件同比增长 44.1%,远高于同期破产案件 4.7%的增幅。

(四)重整制度的作用没有得到充分发挥。通过重整对困难企业进行挽救是企业破产法的重要制度安排。企业破产法第八章对重整申请和重整期间、重整计划的制定和批准执行作出了明确规定,但是实践中重整制度的实施受到诸多制约。一是重整程序对债权人权益保护不足。重整计划的制定未能充分考虑债权人的意见,法院强制裁定重整计划容易侵犯债权人权益,重整计划可能会因债务人主观不执行导致失败,重整期间担保权恢复行使的判断标准不明确,缺少对管理人信息披露职责的要求,债权人的知情权、表决权和监督权没有保障。二是金融机构对重整计划支持不够。有的金融机构债权人由于债权不能得到充分保障,对于债权人会议表决不积极,有的银行分支机构上报审批的程序复杂,耗费时间长,影响重整计划顺利通过。破产资产处置的相关政策不适应金融不良债权处置方式多样化的需要。三是对投资人权益保护不足。对于重整企业引入投资人的程序范围条件、投资人退出重整计划的前期投入能否作为共益债务优先受偿、重整转清算时清偿顺序是否优先等一系列问题尚无明确规定,影响投资人参与重整的积极性。四是税收制度对重整激励不足。出于防范借破产逃税的考虑,税务机关参照企业重组的税法规范,认为重整程序终结后债务人的债务豁免属于企业所得,按照法定税率对重整后企业课以企业所得税。由于一些重整成功的企业未能快速恢复盈利能力,难以在规定期限内承担相应税负,甚至导致重整计划失败。五是对企业重整前不良信息的处理缺乏制度性安排。根据目前征信业管理条例、企业信息公示暂行条例等规定,企业不良信息将长期保存,对重整企业原有不良信息的保存和使用没有特殊安排。企业重整后,仍面临着原有不良信息对生产经营带来的不利影响。

(五)“府院联动”机制未能有效落地。企业破产需要法院和政府的统筹联动。虽然多数地方出台了“府院联动”机制有关文件,但可操作性有待加强。一是法院对破产事务的协调处理存在障碍。多数地方“府院联动”机制由法院主导,破产过程涉及经费保障、职工安置、税费处置、政策帮扶、社会稳定等多方面事项,法院协调办理的难度大,有时无能为力。一些破产案件进入司法程序后“空转”,问题得不到解决。二是政府对破产行政事务统筹不够。破产程序中的行政事务涉及政府多个部门,缺乏专门的破产事务管理机构负责统筹协调。有的事项突破了现有部门职责,政府的支持配合因案件和部门存在差异。有些事项在法律和政策适用上存在分歧。三是破产企业注销不够顺畅。企业破产法第121条规定,管理人应当持法院终结破产程序的裁定,向破产人的原登记机关办理注销登记,相关政策对破产企业注销也作出了明确要求,但是仍然存在对法院裁定终结破产程序的企业适用简易注销程序额外设置条件,对破产管理人签署的申请书不予认可,对营业执照无法缴回等特殊情况不予办理,对股权存在质押、冻结的情形不予注销或办理股权变更等问题。四是税务注销登记存在障碍。国家有关部门已经出台政策,规定管理人持法院终结破产清算程序裁定书申请税务注销的,税务部门要按规定核销“死欠”,即时出具清税文书,但一些地方落实不到位,仍然存在税务机关以税款未获全部清偿为由拒绝出具清税文书的情况。大数据分析报告对超过100万条涉及企业破产的舆情信息进行抓取分析显示,“涉税问题处理难”在影响企业破产法实施问题中占26%。五是跨区域的协调配合不够。破产案件中涉及到的债权债务关系复杂,处理资产保全解除、资金账户解封、消费限制解除、债权补报等事项时,可能会因不同地区政府和法院的认识不一致或者地方保护主义,需做大量协调工作,尚未形成对破产案件相互支持良好协作的局面。六是少数案件存在行政或司法的不当干预。有的地方反映,破产案件涉及资产处置、管理人选任、重整计划制定等问题时,个别政府部门或法院违背市场化法治化原则,对破产案件不当干预,使得有重整价值的企业得不到支持,对本该清算的企业做无意义的“抢救”,浪费了社会资源和司法资源。

(六)国有企业、金融机构等市场主体退出存在困难。企业破产法适用于所有企业法人,但是国有企业、金融机构等特定市场主体的破产还存在一些困难。一是国有企业破产障碍较多。企业破产法对国有企业的破产并无其他特殊规定,仅在第133条规定了法律实施前国有企业实施破产的特殊事宜,按照国务院有关规定办理。实践中国有企业破产因国有划拨土地无法办理出让手续、职工待遇新旧政策衔接困难、法院需要上级单位出具维稳保证函等情况而难以推进,有些案件搁置多年未能终结。例如,北京市农工商开发公司于2011年经法院裁定宣告破产,但因企业名下两宗国有划拨土地出让手续无法办理,至今未能结案。二是金融机构破产缺乏专门规范。企业破产法第134条规定了商业银行、证券公司、保险公司等金融机构破产的适用范围程序、申请主体以及接管托管程序,同时授权国务院制定金融机构破产实施办法。迄今为止,金融机构破产实施办法尚未出台。实践中,由金融机构风险处置的行政程序进入到破产司法程序,面临风险处置工作能否被司法程序认可、风险处置资金费用能否优先受偿、风险处置的接管人或行政清理组能否继续担任破产管理人等一系列问题,不利于金融机构破产和金融风险防范。原华夏证券、德恒证券等9家进入破产程序的高风险证券公司因程序衔接等原因多年未能完成破产。三是上市公司破产情况复杂。企业破产法对上市公司破产并无特别规定。上市公司破产实践中,在证券市场监管与破产司法程序衔接、股东大会与债权人委员会的决策机制平衡、进入破产程序后的信息披露、上市公司关联企业合并重整程序等方面缺乏明晰规定。

## 四、产生问题的原因分析

上述问题的形成有多方面的原因,主要是:

(一)对企业破产法作用的认识不到位。市场经济下企业退出是常态现象,破产制度“破”是形式,“立”是实质。但长期以来,社会传统观念和固有思维对破产存在忌讳和排斥,企业破产法实施后,各方面对破产制度功能的认识仍然不足,观念转变还不到位:对公平保护债权作用认识不到位,债权人在债务人濒于破产时往往选择抢先执行,以获得个别清偿,无法获得清偿时,会因担心破产申请繁琐又无益而放弃权利。作为破产程序中关键的利益方,部分金融债权人内部决策程序比较复杂,依赖政府隐性担保,怠于债权管理,不能及时启动重整或清算程序。对优化资源配置作用认识不到位，债务人碍于社会舆论回避谈及破产，往往采取两年不进行企业年检被吊销执照的方式退出市场。部分国有企业的负责人顾虑被追究国有资产流失责任，职工认为企业破产个人就损失了“铁饭碗”，都不支持企业破产。对防范化解风险作用认识不到位，不少民营企业实际控制人为企业融资提供了连带责任保证担保，因为担心企业破产后个人承担责任，宁可背着骂名“跑路”，也不敢破产、不愿破产。少数地方政府领导担心企业破产影响经济发展，带来不稳定因素，抵触和回避破产。对破产挽救重生作用认识不足，将破产简单等同于破产清算，或者对重整程序贴上“程序繁琐、费用高昂”的标签，认为仅适用于大型企业，而不适宜中小企业。破产制度促使陷入绝境企业“规范退出”、帮助经营困难企业“涅槃重生”、警示运行正常企业“向死而生”的功能作用没有得到充分发挥。

（二）市场化破产的机制不完善。随着经济体制改革不断深化和社会保障制度日益健全，破产工作逐步从政策性破产向市场化法治化破产转变，资源配置从行政干预转向市场主导，但囿于思维惯性、路径依赖，相关工作机制仍不完善。一是政府发挥作用的工作机制不健全。破产工作涉及面广，很多案件没有政府的支持协调难以推进。部分地方政府工作缺位，认为企业破产是法院审理范围内的事项，缺乏积极配合态度。在缺少政府支持的情况下，法院对处理破产案件存在畏难心理，有的告而不理，有的没有政府批文便不办理。个别地方政府工作越位，一些地方破产案件依然沿袭政府主导的工作机制和做法，虽可以较好解决破产衍生的社会问题，但也存在着与市场主导的破产机制不适应以及地方保护主义等风险。二是政府与法院联动处置的工作机制不完善。一些地方虽然初步建立了府院联动机制，但制度化不足。实践中主要还是“一事一议”、“因案协调”，因案因地差异较大。大部分府院联动机制主要局限在政府和法院之间，管理人与公安、民政、税务、金融等部门对接时还存在障碍，需要提供繁琐证明材料或法官亲自办理，保障管理人依法履职的“最后一公里”尚未打通。

（三）企业破产法有效实施的审判力量不适应。破产工作专业性、政策性强，需要司法力量的有力支撑，当前破产审判力量建设还不完全适应实际需要。一是审判组织建设不适应。近年来，全国法院加速了破产审判组织建设，但是各破产法庭成立时间较短，区域发展不平衡，通过案件集中管辖提高专业化水平、带动全国审判水平提高的作用尚未完全显现。基层法院破产审理案多人少的现象比较普遍，审判组织建设仍有较大差距。二是法官知识结构不适应。破产案件不同于一般的民事商事案件，要求法官具备有效执行法律的能力、监督破产程序的能力以及一定的企业经营管理知识。从事破产审判的法官具备较强的法学专业能力，但处置重大复杂破产案件时，在经济、财务、金融等方面知识和经验上存在短板。三是法院内部制度和技术支撑不适应。法院内部有关破产审判制度建设、网络信息化办案平台建设、破产法庭和破产审判庭与其他审判庭和其他法院的关系、法官绩效考核制度等问题，仍在探索解决过程中。

（四）防范打击逃废债行为制度不健全。信用既是市场经济的构成要素，又是市场经济有效运作的重要基础。当前，依法破产的市场信用环境仍有短板。一是恶意逃废债侵蚀市场信用基础。一些企业利用制度漏洞，恶意转移资产、转让股权、无偿赠与、低价贱卖，即使有偿债能力也尽量少偿还债务，甚至逃废债。某些地方政府出于自身或局部利益的考虑，不正视企业假破产真逃债。尤其是近年来宏观经济增速放缓、社会债务杠杆攀升、银行逾期与不良贷款增加，周期性和结构性因素叠加，企业部门潜在债务风险上升，恶意逃废债有加剧风险。二是缺少打击恶意逃废债的具体制度。涉破产犯罪的刑事规范存在犯罪主体范围较窄、犯罪行为方式单一、犯罪刑罚偏轻等问题，且打击恶意逃废债涉及民事、商事、刑事不同制度和程序的衔接，法院缺乏落实相关法律责任的有力手段，实践中破产欺诈主要通过民事诉讼实现权利救济，缺少以刑事方式打击破产欺诈的实践，难以形成有效震慑。三是社会信用体系仍在不断完善。各地各部门虽已建立诸多信息系统，但“条块分割、信息孤岛”问题突出，“大平台、大数据、大系统”建设中标准规范、配套制度、纵横协同还不到位，跨区域、跨系统、跨部门信息系统融合仍有困难，建立健全信用体系任重道远。

（五）企业破产法律制度一些规定不适应新形势。近年来，随着经济社会的快速发展，企业破产法的一些规定已经不能适应实践需要。同时，相关法律法规与企业破产法存在不衔接的问题。一是有些关联法律与企业破产法相关规定重叠，个别甚至相对冲。二是有些法规规章缺乏针对性规定。三是配套制度不够健全。

## 五、进一步推动企业破产法的贯彻实施

要坚持以习近平新时代中国特色社会主义思想为指导，深入学习贯彻习近平经济思想、习近平法治思想，着眼完善市场主体退出制度，持续优化营商环境，科学把握新发展阶段，全面贯彻新发展理念，服务构建新发展格局，推动经济高质量发展，加快完善社会主义市场经济体制，进一步推动企业破产法的贯彻实施。

（一）贯彻党中央决策部署，推进破产法律制度深入实施。一是提高政治站位。深刻认识企业破产法对于适应新发展阶段、贯彻新发展理念、构建新发展格局、推动高质量发展和进一步完善社会主义市场经济体制、扩大高水平对外开放、推动“十四五”开好局起好步的重要意义。二是加强政策合力。将实施企业破产法与加快制定、完善、落实国务院及有关部门的政策文件、相关司法解释和司法政策结合起来，坚持市场化、法治化破产理念，营造良好的破产法治环境。三是加大普法力度。向企业、社会、中介机构深入宣传破产法律制度，将法律政策、改革举措、典型案例相结合，引导社会全面准确理解破产，更加主动运用破产。

（二）优化破产程序，提高破产审理实效。一是着力解决破产申请难、受理难问题。法院要严格依法受理破产案件，保障符合破产条件的企业“该破能破”。加强重整制度的运用，对有挽救价值的企业努力做到“能救则救”。对长期停止经营、内部资料缺失等情况的“僵尸企业”破产受理工作，要有针对性的措施。二是打通破产程序的堵点难点。强化破产受理对保全措施的效力，解决保全解除难、中止执行难问题。严格落实法律规定的各项时限要求，对债权债务关系清晰、债务规模较小的案件，通过实行最短公告期限和债权申报期限、改进债权人会议流程等方式加快审理。规范法院对重整计划的强制批准权，保障债权人合法权益。三是加强破产审判专业化建设。探索设立专门破产法院，推动在破产案件需求大的地市普遍设立破产法庭，扩大清算与破产审判庭覆盖面。继续充实破产审判队伍，完善破产审判考核激励机制，提升破产案件审理能力。

（三）健全管理人制度，提高管理人依法履职能力。一是培育竞争有序的管理人队伍。统一各地管理人名册的编制标准和准入条件，允许符合条件的管理人跨区域执业，推动建立全国统一的管理人市场。增加管理人数量，优化管理人结构，提高管理人专业性，研究熟悉企业经营管理和资产管理的专业机构担任管理人的可行性，保障管理人履职的客观公正。二是建立全国性的管理人协会。按照管用分离原则，由国务院明确全国性管理人协会的主管部门。协会要研究制定统一的管理人行为规范和自律规则，加强管理人执业能力培训和业务交流研讨，提高管理人履职水平。三是完善管理人选任和监督制度。优化管理人选任更换的标准、方式、程序，提高管理人与案件的匹配度。强化管理人监督，明确管理人责任追究机制，增强考核评价的科学性和透明度，强化债权人对管理人的监督权。四是完善管理人执业费用和薪酬保障制度。保持管理人薪酬在合理水平，研究建立破产援助资金，明确资金使用办法，保障承接无产可破案件管理人的履职费用和基本报酬。

（四）进一步完善府院联动机制，更好发挥协同作用。一是做好顶层设计。国务院明确统筹破产行政事务和牵头破产府院联动机制的责任部门，进一步明确相关部门涉破产事务的职责分工，确保府院联动工作机制落地落实。二是优化破产企业注销服务。完善破产企业注销股权质押和解除股权冻结的相关政策，切实落实《市场主体登记管理条例》关于破产企业注销登记的相关规定，为破产企业提供更加高效便捷的企业注销服务。三是支持管理人履职。有关政府部门和单位要为管理人查询控制和接管处分债务人财产、开立撤销账户、调查取证、解除财产保全措施等依法履职行为提供条件。

（五）优化财税政策，保持破产企业税负在合理水平。一是落实好已有税收优惠政策。进一步把支持企业破产重整的税收优惠政策宣传解读到位，指导企业、管理人将政策用足用好。二是研究解决企业破产有关涉税问题。对重整企业豁免所得征收企业所得税的问题统筹研究，促进重整企业重生。针对重整计划执行完毕后的行政处罚、税收保全措施与税收强制执行等问题，制定适应破产企业特点的规章制度。三是优化税收管理和服务措施。保障破产企业必要发票供应，优化税务注销办理程序，依法核销破产企业欠缴税款，及时对重整成功企业纳税信用进行重新评定，恢复企业纳税资格。

（六）完善信用修复机制，推动重整企业信用重建。一是研究对破产重整后企业原有不良信息处理的制度性安排。探索对重整企业涉及债权债务的相关记录与重整前做适当切割，适时推动修订有

关法律法规。二是强化信用信息共享。全国企业破产重整案件信息网与国家企业信用信息公示系统、信用中国网站、金融信用信息基础数据库关于破产企业与破产企业负责人的状态信息要及时更新共享。三是进一步规范重整企业信用修复的办理。建议明确信用修复的申请人、申请标准、审核办理时限,市场监管、税务、人民银行、司法执行等部门要及时受理、依法审核企业信用修复申请,符合条件的要在规定时限内采取措施,为企业修复信用。引导金融机构按照市场化、法治化原则对重整企业予以融资支持。四是严厉打击逃废债行为。要依法建立健全打击逃废债的配套制度政策,严厉打击借破产形式恶意逃废债务等违法行为,切实保护债权人合法权益。

(七)保护职工合法权益,维护社会和谐稳定。一是加强对破产企业职工工资和社会保险费的保障。将法律对保护职工权益的各项规定落到实处,对恶意拖欠职工工资、社会保险费的企业加大催收催缴力度,依法追究责任,进入破产程序后要按照法定顺序及时清偿职工工资和社保缴费。研究建立及时解决破产企业拖欠职工工资和社会保险费问题的长效机制。二是保障破产企业职工的参与权。进一步完善职工和工会代表参加债权人会议以及债权人委员会的保障机制,切实维护好破产企业职工权益。三是积极为破产企业职工安置和再就业创造条件。发挥好失业保险和社会救助在破产企业职工安置中的作用。推动解决破产企业职工社保关系转移接续、劳动关系处理、再就业培训等困难,切实为职工再就业提供支持帮助。

(八)加快法律修改工作,完善破产法律体系。一是加快企业破产法修改工作。对执法检查中发现的企业破产法律制度不适应发展需要的方面,要尽快修改,对于自然人破产、金融机构破产、上市公司破产等问题,在修法中做好研究论证,积极回应实践需要。二是做好企业破产法与关联法律的衔接。针对执法检查中反映关联法律法规与企业破产法衔接协调的问题,建议国务院有关部门认真研究,提出一揽子修法建议,并同步做好对相关部门规章、规范性文件的修改工作,要以企业破产法修改为契机,加快关联法律法规的联动修改,推动破产法律体系不断完善。

以上报告,请审议。

# 在企业破产法执法检查组第一次全体会议上的主持词

(2021 年 5 月 18 日下午)

陈　竺

同志们:

现在开会。今天我们召开全国人大常委会企业破产法执法检查组第一次全体会议。出席今天会议的有:全国人大常委会副委员长王东明同志,郝明金同志正在外出差,全国人大财经委主任委员徐绍史同志,以及部分财经委组成人员;还有全国人大常委会办公厅、国务院办公厅、国家发展改革委、工业和信息化部、司法部、财政部、人力资源社会保障部、人民银行、国务院国资委、税务总局、市场监管总局、银保监会、证监会、最高人民法院、全国总工会、全国工商联等有关单位的负责同志。

这次会议有 3 项议程:一是徐绍史主任委员介绍执法检查前期准备情况和工作安排;二是有关单位作汇报;三是王东明副委员长讲话。

同志们,今天会上,徐绍史主任委员介绍了执法检查前期准备情况和工作安排;有关部门和单位的负责同志从各自职责和工作角度,全面介绍了法律的贯彻实施情况,为我们即将赴地方开展检查工作打下了较好的基础。刚才,王东明副委员长从这次开展企业破产法执法检查的重要意义、突出检查重点和确保取得实效三个方面,对检查组开展工作提出了明确要求,希望大家在执法检查工作中贯彻落实。

今年是中国共产党成立 100 周年,是实施“十四五”规划开局之年,也是全面建设社会主义现代化国家新征程的起步之年。面对严峻复杂的国际形势和艰巨繁重的改革发展稳定任务,中央提出要立足新发展阶段,贯彻新发展理念,构建新发展格局,以推动高质量发展为主题,深化供给侧机构性改革为主线,坚持创新驱动发展,加快建设现代化经济体系，营建市场化、法治化、国际化营商环境。全国人大常委会开展这次企业破产法执法检查，中央领导同志高度重视，社会各界普遍关注。这次执法检查是贯彻落实党中央决策部署的重要举措，是推动法律实施的重要抓手，是优化营商环境、推动经济高质量发展的有效措施，同时也是接下来修改企业破产法的现实需要。从这次会议开始，执法检查相关工作将进入集中实施阶段。我们要提高政治站位，增加政治自觉，坚决树牢“四个意识”，坚定“四个自信”，做到“两个维护”，以高度的责任感和使命感，高标准、严要求、高质量完成好这次执法检查任务，以实际行动为做好“六保”工作、落实“六稳”任务，为经济社会健康发展提供有力司法保障。

这里，我对下一步工作提出几点要求：

一是要按照执法检查方案开展具体工作。这次会议后，检查组将分三个小组赴地方开展实地检查，时间主要集中在5月和6月，各位检查组成员按照分组安排，按时参加赴地方的检查工作。检查组要加强统筹安排，细化责任分工，形成合力，确保检查工作有序推进。

二是要聚焦重点问题，坚持问题导向。要以习近平新时代中国特色社会主义思想为指导，深入学习破产法律制度，掌握背景材料，紧扣法律规定，围绕检查重点，坚持问题导向，增强监督的针对性和实效性。在全面掌握企业破产法贯彻执行情况的基础上，着重了解和掌握法律实施中的难点和问题，特别是社会反映比较强烈的问题。在地方检查期间，检查组不与地方交换意见，主要是考虑到全国人大常委会监督的对象是“一府一委两院”，到地方只是了解情况，并不直接检查地方。但是，实地检查要深入基层，听取基层一线和人民群众关于法律贯彻落实情况的意见和建议，务求为企业破产法实施提出有针对性、可操作的意见和建议。各组检查结束后及时形成执法检查分报告，回来后由常委会办公厅和财经委汇总。

三是要依法履职。要严格贯彻落实监督法有关规定，坚持依法履行职责，限于法定范围、遵守法定程序，增强执法检查的专业性、严肃性、权威性；检查组不直接处理检查中发现的具体案件，但是在执法检查过程中，发现有关方面在贯彻党中央决策部署，落实法定职责方面的突出问题，在法律实施中存在的具体问题特别是典型问题，涉及违纪或者职务违法、职务犯罪问题线索的，及时通报或者移交纪检监察机关。

四是要严格执行廉洁自律各项规定。要从维护以习近平总书记为核心的党中央权威和集中统一领导的政治高度，坚决贯彻落实中央八项规定及其实施细则精神相关规定，坚决反对“四风”，杜绝形式主义、官僚主义，轻车简从，厉行节约，反对浪费，务求工作实效。

最后，我代表执法检查组感谢大家的支持，下一步有关方面还要继续搞好协调配合，扎实做好执法检查各项工作。今天的会议就到这里，散会！

# 在企业破产法执法检查组第一次全体会议上的讲话

（2021年5月18日）

王东明

对企业破产法开展执法检查，是今年全国人大常委会监督工作的一项重要任务，是深入贯彻习近平法治思想、进一步改善营商环境、助力高质量发展的重要举措。栗战书委员长高度重视，作出指示，要求从适应新发展阶段、贯彻新发展理念、构建新发展格局、推动高质量发展和进一步完善社会主义市场经济体制、扩大高水平对外开放、推动“十四五”开好局起好步的高度深化认识、精心组织、务求实效。我们要认真学习领会、贯彻落实战书委员长的重要指示精神，扎扎实实做好这次执法检查工作。今天，我们召开执法检查组第一次全体会议，标志着这项工作正式启动。刚才，绍史同志介绍了前期准备工作和执法检查的安排，请检查组在工作中认真落实。国务院国资委、最高人民法院、国家发改委、财政部、人社部、人民银行、市场监管总局等单位的负责同志作了发言，全面介绍了法律实施情况，以及存在问题和意见建议。工信部、司法部、税务总局、银保监会、证监会、全国总工会和工商联等单位提供了书面材料。大家都作了认真准备,发言和书面材料都很好,既讲了法律实施情况,包括所做工作和取得的成效,也分析了存在的突出问题,有针对性地提出对策建议,还对搞好这次执法检查提出了意见建议,对检查组了解相关情况很有帮助,为下一步做好执法检查工作打下了良好基础。下面,我围绕贯彻战书委员长指示精神,结合大家的发言讲三点意见。

## 一、提高政治站位,充分认识开展企业破产法执法检查的重要意义

企业破产法是优化资源配置、调节市场经济的一部基础性法律,2006 年十届全国人大常委会第 23 次会议审议通过,2007 年 6 月 1 日起开始施行。作为我国市场经济体制改革过程中的一部标志性法律,这部法律的有效实施,对于规范企业破产程序、促进市场竞争优胜劣汰,推动我国经济转型升级、促进社会主义市场经济健康发展发挥了重要作用。今年是实施"十四五"规划、开启全面建设社会主义现代化国家新征程的开局之年,做好经济社会发展工作意义十分重大。贯彻落实党中央关于立足新发展阶段、贯彻新发展理念、构建新发展格局的一系列战略部署,统筹推进疫情防控和经济社会发展,全面落实"六稳"、"六保"任务,对进一步改善营商环境、深化市场经济体制改革提出了新的更高要求。开展企业破产法执法检查,全面了解法律实施情况,督促各地区各部门更好实施有关法律法规和配套政策,对于贯彻党中央一系列重大决策部署,进一步深化市场化改革、扩大高水平开放,打造市场化、法治化、国际化营商环境,激发市场主体动力活力,推动高质量发展,具有重大现实意义和特殊重要性。

(一)开展执法检查是完善社会主义市场经济体制的内在要求。市场经济体制要求市场主体公平竞争,优胜劣汰。破产制度特别是破产法律制度完善与否,是否得到有效执行,是衡量市场经济成熟程度的重要标志。有效实施并不断健全破产制度,有助于通过破产清算规范市场主体退出,促进市场竞争优胜劣汰,让市场运行机制更好发挥作用。近年来,在党中央领导下,我国不断深化"放管服"改革,大力营造稳定公平透明、可预期的营商环境,营商环境全球排名持续大幅提升,从 2017 年的第 78 位提升至 2019 年的 31 位,连续两年被评为全球营商环境改善幅度最大的十大经济体之一,推动 2020 年我国吸收外资逆势上涨,达到 1443.7 亿美元,规模再创历史新高,成为全球最大的外资流入国。近日商务部公布,今年 1 至 4 月我国实际使用外资 3970 亿元人民币,同比增长 38.6%,比 2019 年同期增长 30.1%,显示了外商直接投资强劲复苏势头。同时,要看到我国市场经济体制改革是个长期过程,营商环境还存在不少问题。在世界银行对我国营商环境进行评估过程中,也认为部分城市存在办理企业破产时间长、破产财产处置价值偏低、破产成本较高等问题。这反映出我国营商环境仍需继续优化,市场经济体制仍需进一步完善。党中央近些年在多次会议和重要文件中强调要健全完善破产制度,并作出工作部署。开展这次执法检查,就是要进一步加大企业破产法的贯彻实施力度,推动加快建设高标准市场体系,持续优化我国营商环境,健全中国特色社会主义破产法律制度,为新时代加快完善社会主义市场经济体制提供更加有力的法治保障。

(二)开展执法检查是优化资源配置的重要举措。实施企业破产是推动市场主体有序退出、实现市场出清的重要方式,有利于调节经济运行、实现资源优化配置。目前全国有超过 1.2 亿户市场主体,其中大部分企业在市场经济环境下良性成长,成为推动我国经济发展的重要力量,同时也有一些企业经营管理不善、连年亏损,导致资不抵债。由于市场出清通道不畅等原因,这些企业已经失去了作为正常市场主体的经济功能,而且有的僵而不亡,还依靠政府或银行不断"输血"维持,占据了大量生产要素和优质资源,严重降低了市场资源配置效率。目前全国纳入统计口径的"僵尸企业"有 1.96 万户,其中能够按照破产制度退出市场的十分有限,经由破产注销的企业仅占全国注销企业的千分之一左右,资源错配和闲置浪费现象比较普遍。开展这次执法检查,就是要坚持市场化法治化方向,充分发挥破产法律制度的作用,推动解决"退出难"等社会反映突出问题,加快"僵尸企业"退出,进一步优化要素资源配置,充分激发市场主体活力,深化供给侧结构性改革,积极化解过剩产能,淘汰落后产能,加快经济结构调整和发展方式转变,推动经济发展实现质量变革、效益变革和动力变革。

(三)开展执法检查是防范重大风险的有效抓手。市场主体是社会生产力的基本载体,保市场主体就是保社会生产力,就是保就业、促发展,也有利于从根本上防范化解金融、经济、社会等一系列重

点领域的风险。破产法律制度除了清算，还包括重整、和解等积极处置方式，能够通过法律途径让企业及时化解债务，卸掉包袱、重获新生。据不完全统计，截至去年底，有两千余家纳入名单的“僵尸企业”通过破产重整再获生机，东北特钢、渤海钢铁、青海盐湖、天津物产等多个大型国有企业，以破产重整方式摆脱困境，累计化解债务近6500亿元，不仅有效防范了重大金融风险，维护了职工群体和社会大局和谐稳定，还通过引入战略投资者等方式为企业发展注入新的动力活力。开展这次执法检查，就是要推动深入实施企业破产法律，提高破产案件办理质效，降低破产制度运行成本，更好发挥法治在企业破产中的作用，推进依法化解债务，主动防范化解重点领域重大风险，筑牢发展的安全基础。

（四）开展执法检查是协同推进法律修改的现实需要。近年来，社会各界对企业破产法修改的呼声很高。十二届全国人大至今，先后有近600位全国人大代表领衔或联名提出19件修法议案。顺应社会各界的期盼和人大代表的呼声，十三届人大常委会将企业破产法修改纳入立法规划。为此，全国人大财经委牵头成立起草组，多次组织召开专题座谈会，开展立法调研，组织法律评估和立法研究论证。根据全国人大常委会2021年立法工作计划，今年拟安排审议企业破产法修改草案。企业破产法修改具有很强的实践性和政策性，涉及经济社会方方面面，既要全面总结法律实施的成效，也要查找法律实施中存在的问题；既要考虑国有企业、金融机构、上市公司破产的特殊性和复杂性，也要研究个人破产法律制度等问题。开展这次执法检查，就是要与法律修改工作紧密结合起来，深入总结法律实施成效和存在问题，特别是围绕完善破产法律制度的重点难点问题，广泛听取修改法律的意见建议，进一步理清修法思路，明确修法指导原则和重点，提出有针对性的修法建议，为进一步完善破产法律制度、健全破产制度提供参考。

## 二、坚持问题导向，突出检查重点，推动企业破产法有效实施

人大开展执法检查，重点是抓住影响法律实施的关键问题，督促有关方面履行法定职责、落实法律责任、依法推进工作。今天的全体会之前，财经委已经组织开展了前期调研，对法律实施情况和存在问题进行了初步梳理，有关方面对做好检查工作提了很好的意见建议。结合前期调研和大家提出的意见建议，执法检查方案确定了十项检查重点，这里我再梳理展开为五个方面内容，检查组要认真把握。

一是法律确立的重要制度及相关规定落实情况。执法检查要以法律为基础，紧扣法律条文开展。要结合各方面反映的情况和问题认真梳理法律规定，全面检查重点条款实施情况，主要包括：破产申请有关规定实施情况，重点涉及第7条、第8条等；破产管理人制度有关规定实施情况，重点涉及第22条至28条、第69条等；破产重整制度有关规定实施情况，重点涉及第70条、第73条、第75条、第79条、第82至85条、第87条、第92条、第93条等；破产案件审判有关规定实施情况，重点涉及第3条、第6条、第19条、第31条、第32条、第40条、第42条、第61条、第109条、第112条、第113条等。要围绕这些重点条款全面了解法律实施情况。

二是社会关注度高、企业反映强烈的有关情况。企业破产法的实施，不仅涉及企业自身的权益，也关系着债权人、企业职工等多方的切身利益，社会各方面都很关注。这次执法检查，要聚焦多年来社会关注度高、企业反映强烈的突出问题，将其作为检查的重点。比如，破产申请滞后、破产案件受理门槛高、个别地方政府不当干预造成的“不能破”问题；破产企业财产匮乏、破产成本高，缺少有针对性的税收支持政策的“不敢破”问题；破产行政事务的统筹管理不够，“政府法院联动”协调机制的作用发挥有限，依法破产退出难度大的“不好破”问题；破产财产处置价值低、重整企业信用修复难，以及利用破产程序逃避债务导致的“破不好”问题，等等。需要强调的是，如何在破产过程中有效保护职工合法权益，社会各界高度关注，事关广大职工切身利益，事关构建和谐劳动关系，事关社会大局和谐稳定，是我国作为社会主义国家必须要解决好的一个重大问题。企业破产法对破产申请时、破产进行中和履行破产清算程序时的职工权益保护作出了明确的规定，重点涉及第6条、第8条、第11条、第48条、第59条、第67条、第113条、第132条等。要重点检查相关法律规定是否得到有效落实，严格实施保护职工权益的规定，旗帜鲜明在破产过程中依法保障职工合法权益，绝不能以企业破产为由把职工一推了之。

三是特殊类型市场主体适用破产法律情况。从前期调研情况看，一些特殊类型市场主体在适用破产法律过程中遇到更多问题。比如，国有企业破产相较于一般的破产案件，因政策性强、涉及利益主体多、程序性要求复杂，处理起来难度很大，一些

企业历史遗留问题多、财产变现难、职工安置分流难度大等问题十分突出。比如，金融机构破产波及面广，企业破产法对金融机构破产的规定相对较为原则，商业银行法、保险法等法律也缺乏对具体程序的规定，在已经发生的金融机构破产案件处置中，存在机制不健全、责任界定不清、资金来源不清晰、处置手段不足等突出问题。要重点检查国有企业依法破产实施情况，金融机构、上市公司破产的案例及实施的结果，重点了解存在突出问题的领域有关法律规定适用和实施的情况，同时也要对法律适用范围、简易破产程序、个人破产制度、金融机构破产、上市公司破产、跨境破产等问题，广泛听取意见建议，了解一些地区的探索实践情况，做些深入研究，为修改法律提供借鉴。

*四是法律相关政策文件和规章制度落实情况。*企业破产法实施以来，党中央相继出台了一系列重要文件，对健全破产制度作出决策部署。特别是党的十八届三中全会决定、十九大报告、十九届四中全会决定、十九届五中全会决定，以及《关于新时代加快完善社会主义市场经济体制的意见》《建设高标准市场体系行动方案》《国企改革三年行动方案》等中央文件，对健全优胜劣汰市场化退出机制、改革完善企业破产法律制度等提出明确要求。检查中要重点看在法律实施过程中是否贯彻了党中央决策部署和重要要求精神。为了更好实施企业破产法，国务院有关部门及时出台了加快完善市场主体退出制度改革方案、关于推动和保障管理人在破产程序中依法履职进一步优化营商环境的意见等。最高人民法院发布了关于适用企业破产法的若干司法解释和通知意见，会同有关部门制定为加快完善社会主义市场经济体制提供司法服务和保障的意见等，这些都是破产法律制度的重要内容，是对企业破产法的细化和补充。要把这些政策落实情况一并纳入执法检查范畴，更加全面了解法律实施情况。

*五是破产法律制度体系建设及完善情况。*实施企业破产法涉及面广、影响力大，是一项系统性很强的工作。要重点检查破产司法制度的运行情况，包括破产审判机构队伍建设、案件受理和审理时间、破产财产处置、担保债权清偿、债权人选定破产管理人、债权人参与重整计划表决、批准同意重大财产处分等。在部门协同方面，要重点检查破产工作政府与法院协调机制的建立运行情况，检查是否存在地方政府协调不力或者过度干预等问题，同时对司法机关、市场监管部门、税务部门、金融部门等在企业破产中的协调配合情况进行检查。在制度体系方面，要重点检查企业破产法及其配套法律法规制修订情况，检查企业破产法与民法典、公司法、劳动合同法、社会保险法、企业国有资产法、证券法、商业银行法、刑法、税收征管法等法律的协调衔接情况，是否存在交叉、冲突和空白等问题。

## 三、精心组织，确保执法检查取得实效

执法检查是法律赋予人大的一项重要职责，是法律规定的监督形式，必须严格依法办事，增强监督实效，推动有关方面改进工作、完善制度。这次企业破产法执法检查专业性强，涉及部门多，时间紧、任务重。大家要进一步提升政治站位，增强“四个意识”、坚定“四个自信”、做到“两个维护”，贯彻党中央重大决策部署，落实战书委员长指示要求，加强组织领导，注重统筹协调，以严肃认真负责的态度、求真务实的作风投入到工作中，高标准、高质量完成检查任务，确保发挥实实在在的作用。再强调几点要求。

*一是执法检查要严格依法开展。*人大的执法检查不同于行政机关的督查，也不是一般性的工作检查，必须严格“依照法定职责、限于法定范围、遵守法定程序”，紧扣法律规定开展。检查组成员要认真学习领会战书委员长重要指示精神，认真学习企业破产法及相关法律法规和政策规章，认真阅读执法检查方案和有关参阅资料，对法律规定和工作要求了然于胸。检查过程中要坚持实事求是，敢于动真碰硬，切实担负起宪法法律赋予的监督职责，客观公正地反映检查中发现的问题，切实提高执法检查的科学性、客观性和权威性。

*二是执法检查要全面深入。*执法检查要确保对象的广泛性，既要听取地方政府及有关部门、司法机关的情况介绍，又要深入基层、深入群众，不论是国企还是民企，大企业还是小企业，实体企业还是金融企业，要认真了解各方面对企业破产法实施的意见建议。要充分发挥人大代表联系企业、联系群众，了解民情民意的优势，邀请代表深入参与。与此同时，财经委要组织开展好第三方评估和大数据分析，为执法检查组准确掌握法律实施情况提供支持。

*三是执法检查要重点突出。*要在全面了解法律实施情况的基础上聚焦企业破产过程中的关键环节和重点难点，通过现场调研、个别座谈、问卷调查等多种方式，深入了解深层次矛盾和问题。要选

择具有典型意义的案例开展“解剖麻雀”，以小见大，把问题症结找准，把背后原因找准，把对策建议提实，努力增强执法检查的针对性。

*四是执法检查要务求实效。*执法检查发现问题是第一步，最终目的还是要解决问题，否则就会流于形式。执法检查组既要找准影响企业破产法实施的“病根病灶”，又要对症下药拿出办法，推动解决那些影响法律实施和政策落实的关键问题。相关部门要做好执法检查工作的支持配合。财经委要依法做好跟踪监督，对检查发现的问题及常委会审议时提出的意见，督促有关部门及时整改，推动问题真正得到解决。

这里要再强调一下，各检查组要严格执行中央八项规定和实施细则精神，轻车简从，厉行节约，坚决杜绝形式主义和官僚主义。当前，疫情防控处于常态化阶段，内防反弹、外防输入的压力比较大。执法检查组要充分考虑各地疫情形势和防控要求，合理安排工作，确保健康安全。

最后，对国务院及有关部门、最高人民法院、全国总工会、全国工商联和有关方面对这次执法检查的支持和配合，表示衷心感谢！希望大家共同努力，圆满完成这次执法检查任务，为推动企业破产法有效实施，不断健全破产制度，完善社会主义市场经济体制作出积极贡献。

# 在企业破产法执法检查组第二次全体会议上的讲话

（2021年7月21日）

王东明

根据全国人大常委会企业破产法执法检查方案，我们今天召开执法检查组第二次全体会议，主要是总结前一阶段工作，研究讨论执法检查报告。刚才，绍史同志介绍了执法检查报告稿的有关情况，大家进行了认真讨论，对执法检查工作给予充分肯定，对报告稿的框架和主要内容都原则赞成，同时结合各自职能对修改报告稿提出了意见建议，有些建议很有针对性和参考价值。会后，执法检查组要认真研究大家的意见，对报告作进一步修改完善，除了要认真推敲文字以外，更重要的是要加强与有关部门和最高法的对接和沟通，对重点问题进行深入研究，把事实搞准，以法律为依据，没有法律规定的，要贯彻党中央决策部署，体现有利于加强和改进相关工作，把报告修改得更好，做好提请全国人大常委会审议的各项准备工作。

企业破产法执法检查是今年全国人大常委会监督工作的一项重点任务，是深入贯彻习近平法治思想、进一步改善营商环境、助力高质量发展的重要举措。中共中央政治局常委、全国人大常委会委员长栗战书同志高度重视，审定了工作方案，作出重要指示，要求从适应新发展阶段、贯彻新发展理念、构建新发展格局、推动高质量发展和进一步完善社会主义市场经济体制、扩大高水平对外开放、推动“十四五”开好局起好步的高度深化认识、精心组织、务求实效。

自5月份第一次全体会议以来，执法检查组和有关方面努力克服疫情带来的不利影响，扎实推进执法检查工作。陈竺副委员长、郝明金副委员长和我分别率检查组赴6个省开展了实地检查。同时，委托6个省（市）人大常委会对本行政区内的法律实施情况进行了检查。全国人大常委会办公厅和财经委加强组织协调，国务院及其有关部门、最高法积极配合、密切协作，特别是国务院国资委、最高法派人全程参加，执法检查组所到地方的党委、人大、政府和法院都高度重视、全力配合，受委托开展检查的地区按要求认真开展相关工作，中央和地方有关新闻媒体通过积极宣传报道为执法检查工作营造了良好氛围。

经过大家共同努力，执法检查工作总体进展顺利，取得了积极成效。一是这次执法检查紧紧围绕党中央关于健全破产制度、优化营商环境、完善社会主义市场经济体制等重大决策部署，认真检查法律实施情况，督促有关方面切实落实法律规定，在推动党中央决策部署有效落实上发挥了积极作用。二是这次执法检查聚焦重点难点问题，确定了五个方面十项检查重点，不回避矛盾，深入基层和一线，与企业、法官、破产管理人等面对面交流、点对点沟通，认真听取意见建议，了解诉求和呼声。在全面检查的基础上，抓住管理人制度、破产案件简易审理程序和“府院联动机制”等问题开展专项检查，采取抽查等方式，剖析典型案例，对突出问题认真梳理、找准症结，推动研究解决实际问题。三是这次执法检查积极创新方式方法，在开展法律评估、大数据分析的基础上，首次将执法检查与关联法律分析相结合，在改进监督方式方法上进行探索尝试。对企业破产法与民法典、刑法、民事诉讼法、公司法、证券法、劳动合同法、社会保险法等系列法律法规的衔接协调问题，进行了具体分析研究。四是这次执法检查紧扣法律条文并将执法检查与修法工作紧密结合起来。执法检查将企业破产法修改涉及的重点问题也列入工作重点，就国有企业、民营企业、金融机构、上市公司破产开展专题调研，还委托河北、山东省人大牵头组织省内力量进行重点研究，提出修改建议，为法律修改奠定了良好基础。

下一步，围绕这次执法检查，常委会还将开展听取审议执法检查报告、跟踪整改、督促落实等一系列后续工作，完成这些工作时间紧、任务重，要求也很高。希望执法检查组全体同志和有关方面继续努力，协同配合，全力以赴做好后续工作，确保执法检查取得实实在在的成效。这里我再强调几项重点工作。

## 一、认真修改完善执法检查报告

执法检查报告是执法检查工作成果的集中体现。检查组要认真研究、吸收采纳有关方面的意见建议，集中力量修改完善，按时拿出一份高质量的执法检查报告。

一要进一步贯彻落实党中央重大决策部署。要按照战书委员长指示精神，进一步提高政治站位，贯彻落实党中央关于立足新发展阶段、贯彻新发展理念、构建新发展格局的一系列战略部署，抓住影响营商环境和改革开放的关键问题，以中央精神为指导进一步修改报告，确保在思想上政治上行动上同以习近平同志为核心的党中央保持高度一致，确保人大法律监督与党中央决策部署目标同向、工作合拍、步调一致，加强法律实施监督，以法治力量推动高质量发展。

二要进一步用好法律评估、大数据分析和关联法律分析成果。这次执法检查在 2019 年开展的企业破产法评估基础上，根据新情况又补充完善了评估报告，同时委托国家信息中心对法律实施情况开展大数据分析，进行关联法律的研究分析，取得了大量分析成果，要把这些成果充分运用到执法检查报告当中。特别是关联法律分析十分重要，破产法与多部法律法规高度相关，容易产生一些关联法律之间的重叠，甚至冲突。开展关联法律分析，梳理企业破产法与关联法律法规衔接协调情况，有助于推动关联法律之间有机贯通、相互协调，更好发挥破产法律制度的作用。

三要进一步紧扣法律条文分析问题。人大的执法检查是对法律实施情况进行监督，紧扣法律制度和法律规定开展，重点查找法律实施不到位、不规范的问题，抓住影响法律实施的关键问题，督促有关方面履行法定职责、落实法律责任、依法推进工作。相应地，执法检查报告总结成效、分析问题、提出建议，都要紧紧围绕法律本身进行，特别是查找分析问题，更要聚焦法律规定，认真分析法律实施存在的突出问题。比如破产重整制度是企业破产法的一项重点制度，在释放和盘活资源、化解债务风险方面具有比较大的优势，但检查中大家普遍反映重整程序用得比较少，成功率也不高，各方面对“破产拯救”功能认识不足，重整时机把握不准、战略投资人引进难、债权人利益保护难、重整成功后信用修复难等问题仍比较突出，通过重整制度拯救危困企业的作用还没有得到充分发挥。这里既有法律实施问题，也有理念观念、体制机制的问题。要进一步紧扣法律条文梳理分析问题，希望报告在这方面再下一番功夫。

四要进一步研究提出改进工作和完善法律的意见建议。要围绕破解制约企业破产法有效实施的重点问题、关键环节、主要矛盾，督促有关方面切实全面落实法律，统筹推进普法、司法、执法、立法等工作。执法检查报告要更多从法律制度、体制机制、政策举措等层面提出有针对性的、务实管用的意见建议，进一步改进工作，健全破产制度。有针对性的建议，既要包括治标之策，也要包括治本之策。比如，针对大家普遍反映的“府院联动”机制落实中存在的问题，要深入研究如何加强政府和法院的协调联动，如何厘清行政管理和司法的边界，如何推动细化有关工作机制等并提出相应的建议。此外，企业破产法已经实施了十四年，一些法律条款已经不适应新形势需要，客观上需作出修改完善。十三届全国人大常委会将企业破产法修改纳入立法规划，并确定由全国人大财经委负责，今年拟安排进行审议。通过此次执法检查，财经委要进一步明确修法的思路和重点，梳理法律本身存在的问题，主要包括实践已经发生变化但法律当中没有规定仍存在空白产生的问题，法律当中有规定但不完善、不全面产生的问题，法律当中有规定但不适应新形势、新要求产生的问题，法律本身与其他相关法律不衔接、有冲突产生的问题等，提出有针对性的修法意见，不断健全完善破产法律制度。执法检查中各地同志特别是工作在第一线的同志都提出不少修改建议，有的省还组织力量攻关拿出了比较全面的修法建议，要切实重视、认真研究采纳这些意见。

## 二、进一步加大企业破产法实施力度

今年是实施“十四五”规划、开启全面建设社会主义现代化国家新征程的开局起步之年。贯彻落实党中央一系列战略部署，统筹推进疫情防控和经济社会发展，全面落实“六稳”、“六保”任务，对进一步改善营商环境、深化改革开放提出了新的更高要求。要把做好企业破产工作放到统筹“两个大局”、构建新发展格局当中去谋划和推进，加快“僵尸企业”退出，化解过剩产能，促进市场出清，优化资源要素配置，激发市场活力，深化供给侧结构性改革，打通国内大循环、国内国际双循环堵点，持续优化营商环境，推动高质量发展。

*一是健全完善政府与法院联动机制，为法律实施提供有力司法保障。*要进一步加强政府与法院在破产案件处置过程中的有效衔接和协调配合，充分发挥联动机制的作用和功效，积极支持陷入财务困境、符合破产条件的企业进行破产重整或清算，协调解决维护稳定、经费保障、信用修复、企业注销等重点难点问题，同时要坚持市场化、法治化原则，政府既不缺位、也不越位。各级法院要积极推进破产案件依法高效审理，努力提高案件审理的质量和效率。要不断提高管理人履职尽责能力和工作水平，为法律实施提供有力保障。

*二是深入推进供给侧结构性改革，促进市场竞争优胜劣汰。*要把做好企业破产工作作为深化供给侧结构性改革的重要抓手，加快推进经营不善企业的破产清算，推动要素资源向优质企业聚集，提高资源配置运行效率，不断提升供给质量和水平。要进一步推动建立促成破产重整或者整体转让的体制机制，不断优化重整计划表决机制，提高表决效率，积极利用破产重整方式实现困难企业重获新生，推动企业提质增效。

*三是依法保障职工合法权益，维护企业和社会大局和谐稳定。*各方面要充分认识新形势下维护职工合法权益和劳动领域政治安全的重要性，切实担当担责、积极作为，坚定不移维护社会大局和谐稳定。要贯彻落实以人民为中心的发展理念，严格实施企业破产法当中涉及职工权益保护的有关规定，旗帜鲜明加强破产企业职工权益保护。要充分发挥协商、调解的基础性作用，积极做好劳动争议处理，及时排查风险隐患，强化源头治理，把风险处置在萌芽状态。

*四是进一步优化营商环境，深入推进改革开放。*破产法律制度是否完善，是否得到有效执行，是衡量营商环境好坏和市场经济成熟程度的重要标志。要支持金融机构按照市场化、法治化原则向重整企业提供融资支持，支持做好重整企业信用修复，加强对企业重整、和解的支持。要妥善认定破产企业资产权属，利用市场化手段提升破产资产处置效率，进一步落实破产企业简易注销制度，完善破产制度配套政策。

## 三、认真做好跟踪监督和整改落实

根据全国人大常委会2021年度监督工作计划，8月份召开的常委会会议将听取和审议企业破产法执法检查报告。办公厅和财经委等要认真做好相关工作。常委会后，办公厅要及时将执法检查报告和审议意见送交国务院办公厅和最高法，有关单位要认真研究处理，提出有针对性的政策措施和整改举措，并在6个月内将研究处理执法检查报告和审议意见的情况向全国人大常委会书面报告。全国人大常委会办公厅和财经委要严格落实工作方案，加强统筹协调，按照时间节点抓紧做好各项准备工作。同时，全国人大财经委要及时开展跟踪监督，督促有关方面按照执法检查报告和常委会审议意见不断加强和改进工作，切实增强执法检查和人大监督工作的实效。希望国务院、最高法等有关单位积极配合，密切协作，共同做好后续工作。这次执法检查是对全国范围内企业破产法实施情况的一次全面检查。实地检查后，河北省报送了关于落实全国人大常委会企业破产法执法检查组意见情况的报告。其他地方和部门也要认真对照检查发现的突出问题，系统梳理法律实施情况，结合本地区本部门工作实际，加强和改进企业破产工作，为促进高质量发展提供有力法治保障。

最后，我代表全国人大常委会企业破产法执法检查组，对国务院及有关部门、最高法、各新闻媒体及各有关方面的积极配合、大力支持表示衷心地感谢！

# 在企业破产法执法检查组听取山西省汇报会议上的讲话

（2021 年 6 月 3 日上午　山西太原）

郝明金

同志们：

很高兴来到山西。这次来的主要任务是开展企业破产法执法检查。这项执法检查是今年全国人大常委会监督工作的一项重要任务，是深入贯彻习近平法治思想和党中央重大决策部署、进一步改善营商环境、助力高质量发展的重要举措。栗战书委员长高度重视，作出指示，要求从适应新发展阶段、贯彻新发展理念、构建新发展格局、推动高质量发展和进一步完善社会主义市场经济体制、扩大高水平对外开放、推动"十四五"开好局起好步的高度深化认识、精心组织、务求实效。我们要认真学习领会、贯彻落实栗战书委员长的重要指示精神，共同做好此次执法检查工作。

刚才，陈武同志简要介绍了全国人大常委会企业破产法执法检查的有关情况。王一新同志对山西省贯彻落实法律情况作了全面汇报，有关部门负责同志结合各自职能和工作实际分别作了补充汇报。大家讲的都很好，材料也比较详实，提出的意见也很有建设性，为检查组深入具体地了解情况、掌握问题、听取意见奠定了很好的基础。

听后总的感到，省人大、省政府、省高院都高度重视企业破产法实施，把实施企业破产法作为改善营商环境、助力高质量发展的重要抓手，善用法治思维和法治方式，严格执行有关法律规定，不断优化工作举措，完善配套制度，依法规范企业破产行为，保护各方合法权益，做了大量扎实细致的工作，取得了一定成效。有些做法留下比较深刻的印象。比如，发挥府院联动机制的作用，为企业依法破产创造有利条件。省政府认真贯彻落实党中央决策部署，加强组织领导和统筹协调，在破产案件的债务处理、职工安置、减税降费、企业注销等各环节，积极处置重点难点问题，联动推进依法行政和公正司法各项工作，取得良好效果。比如，注重审判组织和审判队伍建设。2007 年太原中院就成立破产庭，是全国第二家破产审判庭。目前，省高院以及太原、晋城、运城、大同 4 个中院都已经设立专门的破产案件审判庭，其余 7 家中院也组建了专门的破产案件审判团队，为企业破产法的实施打下比较好的基础。比如，积极运用破产手段推动"僵尸企业"处置。专门成立了全省处置"僵尸企业"工作领导小组，出台指导"僵尸企业"破产审判工作的文件，对"僵尸企业"实行优先受理、优先审理、优先执行，运用破产清算、破产重整的方式，实现低效无效市场主体退出。比如，规范管理人履职行为，激发管理人市场的活力。将管理人队伍建设作为做好破产工作、完善破产制度的重要内容，积极探索创新管理人监督管理办法。晋城市在全省率先成立管理人协会，探索"三个 1 +1 联合模式"，即本地加外地联合、律师事务所加会计师事务所联合、一件有产可破案件加一件无产可破案件联合的模式。比如，积极化解风险做好社会稳定工作。坚持依法稳妥操作，科学制定方案，出台了针对国有企业职工安置、社保接续等方面的政策，并给予财政资金支持，及时化解各种风险矛盾，妥善解决社保遗留问题，确保破产工作顺利进行。

同时，大家也反映了法律实施中仍存在的一些问题，主要包括社会各界依法破产的意识有待增强，行政管理与司法重整的边界有待明确，一些企业历史遗留问题多、包袱重，一些破产案件审理时间长、成本高，法律的规定需要进一步完善等。针对这些问题，大家提了一些很好的建设性意见。

下一步，执法检查组要深入总结提炼山西省在法律实施中的做法、经验和成效，反映到执法检查报告当中；对存在的问题要认真梳理、突出重点、找准症结，坚持问题导向和目标导向相结合，努力推动解决；对会上提出的意见建议要认真分析研究，尽量吸收采纳，把大家的智慧汇集起来，反映到立法、执法、司法的全过程。

借此机会，就此次执法检查，我讲几点意见。

第一，提高政治站位，充分认识开展企业破产法执法检查的重要意义。

企业破产法是市场经济的基础性法律。自2007年颁布实施以来，对于规范企业破产程序、促进市场竞争优胜劣汰、推动我国经济转型升级、促进社会主义市场经济健康发展发挥了重要作用。今年是实施“十四五”规划、开启全面建设社会主义现代化国家新征程的开局之年，做好经济社会发展工作意义十分重大。

全国人大常委会开展企业破产法执法检查，就是要立足新发展阶段，贯彻新发展理念，构建新发展格局，抓住影响营商环境和改革开放的关键节点，坚持市场化法治化方向，加快完善社会主义市场经济体制，加强法律实施监督，推动企业破产法有效实施，以法治力量推动高质量发展。

开展执法检查是贯彻落实党中央决策部署的重要举措。党中央在多次会议和重要文件中强调要健全完善破产制度，并作出工作部署。特别是党的十八届三中全会决定、十九大报告、十九届四中全会决定、十九届五中全会决定，以及《关于新时代加快完善社会主义市场经济体制的意见》《建设高标准市场体系行动方案》《国企改革三年行动方案》等中央文件，对健全优胜劣汰市场化退出机制、改革完善企业破产法律制度等作出安排部署，提出明确要求。习近平总书记多次就优化营商环境、完善社会主义市场经济体制发表重要讲话，作出重要指示批示。大家要进一步增强“四个意识”、坚定“四个自信”、做到“两个维护”，充分认识企业破产法的重大意义和重要作用，推动法律全面深入有效实施。

开展执法检查是完善社会主义市场经济体制的内在要求。实施企业破产是推动市场主体有序退出、实现市场出清的重要方式，有利于实现资源优化配置、完善社会主义市场经济体制。目前，大部分企业在市场经济环境下良性成长，成为推动经济发展的重要力量，同时也有一些企业经营管理不善，连年亏损，资不抵债，失去了作为正常市场主体的经济功能，有的僵而不亡，依靠政府或银行“输血”维持，占据了大量生产要素和优质资源，严重降低了市场资源配置效率。要坚持市场化法治化方向，充分发挥破产法律制度的作用，加快“僵尸企业”出清，进一步优化要素资源配置，充分激发市场主体活力，深化供给侧结构性改革，加快完善社会主义市场经济体制。

开展执法检查是防范化解重点领域风险的有效抓手。市场主体是社会生产力的基本载体，保市场主体就是保社会生产力，就是保就业、促发展，也有利于从根本上防范化解金融、经济、社会等一系列重点领域的风险。破产重整，帮助企业通过市场化、法治化途径及时化解债务，不仅有效防范重大金融风险，维护职工群体和社会大局和谐稳定，还通过引入战略投资者等方式为企业发展注入新的动力活力。要加强政府与法院协调配合，积极支持陷入财务困境、符合破产条件的企业进行重整或清算，提高破产案件办理质效，推进依法化解债务，主动防范化解重点领域重大风险，筑牢发展的安全基础。

开展执法检查是协同推进企业破产法修改的现实需要。十三届全国人大常委会将修改企业破产法纳入立法规划，由全国人大财经委牵头起草，今年拟安排进行初次审议。企业破产法修改具有很强的实践性和政策性，既要全面总结法律实施的成效，也要查找法律实施中存在的问题，结合实际，完善相关制度。希望山西深入总结法律实施的成效和存在问题，围绕重点难点问题，提出有针对性的修法建议，为做好修法工作提供借鉴参考。

第二，坚持问题导向，突出检查重点，推动企业破产法有效实施。

人大负有监督法律实施的责任，执法检查是人大监督的法定形式，是确保法律得到有效实施的重要保证，也是贯彻落实依法治国理念的重要途径。为增强执法检查的针对性和实效性，必须坚持问题导向，突出重点，紧紧抓住影响法律实施的突出问题，深入研究，“对症下药”，补齐立法、执法、司法、守法、普法等各环节的短板和不足，推动法律全面有效实施。这次执法检查在全面检查法律实施情况的基础上，要重点突出以下几个方面：

一是法律确立的重要制度及相关规定落实情况。执法检查要以法律为基础，紧扣法律条文开展。要结合各方面反映的情况和问题，围绕重点条款，了解法律实施情况，包括破产申请、破产管理人制度、破产重整制度等。

二是社会关注度高、企业反映强烈的有关情况。企业破产法的实施，不仅涉及企业自身的权益，也关系着债权人、企业职工等多方的切身利益，社会各方面都很关注。要重点检查相关法律规定是否得到有效落实，严格实施保护职工权益的规定。

三是特殊类型市场主体适用破产法律情况。从前期调研情况看，一些特殊类型市场主体在适用破产法律过程中遇到更多问题。要重点检查国有企业依法破产实施情况，金融机构、上市公司破产的案例及实施的结果，重点了解存在突出问题的领域有关法律规定适用和实施的情况。

四是法律相关政策文件和规章制度落实情况。近年来，党中央出台了系列重要文件，对健全破产制度作出决策部署。检查中要重点检查在法律实施过程中贯彻落实党中央决策部署的情况。同时，要把国务院、最高人民法院有关政策落实情况一并纳入执法检查范畴，更加全面了解法律实施情况。

五是破产法律制度体系建设及完善情况。企业破产法的实施涉及面广、影响力大，是一项系统性很强的工作，需要政府、法院多部门有效协同配合。要重点检查破产司法制度的运行情况，政府与法院协调机制的建立运行情况，以及配套制度完善情况。

第三，精心组织，确保执法检查取得实效。

执法检查是法律赋予人大的一项重要职责，是法律规定的监督形式，必须严格依法办事，增强监督实效，推动有关方面改进工作、完善制度。这次企业破产法执法检查专业性强，涉及部门多，时间紧、任务重。在接下来两天，检查组还要开展实地检查，听取部分地市、法院系统和有关市场主体的意见。

就检查组的工作，再强调几点要求。**一要**坚持深入基层、深入企业，全面了解法律实施情况，广泛听取意见建议。**二要**严格依照法定职责、限于法定范围、遵守法定程序开展检查工作，不直接处理具体案件。**三要**严格执行中央八项规定和实施细则精神，轻车简从，厉行节约，坚决杜绝形式主义和官僚主义，注重工作实效。**四要**严格落实疫情防控要求，做好个人防护，合理安排工作，确保健康安全。

执法检查组在山西省得到了省委、省人大、省政府、省高院等的大力支持，在此，我代表执法检查组表示衷心感谢！

# 对检查企业破产法实施情况报告的意见和建议

8月19日，十三届全国人大常委会第三十次会议审议了全国人大常委会副委员长王东明作的全国人大常委会执法检查组关于检查企业破产法实施情况的报告，共有15人次发言。现根据会议发言情况，将常委会组成人员和列席人员的主要意见整理如下。

出席人员普遍认为，以习近平同志为核心的党中央站在新时代完善社会主义市场经济体制的高度，对健全企业破产制度作出明确部署。在党中央坚强领导下，各级政府和人民法院深入贯彻实施企业破产法，健全破产制度机制，提升司法保障能力，推动符合条件的企业依法破产，法律实施取得积极成效。出席人员充分肯定执法检查组的工作，普遍赞成执法检查报告。出席人员提出，企业有“生”有“死”，是市场经济发展中不可避免的现象。要进一步推动企业破产法的贯彻实施，引导无法清偿到期债务的企业正确理解、主动运用破产程序整理债权债务，保护债权人和债务人合法权益，维护市场经济秩序，营造良好市场信用环境。审议中，大家还提出了一些具体意见和建议。

## 一、提高对贯彻实施企业破产法重要性的认识

有些出席人员认为，经营不善企业“该破未破”现象比较普遍，一个重要原因是地方政府、企业乃至全社会对破产制度的功能认识不到位，甚至存在模糊认识。地方政府不希望看到企业破产尤其是国企破产，担心影响社会稳定和招商引资。民营企业对破产能否有效化解债务问题存在疑虑，国有企业担心人员安置和追究国有资产流失责任等。应当加大对破产制度和企业破产法的宣传普及，引导地方政府、企业正确认识破产是市场经济运行中的正常现象，是市场竞争的必然产物，是企业退出市场的一种渠道；正确认识破产的功能不仅仅是清偿债务，还有挽救企业、挽救企业家、挽救企业占有的资源，让破产企业的资源要素重新进入市场，进而树立依法破产的观念，充分发挥企业破产法在市场资源配置上的积极作用。

## 二、认真破解国有企业、金融机构破产难点

有的出席人员提出，一些破产企业是大型集团公司，旗下有多家金融公司、上市公司，还涉及数十家乃至上百家关联企业，债权债务关系复杂，债权人众多。对这类企业的破产应注重推动重整与和解，依法稳妥化解其债务风险和金融风险。有些出席人员提出，金融机构破产难的原因是多方面的，

一是金融机构参与市场经济活动程度深，涉众性和风险外溢性高，由此导致金融机构能“立”能“退”不能“破”的思想和出了问题有国家兜底的思维。二是对出现破产原因的企业，目前一般先由金融监管部门采取行政措施处置风险，然后再进入破产程序。这两个环节之间的制度衔接不够通畅，影响了金融机构破产效率。建议政府有关部门、法院、行业协会加强联动协作，做好政策法律沟通衔接，对确需破产的金融机构稳妥做好破产工作，及时化解金融不良资产带来的风险。

## 三、加快健全市场化破产机制

有些出席人员认为，应适应加快完善社会主义市场经济体制的新要求，进一步推动破产工作从政策性破产向市场化法治化破产转变，资源配置从行政干预转向市场主导。有的出席人员提出，应进一步厘清地方政府在企业破产过程中的职责边界，让政府逐步从最大战略投资人的角色中退出，更多发挥引导支持、监督管理、职工权益保护、金融风险处理等方面的作用，积极推动拥有市场资源的战略投资人进入困境企业实行重组。

有的出席人员提出，企业破产法第61条规定的债权人会议的职权中包括通过债务人财产的管理方案、通过破产财产的变价方案，通过破产财产的分配方案等，实践中这三项方案往往依照法律的强制性规定来制定，不因债权人的意见作调整，债权人表决权对此不发挥实际作用，反而成为破产程序的负累。特别是一些债权人聘请律师介入破产程序，滥用表决权，导致原本可以快速处理的破产清偿案件被延迟。建议研究调整债权人会议的职权，明确对涉及法律已有强制性要求内容的债务人财产管理方案、破产财产变价方案、破产财产分配方案，债权人享有知情权、监督权，由管理人在债权人会议上进行通报，债权人有异议的，可以向法院提出书面意见；对于涉及法律未作强制性要求内容的管理、变价、分配方案，继续保留债权人会议的表决权。有的出席人员提出，重整是企业破产法确立的重要制度，也是挽救危困企业，让破产企业起死回生的有效办法。但重整是一个长期复杂的过程，重整投资人面临较大投资风险。应建立重整投资人保护制度，探索直接给予债务人招募的产业投资人以破产重整投资人的地位；对于重整投资人前期投入的资金，研究赋予其在新增资产中享有优先受偿权利；鼓励地方政府给予重整企业适当的优惠政策支持。有的出席人员提出，破产管理人队伍建设亟待加强，东部沿海某市2012年至2020年在册的破产管理人有62家（人），参与办理破产案件3664件，任务相对较重；对破产管理人的执业约束、违规执业追责都不够严格，从2013年至2020年，我国破产相关案件中案由为“管理人责任纠纷”的案件数量呈现上升趋势，案件总量达到492件。应进一步健全破产管理人制度，加强破产管理人队伍建设，一手抓管理人数量，一手抓履职能力提升，夯实企业依法有序破产的工作基础。

## 四、提高破产审理实效

有些出席人员认为，人民法院应加快破产案件的审理。有的出席人员提出，最高人民法院曾在2016年就破产案立案工作发过通知，推动各地法院设立清算与破产审判庭，但实际落实效果不明显，破产案件结案率不高。各地方披露的僵尸企业数量与各地法院破产案件受理情况明显不成比例，说明有相当一批僵尸企业仍然“僵而不死”，还有相当一部分企业通过非司法程序退出了市场。对此问题应引起重视。有的出席人员提出，在司法实践中，如何判断一个申请破产企业是确需破产清算还是可以通过重整继续存续，是审判机关面临的重大问题。最高人民法院近期出台了一系列关于重组企业的识别、审查和判断标准的文件，建议在实践基础上，尽快提炼总结出可指导各地审理破产案件的规则规范；对地方法院在审理破产案件中的创新做法也应给予关注，加强指导，及时总结推广好的经验。有的出席人员认为，应推进破产司法专门化建设。一是加强法院破产审理和管理机制建设，提高破产案件审理队伍专业化能力；二是推进破产案件集中管辖和集约化审理，探索设立专门破产法院；三是对破产案件区分难易实行繁简分流；四是加强“执转破”工作，构建“立审执破”一体化工作格局。

## 五、进一步完善“府院联动”机制

有些出席人员提出，目前的府院协调机制大多是“一案一议”、“就事论事”的临时性安排，职能不够清晰，“府院”之间、政府部门之间的协调难度大，在法律和政策的适用上容易发生分歧，有的还存在地方保护主义和强调部门利益的倾向。企业破产法关于破产管理人由人民法院指定、向人民法院报告工作、报酬由人民法院确定的规定值得研究，法院作为裁判机构，不宜行使或单独行使对破产管理人的指定、管理和监督职能，既当裁判员又当运动员。建议对府院在破产案件中的协调联动工作做出制度化规范，研究探索建立政府破产管理机构，发挥破产程序的“看门人”作用。有的出席人员提出，近年来破产案件中出现一些假借破产恶意逃废债务的非法行为，刑法将虚假诉讼、虚假申报债权等行为纳入了刑事责任追究范围，但实践中由于管理人和破产法庭调查取证的手段有限，或证据不足，公安机关立案少。建议加强法院与公安部门在办理破产案件中的衔接与联动，明确相关案件移送公安侦办的审查、流程和时间，并将检察机关纳入联动范围，保障债权公平有序受偿。

## 六、维护职工合法权益和社会和谐稳定

有的出席人员提出，企业破产法对职工权益保障作了明确规定，但一些破产工作中存在排除职工代表参加清算、违反破产清偿顺位、损害劳动报酬优先受偿权、少提甚至不提职工“五险一金”、忽视职工安置等损害职工合法权益的现象。建议完善企业破产过程中职工权益保障相关制度规定，做好与劳动法、劳动合同法、社会保险法等法律的衔接；积极发挥工会作用，加强工会有关企业破产的知识培训和和人才储备，使工会在破产清算工作中更好维护职工合法权益。

## 七、加快完善破产法律体系

有些出席人员认为，应加快企业破产法修订工作，建立健全破产企业关联企业实质合并破产、上市公司破产、金融机构破产、跨境破产、破产管理人、破产费用、税收减免、重整企业信用修复、简易注销等重要制度，加强与民法典、民诉法、金融法律、税收法律、劳动法律等的衔接协调。研究建立个人破产制度。

# 全国人民代表大会常务委员会执法检查组关于检查《中华人民共和国畜牧法》实施情况的报告

——2021 年 8 月 18 日在第十三届全国人民代表大会常务委员会第三十次会议上

全国人大常委会副委员长　武维华

全国人民代表大会常务委员会：

畜牧业是关系国计民生的重要产业，也是我国农业农村经济发展的重要支柱。全国人大常委会开展畜牧法执法检查，目的是深入贯彻落实以习近平同志为核心的党中央关于推动畜牧业高质量发展的决策部署，运用法治方式推动畜牧业转型升级和持续健康发展。

此次执法检查是畜牧法自 2005 年颁布实施以来，全国人大常委会第二次对该法开展执法检查。执法检查组由全国人大常委会副委员长吉炳轩、万鄂湘、武维华担任组长，全国人大农业与农村委员会主任委员陈锡文担任副组长，成员由全国人大常委会委员、农业农村委组成人员、部分全国人大代表共 24 人组成。5 月 20 日，执法检查组召开第一次全体会议，安排部署检查工作，听取农业农村部、科技部、财政部、生态环境部、交通运输部关于实施畜牧法有关情况的汇报，国家发展改革委、商务部、市场监管总局、国家林草局等部门提供书面汇报材料。5 月至 7 月，执法检查小组分别赴内蒙古、吉林、湖南、四川、云南、青海等 6 个省（区）开展检查。同时，委托黑龙江、山东、河南、湖北、广东、重庆、宁夏、新疆等 8 个省（区、市）人大常委会对本行政区域内畜牧法实施情况进行检查。7 月 19 日，执法检查组召开第二次全体会议，与国务院有关部门交换意见，研究执法检查报告稿。在开展执法检查过程中，检查组深入到 34 个市县区，实地检查 16 家种畜禽场、30 家养殖场（户）、7 家动物疫病防控单位、8 家畜禽粪污处理单位、10 家畜禽产品加工销售企业、4 家投入品生产销售企业，实现了对畜禽育种、养殖、加工、销售、粪污处理全链条的覆盖，广泛听

取行业从业人员、科研人员、农业综合执法人员对贯彻实施畜牧法的意见和建议。同时,为增强检查实效,检查组还随机进行了抽查。现将这次执法检查的主要情况报告如下:

## 一、畜牧法贯彻实施的基本情况

法律颁布实施以来,国务院及地方各级政府全面贯彻落实畜牧法,坚持用法治思维规范生产秩序,完善工作体系,加大政策扶持力度,加快推进畜牧业供给侧结构性改革,着力提升畜禽产品综合生产能力,推动畜牧业持续健康发展。2020 年,我国肉、蛋、奶产量分别为 7748 万吨、3468 万吨和 3530 万吨,肉、蛋产量继续保持世界首位,奶类产量位居世界第四位;畜牧业产值 4.03 万亿元,占农业总产值的比重达 29.2%。2019 年,全国人均肉类、禽蛋、牛奶占有量分别达到 55.5 公斤、23.7 公斤、22.9 公斤。畜牧业已经成为实施乡村振兴战略的重要抓手、农村的重要支柱产业和农牧民增收的有效途径。

### (一)政策保障体系逐步完善

落实畜牧法第 3 条规定,将畜牧工作摆在全面推进乡村振兴战略实施的重要位置,不断完善配套政策法规体系。近十多年的中央一号文件都对畜牧业发展提出明确要求,国务院于 2007 年和 2020 年两次印发促进畜牧业发展的意见,并两次出台促进生猪、奶业发展意见,各有关部门相继出台一系列政策措施和配套法规规章,实现对良种繁育、养殖、屠宰加工全链条覆盖。特别是 2018 年非洲猪瘟发生以来,国务院和农业农村部等 8 部委出台 20 多个促进生猪生产的文件,全力做好生猪复产工作。落实畜牧法第 37 条、第 40 条规定,全面完成畜禽养殖禁养区调整,保障畜禽养殖合理用地需求,全国取消无法律法规划定依据的禁养区 1.4 万个,面积 12.9 万平方公里。落实畜牧法第 36 条规定,完善畜牧业财税、金融、保险支持政策,财政部出台临时贷款贴息、增加生猪大县奖励资金、提高生猪保险保额等政策支持生猪稳产保供,国家发展改革委累计安排中央预算内投资 40 多亿元支持动物防疫体系建设,新疆等省区积极开展畜禽活体抵押贷款试点工作。

### (二)畜禽遗传资源保护有序开展

落实畜牧法第 10 条规定,农业农村部组建了国家畜禽遗传资源委员会,负责全国畜禽遗传资源保护与管理工作。落实畜牧法第 11 条规定,组织完成第二次全国畜禽遗传资源调查,编纂出版中国畜禽遗传资源志,共收录畜禽品种 747 个;农业农村部于 2020 年 5 月 29 日公布国家畜禽遗传资源目录,列入 33 种畜禽;于 2021 年 3 月启动第三次全国畜禽遗传资源普查工作。落实畜牧法第 12 条,2014 年修订的《国家级畜禽遗传资源保护名录》确定的国家级保护地方品种有 159 个,各地依法确定一批省级保护品种。落实畜牧法第 13 条规定,建成国家级畜禽遗传资源保种场 167 个、保护区 26 个、基因库 6 个,各省共建设省级保种场(区、库)458 个。落实畜牧法第 9 条规定,2021 年中央财政新增安排资金 3.7 亿元,重点支持国家级畜禽遗传资源保种场、保护区和基因库开展畜禽遗传资源保护;重庆市财政每年安排 1000 万元以上畜禽遗传资源保护经费,对珍稀濒危、特有资源与地方特色品种全数收集、划区保护。

### (三)畜禽种业创新能力不断提升

落实畜牧法第 18 条规定,2008 年至 2020 年我国实施第一轮畜禽遗传改良计划,涵盖奶牛、生猪、肉牛、蛋鸡、肉鸡和肉羊等六大主要畜禽,遴选了 227 个国家畜禽核心育种场(站、基地),初步建立了商业化育种体系,并从 2021 年开始实施新一轮畜禽遗传改良计划。落实畜牧法第 19 条规定,截至 2021 年 2 月国家畜禽遗传资源委员会共审定通过畜禽新品种(配套系)180 个;许多省市区以地方资源为基本素材,培育出一批畜禽新品种。落实畜牧法第 22 条、第 23 条、第 24 条、第 25 条规定,农业农村部将种畜禽生产经营许可审批权限全部下放至省级及以下行政主管部门,各地依法规范种畜禽生产经营行为。2000 年以来,国家现代种业提升工程累计安排 20 多亿元支持 500 多个畜禽种业项目建设,种畜禽企业设施装备条件改善明显。2019 年全国共有 9030 个种畜禽场(站),年末存栏种畜 2428 万头(只),祖代及以上种鸡 1151.7 万只,种用水禽 1689 万只。目前,我国畜禽种源立足国内有保障、风险可管控,基本解决了我国畜禽良种"有没有""够不够"的问题。

### (四)畜牧业转型升级加快推进

落实畜牧法第 35 条规定,引导和支持畜牧业结构调整,不断优化畜产品结构,猪肉占肉类总产量的比重由 2005 年的 65.6% 下降至 2020 年的 53.1%,禽肉占比由 19.4% 上升至 30.5%。落实畜牧法第 37 条规定,加快发展畜禽规模化、标准化养殖。2020 年,全国畜禽养殖综合规模化率达到 67.5%,规模牧场 100% 实现机械化挤奶,山东省 80% 的肉鸡、90% 的蛋鸡实现全程机械化养殖。落实畜牧法第 42 条规定,优化畜牧业生产布局,引导畜禽养殖向环境承载能力强的地区转移，湖南全省70%以上的新增产能布局在环境承载能力强的湘南、湘西、湘中等地的山区和丘陵地区。落实畜牧法第46条规定，着力深化农牧循环、促进种植养殖主体协同发展，推动粪肥还田种养配套。在全国723个县整县推进畜禽粪污资源化利用，实现585个畜牧大县畜禽粪污治理全覆盖，全国13.3万家大型规模养殖场已全部配套粪污处理设施装备。2020年全国畜禽粪污综合利用率达76%，规模养殖场粪污处理设施装备配套率达97%。财政部在2021年安排27.4亿元启动绿色种养循环农业试点，宁夏在养殖密集区建立畜禽粪污“统一收集、集中处理”机制，建成第三方粪污处理中心33个，商品有机肥厂65家。落实畜牧法第3条、第35条规定，协调推进草原生态保护和草原畜牧业发展。“十三五”期间，全国完成种草改良1.7亿亩，全国草原综合植被盖度提高2.1个百分点，天然草原鲜草产量提高近8000万吨，草原载畜能力增加1900万羊单位，2020年重点天然草原牲畜超载率下降至10.1%。内蒙古自治区以实施草原生态补助奖励政策为契机，探索生态绿色的草原畜牧业发展新路子，2010年以来累计落实奖补资金546.5亿元。

（五）质量安全监管日益强化

落实畜牧法第54条规定，各地各部门依法加强对畜禽饲养环境、种畜禽质量、饲料和兽药等投入品的使用以及畜禽交易与运输的监督管理，确保畜禽产品安全。农业农村部每年安排专项资金开展种畜禽质量检测，将8类120种饲料添加剂纳入规范管理；新疆每年开展种畜禽和牛冻精液质量监督抽查；四川省每年对全省兽药生产、经营和使用环节进行全覆盖抽检，持续强化畜产品兽药残留监控，开展鸡肉、鸡蛋专项检测；广东省持续实施动物源细菌耐药性监测和兽药残留监控计划，倒逼养殖场（户）规范用药；青海、云南、河南等省推进产品追溯体系建设。2020年，全国饲料、兽药投入品抽检合格率达到98.1%，5年未发生重大质量安全事件，全国生鲜乳违禁添加物已连续12年保持“零检出”。落实畜牧法第55条，农业农村部制定畜禽标识和养殖档案管理办法，各地依托养殖场直联直报系统对规模养殖场进行备案，赋予养殖代码，加强养殖档案日常监管。

## 二、实施畜牧法存在的主要问题

总体来看，畜牧法在各地各部门得到了有效实施，畜牧业转型升级正在加速推进，但我国畜牧生产方式总体上还比较粗放，产业体系还不完善，疫病防治和养殖污染问题尚未彻底解决，绿色优质畜产品供给还不能满足人民群众需求，稳产保供压力巨大，现行畜牧法中一些规定已不能满足行业发展的现实需要。

（一）畜禽遗传资源保护利用力度仍需加强

落实畜牧法第9条加强畜禽遗传资源保护规定的力度亟待加强。受国外引进品种冲击、地方品种开发利用滞后和畜禽遗传资源保护经费投入不足等因素影响，全国超过一半的畜禽地方品种数量呈下降趋势，18%的畜禽地方品种处于濒危和濒临灭绝状态，宁夏中卫山羊核心种群存栏已不足3000只，青海全省八眉猪种猪存栏仅500头，保种形势极为严峻。落实畜牧法第13条建立或确定保种场的规定还有差距，国家级畜禽保护品种中有20个品种未完成国家级保种场认定；省级保护品种很多还没有建立保种场，云南省列入省级畜禽保护名录的47个品种有25个品种未建立省级保种场（区、库）。落实第18条建立畜禽良种繁育体系的规定尚不到位，主要畜禽品种育种存在体系不完善、新技术应用滞后、育种投入不足且缺乏持续性、主要疾病未净化、地方特色畜禽资源开发利用不足等共性问题。部分自主培育的畜禽品种生产性能与国外先进水平仍存在差距，能繁母猪年均提供育肥猪数量比发达国家低30%左右，奶牛单产比国际先进水平低20%。畜禽种业企业竞争力不强，繁多育少，具有较强竞争力的种业龙头企业少，真正做育种的企业更少。

（二）动物疫病防控能力亟需强化

落实畜牧法第44条规定的畜禽疫病防治面临着新问题新挑战。非洲猪瘟病原污染广泛并出现变异，存在多种毒株混合感染的情况，目前尚无有效防控疫苗和药物，防控形势仍然严峻。口蹄疫、高致病性禽流感和布鲁氏菌病等重大动物疫病和重点人畜共患病防治面临的形势依然不容乐观，局部发生疫情的风险依然较高。部分中小养殖户生物安全建设不到位，应对重大疫情能力弱，养殖风险较大。落实畜牧法第38条提供技术服务、第54条加强畜禽监督管理规定的强度与新时期防疫优先的基本要求以及保障公共卫生安全、动物产品质量安全的要求不相适应。畜牧兽医力量不足，体制衔接不畅已成为制约畜牧业发展的重要因素，地方基层动物防疫体系“职能淡化、力量弱化、支持虚化”等问题依然突出。新一轮机构改革后，重庆37

个涉农区县畜牧兽医部门在岗人员减少20%以上，乡镇原畜牧兽医站并入农业服务中心，编制从7400个削减为4300余个，减量约42%，且在岗人员有65%兼职其他工作；宁夏全区动物卫生监督机构和动物疫病预防控制机构分别减少29%和39%，人员减少34%；新疆有的县仅有一名畜牧兽医管理人员。落实畜牧法第53条运输畜禽疫病防控规定的力度仍需加强，各地普遍反映，动物调运监管难度较大，有养殖企业存在违规调运种猪、仔猪的情况，一些地方还存在跨区域违规调运商品猪的现象，存在较大的疫病风险。

（三）畜牧产业链存在短板弱项

当前，我国畜牧产业发展面临着饲料供给不足、养殖用地难、环保压力大、畜产品加工流通发育滞后等突出问题，影响产业发展质量和效益，亟需补齐短板弱项，提升全产业链发展水平。饲料资源对畜牧业生产制约十分明显，我国大豆进口依存度已超过80%，玉米从出口国变成净进口国，2020年大豆、玉米、草产品进口量分别达到10033万吨、1130万吨和172万吨。另外，各地对在饲料中违规添加抗生素、超剂量添加铜锌等矿物质问题反映强烈，亟需进行规范。落实畜牧法第37条畜禽养殖用地的规定不力，畜牧业用地没有明确法律层面的界定，许多地方在编制国土空间规划时没有将畜牧业用地纳入规划；新建规模养殖场落地较为困难，对已有养殖场存在只拆不建的倾向。落实畜牧法第40条禁养区划定的规定在一段时间内出现偏差，个别地方存在禁养区划定不科学不规范的现象。落实畜牧法第46条防止畜禽粪污污染环境的规定不到位。随着规模化养殖的推进，种养主体分离，传统的种养良性循环被打破，亟需建立与规模化养殖相适应的新型种养结合机制。当前种养结合水平低，“种的不养、养的不种”的结构问题较为突出，部分养殖场户缺乏污染治理配套设施，资源化利用水平低，全国每年有几亿吨粪污没有综合利用，成为农业面源污染的重要来源。畜禽粪污还田利用基础研究滞后，粪肥有害物质限量、液体粪肥施用技术规范等关键标准缺失，粪肥还田缺乏科学依据。落实畜牧法第30条、第53条畜禽交易与运输的规定面临着新形势，非洲猪瘟等重大动物疫病防控形势要求实现从运活畜禽向运鲜肉转变，亟需对屠宰加工等下游环节进行调整优化。

（四）草原畜牧业发展任重道远

落实畜牧法第3条保护和合理利用草原规定的力度有待加强，草原畜牧业发展面临草原生产力不高、草料供给不足和草原利用方式不合理等因素制约。尽管草原生态持续恶化的势头得到初步遏制，但草原生态保护形势依然严峻，中度和重度退化草原面积仍占1/3以上，已恢复的草原生态系统较为脆弱，草畜矛盾依然突出；与先进水平比较，我国草原草地生产力普遍偏低，饲草生产还有很大发展空间；草原有害生物灾害局部高发的可能性依然存在，对草原畜牧业生产存在潜在威胁，每年草原有害生物灾害防治面积仅占严重危害面积的35%左右。落实畜牧法35条加强草原基本建设，转变生产方式，实现畜草平衡，改善草原生态环境的规定不到位。各地普遍存在“重粮轻草、重林轻草”现象，对草原保护建设支持不足；靠天养畜仍是青海等地牧区基本养殖模式，分散养殖比例高，饲草供应缺口大，生产周期长，季节性出栏鲜明，草原畜牧业发展低效且缓慢；我国草原植物种子研究培育和开发能力整体不足、牧草品种单一，草种自给自足成为突出短板，草原生态修复、牧草种植的草种70%依赖进口。

（五）扶持政策措施仍需优化

新发展阶段畜牧业转型升级面临着新形势新任务，需要政策、资金、人才等发展要素给予持续有力支持。畜牧业无税收，占用土地资源，还面临防疫、环保和质量安全监管等压力，对地方经济发展贡献较小，导致有的地方政府落实畜牧法第3条支持畜牧业发展规定的积极性不断下降，对发展畜牧业重视程度不够。基层普遍反映，落实畜牧法第3条国家支持畜牧业发展的规定时冷时热，畜产品供应紧张价格上涨时政策多、生产过多价格下跌伤农时政策少，政策支持缺乏稳定性。畜牧法第35条、第36条规定的提高畜禽产品市场竞争力，提高养殖效益的执行效果不理想。畜牧业生产监测预警能力不足，稳定生产调控机制尚不健全，生猪价格周期性大幅波动至今未得到有效破解；畜牧业产业链利益联结机制不完善，市场波动风险和损失主要由养殖环节承担。畜牧法第36条、第37条规定的财政金融政策的执行落实效果欠佳。现有政策主要集中在生猪生产、粪污利用，对畜禽遗传资源保护利用、家禽牛羊生产、屠宰加工、饲料兽医等方面扶持政策需进一步优化。贯彻落实畜牧法第4条培养畜牧兽医专业人才，发展畜牧兽医科学技术研究和推广事业与畜牧业法发展要求仍有差距。当前畜牧兽医专业面临生源不足、输出短缺困境，技术人才严重匮乏，有的动物生物安全实验室，因缺乏技术人员而不能有效开展生物安全认证和实验活动。

畜牧法第 7 条规定的监管职责落实不到位，部门协调机制不完善，信息共享不及时，没有真正形成工作合力。

（六）法律法规亟待修改完善

当前，推动乡村全面振兴，实现农业农村现代化，对现代畜牧业发展提出了新的更高要求，非洲猪瘟等重大动物疫病防控形势也对现代畜牧业发展提出了新挑战，亟需对现行的畜牧法进行修订。同时，现行的畜牧法与动物防疫法、野生动物保护法、食品安全法、草原法、农产品质量安全法等法律衔接不畅，协同效应未充分发挥。与草畜业发展密切相关的草原法也亟待修改完善。检查过程中，各地对规模以下养殖户和牛羊禽屠宰行业的执法监管问题反映强烈。畜禽养殖污染防治规定存在漏洞，畜牧法第 46 条仅适用于畜禽养殖场、畜禽养殖小区，对规模以下养殖户环保进行执法和监管法律依据不够具体，且缺少相应罚则。关于牛羊、鸡鸭等畜禽屠宰行业的管理无相应的法律法规作为依据，只能参照生猪屠宰条例执行，进行实际监督执法存在诸多争议。

## 三、贯彻实施畜牧法的意见和建议

进一步贯彻实施畜牧法要坚持以习近平新时代中国特色社会主义思想为指导，根据新发展阶段对畜牧业提出的新要求，通过严格执行法律规定和完善法律制度，保障新发展理念在畜牧行业得到全面落实，促进畜牧业高质量发展格局加快构建，确保法律责任依法、全面、严格落实。

（一）依法支持畜禽种业振兴

落实畜牧法第 9 条、第 12 条、第 13 条、第 18 条、第 31 条关于对加强畜禽遗传资源保护、畜禽品种选育、优良品种推广使用、对进口畜禽进行新品种配套系选育等法律规定，开展畜禽种业攻坚，破难题、补短板、强优势、控风险，支持畜禽种业振兴。一是建立健全畜禽遗传资源保护体系。扎实推进第三次全国畜禽遗传资源普查工作，依法保障工作经费，尽快摸清畜禽遗传资源家底，夯实打牢畜禽遗传资源保护基础。采取以保种场保护区原产地保种为主，以基因遗传材料保存为辅，宜场则场、宜区则区、宜库则库，加快构建具有中国特色的畜禽遗传资源保护体系，做到应保尽保。对濒危、濒临灭绝的畜禽种质资源及时进行抢救性收集和保护，对新发现的畜禽资源抓紧鉴定并采取相应的保护措施，防止畜禽资源得而复失。二是加快推进育种创新攻关。着力加强畜禽育种大数据建设和遗传评估工作，深入开展大数据信息挖掘和综合应用，提高遗传评定准确性和效率，为全国畜禽遗传改良提供技术支持。全面实施《全国畜禽遗传改良计划（2021—2035 年）》，对主要畜禽品种育种给予持续稳定支持，重点开展白羽肉鸡育种攻关，推进瘦肉型猪本土化选育，加快牛羊专门化品种选育，增强种畜禽自主培育能力，提高畜禽核心种源自给率。全面、系统评价我国传统地方畜禽品种遗传特性，挖掘繁殖、饲料转化效率、肉品质、抗性等优良基因资源，运用现代生物技术方法，加快培育满足市场和产业发展需要的优良畜禽新品系，实现以用促保。畜禽育种要注重品种的饲料转化率性状，努力提高产出投入比。深入推进种业科研人才与科研成果权益改革，加大对品种权、知识产权的保护，激发科技人员积极性。三是培育壮大国内育种企业。加大对畜禽育种研发工作支持，通过“减税”或“加计扣除”等政策支持规模化企业开展畜禽育种研发工作。充分发挥种畜禽站和大型畜禽养殖企业在畜禽扩繁和良种推广中的作用，支持畜禽育种联盟发展，支持国内优势育种企业开展有效整合和创新发展，培育一批具有自主育种能力和市场竞争力的“育繁推一体化”种业集团。

（二）依法强化动物疫病防控

落实畜牧法第 41 条、第 44 条、第 45 条、第 54 条关于动物疫病防治的规定，围绕畜禽养殖业转型升级和高质量发展，依法加强动物疫病防治工作，维护畜牧业持续健康发展和公共卫生安全。一是做好重大动物疫病防控。借鉴新冠肺炎疫情防控的有效做法，建立健全重大动物疫病及时发现、迅速处置、精准管控机制，做到联防联控、常态化防控。持续加强非洲猪瘟防控，不折不扣落实好现行有效的防控措施，确保疫情不反弹，增强养殖者信心。深化人畜共患病病理学研究和防控技术集成研究，提升应急处置水平，开展重点人畜共患病的畜间净化，筑牢公共卫生安全畜牧防线。二是健全基层动物防疫体系。在国家层面明确将基层动物防疫体系作为基层公共卫生体系的重要组成部分，对地方稳定基层机构队伍、优化动物防疫工作机制提出具体要求和落实时间表。依法保障县乡两级动物防疫机构有关经费，改善设施设备条件，落实人员工资待遇和有关津贴，确保动物防疫、检疫和监督工作正常开展，筑牢畜禽疫病防控第一条防线。完善病死畜禽无害化处理监管机制，实现全流程无缝监管，持续推进无害化处理与保险联动机制。三是强化检测能力建设。加强省市县三级兽医实验室建设,完善设施装备,改善疫病检测条件,提高重大动物疫病监测预警能力。发展多种形式的第三方检测服务机构,督促生产经营主体配备检测设施装备,提升自检、自防能力,推行政府购买检验检疫检测服务。四是加强畜禽运输监管。完善省际公路动物防疫监督检查站和指定通道基础设施建设,合理配置兽医人员,加强与公安、交通运输部门协作,实现畜禽运输闭环管理。五是理顺管理体制。从基层执法与监督实际出发,进一步明确农业综合执法机构开展动物防疫日常监督管理工作的职能职责,解决执法与监管脱节问题。进一步明确动物检疫职能承接机构,确保动物检疫职责不落空。进一步建立健全动物卫生监督机构与农业综合执法机构衔接机制,保障产地检疫、屠宰检疫工作正常开展。

(三)依法推进畜牧全产业链发展

落实畜牧法第3条、第35条、第46条、第51条关于扶持规模化养殖、推进产业化经营、支持结构调整、粪污资源化利用、畜禽批发市场建设等法律规定,做好建链、补链、强链、延链工作,推进全产业链高质量发展。一是优化上游投入品供给链。加快发展现代饲料工业,完善饲料原料营养价值数据库,推广饲料精准配方、高效低蛋白日粮配制、绿色新型饲料添加剂应用和非粮饲料资源高效利用技术。开发本土可利用饲料资源和非粮饲料原料,调整优化饲料配方结构,逐步降低豆粕使用量。推动兽药产业转型升级,加快推进兽用抗菌药减量使用。二是巩固中游养殖生产链。高标准推进畜禽规模化养殖、标准化生产,充分发挥规模化养殖在保障畜禽产品数量安全方面的作用。坚持"抓大不放小",通过健全社会化服务体系、建立利益联结机制等措施,鼓励支持有意愿的养殖户稳步扩大养殖规模,带动中小养殖户融入现代畜牧业。在畜禽产品稳产保供的基础上,继续深化农业供给侧结构性改革,加快发展本土优良畜禽品种,不断提高畜禽产品品质,以满足人民群众对高品质多元化畜禽产品的消费需求。加强畜牧生产监测预警,引导养殖场(户)及时调整生产规模,保护养殖基础产能,均衡市场供应,防止出现大起大落。加快推进养殖废弃物资源化利用,推行种养结合,支持粪肥就地就近运输和施用,支持配套建设粪肥田间贮存池、沼液输送管网、沼液使用设施等,尽快打通粪肥还田通道。同时要合理确定粪肥的施用量,提高大田作物粪肥的施用比例,加强监测和全链条评估,降低粪肥施用污染风险。三是延伸下游加工流通产业链。加快畜禽屠宰行业提档升级,优化屠宰加工产能布局,支持养殖大县、大型养殖企业根据养殖产能发展现代化屠宰加工工业,逐步推行牛羊、家禽集中屠宰。优化畜禽专业市场在畜产品主产区、集中消费地和传统集散地的规划布局,加快冷链物流基地建设,完善畜禽专业市场体系。加快冷链物流配送体系建设,逐步形成主产区集中屠宰、全链条冷链配送、主销区冷鲜销售的销售模式,逐步提高冷鲜肉销售和消费比例。

(四)依法推动草原畜牧业稳步发展

贯彻落实好畜牧法第3条、第35条关于保护和合理利用草原、加强草原基础设施建设、改善草原生态环境的规定,稳步提高草原综合植被覆盖度和草原生产力,推动牧区生产生活生态协同发展。一是强化规划引领。尽快编制全国草原生态文明建设和高质量发展规划,相关部门、地区编制专项规划予以落实,协调推进草原生态文明建设和草原畜牧业高质量发展。二是推进草原生态修复。实施新一轮草原生态补奖政策,并不断完善政策实施范围和补助标准。坚持生态修复优先、兼顾生产力提升原则,在条件适宜地区系统开展草原补播修复和改良,稳步推进退化草原综合治理,不断提高草原产草量和载畜量。三是加快提档升级步伐。按照科学和适宜原则,调整农牧交错带农林草格局,恢复优质草业和鼓励舍饲圈养,扩大草畜生产量。加强牧区生产设施建设,引导牧区转变生产方式,发展标准化适度规模养殖,加快出栏周转,促进节本增效、提质增效。合理利用草原资源,推广放牧与补饲相结合等养殖模式,持续推进禁牧、轮牧、休牧和舍饲圈养,实现草畜平衡。构建现代饲草产业体系,按照生产结构与需求结构再平衡的要求,加快"粮改饲"政策实施力度和覆盖范围,加快推广粮—经—饲三元种植结构,扩大良种饲草种植面积。在国家层面尽快明确饲草地定义及主管部门,鼓励优势产区和种植大户发展饲草生产。四是加强科技支撑。研究设立草原科学研究重大专项,研究布局草业领域相关国家重点实验室等科技创新基地,加强草原基础科学研究。鼓励和支持有条件的大学成立草学院或增设草学科,加快草学人才队伍培养。加强优质草种特别是优质乡土草种选育、扩繁、储备和推广,不断提高草种自给率,满足草原生态修复和草原畜牧业发展的用种需要。

(五)依法强化畜牧业高质量发展要素保障

贯彻落实好畜牧法第3条、第4条、第36条、第

37 条、第 51 条关于支持畜牧业发展、培育畜牧兽医人才、财政金融政策、保障畜禽养殖用地、扶持畜禽批发市场建设等法律规定，发挥政策引导作用，为畜牧业高质量发展提供政策保障。一是加强财政保障。尽快制定出台全国畜牧业“十四五”发展规划，明确总体思路、主要目标、区域布局、发展举措和各省定位，确保畜牧业有序发展。研究完善生猪等主要畜禽品种支持政策，落实好肉牛肉羊生产、畜禽种质资源保护等方面扶持政策，重视蜂产业和蚕桑产业的健康发展。继续调整优化农机购置补贴政策，支持养殖场（户）购置自动饲喂、环境控制、疫病防治、废弃物处理等农机设备。探索建立畜禽产品供应资源环境补偿机制，保护和提高地方政府发展畜牧业的积极性。认真总结肉蛋奶市场波动的经验教训，深化对市场运行规律的研究和认识，加强宏观指导协调和调剂调控，熨平“猪周期”。二是强化金融支持。创新金融信贷产品，将符合规定的土地经营权、养殖圈舍、大型养殖机械和活体畜禽纳入可抵押品目录，适当延长畜禽养殖类项目流动资金贷款期限，探索开展存单质押贷款和订单、保单融资。鼓励地方开展生猪或其他畜禽品种价格保险试点。三是保障合理用地需求。遵循种养结合、农牧循环的客观要求，在编制各级国土空间规划时统筹安排畜牧业发展用地，合理增加附属设施的用地规模，以保证养殖、屠宰、冷藏、废弃物处理等设施用地的需求。引导鼓励用农村集体建设用地、荒地和废弃地发展养殖业，不得超越法律法规规定禁养限养。四是加快人才队伍建设。借鉴师范生公费教育模式，探索在涉农高校开展畜牧兽医定向培养、公费教育等制度，以满足畜牧业特别是养猪业高质量发展对人才的需求。五是提高组织化水平。从根本上改变养殖主体的利益分配地位，积极搭建产销对接平台，促进养殖环节和屠宰加工环节建立产销合作机制，发展订单养殖和合同生产，鼓励种养加一体化发展，逐步提高养殖主体的组织化水平和在整个产业链中的话语权。

（六）持续提升畜牧业法治水平

加快完善畜牧业法律制度规范，增强法律法规的可操作性和实效性，依法依规推进畜牧业高质量发展。一是加快推进畜牧法修改工作，围绕着畜牧业全链条发展，补充完善饲料兽药、养殖废弃物资源化利用、畜禽屠宰加工等内容；围绕着畜牧业高质量发展，修改完善地方稳产保供责任、畜禽遗传资源保护、畜禽种业创新、禁养区划定、养殖用地保障、动物疫病防控、投入保障等规定；增设“草原畜牧业”一章，完善保护草原生态和发展草原畜牧业的规定，推动草原畜牧业稳步发展。畜牧法修改已列入全国人大常委会 2021 年立法工作计划，要加快修改进程，尽快提请审议。二是加快制定有关配套法规标准。在国家层面尽快制定出台禁养区划定管理办法，准确界定禁养区划定范围，更好地保障畜禽养殖场（户）的合法权益。加强省级畜禽屠宰立法工作，规范牛羊禽的屠宰加工。各地要制定本地区畜禽养殖污染物排放标准，因地制宜确定控制指标及限制。

畜牧法是实现依法治牧、依法兴牧的基本制度遵循，我们要以此次执法检查为契机，通过加强对畜牧法实施和制度执行情况的监督，切实增强法律制度的执行力，推动畜牧业高质量发展，全面提升畜禽产品供应安全保障能力，以更好地满足人民群众对多元化畜禽产品的消费需求。

以上报告，请审议。

# 在畜牧法执法检查组第一次全体会议上的讲话

（2021 年 5 月 20 日）

吉炳轩

开展畜牧法执法检查是全国人大常委会今年监督工作的重要内容之一，今天我们召开执法检查组第一次全体会议，正式启动检查工作。刚才，锡文同志代表检查组通报了执法检查工作的总体安排，农业农村部、科技部、财政部、生态环境部、交通运输部汇报了贯彻实施畜牧法的有关情况，国家发展改革委、商务部、市场监管总局、国家林草局提供了书面汇报材料，大家做了认真准备，讲了很好的意见，这对增强执法检查工作的针对性和实效性很有帮助，请执法检查组的同志认真研究。

畜牧业是关系国计民生的重要产业，也是我国农业农村经济发展的重要支柱，畜禽产品是人民群众“菜篮子”的重要组成部分，也是农牧民经营收入的重要来源。为了规范畜牧业生产经营行为，保障畜禽产品有效供给和质量安全，促进畜牧业持续健康发展，2005 年 12 月，第十届全国人大常委会第十九次会议审议通过了畜牧法，自 2006 年 7 月 1 日起开始实施，将畜牧业发展纳入法治轨道，为推动我国畜牧业发展提供了法治保障。2009 年，第十一届全国人大常委会曾对畜牧法贯彻实施情况进行执法检查，有力推动了我国畜牧业综合生产能力不断增强，畜禽产品供给质量和水平稳步提升。应该说，畜牧法颁布实施 15 年来，法律的有效贯彻实施为保障国家食物安全、繁荣农业农村经济、改善人民群众膳食结构、促进农牧民持续稳定增收发挥了重要作用。

当前，我国决胜全面建成小康社会取得决定性成就，顺利开启了全面建设社会主义现代化国家的新征程，推动乡村全面振兴，实现农业农村现代化，对现代畜牧业发展提出了新的更高的要求，非洲猪瘟等重大动物疫病防控形势也对现代畜牧业发展提出了新挑战。全国人大常委会决定今年开展畜牧法执法检查，目的就是为了深入贯彻落实以习近平同志为核心的党中央关于推动畜牧业高质量发展的决策部署，深入分析制约现代畜牧业转型升级的薄弱环节和体制机制性问题，通过进一步完善畜牧业法律制度，推动畜牧法有效实施，不断增强我国畜牧业发展的质量效益和竞争力，更好满足人民群众对于绿色、优质、多样化的畜禽产品的消费需求。下面，结合大家讲的情况，我再讲三点意见：

第一，贯彻实施畜牧法要深刻把握新时代、新征程对畜牧业发展提出的新目标、新要求

党的十八大以来，以习近平同志为核心的党中央高度重视现代畜牧业发展，习近平总书记指出，要加快传统畜牧业向现代畜牧业转变步伐，近些年的中央一号文件在加快构建现代养殖体系、优化畜禽养殖结构、完善畜牧业生产扶持政策、开展畜禽污染防治和病死畜禽无害化处理、推进畜禽粪污资源化利用、落实畜禽规模养殖环境影响评价制度、纠正随意扩大限养禁养区范围、发展现代畜禽种业、实施畜禽良种工程、加快培育优异畜禽新品种、加强人畜共患病防治等方面，对推动畜牧业健康发展提出了明确要求，为促进现代畜牧业高质量发展指明了方向。畜牧法执法检查要适应新发展阶段畜牧业转型升级面临的新形势新任务，牢固树立新发展理念，助力构建新发展格局，为实现乡村全面振兴和农业农村现代化，提供更强有力的法治保障。

*开展畜牧法执法检查要立足新发展阶段，正确处理好优化畜牧业生产结构与完善畜牧产业链价值链之间的关系。*改革开放 40 多年来，我国畜产品生产能力不断提升，肉、蛋产量稳居世界第一，奶产量居世界前列，同时，作为我国较早进行市场化改革的农业产业，畜牧业产值占农业总产值的比重逐年增加，产业集中度持续提高。在新阶段实现现代畜牧业高质量发展，不仅要强化畜禽养殖和畜禽产品生产，也需要紧紧围绕生产、加工、流通、销售等各环节，以及饲料、兽药、粪污资源化利用等全产业链，不断完善现代畜牧业产业体系，推进畜牧产业形态重塑，促进产业化生产经营。要通过执法检查落实新发展阶段提出的新要求，以市场化为导向，不断调整优化畜牧业生产结构，推动将畜产品生产优势转化为畜牧业产业优势，为做大做强现代畜牧业，完善畜牧业产业链价值链，实现又好又快发展提供法治保障。

*开展畜牧法执法检查要贯彻新发展理念，正确处理好生态环境保护与保障畜产品综合生产能力之间的关系。*经过多年发展，我国畜牧业保供给、优生态、强安全的能力稳步加强，畜产品质量安全水平持续提升，畜禽养殖污染防治和粪污资源化利用取得阶段性成效，绿色发展成为共识。但也要清醒看到，当前确保畜产品有效供给与资源约束的矛盾仍然突出，一些地方片面强调畜禽养殖污染问题，“一刀切”划定禁养区，养殖场“只拆不建”成为常态，重堵轻疏现象比较普遍，再加上畜禽育种创新不足、动物疫病防控不力、抗生素滥用、饲料粮和畜草大量进口等因素影响，推动畜牧业实现绿色生态发展任重而道远。要通过执法检查贯彻落实新发展理念，以创新为引领，推动打好畜禽种业翻身仗，以绿色为方向，推动发展种养结合循环农业，促进畜禽粪便就地就近还田，为实现现代畜牧业绿色生态发展提供法治保障。

*开展畜牧法执法检查要助力构建新发展格局，正确处理好确保畜禽产品有效供给与增强绿色优质畜禽产品供给能力之间的关系。*中国具有世界上最大的消费市场，目前我国居民饮食消费结构正在从以谷物等高碳水化合物食物为主，向畜禽、水

产品等高蛋白质食物为主转变,我国人均禽蛋占有量属于世界领先水平,人均肉类占有量虽低于欧美发达国家,但超过世界平均水平,人均奶类占有量不到世界平均水平的1/3,人民群众对绿色优质肉、蛋、奶的消费需求不断增长,而且随着人口增长和城乡居民收入增加,这种消费需求呈刚性增长趋势。要通过执法检查助力构建新发展格局,在确保大宗畜产品市场保供稳价的基础上,不断提高绿色优质畜产品供给能力,推动解决畜禽产品结构性短缺问题,为有效扩大内需,满足人民群众多样化的畜产品需求和对美好生活的向往提供法治保障。

开展畜牧法执法检查要着眼高质量发展,正确处理好转变畜牧业生产方式与提升发展质量和效益之间的关系。当前,我国畜禽养殖设施装备条件有了较大改善,畜牧业机械化水平稳步提升,国内一些高水平的大规模养殖企业的硬件条件不输国外,但从整体上看,畜禽养殖总体水平仍有待提升,依靠拼资源消耗、拼物质投入的粗放型生产方式仍未根本改变,目前我国生猪的平均饲料转化率为3.5,而发达国家一般在3以下,同样生产1千克肉我们要多用1斤以上饲料,加之劳动力成本提升,造成我国畜牧业发展质量和效益不高,综合竞争力仍比较弱。要通过执法检查推动解决畜牧业生产方式落后,发展效率和质量不高问题,不断提高畜牧业劳动生产率、资源转化率和畜禽生产率,促进畜禽养殖提质增效,为加快转变畜牧业生产方式,实现畜牧业高质量发展提供法治保障。

开展畜牧法执法检查要聚焦乡村全面振兴,正确处理好发展规模化养殖与推动农民持续稳定增收之间的关系。我国的畜牧业是在一家一户分散养殖基础上发展起来的,以家庭养殖为主的副业收入是农民增收的重要渠道之一。近年来,国家大力支持畜禽规模化养殖,2013年畜禽规模化养殖比重超过散养,实现了以分散小规模饲养为主向规模化养殖为主的历史性跨越。规模化、集约化、标准化是我国现代畜牧业的发展方向,但也要关注当前组织化程度偏低、发展不均衡的问题,特别是如何实现农民、中小养殖场户与龙头企业的有效利益联结,需要引起高度重视。农业农村工作说一千道一万,增加农民收入是关键,要通过执法检查,推动建立完善面向中小养殖场户的畜牧业社会化服务体系,让更多养殖户分享到产业链价值链增值收益,为促进农民稳定增收,推动乡村全面振兴提供法治保障。

第二,坚持问题导向,明确检查重点,推动解决畜牧法贯彻实施中的突出问题

法律的生命力在于实施,法律的权威性在于法律规范和法律责任得到不折不扣地贯彻落实。开展畜牧法执法检查,要按照栗战书委员长依法监督、正确监督、有效监督的要求,在逐条对照检查的基础上,从我国畜牧业粗放型经营方式没有根本改变、养殖污染问题尚未彻底解决、绿色优质畜产品供给还不能满足人民群众需求、畜牧业发展支撑政策体系仍有待健全完善等实际问题出发,紧紧围绕当前制约畜牧业高质量发展的短板弱项,进一步明确检查重点,推动解决畜牧业发展面临的突出问题。

要重点检查畜禽遗传资源保护和利用情况。畜禽遗传资源是推动畜禽育种创新的物质基础,也是我国现代畜牧业发展亟待加强的薄弱环节。要重点检查畜牧法第9条建立畜禽遗传资源保护制度,第10条开展畜禽遗传资源鉴定、评估和新品种审定,第12条制定实施畜禽遗传资源保护利用规划和保护名录,第13条推动遗传资源保护场、保护区和基因库建设,以及相关扶持政策措施的落实情况,依法开展好畜禽遗传资源调查、收集、鉴定、监测、利用等各项工作,在有效防范重大公共卫生风险的前提下,强化畜禽种质资源和遗传材料的活体保护,切实做到应保尽保。

要重点检查种畜禽品种选育与生产经营情况。畜禽良种是畜牧业生产的源头,也是关系畜牧业产业链质量和效率的决定性因素。要重点检查畜牧法第18条推动畜禽良种繁育体系建设,第19条开展畜禽新品种审定,第21条加强畜禽良种推广使用,第22条至25条关于种畜禽经营许可制度实施,第31条种畜禽进出口管理等情况,依法规范种畜禽品种选育和生产经营行为,调动畜禽育种创新积极性,要积极推动畜禽良种核心育种场和扩繁基地建设,有效保障畜禽用种需求,提升畜禽核心种源自给率,不断夯实打赢畜禽种业翻身仗的基础。

要重点检查稳定和发展畜牧业生产情况。提高畜牧业综合生产能力是保障畜禽产品有效供给的根本途径,也是促进农民增收的重要渠道。要重点检查畜牧法第35条关于发展畜禽生产、调整产业结构、支持草原畜牧业发展等规定的落实情况,第37条支持农村集体经济组织、专业合作社和农民发展畜禽养殖,第38条发展社会化服务,第39条规范畜禽养殖场建设,第41条至45条规范畜禽养

殖行为，第50条、51条畜禽交易市场建设等情况，加快构建现代畜禽养殖、动物防疫和加工流通体系，不断增强畜牧业质量效益和竞争力，扶持小养殖户发展，发挥畜禽养殖对促进农民增收的积极作用。

要重点检查推动畜牧业实现绿色发展情况。提升畜牧业生态服务功能，突出绿色发展导向，是实现畜牧业高质量可持续发展的重要保障。要重点检查畜牧法第40条关于禁止在特定区域建设畜禽养殖场规定的执行情况，第39条、46条关于加强畜禽养殖污染防治，推动粪污资源化利用情况，第54条关于加强对畜禽饲养环境、投入品使用监督管理的情况，以及相关扶持政策措施和法律责任落实情况，坚持推进畜禽养殖和环境保护并重，统筹资源环境承载能力与养殖废弃物资源化利用能力，促进种养结合，推动形成绿色生产方式，加快发展环境友好型畜牧业。

要重点检查扶持政策和法律责任落实情况。推动畜牧业转型升级，实现高质量发展，需要健全完善畜牧业可持续发展的支撑保障体系。要重点检查畜牧法第9条加强畜禽遗传资源保护经费投入，第36条实施良种补贴、贴息补助、信贷保险支持，第37条畜禽养殖用地保障政策，第38条推广畜禽养殖技术，第46条支持粪污资源化利用设施建设，第51条推动畜禽批发市场发展等情况，以及畜牧法第七章相关法律责任的落实情况，依法维护养殖主体的合法权益，明确畜禽产品稳产保供的属地责任，推动财政、用地、金融、科技、人才等扶持政策措施落实落地，加快补齐实现畜牧业高质量发展的短板和弱项。

第三，加强工作统筹和协调配合，确保畜牧法执法检查工作取得实效

对法律贯彻实施情况进行执法检查，是人大履行监督职责的法定形式，执法检查重在取得实效，要通过执法检查，确保法律规定得到有效实施，法律责任得到严格落实。今天全体会议后，万鄂湘、武维华副委员长和我将分别带队赴有关省区开展执法检查，受委托省区人大也将对本行政区畜牧法实施情况开展自查，希望各位检查组成员、各地各部门按照监督法规定和执法检查方案，加强工作统筹和协调配合，务求畜牧法执法检查取得实效。这里我再强调几点：

一是要深入实际，增强执法检查针对性。执法检查组成员要坚持问题导向，严格依法履行职责，结合开展党史学习教育活动，按照“我为群众办实事”实践活动要求，深入基层、深入群众、深入实际，广泛听取、积极反映基层和群众呼声，深入查找法律实施中存在的突出问题，研究解决问题的思路和对策。要深入学习、熟悉掌握畜牧法相关法律制度规范，贯彻落实党中央关于现代畜牧业发展的方针政策，切实提高执法检查工作质量。这次会议，全国人大农委为大家提供了一些参阅资料，希望大家都认真看一看，为执法检查工作做好充分准备。

二是要创新方法，推动解决实际问题。为进一步夯实现代畜牧业发展的疫病防控基础，在组织实施畜牧法执法检查过程中，将同步就新修订的动物防疫法开展执法调研，推动制定配套法规规章，强化相关防控措施，筑牢防范畜牧业产业风险和防治人畜共患病的第一道防线。各检查组在地方工作时，在采取听取工作汇报、召开座谈会、实地考察等常规检查方式的同时，都要开展不确定具体对象的随机抽查，深入查找影响法律实施的关键症结和典型问题。要结合推动畜牧法修改，重点关注畜牧法制度规范还存在哪些不健全不完善的地方，广泛听取各方面的意见和建议。

三是要严格纪律，确保检查顺利实施。检查组全体成员和工作人员都要严格贯彻落实中央八项规定及其实施细则精神，严格遵守全国人大常委会委员长会议组成人员、机关党组贯彻落实中央八项规定和实施细则的办法，做到廉洁自律、轻车简从、减少陪同、简化接待。要切实转变工作作风，力戒形式主义、官僚主义，加强与国务院及有关部门的沟通协调，加强与受委托检查省级人大的协作配合，加强与人大代表、人民群众和地方人大的联系。要严格遵守中央关于疫情防控的要求，严格执行地方防控措施，在执法检查过程中做好个人防护，确保检查工作顺利进行。

同志们，我们要始终坚持以习近平新时代中国特色社会主义思想为指导，深入学习贯彻习近平法治思想、习近平总书记关于坚持和完善人民代表大会制度的重要思想，组织实施好此次畜牧法执法检查，依法保障现代畜牧业高质量发展，全面提升畜禽产品供应保障能力，不断增强畜牧业质量效益和竞争力，以优异的成绩迎接党的百年华诞，在推动乡村实现全面振兴，全面建设社会主义现代化国家新征程中做出新的更大的贡献。

谢谢大家。

# 在青海省畜牧法执法检查汇报会上的讲话

（2021 年 6 月 22 日）

武维华

开展畜牧法执法检查是全国人大常委会今年监督工作的重要内容之一，是持续深入学习贯彻习近平总书记关于三农工作重要论述、习近平法治思想的实际行动，是运用法治方式推进重要农产品保障战略实施、助力畜牧业高质量发展的具体举措。我们这次到青海主要有两项任务：一是开展畜牧法执法检查；二是进行动物防疫法执法调研。

青海草原总面积 5.47 亿亩，可利用草原面积 4.74 亿亩，发展草地畜牧业具有得天独厚的资源条件。同时，畜牧业是青海农业的支柱产业，畜牧业总产值占大农业总产值的 58%。可以说，发展好畜牧业是青海省推进农牧业高质高效、农牧民富裕富足，实现乡村振兴的重要抓手，贯彻实施好畜牧法以及动物防疫法对青海畜牧业健康发展有特殊重要的意义。

自 6 月 19 日来青海后，执法检查组先后在西宁市和海北州开展了实地调研，现场了解种畜禽育种场、良种推广服务中心、规模养殖场、生态畜牧业示范园、畜禽加工销售企业和基层农业综合执法队，涵盖了牦牛、藏羊等青海主要养殖畜种，了解了畜禽育种、养殖、加工、销售、粪污处理等各个环节的情况。刚才，省政府和有关部门负责同志又向检查组介绍了青海省贯彻实施畜牧法的总体情况，分析了法律贯彻实施过程中遇到的困难和问题，对如何进一步贯彻落实法律责任，推动修改完善畜牧法提出了有针对性、有价值的意见和建议。对这些意见和建议，我们回去后将进行认真研究并吸收采纳。

通过几天来的调研，我们了解到青海省各级党委、人大、政府认真贯彻落实畜牧法及其配套法规，依法推进畜牧业供给侧结构性改革，立足高原特有畜牧资源，积极推进转方式、调结构，加快推进畜牧业提档升级、高质量发展，初步建立起以牦牛、藏羊为优势产业的现代畜牧业发展新格局。几天来，我们只是跑马观花、浮光掠影地看了一些涉及畜牧生产的企业和单位，但收获还是很大的。青海省在现代化畜牧业发展上已经积累了一些较为成熟的工作经验。

一是地方特色畜禽资源保护利用有力。产业要发展，种业要先行。青海省利用高原特色畜牧遗传种质资源丰富的优势，认真落实畜牧法关于畜禽资源保护和种畜禽品种选育的各项条款，积极推进畜禽良种繁育体系建设，为全国打好种业翻身仗作出了贡献。落实畜牧法第 12 条、第 13 条规定，开展了畜禽遗传资源普查，基本摸清了全省 38 个畜禽品种的状况；建成了大通种牛场、贵南黑羊场、互助八眉猪保种场等 3 个国家级畜禽遗传资源保种场和雪多牦牛、欧拉扬等 8 个省级保种场，为高原特色畜禽遗传资源的开发利用奠定了坚实的基础。落实畜牧法第 18 条规定，积极培育畜禽新品种，推广优良畜禽品种，培育出大通牦牛、阿什旦牦牛两个独特的人工培育牦牛品种，全省畜禽良种率到 2020 年已提高到 90% 以上。

二是动物疫病防控有力。青海省始终把动物疫病防控作为畜牧业底线工作，全面加强动物疫病预防体系和能力建设，不断健全预防机构，科学编制防治规划，认真落实防疫措施，有序推进畜牧法第 38 条、第 44 条、第 53 条关于动物疫病防控的规定落到实处，有效保障了畜禽生产安全、畜产品质量安全、公共卫生安全和生态环境安全，青海连续 14 年未发生区域性重大动物疫情。能取得这样的防控成绩实属不易，值得充分肯定。

三是绿色生态发展推进有力。2016 年 8 月，习近平总书记在青海考察时强调："青海最大的价值是生态价值、最大的责任是生态、做大的潜力也在生态。"这些年来，青海省始终用生态大视野定位和推进畜牧业发展，始终把生态放在畜牧业前面，以绿色可持续发展为方向，取得了显著成效。畜牧法第 43 条关于投入品使用、第 45 条关于质量安全监管的规定落实严格，全省每年组织开展 250 批次饲料质量抽检和 150 批次兽药质量抽检，检测合格率都保持在 97% 以上。认真落实畜牧法第 46 条关于养殖废弃物资源化利用的规定，扎实推进畜禽养殖废弃物资源化利用，全省畜禽粪污资源化利用率达81.5%，规模养殖场粪污处理设施配套率达99%。

四是产业化转型步伐加快。青海省认真落实畜牧法第3条关于鼓励和扶持发展规模化养殖推动产业化经营、第35条关于引导和支持畜牧业结构调整、第36条关于支持养殖者扩大养殖规模的规定，扎实推进畜牧业向现代化方向提档升级。虽然靠天养畜仍是青海畜牧业发展基本发展模式，但资源和要素的协调互动、开放共享逐步建成青海畜牧业重要发展方式，传统自给自足养殖格局被打破，区域间草畜大循环出现端倪。饲草料生产发展态势强劲，饲草种植、饲草青贮、饲草饲喂在牧区逐步推开，牧区为养而种正在形成习惯，牧区传统养殖方式正在加速转型。农区和半农半牧区青贮玉米、燕麦及其他饲草作物种植面积迅速扩大，“粮改饲”面积已覆盖35个县（区、场）达64.13万亩，为解决长期困扰青海畜牧业发展中营养供给匮乏问题探索了新路，推动形成了草畜动态平衡、区域营养互补平衡的新发展格局。农区标准化规模养殖发展迅速，全省农区畜禽养殖规模化程度已达到53%。

在这里我结合在青海执法检查情况，谈两点体会。

## 一、准确把握新时代、新征程对畜牧业发展提出的新目标、新要求，依法推进畜牧业高质量发展

党的十八大以来，以习近平同志为核心的党中央高度重视现代畜牧业发展，习近平总书记指出，要加快传统畜牧业向现代畜牧业转变步伐。近些年的中央一号文件在加快构建现代养殖体系、优化畜禽养殖结构、完善畜牧业生产扶持政策、开展畜禽污染防治和病死畜禽无害化处理、推进畜禽粪污资源化利用、落实畜禽规模养殖环境影响评价制度、纠正随意扩大限养禁养区范围、发展现代畜禽种业、实施畜禽良种工程、加快培育优异畜禽新品种、加强人畜共患病防治等方面，对推动畜牧业健康发展提出了明确要求，为促进畜牧业高质量发展指明了方向。今年是实施“十四五”规划、开启全面建设社会主义现代化国家新征程的第一年，畜牧法执法检查要适应新发展阶段畜牧业转型升级面临的新形势新任务，牢固树立新发展理念，助力构建新发展格局，为推动畜牧业高质量发展提供更强有力的法治保障。

一要立足新发展阶段，正确处理好优化畜牧业生产结构与完善畜牧产业链价值链之间的关系。改革开放40多年来，我国畜产品生产能力不断提升，肉、蛋产量稳居世界第一，奶产量逐年增加，同时，作为我国较早进行市场化改革的农业产业，畜牧业产值占农业总产值的比重逐年增加，产业集中度持续提高。在新阶段实现现代畜牧业高质量发展，不仅要强化畜禽养殖和畜禽产品生产，也需要紧紧围绕生产、加工、流通、销售等各环节，以及饲料、兽药、粪污资源化利用等全产业链，不断完善现代畜牧业产业体系，推进畜牧产业形态重塑，促进产业化生产经营。要通过执法检查落实新发展阶段提出的新要求，以市场化为导向，不断调整优化畜牧业生产结构，推动将畜产品生产优势转化为畜牧业产业优势，为做大做强现代畜牧业，完善畜牧业产业链价值链，实现又好又快发展提供法治保障。

二要贯彻新发展理念，正确处理好生态环境保护与保障畜产品综合生产能力之间的关系。经过多年发展，我国畜牧业保供给、优生态、强安全的能力稳步加强，畜产品质量安全水平持续提升，畜禽养殖污染防治和粪污资源化利用取得阶段性成效，绿色发展成为共识。但也要清醒看到，当前确保畜产品有效供给与资源约束的矛盾仍然突出，一些地方片面强调畜禽养殖污染问题，“一刀切”划定禁养区，养殖场“只拆不建”，重堵轻疏现象比较普遍，再加上畜禽育种创新不足、动物疫病防控不力、抗生素滥用时有发生、饲料粮和畜草大量进口等因素影响，推动畜牧业实现绿色生态发展任重而道远。要通过执法检查贯彻落实新发展理念，以创新为引领，推动打好畜禽种业翻身仗，以绿色为方向，推动发展种养结合循环农业，促进畜禽粪便就地就近还田，为实现现代畜牧业绿色生态发展提供法治保障。

三要助力构建新发展格局，正确处理好确保畜禽产品有效供给与增强绿色优质畜禽产品供给能力之间的关系。中国具有世界上最大的消费市场，目前我国居民饮食消费结构正在从以谷物等高碳水化合物食物为主，向畜禽、水产品等高蛋白质食物比例不断增加的状况转变，我国人均禽蛋占有量属于世界领先水平，人均肉类占有量虽低于欧美发达国家，但超过世界平均水平，人均奶类占有量不到世界平均水平的1/3，人民群众对绿色优质肉、蛋、奶的消费需求不断增长，而且随着人口增长和城乡居民收入增加，这种消费需求呈刚性增长趋

势。要通过执法检查助力构建新发展格局,在确保大宗畜产品市场保供稳价的基础上,不断提高绿色优质畜产品供给能力,推动解决畜禽产品结构性短缺问题,为有效扩大内需,满足人民群众多样化的畜产品需求和对美好生活的向往提供法治保障。

*四要着眼高质量发展,正确处理好转变畜牧业生产方式与提升发展质量和效益之间的关系。*当前,我国畜禽养殖设施装备条件有了较大改善,畜牧业机械化水平稳步提升,国内一些高水平的大规模养殖企业的硬件条件不输国外,但从整体上看,畜禽养殖总体水平仍有待提升,依靠拼资源消耗、拼物质投入的粗放型生产方式仍未根本改变,目前我国生猪的平均饲料转化率为3.5,而发达国家一般在3以下,同样生产1千克肉我们要多用1斤以上饲料,加之劳动力成本提升,造成我国畜牧业发展质量和效益不高,综合竞争力仍比较弱。要通过执法检查推动解决畜牧业生产方式落后,发展效率和质量不高问题,不断提高畜牧业劳动生产率、资源转化率和畜禽生产率,促进畜禽养殖提质增效,为加快转变畜牧业生产方式,实现畜牧业高质量发展提供法治保障。

*五要聚焦乡村全面振兴,正确处理好发展规模化养殖与推动农民持续稳定增收之间的关系。*我国的畜牧业是在一家一户分散养殖基础上发展起来的,以家庭养殖为主的副业收入是农民增收的重要渠道之一。近年来,国家大力支持畜禽规模化养殖,2013年畜禽规模化养殖比重超过散养,实现了以分散小规模饲养为主向规模化养殖为主的历史性跨越。规模化、集约化、标准化是我国现代畜牧业的发展方向,但也要关注当前组织化程度偏低、发展不均衡的问题,特别是如何实现农民、中小养殖场户与龙头企业的有效利益联结,需要引起高度重视。农业农村工作说一千、道一万,增加农民收入是关键,要通过执法检查,推动建立完善面向中小养殖场户的畜牧业社会化服务体系,让更多养殖户分享到产业链价值链增值收益,为促进农民稳定增收,推动乡村全面振兴提供法治保障。

## 二、全面贯彻落实法律规定,充分发挥法律在畜牧业高质量发展中的保障促进作用

法律的生命力在于实施,法律的权威性在于法律规范和法律责任得到不折不扣地贯彻落实。开展畜牧法执法检查,要按照栗战书委员长依法监督、正确监督、有效监督的要求,在逐条对照检查的基础上,紧紧围绕当前制约畜牧业高质量发展的短板弱项,推动相关规定得到全面贯彻落实。

*一要依法加强畜禽遗传资源保护和利用。*畜禽遗传资源是推动畜禽育种创新的重要基础,也是我国现代畜牧业发展亟待加强的薄弱环节。这次检查,要推动有关方面严格落实畜牧法第9条建立畜禽遗传资源保护制度,第10条开展畜禽遗传资源鉴定、评估和新品种审定,第12条制定实施畜禽遗传资源保护利用规划和保护名录,第13条推动遗传资源保护场、保护区和基因库建设等规定,依法开展好畜禽遗传资源调查、收集、鉴定、监测、利用等各项工作,在有效防范重大公共卫生风险的前提下,强化畜禽种质资源和遗传材料的活体保护,切实做到应保尽保。

*二要依法保护种畜禽品种选育与生产经营。*畜禽良种是畜牧业生产的源头,也是关系畜牧业产业链质量和效率的决定性因素。这次检查,要推动法律第18条推动畜禽良种繁育体系建设,第19条开展畜禽新品种审定,第21条加强畜禽良种推广使用,第22条至25条关于种畜禽经营许可制度实施,第31条种畜禽进出口管理等制度措施落地见效,用法律武器、法治方式破解制约畜禽种业创新的难点堵点问题,依法规范种畜禽品种选育和生产经营行为,调动畜禽育种创新积极性,推动畜禽良种核心育种场和扩繁基地建设,有效保障畜禽用种需求,提升畜禽核心种源自给率,不断夯实打赢畜禽种业翻身仗的基础。

*三要依法稳定和发展畜牧业生产。*提高畜牧业综合生产能力是保障畜禽产品有效供给的根本途径,也是促进农民增收的重要渠道。这次检查,要推动法律第35条发展畜禽生产、调整产业结构、支持草原畜牧业发展,第37条支持农村集体经济组织、专业合作社和农民发展畜禽养殖,第38条发展社会化服务,第39条规范畜禽养殖场建设,第41条至45条规范畜禽养殖行为,第50条、51条畜禽交易市场建设等的贯彻落实,加快构建现代畜禽养殖、动物防疫和加工流通体系,不断增强畜牧业质量效益和竞争力,扶持小养殖户发展,发挥畜禽养殖对促进农民增收的积极作用。

*四要依法推动畜牧业绿色发展。*提升畜牧业生态服务功能,突出绿色发展导向,是实现畜牧业高质量可持续发展的重要保障。这次检查,要推动法律第40条禁止在特定区域建设畜禽养殖场,第

39条、46条加强畜禽养殖污染防治，推动粪污资源化利用，第54条加强对畜禽饲养环境、投入品使用监督管理，以及相关扶持政策措施和法律责任得到不折不扣地执行，推进畜禽养殖和环境保护并重，统筹资源环境承载能力与养殖废弃物资源化利用能力，促进种养结合，推动形成绿色生产方式，加快发展环境友好型畜牧业。在这里我还要特别强调一点，各地既要执行好法律第40条划定好禁养区，又要将畜牧业用地纳入国土空间规划，确保养殖用地充足供应，不可随意扩大禁养区范围。

*五要依法建立健全支撑保障体系。*推动畜牧业转型升级，实现高质量发展，需要健全完善保障畜牧业可持续发展的政策和法规体系。这次执法检查，要推动法律第9条加强畜禽遗传资源保护经费投入，第36条实施良种补贴、贴息补助、信贷保险支持，第37条畜禽养殖用地保障政策，第38条推广畜禽养殖技术，第46条支持粪污资源化利用设施建设，第51条推动畜禽批发市场发展等规定落实，依法维护养殖主体的合法权益，明确畜禽产品稳产保供的属地责任，推动财政、用地、金融、科技、人才等扶持政策措施落实落地，加快补齐实现畜牧业高质量发展的短板和弱项。

另外，2020年4月，全国人大常委会制定了强化公共卫生法治保障立法修法工作计划，将修改畜牧法列入“拟在2020—2021年制定修改的法律项目”，由全国人大农业与农村委员会负责牵头起草。按照全国人大常委会2021年立法工作计划，今年8月，全国人大常委会听取和审议执法检查报告的同时，将同步审议畜牧法修订草案。这次检查，还要贯彻落实习近平总书记关于强化公共卫生法治保障重要指示要求，牢固树立法治思维，坚持问题导向和目标导向，推动完善畜牧业发展中涉及公共卫生安全的法律制度，加强畜禽养殖、畜禽粪污资源化利用、畜禽交易和运输、畜禽屠宰等畜牧业生产经营行为的规范，防范重大公共卫生风险。同时，要适应畜牧业发展进入新阶段作出前瞻性规定，推动法律完善畜禽遗传资源保护、畜禽种业自主创新、畜禽养殖用地等相关支持和保护制度，保障重要畜禽产品有效供给，促进畜牧业高质量发展。

最后，对青海省委、省人大、省政府、相关部门、市县乡镇对我们这次执法检查所提供的大力支持、真诚帮助和热情服务表示衷心地感谢！

# 在云南省畜牧法执法检查汇报会上的讲话

（2021年6月25日）

武维华

畜牧业是关系国计民生的重要产业，也是我国农业农村经济发展的重要支柱，畜禽产品是人民群众“菜篮子”不可或缺的组成部分，也是农牧民经营收入的重要来源。畜牧法是实现依法治牧、依法兴牧的根本制度遵循，贯彻实施好畜牧法对于推动我国畜牧业实现高质量发展，助力实施乡村振兴战略，满足人民群众对优质畜禽产品和优美生态环境的需求具有重要意义。对畜牧法实施情况开展执法检查，是全国人大常委会今年监督工作的重点之一。

今天是检查组到云南开展执法检查的第三天，在召开汇报会前，我们先后到了文山州的广南县和丘北县、红河州的弥勒市和开远市，实地检查了畜禽种质资源保护和畜禽繁育养殖、畜禽屠宰加工、养殖环境保护等情况，走访了有关科研机构、畜禽养殖企业、无害化处理中心等，与畜禽种业科研人员、农业综合执法人员、行业从业人员等进行了交流座谈，对云南省畜牧法贯彻实施情况有了一定的了解。刚才，省政府和有关部门负责同志又向检查组介绍了云南省贯彻实施畜牧法的总体情况，分析了法律贯彻实施过程中遇到的主要矛盾和突出问题，对如何进一步贯彻落实法律责任，推动修改完善畜牧法提出了有针对性、有价值的意见和建议，对此检查组要认真梳理，归纳总结，如实反映到执法检查报告中。

## 一、云南省贯彻实施畜牧法取得积极成效

通过两天的调研，检查组认为，云南省各级党委、人大、政府高度重视、高位推进畜牧法贯彻实施工作，贯彻落实畜牧法法律制度规范的责任明确、

落实到位，推动现代畜牧业发展的措施得力、成效明显。2020 年，云南省畜牧业总产值 2315 亿元，占农林牧渔总产值的比重达 39%，比全国平均值高 12.3 个百分点（全国的比重为 26.7%）；全省生猪存栏量在全国的排位从第 5 位上升到第 4 位，生猪出栏量从第 6 位上升到第 4 位；牛存栏和出栏分别稳定在第 2 位和第 4 位，其中肉牛存栏持续稳定在第 1 位；畜禽种业自主创新成效显著，培育出全国第一个三元杂交肉牛新品种、全国第一个肉用黑山羊新品种、全国第一个火腿专用原料猪新品种；畜产品保障能力持续提升，特别是在非洲猪瘟疫区防控中，2019 年、2020 年分别外调生猪 420 万头和 220 万头，对全国生猪稳产保供工作做出了积极贡献。从检查情况看，云南省各地各部门贯彻实施畜牧法积累了一些好经验、好做法。

一是目标导向清晰明确。云南省各级党委、政府将贯彻实施畜牧法作为推动牧业调结构促升级、确保农牧民持续增收的重要途径，推动构建现代畜牧业生产体系，加快发展畜禽规模养殖，示范推动畜牧业绿色发展，畜牧业在保供给、稳价格、促增收方面发挥了重要作用，实现了持续、健康、快速发展，正在形成产出高效、产品安全、资源节约、环境友好、调控有力的畜牧业高质量发展新格局。

二是贯彻实施保障有力。云南省各地各部门高度重视畜牧法贯彻实施工作，省政府先后出台支持生猪、肉牛产业发展的“猪九条”“牛九条”，省人大制定出台了《云南省省级畜禽遗传资源保护名录》《云南省种畜禽管理办法》等地方性法规，政府相关职能部门也配套出台了多项部门规章，建立起既与畜牧法相配套，又符合云南实际的制度规范体系。各地针对影响畜牧业发展的难点堵点，出台相应政策，推动了畜牧法在当地顺利实施。

三是监管能力稳步提升。云南省各级畜牧兽医行政主管部门、农业综合执法机构，以及政府相关职能部门严格按照畜牧法规定履职尽责、依法行政、加强监管，持续加大对畜牧生产违法违规行为打击力度，严查生产加工销售过程中非法添加和违规添加违禁物行为，加强兽用抗菌药综合治理，依法严厉打击收购、贩运、销售、私屠乱宰等违法违规行为，维护畜牧业生产经营秩序、加强畜禽安全生产监督管理、确保畜产品质量安全，畜牧业管理的法治化水平稳步提高。

四是绿色发展水平不断提高。云南省始终坚持生态优先，突出污染综合治理、资源化利用、走种养结合、农牧循环的绿色发展道路。畜牧业生产布局加速优化调整，畜禽标准化规模养殖水平不断提高，畜禽养殖持续向环境容量大的地区转移，畜禽养殖与资源环境相协调的绿色发展格局正加快形成。

五是畜牧法普法宣传贯彻措施有力。在贯彻实施畜牧法过程中，云南省各地各部门注重加强畜牧法的普法宣传工作，坚持将普法作为落实畜牧法的基础性工作抓实抓细，各级农业综合执法部门按照“谁执法谁普法”的原则，将系统内普法与社会普法相结合，通过各种形式向广大干部和农牧民普及畜牧法相关知识，促进各级政府、社会各界、行业从业者不断增强依法治牧、依法兴牧的法治观念和法律意识，推动在全社会形成遵法、学法、守法、用法的良好氛围。

总之，云南省贯彻实施畜牧法，工作是扎实有力的，法律责任是明确到位的，取得的成效也是明显的。希望云南省在现有良好工作局面的基础上，继续努力，在法律贯彻落实上继续走在全国前列。

我们也要清醒地认识到，就全国总体上来讲，当前我国畜牧业生产方式整体上还比较粗放，产业体系还很不完善，资源环境的硬约束仍日益加剧，动物疫病防控的风险始终存在，依靠进口调剂畜产品余缺的不确定性不稳定性问题尚未能根本解决，畜牧业可持续发展面临着新情况和老问题交织在一起、相互作用、互为影响，稳产保供以及阶段性短暂过剩、价格下跌、市场波动的压力仍然较大。我们不能满足已取得的成绩，还要继续努力，把工作做得更好些。

## 二、要准确把握新时代、新征程对畜牧业发展提出的新目标、新要求，依法推进畜牧业高质量发展

今年是实施“十四五”规划、开启全面建设社会主义现代化国家新征程的第一年，畜牧法执法检查要适应新发展阶段畜牧业转型升级面临的新形势新任务，牢固树立新发展理念，助力构建新发展格局，为推动畜牧业高质量发展提供更强有力的法治保障。

一是要立足新发展阶段，正确处理好优化畜牧业生产结构与完善畜牧产业链价值链之间的关系。改革开放 40 多年来，我国畜产品生产能力不断提升，肉、蛋产量稳居世界第一，奶产量稳步增加。同

时，作为我国较早进行市场化改革的农业产业，畜牧业产值占农业总产值的比重逐年增加，产业集中度持续提高。在新阶段实现现代畜牧业高质量发展，不仅要强化畜禽养殖和畜禽产品生产，也需要紧紧围绕生产、加工、流通、销售等各环节，以及饲料、兽药、粪污资源化利用等全产业链，不断完善现代畜牧业产业体系，推进畜牧产业形态重塑，促进产业化生产经营。要通过执法检查落实新发展阶段提出的新要求，以市场化为导向，不断调整优化畜牧业生产结构，推动将畜产品生产优势转化为畜牧业产业优势，为做大做强现代畜牧业，完善畜牧业产业链价值链，实现又好又快发展提供法治保障。

二是要贯彻新发展理念，正确处理好生态环境保护与保障畜产品综合生产能力之间的关系。经过多年发展，我国畜牧业保供给、优生态、强安全的能力稳步加强，畜产品质量安全水平持续提升，畜禽养殖污染防治和粪污资源化利用取得阶段性成效，绿色发展成为共识。但也要清醒看到，当前确保畜产品有效供给与资源约束的矛盾仍然突出，一些地方片面强调畜禽养殖污染问题，“一刀切”划定禁养区，养殖场“只拆不建”，重堵轻疏现象比较普遍，再加上畜禽育种创新不足、动物疫病防控不力、抗生素滥用时有发生、部分饲料粮和畜草仍依赖进口等因素影响，推动畜牧业实现绿色生态发展任重而道远。要通过执法检查贯彻落实新发展理念，以创新为引领，推动打好畜禽种业翻身仗，以绿色为方向，推动发展种养结合循环农业，促进畜禽粪便就地就近还田，为实现现代畜牧业绿色生态发展提供法治保障。

三是要助力构建新发展格局，正确处理好确保畜禽产品有效供给与增强绿色优质畜禽产品供给能力之间的关系。中国具有世界上最大的消费市场，目前我国居民饮食消费结构正在从以谷物等高碳水化合物食物为主，向畜禽、水产品等高蛋白质食物为主转变，我国人均禽蛋占有量属于世界领先水平，人均肉类占有量虽低于欧美发达国家，但超过世界平均水平，人均奶类占有量不到世界平均水平的1/3，人民群众对绿色优质肉、蛋、奶的消费需求不断增长，而且随着人口增长和城乡居民收入增加，这种消费需求呈刚性增长趋势。要通过执法检查助力构建新发展格局，在确保大宗畜产品市场保供稳价的基础上，不断提高绿色优质畜产品供给能力，推动解决畜禽产品结构性短缺问题，为有效扩大内需，满足人民群众多样化的畜产品需求和对美好生活的向往提供法治保障。

四是要着眼高质量发展，正确处理好转变畜牧业生产方式与提升发展质量和效益之间的关系。当前，我国畜禽养殖设施装备条件有了较大改善，畜牧业机械化水平稳步提升，国内一些高水平的大规模养殖企业的硬件条件不输国外，但从整体上看，畜禽养殖总体水平仍有待提升，依靠拼资源消耗、拼物质投入的粗放型生产方式仍未根本改变。目前我国生猪的平均饲料转化率为3.5，而发达国家一般在3以下，同样生产1千克肉我们要多用1斤以上饲料，加之劳动力成本提升，造成我国畜牧业发展质量和效益不高，综合竞争力仍比较弱。要通过执法检查推动解决畜牧业生产方式落后，发展效率和质量不高问题，不断提高畜牧业劳动生产率、资源转化率和畜禽生产率，促进畜禽养殖提质增效，为加快转变畜牧业生产方式，实现畜牧业高质量发展提供法治保障。

五是要聚焦乡村全面振兴，正确处理好发展规模化养殖与推动农民持续稳定增收之间的关系。我国的畜牧业是在一家一户分散养殖基础上发展起来的，以家庭养殖为主的副业收入是农民增收的重要渠道之一。近年来，国家大力支持畜禽规模化养殖，2013年畜禽规模化养殖比重超过散养，实现了以分散小规模饲养为主向规模化养殖为主的历史性跨越。规模化、集约化、标准化是我国现代畜牧业的发展方向，但也要关注当前组织化程度偏低、发展不均衡的问题，特别是如何实现农民、中小养殖场户与龙头企业的有效利益联结，需要引起高度重视。农业农村工作说一千道一万，增加农民收入是关键，要通过执法检查，推动建立完善面向中小养殖场户的畜牧业社会化服务体系，让更多养殖户分享到产业链价值链增值收益，为促进农民稳定增收，推动乡村全面振兴提供法治保障。

## 三、进一步贯彻实施好畜牧法的几点意见

法律的生命力在于实施，法律的权威性在于法律规范和法律责任得到不折不扣地贯彻落实。下面我结合这几天执法检查了解的情况，讲几点进一步贯彻实施好畜牧法的意见，供大家参考。

一要进一步抓紧抓好、抓实抓细畜牧法的学习宣传、贯彻执行，做到以法为纲，崇法善治。各级政府及其有关部门要继续采取各种有效的宣传措施，如集市、屠宰场、生猪养殖场等要张贴畜牧法条文，

无论是养殖企业还是养殖农户，都必须进一步加强畜牧法的学习和贯彻落实；全面加强对畜牧工作人员、养殖人员、经营人员的业务培训，提高法制意识；畜牧执法人员要严格按照畜牧法及相关法规加大执法力度，把住畜禽产品质量安全关。要通过法律的学习宣传，让大家逐步形成“规范养殖畜禽就是关爱自己”的理念，真正实现健康养殖、健康销售、健康消费。

二要进一步加强畜禽产品质量安全保障能力建设，勇于直面问题、努力破解难题、不断解决问题。一方面，加强畜牧业硬件建设。省市县政府要安排一定资金配备必需的检测设备，预算列支足额的检测费用、技术培训费用，切实增强畜禽产品质量安全检测检验能力；另一方面，为确保畜牧工作的正常开展，要继续加强畜牧专业队伍建设，既要用好用活政策，加大畜牧兽医技术干部的招录，又要注重向内“找能人”“育新人”，更注重培养，推荐选拔乡土人才外出交流深造，引导人才“走出去”拜师学艺、“走回来”建设家乡。做到精准识别，建好乡土畜牧人才数据库，通过师徒制、人才共享等方式挖潜破壁，让更多“土专家”“畜状元”成长成才、大施所长，切实解决好畜牧专业技术人员进得来、留得住，学得精、干得好的问题。

三要进一步抓好养殖废弃物资源化利用，取得良好经济和生态效益。各地政府及有关部门要统筹土地、水资源承载能力，继续优化产业布局，大力推广种养结合循环发展的技术模式，达到畜禽粪污的减量化排放、资源化利用。省市县政府及其有关部门要安排一定数量的专项工作经费，增加对养殖废弃物资源化利用的投入，提高养殖场户粪污处理利用设施装备水平，提升畜禽粪污资源化利用能力。同时，要进一步细化土地使用、税收减免、财政补贴等扶持政策，引进社会资本建设粪污集中收集、处理、运输、施用等环节基础设施，逐步建立市场化运营机制，注重提高处理设施装备水平，让肥料化、资源化利用的成本降低，形成比较优势。

四要进一步提升畜牧业生产水平，有效保障市场供给。强化科技支撑，充分发挥畜牧类产业技术体系作用，加大畜牧科技应用推广，力争在良种建设、标准化生产、设施化装备、动物疫病防控、绿色健康养殖水平提升上取得新突破。扶持畜产品加工企业建设自有生产基地，促进畜牧业全产业链发展。要积极落实国家关于畜牧产品稳产保供安排部署，进一步推动生猪、肉牛等云南优势产业加快发展。同时，提高肉羊、家禽、奶牛等其他畜产品生产，保障畜产品市场有效供给、价格基本稳定。

五要进一步提高重大动物疫病防控水平，维护公共卫生安全以及人民生命健康。要毫不松懈抓好非洲猪瘟防控，严格动物及其产品运输监管制度，扎实做好春、秋季集中防疫工作，降低疫情传入风险，保障生猪恢复生产大局。落实口蹄疫、高致病性禽流感等重大动物疫病防控措施，加强布病等重点人畜共患病防治，确保不发生区域性重大动物疫情。加强市县兽医实验室建设，不断提升动物疫病防控能力。

最后，对云南省委、省人大、省政府、相关部门、市县乡镇对我们这次执法检查所提供的大力支持、真诚帮助和热情服务表示衷心地感谢！

# 在畜牧法执法检查组<br>第二次全体会议上的讲话

（2021 年 7 月 19 日）

武维华

刚才，大家对执法检查报告稿进行了讨论，在肯定报告总体框架和主要内容的同时，也提出了一些修改建议，对大家的修改意见，农委要认真研究吸收，进一步修改完善好执法检查报告。

开展畜牧法执法检查是今年全国人大常委会的监督工作重点之一。执法检查组第一次全体会后，各检查小组和受委托检查省区市人大围绕法律规定的主要制度和法律责任，开展了严格细致检查，农业农村部选派人员积极配合检查工作，各地周密安排检查行程，客观反映法律实施情况和存在的主要问题，有关新闻单位加强宣传报道，办公厅秘书局与所赴地方密切配合，严格落实疫情防控规定，确保执法检查工作顺利开展。在此，我代表执法检查组向大家表示衷心的感谢。下面，结合检查情况和大家的发言，我再讲几点意见。

## 一、要立足新发展阶段，深入贯彻新发展理念，依法推动形成畜牧业高质量发展新格局

畜牧法是一部生产促进法，是推动我国畜牧业持续健康发展的基本制度遵循。该法围绕推动畜牧业全产业链发展，从畜禽遗传资源保护、畜禽品种选育和推广、畜禽养殖、畜禽交易与运输、质量安全保障等方面作了明确规定，确立了我国畜牧业发展的基本制度规范。从检查情况看，法律颁布实施以来，在各地各级政府、各有关部门的共同努力下，我国畜牧业保持平稳发展，生产方式加快转变，畜产品质量安全水平不断提高，综合生产能力明显提升。在检查中，各地各部门都普遍反映，畜牧法的贯彻实施对保障居民畜禽产品消费需求，促进农牧民增收，保持经济社会持续健康发展和社会大局稳定做出了重要贡献。

同时，大家也都反映，当前我国畜牧业发展的内外部环境正发生深刻的变化，资源环境约束日益趋紧，动物疫病风险隐患大，稳产保供仍面临着较大的压力。在全面建设社会主义现代化国家的新征程中，推动畜牧业高质量发展，要把贯彻实施畜牧法，与贯彻落实以习近平同志为核心的党中央关于畜牧业发展的决策部署紧密结合起来，立足新发展阶段，深入贯彻新发展理念，依法推动形成产出高效、产品安全、资源节约、环境友好、调控有效的新格局，更好地满足人民群众不断增长的对畜禽产品消费的多样化新需求。

依法推动畜牧业发展，要深入把握新发展阶段的特征和要求，解决好畜牧业发展的主要矛盾，助力实现国务院在去年出台的《关于促进畜牧业高质量发展的意见》中提出的畜牧业2025年和2030年发展目标。

依法推动畜牧业发展，要不断深化对新发展理念的理解，将新发展理念完整、准确、全面贯穿于畜牧业发展的全过程，实现畜牧业更高质量、更有效率、更可持续、更为安全的发展。依法推进畜牧业发展，要主动融入国内大循环为主、国内国际双循环相互促进的大发展格局，继续深化畜牧业供给侧结构性改革，使畜禽供给体系与人民群众对畜禽产品需求的适配性进一步提高，尽快形成需求牵引供给、供给创造需求的更高水平动态平衡；要深化对外交流，在更高层次上融入全球农产品供应链产业链，形成参与国际竞争合作新优势。

## 二、要坚持问题导向，进一步贯彻落实畜牧法

在肯定成绩的同时，我们也要清醒认识到，依法推动畜牧业发展仍存在一些短板弱项亟待补齐，主要表现为对畜禽遗传资源保护力度不够，畜禽地方品种保种形势极为严峻；畜禽育种体系不完善，新技术应用滞后，缺乏持续稳定资金支持，总体创新能力不强，致使核心种源对外依存度较高，畜禽养殖品种优良性状与国外差距较大；非洲猪瘟和人畜共患病的防疫形势严峻，局部发生疫情的风险依然较高；一些地方基层动物防疫体系“职能淡化、力量弱化、支持虚化”等问题依然突出；畜牧业全产业链发展受饲料、土地、环保和加工流通的制约日益明显；草原畜牧业发展面临草料供给不足和草原利用方式不合理双重挑战；政策、资金、人才等发展要素支撑不足对畜牧业发展的影响日趋明显。这些都需要通过进一步增强法律制度规范的执行力，以深化畜牧业供给侧结构性改革为主线，用系统性办法解决畜牧业产业链供应链的结构性问题，畅通育种、养殖、加工、流通、消费各个环节，实现上下游、产供销有效衔接、高效运转。

一是促进畜禽种业振兴。畜禽种业是畜牧业发展的基础，是畜牧业核心竞争力的重要体现，是畜产品稳产保供的要害。要扎实推进第三次畜禽遗传资源调查，尽可能全面摸清家底，夯实畜禽种业振兴基础。要加强国家畜禽核心育种场（站、基地）建设和管理，完善生产性能测定体系，构建畜禽育种创新链大数据平台，全面强化畜禽育种基础保障能力。要推进畜禽育种创新攻关，突出主导品种选育提升，注重地方品种开发利用，显著提升种畜禽生产性能和品质水平，确保畜禽核心种源自主可控。

二是加强动物疫病防控。我国畜牧养殖密度大，畜禽疫病复杂多样且频发，必须毫不松懈抓动物疫病常态化防控，确保畜禽养殖安全和公共卫生安全。要压紧压实非洲猪瘟等重大动物疫病防控责任，全面落实动物防疫政府属地管理责任、部门监管责任和生产经营者主体责任，保障各项防控措施落到实处，力保不发生区域性重大动物疫情。要把畜禽防疫纳入公共卫生应急管理体系，加强动物防疫队伍和防疫基础设施建设，不断提高动物疫病防控能力和动物防疫监管服务能力。

三是提高畜禽产品稳产保供能力。要因地制宜发展规模化养殖，引导养殖场(户)改造提升基础设施条件，充分发挥规模化养殖在保障畜禽产品数量安全方面的作用。同时，通过健全社会化服务体系、建立适度规模经营主体与中小养殖户利益联结机制等措施，鼓励支持有意愿的养殖户稳步扩大养殖规模并逐步实现专业化生产，探索发挥中小养殖户在满足人民群众对高品质多元化畜禽产品消费需求方面的作用。要继续完善畜禽养殖扶持政策，尽快打通环评、用地、信贷等瓶颈，保护生猪基础产能，支持奶业、禽类、牛羊等生产，为畜禽产品稳产保供提供强有力的政策支撑。

四是支持草原畜牧业发展。要推动草原生态保护与草原畜牧业协调发展，充分认识和发挥草原畜牧业发展对农业供给侧结构性改革的重要意义和作用，促进我国肉类供给结构和消费结构进一步优化。要实施新一轮草原生态补奖政策，合理提高禁牧补助和草畜平衡奖励标准，在条件适宜地区系统开展草原补播修复，稳步推进退化草原综合治理，不断提高草原产草量和载畜量。要合理利用草原资源，大力发展饲草业，持续推进禁牧、轮牧、休牧和舍饲圈养，实现草畜平衡。要加强牧区生产设施建设，支持牧区转变生产方式，发展适度规模经营，提高草畜生产量。需要补充强调的是，草畜业发展对改善我国畜产品结构、甚至对逐步改变我国农业的“猪—粮”二元结构有非常重要的积极影响。我国人均年肉类消费量接近 30 公斤(2019 年为 26.9 公斤)，其中猪肉和牛肉的比值约为 10：1；而美国的肉类消费中这一比例为 1：10。还有，我国奶产品/乳制品人均消费仅为发达国家的 1/7、世界水平的 1/3、发展中国家的 1/2……等等。我国肉类、动物蛋白产品消费中猪肉占比过高长期影响着整个农业生产结构，在非常努力地生产饲料粮的同时，每年还要大量进口饲料粮(主要是大豆和玉米)，以保障畜禽饲料供应，而且随着畜禽产品消费量的日益增长，这一问题将越来越突出。“猪周期”问题仍无明确有效的破解之法。显然，仅靠“头疼医头、脚疼医脚”的策略不是可持续的良法，而只有通过调整畜禽产业结构，逐步改变“一猪独大”的局面，才有可能逐步降低“猪周期”的影响作用。当然，我们不可能在短期内改变消费者饮食习惯和市场需求，但多年来牛羊肉价格坚挺(远高于猪肉价格)已经表明，市场对更多的牛羊肉有需求，乳制品的消费市场也还有很大提升空间。因此，努力发展草畜业将对我国整个农业结构调整有非常重要和积极的意义和作用。

五是推进畜牧业绿色发展。畜禽养殖应协调推进畜禽养殖和环境保护，促进可持续发展。要调整优化畜牧业生产布局，确保畜禽养殖密度与资源环境承载能力相匹配。畜禽育种要注重品种的饲料转化率性状，努力提高产出投入比。要加快安全高效饲料添加剂等研发推广，持续推进兽用抗菌药减量使用，确保养殖投入品高效安全。要加快推进养殖废弃物资源化利用，推行种养结合，支持粪肥就地就近运输、无害化处理及农田施用，支持配套建设粪肥田间贮存池、沼液输送和使用设施等，打通粪肥还田通道。同时，要完善畜禽粪污资源化利用标准，强化监测和全链条评估，降低土壤重金属等污染物积累和环境污染风险。

六是健全现代畜禽流通体系。要顺应消费升级和畜禽疫病防控的要求，优化屠宰加工产能布局，推动畜禽就地就近屠宰，减少活畜禽长距离运输。要优化畜禽专业市场在主产区、集中消费地和传统集散地的规划布局，加快冷链物流基地和配送体系建设，逐步提高冷鲜肉销售和消费比例。

同时，在执法检查中各地各部门普遍反映，为进一步强化公共法治保障和促进畜牧业高质量发展，亟需对现行的畜牧法进行修改完善。全国人大常委会要认真研究吸收各地各部门提出的修法建议，尽快对修改完善后的畜牧法进行审议。

## 三、要发挥人大监督作用，推动畜牧法全面有效实施

执法检查是人大开展监督工作的法定形式，是保障法律有效实施的重要手段。作为执法检查成果的集中体现，检查报告既要总结法律实施的成效，更要聚焦影响法律实施、制约政策落实的突出问题，提出增强法律制度执行力的意见和建议。要进一步修改完善好执法检查报告，务求有针对性地提出完善制度、改进工作的意见建议。

按照全国人大常委会监督工作计划，畜牧法执法检查报告将于 8 月提交第十三届全国人大常委会第三十次会议审议。常委会分组审议报告时，国务院有关部门负责同志要列席会议，回答询问。会议审议后，全国人大常委会办公厅要汇总整理常委会组成人员对执法检查报告的审议意见，将执法检查报告和审议意见一并送国务院办公厅处理，国务院有关部门要在 6 个月内将落实情况向全国人大常委会提出书面报告。全国人大农委要开展跟踪督查，

推动报告和常委会审议意见贯彻落实。

总之，我们要以此次执法检查为契机，通过加强对畜牧法实施和执行情况的监督，认真督促有关方面严格落实法律责任，推动将法律制度转化为治理效能，为促进我国畜牧业高质量发展提供更强有力的法治保障。

# 对检查畜牧法实施情况报告的意见和建议

8月19日，十三届全国人大常委会第三十次会议审议了全国人大常委会副委员长武维华作的全国人大常委会执法检查组关于检查畜牧法实施情况的报告，共有10人次发言。根据会议发言情况，将常委会组成人员和列席人员的主要意见整理如下。

出席人员普遍认为，畜牧业是关系国计民生的重要产业，肉蛋奶是丰富百姓“菜篮子”的重要支柱。国务院及其有关部门认真贯彻落实以习近平同志为核心的党中央关于推动畜牧业高质量发展的决策部署，全面贯彻落实畜牧法，健全完善政策保障体系，有序开展畜禽遗传资源保护，不断提升畜禽种业创新能力，加快推进畜牧业转型升级，强化安全质量监管，推动畜牧业持续健康发展。出席人员充分肯定执法检查组的工作，普遍赞成执法检查报告，希望国务院及其有关部门认真研究落实。大家强调，要重视畜牧业存在的突出问题，加强畜禽遗传资源保护，扶持畜禽品种选育和生产经营，抓好疫病防控，推动畜牧产业升级、产业链壮大，发展优质、高效、绿色、安全的畜牧业。审议中，大家还提出了一些具体意见和建议。

## 一、加强畜禽遗传资源保护与利用

一些出席人员指出，我国畜禽遗传资源丰富，已发现地方品种达500多个，但同时濒危和濒临灭绝品种占总数近20%，超过一半的地方品种数量呈下降趋势，安全状况日趋严峻。畜禽遗传资源保护是一项关系国计民生的大事，各级政府应高度关注，统筹好保护与开发的关系，加大政策和资金支持力度，注重引导和发挥企业作用，形成全社会保护畜禽遗传资源合力。应坚持“以保为主、保以致用、以用促保”原则，坚持市场需求为导向，加强特色畜禽遗传资源开发利用，实现资源优势向经济优势转化。

## 二、统筹提升动物疫病防控能力

有的出席人员提出，新冠肺炎疫情再次表明，“人类—动物—环境”是一个共生系统，应当对人与动物共患病采取“全健康”策略，综合考虑环境的可持续性、动物的健康和人类的健康，推动动物疫病防控实现多机构、跨学科、跨地域协同合作。建议农业农村部和卫生健康委就动物疫病防控建立长期稳定的协同机制，以农科院兽医研究机构为基础，组建国家动物疫病预防控制中心，依托现有农业院校研究机构、中科院研究机构等在全国布局若干分中心，构建起上下联动的全国动物疫病防控体系。有的出席人员建议，进一步加大对病原体“功能增强”研究的审查和管理，明确未经主管部门批准任何机构和个人不得进行相关科研实验，以降低病原体意外泄漏风险，消除生物安全隐患。

## 三、补齐畜牧产业链短板弱项

有的出席人员提出，我国每年有几亿吨畜禽粪污得不到资源化利用，成为农业面源污染的重要来源。这其中既有种养主体处理利用积极性不高、只考虑本领域效益的问题，也受畜禽粪污资源化开发基础性研究不深入、运行机制不健全的影响。建议进一步树立绿色发展理念，加强畜禽粪污还田利用基础研究，大力推行种养结合，支持配套设施建设，提高畜禽粪污综合利用率，努力发展环境友好型畜牧业。有的出席人员指出，我国发展现代饲料工业的市场潜力巨大、创新空间巨大，建议进一步加大支持力度，健全饲草饲料供应体系，畅通加工流通渠道，减少对进口大豆、玉米的依赖，保障“菜篮子”安全。

## 四、稳步发展草原畜牧业

有的出席人员指出，受传统数量规模型发展模式的影响，大部分草原地区草畜矛盾突出，特别是实行禁牧和草畜平衡制度后，项目实施地区畜牧业增收变缓，后续产业发展滞后，牧民转产转业增收难度较大，草原保护、畜牧业转型与牧民增收矛盾更加凸显。摆脱"草原生产能力下降—增加牲畜饲养量—超载放牧—草场退化"的恶性循环,应将牧民致富放在头等位置,只有让牧民富起来,草原才能绿起来。建议加快构建现代养殖体系,发展适度规模经营,发挥龙头企业的带动作用,促进畜牧业增效和牧民增收。有的出席人员指出,目前我国草原科技贡献率不足 30%,远不及农业科技贡献率,与国外指标相比更差甚远。建议进一步加大对草原草业领域、草原畜牧业领域科研投入,加快科技成果转化,推广实用技术,加强科技知识普及和技术培训,让科技在保护草原和促进草原畜牧业发展中发挥更大支撑作用。

## 五、强化政策保障与科技人才支持

一些出席人员指出,前几年生猪生产和市场供应发生较大波动,其中既有非洲猪瘟疫情的影响,也与一些地方强行关闭养殖场有关系。一些经济发达地区受税收、环保、防疫等因素影响,"只想吃肉不想养猪",任意扩大禁养限养范围,甚至对养殖场(户)搞"一律关停、先停再说"。各级政府和部门应树牢科学发展观,全面、联系、发展地看问题、作决策,为畜牧业健康发展营造一个稳定、清晰、可持续的政策环境,切实杜绝"运动式""一刀切"式做法。国务院相关主管部门应尽快制定出台划定禁养区的具体标准和管理办法,明确由省级政府具体划定,县级政府抓好执行落实。有的出席人员指出,家庭养殖专业户面临用地难、治污难、融资难的问题。建议进一步提高对家庭养殖专业户的支持力度,统筹考虑畜牧业用地、融资、环保等发展需求,推动家庭养殖转型升级。

有的出席人员提出,全国畜牧专业类人才紧缺,目前畜牧企业对高职专科以上人才的需求量约为 33 万人,对中职人才的需求量约为 11 万人,人才缺口分别高达 28 万人和 10 万人。建议采取高等中等院校培养、在岗职业技能培训、制定就业引导政策等多种方式,进一步加大对畜牧专业人才的培养支持力度,为畜牧业持续健康发展提供坚实的人才基础。

# 全国人民代表大会常务委员会执法检查组关于检查《中华人民共和国固体废物污染环境防治法》实施情况的报告

——2021 年 10 月 21 日在第十三届全国人民代表大会常务委员会第三十一次会议上

全国人大常委会副委员长 沈跃跃

全国人民代表大会常务委员会:

今年是实施"十四五"规划,开启全面建设社会主义现代化国家新征程的第一年。全国人大常委会持续深入学习贯彻习近平生态文明思想、习近平法治思想,坚决贯彻落实党中央关于深入打好污染防治攻坚战决策部署,把固体废物污染环境防治法(以下简称"固废法")执法检查作为监督工作的重点,连续四年对生态环保领域重要法律实施情况进行检查,持续强化法律实施监督,运用法治方式巩固和深化污染防治攻坚战成果,用法治力量守护绿水青山。

执法检查组由中共中央政治局常委、全国人大常委会委员长栗战书担任组长,中共中央政治局委员、全国人大常委会副委员长王晨,全国人大常委会副委员长沈跃跃、丁仲礼,秘书长杨振武,环资委主任委员高虎城任副组长,成员有全国人大常委会委员、环资委组成人员和部分全国人大代表共 27 人。4 月至 9 月,执法检查组分为 4 个小组,分赴陕西、上海、内蒙古、湖北、湖南、海南、河南、黑龙江等 8 个省(区、市)开展执法检查,深入到 26 个地市,实地检查和随机抽查了 128 个单位,召开 20 次座谈会,听取地方政府和有关部门的汇报,与五级人大代表和专家学者、基层执法人员、企业负责人进行深入座谈。同时,委托其他 23 个省(区、市)人大常委会对本行政区法律实施情况开展检查。全国人大常委会办公厅会同 13 个省(区、市)人大组织 240 余名全国人大代表广泛深入开展专题调研。

这次执法检查有以下特点:一是坚持以习近平

生态文明思想和习近平法治思想为指导，把固废法执法检查作为具体举措，以实际行动确保党中央关于深入打好污染防治攻坚战决策部署落到实处。二是严格依法监督，坚持问题导向，将新增法律制度实施情况作为重点，聚焦生活垃圾分类等人民群众关注的重点领域，加强抽查暗访，深入查找突出问题。三是坚持全过程人民民主，充分发挥人大代表作用，扩大人大代表对全国人大常委会工作的参与，广泛深入组织全国人大代表集中开展专题调研，带头贯彻实施法律，就近就便开展监督。四是上下联动、形成合力。执法检查组所到的8个省（区、市）人大同步开展执法检查，全国、省、市、县各级人大联动，执法检查做到全覆盖。五是广泛开展法律学习宣传，把法律学习宣传贯穿到执法检查全过程，在“学习强国”平台开展法律知识专项答题，组织各地人大开展法律知识问卷调查。六是科学开展评估。委托第三方对法律实施情况进行评估，提高执法检查的科学性和权威性。

现将主要情况报告如下：

## 一、法律实施进展情况

根据2017年全国人大常委会固废法执法检查报告有关建议，十三届全国人大常委会启动了固废法修订工作。2018年，习近平总书记在上海考察时作出“垃圾分类工作就是新时尚”的重要指示。全国人大常委会坚决贯彻落实习近平总书记重要指示精神，顺应人民群众对美好生活的向往，于2020年4月审议通过了新修订的固废法，增设了生活垃圾专章。2020年9月1日新固废法实施以来，各地区各部门深入学习贯彻习近平生态文明思想，坚决贯彻落实党中央决策部署，积极贯彻固废法，认真落实法律责任，依法深入打好污染防治攻坚战，固废法实施取得了明显成效。

### （一）法定责任积极有效落实

全面加强组织领导。各地加强组织领导，全面落实“党政同责、一岗双责”，将固体废物污染环境防治工作纳入重要议事日程专题进行部署，通过专题研究、带队检查等方式，推动固体废物污染环境防治工作。上海市完善固体废物污染防治工作机制，成立由市委书记任组长、市长任常务副组长的生态文明建设领导小组，将固体废物污染防治放在生态文明建设总体布局中予以部署推进。河北、江苏等地省委书记、人大常委会主任带队开展执法检查，有力推动法律实施。

政府责任进一步落实。各地政府落实法律第7条规定，将固体废物污染环境防治目标纳入年度经济社会发展主要指标，作为考核评价的重要内容。落实法律第13条要求，将固体废物污染环境防治有关工作纳入“十四五”国民经济社会发展规划、生态环境保护规划，作为深入打好污染防治攻坚战、持续改善环境质量的重要内容。落实法律第30条规定，将固体废物污染环境防治情况作为环境状况和环境保护目标完成情况年度报告的重要内容，依法向本级人大或常委会报告。天津生态城、深圳、西宁等“无废城市”试点城市和地区落实法律要求，在全域推进固体废物源头减量和资源化利用，形成一批可复制可推广的经验模式。落实法律第8条规定，上海、浙江、江苏、安徽签订《长三角区域固体废物和危险废物联防联治合作协议》，推动跨区域联防联治和利用处置设施共享。

部门监管职责得到加强。法律第9条规定了各部门监督管理职责。生态环境部加快制定固体废物污染防治管理制度并监督实施，国家发展改革委组织拟订和实施相关产业政策，工业和信息化部拟订并组织实施资源综合利用相关促进政策，财政部加大中央财政对固体废物污染防治支持力度，2021年已安排337亿元，同比增长13%。住房城乡建设部加强对城镇生活垃圾分类处置指导，推进城镇建筑垃圾和餐厨垃圾处置，农业农村部积极推进农药、化肥合理使用和农作物秸秆、废弃农膜资源化利用，商务部加强对报废机动车回收拆解监督管理，海关总署加强对固体废物入境监管，国家邮政局组织和推动快递包装减量化。各地建立责任清单、出台规范性文件，推动部门依法履行监督职责，压紧压实目标责任。

企业治污主体责任不断压实。落实法律第39条要求依法推行排污许可制度。国务院出台《排污许可管理条例》，规范企事业单位和其他生产经营者排污行为。海南省实施《海南省排污许可管理条例》，实现“一证式”管理。国务院有关部门落实法律第66条要求，完善政策措施，督促企业落实生产者责任延伸制度，加强对废弃电器电子产品多渠道回收和集中处理，累计引导近6亿台废弃电器电子产品进入规范渠道处理。相关企业加强固体废物从产生到利用处置全链条管理，污染防治责任不断强化。

### （二）配套法规标准制度逐步完善

国务院有关部门认真研究出台相关配套法规文件，出台了关于进一步推进生活垃圾分类工作的若干意见、农村生活垃圾收运和处理技术标准。印发了加强危险废物鉴别工作的通知,修订发布了国家危险废物名录、危险废物焚烧污染控制标准、医疗废物处理处置污染控制标准、一般工业固体废物贮存和填埋污染控制标准。制定了关于进一步加强塑料污染治理的意见、邮件快件包装管理办法、邮政快件绿色包装规范。发布了生态环境损害赔偿制度资金管理办法、报废机动车回收管理办法实施细则等。各地结合实际加快制定地方性法规,上海市率先由市人民代表大会表决通过了生活垃圾管理条例,福建、甘肃等 11 个省份发布了生活垃圾管理地方性法规,山西、湖南、河南等 11 个省份发布了固体废物污染防治地方性法规,北京、吉林、宁夏、新疆 4 个省份发布了危险废物污染环境防治条例,辽宁、山东等省份制定了医疗废物管理地方性法规。

（三）重点领域固体废物污染防治成效显著

生活垃圾分类处理进展明显。落实法律第四章要求,全国地级及以上城市生活垃圾分类工作全面启动,各省（区、市）均已制定垃圾分类实施方案,垃圾分类习惯加快养成。到 2020 年底,46 个试点城市垃圾分类居民小区覆盖率达到 94.6%,回收利用率平均达到 36.2%。2020 年中央预算内投资 73.7 亿元支持地方城镇垃圾处理设施建设。2020 年全国城市生活垃圾清运量 2.35 亿吨,无害化处理率达 99.7%;农村生活垃圾收运处理的行政村比例达 90% 以上,2.4 万个非正规垃圾堆放点得到整治。上海市加快全过程分类体系建设,建成一批处于全国领先水平的垃圾分类收运处置设施;运用信息化、数字化技术强化全过程监管,建成固废管理信息系统和“一网通办”平台,实现“全覆盖、全封闭、全程智能化”管理模式;绿色生活方式成为城市新风尚,垃圾分类逐渐成为市民自觉行动和日常习惯,居民和单位分类达标率均达到 95%,形成了生活垃圾分类处理“上海模式”。在全国垃圾分类试点城市考核排名中,上海市始终保持第一。浙江、海南基本实现原生生活垃圾零填埋。湖北襄阳市区餐厨废弃物处理率达 85%。湖南长沙建成固废管理信息化平台,对生活垃圾处理实现智慧化管理。

危险废物监管和处置能力不断加强。2020 年中央预算内投资 45 亿元支持 479 个医疗废物收集、运输和集中处置设施建设,加快补齐设施短板弱项。到 2020 年底,全国危险废物集中利用处置能力超过 1.4 亿吨/年。各地和有关部门全力做好新冠肺炎疫情医疗废物处置工作,实现全国所有医疗机构及处置设施环境监管和服务全覆盖。疫情期间,湖北省面临医疗废物激增压力,国务院有关部门和湖北省共同努力,及时完善医疗废物应急处置机制,加快补齐医疗废物收集处置设施短板,迅速扭转医疗废物处置能力严重不足的局面,组织各方面力量转运医疗废物,有效保障湖北省医疗废物处置总体平稳有序,守住了阻断病毒传播链条的最后一道关口,实现了医疗废物处置“零库存”、安全“零事故”、人员“零感染”。四川、重庆、云南、贵州四省（市）建立危险废物跨区域转移“白名单”制度,广东、广西、江西、福建、湖南建立危险废物跨省非法转移联防联控机制,在危险废物监管、防范和打击跨省非法转移倾倒方面开展常态化合作。

工业固体废物污染防治不断加强。持续优化工业结构,推动钢铁、有色等重点行业大幅减少固体废物产生量。实施绿色制造工程,加快构建绿色制造体系。国务院相关部门组织实施“固废资源化”重点专项,在矿产资源、大宗工业固废、城市废物等综合利用方面取得技术突破。组织创建 50 家大宗固体废物综合利用基地和 60 家工业资源综合利用基地,推动产业规模化、集聚化发展。积极推进长江经济带尾矿库污染防治,1075 座重点尾矿库治理基本完成。加强对矿山生态修复政策支持,内蒙古呼和浩特市对大青山前坡哈拉沁区块进行生态恢复保护,形成综合性公园。

建筑垃圾和农业固体废物污染防治工作加快推动。全国城市建筑垃圾综合利用率超过 50%。河南省辖市建筑垃圾资源化利用率达 70%。2020 年中央财政安排 99 亿元,支持畜禽粪污、农作物秸秆综合利用和地膜回收利用,全国畜禽粪污、秸秆综合利用率分别达到 76% 和 87.6%,农膜回收率达到 80%。黑龙江齐齐哈尔市农药包装物回收处置率达到 71.23%。陕西延安市加强对反光膜的回收再利用,解决农业白色污染问题,改善农村人居环境。

（四）行政执法和司法保障不断强化

严格执法监管。落实法律第 24 条规定,2020 年底实现固体废物零进口,2021 年 1 月 1 日起,18 个进口口岸全部取消。国务院相关部门连续四年开展“国门利剑”专项行动和打击进口固体废物环境违法行为专项行动,有效切断洋垃圾走私供需利益链。印发《全国危险废物专项整治三年行动实施方案》,全面排查整治危险废物环境风险隐患,2020 年发现环境风险隐患问题 2.5 万个。连续三年对长江经济带固体废物和危险废物非法转移倾倒问题进行全面检查。开展垃圾焚烧发电行业达标排放整治。到2021年8月底，全国624家垃圾焚烧厂1432台焚烧炉的自动监测数据全部联网并向社会公开。新法实施一年来，全国各级生态环境部门立案查处8728起案件，罚款金额约9.6亿元。

依法打击违法犯罪行为。司法机关将固体废物违法行为作为重点领域，加大全链条打击力度，持续高压打击固体废物污染环境犯罪，积极开展固体废物污染环境领域公益诉讼。新法实施一年来，全国各级法院受理涉及固体废物类一审刑事案件336件，固体废物污染防治责任纠纷案件40件，一审行政案件3698件。各级检察机关批准逮捕污染环境罪1840件3425人，起诉2306件5738人，有力震慑环境违法犯罪行为。各地办理涉固体废物的生态环境损害赔偿案件351件，赔偿金额约10亿元，清理固体废物5576万吨。

（五）法律宣传普及广泛开展

各地各部门认真贯彻落实法律第11条关于加强固体废物污染环境防治宣传教育和科学普及要求，采取多种形式加大法律宣传培训力度，促进有关人员学法用法。针对生活垃圾分类、制止餐饮浪费等老百姓普遍关心的身边事，组织开展固废法进社区、进学校等形式多样的宣传活动，增强公众固体废物污染环境防治意识。2020年，46个重点城市开展垃圾分类宣传活动15.1万次、入户宣传5100余万次，志愿者达640万人次，垃圾分类就是新时尚的观念日益深入人心。上海市开展了力度空前、形式多样、持续不断地垃圾分类宣传报道，鼓励不同年龄、不同层面的市民广泛参与。相关部门贯彻落实法律第29条要求，推动489家城市垃圾处理设施、397家危险废物和废弃电器电子产品处理设施单位向公众开放。执法检查期间，有3191.4万人在“学习强国”平台参与“固体废物污染环境防治法”专项答题，各地人大组织30多万人参与法律知识问卷、有奖知识问答，有力推动党员干部和社会公众学习法律知识，提高法治意识。全国人大代表带头贯彻实施法律，带头开展垃圾分类，就近就便开展监督，取得良好效果。地方人大高度重视代表专题调研，相关省级人大常委会有关负责同志带头参加，调研紧扣法律规定，坚持问题导向，发动社会参与，反映群众关注，有力推动了固废法的宣传和实施。上海市人大探索实现“全过程民主”，连续两年将垃圾分类作为市、区两级人大代表下社区的主题，听取市民意见近2万人次，对四级人大代表和居民开展3万余份垃圾分类问卷调查，充分发动各级人大代表参与垃圾分类检查调研和综合测评。北京市人大连续两年创新开展了“万名代表查三边，垃圾分类带头干”和“三个一”活动，全市三级1.3万余名人大代表从身边、周边、路边查起，检查一个点位、发现一个问题、上传一张照片，积极发现问题、形成清单、交办整改，形成了执法检查监督闭环。

## 二、存在的主要问题

在固废法实施取得积极成效的同时，法律实施不到位的问题还较突出，在推动高质量发展过程中，固体废物污染环境防治还面临着许多深层次的问题和挑战，固体废物污染防治形势依然严峻，距离人民群众对优美生态环境的需求和期盼还有较大差距，需要各方面高度重视，深入分析研究，依法推动解决。

（一）依法治污的责任落实还不够到位

从检查情况看，一些地方干部群众对依法防治固体废物污染环境的重要性、紧迫性和治理的长期性、艰巨性认识不足。有的部门工作人员对法律学习领会不深不透，依法办事能力不强。部分企业人员对法律知晓率不高，只知部门要求，不知法律责任。一些地方政府及有关部门、企业对依法防治固体废物污染重视不足、力度不够。部分地方政府的监管和治理责任落实不到位，目标责任制和考核评价制度不健全，压力传导存在“上热中温下凉”逐级递减的问题。法律第5条确立了污染担责的原则，但部分企业依法防治污染的主体责任落实不到位，受利益驱动，习惯于将固体废物“一包了之、一转了之”，非法转移、利用、处置、倾倒危险废物、生活垃圾等环境违法案件仍时有发生。法律第38条要求实施清洁生产，但企业从源头减少固体废物产生量的责任落实不到位。法律第49条规定的“产生生活垃圾的单位、家庭和个人应当依法履行生活垃圾源头减量和分类投放义务，承担生活垃圾产生者责任”没有落实到位。

（二）法律制度措施有待进一步落实

生活垃圾分类制度落实不平衡。从检查情况看，生活垃圾分类投放、分类收集、分类运输、分类处理的生活垃圾管理系统尚未完全建立，生活垃圾分类习惯尚未普遍形成。有的地方生活垃圾分类收集和分类运输设施不足，居民小区与垃圾中转站之间的“最后一公里”未完全打通，垃圾混装混运、混合处置现象仍较为普遍。从生活垃圾中分类收集的废电池、废荧光灯管、废药品等有害垃圾，缺少中转贮存和处置设施，尚未形成收集、运输、贮存、处置的完整链条。

过度包装、一次性塑料制品禁限管理规定有待进一步落实。法律第 68 条要求加强对过度包装的监管，鼓励绿色包装和减量包装。我国电子商务、快递、外卖等行业快速发展，2021 年 1—8 月，全国快递服务企业业务量累计完成 673.2 亿件，同比增长 40.1%，快递包装减量化、绿色化、循环化水平不高，包装物标准不完善，监管力度不够，过度包装屡禁不止，包装废弃物产量迅速增长，社会反映强烈。法律第 69 条规定国家依法禁止、限制生产、销售和使用不可降解塑料袋等一次性塑料制品，第 70 条要求减少使用一次性用品。地方反映，替代品成本高，技术不成熟，供应不充分，禁止、限制生产销售和使用一次性塑料制品监管环节多、力度不足，效果不够明显。塑料废弃物回收利用能力有待提升，大量塑料垃圾以填埋方式处置，存在"白色污染"问题。

危险废物收集贮存转移不规范。法律第 79、81 条对危险废物的收集、贮存、利用作出规定。抽查发现，株洲港铜塘湾港区码头作业区没有规范收集贮存危险废物，危险废物与生活垃圾混杂堆放。法律第 90 条规定，医疗卫生机构应当依法分类收集医疗废物，交由集中处置单位处置。抽查发现，部分民营医疗机构、偏远地区卫生室等存在医疗废物管理制度不健全、收集不规范、转运不及时的问题。法律第 73 条对实验室危险废物管理进行了规范。抽查发现，有的大学实验室废物管理制度不完善，收集处置不规范。评估发现，部分省份危险废物跨省转移审批程序不规范。法律第 122 条就执法过程中查获的无法确定责任人或者无法退运的固体废物处理作出规定，但一些地方移交处理机制还不完善。

全过程监控和信息化追溯制度有待落实。法律第 16 条、36 条、75 条和 78 条规定建立固体废物和危险废物全过程监控和信息化追溯制度。评估发现，全国固体废物管理信息系统不健全，部门间信息数据共享不够，工业固体废物、建筑垃圾、生活垃圾等方面基础性数据不完整不准确。

信息公开制度有待进一步落实。法律第 29 条规定，设区的市级人民政府生态环境主管部门应当定期发布固体废物相关信息，相关单位应当依法及时公开固体废物污染环境防治信息，主动接受社会监督。评估发现，2020 年全国 196 个大中城市向社会发布固体废物污染环境防治信息，但发布内容不完整，建筑垃圾、农业固体废物等尚未公开，其余设区的市未按法律要求定期发布固体废物污染环境防治信息。地方反映，对企业信息公开的具体内容和公开方式缺乏规定，有的企业不知如何公开环境信息，有的公开内容不完整、不及时。

区域联防联控制度有待深化。法律第 8 条对建立跨行政区域联防联控机制作出规定。评估发现，固体废物跨区域联防联控工作起步较晚，跨区域共建共享固体废物、危险废物利用处置设施存在一定制度障碍。

（三）固体废物无害化处置能力存在短板弱项

生活垃圾收运处理设施建设存在短板。法律第 13 条、45 条要求提高生活垃圾综合利用和无害化处置水平，最大限度降低固体废物填埋量。城市垃圾焚烧设施建设滞后，不少城市垃圾处理以填埋为主，一些垃圾填埋场建设时间久、设计标准低、论证不充分，有的填埋场超负荷运行、超期服役，有的存在渗漏问题。抽查发现，郑州、醴陵等城市生活垃圾填埋厂超负荷处理生活垃圾。厨余垃圾处理设施能力不足，资源化设施建设滞后，产品出路不畅。大件垃圾拆解中心和分拣中心等配套设施不足。农村生活垃圾收运处置投入不够，全国约 5% 的村庄未开展生活垃圾收运处置。资料显示，青海、西藏等一些生态敏感区和居民点分散地区，生活垃圾收运处理面临禁扔难、转运难、处理难等问题。危险废物和一般工业固体废物利用处置能力空间布局和地区分布不均衡。废酸、废盐、生活垃圾焚烧飞灰等部分种类的危险废物处置能力不足。一般工业固体废物综合利用率不足 55%，锰渣、赤泥、磷石膏等大宗固废综合利用率仅为 5%、7% 和 40% 左右。建筑垃圾、农业废弃物、污泥处置仍是薄弱环节。建筑垃圾处置设施不足、分布不均，一些城市没有正规的消纳场所。抽查发现，哈尔滨等城市存在建筑垃圾乱堆乱放问题。农业固体废物量大面广，废弃农膜、农药包装物等回收体系不健全。法律第 71 条增加了对污泥处置的规定，但一些地方没有按照法律要求同步建设污泥处置设施，对协同处置的第三方企业监管不到位，大量污泥堆放或非法倾倒造成环境污染。抽查发现，西安市污泥处理能力缺口达 1240 吨/日，占污泥产生量的 51.6%，长安区污水处理厂污泥长期擅自堆放。

（四）配套法规标准名录制修订工作相对滞后

部分法规标准仍未出台。法律规定的全过程污染环境防治责任制度、信息化监管制度、环境污染责任保险等缺乏相应的配套措施，地方性法规建设有待加强。评估发现，仍有约 20 个省（区）和大部分设区的市、自治州没有制定生活垃圾管理办法。

部分法规标准名录亟待修订。《医疗废物管理条例》《废弃电器电子产品回收处理管理条例》《危险废物经营许可证管理办法》等行政法规,《生活垃圾填埋场污染控制标准》《危险废物贮存污染控制标准》等强制性标准都未及时调整更新。

配套法规标准名录覆盖领域存在空白。固体废物综合利用标准体系缺失,建筑垃圾和厨余垃圾资源化利用产品标准体系不健全,绿色包装标准体系、可降解塑料制品认证方式等标准体系不完善。

(五)执法和司法威慑力不强

法律威慑力不强。法律第26、27条赋予了监管部门现场检查、查封、扣押等法律职责,第八章用23个条款对各类违法行为规定了相应的罚则。从执法情况看,查封扣押、按日计罚、拘留等强有力的措施使用不多,法律震慑作用尚未充分发挥。抽查中,湖南省汨罗振升铝业科技有限公司在检查人员出示环境执法证件并说明来意情况下,仍拒绝开门,故意拖延、阻挠检查。

执法监管能力不足。固体废物种类复杂、涉及面广、专业性强,违法行为隐蔽,执法监管难度大、要求高。评估发现,我国固体废物污染环境防治监管机构不健全,辽宁、浙江等5个省级行政区和82%的地级市生态环境局未设独立的固体处,陕西、宁夏等9个省级行政区和近1/3地级市没有专门固体废物环境管理机构,或已有相关机构职能弱化,县一级普遍没有独立的固体废物监管机构和专职工作人员,基层执法专业能力不强,执法装备水平差,“不会查找问题、不能发现问题”现象明显。

监管合力不够。固体废物污染防治执法监管涉及十余个部门。地方反映,实际工作中存在部门职责边界不清,协同发力不够等问题,容易造成监管空白。在打击危险废物非法倾倒填埋方面,生态环境、交通运输、公安等部门在联合监管上存在盲点,危险废物跨省非法倾倒案件时有发生。部分地方政府将废弃危险化学品等危险废物处置转交生态环境部门单独负责,未建立安全生产与生态环境部门联动机制,难以进行全过程监管,不利于消除安全生产隐患。

司法保障有待加强。地方反映,环保司法与行政执法衔接不够,有的法律条款由于缺少相应的司法解释,难以执行。专业鉴别机构少、收费高、周期长等问题突出,危险废物“鉴别难、鉴别贵”现象普遍存在,有的省份无专业的固体废物属性鉴别机构。评估发现,全国已开展危险废物鉴别的第三方机构不足200家。

(六)法律保障措施有待加强

资金和用地保障不到位。法律第95条对固体废物污染防治经费保障提出明确要求。一些部门和地方反映,固体废物污染防治资金不足问题较为突出。历史遗留大量尾矿、渣场、低值高风险固体废物,利用处置难度大、投资多、周期长、收益小,社会投资意愿不足,呼吁加大固体废物污染防治资金投入力度。法律第92条要求保障固体废物转运、集中处置等设施用地。检查发现,有的地方政府编制国土空间规划和相关专项规划统筹不够,生活垃圾回收利用、建筑垃圾消纳、危险废物集中处置等设施和场所用地困难。

污染者付费机制未有效建立。法律第58条要求建立生活垃圾处理收费制度,相关工作推进缓慢,已有的城市生活垃圾处理收费标准偏低,未能与垃圾分类质量挂钩,农村地区普遍没有实施垃圾收费,地方垃圾处理设施建设和运营管理资金存在缺口。第71条要求污水处理费征收标准和补偿范围应覆盖污泥处理成本和污水处理设施正常运营成本,目前仅少数地方将污泥处理处置费用纳入污水处理费用,但标准不高,费用收缴不到位。

财税政策有待完善。法律第98条对固体废物综合利用税收优惠作出规定。一些地方反映,因难以准确辨别综合利用产品性质,相关企业不能享受到税收政策优惠,相关税收优惠政策实施效果有待进一步提升。再生资源回收企业税负过重,回收行业无法取得进项税抵扣发票等问题多年没有得到解决。法律第99条要求投保环境污染责任保险,但目前仅有个别地区开展试点。

科技支撑保障不足。法律第94条要求推动固体废物污染环境防治技术进步。我国固废综合利用技术水平和产业集中度较低,缺乏有市场竞争力的龙头企业。相关领域尚存在许多技术瓶颈,精准治污、科学治污的科技支撑不足。传统制造业升级改造急需的先进适用技术研发滞后,磷石膏等大宗工业固废综合利用缺少经济可行、高附加值、规模化利用的技术。镁渣、电石渣等固体废物缺乏先进适用的无害化处理和资源化利用技术。此外,5G技术、人工智能、物联网等信息技术应用不足,固体废物管理精准化和智能化水平不高。

执法检查组经过认真研究认为,造成这些问题的主要原因有:对绿色发展理念认识不深入,行动有差距。一些地方对习近平生态文明思想的学习不够深入,认识不够深刻,固体废物污染防治“减量化、资源化、无害化”法定原则落实不够,没有充分认识防治固体废物污染环境,对于缓解资源环境对发展的压力,发挥减污降碳协同效应,推动绿色低碳循环发展的重要意义。在贯彻新发展理念,推动绿色发展方面存在等靠思想,主动思考不够,实践办法不多,节约资源和保护环境的空间格局、产业结构、生产方式、生活方式没有形成。简单粗放的资源利用模式还没有根本转变。有的地方和部门在工作中没有牢固树立节约集约循环利用的资源观,对全面促进资源节约集约利用,推进资源利用方式转变重视不足,绿色低碳循环发展的经济体系还未形成,“大量消耗、大量消费、大量废弃”的粗放型资源利用模式和固体废物产出模式尚未根本扭转。固体废物量大面广,新老问题叠加,污染防治工作中存在畏难情绪。据统计,我国历年堆存的工业固体废物超 600 亿吨,占地超 200 万公顷,每年新增固体废物约 100 亿吨,其中工业固体废物约 33 亿吨、建筑垃圾约 20 亿吨、农业废弃物约 40 亿吨,一些地方“旧账未还,又欠新账”问题较为突出,固体废物增量和存量仍处于历史高位。大量历史遗留的废渣、尾矿库污染防治措施不足,环境风险隐患较大。随着新能源产业快速发展,未来将产生大量废弃的风机叶片、光伏太阳能电池板、电动汽车蓄电池等固体废物。固体废物污染防治形势复杂严峻,不少地方感到财力有限,技术支撑不足,市场化手段缺乏,运用法律解决问题的办法不多,工作中存在畏难情绪。此外,公众环保意识还有待加强,奢侈浪费和不合理消费依然存在,节约适度、绿色低碳的生活方式和消费模式还没有形成。

## 三、意见和建议

当前,我国生态文明建设进入了以降碳为重点战略方向、推动减污降碳协同增效、促进经济社会发展全面绿色转型、实现生态环境质量改善由量变到质变的关键时期。固体废物污染防治一头连着减污,一头连着降碳,是生态文明建设的重要内容。要依法加强固体废物污染环境防治,坚持精准治污、科学治污、依法治污,巩固污染防治攻坚成果,以更高标准深入打好污染防治攻坚战,努力建设人与自然和谐共生的美丽中国。

### (一)深入学习贯彻习近平生态文明思想,推动绿色低碳循环发展

各地区各部门要持续深入学习贯彻习近平生态文明思想,坚决贯彻落实习近平总书记关于固体废物污染防治的重要指示批示精神和党中央关于深入打好污染防治攻坚战的决策部署,完整、准确、全面贯彻新发展理念,落实碳达峰、碳中和目标任务,保持加强生态文明建设战略定力,推动绿色低碳循环发展。要依法采取有效措施,把减量化、资源化、无害化原则要求真正落到实处,加快淘汰落后产能,全面推行清洁生产和传统制造业绿色化改造,积极推进资源节约集约循环利用,提高工业固体废物综合利用率。要坚持系统治理,统筹推进固体废物与大气、水、海洋和土壤污染防治。要坚持精准治理,及时解决法律实施中存在的新问题,推动解决生活垃圾处理、快递包装等突出问题,不断满足人民日益增长的优美生态环境需要。要坚持依法治理,运用法律武器、法治方式,破解固体废物污染防治工作中的难点、堵点问题。认真总结试点经验,分步骤推动地级城市开展“无废城市”建设,推动城市固体废物精细化管理和减污降碳协同治理,持续推动固体废物源头减量和资源化利用,最大限度减少填埋量。

### (二)加快推进法治建设,完善配套法规标准制度

制定完善配套法规、标准、名录是《立法法》的明确规定和要求,是全面有效实施法律的重要保障。国务院有关部门要加快立法步伐,加快制修订危险废物经营许可管理与转移管理、环境污染强制责任保险等配套法规规章制度,加快出台强制回收产品和包装物名录,及时制修订固体废物鉴别、污染防治技术、综合利用、产品包装和设计制造等标准,形成科学严密、有机衔接的法规制度体系。各省(区、市)和有立法权的市级人大及其常委会要加快制定固体废物污染防治地方性法规,增强法规的针对性和实效性。

### (三)严格落实法律责任,强化监督执法

各级政府及相关部门要切实履行法定职责。固废法中涉及国务院及其相关部门的条款共有 79 条,涉及地方政府及其部门职责的条款有 75 条,要坚持把生态环境保护“党政同责、一岗双责”要求落实到固体废物污染防治全过程,加强统筹协调和整体推进,压紧压实地方各级政府和有关部门法定职责。要明确各类固体废物从产生到处置全链条各环节的部门监管职责,建立健全部门间协作与信息共享机制,畅通“拐点”,打通“堵点”,形成要素完整、权责明晰、协同增效的联动工作机制。要深入开展固体废物集散地综合整治。注重统筹城市发展与固体废物管理,将固体废物分类收集及无害化

处置设施纳入城市基础设施和公共设施范围，统筹推进再生资源回收网点与生活垃圾分类网点布局，加大资金投入，保障设施用地。建立废弃危险化学品等危险废物处置的安全生产与生态环境等部门监管协作和联合执法工作机制。各级人大及其常委会要切实履行法律监督检查职责，依法督促、推动和支持政府及相关部门加强和改进固体废物污染环境防治工作。

要严格落实企业污染防治主体责任。按照污染担责的原则，依法压实企业主体责任，加快推行清洁生产审核，推动企业从源头减少固体废物产生量、降低危害性。电子商务、快递、外卖等企业要严格落实限制过度包装规定，推广使用可循环包装物。企事业单位要严格落实信息公开制度，依法及时公开固体废物产生、利用与处置信息，主动接受社会监督。产废企业要依法依规投保环境污染责任保险。

要加强区域联防联控。加快建立跨行政区域联防联控机制，总结推广长三角地区固体废物和危险废物联防联控机制等经验，积极探索在京津冀协同发展、长江经济带发展、粤港澳大湾区建设、黄河流域生态保护和高质量发展等国家重大战略区域建立跨行政区域联防联控机制，在规划制定、设施建设、固体废物转移、大宗固体废物协同处置利用等方面加强统筹协调和区域合作，有效化解区域间处理处置能力不平衡和结构性短板问题。

要严厉打击违法行为。着力提高执法监管能力，特别是基层执法人员专业素质和执法水平。加强行政执法与刑事司法衔接，建立完善“源头严防、过程严管、后果严惩”的危险废物全过程监管体系。充分运用查封扣押、按日计罚等措施，对典型违法案件严惩重罚、及时曝光，坚决维护法律权威，切实形成有力震慑，坚决防止出现“企业得利、群众受害、政府买单”现象。

（四）坚持问题导向，推动解决固体废物污染防治突出问题

要严格落实生活垃圾污染防治相关制度。要逐条逐项落实法律规定，加快构建以法治为基础、政府推动、全民参与、城乡统筹、因地制宜的垃圾分类制度。加快推进生活垃圾分类处理设施建设，增强便民措施，推进城市生活垃圾中低值可回收物的分类收集处置。推进建设高标准的“邻利型”垃圾焚烧设施，加强信息公开和科普宣传。加快补齐厨余垃圾和有害垃圾处理设施短板，加强污泥、飞灰处理处置和资源化利用。高度重视青藏高原等生态脆弱区固体废物污染防治。在疫情防控工作中，要高度重视国际航班、船舶、铁路运输等生活垃圾的收运和处理处置，严格防范风险。加强内河船舶与港口所在城市垃圾收运处置系统的有效衔接。

要全面提升危险废物利用处理处置能力。加强省级危险废物集中处置设施统筹规划，实现省内危险废物处置能力与需求总体匹配。加强危险废物区域联防联控，探索建立危险废物跨区域转移处置的生态保护补偿机制。研究建设国家大型危险废物集中处置基地，开展老旧危险废物利用处置设施运行情况评估检查，确保危险废物无害化处理。

要有序减少固体废物存量。着重推进解决历史欠账问题，推进矿山等污染治理、生态修复和历史遗留矿业固体废物综合利用。加强对建筑垃圾堆存、中转和资源化利用场所的规划和建设，鼓励在建筑工程和道路工程中应用建筑垃圾综合利用产品。加快建立完善秸秆、农膜、农药包装废弃物回收利用体系。

要重视新业态快速发展带来的固体废物污染环境防治。加强对电子商务、快递、外卖等行业线上线下协同监管，建立完善包装绿色化、减量化、可循环的激励和约束机制，支持绿色包装产品创新，降低替代成本，有力有序有效治理过度包装和塑料污染。加强全生命绿色周期管理，重视研究风机叶片、光伏太阳能电池板、电动汽车蓄电池等固体废物综合利用与安全处置。

（五）强化保障措施，建立多元共治的长效机制

要落实收费制度。严格落实法律第58条规定，按照产生者付费原则，建立健全生活垃圾处理收费标准，体现垃圾分类计价、计量收费等差别化管理，加大征收力度，促进生活垃圾源头减量。落实法律第71条规定，及时调整污水处理费征收标准，将污泥处理成本涵盖在内。

要加大资金投入和政策支持力度。严格落实和完善资源综合利用产业税收优惠政策，完善再生资源回收行业税收政策。加强财政资金支持，加大固体废物污染防治资金投入力度，提高资金使用效益。强化绿色金融支持，探索利用政府投资基金、环境污染强制责任保险等支持固体废物综合利用企业和产业发展。加强政策支持，培育一批规模化发展、专业化运营的龙头企业，带动多产业的固体废物协同利用。

加强科技创新和成果转化。要进一步强化科技在实现固体废物减量化、资源化、无害化中的支撑和保障作用。坚持问题导向,加强固体废物污染防治共性问题研究。鼓励重点行业开展清洁生产技术研发,大力推行绿色制造、绿色设计。加强对磷石膏、尾矿等大宗固体废物资源化利用和环境污染控制技术研发,提升大宗固体废物综合利用水平。加快探索适合我国厨余垃圾特点的处理技术,加快研究解决垃圾填埋遗留问题,构建生活垃圾从源头到末端的全过程分类技术支撑体系。支持鼓励企业加强技术设备研发,重视科技成果转化落地。充分利用大数据、互联网+等信息技术手段,加快建设全国统一的固体废物管理信息系统,推动实现固体废物全过程监控和信息化追溯。

(六)加快形成全社会共同治理共同保护格局

固体废物量大面广,防治固体废物污染环境需要全社会共同行动。要持续加大固废法宣传普及力度,提高全社会防治固体废物污染、保护生态环境的法治意识,形成全社会尊法学法守法用法的社会氛围。要将生活垃圾分类作为加强基层治理的重要载体,普及分类知识,强化公民对依法履行生活垃圾源头减量和分类投放法定义务的认识,引导全民参与、人人动手开展生活垃圾分类。要不断提高公众环保意识,广泛深入普及固体废物污染防治科学知识,加快养成绿色生活方式和消费模式。要依法做好信息公开,保障公众知情权、参与权和监督权,鼓励群众用法律武器保护生态环境。

生态文明建设任重道远,深入打好污染防治攻坚战触及的矛盾问题层次更深、领域更广、困难更大。让我们紧密团结在以习近平同志为核心的党中央周围,坚持以习近平生态文明思想、习近平法治思想为指引,认真学习贯彻习近平总书记重要讲话和中央人大工作会议精神,坚决贯彻落实党中央决策部署,不断发展全过程人民民主,用法治力量助力生态文明建设,为推进减污降碳协同增效,促进经济社会发展全面绿色转型,推动建设人与自然和谐共生的现代化作出积极贡献。

以上报告,请审议。

# 在固体废物污染环境防治法执法检查组第一次全体会议上的讲话

(2021 年 3 月 29 日)

栗战书

今年,全国人大常委会启动的第一项监督工作就是固体废物污染环境防治法执法检查,这是持续深入学习贯彻习近平生态文明思想、习近平法治思想的实际行动,是运用法治方式巩固和深化污染防治攻坚战成果、协同推进经济社会高质量发展和生态环境高水平保护的具体举措。

党的十八大以来,以习近平同志为核心的党中央高度重视生态文明建设,坚决向污染宣战,谋划开展了一系列根本性、开创性、长远性工作。在党中央领导下,经过国务院和各地区各部门共同努力,污染防治攻坚战成效显著,蓝天、碧水、净土三大保卫战取得重大战略成果。这方面,人民群众都有切身感受,给予了高度评价,这是对我们工作最好的肯定。贯彻党中央决策部署,本届全国人大常委会用 3 年时间先后开展大气污染防治法、水污染防治法、土壤污染防治法的执法检查,着力加强生态环保领域立法、监督工作,推动在法治轨道上治理污染、保护环境。同时要看到,保护生态环境、建设美丽中国,是一项长期战略任务,必须保持定力,常抓不懈,久久为功。这次"固废法"执法检查,是第 4 年对生态环保领域重要法律的实施情况进行检查,另外,今年还要听取审议年度环境状况与依法打好污染防治攻坚战工作情况的报告,长江流域生态环境保护、雄安新区和白洋淀生态保护等工作情况的报告,开展自然保护地体系建设专题调研,统筹推进湿地保护法、南极活动与环境保护法、环境噪声污染防治法、野生动物保护法、原子能法、危险化学品安全法以及黄河保护等立法修法工作,目的就是通过完善法律制度、强化法律实施监督,持续用力推进污染防治和生态环境保护。

党中央高度重视固体废物污染防治工作。习近平总书记先后数十次对此作出重要指示批示,包括全面禁止洋垃圾入境，普遍推行垃圾分类制度，加强塑料污染治理，杜绝过度包装，推进畜禽养殖废弃物处理和资源化，加强医疗废物、危险废物收集处理，坚决制止餐饮浪费行为等。总书记2013年在湖北考察电子废弃物绿色回收利用工作情况时专门指出，垃圾是放错位置的资源，使垃圾资源化，这是化腐朽为神奇，既是科学，也是艺术；变废为宝、循环利用是朝阳产业。对一项具体工作作出如此密集、如此细致的指示和部署，是不多见的。

固体废物，老百姓通常称之为“垃圾”，主要包括工业固体废物、生活垃圾、建筑垃圾、农业固体废物、危险废物等，具有量大面广、种类繁多、性质复杂和危害程度深等特点，是大气、水、土壤的重要污染来源。如果处理不当，轻则破坏生态环境，重则引发安全事故，威胁人民群众身体健康和生命安全。经过各方面不懈努力，我国固体废物污染防治工作取得长足进步，收集处理能力和综合利用率都有明显提升。同时，固体废物增量和存量长期居高不下，工业固体废物、建筑垃圾、畜禽养殖废弃物、农作物秸秆每年产生量都是数十亿吨的规模。拿生活中最常见的塑料来说，我国每年生产塑料原材料1亿多吨、塑料消费制品6000多万吨，是全球塑料生产和消费第一大国。与这样海量的固体废物相比，收集处理设施和能力严重不足。去年新冠肺炎疫情发生后，武汉医疗废物产生量最高峰达到每天240多吨，而处理能力只有每天50吨。当然，这是一个特殊的例子，但也从一个侧面反映，固体废物污染防治还有很多短板要补上，固体废物污染环境问题依然突出。

“固废法”是生态环保领域的一部重要法律，自1995年制定实施以来，经历过5次修改，开展过两次执法检查。特别是2020年的全面修订，深入贯彻习近平生态文明思想，把党中央新战略新部署新要求转化为法律规定，完善监督管理制度，严格法律责任追究，从6章91条增加到9章126条，为防治固体废物污染提供了强有力的法律支撑。这次执法检查，是在新修订的“固废法”实施仅半年多的时间开展的，既是了解法律实施情况，也是推动法律全面贯彻落实。检查中要把握好以下几个重点。

*一是法律确立的重大原则及相关规定落实情况。*法律明确规定，固体废物污染防治坚持减量化、资源化、无害化的原则。减量化要求源头治理，资源化要求综合利用，无害化要求安全处置，这“三化”各有侧重、相互衔接、有机统一。这部法律的重大制度、重要规定都是围绕“三化”原则来设计的。法律第3章、第4章、第5章对工业、生活、建筑、农业产生固体废物的源头减量、回收利用、降低危害进行了全面规范。比如，第38条关于实施清洁生产审核，减少工业固体废物产生量，降低工业固体废物危害性的规定；第66条关于建立电器电子、铅蓄电池、车用动力电池等产品生产者责任延伸制度的规定；第68条关于限制过度包装，对有关产品和包装物实行强制回收的规定等，都体现了“三化”的原则。第6章用18个条款全面规定了危险废物鉴别、贮存、转移、利用、处置的分级分类管理制度和生产者责任，确保全程可监控、可追溯，集中体现了无害化原则。这次检查，要推动有关方面依法采取措施，减少固体废物的产生量，促进固体废物的综合利用，降低固体废物的危害性，把“三化”原则落到实处，加快形成资源节约、环境友好、绿色低碳的生产生活方式。

*二是新增重要制度措施落实情况。*修订后的法律，聚焦固体废物污染防治中存在的突出问题，建立健全了一系列新的制度措施。比如，针对生活垃圾这一老大难问题，法律增设专章进行规范，建立了覆盖城乡，贯穿投放、收集、运输、处理全链条的生活垃圾分类制度，明确了政府、单位、家庭、个人等各方面的权利、义务和责任，规定得十分具体、严格，具有很强的操作性。针对洋垃圾入境问题，法律第23条、24条明确要求实现“零进口”，现在国务院有关部门已经根据法律规定发布公告，自今年1月1日起，我国禁止以任何方式进口固体废物，禁止我国境外的固体废物进境倾倒、堆放、处置。针对疫情防控中凸显的医疗废物处置短板问题，第90条、91条增加了医疗废物按照国家危险废物名录管理、实行集中处置、加强监督管理和统筹协调等规定。这次检查，要推动这些制度措施落实见效，用法律武器、法治方式破解难点堵点问题，提升固体废物污染防治工作水平。

*三是法定职责和法律责任落实情况。*法律能不能有效落实，很大程度上取决于政府有没有把责任担起来。修订后的法律，强化了各级政府及其有关部门在领导、规划、组织、协调以及监督管理等方面的职责，涉及国务院及其部门的有79条，涉及地方政府及其部门的有75条。比如，第7条、第8条明确地方各级政府对本行政区域固体废物污染防治的主体责任，规定目标责任制和考核评价制度、跨行政区域联防联控机制；第9条规定国务院生态

环境主管部门对全国固体废物污染防治工作实施统一监督管理；第 28 条规定建立信用记录制度，将相关信用记录纳入全国信用信息共享平台；第 29 条增加依法及时公开固体废物污染防治信息的规定。第 8 章法律责任部分，用 23 个条款对各类违法行为规定了相应的罚则，增加了按日连续处罚的规定和拘留的处罚措施，极大增强了法律的震慑力。这次检查，要推动各级政府和有关方面严格依法履职、依法监管、依法治理，加大执法和司法力度，严惩重处固体废物污染环境违法犯罪行为，使法律的威力充分发挥出来。

四是配套法规和标准、名录的制定情况。配套法规和相关标准、名录是对法律制度的具体化、精细化，是全面有效实施法律、做好执法司法工作的重要保障。在配套法规方面，法律第 39 条、80 条、82 条、88 条要求国务院或有关部门制定关于排污许可、危险废物经营许可、危险废物转移和重点危险废物集中处置设施、场所退役费用等事项的具体管理办法。在标准方面，第 14 条、15 条、68 条要求国务院有关部门制定固体废物鉴别标准、污染防治技术标准、综合利用标准以及产品和包装物设计、制造等相关标准。在名录方面，第 47 条要求设区的市级以上政府有关部门发布生活垃圾分类指导名录，第 75 条要求国务院有关部门制定国家危险废物名录并进行动态调整。按照立法法的规定，有关国家机关应当在法律实施一年内作出配套规定。这次执法检查，要推动有关方面抓紧制定和修改配套法规和标准、名录，未能在法定期限内出台的，要依法向全国人大常委会说明情况。同时，推动有立法权的地方按照“不抵触、有特色、可操作”的原则，加强地方立法，织牢织密固体废物污染防治的法网。

搞执法检查，组织实施很关键。这次执法检查继续采取各级人大上下联动的方式，对全国 31 个省（区、市）检查全覆盖。要坚持和完善这些年来执法检查工作中形成的好经验好做法，周密部署、精心安排，加强协调配合，确保取得实实在在的效果。要坚持把学习宣传习近平生态文明思想、习近平法治思想贯穿执法检查全过程，每到一地都要积极宣讲，推动总书记的重要思想和党中央决策部署深入人心、落地见效。要坚持紧扣法律，逐条逐项对照检查，检查中大力宣传普及法律知识，推动全社会增强法治观念。要深入基层、深入一线，认真听取人民群众的呼声愿望，注重通过人大代表了解情况，更好发挥代表察民情、汇民意、聚民智的优势和作用。这次检查方案提出，组织人大代表开展调研，让代表带头贯彻实施法律，推动全社会开展垃圾分类，就是一个很好的尝试。要完善工作方式方法，坚持明察与暗访相结合、常规检查与随机抽查相结合，运用好第三方评估成果，提高执法检查的科学性、针对性和监督刚性。要落实好疫情防控常态化措施，遵守各地防控要求，确保检查安全有序，确保大家身体健康。

最后，我对国务院及有关部门、最高人民法院、最高人民检察院和各省（区、市）人大常委会对这次执法检查的高度重视、积极配合，对全国人大代表及有关方面给予的大力支持，表示衷心感谢！

# 在固体废物污染环境防治法执法检查座谈会上的讲话

（2021 年 4 月 12 日上午　陕西西安）

栗战书

这次到陕西来，主要是检查固体废物污染环境防治法实施情况，9 号到达后，先后去了榆林、延安、汉中、西安等地检查。刚才，国中同志作了讲话，虎城、一德同志介绍了有关情况，大家紧扣法律条文谈了法律实施的成效、问题和建议，讲得都很好。

这些年来，特别是党的十八大以来，习近平总书记把污染防治攻坚战作为生态文明建设的重大战略任务，亲自领导指挥打响蓝天、碧水、净土三大保卫战，持续用力、久久为功，天更蓝、水更清、山更绿的目标一步一步变为现实，正在探索走出一条以生态优先、绿色发展为导向的高质量发展新路子。固体废物污染防治是生态环保的重要内容，总书记先后数十次作出重要指示批示，涵盖了固体废物污染防治工作的方方面面，包括固体废物回收利用、固体废物进口管理、垃圾分类、塑料污染治理、产品包装、农业固体废物处理和资源化利用、危险废物处理处置等，总书记都有明确指示要求。对一项具体工作作出如此密集、细致的指示和部署，这是不多见的，充分表明固体废物污染防治的重要性和紧迫性。

经过这些年的不懈努力，我国固体废物污染防治工作取得长足进步，收集、处理和利用能力都有明显提升。“十三五”期间，全国累计综合利用各类大宗固体废物130亿吨，综合利用率提高5个百分点。同时也要看到，固体废物的增量和存量长期居高不下，每年产生工业固体废物约33亿吨，而且呈逐年增长态势；历年堆存的工业固体废物总量超过600亿吨，占地超过200万公顷；建筑垃圾、农业固体废物等也是数十亿吨甚至上百亿吨的规模，由于收集处理设施和能力严重不足，综合利用率总体仍然偏低，技术装备水平不高，缺少高附加值、规模化利用的产品。我们要深入贯彻习近平生态文明思想和习近平总书记关于固废污染防治的指示要求，严格、全面实施好固体废物污染环境防治法，突出危险废物治理，继续下力推进工业固废、建筑垃圾、生活垃圾、农业固废无害化处理和利用。

贯彻习近平生态文明思想和党中央决策部署，过去3年全国人大常委会先后开展大气污染防治法、水污染防治法、土壤污染防治法的执法检查。今年，全国人大常委会又安排了固体废物污染环境防治法执法检查，这是连续第4年对生态环保领域重要法律实施情况进行检查。这部法律1995年制定实施，之后进行过5次修改，开展过两次执法检查。去年再次进行全面修订，把习近平生态文明思想、党中央部署要求写进法律，完善监管制度，严格责任追究，从6章91条增加到9章126条，为防治固体废物污染提供了强有力的法律支撑。从检查情况看，陕西省委、省人大、省政府对固体废物污染环境防治法的学习宣传贯彻都是认真的，成效是明显的。一是完成了法律规定的地方配套法规制定，包括《陕西省固体废物污染环境防治条例》等法规文件；二是加强了法律规定的废物处理设施建设，在咸阳、汉中、榆林建立3个区域性废物处理处置中心，建设了一批生活垃圾处理场（厂）、餐厨垃圾资源化处置场、医疗废物集中处置中心；三是建成了陕西省固废管理信息系统；四是开展了固体废物污染防治专项整治行动，启动了城市生活垃圾分类等工作。当然，和全国一样，陕西固体废物污染防治的任务依然很重，希望通过这次执法检查，推动全省固废污染防治工作取得新的成效。

下一步，深入推动实施固体废物污染环境防治法，要把握好以下几个重点。

## 一、要贯彻落实法律确立的重大原则及相关规定

固体废物污染环境防治法明确规定，固体废物污染防治坚持减量化、资源化、无害化的原则。这部法律的重大制度、重要规定都是围绕“三化”原则来设计的。比如，关于实施清洁生产审核的规定，关于建立电器电子、铅蓄电池、车用动力电池等产品生产者责任延伸制度的规定，关于限制过度包装、对有关产品和包装物实行强制回收的规定等，都体现了“三化”的原则，要逐条逐款逐项落到实处，实现固体废物无害化处理和资源化利用，做到除害兴利、变废为宝。

“三化”之中，资源化是一个关键环节，也是一项治本之策。总书记深刻指出，垃圾是放错位置的资源，使垃圾资源化，这是化腐朽为神奇，既是科学，也是艺术，要发展循环经济，推进资源全面节约和循环利用。据测算，每回收利用1万吨废旧物资，可节约自然资源4.12万吨，节约能源1.4万吨标准煤，减少3.7万吨二氧化碳排放。陕西在这方面有不少探索。西安外环公路北段工程将建筑垃圾大量应用于建设项目中，解决了部分建筑垃圾再生利用问题。延安市洛川县的废反光膜资源化项目，年生产再生塑料颗粒2000吨，不仅解决了农业白色污染问题，还消除了农村电网安全隐患。希望你们总结推广这些做法，探索形成更多资源节约、环境友好、绿色低碳的生产生活方式。

## 二、要用法律武器破解难点堵点问题

修订后的固体废物污染环境防治法，针对防治工作中的突出问题，建立健全了一系列新的制度措施，规定得十分具体、严格，具有很强操作性。把这些规定执行到位，很多问题将得到解决。

总书记要求，要全面禁止洋垃圾入境，大幅减少进口固体废物种类和数量。为此，法律明确要求实现洋垃圾“零进口”。国务院有关部门根据法律规定发布公告，自今年1月1日起，我国禁止以任何方式进口固体废物，禁止境外的固体废物进境倾倒、堆放、处置。目前，18个固体废物进口口岸已经全部取消。合法进口的通道堵住了，还要依法加强

对走私行为的综合治理,切断洋垃圾"购、运、储、销"的非法利益链。

总书记对生活垃圾分类多次作出明确指示,要求从落实城市主体责任、推动群众习惯养成、加快分类设施建设、完善配套支持政策等方面入手,加快构建以法治为基础、政府推动、全民参与、城乡统筹、因地制宜的垃圾分类长效机制。法律增设专章进行规范,建立了覆盖城乡,贯穿投放、收集、运输、处理全链条的生活垃圾分类制度。要按照法律规定,把这项工作做细做实,持之以恒抓下去。

针对新冠肺炎疫情暴露的短板,法律增加了医疗废物按照国家危险废物名录管理、实行集中处置、加强监督管理等规定。陕西这项工作做得很好,在疫情突发、高发期也做到了"日产日清",很不容易。今后要继续加强医疗废物处置设施和能力建设,确保公众健康和环境安全。

## 三、政府要切实履行法定职责

修订后的固体废物污染环境防治法,强化了各级政府及其有关部门在领导、规划、组织、协调、监督管理、信息公开等方面的职责,涉及地方政府及其部门的有 75 条,明确规定地方各级政府对本行政区域固体废物污染防治负责。要依法建立实施固体废物污染防治目标责任制和考核评价制度,把各级政府和部门的责任压紧压实。地方各级人大也要负起责任来,听取审议年度环境状况和环境保护目标完成情况报告时,把固体废物污染防治情况作为重点关注内容,督促同级政府依法履职尽责。

法律规定,省(区、市)之间可以协商建立跨行政区域联防联控机制。现在,上海、江苏、浙江、安徽已经协商建立了长三角固体废物和危险废物联防联控机制。陕西也可以进行探索,与周边省份在规划制定、设施建设、固体废物转移等方面加强统筹协调和区域合作。

## 四、要加大执法和司法力度

固体废物污染环境防治法第 8 章,用 23 个条款对各类违法行为规定了相应的罚则,增加了按日连续处罚的规定和拘留的处罚措施,极大增强了法律的威慑力。法律修订实施以来,全国生态环境系统立案查处 1675 件固体废物污染违法案件,罚款金额约 2.3 亿元;各级法院受理涉及固体废物类一审刑事案件 232 件,受理环境保护类一审行政案件 1212 件;检察机关开展专项监督活动,办理固体废物类违法案件 1.1 万余件。有关部门连续 3 年开展"清废行动",依法清理各类固体废物 5600 多万吨,新增复绿面积近百万平方米;连续 4 年开展"国门利剑"、"蓝天"等专项行动,查获走私固体废物近 500 万吨。经过各方面努力,固体废物污染环境的势头得到遏制。要持续加大打击力度,推动行政执法与刑事司法有效衔接,使法律的威力充分发挥出来。

## 五、要加快制定和修改配套法规及相关标准、名录

配套法规、标准、名录是对法律制度的具体化、精细化,是全面有效实施法律、做好执法司法工作的重要保障。固体废物污染环境防治法对此作出了一系列明确规定,比如,关于排污许可、危险废物经营许可、集中处置设施和场所退役费用等事项的具体管理办法,固体废物鉴别标准、污染防治技术标准、综合利用标准、产品和包装物设计制造标准,国家危险废物名录、生活垃圾分类指导名录等。这些配套法规、标准、名录,有的是要求国务院及其有关部门统一制定的,有的是需要各地区因地制宜分别制定的。按照立法法的规定,配套规定应当在法律实施一年内作出,各地都要抓紧完成地方配套法规。

## 六、要形成全社会共同治理、共同保护的格局

实施法律、保护环境,政府要发挥主导作用,企业、组织和公众也都要自觉履行法律义务。固体废物污染防治的很多工作,比如生活垃圾分类,必须全民参与、人人动手,才能真正推行下去。要加强政策引导和监督管理,督促企业落实治污主体责任,做到依法生产、依法排放;鼓励企业积极采用先进技术和装备,推进清洁生产和资源循环利用;依法追究企业环境违法行为责任,坚决防止"企业得利、群众受害、政府买单"的现象。要开展广泛深入的法律宣传普及工作,让更多人行动起来,从做好垃圾分类等点滴小事做起,一起为改善生态环境作努力,一起为绿色发展、可持续发展作贡献。

# 在固体废物污染环境防治法执法检查座谈会上的讲话

（2021 年 9 月 14 日下午　上海）

栗战书

我们这次来，主要是检查固体废物污染环境防治法实施情况。

党的十八大以来，习近平总书记、党中央把生态文明建设摆在全局工作的突出位置，决心之大、力度之大、成效之大前所未有。总书记多次发表重要讲话，数十次作出重要指示批示，涵盖污染防治工作的方方面面，亲自领导打响污染防治攻坚战。全国人大常委会认真贯彻总书记的指示精神，本届以来，2018 年检查大气污染防治法实施情况，2019 年检查水污染防治法实施情况，2020 年检查土壤污染防治法实施情况，今年检查固体废物污染环境防治法实施情况，目的就是要持续用力，用法治手段支持和助力生态文明建设。

固废法是生态环保领域的一部重要法律。这部法律 1995 年制定出台，之后进行过 5 次修改，开展过两次执法检查。去年再次进行全面修订，把习近平生态文明思想、党中央部署要求写进法律，完善监管制度，严格责任追究，从 6 章 91 条增加到 9 章 126 条。这部法律实施以来，我国固废污染防治工作取得长足进步，收集、处理和利用能力都有明显提升。“十三五”期间，全国累计利用各类大宗固废 130 亿吨，利用率提高 5 个百分点。上海市委高度重视实施固废法，市人大、市政府依法开展固废污染防治工作，取得了积极成效。一是推进地方立法，制定上海市环境保护条例、生活垃圾管理条例、建筑垃圾处理管理规定、商品包装物减量若干规定等；二是加强统筹谋划，编制固废污染防治规划，建立固废污染防治专项工作组，组织工作座谈和培训会议；三是建成一批大型基础设施，各类固废收集处理能力均处于领先水平；四是运用信息化手段强化全过程监管，通过上海市固废管理信息系统、“一网通办”等平台把固废产生、储存、收集、转移、利用、处置等各环节纳入监督管理；五是探索建立长三角固废危废联防联控机制，与江苏、浙江、安徽等周边省份加强统筹协调和区域合作；六是绿色生活方式成为城市新风尚，垃圾分类成为广大市民自觉行动，购物自带无纺布袋、使用可降解吸管等也成为许多市民的日常习惯。2020 年，上海全市一般工业固废 1800 多万吨，生活垃圾 1100 多万吨，建筑垃圾申报处理 1 亿余吨，大都进行了无害化处理，危险废物、医疗废物、电子废弃物等也都得到妥善处理。

我们也要看到，在推进高质量发展过程中，包括上海在内，做好固废污染防治工作仍然十分艰巨。就全国来看，尽管固废处理利用率提升了，但增量和存量居高不下，每年产生工业固废约 33 亿吨，呈逐年增长态势；历年堆存的工业固废总量超过 600 亿吨，占地超过 200 万公顷；建筑垃圾、农业固废等也是数十亿吨甚至上百亿吨的规模；收集处理设施和能力存在缺口，综合利用率总体偏低，缺少高附加值、规模化利用的产品。固废每天都在产生，随着经济的发展，在一定时间内，总量可能还会增加，所以，固废污染防治工作是一项连续的、长期的工作，要持之以恒抓紧抓好。

党中央有一个重要判断，现在，我国生态文明建设进入了以降碳为重点战略方向、推动减污降碳协同增效、促进经济社会发展全面绿色转型、实现生态环境质量改善由量变到质变的关键时期。固废污染防治一头连着减污，一头连着降碳，是生态文明建设的重要内容。因此，全面、深入实施固废法，对于污染防治、减排降碳都有十分重要的作用。实施好这部法律，要重点把握以下几点：

**第一，要贯彻落实法律确立的“三化”原则。**

固废法明确规定，固废污染防治坚持减量化、资源化、无害化的原则。这部法律的重大制度、重要规定都是围绕“三化”原则来设计的。

有的专家认为，固废处理分为以垃圾收集为主的阶段，以污染物无害化处理为主的阶段，以污染物减量化处置为主的阶段，以循环再生为主的阶段。我国一般工业固废产生量，2016 年是 37.1 亿吨，2019 年达到 44.1 亿吨，上升了 18.7%；一般工业固废综合利用量、处置量 2016 年分别为 21.1、

8.5 亿吨,2019 年分别为 23.2、11 亿吨。这些都表明,我国固废污染环境的防治任务依然十分艰巨。

从逻辑和经验来看,“三化”是可以同时进行的,只是在不同阶段有所侧重。在“三化”之中,首先是垃圾集中分类收集并进行“无害化”处理,比如通过填埋、焚烧、拆解等方法,使固废或其中的有害成分不对环境造成危害。同时,加大力度解决“减量化”问题,采取有效措施减少固废的产生量和处理后的剩余量,加大推进“资源化”处理的力度,朝着集中化、一体化处置方向努力。就全国来讲,不少地方可能还处于收集和无害化处理阶段,而上海固废收集和无害化处理已经达到了很高的水平,进入了减量化和资源化利用阶段。据测算,每回收利用 1 万吨废旧物资,可节约自然资源 4.12 万吨,节约能源 1.4 万吨标准煤,减少 3.7 万吨二氧化碳排放。我国人口总量大、资源人均占有量低的特殊国情决定了,推进固废资源化利用,不仅是污染防治的需要,也是发展循环经济、实现绿色发展的战略问题。

其实,固废处置是一个很大的产业,蕴藏着巨大的市场机遇。生态环境部发布的《2020 中国环保产业发展状况报告》显示,2019 年我国固废处置领域实现营收 6591.7 亿元、营业利润 698.3 亿元,两者占比均位居环保各细分领域第一位,分别为 41.1% 和 46.7%。有的机构预测,2025 年我国固废处置行业产值将达到 1.3 万亿元。近年来,以固废处置为主业的环保企业已经积累了大量的环保资产与项目,政府可以给予一些支持,推动加强技术突破,利用数字化手段提升项目整合运营效率,从而提升这一行业的整体发展水平。

上海贯彻实施固废法,全方位构建固体废物“减量化、资源化、无害化”体系,形成了符合上海特点的固体废物治理模式,朝着“无废城市”目标稳步迈进。近年来大宗工业固废综合利用率保持在 98% 以上,农业废弃物综合利用率在 95% 以上,建筑垃圾大部分进入资源化利用渠道,资源化处理能力达到每年 450 万吨。今天上午,我们看了老港固体废弃物综合利用基地,听说这里曾经垃圾遍地、臭味熏天、蚊蝇成片,而现在已经成为一座“智慧工厂”和国内领先的生态环保基地,每天数千吨垃圾在烈焰中化为清洁能源,炉渣则变身建筑材料,运营以来累计处理处置各类固废近 1 亿吨。我还从新闻上看到,上海创建了一种废酸定向资源化再利用新模式,将集成电路制造产生的废硫酸变废为宝,仅处理费一项就为企业节约支出 3800 多万元。上海提出建设“无废城市”,这个目标是很高的。希望上海进一步发挥工业基础雄厚、科技实力强大的优势,在固废减量化、资源化、无害化方面继续走在前、作表率,在“无废城市”建设方面走出一条新路,形成更多上海经验。

**第二,要依法做好固废污染防治的重点难点工作。**

修订后的固废法,针对防治工作中的突出问题,建立健全了一系列新的制度措施。其中,对于各方面普遍关注的生活垃圾、危险废物、医疗废物、洋垃圾入境等问题,法律都专门作出规定,形成了贯穿投放、收集、运输、处理全链条的生活垃圾分类制度和危险废物鉴别、贮存、转移、利用、处置的分级分类管理制度。上海在这几方面落实得都很好,基本建成了生活垃圾全过程分类体系,所有危险废物和涉危险废物单位全过程均纳入信息化系统进行管理,基本实现了综合利用和无害化处置。

在生活垃圾分类处理方面,就全国来讲,由于城镇化进程还在继续推进,城镇规模和人口数量还会增加,相应地,城市生活垃圾产生量、清运量都在持续增长,清运量近四年全国平均增长 6%,2019 年达到 2.4 亿吨,按这个增速,2025 年将达到 3.4 亿吨。我国的生活垃圾处理处置技术基本成熟,特别是大规模垃圾焚烧发电技术已经达到国际领先水平,现在就是一个收集、分类、抓好落实的问题。上海在生活垃圾分类方面有许多创新,其中最鲜明的特征就是数字化转型。昨天下午看了徐浦基地生活垃圾中转车间、资源回收车间、中央控制室,印象很深刻。我听说,现在上海不少小区都安装了智能垃圾箱,垃圾箱里的“探头”连接着控制室,垃圾在哪里,清运车在哪里,控制室的大屏幕上一目了然,垃圾桶快满了,终端立马报警;谁乱扔了垃圾,10 秒内处理信息就发来了。在住建部每季度对全国 46 个试点城市垃圾分类考核排名中,上海始终保持第一。这对于一个有 2400 多万人口的超大城市来说是非常不容易的。

过去,我们一些地方对医废处理重视程度不够,集中处置设施建设滞后,大部分危险废物处于低水平综合利用、简单贮存或直接排放状态。新冠肺炎疫情发生之后,这一短板进一步暴露,针对这些问题,在修改法律时增加了医疗废物按照国家危险废物名录管理、实行集中处置、加强监督管理等规定。据统计,医废产生量集中在医疗资源较集中的省会城市,196 个大、中城市医废产生量最大的是上海市，产生量为5.57万吨，其次是北京、广州、杭州和成都。目前，我国医废主要采用焚烧和非焚烧两大处理办法，焚烧包括焚烧炉（炉排炉、回转窑、流化床、热解式）、等离子体、电弧炉处理；非焚烧包括高压蒸汽、化学处理、微波处理和卫生填埋。非焚烧法的难点在于要真正做到对医疗垃圾彻底消毒，焚烧法的难点在于要确保焚烧烟气污染物的达标排放，国内普遍选择以焚烧为主的技术路线。上海医废处理工作做得也很好，建立了小型医疗机构医废收运体系和全国最大处理能力的医废集中处置设施，集中收运后通过车车对接、医废不落地的方式送至医废集中处置设施进行安全处置，实现“每48小时收运一次”的全覆盖，打通了医废收运的“最后一公里”，这在全国都是一流水平的。疫情以来，上海全市医废做到了日产日清无贮存，保障了人民群众生命健康安全。希望上海在继续把工作做得更好的同时，从中总结一些经验，为其他地方提供有益借鉴。

全面禁止洋垃圾入境，是总书记着眼全局和长远作出的重大决策。为此，法律明确要求实现洋垃圾“零进口”。国务院有关部门根据法律规定发布公告，自今年1月1日起，我国禁止以任何方式进口固体废物，禁止境外的固体废物进境倾倒、堆放、处置。目前，18个固体废物进口口岸已经全部取消。合法进口的通道基本堵住了，还要依法加强对走私行为的综合治理，切断洋垃圾“购、运、储、销”的非法利益链。上海是国际港口城市，这一点要特别注意，一点也不能放松监管。

**第三，要把政府及其有关部门的法律责任压紧压实。**

法律实施效果好不好，关键在于政府责任是不是落实到位。修订后的固废法，强化了各级政府及其有关部门在领导、规划、组织、协调、监督管理、信息公开等方面的职责，涉及地方政府及其部门的就有75条。要依法建立实施固体废物污染防治目标责任制和考核评价制度，推动各级政府及其有关部门切实履行好法定职责。地方各级人大也要负起责任来，听取审议年度环境状况和环境保护目标完成情况报告时，把固体废物污染防治情况作为重点关注内容，督促同级政府依法履职尽责。上海市人大去年与16个区人大联动开展生活垃圾管理条例执法检查、组织专题询问，今年又开展固废法执法检查，对于政府及有关部门强化法律责任、依法治理固废发挥了有力的推动和促进作用。

**第四，要保持对固废污染环境违法犯罪行为的高压态势。**

固废法第8章，用23个条款对各类违法行为规定了相应的罚则，增加了按日连续处罚的规定和拘留的处罚措施，极大增强了法律的威慑力。法律修订实施以来，全国生态环境系统立案查处8728件固体废物污染违法案件，罚款金额超过9.6亿元；各级法院受理涉及固体废物类一审刑事案件336件，受理环境保护类一审行政案件3698件；各级检察机关批准逮捕污染环境罪1840件3425人，起诉2306件5738人。经过各方面努力，固体废物污染环境的势头在一定程度上得到遏制。

同时也要看到，固体废物特别是危险废物种类繁多、性质复杂、危害程度深，非法转移、倾倒、掩埋等行为利益驱动强、涉及环节多、隐蔽性高。要加快推进执法监管能力建设，持续加大打击力度，推动行政执法与刑事司法有效衔接，使法律的威力充分发挥出来。

**第五，要织牢织密固废污染防治的法制网。**

配套法规、标准、名录是对法律制度的具体化、精细化，是全面有效实施法律、做好执法司法工作的重要保障。固废法对此作出了一系列明确规定，比如，关于排污许可、危险废物经营许可、集中处置设施和场所退役费用等事项的具体管理办法，固体废物鉴别标准、污染防治技术标准、综合利用标准、产品和包装物设计制造标准，国家危险废物名录、生活垃圾分类指导名录等。这些配套法规、标准、名录，有的是要求国务院及其有关部门统一制定的，有的是需要各地区因地制宜分别制定的。按照立法法的规定，配套规定应当在法律实施一年内作出，各地都要抓紧完成地方配套法规。原有的法规、标准、名录较为老旧、不能适应工作需要的，要抓紧清理完善。同时，有立法权的地方人大及其常委会可以结合本地实际，按照“不抵触、有特色、可操作”的原则，研究制定固废污染防治方面的地方性法规。

全国人大常委会在执法检查时，一般都会安排一个随机抽查小组。这次的随机抽查小组除了全国人大环资委、生态环境部的同志外，还有上海市人大及有关部门的同志，这在本届以来的执法检查中还是第一次。上海市贯彻实施固废法总体上做得是很好的，抽查暗访也发现了一些问题，主要是建筑垃圾不规范倾倒、堆存等，会后执法检查组与上海方面加强沟通，认真研究提出整改意见。

# 保持生态文明战略定力 以良法善治守护好绿水青山

## ——在内蒙古自治区固体废物污染环境防治法实施情况座谈会上的讲话

(2021年6月22日 内蒙古呼和浩特)

王 晨

这次来内蒙古,主题是开展固体废物污染环境防治法执法检查,这是今年全国人大常委会启动的一项重要监督工作,也是十三届全国人大连续第四年围绕打好污染防治攻坚战开展执法检查。以习近平同志为核心的党中央高度重视生态环境保护,强调绿水青山就是金山银山,作出一系列重大部署。4月30日,习近平总书记在主持十九届中共中央政治局第二十九次集体学习时强调,生态环境保护和经济发展是辩证统一、相辅相成的,建设生态文明、推动绿色低碳循环发展,不仅可以满足人民日益增长的优美生态环境需要,而且可以推动实现更高质量、更有效率、更加公平、更可持续、更为安全的发展,走出一条生产发展、生活富裕、生态良好的文明发展道路。这次执法检查,是全国人大常委会深入学习贯彻习近平生态文明思想和习近平法治思想,运用法律武器巩固深化污染防治攻坚战成果、推动经济社会高质量发展和生态环境高水平保护的重要举措。栗战书委员长对这项工作高度重视,对检查工作提出明确要求。

刚才,全国人大环资委副主任委员王洪尧同志介绍了这次执法检查的主要安排和重点内容。内蒙古自治区党委、人大和政府对这次执法检查很重视,做了充分准备。石泰峰书记主持会议,自治区政府副主席包钢同志介绍了内蒙古贯彻实施"固废法"的情况,有关部门的同志作了补充汇报,对法律全面有效实施提出了意见建议。大家讲得都很好,有关意见建议检查组将进一步深入研究吸纳。下面,我讲几点意见。

### 一、深入学习贯彻习近平生态文明思想,用法治方式巩固和深化污染防治攻坚战成果,持续推动生态文明建设

党的十八大以来,以习近平同志为核心的党中央把生态文明建设摆在全局工作的突出位置,全面加强生态文明建设,一体治理山水林田湖草沙,开展了一系列根本性、开创性、长远性工作,决心之大、力度之大、成效之大前所未有,生态文明建设从认识到实践都发生了历史性、转折性、全局性变化。在党中央坚强领导下,经过各地区各部门共同努力,污染防治攻坚战成效显著,生态环境明显改善,极大增强了人民群众对天更蓝、山更绿、水更清优美环境的获得感和幸福感。

今年是"十四五"开局之年,也是开启全面建设社会主义现代化国家新征程的第一年。习近平总书记指出,"十四五"时期,我国生态文明建设进入了以降碳为重点战略方向、推动减污降碳协同增效、促进经济社会发展全面绿色转型、实现生态环境质量改善由量变到质变的关键时期。要完整、准确、全面贯彻新发展理念,保持战略定力,站在人与自然和谐共生的高度来谋划经济社会发展,坚持节约资源和保护环境的基本国策,坚持节约优先、保护优先、自然恢复为主的方针,形成节约资源和保护环境的空间格局、产业结构、生产方式、生活方式,统筹污染治理、生态保护、应对气候变化,促进生态环境持续改善,努力建设人与自然和谐共生的现代化。十三届全国人大四次会议审议通过的"十四五"规划和2035年远景目标纲要,明确了"十四五"时期生态文明建设的任务和2035年基本实现美丽中国建设目标,我国将广泛形成绿色生产生活方式,碳排放达峰后稳中有降,生态环境根本好转。

良好生态环境是最公平的公共产品,是最普惠的民生福祉。人民群众日益增长的优美生态环境需要对生态文明建设提出了更高的标准。加强生态文明建设,是贯彻新发展理念、推动经济社会高质量发展的必然要求,也是人民群众追求高品质生活的共识和呼声。要清醒地看到,我国生态文明建设仍然面临诸多矛盾和挑战。生态环境修复和改善,是一个需要付出长期艰苦努力的过程,不可能

一蹴而就，必须坚持不懈、奋发有为。“人不负青山，青山定不负人。”我们要坚决贯彻落实习近平生态文明思想，从把握新发展阶段、贯彻新发展理念、构建新发展格局、推动高质量发展的实际出发，大力推进生态文明建设，打好污染防治攻坚战，集中攻克老百姓身边的突出生态环境问题，让老百姓实实在在感受到生态环境质量改善，以良法善治守护好绿水青山。

保护生态环境必须依靠制度、依靠法治，要把生态文明建设纳入制度化、法治化轨道。我国生态环境保护中存在的突出问题大多同体制不健全、制度不严格、法治不严密、执行不到位、惩处不得力有关。要根据需要及时修改与环境保护有关的法律法规，提高相关标准，加大执法力度，在环境保护、环境监管、环境执法上添一些硬招。要加快制度创新，增加制度供给，完善制度配套，强化制度执行，严格用制度护蓝增绿，让制度成为刚性的约束和不可触碰的高压线，确保党中央关于生态文明建设各项决策部署落地见效。令在必信，法在必行，法律和制度的生命力在于执行。十三届全国人大常委会先后开展大气污染防治法、水污染防治法、土壤污染防治法等6部生态环保法律和有关决定的执法检查，是为了坚决运用法治方式助力打好污染防治攻坚战，牢固树立起法律的权威和制度的刚性，确保生态文明建设不作选择、不搞变通、不打折扣。

内蒙古地处祖国北疆，是我国北方重要生态安全屏障，内蒙古生态状况如何，不仅关系全区各族群众生存和发展，而且关系华北、东北、西北乃至全国生态安全。习近平总书记一直对内蒙古的生态文明建设寄予厚望，多次做出重要指示。2014年考察内蒙古时指出，要积极探索推进生态文明制度建设，为建设美丽草原、建设美丽中国作出新贡献。2019年在自治区考察时强调，筑牢祖国北方重要的生态安全屏障，守好这方碧绿、这片蔚蓝、这份纯净，要坚定不移走生态优先、绿色发展之路，世世代代干下去，努力打造青山常在、绿水长流、空气常新的美丽中国。2020年在参加内蒙古代表团审议时指出，要保持加强生态文明建设的战略定力，牢固树立生态优先、绿色发展的导向，持续打好蓝天、碧水、净土保卫战，把祖国北疆这道万里绿色长城构筑得更加牢固。2021年在参加内蒙古代表团审议时强调，要保护好内蒙古生态环境，筑牢祖国北方生态安全屏障。要坚持绿水青山就是金山银山的理念，坚定不移走生态优先、绿色发展之路。要继续打好污染防治攻坚战，加强大气、水、土壤污染综合治理，持续改善城乡环境。要强化源头治理，推动资源高效利用，加大重点行业、重要领域绿色化改造力度，发展清洁生产，加快实现绿色低碳发展。要统筹山水林田湖草沙系统治理，实施好生态保护修复工程，加大生态系统保护力度，提升生态系统稳定性和可持续性。习近平总书记的一系列重要指示，为内蒙古生态文明建设和生态环境保护工作提供了重要遵循，必须不折不扣贯彻落实。

## 二、依法推动固体废物污染环境防治工作，维护人民群众切身利益

深入打好污染防治攻坚战是党的十九届五中全会作出的重大战略部署，防治固体废物污染环境是其中的重要内容，是改善环境质量、防控环境风险、维护生态安全、保障人体健康的重要举措，也是实现美丽中国建设目标的重要内容。固体废物量大面广、种类繁多、性质复杂、危害程度深，处理处置不当将造成大气、水、土壤污染，破坏生态系统，影响环境卫生，威胁人体健康，甚至还会引发重大安全事故。习近平总书记多次对固体废物污染环境防治工作发表重要讲话、作出重要指示，强调要加快建立分类投放、分类收集、分类运输、分类处理的垃圾处理系统，形成以法治为基础、政府推动、全民参与、城乡统筹、因地制宜的垃圾分类制度；重视新污染物治理；严格落实固体废物“零进口”制度；加强固体废物回收利用管理，发展循环经济；注意节约环保，杜绝过度包装，避免浪费和污染环境；加快补齐医疗废物、危险废物收集处理设施方面短板；加快推进畜禽养殖废弃物处理和资源化，等等。我们在执法检查中，要认真贯彻落实习总书记重要指示批示精神，保持生态文明建设战略定力，加强“固废法”实施与监督，坚决打好污染防治攻坚战。

固体废物污染环境防治法是生态环保领域的一部重要法律，自1995年制定实施以来，先后经历过5次修改，开展过两次执法检查。特别是2020年对该法作了全面修订，完善监督管理制度，严格法律责任追究，从6章91条增加到9章126条，为防治固体废物污染环境提供了强有力的法律支撑。这次执法检查，要重点就法律确立的重大原则及相关规定、新增重要法律制度和措施落实情况、法定职责和法律责任落实情况、配套法规标准制定实施情况等进行检查，紧扣实际，比照法律，逐条检查，

推动法律全面有效贯彻实施。

全面修订后的“固废法”实施以来，内蒙古自治区深入学习贯彻习近平生态文明思想，认真落实党中央重大决策部署，坚决扛起生态环境保护重大政治责任，高度重视并切实推动新“固废法”实施，切实解决固体废物污染环境防治中的突出问题。加强对法律的学习宣传，推动相关部门依法履职尽责，落实生活垃圾分类制度，推进农业固体废物回收利用，开展危险废物专项整治和工业固体废物堆存场所环境整治，加强医疗废物环境监管，持续推进固体废物动态管理信息化建设，依法严格固体废物管理并取得了积极进展。如全区畜禽粪污产生量约 1.8 亿吨，资源化利用量约 1.55 亿吨，综合利用率达到 86.6%；城镇生活垃圾清运量 624 万吨，无害化处理率已达 99%，这些都殊为不易。

同时要清醒看到，内蒙古固体废物污染环境防治工作中依然存在一些薄弱环节。从初步了解的情况看，全区固体废物监管体系不够完善，存在职能交叉重叠等情况，多部门联动监管和联合执法机制不够健全。原有粗放型经济带来的固体废物排放量大和防治难度大，2020 年全区共产生固体废物约 6.6 亿吨。大宗工业固体废物综合利用率整体偏低，特别是全区采矿业工业固体废物年产生量近 1.8 亿吨，数量相当大，而综合利用率为 35%，占比不高，尾矿资源综合利用率更低，仅为 10%。2020 年全区煤矸石产生量 7700 万吨，综合利用率 60.2%，利用方式粗放，主要用于路基铺设。粉煤灰产生量 7290 万吨，综合利用率仅为 34.9%，从粉煤灰中提取氧化铝等技术尚未突破，需要下大力气加大技术研发力度。全区生活垃圾分类制度不完善，垃圾分类设施建设不够。执法检查组接下来还要到一些环保企业进行检查，了解建筑垃圾、废旧电子产品、工业危险废物等无害化处理和再生循环利用情况。据材料反映，华新绿源环保产业发展有限公司年处理废旧电视、电脑、冰箱、空调、洗衣机的能力为 112 万台，路雅物资再生利用有限公司年处理建筑垃圾的能力为 100 万吨，都是相当不错的企业，但目前均面临着“吃不饱”、产能利用存在较大缺口的困难。

针对这些问题，要深入贯彻习近平生态文明思想和习近平总书记多次对内蒙古工作的重要指示精神，深刻认识我国建设社会主义现代化的重要特征之一，就是我国现代化是人与自然和谐共生的现代化，必须注重同步推进物质文明建设和生态文明建设。要以对人民群众、对子孙后代高度负责的态度，毫不松懈付出更大努力，推动经济社会发展全面绿色转型。要坚持问题导向，完善法规配套，加大执法力度，支持企业实现技术创新成果转化，推动生态环保领域高技术产业加快发展。

## 三、上下联动，协同配合，确保执法检查取得实效

执法检查目的是推动法律制度和规定真正落到实处。要紧扣法律制度规定，深入查找问题，分析原因症结，推动各方面切实改进工作。为共同做好这次执法检查工作，再提几点要求。

*一是严格依法办事。*紧扣法律开展检查，是人大开展执法检查的重要原则，也是十三届全国人大常委会监督工作的一个突出特点。执法检查要依照法定职责、限于法定范围、遵守法定程序，对照法律条文逐项检查，重点检查法定职权是否认真行使、法定职责是否有效落实、违法行为是否严格追究，推动各级政府和有关方面严格依法履职、依法监管、依法治理，加大执法和司法力度，严惩重处固体废物污染环境违法犯罪行为，使法律的作用真正发挥出来。

*二是加强法律的学习宣传。*全面修订后的“固废法”实施仅半年多，时间还不长。这次执法检查既要充分了解法律实施的真实情况，也要深入学习宣传法律，既要督促政府发挥实施法律的主体作用，也要推动企业、社会组织和公众自觉履行法定义务。检查组采取了多种形式推动法律学习宣传，希望自治区结合本地实际，广泛深入推动法治宣传，全面普及固体废物污染环境防治的法律知识，提高各级政府及其职能部门依法防治污染的工作能力和水平，督促企业落实治污主体责任，引导全社会都行动起来，形成共同治理、共同保护的良好氛围。

*三是充分发挥人大代表的作用。*固体废物污染环境防治与人民群众的美好生活需要息息相关，是重要的民生工程、民心工程。人大代表生活在人民之中，对实际情况的感受最直接，对群众热切期盼最了解，也肩负着推动法律实施的重要职责。自治区要组织人大代表开展调研，倡导和推动人大代表参与检查，让各级人大代表带头贯彻实施法律，推动全社会开展垃圾分类。这次执法检查要求省级人大负责在本行政区域内实现执法检查“全覆盖”。希望自治区人大组织开展好各地执法检查，推动各级人大上下联动，同向发力，共同推动党中央决策部署和固体废物污染环境防治法律法规贯彻落实。

# 清醒分析和认识固废防治工作总体形势 运用法治方式深入打好污染防治攻坚战

## ——在固体废物污染环境防治法执法检查组第二次全体会议上的讲话

（2021 年 9 月 18 日）

王 晨

受栗战书委员长委托，由我主持召开执法检查组第二次全体会议，主要任务是总结前一阶段执法检查工作，听取国务院各相关部门和最高人民法院、最高人民检察院负责同志意见，共同讨论修改执法检查报告稿，研究部署下一步工作。

开展固体废物污染环境防治法执法检查，是全国人大常委会深入学习贯彻习近平生态文明思想，运用法治方式巩固污染防治攻坚战成果，推进经济社会高质量发展和生态环境高水平保护的具体举措，也是本届全国人大常委会连续第 4 年开展生态环保领域法律的执法检查。栗战书委员长高度重视，担任执法检查组组长，3 月主持召开了执法检查组第一次全体会议并作重要讲话，率检查组在陕西和上海实地检查。我和沈跃跃、丁仲礼两位副委员长分别带队到内蒙古、湖北，湖南、海南，河南、黑龙江等地进行检查。受委托检查的 23 个省级人大常委会按照工作方案，认真负责地在本行政区域内开展检查。国务院及有关部门、最高人民法院、最高人民检察院和各省（区、市）积极配合检查工作。清华大学等科研技术单位严谨细致地开展第三方评估并提出报告。经过大家共同努力，此次执法检查工作进展顺利，取得了重要阶段性成果。

全国人大环资委在汇总各方面检查情况的基础上，研究起草了执法检查报告稿，经过委员会全体会议研究，并书面征求生态环境部、发展改革委和“两高”等 15 个部门和单位的意见，作了进一步修改，会前已印发给各单位。本月 12 日至 14 日，栗战书委员长率领执法检查组赴上海进行了检查，对上海市一些好的做法给予充分肯定，对固废法执法检查作出了新的指示。为落实栗战书委员长指示批示精神，环资委对报告进行了补充完善，提交这次会议讨论，请大家研究提出意见。

全国人大环资委主任委员高虎城同志已经介绍了执法检查报告稿的起草情况和主要内容，固废法实施情况第三方评估专家组专家、清华大学环境学院院长刘毅同志介绍了第三方评估情况，生态环境部、国家发展改革委等十几个部门和“两高”负责同志作了发言，与会同志进行了深入讨论。大家作了认真准备，提出了不少意见建议，讲得都很好。起草组要逐条认真研究，可以吸纳的就吸纳。下面，结合大家的发言，我讲几点意见。

第一，这次执法检查特点突出，富有成效。这次执法检查同以往一样，规格高、力度大、全覆盖，回顾这一段工作，我感到有这样六个突出特点。一是坚持以习近平生态文明思想为指导，无论是实地检查还是起草报告稿等，都紧紧围绕全面贯彻落实习近平总书记重要指示批示精神和党中央决策部署，推动习近平生态文明思想深入人心、落地见效。二是紧扣法律规定。把固废法确立的“减量化、资源化、无害化”原则及相关规定、新增重要制度措施、法定职责和法律责任、配套法规标准制定落实情况作为重点，逐条对照，查找法律实施中存在的突出问题。三是充分发挥代表作用。全国人大常委会办公厅会同有关省级人大常委会办事机构组织 13 个省（区、市）240 余名全国人大代表结合执法检查，深入开展专题调研。代表带头学习宣传贯彻固废法，开展垃圾分类等活动，就近就便开展监督，推动全社会增强法治意识，取得良好效果。四是全国人大与地方各级人大协同行动。执法检查组所到的 8 个省（区、市）人大同步开展本行政区域内的执法检查，23 个省（区、市）人大受委托开展检查，各级人大上下联动、同向发力，执法检查实现全覆盖。五是注重科学专业评估。第三方评估研究报告全面、客观、深入，以数据化精准化的形式强化定量分析，为执法检查提供了科技支撑和专业意见。六是加大法律普及宣传力度。执法检查期间，共有近 3200 万人在“学习强国”平台参与固废法专项答题，说明执法检查确有社会影响力，各地人大还组织 30

多万人参加法律知识问答，有力推动了政府、企业、社会组织和公众更加了解新修订固废法的各项制度规定，弘扬了绿色低碳生活新风尚。

通过这次执法检查，比较全面地掌握了固体废物污染防治工作和固废法实施的情况，发现了一些带有普遍性的突出问题，深入查找、认真研究了问题症结和下一步推动法律贯彻实施的重点任务，是扎实有效的。

第二，清醒分析和认识固体废物污染防治工作和法律实施的总体形势。从检查情况看，国务院和有关方面、各地区各部门深入学习宣传贯彻习近平生态文明思想，认真贯彻实施固废法，我国固废污染防治工作取得长足进步，收集、处理和利用能力都有明显提升。“十三五”期间，全国累计综合利用各类大宗固体废物 130 亿吨，综合利用率提高 5 个百分点。2020 年 9 月 1 日，新修订的固废法正式实施，进一步推动固废污染防治工作在法治轨道上迈上新台阶。2020 年全国城市生活垃圾无害化处理率达到 99.7%，农村生活垃圾进行收运处理的行政村比例超过 90%；“无废城市”建设试点形成一批可复制可推广的示范模式；全面完成重点行业重点重金属污染物排放量下降 10% 和基本实现固体废物零进口的目标任务。包装绿色转型、塑料污染治理、工业固体废物综合利用、重点尾矿库污染治理等有序推进，各方面工作都取得了积极进展。

这些成绩的取得，是以习近平同志为核心的党中央坚强领导的结果，是习近平生态文明思想、习近平法治思想科学指引的结果。党的十八大以来，以习近平同志为核心的党中央把生态文明建设摆在全局工作的突出位置，党中央印发多个文件，对包括固体废物污染防治在内的生态环保工作作出全面部署，推动污染防治的措施之实、力度之大、成效之显著前所未有。仅在固废污染防治方面，习近平总书记就数十次对此作出重要指示批示。去年全面修订固废法，贯彻了习近平生态文明思想，把党中央新战略新部署新要求和这些年行之有效的举措经验写进法律，为做好固废污染防治工作提供了更有力的法治保障。这些都是近年来多次生态环保领域执法检查给我们的深切感受，也是社会各界、人民群众的普遍共识。

在充分肯定成绩的同时，也要看到在推进高质量发展过程中，固废污染防治工作还面临着许多深层次的问题和挑战，形势依然严峻。从检查情况看，主要有以下几个方面：首先，思想认识还有待进一步加强。一些地方和部门对绿色发展理念认识不深入，推动绿色发展方面实践办法不多，公众环保意识还有待加强，节约适度、绿色低碳的生活方式和消费模式还没有形成。其次，简单粗放的资源利用模式还没有根本转变。绿色低碳循环发展的经济体系还未形成，“大量消耗、大量消费、大量废弃”的粗放型资源利用模式和固体废物产出模式尚未根本扭转。再次，固废的增量和存量仍处于历史高位。我国每年产生工业固废约 33 亿吨，呈逐年增长态势；历年堆存的工业固废总量超过 600 亿吨，建筑垃圾、农业固废等也是数十亿吨甚至上百亿吨的规模，一些地方“旧账未还，又欠新账”。尽管固废处理利用率提升了，但必须看到随着经济的发展，在一定时间内固废污染总量可能还会增加。执法检查中发现的问题，还包括固废处置产业和相关科技发展支撑不足、固废管理精准化和智能化水平不高、配套法规标准名录制修订工作滞后、执法和司法威慑力不强等，也还需下大力气解决。

当前，我国生态文明建设进入了以降碳为重点战略方向、推动减污降碳协同增效、促进经济社会发展全面绿色转型、实现生态环境质量改善由量变到质变的关键时期。越是关键时期，越要对当前形势保持清醒认识，矢志不渝保持深入打好污染防治攻坚战、持续推进生态文明建设的定力，坚持不懈把防止固废污染工作抓到底。

第三，采取更为有力措施推动固废法贯彻实施。抓好法律实施，对推动实际工作至关重要，能够起到事半功倍的效果。新修订的固废法总结实践经验和工作规律，回应人民群众重大关切，每一条都有很强的针对性和可操作性。在执法检查过程中，各方面普遍反映这部法律是符合实际、真正管用的好法律，修订后实施时间虽然不长，但已经显示出强大效力。例如，落实固废法第 4 章规定，全国 300 多个地市级及以上城市生活垃圾分类工作全面启动；根据固废法第 24 条规定，国务院有关部门发布公告，自 2021 年 1 月 1 日起，我国禁止以任何方式进口固体废物，原有的 18 个固体废物进口口岸已经全部取消，彻底结束“洋垃圾”进口的历史。这些规定不仅得以落实，产生重大反响，而且深得人民群众拥护赞成。目前固废污染防治工作中存在这样那样的问题，主要还是与有的法律规定落实不够到位有关。要采取更有力的措施贯彻实施固废法，推动各国家机关、全社会把这部法律真正用起来。

一是大力抓好“三化”原则及相关规定的贯彻落实。法律明确规定，固体废物污染防治坚持“减量化、资源化、无害化”的原则。这部法律的重大制度、重要规定都是围绕“三化”原则来设计的。要在这方面采取更严格措施，确保逐条逐款逐项落到实处，推动减少固体废物的产生量，促进固体废物的综合利用，降低固体废物的危害性，加快形成资源节约、环境友好、绿色低碳的生产生活方式。我在内蒙古检查时看到，当地充分利用资源优势，加快发展光伏、风电等可再生能源产业，每年可减少粉煤灰产生量736万吨，这就是落实减量化原则的实际行动。

二是持续推动新增重要制度措施落实落细。涉及生活垃圾、医疗废物、洋垃圾入境、危险废物等的许多法律规定，是针对防治工作中突出问题新增加的，是此次执法检查的重点。从检查情况看，不同制度落实情况不平衡，同一制度规定在不同地方落实情况也不一样。例如，禁止洋垃圾入境已经落实到位，但生活垃圾分类的管理系统尚未完全建立，习惯尚未普遍养成。生活垃圾分类走在前列的地方如上海市已经开始数字化转型，而其他一些地方的相关设施设备还很不完善，有的地方还在搞“先分后混”。到湖北检查时，我特别关注了医疗废物处置问题，应该说，地方政府这方面工作抓得是紧的，取得了明显成效。从总量上看，湖北磷石膏等大宗工业固体废物处理历史欠账多，还有大量工作需要推进。要继续重点关注这几方面法律制度的落实情况，加大工作力度细化完善配套措施。

三是把政府及其有关部门的法律责任压紧压实。法律能不能有效落实，很大程度上取决于政府有没有把职能责任担起来。固废法中涉及国务院及其相关部门的条款共79条，涉及地方政府及其部门职责的条款75条。从检查情况看，部分地方政府的监管和治理责任仍未落实到位，目标责任制和考核评价制度不健全，压力传导存在“上热中温下凉”、逐级递减的问题。前不久新华社还报道了24万余吨垃圾被违规跨区填埋，群众多年举报，有关部门敷衍塞责的事例。这也说明，必须把生态环境保护“党政同责、一岗双责”要求落实到固废污染防治全过程，加强统筹协调和整体推进，压紧压实地方各级政府和有关部门法定职责，严加管理，决不手软。对于污染环境违法犯罪行为，要依法重罚严惩，不断推动固废防治工作取得新成效。我们要通过进一步抓好固废法的实施工作，把法律制度的引领、规范、保障作用充分发挥出来，推动固废污染防治工作取得新进展新成效。

第四，认真做好后续各项工作，确保执法检查取得实实在在的效果。根据监督工作计划，10月召开的十三届全国人大常委会第三十一次会议将听取审议此次执法检查报告，并就此开展专题询问。希望执法检查组全体同志和有关方面认真完成好后续工作。今天会议后，请环资委逐条梳理大家提出的意见建议，严格对照法律规定，进一步修改完善执法检查报告稿。近日，中央深改委审议通过了《关于深入打好污染防治攻坚战的意见》，报告稿要与意见对标，全面准确贯彻和体现党中央最新部署和意见要求。常委会办公厅、环资委和国务院生态环境、发展改革、财政、科技、住房城乡建设等部门要加强配合和协调，共同为专题询问做好准备，全力以赴完成好各项服务保障工作。在听取审议执法检查报告并开展专题询问后，常委会办公厅要认真整理常委会组成人员在审议和询问时提出的意见建议，及时将执法检查报告和审议意见一并送交国务院办公厅。国务院及其有关部门要认真研究处理，提出有针对性的政策措施和工作举措，并在6个月内将研究处理情况书面报送全国人大常委会。环资委要与国务院有关部门密切沟通，加强跟踪督办，确保执法检查成果得到充分运用，切实推动有关方面加强改进工作、完善制度机制。

# 在固体废物污染环境防治法执法检查组听取河南省政府汇报会上的讲话

（2021年4月12日）

丁仲礼

中共河南省委、河南省人大和省政府对这次执法检查工作非常重视。王国生书记主持会议，刘玉江副省长全面介绍了贯彻固体废物污染环境防治法有关情况，分析了存在的问题，提出了意见建议，政府相关部门的同志也作了补充发言，大家讲的都很好，很有针对性，对我们做好这次执法检查工作很有帮助。我代表检查组对河南的精心准备表示感谢!

固体废物污染环境防治法修改实施以来,河南省各级政府和相关部门充分发挥职能作用,认真贯彻落实各项规定,坚持减量化、资源化和无害化的原则,聚焦突出问题精准发力,依法推动固体废物污染防治工作,围绕改善环境质量、防范环境风险的要求,强化监督管理,注重打牢基础,在固体废物环境污染防治方面取得明显成效。

下面我讲几点意见:

**第一,深入学习习近平生态文明思想、习近平法治思想,深刻认识固体废物污染防治的重要意义。**

十三届全国人大常委会深入贯彻习近平生态文明思想和党中央决策部署,连续三年先后开展大气污染防治法、水污染防治法、土壤污染防治法等 6 部生态环保法律和有关决定的执法检查,运用法治方式助力打好污染防治攻坚战,推动在法治轨道上治理污染、保护环境。

"十四五"时期我国进入新发展阶段,开启全面建设社会主义现代化国家新征程。深入贯彻新发展理念,加快构建新发展格局,推动高质量发展,创造高品质生活,都对加强生态文明建设、加快推动绿色低碳发展提出了新的要求。为此,党的十九届五中全会将"生态文明建设实现新进步"作为"十四五"时期经济社会发展主要目标之一,将"广泛形成绿色生产生活方式,碳排放达峰后稳中有降,生态环境根本好转,美丽中国建设目标基本实现"作为到 2035 年基本实现社会主义现代化的远景目标之一,设专章对"推动绿色发展,促进人与自然和谐共生"作出具体部署和安排,明确要求深入实施可持续发展战略,促进经济社会发展全面绿色转型,建设人与自然和谐共生的现代化。生态文明建设任重道远。

**第二,认真学习贯彻实施新修订的固体废物污染环境防治法,依法推动固体废物污染防治,全面提升固体废物污染防治水平,维护人民群众切身利益。**

固体废物具有量大面广、种类繁多、性质复杂和危害程度深等特点,是大气、水、土壤污染的重要来源。如果处理不当,轻则破坏生态环境,重则引发安全事故,威胁人民群众身体健康和生命安全。

新修订的固废法,深入贯彻习近平生态文明思想,把党中央新战略新部署新要求转化为法律规定,完善监督管理制度,严格法律责任追究,从 6 章 91 条增加到 9 章 126 条,为防治固体废物污染提供了强有力的法律支撑。战书委员长在执法检查第一次会上的讲话中专门强调了四个重点:一是法律确立的重大原则及相关规定落实情况,尤其是减量化、资源化、无害化的原则及生产者责任延伸、产品和包装物强制回收、危险废物分级分类管理等一系列制度规定;二是新增重要法律制度措施落实情况,特别是生活垃圾分类制度、禁止洋垃圾入境、医疗废物处置等制度措施是否落实、效果如何;三是法定职责和法律责任落实情况,重点检查地方各级政府落实本行政区域固体废物污染防治的主体责任,建立目标责任制和考核评价制度、跨行政区域联防联控机制,以及推进污染防治信息公开,依法实行按日连续处罚、拘留处罚措施等情况;四是配套法规、标准和名录的制定实施情况。这些既是执法检查的重点,也是法律修改后实施的重点,只有这些重点制度落实好、实施好,才能够织牢织密固体废物污染防治的法网,用法律武器、法治方式破解难点、解决问题,提升固体废物污染防治工作水平。

**第三,要巩固成效,直面问题,有法必依,执法必严,违法必究,切实推动固体废物污染防治工作。**

河南省认真实施固体废物污染环境防治法等法律法规,固体废物污染防治工作取得了积极成效。同时,从我们的了解和刚才省里介绍的情况看,当前河南省存在各种固体废物的产生量巨大,地方配套政策法规亟待完善,固体废物处置能力有待提高,生活垃圾分类处置存在短板,农业固体废物回收体系不健全,医疗废物处置能力存在区域不平衡现象,固废处置的科技能力支撑不足等问题。

希望河南坚持以人民为中心的发展思想,正确处理好发展和保护的关系,坚决贯彻新发展理念,坚定不移走生态优先、绿色低碳的高质量发展道路,依法解决好群众反映的突出环境问题,持续改善生态环境质量,在法治轨道上深入推进固体废物污染防治工作,推动经济社会发展全面绿色转型,走出一条人与自然和谐发展的路子,在生态文明建设上展现新作为。

最后,我代表检查组向河南省委、省人大、省政府对这次执法检查的高度重视和精心安排再次表示感谢!

# 对检查固体废物污染环境防治法实施情况报告的意见和建议

10月21日下午，十三届全国人大常委会第三十一次会议审议全国人大常委会副委员长沈跃跃作的全国人大常委会执法检查组关于检查固体废物污染环境防治法实施情况的报告，共有31人次发言。22日上午举行联组会议，结合审议该报告进行专题询问，栗战书委员长出席会议并讲话，丁仲礼副委员长主持会议，共有8人次发言询问，王勇国务委员参加专题询问。现根据会议发言和询问情况，将常委会组成人员和列席人员的主要意见整理如下。

出席人员普遍认为，十三届全国人大常委会深入学习贯彻习近平生态文明思想、习近平法治思想，从人大职能定位出发，紧紧围绕深入打好污染防治攻坚战这一党中央重大决策部署，持续发力，以法治力量守护绿水青山。开展固体废物污染环境防治法执法检查，是本届全国人大常委会连续第4年开展生态环保领域法律实施情况的检查，栗战书委员长担任执法检查组组长，带队赴地方实地检查，着力推动新增法律制度有效实施。大家充分肯定执法检查组的工作，普遍赞成执法检查报告。大家强调，要持续加大普法力度，认真贯彻法律确定的减量化、资源化、无害化原则，重点抓好生活垃圾分类、防止过度包装、危险废物和医疗废物安全处置等工作，严格落实政府、企业和社会各方面的法律责任，加强科技支撑和经费保障，在法治轨道上治理固废、推动减污降碳协同增效。审议中，大家还提出了一些具体意见和建议。

## 一、全面贯彻固体废物污染防治“三化”法律原则

部分出席人员提出，固体废物污染环境防治法确立了坚持减量化、资源化、无害化的重要原则，整部法律的重大制度、重要规定都是围绕“三化”原则来设计和运行的，必须把“三化”原则贯彻体现于固体废物污染防治全过程、各方面。有些出席人员提出，固体废物污染防治一头连着减污，一头连着降碳，应把贯彻实施固废法与实施大气污染防治法、水污染防治法、土壤污染防治法结合起来，同贯彻实施循环经济促进法、清洁生产促进法等法律结合起来，协同推进、形成合力，以高水平生态保护推动高质量发展。有些出席人员建议，抓紧研究制定各类固体废物减量化的定量目标，实行总量控制，研究推广“以渣定产”等工业固废源头治理机制和模式，扭转固体废物增量持续上升势头；加大对固废资源化利用的政策扶持力度，促进资源循环利用。

有的出席人员提出，我国电子商务、快递、外卖行业快速发展，过度包装现象突出，包装物、废弃物产量迅速增长，社会反映强烈。建议加强对快递、外卖等行业的线上线下协同监管，建立健全包装绿色化、减量化、可循环的标准和激励约束机制，加强可循环包装物产品和创新技术推广应用。有的出席人员认为，我国华北、西北、东北等地农业生产中地膜使用普遍，长此以往威胁生态环境和粮食安全，建议高度重视解决废旧地膜带来的环境问题。有的出席人员建议，持续加大对固废法等法律法规的宣传教育，推动公众自觉形成绿色低碳生活方式。

## 二、着力破解固废污染防治重点难点问题

有些出席人员提出，生活垃圾分类已经成为社会共识，但在实践中还有不少硬件和“软件”上的短板。有些地方分类运输和末端处理设施不健全，造成垃圾分类链条断裂，有些地方居民依然习惯垃圾混投。应进一步加强对生活垃圾分类处理工作的顶层设计，健全政策支撑体系，因地制宜推进垃圾分类设施的规划和建设，强化全链条、各环节的有效衔接，提高生活垃圾的分类、投放、收集、运输、处理的效率和水平。有的出席人员提出，当前一些地方垃圾填埋场建设时间久、设计标准低，有的超负荷运行，有的存在渗透问题，威胁周边环境和地下水安全。建议研究推进存量填埋垃圾分选消纳，加大对垃圾发电和水泥窑协同处置项目的投入和政策支持。

有的出席人员提出，近年来东部地区向西部地区转移处置危险废物的数量在增长，对西部地区生态环境保护带来新的压力，也存在安全隐患。应切实强化危险废物跨区域运输处置监管，建立危险废

物跨区域转移处置的生态保护补偿机制，加强西部地区危废处理利用基础设施和能力建设。有的出席人员建议高度重视医疗废物的处置工作。

有些列席人员提出，农村生活垃圾无害化处理率依然较低，生活垃圾分类收集处理严重滞后，建筑垃圾日益增多且在管理上处于空白状态。应持续加大包括农村垃圾、生活污水处理等在内的农村人居环境整治工作力度，作为实现乡村振兴的重要内容。有的出席人员提出，农村生活垃圾处理转运成本高问题突出，建议从国家层面统筹研究对农村垃圾转运实行高速公路收费优惠减免政策。有的列席人员提出，有关危险废物豁免管理清单规定农药废弃包装物在村镇收集过程中可不按危险废物管理，处理时可作为一般垃圾或焚烧或填埋。现实中农药包装废弃物随便丢弃在田间、地头、水沟的现象很常见，带来不小的二次污染风险隐患。建议将农药包装废弃物从危险废物豁免管理清单中剔除，严格按照危废管理。

## 三、严格落实固废污染防治的法律责任和法律义务

有些出席人员提出，实施好固废法，要压实各方法律责任，加快形成政府、企业、公众共治的绿色行动体系。各级政府应加强对固体废物污染环境防治工作领导，进一步建立完善目标责任制和考核评价制度，细化目标，明确任务，加强考核；政府有关部门要尽职履责，密切配合，形成合力；企业要落实污染防治主体责任，加快传统产业改造升级，限期淘汰落后生产工艺和设备，依法实施清洁生产，从源头减少工业固废产生量、降低危害性。电子商务、快递、外卖等行业要优化物品包装，减少包装物使用，积极回收利用包装物。企事业单位要严格落实信息公开制度，依法及时公开固体废物产生、利用与处置信息，主动接受社会监督。有的出席人员提出，污染担责是固废法确立的一个重要原则，生产者责任延伸制度是该原则的主要体现，应进一步强化污染者担责原则的落实工作。

## 四、完善固废污染防治监管执法工作机制

有些出席人员提出，修订后的固废法强化了违法责任追究，但法律威慑力尚未充分发挥，既有执法不够到位的问题，也有监管执法能力不足、工作机制不够健全的因素。应用足法律规定的查封、扣押、按日计罚等有力措施，强化行政执法与刑事司法有效衔接，对典型违法案件严惩、重惩，及时曝光，坚决维护法律权威。

有些出席人员提出，当前县一级生态环保部门普遍没有独立的固体废物监管机构和专职人员，同时，生态环境部门负责统一监管危险废物污染防治，监管人员的专业监管能力亟待加强。建议加强监管队伍特别是基层执法队伍建设，提升管理、监测、执法和技术支持能力；加强区域、部门间的协调配合，建立执法联动机制，防止造成监管空白。

有的出席人员提出，海关部门在查处进口“洋垃圾”、防范固体废物污染工作中面临一些实际困难：一是退运难，二是处置难，三是鉴别难，能够对海关发现的疑似固体废物的进口货物进行鉴别的机构少、分布点不均，鉴别标准不一致，鉴别费用高。建议有关部门和地方应尽快出台实施细则，落实好承运人连带责任；督促各地明确处理无法退运固体废物的部门，增设鉴别机构，完善废物属性鉴别的规程和取样程序。

## 五、完善配套法规和标准

有的出席人员提出，固废法中有多个条款对个人非法从事收集、储存、运输、处置危险废物等经营活动的法律责任作了规定，但规定处罚额度差异较大。各地在查处个人经营危废案件中掌握的尺度不一，执法部门在法律适用上存在异议，给执法带来一定难度。建议就相关法律规定的适用作出解释和说明，进一步明确单位和个人非法从事收集、储存、运输、处置危险废物经营行为的处罚标准，为严厉打击个人非法经营危险废物行为提供支撑。

在联组会议上，常委会组成人员和列席人员就落实固体废物污染防治“三化”原则、强化生活垃圾分类和建筑垃圾整治、加强危险废物管理、防范医疗废物危害和污染、提高工业固体废物资源化利用率、推动农膜农药包装回收再利用、推进塑料生产和使用减量、减少包装垃圾等问题进行了专题询问。国务委员王勇到会听取意见、回答询问，国务院办公厅、生态环境部、国家发展改革委、住房城乡建设部、工业和信息化部、商务部、农业农村部、国家卫生健康委、国家邮政局等部门的 9 位负责同志以及最高人民法院、最高人民检察院有关负责同志也到会应询。

# 全国人民代表大会常务委员会执法检查组关于检查《中华人民共和国公证法》实施情况的报告

——2021 年 12 月 21 日在第十三届全国人民代表大会常务委员会第三十二次会议上

全国人大常委会副委员长　曹建明

全国人民代表大会常务委员会：

为深入了解公证法实施情况，促进法律正确有效实施，推动公证事业高质量发展，充分发挥公证在推进全面依法治国中的重要作用，根据 2021 年度监督工作计划，全国人大常委会组成执法检查组，对公证法实施情况进行了检查。

此次执法检查是公证法 2006 年实施以来，全国人大常委会首次开展执法检查。执法检查组由曹建明、沈跃跃、吉炳轩、郝明金 4 位副委员长担任组长，监察司法委主任委员吴玉良任副组长；成员由 13 位全国人大常委会委员、监察司法委组成人员和 12 位全国人大代表组成。7 月至 9 月，执法检查组分别赴上海、河北、宁夏、广东、辽宁、北京等 6 个省（区、市）开展检查，深入 18 个地市（区），召开 17 场座谈会，听取了地方政府和有关部门的汇报，与各级人大代表、专家学者、公证从业人员、律师、办证当事人等进行了深入交流；实地检查 24 家公证处，随机抽查 7 家公证处，赴法院、乡村、社区、银行、企业等，通过现场交流、随机回访等方式，了解公证工作开展和服务经济社会发展等有关情况。同时，委托江苏、江西、重庆、新疆等 4 个省（区、市）人大常委会对本行政区域内公证法实施情况进行检查。为增强检查实效，前期，全国人大监察司法委与司法部有关厅局、单位进行了座谈，赴四川、山西开展了调研，研究梳理了有关重点问题和执法检查重点细化提纲。委托中华全国律师协会、中国政法大学公证法学研究中心开展了第三方评估。

这次执法检查有以下几个特点：一是坚持以习近平新时代中国特色社会主义思想为指导，深入贯彻习近平法治思想。几位副委员长到地方检查时，带头宣讲党中央对发展公证法律服务业的部署要求，推进公证法学习宣传和贯彻落实。二是坚持问题导向，落实依法原则。紧密结合公证法的规定和当前公证工作中存在的突出问题，确定检查重点，加强抽查暗访，深入实际、深入一线，努力找到难点和痛点，真正形成改进工作的压力和动力。河北、辽宁等地立行立改落实执法检查组提出的意见建议。三是引入第三方对法律实施情况进行评估。采用问卷调查、访谈、统计分析等方式，实现 31 个省（区、市）全覆盖，提高执法检查的全面性、客观性和科学性。四是发挥人大代表和地方人大作用。吸收 12 位全国人大代表参加执法检查，与地方人大密切配合，邀请五级人大代表共 47 位参加座谈和实地检查，赴基层立法联系点听取意见建议，在执法检查中落实全过程人民民主。五是坚持疫情防控和执法检查工作两手抓、两不误。根据疫情防控形势，及时调整工作安排，主动协调有关部门和人员，扎实做好各环节工作，做到力度不减、标准不降。

现将这次执法检查的主要情况报告如下。

## 一、法律实施总体情况

公证法实施后，国务院及地方各级政府紧紧围绕党和国家工作大局，依法加强公证工作，不断推动公证事业发展。党的十八大以来，各地进一步认真贯彻执行公证法，依法拓展和规范公证服务，着力提高公证服务的供给总量、质量和效率。截至 2021 年 11 月底，全国共有公证机构 2980 家，公证员 14147 人，公证员助理 9874 人；自公证法实施以来，全国公证机构办证总量为 18481.34 万件，2021 年前 11 个月办证量为 741.91 万件（全国公证行业有关数据见附件）。

根据第三方评估机构在公证当事人、公证从业人员、公证法学研究专家、律师等不同群体问卷调查的反馈数据，按照优秀、良好、中等、及格、不及格的标准，公证法实施情况总体评价为“中等”。其中获得良好评价的共 6 条（第 1、2、3、13、16、32 条），占比为13.04%;及格评价的共3条(第6、29、46条),占比为6.52%;其余37条获得中等评价,占比为80.43%。

(一)发挥职能作用,服务中心大局

公证法第1条明确了立法目的,即规范公证活动,保障公证机构和公证员依法履行职责,预防纠纷,保障自然人、法人或者其他组织的合法权益。各地认真贯彻实施公证法,公证机构及其公证员通过依法办证,为减少纠纷、保障民生、服务经济社会发展发挥了积极作用。一是服务基本民生,彰显公益价值。做好涉及公民人身、财产、家庭关系的公证服务,通过办理遗嘱、继承等公证,促进家庭和睦、社会和谐。办理"小升初"派位、保障房摇号、村居两委选举等现场监督公证,促进社会治理创新。围绕土地承包、企业改制、土地征用、房屋拆迁、劳动关系、环境保护等社会矛盾易发多发领域,为群众提供公证服务,从源头上预防矛盾纠纷的发生。北京2021年推出"公证服务周末不打烊""集中办理遗嘱公证服务周"等便民利民举措66项,为民办实事16753件。二是服务中心工作,助力经济社会发展。围绕重点领域、重大工程、重点项目提供公证服务,助力转变经济发展方式。河北公证机构为京津冀协同发展、雄安新区建设、冬奥会重大工程的征地拆迁、招投标等,及时办理证据保全、现场监督公证。宁夏公证机构助力脱贫攻坚和乡村振兴,免费办理涉及移民搬迁、土地流转、安置房分配等公证事项7800件,脱贫攻坚类公证4100件。疫情防控期间,各地纷纷出台利企便民举措,为群众提供网上公证咨询、办证等服务,助力复工复产。三是做好涉外和海外公证工作,促进对外开放。全国公证机构通过办理涉外、涉港澳台公证,服务对外开放,维护中国公民和企业合法权益。2006年以来共办理涉外公证4684.9万件,涉港澳台公证275.94万件,公证文书发往180多个国家和地区。我国驻外使领馆落实公证法第45条规定,为长期居住在当地的中国公民(含港澳台同胞)办理公证,公证法实施以来,共办理公证274.45万份(截至2021年11月底)。广东出台公证行业服务粤港澳大湾区建设十条措施,深化粤港澳三地公证合作。四是拓宽服务领域,满足差异化、高质量公证需求。拓展金融、知识产权保护、司法辅助等公证业务领域,创新开展在线办证服务,努力满足多层次、宽领域、个性化的公证法律服务需求。北京公证机构参与调解、取证、送达、保全、执行等司法工作数量从2017年的985件猛增至2020年的32.6万余件。上海鼓励公证机构与金融机构合作,既有效解决了中小企业融资难问题,又降低了小额信用贷款不良率。

(二)持续深化改革,激发行业活力

公证体制机制改革是全面深化改革的重要内容。公证法实施以来,公证事业一直在改革中不断发展完善。一是加强顶层设计,明确改革目标。2016年和2017年,司法部会同有关部门,先后印发《关于推进公证机构改革发展有关问题的通知》《关于推进公证体制改革机制创新工作的意见》《关于深化公共法律服务专业人员职称制度改革的指导意见》,明确了公证工作改革的方向和路径,确定了改革配套政策。截至2017年11月,全国889家行政体制公证机构全部转为事业体制。今年,中央深改委审议通过了《关于深化公证体制机制改革促进公证事业健康发展的意见》,进一步明确了公证体制机制改革的目标和要求,司法部已于6月将该意见印发各地、各有关部门和单位贯彻落实。二是坚持以满足公证服务需求为导向,科学配置公证资源。稳妥推进合作制公证机构试点,目前全国共有136家合作制公证机构。依法做好公证机构设置、布局调整工作。河北将省、市、县三级设置精简为市、县二级。辽宁鼓励有条件的公证机构设立常驻办证点、巡回办证点或远程办证点,满足乡村地区服务供给。三是坚持便民惠民,深化"放管服"改革。建立为老、弱、病、残等当事人服务的绿色通道,健全对社会困难群体的减免公证收费政策,推动公证服务向城乡社区延伸。今年5月,国务院常务会议审议通过《关于优化公证服务更好利企便民的意见》,对放宽公证执业区域、全面推行公证证明材料清单管理、持续深化"最多跑一次"改革、推进更多高频公证服务事项全流程在线办理、"跨省通办"、"一网通办"等作出部署。江西在偏远乡村开设流动办证室,宁夏把公证服务窗口延伸到市民大厅、金融机构,乌鲁木齐为群众提供延时、代办、上门等服务,长三角地区实现12个公证事项跨区域异地申办。

(三)强化监督管理,规范执业行为

一是加强监督指导。落实公证法第4条、第5条规定,各级司法行政部门依法对公证机构、公证员和公证协会进行监督、指导,中国公证协会和地方公证协会依法开展行业管理。司法部加强对公证机构、公证员执业活动的常态化监管,通过加强党建引领、警示教育和突出问题专项治理,引导广大公证机构及公证从业人员依法依规诚信执业。

落实公证业务办理全面登记、全程可控、全网留痕工作机制，严格投诉处理程序，从严惩处违法违规执业行为。江苏建立“机构自查、市级检查、省级抽查”常态化质检机制。健全完善并严格落实公证赔偿制度，对公证从业人员触碰执业底线的情形“零容忍”。2017年司法部印发《关于公证执业“五不准”的通知》，堵住公证程序漏洞。今年2月以来，司法部开展公证行业突出问题专项治理，整治违法违规执业、乱收费、服务意识淡薄等问题，共作出行政处罚51件，行业惩戒84件，党纪政务处分124人。二是加大公证员选拔培训力度。落实公证法第18条规定，坚持从通过国家统一法律职业资格考试人员中选拔、任命公证员，依法有序充实和发展公证员队伍。自公证法实施以来，司法部共任命公证员11688人。对欠发达地区无法招录到符合任职条件人员的，按照规定通过考核任职的方式补充公证员。建立健全申请公证执业人员实习管理制度，完善实习登记、培训管理、考核监督，确保新任职的公证员具备合格的品行操守和执业能力。

(四)加强制度建设，强化法律实施保障

一是建立配套制度。公证法颁布后，司法部先后制定或修订《公证程序规则》《公证机构执业管理办法》《公证员执业管理办法》等关于公证机构、公证人员和公证业务方面的规章。各地也相应开展了健全完善各项规章制度的工作。各公证机构落实公证法第14条规定，建立执业过错责任追究制度；落实公证法第15条规定，参加公证执业保险。落实公证法第35条规定，规范档案管理。最高人民法院出台《关于审理涉及公证活动相关民事案件的若干规定》《关于公证债权文书执行若干问题的规定》等司法解释，强化法律实施保障。二是加强信息化建设。根据公证服务拓展需要，不断推进信息化、数字化建设，实现数据赋能。各地公证机构大力发展在线公证业务，很多公证事项只需跑一趟就能拿到公证书。公证档案信息化建设大力推进。上海2017年以前的重要档案和2017年以来的全部档案实现数字化。河北完成了公证制度恢复以来全省1200余万件公证历史档案数字化。三是加强普法宣传和基层基础建设。各地均将公证法宣传工作纳入普法规划，综合运用传统媒体和新媒体等载体，宣传公证法的重大意义、原则精神和重要条款，不断提升公证的社会知晓度。重庆将公证法宣传与业务重点领域紧密结合，分领域、分层次开展宣传，推动普法宣传工作精准化。

## 二、法律实施存在的突出问题和困难

从检查情况看，公证法实施中还存在一些突出问题和困难，主要表现在以下几个方面。

(一)公证行业发展乏力

一是总体发展缓慢。公证业务量和公证员数量十几年来增幅不大。2006年，全国共有公证员11658人，全年办证量为980.7万件。目前全国公证员人数为14147人，2019年全年办理公证业务1374万件，2020年受疫情影响为1173万余件。公证法实施以来，我国经济快速发展、社会利益格局不断调整，社会矛盾纠纷处于高发时期，法律服务需求增长迅速。与公证发展起点相近的律师行业，到2020年底已发展到52.2万人，比2006年增长了近4倍。因法律法规修改、“放管服”改革、区块链存证等新技术应用等原因，很多地方传统业务需求萎缩，新业务发展乏力。二是发展不平衡。公证机构、业务数量两极分化现象突出，存在较大的地区差异。从北京市情况看，2020年业务量排名靠前的3家公证处共办证68.16万件，占78%，收入占70%，盈余占93%，业务量靠后的3家公证处共办证0.2万件，占0.23%，收入占0.7%。宁夏有的公证处年均办证量不到500件。公证服务资源布局不均衡，公证员主要集中在发达地区，业务能力较强的公证员大多在规模较大的公证机构执业。广东省欠发达地区公证机构数量占全省的61%，但业务数量和收入仅占全省的10.75%、7.89%，与珠三角地区相比，这些地区的公证机构体制僵化、服务领域狭窄，人民群众新的服务需求得不到有效满足。三是对公证预防纠纷作用认识不足。法律宣传方式不够丰富有效，总体上社会各界对公证法和公证制度认知度不高，不少人仍认为公证是多走程序、多花钱，公证制度的价值和作用没有得到广泛认同；各级政府及其有关部门借力公证服务中心工作，预防化解矛盾纠纷的意识不强、实践不多；司法实践中对赋强公证接受度不高等情形还比较常见；司法行政部门特别是一些领导同志对公证法学习了解不深，对公证工作研究谋划不够。公证主动参与调解、普法宣传、开展释法说理等也不够积极。

(二)公证队伍建设亟需加强

一是公证员数量总体不足。公证法第17条规定，公证员的数量根据公证业务需要确定。省、自治区、直辖市人民政府司法行政部门应当根据公证机构的设置情况和公证业务的需要核定公证员配备方案,报国务院司法行政部门备案。检查了解,由于缺少统一的核定标准,各地普遍缺乏公证员配备方案,向国务院司法行政部门备案的规定也形同虚设。目前,公证员队伍缺口问题严重,部分基层、偏远地区公证员数量难以满足业务需求。公证法第 8 条规定,公证机构应有二名以上公证员。目前有些公证机构不符合上述法定最低条件,全国共有“一人处”59 家,“无人处”114 家。一些公证机构队伍青黄不接,靠返聘退休人员和行政编制人员派驻从业勉强维持业务。二是队伍结构不合理。从业人员老龄化是普遍性问题,如河北 50 岁以上公证员占比 32%;辽宁 50 岁以上公证员占比 52.4%,40 岁以下公证员仅占 14.4%。三是公证队伍“进不来”“留不住”问题突出。公证法第 18 条、第 19 条规定了公证员的任职条件。由于准入门槛高、工资待遇低等原因,公证行业的职业吸引力偏低,难以吸引和留住高素质人才,公证队伍流失现象严重。河北反映,今年以来免职的 24 名公证员中,除 7 人正常退休外,其余 17 人均通过考录、转岗方式进入司法机关或从事律师等工作。有的地方 30 年未开展公证员高级专业技术资格评聘,挫伤了公证队伍积极性。四是队伍素质能力有待提高。部分公证从业人员对公证的公益属性存在认识偏差,服务意识不强。面对一些新型业务、复杂业务,许多公证员还存在不敢办、不会办的情况,有的要求办证申请人重复开具证明。公证债权文书质量不高、可执行性差的情况依然存在。据最高人民法院统计,公证法施行以来,人民法院依照公证法第 37 条第 2 款规定,共裁定不予执行公证债权文书 5327 件,近两年,每年裁定驳回申请的数量均超过 300 件,虽然占债权文书总量比例逐年下降,但绝对数比过去有所增长。北京等地个别公证机构在办理赋强公证业务时审查不严,导致“套路贷”、“砍头息”、变相高利贷等违法违规交易进入执行程序。五是公证机构负责人任命有不合规定的情况。公证法第 10 条规定了公证机构负责人的任职条件和产生程序,但因缺乏具体操作办法,法律规定的推选未很好落实,仍存在没有执业资格的“外行”或没有执业经验的机关干部“空降”为公证处负责人的情况。

(三)执业保障有待落实

一是公证核实难。公证法第 29 条赋予公证机构核实权,并规定有关单位或者个人应当依法予以协助。基层反映,公证机构在核实过程中,单位和个人常以涉及隐私、公证机构无权核实等为由,拒绝协助配合。公证法实施以来,国务院及其有关部门并未就落实公证机构核实权问题制定具体细则或者建立协作机制,导致“核实难”问题在公证行业普遍存在。二是信息共享难。目前部门之间、地区之间还存在“数据壁垒”,实现“一网通办”“信息共享”还有很大难度,公证机构更因其非行政机关属性,在获取政府部门信息方面存在障碍,公证工作的信息化建设及配套制度亟需加强。外交外事部门也反映,目前驻外使领馆无法直接核实申请人提供的房产证、身份证、学历学位证、驾驶证等证件真伪,难以满足海外中国公民的实际需求。三是公证档案管理难。公证法第 35 条规定,重要的公证档案在公证机构保存期满,应当按照规定移交地方档案馆保管。检查发现,因重要公证档案依法确定难及地方档案馆硬件条件有限,各地普遍存在档案移交难的问题。此外,由于对合作制公证机构单位属性的认识不统一,目前合作制公证机构的档案只能自己保管,档案保管成本高。公证档案的社会化外包工作需进一步加强规范和监管。四是对当事人违法行为惩戒难。公证法第 44 条规定了对办证当事人提供虚假证明材料骗取公证书等违法行为的法律责任。实践中,当事人违法行为隐蔽性强、成本低,公证领域社会信用体系不健全,打击力度不够。

(四)体制机制改革推进困难

一是公证机构性质定位不明确影响改革推进。公证法第 6 条规定,公证机构是依法设立,不以营利为目的,依法独立行使公证职能、承担民事责任的证明机构,从法律上明确了公证的公益性,但将公证机构的性质留待改革去解决。目前,事业制、合作制两种不同体制的公证机构并存,对于如何处理好非营利性机构性质和市场化运行机制的关系,尚未提出有效方案。辽宁在改革中曾将公证机构与其他公共服务机构合并,公证机构最基本的独立性难以满足。二是机构设置和管理仍保留原行政体制的特征。我国公证机构的设置原是在计划经济时代引进前苏联模式,属于行政体制,各级司法行政机关都设有相对应的公证机构。公证法第 7 条规定公证机构设置的原则是“统筹规划、合理布局”,不按行政区划层层设立,但法律实施后因照顾公证机构布局现状,大都没有依法进行调整,仍存在层层设立的现象。虽然公证机构“行政转事业”已经完成,但仍然管办不分,自主权无法真正落实。三是改革措施落地难。2000 年以来,国务院及其有关部门出台了一系列推进公证机构改革发展的政策措施，但由于制定和执行的稳定性协调性不足，导致效果不彰。2017年以来，司法部等部门围绕公证体制机制改革，提出编制备案制、企业化财务管理、绩效工资总量核定、合作制公证机构试点等改革措施，但由于缺乏部门间协调联动和明确可行的配套政策，事业体制机制改革"三项政策"在许多地区尚未落地见效，合作制试点也推进缓慢。

（五）公证监督管理有待加强

一是"两结合"管理体制效能发挥不够。公证法第4条、第5条规定了司法行政部门和公证协会的监督管理职能，但行政管理和行业管理的职责权限划分不清，"两结合"管理体制的优势没有充分发挥。有的地方司法行政机关对公证行业重视不够，缺乏日常有效行政监管；公证行业自律作用发挥不够，对公证执业活动常态化的监管、考核和惩戒需要加强，公证协会自身建设和发展还相对滞后；对当事人提交合法公证申请而公证机构拒绝公证的情形，缺乏相应的监督机制督促公证机构履行职能。目前公证机构各种体制并存，监管难度增大，行业监督向基层延伸也做得不够。法律仅对全国和省级公证协会作了规定。实践中，河北、山西等省份在市一级也设立了公证协会，其法律地位、行业惩戒权尚不明确。二是监督缺失。对公证执业活动的监督，主要依据公证法第14条规定实行内部管理，缺乏包括社会监督在内的外部监督机制，公证工作向社会公开不够。有的公证机构内部管理制度和风险防控机制弱化，公证办证程序行政审批色彩浓厚，办证人和审批人责任划分不清。三是公证质量监管缺位。目前，公证行业质量监管体系有待完善，特别是对基本公证服务的质量监督需要强化。北京、河北、广东等地均反映，办理公证事项需要提交的证明材料多、办证难、办证慢、手续繁等问题仍然不同程度存在。

（六）一些法律规定不适应新形势

一是公证机构的功能定位需要进一步明确。公证法第2条规定公证是"对民事法律行为、有法律意义的事实和文书的真实性、合法性予以证明的活动"，第6条规定公证机构为"证明机构"。从实践来看，公证已不仅仅是证明活动，还包括法律咨询、调解、代办等综合法律服务，内容也不仅限于民事，"证明机构"的定位已不能满足公证发展需求。二是公证服务的范围和方式亟待扩展。公证法第11条、第12条采用"列举＋概括"的方式对公证业务事项和公证方式进行了规定。随着经济社会发展，出现了视频公证、线上服务、公证参与司法辅助事务等业务、方式，现行法律没有涵盖，造成公证机构在业务拓展方面存在顾虑。三是公证机构的组织形式需要明确。公证法第6条未对公证机构的组织形式作区分，客观上导致了事业制、合作制两种不同体制公证机构的趋同化管理，在监督管理上既容易发生"缺位"风险，又可能导致"越位"问题，不利于公证行业的持续健康发展。四是公证员任职条件需要调整。公证法第18条规定了公证员任职条件，除需满足进入法律职业共同体的一般条件外，还对年龄、实习期等规定了更严格的条件，第19条将公证员考核任职的身份限定为公务员、律师或从事法学教研人员。过高的条件不利于吸收公证后备人才，制约队伍建设。

## 三、意见和建议

为深入贯彻习近平法治思想，落实党中央对发展公证法律服务业的部署要求，进一步促进公证法实施和公证事业健康发展，针对检查中发现的突出问题，提出如下建议。

（一）增强公证工作能动性，充分发挥预防化解矛盾纠纷的作用

一是坚持公证作为预防性法律制度的基本定位。公证工作要将预防化解矛盾纠纷作为重要目标，找准公证服务大局的切入点，密切关注社会需求，不断拓展公证服务的广度和深度。各级政府、有关方面应将公证纳入矛盾纠纷多元化解和诉源治理机制中通盘考虑，发挥好公证预防纠纷、减少诉讼、维护市场交易安全稳定的独特作用。二是强化公证预防纠纷功能作用。公证机构应积极开展"公证＋调解"服务，协助党政机关开展涉法涉诉案件化解、重大突发案事件处置、行政执法等工作，发挥公证对诉讼的支持性、服务性、保障性作用。积极推进公证在防范化解金融风险、服务民营企业、服务"三农"、知识产权保护、减灾救灾等领域的实践，促进公证在现代社会信用体系建设、诉源治理和多元化纠纷解决机制建设方面发挥更大的作用。

（二）坚持和强化公证的公益性，提高公证服务的均等化、可及性水平

一是坚持公证为民。公证服务是公共法律服务体系的重要组成部分。要坚持以人民为中心的发展思想，牢牢把握社会公平正义价值追求，确保公证工作客观、公正。二是加强公证公益法律服务保障。司法行政部门要会同有关部门梳理出密切

关系民生的公证公益法律服务事项，实行清单化管理。研究论证将公证公益法律服务纳入各级基本公共服务体系，给予经费保障和资金支持。公益服务实行政府定价或者政府指导价，根据办理频次和成本测算合理确定收费标准。加强公证法律援助，对符合条件的特殊群体减免收费。三是强化便民利民。公证服务内容主要是涉及民生的民事家事类事项，必须坚持服务为民、便民利民。推进公证服务进驻政务服务或公共法律服务平台，稳步有序推进海外远程视频公证试点，进一步扩大"最多跑一次""一网通办"公证事项范围，全面推行证明材料清单管理，落实一次性告知等利企便民服务举措，简化办理流程，提高服务效率。

（三）强化人才建设和管理，打造高素质公证员队伍

一是完善公证员队伍建设各项机制。严格落实法律规定，通过完备的机制保证公证员的数量与公证业务需要相适应。完善公证员选拔、任命和考核任职工作制度，加强职业保障，以事业留人、以待遇吸引人，破解以编制限制公证人员招录、公证员"招不来""留不住"等突出问题。推进法学院校增设公证业务课程，建设联合培养基地，培育公证员后备人才。二是加强素质能力建设。大力加强公证行业和公证队伍价值观建设，注重公证行业党组织建设和公证执业人员职业道德培训，形成统一的公证执业理念，培养事业使命感、职业尊荣感。开展多层次的业务培训，加强对新业务、新方式的指导，提高业务素质、岗位技能和执业水平。三是健全从严监管制度规定。进一步发挥"两结合"管理体制效能，建立健全公证质量责任制、错证追究制和公证质量检查保障机制，将保证公证质量贯穿公证管理和执业活动的各个环节，确保公证文书真实、合法、有效。健全完善外部监督机制，加大信息公开力度，从严惩处违法违规执业行为。

（四）加强公证执业保障，改善执业环境

一是进一步加强公证信息化建设。针对公证机构普遍反映的核实难、信息共享难问题，建议司法部、中国公证协会梳理汇总形成信息需求清单，加快推进与民政、公安、人社、自然资源、外交外事等部门数据共享工作，积极推进在人口基本信息、婚姻、收养、不动产登记、企业登记等方面办理公证所需数据的共享和在线查询核验工作，加大区块链、云计算、数字签名等信息技术运用，提升公证服务能力。加快推进全国公证管理系统升级改造，实现公证信息数据全部汇聚。加强档案管理规范化和信息化建设，健全公证档案查询利用机制。二是完善执业保障相关制度。建立告知承诺制，对当事人确有举证困难，公证机构又无法核实的，由当事人作出真实性承诺，公证机构可出具公证书并明确当事人不诚信的法律责任。加大对虚假公证当事人的打击力度。将公证不诚信行为依法依规纳入信用记录并实施失信惩戒，加大对骗取公证书的惩处力度，研究入刑问题。完善公证赔偿制度，免除已尽勤勉和注意义务的公证机构和公证员的法律责任。

（五）落实公证体制机制改革有关政策，增强公证机构活力和创新动力

一是明确公证体制机制改革路径。根据《关于深化公证体制机制改革促进公证事业健康发展的意见》，结合检查中各地区各类公证机构运行情况，研究论证在经济欠发达地区保留公证机构为公益一类事业单位的可行性，由政府给予场所、人员、经费等保障，满足人民群众基本公证服务需求；其他地区公证机构为非营利法人的社会服务机构，在坚持公益性的同时，按照市场规律运行，自主开展业务，独立承担法律责任。改革重点首先应放在优化事业体制公证机构运行机制上，结合各地实际，考虑公证行业的特殊性，制定具体可操作的三项改革配套政策，打通改革"最后一公里"。其次要规范有序推进合作制公证机构建设发展，抓紧制定出台合作制公证机构管理办法，明确公有公益属性和合法营利的具体制度和规则。二是优化和规范运行机制。通过改革落实事业体制公证机构的用人自主权和分配自主权，解决激励不到位问题。市场化、竞争性的公证服务事项实行市场定价，服务价格协商确定，充分发挥市场作用。三是坚持科学改革、精准改革。要根据各地实际情况，一地一案、一处一案做好工作，当管则管、当放则放，不搞"一刀切"。要鼓励不同体制机制公证机构良性竞争、合法竞争，以服务质量和效率论英雄。四是加大对公证资源不足地区政策扶持，通过考核任职、选派公证员驻点执业、设立分支机构、开展志愿服务活动等方式，解决欠发达地区公证机构人员短缺问题。

（六）完善公证法律制度，加强法律宣传

一是完善法律制度。建议将公证法修改列入十四届全国人大常委会立法规划，着手启动公证法修改的研究论证工作，针对公证制度定位、公证机构性质和组织形式、公证员准入、公证业务范围、服务形式和手段、执业保障、监督管理、法律责任，以

及赋强公证的适用范围等重要问题加强调查研究，广泛听取意见。二是健全配套规定。注重做好相关法律的配套衔接，针对检查中反映的法定公证条款长期休眠、公证证据审查规则缺失等问题加强研究；对照法律条文和中央要求对相关规定和政策措施进行梳理，分门别类制定配套规定，推动形成完备的公证法律制度体系。公证协会要及时制定与行业自律和拓展规范新型业务相关的规则指引。三是加强法律宣传和法律实施的监督。通过以案释法等形式，大力宣传公证法和公证工作，让越来越多的人知道公证、认可公证、信任公证、运用公证。通过加强对公证法实施和制度执行情况的监督，切实增强法律制度的执行力。

以上报告，请审议。

# 在公证法执法检查组第一次全体会议上的讲话

（2021 年 7 月 16 日）

曹建明

检查公证法实施情况，是今年常委会监督工作的一项重要任务。今天，我们召开执法检查组第一次全体会议，正式启动这项工作。刚才，玉良同志介绍了执法检查的前期准备情况和工作安排。司法部、最高人民法院、外交部、人力资源社会保障部、中国公证协会的负责同志作了发言，中央编办、国家发展改革委等 7 家单位提供了书面材料。各方面对这次执法检查高度重视，做了认真准备，汇报的情况和提供的材料对开展执法检查很有帮助。下面，结合大家的发言，我讲三点意见。

## 一、充分认识公证在国家治理体系和治理能力现代化中的地位和作用

党的十八大以来，以习近平同志为核心的党中央高度重视公共法律服务体系建设。党的十八届四中全会提出要建设完备的法律服务体系、推进覆盖城乡居民的公共法律服务体系建设。习近平总书记在 2019 年中央政法工作会议上强调，要深化公共法律服务体系建设，加快整合律师、公证、司法鉴定、仲裁、司法所、人民调解等法律服务资源，尽快建成覆盖全业务、全时空的法律服务网络。公证制度是重要的预防性司法制度，公证服务是公共法律服务体系的重要组成部分。公证在维护社会和谐稳定、促进经济健康发展、服务保障民生等方面发挥着重要作用。公证制度和公证服务的重要意义，主要体现在以下三个方面。

### （一）推进公证服务均衡发展是践行党的根本宗旨的重要方面

全心全意为人民服务是党的根本宗旨，我们的每一项工作都要始终坚持践行这一宗旨。党的十八大以来，以习近平同志为核心的党中央提出以人民为中心的发展思想，坚持一切为了人民、一切依靠人民，始终把人民放在心中最高位置、把人民对美好生活的向往作为奋斗的目标。在不久前庆祝中国共产党成立 100 周年大会上的重要讲话中，习近平总书记再一次强调践行以人民为中心的发展思想。公证服务是公共法律服务的重要组成部分，是维护人民群众合法权益、保障和改善民生的重要举措。公证服务关系千家万户，关系人民群众切身利益，小孩升学派位找公证、选房摇号找公证、签订合同找公证，公证在群众生活中发挥着越来越大的作用。推进公证服务体系建设，发展公证法律服务业，对于更好满足人民群众日益增长的美好生活需要，提高国家治理体系和治理能力现代化水平具有重要意义。

### （二）深化公证体制机制改革是全面深化改革的重要内容

全面深化改革是“四个全面”战略布局的重要组成部分，是关系党和国家事业发展全局的重大战略部署，公证体制机制改革是全面深化改革的重要内容。公证制度是一项世界各国通行的重要法律制度。我国公证制度是 20 世纪之初从国外引进的。早在 1946 年，中国共产党领导下的东北解放区就开展了公证业务。新中国的公证制度是借鉴前苏联公证制度创立、形成和发展起来的，并走过一段曲折的发展历程。2000 年 7 月，国务院批准司法部关于深化公证工作改革的方案，我国的公证事业进入了深化改革和全面发展的新时期。近年来，为了适应经济社会发展，我国的公证制度牢牢把握社会公

平正义价值追求，坚持以人民为中心的发展思想，优化事业体制公证机构运行机制，规范推进合作制公证机构建设发展，增强公证工作活力和创造力，一直在改革中不断发展完善。党的十八届四中全会对发展公证法律服务业、发展公证员队伍等作出了重要部署。今年，中央深改委通过了《关于深化公证体制机制改革 促进公证事业健康发展的意见》，明确了公证体制机制改革的目标要求。2021年6月，该意见已由司法部印发各地、各有关部门和单位贯彻落实。

（三）做好公证工作是服务全面依法治国、促进社会治理现代化的重要举措

全面依法治国是中国特色社会主义的本质要求和重要保障。党的十八大以来，习近平总书记对全面依法治国提出了一系列新理念新思想新战略，形成了习近平法治思想这一马克思主义法治理论中国化最新成果，为推进全面依法治国提供了根本遵循和行动指南。公证工作是全面依法治国的基础性、服务性和保障性工作，在推进法治国家、法治政府、法治社会一体建设中发挥重要作用。作为一项预防性法律制度，公证充分发挥公证证明、保全证据、现场监督、赋予强制执行效力等制度特色和职能优势，全面介入到国家经济社会活动、民生领域和涉外民商事交往等各个方面，为服务经济社会发展、维护法律正确实施、预防化解矛盾纠纷、保障当事人合法权益作出了积极贡献。

## 二、发挥“法律巡视”监督利剑作用，促进公证职能作用充分发挥

进入新时代，人民群众对法律服务的需求日益多元化，要求不断提高公证服务的供给总量、质量和效率，提高公证行业公信力。这就要求我们这次执法检查必须发挥好“法律巡视”监督利剑作用，着力推动解决法律实施中的突出问题，切实增强人民群众的获得感、幸福感、安全感。

（一）加强党对公证工作的全面领导，坚持公证服务公益属性

坚持和加强党的领导是推进公证事业改革发展的根本政治保证。要通过执法检查，推动把党的领导贯彻落实到公证事业改革发展的全过程和各方面，确保习近平总书记指示批示和党中央决策部署得到不折不扣贯彻落实。坚持公证的公益性、非营利性，既是公证法的要求，也是中国特色社会主义公证制度的本质属性。要通过执法检查，推动公证行业树牢以人民为中心的发展思想，深化公证服务供给侧结构性改革，把满足人民群众公证法律服务需求放在第一位，坚持发展公证公益服务，保障特殊群体服务需求，切实防止公证逐利倾向。要推动深化公证领域“放管服”改革，强化便民利民，更好解决人民群众反映强烈的公证领域办事难、办事慢、办事繁等问题。

（二）统筹推进公证体制机制改革和公证法贯彻实施，充分发挥公证职能作用

2005年公证法的出台，从法律层面规范了公证活动，为公证机构和公证员依法履职提供了法律保障。但从监察司法委前期调研情况看，当前公证法实施以及公证工作中还存在一些突出问题。一是体制机制改革需进一步深化，中央推行的三项配套改革，包括编制备案化管理、绩效工资总量核定、企业化财务管理等举步维艰，公证机构合作制试点也推动缓慢；二是公证员队伍建设需进一步规范和加强，部分公证机构人员配备不符合法律规定，公证队伍“进不来、留不住”问题突出；三是公证执业保障有待加强，公证机构核实权需要强化和落实，金融、知识产权业务和司法辅助事务等新领域以及发展中的网上公证、海外公证等还需规范拓展；四是监督管理需进一步强化，“两结合”管理体制效能未充分发挥，对公证机构、公证员存在监管不力现象，对当事人提供虚假材料、骗取公证书的失信违法行为打击不力。这次执法检查，就是要着力推动解决法律实施和公证工作中存在的突出问题，深化公证体制机制改革，提升公证证明力、公信力，强化预防纠纷功能作用，促进公证事业发展。

（三）适应新形势新要求，推动完善公证法律制度和配套规定

我国已全面建成小康社会，正处于向第二个百年奋斗目标迈进的关键时期，公证服务发展潜力巨大。新时代经济社会高质量发展的新要求，扩大了公证服务的新需求；完善多元化纠纷预防和解决机制的新举措，拓展了公证服务的新空间；公共法律服务体系建设的新发展，丰富了公证服务的新领域。要紧紧围绕以人民为中心的发展思想和全面依法治国对公证服务的新要求，一方面，压紧压实政府责任，推动法律正确有效实施；另一方面，遵循客观规律，不断完善公证法律制度和配套规定。要通过这次执法检查，摸清现行法律在哪些方面需要完善，有针对性地提出修改法律的建议。还要通过执法检查，重点了解法律配套规定和公证程序规则、办证标准等的制定情况，督促各级政府及有关部

门、单位加强配套制度建设，健全从严监管制度规定。已经建立相关制度的，要进一步提升制度执行力，通过落实配套制度确保公证法各项规定落到实处。

## 三、强化责任担当，组织实施好执法检查工作

公证法自2005年颁布实施以来，全国人大常委会首次开展执法检查。要准确把握这次执法检查的目标任务，通过执法检查，全面了解公证法的实施情况，紧紧围绕解决法律实施存在的主要问题，推动公证工作法治化、制度化水平全面提升。这次执法检查时间紧、任务重，希望同志们以认真负责的态度、求真务实的作风投入到工作中，确保各项检查任务顺利完成。

*一要加强学习研究。*执法检查是一项法律性、政策性很强的工作。执法检查组各位同志必须认真学习领会习近平总书记关于公共法律服务体系建设，特别是公证工作的重要论述和重要指示精神，认真学习有关法律和政策，熟悉和掌握公证法及相关法律规定和政策法规，牢牢把握新时代公证工作的目标任务，努力掌握相关改革举措和政策措施，把握法律实施机关的各项职责，做好知识储备，做到心中有数，使执法检查有的放矢。这些规定在发给大家的参阅资料里面都有，希望大家认真学习，带着问题思考，为执法检查工作顺利进行和取得实效做好充分准备。

*二要紧扣法律规定。*执法检查是国家权力机关对法律实施情况的检查监督，不同于一般的工作检查、行政督察、工作调研、工作指导，目的是保证法律全面有效实施，让法律制度的牙齿真正“咬合”起来。栗战书委员长指出，“开展执法检查，就要以法律规定为准绳，一个条款一个条款对照检查，把法律制度的引领、规范、保障作用充分发挥出来。”这次执法检查一定要坚持好这个导向，认真对照公证法具体条款开展检查，重点是查找法律实施不到位、不规范的问题，抓住影响法律实施的不利因素和典型案例，明察暗访，点名曝光，真正形成监督压力，督促有关方面履行法定职责、落实法律责任、依法推进工作。

*三要保持良好作风。*执法检查各小组之间、全国人大各有关部门之间要密切协作，按照执法检查组统一安排有序开展工作；国务院有关部门要积极配合执法检查，客观真实反映情况和问题；受委托自查的地方要积极主动开展工作，自查报告和有关材料要在规定期限内报送全国人大有关部门。坚持工作重心下移，深入实际、深入基层、深入群众开展调查研究，广泛听取各方面意见、建议。检查组到地方检查时要深入贯彻中央八项规定及其实施细则精神，严格遵守政治纪律、工作纪律和疫情防控要求，坚决杜绝形式主义、官僚主义，确保执法检查风清气正。

*四要做好舆论引导。*对于公证体制机制改革、公证公信力、新领域发展等问题，社会各方面比较关心，新闻媒体比较关注。各有关方面要认真扎实做好相关新闻报道工作。一方面要及时、准确、客观地反映公证法实施情况及存在的问题，积极回应社会关切；另一方面也要加强正面引导和深入解读，做好法律宣传工作，提升公证制度的社会知晓度，让公证制度的价值和作用被社会和人民群众广泛了解和认识。

最后，我代表执法检查组感谢中央编办、国务院及有关部门、最高人民法院、最高人民检察院和有关方面对这次执法检查的积极配合，感谢全国人大代表、地方各级人大常委会的大力支持，希望大家共同努力，完成执法检查各项任务。

# 在上海市开展公证法执法检查时的讲话

（2021年7月28日）

曹建明

在全国上下深入学习贯彻习近平总书记在庆祝中国共产党成立100周年大会重要讲话精神之际，也正值上海深入贯彻总书记对上海重要讲话指示精神，深入推进上海和浦东高水平对外开放，打造社会主义现代化建设先行区之际，我们全国人大执法检查组非常高兴有机会到上海，不仅是了解、检查有关工作，更是深刻感悟中国共产党精神之源，深刻感受建党百年的沧桑巨变。非常感谢市

委、市政府、市人大和各有关单位对我们这次执法检查的高度重视，精心准备，全力支持。

开展公证法实施情况执法检查，是全国人大常委会今年监督工作的一项重要任务。总书记、党中央高度重视公共法律服务体系建设，总书记明确要求要深化公共法律服务体系建设。公证制度是重要的预防性司法制度，公证服务是公共法律服务体系的重要组成部分。公证在维护社会和谐稳定、促进经济健康发展、服务保障民生等方面发挥着重要作用。刚才，张苏军同志代表执法检查组介绍了此次执法检查的主要任务和有关要求。舒庆副市长汇报了上海市贯彻实施公证法的有关情况，市司法局领导同志作了发言，市高院、市编办、市人社局、市大数据中心等单位做了书面发言，我们还进行了座谈交流。大家既讲成绩、经验，又反映困难、问题，并提出了很好的意见和建议，这对我们全面深入了解公证法的贯彻实施情况很有帮助。这里，我代表全国人大执法检查组表示衷心感谢！

上海是中国共产党的发祥地、中国共产党人的初心始发地和梦想起航地，也是中国改革开放的重要窗口、中国链接世界的枢纽，是全国改革开放排头兵、创新发展先行者，在党和国家工作全局中具有十分重要的地位。习近平总书记和党中央高度重视上海的发展。党的十九大以来，总书记连续四年亲临上海考察指导，为新时代上海和浦东发展作出战略擘画、赋予历史使命、注入强大动力。中央的多项新战略、新部署也交由上海率先试点，带头探路。特别是总书记亲自提炼概括了“海纳百川、追求卓越、开明睿智、大气谦和”的上海城市精神和“开放、创新、包容”的上海城市品格，为上海加快打造与具有世界影响力的社会主义现代化国际大都市相匹配的城市软实力指明了前进方向。前不久，党中央、国务院《关于支持浦东新区高水平改革开放 打造社会主义现代化建设引领区的意见》正式发布，赋予上海和浦东新区新的重大任务、历史使命、战略机遇。为贯彻落实总书记重要指示和党中央决策部署，全国人大常委会前不久审议通过了《关于授权上海市人民代表大会及其常委会制定浦东新区法规的决定》，大家一致认为《决定》为浦东高水平改革开放提供了法治保障，对于支持浦东新区成为更高水平改革开放的开路先锋、全面建设社会主义现代化国家的排头兵和彰显“四个自信”的实践范例，意义重大。

上海市委和李强书记高度重视人大工作，专门出台了《中共上海市委关于加强新时代人大工作充分发挥人大在推进城市治理现代化中的作用的意见》。去年 9 月，还专门召开市委人大工作会议，李强书记提出了“三个进一步增强”的要求，明确要求全市各级党委要把人大工作纳入总体布局，为努力开创新时代上海人大工作新局面指明了方向。上海市人大及其常委会深入学习贯彻习近平法治思想和习近平总书记关于坚持和完善人民代表大会制度的重要思想，坚持党对人大工作的全面领导，按照市委在市人大工作会议上提出的要求，围绕法治上海建设总目标和上海市“十四五”规划，创造性做好立法工作。我感到，特别是有以下几个突出的亮点：一是坚持以高质量立法推动高质量发展。出台《上海市人大常委会关于深入学习贯彻习近平法治思想推动地方立法高质量发展的意见》，明确了上海市地方立法高质量发展的实现路径，强化了地方立法高质量发展的制度机制保障。二是全面落实“全过程民主”重要理念。2019 年 11 月，总书记在上海虹桥街道基层立法联系点考察时发表重要讲话，明确提出“人民民主是一种全过程民主”重要理念，为新时代坚持走中国特色社会主义政治发展道路，坚持和完善人民代表大会制度，坚持中国特色社会主义民主指明了方向。上海市人大及其常委会在人大工作中，坚持“以人民为中心”的立法价值导向，坚持“为了人民”的立法选项标准，坚持“依靠人民”的立法工作方法，专门立法加强人民建议征集工作，把“众人的事情由众人商量”作为全过程民主的重要实现方式，把“解决人民要解决的问题”作为体现全过程民主的最重要成果，以地方的生动实践丰富“全过程民主”的时代内涵。特别是，虹桥街道等基层立法联系点真实反映民众意见，开启民意“直通车”的成功经验，是新时代人大依法立法、民主立法、科学立法的生动实践，也是全过程民主的重要体现，具有示范意义。三是积极开展红色资源地方立法。上海红色资源丰富，红色底蕴深厚，是中国共产党人的精神家园。市人大常委会牢记总书记考察上海时的殷切嘱托，把利用好传承好红色基因、发扬红色传统，作为光荣而神圣的使命和职责，专门出台《上海市红色资源传承弘扬和保护利用条例》，充分体现了党的诞生地红色资源立法的特色亮点，为用好红色资源、传承红色基因提供坚实法治保障。四是推动区域协调立法。认真贯彻落实总书记关于扎实推进长三角一体化发展重要指示精神和党中央决策部署，深化长三角一体化发展协同立法，沪苏浙人大同步作出关于促进和保障长三角生态绿色一体化发展示范区建设若干问题的立法性决定，为示范区组织机构设置和运行夯实法治基础。沪苏浙皖人大还共同签署《关于深化长三角地区人大工作协作机制的协议》和《关于深化长三角地区人大常委会地方立法协同的协议》；前不久，还通过了《2021 年对长三角地区人大常委会协作重点工作计划》，形成了立法协同、监督联动、代表互动、重大事项共同推进的良好格局，为探索区域协调立法提供了宝贵经验。

这次我们选择上海作为公证法执法检查的第一站，也是充分考虑上海公证法律服务在全国起步早、经验多、走在前列。今天上午，我们检查组专门到徐汇公证处、东方公证处，实地考察公证工作开展情况，并就地召开座谈会。下午，又听了大家介绍和发言。我总的感受是，上海市公证工作紧紧围绕党和国家工作大局，大力拓展和规范公证法律服务，工作事业持续健康发展。上海市贯彻实施公证法亮点突出，效果明显，在推进公证体制机制改革、规范公证机构内部治理、公证事项创新发展、为民办实事等方面取得了显著成效。一是持续引导公证机构开拓新型业务领域，推动公证业务转型。2021 年上半年公证办证量和公证收费分别同比增长了 14.14% 和 38.45%。二是积极稳妥推进公证体制机制改革，激发公证工作活力。三是优化公证服务更好便民利企，深化公证行业“放管服”改革。推动公证行业“最多跑一次”和“一次都不跑”改革推进公证对接市“一网通办平台”，积极开展公益服务。四是严格落实执业监督职责，加强标准化建设，加强公证质量监管，规范行业发展。

综合全国人大监察司法委员会前期全国调研情况和大家今天座谈时反映的情况，我们感到，当前公证法实施以及公证工作中还存在一些需要高度重视的问题：一是公证体制机制改革如何进一步落实和深化。中央推行的三项配套改革，包括编制备案化管理、绩效工资总量核定、企业化财务管理在不少地方推进困难；一些地方依法调整公证机构设置的措施还没有完全落实到位。二是公证服务能力建设、公证员队伍建设包括公证员助理的定位及其建设，都需要进一步加强。部分公证机构人员配备不符合法律规定，优秀公证人员流失较多，公证队伍“进不来、留不住”问题突出，全国公证员数量和公证法实施时基本持平。三是公证机构核实权需要强化和落实。金融、知识产权业务和司法辅助事务等新领域以及发展中的网上公证、海外公证等既需要拓展，也需要规范。公证执业保障有待加强。四是监督管理需进一步强化，既存在“两结合”管理体制效能如何充分发挥的问题，又存在在强化对公证机构管理的同时，如何充分调动并切实保障公证机构的自主权的问题，也包括防止对两种不同体制公证机构的趋同化管理的问题。对公证机构、公证员存在监管不力现象，公证机构、公证员在执业活动中存在私自出具公证书或者故意做虚假公证等违法违规行为，一些犯罪分子利用公证等手段实施“套路贷”违法犯罪行为。

上海在党和国家工作全局中具有十分重要的地位，是改革开放的“重要窗口”，也是贯彻落实公证法的“重要窗口”。上海在公证工作和公证服务中遇到的问题更具有典型性，提出的意见和建议也更具有针对性和前瞻性。大家介绍的经验做法、提出的意见建议，执法检查组会认真梳理分析研究，及时向全国人大常委会汇报。

下面，结合大家的发言，我就深入贯彻实施公证法及做好这次执法检查工作，讲几点意见。

## 一、充分认识公证制度和公证服务在国家治理体系和治理能力现代化中的地位和作用

党的十八大以来，以习近平同志为核心的党中央高度重视公共法律服务体系建设。党的十八届四中全会明确提出要建设完备的法律服务体系、推进覆盖城乡居民的公共法律服务体系建设。习近平总书记在 2019 年中央政法工作会议上强调，要深化公共法律服务体系建设，加快整合律师、公证、司法鉴定、仲裁、司法所、人民调解等法律服务资源，尽快建成覆盖全业务、全时空的法律服务网络。公证制度和公证服务的重要意义，主要体现在以下三个方面。

一是推进公证服务均衡发展是践行党的根本宗旨的重要方面。全心全意为人民服务是党的根本宗旨。党的十八大以来，以习近平同志为核心的党中央提出以人民为中心的发展思想，坚持一切为了人民、一切依靠人民；明确要求要让人民群众切实感受到法律服务更加便捷。习近平总书记在庆祝中国共产党成立 100 周年大会上发表重要讲话，再一次强调践行以人民为中心的发展思想。公证服务是维护人民群众合法权益、保障和改善民生的重要举措，关系千家万户，关系人民群众切身利益。推进公证服务体系建设，发展公证法律服务业，对于更好满足人民群众日益增长的美好生活需要，提

高国家治理体系和治理能力现代化水平具有重要意义。

二是深化公证体制机制改革是全面深化改革的重要内容。2000 年 7 月,国务院批准司法部关于深化公证工作改革的方案,我国的公证事业进入了深化改革和全面发展的新时期。近年来,为了适应经济社会发展,我国的公证制度牢牢把握社会公平正义价值追求,坚持以人民为中心的发展思想,优化事业体制公证机构运行机制,规范推进合作制公证机构建设发展,增强公证工作活力和创造力。党的十八届四中全会对发展公证法律服务业、发展公证员队伍等作出了重要部署。今年,中央深改委审议通过了《关于深化公证体制机制改革 促进公证事业健康发展的意见》,明确了公证体制机制改革的目标要求。

三是做好公证工作是服务全面依法治国、促进社会治理现代化的重要举措。作为重要的预防性法律制度,公证充分发挥公证证明、保全证据、现场监督、赋予强制执行效力等制度特色和职能优势,全面介入到国家经济社会活动、民生领域和涉外民商事交往等各个方面,为服务经济社会发展、维护法律正确实施、预防化解矛盾纠纷、保障当事人合法权益作出了积极贡献。

## 二、明确目标任务,着力推动解决制约法律实施和公证制度发展的问题

公证法自 2006 年 3 月施行以来,全国人大常委会是首次开展执法检查。目的是要全面了解公证法的实施情况,紧紧围绕解决法律实施存在的主要问题,推动公证工作法治化、制度化水平全面提升。我们要落实好总书记要求,教育引导法律服务工作者坚持正确政治方向,依法依规诚信执业,认真履行社会责任。同时,还要不断提高公证服务的供给总量、质量和效率,提高公证行业公信力,切实增强人民群众的获得感、幸福感、安全感。

一是加强党对公证工作的全面领导,坚持公证服务公益属性。要通过执法检查,进一步推动公证行业树牢以人民为中心的发展思想,深化公证服务供给侧结构性改革,把满足人民群众公证法律服务需求放在第一位,坚持发展公证公益服务,保障特殊群体服务需求,切实防止公证逐利倾向。二是统筹推进公证体制机制改革和公证法贯彻实施,充分发挥公证职能作用。刚才大家在发言中谈到,当前公证法实施和公证工作中还存在改革措施落实不到位、公证服务资源不均衡、公证服务能力不足、规章制度不健全等问题,这次执法检查,就是要着力推动解决法律实施和公证工作中存在的突出问题,进一步深化公证体制机制改革,促进公证事业发展。三是适应新形势新要求,推动完善公证法律制度和配套规定。刚才也有同志提出,公证法制定的时间较早,有些规定较为原则,有些规定已不适应实践发展。根据我们前期调研和今天大家提出的意见建议,我感到,各方面对完善公证法的意见建议主要集中在:公证的属性、公证机构组织形式及性质;法定公证事项的缺位;公证的审查标准,实质审查还是形式审查;核实权还是调查权;办证方式;公证队伍建设及执业保障;公证员权力与义务的对等性;公证员任职年龄和实习期限如何与其他法律职业共同体保持一致;公证执业区域,公证收费,以及不同体制并存下的不当竞争与无序竞争;行业监管的法律地位;公证责任;对公证活动的法律监督,包括对公证的非诉执行活动的监督,等等。同时,民法典的实施和互联网时代,也都对公证发展提出了新要求。希望我们大家共同努力,通过这次执法检查,摸清现行法律在哪些方面需要完善,有针对性地提出修改完善法律的建议。

## 三、增强法治意识,认真履行好贯彻落实公证法的法律责任

法律的生命力在于实施,法律的权威也在于实施。要紧紧围绕全面依法治国对公证服务的新要求,推动公证法正确有效实施。

要压紧压实政府责任,推动法律有效贯彻实施。各级政府和有关部门要进一步增强法治意识,依法履行职责,形成工作合力,在全面推动法律制度有效落实的同时,不断推进公证法相关制度措施和改革举措落实到位。各级政府及有关部门、单位要主动对照法律规定,在制度建设及制度落实上找差距。已经建立相关制度的,要进一步提升制度执行力,通过推进配套制度建设确保公证法各项规定落到实处。

要充分发挥人大监督作用,提高公证工作法治化水平。栗战书委员长反复强调,人大执法检查,一定要从准确把握执法检查的定位和目的、紧扣法律规定开展检查、坚持问题导向、抓好督促落实等方面做好工作,增强监督实效。我们要认真贯彻这

一要求，坚持问题导向、结果导向相统一，在全面了解公证法实施情况的基础上，找准影响法律实施的关键问题，进一步加强法律实施薄弱环节建设，补短板、强弱项，切实推动公证工作法治化、制度化水平全面提升。

最后，我代表执法检查组全体同志，再次感谢上海市委、市人大、市政府及各有关方面对这次执法检查提供的支持和帮助。衷心祝愿上海公证工作和公证改革在新时代成为全国的“开路先锋、示范引领、突破攻坚”，并衷心祝愿上海在上海市委的领导下，按照总书记要求，在建设“五个中心”，推进浦东新区高水平改革开放、打造社会主义现代化建设引领区上不断取得新成就，谱写全面建设社会主义现代化国家的上海新篇章！

# 在辽宁省开展公证法执法检查时的讲话

（2021 年 9 月 7 日）

曹建明

在全国上下深入学习贯彻习近平总书记在庆祝中国共产党成立 100 周年大会重要讲话精神之际，我们来到“新中国工业的摇篮”辽宁开展公证法实施情况执法检查，既是了解、检查有关工作，更是深刻感悟中国共产党初心使命，深刻感受中国共产党的伟大精神力量，深刻感受建党百年中国的沧桑巨变。辽宁是抗日战争的起始地、解放战争的转折地、抗美援朝出征地、新中国国歌素材地、新中国第一枚金属国徽诞生地；辽宁也是英雄辈出的地方，新中国成立以来，辽宁涌现出雷锋、孟泰、王崇伦、尉凤英、郭明义、罗阳等一大批响当当的全国英雄模范。辽宁也是我国的工业大省，新中国工业的摇篮，工业体系完备，装备制造、石化、冶金等产业在国家产业布局中占有重要地位。中国工业博物馆记录了辽宁创造的新中国工业史上 1000 多个第一，见证了辽宁为共和国发展做出的突出贡献。特别是，辽宁还承担着维护国家国防安全、粮食安全、生态安全、能源安全、产业安全的重大使命，在构建新发展格局中具有十分重要的地位。

习近平总书记高度重视辽宁的振兴发展，多次作出重要指示。党的十八大以来，总书记 2013 年、2018 年两次亲临辽宁考察；2013 年、2017 年全国两会期间，两次参加辽宁代表团审议，亲自为辽宁发展指明方向、支招鼓劲；2018 年总书记又在沈阳亲自主持召开深入推进东北振兴座谈会并发表重要讲话，为东北振兴发展把舵领航、指引方向。每当我们回顾这些，都深深感受到习近平总书记、党中央对辽宁的工作始终高度重视，对辽宁人民始终深情牵挂，对辽宁的振兴发展始终寄予厚望，并赋予辽宁重大历史使命。

辽宁省委和国清书记高度重视人大工作。今年 6 月，国清书记专程出席省人大常委会“庆祝百年华诞、感悟思想伟力、彰显制度优势”座谈会，对省人大常委会进一步深入学习贯彻习近平总书记关于坚持和完善人民代表大会制度的重要思想，深入推进全省人大工作高质量发展，全面提升全省人大工作水平提出明确要求。2019 年 12 月，辽宁省委还专门召开人大工作会议，并出台《中共辽宁省委关于坚持和完善人民代表大会制度这一根本政治制度的意见（试行）》，对各级党委加强对人大工作的领导、支持和保证人大依法履职、充分发挥人大制度功效提出明确要求。辽宁人大工作也有许多好的做法，好的经验。特别是，深入学习贯彻习近平总书记关于坚持和完善人民代表大会制度的重要思想，紧紧围绕辽宁振兴发展，坚持问题导向，大力推进制度创新，创新监督形式，制定防范和处置金融风险条例、连续四年开展营商环境条例执法检查，推动形成法治化营商环境制度体系；审议通过关于依法科学有序做好当前新冠肺炎疫情防控工作的决定，为疫情防控提供法治保障；连续三年对 6 部环境保护法律法规开展执法检查，做好生态文明建设监督工作；严格落实选举纪律规定，确保选举风清气正，等等。可以说，辽宁省人大常委会坚持党对人大工作的全面领导，坚决贯彻党中央和省委决策部署，在深入推进全省人大工作高质量发展，全面提升全省人大立法、监督、代表各项工作水平方面取得了很大成绩。

开展公证法实施情况执法检查，是全国人大常委会今年监督工作的一项重要任务。党中央高度重视公共法律服务体系建设，习近平总书记多次作出重要指示。公证制度是重要的预防性法律制度，公证服务是公共法律服务体系的重要组成部分。公证在维护社会和谐稳定、促进经济健康发展、服务保障民生等方面发挥着重要作用。刚才，张苏军同志代表执法检查组介绍了此次执法检查的主要任务和有关要求。王大伟副省长汇报了辽宁省贯彻实施公证法的有关情况，各单位的同志结合各自领域工作作了发言，我们还进行了座谈交流。辽宁省委、省政府坚决落实总书记、党中央对发展公证法律服务业的部署要求，全面贯彻实施公证法，重视发挥公证法作为重要预防性法律制度在法治辽宁、诚信辽宁建设中的重要作用，在积极服务辽宁经济社会发展中取得新进展新成效。大家既讲成绩、经验，又反映困难、问题，并提出了很好的意见和建议，这对我们全面深入了解公证法的贯彻实施情况很有帮助。省委、省政府、省人大和各有关单位对我们这次执法检查高度重视，精心准备，全力支持，这里，我代表全国人大执法检查组表示衷心感谢！

下面，结合大家的发言，我就深入贯彻实施公证法及做好这次执法检查工作，讲几点意见。

## 一、认真学习领会习近平总书记关于加强公共法律服务体系建设的重要论述和指示要求，深刻理解公证工作的重要意义

党的十八大以来，以习近平同志为核心的党中央高度重视法治工作，把全面依法治国置于“四个全面”战略布局之中。党的十八届四中全会作出了《关于全面推进依法治国若干重大问题的决定》，提出要建设完备的法律服务体系、推进覆盖城乡居民的公共法律服务体系建设。习近平总书记在 2019 年中央政法工作会议上强调，要深化公共法律服务体系建设，加快整合律师、公证、司法鉴定、仲裁、司法所、人民调解等法律服务资源，尽快建成覆盖全业务、全时空的法律服务网络。

公证制度是一项古老的法律制度，它起源于古罗马时代，迄今已有两千多年历史。现在，公证制度已经成为世界各国通行的一项重要的预防性法律制度，是公共法律服务体系的重要组成部分。“多设一家公证处，就可少设一家法院”。这句广泛流传于大陆法系国家的法谚，生动地说明了公证制度预防纠纷、减少诉讼的作用。

我国历史上也有“中人”制度的文化传统。在古代，买卖双方、事件双方，要作成买卖或办成事情，包括化解矛盾、解决纠纷，有时会希望有一个“中间人”，在那里调停、作证或帮助办理，这时就要找一位有声望、有信誉、可托付的人，作为“中人”或被指定为“中人”。由“中人”到公证，就是说公证职业和公证行业的产生和发展，自古以来就为人民群众所需求，这项事业很有历史，也很重要。

这些年来，公证机构办理了大量涉及婚姻、收养、遗嘱、继承、抚养、劳务、财产分割等公证事项，在维护公民合法权益方面发挥着越来越重要的作用。随着人民群众对美好生活的需要日益增长，公证的社会需求也越来越多，在群众生活中发挥着越来越大的作用。总之，公证制度作为一项重要的预防性法律制度，已全面介入到国家经济社会活动、民生领域和涉外民商事交往等各个方面，公证工作在服务党和国家工作大局，服务供给侧结构性改革、服务防控金融风险、推进产权保护法治化、完善多元化纠纷解决机制等方面也大有可为。推进公证服务体系建设，发展公证法律服务业，对于更好满足人民群众日益增长的美好生活需要，提高国家治理体系和治理能力现代化水平具有重要作用。

## 二、坚持问题导向，进一步完善公证法律制度，着力推动公证事业高质量发展

公证法自 2006 年 3 月施行以来，全国人大常委会是首次开展执法检查。目的是要全面了解公证法的实施情况，紧紧围绕解决法律实施存在的主要问题，推动公证工作法治化、制度化水平全面提升，推动公证事业高质量发展。

综合我们正在进行的其他省市的公证法执法检查，包括全国人大监察司法委员会前期调研和大家今天座谈时反映的情况，当前公证法实施以及公证工作中还存在一些问题，需要我们高度重视：一是公证体制机制改革如何进一步落实和深化。中央推行的三项配套改革，包括编制备案化管理、绩效工资总量核定、企业化财务管理在不少地方推进困难；一些地方依法调整公证机构设置的措施还没有完全落实到位。二是公证队伍建设有待进一步加强，公证人员内生动力、活力需要进一步激发。部分公证机构人员配备不符合法律规定，优秀公证人员流失较多，公证队伍“进不来、留不住”问题突

出。**三是**公证机构核实权有待强化和落实。金融、知识产权业务和司法辅助事务等新领域以及发展中的网上公证、海外公证等既需要拓展，也需要规范，公证执业保障有待加强。**四是**监督管理有待进一步强化。如何在实践中统筹管好与放活，既要推进公证事业发展，又要强化对公证机构、公证人员监督管理，有效防范虚假公证风险，有效打击当事人提供虚假材料、骗取公证书的失信违法行为的问题。此外，人民群众对“办证难”、“办证繁”、“办证慢”等问题反映强烈。大家在发言中提出了很好的意见建议，我们执法检查组的同志会带回去认真研究。

刚才大家在发言中还谈到不少法律规定本身的问题，希望抓紧修改完善公证法。通过这次执法检查，也可以对这部法律作个评估，为下一步是否修改法律提供依据。总之，希望我们大家共同努力，通过这次执法检查，摸清法律实施中的主要困难和问题，摸清现行法律在哪些方面需要完善，有针对性地提出改进工作、完善法律的建议。

## 三、强化责任担当，寓支持于监督，认真做好执法检查工作

法律的生命力在于实施，法律的权威也在于实施。我们要紧紧围绕新时代全面依法治国对公证服务的新要求，强化责任担当，履行监督职责，推动公证法正确有效实施。

*一要加强学习和宣传，推动法律有效贯彻实施。*执法检查的过程，也是学习宣传法律的过程。各级政府和有关部门要加大法律的学习宣传力度，进一步增强法治意识，依法履行职责，主动对照法律规定，在制度建设及制度落实上找差距。不断提升制度执行力，确保公证法各项规定落到实处。

*二要充分发挥人大监督作用，提高公证工作法治化水平。*栗战书委员长反复强调，人大执法检查，一定要从准确把握执法检查的定位和目的、紧扣法律规定开展检查、坚持问题导向、抓好督促落实等方面做好工作，增强监督实效。我们要认真贯彻这一要求，坚持问题导向、结果导向相统一，在全面了解公证法实施情况的基础上，重点查找法律实施不到位、不规范的问题，补短板、强弱项，督促有关方面履行法定职责、落实法律责任、依法推进公证工作全面提升。

*三要以扎实的作风开展好执法检查。*执法检查要坚持求真务实、真抓实干、不务虚功，要深入基层一线了解实际情况，认真听取基层意见建议。要严格落实中央八项规定及其实施细则精神，轻车从简，坚决杜绝形式主义、官僚主义。要落实好疫情防控措施，确保检查安全有序，确保大家身体健康。

最后，我代表执法检查组全体同志，再次感谢辽宁省委、省人大、省政府及各有关方面对这次执法检查提供的支持和帮助。大家介绍的经验做法、提出的意见建议，执法检查组会认真梳理分析研究，及时向全国人大常委会汇报。衷心祝愿辽宁公证工作和公证改革在新时代成为助力东北振兴发展的重要力量，并衷心祝愿辽宁牢记总书记殷切嘱托，在省委的领导下，奋力实现辽宁全面振兴、全方位振兴，谱写全面建设社会主义现代化国家的辽宁新篇章！

# 在公证法执法检查组第二次全体会议上的讲话

（2021 年 11 月 18 日）

曹建明

在党的十九届六中全会刚刚闭幕、中央人大工作会议召开不久的背景下，我们今天召开公证法执法检查组第二次全体会议，很有意义。今天的会议主要是学习贯彻党的十九届六中全会和中央人大工作会议精神，总结前一阶段工作，研究讨论执法检查报告稿，进一步推动执法检查取得实效。

刚才，玉良同志介绍了执法检查报告稿起草工作情况和主要内容，大家进行了认真讨论，对执法检查工作给予肯定，对报告稿的框架和主要内容都原则同意，同时结合各自部门职能和工作实际提出了很好的意见建议。会后，执法检查组要认真研究各单位各部门的意见，把报告进一步修改好完善好，认

真做好提请全国人大常委会审议的各项准备工作。

公证法执法检查是今年全国人大常委会监督工作的一项重要任务。自 7 月 16 日第一次全体会议以来,执法检查组和各有关方面努力克服疫情带来的不利影响,扎实推进执法检查工作。吉炳轩副委员长、沈跃跃副委员长、郝明金副委员长和我分别带领检查组赴 6 个省(区、市)开展了实地检查。同时,还委托 4 个省(区、市)人大常委会对本行政区内的法律实施情况进行了检查。全国人大常委会办公厅和监察司法委加强组织协调,国务院及其有关部门都积极配合、密切协作,司法部派员全程参加,外交部、国家档案局、中国公证协会也派员参加了部分实地检查。执法检查组所到各地党委、人大、政府都高度重视,按照要求周密安排检查行程,客观反映法律实施情况和存在的主要问题;受委托开展检查的地区认真开展相关工作,如期提交了委托执法检查报告。中央和地方有关新闻媒体积极组织宣传报道,为执法检查工作营造了良好氛围。经过大家共同努力,执法检查工作总体进展顺利,达到了预期目的。在此,我代表执法检查组向大家表示衷心的感谢。

回顾这次执法检查,结合我们几位副委员长带队到各地实地检查的亲身感受,我们感到有这么几个突出的特点:

一是坚持以习近平新时代中国特色社会主义思想为指导,深入贯彻习近平法治思想。几位副委员长到地方检查时,都带头宣讲党中央对发展公证法律服务业的部署要求,推进公证法学习宣传和贯彻落实。吉炳轩副委员长到河北检查时,将公证制度和公证法放在完善中国特色社会主义法律体系、建设社会主义法治国家的全局中考量,并从公证制度契合中华民族崇尚中庸、中道、和谐的历史文化传统,公证行业具有广阔发展前景等方面进行宣讲,提出要求,参加检查的同志都表示深受教育、深受启发。

二是坚持问题导向,落实依法原则。各执法检查组都十分重视紧密结合公证法的规定和当前公证工作中存在的突出问题,确定检查重点,并加强抽查暗访,深入实际、深入一线,努力找到难点和痛点,以真正形成改进工作的压力和动力。辽宁头两年在事业单位改革过程中,将公证机构与其他公共服务机构合并,公证机构最基本的独立性难以满足,业务开展受到一定影响。监司委在前期沟通中一直关注这个问题,促进辽宁加快整改,保证公证机构依法独立开展业务。检查组赴辽宁实地检查前,已全部整改完毕。

三是引入第三方对法律实施情况进行评估。这次执法检查,我们委托了中华全国律师协会、中国政法大学公证法学研究中心开展第三方评估。采用问卷调查、访谈、统计分析等方式,实现了 31 个省(区、市)全覆盖,以提高执法检查的全面性、客观性和科学性。两家机构分别回收有效调查问卷 5100 份和 2428 份,调研对象的选择既注意东中西部不同地域,也兼顾不同层级、不同规模、不同体制的公证机构,提交的评估报告质量很高。

四是发挥人大代表和地方人大作用。执法检查组成员中,共有 12 位全国人大代表。实地检查中,还与地方人大密切配合,邀请五级人大代表共 47 位参加座谈和检查,赴法院、农村、社区、银行、企业等,与专家学者、公证从业人员、律师、办证当事人等进行深入交流,在执法检查中落实全过程人民民主。我们到上海检查时,还专门听取了虹桥街道、田林街道两个基层立法联系点对公证法实施的意见建议。

五是坚持疫情防控和执法检查工作两手抓、两不误。根据疫情防控形势,及时调整工作安排,主动协调有关部门和人员,扎实做好各环节工作,做到力度不减、标准不降。今年暑期疫情的反复对执法检查造成了较大影响,几个执法检查小组抓住 8 月下旬 9 月上旬疫情有所好转的窗口期,密集安排实地检查。沈跃跃副委员长在广东检查时马不停蹄,在 3 天有效工作时间里召开了 3 个座谈会,实地检查了 7 家公证处,随机抽查了 2 家公证处。郝明金副委员长在北京检查时,明查和暗访两路同时进行,提高了工作效率。

下面,结合检查情况和大家的发言,我谈三点意见。

## 一、抓紧修改完善,按时提交高质量的执法检查报告

习近平总书记在中央人大工作会议上强调,全国人大及其常委会要加强对宪法法律实施情况的监督检查;强调要用好宪法赋予人大的监督权,实行正确监督、有效监督、依法监督。执法检查是人大开展监督工作的法定形式,是保障法律有效实施的重要手段,执法检查报告是执法检查工作成果的集中体现。报告既要总结法律实施的成效,更要聚焦影响法律实施、制约政策落实的突出问题,提出增强法律制度执行力的意见和建议。检查组要认真研究、吸收采纳有关方面的意见建议,集中力量

修改完善好执法检查报告。

一要进一步贯彻落实党中央重大决策部署。要进一步提高政治站位，贯彻落实党中央关于公共法律服务体系建设的部署要求和习近平总书记关于公共法律服务工作的重要指示精神。要以中央精神为指导，进一步修改完善报告，确保在思想上政治上行动上同以习近平同志为核心的党中央保持高度一致，确保人大法律监督紧跟党中央重大决策部署，紧贴人民群众美好生活对法治建设的呼声期盼，紧扣国家治理体系和治理能力现代化提出的法律需求实际，与党中央决策部署目标同向、工作合拍、步调一致，通过法律实施监督，推动公证事业健康发展。

二要进一步紧扣法律条文查摆和分析问题。公证法自2006年3月施行以来，全国人大常委会首次开展执法检查。此次执法检查，从一开始就明确了坚持“紧扣法律条文”这一导向。赴地方检查期间，执法检查组围绕检查重点，紧扣法律制度和法律规定开展检查，重点查找法律实施不到位、不规范的问题。执法检查报告总结成效、分析问题、提出建议，都紧紧围绕法律本身进行，特别是对照法律条文查找分析法律制度落实、法定职责履行、法律责任追究方面存在的问题。下一步，要进一步紧扣法律条文，梳理分析法律实施存在的突出问题，并体现在执法检查报告中。

三要进一步研究提出改进工作的意见建议。公证法实施中存在的主要问题和公证体制机制改革推进中的重点难点，既有理念观念的问题，也有体制机制的问题，还有法律制度本身的问题。要围绕破解影响法律实施和推进改革的关键问题，从法律制度、体制机制、政策举措等层面提出有针对性的、务实管用的意见建议，切实增强法律制度执行力。意见建议还要突出法律实施薄弱环节，补短板、强弱项，进一步健全完善公证制度，依法推进公证工作全面提升质效。

## 二、注重成果转化，进一步促进公证事业健康发展

公证法颁布施行以来，各地紧紧围绕党和国家工作大局，不断拓展和规范公证法律服务，公证事业持续健康发展。要以此次执法检查为契机，进一步推进公证法贯彻实施和学习宣传，促进公证事业高质量发展，更好地发挥公证作为预防性法律制度在推进全面依法治国中的作用。通过加强对公证法实施情况的监督，进一步督促有关方面严格落实法律责任，推动将法律制度转化为治理效能。

一要进一步深化公证体制机制改革。各相关单位要认真学习中央深改委通过的《关于深化公证体制机制改革 促进公证事业健康发展的意见》，按照党中央对公证体制机制改革的目标要求，认真贯彻落实。要继续优化事业体制公证机构运行机制，规范推进合作制公证机构健康发展。要进一步深化公证服务供给侧结构性改革，把满足人民群众公证法律服务需求放在第一位，坚持发展公证公益服务，保障特殊群体服务需求。要进一步深化公证领域“放管服”改革，强化便民利民，通过不断完善机制、优化服务，提高公证服务的供给总量、质量和效率。在深化改革的过程中，要注重推动编制备案化管理、绩效工资总量核定、企业化财务管理等配套改革成果落地。

二要进一步发挥公证职能作用。要通过统筹推进公证体制机制改革和公证法贯彻实施，进一步发挥公证在维护社会和谐稳定、促进经济健康发展、服务保障民生等方面的重要作用。要对新时代经济社会高质量发展对公证服务提出的新要求有更加清晰的认识，适应公共法律服务体系建设的新发展，不断丰富公证服务的新领域。要以实际行动践行以人民为中心的发展思想，根据全面依法治国对公证服务的新要求，进一步提升公证服务质量和公信力。

三要进一步完善公证法律制度。公证法已经施行近16年，一些法律条款已经不适应新形势需要，客观上需作出修改完善。这次执法检查过程中，我们收集了很多关于修改法律的意见建议，内容涵盖了公证机构、公证业务范围、公证效力、公证程序、法律责任等各方面。有关方面要加强分析研究，适时启动公证法修改工作。要根据中央关于公证体制机制改革精神，遵循客观规律，一方面将实践证明行之有效的改革经验、创新做法转化为法律制度；另一方面坚持问题导向、目标导向和结果导向相统一，为解决公证工作难点、痛点、堵点问题提供“法律方案”；同时要注重与民法典等相关法律的配套衔接，推动形成完备的公证法律制度体系，促进法律统一正确实施。

## 三、抓好跟踪监督，切实增强人大监督工作实效

根据全国人大常委会2021年度监督工作计划，

12 月份召开的常委会会议将听取和审议公证法执法检查报告。常委会办公厅和监察司法委等要认真做好相关工作。常委会后,办公厅要及时将执法检查报告和审议意见送交国务院办公厅,有关单位要认真研究处理,提出有针对性的政策措施和整改举措,并在 6 个月内将研究处理执法检查报告和审议意见的情况向全国人大常委会书面报告。全国人大常委会办公厅和监察司法委要严格落实工作方案,加强统筹协调,按照时间节点做好各项准备工作。全国人大监察司法委要及时开展跟踪监督,督促有关方面按照执法检查报告和常委会审议意见不断加强和改进工作,切实增强执法检查和人大监督工作的实效。希望各有关单位进一步积极配合,密切协作,共同做好后续工作。

最后,我代表执法检查组,对中央编办、国务院及有关部门、最高人民法院、最高人民检察院、各新闻媒体及各有关方面的积极配合、大力支持表示衷心感谢!

# 在宁夏回族自治区开展公证法实施情况执法检查时的讲话

(2021 年 8 月 25 日)

郝明金

同志们:

检查公证法实施情况,是全国人大常委会今年监督工作的一项重要任务。刚才徐显明同志介绍了我们此次执法检查的目的。杨东副主席就宁夏贯彻实施公证法的基本情况作了汇报,自治区高院、宁夏公证协会、银川市司法局、银川市国信公证处的负责同志以及区人大代表、立法专家对公证法实施和存在的问题、修法的意见建议作了很好的发言。大家既讲成绩、经验,也说困难、问题,并提出了很好的意见和建议,这对我们进一步深入了解公证法贯彻实施情况、推动公证工作改革发展很有帮助。这里,我代表全国人大常委会执法检查组向大家表示衷心的感谢!

宁夏地处我国西北内陆地区,自然和社会条件、经济和社会发展状况都有鲜明的特点。2020 年 6 月,习近平总书记到宁夏考察调研,对宁夏各项工作取得的成绩给予充分肯定;几天前,习近平总书记向在宁夏举办的第五届中国—阿拉伯国家博览会致贺信,推动此次博览会取得丰硕成果。宁夏坚持"守好三条生命线(民族团结、政治安全、生态环境),走出一条高质量发展新路子",抓住共建"一带一路"机遇,坚持"对内开放和对外开放"相结合,以更高水平开放促进更高质量发展,经济结构不断优化,动能转换成果显现。

今天听了大家的汇报,我感觉,公证法在宁夏的实施情况也很有特点,也有很多经验值得总结。从大家汇报的情况看,有几个亮点:一是坚持党建引领,始终把党建工作放在重要位置,把握公证工作正确政治方向。二是积极服务大局,发挥公证职能作用,为经济社会发展、民生、脱贫攻坚和乡村振兴服务,参与司法辅助事务,助力疫情期间复工复产。三是推进公证体制改革,加快机构整体改革,推进"放管服"改革,推进互联网 + 公证服务,做好"跨省通办"等等。对这些好的做法以及大家提出的意见和建议,执法检查组将认真研究、归纳整理并向全国人大常委会报告。

综合全国人大监察和司法委员会前期调研情况和大家今天座谈反映的情况,我们感到,当前公证法实施以及公证工作中还存在一些需要高度重视的问题:一是公证体制机制改革如何进一步落实和深化。中央推行的三项配套改革,包括编制备案化管理、绩效工资总量核定、企业化财务管理在不少地方推进困难;一些地方依法调整公证机构设置的措施还没有完全落实到位。二是公证服务能力建设、公证员队伍建设包括公证员助理的定位及其建设,都需要进一步加强。部分公证机构人员配备不符合法律规定,优秀公证人员流失较多,公证队伍"进不来、留不住"问题突出,全国公证员数量和公证法实施时基本持平。三是公证机构核实权需要强化和落实。金融、知识产权业务和司法辅助事务等新领域以及发展中的网上公证、海外公证等既需要拓展,也需要规范,公证执业保障有待加强。四是监督管理需进一步强化,既有"两结合"管理体制效能如何充分发挥的问题,又有在强化对公证机构管理的同时,如何充分调动并切实保障公证机构自主权(人、财、物)的问题。对公证机构、公证员存在监管不力现象，公证机构、公证员在执业活动中存在私自出具公证书或者故意做虚假公证等违法违规行为，一些犯罪分子利用公证等手段实施“套路贷”违法犯罪行为。这些问题引起了社会各方面的关注，全国人大常委会开展公证法执法检查，就是要推动这些问题的解决。

下面，我就深入贯彻实施公证法及做好这次执法检查工作，讲几点意见。

## 一、贯彻落实习近平法治思想，深刻认识公证法实施的重要性

党的十八大以来，以习近平同志为核心的党中央高度重视法治工作，把全面依法治国置于“四个全面”战略布局之中。党的十八届四中全会作出了《关于全面推进依法治国若干重大问题的决定》。在推动我国社会主义法治建设发生历史性变革、取得历史性成就的过程中，习近平总书记创造性提出了关于全面依法治国的一系列新理念新思想新战略，形成了习近平法治思想。习近平法治思想是我们开展一切法治工作的指导思想，也是我们开展公证法执法检查的指导思想。按照习近平法治思想的要求，必须坚持以人民为中心，高度重视公共法律服务体系建设。公证法的实施、公证工作的法治化是公共法律服务体系建设的重要内容，对于更好满足广大人民群众日益增长的美好生活需要，提高国家治理体系和治理能力现代化水平具有重要意义。

*贯彻实施好公证法是服务保障民生，维护人民群众利益的重要举措。*坚持以人民为中心是习近平法治思想“十一个坚持”之一。习近平总书记在庆祝中国共产党成立100周年大会上的重要讲话再次强调，要践行以人民为中心的发展思想。公证是法律服务人民群众的重要方式。随着法治发展和社会进步，公证已经延伸到群众日常生活的方方面面，公证与群众的生活事项、日常行为、生老病死、经济活动等密切相关。认真实施公证法，严格依法开展公证工作，关乎民生福祉，关乎群众切身利益。在法治轨道上发展公证事业有利于维护社会经济秩序和人民群众合法权益，切实增强群众获得感、幸福感、安全感。按照法律的要求，坚持公证的公益属性，坚持公证服务为民、便民利民，才能为人民群众多办证、办好证，提高公证服务均等化、可及性水平。

*贯彻实施好公证法是服务全面依法治国，提升社会治理水平的需要。*公证工作是全面依法治国的基础性、服务性和保障性工作。贯彻实施公证法，就要充分发挥公证的功能作用。公证作为预防性司法证明制度具有独特优势，中办国办印发《关于加快推进公共法律服务体系建设的意见》明确提出要推动公证参与调解、取证、送达、保全、执行等司法活动中的辅助性事务，积极为促进司法公正和社会公平正义提供法律服务，促进公共法律服务多元化专业化。公证的传统业务如遗嘱公证、继承权公证等一直以来都发挥着定纷止争、化解矛盾的重要作用。公证与法院实施诉调对接，参与司法辅助工作，也为社会提供了纠纷多元化解的机制，促进了社会治理规范化法治化，有助于维护社会稳定。同时，公证也是一种信用证明活动，有助于社会诚信体系建设。

## 二、坚持问题导向，深化公证体制机制改革

全面深化改革是“四个全面”战略布局的重要组成部分，是关系党和国家事业发展全局的重大战略部署，公证体制机制改革是全面深化改革的重要内容。改革是发展的动力，发展中面临的许多问题都要靠深化改革来解决，刚才大家提到的公证法实施中面临的问题也要靠深化改革来解决。

*积极稳妥推进公证体制机制改革，促进公证事业健康发展。*2000年7月，国务院批准司法部关于深化公证工作改革的方案，我国的公证事业进入了深化改革和全面发展的新时期。党的十八届四中全会对发展公证法律服务业、发展公证员队伍等作出了重要部署。今年，中央深改委审议通过了《关于深化公证体制机制改革　促进公证事业健康发展的意见》，明确了公证体制机制改革的目标和要求。我们要认真学习好相关文件，认真落实好文件的要求，积极完成各阶段公证体制机制改革任务，有效解决好公证法实施和公证工作开展中面临的一些问题，促进公证事业健康发展。

*坚持问题导向，完善公证法律制度和配套规定。*刚才大家讲到的公证法实施过程中面临的一些困难和问题，有的在全国具有普遍性，需要从国家层面统筹研究，完善相关制度，有的是进一步推行公证工作发展面临的新挑战新课题。也有的是具有宁夏特点的情况和问题。2020年宁夏开展公证法执法检查后，有关部门对照自治区人大常委会审议意见抓紧整改落实，同时也启动了对宁夏公证条例的修订工作。希望进一步对照公证法的各项

规定,围绕贯彻落实党中央决策部署、紧密结合地区特点,完善公证法律制度和配套规定,推动公证事业不断取得新的更大发展。

## 三、采取切实措施,进一步推进公证法的贯彻实施

法律的生命在于实施。公证法的实施涉及国家和社会的方方面面,要保证公证法的权威,充分发挥公证法的功能作用,必须有效动员各方力量,相互间形成合力,一起为进一步贯彻实施好公证法作出努力。

*坚持党委领导,压实政府责任。*公证服务是公共法律服务的重要内容,要坚持党对公证工作的全面领导,把党的领导贯穿到公证改革发展的全过程和各方面。加强公证行业党建工作,健全公证机构基层党组织。要坚持政府主导,落实政府在推进公共法律服务体系建设,推动公证工作发展中的主体责任。强化从严监管,健全监管制度规定,加强对公证机构和公证员执业活动常态化监管,惩处违法违规执业行为。明确行政管理和行业管理职责权限,健全"两结合"管理工作机制,司法行政机关和公证行业协会各司其职、互相配合。加大统筹力度,发挥司法行政、财政、人力资源社会保障等部门职能作用和资源优势,推动公证工作协调发展。

*发挥人大监督作用,鼓励社会参与。*人大开展执法检查是依法行使宪法法律赋予的监督权,执法检查过程就是进行监督的过程。栗战书委员长在十三届全国人大常委会第十一次会议上,从准确把握执法检查的定位和目的、紧扣法律规定开展检查、坚持问题导向、抓好督促落实工作等方面,对做好人大执法检查工作、增强监督实效提出了要求。在公证法执法检查中,我们要认真贯彻落实。同时也鼓励其他社会主体积极参与推动公证工作改革发展,促进公证服务经济社会发展的功能得到有效发挥。

最后,我代表执法检查组的全体同志,再次对宁夏回族自治区各有关方面,为此次调研所作的认真准备和精心安排表示感谢!祝愿宁夏公证工作和公证改革在新时代能取得更大成就。相信宁夏在以习近平同志为核心的党中央坚强领导下,一定能建设成为经济繁荣、民族团结、环境优美、人民富裕的美丽新宁夏,为实现中华民族伟大复兴的中国梦作出新的更大贡献!

# 在北京市开展公证法实施情况执法检查时的讲话

(2021 年 9 月 14 日)

郝明金

同志们:

在全国上下深入学习贯彻习近平总书记在庆祝中国共产党成立 100 周年大会重要讲话精神,北京深入学习贯彻习近平总书记在中国国际服贸会上的重要致辞精神,全力做好冬奥会和冬残奥会筹办工作之际,全国人大常委会公证法执法检查组很高兴来北京开展公证法实施情况执法检查。

党的十八大以来,习近平总书记多次视察北京、对北京发表重要讲话,亲自指导北京城市副中心的规划和建设,北京大兴国际机场、京津冀协同发展等都是习近平总书记亲自决策、亲自推动的重大战略,为首都发展指明了方向、提供了根本遵循。在去年中国国际服贸会上,习近平总书记提出支持北京打造"国家服务业扩大开放综合示范区"和"自由贸易试验区",今年中国国际服贸会刚刚闭幕不久,习近平总书记在致辞中又提出,探索建设国家服务贸易创新发展示范区,支持北京等地开展国际高水平自由贸易协定规则对接先行先试,打造数字贸易示范区,设立北京证券交易所。总书记的重要讲话明确了进一步支持北京发展的有关政策,为深入推动首都高质量发展带来了极好机遇、注入了强大动力。当前,冬奥会冬残奥会筹办工作迎来最后冲刺阶段,习近平总书记多次到有关场馆考察调研,看望慰问运动员、教练员和工作人员,专门听取筹办工作情况汇报,我们要深入学习贯彻落实习近平总书记关于全力做好北京冬奥会、冬残奥会筹办工作的有关重要讲话精神,紧紧围绕"简约、安全、精彩"的办赛要求,全力以赴做好各项筹办工作,确保如期顺利举办!

北京市委高度重视人大工作,2019 年专门出台

《关于新时代加强和改进人大工作的意见》，深入贯彻落实习近平总书记关于坚持和完善人民代表大会制度的重要思想，加强和改进党对人大工作的领导，支持保障人大及其常委会依法行使职权，充分发挥人大代表主体作用。北京市人大及其常委会紧紧围绕首都城市战略定位和首都发展任务要求，加快立法领域补短板强弱项，突出立法和改革相衔接相促进，通过监督掌握立法需求、检验立法成效、推动法律法规实施。

检查公证法实施情况，是全国人大常委会今年监督工作的一项重要任务。刚才张苏军同志介绍了我们此次执法检查的目的。昨天下午和今天上午，我们实地考察了北京市方圆公证处、龙诚公证处、国泰公证处，与公证员们进行了座谈交流。刚才，亓延军副市长汇报了北京贯彻实施公证法的基本情况，市司法局、市发展改革委、市公安局、市高级法院等单位负责同志以及专家和律师都作了很好的发言和交流，大家既讲成绩和经验，也摆出了困难和问题，并提出了很好的意见和建议，这对我们深入了解公证法贯彻实施情况很有帮助。这里，我代表执法检查组向大家表示衷心的感谢！

听了大家的汇报，很有收获，我感觉，公证法在北京的实施情况很有特点，每年办理的公证事项数量多特别是涉外涉港澳台公证事项占比较高，有很多经验做法值得总结。一是坚持党的领导先行。将政治理论学习作为头等任务来抓，提升全行业政治理论素养；全市25家公证处全部建立了党组织，以党建为引领，促进公证机构规范化建设。二是优化公证服务。践行以人民为中心的发展理念，服务保障民生，优化营商环境，推行“周末不打烊”、“集中办理遗嘱公证”、“最多跑一次”、“一网通办”、“跨省通办”等措施，完善利企便民服务机制。三是加强行业监管。持续开展警示教育和集中教育整顿，强化公证机构的公益属性和正确的执业理念，充分发挥“两结合”管理体制效能，规范公证执业活动，强化公证质量检查，依法查处案件，依规行业惩戒。

下面，我就深入贯彻实施公证法，深化公证体制机制改革，讲几点意见。

## 一、充分认识公证制度在加强国家治理体系和治理能力现代化建设中的重要作用

公证服务是公共法律服务的重要组成部分，党的十八大以来，以习近平同志为核心的党中央高度重视公共法律服务体系建设。党的十八届四中全会明确提出要建设完备的法律服务体系，推进覆盖城乡居民的公共法律服务体系建设。习近平总书记在2019年中央政法工作会议上强调，要深化公共法律服务体系建设，加快整合律师、公证、司法鉴定、仲裁、司法所、人民调解等法律服务资源，尽快建成覆盖全业务、全时空的法律服务网络。今年6月，中央全面深化改革委员会审议通过《关于深化公证体制机制改革 促进公证事业健康发展的意见》，明确了公证体制机制改革的目标要求。

公证制度是重要的预防性司法制度，公证机构依照法定程序对法律事实和文书的真实性、合法性予以证明，有利于有效预防纠纷，依法保障公民、法人或者其他组织的合法权益。有法谚说“多设一家公证处，就可少设一家法院”，生动地说明了公证预防纠纷、减少诉讼的作用。我国公证制度恢复重建四十多年来，公证服务已经融入到社会经济生活的各个方面：**一是**公证有效服务民生，公证机构办理了大量涉及婚姻、收养、遗嘱、继承、抚养、赡养、监护、劳务、财产分割等公证事项，在维护公民人身关系、财产关系、家庭关系等方面发挥着越来越重要的作用。**二是**公证有效参与查封扣押财产、强制拆除、国有土地或者房屋征收等行政执法活动，发挥公证制度在推行行政执法全过程记录制度中的职能作用，推进法治政府建设。**三是**公证通过参与调解、取证、送达、保全、执行等活动参与司法辅助事务，助力以审判为中心的诉讼制度改革，缓解法院“案多人少”矛盾。**四是**公证在维护市场经济秩序、促进对外开放、加强社会诚信建设等方面具有独特优势，为打击制假售假、保护知识产权、防范经济风险提供法律保障，赋予债权文书强制执行效力，减少交易成本，保障交易安全，为经济高质量发展提供服务和保障。

总之，公证在服务党和国家工作大局，服务供给侧结构性改革、防控金融风险、推进产权保护法治化、完善多元化纠纷解决机制等方面大有可为。贯彻实施好公证法，发展公证服务业，对于更好满足人民群众日益增长的美好生活需要，提高国家治理体系和治理能力现代化具有重要意义。

## 二、坚持问题导向，深入剖析公证法实施中存在的问题和困难

针对执法检查工作，栗战书委员长强调，要发

挥好执法检查的“法律巡视”监督利剑作用，紧扣法律查找和分析问题。

为做好这次执法检查，全国人大监察和司法委前期开展了摸底调研，再结合刚才大家反映的情况，我们感到，当前公证法实施以及公证工作中还存在一些需要高度重视的问题：**一是**公证法规定，公证机构是依法设立，不以营利为目的，依法独立行使公证职能、承担民事责任的证明机构。这一规定明确了公证机构的公益属性，但将机构性质留待改革去解决，当前，根据中央部署，正在深入推进公证机构分类改革，事业体制公证机构编制管理、绩效工资总量核定、企业化财产管理三项配套制度落实还有困难，合作制公证机构建设发展亟需规范。**二是**公证队伍建设问题。公证法对公证员的任职条件和行为规范作了专章规定，但从调研情况看，一些公证机构人员配备不符合法律规定，公证从业人员数量增长缓慢，优秀公证人员流失较多，公证队伍“进不来、留不住”问题突出，少数公证员甚至走上了违法犯罪的道路。**三是**公证公信力问题。公证质量是公证工作的生命线，法律赋予公证文书很强的法律效力。公证法规定，经公证的民事法律行为、有法律意义的事实和文书，应当作为认定事实的根据；经公证的债权文书，法院不经审理直接强制执行。但实践中有的公证文书制作不规范，有的重大失实，有些公证债权文书被法院裁定不予执行，有的涉外公证文书被退回，有的机构甚至违规违法出具公证文书，特别是一些公证员与黑社会性质组织合作实施“套路贷”，严重损害公证形象，公证公信力建设还任重道远。**四是**公证业务保障问题。公证法规定，公证机构对申请公证的事项以及当事人提供的证明材料应当进行核实。但缺乏保障公证机构调查核实权的规定，公证机构与有关部门的信息共享机制也不健全，不予配合的情形时有发生，客观上增加公证执业风险，不利于公证业务健康发展。**五是**互联网技术的发展给传统公证行业带来了冲击和挑战，不少公证机构积极开展涉互联网公证业务，这两年，区块链技术如何与公证服务相结合，又成为了新课题，这些都是当年制定公证法时没有预料到的。大家在发言中还谈到，公证服务资源不均衡、公证服务便民利民不足、规章制度不健全、公证行业监督管理不力等等。这些问题，有的是法律规定落实不到位，有的是工作机制不健全，有的是法律规定缺乏或者落后于发展需要，我们执法检查组都将认真研究，在执法检查报告中予以体现。

## 三、坚持结果导向，全面贯彻实施公证法，深入推进公证体制机制改革

公证法自2006年施行以来，全国人大常委会第一次开展公证法执法检查。目的是通过这次执法检查，全面了解公证法实施情况，深入查找公证法实施中存在的突出问题，推动公证法有效实施，进一步提升公证工作法治化水平。

公证法是我国第一部有关公证工作的法律，确立了中国特色社会主义公证制度的基本框架，为优化公证资源配置、加强公证队伍建设、提升公证管理水平、强化公证执业监督提供了法律依据，为我国公证事业发展奠定了法治基础，是一部好法律。全面贯彻实施公证法，对于促进公证行业健康发展，推进全面依法治国具有重要意义。但随着经济社会的快速发展，公证体制机制改革不断深化，公证法中的一些规定已经不适应新时代公证行业发展需要，公证事业发展的最新成果也亟需上升为法律规范。所以，在贯彻实施公证法的同时，也要有针对性地提出修改法律的建议，不断完善公证法律制度。

2000 年，国务院批准司法部关于深化公证工作改革的方案，公证事业进入了深化改革和全面发展的新时期。党的十八届四中全会对发展公证法律服务业、发展公证员队伍等作出了重要部署。今年，中央深改委审议通过的《关于深化公证体制机制改革 促进公证事业健康发展的意见》明确了公证体制机制改革的目标和要求。我们要认真学习相关文件精神，认真落实各项改革部署，积极完成各阶段改革任务，有效解决长期困扰公证事业发展的体制机制问题。

各级人大及其常委会要坚持寓支持于监督之中，充分运用监督法规定的听取和审议专项工作报告、执法检查、专题询问、专题调研等方式，加强对公证法实施情况以及公证工作的监督检查，上下联动，增强监督实效，推进公证工作迈向新台阶。

北京是我们公证法执法检查的最后一站，今天的座谈会为公证法执法检查这一阶段工作画上了圆满的句号，接下来，我们将认真梳理汇总大家提出的意见建议，向常委会提交高质量的执法检查报告。最后，我代表执法检查组全体同志，再次感谢北京市委、市人大、市政府及各有关方面对这次执

法检查给予的大力支持。祝愿北京公证工作和公证改革在新时代取得更大成就！也预祝北京冬奥会和冬残奥会顺利举行！

谢谢大家！

# 对检查公证法实施情况报告的意见和建议

12月24日，十三届全国人大常委会第三十二次会议审议了全国人大常委会副委员长曹建明作的全国人大常委会执法检查组关于检查公证法实施情况的报告，共有7人次发言。现根据会议发言情况，将常委会组成人员和列席人员对公证法实施情况报告的主要意见整理如下。

出席人员普遍认为，党的十八大以来，国务院及地方各级政府坚决贯彻落实党中央决策部署和习近平总书记关于公共法律服务工作的重要指示精神，认真贯彻执行公证法，依法拓展和规范公证服务，不断提高公证服务的供给总量、质量和效率，满足人民群众的新需要。今年全国人大常委会检查公证法实施情况，是这部法律自2006年实施以来的首次执法检查，有利于推动解决制约公证行业发展的突出问题，促进法律正确有效实施。大家充分肯定执法检查组的工作，认为执法检查报告查找问题准确、提出建议可行，希望国务院及其有关部门认真研究落实。大家强调，要落实党中央对发展公证法律服务业的部署要求，进一步促进公证法实施和公证事业健康发展，切实办好公证，体现公正。审议中，大家还提出了一些具体意见和建议。

## 一、增强公证效力

有些出席人员指出，公证法规定：公证是公证机构根据自然人、法人或者其他组织的申请，依照法定程序对民事法律行为、有法律意义的事实和文书的真实性、合法性予以证明的活动。这一定义明确了公证的准司法性质。但在长期实践中，我们偏向于把公证定位为一项行政管理事务，割裂了公证与司法活动的关系，法院在司法实践中对公证证明的采信度不高，导致公证的法律效力下降，行业发展遭遇瓶颈。应进一步明确公证为准司法性质的活动，提升公证的法律效力。

有些出席人员提出，前几年，有的公证机构、公证员违反规定出具程序违规、内容虚假的公证文书，严重损害了当事人合法权益，社会影响十分恶劣，削弱了公证公信力。建议进一步完善公证监督制度、健全公证管理体制，加强监管，严肃处理违法违规行为，及时撤销违法违规的公证书。

有的出席人员认为，目前社会上对公证制度的认识度还不够高，公证的价值和作用没有得到广泛认同，通过公证预防化解矛盾纠纷的意识不强。建议有关部门通过以案释法等形式，加强对公证法和公证工作的宣传。

## 二、提升服务均等化和可及性

有些出席人员指出，老百姓对公证办理难特别是遗产继承公证办理难问题反映比较强烈。按照目前的程序和规定，遗产继承公证需要所有继承人现场办理，且不能异地代办，群众饱受奔波之苦；有的甚至需要证明七八十岁死者的父母已经过世，给群众带来很大负担。建议推动公证机构树牢以人民为中心的思想，贯彻便民利民原则，改进办事流程，推动公证机构与政府部门、公证机构内部间的信息共享，适当精简证明材料，为群众提供更加便捷的服务。有的出席人员建议，切实满足老年人、残疾人等特殊群体的公证服务需求，彰显公证服务的公益性。

有的出席人员提出，社会生活从内容到形式日益丰富，人民群众对预防化解各类新型纠纷的需求快速增长，有些矛盾纠纷一时还没有明确法律规范来调整，建议研究进一步拓宽公证事项范围，及时对现实生活中有需要但尚无法律依据的活动予以公证证明。

有的出席人员指出，群众普遍反映公证收费偏贵，建议各省（区、市）结合当地实际，合理设定公证收费标准，对标的数额较大的公证事项，设定收费上限，切实减轻企业和群众负担，体现非营利性。

## 三、深化公证制度改革和人才队伍建设

有的出席人员指出，近年来，各地围绕发挥公证职能作用进行了许多有益探索，有的地方组织公证机构、法院和金融机构试点“赋强公证”，将公证、

保全、抵押和贷款有机贯通,解决小企业贷款难问题;有的地方将政府招商引资合同进行公证,消除外地客商的投资顾虑,营造有利的营商环境。建议国务院有关部门总结各地便民利企的好做法好经验,适时出台专项文件,指导各地更好发挥公证职能作用。

有的出席人员提出,互联网公证发展迅速,但缺乏通行、规范的电子公证程序,法院难以评估各公证机构出具的电子公证是否真实、有效。建议有关部门完善互联网公证业务流程相关规定,健全互联网公证规范化体系。

有些出席人员指出,公证员“人少事多压力大”是常态,人才“进不来”、“留不住”问题比较突出。有的东部省份全省公证人员仅 1750 人,其中公证员只有 554 人,但 2020 年全年办理公证(出证)59 万余件,平均每人 340 余件,建议有关部门高度关注,持续深化公证体制机制改革,多措并举推动公证员队伍健康发展,为行业发展提供坚实人才支撑。

# 全国人民代表大会常务委员会执法检查组关于检查《中华人民共和国消防法》实施情况的报告

——2021 年 12 月 21 日在第十三届全国人民代表大会常务委员会第三十二次会议上

全国人大常委会副委员长　张春贤

全国人民代表大会常务委员会:

消防法是规范和促进消防事业的重要法律。消防法于 1998 年制定,2008 年全面修订,2019 年和 2021 年进行了两次修正。实施 20 多年来,为预防火灾和减少火灾危害,加强应急救援,保护人身财产安全、维护公共安全发挥了重要作用。

习近平总书记强调,要办好发展和安全两件大事,把安全发展贯穿国家发展各领域和全过程;要坚持人民至上、生命至上,把保护人民生命安全摆在首位。在“十四五”规划开局之年,在全面建设社会主义现代化国家的新起点上,开展消防法执法检查,是落实习近平总书记关于安全发展的重要论述精神,推动消防法有效实施,推进消防治理体系和治理能力现代化,保障经济社会高质量发展和人民群众高品质生活的重要举措。现将有关情况报告如下:

## 一、执法检查组织实施的基本情况

消防法执法检查是今年全国人大常委会的重点监督工作,栗战书委员长高度重视。执法检查组由全国人大常委会副委员长王晨、张春贤、王东明、白玛赤林担任组长,社会委主任委员何毅亭任副组长。7 月 22 日,检查组召开第一次全体会议,王晨副委员长作动员讲话,深入学习习近平总书记关于消防工作的重要论述,听取应急管理部、教育部、公安部、住房和城乡建设部、市场监管总局等 5 个部门汇报。8 月至 10 月,检查组分 4 个小组,赴黑龙江、海南、北京、天津、宁夏、辽宁等 6 个省(区、市)开展检查,委托山西等 8 个省(区、市)人大常委会进行自查。11 月 16 日,召开第二次全体会议,王晨副委员长作总结讲话,部署后续工作,研究讨论报告。本次执法检查紧扣人大监督定位和消防工作特点,主要体现在 4 个方面。

一是坚持发扬民主,充分发挥代表和群众监督作用。尊重代表主体地位,邀请提出相关议案建议、具有相关专业背景、在消防重点单位工作的近 20 名全国人大代表参加实地检查。召开 2 次人大代表座谈会,研究讨论消防法实施和修改的问题。通过“线上 + 线下”2 个渠道,充分听取代表和群众的意见建议。其中,上海面向人大代表和人民群众开展网上调查,形成 1272 份有效问卷。四川向有关单位和公众发放问卷 4000 余份。

二是坚持问题导向,扎实开展广泛检查和抽查暗访。为全面真实反映消防法在各领域、各主体的实施情况,执法检查组深入机关、团体、企业、事业等单位,村委会、居委会以及消防站、住宅区、学校、医院、酒店、高层建筑、养老机构、粮库、港口、化工基地、易燃易爆危险品仓库、大型商业综合体、文物保护单位等近20类场所进行实地检查。并着重对人员聚集程度高的学校、医院、地铁站、商业综合体等进行随机抽查和暗访，确保增强监督实效。

三是坚持科学方法，邀请专家全程参与和第三方评估。各检查小组都邀请一名消防专家参与实地检查。上海、山西等省级人大在自查中也普遍邀请消防专家全程参加。同时，检查组委托中国政法大学开展第三方评估。评估组深入四川、广东、湖北调研座谈，形成7篇调研报告和《消防法实施情况第三方评估报告》，指出8个方面问题，提出25条意见和建议。

四是坚持生命至上，同步推进执法检查和整改落实。为及时消除安全隐患，9月13日，检查组召开消防法实施情况交流暨执法检查推进会，要求对检查发现的消防安全隐患开列问题清单，督促相关单位边查边改、立查立改，切实解决问题，保障人民安全。同时，围绕消防体制改革和消防事业发展存在的困难，边检查边研究，广泛听取意见建议，为适时启动消防法修改完善工作提供参考和依据。

## 二、消防法促进和保障消防事业实现长足发展

消防法共7章74条，主要对火灾预防、消防组织、灭火救援、监督检查、法律责任等进行规范。执法检查发现，消防法实施总体到位，主要条款和硬性规定都得到了比较好的落实。特别是2018年党和国家机构改革以来，各级政府有关部门和消防救援机构以及其他机关团体、企事业单位，积极推动消防法实施，不断加强和改进消防工作，促进消防事业取得了新的重大进展。

一是消防形势总体平稳。“十三五”期间，我国火灾亡人数、伤人数同比下降0.7%、0.2%，重大火灾起数及亡人数同比下降38.1%、32.3%；各级消防救援机构检查社会单位4000万余家，督改火灾隐患5800万余处，临时查封64.6万余家，责令停产停业、停止使用和施工42.3万余家。其中，北京出动消防指战员16万人次，确保8906场重要勤务和重大活动消防安全万无一失。问卷调查显示，各地每年至少组织两次集中消防安全检查，83%的受访者认为消防安全监督管理制度实施效果较好，能够有效杜绝消防安全隐患。

二是消防法制更加健全。各地各部门加快消防法配套法规制度建设，先后制定、修订了71部地方性法规、10件部门规章、152件政府规章、508个国家和行业技术标准。各地还结合实际，推出了一批创新性法规政策。海南制定《海南自由贸易港消防条例》，开创自由贸易港专项消防立法的先河；天津先后四次修订《天津市消防条例》，为加强消防工作提供法治保障；山西出台《文物建筑消防安全管理规定》，有效化解文物建筑消防风险；广西出台《专职消防队管理办法》，探索乡镇政府专职队伍建设；辽宁出台《火灾事故责任调查规定》，明确消防救援机构在火灾事故责任调查中的主导地位和工作要求。

三是消防改革成效明显。消防机构改革和国家综合性消防救援队伍改革顺利推进，消防执法改革不断深化。坚持“放管服”改革，优化建设工程消防审验制度，取消消防设施维护保养监测和消防安全评估技术服务机构资质许可，全面实行公众聚集场所消防安全检查告知承诺制，放宽消防产品市场准入限制。初步构建起以源头把关为底线，“双随机、一公开”监管为基本手段、重点监管为补充、信用监管为基础、“互联网+监管”为支撑、火灾责任调查处理为保障的新型消防监管体系。福建结合乡镇（街道）机构改革，将消防监督执法事项纳入乡镇（街道）行使行政执法事项指导目录，赋予部分消防行政处罚权；三明等地还专门在乡镇设立消防所履行消防监督职责。

四是消防能力大幅提升。经费投入、设施装备、队伍建设等都有了质的提高。“十三五”期间，中央和地方财政共投入消防经费4371亿元，新建消防救援站2349个、市政消火栓69.8万个，新增消防车1.2万辆、消防员防护装备151万件（套）、灭火器材47万件（套）、抢险救援器材35.7万件（套）。宁夏对消防设施和装备的资金投入较“十二五”期间增幅超过60%。国家综合性消防救援队伍践行习近平总书记重要训词精神，实现从“单一灾种”向“全灾种、大应急”转变。“十三五”期间共出动660万次，营救转移遇险人员373.6万人。同时，组建2808支高层、地下、山岳等专业救援队。政府和企业专职消防力量达到28万人。黑龙江针对化工行业占比大、风险高的问题，组建3支重型、5支轻型化工灭火救援编队。天津在全国率先推行岗位能力等级达标考评，3600余名消防员考取了专业资格。北京消防接处警平均时间缩短4分22秒，实现了接警短、出动快、到场快、展开快的初战目标。

长期以来，消防救援队伍坚持纪律部队建设标准，弘扬光荣传统和优良作风，始终同老百姓贴得

最近、联系最紧，救民于水火、助民于危难、给人民以力量。全年365天、每天24小时驻勤备战和出警作战，随时面对极端情况和生死考验，近十年，134名消防救援队伍指战员在灭火救援战斗中英勇牺牲，205名指战员因公牺牲，为保护人民生命财产安全作出了突出贡献，无愧为党和人民的忠诚卫士！

## 三、消防法实施存在的主要问题

执法检查发现，消防法的法律精神和法律条文还没有得到完全落实，“大火巨灾”“小火亡人”“新领域新业态火灾”隐患依然存在，消防安全形势依然严峻。

（一）法律实施的两个问题

一是历史欠账和短板。与经济快速发展的奇迹相比，与经济社会高质量发展的要求相比，消防事业存在不适应、不匹配的问题，薄弱环节依然较多。

**典型领域：消防设施建设**。全国仍有907个县（市、区）和开发区尚未组建消防救援站，全国城市消防站缺建40%以上，市政消火栓欠账率近15%。农村地区公共消防基础设施欠账更为严重。山西“十三五”规划全省应建消防站259个，实建208个，缺建51个，缺建率20%。四川目前尚有67个县级行政区划和开发区没有建立消防救援站。内蒙古按照《城市消防站建设标准》，全区应建消防救援站302个，目前仅建成148个。

二是新兴风险和挑战。新技术、新材料、新业态不断衍生新风险，电动自行车、新能源汽车，氢能、光伏、锂电等储能设施，天然气泄漏和大型仓储物流场所等火灾爆炸事故呈增长态势。

**典型领域：电动自行车火灾**。我国电动自行车保有量超过3亿辆，产量仍在快速增长，火灾风险急剧增加。2021年1月至10月，全国发生电动自行车及其电池故障引发的火灾共1.4万余起，死亡41人，受伤157人。其中北京496起，造成13人死亡。电动自行车的维修、改装、停放、使用等，以及锂电池的充电、报废和回收等环节管理不规范，存在非法改装、入户充电、过度使用和电池老化等问题，滋生大量安全隐患。特别是由于户外充电桩不足、充电价格不均等原因，入户充电问题比较普遍，“人车同屋”导致火灾亡人率居高不下。

（二）问题集中的四个方面

一是责任落实不到位与部门协作不顺畅并存

消防法第2条规定，“按照政府统一领导、部门依法监管、单位全面负责、公民积极参与的原则，实行消防安全责任制。”目前，部分地方的责任落实一定程度上存在“上热中温下冷”的问题，各部门之间协作联动有待继续加强。

1. 地方政府领导责任。个别地方新发展理念树得不牢，统筹发展与安全有差距，对消防工作重视不够、投入不足，公共消防设施建设滞后于经济社会发展。在产业规划、招商引资、项目建设中审核把关不严，放松消防安全要求。政府消防议事协调机构不健全，有的未建立消防安全委员会或联席会议制度，有的没有实体化运转，协调指导、工作督办作用发挥不明显。消防工作考评激励机制不完善，推动消防安全责任落实的效果有待提升。

2. 社会单位主体责任。消防法第16条规定了各类主体应当履行的7项消防安全职责。部分企业重效益、轻安全，没有建立完整的消防安全制度，日常管理不规范，消防设施故障损坏、疏散通道堵塞和违规施工、违章作业等问题较为普遍，灭火应急预案制定不科学、演练不落实。消防安全责任人、管理人等“关键少数”不具备必要的消防安全管理能力，安全自查、隐患自除、责任自负的水平较低，管理不严格，造成火灾隐患难以及时排除，应急处置能力不足。

3. 部门监管协调联动。国家机构改革和职能调整后，消防救援机构和公安、住建等部门的职责边界不够清晰，监管合力有待加强。一是公安。消防法第53条规定，“公安派出所可以负责日常消防监督检查、开展消防宣传教育”。但各地实际负责范围差异较大，且仅能依据治安管理处罚法对谎报火警等5类涉及消防的行政案件进行执法，对大部分消防行政处罚案件不具备执法主体资格。二是住房和城乡建设。专业建设工程的消防审验和工程管理协调机制有待完善，住房和城乡建设部门和消防救援机构对消防技术服务、单位建筑的日常消防监督检查关系和管理权限不够明确。三是其他部门。铁路、港航、民航系统的交通工具和车站、港口码头、机场等，消防监管范围尚未明确，对密室逃脱、电竞酒店、民宿、校外培训、储能电站、电动自行车、经营性农村自建房等消防安全新产业、新业态监管职责存在盲区。

二是城市高风险与乡村低设防现象并存

城市和乡村消防工作基础不同，法律实施面临的挑战不同，但在基层消防治理等方面存在相近相通的问题。

1. 城市。我国新型城镇化快速推进，城市人口密集、人员流动频繁、产业集聚,高层建筑和大型商业综合体多,建筑总量大。部分地区由于发展较早,老旧小区消防设施不足,隐患较多。江苏有高层建筑约7万栋,100米以上的近千栋,250米以上14栋,地下建筑约3亿平方米。上海和北京地铁运营总里程都超过700公里。同时,公共消防基础设施建设与城市发展不相适应,火灾防控难度高,一旦发生火灾损失巨大。

2. *农村*。消防法第30条明确加强农村消防工作,加强公共消防设施建设。当前,农村公共消防服务供给不足,消防力量薄弱,建筑耐火等级低、消防基础设施标准低,特别是农村自建房缺少必要的消防设施、防火间距不足,火灾发生频率较高。部分历史文化名村的消防设施严重不足。2016年至2020年,农村地区发生火灾占比从45.6%升至51.7%。今年截至10月,农村发生火灾30.5万起,占总数的54.4%,远高于城镇。

3. *基层*。乡镇街道的职能部门和村委会、居委会等群众性自治组织的作用还没有充分发挥出来。部分乡镇街道未设置专门的消防职能部门,部分乡镇街道消防安全委员会形同虚设,一些小单位小场所存在失控漏管现象。消防法第32条要求开展群众性的消防工作。部分村委会、居委会没有将群众性消防纳入工作任务,未全面履行防火安全检查和消防宣传教育、建立志愿消防队等职责。个别地区基层消防安全网格组织弱化、虚化,存在“虚挂空转”现象,尚未有机融入基层社会治理体系,火灾防控“最后一公里”有待完全打通。

*三是消防意识薄弱与消防知识缺乏并存*

消防法第6条明确规定各级人民政府和机关团体、企事业等单位的消防宣传教育职责。当前,消防宣传教育培训的实际效果还有差距,对重点人群教育培训的覆盖面不广、针对性不强,长效机制有待健全,“小火亡人”事故仍有发生。

1. *突出表现*。在随机抽查和实地暗访中发现的问题,主要集中在消防安全意识和自防自救能力上。例如:部分单位存在安全出口处安装电子锁、疏散通道上设置障碍物、防火卷帘下方设置障碍物、安全出口的门不能正常开启、消防控制室值班人员对自动消防设施操作不熟悉等问题。

2. *消防意识*。个别单位对消防工作还存在麻痹和侥幸心理,火灾公众责任险参保率较低,对火灾隐患熟视无睹,甚至对消防安全检查有抵触情绪,对存在的消防隐患整改态度消极。据统计,80%以上重特大火灾事故是由于人为因素所致。居民小区违章停车堵塞消防车通道、应急照明设施损坏、电动自行车进楼入户和“飞线”充电等现象时有发生。今年上半年,上海市人大代表联系社区征求有关城市运行安全的511条意见中,反映占用消防车通道和应急通道两个问题的共151条,占比近30%。

3. *消防知识*。公民消防安全常识知晓率总体偏低,普遍不会使用灭火器具,不会扑救初起火灾,对逃生自救技能运用比较生疏。消防法第17条规定,消防安全重点单位应当定期组织消防安全培训和消防演练。目前,社会单位对消防安全宣传教育投入不足,应急演练不多,参与人数较少。主要防火责任人缺少处置初起火灾的知识和技能,消防安全培训简单化,宣传工作不到位、不扎实。部分企事业单位工作人员不会使用灭火器、不会引导疏散逃生。

*四是消防力量不足与职业保障不够并存*

消防法第3章“消防组织”和第4章“灭火救援”,重点对消防救援队伍进行了规范,明确国家综合性消防救援队、专职消防队应当充分发挥火灾扑救和应急救援专业力量的骨干作用,明确加强消防技术人才培养。当前,消防队伍建设有待进一步增强。

1. *“人少事多”矛盾突出*。国家综合性消防救援队伍编制员额19万人,仅占全国人口的万分之1.37,远低于发达国家平均水平,与发展中国家相比也有较大差距。全国已建成并投入使用的消防站中还有631个没有编制、2837个达不到最低人员编配标准。改制转隶后,消防救援队伍的职责拓展为“全灾种、大应急”,广泛承担火灾爆炸、洪涝灾害、地震、泥石流等救援任务,但队伍数量没有明显增加,一线指战员人均参加灭火救援任务同比增加近30%。

2. *职业保障亟待加强*。国家综合性消防救援队伍的身份属性、抚恤优待、退出机制等有待完善,职业吸引力不强。专职消防员普遍存在待遇保障力度不足、职业认同感低、职业发展空间受限、人员流失量大等问题,特别是一些地方采用劳务派遣等方式招用专职消防员,导致“同工不同酬”,招不来、留不住、更替频繁等问题。2020年,国家面向高校应届毕业生计划招录消防干部3000名,实际招录852名,计划完成率仅26.7%。去年,青海开展了首批面向社会公开招聘政府专职消防队员工作,按计划招满的424人中,目前已陆续退出99人,占招录计划的23.3%。

3. 消防专业人才缺乏。消防法第35条要求，加强消防技术人才培养。消防执法、监督检查和火灾事故调查都是政策性、技术性、专业性很强的工作，即使在消防救援机构内部，也需要专业人员经过专门学习和长期实践才能满足实战需要。各地各部门普遍反映，消防技术力量薄弱，缺少专业机构和专业人才。消防审验机构和人员不足，一些地方行业主管部门只能依托第三方机构协助开展审验工作。

## 四、以更高标准更严要求全面有效实施消防法

消防法是保护人民安全、公共安全、国家安全的重要法律。要总结消防法实施以来的经验和问题，贯彻预防为主、防消结合的方针，既要提升“消”的能力，也要提升“防”的效果，确保消防法的法律精神和法律规制一体实施，为经济社会高质量发展、全面建设社会主义现代化国家创造安全环境。

一是严格落实消防法规定，遂行问题整改，巩固消防成果

消防工作等不得。执法检查发现的问题，往往是火灾发生或者造成严重损失的重要原因。这一刻问题不解决，下一刻就可能引发火灾、造成伤亡。

1. 对于当前存在的消防安全风险隐患，抓紧全面整改。建议应急管理部和有关行业主管部门，突出重点地区、重点领域、重点单位、重点行业，以及“三合一场所”“九小场所”“高低大化”和其他公众聚集的重点场所，有计划、分层次地开展消防安全专项整治行动，着重解决电动自行车入户充电、生命通道不畅、燃气泄漏隐患、文物古建筑火灾隐患等突出问题。

2. 对于执法检查中已边查边改的问题，抓好跟踪监管。这次执法检查覆盖14个省份，本身就是一次广泛深刻的普法活动。大多数单位和群众高度重视，对一些内部的、身边的、显而易见的消防问题已经作了整改。建议借助执法检查的契机，抓好跟踪监督，加强事中事后监管，巩固多年来取得的消防工作成果，切实保证人民安居乐业。

二是发展新时代消防事业，加快补齐短板，持续改进工作

消防法的部分条款实施效果不佳，主要是存在一定现实困难、存在累积形成的历史短板、存在一些趋势性苗头性的问题，难以在短时间内完全解决，需要结合实际，付出长期努力。

1. 加强基层消防治理。根据中央《关于加强基层治理体系和治理能力现代化建设的意见》，增强乡镇（街道）应急管理能力，强化乡镇（街道）属地责任和相应职权，健全基层消防管理组织体系。做实乡镇（街道）消防安全委员会，指导各地结合乡镇（街道）党政事业站所整合，推进乡镇（街道）应急管理和消防工作站（所）一体化建设，通过依法授权或委托方式明确消防行政执法事项，加强基层消防监管。倡导在有条件的城市社区和单位设置小型消防站或微型消防站。发挥村委会、居委会自治作用，完善消防网格化管理。统筹社会力量参与消防救援，积极支持发展壮大志愿消防救援队伍，加强群防群治、联防联控，建立健全专群结合的社会化的消防工作网络，构筑共建共治共享的消防安全工作格局。

2. 加强消防救援力量。全面建强国家综合性消防救援队伍，适应“全灾种、大应急”综合救援需要，健全人员编制标准和规划，优化力量布局和队伍编成，落实职业保障政策和荣誉认定制度，加强高层建筑、地下空间、大型综合体和石油化工火灾扑救等专业救援队建设。加强实战化训练演练，完善现代化调度指挥、战勤、物资储备和通信保障机制，切实发挥应急救援主力军和国家队作用。壮大多种形式消防队伍，各级政府和有关单位应按照法律要求建设专职消防队，符合条件的应建立志愿消防队，构建覆盖城乡、多元互补的消防救援力量体系。同时，加强消防审验力量和专业人才培养。

3. 加强设施装备配备。地方政府应加大财政经费投入，推动消防事业与经济社会同步规划、协调发展，结合相关规划、乡村振兴、城市建设、产业布局调整等，推进消防基础设施建设。根据地域规模、经济水平、业态形式、主要风险、灾害特点等综合情况，科学规划消防站点布置。优化车辆装备的配备结构，根据消防工作实际需求，合理增加大功率主战车、举高消防车等应对处置高层建筑、地下建筑、大型商业综合体、化工等领域火灾的高性能装备，加强高精尖装备、特种装备配备。

4. 加强智慧消防建设。推进消防安全数字化转型，依托智慧消防大数据资源平台，汇聚共享各行业、各领域涉及消防安全的基础信息，强化风险管控与隐患排查治理。借鉴先进地方经验，运用大数据、物联网、人工智能等现代信息技术赋能消防安全。加大消防产品研发和创新，促进消防科技成果转化，加强特高压、储能设施等新兴领域的推广应用，提升建设工程应用消防新技术、新产品的智

慧化模拟检测能力，实现预警防控精准化、应急救援智能化。加快“智慧消防”与“智慧城市”深度融合，将消防大数据平台建设纳入大数据系统总体规划建设内容，提升火灾风险的动态监测、风险评估、智能分析和精准治理水平。

5. 加强宣传教育培训。完善消防安全教育长效机制，创新拓宽培训渠道，逐步提升全民消防安全素质。对消防安全管理人、基层网格员、消防控制室工作人员和微型消防站队员等重点人群开展专门教育培训。在重大节假日、火灾多发季节等特殊时期组织有针对性的宣传活动。将消防安全教育进一步融入国民素质教育、普法宣传、职业技能培训等教育培训体系，让消防理念深入人心，让消防知识广泛普及。

三是坚持推进法治化消防，健全法律法规，完善制度体系

坚持改革发展决策同立法决策更好结合起来，健全消防法律法规体系，为消防事业高质量发展营造良好法治环境。

1. 完善法规制度体系。落实“党政同责、一岗双责”“管行业必须管安全、管业务必须管安全、管生产经营必须管安全”的要求，根据消防事业发展需要，及时制定和修改相关法规和规范性文件。明确各级政府和有关部门消防安全职责，强化部门协调联动机制，建立信息共享、资源共用制度，健全定期会商、联合执法机制。完善火灾隐患投诉、公开通报、媒体曝光等监督制度，发挥消防安全社会监督的作用。建立健全消防违法行为联合惩戒机制，将消防安全诚信纳入社会信用体系建设。推进消防安全重大问题问责、火灾事故调查处理等问责制度建设。

2. 制定国家综合性消防救援队伍和人员法。习近平总书记强调，“要研究制定国家消防救援人员等方面的法律法规。”建议深入贯彻习近平总书记训词精神，结合消防法执法检查发现的问题，坚持“对党忠诚、纪律严明、赴汤蹈火、竭诚为民”的方针，坚持“两严两准”，对照“全灾种、大应急”的职能，从职责与职权、组织管理、身份地位、职务职级、纪律和义务、灭火和应急救援指挥与保障、职业荣誉和待遇保障、法律责任等方面对国家综合性消防救援队伍和人员作出具体规范。

3. 适时修改消防法。坚持改革与法治协同推进，完善法律责任以及追责机制，理顺权责关系，进一步明确公安部门（派出所）、住房和城乡建设部门在消防工作中的职责定位。健全考评、督导、问责、奖惩等工作机制，以及火灾事故调查和应急救援指挥调度、联勤联动、综合保障等制度，完善消防技术服务机构执业监管、城乡消防规划制定修编和执行等。把以电动自行车为代表的重点领域、趋势性问题纳入法律规范。加大对社会单位违法的处罚力度，提高消防违法成本，倒逼消防安全主体责任落实，为预防火灾和减少火灾危害，加强应急救援工作，保护人身财产安全，维护公共安全，提供更充分、更有力的法治保障。

以上报告，请审议。

# 促进消防法全面有效实施
# 为保护人民生命财产安全提供有力法治保障

——在全国人大常委会消防法执法检查组
第一次全体会议上的讲话

（2021 年 7 月 22 日）

王　晨

消防工作承担着防灾减灾、应急救援、保护人身财产安全、维护公共安全的重大责任。消防法是消防事业的基本法。全国人大常委会开展这次执法检查，是为了贯彻落实习近平总书记关于消防安全的重要论述精神和党中央关于消防工作的决策部署，促进消防法全面有效实施，推动改进有关工作，切实维护人民安全、公共安全和国家安全。

刚才，何毅亭主任委员介绍了这次执法检查的背景和安排，应急管理部、教育部、公安部、住房城乡建设部、市场监管总局等 5 个单位汇报了贯彻实

施消防法的基本情况，民政部、财政部、人力资源社会保障部、文化和旅游部、国家卫生健康委等部门提供了书面材料。大家有针对性地介绍情况，提出问题和建议，使人深受启发。近期，在河南防汛救灾工作中，广大消防队员无私奉献、赴汤蹈火、竭诚为民，为维护人民生命财产安全发挥了重大作用。我们要向英勇战斗在一线的消防队员致以敬意！

下面，我讲几点意见。

## 一、提高政治站位，深刻认识推动消防法贯彻实施的重大意义

党和国家历来高度重视消防工作。党的十八大以来，习近平总书记就做好消防安全工作、发展新时代消防事业多次作出重要指示。在党中央坚强领导下，国务院及其有关部门认真落实习近平总书记重要指示精神和消防法规定，推动我国消防事业取得重大进展和显著成效，消防形势总体平稳向好。当前，消防工作改革不断深化，消防任务日益繁重，新问题新挑战不断出现，开展执法检查、推动消防法贯彻实施十分必要、意义重大。

一是有利于办好“两件大事”，牢牢守住安全这条底线。习近平总书记强调，要办好发展和安全两件大事，把安全发展贯穿国家发展各领域和全过程。开展消防法执法检查，就是落实统筹发展和安全的要求，在监督中发现问题、整改问题、消除隐患，防范化解重大风险，为经济社会高质量发展创造良好的、安全的环境。

二是有利于坚持“两个至上”，保护人民生命财产安全。习近平总书记强调，要坚持人民至上、生命至上，把保护人民生命安全摆在首位，全面提高公共安全保障能力，不断增强人民群众的获得感、幸福感、安全感。近年来，我国每年还有 1000 多人在火灾中遇难，仅今年一季度就有 433 人死于火灾，因火灾造成的死亡人数触目惊心。面对严峻形势，开展执法检查是坚持以人民为中心运用法治方式提升消防安全意识与能力的重要举措。

三是有利于推动“两个轮子”，促进消防治理体系和治理能力现代化。习近平总书记强调，改革和法治如鸟之两翼、车之两轮，要在法治下推进改革，在改革中完善法治。近年来，党中央持续推进党和国家机构改革、消防执法改革、消防救援队伍改革等。2019 年，党中央印发《关于深化消防执法改革的意见》，提出要“推动消防执法理念、制度、作风全方位深层次变革。”这次执法检查，既要以法律实施保障和推进改革，又要总结改革的经验和成果，为下一步立法修法做好准备。

## 二、紧扣法律规定，把握好执法检查的重点内容

消防法从 1998 年开始施行，2008 年进行了全面修订，之后又进行了两次修正，从火灾预防、消防组织、灭火救援、监督检查、法律责任等方面，系统规定了消防工作的方针、原则、义务、处罚等。实施 20 多年来，消防法为发展消防事业、预防火灾和减少火灾危害、加强应急救援等发挥了重要作用。

徒法不足以自行。人大执法检查是国家权力机关对法律实施情况的检查监督，目的是保证法律全面有效实施，要依照法定职责、限于法定范围、遵守法定程序，紧扣法律规定开展检查。大家在发言和材料中提到消防法实施存在的部分问题，全国人大社会委在前期调研时发现不少问题，一些人大代表、专家学者和人民群众也提出了意见建议。初步梳理，反映比较集中的有以下 6 个方面。

（一）消防安全责任落实情况

消防法开篇就明确了“消防工作贯彻预防为主、防消结合的方针，按照政府统一领导、部门依法监管、单位全面负责、公民积极参与的原则，实行消防安全责任制”。在 74 条法律条文中，至少有 38 条涉及各方面的责任和义务，还有第 6 章共 15 条规定了履行责任不到位的处罚办法。为全面落实消防法，2017 年国务院办公厅制定了《消防安全责任制实施办法》，提出“坚持党政同责、一岗双责、齐抓共管、失职追责”“管行业必须管安全、管业务必须管安全、管生产经营必须管安全”等，对第一责任人、主要责任人及有关部门的监督管理责任，机关、团体、企业、事业等单位的主体责任，消防安全重点单位的责任等进行了细化规定。消防法和《消防安全责任制实施办法》相配套，构筑起了消防安全的责任体系。

回顾此前发生的火灾事件，可以发现绝大多数消防隐患乃至事故灾难都是由于相关责任没有落到实处造成的。有些火灾本可以避免或者降低损失，但因为某个环节、某个方面的责任落实不到位造成严重的人身财产损害。因此，消防安全责任落实情况是这次执法检查的第一重点。

（二）消防救援队伍建设情况

组建国家综合性消防救援队伍，是党中央推进国家治理体系和治理能力现代化作出的战略决策，

是立足我国国情和灾害事故特点、构建新时代国家应急救援体系的重要举措。2018 年 11 月，习近平总书记向国家综合性消防救援队伍授旗，提出“对党忠诚、纪律严明、赴汤蹈火、竭诚为民”的要求。2020 年，全国消防救援队伍共接警出动 128.4 万起，是建国以来出警量最多的年份之一。共从灾害现场营救被困人员 16.3 万人，疏散遇险人员 42.4 万人，成功应对处置了浦东机场“7·22”飞机火灾、台州“6·13”槽罐车爆炸等突发灾害事故，为灭火和应急救援作出了重要贡献。

但也要看到，消防救援队伍建设与新时代新阶段的要求相比，还存在一定程度的滞后问题。在数量上，国家综合性消防救援队伍编制员额 19.1 万人，占总人口的比例为万分之 1.35，与发达国家有不小差距。据美国消防协会数据，截至 2018 年底美国共有职业消防员 37 万人，志愿消防员 74.5 万人，职业消防员占总人口的比例为千分之 1.1。欧洲的消防员占比更高一些。同时，我国消防员数量还存在区域不平衡的问题。山东作为经济和人口大省，消防救援队伍编制为 7022 人，仅占全省人口的万分之 0.7；广西全区消防队伍编制 3947 人，占总人口的万分之 0.79，这都与全国平均水平有一定差距。在结构上，专职消防队和志愿消防队是消防法明确规定的灭火救援力量。但专职消防队存在的机构属性、人员身份、经费保障等问题突出，人员招收难、流失快、不稳定，包括志愿消防队在内，救援能力有待提高。实际上，消防工作本身技术要求是很高的，必须要有十分专业的队伍。

（三）基础设施和装备等硬件保障情况

消防设备直接影响防火灭火和应急救援效果。消防通道是不是畅通、烟感器管不管用、云梯够不够高、消防栓和自动喷淋系统有没有水等细节事关重大，一旦发生火灾往往可能成为致命因素。这里以高层建筑救援这个世界性难题为例。随着经济社会发展，部分城市甚至县城热衷于建设高层建筑。在早期建设的高层建筑中，由于消防设施不完善、隐患比较大，有过一些惨痛教训。2010 年，上海一栋 28 层的公寓发生大火，消防云梯加上高压水枪只能达到大楼的三分之二高度，影响了灭火和救援，最终 58 人遇难，70 余人受伤。正面典型也有，去年广东普宁市一个沿街商铺夜间发生火灾，7 名被困人员全部成功救出。其中一个重要原因是一楼通往二楼的楼梯间设置了防火门，有效阻隔烟气蔓延，为营救争取到了宝贵时间。而建设工程设置防火门等，正是消防法明确规定的，是对建筑物进行消防检查的一个重要内容。

本次执法检查，要重点关注消防设施建设情况、装备配置情况，以及应当纳入国民经济和社会发展计划、城乡规划的内容是否落实到位。消防法的相关规定都是经过深入研究讨论和总结经验教训确定下来的，必须认真落实，否则可能会出现灾难性后果。

（四）宣传教育和消防意识培养情况

近年来，有关部门在宣传教育上下了不少功夫，消防知识的覆盖面、知晓率不断提高。但也要看到，人民群众接受消防教育的渠道依然偏少，消防安全宣传的普及面和影响面不够广泛深入，与消防安全的形势任务相比还有差距。与此相对应的是，消防安全意识不足。用火用电不安全不规范、缺乏防火灭火和逃生自救常识的问题依然存在。企业重生产、轻安全的现象比较突出，内部培训教育不到位。有的企业缺乏消防安全“明白人”，员工岗前培训、转岗培训流于形式，缺少发现隐患、扑救初起火灾的能力。据统计，我国近三分之二的火灾是由人为因素引起的。2020 年，在山东省 693 起生产场所火灾中，有 41% 是由违章操作引发的。

此次执法检查本身就是一场生动的普法。一方面，要查找消防安全宣传教育的相关问题；另一方面，检查组要带头学习法律，做好新闻宣传工作，使执法检查全过程成为普法的全过程，推动消防法深入人心。

（五）重点场所和特殊领域的消防情况

消防法规定了下列场所和领域的消防责任，包括核设施单位、发电厂、民用机场、主要港口，生产、储存易燃易爆危险品的大型企业，储备可燃重要物资的大型仓库、基地，被列为全国重点文物保护单位的古建筑群等单位，还有森林、草原、矿井，等等。这些都是发生火灾的高危场所和行业。2015 年，天津滨海新区危险品仓库发生火灾爆炸，造成 165 人遇难，教训极其深刻。另外，农村消防力量薄弱，存在消防“真空”地带。从全国看，今年一季度农村地区共发生火灾 7.5 万起，占总数的 42.2%，数量相当大。农村自建房和城镇违章建筑缺少必要的消防设施，防火间距不足，火灾发生频率较高。2020 年，广西发生自建房火灾 1445 起，占全区火灾数的 40.2%，死亡 19 人，占全区的 65.5%。要抓住这些重点场所和特殊领域，有针对性地进行检查。

（六）法律法规修改完善的意见建议

良法是善治的前提。在执法检查中，要认真听取关于完善法律法规的意见，特别是深入了解配套行政法规、地方性法规、规章制度的建立健全情况，法律与改革要求和现实需要不适应的情况，消防法与新修订的安全生产法、即将审议的突发事件应对管理法草案，以及建筑法、城乡规划法等相关法律的衔接协调情况等。

除了刚才讲的6个主要问题，在执法检查时还要有更开阔的视野，以法律规定为准绳，逐个条款对照检查，把法律制度的引领、规范、保障作用充分发挥出来。

## 三、增强监督实效，组织好执法检查的实施工作

要贯彻落实习近平总书记对全国人大监督工作的明确要求，按照栗战书委员长和常委会党组要求，严格落实监督法规定，精密组织、通力合作，切实完成好消防法执法检查的重要任务。对此，再提三点要求。

一是密切联系代表，广泛汇集民意。人大代表很多在一线工作，有不少消防领域的专家，掌握实际情况。要充分发挥各级人大代表的作用，支持他们就近就便调研法律实施情况，了解“身边的消防”；主动邀请代表参加实地检查，听取意见、汇集民智。

二是改进工作作风，创新方式方法。要深入贯彻中央八项规定及其实施细则精神，坚决反对“四风”。刚才，何毅亭同志介绍了本次执法检查的工作方法，包括引入第三方评估、开展随机抽查等，都比较符合消防工作的特点。要把创新和务实结合起来，增强检查效果。

三是坚持问题导向，严肃督促落实。千里之堤，溃于蚁穴。消防工作容不得一点马虎，要发挥好执法检查的监督作用，起草好执法检查报告，通过典型案例和翔实数据如实反映法律实施和工作开展中存在的问题，提出明确具体的落实法律的要求，真正形成监督效力，并使之转化为改进工作的动力。

同志们，消防工作是关系改革发展稳定大局和人民群众切身利益的重大问题。要适应新阶段新形势，以执法检查为契机，促进消防法全面有效实施，推动完善消防领域法律法规体系，为保护人民生命财产安全提供有力的法治保障。

# 坚持人民至上 加强法律实施 补短板强弱项 实现新时代消防事业高质量发展

——在全国人大常委会消防法执法检查组第二次全体会议上的讲话

(2021年11月16日)

王 晨

何毅亭主任委员刚才介绍了这次执法检查的相关情况和执法检查报告稿的主要内容，与会国务院各有关部门负责同志围绕着消防法的实施和检查报告稿进行了交流发言，既有对报告稿的肯定，也提出了一些修改意见，包括在工作措施和语言文字方面的建议。检查组要认真梳理大家的意见，继续修改完善好执法检查报告稿。

本次执法检查从7月22日召开第一次全体会议开始，经过三个多月的工作，至此已经完成阶段性任务。在这一过程中，检查组各位同志分别到6个省区市开展实地检查和随机抽查，同时委托8个省区市开展自查，发放5000多份调查问卷，还委托中国政法大学开展第三方评估。国务院各部委特别是应急管理部门、消防救援机构高度重视，自觉接受监督、主动自查自改，大力支持执法检查工作。

下面，结合大家的发言，再讲几点意见。

第一，更加深刻地认识习近平总书记关于发展新时代消防事业重要论述的重大意义。以习近平同志为核心的党中央高度重视消防工作。习近平总书记亲自谋划推动组建应急管理部门，亲自授旗缔造国家综合性消防救援队伍，亲自主持会议、研究出台《关于深化消防执法改革的意见》，就发展新时代消防事业作出一系列重要论述和部署。在第一次全体会议上，检查组专门强调要把深入学习贯彻习近平总书记关于消防安全的重要论述精神贯穿于执法检查全过程，促进消防法全面有效实施。

执法检查过程中，我们几位组长在6个省区市的讲话中也都强调，要全面落实习近平总书记的重要论述精神。在此基础上，检查组开展了广泛深入的实地检查，了解到消防形势的最新数据，看到一线消防工作的实际情况，更加深刻地领悟到以习近平同志为核心的党中央推动消防事业改革发展的深谋远虑，更加真切、更加直接地感受到安全是发展的前提，没有安全感就没有获得感、幸福感。尤其令人警醒的是，就在执法检查期间一些地方发生了火灾。7月24日，吉林长春一栋由物流公司和婚纱城共用的建筑发生火情，造成15人死亡、25人受伤。8月27日，辽宁大连地标性建筑凯旋国际大厦起火，引燃外墙保温层，所幸没有人员伤亡。9月20日，北京通州一栋居民楼因为电动自行车锂电池在室内充电爆炸起火，导致5人死亡。10月30日，河南郑州一个员工宿舍发生火灾，造成3人死亡，等等。这些火灾以及由此导致的人员伤亡和财产损失，进一步印证和说明消防安全必须常备不懈、警钟长鸣。

刚刚闭幕的十九届六中全会，全面总结了我们党百年奋斗的重大成就和历史经验，“十个坚持”中的第二条就是坚持人民至上。习近平总书记在全会上的重要讲话中，还专门对增强风险意识、提升防灾减灾能力提出了明确要求。我们要认真学习领会，坚决贯彻落实，站在人民至上、生命至上的高度，推进新时代消防事业高质量发展。

第二，更加深切地认识到加强消防救援队伍建设和关心关爱这支队伍的必要性。2018年11月，习近平总书记向国家综合性消防救援队伍授旗并致训词，高度肯定消防队伍作出的突出贡献，提出16个字的根本要求——“对党忠诚、纪律严明、赴汤蹈火、竭诚为民”。2019年11月，习近平总书记主持中央政治局第19次集体学习时强调，要加强应急救援队伍建设。今年7月1日，在庆祝中国共产党成立100周年大会上，习近平总书记专门向消防救援队伍指战员致以崇高的敬意。11月7日，习近平总书记又亲切会见全国应急管理系统先进模范和消防忠诚卫士表彰大会代表，这充分体现了习近平总书记和党中央对消防救援队伍的高度重视和殷切期望。

3年来，消防救援队伍深入践行习近平总书记授旗训词和重要指示精神，勇担“保民平安、为民造福”的重任，切实发挥了应急救援的主力军和国家队作用，涌现出一批又一批先进典型。执法检查中，我们了解到两个事例。4月16日，北京市丰台区一处正在施工调试的储能电站起火。接警后，15个消防站的235名消防指战员迅速到场。灭火救援攻坚组队员陈刘飞、曹群同志冒着高温浓烟，深入电站院内抵近侦察，在设置灭火阵地阻截火势、防爆降温过程中因电站突发爆炸不幸牺牲。4月22日，上海市金山区一家电子科技公司发生火灾，56个消防救援站、近千名指战员赶赴现场处置。在企业反映4名员工被困后，攻坚小组深入内部搜救，2名消防员丰晨敏、汤伟佳同志遇火情突变壮烈牺牲。其中，丰晨敏曾参与各类灭火救援、抢险救灾和社会救助行动4000余起，营救被困群众150人；汤伟佳先后参与处置各类灾害事故600余起，营救被困群众20人。一周内4名消防员牺牲，其中两个32岁、一个26岁、一个25岁，他们的牺牲令人惋惜，他们的精神令人敬佩，他们的事迹就是这支队伍的缩影。

消防救援工作具有高负荷、高压力、高风险的特点。长期以来，消防救援队伍坚持纪律部队建设标准，弘扬光荣传统和优良作风，救民于水火、助民于危难、给人民以力量。“十三五”期间共出动660万次，营救转移遇险人员373.6万人。全年365天、每天24小时驻勤备战和出警作战，特别是在重大灾害事故面前，不畏艰险、冲锋在前，随时面对极端情况和生死考验。近十年来，共有134名消防救援队伍指战员在灭火救援战斗中英勇牺牲，205名指战员因公牺牲。这支队伍奉献很多、牺牲很大，无愧为党和人民的忠诚卫士！

第三，更加全面地认识到新时代消防事业取得新的重大进展。党的十八大以来，在以习近平同志为核心的党中央坚强领导下，各地区各部门团结奋斗，加强消防基础设施、消防救援能力、消防治理体系等建设，我国消防事业取得重大进展，有力维护了人民生命财产安全和公共安全。

我们坚持改革和法治协同推进，双轮驱动、两翼齐振。本届以来，根据改革需要、适应消防实际，全国人大常委会两次修正消防法，表决通过《消防救援衔条例》。各地区各部门先后制定修订71部地方性法规、10件部门规章、152件政府规章、508个国家和行业技术标准。公安部围绕城乡社区日常消防检查、住建部围绕建设工程消防设计审查验收、市场监管总局围绕消防产品质量、人力资源和社会保障部围绕消防队伍工资政策等，都出台了有针对性的规范性文件。31个省市区结合地方实际，完善法规制度体系。北京修订《燃气管理条例》《物业管理条例》，出台《电动自行车停放场所防火设计标准》，加强消防安全源头治理。海南制定《自由贸易港消防条例》，开创自由贸易港专项消防立法的先河。天津率先制定实施《消防安全领域信用管理办法》，加强联合惩戒，推动社会单位和个人落实责任。山西出台《文物建筑消防安全管理规定》，有效化解文物建筑消防风险。辽宁出台《火灾事故责任调查规定》，明确消防救援机构在火灾事故责任调查中的主导地位和工作要求等。深化改革和健全法治齐头并进，不仅推动和保障了消防工作取得重大成就，也为今后消防事业的长期健康发展奠定了坚实基础。

第四，更加清醒地认识到消防工作中存在的问题和面临的挑战。执法检查既要了解法律实施的全面情况，更要善于抓问题、抓典型、抓案例，找准影响法律实施的症结关键和深层次原因。从法律实施情况看，当前消防安全形势总体依然严峻，历史短板和新兴挑战相互叠加，消防力量不足与职业保障不够并存，一些地方消防设施建设滞后，电动自行车火灾等新型风险增长较快，"大火巨灾""小火亡人"事故时有发生。

从消防设施建设上来看，全国仍有 907 个县（市、区）和开发区尚未组建消防救援站。全国城市消防站缺建 40% 以上，市政消火栓欠账率近 15%，农村地区公共消防基础设施欠缺更为严重。消防是时效性极强的工作。一些地区消防站数量少、距离远，大大削弱了消防救援的效果。电动自行车火灾也是近年出现的一个突出问题。我国电动自行车保有量已超过 3 亿，产量仍在快速增长。2021 年 1 月至 10 月，全国发生电动自行车及其电池故障引发的火灾共 1.4 万余起，死亡 41 人，受伤 157 人。电动自行车的维修、改装、停放、使用以及锂电池的充电、报废和回收等环节管理不规范，存在非法改装、入户充电、过度使用和电池老化等问题，滋生大量消防安全隐患。特别是由于户外充电桩不足、充电价格差异等原因，入户充电问题比较普遍，"人车同屋"导致火灾亡人率居高不下。

随着我国进入新发展阶段，经济社会高质量发展的任务更重、标准更高。新能源汽车、特高压、氢能、光伏、风电等新产业的发展以及大型储能设施的建设，给消防安全提出了新课题新挑战。我们要统筹发展和安全，坚持问题导向，树立底线思维，坚持从源头上防范和化解重大消防安全风险，努力把问题解决在萌芽状态、成灾之前。我们在北京检查时，检查组了解到清华大学公共安全研究院发明的电池阻燃剂、天燃气泄漏预警等技术效果很好，还有故宫博物院应用红外摄像头等自动监测设备和大数据系统进行实时监控，取得了半个世纪零火灾的成效。要更加重视和依靠科技力量，发展智慧消防，继续推进消防安全数字化转型，运用大数据、物联网、人工智能等现代信息技术赋能消防安全，促进消防科技成果转化和推广应用，实现预警防控精准化、应急救援智能化。

第五，更加明确地认识到这次执法检查的后续工作和任务要求。习近平总书记在中央人大工作会议上强调，要用好宪法赋予人大的监督权，实行正确监督、有效监督、依法监督，推动解决制约经济社会发展的突出矛盾和问题。这次执法检查是对消防法实施的全面检验，也是为了发现问题、解决问题，促进消防事业发展。报告稿根据执法检查发现的问题，结合地方政府、有关部门、企事业单位和人大代表、人民群众的意见，已经提炼形成关于全面有效实施消防法的 10 条建议。其中，既有严格落实现行法律、依法改进工作的意见，也有完善相关法律法规的初步考虑。下一步，一方面要完成好执法检查后续工作，进一步修改完善好报告稿，按程序提请常委会审议。有关部门要在报告提出问题的基础上，结合常委会审议意见开展更为广泛、更为深入、更为专业的检查整改。要按照监督法第 27 条规定，对执法检查报告及审议意见的研究处理情况，在征求社会建设委员会意见后，向全国人大常委会提出反馈报告。另一方面，要做好跟踪监督，紧扣人大监督定位，把执法检查的要求转化为有效实施法律、切实改进消防工作的成果。

# 对检查消防法实施情况报告的意见和建议

12 月 24 日，十三届全国人大常委会第三十二次会议审议了全国人大常委会副委员长张春贤作的关于检查消防法实施情况的报告，共有 12 人次发言。现根据会议发言情况，将常委会组成人员和列席人员的主要意见整理如下。

出席人员普遍认为，消防法实施以来，各地区、各部门，特别是消防救援机构认真落实习近平总书记有关重要指示精神和消防法规定，加强和改进消防工作，有效防灾减灾，紧抓应急救援，消防事业发展取得重大进展，消防形势总体平稳，有力保障了人民生命财产安全和公共安全。全国人大常委会开展消防法执法检查，聚焦法定职责，坚持问题导向和科学方法，取得了良好效果。大家对执法检查工作和报告给予充分肯定，认为报告查找问题准确、提出建议可行，希望国务院及其有关部门认真研究处理。大家强调，要全面贯彻落实习近平总书记关于安全发展的重要论述精神，坚持人民至上、生命至上，把安全发展贯穿国家发展各领域和全过程，推动消防法有效实施，推进消防治理体系和治理能力现代化。审议中，大家还提出了一些具体意见和建议。

## 一、加强消防治理能力建设

部分出席人员指出，消防工作事关发展与安全大局和人民群众生命财产安全，有关部门应加强顶层设计，消除消防救援工作面临的体制机制障碍和技术制约，推动消防规划全面融入城市发展、乡村振兴等各级专项规划，推进消防安全技术规定与各地各类建筑标准协调衔接；积极推进消防工作数字化转型，加快智慧消防建设，提高火灾风险大数据分析、火情预警、火灾应急反应能力。部分出席人员指出，这些年来，一些基层政府对消防工作认识不深、抓得不紧，在项目验收、日常检查中把关不严等问题仍然存在。建议国务院有关部门加强督导检查，督促基层政府压紧压实消防安全法律责任，认真履行消防安全职责，落实群防群控、联防联控、网格化管理等要求，提升基层消防救援工作水平。

## 二、加强消防风险隐患治理

部分出席人员提出，应加强对农村和城市重点部位消防风险隐患治理工作。（1）农村长期以来对消防工作重视不够，基础设施差，居民自建房防火间距不够、缺乏基本消防设备，养老院等公益场所隐患漏洞多，农村消防成为消防工作中的“短板”、“软肋”。2016年至2021年，农村火灾占比从45%攀升至54.4%。建议各级政府将农村消防工作作为“补短板”着力点，研究制定乡村消防能力建设专项规划，提供人财物专项支持，有效提升农村居民自防自救能力。（2）城市老旧小区人员密集、居民老龄化、设施旧、救援难等情况突出，是消防风险隐患集中区域，建议完善应急预案，加大日常检查和隐患排查力度，加强所在街道、居委会消防救援培训力度。（3）中小城市密集高层建筑消防问题日益凸显，对当地消防救援能力提出新挑战。消防、住建等主管部门应加以重视，及早谋划，加强中小城市相应的消防救援能力建设。（4）电动自行车维修改装、使用停放不规范，户外充电桩布局不合理、设施不完善、价格过高，锂电池报废回收流程不完善，存在电池入户充电、老化、过度使用等现象，相关火灾风险急剧增加，应及时迅速开展专项治理。（5）电商网购、密室逃脱、电竞酒店、民宿等新业态催生大量人货混杂、人员密集、用电量大的“多合一”场所，且大多集中在居民区，极易失控漏管，应进一步加强规范管理。

有的出席人员说，我国是砖木古建文物大国，许多古建文物防火设施陈旧、安全管理不到位，火灾风险系数很高、一旦受灾损失难以挽回。各级文保部门、文物管理单位应立足于“防”，严格执行消防安全有关规定，将火灾隐患消除于日常。有的出席人员提出，近年来多地发生特高压、大型储油设备火灾险情，有关部门、能源企业应当积极采取措施，研发推广相关消防技术，完善能源行业消防管理。有的出席人员提出，目前对消防违法行为处罚警示力度仍然偏弱，建议完善重大火灾风险政府挂牌督办、行业集中约谈、社会曝光警示工作机制，在深入调研基础上进一步加大消防违法处罚力度，充分发挥教育惩戒预防作用。

## 三、加强消防救援能力和队伍建设

部分出席人员认为，消防救援工作专业性很强，反应速度、指挥调度、人员素质、设施支援、装备水平等都直接影响救援成败。应着力强化消防培训基地、公共消防设施、装备质量建设，指导各地区完善消防应急预案，加强区域型、综合型消防救援演练，不断提升消防救援专业化、实战化水平。有的出席人员提出，消防救援队伍作为一支全年全天候常备不懈的队伍，在改制转隶后职责更多、任务更重，目前一些地方出现招人难、流失快、队伍不稳定等问题，不利于队伍长期发展。建议有关部门研究提高消防救援人员工作待遇和职业保障，尽快完善消防救援队伍荣誉认定制度，积极推动全社会形成尊崇、关爱消防人员的浓厚氛围，增强队伍荣誉感和吸引力。有的出席人员提出，近年来民间公益性紧急救援队伍发展较快，是国家消防救援事业的有益补充，但总体上还存在能力较弱，人员素质、装备水平不高,管理不规范等问题。建议地方政府、消防救援机构、有关组织在统筹协调、经费支持、救援装备、训练场地、专业指导等方面扶持志愿消防队。

## 四、做好消防宣传教育

有的出席人员认为,消防宣传教育存在重理念、轻技能,重警示、轻方法的倾向,许多居民群众消防安全意识不强、缺乏火灾处置必备知识、平时很少参加培训演练,居民小区消防通道堵塞、用火用电不安全不规范等问题普遍存在,家庭消防隐患较多,"小火亡人"风险依然较高。建议各级各部门密切协同,加大消防知识教育培训力度,积极组织企事业单位、居民家庭开展灭火自救逃生培训和演练,提高全社会消防安全能力。

## 五、完善消防法律法规

部分出席人员建议,有关部门应积极总结消防法律法规实施经验,对存在问题开展研究,适时推进消防法修法工作,进一步明晰消防救援机构与应急管理、公安、住建等部门职能边界,完善消防工作相关工作制度机制,充实细化法律责任等。

# 四、规范性文件备案审查

## 行政法规备案目录

（18 件）

| 法规名称 | 公布时间 | 报备时间 | 施行时间 | 立法形式 |
|---|---|---|---|---|
| 医疗保障基金使用监督管理条例 | 2021-1-15 | 2021-1-15 | 2021-5-1 | 制定 |
| 排污许可管理条例 | 2021-1-24 | 2021-1-24 | 2021-3-1 | 制定 |
| 防范和处置非法集资条例 | 2021-1-26 | 2021-1-26 | 2021-5-1 | 制定 |
| 非法金融机构和非法金融业务活动取缔办法 | 2021-1-26 | 2021-1-26 | 2021-5-1 | 文中废止 |
| 行政事业性国有资产管理条例 | 2021-2-1 | 2021-2-1 | 2021-4-1 | 制定 |
| 医疗器械监督管理条例 | 2021-2-9 | 2021-2-9 | 2021-6-1 | 修改 |
| 粮食流通管理条例 | 2021-2-15 | 2021-2-15 | 2021-4-15 | 修改 |
| 中华人民共和国民办教育促进法实施条例 | 2021-4-7 | 2021-4-7 | 2021-9-1 | 修改 |
| 生猪屠宰管理条例 | 2021-6-25 | 2021-6-25 | 2021-8-1 | 修改 |
| 中华人民共和国土地管理法实施条例 | 2021-7-2 | 2021-7-2 | 2021-9-1 | 修改 |
| 建设工程抗震管理条例 | 2021-7-19 | 2021-7-19 | 2021-9-1 | 制定 |
| 中华人民共和国市场主体登记管理条例 | 2021-7-27 | 2021-7-27 | 2022-3-1 | 制定 |
| 中华人民共和国公司登记管理条例 | 2021-7-27 | 2021-7-27 | 2022-3-1 | 文中废止 |
| 中华人民共和国企业法人登记管理条例 | 2021-7-27 | 2021-7-27 | 2022-3-1 | 文中废止 |
| 中华人民共和国合伙企业登记管理办法 | 2021-7-27 | 2021-7-27 | 2022-3-1 | 文中废止 |
| 农民专业合作社登记管理条例 | 2021-7-27 | 2021-7-27 | 2022-3-1 | 文中废止 |
| 企业法人法定代表人登记管理规定 | 2021-7-27 | 2021-7-27 | 2022-3-1 | 文中废止 |
| 关键信息基础设施安全保护条例 | 2021-7-30 | 2021-7-30 | 2021-9-1 | 制定 |
| 计划生育技术服务管理条例 | 2021-9-9 | 2021-9-9 | 2021-9-9 | 废止 |
| 社会抚养费征收管理办法 | 2021-9-9 | 2021-9-9 | 2021-9-9 | 废止 |
| 流动人口计划生育工作条例 | 2021-9-9 | 2021-9-9 | 2021-9-9 | 废止 |
| 地下水管理条例 | 2021-10-21 | 2021-10-21 | 2021-12-1 | 制定 |
| 证券期货行政执法当事人承诺制度实施办法 | 2021-10-26 | 2021-10-26 | 2022-1-1 | 制定 |
| 中华人民共和国烟草专卖法实施条例 | 2021-11-10 | 2021-11-10 | 2021-11-10 | 修改 |

# 监察法规备案目录

（1 件）

| 法规名称 | 公布时间 | 报备时间 | 施行时间 | 立法形式 |
| --- | --- | --- | --- | --- |
| 中华人民共和国监察法实施条例 | 2021-9-20 | 2021-9-27 | 2021-9-20 | 制定 |

# 北京市地方性法规目录

（41 件）

| 法规名称 | 通过时间 | 公布时间 | 报备时间 | 施行时间 | 立法形式 |
| --- | --- | --- | --- | --- | --- |
| 北京历史文化名城保护条例 | 2021 年 1 月 27 日北京市第十五届人民代表大会第四次会议修改 | 2021-1-27 | 2021-2-8 | 2021-3-1 | 修改 |
| 北京市中小学生人身伤害事故预防与处理条例 | 2021 年 3 月 12 日北京市第十五届人民代表大会常务委员会第二十九次会议修改 | 2021-3-12 | 2021-3-17 | 2021-3-12 | 修改 |
| 北京市技术市场条例 | 2021 年 3 月 12 日北京市第十五届人民代表大会常务委员会第二十九次会议修改 | 2021-3-12 | 2021-3-17 | 2021-3-12 | 修改 |
| 北京市实施《中华人民共和国母婴保健法》办法 | 2021 年 3 月 12 日北京市第十五届人民代表大会常务委员会第二十九次会议修改 | 2021-3-12 | 2021-3-17 | 2021-3-12 | 修改 |
| 北京市专利保护和促进条例 | 2021 年 3 月 12 日北京市第十五届人民代表大会常务委员会第二十九次会议修改 | 2021-3-12 | 2021-3-17 | 2021-3-12 | 修改 |
| 北京市促进私营个体经济发展条例 | 2021 年 3 月 12 日北京市第十五届人民代表大会常务委员会第二十九次会议修改 | 2021-3-12 | 2021-3-17 | 2021-3-12 | 修改 |
| 北京市水利工程保护管理条例 | 2021 年 3 月 12 日北京市第十五届人民代表大会常务委员会第二十九次会议修改 | 2021-3-12 | 2021-3-17 | 2021-3-12 | 修改 |
| 北京市农业承包合同条例 | 2021 年 3 月 12 日北京市第十五届人民代表大会常务委员会第二十九次会议废止 | 2021-3-12 | 2021-3-17 | 2021-3-12 | 废止 |
| 北京市农村集体所有荒山荒滩租赁条例 | 2021 年 3 月 12 日北京市第十五届人民代表大会常务委员会第二十九次会议废止 | 2021-3-12 | 2021-3-17 | 2021-3-12 | 废止 |
| 北京市生态涵养区生态保护和绿色发展条例 | 2021 年 4 月 16 日北京市第十五届人民代表大会常务委员会第三十次会议通过 | 2021-4-16 | 2021-4-22 | 2021-6-5 | 制定 |
| 北京市地方金融监督管理条例 | 2021 年 4 月 16 日北京市第十五届人民代表大会常务委员会第三十次会议通过 | 2021-4-16 | 2021-4-22 | 2021-7-1 | 制定 |
| 北京市保守国家秘密条例 | 2021 年 4 月 16 日北京市第十五届人民代表大会常务委员会第三十次会议通过 | 2021-4-16 | 2021-4-22 | 2021-10-1 | 制定 |
| 北京市实施《中华人民共和国保守国家秘密法》若干规定 | 在《北京市保守国家秘密条例》中被明文予以废止 | 2021-4-16 | 2021-4-22 | 2021-10-1 | 文中废止 |

续表

| 法规名称 | 通过时间 | 公布时间 | 报备时间 | 施行时间 | 立法形式 |
| --- | --- | --- | --- | --- | --- |
| 北京市反食品浪费规定 | 2021年5月27日北京市第十五届人民代表大会常务委员会第三十一次会议通过 | 2021-5-27 | 2021-5-28 | 2021-5-27 | 制定 |
| 北京市户外广告设施、牌匾标识和标语宣传品设置管理条例 | 2021年5月27日北京市第十五届人民代表大会常务委员会第三十一次会议通过 | 2021-5-27 | 2021-5-28 | 2021-9-1 | 制定 |
| 北京市院前医疗急救服务条例 | 2021年5月27日北京市第十五届人民代表大会常务委员会第三十一次会议修改 | 2021-5-27 | 2021-5-28 | 2021-5-27 | 修改 |
| 北京市区、乡、民族乡、镇人民代表大会代表选举实施细则 | 2021年5月27日北京市第十五届人民代表大会常务委员会第三十一次会议修改 | 2021-5-27 | 2021-5-28 | 2021-5-27 | 修改 |
| 北京市人民代表大会常务委员会关于授权市人民政府为保障冬奥会筹备和举办工作规定临时性行政措施的决定 | 2021年7月30日北京市第十五届人民代表大会常务委员会第三十二次会议通过 | 2021-7-30 | 2021-8-4 | 2021-7-30 | 制定 |
| 北京市人民代表大会常务委员会关于开展第八个五年法治宣传教育的决议 | 2021年7月30日北京市第十五届人民代表大会常务委员会第三十二次会议通过 | 2021-7-30 | 2021-8-4 | 2021-7-30 | 制定 |
| 北京市人民代表大会常务委员会关于北京市契税具体适用税率等事项的决定 | 2021年7月30日北京市第十五届人民代表大会常务委员会第三十二次会议通过 | 2021-7-30 | 2021-8-4 | 2021-9-1 | 制定 |
| 北京市禁毒条例 | 2021年7月30日北京市第十五届人民代表大会常务委员会第三十二次会议通过 | 2021-7-30 | 2021-8-4 | 2021-10-1 | 制定 |
| 北京市实验动物管理条例 | 2021年7月30日北京市第十五届人民代表大会常务委员会第三十二次会议修改 | 2021-7-30 | 2021-8-4 | 2021-7-30 | 修改 |
| 北京市接诉即办工作条例 | 2021年9月24日北京市第十五届人民代表大会常务委员会第三十三次会议通过 | 2021-9-24 | 2021-9-28 | 2021-9-24 | 制定 |
| 北京市无障碍环境建设条例 | 2021年9月24日北京市第十五届人民代表大会常务委员会第三十三次会议通过 | 2021-9-24 | 2021-9-28 | 2021-11-1 | 制定 |
| 北京市无障碍设施建设和管理条例 | 在《北京市无障碍环境建设条例》中被明文予以废止 | 2021-9-24 | 2021-9-28 | 2021-11-1 | 文中废止 |
| 北京市市容环境卫生条例 | 2021年9月24日北京市第十五届人民代表大会常务委员会第三十三次会议修改 | 2021-9-24 | 2021-9-28 | 2021-9-24 | 修改 |
| 北京市城乡规划条例 | 2021年9月24日北京市第十五届人民代表大会常务委员会第三十三次会议修改 | 2021-9-24 | 2021-9-28 | 2021-9-24 | 修改 |
| 北京市道路运输条例 | 2021年9月24日北京市第十五届人民代表大会常务委员会第三十三次会议修改 | 2021-9-24 | 2021-9-28 | 2021-9-24 | 修改 |
| 北京市水污染防治条例 | 2021年9月24日北京市第十五届人民代表大会常务委员会第三十三次会议修改 | 2021-9-24 | 2021-9-28 | 2021-9-24 | 修改 |
| 北京市控制吸烟条例 | 2021年9月24日北京市第十五届人民代表大会常务委员会第三十三次会议修改 | 2021-9-24 | 2021-9-28 | 2021-9-24 | 修改 |
| 北京市实施《中华人民共和国矿山安全法》办法 | 2021年9月24日北京市第十五届人民代表大会常务委员会第三十三次会议修改 | 2021-9-24 | 2021-9-28 | 2021-9-24 | 修改 |

续表

| 法规名称 | 通过时间 | 公布时间 | 报备时间 | 施行时间 | 立法形式 |
|---|---|---|---|---|---|
| 北京市招标投标条例 | 2021 年 9 月 24 日北京市第十五届人民代表大会常务委员会第三十三次会议修改 | 2021-9-24 | 2021-9-28 | 2021-9-24 | 修改 |
| 北京市机动车停车条例 | 2021 年 9 月 24 日北京市第十五届人民代表大会常务委员会第三十三次会议修改 | 2021-9-24 | 2021-9-28 | 2022-1-1 | 修改 |
| 北京市社会治安综合治理条例 | 2021 年 9 月 24 日北京市第十五届人民代表大会常务委员会第三十三次会议废止 | 2021-9-24 | 2021-9-28 | 2021-9-24 | 废止 |
| 北京市反不正当竞争条例 | 2021 年 9 月 24 日北京市第十五届人民代表大会常务委员会第三十三次会议废止 | 2021-9-24 | 2021-9-28 | 2021-9-24 | 废止 |
| 北京市邮政通信条例 | 2021 年 9 月 24 日北京市第十五届人民代表大会常务委员会第三十三次会议废止 | 2021-9-24 | 2021-9-28 | 2021-9-24 | 废止 |
| 北京市信息化促进条例 | 2021 年 9 月 24 日北京市第十五届人民代表大会常务委员会第三十三次会议废止 | 2021-9-24 | 2021-9-28 | 2021-9-24 | 废止 |
| 北京市国际交往语言环境建设条例 | 2021 年 11 月 26 日北京市第十五届人民代表大会常务委员会第三十五次会议通过 | 2021-11-26 | 2021-12-1 | 2022-1-1 | 制定 |
| 北京市献血条例 | 2021 年 11 月 26 日北京市第十五届人民代表大会常务委员会第三十五次会议通过 | 2021-11-26 | 2021-12-1 | 2022-2-1 | 制定 |
| 北京市单用途预付卡管理条例 | 2021 年 11 月 26 日北京市第十五届人民代表大会常务委员会第三十五次会议通过 | 2021-11-26 | 2021-12-1 | 2022-6-1 | 制定 |
| 北京市人口与计划生育条例 | 2021 年 11 月 26 日北京市第十五届人民代表大会常务委员会第三十五次会议修改 | 2021-11-26 | 2021-12-1 | 2021-11-26 | 修改 |
| 北京市各级人民代表大会常务委员会规范性文件备案审查条例 | 2021 年 11 月 26 日北京市第十五届人民代表大会常务委员会第三十五次会议修改 | 2021-11-26 | 2021-12-1 | 2022-1-1 | 修改 |
| 北京市人民代表大会常务委员会关于加强市级预算审查监督的决定 | 2021 年 12 月 24 日北京市第十五届人民代表大会常务委员会第三十六次会议通过 | 2021-12-24 | 2021-12-24 | 2022-1-1 | 制定 |

# 天津市地方性法规目录

（33 件）

| 法规名称 | 通过或批准时间 | 公布时间 | 报备时间 | 施行时间 | 立法形式 |
|---|---|---|---|---|---|
| 天津市区级以下人民代表大会代表选举实施细则 | 2021 年 3 月 15 日天津市第十七届人民代表大会常务委员会第二十六次会议通过 | 2021-3-15 | 2021-3-15 | 2021-3-15 | 制定 |
| 天津市区、县级以下人民代表大会代表选举实施细则 | 在《天津市区级以下人民代表大会代表选举实施细则》被明文予以废止 | 2021-3-15 | 2021-3-15 | 2021-3-15 | 文中废止 |
| 天津市地方粮食储备管理条例 | 2021 年 5 月 26 日天津市第十七届人民代表大会常务委员会第二十七次会议通过 | 2021-5-26 | 2021-5-26 | 2021-7-1 | 制定 |

续表

| 法规名称 | 通过或批准时间 | 公布时间 | 报备时间 | 施行时间 | 立法形式 |
|---|---|---|---|---|---|
| 天津市人民代表大会常务委员会关于天津市契税适用税率和减征免征办法的决定 | 2021 年 5 月 26 日天津市第十七届人民代表大会常务委员会第二十七次会议通过 | 2021-5-26 | 2021-5-26 | 2021-9-1 | 制定 |
| 天津市实施《中华人民共和国红十字会法》办法 | 2021 年 5 月 26 日天津市第十七届人民代表大会常务委员会第二十七次会议修改 | 2021-5-26 | 2021-5-26 | 2021-7-15 | 修改 |
| 天津市反食品浪费若干规定 | 2021 年 7 月 30 日天津市第十七届人民代表大会常务委员会第二十八次会议通过 | 2021-7-30 | 2021-7-30 | 2021-7-30 | 制定 |
| 天津市人民代表大会常务委员会关于授权市人民政府为保障冬奥会举办规定临时性行政措施的决定 | 2021 年 7 月 30 日天津市第十七届人民代表大会常务委员会第二十八次会议通过 | 2021-7-30 | 2021-7-30 | 2021-7-30 | 制定 |
| 天津市推进北方国际航运枢纽建设条例 | 2021 年 7 月 30 日天津市第十七届人民代表大会常务委员会第二十八次会议通过 | 2021-7-30 | 2021-7-30 | 2021-9-1 | 制定 |
| 天津市院前医疗急救服务条例 | 2021 年 7 月 30 日天津市第十七届人民代表大会常务委员会第二十八次会议通过 | 2021-7-30 | 2021-7-30 | 2021-9-1 | 制定 |
| 天津市节约用水条例 | 2021 年 7 月 30 日天津市第十七届人民代表大会常务委员会第二十八次会议修改 | 2021-7-30 | 2021-7-30 | 2021-7-30 | 修改 |
| 天津市城市供水用水条例 | 2021 年 7 月 30 日天津市第十七届人民代表大会常务委员会第二十八次会议修改 | 2021-7-30 | 2021-7-30 | 2021-7-30 | 修改 |
| 天津市实施《中华人民共和国水法》办法 | 2021 年 7 月 30 日天津市第十七届人民代表大会常务委员会第二十八次会议修改 | 2021-7-30 | 2021-7-30 | 2021-7-30 | 修改 |
| 天津市动物防疫条例 | 2021 年 7 月 30 日天津市第十七届人民代表大会常务委员会第二十八次会议修改 | 2021-7-30 | 2021-7-30 | 2021-12-1 | 修改 |
| 天津市促进智能制造发展条例 | 2021 年 9 月 27 日天津市第十七届人民代表大会常务委员会第二十九次会议通过 | 2021-9-27 | 2021-9-27 | 2021-11-1 | 制定 |
| 天津市石油天然气管道保护条例 | 2021 年 9 月 27 日天津市第十七届人民代表大会常务委员会第二十九次会议通过 | 2021-9-27 | 2021-9-27 | 2021-11-1 | 制定 |
| 天津市中医药条例 | 2021 年 9 月 27 日天津市第十七届人民代表大会常务委员会第二十九次会议通过 | 2021-9-27 | 2021-9-27 | 2021-11-1 | 制定 |
| 天津市碳达峰碳中和促进条例 | 2021 年 9 月 27 日天津市第十七届人民代表大会常务委员会第二十九次会议通过 | 2021-9-27 | 2021-9-27 | 2021-11-1 | 制定 |
| 天津市乡村振兴促进条例 | 2021 年 9 月 27 日天津市第十七届人民代表大会常务委员会第二十九次会议通过 | 2021-9-27 | 2021-9-27 | 2021-11-1 | 制定 |
| 天津市消防条例 | 2021 年 9 月 27 日天津市第十七届人民代表大会常务委员会第二十九次会议修改 | 2021-9-27 | 2021-9-27 | 2021-11-9 | 修改 |
| 天津市红色资源保护与传承条例 | 2021 年 11 月 29 日天津市第十七届人民代表大会常务委员会第三十次会议通过 | 2021-11-29 | 2021-11-29 | 2021-11-29 | 制定 |
| 天津市人口与计划生育条例 | 2021 年 11 月 29 日天津市第十七届人民代表大会常务委员会第三十次会议修改 | 2021-11-29 | 2021-11-29 | 2021-11-29 | 修改 |
| 天津市科学技术普及条例 | 2021 年 11 月 29 日天津市第十七届人民代表大会常务委员会第三十次会议修改 | 2021-11-29 | 2021-11-29 | 2021-11-29 | 修改 |

续表

| 法规名称 | 通过或批准时间 | 公布时间 | 报备时间 | 施行时间 | 立法形式 |
|---|---|---|---|---|---|
| 天津市促进科技成果转化条例 | 2021年11月29日天津市第十七届人民代表大会常务委员会第三十次会议修改 | 2021-11-29 | 2021-11-29 | 2021-11-29 | 修改 |
| 天津市教育督导条例 | 2021年11月29日天津市第十七届人民代表大会常务委员会第三十次会议修改 | 2021-11-29 | 2021-11-29 | 2021-11-29 | 修改 |
| 天津市物业管理条例 | 2021年11月29日天津市第十七届人民代表大会常务委员会第三十次会议修改 | 2021-11-29 | 2021-11-29 | 2021-11-29 | 修改 |
| 天津市国家自主创新示范区条例 | 2021年11月29日天津市第十七届人民代表大会常务委员会第三十次会议修改 | 2021-11-29 | 2021-11-29 | 2021-11-29 | 修改 |
| 天津市人工影响天气管理条例 | 2021年11月29日天津市第十七届人民代表大会常务委员会第三十次会议修改 | 2021-11-29 | 2021-11-29 | 2021-11-29 | 修改 |
| 天津市燃气管理条例 | 2021年11月29日天津市第十七届人民代表大会常务委员会第三十次会议修改 | 2021-11-29 | 2021-11-29 | 2022-1-1 | 修改 |
| 天津市土地管理条例 | 2021年11月29日天津市第十七届人民代表大会常务委员会第三十次会议修改 | 2021-11-29 | 2021-11-29 | 2022-1-1 | 修改 |
| 天津市盐业管理条例 | 2021年11月29日天津市第十七届人民代表大会常务委员会第三十次会议废止 | 2021-11-29 | 2021-11-29 | 2021-11-29 | 废止 |
| 天津市市场和质量监督管理若干规定 | 2021年11月29日天津市第十七届人民代表大会常务委员会第三十次会议废止 | 2021-11-29 | 2021-11-29 | 2021-11-29 | 废止 |
| 天津市基本菜田保护管理条例 | 2021年11月29日天津市第十七届人民代表大会常务委员会第三十次会议废止 | 2021-11-29 | 2021-11-29 | 2021-11-29 | 废止 |
| 天津市农村集体经济承包合同管理条例 | 2021年11月29日天津市第十七届人民代表大会常务委员会第三十次会议废止 | 2021-11-29 | 2021-11-29 | 2021-11-29 | 废止 |
| 天津市经济技术开发区土地管理规定 | 2021年11月29日天津市第十七届人民代表大会常务委员会第三十次会议废止 | 2021-11-29 | 2021-11-29 | 2021-11-29 | 废止 |

# 河北省地方性法规目录

（91 件）

| 法规名称 | 通过或批准时间 | 公布时间 | 报备时间 | 施行时间 | 立法形式 |
|---|---|---|---|---|---|
| 白洋淀生态环境治理和保护条例 | 2021年2月22日河北省第十三届人民代表大会第四次会议通过 | 2021-2-22 | 2021-3-15 | 2021-4-1 | 制定 |
| 河北省人民代表大会常务委员会关于加强矿产开发管控保护生态环境的决定 | 2021年3月31日河北省第十三届人民代表大会常务委员会第二十二次会议通过 | 2021-3-31 | 2021-4-19 | 2021-5-1 | 制定 |
| 河北省长城保护条例 | 2021年3月31日河北省第十三届人民代表大会常务委员会第二十二次会议通过 | 2021-3-31 | 2021-4-19 | 2021-6-1 | 制定 |
| 河北省乡镇和街道综合行政执法条例 | 2021年3月31日河北省第十三届人民代表大会常务委员会第二十二次会议通过 | 2021-3-31 | 2021-4-19 | 2021-7-15 | 制定 |

续表

| 法规名称 | 通过或批准时间 | 公布时间 | 报备时间 | 施行时间 | 立法形式 |
| --- | --- | --- | --- | --- | --- |
| 河北省县乡两级人民代表大会选举实施细则 | 2021年3月31日河北省第十三届人民代表大会常务委员会第二十二次会议修改 | 2021-3-31 | 2021-4-19 | 2021-3-31 | 修改 |
| 河北省信息化条例 | 2021年3月31日河北省第十三届人民代表大会常务委员会第二十二次会议修改 | 2021-3-31 | 2021-4-19 | 2021-5-1 | 修改 |
| 沧州市大气污染防治若干规定 | 2020年12月21日沧州市第十四届人民代表大会常务委员会第三十二次会议通过，2021年3月31日河北省第十三届人民代表大会常务委员会第二十二次会议批准 | 2021-4-1 | 2021-4-19 | 2021-5-1 | 制定 |
| 廊坊市养犬管理条例 | 2020年12月25日廊坊市第七届人民代表大会常务委员会第二十七次会议通过，2021年3月31日河北省第十三届人民代表大会常务委员会第二十二次会议批准 | 2021-4-3 | 2021-4-19 | 2021-8-1 | 制定 |
| 唐山市防灾减灾救灾条例 | 2020年12月28日唐山市第十五届人民代表大会常务委员会第三十七次会议通过，2021年3月31日河北省第十三届人民代表大会常务委员会第二十二次会议批准 | 2021-4-6 | 2021-4-19 | 2021-7-1 | 制定 |
| 唐山市房地产交易管理条例 | 2020年11月3日唐山市第十五届人民代表大会常务委员会第三十六次会议修改，2021年3月31日河北省第十三届人民代表大会常务委员会第二十二次会议批准修改 | 2021-4-6 | 2021-4-19 | 2021-4-6 | 修改 |
| 唐山市物业管理条例 | 2020年11月3日唐山市第十五届人民代表大会常务委员会第三十六次会议修改，2021年3月31日河北省第十三届人民代表大会常务委员会第二十二次会议批准修改 | 2021-4-6 | 2021-4-19 | 2021-4-6 | 修改 |
| 唐山市大气污染防治若干规定 | 2020年11月3日唐山市第十五届人民代表大会常务委员会第三十六次会议修改，2021年3月31日河北省第十三届人民代表大会常务委员会第二十二次会议批准修改 | 2021-4-6 | 2021-4-19 | 2021-4-6 | 修改 |
| 唐山市文明行为促进条例 | 2020年11月3日唐山市第十五届人民代表大会常务委员会第三十六次会议修改，2021年3月31日河北省第十三届人民代表大会常务委员会第二十二次会议批准修改 | 2021-4-6 | 2021-4-19 | 2021-4-6 | 修改 |
| 唐山市矿产资源开采管理条例 | 2020年11月3日唐山市第十五届人民代表大会常务委员会第三十六次会议废止，2021年3月31日河北省第十三届人民代表大会常务委员会第二十二次会议批准废止 | 2021-4-6 | 2021-4-19 | 2021-4-6 | 废止 |
| 唐山市粉煤灰综合利用管理条例 | 2020年11月3日唐山市第十五届人民代表大会常务委员会第三十六次会议废止，2021年3月31日河北省第十三届人民代表大会常务委员会第二十二次会议批准废止 | 2021-4-6 | 2021-4-19 | 2021-4-6 | 废止 |

续表

| 法规名称 | 通过或批准时间 | 公布时间 | 报备时间 | 施行时间 | 立法形式 |
| --- | --- | --- | --- | --- | --- |
| 沧州市市容和环境卫生管理条例 | 2020年12月21日沧州市第十四届人民代表大会常务委员会第三十二次会议修改，2021年3月31日河北省第十三届人民代表大会常务委员会第二十二次会议批准修改 | 2021-4-7 | 2021-4-19 | 2021-5-1 | 修改 |
| 衡水市大气污染防治若干规定 | 2020年12月29日衡水市第六届人民代表大会常务委员会第三十一次会议通过，2021年3月31日河北省第十三届人民代表大会常务委员会第二十二次会议批准 | 2021-4-7 | 2021-4-19 | 2021-5-10 | 制定 |
| 石家庄市生活垃圾分类管理条例 | 2020年12月30日石家庄市第十四届人民代表大会常务委员会第三十二次会议通过,2021年3月31日河北省第十三届人民代表大会常务委员会第二十二次会议批准 | 2021-4-7 | 2021-4-19 | 2021-5-1 | 制定 |
| 石家庄市西柏坡红色旅游区保护与管理条例 | 2020年12月30日石家庄市第十四届人民代表大会常务委员会第三十二次会议通过,2021年3月31日河北省第十三届人民代表大会常务委员会第二十二次会议批准 | 2021-4-7 | 2021-4-19 | 2021-8-1 | 制定 |
| 石家庄市城市市容和环境卫生管理条例 | 2020年12月30日石家庄市第十四届人民代表大会常务委员会第三十二次会议修改,2021年3月31日河北省第十三届人民代表大会常务委员会第二十二次会议批准修改 | 2021-4-7 | 2021-4-19 | 2021-5-1 | 修改 |
| 河北省养老服务条例 | 2021年5月28日河北省第十三届人民代表大会常务委员会第二十三次会议通过 | 2021-5-28 | 2021-6-21 | 2021-7-1 | 制定 |
| 河北省人民代表大会常务委员会关于加强革命文物保护利用的决定 | 2021年5月28日河北省第十三届人民代表大会常务委员会第二十三次会议通过 | 2021-5-28 | 2021-6-21 | 2021-7-1 | 制定 |
| 河北省节约用水条例 | 2021年5月28日河北省第十三届人民代表大会常务委员会第二十三次会议通过 | 2021-5-28 | 2021-6-21 | 2021-7-1 | 制定 |
| 唐山市集中式饮用水水源地保护管理条例 | 2021年2月2日唐山市第十五届人民代表大会第六次会议通过,2021年5月28日河北省第十三届人民代表大会常务委员会第二十三次会议批准 | 2021-5-31 | 2021-6-21 | 2021-9-1 | 制定 |
| 唐山市陡河水库饮用水水源保护区污染防治管理条例 | 在《唐山市集中式饮用水水源地保护管理条例》中被明文予以废止 | 2021-5-31 | 2021-6-21 | 2021-9-1 | 文中废止 |
| 唐山市农作物种子管理办法 | 2021年3月3日唐山市第十五届人民代表大会常务委员会第四十一次会议废止，2021年5月28日河北省第十三届人民代表大会常务委员会第二十三次会议批准废止 | 2021-5-31 | 2021-6-21 | 2021-5-31 | 废止 |
| 廊坊市国土绿化条例 | 2021年4月7日廊坊市第七届人民代表大会常务委员会第三十一次会议通过,2021年5月28日河北省第十三届人民代表大会常务委员会第二十三次会议批准 | 2021-5-31 | 2021-6-21 | 2021-9-1 | 制定 |
| 石家庄市出租汽车管理条例 | 2021年4月28日石家庄市第十四届人民代表大会常务委员会第三十七次会议修改,2021年5月28日河北省第十三届人民代表大会常务委员会第二十三次会议批准修改 | 2021-6-2 | 2021-6-21 | 2021-6-2 | 修改 |

续表

| 法规名称 | 通过或批准时间 | 公布时间 | 报备时间 | 施行时间 | 立法形式 |
| --- | --- | --- | --- | --- | --- |
| 邯郸市跃峰渠保护条例 | 2021年4月27日邯郸市第十五届人民代表大会常务委员会第三十三次会议通过，2021年5月28日河北省第十三届人民代表大会常务委员会第二十三次会议批准 | 2021-6-4 | 2021-6-21 | 2021-7-1 | 制定 |
| 丰宁满族自治县旅游业管理条例 | 2021年2月4日丰宁满族自治县第八届人民代表大会第五次会议修改，2021年5月28日河北省第十三届人民代表大会常务委员会第二十三次会议批准修改 | 2021-6-8 | 2021-6-21 | 2021-6-8 | 修改 |
| 邢台市传统村落保护条例 | 2021年4月6日邢台市第十五届人民代表大会常务委员会第三十八次会议通过，2021年5月28日河北省第十三届人民代表大会常务委员会第二十三次会议批准 | 2021-6-8 | 2021-6-21 | 2021-7-1 | 制定 |
| 张家口市物业管理条例 | 2021年4月14日张家口市第十四届人民代表大会常务委员会第三十六次会议通过，2021年5月28日河北省第十三届人民代表大会常务委员会第二十三次会议批准 | 2021-6-8 | 2021-6-21 | 2021-9-1 | 制定 |
| 孟村回族自治县管道装备制造业发展条例 | 2021年2月5日孟村回族自治县第十六届人民代表大会第五次会议通过，2021年5月28日河北省第十三届人民代表大会常务委员会第二十三次会议批准 | 2021-6-10 | 2021-6-21 | 2021-7-1 | 制定 |
| 河北省人民代表大会常务委员会关于授权省人民政府为保障冬奥会筹备和举办工作规定临时性行政措施的决定 | 2021年7月29日河北省第十三届人民代表大会常务委员会第二十四次会议通过 | 2021-7-29 | 2021-8-23 | 2021-7-29 | 制定 |
| 河北雄安新区条例 | 2021年7月29日河北省第十三届人民代表大会常务委员会第二十四次会议通过 | 2021-7-29 | 2021-8-23 | 2021-9-1 | 制定 |
| 河北省发展循环经济条例 | 2021年7月29日河北省第十三届人民代表大会常务委员会第二十四次会议修改 | 2021-7-29 | 2021-8-23 | 2021-7-29 | 修改 |
| 河北省邮政条例 | 2021年7月29日河北省第十三届人民代表大会常务委员会第二十四次会议修改 | 2021-7-29 | 2021-8-23 | 2021-7-29 | 修改 |
| 河北省节约用水条例 | 2021年7月29日河北省第十三届人民代表大会常务委员会第二十四次会议修改 | 2021-7-29 | 2021-8-23 | 2021-7-29 | 修改 |
| 河北省乡村环境保护和治理条例 | 2021年7月29日河北省第十三届人民代表大会常务委员会第二十四次会议修改 | 2021-7-29 | 2021-8-23 | 2021-7-29 | 修改 |
| 河北省城乡生活垃圾分类管理条例 | 2021年7月29日河北省第十三届人民代表大会常务委员会第二十四次会议修改 | 2021-7-29 | 2021-8-23 | 2021-7-29 | 修改 |
| 河北省人民代表大会常务委员会关于河北省契税适用税率等有关事项的决定 | 2021年7月29日河北省第十三届人民代表大会常务委员会第二十四次会议通过 | 2021-7-30 | 2021-8-23 | 2021-9-1 | 制定 |
| 唐山市养犬管理条例 | 2021年4月29日唐山市第十五届人民代表大会常务委员会第四十二次会议修改，2021年7月29日河北省第十三届人民代表大会常务委员会第二十四次会议批准修改 | 2021-7-30 | 2021-8-23 | 2021-7-30 | 修改 |

续表

| 法规名称 | 通过或批准时间 | 公布时间 | 报备时间 | 施行时间 | 立法形式 |
| --- | --- | --- | --- | --- | --- |
| 石家庄市城市居民委员会组织条例 | 2021年6月18日石家庄市第十四届人民代表大会常务委员会第三十八次会议修改,2021年7月29日河北省第十三届人民代表大会常务委员会第二十四次会议批准修改 | 2021-8-2 | 2021-8-23 | 2021-8-2 | 修改 |
| 石家庄市肉品管理条例 | 2021年6月18日石家庄市第十四届人民代表大会常务委员会第三十八次会议修改,2021年7月29日河北省第十三届人民代表大会常务委员会第二十四次会议批准修改 | 2021-8-2 | 2021-8-23 | 2021-8-2 | 修改 |
| 秦皇岛市旅游市场条例 | 2021年6月24日秦皇岛市第十四届人民代表大会常务委员会第三十四次会议通过,2021年7月29日河北省第十三届人民代表大会常务委员会第二十四次会议批准 | 2021-8-3 | 2021-8-23 | 2021-10-1 | 制定 |
| 石家庄市房屋登记条例 | 2021年6月18日石家庄市第十四届人民代表大会常务委员会第三十八次会议废止,2021年7月29日河北省第十三届人民代表大会常务委员会第二十四次会议批准废止 | 2021-8-5 | 2021-8-23 | 2021-9-1 | 废止 |
| 石家庄市禁止生产经销假冒伪劣商品的规定 | 2021年6月18日石家庄市第十四届人民代表大会常务委员会第三十八次会议废止,2021年7月29日河北省第十三届人民代表大会常务委员会第二十四次会议批准废止 | 2021-8-5 | 2021-8-23 | 2021-9-1 | 废止 |
| 石家庄市流动人口计划生育管理规定 | 2021年6月18日石家庄市第十四届人民代表大会常务委员会第三十八次会议废止,2021年7月29日河北省第十三届人民代表大会常务委员会第二十四次会议批准废止 | 2021-8-5 | 2021-8-23 | 2021-9-1 | 废止 |
| 石家庄市实施《中华人民共和国农业技术推广法》办法 | 2021年6月18日石家庄市第十四届人民代表大会常务委员会第三十八次会议废止,2021年7月29日河北省第十三届人民代表大会常务委员会第二十四次会议批准废止 | 2021-8-5 | 2021-8-23 | 2021-9-1 | 废止 |
| 石家庄市科学技术奖励条例 | 2021年6月18日石家庄市第十四届人民代表大会常务委员会第三十八次会议废止,2021年7月29日河北省第十三届人民代表大会常务委员会第二十四次会议批准废止 | 2021-8-5 | 2021-8-23 | 2021-9-1 | 废止 |
| 石家庄市市区集贸市场管理办法 | 2021年6月18日石家庄市第十四届人民代表大会常务委员会第三十八次会议废止,2021年7月29日河北省第十三届人民代表大会常务委员会第二十四次会议批准废止 | 2021-8-5 | 2021-8-23 | 2021-9-1 | 废止 |
| 石家庄市节约能源监察条例 | 2021年6月18日石家庄市第十四届人民代表大会常务委员会第三十八次会议废止,2021年7月29日河北省第十三届人民代表大会常务委员会第二十四次会议批准废止 | 2021-8-5 | 2021-8-23 | 2021-9-1 | 废止 |

续表

| 法规名称 | 通过或批准时间 | 公布时间 | 报备时间 | 施行时间 | 立法形式 |
|---|---|---|---|---|---|
| 石家庄市行政执法条例 | 2021年6月18日石家庄市第十四届人民代表大会常务委员会第三十八次会议废止,2021年7月29日河北省第十三届人民代表大会常务委员会第二十四次会议批准废止 | 2021-8-5 | 2021-8-23 | 2021-9-1 | 废止 |
| 邢台市城市供热条例 | 2021年5月14日邢台市第十五届人民代表大会常务委员会第三十九次会议通过,2021年7月29日河北省第十三届人民代表大会常务委员会第二十四次会议批准 | 2021-8-6 | 2021-8-23 | 2021-9-1 | 制定 |
| 邯郸市大气污染防治条例 | 2021年6月30日邯郸市第十五届人民代表大会常务委员会第三十四次会议通过,2021年7月29日河北省第十三届人民代表大会常务委员会第二十四次会议批准 | 2021-8-18 | 2021-8-23 | 2021-10-1 | 制定 |
| 河北省人民代表大会常务委员会关于加强国有资产管理情况监督的决定 | 2021年9月29日河北省第十三届人民代表大会常务委员会第二十五次会议通过 | 2021-9-29 | 2021-10-21 | 2021-9-29 | 制定 |
| 塞罕坝森林草原防火条例 | 2021年9月29日河北省第十三届人民代表大会常务委员会第二十五次会议通过 | 2021-9-29 | 2021-10-21 | 2021-11-1 | 制定 |
| 河北省公安机关警务辅助人员管理条例 | 2021年9月29日河北省第十三届人民代表大会常务委员会第二十五次会议通过 | 2021-9-29 | 2021-10-21 | 2022-1-1 | 制定 |
| 河北省技术市场条例 | 2021年9月29日河北省第十三届人民代表大会常务委员会第二十五次会议修改 | 2021-9-29 | 2021-10-21 | 2021-9-29 | 修改 |
| 河北省中小企业促进条例 | 2021年9月29日河北省第十三届人民代表大会常务委员会第二十五次会议修改 | 2021-9-29 | 2021-10-21 | 2021-9-29 | 修改 |
| 河北省水利工程管理条例 | 2021年9月29日河北省第十三届人民代表大会常务委员会第二十五次会议修改 | 2021-9-29 | 2021-10-21 | 2021-9-29 | 修改 |
| 河北省国家建设项目审计条例 | 2021年9月29日河北省第十三届人民代表大会常务委员会第二十五次会议修改 | 2021-9-29 | 2021-10-21 | 2021-9-29 | 修改 |
| 河北省农业机械管理条例 | 2021年9月29日河北省第十三届人民代表大会常务委员会第二十五次会议修改 | 2021-9-29 | 2021-10-21 | 2021-9-29 | 修改 |
| 河北省建设工程勘察设计管理条例 | 2021年9月29日河北省第十三届人民代表大会常务委员会第二十五次会议修改 | 2021-9-29 | 2021-10-21 | 2021-9-29 | 修改 |
| 河北省实施《中华人民共和国工会法》办法 | 2021年9月29日河北省第十三届人民代表大会常务委员会第二十五次会议修改 | 2021-9-29 | 2021-10-21 | 2021-9-29 | 修改 |
| 河北省外商投资企业工会条例 | 2021年9月29日河北省第十三届人民代表大会常务委员会第二十五次会议修改 | 2021-9-29 | 2021-10-21 | 2021-9-29 | 修改 |
| 河北省大气污染防治条例 | 2021年9月29日河北省第十三届人民代表大会常务委员会第二十五次会议修改 | 2021-9-29 | 2021-10-21 | 2021-9-29 | 修改 |
| 河北省建设工程抗震管理条例 | 2021年9月29日河北省第十三届人民代表大会常务委员会第二十五次会议修改 | 2021-9-29 | 2021-10-21 | 2021-9-29 | 修改 |
| 河北省反不正当竞争条例 | 2021年9月29日河北省第十三届人民代表大会常务委员会第二十五次会议修改 | 2021-9-29 | 2021-10-21 | 2021-9-29 | 修改 |

续表

| 法规名称 | 通过或批准时间 | 公布时间 | 报备时间 | 施行时间 | 立法形式 |
|---|---|---|---|---|---|
| 河北省实施《中华人民共和国道路交通安全法》办法 | 2021年9月29日河北省第十三届人民代表大会常务委员会第二十五次会议修改 | 2021-9-29 | 2021-10-21 | 2021-9-29 | 修改 |
| 河北省实施《中华人民共和国文物保护法》办法 | 2021年9月29日河北省第十三届人民代表大会常务委员会第二十五次会议修改 | 2021-9-29 | 2021-10-21 | 2021-9-29 | 修改 |
| 河北省志愿服务条例 | 2021年9月29日河北省第十三届人民代表大会常务委员会第二十五次会议修改 | 2021-9-29 | 2021-10-21 | 2021-9-29 | 修改 |
| 河北省民办教育条例 | 2021年9月29日河北省第十三届人民代表大会常务委员会第二十五次会议废止 | 2021-9-29 | 2021-10-21 | 2021-9-29 | 废止 |
| 河北省人民代表大会常务委员会关于地方性法规设定行政处罚的若干规定 | 2021年9月29日河北省第十三届人民代表大会常务委员会第二十五次会议废止 | 2021-9-29 | 2021-10-21 | 2021-9-29 | 废止 |
| 河北省人民代表大会常务委员会关于《清东陵保护管理办法》适用于清西陵保护管理的决定 | 2021年9月29日河北省第十三届人民代表大会常务委员会第二十五次会议废止 | 2021-9-29 | 2021-10-21 | 2021-9-29 | 废止 |
| 秦皇岛市电力设施保护条例 | 2021年8月18日秦皇岛市第十四届人民代表大会常务委员会第三十六次会议通过,2021年9月29日河北省第十三届人民代表大会常务委员会第二十五次会议批准 | 2021-9-30 | 2021-10-21 | 2021-11-1 | 制定 |
| 秦皇岛市海岸线保护条例 | 2021年8月18日秦皇岛市第十四届人民代表大会常务委员会第三十六次会议通过,2021年9月29日河北省第十三届人民代表大会常务委员会第二十五次会议批准 | 2021-9-30 | 2021-10-21 | 2021-12-1 | 制定 |
| 保定市养犬管理条例 | 2021年7月8日保定市第十五届人民代表大会常务委员会第三十三次会议通过,2021年9月29日河北省第十三届人民代表大会常务委员会第二十五次会议批准 | 2021-10-12 | 2021-10-21 | 2022-1-1 | 制定 |
| 保定市白石山景区管理条例 | 2021年7月8日保定市第十五届人民代表大会常务委员会第三十三次会议通过,2021年9月29日河北省第十三届人民代表大会常务委员会第二十五次会议批准 | 2021-10-12 | 2021-10-21 | 2022-1-1 | 制定 |
| 衡水市文物保护条例 | 2021年8月14日衡水市第六届人民代表大会常务委员会第三十七次会议通过,2021年9月29日河北省第十三届人民代表大会常务委员会第二十五次会议批准 | 2021-10-19 | 2021-10-21 | 2022-1-1 | 制定 |
| 河北省公路条例 | 2021年11月23日河北省第十三届人民代表大会常务委员会第二十七次会议通过 | 2021-11-23 | 2021-12-15 | 2022-1-1 | 制定 |
| 河北省土壤污染防治条例 | 2021年11月23日河北省第十三届人民代表大会常务委员会第二十七次会议通过 | 2021-11-23 | 2021-12-15 | 2022-1-1 | 制定 |
| 衡水湖保护和治理条例 | 2021年11月23日河北省第十三届人民代表大会常务委员会第二十七次会议通过 | 2021-11-23 | 2021-12-15 | 2022-1-1 | 制定 |
| 河北省电动自行车管理条例 | 2021年11月23日河北省第十三届人民代表大会常务委员会第二十七次会议通过 | 2021-11-23 | 2021-12-15 | 2022-5-1 | 制定 |

续表

| 法规名称 | 通过或批准时间 | 公布时间 | 报备时间 | 施行时间 | 立法形式 |
| --- | --- | --- | --- | --- | --- |
| 河北省人口与计划生育条例 | 2021年11月23日河北省第十三届人民代表大会常务委员会第二十七次会议修改 | 2021-11-23 | 2021-12-15 | 2021-11-23 | 修改 |
| 沧州市文明行为促进条例 | 2021年9月17日沧州市第十五届人民代表大会常务委员会第一次会议通过,2021年11月23日河北省第十三届人民代表大会常务委员会第二十七次会议批准 | 2021-11-26 | 2021-12-15 | 2021-12-1 | 制定 |
| 承德市滦河潮河保护条例 | 2021年7月26日承德市第十四届人民代表大会常务委员会第三十六次会议通过,2021年11月23日河北省第十三届人民代表大会常务委员会第二十七次会议批准 | 2021-12-1 | 2021-12-15 | 2022-1-10 | 制定 |
| 承德市文明行为促进条例 | 2021年10月27日承德市第十五届人民代表大会常务委员会第二次会议通过,2021年11月23日河北省第十三届人民代表大会常务委员会第二十七次会议批准 | 2021-12-1 | 2021-12-15 | 2022-1-1 | 制定 |
| 衡水市养犬管理条例 | 2021年10月26日衡水市第七届人民代表大会常务委员会第一次会议修改,2021年11月23日河北省第十三届人民代表大会常务委员会第二十七次会议批准修改 | 2021-12-3 | 2021-12-15 | 2021-12-3 | 修改 |
| 衡水市物业管理条例 | 2021年10月26日衡水市第七届人民代表大会常务委员会第一次会议修改,2021年11月23日河北省第十三届人民代表大会常务委员会第二十七次会议批准修改 | 2021-12-3 | 2021-12-15 | 2021-12-3 | 修改 |
| 衡水市节约用水管理条例 | 2021年10月26日衡水市第七届人民代表大会常务委员会第一次会议修改,2021年11月23日河北省第十三届人民代表大会常务委员会第二十七次会议批准修改 | 2021-12-3 | 2021-12-15 | 2021-12-3 | 修改 |
| 邢台市文明行为促进条例 | 2021年10月19日邢台市第十六届人民代表大会常务委员会第一次会议通过,2021年11月23日河北省第十三届人民代表大会常务委员会第二十七次会议批准 | 2021-12-8 | 2021-12-15 | 2022-1-1 | 制定 |

# 山西省地方性法规目录

(85 件)

| 法规名称 | 通过或批准时间 | 公布时间 | 报备时间 | 施行时间 | 立法形式 |
| --- | --- | --- | --- | --- | --- |
| 山西省家庭暴力预防和处置办法 | 2021年1月15日山西省第十三届人民代表大会常务委员会第二十二次会议通过 | 2021-1-15 | 2021-2-5 | 2021-3-1 | 制定 |
| 山西省人民代表大会常务委员会关于预防和制止家庭暴力的决定 | 在《山西省家庭暴力预防和处置办法》中被明文予以废止 | 2021-1-15 | 2021-2-5 | 2021-3-1 | 文中废止 |
| 山西省预防和制止餐饮浪费规定 | 2021年1月15日山西省第十三届人民代表大会常务委员会第二十二次会议通过 | 2021-1-15 | 2021-2-5 | 2021-3-1 | 制定 |

续表

| 法规名称 | 通过或批准时间 | 公布时间 | 报备时间 | 施行时间 | 立法形式 |
|---|---|---|---|---|---|
| 大同市水污染防治条例 | 2020年10月30日大同市第十五届人民代表大会常务委员会第三十四次会议通过，2021年1月15日山西省第十三届人民代表大会常务委员会第二十二次会议批准 | 2021-1-18 | 2021-2-5 | 2021-5-1 | 制定 |
| 大同市城市市容和环境卫生管理办法 | 2020年10月30日大同市第十五届人民代表大会常务委员会第三十四次会议通过，2021年1月15日山西省第十三届人民代表大会常务委员会第二十二次会议批准 | 2021-1-18 | 2021-2-5 | 2021-5-1 | 制定 |
| 忻州市长城保护条例 | 2020年12月24日忻州市第四届人民代表大会常务委员会第三十三次会议通过，2021年1月15日山西省第十三届人民代表大会常务委员会第二十二次会议批准 | 2021-1-20 | 2021-2-5 | 2021-1-20 | 制定 |
| 朔州市电动自行车管理条例 | 2020年10月30日朔州市第六届人民代表大会常务委员会第四十六次会议通过，2021年1月15日山西省第十三届人民代表大会常务委员会第二十二次会议批准 | 2021-1-22 | 2021-2-5 | 2021-5-1 | 制定 |
| 忻州市代县历史文化名城保护条例 | 2020年11月3日忻州市第四届人民代表大会常务委员会第三十二次会议通过，2021年1月15日山西省第十三届人民代表大会常务委员会第二十二次会议批准 | 2021-1-25 | 2021-2-5 | 2021-5-1 | 制定 |
| 山西省人民代表大会代表议案的提出和处理办法 | 2021年1月23日山西省第十三届人民代表大会第四次会议通过 | 2021-1-23 | 2021-2-5 | 2021-3-1 | 制定 |
| 山西省实施《中华人民共和国全国人民代表大会和地方各级人民代表大会代表法》办法 | 2021年1月23日山西省第十三届人民代表大会第四次会议修改 | 2021-1-23 | 2021-2-5 | 2021-3-1 | 修改 |
| 山西省人民代表大会代表建议、批评和意见的提出和处理办法 | 2021年1月23日山西省第十三届人民代表大会第四次会议修改 | 2021-1-23 | 2021-2-5 | 2021-3-1 | 修改 |
| 山西省一枚印章管审批条例 | 2021年3月31日山西省第十三届人民代表大会常务委员会第二十五次会议通过 | 2021-3-31 | 2021-4-20 | 2021-5-1 | 制定 |
| 山西省固体废物污染环境防治条例 | 2021年3月31日山西省第十三届人民代表大会常务委员会第二十五次会议通过 | 2021-3-31 | 2021-4-20 | 2021-5-1 | 制定 |
| 山西省统计条例 | 2021年3月31日山西省第十三届人民代表大会常务委员会第二十五次会议通过 | 2021-3-31 | 2021-4-20 | 2021-6-1 | 制定 |
| 山西省统计检查监督规定 | 在《山西省统计条例》中被明文予以废止 | 2021-3-31 | 2021-4-20 | 2021-6-1 | 文中废止 |
| 山西省慈善事业促进条例 | 2021年3月31日山西省第十三届人民代表大会常务委员会第二十五次会议通过 | 2021-3-31 | 2021-4-20 | 2021-7-1 | 制定 |
| 山西省人民代表大会代表视察办法 | 2021年3月31日山西省第十三届人民代表大会常务委员会第二十五次会议废止 | 2021-3-31 | 2021-4-20 | 2021-4-1 | 废止 |
| 大同火山群保护条例 | 2020年12月29日大同市第十五届人民代表大会常务委员会第三十五次会议通过，2021年3月31日山西省第十三届人民代表大会常务委员会第二十五次会议批准 | 2021-4-2 | 2021-4-20 | 2021-6-1 | 制定 |

续表

| 法规名称 | 通过或批准时间 | 公布时间 | 报备时间 | 施行时间 | 立法形式 |
|---|---|---|---|---|---|
| 忻州市杂粮产业发展促进条例 | 2020年12月24日忻州市第四届人民代表大会常务委员会第三十三次会议通过，2021年3月31日山西省第十三届人民代表大会常务委员会第二十五次会议批准 | 2021-4-9 | 2021-4-20 | 2021-5-1 | 制定 |
| 朔州市文明行为促进条例 | 2020年12月30日朔州市第六届人民代表大会常务委员会第四十七次会议通过，2021年3月31日山西省第十三届人民代表大会常务委员会第二十五次会议批准 | 2021-4-9 | 2021-4-20 | 2021-5-1 | 制定 |
| 朔州市养犬管理条例 | 2020年12月30日朔州市第六届人民代表大会常务委员会第四十七次会议通过，2021年3月31日山西省第十三届人民代表大会常务委员会第二十五次会议批准 | 2021-4-9 | 2021-4-20 | 2021-5-1 | 制定 |
| 阳泉市文明行为促进条例 | 2020年12月28日阳泉市第十五届人民代表大会常务委员会第三十五次会议通过，2021年3月31日山西省第十三届人民代表大会常务委员会第二十五次会议批准 | 2021-4-12 | 2021-4-20 | 2021-5-1 | 制定 |
| 长治市城市照明管理条例 | 2020年12月30日长治市第十四届人民代表大会常务委员会第三十四次会议通过，2021年3月31日山西省第十三届人民代表大会常务委员会第二十五次会议批准 | 2021-4-13 | 2021-4-20 | 2021-7-1 | 制定 |
| 太原市城乡社区治理促进条例 | 2021年2月10日太原市第十四届人民代表大会常务委员会第四十一次会议通过，2021年3月31日山西省第十三届人民代表大会常务委员会第二十五次会议批准 | 2021-4-13 | 2021-4-20 | 2021-7-1 | 制定 |
| 长治市文明行为促进条例 | 2020年12月30日长治市第十四届人民代表大会常务委员会第三十四次会议通过，2021年3月31日山西省第十三届人民代表大会常务委员会第二十五次会议批准 | 2021-4-15 | 2021-4-20 | 2021-7-1 | 制定 |
| 山西省知识产权保护工作条例 | 2021年5月28日山西省第十三届人民代表大会常务委员会第二十七次会议通过 | 2021-5-28 | 2021-6-22 | 2021-7-1 | 制定 |
| 山西省全民阅读促进条例 | 2021年5月28日山西省第十三届人民代表大会常务委员会第二十七次会议通过 | 2021-5-28 | 2021-6-22 | 2021-7-1 | 制定 |
| 山西省不设区的市和市辖区人民代表大会常务委员会街道工作委员会工作条例 | 2021年5月28日山西省第十三届人民代表大会常务委员会第二十七次会议通过 | 2021-5-28 | 2021-6-22 | 2021-7-1 | 制定 |
| 山西省各级人民代表大会常务委员会规范性文件备案审查条例 | 2021年5月28日山西省第十三届人民代表大会常务委员会第二十七次会议修改 | 2021-5-28 | 2021-6-22 | 2021-5-28 | 修改 |
| 山西省森林公园条例 | 2021年5月28日山西省第十三届人民代表大会常务委员会第二十七次会议修改 | 2021-5-28 | 2021-6-22 | 2021-5-28 | 修改 |
| 山西省残疾人保障条例 | 2021年5月28日山西省第十三届人民代表大会常务委员会第二十七次会议修改 | 2021-5-28 | 2021-6-22 | 2021-5-28 | 修改 |
| 山西省实施《中华人民共和国老年人权益保障法》办法 | 2021年5月28日山西省第十三届人民代表大会常务委员会第二十七次会议修改 | 2021-5-28 | 2021-6-22 | 2021-5-28 | 修改 |

续表

| 法规名称 | 通过或批准时间 | 公布时间 | 报备时间 | 施行时间 | 立法形式 |
|---|---|---|---|---|---|
| 山西省计量监督管理条例 | 2021 年 5 月 28 日山西省第十三届人民代表大会常务委员会第二十七次会议修改 | 2021-5-28 | 2021-6-22 | 2021-5-28 | 修改 |
| 山西省实施《中华人民共和国水土保持法》办法 | 2021 年 5 月 28 日山西省第十三届人民代表大会常务委员会第二十七次会议修改 | 2021-5-28 | 2021-6-22 | 2021-5-28 | 修改 |
| 山西省合同监督管理条例 | 2021 年 5 月 28 日山西省第十三届人民代表大会常务委员会第二十七次会议废止 | 2021-5-28 | 2021-6-22 | 2021-6-1 | 废止 |
| 晋城市沁河流域生态修复与保护条例 | 2021 年 4 月 22 日晋城市第七届人民代表大会常务委员会第四十二次会议通过，2021 年 5 月 28 日山西省第十三届人民代表大会常务委员会第二十七次会议批准 | 2021-6-1 | 2021-6-22 | 2021-10-1 | 制定 |
| 长治市沁河流域生态修复与保护条例 | 2021 年 4 月 29 日长治市第十四届人民代表大会常务委员会第三十八次会议通过，2021 年 5 月 28 日山西省第十三届人民代表大会常务委员会第二十七次会议批准 | 2021-6-9 | 2021-6-22 | 2021-10-1 | 制定 |
| 临汾市沁河流域生态修复与保护条例 | 2021 年 4 月 30 日临汾市第四届人民代表大会常务委员会第四十八次会议通过，2021 年 5 月 28 日山西省第十三届人民代表大会常务委员会第二十七次会议批准 | 2021-6-12 | 2021-6-22 | 2021-10-1 | 制定 |
| 山西省禁止不可降解一次性塑料制品规定 | 2021 年 7 月 29 日山西省第十三届人民代表大会常务委员会第三十次会议通过 | 2021-7-29 | 2021-8-23 | 2022-7-1 | 制定 |
| 山西省人民代表大会常务委员会关于契税适用税率以及减免税事项的决定 | 2021 年 7 月 29 日山西省第十三届人民代表大会常务委员会第三十次会议通过 | 2021-7-29 | 2021-8-23 | 2021-9-1 | 制定 |
| 山西省动物防疫条例 | 2021 年 7 月 29 日山西省第十三届人民代表大会常务委员会第三十次会议修改 | 2021-7-29 | 2021-8-23 | 2021-10-1 | 修改 |
| 山西省规章设定罚款限额规定 | 2021 年 7 月 29 日山西省第十三届人民代表大会常务委员会第三十次会议修改 | 2021-7-29 | 2021-8-23 | 2021-7-29 | 修改 |
| 山西省禁止赌博条例 | 2021 年 7 月 29 日山西省第十三届人民代表大会常务委员会第三十次会议修改 | 2021-7-29 | 2021-8-23 | 2021-7-29 | 修改 |
| 山西省食品小作坊小经营店小摊点管理条例 | 2021 年 7 月 29 日山西省第十三届人民代表大会常务委员会第三十次会议修改 | 2021-7-29 | 2021-8-23 | 2021-7-29 | 修改 |
| 山西省实施《中华人民共和国国家通用语言文字法》办法 | 2021 年 7 月 29 日山西省第十三届人民代表大会常务委员会第三十次会议修改 | 2021-7-29 | 2021-8-23 | 2021-7-29 | 修改 |
| 山西省实施《中华人民共和国森林法》办法 | 2021 年 7 月 29 日山西省第十三届人民代表大会常务委员会第三十次会议修改 | 2021-7-29 | 2021-8-23 | 2021-7-29 | 修改 |
| 山西省永久性生态公益林保护条例 | 2021 年 7 月 29 日山西省第十三届人民代表大会常务委员会第三十次会议修改 | 2021-7-29 | 2021-8-23 | 2021-7-29 | 修改 |
| 山西省万家寨引黄工程保护条例 | 2021 年 7 月 29 日山西省第十三届人民代表大会常务委员会第三十次会议废止 | 2021-7-29 | 2021-8-23 | 2021-7-29 | 废止 |
| 山西省人才市场管理条例 | 2021 年 7 月 29 日山西省第十三届人民代表大会常务委员会第三十次会议废止 | 2021-7-29 | 2021-8-23 | 2021-7-29 | 废止 |

续表

| 法规名称 | 通过或批准时间 | 公布时间 | 报备时间 | 施行时间 | 立法形式 |
| --- | --- | --- | --- | --- | --- |
| 山西省人民代表大会常务委员会工作条例 | 2021年7月29日山西省第十三届人民代表大会常务委员会第三十次会议废止 | 2021-7-29 | 2021-8-23 | 2021-7-29 | 废止 |
| 山西省预防职务犯罪工作条例 | 2021年7月29日山西省第十三届人民代表大会常务委员会第三十次会议废止 | 2021-7-29 | 2021-8-23 | 2021-7-29 | 废止 |
| 山西省人民代表大会常务委员会关于加强劳动和社会保障工作的决定 | 2021年7月29日山西省第十三届人民代表大会常务委员会第三十次会议废止 | 2021-7-29 | 2021-8-23 | 2021-7-29 | 废止 |
| 大同市禁牧休牧条例 | 2021年4月28日大同市第十五届人民代表大会常务委员会第三十八次会议通过，2021年7月29日山西省第十三届人民代表大会常务委员会第三十次会议批准 | 2021-8-2 | 2021-8-23 | 2021-10-1 | 制定 |
| 大同市建筑工程质量管理条例 | 2021年4月28日大同市第十五届人民代表大会常务委员会第三十八次会议废止，2021年7月29日山西省第十三届人民代表大会常务委员会第三十次会议批准废止 | 2021-8-2 | 2021-8-23 | 2021-8-2 | 废止 |
| 大同市城市房地产交易管理条例 | 2021年4月28日大同市第十五届人民代表大会常务委员会第三十八次会议废止，2021年7月29日山西省第十三届人民代表大会常务委员会第三十次会议批准废止 | 2021-8-2 | 2021-8-23 | 2021-8-2 | 废止 |
| 大同市经济技术开发区条例 | 2021年4月28日大同市第十五届人民代表大会常务委员会第三十八次会议废止，2021年7月29日山西省第十三届人民代表大会常务委员会第三十次会议批准废止 | 2021-8-2 | 2021-8-23 | 2021-8-2 | 废止 |
| 吕梁市古树名木保护条例 | 2021年6月22日吕梁市第三届人民代表大会常务委员会第五十四次会议通过，2021年7月29日山西省第十三届人民代表大会常务委员会第三十次会议批准 | 2021-8-4 | 2021-8-23 | 2021-10-1 | 制定 |
| 忻州市静乐汾河川国家湿地公园保护条例 | 2021年6月29日忻州市第四届人民代表大会常务委员会第三十七次会议通过，2021年7月29日山西省第十三届人民代表大会常务委员会第三十次会议批准 | 2021-8-9 | 2021-8-23 | 2021-10-1 | 制定 |
| 忻州市乡村人居环境治理促进条例 | 2021年6月29日忻州市第四届人民代表大会常务委员会第三十七次会议通过，2021年7月29日山西省第十三届人民代表大会常务委员会第三十次会议批准 | 2021-8-9 | 2021-8-23 | 2021-10-1 | 制定 |
| 山西省农业生产托管服务条例 | 2021年9月29日山西省第十三届人民代表大会常务委员会第三十一次会议通过 | 2021-9-29 | 2021-10-25 | 2021-12-1 | 制定 |
| 山西省康养产业促进条例 | 2021年9月29日山西省第十三届人民代表大会常务委员会第三十一次会议通过 | 2021-9-29 | 2021-10-25 | 2021-12-1 | 制定 |
| 山西老陈醋保护条例 | 2021年9月29日山西省第十三届人民代表大会常务委员会第三十一次会议通过 | 2021-9-29 | 2021-10-25 | 2022-1-1 | 制定 |
| 山西省预算审查监督条例 | 2021年9月29日山西省第十三届人民代表大会常务委员会第三十一次会议通过 | 2021-9-29 | 2021-10-25 | 2022-1-1 | 制定 |
| 山西省预算监督条例 | 在《山西省预算审查监督条例》中被明文予以废止 | 2021-9-29 | 2021-10-25 | 2022-1-1 | 文中废止 |

续表

| 法规名称 | 通过或批准时间 | 公布时间 | 报备时间 | 施行时间 | 立法形式 |
|---|---|---|---|---|---|
| 山西省人口和计划生育条例 | 2021 年 9 月 29 日山西省第十三届人民代表大会常务委员会第三十一次会议修改 | 2021-9-29 | 2021-10-25 | 2021-9-29 | 修改 |
| 山西省警务辅助人员条例 | 2021 年 9 月 29 日山西省第十三届人民代表大会常务委员会第三十一次会议修改 | 2021-9-29 | 2021-10-25 | 2021-9-29 | 修改 |
| 吕梁市文明行为促进条例 | 2021 年 8 月 26 日吕梁市第三届人民代表大会常务委员会第五十六次会议通过，2021 年 9 月 29 日山西省第十三届人民代表大会常务委员会第三十一次会议批准 | 2021-9-30 | 2021-10-25 | 2021-10-1 | 制定 |
| 吕梁市大气污染防治条例 | 2021 年 8 月 26 日吕梁市第三届人民代表大会常务委员会第五十六次会议修改，2021 年 9 月 29 日山西省第十三届人民代表大会常务委员会第三十一次会议批准修改 | 2021-9-30 | 2021-10-25 | 2021-9-30 | 修改 |
| 太原市客运出租汽车服务管理条例 | 2021 年 5 月 13 日太原市第十四届人民代表大会常务委员会第四十五次会议修改，2021 年 9 月 29 日山西省第十三届人民代表大会常务委员会第三十一次会议批准修改 | 2021-10-8 | 2021-10-25 | 2021-10-8 | 修改 |
| 太原市旅游条例 | 2021 年 5 月 13 日太原市第十四届人民代表大会常务委员会第四十五次会议修改，2021 年 9 月 29 日山西省第十三届人民代表大会常务委员会第三十一次会议批准修改 | 2021-10-8 | 2021-10-25 | 2021-11-1 | 修改 |
| 太原市晋阳湖生态保护与修复条例 | 2021 年 8 月 27 日太原市第十四届人民代表大会常务委员会第四十七次会议通过，2021 年 9 月 29 日山西省第十三届人民代表大会常务委员会第三十一次会议批准 | 2021-10-8 | 2021-10-25 | 2021-11-1 | 制定 |
| 长治市农村自建房管理条例 | 2021 年 8 月 27 日长治市第十四届人民代表大会常务委员会第四十三次会议通过，2021 年 9 月 29 日山西省第十三届人民代表大会常务委员会第三十一次会议批准 | 2021-10-9 | 2021-10-25 | 2022-7-1 | 制定 |
| 朔州市固体废物污染环境防治条例 | 2021 年 8 月 27 日朔州市第六届人民代表大会常务委员会第五十四次会议通过，2021 年 9 月 29 日山西省第十三届人民代表大会常务委员会第三十一次会议批准 | 2021-10-11 | 2021-10-25 | 2021-12-20 | 制定 |
| 晋中市城市居民二次供水管理条例 | 2021 年 8 月 26 日晋中市第四届人民代表大会常务委员会第四十六次会议通过，2021 年 9 月 29 日山西省第十三届人民代表大会常务委员会第三十一次会议批准 | 2021-10-13 | 2021-10-25 | 2022-1-1 | 制定 |
| 临汾市电动自行车管理条例 | 2021 年 8 月 27 日临汾市第四届人民代表大会常务委员会第五十一次会议通过，2021 年 9 月 29 日山西省第十三届人民代表大会常务委员会第三十一次会议批准 | 2021-10-13 | 2021-10-25 | 2022-1-1 | 制定 |
| 山西省外来投资促进条例 | 2021 年 11 月 25 日山西省第十三届人民代表大会常务委员会第三十二次会议通过 | 2021-11-25 | 2021-12-22 | 2022-1-1 | 制定 |

续表

| 法规名称 | 通过或批准时间 | 公布时间 | 报备时间 | 施行时间 | 立法形式 |
|---|---|---|---|---|---|
| 山西省人民代表大会常务委员会关于促进技能山西建设的决定 | 2021年11月25日山西省第十三届人民代表大会常务委员会第三十二次会议通过 | 2021-11-25 | 2021-12-22 | 2022-1-1 | 制定 |
| 山西省传统村落保护条例 | 2021年11月25日山西省第十三届人民代表大会常务委员会第三十二次会议通过 | 2021-11-25 | 2021-12-22 | 2022-3-1 | 制定 |
| 山西省司法鉴定条例 | 2021年11月25日山西省第十三届人民代表大会常务委员会第三十二次会议废止 | 2021-11-25 | 2021-12-22 | 2021-11-26 | 废止 |
| 山西省市政公用事业特许经营管理条例 | 2021年11月25日山西省第十三届人民代表大会常务委员会第三十二次会议废止 | 2021-11-25 | 2021-12-22 | 2021-11-26 | 废止 |
| 运城市城市建筑垃圾管理条例 | 2021年10月29日运城市第四届人民代表大会常务委员会第五十四次会议通过，2021年11月25日山西省第十三届人民代表大会常务委员会第三十二次会议批准 | 2021-11-29 | 2021-12-22 | 2022-1-1 | 制定 |
| 运城市机动车停车场管理条例 | 2021年10月29日运城市第四届人民代表大会常务委员会第五十四次会议通过，2021年11月25日山西省第十三届人民代表大会常务委员会第三十二次会议批准 | 2021-11-29 | 2021-12-22 | 2022-1-1 | 制定 |
| 运城市伍姓湖保护条例 | 2021年10月29日运城市第四届人民代表大会常务委员会第五十四次会议通过，2021年11月25日山西省第十三届人民代表大会常务委员会第三十二次会议批准 | 2021-11-29 | 2021-12-22 | 2022-1-1 | 制定 |
| 晋中市城市建筑垃圾管理条例 | 2021年10月26日晋中市第四届人民代表大会常务委员会第四十九次会议通过，2021年11月25日山西省第十三届人民代表大会常务委员会第三十二次会议批准 | 2021-12-2 | 2021-12-22 | 2022-5-1 | 制定 |
| 临汾市国家湿地公园保护条例 | 2021年10月29日临汾市第四届人民代表大会常务委员会第五十二次会议通过，2021年11月25日山西省第十三届人民代表大会常务委员会第三十二次会议批准 | 2021-12-2 | 2021-12-22 | 2022-3-1 | 制定 |
| 长治市电动车管理条例 | 2021年8月27日长治市第十四届人民代表大会常务委员会第四十三次会议通过，2021年11月25日山西省第十三届人民代表大会常务委员会第三十二次会议批准 | 2021-12-7 | 2021-12-22 | 2022-3-1 | 制定 |
| 长治市城市绿化条例 | 2021年8月27日长治市第十四届人民代表大会常务委员会第四十三次会议修改，2021年11月25日山西省第十三届人民代表大会常务委员会第三十二次会议批准修改 | 2021-12-7 | 2021-12-22 | 2021-12-7 | 修改 |
| 阳泉市红色文化资源保护传承条例 | 2021年10月19日阳泉市第十五届人民代表大会常务委员会第四十五次会议通过，2021年11月25日山西省第十三届人民代表大会常务委员会第三十二次会议批准 | 2021-12-9 | 2021-12-22 | 2022-1-1 | 制定 |

# 内蒙古自治区地方性法规目录

（70 件）

| 法规名称 | 通过或批准时间 | 公布时间 | 报备时间 | 施行时间 | 立法形式 |
|---|---|---|---|---|---|
| 内蒙古自治区促进民族团结进步条例 | 2021 年 1 月 30 日内蒙古自治区第十三届人民代表大会第四次会议通过 | 2021-1-30 | 2021-2-24 | 2021-5-1 | 制定 |
| 内蒙古自治区工会劳动法律监督条例 | 2021 年 3 月 30 日内蒙古自治区第十三届人民代表大会常务委员会第二十五次会议通过 | 2021-3-30 | 2021-4-14 | 2021-5-1 | 制定 |
| 内蒙古自治区公共信用信息管理条例 | 2021 年 3 月 30 日内蒙古自治区第十三届人民代表大会常务委员会第二十五次会议通过 | 2021-3-30 | 2021-4-14 | 2021-6-1 | 制定 |
| 内蒙古自治区各级人民代表大会选举实施细则 | 2021 年 3 月 30 日内蒙古自治区第十三届人民代表大会常务委员会第二十五次会议修改 | 2021-3-30 | 2021-4-14 | 2021-3-30 | 修改 |
| 通辽市饮用水水源保护条例 | 2020 年 12 月 30 日通辽市第五届人民代表大会常务委员会第二十六次会议通过，2021 年 3 月 30 日内蒙古自治区第十三届人民代表大会常务委员会第二十五次会议批准 | 2021-4-6 | 2021-4-14 | 2021-7-1 | 制定 |
| 内蒙古自治区实施《中华人民共和国野生动物保护法》办法 | 2021 年 5 月 27 日内蒙古自治区第十三届人民代表大会常务委员会第二十六次会议修改 | 2021-5-27 | 2021-6-7 | 2021-5-27 | 修改 |
| 内蒙古自治区大青山国家级自然保护区条例 | 2021 年 5 月 27 日内蒙古自治区第十三届人民代表大会常务委员会第二十六次会议修改 | 2021-5-27 | 2021-6-7 | 2021-5-27 | 修改 |
| 内蒙古自治区呼伦湖国家级自然保护区条例 | 2021 年 5 月 27 日内蒙古自治区第十三届人民代表大会常务委员会第二十六次会议修改 | 2021-5-27 | 2021-6-7 | 2021-5-27 | 修改 |
| 内蒙古自治区实施《中华人民共和国森林法》办法 | 2021 年 5 月 27 日内蒙古自治区第十三届人民代表大会常务委员会第二十六次会议修改 | 2021-5-27 | 2021-6-7 | 2021-5-27 | 修改 |
| 内蒙古自治区实施《中华人民共和国全国人民代表大会和地方各级人民代表大会代表法》办法 | 2021 年 5 月 27 日内蒙古自治区第十三届人民代表大会常务委员会第二十六次会议修改 | 2021-5-27 | 2021-6-7 | 2021-5-27 | 修改 |
| 内蒙古自治区草畜平衡和禁牧休牧条例 | 2021 年 7 月 29 日内蒙古自治区第十三届人民代表大会常务委员会第二十七次会议通过 | 2021-7-29 | 2021-8-12 | 2021-10-1 | 制定 |
| 内蒙古自治区旗县级人民代表大会议事规则 | 2021 年 7 月 29 日内蒙古自治区第十三届人民代表大会常务委员会第二十七次会议修改 | 2021-7-29 | 2021-8-12 | 2021-7-29 | 修改 |

续表

| 法规名称 | 通过或批准时间 | 公布时间 | 报备时间 | 施行时间 | 立法形式 |
| --- | --- | --- | --- | --- | --- |
| 内蒙古自治区地质环境保护条例 | 2021年7月29日内蒙古自治区第十三届人民代表大会常务委员会第二十七次会议修改 | 2021-7-29 | 2021-8-12 | 2021-9-1 | 修改 |
| 乌兰察布市城市园林绿化条例 | 2021年4月26日乌兰察布市第四届人民代表大会常务委员会第二十七次会议通过,2021年7月29日内蒙古自治区第十三届人民代表大会常务委员会第二十七次会议批准 | 2021-8-18 | 2021-8-23 | 2021-10-1 | 制定 |
| 鄂伦春自治旗森林防火条例 | 2021年3月25日鄂伦春自治旗第十五届人民代表大会第五次会议废止,2021年7月29日内蒙古自治区第十三届人民代表大会常务委员会第二十七次会议批准废止 | 2021-8-19 | 2021-8-23 | 2021-8-19 | 废止 |
| 鄂伦春自治旗流动人口管理条例 | 2021年3月25日鄂伦春自治旗第十五届人民代表大会第五次会议废止,2021年7月29日内蒙古自治区第十三届人民代表大会常务委员会第二十七次会议批准废止 | 2021-8-19 | 2021-8-23 | 2021-8-19 | 废止 |
| 鄂伦春自治旗环境保护条例 | 2021年3月25日鄂伦春自治旗第十五届人民代表大会第五次会议废止,2021年7月29日内蒙古自治区第十三届人民代表大会常务委员会第二十七次会议批准废止 | 2021-8-19 | 2021-8-23 | 2021-8-19 | 废止 |
| 巴彦淖尔市集中式饮用水水源保护条例 | 2021年4月26日巴彦淖尔市第四届人民代表大会常务委员会第二十二次会议修改,2021年7月29日内蒙古自治区第十三届人民代表大会常务委员会第二十七次会议批准修改 | 2021-8-19 | 2021-8-23 | 2021-8-19 | 修改 |
| 呼和浩特市湿地保护条例 | 2021年4月29日呼和浩特市第十五届人民代表大会常务委员会第二十九次会议通过,2021年7月29日内蒙古自治区第十三届人民代表大会常务委员会第二十七次会议批准 | 2021-8-23 | 2021-8-23 | 2021-10-1 | 制定 |
| 呼和浩特市城市房地产交易管理条例 | 2021年4月29日呼和浩特市第十五届人民代表大会常务委员会第二十九次会议修改,2021年7月29日内蒙古自治区第十三届人民代表大会常务委员会第二十七次会议批准修改 | 2021-8-24 | 2021-8-24 | 2021-8-24 | 修改 |
| 呼和浩特市实施《中华人民共和国工会法》办法 | 2021年4月29日呼和浩特市第十五届人民代表大会常务委员会第二十九次会议修改,2021年7月29日内蒙古自治区第十三届人民代表大会常务委员会第二十七次会议批准修改 | 2021-8-24 | 2021-8-24 | 2021-8-24 | 修改 |
| 呼和浩特市废弃食用油脂管理条例 | 2021年4月29日呼和浩特市第十五届人民代表大会常务委员会第二十九次会议修改,2021年7月29日内蒙古自治区第十三届人民代表大会常务委员会第二十七次会议批准修改 | 2021-8-24 | 2021-8-24 | 2021-8-24 | 修改 |
| 呼和浩特市邮政通信管理条例 | 2021年4月29日呼和浩特市第十五届人民代表大会常务委员会第二十九次会议废止,2021年7月29日内蒙古自治区第十三届人民代表大会常务委员会第二十七次会议批准废止 | 2021-8-24 | 2021-8-24 | 2021-8-24 | 废止 |

续表

| 法规名称 | 通过或批准时间 | 公布时间 | 报备时间 | 施行时间 | 立法形式 |
| --- | --- | --- | --- | --- | --- |
| 呼和浩特市国家建设项目审计办法 | 2021 年 4 月 29 日呼和浩特市第十五届人民代表大会常务委员会第二十九次会议废止,2021 年 7 月 29 日内蒙古自治区第十三届人民代表大会常务委员会第二十七次会议批准废止 | 2021-8-24 | 2021-8-24 | 2021-8-24 | 废止 |
| 呼和浩特市土地管理条例 | 2021 年 4 月 29 日呼和浩特市第十五届人民代表大会常务委员会第二十九次会议废止,2021 年 7 月 29 日内蒙古自治区第十三届人民代表大会常务委员会第二十七次会议批准废止 | 2021-8-24 | 2021-8-24 | 2021-8-24 | 废止 |
| 内蒙古自治区教育条例 | 2021 年 9 月 29 日内蒙古自治区第十三届人民代表大会常务委员会第三十次会议通过 | 2021-9-29 | 2021-10-8 | 2022-1-1 | 制定 |
| 内蒙古自治区实施《中华人民共和国义务教育法》办法 | 在《内蒙古自治区教育条例》中被明文予以废止 | 2021-9-29 | 2021-10-8 | 2022-1-1 | 文中废止 |
| 内蒙古自治区实施《中华人民共和国高等教育法》办法 | 在《内蒙古自治区教育条例》中被明文予以废止 | 2021-9-29 | 2021-10-8 | 2022-1-1 | 文中废止 |
| 内蒙古自治区实施《中华人民共和国职业教育法》办法 | 在《内蒙古自治区教育条例》中被明文予以废止 | 2021-9-29 | 2021-10-8 | 2022-1-1 | 文中废止 |
| 内蒙古自治区实施《中华人民共和国民办教育促进法》办法 | 在《内蒙古自治区教育条例》中被明文予以废止 | 2021-9-29 | 2021-10-8 | 2022-1-1 | 文中废止 |
| 内蒙古自治区民族教育条例 | 在《内蒙古自治区教育条例》中被明文予以废止 | 2021-9-29 | 2021-10-8 | 2022-1-1 | 文中废止 |
| 内蒙古自治区公安机关警务辅助人员条例 | 2021 年 9 月 29 日内蒙古自治区第十三届人民代表大会常务委员会第三十次会议通过 | 2021-9-29 | 2021-10-8 | 2022-1-1 | 制定 |
| 内蒙古自治区人民代表大会常务委员会工作条例 | 2021 年 9 月 29 日内蒙古自治区第十三届人民代表大会常务委员会第三十次会议修改 | 2021-9-29 | 2021-10-8 | 2021-9-29 | 修改 |
| 内蒙古自治区旗县级人民代表大会常务委员会工作条例 | 2021 年 9 月 29 日内蒙古自治区第十三届人民代表大会常务委员会第三十次会议修改 | 2021-9-29 | 2021-10-8 | 2021-9-29 | 修改 |
| 内蒙古自治区实施《中华人民共和国国家通用语言文字法》办法 | 2021 年 9 月 29 日内蒙古自治区第十三届人民代表大会常务委员会第三十次会议修改 | 2021-9-29 | 2021-10-8 | 2022-1-1 | 修改 |
| 内蒙古自治区蒙古语言文字工作条例 | 在《内蒙古自治区实施〈中华人民共和国国家通用语言文字法〉办法》中被明文予以废止 | 2021-9-29 | 2021-10-8 | 2022-1-1 | 文中废止 |
| 鄂尔多斯市民营经济促进条例 | 2021 年 9 月 1 日鄂尔多斯市第四届人民代表大会常务委员会第三十二次会议通过,2021 年 9 月 29 日内蒙古自治区第十三届人民代表大会常务委员会第三十次会议批准 | 2021-10-15 | 2021-10-19 | 2022-1-1 | 制定 |

续表

| 法规名称 | 通过或批准时间 | 公布时间 | 报备时间 | 施行时间 | 立法形式 |
| --- | --- | --- | --- | --- | --- |
| 鄂尔多斯市环境保护条例 | 2021年6月16日鄂尔多斯市第四届人民代表大会常务委员会第二十九次会议修改,2021年9月29日内蒙古自治区第十三届人民代表大会常务委员会第三十次会议批准修改 | 2021-10-19 | 2021-10-19 | 2021-10-19 | 修改 |
| 鄂尔多斯市城市园林绿化条例 | 2021年6月16日鄂尔多斯市第四届人民代表大会常务委员会第二十九次会议修改,2021年9月29日内蒙古自治区第十三届人民代表大会常务委员会第三十次会议批准修改 | 2021-10-19 | 2021-10-19 | 2021-10-19 | 修改 |
| 鄂尔多斯市农村牧区人居环境治理条例 | 2021年6月16日鄂尔多斯市第四届人民代表大会常务委员会第二十九次会议修改,2021年9月29日内蒙古自治区第十三届人民代表大会常务委员会第三十次会议批准修改 | 2021-10-19 | 2021-10-19 | 2021-10-19 | 修改 |
| 鄂尔多斯市大气污染防治条例 | 2021年6月16日鄂尔多斯市第四届人民代表大会常务委员会第二十九次会议修改,2021年9月29日内蒙古自治区第十三届人民代表大会常务委员会第三十次会议批准修改 | 2021-10-19 | 2021-10-19 | 2021-10-19 | 修改 |
| 鄂尔多斯市中小学校幼儿园规划建设条例 | 2021年6月16日鄂尔多斯市第四届人民代表大会常务委员会第二十九次会议修改,2021年9月29日内蒙古自治区第十三届人民代表大会常务委员会第三十次会议批准修改 | 2021-10-19 | 2021-10-19 | 2021-10-19 | 修改 |
| 内蒙古自治区地下水保护和管理条例 | 2021年11月16日内蒙古自治区第十三届人民代表大会常务委员会第三十一次会议通过 | 2021-11-16 | 2021-11-22 | 2022-1-1 | 制定 |
| 内蒙古自治区养老服务条例 | 2021年11月16日内蒙古自治区第十三届人民代表大会常务委员会第三十一次会议通过 | 2021-11-16 | 2021-11-22 | 2022-1-1 | 制定 |
| 内蒙古自治区城乡生活垃圾管理条例 | 2021年11月16日内蒙古自治区第十三届人民代表大会常务委员会第三十一次会议通过 | 2021-11-16 | 2021-11-22 | 2022-1-1 | 制定 |
| 内蒙古自治区林木种子条例 | 2021年11月16日内蒙古自治区第十三届人民代表大会常务委员会第三十一次会议修改 | 2021-11-16 | 2021-11-22 | 2021-11-16 | 修改 |
| 内蒙古自治区计量管理条例 | 2021年11月16日内蒙古自治区第十三届人民代表大会常务委员会第三十一次会议修改 | 2021-11-16 | 2021-11-22 | 2021-11-16 | 修改 |
| 内蒙古自治区物业管理条例 | 2021年11月16日内蒙古自治区第十三届人民代表大会常务委员会第三十一次会议修改 | 2021-11-16 | 2021-11-22 | 2021-11-16 | 修改 |
| 内蒙古自治区产品质量监督管理条例 | 2021年11月16日内蒙古自治区第十三届人民代表大会常务委员会第三十一次会议废止 | 2021-11-16 | 2021-11-22 | 2021-11-16 | 废止 |

续表

| 法规名称 | 通过或批准时间 | 公布时间 | 报备时间 | 施行时间 | 立法形式 |
|---|---|---|---|---|---|
| 内蒙古自治区非税收入管理条例 | 2021年11月16日内蒙古自治区第十三届人民代表大会常务委员会第三十一次会议废止 | 2021-11-16 | 2021-11-22 | 2021-11-16 | 废止 |
| 内蒙古自治区会计条例 | 2021年11月16日内蒙古自治区第十三届人民代表大会常务委员会第三十一次会议废止 | 2021-11-16 | 2021-11-22 | 2021-11-16 | 废止 |
| 内蒙古自治区国有农牧场条例 | 2021年11月16日内蒙古自治区第十三届人民代表大会常务委员会第三十一次会议废止 | 2021-11-16 | 2021-11-22 | 2021-11-16 | 废止 |
| 内蒙古自治区建筑施工安全管理条例 | 2021年11月16日内蒙古自治区第十三届人民代表大会常务委员会第三十一次会议废止 | 2021-11-16 | 2021-11-22 | 2021-11-16 | 废止 |
| 内蒙古自治区住房公积金管理条例 | 2021年11月16日内蒙古自治区第十三届人民代表大会常务委员会第三十一次会议废止 | 2021-11-16 | 2021-11-22 | 2021-11-16 | 废止 |
| 内蒙古自治区小城镇规划建设管理条例 | 2021年11月16日内蒙古自治区第十三届人民代表大会常务委员会第三十一次会议废止 | 2021-11-16 | 2021-11-22 | 2021-11-16 | 废止 |
| 内蒙古自治区文化市场管理条例 | 2021年11月16日内蒙古自治区第十三届人民代表大会常务委员会第三十一次会议废止 | 2021-11-16 | 2021-11-22 | 2021-11-16 | 废止 |
| 内蒙古自治区城镇职工基本养老保险条例 | 2021年11月16日内蒙古自治区第十三届人民代表大会常务委员会第三十一次会议废止 | 2021-11-16 | 2021-11-22 | 2021-11-16 | 废止 |
| 内蒙古自治区合同格式条款监督条例 | 2021年11月16日内蒙古自治区第十三届人民代表大会常务委员会第三十一次会议废止 | 2021-11-16 | 2021-11-22 | 2021-11-16 | 废止 |
| 内蒙古自治区执行《中华人民共和国婚姻法》的补充规定 | 2021年11月16日内蒙古自治区第十三届人民代表大会常务委员会第三十一次会议废止 | 2021-11-16 | 2021-11-22 | 2021-11-16 | 废止 |
| 通辽市蒙药保护发展条例 | 2021年8月31日通辽市第五届人民代表大会常务委员会第三十八次会议通过，2021年11月16日内蒙古自治区第十三届人民代表大会常务委员会第三十一次会议批准 | 2021-11-18 | 2021-12-1 | 2022-3-1 | 制定 |
| 通辽市城市市容和环境卫生管理条例 | 2021年11月3日通辽市第五届人民代表大会常务委员会第四十次会议修改，2021年11月16日内蒙古自治区第十三届人民代表大会常务委员会第三十一次会议批准修改 | 2021-11-18 | 2021-12-1 | 2021-11-18 | 修改 |
| 通辽市大气污染防治条例 | 2021年11月3日通辽市第五届人民代表大会常务委员会第四十次会议修改，2021年11月16日内蒙古自治区第十三届人民代表大会常务委员会第三十一次会议批准修改 | 2021-11-18 | 2021-12-1 | 2021-11-18 | 修改 |

续表

| 法规名称 | 通过或批准时间 | 公布时间 | 报备时间 | 施行时间 | 立法形式 |
| --- | --- | --- | --- | --- | --- |
| 呼伦贝尔市非物质文化遗产代表性传承人保护管理条例 | 2021年8月27日呼伦贝尔市第四届人民代表大会常务委员会第二十九次会议通过,2021年11月16日内蒙古自治区第十三届人民代表大会常务委员会第三十一次会议批准 | 2021-11-26 | 2021-12-1 | 2022-1-1 | 制定 |
| 呼伦贝尔市城镇绿化条例 | 2021年8月27日呼伦贝尔市第四届人民代表大会常务委员会第二十九次会议通过,2021年11月16日内蒙古自治区第十三届人民代表大会常务委员会第三十一次会议批准 | 2021-11-26 | 2021-12-1 | 2022-1-1 | 制定 |
| 呼和浩特市民办教育促进条例 | 2021年10月27日呼和浩特市第十五届人民代表大会常务委员会第三十三次会议修改,2021年11月16日内蒙古自治区第十三届人民代表大会常务委员会第三十一次会议批准修改 | 2021-11-26 | 2021-12-1 | 2021-11-26 | 修改 |
| 呼和浩特市地名管理条例 | 2021年10月27日呼和浩特市第十五届人民代表大会常务委员会第三十三次会议修改,2021年11月16日内蒙古自治区第十三届人民代表大会常务委员会第三十一次会议批准修改 | 2021-11-26 | 2021-12-1 | 2021-11-26 | 修改 |
| 呼和浩特市城市中小学幼儿园规划建设条例 | 2021年10月27日呼和浩特市第十五届人民代表大会常务委员会第三十三次会议修改,2021年11月16日内蒙古自治区第十三届人民代表大会常务委员会第三十一次会议批准修改 | 2021-11-26 | 2021-12-1 | 2021-11-26 | 修改 |
| 呼和浩特市户外广告管理条例 | 2021年10月27日呼和浩特市第十五届人民代表大会常务委员会第三十三次会议修改,2021年11月16日内蒙古自治区第十三届人民代表大会常务委员会第三十一次会议批准修改 | 2021-11-26 | 2021-12-1 | 2021-11-26 | 修改 |
| 呼和浩特市民族教育条例 | 2021年10月27日呼和浩特市第十五届人民代表大会常务委员会第三十三次会议废止,2021年11月16日内蒙古自治区第十三届人民代表大会常务委员会第三十一次会议批准废止 | 2021-11-26 | 2021-12-1 | 2021-11-26 | 废止 |
| 呼和浩特市社会市面蒙汉两种文字并用管理办法 | 2021年10月27日呼和浩特市第十五届人民代表大会常务委员会第三十三次会议废止,2021年11月16日内蒙古自治区第十三届人民代表大会常务委员会第三十一次会议批准废止 | 2021-11-26 | 2021-12-1 | 2021-11-26 | 废止 |
| 呼和浩特市清真食品管理办法 | 2021年10月27日呼和浩特市第十五届人民代表大会常务委员会第三十三次会议废止,2021年11月16日内蒙古自治区第十三届人民代表大会常务委员会第三十一次会议批准废止 | 2021-11-26 | 2021-12-1 | 2021-11-26 | 废止 |
| 包头市促进私营个体经济发展条例 | 2021年11月2日包头市第十五届人民代表大会常务委员会第三十七次会议废止,2021年11月16日内蒙古自治区第十三届人民代表大会常务委员会第三十一次会议批准废止 | 2021-11-26 | 2021-12-1 | 2021-11-26 | 废止 |

续表

| 法规名称 | 通过或批准时间 | 公布时间 | 报备时间 | 施行时间 | 立法形式 |
|---|---|---|---|---|---|
| 包头市建筑市场管理条例 | 2021 年 11 月 2 日包头市第十五届人民代表大会常务委员会第三十七次会议废止，2021 年 11 月 16 日内蒙古自治区第十三届人民代表大会常务委员会第三十一次会议批准废止 | 2021-11-26 | 2021-12-1 | 2021-11-26 | 废止 |
| 包头市民族教育条例 | 2021 年 11 月 2 日包头市第十五届人民代表大会常务委员会第三十七次会议废止，2021 年 11 月 16 日内蒙古自治区第十三届人民代表大会常务委员会第三十一次会议批准废止 | 2021-11-26 | 2021-12-1 | 2021-11-26 | 废止 |
| 包头市社会市面蒙汉两种文字并用管理条例 | 2021 年 11 月 2 日包头市第十五届人民代表大会常务委员会第三十七次会议废止，2021 年 11 月 16 日内蒙古自治区第十三届人民代表大会常务委员会第三十一次会议批准废止 | 2021-11-26 | 2021-12-1 | 2021-11-26 | 废止 |
| 鄂尔多斯市政务服务条例 | 2021 年 9 月 1 日鄂尔多斯市第四届人民代表大会常务委员会第三十二次会议通过，2021 年 11 月 16 日内蒙古自治区第十三届人民代表大会常务委员会第三十一次会议批准 | 2021-11-27 | 2021-12-1 | 2022-3-1 | 制定 |

# 辽宁省地方性法规目录

（98 件）

| 法规名称 | 通过或批准时间 | 公布时间 | 报备时间 | 施行时间 | 立法形式 |
|---|---|---|---|---|---|
| 铁岭市城市市容和环境卫生管理条例 | 2020 年 12 月 30 日铁岭市第八届人民代表大会常务委员会第二十五次会议通过，2021 年 3 月 31 日辽宁省第十三届人民代表大会常务委员会第二十五次会议批准 | 2021-4-8 | 2021-4-27 | 2021-5-1 | 制定 |
| 大连市社会信用条例 | 2021 年 2 月 8 日大连市第十六届人民代表大会第四次会议通过，2021 年 3 月 31 日辽宁省第十三届人民代表大会常务委员会第二十五次会议批准 | 2021-4-9 | 2021-4-27 | 2021-7-1 | 制定 |
| 大连市控制吸烟条例 | 2021 年 2 月 25 日大连市第十六届人民代表大会常务委员会第二十八次会议通过，2021 年 3 月 31 日辽宁省第十三届人民代表大会常务委员会第二十五次会议批准 | 2021-4-9 | 2021-4-27 | 2021-7-1 | 制定 |
| 本溪湖工业遗产群保护条例 | 2020 年 11 月 25 日本溪市第十六届人民代表大会常务委员会第二十五次会议通过，2021 年 3 月 31 日辽宁省第十三届人民代表大会常务委员会第二十五次会议批准 | 2021-4-12 | 2021-4-27 | 2021-5-1 | 制定 |
| 本溪市绿色矿山建设条例 | 2020 年 12 月 29 日本溪市第十六届人民代表大会常务委员会第二十六次会议通过，2021 年 3 月 31 日辽宁省第十三届人民代表大会常务委员会第二十五次会议批准 | 2021-4-12 | 2021-4-27 | 2021-5-1 | 制定 |

续表

| 法规名称 | 通过或批准时间 | 公布时间 | 报备时间 | 施行时间 | 立法形式 |
|---|---|---|---|---|---|
| 葫芦岛市城市供热条例 | 2020年12月30日葫芦岛市第六届人民代表大会常务委员会第二十二次会议通过，2021年3月31日辽宁省第十三届人民代表大会常务委员会第二十五次会议批准 | 2021-4-12 | 2021-4-27 | 2021-6-1 | 制定 |
| 营口市河流水污染防治条例 | 2020年11月26日营口市第十六届人民代表大会常务委员会第二十九次会议通过，2021年3月31日辽宁省第十三届人民代表大会常务委员会第二十五次会议批准 | 2021-4-15 | 2021-4-27 | 2021-5-1 | 制定 |
| 丹东市文明行为促进条例 | 2020年11月26日丹东市第十六届人民代表大会常务委员会第二十七次会议通过，2021年3月31日辽宁省第十三届人民代表大会常务委员会第二十五次会议批准 | 2021-4-16 | 2021-4-27 | 2021-6-1 | 制定 |
| 盘锦市房屋建筑和市政基础设施工程质量管理条例 | 2020年11月25日盘锦市第八届人民代表大会常务委员会第二十七次会议通过，2021年3月31日辽宁省第十三届人民代表大会常务委员会第二十五次会议批准 | 2021-4-16 | 2021-5-8 | 2021-5-1 | 制定 |
| 盘锦市殡葬管理条例 | 2020年11月25日盘锦市第八届人民代表大会常务委员会第二十七次会议通过，2021年3月31日辽宁省第十三届人民代表大会常务委员会第二十五次会议批准 | 2021-4-16 | 2021-5-8 | 2021-5-1 | 制定 |
| 盘锦市城镇绿化管理条例 | 2020年11月25日盘锦市第八届人民代表大会常务委员会第二十七次会议通过，2021年3月31日辽宁省第十三届人民代表大会常务委员会第二十五次会议批准 | 2021-4-16 | 2021-5-8 | 2021-5-1 | 制定 |
| 盘锦市生活垃圾分类管理条例 | 2020年11月25日盘锦市第八届人民代表大会常务委员会第二十七次会议通过，2021年3月31日辽宁省第十三届人民代表大会常务委员会第二十五次会议批准 | 2021-4-16 | 2021-5-8 | 2021-7-1 | 制定 |
| 盘锦市节约用水条例 | 2021年1月11日盘锦市第八届人民代表大会常务委员会第二十八次会议通过，2021年3月31日辽宁省第十三届人民代表大会常务委员会第二十五次会议批准 | 2021-4-16 | 2021-5-8 | 2021-5-1 | 制定 |
| 盘锦市机动车停放管理条例 | 2021年1月11日盘锦市第八届人民代表大会常务委员会第二十八次会议通过，2021年3月31日辽宁省第十三届人民代表大会常务委员会第二十五次会议批准 | 2021-4-16 | 2021-5-8 | 2021-5-1 | 制定 |
| 盘锦市城乡容貌和环境卫生管理条例 | 2021年1月11日盘锦市第八届人民代表大会常务委员会第二十八次会议修改，2021年3月31日辽宁省第十三届人民代表大会常务委员会第二十五次会议批准修改 | 2021-4-16 | 2021-5-8 | 2021-5-1 | 修改 |
| 丹东市河道管理条例 | 2020年12月29日丹东市第十六届人民代表大会常务委员会第二十八次会议通过，2021年3月31日辽宁省第十三届人民代表大会常务委员会第二十五次会议批准 | 2021-4-19 | 2021-4-27 | 2021-6-1 | 制定 |

续表

| 法规名称 | 通过或批准时间 | 公布时间 | 报备时间 | 施行时间 | 立法形式 |
|---|---|---|---|---|---|
| 鞍山市工业遗产保护条例 | 2020 年 12 月 30 日鞍山市第十六届人民代表大会常务委员会第三十次会议通过，2021 年 3 月 31 日辽宁省第十三届人民代表大会常务委员会第二十五次会议批准 | 2021-4-19 | 2021-5-8 | 2021-5-1 | 制定 |
| 鞍山市生活垃圾分类管理条例 | 2020 年 12 月 30 日鞍山市第十六届人民代表大会常务委员会第三十次会议通过，2021 年 3 月 31 日辽宁省第十三届人民代表大会常务委员会第二十五次会议批准 | 2021-4-19 | 2021-5-8 | 2021-10-1 | 制定 |
| 鞍山市城镇燃气管理条例 | 2021 年 3 月 4 日鞍山市第十六届人民代表大会常务委员会第三十一次会议通过，2021 年 3 月 31 日辽宁省第十三届人民代表大会常务委员会第二十五次会议批准 | 2021-4-19 | 2021-5-8 | 2021-5-1 | 制定 |
| 鞍山市燃气管理条例 | 在《鞍山市城镇燃气管理条例》中被明文予以废止 | 2021-4-19 | 2021-5-8 | 2021-5-1 | 文中废止 |
| 辽阳市烟花爆竹销售燃放管理条例 | 2020 年 12 月 28 日辽阳市第十六届人民代表大会常务委员会第二十八次会议修改，2021 年 3 月 31 日辽宁省第十三届人民代表大会常务委员会第二十五次会议批准修改 | 2021-4-30 | 2021-5-8 | 2021-4-30 | 修改 |
| 桓仁满族自治县浑江流域水环境保护条例 | 2020 年 12 月 25 日桓仁满族自治县第七届人民代表大会第五次会议通过，2021 年 3 月 31 日辽宁省第十三届人民代表大会常务委员会第二十五次会议批准 | 2021-6-28 | 2021-7-8 | 2021-7-1 | 制定 |
| 辽宁省海洋渔业船舶导航安全设备使用暂行规定 | 2021 年 5 月 27 日辽宁省第十三届人民代表大会常务委员会第二十六次会议通过 | 2021-5-27 | 2021-6-24 | 2021-7-15 | 制定 |
| 辽宁省地方储备粮管理条例 | 2021 年 5 月 27 日辽宁省第十三届人民代表大会常务委员会第二十六次会议通过 | 2021-5-27 | 2021-6-24 | 2021-8-1 | 制定 |
| 辽宁省水利工程管理条例 | 2021 年 5 月 27 日辽宁省第十三届人民代表大会常务委员会第二十六次会议通过 | 2021-5-27 | 2021-6-24 | 2021-8-1 | 制定 |
| 辽宁省惩戒严重失信行为规定 | 2021 年 5 月 27 日辽宁省第十三届人民代表大会常务委员会第二十六次会议通过 | 2021-5-27 | 2021-6-24 | 2021-8-1 | 制定 |
| 辽宁省社会组织管理条例 | 2021 年 5 月 27 日辽宁省第十三届人民代表大会常务委员会第二十六次会议修改 | 2021-5-27 | 2021-6-24 | 2021-5-27 | 修改 |
| 辽宁省实施《中华人民共和国献血法》办法 | 2021 年 5 月 27 日辽宁省第十三届人民代表大会常务委员会第二十六次会议修改 | 2021-5-27 | 2021-6-24 | 2021-5-27 | 修改 |
| 辽宁省促进中小企业发展条例 | 2021 年 5 月 27 日辽宁省第十三届人民代表大会常务委员会第二十六次会议修改 | 2021-5-27 | 2021-6-24 | 2021-5-27 | 修改 |
| 辽宁省实施《中华人民共和国农民专业合作社法》办法 | 2021 年 5 月 27 日辽宁省第十三届人民代表大会常务委员会第二十六次会议修改 | 2021-5-27 | 2021-6-24 | 2021-5-27 | 修改 |
| 辽宁省货物运输车辆超限超载治理条例 | 2021 年 5 月 27 日辽宁省第十三届人民代表大会常务委员会第二十六次会议修改 | 2021-5-27 | 2021-6-24 | 2021-5-27 | 修改 |
| 辽宁省公路条例 | 2021 年 5 月 27 日辽宁省第十三届人民代表大会常务委员会第二十六次会议修改 | 2021-5-27 | 2021-6-24 | 2021-5-27 | 修改 |

续表

| 法规名称 | 通过或批准时间 | 公布时间 | 报备时间 | 施行时间 | 立法形式 |
|---|---|---|---|---|---|
| 辽宁省盐业管理条例 | 2021年5月27日辽宁省第十三届人民代表大会常务委员会第二十六次会议废止 | 2021-5-27 | 2021-6-24 | 2021-5-27 | 废止 |
| 抚顺市气象灾害防御条例 | 2019年8月27日抚顺市第十六届人民代表大会常务委员会第十二次会议通过，2021年5月27日辽宁省第十三届人民代表大会常务委员会第二十六次会议批准 | 2021-5-27 | 2021-6-25 | 2021-9-1 | 制定 |
| 抚顺市社会治安综合治理条例 | 2021年4月27日抚顺市第十六届人民代表大会常务委员会第二十七次会议废止，2021年5月27日辽宁省第十三届人民代表大会常务委员会第二十六次会议批准废止 | 2021-5-27 | 2021-6-25 | 2021-5-27 | 废止 |
| 沈阳市民营科技企业促进条例 | 2021年4月29日沈阳市第十六届人民代表大会常务委员会第二十七次会议废止，2021年5月27日辽宁省第十三届人民代表大会常务委员会第二十六次会议批准废止 | 2021-6-10 | 2021-6-25 | 2021-7-1 | 废止 |
| 大连市物业管理条例 | 2021年4月23日大连市第十六届人民代表大会常务委员会第二十九次会议修改，2021年5月27日辽宁省第十三届人民代表大会常务委员会第二十六次会议批准修改 | 2021-6-10 | 2021-7-8 | 2021-6-10 | 修改 |
| 大连市供热用热条例 | 2021年4月23日大连市第十六届人民代表大会常务委员会第二十九次会议修改，2021年5月27日辽宁省第十三届人民代表大会常务委员会第二十六次会议批准修改 | 2021-6-10 | 2021-7-8 | 2021-6-10 | 修改 |
| 大连市供水用水条例 | 2021年4月23日大连市第十六届人民代表大会常务委员会第二十九次会议修改，2021年5月27日辽宁省第十三届人民代表大会常务委员会第二十六次会议批准修改 | 2021-6-10 | 2021-7-8 | 2021-6-10 | 修改 |
| 大连市体育经营活动管理条例 | 2021年4月23日大连市第十六届人民代表大会常务委员会第二十九次会议修改，2021年5月27日辽宁省第十三届人民代表大会常务委员会第二十六次会议批准修改 | 2021-6-10 | 2021-7-8 | 2021-6-10 | 修改 |
| 大连市消防条例 | 2021年4月23日大连市第十六届人民代表大会常务委员会第二十九次会议修改，2021年5月27日辽宁省第十三届人民代表大会常务委员会第二十六次会议批准修改 | 2021-6-10 | 2021-7-8 | 2021-6-10 | 修改 |
| 岫岩满族自治县旅游产业促进条例 | 2020年12月25日岫岩满族自治县第九届人民代表大会第四次会议通过，2021年5月27日辽宁省第十三届人民代表大会常务委员会第二十六次会议批准 | 2021-6-16 | 2021-7-13 | 2021-7-1 | 制定 |
| 阜新蒙古族自治县矿产资源管理条例 | 2021年1月9日阜新蒙古族自治县第十六届人民代表大会第四次会议废止，2021年5月27日辽宁省第十三届人民代表大会常务委员会第二十六次会议批准废止 | 2021-6-16 | 2021-7-13 | 2021-5-27 | 废止 |

续表

| 法规名称 | 通过或批准时间 | 公布时间 | 报备时间 | 施行时间 | 立法形式 |
|---|---|---|---|---|---|
| 阜新蒙古族自治县土地管理条例 | 2021 年 1 月 9 日阜新蒙古族自治县第十六届人民代表大会第四次会议废止，2021 年 5 月 27 日辽宁省第十三届人民代表大会常务委员会第二十六次会议批准废止 | 2021-6-16 | 2021-7-13 | 2021-5-27 | 废止 |
| 桓仁满族自治县水上安全管理条例 | 2020 年 12 月 25 日桓仁满族自治县第七届人民代表大会第五次会议通过，2021 年 5 月 27 日辽宁省第十三届人民代表大会常务委员会第二十六次会议批准 | 2021-6-28 | 2021-7-8 | 2021-7-1 | 制定 |
| 本溪满族自治县河道管理条例 | 2020 年 12 月 25 日本溪满族自治县第七届人民代表大会第四次会议修改，2021 年 5 月 27 日辽宁省第十三届人民代表大会常务委员会第二十六次会议批准修改 | 2021-6-30 | 2021-7-13 | 2021-8-1 | 修改 |
| 本溪满族自治县矿产资源管理条例 | 2020 年 12 月 25 日本溪满族自治县第七届人民代表大会第四次会议修改，2021 年 5 月 27 日辽宁省第十三届人民代表大会常务委员会第二十六次会议批准修改 | 2021-6-30 | 2021-7-13 | 2021-8-1 | 修改 |
| 本溪满族自治县县城市容和环境卫生管理条例 | 2020 年 12 月 25 日本溪满族自治县第七届人民代表大会第四次会议修改，2021 年 5 月 27 日辽宁省第十三届人民代表大会常务委员会第二十六次会议批准修改 | 2021-6-30 | 2021-7-13 | 2021-8-1 | 修改 |
| 朝阳市城市房地产开发经营管理规定 | 2020 年 12 月 9 日朝阳市第十一届人民代表大会常务委员会第二十一次会议通过，2021 年 5 月 27 日辽宁省第十三届人民代表大会常务委员会第二十六次会议批准 | 2021-7-1 | 2021-7-19 | 2021-7-1 | 制定 |
| 新宾满族自治县中华蜜蜂品种资源保护条例 | 2020 年 12 月 25 日新宾满族自治县第九届人民代表大会第四次会议通过，2021 年 5 月 27 日辽宁省第十三届人民代表大会常务委员会第二十六次会议批准 | 2021-7-21 | 2021-7-28 | 2021-8-1 | 制定 |
| 辽宁省人民代表大会常务委员会关于批准辽宁省实施契税法授权事项的方案的决议 | 2021 年 7 月 27 日辽宁省第十三届人民代表大会常务委员会第二十七次会议通过 | 2021-7-27 | 2021-8-3 | 2021-9-1 | 制定 |
| 辽宁省医疗废物管理条例 | 2021 年 7 月 27 日辽宁省第十三届人民代表大会常务委员会第二十七次会议通过 | 2021-7-28 | 2021-8-3 | 2021-10-1 | 制定 |
| 辽宁省科技创新条例 | 2021 年 7 月 27 日辽宁省第十三届人民代表大会常务委员会第二十七次会议通过 | 2021-7-28 | 2021-8-3 | 2021-10-1 | 制定 |
| 辽宁省自主创新促进条例 | 在《辽宁省科技创新条例》中被明文予以废止 | 2021-7-28 | 2021-8-3 | 2021-10-1 | 文中废止 |
| 辽宁省知识产权保护条例 | 2021 年 7 月 27 日辽宁省第十三届人民代表大会常务委员会第二十七次会议通过 | 2021-7-28 | 2021-8-3 | 2021-10-1 | 制定 |
| 营口市物业管理条例 | 2021 年 6 月 10 日营口市第十六届人民代表大会常务委员会第三十四次会议修改，2021 年 7 月 27 日辽宁省第十三届人民代表大会常务委员会第二十七次会议批准修改 | 2021-8-4 | 2021-8-17 | 2021-8-4 | 修改 |

续表

| 法规名称 | 通过或批准时间 | 公布时间 | 报备时间 | 施行时间 | 立法形式 |
| --- | --- | --- | --- | --- | --- |
| 大连市水土保持条例 | 2021年7月13日大连市第十六届人民代表大会常务委员会第三十次会议通过，2021年7月27日辽宁省第十三届人民代表大会常务委员会第二十七次会议批准 | 2021-8-4 | 2021-8-17 | 2021-10-1 | 制定 |
| 大连市水土保持办法 | 在《大连市水土保持条例》中被明文予以废止 | 2021-8-4 | 2021-8-17 | 2021-10-1 | 文中废止 |
| 鞍山市统计监督检查条例 | 2021年6月30日鞍山市第十六届人民代表大会常务委员会第三十四次会议废止，2021年7月27日辽宁省第十三届人民代表大会常务委员会第二十七次会议批准废止 | 2021-8-5 | 2021-8-17 | 2021-8-5 | 废止 |
| 鞍山市城市公共客运交通管理条例 | 2021年6月30日鞍山市第十六届人民代表大会常务委员会第三十四次会议废止，2021年7月27日辽宁省第十三届人民代表大会常务委员会第二十七次会议批准废止 | 2021-8-5 | 2021-8-17 | 2021-8-5 | 废止 |
| 鞍山市道路运输条例 | 2021年6月30日鞍山市第十六届人民代表大会常务委员会第三十四次会议废止，2021年7月27日辽宁省第十三届人民代表大会常务委员会第二十七次会议批准废止 | 2021-8-5 | 2021-8-17 | 2021-8-5 | 废止 |
| 鞍山市国有资产流失查处办法 | 2021年6月30日鞍山市第十六届人民代表大会常务委员会第三十四次会议废止，2021年7月27日辽宁省第十三届人民代表大会常务委员会第二十七次会议批准废止 | 2021-8-5 | 2021-8-17 | 2021-8-5 | 废止 |
| 沈阳市控制吸烟条例 | 2021年6月24日沈阳市第十六届人民代表大会常务委员会第二十九次会议通过，2021年7月27日辽宁省第十三届人民代表大会常务委员会第二十七次会议批准 | 2021-8-30 | 2021-9-14 | 2021-10-1 | 制定 |
| 宽甸满族自治县浑江流域水环境保护条例 | 2021年1月8日宽甸满族自治县第七届人民代表大会第四次会议通过，2021年7月27日辽宁省第十三届人民代表大会常务委员会第二十七次会议批准 | 2021-8-31 | 2021-9-14 | 2021-9-15 | 制定 |
| 宽甸满族自治县风景区管理条例 | 2021年1月8日宽甸满族自治县第七届人民代表大会第四次会议修改，2021年7月27日辽宁省第十三届人民代表大会常务委员会第二十七次会议批准修改 | 2021-8-31 | 2021-9-14 | 2021-8-31 | 修改 |
| 宽甸满族自治县矿产资源保护条例 | 2021年1月8日宽甸满族自治县第七届人民代表大会第四次会议修改，2021年7月27日辽宁省第十三届人民代表大会常务委员会第二十七次会议批准修改 | 2021-8-31 | 2021-9-14 | 2021-8-31 | 修改 |
| 宽甸满族自治县城市供水用水条例 | 2021年1月8日宽甸满族自治县第七届人民代表大会第四次会议修改，2021年7月27日辽宁省第十三届人民代表大会常务委员会第二十七次会议批准修改 | 2021-8-31 | 2021-9-14 | 2021-8-31 | 修改 |

续表

| 法规名称 | 通过或批准时间 | 公布时间 | 报备时间 | 施行时间 | 立法形式 |
|---|---|---|---|---|---|
| 宽甸满族自治县旅游条例 | 2021 年 1 月 8 日宽甸满族自治县第七届人民代表大会第四次会议修改,2021 年 7 月 27 日辽宁省第十三届人民代表大会常务委员会第二十七次会议批准修改 | 2021-8-31 | 2021-9-14 | 2021-9-15 | 修改 |
| 沈阳市水污染防治条例 | 2021 年 8 月 26 日沈阳市第十六届人民代表大会常务委员会第三十次会议修改,2021 年 9 月 29 日辽宁省第十三届人民代表大会常务委员会第二十八次会议批准修改 | 2021-10-12 | 2021-11-5 | 2021-11-1 | 修改 |
| 清原满族自治县物业管理条例 | 2020 年 12 月 29 日清原满族自治县第七届人民代表大会第四次会议修改,2021 年 9 月 29 日辽宁省第十三届人民代表大会常务委员会第二十八次会议批准修改 | 2021-10-13 | 2021-11-5 | 2021-11-1 | 修改 |
| 清原满族自治县城市供水用水条例 | 2020 年 12 月 29 日清原满族自治县第七届人民代表大会第四次会议修改,2021 年 9 月 29 日辽宁省第十三届人民代表大会常务委员会第二十八次会议批准修改 | 2021-10-13 | 2021-11-5 | 2021-11-1 | 修改 |
| 清原满族自治县县城市容和环境卫生管理条例 | 2020 年 12 月 29 日清原满族自治县第七届人民代表大会第四次会议修改,2021 年 9 月 29 日辽宁省第十三届人民代表大会常务委员会第二十八次会议批准修改 | 2021-10-13 | 2021-11-5 | 2021-11-1 | 修改 |
| 锦州市违法建设治理规定 | 2021 年 7 月 20 日锦州市第十六届人民代表大会常务委员会第二十九次会议通过,2021 年 9 月 29 日辽宁省第十三届人民代表大会常务委员会第二十八次会议批准 | 2021-10-14 | 2021-11-5 | 2021-12-1 | 制定 |
| 桓仁满族自治县封山育林管理条例 | 2020 年 12 月 25 日桓仁满族自治县第七届人民代表大会第五次会议修改,2021 年 9 月 29 日辽宁省第十三届人民代表大会常务委员会第二十八次会议批准修改 | 2021-10-15 | 2021-11-5 | 2021-10-15 | 修改 |
| 桓仁满族自治县冰葡萄酒管理条例 | 2020 年 12 月 25 日桓仁满族自治县第七届人民代表大会第五次会议修改,2021 年 9 月 29 日辽宁省第十三届人民代表大会常务委员会第二十八次会议批准修改 | 2021-10-15 | 2021-11-5 | 2021-10-15 | 修改 |
| 桓仁满族自治县水库渔业资源保护管理条例 | 2020 年 12 月 25 日桓仁满族自治县第七届人民代表大会第五次会议废止,2021 年 9 月 29 日辽宁省第十三届人民代表大会常务委员会第二十八次会议批准废止 | 2021-10-15 | 2021-11-5 | 2021-10-15 | 废止 |
| 本溪市文明行为促进条例 | 2021 年 7 月 27 日本溪市第十六届人民代表大会常务委员会第三十一次会议通过,2021 年 9 月 29 日辽宁省第十三届人民代表大会常务委员会第二十八次会议批准 | 2021-10-15 | 2021-11-5 | 2022-1-1 | 制定 |
| 喀喇沁左翼蒙古族自治县蒙古族文化工作条例 | 2020 年 12 月 24 日喀喇沁左翼蒙古族自治县第十六届人民代表大会第四次会议修改,2021 年 9 月 29 日辽宁省第十三届人民代表大会常务委员会第二十八次会议批准修改 | 2021-10-22 | 2021-11-5 | 2021-10-22 | 修改 |

续表

| 法规名称 | 通过或批准时间 | 公布时间 | 报备时间 | 施行时间 | 立法形式 |
| --- | --- | --- | --- | --- | --- |
| 喀喇沁左翼蒙古族自治县民族教育条例 | 2020 年 12 月 24 日喀喇沁左翼蒙古族自治县第十六届人民代表大会第四次会议修改,2021 年 9 月 29 日辽宁省第十三届人民代表大会常务委员会第二十八次会议批准修改 | 2021-10-22 | 2021-11-5 | 2021-10-22 | 修改 |
| 喀喇沁左翼蒙古族自治县实施《辽宁省人口与计划生育条例》的变通规定 | 2020 年 12 月 24 日喀喇沁左翼蒙古族自治县第十六届人民代表大会第四次会议废止,2021 年 9 月 29 日辽宁省第十三届人民代表大会常务委员会第二十八次会议批准废止 | 2021-10-22 | 2021-11-5 | 2021-10-22 | 废止 |
| 抚顺市文明行为促进条例 | 2021 年 8 月 26 日抚顺市第十六届人民代表大会常务委员会第三十次会议通过,2021 年 9 月 29 日辽宁省第十三届人民代表大会常务委员会第二十八次会议批准 | 2021-10-22 | 2021-11-5 | 2022-1-1 | 制定 |
| 鞍山市优化营商环境条例 | 2021 年 9 月 3 日鞍山市第十六届人民代表大会常务委员会第三十五次会议通过,2021 年 9 月 29 日辽宁省第十三届人民代表大会常务委员会第二十八次会议批准 | 2021-10-25 | 2021-11-5 | 2021-11-1 | 制定 |
| 辽宁省社会信用条例 | 2021 年 11 月 26 日辽宁省第十三届人民代表大会常务委员会第三十次会议通过 | 2021-11-26 | 2021-12-7 | 2022-1-1 | 制定 |
| 辽宁省公共信用信息管理条例 | 在《辽宁省社会信用条例》中被明文予以废止 | 2021-11-26 | 2021-12-7 | 2022-1-1 | 文中废止 |
| 辽宁省城市更新条例 | 2021 年 11 月 26 日辽宁省第十三届人民代表大会常务委员会第三十次会议通过 | 2021-11-26 | 2021-12-7 | 2022-2-1 | 制定 |
| 辽宁省公共卫生应急管理条例 | 2021 年 11 月 26 日辽宁省第十三届人民代表大会常务委员会第三十次会议通过 | 2021-11-26 | 2021-12-7 | 2022-2-1 | 制定 |
| 辽宁省人口与计划生育条例 | 2021 年 11 月 26 日辽宁省第十三届人民代表大会常务委员会第三十次会议修改 | 2021-11-26 | 2021-12-7 | 2021-11-26 | 修改 |
| 辽宁省实施《中华人民共和国土地管理法》办法 | 2021 年 11 月 26 日辽宁省第十三届人民代表大会常务委员会第三十次会议修改 | 2021-11-26 | 2021-12-7 | 2022-2-1 | 修改 |
| 辽宁省禁止选择胎儿性别终止妊娠规定 | 2021 年 11 月 26 日辽宁省第十三届人民代表大会常务委员会第三十次会议废止 | 2021-11-26 | 2021-12-7 | 2021-11-26 | 废止 |
| 沈阳市城市建设档案管理条例 | 2021 年 10 月 29 日沈阳市第十六届人民代表大会常务委员会第三十二次会议通过,2021 年 11 月 26 日辽宁省第十三届人民代表大会常务委员会第三十次会议批准 | 2021-12-3 | 2021-12-21 | 2022-1-1 | 制定 |
| 葫芦岛市生活垃圾分类管理条例 | 2021 年 10 月 26 日葫芦岛市第六届人民代表大会常务委员会第二十八次会议通过,2021 年 11 月 26 日辽宁省第十三届人民代表大会常务委员会第三十次会议批准 | 2021-12-3 | 2021-12-27 | 2022-5-1 | 制定 |
| 辽阳市历史文化名城保护条例 | 2021 年 10 月 28 日辽阳市第十六届人民代表大会常务委员会第三十七次会议通过,2021 年 11 月 26 日辽宁省第十三届人民代表大会常务委员会第三十次会议批准 | 2021-12-6 | 2021-12-21 | 2021-12-6 | 制定 |

续表

| 法规名称 | 通过或批准时间 | 公布时间 | 报备时间 | 施行时间 | 立法形式 |
|---|---|---|---|---|---|
| 辽阳市生活垃圾分类管理条例 | 2021 年 10 月 28 日辽阳市第十六届人民代表大会常务委员会第三十七次会议通过，2021 年 11 月 26 日辽宁省第十三届人民代表大会常务委员会第三十次会议批准 | 2021-12-6 | 2021-12-21 | 2022-5-1 | 制定 |
| 辽阳市汤河水库饮用水水源保护条例 | 2021 年 10 月 28 日辽阳市第十六届人民代表大会常务委员会第三十七次会议修改，2021 年 11 月 26 日辽宁省第十三届人民代表大会常务委员会第三十次会议批准修改 | 2021-12-6 | 2021-12-21 | 2021-12-6 | 修改 |
| 沈阳市耕地质量保护条例 | 2021 年 10 月 29 日沈阳市第十六届人民代表大会常务委员会第三十二次会议通过，2021 年 11 月 26 日辽宁省第十三届人民代表大会常务委员会第三十次会议批准 | 2021-12-6 | 2021-12-21 | 2022-1-1 | 制定 |
| 沈阳市耕地保养条例 | 在《沈阳市耕地质量保护条例》中被明文予以废止 | 2021-12-6 | 2021-12-21 | 2022-1-1 | 文中废止 |
| 大连市畜禽养殖污染防治条例 | 2021 年 10 月 22 日大连市第十六届人民代表大会常务委员会第三十三次会议通过，2021 年 11 月 26 日辽宁省第十三届人民代表大会常务委员会第三十次会议批准 | 2021-12-6 | 2021-12-27 | 2022-1-1 | 制定 |
| 抚顺市生活垃圾分类管理条例 | 2021 年 10 月 26 日抚顺市第十六届人民代表大会常务委员会第三十一次会议通过，2021 年 11 月 26 日辽宁省第十三届人民代表大会常务委员会第三十次会议批准 | 2021-12-10 | 2021-12-27 | 2022-5-1 | 制定 |
| 营口市家政服务条例 | 2021 年 9 月 22 日营口市第十六届人民代表大会常务委员会第三十七次会议通过，2021 年 11 月 26 日辽宁省第十三届人民代表大会常务委员会第三十次会议批准 | 2021-12-13 | 2021-12-27 | 2022-1-1 | 制定 |
| 阜新市农村垃圾治理条例 | 2021 年 10 月 27 日阜新市第十六届人民代表大会常务委员会第三十一次会议通过，2021 年 11 月 26 日辽宁省第十三届人民代表大会常务委员会第三十次会议批准 | 2021-12-15 | 2021-12-27 | 2022-1-1 | 制定 |
| 朝阳市户外广告和招牌设置管理条例 | 2021 年 10 月 28 日朝阳市第十一届人民代表大会常务委员会第二十六次会议通过，2021 年 11 月 26 日辽宁省第十三届人民代表大会常务委员会第三十次会议批准 | 2021-12-15 | 2021-12-27 | 2022-2-1 | 制定 |
| 朝阳市生活垃圾分类管理条例 | 2021 年 10 月 28 日朝阳市第十一届人民代表大会常务委员会第二十六次会议通过，2021 年 11 月 26 日辽宁省第十三届人民代表大会常务委员会第三十次会议批准 | 2021-12-15 | 2021-12-27 | 2022-5-1 | 制定 |
| 本溪市中心城区山体保护条例 | 2021 年 9 月 15 日本溪市第十六届人民代表大会常务委员会第三十二次会议通过，2021 年 11 月 26 日辽宁省第十三届人民代表大会常务委员会第三十次会议批准 | 2021-12-20 | 2021-12-27 | 2022-7-1 | 制定 |

# 吉林省地方性法规目录

（84 件）

| 法规名称 | 通过或批准时间 | 公布时间 | 报备时间 | 施行时间 | 立法形式 |
| --- | --- | --- | --- | --- | --- |
| 吉林省物业管理条例 | 2021 年 5 月 27 日吉林省第十三届人民代表大会常务委员会第二十八次会议通过 | 2021-5-27 | 2021-6-24 | 2021-8-1 | 制定 |
| 吉林省铁路安全管理条例 | 2021 年 5 月 27 日吉林省第十三届人民代表大会常务委员会第二十八次会议通过 | 2021-5-27 | 2021-6-24 | 2021-9-1 | 制定 |
| 吉林省河道管理条例 | 2021 年 5 月 27 日吉林省第十三届人民代表大会常务委员会第二十八次会议修改 | 2021-5-27 | 2021-6-24 | 2021-5-27 | 修改 |
| 吉林省黑土地保护条例 | 2021 年 5 月 27 日吉林省第十三届人民代表大会常务委员会第二十八次会议修改 | 2021-5-27 | 2021-6-24 | 2021-5-27 | 修改 |
| 吉林省农作物种子条例 | 2021 年 5 月 27 日吉林省第十三届人民代表大会常务委员会第二十八次会议修改 | 2021-5-27 | 2021-6-24 | 2021-5-27 | 修改 |
| 吉林省农业机械管理条例 | 2021 年 5 月 27 日吉林省第十三届人民代表大会常务委员会第二十八次会议修改 | 2021-5-27 | 2021-6-24 | 2021-5-27 | 修改 |
| 吉林省畜禽屠宰管理条例 | 2021 年 5 月 27 日吉林省第十三届人民代表大会常务委员会第二十八次会议修改 | 2021-5-27 | 2021-6-24 | 2021-5-27 | 修改 |
| 吉林省县乡两级人民代表大会选举实施细则 | 2021 年 5 月 27 日吉林省第十三届人民代表大会常务委员会第二十八次会议修改 | 2021-5-27 | 2021-6-24 | 2021-5-27 | 修改 |
| 辽源市农村人居环境治理条例 | 2021 年 2 月 24 日辽源市第八届人民代表大会常务委员会第三十三次会议通过，2021 年 5 月 27 日吉林省第十三届人民代表大会常务委员会第二十八次会议批准 | 2021-5-28 | 2021-6-24 | 2021-7-1 | 制定 |
| 白山市浑江流域水环境保护条例 | 2021 年 2 月 25 日白山市第八届人民代表大会常务委员会第三十五次会议通过，2021 年 5 月 27 日吉林省第十三届人民代表大会常务委员会第二十八次会议批准 | 2021-5-31 | 2021-6-24 | 2021-7-1 | 制定 |
| 四平市社会信用条例 | 2021 年 5 月 10 日四平市第八届人民代表大会常务委员会第三十九次会议通过，2021 年 5 月 27 日吉林省第十三届人民代表大会常务委员会第二十八次会议批准 | 2021-5-31 | 2021-6-24 | 2021-5-31 | 制定 |
| 吉林市气象灾害防御条例 | 2021 年 3 月 30 日吉林市第十六届人民代表大会常务委员会第三十八次会议修改，2021 年 5 月 27 日吉林省第十三届人民代表大会常务委员会第二十八次会议批准修改 | 2021-6-1 | 2021-6-24 | 2021-7-1 | 修改 |
| 长春市养犬管理条例 | 2020 年 10 月 30 日长春市第十五届人民代表大会常务委员会第三十二次会议通过，2021 年 5 月 27 日吉林省第十三届人民代表大会常务委员会第二十八次会议批准 | 2021-6-2 | 2021-6-24 | 2021-8-1 | 制定 |

续表

| 法规名称 | 通过或批准时间 | 公布时间 | 报备时间 | 施行时间 | 立法形式 |
|---|---|---|---|---|---|
| 长春市养犬管理规定 | 在《长春市养犬管理条例》中被明文予以废止 | 2021-6-2 | 2021-6-24 | 2021-8-1 | 文中废止 |
| 通化市浑江流域水环境保护条例 | 2021 年 4 月 23 日通化市第八届人民代表大会常务委员会第三十次会议通过,2021 年 5 月 27 日吉林省第十三届人民代表大会常务委员会第二十八次会议批准 | 2021-6-2 | 2021-6-24 | 2021-7-1 | 制定 |
| 长春市学前教育条例 | 2020 年 10 月 30 日长春市第十五届人民代表大会常务委员会第三十二次会议通过,2021 年 5 月 27 日吉林省第十三届人民代表大会常务委员会第二十八次会议批准 | 2021-6-3 | 2021-6-24 | 2021-7-1 | 制定 |
| 长春市城市地下空间开发利用管理条例 | 2020 年 10 月 30 日长春市第十五届人民代表大会常务委员会第三十二次会议修改,2021 年 5 月 27 日吉林省第十三届人民代表大会常务委员会第二十八次会议批准修改 | 2021-6-3 | 2021-6-24 | 2021-6-3 | 修改 |
| 长春市历史文化街区和历史建筑保护条例 | 2020 年 10 月 30 日长春市第十五届人民代表大会常务委员会第三十二次会议修改,2021 年 5 月 27 日吉林省第十三届人民代表大会常务委员会第二十八次会议批准修改 | 2021-6-3 | 2021-6-24 | 2021-6-3 | 修改 |
| 长春市城乡规划条例 | 2020 年 10 月 30 日长春市第十五届人民代表大会常务委员会第三十二次会议修改,2021 年 5 月 27 日吉林省第十三届人民代表大会常务委员会第二十八次会议批准修改 | 2021-6-3 | 2021-6-24 | 2021-6-3 | 修改 |
| 长春市地名管理条例 | 2020 年 10 月 30 日长春市第十五届人民代表大会常务委员会第三十二次会议修改,2021 年 5 月 27 日吉林省第十三届人民代表大会常务委员会第二十八次会议批准修改 | 2021-6-3 | 2021-6-24 | 2021-6-3 | 修改 |
| 长春市老年人权益保障条例 | 2020 年 10 月 30 日长春市第十五届人民代表大会常务委员会第三十二次会议修改,2021 年 5 月 27 日吉林省第十三届人民代表大会常务委员会第二十八次会议批准修改 | 2021-6-3 | 2021-6-24 | 2021-6-3 | 修改 |
| 长春市供水条例 | 2020 年 10 月 30 日长春市第十五届人民代表大会常务委员会第三十二次会议修改,2021 年 5 月 27 日吉林省第十三届人民代表大会常务委员会第二十八次会议批准修改 | 2021-6-3 | 2021-6-24 | 2021-6-3 | 修改 |
| 长春市燃气管理条例 | 2020 年 10 月 30 日长春市第十五届人民代表大会常务委员会第三十二次会议修改,2021 年 5 月 27 日吉林省第十三届人民代表大会常务委员会第二十八次会议批准修改 | 2021-6-3 | 2021-6-24 | 2021-6-3 | 修改 |
| 长春市城市供热管理条例 | 2020 年 10 月 30 日长春市第十五届人民代表大会常务委员会第三十二次会议修改,2021 年 5 月 27 日吉林省第十三届人民代表大会常务委员会第二十八次会议批准修改 | 2021-6-3 | 2021-6-24 | 2021-6-3 | 修改 |

续表

| 法规名称 | 通过或批准时间 | 公布时间 | 报备时间 | 施行时间 | 立法形式 |
|---|---|---|---|---|---|
| 长春市预防和制止家庭暴力条例 | 2020年10月30日长春市第十五届人民代表大会常务委员会第三十二次会议修改，2021年5月27日吉林省第十三届人民代表大会常务委员会第二十八次会议批准修改 | 2021-6-3 | 2021-6-24 | 2021-6-3 | 修改 |
| 长春市妇女权益保障条例 | 2020年10月30日长春市第十五届人民代表大会常务委员会第三十二次会议修改，2021年5月27日吉林省第十三届人民代表大会常务委员会第二十八次会议批准修改 | 2021-6-3 | 2021-6-24 | 2021-6-3 | 修改 |
| 长春市文物保护条例 | 2020年10月30日长春市第十五届人民代表大会常务委员会第三十二次会议修改，2021年5月27日吉林省第十三届人民代表大会常务委员会第二十八次会议批准修改 | 2021-6-3 | 2021-6-24 | 2021-6-3 | 修改 |
| 长春市饮用水水源保护条例 | 2020年10月30日长春市第十五届人民代表大会常务委员会第三十二次会议修改，2021年5月27日吉林省第十三届人民代表大会常务委员会第二十八次会议批准修改 | 2021-6-3 | 2021-6-24 | 2021-6-3 | 修改 |
| 长春市妇女儿童健康保护条例 | 2020年10月30日长春市第十五届人民代表大会常务委员会第三十二次会议废止，2021年5月27日吉林省第十三届人民代表大会常务委员会第二十八次会议批准废止 | 2021-6-3 | 2021-6-24 | 2021-6-3 | 废止 |
| 长春市机动车维修管理条例 | 2020年10月30日长春市第十五届人民代表大会常务委员会第三十二次会议废止，2021年5月27日吉林省第十三届人民代表大会常务委员会第二十八次会议批准废止 | 2021-6-3 | 2021-6-24 | 2021-6-3 | 废止 |
| 长春市人才市场管理条例 | 2020年10月30日长春市第十五届人民代表大会常务委员会第三十二次会议废止，2021年5月27日吉林省第十三届人民代表大会常务委员会第二十八次会议批准废止 | 2021-6-3 | 2021-6-24 | 2021-6-3 | 废止 |
| 长春市国有土地上房屋征收与补偿条例 | 2020年12月15日长春市第十五届人民代表大会常务委员会第三十三次会议通过，2021年5月27日吉林省第十三届人民代表大会常务委员会第二十八次会议批准 | 2021-6-3 | 2021-6-24 | 2021-7-1 | 制定 |
| 长春市城市房地产开发经营管理条例 | 2021年4月28日长春市第十五届人民代表大会常务委员会第三十七次会议修改，2021年5月27日吉林省第十三届人民代表大会常务委员会第二十八次会议批准修改 | 2021-6-4 | 2021-6-24 | 2021-6-4 | 修改 |
| 吉林省人民代表大会常务委员会关于吉林省实施契税法授权事项的决定 | 2021年7月30日吉林省第十三届人民代表大会常务委员会第二十九次会议通过 | 2021-7-30 | 2021-8-27 | 2021-7-30 | 制定 |
| 吉林省林业有害生物防治条例 | 2021年7月30日吉林省第十三届人民代表大会常务委员会第二十九次会议通过 | 2021-7-30 | 2021-8-27 | 2021-10-1 | 制定 |

续表

| 法规名称 | 通过或批准时间 | 公布时间 | 报备时间 | 施行时间 | 立法形式 |
|---|---|---|---|---|---|
| 吉林省地方金融监督管理条例 | 2021 年 7 月 30 日吉林省第十三届人民代表大会常务委员会第二十九次会议通过 | 2021-7-30 | 2021-8-27 | 2022-1-1 | 制定 |
| 吉林省危险废物污染环境防治条例 | 2021 年 7 月 30 日吉林省第十三届人民代表大会常务委员会第二十九次会议修改 | 2021-7-30 | 2021-8-27 | 2021-7-30 | 修改 |
| 吉林省城市供热条例 | 2021 年 7 月 30 日吉林省第十三届人民代表大会常务委员会第二十九次会议修改 | 2021-7-30 | 2021-8-27 | 2021-7-30 | 修改 |
| 松原市农村道路交通安全治理条例 | 2021 年 5 月 28 日松原市第六届人民代表大会常务委员会第三十一次会议通过，2021 年 7 月 30 日吉林省第十三届人民代表大会常务委员会第二十九次会议批准 | 2021-8-9 | 2021-8-27 | 2021-9-1 | 制定 |
| 长白朝鲜族自治县市容和环境卫生管理条例 | 2021 年 1 月 20 日长白朝鲜族自治县第十八届人民代表大会第五次会议通过，2021 年 7 月 30 日吉林省第十三届人民代表大会常务委员会第二十九次会议批准 | 2021-8-11 | 2021-8-27 | 2021-8-11 | 制定 |
| 长白朝鲜族自治县城镇管理条例 | 在《长白朝鲜族自治县市容和环境卫生管理条例》中被明文予以废止 | 2021-8-11 | 2021-8-27 | 2021-8-11 | 文中废止 |
| 长白朝鲜族自治县旅游条例 | 2021 年 1 月 20 日长白朝鲜族自治县第十八届人民代表大会第五次会议通过，2021 年 7 月 30 日吉林省第十三届人民代表大会常务委员会第二十九次会议批准 | 2021-8-11 | 2021-8-27 | 2021-8-11 | 制定 |
| 通化市燃放烟花爆竹安全管理条例 | 2021 年 6 月 25 日通化市第八届人民代表大会常务委员会第三十一次会议修改，2021 年 7 月 30 日吉林省第十三届人民代表大会常务委员会第二十九次会议批准修改 | 2021-8-11 | 2021-8-27 | 2021-8-11 | 修改 |
| 延边朝鲜族自治州蜂业条例 | 2021 年 1 月 14 日延边朝鲜族自治州第十五届人民代表大会第六次会议修改，2021 年 7 月 30 日吉林省第十三届人民代表大会常务委员会第二十九次会议批准修改 | 2021-8-12 | 2021-8-27 | 2021-8-12 | 修改 |
| 延边朝鲜族自治州旅游条例 | 2021 年 1 月 14 日延边朝鲜族自治州第十五届人民代表大会第六次会议修改，2021 年 7 月 30 日吉林省第十三届人民代表大会常务委员会第二十九次会议批准修改 | 2021-8-12 | 2021-8-27 | 2021-8-12 | 修改 |
| 吉林省社会信用条例 | 2021 年 9 月 28 日吉林省第十三届人民代表大会常务委员会第三十次会议通过 | 2021-9-28 | 2021-10-26 | 2022-1-1 | 制定 |
| 吉林省道路运输条例 | 2021 年 9 月 28 日吉林省第十三届人民代表大会常务委员会第三十次会议修改 | 2021-9-28 | 2021-10-26 | 2021-9-28 | 修改 |
| 吉林省水路交通条例 | 2021 年 9 月 28 日吉林省第十三届人民代表大会常务委员会第三十次会议修改 | 2021-9-28 | 2021-10-26 | 2021-9-28 | 修改 |
| 吉林省国家通用语言文字条例 | 2021 年 9 月 28 日吉林省第十三届人民代表大会常务委员会第三十次会议修改 | 2021-9-28 | 2021-10-26 | 2021-9-28 | 修改 |
| 吉林省建筑市场管理条例 | 2021 年 9 月 28 日吉林省第十三届人民代表大会常务委员会第三十次会议修改 | 2021-9-28 | 2021-10-26 | 2021-9-28 | 修改 |

续表

| 法规名称 | 通过或批准时间 | 公布时间 | 报备时间 | 施行时间 | 立法形式 |
|---|---|---|---|---|---|
| 吉林省民用建筑节能与发展新型墙体材料条例 | 2021 年 9 月 28 日吉林省第十三届人民代表大会常务委员会第三十次会议修改 | 2021-9-28 | 2021-10-26 | 2021-9-28 | 修改 |
| 吉林省防震减灾条例 | 2021 年 9 月 28 日吉林省第十三届人民代表大会常务委员会第三十次会议修改 | 2021-9-28 | 2021-10-26 | 2021-9-28 | 修改 |
| 吉林省人口与计划生育条例 | 2021 年 9 月 28 日吉林省第十三届人民代表大会常务委员会第三十次会议修改 | 2021-9-28 | 2021-10-26 | 2021-9-28 | 修改 |
| 吉林省计量管理条例 | 2021 年 9 月 28 日吉林省第十三届人民代表大会常务委员会第三十次会议废止 | 2021-9-28 | 2021-10-26 | 2021-9-28 | 废止 |
| 四平市黑土地保护条例 | 2021 年 7 月 27 日四平市第八届人民代表大会常务委员会第四十一次会议通过，2021 年 9 月 28 日吉林省第十三届人民代表大会常务委员会第三十次会议批准 | 2021-9-30 | 2021-10-26 | 2021-10-1 | 制定 |
| 四平市河道管理条例 | 2021 年 7 月 27 日四平市第八届人民代表大会常务委员会第四十一次会议通过，2021 年 9 月 28 日吉林省第十三届人民代表大会常务委员会第三十次会议批准 | 2021-10-11 | 2021-10-26 | 2021-11-1 | 制定 |
| 四平市乡村人居环境治理条例 | 2021 年 7 月 27 日四平市第八届人民代表大会常务委员会第四十一次会议通过，2021 年 9 月 28 日吉林省第十三届人民代表大会常务委员会第三十次会议批准 | 2021-10-11 | 2021-10-26 | 2021-11-1 | 制定 |
| 长春市市政设施管理条例 | 2021 年 8 月 5 日长春市第十五届人民代表大会常务委员会第四十次会议修改，2021 年 9 月 28 日吉林省第十三届人民代表大会常务委员会第三十次会议批准修改 | 2021-10-15 | 2021-10-26 | 2021-11-1 | 修改 |
| 通化市养犬管理条例 | 2021 年 8 月 27 日通化市第八届人民代表大会常务委员会第三十三次会议通过，2021 年 9 月 28 日吉林省第十三届人民代表大会常务委员会第三十次会议批准 | 2021-10-19 | 2021-10-26 | 2022-6-1 | 制定 |
| 吉林省乡村振兴促进条例 | 2021 年 11 月 25 日吉林省第十三届人民代表大会常务委员会第三十一次会议通过 | 2021-11-25 | 2021-12-23 | 2022-3-1 | 制定 |
| 吉林省食品小作坊小餐饮店小食杂店和食品摊贩管理条例 | 2021 年 11 月 25 日吉林省第十三届人民代表大会常务委员会第三十一次会议通过 | 2021-11-25 | 2021-12-23 | 2022-3-15 | 制定 |
| 吉林省食品生产加工小作坊和食品摊贩管理条例 | 在《吉林省食品小作坊小餐饮店小食杂店和食品摊贩管理条例》中被明文予以废止 | 2021-11-25 | 2021-12-23 | 2022-3-15 | 文中废止 |
| 吉林省无规定动物疫病区建设管理条例 | 2021 年 11 月 25 日吉林省第十三届人民代表大会常务委员会第三十一次会议修改 | 2021-11-25 | 2021-12-23 | 2022-1-1 | 修改 |
| 四平市市区住宅小区物业管理监督规定 | 2021 年 9 月 23 日四平市第八届人民代表大会常务委员会第四十二次会议通过，2021 年 11 月 25 日吉林省第十三届人民代表大会常务委员会第三十一次会议批准 | 2021-11-30 | 2021-12-23 | 2022-1-1 | 制定 |
| 四平市物质文化遗产保护条例 | 2021 年 9 月 23 日四平市第八届人民代表大会常务委员会第四十二次会议通过，2021 年 11 月 25 日吉林省第十三届人民代表大会常务委员会第三十一次会议批准 | 2021-11-30 | 2021-12-23 | 2022-1-1 | 制定 |

续表

| 法规名称 | 通过或批准时间 | 公布时间 | 报备时间 | 施行时间 | 立法形式 |
| --- | --- | --- | --- | --- | --- |
| 吉林市人大常委会关于加强停缓建工程管理工作的决议 | 2021年9月28日吉林市第十六届人民代表大会常务委员会第四十一次会议废止，2021年11月25日吉林省第十三届人民代表大会常务委员会第三十一次会议批准废止 | 2021-11-30 | 2021-12-23 | 2021-11-30 | 废止 |
| 白城市草原生态保护条例 | 2021年11月10日白城市第六届人民代表大会常务委员会第四十次会议通过，2021年11月25日吉林省第十三届人民代表大会常务委员会第三十一次会议批准 | 2021-11-30 | 2021-12-23 | 2022-1-1 | 制定 |
| 松原市文明行为促进条例 | 2021年11月10日松原市第六届人民代表大会常务委员会第三十五次会议通过，2021年11月25日吉林省第十三届人民代表大会常务委员会第三十一次会议批准 | 2021-12-1 | 2021-12-23 | 2021-12-1 | 制定 |
| 松原市城市市容和环境卫生管理条例 | 2021年11月10日松原市第六届人民代表大会常务委员会第三十五次会议通过，2021年11月25日吉林省第十三届人民代表大会常务委员会第三十一次会议批准 | 2021-12-1 | 2021-12-23 | 2021-12-1 | 制定 |
| 白城市城市管理条例 | 2021年11月10日白城市第六届人民代表大会常务委员会第四十次会议通过，2021年11月25日吉林省第十三届人民代表大会常务委员会第三十一次会议批准 | 2021-12-1 | 2021-12-23 | 2022-3-1 | 制定 |
| 长春市城市建设档案管理条例 | 2021年10月29日长春市第十五届人民代表大会常务委员会第四十二次会议修改，2021年11月25日吉林省第十三届人民代表大会常务委员会第三十一次会议批准修改 | 2021-12-2 | 2021-12-23 | 2022-1-1 | 修改 |
| 白城市城四家子城址保护条例 | 2021年11月10日白城市第六届人民代表大会常务委员会第四十次会议通过，2021年11月25日吉林省第十三届人民代表大会常务委员会第三十一次会议批准 | 2021-12-2 | 2021-12-23 | 2022-3-1 | 制定 |
| 长春市饮用水水源保护条例 | 2021年10月29日长春市第十五届人民代表大会常务委员会第四十二次会议修改，2021年11月25日吉林省第十三届人民代表大会常务委员会第三十一次会议批准修改 | 2021-12-3 | 2021-12-23 | 2021-12-3 | 修改 |
| 长春市动物诊疗机构管理条例 | 2021年10月29日长春市第十五届人民代表大会常务委员会第四十二次会议修改，2021年11月25日吉林省第十三届人民代表大会常务委员会第三十一次会议批准修改 | 2021-12-3 | 2021-12-23 | 2021-12-3 | 修改 |
| 长春市农村环境治理条例 | 2021年10月29日长春市第十五届人民代表大会常务委员会第四十二次会议修改，2021年11月25日吉林省第十三届人民代表大会常务委员会第三十一次会议批准修改 | 2021-12-3 | 2021-12-23 | 2021-12-3 | 修改 |
| 长春市农业机械管理条例 | 2021年10月29日长春市第十五届人民代表大会常务委员会第四十二次会议修改，2021年11月25日吉林省第十三届人民代表大会常务委员会第三十一次会议批准修改 | 2021-12-3 | 2021-12-23 | 2021-12-3 | 修改 |

续表

| 法规名称 | 通过或批准时间 | 公布时间 | 报备时间 | 施行时间 | 立法形式 |
| --- | --- | --- | --- | --- | --- |
| 长春市城市供热管理条例 | 2021年10月29日长春市第十五届人民代表大会常务委员会第四十二次会议修改，2021年11月25日吉林省第十三届人民代表大会常务委员会第三十一次会议批准修改 | 2021-12-3 | 2021-12-23 | 2021-12-3 | 修改 |
| 长春市供水条例 | 2021年10月29日长春市第十五届人民代表大会常务委员会第四十二次会议修改，2021年11月25日吉林省第十三届人民代表大会常务委员会第三十一次会议批准修改 | 2021-12-3 | 2021-12-23 | 2021-12-3 | 修改 |
| 长春市散装水泥管理条例 | 2021年10月29日长春市第十五届人民代表大会常务委员会第四十二次会议修改，2021年11月25日吉林省第十三届人民代表大会常务委员会第三十一次会议批准修改 | 2021-12-3 | 2021-12-23 | 2021-12-3 | 修改 |
| 长春市城市绿化条例 | 2021年10月29日长春市第十五届人民代表大会常务委员会第四十二次会议修改，2021年11月25日吉林省第十三届人民代表大会常务委员会第三十一次会议批准修改 | 2021-12-3 | 2021-12-23 | 2021-12-3 | 修改 |
| 长春市公园条例 | 2021年10月29日长春市第十五届人民代表大会常务委员会第四十二次会议修改，2021年11月25日吉林省第十三届人民代表大会常务委员会第三十一次会议批准修改 | 2021-12-3 | 2021-12-23 | 2021-12-3 | 修改 |
| 长春市森林资源管理条例 | 2021年10月29日长春市第十五届人民代表大会常务委员会第四十二次会议修改，2021年11月25日吉林省第十三届人民代表大会常务委员会第三十一次会议批准修改 | 2021-12-3 | 2021-12-23 | 2021-12-3 | 修改 |
| 长春市服务业环境污染防治条例 | 2021年10月29日长春市第十五届人民代表大会常务委员会第四十二次会议废止，2021年11月25日吉林省第十三届人民代表大会常务委员会第三十一次会议批准废止 | 2021-12-3 | 2021-12-23 | 2021-12-3 | 废止 |
| 长春市饲料和饲料添加剂管理条例 | 2021年10月29日长春市第十五届人民代表大会常务委员会第四十二次会议废止，2021年11月25日吉林省第十三届人民代表大会常务委员会第三十一次会议批准废止 | 2021-12-3 | 2021-12-23 | 2021-12-3 | 废止 |
| 白山市餐厨垃圾管理条例 | 2021年11月3日白山市第八届人民代表大会常务委员会第四十次会议通过，2021年11月25日吉林省第十三届人民代表大会常务委员会第三十一次会议批准 | 2021-12-3 | 2021-12-23 | 2022-7-1 | 制定 |
| 白城市城市绿化条例 | 2021年9月6日白城市第六届人民代表大会常务委员会第三十九次会议修改，2021年11月25日吉林省第十三届人民代表大会常务委员会第三十一次会议批准修改 | 2021-12-9 | 2021-12-23 | 2021-12-9 | 修改 |
| 延边朝鲜族自治州文明行为促进条例 | 2021年9月28日延边朝鲜族自治州第十五届人民代表大会常务委员会第三十三次会议通过，2021年11月25日吉林省第十三届人民代表大会常务委员会第三十一次会议批准 | 2021-12-10 | 2021-12-23 | 2021-12-10 | 制定 |

# 黑龙江省地方性法规目录

（38件）

| 法规名称 | 通过或批准时间 | 公布时间 | 报备时间 | 施行时间 | 立法形式 |
|---|---|---|---|---|---|
| 绥化市餐厨废弃物管理条例 | 2020年10月29日绥化市第四届人民代表大会常务委员会第二十九次会议通过，2020年12月24日黑龙江省第十三届人民代表大会常务委员会第二十二次会议批准 | 2021-1-7 | 2020-12-28 | 2021-5-1 | 制定 |
| 哈尔滨市爱国卫生条例 | 2021年2月26日哈尔滨市第十五届人民代表大会常务委员会第三十七次会议通过，2021年4月21日黑龙江省第十三届人民代表大会常务委员会第二十五次会议批准 | 2021-4-22 | 2021-4-26 | 2021-5-25 | 制定 |
| 哈尔滨市爱国卫生工作条例 | 在《哈尔滨市爱国卫生条例》中被明文予以废止 | 2021-4-22 | 2021-4-26 | 2021-5-25 | 文中废止 |
| 哈尔滨市违法建设防控和查处条例 | 2020年11月27日哈尔滨市第十五届人民代表大会常务委员会第三十四次会议通过，2021年4月21日黑龙江省第十三届人民代表大会常务委员会第二十五次会议批准 | 2021-4-23 | 2021-4-26 | 2021-6-1 | 制定 |
| 伊春市城市综合管理条例 | 2020年12月29日伊春市第十四届人民代表大会常务委员会第二十八次会议通过，2021年4月21日黑龙江省第十三届人民代表大会常务委员会第二十五次会议批准 | 2021-4-23 | 2021-4-26 | 2021-5-1 | 制定 |
| 哈尔滨市金上京遗址保护条例 | 2020年11月27日哈尔滨市第十五届人民代表大会常务委员会第三十四次会议通过，2021年4月21日黑龙江省第十三届人民代表大会常务委员会第二十五次会议批准 | 2021-4-25 | 2021-4-26 | 2021-6-1 | 制定 |
| 黑龙江省人民代表大会常务委员会关于切实加强黑土地保护利用的决定 | 2021年6月24日黑龙江省第十三届人民代表大会常务委员会第二十六次会议通过 | 2021-6-24 | 2021-6-28 | 2021-6-24 | 制定 |
| 黑龙江省人民代表大会常务委员会关于实施契税法授权事项的决定 | 2021年6月24日黑龙江省第十三届人民代表大会常务委员会第二十六次会议通过 | 2021-6-24 | 2021-6-28 | 2021-9-1 | 制定 |
| 哈尔滨市中小学校用地保护条例 | 2020年12月29日哈尔滨市第十五届人民代表大会常务委员会第三十五次会议修改，2021年6月24日黑龙江省第十三届人民代表大会常务委员会第二十六次会议批准修改 | 2021-6-25 | 2021-6-28 | 2021-9-1 | 修改 |
| 双鸭山市住宅物业管理条例 | 2021年5月28日双鸭山市第十六届人民代表大会常务委员会第三十次会议通过，2021年6月24日黑龙江省第十三届人民代表大会常务委员会第二十六次会议批准 | 2021-6-25 | 2021-6-28 | 2021-10-1 | 制定 |

续表

| 法规名称 | 通过或批准时间 | 公布时间 | 报备时间 | 施行时间 | 立法形式 |
|---|---|---|---|---|---|
| 哈尔滨市房屋使用安全管理条例 | 2021年4月26日哈尔滨市第十五届人民代表大会常务委员会第三十八次会议通过,2021年6月24日黑龙江省第十三届人民代表大会常务委员会第二十六次会议批准 | 2021-6-28 | 2021-6-28 | 2021-9-1 | 制定 |
| 黑龙江省人民代表大会常务委员会关于开展第八个五年法治宣传教育的决议 | 2021年8月20日黑龙江省第十三届人民代表大会常务委员会第二十七次会议通过 | 2021-8-23 | 2021-8-27 | 2021-8-23 | 制定 |
| 黑龙江省预算审查监督条例 | 2021年8月20日黑龙江省第十三届人民代表大会常务委员会第二十七次会议通过 | 2021-8-23 | 2021-8-27 | 2021-10-1 | 制定 |
| 黑龙江省女职工劳动保护条例 | 2021年8月20日黑龙江省第十三届人民代表大会常务委员会第二十七次会议通过 | 2021-8-23 | 2021-8-27 | 2022-1-1 | 制定 |
| 黑龙江省邮政条例 | 2021年8月20日黑龙江省第十三届人民代表大会常务委员会第二十七次会议修改 | 2021-8-23 | 2021-8-27 | 2022-1-1 | 修改 |
| 伊春市文明行为促进条例 | 2021年6月28日伊春市第十四届人民代表大会常务委员会第三十四次会议通过,2021年8月20日黑龙江省第十三届人民代表大会常务委员会第二十七次会议批准 | 2021-8-23 | 2021-8-27 | 2021-9-1 | 制定 |
| 佳木斯市文明行为促进条例 | 2021年6月28日佳木斯市第十六届人民代表大会常务委员会第三十三次会议通过,2021年8月20日黑龙江省第十三届人民代表大会常务委员会第二十七次会议批准 | 2021-8-23 | 2021-8-27 | 2021-10-1 | 制定 |
| 牡丹江市文明行为促进条例 | 2021年7月27日牡丹江市第十六届人民代表大会常务委员会第三十次会议通过,2021年8月20日黑龙江省第十三届人民代表大会常务委员会第二十七次会议批准 | 2021-8-23 | 2021-8-27 | 2021-10-1 | 制定 |
| 哈尔滨市民营企业促进条例 | 2021年6月25日哈尔滨市第十五届人民代表大会常务委员会第三十九次会议通过,2021年8月20日黑龙江省第十三届人民代表大会常务委员会第二十七次会议批准 | 2021-8-25 | 2021-8-27 | 2021-10-1 | 制定 |
| 哈尔滨市寒冷季节室外劳动保护规定 | 2021年6月25日哈尔滨市第十五届人民代表大会常务委员会第三十九次会议通过,2021年8月20日黑龙江省第十三届人民代表大会常务委员会第二十七次会议批准 | 2021-8-25 | 2021-8-27 | 2021-10-1 | 制定 |
| 黑河市寒区试车产业服务条例 | 2021年9月16日黑河市第六届人民代表大会常务委员会第三十八次会议通过,2021年10月29日黑龙江省第十三届人民代表大会常务委员会第二十八次会议批准 | 2021-10-29 | 2021-11-4 | 2021-12-1 | 制定 |
| 鹤岗市农村人居环境卫生管理条例 | 2021年9月16日鹤岗市第十六届人民代表大会常务委员会第三十六次会议通过,2021年10月29日黑龙江省第十三届人民代表大会常务委员会第二十八次会议批准 | 2021-10-29 | 2021-11-4 | 2022-1-1 | 制定 |
| 黑龙江省城市供热条例 | 2021年10月29日黑龙江省第十三届人民代表大会常务委员会第二十八次会议修改 | 2021-11-1 | 2021-11-4 | 2021-11-1 | 修改 |

续表

| 法规名称 | 通过或批准时间 | 公布时间 | 报备时间 | 施行时间 | 立法形式 |
| --- | --- | --- | --- | --- | --- |
| 黑龙江省计量条例 | 2021 年 10 月 29 日黑龙江省第十三届人民代表大会常务委员会第二十八次会议修改 | 2021-11-1 | 2021-11-4 | 2021-11-1 | 修改 |
| 黑龙江省人口与计划生育条例 | 2021 年 10 月 29 日黑龙江省第十三届人民代表大会常务委员会第二十八次会议修改 | 2021-11-1 | 2021-11-4 | 2021-11-1 | 修改 |
| 黑龙江省食品安全条例 | 2021 年 10 月 29 日黑龙江省第十三届人民代表大会常务委员会第二十八次会议修改 | 2021-11-1 | 2021-11-4 | 2021-11-1 | 修改 |
| 黑龙江省绿色食品管理条例 | 2021 年 10 月 29 日黑龙江省第十三届人民代表大会常务委员会第二十八次会议修改 | 2021-11-1 | 2021-11-4 | 2021-11-1 | 修改 |
| 黑龙江省动物防疫条例 | 2021 年 10 月 29 日黑龙江省第十三届人民代表大会常务委员会第二十八次会议修改 | 2021-11-1 | 2021-11-4 | 2022-1-1 | 修改 |
| 黑龙江省耕地保护条例 | 2021 年 10 月 29 日黑龙江省第十三届人民代表大会常务委员会第二十八次会议修改 | 2021-11-1 | 2021-11-4 | 2022-1-1 | 修改 |
| 哈尔滨市东北抗联文化保护传承条例 | 2021 年 8 月 26 日哈尔滨市第十五届人民代表大会常务委员会第四十次会议通过，2021 年 10 月 29 日黑龙江省第十三届人民代表大会常务委员会第二十八次会议批准 | 2021-11-1 | 2021-11-4 | 2021-12-1 | 制定 |
| 鸡西市防御雷电灾害管理条例 | 2021 年 9 月 1 日鸡西市第十五届人民代表大会常务委员会第四十八次会议通过，2021 年 10 月 29 日黑龙江省第十三届人民代表大会常务委员会第二十八次会议批准 | 2021-11-1 | 2021-11-4 | 2022-1-1 | 制定 |
| 哈尔滨市房地产经纪管理条例 | 2021 年 8 月 26 日哈尔滨市第十五届人民代表大会常务委员会第四十次会议通过，2021 年 10 月 29 日黑龙江省第十三届人民代表大会常务委员会第二十八次会议批准 | 2021-11-3 | 2021-11-4 | 2022-1-1 | 制定 |
| 鹤岗市城市供热用热管理规定 | 2021 年 11 月 9 日鹤岗市第十六届人民代表大会常务委员会第三十七次会议通过，2021 年 12 月 23 日黑龙江省第十三届人民代表大会常务委员会第二十九次会议批准 | 2021-12-23 | 2022-1-7 | 2022-7-1 | 制定 |
| 黑龙江省促进旅游业发展条例 | 2021 年 12 月 23 日黑龙江省第十三届人民代表大会常务委员会第二十九次会议通过 | 2021-12-24 | 2022-1-7 | 2022-3-1 | 制定 |
| 黑龙江省旅游条例 | 在《黑龙江省促进旅游业发展条例》中被明文予以废止 | 2021-12-24 | 2022-1-7 | 2022-3-1 | 文中废止 |
| 黑龙江省黑土地保护利用条例 | 2021 年 12 月 23 日黑龙江省第十三届人民代表大会常务委员会第二十九次会议通过 | 2021-12-24 | 2022-1-7 | 2022-3-1 | 制定 |
| 黑龙江省畜禽屠宰管理条例 | 2021 年 12 月 23 日黑龙江省第十三届人民代表大会常务委员会第二十九次会议修改 | 2021-12-24 | 2022-1-7 | 2022-2-1 | 修改 |
| 伊春市餐厨废弃物管理条例 | 2021 年 10 月 22 日伊春市第十四届人民代表大会常务委员会第三十七次会议通过，2021 年 12 月 23 日黑龙江省第十三届人民代表大会常务委员会第二十九次会议批准 | 2021-12-24 | 2022-1-7 | 2022-1-1 | 制定 |

续表

| 法规名称 | 通过或批准时间 | 公布时间 | 报备时间 | 施行时间 | 立法形式 |
|---|---|---|---|---|---|
| 七台河市倭肯河流域水环境保护条例 | 2021年11月18日七台河市第十一届人民代表大会常务委员会第三十六次会议通过,2021年12月23日黑龙江省第十三届人民代表大会常务委员会第二十九次会议批准 | 2021-12-24 | 2022-1-7 | 2022-3-1 | 制定 |
| 齐齐哈尔市城镇燃气管理条例 | 2021年10月11日齐齐哈尔市第十六届人民代表大会常务委员会第四十四次会议通过,2021年12月23日黑龙江省第十三届人民代表大会常务委员会第二十九次会议批准 | 2021-12-28 | 2022-1-7 | 2022-2-1 | 制定 |

# 上海市地方性法规目录

（44件）

| 法规名称 | 通过或批准时间 | 公布时间 | 报备时间 | 施行时间 | 立法形式 |
|---|---|---|---|---|---|
| 上海市人民代表大会常务委员会关于促进和保障长江流域禁捕工作若干问题的决定 | 2021年2月26日上海市第十五届人民代表大会常务委员会第二十九次会议通过 | 2021-2-26 | 2021-3-17 | 2021-4-1 | 制定 |
| 上海市非机动车安全管理条例 | 2021年2月26日上海市第十五届人民代表大会常务委员会第二十九次会议通过 | 2021-2-26 | 2021-3-17 | 2021-5-1 | 制定 |
| 上海市促进多元化解矛盾纠纷条例 | 2021年2月26日上海市第十五届人民代表大会常务委员会第二十九次会议通过 | 2021-2-26 | 2021-3-17 | 2021-5-1 | 制定 |
| 上海市区和乡镇人民代表大会代表直接选举实施细则 | 2021年3月24日上海市第十五届人民代表大会常务委员会第三十次会议通过 | 2021-3-24 | 2021-4-15 | 2021-4-1 | 制定 |
| 上海市区县和乡镇人民代表大会代表直接选举实施细则 | 在《上海市区和乡镇人民代表大会代表直接选举实施细则》中被明文予以废止 | 2021-3-24 | 2021-4-15 | 2021-4-1 | 文中废止 |
| 上海市中医药条例 | 2021年3月24日上海市第十五届人民代表大会常务委员会第三十次会议通过 | 2021-3-24 | 2021-4-15 | 2021-5-1 | 制定 |
| 上海市发展中医条例 | 在《上海市中医药条例》中被明文予以废止 | 2021-3-24 | 2021-4-15 | 2021-5-1 | 文中废止 |
| 上海市人民代表大会常务委员会关于加强国有资产管理情况监督的决定 | 2021年5月21日上海市第十五届人民代表大会常务委员会第三十一次会议通过 | 2021-5-21 | 2021-6-15 | 2021-5-21 | 制定 |
| 上海市红色资源传承弘扬和保护利用条例 | 2021年5月21日上海市第十五届人民代表大会常务委员会第三十一次会议通过 | 2021-5-21 | 2021-6-15 | 2021-7-1 | 制定 |
| 上海市人民代表大会常务委员会规范性文件备案审查条例 | 2021年5月21日上海市第十五届人民代表大会常务委员会第三十一次会议通过 | 2021-5-21 | 2021-6-15 | 2021-7-1 | 制定 |
| 上海市人民代表大会常务委员会关于规范性文件备案审查的规定 | 在《上海市人民代表大会常务委员会规范性文件备案审查条例》中被明文予以废止 | 2021-5-21 | 2021-6-15 | 2021-7-1 | 文中废止 |

续表

| 法规名称 | 通过或批准时间 | 公布时间 | 报备时间 | 施行时间 | 立法形式 |
|---|---|---|---|---|---|
| 上海市人民代表大会常务委员会关于加强浦东新区高水平改革开放法治保障制定浦东新区法规的决定 | 2021 年 6 月 23 日上海市第十五届人民代表大会常务委员会第三十二次会议通过 | 2021-6-23 | 2021-7-5 | 2021-6-23 | 制定 |
| 上海市人民代表大会常务委员会关于进一步促进和保障"一网通办"改革的决定 | 2021 年 6 月 23 日上海市第十五届人民代表大会常务委员会第三十二次会议通过 | 2021-6-23 | 2021-7-5 | 2021-7-1 | 制定 |
| 上海市人民建议征集若干规定 | 2021 年 6 月 23 日上海市第十五届人民代表大会常务委员会第三十二次会议通过 | 2021-6-23 | 2021-7-5 | 2021-7-1 | 制定 |
| 上海市城市管理综合行政执法条例 | 2021 年 7 月 29 日上海市第十五届人民代表大会常务委员会第三十三次会议通过 | 2021-7-29 | 2021-8-10 | 2021-8-1 | 制定 |
| 上海市城市管理行政执法条例 | 在《上海市城市管理综合行政执法条例》中被明文予以废止 | 2021-7-29 | 2021-8-10 | 2021-8-1 | 文中废止 |
| 上海市街道办事处条例 | 2021 年 7 月 29 日上海市第十五届人民代表大会常务委员会第三十三次会议修改 | 2021-7-29 | 2021-8-10 | 2021-8-1 | 修改 |
| 上海市城市更新条例 | 2021 年 8 月 25 日上海市第十五届人民代表大会常务委员会第三十四次会议通过 | 2021-8-25 | 2021-9-1 | 2021-9-1 | 制定 |
| 上海市出版物发行管理条例 | 2021 年 8 月 25 日上海市第十五届人民代表大会常务委员会第三十四次会议修改 | 2021-8-25 | 2021-9-1 | 2021-9-1 | 修改 |
| 上海市音像制品管理条例 | 2021 年 8 月 25 日上海市第十五届人民代表大会常务委员会第三十四次会议修改 | 2021-8-25 | 2021-9-1 | 2021-9-1 | 修改 |
| 上海市轨道交通管理条例 | 2021 年 8 月 25 日上海市第十五届人民代表大会常务委员会第三十四次会议修改 | 2021-8-25 | 2021-9-1 | 2021-9-1 | 修改 |
| 上海市水上搜寻救助条例 | 2021 年 9 月 28 日上海市第十五届人民代表大会常务委员会第三十五次会议通过 | 2021-9-28 | 2021-10-14 | 2021-10-1 | 制定 |
| 上海市浦东新区深化"一业一证"改革规定 | 2021 年 9 月 28 日上海市第十五届人民代表大会常务委员会第三十五次会议通过 | 2021-9-28 | 2021-10-14 | 2021-10-1 | 制定 |
| 上海市慈善条例 | 2021 年 9 月 28 日上海市第十五届人民代表大会常务委员会第三十五次会议通过 | 2021-9-28 | 2021-10-14 | 2021-11-1 | 制定 |
| 上海市募捐条例 | 在《上海市慈善条例》中被明文予以废止 | 2021-9-28 | 2021-10-14 | 2021-11-1 | 文中废止 |
| 上海市浦东新区市场主体退出若干规定 | 2021 年 9 月 28 日上海市第十五届人民代表大会常务委员会第三十五次会议通过 | 2021-9-28 | 2021-10-14 | 2021-11-1 | 制定 |
| 上海市预算审查监督条例 | 2021 年 9 月 28 日上海市第十五届人民代表大会常务委员会第三十五次会议修改 | 2021-9-28 | 2021-10-14 | 2021-9-28 | 修改 |
| 上海市实施《中华人民共和国反恐怖主义法》办法 | 2021 年 10 月 28 日上海市第十五届人民代表大会常务委员会第三十六次会议通过 | 2021-10-28 | 2021-11-15 | 2021-12-1 | 制定 |
| 上海市浦东新区建立高水平知识产权保护制度若干规定 | 2021 年 10 月 28 日上海市第十五届人民代表大会常务委员会第三十六次会议通过 | 2021-10-28 | 2021-11-15 | 2021-12-1 | 制定 |
| 上海市浦东新区城市管理领域非现场执法规定 | 2021 年 10 月 28 日上海市第十五届人民代表大会常务委员会第三十六次会议通过 | 2021-10-28 | 2021-11-15 | 2021-12-1 | 制定 |
| 上海市优化营商环境条例 | 2021 年 10 月 28 日上海市第十五届人民代表大会常务委员会第三十六次会议修改 | 2021-10-28 | 2021-11-15 | 2021-10-28 | 修改 |

续表

| 法规名称 | 通过或批准时间 | 公布时间 | 报备时间 | 施行时间 | 立法形式 |
| --- | --- | --- | --- | --- | --- |
| 上海市饮用水水源保护条例 | 2021年10月28日上海市第十五届人民代表大会常务委员会第三十六次会议修改 | 2021-10-28 | 2021-11-15 | 2021-11-1 | 修改 |
| 上海市河道管理条例 | 2021年10月28日上海市第十五届人民代表大会常务委员会第三十六次会议修改 | 2021-10-28 | 2021-11-15 | 2021-11-1 | 修改 |
| 上海市供水管理条例 | 2021年10月28日上海市第十五届人民代表大会常务委员会第三十六次会议修改 | 2021-10-28 | 2021-11-15 | 2021-11-1 | 修改 |
| 上海市新建住宅交付使用许可规定 | 2021年10月28日上海市第十五届人民代表大会常务委员会第三十六次会议修改 | 2021-10-28 | 2021-11-15 | 2021-11-1 | 修改 |
| 上海市档案条例 | 2021年10月28日上海市第十五届人民代表大会常务委员会第三十六次会议修改 | 2021-10-28 | 2021-11-15 | 2021-12-1 | 修改 |
| 上海市安全生产条例 | 2021年10月28日上海市第十五届人民代表大会常务委员会第三十六次会议修改 | 2021-10-28 | 2021-11-15 | 2021-12-1 | 修改 |
| 上海市黄浦江苏州河滨水公共空间条例 | 2021年11月25日上海市第十五届人民代表大会常务委员会第三十七次会议通过 | 2021-11-25 | 2021-12-13 | 2022-1-1 | 制定 |
| 上海市数据条例 | 2021年11月25日上海市第十五届人民代表大会常务委员会第三十七次会议通过 | 2021-11-25 | 2021-12-13 | 2022-1-1 | 制定 |
| 上海市浦东新区完善市场化法治化企业破产制度若干规定 | 2021年11月25日上海市第十五届人民代表大会常务委员会第三十七次会议通过 | 2021-11-25 | 2021-12-13 | 2022-1-1 | 制定 |
| 上海市人口与计划生育条例 | 2021年11月25日上海市第十五届人民代表大会常务委员会第三十七次会议修改 | 2021-11-25 | 2021-12-13 | 2021-11-25 | 修改 |
| 上海市促进大型科学仪器设施共享规定 | 2021年11月25日上海市第十五届人民代表大会常务委员会第三十七次会议修改 | 2021-11-25 | 2021-12-13 | 2021-12-1 | 修改 |
| 上海市献血条例 | 2021年11月25日上海市第十五届人民代表大会常务委员会第三十七次会议修改 | 2021-11-25 | 2021-12-13 | 2021-12-1 | 修改 |
| 上海市实施《中华人民共和国残疾人保障法》办法 | 2021年11月25日上海市第十五届人民代表大会常务委员会第三十七次会议修改 | 2021-11-25 | 2021-12-13 | 2021-12-1 | 修改 |
| 上海市环境保护条例 | 2021年11月25日上海市第十五届人民代表大会常务委员会第三十七次会议修改 | 2021-11-25 | 2021-12-13 | 2021-12-1 | 修改 |
| 上海市防汛条例 | 2021年11月25日上海市第十五届人民代表大会常务委员会第三十七次会议修改 | 2021-11-25 | 2021-12-13 | 2021-12-1 | 修改 |
| 上海市反间谍安全防范条例 | 2021年12月29日上海市第十五届人民代表大会常务委员会第三十八次会议通过 | 2021-12-29 | 2022-1-5 | 2022-1-1 | 制定 |
| 上海市浦东新区促进张江生物医药产业创新高地建设规定 | 2021年12月29日上海市第十五届人民代表大会常务委员会第三十八次会议通过 | 2021-12-29 | 2022-1-5 | 2022-1-1 | 制定 |
| 上海市区人民代表大会常务委员会街道工作委员会工作条例 | 2021年12月29日上海市第十五届人民代表大会常务委员会第三十八次会议通过 | 2021-12-29 | 2022-1-5 | 2022-1-1 | 制定 |

# 江苏省地方性法规目录

（125 件）

| 法规名称 | 通过或批准时间 | 公布时间 | 报备时间 | 施行时间 | 立法形式 |
|---|---|---|---|---|---|
| 中国（江苏）自由贸易试验区条例 | 2021 年 1 月 15 日江苏省第十三届人民代表大会常务委员会第二十次会议通过 | 2021-1-15 | 2021-2-5 | 2021-3-1 | 制定 |
| 江苏省志愿服务条例 | 2021 年 1 月 15 日江苏省第十三届人民代表大会常务委员会第二十次会议修改 | 2021-1-15 | 2021-2-5 | 2021-3-5 | 修改 |
| 江苏省土地管理条例 | 2021 年 1 月 15 日江苏省第十三届人民代表大会常务委员会第二十次会议修改 | 2021-1-15 | 2021-2-5 | 2021-5-1 | 修改 |
| 江苏南通狼山国家森林公园管理条例 | 2020 年 11 月 18 日南通市第十五届人民代表大会常务委员会第三十三次会议通过，2021 年 1 月 15 日江苏省第十三届人民代表大会常务委员会第二十次会议批准 | 2021-2-2 | 2021-2-5 | 2021-5-1 | 制定 |
| 常州市焦溪古镇保护条例 | 2020 年 12 月 17 日常州市第十六届人民代表大会常务委员会第二十九次会议通过，2021 年 1 月 15 日江苏省第十三届人民代表大会常务委员会第二十次会议批准 | 2021-2-2 | 2021-2-5 | 2021-5-1 | 制定 |
| 南京市社会治理促进条例 | 2020 年 12 月 30 日南京市第十六届人民代表大会常务委员会第二十六次会议通过，2021 年 1 月 15 日江苏省第十三届人民代表大会常务委员会第二十次会议批准 | 2021-2-2 | 2021-2-5 | 2021-3-10 | 制定 |
| 无锡市湿地保护条例 | 2020 年 12 月 30 日无锡市第十六届人民代表大会常务委员会第三十五次会议通过，2021 年 1 月 15 日江苏省第十三届人民代表大会常务委员会第二十次会议批准 | 2021-2-2 | 2021-2-5 | 2021-5-1 | 制定 |
| 徐州市文明行为促进条例 | 2020 年 12 月 31 日徐州市第十六届人民代表大会常务委员会第四十次会议通过，2021 年 1 月 15 日江苏省第十三届人民代表大会常务委员会第二十次会议批准 | 2021-2-2 | 2021-2-5 | 2021-3-1 | 制定 |
| 江苏省人民代表大会常务委员会关于促进和保障长江流域禁捕工作若干问题的决定 | 2021 年 3 月 31 日江苏省第十三届人民代表大会常务委员会第二十二次会议通过 | 2021-3-31 | 2021-4-21 | 2021-4-1 | 制定 |
| 江苏省殡葬管理条例 | 2021 年 3 月 31 日江苏省第十三届人民代表大会常务委员会第二十二次会议通过 | 2021-3-31 | 2021-4-21 | 2021-6-1 | 制定 |
| 江苏省地方金融条例 | 2021 年 3 月 31 日江苏省第十三届人民代表大会常务委员会第二十二次会议通过 | 2021-3-31 | 2021-4-21 | 2021-7-1 | 制定 |
| 江苏省各级人民代表大会选举实施细则 | 2021 年 3 月 31 日江苏省第十三届人民代表大会常务委员会第二十二次会议修改 | 2021-3-31 | 2021-4-21 | 2021-3-31 | 修改 |
| 江苏省农民专业合作社条例 | 2021 年 3 月 31 日江苏省第十三届人民代表大会常务委员会第二十二次会议修改 | 2021-3-31 | 2021-4-21 | 2021-7-1 | 修改 |

续表

| 法规名称 | 通过或批准时间 | 公布时间 | 报备时间 | 施行时间 | 立法形式 |
|---|---|---|---|---|---|
| 苏州市食用农产品安全监督管理条例 | 2021年2月25日苏州市第十六届人民代表大会常务委员会第三十二次会议废止，2021年3月31日江苏省第十三届人民代表大会常务委员会第二十二次会议批准废止 | 2021-4-13 | 2021-4-21 | 2021-4-13 | 废止 |
| 常州市住宅物业管理条例 | 2021年2月25日常州市第十六届人民代表大会常务委员会第三十二次会议通过，2021年3月31日江苏省第十三届人民代表大会常务委员会第二十二次会议批准修改 | 2021-4-16 | 2021-4-21 | 2021-4-16 | 修改 |
| 常州市电梯安全管理条例 | 2021年2月25日常州市第十六届人民代表大会常务委员会第三十二次会议修改，2021年3月31日江苏省第十三届人民代表大会常务委员会第二十二次会议批准修改 | 2021-4-16 | 2021-4-21 | 2021-4-16 | 修改 |
| 常州市天目湖保护条例 | 2021年2月25日常州市第十六届人民代表大会常务委员会第三十二次会议修改，2021年3月31日江苏省第十三届人民代表大会常务委员会第二十二次会议批准修改 | 2021-4-16 | 2021-4-21 | 2021-4-16 | 修改 |
| 江苏省老年人权益保障条例 | 2021年5月27日江苏省第十三届人民代表大会常务委员会第二十三次会议修改 | 2021-5-27 | 2021-6-16 | 2021-5-27 | 修改 |
| 江苏省实施《中华人民共和国工会法》办法 | 2021年5月27日江苏省第十三届人民代表大会常务委员会第二十三次会议修改 | 2021-5-27 | 2021-6-16 | 2021-5-27 | 修改 |
| 江苏省医疗纠纷预防与处理条例 | 2021年5月27日江苏省第十三届人民代表大会常务委员会第二十三次会议修改 | 2021-5-27 | 2021-6-16 | 2021-5-27 | 修改 |
| 江苏省献血条例 | 2021年5月27日江苏省第十三届人民代表大会常务委员会第二十三次会议修改 | 2021-5-27 | 2021-6-16 | 2021-5-27 | 修改 |
| 江苏省绿色建筑发展条例 | 2021年5月27日江苏省第十三届人民代表大会常务委员会第二十三次会议修改 | 2021-5-27 | 2021-6-16 | 2021-5-27 | 修改 |
| 江苏省实施《中华人民共和国人民防空法》办法 | 2021年5月27日江苏省第十三届人民代表大会常务委员会第二十三次会议修改 | 2021-5-27 | 2021-6-16 | 2021-5-27 | 修改 |
| 江苏省农业机械管理条例 | 2021年5月27日江苏省第十三届人民代表大会常务委员会第二十三次会议修改 | 2021-5-27 | 2021-6-16 | 2021-5-27 | 修改 |
| 江苏省特种设备安全条例 | 2021年5月27日江苏省第十三届人民代表大会常务委员会第二十三次会议修改 | 2021-5-27 | 2021-6-16 | 2021-5-27 | 修改 |
| 江苏省食品小作坊和食品摊贩管理条例 | 2021年5月27日江苏省第十三届人民代表大会常务委员会第二十三次会议修改 | 2021-5-27 | 2021-6-16 | 2021-5-27 | 修改 |
| 江苏省公路条例 | 2021年5月27日江苏省第十三届人民代表大会常务委员会第二十三次会议修改 | 2021-5-27 | 2021-6-16 | 2021-8-1 | 修改 |
| 江苏省新型农村合作医疗条例 | 2021年5月27日江苏省第十三届人民代表大会常务委员会第二十三次会议废止 | 2021-5-27 | 2021-6-16 | 2021-5-27 | 废止 |

续表

| 法规名称 | 通过或批准时间 | 公布时间 | 报备时间 | 施行时间 | 立法形式 |
|---|---|---|---|---|---|
| 江苏省工程建设管理条例 | 2021 年 5 月 27 日江苏省第十三届人民代表大会常务委员会第二十三次会议废止 | 2021-5-27 | 2021-6-16 | 2021-5-27 | 废止 |
| 江苏省城市房屋拆迁管理条例 | 2021 年 5 月 27 日江苏省第十三届人民代表大会常务委员会第二十三次会议废止 | 2021-5-27 | 2021-6-16 | 2021-5-27 | 废止 |
| 江苏省人民代表大会常务委员会关于在畜禽生产中禁止使用违禁药物的决定 | 2021 年 5 月 27 日江苏省第十三届人民代表大会常务委员会第二十三次会议废止 | 2021-5-27 | 2021-6-16 | 2021-5-27 | 废止 |
| 宿迁市住宅物业管理条例 | 2021 年 4 月 28 日宿迁市第五届人民代表大会常务委员会第二十九次会议修改，2021 年 5 月 27 日江苏省第十三届人民代表大会常务委员会第二十三次会议批准修改 | 2021-6-1 | 2021-6-16 | 2021-6-1 | 修改 |
| 连云港市农贸市场管理条例 | 2021 年 4 月 22 日连云港市第十四届人民代表大会常务委员会第三十四次会议通过,2021 年 5 月 27 日江苏省第十三届人民代表大会常务委员会第二十三次会议批准 | 2021-6-3 | 2021-6-16 | 2021-9-1 | 制定 |
| 苏州市太湖生态岛条例 | 2021 年 4 月 25 日苏州市第十六届人民代表大会常务委员会第三十三次会议通过，2021 年 5 月 27 日江苏省第十三届人民代表大会常务委员会第二十三次会议批准 | 2021-6-4 | 2021-6-16 | 2021-8-1 | 制定 |
| 镇江市扬尘污染防治条例 | 2021 年 4 月 28 日镇江市第八届人民代表大会常务委员会第三十三次会议通过，2021 年 5 月 27 日江苏省第十三届人民代表大会常务委员会第二十三次会议批准 | 2021-6-4 | 2021-6-16 | 2021-7-1 | 制定 |
| 无锡市水环境保护条例 | 2021 年 4 月 28 日无锡市第十六届人民代表大会常务委员会第三十八次会议修改，2021 年 5 月 27 日江苏省第十三届人民代表大会常务委员会第二十三次会议批准修改 | 2021-6-4 | 2021-6-16 | 2021-8-1 | 修改 |
| 淮安市湿地保护条例 | 2021 年 4 月 30 日淮安市第八届人民代表大会常务委员会第四十次会议通过,2021 年 5 月 27 日江苏省第十三届人民代表大会常务委员会第二十三次会议批准 | 2021-6-4 | 2021-6-16 | 2021-9-1 | 制定 |
| 南通市质量促进条例 | 2021 年 3 月 23 日南通市第十五届人民代表大会常务委员会第三十六次会议通过，2021 年 5 月 27 日江苏省第十三届人民代表大会常务委员会第二十三次会议批准 | 2021-6-7 | 2021-6-16 | 2021-9-1 | 制定 |
| 扬州市居家养老服务条例 | 2021 年 4 月 29 日扬州市第八届人民代表大会常务委员会第三十五次会议通过，2021 年 5 月 27 日江苏省第十三届人民代表大会常务委员会第二十三次会议批准 | 2021-6-8 | 2021-6-16 | 2021-9-1 | 制定 |
| 盐城市城乡规划条例 | 2021 年 4 月 28 日盐城市第八届人民代表大会常务委员会第三十六次会议修改，2021 年 5 月 27 日江苏省第十三届人民代表大会常务委员会第二十三次会议批准修改 | 2021-6-9 | 2021-6-16 | 2021-7-1 | 修改 |

续表

| 法规名称 | 通过或批准时间 | 公布时间 | 报备时间 | 施行时间 | 立法形式 |
| --- | --- | --- | --- | --- | --- |
| 南京市红色文化资源保护利用条例 | 2021年4月21日南京市第十六届人民代表大会常务委员会第二十九次会议通过，2021年5月27日江苏省第十三届人民代表大会常务委员会第二十三次会议批准 | 2021-6-10 | 2021-6-16 | 2021-7-1 | 制定 |
| 江苏省人民代表大会常务委员会关于契税具体适用税率等有关事项的决定 | 2021年7月29日江苏省第十三届人民代表大会常务委员会第二十四次会议通过 | 2021-7-29 | 2021-8-19 | 2021-9-1 | 制定 |
| 江苏省社会信用条例 | 2021年7月29日江苏省第十三届人民代表大会常务委员会第二十四次会议通过 | 2021-7-29 | 2021-8-19 | 2022-1-1 | 制定 |
| 江苏省动物防疫条例 | 2021年7月29日江苏省第十三届人民代表大会常务委员会第二十四次会议修改 | 2021-7-29 | 2021-8-19 | 2021-9-1 | 修改 |
| 江苏省信访条例 | 2021年7月29日江苏省第十三届人民代表大会常务委员会第二十四次会议修改 | 2021-7-29 | 2021-8-19 | 2021-10-1 | 修改 |
| 徐州市河湖管理条例 | 2021年6月30日徐州市第十六届人民代表大会常务委员会第四十五次会议通过，2021年7月29日江苏省第十三届人民代表大会常务委员会第二十四次会议批准 | 2021-8-10 | 2021-8-19 | 2021-10-1 | 制定 |
| 南京市装饰装修管理条例 | 2021年6月29日南京市第十六届人民代表大会常务委员会第三十次会议修改，2021年7月29日江苏省第十三届人民代表大会常务委员会第二十四次会议批准修改 | 2021-8-11 | 2021-8-19 | 2021-9-1 | 修改 |
| 南京市邮政条例 | 2021年6月29日南京市第十六届人民代表大会常务委员会第三十次会议修改，2021年7月29日江苏省第十三届人民代表大会常务委员会第二十四次会议批准修改 | 2021-8-11 | 2021-8-19 | 2021-9-1 | 修改 |
| 南京市渔业资源保护条例 | 2021年6月29日南京市第十六届人民代表大会常务委员会第三十次会议修改，2021年7月29日江苏省第十三届人民代表大会常务委员会第二十四次会议批准修改 | 2021-8-11 | 2021-8-19 | 2021-9-1 | 修改 |
| 南京市蔬菜基地管理条例 | 2021年6月29日南京市第十六届人民代表大会常务委员会第三十次会议废止，2021年7月29日江苏省第十三届人民代表大会常务委员会第二十四次会议批准废止 | 2021-8-11 | 2021-8-19 | 2021-8-11 | 废止 |
| 常州市养犬管理条例 | 2021年6月24日常州市第十六届人民代表大会常务委员会第三十四次会议通过，2021年7月29日江苏省第十三届人民代表大会常务委员会第二十四次会议批准 | 2021-8-13 | 2021-8-19 | 2022-1-1 | 制定 |
| 江苏省红十字会条例 | 2021年9月29日江苏省第十三届人民代表大会常务委员会第二十五次会议通过 | 2021-9-29 | 2021-10-21 | 2022-1-1 | 制定 |
| 江苏省实施《中华人民共和国红十字会法》办法 | 在《江苏省红十字会条例》中被明文予以废止 | 2021-9-29 | 2021-10-21 | 2022-1-1 | 文中废止 |

续表

| 法规名称 | 通过或批准时间 | 公布时间 | 报备时间 | 施行时间 | 立法形式 |
|---|---|---|---|---|---|
| 江苏省人民代表大会常务委员会关于加强地震预警管理的决定 | 2021 年 9 月 29 日江苏省第十三届人民代表大会常务委员会第二十五次会议通过 | 2021-9-29 | 2021-10-21 | 2022-1-1 | 制定 |
| 江苏省河道管理条例 | 2021 年 9 月 29 日江苏省第十三届人民代表大会常务委员会第二十五次会议修改 | 2021-9-29 | 2021-10-21 | 2021-9-29 | 修改 |
| 江苏省发展高新技术条例 | 2021 年 9 月 29 日江苏省第十三届人民代表大会常务委员会第二十五次会议修改 | 2021-9-29 | 2021-10-21 | 2021-9-29 | 修改 |
| 江苏省档案管理条例 | 2021 年 9 月 29 日江苏省第十三届人民代表大会常务委员会第二十五次会议修改 | 2021-9-29 | 2021-10-21 | 2021-9-29 | 修改 |
| 江苏省气象灾害防御条例 | 2021 年 9 月 29 日江苏省第十三届人民代表大会常务委员会第二十五次会议修改 | 2021-9-29 | 2021-10-21 | 2021-9-29 | 修改 |
| 江苏省粮食流通条例 | 2021 年 9 月 29 日江苏省第十三届人民代表大会常务委员会第二十五次会议修改 | 2021-9-29 | 2021-10-21 | 2021-9-29 | 修改 |
| 江苏省循环经济促进条例 | 2021 年 9 月 29 日江苏省第十三届人民代表大会常务委员会第二十五次会议修改 | 2021-9-29 | 2021-10-21 | 2021-9-29 | 修改 |
| 江苏省价格条例 | 2021 年 9 月 29 日江苏省第十三届人民代表大会常务委员会第二十五次会议修改 | 2021-9-29 | 2021-10-21 | 2021-9-29 | 修改 |
| 江苏省水资源管理条例 | 2021 年 9 月 29 日江苏省第十三届人民代表大会常务委员会第二十五次会议修改 | 2021-9-29 | 2021-10-21 | 2021-9-29 | 修改 |
| 江苏省人民代表大会常务委员会关于在长江江苏水域严禁非法采砂的决定 | 2021 年 9 月 29 日江苏省第十三届人民代表大会常务委员会第二十五次会议修改 | 2021-9-29 | 2021-10-21 | 2021-9-29 | 修改 |
| 江苏省人民代表大会常务委员会关于在苏锡常地区限期禁止开采地下水的决定 | 2021 年 9 月 29 日江苏省第十三届人民代表大会常务委员会第二十五次会议修改 | 2021-9-29 | 2021-10-21 | 2021-9-29 | 修改 |
| 江苏省湖泊保护条例 | 2021 年 9 月 29 日江苏省第十三届人民代表大会常务委员会第二十五次会议修改 | 2021-9-29 | 2021-10-21 | 2021-9-29 | 修改 |
| 江苏省水土保持条例 | 2021 年 9 月 29 日江苏省第十三届人民代表大会常务委员会第二十五次会议修改 | 2021-9-29 | 2021-10-21 | 2021-9-29 | 修改 |
| 江苏省防洪条例 | 2021 年 9 月 29 日江苏省第十三届人民代表大会常务委员会第二十五次会议修改 | 2021-9-29 | 2021-10-21 | 2021-9-29 | 修改 |
| 江苏省统计条例 | 2021 年 9 月 29 日江苏省第十三届人民代表大会常务委员会第二十五次会议修改 | 2021-9-29 | 2021-10-21 | 2021-9-29 | 修改 |
| 江苏省农产品质量安全条例 | 2021 年 9 月 29 日江苏省第十三届人民代表大会常务委员会第二十五次会议修改 | 2021-9-29 | 2021-10-21 | 2021-9-29 | 修改 |
| 江苏省惩治生产销售假冒伪劣商品行为条例 | 2021 年 9 月 29 日江苏省第十三届人民代表大会常务委员会第二十五次会议修改 | 2021-9-29 | 2021-10-21 | 2021-9-29 | 修改 |
| 江苏省节约能源条例 | 2021 年 9 月 29 日江苏省第十三届人民代表大会常务委员会第二十五次会议修改 | 2021-9-29 | 2021-10-21 | 2021-9-29 | 修改 |
| 江苏省发展新型墙体材料条例 | 2021 年 9 月 29 日江苏省第十三届人民代表大会常务委员会第二十五次会议修改 | 2021-9-29 | 2021-10-21 | 2021-9-29 | 修改 |

续表

| 法规名称 | 通过或批准时间 | 公布时间 | 报备时间 | 施行时间 | 立法形式 |
| --- | --- | --- | --- | --- | --- |
| 江苏省太湖水污染防治条例 | 2021年9月29日江苏省第十三届人民代表大会常务委员会第二十五次会议修改 | 2021-9-29 | 2021-10-21 | 2021-9-29 | 修改 |
| 江苏省水污染防治条例 | 2021年9月29日江苏省第十三届人民代表大会常务委员会第二十五次会议修改 | 2021-9-29 | 2021-10-21 | 2021-9-29 | 修改 |
| 江苏省人民代表大会常务委员会关于加强地震观测环境保护的决定 | 2021年9月29日江苏省第十三届人民代表大会常务委员会第二十五次会议修改 | 2021-9-29 | 2021-10-21 | 2021-9-29 | 修改 |
| 江苏省物业管理条例 | 2021年9月29日江苏省第十三届人民代表大会常务委员会第二十五次会议修改 | 2021-9-29 | 2021-10-21 | 2021-9-29 | 修改 |
| 江苏省工资支付条例 | 2021年9月29日江苏省第十三届人民代表大会常务委员会第二十五次会议修改 | 2021-9-29 | 2021-10-21 | 2021-9-29 | 修改 |
| 江苏省专业技术人员继续教育条例 | 2021年9月29日江苏省第十三届人民代表大会常务委员会第二十五次会议修改 | 2021-9-29 | 2021-10-21 | 2021-9-29 | 修改 |
| 江苏省残疾人保障条例 | 2021年9月29日江苏省第十三届人民代表大会常务委员会第二十五次会议修改 | 2021-9-29 | 2021-10-21 | 2021-9-29 | 修改 |
| 江苏省城乡供水管理条例 | 2021年9月29日江苏省第十三届人民代表大会常务委员会第二十五次会议修改 | 2021-9-29 | 2021-10-21 | 2021-9-29 | 修改 |
| 江苏省特种行业治安管理条例 | 2021年9月29日江苏省第十三届人民代表大会常务委员会第二十五次会议修改 | 2021-9-29 | 2021-10-21 | 2021-9-29 | 修改 |
| 江苏省企业事业单位内部治安保卫条例 | 2021年9月29日江苏省第十三届人民代表大会常务委员会第二十五次会议修改 | 2021-9-29 | 2021-10-21 | 2021-9-29 | 修改 |
| 江苏省机动车维修管理条例 | 2021年9月29日江苏省第十三届人民代表大会常务委员会第二十五次会议修改 | 2021-9-29 | 2021-10-21 | 2021-9-29 | 修改 |
| 江苏省人口与计划生育条例 | 2021年9月29日江苏省第十三届人民代表大会常务委员会第二十五次会议修改 | 2021-9-29 | 2021-10-21 | 2021-9-29 | 修改 |
| 江苏省中小企业促进条例 | 2021年9月29日江苏省第十三届人民代表大会常务委员会第二十五次会议修改 | 2021-9-29 | 2021-10-21 | 2022-1-1 | 修改 |
| 江苏省音像市场管理条例 | 2021年9月29日江苏省第十三届人民代表大会常务委员会第二十五次会议废止 | 2021-9-29 | 2021-10-21 | 2021-9-29 | 废止 |
| 江苏省书报刊市场管理条例 | 2021年9月29日江苏省第十三届人民代表大会常务委员会第二十五次会议废止 | 2021-9-29 | 2021-10-21 | 2021-9-29 | 废止 |
| 江苏省涉案财产价格鉴证条例 | 2021年9月29日江苏省第十三届人民代表大会常务委员会第二十五次会议废止 | 2021-9-29 | 2021-10-21 | 2021-9-29 | 废止 |
| 江苏省外商投资财产价值鉴定条例 | 2021年9月29日江苏省第十三届人民代表大会常务委员会第二十五次会议废止 | 2021-9-29 | 2021-10-21 | 2021-9-29 | 废止 |
| 江苏省城乡集市贸易管理条例 | 2021年9月29日江苏省第十三届人民代表大会常务委员会第二十五次会议废止 | 2021-9-29 | 2021-10-21 | 2021-9-29 | 废止 |
| 江苏省人才流动管理暂行条例 | 2021年9月29日江苏省第十三届人民代表大会常务委员会第二十五次会议废止 | 2021-9-29 | 2021-10-21 | 2021-9-29 | 废止 |
| 江苏省劳动力市场管理条例 | 2021年9月29日江苏省第十三届人民代表大会常务委员会第二十五次会议废止 | 2021-9-29 | 2021-10-21 | 2021-9-29 | 废止 |

续表

| 法规名称 | 通过或批准时间 | 公布时间 | 报备时间 | 施行时间 | 立法形式 |
|---|---|---|---|---|---|
| 江苏省实施《中华人民共和国军事设施保护法》办法 | 2021年9月29日江苏省第十三届人民代表大会常务委员会第二十五次会议废止 | 2021-9-29 | 2021-10-21 | 2021-9-29 | 废止 |
| 江苏省暂住人口管理条例 | 2021年9月29日江苏省第十三届人民代表大会常务委员会第二十五次会议废止 | 2021-9-29 | 2021-10-21 | 2021-9-29 | 废止 |
| 南京市电梯安全条例 | 2021年8月31日南京市第十六届人民代表大会常务委员会第三十一次会议修改，2021年9月29日江苏省第十三届人民代表大会常务委员会第二十五次会议批准修改 | 2021-9-30 | 2021-10-21 | 2021-11-1 | 修改 |
| 徐州市住宅物业管理条例 | 2021年8月27日徐州市第十六届人民代表大会常务委员会第四十七次会议通过，2021年9月29日江苏省第十三届人民代表大会常务委员会第二十五次会议批准 | 2021-10-8 | 2021-10-21 | 2021-12-1 | 制定 |
| 南京市人民代表大会常务委员会关于进一步做好新冠肺炎疫情防控工作的决定 | 2021年8月31日南京市第十六届人民代表大会常务委员会第三十一次会议通过，2021年9月29日江苏省第十三届人民代表大会常务委员会第二十五次会议批准 | 2021-10-8 | 2021-10-21 | 2021-10-15 | 制定 |
| 宿迁市洋河双沟酒产区地下水保护条例 | 2021年8月31日宿迁市第五届人民代表大会常务委员会第三十一次会议通过，2021年9月29日江苏省第十三届人民代表大会常务委员会第二十五次会议批准 | 2021-10-8 | 2021-10-21 | 2022-1-1 | 制定 |
| 淮安市停车场管理条例 | 2021年9月3日淮安市第八届人民代表大会常务委员会第四十三次会议通过,2021年9月29日江苏省第十三届人民代表大会常务委员会第二十五次会议批准 | 2021-10-8 | 2021-10-21 | 2022-1-1 | 制定 |
| 无锡市房屋安全管理条例 | 2021年8月26日无锡市第十六届人民代表大会常务委员会第四十一次会议通过，2021年9月29日江苏省第十三届人民代表大会常务委员会第二十五次会议批准 | 2021-10-9 | 2021-10-21 | 2022-1-1 | 制定 |
| 无锡市城市房屋安全管理条例 | 在《无锡市房屋安全管理条例》中被明文予以废止 | 2021-10-9 | 2021-10-21 | 2022-1-1 | 文中废止 |
| 苏州市电梯安全条例 | 2021年8月26日苏州市第十六届人民代表大会常务委员会第三十五次会议通过，2021年9月29日江苏省第十三届人民代表大会常务委员会第二十五次会议批准 | 2021-10-9 | 2021-10-21 | 2022-1-1 | 制定 |
| 无锡市物业管理条例 | 2021年8月26日无锡市第十六届人民代表大会常务委员会第四十一次会议修改，2021年9月29日江苏省第十三届人民代表大会常务委员会第二十五次会议批准修改 | 2021-10-9 | 2021-10-21 | 2022-1-1 | 修改 |
| 无锡市供水条例 | 2021年8月26日无锡市第十六届人民代表大会常务委员会第四十一次会议修改，2021年9月29日江苏省第十三届人民代表大会常务委员会第二十五次会议批准修改 | 2021-10-9 | 2021-10-21 | 2022-1-1 | 修改 |

续表

| 法规名称 | 通过或批准时间 | 公布时间 | 报备时间 | 施行时间 | 立法形式 |
| --- | --- | --- | --- | --- | --- |
| 连云港市生活垃圾分类管理条例 | 2021年8月31日连云港市第十四届人民代表大会常务委员会第三十八次会议通过,2021年9月29日江苏省第十三届人民代表大会常务委员会第二十五次会议批准 | 2021-10-9 | 2021-10-21 | 2022-4-1 | 制定 |
| 泰州市河长制工作条例 | 2021年8月26日泰州市第五届人民代表大会常务委员会第三十八次会议通过,2021年9月29日江苏省第十三届人民代表大会常务委员会第二十五次会议批准 | 2021-10-11 | 2021-10-21 | 2022-1-1 | 制定 |
| 盐城市淮剧保护条例 | 2021年8月18日盐城市第八届人民代表大会常务委员会第三十八次会议通过,2021年9月29日江苏省第十三届人民代表大会常务委员会第二十五次会议批准 | 2021-10-13 | 2021-10-21 | 2021-12-1 | 制定 |
| 江苏省反家庭暴力条例 | 2021年12月2日江苏省第十三届人民代表大会常务委员会第二十七次会议通过 | 2021-12-2 | 2021-12-22 | 2022-3-1 | 制定 |
| 江苏省铁路安全管理条例 | 2021年12月2日江苏省第十三届人民代表大会常务委员会第二十七次会议通过 | 2021-12-2 | 2021-12-22 | 2022-5-1 | 制定 |
| 扬州市市区停车场建设和管理条例 | 2021年10月27日扬州市第八届人民代表大会常务委员会第三十九次会议通过,2021年12月2日江苏省第十三届人民代表大会常务委员会第二十七次会议批准 | 2021-12-2 | 2021-12-22 | 2022-3-1 | 制定 |
| 镇江市人民代表大会常务委员会关于加强跨市域轨道交通经营和执法管理若干问题的决定 | 2021年10月27日镇江市第八届人民代表大会常务委员会第三十七次会议通过,2021年12月2日江苏省第十三届人民代表大会常务委员会第二十七次会议批准 | 2021-12-9 | 2021-12-22 | 2022-1-1 | 制定 |
| 镇江市住宅物业管理条例 | 2021年10月27日镇江市第八届人民代表大会常务委员会第三十七次会议通过,2021年12月2日江苏省第十三届人民代表大会常务委员会第二十七次会议批准 | 2021-12-9 | 2021-12-22 | 2022-3-1 | 制定 |
| 淮安市住宅物业管理条例 | 2021年10月27日淮安市第八届人民代表大会常务委员会第四十四次会议修改,2021年12月2日江苏省第十三届人民代表大会常务委员会第二十七次会议批准修改 | 2021-12-9 | 2021-12-22 | 2021-12-9 | 修改 |
| 盐城市养老服务条例 | 2021年11月3日盐城市第八届人民代表大会常务委员会第四十一次会议通过,2021年12月2日江苏省第十三届人民代表大会常务委员会第二十七次会议批准 | 2021-12-9 | 2021-12-22 | 2022-1-1 | 制定 |
| 南京市人民代表大会常务委员会关于加强跨市域轨道交通运营和执法管理若干问题的决定 | 2021年10月19日南京市第十六届人民代表大会常务委员会第三十三次会议通过,2021年12月2日江苏省第十三届人民代表大会常务委员会第二十七次会议批准 | 2021-12-10 | 2021-12-22 | 2022-1-1 | 制定 |
| 苏州市优化营商环境条例 | 2021年10月25日苏州市第十六届人民代表大会常务委员会第三十八次会议通过,2021年12月2日江苏省第十三届人民代表大会常务委员会第二十七次会议批准 | 2021-12-10 | 2021-12-22 | 2022-3-1 | 制定 |

续表

| 法规名称 | 通过或批准时间 | 公布时间 | 报备时间 | 施行时间 | 立法形式 |
|---|---|---|---|---|---|
| 苏州市住宅区物业管理条例 | 2021 年 10 月 25 日苏州市第十六届人民代表大会常务委员会第三十八次会议修改，2021 年 12 月 2 日江苏省第十三届人民代表大会常务委员会第二十七次会议批准修改 | 2021-12-10 | 2021-12-22 | 2022-3-1 | 修改 |
| 泰州市献血条例 | 2021 年 10 月 26 日泰州市第五届人民代表大会常务委员会第三十九次会议通过，2021 年 12 月 2 日江苏省第十三届人民代表大会常务委员会第二十七次会议批准 | 2021-12-10 | 2021-12-22 | 2022-3-1 | 制定 |
| 无锡市科技创新促进条例 | 2021 年 10 月 28 日无锡市第十六届人民代表大会常务委员会第四十二次会议通过，2021 年 12 月 2 日江苏省第十三届人民代表大会常务委员会第二十七次会议批准 | 2021-12-10 | 2021-12-22 | 2022-2-1 | 制定 |
| 无锡市电梯安全管理条例 | 2021 年 10 月 28 日无锡市第十六届人民代表大会常务委员会第四十二次会议通过，2021 年 12 月 2 日江苏省第十三届人民代表大会常务委员会第二十七次会议批准 | 2021-12-10 | 2021-12-22 | 2022-2-1 | 制定 |
| 无锡市流动人口计划生育条例 | 2021 年 10 月 28 日无锡市第十六届人民代表大会常务委员会第四十二次会议废止，2021 年 12 月 2 日江苏省第十三届人民代表大会常务委员会第二十七次会议批准废止 | 2021-12-10 | 2021-12-22 | 2021-12-10 | 废止 |
| 常州市旅游促进条例 | 2021 年 10 月 29 日常州市第十六届人民代表大会常务委员会第三十七次会议通过，2021 年 12 月 2 日江苏省第十三届人民代表大会常务委员会第二十七次会议批准 | 2021-12-10 | 2021-12-22 | 2022-3-1 | 制定 |
| 南京市流动人口服务管理条例 | 2021 年 10 月 19 日南京市第十六届人民代表大会常务委员会第三十三次会议通过，2021 年 12 月 2 日江苏省第十三届人民代表大会常务委员会第二十七次会议批准 | 2021-12-13 | 2021-12-22 | 2022-1-1 | 制定 |
| 连云港市石刻保护条例 | 2021 年 10 月 26 日连云港市第十四届人民代表大会常务委员会第四十次会议通过，2021 年 12 月 2 日江苏省第十三届人民代表大会常务委员会第二十七次会议批准 | 2021-12-13 | 2021-12-22 | 2022-3-1 | 制定 |
| 宿迁市城市管线管理条例 | 2021 年 10 月 29 日宿迁市第五届人民代表大会常务委员会第三十二次会议通过，2021 年 12 月 2 日江苏省第十三届人民代表大会常务委员会第二十七次会议批准 | 2021-12-13 | 2021-12-22 | 2022-5-1 | 制定 |
| 宿迁市社会信用条例 | 2021 年 10 月 29 日宿迁市第五届人民代表大会常务委员会第三十二次会议修改，2021 年 12 月 2 日江苏省第十三届人民代表大会常务委员会第二十七次会议批准修改 | 2021-12-13 | 2021-12-22 | 2022-1-1 | 修改 |
| 南通市轨道交通条例 | 2021 年 9 月 18 日南通市第十五届人民代表大会常务委员会第四十次会议通过，2021 年 12 月 2 日江苏省第十三届人民代表大会常务委员会第二十七次会议批准 | 2021-12-14 | 2021-12-22 | 2022-2-1 | 制定 |

# 浙江省地方性法规目录

（100 件）

| 法规名称 | 通过或批准时间 | 公布时间 | 报备时间 | 施行时间 | 立法形式 |
|---|---|---|---|---|---|
| 衢州市农村住房建设管理条例 | 2020 年 11 月 26 日衢州市第七届人民代表大会常务委员会第二十九次会议通过，2020 年 12 月 24 日浙江省第十三届人民代表大会常务委员会第二十六次会议批准 | 2021-1-5 | 2021-1-15 | 2021-7-1 | 制定 |
| 丽水市烟花爆竹经营燃放管理规定 | 2020 年 11 月 24 日丽水市第四届人民代表大会常务委员会第二十八次会议通过，2020 年 12 月 24 日浙江省第十三届人民代表大会常务委员会第二十六次会议批准 | 2021-1-11 | 2021-1-21 | 2021-3-1 | 制定 |
| 浙江省人民代表大会议事规则 | 2021 年 1 月 30 日浙江省第十三届人民代表大会第五次会议修改 | 2021-1-30 | 2021-2-2 | 2021-1-30 | 修改 |
| 浙江省人民代表大会常务委员会关于杭州市部分行政区划调整有关人民代表大会若干问题的决定 | 2021 年 3 月 26 日浙江省第十三届人民代表大会常务委员会第二十八次会议通过 | 2021-3-26 | 2021-4-13 | 2021-3-26 | 制定 |
| 浙江省人民代表大会常务委员会关于促进和保障长江流域禁捕工作若干问题的决定 | 2021 年 3 月 26 日浙江省第十三届人民代表大会常务委员会第二十八次会议通过 | 2021-3-26 | 2021-4-13 | 2021-4-1 | 制定 |
| 浙江省医疗保障条例 | 2021 年 3 月 26 日浙江省第十三届人民代表大会常务委员会第二十八次会议通过 | 2021-3-26 | 2021-4-13 | 2021-7-1 | 制定 |
| 浙江省县、乡两级人民代表大会代表选举实施细则 | 2021 年 3 月 26 日浙江省第十三届人民代表大会常务委员会第二十八次会议修改 | 2021-3-26 | 2021-4-13 | 2021-3-26 | 修改 |
| 浙江省发展新型墙体材料条例 | 2021 年 3 月 26 日浙江省第十三届人民代表大会常务委员会第二十八次会议修改 | 2021-3-26 | 2021-4-13 | 2021-3-26 | 修改 |
| 浙江省实施《中华人民共和国节约能源法》办法 | 2021 年 3 月 26 日浙江省第十三届人民代表大会常务委员会第二十八次会议修改 | 2021-3-26 | 2021-4-13 | 2021-3-26 | 修改 |
| 浙江省可再生能源开发利用促进条例 | 2021 年 3 月 26 日浙江省第十三届人民代表大会常务委员会第二十八次会议修改 | 2021-3-26 | 2021-4-13 | 2021-3-26 | 修改 |
| 浙江省石油天然气管道建设和保护条例 | 2021 年 3 月 26 日浙江省第十三届人民代表大会常务委员会第二十八次会议修改 | 2021-3-26 | 2021-4-13 | 2021-3-26 | 修改 |
| 浙江省促进散装水泥发展和应用条例 | 2021 年 3 月 26 日浙江省第十三届人民代表大会常务委员会第二十八次会议修改 | 2021-3-26 | 2021-4-13 | 2021-3-26 | 修改 |
| 浙江省防震减灾条例 | 2021 年 3 月 26 日浙江省第十三届人民代表大会常务委员会第二十八次会议修改 | 2021-3-26 | 2021-4-13 | 2021-3-26 | 修改 |
| 浙江省台湾同胞投资保障条例 | 2021 年 3 月 26 日浙江省第十三届人民代表大会常务委员会第二十八次会议修改 | 2021-3-26 | 2021-4-13 | 2021-3-26 | 修改 |
| 浙江省实施《中华人民共和国归侨侨眷权益保护法》办法 | 2021 年 3 月 26 日浙江省第十三届人民代表大会常务委员会第二十八次会议修改 | 2021-3-26 | 2021-4-13 | 2021-3-26 | 修改 |

续表

| 法规名称 | 通过或批准时间 | 公布时间 | 报备时间 | 施行时间 | 立法形式 |
| --- | --- | --- | --- | --- | --- |
| 浙江省实施《中华人民共和国教师法》办法 | 2021年3月26日浙江省第十三届人民代表大会常务委员会第二十八次会议修改 | 2021-3-26 | 2021-4-13 | 2021-3-26 | 修改 |
| 浙江省广播电视管理条例 | 2021年3月26日浙江省第十三届人民代表大会常务委员会第二十八次会议修改 | 2021-3-26 | 2021-4-13 | 2021-3-26 | 修改 |
| 宁波市城市排水和再生水利用条例 | 2020年12月29日宁波市第十五届人民代表大会常务委员会第三十四次会议修改，2021年3月26日浙江省第十三届人民代表大会常务委员会第二十八次会议批准修改 | 2021-4-2 | 2021-4-20 | 2021-7-1 | 修改 |
| 宁波市生产经营单位安全生产主体责任规定 | 2021年1月22日宁波市第十五届人民代表大会常务委员会第三十五次会议通过，2021年3月26日浙江省第十三届人民代表大会常务委员会第二十八次会议批准 | 2021-4-2 | 2021-4-20 | 2021-7-1 | 制定 |
| 台州市物业管理条例 | 2020年12月23日台州市第五届人民代表大会常务委员会第三十五次会议通过，2021年3月26日浙江省第十三届人民代表大会常务委员会第二十八次会议批准 | 2021-4-6 | 2021-4-15 | 2021-5-1 | 制定 |
| 金华市城市绿化条例 | 2020年12月25日金华市第七届人民代表大会常务委员会第三十二次会议通过，2021年3月26日浙江省第十三届人民代表大会常务委员会第二十八次会议批准 | 2021-4-6 | 2021-4-15 | 2021-5-1 | 制定 |
| 湖州市物业管理条例 | 2021年3月4日湖州市第八届人民代表大会第六次会议通过,2021年3月26日浙江省第十三届人民代表大会常务委员会第二十八次会议批准 | 2021-4-6 | 2021-4-20 | 2021-5-1 | 制定 |
| 温州市泰顺廊桥保护条例 | 2020年12月23日温州市第十三届人民代表大会常务委员会第三十三次会议通过，2021年3月26日浙江省第十三届人民代表大会常务委员会第二十八次会议批准 | 2021-4-7 | 2021-4-15 | 2021-8-1 | 制定 |
| 温州市气候资源保护和利用条例 | 2020年12月23日温州市第十三届人民代表大会常务委员会第三十三次会议通过，2021年3月26日浙江省第十三届人民代表大会常务委员会第二十八次会议批准 | 2021-4-7 | 2021-4-15 | 2021-8-1 | 制定 |
| 温州市家政服务条例 | 2021年2月5日温州市第十三届人民代表大会第六次会议通过,2021年3月26日浙江省第十三届人民代表大会常务委员会第二十八次会议批准 | 2021-4-7 | 2021-4-20 | 2021-8-1 | 制定 |
| 宁波市法治乡村建设促进条例 | 2020年12月29日宁波市十五届人民代表大会常务委员会第三十四次会议通过，2021年3月26日浙江省第十三届人民代表大会常务委员会第二十八次会议批准 | 2021-4-8 | 2021-4-20 | 2021-5-1 | 制定 |
| 宁波市菜市场管理条例 | 2020年12月29日宁波市第十五届人民代表大会常务委员会第三十四次会议通过，2021年3月26日浙江省第十三届人民代表大会常务委员会第二十八次会议批准 | 2021-4-8 | 2021-4-20 | 2021-8-1 | 制定 |

续表

| 法规名称 | 通过或批准时间 | 公布时间 | 报备时间 | 施行时间 | 立法形式 |
| --- | --- | --- | --- | --- | --- |
| 宁波市经营燃放烟花爆竹安全管理规定 | 2020年12月29日宁波市第十五届人民代表大会常务委员会第三十四次会议修改,2021年3月26日浙江省第十三届人民代表大会常务委员会第二十八次会议批准修改 | 2021-4-8 | 2021-4-20 | 2021-7-1 | 修改 |
| 嘉兴市建筑垃圾管理条例 | 2021年2月8日嘉兴市第八届人民代表大会第六次会议通过,2021年3月26日浙江省第十三届人民代表大会常务委员会第二十八次会议批准 | 2021-4-13 | 2021-4-30 | 2021-6-1 | 制定 |
| 舟山市港口船舶污染物管理条例 | 2020年12月30日舟山市第七届人民代表大会常务委员会第三十七次会议通过,2021年3月26日浙江省第十三届人民代表大会常务委员会第二十八次会议批准 | 2021-4-30 | 2021-5-14 | 2021-7-1 | 制定 |
| 浙江省防汛防台抗旱条例 | 2021年5月28日浙江省第十三届人民代表大会常务委员会第二十九次会议修改 | 2021-5-28 | 2021-6-11 | 2021-7-1 | 修改 |
| 杭州市文明行为促进条例 | 2021年4月27日杭州市第十三届人民代表大会常务委员会第三十五次会议修改,2021年5月28日浙江省第十三届人民代表大会常务委员会第二十九次会议批准修改 | 2021-6-4 | 2021-6-25 | 2021-7-1 | 修改 |
| 杭州市宗教活动场所管理若干规定 | 2021年4月27日杭州市第十三届人民代表大会常务委员会第三十五次会议废止,2021年5月28日浙江省第十三届人民代表大会常务委员会第二十九次会议批准废止 | 2021-6-4 | 2021-6-25 | 2021-6-4 | 废止 |
| 衢州市历史文化街区保护条例 | 2021年3月31日衢州市第七届人民代表大会常务委员会第三十二次会议通过,2021年5月28日浙江省第十三届人民代表大会常务委员会第二十九次会议批准 | 2021-6-7 | 2021-6-25 | 2021-8-1 | 制定 |
| 湖州市预防和化解矛盾纠纷条例 | 2021年4月28日湖州市第八届人民代表大会常务委员会第三十四次会议通过,2021年5月28日浙江省第十三届人民代表大会常务委员会第二十九次会议批准 | 2021-6-8 | 2021-6-25 | 2021-7-1 | 制定 |
| 宁波市国土空间规划条例 | 2020年12月29日宁波市第十五届人民代表大会常务委员会第三十四次会议通过,2021年5月28日浙江省第十三届人民代表大会常务委员会第二十九次会议批准 | 2021-6-11 | 2021-6-25 | 2021-12-1 | 制定 |
| 宁波市城乡规划条例 | 在《宁波市国土空间规划条例》中被明文予以废止 | 2021-6-11 | 2021-6-25 | 2021-12-1 | 文中废止 |
| 宁波市全民健身条例 | 2021年2月23日宁波市第十五届人民代表大会第六次会议通过,2021年5月28日浙江省第十三届人民代表大会常务委员会第二十九次会议批准 | 2021-6-11 | 2021-6-25 | 2021-10-1 | 制定 |
| 景宁畲族自治县荣誉市民条例 | 2021年3月19日景宁畲族自治县第九届人民代表大会第五次会议通过,2021年5月28日浙江省第十三届人民代表大会常务委员会第二十九次会议批准 | 2021-6-15 | 2021-6-30 | 2021-8-1 | 制定 |

续表

| 法规名称 | 通过或批准时间 | 公布时间 | 报备时间 | 施行时间 | 立法形式 |
|---|---|---|---|---|---|
| 浙江省景宁畲族自治县自治条例 | 2021 年 3 月 19 日景宁畲族自治县第九届人民代表大会第五次会议修改,2021 年 5 月 28 日浙江省第十三届人民代表大会常务委员会第二十九次会议批准修改 | 2021-6-15 | 2021-6-30 | 2021-8-1 | 修改 |
| 景宁畲族自治县水资源管理条例 | 2021 年 3 月 19 日景宁畲族自治县第九届人民代表大会第五次会议修改,2021 年 5 月 28 日浙江省第十三届人民代表大会常务委员会第二十九次会议批准修改 | 2021-6-15 | 2021-6-30 | 2021-8-1 | 修改 |
| 浙江省乡村振兴促进条例 | 2021 年 7 月 30 日浙江省第十三届人民代表大会常务委员会第三十次会议通过 | 2021-7-30 | 2021-8-4 | 2021-9-1 | 制定 |
| 浙江省人民代表大会常务委员会关于契税具体适用税率等事项的决定 | 2021 年 7 月 30 日浙江省第十三届人民代表大会常务委员会第三十次会议通过 | 2021-7-30 | 2021-8-4 | 2021-9-1 | 制定 |
| 浙江省标准化条例 | 2021 年 7 月 30 日浙江省第十三届人民代表大会常务委员会第三十次会议通过 | 2021-7-30 | 2021-8-4 | 2021-10-1 | 制定 |
| 浙江省标准化管理条例 | 在《浙江省标准化条例》中被明文予以废止 | 2021-7-30 | 2021-8-4 | 2021-10-1 | 文中废止 |
| 浙江省动物防疫条例 | 2021 年 7 月 30 日浙江省第十三届人民代表大会常务委员会第三十次会议修改 | 2021-7-30 | 2021-8-4 | 2021-10-1 | 修改 |
| 浙江省计量监督管理条例 | 2021 年 7 月 30 日浙江省第十三届人民代表大会常务委员会第三十次会议修改 | 2021-7-30 | 2021-8-4 | 2021-7-30 | 修改 |
| 浙江省特种设备安全管理条例 | 2021 年 7 月 30 日浙江省第十三届人民代表大会常务委员会第三十次会议修改 | 2021-7-30 | 2021-8-4 | 2021-7-30 | 修改 |
| 浙江省检验机构管理条例 | 2021 年 7 月 30 日浙江省第十三届人民代表大会常务委员会第三十次会议修改 | 2021-7-30 | 2021-8-4 | 2021-7-30 | 修改 |
| 浙江省食品小作坊小餐饮店小食杂店和食品摊贩管理规定 | 2021 年 7 月 30 日浙江省第十三届人民代表大会常务委员会第三十次会议修改 | 2021-7-30 | 2021-8-4 | 2021-7-30 | 修改 |
| 浙江省企业商号管理和保护规定 | 2021 年 7 月 30 日浙江省第十三届人民代表大会常务委员会第三十次会议修改 | 2021-7-30 | 2021-8-4 | 2021-7-30 | 修改 |
| 浙江省商品交易市场管理条例 | 2021 年 7 月 30 日浙江省第十三届人民代表大会常务委员会第三十次会议修改 | 2021-7-30 | 2021-8-4 | 2021-7-30 | 修改 |
| 浙江省合同行为管理监督规定 | 2021 年 7 月 30 日浙江省第十三届人民代表大会常务委员会第三十次会议修改 | 2021-7-30 | 2021-8-4 | 2021-7-30 | 修改 |
| 浙江省华侨捐赠条例 | 2021 年 7 月 30 日浙江省第十三届人民代表大会常务委员会第三十次会议修改 | 2021-7-30 | 2021-8-4 | 2021-7-30 | 修改 |
| 丽水市革命遗址保护条例 | 2021 年 5 月 31 日丽水市第四届人民代表大会常务委员会第三十一次会议通过,2021 年 7 月 30 日浙江省第十三届人民代表大会常务委员会第三十次会议批准 | 2021-8-5 | 2021-8-16 | 2021-10-1 | 制定 |
| 绍兴黄酒保护和发展条例 | 2021 年 6 月 25 日绍兴市第八届人民代表大会常务委员会第三十八次会议通过,2021 年 7 月 30 日浙江省第十三届人民代表大会常务委员会第三十次会议批准 | 2021-8-9 | 2021-8-16 | 2021-10-1 | 制定 |

续表

| 法规名称 | 通过或批准时间 | 公布时间 | 报备时间 | 施行时间 | 立法形式 |
|---|---|---|---|---|---|
| 杭州市淳安特别生态功能区条例 | 2021年6月29日杭州市第十三届人民代表大会常务委员会第三十六次会议通过，2021年7月30日浙江省第十三届人民代表大会常务委员会第三十次会议批准 | 2021-8-9 | 2021-8-23 | 2022-1-1 | 制定 |
| 杭州市物业管理条例 | 2021年6月29日杭州市第十三届人民代表大会常务委员会第三十六次会议修改，2021年7月30日浙江省第十三届人民代表大会常务委员会第三十次会议批准修改 | 2021-8-9 | 2021-8-23 | 2022-3-1 | 修改 |
| 宁波市宗教活动场所管理办法 | 2021年6月24日宁波市第十五届人民代表大会常务委员会第三十八次会议修改，2021年7月30日浙江省第十三届人民代表大会常务委员会第三十次会议批准修改 | 2021-8-12 | 2021-9-2 | 2021-8-12 | 修改 |
| 宁波市机动车维修业管理条例 | 2021年6月24日宁波市第十五届人民代表大会常务委员会第三十八次会议修改，2021年7月30日浙江省第十三届人民代表大会常务委员会第三十次会议批准修改 | 2021-8-17 | 2021-9-2 | 2021-8-17 | 修改 |
| 金华市轨道交通运营管理条例 | 2021年6月29日金华市第七届人民代表大会常务委员会第三十七次会议通过，2021年7月30日浙江省第十三届人民代表大会常务委员会第三十次会议批准 | 2021-8-24 | 2021-9-2 | 2021-10-1 | 制定 |
| 舟山市居家养老服务促进条例 | 2021年6月23日舟山市第七届人民代表大会常务委员会第四十二次会议通过，2021年7月30日浙江省第十三届人民代表大会常务委员会第三十次会议批准 | 2021-8-25 | 2021-9-2 | 2022-1-1 | 制定 |
| 浙江省人民代表大会常务委员会关于网络虚假信息治理的决定 | 2021年9月29日浙江省第十三届人民代表大会常务委员会第三十一次会议通过 | 2021-9-30 | 2021-10-15 | 2021-9-30 | 制定 |
| 浙江省土地管理条例 | 2021年9月29日浙江省第十三届人民代表大会常务委员会第三十一次会议通过 | 2021-9-30 | 2021-10-15 | 2021-11-1 | 制定 |
| 浙江省实施《中华人民共和国土地管理法》办法 | 在《浙江省土地管理条例》中被明文予以废止 | 2021-9-30 | 2021-10-15 | 2021-11-1 | 文中废止 |
| 浙江省中医药条例 | 2021年9月29日浙江省第十三届人民代表大会常务委员会第三十一次会议通过 | 2021-9-30 | 2021-10-15 | 2022-1-1 | 制定 |
| 浙江省发展中医条例 | 在《浙江省中医药条例》中被明文予以废止 | 2021-9-30 | 2021-10-15 | 2022-1-1 | 文中废止 |
| 浙江省电子商务条例 | 2021年9月29日浙江省第十三届人民代表大会常务委员会第三十一次会议通过 | 2021-9-30 | 2021-10-15 | 2022-3-1 | 制定 |
| 浙江省快递业促进条例 | 2021年9月29日浙江省第十三届人民代表大会常务委员会第三十一次会议通过 | 2021-9-30 | 2021-10-15 | 2022-3-1 | 制定 |
| 浙江省促进科技成果转化条例 | 2021年9月29日浙江省第十三届人民代表大会常务委员会第三十一次会议修改 | 2021-9-30 | 2021-10-15 | 2021-9-30 | 修改 |
| 浙江省高新技术促进条例 | 2021年9月29日浙江省第十三届人民代表大会常务委员会第三十一次会议修改 | 2021-9-30 | 2021-10-15 | 2021-9-30 | 修改 |

续表

| 法规名称 | 通过或批准时间 | 公布时间 | 报备时间 | 施行时间 | 立法形式 |
|---|---|---|---|---|---|
| 浙江省技术市场条例 | 2021 年 9 月 29 日浙江省第十三届人民代表大会常务委员会第三十一次会议修改 | 2021-9-30 | 2021-10-15 | 2021-9-30 | 修改 |
| 浙江省社会养老服务促进条例 | 2021 年 9 月 29 日浙江省第十三届人民代表大会常务委员会第三十一次会议修改 | 2021-9-30 | 2021-10-15 | 2021-9-30 | 修改 |
| 浙江省义务教育条例 | 2021 年 9 月 29 日浙江省第十三届人民代表大会常务委员会第三十一次会议修改 | 2021-9-30 | 2021-10-15 | 2021-9-30 | 修改 |
| 浙江省城市市容和环境卫生管理条例 | 2021 年 9 月 29 日浙江省第十三届人民代表大会常务委员会第三十一次会议修改 | 2021-9-30 | 2021-10-15 | 2021-9-30 | 修改 |
| 浙江省人民代表大会常务委员会关于政府规章设定罚款限额的规定 | 2021 年 9 月 29 日浙江省第十三届人民代表大会常务委员会第三十一次会议修改 | 2021-9-30 | 2021-10-15 | 2021-9-30 | 修改 |
| 衢州市居家养老服务条例 | 2021 年 7 月 29 日衢州市第七届人民代表大会常务委员会第三十五次会议通过，2021 年 9 月 29 日浙江省第十三届人民代表大会常务委员会第三十一次会议批准 | 2021-10-11 | 2021-10-26 | 2022-1-1 | 制定 |
| 台州府城墙保护条例 | 2021 年 8 月 25 日台州市第五届人民代表大会常务委员会第四十次会议修改，2021 年 9 月 29 日浙江省第十三届人民代表大会常务委员会第三十一次会议批准修改 | 2021-10-12 | 2021-10-15 | 2021-10-12 | 修改 |
| 绍兴市居家养老服务条例 | 2021 年 8 月 6 日绍兴市第八届人民代表大会常务委员会第三十九次会议通过，2021 年 9 月 29 日浙江省第十三届人民代表大会常务委员会第三十一次会议批准 | 2021-10-12 | 2021-10-26 | 2021-12-1 | 制定 |
| 嘉兴市大运河世界文化遗产保护条例 | 2021 年 8 月 19 日嘉兴市第八届人民代表大会常务委员会第三十六次会议修改，2021 年 9 月 29 日浙江省第十三届人民代表大会常务委员会第三十一次会议批准修改 | 2021-10-13 | 2021-10-15 | 2021-10-13 | 修改 |
| 嘉兴市养犬管理条例 | 2021 年 8 月 19 日嘉兴市第八届人民代表大会常务委员会第三十六次会议修改，2021 年 9 月 29 日浙江省第十三届人民代表大会常务委员会第三十一次会议批准修改 | 2021-10-13 | 2021-10-15 | 2021-10-13 | 修改 |
| 嘉兴市生活垃圾分类管理条例 | 2021 年 8 月 19 日嘉兴市第八届人民代表大会常务委员会第三十六次会议修改，2021 年 9 月 29 日浙江省第十三届人民代表大会常务委员会第三十一次会议批准修改 | 2021-10-13 | 2021-10-15 | 2021-10-13 | 修改 |
| 温州市销售燃放烟花爆竹管理规定 | 2021 年 8 月 26 日温州市第十三届人民代表大会常务委员会第四十次会议通过，2021 年 9 月 29 日浙江省第十三届人民代表大会常务委员会第三十一次会议批准 | 2021-10-14 | 2021-10-26 | 2021-12-1 | 制定 |
| 湖州市绿色金融促进条例 | 2021 年 8 月 26 日湖州市第八届人民代表大会常务委员会第三十六次会议通过，2021 年 9 月 29 日浙江省第十三届人民代表大会常务委员会第三十一次会议批准 | 2021-10-14 | 2021-10-26 | 2022-1-1 | 制定 |

续表

| 法规名称 | 通过或批准时间 | 公布时间 | 报备时间 | 施行时间 | 立法形式 |
| --- | --- | --- | --- | --- | --- |
| 宁波市住宅小区物业管理条例 | 2021年8月31日宁波市第十五届人民代表大会常务委员会第三十九次会议修改，2021年9月29日浙江省第十三届人民代表大会常务委员会第三十一次会议批准修改 | 2021-10-15 | 2021-11-2 | 2022-4-1 | 修改 |
| 舟山市物业管理条例 | 2021年8月25日舟山市第七届人民代表大会常务委员会第四十三次会议修改，2021年9月29日浙江省第十三届人民代表大会常务委员会第三十一次会议批准修改 | 2021-11-1 | 2021-11-9 | 2021-11-1 | 修改 |
| 浙江省人民代表大会常务委员会关于促进和保障龙港市新型城镇化综合改革的决定 | 2021年11月25日浙江省第十三届人民代表大会常务委员会第三十二次会议通过 | 2021-11-25 | 2021-12-9 | 2021-11-25 | 制定 |
| 浙江省综合行政执法条例 | 2021年11月25日浙江省第十三届人民代表大会常务委员会第三十二次会议通过 | 2021-11-25 | 2021-12-9 | 2022-1-1 | 制定 |
| 浙江省城市管理相对集中行政处罚权条例 | 在《浙江省综合行政执法条例》中被明文予以废止 | 2021-11-25 | 2021-12-9 | 2022-1-1 | 文中废止 |
| 浙江省水上交通安全管理条例 | 2021年11月25日浙江省第十三届人民代表大会常务委员会第三十二次会议修改 | 2021-11-25 | 2021-12-9 | 2021-11-25 | 修改 |
| 浙江省消防条例 | 2021年11月25日浙江省第十三届人民代表大会常务委员会第三十二次会议修改 | 2021-11-25 | 2021-12-9 | 2021-11-25 | 修改 |
| 浙江省人口与计划生育条例 | 2021年11月25日浙江省第十三届人民代表大会常务委员会第三十二次会议修改 | 2021-11-25 | 2021-12-9 | 2021-11-25 | 修改 |
| 湖州市养犬管理规定 | 2021年10月29日湖州市第八届人民代表大会常务委员会第三十七次会议通过，2021年11月25日浙江省第十三届人民代表大会常务委员会第三十二次会议批准 | 2021-12-2 | 2021-12-14 | 2022-1-1 | 制定 |
| 杭州市西湖龙井茶保护管理条例 | 2021年10月29日杭州市第十三届人民代表大会常务委员会第三十八次会议通过，2021年11月25日浙江省第十三届人民代表大会常务委员会第三十二次会议批准 | 2021-12-3 | 2021-12-14 | 2022-3-1 | 制定 |
| 杭州市燃气管理条例 | 2021年10月29日杭州市第十三届人民代表大会常务委员会第三十八次会议修改，2021年11月25日浙江省第十三届人民代表大会常务委员会第三十二次会议批准修改 | 2021-12-3 | 2021-12-14 | 2022-1-1 | 修改 |
| 宁波市志愿服务条例 | 2021年10月28日宁波市第十五届人民代表大会常务委员会第四十次会议修改，2021年11月25日浙江省第十三届人民代表大会常务委员会第三十二次会议批准修改 | 2021-12-3 | 2021-12-15 | 2022-3-1 | 修改 |
| 宁波市教育督导条例 | 2021年10月28日宁波市第十五届人民代表大会常务委员会第四十次会议修改，2021年11月25日浙江省第十三届人民代表大会常务委员会第三十二次会议批准修改 | 2021-12-3 | 2021-12-15 | 2022-3-1 | 修改 |

续表

| 法规名称 | 通过或批准时间 | 公布时间 | 报备时间 | 施行时间 | 立法形式 |
| --- | --- | --- | --- | --- | --- |
| 温州市"两个健康"先行区建设促进条例 | 2021 年 10 月 22 日温州市第十三届人民代表大会常务委员会第四十二次会议通过，2021 年 11 月 25 日浙江省第十三届人民代表大会常务委员会第三十二次会议批准 | 2021-12-6 | 2021-12-14 | 2022-1-1 | 制定 |
| 温州市全民阅读促进条例 | 2021 年 10 月 22 日温州市第十三届人民代表大会常务委员会第四十二次会议通过，2021 年 11 月 25 日浙江省第十三届人民代表大会常务委员会第三十二次会议批准 | 2021-12-6 | 2021-12-14 | 2022-1-1 | 制定 |
| 台州市养犬管理条例 | 2021 年 10 月 22 日台州市第五届人民代表大会常务委员会第四十一次会议通过，2021 年 11 月 25 日浙江省第十三届人民代表大会常务委员会第三十二次会议批准 | 2021-12-6 | 2021-12-14 | 2022-5-1 | 制定 |
| 嘉兴市住宅物业管理条例 | 2021 年 10 月 29 日嘉兴市第八届人民代表大会常务委员会第三十七次会议通过，2021 年 11 月 25 日浙江省第十三届人民代表大会常务委员会第三十二次会议批准 | 2021-12-7 | 2021-12-15 | 2022-3-1 | 制定 |
| 绍兴市城市轨道交通管理条例 | 2021 年 10 月 29 日绍兴市第八届人民代表大会常务委员会第四十一次会议通过，2021 年 11 月 25 日浙江省第十三届人民代表大会常务委员会第三十二次会议批准 | 2021-12-8 | 2021-12-15 | 2022-1-1 | 制定 |
| 绍兴市水资源保护条例 | 2021 年 10 月 29 日绍兴市第八届人民代表大会常务委员会第四十一次会议修改，2021 年 11 月 25 日浙江省第十三届人民代表大会常务委员会第三十二次会议批准修改 | 2021-12-8 | 2021-12-15 | 2021-12-8 | 修改 |
| 丽水市扬尘污染防治规定 | 2021 年 11 月 26 日丽水市第四届人民代表大会常务委员会第三十四次会议通过，2021 年 12 月 22 日浙江省第十三届人民代表大会常务委员会第三十三次会议批准 | 2021-12-30 | 2022-1-7 | 2022-3-1 | 制定 |
| 衢州市工业固体废物管理若干规定 | 2021 年 11 月 30 日衢州市第七届人民代表大会常务委员会第三十七次会议通过，2021 年 12 月 22 日浙江省第十三届人民代表大会常务委员会第三十三次会议批准 | 2021-12-31 | 2022-1-7 | 2022-5-1 | 制定 |

# 安徽省地方性法规目录

（58 件）

| 法规名称 | 通过或批准时间 | 公布时间 | 报备时间 | 施行时间 | 立法形式 |
| --- | --- | --- | --- | --- | --- |
| 合肥市城市集中供热管理条例 | 2020 年 10 月 29 日合肥市第十六届人民代表大会常务委员会第二十一次会议通过，2020 年 12 月 24 日安徽省第十三届人民代表大会常务委员会第二十三次会议批准 | 2021-1-4 | 2021-1-15 | 2021-2-1 | 制定 |

续表

| 法规名称 | 通过或批准时间 | 公布时间 | 报备时间 | 施行时间 | 立法形式 |
|---|---|---|---|---|---|
| 蚌埠市电梯安全管理条例 | 2020 年 10 月 29 日蚌埠市第十六届人民代表大会常务委员会第二十二次会议通过，2020 年 12 月 24 日安徽省第十三届人民代表大会常务委员会第二十三次会议批准 | 2021-1-4 | 2021-1-15 | 2021-3-1 | 制定 |
| 阜阳市文明行为促进条例 | 2020 年 11 月 25 日阜阳市第五届人民代表大会常务委员会第三十四次会议通过，2020 年 12 月 24 日安徽省第十三届人民代表大会常务委员会第二十三次会议批准 | 2021-1-4 | 2021-1-15 | 2021-3-1 | 制定 |
| 淮南市机动车和非道路移动机械排放污染防治条例 | 2020 年 10 月 28 日淮南市第十六届人民代表大会常务委员会第二十三次会议通过，2020 年 12 月 24 日安徽省第十三届人民代表大会常务委员会第二十三次会议批准 | 2021-1-11 | 2021-1-15 | 2021-3-1 | 制定 |
| 淮南市机动车排放污染防治条例 | 在《淮南市机动车和非道路移动机械排放污染防治条例》中被明文予以废止 | 2021-1-11 | 2021-1-15 | 2021-3-1 | 文中废止 |
| 铜陵市扬尘污染防治管理办法 | 2020 年 10 月 30 日铜陵市第十六届人民代表大会常务委员会第二十三次会议通过，2020 年 12 月 24 日安徽省第十三届人民代表大会常务委员会第二十三次会议批准 | 2021-1-14 | 2021-1-15 | 2021-4-1 | 制定 |
| 安徽省人民代表大会常务委员会关于促进和保障长江流域禁捕工作若干问题的决定 | 2021 年 3 月 26 日安徽省第十三届人民代表大会常务委员会第二十六次会议通过 | 2021-3-29 | 2021-4-12 | 2021-4-1 | 制定 |
| 安徽省大数据发展条例 | 2021 年 3 月 26 日安徽省第十三届人民代表大会常务委员会第二十六次会议通过 | 2021-3-29 | 2021-4-12 | 2021-5-1 | 制定 |
| 安徽省淠史杭灌区管理条例 | 2021 年 3 月 26 日安徽省第十三届人民代表大会常务委员会第二十六次会议修改 | 2021-3-29 | 2021-4-12 | 2021-3-29 | 修改 |
| 安徽省物业管理条例 | 2021 年 3 月 26 日安徽省第十三届人民代表大会常务委员会第二十六次会议修改 | 2021-3-29 | 2021-4-12 | 2021-3-29 | 修改 |
| 安徽省城市市容和环境卫生管理条例 | 2021 年 3 月 26 日安徽省第十三届人民代表大会常务委员会第二十六次会议修改 | 2021-3-29 | 2021-4-12 | 2021-3-29 | 修改 |
| 安徽省林权管理条例 | 2021 年 3 月 26 日安徽省第十三届人民代表大会常务委员会第二十六次会议修改 | 2021-3-29 | 2021-4-12 | 2021-3-29 | 修改 |
| 安徽省林地保护管理条例 | 2021 年 3 月 26 日安徽省第十三届人民代表大会常务委员会第二十六次会议修改 | 2021-3-29 | 2021-4-12 | 2021-3-29 | 修改 |
| 安徽省土地权属争议处理条例 | 2021 年 3 月 26 日安徽省第十三届人民代表大会常务委员会第二十六次会议修改 | 2021-3-29 | 2021-4-12 | 2021-3-29 | 修改 |
| 安徽省合同监督条例 | 2021 年 3 月 26 日安徽省第十三届人民代表大会常务委员会第二十六次会议废止 | 2021-3-29 | 2021-4-12 | 2021-3-29 | 废止 |
| 安徽省个体工商户和私营企业权益保护条例 | 2021 年 3 月 26 日安徽省第十三届人民代表大会常务委员会第二十六次会议废止 | 2021-3-29 | 2021-4-12 | 2021-3-29 | 废止 |
| 安徽省村镇规划建设管理条例 | 2021 年 3 月 26 日安徽省第十三届人民代表大会常务委员会第二十六次会议废止 | 2021-3-29 | 2021-4-12 | 2021-3-29 | 废止 |

续表

| 法规名称 | 通过或批准时间 | 公布时间 | 报备时间 | 施行时间 | 立法形式 |
|---|---|---|---|---|---|
| 阜阳市城市市容和环境卫生管理条例 | 2020 年 12 月 18 日阜阳市第五届人民代表大会常务委员会第三十五次会议修改，2021 年 3 月 26 日安徽省第十三届人民代表大会常务委员会第二十六次会议批准修改 | 2021-3-30 | 2021-4-12 | 2021-3-30 | 修改 |
| 淮南市停车场建设管理条例 | 2020 年 12 月 8 日淮南市第十六届人民代表大会常务委员会第二十四次会议通过，2021 年 3 月 26 日安徽省第十三届人民代表大会常务委员会第二十六次会议批准 | 2021-4-8 | 2021-4-12 | 2021-5-1 | 制定 |
| 安徽创新型省份建设促进条例 | 2021 年 5 月 28 日安徽省第十三届人民代表大会常务委员会第二十七次会议通过 | 2021-5-31 | 2021-6-17 | 2021-7-1 | 制定 |
| 安徽省林长制条例 | 2021 年 5 月 28 日安徽省第十三届人民代表大会常务委员会第二十七次会议通过 | 2021-5-31 | 2021-6-17 | 2021-7-1 | 制定 |
| 安徽省各级人民代表大会选举实施细则 | 2021 年 5 月 28 日安徽省第十三届人民代表大会常务委员会第二十七次会议修改 | 2021-5-31 | 2021-6-17 | 2021-5-31 | 修改 |
| 安徽省实施《中华人民共和国固体废物污染环境防治法》办法 | 2021 年 5 月 28 日安徽省第十三届人民代表大会常务委员会第二十七次会议修改 | 2021-5-31 | 2021-6-17 | 2021-9-1 | 修改 |
| 合肥市饮用水水源保护条例 | 2021 年 4 月 13 日合肥市第十六届人民代表大会常务委员会第二十七次会议修改，2021 年 5 月 28 日安徽省第十三届人民代表大会常务委员会第二十七次会议批准修改 | 2021-6-8 | 2021-6-17 | 2021-7-1 | 修改 |
| 合肥市城市节约用水管理条例 | 2021 年 4 月 13 日合肥市第十六届人民代表大会常务委员会第二十七次会议修改，2021 年 5 月 28 日安徽省第十三届人民代表大会常务委员会第二十七次会议批准修改 | 2021-6-8 | 2021-6-17 | 2021-7-1 | 修改 |
| 阜阳市饮用水水源保护条例 | 2021 年 4 月 30 日阜阳市第五届人民代表大会常务委员会第四十次会议通过，2021 年 5 月 28 日安徽省第十三届人民代表大会常务委员会第二十七次会议批准 | 2021-6-10 | 2021-6-17 | 2021-8-1 | 制定 |
| 蚌埠市大遗址保护条例 | 2021 年 5 月 11 日蚌埠市第十六届人民代表大会常务委员会第二十九次会议通过，2021 年 5 月 28 日安徽省第十三届人民代表大会常务委员会第二十七次会议批准 | 2021-6-16 | 2021-6-17 | 2021-9-1 | 制定 |
| 安徽省人民代表大会常务委员会关于安徽省契税具体适用税率等事项的决定 | 2021 年 7 月 23 日安徽省第十三届人民代表大会常务委员会第二十八次会议通过 | 2021-7-23 | 2021-8-17 | 2021-9-1 | 制定 |
| 安徽省无线电管理条例 | 2021 年 7 月 23 日安徽省第十三届人民代表大会常务委员会第二十八次会议修改 | 2021-7-23 | 2021-8-17 | 2021-9-1 | 修改 |
| 安徽省特种行业治安管理条例 | 2021 年 7 月 23 日安徽省第十三届人民代表大会常务委员会第二十八次会议修改 | 2021-7-23 | 2021-8-17 | 2021-9-1 | 修改 |
| 淮北市非机动车管理条例 | 2021 年 6 月 17 日淮北市第十六届人民代表大会常务委员会第三十三次会议通过，2021 年 7 月 23 日安徽省第十三届人民代表大会常务委员会第二十八次会议批准 | 2021-8-6 | 2021-8-17 | 2022-1-1 | 制定 |

续表

| 法规名称 | 通过或批准时间 | 公布时间 | 报备时间 | 施行时间 | 立法形式 |
|---|---|---|---|---|---|
| 凤阳明中都城和明皇陵遗址保护条例 | 2021年6月24日滁州市第六届人民代表大会常务委员会第二十六次会议通过，2021年7月23日安徽省第十三届人民代表大会常务委员会第二十八次会议批准 | 2021-8-12 | 2021-8-17 | 2021-10-1 | 制定 |
| 安徽省见义勇为人员奖励和保障条例 | 2021年9月29日安徽省第十三届人民代表大会常务委员会第二十九次会议通过 | 2021-9-29 | 2021-10-26 | 2021-11-1 | 制定 |
| 安徽省见义勇为人员奖励和保护条例 | 在《安徽省见义勇为人员奖励和保障条例》中被明文予以废止 | 2021-9-29 | 2021-10-26 | 2021-11-1 | 文中废止 |
| 安徽省绿色建筑发展条例 | 2021年9月29日安徽省第十三届人民代表大会常务委员会第二十九次会议通过 | 2021-9-29 | 2021-10-26 | 2022-1-1 | 制定 |
| 安徽省实施《中华人民共和国动物防疫法》办法 | 2021年9月29日安徽省第十三届人民代表大会常务委员会第二十九次会议修改 | 2021-9-29 | 2021-10-26 | 2021-12-1 | 修改 |
| 安徽省各级人民代表大会常务委员会实行规范性文件备案审查的规定 | 2021年9月29日安徽省第十三届人民代表大会常务委员会第二十九次会议修改 | 2021-9-29 | 2021-10-26 | 2022-1-1 | 修改 |
| 合肥市科技创新条例 | 2021年8月24日合肥市第十六届人民代表大会常务委员会第二十九次会议通过，2021年9月29日安徽省第十三届人民代表大会常务委员会第二十九次会议批准 | 2021-10-11 | 2021-10-26 | 2022-1-1 | 制定 |
| 宿州市非物质文化遗产保护规定 | 2021年8月31日宿州市第五届人民代表大会常务委员会第三十三次会议通过，2021年9月29日安徽省第十三届人民代表大会常务委员会第二十九次会议批准 | 2021-10-20 | 2021-10-26 | 2021-12-1 | 制定 |
| 池州市古建筑保护条例 | 2021年8月30日池州市第四届人民代表大会常务委员会第三十四次会议通过，2021年9月29日安徽省第十三届人民代表大会常务委员会第二十九次会议批准 | 2021-10-20 | 2021-11-8 | 2022-1-1 | 制定 |
| 亳州市旅游促进条例 | 2021年8月31日亳州市第四届人民代表大会常务委员会第四十六次会议通过，2021年9月29日安徽省第十三届人民代表大会常务委员会第二十九次会议批准 | 2021-10-21 | 2021-10-26 | 2022-1-1 | 制定 |
| 黄山市徽州文书档案保护条例 | 2021年8月26日黄山市第七届人民代表大会常务委员会第三十一次会议通过，2021年9月29日安徽省第十三届人民代表大会常务委员会第二十九次会议批准 | 2021-10-21 | 2021-11-8 | 2022-1-1 | 制定 |
| 铜陵市住宅电梯安全管理条例 | 2021年8月20日铜陵市第十六届人民代表大会常务委员会第三十一次会议修改，2021年9月29日安徽省第十三届人民代表大会常务委员会第二十九次会议批准修改 | 2021-10-25 | 2021-11-8 | 2021-10-25 | 修改 |
| 安徽省红色资源保护和传承条例 | 2021年11月19日安徽省第十三届人民代表大会常务委员会第三十次会议通过 | 2021-11-19 | 2021-12-9 | 2022-1-1 | 制定 |
| 安徽省生活垃圾分类管理条例 | 2021年11月19日安徽省第十三届人民代表大会常务委员会第三十次会议通过 | 2021-11-19 | 2021-12-9 | 2022-5-1 | 制定 |

续表

| 法规名称 | 通过或批准时间 | 公布时间 | 报备时间 | 施行时间 | 立法形式 |
|---|---|---|---|---|---|
| 安徽省实施宪法宣誓制度办法 | 2021年11月19日安徽省第十三届人民代表大会常务委员会第三十次会议修改 | 2021-11-19 | 2021-12-9 | 2021-11-19 | 修改 |
| 安徽省人口与计划生育条例 | 2021年11月19日安徽省第十三届人民代表大会常务委员会第三十次会议修改 | 2021-11-19 | 2021-12-9 | 2022-1-1 | 修改 |
| 合肥市机动车和非道路移动机械排放污染防治条例 | 2021年10月28日合肥市第十六届人民代表大会常务委员会第三十次会议通过，2021年11月19日安徽省第十三届人民代表大会常务委员会第三十次会议批准 | 2021-11-25 | 2021-12-9 | 2022-1-1 | 制定 |
| 宿州市市容治理条例 | 2021年10月22日宿州市第五届人民代表大会常务委员会第三十四次会议修改，2021年11月19日安徽省第十三届人民代表大会常务委员会第三十次会议批准修改 | 2021-11-29 | 2021-12-9 | 2021-11-29 | 修改 |
| 淮北市建筑装饰装修管理条例 | 2021年10月28日淮北市第十六届人民代表大会常务委员会第三十五次会议通过，2021年11月19日安徽省第十三届人民代表大会常务委员会第三十次会议批准 | 2021-11-30 | 2021-12-9 | 2022-3-1 | 制定 |
| 滁州市优化营商环境条例 | 2021年10月29日滁州市第六届人民代表大会常务委员会第二十八次会议通过，2021年11月19日安徽省第十三届人民代表大会常务委员会第三十次会议批准 | 2021-11-30 | 2021-12-9 | 2022-1-1 | 制定 |
| 六安市养犬管理条例 | 2021年9月29日六安市第五届人民代表大会常务委员会第二十九次会议通过，2021年11月19日安徽省第十三届人民代表大会常务委员会第三十次会议批准 | 2021-12-2 | 2021-12-9 | 2022-3-1 | 制定 |
| 芜湖市瓶装燃气管理条例 | 2021年9月13日芜湖市第十六届人民代表大会常务委员会第三十一次会议通过，2021年11月19日安徽省第十三届人民代表大会常务委员会第三十次会议批准 | 2021-12-8 | 2021-12-9 | 2022-5-1 | 制定 |
| 安徽省引江济淮工程管理和保护条例 | 2021年12月22日安徽省第十三届人民代表大会常务委员会第三十一次会议通过 | 2021-12-22 | 2022-1-7 | 2022-3-1 | 制定 |
| 安徽省人力资源市场条例 | 2021年12月22日安徽省第十三届人民代表大会常务委员会第三十一次会议通过 | 2021-12-22 | 2022-1-7 | 2022-3-1 | 制定 |
| 安徽省劳动力市场管理条例 | 在《安徽省人力资源市场条例》中被明文予以废止 | 2021-12-22 | 2022-1-7 | 2022-3-1 | 文中废止 |
| 安庆市黄梅戏保护传承条例 | 2021年10月20日安庆市第十七届人民代表大会常务委员会第三十四次会议通过，2021年12月22日安徽省第十三届人民代表大会常务委员会第三十一次会议批准 | 2021-12-24 | 2022-1-7 | 2022-6-1 | 制定 |
| 安庆市养犬管理条例 | 2021年10月20日安庆市第十七届人民代表大会常务委员会第三十四次会议通过，2021年12月22日安徽省第十三届人民代表大会常务委员会第三十一次会议批准 | 2021-12-24 | 2022-1-7 | 2022-6-1 | 制定 |
| 马鞍山市养老服务促进条例 | 2021年11月17日马鞍山市第十六届人民代表大会常务委员会第三十三次会议通过，2021年12月22日安徽省第十三届人民代表大会常务委员会第三十一次会议批准 | 2021-12-27 | 2022-1-7 | 2022-5-1 | 制定 |

续表

| 法规名称 | 通过或批准时间 | 公布时间 | 报备时间 | 施行时间 | 立法形式 |
|---|---|---|---|---|---|
| 淮南市消防安全管理规定 | 2021年10月28日淮南市第十六届人民代表大会常务委员会第三十三次会议通过，2021年12月22日安徽省第十三届人民代表大会常务委员会第三十一次会议批准 | 2021-12-29 | 2022-1-7 | 2022-3-1 | 制定 |
| 淮南市消防条例 | 在《淮南市消防安全管理规定》中被明文予以废止 | 2021-12-29 | 2022-1-7 | 2022-3-1 | 文中废止 |
| 蚌埠市停车管理条例 | 2021年10月28日蚌埠市第十六届人民代表大会常务委员会第三十五次会议通过，2021年12月22日安徽省第十三届人民代表大会常务委员会第三十一次会议批准 | 2021-12-30 | 2022-1-7 | 2022-5-1 | 制定 |

# 福建省地方性法规目录

（51件）

| 法规名称 | 通过或批准时间 | 公布时间 | 报备时间 | 施行时间 | 立法形式 |
|---|---|---|---|---|---|
| 福建省餐饮服务从业人员佩戴口罩的规定 | 2021年1月21日福建省第十三届人民代表大会常务委员会第二十五次会议通过 | 2021-1-21 | 2021-2-3 | 2021-2-1 | 制定 |
| 龙岩市人民代表大会常务委员会关于加强九龙江流域水生态环境协同保护的决定 | 2020年11月23日龙岩市第五届人民代表大会常务委员会第二十五次会议通过，2021年1月21日福建省第十三届人民代表大会常务委员会第二十五次会议批准 | 2021-1-22 | 2021-2-3 | 2021-1-22 | 制定 |
| 厦门市人民代表大会常务委员会关于加强九龙江流域水生态环境协同保护的决定 | 2020年12月11日厦门市第十五届人民代表大会常务委员会第三十九次会议通过，2021年1月21日福建省第十三届人民代表大会常务委员会第二十五次会议批准 | 2021-1-28 | 2021-2-3 | 2021-1-28 | 制定 |
| 漳州市人民代表大会常务委员会关于加强九龙江流域水生态环境协同保护的决定 | 2020年12月28日漳州市第十六届人民代表大会常务委员会第三十七次会议通过，2021年1月21日福建省第十三届人民代表大会常务委员会第二十五次会议批准 | 2021-1-28 | 2021-2-3 | 2021-1-28 | 制定 |
| 泉州市人民代表大会常务委员会关于加强九龙江流域水生态环境协同保护的决定 | 2020年12月30日泉州市第十六届人民代表大会常务委员会第三十四次会议通过，2021年1月21日福建省第十三届人民代表大会常务委员会第二十五次会议批准 | 2021-1-29 | 2021-2-3 | 2021-1-29 | 制定 |
| 福建省村集体财务管理条例 | 2021年4月1日福建省第十三届人民代表大会常务委员会第二十六次会议修改 | 2021-4-6 | 2021-4-16 | 2021-4-6 | 修改 |
| 福建省农业机械管理条例 | 2021年4月1日福建省第十三届人民代表大会常务委员会第二十六次会议修改 | 2021-4-6 | 2021-4-16 | 2021-4-6 | 修改 |
| 福建省防震减灾条例 | 2021年4月1日福建省第十三届人民代表大会常务委员会第二十六次会议修改 | 2021-4-6 | 2021-4-16 | 2021-4-6 | 修改 |
| 福建省城乡供水条例 | 2021年4月1日福建省第十三届人民代表大会常务委员会第二十六次会议修改 | 2021-4-6 | 2021-4-16 | 2021-4-6 | 修改 |

续表

| 法规名称 | 通过或批准时间 | 公布时间 | 报备时间 | 施行时间 | 立法形式 |
|---|---|---|---|---|---|
| 福建省实施《中华人民共和国消费者权益保护法》办法 | 2021 年 4 月 1 日福建省第十三届人民代表大会常务委员会第二十六次会议修改 | 2021-4-6 | 2021-4-16 | 2021-4-6 | 修改 |
| 福建省生态公益林条例 | 2021 年 4 月 1 日福建省第十三届人民代表大会常务委员会第二十六次会议修改 | 2021-4-6 | 2021-4-16 | 2021-4-6 | 修改 |
| 福建省沿海防护林条例 | 2021 年 4 月 1 日福建省第十三届人民代表大会常务委员会第二十六次会议修改 | 2021-4-6 | 2021-4-16 | 2021-7-1 | 修改 |
| 福建省公证工作若干规定 | 2021 年 4 月 1 日福建省第十三届人民代表大会常务委员会第二十六次会议废止 | 2021-4-6 | 2021-4-16 | 2021-4-6 | 废止 |
| 宁德市饮用水水源地保护条例 | 2020 年 12 月 16 日宁德市第四届人民代表大会常务委员会第三十七次会议通过，2021 年 4 月 1 日福建省第十三届人民代表大会常务委员会第二十六次会议批准 | 2021-4-7 | 2021-4-16 | 2021-7-1 | 制定 |
| 南平市户外广告设施和招牌设置管理办法 | 2021 年 1 月 14 日南平市第五届人民代表大会常务委员会第三十二次会议通过，2021 年 4 月 1 日福建省第十三届人民代表大会常务委员会第二十六次会议批准 | 2021-4-7 | 2021-4-16 | 2021-6-1 | 制定 |
| 莆田市山体保护条例 | 2020 年 12 月 22 日莆田市第七届人民代表大会常务委员会第三十三次会议通过，2021 年 4 月 1 日福建省第十三届人民代表大会常务委员会第二十六次会议批准 | 2021-4-8 | 2021-4-16 | 2021-6-1 | 制定 |
| 泉州市机动车停车管理条例 | 2020 年 12 月 30 日泉州市第十六届人民代表大会常务委员会第三十四次会议通过，2021 年 4 月 1 日福建省第十三届人民代表大会常务委员会第二十六次会议批准 | 2021-4-16 | 2021-4-16 | 2021-7-1 | 制定 |
| 福建省传统风貌建筑保护条例 | 2021 年 5 月 27 日福建省第十三届人民代表大会常务委员会第二十七次会议通过 | 2021-5-28 | 2021-6-15 | 2021-7-1 | 制定 |
| 福建省志愿服务条例 | 2021 年 5 月 27 日福建省第十三届人民代表大会常务委员会第二十七次会议通过 | 2021-5-28 | 2021-6-15 | 2021-7-1 | 制定 |
| 福建省青年志愿服务条例 | 在《福建省志愿服务条例》中被明文予以废止 | 2021-5-28 | 2021-6-15 | 2021-7-1 | 文中废止 |
| 福建省儿童乘坐机动车使用安全座椅的规定 | 2021 年 5 月 27 日福建省第十三届人民代表大会常务委员会第二十七次会议通过 | 2021-5-28 | 2021-6-15 | 2022-1-1 | 制定 |
| 福建省食品安全条例 | 2021 年 5 月 27 日福建省第十三届人民代表大会常务委员会第二十七次会议修改 | 2021-5-28 | 2021-6-15 | 2021-5-28 | 修改 |
| 福建省促进茶产业发展条例 | 2021 年 5 月 27 日福建省第十三届人民代表大会常务委员会第二十七次会议修改 | 2021-5-28 | 2021-6-15 | 2021-5-28 | 修改 |
| 厦门市环境保护条例 | 2021 年 2 月 26 日厦门市第十五届人民代表大会常务委员会第四十一次会议修改，2021 年 5 月 27 日福建省第十三届人民代表大会常务委员会第二十七次会议批准修改 | 2021-6-2 | 2021-6-15 | 2021-7-1 | 修改 |
| 漳州市户外广告和招牌设置管理办法 | 2021 年 4 月 22 日漳州市第十六届人民代表大会常务委员会第四十次会议通过，2021 年 5 月 27 日福建省第十三届人民代表大会常务委员会第二十七次会议批准 | 2021-6-2 | 2021-6-15 | 2021-9-1 | 制定 |

续表

| 法规名称 | 通过或批准时间 | 公布时间 | 报备时间 | 施行时间 | 立法形式 |
| --- | --- | --- | --- | --- | --- |
| 漳州古城保护条例 | 2021年4月22日漳州市第十六届人民代表大会常务委员会第四十次会议通过，2021年5月27日福建省第十三届人民代表大会常务委员会第二十七次会议批准 | 2021-6-2 | 2021-6-15 | 2021-10-1 | 制定 |
| 福州市户外广告设置管理办法 | 2021年2月26日福州市第十五届人民代表大会常务委员会第三十四次会议通过，2021年5月27日福建省第十三届人民代表大会常务委员会第二十七次会议批准 | 2021-6-7 | 2021-6-15 | 2021-9-1 | 制定 |
| 福州市城市房屋产权产籍管理办法 | 2021年4月29日福州市第十五届人民代表大会常务委员会第三十五次会议废止，2021年5月27日福建省第十三届人民代表大会常务委员会第二十七次会议批准废止 | 2021-6-7 | 2021-6-15 | 2021-6-7 | 废止 |
| 福建省人民代表大会常务委员会关于批准契税我省适用税率和减免税具体办法方案的决议 | 2021年7月29日福建省第十三届人民代表大会常务委员会第二十八次会议通过 | 2021-7-29 | 2021-8-6 | 2021-9-1 | 制定 |
| 福建省水污染防治条例 | 2021年7月29日福建省第十三届人民代表大会常务委员会第二十八次会议通过 | 2021-7-29 | 2021-8-17 | 2021-11-1 | 制定 |
| 福建省流域水环境保护条例 | 在《福建省水污染防治条例》中被明文予以废止 | 2021-7-29 | 2021-8-17 | 2021-11-1 | 文中废止 |
| 福建省绿色建筑发展条例 | 2021年7月29日福建省第十三届人民代表大会常务委员会第二十八次会议通过 | 2021-7-29 | 2021-8-17 | 2022-1-1 | 制定 |
| 福州市闽剧保护规定 | 2021年6月24日福州市第十五届人民代表大会常务委员会第三十七次会议通过，2021年7月29日福建省第十三届人民代表大会常务委员会第二十八次会议批准 | 2021-8-5 | 2021-8-17 | 2021-11-1 | 制定 |
| 福州市软木画技艺保护规定 | 2021年6月24日福州市第十五届人民代表大会常务委员会第三十七次会议通过，2021年7月29日福建省第十三届人民代表大会常务委员会第二十八次会议批准 | 2021-8-9 | 2021-8-17 | 2021-11-1 | 制定 |
| 福建省乡村振兴促进条例 | 2021年10月22日福建省第十三届人民代表大会常务委员会第二十九次会议通过 | 2021-10-22 | 2021-11-14 | 2021-12-1 | 制定 |
| 三明市三元区环城山体保护条例 | 2021年8月27日三明市第十三届人民代表大会常务委员会第三十六次会议通过，2021年10月22日福建省第十三届人民代表大会常务委员会第二十九次会议批准 | 2021-10-22 | 2021-11-14 | 2022-7-1 | 制定 |
| 宁德市户外广告和招牌设置管理条例 | 2021年8月26日宁德市第四届人民代表大会常务委员会第四十五次会议通过，2021年10月22日福建省第十三届人民代表大会常务委员会第二十九次会议批准 | 2021-10-25 | 2021-11-14 | 2021-12-1 | 制定 |
| 龙岩市奇和洞遗址保护条例 | 2021年7月22日龙岩市第五届人民代表大会常务委员会第三十二次会议通过，2021年10月22日福建省第十三届人民代表大会常务委员会第二十九次会议批准 | 2021-10-26 | 2021-11-14 | 2021-12-1 | 制定 |

续表

| 法规名称 | 通过或批准时间 | 公布时间 | 报备时间 | 施行时间 | 立法形式 |
| --- | --- | --- | --- | --- | --- |
| 龙岩市扬尘污染防治条例 | 2021年7月22日龙岩市第五届人民代表大会常务委员会第三十二次会议通过，2021年10月22日福建省第十三届人民代表大会常务委员会第二十九次会议批准 | 2021-10-26 | 2021-11-14 | 2021-12-1 | 制定 |
| 莆田市木兰溪流域保护条例 | 2021年8月26日莆田市第七届人民代表大会常务委员会第四十次会议通过，2021年10月22日福建省第十三届人民代表大会常务委员会第二十九次会议批准 | 2021-10-26 | 2021-11-14 | 2021-12-1 | 制定 |
| 泉州市历史文化名城保护条例 | 2021年8月30日泉州市第十六届人民代表大会常务委员会第四十二次会议通过，2021年10月22日福建省第十三届人民代表大会常务委员会第二十九次会议批准 | 2021-11-1 | 2021-11-14 | 2022-1-1 | 制定 |
| 福州市居家养老服务条例 | 2021年8月27日福州市第十五届人民代表大会常务委员会第三十九次会议通过，2021年10月22日福建省第十三届人民代表大会常务委员会第二十九次会议批准 | 2021-11-2 | 2021-11-14 | 2022-1-1 | 制定 |
| 福州市脱胎漆器技艺保护规定 | 2021年8月27日福州市第十五届人民代表大会常务委员会第三十九次会议通过，2021年10月22日福建省第十三届人民代表大会常务委员会第二十九次会议批准 | 2021-11-3 | 2021-11-14 | 2022-1-1 | 制定 |
| 福建省铁路安全管理条例 | 2021年12月15日福建省第十三届人民代表大会常务委员会第三十次会议通过 | 2021-12-15 | 2021-12-24 | 2022-1-1 | 制定 |
| 福建省大数据发展条例 | 2021年12月15日福建省第十三届人民代表大会常务委员会第三十次会议通过 | 2021-12-15 | 2021-12-24 | 2022-2-1 | 制定 |
| 厦门市物业管理若干规定 | 2021年8月26日厦门市第十五届人民代表大会常务委员会第四十五次会议修改，2021年12月15日福建省第十三届人民代表大会常务委员会第三十次会议批准修改 | 2021-12-20 | 2021-12-24 | 2021-12-20 | 修改 |
| 漳州水仙花保护管理办法 | 2021年10月28日漳州市第十六届人民代表大会常务委员会第四十七次会议通过，2021年12月15日福建省第十三届人民代表大会常务委员会第三十次会议批准 | 2021-12-21 | 2021-12-24 | 2022-3-1 | 制定 |
| 漳州市市容和环境卫生“门前三包”责任区管理若干规定 | 2021年10月28日漳州市第十六届人民代表大会常务委员会第四十七次会议修改，2021年12月15日福建省第十三届人民代表大会常务委员会第三十次会议批准修改 | 2021-12-21 | 2021-12-24 | 2021-12-21 | 修改 |
| 漳州市生活垃圾管理办法 | 2021年10月28日漳州市第十六届人民代表大会常务委员会第四十七次会议修改，2021年12月15日福建省第十三届人民代表大会常务委员会第三十次会议批准修改 | 2021-12-21 | 2021-12-24 | 2021-12-21 | 修改 |
| 漳州市建筑垃圾管理办法 | 2021年10月28日漳州市第十六届人民代表大会常务委员会第四十七次会议修改，2021年12月15日福建省第十三届人民代表大会常务委员会第三十次会议批准修改 | 2021-12-21 | 2021-12-24 | 2021-12-21 | 修改 |

续表

| 法规名称 | 通过或批准时间 | 公布时间 | 报备时间 | 施行时间 | 立法形式 |
| --- | --- | --- | --- | --- | --- |
| 漳州市饮用水水源保护办法 | 2021年10月28日漳州市第十六届人民代表大会常务委员会第四十七次会议修改，2021年12月15日福建省第十三届人民代表大会常务委员会第三十次会议批准修改 | 2021-12-21 | 2021-12-24 | 2021-12-21 | 修改 |
| 福州市寿山石雕刻技艺保护规定 | 2021年10月28日福州市第十五届人民代表大会常务委员会第四十次会议通过，2021年12月15日福建省第十三届人民代表大会常务委员会第三十次会议批准 | 2021-12-22 | 2021-12-24 | 2022-3-1 | 制定 |
| 福州市历史文化名城保护条例 | 2021年10月28日福州市第十五届人民代表大会常务委员会第四十次会议修改，2021年12月15日福建省第十三届人民代表大会常务委员会第三十次会议批准修改 | 2021-12-22 | 2021-12-24 | 2021-12-22 | 修改 |

# 江西省地方性法规目录

（57件）

| 法规名称 | 通过或批准时间 | 公布时间 | 报备时间 | 施行时间 | 立法形式 |
| --- | --- | --- | --- | --- | --- |
| 江西省乡村振兴促进条例 | 2021年1月30日江西省第十三届人民代表大会第五次会议通过 | 2021-1-30 | 2021-2-24 | 2021-3-1 | 制定 |
| 江西省人力资源市场条例 | 2021年3月26日江西省第十三届人民代表大会常务委员会第二十八次会议通过 | 2021-3-26 | 2021-4-6 | 2021-6-30 | 制定 |
| 江西省劳动力市场管理条例 | 在《江西省人力资源市场条例》中被明文予以废止 | 2021-3-26 | 2021-4-6 | 2021-6-30 | 文中废止 |
| 鹰潭市烟花爆竹销售燃放管理条例 | 2020年12月17日鹰潭市第九届人民代表大会常务委员会第四十二次会议通过，2021年3月26日江西省第十三届人民代表大会常务委员会第二十八次会议批准 | 2021-4-8 | 2021-4-14 | 2021-6-1 | 制定 |
| 鹰潭市建设工地扬尘污染防治管理办法 | 2020年12月17日鹰潭市第九届人民代表大会常务委员会第四十二次会议通过，2021年3月26日江西省第十三届人民代表大会常务委员会第二十八次会议批准 | 2021-4-8 | 2021-4-14 | 2021-6-1 | 制定 |
| 景德镇市城市地下管线管理条例 | 2021年1月11日景德镇市第十五届人民代表大会常务委员会第三十次会议通过，2021年3月26日江西省第十三届人民代表大会常务委员会第二十八次会议批准 | 2021-4-13 | 2021-4-29 | 2021-5-1 | 制定 |
| 上饶市爱国卫生条例 | 2020年12月25日上饶市第四届人民代表大会常务委员会第三十七次会议通过，2021年3月26日江西省第十三届人民代表大会常务委员会第二十八次会议批准 | 2021-4-16 | 2021-5-6 | 2021-6-1 | 制定 |
| 江西省人民代表大会常务委员会关于常态化开展扫黑除恶斗争巩固专项斗争成果的决定 | 2021年6月2日江西省第十三届人民代表大会常务委员会第三十次会议通过 | 2021-6-2 | 2021-6-9 | 2021-6-2 | 制定 |

续表

| 法规名称 | 通过或批准时间 | 公布时间 | 报备时间 | 施行时间 | 立法形式 |
|---|---|---|---|---|---|
| 江西省矛盾纠纷多元化解条例 | 2021年6月2日江西省第十三届人民代表大会常务委员会第三十次会议通过 | 2021-6-2 | 2021-6-9 | 2021-7-1 | 制定 |
| 江西省人民代表大会常务委员会关于加强国有资产管理情况监督的决定 | 2021年6月2日江西省第十三届人民代表大会常务委员会第三十次会议通过 | 2021-6-2 | 2021-6-10 | 2021-6-2 | 制定 |
| 萍乡市烟花爆竹燃放管理条例 | 2021年4月30日萍乡市第十五届人民代表大会常务委员会第三十五次会议通过，2021年6月2日江西省第十三届人民代表大会常务委员会第三十次会议批准 | 2021-6-9 | 2021-6-23 | 2021-9-1 | 制定 |
| 赣州市燃气管理条例 | 2021年4月29日赣州市第五届人民代表大会常务委员会第三十八次会议通过，2021年6月2日江西省第十三届人民代表大会常务委员会第三十次会议批准 | 2021-6-11 | 2021-6-23 | 2021-8-1 | 制定 |
| 新余市颐养之家条例 | 2021年5月7日新余市第九届人民代表大会常务委员会第四十次会议通过，2021年6月2日江西省第十三届人民代表大会常务委员会第三十次会议批准 | 2021-6-15 | 2021-6-23 | 2021-7-1 | 制定 |
| 江西省志愿服务条例 | 2021年7月28日江西省第十三届人民代表大会常务委员会第三十一次会议通过 | 2021-7-28 | 2021-8-3 | 2021-10-1 | 制定 |
| 江西省青年志愿服务条例 | 在《江西省志愿服务条例》中被明文予以废止 | 2021-7-28 | 2021-8-3 | 2021-10-1 | 文中废止 |
| 江西省公共文化服务保障条例 | 2021年7月28日江西省第十三届人民代表大会常务委员会第三十一次会议通过 | 2021-7-28 | 2021-8-3 | 2021-10-1 | 制定 |
| 江西省生活垃圾管理条例 | 2021年7月28日江西省第十三届人民代表大会常务委员会第三十一次会议通过 | 2021-7-28 | 2021-8-3 | 2022-3-1 | 制定 |
| 江西省人民代表大会常务委员会关于批准江西省契税具体适用税率等有关事项的方案的决议 | 2021年7月28日江西省第十三届人民代表大会常务委员会第三十一次会议通过 | 2021-7-28 | 2021-8-5 | 2021-9-1 | 制定 |
| 江西省各级人民代表大会常务委员会规范性文件备案审查条例 | 2021年7月28日江西省第十三届人民代表大会常务委员会第三十一次会议修改 | 2021-7-28 | 2021-8-5 | 2021-7-28 | 修改 |
| 江西省职工代表大会条例 | 2021年7月28日江西省第十三届人民代表大会常务委员会第三十一次会议修改 | 2021-7-28 | 2021-8-5 | 2021-7-28 | 修改 |
| 江西省厂务公开条例 | 2021年7月28日江西省第十三届人民代表大会常务委员会第三十一次会议修改 | 2021-7-28 | 2021-8-5 | 2021-7-28 | 修改 |
| 江西省企业工资集体协商条例 | 2021年7月28日江西省第十三届人民代表大会常务委员会第三十一次会议修改 | 2021-7-28 | 2021-8-5 | 2021-7-28 | 修改 |
| 江西省医疗纠纷预防与处理条例 | 2021年7月28日江西省第十三届人民代表大会常务委员会第三十一次会议修改 | 2021-7-28 | 2021-8-5 | 2021-7-28 | 修改 |
| 江西省行政执法监督条例 | 2021年7月28日江西省第十三届人民代表大会常务委员会第三十一次会议修改 | 2021-7-28 | 2021-8-5 | 2021-7-28 | 修改 |

续表

| 法规名称 | 通过或批准时间 | 公布时间 | 报备时间 | 施行时间 | 立法形式 |
|---|---|---|---|---|---|
| 江西省劳动保障监察条例 | 2021年7月28日江西省第十三届人民代表大会常务委员会第三十一次会议修改 | 2021-7-28 | 2021-8-5 | 2021-7-28 | 修改 |
| 江西省防震减灾条例 | 2021年7月28日江西省第十三届人民代表大会常务委员会第三十一次会议修改 | 2021-7-28 | 2021-8-5 | 2021-7-28 | 修改 |
| 江西省河道管理条例 | 2021年7月28日江西省第十三届人民代表大会常务委员会第三十一次会议修改 | 2021-7-28 | 2021-8-5 | 2021-7-28 | 修改 |
| 江西省赣抚平原灌区管理条例 | 2021年7月28日江西省第十三届人民代表大会常务委员会第三十一次会议修改 | 2021-7-28 | 2021-8-5 | 2021-7-28 | 修改 |
| 江西省湖泊保护条例 | 2021年7月28日江西省第十三届人民代表大会常务委员会第三十一次会议修改 | 2021-7-28 | 2021-8-5 | 2021-7-28 | 修改 |
| 江西省企业权益保护条例 | 2021年7月28日江西省第十三届人民代表大会常务委员会第三十一次会议修改 | 2021-7-28 | 2021-8-5 | 2021-7-28 | 修改 |
| 江西省企业负担监督管理条例 | 2021年7月28日江西省第十三届人民代表大会常务委员会第三十一次会议修改 | 2021-7-28 | 2021-8-5 | 2021-7-28 | 修改 |
| 江西省实施《中华人民共和国人民防空法》办法 | 2021年7月28日江西省第十三届人民代表大会常务委员会第三十一次会议修改 | 2021-7-28 | 2021-8-5 | 2021-7-28 | 修改 |
| 江西省邮政条例 | 2021年7月28日江西省第十三届人民代表大会常务委员会第三十一次会议修改 | 2021-7-28 | 2021-8-5 | 2021-7-28 | 修改 |
| 宜春市住宅物业管理条例 | 2021年5月21日宜春市第四届人民代表大会常务委员会第四十一次会议通过，2021年7月28日江西省第十三届人民代表大会常务委员会第三十一次会议批准 | 2021-8-9 | 2021-8-27 | 2021-10-1 | 制定 |
| 南昌市荣誉市民条例 | 2021年6月17日南昌市第十五届人民代表大会常务委员会第四十次会议通过，2021年7月28日江西省第十三届人民代表大会常务委员会第三十一次会议批准 | 2021-8-12 | 2021-8-27 | 2022-1-1 | 制定 |
| 南昌市荣誉市民称号授予办法 | 在《南昌市荣誉市民条例》中被明文予以废止 | 2021-8-12 | 2021-8-27 | 2022-1-1 | 文中废止 |
| 上饶市文明行为促进条例 | 2021年6月25日上饶市第四届人民代表大会常务委员会第四十一次会议通过，2021年7月28日江西省第十三届人民代表大会常务委员会第三十一次会议批准 | 2021-8-16 | 2021-8-27 | 2021-10-1 | 制定 |
| 吉安市殡葬管理条例 | 2021年6月30日吉安市第四届人民代表大会常务委员会第三十七次会议通过，2021年7月28日江西省第十三届人民代表大会常务委员会第三十一次会议批准 | 2021-8-16 | 2021-8-27 | 2022-1-1 | 制定 |
| 九江市水利工程管理条例 | 2021年5月26日九江市第十五届人民代表大会常务委员会第三十五次会议通过，2021年7月28日江西省第十三届人民代表大会常务委员会第三十一次会议批准 | 2021-8-17 | 2021-8-27 | 2022-1-1 | 制定 |
| 抚州市门前三包管理规定 | 2021年6月29日抚州市第四届人民代表大会常务委员会第三十七次会议通过，2021年7月28日江西省第十三届人民代表大会常务委员会第三十一次会议批准 | 2021-8-18 | 2021-8-27 | 2021-10-1 | 制定 |

续表

| 法规名称 | 通过或批准时间 | 公布时间 | 报备时间 | 施行时间 | 立法形式 |
|---|---|---|---|---|---|
| 江西省人口与计划生育条例 | 2021 年 9 月 29 日江西省第十三届人民代表大会常务委员会第三十二次会议修改 | 2021-9-29 | 2021-10-13 | 2021-9-29 | 修改 |
| 景德镇市陶瓷文化传承创新条例 | 2021 年 7 月 27 日景德镇市第十五届人民代表大会常务委员会第三十五次会议通过,2021 年 9 月 29 日江西省第十三届人民代表大会常务委员会第三十二次会议批准 | 2021-10-12 | 2021-10-22 | 2022-1-1 | 制定 |
| 鹰潭市文明行为促进条例 | 2021 年 8 月 25 日鹰潭市第九届人民代表大会常务委员会第四十八次会议通过,2021 年 9 月 29 日江西省第十三届人民代表大会常务委员会第三十二次会议批准 | 2021-10-13 | 2021-10-22 | 2022-3-1 | 制定 |
| 南昌市中心城区农贸市场管理条例 | 2021 年 8 月 27 日南昌市第十五届人民代表大会常务委员会第四十三次会议通过,2021 年 9 月 29 日江西省第十三届人民代表大会常务委员会第三十二次会议批准 | 2021-10-13 | 2021-11-1 | 2022-1-1 | 制定 |
| 南昌市城乡集市贸易市场管理条例 | 在《南昌市中心城区农贸市场管理条例》中被明文予以废止 | 2021-10-13 | 2021-11-1 | 2022-1-1 | 文中废止 |
| 江西武功山风景名胜区——萍乡武功山景区条例 | 2021 年 9 月 13 日萍乡市第十五届人民代表大会常务委员会第四十次会议通过,2021 年 9 月 29 日江西省第十三届人民代表大会常务委员会第三十二次会议批准 | 2021-10-18 | 2021-10-27 | 2022-1-1 | 制定 |
| 上饶市道路交通安全条例 | 2021 年 8 月 25 日上饶市第四届人民代表大会常务委员会第四十二次会议通过,2021 年 9 月 29 日江西省第十三届人民代表大会常务委员会第三十二次会议批准 | 2021-10-18 | 2021-11-1 | 2022-1-1 | 制定 |
| 江西武功山风景名胜区——宜春明月山景区条例 | 2021 年 8 月 27 日宜春市第四届人民代表大会常务委员会第四十四次会议通过,2021 年 9 月 29 日江西省第十三届人民代表大会常务委员会第三十二次会议批准 | 2021-10-20 | 2021-11-1 | 2022-1-1 | 制定 |
| 江西武功山风景名胜区——吉安武功山景区条例 | 2021 年 9 月 4 日吉安市第四届人民代表大会常务委员会第三十九次会议通过,2021 年 9 月 29 日江西省第十三届人民代表大会常务委员会第三十二次会议批准 | 2021-10-20 | 2021-11-1 | 2022-1-1 | 制定 |
| 江西省人民代表大会常务委员会关于促进和保障长江流域江西重点水域禁捕工作的决定 | 2021 年 11 月 19 日江西省第十三届人民代表大会常务委员会第三十四次会议通过 | 2021-11-19 | 2021-11-25 | 2021-11-19 | 制定 |
| 江西省铁路安全管理条例 | 2021 年 11 月 19 日江西省第十三届人民代表大会常务委员会第三十四次会议通过 | 2021-11-19 | 2021-11-25 | 2022-1-1 | 制定 |
| 江西省养老服务条例 | 2021 年 11 月 19 日江西省第十三届人民代表大会常务委员会第三十四次会议通过 | 2021-11-19 | 2021-11-25 | 2022-1-1 | 制定 |
| 江西省革命文物保护条例 | 2021 年 11 月 19 日江西省第十三届人民代表大会常务委员会第三十四次会议通过 | 2021-11-19 | 2021-11-25 | 2022-1-1 | 制定 |
| 江西省候鸟保护条例 | 2021 年 11 月 19 日江西省第十三届人民代表大会常务委员会第三十四次会议通过 | 2021-11-19 | 2021-11-25 | 2022-1-1 | 制定 |

续表

| 法规名称 | 通过或批准时间 | 公布时间 | 报备时间 | 施行时间 | 立法形式 |
|---|---|---|---|---|---|
| 江西省水路交通条例 | 2021年11月19日江西省第十三届人民代表大会常务委员会第三十四次会议通过 | 2021-11-19 | 2021-11-25 | 2022-3-1 | 制定 |
| 江西省社会信用条例 | 2021年11月19日江西省第十三届人民代表大会常务委员会第三十四次会议通过 | 2021-11-19 | 2021-11-25 | 2022-3-1 | 制定 |
| 鹰潭市大上清宫遗址保护管理规定 | 2021年10月22日鹰潭市第九届人民代表大会常务委员会第五十次会议通过,2021年11月19日江西省第十三届人民代表大会常务委员会第三十四次会议批准 | 2021-11-25 | 2021-12-2 | 2022-6-1 | 制定 |
| 新余市仙女湖水体保护条例 | 2021年10月21日新余市第九届人民代表大会常务委员会第四十三次会议修改,2021年11月19日江西省第十三届人民代表大会常务委员会第三十四次会议批准修改 | 2021-12-6 | 2021-12-13 | 2021-12-6 | 修改 |
| 新余市畜禽养殖污染防治条例 | 2021年10月21日新余市第九届人民代表大会常务委员会第四十三次会议修改,2021年11月19日江西省第十三届人民代表大会常务委员会第三十四次会议批准修改 | 2021-12-6 | 2021-12-13 | 2021-12-6 | 修改 |
| 江西仰天岗国家森林公园保护条例 | 2021年10月21日新余市第九届人民代表大会常务委员会第四十三次会议修改,2021年11月19日江西省第十三届人民代表大会常务委员会第三十四次会议批准修改 | 2021-12-6 | 2021-12-13 | 2021-12-6 | 修改 |
| 九江市环境卫生管理条例 | 2021年9月8日九江市第十五届人民代表大会常务委员会第三十七次会议通过,2021年11月19日江西省第十三届人民代表大会常务委员会第三十四次会议批准 | 2021-12-9 | 2021-12-30 | 2022-5-1 | 制定 |

# 山东省地方性法规目录

(91件)

| 法规名称 | 通过或批准时间 | 公布时间 | 报备时间 | 施行时间 | 立法形式 |
|---|---|---|---|---|---|
| 山东省规范海洋渔业船舶捕捞规定 | 2021年1月28日山东省第十三届人民代表大会常务委员会第二十五次会议通过 | 2021-1-28 | 2021-2-18 | 2021-1-28 | 制定 |
| 青岛市优化营商环境条例 | 2020年11月18日青岛市第十六届人民代表大会常务委员会第二十七次会议通过,2021年1月28日山东省第十三届人民代表大会常务委员会第二十五次会议批准 | 2021-1-28 | 2021-2-18 | 2021-3-1 | 制定 |
| 青岛市物业管理条例 | 2020年11月18日青岛市第十六届人民代表大会常务委员会第二十七次会议修改,2021年1月28日山东省第十三届人民代表大会常务委员会第二十五次会议批准修改 | 2021-1-28 | 2021-2-18 | 2021-5-1 | 修改 |

续表

| 法规名称 | 通过或批准时间 | 公布时间 | 报备时间 | 施行时间 | 立法形式 |
|---|---|---|---|---|---|
| 潍坊市供热条例 | 2020 年 12 月 8 日潍坊市第十七届人民代表大会常务委员会第三十八次会议通过，2021 年 1 月 28 日山东省第十三届人民代表大会常务委员会第二十五次会议批准 | 2021-1-28 | 2021-2-18 | 2021-5-1 | 制定 |
| 临沂市城镇容貌和环境卫生管理条例 | 2020 年 12 月 22 日临沂市第十九届人民代表大会常务委员会第三十三次会议通过，2021 年 1 月 28 日山东省第十三届人民代表大会常务委员会第二十五次会议批准 | 2021-1-28 | 2021-2-18 | 2021-5-1 | 制定 |
| 日照市公园条例 | 2020 年 12 月 31 日日照市第十八届人民代表大会常务委员会第三十二次会议通过，2021 年 1 月 28 日山东省第十三届人民代表大会常务委员会第二十五次会议批准 | 2021-1-28 | 2021-2-18 | 2021-5-1 | 制定 |
| 淄博市禁止燃放烟花爆竹规定 | 2020 年 11 月 23 日淄博市第十五届人民代表大会常务委员会第四十次会议通过，2021 年 1 月 28 日山东省第十三届人民代表大会常务委员会第二十五次会议批准 | 2021-1-29 | 2021-2-18 | 2021-5-1 | 制定 |
| 聊城市物业管理条例 | 2020 年 11 月 30 日聊城市第十七届人民代表大会常务委员会第三十四次会议通过，2021 年 1 月 28 日山东省第十三届人民代表大会常务委员会第二十五次会议批准 | 2021-1-29 | 2021-2-18 | 2021-3-1 | 制定 |
| 德州市文明行为促进条例 | 2020 年 11 月 30 日德州市第十八届人民代表大会常务委员会第三十七次会议通过，2021 年 1 月 28 日山东省第十三届人民代表大会常务委员会第二十五次会议批准 | 2021-1-29 | 2021-2-18 | 2021-5-1 | 制定 |
| 济宁市水环境保护条例 | 2020 年 12 月 29 日济宁市第十七届人民代表大会常务委员会第三十九次会议通过，2021 年 1 月 28 日山东省第十三届人民代表大会常务委员会第二十五次会议批准 | 2021-1-29 | 2021-2-18 | 2021-3-1 | 制定 |
| 菏泽市城镇容貌和环境卫生管理条例 | 2020 年 12 月 29 日菏泽市第十九届人民代表大会常务委员会第三十二次会议修改，2021 年 1 月 28 日山东省第十三届人民代表大会常务委员会第二十五次会议批准修改 | 2021-2-1 | 2021-2-18 | 2021-2-1 | 修改 |
| 山东省铁路安全管理条例 | 2021 年 3 月 24 日山东省第十三届人民代表大会常务委员会第二十七次会议通过 | 2021-3-24 | 2021-3-24 | 2021-5-1 | 制定 |
| 山东省慈善条例 | 2021 年 3 月 24 日山东省第十三届人民代表大会常务委员会第二十七次会议通过 | 2021-3-24 | 2021-3-24 | 2021-7-1 | 制定 |
| 山东省县乡两级人民代表大会选举实施细则 | 2021 年 3 月 24 日山东省第十三届人民代表大会常务委员会第二十七次会议修改 | 2021-3-24 | 2021-3-24 | 2021-3-24 | 修改 |
| 山东省乡村振兴促进条例 | 2021 年 5 月 27 日山东省第十三届人民代表大会常务委员会第二十八次会议通过 | 2021-5-27 | 2021-6-15 | 2021-7-1 | 制定 |
| 山东省人民代表大会常务委员会关于山东省契税具体适用税率和免征或者减征办法的决定 | 2021 年 5 月 27 日山东省第十三届人民代表大会常务委员会第二十八次会议通过 | 2021-5-27 | 2021-6-15 | 2021-9-1 | 制定 |

续表

| 法规名称 | 通过或批准时间 | 公布时间 | 报备时间 | 施行时间 | 立法形式 |
| --- | --- | --- | --- | --- | --- |
| 青岛市客运出租汽车管理条例 | 2021年3月23日青岛市第十六届人民代表大会常务委员会第三十二次会议通过，2021年5月27日山东省第十三届人民代表大会常务委员会第二十八会议批准 | 2021-5-27 | 2021-6-15 | 2021-6-15 | 制定 |
| 青岛市出租汽车客运管理条例 | 在《青岛市客运出租汽车管理条例》中被明文予以废止 | 2021-5-27 | 2021-6-15 | 2021-6-15 | 文中废止 |
| 临沂市健康乡村条例 | 2021年5月8日临沂市第十九届人民代表大会常务委员会第三十七次会议通过，2021年5月27日山东省第十三届人民代表大会常务委员会第二十八次会议批准 | 2021-5-27 | 2021-6-15 | 2021-7-1 | 制定 |
| 济宁市大气污染防治条例 | 2021年4月23日济宁市第十七届人民代表大会常务委员会第四十四次会议修改，2021年5月27日山东省第十三届人民代表大会常务委员会第二十八会议批准修改 | 2021-5-28 | 2021-6-15 | 2021-5-28 | 修改 |
| 淄博市田庄水库保护管理条例 | 2021年4月30日淄博市第十五届人民代表大会常务委员会第四十六次会议修改，2021年5月27日山东省第十三届人民代表大会常务委员会第二十八次会议批准修改 | 2021-5-31 | 2021-6-15 | 2021-5-31 | 修改 |
| 淄博市太河水库饮用水源地保护管理条例 | 2021年4月30日淄博市第十五届人民代表大会常务委员会第四十六次会议修改，2021年5月27日山东省第十三届人民代表大会常务委员会第二十八次会议批准修改 | 2021-5-31 | 2021-6-15 | 2021-5-31 | 修改 |
| 淄博市燃气管理条例 | 2021年4月30日淄博市第十五届人民代表大会常务委员会第四十六次会议修改，2021年5月27日山东省第十三届人民代表大会常务委员会第二十八次会议批准修改 | 2021-5-31 | 2021-6-15 | 2021-5-31 | 修改 |
| 淄博市院前医疗急救管理条例 | 2021年4月30日淄博市第十五届人民代表大会常务委员会第四十六次会议修改，2021年5月27日山东省第十三届人民代表大会常务委员会第二十八次会议批准修改 | 2021-5-31 | 2021-6-15 | 2021-5-31 | 修改 |
| 潍坊市红色文化资源保护条例 | 2021年4月29日潍坊市第十七届人民代表大会常务委员会第四十四次会议通过，2021年5月27日山东省第十三届人民代表大会常务委员会第二十八次会议批准 | 2021-6-1 | 2021-6-15 | 2021-7-1 | 制定 |
| 山东省工会劳动法律监督条例 | 2021年7月29日山东省第十三届人民代表大会常务委员会第二十九次会议通过 | 2021-7-29 | 2021-8-5 | 2021-10-1 | 制定 |
| 山东省民营经济发展促进条例 | 2021年7月29日山东省第十三届人民代表大会常务委员会第二十九次会议通过 | 2021-7-29 | 2021-8-5 | 2022-1-1 | 制定 |
| 山东省实施《中华人民共和国农村土地承包法》办法 | 2021年7月29日山东省第十三届人民代表大会常务委员会第二十九次会议修改 | 2021-7-29 | 2021-8-5 | 2021-10-1 | 修改 |
| 济南市文明养犬管理条例 | 2021年6月17日济南市第十七届人民代表大会常务委员会第二十一次会议通过，2021年7月29日山东省第十三届人民代表大会常务委员会第二十九次会议批准 | 2021-7-29 | 2021-8-5 | 2021-9-1 | 制定 |

续表

| 法规名称 | 通过或批准时间 | 公布时间 | 报备时间 | 施行时间 | 立法形式 |
|---|---|---|---|---|---|
| 济南市养犬管理规定 | 在《济南市文明养犬管理条例》中被明文予以废止 | 2021-7-29 | 2021-8-5 | 2021-9-1 | 文中废止 |
| 济南市发展社区服务的若干规定 | 2021年6月17日济南市第十七届人民代表大会常务委员会第二十一次会议废止，2021年7月29日山东省第十三届人民代表大会常务委员会第二十九次会议批准废止 | 2021-7-29 | 2021-8-5 | 2021-7-29 | 废止 |
| 济南市执法责任制条例 | 2021年6月17日济南市第十七届人民代表大会常务委员会第二十一次会议废止，2021年7月29日山东省第十三届人民代表大会常务委员会第二十九次会议批准废止 | 2021-7-29 | 2021-8-5 | 2021-7-29 | 废止 |
| 济南市社会保障基金审计监督办法 | 2021年6月17日济南市第十七届人民代表大会常务委员会第二十一次会议废止，2021年7月29日山东省第十三届人民代表大会常务委员会第二十九次会议批准废止 | 2021-7-29 | 2021-8-5 | 2021-7-29 | 废止 |
| 济南市城镇企业职工基本养老保险条例 | 2021年6月17日济南市第十七届人民代表大会常务委员会第二十一次会议废止，2021年7月29日山东省第十三届人民代表大会常务委员会第二十九次会议批准废止 | 2021-7-29 | 2021-8-5 | 2021-7-29 | 废止 |
| 济南市汽车维修管理条例 | 2021年6月17日济南市第十七届人民代表大会常务委员会第二十一次会议废止，2021年7月29日山东省第十三届人民代表大会常务委员会第二十九次会议批准废止 | 2021-7-29 | 2021-8-5 | 2021-7-29 | 废止 |
| 青岛市人民代表大会代表建议、批评和意见工作条例 | 2021年6月23日青岛市第十六届人民代表大会常务委员会第三十四次会议修改，2021年7月29日山东省第十三届人民代表大会常务委员会第二十九次会议批准修改 | 2021-7-29 | 2021-8-5 | 2021-9-1 | 修改 |
| 聊城市文物保护管理条例 | 2021年6月18日聊城市第十七届人民代表大会常务委员会第四十次会议通过，2021年7月29日山东省第十三届人民代表大会常务委员会第二十九次会议批准 | 2021-7-30 | 2021-8-5 | 2021-10-1 | 制定 |
| 泰安市献血条例 | 2021年6月29日泰安市第十七届人民代表大会常务委员会第三十七次会议通过，2021年7月29日山东省第十三届人民代表大会常务委员会第二十九次会议批准 | 2021-7-31 | 2021-8-5 | 2021-10-1 | 制定 |
| 枣庄市环城绿道管理条例 | 2021年6月30日枣庄市第十六届人民代表大会常务委员会第四十次会议通过，2021年7月29日山东省第十三届人民代表大会常务委员会第二十九次会议批准 | 2021-8-2 | 2021-8-5 | 2021-10-1 | 制定 |
| 威海市城市国际化促进条例 | 2021年6月29日威海市第十七届人民代表大会常务委员会第三十四次会议通过，2021年7月29日山东省第十三届人民代表大会常务委员会第二十九次会议批准 | 2021-8-3 | 2021-8-5 | 2021-8-3 | 制定 |

续表

| 法规名称 | 通过或批准时间 | 公布时间 | 报备时间 | 施行时间 | 立法形式 |
|---|---|---|---|---|---|
| 滨州市停车场管理条例 | 2021年6月29日滨州市第十一届人民代表大会常务委员会第四十一次会议通过，2021年7月29日山东省第十三届人民代表大会常务委员会第二十九次会议批准 | 2021-8-5 | 2021-8-5 | 2021-10-1 | 制定 |
| 滨州市社会治理网格化服务管理条例 | 2021年6月29日滨州市第十一届人民代表大会常务委员会第四十一次会议通过，2021年7月29日山东省第十三届人民代表大会常务委员会第二十九次会议批准 | 2021-8-5 | 2021-8-5 | 2021-10-1 | 制定 |
| 山东省人民代表大会常务委员会关于加强国有资产管理情况监督的决定 | 2021年9月30日山东省第十三届人民代表大会常务委员会第三十次会议通过 | 2021-9-30 | 2021-10-22 | 2021-9-30 | 制定 |
| 山东省东平湖保护条例 | 2021年9月30日山东省第十三届人民代表大会常务委员会第三十次会议通过 | 2021-9-30 | 2021-10-22 | 2021-12-1 | 制定 |
| 山东省大数据发展促进条例 | 2021年9月30日山东省第十三届人民代表大会常务委员会第三十次会议通过 | 2021-9-30 | 2021-10-22 | 2022-1-1 | 制定 |
| 山东省老年教育条例 | 2021年9月30日山东省第十三届人民代表大会常务委员会第三十次会议通过 | 2021-9-30 | 2021-10-22 | 2022-1-1 | 制定 |
| 山东省生活垃圾管理条例 | 2021年9月30日山东省第十三届人民代表大会常务委员会第三十次会议通过 | 2021-9-30 | 2021-10-22 | 2022-3-1 | 制定 |
| 烟台市养马岛生态环境保护条例 | 2021年8月26日烟台市第十七届人民代表大会常务委员会第三十九次会议通过，2021年9月30日山东省第十三届人民代表大会常务委员会第三十次会议批准 | 2021-9-30 | 2021-10-22 | 2021-11-1 | 制定 |
| 青岛市饮用水水源保护条例 | 2021年8月26日青岛市第十六届人民代表大会常务委员会第三十五次会议通过，2021年9月30日山东省第十三届人民代表大会常务委员会第三十次会议批准 | 2021-9-30 | 2021-10-22 | 2022-1-1 | 制定 |
| 青岛市生活饮用水源环境保护条例 | 在《青岛市饮用水水源保护条例》中被明文予以废止 | 2021-9-30 | 2021-10-22 | 2022-1-1 | 文中废止 |
| 烟台市养犬管理条例 | 2021年8月26日烟台市第十七届人民代表大会常务委员会第三十九次会议通过，2021年9月30日山东省第十三届人民代表大会常务委员会第三十次会议批准 | 2021-9-30 | 2021-10-22 | 2022-1-1 | 制定 |
| 济宁市城镇容貌和环境卫生管理条例 | 2021年8月28日济宁市第十七届人民代表大会常务委员会第四十七次会议修改，2021年9月30日山东省第十三届人民代表大会常务委员会第三十次会议批准修改 | 2021-9-30 | 2021-10-22 | 2021-9-30 | 修改 |
| 德州市优化营商环境条例 | 2021年7月27日德州市第十八届人民代表大会常务委员会第四十二次会议通过，2021年9月30日山东省第十三届人民代表大会常务委员会第三十次会议批准 | 2021-10-8 | 2021-10-22 | 2022-1-1 | 制定 |
| 淄博市物业管理条例 | 2021年7月30日淄博市第十五届人民代表大会常务委员会第四十八次会议通过，2021年9月30日山东省第十三届人民代表大会常务委员会第三十次会议批准 | 2021-10-8 | 2021-10-22 | 2021-12-1 | 制定 |

续表

| 法规名称 | 通过或批准时间 | 公布时间 | 报备时间 | 施行时间 | 立法形式 |
|---|---|---|---|---|---|
| 菏泽市养犬管理条例 | 2021 年 8 月 19 日菏泽市第十九届人民代表大会常务委员会第三十九次会议通过，2021 年 9 月 30 日山东省第十三届人民代表大会常务委员会第三十次会议批准 | 2021-10-13 | 2021-10-22 | 2022-3-1 | 制定 |
| 山东省机动车非法改装治理和噪声污染防治规定 | 2021 年 12 月 3 日山东省第十三届人民代表大会常务委员会第三十二次会议通过 | 2021-12-3 | 2021-12-17 | 2022-1-1 | 制定 |
| 山东省志愿服务条例 | 2021 年 12 月 3 日山东省第十三届人民代表大会常务委员会第三十二次会议通过 | 2021-12-3 | 2021-12-17 | 2022-1-1 | 制定 |
| 山东省青年志愿服务规定 | 在《山东省志愿服务条例》中被明文予以废止 | 2021-12-3 | 2021-12-17 | 2022-1-1 | 文中废止 |
| 山东省南四湖保护条例 | 2021 年 12 月 3 日山东省第十三届人民代表大会常务委员会第三十二次会议通过 | 2021-12-3 | 2021-12-17 | 2022-1-1 | 制定 |
| 山东省节约用水条例 | 2021 年 12 月 3 日山东省第十三届人民代表大会常务委员会第三十二次会议通过 | 2021-12-3 | 2021-12-17 | 2022-1-1 | 制定 |
| 山东省规划环境影响评价条例 | 2021 年 12 月 3 日山东省第十三届人民代表大会常务委员会第三十二次会议通过 | 2021-12-3 | 2021-12-17 | 2022-1-1 | 制定 |
| 山东省人民代表大会常务委员会关于授权省人民政府为冬奥会保障工作规定临时性行政措施的决定 | 2021 年 12 月 3 日山东省第十三届人民代表大会常务委员会第三十二次会议通过 | 2021-12-3 | 2021-12-17 | 2022-1-28 | 制定 |
| 山东省动物防疫条例 | 2021 年 12 月 3 日山东省第十三届人民代表大会常务委员会第三十二次会议修改 | 2021-12-3 | 2021-12-17 | 2021-12-3 | 修改 |
| 山东省物业管理条例 | 2021 年 12 月 3 日山东省第十三届人民代表大会常务委员会第三十二次会议修改 | 2021-12-3 | 2021-12-17 | 2021-12-3 | 修改 |
| 山东省城市房地产开发经营管理条例 | 2021 年 12 月 3 日山东省第十三届人民代表大会常务委员会第三十二次会议修改 | 2021-12-3 | 2021-12-17 | 2021-12-3 | 修改 |
| 山东省商品房销售条例 | 2021 年 12 月 3 日山东省第十三届人民代表大会常务委员会第三十二次会议修改 | 2021-12-3 | 2021-12-17 | 2021-12-3 | 修改 |
| 山东省供热条例 | 2021 年 12 月 3 日山东省第十三届人民代表大会常务委员会第三十二次会议修改 | 2021-12-3 | 2021-12-17 | 2021-12-3 | 修改 |
| 山东省药品使用条例 | 2021 年 12 月 3 日山东省第十三届人民代表大会常务委员会第三十二次会议修改 | 2021-12-3 | 2021-12-17 | 2021-12-3 | 修改 |
| 山东省学前教育条例 | 2021 年 12 月 3 日山东省第十三届人民代表大会常务委员会第三十二次会议修改 | 2021-12-3 | 2021-12-17 | 2021-12-3 | 修改 |
| 山东省安全生产条例 | 2021 年 12 月 3 日山东省第十三届人民代表大会常务委员会第三十二次会议修改 | 2021-12-3 | 2021-12-17 | 2022-3-1 | 修改 |
| 山东省社会治安综合治理若干规定 | 2021 年 12 月 3 日山东省第十三届人民代表大会常务委员会第三十二次会议废止 | 2021-12-3 | 2021-12-17 | 2021-12-3 | 废止 |
| 山东省保护公民举报权利的规定 | 2021 年 12 月 3 日山东省第十三届人民代表大会常务委员会第三十二次会议废止 | 2021-12-3 | 2021-12-17 | 2021-12-3 | 废止 |

续表

| 法规名称 | 通过或批准时间 | 公布时间 | 报备时间 | 施行时间 | 立法形式 |
|---|---|---|---|---|---|
| 山东省司法工作人员违法办案责任追究条例 | 2021年12月3日山东省第十三届人民代表大会常务委员会第三十二次会议废止 | 2021-12-3 | 2021-12-17 | 2021-12-3 | 废止 |
| 山东省外商投资企业工会条例 | 2021年12月3日山东省第十三届人民代表大会常务委员会第三十二次会议废止 | 2021-12-3 | 2021-12-17 | 2021-12-3 | 废止 |
| 山东省农业环境保护条例 | 2021年12月3日山东省第十三届人民代表大会常务委员会第三十二次会议废止 | 2021-12-3 | 2021-12-17 | 2021-12-3 | 废止 |
| 山东省城市房地产交易管理条例 | 2021年12月3日山东省第十三届人民代表大会常务委员会第三十二次会议废止 | 2021-12-3 | 2021-12-17 | 2021-12-3 | 废止 |
| 山东省建筑市场管理条例 | 2021年12月3日山东省第十三届人民代表大会常务委员会第三十二次会议废止 | 2021-12-3 | 2021-12-17 | 2021-12-3 | 废止 |
| 临沂市养老服务条例 | 2021年10月20日临沂市第十九届人民代表大会常务委员会第四十二次会议通过，2021年12月3日山东省第十三届人民代表大会常务委员会第三十二次会议批准 | 2021-12-3 | 2021-12-17 | 2022-5-1 | 制定 |
| 临沂市法治乡村条例 | 2021年10月20日临沂市第十九届人民代表大会常务委员会第四十二次会议通过，2021年12月3日山东省第十三届人民代表大会常务委员会第三十二次会议批准 | 2021-12-3 | 2021-12-17 | 2022-5-1 | 制定 |
| 聊城市户外广告设施和招牌设置管理条例 | 2021年10月21日聊城市第十七届人民代表大会常务委员会第四十三次会议通过，2021年12月3日山东省第十三届人民代表大会常务委员会第三十二次会议批准 | 2021-12-3 | 2021-12-17 | 2022-1-1 | 制定 |
| 聊城市道路交通安全条例 | 2021年10月21日聊城市第十七届人民代表大会常务委员会第四十三次会议修改，2021年12月3日山东省第十三届人民代表大会常务委员会第三十二次会议批准修改 | 2021-12-3 | 2021-12-17 | 2021-12-3 | 修改 |
| 青岛市住房公积金管理实施办法 | 2021年10月21日青岛市第十六届人民代表大会常务委员会第三十六次会议废止，2021年12月3日山东省第十三届人民代表大会常务委员会第三十二次会议批准废止 | 2021-12-3 | 2021-12-17 | 2021-12-3 | 废止 |
| 济南市绿化条例 | 2021年10月28日济南市第十七届人民代表大会常务委员会第二十三次会议通过，2021年12月3日山东省第十三届人民代表大会常务委员会第三十二次会议批准 | 2021-12-3 | 2021-12-17 | 2022-3-1 | 制定 |
| 济南市城市绿化条例 | 在《济南市绿化条例》中被明文予以废止 | 2021-12-3 | 2021-12-17 | 2022-3-1 | 文中废止 |
| 德州市生活垃圾分类管理条例 | 2021年9月28日德州市第十八届人民代表大会常务委员会第四十三次会议通过，2021年12月3日山东省第十三届人民代表大会常务委员会第三十二次会议批准 | 2021-12-6 | 2021-12-17 | 2022-5-1 | 制定 |
| 潍坊市12345政务服务便民热线条例 | 2021年10月21日潍坊市第十七届人民代表大会常务委员会第四十八次会议通过，2021年12月3日山东省第十三届人民代表大会常务委员会第三十二次会议批准 | 2021-12-6 | 2021-12-17 | 2021-12-15 | 制定 |

续表

| 法规名称 | 通过或批准时间 | 公布时间 | 报备时间 | 施行时间 | 立法形式 |
|---|---|---|---|---|---|
| 烟台市优化营商环境条例 | 2021 年 10 月 28 日烟台市第十七届人民代表大会常务委员会第四十一次会议通过，2021 年 12 月 3 日山东省第十三届人民代表大会常务委员会第三十二次会议批准 | 2021-12-6 | 2021-12-17 | 2022-1-1 | 制定 |
| 威海市停车管理和服务条例 | 2021 年 11 月 2 日威海市第十七届人民代表大会常务委员会第三十六次会议通过，2021 年 12 月 3 日山东省第十三届人民代表大会常务委员会第三十二次会议批准 | 2021-12-6 | 2021-12-17 | 2022-1-1 | 制定 |
| 烟台市芝罘岛生态环境保护条例 | 2021 年 10 月 28 日烟台市第十七届人民代表大会常务委员会第四十一次会议通过，2021 年 12 月 3 日山东省第十三届人民代表大会常务委员会第三十二次会议批准 | 2021-12-7 | 2021-12-17 | 2022-1-1 | 制定 |
| 枣庄市燃气管理条例 | 2021 年 10 月 29 日枣庄市第十六届人民代表大会常务委员会第四十二次会议通过，2021 年 12 月 3 日山东省第十三届人民代表大会常务委员会第三十二次会议批准 | 2021-12-7 | 2021-12-17 | 2022-5-1 | 制定 |
| 东营市黄河三角洲生态保护与修复条例 | 2021 年 10 月 21 日东营市第八届人民代表大会常务委员会第三十八次会议通过，2021 年 12 月 3 日山东省第十三届人民代表大会常务委员会第三十二次会议批准 | 2021-12-8 | 2021-12-17 | 2022-1-1 | 制定 |
| 烟台市燃放烟花爆竹管理条例 | 2021 年 10 月 28 日烟台市第十七届人民代表大会常务委员会第四十一次会议修改，2021 年 12 月 3 日山东省第十三届人民代表大会常务委员会第三十二次会议批准修改 | 2021-12-8 | 2021-12-17 | 2021-12-8 | 修改 |
| 菏泽市土壤污染防治条例 | 2021 年 10 月 21 日菏泽市第十九届人民代表大会常务委员会第四十次会议通过，2021 年 12 月 3 日山东省第十三届人民代表大会常务委员会第三十二次会议批准 | 2021-12-9 | 2021-12-17 | 2022-1-1 | 制定 |
| 淄博市污染源自动监控条例 | 2021 年 11 月 2 日淄博市第十五届人民代表大会常务委员会第五十一次会议通过，2021 年 12 月 3 日山东省第十三届人民代表大会常务委员会第三十二次会议批准 | 2021-12-10 | 2021-12-17 | 2022-3-1 | 制定 |
| 淄博市电梯安全条例 | 2021 年 11 月 2 日淄博市第十五届人民代表大会常务委员会第五十一次会议修改，2021 年 12 月 3 日山东省第十三届人民代表大会常务委员会第三十二次会议批准修改 | 2021-12-10 | 2021-12-17 | 2021-12-10 | 修改 |
| 淄博市城乡建设档案管理条例 | 2021 年 11 月 2 日淄博市第十五届人民代表大会常务委员会第五十一次会议修改，2021 年 12 月 3 日山东省第十三届人民代表大会常务委员会第三十二次会议批准修改 | 2021-12-10 | 2021-12-17 | 2021-12-10 | 修改 |

# 河南省地方性法规目录

（51 件）

| 法规名称 | 通过或批准时间 | 公布时间 | 报备时间 | 施行时间 | 立法形式 |
|---|---|---|---|---|---|
| 新乡市户外广告设置管理条例 | 2020 年 12 月 24 日新乡市第十三届人民代表大会常务委员会第十七次会议通过，2021 年 1 月 15 日河南省第十三届人民代表大会常务委员会第二十二次会议批准 | 2021-2-19 | 2021-3-2 | 2021-5-1 | 制定 |
| 中国（河南）自由贸易试验区条例 | 2021 年 4 月 2 日河南省第十三届人民代表大会常务委员会第二十三次会议通过 | 2021-4-2 | 2021-4-23 | 2021-7-1 | 制定 |
| 商丘市城市供水条例 | 2020 年 12 月 23 日商丘市第五届人民代表大会常务委员会第二十五次会议通过，2021 年 4 月 2 日河南省第十三届人民代表大会常务委员会第二十三次会议批准 | 2021-4-28 | 2021-5-19 | 2021-6-1 | 制定 |
| 许昌市城市建筑垃圾管理条例 | 2020 年 12 月 28 日许昌市第七届人民代表大会常务委员会第三十四次会议通过，2021 年 4 月 2 日河南省第十三届人民代表大会常务委员会第二十三次会议批准 | 2021-4-28 | 2021-5-19 | 2021-6-1 | 制定 |
| 漯河市城乡规划条例 | 2020 年 12 月 28 日漯河市第七届人民代表大会常务委员会第三十五次会议修改，2021 年 4 月 2 日河南省第十三届人民代表大会常务委员会第二十三次会议批准修改 | 2021-4-28 | 2021-5-19 | 2021-4-28 | 修改 |
| 许昌市城乡规划条例 | 2020 年 12 月 4 日许昌市第七届人民代表大会常务委员会第三十三次会议修改，2021 年 4 月 2 日河南省第十三届人民代表大会常务委员会第二十三次会议批准修改 | 2021-4-29 | 2021-5-19 | 2021-4-29 | 修改 |
| 河南省土壤污染防治条例 | 2021 年 5 月 28 日河南省第十三届人民代表大会常务委员会第二十四次会议通过 | 2021-5-28 | 2021-6-18 | 2021-10-1 | 制定 |
| 河南省气象条例 | 2021 年 5 月 28 日河南省第十三届人民代表大会常务委员会第二十四次会议修改 | 2021-5-28 | 2021-6-18 | 2021-5-28 | 修改 |
| 河南省实施《中华人民共和国水土保持法》办法 | 2021 年 5 月 28 日河南省第十三届人民代表大会常务委员会第二十四次会议修改 | 2021-5-28 | 2021-6-18 | 2021-5-28 | 修改 |
| 河南省农业承包合同管理条例 | 2021 年 5 月 28 日河南省第十三届人民代表大会常务委员会第二十四次会议废止 | 2021-5-28 | 2021-6-18 | 2021-5-28 | 废止 |
| 南阳市文明行为促进条例 | 2021 年 4 月 29 日南阳市第六届人民代表大会常务委员会第二十二次会议通过，2021 年 5 月 28 日河南省第十三届人民代表大会常务委员会第二十四次会议批准 | 2021-6-7 | 2021-7-5 | 2021-7-1 | 制定 |
| 新乡市北部矿山生态保护与修复条例 | 2021 年 4 月 29 日新乡市第十三届人民代表大会常务委员会第二十一次会议通过，2021 年 5 月 28 日河南省第十三届人民代表大会常务委员会第二十四次会议批准 | 2021-6-21 | 2021-7-5 | 2021-9-1 | 制定 |

续表

| 法规名称 | 通过或批准时间 | 公布时间 | 报备时间 | 施行时间 | 立法形式 |
|---|---|---|---|---|---|
| 驻马店市中小学校幼儿园规划建设条例 | 2021 年 4 月 29 日驻马店市第四届人民代表大会常务委员会第三十次会议通过，2021 年 5 月 28 日河南省第十三届人民代表大会常务委员会第二十四次会议批准 | 2021-6-28 | 2021-7-15 | 2021-8-1 | 制定 |
| 河南省革命老区振兴发展促进条例 | 2021 年 7 月 30 日河南省第十三届人民代表大会常务委员会第二十六次会议通过 | 2021-7-30 | 2021-8-6 | 2021-10-1 | 制定 |
| 河南省安阳殷墟保护条例 | 2021 年 7 月 30 日河南省第十三届人民代表大会常务委员会第二十六次会议通过 | 2021-7-30 | 2021-8-6 | 2021-10-1 | 制定 |
| 河南省安阳殷墟保护管理条例 | 在《河南省安阳殷墟保护条例》中被明文予以废止 | 2021-7-30 | 2021-8-6 | 2021-10-1 | 文中废止 |
| 河南省物业管理条例 | 2021 年 7 月 30 日河南省第十三届人民代表大会常务委员会第二十六次会议修改 | 2021-7-30 | 2021-8-6 | 2021-7-30 | 修改 |
| 河南省大气污染防治条例 | 2021 年 7 月 30 日河南省第十三届人民代表大会常务委员会第二十六次会议修改 | 2021-7-30 | 2021-8-6 | 2021-7-30 | 修改 |
| 河南省人民代表大会常务委员会关于河南省契税适用税率等事项的决定 | 2021 年 7 月 30 日河南省第十三届人民代表大会常务委员会第二十六次会议通过 | 2021-8-2 | 2021-8-6 | 2021-9-1 | 制定 |
| 焦作市公园管理条例 | 2021 年 6 月 28 日焦作市第十三届人民代表大会常务委员会第二十九次会议通过，2021 年 7 月 30 日河南省第十三届人民代表大会常务委员会第二十六次会议批准 | 2021-8-25 | 2021-9-17 | 2022-1-1 | 制定 |
| 信阳市红色资源保护条例 | 2021 年 6 月 3 日信阳市第五届人民代表大会常务委员会第三十次会议通过，2021 年 7 月 30 日河南省第十三届人民代表大会常务委员会第二十六次会议批准 | 2021-8-30 | 2021-9-13 | 2021-10-1 | 制定 |
| 洛阳市公园和广场管理条例 | 2021 年 6 月 23 日洛阳市第十五届人民代表大会常务委员会第二十五次会议通过，2021 年 7 月 30 日河南省第十三届人民代表大会常务委员会第二十六次会议批准 | 2021-8-30 | 2021-9-17 | 2021-10-1 | 制定 |
| 洛阳市城市公园和广场管理条例 | 在《洛阳市公园和广场管理条例》中被明文予以废止 | 2021-8-30 | 2021-9-17 | 2021-10-1 | 文中废止 |
| 濮阳市公共资源交易管理条例 | 2021 年 6 月 25 日濮阳市第八届人民代表大会常务委员会第二十四次会议通过，2021 年 7 月 30 日河南省第十三届人民代表大会常务委员会第二十六次会议批准 | 2021-9-1 | 2021-9-13 | 2021-10-1 | 制定 |
| 开封市河湖保护管理条例 | 2021 年 6 月 30 日开封市第十五届人民代表大会常务委员会第十八次会议通过，2021 年 7 月 30 日河南省第十三届人民代表大会常务委员会第二十六次会议批准 | 2021-9-1 | 2021-9-13 | 2021-10-1 | 制定 |
| 漯河市机动车和非道路移动机械排气污染防治条例 | 2021 年 6 月 24 日漯河市第七届人民代表大会常务委员会第三十八次会议通过，2021 年 7 月 30 日河南省第十三届人民代表大会常务委员会第二十六次会议批准 | 2021-9-1 | 2021-9-17 | 2021-10-1 | 制定 |

续表

| 法规名称 | 通过或批准时间 | 公布时间 | 报备时间 | 施行时间 | 立法形式 |
|---|---|---|---|---|---|
| 郑州市物业管理条例 | 2021年6月24日郑州市第十五届人民代表大会常务委员会第二十六次会议修改，2021年7月30日河南省第十三届人民代表大会常务委员会第二十六次会议批准修改 | 2021-9-2 | 2021-9-17 | 2021-10-1 | 修改 |
| 平顶山市节约用水条例 | 2021年7月3日平顶山市第十一届人民代表大会常务委员会第二十次会议通过，2021年7月30日河南省第十三届人民代表大会常务委员会第二十六次会议批准 | 2021-9-6 | 2021-9-17 | 2021-11-1 | 制定 |
| 商丘市黄河故道湿地保护条例 | 2021年7月8日商丘市第五届人民代表大会常务委员会第二十九次会议通过，2021年7月30日河南省第十三届人民代表大会常务委员会第二十六次会议批准 | 2021-9-6 | 2021-9-17 | 2021-10-1 | 制定 |
| 河南省禁毒条例 | 2021年9月29日河南省第十三届人民代表大会常务委员会第二十七次会议通过 | 2021-9-30 | 2021-10-18 | 2022-1-1 | 制定 |
| 河南省实施《中华人民共和国全国人民代表大会和地方各级人民代表大会选举法》细则 | 2021年9月29日河南省第十三届人民代表大会常务委员会第二十七次会议修改 | 2021-9-30 | 2021-10-18 | 2021-11-1 | 修改 |
| 安阳市政务服务条例 | 2021年8月30日安阳市第十四届人民代表大会常务委员会第二十四次会议通过，2021年9月29日河南省第十三届人民代表大会常务委员会第二十七次会议批准 | 2021-10-25 | 2021-11-22 | 2021-12-1 | 制定 |
| 鹤壁市社会治安综合治理条例 | 2021年8月30日鹤壁市第十一届人民代表大会常务委员会第二十六次会议通过，2021年9月29日河南省第十三届人民代表大会常务委员会第二十七次会议批准 | 2021-10-26 | 2021-11-22 | 2022-1-1 | 制定 |
| 许昌市科技创新促进条例 | 2021年8月25日许昌市第七届人民代表大会常务委员会第四十二次会议通过，2021年9月29日河南省第十三届人民代表大会常务委员会第二十七次会议批准 | 2021-10-28 | 2021-11-22 | 2022-1-1 | 制定 |
| 洛阳市湿地保护条例 | 2021年8月26日洛阳市第十五届人民代表大会常务委员会第二十七次会议通过，2021年9月29日河南省第十三届人民代表大会常务委员会第二十七次会议批准 | 2021-11-1 | 2021-11-22 | 2021-12-1 | 制定 |
| 濮阳市不可降解塑料制品管理条例 | 2021年8月30日濮阳市第八届人民代表大会常务委员会第二十七次会议通过，2021年9月29日河南省第十三届人民代表大会常务委员会第二十七次会议批准 | 2021-11-3 | 2021-11-22 | 2022-5-1 | 制定 |
| 南阳市居民住宅区消防安全管理条例 | 2021年9月1日南阳市第六届人民代表大会常务委员会第二十六次会议通过，2021年9月29日河南省第十三届人民代表大会常务委员会第二十七次会议批准 | 2021-11-9 | 2021-11-25 | 2022-1-1 | 制定 |
| 郑州市古树名木及古树后备资源保护条例 | 2021年8月26日郑州市第十五届人民代表大会常务委员会第二十七次会议通过，2021年9月29日河南省第十三届人民代表大会常务委员会第二十七次会议批准 | 2021-11-10 | 2021-11-22 | 2022-1-1 | 制定 |

续表

| 法规名称 | 通过或批准时间 | 公布时间 | 报备时间 | 施行时间 | 立法形式 |
|---|---|---|---|---|---|
| 三门峡市山体保护条例 | 2021 年 8 月 26 日三门峡市第七届人民代表大会常务委员会第三十三次会议通过，2021 年 9 月 29 日河南省第十三届人民代表大会常务委员会第二十七次会议批准 | 2021-11-12 | 2021-11-22 | 2022-1-1 | 制定 |
| 河南省教育督导条例 | 2021 年 11 月 27 日河南省第十三届人民代表大会常务委员会第二十八次会议通过 | 2021-11-27 | 2021-12-16 | 2022-3-1 | 制定 |
| 河南省人口与计划生育条例 | 2021 年 11 月 27 日河南省第十三届人民代表大会常务委员会第二十八次会议修改 | 2021-11-27 | 2021-12-16 | 2021-11-27 | 修改 |
| 漯河市黑臭水体防治条例 | 2021 年 10 月 28 日漯河市第七届人民代表大会常务委员会第四十二次会议通过，2021 年 11 月 27 日河南省第十三届人民代表大会常务委员会第二十八次会议批准 | 2021-12-21 | 2022-1-24 | 2022-3-1 | 制定 |
| 鹤壁市传统村落保护条例 | 2021 年 10 月 28 日鹤壁市第十一届人民代表大会常务委员会第二十八次会议通过，2021 年 11 月 27 日河南省第十三届人民代表大会常务委员会第二十八次会议批准 | 2021-12-27 | 2022-1-24 | 2022-3-1 | 制定 |
| 新乡市不可移动文物保护条例 | 2021 年 11 月 2 日新乡市第十三届人民代表大会常务委员会第二十八次会议通过，2021 年 11 月 27 日河南省第十三届人民代表大会常务委员会第二十八次会议批准 | 2021-12-27 | 2022-1-24 | 2022-3-1 | 制定 |
| 安阳市中小学校幼儿园规划建设条例 | 2021 年 11 月 6 日安阳市第十四届人民代表大会常务委员会第二十六次会议通过，2021 年 11 月 27 日河南省第十三届人民代表大会常务委员会第二十八次会议批准 | 2021-12-27 | 2022-1-24 | 2022-3-1 | 制定 |
| 驻马店市优化营商环境条例 | 2021 年 10 月 22 日驻马店市第四届人民代表大会常务委员会第三十五次会议通过，2021 年 11 月 27 日河南省第十三届人民代表大会常务委员会第二十八次会议批准 | 2021-12-28 | 2022-1-18 | 2022-3-1 | 制定 |
| 平顶山市文明行为促进条例 | 2021 年 10 月 27 日平顶山市第十一届人民代表大会常务委员会第二十四次会议通过，2021 年 11 月 27 日河南省第十三届人民代表大会常务委员会第二十八次会议批准 | 2021-12-28 | 2022-1-18 | 2022-3-1 | 制定 |
| 焦作市大沙河保护条例 | 2021 年 10 月 29 日焦作市第十三届人民代表大会常务委员会第三十四次会议通过，2021 年 11 月 27 日河南省第十三届人民代表大会常务委员会第二十八次会议批准 | 2021-12-29 | 2022-1-18 | 2022-5-1 | 制定 |
| 河南省人民代表大会常务委员会关于授权省人民政府为保障冬奥会筹备和举办工作规定临时性行政措施的决定 | 2021 年 12 月 28 日河南省第十三届人民代表大会常务委员会第二十九次会议通过 | 2021-12-28 | 2022-1-18 | 2021-12-28 | 制定 |
| 河南省数字经济促进条例 | 2021 年 12 月 28 日河南省第十三届人民代表大会常务委员会第二十九次会议通过 | 2021-12-28 | 2022-1-18 | 2022-3-1 | 制定 |
| 河南省绿色建筑条例 | 2021 年 12 月 28 日河南省第十三届人民代表大会常务委员会第二十九次会议通过 | 2021-12-28 | 2022-1-18 | 2022-3-1 | 制定 |

续表

| 法规名称 | 通过或批准时间 | 公布时间 | 报备时间 | 施行时间 | 立法形式 |
|---|---|---|---|---|---|
| 河南省发展应用新型墙体材料条例 | 在《河南省绿色建筑条例》中被明文予以废止 | 2021-12-28 | 2022-1-18 | 2022-3-1 | 文中废止 |
| 河南省节约用水条例 | 2021年12月28日河南省第十三届人民代表大会常务委员会第二十九次会议通过 | 2021-12-28 | 2022-1-18 | 2022-3-1 | 制定 |
| 河南省节约用水管理条例 | 在《河南省节约用水条例》中被明文予以废止 | 2021-12-28 | 2022-1-18 | 2022-3-1 | 文中废止 |
| 河南省乡村振兴促进条例 | 2021年12月28日河南省第十三届人民代表大会常务委员会第二十九次会议通过 | 2021-12-29 | 2022-1-18 | 2022-3-1 | 制定 |

# 湖北省地方性法规目录

（89件）

| 法规名称 | 通过或批准时间 | 公布时间 | 报备时间 | 施行时间 | 立法形式 |
|---|---|---|---|---|---|
| 荆州市湘鄂西苏区革命遗存保护条例 | 2020年10月28日荆州市第五届人民代表大会常务委员会第三十一次会议通过，2020年11月27日湖北省第十三届人民代表大会常务委员会第十九次会议批准 | 2021-1-1 | 2021-1-21 | 2021-4-1 | 制定 |
| 湖北省促进茶产业发展条例 | 2021年1月22日湖北省第十三届人民代表大会常务委员会第二十次会议通过 | 2021-1-22 | 2021-2-18 | 2021-5-1 | 制定 |
| 湖北省家庭教育促进条例 | 2021年1月22日湖北省第十三届人民代表大会常务委员会第二十次会议通过 | 2021-1-22 | 2021-2-18 | 2021-5-1 | 制定 |
| 湖北省实施《中华人民共和国烟草专卖法》办法 | 2021年1月22日湖北省第十三届人民代表大会常务委员会第二十次会议修改 | 2021-1-22 | 2021-2-18 | 2021-1-22 | 修改 |
| 湖北省建筑市场管理条例 | 2021年1月22日湖北省第十三届人民代表大会常务委员会第二十次会议修改 | 2021-1-22 | 2021-2-18 | 2021-1-22 | 修改 |
| 湖北省实施《中华人民共和国防洪法》办法 | 2021年1月22日湖北省第十三届人民代表大会常务委员会第二十次会议修改 | 2021-1-22 | 2021-2-18 | 2021-1-22 | 修改 |
| 湖北省合同监督条例 | 2021年1月22日湖北省第十三届人民代表大会常务委员会第二十次会议修改 | 2021-1-22 | 2021-2-18 | 2021-1-22 | 修改 |
| 湖北省城镇供水条例 | 2021年1月22日湖北省第十三届人民代表大会常务委员会第二十次会议修改 | 2021-1-22 | 2021-2-18 | 2021-1-22 | 修改 |
| 湖北省消费者权益保护条例 | 2021年1月22日湖北省第十三届人民代表大会常务委员会第二十次会议修改 | 2021-1-22 | 2021-2-18 | 2021-1-22 | 修改 |
| 湖北省分洪区安全建设与管理条例 | 2021年1月22日湖北省第十三届人民代表大会常务委员会第二十次会议修改 | 2021-1-22 | 2021-2-18 | 2021-1-22 | 修改 |
| 湖北省计量监督管理条例 | 2021年1月22日湖北省第十三届人民代表大会常务委员会第二十次会议修改 | 2021-1-22 | 2021-2-18 | 2021-1-22 | 修改 |
| 湖北省人民代表大会常务委员会议事规则 | 2021年1月22日湖北省第十三届人民代表大会常务委员会第二十次会议修改 | 2021-1-22 | 2021-2-18 | 2021-1-22 | 修改 |

续表

| 法规名称 | 通过或批准时间 | 公布时间 | 报备时间 | 施行时间 | 立法形式 |
|---|---|---|---|---|---|
| 武汉市专利管理条例 | 2020 年 11 月 18 日武汉市第十四届人民代表大会常务委员会第三十三次会议修改，2021 年 1 月 22 日湖北省第十三届人民代表大会常务委员会第二十次会议批准修改 | 2021-2-25 | 2021-3-19 | 2021-2-25 | 修改 |
| 武汉市劳动力市场管理条例 | 2020 年 11 月 18 日武汉市第十四届人民代表大会常务委员会第三十三次会议修改，2021 年 1 月 22 日湖北省第十三届人民代表大会常务委员会第二十次会议批准修改 | 2021-2-25 | 2021-3-19 | 2021-2-25 | 修改 |
| 武汉市人才市场管理条例 | 2020 年 11 月 18 日武汉市第十四届人民代表大会常务委员会第三十三次会议修改，2021 年 1 月 22 日湖北省第十三届人民代表大会常务委员会第二十次会议批准修改 | 2021-2-25 | 2021-3-19 | 2021-2-25 | 修改 |
| 武汉市客运出租汽车管理条例 | 2020 年 11 月 18 日武汉市第十四届人民代表大会常务委员会第三十三次会议修改，2021 年 1 月 22 日湖北省第十三届人民代表大会常务委员会第二十次会议批准修改 | 2021-2-25 | 2021-3-19 | 2021-2-25 | 修改 |
| 武汉市献血条例 | 2020 年 11 月 18 日武汉市第十四届人民代表大会常务委员会第三十三次会议修改，2021 年 1 月 22 日湖北省第十三届人民代表大会常务委员会第二十次会议批准修改 | 2021-2-25 | 2021-3-19 | 2021-2-25 | 修改 |
| 武汉市城市节约用水条例 | 2020 年 11 月 18 日武汉市第十四届人民代表大会常务委员会第三十三次会议修改，2021 年 1 月 22 日湖北省第十三届人民代表大会常务委员会第二十次会议批准修改 | 2021-2-25 | 2021-3-19 | 2021-2-25 | 修改 |
| 武汉市森林资源管理办法 | 2020 年 11 月 18 日武汉市第十四届人民代表大会常务委员会第三十三次会议修改，2021 年 1 月 22 日湖北省第十三届人民代表大会常务委员会第二十次会议批准修改 | 2021-2-25 | 2021-3-19 | 2021-2-25 | 修改 |
| 武汉住房公积金管理条例 | 2020 年 11 月 18 日武汉市第十四届人民代表大会常务委员会第三十三次会议修改，2021 年 1 月 22 日湖北省第十三届人民代表大会常务委员会第二十次会议批准修改 | 2021-2-25 | 2021-3-19 | 2021-2-25 | 修改 |
| 武汉经济技术开发区条例 | 2020 年 11 月 18 日武汉市第十四届人民代表大会常务委员会第三十三次会议修改，2021 年 1 月 22 日湖北省第十三届人民代表大会常务委员会第二十次会议批准修改 | 2021-2-25 | 2021-3-19 | 2021-2-25 | 修改 |
| 武汉市房产管理条例 | 2020 年 11 月 18 日武汉市第十四届人民代表大会常务委员会第三十三次会议修改，2021 年 1 月 22 日湖北省第十三届人民代表大会常务委员会第二十次会议批准修改 | 2021-2-25 | 2021-3-19 | 2021-2-25 | 修改 |
| 武汉市法律援助条例 | 2020 年 11 月 18 日武汉市第十四届人民代表大会常务委员会第三十三次会议修改，2021 年 1 月 22 日湖北省第十三届人民代表大会常务委员会第二十次会议批准修改 | 2021-2-25 | 2021-3-19 | 2021-2-25 | 修改 |
| 武汉市城市综合管理条例 | 2020 年 11 月 18 日武汉市第十四届人民代表大会常务委员会第三十三次会议修改，2021 年 1 月 22 日湖北省第十三届人民代表大会常务委员会第二十次会议批准修改 | 2021-2-25 | 2021-3-19 | 2021-2-25 | 修改 |

续表

| 法规名称 | 通过或批准时间 | 公布时间 | 报备时间 | 施行时间 | 立法形式 |
|---|---|---|---|---|---|
| 武汉市科技创新促进条例 | 2020年11月18日武汉市第十四届人民代表大会常务委员会第三十三次会议修改，2021年1月22日湖北省第十三届人民代表大会常务委员会第二十次会议批准修改 | 2021-2-25 | 2021-3-19 | 2021-2-25 | 修改 |
| 武汉市促进科技成果转化条例 | 2020年11月18日武汉市第十四届人民代表大会常务委员会第三十三次会议修改，2021年1月22日湖北省第十三届人民代表大会常务委员会第二十次会议批准修改 | 2021-2-25 | 2021-3-19 | 2021-2-25 | 修改 |
| 武汉市实施《中华人民共和国循环经济促进法》办法 | 2020年11月18日武汉市第十四届人民代表大会常务委员会第三十三次会议修改，2021年1月22日湖北省第十三届人民代表大会常务委员会第二十次会议批准修改 | 2021-2-25 | 2021-3-19 | 2021-2-25 | 修改 |
| 武汉市城市绿化条例 | 2020年11月18日武汉市第十四届人民代表大会常务委员会第三十三次会议修改，2021年1月22日湖北省第十三届人民代表大会常务委员会第二十次会议批准修改 | 2021-2-25 | 2021-3-19 | 2021-2-25 | 修改 |
| 武汉市蔬菜农药残留监督管理条例 | 2020年11月18日武汉市第十四届人民代表大会常务委员会第三十三次会议修改，2021年1月22日湖北省第十三届人民代表大会常务委员会第二十次会议批准修改 | 2021-2-25 | 2021-3-19 | 2021-2-25 | 修改 |
| 武汉市艾滋病性病防治管理条例 | 2020年11月18日武汉市第十四届人民代表大会常务委员会第三十三次会议修改，2021年1月22日湖北省第十三届人民代表大会常务委员会第二十次会议批准修改 | 2021-2-25 | 2021-3-19 | 2021-2-25 | 修改 |
| 武汉市执法责任制工作条例 | 2020年11月18日武汉市第十四届人民代表大会常务委员会第三十三次会议修改，2021年1月22日湖北省第十三届人民代表大会常务委员会第二十次会议批准修改 | 2021-2-25 | 2021-3-19 | 2021-2-25 | 修改 |
| 武汉市商品交易市场管理条例 | 2020年11月18日武汉市第十四届人民代表大会常务委员会第三十三次会议修改，2021年1月22日湖北省第十三届人民代表大会常务委员会第二十次会议批准修改 | 2021-2-25 | 2021-3-19 | 2021-2-25 | 修改 |
| 武汉市民营科技企业条例 | 2020年11月18日武汉市第十四届人民代表大会常务委员会第三十三次会议废止，2021年1月22日湖北省第十三届人民代表大会常务委员会第二十次会议批准废止 | 2021-2-25 | 2021-3-19 | 2021-2-25 | 废止 |
| 武汉市体育场所管理办法 | 2020年11月18日武汉市第十四届人民代表大会常务委员会第三十三次会议废止，2021年1月22日湖北省第十三届人民代表大会常务委员会第二十次会议批准废止 | 2021-2-25 | 2021-3-19 | 2021-2-25 | 废止 |
| 武汉东湖新技术开发区条例 | 2020年11月18日武汉市第十四届人民代表大会常务委员会第三十三次会议废止，2021年1月22日湖北省第十三届人民代表大会常务委员会第二十次会议批准废止 | 2021-2-25 | 2021-3-19 | 2021-2-25 | 废止 |
| 湖北省地方金融条例 | 2021年4月2日湖北省第十三届人民代表大会常务委员会第二十二次会议通过 | 2021-4-2 | 2021-4-30 | 2021-7-1 | 制定 |

续表

| 法规名称 | 通过或批准时间 | 公布时间 | 报备时间 | 施行时间 | 立法形式 |
|---|---|---|---|---|---|
| 湖北省县乡两级人民代表大会代表选举实施细则 | 2021年4月2日湖北省第十三届人民代表大会常务委员会第二十二次会议修改 | 2021-4-2 | 2021-4-30 | 2021-4-2 | 修改 |
| 咸宁市陆水流域保护条例 | 2020年12月30日咸宁市第五届人民代表大会常务委员会第二十七次会议通过，2021年4月2日湖北省第十三届人民代表大会常务委员会第二十二次会议批准 | 2021-4-22 | 2021-5-19 | 2021-10-1 | 制定 |
| 随州市曾随文化遗址保护条例 | 2020年12月30日随州市第四届人民代表大会常务委员会第二十七次会议通过，2021年4月2日湖北省第十三届人民代表大会常务委员会第二十二次会议批准 | 2021-4-27 | 2021-5-19 | 2021-7-1 | 制定 |
| 孝感市住宅小区物业管理条例 | 2021年2月24日孝感市第六届人民代表大会常务委员会第三十三次会议修改，2021年4月2日湖北省第十三届人民代表大会常务委员会第二十二次会议批准修改 | 2021-4-29 | 2021-5-19 | 2021-4-29 | 修改 |
| 黄石市矿山生态修复条例 | 2021年2月24日黄石市第十四届人民代表大会常务委员会第三十一次会议通过，2021年4月2日湖北省第十三届人民代表大会常务委员会第二十二次会议批准 | 2021-4-30 | 2021-5-19 | 2021-7-1 | 制定 |
| 湖北省慈善条例 | 2021年5月29日湖北省第十三届人民代表大会常务委员会第二十四次会议通过 | 2021-5-29 | 2021-6-23 | 2021-9-1 | 制定 |
| 恩施土家族苗族自治州旅游条例 | 2021年1月21日恩施土家族苗族自治州第八届人民代表大会第五次会议修改，2021年5月29日湖北省第十三届人民代表大会常务委员会第二十四次会议批准修改 | 2021-5-31 | 2021-6-30 | 2021-9-1 | 修改 |
| 长阳土家族自治县非物质文化遗产条例 | 2021年3月4日长阳土家族自治县第九届人民代表大会第七次会议通过，2021年5月29日湖北省第十三届人民代表大会常务委员会第二十四次会议批准 | 2021-6-23 | 2021-7-23 | 2021-9-1 | 制定 |
| 长阳土家族自治县民族民间传统文化保护条例 | 在《长阳土家族自治县非物质文化遗产条例》中被明文予以废止 | 2021-6-23 | 2021-7-23 | 2021-9-1 | 文中废止 |
| 湖北省人民代表大会常务委员会关于充分发挥人民法庭作用 促进基层社会治理的决定 | 2021年7月30日湖北省第十三届人民代表大会常务委员会第二十五次会议通过 | 2021-7-30 | 2021-8-27 | 2021-7-30 | 制定 |
| 湖北省人民代表大会常务委员会关于契税具体适用税率及免征减征办法的决定 | 2021年7月30日湖北省第十三届人民代表大会常务委员会第二十五次会议通过 | 2021-7-30 | 2021-8-27 | 2021-9-1 | 制定 |
| 湖北省信息化条例 | 2021年7月30日湖北省第十三届人民代表大会常务委员会第二十五次会议修改 | 2021-7-30 | 2021-8-27 | 2021-7-30 | 修改 |
| 湖北省道路运输条例 | 2021年7月30日湖北省第十三届人民代表大会常务委员会第二十五次会议修改 | 2021-7-30 | 2021-8-27 | 2021-7-30 | 修改 |
| 湖北省公共资源招标投标监督管理条例 | 2021年7月30日湖北省第十三届人民代表大会常务委员会第二十五次会议修改 | 2021-7-30 | 2021-8-27 | 2021-7-30 | 修改 |

续表

| 法规名称 | 通过或批准时间 | 公布时间 | 报备时间 | 施行时间 | 立法形式 |
| --- | --- | --- | --- | --- | --- |
| 湖北省邮政条例 | 2021年7月30日湖北省第十三届人民代表大会常务委员会第二十五次会议修改 | 2021-7-30 | 2021-8-27 | 2021-7-30 | 修改 |
| 湖北省散居少数民族工作条例 | 2021年7月30日湖北省第十三届人民代表大会常务委员会第二十五次会议修改 | 2021-7-30 | 2021-8-27 | 2021-7-30 | 修改 |
| 湖北省民用建筑节能条例 | 2021年7月30日湖北省第十三届人民代表大会常务委员会第二十五次会议修改 | 2021-7-30 | 2021-8-27 | 2021-7-30 | 修改 |
| 湖北省林地管理条例 | 2021年7月30日湖北省第十三届人民代表大会常务委员会第二十五次会议修改 | 2021-7-30 | 2021-8-27 | 2021-7-30 | 修改 |
| 湖北省消防条例 | 2021年7月30日湖北省第十三届人民代表大会常务委员会第二十五次会议修改 | 2021-7-30 | 2021-8-27 | 2021-7-30 | 修改 |
| 湖北省实施《中华人民共和国广告法》办法 | 2021年7月30日湖北省第十三届人民代表大会常务委员会第二十五次会议修改 | 2021-7-30 | 2021-8-27 | 2021-7-30 | 修改 |
| 湖北省建筑市场管理条例 | 2021年7月30日湖北省第十三届人民代表大会常务委员会第二十五次会议修改 | 2021-7-30 | 2021-8-27 | 2021-7-30 | 修改 |
| 湖北省企业国有资产监督管理条例 | 2021年7月30日湖北省第十三届人民代表大会常务委员会第二十五次会议修改 | 2021-7-30 | 2021-8-27 | 2021-7-30 | 修改 |
| 湖北省侨属企业条例 | 2021年7月30日湖北省第十三届人民代表大会常务委员会第二十五次会议修改 | 2021-7-30 | 2021-8-27 | 2021-7-30 | 修改 |
| 湖北省农业机械化促进条例 | 2021年7月30日湖北省第十三届人民代表大会常务委员会第二十一次会议修改 | 2021-7-30 | 2021-8-27 | 2021-7-30 | 修改 |
| 湖北省食品安全条例 | 2021年7月30日湖北省第十三届人民代表大会常务委员会第二十五次会议修改 | 2021-7-30 | 2021-8-27 | 2021-7-30 | 修改 |
| 湖北省植物保护条例 | 2021年7月30日湖北省第十三届人民代表大会常务委员会第二十五次会议废止 | 2021-7-30 | 2021-8-27 | 2021-7-30 | 废止 |
| 湖北省国土资源监督检查条例 | 2021年7月30日湖北省第十三届人民代表大会常务委员会第二十五次会议废止 | 2021-7-30 | 2021-8-27 | 2021-7-30 | 废止 |
| 湖北省电子电器产品维修服务条例 | 2021年7月30日湖北省第十三届人民代表大会常务委员会第二十五次会议废止 | 2021-7-30 | 2021-8-27 | 2021-7-30 | 废止 |
| 湖北省城市商业网点建设管理条例 | 2021年7月30日湖北省第十三届人民代表大会常务委员会第二十五次会议废止 | 2021-7-30 | 2021-8-27 | 2021-7-30 | 废止 |
| 五峰土家族自治县非物质文化遗产条例 | 2021年5月20日五峰土家族自治县第九届人民代表大会第七次会议通过，2021年7月30日湖北省第十三届人民代表大会常务委员会第二十五次会议批准 | 2021-8-13 | 2021-9-7 | 2021-11-1 | 制定 |
| 鄂州市长港河保护条例 | 2021年4月29日鄂州市第八届人民代表大会常务委员会第三十一次会议通过，2021年7月30日湖北省第十三届人民代表大会常务委员会第二十五次会议批准 | 2021-8-17 | 2021-10-15 | 2021-10-1 | 制定 |
| 黄冈市养老服务促进条例 | 2021年6月24日黄冈市第五届人民代表大会常务委员会第三十八次会议通过，2021年7月30日湖北省第十三届人民代表大会常务委员会第二十五次会议批准 | 2021-8-25 | 2021-9-7 | 2021-11-1 | 制定 |

续表

| 法规名称 | 通过或批准时间 | 公布时间 | 报备时间 | 施行时间 | 立法形式 |
| --- | --- | --- | --- | --- | --- |
| 武汉市控制和查处违法建设条例 | 2021 年 6 月 9 日武汉市第十四届人民代表大会常务委员会第三十八次会议通过，2021 年 7 月 30 日湖北省第十三届人民代表大会常务委员会第二十五次会议批准 | 2021-9-18 | 2021-9-30 | 2021-11-1 | 制定 |
| 武汉市供水条例 | 2021 年 6 月 9 日武汉市第十四届人民代表大会常务委员会第三十八次会议通过，2021 年 7 月 30 日湖北省第十三届人民代表大会常务委员会第二十五次会议批准 | 2021-9-19 | 2021-9-30 | 2021-11-1 | 制定 |
| 武汉市城市供水用水条例 | 在《武汉市供水条例》中被明文予以废止 | 2021-9-19 | 2021-9-30 | 2021-11-1 | 文中废止 |
| 湖北省节约用水条例 | 2021 年 9 月 29 日湖北省第十三届人民代表大会常务委员会第二十六次会议通过 | 2021-9-29 | 2021-10-28 | 2022-1-1 | 制定 |
| 湖北省水路交通条例 | 2021 年 9 月 29 日湖北省第十三届人民代表大会常务委员会第二十六次会议修改 | 2021-9-29 | 2021-10-28 | 2021-9-29 | 修改 |
| 湖北省实施《中华人民共和国水法》办法 | 2021 年 9 月 29 日湖北省第十三届人民代表大会常务委员会第二十六次会议修改 | 2021-9-29 | 2021-10-28 | 2021-9-29 | 修改 |
| 湖北省抗旱条例 | 2021 年 9 月 29 日湖北省第十三届人民代表大会常务委员会第二十六次会议修改 | 2021-9-29 | 2021-10-28 | 2021-9-29 | 修改 |
| 湖北省湖泊保护条例 | 2021 年 9 月 29 日湖北省第十三届人民代表大会常务委员会第二十六次会议修改 | 2021-9-29 | 2021-10-28 | 2021-9-29 | 修改 |
| 湖北省清江流域水生态环境保护条例 | 2021 年 9 月 29 日湖北省第十三届人民代表大会常务委员会第二十六次会议修改 | 2021-9-29 | 2021-10-28 | 2021-9-29 | 修改 |
| 湖北省汉江流域水环境保护条例 | 2021 年 9 月 29 日湖北省第十三届人民代表大会常务委员会第二十六次会议修改 | 2021-9-29 | 2021-10-28 | 2021-9-29 | 修改 |
| 湖北省河道采砂管理条例 | 2021 年 9 月 29 日湖北省第十三届人民代表大会常务委员会第二十六次会议修改 | 2021-9-29 | 2021-10-28 | 2021-9-29 | 修改 |
| 湖北省实施《中华人民共和国预算法》办法 | 2021 年 9 月 29 日湖北省第十三届人民代表大会常务委员会第二十六次会议废止 | 2021-9-29 | 2021-10-28 | 2021-9-29 | 废止 |
| 孝感市电动自行车管理条例 | 2021 年 8 月 24 日孝感市第六届人民代表大会常务委员会第三十七次会议通过，2021 年 9 月 29 日湖北省第十三届人民代表大会常务委员会第二十六次会议批准 | 2021-10-20 | 2021-11-8 | 2022-1-1 | 制定 |
| 荆门市文明行为促进条例 | 2021 年 9 月 1 日荆门市第九届人民代表大会常务委员会第四十一次会议通过，2021 年 9 月 29 日湖北省第十三届人民代表大会常务委员会第二十六次会议批准 | 2021-10-20 | 2021-11-8 | 2022-3-1 | 制定 |
| 湖北省人口与计划生育条例 | 2021 年 11 月 26 日湖北省第十三届人民代表大会常务委员会第二十七次会议修改 | 2021-11-26 | 2021-12-16 | 2021-11-26 | 修改 |
| 湖北省村民委员会选举办法 | 2021 年 11 月 26 日湖北省第十三届人民代表大会常务委员会第二十七次会议修改 | 2021-11-26 | 2021-12-16 | 2021-11-26 | 修改 |
| 湖北省动物防疫条例 | 2021 年 11 月 26 日湖北省第十三届人民代表大会常务委员会第二十七次会议修改 | 2021-11-26 | 2021-12-16 | 2022-3-1 | 修改 |

续表

| 法规名称 | 通过或批准时间 | 公布时间 | 报备时间 | 施行时间 | 立法形式 |
|---|---|---|---|---|---|
| 十堰市绿松石资源保护条例 | 2021年10月27日十堰市第五届人民代表大会常务委员会第三十四次会议通过，2021年11月26日湖北省第十三届人民代表大会常务委员会第二十七次会议批准 | 2021-12-10 | 2021-12-29 | 2022-3-1 | 制定 |
| 宜昌市住宅小区物业管理条例 | 2021年8月23日宜昌市第六届人民代表大会常务委员会第三十八次会议通过，2021年11月26日湖北省第十三届人民代表大会常务委员会第二十七次会议批准 | 2021-12-13 | 2021-12-29 | 2022-3-1 | 制定 |
| 宜昌市文明行为促进条例 | 2021年10月28日宜昌市第六届人民代表大会常务委员会第三十九次会议通过，2021年11月26日湖北省第十三届人民代表大会常务委员会第二十七次会议批准 | 2021-12-13 | 2021-12-29 | 2021-12-31 | 制定 |
| 黄石市电动自行车管理条例 | 2021年10月29日黄石市第十四届人民代表大会常务委员会第三十八次会议通过，2021年11月26日湖北省第十三届人民代表大会常务委员会第二十七次会议批准 | 2021-12-16 | 2021-12-29 | 2022-3-1 | 制定 |
| 襄阳市非物质文化遗产保护条例 | 2021年10月21日襄阳市第十七届人民代表大会常务委员会第三十五次会议通过，2021年11月26日湖北省第十三届人民代表大会常务委员会第二十七次会议批准 | 2021-12-20 | 2021-12-29 | 2022-5-1 | 制定 |
| 湖北省人民代表大会议事规则 | 2021年12月29日湖北省第十三届人民代表大会常务委员会第二十八次会议修改 | 2021-12-29 | 2022-1-17 | 2021-12-29 | 修改 |

# 湖南省地方性法规目录

（83件）

| 法规名称 | 通过或批准时间 | 公布时间 | 报备时间 | 施行时间 | 立法形式 |
|---|---|---|---|---|---|
| 湖南省河道采砂管理条例 | 2021年1月19日湖南省第十三届人民代表大会常务委员会第二十二次会议通过 | 2021-1-19 | 2021-1-21 | 2021-3-1 | 制定 |
| 湖南省家庭教育促进条例 | 2021年1月19日湖南省第十三届人民代表大会常务委员会第二十二次会议通过 | 2021-1-19 | 2021-2-2 | 2021-3-1 | 制定 |
| 衡阳市违法建设防控与查处条例 | 2020年12月29日衡阳市第十五届人民代表大会常务委员会第三十六次会议通过，2021年1月19日湖南省第十三届人民代表大会常务委员会第二十二次会议批准 | 2021-2-18 | 2021-2-26 | 2021-5-1 | 制定 |
| 湖南省建筑市场管理条例 | 2021年3月31日湖南省第十三届人民代表大会常务委员会第二十三次会议修改 | 2021-3-31 | 2021-4-25 | 2021-3-31 | 修改 |
| 湖南省实施《中华人民共和国矿山安全法》办法 | 2021年3月31日湖南省第十三届人民代表大会常务委员会第二十三次会议修改 | 2021-3-31 | 2021-4-25 | 2021-3-31 | 修改 |
| 湖南省实施《中华人民共和国老年人权益保障法》办法 | 2021年3月31日湖南省第十三届人民代表大会常务委员会第二十三次会议修改 | 2021-3-31 | 2021-4-25 | 2021-3-31 | 修改 |

续表

| 法规名称 | 通过或批准时间 | 公布时间 | 报备时间 | 施行时间 | 立法形式 |
|---|---|---|---|---|---|
| 湖南省县级以下人民代表大会代表直接选举细则 | 2021 年 3 月 31 日湖南省第十三届人民代表大会常务委员会第二十三次会议修改 | 2021-3-31 | 2021-4-25 | 2021-3-31 | 修改 |
| 湖南省募捐条例 | 2021 年 3 月 31 日湖南省第十三届人民代表大会常务委员会第二十三次会议修改 | 2021-3-31 | 2021-4-25 | 2021-3-31 | 修改 |
| 湖南省实施《中华人民共和国就业促进法》办法 | 2021 年 3 月 31 日湖南省第十三届人民代表大会常务委员会第二十三次会议修改 | 2021-3-31 | 2021-4-25 | 2021-3-31 | 修改 |
| 湖南省人力资源市场条例 | 2021 年 3 月 31 日湖南省第十三届人民代表大会常务委员会第二十三次会议修改 | 2021-3-31 | 2021-4-25 | 2021-3-31 | 修改 |
| 湖南省劳动保障监察条例 | 2021 年 3 月 31 日湖南省第十三届人民代表大会常务委员会第二十三次会议修改 | 2021-3-31 | 2021-4-25 | 2021-3-31 | 修改 |
| 湖南省实施《中华人民共和国预防未成年人犯罪法》办法 | 2021 年 3 月 31 日湖南省第十三届人民代表大会常务委员会第二十三次会议修改 | 2021-3-31 | 2021-4-25 | 2021-3-31 | 修改 |
| 湖南省水文条例 | 2021 年 3 月 31 日湖南省第十三届人民代表大会常务委员会第二十三次会议修改 | 2021-3-31 | 2021-4-25 | 2021-3-31 | 修改 |
| 湖南省洞庭湖区水利管理条例 | 2021 年 3 月 31 日湖南省第十三届人民代表大会常务委员会第二十三次会议修改 | 2021-3-31 | 2021-4-25 | 2021-3-31 | 修改 |
| 湖南省水能资源开发利用管理条例 | 2021 年 3 月 31 日湖南省第十三届人民代表大会常务委员会第二十三次会议修改 | 2021-3-31 | 2021-4-25 | 2021-3-31 | 修改 |
| 湖南省实施《中华人民共和国水土保持法》办法 | 2021 年 3 月 31 日湖南省第十三届人民代表大会常务委员会第二十三次会议修改 | 2021-3-31 | 2021-4-25 | 2021-3-31 | 修改 |
| 湖南省大中型水库移民条例 | 2021 年 3 月 31 日湖南省第十三届人民代表大会常务委员会第二十三次会议修改 | 2021-3-31 | 2021-4-25 | 2021-3-31 | 修改 |
| 湖南省实施《中华人民共和国防洪法》办法 | 2021 年 3 月 31 日湖南省第十三届人民代表大会常务委员会第二十三次会议修改 | 2021-3-31 | 2021-4-25 | 2021-3-31 | 修改 |
| 湖南省实施《中华人民共和国农业技术推广法》办法 | 2021 年 3 月 31 日湖南省第十三届人民代表大会常务委员会第二十三次会议修改 | 2021-3-31 | 2021-4-25 | 2021-3-31 | 修改 |
| 湖南省实施《中华人民共和国气象法》办法 | 2021 年 3 月 31 日湖南省第十三届人民代表大会常务委员会第二十三次会议修改 | 2021-3-31 | 2021-4-25 | 2021-3-31 | 修改 |
| 湖南省雷电灾害防御条例 | 2021 年 3 月 31 日湖南省第十三届人民代表大会常务委员会第二十三次会议修改 | 2021-3-31 | 2021-4-25 | 2021-3-31 | 修改 |
| 湖南省南岳衡山风景名胜区保护条例 | 2021 年 3 月 31 日湖南省第十三届人民代表大会常务委员会第二十三次会议修改 | 2021-3-31 | 2021-4-25 | 2021-3-31 | 修改 |
| 湖南省实施《中华人民共和国教师法》办法 | 2021 年 3 月 31 日湖南省第十三届人民代表大会常务委员会第二十三次会议修改 | 2021-3-31 | 2021-4-25 | 2021-3-31 | 修改 |
| 湖南省实施《中华人民共和国农村土地承包法》办法 | 2021 年 3 月 31 日湖南省第十三届人民代表大会常务委员会第二十三次会议修改 | 2021-3-31 | 2021-4-25 | 2021-3-31 | 修改 |
| 湖南省农业机械管理条例 | 2021 年 3 月 31 日湖南省第十三届人民代表大会常务委员会第二十三次会议修改 | 2021-3-31 | 2021-4-25 | 2021-3-31 | 修改 |
| 湖南省农村可再生能源条例 | 2021 年 3 月 31 日湖南省第十三届人民代表大会常务委员会第二十三次会议修改 | 2021-3-31 | 2021-4-25 | 2021-3-31 | 修改 |

续表

| 法规名称 | 通过或批准时间 | 公布时间 | 报备时间 | 施行时间 | 立法形式 |
|---|---|---|---|---|---|
| 湖南省实施《中华人民共和国工会法》办法 | 2021年3月31日湖南省第十三届人民代表大会常务委员会第二十三次会议修改 | 2021-3-31 | 2021-4-25 | 2021-3-31 | 修改 |
| 湖南省实施《中华人民共和国母婴保健法》办法 | 2021年3月31日湖南省第十三届人民代表大会常务委员会第二十三次会议修改 | 2021-3-31 | 2021-4-25 | 2021-3-31 | 修改 |
| 湖南省燃气管理条例 | 2021年3月31日湖南省第十三届人民代表大会常务委员会第二十三次会议修改 | 2021-3-31 | 2021-4-25 | 2021-3-31 | 修改 |
| 湖南省湿地保护条例 | 2021年3月31日湖南省第十三届人民代表大会常务委员会第二十三次会议修改 | 2021-3-31 | 2021-4-25 | 2021-3-31 | 修改 |
| 湖南省实施《中华人民共和国未成年人保护法》办法 | 2021年3月31日湖南省第十三届人民代表大会常务委员会第二十三次会议修改 | 2021-3-31 | 2021-4-25 | 2021-3-31 | 修改 |
| 湖南省物业管理条例 | 2021年3月31日湖南省第十三届人民代表大会常务委员会第二十三次会议修改 | 2021-3-31 | 2021-4-25 | 2021-3-31 | 修改 |
| 湖南省林业条例 | 2021年3月31日湖南省第十三届人民代表大会常务委员会第二十三次会议修改 | 2021-3-31 | 2021-4-25 | 2021-3-31 | 修改 |
| 城步苗族自治县林业管理条例 | 2020年12月31日城步苗族自治县第十七届人民代表大会第七次会议废止,2021年3月31日湖南省第十三届人民代表大会常务委员会第二十三次会议批准废止 | 2021-4-7 | 2021-5-10 | 2021-4-7 | 废止 |
| 益阳市文明行为促进条例 | 2021年1月16日益阳市第六届人民代表大会第五次会议通过,2021年3月31日湖南省第十三届人民代表大会常务委员会第二十三次会议批准 | 2021-4-15 | 2021-5-13 | 2021-5-1 | 制定 |
| 湘西土家族苗族自治州国土资源开发保护条例 | 2021年1月15日湘西土家族苗族自治州第十四届人民代表大会第六次会议废止,2021年3月31日湖南省第十三届人民代表大会常务委员会第二十三次会议批准废止 | 2021-4-21 | 2021-5-10 | 2021-4-21 | 废止 |
| 湘西土家族苗族自治州矿产资源管理条例 | 2021年1月15日湘西土家族苗族自治州第十四届人民代表大会第六次会议废止,2021年3月31日湖南省第十三届人民代表大会常务委员会第二十三次会议批准废止 | 2021-4-21 | 2021-5-10 | 2021-4-21 | 废止 |
| 湘潭市文明行为促进条例 | 2021年1月21日湘潭市第十五届人民代表大会第六次会议通过,2021年3月31日湖南省第十三届人民代表大会常务委员会第二十三次会议批准 | 2021-4-27 | 2021-5-7 | 2021-6-1 | 制定 |
| 湖南省洞庭湖保护条例 | 2021年5月27日湖南省第十三届人民代表大会常务委员会第二十四次会议通过 | 2021-5-27 | 2021-5-27 | 2021-9-1 | 制定 |
| 湖南省人民代表大会常务委员会关于契税具体适用税率等事项的决定 | 2021年5月27日湖南省第十三届人民代表大会常务委员会第二十四次会议通过 | 2021-5-27 | 2021-6-16 | 2021-9-1 | 制定 |
| 长沙市居家养老服务条例 | 2021年3月26日长沙市第十五届人民代表大会常务委员会第三十九次会议通过,2021年5月27日湖南省第十三届人民代表大会常务委员会第二十四次会议批准 | 2021-6-4 | 2021-6-28 | 2022-1-1 | 制定 |

续表

| 法规名称 | 通过或批准时间 | 公布时间 | 报备时间 | 施行时间 | 立法形式 |
|---|---|---|---|---|---|
| 靖州苗族侗族自治县林业条例 | 2021 年 2 月 25 日靖州苗族侗族自治县第八届人民代表大会第六次会议修改，2021 年 5 月 27 日湖南省第十三届人民代表大会常务委员会第二十四次会议批准修改 | 2021-6-24 | 2021-7-16 | 2021-7-1 | 修改 |
| 靖州苗族侗族自治县传统村落保护条例 | 2021 年 2 月 25 日靖州苗族侗族自治县第八届人民代表大会第六次会议修改，2021 年 5 月 27 日湖南省第十三届人民代表大会常务委员会第二十四次会议批准修改 | 2021-6-24 | 2021-7-16 | 2021-7-1 | 修改 |
| 麻阳苗族自治县自治条例 | 2021 年 2 月 24 日麻阳苗族自治县第七届人民代表大会第六次会议修改，2021 年 5 月 27 日湖南省第十三届人民代表大会常务委员会第二十四次会议批准修改 | 2021-7-2 | 2021-7-16 | 2021-7-2 | 修改 |
| 湖南省红色资源保护和利用条例 | 2021 年 7 月 30 日湖南省第十三届人民代表大会常务委员会第二十五次会议通过 | 2021-7-30 | 2021-8-2 | 2021-10-1 | 制定 |
| 湖南省水利工程管理条例 | 2021 年 7 月 30 日湖南省第十三届人民代表大会常务委员会第二十五次会议通过 | 2021-7-30 | 2021-8-3 | 2021-10-1 | 制定 |
| 湖南省绿色建筑发展条例 | 2021 年 7 月 30 日湖南省第十三届人民代表大会常务委员会第二十五次会议通过 | 2021-7-30 | 2021-8-4 | 2021-10-1 | 制定 |
| 湖南省民用建筑节能条例 | 在《湖南省绿色建筑发展条例》中被明文予以废止 | 2021-7-30 | 2021-8-4 | 2021-10-1 | 文中废止 |
| 湖南省治理货物运输车辆超限超载条例 | 2021 年 7 月 30 日湖南省第十三届人民代表大会常务委员会第二十五次会议通过 | 2021-7-30 | 2021-8-16 | 2021-10-1 | 制定 |
| 长沙市烟花爆竹安全生产与产业引导条例 | 2021 年 6 月 23 日长沙市第十五届人民代表大会常务委员会第四十一次会议通过，2021 年 7 月 30 日湖南省第十三届人民代表大会常务委员会第二十五次会议批准 | 2021-8-18 | 2021-8-26 | 2021-11-1 | 制定 |
| 株洲市烟花爆竹安全生产与产业引导条例 | 2021 年 7 月 2 日株洲市第十五届人民代表大会常务委员会第四十次会议通过，2021 年 7 月 30 日湖南省第十三届人民代表大会常务委员会第二十五次会议批准 | 2021-8-18 | 2021-9-7 | 2021-11-1 | 制定 |
| 湖南省实施《中华人民共和国慈善法》若干规定 | 2021 年 9 月 29 日湖南省第十三届人民代表大会常务委员会第二十六次会议通过 | 2021-9-29 | 2021-10-9 | 2022-1-1 | 制定 |
| 湖南省中小学校幼儿园规划建设条例 | 2021 年 9 月 29 日湖南省第十三届人民代表大会常务委员会第二十六次会议修改 | 2021-9-29 | 2021-10-9 | 2021-9-29 | 修改 |
| 怀化市机动车停车条例 | 2021 年 9 月 10 日怀化市第五届人民代表大会常务委员会第四十七次会议通过，2021 年 9 月 29 日湖南省第十三届人民代表大会常务委员会第二十六次会议批准 | 2021-10-8 | 2021-10-29 | 2022-1-1 | 制定 |
| 岳阳市机动车停车条例 | 2021 年 7 月 27 日岳阳市第八届人民代表大会常务委员会第三十六次会议修改，2021 年 9 月 29 日湖南省第十三届人民代表大会常务委员会第二十六次会议批准修改 | 2021-10-11 | 2021-10-15 | 2021-10-11 | 修改 |

续表

| 法规名称 | 通过或批准时间 | 公布时间 | 报备时间 | 施行时间 | 立法形式 |
|---|---|---|---|---|---|
| 娄底市文明行为促进条例 | 2021年7月30日娄底市第五届人民代表大会常务委员会第三十九次会议通过，2021年9月29日湖南省第十三届人民代表大会常务委员会第二十六次会议批准 | 2021-10-13 | 2021-11-8 | 2021-11-20 | 制定 |
| 永州市城乡农贸市场管理条例 | 2021年8月27日永州市第五届人民代表大会常务委员会第四十二次会议通过，2021年9月29日湖南省第十三届人民代表大会常务委员会第二十六次会议批准 | 2021-10-20 | 2021-10-29 | 2022-3-1 | 制定 |
| 长沙市机动车和非道路移动机械排放污染防治条例 | 2021年8月25日长沙市第十五届人民代表大会常务委员会第四十二次会议通过，2021年9月29日湖南省第十三届人民代表大会常务委员会第二十六次会议批准 | 2021-10-20 | 2021-11-17 | 2022-1-1 | 制定 |
| 长沙市机动车排气污染防治条例 | 在《长沙市机动车和非道路移动机械排放污染防治条例》中被明文予以废止 | 2021-10-20 | 2021-11-17 | 2022-1-1 | 文中废止 |
| 长沙市文明行为促进条例 | 2021年8月25日长沙市第十五届人民代表大会常务委员会第四十二次会议修改，2021年9月29日湖南省第十三届人民代表大会常务委员会第二十六次会议批准修改 | 2021-10-20 | 2021-11-17 | 2021-10-20 | 修改 |
| 长沙市养犬管理条例 | 2021年8月25日长沙市第十五届人民代表大会常务委员会第四十二次会议修改，2021年9月29日湖南省第十三届人民代表大会常务委员会第二十六次会议批准修改 | 2021-10-20 | 2021-11-17 | 2021-10-20 | 修改 |
| 长沙市城市供水用水管理条例 | 2021年8月25日长沙市第十五届人民代表大会常务委员会第四十二次会议修改，2021年9月29日湖南省第十三届人民代表大会常务委员会第二十六次会议批准修改 | 2021-10-20 | 2021-11-17 | 2021-10-20 | 修改 |
| 长沙市城市市容和环境卫生管理办法 | 2021年8月25日长沙市第十五届人民代表大会常务委员会第四十二次会议修改，2021年9月29日湖南省第十三届人民代表大会常务委员会第二十六次会议批准修改 | 2021-10-20 | 2021-11-17 | 2021-10-20 | 修改 |
| 长沙市城市管理条例 | 2021年8月25日长沙市第十五届人民代表大会常务委员会第四十二次会议修改，2021年9月29日湖南省第十三届人民代表大会常务委员会第二十六次会议批准修改 | 2021-10-20 | 2021-11-17 | 2021-10-20 | 修改 |
| 长沙市沩山风景名胜区条例 | 2021年8月25日长沙市第十五届人民代表大会常务委员会第四十二次会议修改，2021年9月29日湖南省第十三届人民代表大会常务委员会第二十六次会议批准修改 | 2021-10-20 | 2021-11-17 | 2021-10-20 | 修改 |
| 郴州市城市市容环境卫生管理条例 | 2021年8月17日郴州市第五届人民代表大会常务委员会第三十六次会议修改，2021年9月29日湖南省第十三届人民代表大会常务委员会第二十六次会议批准修改 | 2021-10-25 | 2021-11-19 | 2021-10-25 | 修改 |

续表

| 法规名称 | 通过或批准时间 | 公布时间 | 报备时间 | 施行时间 | 立法形式 |
|---|---|---|---|---|---|
| 湘潭市实施《湖南省韶山风景名胜区条例》办法 | 2021 年 7 月 30 日湘潭市第十五届人民代表大会常务委员会第三十四次会议通过，2021 年 9 月 29 日湖南省第十三届人民代表大会常务委员会第二十六次会议批准 | 2021-11-1 | 2021-11-18 | 2021-12-1 | 制定 |
| 益阳市农村村民住房建设管理条例 | 2021 年 8 月 30 日益阳市第六届人民代表大会常务委员会第三十七次会议修改，2021 年 9 月 29 日湖南省第十三届人民代表大会常务委员会第二十六次会议批准修改 | 2021-11-8 | 2021-11-19 | 2022-3-1 | 修改 |
| 湖南省人口与计划生育条例 | 2021 年 12 月 3 日湖南省第十三届人民代表大会常务委员会第二十七次会议修改 | 2021-12-3 | 2021-12-20 | 2021-12-3 | 修改 |
| 湖南省人民代表大会常务委员会关于促进和保障长江流域禁捕工作的决定 | 2021 年 12 月 3 日湖南省第十三届人民代表大会常务委员会第二十七次会议通过 | 2021-12-3 | 2021-12-21 | 2022-1-1 | 制定 |
| 湖南省网络安全和信息化条例 | 2021 年 12 月 3 日湖南省第十三届人民代表大会常务委员会第二十七次会议通过 | 2021-12-3 | 2021-12-21 | 2022-1-1 | 制定 |
| 湖南省信息化条例 | 在《湖南省网络安全和信息化条例》中被明文予以废止 | 2021-12-3 | 2021-12-21 | 2022-1-1 | 文中废止 |
| 常德市文明行为促进条例 | 2021 年 10 月 28 日常德市第七届人民代表大会常务委员会第四十三次会议通过，2021 年 12 月 3 日湖南省第十三届人民代表大会常务委员会第二十七次会议批准 | 2021-12-9 | 2021-12-29 | 2022-1-1 | 制定 |
| 常德市养犬管理条例 | 2021 年 10 月 28 日常德市第七届人民代表大会常务委员会第四十三次会议通过，2021 年 12 月 3 日湖南省第十三届人民代表大会常务委员会第二十七次会议批准 | 2021-12-9 | 2021-12-29 | 2022-1-1 | 制定 |
| 长沙市殡葬管理条例 | 2021 年 10 月 29 日长沙市第十五届人民代表大会常务委员会第四十三次会议通过，2021 年 12 月 3 日湖南省第十三届人民代表大会常务委员会第二十七次会议批准 | 2021-12-10 | 2021-12-29 | 2022-9-1 | 制定 |
| 湘潭市韶山灌区工程管护条例 | 2021 年 9 月 28 日湘潭市第十五届人民代表大会常务委员会第三十五次会议通过，2021 年 12 月 3 日湖南省第十三届人民代表大会常务委员会第二十七次会议批准 | 2021-12-15 | 2022-1-6 | 2022-3-1 | 制定 |
| 湘潭市城市市容和环境卫生管理条例 | 2021 年 9 月 28 日湘潭市第十五届人民代表大会常务委员会第三十五次会议修改，2021 年 12 月 3 日湖南省第十三届人民代表大会常务委员会第二十七次会议批准修改 | 2021-12-15 | 2022-1-6 | 2021-12-15 | 修改 |
| 湘潭市历史建筑和历史文化街区保护条例 | 2021 年 9 月 28 日湘潭市第十五届人民代表大会常务委员会第三十五次会议修改，2021 年 12 月 3 日湖南省第十三届人民代表大会常务委员会第二十七次会议批准修改 | 2021-12-15 | 2022-1-6 | 2021-12-15 | 修改 |
| 湘潭市城市绿化条例 | 2021 年 9 月 28 日湘潭市第十五届人民代表大会常务委员会第三十五次会议修改，2021 年 12 月 3 日湖南省第十三届人民代表大会常务委员会第二十七次会议批准修改 | 2021-12-15 | 2022-1-6 | 2021-12-15 | 修改 |

续表

| 法规名称 | 通过或批准时间 | 公布时间 | 报备时间 | 施行时间 | 立法形式 |
|---|---|---|---|---|---|
| 郴州市城区养犬管理条例 | 2021年10月29日郴州市第五届人民代表大会常务委员会第三十七次会议通过，2021年12月3日湖南省第十三届人民代表大会常务委员会第二十七次会议批准 | 2021-12-16 | 2021-12-29 | 2022-3-1 | 制定 |
| 岳阳市政府投资建设领域反铺张浪费规定 | 2021年9月24日岳阳市第八届人民代表大会常务委员会第三十七次会议通过，2021年12月3日湖南省第十三届人民代表大会常务委员会第二十七次会议批准 | 2021-12-21 | 2021-12-29 | 2022-5-1 | 制定 |
| 衡阳市文明行为促进条例 | 2021年10月20日衡阳市第十五届人民代表大会常务委员会第四十四次会议通过，2021年12月3日湖南省第十三届人民代表大会常务委员会第二十七次会议批准 | 2021-12-21 | 2021-12-29 | 2022-3-1 | 制定 |
| 衡阳市农作物秸秆露天禁烧和综合利用管理条例 | 2021年10月20日衡阳市第十五届人民代表大会常务委员会第四十四次会议通过，2021年12月3日湖南省第十三届人民代表大会常务委员会第二十七次会议批准 | 2021-12-21 | 2021-12-29 | 2022-3-1 | 制定 |
| 益阳市资江保护条例 | 2021年10月28日益阳市第六届人民代表大会常务委员会第三十八次会议通过，2021年12月3日湖南省第十三届人民代表大会常务委员会第二十七次会议批准 | 2021-12-21 | 2021-12-29 | 2022-3-1 | 制定 |
| 邵阳市资江保护条例 | 2021年10月21日邵阳市第十六届人民代表大会常务委员会第四十四次会议通过，2021年12月3日湖南省第十三届人民代表大会常务委员会第二十七次会议批准 | 2021-12-24 | 2022-1-6 | 2022-3-1 | 制定 |
| 娄底市资江保护条例 | 2021年10月11日娄底市第五届人民代表大会常务委员会第四十一次会议通过，2021年12月3日湖南省第十三届人民代表大会常务委员会第二十七次会议批准 | 2021-12-27 | 2022-1-6 | 2022-3-1 | 制定 |

# 广东省地方性法规目录

（99件）

| 法规名称 | 通过或批准时间 | 公布时间 | 报备时间 | 施行时间 | 立法形式 |
|---|---|---|---|---|---|
| 汕尾市电力设施保护和供用电秩序维护条例 | 2020年9月29日汕尾市第七届人民代表大会常务委员会第四十次会议通过，2021年1月20日广东省第十三届人民代表大会常务委员会第二十八次会议批准 | 2021-1-21 | 2021-2-20 | 2021-3-1 | 制定 |
| 汕头市防御雷电灾害条例 | 2020年10月28日汕头市第十四届人民代表大会常务委员会第四十次会议修改，2021年1月20日广东省第十三届人民代表大会常务委员会第二十八次会议批准修改 | 2021-2-1 | 2021-2-20 | 2021-3-1 | 修改 |

续表

| 法规名称 | 通过或批准时间 | 公布时间 | 报备时间 | 施行时间 | 立法形式 |
|---|---|---|---|---|---|
| 珠海市文明行为条例 | 2020年11月27日珠海市第九届人民代表大会常务委员会第三十四次会议通过，2021年1月20日广东省第十三届人民代表大会常务委员会第二十八次会议批准 | 2021-2-5 | 2021-2-26 | 2021-3-1 | 制定 |
| 珠海市供水用水管理条例 | 2020年11月27日珠海市第九届人民代表大会常务委员会第三十四次会议修改，2021年1月20日广东省第十三届人民代表大会常务委员会第二十八次会议批准修改 | 2021-2-7 | 2021-3-1 | 2021-2-7 | 修改 |
| 珠海市排水条例 | 2020年11月27日珠海市第九届人民代表大会常务委员会第三十四次会议废止，2021年1月20日广东省第十三届人民代表大会常务委员会第二十八次会议批准废止 | 2021-2-7 | 2021-3-1 | 2021-3-1 | 废止 |
| 佛山市住宅物业管理条例 | 2020年10月30日佛山市第十五届人民代表大会常务委员会第三十四次会议通过，2021年1月20日广东省第十三届人民代表大会常务委员会第二十八次会议批准 | 2021-2-19 | 2021-2-26 | 2021-4-1 | 制定 |
| 广东省社会信用条例 | 2021年3月18日广东省第十三届人民代表大会常务委员会第三十次会议通过 | 2021-3-18 | 2021-4-7 | 2021-6-1 | 制定 |
| 广东省企业信用信息公开条例 | 在《广东省社会信用条例》中被明文予以废止 | 2021-3-18 | 2021-4-7 | 2021-6-1 | 文中废止 |
| 肇庆市城市生活垃圾分类管理条例 | 2020年12月30日肇庆市第十三届人民代表大会常务委员会第三十四次会议通过，2021年3月18日广东省第十三届人民代表大会常务委员会第三十次会议批准 | 2021-3-23 | 2021-4-1 | 2021-5-1 | 制定 |
| 韶关市建筑垃圾管理条例 | 2020年12月28日韶关市第十四届人民代表大会常务委员会第四十一次会议通过，2021年3月18日广东省第十三届人民代表大会常务委员会第三十次会议批准 | 2021-3-23 | 2021-4-7 | 2021-5-1 | 制定 |
| 揭阳市烟花爆竹燃放安全管理条例 | 2020年11月27日揭阳市第六届人民代表大会常务委员会第三十九次会议通过，2021年3月18日广东省第十三届人民代表大会常务委员会第三十次会议批准 | 2021-3-25 | 2021-4-14 | 2021-6-1 | 制定 |
| 深圳市排水条例 | 2020年12月30日深圳市第六届人民代表大会常务委员会第四十六次会议废止，2021年3月18日广东省第十三届人民代表大会常务委员会第三十次会议批准废止 | 2021-3-25 | 2021-4-14 | 2021-3-25 | 废止 |
| 湛江市鹤地水库饮用水水源保护条例 | 2020年12月28日湛江市第十四届人民代表大会常务委员会第四十一次会议通过，2021年3月18日广东省第十三届人民代表大会常务委员会第三十次会议批准 | 2021-3-26 | 2021-4-14 | 2021-5-1 | 制定 |
| 江门市文明行为促进条例 | 2021年2月8日江门市第十五届人民代表大会常务委员会第四十一次会议通过，2021年3月18日广东省第十三届人民代表大会常务委员会第三十次会议批准 | 2021-4-6 | 2021-4-14 | 2021-5-1 | 制定 |

续表

| 法规名称 | 通过或批准时间 | 公布时间 | 报备时间 | 施行时间 | 立法形式 |
|---|---|---|---|---|---|
| 广州市科技创新条例 | 2020年12月30日广州市第十五届人民代表大会常务委员会第四十四次会议通过，2021年3月18日广东省第十三届人民代表大会常务委员会第三十次会议批准 | 2021-4-7 | 2021-4-25 | 2021-7-1 | 制定 |
| 广州市科技创新促进条例 | 在《广州市科技创新条例》中被明文予以废止 | 2021-4-7 | 2021-4-25 | 2021-7-1 | 文中废止 |
| 广州市促进科技成果转化条例 | 在《广州市科技创新条例》中被明文予以废止 | 2021-4-7 | 2021-4-25 | 2021-7-1 | 文中废止 |
| 广州市科学技术经费投入与管理条例 | 在《广州市科技创新条例》中被明文予以废止 | 2021-4-7 | 2021-4-25 | 2021-7-1 | 文中废止 |
| 广州市幼儿园条例 | 2020年11月27日广州市第十五届人民代表大会常务委员会第四十三次会议通过，2021年3月18日广东省第十三届人民代表大会常务委员会第三十次会议批准 | 2021-4-9 | 2021-4-16 | 2021-6-1 | 制定 |
| 广州市幼儿教育管理规定 | 在《广州市幼儿园条例》中被明文予以废止 | 2021-4-9 | 2021-4-16 | 2021-6-1 | 文中废止 |
| 潮州市畲族文化保护条例 | 2020年12月30日潮州市第十五届人民代表大会常务委员会第三十五次会议通过，2021年3月18日广东省第十三届人民代表大会常务委员会第三十次会议批准 | 2021-4-29 | 2021-5-11 | 2021-5-1 | 制定 |
| 广东省科学技术普及条例 | 2021年5月26日广东省第十三届人民代表大会常务委员会第三十二次会议通过 | 2021-5-26 | 2021-6-4 | 2021-10-1 | 制定 |
| 广东省工艺美术保护和发展条例 | 2021年5月26日广东省第十三届人民代表大会常务委员会第三十二次会议通过 | 2021-5-26 | 2021-6-6 | 2021-7-1 | 制定 |
| 东莞市户外广告设施和招牌设置管理条例 | 2021年4月16日东莞市第十六届人民代表大会常务委员会第四十四次会议通过，2021年5月26日广东省第十三届人民代表大会常务委员会第三十二次会议批准 | 2021-5-31 | 2021-6-11 | 2022-1-1 | 制定 |
| 清远市城市生活垃圾管理条例 | 2021年4月28日清远市第七届人民代表大会常务委员会第四十九次会议通过，2021年5月26日广东省第十三届人民代表大会常务委员会第三十二次会议批准 | 2021-6-1 | 2021-6-11 | 2021-9-1 | 制定 |
| 广州市慈善促进条例 | 2021年3月30日广州市第十五届人民代表大会常务委员会第四十七次会议通过，2021年5月26日广东省第十三届人民代表大会常务委员会第三十二次会议批准 | 2021-6-1 | 2021-6-17 | 2021-9-1 | 制定 |
| 广州市募捐条例 | 在《广州市慈善促进条例》中被明文予以废止 | 2021-6-1 | 2021-6-17 | 2021-9-1 | 文中废止 |
| 佛山市非户籍人口居住登记条例 | 2021年4月29日佛山市第十五届人民代表大会常务委员会第四十二次会议通过，2021年5月26日广东省第十三届人民代表大会常务委员会第三十二次会议批准 | 2021-6-2 | 2021-6-11 | 2021-8-1 | 制定 |
| 广州市养老服务条例 | 2021年4月28日广州市第十五届人民代表大会常务委员会第四十八次会议通过，2021年5月26日广东省第十三届人民代表大会常务委员会第三十二次会议批准 | 2021-6-4 | 2021-6-16 | 2021-10-1 | 制定 |

续表

| 法规名称 | 通过或批准时间 | 公布时间 | 报备时间 | 施行时间 | 立法形式 |
|---|---|---|---|---|---|
| 广州市流溪河流域保护条例 | 2021年3月30日广州市第十五届人民代表大会常务委员会第四十七次会议修改，2021年5月26日广东省第十三届人民代表大会常务委员会第三十二次会议批准修改 | 2021-6-15 | 2021-6-22 | 2021-6-15 | 修改 |
| 连南瑶族自治县森林资源保护管理条例 | 2021年3月11日连南瑶族自治县第十五届人民代表大会第六次会议修改，2021年5月26日广东省第十三届人民代表大会常务委员会第三十二次会议批准修改 | 2021-8-1 | 2021-8-23 | 2021-8-1 | 修改 |
| 连山壮族瑶族自治县森林资源保护管理条例 | 2021年3月26日连山壮族瑶族自治县第十一届人民代表大会第六次会议修改，2021年5月26日广东省第十三届人民代表大会常务委员会第三十二次会议批准修改 | 2021-8-1 | 2021-8-23 | 2021-8-1 | 修改 |
| 广东省数字经济促进条例 | 2021年7月30日广东省第十三届人民代表大会常务委员会第三十三次会议通过 | 2021-7-30 | 2021-8-18 | 2021-9-1 | 制定 |
| 广东省各级人民代表大会常务委员会规范性文件备案审查条例 | 2021年7月30日广东省第十三届人民代表大会常务委员会第三十三次会议修改 | 2021-7-30 | 2021-8-18 | 2021-9-1 | 修改 |
| 广东省文明行为促进条例 | 2021年7月30日广东省第十三届人民代表大会常务委员会第三十三次会议通过 | 2021-7-30 | 2021-8-20 | 2021-9-1 | 制定 |
| 广东省人民代表大会常务委员会关于广东省契税具体适用税率等事项的决定 | 2021年7月30日广东省第十三届人民代表大会常务委员会第三十三次会议通过 | 2021-7-30 | 2021-8-20 | 2021-9-1 | 制定 |
| 广东省中医药条例 | 2021年7月30日广东省第十三届人民代表大会常务委员会第三十三次会议通过 | 2021-7-30 | 2021-8-20 | 2021-10-1 | 制定 |
| 广东省发展中医药条例 | 在《广东省中医药条例》中被明文予以废止 | 2021-7-30 | 2021-8-20 | 2021-10-1 | 文中废止 |
| 揭阳市红色资源保护传承条例 | 2021年5月28日揭阳市第六届人民代表大会常务委员会第四十七次会议通过，2021年7月30日广东省第十三届人民代表大会常务委员会第三十三次会议批准 | 2021-8-2 | 2021-8-20 | 2021-10-1 | 制定 |
| 汕尾市城乡生活垃圾分类管理条例 | 2021年6月17日汕尾市第七届人民代表大会常务委员会第四十九次会议通过，2021年7月30日广东省第十三届人民代表大会常务委员会第三十三次会议批准 | 2021-8-2 | 2021-8-20 | 2021-11-1 | 制定 |
| 茂名市森林防火联防条例 | 2021年6月24日茂名市第十二届人民代表大会常务委员会第四十八次会议通过，2021年7月30日广东省第十三届人民代表大会常务委员会第三十三次会议批准 | 2021-8-5 | 2021-8-20 | 2021-10-1 | 制定 |
| 广州市地名管理规定 | 2021年4月28日广州市第十五届人民代表大会常务委员会第四十八次会议通过，2021年7月30日广东省第十三届人民代表大会常务委员会第三十三次会议批准 | 2021-8-9 | 2021-8-20 | 2022-1-1 | 制定 |
| 广州市地名管理条例 | 在《广州市地名管理规定》中被明文予以废止 | 2021-8-9 | 2021-8-20 | 2022-1-1 | 文中废止 |

续表

| 法规名称 | 通过或批准时间 | 公布时间 | 报备时间 | 施行时间 | 立法形式 |
| --- | --- | --- | --- | --- | --- |
| 惠州市市容和环境卫生管理条例 | 2021年5月27日惠州市第十二届人民代表大会常务委员会第四十次会议通过，2021年7月30日广东省第十三届人民代表大会常务委员会第三十三次会议批准 | 2021-8-16 | 2021-9-3 | 2021-10-1 | 制定 |
| 云浮市村庄规划建设管理条例 | 2021年4月29日云浮市第六届人民代表大会常务委员会第三十次会议通过，2021年7月30日广东省第十三届人民代表大会常务委员会第三十三次会议批准 | 2021-8-26 | 2021-9-6 | 2021-11-1 | 制定 |
| 乳源瑶族自治县县城市容和环境卫生管理条例 | 2021年2月4日乳源瑶族自治县第十二届人民代表大会第六次会议通过，2021年7月30日广东省第十三届人民代表大会常务委员会第三十三次会议批准 | 2021-9-2 | 2021-11-16 | 2021-11-1 | 制定 |
| 广东省人民代表大会常务委员会关于横琴粤澳深度合作区有关管理体制的决定 | 2021年9月16日广东省第十三届人民代表大会常务委员会第三十四次会议通过 | 2021-9-17 | 2021-10-11 | 2021-9-17 | 制定 |
| 广东省城镇房屋租赁条例 | 2021年9月29日广东省第十三届人民代表大会常务委员会第三十五次会议修改 | 2021-9-29 | 2021-10-14 | 2021-9-29 | 修改 |
| 广东省建设工程质量管理条例 | 2021年9月29日广东省第十三届人民代表大会常务委员会第三十五次会议修改 | 2021-9-29 | 2021-10-14 | 2021-9-29 | 修改 |
| 广东省建设工程监理条例 | 2021年9月29日广东省第十三届人民代表大会常务委员会第三十五次会议修改 | 2021-9-29 | 2021-10-14 | 2021-9-29 | 修改 |
| 广东省海域使用管理条例 | 2021年9月29日广东省第十三届人民代表大会常务委员会第三十五次会议修改 | 2021-9-29 | 2021-10-14 | 2021-9-29 | 修改 |
| 广东省粮食安全保障条例 | 2021年9月29日广东省第十三届人民代表大会常务委员会第三十五次会议修改 | 2021-9-29 | 2021-10-14 | 2021-9-29 | 修改 |
| 广东省道路运输条例 | 2021年9月29日广东省第十三届人民代表大会常务委员会第三十五次会议修改 | 2021-9-29 | 2021-10-14 | 2021-9-29 | 修改 |
| 广东省华侨权益保护条例 | 2021年9月29日广东省第十三届人民代表大会常务委员会第三十五次会议修改 | 2021-9-29 | 2021-10-14 | 2021-9-29 | 修改 |
| 广东省森林防火条例 | 2021年9月29日广东省第十三届人民代表大会常务委员会第三十五次会议修改 | 2021-9-29 | 2021-10-14 | 2021-9-29 | 修改 |
| 广东省水污染防治条例 | 2021年9月29日广东省第十三届人民代表大会常务委员会第三十五次会议修改 | 2021-9-29 | 2021-10-14 | 2021-9-29 | 修改 |
| 广东省市场监管条例 | 2021年9月29日广东省第十三届人民代表大会常务委员会第三十五次会议修改 | 2021-9-29 | 2021-10-14 | 2021-12-1 | 修改 |
| 广东省普及九年制义务教育实施办法 | 2021年9月29日广东省第十三届人民代表大会常务委员会第三十五次会议废止 | 2021-9-29 | 2021-10-14 | 2021-9-29 | 废止 |
| 广东省城镇华侨房屋租赁规定 | 2021年9月29日广东省第十三届人民代表大会常务委员会第三十五次会议废止 | 2021-9-29 | 2021-10-14 | 2021-9-29 | 废止 |
| 广东省查处无照经营行为条例 | 2021年9月29日广东省第十三届人民代表大会常务委员会第三十五次会议废止 | 2021-9-29 | 2021-10-14 | 2021-9-29 | 废止 |
| 广东省国土资源监督检查条例 | 2021年9月29日广东省第十三届人民代表大会常务委员会第三十五次会议废止 | 2021-9-29 | 2021-10-14 | 2021-9-29 | 废止 |

续表

| 法规名称 | 通过或批准时间 | 公布时间 | 报备时间 | 施行时间 | 立法形式 |
|---|---|---|---|---|---|
| 深圳经济特区与内地之间人员往来管理规定 | 2021 年 9 月 29 日广东省第十三届人民代表大会常务委员会第三十五次会议废止 | 2021-9-29 | 2021-10-14 | 2021-9-29 | 废止 |
| 湛江市历史建筑保护条例 | 2021 年 8 月 27 日湛江市第十四届人民代表大会常务委员会第五十次会议修改，2021 年 9 月 29 日广东省第十三届人民代表大会常务委员会第三十五次会议批准修改 | 2021-9-30 | 2021-10-13 | 2021-9-30 | 修改 |
| 汕尾市荣誉市民条例 | 2021 年 7 月 27 日汕尾市第七届人民代表大会常务委员会第五十次会议通过，2021 年 9 月 29 日广东省第十三届人民代表大会常务委员会第三十五次会议批准 | 2021-10-9 | 2021-10-19 | 2021-10-9 | 制定 |
| 汕尾市企业信用促进条例 | 2021 年 7 月 27 日汕尾市第七届人民代表大会常务委员会第五十次会议通过，2021 年 9 月 29 日广东省第十三届人民代表大会常务委员会第三十五次会议批准 | 2021-10-9 | 2021-10-19 | 2021-12-1 | 制定 |
| 汕头市专利保护和促进条例 | 2021 年 6 月 30 日汕头市第十四届人民代表大会常务委员会第五十二次会议修改，2021 年 9 月 29 日广东省第十三届人民代表大会常务委员会第三十五次会议批准修改 | 2021-10-9 | 2021-10-27 | 2021-11-1 | 修改 |
| 茂名市生活垃圾分类管理条例 | 2021 年 8 月 31 日茂名市第十二届人民代表大会常务委员会第四十九次会议通过，2021 年 9 月 29 日广东省第十三届人民代表大会常务委员会第三十五次会议批准 | 2021-10-10 | 2021-10-22 | 2022-1-1 | 制定 |
| 梅州市农村生活垃圾管理条例 | 2021 年 8 月 6 日梅州市第七届人民代表大会常务委员会第四十五次会议通过，2021 年 9 月 29 日广东省第十三届人民代表大会常务委员会第三十五次会议批准 | 2021-10-14 | 2021-10-22 | 2021-11-1 | 制定 |
| 广州市临空经济区条例 | 2021 年 8 月 5 日广州市第十五届人民代表大会常务委员会第五十二次会议通过，2021 年 9 月 29 日广东省第十三届人民代表大会常务委员会第三十五次会议批准 | 2021-10-15 | 2021-10-22 | 2022-1-1 | 制定 |
| 梅州市客家围龙屋保护条例 | 2021 年 8 月 6 日梅州市第七届人民代表大会常务委员会第四十五次会议修改，2021 年 9 月 29 日广东省第十三届人民代表大会常务委员会第三十五次会议批准修改 | 2021-10-15 | 2021-10-22 | 2021-10-15 | 修改 |
| 梅州市城市市容和环境卫生管理条例 | 2021 年 8 月 6 日梅州市第七届人民代表大会常务委员会第四十五次会议修改，2021 年 9 月 29 日广东省第十三届人民代表大会常务委员会第三十五次会议批准修改 | 2021-10-15 | 2021-10-22 | 2021-10-15 | 修改 |
| 肇庆市农村人居环境治理条例 | 2021 年 8 月 26 日肇庆市第十三届人民代表大会常务委员会第四十一次会议通过，2021 年 9 月 29 日广东省第十三届人民代表大会常务委员会第三十五次会议批准 | 2021-10-15 | 2021-10-27 | 2022-1-1 | 制定 |
| 广州经济技术开发区条例 | 2021 年 5 月 27 日广州市第十五届人民代表大会常务委员会第四十九次会议修改，2021 年 9 月 29 日广东省第十三届人民代表大会常务委员会第三十五次会议批准修改 | 2021-10-20 | 2021-11-5 | 2021-10-20 | 修改 |

续表

| 法规名称 | 通过或批准时间 | 公布时间 | 报备时间 | 施行时间 | 立法形式 |
| --- | --- | --- | --- | --- | --- |
| 广州市殡葬管理规定 | 2021年5月27日广州市第十五届人民代表大会常务委员会第四十九次会议修改，2021年9月29日广东省第十三届人民代表大会常务委员会第三十五次会议批准修改 | 2021-10-20 | 2021-11-5 | 2021-10-20 | 修改 |
| 广州市旅游条例 | 2021年5月27日广州市第十五届人民代表大会常务委员会第四十九次会议修改，2021年9月29日广东省第十三届人民代表大会常务委员会第三十五次会议批准修改 | 2021-10-20 | 2021-11-5 | 2021-10-20 | 修改 |
| 广州市未成年人保护规定 | 2021年5月27日广州市第十五届人民代表大会常务委员会第四十九次会议修改，2021年9月29日广东省第十三届人民代表大会常务委员会第三十五次会议批准修改 | 2021-10-20 | 2021-11-5 | 2021-10-20 | 修改 |
| 广州市人民防空管理规定 | 2021年5月27日广州市第十五届人民代表大会常务委员会第四十九次会议修改，2021年9月29日广东省第十三届人民代表大会常务委员会第三十五次会议批准修改 | 2021-10-20 | 2021-11-5 | 2021-10-20 | 修改 |
| 广州市停车场条例 | 2021年5月27日广州市第十五届人民代表大会常务委员会第四十九次会议修改，2021年9月29日广东省第十三届人民代表大会常务委员会第三十五次会议批准修改 | 2021-10-20 | 2021-11-5 | 2021-10-20 | 修改 |
| 广州市巡游出租汽车客运管理条例 | 2021年5月27日广州市第十五届人民代表大会常务委员会第四十九次会议修改，2021年9月29日广东省第十三届人民代表大会常务委员会第三十五次会议批准修改 | 2021-10-20 | 2021-11-5 | 2021-10-20 | 修改 |
| 广州市物业管理条例 | 2021年5月27日广州市第十五届人民代表大会常务委员会第四十九次会议修改，2021年9月29日广东省第十三届人民代表大会常务委员会第三十五次会议批准修改 | 2021-10-20 | 2021-11-5 | 2021-10-20 | 修改 |
| 广州市排水条例 | 2021年8月31日广州市第十五届人民代表大会常务委员会第五十三次会议通过，2021年9月29日广东省第十三届人民代表大会常务委员会第三十五次会议批准 | 2021-10-26 | 2021-11-5 | 2022-3-1 | 制定 |
| 广东省城镇华侨房屋征收补偿规定 | 2021年12月1日广东省第十三届人民代表大会常务委员会第三十七次会议通过 | 2021-12-1 | 2021-12-14 | 2021-12-1 | 制定 |
| 广东省拆迁城镇华侨房屋规定 | 在《广东省城镇华侨房屋征收补偿规定》中被明文予以废止 | 2021-12-1 | 2021-12-14 | 2021-12-1 | 文中废止 |
| 广东省人力资源市场条例 | 2021年12月1日广东省第十三届人民代表大会常务委员会第三十七次会议通过 | 2021-12-1 | 2021-12-14 | 2022-1-1 | 制定 |
| 广东省职业介绍管理条例 | 在《广东省人力资源市场条例》中被明文予以废止 | 2021-12-1 | 2021-12-14 | 2022-1-1 | 文中废止 |
| 广东省人才市场管理条例 | 在《广东省人力资源市场条例》中被明文予以废止 | 2021-12-1 | 2021-12-14 | 2022-1-1 | 文中废止 |

续表

| 法规名称 | 通过或批准时间 | 公布时间 | 报备时间 | 施行时间 | 立法形式 |
|---|---|---|---|---|---|
| 广东省平安建设条例 | 2021 年 12 月 1 日广东省第十三届人民代表大会常务委员会第三十七次会议通过 | 2021-12-1 | 2021-12-14 | 2022-1-1 | 制定 |
| 广东省人民代表大会常务委员会关于深化平安广东建设的决定 | 在《广东省平安建设条例》中被明文予以废止 | 2021-12-1 | 2021-12-14 | 2022-1-1 | 文中废止 |
| 广东省人民代表大会常务委员会关于落实电信用户真实身份信息登记制度的决定 | 2021 年 12 月 1 日广东省第十三届人民代表大会常务委员会第三十七次会议修改 | 2021-12-1 | 2021-12-14 | 2021-12-1 | 修改 |
| 广东省人口与计划生育条例 | 2021 年 12 月 1 日广东省第十三届人民代表大会常务委员会第三十七次会议修改 | 2021-12-1 | 2021-12-14 | 2021-12-1 | 修改 |
| 广东省动物防疫条例 | 2021 年 12 月 1 日广东省第十三届人民代表大会常务委员会第三十七次会议修改 | 2021-12-1 | 2021-12-14 | 2022-3-1 | 修改 |
| 揭阳市潮剧保护传承条例 | 2021 年 9 月 29 日揭阳市第六届人民代表大会常务委员会第五十一次会议通过，2021 年 12 月 1 日广东省第十三届人民代表大会常务委员会第三十七次会议批准 | 2021-12-6 | 2021-12-22 | 2022-1-1 | 制定 |
| 汕尾市文明行为促进条例 | 2021 年 10 月 13 日汕尾市第七届人民代表大会常务委员会第五十二次会议通过，2021 年 12 月 1 日广东省第十三届人民代表大会常务委员会第三十七次会议批准 | 2021-12-6 | 2021-12-22 | 2022-1-1 | 制定 |
| 深圳市无障碍环境建设条例 | 2021 年 10 月 30 日深圳市第七届人民代表大会常务委员会第五次会议废止，2021 年 12 月 1 日广东省第十三届人民代表大会常务委员会第三十七次会议批准废止 | 2021-12-7 | 2021-12-20 | 2021-12-7 | 废止 |
| 深圳市节约用水条例 | 2021 年 10 月 30 日深圳市第七届人民代表大会常务委员会第五次会议修改，2021 年 12 月 1 日广东省第十三届人民代表大会常务委员会第三十七次会议批准修改 | 2021-12-7 | 2021-12-23 | 2021-12-7 | 修改 |
| 深圳市实施《中华人民共和国人民防空法》办法 | 2021 年 10 月 30 日深圳市第七届人民代表大会常务委员会第五次会议修改，2021 年 12 月 1 日广东省第十三届人民代表大会常务委员会第三十七次会议批准修改 | 2021-12-7 | 2021-12-23 | 2021-12-7 | 修改 |
| 深圳市建设工程质量管理条例 | 2021 年 10 月 30 日深圳市第七届人民代表大会常务委员会第五次会议修改，2021 年 12 月 1 日广东省第十三届人民代表大会常务委员会第三十七次会议批准修改 | 2021-12-7 | 2021-12-23 | 2021-12-7 | 修改 |
| 汕头市潮剧保护传承条例 | 2021 年 9 月 28 日汕头市第十四届人民代表大会常务委员会第五十六次会议通过，2021 年 12 月 1 日广东省第十三届人民代表大会常务委员会第三十七次会议批准 | 2021-12-8 | 2021-12-21 | 2022-1-1 | 制定 |
| 湛江市城区市容和环境卫生管理条例 | 2021 年 10 月 28 日湛江市第十四届人民代表大会常务委员会第五十二次会议修改，2021 年 12 月 1 日广东省第十三届人民代表大会常务委员会第三十七次会议批准修改 | 2021-12-8 | 2021-12-21 | 2021-12-8 | 修改 |

续表

| 法规名称 | 通过或批准时间 | 公布时间 | 报备时间 | 施行时间 | 立法形式 |
|---|---|---|---|---|---|
| 珠海市妇女权益保障条例 | 2021年9月27日珠海市第九届人民代表大会常务委员会第四十三次会议修改，2021年12月1日广东省第十三届人民代表大会常务委员会第三十七次会议批准修改 | 2021-12-8 | 2021-12-23 | 2021-12-8 | 修改 |
| 广州市不动产登记办法 | 2021年10月27日广州市第十五届人民代表大会常务委员会第五十六次会议通过，2021年12月1日广东省第十三届人民代表大会常务委员会第三十七次会议批准 | 2021-12-9 | 2021-12-20 | 2022-3-1 | 制定 |
| 广州市城镇房地产登记办法 | 在《广州市不动产登记办法》中被明文予以废止 | 2021-12-9 | 2021-12-20 | 2022-3-1 | 文中废止 |
| 广州市宗教事务管理条例 | 2021年10月27日广州市第十五届人民代表大会常务委员会第五十六次会议修改，2021年12月1日广东省第十三届人民代表大会常务委员会第三十七次会议批准修改 | 2021-12-9 | 2021-12-21 | 2022-2-1 | 修改 |
| 东莞市电动自行车管理条例 | 2021年10月27日东莞市第十六届人民代表大会常务委员会第五十二次会议通过，2021年12月1日广东省第十三届人民代表大会常务委员会第三十七次会议批准 | 2021-12-9 | 2021-12-22 | 2022-1-1 | 制定 |
| 江门市扬尘污染防治条例 | 2021年11月5日江门市第十五届人民代表大会常务委员会第五十一次会议通过，2021年12月1日广东省第十三届人民代表大会常务委员会第三十七次会议批准 | 2021-12-9 | 2021-12-22 | 2022-1-1 | 制定 |
| 佛山市河涌水污染防治条例 | 2021年9月17日佛山市第十五届人民代表大会常务委员会第四十七次会议通过，2021年12月1日广东省第十三届人民代表大会常务委员会第三十七次会议批准 | 2021-12-10 | 2021-12-21 | 2022-1-1 | 制定 |
| 潮州市工艺美术保护与促进条例 | 2021年9月1日潮州市第十五届人民代表大会常务委员会第四十四次会议通过，2021年12月1日广东省第十三届人民代表大会常务委员会第三十七次会议批准 | 2021-12-16 | 2021-12-31 | 2022-1-1 | 制定 |
| 广州市平安建设条例 | 2021年9月28日广州市第十五届人民代表大会常务委员会第五十五次会议通过，2021年12月1日广东省第十三届人民代表大会常务委员会第三十七次会议批准 | 2021-12-16 | 2021-12-31 | 2022-3-1 | 制定 |
| 广州市社会治安综合治理条例 | 在《广州市平安建设条例》中被明文予以废止 | 2021-12-16 | 2021-12-31 | 2022-3-1 | 文中废止 |
| 潮州市潮剧保护传承条例 | 2021年10月19日潮州市第十五届人民代表大会常务委员会第四十六次会议通过，2021年12月1日广东省第十三届人民代表大会常务委员会第三十七次会议批准 | 2021-12-16 | 2021-12-31 | 2022-1-1 | 制定 |
| 潮州市红色文化资源保护利用条例 | 2021年10月19日潮州市第十五届人民代表大会常务委员会第四十六次会议通过，2021年12月1日广东省第十三届人民代表大会常务委员会第三十七次会议批准 | 2021-12-16 | 2021-12-31 | 2022-1-1 | 制定 |

续表

| 法规名称 | 通过或批准时间 | 公布时间 | 报备时间 | 施行时间 | 立法形式 |
| --- | --- | --- | --- | --- | --- |
| 韶关市农村饮用水水源保护条例 | 2021 年 8 月 24 日韶关市第十四届人民代表大会常务委员会第五十次会议通过，2021 年 12 月 1 日广东省第十三届人民代表大会常务委员会第三十七次会议批准 | 2021-12-17 | 2021-12-31 | 2022-5-1 | 制定 |
| 河源市扬尘污染防治条例 | 2021 年 11 月 3 日河源市第七届人民代表大会常务委员会第六十二次会议通过，2021 年 12 月 1 日广东省第十三届人民代表大会常务委员会第三十七次会议批准 | 2021-12-20 | 2021-12-31 | 2022-3-1 | 制定 |

# 广西壮族自治区地方性法规目录

（72 件）

| 法规名称 | 通过或批准时间 | 公布时间 | 报备时间 | 施行时间 | 立法形式 |
| --- | --- | --- | --- | --- | --- |
| 金秀瑶族自治县瑶医药发展条例 | 2020 年 5 月 20 日金秀瑶族自治县第十六届人民代表大会第五次会议通过，2021 年 1 月 19 日广西壮族自治区第十三届人民代表大会常务委员会第二十一次会议批准 | 2021-1-19 | 2021-1-23 | 2021-3-1 | 制定 |
| 贺州市城市绿化条例 | 2020 年 11 月 3 日贺州市第四届人民代表大会常务委员会第三十一次会议通过，2021 年 1 月 19 日广西壮族自治区第十三届人民代表大会常务委员会第二十一次会议批准 | 2021-2-2 | 2021-3-10 | 2021-3-1 | 制定 |
| 柳州市历史文化名城保护条例 | 2020 年 8 月 28 日柳州市第十四届人民代表大会常务委员会第三十次会议通过，2021 年 1 月 19 日广西壮族自治区第十三届人民代表大会常务委员会第二十一次会议批准 | 2021-2-3 | 2021-3-10 | 2021-5-1 | 制定 |
| 北海市城市绿化条例 | 2020 年 10 月 13 日北海市第十五届人民代表大会常务委员会第三十四次会议通过，2021 年 1 月 19 日广西壮族自治区第十三届人民代表大会常务委员会第二十一次会议批准 | 2021-2-7 | 2021-3-10 | 2021-5-1 | 制定 |
| 广西壮族自治区农村供水用水条例 | 2021 年 3 月 26 日广西壮族自治区第十三届人民代表大会常务委员会第二十二次会议通过 | 2021-3-26 | 2021-3-30 | 2021-5-1 | 制定 |
| 广西壮族自治区爱国卫生条例 | 2021 年 3 月 26 日广西壮族自治区第十三届人民代表大会常务委员会第二十二次会议通过 | 2021-3-26 | 2021-3-30 | 2021-5-1 | 制定 |
| 广西壮族自治区农村公路条例 | 2021 年 3 月 26 日广西壮族自治区第十三届人民代表大会常务委员会第二十二次会议通过 | 2021-3-26 | 2021-3-30 | 2021-5-1 | 制定 |
| 融水苗族自治县非物质文化遗产保护条例 | 2021 年 1 月 15 日融水苗族自治县第十六届人民代表大会第六次会议通过，2021 年 3 月 26 日广西壮族自治区第十三届人民代表大会常务委员会第二十二次会议批准 | 2021-3-29 | 2021-3-31 | 2021-5-1 | 制定 |

续表

| 法规名称 | 通过或批准时间 | 公布时间 | 报备时间 | 施行时间 | 立法形式 |
|---|---|---|---|---|---|
| 都安瑶族自治县澄江国家湿地公园保护条例 | 2021年1月15日都安瑶族自治县第十五届人民代表大会第六次会议通过,2021年3月26日广西壮族自治区第十三届人民代表大会常务委员会第二十二次会议批准 | 2021-3-30 | 2021-4-2 | 2021-5-1 | 制定 |
| 梧州市农贸市场管理条例 | 2020年11月20日梧州市第十四届人民代表大会常务委员会第三十三次会议通过,2021年3月26日广西壮族自治区第十三届人民代表大会常务委员会第二十二次会议批准 | 2021-4-9 | 2021-5-14 | 2021-5-1 | 制定 |
| 河池市天然优质饮用水资源保护条例 | 2020年12月29日河池市第四届人民代表大会常务委员会第三十五次会议通过,2021年3月26日广西壮族自治区第十三届人民代表大会常务委员会第二十二次会议批准 | 2021-4-9 | 2021-5-14 | 2021-5-1 | 制定 |
| 桂林市城市绿化条例 | 2020年10月28日桂林市第五届人民代表大会常务委员会第三十二次会议通过,2021年3月26日广西壮族自治区第十三届人民代表大会常务委员会第二十二次会议批准 | 2021-4-12 | 2021-5-14 | 2021-7-1 | 制定 |
| 防城港市城市建筑垃圾管理条例 | 2020年12月8日防城港市第六届人民代表大会常务委员会第三十八次会议通过,2021年3月26日广西壮族自治区第十三届人民代表大会常务委员会第二十二次会议批准 | 2021-4-18 | 2021-5-14 | 2021-6-1 | 制定 |
| 崇左市烟花爆竹燃放管理条例 | 2020年12月29日崇左市第四届人民代表大会常务委员会第三十二次会议通过,2021年3月26日广西壮族自治区第十三届人民代表大会常务委员会第二十二次会议批准 | 2021-4-18 | 2021-5-14 | 2021-5-1 | 制定 |
| 南宁市公共食(饮)具卫生管理条例 | 2020年12月30日南宁市第十四届人民代表大会常务委员会第三十一次会议废止,2021年3月26日广西壮族自治区第十三届人民代表大会常务委员会第二十二次会议批准废止 | 2021-4-20 | 2021-5-14 | 2021-4-20 | 废止 |
| 南宁市征用集体土地条例 | 2020年12月30日南宁市第十四届人民代表大会常务委员会第三十一次会议废止,2021年3月26日广西壮族自治区第十三届人民代表大会常务委员会第二十二次会议批准废止 | 2021-4-20 | 2021-5-14 | 2021-4-20 | 废止 |
| 南宁市城市房地产交易管理条例 | 2020年12月30日南宁市第十四届人民代表大会常务委员会第三十一次会议废止,2021年3月26日广西壮族自治区第十三届人民代表大会常务委员会第二十二次会议批准废止 | 2021-4-20 | 2021-5-14 | 2021-4-20 | 废止 |
| 南宁市统计管理条例 | 2020年12月30日南宁市第十四届人民代表大会常务委员会第三十一次会议废止,2021年3月26日广西壮族自治区第十三届人民代表大会常务委员会第二十二次会议批准废止 | 2021-4-20 | 2021-5-14 | 2021-4-20 | 废止 |

续表

| 法规名称 | 通过或批准时间 | 公布时间 | 报备时间 | 施行时间 | 立法形式 |
|---|---|---|---|---|---|
| 南宁市河道与堤防建设管理条例 | 2020年12月30日南宁市第十四届人民代表大会常务委员会第三十一次会议废止，2021年3月26日广西壮族自治区第十三届人民代表大会常务委员会第二十二次会议批准废止 | 2021-4-20 | 2021-5-14 | 2021-4-20 | 废止 |
| 玉林市苏烟水库饮用水水源保护条例 | 2020年12月29日玉林市第五届人民代表大会常务委员会第三十六次会议通过，2021年3月26日广西壮族自治区第十三届人民代表大会常务委员会第二十二次会议批准 | 2021-4-21 | 2021-5-14 | 2021-6-1 | 制定 |
| 广西壮族自治区劳动人事争议调解仲裁条例 | 2021年5月26日广西壮族自治区第十三届人民代表大会常务委员会第二十三次会议通过 | 2021-5-26 | 2021-5-27 | 2021-7-1 | 制定 |
| 广西壮族自治区预防未成年人犯罪条例 | 2021年5月26日广西壮族自治区第十三届人民代表大会常务委员会第二十三次会议通过 | 2021-5-26 | 2021-5-27 | 2021-7-1 | 制定 |
| 广西壮族自治区人民代表大会常务委员会关于加强国有资产管理情况监督的决定 | 2021年5月26日广西壮族自治区第十三届人民代表大会常务委员会第二十三次会议通过 | 2021-5-26 | 2021-5-31 | 2021-5-26 | 制定 |
| 广西壮族自治区中医药条例 | 2021年5月26日广西壮族自治区第十三届人民代表大会常务委员会第二十三次会议通过 | 2021-5-26 | 2021-5-31 | 2021-7-1 | 制定 |
| 广西壮族自治区发展中医药壮医药条例 | 在《广西壮族自治区中医药条例》中被明文予以废止 | 2021-5-26 | 2021-5-31 | 2021-7-1 | 文中废止 |
| 广西壮族自治区实施《中华人民共和国水法》办法 | 2021年5月26日广西壮族自治区第十三届人民代表大会常务委员会第二十三次会议修改 | 2021-5-26 | 2021-5-31 | 2021-5-26 | 修改 |
| 广西壮族自治区殡葬管理条例 | 2021年5月26日广西壮族自治区第十三届人民代表大会常务委员会第二十三次会议修改 | 2021-5-26 | 2021-5-31 | 2021-5-26 | 修改 |
| 广西壮族自治区特种行业治安管理条例 | 2021年5月26日广西壮族自治区第十三届人民代表大会常务委员会第二十三次会议修改 | 2021-5-26 | 2021-5-31 | 2021-5-26 | 修改 |
| 广西壮族自治区促进散装水泥发展和应用条例 | 2021年5月26日广西壮族自治区第十三届人民代表大会常务委员会第二十三次会议修改 | 2021-5-26 | 2021-5-31 | 2021-5-26 | 修改 |
| 广西壮族自治区木材运输管理条例 | 2021年5月26日广西壮族自治区第十三届人民代表大会常务委员会第二十三次会议废止 | 2021-5-26 | 2021-5-31 | 2021-5-26 | 废止 |
| 巴马瑶族自治县长寿资源保护条例 | 2021年1月19日巴马瑶族自治县第十五届人民代表大会第六次会议通过，2021年5月26日广西壮族自治区第十三届人民代表大会常务委员会第二十三次会议批准 | 2021-5-28 | 2021-6-17 | 2021-7-1 | 制定 |
| 恭城瑶族自治县森林资源管理条例 | 2021年2月25日恭城瑶族自治县第七届人民代表大会第六次会议修改，2021年5月26日广西壮族自治区第十三届人民代表大会常务委员会第二十三次会议批准修改 | 2021-6-4 | 2021-6-17 | 2021-7-1 | 修改 |

续表

| 法规名称 | 通过或批准时间 | 公布时间 | 报备时间 | 施行时间 | 立法形式 |
|---|---|---|---|---|---|
| 百色市旧石器时代遗址保护条例 | 2020年12月25日百色市第四届人民代表大会常务委员会第三十七次会议通过，2021年5月26日广西壮族自治区第十三届人民代表大会常务委员会第二十三次会议批准 | 2021-6-7 | 2021-7-10 | 2021-10-1 | 制定 |
| 南宁市停车场管理条例 | 2020年10月29日南宁市第十四届人民代表大会常务委员会第二十九次会议通过，2021年5月26日广西壮族自治区第十三届人民代表大会常务委员会第二十三次会议批准 | 2021-6-8 | 2021-7-10 | 2021-7-1 | 制定 |
| 钦州市传统村落保护与利用条例 | 2020年12月25日钦州市第五届人民代表大会常务委员会第四十次会议通过,2021年5月26日广西壮族自治区第十三届人民代表大会常务委员会第二十三次会议批准 | 2021-6-8 | 2021-7-10 | 2021-8-1 | 制定 |
| 南宁市水土保持若干规定 | 2020年12月30日南宁市第十四届人民代表大会常务委员会第三十一次会议通过，2021年5月26日广西壮族自治区第十三届人民代表大会常务委员会第二十三次会议批准 | 2021-6-8 | 2021-7-10 | 2021-7-1 | 制定 |
| 防城港市小广告发布管理条例 | 2020年12月8日防城港市第六届人民代表大会常务委员会第三十八次会议通过，2021年5月26日广西壮族自治区第十三届人民代表大会常务委员会第二十三次会议批准 | 2021-6-10 | 2021-7-10 | 2021-8-1 | 制定 |
| 广西壮族自治区城市管理综合执法条例 | 2021年7月28日广西壮族自治区第十三届人民代表大会常务委员会第二十四次会议通过 | 2021-7-28 | 2021-7-30 | 2021-9-1 | 制定 |
| 广西壮族自治区投资促进条例 | 2021年7月28日广西壮族自治区第十三届人民代表大会常务委员会第二十四次会议通过 | 2021-7-28 | 2021-7-30 | 2021-9-1 | 制定 |
| 广西壮族自治区林木种苗条例 | 2021年7月28日广西壮族自治区第十三届人民代表大会常务委员会第二十四次会议通过 | 2021-7-28 | 2021-7-30 | 2021-9-1 | 制定 |
| 广西壮族自治区林木种苗管理条例 | 在《广西壮族自治区林木种苗条例》中被明文予以废止 | 2021-7-28 | 2021-7-30 | 2021-9-1 | 文中废止 |
| 广西壮族自治区土壤污染防治条例 | 2021年7月28日广西壮族自治区第十三届人民代表大会常务委员会第二十四次会议通过 | 2021-7-28 | 2021-7-30 | 2021-9-1 | 制定 |
| 南宁市燃气管理条例 | 2021年5月28日南宁市第十四届人民代表大会常务委员会第三十六次会议修改，2021年7月28日广西壮族自治区第十三届人民代表大会常务委员会第二十四次会议批准修改 | 2021-8-6 | 2021-8-30 | 2021-8-6 | 修改 |
| 南宁市环境噪声污染防治条例 | 2021年5月28日南宁市第十四届人民代表大会常务委员会第三十六次会议修改，2021年7月28日广西壮族自治区第十三届人民代表大会常务委员会第二十四次会议批准修改 | 2021-8-6 | 2021-8-30 | 2021-8-6 | 修改 |

续表

| 法规名称 | 通过或批准时间 | 公布时间 | 报备时间 | 施行时间 | 立法形式 |
|---|---|---|---|---|---|
| 南宁市清真食品管理条例 | 2021年5月28日南宁市第十四届人民代表大会常务委员会第三十六次会议修改，2021年7月28日广西壮族自治区第十三届人民代表大会常务委员会第二十四次会议批准修改 | 2021-8-6 | 2021-8-30 | 2021-8-6 | 修改 |
| 南宁市社会急救医疗管理条例 | 2021年5月28日南宁市第十四届人民代表大会常务委员会第三十六次会议修改，2021年7月28日广西壮族自治区第十三届人民代表大会常务委员会第二十四次会议批准修改 | 2021-8-6 | 2021-8-30 | 2021-8-6 | 修改 |
| 南宁市养犬管理条例 | 2021年5月28日南宁市第十四届人民代表大会常务委员会第三十六次会议修改，2021年7月28日广西壮族自治区第十三届人民代表大会常务委员会第二十四次会议批准修改 | 2021-8-6 | 2021-8-30 | 2021-8-6 | 修改 |
| 南宁市城市桥梁管理条例 | 2021年5月28日南宁市第十四届人民代表大会常务委员会第三十六次会议修改，2021年7月28日广西壮族自治区第十三届人民代表大会常务委员会第二十四次会议批准修改 | 2021-8-6 | 2021-8-30 | 2021-8-6 | 修改 |
| 南宁市历史街区保护管理条例 | 2021年5月28日南宁市第十四届人民代表大会常务委员会第三十六次会议修改，2021年7月28日广西壮族自治区第十三届人民代表大会常务委员会第二十四次会议批准修改 | 2021-8-6 | 2021-8-30 | 2021-8-6 | 修改 |
| 南宁市城市供水节水条例 | 2021年5月28日南宁市第十四届人民代表大会常务委员会第三十六次会议修改，2021年7月28日广西壮族自治区第十三届人民代表大会常务委员会第二十四次会议批准修改 | 2021-8-6 | 2021-8-30 | 2021-8-6 | 修改 |
| 南宁市五象岭保护条例 | 2021年5月28日南宁市第十四届人民代表大会常务委员会第三十六次会议修改，2021年7月28日广西壮族自治区第十三届人民代表大会常务委员会第二十四次会议批准修改 | 2021-8-6 | 2021-8-30 | 2021-8-6 | 修改 |
| 南宁市城市轨道交通管理条例 | 2021年5月28日南宁市第十四届人民代表大会常务委员会第三十六次会议修改，2021年7月28日广西壮族自治区第十三届人民代表大会常务委员会第二十四次会议批准修改 | 2021-8-6 | 2021-8-30 | 2021-8-6 | 修改 |
| 南宁市水库管理条例 | 2021年5月28日南宁市第十四届人民代表大会常务委员会第三十六次会议修改，2021年7月28日广西壮族自治区第十三届人民代表大会常务委员会第二十四次会议批准修改 | 2021-8-6 | 2021-8-30 | 2021-8-6 | 修改 |
| 南宁市西津国家湿地公园保护条例 | 2021年5月28日南宁市第十四届人民代表大会常务委员会第三十六次会议修改，2021年7月28日广西壮族自治区第十三届人民代表大会常务委员会第二十四次会议批准修改 | 2021-8-6 | 2021-8-30 | 2021-8-6 | 修改 |

续表

| 法规名称 | 通过或批准时间 | 公布时间 | 报备时间 | 施行时间 | 立法形式 |
|---|---|---|---|---|---|
| 南宁市大明山保护管理条例 | 2021年5月28日南宁市第十四届人民代表大会常务委员会第三十六次会议修改,2021年7月28日广西壮族自治区第十三届人民代表大会常务委员会第二十四次会议批准修改 | 2021-8-6 | 2021-8-30 | 2021-8-6 | 修改 |
| 南宁市昆仑关保护管理条例 | 2021年5月28日南宁市第十四届人民代表大会常务委员会第三十六次会议修改,2021年7月28日广西壮族自治区第十三届人民代表大会常务委员会第二十四次会议批准修改 | 2021-8-6 | 2021-8-30 | 2021-8-6 | 修改 |
| 南宁市公园条例 | 2021年5月28日南宁市第十四届人民代表大会常务委员会第三十六次会议修改,2021年7月28日广西壮族自治区第十三届人民代表大会常务委员会第二十四次会议批准修改 | 2021-8-6 | 2021-8-30 | 2021-8-6 | 修改 |
| 南宁市出租汽车客运管理条例 | 2021年5月28日南宁市第十四届人民代表大会常务委员会第三十六次会议修改,2021年7月28日广西壮族自治区第十三届人民代表大会常务委员会第二十四次会议批准修改 | 2021-8-6 | 2021-8-30 | 2021-8-6 | 修改 |
| 崇左市白头叶猴栖息地保护条例 | 2021年6月9日崇左市第四届人民代表大会常务委员会第三十五次会议通过,2021年7月28日广西壮族自治区第十三届人民代表大会常务委员会第二十四次会议批准 | 2021-8-10 | 2021-8-30 | 2021-10-1 | 制定 |
| 柳州市柳江流域生态环境保护条例 | 2021年3月31日柳州市第十四届人民代表大会第六次会议通过,2021年7月28日广西壮族自治区第十三届人民代表大会常务委员会第二十四次会议批准 | 2021-8-11 | 2021-8-30 | 2021-10-1 | 制定 |
| 广西壮族自治区法治宣传教育条例 | 2021年9月28日广西壮族自治区第十三届人民代表大会常务委员会第二十五次会议通过 | 2021-9-28 | 2021-9-30 | 2021-11-1 | 制定 |
| 广西壮族自治区规章设定罚款限额规定 | 2021年9月28日广西壮族自治区第十三届人民代表大会常务委员会第二十五次会议修改 | 2021-9-28 | 2021-9-30 | 2021-9-28 | 修改 |
| 南宁市献血条例 | 2021年5月28日南宁市第十四届人民代表大会常务委员会第三十六次会议修改,2021年9月28日广西壮族自治区第十三届人民代表大会常务委员会第二十五次会议批准修改 | 2021-10-9 | 2021-10-27 | 2021-11-1 | 修改 |
| 来宾市秸秆露天禁烧和综合利用管理条例 | 2021年6月10日来宾市第四届人民代表大会常务委员会第三十九次会议通过,2021年9月28日广西壮族自治区第十三届人民代表大会常务委员会第二十五次会议批准 | 2021-10-9 | 2021-10-27 | 2021-11-1 | 制定 |
| 防城港市防城江流域水环境保护条例 | 2021年7月7日防城港市第六届人民代表大会常务委员会第四十四次会议通过,2021年9月28日广西壮族自治区第十三届人民代表大会常务委员会第二十五次会议批准 | 2021-10-11 | 2021-10-27 | 2021-12-1 | 制定 |

续表

| 法规名称 | 通过或批准时间 | 公布时间 | 报备时间 | 施行时间 | 立法形式 |
|---|---|---|---|---|---|
| 北海市农贸市场管理条例 | 2021 年 7 月 15 日北海市第十五届人民代表大会常务委员会第三十九次会议通过，2021 年 9 月 28 日广西壮族自治区第十三届人民代表大会常务委员会第二十五次会议批准 | 2021-10-13 | 2021-10-27 | 2021-12-1 | 制定 |
| 桂林市喀斯特景观资源可持续利用条例 | 2021 年 8 月 10 日桂林市第五届人民代表大会常务委员会第三十八次会议通过，2021 年 11 月 20 日广西壮族自治区第十三届人民代表大会常务委员会第二十六次会议批准 | 2021-11-27 | 2021-12-24 | 2022-1-1 | 制定 |
| 桂林市灵渠保护条例 | 2021 年 8 月 10 日桂林市第五届人民代表大会常务委员会第三十八次会议通过，2021 年 11 月 20 日广西壮族自治区第十三届人民代表大会常务委员会第二十六次会议批准 | 2021-11-27 | 2021-12-24 | 2022-1-1 | 制定 |
| 南宁市扬尘污染防治条例 | 2021 年 7 月 14 日南宁市第十四届人民代表大会常务委员会第三十七次会议通过，2021 年 11 月 20 日广西壮族自治区第十三届人民代表大会常务委员会第二十六次会议批准 | 2021-11-30 | 2021-12-24 | 2022-1-1 | 制定 |
| 钦州市中心城区绿化条例 | 2021 年 9 月 1 日钦州市第五届人民代表大会常务委员会第四十五次会议通过，2021 年 11 月 20 日广西壮族自治区第十三届人民代表大会常务委员会第二十六次会议批准 | 2021-11-30 | 2021-12-24 | 2022-1-1 | 制定 |
| 梧州市六堡茶文化保护条例 | 2021 年 9 月 17 日梧州市第十四届人民代表大会常务委员会第四十次会议通过，2021 年 11 月 20 日广西壮族自治区第十三届人民代表大会常务委员会第二十六次会议批准 | 2021-11-30 | 2021-12-24 | 2022-1-1 | 制定 |
| 南宁横州市茉莉花保护发展条例 | 2020 年 12 月 30 日南宁市第十四届人民代表大会常务委员会第三十一次会议通过，2021 年 11 月 20 日广西壮族自治区第十三届人民代表大会常务委员会第二十六次会议批准 | 2021-11-30 | 2021-12-27 | 2022-1-1 | 制定 |
| 柳州市餐厨垃圾管理规定 | 2021 年 10 月 9 日柳州市第十四届人民代表大会常务委员会第三十九次会议通过，2021 年 11 月 20 日广西壮族自治区第十三届人民代表大会常务委员会第二十六次会议批准 | 2021-12-1 | 2021-12-24 | 2022-4-1 | 制定 |
| 贵港市平南龚州生态园保护条例 | 2021 年 8 月 25 日贵港市第五届人民代表大会常务委员会第三十八次会议通过，2021 年 11 月 20 日广西壮族自治区第十三届人民代表大会常务委员会第二十六次会议批准 | 2021-12-7 | 2021-12-24 | 2022-1-1 | 制定 |

# 海南省地方性法规和海南经济特区法规目录

（47 件）

| 法规名称 | 通过或批准时间 | 公布时间 | 报备时间 | 施行时间 | 立法形式 |
| --- | --- | --- | --- | --- | --- |
| 三沙市人民代表大会常务委员会议事规则 | 2020 年 11 月 3 日三沙市第二届人民代表大会常务委员会第三十五次会议通过，2020 年 12 月 2 日海南省第六届人民代表大会常务委员会第二十四次会议批准 | 2021-5-1 | 2021-5-17 | 2021-5-1 | 制定 |
| 海南省城乡供水管理条例 | 2021 年 3 月 24 日海南省第六届人民代表大会常务委员会第二十七次会议通过 | 2021-3-24 | 2021-3-26 | 2021-5-1 | 制定 |
| 海南省县乡两级人民代表大会选举实施细则 | 2021 年 3 月 24 日海南省第六届人民代表大会常务委员会第二十七次会议修改 | 2021-3-24 | 2021-3-26 | 2021-4-1 | 修改 |
| 海口市燃气管理条例 | 2021 年 1 月 20 日海口市第十六届人民代表大会常务委员会第四十三次会议修改，2021 年 3 月 24 日海南省第六届人民代表大会常务委员会第二十七次会议批准修改 | 2021-3-31 | 2021-4-23 | 2021-3-31 | 修改 |
| 白沙黎族自治县秸秆露天禁烧和综合利用条例 | 2021 年 2 月 5 日白沙黎族自治县第十五届人民代表大会第七次会议通过，2021 年 3 月 24 日海南省第六届人民代表大会常务委员会第二十七次会议批准 | 2021-4-22 | 2021-5-17 | 2021-5-7 | 制定 |
| 三亚市历史文化名镇名村保护条例 | 2020 年 12 月 30 日三亚市第七届人民代表大会常务委员会第四十五次会议通过，2021 年 3 月 24 日海南省第六届人民代表大会常务委员会第二十七次会议批准 | 2021-5-6 | 2021-5-17 | 2021-6-1 | 制定 |
| 海南自由贸易港国际船舶条例 | 2021 年 6 月 1 日海南省第六届人民代表大会常务委员会第二十八次会议通过 | 2021-6-1 | 2021-6-1 | 2021-9-1 | 制定 |
| 海南省电动自行车管理条例 | 2021 年 6 月 1 日海南省第六届人民代表大会常务委员会第二十八次会议通过 | 2021-6-1 | 2021-6-1 | 2022-1-1 | 制定 |
| 海南经济特区物业管理条例 | 2021 年 6 月 1 日海南省第六届人民代表大会常务委员会第二十八次会议修改 | 2021-6-1 | 2021-6-1 | 2021-11-1 | 修改 |
| 海南省各级人民代表大会常务委员会规范性文件备案审查条例 | 2021 年 6 月 1 日海南省第六届人民代表大会常务委员会第二十八次会议通过 | 2021-6-1 | 2021-6-17 | 2021-9-1 | 制定 |
| 海南省人民代表大会常务委员会审查备案规章的规定 | 在《海南省各级人民代表大会常务委员会规范性文件备案审查条例》中被明文予以废止 | 2021-6-1 | 2021-6-17 | 2021-9-1 | 文中废止 |
| 海口市万绿园保护管理规定 | 2021 年 4 月 27 日海口市第十六届人民代表大会常务委员会第四十五次会议修改，2021 年 6 月 1 日海南省第六届人民代表大会常务委员会第二十八次会议批准修改 | 2021-6-11 | 2021-6-29 | 2021-6-11 | 修改 |
| 海口市城镇园林绿化条例 | 2021 年 4 月 27 日海口市第十六届人民代表大会常务委员会第四十五次会议修改，2021 年 6 月 1 日海南省第六届人民代表大会常务委员会第二十八次会议批准修改 | 2021-6-11 | 2021-6-29 | 2021-6-11 | 修改 |

续表

| 法规名称 | 通过或批准时间 | 公布时间 | 报备时间 | 施行时间 | 立法形式 |
|---|---|---|---|---|---|
| 海口市公园条例 | 2021 年 4 月 27 日海口市第十六届人民代表大会常务委员会第四十五次会议修改，2021 年 6 月 1 日海南省第六届人民代表大会常务委员会第二十八次会议批准修改 | 2021-6-11 | 2021-6-29 | 2021-6-11 | 修改 |
| 三亚市乡村民宿促进和管理条例 | 2021 年 4 月 30 日三亚市第七届人民代表大会常务委员会第四十九次会议通过，2021 年 6 月 1 日海南省第六届人民代表大会常务委员会第二十八次会议批准 | 2021-6-30 | 2021-7-2 | 2021-8-1 | 制定 |
| 海南省人民代表大会常务委员会关于海南省契税具体适用税率和免征减征办法的决定 | 2021 年 7 月 27 日海南省第六届人民代表大会常务委员会第二十九次会议通过 | 2021-7-27 | 2021-8-18 | 2021-9-1 | 制定 |
| 海南省人民代表大会常务委员会关于将旅行社设立审批等省级管理权限调整由海南自由贸易港重点园区管理机构在重点园区范围内实施的决定 | 2021 年 7 月 27 日海南省第六届人民代表大会常务委员会第二十九次会议通过 | 2021-7-27 | 2021-8-24 | 2021-7-27 | 制定 |
| 海口市江东新区生态环境保护条例 | 2021 年 6 月 29 日海口市第十六届人民代表大会常务委员会第四十六次会议通过，2021 年 7 月 27 日海南省第六届人民代表大会常务委员会第二十九次会议批准 | 2021-7-30 | 2021-8-18 | 2021-10-1 | 制定 |
| 海南自由贸易港社会信用条例 | 2021 年 9 月 29 日海南省第六届人民代表大会常务委员会第三十次会议通过 | 2021-9-30 | 2021-9-30 | 2022-1-1 | 制定 |
| 海南省未成年人保护和预防犯罪规定 | 2021 年 9 月 29 日海南省第六届人民代表大会常务委员会第三十次会议通过 | 2021-9-30 | 2021-10-9 | 2021-11-1 | 制定 |
| 海南省未成年人保护条例 | 在《海南省未成年人保护和预防犯罪规定》中被明文予以废止 | 2021-9-30 | 2021-10-9 | 2021-11-1 | 文中废止 |
| 海南自由贸易港公平竞争条例 | 2021 年 9 月 29 日海南省第六届人民代表大会常务委员会第三十次会议通过 | 2021-9-30 | 2021-10-25 | 2022-1-1 | 制定 |
| 海南省生活垃圾管理条例 | 2021 年 9 月 29 日海南省第六届人民代表大会常务委员会第三十次会议修改 | 2021-9-30 | 2021-10-25 | 2021-9-30 | 修改 |
| 海南省南渡江生态环境保护规定 | 2021 年 9 月 29 日海南省第六届人民代表大会常务委员会第三十次会议修改 | 2021-9-30 | 2021-10-25 | 2021-9-30 | 修改 |
| 海南经济特区旅游价格管理规定 | 2021 年 9 月 29 日海南省第六届人民代表大会常务委员会第三十次会议修改 | 2021-9-30 | 2021-10-25 | 2021-9-30 | 修改 |
| 海南省矿产资源管理条例 | 2021 年 9 月 29 日海南省第六届人民代表大会常务委员会第三十次会议修改 | 2021-9-30 | 2021-10-25 | 2021-9-30 | 修改 |
| 海南省无规定动物疫病区管理条例 | 2021 年 9 月 29 日海南省第六届人民代表大会常务委员会第三十次会议修改 | 2021-9-30 | 2021-10-25 | 2021-9-30 | 修改 |
| 海南省产品质量监督管理条例 | 2021 年 9 月 29 日海南省第六届人民代表大会常务委员会第三十次会议修改 | 2021-9-30 | 2021-10-25 | 2021-9-30 | 修改 |
| 海南自由贸易港优化营商环境条例 | 2021 年 9 月 29 日海南省第六届人民代表大会常务委员会第三十次会议通过 | 2021-9-30 | 2021-10-28 | 2021-11-1 | 制定 |

续表

| 法规名称 | 通过或批准时间 | 公布时间 | 报备时间 | 施行时间 | 立法形式 |
|---|---|---|---|---|---|
| 海南自由贸易港反消费欺诈规定 | 2021年9月29日海南省第六届人民代表大会常务委员会第三十次会议通过 | 2021-9-30 | 2021-10-28 | 2021-11-1 | 制定 |
| 海南自由贸易港免税购物失信惩戒若干规定 | 2021年12月1日海南省第六届人民代表大会常务委员会第三十一次会议通过 | 2021-12-1 | 2021-12-1 | 2022-1-1 | 制定 |
| 海南省铁路安全管理规定 | 2021年12月1日海南省第六届人民代表大会常务委员会第三十一次会议通过 | 2021-12-1 | 2021-12-1 | 2022-1-1 | 制定 |
| 海南自由贸易港闲置土地处置若干规定 | 2021年12月1日海南省第六届人民代表大会常务委员会第三十一次会议通过 | 2021-12-1 | 2021-12-1 | 2022-1-1 | 制定 |
| 海南自由贸易港科技开放创新若干规定 | 2021年12月1日海南省第六届人民代表大会常务委员会第三十一次会议通过 | 2021-12-1 | 2021-12-1 | 2022-1-1 | 制定 |
| 海南自由贸易港征收征用条例 | 2021年12月1日海南省第六届人民代表大会常务委员会第三十一次会议通过 | 2021-12-1 | 2021-12-1 | 2022-1-1 | 制定 |
| 海南省机动车排气污染防治规定 | 2021年12月1日海南省第六届人民代表大会常务委员会第三十一次会议修改 | 2021-12-1 | 2021-12-1 | 2022-3-1 | 修改 |
| 海南自由贸易港安居房建设和管理若干规定 | 2021年12月1日海南省第六届人民代表大会常务委员会第三十一次会议通过 | 2021-12-1 | 2021-12-21 | 2022-1-1 | 制定 |
| 海南省人民代表大会常务委员会关于将林业植物检疫证书核发等省级管理权限调整由海南自由贸易港重点园区管理机构实施的决定 | 2021年12月1日海南省第六届人民代表大会常务委员会第三十一次会议通过 | 2021-12-1 | 2021-12-22 | 2021-12-1 | 制定 |
| 海南自由贸易港企业破产程序条例 | 2021年12月1日海南省第六届人民代表大会常务委员会第三十一次会议通过 | 2021-12-1 | 2021-12-22 | 2022-3-1 | 制定 |
| 海南自由贸易港知识产权保护条例 | 2021年12月1日海南省第六届人民代表大会常务委员会第三十一次会议通过 | 2021-12-1 | 2021-12-29 | 2022-1-1 | 制定 |
| 海南自由贸易港市场主体注销条例 | 2021年12月1日海南省第六届人民代表大会常务委员会第三十一次会议通过 | 2021-12-1 | 2021-12-29 | 2022-3-1 | 制定 |
| 海口市城市管理综合行政执法条例 | 2021年9月3日海口市第十六届人民代表大会常务委员会第四十八次会议修改，2021年12月1日海南省第六届人民代表大会常务委员会第三十一次会议批准修改 | 2021-12-13 | 2021-12-31 | 2021-12-13 | 修改 |
| 海口市房屋租赁管理条例 | 2021年9月3日海口市第十六届人民代表大会常务委员会第四十八次会议修改，2021年12月1日海南省第六届人民代表大会常务委员会第三十一次会议批准修改 | 2021-12-13 | 2021-12-31 | 2021-12-13 | 修改 |
| 三亚市三亚河保护管理规定 | 2021年9月29日三亚市第七届人民代表大会常务委员会第五十三次会议通过，2021年12月1日海南省第六届人民代表大会常务委员会第三十一次会议批准 | 2021-12-13 | 2021-12-31 | 2022-2-1 | 制定 |
| 三亚市山体保护条例 | 2021年9月29日三亚市第七届人民代表大会常务委员会第五十三次会议修改，2021年12月1日海南省第六届人民代表大会常务委员会第三十一次会议批准修改 | 2021-12-13 | 2021-12-31 | 2021-12-13 | 修改 |

续表

| 法规名称 | 通过或批准时间 | 公布时间 | 报备时间 | 施行时间 | 立法形式 |
|---|---|---|---|---|---|
| 海口市智慧城市促进条例 | 2021 年 10 月 29 日海口市第十六届人民代表大会常务委员会第五十次会议通过，2021 年 12 月 1 日海南省第六届人民代表大会常务委员会第三十一次会议批准 | 2021-12-23 | 2021-12-31 | 2022-2-1 | 制定 |
| 海南省人口与计划生育条例 | 2021 年 12 月 30 日海南省第六届人民代表大会常务委员会第三十二次会议修改 | 2021-12-30 | 2021-12-31 | 2021-12-30 | 修改 |
| 海南省村民委员会选举办法 | 2021 年 12 月 30 日海南省第六届人民代表大会常务委员会第三十二次会议修改 | 2021-12-30 | 2021-12-31 | 2021-12-30 | 修改 |
| 海南自由贸易港洋浦经济开发区条例 | 2021 年 12 月 30 日海南省第六届人民代表大会常务委员会第三十二次会议通过 | 2021-12-30 | 2022-1-10 | 2022-1-1 | 制定 |
| 洋浦经济开发区条例 | 在《海南自由贸易港洋浦经济开发区条例》中被明文予以废止 | 2021-12-30 | 2022-1-10 | 2022-1-1 | 文中废止 |

# 重庆市地方性法规目录

（30 件）

| 法规名称 | 通过或批准时间 | 公布时间 | 报备时间 | 施行时间 | 立法形式 |
|---|---|---|---|---|---|
| 重庆市文明行为促进条例 | 2021 年 1 月 25 日重庆市第五届人民代表大会第四次会议通过 | 2021-1-25 | 2021-2-5 | 2021-3-1 | 制定 |
| 重庆市优化营商环境条例 | 2021 年 3 月 31 日重庆市第五届人民代表大会常务委员会第二十五次会议通过 | 2021-3-31 | 2021-4-2 | 2021-7-1 | 制定 |
| 重庆市见义勇为人员奖励和保护条例 | 2021 年 3 月 31 日重庆市第五届人民代表大会常务委员会第二十五次会议通过 | 2021-3-31 | 2021-4-12 | 2021-7-1 | 制定 |
| 重庆市鼓励公民见义勇为条例 | 在《重庆市见义勇为人员奖励和保护条例》中被明文予以废止 | 2021-3-31 | 2021-4-12 | 2021-7-1 | 文中废止 |
| 重庆市实施《中华人民共和国全国人民代表大会和地方各级人民代表大会选举法》细则 | 2021 年 3 月 31 日重庆市第五届人民代表大会常务委员会第二十五次会议修改 | 2021-3-31 | 2021-4-12 | 2021-4-1 | 修改 |
| 秀山土家族苗族自治县梅江河流域水生态环境保护条例 | 2021 年 1 月 17 日秀山土家族苗族自治县第十七届人民代表大会第六次会议通过，2021 年 3 月 31 日重庆市第五届人民代表大会常务委员会第二十五次会议批准 | 2021-4-6 | 2021-4-12 | 2021-7-1 | 制定 |
| 重庆市社会信用条例 | 2021 年 5 月 27 日重庆市第五届人民代表大会常务委员会第二十六次会议通过 | 2021-5-27 | 2021-6-1 | 2021-7-1 | 制定 |
| 重庆市土地房屋权属登记条例 | 2021 年 5 月 27 日重庆市第五届人民代表大会常务委员会第二十六次会议修改 | 2021-5-27 | 2021-6-1 | 2021-5-27 | 修改 |
| 重庆市城镇房地产交易管理条例 | 2021 年 5 月 27 日重庆市第五届人民代表大会常务委员会第二十六次会议修改 | 2021-5-27 | 2021-6-1 | 2021-5-27 | 修改 |

续表

| 法规名称 | 通过或批准时间 | 公布时间 | 报备时间 | 施行时间 | 立法形式 |
| --- | --- | --- | --- | --- | --- |
| 重庆市物业管理条例 | 2021年5月27日重庆市第五届人民代表大会常务委员会第二十六次会议修改 | 2021-5-27 | 2021-6-1 | 2021-5-27 | 修改 |
| 重庆市城市园林绿化条例 | 2021年5月27日重庆市第五届人民代表大会常务委员会第二十六次会议修改 | 2021-5-27 | 2021-6-1 | 2021-5-27 | 修改 |
| 重庆市公路管理条例 | 2021年5月27日重庆市第五届人民代表大会常务委员会第二十六次会议修改 | 2021-5-27 | 2021-6-1 | 2021-5-27 | 修改 |
| 重庆市大气污染防治条例 | 2021年5月27日重庆市第五届人民代表大会常务委员会第二十六次会议修改 | 2021-5-27 | 2021-6-1 | 2021-5-27 | 修改 |
| 重庆市人民代表大会常务委员会关于加快高等级公路建设和加强高等级公路管理的决议 | 2021年5月27日重庆市第五届人民代表大会常务委员会第二十六次会议废止 | 2021-5-27 | 2021-6-1 | 2021-5-27 | 废止 |
| 重庆市人民代表大会常务委员会关于重庆市契税具体适用税率等事项的决定 | 2021年7月29日重庆市第五届人民代表大会常务委员会第二十七次会议通过 | 2021-7-29 | 2021-8-9 | 2021-9-1 | 制定 |
| 重庆市人民代表大会常务委员会关于促进和保障长江流域禁捕工作的决定 | 2021年7月29日重庆市第五届人民代表大会常务委员会第二十七次会议通过 | 2021-7-29 | 2021-8-17 | 2021-7-29 | 制定 |
| 重庆市公安机关警务辅助人员条例 | 2021年7月29日重庆市第五届人民代表大会常务委员会第二十七次会议通过 | 2021-7-29 | 2021-8-17 | 2021-9-1 | 制定 |
| 重庆市人民代表大会常务委员会关于加强国有资产管理情况监督的决定 | 2021年9月29日重庆市第五届人民代表大会常务委员会第二十八次会议通过 | 2021-9-29 | 2021-10-8 | 2021-9-29 | 制定 |
| 重庆市实施《中华人民共和国农村土地承包法》办法 | 2021年9月29日重庆市第五届人民代表大会常务委员会第二十八次会议修改 | 2021-9-29 | 2021-10-8 | 2021-12-1 | 修改 |
| 重庆市中医药条例 | 2021年11月25日重庆市第五届人民代表大会常务委员会第二十九次会议通过 | 2021-11-25 | 2021-12-1 | 2022-3-1 | 制定 |
| 重庆市中医条例 | 在《重庆市中医药条例》中被明文予以废止 | 2021-11-25 | 2021-12-1 | 2022-3-1 | 文中废止 |
| 重庆市标准化条例 | 2021年11月25日重庆市第五届人民代表大会常务委员会第二十九次会议通过 | 2021-11-25 | 2021-12-1 | 2022-3-1 | 制定 |
| 重庆市人口与计划生育条例 | 2021年11月25日重庆市第五届人民代表大会常务委员会第二十九次会议修改 | 2021-11-25 | 2021-12-1 | 2021-11-25 | 修改 |
| 重庆市科技创新促进条例 | 2021年11月25日重庆市第五届人民代表大会常务委员会第二十九次会议修改 | 2021-11-25 | 2021-12-1 | 2022-3-1 | 修改 |
| 重庆市科学技术投入条例 | 在《重庆市科技创新促进条例》中被明文予以废止 | 2021-11-25 | 2021-12-1 | 2022-3-1 | 文中废止 |
| 重庆市农业机械安全监理及事故处理条例 | 2021年11月25日重庆市第五届人民代表大会常务委员会第二十九次会议废止 | 2021-11-25 | 2021-12-1 | 2021-11-25 | 废止 |
| 重庆市罚款和没收财物管理条例 | 2021年11月25日重庆市第五届人民代表大会常务委员会第二十九次会议废止 | 2021-11-25 | 2021-12-1 | 2021-11-25 | 废止 |
| 重庆市人民代表大会常务委员会关于加强嘉陵江流域水生态环境协同保护的决定 | 2021年11月25日重庆市第五届人民代表大会常务委员会第二十九次会议通过 | 2021-11-25 | 2021-12-8 | 2022-1-1 | 制定 |

续表

| 法规名称 | 通过或批准时间 | 公布时间 | 报备时间 | 施行时间 | 立法形式 |
|---|---|---|---|---|---|
| 重庆市国有土地上房屋征收与补偿条例 | 2021 年 11 月 25 日重庆市第五届人民代表大会常务委员会第二十九次会议通过 | 2021-11-25 | 2021-12-8 | 2022-3-1 | 制定 |
| 重庆市生活垃圾管理条例 | 2021 年 11 月 25 日重庆市第五届人民代表大会常务委员会第二十九次会议通过 | 2021-11-25 | 2021-12-8 | 2022-3-1 | 制定 |
| 重庆市道路运输管理条例 | 2021 年 11 月 25 日重庆市第五届人民代表大会常务委员会第二十九次会议修改 | 2021-11-25 | 2021-12-8 | 2022-1-1 | 修改 |
| 重庆市重大建设项目稽察条例 | 2021 年 12 月 30 日重庆市第五届人民代表大会常务委员会第三十次会议废止 | 2021-12-30 | 2022-1-5 | 2021-12-30 | 废止 |
| 重庆市国有企业法定代表人离任审计条例 | 2021 年 12 月 30 日重庆市第五届人民代表大会常务委员会第三十次会议废止 | 2021-12-30 | 2022-1-5 | 2021-12-30 | 废止 |

# 四川省地方性法规目录

（84 件）

| 法规名称 | 通过或批准时间 | 公布时间 | 报备时间 | 施行时间 | 立法形式 |
|---|---|---|---|---|---|
| 四川省华侨权益保护条例 | 2021 年 1 月 27 日四川省第十三届人民代表大会常务委员会第二十五次会议修改 | 2021-1-27 | 2021-2-10 | 2021-1-27 | 修改 |
| 甘孜藏族自治州森林草原防灭火条例 | 2020 年 12 月 30 日甘孜藏族自治州第十二届人民代表大会常务委员会第二十六次会议通过，2021 年 1 月 27 日四川省第十三届人民代表大会常务委员会第二十五次会议批准 | 2021-1-28 | 2021-2-10 | 2021-2-1 | 制定 |
| 凉山彝族自治州森林草原防灭火条例 | 2020 年 12 月 31 日凉山彝族自治州第十一届人民代表大会常务委员会第二十九次会议通过，2021 年 1 月 27 日四川省第十三届人民代表大会常务委员会第二十五次会议批准 | 2021-1-28 | 2021-2-10 | 2021-2-1 | 制定 |
| 阿坝藏族羌族自治州森林草原防灭火条例 | 2020 年 12 月 22 日阿坝藏族羌族自治州第十二届人民代表大会常务委员会第三十次会议通过，2021 年 1 月 27 日四川省第十三届人民代表大会常务委员会第二十五次会议批准 | 2021-1-29 | 2021-2-10 | 2021-2-1 | 制定 |
| 四川省质量促进条例 | 2021 年 3 月 26 日四川省第十三届人民代表大会常务委员会第二十六次会议通过 | 2021-3-26 | 2021-4-13 | 2021-5-1 | 制定 |
| 四川省粮食安全保障条例 | 2021 年 3 月 26 日四川省第十三届人民代表大会常务委员会第二十六次会议通过 | 2021-3-26 | 2021-4-13 | 2021-5-1 | 制定 |
| 四川省优化营商环境条例 | 2021 年 3 月 26 日四川省第十三届人民代表大会常务委员会第二十六次会议通过 | 2021-3-26 | 2021-4-13 | 2021-7-1 | 制定 |
| 四川省《中华人民共和国全国人民代表大会和地方各级人民代表大会选举法》实施办法 | 2021 年 3 月 26 日四川省第十三届人民代表大会常务委员会第二十六次会议修改 | 2021-3-26 | 2021-4-13 | 2021-3-26 | 修改 |

续表

| 法规名称 | 通过或批准时间 | 公布时间 | 报备时间 | 施行时间 | 立法形式 |
|---|---|---|---|---|---|
| 四川省农药管理条例 | 2021年3月26日四川省第十三届人民代表大会常务委员会第二十六次会议修改 | 2021-3-26 | 2021-4-13 | 2021-5-1 | 修改 |
| 成都市古树名木保护管理规定 | 2021年1月25日成都市第十七届人民代表大会常务委员会第二十三次会议修改，2021年3月26日四川省第十三届人民代表大会常务委员会第二十六次会议批准修改 | 2021-3-31 | 2021-4-13 | 2021-6-1 | 修改 |
| 南充市城市景观风貌保护条例 | 2020年12月18日南充市第六届人民代表大会常务委员会第三十六次会议通过，2021年3月26日四川省第十三届人民代表大会常务委员会第二十六次会议批准 | 2021-4-1 | 2021-4-13 | 2021-6-1 | 制定 |
| 绵阳市文明行为促进条例 | 2021年2月24日绵阳市第七届人民代表大会常务委员会第四十次会议通过，2021年3月26日四川省第十三届人民代表大会常务委员会第二十六次会议批准 | 2021-4-2 | 2021-4-13 | 2021-6-1 | 制定 |
| 马边彝族自治县施行《中华人民共和国民法典》婚姻家庭编的补充规定 | 2021年1月15日马边彝族自治县第九届人民代表大会第六次会议通过，2021年3月26日四川省第十三届人民代表大会常务委员会第二十六次会议批准 | 2021-4-6 | 2021-4-13 | 2021-4-6 | 制定 |
| 马边彝族自治县施行《中华人民共和国婚姻法》的补充规定 | 在《马边彝族自治县施行〈中华人民共和国民法典〉婚姻家庭编的补充规定》中被明文予以废止 | 2021-4-6 | 2021-4-13 | 2021-4-6 | 文中废止 |
| 马边彝族自治县施行《中华人民共和国继承法》的补充规定 | 2021年1月15日马边彝族自治县第九届人民代表大会第六次会议废止，2021年3月26日四川省第十三届人民代表大会常务委员会第二十六次会议批准废止 | 2021-4-6 | 2021-4-13 | 2021-4-6 | 废止 |
| 宜宾市李庄古镇保护条例 | 2020年12月29日宜宾市第五届人民代表大会常务委员会第三十九次会议通过，2021年3月26日四川省第十三届人民代表大会常务委员会第二十六次会议批准 | 2021-4-7 | 2021-4-13 | 2021-6-1 | 制定 |
| 峨边彝族自治县施行《中华人民共和国民法典》婚姻家庭编的补充规定 | 2021年1月27日峨边彝族自治县第九届人民代表大会第六次会议通过，2021年3月26日四川省第十三届人民代表大会常务委员会第二十六次会议批准 | 2021-4-7 | 2021-4-13 | 2021-4-7 | 制定 |
| 峨边彝族自治县施行《中华人民共和国婚姻法》的补充规定 | 在《峨边彝族自治县施行〈中华人民共和国民法典〉婚姻家庭编的补充规定》中被明文予以废止 | 2021-4-7 | 2021-4-13 | 2021-4-7 | 文中废止 |
| 峨边彝族自治县施行《中华人民共和国继承法》的补充规定 | 2021年1月27日峨边彝族自治县第九届人民代表大会第六次会议废止，2021年3月26日四川省第十三届人民代表大会常务委员会第二十六次会议批准废止 | 2021-4-7 | 2021-4-13 | 2021-4-7 | 废止 |
| 甘孜藏族自治州施行《中华人民共和国民法典》婚姻家庭编的变通规定 | 2021年2月6日甘孜藏族自治州第十二届人民代表大会第五次会议通过，2021年3月26日四川省第十三届人民代表大会常务委员会第二十六次会议批准 | 2021-4-7 | 2021-4-13 | 2021-4-7 | 制定 |

续表

| 法规名称 | 通过或批准时间 | 公布时间 | 报备时间 | 施行时间 | 立法形式 |
|---|---|---|---|---|---|
| 甘孜藏族自治州施行《中华人民共和国婚姻法》的补充规定 | 在《甘孜藏族自治州施行〈中华人民共和国民法典〉婚姻家庭编的变通规定》中被明文予以废止 | 2021-4-7 | 2021-4-13 | 2021-4-7 | 文中废止 |
| 阿坝藏族羌族自治州施行《中华人民共和国民法典》婚姻家庭编的补充规定 | 2021 年 1 月 14 日阿坝藏族羌族自治州第十二届人民代表大会第五次会议通过，2021 年 3 月 26 日四川省第十三届人民代表大会常务委员会第二十六次会议批准 | 2021-4-8 | 2021-4-13 | 2021-4-8 | 制定 |
| 阿坝藏族羌族自治州施行《中华人民共和国婚姻法》的补充规定 | 在《阿坝藏族羌族自治州施行〈中华人民共和国民法典〉婚姻家庭编的补充规定》中被明文予以废止 | 2021-4-8 | 2021-4-13 | 2021-4-8 | 文中废止 |
| 阿坝藏族羌族自治州施行《中华人民共和国民法典》继承编的变通规定 | 2021 年 1 月 14 日阿坝藏族羌族自治州第十二届人民代表大会第五次会议通过，2021 年 3 月 26 日四川省第十三届人民代表大会常务委员会第二十六次会议批准 | 2021-4-8 | 2021-4-13 | 2021-4-8 | 制定 |
| 阿坝藏族羌族自治州施行《中华人民共和国继承法》的变通规定 | 在《阿坝藏族羌族自治州施行〈中华人民共和国民法典〉继承编的变通规定》中被明文予以废止 | 2021-4-8 | 2021-4-13 | 2021-4-8 | 文中废止 |
| 阿坝藏族羌族自治州生态环境保护条例 | 2021 年 1 月 14 日阿坝藏族羌族自治州第十二届人民代表大会第五次会议修改，2021 年 3 月 26 日四川省第十三届人民代表大会常务委员会第二十六次会议批准修改 | 2021-4-8 | 2021-4-13 | 2021-4-8 | 修改 |
| 四川省老鹰水库饮用水水源保护条例 | 2021 年 5 月 28 日四川省第十三届人民代表大会常务委员会第二十七次会议通过 | 2021-5-28 | 2021-6-24 | 2021-8-1 | 制定 |
| 四川省保护和奖励见义勇为条例 | 2021 年 5 月 28 日四川省第十三届人民代表大会常务委员会第二十七次会议修改 | 2021-5-28 | 2021-6-24 | 2021-5-28 | 修改 |
| 四川省法律援助条例 | 2021 年 5 月 28 日四川省第十三届人民代表大会常务委员会第二十七次会议修改 | 2021-5-28 | 2021-6-24 | 2021-5-28 | 修改 |
| 四川省人民调解条例 | 2021 年 5 月 28 日四川省第十三届人民代表大会常务委员会第二十七次会议修改 | 2021-5-28 | 2021-6-24 | 2021-5-28 | 修改 |
| 四川省《中华人民共和国工会法》实施办法 | 2021 年 5 月 28 日四川省第十三届人民代表大会常务委员会第二十七次会议修改 | 2021-5-28 | 2021-6-24 | 2021-5-28 | 修改 |
| 四川省行政执法监督条例 | 2021 年 5 月 28 日四川省第十三届人民代表大会常务委员会第二十七次会议修改 | 2021-5-28 | 2021-6-24 | 2021-8-1 | 修改 |
| 四川省基层法律服务条例 | 2021 年 5 月 28 日四川省第十三届人民代表大会常务委员会第二十七次会议修改 | 2021-5-28 | 2021-6-24 | 2021-9-1 | 修改 |
| 四川省木材运输管理条例 | 2021 年 5 月 28 日四川省第十三届人民代表大会常务委员会第二十七次会议废止 | 2021-5-28 | 2021-6-24 | 2021-5-28 | 废止 |
| 四川省人民代表大会常务委员会关于加强赤水河流域共同保护的决定 | 2021 年 5 月 28 日四川省第十三届人民代表大会常务委员会第二十七次会议通过 | 2021-5-30 | 2021-6-24 | 2021-7-1 | 制定 |
| 四川省赤水河流域保护条例 | 2021 年 5 月 28 日四川省第十三届人民代表大会常务委员会第二十七次会议通过 | 2021-5-30 | 2021-6-24 | 2021-7-1 | 制定 |

续表

| 法规名称 | 通过或批准时间 | 公布时间 | 报备时间 | 施行时间 | 立法形式 |
| --- | --- | --- | --- | --- | --- |
| 南充市城市园林绿化条例 | 2021年3月18日南充市第六届人民代表大会常务委员会第三十九次会议修改，2021年5月28日四川省第十三届人民代表大会常务委员会第二十七次会议批准修改 | 2021-6-3 | 2021-6-24 | 2021-6-3 | 修改 |
| 南充市城镇环境卫生管理条例 | 2021年3月18日南充市第六届人民代表大会常务委员会第三十九次会议修改，2021年5月28日四川省第十三届人民代表大会常务委员会第二十七次会议批准修改 | 2021-6-3 | 2021-6-24 | 2021-6-3 | 修改 |
| 南充市物业管理条例 | 2021年3月18日南充市第六届人民代表大会常务委员会第三十九次会议修改，2021年5月28日四川省第十三届人民代表大会常务委员会第二十七次会议批准修改 | 2021-6-3 | 2021-6-24 | 2021-6-3 | 修改 |
| 成都市会展业促进条例 | 2021年4月29日成都市第十七届人民代表大会常务委员会第二十六次会议通过，2021年5月28日四川省第十三届人民代表大会常务委员会第二十七次会议批准 | 2021-6-7 | 2021-6-24 | 2021-8-1 | 制定 |
| 成都市邮政管理条例 | 2021年4月29日成都市第十七届人民代表大会常务委员会第二十六次会议修改，2021年5月28日四川省第十三届人民代表大会常务委员会第二十七次会议批准修改 | 2021-6-7 | 2021-6-24 | 2021-8-1 | 修改 |
| 马边彝族自治县人居环境综合治理条例 | 2021年1月15日马边彝族自治县第九届人民代表大会第六次会议通过，2021年5月28日四川省第十三届人民代表大会常务委员会第二十七次会议批准 | 2021-6-10 | 2021-6-24 | 2021-7-1 | 制定 |
| 马边彝族自治县立法条例 | 2021年1月15日马边彝族自治县第九届人民代表大会第六次会议通过，2021年5月28日四川省第十三届人民代表大会常务委员会第二十七次会议批准 | 2021-6-10 | 2021-6-24 | 2021-7-1 | 制定 |
| 资阳市中心城区山体保护条例 | 2021年4月28日资阳市第四届人民代表大会常务委员会第三十七次会议通过，2021年5月28日四川省第十三届人民代表大会常务委员会第二十七次会议批准 | 2021-6-17 | 2021-6-24 | 2021-10-1 | 制定 |
| 四川省人民代表大会常务委员会关于加强国有资产管理情况监督的决定 | 2021年6月25日四川省第十三届人民代表大会常务委员会第二十八次会议通过 | 2021-6-25 | 2021-7-7 | 2021-6-25 | 制定 |
| 四川省红色资源保护传承条例 | 2021年6月25日四川省第十三届人民代表大会常务委员会第二十八次会议通过 | 2021-6-25 | 2021-7-7 | 2021-7-1 | 制定 |
| 四川省人民代表大会常务委员会关于加强人民法院执行工作　推动切实解决执行难问题的决定 | 2021年7月29日四川省第十三届人民代表大会常务委员会第二十九次会议通过 | 2021-7-29 | 2021-8-30 | 2021-7-29 | 制定 |
| 四川省三星堆遗址保护条例 | 2021年7月29日四川省第十三届人民代表大会常务委员会第二十九次会议通过 | 2021-7-29 | 2021-8-30 | 2021-9-1 | 制定 |

续表

| 法规名称 | 通过或批准时间 | 公布时间 | 报备时间 | 施行时间 | 立法形式 |
|---|---|---|---|---|---|
| 四川省人民代表大会常务委员会关于契税具体适用税率等事项的决定 | 2021 年 7 月 29 日四川省第十三届人民代表大会常务委员会第二十九次会议通过 | 2021-7-29 | 2021-8-30 | 2021-9-1 | 制定 |
| 四川省农村集体经济组织条例 | 2021 年 7 月 29 日四川省第十三届人民代表大会常务委员会第二十九次会议通过 | 2021-7-29 | 2021-8-30 | 2021-10-1 | 制定 |
| 成都市美丽宜居公园城市建设条例 | 2021 年 1 月 25 日成都市第十七届人民代表大会常务委员会第二十三次会议通过，2021 年 7 月 29 日四川省第十三届人民代表大会常务委员会第二十九次会议批准 | 2021-7-30 | 2021-8-30 | 2021-10-1 | 制定 |
| 成都市大气污染防治条例 | 2021 年 6 月 18 日成都市第十七届人民代表大会常务委员会第二十七次会议通过，2021 年 7 月 29 日四川省第十三届人民代表大会常务委员会第二十九次会议批准 | 2021-7-30 | 2021-8-30 | 2021-10-1 | 制定 |
| 成都市科技创新中心建设条例 | 2021 年 6 月 18 日成都市第十七届人民代表大会常务委员会第二十七次会议通过，2021 年 7 月 29 日四川省第十三届人民代表大会常务委员会第二十九次会议批准 | 2021-7-30 | 2021-8-30 | 2021-10-1 | 制定 |
| 成都市社会急救医疗管理条例 | 2021 年 6 月 18 日成都市第十七届人民代表大会常务委员会第二十七次会议通过，2021 年 7 月 29 日四川省第十三届人民代表大会常务委员会第二十九次会议批准 | 2021-7-30 | 2021-8-30 | 2021-10-1 | 制定 |
| 成都市社会急救医疗管理规定 | 在《成都市社会急救医疗管理条例》中被明文予以废止 | 2021-7-30 | 2021-8-30 | 2021-10-1 | 文中废止 |
| 成都市房屋使用安全管理条例 | 2021 年 6 月 18 日成都市第十七届人民代表大会常务委员会第二十七次会议修改，2021 年 7 月 29 日四川省第十三届人民代表大会常务委员会第二十九次会议批准修改 | 2021-7-30 | 2021-8-30 | 2021-7-30 | 修改 |
| 攀枝花市观音岩引水工程管理规定 | 2021 年 6 月 23 日攀枝花市第十届人民代表大会常务委员会第三十八次会议通过，2021 年 7 月 29 日四川省第十三届人民代表大会常务委员会第二十九次会议批准 | 2021-8-2 | 2021-8-30 | 2021-9-1 | 制定 |
| 眉山市农村人居环境治理条例 | 2021 年 7 月 6 日眉山市第四届人民代表大会常务委员会第三十五次会议通过，2021 年 7 月 29 日四川省第十三届人民代表大会常务委员会第二十九次会议批准 | 2021-8-11 | 2021-8-30 | 2021-9-1 | 制定 |
| 四川省人民代表大会常务委员会关于加强检察机关生态环境公益诉讼工作的决定 | 2021 年 9 月 29 日四川省第十三届人民代表大会常务委员会第三十次会议通过 | 2021-9-29 | 2021-10-29 | 2021-9-29 | 制定 |
| 四川省交通运输综合行政执法条例 | 2021 年 9 月 29 日四川省第十三届人民代表大会常务委员会第三十次会议通过 | 2021-9-29 | 2021-10-29 | 2021-11-1 | 制定 |
| 四川省公共文化服务保障条例 | 2021 年 9 月 29 日四川省第十三届人民代表大会常务委员会第三十次会议通过 | 2021-9-29 | 2021-10-29 | 2021-12-1 | 制定 |
| 四川省建筑管理条例 | 2021 年 9 月 29 日四川省第十三届人民代表大会常务委员会第三十次会议修改 | 2021-9-29 | 2021-10-29 | 2021-9-29 | 修改 |
| 四川省水利工程管理条例 | 2021 年 9 月 29 日四川省第十三届人民代表大会常务委员会第三十次会议修改 | 2021-9-29 | 2021-10-29 | 2021-9-29 | 修改 |

续表

| 法规名称 | 通过或批准时间 | 公布时间 | 报备时间 | 施行时间 | 立法形式 |
|---|---|---|---|---|---|
| 四川省人口与计划生育条例 | 2021年9月29日四川省第十三届人民代表大会常务委员会第三十次会议修改 | 2021-9-29 | 2021-10-29 | 2021-9-29 | 修改 |
| 四川省公共消防设施条例 | 2021年9月29日四川省第十三届人民代表大会常务委员会第三十次会议修改 | 2021-9-29 | 2021-10-29 | 2021-11-9 | 修改 |
| 四川省物业管理条例 | 2021年9月29日四川省第十三届人民代表大会常务委员会第三十次会议修改 | 2021-9-29 | 2021-10-29 | 2022-5-1 | 修改 |
| 达州市红色文化遗存保护利用条例 | 2021年8月24日达州市第四届人民代表大会常务委员会第四十三次会议通过，2021年9月29日四川省第十三届人民代表大会常务委员会第三十次会议批准 | 2021-9-30 | 2021-10-29 | 2021-11-1 | 制定 |
| 成都市《中华人民共和国河道管理条例》实施办法 | 2021年8月26日成都市第十七届人民代表大会常务委员会第二十九次会议修改，2021年9月29日四川省第十三届人民代表大会常务委员会第三十次会议批准修改 | 2021-9-30 | 2021-10-29 | 2021-11-1 | 修改 |
| 成都市城市公共汽车客运管理条例 | 2021年8月26日成都市第十七届人民代表大会常务委员会第二十九次会议修改，2021年9月29日四川省第十三届人民代表大会常务委员会第三十次会议批准修改 | 2021-9-30 | 2021-10-29 | 2022-11-1 | 修改 |
| 广元市剑门蜀道保护条例 | 2021年8月24日广元市第七届人民代表大会常务委员会第三十八次会议通过，2021年9月29日四川省第十三届人民代表大会常务委员会第三十次会议批准 | 2021-10-8 | 2021-10-29 | 2022-1-1 | 制定 |
| 雅安市文明行为促进条例 | 2021年8月25日雅安市第四届人民代表大会常务委员会第四十三次会议通过，2021年9月29日四川省第十三届人民代表大会常务委员会第三十次会议批准 | 2021-10-8 | 2021-10-29 | 2021-12-1 | 制定 |
| 南充市乡村污水处理条例 | 2021年8月25日南充市第六届人民代表大会常务委员会第四十三次会议通过，2021年9月29日四川省第十三届人民代表大会常务委员会第三十次会议批准 | 2021-10-8 | 2021-10-29 | 2021-12-1 | 制定 |
| 泸州市历史风貌建筑保护条例 | 2021年8月27日泸州市第八届人民代表大会常务委员会第四十次会议通过,2021年9月29日四川省第十三届人民代表大会常务委员会第三十次会议批准 | 2021-10-9 | 2021-10-29 | 2021-11-1 | 制定 |
| 邓小平故里历史文化遗存保护条例 | 2021年6月23日广安市第五届人民代表大会第八次会议通过,2021年9月29日四川省第十三届人民代表大会常务委员会第三十次会议批准 | 2021-10-11 | 2021-10-29 | 2022-1-1 | 制定 |
| 宜宾市农村生活环境保护管理条例 | 2021年8月26日宜宾市第五届人民代表大会常务委员会第四十四次会议通过，2021年9月29日四川省第十三届人民代表大会常务委员会第三十次会议批准 | 2021-10-11 | 2021-10-29 | 2022-1-1 | 制定 |
| 内江市文明行为促进条例 | 2021年8月25日内江市第七届人民代表大会常务委员会第四十七次会议通过，2021年9月29日四川省第十三届人民代表大会常务委员会第三十次会议批准 | 2021-10-12 | 2021-10-29 | 2021-11-1 | 制定 |

续表

| 法规名称 | 通过或批准时间 | 公布时间 | 报备时间 | 施行时间 | 立法形式 |
|---|---|---|---|---|---|
| 资阳市大气污染防治条例 | 2021 年 8 月 31 日资阳市第四届人民代表大会常务委员会第三十九次会议通过，2021 年 9 月 29 日四川省第十三届人民代表大会常务委员会第三十次会议批准 | 2021-10-18 | 2021-10-29 | 2021-12-1 | 制定 |
| 四川省河湖长制条例 | 2021 年 11 月 25 日四川省第十三届人民代表大会常务委员会第三十一次会议通过 | 2021-11-25 | 2021-12-27 | 2022-3-1 | 制定 |
| 四川省《中华人民共和国道路交通安全法》实施办法 | 2021 年 11 月 25 日四川省第十三届人民代表大会常务委员会第三十一次会议修改 | 2021-11-25 | 2021-12-27 | 2022-1-1 | 修改 |
| 四川省公路路政管理条例 | 2021 年 11 月 25 日四川省第十三届人民代表大会常务委员会第三十一次会议废止 | 2021-11-25 | 2021-12-27 | 2021-11-25 | 废止 |
| 乐山市城市管理条例 | 2021 年 10 月 19 日乐山市第七届人民代表大会常务委员会第四十一次会议通过，2021 年 11 月 25 日四川省第十三届人民代表大会常务委员会第三十一次会议批准 | 2021-11-25 | 2021-12-27 | 2022-1-1 | 制定 |
| 四川省乡村振兴促进条例 | 2021 年 11 月 25 日四川省第十三届人民代表大会常务委员会第三十一次会议通过 | 2021-11-29 | 2021-12-27 | 2022-1-1 | 制定 |
| 四川省反不正当竞争条例 | 2021 年 11 月 25 日四川省第十三届人民代表大会常务委员会第三十一次会议修改 | 2021-11-29 | 2021-12-27 | 2022-1-1 | 修改 |
| 遂宁市海绵城市建设管理条例 | 2021 年 10 月 22 日遂宁市第八届人民代表大会常务委员会第二次会议通过，2021 年 11 月 25 日四川省第十三届人民代表大会常务委员会第三十一次会议批准 | 2021-11-29 | 2021-12-27 | 2022-1-1 | 制定 |
| 南充市传统地方戏剧保护条例 | 2021 年 11 月 4 日南充市第六届人民代表大会常务委员会第四十六次会议通过，2021 年 11 月 25 日四川省第十三届人民代表大会常务委员会第三十一次会议批准 | 2021-11-29 | 2021-12-27 | 2022-1-1 | 制定 |
| 四川省嘉陵江流域生态环境保护条例 | 2021 年 11 月 25 日四川省第十三届人民代表大会常务委员会第三十一次会议通过 | 2021-11-30 | 2021-12-27 | 2022-1-1 | 制定 |
| 广安市西溪河岸线保护条例 | 2021 年 10 月 20 日广安市第五届人民代表大会常务委员会第四十三次会议通过，2021 年 11 月 25 日四川省第十三届人民代表大会常务委员会第三十一次会议批准 | 2021-12-2 | 2021-12-27 | 2022-1-1 | 制定 |
| 凉山彝族自治州城市市容和环境卫生管理条例 | 2021 年 10 月 29 日凉山彝族自治州第十一届人民代表大会常务委员会第三十六次会议通过，2021 年 11 月 25 日四川省第十三届人民代表大会常务委员会第三十一次会议批准 | 2021-12-2 | 2021-12-27 | 2022-1-1 | 制定 |
| 德阳市华强沟水库饮用水水源保护条例 | 2021 年 10 月 28 日德阳市第八届人民代表大会常务委员会第四十四次会议通过，2021 年 11 月 25 日四川省第十三届人民代表大会常务委员会第三十一次会议批准 | 2021-12-3 | 2021-12-27 | 2022-5-1 | 制定 |
| 巴中市烟花爆竹燃放管理条例 | 2021 年 9 月 15 日巴中市第四届人民代表大会常务委员会第三十八次会议通过，2021 年 11 月 25 日四川省第十三届人民代表大会常务委员会第三十一次会议批准 | 2021-12-6 | 2021-12-27 | 2022-1-1 | 制定 |

# 贵州省地方性法规目录

（113 件）

| 法规名称 | 通过或批准时间 | 公布时间 | 报备时间 | 施行时间 | 立法形式 |
|---|---|---|---|---|---|
| 贵州省各级人民代表大会代表选举条例 | 2021 年 3 月 26 日贵州省第十三届人民代表大会常务委员会第二十四次会议修改 | 2021-3-26 | 2021-4-20 | 2021-3-27 | 修改 |
| 贵州省实施《中华人民共和国全国人民代表大会和地方各级人民代表大会代表法》办法 | 2021 年 3 月 26 日贵州省第十三届人民代表大会常务委员会第二十四次会议修改 | 2021-3-26 | 2021-4-20 | 2021-3-27 | 修改 |
| 贵州省城市公共交通条例 | 2021 年 3 月 26 日贵州省第十三届人民代表大会常务委员会第二十四次会议修改 | 2021-3-26 | 2021-4-20 | 2021-3-27 | 修改 |
| 贵州省殡葬管理条例 | 2021 年 3 月 26 日贵州省第十三届人民代表大会常务委员会第二十四次会议修改 | 2021-3-26 | 2021-4-20 | 2021-3-27 | 修改 |
| 贵州省实施《中华人民共和国归侨侨眷权益保护法》办法 | 2021 年 3 月 26 日贵州省第十三届人民代表大会常务委员会第二十四次会议修改 | 2021-3-26 | 2021-4-20 | 2021-3-27 | 修改 |
| 遵义市违法建设治理条例 | 2020 年 4 月 29 日遵义市第五届人民代表大会常务委员会第二十九次会议通过，2021 年 3 月 26 日贵州省第十三届人民代表大会常务委员会第二十四次会议批准 | 2021-3-30 | 2021-4-20 | 2021-8-1 | 制定 |
| 铜仁市电动摩托车管理条例 | 2020 年 10 月 29 日铜仁市第二届人民代表大会常务委员会第二十九次会议通过，2021 年 3 月 26 日贵州省第十三届人民代表大会常务委员会第二十四次会议批准 | 2021-3-31 | 2021-4-20 | 2021-7-1 | 制定 |
| 道真仡佬族苗族自治县民族民间文化保护条例 | 2021 年 1 月 13 日道真仡佬族苗族自治县第八届人民代表大会第五次会议通过，2021 年 3 月 26 日贵州省第十三届人民代表大会常务委员会第二十四次会议批准 | 2021-3-31 | 2021-4-20 | 2021-7-1 | 制定 |
| 六盘水市集中式饮用水水源保护条例 | 2020 年 10 月 27 日六盘水市第八届人民代表大会常务委员会第三十二次会议通过，2021 年 3 月 26 日贵州省第十三届人民代表大会常务委员会第二十四次会议批准 | 2021-4-1 | 2021-4-20 | 2021-5-1 | 制定 |
| 毕节市文明行为促进条例 | 2020 年 10 月 28 日毕节市第二届人民代表大会常务委员会第三十二次会议通过，2021 年 3 月 26 日贵州省第十三届人民代表大会常务委员会第二十四次会议批准 | 2021-4-15 | 2021-4-20 | 2021-7-1 | 制定 |
| 贵州省中医药条例 | 2021 年 5 月 27 日贵州省第十三届人民代表大会常务委员会第二十六次会议通过 | 2021-5-27 | 2021-6-20 | 2021-7-1 | 制定 |
| 贵州省发展中医药条例 | 在《贵州省中医药条例》中被明文予以废止 | 2021-5-27 | 2021-6-20 | 2021-7-1 | 文中废止 |
| 贵州省长征国家文化公园条例 | 2021 年 5 月 27 日贵州省第十三届人民代表大会常务委员会第二十六次会议通过 | 2021-5-27 | 2021-6-20 | 2021-7-1 | 制定 |

续表

| 法规名称 | 通过或批准时间 | 公布时间 | 报备时间 | 施行时间 | 立法形式 |
| --- | --- | --- | --- | --- | --- |
| 贵州省政务服务条例 | 2021年5月27日贵州省第十三届人民代表大会常务委员会第二十六次会议通过 | 2021-5-27 | 2021-6-20 | 2021-7-1 | 制定 |
| 贵州省人民代表大会常务委员会关于贵州省契税具体适用税率和免征办法的决定 | 2021年5月27日贵州省第十三届人民代表大会常务委员会第二十六次会议通过 | 2021-5-27 | 2021-6-20 | 2021-9-1 | 制定 |
| 贵州省禁毒条例 | 2021年5月27日贵州省第十三届人民代表大会常务委员会第二十六次会议修改 | 2021-5-27 | 2021-6-20 | 2021-6-26 | 修改 |
| 贵州省人民代表大会常务委员会关于加强赤水河流域共同保护的决定 | 2021年5月27日贵州省第十三届人民代表大会常务委员会第二十六次会议通过 | 2021-5-30 | 2021-6-20 | 2021-7-1 | 制定 |
| 贵州省赤水河流域保护条例 | 2021年5月27日贵州省第十三届人民代表大会常务委员会第二十六次会议修改 | 2021-5-30 | 2021-6-20 | 2021-7-1 | 修改 |
| 贵阳市人民防空工程建设管理办法 | 2020年10月30日贵阳市第十四届人民代表大会常务委员会第三十二次会议修改，2021年5月27日贵州省第十三届人民代表大会常务委员会第二十六次会议批准修改 | 2021-6-7 | 2021-7-2 | 2021-6-7 | 修改 |
| 贵阳市市政设施管理办法 | 2020年10月30日贵阳市第十四届人民代表大会常务委员会第三十二次会议修改，2021年5月27日贵州省第十三届人民代表大会常务委员会第二十六次会议批准修改 | 2021-6-7 | 2021-7-2 | 2021-6-7 | 修改 |
| 贵阳市城市节约用水管理条例 | 2020年10月30日贵阳市第十四届人民代表大会常务委员会第三十二次会议修改，2021年5月27日贵州省第十三届人民代表大会常务委员会第二十六次会议批准修改 | 2021-6-7 | 2021-7-2 | 2021-6-7 | 修改 |
| 贵阳市保护中学小学教育用地规定 | 2020年10月30日贵阳市第十四届人民代表大会常务委员会第三十二次会议修改，2021年5月27日贵州省第十三届人民代表大会常务委员会第二十六次会议批准修改 | 2021-6-7 | 2021-7-2 | 2021-6-7 | 修改 |
| 贵阳市捐献遗体和角膜办法 | 2020年10月30日贵阳市第十四届人民代表大会常务委员会第三十二次会议修改，2021年5月27日贵州省第十三届人民代表大会常务委员会第二十六次会议批准修改 | 2021-6-7 | 2021-7-2 | 2021-6-7 | 修改 |
| 贵阳市档案管理规定 | 2020年10月30日贵阳市第十四届人民代表大会常务委员会第三十二次会议修改，2021年5月27日贵州省第十三届人民代表大会常务委员会第二十六次会议批准修改 | 2021-6-7 | 2021-7-2 | 2021-6-7 | 修改 |
| 贵阳市城镇养犬规定 | 2020年10月30日贵阳市第十四届人民代表大会常务委员会第三十二次会议修改，2021年5月27日贵州省第十三届人民代表大会常务委员会第二十六次会议批准修改 | 2021-6-7 | 2021-7-2 | 2021-6-7 | 修改 |

续表

| 法规名称 | 通过或批准时间 | 公布时间 | 报备时间 | 施行时间 | 立法形式 |
| --- | --- | --- | --- | --- | --- |
| 贵阳市实施《中华人民共和国国家通用语言文字法》办法 | 2020年10月30日贵阳市第十四届人民代表大会常务委员会第三十二次会议修改，2021年5月27日贵州省第十三届人民代表大会常务委员会第二十六次会议批准修改 | 2021-6-7 | 2021-7-2 | 2021-6-7 | 修改 |
| 贵阳市城市市容和环境卫生管理办法 | 2020年10月30日贵阳市第十四届人民代表大会常务委员会第三十二次会议修改，2021年5月27日贵州省第十三届人民代表大会常务委员会第二十六次会议批准修改 | 2021-6-7 | 2021-7-2 | 2021-6-7 | 修改 |
| 贵阳市全民健身规定 | 2020年10月30日贵阳市第十四届人民代表大会常务委员会第三十二次会议修改，2021年5月27日贵州省第十三届人民代表大会常务委员会第二十六次会议批准修改 | 2021-6-7 | 2021-7-2 | 2021-6-7 | 修改 |
| 贵阳市城市公共客运管理条例 | 2020年10月30日贵阳市第十四届人民代表大会常务委员会第三十二次会议修改，2021年5月27日贵州省第十三届人民代表大会常务委员会第二十六次会议批准修改 | 2021-6-7 | 2021-7-2 | 2021-6-7 | 修改 |
| 贵阳市农村公路养护管理办法 | 2020年10月30日贵阳市第十四届人民代表大会常务委员会第三十二次会议修改，2021年5月27日贵州省第十三届人民代表大会常务委员会第二十六次会议批准修改 | 2021-6-7 | 2021-7-2 | 2021-6-7 | 修改 |
| 贵阳市生态公益林补偿办法 | 2020年10月30日贵阳市第十四届人民代表大会常务委员会第三十二次会议修改，2021年5月27日贵州省第十三届人民代表大会常务委员会第二十六次会议批准修改 | 2021-6-7 | 2021-7-2 | 2021-6-7 | 修改 |
| 贵阳市烟花爆竹安全管理办法 | 2020年10月30日贵阳市第十四届人民代表大会常务委员会第三十二次会议修改，2021年5月27日贵州省第十三届人民代表大会常务委员会第二十六次会议批准修改 | 2021-6-7 | 2021-7-2 | 2021-6-7 | 修改 |
| 贵阳市促进旅游业发展办法 | 2020年10月30日贵阳市第十四届人民代表大会常务委员会第三十二次会议修改，2021年5月27日贵州省第十三届人民代表大会常务委员会第二十六次会议批准修改 | 2021-6-7 | 2021-7-2 | 2021-6-7 | 修改 |
| 贵阳市禁止生产销售使用含磷洗涤剂规定 | 2020年10月30日贵阳市第十四届人民代表大会常务委员会第三十二次会议修改，2021年5月27日贵州省第十三届人民代表大会常务委员会第二十六次会议批准修改 | 2021-6-7 | 2021-7-2 | 2021-6-7 | 修改 |
| 贵阳市建设工程安全生产管理规定 | 2020年10月30日贵阳市第十四届人民代表大会常务委员会第三十二次会议修改，2021年5月27日贵州省第十三届人民代表大会常务委员会第二十六次会议批准修改 | 2021-6-7 | 2021-7-2 | 2021-6-7 | 修改 |

续表

| 法规名称 | 通过或批准时间 | 公布时间 | 报备时间 | 施行时间 | 立法形式 |
| --- | --- | --- | --- | --- | --- |
| 贵阳市人民调解条例 | 2020年10月30日贵阳市第十四届人民代表大会常务委员会第三十二次会议修改，2021年5月27日贵州省第十三届人民代表大会常务委员会第二十六次会议批准修改 | 2021-6-7 | 2021-7-2 | 2021-6-7 | 修改 |
| 贵阳市劳动保障监察条例 | 2020年10月30日贵阳市第十四届人民代表大会常务委员会第三十二次会议修改，2021年5月27日贵州省第十三届人民代表大会常务委员会第二十六次会议批准修改 | 2021-6-7 | 2021-7-2 | 2021-6-7 | 修改 |
| 贵阳市科技创新促进条例 | 2020年10月30日贵阳市第十四届人民代表大会常务委员会第三十二次会议修改，2021年5月27日贵州省第十三届人民代表大会常务委员会第二十六次会议批准修改 | 2021-6-7 | 2021-7-2 | 2021-6-7 | 修改 |
| 贵阳市燃气管理条例 | 2020年10月30日贵阳市第十四届人民代表大会常务委员会第三十二次会议修改，2021年5月27日贵州省第十三届人民代表大会常务委员会第二十六次会议批准修改 | 2021-6-7 | 2021-7-2 | 2021-6-7 | 修改 |
| 贵阳市住宅小区人口和计划生育管理服务规定 | 2020年10月30日贵阳市第十四届人民代表大会常务委员会第三十二次会议修改，2021年5月27日贵州省第十三届人民代表大会常务委员会第二十六次会议批准修改 | 2021-6-7 | 2021-7-2 | 2021-6-7 | 修改 |
| 贵阳市高新技术产业开发区条例 | 2020年10月30日贵阳市第十四届人民代表大会常务委员会第三十二次会议修改，2021年5月27日贵州省第十三届人民代表大会常务委员会第二十六次会议批准修改 | 2021-6-7 | 2021-7-2 | 2021-6-7 | 修改 |
| 贵阳市科学技术普及条例 | 2020年10月30日贵阳市第十四届人民代表大会常务委员会第三十二次会议修改，2021年5月27日贵州省第十三届人民代表大会常务委员会第二十六次会议批准修改 | 2021-6-7 | 2021-7-2 | 2021-6-7 | 修改 |
| 贵阳市城市供水用水规定 | 2020年10月30日贵阳市第十四届人民代表大会常务委员会第三十二次会议修改，2021年5月27日贵州省第十三届人民代表大会常务委员会第二十六次会议批准修改 | 2021-6-7 | 2021-7-2 | 2021-6-7 | 修改 |
| 贵阳市消防条例 | 2020年10月30日贵阳市第十四届人民代表大会常务委员会第三十二次会议修改，2021年5月27日贵州省第十三届人民代表大会常务委员会第二十六次会议批准修改 | 2021-6-7 | 2021-7-2 | 2021-6-7 | 修改 |
| 贵阳市民用建筑节能条例 | 2020年10月30日贵阳市第十四届人民代表大会常务委员会第三十二次会议修改，2021年5月27日贵州省第十三届人民代表大会常务委员会第二十六次会议批准修改 | 2021-6-7 | 2021-7-2 | 2021-6-7 | 修改 |

续表

| 法规名称 | 通过或批准时间 | 公布时间 | 报备时间 | 施行时间 | 立法形式 |
| --- | --- | --- | --- | --- | --- |
| 贵阳市建设工程抗震管理办法 | 2020年10月30日贵阳市第十四届人民代表大会常务委员会第三十二次会议修改，2021年5月27日贵州省第十三届人民代表大会常务委员会第二十六次会议批准修改 | 2021-6-7 | 2021-7-2 | 2021-6-7 | 修改 |
| 贵阳市残疾人保障规定 | 2020年10月30日贵阳市第十四届人民代表大会常务委员会第三十二次会议修改，2021年5月27日贵州省第十三届人民代表大会常务委员会第二十六次会议批准修改 | 2021-6-7 | 2021-7-2 | 2021-6-7 | 修改 |
| 贵阳市统计监督管理规定 | 2020年10月30日贵阳市第十四届人民代表大会常务委员会第三十二次会议修改，2021年5月27日贵州省第十三届人民代表大会常务委员会第二十六次会议批准修改 | 2021-6-7 | 2021-7-2 | 2021-6-7 | 修改 |
| 贵阳综合保税区管理条例 | 2020年10月30日贵阳市第十四届人民代表大会常务委员会第三十二次会议修改，2021年5月27日贵州省第十三届人民代表大会常务委员会第二十六次会议批准修改 | 2021-6-7 | 2021-7-2 | 2021-6-7 | 修改 |
| 贵阳市殡葬管理办法 | 2020年10月30日贵阳市第十四届人民代表大会常务委员会第三十二次会议修改，2021年5月27日贵州省第十三届人民代表大会常务委员会第二十六次会议批准修改 | 2021-6-7 | 2021-7-2 | 2021-6-7 | 修改 |
| 贵阳市社区戒毒康复条例 | 2020年10月30日贵阳市第十四届人民代表大会常务委员会第三十二次会议修改，2021年5月27日贵州省第十三届人民代表大会常务委员会第二十六次会议批准修改 | 2021-6-7 | 2021-7-2 | 2021-6-7 | 修改 |
| 贵阳市政府数据共享开放条例 | 2020年10月30日贵阳市第十四届人民代表大会常务委员会第三十二次会议修改，2021年5月27日贵州省第十三届人民代表大会常务委员会第二十六次会议批准修改 | 2021-6-7 | 2021-7-2 | 2021-6-7 | 修改 |
| 贵阳市大气污染防治办法 | 2020年10月30日贵阳市第十四届人民代表大会常务委员会第三十二次会议修改，2021年5月27日贵州省第十三届人民代表大会常务委员会第二十六次会议批准修改 | 2021-6-7 | 2021-7-2 | 2021-6-7 | 修改 |
| 贵阳市健康医疗大数据应用发展条例 | 2020年10月30日贵阳市第十四届人民代表大会常务委员会第三十二次会议修改，2021年5月27日贵州省第十三届人民代表大会常务委员会第二十六次会议批准修改 | 2021-6-7 | 2021-7-2 | 2021-6-7 | 修改 |
| 贵阳市大数据安全管理条例 | 2020年10月30日贵阳市第十四届人民代表大会常务委员会第三十二次会议修改，2021年5月27日贵州省第十三届人民代表大会常务委员会第二十六次会议批准修改 | 2021-6-7 | 2021-7-2 | 2021-6-7 | 修改 |

续表

| 法规名称 | 通过或批准时间 | 公布时间 | 报备时间 | 施行时间 | 立法形式 |
|---|---|---|---|---|---|
| 贵阳市城市轨道交通条例 | 2020年10月30日贵阳市第十四届人民代表大会常务委员会第三十二次会议修改，2021年5月27日贵州省第十三届人民代表大会常务委员会第二十六次会议批准修改 | 2021-6-7 | 2021-7-2 | 2021-6-7 | 修改 |
| 贵阳市绿化条例 | 2020年10月30日贵阳市第十四届人民代表大会常务委员会第三十二次会议修改，2021年5月27日贵州省第十三届人民代表大会常务委员会第二十六次会议批准修改 | 2021-6-7 | 2021-7-2 | 2021-6-7 | 修改 |
| 贵阳市非公有制经济组织工会规定 | 2020年10月30日贵阳市第十四届人民代表大会常务委员会第三十二次会议修改，2021年5月27日贵州省第十三届人民代表大会常务委员会第二十六次会议批准修改 | 2021-6-7 | 2021-7-2 | 2021-6-7 | 修改 |
| 贵阳市建设生态文明城市条例 | 2020年10月30日贵阳市第十四届人民代表大会常务委员会第三十二次会议修改，2021年5月27日贵州省第十三届人民代表大会常务委员会第二十六次会议批准修改 | 2021-6-7 | 2021-7-2 | 2021-6-7 | 修改 |
| 贵阳市城乡规划条例 | 2020年10月30日贵阳市第十四届人民代表大会常务委员会第三十二次会议废止，2021年5月27日贵州省第十三届人民代表大会常务委员会第二十六次会议批准废止 | 2021-6-7 | 2021-7-2 | 2021-6-7 | 废止 |
| 贵阳市物业管理规定 | 2020年10月30日贵阳市第十四届人民代表大会常务委员会第三十二次会议废止，2021年5月27日贵州省第十三届人民代表大会常务委员会第二十六次会议批准废止 | 2021-6-7 | 2021-7-2 | 2021-6-7 | 废止 |
| 贵阳市禁止选择性终止妊娠规定 | 2020年10月30日贵阳市第十四届人民代表大会常务委员会第三十二次会议废止，2021年5月27日贵州省第十三届人民代表大会常务委员会第二十六次会议批准废止 | 2021-6-7 | 2021-7-2 | 2021-6-7 | 废止 |
| 贵阳市水库管理办法 | 2020年10月30日贵阳市第十四届人民代表大会常务委员会第三十二次会议废止，2021年5月27日贵州省第十三届人民代表大会常务委员会第二十六次会议批准废止 | 2021-6-7 | 2021-7-2 | 2021-6-7 | 废止 |
| 贵阳市政府投资项目管理条例 | 2020年10月30日贵阳市第十四届人民代表大会常务委员会第三十二次会议废止，2021年5月27日贵州省第十三届人民代表大会常务委员会第二十六次会议批准废止 | 2021-6-7 | 2021-7-2 | 2021-6-7 | 废止 |
| 贵阳市社区工作条例 | 2020年10月30日贵阳市第十四届人民代表大会常务委员会第三十二次会议废止，2021年5月27日贵州省第十三届人民代表大会常务委员会第二十六次会议批准废止 | 2021-6-7 | 2021-7-2 | 2021-6-7 | 废止 |

续表

| 法规名称 | 通过或批准时间 | 公布时间 | 报备时间 | 施行时间 | 立法形式 |
|---|---|---|---|---|---|
| 印江土家族苗族自治县印江河流域保护条例 | 2021年3月10日印江土家族苗族自治县第八届人民代表大会第五次会议通过,2021年5月27日贵州省第十三届人民代表大会常务委员会第二十六次会议批准 | 2021-6-9 | 2021-7-2 | 2021-8-1 | 制定 |
| 印江土家族苗族自治县印江河保护条例 | 在《印江土家族苗族自治县印江河流域保护条例》中被明文予以废止 | 2021-6-9 | 2021-7-2 | 2021-8-1 | 文中废止 |
| 关岭布依族苗族自治县古生物化石资源保护条例 | 2021年3月7日关岭布依族苗族自治县第十届人民代表大会第六次会议修改,2021年5月27日贵州省第十三届人民代表大会常务委员会第二十六次会议批准修改 | 2021-6-15 | 2021-7-2 | 2021-8-1 | 修改 |
| 黔西南布依族苗族自治州教育条例 | 2021年3月31日黔西南布依族苗族自治州第八届人民代表大会第七次会议修改,2021年5月27日贵州省第十三届人民代表大会常务委员会第二十六次会议批准修改 | 2021-6-18 | 2021-7-2 | 2021-6-18 | 修改 |
| 贵州省养老服务条例 | 2021年7月29日贵州省第十三届人民代表大会常务委员会第二十七次会议通过 | 2021-7-29 | 2021-8-19 | 2021-10-1 | 制定 |
| 贵州省未成年人保护条例 | 2021年7月29日贵州省第十三届人民代表大会常务委员会第二十七次会议修改 | 2021-7-29 | 2021-8-19 | 2021-9-1 | 修改 |
| 贵阳市推进文明城市建设规定 | 2020年12月25日贵阳市第十四届人民代表大会常务委员会第三十三次会议通过,2021年7月29日贵州省第十三届人民代表大会常务委员会第二十七次会议批准 | 2021-8-5 | 2021-8-19 | 2021-10-1 | 制定 |
| 黔东南苗族侗族自治州乡村清洁条例 | 2021年4月28日黔东南苗族侗族自治州第十四届人民代表大会常务委员会第三十四次会议通过,2021年7月29日贵州省第十三届人民代表大会常务委员会第二十七次会议批准 | 2021-8-12 | 2021-8-19 | 2021-10-1 | 制定 |
| 贵州省预防未成年人犯罪条例 | 2021年9月29日贵州省第十三届人民代表大会常务委员会第二十八次会议通过 | 2021-9-29 | 2021-10-27 | 2021-12-1 | 制定 |
| 贵州省林业有害生物防治条例 | 2021年9月29日贵州省第十三届人民代表大会常务委员会第二十八次会议通过 | 2021-9-29 | 2021-10-27 | 2022-1-1 | 制定 |
| 贵州省地方金融监督管理条例 | 2021年9月29日贵州省第十三届人民代表大会常务委员会第二十八次会议通过 | 2021-9-29 | 2021-10-27 | 2022-1-1 | 制定 |
| 贵州省林地管理条例 | 2021年9月29日贵州省第十三届人民代表大会常务委员会第二十八次会议修改 | 2021-9-29 | 2021-10-27 | 2021-10-1 | 修改 |
| 贵州省森林林木林地流转条例 | 2021年9月29日贵州省第十三届人民代表大会常务委员会第二十八次会议修改 | 2021-9-29 | 2021-10-27 | 2021-10-1 | 修改 |
| 贵州省城镇燃气管理条例 | 2021年9月29日贵州省第十三届人民代表大会常务委员会第二十八次会议修改 | 2021-9-29 | 2021-10-27 | 2021-10-1 | 修改 |
| 贵州省建筑市场管理条例 | 2021年9月29日贵州省第十三届人民代表大会常务委员会第二十八次会议修改 | 2021-9-29 | 2021-10-27 | 2021-10-1 | 修改 |
| 贵州省殡葬管理条例 | 2021年9月29日贵州省第十三届人民代表大会常务委员会第二十八次会议修改 | 2021-9-29 | 2021-10-27 | 2021-10-1 | 修改 |

续表

| 法规名称 | 通过或批准时间 | 公布时间 | 报备时间 | 施行时间 | 立法形式 |
|---|---|---|---|---|---|
| 贵州省消防条例 | 2021 年 9 月 29 日贵州省第十三届人民代表大会常务委员会第二十八次会议修改 | 2021-9-29 | 2021-10-27 | 2021-10-1 | 修改 |
| 贵州省公证条例 | 2021 年 9 月 29 日贵州省第十三届人民代表大会常务委员会第二十八次会议修改 | 2021-9-29 | 2021-10-27 | 2021-10-1 | 修改 |
| 贵州省母婴保健条例 | 2021 年 9 月 29 日贵州省第十三届人民代表大会常务委员会第二十八次会议修改 | 2021-9-29 | 2021-10-27 | 2021-10-1 | 修改 |
| 贵州省合同监督条例 | 2021 年 9 月 29 日贵州省第十三届人民代表大会常务委员会第二十八次会议修改 | 2021-9-29 | 2021-10-27 | 2021-10-1 | 修改 |
| 贵州省人体器官捐献条例 | 2021 年 9 月 29 日贵州省第十三届人民代表大会常务委员会第二十八次会议修改 | 2021-9-29 | 2021-10-27 | 2021-10-1 | 修改 |
| 贵州省食盐管理条例 | 2021 年 9 月 29 日贵州省第十三届人民代表大会常务委员会第二十八次会议修改 | 2021-9-29 | 2021-10-27 | 2021-10-1 | 修改 |
| 贵州省人口与计划生育条例 | 2021 年 9 月 29 日贵州省第十三届人民代表大会常务委员会第二十八次会议修改 | 2021-9-29 | 2021-10-27 | 2021-10-1 | 修改 |
| 贵州省经纪人管理条例 | 2021 年 9 月 29 日贵州省第十三届人民代表大会常务委员会第二十八次会议废止 | 2021-9-29 | 2021-10-27 | 2021-10-1 | 废止 |
| 贵州省乡镇企业条例 | 2021 年 9 月 29 日贵州省第十三届人民代表大会常务委员会第二十八次会议废止 | 2021-9-29 | 2021-10-27 | 2021-10-1 | 废止 |
| 松桃苗族自治县苗医药发展条例 | 2021 年 3 月 10 日松桃苗族自治县第十六届人民代表大会第五次会议通过，2021 年 9 月 29 日贵州省第十三届人民代表大会常务委员会第二十八次会议批准 | 2021-9-29 | 2021-10-27 | 2021-11-1 | 制定 |
| 遵义市凤凰山国家森林公园保护条例 | 2021 年 6 月 25 日遵义市第五届人民代表大会常务委员会第四十一次会议通过，2021 年 9 月 29 日贵州省第十三届人民代表大会常务委员会第二十八次会议批准 | 2021-10-8 | 2021-10-26 | 2021-12-1 | 制定 |
| 贵阳市道路交通安全条例 | 2021 年 4 月 30 日贵阳市第十四届人民代表大会常务委员会第三十七次会议通过，2021 年 9 月 29 日贵州省第十三届人民代表大会常务委员会第二十八次会议批准 | 2021-10-14 | 2021-11-3 | 2022-1-1 | 制定 |
| 贵阳市道路交通安全管理办法 | 在《贵阳市道路交通安全条例》中被明文予以废止 | 2021-10-14 | 2021-11-3 | 2022-1-1 | 文中废止 |
| 镇宁布依族苗族自治县自治条例 | 2021 年 1 月 14 日镇宁布依族苗族自治县第十三届人民代表大会第七次会议修改，2021 年 9 月 29 日贵州省第十三届人民代表大会常务委员会第二十八次会议批准修改 | 2021-10-15 | 2021-10-27 | 2022-1-1 | 修改 |
| 贵阳市地下空间开发利用条例 | 2021 年 6 月 25 日贵阳市第十四届人民代表大会常务委员会第三十九次会议通过，2021 年 9 月 29 日贵州省第十三届人民代表大会常务委员会第二十八次会议批准 | 2021-10-15 | 2021-11-3 | 2022-1-1 | 制定 |
| 黔西南布依族苗族自治州自治条例 | 2021 年 3 月 31 日黔西南布依族苗族自治州第八届人民代表大会第七次会议修改，2021 年 9 月 29 日贵州省第十三届人民代表大会常务委员会第二十八次会议批准修改 | 2021-10-27 | 2021-11-3 | 2022-1-1 | 修改 |

续表

| 法规名称 | 通过或批准时间 | 公布时间 | 报备时间 | 施行时间 | 立法形式 |
| --- | --- | --- | --- | --- | --- |
| 黔南布依族苗族自治州幼儿园规划建设条例 | 2021年8月25日黔南布依族苗族自治州第十四届人民代表大会常务委员会第三十四次会议通过,2021年9月29日贵州省第十三届人民代表大会常务委员会第二十八次会议批准 | 2021-10-29 | 2021-11-3 | 2021-12-1 | 制定 |
| 贵州省优化营商环境条例 | 2021年11月26日贵州省第十三届人民代表大会常务委员会第二十九次会议通过 | 2021-11-26 | 2021-12-17 | 2022-1-1 | 制定 |
| 贵州省外来投资服务和保障条例 | 在《贵州省优化营商环境条例》中被明文予以废止 | 2021-11-26 | 2021-12-17 | 2022-1-1 | 文中废止 |
| 贵州省华侨权益保护条例 | 2021年11月26日贵州省第十三届人民代表大会常务委员会第二十九次会议通过 | 2021-11-26 | 2021-12-17 | 2022-1-1 | 制定 |
| 贵州省铁路安全管理条例 | 2021年11月26日贵州省第十三届人民代表大会常务委员会第二十九次会议通过 | 2021-11-26 | 2021-12-17 | 2022-1-1 | 制定 |
| 贵州省文明行为促进条例 | 2021年11月26日贵州省第十三届人民代表大会常务委员会第二十九次会议修改 | 2021-11-26 | 2021-12-17 | 2021-12-1 | 修改 |
| 贵州省水资源保护条例 | 2021年11月26日贵州省第十三届人民代表大会常务委员会第二十九次会议修改 | 2021-11-26 | 2021-12-17 | 2021-12-1 | 修改 |
| 贵州省河道条例 | 2021年11月26日贵州省第十三届人民代表大会常务委员会第二十九次会议修改 | 2021-11-26 | 2021-12-17 | 2021-12-1 | 修改 |
| 贵州省水土保持条例 | 2021年11月26日贵州省第十三届人民代表大会常务委员会第二十九次会议修改 | 2021-11-26 | 2021-12-17 | 2021-12-1 | 修改 |
| 贵州省广播电视管理条例 | 2021年11月26日贵州省第十三届人民代表大会常务委员会第二十九次会议修改 | 2021-11-26 | 2021-12-17 | 2021-12-1 | 修改 |
| 贵州省工会条例 | 2021年11月26日贵州省第十三届人民代表大会常务委员会第二十九次会议修改 | 2021-11-26 | 2021-12-17 | 2021-12-1 | 修改 |
| 贵州省促进科技成果转化条例 | 2021年11月26日贵州省第十三届人民代表大会常务委员会第二十九次会议修改 | 2021-11-26 | 2021-12-17 | 2021-12-1 | 修改 |
| 贵州省红枫湖百花湖水资源环境保护条例 | 2021年11月26日贵州省第十三届人民代表大会常务委员会第二十九次会议修改 | 2021-11-26 | 2021-12-17 | 2021-12-1 | 修改 |
| 贵州省城市市容和环境卫生管理条例 | 2021年11月26日贵州省第十三届人民代表大会常务委员会第二十九次会议修改 | 2021-11-26 | 2021-12-17 | 2021-12-1 | 修改 |
| 贵州省人民代表大会常务委员会关于贵州省政府规章设定罚款限额的规定 | 2021年11月26日贵州省第十三届人民代表大会常务委员会第二十九次会议修改 | 2021-11-26 | 2021-12-17 | 2021-12-1 | 修改 |
| 六盘水市文明行为促进条例 | 2021年8月26日六盘水市第八届人民代表大会常务委员会第四十二次会议通过,2021年11月26日贵州省第十三届人民代表大会常务委员会第二十九次会议批准 | 2021-11-29 | 2021-12-17 | 2022-1-10 | 制定 |
| 铜仁古城保护条例 | 2021年10月29日铜仁市第二届人民代表大会常务委员会第三十九次会议通过,2021年11月26日贵州省第十三届人民代表大会常务委员会第二十九次会议批准 | 2021-11-29 | 2021-12-17 | 2022-1-10 | 制定 |

续表

| 法规名称 | 通过或批准时间 | 公布时间 | 报备时间 | 施行时间 | 立法形式 |
| --- | --- | --- | --- | --- | --- |
| 安顺市文明行为促进条例 | 2021 年 10 月 18 日安顺市第四届人民代表大会常务委员会第三十七次会议通过，2021 年 11 月 26 日贵州省第十三届人民代表大会常务委员会第二十九次会议批准 | 2021-12-6 | 2021-12-17 | 2022-1-10 | 制定 |
| 遵义历史文化名城保护条例 | 2021 年 8 月 27 日遵义市第五届人民代表大会常务委员会第四十三次会议通过，2021 年 11 月 26 日贵州省第十三届人民代表大会常务委员会第二十九次会议批准 | 2021-12-7 | 2021-12-17 | 2022-1-10 | 制定 |
| 毕节市献血条例 | 2021 年 8 月 23 日毕节市第二届人民代表大会常务委员会第四十三次会议通过，2021 年 11 月 26 日贵州省第十三届人民代表大会常务委员会第二十九次会议批准 | 2021-12-9 | 2021-12-17 | 2022-1-10 | 制定 |

# 云南省地方性法规目录

（48 件）

| 法规名称 | 通过或批准时间 | 公布时间 | 报备时间 | 施行时间 | 立法形式 |
| --- | --- | --- | --- | --- | --- |
| 云南省县乡两级人民代表大会代表选举实施细则 | 2021 年 3 月 31 日云南省第十三届人民代表大会常务委员会第二十三次会议修改 | 2021-3-31 | 2021-4-6 | 2021-3-31 | 修改 |
| 云南省和顺古镇保护条例 | 2021 年 3 月 31 日云南省第十三届人民代表大会常务委员会第二十三次会议废止 | 2021-3-31 | 2021-4-6 | 2021-7-1 | 废止 |
| 曲靖市城市管理综合行政执法条例 | 2020 年 10 月 29 日曲靖市第五届人民代表大会常务委员会第二十次会议通过，2021 年 3 月 31 日云南省第十三届人民代表大会常务委员会第二十三次会议批准 | 2021-4-1 | 2021-4-25 | 2021-5-1 | 制定 |
| 保山市和顺古镇保护条例 | 2020 年 12 月 30 日保山市第四届人民代表大会常务委员会第三十次会议通过，2021 年 3 月 31 日云南省第十三届人民代表大会常务委员会第二十三次会议批准 | 2021-4-9 | 2021-4-12 | 2021-7-1 | 制定 |
| 楚雄彝族自治州养老服务条例 | 2021 年 2 月 5 日楚雄彝族自治州第十二届人民代表大会第七次会议通过，2021 年 3 月 31 日云南省第十三届人民代表大会常务委员会第二十三次会议批准 | 2021-4-26 | 2021-4-29 | 2021-5-1 | 制定 |
| 红河哈尼族彝族自治州建水历史文化名城保护管理条例 | 2021 年 1 月 21 日红河哈尼族彝族自治州第十二届人民代表大会第四次会议修改，2021 年 3 月 31 日云南省第十三届人民代表大会常务委员会第二十三次会议批准修改 | 2021-4-30 | 2021-4-30 | 2021-6-1 | 修改 |
| 江城哈尼族彝族自治县传统村落保护条例 | 2021 年 1 月 14 日江城哈尼族彝族自治县第十六届人民代表大会第五次会议通过，2021 年 3 月 31 日云南省第十三届人民代表大会常务委员会第二十三次会议批准 | 2021-5-31 | 2021-6-4 | 2021-7-1 | 制定 |

续表

| 法规名称 | 通过或批准时间 | 公布时间 | 报备时间 | 施行时间 | 立法形式 |
|---|---|---|---|---|---|
| 云南省奖励和保护见义勇为人员条例 | 2021年5月28日云南省第十三届人民代表大会常务委员会第二十四次会议修改 | 2021-5-28 | 2021-6-3 | 2021-5-28 | 修改 |
| 云南省人民代表大会常务委员会关于加强赤水河流域共同保护的决定 | 2021年5月28日云南省第十三届人民代表大会常务委员会第二十四次会议通过 | 2021-5-30 | 2021-6-2 | 2021-7-1 | 制定 |
| 云南省赤水河流域保护条例 | 2021年5月28日云南省第十三届人民代表大会常务委员会第二十四次会议通过 | 2021-5-30 | 2021-6-2 | 2021-7-1 | 制定 |
| 德宏傣族景颇族自治州旅游条例 | 2021年1月16日德宏傣族景颇族自治州第十五届人民代表大会第四次会议通过，2021年5月28日云南省第十三届人民代表大会常务委员会第二十四次会议批准 | 2021-6-25 | 2021-6-28 | 2021-7-1 | 制定 |
| 德宏傣族景颇族自治州城市建设管理条例 | 2021年1月16日德宏傣族景颇族自治州第十五届人民代表大会第四次会议修改，2021年5月28日云南省第十三届人民代表大会常务委员会第二十四次会议批准修改 | 2021-6-26 | 2021-6-28 | 2021-7-1 | 修改 |
| 双江拉祜族佤族布朗族傣族自治县古茶树保护管理条例 | 2021年2月28日双江拉祜族佤族布朗族傣族自治县第十六届人民代表大会第五次会议修改,2021年5月28日云南省第十三届人民代表大会常务委员会第二十四次会议批准修改 | 2021-6-30 | 2021-7-2 | 2021-7-1 | 修改 |
| 孟连傣族拉祜族佤族自治县南垒河流域保护条例 | 2021年2月26日孟连傣族拉祜族佤族自治县第十五届人民代表大会第五次会议通过,2021年5月28日云南省第十三届人民代表大会常务委员会第二十四次会议批准 | 2021-7-2 | 2021-7-5 | 2021-9-1 | 制定 |
| 云南省人民代表大会常务委员会关于云南省契税具体适用税率和免征或者减征办法的决定 | 2021年7月29日云南省第十三届人民代表大会常务委员会第二十五次会议通过 | 2021-7-29 | 2021-8-10 | 2021-9-1 | 制定 |
| 云南省中小企业促进条例 | 2021年7月29日云南省第十三届人民代表大会常务委员会第二十五次会议修改 | 2021-7-29 | 2021-8-10 | 2021-10-1 | 修改 |
| 昆明市轿子山国家级自然保护区条例 | 2021年6月29日昆明市第十四届人民代表大会常务委员会第三十八次会议修改，2021年7月29日云南省第十三届人民代表大会常务委员会第二十五次会议批准修改 | 2021-8-10 | 2021-8-13 | 2021-8-10 | 修改 |
| 昆明市道路交通安全条例 | 2021年6月29日昆明市第十四届人民代表大会常务委员会第三十八次会议修改，2021年7月29日云南省第十三届人民代表大会常务委员会第二十五次会议批准修改 | 2021-8-10 | 2021-8-13 | 2021-8-10 | 修改 |
| 昆明市客运出租汽车管理条例 | 2021年6月29日昆明市第十四届人民代表大会常务委员会第三十八次会议修改，2021年7月29日云南省第十三届人民代表大会常务委员会第二十五次会议批准修改 | 2021-8-10 | 2021-8-13 | 2021-8-10 | 修改 |

续表

| 法规名称 | 通过或批准时间 | 公布时间 | 报备时间 | 施行时间 | 立法形式 |
| --- | --- | --- | --- | --- | --- |
| 玉龙纳西族自治县玉龙雪山保护管理条例 | 2021 年 4 月 26 日玉龙纳西族自治县第十六届人民代表大会常务委员会第三十八次会议修改,2021 年 7 月 29 日云南省第十三届人民代表大会常务委员会第二十五次会议批准修改 | 2021-8-16 | 2021-8-23 | | 修改 |
| 玉龙纳西族自治县拉市海高原湿地保护管理条例 | 2021 年 4 月 26 日玉龙纳西族自治县第十六届人民代表大会常务委员会第三十八次会议修改,2021 年 7 月 29 日云南省第十三届人民代表大会常务委员会第二十五次会议批准修改 | 2021-8-16 | 2021-8-23 | | 修改 |
| 云南省人民代表大会常务委员会关于全面贯彻实施长江保护法 促进高质量发展的决定 | 2021 年 9 月 29 日云南省第十三届人民代表大会常务委员会第二十六次会议通过 | 2021-9-29 | 2021-9-29 | 2021-9-29 | 制定 |
| 云南省人民代表大会常务委员会关于开展第八个五年法治宣传教育的决议 | 2021 年 9 月 29 日云南省第十三届人民代表大会常务委员会第二十六次会议通过 | 2021-9-29 | 2021-10-8 | 2021-9-29 | 制定 |
| 云南省发展新型墙体材料条例 | 2021 年 9 月 29 日云南省第十三届人民代表大会常务委员会第二十六次会议修改 | 2021-9-29 | 2021-10-22 | 2021-9-29 | 修改 |
| 云南省建设工程招标投标管理条例 | 2021 年 9 月 29 日云南省第十三届人民代表大会常务委员会第二十六次会议修改 | 2021-9-29 | 2021-10-22 | 2021-9-29 | 修改 |
| 云南省建筑市场管理条例 | 2021 年 9 月 29 日云南省第十三届人民代表大会常务委员会第二十六次会议修改 | 2021-9-29 | 2021-10-22 | 2021-9-29 | 修改 |
| 云南省建设工程勘察设计管理条例 | 2021 年 9 月 29 日云南省第十三届人民代表大会常务委员会第二十六次会议修改 | 2021-9-29 | 2021-10-22 | 2021-9-29 | 修改 |
| 云南省道路运输条例 | 2021 年 9 月 29 日云南省第十三届人民代表大会常务委员会第二十六次会议修改 | 2021-9-29 | 2021-10-22 | 2021-9-29 | 修改 |
| 云南省风景名胜区条例 | 2021 年 9 月 29 日云南省第十三届人民代表大会常务委员会第二十六次会议修改 | 2021-9-29 | 2021-10-22 | 2021-9-29 | 修改 |
| 云南省统计管理条例 | 2021 年 9 月 29 日云南省第十三届人民代表大会常务委员会第二十六次会议修改 | 2021-9-29 | 2021-10-22 | 2021-9-29 | 修改 |
| 云南省城市房地产开发交易管理条例 | 2021 年 9 月 29 日云南省第十三届人民代表大会常务委员会第二十六次会议修改 | 2021-9-29 | 2021-10-22 | 2021-9-29 | 修改 |
| 云南省园艺植物新品种注册保护条例 | 2021 年 9 月 29 日云南省第十三届人民代表大会常务委员会第二十六次会议修改 | 2021-9-29 | 2021-10-22 | 2021-9-29 | 修改 |
| 云南省违法建筑处置规定 | 2021 年 9 月 29 日云南省第十三届人民代表大会常务委员会第二十六次会议修改 | 2021-9-29 | 2021-10-22 | 2021-9-29 | 修改 |
| 云南省自然保护区管理条例 | 2021 年 9 月 29 日云南省第十三届人民代表大会常务委员会第二十六次会议修改 | 2021-9-29 | 2021-10-22 | 2021-9-29 | 修改 |
| 云南省高等级公路管理条例 | 2021 年 9 月 29 日云南省第十三届人民代表大会常务委员会第二十六次会议废止 | 2021-9-29 | 2021-10-22 | 2021-9-29 | 废止 |

续表

| 法规名称 | 通过或批准时间 | 公布时间 | 报备时间 | 施行时间 | 立法形式 |
| --- | --- | --- | --- | --- | --- |
| 云南省商品交易市场管理条例 | 2021年9月29日云南省第十三届人民代表大会常务委员会第二十六次会议废止 | 2021-9-29 | 2021-10-22 | 2021-9-29 | 废止 |
| 云南省反不正当竞争条例 | 2021年9月29日云南省第十三届人民代表大会常务委员会第二十六次会议废止 | 2021-9-29 | 2021-10-22 | 2021-9-29 | 废止 |
| 云南省收费公路管理条例 | 2021年9月29日云南省第十三届人民代表大会常务委员会第二十六次会议废止 | 2021-9-29 | 2021-10-22 | 2021-9-29 | 废止 |
| 云南省政府采购条例 | 2021年9月29日云南省第十三届人民代表大会常务委员会第二十六次会议废止 | 2021-9-29 | 2021-10-22 | 2021-9-29 | 废止 |
| 怒江傈僳族自治州怒江美丽公路路域环境管理条例 | 2021年8月31日怒江傈僳族自治州第十一届人民代表大会常务委员会第三十七次会议通过，2021年9月29日云南省第十三届人民代表大会常务委员会第二十六次会议批准 | 2021-10-30 | 2021-11-2 | 2022-1-1 | 制定 |
| 云南省宗教事务条例 | 2021年11月24日云南省第十三届人民代表大会常务委员会第二十七次会议通过 | 2021-11-24 | 2021-11-25 | 2022-1-1 | 制定 |
| 云南省矛盾纠纷多元化解条例 | 2021年11月24日云南省第十三届人民代表大会常务委员会第二十七次会议通过 | 2021-11-24 | 2021-11-25 | 2022-1-1 | 制定 |
| 丽江市乡村清洁条例 | 2021年10月29日丽江市第四届人民代表大会常务委员会第二十七次会议通过，2021年11月24日云南省第十三届人民代表大会常务委员会第二十七次会议批准 | 2021-11-25 | 2021-11-30 | 2022-1-1 | 制定 |
| 玉溪市文明行为促进条例 | 2021年10月29日玉溪市第五届人民代表大会常务委员会第三十三次会议通过，2021年11月24日云南省第十三届人民代表大会常务委员会第二十七次会议批准 | 2021-11-26 | 2021-11-30 | 2022-1-1 | 制定 |
| 曲靖市养老服务促进条例 | 2021年10月29日曲靖市第五届人民代表大会常务委员会第二十七次会议通过，2021年11月24日云南省第十三届人民代表大会常务委员会第二十七次会议批准 | 2021-11-26 | 2021-12-20 | 2022-1-1 | 制定 |
| 保山市乡村清洁条例 | 2021年10月29日保山市第四届人民代表大会常务委员会第三十七次会议通过，2021年11月24日云南省第十三届人民代表大会常务委员会第二十七次会议批准 | 2021-11-29 | 2021-11-30 | 2022-1-1 | 制定 |
| 昆明市城市供水用水管理条例 | 2021年10月29日昆明市第十四届人民代表大会常务委员会第四十次会议修改，2021年11月24日云南省第十三届人民代表大会常务委员会第二十七次会议批准修改 | 2021-12-9 | 2021-12-10 | 2022-1-1 | 修改 |
| 昆明市养老服务促进条例 | 2021年10月29日昆明市第十四届人民代表大会常务委员会第四十次会议通过，2021年11月24日云南省第十三届人民代表大会常务委员会第二十七次会议批准 | 2021-12-9 | 2021-12-20 | 2022-1-1 | 制定 |

# 西藏自治区地方性法规目录

（22 件）

| 法规名称 | 通过或批准时间 | 公布时间 | 报备时间 | 施行时间 | 立法形式 |
|---|---|---|---|---|---|
| 西藏自治区国家生态文明高地建设条例 | 2021 年 1 月 24 日西藏自治区第十一届人民代表大会第四次会议通过 | 2021-1-24 | 2021-2-2 | 2021-5-1 | 制定 |
| 西藏自治区无线电管理条例 | 2021 年 4 月 1 日西藏自治区第十一届人民代表大会常务委员会第二十八次会议修改 | 2021-4-1 | 2021-4-23 | 2021-6-1 | 修改 |
| 昌都市市容环境卫生管理条例 | 2020 年 10 月 30 日昌都市第一届人民代表大会常务委员会第三十七次会议修改，2021 年 4 月 1 日西藏自治区第十一届人民代表大会常务委员会第二十八次会议批准修改 | 2021-4-2 | 2021-4-23 | 2021-6-1 | 修改 |
| 拉萨市人民代表大会常务委员会议事规则 | 2020 年 12 月 20 日拉萨市第十一届人民代表大会常务委员会第二十七次会议修改，2021 年 4 月 1 日西藏自治区第十一届人民代表大会常务委员会第二十八次会议批准修改 | 2021-4-2 | 2021-4-23 | 2021-4-2 | 修改 |
| 拉萨市塑料购物袋管理条例 | 2020 年 1 月 10 日拉萨市第十一届人民代表大会常务委员会第二十次会议通过，2021 年 4 月 1 日西藏自治区第十一届人民代表大会常务委员会第二十八次会议批准 | 2021-9-8 | 2021-10-29 | 2021-9-8 | 制定 |
| 拉萨市养犬管理条例 | 2020 年 12 月 28 日拉萨市第十一届人民代表大会常务委员会第二十七次会议通过，2021 年 4 月 1 日西藏自治区第十一届人民代表大会常务委员会第二十八次会议批准 | 2021-9-8 | 2021-10-29 | 2021-9-8 | 制定 |
| 西藏自治区人民代表大会常务委员会关于契税具体适用税率等有关事项的决定 | 2021 年 5 月 28 日西藏自治区第十一届人民代表大会常务委员会第三十次会议通过 | 2021-5-28 | 2021-6-3 | 2021-9-1 | 制定 |
| 西藏自治区预防职务犯罪工作条例 | 2021 年 5 月 28 日西藏自治区第十一届人民代表大会常务委员会第三十次会议废止 | 2021-5-28 | 2021-6-3 | 2021-5-28 | 废止 |
| 西藏自治区行政执法监督条例 | 2021 年 7 月 29 日西藏自治区第十一届人民代表大会常务委员会第三十一次会议通过 | 2021-7-29 | 2021-8-10 | 2021-10-1 | 制定 |
| 西藏自治区实施《中华人民共和国种子法》办法 | 2021 年 7 月 29 日西藏自治区第十一届人民代表大会常务委员会第三十一次会议修改 | 2021-7-29 | 2021-8-10 | 2021-10-1 | 修改 |
| 山南市红色文化资源保护利用条例 | 2021 年 6 月 24 日山南市第一届人民代表大会常务委员会第三十九次会议通过，2021 年 7 月 29 日西藏自治区第十一届人民代表大会常务委员会第三十一次会议批准 | 2021-8-4 | 2021-8-10 | 2021-8-18 | 制定 |

续表

| 法规名称 | 通过或批准时间 | 公布时间 | 报备时间 | 施行时间 | 立法形式 |
|---|---|---|---|---|---|
| 西藏自治区人民代表大会常务委员会关于确定那曲市人民代表大会及其常务委员会开始制定地方性法规的时间的决定 | 2021年9月29日西藏自治区第十一届人民代表大会常务委员会第三十二次会议通过 | 2021-9-29 | 2021-10-29 | 2021-9-29 | 制定 |
| 西藏自治区法治宣传教育条例 | 2021年9月29日西藏自治区第十一届人民代表大会常务委员会第三十二次会议通过 | 2021-9-29 | 2021-10-29 | 2021-12-1 | 制定 |
| 西藏自治区实施《中华人民共和国母婴保健法》办法 | 2021年9月29日西藏自治区第十一届人民代表大会常务委员会第三十二次会议修改 | 2021-9-29 | 2021-10-29 | 2021-9-29 | 修改 |
| 西藏自治区人民代表大会常务委员会关于自治区成立纪念日、藏历新年、春节升挂国旗的决定 | 2021年9月29日西藏自治区第十一届人民代表大会常务委员会第三十二次会议修改 | 2021-9-29 | 2021-10-29 | 2021-9-29 | 修改 |
| 西藏自治区文物保护条例 | 2021年9月29日西藏自治区第十一届人民代表大会常务委员会第三十二次会议修改 | 2021-9-29 | 2021-10-29 | 2021-9-29 | 修改 |
| 西藏自治区道路运输条例 | 2021年9月29日西藏自治区第十一届人民代表大会常务委员会第三十二次会议修改 | 2021-9-29 | 2021-10-29 | 2021-9-29 | 修改 |
| 西藏自治区文化市场管理条例 | 2021年9月29日西藏自治区第十一届人民代表大会常务委员会第三十二次会议修改 | 2021-9-29 | 2021-10-29 | 2021-9-29 | 修改 |
| 西藏自治区旅游条例 | 2021年9月29日西藏自治区第十一届人民代表大会常务委员会第三十二次会议修改 | 2021-9-29 | 2021-10-29 | 2021-9-29 | 修改 |
| 西藏自治区实施《中华人民共和国就业促进法》办法 | 2021年9月29日西藏自治区第十一届人民代表大会常务委员会第三十二次会议修改 | 2021-9-29 | 2021-10-29 | 2021-9-29 | 修改 |
| 西藏自治区邮政条例 | 2021年9月29日西藏自治区第十一届人民代表大会常务委员会第三十二次会议修改 | 2021-9-29 | 2021-10-29 | 2021-9-29 | 修改 |
| 西藏自治区实施《中华人民共和国收养法》的变通规定 | 2021年9月29日西藏自治区第十一届人民代表大会常务委员会第三十二次会议废止 | 2021-9-29 | 2021-10-29 | 2021-9-29 | 废止 |

# 陕西省地方性法规目录

（106 件）

| 法规名称 | 通过或批准时间 | 公布时间 | 报备时间 | 施行时间 | 立法形式 |
|---|---|---|---|---|---|
| 西安市保护消费者合法权益条例 | 2020 年 10 月 21 日西安市第十六届人民代表大会常务委员会第三十七次会议修改，2020 年 11 月 26 日陕西省第十三届人民代表大会常务委员会第二十三次会议批准修改 | 2021-1-18 | 2021-1-19 | 2021-1-18 | 修改 |
| 西安市城市节约用水条例 | 2020 年 10 月 21 日西安市第十六届人民代表大会常务委员会第三十七次会议修改，2020 年 11 月 26 日陕西省第十三届人民代表大会常务委员会第二十三次会议批准修改 | 2021-1-18 | 2021-1-19 | 2021-1-18 | 修改 |
| 西安市销售燃放烟花爆竹安全管理条例 | 2020 年 10 月 21 日西安市第十六届人民代表大会常务委员会第三十七次会议修改，2020 年 11 月 26 日陕西省第十三届人民代表大会常务委员会第二十三次会议批准修改 | 2021-1-18 | 2021-1-19 | 2021-1-18 | 修改 |
| 西安市中等职业技术教育条例 | 2020 年 10 月 21 日西安市第十六届人民代表大会常务委员会第三十七次会议修改，2020 年 11 月 26 日陕西省第十三届人民代表大会常务委员会第二十三次会议批准修改 | 2021-1-18 | 2021-1-19 | 2021-1-18 | 修改 |
| 西安市城市市容和环境卫生管理条例 | 2020 年 10 月 21 日西安市第十六届人民代表大会常务委员会第三十七次会议修改，2020 年 11 月 26 日陕西省第十三届人民代表大会常务委员会第二十三次会议批准修改 | 2021-1-18 | 2021-1-19 | 2021-1-18 | 修改 |
| 西安市限制养犬条例 | 2020 年 10 月 21 日西安市第十六届人民代表大会常务委员会第三十七次会议修改，2020 年 11 月 26 日陕西省第十三届人民代表大会常务委员会第二十三次会议批准修改 | 2021-1-18 | 2021-1-19 | 2021-1-18 | 修改 |
| 西安市周丰镐、秦阿房宫、汉长安城和唐大明宫遗址保护管理条例 | 2020 年 10 月 21 日西安市第十六届人民代表大会常务委员会第三十七次会议修改，2020 年 11 月 26 日陕西省第十三届人民代表大会常务委员会第二十三次会议批准修改 | 2021-1-18 | 2021-1-19 | 2021-1-18 | 修改 |
| 西安市股份合作制企业条例 | 2020 年 10 月 21 日西安市第十六届人民代表大会常务委员会第三十七次会议修改，2020 年 11 月 26 日陕西省第十三届人民代表大会常务委员会第二十三次会议批准修改 | 2021-1-18 | 2021-1-19 | 2021-1-18 | 修改 |

续表

| 法规名称 | 通过或批准时间 | 公布时间 | 报备时间 | 施行时间 | 立法形式 |
| --- | --- | --- | --- | --- | --- |
| 西安市制止价格欺诈和牟取暴利条例 | 2020年10月21日西安市第十六届人民代表大会常务委员会第三十七次会议修改，2020年11月26日陕西省第十三届人民代表大会常务委员会第二十三次会议批准修改 | 2021-1-18 | 2021-1-19 | 2021-1-18 | 修改 |
| 西安市城市房屋租赁条例 | 2020年10月21日西安市第十六届人民代表大会常务委员会第三十七次会议修改，2020年11月26日陕西省第十三届人民代表大会常务委员会第二十三次会议批准修改 | 2021-1-18 | 2021-1-19 | 2021-1-18 | 修改 |
| 西安市涉案物品价格鉴证条例 | 2020年10月21日西安市第十六届人民代表大会常务委员会第三十七次会议修改，2020年11月26日陕西省第十三届人民代表大会常务委员会第二十三次会议批准修改 | 2021-1-18 | 2021-1-19 | 2021-1-18 | 修改 |
| 西安市统计管理条例 | 2020年10月21日西安市第十六届人民代表大会常务委员会第三十七次会议修改，2020年11月26日陕西省第十三届人民代表大会常务委员会第二十三次会议批准修改 | 2021-1-18 | 2021-1-19 | 2021-1-18 | 修改 |
| 西安市物业管理条例 | 2020年10月21日西安市第十六届人民代表大会常务委员会第三十七次会议修改，2020年11月26日陕西省第十三届人民代表大会常务委员会第二十三次会议批准修改 | 2021-1-18 | 2021-1-19 | 2021-1-18 | 修改 |
| 西安市户外广告设置管理条例 | 2020年10月21日西安市第十六届人民代表大会常务委员会第三十七次会议修改，2020年11月26日陕西省第十三届人民代表大会常务委员会第二十三次会议批准修改 | 2021-1-18 | 2021-1-19 | 2021-1-18 | 修改 |
| 西安市体育经营活动管理条例 | 2020年10月21日西安市第十六届人民代表大会常务委员会第三十七次会议修改，2020年11月26日陕西省第十三届人民代表大会常务委员会第二十三次会议批准修改 | 2021-1-18 | 2021-1-19 | 2021-1-18 | 修改 |
| 西安市城乡建设档案管理条例 | 2020年10月21日西安市第十六届人民代表大会常务委员会第三十七次会议修改，2020年11月26日陕西省第十三届人民代表大会常务委员会第二十三次会议批准修改 | 2021-1-18 | 2021-1-19 | 2021-1-18 | 修改 |
| 西安市预算审查监督条例 | 2020年10月21日西安市第十六届人民代表大会常务委员会第三十七次会议修改，2020年11月26日陕西省第十三届人民代表大会常务委员会第二十三次会议批准修改 | 2021-1-18 | 2021-1-19 | 2021-1-18 | 修改 |
| 西安历史文化名城保护条例 | 2020年10月21日西安市第十六届人民代表大会常务委员会第三十七次会议修改，2020年11月26日陕西省第十三届人民代表大会常务委员会第二十三次会议批准修改 | 2021-1-18 | 2021-1-19 | 2021-1-18 | 修改 |

续表

| 法规名称 | 通过或批准时间 | 公布时间 | 报备时间 | 施行时间 | 立法形式 |
|---|---|---|---|---|---|
| 西安市开发区条例 | 2020 年 10 月 21 日西安市第十六届人民代表大会常务委员会第三十七次会议修改，2020 年 11 月 26 日陕西省第十三届人民代表大会常务委员会第二十三次会议批准修改 | 2021-1-18 | 2021-1-19 | 2021-1-18 | 修改 |
| 西安市制定地方性法规条例 | 2020 年 10 月 21 日西安市第十六届人民代表大会常务委员会第三十七次会议修改，2020 年 11 月 26 日陕西省第十三届人民代表大会常务委员会第二十三次会议批准修改 | 2021-1-18 | 2021-1-19 | 2021-1-18 | 修改 |
| 西安市急救医疗管理条例 | 2020 年 10 月 21 日西安市第十六届人民代表大会常务委员会第三十七次会议修改，2020 年 11 月 26 日陕西省第十三届人民代表大会常务委员会第二十三次会议批准修改 | 2021-1-18 | 2021-1-19 | 2021-1-18 | 修改 |
| 西安市土地储备条例 | 2020 年 10 月 21 日西安市第十六届人民代表大会常务委员会第三十七次会议修改，2020 年 11 月 26 日陕西省第十三届人民代表大会常务委员会第二十三次会议批准修改 | 2021-1-18 | 2021-1-19 | 2021-1-18 | 修改 |
| 西安市人民代表大会常务委员会讨论决定重大事项条例 | 2020 年 10 月 21 日西安市第十六届人民代表大会常务委员会第三十七次会议修改，2020 年 11 月 26 日陕西省第十三届人民代表大会常务委员会第二十三次会议批准修改 | 2021-1-18 | 2021-1-19 | 2021-1-18 | 修改 |
| 西安市城市房屋使用安全管理条例 | 2020 年 10 月 21 日西安市第十六届人民代表大会常务委员会第三十七次会议修改，2020 年 11 月 26 日陕西省第十三届人民代表大会常务委员会第二十三次会议批准修改 | 2021-1-18 | 2021-1-19 | 2021-1-18 | 修改 |
| 西安市建设工程勘察设计管理条例 | 2020 年 10 月 21 日西安市第十六届人民代表大会常务委员会第三十七次会议修改，2020 年 11 月 26 日陕西省第十三届人民代表大会常务委员会第二十三次会议批准修改 | 2021-1-18 | 2021-1-19 | 2021-1-18 | 修改 |
| 西安市大气污染防治条例 | 2020 年 10 月 21 日西安市第十六届人民代表大会常务委员会第三十七次会议修改，2020 年 11 月 26 日陕西省第十三届人民代表大会常务委员会第二十三次会议批准修改 | 2021-1-18 | 2021-1-19 | 2021-1-18 | 修改 |
| 西安市旅游条例 | 2020 年 10 月 21 日西安市第十六届人民代表大会常务委员会第三十七次会议修改，2020 年 11 月 26 日陕西省第十三届人民代表大会常务委员会第二十三次会议批准修改 | 2021-1-18 | 2021-1-19 | 2021-1-18 | 修改 |
| 西安市黑河引水系统保护条例 | 2020 年 10 月 21 日西安市第十六届人民代表大会常务委员会第三十七次会议修改，2020 年 11 月 26 日陕西省第十三届人民代表大会常务委员会第二十三次会议批准修改 | 2021-1-18 | 2021-1-19 | 2021-1-18 | 修改 |

续表

| 法规名称 | 通过或批准时间 | 公布时间 | 报备时间 | 施行时间 | 立法形式 |
| --- | --- | --- | --- | --- | --- |
| 西安市预防和制止家庭暴力条例 | 2020年10月21日西安市第十六届人民代表大会常务委员会第三十七次会议修改，2020年11月26日陕西省第十三届人民代表大会常务委员会第二十三次会议批准修改 | 2021-1-18 | 2021-1-19 | 2021-1-18 | 修改 |
| 西安市档案管理条例 | 2020年10月21日西安市第十六届人民代表大会常务委员会第三十七次会议修改，2020年11月26日陕西省第十三届人民代表大会常务委员会第二十三次会议批准修改 | 2021-1-18 | 2021-1-19 | 2021-1-18 | 修改 |
| 西安市外商投资企业和私人投资企业工会条例 | 2020年10月21日西安市第十六届人民代表大会常务委员会第三十七次会议修改，2020年11月26日陕西省第十三届人民代表大会常务委员会第二十三次会议批准修改 | 2021-1-18 | 2021-1-19 | 2021-1-18 | 修改 |
| 西安市中小学生人身伤害事故预防与处理条例 | 2020年10月21日西安市第十六届人民代表大会常务委员会第三十七次会议修改，2020年11月26日陕西省第十三届人民代表大会常务委员会第二十三次会议批准修改 | 2021-1-18 | 2021-1-19 | 2021-1-18 | 修改 |
| 西安市住房公积金管理条例 | 2020年10月21日西安市第十六届人民代表大会常务委员会第三十七次会议修改，2020年11月26日陕西省第十三届人民代表大会常务委员会第二十三次会议批准修改 | 2021-1-18 | 2021-1-19 | 2021-1-18 | 修改 |
| 西安市气象灾害防御条例 | 2020年10月21日西安市第十六届人民代表大会常务委员会第三十七次会议修改，2020年11月26日陕西省第十三届人民代表大会常务委员会第二十三次会议批准修改 | 2021-1-18 | 2021-1-19 | 2021-1-18 | 修改 |
| 西安市地下水资源管理条例 | 2020年10月21日西安市第十六届人民代表大会常务委员会第三十七次会议修改，2020年11月26日陕西省第十三届人民代表大会常务委员会第二十三次会议批准修改 | 2021-1-18 | 2021-1-19 | 2021-1-18 | 修改 |
| 西安市流动人口计划生育条例 | 2020年10月21日西安市第十六届人民代表大会常务委员会第三十七次会议修改，2020年11月26日陕西省第十三届人民代表大会常务委员会第二十三次会议批准修改 | 2021-1-18 | 2021-1-19 | 2021-1-18 | 修改 |
| 西安市集中供热条例 | 2020年10月21日西安市第十六届人民代表大会常务委员会第三十七次会议修改，2020年11月26日陕西省第十三届人民代表大会常务委员会第二十三次会议批准修改 | 2021-1-18 | 2021-1-19 | 2021-1-18 | 修改 |
| 西安市改革创新促进条例 | 2020年10月21日西安市第十六届人民代表大会常务委员会第三十七次会议修改，2020年11月26日陕西省第十三届人民代表大会常务委员会第二十三次会议批准修改 | 2021-1-18 | 2021-1-19 | 2021-1-18 | 修改 |

续表

| 法规名称 | 通过或批准时间 | 公布时间 | 报备时间 | 施行时间 | 立法形式 |
|---|---|---|---|---|---|
| 西安市城市管理综合行政执法条例 | 2020年10月21日西安市第十六届人民代表大会常务委员会第三十七次会议修改，2020年11月26日陕西省第十三届人民代表大会常务委员会第二十三次会议批准修改 | 2021-1-18 | 2021-1-19 | 2021-1-18 | 修改 |
| 西安市散装水泥管理条例 | 2020年10月21日西安市第十六届人民代表大会常务委员会第三十七次会议修改，2020年11月26日陕西省第十三届人民代表大会常务委员会第二十三次会议批准修改 | 2021-1-18 | 2021-1-19 | 2021-1-18 | 修改 |
| 西安市授予荣誉市民称号规定 | 2020年10月21日西安市第十六届人民代表大会常务委员会第三十七次会议修改，2020年11月26日陕西省第十三届人民代表大会常务委员会第二十三次会议批准修改 | 2021-1-18 | 2021-1-19 | 2021-1-18 | 修改 |
| 西安市古树名木保护条例 | 2020年10月21日西安市第十六届人民代表大会常务委员会第三十七次会议修改，2020年11月26日陕西省第十三届人民代表大会常务委员会第二十三次会议批准修改 | 2021-1-18 | 2021-1-19 | 2021-1-18 | 修改 |
| 西安城墙保护条例 | 2020年10月21日西安市第十六届人民代表大会常务委员会第三十七次会议修改，2020年11月26日陕西省第十三届人民代表大会常务委员会第二十三次会议批准修改 | 2021-1-18 | 2021-1-19 | 2021-1-18 | 修改 |
| 西安市科学技术进步条例 | 2020年10月21日西安市第十六届人民代表大会常务委员会第三十七次会议修改，2020年11月26日陕西省第十三届人民代表大会常务委员会第二十三次会议批准修改 | 2021-1-18 | 2021-1-19 | 2021-1-18 | 修改 |
| 西安市城乡规划条例 | 2020年10月21日西安市第十六届人民代表大会常务委员会第三十七次会议修改，2020年11月26日陕西省第十三届人民代表大会常务委员会第二十三次会议批准修改 | 2021-1-18 | 2021-1-19 | 2021-1-18 | 修改 |
| 西安市企业民主管理条例 | 2020年10月21日西安市第十六届人民代表大会常务委员会第三十七次会议修改，2020年11月26日陕西省第十三届人民代表大会常务委员会第二十三次会议批准修改 | 2021-1-18 | 2021-1-19 | 2021-1-18 | 修改 |
| 西安市城市轨道交通条例 | 2020年10月21日西安市第十六届人民代表大会常务委员会第三十七次会议修改，2020年11月26日陕西省第十三届人民代表大会常务委员会第二十三次会议批准修改 | 2021-1-18 | 2021-1-19 | 2021-1-18 | 修改 |
| 西安市村镇建设条例 | 2020年10月21日西安市第十六届人民代表大会常务委员会第三十七次会议修改，2020年11月26日陕西省第十三届人民代表大会常务委员会第二十三次会议批准修改 | 2021-1-18 | 2021-1-19 | 2021-1-18 | 修改 |

续表

| 法规名称 | 通过或批准时间 | 公布时间 | 报备时间 | 施行时间 | 立法形式 |
| --- | --- | --- | --- | --- | --- |
| 西安市建筑垃圾管理条例 | 2020年10月21日西安市第十六届人民代表大会常务委员会第三十七次会议修改，2020年11月26日陕西省第十三届人民代表大会常务委员会第二十三次会议批准修改 | 2021-1-18 | 2021-1-19 | 2021-1-18 | 修改 |
| 西安市城市污水处理和再生水利用条例 | 2020年10月21日西安市第十六届人民代表大会常务委员会第三十七次会议修改，2020年11月26日陕西省第十三届人民代表大会常务委员会第二十三次会议批准修改 | 2021-1-18 | 2021-1-19 | 2021-1-18 | 修改 |
| 西安市燃气管理条例 | 2020年10月21日西安市第十六届人民代表大会常务委员会第三十七次会议修改，2020年11月26日陕西省第十三届人民代表大会常务委员会第二十三次会议批准修改 | 2021-1-18 | 2021-1-19 | 2021-1-18 | 修改 |
| 西安市会展业促进条例 | 2020年10月21日西安市第十六届人民代表大会常务委员会第三十七次会议修改，2020年11月26日陕西省第十三届人民代表大会常务委员会第二十三次会议批准修改 | 2021-1-18 | 2021-1-19 | 2021-1-18 | 修改 |
| 西安市民用建筑节能条例 | 2020年10月21日西安市第十六届人民代表大会常务委员会第三十七次会议修改，2020年11月26日陕西省第十三届人民代表大会常务委员会第二十三次会议批准修改 | 2021-1-18 | 2021-1-19 | 2021-1-18 | 修改 |
| 西安市城市供水用水条例 | 2020年10月21日西安市第十六届人民代表大会常务委员会第三十七次会议修改，2020年11月26日陕西省第十三届人民代表大会常务委员会第二十三次会议批准修改 | 2021-1-18 | 2021-1-19 | 2021-1-18 | 修改 |
| 西安市城市绿化条例 | 2020年10月21日西安市第十六届人民代表大会常务委员会第三十七次会议修改，2020年11月26日陕西省第十三届人民代表大会常务委员会第二十三次会议批准修改 | 2021-1-18 | 2021-1-19 | 2021-1-18 | 修改 |
| 西安市税收保障条例 | 2020年10月21日西安市第十六届人民代表大会常务委员会第三十七次会议修改，2020年11月26日陕西省第十三届人民代表大会常务委员会第二十三次会议批准修改 | 2021-1-18 | 2021-1-19 | 2021-1-18 | 修改 |
| 西安市环境噪声污染防治条例 | 2020年10月21日西安市第十六届人民代表大会常务委员会第三十七次会议修改，2020年11月26日陕西省第十三届人民代表大会常务委员会第二十三次会议批准修改 | 2021-1-18 | 2021-1-19 | 2021-1-18 | 修改 |
| 西安市扬尘污染防治条例 | 2020年10月21日西安市第十六届人民代表大会常务委员会第三十七次会议修改，2020年11月26日陕西省第十三届人民代表大会常务委员会第二十三次会议批准修改 | 2021-1-18 | 2021-1-19 | 2021-1-18 | 修改 |

续表

| 法规名称 | 通过或批准时间 | 公布时间 | 报备时间 | 施行时间 | 立法形式 |
|---|---|---|---|---|---|
| 西安市公园条例 | 2020 年 10 月 21 日西安市第十六届人民代表大会常务委员会第三十七次会议修改，2020 年 11 月 26 日陕西省第十三届人民代表大会常务委员会第二十三次会议批准修改 | 2021-1-18 | 2021-1-19 | 2021-1-18 | 修改 |
| 西安市湿地保护条例 | 2020 年 10 月 21 日西安市第十六届人民代表大会常务委员会第三十七次会议修改，2020 年 11 月 26 日陕西省第十三届人民代表大会常务委员会第二十三次会议批准修改 | 2021-1-18 | 2021-1-19 | 2021-1-18 | 修改 |
| 西安市特种行业治安管理条例 | 2020 年 10 月 21 日西安市第十六届人民代表大会常务委员会第三十七次会议修改，2020 年 11 月 26 日陕西省第十三届人民代表大会常务委员会第二十三次会议批准修改 | 2021-1-18 | 2021-1-19 | 2021-1-18 | 修改 |
| 西安市不可移动文物保护条例 | 2020 年 10 月 21 日西安市第十六届人民代表大会常务委员会第三十七次会议修改，2020 年 11 月 26 日陕西省第十三届人民代表大会常务委员会第二十三次会议批准修改 | 2021-1-18 | 2021-1-19 | 2021-1-18 | 修改 |
| 西安市文明行为促进条例 | 2020 年 10 月 21 日西安市第十六届人民代表大会常务委员会第三十七次会议修改，2020 年 11 月 26 日陕西省第十三届人民代表大会常务委员会第二十三次会议批准修改 | 2021-1-18 | 2021-1-19 | 2021-1-18 | 修改 |
| 西安市公共汽车客运条例 | 2020 年 10 月 21 日西安市第十六届人民代表大会常务委员会第三十七次会议修改，2020 年 11 月 26 日陕西省第十三届人民代表大会常务委员会第二十三次会议批准修改 | 2021-1-18 | 2021-1-19 | 2021-1-18 | 修改 |
| 西安市特种设备安全条例 | 2020 年 10 月 21 日西安市第十六届人民代表大会常务委员会第三十七次会议修改，2020 年 11 月 26 日陕西省第十三届人民代表大会常务委员会第二十三次会议批准修改 | 2021-1-18 | 2021-1-19 | 2021-1-18 | 修改 |
| 西安市机动车和非道路移动机械排气污染防治条例 | 2020 年 10 月 21 日西安市第十六届人民代表大会常务委员会第三十七次会议修改，2020 年 11 月 26 日陕西省第十三届人民代表大会常务委员会第二十三次会议批准修改 | 2021-1-18 | 2021-1-19 | 2021-4-1 | 修改 |
| 西安市预防职务犯罪条例 | 2020 年 10 月 21 日西安市第十六届人民代表大会常务委员会第三十七次会议废止，2020 年 11 月 26 日陕西省第十三届人民代表大会常务委员会第二十三次会议批准废止 | 2021-1-18 | 2021-1-19 | 2021-1-18 | 废止 |
| 陕西省人民代表大会常务委员会关于节约粮食反对浪费的决定 | 2021 年 1 月 21 日陕西省第十三届人民代表大会常务委员会第二十四次会议通过 | 2021-1-21 | 2021-1-21 | 2021-1-21 | 制定 |
| 陕西省实施《中华人民共和国农民专业合作社法》办法 | 2021 年 1 月 21 日陕西省第十三届人民代表大会常务委员会第二十四次会议修改 | 2021-1-21 | 2021-1-21 | 2021-3-1 | 修改 |

续表

| 法规名称 | 通过或批准时间 | 公布时间 | 报备时间 | 施行时间 | 立法形式 |
| --- | --- | --- | --- | --- | --- |
| 陕西省饮用水水源保护条例 | 2021年1月21日陕西省第十三届人民代表大会常务委员会第二十四次会议修改 | 2021-1-21 | 2021-1-21 | 2021-5-1 | 修改 |
| 陕西省人民代表大会议事规则 | 2021年1月29日陕西省第十三届人民代表大会第五次会议修改 | 2021-1-29 | 2021-1-29 | 2021-4-1 | 修改 |
| 陕西省人民代表大会常务委员会关于加强对审计查出突出问题整改情况监督的决定 | 2021年3月31日陕西省第十三届人民代表大会常务委员会第二十五次会议通过 | 2021-3-31 | 2021-3-31 | 2021-3-31 | 制定 |
| 中国(陕西)自由贸易试验区条例 | 2021年3月31日陕西省第十三届人民代表大会常务委员会第二十五次会议通过 | 2021-3-31 | 2021-3-31 | 2021-5-1 | 制定 |
| 陕西省秦始皇陵保护条例 | 2021年3月31日陕西省第十三届人民代表大会常务委员会第二十五次会议修改 | 2021-3-31 | 2021-3-31 | 2021-5-1 | 修改 |
| 宝鸡市养犬管理条例 | 2020年12月25日宝鸡市第十五届人民代表大会常务委员会第三十一次会议通过,2021年3月31日陕西省第十三届人民代表大会常务委员会第二十五次会议批准 | 2021-5-12 | 2021-5-19 | 2021-8-1 | 制定 |
| 西安市城市地下综合管廊条例 | 2020年12月27日西安市第十六届人民代表大会常务委员会第四十次会议通过,2021年3月31日陕西省第十三届人民代表大会常务委员会第二十五次会议批准 | 2021-5-25 | 2021-5-26 | 2021-8-1 | 制定 |
| 西安市制定地方性法规条例 | 2021年2月4日西安市第十六届人民代表大会第六次会议修改,2021年3月31日陕西省第十三届人民代表大会常务委员会第二十五次会议批准修改 | 2021-5-25 | 2021-5-27 | 2021-5-25 | 修改 |
| 陕西省县乡两级人民代表大会代表选举实施细则 | 2021年5月27日陕西省第十三届人民代表大会常务委员会第二十六次会议修改 | 2021-5-27 | 2021-5-27 | 2021-5-27 | 修改 |
| 陕西省实施《中华人民共和国中小企业促进法》办法 | 2021年5月27日陕西省第十三届人民代表大会常务委员会第二十六次会议修改 | 2021-5-27 | 2021-5-27 | 2021-8-1 | 修改 |
| 陕西省物业服务管理条例 | 2021年5月27日陕西省第十三届人民代表大会常务委员会第二十六次会议修改 | 2021-5-27 | 2021-5-27 | 2021-10-1 | 修改 |
| 延安市大气污染防治条例 | 2021年3月26日延安市第五届人民代表大会常务委员会第三十四次会议通过,2021年5月27日陕西省第十三届人民代表大会常务委员会第二十六次会议批准 | 2021-6-16 | 2021-6-30 | 2021-8-1 | 制定 |
| 延安市国家地质公园保护条例 | 2021年3月26日延安市第五届人民代表大会常务委员会第三十四次会议通过,2021年5月27日陕西省第十三届人民代表大会常务委员会第二十六次会议批准 | 2021-6-16 | 2021-6-30 | 2021-8-1 | 制定 |
| 陕西省人民代表大会常务委员会关于开展第八个五年法治宣传教育的决议 | 2021年7月28日陕西省第十三届人民代表大会常务委员会第二十七次会议通过 | 2021-7-28 | 2021-7-28 | 2021-7-28 | 制定 |
| 陕西省人民代表大会常务委员会关于批准陕西省实施《中华人民共和国契税法》授权事项的方案的决定 | 2021年7月28日陕西省第十三届人民代表大会常务委员会第二十七次会议通过 | 2021-7-28 | 2021-7-28 | 2021-7-28 | 制定 |

续表

| 法规名称 | 通过或批准时间 | 公布时间 | 报备时间 | 施行时间 | 立法形式 |
|---|---|---|---|---|---|
| 陕西省全民健身条例 | 2021 年 7 月 28 日陕西省第十三届人民代表大会常务委员会第二十七次会议修改 | 2021-7-28 | 2021-7-28 | 2021-9-1 | 修改 |
| 汉中市养犬管理条例 | 2021 年 4 月 29 日汉中市第五届人民代表大会常务委员会第三十四次会议通过，2021 年 7 月 28 日陕西省第十三届人民代表大会常务委员会第二十七次会议批准 | 2021-8-2 | 2021-8-23 | 2021-10-1 | 制定 |
| 延安市非物质文化遗产条例 | 2021 年 5 月 25 日延安市第五届人民代表大会常务委员会第三十五次会议通过，2021 年 7 月 28 日陕西省第十三届人民代表大会常务委员会第二十七次会议批准 | 2021-8-13 | 2021-8-17 | 2021-10-1 | 制定 |
| 延安市物业服务管理条例 | 2021 年 5 月 25 日延安市第五届人民代表大会常务委员会第三十五次会议通过，2021 年 7 月 28 日陕西省第十三届人民代表大会常务委员会第二十七次会议批准 | 2021-8-13 | 2021-8-17 | 2021-12-1 | 制定 |
| 西安市机动车停车条例 | 2021 年 6 月 25 日西安市第十六届人民代表大会常务委员会第四十四次会议通过，2021 年 7 月 28 日陕西省第十三届人民代表大会常务委员会第二十七次会议批准 | 2021-8-13 | 2021-8-17 | 2021-9-1 | 制定 |
| 咸阳市城区养犬管理条例 | 2021 年 6 月 25 日咸阳市第八届人民代表大会常务委员会第三十九次会议通过，2021 年 7 月 28 日陕西省第十三届人民代表大会常务委员会第二十七次会议批准 | 2021-8-17 | 2021-8-24 | 2022-1-1 | 制定 |
| 陕西省反间谍安全防范条例 | 2021 年 9 月 29 日陕西省第十三届人民代表大会常务委员会第二十八次会议通过 | 2021-9-29 | 2021-9-29 | 2021-11-1 | 制定 |
| 陕西省节约能源条例 | 2021 年 9 月 29 日陕西省第十三届人民代表大会常务委员会第二十八次会议修改 | 2021-9-29 | 2021-9-29 | 2021-9-29 | 修改 |
| 陕西省固体废物污染环境防治条例 | 2021 年 9 月 29 日陕西省第十三届人民代表大会常务委员会第二十八次会议修改 | 2021-9-29 | 2021-9-29 | 2021-9-29 | 修改 |
| 陕西省建设工程质量和安全生产管理条例 | 2021 年 9 月 29 日陕西省第十三届人民代表大会常务委员会第二十八次会议修改 | 2021-9-29 | 2021-9-29 | 2021-9-29 | 修改 |
| 陕西省消防条例 | 2021 年 9 月 29 日陕西省第十三届人民代表大会常务委员会第二十八次会议修改 | 2021-9-29 | 2021-9-29 | 2021-9-29 | 修改 |
| 陕西省计量监督管理条例 | 2021 年 9 月 29 日陕西省第十三届人民代表大会常务委员会第二十八次会议修改 | 2021-9-29 | 2021-9-29 | 2021-9-29 | 修改 |
| 陕西省实施《中华人民共和国草原法》办法 | 2021 年 9 月 29 日陕西省第十三届人民代表大会常务委员会第二十八次会议修改 | 2021-9-29 | 2021-9-29 | 2021-9-29 | 修改 |
| 陕西省测绘成果管理条例 | 2021 年 9 月 29 日陕西省第十三届人民代表大会常务委员会第二十八次会议修改 | 2021-9-29 | 2021-9-29 | 2021-9-29 | 修改 |
| 铜川市陕甘边根据地照金革命旧址保护条例 | 2021 年 8 月 26 日铜川市第十六届人民代表大会常务委员会第三十九次会议通过，2021 年 9 月 29 日陕西省第十三届人民代表大会常务委员会第二十八次会议批准 | 2021-10-14 | 2021-11-8 | 2021-10-14 | 制定 |

续表

| 法规名称 | 通过或批准时间 | 公布时间 | 报备时间 | 施行时间 | 立法形式 |
|---|---|---|---|---|---|
| 咸阳市文明行为促进条例 | 2021年8月27日咸阳市第八届人民代表大会常务委员会第四十次会议通过，2021年9月29日陕西省第十三届人民代表大会常务委员会第二十八次会议批准 | 2021-10-25 | 2021-11-8 | 2022-1-1 | 制定 |
| 渭南市饮用水水源地保护条例 | 2021年8月31日渭南市第五届人民代表大会常务委员会第四十五次会议通过，2021年9月29日陕西省第十三届人民代表大会常务委员会第二十八次会议批准 | 2021-10-25 | 2021-11-8 | 2022-1-1 | 制定 |
| 榆林市扬尘污染防治条例 | 2021年8月23日榆林市第四届人民代表大会常务委员会第四十三次会议通过，2021年9月29日陕西省第十三届人民代表大会常务委员会第二十八次会议批准 | 2021-11-8 | 2021-11-16 | 2021-12-1 | 制定 |
| 陕西省防灾避险人员安全转移规定 | 2021年11月26日陕西省第十三届人民代表大会常务委员会第二十九次会议通过 | 2021-11-26 | 2021-11-26 | 2021-11-26 | 制定 |
| 陕西省秦腔艺术保护传承发展条例 | 2021年11月26日陕西省第十三届人民代表大会常务委员会第二十九次会议通过 | 2021-11-26 | 2021-11-26 | 2022-1-1 | 制定 |
| 陕西省天然林保护修复条例 | 2021年11月26日陕西省第十三届人民代表大会常务委员会第二十九次会议通过 | 2021-11-26 | 2021-11-26 | 2022-1-1 | 制定 |
| 陕西省社会信用条例 | 2021年11月26日陕西省第十三届人民代表大会常务委员会第二十九次会议通过 | 2021-11-26 | 2021-11-26 | 2022-3-1 | 制定 |

# 甘肃省地方性法规目录

（77件）

| 法规名称 | 通过或批准时间 | 公布时间 | 报备时间 | 施行时间 | 立法形式 |
|---|---|---|---|---|---|
| 肃南裕固族自治县矿产资源管理条例 | 2020年8月17日肃南裕固族自治县第十八届人民代表大会第四次会议废止，2020年12月3日甘肃省第十三届人民代表大会常务委员会第二十次会议批准废止 | 2021-1-11 | 2021-1-19 | 2021-1-11 | 废止 |
| 临夏回族自治州养犬管理条例 | 2020年9月18日临夏回族自治州第十五届人民代表大会常务委员会第三十五次会议通过，2020年12月3日甘肃省第十三届人民代表大会常务委员会第二十次会议批准 | 2021-1-19 | 2021-1-23 | 2021-1-19 | 制定 |
| 甘肃省土壤污染防治条例 | 2021年3月31日甘肃省第十三届人民代表大会常务委员会第二十二次会议通过 | 2021-3-31 | 2021-4-22 | 2021-5-1 | 制定 |
| 甘肃省中医药条例 | 2021年3月31日甘肃省第十三届人民代表大会常务委员会第二十二次会议通过 | 2021-3-31 | 2021-4-22 | 2021-7-1 | 制定 |
| 甘肃省发展中医条例 | 在《甘肃省中医药条例》中被明文予以废止 | 2021-3-31 | 2021-4-22 | 2021-7-1 | 文中废止 |

续表

| 法规名称 | 通过或批准时间 | 公布时间 | 报备时间 | 施行时间 | 立法形式 |
| --- | --- | --- | --- | --- | --- |
| 甘肃省实施《中华人民共和国全国人民代表大会和地方各级人民代表大会选举法》细则 | 2021 年 3 月 31 日甘肃省第十三届人民代表大会常务委员会第二十二次会议修改 | 2021-3-31 | 2021-4-22 | 2021-3-31 | 修改 |
| 甘肃省实施《中华人民共和国森林法》办法 | 2021 年 3 月 31 日甘肃省第十三届人民代表大会常务委员会第二十二次会议修改 | 2021-3-31 | 2021-4-22 | 2021-5-1 | 修改 |
| 甘肃省废旧农膜回收利用条例 | 2021 年 3 月 31 日甘肃省第十三届人民代表大会常务委员会第二十二次会议修改 | 2021-3-31 | 2021-4-22 | 2021-5-1 | 修改 |
| 甘肃省合同监督管理条例 | 2021 年 3 月 31 日甘肃省第十三届人民代表大会常务委员会第二十二次会议废止 | 2021-3-31 | 2021-4-22 | 2021-3-31 | 废止 |
| 甘肃省实施《中华人民共和国煤炭法》办法 | 2021 年 3 月 31 日甘肃省第十三届人民代表大会常务委员会第二十二次会议废止 | 2021-3-31 | 2021-4-22 | 2021-3-31 | 废止 |
| 甘肃省农民承担费用和劳务监督管理办法 | 2021 年 3 月 31 日甘肃省第十三届人民代表大会常务委员会第二十二次会议废止 | 2021-3-31 | 2021-4-22 | 2021-3-31 | 废止 |
| 甘肃省农业综合开发条例 | 2021 年 3 月 31 日甘肃省第十三届人民代表大会常务委员会第二十二次会议废止 | 2021-3-31 | 2021-4-22 | 2021-3-31 | 废止 |
| 甘肃省土地监督检查条例 | 2021 年 3 月 31 日甘肃省第十三届人民代表大会常务委员会第二十二次会议废止 | 2021-3-31 | 2021-4-22 | 2021-3-31 | 废止 |
| 甘肃省基础设施建设征用土地办法 | 2021 年 3 月 31 日甘肃省第十三届人民代表大会常务委员会第二十二次会议废止 | 2021-3-31 | 2021-4-22 | 2021-3-31 | 废止 |
| 甘肃省全民义务植树条例 | 2021 年 3 月 31 日甘肃省第十三届人民代表大会常务委员会第二十二次会议废止 | 2021-3-31 | 2021-4-22 | 2021-3-31 | 废止 |
| 甘肃省森林公园管理条例 | 2021 年 3 月 31 日甘肃省第十三届人民代表大会常务委员会第二十二次会议废止 | 2021-3-31 | 2021-4-22 | 2021-3-31 | 废止 |
| 兰州市黄河风情线大景区保护管理条例 | 2020 年 10 月 29 日兰州市第十六届人民代表大会常务委员会第三十一次会议通过，2021 年 3 月 31 日甘肃省第十三届人民代表大会常务委员会第二十二次会议批准 | 2021-4-14 | 2021-5-19 | 2021-7-1 | 制定 |
| 兰州市无公害蔬菜管理条例 | 2020 年 12 月 30 日兰州市第十六届人民代表大会常务委员会第三十二次会议修改，2021 年 3 月 31 日甘肃省第十三届人民代表大会常务委员会第二十二次会议批准修改 | 2021-4-14 | 2021-5-31 | 2021-4-14 | 修改 |
| 兰州市供热用热条例 | 2020 年 12 月 30 日兰州市第十六届人民代表大会常务委员会第三十二次会议修改，2021 年 3 月 31 日甘肃省第十三届人民代表大会常务委员会第二十二次会议批准修改 | 2021-4-14 | 2021-5-31 | 2021-4-14 | 修改 |
| 兰州市城市园林绿化管理办法 | 2020 年 12 月 30 日兰州市第十六届人民代表大会常务委员会第三十二次会议修改，2021 年 3 月 31 日甘肃省第十三届人民代表大会常务委员会第二十二次会议批准修改 | 2021-4-14 | 2021-5-31 | 2021-4-14 | 修改 |

续表

| 法规名称 | 通过或批准时间 | 公布时间 | 报备时间 | 施行时间 | 立法形式 |
|---|---|---|---|---|---|
| 兰州市价格监督检查条例 | 2020年12月30日兰州市第十六届人民代表大会常务委员会第三十二次会议废止，2021年3月31日甘肃省第十三届人民代表大会常务委员会第二十二次会议批准废止 | 2021-4-14 | 2021-5-31 | 2021-4-14 | 废止 |
| 白银市养犬管理条例 | 2020年10月28日白银市第九届人民代表大会常务委员会第三十四次会议通过，2021年3月31日甘肃省第十三届人民代表大会常务委员会第二十二次会议批准 | 2021-4-20 | 2021-5-20 | 2021-5-1 | 制定 |
| 嘉峪关市养犬管理条例 | 2020年12月30日嘉峪关市第十届人民代表大会常务委员会第三十一次会议通过，2021年3月31日甘肃省第十三届人民代表大会常务委员会第二十二次会议批准 | 2021-4-20 | 2021-5-31 | 2021-7-1 | 制定 |
| 天水市养犬管理条例 | 2020年11月26日天水市第七届人民代表大会常务委员会第三十四次会议通过，2021年3月31日甘肃省第十三届人民代表大会常务委员会第二十二次会议批准 | 2021-4-25 | 2021-5-19 | 2021-8-1 | 制定 |
| 庆阳市机动车停车设施规划建设和停放管理条例 | 2020年12月24日庆阳市第四届人民代表大会常务委员会第三十一次会议通过，2021年3月31日甘肃省第十三届人民代表大会常务委员会第二十二次会议批准 | 2021-4-26 | 2021-5-31 | 2021-7-1 | 制定 |
| 甘南藏族自治州公共文化服务促进条例 | 2020年10月23日甘南藏族自治州第十六届人民代表大会常务委员会第三十一次会议通过，2021年3月31日甘肃省第十三届人民代表大会常务委员会第二十二次会议批准 | 2021-4-27 | 2021-6-21 | 2021-4-27 | 制定 |
| 定西市河道生态环境保护条例 | 2020年12月29日定西市第四届人民代表大会常务委员会第三十八次会议修改，2021年3月31日甘肃省第十三届人民代表大会常务委员会第二十二次会议批准修改 | 2021-5-6 | 2021-5-31 | 2021-5-6 | 修改 |
| 甘肃省公安机关警务辅助人员管理条例 | 2021年5月28日甘肃省第十三届人民代表大会常务委员会第二十四次会议通过 | 2021-5-28 | 2021-6-21 | 2021-7-1 | 制定 |
| 甘肃省红十字会条例 | 2021年5月28日甘肃省第十三届人民代表大会常务委员会第二十四次会议通过 | 2021-5-28 | 2021-6-21 | 2021-7-1 | 制定 |
| 甘肃省实施《中华人民共和国红十字会法》办法 | 在《甘肃省红十字会条例》中被明文予以废止 | 2021-5-28 | 2021-6-21 | 2021-7-1 | 文中废止 |
| 陇南市农村留守儿童关爱保护条例 | 2021年3月12日陇南市第四届人民代表大会常务委员会第二十六次会议通过，2021年5月28日甘肃省第十三届人民代表大会常务委员会第二十四次会议批准 | 2021-5-31 | 2021-6-21 | 2021-6-1 | 制定 |
| 平凉市扬尘污染防治条例 | 2021年4月29日平凉市第四届人民代表大会常务委员会第三十次会议通过，2021年5月28日甘肃省第十三届人民代表大会常务委员会第二十四次会议批准 | 2021-6-30 | 2021-7-13 | 2021-10-1 | 制定 |

续表

| 法规名称 | 通过或批准时间 | 公布时间 | 报备时间 | 施行时间 | 立法形式 |
|---|---|---|---|---|---|
| 临夏回族自治州古树名木保护管理条例 | 2020 年 12 月 9 日临夏回族自治州第十五届人民代表大会常务委员会第三十七次会议通过，2021 年 5 月 28 日甘肃省第十三届人民代表大会常务委员会第二十四次会议批准 | 2021-7-9 | 2021-7-27 | 2021-8-1 | 制定 |
| 东乡族自治县市容和环境卫生管理条例 | 2021 年 3 月 14 日东乡族自治县第十八届人民代表大会第六次会议通过，2021 年 5 月 28 日甘肃省第十三届人民代表大会常务委员会第二十四次会议批准 | 2021-7-28 | 2021-8-27 | 2021-7-28 | 制定 |
| 甘肃省人民代表大会常务委员会关于甘肃省契税具体适用税率等有关事项的决定 | 2021 年 7 月 28 日甘肃省第十三届人民代表大会常务委员会第二十五次会议通过 | 2021-7-28 | 2021-8-13 | 2021-9-1 | 制定 |
| 甘肃省旅游条例 | 2021 年 7 月 28 日甘肃省第十三届人民代表大会常务委员会第二十五次会议修改 | 2021-7-28 | 2021-8-13 | 2021-10-1 | 修改 |
| 甘肃省实施《中华人民共和国防沙治沙法》办法 | 2021 年 7 月 28 日甘肃省第十三届人民代表大会常务委员会第二十五次会议修改 | 2021-7-28 | 2021-8-13 | 2021-10-1 | 修改 |
| 甘肃省河道管理条例 | 2021 年 7 月 28 日甘肃省第十三届人民代表大会常务委员会第二十五次会议修改 | 2021-7-28 | 2021-8-13 | 2021-10-1 | 修改 |
| 甘肃省就业促进条例 | 2021 年 7 月 28 日甘肃省第十三届人民代表大会常务委员会第二十五次会议修改 | 2021-7-28 | 2021-8-13 | 2021-10-1 | 修改 |
| 甘肃省消防条例 | 2021 年 7 月 28 日甘肃省第十三届人民代表大会常务委员会第二十五次会议修改 | 2021-7-28 | 2021-8-13 | 2021-10-1 | 修改 |
| 甘肃省城乡规划条例 | 2021 年 7 月 28 日甘肃省第十三届人民代表大会常务委员会第二十五次会议修改 | 2021-7-28 | 2021-8-13 | 2021-10-1 | 修改 |
| 甘肃省建设工程质量和建设工程安全生产管理条例 | 2021 年 7 月 28 日甘肃省第十三届人民代表大会常务委员会第二十五次会议修改 | 2021-7-28 | 2021-8-13 | 2021-10-1 | 修改 |
| 酒泉市城市建筑垃圾管理条例 | 2021 年 5 月 26 日酒泉市第四届人民代表大会常务委员会第三十五次会议通过，2021 年 7 月 28 日甘肃省第十三届人民代表大会常务委员会第二十五次会议批准 | 2021-8-3 | 2021-8-17 | 2021-10-1 | 制定 |
| 武威市大气污染防治条例 | 2021 年 6 月 1 日武威市第四届人民代表大会常务委员会第三十六次会议通过，2021 年 7 月 28 日甘肃省第十三届人民代表大会常务委员会第二十五次会议批准 | 2021-8-5 | 2021-8-17 | 2021-10-1 | 制定 |
| 白银市永泰城址保护条例 | 2021 年 5 月 20 日白银市第九届人民代表大会常务委员会第三十九次会议通过，2021 年 7 月 28 日甘肃省第十三届人民代表大会常务委员会第二十五次会议批准 | 2021-8-6 | 2021-8-17 | 2021-8-10 | 制定 |
| 张家川回族自治县花儿保护传承条例 | 2021 年 1 月 22 日张家川回族自治县第十六届人民代表大会第五次会议通过，2021 年 7 月 28 日甘肃省第十三届人民代表大会常务委员会第二十五次会议批准 | 2021-8-16 | 2021-9-3 | 2021-12-1 | 制定 |

续表

| 法规名称 | 通过或批准时间 | 公布时间 | 报备时间 | 施行时间 | 立法形式 |
|---|---|---|---|---|---|
| 甘南藏族自治州城镇供热用热条例 | 2021年4月27日甘南藏族自治州第十六届人民代表大会常务委员会第三十六次会议通过,2021年7月28日甘肃省第十三届人民代表大会常务委员会第二十五次会议批准 | 2021-8-25 | 2021-9-6 | 2021-9-1 | 制定 |
| 庆阳市烟花爆竹燃放管理条例 | 2021年5月21日庆阳市第四届人民代表大会常务委员会第三十六次会议修改,2021年7月28日甘肃省第十三届人民代表大会常务委员会第二十五次会议批准修改 | 2021-9-2 | 2021-9-18 | 2021-9-2 | 修改 |
| 庆阳市禁牧条例 | 2021年5月21日庆阳市第四届人民代表大会常务委员会第三十六次会议修改,2021年7月28日甘肃省第十三届人民代表大会常务委员会第二十五次会议批准修改 | 2021-9-2 | 2021-9-18 | 2021-10-1 | 修改 |
| 肃北蒙古族自治县实施《甘肃省计划生育条例》的变通规定 | 2021年1月10日肃北蒙古族自治县第十八届人民代表大会第五次会议废止,2021年7月28日甘肃省第十三届人民代表大会常务委员会第二十五次会议批准废止 | 2021-9-10 | 2021-9-28 | 2021-9-10 | 废止 |
| 甘肃省反餐饮浪费条例 | 2021年9月29日甘肃省第十三届人民代表大会常务委员会第二十六次会议通过 | 2021-9-29 | 2021-10-20 | 2021-11-1 | 制定 |
| 甘肃省实施《中华人民共和国防洪法》办法 | 2021年9月29日甘肃省第十三届人民代表大会常务委员会第二十六次会议修改 | 2021-9-29 | 2021-10-20 | 2021-11-1 | 修改 |
| 甘肃省测绘管理条例 | 2021年9月29日甘肃省第十三届人民代表大会常务委员会第二十六次会议修改 | 2021-9-29 | 2021-10-20 | 2021-11-1 | 修改 |
| 甘肃炳灵寺石窟保护条例 | 2021年9月29日甘肃省第十三届人民代表大会常务委员会第二十六次会议修改 | 2021-9-29 | 2021-10-20 | 2021-11-1 | 修改 |
| 甘肃省农村生活垃圾管理条例 | 2021年9月29日甘肃省第十三届人民代表大会常务委员会第二十六次会议修改 | 2021-9-29 | 2021-10-20 | 2021-11-1 | 修改 |
| 甘肃省促进中小企业发展条例 | 2021年9月29日甘肃省第十三届人民代表大会常务委员会第二十六次会议修改 | 2021-9-29 | 2021-10-20 | 2021-11-1 | 修改 |
| 甘肃省水路交通管理条例 | 2021年9月29日甘肃省第十三届人民代表大会常务委员会第二十六次会议修改 | 2021-9-29 | 2021-10-20 | 2021-11-1 | 修改 |
| 甘肃省基本农田保护条例 | 2021年9月29日甘肃省第十三届人民代表大会常务委员会第二十六次会议废止 | 2021-9-29 | 2021-10-20 | 2021-9-29 | 废止 |
| 定西市元明汪氏家族墓地保护条例 | 2021年6月18日定西市第四届人民代表大会常务委员会第四十三次会议通过,2021年9月29日甘肃省第十三届人民代表大会常务委员会第二十六次会议批准 | 2021-9-30 | 2021-10-21 | 2021-11-1 | 制定 |
| 定西市红色资源保护传承条例 | 2021年7月30日定西市第四届人民代表大会常务委员会第四十四次会议通过,2021年9月29日甘肃省第十三届人民代表大会常务委员会第二十六次会议批准 | 2021-9-30 | 2021-10-21 | 2021-10-1 | 制定 |

续表

| 法规名称 | 通过或批准时间 | 公布时间 | 报备时间 | 施行时间 | 立法形式 |
|---|---|---|---|---|---|
| 阿克塞哈萨克族自治县城市市容和环境卫生管理条例 | 2021 年 4 月 14 日阿克塞哈萨克族自治县第十八届人民代表大会第六次会议通过，2021 年 9 月 29 日甘肃省第十三届人民代表大会常务委员会第二十六次会议批准 | 2021-11-1 | 2021-11-9 | 2021-11-1 | 制定 |
| 甘肃省禁毒条例 | 2021 年 11 月 26 日甘肃省第十三届人民代表大会常务委员会第二十七次会议通过 | 2021-11-26 | 2021-12-9 | 2022-1-1 | 制定 |
| 甘肃省固体废物污染环境防治条例 | 2021 年 11 月 26 日甘肃省第十三届人民代表大会常务委员会第二十七次会议通过 | 2021-11-26 | 2021-12-9 | 2022-1-1 | 制定 |
| 甘肃省涉案财物价格认定条例 | 2021 年 11 月 26 日甘肃省第十三届人民代表大会常务委员会第二十七次会议通过 | 2021-11-26 | 2021-12-9 | 2022-1-1 | 制定 |
| 甘肃省涉案财物价格鉴定条例 | 在《甘肃省涉案财物价格认定条例》中被明文予以废止 | 2021-11-26 | 2021-12-9 | 2022-1-1 | 文中废止 |
| 甘肃省人口与计划生育条例 | 2021 年 11 月 26 日甘肃省第十三届人民代表大会常务委员会第二十七次会议修改 | 2021-11-26 | 2021-12-9 | 2021-11-26 | 修改 |
| 甘肃省技术市场条例 | 2021 年 11 月 26 日甘肃省第十三届人民代表大会常务委员会第二十七次会议修改 | 2021-11-26 | 2021-12-9 | 2022-1-1 | 修改 |
| 甘肃省社会信用条例 | 2021 年 11 月 26 日甘肃省第十三届人民代表大会常务委员会第二十七次会议通过 | 2021-11-26 | 2021-12-9 | 2022-1-1 | 制定 |
| 甘肃省标准化条例 | 2021 年 11 月 26 日甘肃省第十三届人民代表大会常务委员会第二十七次会议修改 | 2021-11-26 | 2021-12-9 | 2022-1-1 | 修改 |
| 甘肃省实施《中华人民共和国未成年人保护法》办法 | 2021 年 11 月 26 日甘肃省第十三届人民代表大会常务委员会第二十七次会议修改 | 2021-11-26 | 2021-12-9 | 2022-1-1 | 修改 |
| 甘肃省动物防疫条例 | 2021 年 11 月 26 日甘肃省第十三届人民代表大会常务委员会第二十七次会议修改 | 2021-11-26 | 2021-12-9 | 2022-1-1 | 修改 |
| 甘肃省实施《中华人民共和国土地管理法》办法 | 2021 年 11 月 26 日甘肃省第十三届人民代表大会常务委员会第二十七次会议修改 | 2021-11-26 | 2021-12-9 | 2022-1-1 | 修改 |
| 甘肃省各级人民代表大会常务委员会规范性文件备案审查规定 | 2021 年 11 月 26 日甘肃省第十三届人民代表大会常务委员会第二十七次会议修改 | 2021-11-26 | 2021-12-9 | 2022-1-1 | 修改 |
| 兰州市城市市容和环境卫生管理办法 | 2021 年 8 月 13 日兰州市第十六届人民代表大会常务委员会第三十七次会议修改，2021 年 11 月 26 日甘肃省第十三届人民代表大会常务委员会第二十七次会议批准修改 | 2021-12-2 | 2021-12-16 | 2021-12-2 | 修改 |
| 兰州市中小学生人身伤害事故预防与处理条例 | 2021 年 8 月 13 日兰州市第十六届人民代表大会常务委员会第三十七次会议修改，2021 年 11 月 26 日甘肃省第十三届人民代表大会常务委员会第二十七次会议批准修改 | 2021-12-2 | 2021-12-16 | 2021-12-2 | 修改 |
| 兰州市科学技术进步条例 | 2021 年 8 月 13 日兰州市第十六届人民代表大会常务委员会第三十七次会议修改，2021 年 11 月 26 日甘肃省第十三届人民代表大会常务委员会第二十七次会议批准修改 | 2021-12-2 | 2021-12-16 | 2021-12-2 | 修改 |

续表

| 法规名称 | 通过或批准时间 | 公布时间 | 报备时间 | 施行时间 | 立法形式 |
| --- | --- | --- | --- | --- | --- |
| 兰州市爱国卫生条例 | 2021年8月13日兰州市第十六届人民代表大会常务委员会第三十七次会议修改，2021年11月26日甘肃省第十三届人民代表大会常务委员会第二十七次会议批准修改 | 2021-12-2 | 2021-12-16 | 2021-12-2 | 修改 |
| 兰州市公共场所控制吸烟条例 | 2021年8月13日兰州市第十六届人民代表大会常务委员会第三十七次会议修改，2021年11月26日甘肃省第十三届人民代表大会常务委员会第二十七次会议批准修改 | 2021-12-2 | 2021-12-16 | 2021-12-2 | 修改 |
| 兰州市烟花爆竹安全管理条例 | 2021年8月13日兰州市第十六届人民代表大会常务委员会第三十七次会议修改，2021年11月26日甘肃省第十三届人民代表大会常务委员会第二十七次会议批准修改 | 2021-12-2 | 2021-12-16 | 2021-12-2 | 修改 |
| 兰州市城乡规划条例 | 2021年8月13日兰州市第十六届人民代表大会常务委员会第三十七次会议修改，2021年11月26日甘肃省第十三届人民代表大会常务委员会第二十七次会议批准修改 | 2021-12-2 | 2021-12-16 | 2021-12-2 | 修改 |

# 青海省地方性法规目录

（47件）

| 法规名称 | 通过或批准时间 | 公布时间 | 报备时间 | 施行时间 | 立法形式 |
| --- | --- | --- | --- | --- | --- |
| 青海省鼠疫防控条例 | 2021年3月31日青海省第十三届人民代表大会常务委员会第二十四次会议通过 | 2021-3-31 | 2021-4-20 | 2021-4-1 | 制定 |
| 青海省鼠疫交通检疫条例 | 在《青海省鼠疫防控条例》中被明文予以废止 | 2021-3-31 | 2021-4-20 | 2021-4-1 | 文中废止 |
| 青海省公共信用信息条例 | 2021年3月31日青海省第十三届人民代表大会常务委员会第二十四次会议通过 | 2021-3-31 | 2021-4-20 | 2021-5-1 | 制定 |
| 青海省实施《中华人民共和国全国人民代表大会和地方各级人民代表大会选举法》细则 | 2021年3月31日青海省第十三届人民代表大会常务委员会第二十四次会议修改 | 2021-3-31 | 2021-4-20 | 2021-3-31 | 修改 |
| 西宁市南北山绿化管理条例 | 2020年10月30日西宁市第十六届人民代表大会常务委员会第三十二次会议修改，2021年3月31日青海省第十三届人民代表大会常务委员会第二十四次会议批准修改 | 2021-5-12 | 2021-6-1 | 2021-5-12 | 修改 |
| 西宁市防御雷电灾害条例 | 2020年10月30日西宁市第十六届人民代表大会常务委员会第三十二次会议修改，2021年3月31日青海省第十三届人民代表大会常务委员会第二十四次会议批准修改 | 2021-5-12 | 2021-6-1 | 2021-5-12 | 修改 |

续表

| 法规名称 | 通过或批准时间 | 公布时间 | 报备时间 | 施行时间 | 立法形式 |
|---|---|---|---|---|---|
| 西宁市林业管理条例 | 2020 年 10 月 30 日西宁市第十六届人民代表大会常务委员会第三十二次会议修改，2021 年 3 月 31 日青海省第十三届人民代表大会常务委员会第二十四次会议批准修改 | 2021-5-12 | 2021-6-1 | 2021-5-12 | 修改 |
| 西宁市服务行业环境保护管理条例 | 2020 年 10 月 30 日西宁市第十六届人民代表大会常务委员会第三十二次会议修改，2021 年 3 月 31 日青海省第十三届人民代表大会常务委员会第二十四次会议批准修改 | 2021-5-12 | 2021-6-1 | 2021-5-12 | 修改 |
| 西宁市大气污染防治条例 | 2020 年 10 月 30 日西宁市第十六届人民代表大会常务委员会第三十二次会议修改，2021 年 3 月 31 日青海省第十三届人民代表大会常务委员会第二十四次会议批准修改 | 2021-5-12 | 2021-6-1 | 2021-5-12 | 修改 |
| 西宁市控制吸烟条例 | 2020 年 10 月 30 日西宁市第十六届人民代表大会常务委员会第三十二次会议修改，2021 年 3 月 31 日青海省第十三届人民代表大会常务委员会第二十四次会议批准修改 | 2021-5-12 | 2021-6-1 | 2021-5-12 | 修改 |
| 西宁市餐厨垃圾管理条例 | 2020 年 10 月 30 日西宁市第十六届人民代表大会常务委员会第三十二次会议修改，2021 年 3 月 31 日青海省第十三届人民代表大会常务委员会第二十四次会议批准修改 | 2021-5-12 | 2021-6-1 | 2021-5-12 | 修改 |
| 西宁市建设工程抗震设防要求和地震安全性评价管理条例 | 2020 年 10 月 30 日西宁市第十六届人民代表大会常务委员会第三十二次会议修改，2021 年 3 月 31 日青海省第十三届人民代表大会常务委员会第二十四次会议批准修改 | 2021-5-12 | 2021-6-1 | 2021-5-12 | 修改 |
| 西宁市殡葬管理条例 | 2020 年 10 月 30 日西宁市第十六届人民代表大会常务委员会第三十二次会议修改，2021 年 3 月 31 日青海省第十三届人民代表大会常务委员会第二十四次会议批准修改 | 2021-5-12 | 2021-6-1 | 2021-5-12 | 修改 |
| 西宁市水资源管理条例 | 2020 年 10 月 30 日西宁市第十六届人民代表大会常务委员会第三十二次会议修改，2021 年 3 月 31 日青海省第十三届人民代表大会常务委员会第二十四次会议批准修改 | 2021-5-12 | 2021-6-1 | 2021-5-12 | 修改 |
| 西宁市城市房地产开发经营管理条例 | 2020 年 10 月 30 日西宁市第十六届人民代表大会常务委员会第三十二次会议修改，2021 年 3 月 31 日青海省第十三届人民代表大会常务委员会第二十四次会议批准修改 | 2021-5-12 | 2021-6-1 | 2021-5-12 | 修改 |
| 西宁市城乡规划管理条例 | 2020 年 10 月 30 日西宁市第十六届人民代表大会常务委员会第三十二次会议修改，2021 年 3 月 31 日青海省第十三届人民代表大会常务委员会第二十四次会议批准修改 | 2021-5-12 | 2021-6-1 | 2021-5-12 | 修改 |

续表

| 法规名称 | 通过或批准时间 | 公布时间 | 报备时间 | 施行时间 | 立法形式 |
|---|---|---|---|---|---|
| 西宁市保护学校教学环境维护教学秩序的规定 | 2020年10月30日西宁市第十六届人民代表大会常务委员会第三十二次会议废止,2021年3月31日青海省第十三届人民代表大会常务委员会第二十四次会议批准废止 | 2021-5-12 | 2021-6-1 | 2021-5-12 | 废止 |
| 西宁市公共餐饮具卫生监督管理条例 | 2020年10月30日西宁市第十六届人民代表大会常务委员会第三十二次会议废止,2021年3月31日青海省第十三届人民代表大会常务委员会第二十四次会议批准废止 | 2021-5-12 | 2021-6-1 | 2021-5-12 | 废止 |
| 西宁市城市房地产交易管理条例 | 2020年10月30日西宁市第十六届人民代表大会常务委员会第三十二次会议废止,2021年3月31日青海省第十三届人民代表大会常务委员会第二十四次会议批准废止 | 2021-5-12 | 2021-6-1 | 2021-5-12 | 废止 |
| 青海省国有土地上房屋征收与补偿条例 | 2021年5月26日青海省第十三届人民代表大会常务委员会第二十五次会议通过 | 2021-5-26 | 2021-6-23 | 2021-8-1 | 制定 |
| 青海省禁毒条例 | 2021年5月26日青海省第十三届人民代表大会常务委员会第二十五次会议通过 | 2021-5-26 | 2021-6-23 | 2021-10-1 | 制定 |
| 海南藏族自治州城镇市容和环境卫生管理条例 | 2021年3月4日海南藏族自治州第十四届人民代表大会第八次会议修改,2021年5月26日青海省第十三届人民代表大会常务委员会第二十五次会议批准修改 | 2021-6-4 | 2021-6-23 | 2021-7-1 | 修改 |
| 大通回族土族自治县义务教育条例 | 2021年3月5日大通回族土族自治县第十七届人民代表大会第七次会议修改,2021年5月26日青海省第十三届人民代表大会常务委员会第二十五次会议批准修改 | 2021-6-21 | 2021-6-23 | 2021-7-1 | 修改 |
| 海西蒙古族藏族自治州文明行为促进条例 | 2020年8月28日海西蒙古族藏族自治州第十四届人民代表大会常务委员会第二十八次会议通过,2021年5月26日青海省第十三届人民代表大会常务委员会第二十五次会议批准 | 2021-6-24 | 2021-7-6 | 2021-7-1 | 制定 |
| 果洛藏族自治州施行《中华人民共和国民法典》结婚年龄的变通规定 | 2021年3月23日果洛藏族自治州第十四届人民代表大会第七次会议通过,2021年5月26日青海省第十三届人民代表大会常务委员会第二十五次会议批准 | 2021-7-5 | 2021-7-6 | 2021-5-26 | 制定 |
| 果洛藏族自治州施行《中华人民共和国婚姻法》的变通规定 | 在《果洛藏族自治州施行〈中华人民共和国民法典〉结婚年龄的变通规定》中被明文予以废止 | 2021-7-5 | 2021-7-6 | 2021-5-26 | 文中废止 |
| 果洛藏族自治州自治条例 | 2021年3月23日果洛藏族自治州第十四届人民代表大会第七次会议修改,2021年5月26日青海省第十三届人民代表大会常务委员会第二十五次会议批准修改 | 2021-7-5 | 2021-7-6 | 2021-8-1 | 修改 |
| 海西蒙古族藏族自治州沙区植物保护条例 | 2021年1月27日海西蒙古族藏族自治州第十四届人民代表大会第七次会议修改,2021年5月26日青海省第十三届人民代表大会常务委员会第二十五次会议批准修改 | 2021-7-5 | 2021-7-8 | 2021-7-5 | 修改 |

续表

| 法规名称 | 通过或批准时间 | 公布时间 | 报备时间 | 施行时间 | 立法形式 |
|---|---|---|---|---|---|
| 海西蒙古族藏族自治州卤虫资源保护管理条例 | 2021年1月27日海西蒙古族藏族自治州第十四届人民代表大会第七次会议修改，2021年5月26日青海省第十三届人民代表大会常务委员会第二十五次会议批准修改 | 2021-7-5 | 2021-7-8 | 2021-7-5 | 修改 |
| 互助土族自治县自治条例 | 2021年3月5日互助土族自治县第十七届人民代表大会第八次会议修改,2021年5月26日青海省第十三届人民代表大会常务委员会第二十五次会议批准修改 | 2021-7-14 | 2021-7-15 | 2021-8-1 | 修改 |
| 青海省优化营商环境条例 | 2021年7月28日青海省第十三届人民代表大会常务委员会第二十六次会议通过 | 2021-7-28 | 2021-8-11 | 2021-10-1 | 制定 |
| 青海省宗教事务条例 | 2021年7月28日青海省第十三届人民代表大会常务委员会第二十六次会议修改 | 2021-7-28 | 2021-8-11 | 2021-10-1 | 修改 |
| 黄南藏族自治州自治条例 | 2021年3月12日黄南藏族自治州第十五届人民代表大会第七次会议修改,2021年7月28日青海省第十三届人民代表大会常务委员会第二十六次会议批准修改 | 2021-7-30 | 2021-8-16 | 2021-10-1 | 修改 |
| 海西蒙古族藏族自治州人才工作促进条例 | 2021年1月27日海西蒙古族藏族自治州第十四届人民代表大会第七次会议通过，2021年7月28日青海省第十三届人民代表大会常务委员会第二十六次会议批准 | 2021-8-4 | 2021-8-16 | 2021-9-1 | 制定 |
| 海北藏族自治州施行《中华人民共和国民法典》结婚年龄的变通规定 | 2021年2月7日海北藏族自治州第十四届人民代表大会第七次会议通过,2021年7月28日青海省第十三届人民代表大会常务委员会第二十六次会议批准 | 2021-8-18 | 2021-8-19 | 2021-7-28 | 制定 |
| 海北藏族自治州施行《中华人民共和国婚姻法》的变通规定 | 在《海北藏族自治州施行〈中华人民共和国民法典〉结婚年龄的变通规定》中被明文予以废止 | 2021-8-18 | 2021-8-19 | 2021-7-28 | 文中废止 |
| 西宁市全民义务植树条例 | 2021年4月23日西宁市第十六届人民代表大会常务委员会第三十五次会议修改，2021年7月28日青海省第十三届人民代表大会常务委员会第二十六次会议批准修改 | 2021-8-18 | 2021-8-19 | 2021-9-1 | 修改 |
| 海东市河湟文化保护条例 | 2021年6月30日海东市第二届人民代表大会常务委员会第三十七次会议通过，2021年7月28日青海省第十三届人民代表大会常务委员会第二十六次会议批准 | 2021-8-18 | 2021-8-19 | 2021-9-1 | 制定 |
| 青海省实施河长制湖长制条例 | 2021年9月29日青海省第十三届人民代表大会常务委员会第二十七次会议通过 | 2021-9-29 | 2021-10-25 | 2021-11-1 | 制定 |
| 青海省非物质文化遗产条例 | 2021年9月29日青海省第十三届人民代表大会常务委员会第二十七次会议通过 | 2021-9-29 | 2021-10-25 | 2021-12-1 | 制定 |
| 青海省消防条例 | 2021年9月29日青海省第十三届人民代表大会常务委员会第二十七次会议修改 | 2021-9-29 | 2021-10-25 | 2021-11-1 | 修改 |
| 海西蒙古族藏族自治州自治条例 | 2021年1月27日海西蒙古族藏族自治州第十四届人民代表大会第七次会议修改，2021年9月29日青海省第十三届人民代表大会常务委员会第二十七次会议批准修改 | 2021-10-29 | 2021-11-5 | 2021-12-1 | 修改 |

续表

| 法规名称 | 通过或批准时间 | 公布时间 | 报备时间 | 施行时间 | 立法形式 |
|---|---|---|---|---|---|
| 民和回族土族自治县自治条例 | 2021年3月12日民和回族土族自治县第十七届人民代表大会第七次会议修改，2021年9月29日青海省第十三届人民代表大会常务委员会第二十七次会议批准修改 | 2021-10-29 | 2021-11-5 | 2021-12-1 | 修改 |
| 玉树藏族自治州施行《中华人民共和国民法典》结婚年龄的变通规定 | 2021年3月19日玉树藏族自治州第十三届人民代表大会第七次会议通过，2021年9月29日青海省第十三届人民代表大会常务委员会第二十七次会议批准 | 2021-11-11 | 2021-11-16 | 2021-9-29 | 制定 |
| 玉树藏族自治州施行《中华人民共和国婚姻法》的变通规定 | 在《玉树藏族自治州施行〈中华人民共和国民法典〉结婚年龄的变通规定》中被明文予以废止 | 2021-11-11 | 2021-11-16 | 2021-9-29 | 文中废止 |
| 西宁市爱国卫生管理条例 | 2021年6月24日西宁市第十六届人民代表大会常务委员会第三十六次会议修改，2021年9月29日青海省第十三届人民代表大会常务委员会第二十七次会议批准修改 | 2021-11-12 | 2021-11-16 | 2022-1-1 | 修改 |
| 青海省预算审查监督条例 | 2021年11月24日青海省第十三届人民代表大会常务委员会第二十八次会议通过 | 2021-11-24 | 2021-12-16 | 2022-1-1 | 制定 |
| 青海省省级预算审查监督条例 | 在《青海省预算审查监督条例》中被明文予以废止 | 2021-11-24 | 2021-12-16 | 2022-1-1 | 文中废止 |
| 青海省循环经济促进条例 | 2021年11月24日青海省第十三届人民代表大会常务委员会第二十八次会议通过 | 2021-11-24 | 2021-12-16 | 2022-1-1 | 制定 |
| 青海省人口与计划生育条例 | 2021年11月24日青海省第十三届人民代表大会常务委员会第二十八次会议修改 | 2021-11-24 | 2021-12-16 | 2021-11-24 | 修改 |
| 门源回族自治县自治条例 | 2021年3月4日门源回族自治县第十七届人民代表大会第九次会议修改，2021年11月24日青海省第十三届人民代表大会常务委员会第二十八次会议批准修改 | 2021-12-15 | 2021-12-17 | 2022-1-1 | 修改 |
| 大通回族土族自治县自治条例 | 2021年3月5日大通回族土族自治县第十七届人民代表大会第七次会议修改，2021年11月24日青海省第十三届人民代表大会常务委员会第二十八次会议批准修改 | 2021-12-15 | 2021-12-17 | 2022-1-1 | 修改 |

# 宁夏回族自治区地方性法规目录

（43件）

| 法规名称 | 通过或批准时间 | 公布时间 | 报备时间 | 施行时间 | 立法形式 |
|---|---|---|---|---|---|
| 宁夏回族自治区实施《中华人民共和国全国人民代表大会和地方各级人民代表大会选举法》细则 | 2021年3月26日宁夏回族自治区第十二届人民代表大会常务委员会第二十五次会议修改 | 2021-3-26 | 2021-4-9 | 2021-3-26 | 修改 |

续表

| 法规名称 | 通过或批准时间 | 公布时间 | 报备时间 | 施行时间 | 立法形式 |
|---|---|---|---|---|---|
| 宁夏回族自治区人民代表大会常务委员会公示地方性法规草案规定 | 2021 年 3 月 26 日宁夏回族自治区第十二届人民代表大会常务委员会第二十五次会议修改 | 2021-3-26 | 2021-4-9 | 2021-3-26 | 修改 |
| 宁夏回族自治区人民代表大会常务委员会立法听证条例 | 2021 年 3 月 26 日宁夏回族自治区第十二届人民代表大会常务委员会第二十五次会议修改 | 2021-3-26 | 2021-4-9 | 2021-3-26 | 修改 |
| 宁夏回族自治区人民代表大会常务委员会关于实施《中华人民共和国行政处罚法》行政罚款限额的规定 | 2021 年 3 月 26 日宁夏回族自治区第十二届人民代表大会常务委员会第二十五次会议修改 | 2021-3-26 | 2021-4-9 | 2021-3-26 | 修改 |
| 宁夏回族自治区禁毒条例 | 2021 年 3 月 26 日宁夏回族自治区第十二届人民代表大会常务委员会第二十五次会议修改 | 2021-3-26 | 2021-4-9 | 2021-3-26 | 修改 |
| 宁夏回族自治区绿色建筑发展条例 | 2021 年 3 月 26 日宁夏回族自治区第十二届人民代表大会常务委员会第二十五次会议修改 | 2021-3-26 | 2021-4-9 | 2021-3-26 | 修改 |
| 宁夏回族自治区环境教育条例 | 2021 年 3 月 26 日宁夏回族自治区第十二届人民代表大会常务委员会第二十五次会议修改 | 2021-3-26 | 2021-4-9 | 2021-3-26 | 修改 |
| 宁夏回族自治区人口与计划生育条例 | 2021 年 3 月 26 日宁夏回族自治区第十二届人民代表大会常务委员会第二十五次会议修改 | 2021-3-26 | 2021-4-9 | 2021-3-26 | 修改 |
| 宁夏回族自治区保护消费者合法权益条例 | 2021 年 3 月 26 日宁夏回族自治区第十二届人民代表大会常务委员会第二十五次会议修改 | 2021-3-26 | 2021-4-9 | 2021-3-26 | 修改 |
| 宁夏回族自治区清真食品管理条例 | 2021 年 3 月 26 日宁夏回族自治区第十二届人民代表大会常务委员会第二十五次会议修改 | 2021-3-26 | 2021-4-9 | 2021-3-26 | 修改 |
| 宁夏回族自治区实施《中华人民共和国教师法》办法 | 2021 年 3 月 26 日宁夏回族自治区第十二届人民代表大会常务委员会第二十五次会议修改 | 2021-3-26 | 2021-4-9 | 2021-3-26 | 修改 |
| 宁夏回族自治区反不正当竞争条例 | 2021 年 3 月 26 日宁夏回族自治区第十二届人民代表大会常务委员会第二十五次会议废止 | 2021-3-26 | 2021-4-9 | 2021-3-26 | 废止 |
| 宁夏回族自治区进出口商品检验监督管理条例 | 2021 年 3 月 26 日宁夏回族自治区第十二届人民代表大会常务委员会第二十五次会议废止 | 2021-3-26 | 2021-4-9 | 2021-3-26 | 废止 |
| 宁夏回族自治区人才资源开发条例 | 2021 年 3 月 26 日宁夏回族自治区第十二届人民代表大会常务委员会第二十五次会议废止 | 2021-3-26 | 2021-4-9 | 2021-3-26 | 废止 |
| 宁夏回族自治区人民代表大会常务委员会关于宁夏回族自治区契税适用税率等有关事项的决定 | 2021 年 5 月 11 日宁夏回族自治区第十二届人民代表大会常务委员会第二十六次会议通过 | 2021-5-11 | 2021-5-11 | 2021-9-1 | 制定 |

续表

| 法规名称 | 通过或批准时间 | 公布时间 | 报备时间 | 施行时间 | 立法形式 |
| --- | --- | --- | --- | --- | --- |
| 宁夏回族自治区泾河水源保护区条例 | 2021年5月11日宁夏回族自治区第十二届人民代表大会常务委员会第二十六次会议废止 | 2021-5-11 | 2021-5-31 | 2021-5-11 | 废止 |
| 银川市统计管理条例 | 2021年4月29日银川市第十五届人民代表大会常务委员会第三十七次会议废止，2021年5月11日宁夏回族自治区第十二届人民代表大会常务委员会第二十六次会议批准废止 | 2021-5-17 | 2021-5-31 | 2021-5-17 | 废止 |
| 宁夏回族自治区城市绿化管理条例 | 2021年7月30日宁夏回族自治区第十二届人民代表大会常务委员会第二十八次会议修改 | 2021-7-30 | 2021-8-4 | 2021-7-30 | 修改 |
| 宁夏回族自治区建筑管理条例 | 2021年7月30日宁夏回族自治区第十二届人民代表大会常务委员会第二十八次会议修改 | 2021-7-30 | 2021-8-4 | 2021-7-30 | 修改 |
| 宁夏回族自治区实施《中华人民共和国文物保护法》办法 | 2021年7月30日宁夏回族自治区第十二届人民代表大会常务委员会第二十八次会议修改 | 2021-7-30 | 2021-8-4 | 2021-7-30 | 修改 |
| 宁夏回族自治区公共卫生服务促进条例 | 2021年7月30日宁夏回族自治区第十二届人民代表大会常务委员会第二十八次会议修改 | 2021-7-30 | 2021-8-4 | 2021-7-30 | 修改 |
| 宁夏回族自治区非物质文化遗产保护条例 | 2021年7月30日宁夏回族自治区第十二届人民代表大会常务委员会第二十八次会议修改 | 2021-7-30 | 2021-8-4 | 2021-9-1 | 修改 |
| 银川市文明行为促进条例 | 2021年4月29日银川市第十五届人民代表大会常务委员会第三十七次会议修改，2021年7月30日宁夏回族自治区第十二届人民代表大会常务委员会第二十八次会议批准修改 | 2021-8-2 | 2021-8-4 | 2021-8-2 | 修改 |
| 宁夏回族自治区土壤污染防治条例 | 2021年9月24日宁夏回族自治区第十二届人民代表大会常务委员会第二十九次会议通过 | 2021-9-24 | 2021-9-29 | 2021-11-1 | 制定 |
| 宁夏回族自治区见义勇为人员奖励和保护条例 | 2021年9月24日宁夏回族自治区第十二届人民代表大会常务委员会第二十九次会议修改 | 2021-9-24 | 2021-9-29 | 2021-11-1 | 修改 |
| 宁夏回族自治区公证条例 | 2021年9月24日宁夏回族自治区第十二届人民代表大会常务委员会第二十九次会议修改 | 2021-9-24 | 2021-9-29 | 2021-11-1 | 修改 |
| 银川市市政设施管理条例 | 2021年2月25日银川市第十五届人民代表大会常务委员会第三十六次会议修改，2021年9月24日宁夏回族自治区第十二届人民代表大会常务委员会第二十九次会议批准修改 | 2021-9-26 | 2021-9-29 | 2021-11-1 | 修改 |
| 石嘴山市物业管理条例 | 2021年7月30日石嘴山市第十四届人民代表大会常务委员会第三十三次会议通过，2021年9月24日宁夏回族自治区第十二届人民代表大会常务委员会第二十九次会议批准 | 2021-9-26 | 2021-9-29 | 2021-11-1 | 制定 |

续表

| 法规名称 | 通过或批准时间 | 公布时间 | 报备时间 | 施行时间 | 立法形式 |
|---|---|---|---|---|---|
| 银川市建筑工地公共卫生管理条例 | 2021 年 9 月 7 日银川市第十五届人民代表大会常务委员会第三十九次会议废止，2021 年 9 月 24 日宁夏回族自治区第十二届人民代表大会常务委员会第二十九次会议批准废止 | 2021-9-26 | 2021-9-29 | 2021-9-26 | 废止 |
| 银川市学生校外就餐休息场所卫生管理条例 | 2021 年 9 月 7 日银川市第十五届人民代表大会常务委员会第三十九次会议修改，2021 年 9 月 24 日宁夏回族自治区第十二届人民代表大会常务委员会第二十九次会议批准修改 | 2021-9-28 | 2021-9-29 | 2021-9-28 | 修改 |
| 银川市公共餐饮具卫生管理条例 | 2021 年 9 月 7 日银川市第十五届人民代表大会常务委员会第三十九次会议修改，2021 年 9 月 24 日宁夏回族自治区第十二届人民代表大会常务委员会第二十九次会议批准修改 | 2021-9-28 | 2021-9-29 | 2021-9-28 | 修改 |
| 银川市城乡规划条例 | 2021 年 9 月 7 日银川市第十五届人民代表大会常务委员会第三十九次会议修改，2021 年 9 月 24 日宁夏回族自治区第十二届人民代表大会常务委员会第二十九次会议批准修改 | 2021-9-28 | 2021-9-29 | 2021-9-28 | 修改 |
| 银川市历史文化名城保护条例 | 2021 年 9 月 7 日银川市第十五届人民代表大会常务委员会第三十九次会议修改，2021 年 9 月 24 日宁夏回族自治区第十二届人民代表大会常务委员会第二十九次会议批准修改 | 2021-9-28 | 2021-9-29 | 2021-9-28 | 修改 |
| 银川市旅游促进条例 | 2021 年 9 月 7 日银川市第十五届人民代表大会常务委员会第三十九次会议修改，2021 年 9 月 24 日宁夏回族自治区第十二届人民代表大会常务委员会第二十九次会议批准修改 | 2021-9-28 | 2021-9-29 | 2021-9-28 | 修改 |
| 银川市餐饮服务业环境污染防治条例 | 2021 年 9 月 7 日银川市第十五届人民代表大会常务委员会第三十九次会议修改，2021 年 9 月 24 日宁夏回族自治区第十二届人民代表大会常务委员会第二十九次会议批准修改 | 2021-9-28 | 2021-9-29 | 2021-9-28 | 修改 |
| 宁夏回族自治区长城保护条例 | 2021 年 11 月 30 日宁夏回族自治区第十二届人民代表大会常务委员会第三十次会议通过 | 2021-11-30 | 2021-12-10 | 2022-1-1 | 制定 |
| 宁夏回族自治区行政执法监督条例 | 2021 年 11 月 30 日宁夏回族自治区第十二届人民代表大会常务委员会第三十次会议修改 | 2021-11-30 | 2021-12-10 | 2021-11-30 | 修改 |
| 宁夏回族自治区测绘管理条例 | 2021 年 11 月 30 日宁夏回族自治区第十二届人民代表大会常务委员会第三十次会议修改 | 2021-11-30 | 2021-12-10 | 2021-11-30 | 修改 |
| 宁夏回族自治区实施《中华人民共和国农业技术推广法》办法 | 2021 年 11 月 30 日宁夏回族自治区第十二届人民代表大会常务委员会第三十次会议修改 | 2021-11-30 | 2021-12-10 | 2021-11-30 | 修改 |
| 宁夏回族自治区动物防疫条例 | 2021 年 11 月 30 日宁夏回族自治区第十二届人民代表大会常务委员会第三十次会议修改 | 2021-11-30 | 2021-12-10 | 2021-11-30 | 修改 |

续表

| 法规名称 | 通过或批准时间 | 公布时间 | 报备时间 | 施行时间 | 立法形式 |
|---|---|---|---|---|---|
| 宁夏回族自治区人口与计划生育条例 | 2021年11月30日宁夏回族自治区第十二届人民代表大会常务委员会第三十次会议修改 | 2021-11-30 | 2021-12-10 | 2021-11-30 | 修改 |
| 银川市生活垃圾分类管理条例 | 2021年11月5日银川市第十五届人民代表大会常务委员会第四十次会议通过,2021年11月30日宁夏回族自治区第十二届人民代表大会常务委员会第三十次会议批准 | 2021-12-2 | 2021-12-10 | 2022-1-1 | 制定 |
| 银川市城市生活垃圾分类管理条例 | 在《银川市生活垃圾分类管理条例》中被明文予以废止 | 2021-12-2 | 2021-12-10 | 2022-1-1 | 文中废止 |
| 固原市城市环境卫生管理条例 | 2021年9月9日固原市第四届人民代表大会常务委员会第三十八次会议修改,2021年11月30日宁夏回族自治区第十二届人民代表大会常务委员会第三十次会议批准修改 | 2021-12-3 | 2021-12-10 | 2021-12-3 | 修改 |

# 新疆维吾尔自治区地方性法规目录

（32件）

| 法规名称 | 通过或批准时间 | 公布时间 | 报备时间 | 施行时间 | 立法形式 |
|---|---|---|---|---|---|
| 新疆维吾尔自治区民族团结进步模范区创建条例 | 2021年2月5日新疆维吾尔自治区第十三届人民代表大会第四次会议通过 | 2021-2-5 | 2021-3-1 | 2021-3-1 | 制定 |
| 新疆维吾尔自治区社会科学普及条例 | 2021年3月25日新疆维吾尔自治区第十三届人民代表大会常务委员会第二十四次会议通过 | 2021-3-25 | 2021-4-15 | 2021-7-1 | 制定 |
| 新疆维吾尔自治区县级以下人民代表大会代表直接选举实施细则 | 2021年3月25日新疆维吾尔自治区第十三届人民代表大会常务委员会第二十四次会议修改 | 2021-3-25 | 2021-4-15 | 2021-3-25 | 修改 |
| 巴音郭楞蒙古自治州红枣产业促进条例 | 2020年9月28日巴音郭楞蒙古自治州第十四届人民代表大会常务委员会第二十六次会议通过,2021年3月25日新疆维吾尔自治区第十三届人民代表大会常务委员会第二十四次会议批准 | 2021-4-8 | 2021-5-6 | 2021-4-15 | 制定 |
| 昌吉回族自治州全域旅游促进条例 | 2020年12月28日昌吉回族自治州第十五届人民代表大会常务委员会第三十四次会议通过,2021年3月25日新疆维吾尔自治区第十三届人民代表大会常务委员会第二十四次会议批准 | 2021-4-30 | 2021-5-25 | 2021-5-1 | 制定 |
| 昌吉回族自治州旅游条例 | 在《昌吉回族自治州全域旅游促进条例》中被明文予以废止 | 2021-4-30 | 2021-5-25 | 2021-5-1 | 文中废止 |
| 乌鲁木齐市人民代表大会代表议案处理办法 | 2021年1月14日乌鲁木齐市第十六届人民代表大会第五次会议通过,2021年3月25日新疆维吾尔自治区第十三届人民代表大会常务委员会第二十四次会议批准 | 2021-6-2 | 2021-6-8 | 2021-6-10 | 制定 |

续表

| 法规名称 | 通过或批准时间 | 公布时间 | 报备时间 | 施行时间 | 立法形式 |
|---|---|---|---|---|---|
| 乌鲁木齐市人民代表大会议案和建议、批评、意见办理规定 | 在《乌鲁木齐市人民代表大会代表议案处理办法》中被明文予以废止 | 2021-6-2 | 2021-6-8 | 2021-6-10 | 文中废止 |
| 乌鲁木齐市人民代表大会代表建议、批评、意见办理规则 | 2021年1月14日乌鲁木齐市第十六届人民代表大会第五次会议通过，2021年3月25日新疆维吾尔自治区第十三届人民代表大会常务委员会第二十四次会议批准 | 2021-6-2 | 2021-6-8 | 2021-6-10 | 制定 |
| 新疆维吾尔自治区旅游促进条例 | 2021年5月27日新疆维吾尔自治区第十三届人民代表大会常务委员会第二十五次会议通过 | 2021-5-27 | 2021-6-18 | 2021-7-1 | 制定 |
| 新疆维吾尔自治区旅游条例 | 在《新疆维吾尔自治区旅游促进条例》中被明文予以废止 | 2021-5-27 | 2021-6-18 | 2021-7-1 | 文中废止 |
| 新疆维吾尔自治区法治宣传教育条例 | 2021年5月27日新疆维吾尔自治区第十三届人民代表大会常务委员会第二十五次会议通过 | 2021-5-27 | 2021-6-18 | 2021-7-1 | 制定 |
| 新疆维吾尔自治区法制宣传教育条例 | 在《新疆维吾尔自治区法治宣传教育条例》中被明文予以废止 | 2021-5-27 | 2021-6-18 | 2021-7-1 | 文中废止 |
| 新疆维吾尔自治区实施《中华人民共和国农村土地承包法》办法 | 2021年5月27日新疆维吾尔自治区第十三届人民代表大会常务委员会第二十五次会议修改 | 2021-5-27 | 2021-6-18 | 2021-10-1 | 修改 |
| 巴音郭楞蒙古自治州燃气管理条例 | 2021年2月9日巴音郭楞蒙古自治州第十四届人民代表大会常务委员会第二十九次会议通过，2021年5月27日新疆维吾尔自治区第十三届人民代表大会常务委员会第二十五次会议批准 | 2021-6-8 | 2021-6-18 | 2021-7-1 | 制定 |
| 乌鲁木齐市大气污染防治条例 | 2021年4月20日乌鲁木齐市第十六届人民代表大会常务委员会第三十六次会议修改，2021年5月27日新疆维吾尔自治区第十三届人民代表大会常务委员会第二十五次会议批准修改 | 2021-6-9 | 2021-6-30 | 2021-7-1 | 修改 |
| 乌鲁木齐市畜禽屠宰和肉品流通管理条例 | 2021年4月20日乌鲁木齐市第十六届人民代表大会常务委员会第三十六次会议废止，2021年5月27日新疆维吾尔自治区第十三届人民代表大会常务委员会第二十五次会议批准废止 | 2021-6-9 | 2021-6-30 | 2021-6-9 | 废止 |
| 乌鲁木齐市社会治安综合治理若干规定 | 2021年4月20日乌鲁木齐市第十六届人民代表大会常务委员会第三十六次会议废止，2021年5月27日新疆维吾尔自治区第十三届人民代表大会常务委员会第二十五次会议批准废止 | 2021-6-9 | 2021-6-30 | 2021-6-9 | 废止 |
| 乌鲁木齐市预防职务犯罪条例 | 2021年4月20日乌鲁木齐市第十六届人民代表大会常务委员会第三十六次会议废止，2021年5月27日新疆维吾尔自治区第十三届人民代表大会常务委员会第二十五次会议批准废止 | 2021-6-9 | 2021-6-30 | 2021-6-9 | 废止 |

续表

| 法规名称 | 通过或批准时间 | 公布时间 | 报备时间 | 施行时间 | 立法形式 |
|---|---|---|---|---|---|
| 木垒哈萨克自治县鹰嘴豆产业促进条例 | 2021年1月31日木垒哈萨克自治县第十七届人民代表大会第六次会议通过，2021年5月27日新疆维吾尔自治区第十三届人民代表大会常务委员会第二十五次会议批准 | 2021-6-17 | 2021-6-18 | 2021-8-1 | 制定 |
| 昌吉回族自治州优质农产品生产条例 | 2020年12月28日昌吉回族自治州第十五届人民代表大会常务委员会第三十四次会议通过,2021年5月27日新疆维吾尔自治区第十三届人民代表大会常务委员会第二十五次会议批准 | 2021-6-29 | 2021-6-30 | 2021-7-1 | 制定 |
| 新疆维吾尔自治区人民代表大会常务委员会关于在全疆公民中开展第八个五年法治宣传教育的决议 | 2021年7月28日新疆维吾尔自治区第十三届人民代表大会常务委员会第二十七次会议通过 | 2021-7-28 | 2021-8-6 | 2021-7-28 | 制定 |
| 新疆维吾尔自治区人民代表大会常务委员会关于自治区契税具体适用税率和免征办法的决定 | 2021年7月28日新疆维吾尔自治区第十三届人民代表大会常务委员会第二十七次会议通过 | 2021-7-28 | 2021-8-6 | 2021-9-1 | 制定 |
| 新疆维吾尔自治区实施《中华人民共和国测绘法》办法 | 2021年7月28日新疆维吾尔自治区第十三届人民代表大会常务委员会第二十七次会议修改 | 2021-7-28 | 2021-8-6 | 2021-10-1 | 修改 |
| 克拉玛依市区人民代表大会常务委员会街道工作委员会工作条例 | 2021年6月24日克拉玛依市第十四届人民代表大会常务委员会第三十六次会议通过,2021年7月28日新疆维吾尔自治区第十三届人民代表大会常务委员会第二十七次会议批准 | 2021-8-13 | 2021-8-27 | 2021-9-1 | 制定 |
| 新疆维吾尔自治区警务辅助人员管理条例 | 2021年9月28日新疆维吾尔自治区第十三届人民代表大会常务委员会第二十八次会议通过 | 2021-9-28 | 2021-10-12 | 2021-11-1 | 制定 |
| 新疆维吾尔自治区促进政务服务便利化条例 | 2021年9月28日新疆维吾尔自治区第十三届人民代表大会常务委员会第二十八次会议通过 | 2021-9-28 | 2021-10-12 | 2021-11-1 | 制定 |
| 新疆维吾尔自治区平安建设条例 | 2021年9月28日新疆维吾尔自治区第十三届人民代表大会常务委员会第二十八次会议通过 | 2021-9-28 | 2021-10-12 | 2022-1-1 | 制定 |
| 新疆维吾尔自治区社会治安综合治理条例 | 在《新疆维吾尔自治区平安建设条例》中被明文予以废止 | 2021-9-28 | 2021-10-12 | 2022-1-1 | 文中废止 |
| 乌鲁木齐市突发公共卫生事件应急条例 | 2021年7月9日乌鲁木齐市第十六届人民代表大会常务委员会第三十八次会议通过,2021年9月28日新疆维吾尔自治区第十三届人民代表大会常务委员会第二十八次会议批准 | 2021-10-20 | 2021-10-28 | 2021-11-1 | 制定 |
| 乌鲁木齐市房屋租赁管理条例 | 2021年7月9日乌鲁木齐市第十六届人民代表大会常务委员会第三十八次会议废止,2021年9月28日新疆维吾尔自治区第十三届人民代表大会常务委员会第二十八次会议批准废止 | 2021-10-20 | 2021-10-28 | 2021-10-20 | 废止 |

续表

| 法规名称 | 通过或批准时间 | 公布时间 | 报备时间 | 施行时间 | 立法形式 |
|---|---|---|---|---|---|
| 乌鲁木齐市外商投资企业工会条例 | 2021 年 7 月 9 日乌鲁木齐市第十六届人民代表大会常务委员会第三十八次会议废止,2021 年 9 月 28 日新疆维吾尔自治区第十三届人民代表大会常务委员会第二十八次会议批准废止 | 2021-10-20 | 2021-10-28 | 2021-10-20 | 废止 |
| 乌鲁木齐市人民警察巡察条例 | 2021 年 8 月 17 日乌鲁木齐市第十六届人民代表大会常务委员会第三十九次会议废止,2021 年 9 月 28 日新疆维吾尔自治区第十三届人民代表大会常务委员会第二十八次会议批准废止 | 2021-10-20 | 2021-10-28 | 2021-10-20 | 废止 |
| 哈密市城市供热用热管理条例 | 2021 年 8 月 24 日哈密市第一届人民代表大会常务委员会第二十七次会议通过,2021 年 9 月 28 日新疆维吾尔自治区第十三届人民代表大会常务委员会第二十八次会议批准 | 2021-11-8 | 2021-11-11 | 2022-6-1 | 制定 |
| 塔什库尔干塔吉克自治县旅游促进条例 | 2021 年 9 月 10 日塔什库尔干塔吉克自治县第十七届人民代表大会第一次会议通过,2021 年 11 月 27 日新疆维吾尔自治区第十三届人民代表大会常务委员会第三十次会议批准 | 2021-12-10 | 2021-12-28 | 2022-1-1 | 制定 |
| 克拉玛依市养犬管理条例 | 2021 年 10 月 28 日克拉玛依市第十四届人民代表大会常务委员会第三十九次会议修改,2021 年 11 月 27 日新疆维吾尔自治区第十三届人民代表大会常务委员会第三十次会议批准修改 | 2021-12-13 | 2021-12-28 | 2022-4-1 | 修改 |
| 吐鲁番市城乡环境卫生管理条例 | 2021 年 9 月 13 日吐鲁番市第一届人民代表大会常务委员会第四十五次会议通过,2021 年 11 月 27 日新疆维吾尔自治区第十三届人民代表大会常务委员会第三十次会议批准 | 2021-12-20 | 2021-12-28 | 2022-3-1 | 制定 |

# 深圳经济特区法规目录

（14 件）

| 法规名称 | 通过或批准时间 | 公布时间 | 报备时间 | 施行时间 | 立法形式 |
|---|---|---|---|---|---|
| 深圳经济特区互联网租赁自行车管理若干规定 | 2021 年 6 月 29 日深圳市第七届人民代表大会常务委员会第二次会议通过 | 2021-7-6 | 2021-7-20 | 2021-8-1 | 制定 |
| 深圳经济特区生态环境保护条例 | 2021 年 6 月 29 日深圳市第七届人民代表大会常务委员会第二次会议通过 | 2021-7-6 | 2021-7-20 | 2021-9-1 | 制定 |
| 深圳经济特区环境保护条例 | 在《深圳经济特区生态环境保护条例》中被明文予以废止 | 2021-7-6 | 2021-7-20 | 2021-9-1 | 文中废止 |
| 深圳经济特区无障碍城市建设条例 | 2021 年 6 月 29 日深圳市第七届人民代表大会常务委员会第二次会议通过 | 2021-7-6 | 2021-7-20 | 2021-9-1 | 制定 |
| 深圳经济特区出租汽车管理条例 | 2021 年 6 月 29 日深圳市第七届人民代表大会常务委员会第二次会议通过 | 2021-7-6 | 2021-7-20 | 2021-9-1 | 制定 |

续表

| 法规名称 | 通过或批准时间 | 公布时间 | 报备时间 | 施行时间 | 立法形式 |
| --- | --- | --- | --- | --- | --- |
| 深圳经济特区出租小汽车管理条例 | 在《深圳经济特区出租汽车管理条例》中被明文予以废止 | 2021-7-6 | 2021-7-20 | 2021-9-1 | 文中废止 |
| 深圳经济特区数据条例 | 2021年6月29日深圳市第七届人民代表大会常务委员会第二次会议通过 | 2021-7-6 | 2021-7-20 | 2022-1-1 | 制定 |
| 深圳经济特区职业技能鉴定条例 | 2021年6月29日深圳市第七届人民代表大会常务委员会第二次会议修改 | 2021-7-6 | 2021-7-20 | 2021-7-6 | 修改 |
| 深圳经济特区社会养老保险条例 | 2021年6月29日深圳市第七届人民代表大会常务委员会第二次会议修改 | 2021-7-6 | 2021-7-20 | 2021-8-1 | 修改 |
| 深圳经济特区城市管理综合执法条例 | 2021年6月29日深圳市第七届人民代表大会常务委员会第二次会议修改 | 2021-7-6 | 2021-7-20 | 2021-9-1 | 修改 |
| 深圳经济特区规划土地监察条例 | 2021年6月29日深圳市第七届人民代表大会常务委员会第二次会议修改 | 2021-7-6 | 2021-7-20 | 2021-9-1 | 修改 |
| 深圳经济特区道路交通安全管理条例 | 2021年10月30日深圳市第七届人民代表大会常务委员会第五次会议修改 | 2021-10-30 | 2021-11-17 | 2021-10-30 | 修改 |
| 深圳市城市规划条例 | 2021年10月30日深圳市第七届人民代表大会常务委员会第五次会议修改 | 2021-10-30 | 2021-11-17 | 2021-10-30 | 修改 |
| 深圳经济特区土地使用权出让条例 | 2021年10月30日深圳市第七届人民代表大会常务委员会第五次会议修改 | 2021-10-30 | 2021-11-17 | 2021-10-30 | 修改 |
| 深圳经济特区房地产登记条例 | 2021年10月30日深圳市第七届人民代表大会常务委员会第五次会议修改 | 2021-10-30 | 2021-11-17 | 2021-10-30 | 修改 |
| 深圳经济特区政府投资项目管理条例 | 2021年10月30日深圳市第七届人民代表大会常务委员会第五次会议修改 | 2021-10-30 | 2021-11-17 | 2021-11-1 | 修改 |

# 珠海经济特区法规目录

（10件）

| 法规名称 | 通过或批准时间 | 公布时间 | 报备时间 | 施行时间 | 立法形式 |
| --- | --- | --- | --- | --- | --- |
| 珠海经济特区排水管理条例 | 2020年11月27日珠海市第九届人民代表大会常务委员会第三十四次会议通过 | 2021-2-7 | 2021-2-22 | 2021-3-1 | 制定 |
| 珠海市人民代表大会常务委员会关于镇街综合行政执法的决定 | 2021年3月31日珠海市第九届人民代表大会常务委员会第三十八次会议通过 | 2021-3-31 | 2021-4-2 | 2021-3-31 | 制定 |
| 珠海国际仲裁院条例 | 2021年3月31日珠海市第九届人民代表大会常务委员会第三十八次会议通过 | 2021-3-31 | 2021-4-6 | 2021-5-1 | 制定 |
| 珠海市渔港管理条例 | 2021年5月26日珠海市第九届人民代表大会常务委员会第四十次会议修改 | 2021-6-2 | 2021-6-2 | 2021-6-2 | 修改 |
| 珠海经济特区科技创新促进条例 | 2021年5月26日珠海市第九届人民代表大会常务委员会第四十次会议修改 | 2021-6-2 | 2021-6-4 | 2021-8-1 | 修改 |

续表

| 法规名称 | 通过或批准时间 | 公布时间 | 报备时间 | 施行时间 | 立法形式 |
| --- | --- | --- | --- | --- | --- |
| 珠海经济特区停车场建设与管理条例 | 2021 年 5 月 26 日珠海市第九届人民代表大会常务委员会第四十次会议通过 | 2021-6-7 | 2021-6-7 | 2021-9-1 | 制定 |
| 珠海经济特区物业管理条例 | 2021 年 9 月 27 日珠海市第九届人民代表大会常务委员会第四十三次会议修改 | 2021-10-8 | 2021-10-13 | 2021-10-8 | 修改 |
| 珠海经济特区见义勇为人员奖励和保障条例 | 2021 年 9 月 27 日珠海市第九届人民代表大会常务委员会第四十三次会议修改 | 2021-10-8 | 2021-10-13 | 2021-10-8 | 修改 |
| 珠海经济特区旅游条例 | 2021 年 9 月 27 日珠海市第九届人民代表大会常务委员会第四十三次会议修改 | 2021-10-8 | 2021-10-13 | 2021-10-8 | 修改 |
| 珠海经济特区突发公共卫生事件应急条例 | 2021 年 9 月 27 日珠海市第九届人民代表大会常务委员会第四十三次会议通过 | 2021-10-9 | 2021-10-12 | 2021-12-1 | 制定 |

# 汕头经济特区法规目录

（9 件）

| 法规名称 | 通过或批准时间 | 公布时间 | 报备时间 | 施行时间 | 立法形式 |
| --- | --- | --- | --- | --- | --- |
| 汕头经济特区行政复议条例 | 2021 年 6 月 2 日汕头市第十四届人民代表大会常务委员会第五十一次会议修改 | 2021-6-2 | 2021-6-3 | 2021-6-2 | 修改 |
| 汕头经济特区生活垃圾分类管理条例 | 2021 年 6 月 30 日汕头市第十四届人民代表大会常务委员会第五十二次会议通过 | 2021-6-30 | 2021-7-1 | 2021-9-1 | 制定 |
| 汕头经济特区优化营商环境条例 | 2021 年 9 月 28 日汕头市第十四届人民代表大会常务委员会第五十六次会议通过 | 2021-9-28 | 2021-9-30 | 2021-11-1 | 制定 |
| 汕头综合保税区条例 | 2021 年 9 月 28 日汕头市第十四届人民代表大会常务委员会第五十六次会议通过 | 2021-9-28 | 2021-9-30 | 2021-11-1 | 制定 |
| 汕头华侨经济文化合作试验区条例 | 2021 年 9 月 28 日汕头市第十四届人民代表大会常务委员会第五十六次会议通过 | 2021-9-28 | 2021-9-30 | 2021-11-1 | 制定 |
| 汕头市人民代表大会常务委员会关于华侨经济文化合作试验区行政管理有关事项的决定 | 在《汕头华侨经济文化合作试验区条例》中被明文予以废止 | 2021-9-28 | 2021-9-30 | 2021-11-1 | 文中废止 |
| 汕头市人民代表大会常务委员会关于调整《汕头市人民代表大会常务委员会关于促进和保障第三届亚洲青年运动会筹备和举办工作的决定》实施期限的决定 | 2021 年 9 月 28 日汕头市第十四届人民代表大会常务委员会第五十六次会议修改 | 2021-9-28 | 2021-9-30 | 2021-9-28 | 修改 |
| 汕头高新技术产业开发区条例 | 2021 年 11 月 1 日汕头市第十四届人民代表大会常务委员会第五十七次会议通过 | 2021-11-1 | 2021-11-11 | 2021-11-1 | 制定 |
| 汕头经济特区预防与化解纠纷促进条例 | 2021 年 11 月 22 日汕头市第十四届人民代表大会常务委员会第五十八次会议通过 | 2021-11-22 | 2021-11-26 | 2022-1-1 | 制定 |
| 汕头经济特区跨境电子商务促进条例 | 2021 年 11 月 22 日汕头市第十四届人民代表大会常务委员会第五十八次会议通过 | 2021-11-22 | 2021-11-26 | 2022-1-1 | 制定 |

# 厦门经济特区法规目录

（11 件）

| 法规名称 | 通过或批准时间 | 公布时间 | 报备时间 | 施行时间 | 立法形式 |
|---|---|---|---|---|---|
| 厦门经济特区城市综合管理条例 | 2021 年 2 月 26 日厦门市第十五届人民代表大会常务委员会第四十一次会议通过 | 2021-2-26 | 2021-3-15 | 2021-5-1 | 制定 |
| 厦门市人民代表大会常务委员会关于深入开展爱国卫生运动的决定 | 2021 年 4 月 23 日厦门市第十五届人民代表大会常务委员会第四十二次会议通过 | 2021-4-26 | 2021-5-6 | 2021-4-26 | 制定 |
| 厦门经济特区公共资源市场配置监管条例 | 2021 年 6 月 24 日厦门市第十五届人民代表大会常务委员会第四十三次会议废止 | 2021-6-24 | 2021-7-9 | 2021-6-24 | 废止 |
| 厦门经济特区老年人权益保障规定 | 2021 年 6 月 24 日厦门市第十五届人民代表大会常务委员会第四十三次会议通过 | 2021-6-24 | 2021-7-14 | 2021-7-1 | 制定 |
| 厦门经济特区实施《中华人民共和国老年人权益保障法》若干规定 | 在《厦门经济特区老年人权益保障规定》中被明文予以废止 | 2021-6-24 | 2021-7-14 | 2021-7-1 | 文中废止 |
| 厦门经济特区公共法律服务条例 | 2021 年 8 月 26 日厦门市第十五届人民代表大会常务委员会第四十五次会议通过 | 2021-8-26 | 2021-9-22 | 2021-10-1 | 制定 |
| 厦门市荣誉市民称号授予办法 | 2021 年 8 月 26 日厦门市第十五届人民代表大会常务委员会第四十五次会议修改 | 2021-9-1 | 2021-9-6 | 2021-9-1 | 修改 |
| 厦门经济特区城镇房屋管理条例 | 2021 年 8 月 26 日厦门市第十五届人民代表大会常务委员会第四十五次会议废止 | 2021-9-1 | 2021-9-6 | 2021-9-1 | 废止 |
| 厦门经济特区生态文明建设条例 | 2021 年 10 月 26 日厦门市第十五届人民代表大会常务委员会第四十六次会议修改 | 2021-10-27 | 2021-11-8 | 2021-10-27 | 修改 |
| 厦门经济特区养犬管理办法 | 2021 年 12 月 9 日厦门市第十五届人民代表大会常务委员会第四十七次会议修改 | 2021-12-9 | 2021-12-20 | 2022-5-1 | 修改 |
| 厦门经济特区优化营商环境条例 | 2021 年 12 月 31 日厦门市第十五届人民代表大会常务委员会第四十八次会议通过 | 2021-12-31 | 2022-1-15 | 2022-3-1 | 制定 |
| 厦门经济特区促进科技创新若干规定 | 2021 年 12 月 31 日厦门市第十五届人民代表大会常务委员会第四十八次会议通过 | 2021-12-31 | 2022-1-15 | 2022-3-1 | 制定 |

# 司法解释备案目录

（27 件）

| 名称 | 通过情况 | 公布时间 | 报备时间 | 施行时间 | 立法形式 |
|---|---|---|---|---|---|
| 最高人民法院关于审理银行卡民事纠纷案件若干问题的规定（法释〔2021〕10 号） | 2019 年 12 月 2 日最高人民法院审判委员会第 1785 次会议通过 | 2021-5-24 | 2021-6-1 | 2021-5-25 | 制定 |

续表

| 名称 | 通过情况 | 公布时间 | 报备时间 | 施行时间 | 立法形式 |
|---|---|---|---|---|---|
| 最高人民法院关于适用《中华人民共和国刑事诉讼法》的解释(法释〔2021〕1 号) | 2020 年 12 月 7 日最高人民法院审判委员会第 1820 次会议通过 | 2021-1-26 | 2021-2-8 | 2021-3-1 | 修改 |
| 最高人民法院、最高人民检察院关于办理窝藏、包庇刑事案件适用法律若干问题的解释(法释〔2021〕16 号) | 2020 年 3 月 2 日最高人民法院审判委员会第 1794 次会议、2020 年 12 月 28 日最高人民检察院第十三届检察委员会第五十八次会议通过 | 2021-8-9 | 2021-8-16 | 2021-8-11 | 制定 |
| 最高人民法院关于审理侵害知识产权民事案件适用惩罚性赔偿的解释(法释〔2021〕4 号) | 2021 年 2 月 7 日最高人民法院审判委员会第 1831 次会议通过 | 2021-3-2 | 2021-3-3 | 2021-3-3 | 制定 |
| 最高人民法院关于审理国家赔偿案件确定精神损害赔偿责任适用法律若干问题的解释(法释〔2021〕3 号) | 2021 年 2 月 7 日最高人民法院审判委员会第 1831 次会议通过 | 2021-3-24 | 2021-3-31 | 2021-4-1 | 制定 |
| 最高人民法院关于正确确定县级以上地方人民政府行政诉讼被告资格若干问题的规定(法释〔2021〕5 号) | 2021 年 2 月 22 日最高人民法院审判委员会第 1832 次会议通过 | 2021-3-25 | 2021-3-29 | 2021-4-1 | 制定 |
| 最高人民法院、最高人民检察院关于执行《中华人民共和国刑法》确定罪名的补充规定(七)(法释〔2021〕2 号) | 2021 年 2 月 22 日最高人民法院审判委员会第 1832 次会议、2021 年 2 月 26 日最高人民检察院第十三届检察委员会第六十三次会议通过 | 2021-2-26 | 2021-3-31 | 2021-3-1 | 制定 |
| 最高人民法院关于北京金融法院案件管辖的规定(法释〔2021〕7 号) | 2021 年 3 月 1 日最高人民法院审判委员会第 1833 次会议通过 | 2021-3-16 | 2021-3-4 | 2021-3-16 | 制定 |
| 最高人民法院关于办理行政申请再审案件若干问题的规定(法释〔2021〕6 号) | 2021 年 3 月 1 日最高人民法院审判委员会第 1833 次会议通过 | 2021-3-25 | 2021-3-29 | 2021-4-1 | 制定 |
| 最高人民法院关于上海金融法院案件管辖的规定(法释〔2021〕9 号) | 2021 年 3 月 1 日最高人民法院审判委员会第 1833 次会议通过 | 2021-4-21 | 2021-4-23 | 2021-4-22 | 修改 |
| 最高人民法院关于审理掩饰、隐瞒犯罪所得、犯罪所得收益刑事案件适用法律若干问题的解释(法释〔2021〕8 号) | 2021 年 4 月 7 日最高人民法院审判委员会第 1835 次会议通过 | 2021-4-13 | 2021-4-15 | 2021-4-15 | 修改 |
| 人民法院在线诉讼规则(法释〔2021〕12 号) | 2021 年 5 月 18 日最高人民法院审判委员会第 1838 次会议通过 | 2021-6-16 | 2021-6-17 | 2021-8-1 | 制定 |
| 最高人民法院关于审理申请注册的药品相关的专利权纠纷民事案件适用法律若干问题的规定(法释〔2021〕13 号) | 2021 年 5 月 24 日最高人民法院审判委员会第 1839 次会议通过 | 2021-7-4 | 2021-7-5 | 2021-7-5 | 制定 |
| 最高人民法院关于知识产权侵权诉讼中被告以原告滥用权利为由请求赔偿合理开支问题的批复(法释〔2021〕11 号) | 2021 年 5 月 31 日最高人民法院审判委员会第 1840 次会议通过 | 2021-6-3 | 2021-6-4 | 2021-6-3 | 制定 |
| 最高人民法院关于审理使用人脸识别技术处理个人信息相关民事案件适用法律若干问题的规定(法释〔2021〕15 号) | 2021 年 6 月 8 日最高人民法院审判委员会第 1841 次会议通过 | 2021-7-27 | 2021-7-28 | 2021-8-1 | 制定 |
| 最高人民法院关于审理侵害植物新品种权纠纷案件具体应用法律问题的若干规定(二)(法释〔2021〕14 号) | 2021 年 6 月 29 日最高人民法院审判委员会第 1843 次会议通过 | 2021-7-5 | 2021-7-6 | 2021-7-7 | 制定 |
| 最高人民法院关于人民法院司法拍卖房产竞买人资格若干问题的规定(法释〔2021〕18 号) | 2021 年 9 月 16 日最高人民法院审判委员会第 1846 次会议通过 | 2021-12-17 | 2021-12-31 | 2022-1-1 | 制定 |

续表

| 名称 | 通过情况 | 公布时间 | 报备时间 | 施行时间 | 立法形式 |
|---|---|---|---|---|---|
| 最高人民法院关于审理食品药品纠纷案件适用法律若干问题的规定(法释〔2021〕17号) | 2021年11月15日最高人民法院审判委员会第1850次会议通过 | 2021-11-18 | 2021-12-8 | 2021-12-1 | 修改 |
| 最高人民法院关于人民法院强制执行股权若干问题的规定(法释〔2021〕20号) | 2021年11月15日最高人民法院审判委员会第1850次会议通过 | 2021-12-20 | 2021-12-31 | 2022-1-1 | 制定 |
| 最高人民法院关于仲裁司法审查案件报核问题的有关规定(法释〔2021〕21号) | 2021年11月15日最高人民法院审判委员会第1850次会议通过 | 2021-12-24 | 2021-12-31 | 2022-1-1 | 修改 |
| 最高人民法院关于审理铁路运输人身损害赔偿纠纷案件适用法律若干问题的解释(法释〔2021〕19号) | 2021年11月24日最高人民法院审判委员会第1853次会议通过 | 2021-12-8 | 2021-12-9 | 2022-1-1 | 修改 |
| 最高人民法院关于生态环境侵权案件适用禁止令保全措施的若干规定(法释〔2021〕22号) | 2021年11月29日最高人民法院审判委员会第1854次会议通过 | 2021-12-27 | 2021-12-31 | 2022-1-1 | 制定 |
| 人民法院在线调解规则(法释〔2021〕23号) | 2021年12月27日最高人民法院审判委员会第1859次会议通过 | 2021-12-30 | 2022-1-5 | 2022-1-1 | 制定 |
| 最高人民法院、最高人民检察院关于办理危害食品安全刑事案件适用法律若干问题的解释(法释〔2021〕24号) | 2021年12月13日最高人民法院审判委员会第1856次会议、2021年12月29日最高人民检察院第十三届检察委员会第八十四次会议通过 | 2021-12-30 | 2022-1-6 | 2022-1-1 | 修改 |
| 人民检察院公益诉讼办案规则(高检发释字〔2021〕2号) | 2020年9月28日最高人民检察院第十三届检察委员会第五十二次会议通过 | 2021-6-29 | 2021-7-23 | 2021-7-1 | 制定 |
| 人民检察院民事诉讼监督规则(高检发释字〔2021〕1号) | 2021年2月9日最高人民检察院第十三届检察委员会第六十二次会议通过 | 2021-6-26 | 2021-7-12 | 2021-8-1 | 制定 |
| 人民检察院民事诉讼监督规则(试行)(高检发释字〔2013〕3号) | 2021年2月9日最高人民检察院第十三届检察委员会第六十二次会议通过 | 2021-6-26 | 2021-7-12 | 2021-8-1 | 文中废止 |
| 人民检察院行政诉讼监督规则(高检发释字〔2021〕3号) | 2021年4月8日最高人民检察院第十三届检察委员会第六十五次会议通过 | 2021-7-27 | 2021-8-16 | 2021-9-1 | 制定 |
| 人民检察院行政诉讼监督规则(试行)(高检发释字〔2016〕1号) | 2021年4月8日最高人民检察院第十三届检察委员会第六十五次会议通过 | 2021-7-27 | 2021-8-16 | 2021-9-1 | 文中废止 |

# 五、特别行政区报送备案的法律目录

## 香港特别行政区法律目录

（共 42 件）

1.《2021 年仲裁（修订）条例》（2021 年第 1 号条例）

2.《2021 年印花税（修订）条例》（2021 年第 2 号条例）

3.《2021 年性别歧视（修订）条例》（2021 年第 3 号条例）

4.《2021 年雇员补偿（修订）条例》（2021 年第 4 号条例）

5.《2021 年拨款条例》（2021 年第 5 号条例）

6.《2021 年空气污染管制（修订）条例》（2021 年第 6 号条例）

7.《2021 年入境（修订）条例》（2021 年第 7 号条例）

8.《2021 年道路交通（修订）条例》（2021 年第 8 号条例）

9.《2021 年税务（修订）（附带权益的税务宽减）条例》（2021 年第 9 号条例）

10.《2021 年收入（税务宽免）条例》（2021 年第 10 号条例）

11.《内地婚姻家庭案件判决（相互承认及强制执行）条例》（2021 年第 11 号条例）

12.《2021 年水务设施（水务设施规例）（修订）条例》（2021 年第 12 号条例）

13.《2021 年公职（参选及任职）（杂项修订）条例》（2021 年第 13 号条例）

14.《2021 年完善选举制度（综合修订）条例》（2021 年第 14 号条例）

15.《2021 年收入（汽车首次登记税及牌照费）条例》（2021 年第 15 号条例）

16.《2021 年收入（印花税）条例》（2021 年第 16 号条例）

17.《2021 年证券及期货及公司法例（修订）条例》（2021 年第 17 号条例）

18.《2021 年税务（修订）（杂项条文）条例》（2021 年第 18 号条例）

19.《汞管制条例》（2021 年第 19 号条例）

20.《2021 年不停车缴费（杂项修订）条例》（2021 年第 20 号条例）

21.《2021 年雇佣（修订）条例》（2021 年第 21 号条例）

22.《2021 年香港公开大学（修订）条例》（2021 年第 22 号条例）

23.《2021 年有组织及严重罪行（修订）条例》（2021 年第 23 号条例）

24.《2021 年法律执业者（修订）条例》（2021 年第 24 号条例）

25.《2021 年废物处置（都市固体废物收费）（修订）条例》（2021 年第 25 号条例）

26.《2021 年海洋公园公司（修订）条例》（2021 年第 26 号条例）

27.《2021 年立法会（纪律制裁及遥距会议）（杂项修订）条例》（2021 年第 27 号条例）

28.《追加拨款（2020—2021 年度）条例》（2021 年第 28 号条例）

29.《2021 年危险品（杂项修订）条例》（2021 年第 29 号条例）

30.《货物销售（联合国公约）条例》（2021 年第 30 号条例）

31.《2021 年国旗及国徽（修订）条例》（2021 年第 31 号条例）

32.《2021 年个人资料（私隐）（修订）条例》（2021 年第 32 号条例）

33.《2021 年证券及期货（修订）条例》（2021 年第 33 号条例）

34.《2021 年有限合伙基金及商业登记法例（修订）条例》（2021 年第 34 号条例）

35.《2021 年刑事罪行(修订)条例》(2021 年第 35 号条例)

36.《2021 年业主与租客(综合)(修订)条例》(2021 年第 36 号条例)

37.《2021 年医生注册(修订)条例》(2021 年第 37 号条例)

38.《2021 年电讯(修订)条例》(2021 年第 38 号条例)

39.《2021 年吸烟(公众卫生)(修订)条例》(2021 年第 39 号条例)

40.《2021 年强制性公积金计划(修订)条例》(2021 年第 40 号条例)

41.《2021 年财务汇报局(修订)条例》(2021 年第 41 号条例)

42.《2021 年电影检查(修订)条例》(2021 年第 42 号条例)

# 澳门特别行政区法律目录

(共 21 件)

1.《从事科技创新业务企业的税务优惠制度》(第 1/2021 号法律)

2.《修改第 14/2009 号法律〈公务人员职程制度〉》(第 2/2021 号法律)

3.《修改〈2021 年财政年度预算案〉》(第 3/2021 号法律)

4.《修改十一月一日第 67/99/M 号法令核准的〈教育及青年发展局教学人员通则〉》(第 4/2021 号法律)

5.《修改十二月十五日第 122/84/M 号法令〈有关工程、取得财货及服务的开支制度〉》(第 5/2021 号法律)

6.《公共街市管理制度》(第 6/2021 号法律)

7.《修改第 7/2006 号法律〈狱警队伍职程人员通则〉》(第 7/2021 号法律)

8.《酒店业场所业务法》(第 8/2021 号法律)

9.《消费者权益保护法》(第 9/2021 号法律)

10.《修改第 17/2009 号法律〈禁止不法生产、贩卖和吸食麻醉药品及精神药物〉》(第 10/2021 号法律)

11.《中药药事活动及中成药注册法》(第 11/2021号法律)

12.《修改第 5/1999 号法律〈国旗、国徽及国歌的使用及保护〉》(第 12/2021 号法律)

13.《保安部队及保安部门人员通则》(第 13/2021 号法律)

14.《都市建筑法律制度》(第 14/2021 号法律)

15.《楼宇及场地防火安全的法律制度》(第 15/2021 号法律)

16.《澳门特别行政区出入境管控、逗留及居留许可的法律制度》(第 16/2021 号法律)

17.《修改〈2021 年财政年度预算案〉》(第 17/2021 号法律)

18.《修改〈2021 年财政年度预算案〉》(第 18/2021 号法律)

19.《修改八月十二日第 16/96/M 号法律〈车辆使用牌照税〉》(第 19/2021 号法律)

20.《修改第 3/1999 号法律〈法规的公布与格式〉》(第 20/2021 号法律)

21.《2022 年财政年度预算案》(第 21/2021 号法律)

# 人事任免

# 第十三届全国人民代表大会常务委员会第二十五次会议决定任免、批准任免、任免名单

## 全国人民代表大会常务委员会任免名单

（2021年1月22日第十三届全国人民代表大会常务委员会第二十五次会议通过）

一、任命杨万明为最高人民法院第一巡回法庭庭长。

二、免去王旭光的最高人民法院审判委员会委员、环境资源审判庭庭长、审判员职务。

三、免去李惠清（女）的最高人民法院审判员职务。

## 全国人民代表大会常务委员会免职名单

（2021年1月22日第十三届全国人民代表大会常务委员会第二十五次会议通过）

一、免去王守安的最高人民检察院检察委员会委员、检察员职务。

二、免去陈雪芬（女）的最高人民检察院检察员职务。

## 关于驻外大使的任免名单

**2021年2月4日**　中华人民共和国主席习近平根据全国人民代表大会常务委员会的决定任免下列驻外大使：

一、任命蔡润为中华人民共和国驻以色列国特命全权大使。

二、免去王世廷的中华人民共和国驻加纳共和国特命全权大使职务；

任命卢坤为中华人民共和国驻加纳共和国特命全权大使。

三、免去张向晨的中华人民共和国常驻世界贸易组织代表、特命全权大使，常驻联合国日内瓦办事处和瑞士其他国际组织副代表职务；

任命李成钢为中华人民共和国常驻世界贸易组织代表、特命全权大使，兼常驻联合国日内瓦办事处和瑞士其他国际组织副代表。

# 第十三届全国人民代表大会常务委员会第二十六次会议决定任免、批准任免、任免名单

## 全国人民代表大会常务委员会任命名单

（2021年2月28日第十三届全国人民代表大会常务委员会第二十六次会议通过）

一、任命王宁为第十三届全国人民代表大会宪法和法律委员会副主任委员。

二、任命郑卫平为第十三届全国人民代表大会教育科学文化卫生委员会副主任委员。

三、任命赵宗岐为第十三届全国人民代表大会外事委员会副主任委员。

# 中华人民共和国主席令

第七十二号

根据中华人民共和国第十三届全国人民代表大会常务委员会第二十六次会议于 2021 年 2 月 28 日的决定：

免去鄂竟平的水利部部长职务；

任命李国英为水利部部长。

中华人民共和国主席　习近平

2021 年 2 月 28 日

# 全国人民代表大会常务委员会决定任免的名单

（2021 年 2 月 28 日第十三届全国人民代表大会常务委员会第二十六次会议通过）

免去鄂竟平的水利部部长职务；

任命李国英为水利部部长。

# 全国人民代表大会常务委员会任命名单

（2021 年 2 月 28 日第十三届全国人民代表大会常务委员会第二十六次会议通过）

任命喻红秋（女）、傅奎为国家监察委员会副主任。

# 全国人民代表大会常务委员会任免名单

（2021 年 2 月 28 日第十三届全国人民代表大会常务委员会第二十六次会议通过）

一、免去沈亮的最高人民法院刑事审判第一庭庭长职务。

二、任命何莉（女）为最高人民法院刑事审判第一庭庭长，免去其最高人民法院第六巡回法庭副庭长职务。

三、任命刘竹梅（女）为最高人民法院环境资源审判庭庭长。

四、任命于厚森为最高人民法院行政审判庭庭长。

五、任命高晓力（女）为最高人民法院第六巡回法庭副庭长。

六、免去胡仕浩的最高人民法院民事审判第三庭庭长职务。

七、免去黄永维的最高人民法院行政审判庭庭长职务。

八、免去李成玉的最高人民法院第三巡回法庭副庭长职务。

九、免去孔玲（女）的最高人民法院第四巡回法庭副庭长职务。

十、任命何抒为最高人民法院民事审判第一庭副庭长，免去其最高人民法院第三巡回法庭副庭长职务。

十一、任命祝二军为最高人民法院第二巡回法庭副庭长。

十二、任命马岩为最高人民法院第三巡回法庭副庭长。

十三、任命汪国献为最高人民法院第三巡回法庭副庭长，免去其最高人民法院第五巡回法庭副庭长职务。

十四、任命陈宜芳(女)为最高人民法院第四巡回法庭副庭长。

十五、任命王富博为最高人民法院第四巡回法庭副庭长,免去其最高人民法院第二巡回法庭副庭长职务。

十六、任命方文军为最高人民法院第五巡回法庭副庭长。

十七、任命吴兆祥为最高人民法院第六巡回法庭副庭长。

十八、免去包剑平(女)的最高人民法院第四巡回法庭副庭长职务。

十九、免去魏文超的最高人民法院第五巡回法庭副庭长职务。

二十、免去骆电的最高人民法院第六巡回法庭副庭长职务。

二十一、任命黄中华、颜峰、庞敏(女)、梁晓征(女)为最高人民法院审判员。

二十二、免去钱小红(女)、王蓓蓓(女)、刘晓军、凌宗亮的最高人民法院审判员职务。

## 全国人民代表大会常务委员会批准任免的名单

(2021 年 2 月 28 日第十三届全国人民代表大会常务委员会第二十六次会议通过)

一、批准免去敬大力的北京市人民检察院检察长职务。

二、批准免去朱雅频的西藏自治区人民检察院检察长职务;

批准任命朱雅频为北京市人民检察院检察长。

三、批准任命夏克勤为西藏自治区人民检察院检察长。

四、批准免去薛江武(女)的安徽省人民检察院检察长职务;

批准任命陈武为安徽省人民检察院检察长。

五、批准免去王晋的湖北省人民检察院检察长职务;

批准任命王守安为湖北省人民检察院检察长。

六、批准免去崔智友的广西壮族自治区人民检察院检察长职务;

批准任命茅仲华为广西壮族自治区人民检察院检察长。

七、批准免去路志强的海南省人民检察院检察长职务;

批准任命张毅为海南省人民检察院检察长。

八、批准免去杨春雷的陕西省人民检察院检察长职务;

批准任命王旭光为陕西省人民检察院检察长。

## 全国人民代表大会常务委员会决定任免的名单

(2021 年 2 月 28 日第十三届全国人民代表大会常务委员会第二十六次会议通过)

一、免去张利忠的中华人民共和国驻马尔代夫共和国特命全权大使职务。

二、免去王克俭的中华人民共和国驻黎巴嫩共和国特命全权大使职务;

任命钱敏坚为中华人民共和国驻黎巴嫩共和国特命全权大使。

三、免去郑竹强的中华人民共和国驻乌干达共和国特命全权大使职务;

任命张利忠为中华人民共和国驻乌干达共和国特命全权大使。

四、免去朱立英的中华人民共和国驻马里共和国特命全权大使职务。

五、免去孙功谊的中华人民共和国驻毛里求斯共和国特命全权大使职务;

任命朱立英为中华人民共和国驻毛里求斯共和国特命全权大使。

六、任命赵江平(女)为中华人民共和国驻布隆迪共和国特命全权大使。

七、免去张立军的中华人民共和国驻尼日尔共和国特命全权大使职务。

八、免去章启月(女)的中华人民共和国驻希腊共和国特命全权大使职务。

九、免去薛冰的中华人民共和国驻巴布亚新几内亚独立国特命全权大使职务；

任命曾凡华为中华人民共和国驻巴布亚新几内亚独立国特命全权大使。

# 第十三届全国人民代表大会常务委员会第二十七次会议决定任免、批准任免、任免名单

## 全国人民代表大会常务委员会决定任免的名单

（2021 年 3 月 30 日第十三届全国人民代表大会常务委员会第二十七次会议通过）

一、免去崔天凯的中华人民共和国驻美利坚合众国特命全权大使职务；

任命秦刚为中华人民共和国驻美利坚合众国特命全权大使。

二、免去刘光源的中华人民共和国驻波兰共和国特命全权大使职务。

# 第十三届全国人民代表大会常务委员会第二十八次会议决定任免、批准任免、任免名单

## 全国人民代表大会常务委员会任命名单

（2021 年 4 月 29 日第十三届全国人民代表大会常务委员会第二十八次会议通过）

任命林铎为第十三届全国人民代表大会华侨委员会副主任委员。

## 中华人民共和国主席令

第八十三号

根据中华人民共和国第十三届全国人民代表大会常务委员会第二十八次会议于 2021 年 4 月 29 日的决定：

任命黄明为应急管理部部长。

中华人民共和国主席　习近平

2021 年 4 月 29 日

## 全国人民代表大会常务委员会决定任命的名单

（2021 年 4 月 29 日第十三届全国人民代表大会常务委员会第二十八次会议通过）

任命黄明为应急管理部部长。

## 全国人民代表大会常务委员会任免名单

（2021 年 4 月 29 日第十三届全国人民代表大会常务委员会第二十八次会议通过）

一、任命王晓东为最高人民法院刑事审判第二庭庭长。

二、任命林广海为最高人民法院民事审判第三庭庭长。

三、任命张杰（女）为最高人民法院刑事审判第二庭副庭长。

四、任命李艳（女）、薛淼、李锋为最高人民法院审判员。

五、免去王东敏（女）、吴晓芳（女）、肖芳（女）、王成慧（女）、王岩（女）、马鸿达、叶欢（女）、乐敏（女）、欧海燕（女）、胡瑜（女）、刘平（女）、李自柱、郭利然的最高人民法院审判员职务。

## 全国人民代表大会常务委员会任免名单

（2021 年 4 月 29 日第十三届全国人民代表大会常务委员会第二十八次会议通过）

免去蒋洪军的中国人民解放军军事检察院检察长职务；

任命程东方为中国人民解放军军事检察院检察长。

## 全国人民代表大会常务委员会批准免职的名单

（2021 年 4 月 29 日第十三届全国人民代表大会常务委员会第二十八次会议通过）

批准免去顾雪飞的河南省人民检察院检察长职务。

## 关于驻外大使的任免名单

中华人民共和国主席习近平根据全国人民代表大会常务委员会的决定任免下列驻外大使：

**2021 年 3 月 5 日**

一、免去蔡润的中华人民共和国驻葡萄牙共和国特命全权大使职务；

任命赵本堂为中华人民共和国驻葡萄牙共和国特命全权大使。

二、免去徐步的中华人民共和国驻智利共和国特命全权大使职务；

任命牛清报为中华人民共和国驻智利共和国特命全权大使。

**2021 年 4 月 7 日**

一、免去张建国的中华人民共和国驻毛里塔尼亚伊斯兰共和国特命全权大使职务；

任命李柏军为中华人民共和国驻毛里塔尼亚伊斯兰共和国特命全权大使。

二、免去周平剑的中华人民共和国驻尼日利亚联邦共和国特命全权大使职务；

任命崔建春为中华人民共和国驻尼日利亚联邦共和国特命全权大使。

三、免去黄亲国的中华人民共和国驻巴哈马国特命全权大使职务；

任命戴庆利（女）为中华人民共和国驻巴哈马国特命全权大使。

**2021 年 5 月 12 日**

一、免去李昌林的中华人民共和国驻布隆迪共和国特命全权大使职务；

任命赵江平（女）为中华人民共和国驻布隆迪

共和国特命全权大使。

二、免去李立的中华人民共和国驻摩洛哥王国特命全权大使职务；

任命李昌林为中华人民共和国驻摩洛哥王国特命全权大使。

三、免去赵彦博的中华人民共和国驻博茨瓦纳共和国特命全权大使职务；

任命王雪峰为中华人民共和国驻博茨瓦纳共和国特命全权大使。

# 第十三届全国人民代表大会常务委员会第二十九次会议决定任免、批准任免、任免名单

## 全国人民代表大会常务委员会任命名单

（2021 年 6 月 10 日第十三届全国人民代表大会常务委员会第二十九次会议通过）

任命王国生为第十三届全国人民代表大会社会建设委员会副主任委员。

## 全国人民代表大会常务委员会任免名单

（2021 年 6 月 10 日第十三届全国人民代表大会常务委员会第二十九次会议通过）

一、任命孙长山为最高人民法院第三巡回法庭副庭长。

二、任命郝银钟为最高人民法院第五巡回法庭副庭长。

三、任命李相波为最高人民法院第五巡回法庭副庭长。

四、任命齐素（女）为最高人民法院第六巡回法庭副庭长。

五、免去魏文超的最高人民法院环境资源审判庭副庭长、审判员职务。

六、任命张炎、郭凌川、董俊武、李丽（女）为最高人民法院审判员。

七、免去丁晓明、方芳（女）、曾朝晖、童海超、于志涛的最高人民法院审判员职务。

## 全国人民代表大会常务委员会任免名单

（2021 年 6 月 10 日第十三届全国人民代表大会常务委员会第二十九次会议通过）

一、任命王菁（女）、王广聪、田清华、刘涛、李志婷（女）、吴峤滨、张驰（女）、周颖（女）、赵玮、侯若英（女）、姜耀飞、韩大书（女）、谢佳（女）、蔡燕南（女）为最高人民检察院检察员。

二、免去芦庆辉的最高人民检察院检察员职务。

## 关于驻外大使的任免名单

**2021 年 7 月 6 日** 中华人民共和国主席习近平根据全国人民代表大会常务委员会的决定任免下列驻外大使：

一、免去刘晓明的中华人民共和国驻大不列颠及北爱尔兰联合王国特命全权大使职务；

任命郑泽光为中华人民共和国驻大不列颠及

北爱尔兰联合王国特命全权大使。

二、免去王克俭的中华人民共和国驻黎巴嫩共和国特命全权大使职务；

任命钱敏坚为中华人民共和国驻黎巴嫩共和国特命全权大使。

三、免去郑竹强的中华人民共和国驻乌干达共和国特命全权大使职务；

任命张利忠为中华人民共和国驻乌干达共和国特命全权大使。

四、免去薛冰的中华人民共和国驻巴布亚新几内亚独立国特命全权大使职务；

任命曾凡华为中华人民共和国驻巴布亚新几内亚独立国特命全权大使。

# 第十三届全国人民代表大会常务委员会第三十次会议决定任免、批准任免、任免名单

## 全国人民代表大会常务委员会任命名单

（2021 年 8 月 20 日第十三届全国人民代表大会常务委员会第三十次会议通过）

一、任命吴社洲为第十三届全国人民代表大会民族委员会副主任委员。

二、任命韩卫国为第十三届全国人民代表大会外事委员会副主任委员。

三、任命布小林（女）为第十三届全国人民代表大会环境与资源保护委员会副主任委员。

四、任命蒋超良为第十三届全国人民代表大会农业与农村委员会副主任委员。

五、任命袁誉柏为第十三届全国人民代表大会社会建设委员会副主任委员。

## 全国人民代表大会常务委员会免职名单

（2021 年 8 月 20 日第十三届全国人民代表大会常务委员会第三十次会议通过）

免去古小玉的第十三届全国人民代表大会常务委员会副秘书长职务。

## 全国人民代表大会常务委员会任命名单

（2021 年 8 月 20 日第十三届全国人民代表大会常务委员会第三十次会议通过）

任命王瑞贺为全国人民代表大会常务委员会法制工作委员会副主任。

## 全国人民代表大会常务委员会补充任命名单

（2021 年 8 月 20 日第十三届全国人民代表大会常务委员会第三十次会议通过）

补充任命李国章为第五任全国人民代表大会常务委员会香港特别行政区基本法委员会委员。

# 中华人民共和国主席令

第九十七号

根据中华人民共和国第十三届全国人民代表大会常务委员会第三十次会议于 2021 年 8 月 20 日的决定：

免去陈宝生的教育部部长职务；

任命怀进鹏为教育部部长。

中华人民共和国主席　习近平

2021 年 8 月 20 日

# 全国人民代表大会常务委员会决定任免的名单

（2021 年 8 月 20 日第十三届全国人民代表大会常务委员会第三十次会议通过）

免去陈宝生的教育部部长职务；

任命怀进鹏为教育部部长。

# 全国人民代表大会常务委员会任免名单

（2021 年 8 月 20 日第十三届全国人民代表大会常务委员会第三十次会议通过）

一、免去李少平的最高人民法院副院长、审判委员会委员、第五巡回法庭庭长、审判员职务。

二、任命沈亮为最高人民法院副院长、第五巡回法庭庭长。

三、免去张述元的最高人民法院第六巡回法庭庭长、审判员职务。

四、任命杨临萍（女）为最高人民法院第六巡回法庭庭长。

五、任命王淑梅（女）为最高人民法院审判委员会委员。

六、任命王军强为最高人民法院刑事审判第四庭副庭长。

七、任命丁广宇为最高人民法院民事审判第三庭副庭长。

八、任命张树明为最高人民法院民事审判第四庭副庭长，免去其最高人民法院第二巡回法庭副庭长职务。

九、任命胡方（女）为最高人民法院民事审判第四庭副庭长。

十、任命李明义为最高人民法院环境资源审判庭副庭长。

十一、免去胡夏冰的最高人民法院第一巡回法庭副庭长职务。

十二、免去孟祥的最高人民法院审判委员会委员、审判员职务。

十三、任命赵敏（女）、周桂荣（女）、张本勇为最高人民法院审判员。

十四、免去王艳芳（女）、肖宝英（女）、黄永维、焦彦、唐小妹（女）、马军、范明志的最高人民法院审判员职务。

# 全国人民代表大会常务委员会任命名单

（2021 年 8 月 20 日第十三届全国人民代表大会常务委员会第三十次会议通过）

任命史卫忠为最高人民检察院检察委员会委员。

## 全国人民代表大会常务委员会批准任免的名单

（2021 年 8 月 20 日第十三届全国人民代表大会常务委员会第三十次会议通过）

一、批准任命段文龙为河南省人民检察院检察长。

二、批准免去蒙永山的青海省人民检察院检察长职务。

## 全国人民代表大会常务委员会关于接受冯军辞去第十三届全国人民代表大会常务委员会委员等职务的请求的决定

（2021 年 8 月 20 日第十三届全国人民代表大会常务委员会第三十次会议通过）

根据《中华人民共和国全国人民代表大会组织法》第二十三条和《中华人民共和国全国人民代表大会议事规则》第四十三条的有关规定，第十三届全国人民代表大会常务委员会第三十次会议决定：接受冯军辞去第十三届全国人民代表大会常务委员会委员及全国人民代表大会社会建设委员会委员职务的请求，并将接受冯军辞去第十三届全国人民代表大会常务委员会委员职务事项向第十三届全国人民代表大会第五次会议报告。

## 关于驻外大使的任免名单

中华人民共和国主席习近平根据全国人民代表大会常务委员会的决定任免下列驻外大使：

**2021 年 8 月 4 日**

一、免去崔天凯的中华人民共和国驻美利坚合众国特命全权大使职务；

任命秦刚为中华人民共和国驻美利坚合众国特命全权大使。

二、免去卓瑞生的中华人民共和国驻吉布提共和国特命全权大使职务；

任命胡斌为中华人民共和国驻吉布提共和国特命全权大使。

三、免去孙功谊的中华人民共和国驻毛里求斯共和国特命全权大使职务；

任命朱立英为中华人民共和国驻毛里求斯共和国特命全权大使。

四、免去陈曦的中华人民共和国驻古巴共和国特命全权大使职务；

任命马辉为中华人民共和国驻古巴共和国特命全权大使。

**2021 年 9 月 3 日**

一、免去吕健的中华人民共和国驻泰王国特命全权大使职务；

任命韩志强为中华人民共和国驻泰王国特命全权大使。

二、免去张利忠的中华人民共和国驻马尔代夫共和国特命全权大使职务；

任命王立新（女）为中华人民共和国驻马尔代夫共和国特命全权大使。

三、免去覃俭的中华人民共和国驻索马里联邦共和国特命全权大使职务；

任命费胜潮为中华人民共和国驻索马里联邦共和国特命全权大使。

四、免去张立军的中华人民共和国驻尼日尔共和国特命全权大使职务；

任命蒋烽为中华人民共和国驻尼日尔共和国特命全权大使。

五、免去刘光源的中华人民共和国驻波兰共和国特命全权大使职务；

任命孙霖江为中华人民共和国驻波兰共和国特命全权大使。

六、免去刘全的中华人民共和国驻苏里南共和国特命全权大使职务；

任命韩镜为中华人民共和国驻苏里南共和国特命全权大使。

# 第十三届全国人民代表大会常务委员会第三十一次会议决定任免、批准任免、任免名单

## 全国人民代表大会常务委员会任命名单

（2021年10月23日第十三届全国人民代表大会常务委员会第三十一次会议通过）

一、任命雪克来提·扎克尔、齐扎拉为第十三届全国人民代表大会民族委员会副主任委员。

二、任命刘家义、娄勤俭为第十三届全国人民代表大会财政经济委员会副主任委员。

三、任命吴英杰、许达哲为第十三届全国人民代表大会教育科学文化卫生委员会副主任委员。

四、任命李锦斌、刘奇为第十三届全国人民代表大会环境与资源保护委员会副主任委员。

五、任命鹿心社为第十三届全国人民代表大会农业与农村委员会副主任委员。

六、任命阮成发为第十三届全国人民代表大会社会建设委员会副主任委员。

## 全国人民代表大会常务委员会任免名单

（2021年10月23日第十三届全国人民代表大会常务委员会第三十一次会议通过）

一、任命金悦（女）、欧海燕（女）、徐飞（女）、韩锦霞（女）、彭娜（女）、秦冬红（女）、蒋科、单立（女）、徐红妮（女）为最高人民法院审判员。

二、免去王碧芳、王云香（女）、熊俊勇的最高人民法院审判员职务。

## 全国人民代表大会常务委员会免职名单

（2021年10月23日第十三届全国人民代表大会常务委员会第三十一次会议通过）

免去张建红、梁贵斌、邱利军、孙林平（女）、吕洪涛的最高人民检察院检察员职务。

## 关于驻外大使的任免名单

中华人民共和国主席习近平根据全国人民代表大会常务委员会的决定任免下列驻外大使：

**2021年10月12日**

一、免去王克（女）的中华人民共和国驻坦桑尼亚联合共和国特命全权大使职务；

任命陈明健（女）为中华人民共和国驻坦桑尼亚联合共和国特命全权大使。

二、免去章启月（女）的中华人民共和国驻希腊共和国特命全权大使职务；

任命肖军正为中华人民共和国驻希腊共和国特命全权大使。

**2021年11月11日**

一、免去朱立英的中华人民共和国驻马里共和国特命全权大使职务；

任命陈志宏为中华人民共和国驻马里共和国特命全权大使。

二、免去卢坤的中华人民共和国驻多米尼克国特命全权大使职务；

任命林先江为中华人民共和国驻多米尼克国特命全权大使。

三、免去崔建春的中华人民共和国驻圭亚那合作共和国特命全权大使职务；

任命郭海燕（女）为中华人民共和国驻圭亚那合作共和国特命全权大使。

# 第十三届全国人民代表大会常务委员会第三十二次会议决定任免、批准任免、任免名单

## 全国人民代表大会常务委员会任免名单

（2021 年 12 月 24 日第十三届全国人民代表大会常务委员会第三十二次会议通过）

一、免去杨立初的最高人民法院立案庭副庭长职务。

二、免去王新的最高人民法院刑事审判第三庭副庭长职务。

三、免去王伟的最高人民法院民事审判第一庭副庭长职务。

四、免去章志远的最高人民法院行政审判庭副庭长职务。

五、任命方玲（女）、柯胥宁、万琦为最高人民法院审判员。

六、免去刘雅玲（女）、陈纪忠、汤锷、岳利浩、张晓阳、杨国香（女）、武建华、王云飞、张炎的最高人民法院审判员职务。

## 关于驻外大使的任免名单

中华人民共和国主席习近平根据全国人民代表大会常务委员会的决定任免下列驻外大使：

**2021 年 12 月 3 日**

一、免去许尔文（女）的中华人民共和国驻克罗地亚共和国特命全权大使职务；

任命齐前进为中华人民共和国驻克罗地亚共和国特命全权大使。

二、免去孙昂的中华人民共和国驻安提瓜和巴布达特命全权大使职务；

任命张艳玲（女）为中华人民共和国驻安提瓜和巴布达特命全权大使。

**2022 年 1 月 8 日**

一、免去张迎红的中华人民共和国驻摩尔多瓦共和国特命全权大使职务；

任命闫文滨为中华人民共和国驻摩尔多瓦共和国特命全权大使。

二、免去桂从友的中华人民共和国驻瑞典特命全权大使职务；

任命崔爱民为中华人民共和国驻瑞典特命全权大使。

三、免去吴玺（女）的中华人民共和国驻新西兰特命全权大使兼驻库克群岛特命全权大使、驻纽埃特命全权大使职务；

任命王小龙为中华人民共和国驻新西兰特命全权大使兼驻库克群岛特命全权大使、驻纽埃特命全权大使。

# 代表工作

# 一、代表议案审议

## 全国人民代表大会监察和司法委员会关于第十三届全国人民代表大会第四次会议主席团交付审议的代表提出的议案审议结果的报告

（2021年10月23日第十三届全国人民代表大会常务委员会第三十一次会议通过）

全国人民代表大会常务委员会：

第十三届全国人民代表大会第四次会议主席团交付监察和司法委员会审议代表议案56件，其中25件要求制定法律11项，30件要求修改法律11项，1件要求开展执法检查1项。

监察和司法委员会坚持以习近平新时代中国特色社会主义思想为指导，认真学习贯彻习近平法治思想，深入学习贯彻习近平总书记关于坚持和完善人民代表大会制度的重要思想，贯彻落实栗战书委员长高质量做好代表议案建议工作的指示精神，按照全国人大常委会2021年度代表工作计划有关要求，扎实做好议案办理各环节工作，进一步提高议案审议质量。一是加强与代表联系，采取多种方式听取代表对议案办理的意见建议，邀请重点联系的基层代表参加调研座谈，提高代表满意度。二是加强与有关单位协同配合，函请国家监察委员会、最高人民法院、最高人民检察院、公安部、司法部等单位就有关议案提出处理意见。对代表多次提出但有关部门尚未形成共识的议案，采取召开座谈会、电话沟通等方式深入交换意见，努力增进共识。三是将代表议案作为修改制定法律的重要依据，积极吸收采纳代表意见建议。28件议案提出的立法项目，已经列入十三届全国人大常委会立法规划或者2021年度立法工作计划；20件议案提出的立法和监督项目，我委建议适时列入全国人大常委会立法、监督工作计划。2021年9月13日，我委召开第18次全体会议对代表议案逐件审议，现将审议结果报告如下。

### 一、28件议案提出的8项立法，已经列入全国人大常委会立法工作计划或者立法规划

1. 关于修改道路交通安全法的议案10件
2. 关于修改治安管理处罚法的议案6件
3. 关于修改律师法的议案5件
4. 关于修改仲裁法的议案2件
5. 关于修改人民警察法的议案1件
6. 关于修改监狱法的议案1件
7. 关于制定民事强制执行法的议案2件
8. 关于制定看守所法的议案1件

修改治安管理处罚法、人民警察法、监狱法和制定民事强制执行法4项立法，已经列入全国人大常委会2021年度立法工作计划；修改道路交通安全法、律师法、仲裁法，制定看守所法等7项立法，已经列入十三届全国人大常委会立法规划。有关部门正抓紧起草工作，力争如期完成立法任务。

### 二、20件议案提出的6项立法和1项监督，建议适时列入全国人大常委会立法、监督工作计划或者立法规划

9. 关于制定检察公益诉讼法的议案11件
10. 关于制定法治宣传教育法的议案2件
11. 关于制定司法鉴定法的议案2件
12. 关于制定警务辅助人员管理法的议案2件
13. 关于修改人民调解法的议案1件

14. 关于修改户口登记条例的议案 1 件

上述 6 项立法，确有必要且有关部门和地方已经开展相关工作，为下一步工作打下较好基础，建议适时列入全国人大常委会立法工作计划或者立法规划。

15. 关于开展行政诉讼法执法检查的议案 1 件

行政诉讼法先后于 2014 年、2017 年两次修改，为了深入了解法律实施情况，进一步加强法律实施和完善相关法律制度，建议全国人大常委会适时检查行政诉讼法实施情况。

## 三、5 件议案提出的 5 项立法，已有相关法律法规或者规范性文件作出规定，建议及时总结相关规定执行情况后，再研究制定专门法律问题

16. 关于制定法律监督法的议案 1 件

17. 关于制定人民监督员法的议案 1 件

18. 关于制定保安法的议案 1 件

19. 关于制定公共法律服务法的议案 1 件

20. 关于制定法官人身安全保护法的议案 1 件

上述 5 项立法，已有相关法律法规或者规范性文件作出规定，建议有关部门在认真执行相关法律法规并及时总结经验成果的基础上，对制定专门法律的必要性、可行性进一步加强研究论证。

## 四、3 件议案提出的 3 项立法，主要属于法律实施中的问题，有关方面已经或者正在采取措施加强法律实施工作

21. 关于修改监察法的议案 1 件

22. 关于修改人民陪审员法的议案 1 件

23. 关于修改枪支管理法的议案 1 件

代表提出的意见建议，主要是法律实施中的问题。为了推动有关法律落地见效，有关方面已经或者正在研究制定相关配套规定，积极推动解决法律执行中的有关问题。建议待有关配套规定出台实施一段时间后，再研究修改法律问题。

上述 56 件议案的主要内容及具体审议意见，详见附件。

以上报告，请审议。

附件：全国人民代表大会监察和司法委员会关于第十三届全国人民代表大会第四次会议主席团交付审议的代表提出的议案的审议意见

全国人民代表大会监察和司法委员会

2021 年 10 月 19 日

**附件：**

# 全国人民代表大会监察和司法委员会关于第十三届全国人民代表大会第四次会议主席团交付审议的代表提出的议案的审议意见

第十三届全国人民代表大会第四次会议主席团交付监察和司法委员会审议代表议案 56 件，其中 25 件要求制定法律 11 项，30 件要求修改法律 11 项，1 件要求开展执法检查 1 项。2021 年 9 月 13 日，我委召开第 18 次全体会议对代表议案逐件审议，意见如下。

## 一、28 件议案提出的 8 项立法，已经列入全国人大常委会立法工作计划或者立法规划

1. 郑玉晓、刘小权、杜彦良、欧阳赏莲、陈爱莲、吕惊雷、陈建银、郝旭、俞学文、方燕等 302 名代表提出修改道路交通安全法的议案 10 件（第 100、131、137、157、193、286、288、290、291、414 号）。议案提出，现行道路交通安全法部分条款难以适应新形势下依法行政的客观需要。建议修改道路交通安全法，增加关于自动驾驶责任认定、儿童安全座椅配备等规定；加大对非法占用应急车道等行为的处罚力度；增加道路交通事故调查程序等规定，加强对事故责任认定的监督；细化交通事故处理调解程序；明确交强险赔付规则等。

修改道路交通安全法已经列入十三届全国人大常委会立法规划。公安部表示，目前已经形成道

路交通安全法草案稿并向社会公开征求意见，代表提出的多数意见已经在草案稿中得到体现。

2021年4月，我委工作机构赴公安部交通管理局就道路交通安全法修改工作情况进行座谈交流。建议公安部根据各方意见，进一步修改完善道路交通安全法修订草案，加快立法工作进程，尽早提请全国人大常委会审议。

2. 陈靖、张艳、陈玮、周文涛、赵皖平等183名代表提出修改治安管理处罚法的议案6件（第6、56、89、115、151、284号）。议案提出，随着社会治安形势不断发展、全面依法治国深入推进，治安管理处罚法亟需修改完善。建议修改治安管理处罚法，调整未成年人治安管理处罚年龄；降低故意损毁财物行为的处罚幅度；提高阻碍执行职务的违法行为的处罚幅度；增加对买卖或者使用伪造、变造银行卡、手机卡等实名制信用凭证，泄露或者非法获取公民个人信息，虐杀动物等违法行为予以处罚的相应条款；完善治安管理处罚种类、幅度、程序等；明确与突发事件应对法相关条款的法律衔接等。

修改治安管理处罚法已经列入十三届全国人大常委会立法规划和2021年度立法工作计划，相关工作正在稳步推进。司法部表示，前期已就公安部送审稿广泛征求各部门、行业协会、企业意见，目前已形成治安管理处罚法（修订草案）并经司法部部务会讨论通过，拟与有关单位进一步沟通协调后提请国务院常务会议审议。对于代表提出的多数意见，修订草案已有相关处理方案，将在法律修订过程中进一步研究采纳代表意见和建议。

我委认真研究治安管理处罚法（修订草案）征求意见稿并提出修改意见。建议司法部就代表所提意见建议加强研究论证，抓紧完成起草工作，尽早提请全国人大常委会审议。

3. 才华、马玉红、陈树波、曾丽、买世蕊等156位代表提出修改律师法的议案5件（第43、205、237、285、368号）。议案提出，律师法中部分内容已不适应新时代律师行业发展需要。建议对律师担任各级人大常委会组成人员期间不得从事诉讼代理或者辩护业务、律师事务所的设立和组织形式、专职管理合伙人和特别合伙人制度、公职律师公司律师制度、律师调解、律师调查取证权、律师执业权利保障、律师事务所和律师的执业规范和纳税标准、律师事务所基层组织建设、设立中国律师节等方面进行修改完善。

修改律师法已经列入十三届全国人大常委会立法规划。司法部表示，已经在广泛调研论证的基础上，形成律师法修改草案稿。代表们在议案中提出的很多建议都具有建设性，将在下一步修改过程中认真研究采纳。

我委赞同司法部意见，将提前介入，积极配合司法部，推动律师法修改相关议案早日提请全国人大常委会审议。

4. 吴列进、聂鹏举等66名代表提出修改仲裁法的议案2件（第29、207号）。议案提出，为进一步完善我国仲裁制度，应当尽快修订仲裁法。建议完善设立中国仲裁协会的规定，完善国际商事仲裁特别是投资仲裁内容，增加仲裁与调解相结合的内容，统一仲裁司法审查标准，与民法典有关规定做好衔接。因民事诉讼法多次修改，条文序号发生变化，仲裁法引用的民事诉讼法条文发生错位，建议予以修改。

修改仲裁法已经列入十三届全国人大常委会立法规划。司法部表示，仲裁法修改工作已经全面启动，并列入司法部“中国仲裁2022方案”重点任务。在前期调研、开展专题研究的基础上，已经形成仲裁法修改草案初稿，将进一步征求各有关部门、仲裁机构意见建议，积极稳步推进修改工作。代表在议案中提出的问题很有针对性，将在修改过程中重点研究，统筹考虑。

我委通过答复草案征求意见稿、参加座谈等方式，对仲裁法修改草案积极提出意见建议。下一步，将继续积极配合司法部，推动仲裁法修改相关议案早日提请全国人大常委会审议。

5. 陈林等31名代表提出修改人民警察法的议案1件（第289号）。议案提出，公安机关针对执法过程中发现的行业漏洞向有关行业主管部门发出预警通报，对解决区域型社会治安问题、弥补行业监管漏洞、防范化解风险具有积极作用。建议修改人民警察法，增加规定公安机关可以针对执法过程中发现的问题，向有关行业主管部门提出整改建议并可督促落实，明确“公安建议”与检察建议等具有同等效力。

修改人民警察法已经列入十三届全国人大常委会立法规划和2021年度立法工作计划。公安部表示，根据宪法等法律规定，公安机关不具有法律监督职权。公安机关向其他行政机关预警通报、提出建议应属于提醒、警示，不具有强制性，可采取完善相关通报建议机制，防范化解风险、堵塞监管漏洞。

我委赞同公安部意见，将密切关注立法进程，提前介入，在法律修订过程中认真研究代表所提建议，推动相关部门抓紧立法工作。

6. 魏春等 30 名代表提出修改监狱法的议案 1 件（第 189 号）。议案提出，现行监狱法不能满足新时期刑罚执行工作需要。建议修改监狱法，进一步规范立法语言，细化监狱经费、未成年犯刑罚执行、罪犯死亡处理等内容，增加监狱分类分级、狱务公开、心理咨询、医疗保障、外国籍罪犯管理、特赦等内容。

修改监狱法已经列入全国人大常委会 2021 年度立法工作计划。司法部表示，目前已经形成监狱法（修订草案稿），并广泛征求意见，赴地方进行专题调研。代表提出的许多建议在修订草案稿中已有所体现，将继续深入研究代表的意见和建议，在监狱法修订工作中认真吸收采纳。

我委将积极推动监狱法修改工作，及时掌握起草工作进展情况和立法中的重大问题，建议有关部门抓紧工作，在起草中认真研究代表所提建议，适时提请全国人大常委会审议。

7. 王景武、史贵禄等 65 名代表提出制定民事强制执行法的议案 2 件（第 91、411 号）。议案建议加快制定民事强制执行法，进一步理顺执行体制，明确规定民事强制执行的实体与程序规范，被执行人基本权益保护机制，充分吸收人民法院执行信息化建设有益成果，充实完善失信惩戒相关规定，协调解决重复查封问题等。

制定民事强制执行法已经列入十三届全国人大常委会立法规划和 2021 年度立法工作计划。最高人民法院表示，目前已经形成民事强制执行法草案，明确了我国执行体制，对民事强制执行的实体与程序规范、被执行人基本权益保护、制裁惩戒措施、重复查封、执行信息化建设等问题均作出了规定。将根据各方面意见进一步修改完善，争取早日提请全国人大常委会审议。

我委赞同最高人民法院意见。2018 年，全国人大常委会听取审议最高人民法院关于人民法院解决“执行难”工作情况的报告并开展专题询问，制定强制执行法是审议中最为集中的意见之一。为推动强制执行立法工作，我委提前介入，多次参加立法调研、座谈等。建议最高人民法院认真研究吸纳议案所提建议，抓紧起草工作。

8. 才华等 37 名代表提出制定看守所法的议案 1 件（第 58 号）。议案提出，现行看守所条例及实施办法（试行）法律位阶较低，功能定位不明确，与现行刑事诉讼法缺乏衔接。建议尽快制定看守所法，明确看守所保障刑事诉讼活动的职能定位，强化职能中立性；更加突出保障人权，增加经费预算，保障被监管人员生活、学习、医疗等权利；保障被羁押人员诉讼权利和律师合法权益；明确检察监督方式和内容，强化人大监督、社会监督等。

制定看守所法已经列入十三届全国人大常委会立法规划。公安部、司法部表示，目前正就看守所管理体制问题进行研究。待看守所管理体制明确后，将结合代表意见建议，进一步广泛听取社会各界意见，加快研究制定看守所法。

我委将认真研究代表所提意见，积极参与立法中有关重大问题的研究论证，推动相关部门加快立法进程，及早完成立法任务。

## 二、20 件议案提出的 6 项立法和 1 项监督，建议适时列入全国人大常委会立法、监督工作计划或者立法规划

9. 海南代表团、云南代表团和符宇航、杨小天、袁友方、党永富、印萍、张本才、薛江武、李秀香、买世蕊等 279 名代表提出制定检察公益诉讼法的议案 11 件（第 7、26、57、113、114、141、190、232、292、365、367 号）。议案提出，目前检察公益诉讼相关规定比较原则、分散，阻碍公益诉讼检察工作高质量发展。建议制定检察公益诉讼法，促进法律衔接和法治统一；规定案件范围，明确案件管辖、诉讼程序、保全措施、举证规则、证明标准、责任承担及法律适用，强化调查核实权等；完善检察建议办理机制，建立公益诉讼惩罚性赔偿制度，规定起诉顺位、生态赔偿金的管理和使用等。

最高人民检察院表示，推进检察公益诉讼专门立法意义重大。2021 年 6 月 15 日印发的《中共中央关于加强新时代检察机关法律监督工作的意见》，明确提出完善公益诉讼立法要求；安全生产法、军人地位和权益保障法等单行法均设立检察公益诉讼条款。此外，通过办理议案、建议、提案，制定司法解释等工作，推动检察公益诉讼制度不断完善。下一步，将继续加强立法研究，积极推进公益诉讼专门立法。

我委认为，完善检察公益诉讼法律制度确有必要。我们将持续关注有关法律的制定修改，积极推动在单行法中增设检察公益诉讼条款，并会同最高人民检察院与有关方面继续开展立法研究论证，条件成熟时，建议列入全国人大常委会立法工作计划

或立法规划。

10. 李宗胜、肖胜方等 62 名代表提出制定法治宣传教育法的议案 2 件（第 53、90 号）。议案提出，为贯彻落实习近平法治思想和全面依法治国的要求，需总结梳理普法经验，将法治宣传教育法治化。建议制定法治宣传教育法，明确法治宣传教育主体、对象、形式和内容以及法治文化建设、法律责任等。

司法部表示，中共中央印发的《法治社会建设实施纲要（2020—2025 年）》明确要求“研究制定法治宣传教育法”。全民普法工作开展 35 年以来，积累了许多有效经验，全国已有 20 多个省（区、市）制定了法治宣传教育条例，制定法治宣传教育法的条件已基本成熟。目前正根据中央依法治国委《法治社会建设实施纲要（2020—2025 年）重要举措分工方案》，研究起草思路。

我委认为，研究制定法治宣传教育法已写入“八五”普法决议，我委已就法治宣传教育立法与司法部进行沟通。下一步，将按照《法治社会建设实施纲要（2020—2025 年）重要举措分工方案》要求，进一步加强与司法部的沟通协调，积极推动立法进程。

11. 鲍守坤、方燕等 61 名代表提出制定司法鉴定法的议案 2 件（第 140、412 号）。议案提出，当前司法鉴定管理体制机制不完善，存在管理不到位、程序不规范、鉴定质量不高、收费不合理、标准不统一、委托不规范、监管不到位等问题。建议制定司法鉴定法，健全统一司法鉴定管理体制，规范各类别司法鉴定活动；规定鉴定人、鉴定机构、鉴定职能配置、执业分类、鉴定标准、鉴定程序、监督管理、职业道德、执业纪律、法律责任等。

司法部表示，制定司法鉴定法符合当前司法鉴定工作需要。将继续深入开展立法研究，积极吸收代表建议，并加强立法协调，加快推进司法鉴定立法。

我委认为，司法鉴定中存在的问题，需要通过立法加以解决。将继续加强与司法部联系，深入了解司法鉴定工作现状，积极推动立法进程。

12. 洪波、张淑芬等 62 名代表提出制定警务辅助人员管理法的议案 2 件（第 44、139 号）。议案提出，我国警务辅助人员在协助人民警察维护社会治安、打击违法犯罪、服务人民群众中发挥了重要作用。目前，警务辅助人员规模逐渐增大，但管理制度法律依据不足，难以适应法治化建设和现代警务改革要求。建议制定警务辅助人员管理法，健全管理机制，明确警务辅助人员的身份定位、岗位职责、权利义务、职业保障、法律责任等。

公安部表示，规范警务辅助人员管理是党中央部署全面深化公安改革的重要任务。目前，各地均已在省级层面出台辅警管理规范性文件，部分地区已出台了地方性法规或地方政府规章，一些地区也已将其列入地方立法或政府规章制定计划。公安部将积极争取有关立法部门支持，推动相关立法工作，力争在省级层面实现辅警管理立法全覆盖。同时，认真总结地方立法经验做法，适时推动国家层面立法。

我委赞同公安部意见。2020 年，我委在开展公安机关执法规范化建设专项调研工作中高度关注规范警务辅助人员管理问题，并在向常委会提交的报告中提出相关意见建议。目前，各地普遍在积极探索开展规范警务辅助人员管理方面的地方性立法，为适时进行国家立法积累经验。建议在继续推进各地探索性立法的基础上，进一步加强立法调研，适时将制定警务辅助人员管理法列入全国人大常委会立法规划或者立法工作计划。

13. 何良军等 30 名代表提出修改人民调解法的议案 1 件（第 283 号）。议案提出，人民调解法已不能适应新时代多元化纠纷解决要求，建议修改。增加专业性、行业性人民调解委员会相关内容，明确人民调解委员会的任期、组织形式、工作经费来源、纠纷受理范围等内容，做好人民调解与司法调解、行政调解的衔接。

司法部表示，近年来，人民调解组织网络不断拓展。医疗纠纷、道路交通、劳动争议等行业性、专业性人民调解组织已普遍建立，消费、旅游、保险、互联网等领域人民调解组织不断发展，人民调解员队伍结构进一步优化，人民调解工作制度化、规范化建设不断加强，与行政调解、司法调解衔接联动机制不断完善。代表提出的建议针对性强，符合实际和工作需要，将认真研究，积极推动，切实做好工作。

我委认为，进一步完善人民调解制度，规范人民调解活动，是推进矛盾纠纷多元化解机制建设的重要内容。建议司法部结合议案所提意见建议，会同有关方面深入开展立法调研论证工作。

14. 云南代表团提出修改户口登记条例的议案 1 件（第 28 号）。议案提出，户口登记条例制定年代较早，很多内容已不适应户口登记工作实际，亟需修改。建议调整完善立法目的，研究各类经济社会制度安排与户口脱钩问题，研究建立适应新时代发展要求的新型户籍管理制度，为建立城乡统一的户口登记制度提供法律保障。

公安部表示，从 2018 年起，该部一直将修订户口登记条例作为公安部“重点开展调研项目”。目前，该部已经成立修订工作专班，启动法律修订工作。下一步，将在会同有关部门加快推进户籍制度改革与相关经济社会领域配套改革基础上，广泛开展调查研究，做好法律修订工作。

我委认为，户口登记条例自 1958 年由全国人大常委会通过实施后，在有效维护社会秩序，加强社会管理方面发挥了重要作用。但随着我国经济社会快速发展，以该条例为主要依据的现行户籍制度已经越来越难以适应国家治理体系和治理能力现代化的要求，迫切需要加快立法进程，及早启动修改户口登记条例或者制定有关新的法律。我委将密切与公安部的联系，加强立法调研，共同推动完善户籍管理相关法律制度。

15. 聂鹏举等 30 名代表提出开展行政诉讼法执法检查工作的议案 1 件（第 464 号）。议案建议全国人大常委会开展行政诉讼法执法检查工作，全面了解新修改的行政诉讼法贯彻实施情况，促进政府依法行政、法院依法审判和检察院法律监督工作，推动行政诉讼法更好贯彻落实。

我委认为，2014 年，全国人大常委会对行政诉讼法作出修改，扩大了行政诉讼受案范围，实行立案登记制，明确规定行政机关负责人应当出庭，行政案件可以跨区域管辖等。2017 年再次修改，正式确立检察机关提起公益诉讼制度。为全面了解行政诉讼法实施情况，发现法律实施中存在的问题和困难，建议全国人大常委会适时开展行政诉讼法执法检查。

## 三、5 件议案提出的 5 项立法，已有相关法律法规或者规范性文件作出规定，建议及时总结相关规定执行情况后，再研究制定专门法律问题

16. 贾宇等 31 名代表提出制定法律监督法的议案 1 件（第 191 号）。议案提出，当前我国法律监督规范存在“体系散乱”问题，相关规定散见于三大诉讼法和有关法律法规中，缺乏全面性、系统性和协调性。建议制定法律监督法，明确检察机关法律监督的职责范围、监督方式、监督程序，监督措施手段等，形成完备、具体的法律监督体系，保障法律统一正确实施。

最高人民检察院表示，检察机关履行法律监督职能的手段、措施、程序等有基本法律依据，但规定比较分散，有的不够明确、具体，系统性、协调性和可操作性仍有欠缺，需要制定系统规范法律监督行为的专门法律来加以统筹、整合。将继续积极履行法律监督职责，为建立完备的法律监督制度提供更多的实践基础和理论依据。

我委认为，检察机关的法律监督职能和监督程序在多部法律中均有规定。2021 年 6 月，中共中央印发的《关于加强新时代检察机关法律监督工作的意见》，对充分发挥法律监督作用、全面提升法律监督质效、加强队伍建设和组织保障等提出明确要求，建议最高人民检察院抓好意见的贯彻落实，同时对制定法律监督法进一步开展研究论证。

17. 曹永鸣等 30 名代表提出制定人民监督员法的议案 1 件（第 206 号）。议案提出，当前人民监督员制度缺少法律规范，存在人员结构不合理、监督范围过窄、监督效果较差、管理不规范等问题。建议制定人民监督员法，调整人民监督员选拔比例、扩大监督范围、强化监督效力、增加考核规范、赋予检察介入提议权等，以便更好地发挥人民监督员的作用。

最高人民检察院、司法部表示，代表的建议对于推动完善人民监督员制度具有积极意义。目前，人民监督员制度相关内容已经写入 2018 年修订的人民检察院组织法。关于强化监督效力、扩大监督范围、赋予检察介入提议权等建议，在 2019 年出台的《人民检察院办案活动接受人民监督员监督的规定》中已经有所体现。关于调整选拔比例、增加考核规范等建议，将在人民监督员选任管理办法修订过程中充分考虑、积极采纳。下一步，将认真总结实践经验，促进人民监督员发挥更大作用。

我委认为，代表所提多数建议已通过修改法律或制定规范性文件等方式吸收采纳，将进一步推动人民监督员制度平稳健康发展。建议最高人民检察院、司法部继续关注议案所提意见建议，在修订人民监督员选任管理办法时认真研究采纳，并对制定专门法律的必要性、可行性加强研究论证。

18. 李勇等 30 名代表提出制定保安法的议案 1 件（第 366 号）。议案提出，当前的保安行业存在保安服务市场不规范、监管体制不适应、创新服务不够等问题。建议制定保安法，确定保安的法律定位与法律责任，明确保安从业人员资质、从业单位、培训机构、行业协会、监管机关职责，保障保安从业人

员权益等。

公安部表示，目前正在组织修订保安服务管理条例，已形成修订草案，拟于近期报批。下一步将全力推动条例修订工作，从行政层面解决现行规范的滞后问题。同时加强与有关部门沟通，就制定保安法的必要性、可行性进行全面深入论证。

我委赞同公安部意见，建议在修订保安服务管理条例时对议案所提意见建议充分考虑、积极采纳，待修订后的保安服务管理条例出台并实施一段时间后，再研究制定法律。

19. 韦朝晖等31名代表提出制定公共法律服务法的议案1件（第369号）。议案提出，为适应法治中国建设需要，满足公民、法人、非法人组织法律服务需求，强化政府公共法律服务供给，解决公共法律服务存在的瓶颈问题，建议制定公共法律服务法，整合完善相关规定，明确立法任务和基本原则，明确公共法律服务的定义、组织机构、内容范围、保障激励、监督管理、法律责任等。

司法部表示，党的十九届四中全会提出要完善公共法律服务体系。制定专门的公共法律服务法，将公共法律服务纳入法治轨道，对于保障人民群众日益增长的公共法律服务需求，维护社会公平正义，推进全面依法治国，具有重要意义。将认真研究代表的意见建议，总结地方做法，强化论证，积极推进公共法律服务立法。

我委认为，公共法律服务体系包括律师、公证、法律援助、司法鉴定、仲裁、人民调解等，目前已有律师法、公证法、仲裁法、人民调解法、法律援助法等法律。制定公共法律服务法需要研究清楚调整范围，处理好与相关法律之间的关系。建议司法部会同有关方面进一步研究论证。

20. 张海波等30名代表提出制定法官人身安全保护法的议案1件（第461号）。议案提出，当前法官保障有关规定散见于法官法以及相关规范性文件，多为宣示性条款，缺乏可操作性和刚性，法官保障难以有效落实。建议制定法官人身安全保护法，明确法官人身安全保障具体内容，建立人身保护令制度；建立风险预警评估、应急处置机制；加大对危害行为处罚力度等，进一步完善我国法官职业保障制度，切实保障法官依法履职和人身安全。

最高人民法院表示，代表的建议具有一定的现实性和针对性，制定法官人身安全保护法意义重大。关于建立人身保护令制度，拟于今年底出台司法解释明确相关规定；关于建立风险预警评估机制，将继续指导地方建立健全相关机制，并视情出台风险预防和评估指引机制；关于建立应急处置机制，已经出台相关规范性文件，详细规定司法警察职权、处置程序、处置措施、履职保障等内容；关于加大处罚力度，已有相关规定但较为原则，将继续研究完善。

我委认为，法官人身安全关乎法官根本利益、关乎法官队伍职业化建设、关乎司法权威和司法公信力，必须高度重视。建议最高人民法院继续严格依法审理侵害法官及其近亲属人身安全案件，严惩相关犯罪行为，为法官依法履职提供坚强司法保障。对制定法官人身安全保护法的必要性、可行性进一步加强研究论证。

## 四、3件议案提出的3项立法，主要属于法律实施中的问题，有关方面已经或者正在采取措施加强法律实施工作

21. 海南代表团提出修改监察法的议案1件（第8号）。议案提出，现行监察法第31条的规定，在监检衔接实践中处于休眠状态，与刑事诉讼法认罪认罚的法律规定、设定认罪认罚制度的精神和具体适用规则之间不协调，不能适应实践需要，建议修改监察法。议案提出在监察法中统一“认罪”的认定标准、罪名和犯罪性质，统一“认罚”的认定标准，统一“从宽”的适用标准；在第31条中明确“并报上一级监察机关批准”的适用范围、条件，或删除“并报上一级监察机关批准”这一条款等建议。

国家监委表示，监察法规定的从宽处罚建议制度与刑事诉讼法规定的认罪认罚从宽制度的法律基础和性质不完全相同，相应地二者在适用对象、条件、程序和法律效果等方面的规定有所区别。2020年，国家监委和最高人民法院、最高人民检察院等单位联合印发《关于加强和完善监察执法与刑事司法衔接机制的意见（试行）》对衔接从宽处罚建议制度与认罪认罚从宽制度作了细化规定，进一步规范和促进了监察机关与司法机关在办理案件中的配合与制约。下一步，国家监委将根据国家监察体制改革进展情况，在及时总结实践经验做法的基础上，积极稳妥推动监察法逐步完善。

我委认为，议案对监察法第31条关于从宽处理建议制度的规定作了深入研究，所提建议主要涉及对从宽处罚建议制度的细化完善以及与刑事诉讼认罪认罚制度的衔接，对于进一步完善相关制度具

有重要价值。议案提出的建议在修订后的刑事诉讼法以及国家监委和“两高”等单位联合印发的有关规范性文件中已经有所体现，相关制度的协调性和可操作性进一步增强。

22. 才华等 36 名代表提出修改人民陪审员法的议案 1 件（第 42 号）。议案提出，人民陪审员法在实施过程中出现一些新问题，如“陪而不审”、“审而不议”问题，人民陪审员任期太长，人民陪审员与法官共同组成合议庭的规定没有完全落实，人民陪审员补助较低等，需要予以修改完善。建议对人民陪审员法第 15 条、第 16 条、第 20 条、第 24 条和第 30 条进行修改。

最高人民法院、司法部表示，代表的建议对于更好地发挥人民陪审员作用具有积极意义。针对“陪而不审”、“审而不议”问题，法院通过出台司法解释、制定工作办法、筹建人民陪审员工作站、试用电子卷宗系统等，充分保障人民陪审员阅卷、参审、参与培训等权利。关于参审补助，正积极配合财政部研究出台经费保障管理办法，强化人民陪审员履职保障。关于人民陪审员任期 5 年的规定，是经过充分研究论证的，有利于保证人民陪审员队伍的专业化和稳定性。同时，人民陪审员法规定，采取随机抽选为主的方式选任人民陪审员，一般不得连任，实践中连选连任的人民陪审员占比大幅下降。关于合议庭组成，人民陪审员法第 15 条、第 16 条已经明确规定，当事人可援引相关条文提出异议。

我委认为，人民陪审员法自 2018 年实施以来，在规范人民陪审员选任机制、保障人民陪审员各项权利、促进司法民主等方面发挥了重要作用。建议最高人民法院、司法部及时跟踪了解人民陪审员法实施情况，在加强法律实施中积极研究解决议案所提问题，认真总结实践经验，对修改人民陪审员法的必要性、可行性加强研究论证。

23. 吴明兰等 30 名代表提出修改枪支管理法的议案 1 件（第 287 号）。议案提出，现行枪支管理法关于枪支认定标准过于宽泛，司法实践中比照行业标准进行认定极易造成司法困境。建议修改枪支管理法第四十六条相关规定，对枪支认定标准进行明确。

公安部表示，对枪支爆炸物品实行最严格的管控政策是维护社会公共安全、保障国家长治久安的重要举措，也是推进平安中国建设、提升人民群众安全感的重要保障。现行枪支认定标准符合我国国情和执法实际。2018 年，最高人民法院、最高人民检察院联合发布《关于涉以压缩气体为动力的枪支、气枪铅弹刑事案件定罪量刑问题的批复》，坚持主客观相统一，全面考虑相关办案因素，确保罪责相适应。2019 年公安部修订了《公安机关涉案枪支弹药性能鉴定工作规定》，进一步对枪支鉴定标准进行规范。公安部将针对枪支管理工作中的新情况、新问题，会同有关部门继续加强对枪支鉴定和相关法律法规研究，推动修改完善枪支管理法。

我委认为，新形势下枪支管理工作面临一些新情况新问题，有必要就此加强研究，改进管理，不断提升人民群众安全感。建议相关部门对代表议案所提意见予以重点关注，对有关问题加强调查研究，不断加强和改进法律实施工作。

# 全国人民代表大会财政经济委员会关于第十三届全国人民代表大会第四次会议主席团交付审议的代表提出的议案审议结果的报告

（2021 年 10 月 23 日第十三届全国人民代表大会常务委员会第三十一次会议通过）

全国人民代表大会常务委员会：

第十三届全国人民代表大会第四次会议主席团交付全国人大财经委审议的代表提出的议案 107 件，其中要求制定法律的议案 58 件、修改法律的议案 49 件。将内容相同或相近的归类后，共有 59 个立法项目。

根据全国人大常委会关于代表议案办理工作的要求，2021 年 3 月 17 日，全国人大财经委召开代表议案办理工作会议，邀请中央网信办、全国人大常委会预算工委、国务院有关部委、最高人民法院等 28 个部门和单位的同志共同研究议案办理工作，就分工提出议案初步处理意见作出安排，明确相关要求。各承办部门高度重视议案办理工作，认真研究议案内容，根据《全国人大常委会 2021 年度代表工作计划》要求,在办理过程中积极与代表联系沟通,通过电话、视频、当面沟通、召开专题座谈会、实地调研等多种方式征求代表的意见。从承办单位反馈汇总的情况看,代表对议案答复意见及办理工作表示认可和满意,同时对加强有关工作提出了进一步的意见和建议。在上述工作基础上,全国人大财经委对每件议案分别研究提出了处理意见。9月18日,全国人大财经委召开第五十九次全体会议,对议案进行了审议。现将审议结果报告如下:

一、代表提出的建议修改审计法(1件)、反垄断法(7件)、中国人民银行法(4件)、企业破产法(8件,含制定个人破产法1件、制定金融机构破产法1件)、统计法(1件)、铁路法(2件)、电力法(1件)、保险法(1件)、商业银行法(2件)、产品质量法(1件)、反洗钱法(1件)、城市房地产管理法(1件),建议制定社会信用法(11件)、不动产登记法(1件)、电信法(2件)、增值税法(1件)、行业协会商会法(1件)、航天法(1件)、行政事业性国有资产管理法(1件)、能源法(1件),共49件议案涉及的20个立法项目已列入十三届全国人大常委会立法规划或2021年度立法工作计划,建议在保证质量的同时,加快工作进度,力争按时完成立法任务。

二、代表提出的建议修改拍卖法(1件)、企业国有资产法(2件)、票据法(1件)、政府采购法(3件)、消费者权益保护法(4件)、建筑法(5件)、海关法(1件)、电子商务法(2件)、证券投资基金法(1件)、信托法(1件)、价格法(1件)、反不正当竞争法(1件),建议制定陆港法(1件)、大数据管理法(2件)、税法总则(3件)、工业遗产保护和利用法(1件)、城市管理法(1件)、征信管理法(2件)、商业秘密保护法(2件)、行政事业性收费和政府性基金管理监督法(1件)、物资储备法(1件)、住房租赁法(1件)、公益广告法(1件)、国债法(1件)、航空产业促进法(1件)、政府绩效预算法(1件)、业主委员会选举法(2件)、物业管理法(1件)、普惠金融促进法(1件)、国有自然资源资产法(1件)、金融稳定法(1件),共48件议案涉及的31个立法项目确有立法必要,建议有关部门加强调研论证,待条件成熟时,争取列入全国人大常委会今后立法规划或年度立法工作计划。

三、代表提出的建议制定金融控股公司法(1件)、卫星无线电频率轨道资源管理法(1件)、智能网联汽车管理促进法(1件)、民营企业促进法(3件)、海外投资保险法(1件)、债券法(1件)、家政服务管理法(1件)、国家石油储备法(1件),共10件议案提出的8个立法项目,建议通过进一步加大现行法律法规执法力度,或完善相关法律法规或政策,改进工作,解决议案所提问题。

以上报告,请审议。

附件:全国人民代表大会财政经济委员会关于第十三届全国人民代表大会第四次会议主席团交付审议的代表提出的议案的审议意见

全国人民代表大会财政经济委员会
2021年10月19日

**附件:**

# 全国人民代表大会财政经济委员会关于第十三届全国人民代表大会第四次会议主席团交付审议的代表提出的议案的审议意见

## 一、49件议案提出的20个立法项目已列入十三届全国人大常委会立法规划或2021年度立法工作计划

(一)已提请审议和拟安排提请审议

1. 杨震生等30名代表(第187号议案)提出,为贯彻落实党中央和国务院关于审计工作决策部署的需要,构建"集中统一、全面覆盖、权威高效"的审计监督体系,强化政府风险管控和预测预警能力,加大对公共资金、国有资产、国有资源、领导干部履行经济责任情况和国家重大政策措施落实情况的审计力度,建议修改审计法。审计署提出,审计法(修改)已列入十三届全国人大常委会立法规划和2021年度立法工作计划,该署经征求各方意见

并修改完善后,2021 年 6 月将审计法修正草案提请十三届全国人大常委会第二十九次会议进行初次审议。全国人大财经委将结合代表议案提出的建议,配合全国人大常委会有关部门做好修正草案的修改工作。

2. 樊芸等 32 名代表、魏明等 37 名代表、云南代表团、王填等 30 名代表、田立坤等 30 名代表、刘正等 30 名代表、杨松等 30 名代表(第 3 号、第 18 号、第 37 号、第 196 号、第 200 号、第 276 号、第 439 号议案)提出,随着市场化、信息化和全球化的发展,互联网平台经济"二选一、大数据杀熟、霸王条款、流量限制、技术障碍"等无序竞争及垄断问题日益凸显,反垄断法对各种垄断行为的规定、相关市场界定、市场支配地位认定等内容已不能适应现实需要,建议修改反垄断法,强化反垄断和防止资本无序扩张,加快构建"双循环"新发展格局。司法部提出,反垄断法(修改)已列入十三届全国人大常委会立法规划和 2021 年度立法工作计划。该部正会同市场监管总局等部门抓紧推动修法工作,坚持贯彻落实党中央关于强化反垄断和防止资本无序扩张的要求,根据我国社会主义市场经济快速发展特别是平台经济快速发展的实际情况,坚持问题导向和目标导向,针对反垄断法实施中的突出问题,进一步完善反垄断相关制度,明确反垄断相关制度在平台经济领域的适用规则,加大对垄断行为的处罚力度,为强化反垄断和防止资本无序扩张提供更加明确的法律依据和更加有力的制度保障。议案提出的意见建议在修订草案中已吸收采纳。全国人大财经委同意司法部的意见,反垄断法(修正案草案)拟提请十三届全国人大常委会第三十一次会议审议。

(二)建议起草单位加快工作进程,按时完成立法任务

要求修改法律的议案 22 件

3. 丁光宏等 30 名代表、周振海等 35 名代表、白鹤祥等 31 名代表、徐诺金等 30 名代表(第 19 号、第 46 号、第 75 号、第 452 号议案)提出,我国经济金融环境发生了重大变化,对建立现代中央银行制度、强化宏观审慎监管、健全履职方式手段、加强金融消费者权益保护都提出了更高要求,建议修改中国人民银行法,以更好适应金融改革发展的需要。中国人民银行提出,中国人民银行法(修改)已列入十三届全国人大常委会立法规划和 2021 年度立法工作计划,目前该行组织起草形成了修改草案,并向社会公开征求意见,下一步将根据公开征求意见情况,进一步完善修订草案,积极推动法律修订工作。议案所提意见建议有重要的借鉴意义,将在修法工作中认真研究予以吸收和体现。全国人大财经委同意中国人民银行的意见,建议加快工作进度,尽早提请全国人大常委会审议。

4. 杨松等 30 名代表、白鹤祥等 33 名代表、张天任等 30 名代表、车捷等 30 名代表、李亚兰等 30 名代表、莫小峰等 31 名代表、王静成等 35 名代表、徐诺金等 30 名代表(第 71 号、第 72 号、第 179 号、第 181 号、第 202 号、第 295 号、第 353 号、第 456 号议案)提出,企业破产法存在适用范围较窄、启动程序难、审理效率低、管理人制度不完善等问题,建议修改企业破产法、制定个人破产法、制定金融机构破产法,完善企业重整、管理人、债权人会议、金融机构破产、跨境破产等制度,维护债权人合法权益,建立个人破产制度,增加简易程序,设立破产管理机构,加强府院协调,切实保护职工包括农民工合法权益等。全国人大财经委对议案内容进行了认真研究和梳理,认为代表提出的意见和建议针对性强,具有重要的参考作用。企业破产法(修改)已列入十三届全国人大常委会立法规划和 2021 年度立法工作计划,根据全国人大常委会 2021 年度监督工作计划,常委会今年开展了企业破产法执法检查。为统筹推进企业破产法修改和执法检查工作,全国人大财经委将企业破产法修改的重点问题列入执法检查主要内容,听取意见建议;对金融机构、上市公司、国有企业、民营企业破产问题分别组织开展专题调研,委托中国人民大学、中国政法大学围绕企业破产法与关联法律法规衔接协调情况、企业破产法律制度的完善等问题开展课题研究;认真研究吸收代表议案所提建议,有序推进修订草案起草工作,争取尽早提请全国人大常委会审议。

5. 周文涛等 30 名代表(第 117 号议案)提出,随着社会主义市场经济的深入发展,统计法的很多条文已不适应经济社会发展的要求,直接影响到统计数据质量及其信息、咨询、监督功能的发挥,统计数据失真失实干扰决策判断、虚增群众获得感、透支党和政府公信力,建议对现行统计法进行再次修订。国家统计局提出,为全面贯彻落实党中央、国务院关于统计改革发展的重大决策部署,国家统计局高度重视统计法的修改工作,根据十三届全国人大常委会立法规划,国家统计局于 2018 年 7 月启动统计法修改工作,并在 2019 年 12 月将统计法修正草案(送审稿)报请国务院审议,目前正在征求有关部门和地方的意见。议案所提意见建议有重要的

借鉴意义，将在修法工作中认真研究予以吸收。全国人大财经委同意国家统计局的意见。

6. 海南代表团、杨伟军等31名代表（第118号、第473号议案）提出，随着我国铁路事业的迅猛发展，铁路管理体制、运输经营、安全管理等发生了深刻变化，现行铁路法有关条款规定已不能适应新时代铁路发展的需求，建议修改铁路法。国家铁路局赞成议案所提意见和建议，正在积极修改完善铁路法。2020年6月，铁路法（修改送审稿）由交通运输部报送国务院，司法部向相关单位征求意见。2021年5月，司法部形成修改稿，已再次征求有关方面意见。该局将会同有关部门对相关条款进行修改完善，推动铁路法（修订草案）早日出台。全国人大财经委建议有关部门加快推动立法进程，尽早提请全国人大常委会审议。

7. 祁春风等31名代表（第126号议案）提出，为落实中央关于能源清洁低碳发展、深化电力体制改革的决策部署，建议修改电力法，补充规定可再生能源、清洁能源发展和电力市场建设等相关内容。国家能源局提出，该局和国家发展改革委共同起草了电力法修订草案送审稿，已于2020年8月报送国务院，司法部随后将送审稿广泛征求意见。2021年，该局配合司法部对有关意见进行了研究论证，提出相关条文的修改建议。议案所提意见和建议在送审稿中大多已有体现，对代表们在电力法修订中提出的增加输电线路建设用地依法补偿、不实行征地等具体意见将进行认真研究。该局将继续配合司法部做好草案送审稿审核修改工作，积极推进立法进度。电力法（修改）已列入十三届全国人大常委会立法规划，全国人大财经委建议有关部门认真研究议案所提意见建议，加快立法进程，争取早日提请全国人大常委会审议。

8. 刘蕾等30名代表（第198号议案）提出，随着我国保险业快速发展，保险机构大量扩容，产品结构日益丰富，经营模式不断创新，保险行业发展的内外部环境发生了很大变化，保险法律制度已不适应发展的需要，建议修改保险法。中国人民银行提出，保险法（修改）已列入全国人大常委会2021年度立法工作计划，目前该行起草形成了保险法修改建议稿，正在送相关部门和机构征求意见，下一步将会同中国银保监会根据公开征求意见情况，研究吸收代表议案所提建议，进一步完善修订草案。全国人大财经委同意中国人民银行意见，建议加快保险法修法工作进度，尽早提请全国人大常委会审议。

9. 赵皖平等31名代表、杨松等31名代表（第264号、第438号议案）建议修改商业银行法，明确商业银行在实现生态文明、促进绿色转型中的责任，同时通过修法限制商业银行主要股东、实际控制人的权利，完善对商业银行主要股东监管规则及域外适用规则。中国人民银行提出，商业银行法（修改）已列入十三届全国人大常委会立法规划和2021年度立法工作计划，该行会同中国银保监会起草形成了商业银行法修改建议稿，并向社会公开征求意见。下一步，该行将根据公开征求意见情况，进一步完善修订草案，积极推动商业银行法修改工作。议案所提意见建议对修法工作具有重要借鉴意义，将在修法工作中认真研究予以吸收。全国人大财经委同意中国人民银行的意见，建议加快修法工作进度，尽早提请全国人大常委会审议。

10. 李志强等30名代表（第275号议案）提出，产品质量法自1993年实施以来，在提升产品质量、加强质量监管方面发挥了重要作用，但其适用范围有限，重点领域亟需扩大，治理主体亟需增加，需要与新颁布和新修订的法律做好衔接等，建议修改。市场监管总局赞成议案提出的修改产品质量法的建议。产品质量法（修改）已列入十三届全国人大常委会立法规划，市场监管总局于2019年初启动产品质量法修改工作，9月形成产品质量法（修订草案），并将修订草案相关内容广泛征求意见，当前正抓紧修改完善。全国人大财经委建议有关部门认真研究议案所提意见建议，加快工作进度，争取早日提请全国人大常委会审议。

11. 杜延安等30名代表（第361号议案）提出，现行反洗钱法在个人反洗钱义务、反洗钱义务机构范围、洗钱上游犯罪类型、反洗钱调查主体等方面存在不足，建议修改反洗钱法，强化反洗钱监管和防范化解金融风险的制度设计。中国人民银行提出，反洗钱法（修改）已列入全国人大常委会2021年度立法工作计划，目前该行组织起草形成了反洗钱法（修订草案），正在向社会公开征求意见。议案中提出的修法建议，具有很强的针对性和借鉴意义，与修法思路相契合，将在修法工作中认真研究予以吸收，进一步完善修订草案。全国人大财经委同意中国人民银行的意见，建议加快反洗钱法修法工作进度，尽早提请全国人大常委会审议。

12. 王静成等35名代表（第356号议案）提出，商品房违规销售是近年来我国房地产市场监管的突出问题，为保护消费者合法权益，维护房地产市场秩序，建议对城市房地产管理法中处罚商品房违规销售行为的有关条文进行完善。住房城乡建设部认为，议案提出在城市房地产管理法中增加房地产销售章节、加大对房地产销售违法行为处罚力度、明确商品房销售违法行为中没收违法所得金额的具体计算方法等建议，对于促进房地产市场健康发展具有重要意义。城市房地产管理法（修改）已列入十三届全国人大常委会立法规划，目前该部正在围绕房地产开发用地土地使用权续期、房地产开发经营模式、房地产交易等问题，开展城市房地产管理法修改工作。全国人大财经委同意住房城乡建设部的意见，建议加快工作进度，尽早提请全国人大常委会审议。

要求制定法律的议案 19 件

13. 云南代表团、李宗胜等 30 名代表、沈满洪等 32 名代表、陈震宁等 30 名代表、张天任等 30 名代表、詹国海等 31 名代表、陈林等 31 名代表、陈紫萱等 31 名代表、买世蕊等 30 名代表、杨松等 31 名代表、史贵禄等 30 名代表（第 36 号、第 76 号、第 80 号、第 154 号、第 182 号、第 184 号、第 265 号、第 296 号、第 354 号、第 437 号、第 448 号议案）建议制定社会信用法，明确信用信息范围，规范信用信息采集、披露与应用，健全信用信息管理，确立守信激励与失信惩戒的内容与措施，加强信息主体的权益保护，规范和促进信用服务行业发展，完善社会信用体系建设。国家发展改革委、中国人民银行认为，《法治中国建设规划（2020—2025 年）》《法治社会建设实施纲要（2020—2025 年）》等文件都明确提出"加快推进社会信用立法"，《征信业管理条例》《企业信息公示暂行条例》等法规规章和规范性文件的出台为制定社会信用法提供了重要参考，地方信用立法先行先试为国家层面立法积累了实践经验，社会信用立法时机已经成熟，将积极推动信用立法工作。社会信用立法已列入十三届全国人大常委会立法规划，全国人大财经委建议有关部门发挥积极作用，深入研究论证立法涉及重点难点问题，加大协调力度，加快立法工作进度，争取尽早提请全国人大常委会审议。

14. 曹宝华等 30 名代表（第 122 号议案）提出，党的十九大报告提出要进一步完善产权制度要求，将人民群众依法享有的不动产财产权全部纳入不动产登记予以保护，建议制定不动产登记法。自然资源部赞成议案所提意见和建议，自 2019 年起连续 3 年将该法起草列入立法工作计划，积极推进起草工作，目前草案已经多次征求意见，该部将在后续工作中进一步研究吸收议案所提建议。全国人大财经委同意自然资源部意见，不动产登记法已列入十三届全国人大常委会立法规划第一类项目，建议有关部门加快工作进度，争取早日提请全国人大常委会审议。

15. 王凤巧等 31 名代表、史贵禄等 30 名代表（第 185 号、第 449 号议案）提出，为规范电信市场竞争，促进电信行业发展，维护电信市场各方的合法权益，建议制定电信法。工业和信息化部认为，议案所提建议紧密结合实际，涉及市场准入、市场秩序、个人信息保护、电信建设、三网融合、通信秘密保护、行政处罚等方面，对于做好电信立法、完善电信法律制度具有重要的参考价值。电信法列入十三届全国人大常委会立法规划后，该部成立起草工作专班，多次召开立法工作会议，充分听取各方面意见，形成了电信法（草案）。议案提出的相关意见和建议，在草案中大多已有相关规定，该部将进一步研究吸收议案所提建议。全国人大财经委同意上述意见，认为加快电信法立法工作有利于规范电信市场竞争秩序，打击防范电信网络诈骗，建议有关部门加快工作进度，争取早日提请全国人大常委会审议。

16. 徐华铮等 31 名代表（第 186 号议案）建议制定增值税法，夯实立法的税制基础，确保抵扣链条的完整性，形成发票管理社会共治，使增值税改革与增值税的立法工作结合起来，不断完善流转税制立法体系。财政部认为，通过系列改革措施，我国逐步建立了规范的消费型增值税制度框架，为增值税立法奠定了良好的制度基础。2020 年 5 月，财政部、税务总局向国务院报送了增值税法草案送审稿。目前，司法部正在会同财政部、税务总局对送审稿进行修改完善。增值税法已列入十三届全国人大常委会立法规划，全国人大财经委建议有关部门加大工作力度，争取尽早提请全国人大常委会审议。

17. 史贵禄等 30 名代表（第 450 号议案）提出，伴随全国各地、各行业出现的协会商会数量激增，出现乱管理、乱摊派、乱收费及行业垄断等情况和问题，建议制定行业协会商会法。民政部提出，该部将会同有关部门，结合推动《社会组织登记管理条例》出台、行业协会商会脱钩改革推进以及脱钩后行业协会商会发展需要等实际情况，深入开展立法论证调研，推进行业协会商会立法工作。行业协会商会立法已列入十三届全国人大常委会立法规划，全国人大财经委建议有关部门发挥积极作用，深入研究论证立法涉及重点难点问题，加大协调力度，加快立法工作进度，争取尽早提请全国人大常委会审议。

18. 史贵禄等 30 名代表（第 451 号议案）提出制定航天法，通过立法实现与国际条约衔接，鼓励航天科研活动发展，为商业航天活动创造有序的法制环境，确定残骸造成危害的赔偿责任等。国家国防科工局认为，为维护我国太空安全和权益，规范航天活动有序开展，统筹航天军民融合发展，依法履行国际义务，深入开展国际合作，必须加快推进航天立法进程，完善以航天法为核心的法律法规体系。该局牵头组织开展了航天法论证起草工作，深入开展调查研究，组织起草了航天法草案，下一步将抓住有利时机，加强与军地相关单位的沟通，加大协调力度，积极推动立法进程。全国人大财经委认为，航天法连续列入十二届、十三届全国人大常委会立法规划，建议有关部门加大工作力度，争取早日提请全国人大常委会审议。

19. 云南代表团（第 459 号议案）提出，我国行政事业性国有资产管理制度不断健全，国有资产管理工作不断规范，较好地保障了行政事业单位有效运转、各项社会事业快速发展，但也存在国有资产管理不规范、法治建设亟待加强等突出问题，建议制定行政事业性国有资产管理法。财政部认为，我国已形成了以《行政事业性国有资产管理条例》为统领，两部规章相配套，多部规范性文件相补充的行政事业性国有资产制度体系。目前，该部启动了行政事业性国有资产管理法立法研究，将结合《行政事业性国有资产管理条例》实施评估情况，全力做好研究起草工作。行政事业性国有资产管理立法已列入十三届全国人大常委会立法规划，全国人大常委会预算工委赞同议案提出的有关立法必要性、可行性的相关判断，认为立法时机已基本成熟，将进一步推动有关部门加快行政事业性国有资产管理法的研究起草工作。全国人大财经委同意上述意见。

20. 史贵禄等 30 名代表（第 460 号议案）提出，能源问题关系经济发展、社会稳定和国家安全，我国目前尚未制定出台能源领域的基础性法律，有关单行法无法解决国家能源安全的法律保障不充分、能源利用与环境保护的有效协调滞后、能源的综合监管措施缺乏等深层次问题，建议制定能源法。国家能源局提出，该局已起草能源法草案送审稿，并于 2020 年底再次报送国务院，目前正在配合司法部根据各方面意见对草案进行修改完善，议案提出的有关建议在草案中已有体现。该局将继续认真研究议案所提意见，配合司法部做好审查修改工作，积极推进立法进度。能源法已列入十三届全国人大常委会立法规划，全国人大财经委建议有关部门认真研究议案所提意见建议，加快工作进程，争取早日提请全国人大常委会审议。

## 二、48 件议案提出的 31 个立法项目确有立法必要，建议有关部门加强调研论证，待条件成熟时，争取列入全国人大常委会今后立法规划或年度立法工作计划

*要求修改法律的议案 23 件*

21. 樊芸等 30 名代表（第 20 号议案）建议修改拍卖法，明确在确保各方利益不受损害的前提下，允许拍卖企业及工作人员代理竞买人参与竞买，为竞买人提供便利服务。商务部认为，现有法律并未禁止拍卖人及其工作人员接受竞买人委托，作为代理人参加竞买。拍卖法第三十四条规定："竞买人可以自行参加竞买，也可以委托其代理人参加竞买"。为规范委托竞买活动，商务部发布了《文物艺术品拍卖规程（SB/T 10538—2017）》行业标准，对代为竞买应办理的手续、服务的形式、记录的保存等作了明确规定。个别省市对拍卖企业及其工作人员代为竞买行为进行处罚的情形，是监管实践中认识不统一而产生的问题，可商市场监管总局对拍卖人及工作人员受托竞买问题的法律规范、实践现状等进行全面调研，形成监管共识。全国人大财经委同意商务部意见，建议加强研究论证，适时提出修法建议。

22. 孔晓艳等 36 名代表、云南代表团（第 48 号、第 454 号议案）提出，为进一步加强企业国有资产管理，促进国有资产保值增值，建议修改企业国有资产法。全国人大财经委会同有关部门对议案内容进行了认真研究，认为议案提出的问题和建议有较强的针对性和可操作性，为进一步研究修改相关法律规定提供了重要参考。有关部门已经着手对企业国有资产法修改和国资监管法规体系完善的有关问题开展研究。全国人大财经委将结合人大国有资产管理监督工作，会同有关部门认真研究梳理企业国有资产法及相关法律法规的实施情况及存在的问题，总结国资国企改革发展经验，进一步研究吸收议案提出的意见建议，为企业国有资产法修改做好准备工作，适时向全国人大常委会提出修改企业国有资产法的建议。

23. 唐廷波等 30 名代表（第 74 号议案）提出，

随着经济金融环境的不断变化和票据业务的发展，票据法部分规定已不能满足现实需求，建议修改，完善票据无因性原则有关规定，增加关于电子票据、商业本票新票据种类、空白支票丢失救济等方面的规定。中国人民银行提出，近年来该行不断完善票据管理配套制度，印发了《票据交易管理办法》《标准化票据管理办法》，正在研究修订《商业汇票承兑、贴现与再贴现管理暂行办法》。下一步，该行将认真研究借鉴议案所提立法建议，积极推动票据法修订工作。全国人大财经委同意中国人民银行的意见，建议加快完善票据管理制度，加强修法的研究论证，适时提出修法建议。

24. 于安玲等 35 名代表、李宗胜等 30 名代表、王静成等 36 名代表（第 77 号、第 79 号、第 362 号议案）提出，政府采购法对政府采购程序的控制、采购方式、代理机构的监管等存在不足，有关采购方式、范围规定在实际执行中未能全面体现节约财政成本的立法目的，有关公平竞争的规定尚不完善，与招标投标法存在冲突，对政府采购合同属性规定不明确，建议修改。财政部认为，政府采购法已不能满足新形势新发展的需要，亟需修改完善。按照《深化政府采购制度改革方案》，该部研究起草了政府采购法修订草案，并已向社会公开征求意见，议案提到的增加诚信体系建设和采购需求内容条款等意见建议在草案中已有所体现。全国人大财经委同意财政部的意见，建议认真研究吸收议案所提意见，抓紧研究论证，适时提出修法建议。

25. 唐廷波等 30 名代表、张德芹等 30 名代表、崔荣华等 30 名代表、张婧婧等 31 名代表（第 82 号、第 268 号、第 446 号、第 457 号议案）提出，为保护消费者的合法权益，规范经营者行为，维护社会经济秩序，建议修改消费者权益保护法关于消费者定义、后悔权、举证责任适用范围、公益诉讼范围、惩罚性赔偿等相关规定。市场监管总局认为，新修订的消费者权益保护法施行以来，对保护消费者合法权益、维护社会经济秩序发挥了重要作用，实践中对于“知假买假”是否适用惩罚性赔偿制度、扩大举证责任倒置适用范围、无理由退货中的后悔权设定等问题争议较大，需要各界逐步统一认识。该局将配合有关部门尽快出台《消费者权益保护法实施条例》，细化对欺诈行为的认定，保护好消费者和经营者双方的合法权益，同时加强修法研究论证。全国人大财经委同意市场监管总局的意见，建议条件成熟时提出修法建议。

26. 倪海琼等 31 名代表、邹彬等 30 名代表、戴雅萍等 30 名代表、赵静等 33 名代表、崔荣华等 30 名代表（第 119 号、第 178 号、第 240 号、第 267 号、第 444 号议案）提出，建筑法自 1998 年 3 月实施以来，对规范建筑行业发展发挥了积极作用，但存在适用范围过窄，建筑工程造价管理条文过于简单，缺乏“建设工程担保”制度，建筑市场主体信用评价制度空白，大量的农村房屋建设处于“三不管”地带等突出问题，建议修改。住房城乡建设部赞同议案提出的关于修改建筑法的建议，对议案提出的拓展调整范围等具体建议将认真研究吸纳，并加快推动建筑法修改进程。全国人大财经委同意住房城乡建设部意见。

27. 于泳等 30 名代表（第 125 号议案）提出，随着全球经济社会的快速发展、国家机构改革进程的深入推进和海关工作制度的不断更新完善，现行海关法已经不能适应新形势、新任务、新要求，建议修改，着力解决海关法与有关国际条约和国内法律的衔接、法律概念的统一、海关治理理念和治理角色的重构等问题。海关总署提出，根据中央部署，海关推行的一系列改革成果都需要通过修改海关法予以明确和固化。该署已于 2018 年启动修法研究，征集修法总体思路、基本框架结构和相关具体条款的意见建议，并将在前期工作的基础上继续推进工作，引入先进管理理念，对标最高国际标准，重构海关基本制度，积极推动将海关法（修改）列入全国人大常委会立法工作计划，有序推进海关法修改工作。全国人大财经委同意海关总署的意见，建议认真研究代表议案所提意见，适时提出修法建议。

28. 杨震等 30 名代表、崔荣华等 30 名代表（第 197 号、第 443 号议案）提出，随着互联网经济模式不断创新，平台经济、电商直播等新业态发展，电商行业监管面临新挑战，网络平台、商品经营者和网络直播者等有关主体的法律责任有待明晰，建议对电子商务法的相关法律条款进行修改。全国人大财经委会同有关部门对议案内容进行了认真研究，认为议案提出的问题和建议有较强的针对性和可操作性，为进一步研究修改相关法律规定提供了重要参考。2021 年 4 月，商务部、中央网信办、公安部等七部门联合发布了《网络直播营销管理办法（试行）》，按照全面覆盖、分类监管的思路，将直播电商各类参与主体、线上线下各项要素纳入监管范围。对议案所提的明确电商平台、经营者相关主体性质、责任边界等相关建议，也作出了相应规定。全国人大财经委将继续密切关注互联网经济发展，在相关立法、监督工作中认真研究吸收议案提出的具体意见和建议，推动解决议案所提问题，同时加强修法研究，不断健全完善电子商务领域法律制度。

29. 刘新华等30名代表（第266号议案）提出，随着基金行业的发展变化，现行证券投资基金法部分规定不能完全适应市场发展新形势和行业发展需求，建议修改。全国人大财经委会同有关部门对议案内容进行了认真研究，认为议案提出的问题和建议有较强的针对性和可操作性，为进一步研究修改相关法律规定提供了重要参考。证监会正在研究修订《公开募集证券投资基金管理人监督管理办法》，对基金托管人为基金管理人提供流动性支持进行初步安排。同时，围绕长期投资理念，出台了实施基金管理人分类监管、优化基金外部评价评奖机制、引导公募基金管理人完善公司治理和内部控制的改革措施，不断推进相关业务规则的制定工作。全国人大财经委将认真跟踪分析证券投资基金法实施情况，加强与相关部门联系沟通，积极推动落实议案提出的具体意见和建议，同时加强修法研究论证，争取列入今后全国人大常委会立法规划或年度立法工作计划。

30. 刘守民等30名代表（第271号议案）提出，现行信托法在信托财产独立、遗嘱信托、信托撤销权、信托登记等方面存在不足，建议修改，进一步规范信托活动、推动信托业改革转型、保护信托当事人合法权益。中国人民银行提出，该行会同中国银保监会等部门已启动信托法立法后评估工作，下一步将开展修法调研论证工作，适时推动将信托法修改工作列入立法计划。议案提出的有关建议为信托法修改提供了有益思路，将在修法工作中深入研究论证。全国人大财经委同意中国人民银行的意见，建议完善信托登记有关制度，抓紧修法调研论证工作，条件成熟时推动信托法修改工作。

31. 王静成等35名代表（第357号议案）提出，价格法总则部分表述不明确，“经营者的价格行为”的部分内容与反不正当竞争法、反垄断法存在重叠，“价格总水平调控”的部分表述不清晰，价格干预措施与紧急措施实施机制僵化，缺少价格服务章节，建议修改价格法。国家发展改革委同意议案提出的迫切需要修改价格法的意见。近年来，该委积极推进价格法修改工作，在广泛调查研究征求意见基础上形成修法初步意见，但因修改价格法涉及多个部门、多级政府的管理权限，各方面认识尚不统一，意见存在较大分歧。议案提出的修改建议具有重要参考价值，将在研究修改价格法和完善配套规章制度体系时认真考虑、充分吸纳。全国人大财经委同意国家发展改革委意见。

32. 王填等30名代表（第455号议案）提出，在新的商业形态、商业模式下，不正当竞争形式日趋多样化，建议修改反不正当竞争法，赋予消费者对不正当竞争行为的诉权，建立对不正当竞争行为的联合执法机制，将一些排挤、限制其他经营者竞争的行为列为不正当竞争行为。市场监管总局提出，经营者损害竞争秩序和消费者利益，其他经营者在援引反不正当竞争法的明确规定获得救济的同时，即维护了竞争秩序和消费者利益。如经营者实施损害消费者权益但未损害竞争秩序的行为，消费者可根据民法典、消费者权益保护法等法律规定获得救济。2020年11月12日，经国务院批准同意，建立由市场监管总局牵头，网信、工业和信息化、公安等17部门参加的反不正当竞争部际联席会议制度。目前，各省（区、市）也在推进建立本地区的反不正当竞争联席会议制度。市场监管总局将加大对不正当竞争新问题、新行为的分析、研判力度，适时向立法机关提出修改法律的建议。全国人大财经委建议有关部门加大对消费者权益保护的工作力度，同时加强研究论证，适时提出修法建议。

要求制定法律的议案25件

33. 云南代表团（第38号议案）提出，陆港作为内陆地区重要的开放平台和国际物流体系的重要组成部分，对于推动内陆地区高水平对外开放、加快构建新发展格局、推进国际一体化多式联运建设具有积极意义，建议制定陆港法，衔接国际规则，理顺国内体制机制。交通运输部认为，议案提出的陆港法草案内容详实，论据充分。该部将综合考虑全面深化改革布局，在不断积累陆港发展实践经验的基础上，深化研究论证制定陆港法的必要性和可行性，做好与现行国家口岸管理相关制度以及海关法、国境卫生检疫法、出境入境管理法等法律法规衔接协调。全国人大财经委同意交通运输部的意见，建议有关部门进一步研究吸收议案所提意见建议，围绕建设交通强国目标，加快构建适应现代综合交通运输体系的法律法规体系和标准体系。

34. 孔晓燕等36名代表、邵利民等31名代表（第47号、第183号议案）提出，数据资源作为生产要素，对经济发展、社会生活和国家治理产生着根本性、全局性、革命性的影响。但目前从国家整体层面仍缺乏对大数据发展与管理作出相应规定的法律制度，缺乏对跨行政区域数据流通和交易的有效法律规则，建议制定大数据管理法，加强对数据资源的管理和应用。国家发展改革委提出，党中央、国务院高度重视数字经济发展，不断优化数字经济发展环境，印发了《促进大数据发展行动纲要》，持续健全数字经济发展政策法规体系，激发数据要素市场活力，完善数据要素治理和标准规范体系。该委将继续推进以数据为关键要素的数字经济发展，加快培育数据要素市场，与相关部门一道针对当前制约数字经济发展瓶颈，建立健全数据资源产权、数据交易流通、跨境传输和安全保护等基础制度和标准规范，推进相关立法工作。全国人大财经委同意国家发展改革委的意见。

35. 赵冬苓等 30 名代表、刘小兵等 30 名代表、杨松等 30 名代表（第 73 号、第 239 号、第 440 号议案）提出，为满足新时期税收法治建设的更高要求，促进税法的整合、系统化和稳定性，推进国家治理现代化，建议制定税法总则。全国人大常委会预算工委认为，2015 年以来，我国税收立法和税制改革工作持续推进，税收法治建设取得历史性进展。但对照党中央关于“落实税收法定原则”“深化税收制度改革”“完善现代税收制度”等重大决策部署的要求，我国税收法律体系的系统性、规范性和科学性都还有进一步提升的空间。税收基本法曾被列入八届、九届和十届全国人大常委会立法规划，全国人大和国务院有关方面开展了大量起草、研究和论证工作，制定税法总则具备良好的立法工作基础。该委将对相关问题作深入研究，在加快推进各税种立法的同时，积极推动税法总则立法研究工作。全国人大财经委同意全国人大常委会预算工委的意见，建议加强研究论证，条件成熟时提出立法建议。

36. 侯华梅等 30 名代表（第 120 号议案）提出，工业遗产具有见证工业革命的文献价值和改造利用的实用价值，随着近年来经济快速发展转型，许多重要的工业遗产如得不到有效保护，将在短期内迅速消亡，建议制定工业遗产保护和利用法，对国家工业遗产进行价值评估，设立工业遗产保护基金和机构，不断强化工业遗产保护工作的制度保障。工业和信息化部认为，加强工业遗产保护利用法律法规建设十分必要。该部已会同国家发展改革委等 8 部门联合印发《推进工业文化发展实施方案（2021—2025 年）》，明确提出开展工业遗产保护立法研究、推动将符合条件的工业遗产纳入文物保护体系，支持地方和社会组织开展工业遗产价值评估工作，修改完善《国家工业遗产管理暂行办法》，研究制定适应我国工业遗产保护利用的法律，为早日列入立法规划做好前期准备。全国人大财经委同意工业和信息化部的意见。

37. 崔海霞等 31 名代表（第 123 号议案）建议制定城市管理法，明确城市管理总体框架、理顺城市管理体制、建立健全城市管理执法制度、加强执法保障和执法监督，促进城市管理工作的有效运行。住房城乡建设部赞同议案提出的意见。城市管理执法体制改革是党中央推进全面深化改革的一项重要任务，按照《中共中央国务院关于深入推进城市执法体制改革改进城市管理工作的指导意见》部署要求，该部积极推进城市管理执法体制改革，并取得积极进展，目前各地已先后颁布并实施多部城市管理和执法方面的地方性法规，为城市管理法制定提供了有利的借鉴。议案所提意见建议有重要的借鉴意义，将在今后的立法工作中认真研究。全国人大财经委同意住房城乡建设部意见。

38. 王景武等 35 名代表、陈建华等 31 名代表（第 127 号、第 153 号议案）提出，数字经济时代征信领域应用范围渐广，征信业务与其他信息服务的界限趋于模糊，信用信息共享与保护、征信效率与信息安全、业务创新与合规管理等很多方面缺乏法律规范，建议制定征信管理法。中国人民银行提出，《征信业管理条例》《征信机构管理办法》等为征信业的发展提供了制度保障，民法典、个人信息保护法、网络安全法等法律对于信用信息主体知情权以及救济途径等作出了规范。针对议案提出的征信行业发展中出现的新问题，该行将认真开展研究，及时调整征信法律制度。全国人大财经委同意中国人民银行的意见，建议该行研究借鉴议案建议，加快完善征信管理制度，条件成熟时研究推动征信立法。

39. 苗秀等 31 名代表、马一德等 32 名代表（第 201 号、第 355 号议案）提出，商业秘密是重要的知识产权，是企业创新、市场竞争的战略性资源，目前我国企业对商业秘密保护的意识偏低，商业秘密侵权纠纷不断，建议制定商业秘密保护法，加大对侵犯商业秘密行为的惩罚力度，加强知识产权保护。市场监管总局提出，反不正当竞争法对商业秘密的定义和侵犯商业秘密的行为方式、法律责任等作了系统规定。目前，民法典、反不正当竞争法、刑法等对商业秘密保护作出有关规定，市场监管总局正在研究制定的《商业秘密保护规定》，通过“界定 + 列举”的方式，明晰商业秘密的内涵和外延，细化侵犯商业秘密的行为构成。市场监管总局将积极配合有关部门，结合中国知识产权工作实际，借鉴国际立法经验，对商业秘密保护制度中的重难点问题加强立法研究，不断完善相关制度。全国人大财经委建议市场监管总局总结实践经验，结合议案所提意见，加强立法研究，条件成熟时提出立法建议。

40. 刘修文等35名代表（第203号议案）建议将政府非税收入法定，制定行政事业性收费和政府性基金管理监督法。财政部总体赞同议案提出的法治化建设方向，该部近年来持续加强行政事业性收费和政府性基金制度建设，在清理、立项、预算管理、监督、评估等方面逐步推进改革。考虑到目前收费基金职能权限改革有待进一步深化、中央和地方“费权”划分不尽合理、政府职能转变不到位等情况，建议先行就相关问题进行研究，逐步推进收费基金法治化建设。全国人大常委会预算工委提出，在2019年开展减税降费专题调研中，组织对收费基金的法律法规依据进行了梳理研究，并提出要全面评估政府性基金和行政事业性收费，加强制度性和规范化建设。在2020年开展“十四五”时期税制改革专题调研中，提出非税收入法治化建设亟需加强，并专门上报了政府非税收入法定原则专题研究报告。该委将进一步加强对相关重点问题的研究，推动有关部门尽快组织对现行收费和基金项目的评估调整、清理规范，并积极推动将该法列入下届全国人大常委会立法规划。全国人大财经委同意上述意见，建议有关部门加强沟通交流，发挥立法引领和推动改革的积极作用。

41. 吉桂凤等30名代表（第238号议案）提出，近年来，物资储备体系在积极应对新冠疫情、有效处置突发事件、保持经济社会稳定等方面发挥着重要作用，但存在缺乏整体谋划、体系不够完备、运行效能不高、保障能力不足等问题，建议制定物资储备法。国家发展改革委赞同议案提出的物资储备立法的意见。2021年，国家粮食和储备局与国家发展改革委会同有关部门起草了“关于改革完善体制机制加强战略和应急物资储备安全管理的若干意见”，提出加强国家储备法律制度建设、加快研究战略和应急储备安全管理有关法规制度等任务，目前已按程序报送国务院。该委将加快推动重要品类储备专项立法，条件成熟后适时推进国家物资储备统一立法。全国人大财经委同意国家发展改革委的意见。

42. 买世蕊等30名代表（第269号议案）提出，目前住房租赁市场发展迅速，建议制定住房租赁法，明确当事人权利义务，建立稳定租金、租期、备案等方面的制度，逐步使租房居民在基本公共服务方面享有同等待遇，建立健全住房租赁市场监管体制。住房城乡建设部赞同议案关于制定住房租赁法的意见，正加快推动出台住房租赁条例，并在此基础上，积极开展住房租赁立法研究准备工作。全国人大财经委同意上述意见。

43. 买世蕊等30名代表（第270号议案）提出，公益广告是社会主义精神文明建设的有效载体，目前我国公益广告的管理不健全，选题、制作水平有待提升，建议制定公益广告法，明确规定在收视、收听、阅读率较高的电视、广播节目、报刊栏目中增加公益广告，建立公益广告内容的听证制度，明确公益广告的知识产权、制作要求、招投标方法、法律责任等。市场监管总局认为，《公益广告促进和管理暂行办法》作为广告法的配套规章，规定了相关部门公益广告管理工作职责范围，形成了共促共管的工作机制。该部加强与中央文明办等部门沟通，深入开展调查研究，推进《公益广告促进和管理暂行办法》修订完善。全国人大财经委建议市场监管总局加强研究论证，条件成熟时提出立法建议。

44. 买世蕊等30名代表（第272号议案）提出，当前国债市场法制建设滞后，《国库券条例》等法规规章较早，有些规定缺乏可操作性，难以全面规范国债市场，建议制定国债法，对国债的发行、偿还、利率、交易、规模作出系统规定，建立国债听证制度，促进对国债的统一监管，明确发行医疗长期国债、农村基础教育长期国债和基础建设长期国债。全国人大常委会预算工委赞同议案关于加强国债法制建设的意见，认为国库券条例颁布时间较早，适用范围仅限于国库券，不能对所有的国债类型予以规范，使得国债管理中的许多基本问题缺乏立法规范。该委开展了国债立法相关调研，还将会同有关方面对国债法立法问题作深入研究。全国人大财经委同意上述意见。

45. 向巧等31名代表（第273号议案）提出，为加快破解大飞机、航空发动机等领域“卡脖子”问题，应当从立法目的、范畴、部门职责、国家战略导向以及促进产业发展的具体措施等方面，有针对性地对产业布局、产业链结构优化、组织管理和协调配合的法律制度加以规定，建议制定航空产业促进法。工业和信息化部会同国家国防科工局、中国民航局等有关部门积极推进航空工业法治化建设，将深化推进航空产业促进法立法的研究论证工作，进一步明确立法目的，加强重点问题研究，广泛听取各方面意见，加快丰富完善促进航空产业发展的各类制度供给，为加快建设航空强国提供坚实法治保障。全国人大财经委同意工业和信息化部的意见，建议有关部门加强沟通协调，深入研究论证，积极开展立法准备工作，条件成熟时提出立法建议。

46. 朱明春等 31 名代表(第 274 号议案)提出,绩效预算管理存在预算与政府决策衔接不够、“花钱”与“办事”“两张皮”、监督问责还不到位等问题,建议制定政府绩效预算法,以预算为切入点,实现对政府决策、履职行为及监督评价等治理全过程的绩效约束,实现预算与政府决策政策紧密衔接。财政部赞同议案提出的进一步提升预算绩效管理与监督的制度化、规范化水平的建议,议案对促进预算绩效管理提质增效具有重要的启示和引导作用。政府绩效立法是一项涉及面广、环节繁多、流程复杂的系统工程,需要在借鉴国际经验基础上,深入研究我国实际情况作出科学分析判断,建议先行就相关问题进行研究,是否列入立法规划应按规定履行相应程序。全国人大常委会预算工委赞同议案所提意见建议,考虑到预算绩效管理法既涉及政府绩效管理,又涉及人大绩效监督,并且人大以预算审查监督为着力点可以推动政府实现预算与政策的有效衔接,建议由全国人大常委会有关工作机构会同国务院有关部门共同牵头组织起草。全国人大财经委同意上述意见,建议认真研究吸收议案所提意见,抓紧研究论证,适时提出立法建议。

47. 买世蕊等 30 名代表、佘才高等 30 名代表(第 352 号、第 445 号议案)建议制定业主委员会选举法,规范业主委员会的选举,促进群众在城乡社区治理、基层公共事务中依法自我管理、自我服务、自我教育、自我监督。住房城乡建设部认为,议案对制定业主委员会选举法的必要性分析深入全面,提出的立法建议具有重要参考意义。该部将深入研究业主大会和业主委员会选举等问题,积极做好有关立法研究工作,适时提出立法建议。全国人大财经委同意住房城乡建设部的意见。

48. 史贵禄等 30 名代表(第 447 号议案)提出,物业管理行业快速发展,物业服务纠纷数量增多,物业管理方面立法明显滞后,建议制定物业管理法,明确业主大会、业主委员会的法律责任,加强对物业管理服务的监督,强化业主自律意识,规范住房专项维修资金的保管与使用制度。住房城乡建设部提出,该部正根据民法典对《物业管理条例》进行修改,现行条例法律位阶较低,不利于更好地规范物业管理活动,维护业主权益。下一步,该部将继续做好有关工作,认真研究议案提出的意见,在调研分析现行法规存在问题、总结实践经验、广泛征求各方意见的基础上,适时提出物业管理立法建议。全国人大财经委同意上述意见。

49. 徐诺金等 30 名代表(第 453 号议案)提出,我国普惠金融发展在取得显著成效的同时,仍然存在部分人群和市场主体获得金融服务少、小微企业融资难融资贵等问题,建议制定普惠金融促进法,通过立法明确普惠金融需求者和供给者的权利义务关系,厘清政府和市场的关系,强化激励保障监督措施,依法推动普惠金融高质量发展。中国人民银行提出,近年来该行不断完善普惠金融法律法规体系,依托推进普惠金融发展工作协调机制,综合运用货币和信贷政策工具,健全差异化监管和考核评价机制,积极开展普惠金融区域改革试点,大力推进普惠金融发展。下一步,该行将研究借鉴议案所提建议,在相关法律法规的制定修订中,加强对普惠金融的支持力度,并积极推动普惠金融立法工作。全国人大财经委同意中国人民银行的意见,建议该行加快完善普惠金融法律法规体系,加强立法调研论证工作,条件成熟时推动普惠金融立法工作。

50. 云南代表团(第 458 号议案)提出,国有自然资源资产种类繁多,管理情况复杂,部门的行政规章层级低,权威性和约束力不够,建议制定国有自然资源资产法,建立健全相关制度规定,明确人大监督、政府管理的各项职责,细化各项举措,把责任落实到位。自然资源部提出,国有自然资源资产在促进生态文明建设和保障经济社会发展等方面发挥着重要作用,2019 年中共中央办公厅、国务院办公厅印发《关于统筹推进自然资源资产产权制度改革的指导意见》明确提出了“完善自然资源资产产权法律体系”,土地管理法、森林法修订工作已完成,矿产资源法、草原法、不动产登记法、国土空间开发保护法、国土空间规划法、国家公园法、自然保护地法等的修订制定工作正在积极推进。总体上我国已建立了相对完整的自然资源管理法律制度体系,各单行法对国有自然资源资产开发利用和保护均有规定,该部将结合管理实践认真研究论证是否需要制定国有自然资源资产法以及该法与各单行法如何衔接等问题。全国人大财经委同意上述意见,建议有关部门在修订制定相关单行法时认真研究吸收议案所提意见建议。

51. 刘桂平等 30 名代表(第 466 号议案)提出,为落实党中央、国务院关于防控金融风险、健全金融法治的部署,建议制定金融稳定法,加强金融稳定顶层设计和统筹协调,健全金融稳定工作机制,防范化解系统性金融风险,促进经济和金融良性循环、健康发展,保障国家金融安全。中国人民银行赞同议案关于制定金融稳定法的建议。该行正会同相关部门着力做好金融稳定立法相关工作,以防范系统性金融风险为根本任务，健全金融稳定工作机制，抓住金融风险防范、化解、处置各环节中的主要矛盾，压实各方责任，形成完备的金融稳定法律制度体系。全国人大财经委同意上述意见，建议中国人民银行在总结实践经验的基础上，加强研究论证，适时提出相关立法建议。

## 三、10 件议案提出的 8 个立法项目，建议通过进一步加大现行法律法规执法力度，或完善相关法律法规或政策，改进工作，解决议案所提问题

52. 白鹤祥等 30 名代表（第 49 号议案）提出，金融集团和金融控股公司的发展中存在实体企业向金融业盲目扩张、监管机制缺失、风险交叉感染、系统性金融风险累积等问题和隐患，建议制定金融控股公司法，保障金控行业规范健康可持续发展。中国人民银行提出，近年来金融控股公司监管制度框架逐步建立，国务院发布了《关于实施金融控股公司准入管理的决定》，授权中国人民银行对金融控股公司开展准入管理并实施监管，该行发布《金融控股公司监督管理试行办法》，进一步明确了金融控股公司准入管理和监管要求，中国证监会制定《证券公司股权管理规定》等有关办法，加强了对证券公司以及基金管理公司、期货公司股东的监管。针对议案所提建议，该行将会同相关监管部门持续完善金融控股公司监管制度，对金融机构跨业投资控股形成的金融集团的监管作出规定，条件成熟时推动提高金融控股公司立法层级。全国人大财经委同意中国人民银行的意见。

53. 李征等 30 名代表（第 124 号议案）提出，为更好地在国际上获取卫星无线电频率和轨道资源、厘清国内卫星频率轨道资源使用和监管各环节职责权限、维护我国外空电磁安全和信息安全、将国际条约转化为国内法、促进商业航天发展，建议制定卫星无线电频率轨道资源管理法或卫星无线电频率管理条例。工业和信息化部同意代表的意见，将认真研究代表提出的意见和建议，积极制定卫星无线电频率轨道资源管理条例，加强与外交部、国家发展改革委等有关单位沟通联系，听取意见建议，进一步完善法律草案和相关材料，加快推动立法进程。全国人大财经委同意工业和信息化部的意见。

54. 王凤英等 31 名代表（第 152 号议案）提出，智能网联汽车是全球汽车产业发展的战略方向和制高点，更是推动汽车产业转型升级的重要突破口，建议制定智能网联汽车管理促进法，加快形成跨部门、跨行业、跨领域的统筹协调机制。工业和信息化部认为，智能网联汽车具有鲜明的跨界融合特征和产业发展带动作用，通过加快研究制定智能网联汽车管理相关法律法规，不断完善顶层设计，有利于推动我国智能网联汽车产业健康有序发展。该部将联合交通运输部、自然资源部等部门，在维护国家安全的前提下，继续抓紧推进相关法律制修订，完善智能网联汽车相关政策、法规和标准的制修订。全国人大财经委同意工业和信息化部的意见。

55. 何金碧等 30 名代表、陈保华等 30 名代表、胡季强等 30 名代表（第 177 号、第 180 号、第 204 号议案）提出，为进一步推动民营经济高质量发展，维护民营企业的合法权益，保障民营企业公平参与市场竞争，激发民营企业活力和创造力，建议制定民营企业促进法。国家发展改革委提出，党中央、国务院高度重视支持民营企业改革发展，民营企业改革发展的法治环境不断优化，平等保护民营企业的政策体系不断健全。目前民营企业作为一般的市场主体，同各种所有制企业一样，其法律地位是明确的，应享受的权利和承担的义务在民法典、公司法、个人独资企业法、合伙企业法、中小企业促进法等有关法律中已作出明确规定。当前，该委工作重点是狠抓现有法律政策的落实，推动实现各类所有制企业“权利平等、机会平等、规则平等”，为各类所有制企业的健康发展营造公平环境。下一步，该委将结合代表们所提建议，积极开展民营企业平等法律保护相关立法研究，并在条件成熟时将党中央、国务院关于民营经济发展的重大决策部署转化为法律规范。全国工商联认为，我国近年来出台的《关于支持民营企业加快改革发展与转型升级的实施意见》《关于深化投融资体制改革的意见》等规定，为民营企业减税负降成本、保护民营企业合法权益等方面发挥了积极作用，但在平等准入、创新促进、融资支持、权益保护等方面仍存在困难，建议今后在制定相关法律法规中重点关注并破解这些亟待解决的问题。全国人大财经委同意上述意见。

56. 杨震等 30 名代表（第 199 号议案）提出，大力发展海外投资保险业务，能够降低企业海外投资风险、保障我国企业海外权益，促进中国企业“走出去”和推进“一带一路”，建议制定海外投资保险法，促进海外投资保险业务的发展。中国人民银行提

出，现有规章、规范性文件基本适应我国海外投资保险业务发展，针对海外投资保险这一单独险种进行立法，需对立法必要性和可行性进一步深入研究论证。针对议案所提意见，该行将会同有关部门进一步健全海外投资保险制度，完善海外投资保险规则体系，指导相关政策性保险公司开展好海外投资保险业务，同时深化政策性金融改革，在条件成熟时统筹研究政策性金融立法事宜。全国人大财经委同意中国人民银行的意见。

57. 赖秀福等32名代表（第313号议案）提出，不同债券品种和市场由不同部门监管，各部门制定的制度在参与主体、市场准入、信息披露、发行标准、交易规则等方面存在较大差异，为促进债券市场统一规则、丰富层次、互联互通、有序发展，建议制定债券法。国家发展改革委认为，考虑到新证券法刚实施，制定债券法的时机暂不成熟，将积极配合相关部门推进有关法规研究起草工作，推动各类债券品种规则统一和交易市场互联互通。财政部认为，不同类型的债券在社会经济体系中承担不同融资功能，管理机制差异较大，是否适合统一立法，需根据现有市场格局及基础设施互联互通等情况统筹研究。中国人民银行提出，该行会同有关部门已在债券市场信息披露、违约债券处置、评级机构监管、统一执法等方面取得积极成效，将按照急用先行的原则，研究启动制定公司债券管理条例，适时推动上升为法律。中国证监会建议以证券法为上位法，制定公司债券管理条例，统一规制公司债券、企业债券、金融债券以及非金融企业债务融资工具等债券的发行交易活动。全国人大财经委同意上述意见，建议有关部门积极推动出台完善相关行政法规，研究解决债券市场不统一、法规不协调等问题，保障债券市场健康平稳发展。

58. 方燕等30名代表（第441号议案）提出，家政服务业与居民家庭生活密切相关，目前家政服务业供需矛盾突出，市场管理不规范，一些负面事件时有发生，不利于家政服务业的健康发展，建议制定家政服务管理法。商务部认为，家政服务业立法十分必要，2012年该部出台了《家庭服务业管理暂行办法》，对家庭服务机构经营规则、经营模式、合同管理、从业人员基本条件、服务行为等进行了规范，初步建立了家政服务业管理体系，部分地方也制定了家政服务业条例，积累了一定的家政服务业立法经验。根据国务院办公厅2019年印发的《关于家政服务业提质扩容的意见》要求，该部正在进行家政服务业管理条例的立法研究，在此基础上尽快启动相关立法工作。全国人大财经委同意商务部的意见。

59. 杨悦等30名代表（第442号议案）提出，我国目前缺乏专门的石油储备法律，导致储备义务主体、资金来源、政府监管等根本性制度问题缺少权威法律依据，建议制定国家石油储备法。国家能源局提出，该局和国家发展改革委共同起草了石油储备条例，2020年形成了征求意见稿并多次征求国务院有关部门、各省级人民政府和国有大型石油企业、相关行业协会等意见，并根据各方反馈意见进一步修改完善。代表们提出的意见和建议在条例征求意见稿已有体现，该局将按程序再次上报国务院，积极推进立法进度。全国人大财经委同意国家能源局的意见。

# 全国人民代表大会外事委员会关于第十三届全国人民代表大会第四次会议主席团交付审议的代表提出的议案审议结果的报告

（2021年10月23日第十三届全国人民代表大会常务委员会第三十一次会议通过）

全国人民代表大会常务委员会：

第十三届全国人民代表大会第四次会议主席团交付外事委员会审议的代表议案有2件，分别为黑龙江代表团冯燕等30位代表提出的“关于制定移民法的议案”（第210号）和陕西代表团史贵禄等30位代表提出的“关于制定海洋法的议案”（第407号）。

外事委员会高度重视代表议案审议工作，认真贯彻栗战书委员长关于高质量做好代表议案和建议工作的重要讲话精神，严格按照《关于加强和改进全国人大代表工作的具体措施》的要求，制定专门办理工作方案，积极听取领衔代表意见建议，向有关部门广泛了解情况，就立法的必要性和可行性、立法的重点难点问题等进行了认真研究。

## 一、关于制定移民法的议案(第210号)

(一)议案情况及相关部门意见

该议案提出,我国现有的移民法律体系存在整体不健全、法出多门、内容覆盖面小和不协调等问题,治理非法移民问题和人才引入需要法律支持。建议以《出境入境管理法》为主体,整合《刑法》《国籍法》《护照法》《外国人在中国永久居留审批管理办法》《出境入境边防检查条例》等法律法规内容,制定专门的、统一的移民法或移民法典,从而构建动态的移民管理模式,并为加强非法移民管理和规范技术移民提供法律依据。

外事委员会分别向全国人大常委会法工委、外交部、公安部、司法部、国家移民管理局等有关部门书面征求意见。各部门普遍认为,我国已经形成以《出境入境管理法》《国籍法》《护照法》等多部法律为主体,以相关行政法规、部门规章和规范性文件为补充,具有中国特色的出入境管理法律制度体系,符合我国基本国情,实践证明行之有效。议案中提出的问题,可通过进一步完善相关法律法规加以解决。

(二)外事委员会审议意见

9月16日,外事委员会第十八次全体会议审议上述代表议案。外事委员会赞同各相关部门意见,认为《出境入境管理法》《国籍法》《护照法》等法律及其配套法规能够基本满足我国移民管理工作的需要。对于议案中反映的问题,可通过进一步完善相关法律法规加以解决。

## 二、关于制定海洋法的议案(第407号)

(一)议案情况及相关部门意见

该议案提出,我国尚未建立统一权威的海洋法律体系,缺乏与涉海国际法接轨和维护国家海洋安全的法律依据。建议通过制定海洋法,形成完整的海洋法律体系,从而明确海洋管理机构职权,加强海洋生态治理,构建维护海洋主权和打击违法犯罪的法律体系,维护国家海洋权益。

外事委员会分别向全国人大常委会法工委、外交部、自然资源部、中国海警局等有关部门书面征求意见。各部门普遍认为,《海洋基本法》是综合体现我国海洋战略、明确我国海洋基本制度和原则的基础性法律,很有必要。有关部门还就《海洋基本法》推进情况和建议进行了说明。

(二)外事委员会审议意见

9月16日,外事委员会第十八次全体会议审议上述代表议案。外事委员会认为,《海洋基本法》已被列为《十三届全国人大常委会立法规划》的第二类立法项目。外事委员会将就代表在议案中提出的意见建议同有关部门保持沟通。

以上报告,请审议。

全国人民代表大会外事委员会

2021年10月19日

# 全国人民代表大会环境与资源保护委员会关于第十三届全国人民代表大会第四次会议主席团交付审议的代表提出的议案审议结果的报告

(2021年10月23日第十三届全国人民代表大会常务委员会第三十一次会议通过)

全国人民代表大会常务委员会:

第十三届全国人民代表大会第四次会议主席团交付全国人民代表大会环境与资源保护委员会(以下简称全国人大环资委)审议的代表提出的议案共44件,由青海代表团和16个代表团部分代表1401人次提出,涉及28个立法项目和1个监督项目。其中,建议修改法律的议案11件,涉及9个立法项目;建议制定法律的议案31件,涉及19个立法项目;建议开展执法检查的议案2件,涉及1个监督项目。

全国人大环资委以习近平新时代中国特色社会主义思想为指导,深入学习贯彻习近平总书记关于坚持和完善人民代表大会制度的重要思想,认真落实栗战书委员长和全国人大常委会党组高质量做好代表议案工作的指示要求,把议案办理作为尊重代表主体地位、支持代表依法履职的实际行动,按照“既要重结果,也要重过程”的要求,不断改进办理工作，努力实现代表议案办理高质量。一是明确办理责任，加强部门协同。制定委员会议案办理工作计划，明确主任委员、副主任委员牵头办理责任制，建立交办、汇总、研究、反馈、审议五个环节的办理工作机制。召开 17 个中央和国务院有关部门参加的议案办理协调会议，共同研究，定期汇总跟踪办理工作情况。二是认真分析研究，积极吸收采纳。在全面研究办理议案基础上，结合“我为群众办实事”实践活动，对代表议案中关注的热点问题和亟待解决的难点问题进行分析研究，与国务院相关部门在法律草案起草和研究论证中吸收采纳；对多位代表提出的相同立法项目议案或代表多次提出的议案，如制定黄河保护法、国家公园法、碳中和促进法等，常委会领导亲自带队，听取国务院有关部门意见，赴四川、青海等地实地调研并与代表面对面沟通交流，推进相关工作落实。三是加强联系沟通，提高质量效率。采取多种形式加强与代表沟通联系，邀请代表参加执法检查、立法论证和专题调研；将议案办理与立法、监督工作紧密结合，在地方召开 8 次议案办理座谈会，听取代表建议，反馈办理意见；依托代表工作信息化平台，召开 9 场议案办理网络视频会议，由牵头的副主任委员向代表介绍办理情况、反馈办理结果，做到 44 件议案件件有回音、件件有着落。

2021 年 9 月 8 日，全国人大环资委召开第 34 次全体会议，对 44 件议案的办理意见进行了审议。现将审议结果报告如下：

## 一、1 件议案涉及的 1 个立法项目，已提请全国人大常委会审议

1. 关于修改环境噪声污染防治法的议案 1 件

## 二、15 件议案涉及的 7 个立法项目，已列入本届全国人大常委会立法规划、年度立法工作计划，建议继续抓紧开展相关工作，按时完成立法任务

2. 关于制定南极活动与环境保护法的议案 1 件
3. 关于制定黄河保护法的议案 4 件
4. 关于修改矿产资源法的议案 2 件
5. 关于修改草原法的议案 2 件
6. 关于制定国家公园法或大熊猫国家公园保护管理法的议案 4 件
7. 关于制定国土空间规划法的议案 1 件
8. 关于制定资源综合利用法的议案 1 件

## 三、14 件议案提出的 8 个立法项目确有必要，建议加强论证起草工作，条件成熟时列入立法规划、年度立法工作计划

9. 关于修改海洋环境保护法的议案 1 件
10. 关于修改可再生能源法的议案 1 件
11. 关于制定自然保护地法的议案 1 件
12. 关于制定低碳发展促进法、碳中和促进法、碳中和法的议案 5 件
13. 关于修改循环经济促进法的议案 1 件
14. 关于制定电磁辐射污染防治法的议案 2 件
15. 关于制定核损害赔偿法的议案 1 件
16. 关于制定无线电频谱资源法的议案 2 件

## 四、12 件议案涉及的 12 个立法项目，建议进一步加强研究论证，或在相关立法工作中统筹考虑

17. 关于制定高原地区绿色发展促进法的议案 1 件
18. 关于制定放射性废物管理法的议案 1 件
19. 关于修改防沙治沙法的议案 1 件
20. 关于修改土地管理法的议案 1 件
21. 关于制定遗传资源保护法的议案 1 件
22. 关于制定生态环境修复法的议案 1 件
23. 关于制定生态保护补偿法的议案 1 件
24. 关于制定太行山生态保护法的议案 1 件
25. 关于修改大气污染防治法的议案 1 件
26. 关于制定环境教育法的议案 1 件
27. 关于制定节约用水法的议案 1 件
28. 关于制定绿色建筑促进法的议案 1 件

## 五、2 件议案提出的 1 个监督项目，法律实施情况的报告已经提请全国人大常委会审议

29. 关于开展固体废物污染环境防治法执法检

查的议案2件

以上报告，请审议。

附件：全国人民代表大会环境与资源保护委员会关于第十三届全国人民代表大会第四次会议主席团交付审议的代表提出的议案的审议意见

全国人民代表大会环境与资源保护委员会

2021年10月19日

**附件：**

# 全国人民代表大会环境与资源保护委员会关于第十三届全国人民代表大会第四次会议主席团交付审议的代表提出的议案的审议意见

第十三届全国人民代表大会第四次会议主席团交付全国人民代表大会环境与资源保护委员会（以下简称全国人大环资委）审议的代表提出的议案共44件，由青海代表团和16个代表团部分代表1401人次提出，涉及28个立法项目和1个监督项目。其中，建议修改法律的议案11件，涉及9个立法项目；建议制定法律的议案31件，涉及19个立法项目；建议开展执法检查的议案2件，涉及1个监督项目。2021年9月8日，全国人大环资委召开第34次全体会议，对44件议案的办理意见进行了审议。审议意见如下：

## 一、1件议案涉及的1个立法项目，已提请全国人大常委会审议

1. 周文涛等30名代表提出关于修改环境噪声污染防治法的议案1件（第102号）。议案提出，适应经济社会发展要求修改完善环境噪声污染防治法，进一步明确噪声污染源头管控措施、噪声污染防治监管职责，落实环境噪声排放单位主体责任以及相应法律责任等。

全国人大常委会高度重视噪声污染问题，将环境噪声污染防治法修改列入第十三届全国人大常委会立法规划第一类项目，由全国人大环资委牵头起草和提请审议。全国人大环资委成立了环境噪声污染防治法修改领导小组，制定法律修改工作方案，组建了有关单位参与的起草小组，委托国务院有关主管部门起草法律修改建议稿，深入开展调查研究，广泛征求对法律修改的意见建议，就重点难点问题开展专题研究。根据各方面意见建议修改完善后，形成了《中华人民共和国噪声污染防治法（草案）》，于2021年5月14日经全国人大环资委第32次全体会议审议通过。2021年8月第十三届全国人大常委会第三十次会议对噪声污染防治法草案进行了初次审议。

草案主要修改内容包括：一是着眼于维护最广大人民群众的根本利益，增加防治对象，调整适用范围；二是着眼于满足人民群众对高质量公共服务的新需要，完善政府及其相关部门职责；三是着眼于实现人民群众对美好生活的向往与追求，加强源头防控；四是着眼于提高人民群众的满意度，针对突出问题，加强噪声分类管理；五是着眼于充分发挥公众参与治理的积极作用，强化社会共治。代表提出的主要意见已经在法律草案中得到反映。

## 二、15件议案涉及的7个立法项目，已列入本届全国人大常委会立法规划、年度立法工作计划，建议继续抓紧开展相关工作，按时完成立法任务

2. 王江滨等31名代表提出关于制定南极活动与环境保护法的议案1件（第93号）。议案提出，南极立法事关国家重大、长远利益，是国家发展战略的重要组成部分。为履行南极条约体系规定的相关义务，维护我国极地权益，保护南极环境，加强对我国南极活动的管理，促进南极和平利用，建议加快立法工作进程，尽早出台我国有关南极事务的相关法律。

习近平总书记高度重视南极工作，多次作出重要指示批示。党中央把南极工作纳入有关战略部署，制定了有关南极事业的发展规划。全国人大

常委会坚决贯彻习近平总书记重要指示批示精神和党中央决策部署，将南极活动与环境保护法列入第十三届全国人大常委会立法规划和2021年度立法工作计划，由全国人大环资委牵头起草和提请审议。全国人大环资委高度重视，成立了立法领导小组和工作小组，制定了立法工作方案和计划，从组织、任务、责任、时间四个方面认真落实，全面开展南极立法工作。沈跃跃副委员长和全国人大环资委组成人员赴上海、辽宁等地调研，多次召开座谈会征求中央有关单位、国务院有关部门、科研机构以及专家学者意见，就重点难点问题开展专题研究，在广泛听取意见和深入研究的基础上，形成了《中华人民共和国南极活动与环境保护法（草案）》。

3. 徐立毅、买世蕊、史贵禄、方兰等120名代表提出关于制定黄河保护相关立法的议案4件（第24、279、395、413号）。议案提出，积极回应社会各界广泛呼声和关切，加快制定黄河保护法，推进黄河水资源、水环境、水生态协同治理，保护传承弘扬黄河文化，促进流域经济社会协调发展。

全国人大常委会高度重视黄河保护立法工作，将黄河保护方面立法列入全国人大常委会2021年度立法工作计划。栗战书委员长在西安市召开黄河保护立法座谈会，听取国务院有关部门和沿黄9省区人大常委会的意见和建议。全国人大环资委多次召开座谈会并赴山东、山西等地开展调研，就黄河保护立法重点问题开展调查研究，听取有关部门、地方和人大代表的意见和建议。国务院对黄河保护法起草工作做出专门部署，由水利部、发展改革委会同11个部门起草法律草案，并向社会广泛征求意见。6月底，水利部、发展改革委已将法律草案报送国务院。全国人大环资委将督促国务院有关部门抓紧黄河保护法起草工作，力争在2021年提请全国人大常委会审议。

4. 杨震生、陈建军等60名代表提出关于修改矿产资源法的议案2件（第160、243号）。议案提出，现行矿产资源法内容整体滞后，不能适应生态文明建设和市场对资源配置起决定性作用的要求，难以保障矿产资源国家所有者权益和矿业权人权利。建议加快修改矿产资源法，并对自然资源部起草的《中华人民共和国矿产资源法（修订草案）》（征求意见稿）提出了具体意见和建议。

矿产资源法修改已经列入第十三届全国人大常委会立法规划第二类项目，由国务院牵头起草并提请审议。自然资源部在广泛听取社会各界意见和建议的基础上，形成了《中华人民共和国矿产资源法（修订草案）》（送审稿），报国务院提请审议。司法部会同有关部门对法律草案进行了修改，并再次征求有关部门的意见。全国人大环资委高度重视议案办理工作，多次召开座谈会听取有关部门、地方和人大代表的意见和建议，赴江西开展专题调研，并结合代表议案内容，对矿产资源法修订草案稿提出具体修改意见。建议国务院相关部门加紧工作，尽快将修订草案提请全国人大常委会审议。全国人大环资委将加强与国务院有关部门沟通联系，积极推动矿产资源法修改进程。

5. 库尔玛什·斯尔江、郝俊海等62名代表提出关于修改草原法的议案2件（第21、162号）。议案提出，随着深化改革和市场经济发展，草原法中的一些条款已不能适应新形势下草原保护管理的需要，如草原定义与《土地利用现状分类（GB/T21010—2017）》矛盾，草原执法监管力量严重削弱，历史遗留的未批先占问题较为突出，草原补奖政策的可持续性存在问题等。建议尽快修改草原法，明确草原定义，完善基本草原保护内容，提升草原执法监督能力，做好草原生态补奖政策绩效目标顶层设计，完善法律责任等。

全国人大常委会坚决贯彻党中央决策部署，将草原法修改列入第十三届全国人大常委会立法规划第二类项目，由国务院提请审议。目前，国家林草局已经形成了草原法修订草案征求意见稿，正在进一步修改完善。自然资源部表示将积极配合国家林草局开展调研，深入研究修改重点难点问题，加快推进修改工作。财政部提出，关于议案提出的与财政政策相关的内容，将在立法过程中与有关部门积极研究。

全国人大环资委高度重视草原法修改工作，自2018年以来，听取国家林草局关于草原法修改工作进展情况的介绍并开展专题调研；专题研究高原高寒草地保护和围栏工程问题。建议国务院有关部门认真研究、吸收采纳议案提出的意见建议，加快草原法修改工作，按时向全国人大常委会提请审议。全国人大环资委将加强与国务院有关部门沟通联系，积极推动草原法修改进程。

6. 郭素萍、郭乃硕、方燕、侯蓉等121名代表提出关于制定国家公园法或大熊猫国家公园保护管理法的议案4件（第98、101、245、399号）。议案提出，国家公园体制建设是从生态战略高度保障国家生态安全、物种安全的重要手段，建议立足我国基本国情，吸收借鉴国外成功经验，尽快研究制定国家公园法，为建立国家公园管理体制、全面维护国家生态安全提供法治保障。

建立国家公园体制是党的十八届三中全会提出的重点改革任务，是我国生态文明建设的重要内容。2017 年 9 月，中共中央办公厅、国务院办公厅印发《建立国家公园体制总体方案》，提出"研究制定有关国家公园的法律法规"并部署开展试点工作。目前，国家公园体制试点验收已经结束，国家公园体制将转入正式设立阶段。贯彻落实党中央决策部署，全国人大常委会将制定国家公园法列入第十三届全国人大常委会立法规划第二类项目，由国务院牵头起草并提请审议。国家林草局已经启动了国家公园立法工作，形成了《中华人民共和国国家公园法（草案征求意见稿）》，正在进一步征求意见。全国人大常委会将以国家公园为主体的自然保护地体系建设专题调研作为 2021 年监督工作的一项重要内容。全国人大环资委高度重视，结合代表议案提出的意见建议，赴地方开展专题调研并听取有关方面意见。全国人大常委会关于以国家公园为主体的自然保护地体系建设情况专题调研报告提出，要加快推进自然保护地法、国家公园法等法律立法进程。建议国务院有关部门认真研究、吸收采纳议案提出的意见建议，加快国家公园法立法进程，按时向全国人大常委会提请审议。

7. *胡荃等 30 名代表提出关于制定国土空间规划法的议案 1 件（第 31 号）*。议案提出，建立国土空间规划体系是党中央、国务院作出的重大部署，目前全国范围内正在开展国土空间规划编制工作，配套的法规政策、技术标准逐步完善，多省市对制定国土空间规划条例都有立法需求，迫切需要上位法依据。建议尽快出台国土空间规划法，明确国土空间规划作为国土空间开发和保护活动的根本依据和基本准则，明确经依法批准的国土空间规划是各类开发建设活动的基本依据，确立各级规划编制的方法、内容、重点、要求和程序，构建完善的规划实施和监管机制。

国土空间规划立法已经列入第十三届全国人大常委会立法规划研究论证类项目。全国人大环资委认真开展研究论证，赴国务院有关部门和地方开展调研，召开座谈会听取有关部门、研究机构和专家学者的意见和建议，经全国人大环资委第 28 次全体会议研究决定，着手开展起草工作，委托自然资源部牵头起草国土空间规划法草案（建议稿）。2021 年 3 月，自然资源部向全国人大环资委报送法律草案建议稿。目前，全国人大环资委正会同有关部门梳理立法中的重点和难点问题，抓紧国土空间规划立法的研究论证和起草工作，适时向全国人大常委会提出立法建议。

8. *郭乃硕等 31 名代表提出关于制定资源综合利用法的议案 1 件（第 88 号）*。议案提出，我国资源利用效率不高，有关资源利用的管理水平较低，对资源利用过程中造成的浪费、污染和生态破坏等问题缺乏有效的解决途径。贯彻落实党的十九届四中全会关于全面建立资源高效利用制度的要求，进一步提高资源综合利用效率和水平，走出一条经济社会与环境相协调的可持续发展道路，建议加快资源综合利用法的研究论证，并将该立法项目列入年度立法工作计划。

资源综合利用立法已经列入第十三届全国人大常委会立法规划研究论证类项目。全国人大环资委认真开展研究论证，赴国务院有关部门和地方开展调研，召开座谈会听取有关部门、行业协会和专家学者的意见和建议，认为资源综合利用立法已经具备起草条件，经全国人大环资委第 28 次全体会议研究决定，着手开展起草工作，并委托发展改革委牵头会同有关部门研究起草资源综合利用法草案。2021 年 7 月底，发展改革委向全国人大环资委报送研究论证报告和法律草案建议稿。目前，全国人大环资委正会同有关部门梳理立法中的重点和难点问题，抓紧资源综合利用法的研究论证和起草工作，适时向全国人大常委会提出立法建议。

## 三、14 件议案提出的 8 个立法项目确有必要，建议加强论证起草工作，条件成熟时列入立法规划、年度立法工作计划

9. *元茂荣等 30 名代表提出关于修改海洋环境保护法的议案 1 件（第 188 号）*。议案提出，海洋生态环境保护管理体制已发生重要变化，建议修改海洋环境保护法，健全陆海统筹机制，完善入海排污口监管制度；加强海上溢油、危化品泄漏、赤潮等风险防控制度建设；建立海洋污染基线和生态环境本底调查制度、海洋生态环境保护标准规范体系和海洋生态环境监测制度；完善海洋生态环境执法体制机制等。

2018 年，全国人大常委会执法检查组关于检查海洋环境保护法实施情况的报告明确提出，要坚持用最严格最严密的法律制度保护海洋生态环境，尽

快启动海洋环境保护法修改程序。落实执法检查报告要求,生态环境部于 2019 年启动海洋环境保护法修改研究论证工作,建立工作机制,开展专题研究,并形成修改草案建议稿。对代表议案提出的意见建议,生态环境部已在法律修改的研究论证工作中予以充分考虑。自然资源部提出,法律修改应坚持陆海统筹,落实"源头预防、过程控制、损害赔偿、责任追究"的要求,健全海洋生态保护和修复制度,明确主体责任,明确各部门职责分工,健全工作协调机制。

全国人大环资委高度重视代表议案提出的意见建议,就海洋环境保护法修改工作多次与相关部门沟通联系,于 2021 年 3 月召开海洋环境保护法修改座谈会,听取生态环境部对落实海洋环境保护法执法检查报告、修改海洋环境保护法工作进展情况的介绍。落实党中央关于坚持陆海统筹、加快建设海洋强国的决策部署,按照全国人大常委会执法检查报告关于修改海洋环境保护法的明确要求,建议将海洋环境保护法修改尽早纳入全国人大常委会年度立法工作计划。

10. 郭乃硕等 31 名代表提出关于修改可再生能源法的议案 1 件(第 87 号)。议案提出,能源结构不合理是导致大气污染的重要因素,可再生能源应当在大气污染防治、碳排放控制等方面进一步发挥作用。可再生能源法及相关配套政策的实施,为可再生能源发展创造了良好的条件,但仍存在政策落实不到位、技术支撑不够强、相关政策不协调等问题。建议对可再生能源法进行修改。

全国人大环资委高度重视代表议案提出的问题和建议,与代表进行沟通交流,并就议案内容征求了相关部门意见。生态环境部、发展改革委和国家能源局认为,可再生能源法自 2006 年施行以来,对促进可再生能源产业发展、优化能源结构,发挥了重要作用,但也暴露出一些问题,特别是在碳达峰、碳中和目标下,如何推动可再生能源开发利用,还需要在法律中作出更明确具体的规定。如,建立可再生能源电力消纳保障长效机制,促进可再生能源消纳利用;落实全额保障性收购和固定电价制度,加大对风电、光伏平价项目政策支撑力度;加强可再生能源发展土地、环保政策协同和财税、金融政策支持等。

全国人大环资委经研究认为,发展可再生能源是实现碳达峰、碳中和的重要途径,落实能源转型要求,修改可再生能源法确有必要。2019 年全国人大常委会执法检查组关于检查可再生能源法实施情况的报告,针对法律实施中存在的主要问题,提出了修改法律的意见和建议。建议国务院有关部门按照碳达峰、碳中和目标,根据执法检查报告的有关意见和建议,加快可再生能源法修改的研究论证工作,及时向全国人大常委会提出修改法律的具体工作建议和方案。同时,建议将可再生能源法修改列入全国人大常委会立法规划、年度立法工作计划。

11. 马化腾等 34 名代表提出关于制定自然保护地法的议案 1 件(第 246 号)。议案提出,《中共中央关于制定国民经济和社会发展第十四个五年规划和二〇三五年远景目标的建议》提出,"构建以国家公园为主体的自然保护地体系"。建议将制定自然保护地法纳入第十四届全国人大常委会立法规划,为全面建成中国特色自然保护地体系提供坚强有力的法治保障。

党的十九大报告提出,建立以国家公园为主体的自然保护地体系。2019 年 6 月,中共中央办公厅、国务院办公厅印发了《关于建立以国家公园为主体的自然保护地体系的指导意见》,明确要求推动制定出台自然保护地法。自然保护地法已列入自然资源部 2021 年立法工作安排。自然资源部已形成法律草案征求意见稿,征求了中央国家部门和有关地方意见,正在对草案进一步修改完善。全国人大常委会将以国家公园为主体的自然保护地体系建设专题调研作为 2021 年监督工作的一项重要内容。全国人大环资委高度重视,结合代表议案提出的意见建议,赴地方开展专题调研并听取有关方面意见。全国人大常委会关于以国家公园为主体的自然保护地体系建设情况专题调研报告提出,尽快完善自然保护地管理法律体系,加快推进自然保护地法、国家公园法等法律立法进程。建议国务院有关部门认真研究、吸收采纳议案提出的意见建议,加快推进自然保护地法立法进程,条件成熟时,提请列入全国人大常委会立法规划、年度立法工作计划。

12. 沈满洪、胡季强、王金南、丁士启、丁烈云等 212 名代表提出关于制定低碳发展促进法、碳中和促进法、碳中和法的议案 5 件(第 50、192、241、242、402 号)。议案提出,推进碳达峰、碳中和是党中央作出的重大决策部署,建议制定低碳发展或碳中和相关法律,明确立法目标、定位、基本原则、基本制度与措施,强化优化管理体制,明确部门职责等。

全国人大环资委高度重视碳达峰、碳中和法治保障工作,结合代表议案提出的意见建议,赴海南、山西和生态环境部、国家能源局、发展改革委调研，与部分代表进行面对面沟通交流，举办两次专题讲座，在国家电网公司召开座谈会，听取国务院相关部门及中央有关企业相关工作情况介绍以及对立法、监督工作的意见建议。科技部认为，法治是保障碳达峰、碳中和目标实现的重要手段。目前已有多个国家和地区通过立法或修法的形式为实现碳中和提供法律保障。科技部已将碳达峰、碳中和科技创新作为工作重点，发挥科技创新对碳达峰、碳中和目标实现的支撑引领作用。发展改革委建议，制定碳中和法或碳中和促进法，突出目标导向，以党中央、国务院有关碳达峰、碳中和政策文件内容为基础，明确立法目标、定位和基本原则，先行启动立法程序，持续跟踪研究，适时推动出台。国家能源局提出，正在抓紧研究制定能源碳达峰实施方案和能源领域碳达峰政策及相关配套措施。

实现碳达峰、碳中和，是一场广泛而深刻的经济社会系统性变革，需要进一步加强法治，完善各领域、各方面配套政策。党中央、国务院已经成立了碳达峰碳中和工作领导小组，正在制定碳达峰、碳中和时间表、路线图、“1＋N”政策体系，将陆续发布指导意见。建议国务院有关部门在实践基础上，积极开展制定碳中和相关立法的研究论证工作，条件成熟时，提请列入全国人大常委会立法规划、年度立法工作计划。

13. 吴惠芳等30名代表提出关于修改循环经济促进法的议案1件（第208号）。议案提出，适应循环经济快速发展的需要，修改循环经济促进法，落实生态文明建设新思想新要求，认真总结法律施行以来的好经验好做法，增强法律的约束性，适当增加推广使用建筑垃圾再生料、鼓励使用装配式建筑和企业内部固废资源跨区域共享等内容，加大政策激励、行业协同力度，进一步推动循环经济产业发展，建设美丽中国。

发展改革委、生态环境部、商务部等认为，经过十多年的发展，循环经济发展的基础、需要解决的主要问题等都发生变化，可适时启动循环经济促进法修订工作，综合考虑并处理好与相关法律之间的衔接，避免重复设定规范内容。目前，全国人大环资委正在开展资源综合利用立法研究论证和起草工作，将认真研究、吸收采纳议案所提意见建议，统筹考虑资源综合利用和循环经济促进相关内容；同时，积极支持国务院有关部门开展循环经济促进法修改研究论证工作，完善有利于绿色低碳发展的制度体系。

14. 初建美、张天任等61名代表提出关于制定电磁辐射污染防治法的议案2件（第86、169号）。议案提出，随着电磁设施、设备广泛应用于广电、通信、能源、交通、医疗、科研等国民经济诸多领域，人民群众生活环境中电磁辐射的场强水平呈增加趋势，带来环境污染隐患，危害人民群众身体健康。建议制定电磁辐射污染防治法，建立电磁辐射源分类管理制度，明确电磁辐射环境保护管理职责，强化电磁辐射应用单位的环境保护主体责任，建立电磁辐射环境质量管理制度，设立电磁辐射环境敏感区，完善电磁辐射监测与公众参与制度。

全国人大环资委高度重视代表议案提出的问题和建议，与代表进行沟通交流，并就议案内容征求了相关部门意见。生态环境部已初步建立电磁辐射环境标准体系，启动电磁辐射污染防治立法前期工作，组织开展国内外电磁辐射环境监管情况调研和相关制度研究论证。2017年，原环境保护部、工业和信息化部与中国电信、中国移动、中国联通、中国铁塔等四家通信企业共同签署了《通信基站环境保护工作备忘录》，为进一步强化企业主体责任、加强电磁辐射环境监管提供了良好实践。部分省份颁布实施了电磁辐射污染防治的地方性法规，为国家立法提供了先行先试的经验积累。建议国务院有关部门认真研究代表议案提出的问题和建议，继续开展相关立法的调研论证工作，条件成熟时，提请列入全国人大常委会立法规划、年度立法工作计划。

15. 丁照民等31名代表提出关于制定核损害赔偿法的议案1件（第99号）。议案提出，核事故可能给人身、财产和环境造成严重损害，建议尽快开展核损害赔偿立法，明确立法目的、适用范围，健全管理体制，规定核损害赔偿程序和赔偿额度，建立核事故监测预警、核事故应急处置和核损害赔偿责任机制等，为我国核电“走出去”提供法治保障。

全国人大环资委高度重视代表议案提出的问题和建议，与代表进行沟通交流，并就议案内容征求了相关部门意见。国防科工局、生态环境部、发展改革委认为，核损害赔偿不仅是核安全制度体系中不可或缺的重要内容，更是核能开发利用活动的重要保障，有必要制定核损害赔偿法，确定特殊的损害赔偿制度，维护社会稳定和广大人民群众利益，保障核工业健康可持续发展，促进核电与核技术“走出去”。国防科工局开展核损害赔偿立法前期研究工作，形成核损害赔偿法草案稿。

全国人大环资委经研究认为，随着我国核电规模不断扩大、公众权利意识不断提升，现行核损害赔偿法律规范层次低、制度体制不完善、难以接轨国际核损害赔偿公约的问题日益突出。为增强核事故应对能力、促进核电安全高效发展，建议国务院相关部门加快核损害赔偿立法研究论证工作，条件成熟时，提请列入全国人大常委会立法规划、年度立法工作计划。

16. 王江滨、李征等61名代表提出关于制定无线电频谱资源法的议案2件（第92、103号）。议案提出，无线电频谱资源是保障新一代信息技术发展的重要战略性资源。随着制造强国、网络强国建设深入推进，第五代移动通信系统（5G）、工业互联网、物联网、车联网等新技术新应用加速发展，无线电频谱资源已成为推动创新驱动和产业发展、培育新动能的重要基础资源和关键要素。建议制定无线电频谱资源法。

全国人大环资委高度重视代表议案提出的问题和建议，与代表进行沟通交流，并就议案内容征求了相关部门意见。目前，工业和信息化部已针对无线电频谱资源管理机制、资源市场化配置、卫星频率和轨道资源协调机制、电磁空间安全保障等方面问题开展深入研究，起草了无线电频谱资源法草案稿，下一步，将重点开展立法评估工作，梳理法律起草中的重点难点问题，深入开展立法专项调研，征求各方面意见并对草案稿进一步修改完善。中央军委法制局、科学技术部和自然资源部表示，赞成开展无线电频谱资源立法工作。

全国人大环资委经研究认为，无线电频谱资源属于国家所有，无线电频谱资源立法有利于加强无线电频谱资源的保护、管理和利用。建议国务院相关部门进一步加强无线电频谱资源立法重要性、必要性和可行性的研究论证工作，条件成熟时，提请列入全国人大常委会立法规划、年度立法工作计划。

## 四、12件议案涉及的12个立法项目，建议进一步加强研究论证，或在相关立法工作中统筹考虑

17. 青海团提出关于制定高原地区绿色发展促进法的议案1件（第465号）。议案提出，制定高原地区绿色发展促进法，规定绿色发展规划、绿色产业发展、高原美丽城乡建设、高原生态环境保护等方面内容，为高原地区经济社会可持续发展提供法治支撑。

发展改革委、财政部、农业部认为，我国在促进绿色发展方面已有多部法律法规，基本形成了涵盖能源资源节约、污染防治、生态保护、促进绿色发展的法律法规体系；同时，针对高原地区初步建立了多方位、多层次的生态补偿机制，出台了一系列绿色发展的税收举措。建议对立法必要性、法律主要内容等进一步深入研究，处理好与现行法律法规的关系。

全国人大环资委经研究认为，以生态优先、绿色发展为导向，推动高原地区高质量发展，对于维护国家生态安全、改善高原地区人民生产生活条件，具有重要意义。贯彻落实习近平总书记关于加强青藏高原生态保护的重要讲话精神和党中央决策部署，全国人大环资委就加强青藏高原生态保护法治保障问题进行研究论证，分别召开部门和专家座谈会，赴青海、西藏开展实地调研，听取部分人大代表的意见建议。议案提出的关于高原生态环境保护、财税金融政策支持、生态补偿机制、绿色产业发展、激励机制等意见建议，对青藏高原生态保护法治保障具有重要的参考价值，已在青藏高原生态保护法治保障研究论证过程中充分吸收采纳。

18. 丁照民等31名代表提出关于制定放射性废物管理法的议案1件（第95号）。议案提出，我国拥有全链条的核燃料循环体系，放射性废物来源多、形态复杂、范围广，从产生到处置涉及环节众多。放射性废物对环境具有长期潜在安全风险，社会影响重大，建议制定放射性废物管理法，解决放射性废物的短期和长期安全问题，确保国家安全。

全国人大环资委高度重视代表议案提出的问题和建议，与代表进行沟通交流，并就议案内容征求了相关部门意见。生态环境部、国防科工局和发展改革委认为，制定专门的放射性废物管理法，明确管理机制和管理原则，对加强放射性废物安全管理、确保放射性废物安全妥善处理处置、提升公众对我国放射性废物管理的信心具有重要意义。国防科工局等部门已组织有关方面开展立法调研，对相关问题进行论证。

全国人大环资委经研究认为，放射性污染防治法设立了“放射性废物管理”专章，核安全法设立了“核材料和放射性废物安全”专章，正在起草的原子能法也把放射性废物管理作为草案的重要内容。建议国务院有关部门认真研究代表议案提出的问题和建议，将议案内容充分吸收到原子能法草案中，充实完善放射性废物管理相关法律制度，加强

放射性废物安全管理工作，完善各类放射性废物的管理体系，确保放射性废物处理、贮存、处置和运输安全，同时，继续开展相关立法的前期调研论证工作。

19. 张家文等30名代表提出关于修改防沙治沙法的议案1件（第435号）。议案提出，防沙治沙工作面临新形势新问题，建议尽快修改防沙治沙法，明确"绿水青山就是金山银山"，全面总结与防沙治沙相关的改革成果以及成熟的防治经验并上升为法律，细化防沙治沙法律责任，提高法律威慑力。

全国人大环资委高度重视代表议案提出的问题和建议，与代表进行沟通交流，并就议案内容征求了国务院有关部门的意见。国家林草局持续推进新时期防沙治沙工作不断深入，制定出台了《沙化土地封禁保护修复制度方案》《国家沙漠公园管理办法》等政策文件，开展京津风沙源治理、国家沙化土地封禁保护区等工程项目建设，正在抓紧编制《全国防沙治沙规划（2021—2035年）》，探索完善沙尘暴应急处置机制、全国防沙治沙综合示范区建设等制度，并就议案提出问题开展了前期研究。自然资源部建议，进一步厘清防沙治沙过程中各主体的权利义务，明确法律责任，从法律层面科学统筹防沙治沙工作。生态环境部提出，根据生态文明建设和生态环境保护新形势需要，对防沙治沙法相关条款进行修改。水利部建议，防沙治沙工作要做好与节约用水、水资源科学配置、水土保持等工作的协调，做好防沙治沙法与水法、水土保持法等法律的衔接。

全国人大环资委经研究认为，防沙治沙法施行以来，在各方面的共同努力下，防沙治沙工作取得了明显成效，实现了"沙进人退"到"绿进沙退"的历史性转变。代表议案聚焦新时代防沙治沙工作的新情况、新变化、新要求，提出了有针对性的意见建议。建议国务院有关部门认真研究，总结近年来防沙治沙工作的实践经验，做好防沙治沙法修改的评估论证工作。

20. 张志良等39名代表关于修改土地管理法的议案1件（第132号）。议案提出，土地管理法关于土地用途管制制度的规定，未涉及土地用途空间分层设立，也没有对地表、地上或者地下的建设用地使用权作出明确规定。建议尽快研究修改土地管理法，增加地下空间建设用地有关内容。

全国人大环资委高度重视代表议案提出的问题和建议，与代表进行沟通交流，并就议案内容征求了相关部门意见。住房城乡建设部加强城市地下空间建设管理，开展城市地下空间规划建设管理试点工作，出台了城市地下空间开发利用管理规定，建立和完善地下空间相关标准规范。自然资源部提出，地下空间开发利用制度正在逐步建立。民法典明确建设用地使用权可以在地表、地上或者地下分别设立；《节约集约利用土地规定》对国有建设用地使用权（地下）的取得方式、使用年期和低价评估等提供了较为明确的依据；《自然资源调查监测体系构建总体方案》《国土空间调查、规划、用途管制用地用海分类指南（试行）》《不动产登记暂行条例实施细则》等对地下空间也作了相关规定。

全国人大环资委经研究认为，落实《国民经济和社会发展第十四个五年规划和2035年远景目标纲要》《关于统筹推进自然资源资产产权制度改革的指导意见》关于统筹地上地下空间开发利用的总体要求，国务院有关部门已经出台了有关地下空间建设用地的规章制度。建议国务院有关部门进一步建立健全地下空间管理机制，完善相关标准规范，为加强城市地下空间规划建设管理提供法律依据。

21. 史贵禄等30名代表关于制定遗传资源保护法的议案1件（第401号）。议案提出，我国56个民族、14亿人口，孕育了极其丰富的民族遗传基因和典型的疾病遗传基因，但由于缺乏相关法律约束，导致频繁出现遗传信息外泄事件，引发不良后果。建议制定遗传资源保护法，加强遗传资源保护力度。

1998年6月，国务院办公厅颁发了《人类遗传资源管理暂行办法》；2019年，为解决新形势下人类遗传资源管理面临的新问题，国务院颁布《人类遗传资源管理条例》；2020年10月第十三届全国人大常委会第二十二次会议审议通过的生物安全法设专章对人类遗传资源保护作出规定。代表议案反映的一些问题在现行法律法规中已有相应制度安排。下一步，科技部将按照生物安全法的要求，加快推动制定《人类遗传资源管理实施细则》和配套文件，进一步完善人类遗传资源监督管理机制。建议国务院有关方面加快完善配套法规政策，加大法律法规实施力度，有效保护和合理利用我国人类遗传资源，维护公众健康、国家安全和社会公众利益。

22. 王树江等31名代表提出关于制定生态环境修复法的议案1件（第247号）。议案提出，在依法惩处破坏生态环境行为的同时，应注重依法保障受损生态环境修复，建议加快推进生态修复立法工作。

党的十八大以来，以习近平同志为核心的党中央把生态文明建设作为统筹推进“五位一体”总体布局和协调推进“四个全面”战略布局的重要内容，提出了坚持节约优先、保护优先、自然恢复为主的方针。全国人大常委会修改土地管理法，严格土地用途管制和永久基本农田保护制度；正在审议的湿地保护法草案，设立湿地修复专章，规范了湿地修复原则、责任主体、修复方案及措施等。国务院有关部门落实统一行使国土空间用途管制和生态保护修复职责，先后出台全域土地综合整治、红树林保护修复等一系列文件，生态保护和修复制度体系不断完善；贯彻落实党中央关于统筹山水林田湖草沙一体化保护和修复的部署要求，实施山水林田湖草沙生态保护修复工程试点、蓝色海湾整治行动、海岸带保护修复工程、渤海综合治理攻坚战行动计划、红树林保护修复专项行动等，生态保护和修复工作稳步推进。建议国务院有关部门在自然资源立法工作中统筹考虑完善生态保护和修复法律制度，研究论证制定生态环境修复法的必要性和可行性。

23. 童路雯等 30 名代表提出关于制定生态保护补偿法的议案 1 件（第 121 号）。议案提出，加快生态补偿专门立法，坚持“谁开发谁保护、谁受益谁补偿”的原则，明确生态补偿责任和各生态主体的义务，充分发挥市场机制作用，动员全社会积极参与，建立公平公正、积极有效的生态补偿机制。

全国人大环资委高度重视代表议案提出的问题和建议，与代表进行沟通交流，并就议案内容征求了相关部门意见。发展改革委、生态环境部提出，生态保护补偿条例（送审稿）已经报送国务院，司法部正就条例征求有关方面意见。生态保护补偿条例（送审稿）明确生态补偿定义、立法目的、基本原则、各方职责；规定中央和地方各级政府开展纵向生态保护补偿活动；建立区域合作机制，规定同层级地方政府通过协商谈判等方式建立生态保护补偿机制；完善市场交易机制，规定社会各类主体参与生态保护补偿的方式；建立保障机制等。代表的主要意见建议已经在条例中得到体现。

全国人大环资委经研究认为，生态保护补偿是生态文明制度体系的关键制度之一，建议国务院有关部门抓紧出台生态保护补偿条例，在条例实施一段时间以后，根据条例贯彻实施情况，适时开展制定生态保护补偿法的研究论证工作。

24. 王凤巧等 31 名代表提出关于制定太行山生态保护法的议案 1 件（第 161 号）。议案提出，建议制定太行山生态保护法，更好保护太行山生态环境，维护太行山水源涵养、水土保持功能，保护生物多样性，规范太行山资源开发利用活动，促进人与自然和谐相处，实现经济与社会可持续发展。

国务院有关部门高度重视太行山生态环境保护工作，组织编制了重点流域水生态环境保护“十四五”规划，逐步建立完善水环境（含太行山区域）分析预警、调度通报、独立调查、跟踪督办相结合的问题发现和推动解决工作机制，对太行山周边省市开展中央生态环境保护督查，积极推动太行山地区生态保护和修复工作，对太行山绿化、坡耕地水土流失综合治理、退耕还林还草、京津冀风沙源治理等工程建设予以重点支持。发展改革委、生态环境部、水利部、国家林草局提出，考虑到我国在生态环保领域已有森林法、草原法等自然生态资源类型立法，也有水土保持法、大气污染防治法等具体工作方面的法律，是否需要针对太行山生态保护专门立法，需要进一步研究论证，处理好与其他法律的关系。

全国人大环资委经研究认为，太行山是我国东部地区的重要山脉和地理分界线，其生态系统服务功能对保障区域生态安全非常重要。做好太行山生态保护工作，对保护京津冀及华北平原生态安全，推动经济社会可持续发展具有重要意义。建议国务院有关部门对太行山生态保护立法的必要性和可行性进一步开展研究论证，同时，继续支持太行山等地区生态保护修复、经济社会发展和基础设施建设，加大生态保护监管工作力度，努力改善太行山生态环境，促进区域可持续发展。

25. 温娟等 36 名代表提出关于修改大气污染防治法的议案 1 件（第 40 号）。议案提出，恶臭污染问题突出，投诉频发，现行大气污染防治法存在责任主体覆盖不完全、防治要求不明确、法律责任不完善等问题，建议修改大气污染防治法，加强恶臭污染防治的规划、监测和监督管理，落实落细地方政府、行政管理部门、企事业单位和其他生产经营者等各方主体的法律责任。

全国人大环资委高度重视议案提出的问题和建议，与代表进行沟通交流，并就议案内容征求了国务院有关部门的意见。生态环境部正在积极组织制定修改《恶臭污染物排放标准》《恶臭嗅觉实验室建设技术规范》等国家标准，指导上海、天津等地出台地方标准，组织研究制定部门重点行业恶臭污染防治技术规范或可行技术指南，提出针对性的行业恶臭污染防治措施。自然资源部提出，将会同相关部门合理规划生产和生活空间，在国土空间规划中为相关企业和市政设施预留用地，科学划定安全防护和缓冲空间。

全国人大环资委经研究认为，十三届全国人大常委会紧紧围绕贯彻落实习近平总书记关于打好污染防治攻坚战的指示要求和党中央决策部署，在2018年开展了大气污染防治法执法检查。全国人大常委会执法检查组关于检查大气污染防治法实施情况的报告，提出了完善标准体系，尽快评估、及时修改完善《恶臭污染物排放标准》《大气污染物综合排放标准》等滞后的大气污染排放标准等意见建议。建议国务院有关部门认真研究、吸收采纳代表议案提出的意见建议，按照全国人大常委会执法检查报告的要求，加快制定配套法规规章和标准，完善恶臭污染防治有效措施。

26. 秦和等31名代表提出关于制定环境教育法的议案1件（第85号）。议案提出，环境教育是提高国民环境意识、树立正确发展观的重要手段，是提升全社会现代化意识、提升国家治理能力现代化的重要举措和组成部分。建议制定环境教育法，明确环境教育主管部门，明确政府部门、企事业单位、媒体、社区、非政府组织以及环保社会组织的环境保护宣传教育义务，规定学校开展适合各个年龄段的环境教育的内容和方式等。

全国人大环资委高度重视代表议案提出的问题和建议，与代表进行沟通交流，并就议案内容征求了国务院有关部门意见。生态环境部积极推动环境教育立法工作，对国内外环境教育立法基本情况、进展及实施情况进行深入调研、系统分析和研究论证；指导、支持宁夏、天津出台了省级环境教育条例，洛阳、哈尔滨分别制定了有关环境教育的规范性文件。相关研究及地方立法实践为环境教育立法奠定了良好基础。教育部将生态文明教育作为重要的德育内容，明确要求各地各校普遍开展以节约资源和保护环境为主要内容的生态文明教育，目前已有比较成熟、针对不同年级和不同年龄段的环境教育内容和方式。

全国人大环资委经研究认为，公民是环境保护的重要主体，提高全民生态环境保护意识是加强生态文明建设的要求，也是环境保护工作的重要内容之一。建议国务院有关部门认真研究代表议案提出的意见和建议，进一步加大环境教育工作力度，为未来制定或完善相关法律法规奠定坚实基础。

27. 陈杰等30名代表提出关于制定节约用水法的议案1件（第94号）。议案提出，当前节水减排、节水减污的理念还未深入人心，用水效率低、浪费水的现象仍普遍存在。节水管理薄弱，一些地方对节水工作的长期性和艰巨性认识不足，丰水地区对节水的必要性认识不够；用水存在多头管理、分割管理的现象；节水标准体系不够健全；用水计划缺少刚性约束等。建议制定节约用水法，健全节水管理体制，建立节水管理制度，落实行业领域节水措施，建立节水激励机制，加大违反节约用水规定的处罚力度，增强节约用水管理的刚性约束。

全国人大环资委高度重视代表议案提出的问题和建议，与代表进行沟通交流，并就议案内容征求了相关部门意见。国务院有关部门认为，落实节水优先方针，加大水资源节约保护力度，全面提高水资源利用效率，是解决我国水资源短缺问题的根本出路。目前，水利部正会同发展改革委、住房城乡建设部积极推进节约用水条例的起草工作。代表议案关于健全节水管理体制、建立节水管理制度、落实行业领域节水措施、建立节水激励机制等意见建议，在条例草案中已有体现。下一步，将对条例草案进一步修改完善，按程序提请审议。

全国人大环资委经研究认为，推进水资源节约利用是解决我国水资源短缺、水生态脆弱、水环境污染问题的重要举措，对建设美丽中国、实现高质量发展、满足人民群众对美好生活的需要具有重要意义。建议国务院有关部门认真研究、充分吸收代表议案提出的意见建议，加快节约用水条例立法进程，切实加强水资源节约保护工作。

28. 倪海琼等31名代表提出关于制定绿色建筑促进法的议案1件（第107号）。议案提出，大力发展绿色建筑，是落实国家绿色发展战略、满足人民群众不断提高的居住要求、促进城乡建设模式转型升级、实现经济社会可持续发展的有效途径，也是实现人民群众对美好生活向往的重要内容。建议制定绿色建筑促进法，明确绿色建筑标准、规划建设和运营、改造、拆除等要求，理顺监管职能和监管程序，强化激励措施，推动工作落实。

全国人大环资委高度重视代表议案提出的问题和建议，与代表进行沟通交流，并就议案内容征求了相关部门意见。发展改革委、住房城乡建设部提出，从国家层面以法律法规形式保障和促进绿色建筑发展，对于推动建筑领域实现全面节约、产生减污降碳协同效应具有重要意义。目前绿色建筑立法已积累大量地方实践经验，为国家立法打下了良好的基础。

全国人大环资委经研究认为，在国家推动实现碳达峰、碳中和，以及全面建立资源高效利用制度的背景下，加强促进绿色建筑发展的法治保障意义重大。建议国务院相关部门在完善相关法规、规章和标准时，认真研究、吸收采纳代表提出的意见和建议，并对制定绿色建筑促进法的必要性和可行性作进一步研究论证。

## 五、2 件代表议案提出的 1 个监督项目，法律实施情况的报告已经提请全国人大常委会审议

29. 温娟、党永富等 66 名代表提出关于开展固体废物污染环境防治法执法检查的议案 2 件（第 41、104 号）。议案提出，固体废物污染环境防治法实施过程中，还存在法律学习宣传普及不到位、全社会防治固废污染意识不强、生活垃圾分类投放不规范、全过程管理意识需要强化、农业废弃物处理能力有待提高、区域统筹协作落实不够、固体废物污染环境防治资金不足、环境基础设施比较薄弱、技术支撑不强、监督执法能力薄弱等问题，建议开展固体废物污染环境防治法执法检查，加强法律宣传，提高全社会固体废物污染环境防治意识，推动法律制度全面贯彻落实，依法推动解决固体废物污染防治工作中的难点问题。

贯彻落实习近平总书记重要指示精神和党中央决策部署，按照全国人大常委会 2021 年度监督工作计划，2021 年 4 月至 9 月，全国人大常委会组织开展了固体废物污染环境防治法执法检查。执法检查组由中共中央政治局常委、全国人大常委会委员长栗战书同志担任组长，采取执法检查组赴地方检查与委托省级人大常委会检查相结合的方式，对 31 个省（自治区、直辖市）实现执法检查“全覆盖”。

2021 年 10 月在第十三届全国人大常委会第三十一次会议上，全国人大常委会领导同志代表执法检查组作固体废物污染环境防治法实施情况的报告。报告总结法律贯彻实施取得的成效，指出法律实施中存在的主要问题，提出贯彻实施固体废物污染环境防治法，用法律武器破解难点堵点问题，在法治轨道上推动固体废物污染环境防治工作的意见建议。

# 全国人民代表大会社会建设委员会关于第十三届全国人民代表大会第四次会议主席团交付审议的代表提出的议案审议结果的报告

（2021 年 10 月 23 日第十三届全国人民代表大会常务委员会第三十一次会议通过）

全国人民代表大会常务委员会：

第十三届全国人民代表大会第四次会议主席团交付社会建设委员会审议的 56 件议案，由 23 个代表团 1814 名代表提出，共涉及 27 个立法项目、2 个监督项目。其中：关于制定法律（11 部）的议案 21 件，关于修改法律（16 部）的议案 33 件，关于执法检查的议案 2 件。主要围绕突发事件、安全生产、社会救助、社会保险、慈善事业、劳动就业、社会治理、体育事业、特殊群体权益保障等 9 个方面内容。

社会委以习近平新时代中国特色社会主义思想为指导，深入学习贯彻习近平法治思想、总书记关于坚持和完善人民代表大会制度的重要思想，贯彻落实栗战书委员长关于“内容高质量、办理高质量”“既要重结果、也要重过程”等指示要求，把办理议案同贯彻落实党中央决策部署结合起来，同服务全国人大及其常委会中心工作结合起来，同密切与代表联系结合起来，同解决群众普遍关心的突出问题结合起来，精心部署安排，扎实有序推进。一是加强同代表沟通联系，深入了解提议案代表所思所想，积极向代表介绍办理情况、反馈研究结果。二是邀请常委会领导同志、常委会委员直接联系的代表和议案领衔代表或其他相关代表，参与重点立法、监督、调研工作，共同研究办好议案。三是广泛听取意见建议，向 24 家单位发函征求研究意见，同人力资源社会保障部、民政部、应急管理部、国家卫生健康委、国家医保局、全国总工会等部门座谈，研究讨论办理代表议案。四是把办理议案作为“我为群众办实事”实践活动重要内容，深入听取人民群众呼声期盼，推动制定完善一批暖民心、惠民生的

政策措施，督促解决社保、劳动等事关群众切身利益的实际问题，确保议案办理工作实效。

2021年9月，社会委对56件代表议案的办理意见进行了审议，现将审议结果报告如下。

## 一、28件议案提出16个立法项目，其中：22件涉及的10个项目已经列入十三届全国人大常委会立法规划或2021年度立法工作计划，6件涉及的项目与其密切相关，在立法工作中一并研究考虑，将按规划或计划提请全国人大常委会审议

1. 关于突发事件应对管理领域议案5件，其中关于修改《突发事件应对法》4件，关于制定《应急管理法》1件（通过修改《突发事件应对法》吸收议案内容，解决所提问题）

修改《突发事件应对法》已列入全国人大常委会2021年度立法工作计划、强化公共卫生法治保障立法修法工作计划。2020年成立了以张春贤副委员长为组长的修法工作专班，已形成《突发事件应对管理法（修订草案）》送审稿，国务院常务会议于今年6月审议通过，拟于年内提请常委会审议。

2. 关于修改《妇女权益保障法》的议案2件

修改《妇女权益保障法》已列入全国人大常委会2021年度立法工作计划，由社会委牵头负责。今年4月，《妇女权益保障法》修改工作领导小组成立，正式启动修法工作，目前已形成《妇女权益保障法（修订草案）》（征求意见稿），将根据各方面意见建议修改完善后，提请12月份常委会会议审议。

3. 关于修改《体育法》的议案5件

修改《体育法》已列入十三届全国人大常委会立法规划第二类项目和2021年度立法工作计划，由社会委牵头负责。2021年3月，社会委成立修法工作领导小组，启动修法工作，在深入调查研究、广泛听取意见基础上，形成修订草案，已提请常委会第三十一次会议审议。

4. 关于修改《工会法》的议案1件

修改《工会法》已列入全国人大常委会2021年度立法工作计划的预备审议项目。全国总工会和全国人大常委会法工委正抓紧工作，研究提出修改草案，适时提请审议。社会委将认真予以配合。

5. 关于修改《慈善法》的议案1件

修改《慈善法》已列入十三届全国人大常委会强化公共卫生法治保障立法修法工作计划。今年，社会委成立修法工作领导小组，启动修法工作，正积极开展立法调研，推动修法进程，适时提请常委会审议。

6. 关于制定《社会救助法》的议案4件

制定《社会救助法》已列入十三届全国人大常委会立法规划第一类项目和2021年度立法工作计划，由国务院提请审议，社会委负责联系。国务院有关部门已形成《社会救助法（草案送审稿）》，正按程序进行审查，争取尽快提请常委会审议。

7. 关于基层治理领域的议案3件，其中关于修改《城市居民委员会组织法》的1件，关于修改《村民委员会组织法》的1件，关于制定《城乡社区治理促进法》的1件（通过修改“两委”组织法吸收议案内容，解决所提问题）

修改《城市居民委员会组织法》《村民委员会组织法》已列入十三届全国人大常委会立法规划第二类项目，由国务院提请审议，社会委负责联系。十三届全国人大常委会第七次会议审议通过将村民委员会、居民委员会的任期由3年改为5年的修正案，同时对抓紧推进“两委”组织法系统修订提出明确要求。国务院有关部门已形成《城市社区居民委员会组织法（修订草案征求意见稿）》，积极推进《村民委员会组织法》修改工作，争取在本届内提请常委会审议。

8. 关于医疗保障领域的议案5件，其中关于制定《医疗保障法》的2件，关于制定《长期护理保险法》、修改《社会保险法》、修改《老年人权益保障法》的各1件（通过制定《医疗保障法》吸收议案内容，解决所提问题）

制定《医疗保障法》已经列入全国人大常委会2021年立法工作计划，由国务院提请审议，社会委负责联系。国务院有关部门已形成《医疗保障法（征求意见稿）》，正抓紧工作，争取尽快提请常委会审议。

9. 关于劳动基本标准的议案2件，其中关于制定《劳动基准法》的1件，关于修改《职工探亲待遇规定》的1件（通过制定《劳动基准法》吸收议案内容，解决所提问题）

基本劳动标准立法已列入十三届全国人大常委会立法规划。国务院有关部门已制定立法工作方案，积极开展《基本劳动标准法》的相关研究论证工作，抓紧形成法律草案，拟于2022年提请常委会审议。

## 二、11 件议案提出的 4 个立法项目有立法必要，建议加强调研起草工作，条件成熟时，提请列入全国人大常委会年度立法工作计划

1. 关于制定《无障碍环境建设法》的议案 5 件

社会委已着手开展有关无障碍环境建设的调研工作，加强立法研究论证，争取尽快形成法律草案，待条件成熟时，提请列入常委会年度立法工作计划。

2. 关于修改《矿山安全法》的议案 1 件

国务院有关部门把修改《矿山安全法》作为应急管理立法体系框架的重要内容，成立矿山安全法修改工作领导小组，抓紧推进修法工作，取得了初步成果。社会委将积极联系有关部门，抓紧形成修改草案，条件成熟时，提请列入常委会年度立法工作计划。

3. 关于制定《养老服务法》《养老服务业促进法》的议案 2 件

社会委将会同有关方面，进一步加强对养老服务领域立法的研究论证，积极开展调查研究，推动加快立法进程，条件成熟时，提请列入常委会年度立法工作计划。

4. 关于志愿服务领域的议案 3 件，其中制定《志愿服务法》《志愿者法》的 2 件、制定《学雷锋法》的 1 件

社会委将会同有关部门适时开展志愿服务领域立法调研，深入研究志愿服务工作新情况新问题，广泛征求意见建议，条件成熟时，建议列入常委会立法规划。

## 三、4 件议案提出的 1 个立法项目、2 个执法检查项目，建议在完善相关法律法规的同时，加大现行法律法规政策的贯彻实施力度

1. 关于反家庭暴力方面的议案 3 件，其中修改《反家庭暴力法》的 2 件、开展《反家庭暴力法》执法检查的 1 件

社会委在《妇女权益保障法》修改中，注重做好与《反家庭暴力法》的衔接配合，扩展了反家庭暴力的内容和措施。当前我国反家庭暴力工作领域的困难和问题，有的是由于理解不到位、实施力度不够造成的，有的可以通过出台相关司法解释加以解决，建议有关部门加强宣传教育，完善配套法规措施和司法解释，加大贯彻实施力度，推动反家庭暴力工作取得实效。社会委将继续关注和研究该领域的新情况新问题，适时提出开展《反家庭暴力法》执法检查的建议。

2. 关于开展《残疾人保障法》执法检查的议案 1 件

社会委在《老年人权益保障法》实施情况专题调研、《就业促进法》执法检查、社会保险制度改革和《社会保险法》实施情况专题调研、无障碍环境建设立法调研中，围绕残疾人养老、就业、社保、优待等多个方面进行研究，推动了《残疾人保障法》的有效实施，为残疾人参与社会生活、融入社会创造了更好条件。社会委将持续关注和研究残疾人保障工作领域的新情况新问题，适时提出开展执法检查的建议。

## 四、13 件议案提出的 6 个立法项目，在制定相关法律吸纳部分内容的同时，建议有关方面对议案所提建议和问题继续分析研究，开展调研论证

1. 关于劳动领域的议案 9 件议案，其中涉及修改《劳动法》的 2 件、修改《劳动合同法》的 3 件、修改《劳动争议调解仲裁法》的 2 件、修改《就业促进法》的 2 件

以上议案所提意见，部分内容将在制定《基本劳动标准法》中加以吸纳解决；其他内容经征求有关方面意见，建议根据经济社会发展实际，立足平衡劳资双方利益、构建和谐劳动关系、维护社会安宁稳定，开展前期研究和论证，为完善法律奠定基础。

2. 关于修改《老年人权益保障法》的议案 3 件

社会委经研究，3 件议案所提意见，部分内容将在制定《养老服务法》中加以吸纳解决；其他内容建议有关部门总结近年来修法后的执行情况、实践做法和成功经验，广泛征求意见，开展前期研究论证工作，为修改完善法律提供理论和实践支撑。

3. 关于制定《社会工作事业促进法》的议案 1 件

社会委经研究，建议有关部门继续开展立法可

行性研究,加强调研和论证,适时启动立法工作。

以上报告,请审议。

附件:1. 56 件议案审议结果报告有关数据统计
　　2. 全国人民代表大会社会建设委员会关于第十三届全国人民代表大会第四次会议主席团交付审议的代表提出的议案的审议意见

全国人民代表大会社会建设委员会
2021 年 10 月 19 日

**附件 1:**

# 56 件议案审议结果报告有关数据统计

| **议案及审议结果分类情况**<br>56 件议案由 23 个代表团 1814 名代表提出,共涉及 27 个立法项目、2 个监督项目,其中:关于制定法律(11 部)的议案 21 件,关于修改法律(16 部)的议案 33 件,关于执法检查的议案 2 件。主要围绕突发事件、安全生产、社会救助、社会保险、慈善事业、劳动就业、社会治理、体育事业、特殊群体权益保障等 9 个方面内容。 | | **议案数**<br>**(代表团名称)** | **提议案**<br>**代表人数** |
|---|---|---|---|
| **一** | **28 件议案提出 16 个立法项目,其中:22 件涉及的 10 个项目已经列入十三届全国人大常委会立法规划或 2021 年度立法工作计划,6 件涉及的项目与其密切相关,在立法工作中一并研究考虑,将按规划或计划提请全国人大常委会审议** | **28** | **858** |
| 1 | 修改突发事件应对法的第 9、212、327、388 号议案 | 上海团<br>黑龙江团<br>河南团<br>解放军和武警部队团 | 30<br>30<br>30<br>37 |
| 2 | 制定应急管理法的第 428 号议案 | 陕西团 | 30 |
| 3 | 修改妇女权益保障法的第 167、426 号议案 | 湖南团<br>陕西团 | 30<br>30 |
| 4 | 修改体育法的第 63、65、67、209、218 号议案 | 山东团<br>陕西团<br>河北团 | 90<br>30<br>31 |
| 5 | 修改工会法的第 262 号议案 | 山西团 | 30 |
| 6 | 制定社会救助法的第 166、277、326、425 号议案 | 河北团<br>广西团<br>安徽团<br>陕西团 | 30<br>30<br>30<br>31 |
| 7 | 修改城市居民委员会组织法的第 64 号议案 | 山东团 | 30 |
| 8 | 制定城乡社区治理促进法的第 429 号议案 | 山西团 | 30 |
| 9 | 修改村民委员会组织法的第 69 号议案 | 湖北团 | 30 |
| 10 | 制定医疗保障法的第 390、145 号议案 | 黑龙江团<br>河北团 | 30<br>30 |
| 11 | 制定长期护理保险法的第 10 号议案 | 上海团 | 30 |

续表

| | | | |
|---|---|---|---|
| 12 | 修改社会保险法的第 33 号议案 | 广东团 | 37 |
| 13 | 修改老年人权益保障法的第 391 号议案 | 北京团 | 30 |
| 14 | 制定劳动基准法的第 463 号议案 | 辽宁团 | 30 |
| 15 | 修改职工探亲待遇规定的第 214 号议案 | 甘肃团 | 31 |
| 16 | 修改慈善法的第 263 号议案 | 四川团 | 31 |
| 二 | **11 件议案提出的 4 个立法项目有立法必要，建议加强调研起草工作，条件成熟时，提请列入全国人大常委会年度立法工作计划** | **11** | **440** |
| 17 | 制定无障碍环境建设法的第 32、133、165、211、256 号议案 | 上海团<br>全团议案<br>北京团<br>湖北团<br>浙江团<br>安徽团 | 59<br><br>32<br>30<br>105<br>30 |
| 18 | 修改矿山安全法的第 254 号议案 | 福建团 | 31 |
| 19 | 制定养老服务法、养老服务业促进法的第 333、430 号议案 | 安徽团<br>陕西团 | 31<br>30 |
| 20 | 制定志愿服务法、志愿者法的第 168、472 号议案 | 河北团<br>新疆团 | 31<br>31 |
| 21 | 制定学雷锋法的第 144 号议案 | 湖南团 | 30 |
| 三 | **4 件议案提出的 1 个立法项目、2 个执法检查项目，建议在完善相关法律法规的同时，加大现行法律法规政策的贯彻实施力度** | **4** | **123** |
| 22 | 修改反家庭暴力法的第 213、255 号议案 | 黑龙江团<br>福建团 | 30<br>33 |
| 23 | 开展反家庭暴力法执法检查的第 149 号议案 | 河北团 | 30 |
| 24 | 开展残疾人保障法执法检查的第 150 号议案 | 山东团 | 30 |
| 四 | **13 件议案提出的 6 个立法项目，在制定相关法律吸纳部分内容的同时，建议有关方面对议案所提建议和问题继续分析研究，开展调研论证** | **13** | **393** |
| 25 | 修改劳动合同法的第 244、253 号议案 | 山西团<br>贵州团 | 30<br>30 |
| 26 | 修改劳动合同法的第 135 号议案 | 河北团 | 31 |
| 27 | 修改劳动法的第 66、424 号议案 | 四川团<br>陕西团 | 30<br>30 |
| 28 | 修改就业促进法的第 396、423 号议案 | 江西团<br>陕西团 | 30<br>30 |
| 29 | 修改劳动争议调解仲裁法的第 278、389 号议案 | 贵州团<br>江西团 | 30<br>31 |

续表

| | | | |
|---|---|---|---|
| 30 | 修改老年人权益保障法第217、427号议案 | 重庆团<br>陕西团 | 30<br>31 |
| 31 | 修改老年人权益保障法的第134号议案 | 湖南团 | 30 |
| 32 | 制定社会工作事业促进法的第330号议案 | 河南团 | 30 |

附件2:

# 全国人民代表大会社会建设委员会关于第十三届全国人民代表大会第四次会议主席团交付审议的代表提出的议案的审议意见

第十三届全国人民代表大会第四次会议主席团交付社会建设委员会审议的56件议案,由23个代表团1814名代表提出,共涉及27个立法项目、2个监督项目。其中:关于制定法律(11部)的议案21件,关于修改法律(16部)的议案33件,关于执法检查的议案2件。主要围绕突发事件、安全生产、社会救助、社会保险、慈善事业、劳动就业、社会治理、体育事业、特殊群体权益保障等9个方面内容。2021年9月,社会委对56件代表议案的办理意见进行了审议,提出如下意见:

## 一、28件议案提出16个立法项目,其中:22件涉及的10个项目已经列入十三届全国人大常委会立法规划或2021年度立法工作计划,6件涉及的项目与其密切相关,在立法工作中一并研究考虑,将按规划或计划提请全国人大常委会审议

1. 上海团陈力等30名代表、黑龙江团张斌等30名代表、河南团买世蕊等30名代表、解放军和武警部队团王玄玉等37名代表关于修改突发事件应对法的4件议案(第9、212、327、388号)。议案提出,建议修改完善《突发事件应对法》,解决应对体系不健全、主动应对意识不强、公民权利克减缺乏法律依据、信息报送及发布制度不完善等问题。

司法部表示,按照突发事件应对法修法工作专班工作安排,已形成《突发事件应对管理法(修订草案)》,于2021年1月26日提请国务院常务会议审议。下一步将根据会议精神,充分研究吸收议案所提意见建议,抓紧修改完善,争取今年内提请全国人大常委会审议。

社会委经研究,同意司法部意见。修改《突发事件应对法》已列入全国人大常委会2021年度立法工作计划、强化公共卫生法治保障立法修法工作计划。议案所提意见具有较强的针对性与专业性,建议有关部门认真研究吸收,进一步完善草案,争取今年提请全国人大常委会审议,社会委将配合做好审议工作。

2. 陕西团史贵禄等30名代表关于制定应急管理法的1件议案(第428号)。议案提出,近年来,我国遭遇的较为严重的自然灾害、事故灾害、社会安全事件等,说明我国应急管理领域法治建设还有不足,建议加快制定统一、权威的《应急管理法》,完善应急管理预警监测体制,构建高效协调联动机制,强化应急救援队伍建设,建立应急信息发布及舆情管控机制。

应急管理部提出,已研究提出"1+5"(即应急管理法+安全生产法、自然灾害防治法、消防法、应急救援队伍管理法、国家综合性消防救援队伍和人员法)的应急管理法律体系骨干框架,正积极配合修改完善《突发事件应对管理法》,进一步推动制定修改应急管理方面其他法律法规,不断完善应急管理法律体系。司法部表示,《突发事件应对管理法(修订草案)》已提请国务院常务会议审议。下一步,将积极配合有关方面做好相关工作。

社会委经研究,同意应急管理部、司法部意见。目前应急管理方面的法律较多,涉及面较广,需要加强综合协调,适应机构改革后的职能分工要求。

修改《突发事件应对法》已列入全国人大常委会2021年度立法工作计划、强化公共卫生法治保障立法修法工作计划。议案所提意见具有较强的针对性与专业性，建议有关部门在修改《突发事件应对管理法》时认真研究吸收。

3. 湖南团庹勤慧等30名代表、陕西团方燕等30名代表关于修改妇女权益保障法的2件议案（第167、426号）。议案提出：建议修改《妇女权益保障法》，落实好新实施的《民法典》的有关规定，做好与《刑法》《治安管理处罚法》《反家庭暴力法》衔接，加强农村妇女土地权益保护、完善防治性骚扰措施、加强妇女姓名权保护、建立离婚家务劳动经济补偿制度、健全侵害妇女权益的信用惩戒机制等，加大对妇女权益保障力度。

全国妇联认为，代表议案提出的关于完善现行《妇女权益保障法》相关条款的建议，对强化妇女权益保障力度，解决当前妇女权益保障领域中的突出问题具有参考价值。建议在《妇女权益保障法》修改过程中，视情吸收采纳。

社会委经研究，同意全国妇联意见。修改《妇女权益保障法》已纳入全国人大常委会2021年度立法工作计划，由社会委牵头负责。今年4月，成立《妇女权益保障法》修改工作领导小组，正式启动修法工作，目前已形成《妇女权益保障法（修订草案）》（征求意见稿），将根据各方面意见建议修改完善后提请12月份常委会审议。

4. 山东团高明芹、张淑琴、王士岭等90名代表、陕西团孙维等30名代表、河北团陈凤珍等31名代表关于修改体育法的5件议案（第63、65、67、209、218号）。议案提出，《体育法》部分规定与体育发展实践存在脱节现象，出现不少制度空白，建议对《体育法》进行修改，明确相关主体权利义务，细化社会体育、学校体育、竞技体育、体育社会团体、法律责任等规定，增加体育权利、体育产业、反兴奋剂、体育仲裁等内容。

社会委经研究，同意议案所提建议。修改《体育法》已列入十三届全国人大常委会立法规划第二类项目和2021年度立法工作计划，由社会委牵头起草。2020年，社会委先后组织召开8场视频座谈会，委托5个省（区、市）、5个副省级城市开展立法调研。2021年3月，成立修法工作领导小组，召开领导小组第一次会议，先后赴四川等5个省（区）开展立法调研，全面征求委员会组成人员、各成员单位、各地方、体育系统119家单位、100余位专家学者和全国人大代表意见，组织3轮起草工作会议，形成修订草案征求意见稿，并征求“一府两院”意见。代表议案所提意见建议，在起草过程中均有研究吸收。修订草案已于今年10月份提请全国人大常委会审议。

5. 山西团杨林花等30名代表关于修改工会法的1件议案（第262号）。议案提出，《工会法》已十余年未做修改，一些条款已明显滞后。建议修改《工会法》第2、7条，强调工会组织的政治性、先进性、群众性，突出弘扬劳模精神、劳动精神、工匠精神；删除第47、48条，与国家发展改革委等10部门《关于全面推开行业协会商会与行政机关脱钩改革的实施意见》、中共中央办公厅和国务院办公厅《关于国有企业退休人员社会化管理的指导意见》等文件规定保持一致。

全国总工会认为：修改《工会法》第2、7条具有必要性、合理性，建议立法机关在修法过程中充分研究考虑。工会所属的企业、事业单位是为职工服务，符合工会的法律地位和基本职责，不属于“主办、主管、联系、挂靠的行业协会商会”，县级以上各级工会也不是国有企业，与有关规定不冲突，关于删除第47、48条的建议可再研究论证。

社会委经研究，同意全国总工会意见。修改《工会法》已列入全国人大常委会2021年度立法工作计划的预备审议项目。建议有关部门在吃透中央精神、深入调查研究的基础上，认真研究吸收代表意见建议，尽快提出修改草案，适时提请全国人大常委会审议。

6. 四川团新甲旦真等31名代表关于修改慈善法的1件议案（第263号）。议案提出，动物收容救护是慈善事业的组成部分，当前官方收容救助较弱，民间收容救助力量缺少相应政策的支持。为发展动物收容救护慈善事业、落实动物收容救护的政府责任、探索官民合作治理的路径，建议对慈善法及社会组织登记制度进行修改。

民政部认为，动物收容救护是否属于慈善活动范畴尚不明确，社会公众对此也有不同看法。下一步，在修改《慈善法》过程中将就动物收容救护的属性、主管部门、监管要求、法律责任等进行研究。司法部表示，将配合有关单位，对议案所提意见进行认真研究论证。

社会委经研究，同意民政部、司法部意见。修改《慈善法》已列入十三届全国人大常委会强化公共卫生法治保障立法修法工作计划。社会委已经成立修法工作领导小组和起草工作班子，召开慈善法修订工作专家座谈会，赴安徽等地开展立法调研，参加高校研究机构学术研讨，积极听取有关方面意见。建议民政部在《慈善法》修法工作中，认真研究议案所提意见。社会委将积极开展立法调研，推动修法进程，适时提请全国人大常委会审议。

7. 河北团杨震生等30名代表、广西团马空等30名代表、安徽团耿学梅等30名代表、陕西团方燕等31名代表关于制定社会救助法的4件议案（第166、277、326、425号）。议案提出，当前社会救助还存在体制不完善、衔接不顺畅、方式较单一、认定不准确等问题，《社会救助暂行办法》权威性、规范性不强，不适应新时代社会救助工作需要，建议尽快出台《社会救助法》。

民政部、财政部表示，已形成《社会救助法（草案送审稿）》，目前正按立法程序推进审查工作。议案提出的意见建议，将在审查修改过程中，认真研究论证，充分吸收采纳，进一步完善草案，争取尽快出台。

社会委经研究，同意民政部、财政部意见。制定《社会救助法》已列入十三届全国人大常委会立法规划第一类项目和2021年度立法工作计划。社会委于2018年成立社会救助立法联系审议工作领导小组，先后7次召开协调推进会，赴地方调研15次，会同有关部门认真研究社会救助工作中的新情况新问题，积极推进立法工作。建议国务院有关部门认真研究议案所提意见建议，加快立法进程，争取尽快提请全国人大常委会审议。

8. 山东团高明芹等30名代表关于修改城市居民委员会组织法的1件议案（第64号）。议案提出，目前我国对社区治理没有专门立法，《城市居民委员会组织法》相关规定较为滞后，导致体制机制不顺、与实践脱节等问题，建议修改法律，明确社区法律地位，细化社区与居民委员会关系，完善社区建设管理相关内容等。

民政部表示，已形成《城市社区居民委员会组织法（修订草案征求意见稿）》，正在广泛征求意见。议案所提意见建议，在起草修改工作中已认真研究吸收。下一步，将抓紧修改完善，加快推进修法进程。中央政法委认为，修改《城市居民委员会组织法》很有必要，要明确社区法律定位，合理界定社区与居委会关系，划分政府职能范围和居委会自治边界，避免居委会工作“行政化”倾向。

社会委经研究，同意民政部、中央政法委意见。修改《城市居民委员会组织法》已纳入十三届全国人大常委会立法规划第二类项目。十三届全国人大常委会第七次会议审议通过将村民委员会、居民委员会的任期由3年改为5年的修正案，同时对抓紧推进城市居民委员会组织法系统修订提出明确要求。2020年11月，社会委召开“两委”组织法（修改）联系审议领导小组第二次会议；召开基层社会治理与“两委”组织法修法研讨会；赴北京市开展立法调研。今年6月份，张春贤副委员长带队赴内蒙古自治区开展“两委”组织法立法调研，听取地方意见建议。建议民政部认真研究吸收代表意见建议，加快工作步伐，尽早提请全国人大常委会审议。

9. 山西团杨蓉等30名代表关于制定城乡社区治理促进法的1件议案（第429号）。议案提出，建议制定《城乡社区治理促进法》，明确社区建设、社区治理、社区服务、保障措施、法律责任等方面内容，推动社区治理法治化、规范化、系统化。

民政部表示，已形成《城市社区居民委员会组织法（修订草案征求意见稿）》。议案中提出的加强党对社区治理工作的领导、减轻社区工作负担、建立社区治理制度体系等方面内容均有涉及；其他社区治理的建议，将在进一步修改时予以研究。中央政法委认为，有必要总结城乡社区治理的创新经验做法，上升为国家法律。

社会委经研究，同意民政部、中央政法委意见。修改《城市居民委员会组织法》已纳入十三届全国人大常委会立法规划第二类项目，议案所提意见建议可通过修法予以研究吸收。建议国务院有关部门认真研究议案所提建议，加快推进《城市居民委员会组织法》修法进程，尽早提请全国人大常委会审议。

10. 湖北团王能干等30名代表关于修改村民委员会组织法的1件议案（第69号）。议案提出，现行《村民委员会组织法》关于对村民委员会成员给予适当补贴的规定，不适应农村工作实际和乡村振兴的需要。为激发村干部的工作热情，建议修改法律，建立村干部工资报酬保障机制。

民政部认为，村干部补贴已纳入村级组织运转经费保障范围，通过村级自我积累和政府适当补贴相结合的方式予以保证。下一步，将会同有关部门研究所提意见，推进《村民委员会组织法》修订工作，健全以财政投入为主的村级组织运转经费保障制度，建立村干部报酬保障机制。

社会委经研究，同意民政部意见。修改《村民委员会组织法》已纳入十三届全国人大常委会立法规划第二类项目。十三届全国人大常委会第七次会议审议通过将村民委员会、居民委员会的任期由3年改为5年的修正案，同时对推进村民委员会组织法系统修订提出明确要求。社会委成立联系审议工作领导小组,召开领导小组第二次会议,举办基层社会治理与“两委”组织法修法研讨会,认真做好立法修法前期调研工作。今年6月,张春贤副委员长带队赴内蒙古自治区开展“两委”组织法立法调研,听取地方意见。建议民政部积极推进修法工作,研究乡村治理实践中的突出问题,加强与乡村振兴法等有关法律的衔接,力争在本届内提请全国人大常委会审议。

11. 黑龙江团郑功成等30名代表、河北团祝淑钗等30名代表关于制定医疗保障法的2件议案(第390、145号)。议案提出,我国医疗保障还处于主要依靠政策性文件管理的状态,导致制度不统一,在实践中造成一系列问题,不利于医疗保障制度的健康发展,建议尽快制定《医疗保障法》。

国家医保局表示,已形成《医疗保障法(征求意见稿)》,正向社会公众和相关部门征求意见。议案提出的很多建议在征求意见稿中有所回应。下一步将集中力量推动立法工作。民政部、财政部、国家税务总局、应急管理部、市场监管总局等部门表示,赞同制定《医疗保障法》,将积极配合,广泛征求意见,全面研究论证整体框架和具体条款。司法部认为,医疗保障立法涵盖基本医疗保险、医疗救助等多种保障制度,涉及与现有法律法规的衔接,涉及参保人员、定点医院、定点药店、经办机构等的权利义务,法律关系复杂、社会关注度高,要广泛听取意见,深入研究论证。

社会委经研究,同意上述单位意见。制定《医疗保障法》已经列入全国人大常委会2021年立法工作计划。2021年2月,习近平总书记作出重要批示,栗战书委员长等7位党和国家领导同志分别作出批示,对制定修改《医疗保障法》等法律法规提出要求。今年上半年,张春贤副委员长带队赴重庆、上海开展调研,社会委办事机构多次参加国家医保局组织的医保立法调研活动。建议国家医保局加快立法步伐,尽早形成成熟的法律草案,如期提请全国人大常委会审议。

12. 上海团陈晶莹等30名代表关于制定长期护理保险法的1件议案(第10号)。议案提出,要建立科学统一的长护险体系和制度,建议根据长护险试点情况,制定《长期护理保险法》,明确长护险的性质、立法宗旨和原则,对长护险的筹资模式、标准规范、社会公平性等予以规定。

国家医保局表示,《医疗保障法(征求意见稿)》已对长期护理保险进行原则性规制。下一步,将在总结试点经验的基础上加强对长期护理保险立法工作的研究论证,适时出台相关法律法规。财政部、司法部认为,长期护理保险尚处于试点阶段,相关制度框架及关键政策仍处于探索之中,需要积累经验、逐步完善,建议条件成熟再制定相关法律法规。

社会委经研究,同意上述意见。去年上半年,社会委开展社会保险制度改革和《社会保险法》实施情况专题调研,对长期护理保险进行专题研究,建议积极采取措施推动完善相关制度。今年上半年,张春贤副委员长带队前往重庆、上海就相关问题进行调研。在医疗保障法立法调研中,针对长护险问题进行了研究。鉴于各方意见还不统一,在筹资渠道、覆盖人群、具体措施等核心问题上尚未形成共识,单独立法条件尚不具备。下一步,社会委将按照中央“稳步建立长期护理保险制度”要求,广泛听取意见,在制定《医疗保障法》、修改《社会保险法》时统筹考虑、一并解决议案所提意见。建议国家医保局等部门同步研究起草《长期护理保险条例》等配套法规,推进长期护理保险的法制化、规范化。

13. 广东团阎武等37名代表关于修改社会保险法的1件议案(第33号)。议案提出,《社会保险法》对我国医疗保障改革起到了非常重要的促进作用,但部分条款过于原则,缺乏可操作性。建议修订完善,推进实施全民参保,降低异地务工人员缴费负担,改进职工医保个人账户支付范围,扩大医保个人账户使用范围等。

国家医保局、财政部表示,《社会保险法》对医保做了原则性规定,目前正在起草《医疗保障法》,已形成征求意见稿,规定公民法定参保义务,鼓励各类灵活就业人员参加职工基本医疗保险,通过财政补助减少个人负担。同时在拓宽职工医保个人账户适用范围,规范个人账户使用等方面也做了具体规定,明确不属于基本医疗保险保障范围的,不应由个人账户支出。司法部认为,修改《社会保险法》需要统筹考虑包括医疗保险在内的各项社会保险的政策调整,广泛听取各方意见,充分研究论证。

社会委经研究,同意上述意见。去年上半年,社会委组织开展社会保险制度改革和《社会保险法》实施情况专题调研,在提交常委会第十九次会议的专题调研报告中提出了探索强制参保、完善缴费制度等5条建议。目前正在提前介入《医疗保障法》起草工作,异地务工人员参保、城乡居民强制参保和医保个人账户等是立法中需妥善处理的重点难点问题。下一步，将开展深入研究，广泛听取各方面意见，在制定《医疗保障法》和修改《社会保险法》中统筹考虑解决议案所提问题。

14. 北京团齐玫等30名代表关于修改老年人权益保障法的1件议案（第391号）。议案提出，建议修改《老年人权益保障法》，明确长期护理保险制度的法律定位，并制定配套实施条例，保障老年人的护理需求。

国家医保局表示，《医疗保障法（征求意见稿）》对长期护理保险做了原则性规制。下一步，将在总结试点经验的基础上加强对长期护理保险立法工作的论证研究，适时出台相应法律法规。国家卫生健康委表示，赞同在研究总结试点经验基础上，制定出台长期护理保险制度，并在《老年人权益保障法》等法律中予以明确。民政部表示，积极配合做好长期护理保险制度试点、长期护理保险立法等工作，并在修改《老年人权益保障法》、制定养老服务相关法律时予以考虑。司法部认为，长期护理保险尚处于试点阶段，需要积累经验、逐步完善，待条件成熟后，再考虑制定有关法律法规。

社会委经研究，同意上述有关方面意见。各方面在长期护理保险的筹资渠道、覆盖人群、具体措施等核心问题上尚未形成共识。要按照中央“稳步建立长期护理保险制度”的要求，在制定《医疗保障法》、修改《社会保险法》和《老年人权益保障法》等工作中统筹考虑，继续开展研究论证。

15. 辽宁团杨松等30名代表关于制定劳动基准法的1件议案（第463号）。议案提出，我国目前的劳动基准立法属于分散式立法体例，相关规定散见于法律法规、行政规章及政策性文件中，很多规定已不能满足现阶段经济社会发展需要。建议采取集中立法模式制定劳动基准法，对工资报酬、工作时间、休息休假、加班限制及补偿等制度给予完善，加强对特殊群体保护，健全职业安全卫生管理制度等。

人力资源社会保障部表示，基本劳动标准水平的设定，既涉及劳动者的权利保障，也涉及企业的义务承担，具有系统、复杂的特点，各方面存在很大的意见分歧，目前正积极开展《基本劳动标准法》的相关研究论证工作。下一步，将对劳动基准制度执行情况和存在问题进行综合评估，统筹考虑经济社会发展水平、劳动力市场供求关系、劳动关系双方承受度等因素，兼顾劳动者和用工主体双方的利益诉求，适时提出制定完善相关制度的建议。全国总工会表示，就业模式正在从“组织＋雇员”向“平台＋个体”转变，建议制定适合平台经济运营模式的工时、工资及安全卫生等劳动标准。全国妇联、中国残联表示，要加强对女性劳动者和残疾人劳动者的特别保障。

社会委经研究，同意上述有关方面意见。基本劳动标准立法已列入十三届全国人大常委会立法规划。社会委围绕完善工作时间、统筹休息休假、健全最低工资等方面开展了基础研究，积极督促相关部门加快立法进程。建议相关部门广泛听取各方面意见，扎实开展调研论证，针对社会反响强烈的突出问题，抓紧形成高质量的法律草案，拟于2022年提请全国人大常委会审议。

16. 甘肃团张海波等31名代表关于修改职工探亲待遇规定的1件议案（第214号）。议案提出：随着我国经济社会发展和家庭结构发生巨大变化，1981年全国人大常委会批准的《国务院关于职工探亲待遇的规定》，已不能满足现实需求。建议修订相关条款，取消部分限制条件、扩大主体适用范围、缩短探亲年限间隔，为职工探望父母、履行尊老爱老敬老助老义务提供保障。

人力资源社会保障部表示，随着工时制度逐步调整、交通运输快速发展、假期制度不断完善，职工探望亲属需求已能基本满足。假期待遇的增加应同步考虑对企业人工成本的影响。下一步，将综合考虑经济社会发展水平、职工休假权利、企业人工成本等因素，广泛听取各方面意见，适时提出修法建议。全国总工会表示，从制度本身的延续性和改革的增益性着眼，建议将修改探亲假制度与设立护理假制度统筹考虑。

社会委经研究，同意上述意见。当前，劳动关系的组成与结构正在发生深刻变化，劳动者的休假观念、习惯、方式也随之调整。建议有关部门在充分论证必要性和可行性的基础上，统筹考虑各类假期制度和经济社会发展的关系，在起草《基本劳动标准法》时，加强整体谋划设计，统筹构建适应新发展阶段的假期制度。

## 二、11件议案提出的4个立法项目有立法必要，建议加强调研起草工作，条件成熟时，提请列入全国人大常委会年度立法工作计划

1. 上海团、北京团闫傲霜等32名代表、湖北团李莉等30名代表、浙江团吕世明等105名代表、安

徽团高莉等30名代表关于制定无障碍环境建设法的5件议案(第32、133、165、211、256号)。议案提出,近年来,我国无障碍环境建设取得了积极成效,但同人民群众的需求和愿望相比还存在差距。无障碍环境建设、老旧设施改造、依法管理维护使用有待进一步加强,通用设计规范标准实施、产品技术研发应用、信息交流无障碍服务、居家环境改造等诸多问题仍需加大力度解决。建议尽快制定《无障碍环境建设法》,满足社会成员对无障碍环境建设日益增长的迫切需求。

工业和信息化部、民政部、住房城乡建设部、交通运输部、文化和旅游部、国家卫生健康委认为,赞同制定《无障碍环境建设法》,将配合相关部门开展立法前期的调研、论证工作,推动相关法律尽快出台。中国残联表示,制定《无障碍环境建设法》的立法时机和条件比较成熟,目前已形成基础稿,正在广泛征求意见中,建议将制定《无障碍环境建设法》列入全国人大常委会2022年立法工作计划。司法部表示,《无障碍环境建设条例》对无障碍环境建设作了全面规定,有关制度正不断完善,条件成熟后再考虑将条例上升为法律。

社会委经研究,同意上述有关方面意见。加强无障碍环境建设,是社会文明进步的重要标志,是国家保障民生、完善基本公共服务的重要体现,也是新型城镇化、新农村建设的重要内容。社会委已着手开展有关无障碍环境建设的调研,加强立法的研究论证工作,尽早提请列入全国人大常委会年度立法工作计划。

2. 福建团刘远等31名代表关于修改矿山安全法的1件议案(第254号)。议案提出,《矿山安全法》已实施近三十年,内容较为简单,滞后性凸显,存在安全监管机构不明确、规制内容和手段滞后、处罚规定不够全面、事故处理级别不清、监管者职能定位偏差等问题,建议尽快修改完善,明确部门监管职责,加大违法行为处罚,调整矿山事故处理的级别规定,完善矿山监管机制。

应急管理部表示,已将修改《矿山安全法》作为应急管理立法体系框架的重要内容,成立矿山安全法修改工作领导小组,多次组织召开专家学者座谈会,抓紧推进修法工作,取得了初步成效。下一步,将认真研究吸收代表议案提出的建议意见,从矿山安全生产工作实际出发,做好与新修改的《安全生产法》等法律法规的衔接,进一步细化实化有关条款。

社会委经研究,同意应急管理部意见。近年来,矿山安全事故多发,暴露我国安全生产领域的短板弱项。议案所提意见建议有较强的针对性,建议应急管理部加紧研究论证,推进《矿山安全法》修改工作。社会委将积极联系有关部门开展修法研究论证,条件成熟时纳入全国人大常委会立法工作计划。

3. 安徽团耿学梅等31名代表、陕西团崔荣华等30名代表关于制定养老服务法、养老服务业促进法的2件议案(第333、430号)。议案提出,近年来中央出台了一系列关于养老服务的政策措施,全国近半数的省(区、市)出台地方养老服务专项立法,居家社区机构相协调、医养康养相结合的养老服务体系基本成型,但在养老服务体系结构、养老服务发展要素支撑以及服务质量水平等方面,不能完全满足老人多层次多样化需求,地区发展不均衡也很明显。建议制定《养老服务法》《养老服务业促进法》,推进养老事业和产业的持续健康发展。

民政部认为,推进国家层面养老服务立法,构建养老服务法律、行政法规、部门规章和地方性法规相互衔接、互为补充的养老服务法治体系,是加快建设居家社区机构相协调、医养康养相结合的养老服务体系的应有之义。赞同议案提出的加强养老服务领域立法的意见,将积极推进养老服务立法工作。司法部表示,将积极配合社会委和民政部等单位,就立法的必要性和可行性以及议案所提问题,进行认真研究论证。

社会委经研究,同意上述有关方面意见。制定《养老服务法》,是贯彻落实党中央决策部署、实施积极应对人口老龄化国家战略的重要举措。社会委将继续跟踪立法工作进展,主动开展相关调研,视草案起草情况,积极推动将制定《养老服务法》尽早列入全国人大常委会立法工作计划。

4. 河北团王凤巧等31名代表、新疆团徐涛等31名代表关于制定志愿服务法、志愿者法的2件议案(第168、472号)。议案提出,现行《志愿服务条例》在激励保障体系建设、志愿服务内容拓展、志愿服务违法行为惩处等方面还有差距,建议制定专门法律,明确志愿服务主体及相关方的法律关系和权利义务,规范志愿服务组织管理,优化志愿服务队伍结构,健全志愿服务激励保障和促进机制等。

中央文明办认为,《志愿服务条例》的调整对象、范围、内容已不适应时代发展和工作需要,已在推进志愿服务立法工作上做了大量前期基础工作,努力推动志愿服务立法列入全国人大常委会立法计划。民政部认为,目前志愿服务政策法规制度体系尚需完善,将会同有关部门推动完善志愿服务政策法规,改进工作,为志愿服务领域立法提供更丰富的实践基础。共青团中央表示,建议立足新时代志愿服务事业发展要求,总结历史经验和实践探索,制定一部具有中国特色、兼具规范和促进功能的志愿服务法。

社会委经研究,同意中央文明办、民政部、共青团中央意见。随着志愿服务队伍的不断壮大,志愿服务领域的不断拓展,志愿服务涉及多主体、多要素、多环节、多内容,仅依靠行政法规难以有效解决志愿服务中存在的问题,制定《志愿服务法》很有必要。建议有关部门深入研究志愿服务工作新情况新问题,广泛征求社会各界意见建议,在条件成熟时适时启动制定《志愿服务法》工作。

5. 湖南团欧阳赏莲等30名代表关于制定学雷锋法的1件议案(第144号)。议案提出,人民群众对雷锋精神有强烈认同,各地在学雷锋志愿服务上积极实践、争先创优,湖南出台专门法规,建议制定《学雷锋法》,对弘扬雷锋精神、促进措施、法律责任等作出规定。

中宣部认为,议案对推动学雷锋活动制度化、提高志愿服务工作水平具有重要作用。下一步,将配合有关方面推进志愿服务立法工作,深化对志愿服务理论研究。民政部表示,将聚焦志愿服务行政管理职责,配合有关部门贯彻实施好《志愿服务条例》。议案所提意见建议,在修订《志愿服务条例》时将认真研究吸收。

社会委经研究,同意中宣部、民政部意见。学雷锋等志愿服务对弘扬社会主义核心价值观,推进国家治理体系和治理能力现代化具有重要作用。建议中宣部、民政部等部门在完善志愿服务法律制度时,充分吸收学雷锋活动好经验好做法,深入开展立法可行性研究。社会委将积极联系有关部门,适时开展《志愿服务法》立法调研,条件成熟时,建议列入全国人大常委会立法规划。

## 三、4件议案提出的1个立法项目、2个执法检查项目,建议在完善相关法律法规的同时,加大现行法律法规政策的贯彻实施力度

1. 黑龙江团方同华等30名代表、福建团翁国星等33名代表关于修改反家庭暴力法的2件议案(第213、255号)。议案提出:当前我国在预防和制止家庭暴力方面还存在家庭成员的范围界定不明确、暴力的定义不够清晰,家庭暴力报告机制不完善,公安部门重视程度不够,缺乏关于人身安全保护令生效期间施暴者探视子女的相关规定,人身安全保护令的送达和复议程序存在缺陷等问题,建议修改《反家庭暴力法》,提升预防和制止家庭暴力工作实效。

公安部、民政部、最高人民法院、最高人民检察院、全国妇联认为:关于家庭成员的范围、家庭暴力的定义、相关部门的责任,在《反家庭暴力法》和其他相关法律中已有明确规定,必要时,可通过司法解释等方式予以明确。扩大家暴强制报告范围、允许施暴者探视子女等问题,需综合考虑相关方的权益,宜采取审慎态度。要求人身安全保护令必须送达被申请人、规定人身安全保护令可上诉等,可能会产生增加司法成本、降低保护令时效性等问题,需进一步研究。

社会委经研究,同意上述有关方面意见。当前我国反家庭暴力工作领域存在的困难和问题,有的是由于负有反家庭暴力职责的有关部门理解不到位、实施力度不够造成的,有的可以通过出台相关司法解释加以解决,建议暂不对《反家庭暴力法》作出修改,可在修改《妇女权益保障法》时做好与《反家庭暴力法》的衔接配合;有关方面要根据工作职责,深入研究议案所提建议,强化工作力度,完善工作机制,防止和惩罚家庭暴力行为,推动反家庭暴力工作取得实效。

2. 河北团祝淑钗等30名代表关于开展反家庭暴力法执法检查的1件议案(第149号)。议案提出,《反家庭暴力法》实施五年多以来,反家庭暴力工作不断取得实效,但也存在对家庭暴力的处置手段被动滞后,部分制度实施效果欠佳,相关责任部门对反家庭暴力缺乏系统完整认识,家庭暴力导致的恶性案件频发等问题。建议全国人大常委会在2021年开展《反家庭暴力法》执法检查,推动解决突出问题,促进反家庭暴力工作深入开展。

社会委经研究认为,《反家庭暴力法》实施五年来,在各方共同努力下,家庭暴力行为得到了有效遏制,法律实施初见成效。今年,社会委在《妇女权益保障法》修法调研中,对与该法密切相关的反家庭暴力工作情况进行调研,并在修订草案征求意见稿中吸收代表的建议,扩展了反家庭暴力的内容和措施。今后,社会委将继续关注和研究反家庭暴力

工作领域的新情况、新问题，适时提出开展《反家庭暴力法》执法检查的建议。

3. 山东团孙建博等30名代表关于开展残疾人保障法执法检查的1件议案（第150号）。议案提出，残疾人自身因身体、智力等原因，维权意识和维权能力较弱，个别企业、单位对维护残疾人合法权益的法律意识不强，《残疾人保障法》一定程度上存在有法不依、执法不严的情况。建议开展《残疾人保障法》执法检查，推动解决残疾人权益受侵害、无障碍设施配套缺失等问题。

社会委经研究认为，三年多来，我委在《老年人权益保障法》实施情况专题调研、《就业促进法》执法检查、社会保险制度改革和《社会保险法》实施情况专题调研、无障碍环境建设立法调研中，围绕残疾人养老服务、劳动就业、社会保险、无障碍环境建设等多个方面进行研究，推动了《残疾人保障法》的有效实施，为残疾人参与社会生活、融入社会创造了更好条件。今后，社会委将持续关注和研究残疾人保障工作领域的新情况、新问题，适时提出开展执法检查的建议。

## 四、13件议案提出的6个立法项目，在制定相关法律吸纳部分内容的同时，建议有关方面对议案所提建议和问题继续分析研究，开展调研论证

1. 山西团吕春祥等30名代表、贵州团杨林等30名代表关于修改劳动合同法的2件议案（第244、253号）。议案提出：建议修改《劳动合同法》，延长非全日制用工劳动报酬结算支付周期、设定未依法签订无固定期限劳动合同时支付二倍工资的时间上限，保护用人单位，尤其是小微企业、个体工商户的权益。

人力资源社会保障部、全国总工会表示，《劳动合同法》对非全日制用工报酬结算支付周期和未签订书面劳动合同二倍工资的规定，有利于保护劳动者的合法权益。下一步，将对相关法律制度进行评估，对法律实施中反映出来的具体问题进行充分研究，适时提出完善建议。全国工商联表示，劳动力市场、企业用工方式出现了一些新变化，要考虑企业的承受度，可适当增加报酬结算周期弹性、将惩罚限定在一定合理区间。司法部认为，议案涉及用人单位和职工的切身利益，需要广泛听取意见，充分研究论证。

社会委经研究，同意以上意见。《劳动合同法》社会关注度高、影响大。今年，贯彻落实党中央决策部署，根据经济社会发展实际，社会委围绕健全完善劳动法律制度体系进行了系统研究，并委托多家单位同步研究提出立法修法意见建议，已形成专题报告报常委会党组，提出适时启动《劳动合同法》等劳动法律制度修订工作的意见。建议有关部门在《劳动基准法》立法过程中认真研究吸收，同时结合代表议案，立足构建和谐社会劳动关系，深入调查研究，广泛听取意见，为完善劳动法律制度提供理论和实践支撑。

2. 河北团曹宝华等31名代表关于修改劳动合同法的1件议案（第135号）。议案提出：建议修改《劳动合同法》，把超过法定退休年龄的劳动者纳入保护范畴，允许用人单位为其缴纳工伤保险，推进渐进式延迟退休政策，解除用人单位和超龄劳动者的后顾之忧。

人力资源社会保障部、全国总工会、全国工商联表示，我国劳动法律法规对劳动者权益保障是建立在劳动关系的基础上，对超龄劳动者与用人单位的关系一般按劳务关系处理，存在权益保障不足的问题，各部门、各地区已对允许超龄人员参加工伤保险进行了积极探索。下一步，将研究完善超龄劳动者权益保障政策，科学制定延迟退休政策。最高人民法院表示，应打破劳动关系与劳动基准、社会保险的捆绑关系，分类设定劳动基准适用范围和标准，健全完善劳动法律制度体系。司法部认为，议案所提建议涉及用人单位和职工切身利益，需广泛听取意见，充分研究论证。

社会委经研究，同意上述有关方面意见。我国已经进入老龄化社会，超龄劳动者再就业将日渐普遍。建议有关部门认真研究代表议案，广泛征求各方意见，尽早凝聚社会共识，为修改《劳动合同法》创造必要条件。同时，按照党的十九届五中全会关于“实施渐进式延迟法定退休年龄”决策部署，科学合理制定延迟退休政策，在起草《基本劳动标准法》时，对劳动年龄予以明确规定。

3. 四川团庹庆明等30名代表、陕西团崔荣华等30名代表关于修改劳动法的2件议案（第66、424号）。议案提出：建议修改《劳动法》，设立男性配偶陪护假，减轻家庭生育压力、提高生育率；将健康体检纳入社会保险待遇，并制定实施细则。

人力资源社会保障部表示，新设或延长生育类假期涉及用人单位与职工双方利益平衡，涉及国

家、单位、个人之间社会保障责任的分配，需考虑我国国情和经济社会发展水平，同各类生育政策相衔接。下一步将会同有关单位开展男性配偶陪护假可行性研究，适时提出修改完善建议。国家医保局表示，当前基本医疗保险制度着重满足基本医疗需求，尚不具备将支付范围扩大到健康体检等非治疗性、预防筛查类项目的能力。全国总工会表示，应该在国家立法层面统筹设置夫妻双方与生育相关的假期、针对性制定有关健康体检的规定。司法部认为，议案所提内容涉及人口发展、企业承受能力，需广泛听取意见，充分研究论证。

社会委经研究，同意上述有关方面意见。设立男性配偶陪护假，有利于提升家庭生育意愿、提高人口出生率，可以在平衡劳资双方权益基础上，支持基层开展试点。基本医疗保险制度必须坚守"保基本"的底线，健康体检等非治疗性项目纳入医保范畴等问题还需认真研究。建议有关部门在《劳动基准法》立法过程中认真研究吸收，同时加大对相关法律的宣传力度，结合经济社会发展情况、基金承受能力，认真研究代表意见，广泛征求各方意见，在制定相关政策时予以考虑。

4. 江西团蔡细春等30名代表、陕西团崔荣华等30名代表关于修改就业促进法的2件议案（第396、423号）。议案提出：建议修改《就业促进法》，规范人力资源服务许可事项，明确和统一灵活就业范围，解决法律规定滞后于现实发展需求、与政策文件衔接不畅等问题。

人力资源社会保障部表示，近年来，已制定《人力资源市场暂行条例》（2018年）、开展涉及外商投资法规规章和规范性文件清理工作（2019年），人力资源市场法律制度不断完善。出台《关于支持多渠道灵活就业的意见》（2020年），进一步促进灵活就业的发展。下一步，将结合实际，会同有关部门开展深入研究，统筹考虑制度衔接，为修改《就业促进法》提供基础。司法部表示，建议请有关部门研究论证，将积极配合做好相关工作。

社会委经研究，同意上述有关方面意见。今年，贯彻落实党中央关于劳动的决策部署，根据经济社会发展实际，社会委围绕健全和完善劳动法律法规体系开展系统研究，并委托多家单位同步研究提出意见。建议有关部门在《劳动基准法》立法过程中认真研究吸收，同时围绕代表建议，深入调查研究，适时启动劳动法律制度的修订工作，对与现行政策制度不衔接、滞后于社会发展需要的内容条款进行修改完善。

5. 贵州团杨林等30名代表、江西团冯帆等31名代表关于修改劳动争议调解仲裁法的2件议案（第278、389号）。议案提出，建议修改《劳动争议调解仲裁法》，统一争议双方救济途径，建立终局仲裁案件"一裁一审"模式，增加申请撤销裁决事由，明确调解协议书司法确认程序。

人力资源社会保障部表示，终局裁决制度是一项制度创新，仲裁案件终局裁决率已由2016年的28.4%提高到2020年的40.9%，较好发挥了仲裁前置作用。目前，正指导海南、深圳等地开展"一调一裁一审"改革试点，并已建立劳动争议仲裁调解协议的司法确认制度规定。下一步，拟继续细化终局裁决适用标准、规范当事人分别起诉或申请撤销情形下基层人民法院和中级人民法院处理程序衔接问题、加强用人单位诉权保障、扩大裁审证据衔接制度适用范围、完善调解协议书的司法确认机制。全国总工会表示，《民事诉讼法》《劳动争议调解仲裁法》《关于建立健全矛盾纠纷解决机制的若干意见》符合现实需要，不宜改变现有制度设计。

社会委经研究，同意上述有关方面意见。《劳动争议调解仲裁法》颁布实施以来，在保持劳动关系和谐稳定，维护社会安定方面发挥了重要作用。现有政策和司法解释对健全劳动争议处理机制、保障劳资双方合法权益等方面也有较为全面具体的规定。建议有关部门在《劳动基准法》立法过程中认真研究吸收，同时积极推进相关工作，及时总结实践中好的经验做法，对修改《劳动争议调解仲裁法》开展研究论证，在减少诉累、维护社会关系特别是劳资关系稳定的基础上，完善劳动争议仲裁制度。

6. 重庆团骞芳莉等30名代表、陕西团方燕等31名代表关于修改老年人权益保障法的2件议案（第217、427号议案）。议案提出，养老机构虐待老人、老年人就医难、老年人跟不上智能化发展浪潮等问题时有发生，建议修改《老年人权益保障法》，增加完善社区服务设施、开展人口老龄化国情教育，鼓励社会力量开展社会关怀活动，加强对养老服务机构监督管理，解决老年人面临的"数字鸿沟"等方面内容。

民政部表示，为积极应对人口老龄化问题，民政部着力提升养老服务供给能力，打造"互联网+养老"服务新模式，推广智能养老服务产品和技术应用，推进养老服务社会信用体系建设，建立健全养老服务失信联合惩戒机制，强化对养老服务的事中事后监管。国家医保局表示，已印发实施意见，坚持传统服务方式与智能化服务创新并行，优化医疗保障服务工作，下一步将加快全国统一的医保信息平台建设，解决老年人在医保服务中遇到的智能技术困难。国家卫生健康委表示，已多措并举提高为老年人服务的科技化水平，同时在老年人高频活动场所保留必要的传统服务方式，推动老龄社会信息无障碍建设等。

社会委经研究，同意上述有关方面意见。建议国务院有关部门和地方各级政府继续加大对相关法律法规的贯彻实施力度，推动完善养老服务体系，强化信用为基础、质量为保障、放权与监管并重的服务管理体系，优化供给结构、提升服务质量，为进一步修改完善法律提供更多实践基础。议案中所提的具体意见，在修改《老年人权益保障法》时将一并研究考虑。

7. *湖南团籍涛等 30 名代表关于修改老年人权益保障法的 1 件议案（第 134 号）*。议案提出，目前全国医养健康服务供给严重不足，医养结合发展不平衡不充分问题十分突出，大部分医养结合机构缺乏资金支持，公立医院开展相关业务难以享受养老机构建设补贴、运营补贴。建议在《老年人权益保障法》中增加将老龄健康和医养结合资金列入财政预算、落实补贴和资金支持政策、完善医养结合服务医保报销等方面规定。

民政部表示，民政部门一直在努力推动医养康养相结合。截至 2020 年底，全国范围内以不同形式提供医疗服务的医养结合养老机构比例超过 90%。下一步，将继续推动此项工作，为进一步修改完善《老年人权益保障法》，满足多样化、多层次养老服务需求提供更多实践基础。国家卫生健康委表示，将加强顶层设计，完善政策体系，扎实做好老龄健康和医养结合工作，配合做好相关法律的修订工作。司法部表示，将积极配合社会委和有关部门，对议案所提问题进行认真研究论证。

社会委经研究，同意上述有关方面意见。《老年人权益保障法》于 2018 年已作修改。建议国务院相关部门就代表所提建议，结合地方实践经验和做法，制定推动落实老龄健康和医养结合的具体措施。议案所提建议在再次修改《老年人权益保障法》和其他相关法律时一并研究考虑。

8. *河南团买世蕊等 30 名代表关于制定社会工作事业促进法的 1 件议案（第 330 号）*。议案提出，建议制定《社会工作事业促进法》，推动解决社会工作行业从业门槛低、社会认知度差、服务不专业规范、人才流失率高等问题。

民政部表示，近年来，为推进社会工作立法，已组织研究社会工作立法重大问题；开展国际社会工作立法状况比较研究和国内注册职业立法比较研究，同时委托有关高校和科研单位对社会工作立法进行研究论证，形成研究报告和立法建议稿。下一步，将继续加强调查研究、完善立法建议稿，积极推进社会工作立法。

社会委经研究，同意民政部意见。加强社会工作立法，有利于发挥社会工作在保障改善民生、创新社会治理、促进社会和谐中的作用。建议民政部进一步深入开展立法可行性研究，加强调研和论证，积极推动立法工作。我委将积极联系有关部门，适时开展立法调研，条件成熟时，建议纳入全国人大常委会立法规划。

# 全国人民代表大会宪法和法律委员会关于第十三届全国人民代表大会第四次会议主席团交付审议的代表提出的议案审议结果的报告

（2021 年 12 月 24 日第十三届全国人民代表大会常务委员会第三十二次会议通过）

全国人民代表大会常务委员会：

第十三届全国人民代表大会第四次会议主席团交付宪法和法律委员会审议的代表提出的议案共 119 件，涉及 42 个立法项目。其中，建议制定法律的议案 36 件，涉及 17 个立法项目；建议修改法律的议案 73 件，涉及 16 个立法项目；建议作出有关法律问题和重大问题的决定的议案 1 件，涉及 1 个立法项目；建议作出法律解释的议案 4 件，涉及 4 个立法项目；建议编纂法典的议案 4 件，涉及 3 个立法项目；建议清理法律的议案 1 件，涉及 1 个立法项目。

宪法和法律委员会、法制工作委员会以习近平新时代中国特色社会主义思想为指导，深入贯彻习近平法治思想和中央人大工作会议精神，全面贯彻落实党中央决策部署，结合党史学习教育，践行全过程人民民主理念，不断加强和改进议案办理工作。一是始终把握代表机关定位，充分发挥代表作用。宪法和法律委员会、法制工作委员会服务和保障代表依法履职，将议案办理与立法工作紧密结合，深入研究、积极采纳代表提出的意见建议。目前，119件议案中的88件议案所提出的立法项目已提请常委会审议、列入立法规划计划或作出了妥善处理，约占议案总数的四分之三；对于其余议案提出的立法项目也进行了认真研究，作出了工作安排。在乡村振兴促进法、家庭教育促进法、个人信息保护法、安全生产法等法律制定修改工作中，认真研究吸收代表议案的意见建议。二是健全议案办理工作机制，积极邀请代表参与立法工作。按照栗战书委员长提出的“内容高质量、办理高质量”和“既要重结果、也要重过程”要求，将邀请提出议案的代表参加相关立法工作常态化，拓展沟通渠道、夯实办理基础。2021年，宪法和法律委员会、法制工作委员会邀请代表参加立法调研、座谈会、法律案通过前评估会等活动200多人次。三是创新议案办理工作方式，着力增强办理实效。将议案反映的人民群众“急难愁盼”问题，结合“我为群众办实事”，积极研究推动解决。在办理关于严重违法超限超载入刑议案过程中，多次听取提出相关议案代表的意见，3次派员与货车司机同吃同行跟车调研，累计行程1500余公里。在办理关于制定信访法议案中，与信访机构一线工作的同志进行交流研讨，对信访有关问题进行专门研究。四是拓宽联系渠道，加强与代表沟通交流。做好疫情防控常态化下的联系代表工作，采取与议案领衔代表电话、视频等多种方式沟通交流，介绍议案办理情况，听取代表意见，取得理解和认可。充分利用代表列席常委会会议的机会，就有关问题与代表沟通交流。

宪法和法律委员会于2021年11月18日召开会议，对119件议案的办理意见进行了审议。现将审议结果报告如下：

## 一、38件议案涉及的13个立法项目已由全国人大常委会审议通过

1. 关于制定乡村振兴促进法的议案4件

乡村振兴促进法已于2021年4月29日由十三届全国人大常委会第二十八次会议审议通过。议案提出的完善产业振兴、人才培养、乡村治理等方面制度，保护乡村传统文化，鼓励开展文化活动和传播非物质文化遗产，加强农村人居环境与生态环境管理，发展农村社会事业，加大财政保障力度等建议，已在乡村振兴促进法中作出相关规定。

2. 关于修改教育法的议案3件

关于修改教育法的决定已于2021年4月29日由十三届全国人大常委会第二十八次会议审议通过。议案提出的增加坚持党对教育工作的全面领导、明确冒名顶替入学相关行为的法律责任等主要建议，已在修改后的教育法中作出相关规定。

3. 关于修改军事设施保护法的议案1件

修订后的军事设施保护法已于2021年6月10日由十三届全国人大常委会第二十九次会议审议通过。议案提出的加强军事设施保护力度、明确有关职责分工等主要建议，已在修订后的军事设施保护法中作出相关规定。

4. 关于修改安全生产法的议案1件

关于修改安全生产法的决定已于2021年6月10日由十三届全国人大常委会第二十九次会议审议通过。议案提出的增加安全生产领域公益诉讼制度的建议，已在修改后的安全生产法中作出相关规定。

5. 关于制定海南自由贸易港法的议案1件

海南自由贸易港法已于2021年6月10日由十三届全国人大常委会第二十九次会议审议通过。议案提出的建立有利于公平竞争原则的相关制度和措施的建议，已在海南自由贸易港法中作出相关规定。

6. 关于制定数据安全法的议案2件

数据安全法已于2021年6月10日由十三届全国人大常委会第二十九次会议审议通过。议案提出的明确域外适用效力、建立数据分类分级管理制度、完善促进数据安全与发展的措施等主要建议，已在数据安全法中作出相关规定。

7. 关于制定域外法律不当适用及制裁阻断法的议案1件

反外国制裁法已于2021年6月10日由十三届全国人大常委会第二十九次会议审议通过，对反外国制裁的情形、反制对象、反制措施、有关组织和个人的义务等作出规定。议案提出的完善域外法律不当适用及制裁阻断等反制措施法律制度的主要建议，已在反外国制裁法中作出相关规定。

8. 关于制定监察官法的议案1件

监察官法已于2021年8月20日由十三届全国人大常委会第三十次会议审议通过。议案提出增

加监察官调查涉嫌犯罪案件应当遵循的原则的建议，宪法和法律委员会、法制工作委员会进行了认真研究，在监察官法中明确监察工作应当遵循的原则和程序，监察官调查职务犯罪的职责、依法保障监察对象及有关人员合法权益的义务等，并做好与监察法的衔接。

9. 关于修改执业医师法（制定医师法）的议案4件

医师法已于2021年8月20日由十三届全国人大常委会第三十次会议审议通过。议案提出的完善医师考试注册、加强有关执业保障、细化法律责任等主要建议，已在医师法中作出相关规定。

10. 关于制定个人信息保护法或生物识别信息保护法的议案5件

个人信息保护法已于2021年8月20日由十三届全国人大常委会第三十次会议审议通过。议案提出的明确个人信息保护的基本原则、完善“告知—同意”规则、加强个人生物识别信息等敏感个人信息的保护、完善域外适用条款等主要建议，已在个人信息保护法中作出相关规定。

11. 关于制定法律援助法的议案3件

法律援助法已于2021年8月20日由十三届全国人大常委会第三十次会议审议通过。议案提出的扩大法律援助范围、提升法律援助服务的便民化水平、提高法律援助质量、加强保障和监督等主要建议，已在法律援助法中作出相关规定。

12. 关于制定家庭教育促进法的议案4件

家庭教育促进法已于2021年10月23日由十三届全国人大常委会第三十一次会议审议通过。议案提出的完善父母实施家庭教育的内容、加强对留守儿童家庭的支持和帮扶、增加婚姻登记机构提供家庭教育指导规定等主要建议，已在家庭教育促进法中作出相关规定。

13. 关于修改民事诉讼法的议案8件

关于修改民事诉讼法的决定已于2021年12月24日由十三届全国人大常委会第三十二次会议审议通过。这次修改主要总结最高人民法院在部分地区开展民事诉讼程序繁简分流改革试点工作的经验，完善相关规定。议案提出的完善司法确认程序、增加小额诉讼程序和在线诉讼规则、扩大独任制适用范围等建议，已在修改后的民事诉讼法中作出相关规定。议案提出的其他建议，宪法和法律委员会、法制工作委员会将按照党中央决策部署和有关立法工作计划安排，会同有关方面总结实践经验，待下一步修改民事诉讼法时统筹考虑。

## 二、10件议案涉及的3个立法项目，已提请全国人大常委会审议

14. 关于修改野生动物保护法的议案3件

野生动物保护法修订草案已于2020年10月由十三届全国人大常委会第二十二次会议初次审议。议案提出的适当扩大野生动物的保护范围、严格规定野生动物禁食制度、加大对相关违法行为的处罚力度等建议，已在野生动物保护法修改稿中予以体现。议案提出的其他建议，宪法和法律委员会、法制工作委员会将在修订草案下一步审议修改中，认真研究考虑。

15. 关于修改地方各级人民代表大会和地方各级人民政府组织法的议案2件

地方各级人民代表大会和地方各级人民政府组织法修正草案已于2021年12月提请十三届全国人大常委会第三十二次会议二次审议。议案提出的增加监察机构职责、强化县级以上地方各级人大及其常委会组织建设、完善街道办事处的设立等建议，已在修正草案中予以体现。议案提出的其他建议，宪法和法律委员会、法制工作委员会将在修正草案审议修改中，认真研究考虑。

16. 关于修改公司法的议案5件

公司法修订草案已于2021年12月提请十三届全国人大常委会第三十二次会议初次审议。议案提出的完善公司资本、公司治理等制度，强化董事义务，加强股东权利保护，规范关联交易，明确控股股东和实际控制人法律责任，与民法典相关规定做好衔接等建议，已在修订草案中予以体现。

## 三、38件议案涉及的9个立法项目，已列入本届全国人大常委会立法规划、年度立法工作计划，抓紧研究或督促牵头起草单位做好起草、研究论证工作

17. 关于修改行政复议法的议案4件

修改行政复议法已列入全国人大常委会2021年度立法工作计划，由国务院提请审议。目前，司法部正在抓紧对行政复议法修订草案进行修改完善，争取尽早提请审议。议案提出的建议，宪法和法律委员会、法制工作委员会将会同有关方面认真研究采纳。

18. 关于制定信访法的议案 2 件

信访方面的立法已列入十三届全国人大常委会立法规划研究论证项目。信访制度改革正在持续推进。对于议案提出的建议,宪法和法律委员会、法制工作委员会根据完善社会矛盾纠纷多元预防调处化解综合机制的需要,总结改革实践经验,统筹研究考虑。

19. 关于制定彩票法的议案 1 件

制定彩票法已列入全国人大常委会 2021 年度立法工作计划预备审议项目,有关方面正在开展调研和起草工作。对于议案提出的建议,宪法和法律委员会、法制工作委员会将结合起草工作进展情况作认真研究。

20. 关于修改刑法的议案 25 件

21. 关于对刑法作出法律解释的议案 1 件

22. 关于编纂刑法典的议案 1 件

宪法和法律委员会、法制工作委员会对代表议案提出的建议进行了认真研究。议案提出的增加知识产权偷窃罪,加大对民营企业财产权的保护力度等建议,已在刑法修正案(十一)中作了相关规定。反电信网络诈骗法草案已于 2021 年 10 月由十三届全国人大常委会第三十一次会议初次审议,议案提出的加大对非法买卖银行卡行为的惩治力度,增设非法买卖银行卡(账户)罪等建议,宪法和法律委员会、法制工作委员会将在草案审议修改中,继续认真研究,积极采纳。议案提出的新增、修改或废除刑法相关罪名、提高刑罚等建议,涉及刑法惩治范围、刑事政策等重要内容,宪法和法律委员会、法制工作委员会将持续关注刑法的适用情况和实践需求,会同有关方面共同研究,在今后的相关立法工作中认真研究。议案提出的编纂刑法典建议,宪法和法律委员会、法制工作委员会经认真研究认为,刑法虽未采用“典”的称谓,但已是一部实质意义上的法典。全面修订现行刑法以至重新编纂刑法典较为重大、复杂,需要结合我国当前经济社会发展总体情况和刑事政策调整、经验积累等因素,作进一步研究论证。

23. 关于编纂环境法典的议案 1 件

24. 关于编纂教育法典的议案 2 件

25. 关于制定行政程序法的议案 1 件

全国人大常委会 2021 年度立法工作计划对环境法典、教育法典、行政基本法典等条件成熟的行政立法领域的法典编纂工作作出了安排。行政程序方面的立法已列入十三届全国人大常委会立法规划研究论证项目。议案提出的建议,宪法和法律委员会、法制工作委员会按照党中央决策部署和全国人大常委会工作要求,持续深入开展相关研究和准备工作。

## 四、31 件议案涉及的 15 个立法项目,有的可待条件成熟时列入立法规划、年度立法工作计划,有的可在相关法律的制定或者修改等工作中统筹考虑,作进一步研究

26. 关于修改全国人民代表大会和地方各级人民代表大会代表法的议案 1 件

27. 关于修改国家赔偿法的议案 2 件

28. 关于修改行政强制法的议案 1 件

29. 关于制定行政补偿法的议案 1 件

30. 关于制定军队物资工程服务采购法的议案 1 件

31. 关于修改网络安全法的议案 1 件

32. 关于制定国家法律法规数据库法的议案 1 件

33. 关于修改刑事诉讼法的议案 14 件

34. 关于修改引渡法的议案 1 件

35. 关于修改行政诉讼法的议案 1 件

36. 关于制定公益诉讼法的议案 3 件

37. 关于制定环境民事公益诉讼法的议案 1 件

38. 关于对民事诉讼法作出法律解释的议案 1 件

39. 关于对行政诉讼法作出法律解释的议案 1 件

40. 关于对监察法作出法律解释的议案 1 件

## 五、2 件议案涉及的 2 个立法项目,在相关立法工作中做好统筹协调

41. 关于修改实行宪法宣誓制度的决定的议案 1 件

42. 关于对现行法律中“其他组织”的表述进行专项清理的议案 1 件

以上报告,请审议。

附件:全国人民代表大会宪法和法律委员会关于第十三届全国人民代表大会第四次会议主席团交付审议的代表提出的议案的审议意见

全国人民代表大会宪法和法律委员会

2021 年 12 月 20 日

**附件：**

# 全国人民代表大会宪法和法律委员会关于第十三届全国人民代表大会第四次会议主席团交付审议的代表提出的议案的审议意见

第十三届全国人民代表大会第四次会议主席团交付宪法和法律委员会审议的代表提出的议案共119件，涉及42个立法项目。其中，建议制定法律的议案36件，涉及17个立法项目；建议修改法律的议案73件，涉及16个立法项目；建议作出有关法律问题和重大问题的决定的议案1件，涉及1个立法项目；建议作出法律解释的议案4件，涉及4个立法项目；建议编纂法典的议案4件，涉及3个立法项目；建议清理法律的议案1件，涉及1个立法项目。

## 一、38件议案涉及的13个立法项目已由全国人大常委会审议通过

1. 关于制定乡村振兴促进法的议案4件

陈瑞爱等代表提出的第25号、刘建明等代表提出的第226号、黄炳峰等代表提出的第324号、史贵禄等代表提出的第404号议案，建议制定乡村振兴促进法，以习近平新时代中国特色社会主义思想为指导思想，充实立法原则，完善产业振兴、人才保障、乡村治理、生态文明等方面制度；依法推动新技术在农村的推广运用，保护乡村传统文化，鼓励开展文化活动和传播非物质文化遗产，加强农村人居环境与生态环境管理；提高农民素质，发展农村社会事业，深化土地制度改革，加大财政保障力度等。乡村振兴促进法已于2021年4月29日由十三届全国人大常委会第二十八次会议审议通过。议案提出的完善产业振兴、人才培养、乡村治理等方面制度，保护乡村传统文化，鼓励开展文化活动和传播非物质文化遗产，加强农村人居环境与生态环境管理，发展农村社会事业，加大财政保障力度等建议，已在乡村振兴促进法中作出相关规定。

2. 关于修改教育法的议案3件

杨松等代表提出的第62号、黄茂兴等代表提出的第331号、崔荣华等代表提出的第420号议案，建议修改教育法，坚持党对教育工作的全面领导，将习近平新时代中国特色社会主义思想作为指导思想，将中央关于加强劳动教育的要求落实为法律规范；增加教师队伍师德师风建设与培养的内容，就学校、教师对学生家长提供家庭教育指导作出规定；修改完善关于教材编写和审定的内容，完善法律救济程序，适当引入信用治理机制等；针对冒名顶替上学事件，增加相关法律责任等。关于修改教育法的决定已于2021年4月29日由十三届全国人大常委会第二十八次会议审议通过。议案提出的增加坚持党对教育工作的全面领导、明确冒名顶替入学相关行为的法律责任等主要建议，已在修改后的教育法中作出相关规定。

3. 关于修改军事设施保护法的议案1件

崔玉玲等代表提出的第375号议案，建议修改军事设施保护法，加强军事设施保护力度，成立军事设施保护委员会，建立协调机制，明确禁区外围的安全控制范围，增加关于军事行动的保密规定等。修订后的军事设施保护法已于2021年6月10日由十三届全国人大常委会第二十九次会议审议通过。议案提出的加强军事设施保护力度、明确有关职责分工等主要建议，已在修订后的军事设施保护法中作出相关规定。

4. 关于修改安全生产法的议案1件

杨珍等代表提出的第83号议案，建议修改安全生产法，增加安全生产领域公益诉讼制度。关于修改安全生产法的决定已于2021年6月10日由十三届全国人大常委会第二十九次会议审议通过。议案提出的增加安全生产领域公益诉讼制度的建议，已在修改后的安全生产法中作出相关规定。

5. 关于制定海南自由贸易港法的议案1件

杨松等代表提出的第52号议案，建议制定海南自由贸易港法，确立公平竞争原则，并落实贸易自由、投资自由、财政税收、生态环境保护、产业发展和人才培养等方面的制度和措施等。海南自由贸易港法已于2021年6月10日由十三届全国人大常委会第二十九次会议审议通过。议案提出的建立有利于公平竞争原则的相关制度和措施的建议，已在海南自由贸易港法中作出相关规定。

6. 关于制定数据安全法的议案2件

王霞等代表提出的第17号、杨松等代表提出的

第261号议案，建议制定数据安全法，增加数据、数据处理、数据安全等定义，明确域外适用效力，建立健全数据分级分类管理、数据交易管理、数据安全风险评估等制度，完善数据安全监管体制等。数据安全法已于2021年6月10日由十三届全国人大常委会第二十九次会议审议通过。议案提出的明确域外适用效力、建立数据分类分级管理制度、完善促进数据安全与发展的措施等主要建议，已在数据安全法中作出相关规定。

7. 关于制定域外法律不当适用及制裁阻断法的议案1件

陈晶莹等代表提出的第358号议案，建议制定域外法律不当适用及制裁阻断法，禁止境内企业和个人遵守外国单边经济制裁的法律法规，不予执行有关国家法院依据其经济制裁法规对我国企业和个人作出的判决和裁定，建设外国法律不当域外管辖"防火墙"等。反外国制裁法已于2021年6月10日由十三届全国人大常委会第二十九次会议审议通过，对反外国制裁的情形、反制对象、反制措施、有关组织和个人的义务等作出规定。议案提出的完善域外法律不当适用及制裁阻断等反制措施法律制度的主要建议，已在反外国制裁法中作出相关规定。

8. 关于制定监察官法的议案1件

李亚兰等代表提出的第223号议案，建议在监察官法中，对监察官调查涉嫌犯罪案件应当遵循的原则作出规定。监察官法已于2021年8月20日由十三届全国人大常委会第三十次会议审议通过。议案提出的上述建议，宪法和法律委员会、法制工作委员会进行了认真研究，在监察官法中明确监察工作应当遵循的原则和程序，监察官调查职务犯罪的职责、依法保障监察对象及有关人员合法权益的义务等，并做好与监察法的衔接。

9. 关于修改执业医师法（制定医师法）的议案4件

海南代表团提出的第5号、邵志清等代表提出的第15号、王静成等代表提出的第329号、李亚兰等代表提出的第337号议案，建议修改执业医师法，完善执业医师概念，扩大适用对象范围，准确界定医师协会的地位作用，完善医师考试注册、执业保障和信息披露、行业自律、法律责任等相关规定。医师法已于2021年8月20日由十三届全国人大常委会第三十次会议审议通过。议案提出的完善医师考试注册、加强有关执业保障、细化法律责任等主要建议，已在医师法中作出相关规定。

10. 关于制定个人信息保护法或生物识别信息保护法的议案5件

张延明等代表提出的第59号、胡季强等代表提出的第215号、杨震等代表提出的第228号、杨震等代表提出的第321号、杨松等代表提出的第431号议案，建议制定个人信息保护法或生物识别信息保护法，明确个人信息保护的基本原则，完善"告知—同意"规则，建立个人信息安全影响评估制度，加强个人生物识别信息保护，明确相关侵权责任，完善有关域外适用条款，做好与相关法律的衔接等。个人信息保护法已于2021年8月20日由十三届全国人大常委会第三十次会议审议通过。议案提出的主要建议，已在个人信息保护法中作出相关规定。

11. 关于制定法律援助法的议案3件

陈保华等代表提出的第173号、李亚兰等代表提出的第227号、史贵禄等代表提出的第398号议案，建议制定法律援助法，明确有关定义、基本原则、管理监督、援助机构和人员、援助范围和对象、援助程序、保障措施等方面内容；增加关于免予审查经济困难状况的规定；完善法律援助体制和经费保障机制，提高法律援助质量，提升法律援助的便民化水平，探索建立有关质量评估体系，加强法律援助案件的质量监督等。法律援助法已于2021年8月20日由十三届全国人大常委会第三十次会议审议通过。议案提出的扩大法律援助范围、提升法律援助服务的便民化水平、提高法律援助质量、加强保障和监督等主要建议，已在法律援助法中作出相关规定。

12. 关于制定家庭教育促进法的议案4件

胡荃等代表提出的第68号、李亚兰等代表提出的第224号、王静成等代表提出的第343号、方燕等代表提出的第400号议案，建议制定家庭教育促进法，明确家庭教育的地位，完善父母实施家庭教育的内容，加强对留守儿童家庭的支持和帮扶，增加婚姻登记机构提供家庭教育指导规定等。家庭教育促进法已于2021年10月23日由十三届全国人大常委会第三十一次会议审议通过。议案提出的主要建议，已在家庭教育促进法中作出相关规定。

13. 关于修改民事诉讼法的议案8件

高明芹等代表提出的第106号、肖胜方等代表提出的第159号、肖胜方等代表提出的第216号、刘蕾等代表提出的第222号、余维祥等代表提出的第301号、孟平红等代表提出的第307号、王树江等代表提出的第332号、黄超等代表提出的第471号议案，建议修改民事诉讼法，明确法律文书的范围，设立独立的禁令裁判程序；完善人民法院审理二审民事案件的程序；确立律师调查令制度；进一步明确相关单位协助法院执行的义务；完善司法确认程序，明确司法确认审查方式，充分发挥司法确认程序化解纠纷的作用；增加小额诉讼程序、在线诉讼程序规则；扩大独任制适用范围；增加律师费转付有关条款等。关于修改民事诉讼法的决定已于 2021 年 12 月 24 日由十三届全国人大常委会第三十二次会议审议通过。这次修改主要总结最高人民法院在部分地区开展民事诉讼程序繁简分流改革试点工作的经验，完善相关规定。议案提出的完善司法确认程序、增加小额诉讼程序和在线诉讼规则、扩大独任制适用范围等建议，已在修改后的民事诉讼法中作出相关规定。议案提出的其他建议，宪法和法律委员会、法制工作委员会将按照党中央决策部署和有关立法工作计划安排，会同有关方面总结实践经验，待下一步修改民事诉讼法时统筹考虑。

## 二、10 件议案涉及的 3 个立法项目，已提请全国人大常委会审议

14. 关于修改野生动物保护法的议案 3 件

陈玮等代表提出的第 97 号、李亚兰等代表提出的第 225 号、买世蕊等代表提出的第 345 号议案，建议修改野生动物保护法，完善立法目的，适当扩大野生动物的保护范围，完善野生动物人工繁育制度，严格规定野生动物禁食制度，对人工繁育技术成熟稳定的物种建立人工可食用动物“白名单”制度，修改完善野生动物保护和管理信息公开制度，健全野生动物保护管理职责，加大对相关违法行为的处罚力度等。野生动物保护法修订草案已于 2020 年 10 月由十三届全国人大常委会第二十二次会议初次审议。议案提出的适当扩大野生动物的保护范围、严格规定野生动物禁食制度、加大对相关违法行为的处罚力度等建议，已在野生动物保护法修改稿中予以体现。议案提出的其他建议，宪法和法律委员会、法制工作委员会将在修订草案下一步审议修改中，认真研究考虑。

15. 关于修改地方各级人民代表大会和地方各级人民政府组织法的议案 2 件

陈蒙蒙等代表提出的第 373 号、张冬云等代表提出的第 393 号议案，建议修改地方各级人民代表大会和地方各级人民政府组织法，对有关监察机构职责予以规范，强化县级以上地方人大及其常委会组织建设，明确主任会议职权，细化乡镇人大例会制度，赋予开发区法律地位，明确县级政府设立街道办事处等。地方各级人民代表大会和地方各级人民政府组织法修正草案已于 2021 年 12 月提请十三届全国人大常委会第三十二次会议二次审议。议案提出的增加监察机构职责、强化县级以上地方各级人大及其常委会组织建设、完善街道办事处的设立等建议，已在修正草案中予以体现。议案提出的其他建议，宪法和法律委员会、法制工作委员会将在修正草案审议修改中，认真研究考虑。

16. 关于修改公司法的议案 5 件

上海代表团提出的第 12 号、李宗胜等代表提出的第 54 号、王景武等代表提出的第 84 号、杨震等代表提出的第 220 号、章联生等代表提出的第 311 号议案，建议修改公司法，完善公司资本、公司治理等制度，强化董事义务，加强股东权利保护，规范关联交易，明确控股股东和实际控制人法律责任，与民法典相关规定做好衔接等。公司法修订草案已于 2021 年 12 月提请十三届全国人大常委会第三十二次会议初次审议。议案提出的上述建议，已在修订草案中予以体现。

## 三、38 件议案涉及的 9 个立法项目，已列入本届全国人大常委会立法规划、年度立法工作计划，抓紧研究或督促牵头起草单位做好起草、研究论证工作

17. 关于修改行政复议法的议案 4 件

胡荃等代表提出的第 35 号、庹必光等代表提出的第 308 号、邓桂芳等代表提出的第 320 号、马玉红等代表提出的第 419 号议案，建议修改行政复议法，赋予国务院或者省政府依法批准设立的开发区管委会县级政府行政复议职权；修改关于行政复议机关管辖权的规定；明确行政复议听证程序，废除复议前置，规定被申请人的法律责任，延长行政复议申请期限等。修改行政复议法已列入全国人大常委会 2021 年度立法工作计划，由国务院提请审议。目前，司法部正在抓紧对行政复议法修订草案进行修改完善，争取尽早提请审议。议案提出的建议，宪法和法律委员会、法制工作委员会将会同有关方面认真研究采纳。

18. 关于制定信访法的议案 2 件

李孝轩等代表提出的第 346 号、史贵禄等代表

提出的第406号议案，建议制定信访法，明确受理事项，完善信访工作机制，增加法律责任等。信访方面的立法已列入十三届全国人大常委会立法规划研究论证项目。信访工作制度改革正在持续推进。对于议案提出的建议，宪法和法律委员会、法制工作委员会根据完善社会矛盾纠纷多元预防调处化解综合机制的需要，总结改革实践经验，统筹研究考虑。

19. 关于制定彩票法的议案1件

耿学梅等代表提出的第315号议案，建议制定彩票法，明确立法目的，界定彩票及相关概念，列明彩票基本原则，规范彩票市场行为，明确有关法律责任等。制定彩票法已列入全国人大常委会2021年度立法工作计划预备审议项目，有关方面正在开展调研和起草工作。对于议案提出的建议，宪法和法律委员会、法制工作委员会将结合起草工作进展情况作认真研究。

20. 关于修改刑法的议案25件

21. 关于对刑法作出法律解释的议案1件

22. 关于编纂刑法典的议案1件

樊芸等代表提出的第14号、朱列玉等代表提出的第34号、赵冬苓等代表提出的第51号、李宗胜等代表提出的第61号、周光权等代表提出的第108号、周光权等代表提出的第112号、周光权等代表提出的第116号、周光权等代表提出的第128号、肖胜方等代表提出的第172号、魏春等代表提出的第221号、胡季强等代表提出的第229号、韩德洋等代表提出的第302号、买世蕊等代表提出的第304号、买世蕊等代表提出的第310号、傅信平等代表提出的第314号、黄超等代表提出的第322号、何良军等代表提出的第328号、卫岗等代表提出的第341号、梁兵等代表提出的第374号、崔根良等代表提出的第383号、吕春祥等代表提出的第384号、朱列玉等代表提出的第385号、阎志等代表提出的第394号、魏洪义等代表提出的第433号、李秀香等代表提出的第469号议案，建议修改刑法，增加知识产权偷窃罪、社保诈骗罪、侵夺利益罪、妨害业务罪或利用信息网络妨害业务罪、传播毒品罪、妨害科研秩序罪、非法买卖银行卡（账户）罪等罪名和成年人犯轻罪前科消灭制度；将违法超限超载情节恶劣的行为规定为犯罪；单独设立电信网络诈骗罪；废除非法经营罪；以藐视法庭罪代替扰乱法庭秩序罪；修改违法发放贷款罪、拒不执行法院判决裁定罪、拐卖妇女儿童罪、危险驾驶罪、偷越国边境罪、虚开发票罪，降低、提高有关罪名入罪门槛，修改有关刑罚规定；加大对民营企业财产权的保护力度，合并规定侵犯国有企业与民营企业财产的相关罪名和刑罚；提高醉驾的定罪门槛或不将其入刑；减少死刑罪名；完善有关犯罪刑罚惩罚体系，扩大财产刑适用范围，修改或增加部分犯罪罚金刑的规定，并明确罚金刑执行监督等；将认罪认罚作为法定从宽处罚情节等。

李亚兰等代表提出的第230号议案，建议对刑法第四百零一条的犯罪主体作出解释。

朱列玉等代表提出的第30号议案，建议编纂刑法典。

宪法和法律委员会、法制工作委员会对代表议案提出的建议进行了认真研究。议案提出的增加知识产权偷窃罪，加大对民营企业财产权的保护力度等建议，已在刑法修正案（十一）中作了相关规定。反电信网络诈骗法草案已于2021年10月由十三届全国人大常委会第三十一次会议初次审议，议案提出的加大对非法买卖银行卡行为的惩治力度，增设非法买卖银行卡（账户）罪等建议，宪法和法律委员会、法制工作委员会将在草案审议修改中，继续认真研究，积极采纳。议案提出的新增、修改或废除刑法相关罪名、提高刑罚等建议，涉及刑法惩治范围、刑事政策等重要内容，宪法和法律委员会、法制工作委员会将持续关注刑法的适用情况和实践需求，会同有关方面共同研究，在今后的相关立法工作中认真研究。议案提出的编纂刑法典建议，宪法和法律委员会、法制工作委员会经认真研究认为，刑法虽未采用“典”的称谓，但已是一部实质意义上的法典。全面修订现行刑法以至重新编纂刑法典较为重大、复杂，需要结合我国当前经济社会发展总体情况和刑事政策调整、经验积累等因素，作进一步研究论证。

23. 关于编纂环境法典的议案1件

24. 关于编纂教育法典的议案2件

25. 关于制定行政程序法的议案1件

张天任等代表提出的第171号议案，建议编纂环境法典，以习近平新时代中国特色社会主义思想为指导，按照坚持与时俱进、坚持问题导向、坚持系统思维的原则，采用适度法典化的路径等进行编纂。

周洪宇等代表提出的第158号、崔荣华等代表提出的第405号议案，建议编纂教育法典，将其列入全国人大常委会立法规划；以公民的受教育权为核心，遵循“总—分”框架模式，吸收教育法治建设的实践成果，积极回应人民群众对获取更高质量教育的期待要求，为教育现代化提供坚强法律保障等。

买世蕊等代表提出的第 340 号议案，建议制定行政程序法，明确立法目的、工作原则、机构人员、执法程序、执法监督、法律责任等内容，重点解决调整范围、程序规范、信息公开等问题。

全国人大常委会 2021 年度立法工作计划对环境法典、教育法典、行政基本法典等条件成熟的行政立法领域的法典编纂工作作出了安排。行政程序方面的立法已列入十三届全国人大常委会立法规划研究论证项目。议案提出的建议，宪法和法律委员会、法制工作委员会按照党中央决策部署和全国人大常委会工作要求，持续深入开展相关研究和准备工作。

## 四、31 件议案涉及的 15 个立法项目，有的可待条件成熟时列入立法规划、年度立法工作计划，有的可在相关法律的制定或者修改等工作中统筹考虑，作进一步研究

26. 关于修改全国人民代表大会和地方各级人民代表大会代表法的议案 1 件

阎少泉等代表提出的第 335 号议案，建议修改全国人民代表大会和地方各级人民代表大会代表法，加强代表履职保障，避免代表因履职影响个人工作和收入。全国人大常委会办公厅正在研究加强和改进代表工作，加强代表履职保障。对于议案提出的意见建议，宪法和法律委员会、法制工作委员会将总结经验，在相关立法工作中认真研究。

27. 关于修改国家赔偿法的议案 2 件

杨震等代表提出的第 233 号、孟平红等代表提出的第 312 号议案，建议修改国家赔偿法，增设监察赔偿，完善精神损害赔偿的规定，赋予赔偿决定强制执行力；修改关于行政赔偿先行处理程序和提出方式的规定等。对于议案提出的意见建议，宪法和法律委员会、法制工作委员会将会同有关方面在相关立法工作中积极研究考虑。

28. 关于修改行政强制法的议案 1 件

李永莱等代表提出的第 231 号议案，建议修改行政强制法，适当缩小非诉讼行政执行的受案范围，建立在建违法建筑快速拆除机制，增加选定第三人代履行程序等。对于议案提出的意见建议，宪法和法律委员会、法制工作委员会将会同有关方面在相关立法工作中认真研究。

29. 关于制定行政补偿法的议案 1 件

肖胜方等代表提出的第 176 号议案，建议制定行政补偿法，明确行政补偿的性质与补偿原则；在确定行政补偿范围过程中加强信息公开、听证、协商、座谈等公众参与机制建设；加强行政补偿程序建设，确定“先补偿，后行政”的程序性原则；明确行政补偿主体责任，统一补偿主体，确定补偿时限；对行政补偿救济路径作出安排，建立应急补偿机制等。对于议案提出的建议，宪法和法律委员会、法制工作委员会将会同有关方面在今后的立法工作中认真研究。

30. 关于制定军队物资工程服务采购法的议案 1 件

吴春利等代表提出的第 408 号议案，建议制定军队物资工程服务采购法，明确适用范围、军事采购原则等，对相关主体的权利义务、采购政策、采购需求管理、采购方式和程序、采购合同等作出规定。对于议案提出的意见建议，宪法和法律委员会、法制工作委员会将会同有关方面在相关立法工作中认真研究。

31. 关于修改网络安全法的议案 1 件

杨松等代表提出的第 403 号议案，建议修改网络安全法，扩大域外适用范围，增加专门的域外适用条款等。数据安全法、个人信息保护法已分别于 2021 年 6 月 10 日、8 月 20 日由十三届全国人大常委会第二十九次会议、第三十次会议审议通过，两部法律均对必要的域外适用作出规定，确立了数据出口管制、重要数据出境安全管理制度，构建了系统的个人信息跨境流动规则；明确其他国家在数据安全和个人信息保护方面对我国采取不合理措施的，我国可采取反制措施。对于议案提出的意见建议，宪法和法律委员会、法制工作委员会将会同有关方面，在下一步立法工作中认真研究。

32. 关于制定国家法律法规数据库法的议案 1 件

罗卫红等代表提出的第 70 号议案，建议制定国家法律法规数据库法，保障数据库长期、安全、有效运行等。对于议案提出的意见建议，宪法和法律委员会、法制工作委员会进行了认真研究。目前，国家法律法规数据库建设正处于探索阶段，需要总结经验、健全完善有关制度。

33. 关于修改刑事诉讼法的议案 14 件

海南代表团提出的第 4 号、张本才等代表提出的第 11 号、张本才等代表提出的第 13 号、肖胜方等代表提出的第 60 号、肖胜方等代表提出的第 147

号、肖胜方等代表提出的第148号、法蒂玛等代表提出的第155号、余维祥等代表提出的第297号、殷红梅等代表提出的第300号、查艳等代表提出的第305号、庹必光等代表提出的第306号、黄东兵等代表提出的第309号、黎霞等代表提出的第319号、李亚兰等代表提出的第397号议案，建议修改刑事诉讼法，完善关于指定居所监视居住的规定；将附条件不起诉制度的适用范围扩大至企业犯罪；扩大前科封存制度的适用范围；完善证人出庭相关规定；延长刑事诉讼的上诉期限；建立羁押必要性全程审查制度；完善认罪认罚从宽制度，对积极缴纳罚金、退赔退赃的，要从宽处理；进一步明确检察机关立案侦查的案件范围；明确罪犯财产刑履行能力举证责任的主体；完善对生效判决裁定的申诉制度；修改提请批准逮捕程序的相关规定等。

2018年刑事诉讼法修改以来，最高人民法院、最高人民检察院、公安部、国家安全部、司法部制定或修改了相关司法解释和规范性文件，对执行刑事诉讼的有关程序作了具体规定。实践中有关部门也在开展一些探索。宪法和法律委员会、法制工作委员会将密切关注刑事诉讼法的实施情况，对完善刑事诉讼制度的相关问题作进一步研究。对于议案提出的修改刑事诉讼法的意见建议，宪法和法律委员会、法制工作委员会将会同有关方面认真研究。

34. 关于修改引渡法的议案1件

冯燕等代表提出的第219号议案，建议修改引渡法，增加国家监察委员会作为引渡合作主管机关，增设简易引渡程序，明确规定“或引渡或起诉”原则等。对于议案提出的意见建议，宪法和法律委员会、法制工作委员会将在相关立法工作中认真研究。

35. 关于修改行政诉讼法的议案1件

聂鹏举等代表提出的第175号议案，建议修改行政诉讼法，区分不同情况，明确公民、法人或者其他组织对复议机关不作为提请诉讼的，人民法院应当依法立案。对于议案提出的建议，宪法和法律委员会、法制工作委员会将会同有关方面在今后的立法工作中认真研究。

36. 关于制定公益诉讼法的议案3件

37. 关于制定环境民事公益诉讼法的议案1件

38. 关于对民事诉讼法作出法律解释的议案1件

39. 关于对行政诉讼法作出法律解释的议案1件

何良军等代表提出的第323号、冯帆等代表提出的第432号、法蒂玛等代表提出的第470号议案，建议制定公益诉讼法，对有关适用范围、案件范围、公益诉讼的审判组织与诉讼参加人、公益诉讼案件的管辖、民事公益诉讼与行政公益诉讼优先适用安排作出规定；确立公益诉讼相关程序规则，规定检察机关依法独立行使调查核实权等。

张海波等代表提出的第235号议案，建议制定环境民事公益诉讼法，以民事诉讼法有关规定、相关司法解释为基础，吸收借鉴生态环境损害赔偿诉讼制度成果。

贺恒扬等代表提出的第317号、第318号议案，分别建议对行政诉讼法第二十五条第四款、民事诉讼法第五十五条第二款作出解释，明确检察机关可以办理安全生产、公共卫生、生物安全、妇女儿童及残疾人权益保护、信息网络安全、文物和文化遗产保护领域的行政公益诉讼案件。

民事诉讼法、行政诉讼法确立了检察机关提起民事公益诉讼、行政公益诉讼制度，并对检察机关提起公益诉讼的案件范围、程序等作了规定。全国人大常委会2018年4月通过英雄烈士保护法，2021年以来修改安全生产法、制定军人地位和权益保障法，明确了有关公益诉讼制度。中共中央印发关于加强新时代检察机关法律监督工作的意见，明确要求积极稳妥推进公益诉讼检察。公益诉讼制度有利于发挥检察机关的法律监督职能，更好地保护国家利益和社会公共利益，同时也需要在总结实践经验基础上，进一步探索完善。

40. 关于对监察法作出法律解释的议案1件

杨震等代表提出的第234号议案，建议对监察法第十五条第六项作出解释，确定公权力的内涵、监察对象的判断标准，并明确其中“其他依法履行公职的人员”的含义等。对于议案提出的意见建议，宪法和法律委员会、法制工作委员会将关注监察法施行情况，会同有关方面在相关立法工作中认真研究。

## 五、2件议案涉及的2个立法项目，在相关立法工作中做好统筹协调

41. 关于修改实行宪法宣誓制度的决定的议案1件

邵志清等代表提出的第16号议案，建议修改关于实行宪法宣誓制度的决定，对除宣誓人外的其他参加人员作出明确规定；规定国家工作人员进行宪法宣誓时，应当着正装、衣扣齐整，目光向前、精神饱满；就职宣誓的国家工作人员以及其他在场人员

应当庄重肃立，向宪法致礼。关于实行宪法宣誓制度的决定已授权负责组织宣誓仪式的机关，可以根据本决定精神，对宣誓的具体事项提出要求。

42. 关于对现行法律中“其他组织”的表述进行专项清理的议案 1 件

孙宪忠等代表提出的第 236 号议案，建议依据通过的民法典，对现行法律中“其他组织”的表述进行专项清理，区分不同情况予以适当表述等。在民法典编纂工作中，宪法和法律委员会、法制工作委员会对现行法律中“其他组织”的表述进行了专门研究梳理，对在法律中区分不同情况作出表述提出明确要求，将在有关立法工作中具体研究处理。

# 全国人民代表大会教育科学文化卫生委员会关于第十三届全国人民代表大会第四次会议主席团交付审议的代表提出的议案审议结果的报告

（2021 年 12 月 24 日第十三届全国人民代表大会常务委员会第三十二次会议通过）

全国人民代表大会常务委员会：

第十三届全国人民代表大会第四次会议主席团交付全国人民代表大会教育科学文化卫生委员会（以下简称教科文卫委）审议的代表议案共 64 件，分别由 19 个代表团部分代表共计 1993 人次提出，其中教育方面 24 件、科技方面 5 件、文化方面 11 件、人口卫生方面 24 件，共涉及 35 个立法项目和 1 个监督项目。

教科文卫委坚持以习近平新时代中国特色社会主义思想为指导，深入学习贯彻习近平法治思想、习近平总书记关于坚持和完善人民代表大会制度的重要思想，认真落实栗战书委员长关于高质量做好代表议案工作的指示要求，提高政治站位、强化责任担当，把议案办理作为党史学习教育“我为群众办实事”实践活动的重要内容，不断提升议案办理工作质效。一是明确责任分工，健全工作机制。加强研究部署，制定工作方案，各领域分专题均由副主任委员牵头负责，多位委员参与办理，压实工作责任。每季度召开专门会议，听取议案办理情况，跟踪进展，协调问题，推动工作落实。二是开展综合分析，深入调查研究。加强与有关单位协同配合，会同有关部门共同梳理议案，深入分析议案内容和特点。注重与立法、监督等工作相结合，针对重点难点问题，赴 6 省市开展专题调研，召开 11 场次视频座谈会议，深入了解人大代表和人民群众的关切期盼。三是加强与代表交流，认真沟通反馈。通过邀请代表参加立法调研、执法检查、召开座谈会和赴代表所在地征求意见等多种方式，与代表面对面交流互动（含视频），做到办理过程与每一件议案的领衔代表沟通、办理结果向每一位领衔代表反馈。

2021 年 10 月 22 日，教科文卫委召开第 35 次全体会议对代表议案的办理意见进行审议，艾力更·依明巴海、蔡达峰副委员长参加了审议。现将审议结果报告如下：

## 一、35 件议案提出的 15 个立法项目，已列入十三届全国人大常委会立法规划、年度立法工作计划，或纳入强化公共卫生法治保障立法修法工作计划，其中 1 项已经全国人大常委会审议通过，2 项已提请全国人大常委会审议

1. 关于修改人口与计划生育法的议案 3 件（已审议通过）。

2. 关于修改职业教育法的议案 2 件（已提请审议）。

3. 关于修改科学技术进步法的议案 5 件（已提请审议）。

4. 关于制定学前教育法的议案 3 件。

5. 关于修改教师法的议案 5 件。

6. 关于修改学位条例的议案 1 件。

7. 关于制定文化产业促进法的议案 1 件。

8. 关于修改文物保护法的议案 1 件。

9. 关于修改传染病防治法的议案 4 件。

10. 关于修改国境卫生检疫法的议案 1 件。

11. 关于制定突发公共卫生事件应对法的议案 1 件。

12. 关于制定药师法的议案1件。

13. 关于修改献血法的议案3件。

14. 关于修改中医药法的议案3件。

15. 关于修改基本医疗卫生与健康促进法的议案1件。

## 二、17件议案提出的9个立法项目，建议有关部门认真研究论证，适时开展相关法律草案起草工作，条件成熟时，列入全国人大常委会立法工作计划

1. 关于修改国家通用语言文字法的议案3件。

2. 关于制定终身教育相关法律的议案3件。

3. 关于修改高等教育法第四十五条的议案1件。

4. 关于修改民办教育促进法的议案1件。

5. 关于制定红色文化保护相关法律的议案4件。

6. 关于制定全民阅读法的议案1件。

7. 关于修改公共文化服务保障法的议案1件。

8. 关于制定护士法的议案2件。

9. 关于修改食品安全法的议案1件。

## 三、6件议案提出的6个立法项目，建议在制定或修改相关法律时统筹考虑、充分吸收采纳代表议案所提出的立法建议

1. 关于制定学校安全法的议案1件。

2. 关于制定在线教育法的议案1件。

3. 关于制定老年教育法的议案1件。

4. 关于制定太行山保护法的议案1件。

5. 关于制定中医药传统知识保护法的议案1件。

6. 关于制定儿童用药法的议案1件。

## 四、5件议案提出的5个立法项目，建议有关部门通过制定或修改相关行政法规、加大现行法律法规的贯彻实施力度，对立法开展调研论证，加强和改进相关工作，认真吸收代表建议，以解决议案所提出的问题

1. 关于修改义务教育法、延长义务教育年限的议案1件。

2. 关于制定传统木版年画艺术保护法的议案1件。

3. 关于制定孝文化促进法的议案1件。

4. 关于修改疫苗管理法的议案1件。

5. 关于制定民办医疗促进法的议案1件。

## 五、1件议案提出的1个监督项目，建议适时列入全国人大常委会监督工作计划

1. 关于开展民办教育促进法执法检查的议案1件。

上述64件议案的主要内容和具体审议意见，详见附件。

以上报告，请审议。

附件：全国人民代表大会教育科学文化卫生委员会关于第十三届全国人民代表大会第四次会议主席团交付审议的代表提出的议案的审议意见

全国人民代表大会教育科学文化卫生委员会

2021年12月20日

**附件：**

# 全国人民代表大会教育科学文化卫生委员会关于第十三届全国人民代表大会第四次会议主席团交付审议的代表提出的议案的审议意见

第十三届全国人民代表大会第四次会议主席团交付全国人民代表大会教育科学文化卫生委员

会审议的代表提出的议案共64件，涉及35个立法项目、1个监督项目。2021年10月22日教科文卫委召开第35次全体会议对代表议案的办理意见进行了审议。具体意见如下：

## 一、35件议案提出的15个立法项目，已列入十三届全国人大常委会立法规划、年度立法工作计划，或纳入强化公共卫生法治保障立法修法工作计划，其中1项已经全国人大常委会审议通过，2项已提请全国人大常委会审议

1. 广东代表团周海波等36名代表、湖南代表团欧阳赏莲等30名代表、黑龙江代表团丰晓敏等30名代表提出关于修改人口与计划生育法的议案3件（第96号、第163号、第260号）。议案提出，现行人口与计划生育法中的一些规定与现实情况不相适应，二孩政策仍缺乏强有力的政策配套和制度激励，“社会抚养费”“计划生育行政部门”等一些概念滞后，对“失独家庭”的保障规定过于原则，建议对人口与计划生育法作必要的修改，以适应人口和经济发展的现实需要。

2021年5月31日，中央政治局召开会议审议《关于优化生育政策促进人口长期均衡发展的决定》，提出进一步优化生育政策，实施一对夫妻可以生育三个子女政策及配套支持措施。国家卫生健康委配合司法部等部门对人口与计划生育法开展了修订工作。2021年8月20日，十三届全国人大常委会第三十次会议通过了关于修改人口与计划生育法的决定。修改后的人口与计划生育法贯彻了党中央关于优化生育政策、促进人口长期均衡发展的决策部署，议案所提出的大部分建议已经在法律中得到体现。我委将密切关注修改后的人口与计划生育法的实施情况，督促有关部门做好法律贯彻落实工作。

2. 河北代表团武志永等30名代表、吉林代表团秦和等31名代表提出关于修改职业教育法的议案2件（第130号、第364号）。议案提出，职业教育领域存在政府部门多头管理、校企合作机制不完善、产教对接机制不健全等问题，制约了职业教育健康发展。建议加快修改职业教育法，贯彻国家职业教育改革实施方案，理顺职业教育管理体制，完善产教融合、校企合作制度，明确中等职业教育免费制度，适当发展本科、研究生层次的高等职业教育，规定经费投入责任和标准，建立就业准入制度，增设高等职业教育“工士”学位，明确相关法律责任等。

修改职业教育法已经列入十三届全国人大常委会立法规划。2021年5月，国务院将职业教育法（修订草案）提请全国人大常委会审议。6月10日，十三届全国人大常委会第二十九次会议初次审议了该草案。我委将继续配合宪法法律委、常委会法工委做好修改工作，认真研究吸纳代表意见和建议，加快立法进程，尽早完成修法工作。

3. 上海代表团陈鸣波等30名代表、广东代表团陈瑞爱等53名代表、安徽代表团罗平等31名代表、浙江代表团郑杰等31名代表、河北代表团祝淑钗等30名代表提出关于修改科学技术进步法的议案5件（第2号、第39号、第359号、第360号、第416号）。议案提出，科技进步法1993年颁布、2007年修订，对于我国科技创新和经济社会发展起到了重大促进作用。面对世界新竞争格局和我国新发展阶段，科技进步法亟须在科技创新治理体系、基础研究、创新主体、科技人才评价激励、资源配置、支撑保障、跨区域合作、诚信伦理等方面予以修订完善，以适应新形势下科技强国建设的新要求。

科学技术进步法修改是经党中央批准的十三届全国人大常委会立法规划项目。栗战书委员长高度重视、作出重要指示，王晨副委员长主持召开座谈会听取意见、提出工作要求，艾力更·依明巴海副委员长、蔡达峰副委员长带队开展调研。我委坚持以习近平新时代中国特色社会主义思想为指导，认真贯彻党中央决策部署，牵头会同科技部等15个部门和单位组成修法工作领导小组，扎实有序推进修法工作。修法工作过程中，注重加强与议案领衔代表联系沟通，我委专门召开视频会议，集中听取了5件议案领衔代表的意见，充分研究吸纳所提出的立法建议。在认真总结经验、深入调查研究、广泛征求意见、反复研究论证的基础上，我委形成了科学技术进步法（修订草案），经全国人大教科文卫委第二十八次会议审议通过。十三届全国人大常委会第三十次会议对科学技术进步法（修订草案）进行了初次审议。代表提出的主要意见已经在草案中得到反映。我委将继续配合宪法法律委、常委会法工委做好修改工作，认真研究吸纳代表建议和各方面意见，加快修法进程。

4. 河北代表团乞国艳等30名代表、湖北代表团周洪宇等31名代表、山西代表团姚武江等30名代表提出关于制定学前教育法的议案3件(第348号、第386号、第462号)。议案提出,学前教育仍是我国教育领域的短板,发展不平衡不充分问题突出,入园难、收费高等问题依然困扰着人民群众。代表认为,立法条件已经成熟,建议制定学前教育法,明确学前教育的法律地位、发展方针、政府职责和管理体制,促进学前教育事业健康发展。

制定学前教育法已列入十三届全国人大常委会立法规划和2021年度立法工作计划。教育部已完成起草工作,于2021年4月将草案送审稿报送国务院。目前,司法部还在进一步征求各方面意见,对草案稿不断修改完善。我委已促请有关部门认真研究吸纳代表议案提出的意见和建议,抓紧修改完善法律草案,尽早提请全国人大常委会审议。

5. 湖南代表团庹勤慧等30名代表、广西代表团黄花春等31名代表、重庆代表团刘希娅等30名代表、湖北代表团周洪宇等31名代表、河北代表团尤立增等30名代表提出关于修改教师法的议案5件(第129号、第338号、第342号、第344号、第350号)。议案提出,教师法的部分规定已不适应新时代教育改革发展和教师队伍建设的要求,建议修改教师法,进一步明确教师法律地位,强化政府责任,完善教师资格准入和管理制度,厘清教师的权利、责任和义务,赋予教师教育惩戒权,提高教师社会地位和待遇保障,加强与相关法律的衔接,依法促进教师队伍健康发展。

十三届全国人大常委会已将修改教师法列为立法规划项目。教育部已形成教师法修订草案初稿,目前正在修改完善。教育部认为,代表们所提出的建议与修订草案的考虑大多一致,将认真研究、充分考虑吸收。人力资源社会保障部提出,将充分研究代表议案中提出的关键问题,积极配合有关部门做好修订教师法的工作。今年,教科文卫委在协助常委会做好听取国务院关于教师队伍建设和教师法实施情况的报告工作过程中,开展了立法调研。我委已促请有关部门认真研究吸纳代表议案提出的意见和建议,抓紧修改完善法律草案,尽早提请全国人大常委会审议。

6. 辽宁代表团杨松等30名代表提出关于修改学位条例的议案1件(第81号)。议案提出,学位条例对建立学位制度发挥了重要作用,但随着教育事业改革发展,需要全面修改。建议将名称修改为学位法,重新设计篇章结构,增强权利保障内容,授权高校依法制定学位授予实施细则,明确学位授予标准中应包括政治标准和品行标准等内容。

十三届全国人大常委会已将修改学位条例列为立法规划项目。教育部已完成起草工作,于2021年11月将草案送审稿报送国务院。目前,司法部正在修改完善中。我委已促请有关部门认真研究吸纳代表议案提出的意见和建议,抓紧修改完善法律草案,尽早提请全国人大常委会审议。

7. 河北代表团张汝财等30名代表提出关于制定文化产业促进法的议案1件(第156号)。议案对制定文化产业促进法的必要性、重要意义、政策条件和已有工作基础等作了充分阐述,建议加快文化产业促进法立法工作步伐。

党的十八届四中全会明确提出制定文化产业促进法,十三届全国人大常委会已将其列为立法规划项目,由国务院牵头起草并提请审议,该立法项目已列入全国人大常委会2021年度立法工作计划和国务院2021年度立法工作计划。文化和旅游部已于2019年12月向国务院报送文化产业促进法草案送审稿。目前,司法部与文化和旅游部等部门正在抓紧调研,广泛听取各有关方面的意见建议,修改完善法律草案稿。我委已促请有关部门认真研究吸纳代表议案提出的意见和建议,抓紧修改完善法律草案,尽早提请全国人大常委会审议。

8. 河北代表团陈凤珍等31名代表提出关于修改文物保护法的议案1件(第417号)。议案提出,面对新形势新任务,现行的文物保护法已不适应当前文物保护利用的工作实际和经济社会发展需要。建议修改文物保护法,强化政府责任,扩大社会参与,拓展文物利用途径,加大执法处罚力度等。

修改文物保护法已经列入十三届全国人大常委会立法规划项目,由国务院牵头起草法律草案并提请审议。国家文物局已于2021年2月向国务院报送文物保护法修订草案送审稿。目前,司法部和国家文物局正在抓紧调研,广泛听取各有关方面的意见建议,修改完善法律草案稿。我委已促请有关部门认真研究吸纳代表议案提出的意见和建议,抓紧修改完善法律草案,尽早提请全国人大常委会审议。

9. 上海代表团陈靖等30名代表、广东代表团阎武等37名代表、黑龙江代表团方同华等30名代表、福建代表团章联生等31名代表提出关于修改传染病防治法的议案4件(第1号、第23号、第259号、第298号)。议案提出,疫情防控中暴露出现行法律的短板弱项,建议对法定传染病病种、传染病预警、传染病疫情信息公布等规定进一步完善，尽快对传染病防治法进行全面修改。

新冠肺炎疫情发生以来，习近平总书记作出一系列重要指示，强调要坚持依法防控，强化公共卫生法治保障，要求有针对性地推进传染病防治法等法律修改和制定工作。全国人大常委会部署启动强化公共卫生法治保障立法修法工作，成立了由艾力更·依明巴海、陈竺、蔡达峰三位副委员长牵头的传染病防治法评估修改工作专班，并将传染病防治法（修改）列入了十三届全国人大常委会强化公共卫生法治保障立法修法工作计划、全国人大常委会2021年度立法工作计划和国务院2021年度立法工作计划，明确由国务院负责提请审议。工作专班领导高度重视传染病防治法修改工作，多次提出明确要求，督促有关方面抓紧工作，按计划将草案提请全国人大常委会审议。我委于2020年6月底提出了传染病防治法评估报告，同时对传染病防治法修改提出了具体建议，已送国务院有关部门参考。

2020年10月国家卫生健康委向司法部报送了传染病防治法（修订草案送审稿），2021年1月8日，国务院常务会议审议了传染病防治法（修订草案）。会议明确按照立法计划积极推进传染病防治法修订工作，修改完善并听取各方面意见后，按程序报请全国人大常委会审议。目前，司法部正会同国家卫生健康委、国家疾病预防控制局，根据国务院常务会议精神和疾控体系改革相关要求对修订草案进行完善。我委已促请有关部门认真研究吸纳代表议案提出的意见和建议，抓紧修改完善法律草案，尽早提请全国人大常委会审议。

10. *安徽代表团张莉等31名代表提出关于修改国境卫生检疫法的议案1件（第293号）*。议案提出，国境卫生检疫存在部门协调机制不完善、传染病病种目录不健全、传染病患者入境管控不严等问题，建议修改国境卫生检疫法，进一步明确国境口岸所在地县级以上地方政府和相关部门的职责，建立部门协调机制，强化与动物疫病检疫的联防联控，实行传染病病种动态管理，强化传染病患者的入境管控措施等。

全国人大常委会高度重视国境卫生检疫法修改工作，将其作为强化公共卫生法治保障立法修法工作重点之一，成立了由曹建明、艾力更·依明巴海、蔡达峰三位副委员长牵头的国境卫生检疫法修改工作专班，将国境卫生检疫法（修改）列入了十三届全国人大常委会强化公共卫生法治保障立法修法工作计划、全国人大常委会2021年度立法工作计划和国务院2021年度立法工作计划，明确由国务院负责提请审议。工作专班领导高度重视，多次提出明确要求，督促有关方面抓紧工作，加快立法进程。

海关总署、司法部贯彻工作部署要求，认真开展国境卫生检疫法修改各项具体工作。在海关总署报送的国境卫生检疫法（修订草案送审稿）基础上，司法部经过广泛听取意见，进一步修改完善，形成了国境卫生检疫法（修订草案）。我委已促请有关部门认真研究吸纳代表议案提出的意见和建议，抓紧修改完善法律草案，尽早提请全国人大常委会审议。

11. *河北代表团陈树波等31名代表提出关于制定突发公共卫生事件应对法的议案1件（第146号）*。议案提出，现行突发公共卫生事件的应急管理中预防体系有待进一步加强，部门之间基于大数据的疫情预警、决策制定、响应实施、应急救治等全链条工作的衔接性、动态性、及时性有待进一步提升。突发公共卫生事件应急处置机构、人员、设备、设施还存在一定短板和弱项，卫生应急物资储备机制有待进一步完善。

全国人大常委会高度重视突发公共卫生事件应对法的立法工作，已经将其列入2021年度立法计划。国家卫生健康委根据全国人大常委会、国务院立法工作部署，及时启动了突发公共卫生事件应对法的立法工作。在总结《突发公共卫生事件应急条例》实践经验和新冠肺炎疫情应对成功经验的基础上，将行之有效的制度和措施上升为法律规定。下一步，国家卫生健康委将和国家疾病预防控制局进一步充实完善法律草案，并适时向社会公开征求意见。我委已促请有关部门认真研究吸纳代表议案提出的意见和建议，抓紧修改完善法律草案，尽早提请全国人大常委会审议。

12. *河北代表团马永平等31名代表提出关于制定药师法的议案1件（第174号）*。议案提出，我国居民不合理用药问题普遍存在，涉药安全事件屡有发生，药师作用未能充分发挥，建议加快制定药师法，依法保障药师处方监督权，规范服务标准，提高服务质量，满足人民群众多样化药学服务需求。

制定药师法已列入全国人大常委会2021年度立法工作计划预备审议项目。国家卫生健康委正在会同国家药品监督管理局、国家中医药局等有关部门起草药师法草案。目前药师法（送审稿）已经形成。我委已促请有关部门认真研究吸纳代表议案提出的意见和建议，抓紧修改完善法律草案，尽早提请全国人大常委会审议。

13. 河北代表团鲍守坤等31名代表、山西代表团杨林花等30名代表、河北代表团侯华梅等30名代表提出关于修改献血法的议案3件(第136号、第299号、第376号)。议案提出,社会各界对无偿献血的认知度和参与性不断提高,采供血机构年采血量、临床用血量持续增加。建议修改献血法,调整献血者年龄、献血间隔、献血量,完善制约采供血和用血的相关制度规定,鼓励公民积极献血。

修改献血法已列入十三届全国人大常委会强化公共卫生法治保障立法修法工作计划。目前,国家卫生健康委已初步形成了献血法修订草案。我委已促请有关部门认真研究吸纳代表议案提出的意见和建议,抓紧修改完善法律草案,尽早提请全国人大常委会审议。

14. 河北代表团张军等30名代表、浙江代表团陈玮等34名代表、河南代表团庞国明等33名代表提出关于修改中医药法的议案3件(第143号、第164号、第257号)。议案提出,现行中医药法在发展中医药理论、保护中医药知识产权、加强中医药人才培养、宣传普及中医药文化知识、打击抹黑中医药行为等方面存在不足,建议适时修改,进一步理顺管理体制,鼓励中医药理论研究,加大中医药知识产权保护范围和力度,普及基层的中医药健康医疗服务网点建设,建立符合中医药自身发展规律的临床疗效评价体系。

中医药法已列入全国人大常委会强化公共卫生法治保障立法修法工作计划中。目前,国家中医药局正在组织开展完善中医药法相关制度研究,重点开展中医药管理体系、中医医疗服务、中医药科技创新、中医药人才培养、中药产业等方面的研究,同时系统评估中医药法配套制度的实施情况,协调修改完善相关配套制度。全国人大常委会十分重视中医药法的贯彻实施情况,于2021年对中医药法实施情况开展了执法检查,常委会组成人员对修改中医药法提出了许多意见和建议。我委已促请有关部门认真研究吸纳代表议案和各方面提出的意见和建议,抓紧修改完善法律草案,尽早提请全国人大常委会审议。

15. 福建代表团郑奎城等39名代表提出关于修改基本医疗卫生与健康促进法的议案1件(第294号)。议案提出,新冠肺炎疫情暴露出公共卫生领域存在许多短板,建议修改基本医疗卫生与健康促进法,加强以疾控机构为主的专业公共卫生体系建设,完善专业公共卫生机构职责,推动预防医学等学科发展,完善重大疫情防控体制机制,健全国家公共卫生应急管理体系等。

新冠肺炎疫情发生后,全国人大常委会制定了强化公共卫生法治保障立法修法工作计划,基本医疗卫生与健康促进法已纳入修改计划。国家卫生健康委将在修改传染病防治法、制定突发公共卫生事件应对法以及推进实施医师法、护士条例和相关政策规定时认真研究吸纳议案提出的意见和建议。司法部建议国家卫生健康委结合议案所提建议,就修改基本医疗卫生与健康促进法进行研究论证,并将积极配合做好相关工作。我委建议有关部门在修改传染病防治法、制定突发公共卫生事件应对法时充分研究吸收采纳代表议案提出的意见和建议,同时适时启动基本医疗卫生与健康促进法的修改工作。

## 二、17件议案提出的9个立法项目,建议有关部门认真研究论证,适时开展相关法律草案起草工作,条件成熟时,列入全国人大常委会立法工作计划

16. 辽宁代表团王家娟等30名代表、北京代表团唐海龙等31名代表、江苏代表团葛道凯等30名代表提出关于修改国家通用语言文字法的议案3件(第78号、第334号、第349号)。议案提出,语言文字的规范应用,是社会高效运转和提高社会信息化水平的必要条件,当前语言文字工作面临新情况新问题,一些法律规定已不能适应语言文字事业发展的新需求。建议修改国家通用语言文字法,突出国家通用语言文字的主体地位,规范和加强网络用语、外国语言文字的使用管理,保障国家通用语言文字作为教育教学基本用语用字的地位,强化各级政府依法推广使用国家通用语言文字的责任。

为适应社会语言生活新变化,回答解决新问题,增强法律的操作性和时效性,教育部成立语言文字立法课题组,围绕修法工作开展了大量调研论证,已研究形成了国家通用语言文字法修订草案初稿。草案初稿着重从进一步突出国家通用语言文字的主体地位、加强网络空间语言文字监管、积极应对社会语言生活中外国语言文字过多过滥现象、增强法律的针对性和执行力等方面进行修改。我委已促请有关部门认真研究吸收代表议案所提建议,在现有工作基础上,进一步开展调研论证、完善法律草案,条件成熟时,争取列入全国人大常委会立法计划。

17. 河南代表团马玉霞等 30 名代表、买世蕊等 30 名代表提出关于制定终身教育法的议案 2 件(第 325 号、第 371 号)、湖北代表团周洪宇等 30 名代表提出关于制定终身学习促进法的议案 1 件(第 339 号)。议案提出,终身教育对促进人的全面发展和社会进步具有重要意义,我国终身教育体系建设存在许多短板,难以满足人民群众终身学习需求。目前,我国福建、上海等地的地方立法实践,为国家层面立法提供了立法经验。建议制定终身教育(终身学习促进)法,将终身教育纳入国民经济和社会发展规划,明确各级政府职责,为全民学习、终身学习提供体制、机制和资源保障,加快建设学习型社会。部分领衔代表已是连续多年提出这一主题的议案。

服务全民终身学习的教育体系是国家基本公共服务制度体系的重要组成部分。教育部于 2013 年启动终身教育立法研究,经过广泛调研已完成草案初稿,下一步将根据中央决策部署,从全民学习的角度,认真吸收采纳代表议案提出的意见和建议,结合相关法律衔接、现有制度整合和健全终身学习保障体系等重点问题进行系统研究,努力推动终身学习立法列入全国人大常委会立法计划。我委认为应进一步加强立法研究,及时总结有关地方立法实践经验,在相关法律法规修改中增加终身教育有关内容和制度设计,同时积极开展终身教育立法研究论证工作,条件成熟时,争取列入全国人大常委会立法计划。

18. 陕西代表团崔荣华等 30 名代表提出关于修改高等教育法第四十五条的议案 1 件(第 387 号)。议案提出,高校和科研机构学术造假事件时有发生,建议修改高等教育法,将有违背学术道德等情形的高校教师及其他教育工作者纳入全国信用信息共享平台,明确其不得参与资格认定、职务晋升、聘任等;对已取得的资格、职务等,按照有关规定予以撤销。

国家一直重视学术道德和学风建设,近年来结合实际工作出台了一系列制度文件。中共中央办公厅、国务院办公厅先后出台《关于深化职称制度改革的意见》《关于进一步加强科研诚信建设的若干意见》等,明确要建立科研诚信管理体系,完善诚信承诺和失信惩戒机制,对学术造假行为“零容忍”。教育部出台《高等学校预防与处理学术不端行为办法》,以部门规章的形式对高等学校预防和处理学术不端行为作出规定。教育部在研究修改教师法的过程中,将进一步规范教师师德师风及学术道德等内容。我委已促请有关部门在修改教师法、学位条例等相关法律时积极吸纳代表议案提出的意见和建议,同时积极开展高等教育法修改研究论证工作,条件成熟时,争取列入全国人大常委会立法计划。

19. 黑龙江代表团陈佐东等 30 名代表提出关于修改民办教育促进法的议案 1 件(第 351 号)。议案提出,培训教育发展较快,存在应试导向、虚假宣传等问题,社会反响强烈。建议修改民办教育促进法,设立“培训教育”专章,明确培训教育机构经营者的权利义务,规范培训教育机构的设立、运营及监管机制。

近年来,面向中小学生的校外培训机构广受关注。为深入贯彻党的十九大和十九届五中全会精神,切实提升学校育人水平,持续规范校外培训,2021 年 7 月,中共中央办公厅、国务院办公厅印发《关于进一步减轻义务教育阶段学生作业负担和校外培训负担的意见》。文件从坚持从严审批机构、严禁资本化运作、建立培训内容备案与监督制度、严控学科类培训机构开班时间、学科类收费纳入政府指导价等几方面全面规范了校外培训行为。国务院有关部门已经开展了减轻义务教育阶段学生作业负担和校外培训负担(以下简称“双减”)方面的相关工作,取得了初步的成效。我委认为有关部门应进一步加大“双减”意见的实施力度,加强行业监管,维护良好教育生态,切实回应人民群众关切。同时积极开展修改民办教育促进法等相关法律的调研论证工作,条件成熟时,争取列入全国人大常委会立法计划。

20. 上海代表团杲云等 30 名代表、刘艳等 30 名代表、山西代表团姜四清等 30 名代表、江苏代表团龙翔等 31 名代表提出关于制定红色文化保护相关法律的议案 4 件(第 22 号、第 281 号、第 280 号、第 377 号)。议案提出,党中央高度重视红色文化保护利用工作,然而目前实践中存在一些突出问题,如红色遗迹所有权问题、对保护对象的界定问题、红色文化载体与文物的区分问题、保护红色遗迹与城市建设如何进一步协调等,应通过国家立法的方式加强红色文化的保护利用。

有关部门认为,通过立法加强对红色资源保护和传承非常必要,议案所提建议具有重要参考价值,一些省(市)已经出台了有关红色资源传承弘扬和保护利用的地方性法规,为国家层面立法积累了经验。我委认为,在中国共产党成立 100 周年之际提出该议案,具有十分重要的意义。建议有关部门结合目前开展的修改文物保护法和制定文化产业促进法的工作，认真研究吸纳代表议案提出的立法建议，同时积极开展红色文化保护立法调研论证工作，条件成熟时，争取列入全国人大常委会立法计划。

21. 河北代表团陈凤珍等31名代表提出关于制定全民阅读法的议案1件（第282号）。议案提出，阅读是民族精神发育和文化传承的基本途径，建议制定全民阅读法，建立全民阅读工作协调机制，科学规划、合理布局，有计划地建设覆盖城乡、实用便利、服务高效的全民阅读设施，支持和保障全民阅读设施免费开放、运营和服务使用，保障公民的基本阅读权利，提高社会文明程度。

2020年10月，中宣部印发了《关于促进全民阅读工作的意见》，确定了促进全民阅读工作的指导思想、基本原则和阶段性目标等。中宣部认为，要结合抓好《意见》贯彻落实，开展全民阅读立法调研论证工作。我委已促请有关部门在已有工作基础上，认真研究代表议案提出的意见和建议，积极开展立法调研论证工作，条件成熟时，争取列入全国人大常委会立法计划。

22. 北京代表团齐玫等30名代表提出关于修改公共文化服务保障法的议案1件（第378号）。议案提出，建议修改公共文化服务保障法，在第二十五条增加"对于民间筹建公共文化设施，政府在一定条件下，采取出租等方式，有偿为其提供必要的、适宜的场所"，使民间筹建公共文化服务设施得到有效保障和有力支持。

有关部门认为，民办博物馆是社会力量参与公共文化服务的重要形式，2015年颁布实施的《博物馆条例》及相关规范性文件对民办博物馆的设立、管理、服务均有明确规定，议案所提建议对推动解决制约非国有博物馆馆舍场地问题具有现实意义。我委已促请有关部门加强对非国有博物馆"用地难"等问题的调查研究，切实促进民办博物馆建设，同时积极开展相关法律问题的研究论证，条件成熟时，争取列入全国人大常委会立法计划。

23. 湖南代表团胡春莲等30名代表提出关于制定护士法的议案1件（第138号）和河南代表团黄玉梅等30名代表提出关于制定执业护士法的议案1件（第434号）。议案提出，护理是医疗卫生事业的重要组成部分，目前护理人员劳动强度大、职业风险高、待遇和社会地位较低，建议制定（执业）护士法进一步明确护士的权利义务、严格护士准入制度，扩展护士的执业空间，明确医疗机构护士配备标准，确立相关激励奖励制度，维护护士合法权益。

国务院于2008年1月颁布护士条例，并于2020年根据"放管服"改革精神对条例进行了修订。各级政府及其有关部门和医疗卫生机构认真贯彻实施护士条例，积极采取措施加强护士队伍建设，保障护士执业安全，调动护士工作积极性，加强医疗护理员培训管理，推进卫生行业职称改革，不断推进护理事业发展。司法部建议国家卫生健康委结合议案所提的意见和建议，就制定护士法的必要性进行研究论证。全国人大常委会高度重视依法保护包括护士在内的医疗卫生人员的合法权益，在基本医疗卫生与健康促进法中专章明确医疗卫生人员的权利义务。我委已促请有关部门进一步做好相关法律法规实施工作，认真研究吸纳代表议案提出的意见和建议，及时启动护士法的立法调研论证工作，条件成熟时，争取列入全国人大常委会立法计划。

24. 陕西代表团崔荣华等30名代表提出关于修改食品安全法的议案1件（第410号）。议案提出，外卖行业食品安全问题令人担忧，迫切需要依法规范管理，建议修改食品安全法，明确规定网络平台提供者应当对入网食品经营者的登记材料、许可证、经营场地等进行核实。

近年来，工业和信息化部、国家市场监管总局等国务院有关部门出台了《网络餐饮服务食品安全监督管理办法》等一系列规章，进一步健全管理制度，压实主体责任，开展"网络市场监管"、"打击食品保健品欺诈和虚假宣传"等专项整治行动，持续强化网络餐饮服务食品安全监管。我委促请有关部门在已有工作的基础上，认真研究吸纳代表议案提出的意见和建议，加强对网络食品交易平台的监管，及时启动食品安全法的修改工作，条件成熟时，争取列入全国人大常委会立法计划。

## 三、6件议案提出的6个立法项目，建议在制定或修改相关法律时统筹考虑、充分吸收采纳代表议案所提出的立法建议

25. 河北代表团陈凤珍等31名代表提出关于制定学校安全法的议案1件（第347号）。议案提出，校园安全事故时有发生，学校安全形势不容乐观。建议制定学校安全法，推动学校安全管理法治化，形成有法可依、各负其责、齐抓共管、科学规范的学校安全管理局面，依法减少学生安全事故的发生，维护学校和社会和谐稳定。

学校安全尤其是学生安全问题，一直受到党中

央、国务院以及各级政府和社会各界的高度关注。近年来,与学校安全相关的法律制度规范不断完善。新修订的未成年人保护法、预防未成年人犯罪法,专章规定了未成年人学校保护。正在制定的学前教育法草案,专门对幼儿园安全管理问题作出规定。教育部单独或与有关部门联合出台了学生伤害事故处理办法、未成年人学校保护规定、关于完善安全事故处理机制维护学校教育教学秩序的意见等规范性文件,从加强预防、减少事故,到严格执法、妥善处理纠纷,再到多部门合作、形成共治格局的完整治理体系。我委建议有关部门在加大有关法律法规实施力度时,及时开展制定学校安全法的立法调研论证工作,同时在修改相关法律时充分研究吸纳代表议案提出的立法建议。

26. 山西代表团牛三平等 30 名代表提出关于制定在线教育法的议案 1 件(第 303 号)。议案提出,全国在线教育行业规模发展较快,但意识形态教育管控存在监管盲区,虚假宣传、诱导消费、师资造假、维权困难等情况时有发生,建议制定在线教育法,规范在线教育市场行为,维护线上教学秩序,保障在线教育主体的合法权益,促进在线教育持续健康发展。

在线教育内容丰富、受众广泛,为广大人民群众拓展知识技能、满足多样化教育需求提供了便捷途径。近年来,教育部、工业信息化部、市场监管总局等部门加强跨部门协同,从培训机构审批登记、在线教育内容、价格违法处理、互联网信息服务备案等方面采取一系列措施,持续做好在线教育联合监管。新修订的民办教育促进法实施条例,对利用互联网技术在线办学的行为也予以规范。我委建议有关部门认真分析研究代表议案提出的建议,开展制定在线教育法的立法调研,并在相关法律修订时充分研究吸纳代表议案提出的立法建议。

27. 福建代表团陈紫萱等 30 名代表提出关于制定老年教育法的议案 1 件(第 363 号)。议案提出,我国已进入老龄化社会,老年人的精神文化和学习需求增长较快,促进发展老年教育的任务较为紧迫。建议制定老年教育法,理顺管理体制,明确政府投入责任和相关机构,依法保障老年人接受教育的权利。

加快发展老年教育,是积极应对人口老龄化、实现教育现代化、建设学习型社会的重要举措,是满足老年人多样化学习需求、提升老年人生活品质、促进社会和谐的必然要求。近年来,各地老年教育快速发展,已初步形成多部门共同推动、多种形式的发展新格局。教育部已开展的终身教育立法研究中,考虑将老年教育的相关内容纳入终身学习立法中。我委同意教育部的意见,已促请有关部门及时开展老年教育法立法调研论证工作,同时在起草制定修改相关法律时充分研究吸纳代表议案提出的立法建议。

28. 河北代表团陈凤珍等 31 名代表提出关于制定太行山保护法的议案 1 件(第 468 号)。议案提出,太行山对中华文明的产生、延续和发展具有重要意义,建议制定太行山保护法,依法保护、开发太行山资源,弘扬和传承太行山文化。

2020 年 10 月,国家发展改革委、文化和旅游部发布了《太行山旅游业发展规划(2020—2035 年)》,全面对接国家重大战略,加强太行精神保护传承弘扬,充分发挥旅游业在太行山区脱贫攻坚、乡村振兴、资源型地区转型发展中的重要作用,推动太行山区旅游业转型升级和高质量发展。我委已促请有关部门加大对规划文件实施指导和协调力度,总结经验,分析存在的问题,进一步深入研究论证相关法律问题。建议有关部门结合目前正在进行的修改文物保护法和制定文化产业促进法的工作,认真研究吸纳代表议案提出的立法建议。

29. 安徽代表团陈静等 30 名代表提出关于制定中医药传统知识保护法的议案 1 件(第 392 号)。议案提出,目前我国在中医药知识产权保护方面还存在不少问题,不少中草药项目被外国企业抢先在海外申请了专利。建议尽快制定中医药传统知识保护法,并与非物质文化遗产法等法律法规衔接,建立中医药传统知识的综合法律保护体系。

国家中医药局高度重视中医药传统知识保护工作,近年来加快研究制定符合中医药特点的中医药传统知识保护制度,已形成了《中医药传统知识保护条例》送审稿报送国家卫生健康委。目前,国家卫生健康委已将《中医药传统知识保护条例》列入 2021 年度立法工作计划。我委建议有关部门抓紧出台中医药传统知识保护方面的行政法规。同时,在修改中医药法等相关法律时,充分研究吸纳代表议案提出的立法建议,促进中医药传统知识的保护和创新发展。

30. 江苏代表团李甦雁等 30 名代表提出关于制定儿童用药法的议案 1 件(第 336 号)。议案提出,儿童用药存在供给不足、类型短缺、用药信息不全、不良反应率较高等突出问题,成为我国儿童医疗卫生事业健康发展的瓶颈,建议制定儿童用药法,从鼓励研发、促进生产、完善采购、合理使用等方面系统解决儿童用药保障问题,完善儿童药的流通、招标采购、定价、临床使用等规定。

国家卫生健康委会同相关部门积极推进儿童用药法治保障,组织启动儿童用药方面立法可行性研究,推动完善相关制度。同时,鼓励儿童用药品的研发创制,加大审批研发政策的支持力度。加强儿童合理用药管理,加强医疗机构处方审核,不断提高儿童合理用药水平。全国人大常委会高度重视儿童用药问题,在修改药品管理法时已对相关问题做了规定。我委已建议将儿童健康(含用药)促进工作情况列入全国人大常委会2022年监督工作计划。我委已促请有关部门进一步加强对相关法律法规的实施力度,以回应代表关切。同时结合监督工作计划,加强调查研究,认真研究吸纳代表议案提出的立法建议,健全完善相关法律和行政法规,以切实解决儿童用药安全问题。

## 四、5件议案提出的5个立法项目,建议有关部门通过制定或修改相关行政法规、加大现行法律法规的贯彻实施力度,对立法开展调研论证,加强和改进相关工作,认真吸收代表建议,以解决议案所提出的问题

31. 河南代表团买世蕊等30名代表提出关于修改义务教育法、延长义务教育年限的议案1件(第372号)。议案提出,随着我国经济社会发展,一些地方已推行十二年或十五年免费教育,义务教育法"国家实行九年义务教育制度"的规定已滞后。建议修改义务教育法,加大各级政府在义务教育领域的投入力度,延长义务教育年限,逐步将学前教育和高中阶段教育纳入义务教育范畴。

教育部认为,目前教育法和义务教育法均对义务教育学制做了明确规定,延长义务教育年限在必要性和可行性上还需要进一步研究。我国义务教育普及时间较短,巩固提高任重道远,学前阶段和高中阶段的普及水平与强制性的要求也有较大差距,延长义务教育年限条件还不充分。同时,延长义务教育年限也可能影响到不同学段学制变化、教育教学内容调整、中高考改革等问题,需要长期准备、周密谋划,现阶段应贯彻实施好义务教育法,进一步优化教育投入结构,巩固提高义务教育普及水平,全面提升教育质量,同时支持学前教育普及普惠发展,加快高中阶段教育普及。财政部认为,基于我国社会主义初级阶段的基本国情、不同教育阶段投入机制和面临的改革发展任务,应审慎研究延长义务教育年限问题。下一步将继续认真落实中央决策部署,加大投入力度,优化支出结构,加快推进基础教育改革发展。我委认为,学制是教育基本法律制度,是具有基础性、全局性的综合性问题。建设高质量教育需要加快健全国家基本公共服务制度体系,实现"幼有所育、学有所教"的目标。我委已促请有关部门在已有工作的基础上,认真研究考虑代表的关切和意见,深入开展相关法律制度问题的调查研究,提出相关建议,以促进义务教育均衡发展。

32. 河南代表团买世蕊等30名代表提出关于制定传统木版年画艺术保护法的议案1件(第467号)。议案提出,为加强文物保护利用,传承非物质文化遗产,推动文化产业发展,建议制定传统木版年画艺术保护法,将濒临失传和面临被破坏危险的传统年画文化遗产列入优先保护名单,依法加强抢救保护。

有关部门认为,2011年起施行的非物质文化遗产法已经涵盖了木版年画艺术,首部针对年画保护的地方性法规《德阳市绵竹年画保护条例》已于2020年起施行,下一步将跟踪条例施行情况,支持、推动有条件的地区加强木版年画保护立法研究,制定出台地方性法规。我委已促请有关部门认真研究吸纳代表议案中的意见和建议,做好非物质文化遗产法和文物保护法的贯彻实施工作,细化完善相关行政法规、规章和规范性文件,进一步加大对包括传统木版年画在内的中华优秀传统文化保护力度。

33. 河南代表团买世蕊等31名代表提出关于制定孝文化促进法的议案1件(第418号)。议案提出,孝文化是传统文化的重要组成部分,也是家庭伦理的核心。建议制定孝文化促进法,将重阳节定为"中华敬老节",并作为法定节假日;将孝文化全方位融入教育各环节。

有关部门认为,议案所提建议具有重要参考价值,要对其具体措施的必要性和合理性进行深入研究论证,条件成熟时探索制定出台孝文化的地方性法规。我委已促请有关部门加强对孝文化的立法研究,细化完善相关行政法规、规章和规范性文件并强化贯彻实施工作,加大中华优秀传统文化的传承弘扬力度,把广泛认同、较为成熟、操作性强的道德要求转化为全社会共同遵守的行为准则。

34. 山东代表团周云杰等 30 名代表提出关于修改疫苗管理法的议案 1 件(第 258 号)。议案提出,目前存在疫苗的供应信息公开不充分,偏远地区的居民难以及时、便捷地接受疫苗接种服务,部分地区的冷链管理技术水平有待完善等问题,不利于保障疫苗的质量以及疫苗接种的安全性。建议对疫苗管理法进行修改,建立健全疫苗接种预约体系,确立疫苗存储和运输的技术标准,强化疫苗存储、运输、接种等相关机制。

国家药品监督管理局认为,现行的《疫苗储存和运输管理规范》《药品经营质量管理规范》等文件中的规定基本涵盖了疫苗储存、运输的各个环节,符合疫苗流通监管实际,在保障疫苗流通持续合规中发挥着重要作用。国家药品监督管理局正在抓紧制定《疫苗生产流通管理规定》,拟对疫苗生产、委托生产以及药品上市许可持有人等相关主体开展的疫苗销售、配送、储存、运输等流通活动作出进一步要求。我委已促请有关部门认真研究代表议案提出的法律实施和配套制度方面存在的问题,进一步细化健全相关配套实施细则,使疫苗的各个环节都有详细的、可操作性的规定和规范,切实加大疫苗管理法和相关配套法规的贯彻实施力度,以解决代表在议案中提出的问题。

35. 陕西代表团崔荣华等 30 名代表提出关于制定民办医疗促进法的议案 1 件(第 409 号)。议案提出,目前存在民办医疗机构权益保障不充分,政府对民办医疗机构管理约束力有限、市场乱象频发,民办医疗机构竞争不规范等问题。建议制定民办医疗促进法,规范民办医疗机构相关标准,明确民办医院定位,保障民办医疗机构公平参与市场竞争。

国家卫生健康委认为,社会办医作为医疗领域民营经济的重要形式和医疗服务体系的重要组成部分,是公立医疗服务体系的补充。2019 年 6 月,国家卫生健康委等 10 部门联合印发了《关于促进社会办医持续健康规范发展的意见》,从加大政府支持力度等六个方面入手,提出了二十二项具体政策措施。下一步,国家卫生健康委将加强政策评估和地方调研,进一步完善有关政策措施。我委已促请有关部门进一步完善相关法律法规和配套制度措施,加大对相关法律法规和规范性文件的实施力度,依法加强监督管理,有效整治议案反映的一些乱象,切实保障民办医疗机构合法权益,有效促进社会办医持续健康规范发展。

### 五、1 件议案提出的 1 个监督项目,建议适时列入全国人大常委会监督工作计划

36. 山西代表团牛三平等 33 名代表提出关于开展民办教育促进法执法检查的议案 1 件(第 415 号)。议案提出,民办教育是社会主义教育事业的重要组成部分,建议全国人大常委会组织开展民办教育促进法执法检查,破解民办教育发展面临的平等地位、政策落实等方面的突出矛盾和关键问题,促进民办教育事业持续健康发展。

党的十八届三中全会通过的中共中央关于全面深化改革若干重大问题的决定指出,要鼓励社会力量兴办教育。全国人大及其常委会高度重视民办教育事业发展,2002 年审议通过民办教育促进法,2013 年、2016 年、2018 年三次对法律作出修改。在开展义务教育法、职业教育法、高等教育法执法检查时,都将民办教育发展情况作为检查内容。我委将促请教育部加强对法律实施情况的调查研究,总结经验,找准问题;同时密切关注民办教育促进法贯彻实施情况,结合代表议案提出的意见和建议开展相关研究,建议全国人大常委会适时列入年度监督工作计划。

# 全国人民代表大会农业与农村委员会关于第十三届全国人民代表大会第四次会议主席团交付审议的代表提出的议案审议结果的报告

(2021 年 12 月 24 日第十三届全国人民代表大会常务委员会第三十二次会议通过)

全国人民代表大会常务委员会:

第十三届全国人民代表大会第四次会议主席团交付全国人民代表大会农业与农村委员会审议的代表议案共 25 件,其中提出制定法律和决定的

17 件，修改法律的 8 件，共涉及 14 个立法项目。

按照代表议案办理的有关法律规定和全国人大常委会代表议案办理工作要求，农业与农村委员会加强代表议案办理工作的领导，认真部署落实，及时制定工作方案，就代表议案办理广泛征求中央和国务院有关部门及相关人大代表的意见，结合委员会立法和监督工作，通过多种形式和途径加强与代表沟通联系，认真做好代表议案办理工作，及时征求议案领衔代表对议案办理工作及相关立法的意见，使代表更加充分地了解和参与三农立法和监督工作。2021 年 10 月 23 日，农业与农村委员会全体会议对代表议案进行了审议。现将审议结果报告如下：

## 一、6 件议案提出的 3 个立法项目，已提请全国人大常委会审议

1. 修改种子法的议案 3 件
2. 修改畜牧法的议案 2 件
3. 制定黑土地保护法的议案 1 件

我委负责起草的种子法修正草案已提请第十三届全国人大常委会第三十次会议初审，本次会议进行二审。各方面对修正草案的认识较为一致，建议根据常委会审议意见和各方面意见进一步修改完善后及时通过，以适应种业振兴的法治需求。

我委负责起草的畜牧法修订草案、黑土地保护法草案已分别提请第十三届全国人大常委会第三十一次会议和本次会议初次审议。我委在起草过程中已经认真研究、尽可能吸纳代表议案所提建议。下一步，我委将积极配合宪法和法律委员会、常委会法制工作委员会抓紧开展草案修改工作。建议根据常委会审议意见和各方面意见进一步修改完善后，尽快审议通过，为加强公共卫生安全和保障国家粮食安全提供有力法治保障。

## 二、8 件议案提出的 4 个立法项目，已列入本届全国人大常委会立法规划，建议继续抓紧开展相关立法工作，按计划提请审议

4. 制定粮食安全保障法的议案 5 件
5. 修改渔业法的议案 1 件
6. 修改气象法的议案 1 件
7. 制定农村集体经济组织法的议案 1 件

上述立法项目均由国务院有关部门具体负责起草，各起草单位正在抓紧开展相关工作，已形成征求意见稿。我委积极参与，已提前介入起草工作，并将进一步推动立法进程，促进代表议案提出的意见得到采纳。

## 三、13 件议案提出的 7 个立法项目，建议通过制定、修改相关法律法规或改进相关工作，解决议案提出的问题

8. 制定耕地资源保护法的议案 1 件
9. 制定农产品批发市场法的议案 1 件
10. 制定土地征收法的议案 1 件
11. 修改农业法的议案 1 件
12. 制定过程农业系统工程建设法的议案 1 件
13. 制定反虐待动物法（伴侣动物保护和管理法）的议案 5 件
14. 设立脱贫攻坚胜利纪念日的议案 1 件

以上议案涉及的立法问题，经征求国务院有关部门意见后研究认为，有的可以在制定或修改相关法律时解决，有的可以通过制定或修改行政法规予以解决，有的可以通过加强和改进相关工作予以解决，有的需要进一步总结经验，加强研究论证，目前不急于制定法律。建议国务院有关部门在今后的工作中，重点关注解决代表议案所提问题，不断积累实践经验，进一步提高相关工作质量。我委将在其他相关立法工作中对代表议案提出的问题继续予以重点关注。

以上报告，请审议。

附件：全国人民代表大会农业与农村委员会关于第十三届全国人民代表大会第四次会议主席团交付审议的代表提出的议案的审议意见

全国人民代表大会农业与农村委员会

2021 年 12 月 20 日

附件：

# 全国人民代表大会农业与农村委员会关于第十三届全国人民代表大会第四次会议主席团交付审议的代表提出的议案的审议意见

第十三届全国人民代表大会第四次会议主席团交付全国人民代表大会农业与农村委员会审议的代表议案共 25 件，其中提出制定法律和决定的 17 件，修改法律的 8 件，共涉及 14 个立法项目。2021 年 10 月 23 日，农业与农村委员会全体会议对代表议案进行了审议，审议意见如下：

## 一、6 件议案提出的 3 个立法项目，已提请全国人大常委会审议

1. 王华生、王娟玲、唐海龙等 92 名代表提出修改种子法的议案 3 件（第 249、252、316 号）。议案提出，种子法在知识产权保护、种业科技创新等方面存在较多问题，建议修改种子法，完善植物新品种权保护制度，明确建立实质性派生品种制度，扩大品种权保护范围，延长保护链条和保护期限，加大保护力度，规范农民自繁自用行为，细化育种成果转化的内容，完善品种审定、品种登记的相关规定。

建立激励和保护原始创新的种业法律制度，是“打好种业翻身仗的关键”。全国人大农业与农村委员会高度重视种子法律制度的修改完善，认真贯彻落实中央农村工作会议精神和习近平总书记重要指示要求，今年 3 月，牵头组织开展种子法修改工作，全国人大常委会法工委、司法部、农业农村部、国家林草局、国家知识产权局等部门参与，经过深入调查研究，广泛征求国务院有关部门、种子企业及专家意见，认真吸纳代表议案所提建议，召开评估论证会，反复研究，形成种子法修正草案，已提请 8 月召开的十三届全国人大常委会第三十次会议初次审议，我委积极配合宪法和法律委员会、常委会法制工作委员会抓紧开展草案修改工作，并将提请本次会议进行二审。各方面认识较为一致，建议根据常委会审议意见和各方面意见进一步修改完善后及时通过，以适应种业振兴的法治需求。

2. 郭素萍、张莉等 61 名代表提出修改畜牧法的议案 2 件（第 109、251 号）。议案提出，修改畜牧法，加强重要畜产品有效供给保障，强化规模养殖场备案管理和用地政策保障，加强畜禽遗传资源保护，明确畜禽遗传资源保护的主体责任，强化对地方品种资源的基础研究和开发利用，规范种畜禽生产经营管理行为，合理划定禁养区，促进种养循环发展。

2020 年 4 月，全国人大常委会将修改畜牧法列入强化公共卫生法治保障立法修法工作计划，并明确由全国人大农业与农村委员会牵头起草。我委高度重视，深入学习贯彻习近平新时代中国特色社会主义思想，落实党的十九大和十九届历次全会精神，贯彻落实习近平总书记关于强化公共卫生法治保障重要指示要求，统筹畜牧业公共卫生安全和高质量发展。经过深入调查研究，广泛听取意见，反复修改完善，形成畜牧法修订草案，经全国人大农业与农村委员会全体会议审议通过，提请 2021 年 10 月召开的第十三届全国人大常委会第三十一次会议进行初次审议。我委将积极配合宪法和法律委员会、常委会法制工作委员会抓紧开展草案修改完善和进一步工作。

3. 董文琴等 41 名代表提出制定黑土地保护法的议案 1 件（第 436 号）。议案提出，黑土地保护对保障国家粮食安全十分重要，但存在“重用轻养”，保护不够等问题，建议制定黑土地保护法，建立保护机制，确定责任主体，规定分类保护措施，明确法律责任，加大黑土地保护力度，促进资源可持续利用。

加强黑土地保护立法是保障国家粮食安全的现实需求。全国人大常委会领导同志高度重视，多次就黑土地保护立法作出批示指示。全国人大农业与农村委员会高度重视黑土地保护，认真落实中央农村工作会议精神和习近平总书记的指示要求，通过立法保护好黑土地这一“耕地中的大熊猫”。结合代表议案办理，迅速开展法律草案起草工作。分别赴内蒙古、黑龙江、吉林、辽宁等地的黑土区进行实地调研，听取基层干部和农民群众的意见，召开有关部门和专家座谈会，广泛听取意见，反复研究论证、修改完善，形成黑土地保护法草案，经全国人大农业与农村委员会全体会议审议通过，提请 2021 年 12 月召开的第十三届全国人大常委会第三十二次会议进行初次审议，我委将积极配合宪法和

法律委员会、常委会法制工作委员会抓紧开展草案修改完善和进一步工作，继续发挥“小快灵”立法模式的优势，满足稳步恢复提升黑土地基础地力和粮食生产能力，保障国家粮食安全的现实需求。

## 二、8件议案提出的4个立法项目，已列入本届全国人大常委会立法规划，建议继续抓紧开展相关立法工作，按计划提请审议

4. 赵治海、胡季强、王金会、史贵禄、方兰等152名代表提出制定粮食安全保障法的议案5件（第170、248、370、381、421号）。议案提出，贯彻落实习近平总书记关于粮食安全的重要论述，建立新时代粮食安全保障体系，需要加快构建粮食安全法律保障制度，建议制定粮食安全保障法，依法保障国家粮食安全，规定粮食生产经营、储备调控、预警应急、安全责任、产业发展、法律责任等。

制定粮食安全保障法已列入十三届全国人大常委会立法规划和2021年度立法工作计划，由国务院提请审议。2020年7月，国家发改委、粮食和物资储备局将草案送审稿报请国务院审议。司法部已先后两次征求中央和国务院有关部门、地方人民政府和重点企业意见，召开专家论证会，进行实地调研，并会同有关部门对草案进行了修改完善。司法部表示，将在草案修改完善过程中认真研究并尽可能吸纳代表议案中所提建议，进一步完善粮食安全保障相关制度。我委将进一步推动粮食安全保障立法进程，争取粮食安全保障法草案及早提请审议。

5. 于普松等31名代表提出修改渔业法的议案1件（第110号）。议案建议修改渔业法，规范水生生物增殖放流、人工鱼礁建造投放和海洋牧场管理行为，规范休闲渔业活动，加强生产工具安全管理，推动生态渔业发展，完善相关法律责任。

修改渔业法已列入十三届全国人大常委会立法规划，属条件成熟时提请审议的项目，由农业农村部牵头起草，我委提前介入起草工作。农业农村部已将修订草案送审稿报请国务院审议。司法部正在抓紧开展立法审查工作，目前已完成第一次征求意见，正在会同有关部门对修订草案进行修改完善。司法部表示，将认真研究吸收采纳议案所提建议，按照立法程序抓紧推进审查工作，进一步完善“增殖放流、休闲渔业”相关规定，完善法律责任，维护渔业发展空间和经营者合法权益。我委同意上述意见，并继续加强与有关部门的沟通，积极推进立法进程。

6. 鲍守坤等31名代表提出关于修改气象法的议案1件（第111号）。议案建议修改气象法，将气象探测环境保护列入建设规划和项目审批程序，明确气象探测、气象信息发布等领域的执法主体，完善天气预报发布制度，建立气象服务发展机制，加强涉外气象活动管理等。

修改气象法已列入十三届全国人大常委会立法规划，属条件成熟时提请审议的项目，由中国气象局牵头起草。2019年4月正式启动相关工作，成立了修改起草领导小组和工作小组，在积极开展气象法立法后评估的基础上，围绕重点难点问题开展立法调研，广泛听取各方面意见，特别是人大代表的意见建议，目前已形成气象法修订草案稿。司法部建议中国气象局会同有关部门，在全面总结气象法实施经验的基础上，根据新情况、新问题、新要求，进一步研究完善相关制度，认真研究采纳议案所提建议，抓紧推进相关工作。我委将继续介入立法相关工作，推动提高立法质量和效率。

7. 史贵禄等30名代表提出关于制定农村集体经济组织法的议案1件（第379号）。议案建议，制定农村集体经济组织法，统筹规定集体经济组织的形式、运行模式，构建农村集体经济组织的资产权属确认和分配机制，明确农村集体经济组织成员的认定标准等内容，发挥集体经济组织在乡村振兴中的重要作用。

农村集体经济组织立法已列入十三届全国人大常委会立法规划研究论证类项目。目前，农业农村部正在牵头组织开展起草工作，围绕农村集体经济组织的基本特征、法人属性、功能作用、内部运行机制等重点问题开展立法调研，并研究起草农村集体经济组织法草案初稿。司法部建议农业农村部，在起草过程中认真研究、吸收代表所提建议，进一步完善草案稿。我委已提前介入相关立法工作，并将与国务院有关部门密切配合，积极推动相关工作。

## 三、13件议案提出的7个立法项目，建议通过修改、制定相关法律法规或改进相关工作，解决议案提出的问题

8. 秦光蔚等30名代表提出关于制定耕地资源保护法的议案1件（第142号）。议案提出，我国耕

地资源存在保护不充分、耕地资源占补制度不完善等问题，制约了耕地资源高质量利用，建议制定耕地资源保护法，建立保护机制和监管制度，设立发展基金，明确保护措施，并规定相应法律责任。

自然资源部、农业农村部认为，耕地是粮食生产的命根子。现阶段，我国存在人均耕地少、耕地质量总体不高、后备耕地资源不足等现象。现行法律法规对耕地保护缺乏系统性、整体性和完整性规定。耕地保护立法非常必要，是落实党中央加强耕地保护决策的具体举措。司法部建议自然资源部、农业农村部等有关部门结合议案所提建议，就耕地保护立法开展前期论证，并在此基础上，综合考虑现有法律法规之间的关系，研究推进耕地保护立法工作。目前自然资源部正在开展耕地保护立法前期研究论证。我委建议国务院有关部门抓紧开展耕地保护相关立法工作，有序推动耕地资源依法建设和保护利用，为保障国家粮食安全提供有力法治保障。我委将依据职责，积极做好相关工作。

9. 乔彬等30名代表提出关于制定农产品批发市场法的议案1件（第422号）。议案提出，农产品批发市场乱批乱建、重复建设问题较为突出，扰乱了农产品流通秩序，建议制定农产品批发市场法，加强批发市场规划，建立准入退出机制和审批制度，加强农产品市场监管等。

国家发改委、商务部、农业农村部认为，今后相当长一段时期内，农产品批发市场仍将是我国农产品流通的主渠道，由于缺乏有效规划布局调控和准入退出机制，农产品批发市场一直处于完全自由竞争和无序发展状态，赞成尽快将农产品批发市场建设和管理纳入法治轨道。国家发改委提出，近期司法部正在研究起草国务院关于加强农产品批发市场监督管理的规定，考虑到立法需要较长的过程，建议在此规定起草中，研究吸纳代表议案所提建议。商务部、农业农村部表示，国务院有关规定的起草将为立法奠定良好的基础，并将在今后有关立法工作中积极配合。司法部认为，现行有关法律法规已经针对加强农产品批发市场规划、建设和管理作了规定，建议有关部门在加强现有法律和政策文件执行的基础上，深入研究论证专门立法的必要性、可行性。我委建议国务院有关部门认真总结实践经验、研究代表议案建议，在完善国务院有关批发市场规定的内容基础上，加强沟通协调，深入研究论证。

10. 胡季强等31名代表提出关于制定土地征收法的议案1件（第194号）。议案提出，集体土地征收规定不够完善，征收矛盾突出，建议制定土地征收法，明确征收集体土地的前提条件，细化“公共利益”和“公用目的”的具体内涵，明确征收程序，规范补偿标准，加强监督管理。

自然资源部、农业农村部认为，2020年1月1日起施行的土地管理法将土地征收的创新经验上升为法律规定，缩小征收范围，规范征收程序，完善被征地农民的合理、规范、多元保障机制。2021年9月1日起施行的土地管理法实施条例，进一步细化了有关规定。土地征收方面的具体细化内容可以在土地管理法实施条例或相应细则、办法中进一步明确。司法部建议自然资源部等有关部门，结合议案所提建议，统筹考虑现有法律、行政法规的基础上，进一步论证专门立法的必要性。我委同意司法部意见，建议国务院有关部门密切关注征地过程中农民合法权益保护，以及农业生产用地保障等相关方面问题，及时总结经验，完善土地征收法律制度。

11. 崔荣华等30名代表提出关于修改农业法的议案1件（第382号）。议案提出，我国农业保险保障水平较低，影响农业生产者的经营能力和积极性，建议修改农业法，增加强制责任保险的规定，完善基本农业保险制度，建立国家基本农业保险基金等。

中央农办、农业农村部、银保监会认为，现阶段，我国以农业法、农业保险条例为主要内容的农业保险制度仍在不断完善，其发展还在农业法原则性规定的框架内。农业法的修改要考虑与农业农村现代化发展阶段相适应、与农户风险保障需求相契合、与中央和地方的责任分工相匹配。对农业保险有关条款的修改应当坚持审慎原则，在完善中稳步推进，不宜将政策性保险统一改为基本农业保险，实行在责任限额内赔偿的强制性责任险。农业保险相关制度完善，应当在继续坚持我国农业保险制度框架和基本原则基础上，继续完善制度机制。司法部认为，将农业保险作为强制性保险，是对现行农业保险制度的重大调整，涉及广大农业生产经营者的切身利益和政府的财政负担能力，是否可行，建议有关部门深入研究论证。我委建议国务院有关部门根据党中央、国务院对农业保险的战略部署，结合发展实际，统筹考虑，不断推动我国农业保险高质量发展。

12. 党永富等30名代表提出关于制定过程农业系统工程建设法的议案1件（第105号）。议案认为，过程农业具有推动乡村产业兴旺、提升乡村生态宜居水平、促进乡风文明建设等作用，建议制定过程农业系统工程建设法，依法保障乡村振兴产业发展，提高我国农业综合实力。

科技部、农业农村部认为，代表议案中提出坚持系统观念，以投入减量化、生产清洁化、废弃物资源化、生产模式生态化、产品质量安全为目标，通过土壤到餐桌全过程管理，实现系统化、精细化、标准化、绿色化、智能化为特征的现代农业发展模式，与现行农业法律中加强农业生产全过程管理的理念是一致的，在相关法律中特定农业生产环节中均有体现。议案所提问题可通过修改完善相关立法、加强执法及完善全链条标准体系等方式解决。司法部建议农业农村部会同有关部门，结合议案所提建议，在统筹考虑现有法律法规的基础上，深入研究论证专门立法的必要性和可行性。我委赞同司法部意见，同时建议国务院有关部门完善法律制度体系，不断提高执法水平，提升执行落实质量，进一步完善加强农业全过程管理。

13. 朱列玉、新甲旦真、孙元华、陈佐东、买世蕊等162名代表提出制定反虐待动物法（伴侣动物保护和管理法）的议案5件（第027、045、055、195、250号）。议案建议，制定反虐待动物法（伴侣动物保护和管理法），确立管理和保护并重的立法理念，对动物实行分类保护，规定文明饲养、许可证制度、履行防疫义务等内容，明确禁止虐待和食用，强化法律责任。

司法部、农业农村部、国家林业和草原局认为，近年来，动物保护相关法律制度日趋完善，全国人大常委会关于全面禁止非法野生动物交易、革除滥食野生动物陋习、切实保障人民群众生命健康安全的决定以及民法典、刑法、治安管理处罚法、畜牧法、野生动物保护法、实验动物管理条例等法律法规、规章和规范性文件，都对动物保护做了明确规定，相关法律法规也在不断调整、修订，逐步加大保护力度。制定专门的反虐待动物法（伴侣动物保护和管理法），需要处理好与现行有关动物保护管理的法律规定之间的关系，并充分考虑国情实际和社会发展需求，以及宗教、文化、经济发展水平等情况。建议通过完善现有涉及动物保护法律制度和技术规定、加强监管执法、提高公民保护动物意识等措施，提高全社会动物保护水平。我委同意上述意见，建议国务院有关部门综合考虑我国经济社会发展和社会精神文明进步水平，加强动物保护执法。同时，进一步完善加强动物保护的相关规定，各地可根据本地区实际先行先试，积累立法经验。

14. 史秉锐等31名代表提出关于设立脱贫攻坚胜利纪念日的议案1件（第380号）。议案认为，脱贫攻坚是在中国共产党的领导下中华民族实现第一个百年奋斗目标的重要标志性工程，历史贡献巨大，应为全体中国人民永远铭记。建议将每年2月25日设立为“脱贫攻坚胜利纪念日”。

中央农办、农业农村部、国家乡村振兴局提出，在习近平总书记的关心下，经中央政治局常委会审议通过，自2018年起每年农历秋分日为“中国农民丰收节”。自2014年起，国务院决定将每年10月17日设立为“扶贫日”。经过全党全国各族人民的努力，2021年2月25日，习近平总书记在全国脱贫攻坚总结表彰大会上庄严宣告，我国脱贫攻坚战取得全面胜利，完成了消除绝对贫困的艰巨任务。脱贫攻坚战的全面胜利，意味着“扶贫日”使命完成。目前有关部门正在按照程序申请报批设立“乡村振兴日”，替代“扶贫日”。鉴于三农领域已有“一节一纪念日”，建议不再单独设立“脱贫攻坚胜利纪念日”。我委同意以上意见，建议国务院有关部门加快推进相关工作，通过有关纪念日的设立，继续弘扬脱贫攻坚精神，汇聚更大的力量助推乡村全面振兴。

# 二、代表建议办理

## 在十三届全国人大四次会议代表建议、批评和意见交办会上的讲话

（2021 年 4 月 6 日）

王　晨

今天，我们召开全国人大代表建议、批评和意见交办会，深入学习贯彻习近平新时代中国特色社会主义思想，学习贯彻习近平总书记在今年全国"两会"期间的重要讲话精神和十三届全国人大四次会议精神，向各承办单位统一交办大会期间代表提出的建议、批评和意见，高质量做好今年的代表建议办理工作。

刚才，杨振武同志总结了十三届全国人大三次会议代表建议办理工作，介绍了今年大会代表提出建议的情况。中央办公厅副主任孔绍逊同志、国务院副秘书长李宝荣同志分别讲话，介绍了中办、国办办理代表建议的好经验好做法，对今年代表建议办理工作提出了要求。希望同志们结合各单位实际情况认真落实。

去年的代表建议办理工作十分不容易。十三届全国人大三次会议推迟到 5 月召开，会议期间代表提出建议 9180 件，数量创下历史新高，建议办理工作任务重、时间紧，还要克服新冠肺炎疫情的不利影响。194 家承办单位高度重视，认真办理，积极将代表建议转化为促发展、惠民生、暖民心的政策举措，有力推动解决了一批群众关心、社会关注的重点难点问题。在此，我代表全国人大常委会，向各承办单位表示衷心感谢！

上个月闭幕的十三届全国人大四次会议，是在"两个一百年"奋斗目标历史交汇点上召开的一次重要会议。与会的全国人大代表以对党、对人民高度负责的精神，依法履行职责，认真审议并高票通过了各项报告、议案，特别是审查批准了"十四五"规划和 2035 年远景目标纲要，通过法定程序使党的主张成为国家意志和人民共同行动，这对于动员和激励全国各族人民万众一心，踏上全面建设社会主义现代化国家新征程、夺取建设中国特色社会主义伟大事业新胜利，具有重要意义。会议期间，代表们充分反映人民意愿诉求，提出对各方面工作的建议、批评和意见 8993 件。全国人大常委会办公厅会同有关方面，对代表提出的建议进行了认真梳理和分析，依法交由 194 家承办单位研究办理。今天的会议，标志着今年代表建议办理工作全面启动。下面，我讲几点意见。

### 一、坚持以人民为中心，切实支持人民当家作主，提高做好代表建议办理工作的政治站位

党的十八大以来，以习近平同志为核心的党中央坚持以人民为中心的发展思想，坚持始终把人民放在心中最高位置，把人民对美好生活的向往作为奋斗目标。习近平总书记从保证人民当家作主、坚持和完善人民代表大会制度的高度，对各国家机关贯彻党的群众路线、加强同人大代表和人民群众的联系提出明确要求，深刻指出"各级国家机关加强同人大代表的联系、加强同人民群众的联系，是实行人民代表大会制度的内在要求，是人民对自己选举和委派代表的基本要求"，强调"各级国家机关及其工作人员一定要为人民用权、为人民履职、为人民服务，把加强同人大代表和人民群众的联系作为对人民负责、受人民监督的重要内容，虚心听取人大代表、人民群众意见和建议，积极回应社会关切，自觉接受人民监督，认真改正工作中的缺点和错

误”。在今年的“两会”党员负责同志会议上，总书记强调切实支持人民当家作主，要坚持以人民为中心，更好察民情、汇民智、聚民心，使人民当家作主更加有效地落实到国家政治生活和社会生活之中；要支持人大代表依法履行职责，发挥好代表在反映群众诉求、解决民生难题中的积极作用。习近平总书记不仅要求各国家机关做到“民有所呼、我有所应”，更身体力行、率先垂范。多年来，总书记参加全国人代会审议，都亲切地同一线的基层代表交流讨论，认真听取代表们的意见建议，要求有关部门认真研究吸纳，今年大会期间，总书记参加内蒙古、青海代表团审议时，再次对研究采纳代表的意见和建议提出明确要求。中办督查室专门就相关代表建议办理工作进行督办，已经成为一项固定工作。总书记的这些重要讲话、重要指示，为我们做好人大代表建议办理工作指明了方向、提供了遵循，总书记以身作则的高度自觉，为我们树立了榜样和楷模。

我们要深入学习领会习近平总书记的重要讲话和指示精神，进一步深化对做好人大代表工作、办理代表建议重要性的认识。要深刻认识到，人大代表由人民自己选举和委派参加行使国家权力，代表人民的利益和意志出席人大会议、进行审议表决、提出议案建议。尊重代表的权利就是尊重人民的权利，保障代表依法履职就是保证人民当家作主。要深刻认识到，代表提出的建议集中反映了人民群众的意愿呼声，凝聚了各方面智慧和心血，是对各国家机关更好为人民用权、为人民履职、为人民服务的有力支持。要深刻认识到，认真办理代表建议，是各国家机关的法定职责，体现了对人民负责、受人民监督的宪法原则。今年的大会修改了全国人大组织法，修法重点之一就是贯彻和体现习近平总书记提出的“全过程民主”理念，进一步健全代表建议办理工作机制，对建议办理过程中强化与代表联系沟通、做好答复反馈工作、加强督促检查等提出明确要求。这些新规定都要在工作中全面落实到位。

希望各承办单位和具体办理建议的同志们增强“四个意识”、坚定“四个自信”、做到“两个维护”，从发挥人民代表大会制度优势和功效的高度，切实增强做好代表建议办理工作的责任感使命感，把习近平总书记、党中央的指示要求贯彻好落实好，全力以赴办理好每一件代表建议。

## 二、紧紧围绕党和国家工作大局，高质量办理好代表建议

今年是中国共产党成立100周年，是“十四五”开局之年、全面建设社会主义现代化国家起步之年，做好全年经济社会发展工作意义重大，但也面临不少风险挑战。以习近平同志为核心的党中央把握大势、着眼长远，作出立足新发展阶段，贯彻新发展理念，构建新发展格局，以推动高质量发展为主题，以深化供给侧结构性改革为主线，更好统筹发展和安全，扎实做好“六稳”工作、全面落实“六保”任务，坚持扩大内需战略，强化科技战略支撑，扩大高水平对外开放等一系列重大决策部署。习近平总书记在大会期间发表的重要讲话，就贯彻新发展理念、实现高质量发展、保护生态环境、增进民生福祉、巩固民族团结、抓好党史学习教育等提出了明确要求，对于我们做好当前和今后一个时期党和国家各项工作具有重要指导意义。

大会期间，代表们深入学习领会习近平总书记重要讲话精神，紧紧围绕党和国家工作大局，经过认真思考、研究提出建议。在近9000件建议中，许多都聚焦在当前我国经济社会发展的重点工作和面临的瓶颈短板问题上。比如，围绕构建新发展格局，代表们建议进一步巩固拓展脱贫攻坚成果，全面推进乡村振兴；围绕强化科技战略支撑，建议加强知识产权综合保护，提升企业技术创新能力，强化国家战略科技力量，推进数字社会建设；围绕统筹发展和安全，建议补齐产业链供应链短板，解决好种子和耕地问题，保障粮食安全；围绕保护生态环境，建议加快推动绿色低碳发展，持续改善环境质量；围绕保障改善民生，建议关注青少年心理健康，建设高质量教育体系，深化医药卫生体制改革，加快完善养老和托育服务体系，等等。这些体现了代表们心怀“国之大者”、主动服务大局、回应民生关切的履职担当。办理好代表们的建议，可以更好地推动贯彻落实四次大会确定的目标任务、做好全年经济社会发展工作。办理重点督办建议，是增强代表建议办理实效的一项重要举措。全国人大常委会办公厅围绕贯彻落实习近平总书记重要讲话和指示精神、党中央部署的重大工作，对代表反映比较集中的问题认真研究筛选，反复征求各方面意见，确定了22项重点督办建议，涉及代表建议300多件。对这些重点督办建议，承

办单位的主要负责同志要亲自部署过问，相关业务部门要集中力量研究办理，全国人大有关专门委员会要加大督办力度，确保取得实实在在的办理效果。

习近平总书记强调，高质量发展是“十四五”乃至更长时期我国经济社会发展的主题，高质量发展不只是一个经济要求，而是对经济社会发展方方面面的总要求；不是只对经济发达地区的要求，而是所有地区发展都必须贯彻的要求；不是一时一事的要求，而是必须长期坚持的要求。我们在代表建议办理工作中同样要贯彻“高质量”的基本要求，通过高质量办理工作助力经济社会高质量发展。各承办单位要紧密结合自身在贯彻落实党中央决策部署方面的具体任务，认真研究和办理代表提出的建议，加强代表建议与部门工作的有机融合联动，完善政策举措、加强改进工作。要结合开展党史学习教育特别是“我为群众办实事”活动，着力解决代表提出的事关人民群众切身利益的热点、难点问题，努力为群众办实事解难题。

## 三、不断完善工作机制，努力做到办理结果代表满意

十三届全国人大常委会对建议办理工作提出“既要重结果、也要重过程”，办理过程中的工作做到位了，办理成效就有了保障，也更能得到代表的认可。近年来，各承办单位认真贯彻落实全国人大常委会的有关工作制度和工作措施，积极完善工作机制，加强同代表全方位、深层次、多样化的沟通联系，代表对此反响很好。同时也应当看到，目前的建议办理工作还存在一些不足。常委会办公厅梳理了四次大会期间代表对人大工作提出的意见和建议，有 47 人次代表对建议办理工作提出了 17 条建议。对此，我们要认真对待、努力改进和提升。

*一要继续加强与代表的沟通联系。*在今年的代表建议中，有 4278 件提出希望在办理过程中加强沟通联系。希望各承办单位继续坚持好做法好经验，办理前，主动靠前沟通服务，及时了解代表反映的突出问题；办理过程中，为代表配备“联络员”，建立沟通联系“直通车”，认真听取意见建议，通报办理进展情况；办结后，及时反馈、解释答复内容。既要做好“文来文往”，也要坚持“人来人往”，注重通过专程走访、出差顺访等方式，当面征询意见、反馈后续工作情况。

*二要做好答复反馈和跟踪落实工作。*答复代表是检验办理成果、接受代表监督的重要环节。各承办单位要进一步改进答复工作，根据代表提出的具体问题和意见、建议，形成有针对性的反馈意见答复代表，体现实的作风、好的文风。要抓紧抓实 2020 年答复承诺解决事项跟踪督办工作，及时向代表反馈工作进展和落实情况，同时，建好 2021 年答复承诺解决事项的台账。要加强对代表意见建议的深度分析，梳理当年代表意见最集中、最突出的问题以及历年反复提出的问题，集中进行研究处理，有针对性地推动改进工作，并通过多种方式及时向代表通报，积极回应代表和社会关切。

*三要持续推进建议办理工作全流程信息化。*今年大会期间，常委会办公厅部署试用代表工作信息化平台和政务微信。大家在代表建议办理工作过程中要用好信息化平台，在确保安全、顺利、有效的前提下，实现代表议案建议提出、交办、办理、沟通、答复、反馈、查询全环节在线办理。要善于运用政务微信等渠道，加强与代表的直接联系。常委会办公厅要做好信息化平台的运行保障工作，为承办单位和代表搭建好沟通桥梁。

同志们，代表建议办理工作责任重大、任务光荣。让我们在以习近平同志为核心的党中央坚强领导下，以习近平新时代中国特色社会主义思想为指导，深入学习贯彻落实习近平法治思想、习近平总书记关于坚持和完善人民代表大会制度的重要思想，切实提高代表建议办理工作的质量和水平，充分发挥人大代表的作用，更好展示社会主义民主法治建设的风采，为推进国家治理体系和治理能力现代化、全面建设社会主义现代化国家作出新贡献，以优异成绩庆祝建党一百周年！

# 全国人民代表大会常务委员会办公厅关于第十三届全国人民代表大会第四次会议代表建议、批评和意见办理情况的报告

——2021 年 12 月 21 日在第十三届全国人民代表大会常务委员会第三十二次会议上

全国人大常委会副秘书长　信春鹰

全国人民代表大会常务委员会：

现在，我代表常委会办公厅报告十三届全国人大四次会议期间全国人大代表提出的建议、批评和意见（以下简称建议）办理情况。

习近平总书记在中央人大工作会议上的重要讲话，高度评价我国根本政治制度的优势和功效，系统阐释全过程人民民主重大理念和实践，强调要坚持和完善人民代表大会制度，加强和改进新时代人大工作，不断发展全过程人民民主。习近平总书记指出，要充分发挥人大代表作用，做到民有所呼、我有所应。要完善人大的民主民意表达平台和载体，健全吸纳民意、汇集民智的工作机制。

全国人大常委会以习近平新时代中国特色社会主义思想为指导，深入学习贯彻习近平总书记关于坚持和完善人民代表大会制度的重要思想，全面贯彻落实中央人大工作会议精神，支持和保障代表更好依法履职，推动代表建议工作更好接地气、察民情、聚民智、惠民生，不断发展全过程人民民主。栗战书委员长强调，人大代表来自人民、代表人民，在全过程人民民主中发挥着重要作用。代表建议是代表依法履职基本的、最主要的方式，要按照"内容高质量、办理高质量"和"既要重结果、也要重过程"的要求，做好代表建议工作。要建好代表履职信息化平台，完善代表建议交办协调工作机制，协调解决意见最集中、反映最突出的问题，推动代表建议转化为促发展、惠民生、暖民心的政策举措。

在各有关方面的共同努力下，今年的代表建议办理工作取得了积极成效，是全过程人民民主的生动实践。人大代表密切联系群众，深入了解民情，真实反映民意，广泛集中民智，对于带有共性、普遍性的问题依法提出建议，推动从法律、政策层面予以解决。有关承办单位坚持以人民为中心，认真研究、逐件办理，在建议办前、办中、办后全过程与人大代表密切联系，高质量办理代表建议，积极回应社会关切。这是最广泛、最真实、最管用的社会主义民主的生动写照，充分体现了"国家一切权力属于人民"的重要原则。

## 一、建议内容接地气、察民情，交办、督办工作协调有序

全国人大常委会办公厅、有关专门委员会认真落实全国人大组织法、全国人大议事规则，深化落实关于加强和改进全国人大代表工作的具体措施，加强和改进代表建议工作，做到"提""交""办"有序对接。十三届全国人大四次会议期间，代表们充分反映人民意愿诉求，提出对各方面工作的建议 8993 件。4 月 6 日，常委会办公厅召开代表建议交办会，王晨副委员长出席会议并讲话，对办理好今年代表建议作出部署。杨振武秘书长主持会议并通报相关情况。中共中央办公厅、国务院办公厅有关负责同志对相关工作提出要求。按照全国人大组织法和代表法的有关规定，8993 件建议统一交由 194 家承办单位研究办理。

闭会期间，代表们听取群众呼声，反映群众意愿，依法提出闭会期间代表建议。今年以来，代表们在闭会期间提出的 248 件建议，已按规定交由 91 家有关承办单位研究办理。建议的交办和办理情况，均逐一向提出建议的代表通报。

（一）*代表建议的特点。*经认真梳理和综合分析，今年建议主要有以下几个特点：一是代表们心怀"国之大者"、主动服务大局，紧扣贯彻落实党中央重大决策部署提出建议。如，代表们围绕构建新发展格局，建议进一步巩固拓展脱贫攻坚成果，全面推进乡村振兴；围绕强化科技战略支撑，建议加强知识产权综合保护，提升企业技术创新能力，强化国家战略科技力量，推进数字社会建设；围绕

保护生态环境，建议加快推动绿色低碳发展，持续改善环境质量。二是代表们把坚持以人民为中心的发展思想落实到履职全过程，聚焦人民群众所思所盼所愿，积极围绕保障改善民生、回应民生关切提出建议。今年建议中，与民生问题相关的合计 2884 件，占比 32%。其中，808 件涉及推进健康中国建设，735 件涉及建设高质量教育体系，218 件涉及完善养老服务体系。三是代表们更加密切联系人民群众，在深入调研、认真思考的基础上精心准备代表建议。今年建议中，基于专题调研、集中视察和座谈听取群众意见提出的达 65%。四是代表单独提出建议的比例高于本届以来历次会议，首次超过建议总数的 80%，较一次会议增幅 50%，代表的履职能力和履职积极性不断提升。

（二）做好代表建议服务保障工作。会前，探索代表提出建议前与部门沟通机制，向代表提供部分承办单位相关人员的联系方式，商请部分承办单位向代表提供机构职责、重点工作、重要任务等有关情况，为代表和承办单位搭好桥梁；向各选举单位发出通知，要求组织好代表集中视察、调研培训等活动，支持代表更加密切联系人民群众，为代表高质量提出建议打牢基础。会中，严把建议内容关，经分析梳理，共有 26 个代表团的 177 件建议存在内容相近、重复提出情况，经多次沟通，将部分建议调整为代表联名提出；完善代表建议交办协调工作机制，充分发挥代表建议批分交办协调机制作用，引导各承办单位在大会期间加强协商。会后，前置建议转办环节，召开代表建议批分意见调整会，听取各承办单位意见，在协商一致的基础上进行调整，今年交办意见调整数量有了大幅降低；交办意见确定后，按照常委会领导同志指示，继续以常委会办公厅名义，向各代表团和大会期间提出建议的各位代表一人一函逐一通报建议交办情况。

（三）突出代表建议办理工作重点。办理重点督办建议，是增强代表建议办理实效的一项重要举措。常委会办公厅围绕贯彻落实习近平总书记重要讲话和指示精神、党中央重大决策部署，对代表反映比较集中的问题认真研究筛选，经秘书长办公会议讨论通过，并报全国人大常委会领导同志同意，确定了 22 项重点督办建议，涉及代表建议 318 件，交由国家发展改革委等 17 家单位牵头办理，全国人大 7 个专门委员会负责督办。

## 二、各承办单位切实提高政治站位，将办理代表建议作为吸纳民意、汇集民智的重要抓手

十三届全国人大四次会议是在“两个一百年”奋斗目标历史交汇点上召开的一次重要会议，会议将坚持全过程人民民主写入全国人大组织法，更好发挥人民代表大会的主要民主渠道作用。各有关方面加强代表建议与部门工作的有机融合联动，进一步压实办理责任，完善工作机制，在建议办理工作中积极践行全过程人民民主。主要有以下几方面做法。

（一）中央领导同志高度重视，承办单位主要负责同志亲自部署过问，推动建议办理深入开展。习近平总书记参加十三届全国人大四次会议内蒙古代表团和青海代表团审议，同代表们深入交流，认真听取代表们提出的意见建议，并发表重要讲话。中办督查室专门就做好相关代表建议办理工作召开部署会议，提出工作要求，切实使人民当家作主更加有效地落实到国家政治生活和社会生活之中。栗战书委员长对有关承办单位认真负责办理代表建议的态度和作风给予高度肯定，并多次作出重要批示，强调做好代表建议办理工作，才能更好解决人民群众最关心最直接最现实的利益问题。

“一府一委两院”将办理代表建议作为吸纳民意、汇集民智的重要抓手，倾听人民意见建议，努力为人民服务。国务院领导同志主持召开常务会议，听取 2020 年建议办理情况汇报，强调对代表的意见建议要认真研究，将代表的真知灼见吸收转化为做好政府工作的硬招实招。国家监委领导同志强调要从发挥人民代表大会制度优势和功效的政治高度，切实增强做好代表建议办理工作的责任感和使命感。最高人民法院领导同志出席院建议交办会，要求把认真听取意见建议、办理建议转化为推动司法改革和人民法院工作发展的强大动力。最高人民检察院领导同志要求把办好建议作为一项重要政治任务，与代表座谈交流、听取意见建议。

各承办单位负责同志靠前指挥，亲自推动提升办理质效。中央组织部、退役军人事务部、海关总署、国际发展合作署、乡村振兴局主要负责同志主持召开会议，研究部署办理工作，坚持把加强组织领导作为做好建议办理工作的重要保障。司法部、审计署、铁路局、药监局、国家电网主要负责同志多

次作出指示批示，要求办理好每一件代表建议，用实效取信于民。外交部、统计局、粮食和物资储备局、邮政局、国铁集团、云南省政府主要负责同志亲自审定工作方案，部署办理任务，统筹办理工作。中央台办主要负责同志先后10余次在主任办公会上听取办理工作情况汇报。科学技术部、交通运输部、全国妇联主要负责同志亲自带队走访调研，上门听取意见。财政部主要负责同志直接担任部服务代表工作领导小组组长，全力服务和保障代表依法履职，在部内形成了建议工作与业务工作“两手抓、共促进”的良好氛围。

（二）提升工作效率，持续推进建议办理全流程信息化。栗战书委员长指出，信息化平台为代表履职提供了新的途径和渠道，要在实践探索中进一步完善发展。今年以来，常委会办公厅积极做好全国人大代表工作信息化平台的运行保障工作，努力推动信息化平台改进优化和推广使用。一是着力完成信息化平台的部署推广工作。目前，大部分承办单位负责代表建议的综合协调部门已接入信息化平台，相关工作人员也开通使用了政务微信。同时面向100余家有关承办单位、部分代表开展了多次系统培训，对部分承办单位适时开展了专项培训。二是积极应用信息化平台政务微信功能。银保监会、人力资源社会保障部、自然资源部等先后通过政务微信召开10余次视频会议，共60余人次代表线上参会，这一方式便捷、高效、灵活，强化了代表参与实践，得到了代表的认可。全国人大华侨委、国家机关事务管理局、国家电网等及时申请使用政务微信并加入工作群组，充分利用政务微信与代表建立联系。三是推进代表建议工作提质增效。共青团中央、全国人大财经委、人力资源社会保障部、生态环境部、体育总局、能源局、湖南省政府等积极利用信息化平台接收交办建议、上传办理情况，与有关方面建立多种方式的沟通联络。

（三）注重沟通联系，努力把办理过程做细、做深、做优。各承办单位高度重视与代表建立沟通联系的“直通车”，把沟通交流贯穿于办理工作全过程。一是做细沟通制度。司法部详细记录每件主办建议的沟通及采纳情况，随正式答复逐级审批。文化和旅游部对未沟通的答复退回重办，并安排专人对沟通情况进行抽查核实。广东省政府建立经办处室、综合部门、省政府办公厅“三级沟通”机制。中央宣传部、中央编办、人民银行、广电总局、医保局、港澳办等将沟通作为建议办理工作的硬杠杠，确保商得深入、办得满意。二是做深线下座谈调研。中央组织部、公安部、国资委、烟草局、铁路局、贸促会、河北省政府等，积极开展调研、走访、座谈，进一步理清思路、明确方向，确保办理答复和采取措施的针对性。工业和信息化部与代表沟通550余次，其中面对面沟通40余次、实地调研20余次。税务总局与代表沟通约320次，其中登门拜访等约20次。海关总署等发挥垂直领导体制优势，委托代表所在地直属单位负责同志面对面听取代表意见建议。三是做优线上沟通方式。中央统战部、全国人大外事委、常委会法工委、农发行、三峡集团、军委国防动员部等与代表通过政务微信、短信电话、微信邮件、视频会议等多种渠道加强同代表沟通交流。中央纪委国家监委每次电话沟通前都认真准备书面提纲。证监会选派业务经验丰富的同志与代表深入交流，沟通的有效性显著提高。

（四）抓住关键环节，做好重点督办建议工作。一是全国人大有关专门委员会严格履行督办职责。全国人大教科文卫委、环资委、社会委等组织召开重点督办建议工作推进会、座谈会、网络视频会，委员会主要负责同志参加会议，听取有关汇报，充分交流研讨，提出工作要求。监察司法委、农业农村委等通过调研走访，推进重点督办建议事项落实。教科文卫委、社会委结合常委会执法检查进行座谈调研，推动问题解决。民委、财经委详细制定督办工作方案，主动加强沟通联系，参与调查研究，确保取得实实在在的办理效果。二是牵头办理单位抓好办理落实。最高人民法院、最高人民检察院、教育部、自然资源部、住房城乡建设部分管负责同志主持召开重点督办建议专题座谈会，当面听取代表和有关单位的意见建议。民政部、农业农村部、国家卫生健康委、中医药局等多次实地走访、开展调研，深入了解有关情况，与代表和有关部门充分交流研讨。最高人民检察院邀请相关代表参加企业合规经营有关论坛，进一步丰富了重点督办建议办理方式。文化和旅游部同有关代表开展7次调研活动。应急管理部召开专题会议研究相关议题13次，开展专题调研23次。乡村振兴局在疫情影响下，仍分赴4省完成一半以上相关建议实地调研。三是参加办理单位密切配合，形成办理合力。工业和信息化部分管负责同志组织召开3次重点督办建议办理工作座谈会，收到良好反响。水利部、能源局、文物局等组织座谈调研，听取意见建议。民航局、嘉兴市高度重视代表建议，就代表建议开展专题调研并与代表面对面沟通，推进建议办理工作，取得了很好效果。

（五）提升制度化、规范化水平，推动建议办理程序优化完善。一是注重深化分析研究。交通运输部连续 7 年组织开展专项分析，就存在问题提出解决举措。国家卫生健康委从建议原文中摘编重要意见建议，编发工作专刊供有关方面参阅。二是完善建议办理规程。中央网信办、国家民委、国资委、药监局不断完善建议办理程序，规范办理工作。财政部在深入调研的基础上，制定《关于加强和改进服务全国人大代表工作的实施意见》，从 10 个方面提出了 39 条措施，推动服务代表和建议办理工作更加务实有效。三是健全答复审核机制。全国人大农业农村委、民政部、证监会、中科院、知识产权局注重改进答复文风，努力把问题说清说实说透。中央政法委严格规范复文格式，准确标明相关信息。商务部严格审核把关，对不符合办理要求的答复，坚决退回重办。国家安全部、退役军人事务部、辽宁省政府、上海市政府等主办、协办建议均由分管省部级领导逐件审定。四是创新内部管理机制。水利部建立跟踪督办机制，将主办、协办建议全部列为部督办事项，通过闭环管理倒逼各级责任人重视建议办理工作。农业农村部对已办理的查效果，对正办理的查进度，对没办理的查原因，既督过程，又督结果。市场监管总局严把时间要求，8 月完成全部 648 件建议办理工作。中央党校、常委会港澳基本法委、常委会预算工委、工程院、气象局、社保基金理事会、作协、侨联、北京冬奥组委、青海省政府等虽然建议办理量较小，但仍能全面认真按相关要求做好工作。

（六）做好建议办理“后半篇”文章，扎实推进代表建议答复承诺事项跟踪落实工作。有关承办单位对答复中向代表作出的承诺、提出的措施安排和工作计划，紧抓不放、持续用力，努力畅通代表建议落地见效“最后一公里”。一是密切跟踪督办。中央网信办制定工作进度表，实行“挂图作战”，建立销号管理制度，确保承诺事项按时完成、落在实处。文物局将台账分送相关司室，作为督查和计划制定的重要依据。二是抓好工作落实。林草局主动邀请代表实地调研国家公园承诺事项落实情况。广东省政府会同省人大常委会有关工作机构，到省相关承办单位督促检查上年答复承诺解决事项进展和落实情况。三是及时沟通反馈。最高人民法院、住房城乡建设部等积极开展承诺解决事项二次反馈，及时向代表通报工作进展和落实情况。银保监会对成立以来的答复承诺事项全部完成滚动督办，破除办理落实的“中梗阻”。

## 三、办理成效更加聚民智、惠民生，努力为群众办实事解难题，真正体现民有所呼、我有所应

十三届全国人大四次会议期间代表提出的建议已经全部办理完毕并答复代表。各有关方面结合开展党史学习教育特别是“我为群众办实事”活动，认真办理代表建议，积极回应民生关切。聚焦推动中央重大决策部署落地见效，努力通过高质量办理工作助力经济社会高质量发展，把人民代表大会制度优势转化为治理效能。

（一）围绕加强基本民生保障，增进民生福祉，改善人民生活

一是推动治理规范学科类校外培训。教育部结合相关代表建议办理，会同有关部门研究制订《关于进一步减轻义务教育阶段学生作业负担和校外培训负担的意见》，全面规范校外培训行为，由中共中央办公厅、国务院办公厅正式印发。其后出台 14 个配套文件，明确校外培训学科类和非学科类范围，健全防范化解培训机构劳动用工风险机制。印发《关于支持探索开展暑期托管服务的通知》，引导支持地方积极探索开展暑期托管服务工作，解决学生暑期“看护难”问题。国庆期间，部署各地严防学科类机构开班，假期内全国共检查校外培训机构 70765 家，发现违规开展学科类培训机构 718 家，取缔证照不全的黑机构 414 家。为持续抓好落实，教育部指导地方有关部门依法开展专项整治，发现处理了一批校外培训违规案例，并公布了部分典型案例。

二是支持和规范发展新就业形态。人力资源社会保障部在深入调研和吸收采纳各方意见的基础上，起草了《关于维护新就业形态劳动者劳动保障权益的指导意见》，经国务院同意印发。代表们关心的强化新就业形态劳动者职业伤害保障，放开灵活就业人员在就业地的参保户籍限制等问题均在其中作出规定。市场监管总局采纳相关建议，督促有关平台不断提升外卖送餐员权益保障水平，会同相关部门印发《关于落实网络餐饮平台责任　切实维护外卖送餐员权益的指导意见》，对保障外卖送餐员正当权益提出全方位要求。全国总工会结合多位代表建议，启动“新就业形态劳动者入会集中行动”，针对新就业形态劳动者灵活分散的特点，采取用人单位“单独建”、龙头企业“牵头建”、行业

协会“推动建”等方式，最大限度将新就业形态劳动者组织到工会中来。目前，网约车、外卖配送、货运、快递等4个重点行业相关头部企业均已建会。邮政局积极采纳相关代表建议，联合6部门印发《关于做好快递员群体合法权益保障工作的意见》，为保障快递员权益提供政策保障。

三是健全多层次社会保障体系。民政部结合重点督办建议办理工作，牵头起草《关于推进基本养老服务体系建设的指导意见》，把解决农村养老薄弱问题作为推进基本养老服务体系建设的主攻方向；印发《“十四五”积极应对人口老龄化工程和托育建设实施方案》，优化提升养老托育服务有效供给。住房城乡建设部认真研究相关代表建议，指导地方贯彻落实《关于加快发展保障性租赁住房的意见》，加快发展保障性租赁住房，继续做好公租房保障，稳步推进棚户区改造，因地制宜发展共有产权住房。中央台办结合建议办理工作，要求各地稳妥有序做好在大陆台胞接种新冠病毒疫苗工作，截至10月15日，已有16.5万余名在大陆台胞接种疫苗，累计接种逾31.5万剂次。

（二）围绕实施创新驱动发展战略，加强基础研究，完善科技创新体制机制。工业和信息化部针对加快关键核心技术攻关的建议，梳理集成电路、数控机床等产业链图谱，形成关键核心技术攻关任务清单，组织安排一批专项项目重点攻关；针对加快推动工业互联网发展应用的建议，发布《工业互联网创新发展行动计划（2021—2023年）》，遴选600余个工业互联网关键技术产品重点项目、258个工业互联网创新应用和解决方案标杆，上线156个标识解析二级节点，推动26项工业互联网平台标准立项研制与应用推广。科学技术部研究制定构建社会主义市场经济条件下关键核心技术攻关新型举国体制的文件，支持企业承担国家科技计划项目、建设国家级科技创新基地和平台。着力加计扣除企业研发费用，将企业研发费用加计扣除比例从50%提高至75%，今年将制造业企业研发费用加计扣除比例进一步提升至100%。知识产权局结合有关建议办理，推动167家知识产权纠纷调解组织、1094名调解员入驻人民法院调解平台，组织各地办理一批无资质专利代理行政处罚案件。

（三）围绕完善社会主义市场经济体制，强化反垄断和防止资本无序扩张，优化民营企业发展环境。市场监管总局结合重点督办建议办理，从完善制度规则、加强反垄断执法、推进公平竞争审查和深化国际合作4个方面全面强化平台监管。加大反垄断执法力度，对阿里巴巴“二选一”行为处罚，立案调查美团实施“二选一”等平台经济领域涉嫌垄断案。全面落实公平竞争审查制度，公布《公平竞争审查制度实施细则》，完成平台经济、半导体、原料药等16个行业市场竞争状况评估，多措并举强化竞争政策实施。针对代表们提出的相关建议，税务总局切实减轻纳税人缴费人申报负担，推行财产和行为税10税合并申报，对6项税务证明事项实行告知承诺制，推行增值税、消费税及附加税费申报表整合。民政部研究吸纳关于加强社会组织管理的意见建议，积极推进《社会组织登记管理条例》出台，开展专项行动，推动各级行业协会商会减轻企业负担约49.9亿元，惠及企业约130.5万家。商务部结合升级农村零售业态的建议，推进县域商业体系建设，印发《商务部等17部门关于加强县域商业体系建设　促进农村消费的意见》，召开全国农村商业建设工作现场会，部署县域商业体系建设工作。

（四）围绕推进国家治理体系和治理能力现代化，推进重点领域安全整治，完善公共法律服务体系。应急管理部结合建议办理，加强智慧消防建设，推广城市物联网消防远程监控建设，全国已有41.8万余家消防安全重点单位陆续接入，智能化评估消防安全风险，实现差异化监管。公安部针对代表建议反映较多的驾驶证考试、二手车交易、军人驾龄认定等问题，新推出“我为群众办实事”公安交管12项便利措施，惠及3000多万人次，减少群众企业办事费用5亿多元。最高人民检察院结合相关建议办理工作，会同8部门联合发布《关于建立涉案企业合规第三方监督评估机制的指导意见（试行）》，在“少捕慎诉慎押”同时，通过督促涉案企业作出合规承诺，促使企业合规守法经营。最高人民法院认真研究吸收有关代表建议，推进做好人民调解工作，截至9月，人民法院调解平台累计汇聚调解案件2055万件，其中，诉前调解成功案件947.9万件，平均调解时长23天。

（五）围绕全面实施乡村振兴战略，巩固提升脱贫攻坚成果，改善农村生产生活条件。乡村振兴局认真研究吸收相关代表建议，指导推动各地认真落实《关于健全防止返贫动态监测和帮扶机制的指导意见》，截至9月，全国共认定监测对象511万人，约76%的监测对象已消除风险；推动地方做好后续扶持工作，每个搬迁家庭至少有1名劳动力稳定就业。结合相关代表建议办理工作，农业农村部健全农作物种质资源保护体系，全面修订畜禽核心育种场生产性能测定技术规范，强化制种基地建设保障，制种大县奖励规模由 2020 年的 10 亿元提高到 20 亿元，连续支持 5 年；推动出台《国家黑土地保护工程实施方案（2021—2025 年）》《全国高标准农田建设规划（2021—2030 年）》；支持内蒙古河套灌区盐碱化耕地改良和高标准农田建设等工作，将内蒙古巴彦淖尔的盐碱耕地纳入退化耕地治理试验示范项目区。自然资源部深入研究相关代表建议，推动建立"田长制"，强化耕地和永久基本农田监测监管，严肃查处非农建设违法占用耕地等行为。此外，结合代表建议，财政部印发《农村环境整治资金管理办法》，明确相关资金延期实施至 2025 年，进一步促进农村环境质量改善；供销总社指导系统加快流通基础设施建设和现代流通方式应用，加强优质农产品供给，畅通工业品下乡和农产品进城双向通道。

（六）围绕实施区域重大战略，推动东北地区产业结构调整优化，支持革命老区振兴发展。国家发展改革委结合重点督办建议办理工作，印发《东北全面振兴"十四五"实施方案》《辽宁沿海经济带高质量发展规划》。2021 年安排中央预算内投资 3.315 亿元，支持东北地区国家级新区、承接产业转移示范区建设；安排东北振兴前期工作补助 1 亿元，支持东北地区谋划推动重大项目前期工作。工业和信息化部认真研究相关代表建议，大力支持内蒙古大兴安岭国有重点林区通信网络覆盖，共计支持内蒙古呼伦贝尔市 123 个 4G 基站建设，并统筹考虑基站建设和 6 年运维成本，将单站综合成本核定调高一档，补贴比例为 30%，中央财政补助资金 3321 万元。在充分吸纳代表建议并深入与代表沟通基础上，国家发展改革委会同有关部门出台《"十四五"特殊类型地区振兴发展规划》，明确了 12 个革命老区的规划范围和发展路径。水利部结合相关建议办理，会同财政部安排中央财政水利发展资金 9750 万元，支持福建省革命老区县、原中央苏区县小型水库建设。

（七）围绕绿色发展，推动碳达峰、碳中和相关政策的实施，促进人与自然和谐共生。国家发展改革委将加强顶层设计与问计于民统一起来，在《关于完整准确全面贯彻新发展理念做好碳达峰碳中和工作的意见》、《2030 年前碳达峰行动方案》和《黄河流域生态保护和高质量发展规划纲要》的研究制定过程中积极吸收有关代表建议。生态环境部结合代表建议办理工作，印发《企业温室气体排放报告核查指南（试行）》等技术规范和碳排放权登记、交易、结算三项管理规则，建立全国碳排放权交易市场。交通运输部持续推进运输结构调整，实施绿色出行"续航工程"，集装箱铁水联运量两年平均增长超过 20%，铁路电气化率提升至近 73%。科学技术部认真研究吸纳代表建议，编制《科技支撑碳达峰碳中和行动方案》，推动钢铁工业低碳绿色、氢能关键技术攻关及应用等产业发展。国家林草局积极发掘代表建议作用，推荐将海南热带雨林国家公园列入首批国家公园名单，协调安排专项资金累计 1.85 亿元。

2021 年的代表建议办理工作基本完成。我们要深入学习贯彻习近平总书记关于坚持和完善人民代表大会制度的重要思想，全面贯彻落实中央人大工作会议精神，继续完善工作机制和方式方法，在代表建议工作中努力践行全过程人民民主，支持和保障代表更好依法履职、充分发挥作用。

# 教育部关于第十三届全国人民代表大会第四次会议代表建议、批评和意见办理情况的报告

——2021 年 12 月 21 日在第十三届全国人民代表大会常务委员会第三十二次会议上

教育部部长　怀进鹏

全国人民代表大会常务委员会：

根据会议安排，我向会议报告教育部办理第十三届全国人民代表大会第四次会议代表建议、批评和意见的情况。

## 一、坚决扛起政治责任，全面实现建议办理"三个 100%"

习近平总书记反复强调，"江山就是人民，人民

就是江山”。人大代表肩负着人民赋予的光荣职责，是党和国家联系人民的桥梁。人大代表十分关心教育工作，2021 年教育部共承办十三届全国人大四次会议的代表建议 1449 件，较上年增长 2.69%，其中牵头办理 623 件，位列各承办部委之首，此外还有协办 628 件、参阅 198 件。这些建议凝结着代表对教育改革发展的认真思考，体现了人民群众对公平优质教育的热切期盼。

教育部高度重视人大代表建议、批评和意见，把办理工作作为一项重大政治任务抓好抓实。一是切实提高政治站位，深刻认识办好人大代表建议是践行以人民为中心的发展思想的重要体现，是发挥好人民代表大会制度优势的重要内容，是凝聚共识做好政府工作的制度性安排，也是检验政府部门履职尽责能力的试金石。二是始终坚持人民立场，把高质量办理人大代表建议作为办好人民满意教育的重要内容，全力化解教育领域人民群众反映强烈的现实问题，真正做到“民有所呼、我有所应”。三是着力提升政治能力，认真学习贯彻习近平总书记关于坚持和完善人民代表大会制度的重要思想和中央人大工作会议重要讲话精神，切实提高政治判断力、政治领悟力、政治执行力，注重从意见建议中找到方法路径，注重把办法举措转化为工作实效，全力做好教育这一国之大计、党之大计。在全国人大常委会办公厅的指导和有关部委的支持下，我们实现了三个百分百：按期答复率 100%，与代表沟通率 100%，落实往年承诺事项 100%。根据目前反馈，代表均表示满意、基本满意。

## 二、着力健全制度机制，切实把人大代表的意见建议转化为人民满意的教育成果

（一）紧盯办理工作流程，建立完善三项机制。坚持对党的事业高度忠诚、对人民群众高度负责，切实提高办好建议的政治自觉、思想自觉和行动自觉。一是党组全员化参与机制。把建议办理列为年度重点工作，两会前后专门召开党组会研究部署。党组书记、部长负总责，党组成员、副部长严格审核把关分管领域建议办理，直接督办重点建议。分管副部长代表部党组主持部内交办会，部署相关工作。二是责任全链条压实机制。今年初印发《教育部建议提案办理工作规程》，进一步强化目标管理、细化分级负责、加强通报督办、推进答复公开、严格考核激励，确保责任落实、办理到位。三是办理全过程沟通机制。安排各司局负责同志主动联系代表，今年两会前向代表和各省人大寄送 1349 份教育参考资料。办理过程中，通过邀请参加调研、走访、座谈、视频连线等形式与代表深入沟通。

（二）紧密结合业务工作，推动教育改革发展。认真研究人大代表建议，充分吸纳有关意见，把建议办理与完善政策措施、解决实际问题结合起来，使办理工作成为教育事业发展的助推器，有力推动新时代教育工作取得重要进展。

——落实立德树人根本任务。开展“从小学党史、永远跟党走”“小我融入大我、青春献给祖国”等系列活动；推出“全国大学生同上‘四史’思政大课”活动，总观看 1800 多万人次。出台中小学生作业、睡眠、手机、读物、体质等“五项管理”相关文件，以“小切口”推动“大改革”，促进学生健康成长。联合 14 个部门实施近视防控“光明行动”，中小学生近视率基本实现每年下降 0.5 个百分点的防控目标。配合全国人大出台家庭教育促进法，积极宣传《家庭教育指导手册》，推广科学的家庭教育理念和方法。召开新中国成立以来第四次、新时代第一次全国语言文字工作会议，全面加强新时代语言文字工作。

——强化教育服务经济社会能力。推动巩固拓展教育脱贫攻坚成果同乡村振兴有效衔接工作，脱贫家庭辍学学生持续保持动态清零，学生精准资助水平进一步提升。“乡村振兴人才培养计划”累计招生 87 万人，毕业 55 万人。完善中国特色现代职业教育，以中共中央办公厅文件印发《关于推动现代职业教育高质量发展的意见》，加快建设纵向贯通、横向融通的现代职业教育体系。发布《职业教育专业目录(2021 年)》，完善教学标准体系、加强学生实习管理，持续提升职业教育人才培养质量。充分发挥高校在科技创新中的重要作用，围绕重大原始创新前瞻布局，围绕关键核心技术集成攻关，在量子信息等方向建设 25 个前沿科学中心以及一批集成攻关平台。

——深化教育改革创新。抓好《深化新时代教育评价改革总体方案》落实落地，出台本科层次职业教育专业设置、本科教育教学审核评估、规范 SCI 论文指标使用、哲学社会科学领域破除“唯论文”、正确认识高校人才称号等一批配套政策，取得重要的阶段性成效。不断推进“放管服”改革，落实和扩大学校专业设置、进人用人、经费使用等方面自主权，印发《深化“证照分离”改革实施方案》，在教育领域更大范围推动“照后减证”和简化审批。持续

推进教育对外开放,继续支持海南自由贸易港、粤港澳大湾区、长三角地区、雄安新区在教育对外开放领域先行先试,推进“一带一路”教育行动高质量发展,更加深入参与全球重大教育行动与教育治理。

——加强教师队伍建设。不断强化教师待遇保障,健全义务教育教师工资待遇随当地公务员工资待遇调整的联动机制。大力加强乡村教师队伍建设,全年招聘特岗教师 8 万人,重点保障“三区三州”等地区需求。深入实施乡村教师生活补助政策。推进中小学教师减负工作列入国务院大督查事项,推动各省出台措施与清单。将 2021 年确定为“高校教师思想政治工作强化年”,多措并举加强教师师德师风建设,抓好教师职业行为“十项准则”及配套指导意见和处理办法的贯彻落实。

(三)紧扣重点督办建议,回应人民群众急难愁盼。今年我部牵头办理重点督办建议 2 项,涉及代表建议 31 件。我们把重点督办建议办理作为破解教育领域重点难点问题的重要切入点,加强与代表面对面沟通,务求高标准办理、高质量答复。

——推动治理规范学科类校外培训机构。共涉及建议 14 件,其中 11 件由我部主办。针对代表提出的建立校外培训机构长效治理机制、加快完善治理校外培训机构立法、严格校外培训广告治理、强化学校主阵地作用、各方协同推进“减负”等建议,我部将“双减”工作作为“一号工程”,开展“百日会战”,校外治理与校内提质联动,制度建设和监督检查并进。报请党中央批准成立校外教育培训监管司,联合 18 个部门并指导各地构建起横向互动、上下联动的治理工作机制;以中共中央办公厅文件印发《关于进一步减轻义务教育阶段学生作业负担和校外培训负担的意见》并制定 20 余个配套文件,基本构建起“1 + N”的制度体系;通过做好政策宣传解读、严防暑期校外培训泛滥、推动义务教育各地各校课后服务全覆盖、建立风险防范机制等措施,打好“双减”政策落地“组合拳”;通过加强对地方工作指导、建立监测台账指标体系、完善培训机构监管平台、明察暗访治理违规行为等措施,增强工作精准度,确保“双减”工作落地见效。8 月,我部就该重点督办建议召开工作座谈会,邀请 8 位人大代表在线参会,人大教科文卫委员会、联络局参加,12 家部委共同汇报工作进展,会议效果得到全国人大充分肯定。截至 12 月 20 日,学科类培训线上与线下机构压减率分别为 84.1%、83.8%,培训机构扩张乱象得到有效遏制。调查显示,97.5% 的家长对学校新学期减负措施和成效表示满意,72.7% 的家长表示教育焦虑有所缓解。

——提高民族地区教育质量和水平。共涉及建议 17 件,全部由我部主办。针对代表提出的在民族地区加大学前教育和职业教育经费支持、增加教师编制、提高教师待遇、改善办学条件、创办发展职业院校和高等院校、加大少数民族人才培养力度等建议:一是会同财政部通过现有政策和资金渠道,不断加大投入力度,并在教育现代化推进工程、学前教育学生资助机制、现代职业教育质量提升计划、高校改革发展资金等多个专项中对民族地区予以倾斜,持续改善民族地区办学条件。二是在教师管理制度和教师培养培训工作中充分考虑民族地区情况,盘活编制存量,优化师资配置,切实保障民族地区教师工资待遇。三是加大对口支援力度,推进民族地区职业教育改革发展,加快推进理工类本科、应用型本科和职业院校建设,优化民族地区高等教育布局。四是持续加大民族地区技术技能型人才和高层次人才培养力度,不断提高人才培养和人才需求的契合度。9 月,我部邀请 5 位人大代表和人大民族委员会、联络局赴贵州省开展专项调研座谈,交流研讨提高民族地区教育质量和水平的思路举措,得到代表高度认可。

## 三、持续提高办理能力,加快推进办理质量的迭代升级

教育部始终高度重视、积极负责地做好建议办理工作,但与全国人大和代表们的期待相比还有差距。下一步,我们将按照栗战书委员长讲话精神和本次会议要求,持续提高建议办理能力。

一是一体化的协同能力。坚持问题导向、目标导向和结果导向相结合,持续深化制度机制建设,把建议办理融入实际工作,与年度重点工作一同部署、一体推进、一并落实。完善目标管理机制,做到目标任务、承办人员、完成时限、答复要求和质量标准“五个确定”;细化分级负责机制,具体承办人员、处室负责人、承办单位负责人、部党组成员各司其职、各负其责;提升通报督办机制,在重要时间节点通过多种形式跟踪督办,确保按时办结;健全答复公开机制,不断加大公开力度,推动建议复文“应公开尽公开”,接受群众监督;改进考核激励机制,不断优化考核指标,细化量化考核标准,更好调动承办单位和经办人员的积极性;强化部门协同机制,加强相关部委在建议办理中的协调配合,确保办理质量。

二是常态化的沟通能力。拓展多样化沟通渠道，实现全过程沟通联络，加强与代表面对面的沟通，切实凝聚共识、形成合力、赢得支持，推进新时代教育工作的同题共答。坚持部领导直接沟通，通过调研、走访、座谈等形式，与代表当面报告交流工作；落实机关司局对口联系，建立常态化沟通联系机制，及时向代表介绍情况、解读政策、回应关切；做实省级教育部门主动联系，做好与代表的日常沟通，定期宣讲教育政策；推动高校服务联络，支持和保障代表依法履职，为代表做好服务。

三是信息化的加速能力。着力强化技术支撑，通过“软件＋人工”模式提高办理效率，使办理工作真正体现时代性、把握规律性、增强时效性，回应人民群众对更好教育的期盼。用好全国人大代表工作信息化平台，集中呈现教育改革发展成果，展示建议办理过程和成效。用好全国人大政务微信群，构建主责部门、经办人员、协办单位和人大代表的直接沟通渠道。用好“教育部建议办理分办系统”，以程序分件和人工复核相结合的方式，提高工作效率。

我们深刻认识到，在实现第二个百年奋斗目标、全面建设社会主义现代化国家的新征程中，教育的先导性、基础性、全局性地位和作用更加凸显，肩负的使命更为重大。教育部将坚持以习近平新时代中国特色社会主义思想为指导，全面贯彻落实党的十九大和十九届历次全会精神，深刻领悟“两个确立”的决定性意义，进一步增强“四个意识”、坚定“四个自信”、做到“两个维护”，牢记“国之大者”，在建议办理工作中不断深化对全过程人民民主的认识，着力从政治上看教育、从民生上抓教育、从规律上办教育，努力建设高质量教育体系，加快教育现代化、建设教育强国、办好人民满意的教育，为实现中华民族伟大复兴的中国梦作出新的更大贡献，以实际行动迎接党的二十大胜利召开！

# 三、代表资格审查

## 全国人民代表大会常务委员会公告

〔十三届〕第十九号

吉林省第十三届人大常委会第二十六次会议补选韩俊为第十三届全国人民代表大会代表。海南省第六届人大常委会第二十五次会议补选冯飞为第十三届全国人民代表大会代表。贵州省第十三届人大常委会第二十三次会议补选李炳军为第十三届全国人民代表大会代表。甘肃省第十三届人大常委会第二十一次会议补选任振鹤为第十三届全国人民代表大会代表。第十三届全国人民代表大会常务委员会第二十五次会议根据代表资格审查委员会提出的报告，确认韩俊、冯飞、李炳军、任振鹤的代表资格有效。

北京市人大常委会决定罢免于志刚的第十三届全国人民代表大会代表职务。广东省人大常委会决定罢免李铁的第十三届全国人民代表大会代表职务。依照《中华人民共和国全国人民代表大会和地方各级人民代表大会代表法》的有关规定，于志刚、李铁的代表资格终止。依照《中华人民共和国全国人民代表大会和地方各级人民代表大会选举法》的有关规定，于志刚的第十三届全国人民代表大会常务委员会委员、全国人民代表大会宪法和法律委员会委员职务相应撤销。

第十三届全国人民代表大会代表拉齐尼·巴依卡为抢救落水儿童英勇牺牲。全国人民代表大会常务委员会向拉齐尼·巴依卡代表见义勇为的壮举致以崇高敬意，对拉齐尼·巴依卡代表的英勇牺牲表示沉痛哀悼。拉齐尼·巴依卡的代表资格自然终止。

截至目前，第十三届全国人民代表大会实有代表2952人。

特此公告。

全国人民代表大会常务委员会

2021年1月22日

## 第十三届全国人民代表大会常务委员会代表资格审查委员会关于个别代表的代表资格的报告

（2021年1月22日第十三届全国人民代表大会常务委员会第二十五次会议通过）

全国人民代表大会常务委员会：

2021年1月18日，吉林省第十三届人大常委会第二十六次会议补选吉林省委副书记、省人民政府副省长、代省长韩俊为第十三届全国人民代表大会代表。2020年12月30日，海南省第六届人大常委会第二十五次会议补选海南省委副书记、省人民政府副省长、代省长冯飞为第十三届全国人民代表大会代表。2021年1月19日，贵州省第十三届人大常委会第二十三次会议补选贵州省委副书记、省人民政府副省长、代省长李炳军为第十三届全国人民代表大会代表。2021年1月19日，甘肃省第十三届人大常委会第二十一次会议补选甘肃省委副书记、省人民政府副省长、代省长任振鹤为第十三届全国人民代表大会代表。经全国人民代表大会常务委员会代表资格审查委员会审查，韩俊、冯飞、李炳军、任振鹤的代表资格有效，提请全国人民代表大会常务委员会确认并予以公告。

由北京市选出的第十三届全国人民代表大会

代表，全国人大常委会委员、全国人大宪法和法律委员会委员于志刚，因涉嫌严重违纪违法，2021年1月18日，北京市第十五届人大常委会第二十八次会议决定罢免其第十三届全国人民代表大会代表职务。由广东省选出的第十三届全国人民代表大会代表，广东省阳江市工商联副主席、广东泓泽教育投资有限公司董事长李铁，因涉嫌违法犯罪，2020年12月31日，广东省第十三届人大常委会第二十七次会议决定罢免其第十三届全国人民代表大会代表职务。依照《中华人民共和国全国人民代表大会和地方各级人民代表大会代表法》的有关规定，于志刚、李铁的代表资格终止。

2021年1月4日，由新疆维吾尔自治区选出的第十三届全国人民代表大会代表，新疆维吾尔自治区塔什库尔干塔吉克族自治县提孜那甫乡护边员拉齐尼·巴依卡，为抢救落水儿童英勇牺牲。我们向拉齐尼·巴依卡代表见义勇为的壮举致以崇高敬意，对拉齐尼·巴依卡代表的英勇牺牲表示沉痛哀悼。拉齐尼·巴依卡的代表资格自然终止。

本次全国人民代表大会个别代表的代表资格变动后，第十三届全国人民代表大会实有代表2952人。

以上报告，请审议。

第十三届全国人民代表大会
常务委员会代表资格审查委员会
2021年1月20日

# 全国人民代表大会常务委员会公告

〔十三届〕第二十号

黑龙江省第十三届人大常委会第二十四次会议补选胡昌升为第十三届全国人民代表大会代表。安徽省第十三届人大常委会第二十五次会议补选王清宪为第十三届全国人民代表大会代表。新疆维吾尔自治区第十三届人大常委会第二十三次会议补选多来提曼·开米克（塔吉克族）为第十三届全国人民代表大会代表。第十三届全国人民代表大会常务委员会第二十六次会议根据代表资格审查委员会提出的报告，确认胡昌升、王清宪、多来提曼·开米克的代表资格有效。

河北省人大常委会决定罢免邓沛然的第十三届全国人民代表大会代表职务。江苏省人大常委会决定接受王立科辞去第十三届全国人民代表大会代表职务。依照《中华人民共和国全国人民代表大会和地方各级人民代表大会代表法》的有关规定，邓沛然、王立科的代表资格终止。

截至目前，第十三届全国人民代表大会实有代表2953人。

特此公告。

全国人民代表大会常务委员会
2021年2月28日

# 第十三届全国人民代表大会常务委员会代表资格审查委员会关于个别代表的代表资格的报告

（2021年2月28日第十三届全国人民代表大会常务委员会第二十六次会议通过）

全国人民代表大会常务委员会：

2021年2月19日，黑龙江省第十三届人大常委会第二十四次会议补选十九届中央候补委员，黑龙江省委副书记、省人民政府副省长、代省长胡昌升为第十三届全国人民代表大会代表（2021年2月22日，黑龙江省第十三届人民代表大会第五次会议选举胡昌升为黑龙江省人民政府省长）。2021年2月22日，安徽省第十三届人大常委会第二十五次会议补选安徽省委副书记、省人民政府省长王清宪为第十三届全国人民代表大会代表。2021年2月23日，新疆维吾尔自治区第十三届人大常委会第二十三次会议补选新疆维吾尔自治区塔什库尔干县中塔郎库里军警民联合执勤工作站辅警、护边员多来提曼·开米克(塔吉克族)为第十三届全国人民代表大会代表。经全国人民代表大会常务委员会代表资格审查委员会审查,胡昌升、王清宪、多来提曼·开米克的代表资格有效,提请全国人民代表大会常务委员会确认并予以公告。

由河北省选出的第十三届全国人民代表大会代表,河北省石家庄市委原副书记、原市长邓沛然,因涉嫌严重违纪违法,2021 年 2 月 17 日,河北省第十三届人大常委会第二十一次会议决定罢免其第十三届全国人民代表大会代表职务。依照《中华人民共和国全国人民代表大会和地方各级人民代表大会代表法》的有关规定,邓沛然的代表资格终止。

由江苏省选出的第十三届全国人民代表大会代表,江苏省委原常委、政法委原书记王立科,因涉嫌严重违纪违法,被责令辞去第十三届全国人民代表大会代表职务。2021 年 2 月 20 日,江苏省第十三届人大常委会第二十一次会议决定接受其辞职。依照《中华人民共和国全国人民代表大会和地方各级人民代表大会代表法》的有关规定,王立科的代表资格终止。

本次全国人民代表大会个别代表的代表资格变动后,第十三届全国人民代表大会实有代表 2953 人。

以上报告,请审议。

第十三届全国人民代表大会
常务委员会代表资格审查委员会
2021 年 2 月 27 日

# 全国人民代表大会常务委员会公告

〔十三届〕第二十一号

海军军人代表大会决定罢免宋学的第十三届全国人民代表大会代表职务。依照《中华人民共和国全国人民代表大会和地方各级人民代表大会代表法》的有关规定,宋学的代表资格终止。

第十三届全国人民代表大会代表李希勇去世。全国人民代表大会常务委员会对李希勇代表的去世表示哀悼。李希勇的代表资格自然终止。

截至目前,第十三届全国人民代表大会实有代表 2951 人。

特此公告。

全国人民代表大会常务委员会
2021 年 4 月 29 日

# 第十三届全国人民代表大会常务委员会代表资格审查委员会关于个别代表的代表资格的报告

(2021 年 4 月 29 日第十三届全国人民代表大会常务委员会第二十八次会议通过)

全国人民代表大会常务委员会:

由解放军选出的第十三届全国人民代表大会代表,海军原副参谋长宋学,因涉嫌严重违纪违法,2021 年 4 月 8 日,海军召开军人代表大会决定罢免其第十三届全国人民代表大会代表职务。依照《中华人民共和国全国人民代表大会和地方各级人民代表大会代表法》的有关规定,宋学的代表资格终止。

由山东省选出的第十三届全国人民代表大会代表,山东能源集团有限公司党委书记、董事长李希勇,因病于 2021 年 4 月 10 日去世。代表资格审查委员会对李希勇代表的去世表示哀悼。李希勇的代表资格自然终止。

本次全国人民代表大会个别代表的代表资格变动后,第十三届全国人民代表大会实有代表 2951 人。

以上报告,请审议。

第十三届全国人民代表大会
常务委员会代表资格审查委员会
2021 年 4 月 26 日

# 全国人民代表大会常务委员会公告

〔十三届〕第二十二号

河南省第十三届人大常委会第二十四次会议补选王凯为第十三届全国人民代表大会代表。第十三届全国人民代表大会常务委员会第二十九次会议根据代表资格审查委员会提出的报告，确认王凯的代表资格有效。

河北省人大常委会决定罢免杨国占的第十三届全国人民代表大会代表职务。云南省人大常委会决定罢免张秀兰的第十三届全国人民代表大会代表职务。依照《中华人民共和国全国人民代表大会和地方各级人民代表大会代表法》的有关规定，杨国占、张秀兰的代表资格终止。

截至目前，第十三届全国人民代表大会实有代表 2950 人。

特此公告。

全国人民代表大会常务委员会

2021 年 6 月 10 日

# 第十三届全国人民代表大会常务委员会代表资格审查委员会关于个别代表的代表资格的报告

（2021 年 6 月 10 日第十三届全国人民代表大会常务委员会第二十九次会议通过）

全国人民代表大会常务委员会：

2021 年 5 月 28 日，河南省第十三届人大常委会第二十四次会议补选河南省委副书记，省人民政府副省长、代省长王凯为第十三届全国人民代表大会代表。经全国人民代表大会常务委员会代表资格审查委员会审查，王凯的代表资格有效，提请全国人民代表大会常务委员会确认并予以公告。

由河北省选出的第十三届全国人民代表大会代表，冀中能源集团有限责任公司原董事长杨国占，因涉嫌严重违纪违法，2021 年 5 月 28 日，河北省第十三届人大常委会第二十三次会议决定罢免其第十三届全国人民代表大会代表职务。由云南省选出的第十三届全国人民代表大会代表，云南省文山壮族苗族自治州委原副书记、原州长张秀兰，因涉嫌严重违纪违法，2021 年 5 月 28 日，云南省第十三届人大常委会第二十四次会议决定罢免其第十三届全国人民代表大会代表职务。依照《中华人民共和国全国人民代表大会和地方各级人民代表大会代表法》的有关规定，杨国占、张秀兰的代表资格终止。

本次全国人民代表大会个别代表的代表资格变动后，第十三届全国人民代表大会实有代表 2950 人。

以上报告，请审议。

第十三届全国人民代表大会

常务委员会代表资格审查委员会

2021 年 6 月 7 日

# 全国人民代表大会常务委员会公告

〔十三届〕第二十三号

黑龙江省人大常委会决定罢免甘荣坤、翟友财的第十三届全国人民代表大会代表职务。依照《中华人民共和国全国人民代表大会和地方各级人民代表大会代表法》的有关规定，甘荣坤、翟友财的代表资格终止。

第十三届全国人民代表大会代表徐镜人去世。

全国人民代表大会常务委员会对徐镜人代表的去世表示哀悼。徐镜人的代表资格自然终止。

截至目前,第十三届全国人民代表大会实有代表2947人。

特此公告。

全国人民代表大会常务委员会

2021年8月20日

# 第十三届全国人民代表大会常务委员会代表资格审查委员会关于个别代表的代表资格的报告

(2021年8月20日第十三届全国人民代表大会常务委员会第三十次会议通过)

全国人民代表大会常务委员会:

由黑龙江省选出的第十三届全国人民代表大会代表,河南省委原常委、政法委原书记甘荣坤(当选第十三届全国人民代表大会代表时任黑龙江省委常委、政法委书记),涉嫌严重违纪违法;由黑龙江省选出的第十三届全国人民代表大会代表,黑龙江省密山市柳毛乡团结村党支部原书记翟友财,涉嫌违纪违法。2021年6月24日,黑龙江省第十三届人大常委会第二十六次会议决定罢免甘荣坤、翟友财的第十三届全国人民代表大会代表职务。依照《中华人民共和国全国人民代表大会和地方各级人民代表大会代表法》的有关规定,甘荣坤、翟友财的代表资格终止。

由江苏省选出的第十三届全国人民代表大会代表,扬子江药业集团有限公司党委书记、董事长、总经理徐镜人,因病于2021年7月12日去世。代表资格审查委员会对徐镜人代表的去世表示哀悼。徐镜人的代表资格自然终止。

本次全国人民代表大会个别代表的代表资格变动后,第十三届全国人民代表大会实有代表2947人。

以上报告,请审议。

第十三届全国人民代表大会
常务委员会代表资格审查委员会

2021年8月17日

# 全国人民代表大会常务委员会公告

〔十三届〕第二十四号

山西省人大常委会决定罢免王俊飚的第十三届全国人民代表大会代表职务。中央军委后勤保障部军人代表大会决定罢免田忠良的第十三届全国人民代表大会代表职务。依照《中华人民共和国全国人民代表大会和地方各级人民代表大会代表法》的有关规定,王俊飚、田忠良的代表资格终止。

截至目前,第十三届全国人民代表大会实有代表2945人。

特此公告。

全国人民代表大会常务委员会

2021年10月23日

# 第十三届全国人民代表大会常务委员会代表资格审查委员会关于个别代表的代表资格的报告

(2021年10月23日第十三届全国人民代表大会常务委员会第三十一次会议通过)

全国人民代表大会常务委员会:

由山西省选出的第十三届全国人民代表大会代表,山西省长治市委原副书记、原市长王俊飚,因涉嫌严重违纪违法,2021年9月29日,山西省第十三届人大常委会第三十一次会议决定罢免其第十三届全国人民代表大会代表职务。由解放军选出的第十三届全国人民代表大会代表，中央军委后勤保障部某部原政治协理员田忠良，因涉嫌危险驾驶犯罪，2021年9月10日，中央军委后勤保障部召开军人代表大会决定罢免其第十三届全国人民代表大会代表职务。依照《中华人民共和国全国人民代表大会和地方各级人民代表大会代表法》的有关规定，王俊飚、田忠良的代表资格终止。

本次全国人民代表大会个别代表的代表资格变动后，第十三届全国人民代表大会实有代表2945人。

以上报告，请审议。

第十三届全国人民代表大会
常务委员会代表资格审查委员会
2021年10月19日

# 全国人民代表大会常务委员会公告

〔十三届〕第二十五号

河北省第十三届人大常委会第二十七次会议补选王正谱为第十三届全国人民代表大会代表。内蒙古自治区第十三届人大常委会第三十一次会议补选王莉霞为第十三届全国人民代表大会代表。辽宁省第十三届人大常委会第三十次会议补选李乐成为第十三届全国人民代表大会代表。江苏省第十三届人大常委会第二十七次会议补选许昆林为第十三届全国人民代表大会代表。浙江省第十三届人大常委会第三十二次会议补选王浩为第十三届全国人民代表大会代表。福建省第十三届人大常委会第三十次会议补选赵龙为第十三届全国人民代表大会代表。江西省第十三届人大常委会第三十四次会议补选叶建春为第十三届全国人民代表大会代表。山东省第十三届人大常委会第三十二次会议补选周乃翔为第十三届全国人民代表大会代表。西藏自治区第十一届人大常委会第三十五次会议补选王君正、严金海为第十三届全国人民代表大会代表。新疆维吾尔自治区第十三届人大常委会第三十次会议补选艾尔肯·吐尼亚孜为第十三届全国人民代表大会代表。第十三届全国人民代表大会常务委员会第三十二次会议根据代表资格审查委员会提出的报告，确认王正谱、王莉霞、李乐成、许昆林、王浩、赵龙、叶建春、周乃翔、王君正、严金海、艾尔肯·吐尼亚孜的代表资格有效。

福建省人大常委会决定罢免林文耀的第十三届全国人民代表大会代表职务。云南省人大常委会决定罢免邓进秀的第十三届全国人民代表大会代表职务。依照《中华人民共和国全国人民代表大会和地方各级人民代表大会代表法》的有关规定，林文耀、邓进秀的代表资格终止。

截至目前，第十三届全国人民代表大会实有代表2954人。

特此公告。

全国人民代表大会常务委员会
2021年12月24日

# 第十三届全国人民代表大会常务委员会代表资格审查委员会关于个别代表的代表资格的报告

（2021年12月24日第十三届全国人民代表大会常务委员会第三十二次会议通过）

全国人民代表大会常务委员会：

2021年11月23日，河北省第十三届人大常委会第二十七次会议补选河北省委副书记、代省长王正谱为第十三届全国人民代表大会代表。2021年11月16日，内蒙古自治区第十三届人大常委会第三十一次会议补选内蒙古自治区党委副书记、自治区主席王莉霞为第十三届全国人民代表大会代表。2021年11月26日，辽宁省第十三届人大常委会第三十次会议补选辽宁省委副书记、代省长李乐成为第十三届全国人民代表大会代表。2021 年 12 月 2 日，江苏省第十三届人大常委会第二十七次会议补选江苏省委副书记、代省长许昆林为第十三届全国人民代表大会代表。2021 年 11 月 25 日，浙江省第十三届人大常委会第三十二次会议补选浙江省委副书记、代省长王浩为第十三届全国人民代表大会代表。2021 年 12 月 15 日，福建省第十三届人大常委会第三十次会议补选福建省委副书记、代省长赵龙为第十三届全国人民代表大会代表。2021 年 11 月 19 日，江西省第十三届人大常委会第三十四次会议补选江西省委副书记、代省长叶建春为第十三届全国人民代表大会代表。2021 年 12 月 3 日，山东省第十三届人大常委会第三十二次会议补选山东省委副书记、省长周乃翔为第十三届全国人民代表大会代表。2021 年 12 月 9 日，西藏自治区第十一届人大常委会第三十五次会议补选西藏自治区党委书记王君正，西藏自治区党委副书记、自治区代主席、拉萨市委书记严金海为第十三届全国人民代表大会代表。2021 年 11 月 27 日，新疆维吾尔自治区第十三届人大常委会第三十次会议补选新疆维吾尔自治区党委副书记、自治区代主席艾尔肯·吐尼亚孜为第十三届全国人民代表大会代表。经全国人民代表大会常务委员会代表资格审查委员会审查，王正谱、王莉霞、李乐成、许昆林、王浩、赵龙、叶建春、周乃翔、王君正、严金海、艾尔肯·吐尼亚孜的代表资格有效，提请全国人民代表大会常务委员会确认并予以公告。

由福建省选出的第十三届全国人民代表大会代表，福建省平潭综合实验区党工委原副书记、管委会原主任林文耀，因涉嫌严重违纪违法，2021 年 10 月 20 日，福建省第十三届人大常委会第二十九次会议决定罢免其第十三届全国人民代表大会代表职务。由云南省选出的第十三届全国人民代表大会代表，云南省红河哈尼族彝族自治州民政局原局长邓进秀，因涉嫌严重违纪违法，2021 年 11 月 24 日，云南省第十三届人大常委会第二十七次会议决定罢免其第十三届全国人民代表大会代表职务。依照《中华人民共和国全国人民代表大会和地方各级人民代表大会代表法》的有关规定，林文耀、邓进秀的代表资格终止。

本次全国人民代表大会个别代表的代表资格变动后，第十三届全国人民代表大会实有代表 2954 人。

以上报告，请审议。

第十三届全国人民代表大会
常务委员会代表资格审查委员会
2021 年 12 月 20 日

# 对外交往

# 一、委员长国内外事活动

## 栗战书出席全国人大和柬埔寨国会视频交流活动开幕式

**新华社北京1月18日电**　全国人大常委会委员长栗战书18日在人民大会堂出席全国人大和柬埔寨国会视频交流活动开幕式。

栗战书说，刚刚过去的一年是人类历史上极具挑战的一年，同时也是中柬守望相助、携手抗疫，传统友谊进一步淬炼升华的一年。习近平主席同洪森首相保持经常性战略沟通，就新的历史条件下如何更好发展中柬关系达成重要共识，对各领域合作作出了战略指引。中柬签署的构建命运共同体行动计划，开启了双边关系的新时代。

栗战书强调，中柬是"铁杆朋友"和命运共同体。双方在涉及彼此核心利益问题上相互坚定支持。中方将坚定不移支持柬埔寨人民的正义事业，一如既往支持柬走符合本国国情的发展道路，继续为柬国家建设提供力所能及的支持帮助。中方愿积极同柬方开展疫苗合作。中柬之间最好的桥是友谊之桥、最好的路是共同发展之路。去年中柬双边自贸协定和区域全面经济伙伴关系协定先后签署，希望双方以此为契机，深挖经贸合作潜力，给两国人民带来更多实实在在的利益。

栗战书指出，2020年，中国全面建成小康社会取得伟大历史性成就，决战脱贫攻坚取得决定性胜利。面对新冠肺炎疫情严重冲击，习近平总书记亲自指挥、亲自部署，14亿中国人民团结奋战，夺取了抗疫斗争重大战略成果，中国成为全球唯一实现经济正增长的主要经济体。2021年，中国将乘势而上开启全面建设社会主义现代化国家新征程。中国将要构建的新发展格局，不仅是中国自身发展需要，而且将更好造福包括柬埔寨在内的各国人民。欢迎柬方把握中国发展新机遇，积极深化对华合作。

栗战书表示，立法机构交往是中柬关系的重要组成部分。两国立法机构积极推动两国领导人达成的重要共识落实落地，为共建"一带一路"合作走深走实提供法律和政策支持。要发挥立法机构代表同民众联系紧密的优势，传承中柬世代友好，助力国家关系发展。

柬埔寨国会主席韩桑林说，柬中友谊源远流长。两国团结抗击疫情，柬中命运共同体建设不断取得新进展。柬国会愿积极发挥作用，加强与中国全国人大的交流合作，为推进各领域务实合作和促进两国关系发展作出贡献。

全国人大常委会副委员长张春贤参加开幕式。

## 栗战书同伊朗议长卡利巴夫举行会谈

**新华社北京1月25日电**　全国人大常委会委员长栗战书25日在人民大会堂以视频方式同伊朗议长卡利巴夫举行会谈。

栗战书说，中伊友好源于历史上的友好交往，源于困难时期的相互扶助，源于重大问题上的无私支持，源于互利共赢的合作理念，经历了国际风云变幻考验。近年来，在两国最高领导人关心支持下，中伊全面战略伙伴关系稳步向前发展。新冠肺炎疫情暴发以来，习近平主席同鲁哈尼总统通电话并多次互致信函，保持密切沟通，就双边关系特别是合作抗疫达成重要共识，为新形势下中伊关系发展指明了方向。中方愿同伊方一道，认真落实两国元首达成的重要共识，推动中伊全面战略伙伴关系不断向前发展。

栗战书就落实中伊元首共识、推动两国关系发展提出四点建议。一是不断深化政治互信。始终从战略高度看待和发展中伊全面战略伙伴关系，加强战略沟通，在涉及彼此核心利益和重大关切问题上相互坚定支持。二是持续开展抗疫合作。进一步加强抗疫合作,共同促进全球和地区公共卫生安全。三是积极稳妥推进务实合作。继续推进共建“一带一路”框架内各领域务实合作,加强在反恐、打击跨国犯罪等领域合作,扩大在人文旅游等领域的交流,夯实中伊友好的民意基础。四是共同促进地区和平稳定。继续加强沟通协作,坚持维护伊朗核问题全面协议的共识,通过平等协商解决各国关切,共同维护地区安全与稳定。

栗战书指出,立法机构交往是中伊全面战略伙伴关系的重要组成部分,对增进两国人民友谊、促进双边关系发展具有不可替代的作用。新形势下,中国全国人大愿继续加强同伊朗伊斯兰议会的友好往来,密切各专门委员会和友好小组的对口交流,相互沟通了解立法、监督等经验,及时批准、修订或出台有利于双边关系发展的法律文件,为各领域务实合作提供法律保障。

卡利巴夫说,伊中友谊历史悠久,不断巩固发展。伊朗愿继续加强两国在政治、经贸、抗疫等领域的务实合作,并进一步加强在全球和地区问题上的沟通与合作。伊朗伊斯兰议会愿深化同中国全国人大的交流互鉴,为促进两国关系发展作出积极贡献。

## 栗战书同巴基斯坦国民议会议长凯瑟举行会谈

**新华社北京 1 月 27 日电** 全国人大常委会委员长栗战书 27 日在人民大会堂以视频方式同巴基斯坦国民议会议长凯瑟举行会谈。

栗战书说,中巴互为全天候战略合作伙伴。在习近平主席与巴领导人共同引领下,两国战略沟通密切,中巴经济走廊等务实合作成果丰硕,在共同应对新冠肺炎疫情中患难与共,相互支持,中巴情谊展现出强大生机与活力。

栗战书说,今年是中巴建交 70 周年,中巴关系站在新的起点上。双方应以此为契机,开展更高水平、更广范围、更深层次的合作。加强高层交往,推进抗疫合作,深化人文交流,共同建设中巴经济走廊,将走廊打造成“一带一路”高质量发展的示范工程,携手构建更加紧密的中巴命运共同体。密切多边协作,共同维护联合国宪章的宗旨和原则,捍卫多边主义和国际关系基本准则,维护国际公平正义,促进地区和平繁荣。

栗战书强调,立法机构交往是中巴关系的重要组成部分。中国全国人大愿继续加强同巴基斯坦国民议会的友好往来,推动落实两国领导人达成的重要共识和双边合作协议。要密切各专门委员会和友好小组对口交流;持续开展在依法治国、发展经济、改善民生、维护稳定等方面的经验交流;及时批准、修订或出台有利于双边关系发展的法律文件,为各领域务实合作提供法律保障;在多边议会场合维护共同立场和利益。

凯瑟说,巴基斯坦是中国亲密的朋友、坚定的伙伴,是中国的“铁哥们”。在重大核心利益问题上,巴中坚定站在一起。感谢中国人民在抗击疫情中给巴方的无私帮助。巴国民议会愿进一步加强同中国全国人大的交流合作,为共建“一带一路”、建设巴中经济走廊、促进各领域务实合作提供良好的法律环境,为促进两国关系发展和增进人民友谊作出积极贡献。

全国人大常委会副委员长艾力更·依明巴海参加会谈。

## 栗战书同匈牙利国会主席克韦尔举行会谈

**新华社北京 2 月 19 日电** 全国人大常委会委员长栗战书 19 日在人民大会堂以视频方式同匈牙利国会主席克韦尔举行会谈。

栗战书说,中匈建立全面战略伙伴关系以来,政治互信持续深化,各领域合作成果丰硕,两国关系进入了历史最好时期。面对新冠肺炎疫情的考验,在习近平主席和欧尔班总理的战略引领下,两国同舟共济、守望相助,积极支持彼此抗疫和复工复产,经贸合作逆势走高,重大合作项目接连落地,疫苗合作取得积极进展,中匈关系再次彰显了强劲韧性和内生动力,共同谱写了患难与共、友好合作的新篇章。

栗战书指出,不久前召开的中国—中东欧国家领导人峰会取得圆满成功。习近平主席在峰会上发表主旨讲话,同包括欧尔班总理在内的中东欧各国领导人共商合作发展大计,对规划未来合作发展、共同实现疫后经济复苏发展具有重要意义。中国坚持人民至上、生命至上,本着公开、透明、负责任的态度,积极履行国际义务,分享防控和救治经验,用实际行动推动构建人类卫生健康共同体。中方将继续从战略高度和长远角度看待和发展两国关系,愿同匈方一道,深入落实两国领导人重要共识,深化各领域交流合作,造福两国和两国人民。

栗战书强调,立法机构交往是中匈关系的重要组成部分。中国全国人大愿深化同匈国会的友好往来,推动落实两国领导人达成的重要共识和双边合作协议。双方要保持高层密切交往,促进各专门委员会和友好小组对口交流。及时批准、修订或出台有利于双边关系发展的法律文件,为共建"一带一路"及各领域务实合作提供法律保障。加强在依法治国、发展经济、改善民生等方面的经验交流,促进共同发展。

克韦尔说,匈中全面战略伙伴关系既象征着两国关系的高水平,又为开展新的合作开辟了前景。感谢中方在共同抗击疫情中给予的物资和疫苗等方面的帮助。匈牙利坚定支持和积极参加"一带一路"建设和中东欧国家—中国合作,希进一步推动更多项目合作。愿发挥立法机构的积极作用,为增进两国友好的社会和民意基础作出贡献。

全国人大常委会副委员长白玛赤林参加会谈。

## 栗战书同哈萨克斯坦议会下院议长尼格马图林举行会谈

**新华社北京3月17日电**　全国人大常委会委员长栗战书17日在人民大会堂以视频方式同哈萨克斯坦议会下院议长尼格马图林举行会谈。

栗战书说,近年来,在两国元首的直接推动下,中哈关系稳步向前发展。去年3月,习近平主席同托卡耶夫总统通话,为中哈关系阔步前行指明了方向。今年是中国共产党成立100周年,哈萨克斯坦也将迎来独立30周年。中方愿同哈方一道落实两国元首重要共识,进一步发展永久全面战略伙伴关系,共同坚持多边主义,维护地区和平安宁,推动共建人类命运共同体。

栗战书指出,新冠肺炎疫情发生以来,两国守望相助,开展抗疫合作,生动诠释了中哈永久全面战略伙伴关系的核心要义,为国际社会抗疫合作树立了典范。双方共建"一带一路"等务实合作迸发出强大活力,展现出十足韧劲。中方愿同哈方深化丝绸之路经济带建设与"光明之路"新经济政策对接合作,为两国人民带来更多实实在在的利益。要继续加强国际协作,在涉及彼此核心利益的重大问题上相互坚定支持,共同发出正义声音。

栗战书强调,立法机构交往是中哈关系的重要组成部分。中国全国人大愿通过多种方式加强同哈议会的友好往来,密切各层级交流,推动各领域合作,加强在多边议会组织中的协调配合。双方要顺应中哈合作深入推进需要,及时修改完善现有双边合作文件,依法监督各项协议落地,推动重大合作项目顺利实施,为落实两国元首共识和双方签署的协议提供法律保障和政策支持。促进包括青年在内的两国人民友好往来,推动永久全面战略伙伴关系定位成为中哈社会各界的普遍持久共识,夯实中哈世代友好的社会基础和民意基础。

栗战书简要介绍了十三届全国人大四次会议情况。

尼格马图林说,深化哈中永久全面战略伙伴关系,符合两国人民的共同利益。双方团结合作抗击疫情,进一步增进了两国人民友谊。哈议会致力于加强同中国全国人大的交流合作,为促进两国关系发展、推动各领域务实合作发挥立法机构的积极作用。祝贺中国共产党成立100周年,祝愿中国不断发展、繁荣昌盛。

全国人大常委会副委员长丁仲礼参加会谈。

## 栗战书出席第四次六国议长会议并发表讲话

**新华社北京3月25日电**　全国人大常委会委员长栗战书25日在北京人民大会堂以视频方式出席第四次六国议长会议并发表讲话。

栗战书在出席会议开幕式时指出,在全球奋力抗击新冠肺炎疫情的关键阶段，六国立法机构共同举办此次会议，彰显了携手抗疫、共谋发展的坚定决心和信心。

栗战书指出，过去一年，中国在习近平主席亲自指挥和部署下，坚持人民至上、生命至上，用三个月左右的时间有效控制了疫情。中国秉持人类卫生健康共同体理念，积极开展国际抗疫合作，为实现疫苗在发展中国家的可及性和可负担性、为全球团结协作战胜疫情作出贡献。

栗战书就当前和后疫情时代六国立法机构加强合作提出五点建议。一是加强公共卫生领域合作，依法助力疫情防控和复工复产。二是坚持开放创新包容绿色发展，为经济复苏提供法治支撑。三是推动高质量共建“一带一路”，提升地区互联互通水平。四是坚定维护国际法权威，推动建设更加公正合理的国际秩序。五是完善国家安全领域法治建设，在国内法和国际法层面筑牢维护国家安全的屏障。

栗战书向与会各方介绍了中国在涉疆、涉港问题上的原则立场。栗战书说，涉疆问题不是民族、宗教、人权问题，而是反暴恐反分裂问题。中国政府在新疆依法开展反恐和去极端化工作，保护人民生命安全，得到各族群众衷心拥护。凡是到新疆去过的外国朋友，都看到了新疆社会持续稳定发展、各族人民安居乐业的事实。栗战书说，近年来，特别是 2019 年“修例风波”以来，香港法治和社会秩序遭到严重冲击，“一国两制”原则底线受到严重挑战。香港国安法的出台顺应了民心。中国全国人大作出关于完善香港特别行政区选举制度的决定，目的是全面准确贯彻落实“一国两制”方针和香港基本法，维护香港长期繁荣稳定。

栗战书在当天晚间出席会议闭幕式并讲话。他指出，这场疫情再次说明，人类命运休戚与共，各国利益紧密相连，合作应对挑战是国际社会唯一选择。要守望相助，共同夺取抗疫斗争最终胜利，在确保安全前提下推进经济复苏。要高度警惕恐怖主义势力借疫情兴风作浪，坚决打击各种形式的恐怖主义。要团结协作、相互支持，推动构建人类命运共同体。中国全国人大愿继续以六国议长会议为平台，加强沟通交流，为深化彼此友谊、增进政策协调、维护共同利益、实现互利共赢作出不懈努力。

此次六国议长会议由土耳其主办，主题为“打击恐怖主义和加强地区互联互通”。土耳其大国民议会议长申托普、阿富汗国民议会人民院议长拉赫马尼、伊朗伊斯兰议会议长卡利巴夫、巴基斯坦国民议会议长凯瑟和俄罗斯立法机构代表出席会议并发言。会议通过了《第四次六国议长会议安塔利亚宣言》。伊拉克立法机构代表也应邀与会并发言。

# 栗战书同巴西众议长利拉举行会谈

**新华社北京 3 月 26 日电** 全国人大常委会委员长栗战书 26 日在北京人民大会堂以视频方式同巴西众议长利拉举行会谈。

栗战书说，近年来，在两国元首战略引领下，中巴关系稳步向前发展。去年 3 月，习近平主席同博索纳罗总统通话并互致信函，就加强抗疫等领域合作达成重要共识。当前，中巴对话机制不断完善，务实合作成果稳中有进，在国际事务中保持良好沟通协作。中巴人民面对新冠肺炎疫情的挑战，守望相助，同舟共济，体现了中巴合作的强大韧性，得到了两国社会各界的广泛支持。

栗战书指出，中方始终从战略高度和长远角度看待和发展同巴西关系，将中巴关系置于中国外交的优先位置。中巴在经贸、投资、基础设施、能源、农牧业等领域务实合作取得丰硕成果，抗疫合作卓有成效。双方在涉及彼此核心利益和重大关切问题上相互坚定支持，在重大国际和地区问题上拥有广泛共同利益，开展了密切沟通协调，有力维护了发展中国家和新兴市场国家团结合作。当前，中巴关系发展面临新的机遇。中方愿同巴方一道，进一步加强政策沟通和交流合作，夯实两国关系政治基础，深化各领域务实合作，推动中巴全面战略伙伴关系取得新的发展。

栗战书强调，立法机构交往是中巴全面战略伙伴关系的重要组成部分。中国全国人大愿和巴西国会一道，为推动落实两国元首共识，发展和深化双边关系作出不懈努力。一是密切各层级交往，推动双方在涉及彼此核心利益和重大关切问题上继续相互理解和支持，不断深化政治互信。二是为两国互利合作提供法律支持，依法监督各项协议落地，推动重大合作项目顺利实施，保障双方投资者合法权益，积极为两国企业合作营造良好的政策和法律环境。三是加强立法经验交流，就经济社会协调发展、民主法治建设、社会保障、环境保护、公共安全等议题交流互鉴。

利拉说，巴西重视发展同中国的关系。两国在各领域合作潜力巨大。感谢中方在新冠疫苗、抗疫物资等各方面给予巴方的有力支持，这体现了两国人民的友好关系和正在扩大的务实合作。中国有效控制了疫情，并在国际上开展抗疫合作，为全球抗疫树立了榜样。愿加强巴中两国立法机构的交流合作，为促进巴中关系发展作出贡献。

# 栗战书同乌兹别克斯坦最高会议参议院主席纳尔巴耶娃举行会谈

**新华社北京3月27日电**　全国人大常委会委员长栗战书26日下午在北京人民大会堂以视频方式同乌兹别克斯坦最高会议参议院主席纳尔巴耶娃举行会谈。

栗战书说，习近平主席同米尔济约耶夫总统保持密切交往，及时就中乌关系、抗疫合作和共建“一带一路”交换意见，为两国关系发展指明了方向。两国元首的战略引领始终是中乌关系行稳致远的最坚实保障。双方政治上高度互信，经济上互利共赢，安全上密切协作，人文上交流互鉴，在国际和地区事务中相互支持，是名副其实的全面战略伙伴。中方愿与乌方携手努力，积极落实两国元首共识，加强“一带一路”倡议同乌兹别克斯坦国家发展战略的全面对接，促进各领域合作提质升级，加强抗疫合作，推动中乌全面战略伙伴关系深入发展。

栗战书指出，中乌在重大国际问题上立场相同或相近，在联合国等多边框架内保持密切沟通。希望双方在涉及彼此核心利益和重大关切问题上继续相互支持。栗战书介绍了关于新疆、香港的情况和中方在相关问题上的原则立场。他说，涉疆问题不是民族、宗教、人权问题，而是反暴恐反分裂问题。当前，新疆社会保持稳定，人民安居乐业，民族团结和睦，生活水平全面提高。中国全国人大作出关于完善香港选举制度的决定，目的是全面准确贯彻落实“一国两制”方针和香港基本法，维护香港长期繁荣稳定。

栗战书强调，立法机构交往是中乌全面战略伙伴关系的重要组成部分。新形势下，中国全国人大愿继续加强同乌兹别克斯坦最高会议的友好往来，密切各层级交流，推动各领域合作，加强在多边议会组织中的协调配合。两国立法机构要顺应中乌合作深入推进需要，及时修改完善现有双边合作文件，推动重大合作项目顺利实施，为落实两国元首共识和双方签署的协议提供法律保障和政策支持。

纳尔巴耶娃说，面对新冠肺炎疫情的严峻考验，中国积极应对，率先实现复工复产，为世界经济复苏作出重要贡献。中国战胜绝对贫困，全面建成小康社会，这是具有世界意义的历史性成就。两国立法机构应深化交流、加强合作，推动抗疫、经贸、人文、地方、减贫、共建“一带一路”合作，为促进两国关系发展发挥积极作用。乌方将继续坚定奉行“一个中国”政策。

全国人大常委会副委员长蔡达峰参加会谈。

# 栗战书同蒙古国国家大呼拉尔主席赞丹沙塔尔举行会谈

**新华社北京3月31日电**　全国人大常委会委员长栗战书31日在北京人民大会堂以视频方式同蒙古国国家大呼拉尔主席赞丹沙塔尔举行会谈。

栗战书说，习近平主席明确指出，中蒙要永做心相近、情相系、利相融的友邻和善邻。近年来，两国高层交往频繁，政治互信增强，经贸合作成果丰硕，人民感情日益深厚。面对新冠肺炎疫情的冲击和影响，中蒙相互理解、相互支持，树立了邻国间合作抗疫的典范，生动诠释了人类命运共同体理念。着眼后疫情时期，中蒙要不断增强政治互信，加快“一带一路”倡议和“草原之路”倡议的对接落地，更好造福两国人民，推动中蒙全面战略伙伴关系深入发展。

栗战书指出，中国全国人大同蒙古国国家大呼拉尔长期保持友好交往。新形势下，愿继续加强立法机构间的友好往来，推动落实两国领导人达成的重要共识和双边合作协议。一是通过灵活方式保持高层密切交往,促进各专门委员会和友好小组对口交流。二是及时批准、修订或出台有利于双边关系发展的法律文件,为共建“一带一路”及各领域务实合作提供法律保障。三是加强在依法治国、发展经济、改善民生、维护稳定等方面的经验交流,促进共同发展。

赞丹沙塔尔说,近年来,在双方共同努力下,蒙中在各领域务实合作取得长足发展。在抗击新冠肺炎疫情中,蒙中守望相助,两国人民友谊进一步深化。蒙古国家大呼拉尔愿加强同中国全国人大的交流合作,为促进蒙中全面战略伙伴关系作出积极贡献。

全国人大常委会副委员长白玛赤林参加会谈。

## 栗战书同摩洛哥众议长马勒基举行会谈

**新华社北京4月7日电** 全国人大常委会委员长栗战书7日在北京人民大会堂以视频方式同摩洛哥众议长马勒基举行会谈。

栗战书说,中摩关系历史悠久。2016年中摩建立战略伙伴关系以来,在习近平主席和摩领导人的共同引领下,两国高层交往密切,政治互信持续深化,共建“一带一路”以及在中非合作论坛、中阿合作论坛框架下各项合作取得丰硕成果。2020年8月,习近平主席同穆罕默德六世国王通电话,为双边关系进一步发展指明了方向。面对新冠肺炎疫情的挑战,中摩同舟共济,守望相助,两国务实合作成果丰硕。中摩双方要继续保持高层交往势头,深化传统友谊,加快拓展务实合作的广度和深度,扩大人文领域交流,加强在国际事务中的沟通协调,坚定支持多边主义,坚定维护以联合国为核心的国际体系和以国际法为基础的国际秩序。

栗战书指出,摩洛哥是中非、中阿合作机制的重要成员,中方愿同包括摩洛哥在内的非洲国家、阿拉伯国家一道,在涉及彼此核心利益和重大关切问题上相互支持,在共建“一带一路”、加强抗疫等方面通力协作,用实际行动共建新时代中非、中阿命运共同体。

栗战书强调,中国全国人大同摩洛哥议会长期保持友好往来。愿继续加强双方立法机构的交流合作,推动落实两国领导人达成的重要共识和双边合作协议。一是保持高层密切交往,促进各专门委员会和友好小组对口交流。二是及时批准、修订或出台有利于双边关系发展的法律文件,为共建“一带一路”及各领域务实合作提供法律保障。三是加强在依法治国、发展经济、改善民生、维护稳定等方面的经验交流,促进共同发展。四是密切在多边场合和事务中的协调配合,维护发展中国家的共同利益。

马勒基说,祝贺中国共产党成立100周年。摩中战略伙伴关系不断深化,两国合作成为南南合作新的典范。摩坚定奉行“一个中国”政策。两国人民团结抗疫,再次展现了两国关系的高水平。摩愿进一步加大和中方在经济发展、共建“一带一路”、抗疫等各领域的务实合作。摩议会将积极发挥作用,为促进摩中关系发展作出贡献。

## 栗战书同墨西哥参议长拉米雷斯举行会谈

**新华社北京4月20日电** 全国人大常委会委员长栗战书20日在北京人民大会堂以视频方式同墨西哥参议长拉米雷斯举行会谈。

栗战书说,中墨是好朋友、好伙伴。在习近平主席和洛佩斯总统的战略引领下,中墨关系全面发展,各领域合作势头良好,在国际和地区问题上保持密切沟通协调,为维护世界和平、促进共同发展作出了重要贡献。中方高度重视中墨关系,无论国际风云如何变幻,坚持推进中墨长期友好的方针不会改变,坚定支持墨经济社会发展的立场不会改变。明年中墨将迎来建交50周年。中方愿同墨方一道,积极推动落实两国元首共识,发展和深化中墨全面战略伙伴关系。

栗战书指出,中墨同为发展中大国和重要新兴市场国家,互为重要发展机遇。双方要保持和加强高水平政治互信,在涉及彼此核心利益和重大关切问题上继续坚定相互支持。在疫情背景下,两国务实合作展现出强大韧性。疫苗合作成为中墨抗疫合作的一大亮点，两国用实际行动推动构建卫生健康共同体，携手打造抗疫国际合作典范。中方欢迎墨方积极参与共建“一带一路”。双方要充分发挥各自优势，加强发展战略对接，培育新增长点。深化人文交流互鉴，夯实长期友好的民意基础。加强沟通协调，共同捍卫多边主义。

栗战书强调，立法机构交往是中墨全面战略伙伴关系的重要组成部分。中方对墨西哥联邦议会长期坚持一个中国原则、奉行不干涉内政的立场表示赞赏。中国全国人大愿继续加强同墨议会的交流合作，推动落实两国领导人达成的重要共识和双边合作协议。一是加强各专门委员会和友好小组对口交流，充分发挥中墨议会对话论坛的作用。二是及时批准、修订和出台有利于双边关系发展的法律文件。三是加强在依法治国、发展经济、改善民生等方面的经验交流。四是密切在多边场合和事务中的协调配合，维护发展中国家的共同利益。

拉米雷斯说，墨西哥重视发展对华关系，视中国为在亚太地区的重要合作伙伴。感谢中国在抗击新冠肺炎疫情中给予墨西哥的重要支持。希进一步发挥包括墨中议会对话论坛在内的各层次对话机制的积极作用。墨议会有坚定的意愿为促进两国关系发展、推进务实合作、深化人民友谊作出积极贡献。

## 栗战书同埃及众议长贾巴利举行会谈

**新华社北京4月21日电**　全国人大常委会委员长栗战书20日在北京人民大会堂以视频方式同埃及众议长贾巴利举行会谈。

栗战书说，中埃友好源远流长。埃及是第一个同新中国建交的阿拉伯和非洲国家。建交65年来，两国关系经受住了各种国际风云变幻考验，始终保持健康稳定发展，成为中阿、中非团结合作、互利共赢的典范。近年来，习近平主席和塞西总统保持密切交往，共同引领中埃关系实现高水平快速发展。中方始终从战略高度和长远角度看待中埃关系，把埃及放在中国外交全局的重要位置。中方愿同埃方一道，认真落实两国领导人的重要共识，深化传统友谊和各领域务实合作，不断发展中埃全面战略伙伴关系。

栗战书指出，中埃同为发展中国家，希加强互利合作和协调配合，继续在涉及彼此核心利益和重大关切问题上相互支持，推动世界多极化和经济全球化，维护广大发展中国家的共同利益。中国正积极构建新发展格局，这将为中埃合作提供更为广阔的空间，愿加强发展战略对接，共享发展机遇。面对疫情挑战，中埃守望相助，谱写了患难与共的新篇章，希加强抗疫合作，推动构建人类卫生健康共同体。埃及是中非、中阿合作机制重要成员，中方愿同包括埃及在内的非洲国家、阿拉伯国家一道，相互支持，在共建“一带一路”、推动经济社会发展等方面通力协作，使中非、中阿合作关系得到进一步发展。

栗战书强调，立法机构交往是两国关系的重要组成部分。中国全国人大愿继续加强同埃及众议院的交流合作，推动落实两国领导人达成的重要共识和双边合作协议。双方要继续保持高层交往势头，加强各专门委员会和友好小组对口交流；推动青年交流，培育两国友好的新生代力量；及时批准、修订和出台有利于双边关系发展的法律文件，为各领域务实合作提供法律支撑；推动在依法治国、发展经济等方面开展经验交流，密切在多边场合和事务中的协调配合。

贾巴利说，埃中都是世界文明古国，两国关系牢固而密切。埃坚定奉行“一个中国”政策。祝贺中国共产党成立100周年。愿加强在“一带一路”框架下合作，推动取得更多成果。中国抗疫取得巨大成功，期待深化双方抗疫合作。希增进立法机构各层级各方面交流，促进埃中全面战略伙伴关系不断发展。

## 栗战书同委内瑞拉全国代表大会主席罗德里格斯举行会谈

**新华社北京4月27日电**　全国人大常委会委员长栗战书27日在北京人民大会堂以视频方式同委内瑞拉全国代表大会主席罗德里格斯举行会谈。

栗战书说，中国和委内瑞拉是相互信赖的好朋友、好伙伴。习近平主席同马杜罗总统保持密切沟通，就双边关系、抗疫合作等达成重要共识，为新形势下中委关系发展指明了方向。中委全面战略伙伴关系保持高水平运行，取得丰硕成果。双方在涉及彼此核心利益问题上相互支持，有效维护各自国家主权、民族尊严和发展权利。中方愿同委方一道，落实两国元首共识，通过多种方式保持各层级往来，加强政策协调和经验交流，推动共建“一带一路”，平稳推进各领域务实合作，继续深化文化、教育、科技等领域交流，加强疫情防控合作，不断发展和深化中委全面战略伙伴关系。

栗战书指出，无论国际和地区形势如何变化，中方坚持同委方团结合作的方针不变，支持委内瑞拉人民探索符合自身国情发展道路的原则不变。中方赞赏委政府和全代会在涉台、涉港、涉疆、涉藏等涉及中国核心利益和重大关切问题上给予的坚定支持。中方始终从战略高度和长远角度看待同拉美关系，将继续同拉美国家一道，推动实现中拉合作优化升级、创新发展，共同建设新时代平等、互利、创新、开放、惠民的中拉关系，构建中拉命运共同体。

栗战书强调，立法机构交往是中委全面战略伙伴关系的重要组成部分。中国全国人大愿同委内瑞拉全代会加强交流合作，推动落实两国领导人达成的重要共识和双边合作协议。一是加强各层级合作，推动各专门委员会和友好小组对口交流。二是及时批准、修订或出台有利于双边关系发展的法律文件，为推动共建“一带一路”和各领域务实合作提供法律支持。三是相互学习借鉴立法、监督和治国理政经验，促进共同发展。

罗德里格斯说，祝贺中国共产党成立 100 周年。委中两国和两国人民友谊深厚。在共同抗击疫情中，感谢中方对委内瑞拉的重要支持和帮助。委坚定支持中国捍卫国家主权、安全和发展利益，反对任何干涉中国内政的行为。委内瑞拉全代会愿加强同中国全国人大的交往与合作，为促进两国全面战略伙伴关系发展作出贡献。

# 栗战书出席“议员在巩固国际和平与信任中的作用”议会领导人会议并讲话

**新华社北京 4 月 28 日电** 全国人大常委会委员长栗战书 28 日在北京人民大会堂以视频方式出席“议员在巩固国际和平与信任中的作用”议会领导人会议并发表讲话。

栗战书说，当前，百年变局和世纪疫情交织叠加，世界进入动荡变革期，不稳定性不确定性显著上升。习近平主席指出，自古以来，和平就是人类最持久的夙愿。和平犹如空气和阳光，受益而不觉，失之则难存。总的看，和平与发展仍然是时代主题，但国际社会和平与信任受到严重侵蚀，国际秩序和全球治理体系遭到冲击，实现普遍安全、促进共同发展依然任重道远，需要各国齐心协力、共同应对。

栗战书指出，立法机构间交往为国家关系长期、稳定、健康发展提供了重要保障。立法机构不仅有责任，也有能力为国家和人民之间加强信任、为维护世界和平与发展作出独特贡献。一是应当践行共同、综合、合作、可持续的新安全观，反对任何形式的“新冷战”和意识形态对抗。要妥善应对各种传统和非传统安全问题，坚决打击一切形式的恐怖主义。二是应当坚持开放合作，促进贸易和投资自由化便利化，维护全球产业链供应链稳定顺畅，推动构建开放型世界经济。要恪守互利共赢的合作观，维护发展中国家正当发展权益，推动实现共同发展繁荣。三是应当通过坦诚深入的对话沟通，增进战略互信，减少相互猜疑。要尊重各国主权、独立、领土完整，尊重各国自主选择的政治制度和发展道路，倡导不同文明交流互鉴。四是应当秉持共商共建共享原则，坚持开放包容、厉行法治、协商合作的真正的多边主义，推动全球治理体系朝着更加公正合理的方向发展。要坚定维护以联合国为核心的国际体系，坚定维护以国际法为基础的国际秩序，坚定维护联合国在国际事务中的核心作用。

栗战书表示，今年是中国共产党成立 100 周年。中国共产党人致力于为中国人民谋幸福、为中华民族谋复兴、推动构建人类命运共同体，深知和平的可贵，具有维护和平的坚定决心。中国坚持走和平发展道路，将走出一条与传统大国轨道不同的和平发展之路。中国全国人大愿继续同包括土库曼斯坦国家委员会在内的各国立法机构一道，做世界和平的建设者、全球发展的贡献者、国际秩序的维护者，共建持久和平、普遍安全、共同繁荣、开放包容、清洁美丽的世界。

2021年被联合国确定为“国际和平与信任年”。此次议会领导人会议旨在加强各国立法机构间交流合作，促进议会在推动国际社会巩固和平与信任方面发挥更大作用。会议由土库曼斯坦主办，来自俄罗斯、阿富汗、亚美尼亚、阿塞拜疆、白俄罗斯、伊朗、日本、韩国、摩尔多瓦、巴基斯坦、塔吉克斯坦、土耳其、乌兹别克斯坦、哈萨克斯坦、吉尔吉斯斯坦等国议长或议会领导人以视频方式出席。

# 栗战书同阿根廷众议长马萨举行会谈

**新华社北京5月14日电**　全国人大常委会委员长栗战书14日在北京人民大会堂以视频方式同阿根廷众议长马萨举行会谈。

栗战书说，中阿始终坚持相互尊重、平等相待、互利共赢的原则，两国关系保持健康稳定发展，成为新兴市场国家团结合作、共同发展的典范。习近平主席同费尔南德斯总统通电话并多次互致信函，引领中阿全面战略伙伴关系持续深入发展。两国政治互信不断深化，务实合作持续加强，在国际和地区事务中保持密切沟通协调，有力维护了发展中国家的共同利益。中方愿同阿方一道，落实好两国元首达成的重要共识，推动新时代中阿全面战略伙伴关系取得更大发展，更好造福两国和两国人民。

栗战书指出，当前，百年变局和世纪疫情交织叠加，中阿面临共同的风险和挑战，更加需要加强团结合作，推动双边关系提质升级。双方要继续在涉及彼此核心利益和重大关切问题上相互坚定支持；结合各自优势和发展需求，做深做实经贸、基础设施建设、能矿、农业、金融、投资等领域的务实合作；加强抗疫合作，早日彻底战胜疫情；加强全方位交往，深化文化、科技、教育、体育、地方、青年等领域交流，夯实两国长期友好的根基；深化多边战略协作，共同支持多边主义和开放包容的世界经济，携手构建人类命运共同体。

栗战书强调，中国全国人大和阿根廷国会有着友好往来的传统。希望两国立法机构继续加强交流与合作，推动落实两国领导人达成的重要共识和双边合作协议。一是密切各层级交往，扩大两国立法机构领导人、各专门委员会、友好小组之间的交流。二是为两国互利合作提供保障，依法监督各项协议落地，积极为两国企业合作营造良好的政策和法律环境。三是加强立法和治国理政经验交流，助力各自国内经济社会发展。

马萨说，阿中建交以来，两国关系发展取得丰硕成果。祝贺中国共产党成立100周年。阿坚定坚持“一个中国”原则。感谢中方对阿方抗疫提供的巨大支持，愿加强国际抗疫合作，巩固多边主义。立法机构交往是促进两国关系发展的重要引擎，希深化交流、扩大合作。

# 栗战书同马达加斯加国民议会议长克里斯蒂娜举行会谈

**新华社北京5月19日电**　全国人大常委会委员长栗战书19日在北京人民大会堂以视频方式同马达加斯加国民议会议长克里斯蒂娜举行会谈。

栗战书说，在习近平主席和拉乔利纳总统战略引领下，中马关系健康稳定发展，两国政治互信持续加深，各领域务实合作成果丰硕。中方高度重视发展中马关系，愿同马方一道，将落实中非合作论坛北京峰会成果、共建“一带一路”与“马达加斯加振兴倡议”有效对接，将两国全面合作伙伴关系提升到更高水平。

栗战书指出，明年两国将迎来建交50周年。中方愿以此为契机，进一步发展中马关系。一是增进政治互信，坚定相互支持。保持高层交往势头，密切各层级交往，在涉及彼此核心利益和重大关切问题上相互支持；密切在多边机构和场合的协作，共同维护国际公平正义和发展中国家共同利益。二是深化务实合作，造福两国人民。结合各自优势和发展需要，加强农业、能源、基础设施建设等领域合作。三是推进卫生合作，携手抗击疫情。中方将继续积极落实中非团结抗疫特别峰会成果，同马方共同推动构建中非卫生健康共同体。四是密切人文交流，巩固传统友谊。加快商签新的文化合作协定和互设文化中心协议等，不断夯实双方长期友好的民意基础。

栗战书强调，立法机构交往是中马全面合作伙伴关系的重要组成部分。中国全国人大愿同马达加斯加国民议会保持密切沟通，加强各专门委员会和友好小组对口交流，持续开展在依法治国、发展经济、改善民生、消除贫困等方面的经验交流，为提高各自治理能力和发展水平做出积极贡献；及时批准、修订或出台有利于双边关系发展的法律文件，助力两国发展战略对接及各领域务实合作；强化在多边议会场合的沟通协调与相互支持，维护共同立场和利益。

克里斯蒂娜说，马中都拥有灿烂、独特的文明，建交以来长期保持兄弟般的友好关系。两国元首共同引领和推动双边关系实现高水平发展。感谢中方在促进马经济社会发展、抗击疫情中给予的重要支持。马国民议会愿为深化两国全面合作伙伴关系作出积极贡献。

全国人大常委会副委员长丁仲礼参加会谈。

## 栗战书同古巴全国人民政权代表大会主席拉索举行会谈

**新华社北京 5 月 25 日电**　全国人大常委会委员长栗战书 25 日在北京人民大会堂以视频方式同古巴全国人民政权代表大会主席拉索举行会谈。

栗战书说，中古是好朋友、好同志、好兄弟。不久前，习近平总书记、国家主席同古共中央第一书记、国家主席迪亚斯－卡内尔通电话，就进一步深化两党两国特殊友好关系、推动各领域合作达成了重要共识。中方愿同古方一道，积极推动落实两国领导人共识。要增进政治互信，在涉及彼此核心利益的问题上相互坚定支持，坚决反对单边主义、保护主义，反对动辄对他国进行封锁、制裁、打压、遏制的霸凌主义，深化肝胆相照的友谊。深化贸易、投资、农业、新能源、旅游、生物制药等领域和加强抗疫的合作，收获更多实实在在的成果。

栗战书指出，今年是中国共产党成立 100 周年。中国共产党之所以能领导中国人民取得历史性成就，受到全国人民的衷心拥护，一是始终坚持理想信念，坚守初心使命，为中国人民谋幸福，为中华民族谋复兴，成为中国发展进步的中流砥柱。二是始终注重理论建设。中国特色社会主义进入新时代，在习近平新时代中国特色社会主义思想的指导下，中国正在为全面建设社会主义现代化国家、实现中华民族伟大复兴不懈奋斗。三是始终坚持实事求是、一切从实际出发，根据自己国家的实际，走符合本国国情的发展道路。四是始终高度重视自身建设，保持自我革命精神，成为始终走在时代前列、经得起各种风浪考验的马克思主义执政党。

栗战书强调，中国全国人大愿同古巴全国人大继续加强交流合作，扩大立法机构领导人、各专门委员会、友好小组、代表之间的交流。积极为双方经贸往来和企业投资合作营造良好的政策和法律环境，推动落实两国领导人达成的重要共识和双边合作协议。加强民主法治建设、减贫与发展等议题经验交流，在重大国际和地区问题上保持密切沟通，共同维护两国和发展中国家的利益。

拉索说，古中友谊历久弥新、历经考验、不断发展。祝贺中国共产党成立 100 周年。古方坚定坚持一个中国原则，反对任何干涉中国内政的行径。古全国人大愿加强同中国全国人大的交流，全力推动古中关系发展和各领域合作。拉索还介绍了古共八大有关情况。

全国人大常委会副委员长吉炳轩参加会谈。

## 栗战书同老挝国会主席赛宋蓬举行会谈

**新华社北京 5 月 28 日电**　全国人大常委会委员长栗战书 28 日在北京人民大会堂以视频方式同老挝国会主席赛宋蓬举行会谈。

栗战书说，中老是山水相连的友好邻邦和牢不可破的命运共同体。不久前，习近平总书记、国家主席同通伦总书记、国家主席通电话，互致建交贺电，就中老命运共同体建设达成新的重要共识。今年是中老建交 60 周年暨中老友好年。中方愿同老方一道，全面落实两党两国最高领导人签署的构建中老命运共同体行动计划，继续深化战略沟通、加强政治上相互支持，推进“一带一路”建设、拓展各领域务实合作，加强抗疫合作、共建卫生健康共同体，推动中老传统友谊不断提质升级。

栗战书指出，今年 7 月 1 日，是中国共产党成立

100周年纪念日。中国共产党的历史，就是一部不断推进马克思主义中国化的历史，就是一部不断推进理论创新、进行理论创造的历史。中国共产党始终坚持一切为了国家、一切为了人民的初心使命，从时代和国情实际出发解决中国的问题，以刀刃向内的自我革命精神保持党的先进性、纯洁性，确保始终保持党的旺盛生命力和强大战斗力。中老双方可以加强理论交流互鉴，共同从双方友好交往、并肩战斗的历史中汲取智慧和力量，推进两党两国关系和社会主义事业向前发展。

栗战书强调，中国全国人大愿同老挝国会发扬友好往来传统，加强交流合作，推动落实两国领导人达成的重要共识和双边合作协议。要通过灵活方式保持高层交往势头，扩大各专门委员会、友好小组、代表之间的交流。围绕治国理政、立法监督、发展规划等议题开展经验交流，为推进两国务实合作完善法律支持和制度保障。加强地方层级立法机构交往，推动地方交流合作。在多边议会场合加强协调配合，共同维护发展中国家的利益。

赛宋蓬说，祝贺中国共产党成立100周年。感谢中方在团结抗疫、推动务实合作、促进老挝经济社会发展中给予的重要帮助。老挝国会愿进一步加强同中国全国人大的交流互鉴，为深化老中全面战略合作、推动老中命运共同体建设作出积极贡献。

全国人大常委会副委员长王东明参加会谈。

# 栗战书同所罗门群岛国民议会议长奥蒂举行会谈

**新华社北京6月2日电**　全国人大常委会委员长栗战书2日在北京人民大会堂以视频方式同所罗门群岛国民议会议长奥蒂举行会谈。

栗战书说，中国和所罗门群岛于2019年在一个中国原则的基础上正式建立外交关系，开启了两国关系新的历史篇章。建交以来，在习近平主席和所罗门群岛领导人共同引领下，双方政治互信不断增强，各领域交流合作蓬勃开展，人民之间的相互了解与友谊日益加深。两国守望相助、团结抗疫，是相互尊重、共同发展的好朋友、好伙伴。中方愿同所方一道，认真落实两国领导人达成的重要共识，不断开创两国关系新局面。

栗战书指出，中方一贯主张大小国家一律平等，尊重所方选择适合本国国情的发展道路，支持所方发展经济、改善民生。中方赞赏所方恪守一个中国原则，在台湾、涉疆、涉港等中方核心利益和重大关切问题上给予中方坚定支持。中方愿同所方保持高层和各层级交往，加强政治上相互支持。双方要继续团结抗疫，拓展务实合作，在共建“一带一路”合作谅解备忘录的基础上，深化基础设施、农林渔业等领域合作。扩大人文交流，加强在教育、文化、地方、青年等领域交往，巩固两国长期友好的基础。加强多边协调配合，坚持多边主义，共同捍卫发展中国家的正当权益。

栗战书表示，中国全国人大愿同所罗门群岛国民议会加强友好往来，为落实两国领导人共识、促进双边关系和人民福祉作出积极贡献。双方可通过灵活方式，推动各专门委员会对口交流，开展友好交往；及时批准、修订有利于双边关系发展的法律文件，为推动共建“一带一路”和各领域务实合作提供法律保障；相互学习借鉴立法、监督和治国理政经验，助力实现各自经济社会发展目标。

奥蒂说，所罗门群岛热烈祝贺中国共产党成立100周年。所方高度重视发展同中国的友好关系，坚定坚持一个中国原则。感谢中方在抗击疫情等方面给予的重要支持。所国民议会愿加强同中国全国人大的交流合作，为推动两国务实合作、促进人民友谊作出贡献。

全国人大常委会副委员长曹建明参加会谈。

# 栗战书同白俄罗斯国民会议共和国院主席科恰诺娃、代表院主席安德烈琴科举行会谈

**新华社北京6月8日电**　全国人大常委会委员长栗战书8日在北京人民大会堂以视频方式同白俄

罗斯国民会议共和国院主席科恰诺娃、代表院主席安德烈琴科举行会谈。

栗战书说，中白是相互信任、合作共赢的全面战略伙伴。在习近平主席和卢卡申科总统的战略引领和亲自推动下，双边关系始终保持健康稳定发展。两国政治互信持续巩固，共建"一带一路"合作扎实推进，人文交流更加活跃，国际事务协作更为密切。中方愿同白方一道，认真落实两国领导人重要共识，推动双边关系不断迈上新台阶。

栗战书指出，明年两国将迎来建交30周年。作为好朋友、好伙伴、好兄弟，双方要不断加强政治上相互支持，继续坚定支持彼此核心利益和重大关切。加强包括疫苗在内的抗疫合作，共同构建卫生健康共同体。大力推进共建"一带一路"和各领域务实合作，加强政策沟通和顶层设计，推动互利合作走深走实。持续扩大教育、科技、文化、青年等全方位交往，进一步挖掘地方合作潜力。秉持人类命运共同体理念，加强多边协作，旗帜鲜明地支持多边主义，坚定维护以联合国为核心的国际体系，坚定维护以国际法为基础的国际秩序，反对单边主义、霸凌行径，反干涉、反制裁、反遏制，共同维护国际公平正义。

栗战书强调，中国全国人大与白俄罗斯国民会议长期保持友好往来，是两国全面战略伙伴关系的重要组成部分。双方要继续加强交流与合作，推动落实两国领导人达成的重要共识和双边合作协议；通过灵活方式开展各专门委员会、友好小组和代表之间的对口交流；及时批准、修订有利于双边关系发展的法律文件，为推动共建"一带一路"和各领域合作提供法律保障；互学互鉴立法、监督和治国理政经验，助力实现各自经济社会发展目标。

科恰诺娃、安德烈琴科表示，感谢中方在共同抗击疫情和促进经济社会发展等多方面给予白俄罗斯的重要支持。祝贺中国共产党成立100周年。白坚定坚持一个中国政策，反对一切外部干涉。白国民会议共和国院、代表院愿同中国全国人大加强交流与合作，为促进白中全面战略伙伴关系发展作出积极贡献。

全国人大常委会副委员长陈竺参加会谈。

# 栗战书同越南国会主席王庭惠举行会谈

**新华社北京6月17日电** 全国人大常委会委员长栗战书17日在北京人民大会堂以视频方式同越南国会主席王庭惠举行会谈。

栗战书说，中越是山水相连的社会主义邻邦。习近平总书记、国家主席指出，和睦相邻是两党两国关系发展的大局。今年年初以来，习近平总书记、国家主席先后同阮富仲总书记、阮春福国家主席通话，达成新的重要共识。中方愿与越方一道，不断赋予中越全面战略合作新的时代内涵，积极构建中越具有战略意义的命运共同体。

栗战书指出，今年是中国共产党成立100周年。中方愿与越方重温两党友好交往和团结合作的光辉历史，从中汲取智慧和力量，为推进各自社会主义事业和新时代中越两党两国关系发展注入新动力。中越同为共产党领导的社会主义国家，面临许多共同任务。双方要不断加强政治上相互支持，及时就中越关系和共同关心的重大问题保持战略沟通，推进"一带一路"和"两廊一圈"对接，加快推进重点领域合作，共同抓好疫情防控，不断夯实两国友好的民意基础，妥善管控海上分歧。

栗战书还围绕从各自国情出发，坚持共产党领导，坚持走社会主义道路，防范"颜色革命"，有效应对打压、遏制社会主义国家发展的霸权行为，维护政治安全和政权安全与对方进行了深入交流，强调中越两党、两国要增进共识、加强合作、携手应对。

栗战书表示，中国全国人大愿同越南国会一道，落实两党两国领导人重要共识，加强各层级交往，推动落实双方合作协议，不断打造两国立法机关间多维度、立体化的友好合作关系；共同探讨完善社会主义民主法治建设，加强在推进国家治理体系和治理能力现代化领域的交流；及时批准、修订有利于双边关系发展的法律文件；在反干涉、反制裁、反遏制方面加强沟通协调，维护国际公平正义和发展中国家共同利益。

王庭惠表示，越南高度重视发展越中关系，愿推动双边关系深入、有效地向前发展。祝贺中国共产党成立100周年。越南国会愿加强同中国全国人大的交流合作，为促进越中两党、两国关系发展和增进人民友谊作出积极贡献。

全国人大常委会副委员长沈跃跃参加会谈。

# 栗战书同塞尔维亚国民议会议长达契奇举行会谈

**新华社北京6月22日电**　全国人大常委会委员长栗战书22日在北京人民大会堂以视频方式同塞尔维亚国民议会议长达契奇举行会谈。

栗战书说，中国和塞尔维亚在争取各自民族独立和实现国家发展的历程中，结下跨越时空的深厚友谊。在习近平主席和武契奇总统引领下，中塞全面战略伙伴关系持续深入发展，达到前所未有的高水平。中方愿与塞方一道，落实两国领导人达成的重要共识，推动两国关系取得更大发展。要不断加强政治上相互支持，坚定支持彼此核心利益和重大关切，持续开展抗疫合作，携手早日彻底战胜疫情，推进各领域务实合作，高质量共建“一带一路”，扩大文教、体育、地方等领域交流，夯实两国友好的民意基础。栗战书介绍了中国共产党的百年奋斗历程，感谢塞方对中国共产党建党100周年的祝贺。

栗战书指出，中国—中东欧国家合作，是中国同包括塞尔维亚在内的中东欧国家携手打造的新型跨区域合作机制，促进了中国和中东欧国家共同发展。希双方全面落实中国—中东欧国家领导人峰会成果，推动合作提质升级。

栗战书强调，中国全国人大愿同塞尔维亚国民议会深化交流合作，为发展中塞全面战略伙伴关系作贡献。保持高层交往势头，密切各专门委员会、友好小组和代表之间的交流，加强在多边议会组织中的协调配合，维护以联合国为核心的国际体系，携手推动构建人类命运共同体。及时批准、修订或出台有利于双边关系发展的法律文件，加强立法监督、发展道路等方面的交流。

达契奇表示，塞中传统友谊深厚，双边各领域合作成果丰硕。塞高度重视发展同中国的全面战略伙伴关系，坚定奉行一个中国原则，支持“一带一路”倡议和中东欧国家—中国合作。祝贺中国共产党成立100周年。感谢中方在疫情防控中给予塞方的重要支持。塞国民议会愿加强和中国全国人大的友好交往，促进两国关系健康稳定发展。

全国人大常委会副委员长郝明金参加会谈。

# 栗战书同基里巴斯议长里特举行会谈

**新华社北京6月24日电**　全国人大常委会委员长栗战书24日在北京人民大会堂以视频方式同基里巴斯议长里特举行会谈。

栗战书说，在习近平主席和马茂总统的战略引领下，中基两国正式恢复外交关系以来，双边关系发展势头良好，政治互信持续增强，各领域交流合作成果显著。两国携手抗击疫情，生动诠释了人类命运共同体理念。中方高度重视发展中基关系，愿同基方一道，落实两国领导人达成的重要共识，推动中基关系取得更多成果。

栗战书指出，事实证明，中基复交顺应了国际大势和时代潮流，符合两国和两国人民的根本利益。中方一贯主张大小国家一律平等，坚定支持基方走适合本国国情的发展道路。中方赞赏基方在涉及中方核心利益和重大关切问题上的坚定支持。台湾问题事关中国核心利益和中国人民的感情，希望基方坚定恪守一个中国原则。双方要不断加强政治上相互支持，夯实两国友好的民意基础，加强多边协调，共同捍卫发展中国家的正当权益。要推动共建“一带一路”，深化经贸投资、基础设施、海洋渔业等领域务实合作，扩大在文教、青年、体育、卫生等方面的交流，继续携手抗疫，推动构建中基卫生健康共同体。中方高度重视气候变化问题，愿与包括基里巴斯在内的国际社会一道，推动《巴黎协定》全面有效实施。

栗战书介绍了中国共产党百年来特别是党的十八大以来团结带领中国人民取得的历史性成就和基本经验，强调中国全国人大愿同基里巴斯议会密切友好往来，落实两国领导人共识，为促进两国关系和两国人民福祉作出积极贡献。双方可通过灵活方式，深化各层级交往合作。及时批准、修订有利于双边关系发展的法律文件，为各领域务实合作提供法律保障。开展立法、监督和治国理政经验交流，助力实现各自发展目标。加强在国际和地区立法机构组织及有关国际会议中的沟通协调。

里特表示，基方十分重视发展同中国的友好关系，坚定奉行一个中国原则。祝贺中国共产党成立100周年。感谢中方在抗击疫情、促进经济社会发展中给予基方的支持。希拓展双方在经贸、投资、旅游、基础设施、抗疫等领域的合作。基议会愿进一步加强同中国全国人大的交流，促进两国之间的友谊和合作。

# 栗战书同阿联酋联邦国民议会议长萨格尔举行会谈

**新华社北京7月7日电** 全国人大常委会委员长栗战书7日在北京人民大会堂以视频方式同阿联酋联邦国民议会议长萨格尔举行会谈。

栗战书说，中阿两国是好朋友、好伙伴。双方积极落实习近平主席同穆罕默德王储互访重要成果，全力推进中阿关系"百年大计"建设，政治互信不断深化、经贸合作成果丰硕、人文交流更为密切，特别是抗疫合作成为两国关系的新亮点。中阿全面战略伙伴关系建设取得实实在在的重大进展，不仅给两国和两国人民带来福祉，也树立了中国与广大阿拉伯和伊斯兰国家开展相互尊重、互利共赢合作的典范。

栗战书指出，中阿双方要按照两国最高领导人达成的重要共识，不断增进在战略层面的沟通，加强"一带一路"倡议和"面向未来50年国家发展战略"的对接。加强政治上相互支持，坚定支持彼此核心利益和重大关切，共同维护《联合国宪章》宗旨、原则和国际关系基本准则，共同维护广大发展中国家根本和长远利益。持续开展抗疫合作，推动有关疫苗合作惠及更多国家。深入推动各领域务实合作，在继续做好能源、基建、金融等领域合作基础上，积极拓展新的合作领域，密切人文领域交往。

栗战书介绍了庆祝中国共产党成立100周年有关情况，并阐述了中方在涉疆问题、病毒溯源问题上的原则立场。

栗战书强调，中国全国人大高度重视同阿国民议会加强交流合作。希望双方进一步促进各专门委员会、友好小组和代表之间的交往，推动两国各领域友好合作；及时批准、修订有利于双边关系发展的法律文件，为推动共建"一带一路"和各领域务实合作提供法律保障；加强在依法治国、改善民生、维护国家安全等方面的交流互鉴，促进共同发展；密切在多边场合和国际事务中的协调配合，维护发展中国家的共同利益。

萨格尔表示，阿联酋是中国的全面战略伙伴，两国相互尊重，拥有牢固友谊，各领域合作成果丰硕。祝贺中国共产党成立100周年。感谢中方在抗击疫情中给予阿方的重要支持。阿国民议会愿深化同中国全国人大的友好交往，为促进两国关系发展、推进务实合作、增进人民友谊作出积极贡献。

# 栗战书出席2021年生态文明贵阳国际论坛并发表主旨演讲

**新华社贵阳7月12日电** 2021年生态文明贵阳国际论坛12日在贵阳开幕，中共中央政治局常委、全国人大常委会委员长栗战书出席开幕式并发表主旨演讲。

栗战书首先代表中国政府和人民，代表习近平主席，向本届论坛的召开表示热烈的祝贺。

栗战书说，中国共产党和中国政府高度重视生态文明建设。中共十八大以来，以习近平同志为核心的中共中央把生态文明建设纳入中国特色社会主义总体布局，在推进生态文明建设的实践中，形成了习近平生态文明思想。这一思想，深化了对自然规律、人类社会发展规律的认识，为中国生态文明建设提供了理论指导和行动指南。中国把生态文明建设提升到国家战略全局的高度来认识，把节约资源和保护环境确立为基本国策，把可持续发展确立为国家战略，推动生态环境保护发生了历史性、转折性、全局性变化。

栗战书指出，作为世界大家庭的一员，中国一直承担着负责任大国应有的责任。中国政府积极参与生态环境保护与气候变化国际合作，批准落实联合国主导的重要国际公约,积极推动气候变化《巴黎协定》的签署、生效、实施。中国历来重信守诺,我们将全面落实既定目标,为保护生态环境、保育生物多样性、应对气候变化作出更大贡献。

栗战书强调,今年是中国共产党成立100周年。中共中央总书记习近平在庆祝中国共产党成立100周年大会上发表重要讲话,庄严宣告中国全面建成小康社会,实现了第一个百年奋斗目标,正在向着全面建成社会主义现代化强国的第二个百年奋斗目标迈进。习近平主席在第75届联合国大会一般性辩论上宣布,中国将提高国家自主贡献力度,采取更加有力的政策和措施,二氧化碳排放力争于2030年前达到峰值,努力争取2060年前实现碳中和。我们将秉持人类命运共同体理念,与国际社会一道,共同为应对全球气候环境挑战、维护地球生态安全作出积极贡献。一要牢固树立生态文明理念,坚定不移走生产发展、生活富裕、生态良好的文明发展道路。二要加快推动绿色低碳发展,促进经济社会全面绿色转型,实现生态环境质量改善由量变到质变。三要全面加强污染防治工作,严守生态保护红线、环境质量底线、资源利用上线。四要健全完善法律制度体系,用法治的力量保护生态环境、促进绿色发展。五要积极推动国际交流合作,保护生态环境,应对气候变化。

栗战书说,贵州的生态文明建设,是中国生态文明建设成就的一个缩影。生态文明贵阳国际论坛已经成为推动生态文明建设国际交流合作的重要平台,世界了解中国生态文明建设的重要窗口。本届论坛以"低碳转型、绿色发展——共同构建人与自然生命共同体"为主题,希各方共商推动绿色低碳转型之策,共谋人与自然和谐共生之道,为推动构建人与自然生命共同体、构建人类命运共同体作出积极贡献。

塞尔维亚总理布尔纳比奇、汤加首相图伊奥内托阿、法国宪法委员会主席法比尤斯、波兰参议长格罗兹基、泰国公主诗琳通、印度尼西亚总统特使卢胡特等在开幕式上发表视频致辞,约500位嘉宾出席开幕式。

# 栗战书同泰国国会主席兼下议院议长川·立派举行会谈

**新华社北京7月20日电**　全国人大常委会委员长栗战书20日在北京人民大会堂以视频方式同泰国国会主席兼下议院议长川·立派举行会谈。

栗战书说,中泰一家亲。在习近平主席和贵国领导人战略引领下,两国关系保持高水平运行,特殊情谊得到进一步发展。中泰作为好朋友、好邻居和本地区重要发展中国家,两国全面战略合作伙伴关系面临新的发展机遇。中方愿同泰方加强战略沟通,共谋合作共赢,规划好、落实好后疫情时期各领域交往合作,推动双边关系迈上新台阶。

栗战书指出,中泰关系基础非常深厚,进一步深化合作是大势所趋、人心所向,有很大的潜力。双方要继续加强政治上相互支持,加强高层交往,在涉及彼此核心利益和重大关切问题上相互坚定支持;持续开展抗疫合作,高质量共建"一带一路",加强"一带一路"倡议同"泰国4.0""东部经济走廊"等发展战略对接,深入推动人文交流,全面推进各领域务实合作;不断加强多边协调,坚持多边主义,推进全球治理,推动构建亚太命运共同体。

栗战书强调,中国全国人大愿同泰国国会一道,加强双方交流合作,推动中泰全面战略合作伙伴关系实现更大发展。双方可通过多种方式开展灵活多样的交流,相互借鉴治国理政、立法、监督等方面经验。及时批准、修订有利于双边关系发展的法律文件,为推进两国各领域务实合作提供更加坚实的法律保障。密切在各国议会联盟、亚洲议会大会等多边机制中的沟通与协调。

栗战书介绍了庆祝中国共产党成立100周年的情况。他说,中国共产党践行人民至上的初心使命,坚持符合国情的发展道路,发挥中国之治的制度优势,秉持开放包容的合作姿态。中方愿同泰方加强政党交流,促进各自国家发展繁荣,建设更加美好的世界。

川·立派表示,泰方珍视同中方的深厚传统友谊,坚定奉行一个中国原则。泰方关注并欣赏中国取得的成功,祝贺中国共产党成立100周年。感谢中方在抗击疫情中给予泰方的重要支持。泰国国会愿加强同中国全国人大的友好交往,为推动两国在经贸、抗疫、人文等各领域合作,促进两国关系发展作出立法机构的贡献。

全国人大常委会副委员长张春贤参加会谈。

# 栗战书同乌拉圭副总统、国会主席兼参议长阿希蒙举行会谈

**新华社北京 7 月 21 日电**　全国人大常委会委员长栗战书 21 日在北京人民大会堂以视频方式同乌拉圭副总统、国会主席兼参议长阿希蒙举行会谈。

栗战书说，中乌是好朋友、好伙伴。在习近平主席和拉卡列总统共同引领下，中乌战略伙伴关系保持高水平运行。两国坚持平等相待、相互尊重，成为国家之间和谐相处、合作共赢的典范。中方愿同乌方携手合作，共同落实好两国元首重要共识，推动中乌关系不断取得新发展。

栗战书指出，事实证明，中乌关系长期稳定发展，符合两国和两国人民的根本利益。双方要继续加强政治互信，在涉及彼此核心利益和重大关切问题上相互坚定支持。扩大抗疫合作，密切人文交流，推动共建“一带一路”，深化各领域务实合作。加强多边事务协作，在联合国、世贸组织等多边机构中密切配合，坚持多边主义，反对保护主义，积极推进中拉整体合作，维护发展中国家共同利益。

栗战书强调，中国全国人大愿同乌拉圭国会进一步加强交流与合作，不断丰富两国战略伙伴关系内涵。希加强高层交往，密切专门委员会、友好小组等各层级友好往来。深化立法经验交流，就经济社会发展、消除贫困、环境保护等议题加强沟通。及时批准、修订有关法律文件，为两国务实合作营造良好的法律政策环境。密切在各国议会联盟、拉美议会等多边议会组织中的合作。

栗战书说，乌拉圭主要政党同中国共产党保持着友好交往，参加了不久前举行的中国共产党与世界政党领导人峰会，体现了两国关系的深厚基础。感谢乌拉圭政党来函祝贺中国共产党成立 100 周年。愿通过多种方式就加强执政能力建设等开展经验交流。

阿希蒙表示，乌拉圭高度重视发展同中国的战略伙伴关系，愿全面发展两国各领域合作。感谢中方在支持乌抗击疫情和促进乌经济社会发展中作出的贡献。希加强两国立法机构间交往，为深化传统友谊、拓展务实合作发挥积极作用。

# 栗战书同斯里兰卡议长阿贝瓦德纳举行会谈

**新华社北京 8 月 31 日电**　全国人大常委会委员长栗战书 31 日在北京人民大会堂以视频方式同斯里兰卡议长阿贝瓦德纳举行会谈。

栗战书说，中斯是守望相助的好邻居、平等互信的好朋友、互利共赢的好伙伴。习近平主席同戈塔巴雅总统保持密切交往，为双边关系发展指明了方向。中斯携手抗击疫情，深化各领域合作，两国关系保持高水平发展势头。中方愿同斯方一道，落实好双方领导人达成的重要共识，推动两国真诚互助、世代友好的战略合作伙伴关系取得更大发展。一是加强政治交往。用好定期交往机制，保持密切沟通。二是深化抗疫合作。中方愿在力所能及范围内继续支持斯方抗疫努力。三是推进各领域务实合作。高质量共建“一带一路”，做大做强航运物流、产业合作两大领域。四是密切多边协作。坚定支持多边主义和经济全球化，为本地区乃至世界的和平与发展注入更多正能量。

栗战书介绍了中方关于新冠病毒溯源问题的原则立场。栗战书指出，新冠病毒溯源是一个复杂的科学问题，应该也只能由全球科学家合作开展研究，这是国际社会的普遍共识。中方高度重视并积极参与新冠病毒全球溯源科学合作，坚决反对个别国家罔顾科学和事实，借溯源问题“甩锅”推责、散播“政治病毒”。中方愿同斯方共同维护溯源研究的科学性和严肃性，维护全球抗疫合作的良好氛围。

栗战书表示，中国全国人大愿同斯里兰卡议会加强交流合作，不断丰富两国战略合作伙伴关系内涵。双方可加强高层交往及各专门委员会、友好小组间的友好往来。及时批准、修订有利于双边合作的法律文件，为务实合作提供法律保障。深化治国理政经验交流，在依法治国、发展经济等方面互学互鉴。加强在地区和全球性问题上的对话，密切在各国议会联盟等多边议会组织中的沟通。

阿贝瓦德纳表示，中国是斯里兰卡久经考验的

朋友。祝贺中国共产党成立100周年。感谢中方在维护主权、推动经济社会发展、抗击疫情等方面给予斯方的坚定支持。愿与中方加强“一带一路”合作,实现共同繁荣。斯里兰卡议会愿同中国全国人大加强交流合作,助力两国关系发展。

全国人大常委会副委员长武维华参加会谈。

## 栗战书在第五次世界议长大会发表视频致辞

**新华社北京9月7日电**　全国人大常委会委员长栗战书7日在第五次世界议长大会发表视频致辞。

栗战书在视频致辞中指出,当前国际形势正发生深刻复杂变化,新冠肺炎疫情肆虐反复,各类全球及地区问题此起彼伏,各国人民对生命安全的渴望日益迫切,对和平发展的呼声日益强烈。一年多来,全球抗击新冠肺炎疫情得出的最重要经验,就是抗疫既要靠团结,也要靠科学。

栗战书强调,我们要坚持生命至上原则,把人民生命安全和身体健康放在突出位置,尽快控制疫情蔓延。要积极推动在疫苗生产分配、疫情防控、关键物资、公共卫生等领域开展国际合作,提高疫苗的可及性和可负担性。在与自然病毒作斗争的同时,也要与政治病毒作斗争,坚决反对把政治凌驾于科学之上,将病毒溯源等问题政治化的做法。

栗战书说,各国命运休戚与共,没有国家可以独善其身。习近平主席指出,世界需要真正的多边主义。我们要尊重各国人民自主选择的发展道路和制度模式,以政治、和平方式解决争端和热点问题,要共同维护以联合国为核心的国际体系和以国际法为基础的国际秩序,推动全球治理朝着更加公正合理的方向发展。

栗战书表示,中国全国人大愿继续同各国议会联盟和各国立法机构加强交流合作,共同应对全球挑战,推动构建人类命运共同体。

世界议长大会由各国议会联盟主办,是世界上规模最大、层次最高的议会界盛会,自2000年起每5年举办一次。中方积极参加历次大会,团结广大发展中国家,维护共同利益。第五次世界议长大会的主题为“发挥议会领导力,强化多边主义,为世界和人民带来和平与可持续发展”。会议分为视频会议和实体会议两个阶段,2020年8月19日至20日举行了大会视频会议,2021年9月7日至8日在奥地利维也纳举行大会实体会议。

## 栗战书同巴林国民议会议长兼众议长扎伊纳勒举行会谈

**新华社北京9月16日电**　全国人大常委会委员长栗战书15日在北京人民大会堂以视频方式同巴林国民议会议长兼众议长扎伊纳勒举行会谈。

栗战书说,中巴建交以来,双边关系稳步发展。在习近平主席和哈马德国王共同引领下,中巴各领域友好合作不断取得新进展,政治互信更加巩固,务实合作扎实推进,人文交流更为密切。中方始终视巴林为好朋友、好伙伴,愿同巴方携手努力,落实好双方元首达成的重要共识,进一步拓展和深化双边关系,更好造福两国和两国人民。

栗战书指出,中巴关系长期稳定发展,符合两国人民的根本利益。双方要继续加强政治上相互支持。中方坚定支持巴方维护国家主权、独立、安全,赞赏巴方长期在涉台、涉疆、涉港、人权等事关中方核心利益和重大关切问题上给予的宝贵支持。巴林是全球首批批准中国疫苗紧急使用和注册上市的国家,中方将继续支持巴方的抗疫努力,深化抗疫合作,共同推动构建人类卫生健康共同体。要高质量推进各领域务实合作,推动“一带一路”倡议同巴林“2030经济发展愿景”对接,扩大两国经贸、能源、基建、第五代移动通信、电子商务等领域合作。不断密切人文交流,增进两国友好的民意基础。栗战书介绍了中方在新冠病毒溯源问题上的原则立场。

栗战书强调,中国全国人大愿加强同巴林国民议会的交流合作,为推动深化中巴关系发挥积极作用。双方可通过多种方式保持高层交往,推动各专门委员会的沟通交流。及时批准、修订或出台有利于双边关系发展的法律文件,为两国各领域务实合作营造良好政策法律环境。开展治国理政经验交流，在依法治国、发展经济、改善民生等方面互学互鉴。加强在地区和全球性问题上的对话，密切在各国议会联盟等多边场合的沟通合作，共同维护发展中国家利益。

扎伊纳勒表示，中国拥有古老文明和悠久历史。巴林珍视和中国的伙伴关系。感谢中方在共同抗击新冠肺炎疫情中给予巴方的重要支持。巴国民议会愿深化同中国全国人大的交流，在加强立法合作、促进经贸往来、增进人民友谊等方面发挥立法机构的重要作用。

# 栗战书同卢森堡国民议会议长埃特让举行会谈

**新华社北京 9 月 22 日电**　全国人大常委会委员长栗战书 22 日在北京人民大会堂以视频方式同卢森堡国民议会议长埃特让举行会谈。

栗战书说，卢森堡是中国在欧洲的友好合作伙伴。两国坚持相互尊重、平等相待、合作共赢，双边关系保持健康稳定发展。新冠肺炎疫情发生后，中卢相互支持、同舟共济，为传统友谊注入了新的内涵。习近平主席近日在中国国际服务贸易交易会全球服务贸易峰会上强调，中国将提高开放水平，在全国推进实施跨境服务贸易负面清单，探索建设国家服务贸易创新发展示范区。这将为中卢合作带来新的机遇。明年是两国建交 50 周年，中方愿同卢方共同努力，坚持相互尊重、巩固政治互信；坚持开放合作、共促经济复苏；坚持沟通交流、增进相互理解；坚持多边主义、应对全球性挑战，推动双边关系不断迈上新台阶。

栗战书指出，欧盟是世界上的一支重要力量。习近平主席多次强调，作为最大的发展中国家和最大的发达国家联合体，中欧是维护世界和平的“两大力量”，是促进共同发展的“两大市场”，是推动人类进步的“两大文明”。中方将同欧方一道，协商推进重要政治议程，探讨深化务实合作，加强在国际事务中的协调，为维护世界和平与繁荣作出更大贡献。

栗战书强调，发展中卢友好，是两国立法机构的共识，也是共同责任。中国全国人大愿加强同卢国民议会的交流合作，保持高层交往，推动各专门委员会间的交流。及时批准、修订或出台有利于双边关系发展的法律文件，为务实合作营造良好政策法律环境。加强治国理政经验交流，在依法治国、绿色环保、可持续发展等方面交流互鉴，密切在各国议会联盟等多边议会组织中的沟通合作。

埃特让表示，卢中两国都坚持对外开放，虽然国家大小不同，但这完全不影响双方发展友好合作关系。明年是两国建交 50 周年，双边关系的发展历程见证了两国间相互信任、不可动摇的团结互助。面向高质量发展的目标，希加强双方在经贸、金融、装备制造等各领域合作。卢国民议会愿深化同中国全国人大的交流，为促进两国关系发展发挥积极作用。

全国人大常委会副委员长曹建明参加会谈。

# 栗战书同文莱立法会议长拉赫曼举行会谈

**新华社北京 9 月 23 日电**　全国人大常委会委员长栗战书 23 日在北京人民大会堂以视频方式同文莱立法会议长拉赫曼举行会谈。

栗战书说，中国和文莱是隔海相望的友好邻邦。习近平主席与哈桑纳尔苏丹共同将两国关系提升为战略合作伙伴关系，双边关系发展进入“快车道”。两国政治互信不断深化，务实合作持续拓展，人文交流更为紧密，在国际和地区事务中保持良好沟通和配合。新冠肺炎疫情发生以来，两国守望相助、共克时艰，传统友谊得到进一步巩固深化。

栗战书指出，中方始终从战略高度和长远角度看待发展同文莱的友好关系，愿同文莱做真诚相待的好朋友、共同发展的好伙伴。今年是两国建交 30 周年，愿双方以此为契机，落实好两国元首达成的重要共识，共同推动战略合作伙伴关系不断发展。一要密切高层交往，深化战略互信，在涉及彼此核心利益和重大关切问题上继续相互坚定支持。二要加强抗疫合作，共同战胜疫情，高举团结抗疫大旗，共同反对疫情污名化、病毒溯源政治化，携手构建人类卫生健康共同体。三要对接发展战略，高质量共建“一带一路”，文方提出的“2035 宏愿”同中方制定的“2035 年远景目标”，为两国对接合作带来更多契合点、开辟更广阔空间。四要办好建交 30 周年庆祝活动，深化人文交流，增进民间友好。

栗战书强调，中文两国立法机构保持良好的交往传统。中国全国人大愿同文莱立法会一道，加强交流与合作，不断丰富两国战略合作伙伴关系内涵。希望双方保持高层交往，推动各专门委员会、人大代表与议员之间的交流。出台或修订有利于双边关系发展的法律文件，为两国高质量共建“一带一路”营造良好政策法律环境。积极分享在依法治国、发展规划、法律制度等方面的好经验好做法。继续在各国议会联盟、亚洲议会大会等多边机制中保持良好协调配合。

拉赫曼表示，今年是文中建交 30 周年。文莱高度重视发展同中国的长期友好关系。两国在经贸、农业、渔业、教育、人文等各领域开展了密切合作。感谢中国支持文莱抗击疫情，积极提供疫苗，这体现了两国的友好关系和双方共同应对疫情的努力。文莱立法会愿加强同中国全国人大的交流，为促进两国关系发展作出贡献。

## 栗战书同巴布亚新几内亚国民议会议长波马特举行会谈

**新华社北京 9 月 24 日电**　全国人大常委会委员长栗战书 24 日在北京人民大会堂以视频方式同巴布亚新几内亚国民议会议长波马特举行会谈。

栗战书说，巴新是中国的好朋友、好兄弟、好伙伴。习近平主席 2018 年对巴新进行历史性的国事访问，两国建立全面战略伙伴关系，开启了双边关系发展的新阶段。两国各领域友好交流合作成果丰硕，成为大小国家平等相待、互利共赢、共同发展的典范。新冠肺炎疫情发生后，双方守望相助、相互支持，为两国全面战略伙伴关系增添了新的内涵。

栗战书指出，今年是两国建交 45 周年。中方愿与巴新方一道，落实好两国领导人的重要共识，推动两国关系不断取得新发展，增进两国人民福祉。一要继续加强政治上相互支持。中方尊重和支持巴新走适合本国国情的发展道路。台湾问题涉及中国核心利益，中方赞赏巴新恪守一个中国原则。二要携手推进抗疫合作，推动构建人类卫生健康共同体，反对将抗疫和溯源问题政治化。三要大力推动务实合作，加强“一带一路”倡议和“联通巴新”等发展规划的战略对接。四要拓展人文地方交流，深化教育、文化、媒体等领域合作。五要加强多边协调配合，坚持真正的多边主义，加强在联合国、太平洋岛国论坛等多边机构中的沟通协调，捍卫发展中国家的正当权益，共同推动构建人与自然生命共同体。

栗战书强调，中国全国人大愿继续同巴新议会加强交流，丰富双边关系内涵，进一步夯实两国友好的社会和民意基础。希双方保持高层交往，推动各专门委员会间开展深入交流。积极履行立法职能，为两国高质量共建“一带一路”、推动项目合作提供良好政策法律保障。加强治国理政经验交流，密切在国际和地区立法机构组织及有关国际会议中的沟通与合作。

波马特说，祝贺中国共产党成立 100 周年。巴新坚定奉行一个中国政策，愿进一步发展相互尊重、互惠互利的双边关系。感谢中国在促进巴新经济社会发展、共同抗击新冠肺炎疫情等多方面给予的宝贵支持。巴新国民议会愿深化同中国全国人大的友好交往，共同致力于推动两国全面战略伙伴关系不断发展。

## 栗战书出席第七届二十国集团议长会议

**新华社北京 10 月 7 日电**　全国人大常委会委员长栗战书 7 日在北京人民大会堂以视频方式出席第七届二十国集团议长会议并发言。

栗战书指出，当前新冠肺炎疫情肆虐反复，同百年变局交织影响，世界进入新的动荡变革期，面临的全球性挑战前所未有。本次会议的首要主题词是“人民”，可谓恰逢其时。面对新形势新挑战，二十国集团各国立法机构在坚持人民至上理念、推动解决重大全球经济社会问题方面，应该也必须发挥更加独特、重要的作用。

栗战书就加强立法机构交流合作提出三点建议。一是团结抗疫、科学抗疫。坚持生命至上原则，呵护每个人的生命、价值、尊严，积极推动在疫情防控、关键物资、公共卫生等领域开展国际合作，真正把疫苗作为全球公共产品，提高疫苗的可及性和可负担性。中国已向世界 100 多个国家和国际组织提供 14 亿多剂疫苗，将努力全年对外提供 20 亿剂疫苗。坚决反对把政治凌驾于科学之上。二是推动强劲绿色健康的全球发展。不久前，习近平主席在第七十六届联合国大会一般性辩论上郑重提出了全球发展倡议，强调要坚持以人民为中心，做到发展为了人民、发展依靠人民、发展成果由人民共享。要坚持发展优先、普惠包容、创新合作，努力实现世界经济高质量复苏。积极应对气候变化，实现人与自然和谐共生。加快落实联合国 2030 年可持续发展议程，构建全球发展命运共同体。三是坚持真正多边主义，完善全球治理体系。秉持人类命运共同体理念，践行共商共建共享的全球治理观，坚守和平、发展、公平、正义、民主、自由的全人类共同价值。维护以联合国为核心的国际体系，维护以国际法为基础的国际秩序，维护以世界贸易组织为核心的多边贸易体制。加强宏观经济政策协调，推动构建开放型世界经济。

栗战书表示，今年是中国共产党成立一百周年。以人民为中心始终是中国共产党的执政理念。中国如期全面建成了小康社会，历史性地解决了绝对贫困问题，正向着全面建成社会主义现代化强国的奋斗目标迈进。中国将继续以自身的新发展为世界提供新机遇。中国全国人大愿同各国议会不断加强交流合作，同舟共济，齐心协力，有效应对各种挑战，共创世界各国人民的美好未来。

二十国集团议长会议创始于 2010 年，是促进二十国集团成员在立法机构层面交流合作的重要平台。本次会议于 10 月 7 日至 8 日在意大利罗马以线上线下结合的方式举行，意大利总理德拉吉、参议长卡塞拉蒂、众议长菲科和各国议会联盟主席帕切科、二十国集团成员立法机构领导人、有关国际组织负责人出席。会议主题为“议会：服务人民、着眼全球、促进繁荣”，与会各方围绕“应对疫情导致的社会与就业危机”“在社会环境可持续发展基础上重启经济增长”“后疫情时代的可持续发展与粮食安全”等议题进行了讨论。

# 栗战书同乌干达议长奥兰亚举行会谈

全国人大常委会委员长栗战书 21 日在北京人民大会堂以视频方式同乌干达议长奥兰亚举行会谈。

栗战书说，中乌是好兄弟、好朋友、好伙伴。在习近平主席和穆塞韦尼总统的战略引领和推动下，两国政治互信不断深化，务实合作势头强劲，两国人民从中广泛受益。中方愿同乌方一道，落实好两国元首达成的重要共识，以即将召开的中非合作论坛新一届会议为契机，加强团结协作，共同应对挑战，进一步促进两国发展和人民福祉。

栗战书就发展中乌全面合作伙伴关系提出三点建议。一是继续加强政治上相互支持。中方赞赏乌方长期以来在涉及中方核心利益和重大关切问题上的坚定支持。愿共同坚持公平正义的立场，坚持真正的多边主义，维护好两国和广大发展中国家的利益。二是深化务实合作，促进共同发展。各国一起发展才是真发展，大家共同富裕才是真富裕。欢迎乌方积极参与落实“全球发展倡议”，推动构建全球发展命运共同体。愿加强发展战略和目标的对接，深化在基础设施、加工制造等各领域合作。三是加强抗疫合作。中方努力践行将疫苗作为全球公共产品的承诺，推动在全球范围内公平合理分配疫苗。希望共同坚定支持科学溯源，维护国际溯源合作和全球抗疫大局。

栗战书指出，中乌立法机构有着友好往来传统。中国全国人大愿同乌干达议会共同努力，推动两国关系实现更大发展。希望双方保持高层交往，推动各专门委员会的沟通。加强在投资、税收、工业园区等领域的立法交流，推动健全相关法律制度。开展治国理政经验交流，分享各自在减贫脱贫、乡村振兴等方面的好经验、好做法。加强在各国议会联盟等多边场合的协调配合，维护彼此核心利益和重大关切。

奥兰亚表示，乌干达人民感谢中国人民给予的帮助和支持。两国在贸易、投资、基础设施等领域开展了良好的合作。乌坚定奉行一个中国政策。在非洲和许多国际问题上，两国持相同的立场和主张。乌中立法机构长期保持密切往来，乌议会愿加强同中国全国人大的交流互鉴，促进各领域务实合作和两国关系发展。

# 栗战书出席中国全国人大与南非国民议会定期交流机制第五次会议开幕式并致辞

**新华社北京10月22日电**　全国人大常委会委员长栗战书22日在北京人民大会堂以视频方式出席中国全国人大与南非国民议会定期交流机制第五次会议开幕式并致辞。

栗战书说，中南相隔万里，两国两党传统友谊深厚。在习近平主席和拉马福萨总统亲自关心和指导下，中南全面战略伙伴关系持续深入发展。两国政治上相互支持，务实合作扎实推进，贸易、投资、科技、人文等领域合作成果丰硕，在多边机制中保持密切协调和配合。中南关系已经超越双边关系的范畴，成为中非合作和南南合作的典范。

栗战书说，新冠肺炎疫情发生以来，中南始终同舟共济抗击疫情。两国元首保持密切沟通，共同出席中非团结抗疫特别峰会，为中南、中非抗疫合作提供了强大政治引领。中国通过提供抗疫物资、分享抗疫经验等多项举措，积极支持南非抗击疫情。双方还共同反对将疫情政治化、污名化，维护国际团结抗疫的良好势头。中方将继续坚定同南非站在一起，加强公共卫生合作，共同夺取抗疫斗争的最终胜利。

栗战书指出，中国和非洲是休戚与共的命运共同体。发展同非洲国家的团结合作，是中国对外政策的重要基石，也是中方长期、坚定的战略选择。中方愿同非方共同努力，以即将举行的中非合作论坛新一届会议为契机，促进中非全面战略合作伙伴关系不断取得新的更大发展，推动构建更加紧密的中非命运共同体。欢迎南非积极参与落实“全球发展倡议”，实现更加强劲、绿色、健康的全球发展，共同推动构建全球发展命运共同体。

栗战书强调，立法机构交流与合作是两国关系的重要组成部分，也是加强两国人民相互了解和友谊的重要桥梁。中国全国人大愿同南非国民议会一道，充分利用好定期交流机制这一平台，提升立法机构合作水平，为推动中南全面战略伙伴关系不断向前发展作出更大贡献。

南非国民议会议长马皮萨－恩卡库拉出席会议并致辞。她说，南中拥有长期传统友谊，两国全面战略伙伴关系发展势头强劲。愿进一步加强在抗疫和推动经济社会发展等各领域合作。希望不断深化两国立法机构合作，积极发挥定期交流机制作用，促进双边关系发展。

全国人大常委会副委员长丁仲礼出席会议。

# 栗战书同爱尔兰众议长奥法乔尔举行会谈

**新华社北京10月27日电**　全国人大常委会委员长栗战书27日在北京人民大会堂以视频方式同爱尔兰众议长奥法乔尔举行会谈。

栗战书说，爱尔兰是中国的真诚伙伴。两国领导人保持密切沟通，引领中爱互惠战略伙伴关系平稳顺利发展。双方相互尊重、平等相待，在经贸、投资、农业、人文等各领域的合作成果丰硕。今年是爱尔兰开启独立建国100周年，也是中国共产党成立100周年和中国“十四五”规划的开局之年。中方愿同爱方一道，落实好两国领导人达成的重要共识，拓展交往合作，推动双边关系持续向纵深发展。

栗战书就进一步发展两国关系提出四点建议。一是深化高层交往，增进政治互信。涉疆、涉港、涉台等问题事关中国主权与领土完整，是中爱关系健康稳定发展的基石。坚持互尊互信，是两国关系不断向前发展的宝贵经验。二是推进务实合作，实现互利共赢。充分挖掘两国经贸关系的韧性和潜力，用好科技创新合作联委会等合作机制以及进博会、服贸会等平台，收获更多成果。三是促进人文交往，增进相互了解。打造人文领域合作新亮点，欢迎爱尔兰派团参加北京冬奥会。四是加强协作，弘扬真正的多边主义。坚定维护联合国权威和地位，加强抗疫合作，坚持科学抗疫、团结抗疫。

栗战书强调，中国全国人大愿同爱尔兰议会加强友好交往，共同充实两国关系的内涵。希望双方通过多种方式在各层级保持密切沟通，及时批准、修订或出台有利于双边关系发展的法律文件，为两国合作营造良好的法律政策环境。中国全国人大秉持人民至上理念、坚持不断发展全过程人民民主,双方可深化治国理政经验交流,分享在立法监督、依法治国等方面的有效做法。

奥法乔尔表示,爱尔兰高度重视发展对华关系。感谢中方在抗击疫情中给予爱方的支持。世界只有团结一致,才能取得成功。爱尔兰议会愿加强同中国全国人大的交流合作,为促进两国在经济、贸易、农业、文化、教育等各领域务实合作作出积极贡献。

## 栗战书同秘鲁国会主席阿尔瓦举行会谈

**新华社北京11月17日电** 全国人大常委会委员长栗战书17日在北京人民大会堂以视频方式同秘鲁国会主席阿尔瓦举行会谈。

栗战书说,中秘是相互信任的好兄弟、共同发展的好伙伴、共担责任的好朋友。在习近平主席和卡斯蒂略总统共同引领下,中秘关系快速发展,政治互信不断深化,经贸合作持续拓展,人文交流富有成果。祝贺秘鲁不久前隆重庆祝独立200周年。今年是中秘建交50周年。中方愿同秘方一道,认真落实两国领导人重要共识,推动双方全面战略伙伴关系不断向前发展。

栗战书强调,中秘都是发展中国家,都面临建设国家、造福人民的历史任务。希望双方继续加强政治上的相互支持,加强战略沟通,深化政治互信,共同维护国际公平正义和多边主义。中方赞赏秘方坚持一个中国原则,在涉及中国核心利益问题上给予坚定支持。希望双方深化务实合作,促进共同发展。加强发展战略对接,加紧推进两国自贸协定升级谈判,高质量共建"一带一路",深化农业、能矿、基建、数字经济等领域的经贸投资合作,助力经济稳定复苏和可持续发展,共同推进全球发展倡议。希望双方加强抗疫合作,为建设人类卫生健康共同体作出更大贡献,坚定支持新冠病毒科学溯源,维护国际溯源合作和全球抗疫大局。

栗战书指出,近年来,中秘立法机构的友好交往有力推动了双边关系发展。中国全国人大愿同秘鲁国会继续保持高层交往,加强各专门委员会、友好小组间的沟通交流。及时批准、修订或出台有利于双边关系发展的法律文件,为各领域务实合作提供法律保障。相互学习借鉴立法、监督和治国理政经验,共同提高立法能力。加强在各国议会联盟等多边场合的协调配合,维护好彼此核心利益和重大关切。

阿尔瓦表示,祝贺中国共产党成功举行十九届六中全会。秘中两国传统友好,务实合作富有成果。秘鲁高度重视发展对华关系,坚定恪守一个中国原则。秘鲁国会愿加强和中国全国人大的友好交流,为促进两国在政治、经济、贸易、抗疫等各领域合作,深化传统友谊作出贡献。

## 栗战书出席中俄议会合作委员会第七次会议开幕式并致辞

**新华社北京11月23日电** 全国人大常委会委员长栗战书23日在北京人民大会堂出席中俄议会合作委员会第七次会议视频会议开幕式并致辞。

栗战书说,今年是《中俄睦邻友好合作条约》签署20周年。在习近平主席和普京总统战略引领下,中俄关系持续高水平发展,各领域合作取得丰硕成果,体现了中俄坚定相互支持和"背靠背"战略协作的广度和深度,展现了双方作为联合国安理会常任理事国的责任和担当。

栗战书说,今年是中国共产党成立100周年。中国共产党十九届六中全会近日胜利召开,全面总结党的百年奋斗重大成就和历史经验。中共中央还召开了新中国成立以来首次人大工作会议。中方认为,民主不是哪个国家的专利,是全人类的共同价值,民主不是装饰品,实现民主有多种方式,用单一的标尺衡量世界丰富多彩的政治制度,用单调的眼光审视人类五彩缤纷的政治文明,这本身就是不民主的。中国共产党和中国人民对自己选择的政治制度和发展道路充满信心，将接续奋斗，努力到中华人民共和国成立100周年时，把中国建设成为富强民主文明和谐美丽的社会主义现代化强国。

栗战书指出，中俄立法机构以两国元首重要共识为根本遵循，为增进两国政治互信、促进务实合作、传承人民友谊发挥了独特作用。新形势下，中俄立法机构亟需进一步加强合作，为两国关系发展贡献力量。一是继续聚焦维护两国政治安全。通过有针对性的立法彰显双方在涉及彼此核心利益问题上的相互坚定支持，维护好两国主权、安全和发展利益。二是为加强两国合作提供法律保障。为推动“一带一路”建设与欧亚经济联盟对接合作提供更加完备的法律支撑。三是助力抗击新冠肺炎疫情。增进在疫情防控、公共卫生等领域的立法交流，反对病毒溯源政治化，助力国际社会共同抗击疫情。四是密切在国际多边框架内的协作。坚决反对搞“新冷战”，反对霸权主义，反对干涉别国内政，践行真正的多边主义，推动构建人类命运共同体。

全国人大常委会副委员长沈跃跃出席会议。

俄罗斯联邦委员会主席马特维延科和国家杜马第一副主席梅利尼科夫出席会议并致辞。

# 栗战书同塞浦路斯议长迪米特里乌举行会谈

**新华社北京11月24日电**　全国人大常委会委员长栗战书24日在北京人民大会堂以视频方式同塞浦路斯议长迪米特里乌举行会谈。

栗战书说，中塞都拥有悠久历史和文明。在习近平主席和阿纳斯塔夏季斯总统的战略引领下，两国政治互信不断增强，各领域合作成果丰硕，在国际社会树立了大小国家平等相待和互利合作的典范。面对新冠肺炎疫情挑战，中塞携手互助，共克时艰，两国和两国人民的传统友谊得到进一步升华。

栗战书指出，今年是中塞建交50周年。中方愿同塞方共同努力，落实好两国元首达成的重要共识，推动双边关系取得更大发展。一是继续加强政治上的相互支持，在涉及彼此核心利益和重大关切问题上坚定相互支持。二是深化互利合作，加强在共建“一带一路”合作框架下的基础设施、通信、绿色、健康等领域合作。三是密切人文交流，拓展文化、教育、地方等方面交流，促进民心相通。

栗战书指出，中方赞赏塞浦路斯支持欧盟和中国加强对话合作，共同促进世界和平、稳定和繁荣。中方始终认为，欧盟是世界上的一支重要力量，中欧之间有着许多共同利益和巨大合作需求，中欧加强对话合作有利于双方、有利于世界。

栗战书强调，中塞立法机构保持着良好的交往传统。愿在两国立法机构谅解备忘录确定的合作框架基础上，延续双方积极交往的势头，助力中塞关系不断向前发展。继续保持高层交往，加强各专门委员会、友好小组间的交流。及时批准、修订或出台有利于双边关系发展的法律文件，为各领域务实合作提供法治保障。相互学习借鉴立法、监督和治国理政经验，促进共同发展。加强在各国议会联盟等多边场合的协调配合。

迪米特里乌表示，塞中建交50年来，两国始终相互尊重，双边关系发展良好，塞中友好深入人心。塞方坚定奉行一个中国原则，将积极参与共建“一带一路”，加强与中方在各领域的互利合作。塞议会愿深化与中国全国人大的友好交往，为推动两国关系发展发挥更大作用。

# 栗战书在集体安全条约组织议会大会全体会议上发表视频致辞

**新华社北京11月29日电**　应集体安全条约组织议会大会主席、俄罗斯国家杜马主席沃洛金邀请，全国人大常委会委员长栗战书29日在集体安全条约组织议会大会全体会议上发表视频致辞。

栗战书在致辞中代表中国全国人民代表大会对本次会议召开表示热烈祝贺。他表示，集体安全条约组织作为具有重要影响的区域性国际安全组织，近年来在维护各成员国的独立、主权和领土完整，促进地区和平与稳定，防范和应对地区安全新威胁、新挑战等方面，发挥着日益重要的作用。集体安全条约组织力量持续壮大，合作机制日臻成熟，合作领域不断拓展，受到域内外越来越广泛的重视。

栗战书指出，当前，世界百年未有之大变局同新冠肺炎疫情叠加共振，对各国的安全和发展形成严峻挑战。恐怖主义、极端主义和分裂主义的威胁持续上升，跨国有组织犯罪、毒品等问题愈加突出，给本地区安全与稳定带来诸多不确定因素。一些国家以意识形态划线，推行所谓"基于规则的秩序"，动辄实施单边制裁，粗暴干涉主权国家内政，对国际和地区安全治理体系和多边机制造成严重冲击。

栗战书说，习近平主席指出，面对错综复杂的国际安全威胁，合作安全、集体安全、共同安全才是解决问题的正确选择。新形势下，如何开展积极的双多边合作，有效应对层出不穷的传统和非传统安全威胁，反对单边主义、霸权主义、强权政治，是本地区各国人民面临的共同课题，需要包括各国立法机构在内的广泛力量合力应对。

栗战书表示，集体安全条约组织成员国都是中国的好朋友、好伙伴。中国同集体安全条约组织成员国开展安全等领域的合作，具备良好基础和条件。安全是平等和不可分割的，中国秉持共同、综合、合作、可持续的安全观，反对以牺牲别国安全换取自身绝对安全的做法，坚定维护以联合国为核心的国际体系和以国际法为基础的国际秩序。

栗战书强调，中国全国人民代表大会愿同集体安全条约组织各成员国立法机构开展灵活多样的合作，充分释放集体安全条约组织和上海合作组织等区域性安全组织和机制的潜能，携手推动高质量共建"一带一路"，促进本地区持久和平与共同繁荣，构建更加紧密的命运共同体。

## 栗战书同奥地利国民议会议长索博特卡举行会谈

**新华社北京 12 月 7 日电**　全国人大常委会委员长栗战书 7 日在北京人民大会堂以视频方式同奥地利国民议会议长索博特卡举行会谈。

栗战书说，今年 5 月，习近平主席和范德贝伦总统就中奥建交 50 周年互致贺电。两国领导人高度重视中奥关系发展，引领和推动两国友好战略伙伴关系不断迈上新台阶。中奥坚持互尊互信、互利共赢，政治、经贸、文化、科技等各领域合作成果丰硕。中方愿同奥方进一步拓展交流合作，推动两国关系稳定发展。一是继续巩固政治互信，开展灵活多样的深入交流，不断夯实双边关系基础。二是深化各领域务实合作，加强在高端制造、数字经济、节能环保、生态农业、冰雪产业等领域的合作，欢迎奥地利体育健儿来华参加北京冬奥会。三是共同维护真正的多边主义，携手应对全球性挑战，推动构建全球发展命运共同体。

栗战书强调，近年来，中奥立法机构保持着良好合作关系。中国全国人大愿同奥地利议会一道，继续保持高层交往，加强各专门委员会、友好小组以及代表和议员间的交流。及时批准、修订或出台有利于双边关系发展的法律文件，为推动高质量共建"一带一路"和各领域务实合作提供法律保障。相互学习借鉴立法、监督和治国理政经验，共同提高立法机构的能力。加强在各国议会联盟等多边场合的协调配合，促进世界和平发展。

索博特卡表示，今年是奥中建交 50 周年。中国是奥地利的重要合作伙伴，不断深化两国友好关系具有重要意义。奥方愿与中方加强合作，共同抗击新冠肺炎疫情。奥国民议会愿同中国全国人大加强交流，为深化两国贸易、投资、环保、体育等各领域合作，增进人民友谊作出贡献。

## 栗战书同芬兰议长韦赫维莱宁举行会谈

**新华社北京 12 月 9 日电**　全国人大常委会委员长栗战书 9 日在北京人民大会堂以视频方式同芬兰议长韦赫维莱宁举行会谈。

栗战书说，在习近平主席和尼尼斯托总统战略引领和推动下，中芬确立了面向未来的新型合作伙伴关系。两国元首保持密切沟通，为新形势下双边关系和友好合作指明了方向。中方愿同芬方共同努力，持续加强交流合作，推动中芬关系不断向前发展。

栗战书指出，成熟和稳健的中芬关系符合两国人民的共同利益和期待。希望双方继续加强政治上的相互信任，始终坚持相互尊重、平等相待、求同存异、合作共赢的中芬建交原则，巩固双边关系健康发展的政治基础。拓展各领域务实合作，扩大在贸易投资、信息通讯、节能环保、抗击疫情等方面的合作，稳步推进互联互通，推动共建“一带一路”。深化人文交流，夯实两国人民之间的友好情谊。冬季运动合作是中芬人文合作的重要方面，明年是新中国代表团在芬兰首次参加奥运会70周年，欢迎芬兰代表团来华参加北京冬奥会。

栗战书强调，长期以来，中芬立法机构保持密切友好往来。中国全国人大愿同芬兰议会一道，加强交流合作，为两国关系持续健康发展作出积极贡献。保持高层交往，深化各专门委员会、友好小组、代表与议员间的沟通交流。相互学习借鉴立法、监督和治国理政经验，及时批准、修订或出台有利于双边关系发展的法律文件，为务实合作提供法治保障。加强在多边场合的协调配合，促进共同发展。

栗战书介绍了中国的人民代表大会制度相关情况。他说，民主是全人类的共同价值，是要用来解决人民需要解决的问题的，实现民主有多种方式，不可能是千篇一律的。中国将坚持和完善人民代表大会制度，不断发展全过程人民民主，在治国理政的各项政策和工作实践中，把人民当家作主具体、现实地体现出来。

韦赫维莱宁表示，芬中拥有长期友好交往历史，两国于2017年建立了面向未来的新型合作伙伴关系。去年，双方共同庆祝了建交70周年。芬兰将积极参加北京冬奥会，并期待取得好成绩。芬兰议会愿同中国全国人大加强交流，促进两国在经济发展、自由贸易、抗击疫情、绿色转型、气候变化、冬季运动等各领域的务实合作。

# 栗战书同摩尔多瓦议长格罗苏举行会谈

**新华社北京12月14日电**　全国人大常委会委员长栗战书14日在北京人民大会堂以视频方式同摩尔多瓦议长格罗苏举行会谈。

栗战书说，中国和摩尔多瓦是传统友好合作伙伴。两国建交以来，双方始终坚持平等信任、相互支持，推动双边关系在健康轨道上持续稳定向前发展。明年是中摩建交30周年。中方愿同摩方一道，共同举办好建交30周年庆祝活动，推动两国关系在新的时期实现更好发展。

栗战书就深化中摩关系提出四点建议。一是不断加强政治上的相互支持。中方对摩方在涉台、涉港、涉疆、涉藏等问题上给予的支持表示赞赏。二是继续携手抗疫。新冠肺炎疫情发生以来，中摩同舟共济，彰显了患难与共的情谊。希进一步深化抗疫合作，推动共建人类卫生健康共同体。三是拓展务实合作。中方将摩方视为高质量共建“一带一路”的重要合作伙伴，愿同摩方拓展基础设施、农业科技、绿色能源等各领域合作。四是深化人文交流。加强在教育、文化等领域的合作，夯实两国友好的民意基础。欢迎摩尔多瓦运动健儿来华参加北京冬奥会。

栗战书强调，中摩两国立法机构一直保持着良好交往。中国全国人大愿同摩尔多瓦议会进一步加强合作，为两国关系持续健康发展作出积极贡献。希双方保持高层交往，加强各专门委员会、友好小组和代表与议员间交流；相互学习借鉴立法、监督和治国理政经验，及时批准、修订或出台有利于双边关系发展的法律文件；加强在各国议会联盟等多边场合的协调配合。

格罗苏表示，摩中关系始终保持良好发展势头。摩尔多瓦独立以来，中国在许多方面给予摩方大力支持。面对新冠肺炎疫情挑战，两国团结抗疫，摩方感谢中方的抗疫援助。愿加强两国立法机构友好交往，促进各领域务实合作，充分挖掘合作潜力，更好造福两国和两国人民。

# 栗战书同西班牙众议长巴泰特举行会谈

**新华社北京12月15日电**　全国人大常委会委员长栗战书15日在北京人民大会堂以视频方式同

西班牙众议长巴泰特举行会谈。

栗战书说,西班牙是中国的好朋友和重要合作伙伴。2018 年,习近平主席对西班牙进行国事访问,推动双方全面战略伙伴关系进入新时期。近年来,两国高层交往密切,政治互信牢固,各领域务实合作稳步推进,两国友好和合作在新时代不断取得新发展。

栗战书表示,中方愿同西班牙共同努力,落实好两国领导人达成的重要共识,推动双边关系不断向前发展。一是巩固政治互信,继续在涉及彼此核心利益和重大关切问题上相互理解和支持,秉持平等和相互尊重的精神进行对话交流。中方赞赏西班牙坚定奉行一个中国政策。二是深化互利合作,把握新合作机遇,加强在互联互通、清洁能源、电子商务等领域合作,实现优势互补、互利共赢。欢迎更多西班牙企业来华投资兴业。三是密切人文交流,加强在文化、体育、智库等领域合作,增进两国人民相互了解和友谊。欢迎西班牙积极参加北京冬奥会。四是捍卫多边主义,共同维护以联合国为核心的国际体系,捍卫以国际法为基础的国际秩序,反对单边主义和保护主义,共同构建人类命运共同体。

栗战书强调,中国全国人大愿同西班牙议会一道,进一步加强交流合作,为两国关系持续健康发展作出积极贡献。希望双方继续保持高层交往,加强各专门委员会、代表与议员间交流;通过立法修法等方式,为推动高质量共建“一带一路”和各领域务实合作提供法治保障,营造开放、公平的营商环境;加强治国理政经验交流,共同提高立法机构的能力;在各国议会联盟等多边场合加强协调配合,促进共同发展。

巴泰特表示,西班牙高度重视发展对华关系,坚定奉行一个中国政策。在新冠肺炎疫情的严峻挑战面前,全球合作的重要性更加凸显,应当始终坚持多边主义。西班牙议会愿加强同中国全国人大的友好交往,促进两国在贸易、投资、人文、教育、体育等各领域的务实合作。反对将体育政治化,预祝中国成功举办北京冬奥会。

# 二、对外定期交流机制

## 中国全国人大与肯尼亚议会交流机制第二次会议

2021 年 8 月 24 日下午，中国全国人大与肯尼亚议会交流机制第二次会议以视频方式举行。中共中央政治局委员、全国人大常委会副委员长王晨与肯尼亚国民议会副议长切博伊共同出席开幕式并致辞。全国人大外事委员会主任委员张业遂，常委会副秘书长胡晓犁，外事委员会副主任委员、中肯立法机构交流机制中方主席陈国民，环境与资源保护委员会副主任委员程立峰，财政经济委员会委员、常委会预算工作委员会副主任刘修文，外事委员会委员陈晋，教育科学文化卫生委员会委员李巍，外事委员会委员陈福利，农业与农村委员会委员魏后凯等出席会议。

全国人大外事委员会副主任委员、中肯立法机构交流机制中方主席陈国民与肯尼亚国民议会肯中友好小组主席沙比尔共同主持第二阶段会议讨论。双方共 23 名代表出席，就中肯关系和立法机构交往、抗疫合作、疫后经济恢复、治国理政经验交流等议题深入、坦诚交换了意见。

## 中国全国人大与智利议会政治对话委员会第十三次会议

2021 年 8 月 31 日，中国全国人大与智利议会政治对话委员会第十三次会议以视频方式举行。全国人大外事委员会副主任委员、中智议会政治对话委员会中方主席张伯军与智利众议员、中智议会政治对话委员会智方主席马加亚共同主持会议。全国人大财政经济委员会委员、常委会预算工作委员会副主任刘修文，教育科学文化卫生委员会委员马旭，外事委员会委员李义虎，以及智利众议长、中智议会政治对话委员会智方成员保尔森，众议员哈尔帕、冈萨雷斯，参议员希拉尔迪、莫雷拉等出席会议。双方就双边关系和立法机构交往、经贸合作、治国理政经验、抗疫合作及病毒溯源等议题交换了意见。

## 中国全国人大与南非国民议会交流机制第五次会议

2021 年 10 月 22 日下午，中国全国人大与南非国民议会交流机制第五次会议以视频方式举行。全国人大常委会委员长栗战书与南非国民议会议长恩卡库拉共同出席开幕式并致辞。全国人大常委会副委员长、中南立法机构交流机制中方主席丁仲礼，常委会秘书长杨振武，外事委员会主任委员张业遂，农业与农村委员会主任委员、中南立法机构交流机制中方副主席陈锡文，常委会副秘书长胡晓犁，常委会办公厅研究室主任宋锐，财政经济委员会副主任委员谢经荣，教科文卫委员会副主任委员刘谦，外事委员会副主任委员、中南立法机构交流机制中方常务副主席徐科，外交部部长助理邓励等出席会议。

全国人大常委会副委员长、中南立法机构交流机制中方主席丁仲礼与南非国民议会副议长茨诺里共同主持第二阶段会议。双方共 12 名代表出席，就两国关系和立法机构交往、务实合作、治国理政经验交流、多边协作等议题深入、坦诚交换了意见。

## 中国全国人大与墨西哥议会对话论坛第五次会议

2021 年 11 月 11 日，中国全国人大与墨西哥议会对话论坛第五次会议以视频方式举行。全国人大常委会副委员长、中墨议会对话论坛中方主席武维华与墨西哥参议院副议长、中墨议会对话论坛墨方代表团团长何塞·纳罗共同主持会议。全国人大外事委员会副主任委员、中墨议会对话论坛中方常务副主席张伯军，教育科学文化卫生委员会副主任委员刘谦，财政经济委员会委员、常委会预算工作委员会副主任刘修文，社会建设委员会委员邓丽，财政经济委员会委员吕薇，以及墨西哥参议院亚太非关系委员会主席科拉·皮内多，众议院经济、外交两委员会书记耶德科尔·波列文斯基，科技委员会书记普拉希尔·阿科斯塔，领导委员会书记、议长助理玛利亚·布加林等出席会议。双方就双边关系和立法机构交往、务实合作、治国理政经验等议题交换了意见。

## 中国全国人大与韩国国会交流机制第十二次会议

2021 年 11 月 16 日，中国全国人大与韩国国会交流机制第十二次会议以视频方式举行。全国人大常委会副委员长、中韩立法机构交流机制中方主席王东明与韩国国会副议长、中韩立法机构交流机制韩方主席金相姬共同主持会议。全国人大财政经济委员会副主任委员、常委会预算工作委员会主任、中韩立法机构交流机制中方副主席史耀斌，教育科学文化卫生委员会副主任委员杨树安，外事委员会委员周弘，以及韩国国会文化体育观光委员会委员、中韩立法机构交流机制韩方秘书长朴钉，预算决算特别委员会委员郑熙溶，教育委员会委员尹永德等出席会议。双方就双边关系和立法机构交往、人文交流、经贸合作等议题交换了意见。

## 中俄议会合作委员会第七次会议

2021 年 11 月 23 日，中俄议会合作委员会第七次会议以视频方式举行。全国人大常委会委员长栗战书与俄罗斯联邦委员会主席马特维延科、国家杜马第一副主席梅利尼科夫共同出席开幕式并致辞。全国人大常委会副委员长沈跃跃，常委会秘书长杨振武，宪法和法律委员会主任委员、中俄议会合作委员会中方副主席李飞，财政经济委员会主任委员、中俄议会合作委员会中方副主席徐绍史，外事委员会主任委员、中俄议会合作委员会中方常务副主席张业遂，外交部副部长乐玉成，常委会副秘书长胡晓犁，常委会办公厅研究室主任宋锐，教育科学文化卫生委员会副主任委员吴恒，外事委员会委员陈晋，黑龙江省人大常委会副主任范宏，财政经济委员会委员蔡玲等出席会议。

全国人大常委会副委员长沈跃跃与俄罗斯联邦委员会副主席科萨切夫共同主持第二阶段会议。双方共 21 名代表出席，就推动两国关系发展、立法经验交流、反对外部干涉、促进地方合作等议题交换了意见。

## 中国全国人大与意大利众议院合作委员会第六次会议

2021 年 11 月 23 日下午，中国全国人大与意大利众议院合作委员会第六次会议以视频方式举行。会议由全国人大外事委员会副主任委员、中意立法机构交流机制中方主席张志军和意大利众议院外委会副主席、中意议会(众议院)合作委员会意方主席卡布拉斯共同主持。全国人大财政经济委员会委员徐如俊、教科文卫委员会委员马旭、外事委员会委员周弘,以及意大利众议院农业委员会成员苏里阿诺、外委会成员米廖雷等出席会议。双方就双边关系和立法机构交往、抗疫合作、经贸合作、多边协作等议题交换了意见。

## 中国全国人大与蒙古国家大呼拉尔交流机制第四次会议

2021 年 11 月 25 日下午,中国全国人大与蒙古国家大呼拉尔交流机制第四次会议以视频方式举行。全国人大常委会副委员长、中蒙立法机构交流机制中方主席白玛赤林与蒙古国家大呼拉尔副主席、中蒙立法机构交流机制蒙方主席阿尤尔赛汗共同主持会议。全国人大外事委员会副主任委员张志军、民族委员会副主任委员丹珠昂奔、教科文卫委员会副主任委员吴恒、农业与农村委员会副主任委员蔡昉、财政经济委员会委员周松和,以及蒙古国家大呼拉尔安全与对外政策常设委员会主席巴特图木尔,自然环境、食品与农牧业常设委员会主席包勒尔楚龙,社会政策常设委员会主席奥云其木格,工业化政策常设委员会主席乔伊吉勒苏伦等出席会议。双方就两国关系和立法机构交往、治国理政经验交流、抗疫合作、经贸合作等议题交换了意见。

## 中国全国人大与法国参议院交流机制第十次会议

2021 年 12 月 16 日下午,中国全国人大与法国参议院交流机制第十次会议以视频方式举行。全国人大常委会副委员长、中法立法机构交流机制中方主席陈竺与法国参议院法中友好小组主席克洛德·雷纳尔共同主持会议。全国人大外事委员会副主任委员张志军、财政经济委员会副主任委员熊群力、教科文卫委员会副主任委员吴恒、环境与资源保护委员会副主任委员赵宪庚,以及法国参议院外交、防务及军事委员会成员、法中友好小组副主席卡特里娜·杜马,副参议长、法中友好小组副主席皮埃尔·洛朗,欧洲事务委员会书记让-伊夫·勒孔特,经济事务委员会副主席弗兰克·蒙托热,宪法和立法委员会副主席阿兰·李察等出席会议。双方就两国关系和立法机构交往、中欧关系、卫生健康等议题交换了意见。

# 三、发表的谈话、声明

## 全国人大常委会发言人就美国国务院宣布对中国有关官员实施制裁发表谈话

**新华社北京 3 月 18 日电** 3 月 18 日，针对美国国务院就中国全国人大通过关于完善香港特别行政区选举制度的决定，宣布更新对包括 14 名全国人大常委会副委员长在内的中方有关官员实施制裁，全国人大常委会发言人发表谈话，强调美方以香港事务为借口粗暴干涉中国内政的行径十分蛮横、恶劣，中国全国人大表示坚决反对，予以强烈谴责。

发言人指出，中华人民共和国宪法和香港特别行政区基本法共同构成香港特别行政区的宪制基础。香港特别行政区选举制度是特别行政区政治体制的重要组成部分，在香港实行什么样的选举制度是中央事权。近年来特别是 2019 年“修例风波”以来，香港法治和社会秩序遭到严重冲击，“一国两制”受到严重挑战。全国人民代表大会作为最高国家权力机关，行使宪法和基本法赋予的职权，从宪制层面对完善香港特别行政区选举制度作出决定，既是全国人民代表大会不容置疑的权力，也是全国人民代表大会依法履行的责任。

发言人表示，此次修改完善香港特别行政区选举制度，目的是消除制度机制方面存在的隐患和风险，为全面准确贯彻“一国两制”方针，全面落实“爱国者治港”原则提供健全的制度保障。

发言人强调，香港是中国的香港，香港事务纯属中国内政，任何外国无权干涉。中国全国人大将一如既往履行法定职责，坚定不移依法维护国家主权、安全、发展利益，维护宪法和基本法确定的香港宪制秩序，为打击“港独”势力、确保爱国者治港、保持香港长期繁荣稳定提供法律保障。

## 全国人大外事委员会发言人就加拿大众议院通过涉疆错误动议发表谈话

**新华社北京 2 月 24 日电** 针对加拿大众议院通过涉疆错误动议，全国人大外事委员会发言人尤文泽 24 日表示，该动议严重歪曲事实，肆意攻击中国的新疆政策，是对中国内政的粗暴干涉和对中国人民的恶意挑衅。我们对此表示强烈不满和坚决反对。

发言人指出，中国宪法、民族区域自治法等法律对于保障少数民族发展和权益作了明确规定，包括各族妇女在内的新疆各界民众依法享有宪法法律保障的各项人权。2010 年至 2018 年，新疆维吾尔族人口从 1017 万增长至 1272 万，增幅达 25%，不仅高于全疆人口 14% 的增幅，更是明显高于汉族 2% 的增幅。所谓“种族灭绝”纯属无稽之谈、一派胡言。

发言人强调，新疆根本不存在所谓“拘留营”“再教育营”。新疆依法设立属于学校性质的职业技能教育培训中心，践行了联合国《防止暴力极端主义行动计划》所倡导的利用发展、教育等资源遏制极端思潮的理念，完全符合《联合国全球反恐战略》的原则和精神，是预防性反恐和去极端化的重要举措，是有效的。新疆已连续四年多未发生暴恐案件就是证明。当前，新疆社会持续稳定，人民安居乐业，民族团结和睦，各族人民生命权、健康权、发展权等基本权利得到有力保障，这是谁也不能否定的事实。

发言人表示，加众议院有关动议是罔顾客观事实的政治谣言，是赤裸裸的抹黑诬蔑，充分暴露了加拿大一些政客破坏新疆发展稳定，干涉中国内政的伪善面孔和险恶用心。我们敦促这些人充分认清有关动议的严重危害性，立即停止借涉疆问题干涉中国内政的错误做法，以免进一步毒害中加关系气氛、给两国关系造成新的损害。

## 全国人大外事委员会发言人就美国国会参议院外委会通过“2021年战略竞争法案”发表谈话

**新华社北京4月22日电**　4月22日，针对美国国会参议院外委会审议通过“2021年战略竞争法案”，全国人大外事委员会发言人尤文泽表示，该法案充斥冷战思维和意识形态偏见，肆意曲解、诬蔑抹黑中国发展战略和内外政策，粗暴干涉中国内政，用心险恶，损人害己，我们对此表示强烈不满和坚决反对。

发言人指出，在百年变局和世纪疫情交织叠加，世界进入动荡变革期，不稳定性不确定性显著上升的大背景下，该法案蓄意制造意识形态对抗，搞零和博弈，既不符合时代潮流，也不利于促进世界的和平、稳定与发展，注定没有出路。中国坚持真正的多边主义，坚定维护以联合国为核心的国际体系，坚定维护以国际法为基础的国际秩序，坚定维护以世界贸易组织为核心的多边贸易体制，主张世界各国平等相待，互尊互信，同舟共济，共克时艰。

发言人指出，台湾问题事关中国的国家主权和领土完整，涉及中国的核心利益。法案相关涉台条款严重违反一个中国原则和中美三个联合公报规定，向“台独”势力发出严重错误信号。一个中国原则是中国的红线，我们坚决反对任何形式的美台官方往来。涉疆、涉港问题纯属中国内政，不容任何外国干涉。

发言人强调，中美即便在某些领域存在竞争，也应该是公平公正、遵守规则的良性、有序竞争。中国一贯主张构建不冲突不对抗、相互尊重、合作共赢的中美关系，同时坚定捍卫国家主权、安全和发展利益。我们强烈敦促美国国会客观理性看待中国发展，切实尊重中国主权和领土完整，停止插手中国内政，停止审议推进该法案。

## 全国人大外事委员会就美国国会参议院通过“2021年美国创新和竞争法案”发表声明

**新华社北京6月9日电**　6月9日，针对美国国会参议院通过“2021年美国创新和竞争法案”，全国人大外事委员会发表声明指出，该法案充斥冷战思维和意识形态偏见，诋毁抹黑中国发展道路和内外政策，打着“创新和竞争”旗号，干涉中国内政，妄图遏制中国发展。中国全国人大对此表示强烈不满和坚决反对。

声明指出，该法案妄图以渲染所谓“中国威胁”维持美国全球霸权地位，以人权宗教为借口干涉中国内政，以科技、经济脱钩等剥夺中国正当享有的发展权利。法案表明，唯我独尊的偏执妄想扭曲了创新和竞争的本意。在当前世界进入动荡变革期的大背景下，处处把中国当作“假想敌”的做法，有违世界大势，不得人心、注定失败。

声明强调，台湾问题事关中国的国家主权和领土完整，涉及中国的核心利益。法案相关涉台条款严重违反一个中国原则和中美三个联合公报规定。我们坚决反对任何形式的美台官方往来。新疆、西藏、香港等事务纯属中国内政，不容任何外国干涉。

声明强调，中国坚持走和平发展道路，中国人民追求美好生活的权利神圣不可侵犯，任何势力都不要指望中国吞下损害中国主权、安全、发展利益的苦果。中国始终致力于构建不冲突不对抗、相互尊重、合作共赢的中美关系。我们强烈敦促美国国会客观理性看待中国发展和中美关系，立即停止推进审议该法案，停止干涉中国内政，以免破坏中美关系大局和双方在重要领域的合作。

# 全国人大外事委员会就欧洲议会外委会通过涉台报告发表声明

**新华社北京 9 月 2 日电** 针对欧洲议会外委会通过所谓“欧盟－台湾政治关系与合作”报告，全国人大外事委员会 2 日发表声明指出，该报告内容远远超出欧盟对台开展非官方交流合作的范畴，严重违反一个中国原则，损害中欧互信与合作。中国全国人大对此表示坚决反对。

声明指出，台湾是中华人民共和国的神圣领土的一部分。一个中国原则是公认的国际关系准则和国际社会普遍共识，是中欧建交和发展双边关系的政治基础。中欧双方发布的各类文件和声明中，欧方均重申一个中国原则。欧洲议会作为欧盟的重要机构之一，理应恪守有关承诺。

声明强调，台湾问题是中国的内政，涉及中国核心利益。中国人民实现祖国统一的决心不可动摇。我们敦促欧洲议会充分认识台湾问题的高度敏感性，在涉台问题上谨言慎行，避免影响中欧关系政治基础和双方互信。

# 全国人大外事委员会发言人就英国议会禁止中国大使赴英国议会参加活动发表谈话

**新华社北京 9 月 15 日电** 9 月 15 日，针对英国议会作出禁止中国大使赴英国议会参加活动的决定，全国人大外事委员会发言人尤文泽发表谈话指出，该决定罔顾中英两国人民根本利益，有违国际礼仪，是错误的，也是不明智的。我们对此予以坚决反对，将采取相应措施，作出必要反应。

发言人指出，英国议会少数议员在毫无事实根据的情况下，恶意散播涉疆谎言和虚假信息，英方借口涉疆问题单方面制裁中方人员和机构，中国实施的反制措施完全是维护国家主权和尊严的正义之举，合理、合法。

发言人强调，中方维护国家主权、安全、发展利益的决心坚定不移。我们敦促英国议会立即纠正错误做法，多做有利于中英双边关系健康发展的实事。

# 全国人大外事委员会就欧洲议会通过涉台报告发表声明

**新华社北京 10 月 21 日电** 10 月 21 日，全国人大外事委员会发表声明指出，欧洲议会日前通过的所谓“欧盟—台湾政治关系与合作”报告，严重违背一个中国原则，性质十分恶劣，中国全国人大对此表示坚决反对。

声明指出，一个中国原则是国际社会的普遍共识，也是中欧建交和发展双边关系的政治基础。中国历来反对与中国建交的国家同台湾当局开展任何形式的官方往来。欧洲议会作为欧盟重要机构之一，理应恪守中欧建交承诺。欧洲议会通过所谓的报告是在涉台问题上做出的错误和危险举动，将严重损害中欧关系的政治互信和相互交往基础。

声明强调，世界上只有一个中国，台湾是中国的一部分。在事关国家统一和领土完整的大是大非问题上，任何人都不要低估中国政府和中国人民捍卫国家主权和领土完整的坚强决心、坚定意志、强大能力。我们强烈敦促欧洲议会认清台湾问题的高度敏感性，恪守一个中国原则，立即纠正错误言行，并为推动中欧关系健康发展发挥积极和建设性作用。

# 全国人大外事委员会就捷克议会参议院邀请台湾当局外事部门负责人窜访发表声明

**新华社北京10月28日电**　10月28日，全国人大外事委员会发表声明指出，捷克议会参议院邀请台湾当局外事部门负责人窜访捷克，是严重违反一个中国原则、粗暴干涉中国内政的行为，中国全国人大对此坚决反对。

声明指出，坚持一个中国原则是中国与所有建交国双边关系的政治基础。捷克参议院等机构和个人公然为“台独”分裂活动提供平台，严重违背捷克国家向中方作出的政治承诺，严重损害中捷关系政治基础，性质极为恶劣。

声明强调，台湾是中国不可分割的一部分，台湾问题纯属中国内政。《反分裂国家法》对坚持一个中国原则、遏制“台独”分裂、反对外部势力干涉台湾问题等重大问题作出明确规定，充分体现了中方尽最大努力争取祖国和平统一的一贯主张，充分彰显了中方坚定捍卫国家主权和领土完整，绝不允许任何势力以任何名义、任何方式把台湾从中国分裂出去的国家意志。在台湾问题上搞政治操弄，必将自食恶果。我们敦促捷克有关机构和个人恪守一个中国原则，停止干涉中国内政，以实际行动维护中捷关系大局。

# 全国人大外事委员会就美国将所谓“维吾尔强迫劳动预防法案”签署成法发表声明

**新华社北京12月24日电**　全国人大外事委员会24日就美国将所谓“维吾尔强迫劳动预防法案”签署成法发表声明。全文如下：

当地时间12月23日，美方不顾中方多次严正交涉，将所谓“维吾尔强迫劳动预防法案”签署成法。该法案凭空捏造所谓新疆“强迫劳动”问题，打着“人权”的幌子粗暴干涉中国内政，中国全国人大对此表示坚决反对。如美方一意孤行，中方必将予以坚决有力反制。

中国宪法赋予公民劳动的权利和义务，刑法、劳动法、劳动合同法、就业促进法、治安管理处罚法等一系列法律为尊重公民的劳动权利、维护劳动者合法权益、实现体面劳动、防范打击强迫劳动行为提供了坚实的法治保障。中国切实履行包括《消除就业和职业歧视公约》等4个核心公约在内的26个国际劳工公约，以及联合国《经济、社会及文化权利国际公约》等国际条约的相关规定，坚决预防和惩治劳动领域各种违法犯罪行为。新疆的劳动就业保障政策及其实践，符合中国宪法法律，符合国际劳工和人权标准，根本不存在所谓“强迫劳动”问题。

涉疆问题纯属中国内政，任何外国不得干涉。美方一些政客罔顾事实真相，以所谓“强迫劳动”问题为借口打压新疆企业，充分暴露了其“以疆制华”、遏制中国发展的险恶用心。这种图谋不得人心，也绝不会得逞。

# 专门委员会工作

# 第十三届全国人民代表大会民族委员会 2021年工作总结

（2021年12月20日第十三届全国人民代表大会民族委员会第十六次会议审议通过）

## 2021年工作总结

2021年是中国共产党成立一百周年，是实施“十四五”规划开局之年，是开启全面建设社会主义现代化国家新征程的起步之年。民族委员会以习近平新时代中国特色社会主义思想为指导，深入学习贯彻党的十九大和十九届历次全会精神，深刻学习领会习近平法治思想、习近平总书记关于坚持和完善人民代表大会制度的重要思想、习近平总书记关于加强和改进民族工作的重要思想，增强“四个意识”、坚定“四个自信”、做到“两个维护”，坚决贯彻落实党中央关于民族工作的重大决策部署和全国人大常委会领导同志重要指示精神，以铸牢中华民族共同体意识为主线，扎实做好立法、监督、调研等工作，各项工作取得新进展。

### 一、深入学习贯彻习近平新时代中国特色社会主义思想，扎实开展党史学习教育，坚持人大民族工作正确政治方向

民族委员会始终把学习贯彻习近平新时代中国特色社会主义思想作为首要政治任务，作为做好人大民族工作的根本保证。2021年，先后召开4次民族委员会会议、8次分党组会议，集中传达学习习近平新时代中国特色社会主义思想，跟进学习习近平总书记最新重要讲话和指示批示精神，着力在提高政治判断力、政治领悟力、政治执行力上下功夫，坚定不移走中国特色社会主义政治发展道路，坚定不移走中国特色解决民族问题的正确道路，毫不动摇坚持、与时俱进完善人民代表大会制度和民族区域自治制度。

（一）扎实开展党史学习教育。民族委员会把开展党史学习教育作为贯穿全年的一项重大政治任务，加强研究部署，精心组织实施，切实做到学史明理、学史增信、学史崇德、学史力行。认真学习贯彻习近平总书记在党的十九届六中全会上的重要讲话和全会精神，深刻领会党的百年奋斗重大成就和历史经验，从百年党史中汲取不懈奋斗的精神力量。积极参加庆祝中国共产党成立100周年系列活动，认真学习习近平总书记“七一”重要讲话，深刻领会伟大建党精神的深刻内涵和重大意义，不忘初心、牢记使命。认真落实党史学习教育关于“我为群众办实事”的实践活动要求，赴地方调研时，走访慰问内地西藏、新疆民族中学师生；督办重点建议时，认真研究和反映各族群众心声，助力提高民族地区教育质量和水平；分党组专门委托办事机构赴北京市怀柔区民族乡走访慰问少数民族生活困难家庭，把学习教育成果落实到为群众办实事、解难题的具体行动上。

（二）认真学习贯彻中央人大工作会议精神。中央人大工作会议召开后，民族委员会召开分党组会议、委员会会议，深入学习贯彻习近平总书记重要讲话和中央人大工作会议精神，学习贯彻栗战书委员长在常委会党组会议和常委会会议上的讲话精神。委员会组成人员一致表示，要全面准确学习领会习近平总书记关于坚持和完善人民代表大会制度的重要思想，牢牢把握坚持党的全面领导这一最高政治原则，坚决贯彻落实党中央决策部署和习近平总书记重要指示批示，确保党的领导贯穿于人大工作全过程和各方面。要把学习贯彻中央人大工作会议精神与学习贯彻习近平法治思想、习近平总书记关于加强和改进民族工作的重要思想有机结合起来，深刻认识和把握全过程人民民主重大理念，以铸牢中华民族共同体意识为主线，结合人大工作职责定位和履职实际，研究提出贯彻落实举措，推动人大民族工作高质量发展。

（三）深入学习领会中央民族工作会议精神。中央民族工作会议召开后，民族委员会及时组织学习贯彻，栗战书委员长在民族委员会报送的学习情

况报告上作出重要批示。9 月下旬，在宁夏回族自治区银川市举办第二十三期全国人大民族工作干部学习班，曹建明副委员长就深入学习贯彻习近平总书记重要讲话和中央民族工作会议精神作集中宣讲。邀请中央统战部、国家民委有关负责同志作专题辅导讲座。撰写《深入学习贯彻习近平总书记关于加强和改进民族工作的重要思想　奋力推进新时代人大民族工作高质量发展》《认真学习贯彻中央民族工作会议精神　奋力推进新时代人大民族工作高质量发展》两篇学习贯彻文章，在中国人大网发表，交流学习体会。召开分党组会议、委员会会议，深入学习研讨中央民族工作会议精神，研究谋划当前和今后一个时期的人大民族工作，切实把思想和行动统一到以铸牢中华民族共同体意识为主线、推动新时代党的民族工作高质量发展这一重大决策部署上来，进一步振奋精神，凝聚力量，增强做好新时代人大民族工作的政治责任感和历史使命感。

## 二、认真贯彻落实栗战书委员长等常委会领导同志系列重要指示批示精神，深入开展民族法治建设重要专项研究，持续推进依法治理民族事务

2021 年 3 月以来，为认真贯彻落实习近平总书记重要批示精神，栗战书委员长作出一系列重要指示批示，要求民族委员会深刻学习领会习近平总书记重要批示精神，加强民族法治建设领域重大问题的研究力度和深度，提出有针对性的意见和建议，为党中央有关决策提供参考。王晨副委员长、曹建明副委员长也就贯彻落实工作提出明确要求。民族委员会将深入研究涉民族工作的法律法规问题作为一项重要政治任务，及时调整工作计划，整合工作力量，组成多个工作专班，系统总结民族法治建设的成效经验和面临的主要问题，研究提出有针对性的意见建议，努力完成各项研究任务，得到常委会领导同志的充分肯定。

（一）深入研究评估民族区域自治法实施情况和修改完善问题。遵照栗战书委员长，王晨、曹建明副委员长批示要求，民族委员会成立由白春礼主任委员任组长的专题研究工作组，认真汇总十八大以来党中央关于民族工作的重大方针政策和决策部署，对现行民族法律法规和相关政策进行梳理、评估。参加中央统一战线工作领导小组统一组织的调研组，赴内蒙古自治区进行专题调研。民族委员会赴吉林、湖北等地开展调研时，征求有关意见建议；走访中央统战部、全国人大常委会法工委、国家民委等部门，进行沟通交流；收集有关资料，征求学者意见建议。白春礼主任委员分别与副主任委员和部分委员交流意见，两次主持召开主任委员办公会议专题研究讨论，起草形成了《全国人大民族委员会关于修改〈民族区域自治法〉的研究报告》《全国人大民族委员会进一步研究〈民族区域自治法〉修改有关问题的报告》。栗战书委员长，王晨、曹建明、张春贤、吉炳轩、艾力更·依明巴海、王东明、白玛赤林等 7 位副委员长对报告给予充分肯定，共作出 15 次重要批示。这是对民族委员会工作的高度肯定和鼓励，也为下一步工作打下了坚实基础。

（二）研究涉外立法修法中有关涉藏涉疆问题。为贯彻落实习近平总书记重要批示精神，根据栗战书委员长指示要求，白春礼主任委员主持召开会议，专题研究涉外立法修法中有关涉藏涉疆问题。汇总梳理维护国家主权统一、反对民族分裂的有关法律法规，有针对性地对涉藏涉疆的有关法律法规问题进行研究，起草《涉外立法修法中有关涉藏涉疆问题的研究报告》，提出有关意见建议。栗战书委员长在研究报告上作出重要批示。积极推动研究成果转化，结合民族工作实际，就有关政策文件、白皮书的制定出台提出意见建议，维护祖国统一、民族团结、国家安全。

（三）研究地方涉民族工作立法有关问题。根据栗战书委员长重要指示批示，按照曹建明副委员长的要求，民族委员会围绕民族工作地方立法有关情况进行了研究，先后赴宁夏、广西开展实地调研，委托 4 个省（区）开展调研，请 25 个省（区、市）提供书面材料，形成《关于宁夏回族自治区开展涉民族宗教领域法规规章和规范性文件集中清理整治情况的调研报告》《全国人大民族委员会关于涉民族工作地方立法情况的报告》。报告建议，要以铸牢中华民族共同体意识为衡量标准，通过加大备案审查力度、健全法规自查清理机制等措施，对现行民族法律法规和相关政策进行梳理、评估、修订，区别情况，慎重稳进，为推进民族事务治理体系和治理能力现代化提供法治保障和法治遵循。中央领导同志作了重要批示。

（四）研究少数民族语言文字使用和翻译有关法律法规问题。根据王晨副委员长重要批示，民族委员会密切关注少数民族语言文字翻译方面存在的问题，在全面梳理相关的全国性法律法规及地方

法律法规的基础上,研究起草了《全国人大民族委员会关于少数民族语言文字使用和翻译有关法律法规的研究意见》,对相关法律条款提出立、改、废、释意见,为加强和规范少数民族语言文字翻译工作提供法治保障。王晨副委员长对研究报告给予充分肯定,为有关方面研究提供了重要参考。

民族委员会组成人员在参加全国人大常委会审议法律案时,紧紧围绕党和国家工作大局,围绕铸牢中华民族共同体意识,维护民族团结和社会稳定,推动各民族共同走向社会主义现代化,认真提出意见建议,许多审议意见被采纳,促进了相关法律的制定、修改和完善。

## 三、认真做好专题调研工作

根据常委会2021年度监督工作计划和民族委员会2021年工作要点,民族委员会主要就促进人口较少民族经济社会发展、民族地区巩固拓展脱贫攻坚成果同乡村振兴有效衔接、民族团结进步立法问题等开展专题调研。全国人大常委会领导高度重视,栗战书委员长、王晨副委员长审定调研方案,曹建明副委员长任专题调研组组长,提出明确要求。民族委员会在严格落实各项疫情防控措施的前提下,根据项目多、任务重、时间紧的实际,采取一路调研兼顾多题,多路调研同时推进,自主调研与委托调研结合,实地调研与书面调研并用的方式,赴10个省(区)开展实地调研,形成10份调研分报告和3份专题调研报告,对于全国人大常委会组成人员了解情况、督促和支持有关部门加大工作力度起到了积极作用。

(一)组织实施全国人大常委会促进人口较少民族经济社会发展专题调研。根据宪法法律有关规定和“十四五”时期重大决策部署,为着力解决制约人口较少民族经济社会发展的突出短板和薄弱环节,推动包含人口较少民族群众在内的全国人民共同开启全面建设社会主义现代化国家新征程。全国人大常委会先后组织了2个专题调研组,由曹建明副委员长担任组长,白春礼主任委员担任副组长,先后赴青海、内蒙古等省(区),就促进人口较少民族经济社会发展情况进行了专题调研。为全面掌握情况,专题调研组还请广西、云南、甘肃、新疆等省(区)提供了书面材料,并结合开展民族地区巩固拓展脱贫攻坚成果同乡村振兴有效衔接情况调研,了解了吉林、福建、湖北等省相关情况。调研组提出,要以习近平总书记关于加强和改进民族工作的重要思想为指引,紧紧围绕铸牢中华民族共同体意识这一新时代党的民族工作的主线,进一步提高政治站位,进一步完善对人口较少民族的差别化区域支持政策、加快乡村振兴步伐、推动人口较少民族文化高质量发展、加强人口较少民族地区干部人才队伍建设,推动人口较少民族地区主动融入全国及本省(区、市)发展全局,推动共同富裕迈出实质性步伐。

(二)组织开展民族地区巩固拓展脱贫攻坚成果同乡村振兴有效衔接专题调研。巩固拓展脱贫攻坚成果、全面实施乡村振兴战略,是中国共产党执政宗旨的集中体现,是全面建设社会主义现代化国家的内在要求。为推动党中央决策部署贯彻落实,4月至10月,由曹建明副委员长任组长、白春礼主任委员任副组长、民族委员会组成人员为成员的调研组,分成3个调研小组,先后赴湖北、吉林、福建、浙江、安徽等5个省,重点围绕巩固脱贫成果、乡村产业发展、乡村建设等方面开展实地调研。调研组建议,要坚持党对巩固拓展脱贫攻坚成果同乡村振兴有效衔接工作的全面领导,不断夯实民族地区乡村振兴的法治基础,坚持多措并举推进乡村产业发展壮大,坚持统筹推进乡村基础设施建设,全面推进乡村振兴高质量发展。

## 四、认真办理代表建议、委员提案

2021年,全国人大常委会办公厅交由民族委员会督办的重点督办建议共1项,即“提高民族地区教育质量和水平”的建议,含17件代表建议,共涉及代表51人次。民族委员会细致梳理归类建议,完善督办机制,拟定督办工作方案,积极推动代表建议落实。在督办过程中,始终与全国人大代表保持密切联系,充分吸取和采纳代表的相关建议,积极回应社会关切。积极派人参加教育部等承办单位发起的调研活动,与各部门一起深入实际调查研究,全面了解情况,提出督办意见,重点建议的办理取得显著成效,代表普遍对督办工作的效率和质量表示满意。根据全国人大常委会办公厅有关安排,交由民族委员会办理的全国政协十三届四次会议提案共2件,及时予以答复。

## 五、加强联系沟通,形成新时代人大民族工作合力

(一)加强与地方人大工作联系。以个别指导、

联合或委托调研、会议培训交流等多种形式，与地方人大及人大民委保持密切沟通，努力构建上下联动的工作格局。支持云南、贵州、青海等地修改完善单行条例和有关地方性法规，认真研究地方反映的立法方面的问题，依法解决各族干部群众关心的民族团结、民族文化传承与保护、民族地区生态环境建设等领域存在的突出问题，深入交流探讨，提出意见，提高立法质量。参加河北、安徽、云南等省人大民族工作干部学习班，围绕学习贯彻中央民族工作会议精神等作主题讲座，参加全国少数民族自治县（旗）人大工作联席会和民族自治地方成立庆祝活动，接待贵州、青海、宁夏等省（区）人大常委会及人大民委负责同志来访，加强沟通交流，增强工作实效。

（二）加强与有关部门联系沟通。坚持“请进来”和“走出去”相结合，与中央统战部、国家民委、教育部、全国政协民宗委等单位多次沟通，开展联合调研，就完善法律法规、重点建议督办等交流意见，共同研究起草相关报告，加强联系协作，共同做好工作。一年来，共研究答复中央依法治国办、中宣部、全国人大常委会法工委等有关单位征求意见函15件，许多意见被采纳吸收。多次派人支持国家民委、司法部等部门有关少数民族语文翻译工作。

## 六、加强宣传报道，讲好民族团结进步故事

（一）办好《民族法制通讯》。坚持正确舆论导向，增设专栏，集中学习宣传习近平总书记关于加强和改进民族工作的重要思想和中央民族工作会议精神。坚持以铸牢中华民族共同体意识为主线，报道常委会领导、民族委员会领导同志的讲话文章。突出亮点，介绍各地人大民族工作的好经验好做法。结合参加民族自治地方成立庆祝活动，组织专题新闻稿件，宣传民族自治地方经济社会发展取得的历史性成就。报道全国人大代表拉齐尼·巴依卡促进民族团结、忠诚履职的光荣事迹，弘扬主旋律，传播正能量。

（二）增强宣传工作实效。编发5期民族委员会简报。用好机关内网、中国人大网等多种平台，优化栏目设置，及时更新资料，增强宣传内容的针对性、时效性和可读性。做好《中国民族年鉴》相关条目编纂工作，在对外交往中积极宣传阐释人民代表大会制度和民族区域自治制度的优越性，对有关问题及时发声、正确发声。

## 七、积极参与人大对外交往工作

按照常委会统一部署，白春礼主任委员陪同参加了栗战书委员长同蒙古国国家大呼拉尔主席赞丹沙塔尔、老挝国会主席赛宋蓬、塞浦路斯议长迪米特里乌等的视频会谈。白春礼主任委员作为全国人大中希友好小组组长，同希腊议会希中友好小组主席特拉加基斯举行视频会见。委员会组成人员分别参加了全国人大与波黑议会视频会议、亚洲议会大会视频会议、全国人大外事委员会与尼日利亚参议院外事委员会视频会议等外事活动。充分发挥专门委员会的特色和优势，加强对口委员会交流。白春礼主任委员以视频方式同老挝国会民族委员会主任坎占·索达巴色举行视频会谈，重点就依法促进民族地区经济社会发展、依法保护民族传统文化等开展交流，助力推动中老命运共同体建设。在外事活动中，民族委员会组成人员充分发挥来自民族地区、熟悉民族工作的优势，广泛宣传西藏、新疆等民族地区政治稳定、经济发展、民族团结、社会和谐的大好局面，有力回击了西方敌对势力的造谣、污蔑。

## 八、加强自身建设，提升能力水平

（一）加强委员会建设。民族委员会坚持把政治建设摆在首位，认真贯彻落实常委会部署安排和栗战书委员长对民族委员会的批示要求，不断提高政治判断力、政治领悟力、政治执行力，依法履职尽责、主动担当作为，努力建设成为自觉坚持中国共产党领导的政治机关、保证人民当家作主的国家权力机关、全面担负宪法法律赋予的各项职责的工作机关、始终同人民群众保持密切联系的代表机关。民族委员会分党组充分发挥把方向、管大局、保落实的重要作用，坚持党对民族工作的集中统一领导，坚持请示报告制度，切实把党中央关于人大工作和民族工作的重大决策部署贯彻落实到人大民族工作的全过程和各方面。认真学习贯彻党章，严守党的纪律规矩，严肃党内政治生活，在专题调研、召开会议、举办学习班等各项工作中严格贯彻中央八项规定及其实施细则精神，力戒形式主义、官僚主义。

（二）加强办事机构建设。办事机构深入贯彻落实新时代党的建设总要求和全面从严治党各项部署，紧密结合贯穿全年的党史学习教育，进一步丰富和拓展“三会一课”“主题党日活动”的形式和

载体，不断增强党内政治生活的吸引力和感召力。组织全体党员到中国共产党历史展览馆、国家博物馆、中国藏学研究中心西藏文化博物馆参观，现场开展生动的党史学习教育和民族团结进步教育。重视年轻干部的培养锻炼，推动干部交流、配备等工作。完善集体讨论研究工作机制，发挥工作专班作用，更好地服务全国人大及其常委会、民族委员会依法履职。办事机构集体参谋助手和服务保障的能力和水平不断提高。民委机关党支部被评为“全国人大机关先进基层党组织”。

# 第十三届全国人民代表大会宪法和法律委员会2021年工作总结

（2022年1月18日第十三届全国人民代表大会宪法和法律委员会第一百九十三次全体会议通过）

## 2021年主要工作

一年来，在党中央和全国人大及其常委会领导下，宪法和法律委员会坚持以习近平新时代中国特色社会主义思想为指导，深入学习贯彻习近平法治思想和习近平总书记关于坚持和完善人民代表大会制度的重要思想，全面贯彻落实党的十九大和十九届历次全会精神，贯彻落实中央人大工作会议精神，弘扬伟大建党精神，增强“四个意识”、坚定“四个自信”、做到“两个维护”，坚持党的领导、人民当家作主、依法治国有机统一，紧跟党中央重大决策部署，紧贴人民群众美好生活需要，紧扣推进国家治理体系和治理能力现代化、全面建设社会主义现代化国家的需求，贯彻全过程人民民主重大理念，恪尽职守，担当作为，认真做好推动宪法实施和监督、统一审议法律案等本职工作，高质量高效率地完成各项任务。全年共召开宪法和法律委员会全体会议55次，对50件法律案（其中法律草案39件，有关法律问题的决定草案11件）进行了统一审议，向全国人大及其常委会提出法律案修改稿45件、建议表决稿44件，各类审议报告92件，还对6件法律案和有关报告列入常委会会议议程提出审议意见。其中，大会和常委会已审议通过新的法律17件，修改法律26件，通过有关法律问题的决定11件。

## 一、坚持理论武装，强化政治建设，把牢立法工作的政治方向

一年来，宪法和法律委员会始终牢牢把握坚持党的全面领导这一最高政治原则，旗帜鲜明讲政治，理论武装摆首位，坚决捍卫“两个确立”，坚决做到“两个维护”，在思想上政治上行动上同以习近平同志为核心的党中央保持高度一致。

（一）深入学习贯彻习近平新时代中国特色社会主义思想

把深入学习贯彻习近平新时代中国特色社会主义思想特别是习近平法治思想和习近平总书记关于坚持和完善人民代表大会制度的重要思想、深入学习领会习近平总书记关于学习党史的重要论述作为首要政治任务，在学懂弄通做实上下功夫。组成人员按时列席或参加常委会党组会议、委员长会议、机关党组会议的集中学习研讨、专题辅导、党风廉政警示教育等活动60余场次，全年召开两委主任办公会、分党组会议11次，在第一时间传达学习习近平总书记“七一”重要讲话精神、中央人大工作会议精神、党的十九届六中全会精神和中央经济工作会议精神等，坚持不懈用党的创新理论武装头脑，不断增强思想自觉和行动自觉，提高政治判断力、政治领悟力、政治执行力，确保以习近平同志为核心的党中央的决策指示落到实处。

深入开展党史学习教育。宪法和法律委员会严格按照党中央和常委会党组统一部署，高度重视、精心组织，高标准、高质量地推进党史学习教育。一是扎实完成“规定动作”。结合工作实际制定教育方案，认真学习研读配发书目，围绕学习贯彻习近平总书记“七一”重要讲话精神等开展7次专题学习交流，围绕“深刻把握百年党史规律、从中汲取智慧力量”等进行5次专题党课辅导。20多次参加常委会党组、机关党组组织的党史学习辅导、参观展览等活动。二是积极开展“自选动作”。组织赴遵义会议会址参观学习，瞻仰四渡赤水烈士陵

园，聆听专题辅导报告，学习伟大的遵义会议精神；创新开展分党组和法制工作委员会党史学习教育联学活动，王宁副主任委员就“党绝对领导下的人民军队建设发展史”、江必新副主任委员就“百年法治建设的经验与教训”进行专题授课。在沈阳、南京、贵阳开展“设区的市地方立法在维护国家法制统一中的作用”专题调研期间，组织参观中共满洲省委旧址、侵华日军南京大屠杀遇难同胞纪念馆等党史、国史教育基地，激发初心使命，赓续红色血脉。参观法制工作委员会举办的“回顾国家立法历程传承奋斗精神，深化党史学习教育践行初心使命”图片资料展和宪法资料展，在回顾党史、人大立法工作历史的过程中汲取奋进的力量、厚植为民的情怀，传承发扬“苦力班子”精神，增强履职尽责的责任心使命感。三是在立法中不断深化党史学习教育，坚持将人民至上理念融入立法。在统一审议乡村振兴促进法、家庭教育促进法、医师法、法律援助法、个人信息保护法、噪声污染防治法、职业教育法等涉及民生保障领域的重要法律案时，关切人民群众“急难愁盼”问题，把体现人民利益、反映人民愿望、维护人民权益、增进人民福祉落实到立法工作全过程和各方面。党史学习教育开展以来，宪法和法律委员会坚持做到学史明理、学史增信、学史崇德、学史力行。通过学习深刻认识到，要始终坚定地坚持党的领导，用习近平新时代中国特色社会主义思想武装头脑、指导实践、推动工作。要始终坚持以人民为中心，矢志不渝践行共产党人的初心使命，努力为完善中国特色社会主义法律体系而奋斗。要始终心怀“国之大者”，把立法工作放在党和国家事业发展的大局中考量，提升对立法工作规律性认识，增强工作的系统性、预见性、创造性。

深入学习党的十九届六中全会精神。宪法和法律委员会把学习贯彻六中全会精神与学习宣传贯彻习近平新时代中国特色社会主义思想紧密结合起来，与学习贯彻中央人大工作会议精神紧密结合起来，领会精神实质，把握核心要义。通过学习深刻感受到，党的十九届六中全会系统总结百年的“四个伟大成就”，明确提出“两个确立”，用“十个明确”对习近平新时代中国特色社会主义思想的核心内容作了进一步概括，总结完善了“十个坚持”的宝贵经验，对新时代党和国家事业发展、对推进中华民族伟大复兴历史进程具有决定性意义。学习贯彻党的十九届六中全会精神，必须深刻认识“两个确立”的重大意义，坚定维护“两个确立”，一切工作向以习近平同志为核心的党中央看齐。要以史为鉴，弘扬伟大建党精神，赓续红色血脉，践行初心使命，始终坚定正确政治方向，把实现好、维护好、发展好最广大人民根本利益作为立法工作的出发点和落脚点，坚持发展全过程人民民主，努力使每项立法都反映群众意愿、得到群众拥护。

深入学习习近平总书记在庆祝中国共产党成立100周年大会上的重要讲话精神。召开宪法和法律委员会分党组会议，深入学习讲话精神，分党组成员结合自身实际，交流了心得体会。通过学习大家深刻认识到，要在学思践悟中切实增强“四个意识”、坚定“四个自信”、做到“两个维护”，牢记“国之大者”，把学习成果转化为政治能力，转化为推动工作的动力。要用重要讲话精神统揽工作，充分发挥分党组把方向、管大局、保落实的重要作用，全力以赴推进立法工作，推动党中央决策部署和常委会党组工作要求落实落细。要坚持以人民为中心推进立法工作，广泛听取和吸收有益意见，通过立法积极回应社会各界的关切和人民群众的期盼。

（二）深入学习贯彻中央人大工作会议精神

党中央首次召开中央人大工作会议，印发《中共中央关于新时代坚持和完善人民代表大会制度、加强和改进人大工作的意见》，为做好新时代人大工作指明了方向、提供了遵循，宪法和法律委员会全体组成人员倍受鼓舞、倍感振奋。

学习贯彻习近平总书记在中央人大工作会议上的重要讲话精神。王晨副委员长到宪法和法律委员会、法制工作委员会就贯彻落实中央人大工作会议精神进行专题调研和指导，宪法和法律委员会、法制工作委员会分别作了专题汇报。坚持反复学习、熟读熟知，及时传达、深入学习习近平总书记在中央人大工作会议上的重要讲话和栗战书委员长所作会议总结，深入领会和贯彻中央人大工作会议精神，把习近平总书记提出的“六个必须坚持”、“六个方面重点任务”作为整体，系统把握习近平总书记关于坚持和完善人民代表大会制度的重要思想的核心要义、丰富内涵和实践要求。认真推进《中共中央关于新时代坚持和完善人民代表大会制度、加强和改进人大工作的意见》贯彻落实，结合宪法和法律委员会职责定位和履职实际，研究贯彻落实举措。坚持学以致用，在不断深化对人大工作规律和特点的认识中提升立法工作能力，围绕国家安全、科技创新、公共卫生、涉外法治、生物安全、生态文明、防范风险等重要领域积极开展专题研究，破解立法难题。

践行全过程人民民主理念。通过立法调研倾

听群众的声音，一年来宪法和法律委员会组成人员深入一线、深入基层调研共计96人次，涉及25个省（区、市）的72个市、州，围绕28件法律草案调研52次，走访调研点242个，确保法律案统一审议工作最大限度吸纳民意、汇集民智。在乡村振兴促进法草案调研中，走进田间地头与村民交流增产增收、传统文化传承情况，在村子里召开座谈会，与农户围坐一起，用朴实亲切的群众语言讲述“法言法语”；在陆地国界法草案调研中，冒着酷暑穿戈壁、登哨所，4天时间马不停蹄走访调研点15个，抵近边境一线了解边防安全、边境建设实情；在噪声污染防治法草案调研中，调研足迹深入建筑工地、生产车间、车站、广场等群众反映噪声扰民最突出的地点，现场感受噪声污染，与群众一起研究法律措施。在医师法草案、家庭教育促进法草案、安全生产法草案、军人地位和权益保障法草案、反有组织犯罪法草案等调研中，组成人员通过座谈、论证、咨询等广泛征求和充分听取群众意见建议，多渠道调查了解实情，把全过程人民民主理念真实、生动、具体地体现在立法过程中。同时，还注重加强同基层人大代表的联系，发挥代表来自人民、植根人民的特点和优势，积极邀请基层代表参与立法调研80余人次，在审议法律案过程中充分吸收基层代表意见建议，把人民群众的声音和愿望体现在立法工作中，切实做到民有所呼、我有所应。

（三）坚持党对立法工作的领导

宪法和法律委员会承担推进宪法实施和监督、统一审议法律案等重要职责，必须将党的领导贯彻到立法工作的全过程和各方面。

坚决贯彻党中央重大决策部署，围绕党和国家工作大局做好立法工作。坚定不移把坚持党的全面领导作为立法工作的最高政治原则，坚决贯彻落实党中央的重大决策部署，使党的主张通过法定程序成为国家意志。全力以赴推进香港基本法附件一香港特别行政区行政长官的产生办法、附件二香港特别行政区立法会的产生办法和表决程序的修订草案审议工作，提高政治站位，把牢政治方向，为“爱港者治港”提供健全制度保障，确保牢牢把握完善香港特别行政区选举制度主导权，落实中央对香港特别行政区全面管治权。认真学习领会《关于优化生育政策促进人口长期均衡发展的决定》，落实积极应对人口老龄化国家战略，围绕实施三孩生育政策、配套实施积极生育支持措施等对人口与计划生育法修正草案进行审议，坚决确保党中央优化生育政策落地生根。认真推进海南自由贸易港法草案审议工作，将党中央关于建设海南自由贸易港的决策部署转化为法律，为海南自由贸易港建设提供立法引领和法治保障。深入贯彻习近平法治思想和习近平外交思想，坚决贯彻党中央决策部署，坚持总体国家安全观，及时审议反外国制裁法草案，充分发挥法治在对外斗争中的引领、规范和保障作用，用法治力量保障国家主权、安全和发展利益。

落实宪法关于党的领导的规定，推动党的领导入法。一年来，制定和修改有关法律，明确规定党的领导的法律地位，在全国人大组织法、海警法、军人地位和权益保障法、军事设施保护法、兵役法、乡村振兴促进法、审计法、安全生产法、工会法、教育法、科学技术进步法等13部法律中载明党的领导，通过立法坚持和完善党的领导制度体系和党对各方面事业的全面领导，着力实现党的领导制度化、法治化。

严格落实请示报告制度。认真学习领会党中央决策部署，第一时间传达学习习近平总书记关于宪法实施和监督工作、立法工作重要批示指示精神，与法制工作委员会共同研究落实措施。坚持重要立法和立法中的重大问题向党中央请示报告制度，对全国人大组织法修正草案、全国人大议事规则修正草案、海南自由贸易港法草案、反外国制裁法草案、数据安全法草案、监察官法草案、反电信网络诈骗法草案、反有组织犯罪法草案等重要法律草案，经报全国人大常委会党组向党中央请示报告，确保党的主张通过法定程序成为国家意志。2021年以来，委员长会议加强对拟表决通过的法律草案的审议，宪法和法律委员会认真落实委员长会议的审议意见和各项工作要求，在重大问题上把好政治关和法律关。

加强制度建设维护党对立法工作集中统一领导。制定实施《加强宪法和法律委员会分党组政治领导，做好统一审议法律案工作的具体办法》，把增强“四个意识”、坚定“四个自信”、做到“两个维护”体现到立法工作大事要事具体行动和要求上，确保党中央对立法工作的集中统一领导，确保常委会党组的部署安排要求落到实处，确保分党组把方向、管大局、保落实的职能得到充分发挥。

## 二、认真做好宪法实施和监督相关工作，切实维护宪法尊严和权威

宪法是国家的根本法，是治国安邦的总章程，具有最高的法律地位、法律权威、法律效力。全面

贯彻实施宪法是全面依法治国、建设社会主义法治国家的首要任务和基础性工作。一年来,宪法和法律委员会严格遵照宪法和法律规定,紧扣职能定位,积极推进宪法实施和监督工作。

(一)认真落实常委会年度监督工作计划

依法赋予所有设区的市地方立法权,是全面深化改革和全面推进依法治国的重要举措,对完善我国立法体制,推进地方治理体系和治理能力现代化具有十分重要的意义。落实全国人大常委会 2021 年度监督工作计划,宪法和法律委员会认真组织和实施“关于设区的市地方立法在维护国家法制统一中的作用”专题调研,重点调研设区的市地方立法在坚持党的领导、维护国家法制统一、为地方经济社会发展提供法治保障中的经验作用、存在的问题及立法建议等。宪法和法律委员会负责同志带队分赴辽宁、江苏、贵州三省开展实地调研,认真贯彻全过程人民民主,分别在沈阳、南京、贵阳召开座谈会,广泛听取了 27 个省、自治区和 102 个设区的市的意见建议,并且深入农村,走访企业,听取基层群众、职工意见建议等。在此基础上形成了专项调研报告,向常委会第二十九次会议作出书面报告,实事求是地反映设区的市立法存在的突出问题,提出进一步明确设区的市立法权限、完善审查批准标准和程序、进一步维护国家法制统一、突出地方特色、加强立法工作队伍建设、加强对地方立法的指导等改进相关工作的意见建议。

(二)加快完善宪法相关法律制度

宪法相关法是与宪法相配套、直接保障宪法实施和国家政权运作等方面的法律规范。宪法和法律委员会积极加强宪法相关法的审议工作,推动和保障宪法实施。审议全国人大组织法修正草案,着重就完善预备会议程序,临时召集全国人民代表大会会议的相关规定,大会会议日程的调整程序,各专门委员会组成人员人选的提名和表决,代表提出议案的处理程序等提出修改意见。审议全国人大议事规则修正草案,着重就决定代表大会的提前或者推迟召开,大会日程的合理安排,代表大会举行会议的方式,与全国人大组织法相关规定的衔接等问题提出修改意见。对这两部法律进行重要修改,总结改革开放以来人民代表大会制度的实践经验,坚持和发展全过程人民民主,固化党和国家机构改革成果,进一步完善全国人大及其常委会的组织和工作制度,为全国人大及其常委会依法行使职权提供重要制度保障。审议监察官法草案,着重就监察官的范围和权利、职责,担任监察官应当具备的条件,对监察官及其近亲属的权益保护,建立健全对监察官的监督制度和机制等提出修改意见,有利于促进国家监察权的正确行使,建设忠诚干净担当的监察队伍。审议关于解放军选举全国人大和县级以上地方各级人大代表的办法修正草案,进一步完善我国的选举制度,更好地保障军人依法行使民主权利、依法参与管理国家事务。审议反外国制裁法草案。该法是我国第一部对外斗争领域的专门性法律,针对外国干涉中国内政的所谓“单边制裁”,重申我国外交基本政策和原则立场,明确采取反制措施的情形、反制措施适用的对象等,为我国采取相应反制措施提供法治保障。审议陆地国界法草案,着重就边境的定义和范围,陆地国界划定和勘定的相关程序,国家支持和发展沿边城镇建设、健全沿边城镇体系,国家采取封控边境、关闭口岸等措施的情形等提出修改意见,构建系统完备、权责匹配、上下协调、科学规范的国界工作法律制度体系。审议地方各级人民代表大会和地方各级人民政府组织法修正草案,进一步完善地方各级人民代表大会和地方各级政府组织和工作制度。审议关于加强中央预算审查监督的决定修订草案,贯彻落实党中央关于加强人大预算决算审查监督职能的部署要求,将人大预算审查监督有关改革举措、成功经验和有效做法上升为法律制度。

(三)积极稳妥推进合宪性审查

认真贯彻落实党中央关于推进合宪性审查工作的指导性文件,在统一审议法律案过程中,认真履行合宪性审查职责,确保全国人大及其常委会通过的法律和作出的决定决议,符合宪法规定和宪法精神。在常委会审议人口与计划生育法修正草案过程中,有意见提出,人口与计划生育法是根据宪法制定的,修改人口与计划生育法,涉及对宪法有关规定的理解和把握,需要研究合宪性问题。宪法和法律委员会对此问题作了专门研究,认为我国宪法关于计划生育的规定,具有相当的包容性和适应性,可以涵盖不同时期实行的生育政策、相关工作及配套措施。修改人口与计划生育法,落实优化生育政策,促进人口长期均衡发展的决策部署,是与时俱进理解和把握宪法规定和宪法精神的有益实践,也是在与时俱进通过立法推动和保证宪法实施,符合宪法规定和精神。审计法是国家审计制度的基础性法律。宪法和法律委员会在审议审计法修正草案过程中,对审计法修正草案扩大审计署职权和审计事项范围的内容,审慎作出了合宪性研究和审查,推进审计法的修改有效贯彻党中央关于审计工作的决策部署，将改革成果法治化，同时保持审计法规定的基本制度不变，在宪法框架下扩展审计范围，强化审计监督手段。在审议法律援助法草案过程中，宪法和法律委员会贯彻宪法“被告人有权获得辩护”规定精神，建议在已有规定基础上，进一步扩大人民法院根据实际情况，可以通知法律援助机构指派律师担任辩护人的范围，加大人权司法保障力度，维护公民宪法权利。

（四）为及时有效维护宪法和香港基本法确立的香港特别行政区宪制秩序、法治秩序提供法律保障

十三届全国人大四次会议期间，宪法和法律委员会审议关于完善香港特别行政区选举制度的决定草案，就完善香港特别行政区选举制度、推动适合香港实际的民主政治发展作出新的宪制性制度安排。在大会审议通过关于完善香港特别行政区选举制度的决定后，宪法和法律委员会按照部署，及时审议修改香港基本法附件一香港特别行政区行政长官的产生办法、附件二香港特别行政区立法会的产生办法和表决程序草案，全面落实“爱国者治港”这一根本原则。全国人大常委会及时通过修订后的两个附件，完善形成了一套符合香港法律地位和实际情况的民主选举制度，把坚持“一国”原则和尊重“两制”差异、维护中央对特别行政区全面管治权和保障特别行政区高度自治权结合起来，坚定维护国家主权、安全、发展利益，坚定维护宪法和香港基本法确立的宪制秩序和法治秩序，有效保持香港长治久安和长期繁荣稳定。

（五）认真做好宪法宣传工作

加强宪法学习宣传教育是实施宪法的重要基础。委员会组成人员通过作报告、授课、参加第八个国家宪法日座谈会等多种方式积极开展习近平法治思想和宪法宣传活动，解读好宪法的精神、原则、要义，阐释好宪法规定的重大制度和重大事项，努力推动在全社会宣传宪法、普及宪法，增强宪法意识，维护宪法权威。

## 三、加强重点领域、新兴领域、涉外领域立法，充实完善中国特色社会主义法律体系

一年来，宪法和法律委员会深刻认识我国全面建成小康社会，开启全面建设社会主义现代化国家新征程的历史方位，牢牢把握立法工作覆盖广、数量多、节奏快、要求高的新特点新要求，自觉遵循立法活动规律，坚持科学立法、民主立法、依法立法，充分听取采纳人大代表、常委会组成人员、各专门委员会、社会各界的意见建议，尽职尽责做好法律案统一审议工作，不断推进重点领域、新兴领域、涉外领域立法，不断提高立法质量和效率，不断健全国家治理急需的法律制度、满足人民日益增长的美好生活需要必备的法律制度。

一是做好国家安全领域立法审议工作。审议数据安全法草案，贯彻国家总体安全观，聚焦数据安全领域的风险隐患，着重就数据的定义和范围，数据安全审查制度，数据安全与发展关系的处理，建立健全数据交易管理制度等提出修改意见，促进数据依法合理有效利用，提升国家数据安全保障能力。审议反有组织犯罪法草案，着重就有组织犯罪的定义，涉案财产的冻结、扣押和处置，国家工作人员涉有组织犯罪的行为类型与处理程序等提出修改意见，注重预防治理与打击惩治并重，处理好惩治犯罪与保障人权的关系。审议海上交通安全法修订草案，着重就船舶、海洋设施的所有人、管理人维护海上安全的义务，船员境外突发事件的预警和应急处置机制，建立和完善海上交通支持服务系统等提出修改意见，更好维护人民群众生命财产安全，切实保障国家主权、安全和发展利益。

二是做好市场经济领域和推动高质量发展的立法审议工作。审议海南自由贸易港法草案，以贸易投资自由化便利化为重点，着重就设立海南自由贸易港的范围，全面推行极简审批投资制度，加强社会信用体系应用等提出修改意见，为海南自由贸易港的建设以及平稳有序运行等提供有力法治保障。审议印花税法草案，贯彻落实税收法定原则，保持现行税制框架和税负水平总体不变，将相关暂行条例和证券交易印花税有关规定上升为法律。审议审计法修正草案，着重就审计工作报告所应当报告的审计情况，审计署开展专项审计调查，加强对国有资本控股企业的审计监督等提出修改意见，更好地发挥审计在党和国家监督体系中的重要作用。审议种子法修正草案，着重就实质性派生品种的管理措施，种子新品种权被侵犯的救济方式及程序，加强中药材种质资源保护等提出修改意见，进一步推进种业振兴。审议道路交通安全法等八部法律修正草案，深化“证照分离”改革，推进“放管服”改革，对八部法律部分行政许可事项予以取消或者下放，激发市场主体发展活力，优化营商环境。审议关于加强经济工作监督的决定修订草案，贯彻落实党中央决策部署，进一步加强经济工作监督，

增强监督实效，推动高质量发展。审议期货和衍生品法草案，统一规范期货交易和衍生品交易，着重防范系统性金融风险，保障金融安全。

三是做好民生领域立法审议工作。审议乡村振兴促进法草案，坚持贯彻新发展理念，着重就发挥集体经济组织在乡村振兴中的作用，健全农业支持保护体系，加快县域内城乡融合发展，加强乡村教育文化建设等提出修改意见，健全和规范乡村振兴的制度措施、体制机制和政策体系。审议反食品浪费法草案，针对群众反映强烈的食品浪费问题，着重就食品浪费的定义，各级政府反食品浪费工作职责，餐饮行业反食品浪费制度规范和标准的制定等提出修改意见，坚持规范与引导并重，建立反食品浪费长效机制。审议个人信息保护法草案，聚焦个人信息保护领域的突出问题和人民群众的重大关切，着重就法律保护的个人信息范围的界定，个人信息权益受侵害的救济渠道，人脸识别技术的监管，规范过度采集个人信息行为，互联网平台加强自律管理等提出修改意见，健全个人信息保护工作体制机制，增强人民群众在数字经济发展中的获得感、幸福感、安全感。审议教育法修正草案，明确发展教育事业应当“坚持中国共产党的领导”，加重冒名顶替入学行为的法律责任，维护教育公平。审议人口与计划生育法修正草案，着重就妇女怀孕、生育和哺乳期间相关权益保障，国家支持有条件的地方设立父母育儿假，促进细化生育保障措施等提出修改意见，使党中央关于一对夫妻可以生育三个子女的政策成为法律规定，并取消征收社会抚养费等措施，促进人口长期均衡发展。审议工会法修正草案，着重就用人单位设立工会组织，完善集体合同制度，健全劳动关系协调机制，保护职工劳动权益等提出修改意见，突出坚持党的领导，完善相关制度和工作机制，增强工会组织的政治性、先进性、群众性。审议法律援助法草案，着重就法律援助服务的范围，法律服务机构的定位，律师提供法律援助的义务等提出修改意见，增强人民群众对司法公平正义的获得感。审议民事诉讼法修正草案，总结民事诉讼程序繁简分流改革试点工作经验，着重就独任制审理的适用范围，线上诉讼的启动程序与审理规范，小额诉讼的程序适用条件与审理期限等提出修改意见，进一步完善民事诉讼法律制度。审议家庭教育促进法草案，着重就开展家庭教育的内容，实施家庭教育的方式方法，推进学校教育和家庭教育相互配合，落实“双减政策”等提出修改意见，更好保障未成年人健康成长和全面发展。审议职业教育法修订草案，完善职业教育管理体制和教育体系。

四是做好社会治理领域立法审议工作。审议行政处罚法修订草案，增加综合行政执法制度，将行政处罚权有条件的下放到乡镇街道，增加行政执法公示、执法全过程记录制度，适当扩大法规的行政处罚设定权限，加大重点领域行政处罚力度，明确违法所得认定等，回应人民群众期待和实践需求，推进严格规范公正文明执法。审议安全生产法修正草案，着重就新兴行业领域安全生产的要求，安全管理责任情况的监督检查，人民检察院对安全生产违法行为提起公益诉讼等提出修改意见，依法防范化解重大安全生产风险，保障人民群众生命和财产安全。审议科学技术进步法修订草案，着重就科学技术研究开发机构的设立方式与条件，知识产权归属和权益分配机制，加强基础研究，科技创新的容错机制等提出修改意见，完善和优化国家创新体系，激发科技人员的创新创造活力。审议噪声污染防治法草案，着重就噪声污染的定义，噪声污染防治相关部门的职责，完善噪声污染防治标准体系，构建噪声纠纷多元解决机制等提出修改意见，着力解决人民群众反映强烈的突出噪声问题。审议湿地保护法草案，着重就湿地保护原则，湿地管理体制，国家重要湿地名录，湿地修复或重建，织密织牢保护湿地生态的法网等提出修改意见，让湿地成为人民群众共享的绿色空间。

五是做好公共卫生领域立法审议工作。审议医师法草案，对执业医师法作出全面系统修订，着重就医师的定义和职责，执业医师考试类别，医师职称晋升的主要依据，医师多点执业的规范管理，过度医疗的界定等提出修改意见，着力保障医师合法权益，激励医师专心治病救人，规范医师执业行为，推进健康中国建设。审议动物防疫法修订草案，着重就动物产品的含义，对经营动物、动物产品的集贸市场类型的界定等提出修改意见，以保障公共卫生安全和人体健康为重点，突出保障人民群众生命健康安全。

六是做好国防军事领域立法审议工作。审议海警法草案，着重就海警机构的性质、在海上维权执法中的定位及其执法措施，中国海警局规章制定权等提出修改意见，完善海上维权执法体制机制，推动海上维权执法力量建设，维护国家主权、安全和海洋权益。审议军人地位和权益保障法草案，着重就军人地位和职责使命，军人权益保障的管理体制和经费保障，军人荣誉体系和礼遇制度，军人配偶的就业安置以及子女的教育优待等提出修改意见，保障军人地位和合法权益，激励军人有效履行职责和使命。审议军事设施保护法修订草案，着重就军事设施保护工作的军地协调机制，划定空域临时军事禁区、军事管理区，军用机场的净空保护等提出修改意见，强化对军事设施的保护。审议兵役法修订草案，立足军队建设需要，着重就公民服兵役义务，兵役登记制度，现役军官选拔和招收范围，退役军人安置等提出修改意见，进一步完善我国兵役政策制度，为加快实现军事人员现代化、全面建成世界一流军队提供坚强法治保障。

此外，做好有关法律问题决定的审议工作，为相关领域深化改革、扩大开放提供法律依据和法治保障。审议关于授权国务院在自由贸易试验区暂时调整适用有关法律规定的决定草案，推进"放管服"改革，优化营商环境，激发市场活力，加快政府职能转变。审议关于授权国务院在部分地区开展房地产税改革试点工作的决定草案，按照"立法先行、充分授权、分步推进"的原则，引导住房合理消费和土地资源节约集约利用，促进房地产市场平稳健康发展，以积极稳妥的方式为推进房地产税改革提供法律依据。审议关于授权最高人民法院在该院和部分地区开展四级法院审级职能定位改革试点工作的决定草案，完善民事、行政案件级别管辖制度，完善案件管辖权转移和提级审理机制，改进民事、行政再审申请程序和标准等。审议关于授权国务院在营商环境创新试点城市暂时调整适用计量法有关规定的决定草案，推进试点城市优化营商环境。审议关于设立北京金融法院的决定草案，在北京设立金融法院，专门管辖金融民商事案件和涉金融行政案件，运用法治手段防范化解金融风险，加大金融司法保护力度。审议关于授权上海市人民代表大会及其常务委员会制定浦东新区法规的决定草案，着重就授权范围、制定浦东新区法规应当遵循的原则等提出审议意见，为浦东深化改革开放进一步提供法治保障。审议关于在深化国防动员体制改革期间暂时调整适用相关法律规定的决定草案，暂时调整适用国防动员法、人民防空法、国防交通法、国防教育法有关规定，确保深化国防动员体制改革于法有据、稳妥推进。

## 四、认真完成其他各项工作

### (一)参与中央全面依法治国委员会立法协调小组有关工作

按照中央全面依法治国委员会工作分工，协助常委会领导同志，充分发挥中央依法治国委立法协调小组办公室职能作用。2021 年先后组织召开立法协调小组第五次、第六次和第七次会议，深入学习习近平法治思想和中央全面依法治国工作会议精神，针对全国人民代表大会常务委员会议事规则（修改）、地方各级人民代表大会和地方各级人民政府组织法（修改）、反垄断法（修改）、公司法（修改）、突发公共卫生事件应对法（草案）和反电信网络诈骗法（草案）等重要立法项目，听取有关牵头部门和起草部门的工作汇报，逐件进行研究，协调有关部门加强立法工作配合，并对法律草案起草进展情况进行督促检查，推动有关重点立法项目按照时间进度提出法律草案和提请全国人大常委会进行审议。为落实中央全面依法治国委员会 2021 年工作部署，委员会组成人员率队，组织常委会办公厅研究室、法制工作委员会有关部门赴新疆维吾尔自治区、新疆生产建设兵团专题调研学习贯彻习近平法治思想和中央全面依法治国工作会议精神的进展情况，提出专题调研报告。

### (二)做好议案办理工作

第十三届全国人民代表大会第四次会议主席团交付宪法和法律委员会审议的代表提出的议案共 119 件，涉及 42 个立法项目。其中，建议制定法律的议案 36 件，涉及 17 个立法项目；建议修改法律的议案 73 件，涉及 16 个立法项目；建议作出有关法律问题和重大问题的决定的议案 1 件，涉及 1 个立法项目；建议作出法律解释的议案 4 件，涉及 4 个立法项目；建议编纂法典的议案 4 件，涉及 3 个立法项目；建议清理法律的议案 1 件，涉及 1 个立法项目。

宪法和法律委员会践行全过程人民民主理念，不断加强和改进议案办理工作。一是始终把握代表机关定位，充分发挥代表作用。宪法和法律委员会服务和保障代表依法履职，将议案办理与立法工作紧密结合，深入研究、积极采纳代表提出的意见建议。目前，119 件议案中的 88 件议案所提出的立法项目已提请常委会审议、列入立法规划计划或作出了妥善处理，约占议案总数的四分之三；对于其余议案提出的立法项目也进行了认真研究，作出了工作安排。二是健全议案办理工作机制，积极邀请代表参与立法工作。按照栗战书委员长提出的"内容高质量、办理高质量"和"既要重结果、也要重过程"要求，将邀请提出议案的代表参加相关立法工作常态化，拓展沟通渠道、夯实办理基础。三是创新议案办理工作方式，着力增强办理实效。将议案反映的人民群众"急难愁盼"问题，结合"我为群众办实事”，积极研究推动解决。在办理关于制定信访法议案中，与信访机构一线工作的同志进行交流研讨，对信访有关问题进行专门研究。四是拓宽联系渠道，加强与代表沟通交流。做好疫情防控常态化下的联系代表工作，采取与议案领衔代表电话、视频等多种方式沟通交流，介绍议案办理情况，听取代表意见，取得理解和认可。在认真工作的基础上，宪法和法律委员会向十三届全国人大常委会第三十二次会议提出了关于第十三届全国人大第四次会议主席团交付审议的代表提出的议案审议结果的报告。

（三）做好对外交往工作

宪法和法律委员会主任委员、副主任委员和有关组成人员先后参加栗战书委员长与巴基斯坦国民议会议长视频会议、栗战书委员长同乌拉圭副总统、国会主席兼参议长举行会谈、栗战书委员长同斯里兰卡议长举行会谈、栗战书委员长出席中俄议会合作委员会第七次会议视频会议等活动。

宪法和法律委员会主任委员李飞主持与巴基斯坦国民议会友好小组举行视频会谈，与越南国会法律委员会举行视频交流，与蒙古国宪法法院举行视频交流，积极宣介习近平新时代中国特色社会主义思想，特别是习近平法治思想和习近平总书记关于坚持和完善人民代表大会制度的重要思想，介绍中国法治发展成就与抗疫经验做法，介绍我国宪法实施和立法方面的工作，加强立法经验交流互鉴，讲好中国故事、宪法故事、立法故事，取得良好效果。

宪法和法律委员会工作取得的成绩，根本在于以习近平同志为核心的党中央坚强领导，根本在于习近平新时代中国特色社会主义思想科学指引，是全国人大常委会党组和常委会领导有力领导的结果，是全国人大代表、常委会组成人员和各专门委员会大力支持的结果。宪法和法律委员会组成人员坚持立法正确政治方向；坚持以人民为中心的理念，践行和发展全过程人民民主；坚持科学立法、民主立法、依法立法；坚持充分发扬奉献精神，担当尽责、求真务实、攻坚克难、扎实工作。

宪法和法律委员会工作在不断取得成绩的同时，也存在不足，主要是：合宪性审查工作的力度还需进一步加大，合宪性审查和统一审议的关系还需进一步协调；对重要立法项目的提前介入还需进一步加强，立法效率还要进一步提高；审议过程中还要进一步广泛听取各方面意见，对一些不同意见要进一步做好沟通协调；疫情防控常态化形势下的对外交往工作还要进一步探索和深化。宪法和法律委员会要虚心听取代表、委员和各方面意见建议，不断加强和改进工作，更好履行宪法法律赋予的职责。

# 第十三届全国人民代表大会监察和司法委员会 2021 年工作总结

（2022 年 1 月 21 日第十三届全国人民代表大会监察和司法委员会第十九次全体会议通过）

## 2021 年工作总结

2021 年，是中国共产党成立 100 周年，也是实施“十四五”规划开局之年和开启全面建设社会主义现代化国家新征程的第一年。全国人大监察和司法委员会坚持以习近平新时代中国特色社会主义思想为指导，在全国人大及其常委会领导下，深入学习贯彻习近平法治思想和习近平总书记关于坚持和完善人民代表大会制度的重要思想，全面贯彻落实党的十九大和十九届历次全会、中央人大工作会议精神，按照十三届全国人大四次会议精神和常委会 2021 年工作要求，聚焦党中央重大决策部署，聚焦人民群众所思所盼所愿，推动人大监察司法工作再上新台阶。

### 一、强化政治机关意识

深入开展党史学习教育，通过邀请常委会有关领导同志讲党课、作辅导交流，召开分党组会议交流学习心得，组成人员讲党课、作专题辅导，参加人大机关组织的专题党课、专题辅导报告会、专题读书班等多种方式，持续深入学习习近平新时代中国特色社会主义思想，重点学习习近平总书记在庆祝中国共产党成立100周年大会和中央人大工作会议上的重要讲话,成立"学习中央人大工作会议精神"课题小组,开展专题研究、深入学习探讨,形成了《人民代表大会制度若干问题研究》。委员会分党组坚决贯彻落实党中央决策部署,充分发挥职能作用,把牢人大监察司法工作政治方向。组成人员坚决做到"两个维护",坚决贯彻落实中央八项规定及其实施细则精神,切实加强与全国人大代表和人民群众的联系,在赴地方调研时,依托红色资源,现场开展党史学习教育,传承红色基因,赓续红色血脉。委员会全面加强自身建设,不断提高政治判断力、政治领悟力、政治执行力,自觉成为坚持中国共产党领导的政治机关、保证人民当家作主的国家权力机关、全面担负宪法法律赋予的各项职责的工作机关、始终同人民群众保持密切联系的代表机关。

## 二、认真做好立法工作

开展反间谍法实施情况专题调研,推动国家安全领域有关立法工作。为认真执行中央有关决策部署,坚决贯彻落实总体国家安全观,本届委员会成立后,我们加大国家安全领域立法、监督工作力度,自2019年以来连续三年开展国家安全领域相关工作,并将国家安全领域有关立法作为重点加以推进。2021年,组织开展反间谍法实施情况专题调研,从人大角度提出解决实际问题的对策与建议,推动相关法律制度完善。我委赴湖南、四川等5个省(市)调研,形成立法意见,呈报常委会党组。

做好"八五"普法决议审议通过相关工作。我委加强与司法部沟通,多次就"八五"普法决议草案稿研提修改意见,并召开委员会全体会议审议"八五"普法决议草案稿。6月常委会会议期间,根据常委会组成人员审议意见对草案进行修改完善后,提交常委会会议审议通过。

配合做好监察官法、法律援助法等审议通过相关工作。两部法律草案提交常委会会议初次审议后,我委持续跟进后续审议工作,与宪法法律委、法工委共同召开会议,征求有关方面意见。参加宪法法律委全体会议和法工委组织的立法调研,就修改完善法律草案提出意见建议。8月,两部法律经常委会会议审议通过。此外,还配合做好审议通过关于修改民事诉讼法的决定、授权最高人民法院组织开展四级法院审级职能定位改革试点工作的决定、设立北京金融法院的决定有关工作。

统筹做好其他立法工作。积极推动或参与修改治安管理处罚法、人民警察法、道路交通安全法、监狱法、仲裁法,制定民事强制执行法、检察公益诉讼法、监察法实施条例等工作。

## 三、扎实开展监督工作

组织实施公证法执法检查。这是我委本届以来首次协助常委会开展执法检查。曹建明、沈跃跃、吉炳轩、郝明金副委员长任执法检查组组长,吴玉良主任委员任副组长。检查组分赴上海、广东等6个省(区、市)检查,并委托江苏、江西等4个省(区、市)开展检查,办事机构还赴四川、山西开展前期调研。在检查时注意将明查和暗访相结合,并通过随机抽查、现场交流、随机回访等方式,深入了解公证工作开展和服务经济社会发展等有关情况,确保掌握实情、取得实效。我们还委托中华全国律师协会、中国政法大学公证法学研究中心,以问卷调查、访谈、统计分析等方法,对公证法实施情况进行第三方评估。期间,执法检查组多次召开会议,归纳梳理检查成果,形成执法检查报告,提交12月常委会会议。

协助常委会听取和审议国务院关于"七五"普法决议贯彻落实情况的报告。我委多次与司法部沟通,了解普法工作开展情况,并在实地调研安徽、福建、江西和委托辽宁、海南、青海开展调研的基础上,形成调研报告,供常委会会议参考。3月,召开委员会全体会议听取司法部有关负责同志介绍"七五"普法工作情况,讨论"七五"普法决议贯彻落实情况报告稿。6月,常委会会议听取审议了国务院关于"七五"普法决议贯彻落实情况的报告。

开展推进监察监督全覆盖情况专题调研。为全面了解各级监察机关依法推进监察监督全覆盖工作成效,进一步推动监察法赋予监委的法定职责落实落地,常委会领导和委员会组成人员分别带队赴江西、浙江等10个省(区)调研,并委托黑龙江、河北等4个省开展调研,办事机构还赴四川、广西、内蒙古开展前期调研、蹲点调研。调研横向覆盖17个省(区、市),纵向贯穿省、市、县(区)、乡(镇)、村(社区)五级。调研中,我委通过召开座谈会、实地考察等方式,与国家监委和各级监委、派驻(派出)纪检监察机构、中央垂直管理单位纪检组等深入交流推进监察监督全覆盖情况,听取各方面意见建议,形成关于推进监察监督全覆盖情况的调研报告,提交12月常委会会议。

协助常委会听取和审议最高人民法院关于人民法院知识产权审判工作情况的报告。为加强知识产权保护，实施创新驱动发展战略，常委会领导和委员会组成人员分别带队赴海南、吉林等 7 个省(市)调研，听取法院系统以及检察机关、行政机关、企业、学者和律师的意见，专门召开学者和律师座谈会，了解知识产权审判工作中存在的问题和困难，分析梳理近几年全国人大代表关于知识产权保护工作的议案、建议，当面听取有关代表的意见建议，形成我委调研报告印发常委会会议。同时，汇总各方面意见后，形成问题清单，报常委会办公厅转送最高人民法院在起草专项工作报告时作出回应，促进调研成果的转化利用。10 月，常委会会议听取审议了最高人民法院专项工作报告。

协助常委会听取和审议最高人民检察院关于人民检察院办理控告申诉案件工作情况的报告。为落实群众信访件件有回复制度，全面加强控告申诉案件办理工作，我委赴江苏、福建等 6 个省调研，旁听刑事申诉案件公开听证，实地考察最高人民检察院信访接待大厅、集中办信室、12309 检察热线室等，形成我委调研报告印发常委会会议。同时，汇总各方面意见，形成问题清单，报常委会办公厅转送最高人民检察院在起草专项工作报告时作出回应，促进调研成果的转化利用。10 月，常委会会议听取审议了最高人民检察院专项工作报告。

积极开展其他监督工作。协助常委会听取和审议最高人民法院关于民事诉讼程序繁简分流改革试点情况的中期报告。做好"一府一委两院"研究处理常委会关于公安机关执法规范化建设工作情况报告、反腐败国际追逃追赃工作情况报告、加强民事审判工作依法服务保障经济社会持续健康发展情况报告、适用认罪认罚从宽制度情况报告审议意见情况的跟踪监督，督促有关单位按照要求向常委会提交书面反馈报告。

## 四、加强和改进代表工作

认真办理代表议案建议。2021 年，我委审议代表议案 56 件，办理代表建议 45 件。按照栗战书委员长关于"内容高质量、办理高质量""既要重结果、也要重过程"等指示要求，函请有关单位就代表议案提出处理意见，加强与代表沟通联系，积极向代表介绍议案、建议办理情况，反馈研究结果，将代表意见建议作为立法、监督工作的重要依据。同时，结合党史学习教育，把办好代表议案、建议作为"我为群众办实事"实践活动重要内容。议案审议结果报告提请 10 月常委会会议审议并高票通过。同时，认真做好重点建议督办工作，督办"加强知识产权司法保护"和"平等保护民营企业，促进企业合规经营"2 项重点建议。涉及 27 件代表建议。

进一步密切与代表的联系。曹建明、郝明金副委员长亲自邀请代表参加公证法执法检查、人民法院知识产权审判工作情况调研等工作，并当面听取代表意见。在公证法执法检查中，与地方人大密切配合，邀请五级人大代表参加座谈和实地检查。委员会组成人员通过座谈、电话、微信等方式加强与代表的联系，在大会和常委会会议期间主动与代表进行交流，积极将代表对有关法律案的意见建议转交常委会会议讨论。委员会办事机构进一步密切与代表的日常联系，通过全国人大代表工作信息化平台向代表推送委员会有关工作任务、议案和建议答复等信息，邮寄调查研究、工作简报等资料，保障代表的知情权、参与权。

## 五、积极开展内外交流

加强与有关单位的合作。与有关对口单位密切联系，加强工作协同。一年来，阅办来文 201 件，研究答复中央纪委国家监委、中央政法委、最高人民法院、最高人民检察院、公安部、国家安全部、司法部、地方人大以及常委会办公厅各有关单位关于监察法实施条例、法治社会建设实施纲要(2020—2025 年)贯彻落实意见、四级法院审级职能定位改革分工方案、行政复议法、人民警察法等的征求意见函 71 件，与有关单位座谈交流 12 次，联合调研 12 次。

加强与地方人大的联系。以联合或委托调研、座谈交流、培训授课、调查统计、专项工作指导等多种形式，与地方人大共同构建上下联动、紧密协作的工作格局。深入了解地方人大常委会听取和审议本级监委专项工作报告情况，形成书面报告，报常委会领导，并形成专报呈送中央。派员赴地方讲授"人大如何听取和审议监委专项工作报告"，加强对地方人大有关工作的指导。根据疫情防控形势，停办全国人大监察和司法工作座谈会暨培训班和代表工作座谈会，同时仍将吴玉良主任委员总结讲话、我委工作情况通报和地方交流材料，印发各地人大监察司法委和有关代表，供学习参考。

做好外事工作。我委主要负责同志陪同栗战

书委员长参加第四次六国议长会议,并就反恐合作作专题发言。4月与俄罗斯国家杜马安全与反腐败委员会、5月与南非国民议会警察委员会举行视频会议,分别围绕打击有组织犯罪国际司法合作、警察参与社区治理制度规范交换意见。

## 六、全面加强办事机构建设

坚持每周召开办事机构负责人会议,部署有关工作,开展专题研究,编印会议纪要45期。根据委员会组成人员公务活动情况,编印工作周报和月报。根据执法检查、调研等情况,编印调查研究28期、工作简报19期。深入开展党史学习教育,组织赴京西山区中共第一党支部纪念馆、北大红楼、中国法院博物馆等教育基地开展主题党日、重温入党誓词、联学联建等活动。坚持每季度开展1次廉政讲评、制作1期宣传展板。开展"我为群众办实事"实践活动,积极为机关定点帮扶地区贫困学生解决实际问题,协调中国下一代基金会在陕西渭南进行帮扶,助力乡村振兴。加强干部队伍建设,在人事部门安排下,1位干部到地方挂职,2位干部来我委交流任职,接收1位部队转业干部,有关同志参加中央党校(国家行政学院)中青年干部培训班、厅局级干部"弘扬井冈山精神,提高群众工作能力"专题培训班和中国纪检监察学院有关专题培训,提高干部专业化水平和履职能力。机关凝聚力进一步增强,机关党支部被评为先进基层党组织,司法室被评为创建模范机关先进单位,2人被评为优秀共产党员,2人被评为优秀党务工作者,1人被评为2016—2020年全国普法工作先进个人,1人被授予"2019—2020年度中央和国家机关优秀共青团员"称号。多人在全国人大机关党史征文暨"中国人大故事汇"主题活动、"党在我心中"中央和国家机关青年党史知识大赛中获奖。

# 第十三届全国人民代表大会财政经济委员会 2021年工作总结

(2022年1月25日第十三届全国人民代表大会财政经济委员会第六十四次全体会议审议通过)

## 2021年主要工作

全国人大财政经济委员会(以下简称财经委)坚持以习近平新时代中国特色社会主义思想为指导,认真学习贯彻党的十九大和十九届历次全会精神,贯彻落实中央人大工作会议、中央经济工作会议精神,深刻领悟"两个确立"的决定性意义,增强"四个意识"、坚定"四个自信"、做到"两个维护",坚持党的领导、人民当家作主、依法治国有机统一,在全国人大及其常委会领导下,在陈竺、王东明副委员长指导下,依法履行职责,探索创新、锐意进取,人大财经工作取得新的进展。

## 一、始终坚持党对人大财经工作的领导

不断强化政治机关意识,旗帜鲜明讲政治,深入学习贯彻习近平新时代中国特色社会主义思想,坚决贯彻落实党中央决策部署,财经委分党组履行把方向、管大局、保落实的政治责任,全体组成人员积极发挥作用,各有侧重、团结协作,依法履职尽责。

(一)深入学习习近平新时代中国特色社会主义思想,及时跟进学习习近平总书记重要讲话和党中央重要会议精神。及时学习贯彻党的十九届六中全会精神,深刻领悟、坚决拥护"两个确立",召开分党组会开展专题学习,迅速把思想和行动统一到十九届六中全会精神上来,统一到以习近平同志为核心的党中央决策部署上来。一年来,召开分党组会议17次,及时传达学习习近平总书记重要讲话31篇,通过分党组成员学习,带领委员会组成人员和办事机构干部学习,及时领会和掌握马克思主义中国化最新理论成果,统一思想、指导实践、推动工作。

(二)将党的领导落实到各项工作中,确保人大财经工作正确方向。牢牢把握政治机关定位,自觉同党的基本理论、基本路线、基本方略对标对表,同党中央大政方针和决策部署对标对表,不断增强"两个维护"的行动自觉和政治担当,持续提高政治

判断力、政治领悟力、政治执行力。切实抓好习近平总书记有关重要指示批示和党中央有关重大决策部署的贯彻落实工作，对具体任务和落实情况实行台账管理，全年向有关部门报送工作进展情况 20 余份。认真落实常委会领导同志指示批示要求，重大事项及时向常委会党组请示报告。自觉接受常委会机关党组统筹、指导，认真参加常委会机关党组关于党中央重要会议和文件精神的传达学习，不断加强机关党建工作。

（三）认真开展党史学习教育，努力做到学史明理、学史增信、学史崇德、学史力行。认真学习领会习近平总书记在党史学习教育动员大会上的重要讲话精神，把党史学习教育同学习贯彻党的十九届六中全会精神、同中国共产党成立 100 周年庆祝活动、同学习中央人大工作会议精神及人民代表大会制度历史结合起来，分党组制定党史学习教育实施方案，制定并逐项落实“我为群众办实事”项目清单，召开四个历史阶段专题学习、分党组书记讲党课、专题民主生活会等 13 次专题会议，赴香山等革命纪念地接受革命传统教育。

（四）加强组织建设和作风建设，推动党务业务队伍建设工作统筹融合发展。认真贯彻落实新时代党的组织路线，严格落实中央八项规定及其实施细则精神，反“四风”树新风，在各项工作中注重实效，注意切实减轻基层负担。分党组书记以及联系办事机构各室的分党组成员、专职常委委员，连续四年同办事机构各室同志进行集体谈心座谈，协调强化办事机构干部队伍建设，推动干部选拔任用和轮岗交流，认真开展任前谈话，着力营造党员干部干事创新的浓厚氛围。

## 二、着力提高立法工作质量

坚持科学立法、民主立法、依法立法，注意发挥人大主导作用，注重立法工作质量，积极推动落实常委会立法规划和年度立法工作计划。

（一）牵头起草的期货和衍生品法草案已经常委会两次审议。经广泛征求各方意见、深入调研、加强部门协调配合、反复论证，牵头起草的期货法草案提请常委会第二十八次会议进行初次审议。宪法法律委、财经委、常委会法工委联合召开座谈会，征求中央和地方有关部门、市场机构、专家学者及社会公众等各方面对期货法草案的意见建议，并就期货法名称修改事宜专门召开座谈会进行研究。综合各方面意见，将法律名称修改为“期货和衍生品法”，提请常委会第三十一次会议二次审议。

（二）扎实推进企业破产法修改工作。召开两次企业破产法起草组全体会议，对修改工作进行安排部署，听取各成员单位关于解决企业破产法修改工作中重点难点问题的意见和建议。围绕国有企业、民营企业、金融机构、上市公司破产等重大问题组织专题调研。委托最高人民法院、中国政法大学、中国人民大学就法律适用范围（包括个人破产）、破产程序、相关法律衔接协调等问题分别进行专题研究。委托国家信息中心就法律实施情况及公众关注问题进行大数据分析。赴最高人民法院、上海、深圳开展立法实地调研。同时，对个人破产问题进行深入研究论证，扎实推进修订草案起草工作。目前已形成企业破产法修订草案稿，正在征求起草组成员单位意见。

（三）《全国人民代表大会常务委员会关于加强经济工作监督的决定》修订草案提请常委会审议通过。《全国人民代表大会常务委员会关于加强经济工作监督的决定》（以下简称《决定》）是监督并促进政府更好推进经济社会发展工作的重要法律规范，自 2000 年实施以来发挥了重要作用，但需要根据新时代新要求进行修订。修订工作启动以来，财经委多次与国务院有关部门、全国人大有关机构进行座谈研究，分片区召开 7 次地方人大专题座谈会，在广泛征求各方面意见建议基础上，形成修订草案，提请常委会第三十二次会议审议并通过。修订后的《决定》明确常委会开展经济工作监督的指导思想，细化和完善有关监督工作程序，突出监督重点，健全完善工作机制，充分发挥人大代表和专门委员会作用，为人大经济工作监督提供更加有力的法律遵循。

（四）做好法律草案联系审议工作。对联系审议立法项目建立联系机制、实行台账管理。召开立法联系审议工作座谈会，听取有关部门和单位关于法律草案起草进展、主要内容、重点难点问题和工作计划安排的情况介绍，整理形成情况报告报送常委会。做好海上交通安全法修订草案、反垄断法修正草案联系审议工作。在常委会预算工委协助下，做好审计法修正草案、印花税法草案的审议工作。积极参与公司法修改工作。

## 三、不断增强规划计划预算审查和经济工作监督实效

围绕党和国家工作大局，认真做好规划、计划、

预算审查监督各项工作，按季度开展经济形势分析，对经济运行情况和计划执行情况进行跟踪监督，注重发挥有关部门联络员制度的作用，不断提升经济工作监督水平、增强监督实效。

（一）协助代表大会做好“十四五”规划和2035年远景目标纲要草案审查工作。审查批准“十四五”规划和2035年远景目标纲要草案（以下简称纲要草案）是落实党的十九届五中全会精神的一项重要工作，是十三届全国人大四次会议的一项重要议程，常委会高度重视，栗战书委员长专门作出批示。财经委与国家发展改革委联合编写纲要草案解释材料，供代表审查参考。在会同相关专门委员会进行初步审查的基础上，财经委根据各代表团和其他专门委员会的审查意见，对纲要草案作进一步审查，向大会主席团提交财经委关于纲要草案的审查结果报告。报告建议批准纲要草案，并提出要坚持创新驱动发展战略，发展现代产业体系；形成强大国内市场，加快构建新发展格局；促进城乡区域协调发展，提升新型城镇化质量；推动绿色低碳发展，加强生态文明建设；全面深化改革，推进高水平对外开放；增进民生福祉，扎实推动共同富裕；统筹发展和安全，实现安全发展等意见和建议。十三届全国人大四次会议通过决议，同意财经委的审查意见，批准了“十四五”规划和2035年远景目标纲要。

（二）协助代表大会做好2021年计划审查工作，加强对计划执行情况的跟踪监督。在会同相关专门委员会进行初步审查的基础上，提出初步审查意见。十三届全国人大四次会议召开期间，财经委结合各代表团和有关专门委员会的审查意见，对2021年计划报告和计划草案继续审查，向大会主席团提交审查结果报告。报告建议批准计划报告和计划草案，并提出要更好统筹疫情防控和经济社会发展，稳定预期提振信心；加快科技自立自强，强化国家战略科技力量；坚持扩大内需这个战略基点，加快形成强大国内市场；持续激发市场主体活力，促进实体经济健康发展；防范化解重点领域风险，统筹发展和安全；坚定不移深化改革扩大开放，持续增强发展内生动力；着力保障改善民生，促进社会事业全面发展等意见和建议。十三届全国人大四次会议通过决议，同意财经委的审查意见，批准了2021年计划报告和计划。

加强计划执行监督。2021年8月召开的常委会第三十次会议听取和审议国务院关于2021年以来国民经济和社会发展计划执行情况的报告。财经委结合上半年经济形势分析会，对年度计划执行情况进行分析研究，形成报告向委员长会议作了汇报，并印发常委会会议供组成人员参阅。

（三）完成2020年预算执行情况和2021年预算草案以及2020年中央决算审查等工作。在常委会预算工委协助下，财经委完成对2020年预算执行情况和2021年预算草案的初步审查，提出初步审查意见，向十三届全国人大四次会议主席团提交预算审查结果报告。报告建议批准预算报告和预算草案，并提出全面落实积极的财政政策要提质增效、更可持续的部署要求；大力支持科技自立自强；改进完善重点领域财政支持方式；强化地方政府债务管理；加快推进财税改革；加强审计监督等意见和建议。十三届全国人大四次会议通过决议，同意财经委的审查意见，批准了2021年预算报告和预算。

加强预算执行监督，配合常委会会议听取和审议国务院关于2020年中央决算的报告、2020年中央预算执行和其他财政收支的审计工作报告，对中央决算进行审查，向常委会提交审查结果报告。配合常委会会议听取和审议国务院关于年度预算执行情况的报告、国务院关于2020年度中央预算执行和其他财政审计查出问题整改情况的报告，做好相关工作。

（四）做好2022年计划、预算初步审查。坚持提前介入，及时与国务院有关部门联系沟通，听取国家发展改革委、财政部等部门关于计划、预算初步方案的汇报，听取有关部门、团体和行业协会、企业和专家的意见建议。召开财经委全体会议，会同其他专门委员会，邀请全国人大代表参加，对2022年计划报告和计划草案、预算报告和预算草案进行初步审查，形成初步分析意见、初步审查意见和审查结果报告（稿）。

（五）认真开展国有资产管理情况监督。配合常委会听取和审议国务院2020年度国有资产管理情况综合报告、2020年度国有自然资源资产管理情况的专项报告，有关组成人员参加常委会预算工委组织的国有自然资源资产管理情况监督调研；在常委会预算工委协助下，对国务院的综合报告和专项报告进行初步审议，提出初步审议意见，印发常委会会议。

（六）按季度分析研判经济形势，及时发现经济运行中的苗头性、倾向性、潜在性问题。在经济形势分析中，更加广泛听取社会各方面意见。先后在京召开15场座谈会，专题听取国务院有关部门、行业协会、企业和专家的意见；赴湖北、河南、福建、江苏、四川、辽宁、重庆、上海、贵州、江西等地开展专题调研；邀请地方人大财经委和部分人大代表参加，分片召开 8 次座谈会听取各省（区、市）人大财经委和发展改革委的介绍和意见建议。在分析中注重加强对经济走势的分析研判，特别关注经济运行中的苗头性、倾向性、潜在性问题，提出具有前瞻性和针对性的意见建议。财经委向委员长会议作上半年经济形势分析报告专题汇报，提出要高度关注经济恢复边际放缓、“三个不平衡（消费恢复滞后于生产和投资、内需恢复滞后于外需、基础设施和制造业投资恢复滞后于房地产投资）”、“四个结构性分化（区域分化、产业分化、行业上下游分化、大中小企业分化）”等问题；前三季度经济形势分析会的情况报告进一步指出，经济恢复边际放缓进一步加剧，经济增长受供给约束和需求乏力双向制约，下行压力进一步加大；疫情冲击叠加对部分政策措施的不够了解和不够理解，稳定市场预期任务进一步加重；长期积累的一些周期性、结构性、体制性问题暴露与疫情冲击持续时间和深度超预期相互交织，跨周期调节难度进一步加大。经济形势分析报告提出的一些研判和建议，与中央经济工作会议精神是相符的、一致的。

## 四、精心组织开展企业破产法执法检查

为更好贯彻落实党中央关于健全优胜劣汰市场化退出机制、完善企业破产法律制度的决策部署，常委会开展了企业破产法执法检查，栗战书委员长审定执法检查方案并提出工作要求，财经委承担具体组织实施工作。

（一）*探索创新执法检查方式方法*。一是运用法律评估、大数据分析作为执法检查的重要手段。委托国务院国资委、中国人民银行、最高人民法院对企业破产法实施情况进行评估并不断完善评估报告。委托国家信息中心对企业破产法实施情况开展大数据分析，为更加全面真实反映企业破产法实施情况提供有力支撑。二是执法检查与关联法律研究相结合。在执法检查中认真梳理企业破产法与相关法律法规衔接协调情况，分析研究与破产程序相关的法律问题，助推相关法律衔接协调。三是以执法检查带动和促进修法工作。将修法涉及的重点难点问题列入执法检查重点，统筹做好执法检查和修法工作，通过执法检查为修法奠定坚实的基础。

（二）*扎实组织开展检查*。财经委赴北京、陕西开展执法检查前期调研，认真梳理各方面反映的情况和问题，确定执法检查重点。陈竺、王东明、郝明金副委员长分别带队赴河北、山西、吉林、浙江、山东、陕西等 6 个省开展实地检查，检查组还委托黑龙江、江苏、湖南、广东、重庆、四川等 6 个省（市）人大常委会对本行政区域内企业破产法实施情况进行检查。在全面检查的基础上，对检查中发现的管理人制度、破产案件审理程序和府院联动机制等 3 个重点难点问题，再赴上海、重庆、苏州、厦门等地开展专项检查。

（三）*认真起草执法检查报告*。综合检查情况和有关方面提供的报告，检查组起草了执法检查报告。报告分析破产案件数量阶段性变化特征，总结法律实施成效，指出法律实施中存在的主要问题并分析原因，就贯彻党中央决策部署，推进破产法律制度深入实施；优化破产程序，提高破产审判实效；健全管理人制度，提高管理人依法履职能力；进一步完善府院联动机制，更好发挥协同作用；优化税收政策，保持破产企业税负在合理水平；完善信用修复机制，推动重整企业信用重建；保护职工合法权益，维护社会和谐稳定；加快法律修改工作，完善破产法律体系等提出意见和建议。常委会第三十次会议听取和审议了王东明副委员长所作的关于检查企业破产法实施情况的报告。常委会组成人员对执法检查工作给予积极肯定。

## 五、深入开展调查研究工作

专项调研、专题调研和委员调研统筹谋划、层层推进，立法调研深入开展，调研支撑作用充分发挥。

（一）*组织开展建设现代综合交通运输体系专项调研和立法调研*。常委会第二十九次会议听取和审议国务院关于建设现代综合交通运输体系有关工作情况的报告，并以常委会联组会议形式开展专题询问，财经委认真配合做好相关工作。在北京召开国务院有关部门、协会、企业和专家座谈会，赴浙江、河南、湖北、广西、重庆、四川、新疆等省（区、市）进行实地调研，委托辽宁、浙江、山东、河南、云南等省人大财经委（城环委）进行调研，委托国家发展改革委综合运输研究所、中国物流与采购联合会等组织课题研究。同时，注意做好与国务院有关部门的沟通协调，对国务院专项工作报告研究提出意见，研究起草财经委相关调研报告印发常委会会

议。调研报告总结了我国交通运输发展取得的巨大成就，指出仍存在交通运输体系建设不平衡不充分、运输结构和多式联运不尽合理顺畅、交通运输数字化转型还不够适应、交通运输体制机制还不够完善等问题，建议补齐交通运输基础设施建设短板、坚持客货并举保障货运需求、深化交通运输体制机制改革、健全完善交通运输领域法律法规体系。栗战书委员长对财经委的调研报告给予肯定，并就交通运输领域立法修法工作提出了明确要求。财经委及时贯彻落实领导同志指示要求，和常委会法工委会同司法部、交通运输部成立调研组，召开交通运输立法修法工作座谈会，听取相关部门、学会协会、交通运输企业的意见和建议。赴天津、山东开展实地调研，委托辽宁、山东、广西、云南、新疆等省（区）人大财经委或相关专门委员会开展调研。经系统梳理国内现行交通运输法律以及与相关法律的关系，统筹研究其他国家交通运输法律体系的建设情况以及发展方向，形成关于交通运输立法修法工作调研情况报告，由常委会办公厅转送国务院办公厅研究处理。

（二）开展数据要素市场建设情况专题调研。深入开展数据要素市场建设情况专题调研，在京分别召开了有关部门和专家学者、企业座谈会，赴北京、深圳开展实地调研，书面调研了解上海、浙江、广东、贵州等地的情况，形成财经委调研报告并报常委会。报告指出，数据成为数字经济的关键生产要素，对经济社会发展的重要作用日益凸显，建议发挥我国海量数据规模和丰富应用场景的优势，进一步发展和规范数据要素市场，不断释放数据要素潜能。

（三）做好常委会听取和审议财政交通运输资金分配和使用情况的报告等相关工作。做好常委会第三十二次会议听取和审议国务院关于财政交通运输资金分配和使用情况的报告有关工作，和常委会预算工委做好协调配合，积极进行调研，形成调研报告并印发常委会会议。

（四）开展重点领域、新兴领域、涉外领域有关立法专题调研。重点领域方面，就健全完善我国金融法律体系、金融稳定立法、反电信网络诈骗、实施和完善企业破产法律制度、健全完善政府采购法律制度进行专题调研。新兴领域方面，参与司法部牵头的互联网金融立法专题调研，开展数据立法研究工作。涉外领域方面，开展涉外财经领域立法修法调研。通过开展立法调研，分别形成调研报告报常委会领导同志，为有关立法工作提供研究参考。

（五）加强委员会组成人员调研工作。支持财经委组成人员根据自身专长自主开展跟踪研判课题调研，定期汇总调研成果，在《人大财经工作（增刊）》刊发熊群力副主任委员，吕薇、骞芳莉、蔡继明委员等5篇调研报告。

（六）深入开展跟踪监督。常委会会议听取和审议股票发行注册制改革有关工作情况的报告、建设现代综合交通运输体系有关工作情况的报告、检查反不正当竞争法实施情况的报告、检查企业破产法实施情况的报告后，财经委注意开展跟踪督查，推动有关部门认真研究落实常委会组成人员的审议意见，切实加强整改工作。对国务院办公厅转来落实情况的报告及时研究提出意见，报送常委会办公厅。

## 六、加强与人大代表、地方人大的联系沟通

认真落实常委会年度代表工作计划，加强与地方人大沟通交流，更好凝聚人大财经工作合力。

（一）做好代表议案审议工作。十三届全国人大四次会议主席团交付财经委审议的代表提出的议案107件，其中要求制定法律的议案58件、修改法律的议案49件。财经委召开代表议案办理工作会议，邀请中央网信办、常委会预算工委、国务院有关部委、最高人民法院等28个部门和单位共同研究议案办理工作，提出分工安排意见，明确议案办理工作要求。各承办单位高度重视议案办理工作，认真研究议案内容，在办理过程中采取电话视频、当面汇报、召开专题座谈会、实地调研等多种方式征求代表的意见。从承办单位反馈汇总的情况看，代表对议案答复意见及办理工作表示认可，同时对进一步加强有关工作提出了意见和建议。在上述工作基础上，财经委对每件议案分别研究提出了处理意见，经财经委全体会议审议，形成了财经委关于十三届全国人大四次会议主席团交付审议的代表提出的议案审议结果的报告，经常委会第三十一次会议审议通过。

（二）做好代表建议办理工作。在代表建议办理工作中，将办理任务落实到专人负责，并明确办理的时限、程序和要求，积极参与重点督办建议承办单位组织的调研和座谈会，分赴北京、湖北、福建等地实地调研，当面向代表汇报情况，切实加强与人大代表的联系沟通，不断改进方式方法，努力提高办理的质量和水平。完成常委会办公厅转交的

11 件代表建议的办理工作，开展 5 项（涉及 76 件）重点建议的督办工作。对常委会办公厅转交的代表在闭会期间提出的意见建议，认真研究并及时联系回应代表。

（三）密切与人大代表、地方人大的联动。积极邀请人大代表参与人大财经工作，全年共邀请全国人大代表 55 人次参加财经立法、经济形势分析、执法检查、赴地方调研等工作，认真听取代表意见和建议，接受代表对人大财经工作的监督。注重加强与地方人大联系交流，同来访的上海、湖北、海南、宁夏等地方人大同志进行座谈交流，重庆、湖北、广西、青海等地人大财经委的好经验、好做法在《人大财经工作（增刊）》相继刊发。安排办事机构有关同志在人大网院录制视频，为全国人大机关干部、地方人大同志和人大代表就构建新发展格局作专题讲座。

## 七、圆满完成各项外事任务

认真学习贯彻习近平外交思想，按照全国人大外事工作计划，积极发挥财经领域的专业优势，组成人员 31 人次应邀参加了 28 场视频交流和随团出访活动，高质量完成了交办的各项外事任务。

按照常委会外事工作安排，组成人员 18 人次陪同栗战书委员长和王晨、曹建明、张春贤、吉炳轩、陈竺、王东明、丁仲礼等副委员长参加视频交流活动 16 场。落实常委会对美国国会工作方案，徐绍史主任委员分别向美新一届国会对口专门委员会主席、首席成员发贺信，以增进政治互信、加强专业交流。发挥友好小组作用巩固发展友好关系，徐绍史主任委员以全国人大双边友好小组组长名义分别向德国、芬兰、古巴等 22 个国家议会对华小组负责人致信函，回复爱沙尼亚议会爱中友好小组主席祝贺中国共产党成立 100 周年贺信；其他有关组成人员作为双边友好小组成员参加定期交流机制会议。同时，做好常委会交办的其他外事活动。

在外事活动中，积极宣介习近平新时代中国特色社会主义思想，介绍我国统筹疫情防控和经济社会发展采取的主要举措和取得的成效，并就我国“十四五”规划和 2035 年远景目标纲要编制和实施情况、推动可持续发展、巩固拓展脱贫攻坚成果、推动数字经济发展等方面情况作重点介绍，就共同应对贸易保护主义和单边制裁行径、拓展多双边经贸合作、增进地区互联互通、加强疫情防控和宏观政策协调等积极做工作，为我国改革发展稳定争取良好外部环境。

## 八、组织办好全国人大财经干部培训班

围绕落实党中央重大决策部署和常委会工作安排，提升人大财经干部履职能力和水平，密切财经委与地方人大及人大代表的联系，继续举办全国人大财经干部培训班。会同常委会预算工委分别以“法律实施评估与法律的修改完善”、“我国碳达峰、碳中和工作面临的形势和任务”、“全球和我国数字经济的发展及监管趋势”为题，邀请国内知名专家学者作专题培训讲座。培训班继续采取网络直播方式，各级人大财经干部、人大代表等累计通过 3.8 万余个观看点参加，各地人大财经干部普遍给予积极评价。王晨副委员长对全国人大财经干部培训班高度重视并作出批示，对培训工作给予肯定和鼓励。新华社、人民日报、光明日报等多家中央级媒体分别对培训班进行了宣传报道。网络直播结束后，继续提供视频回放服务，同时还将培训视频提供给常委会办公厅联络局，上传至全国人大代表工作信息化平台，作为人大代表学习资料。

一年来，人大财经工作取得的成绩，离不开全国人大及其常委会的坚强领导，栗战书委员长、王晨副委员长等常委会领导同志多次对财经委工作作出重要批示，陈竺、王东明副委员长指导开展各项工作并多次参加会议、带队开展调研和执法检查，是取得新进展新成效的重要保证。一年来，全国人大代表大力支持财经委工作，助力更加广泛听取民意、凝聚共识。常委会办公厅、相关专门委员会、工作委员会、国务院有关部门和地方人大积极配合，为做好各项工作提供了有力支持和帮助。一年来，财经委组成人员依法履职尽责，积极牵头和参与各项工作，贡献了智慧和力量，付出了辛劳和汗水。财经委办事机构工作人员勤勉认真、刻苦工作，保障了委员会各项工作任务圆满完成。同时，我们也清醒地认识到，工作中还存在一些不足，按照党中央关于加强和改进新时代人大工作的要求和部署，如何在保证立法质量的同时加快立法工作进度、在找准问题的同时推动监督工作取得更大实效、在常态化邀请人大代表参与各项工作的同时建立起代表联系长效制度、在加强与地方人大联系的同时更加广泛形成人大财经工作合力，还需要下更大功夫。我们将按照党中央决策部署、全国人大及其常委会要求，虚心听取各方面意见建议，自觉接受各方面监督，依法履职尽责，不断改进工作。

# 第十三届全国人民代表大会教育科学文化卫生委员会2021年工作总结

（2022年2月17日第十三届全国人民代表大会教育科学文化卫生委员会第三十八次会议通过）

## 2021年工作总结

2021年是党和国家历史上具有里程碑意义的一年。一年来，全国人大教科文卫委坚持以习近平新时代中国特色社会主义思想为指导，全面贯彻党的十九大和十九届历次全会精神，深入学习贯彻习近平法治思想和习近平总书记关于坚持和完善人民代表大会制度的重要思想，坚持党的领导、人民当家作主、依法治国有机统一，认真贯彻落实党中央决策部署和中央人大工作会议精神，按照十三届全国人大四次会议确定的目标任务和常委会工作要求，认真履行宪法和法律赋予的职责，开拓创新，担当作为，推动各项工作取得新进展新成效。

### 一、深入学习贯彻习近平新时代中国特色社会主义思想，把牢正确政治方向

教科文卫委坚持党的全面领导这一最高政治原则，深入学习贯彻习近平新时代中国特色社会主义思想，全面加强政治建设，增强“四个意识”、坚定“四个自信”、做到“两个维护”，不断提高政治判断力、政治领悟力、政治执行力，在思想上政治上行动上同以习近平同志为核心的党中央保持高度一致，确保党中央决策部署得到全面贯彻落实。

加强理论武装，提高政治站位。把深入学习习近平新时代中国特色社会主义思想摆在首位，制定年度学习计划，自觉主动学、及时跟进学、全面系统学、联系实际学，推进学习教育常态化制度化。一年来，集体学习14次，及时传达学习贯彻习近平总书记在党史学习教育动员大会、庆祝中国共产党成立100周年大会、党的十九届六中全会、十九届中央纪委全会、中央经济工作会议、省部级主要领导干部专题研讨班开班式、中央政治局集体学习等会议上和在地方视察时发表的重要讲话精神，学习贯彻习近平总书记关于教育、科学、文化、卫生健康方面的重要论述。在认真学习研讨、深刻领会把握的基础上，紧密联系工作实际，把学习成果转化为推动工作的思路举措，用党的创新理论武装头脑、指导实践、推动工作。

深刻领悟“两个确立”，坚决做到“两个维护”。深入学习贯彻党的十九届六中全会精神，全面把握《中共中央关于党的百年奋斗重大成就和历史经验的决议》的重大现实意义和深远历史意义，深刻领悟“两个确立”的决定性意义、政治内涵和实践要求，切实增强做到“两个维护”的思想自觉、政治自觉、行动自觉。把开展党史学习教育与学习贯彻党的十九届六中全会精神结合起来，紧扣“学史明理、学史增信、学史崇德、学史力行”目标要求，深入学习领会习近平总书记关于党的历史的重要论述，多措并举把“学”的要求抓紧抓深，把“我为群众办实事”具体落实在“我为代表办实事”上。通过党史学习教育，深刻感悟思想伟力，增强历史自信，从党的历史经验和光辉历程中汲取智慧和力量，把践行“两个维护”落实到委员会工作的各方面全过程。

研究制定具体措施，认真贯彻落实中央人大工作会议精神。深入学习领会习近平总书记在中央人大工作会议上的重要讲话精神的核心要义和实践要求，准确把握全过程人民民主的丰富内涵和做好新时代人大工作的新理念新要求，努力把学习成果转化为依法履职的实际成效。认真学习贯彻《中共中央关于新时代坚持和完善人民代表大会制度、加强和改进人大工作的意见》，落实栗战书委员长在会议总结讲话中提出的“八个深刻认识和把握”要求，结合委员会职责定位和工作实际，及时研究制定《教科文卫委关于学习贯彻落实习近平总书记在中央人大工作会议上的重要讲话精神和中央关于加强和改进人大工作意见的措施》，从提高政治站位、加强理论学习、依法履职尽责、加强自身建设等4个方面提出29项具体举措，进一步明确了“任

务、时间、组织、责任”四落实要求，推动人大教科文卫工作取得新成效。

坚决贯彻落实党中央决策部署，认真落实全国人大及其常委会工作要求，切实履行好专门委员会职责使命。立足职责定位，强化责任担当，深入开展调查研究，做好研究、拟订、审议有关议案工作。严格执行请示报告制度，凡重大问题、重要事项、重点工作都及时请示报告。分党组充分发挥“把方向、管大局、保落实”作用，确保党中央决策部署得到有效贯彻落实。

## 二、提高立法质量，加快推进完善教科文卫领域法律制度

教科文卫委坚持党对立法工作的全面领导，坚持科学立法、民主立法、依法立法，注重在发挥人大立法主导作用中积极作为，加强统筹协调，着力提高质效，扎实推进和落实常委会立法规划和年度立法工作计划。

围绕建设高质量教育体系，着力推进教育立法工作。进一步贯彻落实习近平总书记关于教育工作的重要指示批示和全国教育大会精神，推动做好教育法修改工作，聚焦完善指导思想、强化教育地位、充实教育方针、丰富教育内容、维护教育公平等方面，完善教育基本法律制度，为构建德智体美劳全面培养教育体系、推动教育高质量发展提供有力法治保障。在已有工作基础上，深入调查研究，加强协调配合，协助常委会做好职业教育法修订草案审议工作。推动学前教育法、学位条例和教师法等立法修法工作取得积极进展，结合开展监督工作，深入听取常委会委员、人大代表、专家学者和一线教育工作者及有关方面意见，提出立法修法建议。

围绕加强科技创新、建设科技强国，牵头承担科技进步法修订任务。对标对表习近平总书记关于科技创新的重要论述和党中央决策部署，紧紧把握科技创新在我国现代化发展全局中的核心地位这一战略定位，突出实现科技自立自强、建设科技强国的战略目标，会同科技部等 15 个相关部门和单位，广泛听取各方面意见建议，聚焦重点问题，深入调查研究，凝聚更多共识，扎实有效做好科技进步法修改工作。修法过程中，明确修法导向，遵循科学规律，突出改革开放，注重系统观念，重点在完善立法宗旨和指导方针、加强基础研究、强化国家战略科技力量、完善关键核心技术攻关新型举国体制、优化国家创新体系、加强创新人才培养、优化区域创新布局、扩大科学技术开放与合作、建立科研诚信制度和科技监督体系、弘扬科学家精神等方面作出重要制度安排，为加强科技创新、建设科技强国提供良好制度环境和有力法治保障。同时，落实常委会领导同志指示，开展科学技术普及法修法前期调研工作。加强科技创新重点领域和新兴领域立法专题研究，听取有关部门、企业和专家学者意见，梳理相关法律法规制度，深入开展研究论证，撰写综合调研报告，为推动相关立法奠定良好基础。

围绕社会主义文化强国建设，积极推进文化立法工作。推动文化产业促进法立法工作，赴有关地方、部门开展立法调研，听取有关方面立法意见和建议。密切关注立法进展情况，加强与中宣部、司法部、文化和旅游部等部门的沟通联系，提前介入法律草案起草工作，提出意见建议。开展修改文物保护法调研，结合代表议案建议办理工作，深入基层一线，听取地方政府及有关部门、专家学者意见建议，对修改文物保护法提出意见建议。结合有关监督工作，与国家文物局等部门加强沟通协作，加快修改文物保护法进程。贯彻落实党中央《社会主义核心价值观融入法治建设立法修法规划》，开展社会主义核心价值观融入教科文卫领域立法修法工作专题调研。与文化和旅游部共同组织非物质文化遗产法颁布实施十周年座谈会，王晨副委员长出席并讲话，有力促进法律实施。

围绕依法保障疫情防控、促进健康中国建设，持续推进强化公共卫生法治保障立法修法专项工作。按照十三届全国人大常委会立法规划要求，牵头承担医师法修改工作。新冠肺炎疫情发生后，常委会领导组织强化公共卫生法治保障立法修法专班，加快推动立法进程。2021 年 8 月，医师法草案经常委会三审通过，在保障医师合法权益、医师职责义务、考试注册管理、教育培训考核、法律责任等方面作了较为全面的修改完善，为深入实施健康中国战略提供制度支持。在 2020 年立法修法专班工作的基础上，持续跟进传染病防治法、国境卫生检疫法修改工作，与国家卫生健康委、司法部及国家疾控局加强沟通联系，共同推动立法进程。提前介入突发公共卫生事件应对法起草工作，召开有关座谈会听取意见建议，研究梳理重点问题，对法律草案提出具体修改意见建议。同时，对药师法立法相关问题进行研究论证。

围绕保障落实党中央关于人口长期均衡发展的战略部署，推动及时修改人口与计划生育法。认真贯彻落实中共中央、国务院关于优化生育政策促

进人口长期均衡发展的决定，结合代表议案办理工作，研究相关法律制度，提出修改完善建议。人口与计划生育法修正草案已经常委会审议通过，对生育政策、支持生育措施等方面作出规定，依法保障落实三孩生育政策。

## 三、增强监督实效，认真推动常委会监督工作的落实

教科文卫委按照正确监督、有效监督、依法监督的原则，落实常委会2021年监督工作计划，协助做好教科文卫领域监督工作，着力推动法律全面有效实施。

*开展中医药法执法检查，依法推动中医药高质量发展。*全国人大常委会高度重视中医药法执法检查，栗战书委员长作出重要指示，王晨、张春贤、艾力更·依明巴海、白玛赤林、蔡达峰五位副委员长担任组长，分别赴8个省（区、市）深入基层开展检查。教科文卫委与常委会办公厅紧密配合，开展前期调研，研究检查重点，提出详实方案，扎实做好具体组织协调工作。执法检查坚持问题导向、结果导向相统一，严格依据法律规定，聚焦重点问题，逐个条款对照检查，切实发挥法律制度的引领、规范、保障作用。坚持全方位、系统化检查，深入医院、基层社区和农村医疗卫生机构、中医药高校、科研机构、中药企业、中药材种植基地、交易市场和检测中心等，从中医药体制机制、服务体系、传承特色到人才培养、科研创新，从中药材种植、交易、生产、使用到质量检测、院内制剂，力求实现全链条、广覆盖，全面系统了解法律实施真实情况。在此基础上，认真梳理研究检查情况，做好执法检查报告起草工作。王晨副委员长代表执法检查组向常委会作的报告，得到常委会组成人员的充分肯定。这次执法检查有效推动了中医药法的宣传、贯彻和实施，有力助推了中医药更好传承创新发展、保障人民健康。

*听取和审议国务院关于教师队伍建设和教师法实施情况的报告。*开展这项监督工作是全国人大常委会深入贯彻党中央关于新时代教师队伍建设的决策部署、推进修改完善教师法的重要举措。教科文卫委组成调研组，赴地方开展实地调研，考察各级各类学校，听取地方政府及其有关部门、学校领导、教师、专家学者和人大代表的意见建议，形成的综合调研报告印发常委会会议。委员会全体会议预先听取了教育部工作报告，对报告提出修改意见建议。在常委会听取和审议国务院专项报告时，委员们提出加强师德师风建设、深化教师管理体制改革、健全教师培养长效机制、提高教师待遇保障水平、加快教师法修改工作等审议意见，推动国务院采取有力措施，维护教师合法权益，打造高素质教师队伍，为建设现代化教育强国筑牢基础。

*听取和审议国务院关于文物工作和文物保护法实施情况的报告。*深入学习贯彻习近平总书记关于文物工作的重要论述和指示批示精神，赴地方开展文物工作和文物保护法实施情况调研，深入听取各方面意见建议。委员会全体会议听取了文化和旅游部工作报告，对报告稿提出针对性修改意见建议。常委会听取和审议报告时，委员们对国务院的报告给予充分肯定，同时从加大依法保护文物力度、强化财政投入、与城乡建设和旅游发展进一步协调、加强基层队伍建设、加强文物流通领域监管、加快健全完善文物保护法律法规制度等方面提出了意见和建议，为做好新时代文物工作、推动文物保护法深入实施建言献策，也为进一步做好修改文物保护法工作打下了扎实基础。

同时，根据常委会监督工作有关规定，认真做好跟踪监督工作，先后听取有关部门关于研究处理公共文化服务保障法执法检查报告及审议意见情况的报告、关于研究处理中医药法执法检查报告及审议意见情况的报告。

## 四、支持代表履职，扎实做好议案建议办理工作

教科文卫委认真贯彻落实中央人大工作会议精神，践行全过程人民民主，把支持代表履职、发挥代表作用作为开展工作的重要基础，不断提升代表工作水平和实效。

密切联系代表，完善工作机制，着力提高议案办理质量。一是明确责任分工，健全工作机制。加强研究部署，制定工作方案，各领域分专题均由副主任委员牵头负责，多位委员参与办理，压实工作责任。每季度召开专门会议，听取议案办理情况，跟踪进展，协调推动工作落实。二是开展综合分析，深入调查研究。加强与有关单位协同配合，会同有关部门共同梳理议案，深入分析议案内容和特点。注重与立法、监督等工作相结合，针对重点难点问题，赴6省市开展专题调研，召开11场次视频座谈会议，深入了解人大代表和人民群众的关切期盼。三是加强与代表交流，认真沟通反馈。通过邀请代表参加立法调研、执法检查、召开座谈会和赴

代表所在地征求意见等方式，与代表面对面（含视频）交流互动，做到办理过程与每一件议案的领衔代表沟通、办理结果向每一位领衔代表反馈，努力让代表呼声有回应、群众期盼有着落。委员会对大会交办的 64 件代表议案，都研究提出了具体办理意见，经常委会审议通过。

同时，认真做好重点督办建议办理工作。就推动治理规范学科类校外培训、关键核心技术攻关、健全现代文化产业体系、发展普惠托育服务体系、推动中医药传承创新等五个方面的代表建议，提出督办工作方案和要求，促请牵头办理单位抓好办理落实，推动问题解决。通过督办工作，代表提出的有关意见建议在国家相关政策文件中得以体现。根据教科文卫委建议，常委会已将听取和审议国务院关于有效减轻过重作业负担和校外培训负担、促进义务教育阶段学生全面健康发展情况的报告纳入 2022 年监督工作计划。

## 五、加强对外交往，讲好中国人大故事

深入学习贯彻习近平外交思想，服务国家外交工作大局，积极做好对外交往工作，全年共参与、组织外事交流活动 22 次。按照全国人大常委会统一安排，委员会组成人员积极参加常委会领导同志出席的重要外事活动，深入参与对外交流。落实常委会外事工作计划，与伊朗等国家议会对口友好小组开展视频交流。在开展对外工作中，充分发挥委员会组成人员专业优势和特点，积极回应教育公平、科技创新、文物保护、健康促进等方面关切，全面介绍我国教科文卫事业发展成就和立法工作情况，特别是主动宣介抗疫经验成果和抗疫国际合作主张，讲好中国抗疫故事，为宣传人民代表大会制度、深化立法机构合作、推动人文科技交流发挥积极作用。

## 六、加强自身建设，依法履职能力进一步得到提升

教科文卫委以开展党史学习教育为契机，以政治建设为统领，全面加强委员会思想、组织、纪律、作风、能力、制度等方面建设，着力提升依法履职能力。一是持续强化理论武装。深入学习习近平新时代中国特色社会主义思想，特别是习近平法治思想和习近平总书记关于坚持和完善人民代表大会制度的重要思想，用以武装头脑、指导实践、推动工作。二是深化制度机制建设。在贯彻落实习近平总书记重要指示批示和党中央决策部署时，坚持对标对表制度，严格执行台账制度，严守请示报告制度，落实督促检查制度；在日常工作中，进一步健全完善委领导分工负责、组织推动落实和委员重点参与机制，充分发挥委员会组成人员积极性。三是认真落实全面从严治党要求。加强党风廉政建设，严明政治纪律和政治规矩，严格落实中央八项规定及其实施细则精神。四是深入开展调查研究。牢记职责所在，坚持人民至上，虚心向群众学习、向实践学习，扎实做好调查研究工作，从实际出发，从有利于维护群众利益的角度想问题、提建议、抓落实。五是加强内外协调联系。与全国人大常委会各专工委和办公厅各部门配合协作，与国务院有关部门加强沟通协调，与地方人大密切联系，形成工作合力，提高整体实效。六是加强办事机构建设。落实常委会机关工作要求，注重提升工作质量效率，加强干部队伍建设，营造干事创业良好氛围。

我们深刻体会到，过去一年工作最重要的启示，集中到一点，就是坚持以习近平新时代中国特色社会主义思想为指引，坚决做到“两个维护”，把坚持党的领导、人民当家作主、依法治国有机统一起来，更好发挥人民代表大会制度优势和作用，确保人大教科文卫工作按照党中央指明的方向前进。

我们深感，过去一年取得的成绩，是全国人大常委会领导同志高度重视、有力指导的结果，是全国人大代表、常委会组成人员关心帮助、共同推动的结果，是全国人大各专门委员会、常委会各工作委员会、办公厅各部门和地方人大大力支持、密切合作的结果，是教科文卫委全体组成人员以及办事机构工作人员依法履职、辛勤工作的结果。

同时，我们也清醒地认识到，与党中央对人大工作的要求相比，与人民群众对教科文卫法治事业发展的期盼相比，委员会的工作还存在一些差距和不足，在加强理论学习与工作实践相结合、提升学习的深入性和针对性上还有差距，在悟透树牢以人民为中心的发展思想、依法有效推动解决民生难点问题上还有差距，在聚焦重点抓好工作落实、提高工作实效上还有差距，在深入实际开展调查研究、有效运用调研成果上还有差距，等等。我们高度重视这些问题，将以对党和人民高度负责的态度，认真听取吸收代表们的意见建议，采取针对性措施切实改进，不断提升工作质量和水平。

# 第十三届全国人民代表大会外事委员会 2021 年工作总结

（2021 年 12 月 23 日第十三届全国人民代表大会外事委员会第十九次全体会谈通过）

## 2021 年工作总结

2021 年，外事委员会在全国人大及其常委会领导下，坚持以习近平新时代中国特色社会主义思想为科学指导，深入学习贯彻党的十九届六中全会精神、习近平总书记在中央人大工作会议上的重要讲话和会议精神，深入开展党史学习教育，增强"四个意识"，坚定"四个自信"，做到"两个维护"。坚决贯彻落实党中央的决策部署和习近平总书记重要指示批示精神，按照栗战书委员长、王晨副委员长的指示精神和工作要求，紧紧围绕党和国家工作大局、全国人大及其常委会中心任务，锐意进取，奋发有为，努力提升外事委工作质量和水平，涉外立法、对外交往、涉外发声、自身建设等各项工作取得新进展、新成效。

## 一、涉外立法工作

（一）顺利完成《中华人民共和国陆地国界法》起草和提请审议工作。作为陆地国界法的牵头起草单位，外事委深入贯彻党中央的决策部署和常委会领导的指示批示精神，全员参与、全力以赴，认真总结该项立法动议以来的工作积累和经验，多次就重难点问题主动与有关单位沟通协调、统一认识，重要事项及时向常委会请示汇报。经各有关方面的共同努力，最终形成了较为成熟的草案稿。按照常委会法律草案的审议安排，陆地国界法草案经三审后于 2021 年 10 月常委会第三十一次会议通过。

陆地国界法贯彻落实习近平法治思想和总体国家安全观，统筹发展和安全，体现了党的十八大以来党和国家机构改革、军队和国防体制机制改革成果，为新时代党政军警民合力强边固防以及边境地区的长远发展奠定了法制基础。该法实施后将为陆地国界工作提供法律制度的基本遵循，有利于确保构建系统完备、权责匹配、上下协调、科学规范的国界工作法律制度体系，有利于推进陆地国界治理体系和治理能力现代化。

（二）积极推动涉外立法修法工作。深入贯彻落实栗战书委员长关于发挥人大在立法工作中主导作用的指示精神，积极推动涉外法律体系建设，充实应对挑战、防范风险的"法律工具箱"。研究拟定外事委工作的思路、方案及相关调研计划并呈报常委会领导批准。积极参与有关涉外立法工作，召开涉外立法调研座谈会，了解关于涉外法治的实践情况、立法需求和意见建议，部署调研工作安排。

（三）认真做好条约议案审议工作。立足外事委条约议案审议工作职能，为常委会审议条约议案做好前期工作。全年共审议条约议案 6 件，包括：国务院关于提请审议批准《〈上海合作组织成员国关于举行联合军事演习的协定〉补充议定书》《中华人民共和国和伊朗伊斯兰共和国关于刑事司法协助的条约》《中华人民共和国和伊朗伊斯兰共和国关于民事和商事司法协助的条约》《成立平方公里阵列天文台公约》《中华人民共和国和智利共和国引渡条约》《关于为盲人、视力障碍者或其他印刷品阅读障碍者获得已出版作品提供便利的马拉喀什条约》等议案。

（四）高标准办理代表议案和建议。坚持把办理代表议案和建议作为践行全过程人民民主的重要内容。全年共办理十三届全国人大四次会议主席团交付审议的代表议案 2 件，常委会办公厅交办的代表建议 2 件。

## 二、对外工作

同俄罗斯、法国、意大利、肯尼亚、墨西哥等 9 国议会举行机制交流会议，围绕双边关系、立法机构交往以及共同关心的问题深入交流。通过信函、视频方式，与美国国会议员、助手就中美关系、应对气候变化、经贸合作等进行交流。同意大利参议院外委会、西班牙众议院外委会、新西兰议会外委会等重点就气候变化、经贸合作等议题交换意见。深化与发展中国家议会间交流与合作，同哈萨克斯坦、阿联酋、哥斯达黎加、南非以及尼日利亚等国家议会深入开展治国理政和立法经验交流。积极参与各国议会联盟、亚洲议会大会等议会多边组织的活动，共出席线上线下会议 28 次。深入阐述我国在重大国际和地区问题上的主张和立场，坚定维护以联合国为核心的国际体系、以国际法为基础的国际秩序、以联合国宪章宗旨和原则为基础的国际关系基本准则，倡导践行真正的多边主义，坚决反对单边主义、保护主义和霸凌主义，坚决维护我国和发展中国家利益。

积极宣介中国共产党百年重大成就和历史经验。结合“十四五”规划和 2035 年远景目标纲要，介绍脱贫攻坚成果、乡村振兴战略、在气候变化问题上的政策主张，诠释中国的新发展阶段、新发展理念、新发展格局。就抗疫合作交流经验，推动构建人类卫生健康共同体。讲好人大故事，阐述全过程人民民主理念。

## 三、涉外发声工作

针对美西方议会涉华消极议案，从人大角度开展舆论斗争，坚决维护国家主权、安全、发展利益。先后 10 次以外事委声明和发言人谈话等方式对外发声，强烈谴责美西方议会借涉台、涉港、涉疆、涉藏、人权等问题粗暴干涉我内政的恶劣行径，坚决驳斥其对我发展道路和内外政策的诬蔑抹黑，阐明我在有关问题上的严正立场和态度。

## 四、大会发言人工作

大会发言人应询就人民代表大会制度、全国人大及其常委会立法工作、脱贫攻坚及中国的扶贫标准、疫苗国际合作、“十四五”规划和新发展格局、完善香港特区选举制度、军费、中美关系等问题阐明立场、回应关切。新闻发布会受到国内外广泛关注，起到了加强舆论引导的作用。

## 五、自身建设工作

（一）坚持党的政治建设。认真贯彻落实党中央和全国人大常委会党组关于党史学习教育的各项要求。分党组成员把学习习近平总书记在庆祝中国共产党成立 100 周年大会上的重要讲话精神作为党史学习教育的核心内容，围绕党的性质、宗旨、优良传统和新时代党的历史使命深入交流。及时传达学习党的十九届六中全会精神、中央经济工作会议精神、中央人大工作会议精神以及习近平总书记在会议上的重要讲话精神，深刻领会“两个确立”的决定性意义，深刻理解全过程人民民主这一重大理念的理论创新意义和实践指导意义，进一步坚定对人民代表大会制度这一根本政治制度和走中国特色社会主义政治发展道路的政治自觉。

（二）坚持把党的领导贯穿于外事委工作各方面全过程。始终坚持党的全面领导是人大工作的最高政治原则，坚持外交大权在中央的原则，坚决服从中央对外事工作的统一领导，严格遵守外事纪律和重大事项请示报批程序。

（三）进一步强化作风建设。深入学习习近平总书记关于纠正“四风”问题的重要论述，严格贯彻中央八项规定及其实施细则精神，严防“四风”问题反弹。严格执行《关于新形势下党内政治生活的若干准则》，坚持民主集中制原则，严肃和规范党内政治生活，认真执行党的组织生活制度。

（四）按照新时代干部建设要求，努力培养适应新要求的干部队伍。按照习近平总书记强调的“四个机关”的定位和要求，进一步加强外事委机关的党建工作。高度重视落实十九届中央第六轮巡视整改、巩固和深化全国人大机关内部巡视整改成果等工作。指导机关党支部深入开展党史学习教育活动，要求党员干部把思想和行动统一到中央的重大决策部署上来，把对党的感情、对国家的热爱，转化为干事创业的实际行动。

# 第十三届全国人民代表大会华侨委员会 2021 年工作总结

（2022 年 1 月 20 日第十三届全国人民代表大会华侨委员会第五次主任委员办公会议通过）

## 2021 年工作总结

2021 年是中国共产党建党 100 周年，也是实施“十四五”规划的开局之年。一年来，华侨委员会坚持以习近平新时代中国特色社会主义思想为指导，深入学习贯彻习近平法治思想和习近平总书记关于坚持和完善人民代表大会制度的重要思想，全面贯彻落实党的十九大和十九届历次全会、中央人大工作会议精神，深刻学习领会习近平总书记关于侨务工作的重要论述，增强“四个意识”、坚定“四个自信”、做到“两个维护”，在全国人大及其常委会的正确领导下，依法履职、担当作为，迎难而上、开拓进取，推动各项工作取得新进展新成效。

### 一、强化理论武装，有力推进思想政治建设

委员会认真贯彻落实党中央决策部署和全国人大及其常委会部署要求，始终将学习贯彻习近平新时代中国特色社会主义思想作为首要政治任务，切实将思想和行动统一到中央精神上来。委员会分党组率先垂范，通过召开专题会议等多种形式，牢牢把握新时代人大工作正确政治方向，推动委员会思想政治建设再上新台阶。

（一）深入开展党的创新理论学习。在常委会党组领导下，分党组围绕党史学习教育，就学习贯彻党的十九届六中全会、中央人大工作会议、中央经济工作会议等重要会议精神开展交流研讨。深入研读习近平《论中国共产党历史》《毛泽东、邓小平、江泽民、胡锦涛关于中国共产党历史论述摘编》《习近平新时代中国特色社会主义思想学习问答》《中国共产党简史》等重要文献，及时跟进学习习近平总书记最新重要讲话和指示精神。坚持读原著、学原文、悟原理，切实在学懂弄通做实上下功夫。通过参加机关党组专题学习辅导、召开专题组织生活会和民主生活会、安排分党组成员讲党课等多种形式，组织分党组成员结合自身实际畅谈感受和体会，坚持全面系统学、深入思考学、联系实际学，切实推动理论学习取得实效。经过学习研讨，不断凝聚力量、锤炼党性，进一步加深理解党的思想理论、精神谱系和历史经验，坚定理想信念，不忘初心、牢记使命，深刻认识“两个确立”的决定性意义，自觉践行“两个维护”。进一步系统把握习近平法治思想，全面理解全过程人民民主的深刻内涵，准确领会习近平总书记关于坚持和完善人民代表大会制度的重要思想，切实筑牢履职尽责的思想根基。

（二）深入学习贯彻栗战书委员长批示精神。为进一步贯彻落实 2020 年 12 月栗战书委员长关于华侨委员会工作的批示精神，委员会召开全体会议，邀请部分全国人大归侨代表参加，传达学习批示内容并作出相应工作安排。按照党史学习教育方案，分党组召开“弘扬优良家风”专题组织生活会，分党组成员围绕加强党风政风家风建设认真开展党性分析。栗战书委员长对“弘扬优良家风”专题组织生活会情况报告作出批示，肯定了华侨委员会分党组工作，并对机关领导干部提出明确要求。分党组召开专题会议进行交流研讨，一致表示将认真学习、深刻领会栗战书委员长批示精神，努力在树立良好作风、加强分党组建设方面积极作为。

（三）进一步加强委员会党建工作。分党组按照工作规则，认真履行全面从严治党主体责任，严明政治纪律和政治规矩，把坚持党的领导贯彻到委员会工作的各方面全过程。对重大方向性、原则性、政治性问题集体研究、民主决策，充分发挥分党组在委员会工作中把方向、管大局、保落实的作用。分党组成员以身作则，以上率下，认真学习贯彻党章党规，严格执行中央八项规定及其实施细则精神，积极履行宪法和法律赋予的职责，不断提升专

业素养和业务能力，努力推动委员会党建和业务工作深度融合。

## 二、开展专题调研，为服务经济社会高质量发展汇聚侨界力量

委员会认真贯彻党和国家侨务政策，立足国内国际两个大局，坚持问题导向，围绕进一步发挥侨务资源优势助力共建“一带一路”、推进创新驱动发展等方面，结合海外侨胞和归侨侨眷反映集中的热点难点问题深入开展调研。

（一）组织实施常委会关于进一步发挥海外侨胞在共建“一带一路”中的重要作用专题调研。为明确调研方向，夯实调研工作基础，编辑整理《习近平总书记关于加快人才科技创新、共建“一带一路”、构建新发展格局重要论述节选》等学习和参阅资料。委员会召开全体会议，邀请外交部、国家发展和改革委、教育部、商务部、国务院侨办等 9 个部门参会，了解相关工作进展情况并听取意见建议。赴中国社会科学院“一带一路”研究中心，了解专家学者关于发挥侨务资源优势助力共建“一带一路”方面的研究成果。白玛赤林副委员长、王光亚主任委员、曹鸿鸣副主任委员分别带队赴广西壮族自治区、陕西省、福建省开展实地调研。同时，委托其他 28 个省区市人大侨委对本地区有关情况进行调研。在深入调研、充分讨论、认真研究的基础上，于 10 月向常委会提交《关于进一步发挥海外侨胞在共建“一带一路”中的重要作用的调研报告》。调研报告总结了当前促进海外侨胞参与共建“一带一路”的基本情况，从复杂严峻形势下侨情变化、涉侨工作统筹协调不足、侨胞参与建设存在实际困难、侨胞权益保护有待加强、外宣和文化交流工作有待提升等方面梳理问题，并从加强思想政治引领、广泛凝聚共识、完善法律法规、加强多部门协作等方面提出建议。

（二）围绕进一步加强侨务法治建设、发挥侨界科技人才优势助力国家创新驱动发展等情况开展调研。白玛赤林副委员长带队赴江西省调研，了解当地侨务工作开展情况，就华侨和归侨侨眷权益保护工作有待进一步加强、招才引智工作有待进一步统筹协调、原华侨农林场经济社会发展有待进一步推动等问题，向中央及地方有关部门提出探索维护侨益新举措、加大政策倾斜力度、增强干部培训质效、构建涉侨工作联动机制等工作建议。王光亚主任委员带队赴致公党中央调研，交流近年来侨务工作开展情况，就涉侨立法及监督工作等听取意见建议，围绕两部门发挥各自优势拓展侨务工作新局面进行深入探讨，并提出结合中共党史学习教育加强侨史及致公党史研究、推动有关部门不断完善海外高层次人才引进政策、充分发挥“侨海”特色做好对海外侨胞的思想政治引领工作等建议。

（三）注重推动调研成果转化。委员会就调研中反映的具体问题提出针对性工作建议，及时转有关部门，部分建议收到了相关情况反馈。白玛赤林副委员长带队在广西调研时，对原华侨农林场归侨侨眷生产生活中存在的问题提出改进意见，自治区党委、人大、政府高度重视，组织有关部门对全区 22 个原华侨农林场经济社会发展情况开展全面深入调研。自治区发展和改革委出台相关文件，将原华侨农林场纳入乡村振兴政策范围，给予项目和资金支持。最高人民法院负责同志分别在全国人大常委会专题调研组《关于进一步发挥海外侨胞在共建“一带一路”中的重要作用的调研报告》、华侨委员会《关于赴江西省调研情况的报告》上作出批示，就人民法院积极支持配合侨务法治建设相关工作，探索建立涉侨矛盾纠纷化解协调机制，畅通侨界群众诉求反映渠道，推动解决华侨及归侨侨眷权益保护重点难点问题等方面提出要求。赴江西省调研组部分成员收到峡江县金坪民族乡党委和政府的来信，信中就调研期间提出的问题及建议作出回应，并提出与暨南大学、华侨大学开展合作的意向。委员会要求办事机构及时就上述事宜与有关部门沟通，努力推动调研成果转化落地。

## 三、做好涉侨立法、监督与侨务法治宣传等工作，深入推进侨务法治建设

委员会坚持以习近平法治思想为指导，将涉侨立法、监督和侨务法治宣传作为人大侨务工作的重要抓手，扎实推进侨务法治建设稳步前行。

（一）开展涉侨立法研究。一是制定立法修法研究工作规划。根据全面依法治国和完善中国特色社会主义法治体系总体部署，在梳理总结以往开展涉侨立法修法研究工作的基础上，结合当前国内外侨情和侨务工作实际，制定《全国人大华侨委员会涉侨立法修法研究工作规划》，确定了今后

几年开展涉侨立法修法研究工作的指导思想、基本原则、总体目标，就完善涉侨法律规范体系提出了工作设想和具体措施，为开展涉侨立法工作打下基础。二是做好专题研究工作。结合党史学习教育，编辑《中国共产党成立以来侨务工作概况》《中共党史大事记与侨史简表》等学习和参阅资料，进一步系统梳理党的侨务政策和国家侨务工作发展历程。

（二）开展涉侨监督工作。委员会召开全体会议，听取外交部有关负责同志关于我国领事保护工作情况的介绍，深入了解全球新冠肺炎疫情严峻形势下华侨接受领事保护与协助情况，从人大监督工作角度推动领事保护工作不断加强。重视涉侨信访工作，对收到的100余件次的人民来信逐一登记，将符合要求的来信转送办公厅信访局处理，对涉侨来访人员做好接待、解释等工作，为维护侨胞合法正当权益提供支持和帮助。

（三）开展侨务法治宣传。根据"八五"普法规划要求，采取多种形式广泛宣传以宪法为核心的中国特色社会主义法治体系，重点对涉侨法律法规进行宣传介绍。在海外侨胞代表人士国庆座谈会上，介绍华侨委员会的法律地位与工作职责、我国侨务法治建设发展历程及主要成就等相关情况，进一步加深海外侨胞对人大侨务工作的理解和认识。在江苏省、河北省人大侨委举办的侨务法治建设培训班上围绕我国侨务法治建设的成就、经验进行交流探讨，听取地方同志的意见建议。同时，依托《中国人大》《侨务工作研究》等刊物平台，加强侨务法治宣传。

## 四、重视建议办理与代表联系工作，积极支持保障代表依法履职

委员会始终将代表工作作为开展新时代人大侨务工作的切入点，按照"内容高质量、办理高质量"和"既要重结果、也要重过程"的要求，落实《全国人大华侨委员会进一步加强与全国人大代表联系办法》相关规定，扎实推进代表建议办理工作和代表联系工作。

（一）做好代表建议办理工作。2021年，常委会办公厅交由华侨委员会办理的代表建议共6件，其中独办2件，内容为进一步了解华侨领事保护工作情况和修改归侨侨眷权益保护法；主办2件，内容为修改归侨侨眷权益保护法、就华侨权益保护立法重点难点问题加强调查研究；协办2件，内容为尽快解决侨胞银行卡被大面积冻结问题、进一步完善我国海外侨民保护机制。委员会认真研究代表建议，结合工作实际提出改进措施，按时答复代表并跟踪了解有关部门落实情况，积极推动侨界群众急难愁盼问题的解决。

（二）加强代表联系工作。将代表联系工作与开展"我为群众办实事"实践活动紧密结合，深入了解全国人大代表对侨务工作的关切。一是主动为代表提供服务。向全国人大归侨代表提供参阅资料，为代表提出高质量建议做好服务保障工作。通过政务微信与提建议代表建立联系，方便代表及时了解建议办理情况。二是积极服务代表依法履职。在委员会召开全体会议和赴地方开展调研时，共邀请全国人大代表8人次参加相关活动，为代表了解委员会工作提供支持和帮助。三是切实征求意见建议。采取专人对接方式征求代表对委员会工作的意见建议，进一步找准委员会工作的切入点和着力点，有效推动委员会各项工作改进和加强。全年共联系全国人大代表100余人次。

## 五、积极开展对外交往，扎实做好侨务外事工作

委员会坚持以习近平外交思想为指引，根据党和国家对外交往的总体部署及全国人大外事工作计划，结合有关协作机制的职责分工，不断创新工作方式，在与侨胞深入交流思想、增进感情的同时做好党史国情宣传教育，广泛凝聚共识，大力增强海外侨胞对中国共产党和中国特色社会主义的政治认同、思想认同和情感认同。

（一）做好中央统一战线工作领导小组部署的相关工作。按照中央统一战线工作领导小组指示精神和有关协作机制要求，不断加强与侨胞代表人士的联络，认真听取意见建议，继续做好涉侨立法研究等工作。定期参加中央统战部召开的会议并提出有关意见建议，进一步加强与中央涉侨部门的沟通联络，推动信息交流和共享。

（二）加强与各领域各阶层海外侨胞代表人士联系沟通。切实领会把握中央关于新冠肺炎疫情以来海外"双稳"工作的要求，进一步深化与海外侨胞的联系，了解其困难和诉求并协助做好联络帮扶工作。对求助的侨团、侨胞加强安抚和引导，鼓励其配合当地防疫举措，展现大国侨民良好形象。举办"旅意侨胞代表人士视频座谈会"，了解意大利侨

胞的生活现状和困难并征求对共建“一带一路”的意见建议，17 位侨领参会。视频座谈会作为疫情防控常态化下侨务外事工作的新模式，获得广泛认可。举办“全国人大华侨委员会海外侨胞代表人士国庆座谈会”，四大洲 40 余位海外侨胞代表人士参会，部分侨领重点发言，讲述参与共建“一带一路”、协同战“疫”共克时艰、积极传播中华文化、主动发声开展对外宣传等方面的心得体会。国庆座谈会得到侨胞的热烈响应，获得其他侨务部门的积极评价。同时，以建党百年为契机，根据中央统战部统一安排，通过邀请部分海外侨胞代表人士出席庆祝建党 100 周年、纪念辛亥革命 110 周年等系列庆典活动，进一步与侨胞深入交流思想、增进感情，激励海外侨胞继续为祖国统一、民族复兴作出更大贡献。

（三）继续办好“侨助冬奥”主题外事活动。举办“侨助冬奥”主题外事活动视频会，邀请多国侨领、冬奥会主办地人大负责同志、冬奥学校代表等参会。“侨助冬奥”主题外事活动开展 6 年来，通过组织开展实地考察、为侨胞捐助牵线搭桥、多渠道加强宣传推介等方式，鼓励引导海外侨团、华文媒体等开展相关活动，提升海外侨胞对北京冬奥会的关注度和参与度，为传播冬奥文化、助力区域经济协同发展凝聚侨界力量。

（四）积极参与常委会外事活动。一年来，委员会组成人员应邀参加多场线上外事活动，积极参与全国人大对外交往工作。王光亚主任委员出席栗战书委员长与墨西哥参议长拉米雷斯、基里巴斯议长里特的视频会晤，参加亚太议会论坛第 29 届年会等活动。贾廷安、张少琴、曹鸿鸣副主任委员分别参加与多米尼加副参议长索里亚及副众议长门德斯视频会晤、与泰国国会泰中友好小组双边友好小组视频会议、与巴基斯坦国民议会巴中友好小组双边友好小组视频会议等活动。陈云英委员出席各国议会联盟第 142 届大会系列会议活动。

## 六、加强沟通协作，不断推动提升侨务工作整体效能

委员会立足自身职责，多渠道、多形式加强与中央涉侨部门及地方人大的沟通联系，积极推动形成侨务工作整体合力。

（一）密切与中央涉侨部门的联系。与中央统战部副部长、国务院侨办主任潘岳一行座谈交流，就涉侨立法、监督等方面进一步加强协作进行深入探讨。参加全国政协港澳台侨委员会组织举办的海外侨胞深度参与“一带一路”建设座谈会，参与推进“一带一路”建设工作领导小组成员单位有关活动。赴浙江省杭州市参加中国侨联主办的 2021 年习近平总书记关于侨务工作重要论述研讨会，开展与中央涉侨部门及侨界学者的学习交流。赴中国华侨华人研究所，围绕建党百年来党和国家侨务工作历程及侨胞的贡献与作用进行主题交流，探索新时期中央涉侨部门相互学习、相互借鉴、共同提高的新路径。在此基础上，密切与中央统战部、全国政协港澳台侨委、致公党中央、中国侨联等部门的工作往来，探索构建沟通协作机制，研究加强中央涉侨部门间沟通协作的有效路径。

（二）密切与地方人大的联系。与浙江省人大加强沟通协作，做好在宁波市举办全国人大侨委工作培训班的筹备工作。接待宁夏回族自治区人大常委会及侨委的负责同志并开展座谈交流，共同探讨做好新时代人大侨务工作和推进华侨权益保护工作的思路和措施。对贵州省人大外侨委《关于〈贵州省华侨权益保护条例（草案）〉的说明》征求意见稿提出修改建议，支持地方开展涉侨立法工作。由于疫情防控原因，委托云南省人大外侨委慰问云南省内 88 户归侨侨眷困难家庭，进一步与地方人大加强协作、凝聚合力。

（三）办好《人大侨委通讯》。多渠道扩充稿源，进一步优化刊物的形式和内容，增设“全国人大归侨代表园地”栏目，邀请全国人大归侨代表撰文分享履职经历和体会。全年共编印发送《人大侨委通讯》4 期 1900 余册，为全国人大归侨代表、中央涉侨部门、地方人大侨委提供信息参考。

## 七、立足“四个机关”定位要求，全面强化自身建设

委员会以习近平总书记关于“四个机关”的重要论述为指导，不断加强制度建设和信息化建设，为依法履职、进一步做好人大侨务工作提供坚实保障。

（一）修改议事规则。十三届全国人大四次会议审议修改了全国人民代表大会组织法和全国人民代表大会议事规则，对专门委员会履职等内容提出新的要求。据此，华侨委员会会议审议通过了委员会议事规则（修改稿）。此次修改坚持以习近平

新时代中国特色社会主义思想为指导，深入贯彻习近平法治思想和有关重要讲话精神，认真落实栗战书委员长关于华侨委员会工作的批示要求，增加"坚持全过程人民民主""积极开展对海外侨胞和归侨侨眷的友好沟通联络工作"等内容并修改部分表述，确保委员会议事规则与宪法、全国人大组织法和议事规则有关规定相一致，为委员会更好担负宪法法律赋予的各项职责、全面推进人大侨务工作提供了制度保障。

（二）加强信息化建设。积极落实机关信息化平台建设各项要求，及时做好相关工作。根据全国人大代表工作信息化平台知情知政模块建设有关要求，更新平台内容，将委员会工作职责、工作计划、本届以来建议答复等资料上传至平台。根据网上信访平台建设有关通知要求，认真开展相关工作。通过主动参与信息系统互联互通、资源共享，进一步密切同人大代表和人民群众的联系，切实为代表履职和人大工作提供信息保障。

（三）加强办事机构建设。分党组指导委员会机关党支部深入开展党史学习教育，全面加强办事机构政治建设、思想建设、组织建设、作风建设、纪律建设、制度建设，通过讲党课、开展主题党日活动等多种形式，不断提高支部党建工作质量和水平。委员会机关党支部被评为"全国人大机关先进基层党组织"。办事机构加强对党的侨务方针政策、人民代表大会制度理论和涉侨法律法规的学习，积极推进干部队伍建设，巩固风清气正、积极向上的良好工作氛围，不断提升当好参谋助手、做好服务保障工作的能力和水平。

一年来，华侨委员会较好地完成了各项工作任务，但工作中还存在一些不足和差距，如涉侨立法研究工作还需在推动解决重点难点问题上多下功夫，涉侨监督工作还需在增强实效、回应侨界群众关切上进一步改进，调查研究的组织协调和调研成果转化还有待进一步加强，侨务外事工作的有效开展还需进一步探索等。下一步，委员会将按照党中央决策部署和全国人大及其常委会部署要求，认真听取人大代表和各方面的意见，依法履职尽责，不断推动人大侨务工作迈上新台阶。

# 第十三届全国人民代表大会环境与资源保护委员会2021年工作总结

（2021年11月18日第十三届全国人民代表大会环境与资源保护委员会第三十五次会议通过）

## 2021年工作总结

2021年是中国共产党成立一百周年，是实施"十四五"规划和2035年远景目标的开局之年。全国人大环资委在全国人大及其常委会的领导下，以习近平新时代中国特色社会主义思想为指导，全面贯彻落实党的十九大和十九届历次全会精神，贯彻落实中央人大工作会议精神，坚持党的领导、人民当家作主、依法治国有机统一，按照十三届全国人大四次会议及常委会要求，在栗战书委员长的关怀下，在沈跃跃、丁仲礼副委员长联系指导下，积极主动做好生态环境保护立法、监督、代表和对外交往等各项工作，为不断推进全过程人民民主、建设美丽中国做出新贡献。

### 一、深入学习贯彻习近平新时代中国特色社会主义思想，持续强化思想理论武装

环资委深入学习贯彻习近平生态文明思想、习近平法治思想和习近平总书记关于坚持和完善人民代表大会制度的重要思想，认真开展党史学习教育，切实提高运用党的创新理论指导实践、破解难题、推动工作的能力，在学懂弄通做实中进一步增强"四个意识"、坚定"四个自信"、做到"两个维护"。

（一）深化学习成果的运用转化，不折不扣履职尽责

始终把加强理论武装作为首要政治任务，自觉用党的理论统一思想和行动。持续深入学。分党

组召开 10 次会议,同支部联学联建,坚持学思用贯通、知信行统一,推动理论学习往深里走、往心里走、往实里走。及时跟进学。召开 7 次委员会全体会议,第一时间学习习近平总书记有关生态文明建设的重要讲话 79 篇,就学习贯彻重要讲话精神提出要求,及时领会,做好落实。结合实际学。结合立法监督工作专题学习,对标对表总书记系列重要讲话和重要指示批示精神,逐条逐款精准落实,就环资委深入学习贯彻习近平总书记重要讲话精神情况向常委会党组专门作出报告。宣传交流学。及时将习近平总书记关于生态文明建设的重要讲话摘编成册,组织全国人大环境与资源保护工作交流会地方参会人员学习,印发地方人大及环资委贯彻情况交流简报 8 期。

提高政治站位,践履知行合一,坚决把习近平总书记重要指示批示精神落到实处。贯彻落实习近平总书记就雄安新区和白洋淀有关水问题、野猪等野生动物致害问题、青藏高原生态保护工作等作出的重要指示批示精神有关工作 9 项,做好贯彻落实台账,经常委会办公厅报送中共中央办公厅,以实际行动做到"两个维护"。严格执行请示报告制度,重要工作及时向全国人大常委会党组请示汇报,得到批准后组织实施。承办栗战书委员长关于长江保护、雄安新区水生态保护、赤水河流域共同立法、青藏高原生态保护立法、固体废物污染环境防治法执法检查、南极活动与环境保护立法、黄河保护立法、生物安全等 21 个方面工作的批示 33 件,王晨副委员长批示 9 件,沈跃跃副委员长批示 22 件,丁仲礼副委员长批示 2 件;跟踪整理贯彻落实领导同志批示工作台账 66 条;做到"件件有落实、事事有报告"。

（二）深入学习贯彻党的十九届六中全会精神,深刻领会以史为鉴、开创未来的根本要求

环资委分党组和全体会议第一时间传达学习习近平总书记重要讲话和十九届六中全会精神,常委会领导同志出席并讲话,开展交流研讨,深刻领悟"两个确立"的决定性意义和以史为鉴、开创未来的根本要求。贯彻落实全会对生态文明建设提出的新要求,系统研究谋划立法、监督、代表等重点工作,明确要求委员会组成人员从坚持人与自然和谐共生的战略高度,全面把握新时代生态文明建设的目标任务,始终保持依法推进生态文明建设的战略定力,把全会精神具体落实到环境资源领域立法、监督、代表等各项工作中。

（三）深入学习贯彻中央人大工作会议精神,增强做好新时代人大环资委工作的使命感和责任感

及时召开分党组会议和全体会议传达学习习近平总书记在中央人大工作会议上的重要讲话和会议精神,深刻领会"六个必须坚持"、全过程人民民主、"四个机关"等新理念新思想新要求,全面准确把握新时代加强和改进人大工作六个方面重要任务,认真学习贯彻《中共中央关于新时代坚持和完善人民代表大会制度、加强和改进人大工作的意见》,牢牢把握坚持党的领导这一最高政治原则,更加坚定了对中国特色社会主义政治制度的自信,更加增强了走中国特色社会主义政治发展道路,毫不动摇坚持、与时俱进完善人民代表大会制度的信心和决心,切实将习近平总书记重要讲话精神和党中央决策部署贯彻落实到环资委工作各方面各环节全过程,把全过程人民民主贯彻落实到环境资源领域立法、监督、代表工作中,凝心聚力全面提升新时代人大环资委工作质量和水平。

（四）认真开展党史学习教育,把学习成果转化为推动工作的动力和成效

研究制定《中共全国人大环资委分党组党史学习教育实施方案》,分阶段细化学习安排,将党史学习教育与总结经验、观照现实、推动工作相结合起来,做到学党史、悟思想、办实事、开新局。开展"中国共产党的历史和初心宗旨""推进马克思主义中国化形成的重大理论成果、在长期奋斗中铸就的伟大精神""成功推进革命、建设、改革的宝贵经验"等 8 次集体学习研讨。在赴陕西、贵州、湖北、四川、河北、山西等地开展执法检查、专题调研期间,就地就近赴革命遗址遗迹、革命纪念场馆实地参观学习,实地学习塞罕坝精神、感悟右玉精神,重温红色历史,锤炼坚强党性。扎实推进"我为群众办实事"实践活动,倾听群众呼声,回应群众关切,依法推动解决人民群众生态环境方面急难愁盼问题,不断增强人民群众优美生态环境的获得感、幸福感、安全感,将"学史明理、学史增信、学史崇德、学史力行"的要求贯穿始终。

## 二、充分发挥人大立法主导作用,积极做好环境资源领域立法工作

环资委着眼坚持和完善环境资源法律体系,聚

焦人民群众对美好环境的需要，填补空白点、补强薄弱项，着力提高立法质量、加快立法步伐、丰富立法形式，为美丽中国建设提供法治保障。全年共完成噪声污染防治法、湿地保护法、南极活动与环境保护法 3 个立法项目的牵头起草工作；开展青藏高原生态保护立法、海洋环境保护法（修改）、资源综合利用立法、国土空间规划立法等 4 个立法项目的研究论证；积极推进负责联系的 7 部法律制定修改工作，其中黄河保护法草案已经提请常委会审议，原子能法、矿产资源法（修改）已经列入全国人大常委会 2022 年度立法工作计划；指导推动白洋淀保护协同立法和赤水河流域保护共同立法；完成全国人大常委会办公厅分送的备案审查规范性文件共 276 件。

（一）坚持立法工作的正确政治方向，确保党中央决策部署贯彻落实

全面准确贯彻落实习近平总书记重要指示批示精神和党中央重大决策部署，全力以赴完成党中央交办的立法任务。坚决贯彻落实习近平总书记重要指示批示，牵头起草南极活动与环境保护法，推动黄河保护立法。全面落实党中央决策部署，牵头起草提请审议湿地保护法、噪声污染防治法，开展海洋环境保护法修改研究论证，积极推进立法规划内的其他立法项目。时刻对标对表总书记要求和党中央决策部署，开展青藏高原生态保护立法研究论证，及时提出立法项目建议。全国人大常委会党组就青藏高原生态保护立法向党中央作出请示，经批准后启动立法。

（二）发挥人大在立法工作中的主导作用，积极推进立法重点工作任务

坚持急用先行，提高立法工作效率，高质量完成牵头起草工作。湿地保护法和噪声污染防治法已经第十三届全国人大常委会第三十二次会议审议通过。完成南极活动与环境保护法草案牵头起草工作，将择机提请审议。积极做好环资委联系审议的 7 项立法工作，重点做好黄河保护法联系审议工作。按照全国人大常委会领导的部署要求，环资委提前介入并全力支持国务院有关部门起草工作，会同有关部门就立法重点问题进行专门研究，向中央领导同志汇报，三次对法律名称、法律适用范围等提出具体修改意见。围绕党和国家工作大局，提前谋划，做好青藏高原生态保护立法、海洋环境保护法修改等 4 项法律研究论证工作。在深入调研、广泛听取各方意见的基础上形成研究论证报告，提出将青藏高原生态保护法和海洋环境保护法修改列入全国人大常委会 2022 年度立法工作计划的建议。

（三）坚持问题导向，用立法积极回应人民急难愁盼的生态环境问题

倾听人民呼声，在立法中解决人民关切的环境问题，探索“小切口”立法，注重解决突出问题。在环境噪声污染防治法修改中，深入基层察民情访民意，聚焦共性需求，着力解决群众反映集中的问题，用法律制度规范满足人民群众日益增长的安宁和谐环境需要。坚持生态利民、生态惠民，用法治保障人民利益。在湿地保护法起草中，用制度规范保障湿地成为人民群众共享的绿色空间，鼓励公众参与湿地生态管护和合理利用。会同国务院有关部门对野猪等野生动物致害问题进行联合调研，提出完善野生动物保护法修订草案的意见建议。

（四）坚持科学立法、民主立法、依法立法，不断提高立法质量

坚持把立法质量放在首位，增强立法调研、座谈、论证、评估功效，多层次、全方位、多渠道了解实际情况。完善环资委牵头，多部门共同参与的工作机制。每项立法工作成立工作专班或领导小组，组建有关部门、专家参与的起草小组，充分发挥人大的组织协调作用，召开立法专班工作会议、起草小组会、部门和专家座谈会、专题论证会，最大程度凝聚立法共识。深入开展调查研究，一年来，赴北京、浙江、上海、河南、山东、山西、青海、西藏等地开展专题立法调研，深入基层、深入一线了解实际情况；委托四川、甘肃、云南、新疆等省（区）开展调研，书面反馈情况。注重做好法律草案征求意见工作，广泛征求中央和国务院有关部门、地方人大、科研机构、管理机构等相关单位及有关代表的意见。噪声污染防治法草案、湿地保护法草案、南极活动与环境保护法草案分别征求了 120 家、92 家、41 家单位的意见，分别汇总形成了 514 条、564 条、107 条意见建议。环资委对意见逐条进行研究和分析，邀请有关部门和专家参与法律草案讨论和修改，充分吸收合理意见，切实在立法全流程、全链条、全方位践行全过程人民民主，不断增强立法的针对性、适用性、可操作性。

（五）始终坚持守正创新，积极探索创新立法方式

适应立法新情况新要求，加强对地方立法工作的联系指导，积极推动地方立法模式创新。落实栗战书委员长指示要求，提出共同立法统一规划、统

一标准、统一监测、统一防治措施、统一责任“五个统一”的要求，指导推进共同立法工作。加强与云贵川三省人大有关机构的沟通交流，先后四次召开视频会议，就赤水河流域保护共同立法的内涵、方法、步骤、程序等立法技术和立法重点难点问题提供指导支持。三省人大常委会以“共同决定 + 条例”的方式开展赤水河流域保护立法工作，为其他区域共同立法提供借鉴。推动地方开展协同立法，加强与京津冀晋四省市人大常委会的联系沟通，在立法技术、重点难点问题解决上提供支持，共同推进用法治力量保障雄安新区和白洋淀水资源保护利用。形成《全国人大协调指导白洋淀保护立法实现“一地为主、三地支持”的立法模式创新》报告。

## 三、持续强化法律实施监督，依法推动深入打好污染防治攻坚战

环资委坚持用法律武器助力打好污染防治攻坚战，用法治力量守护绿水青山，坚持节奏不变、力度不减，突出问题导向，发扬钉钉子精神，配合常委会开展 1 部生态环境保护重要法律实施情况执法检查，听取和审议 5 个国务院专项工作报告、开展 1 项专题调研，委员会开展 1 项专题调研。

### （一）保持战略定力，持之以恒深入推动法律全面有效贯彻实施

环资委连续第 4 年配合常委会开展生态环保法律执法检查和专题询问。栗战书委员长亲自担任固体废物污染环境防治法执法检查组组长，王晨副委员长，沈跃跃、丁仲礼副委员长，杨振武秘书长和环资委主任委员担任副组长，检查组深入开展执法检查，扎实推动法律全面有效贯彻实施。连续第 6 年配合常委会听取和审议了国务院年度环境状况和环境保护目标完成情况报告，听取和审议了国务院关于研究处理土壤污染防治法执法检查报告及审议意见、依法打好污染防治攻坚战工作情况报告。配合常委会听取和审议长江流域生态环境保护工作情况报告，雄安新区和白洋淀生态保护工作情况报告，开展以国家公园为主体的自然保护地体系建设情况专题调研。与预工委、财经委共同配合常委会首次听取和审议了国务院关于 2020 年度国有自然资源资产管理情况的专项报告。连续等 9 年赴京津冀重点区域开展北方地区秋冬季大气污染防治调研，推动落实习近平总书记关于北方地区秋冬季大气污染防治和清洁取暖重要指示精神，依法助力解决生态环境领域的突出问题。开展了“充分发挥法律在推进碳达峰、碳中和与积极应对气候变化中的重要作用”专题调研。

### （二）回应人民关切，依法推动解决生态环保突出问题

环资委始终积极回应人民群众所思所盼所愿，坚持依法推动解决人民群众反映强烈的突出环境问题。固废法执法检查聚焦生活垃圾分类、危险废物处置等人民群众关注的重点领域，深入到陕西、上海、内蒙古、湖北、湖南、海南、河南、黑龙江等 8 个省（区、市）的 26 个地市，实地检查和随机抽查了 128 个单位，召开 20 次座谈会，扎实深入查找影响人民群众生产生活的突出问题。坚决贯彻落实习近平总书记重要批示精神和常委会领导同志批示要求，针对人民群众反映突出的野生动物致害问题，持续加大监督力度，建议常委会将野生动物保护“一决定一法”执法检查报告及审议意见落实情况报告由书面报告改为听取和审议国务院相关报告，将野生动物致害问题的整改落实情况作为报告的重点内容之一。

### （三）充分发挥代表作用，广泛汇聚民智民意

固废法执法检查中首次围绕常委会执法检查活动，13 个省（区、市）人大专门组织 240 余名全国人大代表开展专题调研，带头贯彻实施法律，就地就近就便开展监督，拓展了全国人大代表参与常委会工作的深度，增强了执法检查工作实效。在赴地方开展执法检查中，召开五级人大代表座谈会，充分发挥人大代表密切联系人民群众、反映人民呼声的桥梁纽带作用。召开座谈会与一线执法人员、专家学者、企业工作人员、居民村民面对面交流，听取意见建议，深入了解人民群众急难愁盼问题。

### （四）上下联动，形成人大监督工作整体合力

在配合常委会开展执法检查、听取国务院有关工作报告、委员会专题调研中，均委托有关省（区、市）人大共同开展工作。固废法执法检查组所到的 8 个省（区、市）人大常委会同步开展了执法检查，委托其他 23 个省（区、市）人大常委会对本行政区法律实施情况开展检查，实现了全国所有省区市全覆盖。在长江流域生态环境保护调研中，书面调研了长江流域 19 个省（区、市）的有关情况。以国家公园为主体的自然保护地体系建设调研中，书面调研了 31 个省（区、市）相关工作情况。在雄安新区和白洋淀生态保护工作调研中，京津冀晋四省市人大协助提供了相关情况。各级人大协调联动，同向发

力，共同推动党中央决策部署和法律法规的全面有效贯彻落实，形成人大监督工作整体合力。

## 四、密切联系代表，认真办理代表议案和建议

按照全国人大常委会党组高质量做好代表议案建议的工作要求，“既要重结果，也要重过程”，紧扣“好用管用的民主才是真正的民主”，不断加强环资委组成人员联系全国人大代表工作，健全议案办理制度机制，创新工作方式方法，充分听取和吸纳代表意见建议，高质量做好议案和建议办理工作。

*创新方式方法做好代表议案办理工作。*十三届全国人大四次会议主席团交付全国人大环资委审议的代表提出的44件议案，条条有回应、件件有答复。一是明确办理责任，加强部门协同。制定工作计划，明确主任委员、副主任委员牵头办理责任制；召开国务院有关部门参加的议案办理协调会议，共同研究、沟通协调，有序开展代表议案协办、汇总、跟踪、研究、反馈、审议工作。二是认真研究，积极吸收采纳。结合党史学习教育“我为群众办实事”实践活动，对代表议案中集中反映的热点和亟待解决的难点问题进行认真分析研究。如对制定黄河保护法、国家公园法、高原地区绿色发展促进法等议案开展调研，听取国务院有关部门和其他各方意见建议，赴四川、青海等地实地调研并与代表面对面沟通交流，有力推进了议案办理工作，全面推动和落实了全过程人民民主立法。三是加强联系沟通，提高质量效率。采取多种形式加强与代表沟通联系，邀请代表参与立法调研论证、执法检查、专题调研。特别是在牵头起草法律草案过程中更加重视代表的参与，积极采纳代表议案所提出的意见和建议，有效发挥了代表议案对立法工作的推动作用。严格落实疫情防控要求，采取见面、电话、政务微信视频会等多种方式与代表沟通交流。议案审议结果报告已经常委会第三十一次会议审议。

*加强代表建议督办和办理工作。*2021年全国人大常委会办公厅交付办理的代表建议案4件，督办的重点建议案共3类49件，其中包括14个省（区）代表团的全团建议，涉及推动生活垃圾分类，黄河流域生态保护和高质量发展，碳达峰、碳中和相关政策实施等内容。环资委成立了代表建议办理工作领导小组，制定《全国人大环资委关于十三届全国人大四次会议交办代表建议办理及重点建议督办工作方案》，将建议办理督办与落实推进全国人大常委会年度重点工作相结合，督促和支持国务院有关部门在办理代表建议过程中充分吸收和采纳代表意见建议，扎实推动改进和完善相关工作，切实提高建议办理实效。环资委负责承办4件代表建议，其中会同办理的代表建议2件，及时向主办单位提出了协办意见；参阅办理的建议2件，主动与代表本人进行了汇报和沟通，代表们均表示赞同和感谢。

## 五、认真开展对外交往，积极开展新闻宣传

*做好对外交往工作。*环资委根据全国人大常委会办公厅安排，认真开展线上线下交流，为全国人大对外交往工作作出积极贡献。一年来，委员会组成人员24次陪同常委会领导视频会见外宾、出席议会多边会议、双边交流，包括陪同会见埃及众议长、卢森堡国民议会议长、新西兰副议长、奥地利议长，会见法国驻华大使罗梁，出席第七届20国集团议长会议、各国议联气候变化议会会议，出席与美国国会议员视频交流，与柬埔寨国会视频交流，与肯尼亚议会交流机制第二次会议，与德国“中国之桥”协会视频交流等。环资委3次组团以线上方式出席第十四次北极地区议员大会、第26届联合国气候变化大会前的议会会议、第二届南极议员大会。委员会组成人员在对外交往中讲话发言20次，积极宣介习近平生态文明思想以及全国人大在推进全球气候治理、共谋全球生态文明建设领域立法和监督工作情况，进一步推动构建公平合理、合作共赢的全球环境治理体系。

*做好法律宣传贯彻工作。*配合常委会做好长江保护法、生物安全法宣传贯彻工作，栗战书委员长亲自出席实施座谈会并作重要讲话。环资委会同有关单位拟定宣传贯彻工作方案，加大新闻宣传力度，在主流媒体上刊发解读文章，在“学习强国”上推出专项答题，推动国务院有关部门和地方做好法律贯彻实施的宣传和培训。在固体废物污染环境防治法执法检查中组织开展法律知识问卷和网络答题，近3200万人次参加了“学习强国”固废法专项答题，30多万人参与法律知识问卷调查，有效提升公众的环保法治意识。通过及时更新中国人大内网、在《中国人大》杂志、全国人大APP和微信公众号、中国人大网外网等媒体平台报道最新

活动动态、发表文章，积极宣传习近平生态文明思想。

## 六、加强协同配合，强化各级人大环资委工作交流

以线上线下相结合的方式召开以“深入学习贯彻习近平生态文明思想和习近平法治思想，贯彻落实党的十九届五中全会精神，进一步提升立法、监督、代表等工作水平，依法推动生态环境质量持续改善，推进构建新发展格局，促进高质量发展，用法治的力量守护好绿水青山，为建设美丽中国贡献力量”为主题的全国人大环境与资源保护工作交流会。沈跃跃、丁仲礼副委员长出席会议，会议对深入学习贯彻习近平生态文明思想、习近平法治思想和党中央重大决策部署，做好新时代人大环境与资源保护工作提出要求。环资委负责同志与广东、湖北、江西省人大常委会负责同志座谈交流。利用简报、网络、视频等形式加强与地方人大环资委工作联系，对贵州、福建、广西、河南、青海、河北、山东等地贯彻落实习近平总书记考察重要讲话情况，长江流域 19 省（区、市）人大常委会学习贯彻全国人大常委会长江保护法实施座谈会精神情况，上海垃圾分类管理、打造“无废城市”情况，四川加强赤水河保护情况，湖北疫情防控工作中医疗废物处置情况等形成简报 12 期，及时做好工作交流。

## 七、强化政治机关意识，不断加强委员会自身建设

环资委分党组在全国人大常委会党组领导下，充分履行把方向、管大局、保落实的政治责任，统筹抓好疫情防控和工作开展。以政治建设为统领，旗帜鲜明、毫不动摇坚持党的全面领导、坚强领导，增强“四个意识”，坚定“四个自信”，做到“两个维护”，不断提高政治判断力、政治领悟力、政治执行力。以习近平新时代中国特色社会主义思想为指导，在政治立场、政治方向、政治原则、政治道路上与党中央保持高度一致。严守党的政治纪律和政治规矩，驰而不息纠治形式主义、官僚主义，持之以恒强化正风肃纪。发挥环资委机关党支部战斗堡垒作用和党员先锋模范作用，强化全面从严治党，积极开展线上线下理论学习，贯彻落实新时代党的组织路线，铸造忠诚干净担当的干部队伍。把党建与业务工作同部署、同落实、同检查、同考核，不断增强党建工作的针对性和有效性。坚决扛起巡视整改政治责任，抓好中央巡视、机关内部巡视整改工作，为常委会和委员会当好参谋助手、做好服务保障。

# 第十三届全国人民代表大会农业与农村委员会 2021 年工作总结

（2022 年 2 月 26 日第十三届全国人民代表大会农业与农村委员会第十五次会议通过）

## 2021 年工作总结

2021 年，全国人大农业与农村委员会坚持以习近平新时代中国特色社会主义思想为指导，深入学习贯彻习近平法治思想和习近平总书记关于坚持和完善人民代表大会制度的重要思想，全面贯彻落实党的十九大和十九届历次全会精神，坚决贯彻落实习近平总书记在中央人大工作会议上的重要讲话精神，增强“四个意识”，坚定“四个自信”，做到“两个维护”，紧紧围绕推进全过程人民民主，统筹推进立法、监督、代表等各项工作，确保党的路线方针政策和决策部署在委员会各项工作中得到全面贯彻落实。

## 一、深入学习贯彻习近平新时代中国特色社会主义思想，提高政治站位，把握正确方向

委员会坚持把认真学习习近平新时代中国特色社会主义思想作为首要政治任务，把加强理论武

装、提高政治站位放在首位，注重全面系统学、联系实际学、及时跟进学，坚持用党的创新理论武装头脑、指导实践、推动工作。扎实开展党史学习教育活动，深入学习领会习近平总书记在党史学习教育动员大会、庆祝中国共产党成立100周年大会上的重要讲话精神，围绕学史明理、学史增信、学史崇德、学史力行，在认真抓好自学的基础上开展集体学习交流，丰富学习形式，从党的奋斗历史中汲取信心和前进力量。认真学习贯彻党的十九届六中全会精神，围绕全会通过的《决议》及全会《公报》深入学习交流，深刻认识六中全会蕴含的伟大历史意义，深刻领会"两个确定"的重大决定性意义，深刻领会中国共产党百年奋斗的历史意义和历史经验，深刻领会新时代中国特色社会主义取得的伟大成就。认真学习贯彻中央人大工作会议精神，深入学习习近平总书记在中央人大工作会议上的重要讲话，深刻领会中国特色社会主义政治制度的历史必然和显著功效，深刻领会习近平总书记提出的一系列新理念新思想新要求。认真学习贯彻中央经济工作会议精神，深入学习领会习近平总书记在中央经济工作会议上的重要讲话，结合委员会工作实际认真研究谋划，落实总书记重要指示和中央部署要求，细化具体工作思路和工作任务。

通过加强学习，委员会组成人员进一步提高政治站位，坚决做到"两个维护"，增强维护习近平总书记核心地位、维护党中央集中统一领导的思想自觉、政治自觉和行动自觉；进一步把握好人大工作正确方向，不断提高政治判断力、政治领悟力、政治执行力，增强做好新时代人大工作的使命感责任感；进一步增强制度自信，牢记初心使命，认真贯彻落实习近平总书记重要指示批示精神和党中央重大决策部署，紧紧围绕党和国家工作大局做好涉农立法、监督等工作，为新时代"三农"事业发展提供坚强法治保障。

## 二、围绕实施乡村振兴战略，推进乡村振兴促进法审议通过和贯彻实施

*协助推进乡村振兴促进法草案修改完善并顺利通过。*委员会高度重视乡村振兴促进法草案审议工作，认真研究常委会会议对草案二审稿的审议意见，切实贯彻落实习近平总书记在中央经济工作会议和农村工作会议上的重要讲话精神，对照中央一号文件，着重围绕习近平总书记强调的严格耕地保护、解决种子卡脖子问题，确保国家粮食安全和重要农产品有效供给等要求，有针对性地研究提出严格控制耕地转为林地园地等其他类型农用地、加强农业种质资源保护、实施农作物和畜禽育种技术攻关等修改建议，配合宪法和法律委员会、常委会法工委推进法律草案修改完善。4月29日，乡村振兴促进法已顺利通过。

*采取多种方式开展法律宣传，促进乡村振兴促进法有效贯彻实施。*乡村振兴促进法颁布后，委员会积极做好法律宣传贯彻工作。5月，与常委会办公厅共同组织召开乡村振兴促进法实施座谈会，栗战书委员长出席会议并发表重要讲话，对乡村振兴促进法的贯彻实施作出部署，提出要求。会议邀请7名基层全国人大代表、基层干部代表参会，把法治宣传教育的声音传到基层。6月，陈锡文主任委员采取视频方式，向各省（区、市）人大农业农村委员会和部分地方农业农村行政主管部门的同志解读乡村振兴促进法，并到农业农村部、国家乡村振兴局和全国人大机关定点帮扶的旗县，就贯彻实施乡村振兴促进法、推进实施乡村振兴战略作辅导报告，委员会还加强与省（市、区）人大农委沟通联系，督促、指导地方人大结合本地实际，抓紧制定乡村振兴促进条例。委员会通过召开座谈会共同研究、提出书面修改意见等形式，促进部分省（区）乡村振兴促进条例草案的修改完善和及时通过，推进乡村振兴促进法落实落地，有效实施。

## 三、围绕落实"藏粮于地"战略，加快推进黑土地保护立法工作

实施"藏粮于地"战略，必须重视耕地保护。黑土地是优质稀缺的宝贵资源，发挥着保障粮食安全的压舱石作用。习近平总书记强调，一定要采取有效措施，保护好黑土地这一"耕地中的大熊猫"；要把黑土地保护作为一件大事来抓，把黑土地用好养好。"十四五"规划提出，实施黑土地保护工程，加强东北黑土地保护和地力恢复。2021年中央一号文件对推广黑土地保护有效治理模式、实施东北黑土地保护性耕作和保护工程等提出明确要求。十三届全国人大四次会议期间，代表提出了制定黑土地保护法的议案和建议。

为切实贯彻落实习近平总书记重要指示精神和中央一号文件要求，提升议案办理质量和立法工作效率，委员会及时开展黑土地保护立法研究论证

工作，分别召开中央农办、国务院有关部门和专家学者参加的论证会、座谈会，并着手开展起草工作，委员会相关负责同志先后带队赴吉林省、黑龙江省、内蒙古自治区、辽宁省 4 省（区）开展黑土地保护立法调研，并及时向常委会领导同志报告工作进展情况。常委会领导同志高度重视黑土地保护立法，栗战书委员长多次作出批示，吉炳轩副委员长要求抓紧起草工作。委员会积极邀请提出议案和代表建议的全国人大代表共 10 余人次参加立法座谈和调研，广泛听取相关省（区）五级人大代表的意见，走进生产一线，深入田间地头，进到农户家中，吸纳民意，汇聚民智，认真总结地方开展黑土地保护的实践经验，分析存在的困难和问题，结合召开座谈会和赴地方调研听取的意见建议，与有关部门一起认真研究、反复修改，形成黑土地保护法草案征求意见稿，及时征求国务院有关部门和 4 省（区）人大的意见，根据各方面意见修改完善后，已提请常委会第三十二次会议审议。

制定黑土地保护法是贯彻落实习近平总书记重要指示精神和党中央决策部署的一项“小切口、小快灵”立法，全国人大代表提出议案后，当年启动立法，当年完成起草工作，当年提请审议，这在多年来的立法工作中还是第一次。

## 四、围绕打好种业翻身仗，积极推进种子法修改工作，开展种质资源保护和育种创新专题调研

*积极推进种子法修改工作。*保障国家粮食安全，种子是关键。习近平总书记指出，要下决心把我国种业搞上去，抓紧培育具有自主知识产权的优良品种，从源头上保障国家粮食安全。2020 年中央经济工作会议、中央农村工作会议提出，要大力推动自主创新，保护知识产权，打好种业翻身仗。中央全面深化改革委员会审议通过的种业振兴行动方案，将修改种子法作为其中的重要任务。委员会及时启动种子法修正草案起草工作，着重围绕保护植物新品种权、促进自主创新，深入开展调查研究，广泛听取有关部门、科研机构和育种科研人员及专家学者的意见，在反复研究论证的基础上，形成了种子法修正草案，从扩大植物新品种权的权利内容和保护范围、建立实质性派生品种制度、加大侵权赔偿力度、强化法律责任等方面进行了修改完善，修正草案已经常委会第三十二次会议审议通过。

*认真开展种质资源保护和育种创新专题调研。*为贯彻落实党中央关于打好种业翻身仗的决策部署，推动实施种业振兴行动方案，4 月至 10 月，委员会组织开展加强种质资源保护和育种创新情况专题调研。吉炳轩、武维华副委员长分别带队赴江西、湖南等 5 省开展调研，委员会组织赴中国农业科学院、北京市农林科学院开展调研，并且分别召开座谈会，广泛听取国务院有关部门、科研院校和育种专家、金融机构、种业企业的意见和建议，深入了解种质资源保护和育种工作情况，并进行交流讨论。10 月，常委会第三十一次会议审议了专题调研报告。报告针对农作物、林木种质资源保护和育种创新方面存在的突出问题，提出了进一步加强种质资源保护利用体系建设、增强种业科技自主创新能力、完善育种创新支持保障政策、提升依法治种依法兴种水平等建议，受到与会人员的肯定。调研发现的问题，听取的意见建议，对于起草种子法修正草案发挥了积极作用。

## 五、围绕强化公共卫生法治保障，接续推进动物防疫法和畜牧法修改工作，开展畜牧法执法检查

*及时完成动物防疫法修改工作。*按照强化公共卫生法治保障立法修法工作计划的安排，农业与农村委员会牵头起草动物防疫法和畜牧法修订草案。委员会高度重视，及时成立工作专班，抓紧开展工作。经过深入调研、广泛听取意见，反复研究论证和修改完善，于 2020 年 4 月将动物防疫法修订草案提请全国人大常委会审议。随后，委员会继续就重点问题进行研究，配合宪法与法律委员会、常委会法工委做好法律草案的修改和审议工作，修订草案经常委会三次审议，已于 1 月通过实施。这部法律的修改，着力构建科学、合理、健全的动物防疫法律体系。一是动物防疫的方针调整为“预防为主，预防与控制、净化、消灭相结合”，在全面防控的基础上，推动重点动物疫病从有效控制向逐步净化、消灭转变；二是构建责任明确、各负其责、各尽其能的防疫责任体系；三是补短板、堵漏洞、强弱项，强化了人畜共患病防控、野生动物检疫、病死动物和病害动物产品的无害化处理、动物疫病净化消灭等方面内容。

*认真开展畜牧法执法检查。*畜牧业是关系国计民生的重要产业，是我国农业农村经济发展的重要支柱。为贯彻落实以习近平同志为核心的党中央关于

推动现代畜牧业高质量发展的决策部署，委员会协助常委会组织实施了畜牧法执法检查。4月至8月，吉炳轩、万鄂湘、武维华副委员长分别带队赴吉林、内蒙古、云南等6省（区）开展实地检查，同时委托黑龙江、重庆等8省（区、市）进行自查，委员会认真总结汇总实地检查和自查情况，总结法律实施的成效，分析存在的问题，并征求有关部门意见，抓紧起草和修改执法检查报告，已经提请8月召开的常委会第三十次会议审议。报告针对当前我国畜牧生产方式粗放、疫病防治和养殖污染问题尚未彻底解决、绿色优质畜产品供给还不能满足人民群众需求等问题，着重从依法支持畜禽种业振兴、强化动物疫病防控、促进草原畜牧业提质增效、提升畜牧业法治水平等方面，提出进一步贯彻实施好法律的意见和建议。

积极推进畜牧法修改工作。为贯彻落实党中央关于推动现代畜牧业高质量发展的决策部署和强化公共卫生法治保障立法修法工作计划，2月，委员会在以往工作的基础上抓紧研究修改，形成了畜牧法修订草案征求意见稿，送常委会办公厅征求国务院办公厅意见。收到反馈意见后，委员会相关负责同志多次召开会议，反复讨论研究，并与有关部门交换意见，结合执法检查中发现的问题和听取的意见建议，抓紧完善修订草案，有针对性地强化了相关内容。一是增加畜禽屠宰专章，对与公共卫生密切相关的关键环节加以规范，同时强化畜禽粪污资源化利用；二是加强畜禽遗传资源保护，促进畜禽种业自主创新，为解决畜禽种业“卡脖子”问题提供法律保障；三是增加草原畜牧业专章，引导畜禽养殖户规范发展，同时进一步规范畜禽养殖禁养区域划定。畜牧法修订草案已于10月提请常委会第三十一次会议审议。

此外，委员会还提前介入进出境动植物检疫法修改工作，加强与有关部门沟通联系，及时了解工作进展情况，督促推进起草工作。积极参与粮食安全保障法起草工作，就草案如何强化节约粮食反对浪费等提出意见建议。推进农产品质量安全法修改工作，研究提出审议意见，修订草案已于10月提请常委会第三十一次会议审议。

## 六、围绕加快推进农业农村现代化，推动解决“三农”领域重点问题，扎实开展监督和调研

协助常委会听取和审议国务院关于加快构建新型农业经营体系推动小农户和现代农业发展有机衔接情况的报告。党的十九大明确提出，构建新型农业经营体系，实现小农户和现代农业发展有机衔接，是实施乡村振兴战略的重要任务。按照常委会监督工作计划安排，常委会于12月听取和审议国务院关于加快构建新型农业经营体系推动小农户和现代农业发展有机衔接情况的专项工作报告。为配合做好审议工作，委员会先后组织到广东、山东开展调研，深入了解相关工作进展情况和存在的问题，并召开全体会议，预先听取农业农村部汇报代国务院起草的报告稿，并进行讨论交流，提出了注重发挥集体经济组织统一经营功能和服务农户的作用、通过生产性服务引领农户发展现代农业、鼓励新型经营主体与农户建立紧密的利益联结机制等建议，委员会还梳理各方面反映比较集中的意见，送常委会办公厅反馈给农业农村部，吸纳到报告稿中。同时，委员会根据调研情况起草了调研报告，作为参阅资料提交常委会第三十二次会议。

主动开展油料油脂供应和油茶产业发展情况专题调研。当前粮食安全的风险主要是油料安全的风险，确保国家粮食安全，必须首先解决油料安全问题。为此，委员会主动开展油料油脂供应情况和油茶产业发展情况调研。4月，吉炳轩副委员长带队在江西省调研期间，专门深入了解油茶产业发展情况。5月，委员会召开座谈会，与国家林草局、农业农村部、国家发展改革委、财政部等10部委共同分析研究我国油料油脂供需形势、油茶产业发展情况及存在的问题。在调研和座谈的基础上进一步深入研究，分别起草了油料油脂供需情况调研报告、推动油茶产业高质量发展增加油料油脂供给调研报告，后一份调研报告以常委会办公厅调研专刊形式呈报中央办公厅。

开展县域农产品质量安全监管情况专题调研。县域农产品质量监管是确保农产品质量安全的关键环节。为深入了解县域农产品质量监管情况和存在的问题，5月，委员会相关负责同志带队赴山东省聊城市对县域农产品质量安全监管情况开展调研，重点是深入了解莘县开展农产品全生命周期质量安全监管工作情况，实地考察食用农产品合格证使用、农产品质量安全监管和可追溯体系建设、村级农产品质量安全员队伍建设等情况，形成调研报告，提出进一步加强县域农产品质量安全监管的建议。武维华副委员长对调研报告给予充分肯定，批示“农产品质量安全事关人民群众健康，是人民群

众对幸福生活需求的重要方面。对一些地方加强农产品质量安全监管的好做法应予宣传推广,对存在的问题应给予高度重视。”

此外,委员会还赴江西开展巩固拓展脱贫攻坚成果同乡村振兴有效衔接情况调研;赴江西、江苏开展加强和改进新时代人大工作调研。委员会相关负责同志还带队赴江苏省就乡村振兴中保持粮食生产能力、深化农村集体产权制度改革开展调研,提出改进相关工作的意见。

## 七、围绕践行全过程人民民主,做好代表工作,更好发挥代表作用

注重发挥代表作用。委员会在工作中注重广泛听取代表意见,充分发挥代表作用。各项工作都注意听取并吸纳代表意见。例如,起草黑土地保护法草案的过程中,认真听取领衔提出议案和代表建议的全国人大代表的意见,广泛听取相关省(区)五级人大代表意见。委员会开展涉农监督工作,先后邀请全国人大代表35人(次)参加执法检查、专题调研、重点建议督办,采取线上和线下相结合的方式,认真听取、研究、吸纳代表对相关问题的意见和建议。配合常委会审议国务院专项工作报告开展调研,也邀请全国人大代表参加,并将代表的意见建议作为汇总意见的重要来源。

认真做好议案办理工作。十三届全国人大第四次会议主席团交付委员会审议的代表议案共25件,涉及14个立法项目。委员会就代表议案办理广泛征求中央和国务院有关部门及有关人大代表的意见,结合立法和监督工作,通过多种形式和途径加强与代表沟通联系,认真办理代表议案,及时征求领衔代表对议案办理工作及相关立法项目进展情况的意见,认真向代表作出答复。委员会的议案审议结果报告已于12月份提请常委会第三十二次会议审议通过。

加强重点建议督办工作。委员会负责督办“强化耕地保护,推进高标准农田建设”等3项、33件全国人大代表重点督办建议。4月,委员会及时制定重点建议督办工作方案,完善重点建议督办工作机制,强化组织推动和责任落实;5月,召开重点建议督办工作座谈会,听取农业农村部、国家乡村振兴局等十部委对33件重点建议办理工作情况的汇报,采取视频方式邀请领衔代表参加座谈并提出办理工作意见;6月,委员会与农业农村部、财政部、水利部等建议承办单位组成联合调研组,赴内蒙古自治区巴彦淖尔市就“关于支持内蒙古河套灌区开展484万亩盐碱化耕地改良并推动全域1100万亩高标准农田建设”重点建议开展督办调研,推动承办部门与领衔代表进行面对面交流,实地了解代表反映的问题,并在调研报告中提出进一步推进建议办理工作的意见和建议。33件重点督办建议已如期全部办结并及时答复代表,代表关注的一些事关广大农民切身利益的热点难点问题得到初步解决。

## 八、围绕服务党和国家外交大局,积极开展对外交往,讲好中国故事

2021年以来,为配合国家总体外交需要,加强后疫情时代地区合作,委员会发挥组成人员在“三农”领域的理论、实践专长,积极开展线上对外交往工作,累计参与达36人次,取得丰硕成果。

委员会具体负责的外事活动5场。6月,委员会与哈萨克斯坦议会上院农业委员会开展视频交流,就扶贫脱贫、乡村振兴、科技兴农、支农政策等议题进行分享和交流。7月,委员会指导办事机构与美国国会助手团、国会研究部、美亚学会围绕扶贫脱贫议题开展视频交流。8月,委员会配合常委会办公厅与非洲四国(南非、津巴布韦、纳米比亚、利比里亚)议会召开线上研讨会,围绕扶贫减贫领域的立法、监督工作进行交流。9月,委员会相关负责同志出席联合国粮农组织召开的“疫情时期的粮食安全与营养议会线上对话会”并作主旨发言。11月,委员会配合常委会办公厅与北非三国(阿尔及利亚、埃及、毛里塔尼亚)议会召开线上研讨会,就“共圆减贫梦想 推动共同繁荣——疫情背景下的减贫与可持续发展”进行交流。

委员会组成人员还积极参与全国人大常委会及常委会办公厅组织的外事活动,先后与27个国家和国际组织的议员(代表)等,围绕疫情背景下的扶贫脱贫、农业发展、乡村振兴、粮食安全、农业科技等议题,分别开展视频交流。

委员会在外事活动中积极宣介习近平新时代中国特色社会主义思想、建党百年伟大成绩、党的十八大以来我国农业农村发展取得的巨大成就,交

流、介绍我国全面打赢脱贫攻坚战、建成小康社会和实施乡村振兴战略的成效和经验，深化了与外国议会相关委员会、有关国际组织的合作交流，巩固了双边互信，取得良好效果。

总结一年来的工作，有以下几点体会：

一要坚持围绕中心、服务大局、顺应要求，切实贯彻落实习近平总书记重要指示批示精神和党中央重大决策部署。委员会起草法律草案、组织实施执法检查和专题调研，都紧紧围绕贯彻落实习近平总书记重要指示批示精神和党中央重大决策部署来开展。例如，为贯彻落实习近平总书记关于采取有效措施把黑土地这个“耕地中的大熊猫”保护好、利用好的重要指示精神，委员会及时启动黑土地保护立法，抓紧开展起草工作，及时提请常委会审议。为贯彻落实习近平总书记在2020年中央经济工作会议上的重要讲话和会议精神，委员会及时启动种子法修改工作，并且建议常委会开展加强种质资源保护和育种创新专题调研，同时，及时开展畜牧法执法检查，抓紧起草畜牧法修订草案，工作中都把解决畜禽种业卡脖子问题作为重中之重，为鼓励育种自主创新、打好种业翻身仗提供坚强法律支撑，切实做到了党和国家工作重点在哪里，委员会的工作就跟进到哪里，力量就汇集到哪里，作用就发挥到哪里。

二要在工作中认真践行全过程人民民主，充分发挥人大代表作用。开展涉农立法工作，必须注重发挥人大代表反映社情民意的重要作用，认真听取领衔提出相关议案、建议的全国人大代表的意见；组织召开座谈会、论证会，深入地方开展立法调研，都要注意直接听取各级人大代表、基层干部和农民群众的意见建议。开展涉农监督工作，要主动邀请相关全国人大代表参加执法检查、专题调研、重点建议督办等，并且认真听取、研究、吸纳代表对相关问题的意见和建议。要积极推动涉农立法、监督工作贴近农业农村实际，靠近农民群众，做到察民情、汇民智、解民忧，把全过程人民民主的重大理念落实到涉农立法、监督工作各方面、各环节。

三要适应新形势新任务新要求，不断丰富和改进工作方法。要坚持涉农立法与监督工作有机结合，推动立法与监督工作相互促进。委员会把畜牧法修改与开展畜牧法执法检查、把种子法修改与开展种质资源保护和育种创新专题调研、把农产品质量安全法修改与开展加强县域农产品质量安全监管情况调研等工作密切结合，同频共振，同向发力。一方面着力将监督工作中发现的、有效解决事关广大农民切身利益突出问题的政策措施转化为法律规范，不断夯实立法的实践基础，提高立法的针对性和可操作性；另一方面督促有关部门全面有效贯彻实施法律，增强监督实效。同时，适应立法工作新形势，委员会主动丰富立法工作方式，采取“小切口、小快灵”的方式，开展黑土地保护立法，不求内容多、条文多，着眼于解决黑土地保护面临的突出问题，为保护黑土地、保障国家粮食安全提供法律支撑。

# 第十三届全国人民代表大会社会建设委员会 2021年工作总结

（2022年1月12日第十三届全国人民代表大会社会建设委员会审议通过）

2021年，面对百年变局和世纪疫情，社会建设委员会坚持以习近平新时代中国特色社会主义思想为指导，深入贯彻党的十九大和十九届历次全会精神及中央人大工作会议精神，系统把握、全面推进10项立法、2项监督、2大专题研究、116件议案建议办理等各类工作，提前1年、超额完成《十三届全国人大常委会立法规划》中由社会委负责牵头起草的项目，全力推动社会领域法治建设实现新突破。

## 2021年工作总结

一年来，社会委始终坚持两个基本准则：一是坚决落实习近平总书记和党中央决策部署。重点围绕习近平总书记2次作出重要批示的社会保障立法、栗战书委员长多次作出重要批示的完善劳动法律体系，围绕列入《2021年中央政治局常委会工作要点》的修订《突发事件应对法》等，统筹谋划、集中攻坚、持续发力,推动这些工作取得重要进展。二是坚决落实全过程人民民主。张春贤副委员长和社会委组成人员深入基层实地调研 20 多次。充分发挥人大代表作用,邀请 50 余名代表参与立法、监督工作。发挥委员的专业优势,与 20 多个科研院所的 100 多位专家学者联合开展研究。通过调查问卷等方式,广泛听取人民群众意见建议。同时,坚持过程民主和成果民主、程序民主和实质民主相统一,以法治方式解决社会领域突出问题。

## 一、加快推进社会保障立法,兜住民生底线

社会委立足全面建成小康社会的大背景,以社会保险、社会救助、慈善事业等三大支柱为主体,通过加快立法等工作为推进社会保障事业健康可持续发展提供保障。

*起草两个重要报告。*一是社会委组成人员起草《关于完善社会保障体系亟待强化系统思维与精准施策的报告》;二是社会委负责起草《关于加快推进社会保障立法的报告》,以全国人大常委会办公厅文件形式报送中共中央办公厅,栗战书委员长附加亲笔信。这两个报告全面总结我国社会保障立法基本情况,提出完善社会保障法律体系的总体考虑。明确从国情民情和实际需要出发,有序提高社会保障水平,确保适度、可持续;形成打包修改、专项立法、整体完善等 3 个层次的工作安排。习近平总书记先后对两个报告作出重要批示,栗战书委员长和张春贤副委员长等 6 位党和国家领导同志也相继作出重要批示,为完善社会保障法律体系确定方向。

*推进制定《医疗保障法》。*张春贤副委员长带队赴重庆、上海实地调研,对城乡居民医保参保义务、职工医保个人账户、退休人员缴费、长期护理保险、医药采购等焦点问题进行座谈研究。社会委专门到国家医保局进行调研,共同研究法律草案,提出修改意见,协调立法程序。目前,草案通过公开征求意见和反复打磨,已经具备提请审议条件。

*推进制定《社会救助法》。*赴安徽调研社会救助工作情况,听取各方面立法建议,研究救助对象精准识别和认定机制、经办能力、救助水平等重点问题。召开联系审议工作会议,听取民政部、司法部、财政部等有关部门社会救助立法工作进展情况汇报,督促加快立法进程。目前,草案基本成熟,拟于近期提请国务院审议。

*推进修订《慈善法》。*张春贤副委员长会见清华大学专家,出席第五届“世界公益慈善论坛”开幕式并发表题为《中国慈善法治与第三次分配》的主旨演讲。修法领导小组委托 4 家单位起草建议稿,委托中国慈善联合会收集行业意见;召开专家座谈会,听取中国社会科学院、北京大学、清华大学、北京师范大学等单位 9 位专家的建议;召开修法工作阶段性推进会,交流研讨重点问题。另外,结合《慈善法》执法检查的跟踪监督,调研法律实施情况,对国务院的反馈报告提出《审议意见》。

*推进农村养老服务发展。*这项“重点督办建议”包括 10 个代表团 15 名代表提出的 15 件建议。社会委认真研究建议内容,提前介入和推动民政部养老服务立法工作,6 次参加基本养老服务体系建设或立法工作会议,参加“农村养老服务体系建设”学术论坛。推动民政部印发“十四五”积极应对人口老龄化工程和托育建设实施方案,编制“十四五”养老服务体系建设规划、关于推进基本养老服务体系建设的指导意见等。

## 二、维护特殊群体合法权益,促进全面发展

习近平总书记强调,要保障妇女儿童合法权益,健全老年人、残疾人关爱服务体系和设施。社会委聚焦特殊群体的平等发展权利,统筹立法修法和代表工作,促进社会文明进步。

*制定《家庭教育促进法》。*深入贯彻习近平总书记关于注重家庭家教家风建设的重要论述,牵头起草法律草案,明确家庭教育的家庭责任、国家支持、社会协同、法律责任等。一年内,常委会 3 次审议、表决通过。11 月,栗战书委员长亲自出席《家庭教育促进法》实施座谈会,强调这是一部调动全社会力量共同做好家庭教育工作的法律,一部以立德树人为主线的法律,一部促进未成年人全面健康成长的法律。

*修订《妇女权益保障法》。*深入落实习近平总书记“要把保障妇女权益系统纳入法律法规”的指示要求和党中央关于保障妇女权益的决策部署,委托全国妇联起草建议稿。赴宁夏等地进行调研,委托天津、陕西、山东、江苏等省级人大社会委开展调研。召开专家座谈会,沈跃跃副委员长出席会议并讲话,中国法学会、中国社会科学院、中国疾控中心、中国政法大学、中国农业大学及有关社会组织的 9 位专家参会并提出修改建议。经广泛征求意

见、充分研究论证，8 易其稿形成正式修订草案，于 12 月提请常委会初次审议。

*推进制定《无障碍环境建设法》。*联合中国残联开展 4 次调研，实地考察重点场所和设施的无障碍环境建设情况。认真听取政府职能部门、人大代表、政协委员、残疾人、老年人、社会组织、专家学者的意见，了解无障碍环境建设法规、规划、政策、标准制定与落实情况，研究当前存在的突出问题与困难。与中国残联共同完成立项报告、建议稿和说明，为形成草案打好基础。

## 三、完善劳动就业法律制度，保障最大民生

随着新业态新模式快速发展，劳动者权益保障面临新挑战。对此，栗战书委员长多次作出重要批示，张春贤副委员长出席社会委分党组会议，对完善劳动法律制度体系作出部署安排。

*保护新就业形态劳动者权益。*张春贤副委员长带队赴广西，调研新零工经济从业人员社会保障和权益保护问题，实地考察外卖骑手、快递小哥等新型用工情况，形成向常委会党组的报告。社会委结合"支持和规范发展新就业形态重点督办建议"，召开沟通座谈会，4 位全国人大代表对加强新就业形态从业人员合法权益保护提出意见建议。首次开展重点建议督办专题调研，赴美团公司组织用工单位、劳动者、人大代表、承办单位面对面交流，探讨平衡企业发展和劳动保护的政策措施。推动人力资源社会保障部、全国总工会等 8 个部门出台《关于维护新就业形态劳动者劳动保障权益的指导意见》等规范性文件。

*探索《劳动法典》编纂工作。*社会委联合中央党校（国家行政学院）、全国总工会、中国社会科学院、中国社会保障学会、浙江省人大社会委、对外经济贸易大学以及平台用工企业，研究起草 29 篇、共 36 万字的《完善劳动法律制度体系和编纂〈劳动法典〉研究报告汇编》。在此基础上，起草形成《关于探索启动〈劳动法典〉编纂工作的报告》《关于编纂〈劳动法典〉的预可行性研究报告》，明确编纂《劳动法典》具备基础条件，总结劳动领域法律法规存在的问题，提出编纂工作的总体计划和法典的指导思想、基本原则、编章结构、主要内容等。栗战书委员长和张春贤副委员长对这 3 套材料作出重要批示，给予充分肯定，为正式编纂《劳动法典》奠定了坚实基础。

## 四、认真落实五年立法规划，加快修法进程

本届常委会五年立法规划要求，社会委负责牵头起草 3 部法律，其中 2 部（两未法）已获通过，体育法已经初审；负责联系审议 6 部法律，其中 3 部（退役军人保障法、安全生产法、老年人权益保障法）已获通过，2 部（两委组织法）完成第一轮修法，社会救助法即将初审。

*修订《体育法》。*召开 2 次领导小组会议、多次专家座谈会。发函征求 31 个省区市和 15 个副省级市人大以及 5 位提出相关议案的人大代表的意见建议。委托国家体育总局征求 119 家单位和中国法学会体育法学研究会 100 余位专家学者的意见。先后形成 3 个过程稿，3 次征求 14 个成员单位意见，正式修订草案于 10 月提请常委会初次审议。修订草案强化全民健身国家战略、落实体教融合新要求、促进竞技体育发展、坚决反对使用兴奋剂、发挥体育组织作用、监管和促进并重。通过后，有利于为加快体育强国和健康中国建设提供有力法治保障。

*推进"两委"组织法第二轮修改。*张春贤副委员长带队赴内蒙古调研《城市居民委员会组织法》《村民委员会组织法》实施情况，听取政府有关部门、基层群众性自治组织和人民群众的意见建议。社会委联系民政部共同研究修法时序、法律名称与重大制度设计等问题，特别是对居委会与业主委员会和物业服务企业的关系、村委会与集体经济组织的关系、选举资格问题、"两委"行政化和负担重等问题进行研究协商。目前，《城市居民委员会组织法》修订草案已经基本成熟。

## 五、坚持立法监督相结合，筑牢安全防线

社会委坚持总体国家安全观，统筹发展和安全，围绕公共卫生、安全生产、消防安全等重点领域，全方位推进法律完善和法律实施，有力防范化解风险挑战。

*修改《突发事件应对法》。*修法专班经过 8 个多月努力，完成统筹协调和条文起草工作。草案重点理顺领导和管理体制，畅通信息报送和发布渠道，完善应急保障制度，加强突发事件应对管理能

力建设，充分发挥社会力量作用，保障社会各主体合法权益。6月和11月，国务院常务会议和中央政治局常委会会议研究讨论并原则通过草案。12月，提请全国人大常委会初次审议。专班模式是本届常委会的创新探索。修法过程中积累了一定经验，已总结归纳并由中办报送中央政治局常委。

*修改《安全生产法》*。结合代表议案建议办理，组织开展实地调查和理论研究，联系督促应急管理部完善修正草案，进一步明确安全生产工作的原则要求，强化和落实生产经营单位的主体责任，明确地方政府和有关部门的监督管理职责，加大对生产经营单位及其负责人安全生产违法行为的处罚力度。5月，社会委对修正草案进行初步审议，提出3条意见。6月，常委会审议通过。

*组织实施《消防法》执法检查*。王晨、张春贤、王东明、白玛赤林同志担任执法检查组组长，何毅亭同志任副组长，先后召开2次全体会议，听取国务院10个部门的工作汇报和意见建议，赴6个省区市开展实地检查，邀请20多名全国人大代表和消防专家全程参与，召开2次代表座谈会，向社会发放5000多份调查问卷，对人员聚集程度高的学校和医院等进行随机抽查暗访。委托8个省区市人大常委会进行自查，委托中国政法大学开展第三方评估。组织召开消防法实施情况交流会暨执法检查推进会，对检查发现的消防安全隐患开列问题清单，督促相关单位边查边改、立查立改。形成执法检查报告，明确法律实施存在的2类、4个方面、12条问题，并提出抓紧全面整改、抓好跟踪监管、加强基层消防治理、加强消防救援力量、加强设施装备配备、加强智慧消防建设、加强宣传教育培训，完善法规制度体系、制定国家综合性消防救援队伍和人员法、适时修改消防法等10条意见，推动以更高标准更严要求实施消防法，保障人民安全、公共安全。

*推进重点领域安全整治*。这项“重点督办建议”包含9个代表团24名代表提出的15件建议。社会委召开重点建议督办工作座谈会，开展蹲点调研，就安全生产问题2次组织人大代表、承办单位通过“四不两直”方式，深入一线了解问题困难、广泛听取意见建议、直接交流承办工作进展。推动应急管理部制定和修改《危险化学品生产建设项目安全风险防控指南》等文件；进行安全生产和消防工作考核巡查、专项整治，有效解决了一批深层次和根源性问题。

## 六、持续加强和改进代表工作，发挥代表作用

尊重代表主体地位，树牢为代表服务意识，以办理议案建议为抓手，以立法监督工作为载体，密切联系代表，不断提升代表工作的质量和水平。

*办理代表议案*。十三届全国人大四次会议主席团交付社会委审议的56件议案，主要涉及27个立法项目、2个监督项目。社会委坚持内容高质量、办理高质量，既重结果也重过程，向24家单位发函征求研究意见，把办理议案作为“我为群众办实事”实践活动重要内容，听取人民群众呼声期盼，推动制定完善一批暖民心、惠民生的政策措施，确保议案办理工作实效。其中，13件议案相关法律已经提请审议。20件议案相关法律正在推进并争取2022年提请审议，23件议案相关内容已开展研究，将在相关立法或者法律实施中加以吸收。

*办理代表建议*。社会委负责的17件建议，含主办5件、分办1件、协办9件、参阅2件，主要涉及社会保障、慈善事业、基层治理、劳动就业、特殊群体权益保护等5个方面。在办理工作中，注重同立法监督工作结合起来，同推进有关部门改进工作结合起来。坚持以代表满意为标准，积极回应人民群众关切，邀请近20位全国人大代表参加建议办理相关工作。通过“面对面”交流，深入了解代表反映的问题，准确把握代表诉求，共同研究解决方案。逐一答复代表、函复主办单位、抄送有关部门，得到代表和相关单位的一致认可。

*密切联系代表*。开通建议办理沟通“直通车”，充分运用代表信息化平台，建立15个政务微信群，实现“一建议一群组”，每个群组包括提建议代表、承办单位工作人员、社会委工作人员，进一步加强多向交流联系。此外，结合立法监督工作，健全督办机制，加大督办力度，推动3项重点建议涉及的43件建议100%实现主办单位同领衔代表沟通，实现至少1次以上面对面沟通，高质量完成重点建议督办工作。

## 七、主动做好新闻宣传报道，丰富对外交往

积极讲好人大故事，宣传人大工作进展和成效，传播推介社会建设和法治建设成果，充分展示

中国特色社会主义制度特别是人民代表大会制度的显著优越性。

*创新开展宣传工作。*认真落实栗战书委员长“面向大众、注重创新、回应关切”的要求，通过刊、网、微、端，充分报道社会委依法履职情况。组成人员在《人民日报》《学习时报》《中国行政管理》《慈善公益报》等媒体和学术平台发表多篇署名文章。在中国人大杂志、中国人大网、全国人大微信公众号等刊登《全过程人民民主的真实写照——记列车上的一次代表座谈会》等60余件新闻报道。在全国人大机关内网发布立法、监督、代表等新闻宣传信息400余篇，社会委内网主页点击查阅总量超过50000人次；配合有关部门开展对外宣传，向中宣部提供关于在法治轨道上保障和发展人权的材料等。此外，人民日报、光明日报、新华社等权威传统媒体发布社会委职责范围内的新闻宣传信息40余篇；人民网、新华网、光明网、澎湃新闻等新媒体发布160余篇。其中，中国普法微信公众号发布《家庭教育促进法》全文和4篇解读文章，当日单篇最高阅读量达84.6万人次。

*灵活开展外事工作。*服务党和国家外交大局，5位组成人员先后参加常委会领导同志以视频方式与委内瑞拉全国代表大会主席、阿根廷众议长、爱尔兰众议长、秘鲁国会主席、摩尔多瓦议长、多哥国民议会副议长的6场外事会晤。1位组成人员出席第7届20国集团议长会议。1位组成人员参加中墨议会对话论坛第五次会议并发言。何毅亭主任委员以全国人大中国－阿根廷友好小组、中国－乌拉圭友好小组、中国－新西兰友好小组组长身份，6次向国外议会及其负责人致贺信。在外事工作中重点宣传习近平新时代中国特色社会主义思想，宣传中国社会建设和法治建设成果。

## 八、深入开展党史学习教育，夯实自身建设

围绕中国共产党成立100周年，以政治建设为统领，以党史学习教育为主线，全面加强党的建设和自身建设，坚持“两个确立”，增强“四个意识”，坚定“四个自信”，做到“两个维护”。

*强化理论武装。*张春贤副委员长为社会委分党组和机关党支部作党史学习教育动员。召开9次分党组会议，在常态化个人自学基础上，围绕党的初心宗旨、马克思主义中国化、革命建设改革的宝贵经验、习近平总书记“七一”重要讲话、中央人大工作会议精神和党的十九届六中全会精神等主题，开展集中交流研讨，用党的创新理论武装头脑、指导实践、推动工作，形成贯彻落实的思路和举措。

*实地学习教育。*先后到上海中共一大、二大会址重温党的诞生史；到广西红军长征湘江战役纪念园、山东华东革命烈士陵园、重庆歌乐山渣滓洞和红岩革命纪念馆，重点学习土地革命战争、抗日战争、解放战争等不同时期的革命史；到安徽小岗村，了解农村改革史；到内蒙古自治区，感受脱贫攻坚、全面建成小康社会的历史性变化；在北京，参观中国共产党历史展览馆和国家博物馆，回顾党的百年光辉历程。

*严守纪律规矩。*时刻把纪律挺在前面，把维护党的政治纪律和政治规矩放在首位。严格落实中央八项规定及其实施细则精神，坚决反对“四风”，严防形式主义、官僚主义新表现。严肃党内政治生活，根据党中央和常委会党组要求，及时召开民主生活会，开展党性分析，进行批评和自我批评，深刻剖析存在的问题，明确提出整改方案。

*深化沟通指导。*联系地方人大社会委，协同推进立法监督项目，深入交流各地先进经验；以社会委简报为载体，刊登浙江、广西等省级人大调研报告。指导机关党支部开展党史学习教育，召开6次党员大会，组织2次主题党日活动；完成支部换届和内部巡视。指导办事机构加强干部队伍建设，做实调查研究和理论研究，不断提高参谋助手和服务保障能力。

总结过去一年，社会委完成了一些重大项目，探索了一些艰巨任务，取得了一些工作成绩。但是，对照常委会党组要求和人民群众期待，还有一定差距，存在一些短板和不足。在理论学习上，对社会建设各领域的细分专题和前沿问题研究不够深刻，专业优势尚未充分发挥出来；理论联系实际还有差距，学习成果向工作成果转化需要进一步加强。在工作方法上，受新冠肺炎疫情影响，主要以分党组会议、主任办公会和全体组成人员书面审议的形式研究问题、作出决策，广泛的“面对面”交流研讨较少；在立法监督工作中，方式方法创新不足，随机抽查暗访等运用还不成熟，实地调研的数量和覆盖面有待进一步增加。在立法成效上，由于社会建设领域立法项目多、任务重，有的社会热点和民生难点问题作了初步研究，尚未形成科学规范的法律草案；有的项目经过长期调研、起草协商、反复修改，尚未提请审议，立法效率有待进一步提高。

## 当前面临的主要任务

2021 年,中国共产党团结带领中国人民踏上实现第二个百年奋斗目标的新征程,“十四五”规划和全面建设社会主义现代化国家实现良好开局。立足新阶段、着眼新目标,社会领域法治建设主要有 3 大任务。

一是以史为鉴、开创未来,深入贯彻党的十九届六中全会精神。党的十八大以来,我国社会建设全面加强,人民生活全方位改善,社会治理社会化、法治化、智能化、专业化水平大幅度提升,发展了人民安居乐业、社会安定有序的良好局面,续写了社会长期稳定奇迹。要始终坚持党在百年奋斗中积累的 10 个方面宝贵经验,坚持一切为了人民、一切依靠人民,用法治建设的实践成果,巩固、拓展和深化社会建设的伟大成就。

二是厉行法治、发扬民主,全面落实中央人大工作会议精神。党中央首次召开人大工作会议,首次印发关于人大的综合性文件。习近平总书记发表重要讲话,强调 6 个必须,明确 6 个方面要求,系统阐述了全过程人民民主的重要思想,为坚持和完善人大制度、加强和改进人大工作提供了根本遵循、创造了重大机遇。要深入贯彻习近平总书记重要讲话精神以及中央人大工作会议和有关文件精神,把党的领导、人民当家作主、依法治国有机结合起来,履行好宪法和法律赋予的各项职权,充分发挥人大专门委员会的重要作用。

三是兜住底线、改善品质,更好满足人民群众美好生活需要。社会建设既包括安全、就业、养老等民生底线,也包括推动高质量发展、促进共同富裕等高线。要坚持稳字当头,落实党中央关于“社会政策要兜住兜牢民生底线”的要求,抓住促进就业、积极应对人口老龄化等重点领域,着力解决人民群众急难愁盼问题。坚持稳中求进,落实党中央关于“改善人民生活品质”的要求,抓住社会救助、慈善事业、体育事业、基层治理等重点领域,以良法促善治,发挥第三次分配作用,完善共建共治共享制度,促进人的全面发展、社会全面进步。

# 常委会重要活动

# 一、学习贯彻党的十九届六中全会和中央人大工作会议精神　持续深入学习贯彻习近平总书记关于坚持和完善人民代表大会制度的重要思想交流会

## 在深入学习贯彻习近平总书记关于坚持和完善人民代表大会制度的重要思想第四次交流会上的讲话

（2021 年 12 月 19 日）

栗战书

经党中央批准，今天我们召开深入学习贯彻习近平总书记关于坚持和完善人民代表大会制度的重要思想交流会。这是本届以来全国人大常委会连续第四年举行学习交流会，目的是深入学习贯彻党的十九届六中全会和中央人大工作会议精神，把学习贯彻习近平总书记关于坚持和完善人民代表大会制度的重要思想持续引向深入，筑牢思想政治基础，提升人大工作质量和水平。

今年的交流会恰逢特殊年份、特殊时点，与往年相比，具有特殊重要的意义。

一是，全党全国人民隆重庆祝党的百年华诞，党中央正式宣布全面建成小康社会，开启全面建设社会主义现代化国家新征程。党的十九届六中全会通过《决议》，全面总结党的百年奋斗重大成就和历史经验，为全党全国各族人民统一思想和行动、以史为鉴、开创未来指明了方向。人民代表大会制度史是党的百年奋斗史的重要组成部分，充分体现了中国共产党矢志不渝坚持和发展社会主义民主，为中国人民谋幸福、为中华民族谋复兴的初心使命，充分彰显了我国政治制度、民主制度的本质、特点和优势。我们这次交流会，要从党的百年奋斗史中深刻认识实行人民代表大会制度的历史必然、深远意义和巨大优越性，牢记初心使命，坚定制度自信，在党的领导下毫不动摇坚持、与时俱进完善人民代表大会制度，为全面建设社会主义现代化国家作出人大贡献。

二是，党中央首次召开人大工作会议，习近平总书记发表重要讲话，深刻回答了新时代发展中国特色社会主义民主政治、坚持和完善人民代表大会制度的一系列重大理论和实践问题，进一步丰富和发展了习近平总书记关于坚持和完善人民代表大会制度的重要思想，丰富和发展了马克思主义国家学说和民主政治理论。党中央印发的《中共中央关于新时代坚持和完善人民代表大会制度、加强和改进人大工作的意见》（以下简称《意见》），是全面指导人大制度建设和人大工作的纲领性文件。我们这次交流会，要全面贯彻落实党中央和习近平总书记的部署要求，切实肩负起新时代新征程赋予人大的新使命新任务，更好发挥各级人大及其常委会的职能作用，推动人民代表大会制度优势更好转化为国家治理效能。

下面，围绕会议主题，我讲一些体会和意见，同大家一道交流。

**第一，坚持党的领导是全面的、绝对的，必须把党的领导贯穿于人大工作各方面全过程**

总结党的百年奋斗历程，中国人民和中华民族之所以能够扭转近代以后的历史命运、取得今天的伟大成就，最根本的是有中国共产党的领导。党的十八大

以来，党和国家事业取得历史性成就、发生历史性变革，最根本的是党确立习近平同志党中央的核心、全党的核心地位，确立习近平新时代中国特色社会主义思想的指导地位，这对新时代党和国家事业发展、对推进中华民族伟大复兴历史进程具有决定性意义。

习近平总书记在中央人大工作会议上提出“六个必须坚持”，第一条就是“必须坚持中国共产党领导”。党的十八大以来，党的领导制度日益健全完善，各级人大自觉坚持党的领导、落实党的领导各项制度是旗帜鲜明、坚决有力的。做好新时代人大工作，要牢牢把握坚持党的全面领导这一最高政治原则，增强“四个意识”、坚定“四个自信”、做到“两个维护”，切实贯彻落实党的理论、路线、方针政策和党中央决策部署。

坚持党对人大工作的领导，我认为，关键在于把握“全面”二字。党的领导是政治原则、政治纪律、政治规矩，也是我们做好工作的根本政治保证。在人大工作中坚持党的领导，是全覆盖、全过程、全方位的，不仅是履职工作中要贯彻党的主张和意图，在政治、思想、组织、工作、学习、生活、纪律等各方面各环节，都要坚持党的领导、落实党的要求，把坚持党的领导体现到时时处处事事，使一切行动听党指挥成为自觉和习惯。

要坚持以习近平新时代中国特色社会主义思想统揽和指导人大工作。习近平新时代中国特色社会主义思想是一座思想宝库，经济、政治、文化、社会、生态文明、改革发展、依法治国、国家安全、党的建设等方方面面的内容都有，要系统学习领会、全面贯彻落实。人大工作涉及的领域很多，无论在哪个领域，遇到情况看不通透、遇到挑战难以应对、遇到难题破解不了，就要想到从习近平总书记有关重要讲话、论述、指示中去找智慧、找方法、找答案。学习贯彻习近平法治思想、总书记关于坚持和完善人民代表大会制度的重要思想是做好人大工作的基本功，人大的同志必须勤学苦练，做到牢牢掌握、运用自如。真正学懂弄通做实总书记的重要思想，人大工作的方向就更明确、思路就更清晰、效果就更显著。

要聚焦党中央重大决策部署积极主动履职尽责。党中央关于人大工作的决策部署，总书记对人大工作的指示要求，这是党直接交给人大的任务，必须不折不扣完成。这方面各级人大做得都很好，全国人大建立了贯彻落实总书记重要指示批示的台账制度，确保每一件指示批示落实见效。要善于通过学习领会党中央决策部署、会议、文件精神，学习领会总书记的讲话、批示精神，吃透党中央意图，从中找到人大所在的“位置”，找到人大应当承担的责任、应当主动去干的事情，推动党中央决策部署在国家工作中得到全面贯彻和有效执行。

坚持党对人大工作的领导，不仅要体现在工作中，还要体现在人大党的建设、人大机关风气、人大工作人员的日常生活中，体现在每一个组织、每一个同志日常工作、生活的行为、习惯中。人大的一举一动、人大同志的一言一行，都要符合党的要求、维护党的形象、遵守党的纪律和规矩。无论是人大代表、人大常委会组成人员还是人大机关干部，说到底，都是党安排到人大来工作的，肩负着党和人民的重托，代表着党和国家的形象，要做到心中有党、心中向党、心中为党，忠诚为党分忧，忠实为民尽责。工作上、生活中，凡事都要好好想一想，党中央是怎样决定的，习近平总书记有什么指示要求，政治上有什么规矩，纪律方面有什么规定，权力的边界在哪里，怎样做才最有利于党和人民的事业。人大代表、人大常委会组成人员在审议发言时，要站稳政治立场，从党和国家工作大局、人民根本利益出发，不能凭个人好恶来表达意见，不能为个人私利、局部利益、小团体利益代言。要坚决守好人大意识形态阵地，绝不能出现非马克思主义错误思潮，绝不能出现违背党的理论和路线方针政策的杂音噪音。

第二，坚定不移走中国特色社会主义政治发展道路，在事关党和国家前途命运的重大政治问题上始终立场坚定、旗帜鲜明

中国特色社会主义政治发展道路是百年来党领导人民经过艰辛探索、不懈奋斗而成功开辟的，是体现社会主义国家性质、符合中国国情、保证人民当家作主的正确道路。党的十九届六中全会《决议》、习近平总书记在中央人大工作会议上的讲话、党中央《意见》，都对党领导人民创建人民民主政权和全新政治制度、开辟中国特色社会主义政治发展道路的伟大历史进程进行了回顾和总结，让我们深切感受到这条道路来之不易，必须倍加珍惜，坚定不移地走下去。

党的十八大以来，以习近平同志为核心的党中央团结带领全党全国人民，坚持中国特色社会主义政治发展道路，坚持党的领导、人民当家作主、依法治国有机统一，坚持和完善国家各项根本制度、基本制度、重要制度，在法治轨道上推进国家治理体系和治理能力现代化，中国特色社会主义政治制度更加成熟、更加定型、优越性得到更好发挥。我国取得举世瞩目的发展成就，续写了经济快速发展和社会长期稳定两大奇迹，特别是抗击新冠肺炎疫情的表现和成绩，使“中国之治”和“西方之乱”的对比

更加鲜明，中国人民对中国特色社会主义政治发展道路、政治制度前所未有地充满自信。

我国的政治发展道路、政治制度，最根本的就是坚持党的领导、人民当家作主、依法治国有机统一，核心是坚持党的领导，目的是保证党领导人民依法有效治理国家。在我国，中国共产党是最高政治领导力量，是领导一切的。党发挥总揽全局、协调各方的领导核心作用，把各国家机关、各党派、各团体、各方面和广大人民群众的智慧和力量凝聚起来，向着共同目标不懈奋斗。在我国，人民是国家和社会的主人。通过系统完备的制度体系和生动有效的参与实践，实现和发展全过程人民民主，从各层次各领域扩大人民有序政治参与，保证人民当家作主具体地、现实地落实到国家政治生活和社会生活之中。在我国，实行全面依法治国，法是党的主张和人民意志的统一体现，党领导人民依照宪法法律推进国家各项事业和各项工作，依法维护人民权益、增进人民福祉。在我国，人民代表大会制度是国家根本政治制度，坚持国家一切权力属于人民，支持和保证人民通过人民代表大会行使国家权力，实行决策权、执行权、监督权既合理分工又相互协调，保证在党的领导下统一高效组织各项事业。在我国，在单一制国家结构的基础上，实行民族区域自治制度、特别行政区制度，在中央的统一领导下，充分发挥地方的主动性、积极性，有力维护国家统一、促进民族团结。

以上这些特征说明，我们的政治发展道路和政治制度，与西方所谓"宪政"、多党轮流执政、三权鼎立、两院制、司法独立的路子有着本质区别，能够有效避免出现西方国家那样的金钱政治、相互倾轧、议而不决、种族歧视、社会撕裂等弊端和乱象，具有鲜明的特点和显著的优越性。习近平总书记在中央人大工作会议上用"三个有效保证"概括了人民代表大会制度的功效，即：有效保证国家沿着社会主义道路前进、有效保证国家治理跳出治乱兴衰的历史周期率、有效保证国家政治生活既充满活力又安定有序。这"三个有效保证"实际上也是我国政治发展道路、政治制度的优势和功效。我们要切实增强走中国特色社会主义政治发展道路的信心和决心，在人大工作中把牢正确政治方向，守住"三者有机统一"这一人民代表大会制度的根和魂，通过依法履职，把我国政治制度的特点和优势充分发挥出来。

第三，坚持人民当家作主，不断发展全过程人民民主

党的百年奋斗史，是为中国人民谋幸福、为中华民族谋复兴的奋斗史，是争取和发展人民民主的奋斗史。党领导人民打江山、守江山，就是为了支持和保证人民当家作主，使人民成为国家、社会和自己命运的主人。

党的十八大以来，以习近平同志为核心的党中央全面总结中国民主发展取得的显著成效，积极回应人民对民主的新要求新期盼，团结带领人民推进全过程人民民主建设。人民代表大会制度理论和实践取得历史性成就，人民当家作主的制度保障和法治保障更加有力，人权事业全面发展，爱国统一战线更加巩固，人民依法享有和行使民主权利的内容更加丰富、渠道更加便捷、形式更加多样，民主价值和理念进一步转化为科学有效的制度安排和具体现实的民主实践。

习近平总书记在中央人大工作会议上全面阐述了我们党关于民主的立场、理念、观点，重申了评价一个国家政治制度是不是民主的、有效的"八个能否"的标准，创造性地提出一个国家民主不民主"四个要看、四个更要看"的标准，系统概括了我们党坚持和发展人民民主的五个基本观点，第一次系统阐述了全过程人民民主这一重大理念，清楚表明了中国共产党的"民主观"和中国政治制度运行的内在逻辑。我理解，总书记这一系列论断和阐述，实际上是科学回答了我国民主的性质、形式、制度、实践、功效等重大问题。关于民主性质：民主是全人类的共同价值。我国的民主是全过程人民民主，其本质和核心是人民当家作主，目的是体现人民意志，保障人民权益，激发人民创造活力。关于民主形式：人民通过选举、投票行使权利和人民内部各方面在重大决策之前进行充分协商，尽可能就共同性问题取得一致意见，是中国社会主义民主的两种重要形式，共同构成了中国社会主义民主政治的制度特点和优势。关于民主制度：人民代表大会制度这一根本政治制度，中国共产党领导的多党合作和政治协商制度、民族区域自治制度、基层群众自治制度等基本政治制度，最广泛的爱国统一战线等，构成了全面、广泛、有机衔接的人民当家作主制度体系。宪法法律为人民当家作主提供了可靠的法制保障。关于民主实践：我国不仅构建了多样、畅通、有序的民主表达渠道，全体人民依法实行民主选举、民主协商、民主决策、民主管理、民主监督，依法通过各种途径和形式管理国家事务，管理经济和文化事业，管理社会事务，而且建立了完整、系统的民主监督体系，以党内监督为主导，各类监督有机贯通、相互协调，形成了人民对国家运行的有效监

督,这也是人民民主、人民当家作主的重要体现。关于民主功效:民主不是装饰品,不是用来做摆设的,而是要用来解决人民需要解决的问题的。总之,我国的民主保证人民依法享有广泛的权利和自由,人民群众的利益要求得以畅通表达,国家决策实现科学化、民主化,权力运行受到人民的监督和制约。这样的民主,是最广泛、最真实、最管用的社会主义民主。

面对一些西方国家长期以来对我国社会主义民主的傲慢攻击和无端指责,总书记指出,“民主是各国人民的权利,而不是少数国家的专利”,“一个国家是不是民主,应该由这个国家的人民来评判,而不应该由外部少数人指手画脚来评判”,“实现民主有多种方式,不可能千篇一律”,这些论断掷地有声,回答了“民主之问”,廓清了“民主迷思”,是对少数国家自诩“民主灯塔”、垄断民主标准、输出民主模式的有力回击。

习近平总书记指出,“人民代表大会制度是实现我国全过程人民民主的重要制度载体”,并且对人大提出了完善民主民意表达平台和载体,健全吸纳民意、汇集民智的工作机制,推进人大协商、立法协商等具体要求。现在,全国人大在民意表达和吸纳方面已经有不少机制和平台,比如,建立了常态化的法律草案公开征求意见机制,党的十八大以来,共有 193 件次法律草案向社会征求意见,约有 110 万人次提出 300 多万条意见建议;立法联系点从 2015 年的 4 个扩大到目前的 22 个,覆盖全国三分之二的省份,仅一个上海虹桥街道的联系点就征集了上千条建议,很好发挥了反映基层群众意见的“直通车”作用;审查批准计划预算、开展执法检查、进行专题调研等工作,也都会通过座谈、论证、听证、协商等方式充分听取各方面意见。要按照总书记的要求,进一步健全完善发展全过程人民民主的机制和平台,使人大各项工作建立在坚实的民意基础之上。

第四,全面提升人大工作质量和水平,为推进国家治理体系和治理能力现代化、全面建设社会主义现代化国家提供有力法治保障

经过几十年的巩固完善发展,人民代表大会制度及其运行机制已经基本成熟定型,人大工作取得巨大成就并积累了宝贵经验。在新的历史起点上做好人大工作,关键是在提高质量上下功夫。习近平总书记在中央人大工作会议上的重要讲话,从六个方面对加强和改进新时代人大工作进行总体部署。党中央《意见》科学分析新时代人大工作面临的新形势新任务,对全面提升人大工作质量和水平提出具体举措和明确要求。我们要认真学习领会,聚焦党和国家确定的发展目标和中心工作,推动人大工作高质量发展。其中,以下几点明确要求,我们要深入进行思考和探索,进一步贯彻落实好。

关于“全面贯彻实施宪法,维护宪法权威和尊严”。这是人大的法定职权,也是政治责任、法治责任。人大推动宪法实施,一是要完善宪法相关法律制度,用科学有效、系统完备的制度体系保证宪法实施;二是要加强对宪法法律实施情况的监督检查,督促各国家机关以宪法为根本活动准则、依照宪法法律履职工作。宪法监督是全国人大及其常委会的专属职责,主要方式包括合宪性审查与备案审查,要进一步提高工作质量,坚决纠正违宪违法行为。地方各级人大及其常委会要保证宪法法律在本行政区域内得到遵守和执行,自觉维护国家法治统一。

关于“加快完善中国特色社会主义法律体系,以良法促进发展、保障善治”。我国用 30 多年时间形成了中国特色社会主义法律体系,总书记称为“人类法治史上一项了不起的成就”。同时也要看到,时代在进步,实践在发展,法律体系必须与时俱进加以完善。我国大部分法律是上世纪八九十年代制定的,许多已经不适应或者是不完全适应新形势新要求,需要修改完善;改革发展中出现许多新情况新问题,需要新的法律予以规范和保障。党的十八大以来,全国人大及其常委会通过宪法修正案,制定法律 63 件,修改法律 228 件次,作出法律解释 9 件,通过有关法律问题和重大问题的决定 91 件次,立法数量丝毫没有少,而且覆盖更广、节奏更快、要求更高。

做好新时代立法工作,一是要在确保质量的前提下加快立法工作步伐,有计划、有重点地推进重点领域、新兴领域、涉外领域立法,特别是党中央、总书记确定的重大立法项目,国家治理急需、满足人民日益增长的美好生活需要必备的立法项目,只要符合法定程序,能往前赶的就尽量往前赶。二是要充分发挥人大及其常委会在立法工作中的主导作用,找准在立法选题、评估、论证、立项、协调、起草、征求意见、审议等各个环节的定位,正确发挥职能作用,妥善处理各方利益,确保法治公平、权威、有效。三是要深入推进科学立法、民主立法、依法立法,善于把党的主张、方针、政策转化为法律规定,使每一项立法都符合宪法精神、反映人民意愿、得到人民拥护、适应和满足全面建设社会主义现代化国家的要求。

地方性法规是中国特色社会主义法律体系的重要组成部分。习近平总书记和党中央《意见》都专门对地方立法工作提出了明确要求。我在第二

十七次全国地方立法工作座谈会上也讲了一些意见。有立法权的地方人大要围绕贯彻落实党中央大政方针和决策部署，严格遵循立法权限，从地方实际出发，在注重法律系统性的同时，注重开展“小切口”立法，着力解决实际问题。

关于“用好宪法赋予人大的监督权，实行正确监督、有效监督、依法监督”。总书记讲话和中央文件以往对人大监督的要求表述都是正确监督、有效监督，这次在正确监督、有效监督的基础上，又明确提出了依法监督，这也是总书记对这些年来人大监督工作实践经验的总结和肯定。本届全国人大常委会在监督工作中特别强调坚持“依法”二字，依照法定职责、限于法定范围、遵守法定程序，监督法律落实，统筹运用法定监督方式，推动有关国家机关在宪法法律范围内履行职责、开展工作，现在看来，这个思路是对的，效果也是好的。

党的十八大以来，党中央在加强人大对司法工作的监督，加强人大预算审查监督、国有资产管理监督、地方政府债务审查监督等方面部署了一系列重大改革举措，赋予了人大新职责新任务。现在，全国人大常委会每年听取审议最高人民法院、最高人民检察院专项工作报告，已经成为制度化安排，涵盖了解决“执行难”、民事诉讼程序繁简分流改革试点、知识产权审判、公益诉讼检察、适用认罪认罚从宽制度、办理控告申诉案件等方面工作，2019年首次对司法工作开展专题询问，推动深化司法体制改革，促进司法公正。人大预算审查监督重点向支出预算和政策拓展、改进审计查出突出问题整改情况向全国人大常委会报告机制、建立国务院向全国人大常委会报告国有资产管理情况制度、加强地方人大对政府债务审查监督等，这些改革举措也已经全面落地，各项工作正在有序推进。要进一步提质增效，巩固和深化改革成果，更好发挥人大监督在相关领域国家治理中的推动和保障作用。

关于“充分发挥人大代表作用，做到民有所呼、我有所应”。党的十八大以来，贯彻落实党中央决策部署和总书记指示要求，各级人大常委会与代表的联系越来越紧密，代表工作的任务日益繁重、要求不断提高，成效也是有目共睹的。本届全国人大常委会成立以来，已办理代表议案1795件、代表建议33472件；组织5700多人次代表参加专题调研，形成280篇调研报告；数百人次代表参加执法检查、计划和预算审查监督、国有资产管理监督等工作；邀请900多人次代表列席20次常委会会议，会议期间召开14次列席代表座谈会，700多人次代表参加座谈；156位常委会组成人员直接联系439位全国人大代表，充分听取代表的意见建议。地方人大的代表工作也开展得有声有色，各地建立了22万多个代表之家、代表联络站，成为代表联系群众的“民意窗”、“连心桥”。要按照总书记的指示要求，进一步加强代表工作能力建设，支持和保障代表更好依法履职，使发挥各级人大代表作用成为人民当家作主的重要体现。

我国的人大代表是人民的代表，工作和生活在人民群众之中，代表人民的利益和意志，通过人民代表大会依法参加行使国家权力，这与西方国家议员往往是作为职业政客，代表党派、阶级、集团的利益在议会进行斗争、博弈有着本质区别。人大代表要找准自身角色定位，充分发挥来自人民、扎根人民的特点优势，密切同人民群众的联系，依法有序行使权力、开展工作。

第五，牢牢把握“四个机关”的定位要求，全面加强人大及其常委会自身建设

习近平总书记在中央人大工作会议上要求各级人大及其常委会“成为自觉坚持中国共产党领导的政治机关、保证人民当家作主的国家权力机关、全面担负宪法法律赋予的各项职责的工作机关、始终同人民群众保持密切联系的代表机关”。总书记关于“四个机关”的重要论述，进一步明确了人大及其常委会的定位和要求，完整准确地概括了人大及其常委会的本质属性和职责使命，构成了系统全面、逻辑严密、贯通衔接的整体，是新时代加强人大及其常委会自身建设的总抓手，也是提高人大工作质量和水平的重要遵循。我们要认真学习、深刻领会，全面加强“四个机关”建设，在推进党和人民的伟大事业中展现人大的担当作为。

人大及其常委会作为“四个机关”，本质上是党领导下的政治机关；人大及其常委会自身建设，核心和管总的是党的政治建设。要坚持以党的政治建设为统领，着力强化政治机关意识，不断提高政治判断力、政治领悟力、政治执行力，不断提升人大工作的政治站位和政治效果。人大常委会党组要全面履行政治领导责任，发挥好把方向、管大局、保落实的领导作用。要贯彻落实新时代党的建设总要求，加强人大常委会党组、机关党组、专门委员会分党组及各党总支、党支部、党小组建设，履行全面从严治党主体责任，严明政治纪律和政治规矩，全面提升人大党建工作质量和水平。

党的十八大以来，全国人大及其常委会始终坚持把政治建设放在首位，在健全完善具体组织制度、议事制度和工作机制方面也采取了一些措施。

比如，修订常委会党组工作规则、机关党组工作规则，制定并及时修订专门委员会分党组工作规则；形成常委会党组每年听取机关党组、专门委员会分党组党建工作汇报的机制；督促机关党组认真接受中央巡视监督，开展四轮内部巡视。修订全国人大组织法和全国人大议事规则，正在抓紧修改全国人大常委会议事规则、地方组织法等，推动形成充满活力、务实高效的运行机制；进一步发挥委员长会议组成人员的组织协调作用，由委员长会议组成人员作为起草法律案的牵头人、担任执法检查组组长或副组长，深入参与立法、监督等工作；从今年6月开始，在常委会会议之前，另外加开一次委员长会议，对拟提请表决的法律案进行充分讨论；严格会议纪律和请假制度，常委会出席率保持在96%以上；优化会议流程，合理安排会议日程，规范议案提出、审议表决等程序，议事质量和效率不断提升；加强信息化建设，建成国家法律法规数据库、全国统一的备案审查信息平台、网上信访平台、代表工作信息化平台，实现预算联网监督全覆盖。人大及其常委会自身建设的加强，有力促进了人大工作质量和水平的提升。

党中央《意见》从思想政治建设、组织建设、纪律作风建设、制度建设、工作力量、人大制度理论研究和宣传舆论工作、信息化建设等方面，对人大及其常委会自身建设提出了明确要求，有不少新举措。地方人大要在同级党委的领导和支持下，积极推动这些措施任务落到实处，强化人大履职的组织保障、工作保障。

现在，各地都在持续开展习近平总书记关于坚持和完善人民代表大会制度的重要思想学习、研究、宣传、贯彻活动，深入学习贯彻中央人大工作会议精神和党中央《意见》，取得了积极成效。这两项活动的内容、精神、目的都是一致的，要融为一体开展下去。目前，不少党委、人大确定继续举办习近平总书记关于坚持和完善人民代表大会制度的重要思想研讨会、专题班，有20多个省（区、市）党委明确将适时召开或已经召开人大工作会议，出台贯彻实施意见，各省（区、市）人大都以不同的形式传达学习了会议精神和党中央《意见》。各级人大及其常委会、各级人大代表要进一步推动这两项学习贯彻工作往深里走、往心里走、往实里走，真正把思想和行动统一到习近平总书记重要思想和党中央决策部署上来，以高度的责任感和使命感，奋力开创新时代人大工作新局面。一是要持续深入进行学习。各级人大常委会党组、机关党组、各专门委员会分党组、人大各级党组织和全体党员干部，要通过多种形式开展专题学习、集中学习，同时抓好个人自学，深入领会精神实质、核心要义、实践要求，自觉用习近平总书记重要思想和党中央精神武装头脑、指导实践、推动工作。二是要狠抓贯彻落实。全国人大常委会办公厅起草了贯彻落实中央人大工作会议重点任务分工方案并征求了有关方面意见，拟报请中央办公厅印发。各级人大都要结合工作实际研究制定实施方案，细化任务举措和职责分工，以钉钉子精神一项一项落实见效。全国人大常委会将适时对各地人大贯彻落实情况进行调研。三是要加强理论研究和宣传阐释。全国人大已经通过撰写理论文章、举办答记者问等形式，进行了宣讲和解读。各级人大在加强理论研究的同时，要支持各级人大制度理论研究会和高校、科研院所、智库开展研究，形成一批高质量的研究成果。要综合运用刊、网、微、端等各类传统媒体和新兴媒体，组织开展全方位、立体式宣传报道，讲好中国民主故事、人大故事，推动中国特色社会主义民主、人民代表大会制度深入人心。

# 在深入学习贯彻习近平总书记关于坚持和完善人民代表大会制度的重要思想第四次交流会上的主持讲话

（2021年12月19日）

王　晨

同志们：

经党中央批准，今天我们召开学习贯彻党的十九届六中全会和中央人大工作会议精神、深入学习贯彻习近平总书记关于坚持和完善人民代表大会制度的重要思想交流会。中共中央政治局常委、全国人大常委会委员长栗战书同志出席会议并将作重要讲话。全国人大机关有关负责同志，全国人大各专门委员会、常委会工作委员会负责同志，各省（区、市）人大常委会、副省级城市人大常委会负责同志等参加会议。

今年是中国共产党成立100周年。党的十九届六中全会通过的《决议》和习近平总书记的重要讲话，全面总结党的百年奋斗重大成就和历史经验，科学回答了一系列方向性、根本性、战略性重大问题，是新时代中国共产党人牢记初心使命、坚持和发展中国特色社会主义的政治宣言，是以史为鉴、开创未来，实现中华民族伟大复兴的行动指南。10月，党中央召开人大工作会议，这在党的历史上、人民代表大会制度历史上都是第一次。习近平总书记在会议上发表的重要讲话，为新时代推进全过程人民民主建设、坚持和完善人民代表大会制度、加强和改进人大工作，指明了前进方向、提供了根本遵循。

我们这次学习交流会的主题就是：学习贯彻党的十九届六中全会和中央人大工作会议精神，贯彻落实《中共中央关于新时代坚持和完善人民代表大会制度、加强和改进人大工作的意见》，开展学习交流，研究落实举措，推动各级人大及其常委会牢记初心使命，坚定制度自信，全面提升工作质量和水平，更好发挥职能作用，为推进国家治理体系和治理能力现代化、全面建设社会主义现代化国家贡献人大力量。

按照会议安排，今天上午举行第一次全体会议，全体会议结束后即进行分组讨论。下午举行第二次全体会议，进行大会交流发言和会议总结。

现在，请中共中央政治局常委、全国人大常委会委员长栗战书同志讲话。

同志们，栗战书委员长的重要讲话，从坚持党的全面领导这一最高政治原则，坚定不移走中国特色社会主义政治发展道路，坚持人民当家作主、发展全过程人民民主，全面提升人大工作质量和水平，全面加强人大及其常委会自身建设等五个方面，深刻阐述了推进人民代表大会制度理论和实践创新必须坚持的指导思想、重大原则和前进方向，对做好新时代人大工作提出了明确要求。委员长的讲话贯彻体现了习近平总书记关于坚持和完善人民代表大会制度的重要思想，是对党的十九届六中全会精神和中央人大工作会议精神的深入解读，对于各级人大强化理论武装、提高政治站位，切实担负起新时代新征程赋予人大的新使命新任务具有重要指导意义。会后，要及时传达学习栗战书委员长重要讲话和会议精神，推动各级人大深入学习贯彻党的十九届六中全会精神和中央人大工作会议精神，持续深入学习贯彻习近平总书记关于坚持和完善人民代表大会制度的重要思想，增强“四个意识”，坚定“四个自信”，做到“两个维护”，奋力开拓新时代人大工作新局面。

第一次全体会议到此结束。接下来，请与会同志进行分组交流讨论。希望大家聚焦会议主题，结合地方特色和工作实际，踊跃发言，深入探讨，共同把这次学习交流会开好开出成效。

# 在深入学习贯彻习近平总书记关于坚持和完善人民代表大会制度的重要思想第四次交流会上的总结讲话

（2021年12月19日）

杨振武

今天上午，栗战书委员长作了重要讲话，对深入学习贯彻党的十九届六中全会和中央人大工作会议精神，学习贯彻《中共中央关于新时代坚持和完善人民代表大会制度、加强和改进人大工作的意见》作了辅导和动员。王晨副委员长主持会议，对落实栗战书委员长讲话和本次会议精神提出明确要求。随后，与会同志分成6个小组，联系理论学习和工作实际进行了交流讨论。大家准备充分、发言积极，既交流了经验、又凝聚了共识。刚才，7位同志作了大会发言，站位高、思路宽、内容实，体现了各级人大贯彻落实党的十九届六中全会和中央人大工作会议精神的政治自觉、思想自觉、行动自觉，展现了新时代人大工作取得的新进展新成效新经验，也反映了本次学习交流的高质量高水平。下面，我对会议作个小结。

这次交流会是在中国共产党成立一百周年、党的十九届六中全会全面总结党的百年奋斗重大成就和历史经验、党中央召开人大工作会议对新时代人大工作作出全面部署的背景下召开的一次具有特殊重要意义的会议。会议的目的，是推动深入学习贯彻党的十九届六中全会和中央人大工作会议精神，把学习贯彻习近平总书记关于坚持和完善人民代表大会制度的重要思想持续引向深入，筑牢思想政治基础，提升人大工作质量和水平。在大家共同努力下，会议成果丰硕，达到预期目的。

大家一致认为，党的十九届六中全会通过的决议，系统总结党的百年奋斗重大成就和历史经验，重点总结党的十八大以来党和国家事业取得的历史性成就、发生的历史性变革及积累的新鲜经验，是新时代中国共产党人牢记初心使命、坚持和发展中国特色社会主义的政治宣言，是以史为鉴、开创未来，实现中华民族伟大复兴的行动指南。要深入学习领会六中全会决议精神，把握历史规律，增强历史主动，心怀“国之大者”，用“两个确立”重大成果统揽和指导人大工作，坚决做到“两个维护”，团结一致向前看，步调一致向前进，为全面建设社会主义现代化国家、实现中华民族伟大复兴作出人大应有的贡献。

大家一致认为，党中央召开人大工作会议，是社会主义民主政治建设进程中具有里程碑意义的一件大事，充分体现了党中央、习近平总书记对人民代表大会制度建设和人大工作的高度重视和坚强领导。习近平总书记在会议上的重要讲话，深刻回答了新时代发展中国特色社会主义民主政治、坚持和完善人民代表大会制度的一系列重大理论和实践问题，进一步丰富和发展了习近平总书记关于坚持和完善人民代表大会制度的重要思想，丰富和发展了马克思主义国家学说和社会主义民主政治理论。《中共中央关于新时代坚持和完善人民代表大会制度、加强和改进人大工作的意见》是一个全面指导新时代人大制度建设和人大工作的纲领性文件，集中反映了党的十八大以来人大制度和人大工作的理论成果、实践成果、制度成果。要把学习贯彻习近平总书记重要讲话精神和学习贯彻《意见》紧密结合起来，深刻认识人民代表大会制度在国家制度和国家治理体系中的新定位新任务，提升政治站位，坚定制度自信，增强贯彻落实的自觉性、主动性，以实际工作成效担当起新时代赋予人大的历史使命。

大家一致认为，要自觉以习近平新时代中国特色社会主义思想为指引，坚决贯彻落实习近平总书记关于人大制度建设和人大工作的新理念新思想新要求。特别是认真学习贯彻、熟练把握运用习近平法治思想、习近平总书记关于坚持和完善人民代表大会制度的重要思想，这是人大同志的基本功和必修课，必须学深悟透、牢牢掌握，切实用以武装头脑、指导实践、推进工作。要持续深入学、及时跟进学、联系实际学，以理论修养提升政治站位，善于从总书记的重要思想中找方向、找方位、找方法，把学习成果转化为推进工作的强大动力。

大家一致认为，栗战书委员长的重要讲话，通篇贯彻体现习近平总书记关于坚持和完善人民代表大会制度的重要思想，是对中央人大工作会议精神的深入解读，对贯彻落实党中央决策部署的全面动员，具有很强的理论性、实践性、指导性。通过交流研讨经验体会和具体举措，凝聚起了干好新时代人大工作的坚定信心和坚强决心。要以这次会议为契机，进一步推动学习宣传贯彻习近平总书记关于坚持和完善人民代表大会制度的重要思想走深走实，推动《意见》提出的各项任务要求落地见效，开创新时代人大工作和建设的新局面。

在上午的分组会议、刚才的大会交流发言以及各地报送的书面材料中，大家就学习贯彻党的十九届六中全会和中央人大工作会议精神，学习贯彻习近平总书记关于坚持和完善人民代表大会制度的重要思想介绍了经验和做法。我初步梳理了一下，主要有以下几个方面：

## 一、学习研究宣传贯彻工作迅速开展起来

中央人大工作会议召开后，全国人大常委会党组、机关党组、各专委会分党组第一时间分别召开会议，传达学习习近平总书记在中央人大工作会议上的重要讲话精神，研究部署贯彻落实举措。十三届全国人大常委会第三十一次会议把学习贯彻习近平总书记重要讲话和中央人大工作会议精神列为第一项议程，专门安排半天开展学习讨论。机关各级党组织也开展了不同形式的学习研讨。地方各级人大及其常委会把学习贯彻工作作为首要

政治任务，在同级党委领导下，精心组织、周密部署、全面推进，学习贯彻中央人大工作会议精神在各地已经全面铺开，成效显著。

一是形成了全面深入学习的良好局面。各地通过召开常委会党组会议、常委会会议、机关党组会议等认真传达学习。河北、辽宁、西藏等地将传达学习列为常委会会议第一议程，北京专门加开常委会会议专题传达学习。各省（区、市）人大常委会通过制定学习培训方案、报告会、座谈会等多种形式，推动省、市、县、乡四级人大学习贯彻全覆盖。浙江、福建等地召开学习贯彻会议精神部署会暨各级人大常委会主任学习会。加强人大代表学习贯彻的组织工作。内蒙古、云南制定各级人大代表学习贯彻会议精神专题培训计划。广西把学习贯彻会议精神作为新任县乡人大代表履职培训“第一课”。

二是营造了浓厚的学习贯彻氛围。采取多种形式开展习近平总书记重要讲话和中央人大工作会议精神的宣传报道和解读，推动广泛宣传、深入人心。湖南、安徽等地制作互动页面、短视频等融媒体产品，积极引导网络舆论。天津、贵州、重庆人大常委会负责同志带头深入基层一线开展宣讲。新疆结合“百年辉煌感党恩、万名代表进万家”主题实践活动组织人大代表开展学习宣讲。河北、福州等地加快筹建人民代表大会制度相关展馆，杭州加快推进国家宪法宣传教育馆建设。浙江、广东、湖北、辽宁等地把学习贯彻中央人大工作会议精神列为省哲学社会科学规划项目。

三是推出了有力的贯彻落实举措。广东、吉林、河北、北京、湖北、广西等省（区、市）党委及时召开人大工作会议。四川、山西、内蒙古、黑龙江、江苏、山东、福建、河南、湖南、贵州、云南、重庆、西藏、陕西、甘肃、天津、青海、宁夏、新疆等省（区、市）党委明确将适时召开人大工作会议。各省（区、市）党委都在研究制定贯彻落实文件，有的地方已经印发。浙江、上海、江西等地党委将适时开展专项督查。有关省（区、市）人大常委会配合做好会议筹备、文件调研起草等工作。江苏省人大常委会还专门作出了贯彻落实的有关决定，从政治原则上、立场态度上、努力方向上提出要求、作出阐述。

## 二、人大依法履职不断取得新进展、积累新经验

各级人大都适应新形势新任务，聚焦党和国家确定的发展目标和中心工作，围绕推进国家治理体系和治理能力现代化、全面建设社会主义现代化国家履行法定职责、发挥职能作用，推动人大工作高质量发展。

一是在立法工作中探索积累体现地方特点、符合立法规律的新做法新经验。比如，蹚出了“小切口”“小快灵”精细立法的路子，实行“双组长”“立法专班”等做法。山西切小题目、切准特色、切细内容、切实措施开展立法，实现了“小法办大事”。重庆严把入口、质量、审议、效果“四关”，做到需要几条立几条、管用几条定几条。广西、黑龙江等在立法中实行人大、政府相关负责同志担任的“双组长制”，形成立法合力。区域协同立法、流域共治共同立法积极推进。云南、贵州、四川三省同时审议通过、同步实施赤水河流域保护条例，实现了赤水河流域立法从“联动”到“共立”的跃升。青岛与胶东经济圈五市作出推动和保障经济圈一体化发展的决定。北京、天津、河北同步作出关于授权政府为保障冬奥会举办规定临时性行政措施的决定。地方性法规清理工作也进一步加强。宁夏、内蒙古、西藏稳慎有序完成涉民族领域的地方性法规全面评估清理工作。甘肃建立地方性法规动态清理长效机制，开展9次集中清理。

二是在监督工作中创新完善了不少有利于增强监督实效的方式方法。内蒙古持续推进“人大首次监督问题清单制”和“跟踪监督问题清单销号制”，精准发现问题，精准跟进监督，解决一项销号一项。安徽创建执法检查前期暗查、随机抽查、专家协查、问卷调查的工作机制。青海不预设问题开展专题询问，网络直播向社会公开。江苏建立审议意见落实情况评价机制，形成系列可评价可考核可量化指标。广州实现市、区、镇三级人大预算联网监督系统互联互通，建成可实时动态监督的司法工作联网监督系统。沈阳探索建立人大选举和任命人员向市人大常委会报告履职情况的制度。各地普遍把强化跟踪监督作为增强监督实效的重要抓手。青海连续26年开展以保护环境为主题的执法检查暨“江河源环保世纪行”活动，山东连续6年开展安全生产专项监督，海南连续4年综合运用多种监督方式跟踪问效华侨农场职工社保欠缴费问题，陕西、吉林连续多年围绕优化营商环境开展执法检查，聚焦突出问题一抓到底、抓出成效。这些措施，进一步彰显了人大监督的权威和刚性。

三是在支持和服务代表依法履职上有了更有力的举措。比如，强化科技赋能。像青岛搭建“城

管互动”和“市人大代表履职在线”平台。武汉健全“人民议事厅”“回访选区,夜访选民”等载体和“微邻里”“代表直通车”等网络平台。深圳每天有900多名各级人大代表网上在线接访群众。杭州推进126名代表对民生实事项目情况开展线上监督。还有,进一步发挥代表家站的阵地作用。北京构建代表“月进站、季回家、年述职”的工作格局。海南推动市县形成以镇(街)为主、重点村(居)为辅的代表联络站网格体系。山西、哈尔滨加载联络站“+预算联网监督+代表约见”等功能,让“代表常来、实事常办”成为常态。办理代表议案建议的机制也更加完善。像陕西、宁夏健全常委会牵头督办、政府部门主办、委员会全程督促的议案建议办理机制。厦门将建议办理情况列入市直单位绩效考核,组织领衔代表参加议案办理情况视察活动。这些做法,着眼解决“重答复、轻办理”问题,都得到了代表的肯定。

## 三、全过程人民民主的实践不断深化和拓展

“全过程人民民主”是本次交流会的一个“高频词”。习近平总书记提出全过程人民民主重大理念以来,各地人大围绕发展全过程人民民主进一步拓展思路、改进工作,作了许多探索实践,形成了许多好经验好做法。

一是进一步健全人大吸纳民意、汇集民智的工作机制。上海制定关于充分发挥人大在推进全过程人民民主探索实践作用以及推动人大工作高质量发展的两个实施意见,努力打造全过程人民民主模范实践地。甘肃、安徽制定公众参与制定地方性法规办法、法规草案向社会征求意见机制,健全完善预算审查听取人大代表和社会各界意见建议机制等。浙江、济南、大连等地拓展基层立法联系点功能,使其同时发挥监督执法、促进守法、宣传普法作用。江西、黑龙江优化新闻发布制度,全景展现法规立项、起草、调研、审议、通过、解读等各环节。南京、宁波探索将常委会审议地点搬到项目现场,将立法座谈会开到街道代表联络站。

二是更好发挥代表在践行全过程人民民主中的作用。北京建立健全“万名代表下基层”机制,组织动员1.3万名代表对生活垃圾管理条例实施情况开展检查。湖北近40万人次代表投身“聚力脱贫攻坚、人大代表在行动”,提出意见建议并督促办理4万余件。湖南、河南等深化民生实事项目票决制,推动民生实事项目由“部门提”变为“群众提”,由“政府定”变为“代表决”,从“事后跟进”变为“全程评议”。

三是在县乡人大换届选举中体现全过程人民民主。广东、山东、长春、成都等地把好代表入口关,优化代表结构,保证选举结果人民满意。江苏广泛开展代表候选人与选民见面会活动。深圳开展全市选民联网和手机扫码登记,选民投票率超过90%。上海、广州、重庆针对外来人口较多的区县适当增加名额,保障流动人口选举权。通过10亿多选民参与的县乡两级人大换届选举,最为生动、直接地展示了我国全过程人民民主的理念和要求。

## 四、自身建设不断加强

始终把人大工作置于党的全面领导之下,切实扛好“四个机关”重大政治责任,牢牢抓住人大及其常委会政治机关第一属性,以党的政治建设为统领,全面加强人大及其常委会自身建设。比如,四川、广西、河南等地制定和完善向党委请示、报告、报备重大事项制度及清单。武汉提请市委专题研究市人大常委会党组工作安排,并转发工作要点和计划。海南开展“作风整顿建设年”活动。新疆制定和修订66件常委会自身建设方面的法规和机关运行方面的制度。广东连续3年开展“推进县乡人大工作年”,今年接续开展“巩固基础、强化履职”两年行动,规范县乡人大建设。西安出台基层人大工作规范化建设意见,推进代表工作室、镇人大主席团办公室、人大街道工委办公室标准建设。上海制定发挥人大法治人才培养基地作用的实施意见,推进20多位高校学者、年轻干部挂职锻炼。可以说,每年开交流会,我都深刻感受到各地通过抓自身建设,提升履职能力水平的新成效。

这里,我只是简单点一点,各地还有很多好的经验和做法,会后办公厅将作进一步梳理汇总,供大家交流学习使用。这里,我再提三点具体要求。

一是关于学习宣传。请大家回去后,将栗战书委员长重要讲话和本次交流会情况及时向同级党委汇报,同时组织好人大常委会和人大机关的传达学习。前期各地围绕学习宣传中央人大工作会议精神做了大量的工作,要趁热打铁,以学习宣传习近平总书记重要讲话和《意见》为重点,继续加大对人大制度和人大工作的宣传力度。经党中央同意,全国人大常委会办公厅负责人将于近期就《意

见》答记者问，宣传《意见》的重大意义和主要举措，全国人大常委会办公厅还将组织系列宣传报道。各地要配合推进相关工作，共同为《意见》贯彻实施营造良好氛围。

二是关于理论研究。理论研究是今后各级人大要加强的重点工作。要发挥人大制度理论研究会的平台作用，抓紧就习近平总书记关于坚持和完善人民代表大会制度的重要思想、全过程人民民主重大理念形成一批高质量研究成果。一些精品课题成果，可以报全国人大常委会办公厅，我们以适当的形式推动成果交流共享。一些地方在推动高校、科研院所、智库开展人大制度理论研究方面已经有了新做法，其他地方也可以借鉴，加快做起来。

三是关于贯彻落实。党中央将印发《贯彻落实中央人大工作会议精神重点任务分工方案》，明确《意见》涉及的重点任务分工和责任单位，各级人大都要一一对照，逐条逐项抓好落实。对需要长期推进的任务，要研究提出落实举措和具体步骤；对当前就要抓紧推进的，比如优化代表结构、优化人大常委会组成人员结构等需要在本轮换届选举落实到位的，要在同级党委领导支持下，推动加快做好相关工作。总之，要通过贯彻落实党的十九届六中全会和中央人大工作会议精神，推动新时代人大工作取得新的更大成效，以优异成绩迎接党的二十大胜利召开！

# 把全过程人民民主理念具体现实地体现到人大工作全过程各方面

北京市人大常委会主任　李　伟

中央人大工作会议召开以来，北京市人大认真学习会议精神，特别是习近平总书记重要讲话精神，用以指导实践、推动工作。近年来，北京市人大常委会紧扣新时代首都发展和城市治理新要求，紧扣人民群众对民主法治的新期待，发挥人民代表大会制度特点和优势，在立法、监督、代表等工作中努力探索接地气、察民情、聚民智、惠民生的具体实现途径，推动全过程人民民主的理念在京华大地上形成生动实践。

一是建立健全“万名代表下基层”机制，在落实全过程人民民主上有内容、有载体。市人大常委会统筹、市区人大联动，市、区、乡镇三级1万多名人大代表参与，带着法规草案、监督事项深入市民群众中开展民意调查、听取意见建议，“涉及千家万户的议题请千家万户参与、听千家万户意见”，最大限度体现人民意志、保障人民权益、激发人民创造。近两年人代会前，注重运用这一机制发动代表就新一年立法项目广泛收集意见，把民心所向、民意所求、民生所需作为规划项目、制定计划、依法履职的重要来源，把民有所呼、我有所应作为行使职权、开展工作的重要依据。

二是加强代表之家、代表联络站建设，在落实全过程人民民主上有平台、有依托。为更好发挥代表家站作用，我们构建代表“月进站、季回家、年述职”工作格局，推动代表每月带着议题“进站”联系群众、听取意见建议，每季度带着问题“回家”学习充电提升能力，每年带着履职成绩单向原选举单位述职、接受群众监督，实现代表有活动、家站有活力、履职有规范，让人民群众切实感受到人大代表就在身边。

三是着眼快捷便利强化科技赋能，在落实全过程人民民主上有渠道、有手段。突出抓好三个信息平台和一个微信应用小程序建设。预算联网监督平台实现与政府数据的有效联通、及时更新，新增预算监督智能化分析和预警功能；备案审查信息平台有效扩容，完成市、区、乡镇三级人大和市级层面“一府一委两院”全覆盖；代表履职服务平台完成进一步升级改造，实现议案建议办理、活动组织记录、会议文件查阅等“一网通办”；微信应用小程序适应随时随地履职的需要，将信息平台在手机端集成，方便代表动态掌握各方面工作信息、即时反馈意见建议，实现联系“总在线”、履职“不打烊”。

接下来，我们将进一步加强中央人大工作会议精神的学习贯彻，把全过程人民民主理念具体现实地体现到立法、监督和代表工作的全过程各方面，以首善标准开创北京人大工作新局面。

# 坚定制度自信　强化使命担当
# 全面提升人大工作质量和水平

天津市人大常委会主任　段春华

党中央召开中央人大工作会议，在我国社会主义民主政治建设进程中具有里程碑意义。习近平总书记的重要讲话，是一篇充满马克思主义真理力量的纲领性文献，为做好新时代人大工作指明了努力方向、提供了根本遵循。

中央人大工作会议召开后，天津市人大常委会先后召开党组会、主任会议、常委会会议，传达学习会议精神，紧密结合自身实际研究贯彻落实的具体措施，并专门发出通知，对全市人大和人大机关深入学习贯彻作出了安排。

紧密联系工作实际，努力做到学以致用。一是提高政治站位。坚决捍卫“两个确立”，坚定自觉做到“两个维护”，在谋划推进人大工作时，紧紧围绕党的中心任务和工作大局制定实施人大各项工作计划，严格执行重大事项向市委请示报告制度，切实把党的领导贯彻到人大工作的各方面和全过程。二是发展全过程人民民主。深入学习贯彻习近平总书记关于发展全过程人民民主的重要论述，召开专题交流会，撰写理论文章，推进实践创新。三是提升立法质量。充分发挥立法主导作用，突出地方特色，注重创制性立法，在确保质量的前提下加快立法工作步伐，努力做到立好法、立良法、立务实管用之法。四是增强监督实效。聚焦党中央决策部署和市委工作要求，聚焦群众所思所盼所愿，依法开展法律监督和工作监督，敢于较真、敢于叫板、敢于碰硬，不断加大力度、改进方式、增强实效，努力做到真监督、真支持。五是改进代表工作。坚持并不断完善与人大代表和人民群众的“双联系”制度，深化代表建议两次答复、两次评价机制，组织代表立足本职岗位和各自工作，积极围绕推进高质量发展开展主题实践活动。六是夯实履职基础。全面推进政治、思想、作风、组织和制度建设，深入开展党史学习教育，结合开展“我为群众办实事”实践活动，加强对代表建议的督办，推动解决了一批群众关心的急难愁盼问题。

巩固深化学习成果，抓好全面贯彻落实。下一步，我们要在全面系统深入学习贯彻会议精神上持续用力，总结好今年工作、安排好明年工作；在坚持党对人大工作的全面领导上持续用力，把党的领导贯彻到人大工作的全过程和各方面；在深入推进全过程人民民主建设上持续用力，不断扩大人民有序政治参与；在全面落实新时代党对人大工作的部署要求上持续用力，紧密结合我市人大依法履职实际，逐项抓好贯彻落实。

# 注重“小切口”　突出“有特色”
# 有针对性做好地方立法工作

山西省人大常委会副主任　郭迎光

党的十八大以来，习近平总书记就做好地方人大工作作出了一系列重要指示，要求创造性地做好立法等各项工作。山西省人大立足发挥“三性”（实施性、补充性、试验性）作用，坚持“小切口、有特色”，在法规的精细化精准化上下功夫，4 年来共完成 134 项立法任务，其中制定 52 件，修改 57 件，废止 25 件，有力推动了山西的法治建设。

地方立法的“三性”作用，揭示了地方性法规在国家法律体系中的定位。实施性是地方性法规的基本功能和作用，补充性和试验性是实施性的拓展和延伸，是地方性法规的重要特征。认识和把握“三性”，我们首要的是认真贯彻习近平总书记关于山西工作的重要讲话重要指示精神，紧扣大局，及时把省委贯彻党中央大政方针的决策部署转化为法规制度。发挥“三性”作用，一个重要的问题是，必须处理好与政府规章的关系。对于上位法需要细化补充的，成功改革举措需要固化的，需要在地方立法权限内调整行政职责、管理权限的，改革中需要通过立法来明确新的体制机制和法律关系的，需要依法对公民、法人及其他组织权利义务作出明确或规范的，需要司法机关、群团组织等形成工作合力的等6种情况，直接立法，规范政府行政行为，引领保障改革发展。

为了把上位法落地落实，我们正在探索的一种立法形式，就是对上位法细化补充空间不大而又需要地方立法推动实施的，聚焦工作职责、工作机制和工作保障进行立法，以规范政府行为，压实政府责任，形成工作合力。我们把这种立法形式称之为工作性法规。知识产权保护、家庭教育促进、全民阅读、反家暴等法规都属于这种情况。

“小切口”立法是发挥“三性”作用，精细化精准化立法的重要途径。我们通过“切小题目、切准特色、切细内容、切实措施”，扎实开展“小快灵”立法。切小题目，主要是坚持“一事一法”。法规立项要关注热点难点，将关键点和突出矛盾作为选题突破口，避免“大而全”“小而全”。切准特色，主要是结合实际，解决自身问题。切细内容，主要是使法规调整对象和范围清晰明确，相关主体的权力与责任、权利与义务清楚具体。切实措施，主要是坚持问题导向，在务实有效、便于执行上下功夫。

山西围绕“三性”“四切”的探索还是初步的，还有许多问题需要不断深化认识科学把握。我们有信心有决心沿着中国特色社会主义法治道路，不断探索、不断改进，不断取得立法工作新进步。

# 牢记殷殷嘱托<br>在密切联系群众中践行全过程人民民主

湖南省人大常委会副主任　刘莲玉

人民代表大会制度的根基在人民、活力在人民、归宿在人民。湖南省人大常委会牢记习近平总书记的嘱托，担当使命，推深做实人大代表更加密切联系群众工作，不断发展全过程人民民主。

强化代表密切联系群众制度保障。建立党委和“一府一委两院”领导班子成员及部门主要负责人联系人大代表、代表履职情况报告、建议办理考核评价激励机制等制度。研究出台省人大常委会党组关于推动全省各级人大代表更加密切联系群众的实施意见，进一步丰富和拓展人大代表联系群众的渠道、方式、内容。

强化代表密切联系群众平台建设。一是因地制宜建好平台。着力打造“实体＋网上＋掌上”的立体平台体系，坚持标准化、特色化、实用化。适应新形势需要，加强网上掌上平台建设，推动代表履职信息化、移动化、便捷化。现在，许多代表通过手机提建议、反映社情民意，了解建议意见办理情况。二是规范运行保障平台。建立完善工作制度，细化群众意见建议收集、交办、跟踪和反馈机制。协调省政府下拨专项补助资金，推动均衡发展。三是注重效果用好平台。注重创新运用平台，避免形式主义。

强化代表密切联系群众活动质效。连续三年组织在职省级领导干部代表联系群众办实事，示范带动全省各级领导干部代表进站入组。全省各级人大代表围绕上学、就医、乡村产业发展等热点难点，推动解决实际问题4.8万余个，落实帮扶资金和物资2.4亿多元。按照“试点带动、逐步推广、全面覆盖”的三年行动要求，全面规范项目征集、初定、审议、票决、监督、评估六个环节。重实效做好议案建议办理工作。坚持内容高质量、办理高质量，注重把好“提出关”“督办关”“问效关”。

强化代表密切联系群众能力提升。一是扩大代表对立法、监督等工作的参与。组建专业代表小组，完善联系代表工作机制，邀请代表深度参与立法、执法检查、专题询问、专题调研，使人大各项工作都有来自代表、来自群众的声音。二是畅通反映社情民意渠道。建立完善人大代表联系原选举单位、原选区选民等工作机制，及时公开活动计划和代表信息。基层人大还把代表联系群众活动做到了赶集日、老屋场，深受群众欢迎。三是提升代表履职能力。抓好代表学习培训，注重搞好特色化的专题培训，加强代表履职事迹宣传，更好展现新时代人大代表风采。

发挥代表作用只有进行时，密切联系群众永远在路上。湖南人大将在新的赶考路上，不断书写密切联系人民群众的新答卷。

# 认真贯彻中央人大工作会议精神 切实做好地方人大工作

云南省人大常委会副主任 张太原

中央人大工作会议召开后,云南省人大组织学习、开展宣讲,进一步深入学习贯彻习近平总书记重要讲话精神、习近平总书记关于坚持和完善人民代表大会制度的重要思想,扎实推进各项工作。

牢牢把握坚持党的全面领导这一最高政治原则,始终确保正确方向。把坚持党的全面领导作为最高政治原则,不断增强"四个意识"、坚定"四个自信"、做到"两个维护"。坚持以习近平新时代中国特色社会主义思想统揽人大工作,带领机关各级党组织努力学深悟透。制定常委会党组向省委请示报告报备重大事项清单、请示报告立法工作办法。

牢牢把握围绕大局履职尽责这一鲜明主题,不断提升人大工作质量和水平。聚焦党中央重大决策部署,聚焦人民所思所盼所愿,推动解决制约经济社会发展的突出矛盾和问题。紧扣习近平总书记对云南发展的"三个定位"加强地方立法。聚焦全面建成小康社会和高质量发展加强人大监督。聚焦决战决胜脱贫攻坚,连续3年听取和审议省政府脱贫攻坚专项工作报告并开展专题询问。聚焦高质量发展,围绕巩固拓展脱贫攻坚成果同乡村振兴有效衔接等工作持续开展监督。

牢牢把握发展全过程人民民主的理念,积极发挥重要制度载体作用。把保障人民的知情权、参与权、表达权、监督权作为重点,支持和保证人民当家作主。着力在基层人大换届选举中体现全过程人民民主。修改云南省县乡两级人民代表大会代表选举实施细则,增加县乡人大代表名额,推进选民登记信息化录入。着力在立法、监督工作中践行全过程人民民主。设立10个基层立法联系点,召开五级代表座谈会、列席常委会代表座谈会,听取代表意见建议。着力在代表工作中落实全过程人民民主。公布代表基本信息、代表年度履职档案体现代表联系群众、反映民意情况。

牢牢把握"四个机关"定位要求,全面加强人大自身建设。加强履职能力建设。完善会议制度,科学确定会议会期和日程安排,改进报告方式,提高议事质量和效率。审议"一府一委两院"专项工作报告时加强会前调研、强化跟踪落实;开展执法检查时紧扣法律规定、突出法律责任,增强监督实效。加强纪律作风建设。严肃会风会纪,健全请假制度,主任会议组成人员带头深入基层调查研究,加强审议审查准备工作,积极发表审议意见,常委会会议参会率不断提高,审议意见数量和质量有新提升。

做好地方人大工作责任重大。我们将锐意进取,扎实工作,全面提升人大工作质量和水平,为全面建设社会主义现代化新云南、谱写好中国梦的云南篇章作出新的贡献。

# 立足先行示范 依法履职尽责 推动人大工作高质量发展

深圳市人大常委会主任 骆文智

深圳市人大常委会始终坚持党的领导、人民当家作主、依法治国有机统一,切实履行宪法和法律赋予的各项职责,不断丰富和拓展人大工作的实践特色和时代特色,更好地发挥人民代表大会制度的根本政治制度作用。

始终坚持党的全面领导,牢牢把握人大工作正确政治方向。把深入学习贯彻习近平总书记关于坚持和完善人民代表大会制度的重要思想作为人大各级党组织的首要政治任务和长期要求,增强"四个意识"、坚定"四个自信"、做到"两个维护",不断提高政治判断力、政治领悟力、政治执行力。把坚持党的全面领导贯穿到人大工作的全过程各方面,充分发挥常委会党组把方向、管大局、保落实的重要作用,严格执行重大事项请示报告制度,并按照市委要求和法定程序抓好贯彻落实，确保人大工作始终沿着正确政治方向前进。

发展全过程人民民主，支持和保证人民当家作主。把发展和完善全过程人民民主的要求贯彻落实到人大立法、监督、代表、自身建设等各项工作中去。保证人民依法行使选举权。坚持民主集中制原则，健全基层立法联系点等民主民意表达平台和载体，完善立法、监督、决定等工作充分听取和吸纳各方面意见的方式和机制，深入推进人大协商、立法协商。

用足用好经济特区立法权，以高质量立法保障深圳经济社会高质量发展。围绕贯彻落实建设粤港澳大湾区等重大战略部署，坚持改革决策与立法决策相衔接，用足用好经济特区立法权，加强重要领域和新兴领域立法，制定深圳经济特区科技创新条例等一批具有全国首创性引领性，体现改革创新、先行示范的法规。

持续增强监督工作实效，助力深圳经济社会发展和改革攻坚任务。围绕“双区”建设、探索超大型城市治理新路子等方面，综合运用听取和审议专项工作报告、执法检查、视察调研、专题询问等方式，开展正确监督、有效监督、依法监督。完善审议意见跟踪监督机制，必要时听取审议意见的办理情况报告并开展满意度测评。

充分发挥代表主体作用，不断丰富联系人民群众的内容和形式。建立覆盖全国、省、市、区四级人大代表的“家、站、点”履职平台。持续开展“代表活动月”主题活动，办好“代表议事会”等履职平台。高质量办理好代表议案建议，推动实现建议办理答复和落实“双满意”。

下一步，深圳市人大常委会将毫不动摇坚持和完善人民代表大会制度，努力开创新时代深圳人大工作新局面，以优异成绩迎接党的二十大胜利召开！

## 强化预算决算审查监督和国有资产管理监督职能

全国人大常委会预算工委主任　史耀斌

在党中央坚强领导下，人大预算决算审查监督和国有资产管理监督工作深入推进，为推动政府预算贯彻落实党的方针政策和决策部署，增强国家重大战略任务财力保障，推动国有资产更好服务发展、造福人民，发挥了重要作用。

坚持党对人大监督工作的全面领导，牢牢把握正确政治方向。开展人大预算决算审查监督、国有资产管理监督工作，要自觉同党中央决策部署和习近平总书记关于财政预算、国资管理、财税改革的重要讲话、重要论述和指示批示对标对表，坚决做到“两个维护”。涉及的重点问题、重要工作、重大事项，都要按规定及时向常委会党组请示，按程序向党中央报告，确保党的路线方针政策和决策部署得到全面贯彻和有效执行。

坚持围绕党和国家工作大局依法开展监督工作，不断增强监督实效。开展人大预算决算审查监督、国有资产管理监督工作，要紧紧围绕党和国家工作大局统筹谋划，推动增强国家重大战略任务财力保障，推动实现高质量发展，推动防范化解重大风险。要按照党中央改革部署要求，全面贯彻实施预算法、监督法和相关决定等的规定。要坚持问题导向，适应形势和发展要求，研究提出创新人大预算决算审查监督、国有资产管理监督的具体工作举措。要拓展人大监督工作的广度、深度和力度，推动政府依法行政、依法理财、依法管理国有资产，推动解决事关全局、事关长远、事关人民福祉的重点难点问题。

把坚持全过程人民民主贯穿于监督工作，切实保障人民当家作主。开展人大预算决算审查监督、国有资产管理监督工作要积极践行全过程人民民主，支持和保证人民当家理财、守护好全体人民的共同财富。要健全完善人大预算审查联系代表机制，切实保障人大代表对财政预算决算、国有资产管理情况的知情权、参与权、表达权和监督权，切实保障代表对预算决算审查监督、国有资产管理监督的全方位参与，更好发挥人大代表作用。拓展基层联系点工作，及时宣传党的强国富民政策措施，及时了解同人民群众利益最直接最现实的财政预算执行情况、财税政策落实情况和国有资产管理情况，为党中央改革决策提供基层素材、传递基层声音。要充分听取社会各方面意见建议，最大限度吸纳民意、汇集民智，切实推动解决人民群众普遍关心的热点难点问题，不断增强人民群众的获得感、幸福感和安全感。

我们将认真担负起党中央赋予人大的新的监督职责，强化人大预算决算审查监督和国有资产管理监督职能，不负党中央的重托，不负人民群众的期望，为奋力开创新时代人大工作新局面作出新贡献。

# 二、制度建设

## 全国人大常委会执法检查工作办法

（2021 年 11 月 29 日第十三届全国人大常委会第 106 次委员长会议通过）

目　录



### 第一章　总　　则

**第一条**　为规范全国人大常委会执法检查工作，推动“一府一委两院”和其他法律实施主体落实法律责任，保证法律的全面有效实施，根据《中华人民共和国各级人民代表大会常务委员会监督法》等有关法律的规定，结合工作实际，制定本办法。

**第二条**　坚持依照法定职责、限于法定范围、遵守法定程序，紧扣法律规定、突出法律责任开展执法检查，逐条对照检查法定职责履行情况、法律责任落实情况以及法律执行效果。

**第三条**　执法检查坚持问题导向，注重发现法律实施中的突出问题和带有普遍性的典型问题。

**第四条**　执法检查不直接处理具体案件和群众来信，对具体案件和收到的群众来信，由办公厅转交有关部门研究处理。

### 第二章　选　　题

**第五条**　办公厅每年 9 月征集下一年度执法检查议题建议。全国人大专门委员会、常委会工作委员会和办公厅有关部门每年 10 月底前，提出下一年度执法检查议题建议。

执法检查议题建议应当围绕党中央重大决策部署，围绕全国人大代表提出的议案和建议集中反映的问题，围绕人民群众普遍关注的问题，围绕解决制约经济社会发展的突出矛盾和问题。

议题建议包括计划检查的法律、提出议题建议的理由、执法检查的重点和时间安排等。

**第六条**　执法检查的议题列入年度监督工作计划稿，报秘书长办公会议讨论，由秘书长提请委员长会议审议通过。

监督工作计划通过后，执法检查项目需要调整的，由秘书长提请委员长会议决定。

### 第三章　组织开展

**第七条**　年度监督工作计划经委员长会议原则通过后，办公厅统筹协调执法检查地点、时间，避免地点重复、时间集中。

**第八条**　开展执法检查前，有关专门委员会、常委会工作委员会应当通过前期调研等方式，了解法律实施的基本情况，研究确定执法检查重点。

**第九条**　有关专门委员会、常委会工作委员会负责起草执法检查方案，由办公厅报请常委会领导同志审定，通知各有关方面开展工作。

执法检查方案一般应包括下列内容：

（1）指导思想；

（2）目的和要求；

（3）重点内容；

（4）人员组成；

（5）地点和时间；

（6）方法和步骤；

（7）纪律和作风要求。

**第十条**　全国人大常委会组成人员、专门委员会组成人员、全国人大代表组成执法检查组。执法检查组组长由委员长会议组成人员担任。

赴地方开展执法检查时,可以分成若干执法检查小组,可以邀请"一府一委两院"有关部门负责同志和有关专家参加。

**第十一条**　赴地方开展执法检查前,执法检查组召开全体会议,听取"一府一委两院"有关部门关于法律实施情况的汇报,研究部署执法检查工作。

**第十二条**　执法检查工作主要采取以下方式:

(1)召开座谈会;

(2)实地检查;

(3)委托第三方机构开展评估或课题研究;

(4)查阅有关材料;

(5)问卷调查;

(6)其他方式。

执法检查可以采用视频会议、线上远程互动、大数据统计分析等信息技术。

**第十三条**　赴地方开展执法检查期间,应当结合法律特点,根据工作需要,开展抽查和暗访。

**第十四条**　根据需要,可以委托有关省、自治区、直辖市人大常委会对有关法律在其行政区域内的实施情况进行检查,或者组织全国人大代表开展专题调研。受委托的省、自治区、直辖市人大常委会应当按要求向全国人大常委会报送委托检查报告、专题调研报告。

**第十五条**　执法检查组应当严格贯彻落实中央八项规定及其实施细则精神,轻车简从、注重实效,坚决反对"四风",力戒形式主义、官僚主义。

**第十六条**　办公厅负责执法检查的新闻报道工作,制定具体的新闻报道方案,组织新闻媒体对执法检查的情况进行宣传报道。

## 第四章　报告和审议

**第十七条**　执法检查组负责起草执法检查报告,报请执法检查组组长审定。

执法检查报告包括下列内容:

(1)执法检查的基本情况;

(2)法律实施的情况;

(3)发现的主要问题和原因分析;

(4)对法律进行修改完善或作出解释的建议;

(5)改进法律实施工作的建议;

(6)其他内容。

执法检查报告可以附参考材料,如视听资料、电子数据、立法后评估报告等,作为执法检查报告的附件。

**第十八条**　赴地方开展执法检查结束后,执法检查组召开全体会议,研究讨论执法检查报告稿,并可听取各执法检查小组分报告,就执法检查中发现的问题与"一府一委两院"有关部门交换意见。

**第十九条**　有关专门委员会、常委会工作委员会负责同志向委员长会议汇报执法检查报告稿。

常委会召开全体会议,听取执法检查报告。

常委会召开分组会议或联组会议审议执法检查报告时,有关专门委员会、常委会工作委员会,"一府一委两院"及有关部门应当派有关负责同志到会,听取意见,回答询问。

**第二十条**　根据需要,经委员长会议决定,可以对执法检查报告涉及的有关问题作出决议,可以结合审议执法检查报告组织开展专题询问。

## 第五章　研究处理和反馈

**第二十一条**　常委会会议结束后,办公厅将常委会组成人员对执法检查报告的意见,汇总整理形成审议意见,连同执法检查报告,函送"一府一委两院"研究处理。

**第二十二条**　有关专门委员会、常委会工作委员会在执法检查报告和审议意见送交"一府一委两院"后加强跟踪监督,督促"一府一委两院"按要求向常委会提出研究处理情况的书面报告。

**第二十三条**　办公厅收到"一府一委两院"研究处理情况的书面报告后,将该报告送有关专门委员会、常委会工作委员会研究提出审议意见或意见,该审议意见或意见连同研究处理情况的报告一并印发常委会会议。

"一府一委两院"研究处理情况的报告,必要时可以由委员长会议决定提请常委会会议审议。

**第二十四条**　对"一府一委两院"研究处理情况的报告,常委会可以组织跟踪检查,也可以委托有关专门委员会、常委会工作委员会开展跟踪检查。

**第二十五条**　执法检查报告和审议意见、"一府一委两院"研究处理情况的报告,履行信息公开审批程序后,向全国人大代表通报,并通过全国人大常委会公报和中国人大网向社会公布。

## 第六章　附　　则

**第二十六条**　本办法自通过之日起施行。

# 三、副委员长和秘书长讲话及有关文稿

## 坚持以习近平法治思想为指导 谱写新时代全面依法治国新篇章

王　晨

伟大时代诞生伟大理论，伟大理论引领伟大征程。2020年11月召开的中央全面依法治国工作会议最重要的成果，就是确立了习近平法治思想在全面依法治国中的指导地位，这在马克思主义法治理论发展史和中国社会主义法治建设史上具有里程碑意义。习近平法治思想是顺应实现中华民族伟大复兴时代要求应运而生的重大理论创新成果，是马克思主义法治理论中国化的最新成果，是习近平新时代中国特色社会主义思想的重要组成部分，是新时代全面依法治国的根本遵循和行动指南。深入学习宣传贯彻习近平法治思想，是当前和今后一个时期全国法学法律界的一项重大政治任务。广大法学法律工作者要在学习宣传贯彻习近平法治思想上作表率，坚持用习近平法治思想武装头脑、指导实践、推动工作，自觉做习近平法治思想的坚定信仰者、积极传播者、模范践行者，推动开创法治中国建设新局面，谱写新时代全面依法治国新篇章。

### 一、准确把握提出习近平法治思想的科学依据

在即将全面建成小康社会、即将开启全面建设社会主义现代化国家新征程的重要时刻，党中央首次召开中央全面依法治国工作会议提出习近平法治思想，理由根据充分、时机条件成熟、顺乎党心民意，是全面贯彻习近平新时代中国特色社会主义思想、巩固马克思主义在意识形态领域指导地位的应有之义，是加快建设中国特色社会主义法治体系、建设社会主义法治国家的必然要求。

习近平法治思想是经过长期发展而形成的内涵丰富、论述深刻、逻辑严密、系统完备的法治理论体系。我们党在长期的革命、建设、改革实践中，坚持将马克思主义基本原理与中国实际相结合，持续推进马克思主义法治理论中国化进程。党的十八大以来，以习近平同志为核心的党中央，坚持立足全局观法治、着眼整体谋法治、胸怀天下论法治，从历史和现实相贯通、国际和国内相关联、理论和实际相结合上深刻回答了新时代为什么实行全面依法治国、怎样实行全面依法治国等一系列重大问题，形成了习近平法治思想。习近平法治思想的主要内容，集中体现为习近平总书记在中央全面依法治国工作会议上提出的“十一个坚持”，即坚持党对全面依法治国的领导，坚持以人民为中心，坚持中国特色社会主义法治道路，坚持依宪治国、依宪执政，坚持在法治轨道上推进国家治理体系和治理能力现代化，坚持建设中国特色社会主义法治体系，坚持依法治国、依法执政、依法行政共同推进，法治国家、法治政府、法治社会一体建设，坚持全面推进科学立法、严格执法、公正司法、全民守法，坚持统筹推进国内法治和涉外法治，坚持建设德才兼备的高素质法治工作队伍，坚持抓住领导干部这个“关键少数”。习近平法治思想覆盖改革发展稳定、内政外交国防、治党治国治军等各方面的法治问题，在范畴上系统集成、逻辑上有机衔接、话语上自成一体，展现出深厚的理论底蕴、缜密的逻辑架构和统一的价值指向，是我们党迄今为止最为全面、系统、科学的法治理论体系。

习近平法治思想是习近平总书记以非凡理论勇气、卓越政治智慧、强烈使命担当创立和发展的法治理论体系。习近平总书记是新时代中国特色社会主义的开创者，是实现中华民族伟大复兴中国梦的领航者，一以贯之地高度重视并亲自谋划推进法治建设。在长期的领导实践中，习近平总书记积

累了依法治县、依法治市、依法治省、依法治国的丰富经验，提出了许多立时代之潮头、发时代之先声的法治新思想新论断，展现出深邃思考力、敏锐判断力、卓越领导力。特别是党的十八大以来，习近平总书记以厉行法治的坚定意志、奉法强国的雄才大略、依规治党的远见卓识，创造性提出了一系列新思想新理念新战略，形成了习近平法治思想。习近平总书记是这一思想的主要创立者，对这一思想的形成和发展发挥了决定性作用、作出了决定性贡献。

习近平法治思想是在实践进步中彰显强大感召力、创新力、引领力的法治理论体系。习近平法治思想是经过实践证明、富有实践伟力的强大思想武器，是指引全党全国人民在复杂形势中守正创新、在矛盾风险中胜利前进、在法治轨道上治理国家的科学行动指南。党的十八大以来，以习近平同志为核心的党中央把全面依法治国提升为新时代坚持和发展中国特色社会主义的基本方略，作出了一系列重大决策部署，解决了许多长期想解决而没有解决的难题，办成了许多过去想办而没有办成的大事，有力促进了中国特色社会主义制度更加完善，有力推进了国家治理体系和治理能力现代化，有力保障了中国经济快速发展奇迹和社会长期稳定奇迹，有力提升了中国法治在全球治理中的影响力。这些重大成就的取得，根本在于习近平法治思想的正确指引，也有力证明了习近平法治思想的科学真理性。

## 二、深刻认识习近平法治思想的重大意义

深入学习贯彻习近平法治思想，必须深刻把握其政治意义、理论意义、实践意义、世界意义，切实增强学习贯彻的思想自觉、政治自觉和行动自觉，做到学思用贯通、知信行统一。

习近平法治思想揭示了社会主义法治的生命力和优越性，必将增强广大干部群众走中国特色社会主义法治道路的信心。习近平法治思想是从源远流长的中华法律文明传统和蓬勃发展的社会主义法治实践中形成的伟大理论成果，充分揭示了中国特色社会主义法治道路、理论、制度、文化的生命力和优越性，是习近平新时代中国特色社会主义思想的“法治篇”。深入研究阐释和宣传贯彻习近平法治思想，有利于统一广大干部群众的思想认识，增强“四个意识”，坚定“四个自信”，做到“两个维护”，坚定不移走中国特色社会主义法治道路，进一步巩固全党全国人民团结奋斗的共同思想基础。

习近平法治思想开辟了马克思主义法治理论新境界，必将引领中国特色社会主义法治理论创新发展。习近平法治思想既坚持了马克思主义法治理论的基本立场、观点和方法，又在法治理论上有许多重大突破、重大创新、重大发展，为马克思主义法治理论发展作出了原创性贡献。深入研究阐释习近平法治思想，有利于拓展和创新中国特色社会主义法治理论，构建中国特色法学学科体系、学术体系和话语体系，增强新时代全面依法治国的政治定力、前进动力。

习近平法治思想擘画了新时代全面依法治国的宏伟蓝图，必将引领法治中国建设迈向良法善治新境界。习近平法治思想深刻总结了古今中外治国理政经验特别是党领导人民依法治国的成功经验，体现出深远的战略思维、鲜明的政治导向、强烈的历史担当、真挚的为民情怀，是引领法治中国建设迈向良法善治新境界的强大思想武器。在全面建设社会主义现代化国家新征程中，深入学习宣传贯彻习近平法治思想，有利于激发全党全国人民投身法治中国建设的巨大热情，加快建设中国特色社会主义法治体系、建设社会主义法治国家。

习近平法治思想凝聚了法治建设的中国经验和中国智慧，必将有力提升中国法治的国际话语权和影响力。随着我国日益走近世界舞台的中央，世界上越来越多的国家和人民对“中国奇迹”背后的中国法治故事感兴趣，希望深入了解“中国之治”背后的中国法治经验。习近平法治思想对中国特色社会主义法治作出了权威、精准的阐释，加强对习近平法治思想的对外宣传阐释工作，可以让国际社会更深入地了解中国特色社会主义法治，更充分地学习借鉴法治建设的中国经验、中国智慧，扩大中国法治在全球法治舞台上的话语权和影响力。

## 三、学深悟透习近平法治思想的核心要义

深入学习贯彻习近平法治思想，必须吃透基本精神、把握核心要义、明确工作要求，做到知其言更知其义，知其然更知其所以然，不断提高马克思主义理论水平和运用能力。

一是学深悟透关于全面依法治国政治方向的重要观点。习近平法治思想深刻回答了全面依法

治国由谁领导、依靠谁、走什么道路等大是大非问题，科学指明了中国特色社会主义法治的前进方向。我们要深刻认识到党的领导是中国特色社会主义法治之魂，自觉坚持党对全面依法治国的领导，健全党领导全面依法治国的制度和工作机制，推进党的领导制度化、法治化，通过法治保障党的路线方针政策有效实施。要深刻认识到全面依法治国最广泛、最深厚的基础是人民，自觉坚持以人民为中心，积极回应人民群众新要求新期待，系统研究谋划和解决法治领域人民群众反映强烈的突出问题，不断增强人民群众获得感、幸福感、安全感，用法治保障人民安居乐业。要深刻认识到中国特色社会主义法治道路是建设社会主义法治国家的唯一正确道路，自觉坚持从中国国情和实际出发，走适合自己的法治道路，决不能照搬别国模式和做法，决不能走西方“宪政”、“三权鼎立”、“司法独立”的路子。

二是学深悟透关于全面依法治国战略地位的重要观点。习近平法治思想从坚持和发展中国特色社会主义、实现中华民族伟大复兴的长远考虑出发，深刻回答了为什么要全面依法治国的问题，科学指明了全面依法治国的战略定位。我们要充分认识到全面依法治国是新时代坚持和发展中国特色社会主义的基本方略，努力在全面建设社会主义现代化国家新征程上更好发挥法治固根本、稳预期、利长远的保障作用。要充分认识到全面依法治国是党领导人民治理国家的基本方式，善于运用法治思维和法治手段巩固执政地位、改善执政方式、提高执政能力，保证党和国家长治久安。要充分认识到全面依法治国是国家治理的一场深刻革命，坚持在法治轨道上推进国家治理体系和治理能力现代化，有效保障国家治理体系的系统性、规范性、协调性。

三是学深悟透关于全面依法治国工作布局的重要观点。习近平法治思想深刻回答了全面依法治国如何谋篇布局的问题，科学指明了中国特色社会主义法治的战略布局。我们要坚持把建设中国特色社会主义法治体系作为总抓手，加快形成完备的法律规范体系、有效的法治实施体系、严密的法治监督体系、有力的法治保障体系、完善的党内法规体系。要深刻认识全面依法治国是一项系统工程，坚持依法治国、依法执政、依法行政共同推进，法治国家、法治政府、法治社会一体建设，增强法治的系统性、整体性、协同性。

四是学深悟透关于全面依法治国主要任务的重要观点。习近平法治思想深刻回答了全面依法治国如何重点突破的问题，科学指明了中国特色社会主义法治的战略安排。要坚持依宪治国、依宪执政，以宪法为根本活动准则，维护宪法尊严，保证宪法实施，确保宪法确定的中国共产党领导地位不动摇，宪法确定的人民民主专政的国体和人民代表大会制度的政体不动摇。要坚持全面推进科学立法、严格执法、公正司法、全民守法，深入推进法治领域改革，提高立法质量和效率，深化行政执法体制改革，深化司法体制综合配套改革，建设社会主义法治文化，全面提升法治的权威性和公信力。要坚持统筹推进国内法治和涉外法治，加快涉外法治工作战略布局，加快我国法域外适用法律体系建设，善于综合利用立法、执法、司法等手段开展斗争，占领法治制高点，坚决维护国家主权、尊严和核心利益。

五是学深悟透关于全面依法治国重大关系的重要观点。习近平法治思想从马克思主义立场、观点和方法出发，深刻回答了如何正确处理全面依法治国重大关系问题，科学指明了法治中国建设的认识论和方法论。要正确处理政治和法治的关系，社会主义法治必须坚持党的领导，党的领导必须依靠社会主义法治。要正确处理改革与法治的关系，坚持在法治下推进改革，在改革中完善法治。要正确处理法治和德治的关系，充分发挥法律的规范作用、道德的教化作用，实现法治和德治相辅相成、相得益彰。要正确处理依法治国和依规治党的关系，发挥依法治国和依规治党的互补性作用，确保党既依据宪法法律治国理政，又依据党内法规管党治党、从严治党。

六是学深悟透关于全面依法治国基础保障的重要观点。习近平法治思想深刻回答了全面依法治国需要什么保障的问题，科学指明了全面依法治国的人才支撑和“关键少数”。要加快推进法治专门队伍革命化、正规化、专业化、职业化建设，加强理想信念教育，深入开展社会主义核心价值观和社会主义法治理念教育，做到忠于党、忠于国家、忠于人民、忠于法律。要加强法律服务队伍建设，教育引导法律服务工作者坚持正确政治方向，依法依规诚信执业，认真履行社会责任，满腔热忱投身社会主义法治国家建设。要坚持抓住领导干部这个“关键少数”，推动各级领导干部带头尊崇法治、敬畏法律，了解法律、掌握法律，不断提高运用法治思维和法治方式深化改革、推动发展、化解矛盾、维护稳定、应对风险的能力，做尊法学法守法用法的模范。

## 四、充分发挥习近平法治思想的实践伟力

深入贯彻落实习近平法治思想，关键在于发挥好习近平法治思想的真理力量，筑法治之基、行法治之道、积法治之势，在法治中国建设新征程上实现新担当新作为。

一是加强习近平法治思想的宣传阐释，推动科学思想落地生根。要抓紧建设高水平的习近平法治思想研究基地，推动形成习近平法治思想研究学术高地，对习近平法治思想深入开展学理化阐释、学术化表达、体系化构建，推出一批有分量、有深度的研究成果。坚持把学习贯彻习近平法治思想作为干部教育培训的重要任务，组织开展学习研讨培训活动，真正做到学懂弄通、入脑入心。坚持把习近平法治思想作为法治人才培养的核心内容，推动习近平法治思想进教材、进课堂、进头脑，使之成为法学专业学生观察、思考、处理法治问题的世界观和方法论。扎实开展习近平法治思想宣讲活动，统筹运用各类媒体平台和宣传渠道开展立体化、互动式的理论宣讲，推动习近平法治思想走进群众、深入人心，让法治成为广大人民群众的思维方式和行为习惯。

二是坚持以习近平法治思想统领法治理论研究，加快推进中国特色社会主义法治理论创新。要坚持以习近平法治思想为引领，加强对法治实践成熟经验的系统总结，对法治建设新情况新问题的深入研究，概括出有规律性的新认识，提炼出有学理性的新理论，发展符合中国实际、具有中国特色、体现社会发展规律的社会主义法治理论。要深入挖掘和传承中华优秀传统法律文化精华，合理学习和借鉴世界优秀法治文明成果，打造具有中国特色和国际视野的法学理论体系和法治话语体系，做中国法学的创造者、世界法学的贡献者。要立足全面依法治国新任务新要求，积极推动法学传统学科转型升级，大力发展法学新兴学科，积极开拓法学交叉学科研究，不断完善具有中国特色、中国气派的法学学科体系。

三是坚持以习近平法治思想指导法治实践，全面提升法治工作质效。要紧紧围绕把握新发展阶段、贯彻新发展理念、构建新发展格局中的法治问题，坚持以习近平法治思想为指导，研究提出有价值、可操作的政策措施，为全面建设社会主义现代化国家提供有力法治保障。要紧紧抓住建设中国特色社会主义法治体系这个“牛鼻子”，坚持以习近平法治思想引领科学立法、严格执法、公正司法、全民守法，推动法治工作质量变革、效率变革、动力变革，把科学思想转化为全面建设社会主义法治国家的生动实践。组织开展多渠道、宽领域、深层次的对外法治交流活动，做好习近平法治思想的对外传播工作，善于开展涉外法律斗争，提升我国在国际法治事务中的话语权和影响力。

中国特色社会主义法治事业已走过千山万水，新征程新目标仍然需要跋山涉水。我们要更加紧密地团结在以习近平同志为核心的党中央周围，深入学习宣传贯彻习近平法治思想，加快推进法治中国建设，为全面建设社会主义现代化国家、实现中华民族伟大复兴的中国梦提供有力法治保障，以优异成绩迎接中国共产党成立一百周年！

（本文发表于《求是》2021 年第 3 期。）

# 建设好运用好国家法律法规数据库 为人民群众提供权威便利公共法律服务

——在国家法律法规数据库开通仪式上的讲话

（2021 年 2 月 24 日）

王　晨

在十三届全国人大四次会议即将召开之际，我们在这里举行国家法律法规数据库开通仪式，共同见证我国法律法规数字化工作的又一进展。建设国家法律法规数据库，是学习贯彻习近平法治思想、推进全面依法治国的一项基础性工作，是“十三五”国家政务信息化工程的一项重要任务。全国人

大常委会对这项工作高度重视,从 2011 年十一届全国人大常委会研究立项开始,历经三届全国人大常委会,可谓是“十年磨一剑”。十三届全国人大常委会成立以来,栗战书委员长多次作出批示,提出明确要求。经过各方面多年来的共同努力,国家法律法规数据库已经建成,目前收录了宪法和现行有效法律 275 件,法律解释 25 件,有关法律问题和重大问题的决定 147 件,行政法规 609 件,地方性法规、自治条例和单行条例、经济特区法规 16000 余件,司法解释 637 件,涵盖了中国特色社会主义法律体系最主要的内容。

今天,国家法律法规数据库即将正式开通,这饱含着全国人大机关和各相关单位许多同志的辛勤汗水和无私奉献。这里,我代表栗战书委员长,代表全国人大常委会,向中央军委、国家监委、最高人民法院、最高人民检察院、司法部、北京市人大常委会等国家法律法规数据库协作委员会成员单位,向中央网信办和所有参与数据库设计、建设、运行、维护的有关单位和同志们,表示衷心的感谢!

党的十八大以来,以习近平同志为核心的党中央从坚持和发展中国特色社会主义的全局和战略高度定位法治、布局法治、厉行法治,引领我国社会主义法治建设发生历史性变革、取得历史性成就,开创了全面依法治国新局面。2020 年 11 月召开的中央全面依法治国工作会议,明确了习近平法治思想在全面依法治国中的指导地位,为加快建设中国特色社会主义法治体系、建设社会主义法治国家指明了前进方向、提供了根本遵循。前不久,党中央印发《法治中国建设规划(2020—2025 年)》和《法治政府建设实施纲要》、《法治社会建设实施纲要》,对法治国家、法治政府、法治社会一体建设,依法治国、依法执政、依法行政共同推进作出全面部署。在全面建设社会主义现代化国家踏上新征程的重要时刻,我们开通国家法律法规数据库,具有特殊重要的意义。

第一,这是学习贯彻习近平法治思想、推进全面依法治国的实际行动。国家法律法规数据库由国家立法机关联合有关国家机关组建运行,整合各单位各地方的立法信息,收录宪法法律、法律解释、行政法规、地方性法规、自治条例和单行条例、经济特区法规、司法解释等,是了解中国特色社会主义法律体系的重要窗口,是法律法规数据的“国家库”“基础库”,具有极高的权威性和规范性。建成并开通国家法律法规数据库,对于深入学习贯彻习近平法治思想,促进中国特色社会主义法律体系系统集成和协调统一,增强法律法规公开工作的及时性、系统性、便利性,弘扬法治精神,加强法治建设,都将发挥十分重要的支撑和推动作用。

第二,这是建设网络强国、促进法治建设与信息化工作有机融合的具体举措。习近平总书记对网络强国建设提出明确要求,指出“没有信息化就没有现代化”,“要以信息化推进国家治理体系和治理能力现代化”。信息技术的飞速发展,为新时代法治中国建设提供了新工具、注入了新动能。法治中国建设规划明确提出,全面建设“智慧法治”,推进法治中国建设的数据化、网络化、智能化。国家法律法规数据库适应信息时代潮流,向社会发布最新、最完备、最权威的法律法规信息,提供全方位、全业务、全时空的公共法律服务,必将进一步夯实全面依法治国的数字化基础,更好助力法治中国建设。

第三,这是积极回应新时代人民群众法治需求的民心工程。全面依法治国最广泛、最深厚的基础是人民。当前,人民群众办事依法、遇事找法、解决问题靠法的观念不断增强,对立法、执法、司法、守法等各方面都有了更高要求。国家法律法规数据库为全社会学法用法提供了一个有益平台,为社会公众提供了看得见、找得着、用得上的法律服务公共产品,让法治服务及时方便“飞入寻常百姓家”,有利于进一步提升人民群众在法治领域的获得感、幸福感、安全感。

建设国家法律法规数据库是一项长期的系统工程,今天的开通仪式只是迈出了第一步,今后还有大量艰巨繁重的任务。要深入学习贯彻习近平法治思想,进一步增强责任感、使命感,持之以恒建设好、开放好、运行好、维护好、宣传好国家法律法规数据库。

一是把这项基础性工作抓紧抓实,更好体现中国特色社会主义法治体系建设成果。坚持共建共享、统筹协调、稳中求进,在权威高效、便捷畅通上下功夫,进一步扩大数据收录范围,加大信息共享力度,完善工作协调机制,提高数据更新时效,使法律法规和规范性文件全面准确实现数字化、信息化。

二是把这个重要平台建好建强,为人民群众和社会各方面提供更权威、更便利的服务。国家法律法规数据库是观察和了解中国法治建设成就,展示中国制度、中国之治的一个重要窗口。要始终坚持以人民为中心,广泛听取各界用户意见建议,完善应用和服务,加强宣传和推广,推动社会各方面更多地知晓数据库、运用数据库,推动全社会形成尊法学法守法用法的法治氛围。

三是把这个重要工具用好用足，推动提升立法质量和效率。数据库基于全国人大常委会备案审查信息平台而建设，要做好与备案审查工作的衔接，推动完善备案审查工作机制程序，及时发现和审查规范性文件之间不一致、不协调、不适应的问题，切实维护国家法治统一。要以国家法律法规数据库的开通为契机，充分利用大数据和现代化信息技术，加强对数据库信息的分析和运用，为立法工作提供支撑和参考，在新的起点上推动立法工作再上新水平。

我相信，在大家共同努力下，国家法律法规数据库一定会越办越好！

# 习近平法治思想是马克思主义法治理论中国化的新发展新飞跃

王　晨*

新时代孕育新思想，新思想指导新实践。党的十八大以来，习近平总书记在领导全面依法治国的伟大实践中，提出一系列法治新理念新思想新战略，创新发展了中国特色社会主义法治理论，创立了习近平法治思想，这是马克思主义法治理论中国化的新发展新飞跃。2020 年 11 月，中央全面依法治国工作会议正式明确提出习近平法治思想，并将其确立为新时代全面依法治国的指导思想，这在马克思主义法治理论发展史和中国社会主义法治建设史上具有里程碑意义。习近平法治思想是一个内涵丰富、论述深刻、逻辑严密、系统完备的科学理论体系，是马克思主义法治理论中国化的最新成果，是习近平新时代中国特色社会主义思想的重要组成部分，是全面依法治国的根本遵循和行动指南。

## 一、习近平法治思想是内涵丰富、系统完备的科学理论体系

习近平法治思想具有科学的理论形态、鲜明的理论风格和辩证的理论思维，从历史和现实相贯通、国际和国内相关联、理论和实际相结合上深刻回答了新时代为什么实行全面依法治国、怎样实行全面依法治国等一系列重大问题，指明了全面依法治国的政治方向、重要地位、工作布局、重点任务、重大关系、重要保障。习近平法治思想覆盖改革发展稳定、内政外交国防、治党治国治军等各方面的法治问题，在概念上系统集成、逻辑上有机衔接、话语上自成一体，展现出深厚的理论底蕴、缜密的逻辑架构和鲜明的价值指向，是我们党的历史上、中华人民共和国历史上、社会主义发展史上最为全面、系统、科学的法治理论体系。

习近平法治思想的主要内容和理论精髓，集中体现为习近平总书记在中央全面依法治国工作会议上提出的“十一个坚持”，从理论逻辑上可以分为六个方面。

### （一）关于全面依法治国政治方向的理论观点

全面依法治国的政治方向决定法治建设的成败得失，全面依法治国的政治方向集中体现在全面依法治国由谁领导、为了谁依靠谁、走什么路等问题上，习近平法治思想科学回答了这些根本性问题，为我们提高法治领域的政治判断力、政治领悟力和政治执行力提供了科学指导。我们要深刻认识到“党的领导是中国特色社会主义法治之魂，是我们的法治同西方资本主义国家的法治最大的区别”①“坚持中国特色社会主义法治道路，最根本的是坚持中国共产党的领导”②，自觉地把党的领导贯彻到依法治国全过程和各方面，更好落实全面依法治国基本方略。要深刻认识到“以人民为中心”是社会主义法治的核心价值，全面依法治国最广泛、最深厚的基础是人民，必须坚持为了人民、依靠人民。要把体现人民利益、反映人民意愿、维护人民权益、增进人民福祉、促进人的全面发展作为法治建设的出发点和落脚点，不断增强人民群众获得

---

* 中共中央政治局委员，全国人大常委会副委员长，中国法学会会长。

① 习近平：《在省部级主要领导干部学习贯彻党的十八届四中全会精神全面推进依法治国专题研讨班上的讲话》（2015 年 2 月 2 日），载中共中央文献研究室编：《习近平关于全面依法治国论述摘编》，中央文献出版社 2015 年版，第 35 页。

② 习近平：《加快建设社会主义法治国家》（2014 年 10 月 23 日），载习近平：《论坚持全面依法治国》，中央文献出版社 2020 年版，第 106 页。

感、幸福感、安全感、公平感。要深刻认识到“中国特色社会主义法治道路，是社会主义法治建设成就和经验的集中体现，是建设社会主义法治国家的唯一正确道路”[③]，在法治建设实践中自觉坚持党的领导、坚持中国特色社会主义制度、贯彻中国特色社会主义法治理论。要从中国国情和实际出发，走适合自己的法治道路，决不能照搬别国模式和做法，决不能走西方“宪政”“三权鼎立”“司法独立”的路子。

（二）关于全面依法治国重要地位的理论观点

习近平法治思想从坚持和发展中国特色社会主义、实现中华民族伟大复兴的长远考虑出发，深刻回答了为什么要全面依法治国的问题，科学指明了全面依法治国的战略定位。我们要深刻认识到全面依法治国是新时代坚持和发展中国特色社会主义的基本方略，在“五位一体”总体布局和“四个全面”战略布局中具有基础性、引领性、支撑性作用；深刻认识到全面依法治国是国家治理的一场深刻革命，要敢于啃硬骨头、涉险滩、闯难关，大刀阔斧地推进法治领域的改革，坚决破除一切妨碍依法执政、依法治国、依法行政、依法治军、依法办事的体制机制弊端和思想观念；深刻认识到全面依法治国既是中国特色社会主义的本质要求，也是中国特色社会主义的重要保障，在全面建设社会主义现代化国家新征程上，在实现中华民族伟大复兴的中国梦的前进道路上，我们要更加重视法治、厉行法治，更好发挥法治固根本、稳预期、利长远的重要保障作用，更加有效地运用法治应对重大挑战、抵御重大风险、克服重大阻力、解决重大矛盾。

（三）关于全面依法治国工作布局的理论观点

如何推进全面依法治国，工作布局很关键、是引领。习近平总书记从坚持和发展中国特色社会主义的总体布局和战略全局出发，提出“坚持在法治轨道上推进国家治理体系和治理能力现代化”“坚持建设中国特色社会主义法治体系”“坚持依法治国、依法执政、依法行政共同推进，法治国家、法治政府、法治社会一体建设”三个理论命题，科学回答了全面依法治国谋篇布局的问题，既为全面依法治国指明了总目标，又为全面依法治国推出了总抓手。我们要深刻把握习近平法治思想中的战略思维、系统思维和辩证思维，锚定总目标、用好总抓手，奋力开辟法治中国建设的新局面。

（四）关于全面依法治国重点任务的理论观点

在确定全面依法治国战略和工作布局的同时，习近平总书记从全面建设社会主义现代化国家的目标要求出发，从把握新发展阶段、贯彻新发展理念、构建新发展格局的实际需要出发，提出了当前和今后一个时期全面依法治国的重点任务。全面贯彻实施宪法是全面依法治国的首要任务，要坚持依宪治国、依宪执政，更好展现国家根本法的力量、更好发挥国家根本法的作用。科学立法、严格执法、公正司法、全民守法是全面依法治国的关键环节，要坚持全面推进科学立法、严格执法、公正司法、全民守法，继续推进法治领域改革，解决好立法、执法、司法、守法等领域的突出矛盾和问题。国内法治和涉外法治是法治中国建设的两个基本面向，要坚持统筹推进国内法治和涉外法治，坚决维护国家主权、尊严和核心利益。我们要全面把握上述重点任务，以重点突破带动全面依法治国各项任务整体顺利推进。

（五）关于全面依法治国重大关系的理论观点

全面依法治国涉及一系列重大辩证关系，如何正确认识和处理这些重大辩证关系，事关法治道路、法治效能和法治成败。习近平总书记以高屋建瓴的政治智慧和精准练达的辩证思维，深刻分析了政治和法治、民主和专政、改革和法治、发展和安全、依法治国和以德治国、依法治国和依规治党等关系，并一一作出了科学论述，厘清了这些问题上的模糊认识和错误观点，为正确认识和处理这些关系释明了马克思主义的立场、观点和方法。

（六）关于全面依法治国重要保障的理论观点

全面依法治国需要坚强有力的保障体系，包括政治保障、制度保障、思想保障、组织保障、人才保障、运行保障、科技保障等。习近平总书记深刻论述了全面依法治国的各项保障问题。其中，基于人才强国、人才强法的基本理念，强调全面依法治国必须重视法治工作队伍建设，必须抓住领导干部这个“关键少数”，重视发挥领导干部关键作用，要求各级领导干部带头尊崇法治、敬畏法律，了解法律、掌握法律，不断提高运用法治思维和法治方式深化改革、推动发展、化解矛盾、维护稳定、应对风险的能力，做尊法学法守法用法的模范。

## 二、习近平法治思想是马克思主义法治理论中国化的最新成果

习近平法治思想的形成和发展，体现了马克思主义法治理论既一脉相承又与时俱进的理论逻辑。

③　习近平：《关于〈中共中央关于全面推进依法治国若干重大问题的决定〉的说明》（2014 年 10 月 20 日），载前注②，第 93 页。

“在人类思想史上，没有一种思想理论像马克思主义那样对人类产生了如此广泛而深刻的影响。”④“这一理论犹如壮丽的日出，照亮了人类探索历史规律和寻求自身解放的道路。”⑤马克思主义法治理论是马克思主义理论体系的有机组成部分，其精髓贯穿在马克思、恩格斯、列宁的经典著作中，是人类法治思想史上弥足珍贵的精神财富。马克思、恩格斯第一次深刻揭示了法与阶级和阶级斗争的内在联系，法与国家和政权之间的必然联系，法与社会物质生活条件的因果联系，法在不同社会形态和国家形态中的不同功能和价值，透彻分析了法律、法治和法学的基本原理，提出了许多重要的法治思想，创立了科学的法学世界观、方法论和价值论。马克思主义法治理论以其鲜明的历史唯物主义原理，揭示了人类法治发展的一般规律，剖析了资本主义法治发展的特殊规律，阐明了共产主义社会的根本法理，是人类思想史、法学史上的伟大变革，产生了广泛而持久的影响力。

从建党的开天辟地，到新中国成立的改天换地，到改革开放的翻天覆地，再到党的十八大以来党和国家事业取得历史性成就、发生历史性变革，中国共产党人坚持马克思主义基本原理同中国具体实际相结合，不断推进马克思主义中国化时代化。在这一历史进程中，中国共产党人团结带领全国人民经过长期奋斗，完成新民主主义革命和社会主义革命，建立起中华人民共和国和社会主义基本制度，进行了社会主义建设的艰辛探索，实现了中华民族从东亚病夫到站起来的伟大飞跃；改革开放以来，进行了建设中国特色社会主义新的伟大实践，使中国大踏步赶上了时代，实现了中华民族从站起来到富起来的伟大飞跃；在中国特色社会主义新时代，进行伟大斗争、建设伟大工程、推进伟大事业、实现伟大梦想，推动党和国家事业取得全方位、开创性历史成就，发生深层次、根本性历史变革，中华民族迎来了从富起来到强起来的伟大飞跃。与此同时，伴随着20世纪以来中国社会的巨大变革和马克思主义的历史性飞跃，马克思主义法治理论中国化的过程波澜壮阔、与时俱进，不断取得新发展、开辟新境界。

（一）毛泽东思想的法治理论的诞生，开启了马克思主义法治理论中国化新进程

在新民主主义革命、社会主义革命和建设的伟大实践中，以毛泽东同志为主要代表的中国共产党人，把马克思列宁主义的基本原理同中国革命的具体实践结合起来，创立了毛泽东思想。毛泽东思想包含着丰富的法治理论。毛泽东思想的法治理论不仅翻开了中国法律思想史的崭新一页，而且为新民主主义法制和社会主义法制建设奠定了理论基础。其深刻阐述了新民主主义法制的基本理论，为建设新民主主义法制指明了方向；创造性地提出了“党内法规”概念，推进党的规范化制度化建设，维护党的团结统一、凝聚党的伟大力量；深刻论述了社会主义国家制度和法律制度的基本原理，为建设工人阶级领导的、以工农联盟为基础的人民民主专政的国体、人民代表大会制度的政体和国家基本制度确立了理论基础；精辟论述了关于正确认识和处理两类不同性质矛盾的学说，形成了具有中国特色的刑事策略思想。正是在毛泽东思想的法治理论指引下，我们创立了社会主义新法制，开启了社会主义法治新纪元，确定了社会主义新中国的基本政治制度、经济制度、立法体制、司法制度以及社会主义法制的基本原则，制定了数百部法律、法令、法规，为社会主义革命和建设提供了必要的法律依据和保障。

（二）中国特色社会主义法治理论的形成，谱写了马克思主义法治理论中国化新篇章

党的十一届三中全会以来，以邓小平同志为主要代表的中国共产党人，总结新中国成立以来正反两方面的经验，解放思想，实事求是，实现全党工作中心向经济建设的转移，实行改革开放，逐步形成了建设中国特色社会主义的路线、方针、政策，阐明了在中国建设社会主义、巩固和发展社会主义的基本问题，创立了邓小平理论。党的十三届四中全会以来，以江泽民同志为主要代表的中国共产党人，在建设中国特色社会主义的实践中，加深了对什么是社会主义、怎样建设社会主义和建设什么样的党、怎样建设党的认识，积累了治党治国新的宝贵经验，形成了“三个代表”重要思想。党的十六大以来，以胡锦涛同志为主要代表的中国共产党人，坚持以邓小平理论和“三个代表”重要思想为指导，根据新的发展要求，深刻认识和回答了新形势下实现什么样的发展、怎样发展等重大问题，形成了以人为本、全面协调可持续发展的科学发展观。邓小平理论、“三个代表”重要思想和科学发展观蕴含着丰富的法治理论，形成并不断发展了中国特色社会主义法治理论。中国特色社会主义法治理论明确提

---

④　习近平：《在纪念马克思诞辰200周年大会上的讲话》（2018年5月4日），载《求是》2018年第10期，第5页。

⑤　前注④，习近平文，第4页。

出搞“四个现代化”必须“一手抓建设，一手抓法制”，必须实行“有法可依，有法必依，执法必严，违法必究，在法律面前人人平等”的原则，“必须使民主制度化、法律化，使这种制度和法律不因领导人的改变而改变，不因领导人的看法和注意力的改变而改变”⑥。“依法治国，建设社会主义法治国家”⑦，“要坚持依法治国和以德治国相结合”⑧，“发展社会主义民主政治，最根本的是要把坚持党的领导、人民当家作主和依法治国有机统一起来”⑨，“依法治国首先要依宪治国，依法执政首先要依宪执政”⑩，等等。正是在中国特色社会主义法治理论指引下，1982 年宪法即现行宪法公布实施，开启了中国特色社会主义法治建设新时期；形成了以宪法为核心的中国特色社会主义法律体系，建立起了适应社会主义市场经济、民主政治、先进文化、和谐社会、生态文明、对外开放所需要的法律制度，为新时期改革开放和社会主义现代化建设提供了有力的法治保障。

（三）习近平法治思想的创立，实现了马克思主义法治理论中国化新飞跃

党的十八大以来，以习近平同志为主要代表的中国共产党人，顺应时代发展，从理论和实践结合上系统回答了新时代坚持和发展什么样的中国特色社会主义、怎样坚持和发展中国特色社会主义这个重大时代课题，创立了习近平新时代中国特色社会主义思想。在习近平新时代中国特色社会主义思想指导下，中国共产党领导全国各族人民，统揽伟大斗争、伟大工程、伟大事业、伟大梦想，推动中国特色社会主义进入了新时代。习近平新时代中国特色社会主义思想包含着丰富的法治理论，集中体现我们党在法治领域的理论创新。习近平总书记在领导法治中国建设谋新篇、开新局实践中，以厉行法治的坚定意志、奉法强国的雄才大略、依规治党的远见卓识，深刻回答了新时代全面依法治国的重大理论和实践问题，提出了一系列具有原创性、独创性和集成性意义的全面依法治国新理念新思想新战略，创立了习近平法治思想。

长期以来，习近平总书记从党和国家长治久安的战略层面思考和谋划法治建设，深化了全面依法治国的理论基础，夯实了奉法强国的政治信念。习近平总书记指出：“人类社会发展的事实证明，依法治理是最可靠、最稳定的治理。”⑪“法治和人治问题是人类政治文明史上的一个基本问题，也是各国在实现现代化过程中必须面对和解决的一个重大问题。综观世界近现代史，凡是顺利实现现代化的国家，没有一个不是较好解决了法治和人治问题的。相反，一些国家虽然也一度实现快速发展，但并没有顺利迈进现代化的门槛，而是陷入这样或那样的‘陷阱’，出现经济社会发展停滞甚至倒退的局面。后一种情况很大程度上与法治不彰有关。”⑫“历史是最好的老师。经验和教训使我们党深刻认识到，法治是治国理政不可或缺的重要手段。法治兴则国家兴，法治衰则国家乱。什么时候重视法治、法治昌明，什么时候就国泰民安；什么时候忽视法治、法治松弛，什么时候就国乱民怨。”⑬基于这些历史唯物主义法治观点，习近平总书记提出“全面依法治国”，并把全面依法治国纳入“四个全面”战略布局，进而上升为坚持和发展中国特色社会主义的基本方略之一，强调“要把全面依法治国放在‘四个全面’的战略布局中来把握，深刻认识全面依法治国同其他三个‘全面’的关系，努力做到‘四个全面’相辅相成、相互促进、相得益彰”⑭。“依法治国是坚持和发展中国特色社会主义的本质要求和重要保障，是实现国家治理体系和治理能力现代化的必然要求。我们要实现经济发展、政治清明、文化昌盛、社会公正、生态良好，必须更好发挥法治引领

---

⑥ 邓小平：《解放思想，实事求是，团结一致向前看》（1978 年 12 月 13 日），载《邓小平文选》（第 2 卷），人民出版社 1994 年版，第 146 页。

⑦ 江泽民：《高举邓小平理论伟大旗帜，把建设有中国特色社会主义事业全面推向二十一世纪》（1997 年 9 月 12 日），载中共中央文献研究室编：《十五大以来重要文献选编》（上），中央文献出版社 2011 年版，第 26 页。

⑧ 《江泽民论有中国特色社会主义（专题摘编）》，中央文献出版社 2002 年，第 337 页。

⑨ 江泽民：《全面建设小康社会，开创中国特色社会主义事业新局面》（2002 年 11 月 8 日），载中共中央文献研究室编：《十六大以来重要文献选编》（上），中央文献出版社 2011 年版，第 24 页。

⑩ 胡锦涛：《在首都各界纪念全国人民代表大会成立五十周年大会上的讲话》（2004 年 9 月 15 日），载《胡锦涛文选》（第 2 卷），人民出版社 2016 年版，第 232 页。

⑪ 习近平：《推进澳门“一国两制”成功实践走稳走实走远》（2014 年 12 月 20 日），载《习近平谈治国理政》（第 2 卷），外文出版社 2017 年版，第 424 页。

⑫ 习近平：《在中共十八届四中全会第二次全体会议上的讲话》（2014 年 10 月 23 日），载前注①，中共中央文献研究室编书，第 12 页。

⑬ 前注⑫，习近平文，第 8 页。

⑭ 习近平：《把全面依法治国放在“四个全面”战略布局中来把握》（2015 年 2 月 2 日），载前注②，习近平书，第 145 页。

和规范作用。"[15]"我们面对的改革发展稳定任务之重前所未有，矛盾风险挑战之多前所未有，依法治国地位更加突出、作用更加重大。我们必须坚定不移贯彻依法治国基本方略和依法执政基本方式，坚定不移领导人民建设社会主义法治国家。"[16]"全面推进依法治国，是我们党从坚持和发展中国特色社会主义出发、为更好治国理政提出的重大战略任务，也是事关我们党执政兴国的一个全局性问题。落实好这项重大战略任务，对推动经济持续健康发展、维护社会和谐稳定、实现社会公平正义，对全面建成小康社会、实现中华民族伟大复兴，都具有十分重大的意义。"[17]习近平总书记用这种历史唯物主义法治战略思想教育全党和全国人民要坚定不移走奉法强国之路，更好发挥法治固根本、稳预期、利长远的保障作用。

为了深入推进全面依法治国，加快建设法治中国，习近平总书记提出了"十一个坚持"，即：坚持党对全面依法治国的领导，坚持以人民为中心，坚持中国特色社会主义法治道路，坚持依宪治国、依宪执政，坚持在法治轨道上推进国家治理体系和治理能力现代化，坚持建设中国特色社会主义法治体系，坚持依法治国、依法执政、依法行政共同推进，法治国家、法治政府、法治社会一体建设，坚持全面推进科学立法、严格执法、公正司法、全民守法，坚持统筹推进国内法治和涉外法治，坚持建设德才兼备的高素质法治工作队伍，坚持抓住领导干部这个"关键少数"。[18] 这"十一个坚持"是对马克思主义法治理论和中国特色社会主义法治理论的创造性发展，开辟了马克思主义法治理论中国化的新境界。

马克思主义法治理论中国化的百年历程，充分体现了马克思主义法治理论中国化的这些理论成果是"既一脉相承又与时俱进的科学理论"，充分展现了习近平法治思想具有守正创新的理论品格，是科学性、人民性、实践性的有机统一，是当代中国马克思主义法治理论、二十一世纪马克思主义法治理论。

## 三、习近平法治思想是习近平新时代中国特色社会主义思想的重要组成部分

习近平法治思想是习近平新时代中国特色社会主义思想的重要组成部分，是习近平新时代中国特色社会主义思想的"法治篇"。鉴于其在习近平新时代中国特色社会主义思想体系中的战略构成意义、鲜明理论风格、丰富科学内涵以及深入推进全面依法治国的实践需要，习近平法治思想的提出具有重大理论意义和实践意义。

### （一）习近平法治思想是习近平新时代中国特色社会主义思想在法治领域的重要理论成果

习近平总书记在党的十九大报告中指出，新时代中国特色社会主义思想的核心内容是"八个明确"和"十四个坚持"。"八个明确"，即"明确坚持和发展中国特色社会主义，总任务是实现社会主义现代化和中华民族伟大复兴，在全面建成小康社会的基础上，分两步走在本世纪中叶建成富强民主文明和谐美丽的社会主义现代化强国；明确新时代我国社会主要矛盾是人民日益增长的美好生活需要和不平衡不充分的发展之间的矛盾，必须坚持以人民为中心的发展思想，不断促进人的全面发展、全体人民共同富裕；明确中国特色社会主义事业总体布局是'五位一体'、战略布局是'四个全面'，强调坚定道路自信、理论自信、制度自信、文化自信；明确全面深化改革总目标是完善和发展中国特色社会主义制度、推进国家治理体系和治理能力现代化；明确全面推进依法治国总目标是建设中国特色社会主义法治体系、建设社会主义法治国家；明确党在新时代的强军目标是建设一支听党指挥、能打胜仗、作风优良的人民军队，把人民军队建设成为世界一流军队；明确中国特色大国外交要推动构建新型国际关系，推动构建人类命运共同体；明确中国特色社会主义最本质的特征是中国共产党领导，中国特色社会主义制度的最大优势是中国共产党领导，党是最高政治领导力量，提出新时代党的建设总要求，突出政治建设在党的建设中的重要地位"[19]。"十四个坚持"，即"坚持党对一切工作的领导""坚持以人民为中心""坚持全面深化改革""坚

---

⑮　习近平：《在中共十八届四中全会第一次全体会议上关于中央政治局工作的报告》(2014 年 10 月 20 日)，载前注①，中共中央文献研究室编书，第 4—5 页。

⑯　习近平：《在中共中央召开的党外人士座谈会上的讲话》(2014 年 8 月 19 日)，载前注①，中共中央文献研究室编书，第 4 页。

⑰　前注⑫，习近平文，第 7 页。

⑱　参见习近平：《坚定不移走中国特色社会主义法治道路　为全面建设社会主义现代化国家提供有力法治保障》，载《求是》2021 年第 5 期，第 6—14 页。

⑲　习近平：《决胜全面建成小康社会　夺取新时代中国特色社会主义伟大胜利——在中国共产党第十九次全国代表大会上的报告》，2017 年 10 月 18 日在中国共产党第十九次全国代表大会上。

持新发展理念”“坚持人民当家作主”“坚持全面依法治国”“坚持社会主义核心价值体系”“坚持在发展中保障和改善民生”“坚持人与自然和谐共生”“坚持总体国家安全观”“坚持党对人民军队的绝对领导”“坚持‘一国两制’和推进祖国统一”“坚持推动构建人类命运共同体”“坚持全面从严治党”。[20]从思想构成来看，全面依法治国既是“八个明确”之一，又是“十四个坚持”之一。不仅如此，“八个明确”中的其他任何一项都与法治有着紧密的逻辑关联，都对依法治国和法治建设有着重大而深远的指导意义；“十四个坚持”中的其他任何一项也都与坚持全面依法治国密不可分、息息相关。可以说，习近平法治思想贯穿于中国特色社会主义伟业的各个领域各个方面各个环节。所以，作出习近平法治思想是习近平新时代中国特色社会主义思想的重要组成部分的论断，有充分的科学理据和实践依据，也有重大的现实需要。

（二）习近平法治思想是习近平新时代中国特色社会主义思想体系的重要构成

党的十八大以来，习近平总书记作为党中央的核心、全党的核心，不断深化对国家治理规律的探索和认识，不断总结建党一百年、新中国成立七十余年、改革开放四十余年来治党治国的经验教训，得出厉行法治、全面依法治国是关系我们党执政兴国、关系人民幸福安康、关系党和国家长治久安的重大战略问题，是坚持和完善中国特色社会主义制度、推进国家治理体系和治理能力现代化的重要方面，是建设社会主义现代化强国、实现中华民族伟大复兴的可靠保证。我们党越来越深刻认识到，“治国理政须臾离不开法治”[21]“没有全面依法治国，我们就治不好国、理不好政，我们的战略布局就会落空”[22]。

习近平总书记在中央全面依法治国工作会议上强调，只有全面依法治国才能有效保障国家治理体系的系统性、规范性、协调性，才能最大限度凝聚社会共识。法治作为治国理政的基本方式，必将渗透到经济和社会生活各个方面。同时，推进全面依法治国，是解决党和国家事业发展面临的一系列重大问题，解放和增强社会活力、促进社会公平正义、维护社会和谐稳定、确保党和国家长治久安的根本要求。对中国特色社会主义来说，法治具有基础性、保障性作用，因而习近平法治思想也就具有根本性、支撑性，并成为习近平新时代中国特色社会主义思想中不可或缺的重要组成部分。

法治及法治思想是上层建筑的重要组成部分，决定于经济基础，同时又反作用于经济基础，某些时刻甚至起到决定性作用。改革开放以来的实践充分说明，法治建设既是法治本身的“自转”，也是围绕中国特色社会主义伟大事业的“公转”。习近平法治思想的最大特色，就是坚持胸怀天下论法治、立足全局谋法治、着眼整体行法治，注重发挥法治全方位、全链条、全领域的突出特点，不断增强法治的影响力、辐射力、穿透力，把法治贯彻到改革发展稳定、内政外交国防、治党治国治军各领域各方面各环节，最大限度释放法治在推动中国特色社会主义事业发展中的强大功能。正是在习近平法治思想的领航定向下，依法治国基本方略和依法执政基本方式始终贯穿于“五位一体”总体布局和“四个全面”战略布局中，有力推进了国家治理体系和治理能力现代化进程，有力保障了政治稳定、经济发展、文化繁荣、民族团结、人民幸福、社会安宁、国家统一，有力推动了中国治理迈向“中国之治”新境界，充分彰显中国特色社会主义法治的显著优势。这充分说明了习近平法治思想不仅是习近平新时代中国特色社会主义思想的组成部分，而且是其中具有“四梁八柱”意义的重要组成部分。

（三）习近平法治思想是习近平新时代中国特色社会主义思想的重要理论板块

从逻辑关系上看，习近平法治思想与习近平新时代中国特色社会主义思想是部分与整体的关系。必须以系统思维、整体视角、贯通观点认识和理解习近平法治思想与习近平新时代中国特色社会主义思想之部分与整体的关系。只有把习近平法治思想置于习近平新时代中国特色社会主义思想这个大体系中，才能更加准确把握习近平法治思想的重大意义和科学定位；也只有认真学习领会和深刻认识习近平法治思想的科学体系、丰富内涵、精髓要义，掌握贯穿其中的马克思主义的立场观点方法，用以武装头脑、指导实践、推动工作，才能更加深刻准确地把握习近平新时代中国特色社会主义思想。

党的十九大以来，以习近平同志为核心的党中央总结治党治国治军、内政外交国防等各领域各方面的思想理论成就，明确提出了习近平新时代中国

---

[20] 参见前注⑲，《决胜全面建成小康社会　夺取新时代中国特色社会主义伟大胜利——在中国共产党第十九次全国代表大会上的报告》。

[21] 习近平：《在中央全面依法治国委员会第一次会议上的讲话》（2018年8月24日），载前注②，习近平书，第227页。

[22] 前注⑭，习近平文，第145页。

特色社会主义经济思想、习近平法治思想、习近平生态文明思想、习近平强军思想、习近平外交思想。这五个分领域思想都是习近平新时代中国特色社会主义思想这个科学思想体系的重要理论板块。习近平法治思想与党中央提出的其他分领域思想和习近平总书记关于党和国家工作系列重要论述是相辅相成、相得益彰的。我们要始终把学习研究习近平法治思想与学习研究习近平新时代中国特色社会主义经济思想、习近平生态文明思想、习近平强军思想、习近平外交思想和习近平新时代中国特色社会主义思想的其他内容联系起来、结合起来、贯通起来，注意与其他重要论述之间的内在联系，做到一体学习、一体领会、一体贯彻，以各领域科学思想的合力深入推动全面依法治国取得新成效、实现新突破。

## 四、习近平法治思想是全面依法治国的根本遵循和行动指南

一切伟大的实践，都需要科学理论的正确指引。习近平总书记指出："全面推进依法治国，法治理论是重要引领。没有正确的法治理论引领，就不可能有正确的法治实践。"[23]"推进全面依法治国是国家治理的一场深刻变革，必须以科学理论为指导，加强理论思维"[24]。党的十八大以来，我国社会主义法治建设发生历史性变革、取得历史性成就，全面依法治国实践取得重大进展，根本在于坚持党的全面领导，坚持习近平法治思想的科学指引。

习近平法治思想既是中国特色社会主义法治实践经验的总结，也是新时代全面依法治国事业的指导思想。深入推进全面依法治国，必须始终坚持以习近平法治思想为根本遵循，悉心把握中国法治建设面临的历史性任务，积极稳步推进全面依法治国的伟大实践，着力解决影响法治高质量发展的体制性、机制性、保障性问题，从把握新发展阶段、贯彻新发展理念、构建新发展格局的实际出发，围绕建设中国特色社会主义法治体系、建设社会主义法治国家的总目标，坚持党的领导、人民当家作主、依法治国有机统一，把习近平法治思想转化为做好全面依法治国各项工作的强大动力，转化为推进法治建设的思路举措，转化为全面建设社会主义法治国家的生动实践，不断开创法治中国建设新局面。

### （一）习近平法治思想科学指明了中国特色社会主义法治建设的正确政治方向和法治道路

方向决定道路，道路决定命运。坚持党的领导、坚持以人民为中心、坚持中国特色社会主义法治道路是全面依法治国最根本的政治方向，决定着法治建设的成败得失。

坚持党的领导是社会主义法治的根本要求，是全面推进依法治国的题中应有之义和根本保证。习近平总书记指出，全面推进依法治国是一个系统工程，是国家治理领域一场广泛而深刻的革命。"系统工程"意味着全面依法治国不仅涉及经济建设、政治建设、文化建设、社会建设、生态文明建设、国防军队建设、党的建设等各领域，涉及改革发展稳定、内政外交国防、治党治国治军等各个方面，而且是长期历史任务，只有发挥党总揽全局、协调各方、总体设计、统一布局的领导作用，才能完成全面依法治国这一"系统工程"的总规划，才有希望实现全面依法治国、建设法治中国的总目标，只有坚持党对全面依法治国的领导，才能使这个系统工程科学有序运转、持续深入推进。

坚持以人民为中心，是习近平法治思想的根本政治立场。习近平总书记指出，全面依法治国最广泛、最深厚的基础是人民，建设中国特色社会主义法治体系、建设社会主义法治国家，必须"坚持以人民为中心"，坚持法治建设为了人民、依靠人民，"这是我们的制度优势，也是中国特色社会主义法治区别于资本主义法治的根本所在"。坚持以人民为中心的法治立场，就要把体现人民利益、反映人民愿望、维护人民权益、增进人民福祉、促进公平正义落实到全面依法治国各领域全过程。

坚持中国特色社会主义法治道路是新时代建设中国特色社会主义法治体系和社会主义法治国家、推进法治中国建设、实现法治强国梦的唯一正确的道路，也是最适合中国国情的法治道路。习近平总书记指出："具体讲我国法治建设的成就，大大小小可以列举出十几条、几十条，但归结起来就是开辟了中国特色社会主义法治道路这一条。"[25]中国特色社会主义法治道路是管总的，从根本上保证了我国社会主义法治建设的正确方向。坚持中国特色社会主义法治道路，核心要义是坚持中国共

---

[23] 习近平：《全面做好法治人才培养工作》（2017年5月3日），载前注②，习近平书，第175页。

[24] 前注⑱，习近平文，第15页。

[25] 前注②，习近平文，第105页。

产党的领导，坚持中国特色社会主义制度，贯彻中国特色社会主义法治理论。

坚持党的领导，坚持以人民为中心，坚持中国特色社会主义法治道路，这三条规定和确保了中国特色社会主义法治体系和社会主义法治国家的制度属性和前进方向，确立了新时代全面依法治国的根本性质和根本要求，描绘了法治中国建设的鲜明特征和标识，既是推进中国特色社会主义法治体系建设和社会主义法治国家建设的根本遵循，也是推进国家治理现代化的行动指南，是不可偏离的轨道，也是不能逾越的红线，必须深入把握、全面贯彻、不断发展。

（二）习近平法治思想科学指明了法治在国家治理体系和治理能力现代化中的“轨道”作用

在党的十八届四中全会上，习近平总书记首次明确提出“在法治轨道上推进国家治理体系和治理能力现代化”的重大理论命题。[26] 在中央全面依法治国工作会议上，习近平总书记进一步把“坚持在法治轨道上推进国家治理体系和治理能力现代化”作为全面依法治国重大战略任务，作为习近平法治思想的核心要义。[27] 在中央全面依法治国委员会第三次会议上，习近平总书记在讲话中提出“坚持全面依法治国，夯实中国之治的制度根基”[28]。习近平总书记的这些论述，深刻揭示出法治与国家治理息息相关的内在逻辑。

“国家治理体系和治理能力是一个国家制度和制度执行能力的集中体现。国家治理体系是在党领导下管理国家的制度体系，包括经济、政治、文化、社会、生态文明和党的建设等各领域体制机制、法律法规安排，也就是一整套紧密相连、相互协调的国家制度；国家治理能力则是运用国家制度管理社会各方面事务的能力，包括改革发展稳定、内政外交国防、治党治国治军等各个方面。国家治理体系和治理能力是一个有机整体，相辅相成，有了好的国家治理体系才能提高治理能力，提高国家治理能力才能充分发挥国家治理体系的效能。”[29]国家治理体系和治理能力现代化是新时代中国社会主义现代化的题中之义和必然要求。而无论是国家治理体系的完善，还是国家治理能力的提升，法治都扮演着“轨道”角色，即发挥着规范、引领和保障作用。法治是国家治理体系的依托，是国家治理能力的体现，是国家治理效能的保证。我国社会主义法治凝聚着我们党治国理政的理论成果和实践经验，凝聚着中华民族治理国家的智慧和人类制度文明的精髓，具有支撑国家治理的强大制度力量。我国宪法确认了中国共产党的执政地位，确认了党在国家政权结构中总揽全局、协调各方的核心地位，规定了人民当家作主的根本政治制度，规定了以马克思主义为指导的意识形态根本制度，规定了中国特色社会主义各项基本制度和重要制度，为国家治理提供了最基本最稳定最可靠的制度保障。党的十八大以来，习近平总书记基于在法治轨道上推进国家治理体系和治理能力现代化的战略思想，深刻阐释了依法治国与国家治理的关系、法治体系与国家治理体系的关系、国家治理现代化与国家治理法治化的关系等一系列重大理论问题，提出了加快建立健全科学完备的法律规范体系、推动执法司法公正高效权威、厚植依法治国社会基础等重大部署，夯实了中国之治的制度根基。

法治是推进国家治理现代化的根本遵循，全面依法治国是国家治理现代化的必由之路，这个逻辑必然促使我们加快推进法治建设、构建中国特色社会主义法治体系，为国家有效治理和治理现代化提供制度支撑和保障。正如习近平总书记所指出的：“‘立善法于天下，则天下治；立善法于一国，则一国治。’推进国家治理体系和治理能力现代化，当然要高度重视法治问题，采取有力措施全面推进依法治国，建设社会主义法治国家，建设法治中国。”[30]

（三）习近平法治思想科学指明了全面建设社会主义现代化国家新阶段法治中国建设的战略目标和重要举措

党的十九大以来，以习近平同志为核心的党中央不断深化对新时代法治中国建设规律的认识，在深入研判中华民族伟大复兴战略全局和世界百年未有之大变局、系统总结党的十八大以来全面依法治国鲜活经验的基础上，提出了全面建设社会主义现代化国家新阶段的战略目标和重要举措。

党的十九届四中全会通过的《中共中央关于坚

[26] 参见前注③，习近平文，第94页。

[27] 参见前注⑱，习近平文，第10页。

[28] 习近平：《推进全国依法治国，发挥法治在国家治理体系和治理能力现代化中的积极作用》（2020年2月5日），载前注②，习近平书，第272页。

[29] 习近平：《切实把思想统一到党的十八届三中全会精神上来》（2013年11月12日），载《习近平谈治国理政》，外文出版社2014年版，第91页。

[30] 习近平：《在省部级主要领导干部学习贯彻十八届三中全会精神全面深化改革专题研讨班上的讲话》（2014年2月17日），载前注①，中共中央文献研究室编书，第3页。

持和完善中国特色社会主义制度、推进国家治理体系和治理能力现代化若干重大问题的决定》，提出"坚持和完善中国特色社会主义法治体系，提高党依法治国、依法执政能力"，并就"健全保证宪法全面实施的体制机制""完善立法体制机制""健全社会公平正义法治保障制度""加强对法律实施的监督"等作出决策部署。党的十九届五中全会通过的《中共中央关于制定国民经济和社会发展第十四个五年规划和二〇三五年远景目标的建议》，根据党的十九大对实现第二个百年奋斗目标作出分两个阶段推进的战略安排，提出到2035年，基本实现国家治理体系和治理能力现代化，人民平等参与、平等发展权利得到充分保障，基本建成法治国家、法治政府、法治社会。为此，要"坚持法治国家、法治政府、法治社会一体建设，完善以宪法为核心的中国特色社会主义法律体系，加强重点领域、新兴领域、涉外领域立法，提高依法行政水平，完善监察权、审判权、检察权运行和监督机制，促进司法公正，深入开展法治宣传教育，有效发挥法治固根本、稳预期、利长远的保障作用，推进法治中国建设。促进人权事业全面发展"。

实现这个中期目标，"十四五"时期是关键。为此，中共中央印发《法治中国建设规划（2020—2025年）》，提出"坚定不移走中国特色社会主义法治道路，奋力建设良法善治的法治中国"。该《规划》强调，建设法治中国，必须坚持依法治国、依法执政、依法行政共同推进，坚持法治国家、法治政府、法治社会一体建设。"共同推进"和"一体建设"是法治中国的核心要义。习近平总书记指出，"建设法治中国，必须坚持依法治国、依法执政、依法行政共同推进，坚持法治国家、法治政府、法治社会一体建设"[31]。"共同推进"和"一体建设"是全面依法治国的科学方法。习近平总书记指出，"全面推进依法治国是一个系统工程，是国家治理领域一场广泛而深刻的革命"[32]，必须"在共同推进上着力，在一体建设上用劲"[33]，以此科学方法来解决法治建设中"各自为政"的问题，切实增强法治建设的系统性、整体性、协同性。习近平总书记还以系统思维和辩证思维的方法论，论述了如何坚持"共同推进"和"一体建设"，强调"依法治国、依法执政、依法行政是一个有机整体，关键在于党要坚持依法执政、各级政府要坚持依法行政"[34]。"法治国家、法治政府、法治社会三者各有侧重、相辅相成，法治国家是法治建设的目标，法治政府是建设法治国家的主体，法治社会是构筑法治国家的基础。"[35]

建设法治中国，必须加快推进中国特色社会主义法治体系建设。一要加强党对立法工作的领导，完善党委领导、人大主导、政府依托、各方参与的立法工作格局。深入推进科学立法、民主立法、依法立法，不断提高立法质量和效率，加强重点领域、新兴领域、涉外领域立法，特别是推动贯彻新发展理念、构建新发展格局、保障高质量发展的法律法规，形成完备的法律规范体系。二要深入推进依宪执政、严格执法、公正司法、全民守法，形成高效的法治实施体系。三要抓紧完善权力运行制约和监督机制，规范立法、执法、司法机关权力行使，形成党统一领导、全面覆盖、权威高效、系统严密的法治监督体系。四要加强政治、组织、队伍、人才、科技、信息等保障，为全面依法治国提供重要支撑，形成有力的法治保障体系。五要坚持依法治国和依规治党有机统一，以党章为根本，以民主集中制为核心，不断完善党的组织法规、党的领导法规、党的自身建设法规、党的监督保障法规，形成内容科学、程序严密、配套完备、运行有效的党内法规体系。

在世界百年未有之大变局下建设法治中国，必须统筹推进国内法治和涉外法治。百年未有之大变局意味着世界秩序的震荡重构、世界力量的"东升西降"以及国际法治的时代嬗变。在这一时代背景下，习近平总书记高瞻远瞩、审时度势，及时提出"统筹推进国内法治和涉外法治""协调推进国内治理和国际治理"，依法维护国家主权、安全和发展利益。当前，在国内法治和涉外法治两个大局中，涉外法治存在不少短板和弱项。我们要按照党中央部署要求，加快涉外法治工作战略布局，强化法治思维，运用法治方式，综合运用立法、执法、司法等手段开展涉外斗争，有效应对挑战、防范风险。例如，健全外商投资国家安全审查、反垄断审查、国家技术安全清单管理、不可靠实体清单等制度，提高应对境外安全风险能力和反制能力；要以"一带一路"等我国海外利益密集、海外安全问题突出的地区为重点，建立健全海外法律和安全风险的评估预防机制，确保我国海外投资项目安全；要加快推进我国法域外适用的法律体系建设，强化涉外法律服务，维护我国公民、法人在海外及外

---

[31] 前注③，习近平文，第85页。
[32] 前注③，习近平文，第102页。
[33] 前注②，习近平文，第113页。
[34] 前注㉑，习近平文，第229页。
[35] 前注㉑，习近平文，第229—230页。

国公民、法人在我国的正当权益；要建立健全域外法律查明机制，加强专门法院、仲裁机构、调解组织建设，提高涉外案件司法裁判水平，提高商事争端纠纷仲裁和调解的效果和公信力，更好服务“一带一路”建设和国际经济贸易；要研究不同法系、不同国家的法律，特别要熟悉大国的法律体系和执法司法程序，掌握制度竞争和法律博弈的主动权。

统筹推进国内法治和涉外法治，还要着眼于推动全球治理体系变革，推动构建人类命运共同体。坚定不移地维护《联合国宪章》这一处理国际关系的根本遵循和国际秩序稳定的重要基石，坚持以制度和规则协调各国关系和利益，始终做多边主义的践行者，带头做国际法治的倡导者和维护者，坚定维护以联合国为核心的国际体系和以国际法为基础的国际秩序，坚定维护联合国在国际事务中的核心作用。要积极参与国际规则制定，善于在国际规则制定中发出更多中国声音、注入更多中国元素；积极参与执法安全国际合作和司法协助，共同打击暴力恐怖势力、民族分裂势力、宗教极端势力和贩毒走私、跨国有组织犯罪等犯罪活动；加强反腐败国际合作，加大海外追逃追赃、遣返引渡力度。

法治实践永不止步，理论创新永无止境。中国特色社会主义法治理论是包容开放的理论体系，必然随着中国特色社会主义法治建设实践而不断创新发展，必然在新时代朝气蓬勃的法治进步中永葆生命活力、展示显著优势。习近平总书记强调要坚持守正创新的学风，对马克思主义理论既要长期坚持又要不断丰富发展，要求我们加强对中国特色社会主义法治的理论研究，深入总结党领导人民进行法治建设的实践经验和成就，创新发展中国特色社会主义法治理论，构筑中国特色法学学科体系、学术体系和话语体系。在中央全面依法治国工作会议上，习近平总书记进一步强调指出：“推进全面依法治国是国家治理的一场深刻变革，必须以科学理论为指导，加强理论思维，从理论上回答为什么要全面依法治国、怎样全面依法治国这个重大时代课题，不断从理论和实践的结合上取得新成果，总结好、运用好党关于新时代加强法治建设的思想理论成果，更好指导全面依法治国各项工作。”㊱我们要认真贯彻落实习近平总书记重要指示精神，坚持以习近平新时代中国特色社会主义思想为指导，在学深悟透做实习近平法治思想的同时，持续深化、拓展习近平法治思想研究，为全面依法治国、建设法治中国、实现国家治理体系和治理能力现代化发展新理论、作出新贡献。

（本文已发《中国法学》2021 年 2 期。）

# 在积极推动民法典实施座谈会上的讲话

（2021 年 4 月 15 日）

王 晨

中国法学会召开本次座谈会的主要任务是，以习近平新时代中国特色社会主义思想为指导，深入贯彻习近平法治思想，认真总结民法典编纂经验，推动民法典全面贯彻实施，努力让民法典走到群众身边、走进群众心里，使民法典不仅助力全面建成小康社会，而且可以在全面建设社会主义现代化国家新征程中发挥更大作用。刚才，许安标、贺小荣、张雪樵、熊选国、王利明、陈本宇等 6 位同志分别从立法、执法、司法、普法、法学研究、基层治理等角度作了发言，讲得都很好，听完很受启发。下面，我讲两方面意见。

## 一、深入学习领会习近平总书记关于民法典的重要论述，总结好民法典编纂经验

民法典是新时代中国特色社会主义法治建设的重大标志性立法成果，是新中国第一部以法典命名的法律。民法典编纂工作的顺利完成，是贯彻习近平法治思想的生动实践。从党的十八届四中全会提出编纂民法典这一重大政治任务和立法任务以来，习近平总书记就民法典编纂、实施、宣传等

㊱ 前注⑱，习近平文，第 15 页。

工作发表一系列重要讲话，作出一系列重要指示，为我们做好民法典编纂、实施、宣传工作提供了根本遵循。习近平总书记关于民法典的重要论述，立意高远、思想深邃、内涵丰富，深刻阐明了民法典在全面依法治国和国家治理现代化中的地位作用，深刻揭示了法典编纂、实施和发展的一般规律，是习近平法治思想的重要组成部分，是我们尊崇民法典、学习民法典、宣传民法典、实施民法典、研究民法典、发展民法典的行动指南。

习近平总书记精辟总结了我们党成立以来民事法律制定的历史、民法典制定和编纂的历程。回顾建党百年历史，我们党一直高度重视民事法律制定实施，在革命、建设、改革各个历史时期制定了一大批民事商事法律，为编纂民法典奠定了基础、积累了经验。党的十八大以来，以习近平同志为核心的党中央顺应实践发展要求和人民群众期待，党的十八届四中全会对编纂民法典作出部署，经过5年多工作，在系统总结制度建设成果和实践经验的基础上，通过对我国现行的民事法律制度规范进行系统整合、编订纂修，民法典终于颁布实施，实现了几代人的夙愿。我们党成立以来民事法律制定的历史、民法典制定和编纂的历程告诉我们，法典编纂不是一蹴而就的，需要在党中央的集中统一领导下付出艰苦的努力。我们必须总结好民法典编纂的丰富经验，坚定信心，乘势而上，在新的起点上推动民法典实施取得新的更大成效。

习近平总书记深刻阐明了我国民法典的重大意义。习近平总书记指出，民法典在中国特色社会主义法律体系中具有重要地位，是一部固根本、稳预期、利长远的基础性法律，对推进全面依法治国、加快建设社会主义法治国家，对发展社会主义市场经济、巩固社会主义基本经济制度，对坚持以人民为中心的发展思想、依法维护人民权益、推动我国人权事业发展，对推进国家治理体系和治理能力现代化，都具有重大意义。习近平总书记这一重要论述，是关于民法典在法律体系和国家治理中重要地位和作用的最新论断。习近平总书记还就民法典在提高我们党治国理政水平方面的重要作用作了创造性的阐述，指出民法典是全面依法治国的重要制度载体，很多规定同有关国家机关直接相关，直接涉及公民和法人的权利义务关系。国家机关履行职责、行使职权必须清楚自身行为和活动的范围和界限。习近平总书记对民法典重大意义的阐述，为规范公权力行使、促进法治政府建设提供了重要遵循，是对中国特色社会主义法治理论的重要创新。

习近平总书记精准概括了我国民法典的主要特色。我国民法典，是一部体现我国社会主义性质、符合人民利益和愿望、顺应时代发展要求的民法典，是一部体现对生命健康、财产安全、交易便利、生活幸福、人格尊严等各方面权利平等保护的民法典，是一部具有鲜明中国特色、实践特色、时代特色的民法典。从中国特色来看，我国民法典汲取了中华民族5000多年优秀法律文化，规定了社会主义基本经济制度，将适应中国特色社会主义发展要求、弘扬社会主义核心价值观作为重要的立法宗旨，体现了民法典的社会主义性质。习近平总书记多次强调，我国民法典是中国特色社会主义的民法典，不等同于一些西方国家的民法典。从实践特色来看，我国民法典系统整合了新中国成立70多年来长期实践形成的民事法律规范，合理借鉴了人类法治文明建设有益经验，是中国特色社会主义法治建设特别是民事法治实践的最新成果。从时代特色来看，我国民法典充分反映了中国特色社会主义进入新时代，人民群众在民主、法治、公平、正义、安全、环境等方面日益增长的美好生活需要，积极回应了互联网时代、高科技时代的法治需求。习近平总书记精准概括的“三大特色”，是我国民法典屹立于世界民法典之林的显著特点，我们应当长期坚持并不断发展。

民法典开创了我国法典编纂立法的先河，具有里程碑意义。总结实践，主要有七条重要经验：一是习近平总书记掌舵领航、党中央权威和集中统一领导是民法典编纂工作取得成功的根本依靠。二是坚持以习近平新时代中国特色社会主义思想为指导，全面贯彻习近平法治思想，是民法典编纂工作取得成功的根本保证；三是坚持党的领导和中国特色社会主义制度是民法典编纂工作取得成功的根本优势；四是坚持以人民为中心，以保护民事权利为出发点和落脚点，充分实现好、维护好、发展好最广大人民的根本利益，是民法典编纂工作取得成功的根本前提；五是坚持立足国情和实际，以实践需求指引立法方向，提高民事法律制度的针对性、有效性、适应性，是民法典编纂工作取得成功的根本立场；六是坚持依法治国和以德治国相结合，注重将社会主义核心价值观融入民事法律规范，是民法典编纂工作取得成功的根本支撑；七是坚持科学立法、民主立法、依法立法，着力增强民事法律规范的系统性、完整性，衔接好法典化民事法律制度下各类规范之间的关系，是民法典编纂工作取得成功的根本方法。要总结运用好民法典编纂的这些有益经验，把握立法规律，深入开展研究，在条件成熟时适时推动其他立法领域法典编纂工作，不断完善以宪法为核心的中国特色社会主义法律体系。

## 二、坚持以习近平新时代中国特色社会主义思想为指导，深入学习贯彻习近平法治思想，推动民法典全面贯彻实施

法律的生命力在于实施，法律的权威也在于实施。习近平总书记十分重视民法典贯彻实施，2021年2月在贵州考察时指出，“突出解决好教育、养老、医疗、住房等问题，加强疾病预防控制体系建设，推进民法典实施，加强预防和化解社会矛盾机制建设”等。民法典颁布以来，中央各部门各单位认真学习贯彻习近平总书记关于民法典的重要论述，加强民法典宣传教育，开展民法典涉及法规、规章、司法解释及其他规范性文件专项审查和集中清理工作，迅速兴起了学习民法典、宣传民法典、实施民法典的热潮，取得了显著成效，为贯彻实施好民法典打下了坚实基础。2021年1月施行以来，民法典在促进民事关系和谐有序、社会稳定安宁等方面取得积极成效，关于禁止高空抛物、离婚冷静期等条款的适用很受关注，出现了许多成功、生动的典型案例，民法典在社会上的反响热烈、正面，得到广大干部群众的积极评价和称赞。目前法律正式实施才几个月，还需要持续用心用力推动。

民法典的贯彻实施涉及经济社会生活方方面面，覆盖立法、执法、司法、守法、普法等各环节。广大法学法律工作者要坚持以习近平新时代中国特色社会主义思想为指导，深入学习贯彻习近平法治思想，深入学习贯彻习近平总书记关于民法典的重要论述，增强“四个意识”、坚定“四个自信”、做到“两个维护”，不断提高政治判断力、政治领悟力、政治执行力，把习近平法治思想贯彻落实到民法典实施的全过程和各方面。要不断提高对民法典重大意义的认识，把民法典的核心要义、基本原则、基本要求把握准、理解深、理解透，带头学习好、宣传好、贯彻好民法典，以更高的政治站位、更强的责任担当、更有力的工作举措，推动民法典全面贯彻实施，为“十四五”开好局起好步提供有力法治保障。

第一，继续加强民法典重大意义的宣传教育，不断增强贯彻实施民法典的主动性、自觉性、坚定性。要切实抓好民法典重大意义的宣传教育，推动民法典宣传教育制度化、常态化、长效化，教育引导广大干部群众完整把握、准确理解、全面落实民法典。要讲清楚实施好民法典是坚持以人民为中心、保障人民权益实现和发展的必然要求。民法典实施得好，人民群众权益就会得到法律保障，人与人之间的交往活动就会更加有序，社会就会更加和谐。要讲清楚实施好民法典是发展社会主义市场经济、巩固社会主义基本经济制度的必然要求。民法典对坚持和完善社会主义基本经济制度、促进社会主义市场经济繁荣发展具有十分重要的意义。要讲清楚实施好民法典是提高我们党治国理政水平的必然要求。民法典实施水平和效果，是衡量各级党和国家机关履行为人民服务宗旨的重要尺度。

第二，加强民事立法相关工作，不断增强民事法律规范的系统性、完整性。习近平总书记指出：“民法典颁布实施，并不意味着一劳永逸解决了民事法治建设的所有问题，仍然有许多问题需要在实践中检验、探索，还需要不断配套、补充、细化。”要适应改革开放和社会主义现代化建设要求，加强同民法典相关联、相配套的法律法规制度建设。不断总结实践经验，修改完善相关法律法规和司法解释。对同民法典规定和原则不一致的国家有关规定，要进一步做好清理、修改、废止工作，确保民法典统一正确实施。要发挥法律解释的作用，及时明确法律规定含义和适用法律依据，保持民法典稳定性和适应性相统一，切实维护社会主义法制的统一、尊严、权威。要深刻认识经济社会不断发展、经济社会生活中各种利益关系不断变化对民法典实施带来的新情况新问题，深刻认识新技术、新产业、新业态和人们新的工作方式、交往方式、生活方式不断涌现对民事立法提出的新课题，比如快递业就属于新业态，其中最大的问题就是快递员的养老保险金等基本保障，需要特别关注、加强研究。深刻认识新发展阶段、新发展理念、新发展格局对民法典实施提出的新要求，坚持问题导向，适应技术发展进步新需要，在新的实践基础上推动民法典不断完善和发展。要围绕“十四五”规划和2035年远景目标纲要确定的各项任务举措，针对数字经济、人工智能、大数据、云计算等新技术新应用及其催生的一系列新业态新模式，及时制定修改相关法律法规，为贯彻新发展理念、构建新发展格局、推动高质

量发展贡献法治力量。要积极回应人民群众新要求新期待,及时解决民事领域人民群众反映强烈的突出问题,不断增强人民群众获得感、幸福感、安全感,为人民安居乐业提供法治保障。

第三,加强民法典执法司法活动,切实维护民法典权威。严格规范公正文明执法,提高司法公信力,是维护民法典权威的有效手段。民法典既为公民、法人和其他组织从事民事活动提供了行为规范,又为政府机关依法行政提供了法律依据。要以保证民法典有效实施为重要抓手推进法治政府建设,把民法典作为行政决策、行政管理、行政监督的重要标尺,不得违背法律法规随意作出减损公民、法人和其他组织合法权益或增加其义务的决定。要规范行政许可、行政处罚、行政强制、行政征收、行政收费、行政检查、行政裁决等活动,提高依法行政能力和水平,依法严肃处理侵犯群众合法权益的行为和人员。要落实民法典确立的“平等原则”,依法平等保护国有、民营、外资等各种所有制企业产权和自主经营权,完善各类市场主体公平竞争的法治环境。民事案件同人民群众权益联系最直接最密切。强化民事司法保护,是贯彻实施民法典、落实司法为民的重要举措。要秉持公正司法,提高民事案件审判水平和效率。要加强民事司法工作,提高办案质量和司法公信力。要及时完善相关民事司法解释,使之同民法典及有关法律规定和精神保持一致,统一民事法律适用标准。要加强涉及财产权保护、人格权保护、知识产权保护、生态环境保护等重点领域的民事审判工作和监督指导工作,及时回应社会关切。要加强民事检察工作,加强对司法活动的监督,畅通司法救济渠道,保护公民、法人和其他组织合法权益,坚决防止以刑事案件名义插手民事纠纷、经济纠纷。法律服务队伍是全面依法治国的重要力量。民法典专业性较强,实施中要充分发挥律师事务所和律师等法律专业机构、专业人员的作用,为人民群众提供专业、精准、高效的法律服务,帮助群众实现和维护自身合法权益,同时要发挥人民调解、商事仲裁等多元化纠纷解决机制的作用,加强法律援助、司法救助等工作,通过社会力量和基层组织务实解决民事纠纷,多方面推进民法典实施工作。

第四,加强民法典普法工作,推动民法典成为人民群众的真诚信仰和行为准则。习近平总书记指出:“民法典要实施好,就必须让民法典走到群众身边、走进群众心里。”要认真落实“谁执法谁普法”普法责任制,广泛开展民法典普法工作,将其作为“十四五”时期普法工作的重点来抓,列入“八五”普法规划,引导群众认识到民法典既是保护自身权益的法典,也是全体社会成员都必须遵循的规范,养成自觉守法的意识,形成遇事找法的习惯,培养解决问题靠法的意识和能力。要把民法典纳入国民教育体系,加强对青少年民法典教育。民法典将“弘扬社会主义核心价值观”作为一项重要的立法目的,体现坚持依法治国和以德治国相结合的鲜明中国特色。要自觉弘扬和践行社会主义核心价值观,把社会主义核心价值观贯穿于民法典实施全过程,强化规则意识,倡导契约精神,维护公序良俗,使社会主义核心价值观内化为人们的精神追求,外化为人们的自觉行动。民法典专业术语很多,必须加强解读。要坚持线上线下相结合,运用各类融媒体手段和平台,以群众喜闻乐见、丰富多彩的形式,开展立体化、互动式的普法活动,增强民法典普法的针对性和实效性。要聚焦民法典总则编和各分编需要把握好的核心要义和重点问题,阐释好民法典关于民事活动平等、自愿、公平、诚信等基本原则,阐释好民法典关于坚持主体平等、保护财产权利、便利交易流转、维护人格尊严、促进家庭和谐、追究侵权责任等基本要求,阐释好民法典一系列新规定新概念新精神,让民法典真正融入百姓生活,成为人民群众的真诚信仰,化作人们日常生活的行为准则。

第五,加强我国民事法律制度理论研究,不断完善中国特色民法理论体系和话语体系。我国民事法律制度正是伴随着新时期改革开放和社会主义现代化建设的历史进程而形成并不断发展完善的,是中国特色社会主义法律制度的重要组成部分。民法典的编纂既全面体现了改革开放以来我国民事法律制度理论研究的成果,也极大地促进了民法学研究的繁荣发展。在民法典编纂过程中,中国法学会提供了大量可借鉴的意见,广大学者发挥了重要作用。也要看到,同日新月异的民法实践相比,我国民法理论体系和话语体系建设还要进一步加强。广大法学法律工作者要全面贯彻习近平法治思想,立足我国国情和实际,总结好、运用好民法典编纂经验,加强对民事法律制度的理论研究,不断完善具有鲜明中国特色、实践特色、时代特色的民法理论体系和话语体系,为全面有效实施民法典、发展我国民事法律制度提供理论支撑。要加强中国特色民法理论体系和话语体系的构建和传播,讲好民法典的中国故事,总结好民法典的中国经验,努力以中国智慧、中国实践为人类法治文明建设作出新贡献。要建设一支政治过硬、德法兼修、融通民法理论与实践、立足中国实际、具有全球视野的法治工作队伍，为推进民法典全面有效实施提供坚强的人才保障。

同志们，让我们更加紧密地团结在以习近平同志为核心的党中央周围，扎实工作，履职尽责，更好推动民法典贯彻实施，为坚持和完善中国特色社会主义制度、全面建设社会主义现代化国家、实现中华民族伟大复兴的中国梦而努力奋斗，以优异成绩迎接中国共产党成立一百周年！

# 在北京理工大学调研时的讲话

（2021 年 4 月 25 日）

王　晨

我们即将迎来中国共产党百年华诞。在全党深入开展党史学习教育的重要时刻，很高兴同中国延安精神研究会副会长令狐安、艾平、李卫红、理事胡木英和工信部副部长王江平等同志一道，来到北京理工大学就“延安精神进校园”活动进行调研，同赵长禄书记等学校领导同志、各位老师同学一起深入学习贯彻习近平总书记在党史学习教育动员大会上的重要讲话精神并座谈。几位同志刚才的发言都很好，大家都表示要学习百年党史，弘扬延安精神，传承红色基因，报效国家发展，全面落实立德树人根本任务，更好服务全面建设社会主义现代化国家宏伟目标。

中国延安精神研究会高度重视在青年中传承弘扬延安精神，积极探索符合青年特点的工作方法和模式。今年以来，中国延安精神研究会与延河高校人才培养联盟的九所高校联合开展了延安精神进马克思主义学院、进校史馆、进学生社团的“三进”活动，这是贯彻落实习近平总书记在党史学习教育动员大会上重要讲话精神的实际举措，也是新时代大力弘扬延安精神、开展“延安精神进校园”系列活动的重要内容。

刚才，我们参观了校史馆，听取学校介绍从延安到华北再到北京的办学历程。在学校中心广场瞻仰了徐特立铜像，参观了“延安精神，薪火相传”石刻。在电动车辆国家工程实验室，了解电动车辆基础技术研究、科技成果转化等取得的成效。作为一所具有光荣奋斗史和育人史的学校，北京理工大学坚持传承“延安根、军工魂”红色基因，秉持“德以明理、学以精工”的校训，始终坚守为党育人、为国育才的初心使命，走出了一条党创办和领导中国特色高等教育的“红色育人路”，为国家经济建设和国防科技事业发展作出了重要贡献。

下面，我围绕调研主题讲几点意见，同各位老师和同学交流。

## 一、弘扬延安精神，筑牢理想信念之基

习近平总书记在党史学习教育动员大会上发表重要讲话指出，“在一百年的非凡奋斗历程中，一代又一代中国共产党人顽强拼搏、不懈奋斗，涌现了一大批视死如归的革命烈士、一大批顽强奋斗的英雄人物、一大批忘我奉献的先进模范，形成了一系列伟大精神，构筑起了中国共产党人的精神谱系，为我们立党兴党强党提供了丰厚滋养”。延安精神是中国共产党人在艰苦卓绝、创建伟业的史诗中铸就的，是中国共产党卓越品质和坚强意志的集中凝练，在中国共产党精神谱系中占有重要地位。习近平总书记多次就弘扬延安精神作出重要论述，深刻阐明了延安精神的历史地位、主要内容和时代价值，为新时代弘扬延安精神指明了方向、提供了遵循。

人无精神则不立，国无精神则不强。延安精神是我们党的性质和宗旨的集中体现，其主要内容是“坚定正确的政治方向，解放思想、实事求是的思想路线，全心全意为人民服务的根本宗旨，自力更生、艰苦奋斗的创业精神”，核心和灵魂是对马克思主义的坚定信仰和对社会主义、共产主义的坚定信念。当今世界正经历百年未有之大变局，国际环境不稳定性不确定性明显增加，新冠肺炎疫情影响广泛深远，我国发展环境面临深刻复杂变化。面临新形势新任务，我们要紧密团结在以习近平同志为核心的党中央周围，自觉在思想上政治上行动上同以习近平同志为核心的党中央保持高度一致，大力弘

扬延安精神,坚定理想信念,保持战略定力,提升斗争本领,敢于并善于战胜前进道路上的一切艰难险阻。

## 二、传承红色基因,培育时代新人

全面抗战爆发后,大批胸怀爱国主义情怀和远大抱负的有志青年不畏艰险,千里迢迢来到革命圣地延安,以“为有牺牲多壮志,敢教日月换新天”的豪情壮志,投身救国救民的革命道路。为培养革命力量,中国共产党在延安创办了一批高等学校,把陕北的窑洞变成一座座革命的大熔炉,培育出一批批救国英才,为抗日战争和解放战争的胜利、为建设新中国输送了大批的人才。我们党在延安时期创办高等教育的历史,已成为中国共产党历史的一个重要组成部分。

北京理工大学的前身是1940年创建于延安的自然科学院,是由中国共产党创办的第一所理工科大学。延安自然科学院在服务抗战和边区建设的紧要关头应时而生,开创了党领导高等自然科学教育的先河。毛泽东同志亲自题写校名,李富春、徐特立、李强等老一辈无产阶级革命家先后担任学校主要领导。自然科学院师生在极其艰苦的条件下,依靠坚定的理想信念铸就的坚毅品格,自力更生、艰苦奋斗,用马兰草造纸、发现南泥湾、提高盐产量、修建中共七大会址和中央办公地,充分发挥科学技术优势,为革命战争和边区经济发展做出了宝贵贡献。可以说,学校的红色基因植根于延安这片热土,传承于一代代师生不懈奋斗的事业之中。

高校是人才培养的重要阵地。做好新时代高校工作,培养合格人才,就要深入学习贯彻习近平新时代中国特色社会主义思想,坚持党的教育方针,牢牢把握社会主义办学正确方向。要深入开展党史学习教育,充分认识弘扬延安精神的重要意义,将延安精神作为党史学习教育的一项重要内容,加强四史教育,着力讲好党的故事、革命的故事、英雄的故事,也包括从延安自然科学院到北京理工大学的故事,让党的优良传统和作风代代相传。要落实立德树人根本任务,培育和弘扬社会主义核心价值观,用好红色资源,赓续共产党人精神血脉,以红色文化涵育时代新人,教育青年学生全面提升报国强国能力,自觉做德智体美劳全面发展的社会主义合格建设者和可靠接班人。

## 三、践行延安精神,强化青年责任担当

青年是祖国的未来、民族的希望。4月19日,习近平总书记在清华大学调研时强调,“当代中国青年是与新时代同向同行、共同前进的一代,生逢盛世,肩负重任。广大青年要爱国爱民,从党史学习中激发信仰、获得启发、汲取力量,不断坚定‘四个自信’,不断增强做中国人的志气、骨气、底气,树立为祖国为人民永久奋斗、赤诚奉献的坚定理想”。今年是“十四五”开局之年,在全面建成小康社会取得伟大历史性成就的基础上,我们要乘势而上开启全面建设社会主义现代化国家新征程,向第二个百年奋斗目标进军。党和国家事业的发展,为广大青年成长成才创造了良好条件,也提出了新的时代要求。

做好新时代弘扬延安精神各项工作,要不断丰富延安精神的时代特色、实践特色,用延安精神引导广大青年筑牢精神之基,厚植爱国情怀,自觉听党话跟党走,做中国特色社会主义的坚定信仰者和忠实实践者。要把延安精神的火种播撒到广大青年的心中,成为他们前进的动力,激励青年肩负使命、笃志力行,深入贯彻新发展理念,坚持改革创新,积极开拓进取,为推动经济社会高质量发展作出应有贡献。希望同学们心怀爱国之情,笃行报国之志,把自己的人生理想与祖国、时代、人类命运联系在一起,成为实现中华民族伟大复兴的生力军,肩负起国家和民族的希望,以昂扬姿态投身全面建设社会主义现代化国家新征程,用青春激情谱写中华民族奋进前行新乐章。

一百年来,中国共产党带领中国人民栉风沐雨、砥砺前行,走到了日新月异的现在,也必将走向更加光辉灿烂的明天。习近平总书记指出,“一切向前走,都不能忘记走过的路;走得再远、走到再光辉的未来,也不能忘记走过的过去,不能忘记为什么出发”。在学校的延安石上,镌刻着北京理工大学的出发点、行动路线和奋斗历程。看到这些,不禁心潮起伏、深受教育、倍感振奋。希望学校充分发挥“延安精神,薪火相传”的特点和优势,无论走到哪里、发展到什么程度,都要牢记从延安出发,牢记延安是根、是本,不忘初心、牢记使命,与时代共奋进,与青春相辉映,加快推进世界一流大学和一流学科建设,为服务国家富强民族复兴人民幸福作出新的贡献,以优异成绩庆祝建党100周年。

# 在“2021年青年普法志愿者法治文化基层行”座谈会上的讲话

（2021年5月19日）

王　晨

今天，我们和中央政法委、司法部、共青团中央、河北省委的同志一起来到张家口，现场了解青年普法志愿者法治文化基层行开展的情况并召开座谈会。从今天上午开始，我们在崇礼区太子城派出所、太子城冰雪小镇和国家跳台滑雪中心，了解北京冬奥会张家口赛区法治保障情况。在东宁街社区服务中心，考察了基层法治文化阵地建设进展。在经济开发区第一小学，调研学校法治园地活动情况，观看了“红领巾法学院”模拟法庭。看到活动开展得有声有色、富有成效，看到青年朋友们精神抖擞，展现出奋发进取、朝气蓬勃的精神面貌，我们深受鼓舞、倍感振奋。河北省委、省委政法委、省法学会对这次活动高度重视，王东峰书记出席会议。今天的会议，标志着今年全国31个省（区、市）和新疆生产建设兵团青年普法志愿者法治文化基层行活动全面展开。刚才，王东峰、王洪祥、刘炤、吴刚、董佥生、回建、韩星宇7位同志作了发言，大家都表示要坚持以习近平新时代中国特色社会主义思想为指导，贯彻党中央全面依法治国重大部署，加大普法力度，弘扬法治精神，扎实推进社会主义法治文化建设，努力满足人民群众日益增长的法治需求。下面，我再讲几点意见。

## 一、深入学习贯彻习近平法治思想，深刻认识青年普法志愿者法治文化基层行活动的重要意义

党的十八大以来，以习近平同志为核心的党中央从全局和战略高度对全面依法治国作出一系列重大决策部署，推动我国社会主义法治建设发生历史性变革、取得历史性成就。习近平总书记对加强法治宣传教育、增强全民法治观念、加强社会主义法治文化建设高度重视，提出“坚持把全民普法和守法作为依法治国的长期基础性工作”“普法工作要紧跟时代，在针对性和实效性上下功夫”等一系列重要论述，明确了法治宣传教育的基本定位、重大任务和重要举措。中央全面依法治国工作会议之后，中共中央印发《法治中国建设规划（2020—2025年）》《法治社会建设实施纲要（2020—2025年）》等文件，对法治宣传教育作出部署、提出新的更高要求，明确指出“组织各地青年普法志愿者、法治文艺团体开展法治文化基层行活动，推动法治文化深入人心。”开展法治宣传教育使命光荣、责任重大，既是建设社会主义法治国家的一项重要举措，也为广大青年普法志愿者发挥作用提供了广阔舞台。

全面推进依法治国，工作的基础在基层。自2008年以来，青年普法志愿者法治文化基层行活动已经连续举办13年。2020年，全国93万余名志愿者积极参与，开展线上线下普法活动120万余场，活动取得明显成效。各地根据疫情实际，创新探索新时代法治宣传工作新路径，因地制宜开展“法治文化网络基层行”，为强化公共卫生法治保障、统筹推进疫情防控和经济社会发展贡献了力量。广大青年普法志愿者走进企业、社区、学校和农村开展普法宣传、法律咨询和法律服务，把中国特色社会主义法治理论和实践带入千家万户，宪法法律权威进一步树立，全社会尊法学法守法用法氛围日益浓厚，全民法治观念普遍增强，社会治理法治化水平显著提高，对推动法治中国建设发挥了重要作用。我们必须增强责任感使命感，坚持常抓不懈、久久为功，努力把这项活动办出水平、办出特色，进一步在全社会形成良好法治氛围和法治习惯。

## 二、扎实开展青年普法志愿者法治文化基层行活动，为“十四五”开好局起好步作出新贡献

今年是中国共产党成立100周年，也是“十四

五”开局之年、“八五”普法规划实施的起步之年。面对新形势新任务，我们要不断提高政治判断力、政治领悟力、政治执行力，立足新发展阶段，贯彻新发展理念，构建新发展格局，推动高质量发展，扎实开展法治文化基层行活动，引导全体人民成为社会主义法治的忠实崇尚者、自觉遵守者、坚定捍卫者，为“十四五”开好局起好步作出新贡献。

第一，深入学习宣传习近平法治思想，引导人民群众坚定不移走中国特色社会主义法治道路。2020年11月，中央全面依法治国工作会议明确了习近平法治思想在全面依法治国工作中的指导地位。习近平法治思想是习近平新时代中国特色社会主义思想的重要组成部分，是全面依法治国的根本遵循和行动指南。广大青年普法志愿者要在学习贯彻习近平法治思想上作表率，用习近平法治思想武装头脑、指导实践、推动工作。持续推动广大干部群众深入学习贯彻习近平法治思想，感悟习近平法治思想的真理力量和实践伟力，推动习近平法治思想深入人心，让党的创新理论“飞入寻常百姓家”。要把习近平法治思想融入学校教育，纳入高校法治理论教学体系，做好进教材、进课堂、进头脑工作。做好习近平法治思想的对外传播工作，讲好中国法治故事，提升我国在国际舞台上的法治话语权和影响力。加强对法治领域错误思想观点的辨析批驳，坚定不移走中国特色社会主义法治道路。

第二，主动对标“十四五”规划宏伟蓝图，服务建设更高水平的平安中国、法治中国。当前，人民群众在民主、法治、公平、正义、安全、环境等方面的要求日益增长，需要更好发挥法治固根本、稳预期、利长远的保障作用。要完整、准确、全面贯彻新发展理念，广泛宣传与经济社会发展和人民群众利益密切相关的法律法规，宣传疫病防治、野生动物保护、公共卫生安全、国家安全、网络安全等法律法规，用法治保障人民安居乐业。要大力推进农村普法宣传力度，推动创建民主法治示范村，培育农村学法用法示范户。公正是法治的生命线，司法公正对社会公正具有重要引领作用。要宣传司法体制改革取得的积极成效，引导全社会尊重司法裁判，维护司法权威。

第三，积极宣传民法典，让民法典走到群众身边、走进群众心里。推进全面依法治国，根本目的是依法保障人民权益。民法典规范各类民事主体的各种人身关系和财产关系，涉及社会和经济生活的方方面面，被称为“社会生活的百科全书”。民法典自今年1月施行以来，在促进民事关系和谐有序、社会稳定安宁等方面取得积极成效。关于禁止高空抛物、离婚冷静期等条款的适用很受关注，出现了许多典型、生动的案例。要坚持以人民为中心，积极宣传民法典等与人民群众利益密切相关的法律法规，做好“美好生活·民法典相伴”主题宣传，引导人民群众认识到民法典既是保护自身权益的法典，也是全体社会成员都必须遵循的规范，形成遇事找法、解决问题靠法的习惯。要加强解读，聚焦民法典核心要义和重点问题，阐释好民法典关于民事活动的基本原则，阐释好民法典关于保护财产权利、维护人格尊严、促进家庭和谐等基本要求，让民法典真正融入百姓生活，化作人们日常生活的行为准则。

第四，以庆祝建党100周年为契机开展法治宣传教育，为营造良好的法治环境努力奋斗。要把活动同党史学习教育结合起来，宣传好我们党依法执政、依法治国的成功经验和我们党领导人民厉行法治的艰辛历程。要深入宣传宪法，推动全社会牢固树立宪法法律至上、法律面前人人平等、权由法定、权依法使等基本法治观念，以宪法教育激发爱国热情，增进人民群众对伟大祖国、中华民族、中国共产党、中国特色社会主义的认同。以党章、准则、条例为重点，推动党内法规宣传常态化、制度化。今天，我们瞻仰了察哈尔烈士陵园，无数革命先烈用鲜血和生命铸就了新中国的英雄事迹，让我们深受教育。要用好红色资源，传承好红色基因，加强红色法治文化宣传，引导人民群众深刻认识到红色政权来之不易，要把先辈们开创的事业不断推向前进，把红色江山世世代代传下去。

## 三、加强组织领导，创新工作方法，努力开创青年普法志愿者法治文化基层行活动的新局面

各地要加强组织领导，进一步提高政治站位，按照党中央决策部署要求，加强统筹协调、整体推进，力戒形式主义、官僚主义，把法治文化基层行活动抓出实效。要做好法治文化建设成果宣传和典型推广，形成一批可复制可推广的好经验好做法，扩大法治文化覆盖面和影响力。要加强顶层设计，坚持全民普法、全民守法，把法治宣传教育与法治实践结合起来，把满足群众法治需求同提高法治素养结合起来，引导人民群众依法维权和化解矛盾纠

纷,在法治实践中持续提升公民法治素养,让依法工作生活真正成为一种习惯。

要加强对新出台法律法规规章的解读,加强对社会热点案件的法治解读评论,传播法治正能量。对立法热点问题主动发声、解疑释惑,使立法过程同时成为宣传法律法规的过程,把案件依法处理的过程变成普法公开课,加强对诉讼参与人的法律法规宣讲。充分利用互联网、新媒体开展活动,增强法治宣传的吸引力和感染力。社区在全面推进依法治国中具有不可或缺的地位和作用,要发挥市民公约、乡规民约作用,培育居民遵守法律、依法办事的意识和习惯。

青年是整个社会力量中最积极、最有生气的力量。今年 4 月,习近平总书记在清华大学考察时强调,“当代中国青年是与新时代同向同行、共同前进的一代,生逢盛世,肩负重任”。希望广大青年普法志愿者把人生理想融入国家富强、民族振兴、人民幸福的伟业之中,积极投身全面依法治国伟大实践,深入基层、深入群众,努力提高志愿服务水平,为群众提供专业、精准、高效的法治宣传和法律服务,让青春在不懈奋斗中绽放绚丽之花。

同志们,让我们更加紧密地团结在以习近平同志为核心的党中央周围,坚持以习近平新时代中国特色社会主义思想为指导,深入学习贯彻习近平法治思想,扎实开展青年普法志愿者法治文化基层行活动,不断开创法治中国建设新局面,在全面建设社会主义现代化国家新征程上扬帆起航、破浪前行,以优异成绩庆祝中国共产党成立 100 周年!

# 在“铭记百年党史 弘扬延安精神”研讨会上的讲话

(2021 年 5 月 29 日)

王 晨

在中国共产党百年华诞即将来临的历史时刻,在“两个一百年”奋斗目标历史交汇的重要节点,我们今天相聚延安,参加“铭记百年党史 弘扬延安精神”研讨会。此次会议由中国延安精神研究会与陕西省延安精神研究会、中共延安市委共同举办,主题是深入学习贯彻习近平总书记在党史学习教育动员大会上的重要讲话和关于弘扬延安精神的重要论述精神,学习百年党史,研究总结延安精神形成、发展的历史条件与经验,交流探讨在新形势下研究、宣传、践行延安精神的途径与措施,为在新时代全面建设社会主义现代化国家提供强大精神动力。

延安是中国革命的圣地。延安时期是百年党史教科书中最生动、最有说服力的篇章之一。延安精神是党和人民创造的革命文化的重要组成部分,是中国共产党精神谱系中的灿烂华章。习近平总书记指出,“老一辈革命家和老一代共产党人在延安时期留下的优良传统和作风,培育形成的延安精神,是我们党的宝贵精神财富”。百年党史波澜壮阔,延安精神历久弥新。站在新的历史起点上,我们要深入贯彻落实以习近平同志为核心的党中央部署要求,学习辉煌党史,重温峥嵘岁月,用好红色资源,把延安精神研究好、宣传好、践行好,让延安精神绽放出新的时代光芒,用伟大精神凝聚起实现中华民族伟大复兴中国梦的磅礴力量。

下面,我讲几点意见,与大家交流。

## 一、发扬红色传统,传承红色基因,深刻理解和全面把握延安精神的丰富内涵

延安时期是中国共产党历史上的重要阶段,是我们党领导中国革命事业从低潮走向高潮、实现历史性转折的时期。1935 年 10 月,从江西出发的中央红军,历尽千辛万苦,突破重重险阻抵达陕北。自此,延安成为中共中央的“落脚点”,也成为建立抗日民族统一战线、赢得抗日战争胜利进而夺取人民解放战争胜利的“出发点”。巍巍宝塔山、滚滚延河水,13 年峥嵘岁月,铸就了以“坚定正确的政治方向,解放思想、实事求是的思想路线,全心全意为人民服务的根本宗旨,自力更生、艰苦奋斗的创业精神”为主要内容的延安精神。作为中国共产党卓越

品质和坚强意志的集中凝练，延安精神是一个相互联系的整体，博大精深、熠熠生辉，需要深刻理解和全面把握其丰富内涵。

第一，*深刻认识坚定正确的政治方向是延安精神的灵魂*。政治方向是党生存发展第一位的问题，事关党的前途命运和事业兴衰成败。延安时期，我们党在总结大革命和土地革命时期历史经验和深刻教训的基础上，制定了正确的路线、纲领和策略，确立了毛泽东思想的指导地位，形成了以毛泽东同志为核心的中央领导集体，实现了全党在思想上、政治上、组织上的空前团结和统一，为夺取抗战胜利和全国解放奠定了坚实基础。回望这段历程，我们深刻认识到，一个强大的国家，必须要有正确方向的引领；一个强大的政党，必须要有坚强的领导核心。党的十八大以来，习近平总书记作为党中央的核心、全党的核心把关定向、掌舵领航，带领中国这首巨轮劈波斩浪、稳健前行，创立了习近平新时代中国特色社会主义思想，这是马克思主义中国化的又一新发展新成果，实现了马克思主义中国化的又一次历史性飞跃。在新征程中，我们要坚持以习近平新时代中国特色社会主义思想为指导，坚决维护习近平总书记党中央的核心、全党的核心地位，坚决维护党中央权威和集中统一领导，自觉在思想上政治上行动上同党中央保持高度一致，坚定不移走中国特色社会主义道路。

第二，*深刻认识解放思想、实事求是的思想路线是延安精神的精髓*。习近平总书记指出，“解放思想、实事求是、与时俱进，是马克思主义活的灵魂，是我们适应新形势、认识新事物、完成新任务的根本思想武器”。在我们党成立初期，因受到教条主义、经验主义等影响，革命遭受重大损失。延安时期，以毛泽东同志为主要代表的中国共产党人把马克思列宁主义的基本原理同中国革命的具体实践相结合，系统总结了中国革命发展的规律，制定了新民主主义革命的总路线，提出了统一战线、武装斗争、党的建设三大法宝，形成了理论联系实际、密切联系群众、批评和自我批评三大优良作风，实现了马克思主义中国化的第一次历史性飞跃。回望这段历程，我们深刻认识到，解放思想、实事求是的思想路线，是中国共产党人应对各种复杂局面、实现兴党兴国的重要法宝。在新征程中，我们要坚持解放思想和实事求是的有机统一，一切从国情出发、从实际出发，不断推进理论创新、实践创新、制度创新、文化创新以及各方面创新，不断赋予中国特色社会主义以鲜明的实践特色、理论特色、民族特色、时代特色。

第三，*深刻认识全心全意为人民服务的根本宗旨是延安精神的本质*。人民立场是中国共产党的根本政治立场，是马克思主义政党区别于其他政党的显著标志。延安时期，从毛主席发表《为人民服务》的演讲到党的七大将“全心全意为中国人民服务”写入党章，从实行减租减息政策到紧紧依靠人民群众广泛开展敌后抗日斗争，我们党一直坚持“为人民服务，不能是半心半意，不能是三心二意，一定要全心全意”，始终坚持同人民在一起，为人民利益而奋斗。回望这段历程，我们深刻认识到，我们党来自于人民，为人民而生，因人民而兴，必须永远与人民心心相印、与人民同甘共苦、与人民团结奋斗。当前，我国社会主要矛盾已经转化为人民日益增长的美好生活需要和不平衡不充分的发展之间的矛盾。习近平总书记多次强调，“人民对美好生活的向往，就是我们的奋斗目标”。在新征程中，我们要始终坚持以人民为中心的发展思想，始终保持党同人民群众的血肉联系，改善人民生活品质，扎实推动共同富裕，实现好、维护好、发展好最广大人民根本利益。

第四，*深刻认识自力更生、艰苦奋斗的创业精神是延安精神的特征*。延安时期的物质生活十分艰苦。面对当时根据地的严重困难局面，党中央开展大生产运动，动员根据地全体军民自力更生，克服困难，渡过难关。在党中央号召下，涌现出大批像八路军359旅开垦南泥湾一样的先进典型，一座座昔日的“旧荒山”变成了“陕北的好江南”。回望这段历程，我们深刻认识到，自力更生、艰苦奋斗是我们党的传家宝，自力更生、艰苦奋斗的创业精神永不过时，永远不能丢。党的十八大以来，习近平总书记多次强调要发扬艰苦奋斗精神，指出“艰苦奋斗、勤俭节约，不仅是我们一路走来、发展壮大的重要保证，也是我们继往开来、再创辉煌的重要保证。”在新征程中，我们要始终保持奋发有为的进取精神，自立自强，接续奋斗，敢于并善于战胜前进道路上的一切困难和挑战。

## 二、深入开展党史学习教育，大力弘扬延安精神，鼓起迈进新征程、奋进新时代的精气神

习近平总书记强调，“回望过往的奋斗路，眺望前方的奋进路，我们必须把党的历史学习好、总结

好，把党的成功经验传承好、发扬好”。在全党深入开展党史学习教育的重要时刻，我们要把握时代要求，切实提高政治站位，牢记初心使命，奋斗新的征程，将弘扬延安精神同党史学习教育结合起来，用延安精神激发全党全国各族人民的昂扬斗志，将强大精神力量转化为干事创业、改革创新、砥砺奋进的实际行动。

第一，学习百年党史，弘扬延安精神，努力做到学史明理，强化理论武装。习近平总书记指出，“我们党的历史，就是一部不断推进马克思主义中国化的历史，就是一部不断推进理论创新、进行理论创造的历史”。延安时期，党中央把学习和研究马列主义理论当作全党“亟待解决并须着重地致力才能解决的大问题”，发出“重视学习”“加强学习”“加紧学习”“善于学习”的号召，推动马克思主义中国化进程，为党领导新民主主义革命取得胜利提供了强大思想武器。这一时期的延安，呈现出“到处是学校，遍地是歌声”、“开学典礼不断、结业歌声不绝”、“吃小米饭、攻《资本论》”的蓬勃景象。今天我们弘扬延安精神，就是要从党的非凡历程中感悟马克思主义的真理力量和实践力量，特别是用习近平新时代中国特色社会主义思想这一当代中国马克思主义、21世纪马克思主义武装头脑、指导实践、推动工作，确保中国特色社会主义事业始终沿着正确方向前进。

第二，学习百年党史，弘扬延安精神，努力做到学史增信，坚定理想信念。延安时期，我们党经历了抗战开始时的敌强我弱、战略相持时的艰苦斗争、经济封锁下的恶劣环境。在艰苦卓绝的岁月里，无数革命志士抛头颅、洒热血，无数来自五湖四海的革命青年冒着生命危险长途跋涉奔向延安。这正是因为延安窑洞里有着马克思主义和革命必胜的理想信念，代表着中华民族前进的方向。今天，经过几代共产党人带领亿万人民艰苦奋斗，我国已经成为世界第二大经济体，综合国力显著提升，人民生活水平大幅提高，国际影响力极大增强。越是在这样的情况下，越是要用党的光荣传统和优良作风坚定信念、凝聚力量，增进对马克思主义的信仰、对中国特色社会主义的信念、对实现中华民族伟大复兴中国梦的信心，用信仰信念信心照亮奋斗之路。

第三，学习百年党史，弘扬延安精神，努力做到学史崇德，赓续精神血脉。延安是革命圣地，是革命者的精神家园。宝塔山、延河水已深深融入中国共产党人的红色基因，成为我们党赓续不绝的精神血脉。在延安的13年间，我们党涌现出一大批视死如归的革命烈士、一大批顽强奋斗的英雄人物、一大批忘我奉献的先进模范，形成了抗大精神、延安整风精神、南泥湾精神、张思德精神、白求恩精神、劳模精神和党的七大精神等，组成了延安精神的原生形态。今天我们弘扬延安精神，就是要学习革命先辈的光荣事迹，领悟老一辈革命家构筑起的精神标杆、道德丰碑，从党的奋斗历程、红色基因中汲取思想道德营养，不断提升共产党人的精神境界。

第四，学习百年党史，弘扬延安精神，努力做到学史力行，坚持知行合一。党中央到达延安时，全国共产党员仅有4万人左右，而到1945年5月党的七大召开时，全国已有120万多党员。正是在延安时期，我们党在艰苦卓绝的实践中不断探索根据地经济建设、政治建设、军事建设、文化建设，确立了党的政治路线、思想路线、组织路线、文艺路线，夺取了一个又一个的胜利。习近平总书记强调，“中华民族伟大复兴，绝不是轻轻松松、敲锣打鼓就能实现的”。今天弘扬延安精神，就是要积极投身具有许多新的历史特点的伟大斗争，把学习延安精神同总结经验、观照现实、推动工作结合起来，同解决实际问题结合起来，在实际工作中践行和弘扬延安精神。

## 三、深入学习贯彻习近平总书记关于弘扬延安精神重要论述，更好学习、宣传、践行延安精神

习近平总书记出生在红色革命家庭，父亲习仲勋是杰出的无产阶级革命家，是陕甘边革命根据地的主要创建者和领导者之一，曾被毛泽东同志赞誉为“一个从群众中走出来的群众领袖”。秉承父亲习仲勋和母亲齐心的言传身教，习近平青年时期到延安插队并工作生活了七年，对延安和延安人民有着深厚的感情，对延安精神也有着深刻的思考。2020年4月，习近平总书记在陕西考察时指出：“延安精神培育了一代代中国共产党人，是我们党的宝贵精神财富。要坚持不懈用延安精神教育广大党员、干部，用以滋养初心、淬炼灵魂，从中汲取信仰的力量、查找党性的差距、校准前进的方向。”2020年9月，在中国延安精神研究会第六次会员大会召开和研究会成立30周年之际，习近平总书记向大会致贺信，提出明确要求，“希望同志们在新的历史条件下，坚持正确政治方向，服务党和国家工作大局，

深入研究、大力宣传、认真践行延安精神，努力为全面建成小康社会、乘势而上开启全面建设社会主义现代化国家新征程提供强大精神动力”。习近平总书记的重要指示和贺信，为新时代用延安精神教育广大党员干部指明了方向，为做好研究、宣传、践行延安精神各项工作提供了遵循。

第一，推动习近平总书记关于弘扬延安精神的重要论述精神入脑入心入行。习近平总书记多次对弘扬延安精神作出重要论述，深刻阐明了延安精神的历史地位、主要内容和时代价值。我们要把认真学习领会，深入贯彻落实习近平总书记关于弘扬延安精神的重要论述精神，作为当前和今后一个时期重要政治任务，作为学习、研究、宣传、践行延安精神的指引和遵循，紧密结合党史学习教育贯穿到研究会工作的全过程和各方面。

第二，牢固树立正确党史观，把延安精神讲透、讲深、讲准。习近平总书记在党史学习教育动员大会上明确提出并深刻阐述要树立正确党史观。这是我们开展党史学习教育的根本问题，也是学习研究延安精神的重要基础。要坚持人民立场，坚持唯物史观，坚持大历史观，以1945年党的六届七中全会通过的《关于若干历史问题的决议》、1981年党的十一届六中全会通过的《关于建国以来党的若干历史问题的决议》和党中央有关精神为依据，正确认识和评价党史上的重大事件、重要人物、重要会议，旗帜鲜明反对历史虚无主义，坚决抵制歪曲党的历史、否定党的领导的错误倾向，真正把延安精神讲透、讲深、讲准，做到正本清源、固本培元。

第三，不断深化延安精神研究，积极探索用党史讲理论、用事实讲道理、用学术讲政治。要深入挖掘延安时期的党史素材，提炼新观点、探索新规律，深化和拓展延安精神研究，提高理论建构能力，努力结合历史与当下、理论与实践，不断推出更多具有时代特色、实践特色的高质量研究成果。要加强理论成果的转化运用，切实走进群众、改进文风，鼓励“大家写小文”，把政治话语、理论话语转化为群众语言，积极营造弘扬延安精神、推动伟大实践的良好氛围。

第四，创新方式方法，努力做到因事而化、因时而进、因势而新，更加生动地讲好延安故事。要坚持面向基层、面向群众，转变语态、创新形态，通过人民群众耳熟能详的语言、喜闻乐见的形式、普遍认可的道理、有目共睹的事实，多维度、全方位传播弘扬延安精神。要积极推动延安精神进基层、进机关、进企业、进学校，既要构建报、刊、台、网、微、端、屏理论传播矩阵，又要发挥新时代文明实践中心及各类革命展览馆、博物馆、纪念馆等公共文化场所的作用，组织开展延安精神宣讲与志愿服务活动；要突出青少年群体，依托“延河联盟”，深入开展“延安精神进校园”活动，引导青少年继承延安精神，把个人理想融入时代主题、汇入复兴伟业。

第五，强基固本加强研究会自身建设，形成同心同德、同向同行的强大合力。要始终坚持党的领导，增强“四个意识”，坚定“四个自信”，做到“两个维护”，旗帜鲜明讲政治。充分发挥广大会员作用，不断加强学习，全面增强本领，进一步提升弘扬延安精神的能力和水平，矢志不渝做延安精神的坚定传承者、大力弘扬者和自觉践行者。要加强中国延安精神研究会与各地研究会之间、研究会与相关社会组织之间的联系，增强工作的辐射性和联动性，共同为学习宣传践行延安精神作贡献。

创千秋伟业，恰百年风华。同志们，再过一个月的时间，我们就将迎来中国共产党百年华诞的伟大时刻。在这个重要的时间节点，我们全体延安儿女无比振奋、无比自豪。让我们更加紧密地团结在以习近平同志为核心的党中央周围，坚持以习近平新时代中国特色社会主义思想为指导，大力弘扬延安精神，努力为实现中华民族伟大复兴的中国梦接续奋斗，以优异成绩庆祝中国共产党成立100周年！

# 在百年党史中熠熠生辉的延安精神

王　晨

我们即将迎来中国共产党建党一百周年，这是令全体共产党员和全中国人民无比自豪的日子，也是抚今思昔、温故知新、开展百年党史学习教育的好时机。习近平总书记在党史学习教育动员大会上指出，“我们党的一百年，是矢志践行初心使命的一百年，是筚路蓝缕奠基立业的一百年，是创造辉煌开辟未来的一百年”，“回望过往的奋斗路，眺望前方的奋进路，我们必须把党的历史学习好、总结好，把党的成功经验传承好、发扬好”。在庆祝中国共产党百年华诞之时，在全党集中开展党史学习教育之际，当我们翻开中国共产党波澜壮阔的百年画卷，延安，这座坐落在西北黄土高原上古老而鲜活的城市，正因其在百年党史中的重要地位而显得愈发光彩夺目。延安时期是百年党史教科书中最生动、最有说服力的篇章之一，历史选择了延安，延安也因哺育了伟大的延安精神而成为永远激励中国共产党人奋勇前行的红色灯塔。

学习党的历史，是坚持和发展中国特色社会主义、把党和国家各项事业继续推向前进的必修课。老一辈无产阶级革命家和老一代共产党人在延安时期培育形成的延安精神是我们党的宝贵精神财富。今天，在新的历史条件下，我们贯彻落实以习近平同志为核心的党中央部署要求，认真学习、深入研究、大力宣传、认真践行延安精神，就是为了铭记光辉历史、用好红色资源、传承红色基因，努力为全面建设社会主义现代化国家新征程提供强大精神动力。

## 一、巍巍宝塔山，滚滚延河水，革命圣地孕育伟大延安精神

“几回回梦里回延安，双手搂定宝塔山。”延安是中国革命的圣地。1935 年 10 月，从江西出发的中央红军，历经二万五千里长征，百折不挠突破重重险阻，带着对革命理想无比的忠诚和坚定的信念抵达陕北。自此，延安成为了中共中央的“落脚点”，也成为了建立抗日民族统一战线、赢得抗日战争胜利、进而夺取人民解放战争胜利的“出发点”。

延安时期是中国共产党历史上最重要的阶段之一，是我们党领导的中国革命事业从低潮走向高潮、实现历史性转折的时期。从 1935 年到 1948 年，以延安为中心的陕甘宁边区，是中共中央所在地，是中国人民抗日战争的政治指导中心和中国人民解放斗争的总后方。我们党在这里经历了夺取抗日战争伟大胜利、实现解放战争战略转折，开展整风运动、大生产运动，召开党的“七大”等一系列影响和改变中国历史进程的重大事件。从 1935 年到 1948 年，毛泽东等老一辈无产阶级革命家，在延安生活和战斗了 13 个春秋，他们运筹帷幄，决胜千里，探索根据地经济建设、政治建设、军事建设、文化建设，作出了关系中国革命前途命运的一系列重大决策，为夺取新民主主义革命胜利、建立中华人民共和国作出了伟大历史贡献。

13 年峥嵘岁月，中国共产党由小到大、由弱到强，从低谷走向高峰，最终扭转了中国的乾坤。巍巍宝塔山，见证了中国共产党从胜利走向新的胜利的光辉历史；滚滚延河水，映射出中国共产党人的初心和使命。在延安这片热土上，以毛泽东同志为主要代表的中国共产党人顺应历史潮流，勇担历史使命，把马克思列宁主义的基本原理同中国革命的具体实践相结合，系统地总结了中国革命发展的规律，制定了新民主主义革命的总路线，提出了统一战线、武装斗争、党的建设三大法宝，形成了理论联系实际、密切联系群众、批评和自我批评三大优良作风，确立了毛泽东思想在全党的指导地位，实现了马克思主义中国化的第一次历史性飞跃。

伟大的事业孕育伟大的精神，十三载可歌可泣的恢弘篇章谱写了永放光芒的延安精神。延安精神是井冈山精神、长征精神、遵义会议精神的继承和发展，是以毛泽东同志为主要代表的中国共产党人将马克思列宁主义的科学思想体系与中华民族的优秀传统文化相结合的产物，包含着中国共产党积累的宝贵经验，传承着中国共产党特有的红色基因，体现着中国共产党在特定历史时期的整体风貌，是中国共产党在长期奋斗历程中形成和发展的精神结晶。

## 二、跨越时空，历久弥新，延安精神在百年党史中熠熠生辉

习近平总书记在党史学习教育动员大会上指出，“一百年来，在应对各种困难挑战中，我们党锤炼了不畏强敌、不惧风险、敢于斗争、勇于胜利的风骨和品质。这是我们党最鲜明的特质和特点。在一百年的非凡奋斗历程中，一代又一代中国共产党人顽强拼搏、不懈奋斗，涌现了一大批视死如归的革命烈士、一大批顽强奋斗的英雄人物、一大批忘我奉献的先进模范，形成了井冈山精神、长征精神、遵义会议精神、延安精神、西柏坡精神、红岩精神、抗美援朝精神、‘两弹一星’精神、特区精神、抗洪精神、抗震救灾精神、抗疫精神等伟大精神，构筑起了中国共产党人的精神谱系。我们党之所以历经百年而风华正茂、饱经磨难而生生不息，就是凭着那么一股革命加拼命的强大精神。这些宝贵精神财富跨越时空、历久弥新，集中体现了党的坚定信念、根本宗旨、优良作风，凝聚着中国共产党人艰苦奋

斗、牺牲奉献、开拓进取的伟大品格，深深融入我们党、国家、民族、人民的血脉之中，为我们立党兴党强党提供了丰厚滋养。”

延安精神是中国共产党在特殊历史阶段，在争取民族独立和人民解放事业的伟大斗争实践中，培养、形成和发展起来的崇高革命精神和优良革命传统，它是民族精神的升华，是革命精神的传承，是时代精神的体现，是中国共产党人为人民谋幸福、为民族谋复兴的不竭精神动力，必须永续传承、世代发扬。回首那段光辉岁月，“到延安去”之所以是响彻中国大地最响亮的口号，之所以是无数革命志士最强烈的心灵呼唤，就是因为延安窑洞里闪耀着马克思主义和延安精神的光芒，代表着中华民族前进的方向。

延安精神的主要内容包括：坚定正确的政治方向，解放思想、实事求是的思想路线，全心全意为人民服务的根本宗旨和自力更生、艰苦奋斗的创业精神。延安精神的丰富内涵是一个相互联系的整体，需要全面把握和深刻理解。其中，坚定正确的政治方向是灵魂，解放思想、实事求是的思想路线是精髓，全心全意为人民服务的根本宗旨是本质，自力更生、艰苦奋斗的创业精神是特征。

理论的生命力在于创新。延安精神不是古董，更不是教条，它是马克思主义中国化的产物，也是马克思主义中国化的体现。它是马克思主义的，贯穿着马克思主义的立场、观点和方法；它也是中国的，传承了中华优秀传统文化的精华，吸收了中国广大人民群众的伟大创造。延安精神彰显了马克思主义政党与时俱进的性质、与人民同呼吸共命运的底色和中国共产党人一往无前的奋斗精神，是我们党不断前行、取得一个又一个胜利的坚强精神支柱，是我们党精神谱系的重要组成部分。

## 三、滋养初心，汲取力量，延安精神是永不过时的宝贵财富

习近平总书记出生在红色革命家庭，父亲习仲勋是杰出的无产阶级革命家，是陕甘边革命根据地的主要创建者和领导者之一，曾被毛泽东同志赞誉为“一个从群众中走出来的群众领袖”。秉承父亲习仲勋和母亲齐心的言传身教，习近平青年时期到延安插队并工作生活了七年，对延安和延安人民有着深厚的感情，对延安精神也有着深刻的思考。2020年4月，习近平总书记在陕西考察时指出：“延安精神培育了一代代中国共产党人，是我们党的宝贵精神财富。要坚持不懈用延安精神教育广大党员、干部，用以滋养初心、淬炼灵魂，从中汲取信仰的力量、查找党性的差距、校准前进的方向。”2020年9月，在中国延安精神研究会第六次会员大会召开和研究会成立30周年之际，习近平总书记向大会致贺信，提出明确要求，“希望同志们在新的历史条件下，坚持正确政治方向，服务党和国家工作大局，深入研究、大力宣传、认真践行延安精神，努力为全面建成小康社会、乘势而上开启全面建设社会主义现代化国家新征程提供强大精神动力”。习近平总书记的重要指示和贺信，深刻阐明了延安精神的历史地位和时代价值，为新时代用延安精神教育广大党员干部指明了方向，为做好研究、宣传、践行延安精神各项工作提供了遵循。

当前，中国特色社会主义进入新时代，中国共产党迎来百年华诞。站在新的历史起点上，学习百年党史正当其时、十分必要，弘扬延安精神必须矢志不渝，必将大有可为。我们要把握时代要求，以对党、对人民、对历史高度负责的态度，把红色资源作为坚定理想信念、加强党性修养的生动教材，讲好党的故事、革命的故事、延安的故事、英雄和烈士的故事，把红色基因传承好，确保红色江山永不变色。要提高政治站位，深入研究延安精神，大力宣传延安精神，认真践行延安精神，让延安精神更加深入人心、发扬光大，更好服务党和国家工作大局。

第一，要以延安精神夯实理想信念之基，增强“四个意识”、坚定“四个自信”、做到“两个维护”，不断汲取信仰的力量，校准前进的方向。1938年，毛泽东同志在延安抗日军政大学回答“在抗大应当学习什么”的问题时表示，“首先是学一个政治方向”。1939年在纪念抗大成立三周年时，毛泽东同志更是明确将“坚定正确的政治方向”确定为抗大首要的教育方针。在延安的13年中，我们党从之前经历的挫折中快速成熟起来，成为中国人民革命事业当之无愧的领导核心，其中最根本的原因，就是确立了毛泽东思想的指导地位，形成了以毛泽东同志为核心的中央领导集体，实现了全党在思想上、政治上、组织上的空前团结和统一。从此，我们党领导人民夺取革命、建设、改革的一个又一个伟大胜利，这充分证明坚决维护党中央权威、保证全党令行禁止，是党和国家前途命运所系，是全国各族人民根本利益所在。党的十九大把习近平新时代中国特色社会主义思想确立为我们党必须长期坚持的指导思想，这是马克思主义中国化的又一新发

展新成果，实现了马克思主义中国化的又一次历史性飞跃。今天我们学习百年党史，弘扬延安精神，就是要推动全党全国各族人民高举习近平新时代中国特色社会主义思想伟大旗帜，坚决维护习近平总书记党中央的核心、全党的核心地位，坚决维护党中央权威和集中统一领导，自觉在思想上政治上行动上同以习近平同志为核心的党中央保持高度一致，确保中国特色社会主义事业始终沿着正确方向前进。

第二，要以延安精神砥砺初心使命，牢固树立宗旨意识，切实践行以人民为中心的发展思想。历史充分证明，江山就是人民，人民就是江山，人心向背关系党的生死存亡。赢得人民信任，得到人民支持，党就能够克服任何困难，就能够无往而不胜。反之，将一事无成，甚至走向衰败。在延安时期，毛泽东同志就发表了《为人民服务》的演讲，开宗明义指出“我们这个队伍完全是为着解放人民的，是彻底地为人民的利益工作的”。我们党将“全心全意为人民服务”写入党章，确立为党的根本宗旨，形成了一切为了群众、一切依靠群众和从群众中来、到群众中去的群众路线。正是因为我们党与人民风雨同舟、生死与共，始终保持血肉联系，才为实现中华民族从站起来、富起来到强起来的伟大飞跃提供了保证。在党的十九大报告中，习近平总书记明确指出：“中国共产党人的初心和使命，就是为中国人民谋幸福，为中华民族谋复兴。”习总书记多次强调，必须坚持人民至上、紧紧依靠人民、不断造福人民、牢牢植根人民。这一系列重要思想、重要论述，体现了党的理想信念、性质宗旨、初心使命，是对党的奋斗历程和实践经验的深刻总结。今天我们学习百年党史，弘扬延安精神，就是要大力彰显人民立场这个中国共产党的根本政治立场，坚定以人民为中心的价值追求，始终坚持人民主体地位，倾听人民呼声，汲取人民智慧，维护人民利益，为实现人民对美好生活的向往而努力奋斗。

第三，要以延安精神强化责任担当，发扬优良传统，凝聚起亿万人民攻坚克难、奋勇前进的磅礴力量。延安精神熔铸于艰苦卓绝的革命年代。面对残酷战争环境的考验，我们党开展成立以来的第一次大规模整风运动，确立解放思想、实事求是的思想路线，形成了理论联系实际、密切联系群众、批评和自我批评的优良作风；面对当时根据地的严重困难局面，我们党开展大生产运动，自己动手、丰衣足食，共产党人住在简朴的窑洞里，睡在硬邦邦的土炕上，吃着粗糙的小米饭，穿着打补丁的旧衣服，与人民群众同甘共苦，发扬了自力更生、艰苦奋斗的光荣传统。这些都是党和人民战胜各种艰难险阻，开创革命事业新局面的有力保障。当前，我国正处在“两个一百年”奋斗目标历史交汇的关键节点，正处于实现中华民族伟大复兴的关键时期，世界正经历百年未有之大变局，面对一系列前所未有的风险挑战，习近平总书记高瞻远瞩、掌舵领航，带领全党全军全国各族人民砥砺奋进，党和国家事业发生历史性变革、取得历史性成就。今天我们学习百年党史，弘扬延安精神，就是要在以习近平同志为核心的党中央坚强领导下，从历史中获得启迪，从历史经验中提炼出克敌制胜的法宝，进一步激发全体中国人民的伟大创造精神、伟大奋斗精神、伟大团结精神、伟大梦想精神，坚持改革开放，坚持自立自强，把握新发展阶段，贯彻新发展理念，构建新发展格局，无惧风雨，勇往直前，更好应对前进道路上各种可以预见和难以预见的风险挑战，敢于并善于战胜前进道路上的一切艰难险阻，在具有许多新的历史特点的伟大斗争中，做到“不管风吹浪打，胜似闲庭信步”。

“一切向前走，都不能忘记走过的路；走得再远、走到再光辉的未来，也不能忘记走过的过去，不能忘记为什么出发。”我们学习百年党史、弘扬延安精神，就是要以史为镜、以史明志，用党的奋斗历程和伟大成就鼓舞斗志、明确方向，用党的光荣传统和优良作风坚定信念、凝聚力量，用党的实践创造和历史经验启迪智慧、砥砺品格。我们党立志于中华民族千秋伟业，百年恰是风华正茂，让我们更加紧密地团结在以习近平同志为核心的党中央周围，深入学习贯彻习近平新时代中国特色社会主义思想，不忘初心、牢记使命，传承红色基因、投身国家发展，用延安精神激发为实现中华民族伟大复兴而奋斗的信心和动力，以昂扬姿态奋力踏上全面建设社会主义现代化国家新征程，以优异成绩庆祝建党一百周年！

（本文已发 2021 年 5 月 31 日《人民日报》第 6 版。）

# 在《中华人民共和国非物质文化遗产法》颁布实施十周年座谈会上的讲话

（2021 年 6 月 1 日）

王　晨

在全党全国人民喜迎中国共产党百年华诞、迈步新征程之际，我们在这里召开《中华人民共和国非物质文化遗产法》颁布实施十周年座谈会，目的是以习近平新时代中国特色社会主义思想为指导，深入学习贯彻习近平法治思想，对标对表“十四五”规划和 2035 年远景目标纲要重大决策部署，推进非物质文化遗产法全面深入实施，共同谋划、积极推动我国新时代非物质文化遗产工作开创新局面。

刚才，文旅部部长胡和平，中宣部副部长傅华，全国人大宪法法律委副主任委员徐辉，全国人大常委会法工委副主任李宁，国家发展改革委党组成员、秘书长赵辰昕，司法部副部长刘炤，财政部党组成员、部长助理欧文汉，“北京评书”国家级非物质文化遗产代表性传承人连丽如等 8 位同志先后发言，大家讲得都很好，虽然角度和内容有所不同，但目的都是为了深入推进非物质文化遗产法贯彻实施，用法治的力量进一步守护好中华民族精神家园和文化血脉，我们在工作中要认真研究吸收大家的意见和建议。

中华民族在漫长的历史岁月中创造的丰富多彩、弥足珍贵的非物质文化遗产，是中华优秀传统文化的重要载体，是维护我国文化身份和文化主权的基本依据，是中华民族凝聚力和中华文化影响力的重要表现形式，也是人类文明的瑰宝。党的十八大以来，以习近平同志为核心的党中央高度重视非物质文化遗产工作，从坚定文化自信、实现中华民族伟大复兴中国梦的全局和战略高度，作出一系列重大决策部署，非物质文化遗产传承保护工作出现前所未有的好局面，铺展开新时代传承弘扬中华优秀传统文化的生动画卷。习近平总书记深刻指出，“中华民族在几千年历史中创造和延续的中华优秀传统文化，是中华民族的根和魂”，强调“要加强非物质文化遗产保护和传承，积极培养传承人，让非物质文化遗产绽放出更加迷人的光彩”。党的十九届五中全会明确提出，“强化重要文化和自然遗产、非物质文化遗产系统性保护”。习近平总书记的重要论述，为新时代非物质文化遗产工作指明了方向路径，提供了根本遵循，我们要深入学习领会、深刻理解把握、坚决贯彻落实，在取得成绩的基础上，自觉对标对表党中央决策部署，以高度的政治责任感和强烈的历史使命感，奋力谱写非物质文化遗产工作新篇章，为传承弘扬中华优秀传统文化、建成社会主义文化强国作出新的更大贡献。

非物质文化遗产法颁布实施 10 年来，各级政府及有关部门、各有关方面积极践行立法宗旨，认真落实法律规定，广泛开展普法宣传，法律实施成效显著。我国非物质文化遗产保护水平持续提升，利用途径不断拓展，全社会保护非物质文化遗产的意识明显增强，非物质文化遗产工作在展示中华文化独特魅力、促进经济社会高质量发展等方面发挥着越来越重要的作用。同时也要看到，非物质文化遗产法贯彻实施还有一些薄弱环节，非物质文化遗产工作在实践中还存在一些问题亟待解决，如一些依靠口传身授传承的非物质文化遗产后继乏人，保护传承体系尚不健全，让非物质文化遗产“活”起来的有效举措还不多等。总的来看，我国非物质文化遗产保护和利用的整体水平与具有悠久历史、灿烂文化的文明古国的地位还不相称，与满足人民日益增长的美好生活需要、建成社会主义文化强国的目标还有短板、差距。对此，我们必须要有清醒的认识。各级政府及有关部门要本着对历史负责、对未来负责、对人民负责的态度，把依法做好非物质文化遗产工作摆在更加突出的重要位置，认真总结经验，坚持问题导向，着力加强法律实施薄弱环节建设，在法治轨道上推动非物质文化遗产工作取得新进展、再上新台阶。

下面，我就深入贯彻实施非物质文化遗产法、做好新时代非物质文化遗产工作讲几点意见。

## 一、深入学习贯彻习近平法治思想，推进非物质文化遗产法全面深入实施

习近平法治思想植根于中华优秀传统法律文

化,借鉴了人类法治文明有益成果,为建设中国特色社会主义法治体系、建设社会主义法治国家提供了根本遵循和行动指南。各级政府及有关部门、各有关方面要坚持以习近平法治思想为指导,深入学习领会其中的深邃内涵和核心要义,牢牢把握“十一个坚持”,推动非物质文化遗产法各项规定落实到位,为做好新时代非物质文化遗产工作提供更加有力的法治保障。

*一是要广泛深入开展普法宣传。*增强全社会的文化遗产保护意识和法治观念,是非物质文化遗产法贯彻实施的基础性工作。要把非物质文化遗产法纳入普法规划,落实好“谁执法谁普法”的普法责任制,广泛深入开展普法宣传和相关知识普及工作。要通过灵活多样的方式、群众喜闻乐见的语言、贴近生活的事例阐释法条、解读规定。要把非物质文化遗产及相关法律知识进一步融入全媒体传播工程实施,创新宣传方式,加大宣传力度,增强宣传实效。“中国非物质文化遗产数字博物馆”以及《中国汉字听写大会》《中国成语大会》《中国诗词大会》《相聚中国节》等电视节目受到了群众欢迎,相关经验要加以总结推广,并将其与法律宣传普及紧密结合起来。要扩大普法宣传的覆盖面、增强影响力,坚持抓住领导干部这个关键少数,加强政府和司法机关工作人员法律培训,做好面向基层、面向企业、面向学校的普法宣传,推动尊法学法守法用法成为全社会的习惯和自觉,为非物质文化遗产贯彻实施营造良好社会氛围。

*二是要全面落实政府法定职责。*法律能不能有效实施,政府及其部门是关键。各级政府及有关部门要进一步提高运用法治思维和法治方式解决问题的能力,把非物质文化遗产法规定的各项职责转化为生动的工作实践,以坚定的文化自信、高度的文化自觉担负起传承弘扬中华优秀传统文化的历史重任。要根据相应的法定职责,开展好调查、保存、保护、利用等工作,落实好非物质文化遗产代表性项目名录、代表性传承人等制度以及各项保障措施。法律实施 10 年来好的做法和经验,要形成长效机制固定下来。同时,要认真研究梳理法律实施中的重点难点问题,分析问题成因并积极解决,进一步提升法律制度执行力。要严格执法、强化监督,让有责必问、问责必严成为执法工作的新常态,切实增强法律的刚性和权威性。

*三是要加强配套制度建设。*法律实施需要配套制度的有力支撑。国务院及其有关部门要紧紧围绕落实法律规定,研究制订非物质文化遗产方面的行政法规和部门规章。地方人大和政府要结合实际出台相关地方性法规和政府规章。相关行业组织要大力推进本领域规章制度建设。经过各方面共同努力,推动形成以非物质文化遗产法为核心,全方位、多层次、健全完善的非物质文化遗产法律制度体系,全面提升非物质文化遗产工作法治化、制度化、规范化水平。

## 二、坚持以社会主义核心价值观为引领,保持非物质文化遗产工作正确方向

我国非物质文化遗产内容丰富、形式多样,是加强社会主义精神文明建设的深厚滋养,但在形成和发展过程中不可避免会存在一些陈旧过时或者糟粕性的东西。习近平总书记指出,“我们要对传统文化进行科学分析,对有益的东西、好的东西予以继承和发展,对负面的、不好的东西加以抵御和克服,取其精华、去其糟粕,而不能采取全盘接受或者全盘抛弃的绝对主义态度”。做好新时代非物质文化遗产工作,要坚持以社会主义核心价值观为引领,严格落实“有利于增强中华民族的文化认同,有利于维护国家统一和民族团结,有利于促进社会和谐和可持续发展”等法律规定,坚持把社会效益放在首位,确保非物质文化遗产各项工作符合国家的价值目标、社会的价值取向和公民的价值准则,防止封建腐朽道德文化以非物质文化遗产之名沉渣泛起。同时,要加强对非物质文化遗产蕴含的中华优秀传统文化的挖掘和阐发,激活其内在的强大生命力,充分发挥在爱国主义、集体主义、社会主义教育中的重要作用,为人民提供丰润的道德滋养;构建各民族共有精神家园,牢固树立正确的祖国观、民族观、文化观、历史观,铸牢中华民族共同体意识;增强做中国人的骨气和底气,为构筑中国精神、中国价值、中国力量提供重要支撑和推动力量。

## 三、强化系统性保护,奋力开创非物质文化遗产工作新局面

经过多年来特别是非物质文化遗产法实施 10 年来的不断探索实践,我国非物质文化遗产工作进入了系统性保护的新阶段。“十四五”规划和 2035

年远景目标纲要明确提出要强化非物质文化遗产系统性保护，部署了“健全非物质文化遗产保护传承体系，加强各民族优秀传统手工艺保护和传承”等重要任务。这是非物质文化遗产工作进入新发展阶段的现实需要，是贯彻新发展理念和构建新发展格局的必然要求。各级政府及有关部门要进一步增强系统观念，认真贯彻“保护为主、抢救第一、合理利用、传承发展”的工作方针，统筹推进非物质文化遗产调查、保存、保护、利用等工作，推动非物质文化遗产工作水平整体提升。要坚持目标导向、问题导向、结果导向相统一，紧扣建成社会主义文化强国的战略目标，坚持补短板、强弱项、固根本，使非物质文化遗产工作切实产生增强文化自信、提高社会文明程度、提升国家文化软实力的效果。要有针对性地研究制订专项计划，加大对少数民族非物质文化遗产保护传承的支持力度，加快振兴发展各民族优秀传统手工艺。要增强全局意识和战略思维，自觉将非物质文化遗产工作纳入国民经济和社会发展的“大盘子”统筹谋划，在编制相关专项规划和地方规划时密切衔接、对接、承接“十四五”规划和2035年远景目标纲要重大决策部署，加快建设与我国深厚文化底蕴和丰富文化资源相匹配、与中国特色社会主义事业总体布局和战略布局相适应、与社会主义文化强国相承接的非物质文化遗产保护传承体系。要充分发挥非物质文化遗产保护工作部际联席会议制度的重要作用，进一步加强部门间配合协作，统筹协调重大政策举措和制度安排，增强非物质文化遗产工作的系统性、整体性、协同性。

## 四、让非物质文化遗产“活”起来，成为推动经济社会高质量发展的新动能

非物质文化遗产承载的中华优秀传统文化虽然来自“过去”，但经过岁月的洗礼历久弥新。在当代社会，传统节庆仍然是人们记住乡愁的情感寄托，传统美术、书法、音乐、舞蹈、戏剧、曲艺和杂技在现代文化生活中仍然发挥着不可替代的重要作用。优秀传统手工艺在一些地区脱贫攻坚战中大放异彩。中医药在抗击新冠肺炎疫情中彰显独特优势，成为重要的战“疫”力量。在全球疫情蔓延之际，中医药走出国门为全世界抗击疫情贡献力量。习近平总书记指出，“中西医结合、中西药并用，是这次疫情防控的一大特点，也是中医药传承精华、守正创新的生动实践”。近日，习近平总书记到纪念东汉医学家张仲景的医圣祠考察，对进一步发展中医药提出新的明确要求，再次传递了传承弘扬中华优秀传统文化、坚定文化自信的鲜明信号。

各级政府及有关部门要充分认识、高度重视非物质文化遗产在现代生产生活中的重要作用，秉持“见人见物见生活”的保护理念，积极拓展让非物质文化遗产“活”起来的有效途径，将其充分融入社会生产生活，转化为民生福祉和国家文化软实力。要坚持与时俱进、守正创新、推陈出新，推动非物质文化遗产创造性转化、创新性发展，与当代社会相协调、与现代文明相适应，满足人民日益增长的美好生活需要。要结合中华优秀传统文化传承发展工程、文化惠民工程、文艺作品质量提升工程、全媒体传播工程、智慧广电工程等国家重大文化工程实施和国家文化公园建设，加大非物质文化遗产工作宣介力度，以人们喜闻乐见、广泛参与的方式推广开来，拉近与人民群众的距离。要大力推动非物质文化遗产工作与教育、科技、卫生、旅游、农业等深度融合发展，充分发挥联动效应，培育壮大推动经济社会高质量发展的新动能。要加快云计算、大数据、移动互联网、虚拟现实等新技术的推广应用，创新非物质文化遗产保护和传播方式，为非物质文化遗产工作提供更加强劲有力的科技支撑。

## 五、加强国际交流，不断提升中华文化国际影响力

习近平总书记强调，“文明因多样而交流，因交流而互鉴，因互鉴而发展。我们要加强世界上不同国家、不同民族、不同文化的交流互鉴，夯实共建亚洲命运共同体、人类命运共同体的人文基础”。目前，我国已有42个项目列入联合国教科文组织人类非物质文化遗产代表作名录，位居世界第一，这充分说明我国非物质文化遗产在国际上得到广泛认同。以非物质文化遗产为载体和平台积极开展国际人文交流，对于展示国家形象、提升中华文化国际影响力、推动世界文明交流互鉴都具有十分重要的意义。要站在构建人类命运共同体的战略高度，服从服务国家外交大局，进一步加强非物质文化遗产方面国际交流合作，向世界人民展示我国辉煌灿烂的文明成果和中华优秀传统文化的精神标识、文化精髓，增进各国人民对中华文明的了解和认知，使非物质文化遗产成为“讲好中国故事、传播好中国声音”的重要载体，成为“传播中华文明、展示中

国形象”的亮丽名片，成为“中国走向世界、世界了解中国”的重要窗口。同时，要深入研究、系统阐释我国非物质文化遗产蕴含的中华优秀传统文化，把跨越时空、超越国度、富有永恒魅力、具有当代价值的文化精神弘扬起来，让中华文明与世界各国人民创造的丰富多彩的文明一道，为人类提供正确的精神指引和强大的精神动力。

法律的贯彻实施需要持之以恒的努力，坚持不懈加以推进。我们要坚持以习近平新时代中国特色社会主义思想为指导，深入学习贯彻习近平法治思想，准确把握新发展阶段，深入贯彻新发展理念，服务构建新发展格局，倍加珍惜面临的大好形势和大好机遇，深入推进非物质文化遗产法贯彻实施，积极推动非物质文化遗产工作实现新的跨越，让中华优秀传统文化与改革发展火热实践在全面建设社会主义现代化国家新征程中交相辉映，为赓续中华文脉、建成社会主义文化强国、铸就中华文化新辉煌、实现中华民族伟大复兴的中国梦作出新的更大贡献，以优异成绩庆祝建党 100 周年！

# 在 2021 年“百名法学家百场报告会”法治宣讲活动组委会会议上的讲话

（2021 年 6 月 2 日）

王　晨

今天，中组部、中宣部、中央政法委、教育部、司法部和中国法学会在这里共同召开 2021 年“百名法学家百场报告会”法治宣讲活动组委会会议，主要任务是以习近平新时代中国特色社会主义思想为指导，深入学习宣传贯彻习近平法治思想，部署今年“双百”活动相关工作，团结引领广大法学法律专家为“十四五”开好局起好步、建设良法善治的法治中国贡献力量。刚才，各成员单位的负责同志、“双百”活动讲师代表讲了意见和建议，讲得都很好，听完以后很受启发。

习近平总书记高度重视法治宣传教育工作，强调“全民守法是法治社会的基础工程”，“普法工作要紧跟时代，在针对性和实效性上下功夫”，“不断提升全体公民法治意识和法治素养，使法治成为社会共识和基本准则。”习近平总书记的重要论述，为加强法治宣传教育，增强全民法治观念指明了前进方向，提供了根本遵循。“双百”活动是我国法治宣传教育工作的一个重要平台。活动开展 16 年来，着力面向各级干部、高校师生和基层群众开展法治宣讲，宣传宪法法律，弘扬法治精神，推动在全社会形成良好法治氛围和法治习惯，有效服务了全面依法治国实践。2020 年，“双百”活动主动适应新形势新任务，创新法治宣讲方法，组建法治宣讲“国家队”和“地方队”，扎实开展普法工作，将中国特色社会主义法治理论带入千家万户，全年举办“双百”活动报告会 5 万余场，直接听众超过 3400 多万人次，场次再创新高，听众较上年翻了两番，“双百”活动覆盖面进一步扩大、影响力进一步提高。特别是去年全国组委会首次以网络直播方式，举行“双百”活动中央和国家机关专场报告会，近千万人参加，活动取得很好效果。下面，我就开展好今年的“双百”活动，讲几点意见。

## 一、以习近平新时代中国特色社会主义思想为指导，充分认识组织开展好“双百”活动的重要意义

2020 年 11 月，中央全面依法治国工作会议明确了习近平法治思想在全面依法治国工作中的指导地位，这是我国社会主义法治建设进程中具有重大现实意义和深远历史意义的大事。党的十九大以来，以习近平同志为核心的党中央总结治党治国治军、内政外交国防等各领域各方面的思想理论成就，明确提出了习近平新时代中国特色社会主义经济思想、习近平法治思想、习近平生态文明思想、习近平强军思想、习近平外交思想。习近平法治思想是全面依法治国的根本遵循和行动指南。学习宣传贯彻习近平法治思想是我们当前和今后一个时期的重大政治任务。开展好“双百”活动，有助于全面准确学习领会习近平法治思想，吃透基本精神、把握核心要义、明确工作要求，推动全社会兴起

学习宣传贯彻习近平法治思想的热潮，引导广大干部群众坚定不移走中国特色社会主义法治道路。

今年是“十四五”开局之年，也是“八五”普法启动实施的第一年，我们党即将迎来百年华诞。在全面建设社会主义现代化国家新征程上，随着我国经济社会持续发展和人民生活水平不断提高，人民群众对民主、法治、公平、正义、安全、环境等方面的要求日益增长，我们要更加重视法治、厉行法治，更好发挥法治固根本、稳预期、利长远的保障作用。中共中央印发《法治中国建设规划（2020—2025年）》、《法治社会建设实施纲要（2020—2025年）》，对加强法治宣传教育作出部署。党中央部署了开展全国政法队伍教育整顿，常态化开展扫黑除恶斗争、巩固专项斗争成果等任务，对宣传政法干警先进典型事迹，弘扬英模精神提出要求。开展好“双百”活动，进一步加强法治宣传教育，对于发挥法治在国家治理体系和治理能力现代化中的积极作用，依法更好保障人民合法权益、营造良好法治环境、实现全年奋斗目标具有重要意义。今年的“双百”活动要以更高的政治站位、更强的责任担当、更有力的宣讲举措，加大普法工作力度，提升全体公民法治意识和法治素养，引导全体人民成为社会主义法治的忠实崇尚者、自觉遵守者、坚定捍卫者，努力为全面建设社会主义现代化国家提供坚强法治保障。

## 二、深入学习贯彻习近平法治思想，扎实开展“双百”活动，努力营造全社会尊法学法守法用法的浓厚氛围

“明法于心，才能守法于行”。我们要立足新发展阶段，贯彻新发展理念，构建新发展格局，推动高质量发展，认真贯彻落实“八五”普法规划，扎实开展“双百”活动，增强全社会厉行法治的积极性和主动性，为“十四五”开好局起好步贡献法治力量。

第一，宣讲好习近平法治思想，推动习近平法治思想深入人心。习近平法治思想的核心要义集中体现为习近平总书记在中央全面依法治国工作会议上提出的“十一个坚持”。广大法学法律工作者要在学习贯彻习近平法治思想上作表率，牢牢把握全面依法治国政治方向、重要地位、工作布局、重点任务、重大关系、重要保障，做到知其言更知其义，知其然更知其所以然。要持续推动广大干部群众深入学习贯彻习近平法治思想，感悟习近平法治思想的真理力量和实践伟力，推动党的创新理论深入人心。要把习近平法治思想融入学校教育，纳入高校法治理论教学体系，做好进教材、进课堂、进头脑工作。要向国际社会宣介习近平法治思想，做好习近平法治思想的对外传播工作，旗帜鲜明地宣讲中国共产党领导和中国特色社会主义制度的显著优势，讲好中国法治故事，提升我国在国际舞台上的法治话语权和影响力。

第二，聚焦“十四五”开好局起好步开展法治宣讲，服务建设更高水平的平安中国、法治中国。要完整、准确、全面贯彻新发展理念，围绕党中央提出的重大法治战略、重大立法事项、重点改革举措，围绕促进高质量发展密切相关的法律法规，围绕“十四五”时期科技创新、产业发展、国内市场、深化改革、乡村振兴、区域发展、文化建设、绿色发展、对外开放、社会建设、安全发展、国防建设等重点领域法律问题，进行集中宣讲。广泛宣传与经济社会发展和人民群众利益密切相关的法律法规，宣传疫病防治、野生动物保护、公共卫生安全、国家安全、网络安全等法律法规，不断增强人民群众获得感、幸福感、安全感，用法治保障人民安居乐业。

第三，深入开展宪法宣传教育，牢固树立宪法权威。宪法是国家的根本法。法治权威能不能树立起来，首先要看宪法有没有权威。习近平总书记指出，“必须把宣传和树立宪法权威作为全面推进依法治国的重大事项抓紧抓好”。“双百”活动要深入宣传宪法，弘扬宪法精神，增强宪法意识，推动全社会牢固树立宪法法律至上、法律面前人人平等、权由法定、权依法使等基本法治观念。我国宪法以根本法的形式反映了党带领人民进行革命、建设、改革取得的成果，确立了在历史和人民选择中形成的中国共产党的领导地位。要向干部群众讲清楚我国宪法以及社会主义法治的本质特征，以宪法教育激发爱国热情，增进人民群众对伟大祖国、中华民族、中国共产党、中国特色社会主义的认同。切实加强对国家工作人员特别是各级领导干部的宪法教育，组织推动国家工作人员原原本本学习宪法文本。扎实开展“12·4”国家宪法日和“宪法宣传周”集中宣传活动，实现宪法宣传教育常态化，推动形成尊崇宪法、学习宪法、遵守宪法、维护宪法、运用宪法的社会氛围。

第四，积极宣传民法典，推动民法典走到群众身边、走进群众心里。民法典规范各类民事主体的各种人身关系和财产关系，涉及社会和经济生活的

方方面面，被称为“社会生活的百科全书”。民法典从 2021 年 1 月 1 日正式实施以来，在促进民事关系和谐有序、社会稳定安宁等方面取得积极成效。禁止高空抛物、离婚冷静期等条款很受关注，社会各界反响很好。“双百”活动要坚持以人民为中心，积极宣传民法典等与人民群众利益密切相关的法律法规，加强民法典重大意义的宣传教育，阐释好民法典关于民事活动平等、自愿、公平、诚信等基本原则，关于坚持主体平等、保护财产权利、便利交易流转、维护人格尊严、促进家庭和谐、追究侵权责任等基本要求，大力弘扬平等自愿、诚实信用等法治精神，教育引导公民正确行使权利、积极履行义务，让民法典真正融入百姓生活，成为人民群众日常生活的行为准则。要推动各级领导干部做学习、遵守、维护民法典的表率，提高运用民法典维护人民权益、化解矛盾纠纷、促进社会和谐稳定能力和水平。

第五，结合庆祝建党 100 周年开展法治宣讲活动，引导人民群众知史爱党、奉法强国。要结合党史学习教育，重点宣讲党依法执政、依法治国的成功经验和我们党领导人民厉行法治的艰辛历程、伟大成就和主要经验。要以党章、准则、条例为重点，推动党内法规宣讲常态化、制度化，使党员、干部把党章党规党纪刻印在心上，形成尊崇党章、遵守党纪的良好习惯。要用好红色资源，传承好红色基因，加强红色法治文化宣传，引导干部群众积极投身全面依法治国伟大实践，把先辈们开创的事业不断推向前进。

## 三、切实加强组织领导，推动“双百”活动不断取得新成效

要加强组织领导，进一步提高政治站位，按照党中央决策部署要求，加强统筹协调、整体推进，提升“双百”活动的针对性和实效性。

一是要抓住领导干部这个“关键少数”。习近平总书记指出，“领导干部具体行使党的执政权和国家立法权、行政权、监察权、司法权，是全面依法治国的关键。”领导干部在推进依法治国方面肩负着重要责任，在很大程度上决定着全面依法治国的方向、道路、进度。要教育引导各级领导干部坚决贯彻落实党中央关于全面依法治国的重大决策部署，带头尊崇法治、敬畏法律，了解法律、掌握法律，做尊法学法守法用法的模范，确保全面依法治国各项任务真正落到实处。要推动“双百”活动进各级党委（党组）理论学习中心组学习、党校（行政学院）和干部学院培训，不断提高领导干部运用法治思维和法治方式深化改革、推动发展、化解矛盾、维护稳定、应对风险的能力。

二是推动建设高质量讲师队伍。从 1995 年开始，中国法学会从 76 万多名会员中，评选出了一批“全国杰出青年法学家”，很多获奖者走上了立法、执法、司法等领域重要领导岗位，或者成为法学教育科研领域著名学者，他们大多正值开展法学研究和法治宣讲的黄金时期。今年的“双百”活动，要组织动员“全国杰出青年法学家”到各地开展法治宣讲，引导他们继续发挥示范引领作用。要整合各地讲师资源，探索跨区域讲师队伍共建共享新模式，推动优质讲师资源向基层延伸，打造一支政治强、专业精、情怀深、思维新、视野广、自律严的讲师队伍，推出一批高质量的报告会。

三是推动活动方式创新。要综合运用“报、网、端、微、屏”等资源和平台，推动法治融媒体建设，创建法治品牌栏目、节目，组织开展法治动漫微视频征集展播活动，提升法治宣讲传播力和引导力。要用科学立法、严格执法、公正司法的实践教育人民，促进人民群众广泛参与法治，在法治实践中持续提升人民群众法治素养。落实“谁执法谁普法”普法责任制，加强以案普法、以案释法，发挥典型案例引领法治风尚、塑造社会主义核心价值观的积极作用。

四是推动活动重心下移、服务下沉。全面推进依法治国，工作的基础在基层。“双百”活动要发挥好各类基层法治宣讲阵地作用，开展群众喜闻乐见的法治宣讲活动，促进法治宣传进机关、进农村、进社区、进企业、进学校、进军营、进网络，全面推进基层单位依法治理。要加强乡村法治宣传教育，加大法治文化惠民力度，组织丰富多彩的法治文化下基层活动，助力全面推进乡村振兴。要从细节抓起、从小事做起，积极引导人民群众在日常生活中遵守交通规则、做好垃圾分类、杜绝餐饮浪费、革除滥食野生动物陋习等，让依法工作生活真正成为一种习惯。

同志们，让我们更加紧密地团结在以习近平同志为核心的党中央周围，牢记初心使命，坚定理想信念，锐意开拓进取，奋力谱写新时代“双百”活动新篇章，为加快推进法治中国建设、实现中华民族伟大复兴的中国梦而努力奋斗，以优异成绩庆祝中国共产党成立 100 周年。

# 在习近平法治思想研究中心成立大会上的讲话

（2021 年 6 月 26 日）

王 晨

在中国共产党百年华诞即将到来之际，我们今天在这里隆重举行习近平法治思想研究中心成立大会，这是我国法治建设进程中的一个重要时刻。首先，让我们对习近平法治思想研究中心的成立表示热烈祝贺！向长期致力于习近平法治思想研究的广大法学法律工作者致以诚挚问候！

经党中央批准，中国法学会成立习近平法治思想研究中心，这是进一步深化对习近平新时代中国特色社会主义思想特别是习近平法治思想的研究阐释、推动马克思主义法治理论中国化最新成果入脑入心的重大举措，充分体现了以习近平同志为核心的党中央对中国法学会的高度信任和殷切期望，我们深受鼓舞、倍感振奋，也必将激励广大法学法律工作者把学习研究、宣传贯彻习近平法治思想进一步引向深入，牢记使命担当，扎实履职尽责，坚定不移走中国特色社会主义道路，加快建设社会主义法治体系，奋力建设社会主义法治国家。

刚才，几位同志先后作了发言，讲得都很好。下面，我再讲几点意见。

## 一、深刻认识成立习近平法治思想研究中心的重大意义

伟大时代诞生伟大理论，伟大理论引领伟大征程。党的十八大以来，以习近平同志为核心的党中央从坚持和发展中国特色社会主义的全局和战略高度定位法治、布局法治、厉行法治，我国社会主义法治建设发生历史性变革、取得历史性成就。去年 11 月召开的中央全面依法治国工作会议明确了习近平法治思想在全面依法治国工作中的指导地位，为我们推进法治中国建设指明了前进方向、提供了根本遵循。在乘势而上开启全面建设社会主义现代化国家的关键阶段，成立习近平法治思想研究中心正当其时、意义重大，肩负着十分重要的职责和使命。

第一，这是把学习研究宣传习近平新时代中国特色社会主义思想进一步引向深入的必然要求。习近平新时代中国特色社会主义思想是马克思主义中国化最新成果，是党和人民实践经验和集体智慧的结晶，是中国特色社会主义理论体系的重要组成部分，是全党全国人民为实现中华民族伟大复兴而奋斗的行动指南，必须长期坚持并不断发展。习近平法治思想贯穿于中国特色社会主义伟业的各个领域各个方面各个环节，是习近平新时代中国特色社会主义思想中具有“四梁八柱”意义的重要组成部分。成立习近平法治思想研究中心，就是要更好地动员广大法学法律工作者深入学习研究宣传习近平法治思想，认真学习和深刻领悟这一重要思想的科学体系、丰富内涵、精髓要义，掌握贯穿其中的马克思主义立场观点方法，自觉用以武装头脑、指导实践、推动工作。

第二，这是积极发展中国特色社会主义法治理论的必然要求。党的十八大以来，习近平总书记以马克思主义政治家、思想家、战略家的深刻洞察力和理论创造力，深入回答了事关我国社会主义法治建设的一系列重大问题，丰富和发展了马克思主义法治理论，开辟了中国特色社会主义法治理论和实践新境界。习近平法治思想，坚持马克思主义立场观点方法，植根于中华优秀传统法律文化，同我们党长期形成的法治理论既一脉相承又与时俱进，在理论上有许多重大突破、重大创新、重大发展，为发展马克思主义法治理论作出了重大原创性贡献，是马克思主义法治理论中国化最新成果。成立习近平法治思想研究中心，就是要更好地动员广大法学法律工作者深入研究阐释习近平法治思想，深刻把握全面依法治国政治方向、重要地位、工作布局、重点任务、重大关系、重要保障，加强理论思维，从理论上回答为什么要全面依法治国、怎样全面依法治国这个重大时代课题，不断从理论和实践的结合上取得新成果，推动中国特色社会主义法治理论创新发展，更好指导全面依法治国各项工作。

第三，这是建设法治中国、推进国家治理体系和治理能力现代化的必然要求。推进全面依法治国是国家治理的一场深刻变革，必须以科学理论为

指导。习近平法治思想深刻阐明了全面依法治国在治国理政中的全局性、战略性、基础性、保障性地位,把制度建设和法治建设提升到更加突出、更加重要的位置,为中国特色社会主义法治体系和社会主义法治国家建设提供了强大思想武器,为推进国家治理体系和治理能力现代化、建设更高水平的法治中国提供了科学指引。成立习近平法治思想研究中心,就是要更好地动员广大法学法律工作者坚持习近平法治思想在全面依法治国中的指导地位,坚定不移走中国特色社会主义法治道路,加快建设社会主义法治体系、建设社会主义法治国家,在法治轨道上推进国家治理体系和治理能力现代化。

## 二、切实增强使命感、责任感、紧迫感,深入学习研究宣传习近平法治思想

理论创新每前进一步,理论武装就要跟进一步。我们要增强“四个意识”、坚定“四个自信”、做到“两个维护”,不断提高政治判断力、政治领悟力、政治执行力,扎扎实实建设好习近平法治思想研究中心,全面、系统、深入开展习近平法治思想的学习研究宣传工作,努力为服务党的思想理论建设、服务党和国家工作大局作出积极贡献。

第一,将习近平法治思想研究中心建设成为学习习近平法治思想的重要平台。习近平法治思想是一个内涵丰富、论述深刻、逻辑严密、系统完备的科学理论体系,必须统筹抓好对习近平法治思想的学习教育,切实增强学习贯彻习近平法治思想的自觉性和坚定性。要充分发挥研究中心的重要作用,更好地推动把学习贯彻习近平法治思想同学习贯彻党中央决策部署结合起来,同实施法治建设规划纲要统一起来,确保法治建设各项部署落实落地。要抓好领导干部这个重点,把习近平法治思想作为党委(党组)理论学习中心组学习重点内容、干部学院重点课程,不断深化思想认识、筑牢理论根基,提高领导干部运用法治思维和法治方式开展工作的本领,推动领导干部带头学习、模范践行。要运用线上线下相结合的方式举办学习班、研讨班、培训班等,把学习贯彻延伸拓展到基层、覆盖到广大法学法律工作者和党员干部,让他们准确掌握习近平法治思想的精髓要义。要定期举办习近平法治思想论坛,以学习贯彻习近平法治思想为主题举办中国法学家论坛、中国法治论坛、中国法学青年论坛、全国七大区域法治论坛等,推动习近平法治思想学习往深处走、往实处走,推动广大法学法律工作者和党员干部自觉做习近平法治思想的坚定信仰者、积极传播者、模范实践者。

第二,将习近平法治思想研究中心建设成为研究习近平法治思想的重要基地。贯彻党中央决策部署,未来 5 到 10 年,习近平法治思想研究中心要重点研究习近平法治思想的理论体系、学科体系、教材体系,不断深化拓展习近平法治思想研究,努力推出一批高质量研究成果,为全面依法治国提供科学法治理论支撑。

认真研究习近平法治思想的理论体系,就要以习近平法治思想引领中国特色社会主义法治理论创新发展。习近平总书记强调,要“构筑中国制度建设理论的学术体系、理论体系、话语体系,为坚定制度自信提供理论支撑”。习近平法治思想的主要内容和理论精髓,集中体现为习近平总书记在中央全面依法治国工作会议上提出的“十一个坚持”。我们研究习近平法治思想,首先要把“十一个坚持”研究透彻,准确把握每一个“坚持”的精髓所在以及各个“坚持”之间的逻辑关系,做到学深悟透、融会贯通。要组织专家学者围绕“十一个坚持”开展分专题研究,编写出版专著,形成系列丛书,推出一批代表国家级水平的研究成果,不断发展完善符合中国实际、具有中国特色、体现社会发展规律的社会主义法治理论。

认真研究习近平法治思想的学科体系,就要推动形成以习近平法治思想为统领的法学学科体系。目前,我国已经形成了种类齐全、内涵丰富的法学学科体系,但仍然存在学科结构不尽合理、法学学科体系不够完善、法学学科同其他学科交叉融合不够等问题。要深化习近平法治思想的学理化阐释,将习近平法治思想融入法学各学科领域。全方位加强法学学科体系建设,将《习近平法治思想概论》列为法学类专业核心课和其他专业公共课,把习近平法治思想融入法学本科生和研究生课程体系。打破学科专业壁垒,加强法学学科同其他学科交叉融合,推动新兴学科和交叉学科建设,使法学学科建设跟上时代发展步伐。

认真研究习近平法治思想的教材体系,就要进一步推动习近平法治思想进教材、进课堂、进头脑。根据党中央统一部署,《习近平法治思想概论》教材已经形成了送审稿,接下来要根据有关部门意见做好概论的修改完善工作。研究中心成立后,要对

习近平法治思想教材体系建设进行更加深入的研究，继续编写概论配套教辅材料，编写习近平法治思想专题教材，以习近平法治思想为指导推进法学各学科教材的编写修订工作，推动形成适应中国特色社会主义发展要求、立足学术前沿、门类齐全、学段衔接的法学教材体系，做好进教材、进课堂、进头脑工作。

第三，将习近平法治思想研究中心建设成为宣传习近平法治思想的重要阵地。做好习近平法治思想的宣传工作，是推动习近平法治思想深入人心、落地生根的重要举措。要坚持从我国国情和实际出发，正确解读中国现实、回答中国问题，提炼标识性学术概念，充分展现习近平法治思想鲜明的中国特色、实践特色、时代特色。要加强对法治领域错误思想观点的辨析批驳，针对错误观点言行敢于和善于发声亮剑。要把宣传贯彻习近平法治思想同做好法治宣传工作结合起来，同落实“八五”普法规划结合起来，深入开展“百名法学家百场报告会”、“青年普法志愿者法治文化基层行”等形式多样的法治宣讲活动，发挥好中央主流媒体和中国法学会所属媒体作用，发挥好地方法学会法律服务站、法律诊所等基层普法阵地作用，通过媒体报道、评论言论、理论文章、学习读本等形式，运用各类融媒体手段和平台加强对习近平法治思想的宣传解读，弘扬社会主义法治精神，建设社会主义法治文化。要加强习近平法治思想的对外传播宣介，办好中国法治国际论坛，加强同国际法律界学者官员对话，办好中国法学会涉外法治高端人才培养项目，用中国理论阐释中国实践，用中国实践升华中国理论，更加鲜明地展现中国思想，更加响亮地提出中国主张，讲好中国法治故事，提升中国法学、中国法治在国际上的话语权和影响力。

## 三、精心组织谋划、高标准建设好习近平法治思想研究中心

在以习近平同志为核心的党中央坚强领导下，在中央政法委代管下，在中央宣传部指导下，中国法学会要把建设习近平法治思想研究中心作为一项重要政治任务，高起点谋划、高标准建设，确保代表国家级水平，努力打造成为一流的习近平新时代中国特色社会主义思想研究中心。

一是加强组织领导，做好顶层设计。要把研究中心建设工作摆上重要议事日程，在建设投入、发展规划、工作场所、人员配备、经费使用等方面给予充分保障，为研究中心开展工作创造有利条件。要立足长远发展，发挥优势、突出特色，围绕目标任务、课题研究、宣传推介、成果转化、队伍建设、激励机制等方面，制定中长期规划和工作实施方案，建立完善的规章制度，确保研究中心行稳致远。要加强向中央有关部门的请示汇报，准备迎接今年年底对研究中心建设情况的检查评估。

二是集中优势资源，形成工作合力。要整合法学会系统研究力量，充分发挥中国法学会学术委员会、各研究会、各法治研究基地、各地方法学会、全体会员的重要作用，充分调动广大法学法律工作者的积极性、主动性、创造性，确保研究中心充足的人才智力支持。要发挥研究中心的学术引领作用、重大课题攻关作用、创新人才培养作用，发现、培养、集聚一批高水平习近平法治思想研究人才。要发挥导向激励作用，精心组织中国法学优秀成果奖、全国杰出青年法学家、董必武青年法学成果奖等评选活动，通过实地调研、课题研究、学术研讨、评奖评选、人才举荐等方式，推动习近平法治思想研究优秀人才脱颖而出。要加强与习近平新时代中国特色社会主义思想各研究中心的联系，会同高等院校、科研院所、法治实务部门等研究力量，共同推动习近平法治思想研究工作向纵深发展。

三是健全制度机制，提升成果质量。要创新成果转化机制，加快推动研究成果转化应用，做好从顶层设计到“最后一公里”落地的工作。完善激励机制，落实保障措施，推动研究人员的创造活力竞相迸发、聪明才智充分涌流。要围绕习近平法治思想研究向社会发布专项课题，组织法学专家和法治实践工作者深入研究，努力多出经得起实践、人民、历史检验的研究成果。要坚持目标导向、问题导向、结果导向相统一，发挥中国法学会《要报》、《中国法学会信息》和专题报告等重要平台作用，提出更多有价值、有分量的意见和建议，不断提升服务科学决策和法治实践的能力水平。

同志们，让我们更加紧密地团结在以习近平同志为核心的党中央周围，勇挑重担，勇担重责，牢记使命，不负重托，高质量建好习近平法治思想研究中心，为全面依法治国、建设法治中国，夺取全面建设社会主义现代化国家新胜利作出新的更大贡献，以优异成绩庆祝中国共产党成立100周年！

# 在学习贯彻习近平总书记关于全过程人民民主重要论述、推进基层立法联系点工作座谈会上的讲话

（2021 年 7 月 26 日 上海）

王 晨

今天，上海市委、市人大召开座谈会，学习贯彻习近平总书记关于全过程人民民主重要论述、推进基层立法联系点工作，这是贯彻落实习近平总书记“七一”重要讲话精神特别是关于发展全过程人民民主重要论述的重大举措，十分及时、意义重大。刚才，蒋卓庆主任介绍了上海市人大践行全过程人民民主的工作情况，胡煜昂等 4 位来自基层立法联系点的同志介绍了相关工作，桑玉成教授从理论研究角度作了阐释，大家用生动的工作实践展现和阐述了中国的民主故事、人大故事、立法故事，讲的都很好。李强书记作了重要讲话，让我们对上海学习贯彻习近平总书记关于全过程人民民主重要论述有了更直接、更全面、更深刻的认识，深受启发。

上海市长宁区虹桥街道是习近平总书记 2019 年首次提出全过程人民民主的地方，是全国人大常委会法工委的基层立法联系点之一。这对于全国人大常委会、对于上海来说，都具有特殊的意义。我们的实践得到了习近平总书记的肯定和鼓励，既是一份光荣，更是沉甸甸的责任。学习领会好、宣传阐释好、贯彻落实好全过程人民民主重要论述，是我们共同的职责和政治任务。下面，我讲三点意见。

## 一、认真学习、深刻领会习近平总书记关于全过程人民民主重要论述的重大理论和实践意义

习近平总书记在“七一”重要讲话中，站在人民创造历史的高度，从全心全意为人民服务根本宗旨出发，强调“发展全过程人民民主”。这一重要论述是对 2019 年 11 月提出的“全过程民主”重大论断的进一步阐释，内涵丰富，思想深邃，是对社会主义民主政治理论的创新发展，极大激发了全党全国人民坚持走中国特色社会主义道路的自信心和自豪感。

第一，全过程人民民主重要论述与我们党的初心使命、根本宗旨相联相通、一脉相承。为人民谋幸福、为民族谋复兴，全心全意为人民服务，我们党的初心使命和根本宗旨必然要求确保人民当家作主体现在社会主义民主政治的全过程和各方面。要发挥全过程人民民主的制度优势，一切为了人民、一切依靠人民，不断提升国家治理体系和治理能力现代化水平，更好地维护社会公平正义，着力解决发展不平衡不充分问题和人民群众急难愁盼问题，实质性推动人的全面发展、实现全体人民共同富裕。

第二，全过程人民民主重要论述为我们坚定不移走中国特色社会主义政治发展道路、推进我国社会主义民主政治建设提供了科学指引。中国特色社会主义政治制度为当代中国创造出经济快速发展、社会长期稳定两大奇迹提供了坚实制度保证，赢得了亿万人民的坚定支持和拥护。要以全过程人民民主重要论述推动我国社会主义民主政治建设创造性发展，充分彰显中国特色社会主义民主政治的特点和优势，以最广泛、最真实、最管用的民主进一步增强人民群众的向心力和凝聚力，团结带领全国人民为实现第二个百年奋斗目标而不懈努力。

第三，全过程人民民主重要论述对坚持和完善人民代表大会制度、做好新时代立法工作提出了新的更高要求。全过程人民民主重要论述始于基层立法联系点和立法工作，同时又对人大工作、立法工作提出更高要求。要以全过程人民民主理念推动人民代表大会制度的完善发展，保障人大代表和人民群众全过程参与立法、监督等工作，引导基层群众、社会公众积极有序参与到人民代表大会的重要活动中来，深入推进科学立法、民主立法、依法立

法，真正做到充分反映人民意愿、体现人民意志、维护人民利益。

习近平总书记“七一”重要讲话是我们党团结带领人民以史为鉴、开创未来的行动指南，是指引我们党奋力推进中国特色社会主义伟大事业和全面推进党的建设新的伟大工程的纲领性文献。我们学习贯彻“七一”重要讲话精神，深化对全过程人民民主重要论述的认识，不仅要从人大工作、立法工作角度来理解领会，更要从推进社会主义民主政治建设，从维护社会公平正义、解决人民群众实际困难、实现全体人民共同富裕，从践行党的初心使命、实现中华民族伟大复兴等更高层面来认识和把握。

## 二、紧密结合实际贯彻习近平总书记关于全过程人民民主重要论述，不断加强和改进人大工作

人民代表大会制度是坚持党的领导、人民当家作主、依法治国有机统一的根本政治制度安排，是全过程人民民主的重要实践平台；立法是全过程人民民主的重要实现途径。我国宪法法律关于人民代表大会制度的各项规定都为践行和发展全过程人民民主奠定了坚实的法治基础。2021 年 3 月，十三届全国人大四次会议修改通过了《全国人民代表大会组织法》，把全过程人民民主重要论述转化为法律规范，为全国人大及其常委会履行法定职责、高质量推进新时代人大工作提供了法律依据和保障。

第一，全过程人民民主不仅体现在人大选举、任免环节，而且体现在全国人大及其常委会行权履职全过程。习近平总书记深刻指出，人民是否享有民主权利，要看人民是否在选举时有投票的权利，也要看人民在日常政治生活中是否有持续参与的权利；要看人民有没有进行民主选举的权利，也要看人民有没有进行民主决策、民主管理、民主监督的权利。我国人民民主与西方狭隘的、形式主义的选举民主有着本质区别，我国的选举和任免不仅不是人民民主的终点，而恰恰是人民民主的起点。我国人民行使民主权利，不仅体现在进行选举任免，而且体现在通过人民代表大会行使国家权力，支持和监督国家机关各司其职，通过各种途径和形式管理国家事务、管理经济和文化事业、管理社会事务，实现民主选举、民主协商、民主决策、民主管理、民主监督各环节贯通，全方位、全覆盖地实现人民当家作主。美西方总是自认他们的制度是全世界最民主的制度，近年来越来越多的实践证明这是荒谬的，当今世界“中国之治”与“西方之乱”已形成了鲜明对比。

第二，全过程人民民主不仅体现在全国人大及其常委会会议期间，而且体现在闭会期间。召开代表大会和常委会会议是人大代表、常委会组成人员集体行权履职最重要的形式。在代表大会及其常委会召开会议期间，人大代表、常委会组成人员的履职得到充分保障，意见建议得到充分表达，代表人民充分行使民主权利。注重发挥好人大代表在全过程人民民主中的作用，邀请代表列席常委会会议，并建立列席常委会会议代表座谈机制。

在代表大会及其常委会闭会期间，高度重视人大代表工作。人大代表来自人民、植根人民，是联系群众的重要桥梁纽带，必须充分发挥代表接地气、察民情、聚民智的优势。继续完善常委会组成人员联系代表机制，组织代表参加专题调研、开展集中视察，邀请代表参加调研座谈、论证评估，不断探索新形式新途径，充分听取和吸收代表意见，有效发挥代表在全过程人民民主中重要作用。

第三，全过程人民民主不仅体现在立法、决定和决策活动中，而且体现在法律实施、执行和监督中。习近平总书记指出，人民通过选举、投票行使权利和人民内部各方面在重大决策之前进行充分协商，尽可能就共同性问题取得一致意见，是中国社会主义民主的两种重要形式。在制定法律、作出决定、形成决策过程中，立法机关通过调研、座谈、书面发函、上网公布征求意见等多种方式，广泛听取吸纳各方面意见，确保所有的重大立法决策都依照程序、经过民主酝酿，通过科学决策、民主决策产生。比如，设立基层立法联系点，搭建反映基层群众意见的“直通车”。2015 年全国人大常委会法工委设立上海市长宁区虹桥街道等 4 个基层立法联系点，2020 年又增设江苏省昆山市人大常委会、河北省正定县正定镇“人大代表之家”等 5 个基层立法联系点和中国政法大学 1 个立法联系点。这些立法联系点为国家立法提出了很多好的意见建议，成为国家立法机关倾听基层和一线声音的重要途径。

在法律实施、执行和监督过程中也充分体现了全过程人民民主的理念、原则和要求。比如，执法检查中深入听取人大代表和人民群众的意见，发挥“法律巡视”监督利剑作用；又如，依法对公民、组织

提出的法规审查建议进行研究，提出处理意见，通过民主监督有效维护国家法制统一、保障公民合法权利。

## 三、希望上海在贯彻落实习近平总书记关于全过程人民民主重要论述方面勇于探索、走在前列

上海是我们党的诞生地，人民幸福和民族复兴的初心使命发源于这里。改革开放以来，上海是国家对外开放的一线，是掀开我国改革开放向纵深推进崭新篇章的前沿，在党和国家工作全局中始终具有重要地位。2020 年 11 月，召开了浦东开发开放 30 周年庆祝大会，习近平总书记发表重要讲话；最近，党中央、国务院发布了《关于支持浦东新区高水平改革开放打造社会主义现代化建设引领区的意见》，赋予浦东新区改革开放新的重大任务。我们相信，在党中央正确领导下，在上海市委直接领导下，上海人民一定能够不负习近平总书记和党中央的期望重托，在全面建设社会主义现代化国家新征程上作出新的更大贡献。

*一是上海始终坚持以人民为中心，不仅取得了经济社会发展的巨大成就，而且在推进社会主义民主政治建设上守正创新、走在前列。*党的十八大以来，上海认真贯彻落实习近平总书记提出的争做“改革开放排头兵、创新发展先行者”的重要指示要求，在经济社会各方面都取得新发展新成就。2019 年，习近平总书记考察上海时提出了“人民城市人民建，人民城市为人民”重要理念，上海及时出台了相关文件，不断提高城市治理现代化水平，开创人民城市建设新局面。在践行全过程人民民主方面，上海也取得了丰硕成果，积累了宝贵经验。上海市人大坚持立法为民，在保障和改善民生、推进城市精细化管理、促进城市文明、加强环境保护和污染治理等方面，制定修改了一批行之有效的地方性法规，以高质量立法推动高质量发展，满足人民群众不断增长的法治需求，最近刚通过的《上海市人民建议征集若干规定》就是一个很好的例子。据介绍，去年至今已经征集了 2 万多件人民群众提出的意见建议，这是全过程人民民主的很好体现。

*二是上海高水平打造基层立法联系点，虹桥街道已成为上海法治的一张亮丽名片。*基层立法联系点是全国人大常委会根据党的十八届四中全会《决定》中“建立基层立法联系点制度”重要举措建立的，是在党中央部署下开展的一项重要法治工作。基层立法联系点是一项新工作，还在探索经验、逐步扩大阶段。上海市委、市人大高度重视虹桥街道全国人大常委会法工委设立的这个基层立法联系点，短短几年时间摸索出一套行之有效的工作方法，对全国其他地方的立法联系点具有借鉴参考意义。有习近平总书记关于基层立法联系点的重要指示，有虹桥街道宝贵的实践经验，我们一定把其他立法联系点也做起来、做好做优，让全过程人民民主重要理念在全国范围落地生根、开花结果。

*三是全国人大常委会高度重视和大力支持上海在改革开放和社会主义现代化建设中发挥更重要的作用。*2013 年 8 月、2014 年 12 月，全国人大常委会先后两次作出决定，授权国务院在上海自由贸易试验区及扩展区域暂时调整有关法律规定的行政审批。今年 6 月，全国人大常委会作出决定，授权上海市人大及其常委会根据浦东改革创新实践需要，遵循宪法规定以及法律和行政法规基本原则，制定浦东新区法规。我们将继续按照习近平总书记、党中央的要求，站在全局高度、聚焦国家战略，一如既往地做好立法工作，支持上海市人大及其常委会积极作为，践行全过程人民民主，为上海推进城市治理、实施高水平改革开放、打造社会主义现代化建设引领区提供更好法治保障。

# 在北京调研社会主义法治文化建设工作的讲话

（2021 年 9 月 2 日、3 日）

王　晨

党的十八大以来，习近平总书记在全面推进依法治国的进程中，高度重视社会主义法治文化建设，作出一系列重要论述，为社会主义法治文化建设指明了前进方向。今年 4 月，中共中央办公厅、国

务院办公厅印发《关于加强社会主义法治文化建设的意见》(以下简称《意见》),对今后一个时期的社会主义法治文化建设工作作出全面部署。我这次和全国人大常委会法工委沈春耀同志,中国法学会陈训秋、王其江、张苏军、李如林等同志到有关单位来,就是为了贯彻落实习近平法治思想,围绕落实“两办”《意见》精神、加强社会主义法治文化建设工作开展调研。

两天来,我们先后到中央广播电视总台,听取《今日说法》栏目、社会与法频道传播法治文化情况介绍,并与主创人员交流;在国家图书馆,听取文化和旅游部有关部门关于推动法治文艺创作、加强文艺工作者法治和道德教育工作介绍,了解国家图书馆提供法律文献服务情况;在东城区前门街道草厂社区,调研基层法治文化阵地建设情况,考察“小院议事厅”社区治理平台,同居委会委员、居民骨干代表组成的议事厅成员交流;还到北京汇文中学了解青少年法治教育情况,与师生代表座谈。我们感到,大家都很重视法治文化建设,在法治文化传播、法治宣传教育、法治文艺创作、法治文化阵地建设、青少年法治教育等方面探索创造了不少好经验好做法,取得了较好的成效。同时,也还需要继续努力,深入推进社会主义法治文化建设。

## 一、充分认识加强社会主义法治文化建设的重大意义

文化是民族生存和发展的重要力量。今天,我们比历史上任何时期都更接近、更有信心和能力实现中华民族伟大复兴的目标,文化的作用、精神的力量愈加凸显。在全面建设社会主义现代化国家的新征程上,加强社会主义法治文化建设意义重大、十分必要。

社会主义法治文化是中国特色社会主义文化的重要组成部分。社会主义法治文化源自于中华民族五千多年文明历史所孕育的中华法治文明和中华优秀传统法律文化,熔铸于党领导人民在革命、建设、改革中创造的革命文化和社会主义先进文化,摄取于全球法治文明优秀成果,根植于中国特色社会主义法治建设伟大实践,是中国特色社会主义文化的重要组成部分。发展中国特色社会主义文化,加强社会主义精神文明建设,激发全民族文化创新创造活力,必然要求加强社会主义法治文化建设,筑法治之基、行法治之力、积法治之势,以社会主义法治文化建设新成效推动中国特色社会主义文化繁荣兴盛。

社会主义法治文化是社会主义法治国家建设的重要支撑。建设社会主义法治文化是建设中国特色社会主义法治体系、建设社会主义法治国家的战略性、基础性工作。《意见》明确2035年法治文化建设的目标是:基本形成与法治国家、法治政府、法治社会相适应,与中国特色社会主义法治体系相适应的社会主义法治文化,基本形成全社会办事依法、遇事找法、解决问题用法、化解矛盾靠法的法治环境。只有在全社会弘扬社会主义法治精神,建设社会主义法治文化,充分发挥法治文化的引领、熏陶作用,才能增强全社会厉行法治的积极性和主动性,引导全体人民做社会主义法治的忠实崇尚者、自觉遵守者、坚定捍卫者,为全面依法治国、建设社会主义法治国家提供坚强思想保证和强大精神动力。

加强社会主义法治文化建设是坚定文化自信、建设社会主义文化强国的必然要求。我国社会主义法治凝聚着我们党治国理政的理论成果和实践经验,是制度之治最基本最稳定最可靠的保障。建设社会主义法治文化是建设社会主义文化强国的重要内容。只有建设社会主义法治文化,充分展现中国特色社会主义法治优越性,充分发挥中国特色社会主义国家制度和国家治理体系的显著优势,才能增强全体人民对中国特色社会主义道路的认同,增强文化自觉和文化自信,不断铸就中华文化新辉煌,朝着建设社会主义文化强国的目标不断前进。

## 二、准确把握加强社会主义法治文化建设的基本要求

建设社会主义法治文化,要坚持以习近平新时代中国特色社会主义思想为指导,在法治实践中持续提升公民法治素养,为全面建设社会主义现代化国家、实现中华民族伟大复兴的中国梦夯实法治基础。

第一,坚持党对全面依法治国的领导,确保社会主义法治文化建设的正确方向。党的领导是我国社会主义法治之魂,是我国法治同西方资本主义国家法治最大的区别,是推进全面依法治国的根本保证。把党的领导贯彻到依法治国全过程和各方面,是我国社会主义法治建设的一条基本经验。加强社会主义法治文化建设,必须坚持党对全面依法治国的领导,牢固确立习近平法治思想在全面依法

治国中的指导地位，增强“四个意识”、坚定“四个自信”、做到“两个维护”，不断提高政治判断力、政治领悟力、政治执行力，坚决抵制“三权鼎立”、西方“宪政”等错误思潮的影响，坚定不移走中国特色社会主义法治道路。

第二，坚持以人民为中心，做到社会主义法治文化建设为了人民、依靠人民。全面依法治国最广泛、最深厚的基础是人民。加强社会主义法治文化建设，必须坚持以人民为中心的工作导向，坚持法治建设为了人民、依靠人民、造福人民、保护人民，注重公民法治习惯的实践养成，不断满足人民日益增长的对民主、法治、公平、正义的需要，强化依法治理，培育全社会办事依法、遇事找法、解决问题用法、化解矛盾靠法的法治环境。

第三，坚持依法治国和以德治国相结合，把社会主义核心价值观融入社会主义法治文化建设全过程各方面。法安天下、德润人心。法律是成文的道德，道德是内心的法律。加强社会主义法治文化建设，必须坚持依法治国和以德治国相结合，既重视发挥法律的规范作用，又重视发挥道德的教化作用，实现法治和德治相辅相成、相得益彰。社会主义核心价值观是社会主义法治文化建设的灵魂。必须以社会主义核心价值观引领社会主义法治文化建设，推动全社会树立法治意识、增强法治观念，形成守法光荣、违法可耻的社会氛围，引导全体人民成为社会主义法治的忠实崇尚者、社会主义核心价值观的自觉践行者。

第四，坚持从实际出发，突出中国特色、实践特色、时代特色，不断发展和繁荣社会主义法治文化。加强社会主义法治文化建设，必须弘扬中华优秀传统文化、革命文化、社会主义先进文化，学习借鉴世界优秀法治文明成果，推动中华优秀传统法律文化创造性转化、创新性发展。必须大力弘扬红色法治文化，讲好红色法治故事，传承红色法治基因，教育引导全社会增强走中国特色社会主义法治道路的自信和自觉。

## 三、深入学习宣传贯彻习近平法治思想，推动全社会尊法学法守法用法

经过长期努力，当前全社会法治观念明显增强，科学立法、严格执法、公正司法、全民守法深入推进，法治国家、法治政府、法治社会建设相互促进，中国特色社会主义法治体系日益完善。同时也要看到，还有不少公民法律知识欠缺、法治意识淡薄，一些人胆大妄为、铤而走险、以身试法，电信诈骗、偷税漏税、吸毒贩毒等违法犯罪行为屡见不鲜，建设中国特色社会主义法治体系、建设社会主义法治国家任重道远。我们要深入学习宣传贯彻习近平法治思想和习近平总书记关于文化自信的重要论述，加强社会主义法治理论研究和文化建设，推进社会主义法治国家建设，努力营造全社会尊法学法守法用法的良好氛围。

一是不断提升全体公民法治意识和法治素养，使法治成为社会共识和基本准则。法治的根基在人民。只有全体人民信仰法治、遵守法治，国家和社会生活才能真正在法治轨道上运行。要在全社会树立宪法法律权威，使人民认识到法律既是保障自身权利的有力武器，也是必须遵守的行为规范，增强全社会尊法学法守法用法意识，使法律为人民所掌握、所遵守、所运用，自觉抵制违法行为、维护法治权威。要促进人民群众广泛参与法治，用科学立法、严格执法、公正司法的实践教育人民，在法治实践中持续提升公民法治素养。要坚持法律面前人人平等，任何组织和个人都必须在宪法法律范围内活动，任何组织和个人都不得有超越宪法法律的特权。要坚持法治教育与法治实践相结合，推进多层次多领域依法治理，全面提升社会治理法治化水平，依法维护社会秩序、解决社会问题、协调利益关系、推动社会事业发展，促进社会充满活力又和谐有序。

二是做好法治文化传播，增强法治宣传教育针对性和实效性。要健全媒体公益普法制度，落实媒体公益普法责任，努力办好法治品牌栏目和节目。通过以案普法、以案释法等方式，运用典型案例加大普法力度、引领法治风尚。综合运用“报、网、端、微、屏”等资源和平台，推动法治融媒体建设。希望央视总结好开展民法典宣传等专题报道的有益经验，继续通过灵活多样的形式，教育引导公民正确行使权利、积极履行义务，不断提升全体公民法治意识和法治素养，在全社会营造良好法治氛围。

三是创作生产更多优秀法治文艺作品，繁荣发展社会主义法治文艺。法律信仰的形成，离不开法治文化的滋养和熏陶。要坚持以人民为中心的创作导向，把社会效益放在首位，积极创作生产更多既能满足人民法治文化需求、又能增强人民精神力量的优秀法治文艺作品，弘扬社会主义法治精神，

进一步厚植法治中国的文化根基，为法治中国凝聚强大精神力量。文艺工作者要坚持德艺双馨，遵守法律法规，遵守社会公德，恪守职业道德，加强自律，树立良好社会形象。要运用法治手段解决道德领域突出问题，依法查处和遏制"阴阳合同"、偷税漏税、"饭圈"乱象等违法失德失范问题。坚持法律是不可触碰的底线，不论名气多大、流量多大、平台多大，都必须增强法治意识，自觉遵守国家法律法规，违法者必将受到法律惩处，付出沉重代价。

*四是加强基层法治文化阵地建设，推动法治文化深入人心。*乡村、社区在全面推进依法治国中具有不可或缺的地位和作用。要建好用好乡村、社区法治文化阵地，扩大覆盖面，提高利用率和群众参与度，充分发挥其教育作用，开展群众喜闻乐见的法治文化活动，打造基层普法和依法治理有效阵地。要深化法治乡村、社区建设，加大乡村、社区普法力度，发挥市民公约、乡规民约等基层规范在社会治理中的作用，培育人民群众遵守法律、依法办事的意识，引导人民群众以理性、合法的形式表达利益诉求，让依法工作生活真正成为一种习惯。学校要采取得力措施，把习近平法治思想融入学校教育，深入做好进教材、进课堂、进头脑工作。希望汇文中学继续重视做好青少年法治教育工作，从小培养青少年的法治意识，树立法治思维，将此作为落实教育立德树人根本任务的一项重要举措，通过适合青少年特点的方式方法，切实增强青少年宪法法律观念，德法兼修、明法笃行，让汇文中学这所具有百年历史和深厚爱国主义传统的学校在建设社会主义现代化新征程中培养更多德智体美劳全面发展的社会主义建设者和接班人。

# 全面贯彻实施中医药法<br>推进中医药事业发展和健康中国建设

王　晨

中医药是中华民族的瑰宝，是中华文明宝库的璀璨明珠，闪耀着中华优秀传统文化的光芒。党的十八大以来，以习近平同志为核心的党中央从统筹推进"五位一体"总体布局、协调推进"四个全面"战略布局、增强民族自信和文化自信的全局和战略高度，对中医药传承创新发展作出一系列重大决策部署。习近平总书记明确指出："要遵循中医药发展规律，传承精华，守正创新，加快推进中医药现代化、产业化，坚持中西医并重，推动中医药和西医药相互补充、协调发展，推动中医药事业和产业高质量发展，推动中医药走向世界，充分发挥中医药防病治病的独特优势和作用，为建设健康中国、实现中华民族伟大复兴的中国梦贡献力量。"为贯彻落实习近平总书记对中医药的重要论述、重要指示精神和党中央决策部署，依法推动中医药事业振兴，切实把中医药这一宝贵财富继承好、发展好、利用好，全国人大常委会从今年3月开始首次对《中华人民共和国中医药法》的实施情况进行执法检查。在历时三个多月的时间内，执法检查组由5位全国人大常委会副委员长带队，分赴天津、山西、浙江、福建、河南、广西、贵州、甘肃等8个省（区、市）开展全方位、系统化实地检查，有关管理部门参与配合，同时委托内蒙古、辽宁、安徽、江西、山东、湖北、广东、西藏等8个省（区）开展自查。执法检查组在今年6月召开的十三届全国人大常委会第二十九次会议上作了关于检查《中华人民共和国中医药法》实施情况的报告（以下简称执法检查报告），全面检视中医药法实施取得的成效，对照法律规定发现存在的问题，提出改进意见建议，以利于进一步总结经验，全面贯彻实施中医药法，加快推进中医药事业高质量发展，推进健康中国建设。

## 一、认真实施中医药法，有效推进中医药事业发展

中医药法是我国第一部有关中医药的综合性、全局性、基础性法律，完善了卫生健康法律制度体系，不仅为促进中医药传承创新发展提供了坚实法律保障，而且是一部具有鲜明中国特色、中国风格、体现深厚历史底蕴和文化自信的重要法律。执法检查报告总体认为，该法自2017年7月实施以来，促进了我国中医药服务体系和服务能力稳步发展提升，推动了中医药传承创新发展整体水平稳步提

高，中医药在维护和促进人民健康、推动健康中国建设中的独特作用越发明显。

保障中医药法有效实施的各项配套制度日趋完善。国务院建立完善了国家中医药工作部际联席会议制度，召开了全国中医药大会，加强对中医药法实施的指导、督促和检查，部署推动中医药传承创新发展。有关部门加强协调配合，陆续出台《中医诊所备案管理暂行办法》《中医医术确有专长人员医师资格考核注册管理暂行办法》《古代经典名方目录（第一批）》《古代经典名方中药复方制剂简化注册审批管理规定》《关于对医疗机构应用传统工艺配制中药制剂实施备案管理的公告》《促进中药传承创新发展的实施意见》等配套规定。各地将中医药工作摆在重要位置，建立本级政府跨部门协调机制，加强组织领导和统筹协调。全国有20个省份召开中医药大会，有15个省份制定了有关中医药的地方性法规，依法将中医药事业纳入本级国民经济和社会发展规划，与脱贫攻坚、文化振兴等重大战略实施相结合，统一部署，一体推进法律的有效实施。同时，各级政府将中医药事业发展经费纳入本级财政预算，“十三五”期间，中央财政累计安排地方中医药事业传承与发展补助资金86.06亿元，年均增长17.32%；及时将符合条件的中成药和中医诊疗项目纳入医保基金支付范围，2020年2800个医保药品目录中有中成药1374个，占比为49.1%。许多地方中医药事业投入逐年增长，浙江等沿海发达地区增速高于当地经济发展和财政收入增速。

推动中医药事业发展取得明显成效。从执法检查来看，各地采取有效措施，推动中医药法贯彻实施。一是中医药服务体系不断健全，服务能力稳步提升。建立了以国家中医医学中心、区域中医医疗中心为龙头，各级各类中医医疗机构和其他医疗机构中医科室为骨干，基层医疗卫生机构为基础，融预防保健、疾病治疗和康复于一体的中医药服务体系，覆盖城乡的中医药服务网络基本形成。改革完善管理机制，建立符合中医药特点的医保支付政策，持续实施基层能力服务工程，基层服务能力逐步提升。据统计，已有98.3%的社区卫生服务中心、97.1%的乡镇卫生院、85.9%的社区卫生服务站和71.3%的村卫生室能够提供中医药服务，基本解决了人民群众在家门口“看中医、吃中药”的需求。二是中药保护与发展得到加强，中药质量不断提升。有关方面加强对全国中药资源的摸查和生产监管，基本完成第四次全国中药资源普查，制定实施《全国道地药材生产基地建设规划（2018—2025年）》《中药材保护和发展规划（2015—2020年）》等，全国建成28个中药材种子种苗繁育基地和2个中药材种质资源库，6个濒危野生药用植物保护区，8个药用植物种质资源库，7大道地药材优势区域，原生境保护药用物种达400多种，2020年版《中国药典》收载中药品种2711个，占比为45.9%，中药材保护和发展水平显著提高。三是中医药传承创新呈现蓬勃发展。各方面加大中医药人才培养力度，探索创新培养模式，深化医教协同，初步形成院校教育、毕业后教育、继续教育有机衔接和师承教育贯穿始终的中医药人才培养体系。截至“十三五”时期末，我国中医药人员总数达到76.7万人，且高层次人才队伍不断壮大。“中医药现代化研究”推进实施，中医药防控心脑血管疾病、糖尿病等重大慢病以及重大传染性疾病临床研究取得积极进展；实施中医药健康文化素养提升工程，推动中医药进乡村、进社区、进家庭、进校园。中医药向世界开放发展取得丰硕成果，现已传播到196个国家和地区，其疗效被世界越来越多的国家认可、认同。

中医药为新冠肺炎防控治疗发挥了重要作用。2020年新冠肺炎疫情发生以来，中医药全程参与、深度介入疫情防控。卫健委等部门统筹中西医资源，边救治边总结，优化形成覆盖预防、治疗和康复全过程的中医药方案，创新形成“有机制、有团队、有措施、有成效”的中西医结合医疗模式。一体推进科研攻关与临床救治，遴选出以“清肺排毒汤”为代表的“三药三方”等中药方药，并实现成果转化，形成了以中医药为特色、中西医结合救治患者的系统方案。先后派出5批773人的国家中医医疗队驰援武汉，全系统近5000人奋战在湖北抗疫一线，近100家中医医疗机构作为定点医院参与了救治工作。全国确诊病例中医药使用率超过90%，为我国疫情防控取得重大战略成果做出重大贡献，这不仅成为疫情防控中国方案的一个亮点，更是中医药传承精华、守正创新的一次生动实践。

## 二、进一步提高认识，解决中医药法实施中的短板和弱项问题

“天下之事，不难于立法，而难于法之必行。”执法检查是各级人大常委会依据宪法和法律履行的一项重要监督职权，是一种重要的法律法规实施监督形式。人大常委会开展执法检查，不是搞形式更

不能走过场,要肯定成效也要找出问题,目的是切实发挥人大监督职能作用,推动法律全面有效实施,维护法律尊严和权威,确保党中央决策部署得到贯彻落实,确保人民权益得到维护和实现。执法检查报告认为,中医药法为中医药事业的发展保驾护航,法律实施四年多来取得显著成效;通过执法检查也发现了一些需要重视并着力解决的“短板”和“弱项”。

对中医药事业的重要性认识不够到位。一些部门和地方贯彻中西医结合、中西医并重方针还不够有力,对中医药及中华优秀传统文化不够自信,对中医药科学性的认识不到位,轻视、歧视甚至排斥中医药的情况依然不同程度存在,有的地方缺少对中医药工作的长期规划和有力配套政策支持。部分地方管理体系不健全不完善,存在弱化中医药管理机构现象,直接影响中医药监督管理成效。部分地方财政对中医药发展投入与当地经济社会发展不匹配,有些地方医保政策对确有疗效的院内制剂支持力度不够。中医药人员技术劳务价值未能充分体现,普遍存在中医药服务项目少、收费低和部分中成药、中药饮片价格虚高并存的问题。

中医药服务、质量和管理还不能适应人民群众日益增长的中医药健康需求。中医优质医疗资源总量不足、分布不均,中医药在治未病中的主导作用、重大疾病治疗中的协同作用、疾病康复中的重要作用发挥还不充分。一些综合医院、专科医院中医药服务有逐年弱化趋势,部分中医院特色尚不明显,中医医疗机构基本建设、学科布局、人才储备等还不适应传染病防控的迫切需要。县级中医院基础设施条件普遍弱于同级综合医院,部分未达到国家标准。一些基层医疗卫生机构中医药服务能力薄弱、内容单一,特别是村医的中医药服务能力亟待加强。中药材质量良莠不齐,有的产地农药残留超标等问题仍较突出,有的中药材市场以次充好、以假乱真、优质不优价、“劣币驱逐良币”现象不同程度存在。中药产业发展企业数量多、规模小、拳头产品少,缺乏高附加值产品。部分有循证医学基础的民族医药未列入药典目录。总体来看,中药材质量和产业发展水平有待进一步提升。管理审批机制也存在不适应中医特点要求的问题。对中医医术确有专长人员资格考核、古代经典名方简化审批、传统工艺配制院内制剂备案管理等规定落实推进比较缓慢。目前有21个省份完成过1次中医医术确有专长人员医师资格考核,10个省份仍在报名审核阶段;古代经典名方第一批目录发布后仅公布了7首方剂的关键信息考证结果;传统工艺配制中药院内制剂备案管理耗时长、费用高。符合中医药特点的科学技术创新体系、评价体系和管理体制还不健全。此外,一些不法人员冒充“中医人员”或假借“中医方法”非法开展医疗活动,严重损害中医药形象,也应及时予以打击。

人才培养和队伍建设还不能适应中医药事业发展要求。中医药院校专业课程体系设置不够合理,适合中医药特色人才培养的体系、模式不尽完善,一些院校的中医药教育经典教学偏少,且与中医基础类课程和临床实践课程衔接、融合不够,学生中医思维和临床动手能力不够强。学校中医药理论功底扎实、临床经验丰富的优秀骨干教师较为缺乏,一些老中医学术思想和老药工传统技艺面临失传,老中医药专家师带徒、中青年专家跟师学习激励保障机制不够健全。高水平中西医结合、疫病防治、科研创新和领军人才匮乏,尚难满足中医药传承创新发展的需要。

全国人大常委会执法检查组已将发现的有关问题如实转告国家及地方监管部门,执法检查报告经全国人大常委会审议修改后,也已依照法律规定全文向社会公布。据了解,目前各项整改措施正在陆续实施,以保障中医药法更好落地见效。下一步,依照法律规定,国务院及有关部门还将报告对全国人大常委会执法检查报告的研究处理情况。

## 三、进一步贯彻实施好中医药法,全面推进中医药事业振兴发展

“十四五”规划纲要明确要求大力发展中医药事业,全面推进健康中国建设。执法检查报告建议,增强中医药文化自信,加强中医药法贯彻实施,更好推进中医药传承创新发展,切实保障人民身体健康。

从中华民族伟大复兴战略全局出发,全面推进中医药法正确有效实施。传承创新发展中医药是新时代中国特色社会主义事业的重要内容,是关系中华民族伟大复兴的大事。要深入学习习近平总书记关于中医药的一系列重要指示要求,立足新发展阶段、贯彻新发展理念、构建新发展格局,从国家战略全局高度,深刻认识和把握新形势下中医药发展面临的使命任务,加强中医药发展战略研究,明确中医药事业发展方向,把发展中医药摆在更加突

出的位置,依法推动中医药高质量发展。要把坚持以人民为中心的发展思想落实到中医药工作各方面,进一步完善中医药法配套法规政策,加强地方立法,推进中医药法落地落实。加大中医药法宣传和普及力度,创新宣传普及方式,紧扣中医药法与人民生活息息相关的内容,普及中医药知识,弘扬中医药文化,严厉打击各类“伪中医”,在全社会营造关注中医药、认同中医药、信任中医药、依法保护和促进中医药发展的良好法治环境和社会氛围。

扎实贯彻中医药法各项规定,依法推进中医药事业和产业高质量发展。一是建立健全中医药管理体系。健全中医药管理机构,合理配置人员,打通法律实施的“最后一公里”。健全中医药发展统筹协调机制和工作机制,加强公立中医院建设,完善中医药服务医保政策机制,健全符合中医治疗特点的医保管理和支付方式,扩大中医药报销范围。加快建立体现中医药人员技术劳务价值的中医医疗服务价格形成机制,建立符合中医药特点的薪酬分配制度机制,调动医务人员中医药服务的积极性,增强中医药对优秀人才的吸引力。二是健全中医药服务体系,提升中医药服务能力。统筹考虑医疗机构规划布局,着力打造国家中医医学中心、区域中医医疗中心,包括国家中医药传承创新中心。支持中医院牵头组建医联体,带动中医诊所、门诊部和特色专科医院发展。总结抗疫经验,布局建设一批国家中医疫病防治基地。进一步推动社区卫生服务中心和乡镇卫生院设置中医室、中医馆和配备中医师,加大开办中医诊所、中医坐堂门诊支持力度,方便群众在身边看中医。走中西医结合的道路,建设一批中西医协同的旗舰医院,加强综合性医院中医临床科室建设和中医药人员配备,建立中西医协作联动的医疗卫生服务格局。三是依法严格中药质量监管,推动中药产业高质量发展。中药材质量问题非常重要,要建立中药全过程联合执法长效机制,综合运用互联网大数据等技术手段,整合监管执法,提高监管实效。抓好源头监管,结合乡村振兴、农业农村现代化建设,统筹规划、科学推进中药材规范化种植养殖。此次执法检查到过的甘肃省选定一批国家级、省级道地药材种植基地,已然取得较好成效,要继续鼓励中药企业自建或以订单形式联建中药材生产基地,推动中药材种植规模化、设施现代化、生产标准化、管理规范化。依法强化中药饮片和中成药监管,确保优质优价。建立符合中医药特点的审评审批制度,优化中药审评机制,加快推动中药新药研发上市,完善院内制剂管理,扶持民族医药事业发展,全面提高中医药质量。

加强中医药人才队伍建设,夯实中医药长远发展基础。发挥中医药院校培养人才主阵地作用,创新人才培养模式和机制,提高中医类专业经典课程比重,加强西医院校学生中医药教育,提高中医药教育整体水平。注重临床实践,突出临床能力培养,加强“望、闻、问、切”四诊合参的基础诊疗能力训练,不断提升诊疗水平。发展完善中医药师承教育制度,规范师承教育的资质、形式、考核等要件,增加师承教育的层次、范围和数量。建立完善中医药优秀人才评价和激励机制,妥善解决中医医术确有专长人员医师资格考核制度与合法行医资格问题,为人民群众提供更好的中医药服务。

加强科研体系和能力建设,加快推进中医药传承创新。发挥新型举国体制优势,加强中医药领域科技创新平台建设,抓紧布局建设中医药国家重点实验室,开展中医药防治世界医学难题研究,加快中药新药、器械设备研制。加强中医药基础研究,加强中医药标准体系和标准化建设,开展中医药循证医学研究,构建我国主导、国际认可的中医药循证医学方法学体系,不断推进中医药现代化。加强国家中医药古籍和传统中医药技术的收集、整理和发掘,研究制定符合中医药特点的专利审查标准、中医药传统知识产权保护制度,加强对中医药处方、中医药老字号、中医技术及稀缺中药资源的保护,加强对传统制药、鉴定、炮制技术及老药工经验的继承、研究和应用。科学总结和评估中医药在治疗新冠肺炎方面的效果,发挥中医药的整体优势,统筹加强中医药预防重大传染性疾病研究,筛选发布一批诊疗方案和适宜技术、中药品种,为预防治疗传染病、建设人类卫生健康共同体做出新贡献。

(本文发表于 2021 年 9 月 24 日《人民日报》第 6 版。)

# 促进文明交流互鉴
# 推动构建人类命运共同体

## ——在太湖世界文化论坛第六届年会开幕式上的主旨讲话

（2021 年 10 月 12 日）

王　晨

**尊敬的各位嘉宾，**

**女士们、先生们，同志们、朋友们：**

大家上午好！

今天，来自世界各地的朋友们线上线下齐聚太湖世界文化论坛年会永久会址地——安徽省蚌埠市中国蚌埠古民居博览园，共同推动文明互鉴、文化合作。首先，谨向年会的召开表示衷心的祝贺！向与会的各国朋友、各位嘉宾表示诚挚的欢迎！

2018 年 10 月，习近平主席在致太湖世界文化论坛第五届年会的贺信中指出："中国主张建设相互尊重、公平正义、合作共赢的新型国际关系，呼吁各国齐心协力，推动构建人类命运共同体。文明因交流而多彩，文明因互鉴而丰富。我们愿同国际社会一道，推动不同文明相互尊重、和谐共处，让文明互学互鉴成为推动构建人类命运共同体的积极力量，携手分享发展机遇、应对共同挑战，建设更加美好的世界。"习近平主席对加强文明交流互鉴、推动构建人类命运共同体多次作出深刻阐述，充分彰显了中国坚持人类文明多样性、推进世界各国和平共处、合作共赢的坚定决心和真诚愿望，对于我们推动不同文明对话与交流具有重要指导意义。

女士们、先生们，同志们、朋友们，

太湖世界文化论坛是中国创立的一个高层次、非官方的国际文化论坛，致力于推动中外文化对话与合作。经过多年发展，论坛已成为促进不同文明交流互鉴的重要平台，将继续发挥好独特作用，为加强世界文化交流和文明互鉴、促进和谐共生、共绘美美与共的文明画卷作出贡献。本届年会以"文明互鉴：共筑人类命运共同体"为主题，众多中外嘉宾将在论坛上共商促进世界文明交流互鉴之策，共谋推动人类社会发展进步之道。我们坚信，通过大家的坦诚交流、深入探讨，本届年会将会取得丰硕成果，继续为推动文明对话交流作出积极贡献。

当前，世界正经受百年变局与世纪疫情的双重叠击，人类的生存与发展面临着诸多挑战：全球范围内的武装冲突从未停止，疫情对人类安全的威胁仍在蔓延，冷战思维和强权政治的阴云犹未消散，环境问题、能源危机、恐怖主义等全球性挑战日益严峻。同时，世界多极化、经济全球化、社会信息化、文化多样化、科技创新深入发展的趋势未变，各国相互联系、相互依存的程度加深，求和平、谋发展越来越成为世界各国人民的共同愿望。

面对层出不穷的挑战、日益增多的风险，人类社会应该向何处去？为共同应对挑战、迈向美好未来，着眼人类发展和世界前途，中国作出了顺应时代发展潮流、符合世界人民共同利益的回答——"构建人类命运共同体"。习近平主席于 2013 年首次提出构建人类命运共同体以来，中国作为一个大国，十四亿中国人民万众一心，为积极实践这一理念、构建人类命运共同体贡献力量。

——中国提出"一带一路"合作倡议，积极促进全球共同繁荣。截至 2021 年 6 月 23 日，已有 140 个国家和 32 个国际组织同中方签署了 206 份共建"一带一路"合作文件。面对新冠疫情对世界经济的冲击与影响，"一带一路"建设不仅没有停滞，反而逆势上扬，呈现出强劲的生命力。2020 年，中欧班列开行超过 1.2 万列，同比上升 50%；今年一季度开行数量更是同比增长 75%。至今，中欧班列累计开行超 4.1 万列，中国与"一带一路"合作伙伴贸易额累计已超 9.2 万亿美元。

——中国坚决同世纪疫情作斗争，积极为世界人民谋健康。在国内，中国坚持人民至上、生命至上，快速有效调动全国资源和力量，经过艰苦卓绝的努力，全国疫情防控阻击战取得重大战略成果；面对疫情新情况，中国坚持科学防疫、精准防疫，有效推动了疫情防控和复工复产的"齐头并进"。在国际上，中国肩负大国担当、支持全球抗疫，在积极向国际社会分享抗疫经验、援助医疗物资的同时，坚定秉持疫苗全球公共产品的"第一属性"。目前，中国已向 100 多个国家和国际组织提供了超过 14 亿剂疫苗。

——中国努力消除贫困，积极推进全球减贫事业。改革开放以来，按照现行贫困标准计算，中国 7.7 亿农村贫困人口摆脱贫困；按照世界银行国际贫困标准，中国减贫人口占同期全球减贫人口 70% 以上；提前 10 年实现《联合国 2030 年可持续发展议程》相关减贫目标。今年 2 月，中国脱贫攻坚战取得了全面胜利。中国脱贫目标的实现，意味着占世界 1/5 的人口彻底告别贫困，创造了人类减贫史上的奇迹。

——中国加强生态文明建设，积极应对全球气候变化。近年来，中国坚决向环境污染宣战，全面推进蓝天、碧水、净土保卫战。2020 年，中国地级及以上城市优良天数比例已提高到 87.0%、中国地级及以上城市建成区黑臭水体消除比例已达 98.2%、超额完成重点行业重点重金属污染物排放量下降 10% 的目标任务。与此同时，中国坚持绿水青山就是金山银山理念，加快推动绿色低碳发展，促进经济社会发展全面绿色转型，为全球环境治理贡献力量。

女士们、先生们，同志们、朋友们，

今年是中国共产党成立 100 周年，也是"十四五"规划开局之年，中国正向着全面建成社会主义现代化强国的第二个百年奋斗目标迈进。在新的历史起点上，中国愿和国际社会团结协作，共克时艰，共筑人类命运共同体。在此，提出以下倡议，与大家分享交流。

——坚持相互尊重，反对唯我独尊。世界是多样性的统一，没有多样性，就没有人类文明。世界上各个民族创造的文化都有其独特价值，没有高低之分，只有特色之别，都同样应该受到尊重。世界文化只有相互尊重、平等相待，才能交流互鉴，和谐共处；只有包容开放、不拒百川，方为大江大海，澎湃繁荣。一个和平发展的世界应该承载不同形态的文明。我们要站在人类文明发展和人类福祉增进的高度，以包容之姿态、博大之胸怀，尊重多样、求同存异，让世界文明百花园群芳竞艳。

——坚持互学互鉴，反对霸权霸道。开放融通是大势所趋，是人类发展进步的必由之路。在国际上搞"小圈子"、"新冷战"，动辄搞退群脱钩、技术封锁、免疫鸿沟，人为割裂世界，与多边主义精神相背驰，是开历史的倒车。我们要平等对话而不要恃强凌弱，要互学互鉴而不要故步自封，要拆墙开放而不要筑墙隔绝，要推动构建相互尊重、公平正义、合作共赢的新型国际关系，搭建各国人民相知相亲的桥梁，开创共同发展繁荣的未来。

——坚持同舟共济，反对各行其是。肆虐全球的新冠肺炎疫情再次昭示，人类只有一个地球，各国风雨同舟、命运相连。我们要共议天下之计，共谋长远之利，以前所未有的团结协作携手应对全球性挑战，加强全球治理。历史和现实一再证明，独木难支，作壁上观或以邻为壑的做法更会将人类引入死胡同。我们倡导不同文明交流互鉴、和谐共生，不断夯实国际社会团结合作、共克时艰的人文基础，共同促进世界和平稳定发展和人类文明进步。

——坚持共商共建共享，反对零和博弈。当今世界，各国发展环环相扣，一荣俱荣、一损俱损，面对复杂而严峻的全球性挑战，没有一个国家可以置身事外，也没有一个国家可以单打独斗。我们要跳出你输我赢、独占独享的窠臼，打破主从之分、阵营之别的藩篱，坚持大小国家一律平等、照顾彼此关切，坚持世界的事由世界人民共同商量着办、时代责任由各国共同承担、发展成果由大家共同分享，切实推进更加开放、包容、普惠、平衡、共赢的经济全球化。

——坚持厚植民意基础，反对孤立隔绝。国之交在于民相亲。人民交往越亲厚，国与国友好的基础就越扎实。千百年前，浩瀚海洋、巍峨高山、苍凉大漠，挡不住各国人民寻求友好交往的脚步。今日世界俨然一个地球村，互联互通、文明交融是时势，更是人心。任何阻挠正常往来、煽动民意对立的操作都终将因违背人民利益而失败。我们要顺应人民呼声，积极架设文明交流互鉴的桥梁，深入开展领域广泛、内容丰富、形式多样的文化活动，加强民间组织往来，密切群体交流，促进民心相通，为构建人类命运共同体奠定牢固的民意基础。

女士们、先生们，同志们、朋友们，

历史的发展从来不是一条直线。纵观漫长的世界进程，大小战争和冲突虽绵延不断，天灾和瘟疫也不止一次给人类留下痛苦记忆，但都改变不了文明进步的总趋势。和平、发展、公平、正义、民主、自由是全人类的共同价值，智慧、勇敢、创新和百折不挠的人类将为此不断探索、不懈奋斗。

文明长河共同汇聚，人类命运休戚与共。穿越历史的风烟展望未来，构建人类命运共同体，建设持久和平、普遍安全、共同繁荣、开放包容、清洁美丽的世界，越来越符合时代要求。

女士们、先生们，同志们、朋友们，

孤举者难起，众行者易趋。促进文明平等交流、互学互鉴，推动建设人类命运共同体，中国人民在行动，也将和其他各国人民一起努力，为世界和平、全球发展和人类健康福祉作出新的更大贡献。

我衷心希望线上线下所有嘉宾畅所欲言，对人类命运共同体的建设发表真知灼见。我也愿借此机会，向世界各国的朋友发出诚挚邀请，欢迎大家到淮河两岸走一走、看一看。安徽历史悠久、人文荟萃、山川秀美，充满创新活力，具备突出优势，正在奋力推动高质量发展，加快建设新阶段现代化美好安徽。“珠城”蚌埠是一颗璀璨秀丽的文化明珠、淮畔明珠、经济明珠，江淮大地更是一方历史悠久的人文厚土、生态优美的绿色净土、开放包容的发展沃土，相信大家在此对话交流，一定能够留下美好记忆。

最后，祝年会取得圆满成功！祝各位嘉宾工作顺利、生活愉快、身体健康！

谢谢大家！

# 强化政治机关意识　加强人大自身建设<br>为坚持和完善人民代表大会制度贡献力量

——在全国人大宪法法律委、常委会法工委调研座谈时的讲话

（2021 年 10 月 26 日）

王　晨

10 月 13 日至 14 日，党中央召开了中央人大工作会议，习近平总书记出席会议并发表重要讲话。学习贯彻习近平总书记重要讲话和会议精神，是当前和今后一个时期各级人大及其常委会的重大政治任务。会议闭幕后，栗战书委员长主持常委会党组会议第一时间进行了集体学习，并对学习贯彻工作提出要求、作出部署。刚刚闭幕的十三届全国人大常委会第三十一次会议，第一项议程就是学习贯彻中央人大工作会议精神，常委会组成人员和列席人员用半天时间进行分组学习讨论。各专门委员会、工作委员会、机关各部门各单位也通过多种形式开展学习。今天，我到宪法法律委、法工委就学习贯彻落实中央人大工作会议精神来调研，进一步作出动员部署。我们这次会议的主题，就是深入贯彻落实习近平总书记在中央人大工作会议上的重要讲话精神，毫不动摇坚持、与时俱进完善人民代表大会制度，准确把握发展全过程人民民主这一重大理念的深刻内涵和实践要求，强化政治机关意识，加强人大自身建设，努力开创新时代人大工作新局面。

刚才，李飞同志、沈春耀同志结合工作实际谈了认识、讲了意见，周光权同志提出了工作建议，法工委办公室孙镇平同志就贯彻习近平总书记关于坚持全过程人民民主重大理念、推进基层立法联系点工作作了发言，讲得都很好，听后很受启发。下面，我讲几点意见。

## 一、认真学习、深刻领会中央人大工作会议的重大意义，准确把握、深入贯彻习近平总书记重要讲话精神，坚决贯彻落实到新时代人大工作的全过程各方面

这次中央人大工作会议是在中国共产党成立 100 周年、开启全面建设社会主义现代化国家新征程的重大历史节点上召开的重要会议，在我们党的历史、人民代表大会制度历史上都是第一次，对于人大制度建设和人大工作发展具有里程碑意义，充分体现了以习近平同志为核心的党中央对人民代表大会制度和人大工作的高度重视、坚强领导和殷切期望，彰显了坚定不移走中国特色社会主义政治发展道路的坚定决心。习近平总书记的重要讲话从坚持和完善中国特色社会主义制度、推进国家治理体系和治理能力现代化的战略高度，深刻回答新时代发展社会主义民主政治、坚持和完善人民代表大会制度的一系列重大理论和实践问题，提出了一系列重大理念、重大论断、重大要求，是新时代坚持和完善人民代表大会制度、加强和改进人大工作的

纲领性文献，是新时代发展全过程人民民主、推进中国特色社会主义民主政治建设的纲领性文献。我们召开这次会议，学习贯彻习近平总书记的重要讲话精神，结合立法工作实践交流认识和体会，都由衷地感到心中的目标更明确了，眼前的道路更宽阔了，前进的动力更强劲了，胜利的信心更充足了。

习近平总书记的重要讲话思想深邃、内涵丰富、博大精深，体现出对人民代表大会制度发展规律、社会主义民主政治发展规律的深刻认识和科学把握。会议明确提出了习近平总书记关于坚持和完善人民代表大会制度重要思想的核心内容、深刻内涵和实践要求，即“六个必须坚持”和六个方面重点任务；第一次全面、完整、系统、深刻阐述了全过程人民民主这一重大理念，在强调“八个能否”的基础上创造性地提出评判民主不民主的“四个要看、四个更要看”的重大论断，指出全过程人民民主是中国特色社会主义民主政治区别于西方形形色色资产阶级民主的显著特征，不仅有完整的制度程序，而且有完整的参与实践；实现了过程民主和成果民主、程序民主和实质民主、直接民主和间接民主、人民民主和国家意志相统一，是全链条、全方位、全覆盖的民主，是最广泛、最真实、最管用的社会主义民主；对践行全过程人民民主，提出了“三个具体地、现实地体现”要求；习近平总书记用“三个有效保证”充分肯定人民代表大会制度的功效，指出人民代表大会制度是实现我国全过程人民民主的重要制度载体，对各级人大及其常委会提出“四个机关”的自身建设要求，等等。我们在学习时深刻体会到，这次中央人大工作会议具有多个“第一次”的重大意义：一是在我们党的历史上、新中国历史上第一次召开这样的会议；二是会议第一次系统完整地阐述了习近平总书记关于坚持和完善人民代表大会制度的重要思想；三是会议第一次全面系统地阐述了全过程人民民主重大理念，提出了我们党关于民主的五大基本观点。我们要把这些内容作为应知应会、反复学习，做到熟读熟知、真学真懂，自觉用以武装头脑、指导实践、推动工作。

## 二、强化政治机关意识，加强人大自身建设，把握“四个机关”定位，打造让党中央放心、人民群众满意的新时代人大工作队伍

习近平总书记高度重视坚持和完善人民代表大会制度，高度重视发挥人大及其常委会在推进国家治理体系和治理能力现代化过程中的重要作用。习近平总书记强调，各级人大及其常委会要强化政治机关意识，加强人大自身建设，成为“自觉坚持中国共产党领导的政治机关、保证人民当家作主的国家权力机关、全面担负宪法法律赋予的各项职责的工作机关、始终同人民群众保持密切联系的代表机关”，并对人大工作队伍提出“政治坚定、服务人民、尊崇法治、发扬民主、勤勉尽责”的明确要求。习近平总书记的重要指示准确把握、鲜明体现了人大及其常委会和人大机关的政治属性、法定职责、工作特点，具有很强的针对性、适应性、指导性，为我们加强自身建设、打造高素质工作队伍提供了根本遵循和科学指导。

第一，把握政治机关定位，自觉坚持中国共产党领导，始终做到政治坚定。党中央对人大政治机关的要求是一以贯之的，2019 年印发的《关于加强党的政治建设的意见》明确提出，中央和地方各级人大机关本质上都是政治机关，旗帜鲜明讲政治是应尽之责。人民代表大会制度是坚持党的领导、人民当家作主、依法治国有机统一的根本政治制度安排，是党领导国家政权机关的重要制度载体；人大及其常委会和人大机关第一属性是政治机关属性，立法工作第一属性是政治性。对此，在座的同志们在工作中都有直接、深刻的体会。常委会立法规划、专项工作计划都是报党中央批准的，近些年出台的民法典和香港国安立法、涉外立法都是在党中央坚强领导下完成的。在人大这个政治机关工作，要求每一位人大代表、常委会和专委会每一位组成人员、人大机关每一位工作人员都必须坚持把政治坚定作为首要要求，旗帜鲜明讲政治，不断增强“四个意识”、坚定“四个自信”、做到“两个维护”，心怀“国之大者”，始终对党忠诚，自觉把党的领导贯穿于工作全过程各方面。

第二，把握国家权力机关定位，保证人民当家作主，始终做到服务人民。人民当家作主是社会主义民主政治的本质和核心。我国宪法规定，国家一切权力属于人民，人民行使国家权力的机关是全国人民代表大会和地方各级人民代表大会。保证人民当家作主是各级人大及其常委会的宪法职责。人大代表、常委会组成人员是人民选举产生的，人大机关工作人员是各级人大及其常委会的参谋助手，从根本上说都是为人民而工作，保证人民依照法律规定，通过各种途径和形式，管理国家事务，管理经济和文化事业，管理社会事务，真正实现人民

当家作主。我们要始终坚持以人民为中心的发展理念，把实现人民对美好生活的向往作为奋斗目标，心怀人民、依靠人民、服务人民，通过扎实有效的工作更好发挥国家权力机关保证人民当家作主的作用。

第三，把握工作机关定位，全面担负宪法法律赋予的各项职责，始终坚持尊崇法治。我国宪法法律赋予人大及其常委会很多重要职权职责，工作中一般概括为立法权、监督权、任免权、重大事项决定权等四个方面，在国家政治生活中发挥了不可替代的作用。人大是实实在在的工作机关，担负着贯彻落实党中央决策部署的重任，担负着广大人民群众的重托，担负着宪法法律赋予的职责。全国人大及其常委会要带头尊崇法治、依法办事，严格依据法定权限、遵循法定程序，在法治的轨道上行权履职。党的十八大以来，党中央要求立法工作做到科学立法、民主立法、依法立法。习近平总书记在这次中央人大工作会议上又明确提出，要实行正确监督、有效监督、依法监督。人大代表、常委会组成人员和人大机关工作人员要严格遵守法律、执行法律，维护法律的权威和尊严，模范尊崇法治、依法办事。

第四，把握代表机关定位，始终同人民群众保持密切联系，始终坚持发扬民主。同人民群众保持密切联系，是实行人民代表大会制度的题中应有之义，是人民对自己选举和委派代表的基本要求。人大代表来自人民、根植人民、代表人民，人大及其常委会由人民选举产生，始终是人民群众的代表机关。全国人大及其常委会坚持发扬民主，畅通与人民群众保持密切联系的各种渠道，注重发挥人大代表重要作用、保障代表充分履职，把人民群众的呼声愿望收集反映上来，依法推动解决人民群众关注的实际问题。这几年，法工委设立了20多个基层立法联系点，架设了基层群众联接国家立法机关的意见“直通车”；还有很多地方设立了代表之家、代表联络站等平台，方便人大代表深入群众、联系群众。

第五，把握“四个机关”定位，肩负起新时代推进人大工作高质量发展的重任，始终做到勤勉尽责。这就要求人大工作队伍必须保持勤勉向上、尽职尽责的精气神和责任心，勇于担当、善于作为，不断增强历史责任感、使命感，为坚持和完善人民代表大会制度、推进全面依法治国不懈努力工作。

## 三、宪法法律委、法工委要带头贯彻落实好中央人大工作会议精神，肩负起推动宪法实施和立法工作重要职责，开拓进取、走在前列

宪法法律委、法工委处在立法工作第一线，法工委直接担负着为全国人大及其常委会行使立法权当好参谋助手、提供服务保障的重要职责，任务繁重、使命光荣。多年来，两个委员会的同志们讲政治、讲担当、讲奉献，甘做苦力班子，守正创新、履职尽责，为全面依法治国、建设社会主义法治国家、发展全过程人民民主作出重要贡献。希望宪法法律委、法工委继续发扬优良传统，增强“四个意识”、坚定“四个自信”、做到“两个维护”，勇挑重任、开拓进取，努力在学习贯彻落实习近平总书记重要讲话和中央人大工作会议精神上走在前列，在推动“四个机关”建设上走在前列，在打造高素质立法工作队伍上走在前列。

第一，坚定坚持党的全面领导这一最高政治原则，坚决维护党中央权威和集中统一领导。要不断提高政治判断力、政治领悟力、政治执行力，将坚决维护习近平总书记党中央的核心、全党的核心地位，坚决维护党中央权威和集中统一领导作为立法工作最根本的政治纪律和政治规矩，在政治立场、政治方向、政治原则、政治道路上同以习近平同志为核心的党中央保持高度一致。要继续坚持重大立法事项、立法中的重要问题向党中央请示报告制度，着力贯彻落实好习近平总书记重要指示批示精神和党中央决策部署，全力完成好党中央交办的各项重大立法任务。要主动对接经济社会发展和改革攻坚急需的立法需求，运用法治思维、法治方式，创新工作思路、工作方法，推动改革发展决策同立法决策更好结合，更好地使党的主张和人民意愿通过法定程序成为国家意志，更好地为党中央决策部署落地实施提供有力法治保障。我们要头脑清醒、旗帜鲜明，保持斗争精神和斗争意识，坚决反对和抵制西方“宪政”、“三权鼎立”、“司法独立”等错误思潮的侵蚀影响，坚定不移地坚持党中央的集中统一领导，进一步坚定走中国特色社会主义政治发展道路的制度自信和底气。

第二，发挥在发展全过程人民民主中的重要作用，提供更加有效的制度程序保障和更加丰富的参与实践。习近平总书记指出，“人民代表大会制度

是实现我国全过程人民民主的重要制度载体”。全过程人民民主的重大理念，对做好新时代人大工作提出了新的更高要求。就立法工作来说，一方面，要通过加强立法修法，为全过程人民民主提供更加有效的制度程序保障。今年修改全国人大组织法，把全过程人民民主重要论述转化为法律规范，下一步修改地方组织法、全国人大常委会议事规则等相关法律，也要把发展全过程人民民主的要求、措施写进去。另一方面，要不断拓展人民群众有序参与立法的途径，丰富全过程人民民主的参与实践。除了在立法各环节通过调研座谈、评估论证、公开征求意见、立法联系点等听取各方面意见建议之外，还要继续探索更为有效的渠道和方式。要进一步拓展人大代表参与立法的广度深度，继续扩大立法联系点的覆盖面，加强人大协商、立法协商。

*第三，担负起推动宪法全面贯彻实施的重要职责，切实维护宪法权威和尊严。*顾名思义，宪法法律委跟宪法紧密相连，承担着推动宪法实施、开展宪法解释、推进合宪性审查、加强宪法监督、配合宪法宣传等工作职责；法工委也有相应工作机构，承担服务保障职能。明年是现行宪法颁布实施 40 周年，要围绕这个主题提前做好相关工作谋划。要按照习近平总书记重要讲话的部署要求，推进宪法相关法律制度的完善，保证宪法确立的制度、原则、规则得到全面实施；要采取有效措施，加强对宪法法律实施情况的监督检查，提高合宪性审查、备案审查工作质量；要落实宪法解释程序机制，加强对涉及宪法有关问题的研究，积极回应社会关切。

*第四，坚持高质量高标准、提高工作效率，加快完善中国特色社会主义法律体系。*党的十八大以来，立法工作呈现出覆盖广、数量多、节奏快、要求高的特点。新时代、新实践也不断对法律体系建设和立法工作提出新要求，两个委员会的同志要再接再厉，争取更大成绩。要在确保质量的前提下加快立法工作步伐，加强重点领域、新兴领域、涉外领域立法，注重将社会主义核心价值观融入立法，健全国家治理急需、满足人民群众日益增长的美好生活需要必备的法律制度；要丰富立法形式，统筹立改废释纂多种立法方式，在条件成熟的立法领域继续开展法典编纂工作，既要编纂像民法典这样的鸿篇巨制，也可以根据实际需要灵活开展“小快灵”立法；要深入推进科学立法、民主立法、依法立法，完善立法体制机制，以程序化、规范化保障立法质量的提高。

*第五，适应新时代立法工作的需要，打造高素质立法工作队伍。*常委会党组和机关党组高度重视立法工作队伍建设，采取了很多措施，取得了实效。下一步，要贯彻落实习近平总书记“政治坚定、服务人民、尊崇法治、发扬民主、勤勉尽责”的要求，落实党中央关于法治人才培养规划决策部署，把立法工作队伍培养作为重要工作任务来抓，为新时代立法工作提供可靠人才保障。要发挥好两个委员会重要法治人才培养平台作用，牢牢把握立法工作队伍鲜明的政治属性，坚持用习近平新时代中国特色社会主义思想特别是习近平法治思想武装头脑，全面提高干部的政治素质、业务能力、工作作风，打造一支德才兼备的高素质立法工作队伍，创造人才辈出、生动活泼的良好局面，为建设中国特色社会主义法治体系、建设社会主义法治国家作出更大贡献。

同志们，习近平总书记在重要讲话中对立法工作给予充分肯定，这既是对我们的巨大鼓舞，又是对我们的激励鞭策。新的前进号角已然吹响，我们要不负习近平总书记和党中央重托，继续把立法工作抓紧、抓实、抓好，在建设社会主义现代化国家新征程上，不断作出立法工作者的贡献！

# 努力提高知识产权保护工作法治化水平

## ——在人民法院调研知识产权保护工作时的讲话

（2021 年 11 月 3 日、4 日）

王　晨

这次我们调研组一行到最高人民法院来调研，是为了深入贯彻习近平总书记关于知识产权保护的重要论述精神，深入了解知识产权司法保护工作，加强立法机关与司法机关的沟通交流，更好地完善知识产权法律规范体系，加大司法保护力度，努力提高知识产权保护工作法治化水平，为推动高质量发展、加快建设知识产权强国提供有力法治保障。最高人民法院对此次调研活动高度重视，周强院长主持座谈会，贺荣常务副院长介绍了最高人民法院开展知识产权审判工作的情况，最高人民法院知识产权法庭、上海知识产权法院和杭州互联网法院通过视频连线分别介绍了各自工作情况，使调研组了解到知识产权审判工作领域改革、发挥知识产权审判职能作用取得的进展。大家讲得都很好，工作实、亮点多、有成效，让人很受启发，我们将认真研究大家提出的意见建议。在智慧法院重点实验室，观看了人民法院信息化建设的丰硕成果，看到运用互联网、大数据、人工智能技术推进司法公开取得明显成效，给我们留下深刻印象。北京知识产权法院即将迎来设立七周年，七年来办理了不少社会影响力大的重要案件，形成了一支有战斗力的专业化法官队伍，有力推动了专业化审判体系建设，取得了显著的工作成绩和良好的社会效果。北京互联网法院积极运用5G、人工智能、区块链等新技术，信息化智能化水平更高，特别是在新冠肺炎疫情发生期间，有效克服了疫情影响，网上可报案、可审案、可结案，极大方便了人民群众。

在10月下旬召开的十三届全国人大常委会第三十一次会议上，周强院长代表最高人民法院作了《关于人民法院知识产权审判工作情况的报告》（以下简称《报告》）。在审议报告过程中，常委会组成人员充分肯定知识产权司法保护工作，普遍认为《报告》全面总结了党的十八大以来人民法院在知识产权审判工作方面取得的成效，是一个内容详实、全面客观的好报告。在以习近平同志为核心的党中央坚强领导下，最高人民法院忠实履行宪法法律赋予的职责，就知识产权刑事、行政、民事诉讼案件认真行使审判权，审理了大量案件，做了大量工作，充分发挥了司法保护的重要作用。调研组将充分利用这次调研机会，和办案法官面对面座谈交流，到一线法院实地考察、听取情况介绍，把报告中听到的、文件中看到的和实际感受到的有效结合，进一步加强了解、深化认识，使立法保护和司法保护更好地衔接起来，使人大监督和支持司法工作更好地融合起来，进一步加强和改进知识产权保护工作。

下面，我讲几点意见。

## 一、以习近平同志为核心的党中央高度重视知识产权保护，知识产权保护工作法治化水平达到新的历史高度

党的十八大以来，以习近平同志为核心的党中央把知识产权保护工作摆在更加突出的位置，更加强调运用法治手段加强知识产权保护工作。习近平总书记站在国家战略高度、立足新发展阶段要求，着眼于推动高质量发展、优化营商环境、提高经济竞争力、维护国家安全等多方面，就知识产权保护多次发表重要讲话、作出一系列重要指示，提出“创新是引领发展的第一动力，保护知识产权就是保护创新”的重大论断，主持中央政治局集体学习知识产权讲座，多次在中国国际进口博览会、博鳌亚洲论坛等重大外交场合提出明确要求，为全面加强我国知识产权保护工作提供了科学指引。党的十九届五中全会审议通过的《中共中央关于制定国民经济和社会发展第十四个五年规划和二〇三五年远景目标的建议》中对知识产权保护工作提出明确要求；党中央先后印发了《知识产权强国建设纲要（2021—2035年）》、《关于强化知识产权保护的意见》等重要文件，作出一系列重大部署。我们可以清楚地看到，我国知识产权事业发展取得显著成效，全社会尊重和保护知识产权意识明显提升，知识产权保护取得了历史性成就，走出了一条中国特色知识产权发展之路，我国已经成为具有重要影响力的知识产权大国。这些成绩充分证明，习近平总书记和党中央作出的知识产权领域的改革决策是完全正确的，是适应我国知识产权保护实际需要、推动知识产权事业不断进步的重大举措，对于推动创新发展、维护我国企业合法权益、展现我国改革开放良好形象发挥了重要作用。

在党中央集中统一领导下，全国人大及其常委会和最高人民法院都承担了大量工作，加强知识产权领域立法，加大司法保护，不断提高知识产权保护工作法治化水平。在座的同志们都参与了这一事业，都是这项重要工作的实践者、推动者，是重要成绩的创造者、见证者。全国人大及其常委会多次修改完善知识产权相关法律，充分发挥立法对知识产权保护工作的规范、引领、推动和保障作用。2013年和2019年两次对商标法进行修改；2017年和2019年两次对反不正当竞争法进行修改；2020年对

专利法和著作权法进行修改;在民法典中对知识产权作出专门规定,刑法修正案(十一)对有关知识产权犯罪规定作出重要修改完善;先后两次作出设立知识产权法院重大改革决定,作出《关于专利等知识产权案件诉讼程序若干问题的决定》,等等。

贯彻党中央决策部署,人民法院不断深化知识产权审判领域司法改革,健全知识产权诉讼规则,强化司法审判与行政执法衔接协作,加强知识产权平等保护与国际司法合作。着力依法保护科技创新成果专利、新兴领域知识产权等,着力解决"举证难、周期长、赔偿低、成本高"等问题,有力维护科技创新主体的合法权益,有效保障市场公平竞争和法治环境,科学引导平台经济等新领域新业态规范健康发展。不断推进知识产权审判体系和审判能力现代化,进一步发挥出知识产权审判在服务创新驱动发展、推进品牌强国建设、维护良好市场环境、促进扩大对外开放等方面的积极作用。

这些工作都实实在在地贯彻落实了党中央决策部署,为知识产权执法、司法提供了有力支持和保障。通过立法、执法、司法等各方面不懈努力,我国知识产权法律法规和制度体系不断完善,知识产权保护工作法治化水平达到新的历史高度,有力推动了我国知识产权事业的健康发展。

## 二、深入学习贯彻习近平总书记关于知识产权保护工作的重要论述精神,承担好党中央交给我们的重大政治任务

2020 年 11 月,习近平总书记在中央政治局集体学习时对知识产权保护作出全面系统的重要论述,为加强我国知识产权保护工作指明了前进方向。在提升知识产权保护工作法治化水平方面,习近平总书记提出一系列明确要求,强调"要在严格执行民法典相关规定的同时,加快完善相关法律法规,统筹推进专利法、商标法、著作权法、反垄断法、科学技术进步法等修订工作,增强法律之间的一致性","要完善刑事法律和司法解释,加大刑事打击力度",等等。我们要深入学习领会,在总结成绩、查找不足的基础上,逐项逐条抓好贯彻落实。

完备的知识产权法律法规体系是强化知识产权保护的重要保障。知识产权保护方面的法律规范,覆盖领域广,涉及方面多,专业要求高。我国不仅制定了专利法、商标法、著作权法这三大知识产权法律,还有反不正当竞争法、反垄断法等一系列法律涉及到知识产权保护,法律责任涉及到民法典侵权责任编、刑法,涵盖民法商法、经济法、行政法、刑法等多个法律部门,覆盖民事、行政、刑事三大诉讼。长期以来,全国人大及其常委会一直把知识产权保护作为立法的重点领域,加强立法修法,保持法律制度的与时俱进、完善发展。随着我国进入新发展阶段,知识产权保护工作也面临着新形势新挑战,给依法保护知识产权提出了新任务新要求。比如,互联网、大数据、人工智能等科学技术高速发展,平台经济繁荣发展,产生了新的立法需求,给执法司法带来新的问题,新领域新业态知识产权保护已显现出与传统业态不同的法律特征,网络侵权已成为知识产权侵权违法的高发地,需要以创新的眼光加强研究、提出对策。同时,当前我国知识产权保护工作也有很多涉外因素,如保护规则与国际通行规则的衔接、知识产权保护的国际合作与协调、对中外权利人的平等保护、防范境外跨国企业滥用知识产权妨碍我国研发创新等,都是我们加强知识产权法治保障需要深入研究、妥善应对的问题。

针对上述情况,我们要深入调查研究,把握知识产权事业发展科学规律,探索更为有效的保护方式,通过高质量的立法和司法工作,把党中央交给我们的重大政治任务完成好、实现好。

## 三、立法机关和司法机关要加强沟通协作、形成工作合力,为加快建设知识产权强国提供有力法治保障

10月召开的中央人大工作会议,在我们党的历史、人民代表大会制度历史上都是第一次,对于人大制度建设和人大工作发展具有里程碑意义。习近平总书记出席会议并发表重要讲话,明确提出了关于坚持和完善人民代表大会制度重要思想的核心内容、深刻内涵和实践要求,即"六个必须坚持"和六个方面重点任务,为加强和改进新时代人大工作提供了根本遵循。习近平总书记指出,"在我国政治体制中,人大对于'一府一委两院'具有监督作用,推动各国家机关形成工作合力",强调"各级人大及其常委会要把宪法法律赋予的监督权用起来,实行正确监督、有效监督、依法监督,维护国家法治统一、尊严、权威,确保法律法规得到有效实施,确保行政权、监察权、审判权、检察权依法正确

行使”。

人民法院处于知识产权司法保护的一线，具有定分止争、保护合法权益、打击非法侵权的重要职能作用。全国人大宪法法律委、监察司法委、教科文卫委和常委会法工委要加强和最高人民法院的密切联系，保持经常性的沟通协调，及时把司法实践遇到的问题难题和立法需求传递给立法机关来研究解决。

第一，坚决贯彻习近平总书记关于知识产权保护的重要论述精神和党中央决策部署，针对知识产权领域存在侵权易发多发和侵权易、维权难的现象以及知识产权侵权违法行为呈现的新型化、复杂化、高技术化等特点，持续加大立法修法力度，健全新领域新业态知识产权保护制度，不断提高知识产权保护的立法质量，以高质量立法推动高质量保护。

第二，加强知识产权执法、司法力度，完善行政执法和司法衔接机制，进一步提高知识产权审判质量和效率，加大对合法权益的保护，坚决依法惩处侵犯知识产权行为，对侵权假冒的市场主体、不法分子予以严厉打击，推进相关法律正确有效实施，以严格执法、公正司法维护社会公平正义。

第三，加强知识产权方面的法治宣传教育，提高人民群众、市场主体等各方面对知识产权的法治意识和权利意识，为知识产权法律实施营造良好的社会氛围，不断推进全民守法。要统筹推进知识产权领域国际合作和竞争，平等保护中外权利人合法权益，推动全球知识产权治理体制向着更加公正合理方向发展。通过立法、执法、司法、守法各环节的有效贯通，不断强化知识产权全链条保护，构建起大保护格局。

第四，抓紧抓实知识产权专业化队伍建设，着力培养政治素质好、专业能力强、既能准确把握我国实际又具有开阔国际视野的复合型人才，打造出一支高素质的知识产权审判工作队伍，为加快建设知识产权强国、建设社会主义法治国家提供强有力的组织和人才保障。

这次全国人大常委会在审议专项工作报告时，一些常委会组成人员还对知识产权审判工作、司法保护工作提出了一些加强和改进的意见建议，有关专门委员会在调研中也发现一些问题，提出了有针对性的建议，请最高人民法院认真研究。我们将持续关注和支持知识产权审判工作，根据实际情况研究立法修法，通过人大监督来督促落实，加强沟通协作，形成保护合力，共同把这项工作推上新的台阶。

# 积极开展国际法治合作<br>推动共建“一带一路”高质量发展

## ——在中国法治国际论坛(2021)开幕式上的主旨演讲

(2021年11月12日　北京)

王　晨

**尊敬的俄罗斯联邦最高法院首席大法官维亚切斯拉夫·列别杰夫先生，巴西联邦总检察长奥古斯托·阿拉斯先生，巴基斯坦最高法院首席大法官古扎尔·艾哈迈德先生，古巴最高人民法院院长鲁文·雷米西奥·费罗先生，柬埔寨国务大臣昂翁·瓦塔纳先生，俄罗斯联邦委员会副主席康斯坦丁·科萨切夫先生，哈萨克斯坦议会下院副议长克谢巴耶娃·巴莱姆女士，白俄罗斯国民会议代表院(下院)副主席、法律家联盟主席瓦列里·米茨克维奇先生，塞尔维亚国民议会副议长弗拉迪米尔·奥尔利奇先生，各位与会代表，女士们、先生们：**

值此中国法治国际论坛(2021)开幕之际，我谨代表主办方中国法学会，对出席论坛的线上线下所有嘉宾，表示热烈的欢迎！对各位新老朋友，表示诚挚的问候和美好的祝愿！

习近平主席高度重视法治在共建“一带一路”进程中的重要作用，深刻指出推动共建“一带一路”，需要法治进行保障，需要良好法治营商环境。中国坚持开放包容、互利互赢，愿同各方一道，积极开展国际法治合作，构建公正、合理、透明的国际经贸规则体系，推动共建“一带一路”高质量发展，更好造福各国人民。这为我们开好本次论坛、积极开展国际法治合作指明了方向。

共建“一带一路”倡议，旨在传承丝绸之路精神，携手打造开放合作平台，为各国合作发展提供新动力。8 年来，各方积极推进政策沟通、设施联通、贸易畅通、资金融通、民心相通，启动了大批务实合作、造福民众的项目，构建起全方位、复合型的互联互通伙伴关系，开创了共同发展的新前景。今年前 10 个月，中国进出口总值 31.67 万亿元人民币，同比增长 22.2%。截至 2021 年 10 月 22 日，中国已同 141 个国家和 30 多个国际组织签署了共建“一带一路”合作文件，今年上半年中国与“一带一路”沿线国家货物贸易额达 5.35 万亿元人民币，同比增长 27.5%，中国同时已向 100 多个国家和国际组织提供超过 17 亿剂疫苗，“一带一路”合作伙伴越来越多。法治是“一带一路”国际合作中不可或缺的重要内容。中国法学法律工作者积极与“一带一路”参与方开展多层次、多渠道、全方位的国际法治合作，深化同相关国家议会、执法司法机构、法学法律组织的交流，积极参与国际经贸规则制定，推动建立世贸组织多方临时上诉仲裁安排，助力签署《区域全面经济伙伴关系协定》(RCEP)并率先完成国内核准，商签升级 13 份自由贸易协定，深度参与数字经济等新兴领域规则制定，推动成立国际商事争端预防与解决组织等，“一带一路”法治合作取得积极成效。

今年是中国共产党成立 100 周年。100 年来，中国共产党团结带领中国人民接续奋斗，中华民族迎来了从站起来、富起来到强起来的伟大飞跃。100 年来，中国共产党坚持中国人民和世界各国人民命运与共，在世界大局和时代潮流中把握中国发展的前进方向、促进各国共同发展繁荣。昨天刚刚闭幕的中国共产党十九届六中全会，全面总结了中国共产党百年奋斗的重大成就和历史经验，具有重大现实意义和深远历史意义。这其中就包括在民主法治建设方面取得的重大成就和宝贵经验。我们坚持党的领导、人民当家作主、依法治国有机统一，推进社会主义民主政治建设，发展全过程人民民主，不断推进社会主义民主政治制度化、规范化、程序化。坚持推进全面依法治国，建设中国特色社会主义法治体系，协调推进法治国家、法治政府、法治社会建设，在法治轨道上推进国家治理体系和治理能力现代化。坚持统筹推进国内法治和涉外法治，协调推进国内治理和国际治理，弘扬和平、发展、公平、正义、民主、自由的全人类共同价值，始终做世界和平的建设者、全球发展的贡献者、国际秩序的维护者，不断推动构建人类命运共同体。

作为“一带一路”法治交流对话的重要平台，经过 3 年发展，中国法治国际论坛影响力持续扩大，各方认同度不断增强，在凝聚法治共识、增进法治互信、深化法治合作方面的重要作用日益彰显。今天，我们以“‘一带一路’国际经贸规则创新与完善”为主题，举办中国法治国际论坛(2021)，希望各国法学法律界人士深入探讨，推动构建公正、合理、透明的国际经贸规则体系，为高质量共建“一带一路”、完善全球经济治理、构建人类命运共同体贡献法治力量。

——高质量共建“一带一路”，需要公正合理的国际经贸规则。建立公正合理的国际秩序是人类孜孜以求的目标。共建“一带一路”是各国共同发展的大舞台。要让发展成果更多更公平地惠及各国人民，就必须按照国际关系准则和多边贸易规则妥善处理经贸往来中出现的问题。当今世界发生的各种对抗和不公，不是因为联合国宪章宗旨和原则过时了，而恰恰是由于这些宗旨和原则未能得到有效履行。加强国际法治合作，坚持共商共建共享原则，维护以世界贸易组织为核心的多边贸易体制，构建公正、合理、非歧视性的国际经贸规则体系，有助于践行真正的多边主义，推动改革不公正、不合理、不符合国际格局演变大势的国际规则、国际机制，引导国际社会共同塑造更加公正合理的国际新秩序；有助于维护公平竞争，解决贫富差距、发展鸿沟等重大现实问题，提升广大发展中国家在国际事务中的代表性和发言权，促进权利平等、机会平等、规则平等，使全球经济治理更加平衡地反映大多数国家意愿和利益。

——高质量共建“一带一路”，需要开放透明的国际经贸规则。习近平主席指出：“搞保护主义如同把自己关进黑屋子，看似躲过了风吹雨打，但也隔绝了阳光和空气。”开放融通是大势所趋。国际贸易和投资等经贸往来，植根于各国优势互补、互通有无的需要。各国削减壁垒、扩大开放，国际经贸就能打通血脉；如果以邻为壑、孤立封闭，国际经贸就会气滞血瘀，世界经济也难以健康发展。构建开放透明的国际经贸规则体系，提高透明度和开放水平，不搞歧视性、排他性标准、规则、体系，不搞割裂贸易、投资、技术的高墙壁垒，持续深化商品、服务、资金、人才等要素流动型开放，稳步拓展规则、规制、管理、标准等制度型开放，有助于巩固多边贸易体制，共同构建开放透明的全球贸易和投资治理格局，推进贸易和投资自由化便利化，推动建设开放型世界经济。

——高质量共建“一带一路”，需要创新完善的国际经贸规则。创新是引领发展的第一动力，是世界经济腾飞的翅膀。当前，世界经济已经进入新旧动能转换期，数字技术正以新理念、新业态、新模式全面融入人类经济、政治、文化、社会、生态文明建设各领域和全过程，给人类生产生活带来广泛而深刻的影响，但相关领域国际经贸规则还存在空白和滞后。各方应抓住新一轮科技革命和产业变革的历史机遇，顺应信息化、数字化、网络化、智能化发展趋势，大力发展数字经济，加快智能制造、人工智能、纳米技术、金融服务、生物医药、现代能源、智慧城市等新兴领域国际合作，推进国际规则标准制定，推动形成创新完善的国际经贸规则，优化数字营商环境，激发市场主体活力，释放数字经济潜力，提升经济运行效率和韧性，推动世界经济不断焕发生机活力。

各位与会代表，女士们、先生们，

当前，百年变局和世纪疫情交织叠加，世界进入新的动荡变革期，经济全球化遭遇逆流，保护主义、单边主义上升，全球治理体系面临新的挑战。各国人民对和平发展的期盼更加殷切，对公平正义的呼声更加强烈，对合作共赢的追求更加坚定。作为国际法治的坚定维护者和积极建设者，中方愿与各国法学法律界一道，维护以联合国为核心的国际体系，维护以国际法为基础的国际秩序，深化“一带一路”法治合作，推动构建更高水平的国际经贸规则，共促世界经济复苏和增长。在此，提出四点倡议：

第一，维护以世界贸易组织为核心的多边贸易体制。以规则为基础的多边贸易体制是经济全球化和自由贸易的基石，是实现互利共赢的重要保障。我们应支持世贸组织改革朝着正确方向发展，支持多边贸易体制包容性发展，支持发展中成员合法权益，让世贸组织在扩大开放、促进发展方面发挥更大作用。增强多边贸易体制的权威性和有效性，推动世贸组织争端解决机制尽快恢复正常运转，共同践行真正的多边主义，反对单边主义和保护主义。继续发挥二十国集团、亚太经合组织、金砖国家等国际经济合作重要平台作用，维护全球产业链、供应链稳定，推动完善全球经济治理，引导经济全球化朝着更加开放、包容、普惠、平衡、共赢的方向发展。

第二，加强政策、规则、标准联通。规则和法治是应对各种不确定性风险和挑战的安全阀。各方应在推进基础设施“硬联通”的同时，加强政策、规则、标准和机制的“软联通”，实现规则和标准体系之间相互兼容，努力让各国互联互通更加有效。对标高标准国际经贸规则，降低关税和非关税壁垒，有序拓展开放领域，畅通贸易和投资合作渠道，营造自由、开放、公平、非歧视、透明、可预测的贸易和投资环境，推动商签更多高标准自由贸易协定，建设开放透明、互利共赢的区域自由贸易安排。

第三，推动制定数字经济等新兴领域国际规则。数字经济是科技创新的重要前沿，是世界经济发展的重要方向。全球数字经济是开放和紧密相连的整体，合作共赢是唯一正道，封闭排他、对立分裂只会走进死胡同。各方要共担数字时代的责任，激发数字经济活力，增强数字政府效能，优化数字社会环境，构建数字合作格局，筑牢数字安全屏障，让数字文明造福各国人民。要以《全球数据安全倡议》为基础，加强数字经济国际合作，加快新型数字基础设施建设，促进数字技术同实体经济深度融合，消除数字鸿沟，推动建立反映各方意愿、尊重各方利益的数字经济国际规则。加强跨境电商国际合作，共享电子商务发展红利，鼓励使用安全可靠的数字化手段促进跨境贸易便利化，推动形成电子签名、电子合同、电子单证等方面的国际标准。

第四，不断完善国际商事争端解决机制。随着“一带一路”建设深入推进，贸易投资往来日益密切，对司法保障和法律服务提出更高要求。各方应推动完善诉讼与调解、仲裁有效衔接的多元化纠纷解决机制，公正高效便利地解决国际商事争端。深化司法执法领域合作，健全完善双边司法协助条约网络，及时办理司法文书送达、调查取证、承认与执行外国法院民商事判决和外国仲裁裁决等国际司法协助请求。完善国际商事仲裁和调解制度，鼓励各方仲裁机构建立联合仲裁机制，支持“国际商事争端预防与解决组织”积极发挥作用。充分发挥律师、公证等法律服务机构和专业人士作用，为国际贸易与投资提供优质高效的法律服务。

各位与会代表，女士们、先生们，

法治是人类文明进步的重要标志。人类法治文明因多样而交流，因交流而互鉴，因互鉴而发展。让我们携手努力，秉持人类命运共同体理念，深化法治合作，完善全球治理，共同推动“一带一路”高质量发展，共同创造更加繁荣美好的世界！

最后，祝本届中国法治国际论坛取得圆满成功！

# 以习近平法治思想为指导<br>坚定不移走中国特色社会主义法治道路

王　晨

习近平法治思想是顺应实现中华民族伟大复兴时代要求应运而生的重大理论创新成果，是全面依法治国的根本遵循和行动指南。习近平总书记在中央全面依法治国工作会议上系统阐述"十一个坚持"时，对走中国特色社会主义法治道路作了深刻论述。学习研究宣传贯彻习近平法治思想，就要坚定不移走中国特色社会主义法治道路，为全面建设社会主义现代化国家、实现中华民族伟大复兴夯实法治基础。

## 一、充分认识坚持中国特色社会主义法治道路的重大意义

在庆祝中国共产党成立 100 周年大会上，习近平总书记深刻总结中国特色社会主义的伟大成就，强调"走自己的路，是党的全部理论和实践立足点，更是党百年奋斗得出的历史结论。中国特色社会主义是党和人民历经千辛万苦、付出巨大代价取得的根本成就，是实现中华民族伟大复兴的正确道路"。长期以来，我们党以马克思主义为指导，总结运用领导人民实行法治的成功经验，走出了一条中国特色社会主义法治道路。我们要充分认识坚持中国特色社会主义法治道路的深刻内涵和重大意义，在习近平法治思想指引下，沿着中国特色社会主义法治道路阔步前行，奋力建成良法善治的社会主义现代化强国。

（一）中国特色社会主义法治道路是我国社会主义法治建设成就和经验的集中体现

习近平总书记指出："具体讲我国法治建设的成就，大大小小可以列举出十几条、几十条，但归结起来就是开辟了中国特色社会主义法治道路这一条。"在新民主主义革命时期，我们党领导人民制定了《中华苏维埃共和国宪法大纲》、《陕甘宁边区施政纲领》以及大量有关土地、婚姻、契约、刑罚等方面的法律法令，创造了"马锡五审判方式"，为新中国社会主义法制建设和改革开放新时期中国特色社会主义法治建设积累了宝贵历史经验。在社会主义革命和建设时期，我们党领导人民制定了宪法、选举法、国家机构组织法、婚姻法等一系列重要法律，确立了社会主义中国的根本政治制度、基本政治制度、立法体制、司法制度以及社会主义法制的基本原则，建立起社会主义法制框架体系，初步奠定了社会主义法治的基础。在改革开放和社会主义现代化建设新时期，我们党提出"有法可依、有法必依、执法必严、违法必究"方针，提出依法治国基本方略、依法执政基本方式，不断推进社会主义法治建设，形成并不断完善中国特色社会主义法律体系，成功开辟中国特色社会主义法治道路。在中国特色社会主义新时代，以习近平同志为核心的党中央从坚持和发展中国特色社会主义的全局和战略高度定位法治、布局法治、厉行法治，坚持并不断拓展中国特色社会主义法治道路，明确提出全面依法治国、建设法治中国，推动我国社会主义法治建设发生历史性变革、取得历史性成就、创造历史性经验。中国特色社会主义法治道路是在我们党领导人民进行新民主主义法制建设和社会主义法治建设的伟大实践中形成和完善的，实现了社会主义和法治的有机结合，走出了一条中国式法治现代化新道路，为人类法治文明进步提供了中国方案和中国智慧。

（二）中国特色社会主义法治道路是推进全面依法治国的唯一正确道路

中华民族有着 5000 多年的文明历史，形成了世界法制史上独树一帜的中华法系，积淀了深厚的法律文化传统。与此同时，中国地域辽阔、民族众多、国情复杂，经济社会发展不平衡，有着 2000 多年封建社会历史和 100 多年半殖民地半封建社会历史。我们党要在这样一个发展中大国治国理政，没有现成法治模式可以照搬照套，必须坚持从中国实际出发，探索符合中国国情的法治道路。中国共产党坚持把马克思主义基本原理同中国具体实际相结合、同中华优秀传统文化相结合，矢志不渝地领导人民探索和建设人类历史上新型法治，成功开辟了中国特色社会主义法治道路。党的十八大以来，以习近平同志为核心的党中央全面推进依法治国，自

强自信、守正创新,在我国社会主义法治建设既有基础上,推动我国法治建设实现了从依法治国到全面依法治国、从建设中国特色社会主义法律体系到建设中国特色社会主义法治体系的历史转型,创造了令国人振奋、令世人惊叹的法治建设新成就。实践充分证明,中国特色社会主义法治道路,是适合中国国情、适合时代发展要求的法治道路,是推进全面依法治国、建设社会主义法治国家的唯一正确道路。在坚持和拓展中国特色社会主义法治道路这个根本性方向性问题上,我们必须有自信、有底气、有定力,决不照搬别国模式和做法,决不走西方所谓"宪政"、"三权鼎立"、"司法独立"的路子。

(三)中国特色社会主义法治道路为全面建设社会主义现代化国家提供有力法治保障

法治是国家强盛的重要保障,也是国家强盛的重要标志。习近平总书记指出,一个现代化国家必然是法治国家。我们党反思中国古代工具主义的严刑峻法和西方近代以来形式主义的法治体系及其对当代中国的影响,总结新中国成立以来我国法治建设的利弊得失,提出"法律是治国之重器,良法是善治之前提",建设良法善治的法治中国。要实现这一目标,就要使法治成为国家与社会的核心价值,成为国家和社会治理的基本方式,成为支撑国家兴旺发达的强大力量;全社会尊重法治、信仰法治、坚守法治;宪法具有权威,法律具有实效,任何组织和个人都自觉在宪法法律范围内活动;公民权利得到切实尊重和保障,公权力受到有效制约和监督。当前,全面建设社会主义现代化国家新征程已经开启,法治将承载更多使命、发挥更为重要的作用。我们要更加重视法治、厉行法治,推动各方面制度更加成熟、更加定型,更好地把社会主义法治优势转化为全面建设社会主义现代化国家的效能。

## 二、深刻领会坚定不移走中国特色社会主义法治道路的根本要求

中国特色社会主义法治道路是具有中国特色、实践特色、时代特色的法治建设道路,是中国式法治现代化新道路。新征程上更好发挥法治固根本、稳预期、利长远的保障作用,必须坚持法治建设正确方向,深刻领会坚定不移走中国特色社会主义法治道路的根本要求。

(一)坚持以习近平法治思想为指导

习近平法治思想把马克思主义法治原理同中国法治实践相结合、同中华优秀传统法律文化相结合,科学总结了党领导法治建设的丰富实践和宝贵经验,深化了对共产党依法执政规律、社会主义法治建设规律、人类社会法治发展规律的认识,开辟了中国特色社会主义法治理论新境界,是当代中国马克思主义法治理论、21 世纪马克思主义法治理论。走中国特色社会主义法治道路,贯彻中国特色社会主义法治理论,最重要的就是贯彻习近平法治思想。要深刻认识习近平法治思想的科学性和真理性、人民性和实践性、开放性和时代性,以习近平法治思想为根本遵循和行动指南,推动新时代全面依法治国实践取得新的伟大成就。

(二)坚持党的领导

走中国特色社会主义法治道路,最根本的是坚持中国共产党的领导,这是社会主义法治最大的优势,是我国法治与西方资本主义法治最大的区别。要坚持党对全面依法治国的统一领导、统一部署、统筹协调,健全党领导全面依法治国的制度和工作机制,坚持党总揽全局、协调各方,把党的领导贯彻到全面依法治国全过程和各方面,推进党的领导制度化、法治化,不断提高党科学执政、民主执政、依法执政水平。

(三)坚持以人民为中心

习近平总书记指出:"全面依法治国最广泛、最深厚的基础是人民。"人民是法治建设的主体和力量源泉。走中国特色社会主义法治道路,必须坚持以人民为中心,这是我国法治区别于西方资本主义法治的根本所在。要依法保障人民权益,加强人权法治保障,推动人的全面发展、社会全面进步、人民共同富裕;坚持一切权力属于人民,推进社会主义民主政治建设,加强人民当家作主的制度保障,发展全过程人民民主;坚持人民主体地位,调动人民群众投身依法治国实践的积极性主动性,依靠人民弘扬法治精神、践行法治理念、维护法律权威、推进法治建设。

(四)坚持中国特色社会主义制度

习近平总书记指出:"中国特色社会主义制度是中国特色社会主义法治体系的根本制度基础。"走中国特色社会主义法治道路,必须坚持中国特色社会主义制度,特别是坚持和巩固党的领导制度、人民代表大会制度、中国特色社会主义法律制度、马克思主义在意识形态领域指导地位的根本制度、党对人民军队的绝对领导制度等根本制度以及各项基本制度、重要制度。涉及方向性的问题,必须以这些制度为准星;涉及制度层面的大是大非问题,必须旗帜鲜明、立场坚定。要与时俱进完善和

发展中国特色社会主义制度,及时将实践中成熟的经验做法上升为制度、转化为法律,为全面依法治国提供有力制度供给。

## 三、在中国特色社会主义法治道路上深入推进全面依法治国

"法者,治之端也。"全面依法治国是中国特色社会主义的本质要求和重要保障,是国家治理领域一场广泛而深刻的革命。实现建设中国特色社会主义法治体系、建设社会主义法治国家的总目标,必须在中国特色社会主义法治道路上深入推进全面依法治国,高质量开展好全面依法治国各项工作。

(一)准确把握全面依法治国的工作布局,统筹推进法治中国建设

全面依法治国是一个系统工程,必须统筹兼顾、把握重点、整体谋划。要把握"建设中国特色社会主义法治体系"这个具有原创性、时代性的概念和理论,加快形成完备的法律规范体系、高效的法治实施体系、严密的法治监督体系、有力的法治保障体系,形成完善的党内法规体系。坚持依法治国、依法执政、依法行政共同推进,法治国家、法治政府、法治社会一体建设,全面落实新时代依法治国的战略布局。

(二)准确把握全面依法治国的重点任务,不断深化全面依法治国实践

要把握依宪治国、依宪执政这个首要重点任务,依据宪法法律治国理政,履行好党执政兴国的重大职责。全面推进科学立法、严格执法、公正司法、全民守法,以科学立法保证良法善治、严格执法维护法律权威、公正司法确保公平正义、全民守法提振社会文明。坚持统筹推进国内法治和涉外法治,综合利用立法、执法、司法等手段开展斗争,有效应对挑战、防范风险。秉持共商共建共享的全球治理观,推进国际关系民主化法治化公正化,推动构建人类命运共同体。

(三)准确把握全面依法治国的重要保障,确保法治中国建设行稳致远

加强政治、组织、队伍、人才、科技、信息等保障,为全面依法治国提供重要支撑。加快建设德才兼备的高素质法治工作队伍,推进法治专门队伍革命化、正规化、专业化、职业化,加强法律服务工作者的教育、管理、引导。坚持立德树人,德法兼修,培养造就一大批既熟悉国内情况又具有国际视野的高素质法治人才及后备力量。要抓住领导干部这个"关键少数",推动领导干部提高运用法治思维和法治方式的能力。健全法治建设科技保障体系,加大互联网、大数据、人工智能等现代信息技术运用,提高法治工作现代化水平。

(四)准确把握全面依法治国的重大关系,为法治建设凝聚强大合力

要正确认识处理政治和法治的辩证关系,破除"党大还是法大"伪命题,坚持党和法、党的领导和依法治国高度统一。正确认识处理改革和法治的辩证关系,在法治下推进改革,在改革中完善法治。正确认识处理依法治国和以德治国的关系,实现法律和道德相辅相成、法治和德治相得益彰。正确认识处理依法治国和依规治党的关系,统筹推进依法治国和依规治党、制度治党,确保党既依据宪法法律治国理政,又依据党内法规从严管党治党。

## 四、更好发挥广大法学法律工作者在全面依法治国中的重要作用

新时代赋予新任务,新思想指引新征程。广大法学法律工作者要自觉做习近平法治思想的坚定信仰者、积极传播者、模范践行者,认真履职尽责,积极担当作为,为建设法治中国、实现中华民族伟大复兴中国梦作出新的更大贡献。

(一)深入学习领会习近平法治思想,切实把习近平法治思想贯彻落实到全面依法治国全过程

要全面系统深入学习习近平总书记《论坚持全面依法治国》等原著原文,深刻领会"十一个坚持"的精髓要义和各个"坚持"之间的逻辑关系,做到学、思、用贯通,知、信、行统一。积极投身全面依法治国实践,发挥智库重要作用,努力把全面依法治国的情况摸清、问题找准、对策提实,为法治中国建设提供学理支撑和智力服务。及时跟进国家和地方立法工作,积极推进国家安全、科技创新、公共卫生等重要领域立法,推动健全国家治理急需的法律制度、满足人民日益增长的美好生活需要必备的法律制度。围绕深化司法责任制综合配套改革、加强司法制约监督、健全社会公平正义法治保障制度等方面,开展调查研究、科学论证、效果评估等工作,为执法司法体制改革提供更加丰富和坚实的理论支撑。深入开展国际法治合作,积极参与国际规则制定,推动健全涉外法治体系、完善涉外法治工作体制机制,进一步提高涉外法治斗争能力,统筹做好涉外立法、执法、司法、法律服务和法治人才培养等工作。

（二）深化对习近平法治思想理论体系、话语体系、教材体系的研究

法治实践永不止步，理论创新永无止境。要深化对习近平法治思想理论体系的研究，推进实践基础上的理论创新，发展体现历史进步、时代发展、中国智慧的中国特色社会主义法治理论。加强习近平法治思想话语体系建设，推动习近平法治思想话语体系的学理化、大众化、国际化，将中国特色社会主义国家制度和法律制度优势转化为理论和话语优势。要深化对习近平法治思想教材体系的研究。教材建设是实现为党育人、为国育才的重要保障。近日，由中央宣传部、中国法学会组织编写的马克思主义理论研究和建设工程重点教材《习近平法治思想概论》已经出版，在全社会产生良好反响，要继续做好进校园、进课堂、进头脑工作，培养更多社会主义法治的忠实崇尚者、自觉遵守者、坚定捍卫者。要及时总结编写经验，坚持以习近平法治思想为统领，推动形成适应全面依法治国要求、立足学术前沿、门类齐全、学段衔接的法学教材体系。

（三）充分发挥习近平法治思想研究中心重要阵地和平台作用，引领习近平法治思想研究和实践

要认真贯彻党中央决策部署，把习近平法治思想研究中心打造成为习近平法治思想研究的学术高地。发挥研究中心在学术引领、重大课题攻关、创新人才培养等方面的优势，加快推动研究成果转化应用，以习近平法治思想引领中国特色社会主义法治理论创新发展。发挥研究中心重要学习平台作用，积极开展习近平法治思想的学习教育工作，推动习近平法治思想学习往深处走、往实处走。运用各类融媒体手段和平台加强对习近平法治思想的宣传解读，加强对外宣传阐释，用中国理论阐释中国实践，用中国实践升华中国理论，不断扩大中国法治在全球法治舞台上的话语权和影响力。

习近平总书记在庆祝中国共产党成立100周年大会上向世界庄严宣告："中国共产党和中国人民将在自己选择的道路上昂首阔步走下去，把中国发展进步的命运牢牢掌握在自己手中！"在以习近平同志为核心的党中央坚强领导下，在习近平法治思想的科学指引下，中国特色社会主义法治道路一定会越走越宽广、越走越辉煌。

（本文发表于《求是》2021年第22期。）

# 坚持全面依法治国<br>法治中国建设迈出坚实步伐

王　晨

在中国共产党成立100周年之际，党的十九届六中全会审议通过《中共中央关于党的百年奋斗重大成就和历史经验的决议》（以下简称《决议》）。一百年来，我们党领导人民持续探索、不断推进法治建设，成功走出了一条中国特色社会主义法治道路，已成为我们党百年奋斗重大成就和光辉历史的重要组成部分。站在新的历史起点上，我们要以习近平新时代中国特色社会主义思想为指导，坚持全面依法治国，继续推动法治中国建设迈出坚实步伐，为全面建设社会主义现代化国家提供坚实法治保障。

## 一、依法治国是总结我们党百年奋斗历史特别是治国理政历史经验得出的重要结论

（一）中国共产党在领导人民进行新民主主义革命过程中高度重视人民民主政权建设，并对与之相适应的法制进行了实践探索。我们党把马克思主义国家和法的学说同中国革命的具体实际相结合，在局部地区探索实行多种形式的人民民主政权，并以新型民主政权为依托进行法制实践探索。党领导人民在创建的革命根据地、边区和解放区，先后制定实施一大批涉及政权组织、军事、土地、劳动、婚姻、司法、内务、教育、卫生、邮政、经济、财政金融等方面的法律法规，取得了局部地区依法依规治理的宝贵经验。

新中国成立前夕，1949年2月，党中央发出《中共中央关于废除国民党〈六法全书〉和确定解放区司法原则的指示》。1949年9月，《中国人民政治协商会议共同纲领》第十七条规定："废除国民党反动政府一切压迫人民的法律、法令和司法制度，制定保护人民的法律、法令，建立人民司法制度。"这场

巨大变革,从法制上为人民共和国的诞生、成长开辟了道路。

(二)新中国的成立和社会主义制度的建立,开辟了中国人民当家作主历史新纪元,为当代中国一切发展进步包括社会主义法治奠定了根本政治前提和制度基础。1949 年中国人民政治协商会议第一届全体会议通过的《中国人民政治协商会议共同纲领》和《中华人民共和国中央人民政府组织法》,开了新中国法制之先河。1954 年,毛泽东同志主持起草新中国第一部宪法。1954 年 9 月 20 日,第一届全国人民代表大会第一次会议通过《中华人民共和国宪法》。新中国成立后,国家陆续制定实施婚姻法、工会法、土地改革法、惩治反革命条例、民族区域自治实施纲要、选举法、全国人民代表大会组织法、国务院组织法、人民法院组织法、人民检察院组织法、地方各级人民代表大会和地方各级人民委员会组织法、兵役法等法律,初步奠定新中国人民民主法制的基础。

后来,由于我们党在工作指导上发生了"左"的偏差和错误,出现了一些严重失误。特别是"文化大革命"十年内乱,使党、国家、人民遭到新中国成立以来最严重的挫折和损失,民主法制遭到严重破坏,教训极其惨痛。1981 年党的十一届六中全会通过《关于建国以来党的若干历史问题的决议》,对新中国成立后 30 多年历史特别是"文化大革命"的发生和教训作出全面总结,其基本论述和结论至今仍然适用。

(三)党的十一届三中全会开启改革开放和社会主义现代化建设新时期,我国社会主义法治建设进入了蓬勃发展新阶段。1978 年 12 月召开的党的十一届三中全会,作出把党和国家工作中心转移到经济建设上来、实行改革开放的历史性决策,同时提出了发展社会主义民主、健全社会主义法制的任务。邓小平同志明确提出,"为了保障人民民主,必须加强法制。必须使民主制度化、法律化,使这种制度和法律不因领导人的改变而改变,不因领导人的看法和注意力的改变而改变","做到有法可依,有法必依,执法必严,违法必究"。在这以后,我国社会主义法制建设持续推进和加强,立法立规、依法行政、公正司法、法律服务、法制宣传、法学教育、法学研究、依法治理和依法执政等各领域各方面工作不断取得新成就新进展。

1979 年 7 月,五届全国人大二次会议通过全国人民代表大会和地方各级人民代表大会选举法、地方各级人民代表大会和地方各级人民政府组织法、人民法院组织法、人民检察院组织法、刑法、刑事诉讼法、中外合资经营企业法等 7 部重要法律,成为我国法制建设进入蓬勃发展新阶段的标志性立法。

1982 年 12 月 4 日,五届全国人大五次会议通过新宪法。1982 年宪法是根据党的十一届三中全会确立的路线方针政策,总结我国社会主义建设历史经验和教训,适应我国改革开放和社会主义现代化建设、加强社会主义民主法制的新要求而制定的。1982 年宪法公布施行至今,全国人大先后 5 次对宪法个别条款和部分内容作出必要的修正,使我国宪法在保持稳定性和权威性的基础上紧紧跟上了时代前进步伐。

1997 年 9 月,党的十五大明确提出"依法治国,建设社会主义法治国家";"依法治国,是党领导人民治理国家的基本方略"。1999 年 3 月,九届全国人大二次会议通过宪法修正案,将"中华人民共和国实行依法治国,建设社会主义法治国家"载入国家根本法。

2011 年 3 月,十一届全国人大四次会议宣布,以宪法为核心,由宪法相关法、民法商法、行政法、经济法、社会法、刑法、诉讼及非诉讼程序法等多个法律部门和法律、行政法规、地方性法规等多个层次法律规范构成的中国特色社会主义法律体系已经形成,国家和社会生活各方面实现有法可依。

改革开放 40 多年历程充分证明,我国社会主义法治有力巩固了中国共产党领导,有力保障了人民当家作主,有力促进了改革开放和社会主义现代化建设,有力推动了人权事业全面发展和社会全面进步,有力维护了国家统一、民族团结、社会和谐稳定。

历史的经验和教训使我们党深刻认识到,法治兴则国家兴,法治衰则国家乱;法治与国家前途、人民命运息息相关,是治国理政、实现长治久安不可或缺的重要手段。实行依法治国,是我们党总结长期历史经验得出的重要结论,是坚持和发展中国特色社会主义的必然选择。

## 二、以习近平同志为核心的党中央开创新时代全面依法治国和法治中国建设新局面

(一)党的十八大以来,以习近平同志为核心的党中央对全面依法治国和法治中国建设作出顶层

设计和重大部署。党中央从坚持和发展中国特色社会主义、关系党和国家长治久安的战略高度，定位法治、布局法治、厉行法治，对加强和完善社会主义法治的理论认识和实践探索达到了新的历史高度。习近平总书记就全面依法治国和法治中国建设发表一系列重要讲话，作出一系列重要部署，推动一系列重要工作，在党的历史上产生了许多具有重要标志意义的“第一次”。

2014 年 10 月，党的十八届四中全会通过《中共中央关于全面推进依法治国若干重大问题的决定》，习近平总书记对决定稿作了说明并发表重要讲话。这是党的历史上第一次专题研究、专门部署全面依法治国的中央全会，在我国社会主义法治史上具有里程碑意义。之后不久，党中央确立“四个全面”战略布局，将全面依法治国纳入其中，以前所未有的决心、举措和力度推进全面依法治国和法治中国建设。

2018 年 1 月，党的十九届二中全会专题研究宪法修改问题，提出修改宪法部分内容的建议，这在党的中央全会历史上也是第一次。3 月，十三届全国人大一次会议通过宪法修正案，国家根本法实现了与时俱进、完善发展，符合中国实际，反映了全党全国各族人民的共同意愿，为实现“两个一百年”奋斗目标和中华民族伟大复兴的中国梦提供了有力宪法保障。

2018 年 8 月，党中央组建中央全面依法治国委员会，这是我们党历史上第一次设立这样的机构，目的是加强党对全面依法治国的集中统一领导，统筹推进全面依法治国工作。习近平总书记亲自担任委员会主任并在委员会第一次会议上发表重要讲话。

2020 年 5 月，在十三届全国人大三次会议通过《中华人民共和国民法典》后的第二天，习近平总书记主持十九届中央政治局第二十次集体学习并发表重要讲话，指出民法典是新中国成立以来第一部以“法典”命名的法律，是新时代我国社会主义法治建设的重大成果；强调要充分认识颁布实施民法典重大意义，依法更好保障人民合法权益。

2020 年 11 月，党中央第一次召开中央全面依法治国工作会议。习近平总书记发表重要讲话，系统总结了我国法治建设的重要经验特别是党的十八大以来取得的历史性成就，对当前和今后一个时期推进全面依法治国作出战略部署。会议明确了习近平法治思想在全面依法治国中的指导地位，这在我国社会主义法治建设进程中具有重大政治意义、理论意义、实践意义。

2021 年 10 月，中央人大工作会议召开，这在党的历史上也是第一次。会议对坚持和完善人民代表大会制度、不断发展全过程人民民主、深入推进全面依法治国作出重大部署，强调要全面贯彻实施宪法、维护宪法权威和尊严，加快完善中国特色社会主义法律体系，以良法促进发展、保障善治等。

（二）党的十八大以来，在以习近平同志为核心的党中央坚强领导下，全面依法治国和法治中国建设迈出坚实步伐。我们适应党和国家事业发展要求，完善立法体制，制定民法典、外商投资法、国家安全法、监察法等法律，修改立法法、国防法、环境保护法等法律；加强重点领域、新兴领域、涉外领域立法，中国特色社会主义法律体系日趋完善。我们坚持依宪治国，与时俱进设立国家宪法日，建立宪法宣誓制度，加强规范性文件备案审查制度，宪法实施和监督全面加强。我们推进法治政府建设，大幅减少行政审批事项，非行政许可审批彻底终结，建立政府权力清单、负面清单、责任清单，规范行政权力，推动严格规范公正文明执法。我们坚定不移推进法治领域改革，先后废止劳动教养制度、收容教育制度，以专门教育制度取代收容教养制度，依照宪法规定实行特赦；深化以司法责任制为重点的司法体制改革，推进政法领域全面深化改革，加强对执法司法活动的监督制约，开展政法队伍教育整顿；依法纠正冤错案件，严厉惩治执法司法腐败，执法司法质量、效率、公信力显著提高。我们深化国家监察体制改革，组建各级监察委员会，依法赋予职权并用留置取代“两规”措施，实现对所有行使公权力的公职人员监察全覆盖。我们坚持把全民普法和守法作为全面依法治国的基础性工作，实行国家机关“谁执法谁普法”普法责任制，将法治教育纳入国民教育体系，全面增强全社会尊法学法守法用法意识和能力。我们推进法治队伍建设，发展壮大法律服务队伍，加强法学教育、法学研究和法治人才培养。我们坚持依法执政，加强党内法规建设，提高各级领导干部运用法治思维和法治方式解决问题、推动发展的能力，坚定推进反腐败斗争，全面从严治党成效卓著，党运用法治方式领导和治理国家的能力显著增强。

（三）习近平法治思想引领新时代全面依法治国和法治中国建设。党的十八大以来，以习近平同志为核心的党中央推进全面依法治国和法治中国建设取得一系列重大成果，在思想理论上的集中体现就是形成了习近平法治思想。习近平法治思想是习近平新时代中国特色社会主义思想的重要组成部分，系统回答了新时代为什么实行全面依法治国、怎样实行全面依法治国等一系列重大问题，实现了马克思主义法治理论中国化的新发展新飞跃。

习近平法治思想的主要内容和核心要义，集中体现为习近平总书记在中央全面依法治国工作会议上提出的“十一个坚持”，即坚持党对全面依法治国的领导，坚持以人民为中心，坚持中国特色社会主义法治道路，坚持依宪治国、依宪执政，坚持在法治轨道上推进国家治理体系和治理能力现代化，坚持建设中国特色社会主义法治体系，坚持依法治国、依法执政、依法行政共同推进，法治国家、法治政府、法治社会一体建设，坚持全面推进科学立法、严格执法、公正司法、全民守法，坚持统筹推进国内法治和涉外法治，坚持建设德才兼备的高素质法治工作队伍，坚持抓住领导干部这个“关键少数”。

习近平法治思想为推进新时代全面依法治国和法治中国建设提供了科学理论指导、行动指南和根本遵循。我们要深入学习贯彻习近平法治思想，自觉用习近平法治思想武装头脑、指导实践、推动工作，谱写新时代全面依法治国新篇章。

## 三、在全面建设社会主义现代化国家新征程上不断推动法治中国建设迈出坚实步伐

党的十九届六中全会《决议》指出：“全面依法治国是中国特色社会主义的本质要求和重要保障，是国家治理的一场深刻革命。”在全面建设社会主义现代化国家新征程上，必须坚持推进全面依法治国，不断推动法治中国建设迈出新步伐、创造新成就。

坚持全面依法治国，建设法治中国，必须坚持以习近平新时代中国特色社会主义思想为指导，全面贯彻党的十九大和十九届二中、三中、四中、五中、六中全会精神，深入贯彻习近平法治思想，增强“四个意识”、坚定“四个自信”、做到“两个维护”，坚持党的领导、人民当家作主、依法治国有机统一，加快建设中国特色社会主义法治体系、建设社会主义法治国家，着力解决法治领域突出问题，在法治轨道上推进国家治理体系和治理能力现代化，为实现第二个百年奋斗目标、全面建设社会主义现代化国家提供有力法治保障。

（一）深刻认识坚持全面依法治国、推进法治中国建设的重大战略意义。党的十九大确立的新时代坚持和发展中国特色社会主义的基本方略，党的十九届四中全会概括的我国国家制度和国家治理体系具有的显著优势，党的十九届六中全会进一步明确的习近平新时代中国特色社会主义思想的重大创新内容，都将全面依法治国列入其中，凸显全面依法治国的战略地位和重大意义。我们必须提高政治站位，深入贯彻党中央全面依法治国战略部署，全面实施法治中国建设规划，全面落实法治社会建设实施纲要。

（二）提高立法质量和效率，加快完善以宪法为核心的中国特色社会主义法律体系。要适应把握新发展阶段、贯彻新发展理念、构建新发展格局的要求，加强重点领域、新兴领域、涉外领域立法，使法律体系更加科学完备、统一权威。坚持科学立法、民主立法、依法立法，坚持立改废释纂并举，丰富立法形式，提高立法质量，增强立法的及时性、针对性、有效性，以良法促进发展、保障善治。

（三）提高依法行政水平，在法治轨道上推进政府各项工作。法治政府建设是全面依法治国的重点任务和主体工程，具有示范带动作用。要加快建设法治政府，全面贯彻落实法治政府建设实施纲要，把法治作为行政决策、行政管理、行政监督的重要标尺。依法全面履行政府职能，实现政府各项工作法治化。

（四）确保司法公正高效权威，努力让人民群众在每一个司法案件中感受到公平正义。要深化司法责任制综合配套改革，全面落实司法责任制，真正做到“让审理者裁判、由裁判者负责”。完善诉讼制度，加强司法保护，畅通司法救济渠道，加强对司法活动的监督制约。加强法律服务体系建设，统筹推进律师、公证、法律援助、司法救助、司法鉴定、人民调解、仲裁等体制机制完善和相关工作。

（五）加强对法治实施的监督，保证国家机关切实履行法治实施职责。形成严密的法治监督体系，是建设中国特色社会主义法治体系的重要任务。要依法加强对各级国家行政机关、监察机关、审判机关、检察机关等的监督，保证宪法法律法规切实得到全面贯彻和有效执行，保证行政权、监察权、审判权、检察权切实得到正确行使，保证公民、法人和其他组织合法权益切实得到尊重和维护。

（六）加强法治专门人才队伍建设，为法治中国建设提供人才支撑和智力支撑。要坚持党管人才，牢牢把握社会主义法治人才培养方向，加强立法、执法、司法、法律服务、法学研究等领域人才队伍建设。着力发挥法学教育基础性先导性作用，加强复合型法治人才、涉外法治人才、青年法治人才培养，

努力造就一批又一批德才兼备的高素质法治人才。

（七）增强全民法治观念，夯实法治社会建设基础。做好法治实施工作，必须让法治走向社会、走向基层、走向群众，弘扬社会主义法治精神，建设社会主义法治文化。要坚持依法治国和以德治国相结合，加大全民普法工作力度，持续提升公民法治素质，促进全社会成员养成法治思维方式和法治行为习惯。推进多层次多领域依法治理，加快实现社会治理法治化。

（本文已收入《〈中共中央关于党的百年奋斗重大成就和历史经验的决议〉辅导读本》，发表于2021年11月23日《人民日报》第6版。）

# 重温百年党史　凝聚奋斗伟力

曹建明

习近平总书记在党史学习教育动员大会上深刻指出："我们党的一百年，是矢志践行初心使命的一百年，是筚路蓝缕奠基立业的一百年，是创造辉煌开辟未来的一百年。"这是对党的百年历史所作的精辟概括，不仅深刻揭示了我们党为什么历经百年坎坷、依然风华正茂的根本原因，而且指明了中国共产党怎样从新的历史起点出发创造更大辉煌的方向，进一步深化了自己对中国共产党的历史、中国共产党的初心使命的认识。重温百年党史，我们党从成立时50多人的小党，发展到今天拥有9100多万党员的世界第一大党，并且依然充满朝气活力，引领具有5000年文明历史的东方大国，走上了中国特色社会主义和中华民族伟大复兴的康庄大道，书写了人类历史上前所未有的"中国奇迹"。究其最根本的原因，就是习近平总书记所指出的："不忘初心，方得始终。中国共产党人的初心和使命，就是为中国人民谋幸福，为中华民族谋复兴。这个初心和使命是激励中国共产党人不断前进的根本动力。"今天，在庆祝我们党百年华诞的重要时刻，站在"两个一百年"奋斗目标的历史交汇的关键点上，我们重温党的百年奋斗恢宏史诗，更要从百年党史中汲取奋进力量，更要矢志践行初心使命，向着实现第二个百年奋斗目标奋勇前进。

## 行源于心，力源于志，我们党的百年历史是一部践行党的初心使命的历史

为人民谋幸福，为民族谋复兴，是中国共产党的初心使命，也是中国共产党百年始终不渝的道路。百年党史就是一面镜子。我们党成立100年来，实现了中国沧桑巨变，它真实地映照出中国共产党人的初心和使命。

中国共产党从诞生起，就把社会主义和共产主义明确确定为自己的初心使命。学习党史，自己更加深刻感受到，中国共产党一经成立，就义无反顾肩负起救国救民、实现民族复兴和人民幸福的历史使命。中国共产党成立时，中国正处于半殖民地半封建社会，国家主权被侵犯、领土被分割、经济被掠夺、文化被奴役。近现代中国社会变迁中曾经建立过几百个政党，效仿西方资产阶级革命的旧民主主义革命虽然也终结了"家天下"的封建制度，但依旧没有改变中华民族积贫积弱、山河破碎、内忧外患、任人宰割、国破家亡的悲惨境地。结合党史学习，认真学习习近平总书记《论中国共产党历史》，观看最近播放的《百炼成钢：中国共产党的100年》纪录片、《觉醒年代》电视剧，更加深刻感受到中国共产党诞生的历史必然性。中华民族的伟大复兴，呼唤着一个先进的政党、一个历史的力量。我们党应运而生，义无反顾地担负起挽救民族危亡的历史重任。党的一大通过的纲领就明确规定，党的奋斗目标是建立无产阶级专政，消灭阶级区分。党的二大又通过了党的最高纲领和最低纲领。最高纲领是实现共产主义，最低纲领是进行民主革命，准确反映了人民的现实利益和长远利益。可以说，中国共产党一成立，就以马克思主义为行动指南，在百年来血与火的淬炼中，在一次次的失败与牺牲中探索出了一条适合中国的发展道路。正因为有了中国共产党，中国人民从此有了主心骨，中国的面貌焕然一新。

中国共产党人在整个革命和建设时期进行的奋斗，都是为践行初心使命而进行的艰苦卓绝的奋斗。学习党史，自己更加感受到，无论是在充满腥风血雨的革命岁月，一批又一批的革命先烈披荆斩棘、视死如归；还是在充满激情的社会主义建设时期，一批又一批的英雄模范顽强拼搏、无私奉献，都

是以自己的生命、鲜血和汗水践行初心使命。一代又一代的中国共产党人前赴后继、英勇奋斗，谱写了一首首可歌可泣的壮丽诗篇，铸就了一系列伟大精神，构筑起中国共产党人的精神谱系。我们党充满艰辛的百年奋斗历程告诉我们：中国共产党人百年来所付出的一切努力、所进行的一切斗争、所作出的一切牺牲，都是为了人民幸福和民族复兴。正是始终坚守这个初心使命，中国共产党“才能在极端困境中发展壮大，才能在濒临绝境中突出重围，才能在困顿逆境中依然奋起”；正是始终坚守这个初心使命，中国共产党带领人民经过 28 年艰苦卓绝的奋斗，完成了新民主主义革命，建立了人民共和国，彻底实现了民族独立和人民解放；正是始终坚守这个初心使命，我们党团结带领人民完成了社会主义革命，建立和巩固了社会主义基本制度，推进了社会主义建设，为人民幸福、民族复兴奠定了坚实基础。

中国共产党以巨大的政治勇气、理论勇气和实践勇气实行改革开放，推进社会主义现代化建设，就是为实现初心使命而矢志不渝、接续不断的探索，实现了中华民族有史以来最深刻最伟大的变革。学习党史，自己更加深刻感受到，新中国成立后，中国共产党人不改初心，勇于探索并成功开辟适合中国国情的社会主义道路。改革开放以来，中国共产党人坚守初心使命，成功开辟了中国特色社会主义道路。特别是，党的十八大以来，以习近平同志为核心的党中央坚守初心使命，党和国家各项事业取得历史性成就、发生历史性变革，中国特色社会主义在新时代焕发出勃勃生机。党的十九大把“不忘初心，牢记使命，高举中国特色社会主义伟大旗帜，决胜全面建成小康社会，夺取新时代中国特色社会主义伟大胜利，为实现中华民族伟大复兴的中国梦不懈奋斗”作为大会主题。可以说，无论在哪个历史时期，也无论处于顺境还是逆境，我们党始终以不畏艰难的决心，带领中国人民勇往直前，在实现初心使命的征途上，战胜了一个又一个困难，用实际行动谱写出了为中国人民谋幸福、为中华民族谋复兴的壮丽诗篇。

## 党的根基和血脉在人民，我们党的百年历史是一部始终坚持以全心全意为人民服务为根本宗旨的历史

为什么人的问题，是检验一个政党、一个政权性质的试金石。在党史学习教育动员大会上，习近平总书记深刻指出人心向背关系党的生死存亡，强调始终把人民放在心中最高位置、把人民对美好生活的向往作为奋斗目标。可以说，中国共产党来自人民、依靠人民、服务人民，全心全意为人民服务是党的根本宗旨，以人民为主体、以人民为中心是中国共产党的根本价值取向，为人民谋幸福贯穿党的百年历史全过程。

百年党史充分证明，坚持人民立场始终是我们党的根本政治立场。学习党史，自己更加深刻感受到，我们党自成立之日起，就把“人民”铭刻在自己的初心上，把坚持人民利益高于一切鲜明地写在自己的旗帜上，充分体现了为崇高理想奋斗和为最广大人民谋利益的一致性。无论是党领导人民开展大革命运动、土地革命战争、全民族抗日战争，还是推翻国民党反动统治、夺取新民主主义革命胜利、建立人民共和国，都是为了人民的根本利益。无论是在社会主义革命和建设时期，党领导人民把落后的农业国建设成为强大的社会主义工业国，还是党领导人民实行改革开放、推进社会主义现代化建设，也都是为了人民的根本利益。特别是，我们党历经百年依然风华正茂，根本原因就在于我们党始终坚持以人民为中心的根本立场，始终把人民放在心中最高位置，归根到底就在于始终从人民群众的智慧和力量中汲取推动革命事业前进的不竭力量。

百年党史充分证明，带领人民创造美好生活始终是我们党矢志不渝的奋斗目标。习近平总书记指出，“我们的目标很宏伟，但也很朴素，归根结底就是让全体中国人都过上更好的日子。”学习党史，自己更加深刻感受到，我们党自诞生以来，历经革命、建设和改革各个阶段，一切奋斗的根本目标，都是为了让人民过上好日子。我们党的第一个纲领就明确提出，推翻资本家阶级的政权，消灭社会的阶级区分，消灭资本家私有制，没收机器、土地、厂房等生产资料归社会公有，为的就是消除社会不平等，让人民过上好日子。新中国成立后，中国共产党把让人民过上幸福生活，解决温饱问题、人民生活总体达到小康水平作为自己的奋斗目标。今天，中国特色社会主义进入新时代，脱贫攻坚战的胜利、区域性整体贫困的解决、绝对贫困的消除、全面建成小康社会目标的实现，人民生活水平实现历史性跨越。

百年党史充分证明，人民就是我们党执政的最大底气。“江山就是人民，人民就是江山。”习近平总书记深刻指出，“人民是共和国的坚实根基，人民是我们执政的最大底气。”学习党史，自己更加深刻

感受到，中国共产党成立100年来，战胜各种艰难险阻，不断从胜利走向胜利，究其根本，就在于我们党始终坚持人民主体地位，始终尊重人民首创精神，始终倾听人民呼声，始终依靠人民创造历史伟业。可以说，世界上没有哪一个政党、哪一种政治力量，能像中国共产党这样对人民的主体地位的认识如此深刻，能把群众观点、群众路线、群众工作的理论与实践发展得如此系统完备。正因为如此，我们党把党同群众的关系问题看作根本政治问题。事实证明，党与人民风雨同舟、生死与共，始终保持血肉联系，是党战胜一切困难和风险的根本保证。正因为有人民之"源"，中国共产党才能够永葆青春活力；正因为有人民之"本"，中国共产党才终成参天大树。人民就始终是中国共产党执政的最大底气，是我们党和国家的坚实根基，是我们强党兴国的根本所在。

## 在新征程上，始终保持马克思主义政党的鲜明本色，在新时代人大工作中更好做到初心如磐、使命在肩

百年征程波澜壮阔，百年初心历久弥坚。我们党走过的历程，也是人民代表大会制度从雏形、建立，到不断发展、完善的过程。不忘初心、牢记使命，是加强党的建设的永恒课题和全体党员、干部的终身课题，也是加强新时代人大工作的永恒课题。我们一定要从党的历史、人民代表大会制度的历史中汲取智慧和力量，把新时代人大工作与新时代党的历史使命紧密联系起来，在百年党史的深入学习中更加发奋做好人大工作，在党的领导下，为创造新的历史辉煌凝心聚力。

*要在坚持和完善人民代表大会制度中坚定制度自信。*在党史和人民代表大会制度史的学习中，自己深刻领会习近平总书记的重要讲话："在中国实行人民代表大会制度，是中国人民在人类政治制度史上的伟大创造，是深刻总结近代以后中国政治生活惨痛教训得出的基本结论，是中国社会100多年激越变革、激荡发展的历史结果，是中国人民翻身作主、掌握自己命运的必然选择。"从国内革命战争时期的苏维埃代表大会，到抗日战争时期陕甘宁边区的参议会制度，到1949年具有临时宪法地位的《中国人民政治协商会议共同纲领》宣告新中国实行人民代表大会制度，再到党的十八大以来习近平总书记关于坚持和完善人民代表大会制度重要思想的形成，本身就是我们党不断推进理论创新和实践创新、人民代表大会制度不断发展完善的过程，彰显了中国特色社会主义民主政治的显著优势。可以说，把党的主张上升为人民的共同意志，确保党的决策部署在国家和社会生活中得到全面贯彻落实，是新时代赋予人大工作的光荣任务。在新的历史时期，我们一定要深入学习贯彻习近平法治思想和习近平总书记关于坚持和完善人民代表大会制度的重要思想，坚持党的领导、人民当家作主、依法治国有机统一，进一步坚持和完善人民代表大会制度，进一步坚定对中国特色社会主义制度的自信、对中国特色社会主义政治制度的自信、对人民代表大会制度的自信。

*要在密切同人大代表和人民群众的联系中践行党的初心、人民代表大会制度的初心。*人民是历史的创造者，是真正的英雄。习近平总书记深刻指出，群众路线是我们党的生命线和根本工作路线。人民代表大会制度之所以具有强大的生命力和显著优越性，关键在于它深深植根于人民之中。我们一定要按照习近平总书记要求，始终站在人民的立场上考虑问题、提出建议、行使职权。要强化公仆意识和为民情怀，立足本职岗位，把加强同人大代表和人民群众密切联系作为做好人大工作的基本要求，更加重视深入基层开展调查研究，更加重视通过各种途径了解人民群众对人大工作的意见和要求、批评和建议，永远保持同人民群众的血肉联系。要认真落实好栗战书委员长和全国人大常委会党组对联系代表工作的要求，切实加强与全国人大代表的直接联系，更好察民情、接地气，更好坚持人民主体地位，明确地回答好我是谁、为了谁、依靠谁，进一步强化党的宗旨意识，更好践行党的初心和使命。

*要在围绕党和国家工作大局履职尽责中勇扛责任、担当使命。*使命呼唤担当，使命引领未来。中国特色社会主义进入新时代，对新时代人大工作赋予新任务、提出新要求，也赋予我们新的使命。栗战书委员长在今年的全国人大常委会工作报告中坚定表示，"只要党、国家和人民需要，人大就将毫不犹豫站到一线进行法律的、政治的、外交的斗争，伸出肩膀扛起应尽的政治责任"，这就是新时代人大的责任与担当。我们要从党的百年历史中汲取前进的勇气和力量，紧紧围绕党和国家工作大局依法行使职权，全面推进新时代人大工作，创造性开展工作，把初心使命融入建设社会主义现代化国家的伟大实践中，更好担负起新时代赋予人大的光荣使命。

# 不断发展全过程人民民主
# 推动人民代表大会制度和人大工作与时俱进

曹建明

在"两个一百年"的历史交汇点，党中央专门召开人大工作会议，总结人民代表大会制度的光辉历史、重大成就和重要经验，明确新时代人大工作的历史使命和任务要求，这在我们党和国家历史上都是第一次，具有里程碑意义，充分体现了以习近平同志为核心的党中央对坚持和完善人民代表大会制度的高度重视，鲜明体现了党中央将新时代人大工作摆在巩固中国特色社会主义制度战略全局重要位置的深刻考虑，和对新时代更好发挥人民代表大会制度优势的殷切期望。

人民代表大会制度是我们党百年奋斗所取得的重大制度成果，是中国特色社会主义制度的重要组成部分。习近平总书记的重要讲话，站在中华民族伟大复兴的战略高度，贯通历史和现实、国际和国内、理论和实践，回顾人民代表大会成立以来的光辉历程，以全新视野精辟阐述党的十八大以来党领导人大工作的新理念新思想新要求，深刻指明新时代加强和改进人大工作的重大意义、历史使命和总体要求，科学回答了新时代坚持和完善人民代表大会制度一系列重大理论问题和实践问题，高瞻远瞩、言简意赅、博大精深，集中体现了我们党对坚持和完善人民代表大会制度的最新认识、最新发展和最新成果，是习近平新时代中国特色社会主义思想的重要组成部分，是引领人大工作守正创新、笃行致远的强大思想武器，是马克思主义国家学说和民主法治理论中国化时代化的纲领性文献。

党的十八大以来，人大工作取得历史性成就，关键在于习近平总书记举旗定向、掌舵领航。在以习近平同志为核心的党中央坚强领导下，全国人大常委会和地方人大常委会坚持以习近平新时代中国特色社会主义思想为指导，深入学习贯彻习近平法治思想、习近平总书记关于坚持和完善人民代表大会制度的重要思想，全面贯彻落实党中央重大决策部署，坚持党的领导、人民当家作主、依法治国有机统一，坚决做到"两个维护"，依法履职尽责，积极担当作为，特别是，坚持旗帜鲜明讲政治，毫不动摇坚持党对人大工作的全面领导，牢牢把握人大工作正确方向；坚持以宪法为根本遵循，加强宪法法律实施和监督，充分发挥在全面依法治国中的重要作用，不断完善国家制度和国家治理体系建设；坚持紧扣党和国家工作大局履职尽责，加快完善中国特色社会主义法治体系，以高质量立法助力经济社会发展和改革攻坚任务；坚持以人民为中心，支持和保障代表依法履职，更好发挥人民代表大会制度在人民民主中的重要作用；坚持把党的政治建设摆在首位，坚持不懈加强人大自身建设，不断提高依法履职的能力和水平。人大工作和建设取得跨越式发展，人民代表大会制度更加健全完善，社会主义民主政治建设迈出重大步伐。

*一要坚持以习近平总书记关于坚持和完善人民代表大会制度的重要思想统筹和指导人大工作。*党的十八大以来，以习近平同志为核心的党中央高度重视国家根本政治制度建设，全面加强党对人大工作的领导。自2015年起，习近平总书记每年主持中央政治局常委会听取全国人大常委会党组工作汇报，对人大工作和人民代表大会制度建设作出一系列重要指示；习近平总书记还先后在现行宪法公布施行30周年、全国人民代表大会成立60周年、中国共产党成立95周年、改革开放40周年、中华人民共和国成立70周年、中国共产党成立100周年、每年全国"两会"等多个重要会议、重要场合，就民主政治建设、法治建设、人大制度和人大工作发表一系列重要论述，形成了习近平总书记关于坚持和完善人民代表大会制度的重要思想。在这次中央人大工作会议上，习近平总书记又用"六个必须坚持"对这一重要思想作了新的高度概括，科学阐述了人民代表大会制度作为国家根本政治制度的历史必然、本质特征、特点优势和实践要求，深刻回答了坚持和完善人民代表大会制度、加强新时代人大工作的方向性、根本性、全局性一系列重大问题，并赋予人民代表大会制度新的时代内涵，既富有恢弘的历史纵深感，又深刻体现了强烈的道路自信、理论自信、制度自信；既全面深化了人民代表大会制度的理论创新和实践创新，又对新时代人大工作作出了

前瞻性擘画和战略性安排，开辟了中国特色社会主义民主政治正确道路的新境界，具有很强的政治性、思想性、理论性、指导性，是我们做好新时代人大工作的“纲”和“魂”。我们一定要把学习贯彻习近平总书记关于坚持和完善人民代表大会制度的重要思想作为“必修课”和基本功，在学懂弄通做实上下功夫，不断提高运用党的创新理论指导实践的能力，推进新时代人大工作高质量发展。

二要坚持党的全面领导，更加坚定人民代表大会制度自信，坚定不移走中国特色社会主义政治发展道路，不断巩固和发展社会主义民主政治的特色和优势。习近平总书记在讲话中鲜明指出，坚持宪法确定的中国共产党领导地位不动摇，坚持宪法确定的人民民主专政的国体和人民代表大会制度的政体不动摇。习近平总书记论述人民代表大会制度，不是就人大制度讲人大制度，而是贯通历史和现实、国际和国内、理论和实践，从完善和发展中国特色社会主义制度的战略高度，通过讲人民政权创建和新型政治制度探索，讲中国的国体和政体，讲国家根本政治制度和世界全新政治制度，讲保证人民当家作主制度体系和国家政治生活、国家治理体系，深刻阐述毫不动摇坚持中国特色社会主义政治发展道路和中国特色社会主义制度，正如栗战书委员长在总结讲话中所指出的，“体现了高远的战略思维和深邃的政治考量”。人民代表大会制度是坚持党的领导、人民当家作主、依法治国有机统一的根本政治制度安排，学习习近平总书记重要讲话，我们首先就要准确把握习近平总书记关于人民代表大会制度作为国家根本政治制度的定位和要求。习近平总书记深刻指出，“制度优势是一个国家赢得战略主动的重要优势”，“人民代表大会制度是党领导国家政权机关的重要制度载体，也是党在国家政权中充分发挥民主、贯彻群众路线的重要实现形式”。习近平总书记的重要讲话，不仅进一步明确了人民代表大会制度的根本政治定位、根本政治方向和根本政治使命，而且进一步明确了人民代表大会制度在国家制度和国家治理体系中的新职能、新任务。特别是，坚持党的全面领导，是人民代表大会制度本质特征和政治优势的集中体现，也是做好人大工作的首要政治原则和根本政治保证。我们必须始终保持理论上的清醒和政治上的坚定，必须厘清中国人大制度与西方议会制度的本质区别，必须坚持党对人大工作的全面领导，坚定不移走中国特色社会主义政治发展道路，要毫不动摇坚持宪法确定的中国共产党领导地位，切实增强“四个意识”、坚定“四个自信”、做到“两个维护”，自觉向习近平总书记看齐、向以习近平同志为核心的党中央看齐、向党的理论和路线方针政策看齐、向党中央的决策部署看齐，始终在政治立场、政治方向、政治原则、政治道路上同党中央保持高度一致，并通过人民代表大会制度，确保党的理论、路线、方针政策和决策部署在国家工作中得到全面贯彻和有效执行，确保党的主张通过法定程序成为国家意志，确保党领导人民依法有效治理国家。

三要发展好完善好全过程人民民主，充分发挥人民代表大会的主渠道作用，坚持用制度体系保证人民当家作主。人民当家作主，是中国共产党矢志不渝的奋斗目标。人民民主制度，是中国共产党的伟大政治创造。习近平总书记在上海长宁区虹桥街道古北市民中心考察全国人大常委会法工委基层立法联系点时首次提出了“人民民主是一种全过程的民主”的精辟论断；在建党100周年庆祝大会上鲜明提出“发展全过程人民民主”；在这次会议上，又明确提出“发展更加广泛、更加充分、更加健全的全过程人民民主”，并用相当篇幅，对民主、人民民主、民主政治发展规律、中国特色社会主义民主作了全面深刻阐述，鲜明提出了“八个能否”“四个要看、四个更要看”的标准和坚持人民民主的“五个基本观点”，使我们对西方民主有了更加清醒深刻认识，对习近平总书记提出的“全过程人民民主”“中国民主”的重大理念有了更加深刻认识和准确把握。发展全过程人民民主，是习近平总书记对中国特色社会主义民主理论与实践的全新表述和重大创新，为坚持和完善人民代表大会制度这一根本政治制度赋予了更深厚的社会主义民主价值取向和本质特征。与西方民主形成鲜明对比，全过程人民民主，最能反映人民意愿，最能代表人民根本利益，最能反映人民当家作主地位，也最能体现我们党领导人民发展社会主义民主政治的伟大实践，彰显了中国特色社会主义民主政治的鲜明特色和独特优势。在新时代，发展全过程人民民主，就要求我们必须把坚持人民的主体地位作为根本政治立场，把实现好维护好发展好最广大人民的根本利益作为根本标准。人民代表大会制度是发展全过程人民民主、加强人民当家作主制度保障的重要途径和最高实现形式。人民是国家的主人，国家的一切权力属于人民。我国共有260多万名五级人大代表，他们是坚持和完善人民代表大会制度的中坚力量，也是发展全过程人民民主的重要推动力量。我们一定要按照习近平总书记、党中央的要求，充分认识人大行使国家权力与人民当家作主的根本一致性、内在统一性，坚持人民在国家治理中的主体地位，坚持把立法和监督作为全过程人民民主的重要实践，充分发挥好人民代表大会的主渠道作用，将人民民主原则落实在人民代表大会制度运行的全过程和各方面，最大限度实现过程民主和成果民主、程序民主和实质民主、直接民主和间接民主、人民民主与国家意志的有机统一，支持和保证人民通过人民代表大会行使国家权力，全过程、全方位地实现人民当家作主，为中华民族伟大复兴提供最广泛、最可靠、最牢固的群众基础和力量源泉。

*四要坚持全面依法治国，更好发挥人大在全面依法治国中的重要作用，推进国家治理体系和治理能力现代化。*人大及其常委会是立法机关，也是法律实施监督机关，在全面依法治国中承担重要使命。习近平总书记要求我们，依照宪法法律推进国家各项事业和各项工作，实现国家各项工作法治化。我们要深刻认识习近平总书记、党中央对全面依法治国作出的重要部署，需要人大行使立法、监督等职权保障落实，全面贯彻好、落实好习近平总书记对我们提出的六项重点任务。我们要紧紧围绕统筹推进“五位一体”总体布局、协调推进“四个全面”战略布局谋划立法工作。特别是，统筹推进国内法治和涉外法治，统筹发展和安全，加快完善中国特色社会主义法律体系，立足新发展阶段、完整准确全面贯彻新发展理念、构建新发展格局，推动高质量发展的立法，健全国家治理急需、满足人民日益增长的美好生活需要必备的法律制度，加强重点领域、新兴领域、涉外领域立法，更好发挥法治固根本、稳预期、利长远的重要作用。我们还要落实好习近平总书记要求，加强宪法法律实施和监督，坚持正确监督、有效监督、依法监督，既监督有力，又帮助把工作做好，把各方面监督做得更扎实，推动党中央决策部署落到实处，推动宪法法律有效实施，更好发挥人大监督在党和国家监督体系中的重要作用。

*五要努力按照习近平总书记提出的“四个机关”要求，全面加强人大自身建设，充分发挥人民代表大会制度的优势和功效。*习近平总书记在这次会议上明确提出，要强化政治机关意识，加强人大自身建设，成为自觉坚持中国共产党领导的政治机关、保证人民当家作主的国家权力机关、全面担负宪法法律赋予的各项职责的工作机关、始终同人民群众保持密切联系的代表机关，为加强各级人大及其常委会自身建设指明了方向。我们要认真落实习近平总书记的重要指示精神，自觉把党的政治建设摆在首位，强化理论武装，不断提高政治判断力、政治领悟力、政治执行力，严守政治纪律和政治规矩，努力做到政治坚定、服务人民、尊崇法治、发扬民主、勤勉尽责。我们要坚持以人民为中心，畅通社情民意表达和反映渠道，深入实际摸清实情，号准人民群众的脉搏，在工作中切实关注和推动解决人民群众最现实、最关心、最直接的利益问题。我们要持续不断地加强能力建设，提高履职水平，进一步增强法治观念，自觉做法治中国建设的坚定维护者、忠诚实践者和有力推动者，不断提高运用法治思维和法治方式开展工作、解决问题的能力。我们还要对标习近平总书记对人大工作提出的新任务新要求，看到人大的组织制度、工作机制、工作方式等方面还存在一些不相适应的问题，充分吸收人民代表大会制度实践的新经验、新成果，不断完善人民代表大会及其常委会运行的制度机制，坚持民主集中制原则，健全人大组织制度、选举制度和议事规则，完善论证、评估、评议等制度，完善人大代表工作各项制度，推动人民代表大会制度更加成熟、更加定型，推动新时代人大工作与时俱进、完善发展。

我们一定要认真学习、深刻领会、全面贯彻习近平总书记重要讲话精神，把思想和行动统一到习近平总书记重要讲话和会议精神上来，增强“四个意识”、坚定“四个自信”、做到“两个维护”，以高度的责任心、强烈的使命感和永不懈怠的精神状态把习近平总书记重要讲话和会议精神贯彻落实到人大工作的方方面面，坚定坚持党的领导、人民当家作主、依法治国有机统一，把人民代表大会制度坚持好、把人大工作发展好，为全面建设社会主义现代化国家的第二个百年奋斗目标、实现中华民族伟大复兴的中国梦作出新贡献。

# 在海南调研人民法院知识产权审判工作情况座谈会上的讲话

（2021 年 5 月 11 日）

曹建明

我们全国人大常委会调研组这次到海南调研，有两项重要内容，其中一项是人民法院知识产权审判工作的专题调研。根据全国人大常委会监督工作计划安排，今年 10 月，全国人大常委会将听取和审议最高人民法院关于人民法院知识产权审判工作情况的报告。全国人大常委会十分重视知识产权保护工作，党的十八大以来，全面贯彻落实习近平总书记关于知识产权保护工作重要指示和党中央决策部署，多次修改商标法、著作权法、专利法、反不正当竞争法等知识产权相关法律，并对专利等知识产权案件诉讼程序作出特别规定；特别是，自 2019 年起，连续三年将“加强知识产权司法保护”作为重点督办建议；在北京、上海、广州设立知识产权法院之后，全国人大常委会又于去年 12 月专门通过《关于设立海南自由贸易港知识产权法院的决定》，推动知识产权司法保护工作取得新进展。

最高人民法院高度重视知识产权审判工作，今年又下发了两个重要文件，一是 2021—2025 年人民法院知识产权保护规划，二是关于人民法院为海南自由贸易港建设提供司法服务和保障的意见，对加大知识产权司法保护力度作出专门规定。刚才，海南省高级人民法院就全省法院知识产权审判工作情况作了全面汇报，7 位领导同志、专家、律师等作了补充发言，讲得都很好，特别是，还提出了很好的意见和建议，对我们形成高质量的调研报告很有帮助。从大家汇报和提供的书面材料看，海南三级法院坚持以习近平新时代中国特色社会主义思想为指导，认真贯彻落实党中央重大决策和最高人民法院工作部署，积极推进知识产权审判领域改革，依法行使审判职权，充分发挥知识产权司法保护职能作用，为海南全面深化改革开放和自由贸易港建设提供有力的司法服务和保障，各项工作取得明显成效。特别是海南自贸港知识产权法院刚成立不久，就于 4 月 26 日第 21 个世界知识产权日公开开庭审理了有关植物新品种侵权纠纷案，很有意义，充分体现了海南知识产权审判队伍良好的精神面貌和专业能力素质。

下面，我讲几点想法，与同志们交流。

## 一、深刻认识加强知识产权司法保护的重大意义

创新是引领发展的第一动力，保护知识产权就是保护创新。习近平总书记在主持中央政治局第二十五次集体学习时强调，知识产权保护工作关系国家治理体系和治理能力现代化，关系高质量发展，关系人民生活幸福，关系国家对外开放大局，关系国家安全。2018 年以来，人民法院年均审结各类知识产权案件近 44 万件，年均增长 21.33%。我们要以习近平法治思想为指导，认真学习贯彻习近平总书记关于加强知识产权保护工作的重要讲话精神，从国家战略高度和新发展阶段出发，深刻认识创新在我国现代化建设全局中的核心地位，深刻认识知识产权保护工作的时代内涵和战略意义，切实增强知识产权司法保护的责任感使命感紧迫感，切实发挥知识产权审判激励创新创造、维护公平竞争、促进文化繁荣的重要作用。我们既要坚持依法平等保护不同所有制经济主体和中外当事人合法权益，服务更高水平对外开放，持续优化营商环境；又要依法维护知识产权领域的国家安全，合理扩大我国法院涉外知识产权案件管辖权，加强我国自主知识产权域外保护，推进我国知识产权有关法律规定域外适用，完善跨境司法执法协作，更好运用知识产权司法保护推动开展国际合作和竞争，为贯彻新发展理念、构建新发展格局、推动高质量发展提供有力司法服务和保障。

## 二、准确把握知识产权审判工作面临的新形势新任务

当前，世界面临百年未有之大变局，我国开启

全面建设社会主义现代化国家新征程，知识产权保护工作面临着前所未有的复杂形势和严峻挑战。一是，从国际发展环境变化来看，科技创新已成为大国角力的重要筹码，西方国家频频利用核心技术打压中国，我国在诸多领域面临着“卡脖子”问题，迫切需要进一步加强知识产权保护，用好知识产权这一有力斗争武器，更好服务创新驱动发展和科技自立自强。二是，从科技发展态势来看，新一轮科技革命和产业革命加速演进、深化发展，推动知识产权创造速度不断加快，同时也带来了传统和非传统安全、社会伦理等问题，对知识产权保护工作提出了一系列新挑战，需要我们全面研判、准确应对。三是，从知识产权审判工作情况看，近年来，知识产权案件也出现新变化，涉核心技术和大数据、人工智能、基因技术等新领域新业态的案件逐步增加，国内与国外诉讼交织越来越密切，对深化知识产权审判领域改革创新提出了新要求。我们一定要按照习近平总书记要求，准确把握知识产权审判工作面临的新形势新任务，更加自觉站在“两个大局”的高度，坚持以我为主、人民利益至上、公正合理保护的原则，全面加强知识产权司法保护，特别是，加大对新兴产业、重点领域、种源等知识产权保护力度，加强人工智能、大数据、物联网等新业态新领域创新成果的知识产权保护，加强数字经济领域知识产权相关法律与反垄断、公平竞争相关法律的适用与衔接，加大知识产权侵权惩治和刑事打击力度，全面落实惩罚性赔偿制度，强化知识产权全链条保护，把总书记、党中央关于实行严格的知识产权保护制度要求落实好。

## 三、深入推进知识产权审判领域改革各项举措

2017 年 11 月，中央全面深化改革领导小组审议通过《关于加强知识产权审判领域改革创新若干问题的意见》。2020 年 11 月 30 日，中央政治局以“加强我国知识产权保护工作”为题进行集体学习，总书记作了十分重要的讲话，并对深化知识产权审判领域改革创新、健全知识产权诉讼制度提出明确要求，为深化知识产权审判领域改革创新指明了方向，我们一定要深入贯彻落实好。特别是，如何加强知识产权专业化审判体系建设，总结好海南自由贸易港知识产权法院设立和运行的经验，坚决破除制约知识产权司法保护的深层次体制机制障碍；如何更好发挥集中管辖优势，优化审判资源配置、统一案件裁判标准；如何坚持问题导向，着力破解知识产权司法保护“举证难、周期长、成本高、赔偿低”等问题，建立符合知识产权案件特点的诉讼证据规则，健全知识产权诉讼制度；如何深化“分调裁审”机制改革，推进案件繁简分流，支持知识产权纠纷多渠道化解；如何充分运用智慧法院建设成果，强化人工智能、大数据在知识产权审判领域的深度应用，推动知识产权司法保护线上线下融合发展；如何稳步推进刑事、民事和行政“三合一”审判工作，积极研究符合知识产权审判规律的特别程序规定，加强知识产权全方位综合性司法保护。与北京、上海、广州知识产权法院只受理知识产权民事、行政案件的管辖模式不同的是，海南自贸港知识产权法院实行“三合一”模式。希望海南自贸港知识产权法院积极探索“三合一”改革，建立与之相适应的案件管辖制度和审判组织，率先推进知识产权专业化审判体系和审判能力现代化建设，更好实现三种不同诉讼的有效衔接，缓解不同判决的冲突，同时进一步加强与公安、检察及行政执法部门的沟通衔接，提升知识产权司法保护机制的整体效能。在大家的发言中，大家也介绍了海南的新经验、新特点，提出了许多很好的意见和建议，我们会带回去认真研究。也希望大家始终把政治建设摆在首位，认真开展政法队伍教育整顿，重视知识产权审判人才队伍建设，努力建设一支忠诚干净担当的高素质知识产权审判队伍。衷心希望海南知识产权审判工作特别是海南自贸港知识产权法院成为新时代全国知识产权审判领域改革创新的新标杆。

## 四、着力提高知识产权保护工作法治化水平，构建知识产权大保护工作格局

习近平总书记突出强调，提高知识产权工作法治化水平。知识产权保护是一个系统工程，覆盖领域广，涉及方面多，要综合运用法律、行政、经济、技术、社会治理等多种手段，加强协同配合，构建知识产权大保护工作格局，有许多工作需要我们共同进一步落实好。特别是，我们如何正确贯彻实施民法典，完善知识产权领域法律法规，完善民事司法保护，增强法律之间的协同性；如何完善刑事法律和司法解释，坚决打击假冒侵权行为，坚决依法惩处侵犯合法权益特别是侵犯知识产权行为；如何强化

知识产权全链条保护，推动知识产权行政执法标准与司法裁判标准相统一，完善行政执法与司法衔接机制，实现行政执法和司法保护协同推进，推动建立知识产权保护长效机制；如何发挥典型案件的示范作用，推动构建知识产权信用体系，防止滥用知识产权、中介服务失信，依法惩治虚假诉讼和恶意诉讼行为。要加强人大监督，适时开展知识产权执法检查、听取专项工作报告。要调动行业协会、商会、代理行业、志愿者等多方社会力量参与治理。要加强知识产权保护宣传教育，增强全社会尊重和保护知识产权的意识。

同志们！党的十九届五中全会提出："坚持创新在我国现代化建设全局中的核心地位，把科技自立自强作为国家发展的战略支撑"。进入新发展阶段，知识产权保护在经济社会发展中的作用更加凸显。我们要从国家战略和新发展阶段要求出发，全面加强知识产权保护工作，推动知识产权审判工作不断迈上新台阶，为实施知识产权强国战略作出贡献，为实现"十四五"规划和2035年远景目标开好局，起好步。

海南省委、省人大对我们这次调研非常重视，作了周密部署和精心安排。大家为今天的座谈会作了认真准备，提供了详实材料，我们带回去认真研究。向同志们表示诚挚的感谢。

# 学习领会总书记重要讲话精神<br>推进新时代人大工作高质量发展

张春贤

党中央召开人大工作会议，在我党历史上尚属首次。以党中央名义印发关于人大工作的全面性综合性文件，在党的历史上也是首次。这两个"首次"，充分体现了以习近平同志为核心的党中央对人大工作的高度重视，也充分说明人大制度和人民代表大会在国家制度、治理体系中的重要地位和作用。对我们从事人大工作的同志来说，深感振奋和鼓舞，也深感责任重大。

习近平总书记在中央人大工作会议上发表了重要讲话。讲话思想深刻、内涵丰富，是坚持和完善人民代表大会制度、做好新时代人大工作、推进中国特色社会主义民主政治建设的纲领性文献。我们要深入学习领会，抓好贯彻落实，推进新时代人大工作高质量发展。

## 一、习近平总书记的重要讲话是对马克思主义国家学说的最新贡献

马克思主义国家学说是科学社会主义理论的重要组成部分。列宁在《国家与革命》中对国家的起源、作用、替代乃至消亡等基本要素，都进行了深刻分析。30年前，苏联政权轰然崩塌，给社会主义民主政治建设敲响警钟。而习近平新时代中国特色社会主义思想，总书记关于坚持和完善人大制度的重要思想，是新时代对马克思主义国家学说的重要贡献。

人民代表大会制度是把马克思主义基本原理同中国具体实际相结合的伟大创造。中国共产党成立以来，持续探索新社会的国家应该怎样治理？到底什么样的政治形式才能够最有效地保障人民民主。习近平总书记在讲话中，精准把握了人民代表大会制度的发展脉络，展现了人大制度在探索中逐渐形成，在坚持中日臻完善，在完善中走向成熟的历程。阐明了这是符合中国国情和实际、体现社会主义国家性质的好制度。

人民代表大会制度是国家治理体系和治理能力现代化的重要支撑。人民代表大会制度是我国的根本政治制度。习近平总书记的重要讲话，从完善和发展中国特色社会主义制度、推进国家治理体系和治理能力现代化的战略高度，全面总结、系统阐释我国人民代表大会制度的显著优势，明确提出新时代加强和改进人大工作的指导思想、重大原则，深刻阐明了人大制度的重要作用、发展方向和使命任务，明确了以什么样的思路来谋划和推进中国社会主义民主政治建设，丰富和发展了当代中国的马克思主义国家学说，在国家政治生活中具有管根本、管全局、管长远的重要作用，极大增强和坚定了"四个自信"。

人民代表大会制度的组织活动原则是民主集

中制。民主集中制是从我们党的制度引用延伸到国家的制度,是由宪法规定的国家机构实行的原则。人民代表大会统一行使国家权力,坚持民主基础上的集中和集中指导下的民主相结合,充分发扬民主,集体行使职权,保证了国家机构之间以及国家机构内部的统一组织和高效运转,保证了国家政治生活既充满活力又安定有序。

## 二、习近平总书记的重要讲话是人民民主政权建设的根本遵循

习近平总书记在讲话中,用"六个必须"精辟概括了人民代表大会制度的主要特征,并提出六个方面重要工作,对坚持和完善人大制度、进行人民政权建设提出了系统要求。我理解,关键是坚持党的领导、人民当家作主、依法治国有机统一。

中国共产党领导是中国特色社会主义最本质的特征。1949 年,毛主席在《论人民民主专政》中回首 28 年革命史、展望新中国建设提出,"总结我们的经验,集中到一点,就是工人阶级(经过共产党)领导的以工农联盟为基础的人民民主专政。"在讲到"工人阶级领导"的时候,专门在中间加了一个括号,明确要"经过共产党"。人民代表大会制度是在党的领导下探索和创造的,是党行使领导权和执政权的重要制度载体。新时代坚持和完善人大制度、加强和改进人大工作,也必须在党的领导下进行。

人民民主是社会主义的生命。习近平总书记深刻阐述了我们党关于民主的立场、理念、观点和做法,在强调"八个能否"标准的基础上,创造性地提出了坚持人民民主的"四个要看、四个更要看"和"五个基本观点",第一次比较系统地论述了全过程人民民主,对发展人民当家作主、跳出"历史周期率"具有重要理论和实践意义。9 月 21 日,习近平总书记在联合国大会一般性辩论时强调"民主不是哪个国家的专利,是各国人民的权利。"民主权利是普遍的,但各国的民主实现形式和真实水平千差万别。要想使民主不变成一句空话,就必须有"完整的制度程序"和"完整的参与实践",必须深入践行全过程人民民主,保证人民"既形式上有权,也实际上有权。"

法治是治国理政的基本方式。人大拥有宪法规定的立法权、监督权等重要职权,对于厉行法治和全面依法治国具有不可替代的作用。党的十八大以来,中央将全面依法治国纳入"四个全面"战略布局,形成习近平法治思想,提出 11 个坚持。习近平总书记在中央人大工作会议上的重要讲话,是全面推进依法治国的最新部署,是保证党和国家长治久安的重要方略。

## 三、习近平总书记的重要讲话是新时代加强和改进人大工作的科学指南

习近平总书记在讲话中,对人大工作提出了明确要求。我们要坚持以习近平新时代中国特色社会主义思想为指导,深入学习贯彻习近平法治思想、习近平总书记关于坚持和完善人民代表大会制度的重要思想,结合人大工作和自身实践,认真抓好贯彻落实。

一是提高立法质量和监督实效,深化依法治国实践

要坚持以习近平法治思想为指导,在确保质量的前提下加快立法步伐,推进国家安全、防范风险、科技创新、民生保障、公共卫生、生态文明、涉外法治等重点领域立法,以及数字经济、人工智能、大数据等新兴领域立法,补齐长期存在的短板,解决新形势下的新问题,完善中国特色社会主义法律体系。

要统筹运用执法检查、专项报告、专题调研、专题询问等多种监督方式,增强人大监督的针对性、实效性和系统性,促进法律全面有效实施,促进"一府一委两院"改进工作,不断解决好人民最关心最直接最现实的利益问题。

二是尊重代表主体地位,发挥人大主要民主渠道作用

全国五级人大代表共 260 多万人,组成各级人民代表大会,对于实现人民当家作主具有不可替代的作用。本届全国人大已经召开四次会议,共收到议案 1795 件,建议 33000 多件,并且件件有回音、有反馈。这些议案和建议,推动了通过立法修法形成新的顶层设计,推动了国家机关完善政策、改进工作,推动解决了人民群众普遍关心的重点难点热点问题。这就是广泛的、真实有效的"中国式民主"。

要落实总书记的重要讲话精神,加强同人大代表和人民群众的联系,把人大制度和人大工作深深植根于人民之中,不断巩固提升其强大生命力和显著优越性。

三是加强自身建设,提升履职尽责的能力水平

要以党的政治建设为统领,不断增强“四个意识”、坚定“四个自信”、做到“两个维护”。要加强“四个机关”建设,通过人大制度保证党的路线方针政策和决策部署在国家工作中得到全面贯彻和有效执行,善于使党的主张经过法定程序成为国家意志、成为全社会一体遵行的准则。

党中央印发了首个关于人大工作的全面性综合性文件。这个文件承载着全国各级人大的广泛关注、热切期盼,全国人大也多次深入调研、反复征求意见。文件对新形势下新问题的规定具有突破性,解决了不少过去长期想解决而未能解决的难题,相信对各级人大工作都会有一个极大的促进和加强。

要深入学习贯彻习近平总书记的重要讲话,以落实文件精神为契机,坚持和完善人大制度,加强和改进人大工作,切实履行宪法法律赋予的职责,充分发挥“伟大功效”,为人民幸福、民族复兴付出更大努力。

# 中国共产党的百年奋斗铸就了我们的坚定和自信
## ——关于“四个自信”的学习与思考(一)

(2021年4月20日)

吉炳轩

今年7月1日,是中国共产党百年诞辰。100年曲折艰辛,100年风雨沧桑,100年艰苦奋斗,100年地覆天翻。中国共产党100年,中华大地100年,中国人民100年,可述可记、可歌可泣、可颂可赞的事情数不胜数。100年时间,从一个积贫积弱的、穷困落后的、半封建半殖民地的国家,被称为“东亚病夫”、被列强任意侵掠凌辱的国家,而摆脱了贫困,走上了富强,迈向了伟大复兴的康庄大道,在人类社会的发展史上,创造了无数惊人的奇迹。这是中国共产党的胜利,中国人民的胜利,是中国共产党领导下的社会主义制度的胜利,中国特色社会主义道路的胜利,马克思主义中国化的中国特色社会主义理论的胜利,也是光辉灿烂、积淀深厚的、十分优秀的中华文化的胜利,历史会继续证明下去,中国共产党所领导的制度、理论、道路和文化的优势,必将创造出更加辉煌的成就。

领导的英明正确,制度的优势优越,道路的宽广通畅,文化的优秀荣昌,都是靠实践检验出来的。一个国家实行什么样的政治制度,走什么样的社会发展道路,必须要与这个国家的国情或世情、民情和性质相适应。中国特色社会主义政治发展道路,是近代以来中国人民长期奋斗的历史逻辑、理论逻辑、实践逻辑的必然结果。中国特色社会主义政治发展道路,既有科学的指导思想,又有严谨的制度安排;既有明确的价值取向,又有有效的实现形式和可靠的推动力量。这一政治发展道路的核心思想、主体内容、基本要求都在我国的宪法中得到了确认和体现,其精神实质紧密联系、相互贯通、相互促进。事实已经充分证明,中国现行的社会主义民主政治制度具有无比强大的生命力和十分旺盛的活力,是实现中华民族复兴,实现国家富强,实现人民安康和民主、自由的最好的制度。中国特色社会主义政治发展道路符合中国国情,是保证人民当家作主的正确道路,是实现社会主义现代化、创造人民美好生活、实现中华民族伟大复兴的必由之路。中国特色社会主义理论体系是指导党和人民实现中华民族伟大复兴的正确理论,是立足时代前列,指引时代前进的理论。中国的优秀文明、先进文化是中国人民几千年来不懈奋斗的丰富积淀、思想光辉,是哺育人类的精神食粮,是世界文明百花园中的瑰宝。

中国共产党在百年的奋斗中,赶走了侵略者,推翻了腐朽统治,建立了一个由人民当家作主的新中国,开辟了中国特色社会主义的发展道路,并在伟大的革命斗争和改革建设的伟大实践中形成中国化的马克思主义,中国特色社会主义理论体系,确立了中国特色社会主义制度,并在优秀传统文化的基础上发展了中国特色社会主义的先进文化。百年奋斗、百年实践,是历史告诉我们:中国特色社会主义道路是实现中华民族伟大复兴的坚实途径,中国特色社会主义理论体系是实现中华民族伟大复兴的行动指南,中国特色社会主义制度是实现中华民族伟大复兴的根本保障,中国特色社会主义文化是实现中华民族伟大复兴的精神力量。这四个方面都是在中国特色社会主义革命、改革和建设事业的伟大实践中铸就的，这也是中国特色社会主义民主政治和经济社会发展最鲜明的特征。历史炼就真理。道路自信、理论自信、制度自信、文化自信，这四个自信是从斗争的实践中锻造出来的，也是在艰苦的磨难中洗涤出来的，更是从伟大的胜利中凝炼出来的。

中国共产党的百年奋斗史证明了：

中国特色社会主义道路是实现社会主义现代化、创造人民美好生活的必由之路，是实现中华民族伟大复兴的必由之路。这一道路，既坚持经济建设为中心，又全面推进经济、政治、文化、社会、生态文明建设以及各方面建设；既坚持四项基本原则，又坚持改革开放；既不断解放和发展生产力，又逐步实现全体人民共同富裕、促进人的全面发展。习近平总书记曾深刻指出："当代中国的伟大社会变革，不是简单延续我国历史文化的母版，不能简单套用马克思主义经典作家设想的模板，不是其他国家社会主义实践的再版，也不是国外现代化发展的翻版。"中国发展的实践已经充分证明，中国特色社会主义道路是一条既符合中国国情、又适合时代发展要求并取得巨大成功的唯一正确道路。只有这条道路而没有别的道路，能够引领中国进步、增进人民福祉、实现民族复兴。

马克思主义与中国实际紧密结合所产生的中国特色社会主义理论体系，是指导中国共产党和全中国人民实现中华民族伟大复兴的正确理论，是立足时代前沿、与时俱进的科学理论。这一理论体系是在马克思列宁主义、毛泽东思想的革命理论的基础上，在中国改革开放发展建设的伟大实践中发展创立的。这一理论体系，包括邓小平理论、"三个代表"重要思想、科学发展观、习近平新时代中国特色社会主义思想。习近平新时代中国特色社会主义思想是马克思主义中国化最新成果，也是当今时代最为生动、最为鲜活、最为管用的中国马克思主义，是实现中华民族伟大复兴的行动指南，是我们党必须长期坚持的指导思想，也是我们国家必须长期坚持的指导思想。中国特色社会主义理论体系，紧密结合中国改革发展的实际，紧密结合风云激荡、变化万千的新的时代条件，既生动而具体地坚持了马克思列宁主义、毛泽东思想，又生动而具体地发展了马克思列宁主义、毛泽东思想，赋予了马克思主义新的鲜活力量，写出了科学社会主义的新篇章。中国共产党的百年奋斗，始终坚持高举马克思主义的伟大旗帜，并从中国的实际出发，把马克思主义同中国的具体实际相结合，在革命和建设的实践中产生发展出中国化的马克思主义；始终坚持在发展的实践中产生发展的理论，用发展的理论指导发展的实践；始终坚持以中国的革命事业和改革开放、社会主义现代化建设的实际问题、以正在做的事情为中心，着眼于马克思主义理论的运用，着眼于对实际问题的理论思考，着眼于新的实践和新的发展，不断开辟马克思主义中国化的新境界。

中国特色社会主义制度是当代中国发展进步的根本制度保障，是具有明显制度优势、强大自我完善能力的先进制度。这一制度，坚持把根本政治制度、基本政治制度同法律体系、基本经济制度以及各方面体制机制等具体制度有机结合起来，坚持把国家层面民主制度同基层民主制度有机结合起来，坚持把党的领导、人民当家作主、依法治国有机结合起来，既坚持了社会主义的根本性质，又借鉴了古今中外制度建设的有益成果，实践已充分证明，这一制度符合中国国情，集中体现了中国特色社会主义的特点和优势。中国共产党人是历史唯物主义者，辩证唯物主义者，也同时清楚地知道，任何制度都不是完善无缺的、一成不变的。中国特色社会主义制度有鲜明的时代特征，是一个特色鲜明、符合实际、富有效率的优越制度，但不是尽善尽美的、完全成熟定型的。这是因为历史是发展的，时代是前进的，中国特色社会主义事业也是不断发展进步的，在改革建设的实践中，社会主义制度也在不断地进行完善。我们既毫不动摇地坚持好这一好制度，同时又在实践的基础上，进行理论创新和制度创新，不断完善现有制度，构建系统完备、科学规范、运行有序的制度体系，使各方面的制度更加成熟、更加定型。

中国特色社会主义文化积淀着中华民族最深沉的精神追求，代表着中华民族独特的精神标识，是激励全党全国各族人民奋勇前进的强大精神力量。这一文化，源自于中华民族五千多年文明历史所孕育的中华优秀传统文化，熔铸于党领导人民在革命、建设、改革中创造的革命文化和社会主义先进文化，植根于中国特色社会主义伟大实践。中国共产党将中国特色社会主义文化同中国特色社会主义道路、理论、制度一道，作为中国特色社会主义的重要组成部分，强调要坚定文化自信，充分体现了高度的文化自觉和文化担当。我们始终坚持以马克思主义为指导，推动中华优秀传统文化创造性转化、创新性发展，继承发扬光荣的革命文化，不断发展社会主义先进文化，做到不忘根本，吸收外优，面向未来，构筑起中国精神、中国价值、中国力量，为人民提供丰富多彩的、健康先进的文化食粮和健康向上的、奋发有为的精神指引。

"四个自信"是中国共产党的精神支撑、力量源泉，也是中华民族的精神支撑、力量源泉。这个自信是中华民族在中国共产党的带领下，经过长期奋斗取得的，也是经过长期实践检验的科学的产物。我们的道路自信、理论自信、制度自信、文化自信，来源于实践，来源于人民，来源于真理。坚定"四个自信"，就能毫无畏惧地面对一切困难和挑战，就能坚定不移地开辟新天地、创造新奇迹。

在党的百年诞辰之际，学习中国共产党党史，学习中国共产党的改革开放史，学习中国的近现代史，学习中国的古代史，以更宽阔的视野，进行中西方历史、文化、政治的比较，特别是对各种社会制度、发展道路和思想文化的产生发展进行深入思考，也就更加坚定了我们的道路自信、理论自信、制度自信、文化自信，为我们有英明的党的领导、光明的发展道路、科学的理论指导、优越的社会制度和先进的优秀文化而自豪。

# 挺起我们民族的脊梁
## ——关于"四个自信"的学习与思考(二)

(2021 年 4 月 22 日)

吉炳轩

党的十八大以来，习近平总书记坚持从世情、国情、民情出发，以宽阔宏大的政治胸怀、高远深邃的战略眼光和扎实深厚的理论功底、丰富渊博的知识智慧及唯实求真的严谨作风、唯物辨证地科学态度，发表了一系列重要讲话，提出了许多新的思想、新的理论、新的观念，形成了习近平新时代中国特色社会主义思想。习近平新时代中国特色社会主义思想，是马克思主义与中国实际相结合的新飞跃，是马克思主义中国化的新成果，是我们党治国理政大方略的新创造。习近平新时代中国特色社会主义思想构筑了中华民族走向伟大复兴的战略思想和战略布局，是指引和带领中华民族阔步前行的灯塔和火炬，是中国共产党人团结奋斗的理论指导和行动指南，是我们党和国家必须长期坚持的指导思想。认真学习、深入落实习近平总书记的一系列重要讲话和指示，坚持用科学的理论武装头脑、指导工作意义十分重大。

我们党之所以能够走在时代前列，引领中国进步，一个十分重要的原因，就在于能够准确把握和创造性地回答时代和实践提出的重大历史性问题，努力推进我们党的理论创新，不断用发展着的马克思主义武装头脑、指导实践、推动工作，并去开辟未来。我们的革命和建设之所以能够取得节节胜利，在艰难困苦中奋勇前行，就在于始终坚持把马克思主义的基本原理同中国的实际相结合，把科学的理论种子，根植于丰厚而优秀的中华文明之中，使其生根发芽、开花结果，生长出中国化的、实际管用的最新理论成果。"老祖宗不能丢"，但要讲新话，这就是我们的科学理论态度。毛泽东同志曾经指出："马克思主义这些老祖宗的书，必须读，他们的基本原理必须遵守"，"但是，任何国家的共产党，任何国家的思想家，都要创造新的理论，写出新的著作，产生自己的理论家，来为当前的政治服务，单靠老祖宗是不行的。"中国共产党一百年的奋斗历程，社会主义在中国 70 多年的发展道路，就是这样走过来的。

中国共产党的百年奋斗历史沧桑，中国特色社会主义建设艰难曲折，革命和建设都经历了千辛万苦，但我们都勇敢地走过来了，成因很多，但其中很重要的一条，就是依靠科学的理论来指引。也正是在这些艰难曲折中，我们正确地认识到了我国的发展还处于社会主义的初级阶段及其所面临的种种矛盾和解决这些矛盾的条件、时机、方法和手段，迈开了中国特色社会主义建设的坚实步伐，并取得了惊人的辉煌成就。也正是在这前行的道路上，我们取得这一系列独创性的中国化马克思主义理论成果，并用以指导新的伟大的实践。也正是在解放思想、实事求是、与时俱进的思想路线指引下，我们党以超凡的理论勇气和实践勇气，创造性地解决了影响我国发展的一系列重大现实问题，科学地回答了建设中国特色社会主义的一系列基本问题，走出了社会主义建设的新道路，开创了社会主义建设的新局面，在世界社会主义处于低潮的大背景下，中国特色社会主义蓬勃发展，一枝独秀。这不能不说是中国共产党的伟大，中国化马克思主义的科学和中国人民有不屈不挠的斗志与伟大的实践创造精神。

世界是矛盾的，人类的社会活动始终都是在矛盾中运动和发展变化的。问题始终是时代的声音，不论在什么时候，问题始终都是存在的，而且是不断发展变化的。每个时代都有属于它的问题，每个时代的发展进步也就是要解决好它所面临的问题。历史进步的实践一再表明，只有实事求是地认识问题，积极努力地解决问题，以发展的眼光来看待事物，用发展的办法来处理事物，这才能推动社会发展、历史进步，也才能在实践中发展出、创造出有益管用的具有时代精神的科学理论。习近平总书记的一系列重要讲话和重要指示，正是立足时代、着眼未来，坚持从实际出发，坚持问题导向，而产生出来的科学理论。这一科学理论是从我国的发展现实需要中得出来的，是从人民群众的热切期盼中得出来的，也是为推动解决我们在发展中所面临的突出矛盾和主要问题而得出来的。这一理论是实际的、管用的，所以它是科学的。

习总书记的一系列重要讲话和指示，涉及经济、政治、文化、军事、科技、外交等诸多方面，内容十分丰富，内涵十分深刻，需要认真学习，深入钻研，才能学有所得，学有所用，学有所成。这里我仅就习总书记在 2016 年"7·1"讲话中提出的文化自信问题谈点粗浅的学习体会。

习近平总书记在中国共产党成立 95 周年纪念大会上的重要讲话指出："坚持不忘初心，继续前进，就要坚持中国特色社会主义道路自信、理论自信、制度自信、文化自信，坚持党的基本路线不动摇，不断把中国特色社会主义伟大事业推向前进。"这是在先前提出的道路自信、理论自信、制度自信"三个自信"后，首次又提出了文化自信，构成了全党都要坚守的"四个自信"。习总书记鲜明地提出了我们要坚定文化自信，使"四个自信"成为一个有机整体，同时也进一步深刻地阐明了中国特色社会主义的核心内容和根基与支撑。

道路、理论、制度、文化是融为一体、互为作用的。道路自信源于我们的理论自信、制度自信和文化自信，而我们的文化自信、制度自信、理论自信又来自于我们所选择的发展道路是正确的，在这条道路上我们取得了惊人的成就。实践证明，我们的理论、制度是正确的，而我们的理论和制度又是在我们的文化根基上产生发展的。优秀而深厚的文化之根，孕育出了丰硕而优质的理论与制度成果。理论与制度也是互为作用的。理论指导制度，制度发展理论，这是相辅相成的。文化自信是至为重要的，是道路自信、理论自信、制度自信之根之基，也是魂魄和精神。正如习近平总书记在"7·1"重要讲话中所说的："文化自信，是更基础、更广泛、更深厚的自信。在 5000 多年文明发展中孕育的中华优秀传统文化，在党和人民伟大斗争中孕育的革命文化和社会主义先进文化，积淀着中华民族最深层的精神追求，代表着中华民族独特的精神标识。我们要弘扬社会主义核心价值观，弘扬以爱国主义为核心的民族精神和以改革创新为核心的时代精神，不断增强全党全国各族人民的精神力量。"

文化是传统、是根基，更是灵魂，增强文化自信至为重要。

中华民族自黄帝时期算起，已有 5000 多年的文明史。5000 多年来，中华民族历经千辛万苦，百般折磨，在风风雨雨中长盛不衰，固守着一种文化传承至今，而且仍在发展壮大，靠的是什么？靠的是这独特而优秀的文化中的伟大精神。不能不说，中华民族的文化基因是优质的，在历史长河的演进中，不但没有褪化、变质，而且愈加优秀，愈加强壮，这才能兴旺发达，结出累累硕果。习总书记在"7·1"重要讲话中提到了"5000 年文明发展中孕育的中华优秀传统文化、在党和人民伟大斗争中孕育的革命文化和社会主义先进文化"，三个历史文化概念，指出了中华文化的发生、发展和前进的方向，以及不同历史时期的文化内涵和它们一脉相承的继承发展关系。不同历史时期的文化内涵，其优良的传统，优秀的成果都要继承发扬，都是值得骄傲和自豪的。中华文化博大精深，不同的历史发展时期，都累结出了不同的优秀成果，都是极其宝贵的精神财富。中华文化的优秀品质及其丰硕成果，如果细述起来，则可以列出许多许多，非一时半会儿能数得完的。我在这里仅选其精华部分，列出几个大的方面来同大家共同进行学习。

中华文化的优质与伟大在于：

**一、根正质纯**

任何一种文化的发生发展都是有成因和条件的。中华文化同一些殖民文化、移民文化和外来传播文化不同，中华文化是从中华大地这块沃野上土生土长起来的地道的纯正文化。它的土质是肥沃的，种子是纯正的，扎根是深厚而坚实的。世界文化多种多样，但大的分类是原生文化、外来文化、殖民文化、移民文化和混合文化几种。在一些外来文化或移民、殖民文化占居主导地位的国家或地区，还保留一些原居民的土著文化，但仅仅是作为一种文化形态而受到保护，而与社会的发展进步已作用不大。在世界多元的文化中，中华文化有其十分独特的质底，这个质底就是中华文化是发生发展于亚洲东部、太平洋西岸这片广袤的完整而独特的大地上。这一地区领域广大，地形独特，地貌复杂，气候多样。整个地区西高东低，山地、高原、丘陵约占居三分之二的面积，盆地和平原约占三分之一。气候条件也十分独特，南方大热，西方大凉，北方大寒，东方大湿，中央间凉热。这样的地理和气候条件，成就了生物多样性，物产丰富性，形成了农耕文明、渔猎文明、游牧文明相统一的中华文明。这个文明既不同于单一的农耕文明或游牧文明，也不同于单一的海洋文明或内陆文明，更不同于单一的高原文明或盆地文明。这一文明是在这一独特的区域内独立产生的独创性的区域文明。中华文明鲜明的独创性、自主性是其区别于其他人类文明的标志。

**二、连续继承**

对于人类文化，学术界有“四大文明区”的说法。所谓“四大文明区”，指的是地中海文明区，主要包括埃及、巴比伦、亚述、腓尼基、希腊等；南亚次大陆文明区，主要包括印度及其周边地区；东亚文明区，主要包括中国、朝鲜、越南、日本等；中南美印第安文明区，主要包括玛雅、阿兹特克、印加等。这四大古老的文明发生区，又发展分化为多种多样的文明支流，大体有20多种。但这些早期原创的文明在发展过程中，有的消亡，有的断档，有的停滞，有的解体，有的衰败，还有的被融化兼并，而唯独只有以中华文明为主导的东亚文明区的原创文明自产生到发展至今是连绵不断、长盛不衰的。现在其他文明区的文明都已不是原有的文化形态一脉相承下来的，而是被改变了的、重新融合而成的。古埃及、古印度、古希腊文明已经中断，玛雅文明已经消失。中华文明自形成到现在，据迄今的考古发现，至少已有7000来年，即使从黄帝算起，也有5000多年，5000多年来一直能够绵延不断，连续发展，这是世界上任何一种文化都不可比拟的。这一文化现象是独一无二的。文化的连续性、继承性，不断向前发展，也充分说明了这一文化的优秀特质。它适应于这一区域人类的生存发展。人类产生文化，文化滋养人类，中华大地这块沃土产生了中华民族，中华民族造就了中华文明，他们是共生的。

**三、民族多元**

文化是民族的。任何一种文化都有其鲜明的民族特性，没有民族特色的无性文化是没有的。即使所谓多元开放的欧洲文化，北美洲、南美洲文化，其殖民、移民的文化特色是很浓厚的，而且现今是据主导地位的。在世界许多国家和地区，都能看到英民族文化，法民族文化，西班牙民族文化等，而这些文化多是通过殖民主义的占领和移民的大量涌入而形成的。在这些地区，不论是外来的还是本土的，其民族特性仍然是十分明显的。中华文化的特性尤为明显，它代表和反映的中华民族的物质生产和精神生活，其民族的特性是十分独特的。成因是，中华民族不是一个单一的民族，而是有现今的56个民族共同组成的，这是在中华文明的发生期就已经形成了的，而不是后来通过一些强制手段而传播推行的。中华民族在远古时期就是多民族的统一体。早在黄帝以前，居住在东方的称为夷人，居住在南方的称为蛮人，居住在北方西方的称为戎人狄人。黄帝时期，几大民族联盟融合，以后经2000多年发展演变，形成了华夏民族，又称中华民族，又经过3000多年的发展演变，形成了今天的56个民族的大家庭。在这个大家庭里，不同的区域，不同的文明都还保留继承了一些较为独特的文化传统，形成富有个性特点的风俗习惯，也是文化特色，如中原文化、齐鲁文化、燕赵文化、楚文化、吴越文化、岭南文化、蜀文化、草原文化、白山黑水文化等，也正是这些各具特色的文化因子，才构成了宏大气魄、多姿多彩的浩瀚而伟大的中华文化。中华文化是民族的、多样的、多元的，是56个民族共同创造和发展的优秀文化。

**四、阔大包容**

正因为中华文化是生长在中华这块多彩大地上56个民族共同创建的多元文化，所以其文化的另一个重要特质就是阔大包容。这个特质既能吸纳包容56个民族各个民族的文化并融为一体，也能十分宽厚地吸纳包容世界各国、各民族的优秀文化。中华文化的吸纳力、包容性非常强。从历史的长河中就可以看出，中华文化在数千年的发展过程中，不但与东西文化圈内的诸文化互摄互融，吸纳吞吐，而且与南亚次大陆文明区的印度文明、地中海文明区的伊斯兰文明等互摄互融，吸纳吞吐。中华文化不仅以自己的物质与精神文明成果推动了全人类的进步，同时也从异域、异质、异样的文化中汲取了丰富营养，不断给自身肌体注入新鲜血液，激发出蓬勃生机。中国与朝鲜，中国与日本，中国与印度，中国与伊朗，中国与中亚、东亚、南亚诸多地区，现在有许多文化相近、相通的东西，这都是相互学习、借鉴、融合的结果。佛教自印度传入中国，几经变化，成为了完全中国化的宗教。中国的一些文化、艺术、天文、数学、服饰、建筑，包括乐器、药材、饮食，以及农作物等，有许多就是在同其他区域民族文化的交流交融中从域外引进而融入了中华文明，并成为了中华文化的重要内容。也正是阔大包容的文化特质，才使中华文化始终充满生机与活力。

**五、求真务实**

中华大地的地形地貌和气候环境决定了农耕和游牧两大文明共生同荣，其中农耕文明历史悠久，根基十分深厚，在此基础上产生的文明成果十分丰硕，并一代一代延续下去、发展开来，构成了中华文化的内核、主轴和精气神。农耕文化最为突出的特点是适应天道、地道和人道，尊重自然规律，注重积极能动。农业耕作的基本要求是要依据四时气候和土地条件来进行辛苦劳作，只有顺天适地应人地辛勤劳作了，也才能有所收成。文化来源生产，劳动创造文明，也正是顺应自然、辛勤劳作的农耕生产，造就了中华文化中求真务实的宝贵品格。也正是这宝贵的品格进而造就了中华文化中的“大人不华，君子务实”的民族精神。一分耕耘一分收获，农业种植来不得半点虚假。“人误地一时，地误人一年”；“人哄地皮，地哄肚皮”，只有按时应令地辛勤劳作，才能从土地中得到所需要的食物。在几千年的农业种植中，使中华民族形成了脚踏实地，注重实效，讲究实际，勤于实践，一切从实际出发，说实话，办实事，唯实求真的文化传统和民族精神，也成为了文化特质，这份特质是流淌在中华民族的血液里永恒不变的。

**六、自立自强**

由于五千多年自始不变的文化传承，使中华民族在风雨洗礼中形成了自强不息、艰苦奋斗，靠自身的积极努力去克服千难万险的坚强品格。中华民族是个多灾多难的民族，由于地理环境和气候条件的影响，各种各样的自然灾害从来就没有间断过。中华地理和气候条件造就了物产的多样性和丰富性，同时也形成了各种各样的气象灾害和地质灾害。几千年来，风灾、雹灾、雨灾、水灾、地震、台风、干旱、病虫旱等多种多样的自然灾害在这块大地上从来就没有停止过。由于多民族的统一，在这个统一的过程中也有斗争，也是在斗争中统一，在统一中斗争。此外还有外敌入侵。有史以来，在这块大地上各种各样的战争、斗争也从来没有停止过。与天斗争，与地斗争，与人斗争，几千年的文明发展史，也是几千年的曲折斗争史。正是在这种不间断、不停歇的斗争中，锻造出了中华民族自强不息、勇于奋斗，不怕牺牲的宝贵品格。在自然灾害面前，在国家危亡面前，都会有一大批仁人志士挺身而出，都会有成千上万的人前赴后继，敢于牺牲，乐于奉献。一个强大的民族不畏艰险，发愤自强，靠自身的力量来战胜困难，这是一种不屈的品格、坚韧的斗志，更是伟大的精神。这种精神正是中华文化的精华。

**七、仁和诚信**

耕作居于支配地位的中华文明还有一个十分优秀的特质就是仁和诚信。中华文明的内核是以人为本，而以人为本正是植根于重农尚农的社会实践和文化环境之中的。农业生产存在与发展的前提是安居乐业，只有在安居乐业的情况下，经济才能够发展，社会才能够安宁，文化也才能够进步。反之，如果人们不能安居乐业，社会就会出现动乱。安居乐业的思想和实践使中华文化中产生出了知人、安民、仁爱、诚信的思想观念。政治上的德治、仁政，以礼治国、以德育人等观念，都是产生于这一文化之中。正因为人们需要安居乐业，所以守和、执中，温良恭俭让的思想观念及社会风尚也就随之而起并发扬光大。祈求和平，反对战争，希望天下人都能和平相处、和谐安宁，都能兴旺发达，幸福安康，这是整个中华民族世代相传的祖训国风。可以说，中华民族是个仁和守成的民族，中华文化也是仁和守成的文化，这也是由其生存发展的环境和条件所决定的。中华民族自古以来所追求的就是万物和谐共生、万邦友好安宁，国与国不相攻，家与家不相乱，四海协和，天下安宁。中国人所孜孜以求的“大同”、“小康”生活，就是这种民族心态和文化品质的表现。

**八、创新开放**

中华文化既是仁善礼义、守成协和的文化，同时也是与时俱进、创新开放的文化，守成与开放是高度统一的。多民族区域融合形成了大一统的华夏文化，这种能够海纳百川，融会贯通，形成统一的思想、统一的意志、统一的精神追求的文化，这本身就是一种开放创新，不开放不创新是难以融为一体发展前进的。中华文化的标识性符号，也是中华各民族共同推崇的文化象征——中国龙，就是文化创新的成果。中国的文字、语言、艺术、建筑许多方面都能看出文化创新的印痕，也是文化创新的成果。中国文化延续数千年至今仍然焕发出不尽的生机和活力，这都得益于与时俱进、不断创新，不断发展、不断进步。进入信息时代，中国汉字能输入西方科技发明的数字电脑，更是文化创新的成果。现在风行于世、方兴未艾的互联网中国文化及其各种表现形式，也是文化创新的具体表现。可以说，中华文化时时刻刻都在创新，中华文化就是在创新中兴旺发达的。创新同开放是统一的，是一个事物的两个方面。中华文化是独特的，有鲜明的民族性和地域性，但中华文化从不封闭保守，而是始终坚持对外开放。尽管在一些历史阶段也有过政治封闭时期，如满清政权的中后期，夜郎自大，封闭保守，政治制度曾一度制约和影响了文化发展，但也没能关闭住文化开放的大门，西方的科学与民主，各种新的知识和思想观念，照样通过开放的文化这扇大门而走进中国。马克思主义走进中国，并同中国的实际相结合，形成中国化的马克思主义，就是开放创新的最伟大成果。开放创新是中华文化中永不褪色的可贵品质。

中华文化的优秀品质很多，非一篇小文中能谈的清楚。再简言之，社会主义的核心价值观就是中华文化精神品质的高度概括和凝炼。“富强、民主、文明、和谐、自由、平等、公正、法治、爱国、敬业、诚信、友善”，这24个字精辟概括了中华民族的优秀品质。中国的传统儒家曾把其思想观念概括为礼义仁智信、忠孝勇诚恕等，这些都反映出不同时代人的精神道德追求，也反映出不同时代的文化观念。进入现代社会，中华文化继承优良传统，顺应时代要求，反映出要建设富强民主的社会主义国家、文明和谐的社会主义社会、自由平等的社会主义人际关系、爱国敬业的社会主义思想观念、诚信友善的社会主义道德品质，这既是中华文化的时代进步要求，更是中华民族的价值观念，是支撑中华民族走向强盛的精神支柱。

文化自信至关重要！

最后，我用英国哲学家、数字家，也是逻辑学家罗素《中国问题》一书中的几段话来作为结尾：

“我个人认为无论对于中国还是对于世界，文化问题最为重要。假如文化问题能够解决，无论采用哪种政治或经济制度在实现这一目的，我或多或少都能坦然接受。然而不幸的是，当政者往往视金钱与权力为自身与国家的根本，而置文化与不顾。”

“中国的古老文明如今正经历着急剧变化。中国在丝毫未受欧洲影响的情况下，完全独立地发展了自己的传统文化，因而具有与西方截然不同的优点和缺点。试图寻求某种平衡是徒劳的；因为从总体上说，我们现在的文化与17世纪的传教士所看到的天朝帝国的文化孰优孰劣，任何一个谨慎的人都不敢妄加断言，但在不同的方面各有短长却是肯定的。若要使西方各国与中国的交往产生良好的结果，我们就不应该自命为高等文化的结果，我们就不应该自命为高等文化的使者，更不应该视中国人为劣等民族，而自以为有剥削、压迫和欺骗他们的权利。”

“要判断一个社会的优劣，我们必须不仅仅考虑这个社会内部有多少善与恶，也要看它在促使别的社会产生善与恶方面起何作用，还要看这个社会享有的善较之于他处的恶而言有多少。如此说来，中国要胜于我们英国。我们的繁盛以及我们努力为自己攫取的大部分东西都是依靠侵略弱国而得来的，而中国的力量不至于加害他国，他们完全是依靠自己的能力来生存的。”

“中国的文化正在发生着飞速的变化，这种飞速的变化无异是必需的。追根溯源，现在主要的变化还在于赶超西方的军事技术，但不久西方经济的优势也将会受到重视。我相信，中国人如能对我们的文明扬善弃恶，再结合自身的传统文化，必将取得辉煌的成就。但在这个过程中要避免两个极端的危险。第一，全盘西化，抛弃有别于他国的传统。那样的话，徒增一个浮躁好斗、智力发达的工业化、军事化国家而已，而这些国家正折磨着这个不幸的星球；第二，在抵制外国侵略的过程中，形成拒绝任何西方文明的强烈排外的保守主义（只有军事除外）。”

“中国人摸索出的生活方式已沿袭数千年，若能够被全世界采纳，地球上肯定会比现在有更多的欢乐祥和。然而，欧洲人的人生观却推崇竞争、开发、永无平静、永不知足，以及破坏。导向破坏的效率最终只能带来毁灭，而我们的文明正在走向这一结局。若不借鉴一向被我们轻视的东方智慧，我们的文明就没有指望了。”

“中国人向西方寻求的是知识，他们认为这是通向智慧的大门（其实未必）；西方人到中国无非有三个目的：打仗、赚钱、传教。虽然第三种动机具有理想主义的美德，并激励了许多英雄，但这三种人——军人、商人、传教士都是强迫世界采纳我们的文化，或多或少抱有强硬的态度。中国人却没有强迫欧洲人接受儒教的念头。他们认为，‘宗教虽多，其理一以贯之’，所以就放任我们，而不加以干涉。中国人是不错的商人，但他们的经商之道不同于在中国的欧洲商人，不会动辄采用租界、垄断、铁路、矿产等特权的办法,并设法以本国的兵舰作后援。”

“我认为,一个普通的中国人可能比英国人贫穷,但却比英国人更快乐。这是为什么呢?因为他们的国家的立国之本在于比我们更宽厚、更慈善的观念。无休止的好勇斗狠不仅产生了明显的恶果,还使我们不知足,不能享受美,使我们失去思考和美德。”

“我本想前往中国教学,但日子久了之后发现我可以教他们的一天比一天少,而他们可以教我的却越来越多。”“重视智慧或者美,或者重视人生的快乐的人,肯定会认为在这些方面中国比喧嚣的西方更富有,并视之为乐土。”

“如果中国的改革者在国力足以自卫时,放弃征服异族,用全副精力投入科学和艺术,开创一种比现在更好的经济制度,那么,中国对世界可谓是尽了最恰当的义务,并且在我们这样的令人失望的时代里,给人类一个全新的希望。我愿以此来唤起一个‘少年中国’,因为这一希望并非遥不可及。正因为这一希望是能够实现的,所以中国人应该受到所有热爱人类的人们的极高崇敬。”

《中国问题》一书是 1922 年出版的,迄今已近百年。近百年前,一个英国的哲学家来到中国,他看到的是一个极度贫穷、十分落后且政治腐败、社会动荡、人民困苦,饱受列强侵略,几近被刮分了的满目疮痍的中国。但他在中国文化中看出了中华民族的品质、精神、力量和未来,写下了对中华文化的感悟。如果罗素能看到今日的中国,又该作何感想呢?至少,罗素对中国文化优秀品质及内在力量的看法是正确。一个近百年前的外国人尚且敬重中国文化,我们能不自信吗?

# 博大而深邃的东方智慧
## ——关于“四个自信”的学习与思考(三)

(2021 年 4 月 24 日)

吉炳轩

在现代人类的习惯划分中,往往把世界称为东西方两大类型和两大阵营。一个是地理的因素,即东半球和西半球;另一个是政治制度和经济发展水平和文化差异的因素。但在东方诸多国家中,也有不少国家现在所实行的是同西方欧洲诸国大体相同的政治制度。我在这里,仅把东西方分为亚洲(东方)、欧洲和北美洲(西方),既有地缘因素,也有制度因素,主要是文化的不同。

这里,我之所以要对东方文化作些简单论述,是基于西方社会一些人,特别是一些政界的上层人士,特别是一些政客们,自认为西方文明优于东方文明,西方制度优于东方制度;我们有些东方人士也自认为东不如西,认为西方的月亮就比东方的圆,西方的天空也比东方蓝,妄自菲薄,崇美媚欧。通过比较研究就不难发现,亚洲各国各地区人民,特别是可谓东方最具代表性的中国人民,经过几千年的社会实践,在认识和处理人与自然、人与社会、主观与客观、认识与实践、生产与生活、物质与精神、个体与集体、自主与他助、民族与民族、宗教与宗教、国家与国家、现实与未来等等的关系中,创造和积累了许多蕴含宝贵价值与智慧的思想理念。这些极具宝贵价值与智慧的思想理念,在亚洲各国各地区虽然在语言概念的表述上各有不同,但在基本道理上却往往是相同、相通或者相近的。因此可以把它们称之为亚洲各国各地区人民所共有的亚洲价值、东方智慧,当然,其中中华文明占据着十分重要的主导地位。这些价值与智慧具有鲜明的亚洲和东方的特色与风格,特别是中国特色和中国风格,无不向世人展示出它们的强劲生命和无穷魅力。它们是亚洲人民共同的思想财富,也是世界价值、世界智慧大花园中的绚丽奇葩。

一是和合一体、和而不同的思想。这是关于认识和处理事物之间的异同关系,处理人与自然、人与社会关系的一种智慧。其核心思想,就是主张人与自然、人与社会,包括人与人之间要和谐相处。在中国历史上,和合一体、和而不同的思想是源远流长、深入人心的。它包括“多元一体,主辅相成”、“天人合一,知行统一”、“中庸中和,不走极端”、“协商对话,求同存异”等理念。在历史上的朝鲜半岛和日本,他们的思想家深受中国文化影响,也曾提出“非同非异”之说、“和净”之说、“人与自然亲和”之说等,也是在阐述了“求同存异”、“天人合一”思想。在南亚和东南亚,从印度《奥义书》中的“梵我同一”和胜论学派的“和合是一种关系”,到诗人泰戈尔的“人与自然的和谐是伟大的事实”,再到苏加诺将“潘查希拉”作为哲学思想基础统筹印尼的多元文化,再到东盟共同体将协商、和谐、合作作为核心价值以形成“不同国家的和谐体”等,也都是体现了“天人合一”、“多元一体”、“和合一体”思想。而阿拉伯学家安萨里提出的“万事中为上”之说,则是阐述了同中国中庸之道相同的不走极端的“中道”、“中和”思想,它至今仍是阿拉伯人民所遵守的做人做事的基本信条。

二是重视集体、克己奉公的思想。这是关于认识和处理个人与家庭、社会、国家关系的一种智慧。个人与集体是相互依存的辩证统一关系。每一个人都是生活在一定的社会集体之中,任何时候都离不开集体,离不开家庭,离不开族群和国家。从远古时期起,亚洲各国各地区的先人们,特别是中华民族的先人们,从农业生产实践中,很早就认识到集体力量的巨大,认识到只有相互协作才能战胜来自自然界和社会上的各种风险所造成的种种困难与挑战,因此很早就形成了重视集体的观念。在中国历史典籍中所阐述的:“民齐者强”、“人心齐,泰山移”、“集众思,广忠益”、“以民为本,天下为公”、“治国之道,必先富民”、“民富则易治,民贫则治难”、“当政者应以安民富民乐民为功”等思想观念;中世纪的阿拉伯思想家伊本·赫勒敦所指出的:“人们必须群体生活与合作,才能生存和自卫”;哈萨克斯坦谚语中所说的:“一片土地的历史,就是在她之上的人民的历史”;印度《奥义书》所劝诫人们的:“抛弃各种私欲,跳出个人利益小圈子”,等等,都是倡导人们要树立重视集体、克己奉公的集体主义思想。中国历来把“以民为本”、“富民为先”奉为治国理政的基本原则。这种民本主义原则是集体主义思想在社会和国家政治上的最高体现。英国学者马丁·雅克说:“个人主义是欧洲价值观的核心。而在亚洲特别是东亚文化中,集体认同比个人认同更重要。这种价值观的差异决定了二者的社会结构完全不同。”重视集体并把集体主义思想作为价值观的一个核心理念,是亚洲文明,特别是中华文明的一个突出特点和鲜明优势。

三是克勤克俭、自立自强的思想。这是关于认识和处理生产与生活、积累与消费以及自主与他助关系的一种思想智慧。中华民族的祖先们很早就懂得人要生存就必须勤奋劳作的道理。如“民生在勤,勤则不匮”;“人生在勤,不勤无获”;“成由勤俭败由奢”;“业精于勤荒于嬉”;“俭约自守,俭以养德”;“俭财禁侈,为国之急”;“节俭为荣,奢靡为耻”;“天行健,君子当自强不息”;“穷且益坚,不坠青云之志”;等论语,都是激励人们和当政者要勤俭持家、勤俭立国,独立自主、奋斗不息。而这种思想在亚洲的其他国家和地区,古往今来也都是受到推崇的。越南原国家主席胡志明先生在青年时代就倡导人们要勤俭、忍耐,富于自强和牺牲精神。印度的大乘佛教把“精进”思想规定为信条,教育人们要为大众谋造福祉而勤奋工作。阿拉伯学者安萨里劝导人们从小就应养成饮食起居简朴的好习惯,而且要避免沾染好逸恶劳的不良恶习。近代以来亚洲各国人民争取国家独立和民族解放的斗争,以及胜利后建设国家的艰苦奋斗历程,也生动地说明克勤克俭、自立自强是亚洲人民所共有的宝贵精神品格。

四是德法并用、标本兼治的思想。这是关于认识和处理治国理政手段中的德治与法治以及治本与治标关系的一种智慧。德治与法治是不可分割的,德治是法治的基础,法治是德治的保障;法治是治标之举,德治是治本之策,二者相辅相成。这样的观点在亚洲国家中是比较普遍的一种认识。中国历史上在国家和社会治理中一直强调“德法并治,德主刑辅”;“德礼为政教之本,刑罚为政教之用”的原则。今天中国在建设社会主义事业的治政原则中,仍然坚持依法治国同以德治国相结合,并作为重要的治国理政原则。古代西亚希伯来的法律思想认为,法律实际上“是执行道德的工具,是附加了刑罚的礼”。在古巴比伦的《汉谟拉比法典》中,一方面规定了详细的法律条文,另一方面又强调要“确立仁政于国内”,这都是主张法治与德治应相结合、相统一。

五是实事求是、与时俱进的思想。这是关于认识和处理主观与客观、认识与实践的关系,主张主观与客观、认识与实践必须相符合、相统一的思想智慧。在中国历史上,实事求是、与时俱进的思想是源远流长和深入人心的。历代中国学者所倡导的“事务而成、事求而得”;“求真务实,不尚空谈”;“言行一致,躬行实践”;“因时达变,与时偕行”;“推陈出新,革故鼎新”,等等,都体现了实事求是、与时俱进的思想。朝鲜半岛的集实学思想之大成的丁茶山,也曾鲜明地提出:“贵在务实,不在虚文”。阿拉伯谚语所倡导的必须求得真实知识的“正知”之说，也是与实事求是的思想相通的。印度的东西方比较哲学大师拉达克里希南所提出的："变化是存在的本质"，以及印度前总理尼赫鲁所说的："一切现代哲学必须解答今天的问题"的观点，则也是同中国实事求是、与时俱进的思想相通的，都是强调人们的认识要随着事物的变化而变化，随着实践的发展而发展。

*六是诚敬为本、互尊互信的思想*。这主要是关于认识和处理人与人之间的道德行为关系的一种智慧。中国自古就有"经国家、定社稷、序民人、利后嗣"的礼乐文化。中国民间普遍流行乡规民约家规、家训，整个社会上下所普遍认同的行为准则，则都是将诚敬互信、与人为善作为基本的道德原则，并以此来规范人们的思想行为，以此来促进彼此之间加强团结、和谐相处。中国古语中的"敬天法祖，尊重百姓"；"诚实守信，互谅互让"；"患难相扶、休戚与共"；"己所不欲，勿施于人"；"有诺必兑，一诺千金"；"言必信、行必果"等等，都体现着这一道德原则。诚敬与互信，在亚洲其他国家和地区也是普遍加以倡导的。印度人吟诵千年的著名史诗《摩柯婆罗多》，就是教导人们要尊敬师长、尊敬他人，自己则要自制诚正。伊斯兰教教义中也把诚信作为一个基本规定，并把是否履行这一规定作为衡量每一个穆斯林行为是否道德、信仰是否真诚的重要标准。亚洲各国各地区的人们还深知，诚敬为本、互尊互信，不仅应该成为个人之间交往的重要规范，也应该成为民族之间、国家之间交往的重要原则。

*七是亲仁善邻、和平相处的思想*。这是认识和处理国家与国家关系的一种智慧。几千年来，亚洲各国各地区之间虽然也发生过不同范围、不同情况、不同性质的冲突和战争，但是广大亚洲国家和人民对"亲仁善邻、和平相处"这一处理国家关系的重大原则，一直是向往和珍视的，而且这也是历史上亚洲国家之间关系发展的主流。中国在远古时期就有了"协和万邦"、"合和万国"的理念。秦汉以后的历代当政者，都将"亲仁善邻、国之宝也"奉为指南；将"国虽大、好战必亡"引为鉴戒；主张按照"以德为邻"、"以和为贵"的原则，来处理中国与周边国家的关系。历史上中国与周边国家之间长期实行的所谓"朝贡体系"，即"进贡"与"回贡"，进贡使团与贸易商队相结合的这样一种政治、经济、文化交往的方式，虽然在礼仪形式上有高下之分，但实际上在很大程度上体现的是一种"互惠互利、和平合作"的国家关系。历史上日本的圣德太子在制定"十七条宪法"时，将"和为贵"列为第一条；朝鲜半岛学者提出"义命相敬"；阿拉伯学者主张"城邦（国家）合作"；印度前总理尼赫鲁曾倡导"世界一家"；以及乌兹别克斯坦诗人纳沃伊宣示的"没有比生活在友谊之中更美好的事情"等，这些都体现了和平外交的思想。上世纪 50 年代亚洲国家之所以能够率先提出并践行和平共处五项原则，并将其作为处理世界各国相互关系的准则，这绝不是偶然的。

*八是开放包容、互学互鉴的思想*。这是关于认识和处理不同民族、国家、地区的不同文明之间关系的一种智慧。世间万物万事总是千差万别、异彩纷呈的，这是客观存在的事实；任何一种文明，不管它产生于哪个国家、哪个民族的社会土壤之中，都是流动开放的，这是文明传播和发展的客观规律。彼此之间互学互鉴、取长补短，这是不同文明共同提高、共同进步的必由之路。不同文明只有姹紫嫣红之别，而无高低优劣之分。历史反复证明，凡是搞所谓"只此一家，别无分店"；"天上地下，唯我独尊"的文化霸权主义的，无不以失败而告终，也都是"夜郎自大"、自取衰亡之道。亚洲人民、特别是中华民族历来主张不同民族、国家、地区的文明应该相互融通、互学互鉴，所以亚洲文明、尤其是中华文明才能呈现出欣欣向荣、不断进步的历史局面。中国典籍中阐述的"海纳百川，有容乃大"；"远人不服，则修文德以来之"；"以文会友，以友辅仁"；伊斯兰教的创始人穆罕默德倡导的"学问虽远在中国，亦当求之"；伊斯兰教教义中主张的"阿拉伯人不优于非阿拉伯人，非阿拉伯人也不优于阿拉伯人"等，都闪烁着开放包容、互学互鉴的思想智慧之光。而阿拉伯历史上出现的著名"百年翻译运动"，就是不同国家、不同地区之间文明的互学互鉴的一次集中体现和杰出产物。

任何一种文明都有其光辉的历史和灿烂的光芒，东方文化更是丰富多彩、光芒万丈。东西方发展的一些差异是多种因素形成的，而不是文明、文化的优劣之分。坚定我们的文化自信，东方文化一定会更加璀璨、更加辉煌，更加魅力四射、光芒万丈。

# 科学马克思主义与中国优秀文化
## ——关于“四个自信”的学习与思考(四)

(2021年4月26日)

吉炳轩

习近平总书记在纪念马克思诞辰200周年大会上的重要讲话,高度评价了马克思胸怀崇高理想、为人类解放不懈奋斗,不畏艰难险阻、为追求真理勇攀思想高峰,为推翻旧世界、建立新世界而不息战斗的光辉人生、伟大人生和为全人类探索历史规律和寻求自身解放道路所做出的伟大理论贡献;深刻阐述了马克思主义的科学性、真理性、先进性;深刻阐述了马克思主义在推进人类文明进程中的重大作用和巨大贡献;深刻阐述了在新的历史进程中学习好、运用好、实践好马克思主义的重大意义和基本要求。

习总书记的这一重要讲话是对马克思伟大的人生、伟大的思想、伟大的贡献的高度概括、精辟阐述,是激励和指引全党学习好、实践好马克思主义,建设好中国特色社会主义的动员令和指示灯,也是深刻论述马克思主义光辉理论的光辉文献。

学习总书记的重要讲话,使我们更加深刻认识到:马克思主义是科学的理论,马克思主义是人民的理论,马克思主义是实践的理论,马克思主义是开放的理论。马克思主义创造性地揭示了人类社会发展规律,马克思主义创立了人民实现自身解放的思想体系,马克思主义指引着人民改造世界的行动。马克思主义始终站在时代前沿,是人类精神的精华。使我们更加深刻认识到,马克思主义为推进人类文明向前发展发挥了重大作用,做出了巨大贡献。特别是马克思主义传入中国,同中国的优秀思想文化相结合,同中国的具体实际相结合,指导中国革命和建设取得了极其伟大的历史成就。正是在马克思主义的指引下,中国共产党带领中国人民,经过艰苦卓绝的斗争,在世界之林中站了起来,富了起来,强了起来。使我们更加深刻认识到,在新的历史进程中,我们必须要把作为我们党和国家指导思想的马克思主义学习好、实践好、运用好。我们要深入学习好、实践好马克思主义关于人类社会发展规律的思想;深入学习好、实践好马克思主义关于坚守人民立场的思想;深入学习好、实践好马克思主义关于生产力和生产关系的思想;深入学习好、实践好马克思主义关于文化建设的思想;深入学习好、实践好马克思主义关于社会建设的思想;深入学习好、实践好马克思主义关于人与自然关系的思想;深入学习好、实践好马克思主义关于世界历史的思想;深入学习好、实践好马克思主义关于马克思主义政党建设的思想等伟大思想。使我们更加深刻认识到,我们要学习好、实践好马克思主义辩证唯物主义和历史唯物主义的世界观和方法论,始终坚持和运用马克思主义的立场、观点、方法来认识问题,分析事物,解决矛盾;要始终坚持和运用马克思主义关于世界的物质性及其发展规律,关于人类社会发展的自然性、历史性及其相关规律,关于人的解放和自由全面发展的规律,关于认识的本质及其发展规律等原理来认识世界,看待历史,展望未来,做好现在事情,创造时代业绩;要始终坚持和运用马克思主义的实践观、群众观、阶级观、发展观、矛盾观,来做规划、定政策,做决策、办事情,把我们的各项工作做得更好。使我们更加深刻认识到,我们要更加自觉地、更加刻苦地学习好、运用好毛泽东思想、邓小平理论、“三个代表”重要思想、科学发展观,这些中国化马克思主义的伟大成果,来武装我们的头脑,指导我们的实践。特别要深入学习好、运用好习近平新时代中国特色社会主义思想,把这一最新的中国化马克思主义光辉思想,做为我们在新的时代开创新的业绩的理论武器、行动指南。要做到深入学习、持久学习、刻苦学习,带着问题学习、联系实际学习,更好地把科学理论转化为认识世界、改造世界的强大物质力量。

马克思主义博大精深,涉及到人类社会的诸多方面,在这里,我就总书记提出的:“学习马克思,就要学习和实践马克思主义关于文化建设的思想”谈点体会。

习总书记深刻指出:马克思认为,在不同的经济和社会环境中,人们产生不同的思想和文化,思想文化建设虽然决定于经济基础,但又对经济基础发生反作用。先进的思想文化一旦被群众所掌握，就会转化为强大的物质力量；反之，落后的、错误的观念如果不破除，就会成为社会发展进步的桎梏。理论自信、文化自信，这是一个民族进步的力量；价值先进，思想解放，这是一个社会活力的来源。国家之魂，文以化之，文以铸之。我们要立足中国，面向现代化，面向世界，面向未来，巩固马克思主义在意识形态领域的指导地位，发展社会主义先进文化、加强社会主义精神文明建设，把社会主义核心价值观融入社会发展各方面，推动中华优秀传统文化创造性转化，创造性发展，不断提高人民思想觉悟、道德水平、文明素养，不断铸就中华文化新辉煌。

学习总书记的重要指示，使我们深刻认识到，文化是国家之魂，文化的力量是巨大的。我们要坚定中国特色社会主义道路自信、理论自信、制度自信、文化自信，而这四个自信是一个统一体，是互为作用相互联系的。任何一个国家政治体制的建立，都是有着十分复杂的因素的，也都有前因后果的关系。任何一个国家的政治体制都是历史文化传统和现实国情实际相结合的产物，其形成和发展都是在各种因素相互作用的影响下而建立的。纵观世界各国政治体制，不论是君主立宪制、民主共和制、以及其他特殊政体，都有其经济因素的影响，有其历史因素的影响，还有其宗教因素的影响，更有其文化因素的影响，也还有其地理环境的影响。就其文化因素来说，政治文化是一个民族在特定时期的政治态度、信仰理想和思想情感，是人们对政治关系、政治体系、政治行为、政治发展等共识状态基础上的一种心理倾向、价值取向和行为导向。人们在生产生活实践中所形成的认知态度对政治行为有着重要的强制作用，这种强制是思想观念和道德行为上的，也是自觉不自觉的，这种作用直接决定着人们对现行政治制度的认同或对未来政治制度的选择。政治文化对政治制度的建立具有十分重要的导向作用。

马克思没有来过中国，马克思学说的建立不是在中国文化的根基之上，而是在欧洲资本主义发展时期、殖民主义猖狂时期的政治、经济和文化基础之上的。马克思著作中，很少讲中国话，说中国事，虽然也谈到中国问题，特别是中国遭受列强侵略，马克思曾给予深刻揭露，但在其浩瀚的著述中，具体谈论中国事务是很少的。但马克思主义走进中国之后，被中国共产党和中国人民所接受，并成为中国共产党带领中国人民进行革命和建设的指导思想，这既是由马克思主义的科学性、真理性、革命性、开放性所决定的，也是由中国优秀文化的优秀本质所决定的。马克思主义揭示了人类社会发展的一般规律，指明了人类社会自我解放的道路，为人类社会的发展提供了科学的理论指导。这是马克思主义成为真理的根本所在。但除了马克思主义这一真理性本质特征外，还有十分重要的一条，就是马克思主义的科学真理性同中国优秀传统文化精华，也是文明中的先进特质做到了高度契合，并能融为一体，互为作用，能够形成具有中国特色的马克思主义，十分管用有益的来指导中国的革命实践；同时也是中国共产党人，中国共产党的领袖们，能把马克思主义的基本原理同中国的发展实践紧密结合起来，而形成了中国化的马克思主义，推动马克思主义不断发展前进的结果。就当前来说，在世界各国，唯有中国化的马克思主义大放异彩，十分成功，不能不说这是中国优秀文化的博大精深、开放包容的优秀质底，同马克思主义的真理性科学本质是一致的结果，两者都是在揭示和探索人类社会美好光明的发展道路。习近平总书记在讲话中也指出："马克思、恩格斯高度肯定中华文明对人类文明进步的贡献，科学预见了'中国社会主义'的出现，甚至为他们心中的新中国取了靓丽的名字——'中华共和国'"。马克思、恩格斯没有来过中国，但可以肯定地说，马克思、恩格斯肯定研究过中国文化。在第二次鸦片战争期间，马克思曾撰写过十几篇关于中国的通讯，这是研究中国的成果。马克思主义是人类文明的精华，对世界各国的文化都会有深入的研究，对中国文化更会有深入研究，因为中国是有5000多年文明史的大国，研究人类社会不能不研究中国文化，离开了中国文化，人类社会发展的规律就看不清楚，说不明白。这里大胆说一句，马克思主义的众多文化营养中，肯定有丰富的中国营养，这也是马克思主义能在中国扎根，适应中国沃土的一个重要原因。

我们可以从以下几个方面来看：

**一、马克思主义关于共产主义的理想信念与中国优秀传统文化中的大同社会及天下为公思想。**

马克思主义科学揭示了人类社会经过原始公社制度、奴隶社会制度、封建专制制度、资本主义剥削制度而走向社会主义制度，最终走向共产主义社会制度的历史发展必然趋势。马克思、恩格斯所创立的马克思主义学说，坚信未来的人类社会："将是这样一个联合体，在那里，每个人的自由发展是一切人的自由发展的条件。"只要人民成为自己的主人、社会的主人、人类社会发展的主人，共产主义理想就一定能够在不断改变现存状况的现实运动中一步一步实现。共产主义社会，没有阶级、没有压迫、没有剥削，将是各尽所能、按需所取，人人自由发展、社会和谐安康、生活富裕美满的社会。

对于这一美好的社会，在中国的优秀传统文化中也有清晰的描绘，而且是中国人梦寐以求的理想社会。成书于西汉时期的《礼记·礼运篇》就记载中国大禹以前的社会情况："大道之行也，天下为公，选贤与能，讲信修睦。故人不独亲其亲，不独子其子。使老有所终，壮有所用，幼有所长，鳏寡孤独废疾者皆有所养。男有分（职业），女有归（婚姻不失时）。货恶弃于地也，不必藏于己（生产品共同所有）。力恶其不出于身也，不必为己（各尽所能）。是故谋闭而不兴（不欺诈争利），盗窃乱贼而不作（不掠夺），故外户而不闭（没有私有财产，不用关大门），是谓大同。"这是中国传统文化中所讲的大同社会，也是几千年来无数仁人志士和广大劳动人民所孜孜以求的理想社会。这个理想社会就是能选拔德才兼备的贤能之人来管理社会事务，整个社会是和平的、亲善的，讲究信用和诚意的。在这个社会，天下财物皆为大家所共有，人不独关爱自己的亲属和子女，而是关爱天下所有的人。在这个社会，人老了能够得到赡养，可安享晚年；青壮年都有工作做，有事业干；幼小的儿童、少年能受到良好的教育；鳏寡孤独的人和残疾人皆能够得到很好的社会照顾，生活也是幸福美满的。在这个社会男人都有职业，女人都能够及时婚嫁，组建起美好的家庭。在这个社会人们不贪图钱财，所有的生产品为大家共同所有，没有人攫为己有。人人可以有力出力，有智出智，都能够各尽所能，社会上没有欺诈争利的行为，更没有盗贼，没有作乱，也没有个人的私有财产，家里也不需要关门闭户、上锁插闩。这是多么美好的天下大同理想世界。

中国文化中的美好社会理想追求，同马克思主义所倡导的共产主义社会理想有共同的思想基础，有很好的契合点，所以，马克思主义在中华文化的土壤中生根发芽、开花结果、茁壮地成长，也就是顺理成章、自然而必然的了。当然，中国传统文化中的大同世界同马克思提出的共产主义理想社会不能划等号，其内涵和外延都是不同的，但其中的共同美好追求则是一致的，都是为了追求没有剥削、没有压迫，人人自由发展，社会和谐安宁，生活美满幸福的人类社会。有共同才能相融，这也是事物发展变化的一般规律。

**二、马克思主义关于自由平等的人民立场与中国优秀传统文化中的以人为本及公正仁爱思想。**

马克思主义是人民的理论，是为人民求解放谋幸福的理论。马克思主义内涵丰富，涵盖广泛，博大精深，但最为根本的、贯穿始终的是为人类求解放。在马克思之前，社会上占统治地位的理论多是为统治阶级服务的。马克思主义第一次站在人民的立场上，而且是站在占人类绝大多数的劳动人民的立场上，来揭示人类社会运动的规律，探求人类自由解放的道路，以科学的理论为最终建立一个没有压迫、没有剥削、人人平等、人人自由的理想社会指引了方向。马克思主义之所以具有跨越国度、跨越时代的影响力，就是因为它根植于人民之中，指明了依靠人民推动历史前进的人间正道。

中国五千年的发展史，基本上是一部农耕史，中华传统文明也可称其为农耕文明。中国漫长的农业社会培育出了一种影响深远的政治意识，就是以人为本的民本意识。以人为本的民本思想根植于重农、尚农的普遍社会心理。农业社会存在与发展的前提是农业劳动者"安居乐业"。只有在农民安居乐业的情况下，社会生产才能稳定有序，天下才能太平。反之，如果以农民为主体的广大民众丧失基本的生存条件，就会被逼得"揭竿而起"、"聚啸山林"，再强大的专政手段也难以控制。这类事在中国的历史上曾反复出现。自古以来，中华民族的有识之士都清醒地认识到了这一点，很早就提出了"知人"、"安民"的观念。老子曾经提出，"圣人常心，以百姓为心"。孔子提出要施行"仁政"，主张"节用而爱人，使民以时"。孟子提出"民贵君轻"，"政得其民"，"民为贵，社稷次之"。荀子更提出"君者舟也，庶人者水也。水能载舟，水亦覆舟"。唐太宗李世民在与魏征等人的对话中，就一再强调"载舟覆舟，所宜深慎"的道理和教训。

我们党为人民服务的宗旨、执政为民的理念，虽然不能简单地说就是"民本主义"，但从文化的渊源来说，也是继承与发展的关系，我们赋予了它更高的境界和更新的含义。传统文化中所说的"民本主义"，从本质上来说，更多地是从统治阶级的利益出发，目的是为了争取民心，以维护其统治地位。而我们所提出的执政为民，是以共产主义为理想，追求普天下人民的共同幸福，是无私的、全心全意的、无产阶级的宽广胸怀。

**三、马克思主义关于物质运动的客观规律与中国优秀传统文化中的天道地道和人道一体的思想。**

马克思主义揭示了人类社会发展的一般规律，

揭示了资本主义运行的特殊规律,创建了唯物史观和剩余价值学说,为人类指明了从必然王国向自由王国飞跃的途径,为人类指明了实现自由和解放的道路。在人与自然的关系上,马克思主义认为,“人靠自然界生活”,自然不仅给人类提供了生活资料来源,如肥沃的土地、物产丰富的江河湖海等,而且给人类提供了生产资料来源。自然物构成人类生存的自然条件,人类在同自然的运动中生产、生活、发展,人类善待自然,自然也会馈赠人类。但如果说人靠科学和创造性天才征服了自然力,那么自然力也会对人进行报复。自然是生命之母,人与自然是生命共同体,人类必须敬畏自然、尊重自然,顺应自然、保护自然。

中国的农业生产是根据自然规律而安排的,人道和天道是完美的统一。劳动人民在长期生产实践中,根据春夏秋冬四季变化,依照风霜雨雪四时不同,探索出了不同农作物的种植耕作时间,在顺应自然规律中去获取农业的收成,这是中国人的伟大之处。我们之所以能在有限的耕地上养活 14 亿人口,而且是在耕作长达数千年、短在数百年的土地上去获取丰收,就在于我们的勤劳和智慧,就在于我们能够认识天道运行规律,能够顺应天道运行规律,并能把握好这些规律,用好这些规律。

再拿中国的传统医学来说,中国的医学就是天地人一体考虑,辩证施治的科学。《黄帝内经》就指出,气候异常,该热的时候不热,该冷的时候不冷,该风的时候无风,该雨的时候无雨,由此就会带来的大地上各种植物生长的变化和人体的脏气变化,乃至对疾病发生的影响。天道影响地道,天道影响人道,把天、地、人作为一个整体来考虑。天道影响地道,这是司空见惯的,也是习以为常的,是人们都能够看得到,也能认识得到的。春季多风、干燥,草木枯萎,硬木干裂。在这样的气候条件下,青色的谷物不能成熟,这是古人在农业生产中得出的结论,也是实践经验的总结。春寒、春旱,谷物不能及时播种,种的晚了,积温不够,到了秋季就没有收成。玉米、谷子、水稻,如果不能按时播种,都有这个问题。如果春季干旱、风多,而到夏秋之季又多雨,草木有了阳光雨水和高温,就会长得十分繁茂,但由于时令已到,虽然枝叶长得很旺盛,但开花结籽的时间非常短促,所以很快就会凋谢,不但收成很差,而且到了秋冬之季,非常容易发生火灾。在这样的气候条件下,还容易出现一些果树反季节开花结果。这样的气候条件,往往白露来得早,还容易发生虫灾,味甘色黄的东西容易受虫蛀。如果在盛夏季节,该热的时候而热不起来,各种植物就不能顺利生长,大地龟裂,尘土弥漫。旱极就容易带来突发性暴雨,就又会在大旱之夏而带来大的洪灾。在这样的年份,赤色的谷类不能成熟,黑色的谷类不能成熟。这样的天气不适应红豆、黑豆、红米、黑米的生长,所以收获就差。如果在夏秋之季,雨水偏多,阴雨连绵,积温不够,各类植物风长,但就是无法开花结实,空长一身空壳绿叶,各类虫子也提早伏藏,到了秋收季节,各种植物枝叶凋谢,一派肃杀酷烈之象。在这样的年景,黄色之谷不能成熟,如苞米、谷子之类,也包括水稻等,收成都较差,青色之谷也会受到损害。如果在这样的气候条件下,冬季该寒时又不寒,流水不能结冰,出现了暖冬,冬眠的虫类就会提前出来活动。极热的天气容易带来极寒,夏季酷热,往往冬季极寒,特别是在夏季极易发生冰雹等灾害,秋季会出现酷霜,冬季会出现暴雪。如果夏季雨水过多,而气温又高,这样的气候条件,很适应水稻的生长,当是丰收之年,但在谷类,黑黍不能成熟,属土的谷类没有收获,就是一些旱地作物收成要差。这样的天气到冬秋季节,也易多风,而且大风天气也会较多。这些是天道对地道的影响,就是气候变化,主要是气候异常对各类植物,特别是对一些农作物生长所带来的影响。气候变化对人体的影响则更是明显的,春季风多、干燥,感冒就多发;夏季酷热,就容易中暑;秋季风寒,就容易着凉伤到脾胃;冬季寒冷,人也容易受寒,伤到肺部、咽喉、关节等,一些气管炎、老寒腿就是这样得来的。天道、地道、人道,我们从《黄帝内经》中关于气候异常而带来的万物变化及人体变化的论述,就可以看出人与自然的密切关系。

在中国优秀文化中,天道同地道、人道是一个整体,我们研究人道,从不忽视地道和天道,我们研究地道,各类经济活动,也不会忘了天道。不论人的生命研究,疾病预防,养生健体,还是人类的社会活动,社会管理,乃至人类的生产生活等,都是同天道地道运动联系起来,作为一个系统来看待,既要顺天,又要合地,更要应人,系统辩证地看待一切事物。这也是中华文明得以生生不息、兴旺发达的一个内在因素。我们现在提出要坚持人与自然和谐共生,牢固树立和切实践行绿水青山就是金山银山的理念,动员全社会力量来推进生态文明建设,共建美丽中国,让人民群众在绿水青山中共享自然之美、生命之美、生活之美,走出一条生产发展、生活富裕、生态良好的文明发展道路,就是马克思主义唯物史观和中华传统文化天地人和谐相处思想的完美结合和新的发展。

**四、马克思主义关于唯物辩证的哲学观念与中国优秀传统文化中的阴阳调和及相互转化的思想。**

马克思主义在认识客观世界和改造主观世界上坚持唯物辩证法，创立辩证唯物主义和历史唯物主义。马克思主义认为，世界是物质的，是不依人的意志而客观存在和不断变化的。物质是运动的，事物是矛盾的，矛盾的双方是互为依存的，既是统一的，又是对立的，矛盾的双方在一定条件下是可以相互转化的。解决矛盾的方法也是多种多样的，既有激烈的，也有缓和的等等。正因为马克思主义为人类认识客观世界和人类社会的发展运动提供了科学的认识论和方法论，才使共产党人能更为科学地实际地看待人类社会发展中的种种问题，提出有效的应对之策，推动革命和建设事业不断向前发展。即使在最困难、最艰险的危难时机，也能力挽狂澜，走出死地而新生。

马克思主义的唯物论思想，辩证法观念，在中国的传统哲学中也有充分的表现。中国传统的哲学著作《易经》，成书于2000多年前的春秋时期，经过孔子及其弟子们的整理编纂，成为了当时乃至后世2000多年的政治教科书，其核心思想就是阴阳对立，阴阳调和，阴阳合一，阴阳又在一定条件下相互转化的思想。

在中国的哲学学看来，世界万物均起于一，归于一，而在这个万物中是有阴有阳两个方面的，阴阳相合才构成了奇妙丰富的大千世界。这一哲学思想的产生，并不是什么天才之人凭空想象出来的，而是通过对自然现象和人类社会的观察而得来的。天是一个，但有白天和黑夜，太阳和月亮；地是一个，但有春夏秋冬四季交替，花开花落变化之时；人是一种，但有男人和女人之别，生与死之分等等，这就有了二。一分为二、合二为一的哲学观点就这样产生了。正因为有了这个一和二，才使有限之中化生出无限，就有了四，就有了八，就有了六十四，乃至无穷。古人把这些天地人之间发生的变化用符号画图表示出来，并以日常生活中观察到的物理现象来命名，喻示出一定的道理，提醒人们尊重自然，把握物质运动规律，这就形成了太极八卦图。后人在这个基础上，又加进了社会生活的种种内容，演绎出更为丰实的哲学思考，并用于指导人的社会实践，这就有了以后的六十四卦及其卦辞、爻辞和释解这些卦辞、爻辞图画及文字的出现。看八卦图就可以感受到古人观察自然与社会的形象、表述和哲学思考。八卦图是圆的，因天是圆的，万物都在这个天下生活。圆中还有一个圆，我们不能说那时古人就已经认识到地球是圆的。从文字记载来看，中国传统文化一直讲的是“天圆地方”，说天是圆的，地是方的。为什么圆中之圆，我的看法，也可以理解为天地未开之时的混沌状态。在我国古代传说中，一直有开天辟地之说，是盘古开了天地，这一文化传说应该会影响到伏羲画图。普遍的说法，太极一分为二时，轻清之气上浮为天，重浊之物下沉为地。天地之间一阴一阳，生命的孕育一阴一阳，而且这一阴一阳是相抱相拥、融为一体，和谐统一、合二为一的，这才孕育出新的生命，产生出世界万物。太极图中的阴阳鱼，就是绘制表示这种物之生命原理和人的哲学思考。由天地阴阳相交而生出万物，这个万物是阳和阳的交合、阴和阴的交合、阳和阴的交合、阴和阳的交合，这就有了太阳、太阴、少阳、少阴四种画图（四象）。事物的变化就在阴阳之中，阴阳的不断变化带来了事物的不断变化，这就产生出了八卦。由一到二，由二到四，由四到八，在一定的条件下，事物不断发展变化，古人用画图的方法把它记录下来。在中国的古人看来，天光明为阳，地晦暗为阴，这就是二仪。由二仪生出太阳、太阴，少阳、少阴，这就是四象。由四象再相重就生出了八卦。八卦的命名，也都是自然现象，是古人用符号记录的自然现象及其变化，并告诉人们去如何应对这些自然现象。乾卦象征的是天，坤卦象征的是地，震卦象征的是雷，巽卦象征的是风，坎卦象征的是水，离卦象征的是火，艮卦象征的是山，兑卦象征的是泽。天、地、雷、风、水、火、山、泽，这八种自然存在的物体和现象，生成孕育着万物，给宇宙世界带来了无穷的变化，人类也就是在这样的环境中生存发展的。人类的所有活动都受到自然界的影响，并在顺应自然中发展壮大着自己，而且还要同一些自然灾害进行斗争，这就产生出这些卦象中所蕴含喻示的哲学道理。在八卦的基础上，后人又演绎出六十四卦，更广泛地涵盖了人类社会的生产生活，并用爻辞来解释这些符号所表达的意思，用于对人的社会生产生活进行指导。

中国哲学以自然的运行来认识世界，把自然规律运用到对社会规律的观察了解中，并以此来规范人的行为，倡导天人合一，和谐共荣，这一伟大的哲学思想是了不起的。虽然这属于自然辩证法的范畴，但也是很伟大的，同马克思主义的唯物论和辩证法也是相通的。也正是这一伟大的哲学思想根基，才发展造就了伟大不朽的中华文明，历经数千年而长盛不衰，始终焕发着耀眼的光芒。

**五、马克思主义关于人类活动的主观能动精神与中国优秀传统文化中的实事求是和自强不息的思想。**

马克思说:“全部社会生活在本质上是实践的”,“哲学家们只是用不同的方式解释世界,问题在于改变世界”。所以说,实践的观点、生活的观点、创造的观点是马克思主义认识论和实践论的基本观点。人的主观能动性、实践性是马克思主义区别于其他理论的显著特征。马克思主义不是教条,不是框框,不是在书斋里高谈阔论的空谈,而是革命的学说,实践的理论,是指导人们的行动指南。马克思主义是为改变人类的历史命运而创立的,是在为人类求解放的实践中形成的,也是在人类求解放的实践中丰富和发展的,为广大劳动人民认识世界、改造世界,提供了强大的精神力量。马克思主义是辩证唯物主义,不是自然原始主义,既强调要尊重自然,顺从自然,同时又强调要认识自然,改造自然,创造条件来改变人类世界。马克思主义十分注重发挥人的主观能动性,倡导革命精神,创造精神,斗争精神,探索实践精神,倡导通过艰苦奋斗,英勇斗争,去开拓人类幸福美满生活的道路。马克思主义的主观能动精神同中华文化中实事求是、自强不息的思想观念也是契合的。

中华文化的主体,无论是诸子百家学说,还是文人雅士的诗文歌赋,乃至作为大众文化的民间信仰和风俗,都与“耕作居于支配”的生产关系紧密相通。在农业为生存根基的中国,农事耕作的节奏早已与社会生活的节奏相重合。汉族的传统节日,包括最隆重的春节,都是由农事节气演化而成,而不像其他许多民族那样,节日多源于宗教。在这样的文化氛围内,重农习尚的根深蒂固、传播久远便是顺理成章的事情。中国人很早就认识到农耕是财富的来源。上古经典《周易》有言,“不耕获,未富也”。中国“礼”文化的创导者周公旦说,“君子所其无逸,先知稼穑之艰难,乃逸”。认为统治者要求得到社会安定,首先必须懂得农耕的重要,体谅农人的艰辛。成书于战国末年的《吕氏春秋》在阐明发展农业是成就霸业的基础时说,“霸王有不先耕而成霸王者,古今无有”。秦始皇统一中国,巡游各地,以刻石方式表明自己的治国方略,琅琊刻石称“上农除末,黔首是富”,认为崇尚农业(上农)是富民的根本。汉文帝刘恒、昭帝刘弗陵曾先后昭示天下,“农,天下之大本也,民所恃以生也”,“天下以农桑为本”。“重农”不仅是统治者的政策需要,更是一般民众的普遍心理,“乐天安土”、“耕读传家”是中国人的普遍文化心态。一分耕耘一分收获的农耕生活,培育了中华民族群体心理的务实品格。人们在农事劳作中领悟到一条朴实的真理,说空话无益于事,实心做必有所获。“大人不华,君子务实”,是中华民族的一贯精神。脚踏实地,讲究实际;重于实践,务求实效;说实话,办实事,实实在在,中华民族的语言中唯实的词句不可胜数,都说明了这个道理。中华大地培育了中华民族的务实品格、奋斗品格和不畏艰险、艰苦创业的精神。中国共产党的思想路线——实事求是,就是马克思主义的核心本质,而实事求是四个字就是两千多年前的中国古人提出来的,被毛泽东同志所借用,赋予了新的含义和时代内容,以此指引着中国人民开拓前进。

中国人的务实品格还有一个突出表现,就是对宗教的态度。自周秦以后的两千余年间,虽有种种土生的或外来的宗教流传,但中华民族从未陷入全民性的宗教迷狂。世俗的、入世的思想始终压倒神异的、出世的思想。力求人生“三不朽”——立德、立功、立言,这也是中国传统文化的主潮,是儒学而不是宗教的根本原因。

**六、马克思主义关于开放开拓的理论与中国优秀传统文化中阔大包容的与时俱进思想。**

习近平总书记深刻指出,马克思主义是不断发展的开放的理论,始终站在时代前沿。马克思曾告诫说,马克思主义理论不是教条,而是行动指南,必须随着实践的变化而发展。一部马克思主义发展史就是马克思、恩格斯以及他们的后继者们不断根据时代、实践、认识发展前进的历史,是不断吸收人类历史上一切优秀思想文化成果丰富自己的历史。因此,马克思主义能够永葆其旺盛之青春,不断探索时代发展提出的新课题,回应人类社会面临的新挑战。马克思主义这一开放前进的特征,同中华文明中的开放包容思想,与时俱进特质是相同的,吻合的,也可以说是一致的。

由于中华文化是由中华民族这个多民族的大家庭创造的,多民族的大家庭,就形成了多元开放包容的特质。这个特质不但能吸纳、包容汉族以外的其他少数民族的文化,而且能吸纳、包容中华民族以外的其他国家和民族的文化。正因为有这个质地优良的特性,才使中华文化能根深叶茂、生生不息。中华文化在数千年的进化过程中,不但与东亚文化圈内诸文化互摄互融、汲纳吞吐,而且与印度文化、伊斯兰文化和西方文化互摄互融、汲纳吞吐。中华文化不仅以自己的精神与物质文明成果,推动了全人类的进步,同时也从异域、异质文化中汲取丰富营养，给自身肌体注入新鲜血液，激发蓬勃生机。远在商周朝代，中国与朝鲜就有文化往来。周武王灭商，封箕子于朝鲜。箕子教当地居民以田蚕礼仪，传播中华文化于朝鲜半岛。战国至秦汉，晋、齐、赵等地人民多避乱于朝鲜，带去中国的文字、器皿、钱币。在唐代，朝鲜半岛的三个国家高句丽、百济、新罗都积极选派留学生到长安，学习中国文化。新罗统一朝鲜半岛后，以唐制为立国规范，仿唐制设立国学，在民俗方面也采用中国章服之制，包括民族制度和民间节日，都有浓重的中华文化痕迹。中国也从朝鲜文化中汲取营养，如中国造纸术传入朝鲜后，经过朝鲜工匠的改造，制造出“色白如绫，坚韧如帛，用以书写，发墨可爱”的高丽纸，并返销中国。宋朝毕昇发明了胶泥活字印刷术，南宋末年又发明了木活字，都先后传到了朝鲜。朝鲜根据这一原理，铸成了一批铜字，以后又铸成世界上最早的一批铅字。朝鲜派人到北京学习绘画，宋徽宗也要宋朝画家学习朝鲜画，并推崇朝鲜的画家李宁。宋朝最好的墨汁就是采用朝鲜的松烟制作的，当时非常有名。中国和日本的文化交往也是一样，中华文化影响了日本文化，同时也从日本文化中汲取有益的营养。仅就绘画来说，日本在北宋时派许多人到中国学习绘画，中国也派人到日本学画。汴京的市场上就出售日本画。折扇就是从日本传入中国的，折扇绘画大概也源于日本，并成了中华艺术的一个组成部分。宋人对日本画的扇面评价很高，认为“意境深远，笔势精妙”。中国同东南亚的文化交往也很久远，中华文化不但深深地影响了东南亚文化，同时也吸纳了东南亚的有益文化。一些中药材、工艺品都采自东南亚，包括一些农作物，以后都成为中华文化的一部分。丝绸之路的开通，中国同中亚、西亚和东非诸国交往频繁。在经济贸易中，也同时进行了大规模的文化交流。一些乐器、音乐、中药材、农作物大量进入中国，可以说，凡是带胡字的，都与西域有关，这都被中华文化所包容。目前中国的音乐，有相当大的成分来自西域，既有中国西部少数民族的创造，也有中亚、西亚、东非诸国的发明，都已融入中华文化之中。包括建筑艺术、天文、数学、服装等，都可以看出吸收了西域文化的有关内容。佛教是古印度的国教，传入中国后，同中国的儒学和道学相结合，形成了中国式的宗教，而且成为中国传统文化的重要组成部分，也被中华文化所汲纳和包容。

由于地理的原因，中华文化同欧美文化交往较晚，西方人对中华文化也始终抱有神秘感和偏见，但中华文化对西方的影响也是显而易见的。四大发明被用于西方，推进了科技的发展，也促进了生产的发展。中华文化中也吸纳了大量西方文明中的有益成果，特别是科技成果、工业文明的成果。可以说，中华文化就像广阔的大海，她是开放的、包容的、多元的，这个本质特性决定了中华文化生生不息的无限能量和永不枯竭的发展动力。

以上六个方面，仅是在学习中的一些粗浅感悟，由此可以看出，马克思主义的普遍真理性和中华文化的优秀质底，都是人类文明的伟大成果、精华所在，两者的完美结合，产生了更新更伟大的光辉思想，中国特色社会主义思想，中国化的马克思主义思想。坚定我们的文化自信，在学习马克思主义经典著作的同时，注意同我们的实际很好结合起来，这对我们深刻认识和领会中国特色社会主义思想是十分有益的，特别是对深刻学习领会习近平新时代中国特色社会主义思想的伟大意义和巨大作用是十分有益的。

# 再谈马克思主义为何能在中国取得成功
## ——关于“四个自信”的学习与思考（五）

（2021 年 4 月 28 日）

吉炳轩

前文讲了马克思主义之所以能在中国取得成功，有一条很重要的原因是文化因素，即中华文化的阔大包容和同马克思主义光辉思想的高度契合，感到意犹未尽，这里还要再述几句。

真知还要重申：中国共产党的胜利，是马克思主义的胜利，马克思主义中国化的胜利，是中国特色社会主义制度的胜利，中国特色社会主义道路的胜利，也是光辉灿烂、博大精深的中华文化、中华文明的胜利。

马克思主义能够在中国取得成功,可以从不同的角度、不同的方面找出许多成因,总结提炼出许多经验,诸如中国共产党领导的坚强,中国共产党领袖的英明,中国共产党理想的崇高,中国共产党旗帜的火红,中国共产党组织的严密,中国共产党队伍的坚强,中国共产党作风的过硬,中国共产党纪律的严明,中国共产党胸怀的博大,中国共产党意志的坚定,还有中国共产党根基的牢固,中国共产党使命的光荣等等。在这些众多的成因中、经验中,马克思主义同中国的实际相结合,形成了中国化的马克思主义来指导中国的革命斗争和建设事业,使中国共产党不但有了先进的方向,而且有了科学的理论指导,这更是一条很重要的成因,而且是十分宝贵的经验。正是在这一科学理论、光辉旗帜的指引下,才汇聚起了强大的革命力量,一代又一代共产党人始终高举这面旗帜攻坚克难,奋勇前进,夺取了一个又一个的伟大胜利。

旗帜就是方向,旗帜就是力量。马克思主义中国化的科学理论威力无穷,光芒万丈。

马克思主义产生于西方,是在资本主义的土壤中产生发展并壮大起来的,并指导俄国十月革命取得了成功,指导欧洲不少国家获得了丰硕革命成果。但经过70年的发展,苏联解体了,中东欧曾实现社会主义制度的国家也多都政权易人,纷纷倒台变质了,使国际社会主义运动遭到重大挫折。当然,这不是马克思主义的失败,不是社会主义制度的失败,而是对马克思主义的机械、教条地执行,甚至错误理解和错误修正所造成的恶果,实质上这是对马克思主义的背叛。而居于东方的中国,在世界敌对势力猖獗,马克思主义遭受围攻、反叛的浪潮中,却能勇立潮头,始终高擎马克思主义的光辉旗帜,始终坚守社会主义的发展道路,始终坚持共产党的坚强领导,在惊涛骇浪中勇往直前,而且更加坚定、更加坚强,更加雄壮、更加繁盛,不但坚持了马克思主义,而且还发展了马克思主义,使马克思主义焕发出更加旺盛的生机和活力。为什么马克思主义能够在中国取得成功?除了前面概括谈到的几个方面外,不能不说这与中国的优秀文化、灿烂文明也是有很大关系的。

中华文化有其深厚的根基、丰富的内涵和独特的魅力,马克思主义能走进中国,并在中国落地生根,开花结果,取得实践的成功并大放异彩,这不是偶然的,而是在偶然中显示出了必然。如果说马克思主义被引进中国是有诸多的偶然因素,主要是信仰马克思主义革命先驱们积极引进的因素,那么来到中国后,很快被中国的先进分子所接受并广为传播、积极实践,发展成了中国化的马克思主义,成为具有鲜明时代特征的中国先进文化,成为了治国安邦、兴业强盛的指导思想,成为了共产党人的行为规范,那则就是必然的了。这个必然就在于马克思主义的先进思想同中国深厚茁壮而优秀的文化高度契合,其精神实质有许多是相通的、相同的、一致的。正因为相通、相同、一致,才能够有机融合,成为一体,产生出代表时代进步潮流的中国化马克思主义,才能够成为科学的理论,用于指导中国的革命运动与建设实践,才能被中国人所接受、所拥护、所遵循。

这里再列举几例:

——马克思主义关于建设社会主义、最终实现共产主义的崇高理想,同中国人民几千年来无数仁人志士孜孜以求的大同世界的美好愿望是相通的。这个观点前文已经提到,但是最根本的、最关键的,所以再提出来加以论述。马克思主义所追求的理想社会是没有剥削、没有压迫、没有贫穷、没有差别,人人可以各尽所能、各取所需的社会生活,而这一生活目标,在中国2000多年前的仁人志士们就已提了出来,并做为一种美好的愿望去追求。中国人向往大同世界,即天下为公,选贤任能,人没有私心私欲,老有所养,幼有所教,男有工作,女有归宿,所有丧失劳动能力的人都能得到赡养而能吃饱穿暖,衣食无忧。这同马克思主义的理想社会是契合的,几千年来中国人一直作为一种美好的向往而追求,并以此来衡量现实生活中的种种不良和不公现象。所不同的是,马克思主义所提出的共产主义理想社会是在生产力高度发达,物质极其丰厚的基础上才能实现的,而中国人所追求的大同世界是传说中的原始公社制度下的生活状态,是在物质极度匮乏的条件下的天下为公,世界大同。尽管共产主义理想社会和大同世界向往追求从内涵到条件都有不同,但追求美好生活的目标则是一致的,共产主义和大同世界在本质上也是契合的、相通的,都是天下为公,公平公正,没有剥削和压迫,人人都能安乐地生活,所以中国人看待和接受马克思主义就是亲切的、顺利的,而没有违和感、抵触感。这也说明,人类社会的伟大思想家、政治家、志士仁人和有大智慧的圣贤们,都在从人类社会的丰富实践和艰难曲折历程中来寻找发现人类社会发展运动的规律和设想提出最终最为理想的奋斗目标。

——马克思主义关于革命的理论，主张用革命的手段来推翻腐朽的制度和反动的统治，以此来解放全人类，建立起无产阶级专政的新的国家机器和新的社会制度，号召全世界无产者联合起来，为实现共产主义而斗争，这同中国人民几千年来，不畏强暴，反对压迫，反对剥削，反对处事不公、贪污腐化的斗争，而争取公平公正的社会生活精神是相通的。马克思主义在革命的实践中认识到了革命不是请客吃饭，不能依靠劝善说教就能使反动势力放弃其反动统治或就能推翻其反动制度，而必须要组织起来进行革命斗争。中国几千年来同反动的腐朽的统治进行了无数次的激烈斗争，从提出“帝王将相宁有种乎”，到“舍得一身剐，敢把皇帝拉下马”，都是运用革命的手段来进行斗争。在中国的历史上，革命斗争就从来没有停止过，尽管不是由革命政党组织的无产阶级革命，而政党革命和政党制度是进入近代社会以后才有的，是现代社会才兴起的，但都是反对压迫的，都是由劳动人民所掀起的革命运动，革命的愿望都是一样的，都是为了能过上好日子，是为了天下的穷苦人有地种、有活干、有饭吃。革命、改革、斗争，这在中华文化中是占据着十分重要的地位的，是贯穿在中华文化的历史长河之中从不间断的。马克思主义的革命精神，同中华文化中反对社会不公的斗争精神是契合的，在本质上也是相通的。中国人能顺利接受马克思主义的革命理论，这是很自然的事，也是很乐意的事。

——马克思主义关于矛盾的学说，矛盾对立统一又有条件相互转化的观点，这同中华文化中的万物都是阴阳对立而又统一的统一体和阴阳互为作用的观念也是相通的。这一观点我在前文中也提到，但还要进一步进行阐释。马克思主义认为任何事物都是矛盾的，这个矛盾是对立的，又是统一的，矛盾着的双方是相互斗争的，也是相互融合的，在一定的条件下，矛盾是互为转化的，要么变强、要么减弱，要么转化为另外一种矛盾。看待认识和处理社会事物，重在分析矛盾，解决矛盾，利用或创造条件去促使矛盾转化。这是马克思主义学说中十分重要的一个观点，也是在马克思主义革命的学说中起着主导作用的重大观点。在中国的传统文化中，认为任何事物都是有阴有阳、阴阳合抱为一的融合体。世上的所有事物都可以归为阴阳之体，如昼为阳，夜为阴；日为阳，月为阴；男为阳，女为阴；南为阳，北为阴；山为阳，水为阴等等。阴阳是共生的、共荣的、不可分离的，但有时又是相互矛盾互为作用的。这实际上也是矛盾的观点，是认识事物、分析事物、解决矛盾的哲学方法。所以中国人接受马克思主义关于矛盾的学说，是没有认知障碍的，而是十分顺畅的。当然，马克思主义关于矛盾的学说和中华传统文化中关于阴阳的学说，不能划等号，不能把矛盾学说就看成是阴阳学说，或把阴阳学说就看作是矛盾学说，但用矛盾的观点来更深入地理解阴阳之说，或用阴阳学说来接纳矛盾的观点，就能更加深刻认识和丰富中华文化关于对事物的认知和处理方法。这是锦上添花之事，何乐而不为呢？

——马克思主义关于世界是物质的，物质是运动和变化的学说，这同中华文化中天下万物的运行都是按照金木水火土的五行原理而相生相克运动变化的学说也是相通的。马克思主义认为，世界是物质的，物质是运动的，运动着的物质在一定条件下是不断发生变化的。在世界万物中，包括人的精神和情感因素，物质始终是第一位的，处于主导地位的，即物质的第一性。中华文化在2000多年前也提出了世界是物质的论述，把世界万物分为金木水火土五种物质，即五行学说，并把五行学说用于所有万物的运行变化和相互作用，包括形容五方：东西南北中；用于五时：春夏秋冬和长夏；用于五味：苦辣酸甜咸；用于五脏：心肝脾肾肺等等。认为五行相生又相克，这才形成了千变万化的精彩世界，并用相生相克的理论来认识万物、分析万物、应对万物，处理事物和矛盾，包括用于治病救人，发展成为中医学说的核心理论。尽管马克思主义的物质学说同中华文化中的五行学说在理论的论述上是有许多不同的，但对世界物质的看法和物质是运动变化的认知，同中国传统文化中提出的世界是由五种物质元素构成，而且这五种元素是运动变化的、相生相克的，则也是契合的，相通的。用马克思主义的物质学说，来看待中国的五行学说，剔除五行中的生搬硬套一切事物和一些玄学的成分，则更能看清中国文化中最初提出的五行物质论的正确与深刻，这也是中华文化始终没有被宗教化的重要原因之一。

——马克思主义自然有其运行规律，社会也有其运动规律的关于规律的学说，同中华文化中关于“道”的学说也是相通的。马克思主义认为，自然界的万物都有其运行规律，统称自然规律，这个规律是个客观实在，是不以人的意志为转移的；认为，人类社会运行也有其一定的规律，尽管这个规律人类的认识和把握并不是很好，但规律就是规律，也是不以人的意志为转移的。处于很高的位置的人,拥有很大权力的人,掌握强大力量的人,虽然可以改写历史、创造历史,建立丰功伟业,但也只能顺应规律,而都改变不了自然和社会运行规律。中华文化中很早就提出了“道”的观念。道是什么？老子说看不见、摸不着,但能感知得到。中国古代思想家、哲学家所说的“道”尽管有许多不同,有儒之道、法之道、兵之道、医之道等等,其最为本质的内容则都是指自然运行的规律和人类社会运行的规律。“道”自然运行,不以任何人的意志为转移,所有的人都违背不了它,遏制不了它,而只能去认识它、顺应它。违背了它就招祸,顺应它了就得福;认识它了就是圣贤之人,违背了它就是愚笨之人。中国的古代哲学家、思想家都认为,天有天道,地有地道,人有人道。天道影响地道,地道影响人道。中国古代的哲学家们、思想家们还由此而引申出了为政之道、为人之道、处事之道,并总结出了四时耕作之道、战争用兵之道、防火防风之道、防水除涝之道等等,都是在强调要认识规律,把握规律,按照规律办事,并由规律制定出了许多规范行为的准则。这同马克思主义所强调的按规律办事是完全一致的,而且在中华文化中更为形象具体而深刻。

——马克思主义关于辩证唯物主义和历史唯物主义的认识论、实践论观点,这同中华文化中的因地制宜、因时制宜、因人制宜来看待处理事物的认识论和实践论观点也是相通的。马克思主义的精髓就是实事求是,客观辩证地看待一切。辩证法是马克思主义中的金钥匙,是认识和解决问题的最为有利有效的方法。马克思主义认为,世界是在运动变化中不断前进发展的,尽管有曲折、有变化,甚至有倒退,但总体是不断进步的。对任何事物都要发展地看、辩证地看,善于在困难中看到光明,在不利中寻找有利,不断推动历史进步。中华民族更深知这个道理,很早就提出了祸兮福所依,福兮祸所倚的观点。成书于 2000 多年前的《易经》,就充分而反复地论述了这个观念,特别强调人要知世知时知己,做到因时而动,顺势而为,而不可盲从盲动;要善于把握有利时机,学会避开不利时机,做到趋利避害;强调社会是不断发展进步的,事物是不断发展变化的,任何事物都不是一成不变的,社会的发展是与时消息的,与时俱进的。特别强调,办任何事情都要把握好度,过犹不及皆不可行。事盛则衰,物极必反。这些辩证思维的观念,是深入到中华文化的精髓之中的。唯物论、辩证法在中华文化中始终是处于主导地位的。马克思主义的辩证唯物主义和历史唯物主义,实事求是的思想观念,可以说同中华文化中的唯物论、辩证法和唯真求实是完全吻合的。实事求是这四个字就是 2000 多年前提出来的,虽然当时讲的是治学,但其内涵是一致的。

综上所述,就可以看出马克思主义同中华文化有诸多相通相同和一致之处,这就使马克思主义在中国落地生根、开花结果有了丰富肥沃的土壤。但这也不能截然地说,马克思主义就等同于中国优秀的传统文化,那也是不当的,而只能说就其一些思想观念来说,有许多相通相同之处。因为马克思主义是无产阶级的先进学说,是产生于资本主义时期,同资本主义进行斗争的学说,也是近现代和当代最先进的学说。马克思主义来到中国这块沃土上,由于中华文化的阔大包容和优秀基因,其中的进步内容同马克思主义的先进思想高度契合,并由产生出中国化的马克思主义:毛泽东思想、邓小平理论、“三个代表”重要思想、科学发展观、习近平新时代中国特色社会主义思想,这些不同发展阶段的光辉思想,才使马克思主义能够在中国大放异彩。党的十八大以来所形成的习近平新时代中国特色社会主义思想,把马克思主义同中国的改革发展实际和优秀文化结合得十分紧密而精彩。习近平总书记的许多讲话,用中国的历史事件、典故和中国化的鲜活而朴实的语言,阐述了马克思主义的深刻道理,为广大人民所拥护,并指引中国的改革发展一路向前,展现出了中国化马克思主义的极大魅力。可以说,马克思主义来到中国,同中国的实际相结合,融入到中华先进优秀的思想文化之中,形成了中国化的马克思主义,既指导了中国的革命和改革建设的实践,又丰富和发展了中国优秀文化,使中华文化更加光彩夺目、魅力四射并生机勃发、繁荣昌盛。

马克思主义不能照抄照搬,必须同当地的实际相结合,文化相融合。任何一个国家的文化都有其优秀的一面,也有其不良的东西,能敞开胸怀,吸收借鉴引进一切先进的文化,不断改造和丰富自己的文化,做到吐故纳新,改革创新,不断发明创造,就能永葆生机和活力。这是马克思主义之所以能在中国取得成功的实质和真谛。

# 世界政体是多种多样的
## ——关于“四个自信”的学习与思考(六)

(2021年4月29日)

吉炳轩

世界政体是多种多样的,可以说每个国家都是不同的,任何政治体制都是从本国的实际出发而产生的。从世界政体的多样性,就可以看出政治体制的一些基本特征,也是本质特征,从而进一步增强对我们所坚守的社会主义制度的无比自信。

要说清这个问题,需要首先对政治体制做些词语解释。

何谓政治体制?简单说,政治体制是政治制度的具体表现和实施形式。政治制度是指在特定的社会中,统治阶级为实现其政治统治和协调政治权力、利益关系而采取的一系列原则和方法的总和。主要内容包括四个方面:关于国家本质的规定,即国体,就是指社会各阶级在国家中的地位和相互关系;关于国家政权组织形式的规定,即政体,就是指一个国家统治阶级采取什么形式组织自己的政权机关;关于国家结构制度的规定,就是指国家的中央政权机关与地方政权机关、整体与局部之间相互关系的制度安排,主要分为单一制国家和复合制国家;关于各类具体制度的规定,就是指保证国家机器正常运转和社会政治生活有序进行的运行规则,主要包括政党制度、立法制度、行政制度、司法制度、选举制度、公务员制度、监督制度、军事制度等。

马克思主义认为,国体与政体是一个统一体中不可分割、互相联系的两个方面,国体需要相应的政体来实现,政体由国体来决定并为其服务。国体和政体结合常常出现错综复杂的情况,相同性质国家可以表现为不同政体,不同国体也可以采用相同政体,根本原因在于世界各国的国情不同。从世界各国政治发展变化的历史传统因素和现实国情状况来看,除社会主义国家实行人民代表大会制度和人民会议制等政治制度外,资本主义国家政治制度主要有以下类型。

**一、君主立宪制**。这种政体是指国家君主为世袭国家元首,但其权力受到宪法和议会限制的政权组织形式。按照君主掌握权力的大小,一般分为二元制和议会制两类。

二元制君主立宪制是资产阶级和封建主阶级分享权力、相互妥协的产物,国家有政府和议会两个权力系统的政权组织形式。这种政体的重要特征是君主权力虽然受到宪法和议会限制,但国家实际权力并未被议会掌握,真正权力中心是君主;政府部长由君主任命并对君主负责,但不对议会负责;君主有解散议会、否决议会决议,以及不经过议会颁布非常命令的权力;宪法是钦定的,不是议会制定的。现在世界上仍有约旦、科威特、尼泊尔、摩洛哥等国家采用二元君主制政体。

议会制君主立宪制是一种由议会中多数党掌握政权,但仍保存着没有实际权力的君主的政权组织形式。这种政体是现代一些资本主义国家的政权组织形式,其议会权力比二元制君主立宪制下的议会权力大大增强,议会成为国家最高立法机关,君主是象征性的国家元首,权力大大减弱,职责只限于签署法律、主持集会、接见外宾等礼仪性活动。英国、日本、荷兰、比利时、卢森堡、瑞典、挪威、丹麦、泰国等都是议会制君主立宪制国家。但这些国家君主的权力和影响也是各不相同的,有的还掌握有很大权力,还有一定的“圣旨”作用,如日本、泰国等,这也与国情和文化有关。英国的女皇虽然权力不大,但其公众影响力也要比北欧一些国家的君主高很多,这也是国情不同而有别。

**二、民主共和制**。这种政体是国家代表机关或国家元首由选举产生的一种政府体制或国家形式。要说明的是,社会主义共和国与资本主义共和国虽然都叫共和国,但在本质上是不能相提并论和混为一谈的。在资本主义制度下,资产阶级统治的普遍形式是所谓的民主共和政体,行使国家最高权力的是总统、议会和内阁,在形式上都由选举产生,但这些机构产生的程序、任期、拥有的职权以及相互关系各国也都不尽相同。

根据资本主义国家总统、议会和政府之间的相互关系,所谓的民主共和制又分为以下四种类型:

一是议会内阁制，就是国家由内阁（总理或首相）总揽行政权力的政府组织形式，内阁由执政党组成，执政党领袖担任政府首脑，内阁成员兼任议会议员，执政党既控制议会又掌握政府，使议会和内阁在重大问题上保持一致，但议会在一定条件下可以对内阁提出不信任案，内阁要么解散议会，要么总辞职。国家元首不是内阁成员，不领导内阁，也不负实际行政责任，属于虚位元首，国家行政权力完全由内阁和内阁首脑掌握行使。当代西方国家中，德国、意大利、芬兰、奥地利、葡萄牙、希腊、冰岛、印度、新加坡、捷克等国家的总统就是国家虚位元首。而国家政体同样属于议会内阁制的东欧国家，其议会制和西方国家的议会制又不相同，西方国家议会制总统是虚位的、权力是礼节性的，而东欧国家总统有虚位的，也有部分是实位的，但其权限相对较小。匈牙利、捷克、马其顿、阿尔巴尼亚、斯洛文尼亚等国的总统就是虚位的，波兰、保加利亚、罗马尼亚、克罗地亚、南联盟、斯洛伐克等国总统和波黑的主席团主席除了以国家元首和武装力量最高统帅的身份行使正常职权外，还拥有有限的行政权。

二是总统制，就是政府不是由议会中多数党组成、不对议会负责，而只对总统负责的政权组织形式。实行总统制的国家，立法机关、行政机关和司法机关三权分立，总统既是国家元首，又是政府行政首脑，掌握国家最高行政领导权，政府官员由总统任免，总统由全民投票直接或间接选出，任期由国家宪法规定。美国是资本主义国家中最典型的总统制共和国，被美国标榜为是最为完美的政体，也被一些国家的政客们所吹捧和仿效。这主要与美国凭借其军事、经济、科技实力，强力向外输出自己的政治制度有关。2021年发生的新冠肺炎疫情在美国疯狂流行，大肆肆虐，至今仍在疯狂流行，原因有很多，但不可否认，其制度弊端也尽显出来。2020年末到2021年初美国的总统选举中出现的乱象和闹剧，也足以说明这一制度的弊端，说其是最完美的，则完全是吹嘘之词。现在实行总统制的国家还有墨西哥、巴西、哥伦比亚、哥斯达黎加、委内瑞拉、斯里兰卡、菲律宾、印度尼西亚、孟加拉国、肯尼亚、韩国等。相对于西方资本主义国家，亚洲、非洲、拉丁美洲地区的第三世界国家总统制更具有浓厚的总统集权色彩。俄罗斯和中亚五国的总统制具有自己的特殊性。俄罗斯在1993年正式确立总统集权体制，主要表现为强总统、弱议会、小政府，总统拥有极大权力，决定国家内外政策，直接任命政府成员，具有强有力的否决权，有权解散议会，议会很难监督和罢免总统。俄罗斯第一任总统叶利钦当政的1998年3月至1999年8月，一年半的时间里总理就连换了5位，最短的任职不到3个月，这与真正西方式的议会民主制是有很大差别的。哈萨克斯坦、吉尔吉斯斯坦、乌兹别克斯坦、土库曼斯坦、塔吉克斯坦等中亚五国独立后，经过十几年探索，确立了有高度权威的总统制，不仅不同于西方，也不同于俄罗斯。总统是国家元首，领导政府工作，担任武装力量最高统帅，并通过法律规定延长总统任期或多次连任。哈萨克斯坦对首任总统退休后的权力与地位也作了规定。这些国家建立了职业化、小型化、职能单一的议会，并对议会权力进行诸多限制，使议会很难对总统权力进行监督。虽然也都建立了多党制，但政党在国家政治生活中的作用十分有限。

三是委员会制，就是国家的最高行政权掌握在委员会手中的政权组织形式。这种政体只有瑞士一个国家实行，联邦议会国民院、联邦院是最高立法机关，联邦委员会是最高行政机构，联邦委员会由联邦议会选举出7名委员组成，7名委员分别担任7个部的部长，任期4年，可以无限连选连任。联邦委员会在联邦议会的监督下负责执行联邦法律，决定国家行政事务，有权对军队发布动员令，协调联邦各州，对外拥有签订国际条约的权力。联邦委员会实行集体领导，所作出的政府决定必须有4名委员同意才能生效，任何个人不能单独行使委员会职权。联邦委员会从7名委员中选出主席、副主席各1名，主席作为礼仪上的国家元首和政府首脑，对外接受国书和从事外交礼仪方面的活动，对内负责主持联邦委员会会议，但没有最高裁决权。联邦委员会必须服从联邦议会通过的法律，接受联邦议会监督，联邦委员会无权解散议会，联邦议会也无权推翻联邦委员会，委员会成员不能兼任议会议员，不介入党派争斗。这种政体可以防止国家元首或政府首脑的个人专断行为，可以摆脱党派相争，但由于没有个人负责制度，很难形成集中统一的领导力量，只能在因地理、环境、民族、文化比较特殊的，像瑞士这样又比较富庶安宁，多年没有战争威胁的小国寡民的国家采用。

四是半总统制，就是总统既作为国家元首又掌握一定行政大权，组织领导政府，而政府必须接受议会监督、向议会负责的政权组织形式。这种政体既具有总统共和制特征，总统由普选产生，组成政府，掌握行政权，主持内阁会议，政府成员不能兼任议会议员，改变了议会制下总统没有实权的状况，还具有议会共和制特征，政府中设置总理，由总理领导政府活动，总统命令由总理或有关部长执行，政府向议会负责，议会可以通过不信任案追究政府责任。法国就是典型的半总统制国家，坦桑尼亚、赞比亚等国家实行的也是这种政权组织形式。这些国家总统的权力虽然不像实行总统制的国家总统的权力那么集中，而且根据每任总统的能力和影响不同，其总统的权威性也有所不同。制度因人而异，这在所有不同政体的国家都有所反映和表现。

**三、其他特殊政体。**除上述世界各国实行的政治体制外，还有一些比较独特的政治体制。

*一是君主专政制。*少数第三世界国家在继承王位世袭、君主独揽大权、没有立法机构等传统君主专政特征的基础上，吸收现代政治的一些内容，并按照现代国家形式来构建管理体制框架，但其政体形式很大程度上仍是君主专政政体构架，目前保持这种政体有沙特阿拉伯、不丹、阿曼、斯威士兰等国家。

*二是宗教领袖制。*世界上最小的微型主权国家梵蒂冈，是一个政教合一的城中之国，教皇既是君主又是国家元首，由枢机（红衣）主教团以三分之二的多数选举产生，终身任职，拥有最高的、不受限制的立法权、司法权和行政权，在国际社会中全权代表梵蒂冈。教皇作为世界天主教的最高领袖，拥有管理世界各国天主教会的最高权力，被称为“基督在世上的代表”。教皇任命领红衣主教衔的国务卿，领导国务秘书处，国务秘书处协助教皇行使其最高权力。教皇任命梵蒂冈行政、司法、教务各部门的负责人，枢机主教团和主教会议是教皇的独立咨询机构，在教皇的决策过程中发挥着重要作用。

*三是政教合一神权政体。*伊朗是当今世界上独一无二的全面实行伊斯兰化的政教合一的共和制神权国家，伊斯兰教什叶派中的十二伊马目派为国教，《古兰经》为最高法律。国家最高决策权属于宗教领袖，领袖权限包括任免宪法监护委员会宗教成员、司法总监、音像组织主席、武装部队参谋长、革命卫队司令以及武装部队和安全部队的司令；宣战或宣布停战；协调国家三权机构领导人之间的关系；颁发总统委任状，在总统有渎职行为或者议会认为总统政治上无能的条件下罢免总统等。宗教领袖由专家会议选举产生，专家会议可在领袖不称职或失去领袖地位和能力的必要条件时废黜领袖。伊朗实行“三权永远分立”原则，立法权由伊斯兰议会行使，行政权由总统和内阁行使，司法权由法院行使。总统既是国家元首又是政府首脑，但不是国家最高权威代表，什叶派的最高宗教领袖才是国家最高权威和共和国的领导者，而且权力很大，甚至是至高无上的。伊斯兰议会是立法机构，但议会通过的所有议案均需经过宪法监护委员会审查，批准后才能成为法律，监护委员会是实际上的最高立法机构。

**四是酋长国体制。**阿拉伯联合酋长国的政治体制不同于海湾其他伊斯兰国家，也不同于西方议会制国家，具有自己独特之处。阿联酋由阿布扎比、迪拜、沙迦、阿治曼、乌姆盖万、富查伊拉、哈伊马角等 7 个酋长国组成，在联邦的统一领导下，除联邦国防、外交和有关法律法令统一外，各酋长国拥有较多独立性和自主权。各酋长国首领组成联邦最高委员会，各首领在本邦内部都是世袭君主，他们一方面以君主身份在本邦实行家族统治，同时作为联邦最高领导负责处理联邦事务，使家族部落统治与国家政权紧密结合，共同领导联邦国家。根据阿联酋宪法规定，联邦最高委员会主席、副主席是国家元首，实行任期制，实质上阿联酋是由世袭君主集团领导的联邦君主制国家。在阿联酋，伊斯兰教是国教，贯穿于阿联酋政治、文化、家庭和社会生活的各个领域，但联邦一级的立法和决策机构中没有宗教职能机构，最高委员会和全国委员会成员均不能以宗教人士身份参与决策，法律法令均不涉及意识形态、信仰和传统习惯，宗教对政体的影响明显小于伊朗和沙特阿拉伯，联邦政权在中央一级从形式上看仍然是一种世俗政权。

由此可以看出，仅从大的分类来看，世界政体是多种多样的，即使同一类型的政体，在具体的实施过程中也是有所不同的，绝对一模一样刻板式的政体是没有的。政体的多样性，是由各国的国情决定的，即历史、经济、文化，包括地理、民族等因素，也包括战争、殖民等原因，都影响到政体的形成和发展。政体的好坏优劣不在别人怎么看，要看是否符合本国的国情和人民意愿，是否能够推动社会进步，使人民富裕，国家强盛。

# 政体是由国情决定的
# ——关于“四个自信”的学习与思考(七)

(2021 年 4 月 30 日)

吉炳轩

政治体制是人类政治文明长期发展的结果,任何一个国家的政治体制都是历史文化传统和现实国情实际相结合的产物,都有其存在的历史条件和现实依据,其形成和发展都是在各种因素相互作用的影响下,建立起有利于政治权力有序运行、维护统治阶级利益、保障社会稳定发展和促进公民政治参与的制度规范。

**一、经济因素的影响。**

经济基础决定上层建筑,国家的经济增长状况、经济结构、经济体制和收入分配等都会对政治力量、政治结构以及政治体制的发展产生重要影响。经济基础与上层建筑不适应,劳动者就会缺乏生产物质的积极性和进行技术革新的创造性,社会物质财富就不能正常增长,人民就不能安居乐业,就会产生各种矛盾、冲突、斗争,最终作用、影响、反映到政治生活领域,推动政治体制不断发展和完善。

众所周知,美国是一个联邦制国家,但独立之初的美国却是一个组织松散的邦联国家。早在美国独立战争开始后的第二年,即 1776 年,第二届大陆会议就通过了《邦联和永久联合条例》,明确规定美国只是各州之间一种“亲密的联盟”,各州拥有“主权、自由和独立,以及其他一切非由本邦联条例所明文规定授予合众国的权力”,国家不设总统,邦联中央是由各州选出 2—7 名代表组成的邦联国会,邦联国会既是最高立法机构也是最高行政机构,每个州在国会中只有一票表决权,行政事务由邦联国会根据需要设立一些委员会和行政官来处理,国会休会期间由委员会代行行政权力,邦联中央不能任意行使权力,必须得到至少 9 个州的授权。显然,邦联制对于美国作为一个整体国家的政治经济发展是不利的,邦联中央所拥有的权力不能有效处理国家面临的各种风险挑战,特别是攸关国家整体发展的经济、政治、外交政策的制定都要受到各州制衡,一旦州与州之间意见相左、利益发生冲突,就很难达成共同政策。美国独立不久,就遇到过三个方面的严重挑战:经济衰退,从 1783 年至 1786 年,国内工人大量失业,农民相继破产,困难矛盾重重;由于捐税激增、社会严重不平等,引发过马萨诸塞州西部农民大起义;邦联中央无权实行关税保护政策,英国、荷兰、法国和西班牙等国商品潮水般涌入,对美国民族工商业造成严重冲击。这些矛盾和挑战迫切要求邦联国会修改《邦联条例》,进一步强化中央政府权力。1787 年 5 月,邦联国会召开代表会议,商讨修改《邦联条例》,建立拥有立法、行政和司法最高权力并对国家进行坚强领导的中央政府成为会议的中心议题。历经近 4 个月时间,国会通过了《美利坚合众国宪法草案》,1789 年 3 月新宪法宣告生效,标志着美国以立法、行政、司法“三权分立”为核心的联邦制国家政治制度正式确立。

同美国相比,法国与美国建立资本主义体制的国家时间都是 200 多年,美国的政体基本上一直没有大的变动,而法国政体呈现出频繁变动和形式多样的特点,先后经历了君主制、帝制和共和制的多次演变,180 年的时间里就实行过 15 部宪法,到 1875 年才确立为议会制共和政体,到第五共和国又演变为半总统制共和政体。法国政治制度多变的原因是多方面的,其中一个重要原因就是法国的资产阶级不够强大,国家工业化进程缓慢,小生产经济长期占主导地位,资产阶级政治统治难以得到巩固壮大,法国资产阶级革命的基本任务到 1830 年七月革命后才基本完成,而反对专制王权和教权主义的斗争一直延续到第三共和国初期才告胜利。随着法国资本主义的不断发展,资产阶级政治和经济力量的日益强大,19 世纪 70 年代后法国的政治体制才逐步相对稳定下来。

经济问题对政治体制形成的影响在东南亚国家也体现得十分明显。第二次世界大战后初期,东南亚各国纷纷走上民族独立、自由发展道路,由于其民族独立解放受西方思潮的影响,包括西方社会的支持,甚至操弄,大部分国家政治体制都照搬西方式的多党议会民主制,但这一制度先后遭到失败或强力终止,其根本原因在于西方式的议会民主制在东南亚缺乏与之相适应的经济基础，不得不重新探索选择适合自己国家经济发展的政体。当时的东南亚各国仍然是以落后的农业经济为基础的发展中国家，农民是国民的主体，国民受教育水平很低，以私有制工商业经济为基础的坚强有力的中产阶级还未形成，西方式的多党议会制在这样的国家和这样的经济基础下自然就缺乏正常发挥功能的土壤。

**二、历史因素的影响。**

人类社会是一个持续发展的过程，任何国家的现状都是历史长期发展的结果，民族心理、民族性格和传统观念必然影响人们的政治行为，影响政治体制的演变和调整。

英国是最早进行资产阶级革命的国家，1640 年爆发的资产阶级和新贵族领导的“光荣革命”推翻了封建王朝统治，英国国会相继通过并颁布《权利法案》和《王位继承法》，确认国会是凌驾于国王之上的最高立法机构。有效削弱和限制国王权力，扩大国会权力，标志着君主立宪政体的正式确立。在君主立宪政体中，英国国王只具有象征性的地位和权力，但按照习惯和英国人的观点，国王被看成“一切权力的源泉”、“国家的化身”，国王在英国政治生活中不是可有可无的，而是国家政治制度中不可忽视、不可替代的重要组成部分，其精神统治作用是不可估量的。特别是随着资本主义的发展，国王和王权不再是民主政治的对立物，而成为维护资产阶级民主的重要力量。一直以来，英国国王具有作为国家统一和民族团结的象征、联系英联邦各成员国的纽带、资产阶级维护其统治的后备武器、调节各政党之间关系的“缓冲器”、向首相和大臣提供意见和建议、保证宪法一些惯例得到贯彻实施等作用，这也是英国数百年来没有发生社会动乱和剧烈变革、保持政局稳定的重要原因之一。正如恩格斯在 19 世纪评价英国君主制时所指出的：英国宪法没有君主政体是不可能存在的，去掉王权，整个这座人造的建筑物就会倒塌。

日本现代政治制度的形成同样受到历史因素影响。公元 4 世纪中叶，日本成为统一国家，大化改新后实行古代天皇制，闭关锁国国策导致日本社会落后、发展缓慢。19 世纪 50 年代，美、英、法、俄、荷等国相继迫使日本签订不平等条约，日本面临严重的半殖民地化危机。从 1868 年起，日本推行“明治维新”改革，使日本走上了资本主义发展道路。1889 年，日本明治天皇颁布《大日本帝国宪法》，确立了具有浓厚封建专制色彩的资产阶级政治制度——君主立宪政体，此后日本军国主义迅速膨胀、开始对外侵略扩张。1945 年 8 月，日本天皇宣布无条件投降。由于日本特殊的历史以及国民对天皇的认同意识特别强烈，美国占领当局为了迎合国际舆论，以达到利用天皇制对日本进行统治的目的，废除了专制天皇制，仿效欧美资产阶级议会民主制，建立了名义上保留天皇，实行立法、行政、司法三权分立原则为基础的资产阶级议会内阁制。尽管日本天皇的实权被剥夺，不再是国家最高统治者，变成了国家象征，其神格也被否定，但由于一千多年的天皇制度，使天皇在日本国民中仍然有很大影响，天皇制度作为一种精神力量依然在日本政治生活中发挥着不可低估的作用。

**三、宗教因素的影响。**

宗教作为一种精神力量，影响人们的思想意识，引导人们做出行为选择。世界上很多国家宗教与国家政治体制相结合，影响国家政治体制和政治组织的选择与设置，甚至有的国家还存在宗教政党，进而影响国家政治及社会生活。

佛教在东南亚许多国家文化中居于中心地位，公元 11—14 世纪小乘佛教文化圈的形成与缅甸、泰国、柬埔寨等国统一的封建国家建立都有着密切联系，在殖民主义者入侵东南亚国家前，小乘佛教仍然保持着独尊地位。在封建统治时期揉合婆罗门教思想的佛教把国王描述成神王、法王，形成以国王为权力顶峰的世俗官僚等级体制，为封建君主统治合法性提供依据。第二次世界大战后，东南亚国家纷纷摆脱殖民统治获得独立，在信奉佛教的国家政治制度发展过程中，佛教发挥过重要作用，最为典型的就是泰国和缅甸。

泰国在二战后选择君主立宪制，当时的泰王普密蓬·阿杜德大力扶持佛教发展，得到全国佛教徒的拥护，佛教逐步发展为主导教派。泰王作为国家最高元首和佛教最高领袖，对国家政治和社会生活影响很大，其所确定的宪政制度不可避免地带有鲜明的宗教色彩，佛教的一些基本思想一直是泰国历代政权合法性的重要来源，对泰国威权政治的产生及其合法性起着决定性作用。1932 年以来，泰国政局风云变幻，军人集团长期把持政权，政党纷争不断，政府更迭频繁，泰国政治始终在抗议、选举和军事政变的交替反复中艰难地向宪政民主化迈进。每当泰国发生大规模骚乱和群众抗议活动时，泰王都会在关键时刻出面平息事端，尽管先后发生 17 次军事政变，但君主立宪制的政治体制始终没有改变，其经济社会仍然持续发展，这与佛教的作用有很大关系，也充分说明佛教对泰国人信仰、尊严、忠孝的价值观以及社会各阶层和团体之间的关系、行为有着重大影响。

缅甸独立后曾选择了社会主义制度，但1948—1962年间担任缅甸总理的吴努的政治思想就带有浓厚的佛教色彩，他提出的“佛教社会主义”偏重于将小乘佛教教义与“社会主义”结合。而后来推翻他的奈温的“缅式社会主义”则融缅甸民族主义、传统南传上座部佛教教义、军人强权政治和传统社会主义于一体。尽管现在缅甸已经舍弃了社会主义制度，但佛教对其政治体制的影响仍然存在并继续发挥着作用。

菲律宾原本是一个信奉佛教和伊斯兰教的国家，西班牙人入侵后将西方文明尤其是基督教带到了该岛，基督教最终超越伊斯兰教成为最主要的宗教。现在国民中约有84%信奉天主教，4.9%信奉伊斯兰教，少数人信奉独立教和基督教新教，华人多数信奉佛教。基督教登上国教地位后，动摇了支撑原有政治制度的政治文化基础，使菲律宾在美国殖民统治时期以及此后建立的政治制度中都深受其影响，进而确立了以基督教为精神支撑的总统共和制。

**四、文化因素的影响。**

政治文化是一个民族在特定时期的政治态度、信仰和情感，是人们对政治关系、政治体系、政治行为、政治发展等共识状态基础上的一种心理倾向、价值取向和行为导向。人们在实践中形成的认知态度对政治行为有着重要的强制作用，这种作用直接决定着人们对现行政治制度的认同或对未来政治制度的选择。政治文化对政治制度的建立无疑具有十分重要的导向作用。

第二次世界大战后，东南亚各国大都走上了威权政治道路，在威权政治发展进程中，中国儒家传统政治文化中的伦理思想、人本主义、德治思想、“大一统”的中央集权思想以及印度文化、伊斯兰文化，都起到过重要作用，并在一定程度上影响了东南亚各国政治发展。

新加坡是一个以华人为主体的国家，中国传统政治文化尤其是儒家“王道”政治文化与西方民主政治文化一同深植其政治制度之中。新加坡的政治制度被称为东方式民主制度，充分体现了民主与威权相结合的特征。从新加坡独立开始，人民行动党就确立了构建威权政治的体制选择，首先是控制国会和内阁，制定有利于维护威权政治的法律和政策，为建立威权政治奠定政治和组织基础；其次是强调“好政府”的价值认同，制定经济发展导向目标，确定主导产业，运用政府力量进行扶持，适时调整产业结构，促进经济整体协调发展，通过执政绩效来加强执政的合法性；再次是树立和维护领袖权威，利用掌控的媒体大力宣扬人民行动党领袖，不惜干预司法和以诽谤罪打压反对党；最后是通过推行社会福利工程，提高人民生活水平，不断扩大行动党的执政基础和资源。同时，新加坡实行多党政治、议会内阁的民主体制，民主是其政治的重要元素，法治是其遵循的治国原则。如通过修改宪法，设立非选区议员和非选举议员；实行请愿政治，有意识地设立政治反对派，以维持政治多元和政党竞争的公众印象；修改总统选举办法，赋予民选总统更多和更实际的权力；奉行国家合作主义，建立半官方的基层组织，以增加民意表达和收集渠道。

印度尼西亚曾深受印度文化影响，早在公元前印度人便进入印尼并影响其建立了奴隶制国家，随后将印度种姓制度移植进来作为统治社会的基本制度。13世纪末，伊斯兰教进入印尼并迅速广泛传播。16世纪末，印度教王国消亡，伊斯兰教成为印尼国教，融入印尼的政治文化中，该文化的政治认同和民主合法性成为印尼总统内阁制这一民主制度的有力支撑。“人主合一”的核心学说成为印尼民主制度中具有威权主义特征的精神力量。

**五、地理环境因素的影响。**

地理环境是社会存在和发展的经常的、必要的外部条件，包括气候条件、陆海位置、地势形态等因素。不同的地理环境往往使一些国家形成不同的经济基础，不同的经济基础又会造就不同的政治制度、传统文化和宗教信仰。一个国家政治制度的形成和发展包含地理环境因素的影响，但这种影响不是直接的，也不是主导的，更不是决定性的，更多的是和经济、历史、文化和宗教等多方面因素综合作用影响其政治制度的确立。我们既不能夸大地理环境的作用，但也不能因为其影响没有被直观地感受到而否定这种作用。

中国周代分封制和古希腊城邦制作为东西方政治制度发展的两种模式，其产生就都受到了当时所处地的地理环境的影响和制约。中国文明产生的黄土地带，地势开阔，土地肥沃，季风气候带来定期而充沛的降水，黄河、长江两大河流的泽惠与泛滥也催生了农业发展和水害治理，这种条件更适合农业发展，适合小农经济发展。当时中原成了兵家必争核心地域，特别是塞外游牧民族因为没有发达的农业，在食物短缺情况下南下攻掠成为常事。在这样的生产水平下，尤其需要一个专制有力的政府控制，以便更好地集中发展农业、治理水害和巩固国防。周灭商后，按照宗法制实行分封，以周天子为尊，天子是诸侯的宗主，诸侯是天子的守臣，天子通过控制各诸侯来掌控天下、实行专制。包括阡陌的划分，实行井田制，乃至战车的出现，战争的形态，也都与地理环境有关。

古希腊地处东南欧，位于巴尔干岛最南端，南临地中海，北靠阿尔卑斯山的东部余脉，境内多山多河，典型的地中海气候使这片土地适宜种植大麦和橄榄。当时古希腊交通并不发达，散居在各地的人们在各自适宜的地方建立城市，囊括了周边乡村，形成了构成古希腊最基本的政治单位——城邦。随着陆地交通的拓展和海上航线的开辟，各城邦之间交流日益密切，特别是希腊三面环海，相对发达的航海业使海上贸易繁荣、商业兴盛。正如斯塔夫里阿诺斯在《全球通史》中所写："城邦能够长久地存在的一个重要原因就是希腊群山密布，不具备大一统帝国所需的地缘政治基础；另一个原因就是希腊多数城邦都拥有直接的出海口，这使他们不仅在智力方面能够与外部世界直接交流，而且能够独立维持并发展自己的经济"。商业经济的繁荣发展，要求明晰权利与义务，保障商贸有序进行，这也必然要求经济上的民主与自由，延伸到政治上，民主共和就成为古希腊管理商业文明的最佳选择。尽管这种民主很原始，仅限于奴隶主阶级和自由民众，甚至带有暴政色彩，但毕竟开了民主先河。

处于欧洲中部的德国，除北面临海，其他各面都是陆地并且被许多邻国包围，受海外通商影响弱于并晚于其他沿海国家，封闭性比较强，导致近代以来德国经济、科技等发展落后于意大利、法国、英国等国，政治发展也长期落后于其他西欧国家。德国是在1871年才实现国家统一，到第一次世界大战才成立魏玛共和国，于1933年又蜕变为纳粹专制国家。对于1945年前的德国而言，英国、法国乃至于美国是它的"西方"，第二次世界大战后德国才开始"全盘西化"，完全融入西方世界，加快了西方所谓的民主政治进程。

仅就以上诸国的政体建立和演变就可以看出，一个国家政治体制的形成、发展和完善是由多种因素形成的，既有客观的历史、经济、文化等因素，也有主观的战争、宗教、领导集团的意志等人为的因素，是主客观因素共同作用的结果。历史地、客观地看待政治体制的形成和发展，对于我们增强道路自信、理论自信、制度自信、文化自信是十分有益的。

# 任何政体都是有根有源的
## ——关于"四个自信"的学习与思考（八）

（2021年5月1日）

吉炳轩

任何一个国家的政治体制都是有历史根源的。历史不能割断，也无法割断。研究政治体制的形成和发展，也必须要追溯其历史根源。这里仅就我国的政治体制来谈。

从第一个奴隶制国家夏王朝开始，我国经历了奴隶制、封建制、半封建半殖民地、人民民主制度四种形态的政治制度。

大体从公元前21世纪至公元前476年东周春秋时期，我国实行的是奴隶制政治制度。这一制度发萌于夏代，形成于商代，确立于西周，是君统与宗统的统一，政体结构严格按等级划分，保留了一些原始民主制的遗存，是一种与宗法制度互为表里的等级君主制。

从公元前475年到公元1840年，东周以后的战国时期到封建社会末期的清王朝后期鸦片战争这一时期，两千多年的时间里，实行的是封建制政治制度，经历军事封建君主制和宗法封建君主制两个阶段。战国时期的秦国，秦王嬴政于公元前221年统一六国，建立了专制主义中央集权制的行政体制，等级君主制被军事封建君主制所取代，成为封建政治制度最初形成时的政体形态。汉承秦制，到汉武帝时，随着分封采邑制的恢复和军功爵制的逐渐衰废，儒家学说成为封建君主专制的指导思想和理论基础，使军事封建君主制演化为宗法封建君主制，一直延续到清末。这一时期我国周边区域的民族政权多半还实行的是奴隶制，有不少还处在原始氏族民主制阶段。

从 1842 年到 1949 年，自鸦片战争后签订的中国近代史第一个不平等条约中英《南京条约》开始，宗法封建君主制的政治制度逐步半殖民地化，一直到中华人民共和国成立前，这一时期中国实行的是半封建半殖民地政治制度。

从 1949 年中华人民共和国成立起，确立了人民民主制度，就是一切权力属于人民，人民是国家政权的主人，享有广泛的民主权利，并通过自己的政权机关对敌人实行专政，成为中国历史上最新的政治制度。

**一、原始氏族社会的民主制。**

人类社会的最初形态原始社会，大体可分为原始群居时代、母系氏族时代、父系氏族时代三个发展阶段。不同发展阶段的社会组织形式不同，管理公共事务的方式也不一样。

原始群居时代靠渔猎和采摘植物果实为生，必须依靠集体力量来完成，首领不是由选举产生，也不是按照辈分排定，通常是经过激烈的体力搏斗，胜者成为首领，目的是能够较多地捕获猎物、保护本群体赖以生存的领地。

母系氏族公社是氏族社会前期的社会形态，大约开始于三四万年前，结束于五六千年前，相当于我国传说中的天皇、地皇、人皇到神农氏时期。

父系氏族公社是氏族社会后期的社会形态，是直接从母系氏族社会发展而来的，距今五六千年前，相当于我国传说中的“五帝”时期。

氏族作为一种基本社会组织而长期存在，担负着重要的社会职能，氏族酋长或首领由全体氏族成员选举产生。母系氏族公社是从有威望的母系家族的家长中选举产生，父系氏族公社则是从有威望的父系家族的家长中选举产生。酋长负责领导生产，管理生活，处理氏族对外关系。早期的氏族酋长没有强制力量，同一般氏族成员处于完全平等的地位，重大事情都要由氏族议事会和民众大会讨论决定。到父系氏族公社时，酋长有一定的强制力，氏族议事会和民众大会不再让女人参加。氏族军事首领是由全体氏族成员选举产生，随着战争日益频繁，军事首领权力越来越大，成为氏族贵族。氏族议事会由各家族家长（长老）组成，负责处理氏族内部事务和与其他氏族交往事务，母权制时期氏族内全体成年男女均可参加，父权制时期，则由全体成年男子组成，负责讨论和决定本氏族重大事情。在氏族公社晚期，这种决议方法逐渐流于形式，所起作用逐渐萎缩。

胞族是同一部落内两个或两个以上氏族，为了一定共同目的结合而成的社会组织，担负着一定社会职能，由各氏族推举产生胞族长，负责调节氏族间纠纷，虽未形成管理机关，但有宗教、社会、军事管理职能，由胞族长、祭司组织实施，胞族长还参加各氏族的议事会和部落议事会。

部落是氏族组织的联合体，由若干氏族、胞族联合而成，部落内部存在着不同血缘关系，有自己的名称和固定的领土以及共同的语言，规模大小由经济和人口所决定，部落酋长或首领由本部落议事会推选有威望的氏族首领担任，部落所有成年人都有权进行表决。部落酋长负责处理部落日常事务，召开部落议事会，实施议事会决定的事项，主持宗教祭祀和节日大典，对紧急事务有权进行应急处理。氏族公社晚期，部落酋长成为重要的氏族贵族，权力逐渐扩大。

部落联盟是由两个以上部落为了共同利益而结成的联合组织，产生于原始社会后期。初期的部落联盟军事首领或酋长由选举产生，后来逐步演变为在氏族贵族内部产生。部落联盟酋领在不断发生的掠夺性战争中，获得了比其他显贵更多的奴隶和财富，使之地位更为巩固和加强，酋领出现空缺时，由联盟推选出他们的后继者，所谓的“禅让制”就是这一制度的一种表现形式。但随着物质财富的增加，氏族内部的分化，“禅让制”被“世袭制”所替代。历史传说，禅让制兴于尧为联盟首领时期，尧让位于舜，舜让位于禹，禹让位伯益，而禹的儿子启依靠兵权袭位而开启了父死子继的权力“世袭制”。

据历史传说记载，中国古代部族有华夏集团、东夷集团、苗蛮集团，这三大集团生活在黄河和长江流域，时而互相争斗，时而和平共处，逐渐同化形成华夏部族，以后又演化为后来的汉族。部落联盟间长期而激烈的战争，促进了氏族制度瓦解和各部族集团之间的融合。自黄帝开始，历经颛顼、帝喾、尧、舜的所谓“五帝”时期，是我国历史上的军事民主制时期。在战争中不断得到加强和改造的部落联盟管理机关，日益与民众脱离，形成了具有国家雏形的社会组织。

**二、夏商周时期的政治制度。**

从目前的考古发现，夏王朝是我国历史上第一个形成的国家，是奴隶主阶级建立和运用国家机器进行阶级统治的开端。这一制度，又称奴隶社会制度，历经商、西周三代，至公元前 771 年历时 1300 多年，在历史上称为“三代”时期。夏商周三代实行的是以君主为核心的王权专制和以分封贵族为主的政体,是我国奴隶制国家的形成和发展时期。王自称是上天和祖宗授予统治权的人间代表,号称“天子”,也称“上天之子”,就是说权居高位的王是由上天选择的,是天帝的儿子,任何人都不能抗拒,而王权统治集团的大小官吏是奉天子之命、也是上天之命来管理民众的,是人民的衣食父母,作为子女的臣民不能违反父母之命的。王是以宗族长兼国家元首的身份实行统治,在强化宗法制的基础上巩固自己的统治地位。王还通过誓、诰、命、训、令等方式来行使权力,通过召、使、告、呼等形式来传达王的命令,在适当时候以“会”的方式召集贵族及诸侯来申明自己的意图,迫令和诱使诸侯按王的意志办事。

自夏以后,中国历史上开始了“家天下”统治,建立了王位继承制度。据《史记·夏本纪》所载,从夏启至桀,历经13代16王,有的是传子,有的是传弟,基本是以传子为主。商代自商汤灭夏桀以至纣王,历经17代31王,基本是父死子继和兄终弟及。周在王位继承上基本承袭商末制度,但有了比较详细的规定,最主要的是“立嫡以长不以贤,立子以贵不以长”,在其后约3000年的时间内基本上被当作正统的定规。

夏商周三代官制虽有相异之处,但整个国家行政体制都是按王国和诸侯分为内外系统。中央(内服)行政体制设有辅政官员和机构,如西周初期,成王年幼继位,以周公为太傅,召公为太保,帮助周王履行统治职能。随着与周王宗亲关系的变化,重要辅臣也不断更换,西周中期出现了卿事寮和太史寮这样的辅政机构。夏商周三代设有政务官员和机构,如商代主要有宰、卿、尹、御事等政务官员。设有管教育文化宗教事务的官员和机构。如在教育方面,“夏曰校,殷曰序,周曰庠,学则三代共之”。在文化方面,相传夏代设有“羲和”掌天地四时;商代的职官以司理、典册、册命为主,辅以贞、卜、史、巫觋;西周太史寮负责宗教文化及有关教育方面的事务。在宗教方面,三代均设有神职人员。在经济方面,都设有掌管生产事务的官员和机构。如夏代设有啬夫,负责农业生产和征收农业剩余生产物;商代设有小籍臣,管理农田耕种;西周设有司土(徒),专门管理农业生产。

夏商周三代还建立了地方(外服)行政体制,将原有以血缘关系来划分改变为按地区进行划分,按照一定行政区划进行管辖。夏代地方诸侯称为“君”、“伯”,更多的是称为“某某氏”。聚居在各地的部落首领仍属酋长性质。商代的地方诸侯是商王的“外服”,也就是在外之官,甲骨文中记载有侯35个、伯39个,还有子、男等爵称。西周初期采取分封诸侯制,周王室对诸侯控制较严,除规定对天子应尽藩屏义务之外,还规定诸侯必须对周王室纳贡、服役,所辖军队也要服从王室调遣,诸侯兼有地方长官性质。

夏商周三代还建立了地方基层行政组织。商代的基层社会组织是宗族,基层行政区划称为“邑”,商王和诸侯都有“邑”,是商代行政区划的基本单位。周的地方基本行政区划有国、都、邑三级以及邦鄙。国是国都,王和诸侯所在地;都是大邑,邑是居民点,也是一些贵族的封地,是诸侯分给近臣、贵族和有功士人的,相当小城镇或乡镇、乡村;邦鄙是边境地区的行政区域。西周地方行政系统采用“五家为比,五比为闾,五闾为族,五族为党,五党为州,五州为乡”的“乡制”。在王畿和都畿之外和边远地区实行的是“绥制”,后“五家为邻,五邻为里,五里为酂,五酂为鄙,五鄙为县,五县为绥”,分别设有邻长、里胥、酂师、鄙正、县长和绥大夫。类似的地方基层网络在中国古代社会实行了2000多年之久,而且编制基本相同,只是名称有所变化。

夏商周三代还建立了一套适合奴隶制国家特点的培养、选拔、任免、爵命等级和退休养老等方面的官员管理制度。

夏商周三代在父系大家族的基础上,以宗法制度为主体,按照亲疏远近,从王国到诸侯国,按地区建立起层层政权机构,并划分明确等级,由大大小小的奴隶主世代相袭把持各级政权,这种宗法和等级制度长期影响着中国古代社会,对我国民族的形成和发展以及后代政治制度都有重大影响。

**三、春秋战国时期的政治制度。**

从公元前770年周平王迁都洛邑,到公元前221年秦始皇统一全国这一段,是我国历史上的春秋和战国时期。春秋时期,秦、晋、齐、楚、越等为首的大诸侯国相互兼并称霸,战争此起彼伏。到战国时期,形成楚、齐、燕、韩、赵、魏、秦七强并立的局面。最后由秦兼并六国,完成了中国历史上奴隶社会后期和封建社会早期长期分裂的大统一。

春秋战国是由以各诸侯国君为核心的专制和以贵族政治为主的政体结构,这个时期是向中央集权君主专制和以官僚为辅佐的政体结构转变的时期。列国为适应对外战争和稳定国内局势需要,先后在不同程度上对本国行政体制进行了调整和变革,世卿世禄制逐渐遭到破坏,政自天子出变为政自诸侯出，而后又相继出现了政自大夫出、政自臣宰出的现象，形成了“主卖官爵，臣卖智力”的官僚制度。

这一时期，文武开始分职，齐、赵、魏、韩等国首先设立作为百官之长的相，同时又相继设立了将军之类为武官之首。文武分职使官僚制度得以迅速发展，可以起到相互制约和监督作用，有效防范和制止大臣揽权造成的对君主权力的威胁，也适应了当时政治和军事分工的需要，使文才武略各尽其能，既能保证君主有效控制整个统治机器，又可使文臣武将发挥自己特长，提高本国的威力和统治效能。

春秋战国时期，地方由采邑制逐渐变为郡县制，郡县设立最早和较普遍的是春秋初期的晋国和楚国。县是一级行政组织，由君主直接控制。春秋后期，晋国首先设立了郡，郡本来设在新得到的边地，因为边地荒僻、地广人稀，虽然面积比县大，但地位比县低。战国时期，由于郡的面积大，在郡以下逐渐分置了若干县，形成郡统县的郡县制度。郡的长官称为“守”或“太守”，既是行政长官，又是军事长官。县的长官称“令”、“长”、“公”、“尹”、“大夫”、“啬夫”等。各诸侯国根据本国具体情况，在县内还设有丞（主民政）、尉（主军事）、御史（主监察）、司寇（主刑罚）、司空（主土木工程）、司马（主军马）、官啬夫（主官吏任免）、仓啬夫（主粮食支储）、库啬夫（主钱帛杂物支储）、厩啬夫（主养殖）、皂啬夫（主仆役）、田啬夫（主收税）、苑啬夫（主苑囿）、发弩啬夫（主军械）等分管各方面事务的官吏，以及令史、佐、史等主管具体文案工作的“少吏”或“小吏”，一套比较完整的县级行政管理体制初步形成。

春秋战国时期，分封制逐渐为郡县制所替代，宗法和礼法则采取更高的形式融入政治领域，成为统治者实行统治的重要工具。职官管理体制也发生较大变化，以文武分职为前提，以明确规定官员职位职责、职权范围、工作规程为主要内容的行政管理体制逐渐形成，以任免选拔、等级俸禄、符节玺印、考课奖惩等为主要内容的人事管理体制也逐步完善，为建立统一的中央集权国家行政管理体制打下了基础。

春秋战国政治体制的形成带来了社会的巨大变化，对中国历史发展有着深刻的影响，蛮、夷、戎、狄等周边部族大都加入中原逐鹿，形成了多民族统一的华夏民族。社会生产力也显著发展，其重要标志是铁器的使用、牛耕的推广，以及生产者生产经验的增加和生产技术的提高，促进了农业的发展和水利工程建设。土地所有制和赋役制度发生了变化，以一家一户为生产单位的小农生产经济和交纳租税、分担徭役的赋役形式逐渐占据主要地位。思想领域空前活跃，从春秋时期开始，士大夫阶层就出现了以管仲、子产、孔丘等为代表的为政治服务的法家和儒家思想，战国时期出现了百家争鸣的局面，对当时的文化发展和社会变革起到了积极促进作用。

**四、秦汉时期的政治制度。**

从公元前 221 年，秦王嬴政扫平六国，建立我国历史上第一个统一的封建统治的帝国，到公元 220 年东汉灭亡，秦汉 400 多年的历史构成了我国封建社会的初期阶段。这个时期建立了皇帝制度、中央行政体制、官僚体制等，在秦汉以后的 2000 年间，虽然代有变化，但基本没有突破这种体制格局。

秦汉时期建立了以皇帝为核心的中央集权制度，融合天地神祇，集中突出皇权地位，保证皇帝高居国家机器之上，拥有至高无上的权力，并使之神化和物化。

秦汉两朝在中央建立了三公九卿制度，所谓三公，初指丞相、太尉和御史大夫。西汉成、哀间（公元前 32 年—公元前 2 年）至东汉，三公改为太尉、司徒、司空，共同辅助皇帝决策。所谓九卿，即奉常（后改太常），掌宗庙礼仪文教；郎中令（后改光禄勋），掌宫廷警卫；卫尉，掌宫门屯卫；太仆，掌宫廷车马仪仗；廷尉（几度改为大理），掌司法；典客（后改大行令、大鸿胪），掌诸侯、少数民族及外交事务；宗正，掌皇族事务；治粟内史（后改大农令、大司农），掌国家财政；少府，掌皇帝私人财政及山海池泽之税。这种制度形成了集行政、司法、军事、财政、监察等于一体的官僚体制，以较严格的行政法规确定机构设置和人员编制，政府各机构间既有细密的分工又有彼此间的协同，并且还有在一定程度上的制约机制。

汉代的中央官制从武帝时期发生了重要变化，建立了中央朝官尚书行政管理体制。东汉时尚书台正式成为国家政务的中枢机构，并从内廷中又发展出为皇帝处理政务的宦官组织，对当时政治产生了重大影响。

秦汉地方行政的郡县制也奠定了中国封建社会地方行政机构的基本模式和原则。郡县制度起源于春秋战国时期，至秦统一全国而最后完成。汉承秦制，郡县制度有了新的发展，同时又大封功臣和同姓诸侯王，国与郡县并行，诸侯王掌治其国，呈半独立状态。经文、景、武帝的相继削藩，这些诸侯国的行政权被中央收回，国的组织和职能与郡县基本相同，故与郡合称为郡国，并把全国分成若干区域，划分为州、郡、县进行分级管理，形成了行政结构严密而层层管理的地方行政体制。州字的本义是“水中可居者”，是指古人择水边高地居住而形成的村落，后扩大为国邑的名称。郡是在春秋末期的晋国首先出现的，秦统一后，将全国划分为36郡，后又扩展到40余郡，东汉有郡国105个。县在春秋时地位比郡高，战国时则成为郡下的区划，秦确立郡统县制度后，县的地域区划相对稳定。西汉有县、道、侯国、邑1587个，东汉有1180个。

秦汉时期逐步形成了一套较完整的以征辟、察举为主要形式的选官制度和较严格的官吏任免制度。尽管这一制度有不少弊病，但基本满足了封建王朝对各类人才的需要，特别是选拔人才中的考试制度的确立，直接影响到隋唐时期科举制度的建立与发展。秦汉时期还逐步建立和完善了由中央直接控制的垂直监察体系，由御史大夫、刺史、督邮和县令、廷掾，从上到下组成了一个监察网络，以及形成了经常性监察与定期巡视相结合的监察制，对加强中央集权和澄清吏治发挥了重要作用。

秦汉时期政治制度其他方面的内容，如皇帝专权制度，太子、后宫制度，外戚、宦官制度，中央集权与诸侯王分封制度，多级审核的司法管理制度，中央高度集权的军事制度和财政管理制度，以及人事管理方面的赐爵、考课、秩俸、朝位、印绶、符节、车舆、冠服等制度，都被以后的封建皇朝所继承、完善和发展。特别是各类行政法典的颁布，标志着秦汉统治者把官制纳入法律化轨道，同样有着深远积极影响。

秦汉时期政治的大一统和民族大融合，为经济社会发展和文化繁荣提供了有利条件。汉代人口最高达到12233062户、59594978口，垦田达到8270536顷，农业、手工业、商业都得到较快发展，造纸术、天文学、数学、医学、农学和机械制造等方面也都居当时世界前列，还相继产生了具有很高文学价值的汉赋、乐府、五言诗以及具有很高艺术价值的篆刻、雕塑、绘画和书法，并开通了丝绸之路，开辟了中西方文化交流的通道。

**五、魏晋南北朝时期的政治制度。**

在公元220年到公元581年，这300多年的历史中，除西晋王朝有过短暂统一外，基本处于分裂割据、战乱不断、民族矛盾和阶级矛盾上升状态。这一历史时期的政治制度，也因社会动荡不已、朝代更迭频繁而表现出头绪纷乱、不断变化的状态。

魏晋南北朝时期中央行政体制的最大变化，主要体现在尚书、中书、门下三省制的确立。秦汉时期的三公，丞相、太尉、御史大夫，和东汉初年的三公，太尉、司徒、司空，到魏晋南北朝时期已经丧失了实权，成为一种优礼大臣的虚荣。秦汉时期分理庶务的诸卿和东汉初年的“九卿”，到魏晋南北朝时期职权日益卑落而变成了闲职。辅佐皇帝决策和执行政务的实权，转移到中书、门下、尚书三省。三省制的确立，为隋唐时期的封建宗法君主制的巩固和三省制度的发展奠定了基础。

魏晋南北朝时期地方行政体制的最大变化，主要体现在州郡政权的军事化。东汉末年，汉灵帝采纳刘焉的建议，改刺史为州牧，兼监军使者，是州郡军政混一的开端。东汉末年的军阀混战就与这一制度有关，因为州牧都既管民又管军，都有自己的地盘和军队。到魏晋以后，州郡更是拥兵自重，有州兵、郡兵而与中央军相区别。州刺史、郡太守带将军衔，同时以军将为都督，遍设于州郡，或负责督一州一郡，或负责督数州数郡，他们兼领刺史、太守，既领兵而握有军权，又理民事而握有行政权，造成了州郡政权的军事化，也成为战乱频仍、分裂割据、社会动乱的根源。

魏晋南北朝时期政治制度的另一大特点是军事制度的变化。秦汉时期先后实行征兵制和募兵制。东汉末年，从曹操执掌朝政开始，逐渐被“士家制”所取代。所谓“士家制”就是将世代当兵之家集中居住，另立户籍，不与民户混杂，士家子孙必须世世代代当兵，以保证兵源，使这些民户成了兵户。到南北朝十六国北朝时期，西北方少数民族大举入主中原，多数实行“部落兵制”。无论是“士家制”，还是“部落兵制”，都属于世兵制的范围。尽管这一时期并未明令废止征兵制和募兵制，但它们仅仅成为世兵制补充兵源的一种手段或形式。

魏晋南北朝时期还是中国古代财政、监察、司法管理制度的重大变革时期。财政管理由主要服务于京师、宫廷的少府大司农制向度支体系转变，使财政管理在收入、保管、支出方面，逐步走向专业化、制度化，并且开始关注开源节流，并向流通领域、生产领域渗透，最后形成较为完整的全国性财政管理新体制。监察制度的变化主要表现为监察权由分到合和监视举报制度的初步出现，监察权由御史、司隶校尉和尚书仆射、左丞逐步合并于御史台，形成了从上到下的监察体系和网络，并受集中统一的领导，这对以皇帝为核心的官僚政治体制的巩固,防止地方官员专权、独立,防止等级贵族世袭制的发展,都起到了积极作用。司法制度的变化主要表现为封建法典的定型化,出现了律、令、格、式等分类法律,律文由疏简走向严密。"十恶"罪名的确定,"八议"、"官当"的入律,以及法律用语、概念的规范化,使中国封建法典进入了定型化新阶段,为法律步入科学的范畴和巩固封建统治者起到了重大作用。

魏晋南北朝时期政治制度还有一个重大变化,就是表现在选拔官吏上,确立九品中正制,这种制度对巩固既得利益的士族统治十分有利,但因重门第、轻才德,也产生了很大弊端,是豪强大族势力膨胀在政治上的一种极端表现,也是门阀士族垄断仕途的一种恶劣手段,在中国历史上产生了很坏的影响。

魏晋南北朝是秦汉中央专制主义初级阶段向隋唐成熟阶段过渡的重要阶段,从政权体制、统治机构和规章法典等重要方面,都为隋唐统一王朝的兴旺发达准备了条件、奠定了基础。

**六、隋唐五代宋时期的政治制度。**

隋代在继承北周统一中国北方的基础上,通过武力统一了全国,结束了数百年分裂割据的局面,把中国历史推进到一个新的时期,这是大功一件。继之而起的唐王朝,承袭隋制但惩治隋弊,在政治和经济上实行了一系列改革,不但使社会安定了下来,并使中国逐渐走向了自汉以后的又一个强盛。西汉曾出现"文景之治",东汉曾出现"光武中兴",唐时出现了"贞观盛世"。但在中唐时期却出现了"安史之乱",后唐时期又出现了宦官专权、藩镇割据等情况,导致国家再度分裂,继而出现了梁、唐、晋、汉、周五代更替和吴、蜀等十国分裂割据的局面,到赵宋王朝的兴起,才基本统一,而北方和西北、东北地区仍处于割据状态,一直持续到元时才统一起来。

隋唐五代宋虽然在唐后期战乱不断,政权更迭也很快,但就政治体制来说,这一时期是中国宗法封建君主制的巩固时期,各项政治制度日臻完善。皇权制度比秦汉时期更趋复杂化,不仅通过皇帝生前上尊号,死后加谥号、庙号,以及封禅、祭祀、宗庙、陵寝与舆服等制度的健全,来加强皇权至高无上的神圣性,而且还通过都城和宫室的规制、宫廷组织的系统化、东宫制度的定型化等手段来加强皇家的特权地位和皇位继承的不可转让性,从而使秦始皇创立的皇权制度发展到一个新阶段。

这一时期的中央决策体制及其运行机制,主要是厘定了三省机构,确立内史(中书)掌出令、门下掌赏罚、尚书掌执行的三省分立体制,其三省长官并列为宰相。唐朝后期及五代、北宋前期,三省制又演变为使职差遣使。隋唐时期,三省长官加有"参预朝政"、"参议得失"、"参知政事"、"参知机务"等名目的官衔,形成了一个以皇帝为中心的决策集团,在皇帝的直接指挥下,通过制定和颁布各种以皇帝名义发布的诏令,来指挥整个国家机器的运转。隋唐五代宋时期的中央行政体制的最突出特点,是确立了尚书省为全国政务中枢,尚书省六部为政令机关,九寺五监为事务机关,分别接受尚书六部的政令而运转。

这一时期,地方行政体制的最重要变化是在唐后期建立了道州县三级制。道,在唐初是或作行台省统领的区域,或作行军线路,或作监察区,或作军事防御区域出现的。前两种道在唐初以后不久就废弃了,后两种道作为监察区的道和作为军事防御区域的道,各自划分,不相统属,造成监察权与军权分离,这样做的目的是便于中央对地方的控制。中唐以后,作为监察区的道与作为军事防御区域的道相融合,军政长官合一,形成了"藩镇",这时的道就变成了行政实体,成为介于中央与州郡之间的一级行政机构,地方行政体制也由州县二级制演变为道州县三级制。

隋唐五代宋时期的司法制度较之前代也有较大发展,在刑制方面废除了前代的鞭刑、枭首、车裂等酷刑,确定笞、杖、徒、流、死新的五刑制。这一刑罚制度为其后的各代封建王朝所沿用。同时,对危害封建统治最严重的"十恶",以及贵族、官僚等享受减免刑罚特权的"八议",都比前代有更细密的规定。《唐律》条文精简,量刑适中,对后世或域外都有深远影响。在司法机关的设置方面,大理寺属于法院性质,专掌审判;刑部为司法行政机关;御史台为监察机关而兼具司法职能。三者各有专职,且互相配合,也相互监督,有时也相互掣肘。三大机关的长官共同审理重大案件,称为"三司推事"。明清时代的"三法司会审"及"九卿会审"都是这一制度的沿用与发展。

隋唐五代宋时期在人事制度管理方面,最大变化,也是最大成就就是科举考试制度的创立与完善。这是一种士人自愿向官府报名,经过分科考试,依据成绩从中选拔人才,通过科举取仕的新的选官制度。这种制度采用分科考试以选拔人才,通过考试竞争而登上政治舞台。这一制度较此前的豪门推举制度是很大进步,为士人做官开通了道路。这一制度不但得到士人拥护，更扩大和巩固了封建王朝的统治基础。

隋唐五代宋时期的军事制度、监察制度、财政管理制度等，也都发生了较前代不同的新变化并形成了自己的特点。隋唐五代宋共经历698年，这一时期的政治演变，对后代政治、经济、文化的发展都有着重大影响。唐代全盛时成为当时世界疆域最辽阔的大帝国，各民族之间交往频繁，推动了统一的多民族国家形成。这个时期经济得到了较大发展，农业、手工业已经相当发达，促进了商业的发展和城市、集市的繁荣。这一时期的科学文化进步堪称我国古代历史上的黄金时代，发明了印刷术、指南针、火药等，唐诗宋词和敦煌艺术更使中国的文学艺术生发出璀璨耀眼的光辉。

**七、西夏辽金元的政治制度。**

西夏存在时间190年（公元1038—1227年），如果从其“虽未称国而王其土”的拓跋思恭建立夏州政权算起，则历时347年（公元881—1227年）。辽存在时间为210年（公元916—1125年），如果从耶律阿保机任八部首领开始到西辽灭亡，则历时305年（公元907—1211年）。金存在时间为120年（公元1115—1234年）。元存在时间为98年（公元1211—1368年），如果从成吉思汗建立蒙古政权开始至元顺帝北逃取消国号，则历时197年（公元1206—1402年）。夏、辽、金、元是我国北方四个少数民族相继建立起来的政权，既保留了本民族所具有的传统文化和制度特点，又大力吸收各民族尤其是汉民族的传统文化和制度特点，将中国历史推进到一个新的阶段。

西夏是党项羌建立的国家，与辽、宋鼎足而立，自元昊称帝起共传10帝，政治制度除了残存一些本民族的历史痕迹与习俗的印记外，基本上是效法唐、宋中原封建王朝的政治制度。

辽建都西辽河上游的上京，在西、东、南三个不同的地域，聚居着不同民族，实行着不同的政治制度。以上京为中心的契丹旧地和西北各游牧部落，沿袭部族社会的政治制度；东部地区在灭渤海之后，基本维持原渤海的封建政治制度；南部燕云十六州则实行汉族传统的封建政治制度。三种不同的政治制度统一于辽王朝，具有浓厚的契丹族民族特色，如实行斡鲁朵制度、头下（投下）制度、捺钵（行在）制度等。辽朝皇帝对于契丹等游牧民来讲，拥有可汗的权威，对于渤海人与汉人来说，又行使皇权，集双重身份于一体。中央行政体制因契丹以东向为尚，皇帝宫帐坐西向东，官员分列宫帐两侧，于是形成北、南两大职官系统，分别隶于北、南枢密院；北面官管理契丹政事，南面官管理汉人事务；北面官系统采用传统的契丹部族官制，南面官系统采用唐制，有三省六部之设。地方行政体制分成三种类型；契丹旧地及北方游牧民族地区实行部族制；灭渤海以后，在原渤海地区实行原有地方官制；得燕云十六州汉人地区后，则沿用后唐旧制。辽在人事管理制度方面，北面官主要是通过契丹族传统的世选加补充，南面官主要是通过科举来选任。

金代自完颜阿骨打建国（公元1115年）至海陵王正隆元年（公元1156年），中央行政制度共发生过三次大的变化。第一次是阿骨打建国，把原有部落联盟机关改造为国家机构，在进入辽代原统治区和中原地区后，又沿袭辽南北面官制度，形成三省制度，本朝制度和汉官制度并存。第二次是熙宗天会十三年（公元1135年）改革官制，全面采用汉官制度，在中央设立尚书、中书、门下三省，三省之下新建或完善了一些机构，设六部、御史台、都元帅府、大宗正府、宣徽院、国史院、翰林院、殿前司、劝农司、太常寺、秘书省等，制定了选举、考核、俸禄、封爵等一些相应制度。第三次是海陵王正隆元年改官制，废除中书、门下二省，确立尚书一省为皇帝控制下的唯一最高辅政机构，使政令统一于朝廷。

元代中央行政主要分为四个系统，即管理政务的中书省，管理军事的枢密院，管理监察的御史台，管理宗教和吐蕃事务的宣政院，这四个系统互不统属，依照自己所管辖范围选官，直接对皇帝负责。元代大都周围一带称为“腹里”，直属中央的中书省管辖，以及吐蕃和诸王封地由宣政院管辖之外，还在全国设立河南、江浙、江西、湖广、陕西、四川、辽阳、甘肃、云南、岭北、征东等11个行省，以实现对辽阔疆土的管辖。行省之下设路、府、州、县。路统属于行省，设有总管府，还有学校、司狱司、织染局、制造局、录事司等分管各项专门事务的部门。府设达鲁花赤、知府或府尹为主要长官，又有同知、判官、推官、知事、提控、案牍等官吏分管各种具体事务。州设达鲁花赤、州尹或知州为主要长官，其他如府制。县设达鲁花赤、县尹、丞、簿、尉、典史等主要官员，典史专主刑狱。夏辽金元这些少数民族政权虽然首先依靠本族人，但也尽可能做到因俗而治，吸收当时比较先进的汉族文明，乃至改变落后的传统习俗，使原来处于落后状况的民族迅速向先进转化。元代既有本民族固有的政治治理形式，又兼容其他民族的政治治理形式，在很大程度上继承发展了汉、唐、宋的政治制度，对明清的政制和政策有着很深远的影响。

**八、明清时期的政治制度。**

明（公元 1368—1644 年）、清（公元 1644—1911 年）两代，是我国封建社会最后出现的两个朝代，共存在过 500 多年。这两个朝代都有过自己繁荣昌盛的时期，史称“洪宣盛世”和“康雍乾盛世”，在经济社会和文教学术等方面都有过较大的发展。这两个朝代的统治者都曾一再加强和调整自己的国家机器，制定和执行一系列的规章制度和法令法典，以加强对社会的管理。

明驱元而立。明初在中央朝廷设置中书省、都督府、御史台三大系统，保留了三大府分理行政、军事、监察事务的制度。三大府在主管工作范围内拥有较独立的职权，其中尤以中书省权力最重，直接领导从原来的钱谷、礼仪、刑名、营造四部发展而来的吏、户、礼、兵、刑、工六部，以及其他中央和地方的行政部门。因宰相胡惟庸位高权重，结党营私，被朱元璋诛杀，并同时诛杀了大批官吏。胡惟庸案后，为加强皇权而防止重臣集权专政，朱元璋就撤销中书省，废除宰相制，使六部各不相属而直隶于皇帝。明初地方行政体制，沿袭元朝行中书省制度，设置行中书省，或中书分省，统率一省大政，其职权亦很重。为防止地方官坐大自重，洪武九年（公元 1376 年），将全国各行省一律改为承宣布政使司，废除行省制度，在省一级由承宣布政使司、提刑按察使司、都指挥使司分别掌管行政、监察司法、军事的“三司制度”，实际上是将一省的地方军政权力一分为三，一省之内没有任何一个部门或官员可以单独裁断全局性的大政。遇有重大问题，要由“三司”议奏，听候皇帝批办。明朝对边疆地区的管理，从以当地少数民族首领管理当地事务的“土司制度”，逐步发展到“土流合治”、“改土归流”，朝廷派官去进行管理，大大加强了对边疆少数民族地区的治理，促进了边疆地区的政治、经济和文化进步。

清朝是以满族为主由东北进入中原而进行统治的朝代，前身是建州女真族，最早居住在长白山和松花江上游，以渔猎为生。以后在明朝经济和文化影响下，逐渐定居，发展了农业生产，并迅速扩展军政力量。明万历二十九年（公元 1601 年），努尔哈赤就开始使用不同颜色的旗帜作为辖下各牛录的标志，最早分别定为黄、白、红、蓝四色，也称为四旗。万历四十三年（公元 1615 年），努尔哈赤以初设的四旗为正黄、正白、正红、正蓝旗，再增设镶黄、镶白、镶红、镶蓝四旗，合称八旗。八旗不仅是一种区分队伍的标志，而且成为满族内部具有比较严密制度的军事政治社会联合组织。天聪十年（公元 1636 年），皇太极将后金的国号改为大清，改元崇德，登基称帝。清太宗皇太极早在天聪五年（公元 1631 年）便仿照明朝制度设置六部，规定在吏、户、礼、兵、刑五部各设承政 4 人为部的首长。顺治元年（公元 1644 年）将六部的领导人仿照明制改称为尚书、侍郎，但当时六部的尚书一律只任用满人，汉人只能任侍郎。顺治五年（公元 1648 年）决定在工部内各设满、汉尚书各 1 人，满、汉侍郎各 1 人。由于清以少数民族居全国统治地位，故满、汉文都是公用文书的通用文字，六部中亦因此均设有清档房、笔帖式（管翻译满、汉文字）等机构和人员。清朝省一级采取总督、巡抚统领省政制度，总督是兼管两省或三省事务的高级地方官，“掌厘治军民，综制文武，察举官吏，修饬封疆”。巡抚是负责一省全面领导工作的首长，“掌宣布德意，抚安齐民，修明政刑，兴革利弊，考核群吏，会总督以诏废置”，是名正言顺的地方大吏。清代的督、抚沿袭明代旧制，都带有右都御史或右副都御史的兼衔，在军务地区，有时还带兵部尚书、右侍郎的兼衔，在水利重要地区也有加工部衔的，在一定限度内可以行使监察官吏和指挥军务的职权。

明清两代在省以下，一般的地方管理机关分为两级：第一级是府，长官是知府；第二级是县，长官是知县。清代军制是从八旗制度发展而来，以旗作为军事编制单位，满洲八旗是清代军事力量的核心，蒙古和汉军八旗始终处于附庸地位。在满洲八旗中，又以正黄、正白、镶黄为上三旗，地位在其他五旗之上。清自入关以后，正规军有两种，一种是原有的满、蒙、汉八旗兵；另一种是绿营兵。绿营后主要是由汉人组成的军队，地位低于八旗兵，但清朝后期，八旗兵已无战斗力，军事斗争主要依靠绿营兵。八旗兵又分为“禁旅八旗”和“驻防八旗”。明清两代所采取的行政、军事、法律、监察、人事、财政、文教等制度，巩固和加强了地主阶级的统治，有力地推进了封建社会向更高阶段发展。

**九、晚清时期的政治制度。**

1840 年鸦片战争后，中国由封建社会逐步沦为半殖民地半封建社会，内外矛盾重重，清王朝为维护其统治，被迫对官制和国家机关进行一些调整和改革。改革分为两个阶段：

第一阶段从第二次鸦片战争后设立总理各国事务衙门到戊戌变法失败，主要是设立一些对外机构。1861 年，设立总理各国事务衙门作为清政府的外事机构，负责办理对外交涉、通商事务，凡与外国有关的铁路、电报、关税、学校等方面事务,均由其管辖。之后清政府又设立南洋、北洋通商事务大臣,光绪十一年九月(1885年10月),设立总理海军事务衙门,统一海军指挥权。光绪二十四年四月二十三日(1898年6月11日),光绪皇帝宣布变法维新,至八月初六(9月21日)慈禧发动政变的103天里,光绪曾下令成立农工商总局、矿务铁路总局、邮政局、京师大学堂等新机构,撤销詹事府、通政司、光禄寺、鸿胪寺、太仆寺、大理寺等冗闲机构。慈禧政变发生后,一切新政被废除,被撤销机构又全部恢复。

第二阶段从1901年清王朝下谕更张法令、变通政治,设立督办政务处至清王朝覆灭,以变法和预备立宪名义进行了一些改革。光绪二十七年六月(1901年7月),在与外国侵略者议和期间,清政府按侵略者意见,改总理衙门为外务部,班列六部之前。光绪二十八年正月(1902年3月)裁撤詹事府和通政司两衙门。继设外务部之后,光绪二十九年七月(1903年9月)增设商部。光绪三十一年九月(1905年10月),设立巡警部,内设警政、警法、警保、警学、警务等5司。光绪三十二年七月清政府宣布仿行宪政,随后派要员裁定中央官制,对中央机关进行调整。内阁、军机处照旧,各部院调整为外务部、吏部、民政部(巡警部改),度支部(户部改,财政、税务两处并入),礼部(太常、光禄、鸿胪三寺并入),陆军部(兵部改,练兵处、太仆寺并入),法部(刑部改),农工商部(工部并入商部),邮传部(新设,专管轮船、铁路、电线、邮政方面的工作),理藩部(理藩院改)。大理寺改为大理院专司审判。宗人府、翰林院、钦天监、銮仪卫、太医院、各旗营、侍卫处、步军统领衙门、顺天府、仓场衙门,均保留不变。光绪三十三年五月(1907年7月),清政府又改革地方官制,决定在东三省先行开办,主要是各省在督抚下设布政司、提学司和提法司(提刑按察司改),劝业道和巡警道(两道均为新设)。光绪三十二年九月(1906年11月),增设资政院,设秘书厅,在秘书长领导下掌管文牍、会计、会议记录及一切庶务工作。光绪三十三年九月(1907年10月),各省督抚在省会设谘议局,宣统元年九月(1910年10月)各省谘议局(除新疆缓办外)均开局议事。宣统三年四月(1911年5月)成立责任内阁,任命庆亲王奕劻为内阁总理大臣,大学士那桐、徐世昌为协理大臣,同时还任命外务、民政、度支、学务、陆军、海军、司法、农工商、邮传、理藩等10个部的大臣。为了防止责任内阁权重,宣统三年四月十日(1911年5月8日),清廷设立弼德院,作为与内阁相对峙的机关,是皇帝亲临顾问国务的地方。宣统三年四月十日(1911年5月8日),在军谘处基础上设立军谘府,具有总参谋部性质,办事机构计五厅二局。同年六月(1911年7月),清政府还将礼部改为典礼院。同年八月(10月),将盐政处改为盐政院,由度支大臣兼任盐政大臣。

鸦片战争后,清政府还不断改革官制,企图借用资本主义政治制度来装饰封建君主专制制度,以维护其政治统治,但都没能改变封建君主专制制度灭亡的命运。1911年辛亥革命推翻了清王朝,结束了统治中国两千多年的封建帝制。

**十、中华民国的政治制度。**

1912年—1949年,中华民国的政治制度复杂多变,先后经历了南京临时政府、北洋军阀统治和中国国民党统治三个时期,实行过总统制、责任内阁制、君主制、执政制、大元帅制、委员会制、五院制等各种政体,但并未改变专制统治的实质。

南京临时政府时期(1912年1—4月),实行资产阶级民主共和制,按照资产阶级的分权理论,建立起以美国总统制为模式的、不完全的三权分立体制,但基本上没能发挥作用,便宣告流产。

北洋军阀统治时期(1912年4月—1928年6月),政治制度由资产阶级民主共和制逐步向封建军阀制度演变,其体制演变可分为3个小阶段。第一阶段,1912年4月—1916年6月是北洋军阀专制制度确立的时期,由总统制改行责任内阁制;第二阶段,1916年6月—1924年11月是北洋政府保留责任内阁制之名、行封建军阀专制之实阶段,资产阶级民主共和制名存实亡;第三阶段,1924年12月—1928年6月是北洋政府取消资产阶级民主共和制形式,实行军事独裁阶段。

中国国民党统治时期(1925年7月—1949年9月),分为早期国民政府与五院制国民政府两大阶段。第一阶段,1925年7月—1928年10月是早期国民政府阶段,中国国民党称这一时期为军政时期,起源于孙中山在广州建立的南方政权,国民政府实行委员合议制,由国民政府委员会负实际责任,委员会下设政府各部。第二阶段,1928年10月—1948年5月,国民政府依照国民党中央执行委员会通过试行的五院制国民政府组织法,国民党称这一时期为训政时期,五院制由国民党实行一党专制,通过中央执行委员会政治委员会(简称中政会)控制国民政府。

1949年10月1日,中华人民共和国建立,结束了中国国民党对中国大陆的统治。

从以上这些我国自夏代建立奴隶制社会国家体制以来，到封建社会制度的终结和短暂的封建、买办、官僚资产政治制度的完结，历经四千多年，政治制度不断发展变化，可以看出中国作为一个多民族融合的国家其政治制度的地域政治经济文化特色和民族政治经济文化特点。每个朝代的政治制度都有所不同，但也都不是也不能另起炉灶，新搞一套，也都是在原有政治制度基础上的继承、发展、完善或改造。因为另起炉灶就难以实施符合实际的社会治理。人类社会的发展是一代接着一代，代际相续的，管理人的社会制度也都是不断总结经验教训而不断发展完善的。包括满清后期到短暂的中华民国时期，虽大量吸收西方政治制度，但多不适用或根本不能用，到最后以失败而告终。有的仿照西方制度只是有了概念，提出了名堂，尚未真正理事，就很快夭折了；有的立了规矩，设了衙门，也召开了各种会议，但为时不长就难以为继，而很快流产。政治制度的民族文化特色是浓厚的，这也是人类历史发展而形成的，属于社会运动的规律性特征。任何一种政治制度都离不开其生存的土壤和其历史文化，完全移植、照抄照搬和凭空设想都是行不通的，古今中外皆是如此，概莫能外。

具有中国特色的社会主义政治制度，是在中华大地上产生的，继承了中华政治文化中的优秀特质，吸收了世界上人类社会发展进步的先进政治文化，特别是马克思主义的思想文化和政治理念，形成了独特的符合中国发展实际和历史进步要求的政治体制，显示了极大的优越性。马克思主义的唯物论、辩证法、革命性、先进性、公正性、民主性在这一政治体制中得以充分体现；中华传统优秀政治文化中的天下为公、世界大同，以人为本、安民富民，厚德载物、博施众利，坚忍不拔、自强不息，为政以德、政者公中，仁者爱人，讲信修睦，以德育人、以诚待人，协和万邦、互利共存，和而不同、求同存异，治不忘危、居安思危，清廉为政、勤勉奉公，力戒奢华、俭约自守，集思广益、群策群力，脚踏实地、实事求是，革故鼎新、与时俱进，依法治国、礼法兼行，道法自然、顺天应人，万物和谐、共生共荣，等等，这些思想文化都在政治治理和体制的构建中充分显示出来，并发挥了积极而有利的作用。

可以说，经过几千年风雨洗礼的中华政治文化，在认识和处理人与自然、人与社会、主观与客观、认识与实践、生产与生活、物质与精神、个体与集体、自主与他助、民族与民族、宗教与宗教、国家与国家、现实与未来等等关系中，创造和积累了许多蕴含宝贵价值与智慧的思想理念。诸如：万物和合一体、和而不同的思想，重视集体、克己奉公的思想，克勤克俭、自立自强的思想，德法并用、标本兼治的思想，实事求是、与时俱进的思想，诚敬为本、互尊互敬的思想，亲仁善邻、和平共处的思想，开放包容、互学互鉴的思想，等等，至今都还在政治治理中发挥着重大作用，生发出灿烂光辉。

# 在全国人大财经委第 47 次会议上的讲话

## ——初步审查“十四五”规划和二〇三五年远景目标纲要与 2021 年国民经济和社会发展计划

（2021 年 2 月 1 日）

王东明

这次会议的主要任务是初步审查“十四五”规划和二〇三五年远景目标纲要，为代表大会审查批准做好准备。今年是建党 100 周年，是“十三五”收官、“十四五”开局之年，也是全面建成小康社会取得决定性胜利、乘势开启全面建设社会主义现代化国家新征程的第一年。开好今年的“两会”意义十分重大。党中央对“两会”筹备工作高度重视，习近平总书记在中央政治局常委会听取全国人大常委会党组工作汇报时作出重要指示。栗战书委员长和常委会党组对做好大会的筹备和组织工作提出了明确要求。我们一定要把总书记和战书委员长的重要指示、要求贯彻落实好，确保开成一个团结鼓劲、圆满成功的大会。

今年“两会”的一个“重头戏”就是审查批准“十四五”规划纲要。用中长期规划指导经济社会发展，是我们党治国理政的一种重要方式。这种方式经过多年的实践探索，已经形成了一套比较成熟的办法。每五年，根据党中央提出的建议编制规划纲要，由全国人民代表大会经过法定程序批准后向社会公布实施，把党的主张转化为国家意志和全民行动。这种方式是我国民主法治建设的生动实践，充分体现了党的领导、人民当家作主、依法治国三者有机统一，有利于加强党对经济工作的全面领导，有利于保证国家发展战略的连续性和稳定性，有利于充分发挥社会主义制度集中力量办大事的优势，将我国制度优势转化为强大的国家治理效能。"十四五"规划是我国开启全面建设社会主义现代化国家新征程的第一个五年规划，对于确保开好局、起好步，向着第二个百年奋斗目标进军具有重要作用。我们要从党和国家事业战略全局高度，从推进国家治理体系和治理能力现代化高度，充分认识制定"十四五"规划纲要的重大意义，坚持以习近平新时代中国特色社会主义思想为根本遵循，贯彻落实党中央重大决策部署，高质量完成规划纲要编制、审查和实施等工作，确保代表大会顺利审查批准。从前期准备情况看，国务院各部门做了大量工作，目前的规划纲要草案贯彻党的十九届五中全会精神，指导思想和战略方向明确，主要目标、重点任务、政策措施总体可行，我总的是赞成的。

上午，陈竺副委员长作了讲话，对修改完善规划纲要发表了重要意见。刚才，各位委员、代表和各专委会的同志也提出了意见建议。去年，全国人大常委会集中开展了"十四五"规划纲要编制工作若干重要问题专题调研，共形成22份调研报告报送党中央决策参考，对一些经济社会发展的重大问题提出了意见建议。党的十九届五中全会之后，全国人大财经委和国家发改委联合召开四场座谈会，邀请几十位全国人大代表参加，听取对编制和审查"十四五"规划纲要的意见建议，并将意见建议向有关部门作了反馈。对于上述意见和建议，希望有关部门高度重视，认真研究吸收，进一步把规划纲要充实好、完善好。这里，我结合大家发言先讲几个原则性意见，再提一些具体建议。原则性意见主要有四条。

一是要进一步对标习近平新时代中国特色社会主义思想特别是习近平新时代中国特色社会主义经济思想。习近平新时代中国特色社会主义思想是我们必须长期坚持的指导思想。习近平新时代中国特色社会主义经济思想是这一重要思想的有机组成部分。在今年省部级领导干部专题研讨班开班式上的重要讲话中，习近平总书记将党的十八大以来我们党对经济形势进行科学判断，对发展理念和思路及时调整提出的一系列新理念新思想新战略，系统概括了13个方面。我理解，这13个方面是对总书记经济思想核心要义的最新概括，也突出地体现在习近平总书记近期关于经济工作的一系列重要讲话当中，对规划纲要有直接指导作用。修改完善规划、计划，要进一步对标总书记经济思想的13个方面核心要义和重要理念，对标习近平总书记在党的十九届五中全会、在中央经济工作会议、在"十四五"规划编制一系列座谈会上的重要讲话精神，确保总书记经济思想和重要指示批示不折不扣得到贯彻落实。

二是要进一步对标党中央重大决策部署。党中央近期关于经济工作的重大决策部署主要体现在三个方面。第一个方面，党的十九届五中全会作出"三新"的战略判断和部署，要求围绕"三新"推动高质量发展。进入新发展阶段，明确了我国发展的历史方位；贯彻新发展理念，明确了我国现代化建设的指导原则；构建新发展格局，明确了我国经济现代化的路径选择，三者紧密关联，有机统一，为全面建设社会主义现代化国家指明了方向。第二个方面，中央经济工作会议贯彻党的十九届五中全会精神，深刻总结了在严峻挑战下做好经济工作的规律性认识，即"五个根本"，同时围绕"十四五"开好局、起好步，对2021年经济工作提出"八项重点任务"。第三个方面，党中央自去年以来先后出台多个与经济体制改革相关的重要文件，我初步梳理了一下共有12个，主要包括《建设高标准市场体系行动方案》、《国企改革三年行动方案（2020—2022）》、《关于新时代加快完善社会主义市场经济体制的意见》、《关于构建更加完善的要素市场化配置体制机制的意见》等，目的是深入推进社会主义市场经济体制改革，激发发展的动力活力。修改完善规划、计划，要进一步把思想和行动统一到党中央对形势的分析判断和决策部署上来，把进入新发展阶段作为基本依据，把贯彻新发展理念作为行动指南，把构建新发展格局作为战略选择，坚持正确的经济工作策略和方法论，深入贯彻落实五中全会《建议》和党中央一系列重要改革文件精神，把党中央的重大决策部署具体转化为国家发展方向、政策举措和重大工程项目。

三是要进一步加强形势分析，把握"两个大局"。习近平总书记强调领导干部要胸怀"两个大局"，把"两个大局"作为谋划工作的基本出发点。当今世界正经历百年未有之大变局，中华民族伟大复兴是这个大变局的有机组成部分，也是重要推动力量。胸怀"两个大局"关键是认识形势的复杂性和看清发展大势，坚定发展信心。一方面，新冠肺炎疫情大流行加速大变局的演进，世界经济陷入深度衰退，国际格局深刻调整，美对我遏制打压不断升级，发展环境变化之快、矛盾风险挑战之多、对我们党治国理政考验之大前所未有。我们要认识形势的复杂性和任务的艰巨性，做好长期开顶风船的准备，一以贯之增强忧患意识，强化底线思维，着力防范化解重大风险，特别是各种“灰犀牛”“黑天鹅”，牢牢守住不发生系统性风险的底线，同时要敢于斗争，善于斗争，有效维护国家主权、安全、发展利益。另一方面，经过长期接续奋斗，我国全面建成小康社会、实现第一个百年奋斗目标，乘势而上开启了全面建设社会主义现代化国家新征程、向第二个百年目标进军，中华民族伟大复兴展现出更加光明的前景。特别是在这次应对疫情的大战大考中，我国在疫情防控和经济社会恢复上都走在世界前列，“中国之治”和“西方之乱”形成鲜明对比，各国领导力、国民素质和制度优越性高下立判，我国制度显著优越、物质基础雄厚、发展韧性强、社会大局稳定等优势更加凸显，短期看尽管“西强东弱”格局没有根本改变，但长期看“东升西降”已成大势，时与势是在我们这一边的。我们要认清这种发展大势，进一步增强“四个意识”、坚定“四个自信”、做到“两个维护”，坚定必胜信心、保持战略定力，集中力量做好自己的事，努力在危机中育新机、于变局中开新局，向着实现中华民族伟大复兴的宏伟目标坚定前行。修改完善规划、计划，要进一步立足、把握、统筹“两个大局”，对国之大者做到心中有数，锚定“分两步走”全面建设社会主义现代化国家的目标，把“十四五”规划、年度计划与 2035 年远景目标、与本世纪中叶实现第二个百年奋斗目标统筹考虑，找准定位，进一步明确重大战略、目标任务和重点举措，更好地发挥规划的战略引领作用。

四是要对“十三五”规划实施情况作全面评估，对“十四五”规划指标体系作适当说明。“十三五”时期我国经济社会发展取得了举世瞩目的成就，应该对“十三五”规划纲要完成情况进行系统梳理，下一番功夫作出全面总结评价，评估各项指标、重点任务、重大工程项目和举措的完成情况，存在的主要问题及其原因等，可以在规划纲要中专门安排一个篇章，也可以单独提交一份评估报告，供代表参考。做好这项工作对鼓舞士气、凝聚力量、增强信心十分重要。另外，按照进入新发展阶段、贯彻新发展理念、构建新发展格局的要求，“十四五”规划纲要对指标设置作了比较大的调整，有必要对此作出适当说明，解释清楚指标变化的原因和依据，这样有利于进一步统一思想、凝聚共识。同时，要进一步优化完善指标体系，体现高质量发展要求，处理好定性和定量的关系，量化指标的设置要积极稳妥、符合实际。要在指标设置、重点任务和重大工程项目上加强统筹，指导编制好地方规划和专项规划，处理好国家战略规划与专项规划、区域规划的关系，形成紧密衔接、合理分工的国家规划体系。

以上这几个方面，是一个总的意见。希望有关单位进一步提升政治站位，紧密结合实际，在修改完善规划、计划过程中，切实把总书记的要求和党中央的精神领会好、贯彻好、落实好。

下面，再围绕贯彻新发展理念讲些具体建议。习近平总书记多次强调进入新发展阶段后，对新发展理念的理解要不断深化，举措要更加精准务实。最近，中央政治局围绕贯彻新发展理念开展集体学习，有很强的现实针对性，总书记再次强调要完整、准确、全面贯彻新发展理念，确保“十四五”我国发展开好局、起好步。总的看，规划纲要和年度计划都较好地体现了新发展理念，这里结合大家的意见建议对有些重点再突出强调一下。

第一，贯彻创新发展理念，要进一步突出推进科技自立自强。五中全会的《建议》提出的第一条重大举措就是科技创新，把这个问题放在能不能生存和发展的高度提出来，突出创新在现代化建设全局中的核心地位，这是很有针对性和现实性的。“十三五”时期我国科技工作取得了重大成就，在科技资源配置、管理体制、产学研结合、创新人才培养、国际合作等方面都取得新的成效和进步，同时也还存在一些问题，要认真进行分析。有几个指标大家比较关注，一个是研究与试验发展经费投入强度，这是“十三五”规划的重要预期性指标；一个是基础研究投入占比，我国常年徘徊在 5% 左右，2019 年是 6%，与美国 15% 至 19% 的水平存在较大差距；还有一个是科技成果转化率，国务院审计报告反映的抽查结果 2019 年是 8.4%，欧美国家通常在 40% 以上，差距也是很大的。“十四五”时期要聚焦新一轮科技革命和产业变革趋势，以实现科技自立自强为目标，坚持问题导向、目标导向。

一要对如何优化科技创新方面的指标设置进行研究，比如基础研究投入占比这个指标，能不能体现更加积极的导向，其他如设置科技成果转化率目标，以及将科技资金投入纳入约束性指标等，也可以作进一步研究论证。二要利用新型举国体制开展技术攻关，集中攻克一批农作物种子、核心元器件、基础原材料、工业软件等重点领域的关键核心技术，筑牢产业发展基础，提升供给质量，同时要注重整合优化科技资源，提升创新效能，克服分散、低效、重复的弊端。三要加强财政研发投入特别是基础研究投入的引导作用，引导和鼓励企业、金融机构、社会组织以投资、捐赠、设立基金等方式多渠道投入，逐步建立持续稳定的投入机制。四要进一步强化以产业需求为导向的科技创新，突出企业创新主体地位，理顺产学研用融合机制，打造有利于各环节相互衔接的公共平台，提高科技成果转化效率。五要聚合全球创新资源大力推动开放创新，处理好自立自强和开放合作关系，面向世界汇聚创新资源和一流人才，提供良好环境和服务保障。六要加快在数字经济领域打造新竞争优势，草案对发展数字经济作出专篇规定，体现了高度重视。数字经济是发达国家和发展中国家都在关注并大力推动的重点经济领域，可能也是中美经济竞争的制高点。要进一步深化认识，强化举措，关键是找准切入点，充分发挥我国市场大、应用广、举国体制等优势，加快各领域数字化转型发展，推动数字经济与实体经济深度融合，在国际竞争中率先形成领先优势。同时，要有效保障数据安全，关注并积极参与数字货币、数字税等国际规则制定。

第二，贯彻协调发展理念，要进一步突出解决不平衡不充分问题。“十三五”期间我国在解决不平衡不充分问题上取得了巨大成效，一批国家重大区域战略稳步推进，统筹城乡发展取得新的进展，特别是在总书记亲自指挥部署和大力推动下，久久为功一举解决了困扰中华民族几千年的绝对贫困问题，创造了人类减贫史上的伟大奇迹。当前，我国城乡区域发展总体形势是好的，但也出现一些新情况新问题值得重点关注。比如，区域经济发展分化明显，北方地区经济总量占全国的比重，从2012年的42.8%下降到2020年前三季度的35.2%，部分地区发展面临较大困难。比如，城镇化速度放缓，农业转移人口市民化面临很多障碍。市场分割阻碍要素流动、公共服务水平不均衡、农民落户城市意愿下降等一系列问题，成为制约国内大循环的重要因素。我国常住人口城镇化率已经突破60%，从历史经验看，今后15年是破除城乡二元结构、统筹城乡区域协调发展的重要窗口期。“十四五”时期要从规划编制、要素配置等方面提出更加明确的具体的要求，强化统筹谋划和顶层设计，加快推进城乡区域协调发展。

一要推动以人为核心的新型城镇化发展，深化户籍制度改革，按照“钱随人走”思路，探索建立基本公共服务与常住人口挂钩机制，重点解决好保障住房、子女教育和社会保障等问题，积极稳妥推进农业转移人口市民化。二要调整完善区域政策体系，探索建立全国性的建设用地、补充耕地指标跨区域交易机制，完善生态补偿机制，促进优化我国生产力布局。三要提升综合交通运输效率，大力完善现代物流体系，降低物流成本，加快发展多式联运，将我国铁路、高速公路、港口机场运输体系的综合效率发挥出来，畅通城乡区域物流大循环。

第三，贯彻绿色发展理念，要进一步突出推进生产生活绿色转型。“十三五”时期，在习近平生态文明思想的有力指导下，“绿水青山就是金山银山”理念深入人心，污染防治攻坚战取得重大成果，9个生态环境约束性指标超额完成任务，生态环境质量持续改善，大大增进了民生福祉。但同时也要看到，大家比较关注“单位国内生产总值能耗降低”这个重要约束性指标是否完成，有些地方高耗能、高污染行业仍然快速发展，能源消费高度依赖煤炭等化石能源，环境承载和生态环保压力仍然较大。总书记在去年第七十五届联合国大会一般性辩论中，郑重提出我国将在2030年前实现碳达峰、在2060年前实现碳中和的宏伟目标，中央经济工作会议将“做好碳达峰、碳中和工作”作为2021年推进的重点任务之一，这充分体现了我国积极应对气候变化、推进绿色发展的责任担当，也是争取战略主动的一步“先手棋”。逐步实现碳达峰和碳中和目标，是源头倒逼减少生态环境污染的关键，必将重塑我国的产业结构、能源结构和发展方式，推动实现绿色转型发展。“十四五”时期要聚焦这个宏伟目标，明确阶段性和年度目标任务，扎实推进重点举措落地见效。

一要加强“规划”协调，坚定不移推进转方式、调结构。目前规划纲要提出未来五年单位GDP二氧化碳排放累计降低的目标，有可能满足2030年碳达峰的要求，关键是要统筹做好“十四五”规划与能源、工业、交通、建筑等相关专项规划，以及与国家应对气候变化规划的衔接。同时要加强与地方规划的对接指导，保持上下衔接，总书记专门点过这个问题，一些地区的“十四五”规划中仍存在“两高一资”和低水平重复建设项目，要引起高度重视，坚决落实总书记和党中央的要求，在“两个维护”上做到知行合一、言行一致，严格把好项目和产业入口关，进一步加快推进传统产业优化升级，大力发展战略性新兴产业，在构建产业新体系上下功夫，闯过转型升级这道关口。二要加快环保技术创新和应用，加大对煤炭清洁生产技术、能效循环利用技术、清洁能源技术研发和推广的支持，促进市场导向的技术创新。三要研究出台更多有针对性的政策举措，坚持从总量和强度两方面降低资源能源消耗和碳排放，逐步改善以煤为主的能源结构，促进可再生能源开发利用，加强电源与电网、中央与地方的电力规划统筹，有效解决弃风弃光弃水弃电问题，推广垃圾分类、节水节能、绿色消费、绿色出行等，推动形成绿色低碳生产生活方式。四要注重发挥法治的保障作用，贯彻实施好长江保护法、可再生能源法、循环经济促进法等生态环保法律，增强法律实施刚性，更多依靠法治力量推进生态文明建设。

第四，贯彻开放发展理念，要进一步突出以改革开放激发动力活力。构建"双循环"新发展格局，就是要激发国内超大规模市场潜能，畅通国内大循环，同时以国内大循环吸引全球资源要素，更好利用国内国际两个市场、两种资源，提高在全球配置资源的能力，塑造我国国际合作和竞争的新优势。必须进一步扩大对外开放，实现"引进来"与"走出去"并重，建设更高水平开放型经济新体制。习近平总书记在多个重要外交场合向世界宣示我国进一步扩大对外开放的决心和重大举措，强调要推动更深层次改革，实行更高水平开放，为构建新发展格局提供强大动力。我们要深刻领会领悟、认真贯彻落实，"十四五"时期要坚定不移推进更大力度、更深层次、更宽领域的改革开放，在一些关键领域要取得实质性进展。

一要在建设高标准市场体系上有新突破，深入推进要素市场化配置改革，充分发挥市场在资源配置中的决定性作用和更好发挥政府作用，破除地方保护主义，健全公平竞争审查机制，强化反垄断和反不正当竞争，建成高效规范、公平竞争的国内统一市场。二要在激发市场主体活力上有新突破，深入实施国企改革三年行动，优化国有经济布局，推动国有资本在关系国计民生和国家安全等关键领域做大做优做强，推动国有企业公平参与市场竞争，优化营商环境，给民营经济更大发展空间，促进激发各类市场主体活力。三要在建立现代财税体制上有新突破，进一步明确中央和地方政府事权和支出责任，加快推进税制改革，提高直接税比重，优化税制结构，尽快落实税收法定改革任务。四要在制度型开放上有新突破，加快区域全面经济伙伴关系（RCEP）生效实施，积极推动中欧投资协定早日签署和其他多双边区域投资贸易协定谈判，强化我在全球竞争中的战略主动。要通过规则、规制、管理、标准等接轨，吸引更多产业、资本、技术和人才。五要聚焦产业链安全谋划推进产业布局，深耕周边及"一带一路"沿线，打造区域性产业链供应链，促进我国产业链更加完整、更具韧性、更有竞争力。

第五，贯彻共享发展理念，要进一步突出推进全体人民共同富裕。五中全会的《建议》明确提出"全体人民共同富裕取得更加明显的实质性进展"远景目标，这在党的全会文件中还是第一次，充分体现了我们党践行初心使命，坚持脚踏实地、久久为功，更加积极有为朝着共同富裕目标迈进的坚定决心和鲜明态度。当前，制约实现共同富裕的因素还很多，收入分配差距较大，城乡区域发展不平衡，就业水平和质量不高，基本公共服务均等化水平偏低，社会保障和社会救助机制不完善，等等。这些问题集中作用导致的一个结果，就是内需不足特别是消费需求不足，包括农民在内的低收入群体消费能力受限，消费意愿不强。从经济循环看，消费需求不足，成为制约企业扩大再生产和投资扩大再生产的突出因素，成为国内大循环的核心堵点和构建新发展格局的难点。"十四五"时期要坚持把扩大内需作为战略基点，把实施扩大内需战略同深化供给侧结构性改革有机结合起来，采取有效措施畅通国内大循环。

一要进一步推进收入分配制度改革，提高劳动报酬在初次分配中的比重，加大税收、社保、转移支付等政策调节的精准度，推动居民收入增长和经济增长同步，重点增加低收入群体收入，稳步扩大中等收入群体，切实提升居民消费能力和消费意愿。二要以新供给创造新需求，提升产品和服务的质量品牌，适应传统消费提档升级，鼓励消费新模式新业态发展，释放医疗保健、养老、在线教育等新兴消费需求，鼓励大型互联网企业将资本更多投入到科技创新和提升供给领域。三要多措并举持续增加农民收入，提高农民知识技能，增强农民风险抵御能力，进一步促进农村金融发展，改善农村消费环境，开拓农村消费市场。四要落实就业优先政策，支持发展灵活就业，扩大公益性岗位安置，促进充分就业，提升就业质量，动态提高最低工资标准，切实保障劳动者待遇和合法权益。五要健全多层次社会保障体系，尽快实现基本养老保险全国统筹，推动基本医疗保险、失业保险、工伤保险省级统筹，增强社保体系可持续性和公平统一性。六是逐步提高基本公共服务均等化水平，缩小城乡、区域、群体之间差距，确保2035年实现基本公共服务均等化目标。

第六，统筹发展和安全，要进一步突出防范化解重大风险。牢牢守住安全发展这条底线，是构建新发展格局的重要前提和保障。当前世界形势动荡复杂，地缘政治挑战风高浪急，而且随着我国发展水平不断提高，发展起来的矛盾和问题更多更难解决。今后一个时期将是我国各类矛盾和风险的易发多发期，各种可以预见和难以预见的风险明显增多。习近平总书记见微知著，三年前就对全党明确提出"增强忧患意识、防范风险挑战要一以贯之"的要求，并对8个方面16个具体风险作出深刻分析，对防范化解重大风险提出明确要求。这次规划纲要设置专章，对统筹发展和安全专门作出战略部署，强调贯彻总体国家安全观，实施国家安全战略，筑牢发展的安全屏障，是很有必要的。"十四五"时期要强化底线思维，切实防范化解重点领域风险。比如宏观经济方面，要重点防止经济运行出现大起大落的风险，粮食、能源和重要资源供给不足的风险，资本大进大出和资本市场大幅波动的风险，房地产市场大涨大跌的风险、金融科技创新带来的风险，以及美国对我实施金融制裁可能引发的风险等，特别是今年要重点关注和防范债务风险，包括企业债务风险和地方政府隐性债务风险。去年我国宏观杠杆率在前两年回落后出现反弹，整体债务规模继续攀升，企业债务融资快速扩张，地方国企债务融资、房地产信贷、信用债券、境外债券等违约风险明显增加，有的高评级债券也出现违约。必须把防范化解债务风险放在更加突出位置，切实采取有力措施防范化解。

一要合理确定财政赤字率水平和地方政府新增专项债规模，坚决杜绝地方政府提供任何形式的违规担保，严格控制地方国企负债扩张，维持宏观杠杆率和政府杠杆率基本稳定。二要建立企业债务违约预警机制，进一步完善债务风险防控工作体系，督促市场主体严格履行主体责任，强化市场约束机制，及时启动应急预案，遏制住债务违约趋势，稳定市场预期。三要创新债务风险处置方式，完善不良资产交易市场，提高不良资产标准化程度，下大气力逐步化解债务存量。四要运用破产清算、兼并重组等多种方式推动高风险金融机构和企业的出清，完善破产清算、债权债务纠纷处置的法律法规，运用法律制度防范化解债务风险。

以上这些思考和建议，希望能在规划纲要中进一步充实、完善和强化，请有关部门结合大家提出的意见建议一并研究参考。现在距离大会召开还有一个月时间，做好初审工作时间紧、任务重，要求也很高。财经委和国务院有关部门要及时沟通、密切配合，把握好方向性、原则性问题，依照法定程序扎实推进各项工作，推动贯彻落实党中央重大决策部署，为大会顺利召开作出积极贡献。

# 在全国人大财经委第49次会议上的讲话

——初步审查2021年中央和地方预算

（2021年2月3日）

王东明

这次会议的主要任务是初步审查2021年中央和地方预算报告、预算草案，为代表大会审查批准做好准备。上午，财政部、税务总局、海关总署、科技部等有关部门，对2020年预算执行情况和2021年预算安排作了汇报，国家发改委提交了中央预算内投资项目安排的书面材料，常委会预算工委报告了对预算安排的初步分析。陈竺副委员长作了讲话，发表了重要意见。各位委员、代表进行了初步审查，并围绕做好预算工作提出了意见建议，讲得都很好。总的看，各方面作了认真的准备，国务院有关部门认真编制预算草案和参阅材料，在前一阶段初步沟通的基础上作了修改完善，及时向人大通报情况，做了大量工作。预算工委召开一系列座谈会，听取预算安排情况介绍，分专题重点了解科技创新、制造业高质量发展、社会保障和就业、卫生健康等四个方面支出政策和预算安排情况，广泛听取人大各专门委员会、部分全国人大代表、有关专家的意见建议，还运用预算联网监督系统对预算草案和预算报告进行预先审查和分析，提出了"分析报告"及参阅材料，这些都为做好预算初步审查工作奠定了良好基础。对于大家提出的意见和建议，希望有关部门认真分析研究，尽可能吸收采纳。这里，我结合大家的发言再讲一些意见。

## 一、关于 2020 年预算执行情况

过去的一年，在极其严峻复杂的国内外形势下，在以习近平同志为核心的党中央坚强领导下，国务院及其财政等部门及各地方认真贯彻落实党中央决策部署，按照积极的财政政策要更加积极有为的要求，继续大规模减税降费，及时出台对冲疫情影响的财税政策，创新实施财政资金直达机制，稳步推进财税体制改革，全力推进“六稳”工作，努力完成“六保”任务，为抗击新冠肺炎疫情、打赢三大攻坚战、促进经济较快恢复增长作出了重要贡献，较好地贯彻了预算法及其实施条例，落实了全国人大预算决议和有关审议意见。从预算执行情况看，全年预算目标基本实现，中央和地方预算执行情况较好。全国财政一般预算收入完成预算的 101.5%，好于年初预期；减税降费超过 2.5 万亿元，有效稳住市场主体，激发了市场活力；财政支出增长 2.8%，卫生健康、科技创新、污染防治、实体经济、民生支出等重点支出得到较好保障；中央转移支付增长 12%，为地方开展各项工作提供了有力支持。总的看，2020 年预算执行情况是好的，成绩来之不易，值得充分肯定。同时，在预算执行中也存在一些突出问题，如有的减税降费政策效果不够明显，调整优化支出结构还有较大空间，全过程预算绩效管理质量有待进一步提高，部分专项债券资金闲置，一些基层市县债务负担较重、财政运行困难，社保基金长期平衡压力较大等。对这些问题，请有关部门高度重视，认真研究加以解决。

## 二、关于 2021 年预算安排

总的看，预算安排符合预算法等法律规定，符合党中央方针政策和决策部署，较好贯彻了党的十九届五中全会和中央经济工作会议精神，政策取向明确，收支安排符合实际，工作措施有力，我突出的感受是较好地处理了中央与地方、重点与一般、开源与节流、发展与民生以及发展与稳定的关系，特别是认真研究吸收了上次与人大座谈沟通的意见建议，突出了支持科技创新、加强民生保障、服务实体经济、推动产业升级、实施扩大内需战略、支持新型城镇化等重点工作。预算草案总体可行，我原则赞同，同时提三点建议供修改完善预算参考。

第一，要在支持科技自立自强上进一步细化举措。党的十九届五中全会提出，坚持创新驱动发展，全面塑造发展新优势，把科技自立自强作为国家发展的战略支撑。中央经济工作会议对加强科技创新作出了明确安排部署。审查“十四五”规划纲要和年度计划时大家对此也比较关注。今天的预算初步审查会，专门对财政科技创新政策和资金安排使用情况进行专题审议，目的就是要推动党中央关于推进科技自立自强的决策部署更好落实落地。近年来，我国科技创新取得了显著成效。同时也要看到，我国科研水平与国际先进水平相比还存在明显差距，重大原创性成果缺乏，关键核心技术受制于人的局面还没有得到根本性改变。全社会研发投入占国内生产总值比重、基础研究投入占全社会研发投入比重等，与发达国家相比还有很大差距。预算报告对支持加快科技自立自强作出了安排，希望进一步细化有关举措。

一要探索建立加强基础研究投入的长效机制。2021 年中央财政本级科技支出中的基础研究投入明显增加，这很好。下一步要在建立长效机制上下功夫，逐步形成中央财政对国家需求导向的基础研究和原始创新给予稳定支持的机制。同时，要研究发挥财政资金的带动、撬动作用，在财税、金融等方面给予有力支持，鼓励多方式多渠道增加科研投入，包括通过国家科技计划、科技专项和基金等，引导鼓励企业加大研发投入，另外要充分发挥国家科技成果转化引导基金的作用，加快科技成果转移转化。二要支持打好关键核心技术攻坚战。要研究解决财政科研投入重点不够突出、存在分散化和部门分割的问题。支持科技部门瞄准关系国家安全、产业链安全和民生保障的薄弱环节，锁定关键核心技术，集中解决一批“卡脖子”问题。三要加大支持科技体制改革力度。积极推进落实已出台的科技领域中央与地方财政事权和支出责任划分改革方案、财政科研项目资金管理改革等，进一步完善科技重大专项任务协同落实机制，加强重点领域项目、基地、人才、资金一体化配置，推行“揭榜挂帅”、“赛马制”、“银政企科对接”等新型科技项目组织模式。四要进一步完善面向目标与结果的财政科技支出绩效评价体系，提高财政科研资金使用绩效。

第二，要在支持扩大内需上多点发力。党的十九届五中全会提出，加快构建以国内大循环为主体、国内国际双循环相互促进的新发展格局。这是关系我国现代化建设的重大战略任务，需要从战略

全局高度准确把握和积极推进。扩大内需是畅通国内大循环的重要战略基点，财政支出和政策发挥作用的着力点很多。

*一要把促进就业摆在更加重要位置上。*2021年，我国大学生毕业数量接近900万人，再加上去年未就业的大学毕业生和其他重点就业群体，就业压力仍然突出。预算草案要进一步强化落实党中央确定的就业优先政策，完善重点群体就业支持体系，千方百计稳定和扩大就业。要用好管好就业补助和职业技能培训资金等，支持职业技术培训与产业工人队伍建设改革相结合，助力培养造就一支知识型、技能型、创新型高素质产业大军。*二要大力支持增加居民收入。*提高居民收入水平，要坚持系统观念，作前瞻性部署和整体性推进。要统筹就业政策、税收政策、转移支付政策、社会保障政策、金融政策、社会帮扶政策等有效衔接，推动居民收入增长和经济增长同步。要统筹初次分配、再次分配和三次分配，提高劳动报酬在初次分配中的比重，加大税收、社保、转移支付等政策调节的精准度，提高低收入群体收入，扩大中等收入群体，逐步缩小收入差距。*三要提升消费能力和消费意愿。*更好地把各类财政资金投入与提高公共服务水平结合起来，进一步健全完善教育、养老、医疗、育幼等政策体系，提高社会保险覆盖率和保障水平，建立城乡统筹、多层次的社会保障体系，缓解居民消费的后顾之忧，提升社会整体消费能力和消费意愿。*四要切实用好地方政府专项债券。*要继续用好上年没有用完的债券资金，加快受疫情影响的项目开工建设。要按照“资金跟着项目走”要求，合理扩大新增专项债券使用范围，保障党中央、国务院确定的重大工程项目和重点领域，优先支持在建工程后续融资。

*第三，要支持以人为核心的新型城镇化取得实质进展。*“十三五”期间，“1亿左右农业转移人口和其他常住人口在城镇落户”的目标基本实现，这是个重大成果。同时要分析一下，有的地方是否存在质量不高的问题，比如新转移人口面临的一些现实问题，特别是公共服务水平仍存在较大差距。“十四五”时期，新型城镇化的一个重要方面仍然是农业转移人口市民化，而且要更加关注“人”的需求，实现由“量”到“质”的提升。一要加快推进基本公共服务均等化，使农业转移人口能够享受与城镇本地人口平等的福利和权益，引导有条件的农民自愿进入城镇。二要加快推进户籍制度、土地制度、财政制度等改革，为农业转移人口提供可负担的住房、教育和医疗等。三要通过城市更新行动、改善生态环境、提高城市治理和社会治理水平，增强新落户市民对城市的归属感和认同感。在农业转移人口市民化过程中，财政要发挥更大的作用，在转移支付安排上，应当逐步建立“资金跟人走”的机制，研究探索与城市常住人口挂钩的政策，资金补助要更好发挥服务保障作用，提高财政资金使用效益。对吸纳落户较多城市的基础设施建设，中央财政要建立相应的投资补助机制。解决好农业转移人口市民化问题，既是重大民生工程，又能有效拉动经济增长，长远看对于破除城乡二元结构将发挥重要作用，意义重大，财政要持续发力给予更大支持。

以上三个方面，有些工作预算草案已经作了考虑，还可以体现的更加充分一些，有的还要有更多具体一些的政策措施。上面讲的这些，有的是需要加大投入的问题，有的是要在预算执行中对现行的财税政策措施、资金投入方式、财政补贴对象环节等进行梳理评估和改进的问题，看看哪些是成功的、有效的，哪些还没有达到效果，哪些还存在短板弱项，在此基础上作出加强、改进、完善和提高。这些问题，也不是在一年里就能全部解决，但要加强统筹，持续推进，争取“十四五”期间每年都能取得新进展、新成效。

## 三、需要关注研究的几个问题

这里我想提出一些需要关注研究的问题，主要基于几个方面的考虑：一是党的十八大以来，以习近平同志为核心的党中央，对加强人大预算决算审查监督职能提出一系列改革举措。贯彻落实党中央有关决策部署，全国人大常委会不断加强和改进预算审查监督工作，创新方式方法，健全制度机制，切实增强监督的针对性，加大监督力度，提高监督实效，特别是加强了对财政资金使用绩效和政策实施效果的审查监督，取得了积极成效。这些工作得到国务院有关部门特别是财政部、税务总局、海关总署等部门的大力支持，希望大家总结发扬好的做法，共同努力把这项工作做得更好。二是党的十九届五中全会从现代化建设全局出发，围绕进入新发展阶段、贯彻新发展理念、构建新发展格局，作出一系列重大决策部署，其中很多与财政工作和人大预算审查监督工作密切相关，对更好发挥财政财力保障作用和人大监督作用、推进落实国家重大战略任务提出了新的更高要求。适应这种新形势新要求，必须不断提高财政工作、人大预算审查监督工作、人大财经工作的质量和水平。三是栗战书委员长十分重视人大预算审查监督工作、人大财经工作,多次作出指示批示,要求在完成好年度立法、监督、调研等工作的基础上,突出抓几项针对性强、具有基础性和探索意义的工作,为贯彻落实新发展理念、完善中国特色社会主义经济体制、促进经济社会持续健康发展提供法律保障和助力。在去年底常委会对审计查出问题整改情况开展专题询问时的讲话中,战书委员长强调要完善工作机制,创新工作方式,加强工作协调配合,特别是加强跟踪监督,推动有关制度更好发挥功效,进一步提高监督工作水平。贯彻落实战书委员长有关指示批示要求,需要对有的问题作些前瞻性研究和创新性探索。基于这些考虑,我提出一些关于财政和预算监督的问题,供国务院有关部门、人大财经委、常委会预算工委研究、思考和探索。

第一,关于改进完善财政支持实体经济的方式问题。积极的财政政策对支持实体经济发展,特别是去年在纾困解困、惠企利民、支持复工复产等方面发挥了重要作用。下一步,要在改进完善支持实体经济的方式上下功夫。比如,如何更好地实施减税降费,提高政策的精准度和效果,聚焦制造业降低税费负担,鼓励企业实施技术改造和转型升级;如何做到财政、金融政策联动,运用税收优惠、政府担保、财政贴息和政府采购等方式,带动金融支持实体经济,助力解决小微企业融资难、融资贵问题;如何改进财政资金支持方式,采用前补助、后补助相结合的方式,通过专项资金"后奖补"等方式,支持产业链协同创新和新产品推广应用;如何更多运用市场化手段,引导社会资本加大对经济社会发展重点领域和薄弱环节的投入,等等,需要进一步深入研究。

第二,关于深化中央和地方财政体制改革问题。科学的财税体制是优化资源配置、维护市场统一、促进社会公平的制度保障。从党的十八届三中全会开始,党中央对推进财税体制改革作出一系列重大决策部署。党的十九大提出"加快建立现代财政制度,建立权责清晰、财力协调、区域均衡的中央和地方财政关系。"党的十九届五中全会进一步提出,"明确中央和地方政府事权与支出责任,健全省以下财政体制,增强基层公共服务保障能力。"这些决策部署,为深化财税体制改革提供了遵循。下一步,对已经制定出台的事权与支出责任改革方案,包括基本公共服务、教育、医疗健康等 11 个重点领域,要抓紧推进方案落实,并在实践中逐步健全完善,同时要推进省以下事权和支出责任的划分改革。对于看得准的,还没有出台、但确需划分事权和支出责任的,如养老保险、住房保障等领域,希望积极研究探索。

第三,关于深化政府预算制度改革问题。近些年来,预算制度改革持续推进,取得了积极成效。党的十九届五中全会对预算制度改革进一步提出,要"深化预算管理制度改革,强化对预算编制的宏观指导。推进财政支出标准化,强化预算约束和绩效管理。"这些要求都很有针对性和可操作性。要坚持问题导向和目标导向,将改革任务分解成年度任务,积极进行创新和探索,逐步推进改革走深走实。比如,党中央提出要加强对预算编制的宏观指导,是不是能够梳理提出一些加强宏观指导的改进措施,特别是在体制机制方面需要推进哪些改革。比如,财政支出要标准化的问题,现在基本支出的标准体系已经建立,但项目支出标准建设仍显滞后,不利于规范预算编制、提高支出效率,是不是能够研究提出改进措施。比如,如何进一步深化具体举措,更好落实《关于人大预算审查监督重点向支出预算和政策拓展的指导意见》,加强对预算全口径审查和全过程监管,等等。

第四,关于深化税收制度改革问题。党的十九届五中全会明确提出,要"完善现代税收制度,健全地方税、直接税体系,优化税制结构,适当提高直接税比重"。怎样落实这些要求需要认真研究。比如,如何健全地方税、直接税体系,目标是什么,薄弱环节在哪里,需要进行怎样的体制机制设计,分解到年度中每年的重点任务是什么?比如,适当提高直接税比重,这个"适当"的目标是多少?通过直接税税种收入的自然增长能提高多少,通过调整税制结构能提高多少,需要调整哪些具体的税制,每一税制怎样调整优化,等等。还有一个,就是要抓紧落实税收法定原则。截至 2020 年末,现行 18 个税种中,已经有 11 个税种由全国人大及其常委会制定法律,其他的还要尽快立法规范,特别是作为我国第一大税种的增值税,还没有制定有关法律,要积极推进税收法定改革任务,在保障质量的基础上加快立法进程。此外,对政府非税收入法定问题也有必要作深入研究。

第五,关于地方政府隐性债务风险问题。党的十九届五中全会提出"健全政府债务管理制度"的要求,中央经济工作会议提出要"抓实化解地方政府隐性债务风险工作"。这些部署和要求很有针对性。我国去年的宏观杠杆率和政府部门杠杆率都出现较大幅度的上升，在地方财政收支压力较大情况下，政府债务特别是地方政府隐性债务问题有所抬头。要研究如何在严控增量的基础上，坚持分类施策、疏堵结合、多措并举化解债务存量；如何控制地方政府融资平台和地方国有企业债务扩张和债务违约；如何推进编制和公布地方政府资产负债表和综合财务报告，制定地方政府信用评级制度；如何推进政府全口径债务信息公开，加强对政府举债行为的监测；尤其是，要研究如何破解产生隐性债务的体制机制和影响政府行为方式的制度性因素，推动建立起有效遏制隐性债务的长效机制，等等。

第六，关于社保基金的可持续问题。2020年由于实施阶段性降低社保费政策，全国社会保险基金首次出现收支缺口。这是一个明确的信号。随着我国步入人口老龄化社会，社保基金收支平衡的压力将不断增大。党的十九届五中全会提出，要"健全覆盖全民、统筹城乡、公平统一、可持续的多层次社会保障体系"。如何实现这个目标，保持社会保险基金收支平衡和长期可持续，面临一系列问题。比如，如何发展社会化、商业化的养老和医疗保险，也就是常说的第二支柱、第三支柱，形成多层次的社会保障体系；如何通过财税政策，鼓励和调动各种金融和保险资源共同提供社会保险保障；如何在确保社保基金安全的情况下，增加社保基金投资收益；如何建立起多缴多得的激励机制，调动企业和居民参保缴费的积极性等。

第七，关于拓展国家财力空间问题。党的十九届五中全会明确提出，"加强财政资源统筹，加强中期财政规划管理，增强国家重大战略任务财力保障。"根据"十四五"发展目标和任务，经过深化改革、完善制度和政策设计，在哪些方面和环节，还有扩大财政收入、提高国家财力的空间和余地？比如，如何进一步加强政府性基金预算、国有资本经营预算、社会保险基金预算与一般公共预算的衔接；如何强化公共资源综合管理、推进公共资源收入纳入预算管理；如何依法将部门取得的各类收入纳入部门预算；如何推动预算管理与资产管理结合，提高国有资产配置效率，等等，都需要在健全完善体制机制、统筹公共资源上作深入研究。

以上这七个方面的问题，不是主要针对修改完善年度预算提出来的，而是对贯彻五中全会精神特别是落实有关财政和预算审查监督要求的一些考虑，提出来供大家一起研究、思考。很多问题需要进一步明确总的目标任务，细化年度目标和政策举措，朝着五中全会指出的方向逐步去推进落实，有的也可以在年度工作中作出安排。另外，我在前天"十四五"规划纲要初步审查会议上提出的意见建议，有些也适用于预算的初步审查，希望有关部门一并研究参考。

# 在全国人大财经委2021年第一季度经济形势分析会上的讲话

（2021年4月15日）

王东明

定期开展经济形势分析，已经成为人大经济工作监督的一个常态化举措，为贯彻党中央决策部署、推动经济社会发展发挥了积极推动和促进作用。当前，我国正处在"两个一百年"奋斗目标的历史交汇点，今年恰逢中国共产党成立100周年，也是实施"十四五"、开启全面建设社会主义现代化国家新征程的开局起步之年。面对严峻复杂的国际形势和艰巨繁重的改革发展稳定任务，科学分析经济形势、做好全年经济社会发展工作，具有特殊的重要性。栗战书委员长对开好这次会议高度重视，作了重要批示，提出明确要求，我们要认真学习领会、贯彻落实好。

上午，国务院14个部门介绍了今年以来的经济运行情况和有关工作情况，材料都比较全面、详实，准备得都很充分。这次会议之前，全国人大财经委召开多个座谈会，赴地方和企业开展调研，召开地区经济形势分析片会，全面了解经济运行情况，为开好这次会作了充分准备。上午，陈竺副委员长发表了讲话，讲了很好的意见，对做好下一步工作提出了要求。刚才，财经委组成人员在充分调研的基础上，对当前经济形势谈了看法，对做好下一步工作提出了意见建议，都很有针对性和建设性。希望有关部门认真研究，尽可能吸收采纳，不断加强和改进经济工作，努力推动党中央决策部署不折不扣贯彻落实。下面，我结合大家的讨论讲一些意见。

## 一、关于当前经济形势

我总的赞成有关部门和委员们的分析。今年以来，在以习近平同志为核心的党中央坚强领导下，各地区各部门认真贯彻落实党中央、国务院决策部署，扎实推进“六稳”工作，全面落实“六保”任务，经济运行实现良好开局，呈现稳定恢复的态势，主要经济指标快速增长。除了经济增长超预期以外，经济运行的多个方面呈现出十分积极的变化。特别是积极的财政政策、稳健的货币政策和就业优先政策得到较好落实，市场信心和预期明显改善，3月份制造业采购经理指数（PMI）和非制造业商务活动指数分别达到 51.9% 和 56.3%；工业生产保持快速增长，一季度规模以上工业增加值增长 24.5%，前两个月工业企业利润增长 1.79 倍；国内需求持续恢复，社会消费品零售总额同比增长 33.9%，固定资产投资增长 25.6%；外贸进出口增长较快，出口和进口同比分别增长 38.7% 和 19.3%；就业形势总体稳定，一季度城镇新增就业人数达到 297 万，完成全年目标任务的 27%，3 月份城镇调查失业率 5.3%，环比下降 0.2 个百分点。这些充分展现出我国经济的强大韧性，说明统筹疫情防控和经济社会发展的成果得到进一步巩固，我国经济恢复和疫情防控继续走在世界前列。实践充分证明，中国共产党领导和中国特色社会主义制度具有显著优势，以习近平同志为核心的党中央关于经济工作的重大决策部署是完全正确的。一季度经济运行情况公布之后，必将进一步提振信心、稳定预期，推动各项工作更加扎实推进，努力实现全年经济社会发展的目标任务。

在看到成绩、坚定信心的同时，我们也要辩证看待当前形势，尤其是在国际形势复杂严峻、发展环境深刻变化的情况下，更要全面、客观、冷静地分析当前形势。一季度多数经济指标同比出现大幅增长，与去年同期基数偏低有很大关系，结合前两年平均增速和今年环比增速来看，经济运行总体上仍处于恢复过程当中，后续走势还有待进一步观察。从国际上看，新冠肺炎疫情仍在全球蔓延，一些国家近期疫情形势十分严峻，对世界经济恢复和未来走势的影响不可低估；全球产业链供应链面临恢复和重构，各国经济复苏势头明显分化，美国在强刺激政策下经济恢复较快，部分新兴经济体债务和国际收支状况明显恶化，特别是美国今年陆续推出 1.9 万亿美元刺激方案和 2.3 万亿基建计划，加剧了全球流动性泛滥，引起大宗商品价格上涨，全球股市、债市、汇市震荡加剧，世界经济整体复苏仍存在较大不确定性；美国对我的打压遏制有增无减，而且更具系统性、挑衅性和进攻性，纠集所谓盟友，在全球范围和各个领域实施围堵，进一步恶化我国际环境，使我国经济社会发展长期承压。

从国内来看，我国发展不平衡不充分问题仍然突出，需求不足制约经济稳定恢复，稳就业保民生面临较大压力，财政收支平衡矛盾突出，产业链供应链安全受到严重威胁，一些重点领域风险不断积聚，处理好恢复经济与防范风险之间关系的难度较大。特别是经济恢复过程中出现的一些新情况新问题值得密切关注。一是国际大宗商品价格快速上涨对我国形成输入性通胀压力，推升国内通胀预期，可能带动部分房地产、股票、期货等资产价格上涨，引发资产泡沫风险。二是居民收入增长趋缓，加上物价上涨压力，对消费能力和基本民生可能形成“两头挤压”。三是小微企业和个体工商户恢复比较慢，生产经营遇到更大困难。四是就业总量压力和结构性矛盾并存，高校毕业生、农民工等重点就业群体的就业压力较大。五是“两高”行业快速增长，节能降耗和生态环保压力明显增加。六是科技自立自强需要加大统筹协调和整体推进力度。

面对当前经济形势，首先要坚定发展信心。要看到我国有党的领导和中国特色社会主义制度的独特优势，有超大规模市场、产业体系完整、城镇化加速、新动能加快成长、人力资源丰富等一系列发展优势，特别是党的十九届五中全会，围绕立足新发展阶段、贯彻新发展理念、构建新发展格局作出战略部署，十三届全国人大四次会议批准了“十四五”规划和 2035 年远景目标纲要，进一步明确目标任务和重大举措，将进一步拓展我国发展空间，提升发展质量，扩大回旋余地，激发动力活力。同时，要进一步增强忧患意识，强化底线思维，关键是坚持稳中求进工作总基调，保持战略定力，集中精力做好自己的事情，抓住主要矛盾和矛盾的主要方面，坚持问题导向、目标导向，进一步巩固经济恢复向好的态势。一要对当前经济形势作深入分析，特别是重点分析研究苗头性倾向性问题的走势和影响，加强政策实施效果的评估，做好政策前瞻性研究，努力提高宏观调控的精准性和有效性。二要保持宏观政策的连续性和稳定性，不搞政策“急转弯”，引导形成市场合理预期，继续推进“六稳”工作、落实“六保”任务，为市场主体持续纾困解困，巩固经济基本盘，保持经济运行在合理区间，避免出现大的波动。三要进一步对标对表党中央决策部署，落实十三届全国人大四次会议精神，紧扣“十四五”规划纲要、政府工作报告和年度计划预算确定的各项目标任务，认真理清思路，细化进度目标和具体举措，以钉钉子精神抓好落实。四要进一步优化和落实减税政策，加大对科技自立自强、结构调整、收入分配、民生改善等的支持力度，加强财政资源统筹，强化绩效导向，增强财政可持续性。要保持流动性合理充裕，保持宏观杠杆率基本稳定，进一步提升金融服务实体经济的能力和效率。五要继续突出和优化就业优先政策，着力稳定现有岗位，开展大规模职业技能培训，拓宽市场化就业渠道，积极扩大灵活就业规模，做好重点群体就业工作。六要深化重点领域和关键环节改革，进一步扩大高水平开放，为经济社会发展注入动力活力，努力拓展发展空间。

## 二、几个需要重点把握的问题

结合调研情况和大家提的意见建议，做好当前和今后一个时期经济工作，努力完成全年经济社会发展主要目标任务，需要重点把握好以下几个问题。

*第一，关于坚持高质量发展。*党的十九届五中全会《建议》明确提出，“十四五”时期我国经济社会发展要以推动高质量发展为主题。这是以习近平同志为核心的党中央，根据我国发展阶段、发展环境、发展条件变化作出的科学判断和重大部署。进入“十四五”，我国进入了新发展阶段，也就是全面建设社会主义现代化国家、向第二个百年奋斗目标进军的阶段。在这个新发展阶段，发展的重要性没有变，仍然是我们党执政兴国的第一要务，变化了的是发展的内涵和重点。随着我国社会主要矛盾转化为人民日益增长的美好生活需要和不平衡不充分的发展之间的矛盾，发展中的问题集中体现在发展质量不高上，这就要求我们必须把发展质量摆在更为突出的位置，着力提升发展质量和效益。特别是在当前形势下，面对严峻复杂的外部环境，统筹“两个大局”，应对各种风险挑战，关键在于我们能集中力量办好自己的事，不断提高发展质量，增强国家综合实力和抵御风险能力，实现经济行稳致远、社会和谐稳定。今年一季度，主要指标呈现大幅恢复性增长，经济运行开局良好，也为推动高质量发展提供了机遇。

各方面要静下心来，把更多精力放在经济结构调整和发展方式转变上，放在推动高质量发展上来。讲这个问题并不是无关紧要、老生常谈。最近，据有关方面反映，国务院有关部门统计调度各地“十四五”拟上的重点项目，其中六大高耗能产业项目占比超过50%；一季度有关部门开展环评的项目中，六大高耗能产业项目占比接近20%。如果这个情况属实，要引起高度重视。科学发展观、高质量发展已经讲了多年，各方面在思想上和“表态”上都有了共识，但在行动落实上还要进一步加强。要坚决把住项目入口关，绝不能口号喊得震天响，落实到项目上还是去搞高耗能项目和低水平重复建设。切实增强“四个意识”、坚定“四个自信”、做到“两个维护”，关键要落实到行动上。

推动高质量发展，必须立足新发展阶段，深入贯彻新发展理念，加快构建新发展格局。*新发展阶段*，是党和国家事业发展所处的新的历史方位，为我们确定目标任务、制定方针政策、部署重大工作提供了根本依据，新发展阶段必须更加注重高质量发展、更加注重共同富裕、更加注重人的全面发展、更加注重人与自然和谐共生、更加注重制度完善等。*新发展理念*，是推动高质量发展的根本遵循，与高质量发展具有内在统一性，高质量发展就是体现新发展理念的发展，偏离新发展理念或者贯彻新发展理念不力，高质量发展就会缩水甚至落空，只有完整、准确、全面贯彻新发展理念，才能解决我国发展不平衡不充分的突出问题，取得成色充足的发展成果。新发展格局，就是要实现以国内大循环为主体、国内国际双循环相互促进。构建新发展格局，明确了我国经济现代化的路径选择，是我们党把握未来发展主动权的战略性布局和先手棋，是应对新发展阶段机遇和挑战、实现高质量发展的战略选择。加快构建新发展格局的主攻方向和着力点，包括畅通国民经济循环、培育完整内需体系、加快科技自立自强、扩大高水平开放等，这些既体现了推动高质量发展的内在要求，也成为实现高质量发展的重要标志。

我们要认真学习领会习近平总书记在党的十九届五中全会上、在省部级主要领导干部专题研讨班上的重要讲话精神，深刻理解总书记对我国进入新发展阶段的主要依据和目标要求作出的科学分析，深刻理解总书记对深入贯彻新发展理念提出的明确要求，深刻理解总书记对加快构建新发展格局提出的主攻方向。要不断提高政治判断力、政治领悟力、政治执行力，提高把握新发展阶段、贯彻新发展理念、构建新发展格局的政治能力、战略眼光和专业水平，紧扣“十四五”规划和二〇三五年远景目标纲要确定的目标任务，坚持以供给侧结构性改革为主线，贯彻落实创新、协调、绿色、开放、共享五大发展理念，进一步深化市场化改革，扩大高水平开放，加快建立强大的内需体系，提高要素市场化配置程度和全要素生产率，加快推进产业结构优化升级，转变经济发展方式，努力建设现代化经济体系，切实推动经济发展实现质量变革、效率变革、动力变革。

第二，关于支持实体经济发展。刚才大家谈到了，调研中也有很多反映，当前实体经济发展仍然面临不少困难，一些行业和企业还没有从去年的疫情冲击中恢复过来，又遇到了新的困难。由于市场议价能力弱，在原材料价格上涨、终端需求恢复慢的双重压力下，小微企业、个体工商户生产经营困难有所增大，一些企业应收账款和存货资金占用明显增加，融资难问题仍然突出。受疫情冲击较大的交通运输业，以及住宿餐饮、旅游等生活性服务业，恢复程度明显滞后。制造业投资持续低迷，主要是投资能力不足和投资意愿不强，民间投资在制造业投资中的占比下滑，一些传统行业面临疫情冲击和转型升级双重压力，制造业发展后劲不足。

“十四五”规划纲要明确“坚持把发展经济着力点放在实体经济上”，首次提出“保持制造业比重基本稳定”，加快推进制造强国、质量强国建设。去年“六稳”、“六保”措施有力有效，保住了众多市场主体，今年要继续优化政策措施再帮一把，进一步帮助市场主体恢复活力，增强实体经济发展后劲。一要保持惠企纾困政策的连续性，制定实施普惠性税收优惠政策，坚决取缔各种名目乱收费，进一步支持小微企业、个体工商户和先进制造业发展。二要继续引导金融系统向实体经济让利，充分挖掘让利潜力，进一步清理规范小微企业贷款收费，压减利息外融资成本，扩大信用贷款，加大不良贷款处置力度，确保小微企业融资更便利、融资成本稳中有降。三要加快传统产业技术改造，发展新一代信息技术、生物技术、新能源、高端装备制造等战略性新兴产业，推动产业优化升级取得实质性进展，提升产业链供应链现代化水平和产业核心竞争力。

第三，关于有效扩大内需。这次经济恢复的一个突出特点，就是需求恢复慢于生产，特别是消费需求恢复速度偏慢。投资尽管保持一定增长，但与之前每个五年规划实施第一年的投资增速相比，也还有不小差距，许多地区集中反映，投资项目储备不足，资金到位率偏低。扩大内需是构建新发展格局的战略基点。现在看，内需不足已成为畅通国内经济大循环的堵点，对加快构建新发展格局形成一定制约。

在构建新发展格局中，扩大内需不是单纯靠需求侧管理刺激总需求，而是坚持以供给侧结构性改革为主线，加快培育完整内需体系，以创新驱动、高质量供给引领和创造新需求，既有效扩大国内需求、提升需求水平，又提升供给体系对国内需求的适配性，形成需求牵引供给、供给创造需求的良性循环，实现经济在更高水平上的动态平衡。要把握好几个方面。一要着力畅通国内经济大循环。充分发挥我国超大规模市场优势，打破行业垄断和地方保护，加强现代流通体系建设，促进资源要素和商品服务顺畅流动，加速国民经济供需之间、产业链供应链之间、上游与中下游之间、大中小企业之间的良性循环，贯通生产、分配、流通、消费各环节。二要深入实施区域协调发展战略。以“十四五”规划为引领，统筹支持京津冀协同发展、长江经济带发展、粤港澳大湾区建设、长三角一体化发展、黄河流域生态保护和高质量发展等区域重大战略实施，优化我国生产力布局，推动构建更加有效的区域协调发展新机制。三要着力推进以人为核心的新型城镇化。深化户籍制度改革，扩大城镇基本公共服务覆盖面，支持人口净流入的大城市建设保障性租赁住房，加快城镇老旧小区改造和城市排水防涝设施建设，补齐城乡基础设施短板，促进农业转移人口市民化。这个问题解决好了，既解决民生问题，又为扩大内需拓展出广阔空间，长期看也有助于解决城乡二元结构问题。四要发挥有效投资的关键性作用。加快推进“十四五”规划纲要确定的102项重大项目，组织各地加强高质量项目储备，推动及早开工建设，有效发挥政府投资的带动作用，鼓励扩大民间投资，加快建立市场主导的投资内生增长机制。五要增强消费对经济发展的基础性作用。把扩大消费与改善人民生活品质结合起来，培育新型消费，发展服务消费，加快消费升级，加大收入分配调节力度，合理调整、稳步提高最低工资标准，促进居民稳定增收，扩大中等收入群体，不断完善社会保障体系，完善农村流通网络，推动农村消费梯次升级，充分释放消费潜力。

第四，关于推进科技自立自强。习近平总书记把“创新能力不强”比作我国这个经济大块头的“阿喀琉斯之踵”，在一系列重要讲话中反复强调，要把发展基点放在创新上，把加快实现科技自立自强作为构建新发展格局的主攻方向。“十四五”规划纲要把创新摆在全局和战略的高度，要求“坚持创新在我国现代化建设全局中的核心地位，把科技自立自强作为国家发展的战略支撑”，并作出了全面系统的安排部署。要贯彻习近平总书记重要讲话精神和党中央有关决策部署，抓住重点工作和关键环节，尽快取得新的进展和突破。一要加快构建以国家实验室为引领的战略科技力量，整合优化科技资源配置，从国家急迫需要和长远需求出发，集中开展关键核心技术攻关，攻克一批“卡脖子”技术。二要进一步强化以产业需求为导向的科技创新，突出企业创新主体地位，支持企业牵头组建创新联合体，理顺产学研用融合机制，提高科技成果转化效率，推进产业链和创新链融合。三要完善科技创新体制机制，深化科研立项、评价、激励等领域改革，改进科研项目组织管理方式，给予科研单位和科研人员更多自主权，努力减轻不合理负担，建立一套让科研人员能够把主要精力放在科研工作上的体制机制。四要充分利用我国数据规模庞大和应用场景丰富的优势，加强关键数字技术创新应用，培育壮大人工智能、大数据、区块链、云计算、网络安全等新兴数字产业，促进数字技术与实体经济深入融合，打造数字经济新优势。五要综合施策，统筹运用经济、法律、外交等手段，加大对我产业和企业特别是战略性新兴产业和科技型企业的保护力度。

第五，关于加快补齐民生短板。坚持以人民为中心，是践行党的初心使命和根本宗旨的体现，是关系党和国家长治久安的基础。民心是最大的政治，民生就连着民心，要加快补齐教育、医疗卫生、养老、文化、体育等民生领域短板，让人民群众有更多的获得感、幸福感、安全感，朝着共同富裕目标迈进。一要做好巩固脱贫攻坚成果同乡村振兴有效衔接。健全防止返贫动态监测机制，对易返贫致贫人口及时发现、及时帮扶，加强农村低收入人口常态化帮扶，加大对脱贫县乡村振兴支持力度。二要巩固城镇困难职工解困脱困成果，积极整合运用各方资源，构建解困帮困的长效机制，实现与提高职工群众生活品质有效衔接。三要保障好群众住房需求。坚持房子是用来住的、不是用来炒的定位，规范房地产市场秩序，稳地价、稳房价、稳预期。切实增加土地供应，安排专项资金，增加保障性租赁住房供给，发展住房租赁市场，解决大城市住房突出问题，特别是新市民、青年人等特殊群体的住房问题。四要加快推进基本公共服务均等化。尽快出台“十四五”公共服务发展规划，完善均等化推进机制，推动国家基本公共服务标准落地落实，努力缩小城乡、区域、群体之间的基本公共服务差距。

第六，关于防范化解经济社会领域重大风险。没有安全，发展就不可持续；没有发展，安全就没有保障。当前和今后一个时期我国各类矛盾和风险易发多发，各种可以预见和难以预见的风险因素明显增多，对我国安全和发展构成威胁。要特别关注一些可能成为“黑天鹅”和“灰犀牛”的重大风险隐患。比如，经济领域的潜在风险，包括经济运行大起大落的风险，粮食、能源、重要资源等供给不足的风险，资本大进大出和资本市场大幅波动的风险，房地产市场大涨大跌的风险，以及中小金融机构资本不足、热点城市房地产泡沫、违法金融活动、美对我实施金融制裁等可能引发的风险等。要高度重视债务风险，我国宏观杠杆率超过世界新兴国家平均水平近60个百分点，近期企业债务违约多发，一些大型国有和民营企业相继出现债券违约情况，地方政府隐性债务规模仍在不断扩大等，都潜藏着较大风险。比如，劳动就业领域的潜在风险。近年来，随着新技术新业态新模式快速发展，在新经济领域就业的人员数量日益增多，他们与平台之间劳动关系松散脆弱，缺乏相应的法律和政策规制，出现了过度加班、拖欠报酬、漏保脱保、职业伤害等一系列问题，引发了类似“996舆情事件”、畸形加班导致员工猝死等事件，如果这些事件被境内外敌对势力和一些别有用心的人利用，很容易因“个案”引发群体性事件，要高度重视这方面的风险。另外，在一些企业改革改制、化解过剩产能、兼并重组过程中，可能带来职工下岗、收入下降、隐性失业、社保拖欠等问题，如果不妥善处理，也容易成为不稳定因素。

今年是中国共产党成立100周年，防范化解重大风险、营造和谐稳定环境至关重要。要落实习近平总书记提出的总体国家安全观，统筹发展和安全，增强风险意识，强化底线思维，善于预见和预判各种风险挑战，下好先手棋、打好主动仗，积极补短板、堵漏洞，不断增强发展的安全性。一要建立企业债务违约预警机制，督促市场主体严格履行主体责任，强化市场约束机制，及时启动应急预案，遏制住债务违约趋势，稳定市场预期。二要对地方违法违规举债行为保持高压监管，督促地方建立市场化、法制化的债务违约处置机制，稳步化解债务存量。三要稳步推进国有企业的破产重组，下决心清理“僵尸企业”。四要密切监测经济社会发展中的重大风险隐患，做好应对各种“黑天鹅”、“灰犀牛”事件的预案。五要健全完善社会矛盾综合治理机制，深入研究新业态劳动用工方式和灵活就业群体的实际问题，分层次、分步骤研究制定劳动关系、工时、劳动报酬、社会保险等方面的法律法规、政策措施和指导性文件，落实好各种帮扶和保障措施，兜牢基本民生底线，以实际行动维护社会大局和谐稳定。

总之，一季度经济社会发展实现良好开局，令人鼓舞，同时风险挑战不容低估，我们既要坚定信心，又要增强忧患意识、强化底线思维，以高度负责的精神，扎实工作，锐意进取，乘势而上努力完成全年各项目标任务，为实现“十四五”规划和二〇三五年远景目标打下坚实基础。

# 在全国人大与非洲四国议会线上研讨会开幕式上的致辞

（2021 年 6 月 23 日　北京）

王东明

**尊敬的纳米比亚国民议会议长彼得·卡贾维维阁下，**

**尊敬的各位议员朋友，**

**女士们、先生们：**

很高兴与大家在“云端”相聚。首先，我谨向卡贾维维议长和来自利比里亚、纳米比亚、南非和津巴布韦四国的议员朋友们致以诚挚问候，对四国议会给予本次研讨会的大力支持表示感谢！

中国全国人大常委会委员长栗战书高度重视本次研讨会，专门发来贺信。现在，请允许我宣读栗战书委员长的贺信。

（内容略）

以上是栗战书委员长的贺信。

**各位议员朋友，**

中国和非洲是休戚与共的命运共同体和合作共赢的利益共同体。长期以来，中非双方在争取国家独立、维护民族尊严的伟大斗争中并肩战斗，在发展经济、改善民生的宏伟征程中结伴同行，在涉及彼此核心利益和重大关切问题上相互支持。发展同非洲国家的团结合作，是中国对外政策的重要基石，也是中方长期、坚定的战略选择。2018 年 9 月，中非合作论坛北京峰会取得巨大成功，习近平主席宣布，中国同非洲共同实施“八大行动”，绘就了中非关系新时代发展蓝图。中国连续第 12 年成为非洲第一大贸易伙伴国，对非洲经济增长贡献率多年超过 20%。中非合作已成为南南合作的样板，也是国际对非合作的表率。新冠肺炎疫情发生以来，中非相互支持，守望相助。去年 6 月，中非团结抗疫特别峰会成功举办，展现了中非双方患难与共的特殊情谊，发出中非团结合作、共克时艰的时代强音。无论国际形势如何变化，中非合作共赢、共同发展的初心不会改变，中非携手构建更加紧密的命运共同体的决心不会动摇。

**各位议员朋友，**

消除贫困是各国人民追求幸福生活的基本权利，也是广大发展中国家面临的重要任务。中国在迎来中国共产党成立一百周年的重要时刻，取得了脱贫攻坚战的全面胜利，现行标准下 9899 万农村贫困人口全部脱贫，提前 10 年实现联合国 2030 年可持续发展议程的减贫目标。历经 40 多年接续奋斗，中国 7 亿多人摆脱贫困，走出了一条中国特色减贫道路，对世界减贫事业做出了重大贡献。

在消除自身贫困的同时，中国始终坚持立己达人、以义为先，在力所能及的范围内帮助广大发展中国家摆脱贫困。中国不断深化 2030 年可持续发展议程同共建“一带一路”对接，使“一带一路”成为全球最大的国际合作平台，打造减贫和发展新引擎。根据世界银行报告，共建“一带一路”有望帮助全球 760 万人摆脱极端贫困、3200 万人摆脱中度贫困，为国际减贫事业提供强大动能。中方全面落实习近平主席在南南合作圆桌会上宣布的“100 个减贫项目”，扎实推进“中非减贫惠民合作计划”框架下的合作项目。截至 2019 年底，中方在非洲援建 24 个农业技术示范中心，惠及 50 余万当地民众，为包括利比里亚、纳米比亚、南非和津巴布韦在内非洲地区 53 个国家和区域组织共 2488 名官员提供来华培训。中国提倡各国加强减贫经验交流、携手用发展这把总钥匙打开消除贫困的大门。

**各位议员朋友，**

立法机构在国家政治生活中发挥着重要作用。中国全国人大愿与非洲国家议会加强治国理政经验交流，特别是在关系国计民生的农业发展、减贫合作等领域深化互学互鉴。疫情背景下，中非立法机构可以通过创新交流方式保持各层级之间的友好往来，不断提升合作质量和水平，为落实中非合作论坛北京峰会成果、推动共建"一带一路"、构建更加紧密的中非命运共同体发挥重要作用。

**各位议员朋友，**

当今世界正经历百年未有之大变局，面对新的机遇和挑战，中非比以往任何时候都更加需要加强合作。希望大家以本次研讨会为重要契机，加强沟通交流，增进相互了解，保持密切联系，夯实友好互信，携手开创中非关系更加美好的未来！

最后，预祝本次研讨会取得圆满成功！谢谢大家！

# 在全国人大财经委2021年上半年经济形势分析会上的讲话

（2021年7月14日）

王东明

这次会议主要是分析研究当前经济形势，对做好下一步经济工作从人大的角度提出意见建议，推动党中央决策部署更好地得到贯彻落实。会前，全国人大财经委召开多个座谈会，绍史同志牵头组成几个调研组赴地方开展实地调研，全面了解当前经济运行情况，形成调研报告供大家参考，为开好这次会打下了良好基础。上午，国务院有关部门汇报了今年上半年经济运行情况和有关工作情况，准备得都比较充分。陈竺副委员长在讲话中讲了重要意见，对下半年工作提出了要求，我完全赞成。刚才，各位委员和其他专委会的同志踊跃发言，既对当前形势谈了看法，也对做好下一步工作提出意见建议，都很有针对性和建设性。希望国务院有关部门高度重视，认真研究采纳。下面，我结合大家发言再讲一些意见。

今年以来，在以习近平同志为核心的党中央坚强领导下，各地区各部门认真贯彻党中央、国务院决策部署，有力实施宏观政策，扎实做好"六稳"工作，全面落实"六保"任务，真抓实干、攻坚克难，统筹推进疫情防控和经济社会发展。上半年，国内生产总值同比增长12.7%，两年平均增长5.3%，加快0.3个百分点，生产需求继续回升，就业物价形势总体稳定，财税、金融、国资国企等重点领域改革取得新成效，经济发展内生动力不断增强，经济运行呈现出许多积极的变化，有很多亮点令人鼓舞。我简单梳理了一下，至少可以从以下这八个方面反映出来。

——从生产来看，上半年，GDP增速高于6%以上预期目标，其中二季度同比增长7.9%，两年平均增长5.5%，比一季度加快0.5个百分点。农业发展形势良好，夏粮再获丰收，产量创历史新高，生猪存栏持续恢复。规模以上工业增加值同比增长15.9%，两年平均增长7%，比一季度加快0.2个百分点，其中制造业增加值增速高于工业整体。二季度工业产能利用率为78.4%，比一季度提高1.2个百分点。

——从国内需求看，上半年，固定资产投资同比增长12.6%，两年平均增长4.4%，加快1.5个百分点。其中，制造业投资同比增长19.2%，两年平均增长2.0%，增速转正；房地产开发投资、基础设施投资两年平均增长分别为8.2%和2.4%。社会消费品零售总额同比增长23.0%，两年平均增长4.4%，6月份当月同比增长12.1%，服务消费加快回暖。

——从外贸外资看，上半年，货物进出口总额18.1万亿元，创历史同期新高，同比增长27.1%，两年平均增长10.8%。其中出口增长28.1%，两年平均增长11.3%。全国新设立外商投资企业23284家，同比增长47.9%，比2019年同期增长15.7%。实际利用外资增长28.7%，两年平均增长12.7%，大项目数量显著增长，外资来源地更加多元。在全球外国直接投资总额大幅下滑背景下，流入中国的外国直接投资逆势增长，表明我国仍然是全球外商投资的主要目的地。

——从经济效益看,前 5 个月,规模以上工业企业实现利润总额同比增长 83.4%,比 2019 年同期增长 48.0%。41 个工业大类行业中,有 39 个行业利润实现同比增长,有 7 个行业增速超过 100%。上半年,全国一般公共预算收入同比增长 21.8%,比 2019 年同期增长 8.6%,中央和地方本级收入分别增长 23.2% 和 20.6%,重点支出得到有力保障。全国居民人均可支配收入同比实际增长 12%,两年平均增长 5.2%,城乡收入差距进一步缩小。

——从就业和民生看,上半年,全国城镇新增就业 698 万人,完成全年目标任务的 63.5%;全国城镇调查失业率平均为 5.2%,比上年同期下降 0.6 个百分点。上调退休人员基本养老金,扩大低保覆盖范围,社会保障和公共服务水平进一步提高。

——从新动能看,上半年,规模以上高技术制造业增加值同比增长 22.6%,两年平均增长 13.2%,加快 0.9 个百分点。实物商品网上零售总额同比增长 18.7%,两年平均增长 16.5%,占社会消费品零售总额比重达 23.7%,新业态新产品快速增长。特别是大数据、云计算、区块链等数字经济新产业蓬勃发展,截至 6 月底,5G 基站数已达 96.1 万个,占全球比重超过 70%。

——从市场预期看,6 月份制造业采购经理指数(PMI)为 50.9%,连续 16 个月保持在荣枯线之上。非制造业商务活动指数、综合 PMI 产出指数分别为 53.5% 和 52.9%,位于较高景气区间。

——从世界预测看,国际社会对我国经济发展前景普遍持乐观态度,国际货币基金组织预测我国今年经济增长 8.1%,世界银行最新预测为 8.5%,比 3 月份预测值上调 0.4 个百分点。

综合以上情况来看,上半年我国经济运行持续恢复,而且呈现出明显的稳中加固、稳中向好态势,运行中的积极因素和有利条件在不断增多。尤其应当看到,面对复杂严峻的国际形势,特别是在新冠肺炎疫情持续冲击和美无所不用其极对我持续遏制打压的大背景下,这样的成绩确实来之不易。这是以习近平同志为核心的党中央坚强领导、科学决策的结果,是各地区各部门担当作为、苦干实干的结果,是全国人民万众一心、团结奋斗的结果,充分彰显了中国共产党领导和中国特色社会主义制度的显著优势。这样的成绩充分表明,党中央关于立足新发展阶段、贯彻新发展理念、构建新发展格局、推动高质量发展的一系列战略判断和决策部署是完全正确的,关于统筹疫情防控和经济社会发展的一系列重大决策是完全正确的,为我国经济抢占了发展先机,赢得了战略主动,也更加坚定了我们战胜一切困难、持续推动发展的信心决心。必须坚定不移贯彻党中央的决策部署,锚定"十四五"规划和 2035 年远景目标,坚定战略自信,保持战略定力,集中力量办好自己的事,继续巩固疫情防控和经济恢复成果,不断拓展发展空间,增强发展动力,努力实现在危机中育新机、于变局中开新局,为实现第二个百年奋斗目标和实现中华民族伟大复兴不懈奋斗。

当然,我们要全面、辩证、客观把握经济形势。在看到成绩的同时,也要看到经济运行仍然面临许多困难和挑战,当前经济形势仍然复杂严峻。

从国际来看,外部不确定性因素明显增多,给我国经济社会发展带来许多新风险新挑战,必须高度重视,防范输入性风险。梳理一下我认为当前和今后一个时期外部不确定性主要有以下几点:一是全球疫情形势反弹带来不确定性。新冠肺炎病毒持续变异并在全球蔓延,欧美一些国家强行"带疫解封",疫情反弹风险增大,并将持续冲击全球经济。二是世界经济复苏分化带来不确定性。美国、欧盟等发达经济体复苏强劲,日本和一些新兴经济体复苏总体滞后,世界经济整体复苏动能不强、后劲不足。三是全球通胀预期升温带来不确定性。极端异常气候影响农产品生产,今年 5 月全球粮价创下近十年来新高。在全球流动性充裕情况下,石油、有色金属等大宗商品价格快速上涨,主要经济体物价水平不断攀升,全球通胀预期持续升温,我国输入性通胀压力明显增大。四是全球产业链供应链调整带来不确定性。受疫情冲击和地缘政治角力的影响,全球生产力布局加速调整,我国产业面临着向东南亚"分流"和向发达国家"回流"的双重压力,产业安全和竞争力受到威胁。五是外需增长面临不少困难带来不确定性。随着一些国家疫情缓解、生产恢复,以及原材料价格和海运成本大幅上升,我国外贸顺差有收窄压力。六是美联储货币政策转向带来不确定性。美联储可能根据国内通胀和就业情况提前退出量化宽松政策,引发美元回流,导致国际金融市场动荡,一些新兴国家面临跨境资本大规模流出的冲击,国际金融风险向我国传导的压力加大。七是美集中打压我科技发展带来不确定性。美国政府全面展开对华科技打压,遏制中国科技创新特别是新技术发展,将更多中国技术公司列入制裁名单,对关键核心零部件实施断供,推动科技脱钩,而且阻止技术、产品、人才、数据等科技创新要素在全球自由流动,将对我产业安全和科技创新产生深远影响。八是美国企图结盟反华带来不确定性。美国通过G7峰会、北约峰会等国际场合拉拢其他国家,不断针对中国炒作病毒溯源、涉疆、涉藏、涉港、涉台等问题,粗暴干涉我内政,意图协调步调形成反华联盟,共同对我打压遏制,持续恶化我外部发展环境。

从国内来看,经济持续向好的基础仍不牢固。主要有以下几个问题需警惕和重视:一是内需不足制约经济持续稳定恢复。疫情影响居民就业和收入,制约消费能力和消费意愿,导致消费恢复相对滞后。受市场萎缩、利润下降等因素影响,企业技术改造和扩大再生产能力下降,制造业投资恢复仍然偏慢。总体上需求恢复慢于供给,消费恢复慢于投资。同时,经济恢复中存在区域不平衡、产业不平衡、上下游行业不平衡、企业不平衡的问题,特别是区域经济发展分化趋势明显,东北地区经济增长、工业、投资等主要经济指标仍落后于其他板块。二是工业品价格涨幅过大拖累实体经济。在国际大宗商品价格上涨和市场需求回升带动下,6月份工业生产者出厂价格(PPI)同比上涨8.8%,处于2008年以来高位,二季度PPI上涨8.2%,涨幅比一季度扩大6.1个百分点。能源、原材料价格大幅上涨,导致利润加速向上游集中,增加了中下游、小微企业成本,不利于产业结构调整和产业链同步复苏。三是小微企业仍面临突出困难。原材料价格上涨普遍增加了企业运营成本,尤其是中下游行业企业生产成本明显上升。小微企业和个体工商户面临上游涨价快、下游提价难的双重挤压,经营压力尤为突出,融资难、融资贵问题仍制约小微企业发展。6月份小型企业PMI为49.1%,连续2个月低于临界点。四是部分行业发展出现难点堵点。"芯片短缺"对汽车、电子通信行业发展影响加重,受"芯片"等关键核心部件断供冲击,汽车、手机等产量大幅下降,关键核心技术受制于人矛盾更为突出,严重威胁我国产业链供应链安全。五是重点领域风险不容忽视。债务风险不断积累显现,宏观杠杆率仍然较高,居民部门杠杆率快速上升,信用债违约有所增多,而且由低评级债向高评级债扩散,行业覆盖面进一步扩大。银行业不良资产反弹压力较大,大型企业集团债务风险突出,处置难度较大。粮食和重点能源、资源安全面临不少挑战。部分热点城市房地产价格上涨过快,房地产金融风险需高度警惕。六是就业和民生保障仍存短板。大学生、农民工、大龄低技能劳动者等群体就业压力增加,劳动力供需结构矛盾加剧,技术工人、高技能人才短缺。公共服务供需不均衡、城乡差距大的问题仍较突出。

今年是中国共产党成立100周年,是实施"十四五"规划和开启全面建设社会主义现代化国家新征程的开局之年,做好全年经济社会发展工作,具有特殊重要性。各地各部门要切实增强"四个意识"、坚定"四个自信"、做到"两个维护",把思想和行动统一到党中央对形势的分析判断和对工作的决策部署上来,坚持全面、辩证、长远看待当前经济形势,坚持稳中求进工作总基调,立足新发展阶段,贯彻新发展理念,构建新发展格局,以推动高质量发展为主题,以深化供给侧结构性改革为主线,以改革创新为根本动力,以满足人民日益增长的美好生活需要为根本目的,毫不松懈抓好疫情防控,不断巩固拓展疫情防控和经济社会发展成果,努力保持经济运行在合理区间,确保实现全年经济社会发展主要预期目标,确保"十四五"开好局、起好步。要把贯彻新发展理念放在重中之重,进一步提高政治站位,以更加坚定的思想自觉、精准务实的举措、真抓实干的劲头,正确处理局部与整体、当前与长远、政府与市场、公平与效率、发展与安全等重大关系,切实完整、准确、全面贯彻新发展理念,不断把先进的发展理念转化为鲜活的发展实践。做好下半年工作,关键在于全面贯彻党中央决策部署,落实中央经济工作会议精神,按照政府工作报告的要求和十三届全国人大四次会议批准的年度计划、预算,进一步理清工作思路,主动担当作为,层层压实责任,以钉钉子精神抓好落实。结合大家的发言和上面的分析,这里再强调几项重点工作。

第一,精准实施宏观调控政策。要保持宏观政策的连续性、稳定性和可持续性,把握好时度效,重点是稳定市场预期,使经济在逐步恢复中达到更高水平的均衡。积极的财政政策要落实落细,加大财力下沉力度和对困难地区的支持,兜牢"三保"底线。稳健的货币政策要灵活精准、合理适度,把服务实体经济放在更加突出的位置。要保持流动性合理充裕,强化对重点领域、薄弱环节的支持。要加强宏观经济走势研究和预判,做好宏观政策的跨周期设计和调节,提高政策前瞻性,特别是要防范一些发达经济体政策转向可能带来的冲击。

针对小微企业遇到的突出困难,要有一些更有力的政策措施,继续加大支持力度。要不折不扣落实纾困政策,完善减轻企业税费负担的长效机制,大力整治乱收费、乱罚款和变相涨价。要加大再贷款再贴现支持力度,落实小微企业融资担保降费、奖补等政策,引导银行扩大信用贷款,创新金融产品和服务,鼓励金融机构适当降低贷款利率,确保小微企业综合融资成本稳中有降。要坚决依法反垄断、反不正当竞争,保障市场公平竞争秩序,不断优化营商环境,维护好小微企业的合法权益。

第二,充分挖掘和释放内需潜力。促进经济回归常态化运行,关键要推动内需加快恢复,培育新的增长动力。要紧扣改善民生拓展需求,提升传统消费,培育新兴消费,发展服务消费,重视假日经济,促进消费与投资良性互动,加快推进新型基础设施、新型城镇化、交通水利等重大工程建设。要把实施乡村振兴、新型城镇化同扩大内需有机结合起来,加快农村物流体系建设,改善农村消费环境,出台刺激农村消费需求的政策,激活农村消费市场。要深入实施扩大内需战略,以高质量供给适应、创造多元化需求,建设高标准市场体系,着力打通国民经济循环的痛点堵点,加快构建新发展格局。

第三,加快推进转方式调结构。当前和今后一段时期,我国仍处于转变发展方式、优化经济结构、转换增长动力的攻坚期。党的十八大以来,我国经济工作最突出、最鲜明的特点,就是贯彻习近平总书记提出的新发展理念,着力推进转方式、调结构,提高发展的质量和效益,宁可牺牲一定速度也要闯过转型升级这道关口,这充分体现了总书记的长期发展战略思维和以人民为中心的发展思想,是对国家长远发展负责,对人民根本利益负责。无论面对什么样的经济形势,这方面要始终保持清醒头脑和战略定力,绝不能停下脚步,更不能走回头路,再去搞低水平重复建设和盲目扩张。要从做到“两个维护”的高度去看待这项工作,坚决贯彻习近平总书记和党中央的决策部署,在今年的计划、预算初步审查会议和一季度经济形势分析会上,我都强调了这个问题,就是要进一步引起大家的重视,经常对标对表,保持言行一致,持续推进落实。要加大制造业技术改革投资力度,加快产业数字化转型,积极推进传统产业优化升级,大力发展战略性新兴产业,在构建产业新体系上下功夫,努力闯过产业结构转型升级这道关口。要强化国家战略科技力量,推动关键核心技术攻关任务拿出阶段性成果,发挥企业技术创新主体作用,促进产学研用深度融合,强化创新链和产业链、服务链和资金链对接,加快科技成果产业化,提升产业链供应链安全性和竞争力。要抓紧制定 2030 年前碳达峰行动方案,搞好与“十四五”规划和能源、工业、交通、建筑等相关专项规划的统筹衔接,坚决做到严格控制各地新上“两高一资”项目,积极发展新能源,推广节能环保新技术,稳妥有序推进碳达峰、碳中和工作。

第四,以更大力度深化改革开放。当前稳增长压力不大,是抓紧深化改革开放的窗口期。习近平总书记在 2 月份中央深改委第十八次会议上强调,要突出加强改革系统集成、推动改革落地见效。贯彻落实总书记指示要求,要深入推进财税、金融、国资国企、要素市场化配置等重点领域和关键环节改革取得实质性进展。要深入实施国企改革三年行动方案,促进民营经济加快发展,全面激发市场主体活力。要加快建设各类高水平开放平台,推动区域全面经济伙伴关系协定(RCEP)尽早生效实施,打造市场化、法治化、国际化营商环境。扩大服务贸易创新发展试点,提高贸易投资自由化便利化水平,加快建设更高水平开放型经济新体制。

第五,不断加强改善民生。让人民过上美好生活是我们党的奋斗目标,也是经济工作的出发点和落脚点。要全面落实就业优先政策,拓宽就业渠道,做好重点群体就业工作,加强对货车司机、快递员、外卖配送员等基层劳动者的关怀和保障,切实维护职工合法权益。要加强对特殊困难群体的精准帮扶,做好民生兜底保障,巩固拓展脱贫攻坚成果,在乡村振兴中持续改善脱贫人口生活质量,围绕民生大事难事急事,集中发力、补齐短板。要加强基本民生保障,继续推进基本养老保险全国统筹,重点面向流动人口等加快推进异地就医结算服务,不断提高社会保障便民服务水平,健全社会保障体制。要着力调整收入分配,缩小收入差距,扩大中等收入群体,逐步形成橄榄形分配格局,朝着全体人民共同富裕目标迈进。要坚持房子是用来住的、不是用来炒的定位,进一步优化住房供应结构,提高保障性租赁住房、共有产权住房等土地供应比例,加快完善长租房政策,逐步使租购住房在享受公共服务上具有同等权利,加大房地产领域监管力度,切实防范违规资金流入房地产市场,促进房地产市场平稳健康发展。

第六,坚决防范经济金融风险。要对流动性风险、债券违约风险、大宗商品价格波动风险、地方政府债务风险、互联网金融风险、大规模资金跨境流动风险、外部冲击风险、国(境)外资产安全风险等加强研判,做好预案,积极稳妥处置突出风险点,着力加强风险源头管控,完善风险应急处置机制,标本兼治建立长效防范化解机制。要进一步加强债务风险管理,完善债务风险监测预警机制,加强地方政府债务管控,完善地方政府预算支出管理机制,规范政府支出行为,严格控制地方政府隐性债务。前不久，中办印发了《关于加强地方人大对政府债务审查监督的意见》，对于严格控制地方政府债务、防范化解债务风险有重要指导作用。栗战书委员长对贯彻落实工作作出重要批示，提出明确要求。财经委和预算工委等要按照战书委员长的批示要求，依法履职尽责，会同有关部门，密切与地方人大联系交流，共同做好相关工作。要加强对全球金融市场的监测，密切跟踪主要经济体货币政策走向，完善国际金融风险预警机制，加强跨境资本流动监管，对具有投机性、高风险性和高流动性的资金加强监管预警，对涉及虚假交易和违规交易的“热钱”加大打击力度，切实维护我国金融安全。要高度重视平台公司和大数据企业数据安全问题，切实防范国家数据安全风险。

针对大宗商品价格快速上涨问题，国务院常务会议进行了两次研究部署，要切实把各项工作部署尽快落实下去，做好大宗商品保供稳价工作。短期内要增加能源资源供给，打击囤积居奇等行为，加大对受影响企业支持力度。长期看要创新大宗商品储备体制机制，探索设立大宗商品价格稳定基金，提高国际议价能力和供应安全保障能力，切实维护我国经济安全。总之，在防风险这个问题上，各地各部门务必要树牢忧患意识、强化底线思维，多打主动仗，未雨绸缪，防患于未然。

# 在全国人大财经委2021年前三季度经济形势分析会上的讲话

（2021年10月18日）

王东明

上午，国务院有关部门和单位全面汇报了前三季度的经济运行情况和有关工作情况，大家都作了充分准备。陈竺副委员长作了讲话，对做好下一步经济工作提出了要求。刚才，财经委组成人员作了很好的发言。这次会议之前，全国人大财经委赴地方和企业开展调研，召开多个座谈会，全面了解经济运行情况，形成了许多有针对性和建设性的意见建议。希望有关部门认真对待大家提出的意见和建议，进一步加强和改进经济工作。下面，结合部门汇报和大家的讨论，我讲一些意见。

*第一，关于全面分析当前经济形势。*我总的赞成有关部门和委员们的分析。今年以来，面对严峻复杂的国际形势和艰巨繁重的改革发展稳定任务，在以习近平同志为核心的党中央坚强领导下，各地区各部门统筹疫情防控和经济社会发展，扎实推进“六稳”工作、落实“六保”任务，国民经济持续保持恢复态势，主要宏观指标总体处于合理区间，社会大局保持和谐稳定。前三季度国内生产总值增长9.8%，两年平均增长5.2%，粮食产量有望再创历史新高，工业生产平稳增长，企业盈利持续好转，产业结构继续优化，需求结构持续改善，物价温和上涨，民生得到较好保障，就业形势总体良好，居民收入与经济增长基本同步，民生投入继续加大，财政金融运行平稳，改革开放持续深化，创新活力不断释放，发展的质量和效益稳步提升。在全球经济复苏缓慢、国内疫情散发和严重洪涝灾害的冲击下，这样的成绩来之不易，充分证明党中央关于统筹疫情防控和经济社会发展的一系列重大决策部署是完全正确的，表明我国经济持续恢复发展的态势没有变，稳中加固、长期向好的基本面没有变，充分展现出我国经济的强大韧性，彰显了我国独特的制度优势，为确保“十四五”开好局、起好步打下了良好基础。

在汇报和讨论中大家认为，从前三季度经济运行和发展趋势看，如无特殊情况，经过努力全年主要预期目标是可以实现的。但大家要认识到，从长远和战略考虑，推动我国经济社会持续健康发展，意义重大，任务艰巨，关系到“两个一百年”奋斗目标的实现，关系到在百年未有的大变局中能否赢得战略主动。因此，分析当前经济形势，不仅要看年度发展目标任务能否完成，更要综合分析当前与长远、局部与全局、国际与国内，全面、长远、辩证把握当前经济形势。必须清醒认识到，当前经济持续恢复发展仍面临不少困难和挑战，不稳定不确定因素明显增多。我在上半年经济形势分析会上提出需要高度重视的“八个外部不确定性”，以及导致经济恢复基础不牢固的“五个突出问题”。“八个外部不确定性”包括全球疫情形势反弹带来的不确定性、世界经济复苏分化带来的不确定性、全球通胀预期升温带来的不确定性、全球产业链供应链调整带来的不确定性、外需增长面临不少困难带来的不确定性、美联储货币政策转向带来的不确定性、美国集中打压我科技发展带来的不确定性、美国结盟反华带来的不确定性等。“五个突出问题”包括内需不足制约经济持续稳定恢复、工业品价格涨幅过大拖累实体经济、小微企业仍面临突出困难、部分行业发展出现难点堵点、重点领域风险不容忽视等。现在看，这些分析仍然适用于当前经济形势，与各部门和各位委员的分析总体上也是一致的。有的不确定因素仍在演进发展，对我国的影响将逐步显现；有的突出问题有所缓解，但尚未得到根本解决，仍需在工作中着力推动解决。同时，随着形势变化，又出现了一些新情况新问题，三季度经济增长明显放缓，经济下行压力有所增大，规模以上工业增加值、服务业增加值、社会消费品零售总额、固定资产投资等主要指标的增速回落幅度比较大；生产价格涨幅扩大，中下游和小微企业困难明显增多，9月份制造业 PMI 为 49.6%，比上个月回落 0.5 个百分点，小型企业 PMI 降至 47.5%，连续 5 个月低于临界点；能源供给持续紧张，内需拉动明显不足，消费和重点领域投资放缓，房地产市场下行压力加大，部分高负债企业违约给房地产市场稳定带来影响等。对这些问题要进行深入分析、科学研判，努力推动加以解决。

今年还有不到三个月时间，做好全年经济工作，实现“十四五”开好局、起好步，具有特殊重要性。各地区各部门要把思想和行动统一到党中央对形势的分析判断和对工作的决策部署上来，进一步增强“四个意识”、坚定“四个自信”、做到“两个维护”，坚定发展信心，保持战略定力，坚持稳中求进工作总基调，完整准确全面贯彻新发展理念，不断巩固拓展疫情防控和经济社会发展成果，确保完成全年主要预期目标，确保“十四五”开好局、起好步。要进一步对表对标党中央决策部署，全面贯彻中央经济工作会议精神和全国人代会精神，按照“十四五”规划纲要、政府工作报告和年度计划预算确定的目标，扎实推进“六稳”工作，全面落实“六保”任务。要毫不放松抓好常态化疫情防控，有效处置局部散发疫情，做好今冬明春疫情可能反复的应对预案，加快公共卫生应急能力建设，补齐公共卫生短板。要不断加强和改进宏观调控，保持宏观政策的连续性和稳定性，增强有效性和前瞻性，把握好时度效，统筹做好今明两年宏观政策衔接，加强政策储备，做好预调微调和跨周期调节，努力使经济运行保持在合理区间。要重点做好预期管理，加快财政支出和专项债券发行进度，保持流动性合理充裕，对阶段性减税降费政策是否延期要在年底前予以明确，要多措并举、长短结合、综合施策提振市场信心，稳定社会预期。

第二，关于完整准确全面贯彻新发展理念。习近平总书记在去年省部级领导干部学习贯彻党的十九届五中全会精神专题研讨班重要讲话中指出，党的十八大以来我们对经济社会发展提出了许多重大理论和理念，其中新发展理念是最重要、最主要的。今年 1 月份，中央政治局专门围绕贯彻新发展理念开展集体学习，总书记在重要讲话中再次深刻阐述了新发展理念的重大意义、科学内涵、实践要求，强调“全党必须完整、准确、全面贯彻新发展理念，确保‘十四五’时期我国发展开好局、起好步”。近期，党中央、国务院已印发《关于加快构建新发展格局的意见》，对立足新发展阶段、贯彻新发展理念、构建新发展格局作出全面部署，提出明确要求。各地区各部门要深刻领会总书记和党中央对贯彻新发展理念的新要求，在实际工作中做到完整把握、准确理解、全面落实，把贯彻新发展理念体现到谋划重大战略、制定重大政策、部署重大任务、推进重大工作当中，切实解决影响构建新发展格局、实现高质量发展的突出问题，切实解决影响人民群众生产生活的突出问题。

推动创新发展要着力解决发展动力问题。要把创新作为引领发展的第一动力，深入实施创新驱动发展战略，不断强化国家战略科技力量，加强基础研究，完善科技创新体制机制，针对影响产业链供应链安全的短板弱项，加大关键核心技术攻关，加快实现科技自立自强。要把加强创新人才队伍建设作为重要抓手，深入贯彻总书记在中央人才工作会议上的重要讲话精神，坚持人才引领发展，培育更多战略科学家、一流科技领军人才和创新团队，造就规模宏大的青年科技人才队伍，深化人才发展体制机制改革，激发创新活力。

推动协调发展要着力解决发展不平衡问题。要全面推进乡村振兴，切实实现脱贫攻坚与乡村振兴有效衔接，加快解决城乡二元结构问题，缩小城乡差距。要深入实施区域重大发展战略和区域协调发展战略，培育新的增长点，不断缩小地区间发展差距。要重点推进以人为核心的新型城镇化，深化户籍制度改革，探索建立基本公共服务与常住人口挂钩机制，重点解决好住房保障、子女教育和社会保障等问题，积极稳妥推进农业转移人口市民化，加快城乡统筹发展。这既是长期任务，又具有现实紧迫性，能够实现扩大内需、改善民生、统筹城乡一举多得，要加大推进力度。

*推动绿色发展要着力解决人与自然和谐问题。*要贯彻习近平生态文明思想，践行绿水青山就是金山银山的理念，继续打好蓝天、碧水、净土保卫战，打赢污染防治攻坚战，不断加大节能减排和环境保护力度，推进美丽中国建设。前三季度，全国单位GDP能耗同比下降2.3%，但不少地区能耗强度不降反升，节能形势仍然比较严峻。要把遏制“两高”项目盲目发展作为重要抓手，对“两高”项目实行清单管理，进行分类处置、动态监控，统筹考虑产业链供应链安全等相关因素，坚决遏制“两高”项目盲目发展。发改委、生态环境部等已经出台相关意见，要加大落实力度。要大力推动煤炭清洁利用，提高清洁能源比重，推进重点行业节能减排改造和绿色制造，加快产业转型升级步伐。要科学有序推进节能减排和实现“双碳”目标，从实际出发，防止“一刀切”限电限产和运动式“减碳”，确保群众温暖安全过冬，保障产业链供应链稳定和安全。要密切关注全球能源行业新变化，跟踪国际能源市场价格走势，高度重视部分国家出现的“能源危机”，做好国内的煤电油气调度工作，加强煤气油储备能力建设，推进先进储能技术规模化应用，解决好弃水弃光弃电问题，切实保障我国能源供应与能源安全，筑牢发展的安全基础。

*推动开放发展要着力解决发展内外联动问题。*要坚持对外开放基本国策，全面提高对外开放水平，发展更高层次的开放型经济，推动形成对外开放新体制，塑造国际竞争新优势，积极参与全球经济治理体系改革。要重点推进国内国际双循环，依托我国大市场优势，加快推进贸易和投资自由化便利化，“引进来”与“走出去”并重，以国内大循环吸引全球资源要素，充分利用国际国内两个市场、两种资源，建设更高水平开放型经济新体制，加快构建“双循环”新发展格局。

*推动共享发展要着力解决社会公平正义问题。*要落实就业优先政策，优化收入分配结构，健全社会保障体系，不断改善和保障民生，让发展成果更多更公平惠及全体人民。要落实党中央推进共同富裕重大决策部署，加强顶层设计，统筹做好就业、教育、社保、医疗、住房、养老、扶幼等工作，向农村、基层、欠发达地区、困难群众倾斜，提高低收入群体收入，稳步扩大中等收入群体，不断提高基本公共服务均等化水平，推动全体人民共同富裕取得实质性进展。

完整准确全面贯彻新发展理念，既要在工作中找准重点、抓好落实，更要通过改革不断完善使新发展理念落地生根的制度体系。要坚持充分发挥市场在资源配置中的决定性作用和更好发挥政府作用，围绕增强创新能力、推动高质量发展、改善生态环境、提高开放水平、促进共享发展等，大力推进财税、金融、产权、国资国企、要素市场化配置、行政管理体制等重点领域和关键环节改革，推动改革走深走实，进一步优化营商环境，建设统一开放、竞争有序的市场体系，为贯彻新发展理念提供体制机制保障。近期，国家发改委及时出台了进一步深化电价市场化改革方案，有利于缓解煤电价格倒挂矛盾、保障能源供应，也是进一步深化要素市场化配置改革的重要举措，这样的举措要更多一些。

*第三、关于支持实体经济发展。*前三季度，有关部门和各地方积极落实惠企纾困政策，多措并举支持实体经济发展，取得了积极成效。规模以上工业增加值同比增长11.8%，其中高技术制造业同比增长20.1%，前8个月规模以上工业企业利润增长49.5%，两年平均增长19.5%，对于稳定经济运行、提升经济发展动能发挥了重要作用。同时，从各部门的汇报和调研情况看，受局部疫情灾情冲击、物流和原材料成本上升、订单不足、回款难度大等多种因素影响，实体经济发展仍然面临较大困难，工业经济恢复动能趋缓，产业链供应链存在堵点，要素保障明显趋紧，特别是小微企业和个体工商户生产经营困难突出，制造业投资增长缓慢、发展后劲明显不足。前8个月，制造业投资两年平均增速为3.3%，低于全部投资0.7个百分点，传统产业投资持续低迷，技术改造投资处于历史低位，两年平均增速为-2.9%。中央财政引导支持技改投资的专项资金持续减少，并在今年全面取消，一定程度上影响了企业实施技术改造的积极性。

针对实体经济发展当中存在的突出问题，要进一步落实减税降费政策，增强政策实施效果，继续加大金融支持实体经济力度，提升金融服务实体经济的质量和水平，缓解企业融资难、融资贵，切实减轻企业负担。要做好能源原材料保供稳价，深入推进清理中小企业账款拖欠工作，不断改善营商环境，激发市场主体动力活力。要充分认识当前的投资结构决定未来的经济结构，多措并举稳定制造业投资，夯实实体经济基础，加快发展现代产业体系，促进产业和消费升级。要加快落实“十四五”规划实施技术改造专项投资要求，加大中央财政资金投入，鼓励各地制定配套奖补政策，引导企业加快设备更新和技术改造投资，推动传统产业转型升级。要继续支持先进制造业投资，加快重大技术创新成果产业化，补齐产业链供应链短板弱项，加强制造业人才培养和工匠精神培育，不断增强制造业核心竞争力。

第四、关于有效扩大内需。内需恢复缓慢，是当前经济恢复基础不牢的重要原因之一。进入三季度，内需特别是消费需求增速明显放缓。从短期看，主要是受国际环境、疫情冲击和灾情等因素的影响，从根本上看，还是要在收入分配、社会保障、消费环境等方面下更大功夫去解决存在的突出问题。要充分认识扩大内需作为构建新发展格局战略基点的重要定位，深入实施扩大内需战略，有效扩大消费和投资需求，畅通国内经济大循环，促进实现国内国际双循环。要进一步稳定大宗商品消费，扩展服务消费、假日经济，鼓励消费新模式新业态发展，推进重点领域消费复苏。要着力优化收入分配结构，加大税收、社保、转移支付等政策调节力度，稳步扩大中等收入群体，健全多层次社会保障体系，加快推进基本养老保险实现全国统筹，兜牢民生底线，解决消费者后顾之忧。扩大投资需求方面，要更加注重民生基础设施补短板，中央预算内投资要向这方面适当倾斜，要更好发挥政府投资的引导和撬动作用，优化配套政策，全面改善投资环境，吸引社会资本加大投入，加快建立市场主导的投资内生增长机制。

第五，关于防范重点领域风险。安全是发展的前提，发展是安全的保障。当前和今后一个时期，我国仍处于各类矛盾和风险易发期。在金融市场、房地产市场、地方政府债务等领域，还存在一些风险隐患，包括流动性风险、债券违约风险、地方政府隐性债务风险、互联网金融风险、大规模资金跨境流动风险、境外资产安全风险、破产企业处置风险、房地产市场大起大落风险，等等。做好经济工作，必须坚持统筹发展和安全，贯彻总体国家安全观，增强风险意识，强化底线思维，把困难估计得更充分一些，把风险思考得更深入一些，压实部门监管责任和地方属地管理责任，加快补短板、堵漏洞、强弱项，打好主动仗，有效防范化解各类风险，确保不发生系统性风险。要加强对风险的预判研判，做好应对预案，积极稳妥处置突出风险点，强化风险源头管控，完善风险应急处置机制，标本兼治长效防范化解风险。要加强地方政府债务管控，完善地方政府预算支出管理机制，严肃财经纪律，规范政府支出行为，严格控制地方政府隐性债务。要加强对全球金融市场的监测，密切跟踪主要经济体货币政策走向，完善国际金融风险预警机制，加强跨境资本流动监管，对具有投机性、高风险性和高流动性的资金加强监管，切实维护我国金融安全。要加强经济安全风险预警、防控机制和能力建设，实现重要产业、基础设施、战略资源、重大科技等关键领域安全可控。

# 在全国人大财经委第 61 次会议上的讲话

## ——听取审议审计查出问题整改情况报告

（2021 年 11 月 19 日）

王东明

这次会议主要是听取审计查出问题整改情况报告并进行初步审议。刚才，审计署全面汇报了审计查出问题整改的情况，对没有整改到位的问题分析了原因，并介绍了后续工作安排。国家发改委、财政部、自然资源部、国家税务总局、国家林草局等单位，分别汇报了审计查出有关突出问题的具体整改情况。这次会议之前，财经委、预算工委做了大量准备工作，包括到有关部门现场调研，召开座谈会听取意见建议，委托部分省市开展调研等，研究提出跟踪监督报告等，报告站位高、思路清楚、重点突出，在刚才的讨论中，大家又都提出了很好的意见建议，这些都为 12 月份常委会审议报告打下了较好基础。

从几个报告反映的情况看，各地区各部门认真贯彻习近平总书记重要指示精神，落实党中央有关重大决策部署，扎实推进审计查出问题整改工作，取得了比较明显的成效。我原则赞成审计署和有关单位的报告，赞成财经委和预算工委的跟踪监督报告。对于跟踪监督报告和大家在讨论中提出的意见建议，希望有关方面认真研究采纳，根据本次会议精神，进一步对标对表习近平总书记重要指示要求和党中央决策部署，不断深化认识，加强整改，同时也要修改完善好整改情况的报告，按程序提请全国人大常委会第三十二次会议审议。这里，就整改工作再强调几点。

第一，要进一步提高政治站位，切实增强做好审计整改工作的责任感和紧迫感。党中央历来重视审计监督和审计整改工作。今年以来，习近平总书记和党中央又相继作出一系列新部署，提出一系列新要求。总书记在5月份中央审计委员会第四次会议上讲话强调，要一体推进揭示问题、规范管理、促进改革，推动审计监督与纪检监察监督、人大监督、司法监督、党委和政府督查协调配合，形成有效的审计整改合力；在6月份考察青海时强调，各级党委特别是主要负责同志要承担起政治责任，统筹抓好财政、税收、审计等工作，严肃财经纪律，把各方面资金管好用好。7月，中办、国办印发实施《关于建立健全审计查出问题整改长效机制的意见》，就推动审计整改工作制度化、规范化，健全审计整改工作监督机制等作出安排部署。全国人大常委会党组深入贯彻习近平总书记重要指示精神和党中央决策部署，中共中央政治局常委、全国人大常委会委员长栗战书同志多次在常委会会议上讲话强调，要围绕党和国家工作大局开展审计整改监督；在今年6月份全国人大常委会第二十九次会议上强调，要始终贯穿讲政治这一要求，围绕党和国家工作大局，深入推进人大预算审查监督重点拓展改革，加大对经济社会发展重大战略、重大举措、重大项目等的财政支出和审计监督力度，严肃财经纪律，抓好审计整改，切实解决和杜绝屡查屡犯问题。

从整改报告反映的问题看，审计查出问题涉及面广，有些问题十分突出，甚至涉及违纪违法。比如，有中央财政管理中存在的问题，包括中央与地方财政关系尚未理顺、中央政府性基金和社保基金管理不到位、国有资本经营预算覆盖面不完整等问题；有中央部门预算执行中存在的问题，包括部门预算不完整、违反中央八项规定精神和过紧日子要求、预算管理存在薄弱环节等问题；有重点民生资金和项目方面存在的问题，包括基本医疗保险基金统筹层次低、基本养老保险应保尽保存在缺漏、保障性安居工程资金违规使用、套取挪用义务教育补助经费、生态环保资金激励引导作用不充分等问题；有重大政策措施落实方面存在的问题，包括财政直达资金下达拨付慢、脱贫攻坚和乡村振兴相关政策和资金不落实、违规返还税款或征收过头税、地方政府未严格按用途使用专项债券资金等问题，等等。要透过现象看本质，深刻认识这些突出问题事关党中央全面深化改革、调整经济结构、保障重点民生和防控重大风险决策部署的贯彻落实，事关统筹推进疫情防控和经济社会发展决策部署的贯彻落实，事关立足新阶段、贯彻新理念、构建新格局、推动高质量发展的贯彻落实。各部门、各地方、各方面要进一步提升政治站位，不断提高政治判断力、政治领悟力、政治执行力，坚决贯彻落实总书记和党中央关于审计监督和审计整改工作的决策部署，把增强"四个意识"、坚定"四个自信"、做到"两个维护"体现到具体行动上，落实到实际工作中，进一步加大审计监督力度，持续抓好审计整改工作，充分发挥审计对严肃财经纪律、确保党中央政令畅通的重要作用，确保党中央重大决策部署得到不折不扣贯彻落实。

第二，要进一步分析产生问题的原因，有针对性地细化完善整改措施。审计署的报告从四个方面分析了问题整改不到位的原因，其他几份报告也对产生问题的原因作了分析。下一步，要根据这次会议精神和大家提出的意见建议，对产生问题的原因，既作宏观层面的分析，也要进一步分类分级作些具体分析。看看哪些属于思想认识问题，哪些属于政策落实问题，哪些是制度机制方面的问题，哪些是工作作风方面的问题，等等，从而有针对性地细化完善整改措施，落实整改工作。特别是对一些普遍存在的问题和反复出现的问题，要深入分析查找体制机制上的短板和不足，有针对性地通过加强管理、完善政策、深化改革、建立长效机制等，从根本上推动问题解决。

第三，要进一步落实整改责任，加大工作力度。有关部门要在前期整改工作的基础上进一步强化责任意识，推动层层压实审计整改责任，被审计单位要认真落实整改主体责任，有关主管部门要落实监督管理责任。要把工作的着力点放在解决最突出的矛盾和问题上，进一步落实整改措施，分类施策，逐项分解任务，明确限期整改，对虚假整改、推诿整改等情形要加大责任追究力度，下大气力持续推动整改工作走深走实。

第四，要进一步加强沟通配合，形成整改合力。整改是一个系统工程，对涉及跨地区跨部门的整改任务更是如此。要进一步加强组织领导，强化督促检查，加强部门间、地区间的协调配合，做好工作联动、信息互通、线索移送、成果共享等工作，建立健全协调联动机制，推动形成审计监督与人大监督的贯通机制，完善相关制度，有效形成合力，不断提升审计整改成效。

第五，要进一步增强法治观念，善用法治思维和法治方式推动整改工作。审计监督和审计整改要贯彻习近平法治思想，体现全面依法治国的要求。审计查出问题有不少属于违纪违法问题，要把法律和纪律挺在前面，依纪依法依规严肃处理，加大依法追责问责力度，切实维护法律的权威。要严格按照预算法、审计法、监督法等相关法律开展审计整改，进一步强化法治观念，运用法治思维和法治方式加强预算管理，增强预算法治意识和预算约束刚性。要重视运用审计整改成果推进完善财税、监督等相关法律制度，不断加强法治建设，强化法律约束，夯实依法理财、依法审计、依法监督的法治基础。

第六，要进一步加强跟踪监督，提高监督实效。要认真学习领会、深入贯彻落实党的十九届六中全会和中央人大工作会议精神，不断加强人大监督工作，落实常委会《关于加强中央预算审查监督的决定》，聚焦突出问题，加大跟踪监督力度，持续督促整改到位。财经委、预算工委要在总结经验、查找不足的基础上，进一步完善监督举措，加大监督力度，提高监督实效，对屡审屡犯、屡改屡犯的突出问题，对严重背离党中央决策部署的问题，对严重违纪违法的问题，对人民群众普遍关注的问题，对普遍存在、长期存在的问题，要加强调查研究，综合提出有针对性的监督措施，下大气力推动解决。要把审计整改监督与预算审查监督、国有资产管理监督等有机结合起来，对审计查出的突出问题，特别是没有整改到位的问题，要作为明年预算决算审查、预算执行监督、审计监督等财经监督工作的重点，持续跟踪，举一反三，提升审计整改监督的实效。要完善财经工作监督机制，统筹运用法定监督方式，积极探索创新方式方法，聚焦党中央决策部署，聚焦人民群众所思所盼，切实实行正确监督、有效监督、依法监督。同时，在加强监督工作中要充分发挥人大代表的作用，逐步拓展人大代表和人民群众参与的广度深度，促进发展全过程人民民主。

# 感悟思想伟力　增强政治自觉

王东明

2021年7月1日，习近平总书记在庆祝中国共产党成立100周年大会上发表重要讲话。总书记站在“两个一百年”历史交汇的关键节点上，擘画党和国家发展的光明未来，提出新征程上以史为鉴、开创未来必须牢牢把握的九个方面的根本要求，为新时代坚持和发展中国特色社会主义指明了前进方向、提供了根本遵循。总书记强调，以史为鉴、开创未来，必须继续推进马克思主义中国化。回望百年党史，我们党从诞生之日起，就把马克思主义写在自己的旗帜上，在马克思主义真理的光辉指引下，团结带领人民跨过一道又一道沟坎、取得一个又一个胜利，创造了彪炳史册的伟大成就。同时，我们党又根据时代特点和实践要求，坚持从中国实际出发，不断推进理论创新、进行理论创造，不断推进马克思主义中国化，先后形成了毛泽东思想、邓小平理论、“三个代表”重要思想、科学发展观、习近平新时代中国特色社会主义思想等重大理论创新成果，为党和人民事业提供科学理论指导。习近平新时代中国特色社会主义思想是马克思主义中国化最新成果，是当代中国马克思主义、21世纪马克思主义，是全党全国人民为实现中华民族伟大复兴而奋斗的行动指南。在当代中国，坚持和发展习近平新时代中国特色社会主义思想，就是坚持和发展马克思主义。坚持习近平新时代中国特色社会主义思想指导地位不动摇，必须牢牢把握以下几个方面。

第一，牢牢把握习近平新时代中国特色社会主义思想的基本立场观点方法。学懂弄通做实习近平新时代中国特色社会主义思想，既要深刻领会、牢牢把握这一思想“八个明确”和“十四个坚持”的核心内容，把握其逻辑严密、系统完备的理论体系和丰富完善、指导具体的实践要求，又要深刻领会和牢牢把握贯穿这一思想的基本立场观点方法，做到知其然也知其所以然，切实用这一思想武装头脑、指导实践、推动工作，不断提高解决实际问题的能力和水平。习近平新时代中国特色社会主义思想体现了坚如磐石的共产主义理想和中国特色社会主义信念，体现了人民至上、以人民为中心的根本政治立场，体现了解放思想、实事求是、与时俱进的鲜明理论品格，体现了无私无畏、我将无我、迎难而上、直面挑战的强烈历史担当，体现了运用科学思维方式、思想方法研究解决当代中国问题的高超政治智慧，体现了踏石留印、抓铁有痕、求真务实、真抓实干的优良作风。这些立场观点方法，充分展示了习近平总书记作为马克思主义政治家的坚定理想信念、坚强政治定力、高超政治智慧和驾驭全局的雄才大略，展现了总书记作为大国领袖的高瞻远瞩、运筹帷幄风范和心系国家、情系人民情怀。我们要从这些基本立场观点方法中不断汲取强大的真理力量、实践力量、人格力量，始终做到心有方向、胸有大局、行有定力。

第二，牢牢把握我国发展新的历史方位。习近平总书记指出，经过长期努力，中国特色社会主义进入了新时代，这是我国发展新的历史方位。中国特色社会主义进入新时代，我们实现了第一个百年奋斗目标，明确了实现第二个百年奋斗目标的战略安排，党和国家事业取得历史性成就、发生历史性变革，为实现中华民族伟大复兴提供了更为完善的制度保证、更为坚实的物质基础、更为主动的精神力量，中华民族迎来了从站起来、富起来到强起来的伟大飞跃。与此同时，我国社会主要矛盾已经转化为人民日益增长的美好生活需要和不平衡不充分的发展之间的矛盾。这一系列重大政治论断，充分体现了辩证唯物主义和历史唯物主义的世界观和方法论，反映了我国社会发展的客观实际，指明了解决当代中国发展主要问题的根本着力点，为我们深刻把握当代中国发展的新阶段新特征，科学制定党的路线方针政策提供了时代坐标和基本依据。推动党和国家事业不断向前发展，必须牢牢把握我国发展新的历史方位，必须准确把握我国社会的主要矛盾，准确把握我国仍处于并将长期处于社会主义初级阶段的基本国情，立足新发展阶段、贯彻新发展理念、构建新发展格局，在继续推动经济社会持续健康发展的基础上，着力解决好发展不平衡不充分问题，大力提升发展质量和效益，着力推动高质量发展，更好满足人民日益增长的美好生活需要，更好推动人的全面发展、社会全面进步。

第三，牢牢把握当代中国发展进步的根本方向。习近平总书记指出，走自己的路，是党的全部理论和实践立足点，更是党百年奋斗得出的历史结论。中国特色社会主义是党和人民历尽千辛万苦、付出巨大代价取得的根本成就，是实现中华民族伟大复兴的正确道路。我们党领导人民开创和发展了中国特色社会主义，创造了中国式现代化新道路，从根本上改变了中国人民和中华民族的前途命运。改革开放以来，我们用几十年时间走完了发达国家几百年走过的工业化历程，推动我国综合国力和国际地位实现前所未有的提升，推动我国人民生活水平实现前所未有的提升，创造了经济快速发展和社会长期稳定“两大奇迹”。实践充分证明，中国特色社会主义是历史的结论、人民的选择，是科学社会主义理论逻辑和中国社会发展历史逻辑的辩证统一，是当代中国大踏步赶上时代、引领时代发展的康庄大道。坚持好、发展好中国特色社会主义，是无比崇高的事业，需要一代又一代中国共产党人带领人民接续奋斗。必须进一步坚定中国特色社会主义道路自信、制度自信，不为任何风险所惧，不为任何干扰所惑，全面贯彻党的基本理论、基本路线、基本方略，统筹推进“五位一体”总体布局，协调推进“四个全面”战略布局，在新的历史条件下把党和国家各项事业继续推向前进。

第四，牢牢把握以人民为中心的根本立场。习近平总书记指出，江山就是人民、人民就是江山，打江山、守江山，守的是人民的心。中国共产党根基在人民、血脉在人民、力量在人民。党的十八大以来，习近平总书记在治国理政的伟大实践中，始终坚持人民至上、以人民为中心的执政理念，从带领全党全国各族人民打赢脱贫攻坚战，到解决人民最关心最直接最现实的利益问题，从推进平安中国、健康中国、美丽中国建设，到亲自指挥、亲自部署打赢疫情防控的人民战争、总体战、阻击战，从开展党的群众路线教育实践活动到开展党史学习教育，从统筹推进“五位一体”总体布局到协调推进“四个全面”战略布局，从全面做好“六稳”工作、落实“六保”任务，到立足新发展阶段、贯彻新发展理念、构建新发展格局、推动高质量发展，都是对人民利益尽心尽责，对百姓冷暖念兹在兹，把人民放在心中最高位置谋划推进各项工作。习近平新时代中国特色社会主义思想是为人民代言、为人民立言的科学理论，实际就是“人民至上论”、“人民幸福论”，充分展现了总书记作为全党拥护、人民爱戴的党的核心、人民领袖“以百姓心为心”的真挚情怀和“依靠人民创造历史伟业”的崇高境界，充分彰显了我们党的性质宗旨和初心使命。坚持以人民为中心，是践行党的宗旨和初心使命的必然要求，也是确保党长期执政、国家长治久安的必然要求。在新的征程上，我们必须进一步站稳人民立场，贯彻党的群众路线，尊重人民首创精神，努力践行以人民为中心的发展思想，着力解决人民群众急难愁盼问题,不断增强全体人民的获得感、幸福感、安全感。

第五,牢牢把握实现中华民族伟大复兴中国梦的奋斗目标。习近平总书记指出,一百年来,中国共产党团结带领中国人民进行的一切奋斗、一切牺牲、一切创造,归结起来就是一个主题:实现中华民族伟大复兴。习近平新时代中国特色社会主义思想核心内容中"八个明确",第一个就明确坚持和发展中国特色社会主义总任务是实现社会主义现代化和中华民族伟大复兴,在全面建成小康社会的基础上,分两步走在本世纪中叶建成富强民主文明和谐美丽的社会主义现代化强国。总书记强调,今天,我们比历史上任何时期都更接近、更有信心和能力实现中华民族伟大复兴的伟大目标。但中华民族伟大复兴,绝不是轻轻松松、敲锣打鼓就能实现的,必须付出更为艰巨、更为艰苦的努力。当前,从国际上看,世界正经历百年未有之大变局,新一轮科技革命和产业变革深入发展,经济全球化深度调整,国际力量对比深刻变化,百年不遇的大疫情使大变局加速演进,世界进入动荡变革期。全球化遭遇逆风和回头浪,民粹主义、排外主义抬头,单边主义、保护主义、霸权主义对世界和平与发展构成威胁。美国对我国进行全方位打压遏制,妄图遏制中国崛起,阻断中华民族复兴的伟大进程。从国内看,在胜利实现第一个百年奋斗目标的基础上,我们已经开始向着全面建成社会主义现代化强国的第二个百年奋斗目标迈进,党的十九届五中全会擘画了我国未来发展的宏伟蓝图,进一步明确了前进方向和奋斗目标,同时也作出了我国发展仍然处于重要战略机遇期,但机遇和挑战都有新的变化的重大判断,我们正处于一个危机并存、危中有机、危可转机,机遇更具有战略性、可塑性,挑战更具有复杂性、全局性的时期。在前所未有的机遇和挑战面前,必须进一步增强机遇意识、忧患意识,坚持底线思维,坚定必胜信心,深刻认识我国社会主要矛盾变化带来的新特征新要求,深刻认识错综复杂国际环境带来的新矛盾新挑战,敢于斗争、善于斗争,勇于开顶风船,善于化危为机,为实现中华民族伟大复兴的中国梦不懈奋斗。

第六,牢牢把握坚持党的领导这一根本保证。习近平总书记指出,办好中国的事情,关键在党。没有中国共产党,就没有新中国,就没有中华民族伟大复兴。历史和人民选择了中国共产党。中国共产党领导是中国特色社会主义最本质的特征,是中国特色社会主义最大优势,是国家的根本所在、命脉所在,是全国各族人民的利益所系、命运所系。近年来,西方一些国家乱象频发、政坛恶斗、社会撕裂、种族歧视,而我国经济运行总体平稳、社会保持和谐稳定、人民生活水平显著提升,"中国之治"和"西方之乱"形成了鲜明对比,"两大奇迹"充分说明,始终坚持党的领导是形成制度优势、增强治理效能的根本所在,是"中国之治"的关键所在。回首百年路,在党的领导下,我们取得了举世瞩目、彪炳史册的辉煌成就,眺望前行路,我们还要经历无数沟沟坎坎、经历更多逆风逆水,还要克服无数艰难险阻,越是在严峻复杂的形势面前,越是在艰巨繁重的任务面前,我们越需要毫不动摇坚持党的领导,越需要全党进一步增强"四个意识",坚定"四个自信",做到"两个维护",牢记"国之大者",凝聚起亿万人民群众的磅礴伟力,不断夺取新时代中国特色社会主义的伟大胜利,奋力实现中华民族伟大复兴的中国梦。

通过学习习近平总书记"七一"重要讲话精神,回顾党的百年历史,更加深刻地感到,思想就是力量,马克思主义深刻改变了中国,中国也极大丰富了马克思主义。结合党史学习,进一步学习领会习近平新时代中国特色社会主义思想,让我们更深刻感悟马克思主义的真理力量和实践力量,更深刻领会中国化马克思主义既一脉相承又与时俱进的理论品质。要按照党中央关于在党史学习教育中"学党史、悟思想、办实事、开新局"的明确要求,把学习习近平新时代中国特色社会主义思想与党史学习教育进一步紧密结合起来,在学懂弄通做实这一思想上下更大功夫,坚持读原著、学原文、悟原理,全面系统学、及时跟进学、深入思考学、联系实际学,通过学习不断提高政治判断力、政治领悟力、政治执行力,始终胸怀"两个大局",进一步增强历史定力和战略自信,坚定理想信念,践行初心使命,坚守人民立场,立足新发展阶段、贯彻新发展理念、构建新发展格局,努力推动高质量发展,为实现第二个百年奋斗目标、实现中华民族伟大复兴的中国梦而不懈奋斗。

# 从百年奋斗历程中汲取智慧和力量

白玛赤林

习近平总书记把历史视为“最好的教科书”，认为中国革命历史是“最好的营养剂”，强调党员、干部不管处在哪个层次和岗位，都要全身心投入，静下心来，认真学习、深入思考，做到学有所思、学有所悟、学有所得。在我们党即将迎来百年华诞之际，以习近平同志为核心的党中央要求在全党开展党史学习教育，宣示了新时代共产党人不忘初心、牢记使命的坚定决心，展现了再接再厉把中国特色社会主义事业推向前进的奋进姿态，为深入推进党的建设新的伟大工程注入强劲动力。我们必须认真学习领会习近平总书记关于党的历史的重要论述，充分认识开展党史学习教育的重大意义，认真研读党史基本著作，深入了解中国共产党百年奋斗的光辉历程和历史性贡献，紧紧抓住党史学习教育的重点，联系实际学、带着问题学、结合工作学，深刻认识党先进的政治属性、崇高的政治理想、高尚的政治追求、纯洁的政治品质，找准历史坐标、把握历史方位、心怀“国之大者”，不断提高政治判断力、政治领悟力、政治执行力。

## 一、坚定拥护核心，坚决做到“两个维护”

旗帜鲜明讲政治、保证党的团结和集中统一是党的生命，也是我们党能成为百年大党、创造世纪伟业的关键所在。实践充分证明，我们这样一个有着14亿多人口的大国，必须有一位众望所归的领袖；我们这样一个有着9100多万党员的大党，必须有一个坚强的领导核心。这是中国特色社会主义制度的最大优势，是党和国家事业兴衰成败、生死存亡的命脉所在，是全国各族人民的利益所在、幸福所在。党的十八大以来，我们党在实践中形成了习近平总书记党中央的核心、全党的核心地位。世界正经历百年未有之大变局，世界面临的不稳定性不确定性突出。以习近平同志为核心的党中央深刻洞悉国际格局演变的规律，准确把握世界潮流浩荡的脉动，以巨大的政治勇气和强烈的责任担当，直面重大挑战、重大风险、重大矛盾，在改革创新中爬坡过坎，在攻坚克难中奋勇前行，推动党和国家事业取得历史性成就、发生历史性变革，我国发展已经站到新的历史起点上。我国经济实力、科技实力、综合国力跃上新的大台阶，中华民族伟大复兴向前迈出了新的一大步，社会主义中国以更加雄伟的身姿屹立于世界东方。各族群众更加深切地感受到我国社会主义制度优越性，更加由衷地为我们伟大祖国感到骄傲，更加坚定信心在新时代新征程中奋勇前进。习近平总书记的崇高威望、领袖地位已深深扎根党心民心，全党全国各族人民发自内心地爱戴习近平总书记、拥护以习近平同志为核心的党中央。参加党史学习教育，必须深入了解中华民族从站起来、富起来到强起来的历史逻辑、理论逻辑和实践逻辑，深刻理解中国共产党为什么“能”、马克思主义为什么“行”、中国特色社会主义为什么“好”，在学思践悟中不断增强“四个意识”、坚定“四个自信”、做到“两个维护”。特别是把坚决维护习近平总书记党中央的核心、全党的核心地位作为最重要的政治纪律和政治规矩，在政治上维护核心，在思想上认同核心，在组织上服从核心，在情感上拥戴核心，在行动上跟随和捍卫核心，自觉在思想上政治上行动上同以习近平同志为核心的党中央保持高度一致，确保习近平总书记重要指示要求条条落实、件件落地、事事见效，确保党中央各项决策部署全面贯彻落实。

## 二、感悟思想伟力，高度自觉地用习近平新时代中国特色社会主义思想武装头脑

中国共产党是用马克思主义武装起来的政党，马克思主义是中国共产党人理想信念的灵魂。我们党的历史，就是一部不断推进马克思主义中国化的历史，就是一部不断推进理论创新、进行理论创造的历史。纵览百年历程，中国从积贫积弱、饱受欺凌到巍然屹立于世界民族之林，关键是有了马克思主义的思想指引，关键是坚持把马克思主义基本原理同中国具体实际和时代特征相结合，开辟了马克思主义中国化时代化大众化的新境界。一百年

来,我们党坚持解放思想和实事求是相统一、培元固本和守正创新相统一,产生了毛泽东思想、邓小平理论、"三个代表"重要思想、科学发展观,产生了习近平新时代中国特色社会主义思想,为党和人民事业发展提供了科学理论指导。习近平总书记是习近平新时代中国特色社会主义思想的主要创立者。习近平总书记以马克思主义政治家、思想家、战略家的非凡理论勇气、卓越政治智慧、强烈使命担当,以"我将无我,不负人民"的赤子情怀,提出一系列具有开创性意义的新理念新思想新战略,为习近平新时代中国特色社会主义思想的创立发挥了决定性作用,作出了决定性贡献。党的十九大把习近平新时代中国特色社会主义思想确立为我们党必须长期坚持的指导思想并庄严地写入党章,这是一个历史性决策和历史性贡献,体现了党在政治上理论上的高度成熟、高度自信。十三届全国人大一次会议通过的宪法修正案,把这一思想载入宪法,确立其在国家政治生活和社会生活中的指导地位,反映了全国各族人民共同意志和全社会共同意愿。在当代中国,坚持和发展习近平新时代中国特色社会主义思想,就是真正坚持和发展马克思主义。感悟马克思主义的真理力量和实践力量,深化对中国化马克思主义既一脉相承又与时俱进的理论品质的认识,特别是深入学习习近平新时代中国特色社会主义思想,才能更好地武装头脑、指导实践、推动工作。参加党史学习教育,必须坚持不懈地学习贯彻习近平新时代中国特色社会主义思想,提高政治站位、树立历史眼光、强化理论思维、增强大局观念,深刻理解这一思想是系统科学的理论体系,是经过实践检验、富有实践伟力的强大武器,是坚持和运用辩证唯物主义和历史唯物主义的光辉典范,深入贯彻落实习近平总书记重要讲话精神,不断提高思想理论水平,不断坚定对马克思主义的信仰,对社会主义、共产主义的信念,对实现中华民族伟大复兴的信心,自觉做习近平新时代中国特色社会主义思想的坚定信仰者、忠实实践者。

## 三、牢记初心使命,永远把人民放在心中最高位置

党史的字里行间,深刻回答着"我是谁、为了谁、依靠谁"。我们党的百年历史,就是一部践行党的初心使命的历史,就是一部党与人民心连心、同呼吸、共命运的历史。一路走来,我们党依靠人民战胜了无数艰难险阻,创造了众多人间奇迹。中国共产党从成立时 50 多人的小党,发展到今天拥有 9100 多万党员的大党,并且依然风华正茂、充满朝气活力,成为世界瞩目的政治奇观。究其原因,就是习近平总书记指出的:"不忘初心,方得始终。中国共产党人的初心和使命,就是为中国人民谋幸福,为中华民族谋复兴。这个初心和使命是激励中国共产党人不断前进的根本动力。"习近平总书记强调,江山就是人民,人民就是江山,人心向背关系党的生死存亡。赢得人民信任,得到人民支持,党就能够克服任何困难,就能够无往而不胜。人民是我们党执政的最大底气,是我们共和国的坚实根基,是我们强党兴国的根本所在。我们党来自于人民,为人民而生,因人民而兴,必须始终与人民心心相印、与人民同甘共苦、与人民团结奋斗。全心全意为人民服务是党的根本宗旨,实现好、维护好、发展好最广大人民的根本利益是党的一切工作的出发点和落脚点。人民代表大会制度之所以具有强大的生命力和显著优越性,关键在于它根植于人民之中。人大是党领导的人大,是人民的人大。我们国家 260 多万各级人大代表,都忠实代表人民利益和意志,依法参加行使国家权力。参加党史学习教育,必须进一步深化对党的性质宗旨的认识,不忘初心、牢记使命,始终把人民放在心中最高位置,始终坚持人民主体地位,始终把人民对美好生活的向往作为奋斗目标,自觉践行党的群众路线,发挥好联系人民群众的作用,把"我为群众办实事"实践活动作为重要载体,结合工作实际,推动解决人民群众的困难事和烦心事,增强群众的获得感、幸福感、安全感,积极回应人民对美好生活的期待。

## 四、汲取智慧力量,始终保持革命者的大无畏奋斗精神

重视历史、研究历史、借鉴历史是中华民族 5000 多年文明史的一个优良传统。中国是世界上唯一有几千年不间断历史记录的国家,被史学家誉为"世界上历史最完备之国家"。历史,镌刻着中华民族的精神追求、精神特质和精神脉络,蕴含着生生不息的思想力量和文化基因。党的历史,是中国共产党的宝贵精神财富,是中华民族光辉灿烂历史文化的重要组成部分。党的历史也是一部直面问题、认识问题、解决问题的历史,涵盖政治、经济、文化、军事、党的建设等方方面面,蕴含着丰富的治党治国治军智慧。习近平总书记指出,我们党之所以

历经百年而风华正茂、饱经磨难而生生不息，就是凭着那么一股革命加拼命的强大精神。注重学习党史，善于总结历史经验、凝聚前进力量，是我们党的优良传统。我们党是生于忧患、成长于忧患、壮大于忧患的政党。一百年来，在领导中国革命、建设和改革的过程中，我们党经历过残酷的环境，遭遇过失败的挫折，背负过沉重的压力，面临过各种各样的风险、挑战和考验。5月初，在广西调研期间，我参观了兴安县红军长征突破湘江烈士纪念碑园、突破第四道封锁线兴安界首渡口。一场湘江战役，红军和中央机关人员从8.7万人锐减到3万多人。这一战，红五军团三十四师6000余人全军覆没，史称“绝命后卫师”。湘江两岸的黄土地，被红军烈士的鲜血染成了红土地，清澈的湘水染成了红水河，江底沉满了烈士遗体，老百姓“三年不饮湘江水，十年不食湘江鱼”。湘江战役是关系中央红军生死存亡的一战，这一战最终换来红军战略方向的彻底改变。一个月后，中共中央政治局召开了划时代的遵义会议，中国共产党和工农红军历史上的伟大转折从此开启。当年兴安曾是炮火纷飞的战场，现在这里的城镇居民人均可支配收入达3.89万元，农村居民人均可支配收入达2.08万元。习近平总书记今年4月在广西考察时指出，湘江战役是红军长征的壮烈一战，是决定中国革命生死存亡的重要历史事件。红军将士视死如归、向死而生、一往无前，靠的是理想信念。为什么中国革命能成功？奥秘就是革命理想高于天，在最困难的时候坚持下去，这样才能不断取得奇迹般的胜利。我们对实现下一个百年奋斗目标、实现中华民族伟大复兴就应该抱有这样的必胜信念。困难再大，想想红军长征，想想湘江血战。世界上没有哪个党像我们这样，遭遇过如此多的艰难险阻，经历过如此多的生死考验，付出过如此多的惨烈牺牲。一百年来，在非凡的奋斗历程中，一代又一代中国共产党人顽强拼搏、不懈奋斗，构筑起了中国共产党人的精神谱系。中国特色社会主义道路、理论、制度、文化，是经过全党全国各族人民长期奋斗取得的，也是经过长期实践检验的科学产物。我们的道路自信、理论自信、制度自信、文化自信，来源于实践、来源于人民、来源于真理。参加党史学习教育，必须时刻向习近平总书记看齐，向党中央看齐，发扬将革命进行到底的精神，发扬红色传统、传承红色基因，赓续共产党人精神血脉，始终保持革命者的大无畏奋斗精神，鼓起迈进新征程、奋进新时代的精气神，走好新时代长征路。

## 五、增强斗争精神，毫不犹豫地站在一线进行法律的、政治的、外交的斗争

自从有了中国共产党，中国人民谋求民族独立、人民解放和国家富强、人民幸福的斗争就有了主心骨，中国人民在精神上由被动转为主动，从“一盘散沙”逐步变成“铜墙铁壁”。中国共产党经历了建党的开天辟地，新中国成立的改天换地，改革开放的翻天覆地，再到党的十八大以来党和国家事业取得历史性成就、发生历史性变革，在苦难中实现辉煌，在曲折中赢得胜利。中国共产党已从百年前名不见经传的小党，成长为今天在世界上有着重大影响力的最大的马克思主义执政党。习近平总书记把党的领导核心作用比喻为“众星捧月”，指出这个“月”就是中国共产党。人大工作是党和国家工作的重要组成部分。全国人大及其常委会承担着立法、监督、决定、任免等重要职责。宪法规定的全国人大常委会第一条职权就是“解释宪法，监督宪法的实施”。在党和国家关系上，中国共产党在国家政治生活中居于领导地位，一切党和国家机关都是政治机关，都要接受党的领导，并在此前提下形成决策权、执行权、监督权，既合理分工又相互协调的局面。国家能力越强大，越会对党的执政能力和领导水平提出新的更高要求。强党引领强国，强国必先强党。一百年来，我们党同人民风雨同舟、生死与共，从胜利走向胜利，取得了百年辉煌成就、积累了百年宝贵经验。我们党一步步走过来，很重要的一条就是不断从历史中获得启迪，从历史经验中提炼出克敌制胜的法宝，增强应对风险、迎接挑战、化险为夷的本领。参加党史学习教育，必须深入学习贯彻习近平总书记关于坚持和完善人民代表大会制度的重要思想，深入学习运用党在不同历史时期成功应对风险挑战的丰富经验，特别是把一代代共产党人不畏艰险、勇于担当、甘于奉献、百折不挠的优秀品格发扬光大，不断激发斗争精神、增强斗争本领，切实增强长期坚持、不断完善人民代表大会制度的责任感使命感紧迫感，更加自觉地坚持党的领导、人民当家作主、依法治国有机统一，立足本职岗位和工作实际，坚持敏锐洞察果敢，强化底线思维，做好应对外部环境变化的思想准备和工作准备，以更加昂扬的精神状态和奋斗姿态，尽心尽力地把各项工作做好，推动新时代人大各项工作爬坡

过坎、开拓前进。4 月中旬，带队在贵州开展中医药法执法检查时，我参观了遵义会议会址和遵义会议陈列馆，从长征精神和遵义会议精神中深刻感悟到共产党人的初心和使命。2015 年 6 月，习近平总书记在参观遵义会议会址和遵义会议陈列馆时深刻指出："我们要运用好遵义会议历史经验，让遵义会议精神永放光芒。"2021 年 2 月，在全党即将开展党史学习教育前夕，习近平总书记赴贵州考察时再次谈到遵义会议，指出遵义会议"确立了毛泽东同志在党中央和红军的领导地位，开始确立了以毛泽东同志为主要代表的马克思主义正确路线在党中央的领导地位，开始形成以毛泽东同志为核心的党的第一代中央领导集体，开启了我们党独立自主解决中国革命实际问题的新阶段，在最危急关头挽救了党、挽救了红军、挽救了中国革命。遵义会议的鲜明特点是坚持真理、修正错误，确立党中央的正确领导，创造性地制定和实施符合中国革命特点的战略策略。这在今天仍然具有十分重要的意义"。遵义会议是我们党历史上生死攸关的转折点，也是马克思主义中国化历程中的一个关键节点。人们在胜利时认识了毛泽东同志，在失败中又进一步认识了毛泽东同志。党心归一、军心归一，中国革命的航船终于有了一位伟大舵手。遵义会议是第一代中央领导集体形成的开始，具有伟大的里程碑意义。从那以后，以毛泽东同志为主要代表的马克思主义正确路线在党中央开始确立领导地位。这一重要转变来之不易，是中国共产党人坚持真理、修正错误的结果。遵义会议后，中国革命之所以转危为安、焕然一新，一个重要原因，就是我们党逐步形成了坚强的领导核心、成熟的领导集体，确立了中国化马克思主义在全党的指导地位。欢庆建党百年，回望遵义会议，学习领会习近平总书记的重要指示精神，我们更能深刻感受到遵义会议重大而深远的历史意义和现实意义。党的十八大以来，党和国家事业之所以发生历史性变革、取得历史性成就，最根本的就是因为有以习近平同志为核心的党中央坚强领导、有习近平新时代中国特色社会主义思想科学指引。习近平总书记在领导新时代党和国家事业发展中，在审视和把握日益错综复杂的国内外发展大势中，在带领全党全国各族人民奋进新时代的伟大实践中，战略判断高瞻远瞩，政治领导娴熟高超，人民立场鲜明坚定，历史担当强烈坚定，充分证明不愧为党中央的核心、全党的核心。前进道路上，继续推进党和人民的伟大事业，我们要从遵义会议中汲取精神力量，以史鉴今，最根本的就是要坚决维护习近平总书记党中央的核心、全党的核心地位，坚决维护党中央权威和集中统一领导，增强对党中央的信赖，增强忠诚核心、维护核心、看齐核心的政治自觉和行动自觉。革命理想高于天。中国共产党从诞生之日起就把马克思主义写在自己的旗帜上，把实现共产主义确立为最高理想。在我们党一百年的历史中，无数共产党人不惜流血牺牲，靠的就是这种信仰，为的就是这个理想。信仰、信念、信心，任何时候都至关重要。作为在党旗下宣过誓的共产党员，必须时刻铭记党先进的政治属性、崇高的政治理想、高尚的政治追求、纯洁的政治品质。为了理想信念，就应该去拼搏、去奋斗、去献出自己的全部精力乃至生命。

# 在职业教育法修订调研座谈会上的讲话

（2021 年 4 月 14 日　山东青岛）

蔡达峰

同志们：

感谢大家光临今天的座谈会。这次调研很及时，12 日、13 日职业教育大会刚刚召开，习总书记就职业教育做出重要批示，我们同步就进行了调研，既是呼应，也是贯彻。刚才学勇主任传达了总书记的重要批示。省人大王随莲副主任出席并主持今天的会议，赞荣同志、庆国同志介绍了山东省、青岛市职业教育改革发展的有关情况和对职业教育法修改的建议。政府有关部门和职业院校、企业的同志结合实际做了很好的发言，对发展职业教育、修改职业教育法提出了有针对性的意见建议，使我们了解到不少情况，很受启发。调研组的同志会把大家的意见建议带回去，在法律修订过程中认真研究吸收。会后，我们还要实地考察几所职业院校，进一步听取学校、企业等各方面的意见。

下面，我讲几点意见。

第一，提高政治站位，落实党中央关于职业教育的决策部署

党的十八大以来，以习近平同志为核心的党中央高度重视职业教育，强调要把职业教育摆在更加突出的位置，着力培养高素质劳动者和技术技能人才，为促进经济社会发展和提高国家竞争力提供优质人才资源支撑。党的十九届五中全会提出，“十四五”时期要建设高质量教育体系。“十四五”规划和2035年远景目标纲要对建设高质量教育体系作出全面部署，为推进职业教育高质量发展指明了方向，提出了新的任务。习总书记对职业教育作出重要批示，克强总理做出重要指示，全国职业教育大会的召开，孙副总理作了部署，都充分表明了中央对职业教育的高度重视，职业教育迎来了新的发展机遇。我们要深入学习贯彻习近平新时代中国特色社会主义思想和习近平总书记关于职业教育的重要批示，全面领会党中央关于加快发展职业教育的一系列重要精神、方针政策，把职业教育作为事关经济社会发展全局，全面落实职业教育改革发展的各项任务。

第二，按照高质量教育体系的新要求，推进职业教育改革发展

十四五规划以推进高质量发展为主题。当前，教育改革发展主题的方向、路径非常明确，就是建设高质量的教育体系。这对我国的教育布局、人才培养质量和规格提出了新的更高要求，职业教育被注入了新内涵，赋予新使命。提高职业教育质量，就要明确质量的内涵、标准，明确提高质量的路径、手段，明确保证质量提高的条件，这是一个完整的体系。这些问题系统梳理后，我们就能明确这些方面存在的问题和原因，有些是内涵不清楚，有些是路径不当，有些是条件没保障，按照高质量标准来说，还有不足。造成不足的原因，有些属于能力，比如学生的学习、教师的教学，都是教育能力的问题，有许多需要改进的地方。其实大家已经很努力在转变着教育的观念和方法，使得职业教育手段和理念更加先进。有些属于评价问题，包括学校对学生的评价，社会对职业教育的评价，对职业学校毕业学生未来发展状况的评价，还没有形成共识。一方面说职业教育很光荣，一方面都不太愿意去做这个事，价值观上面两面化。有些属于积极性的问题，政府有多大积极性投入职业教育？学生有多大的积极性去参与？教师有多大积极性来从事这方面的职业？还有更多的是体制机制问题，包括刚才大家谈到的技术学校的法定地位问题，产学研合作的机制保障问题，职业的环境问题等等。总书记在批示中，对地方党委政府提出了明确要求，包括加大制度创新、政策供给、投入力度、弘扬工匠精神、提高技术技能人才社会地位。这个要求非常现实，值得深思。职业教育的问题十分复杂，改革难度很大，涉及方面很多，比纯粹的教育问题要更加复杂一些。

第三，修改职业教育法，为深化职业教育改革提供法治保障

职业教育法是职业教育活动与发展的依据和保障，发展职业教育，就要坚持党的领导，就要完善法律，依法办事，依法行政。修改职业教育法，就是要把党和国家的要求、把人民群众的智慧意见、把实践工作中的经验，及时以法律形式确定下来，指导和规范实践。职业教育法的修订，列入了十三届全国人大常委会立法规划和今年立法工作计划。3月24日，国务院常务会议通过了职业教育法修订草案，决定将草案提请全国人大常委会审议。“十四五”开局之时，修改好职业教育法，对确保职业教育事业在新时期开好局、起好步十分重要。

这次修改职业教育法的总体思路，一是坚持以习近平新时代中国特色社会主义思想为指导，将习近平总书记重要指示批示精神和党中央、国务院关于职业教育改革发展的政策举措转化为法律规范，确保改革措施落地见效；二是聚焦职业教育领域热点难点问题，着力解决突出问题；三是结合职业教育改革发展实际，及时将实践成果上升为法律规范，为进一步深化职业教育改革提供法律基础。

修订的重点主要放在以下几个方面：一是加强党对职业教育的领导。二是完善职业教育管理体制。三是完善职业教育体系，包括明确职业教育内涵、定位和实施原则、现代职业教育体系框架。四是推动多元办学，包括强化政府统筹和行业指导职责，发挥企业职业教育主体作用，支持社会力量办学。五是提升职业教育质量和水平，包括扩大职业学校办学自主权，促进产教融合、校企合作，健全职业教育社会评价机制。六是加强对职业支持和保障，包括加强职业教育教师队伍建设，健全职业教育经费投入机制，营造促进职业教育发展的社会氛围。此外，还完善了相关法律责任。我们希望，修改后的职业教育法更加符合教育发展的规律和广大群众的意愿，为推进教育治理体系和治理能力现代化贡献法治力量。

山东作为经济大省、制造业大省，在职业教育地方立法方面起步较早，在实践中积累了不少好的

经验,希望你们为职业教育国家层面的立法多提意见建议,并在实践中不断完善职业教育地方立法。

祝愿山东省和青岛市在推动高质量发展、推动现代职业教育进一步发展方面取得新的更大成绩!

谢谢大家!

# 在加强种质资源保护和育种创新专题调研座谈会上的讲话

(2021年9月25日)

武维华

同志们:

大家上午好!

这次我们到湖南的主要任务是开展加强种质资源保护和育种创新专题调研。22日来到湖南后,在长沙市周边看了些地方,听取了不少基层同志好的意见和建议。今天上午又听取了省政府和有关厅局的经验介绍和意见建议。

国以农为本,农以种为先。种业是国家战略性、基础性核心产业,是促进农业长期稳定发展、保障国家粮食安全的根本。农业种质资源是推动现代种业创新的物质基础、推进农业高质量发展的“芯片”,是保障国家粮食安全、建设生态文明、维护生物多样性的战略性资源。我国用占世界7%的耕地养活了占世界21%的人口,生产了占世界25%的粮食,农作物优良品种的培育和推广在其中发挥了不可替代的作用。作为农业生产大国和用种大国,不断强化农业种质资源保护和育种创新,加快推进现代农作物种业发展,对提高农业综合生产能力、保障农产品有效供给和促进农民增收具有十分重要的意义。

党中央、全国人大、国务院历来高度重视种业发展问题。习近平总书记在2013年的中央农村工作会议上指出,“一粒种子可以改变一个世界,一项技术能够创造一个奇迹。”2014年和2016年的中央一号文件都提出要加快发展现代种业。十三届全国人大四次会议审议通过的“十四五”规划纲要将发展现代种业,开展良种重大科技攻关,建设国家级育制种基地,培养壮大育繁推一体化种业龙头企业等作为国民经济和社会发展的一项重大任务。习近平总书记在去年年底召开的中央经济工作会议和中央农村工作会议上,都反复强调要把耕地保护好,把种业搞上去。今年的中央一号文件对打好种业翻身仗作出具体部署。在今年7月召开的中央全面深化改革委员会第二十次会议上,习总书记又明确提出要“实现种业科技自立自强、种源自主可控”。特别值得一提的是,习总书记今年5月中旬在河南南阳考察时临时下车,走进一处麦田察看小麦长势。他指出,保证粮食安全必须把种子牢牢攥在自己手中。要坚持农业科技自立自强,从培育好种子做起,加强良种技术攻关,靠中国种子来保障中国粮食安全。今年全国人大常委会围绕打好种业翻身仗,重点开展了畜牧法执法检查、种质资源保护和育种创新专题调研、种子法修正和畜牧法修改等4项工作。5—8月,全国人大畜牧法执法检查对畜牧遗传资源保护、加快畜禽品种选育和良种推广使用情况进行了重点检查。上个月召开的第十三届全国人大常委会第30次会议已经听取和审议了畜牧法执法检查报告,初次审议了种子法修正草案。10月份召开的全国人大常委会第31次会议将听取和审议专题调研报告和畜牧法修改草案。这4项工作都是全国人大常委会和全国人大农委深入学习贯彻习近平总书记重要讲话精神、中央经济工作会议和中央农村工作会议决策部署,推进种业振兴的具体举措;目的都是为了把思想和行动统一到党中央、习近平总书记的决策部署上来,进一步推动现代种业发展,确保国家种业安全。

目前,我国已建立了由1个国家长期库、1个复份库、10座中期库和43个种质圃为支撑的国家农作物种质资源保护体系,长期保存的作物种质资源超过52万份(居世界第二位)、农业微生物资源6万多份;已建有国家林草种质资源保存库164处,初步构建了原地、异地、设施保存三种保存方式相结合的林草种质资源保存体系,累计收集入库(圃)保存资源达到6.1万余份。我国农作物良种覆盖率稳定在96%以上,自主选育的品种占比超过95%,良种对粮食增产的贡献率超过45%;全国已建成国家重点林木良种基地294处,林木良种基地面积超过1000万亩,审定林木良种超过6000多个。可以说,这些年来我国种质资源保护和育种创新工作都取得了丰硕的成果,这对提高我国农业综合生产能力、保障农产品有效供给、促进生态文明建设发挥了重要作用。但也要清醒地看到,我国是种质资源大国,但还不是种质资源强国,我国种业发展水平与发达国家相比还有较大差距。同时,确保国家粮食安全和重要农产品供给、不断满足人民群众日益增长的美好生活需要也对我国种业发展提出了新的更高要求。亟需我们深入贯彻落实党中央打好种业翻身仗的决策部署,不断夯实确保国家粮食安全和重要农产品供给的种业之基。

结合这次调研了解到的情况,对如何进一步深入贯彻党中央关于打好种业翻身仗的决策部署,我谈几点想法,与同志们交流。

一要高质量完成农业种质资源普查。随着环境变化,自然生态下的农业种质资源种类和数量显著减少,交通便利地区作物野生近缘植物消失速度加快,同时农作物品种同质化倾向愈发突出,很多不具备产量优势的地方物种面临灭绝风险,亟需加快摸清我国农业种质资源家底和变化趋势,有效收集和保护珍稀、濒危、特有资源,实现应收尽收、应保尽保。今年3月23日,农业部印发《关于开展全国农业种质资源普查的通知》,在全国启动了新一轮农业种质资源普查工作,准备利用3年时间完成第三次全国农作物种质资源普查工作。做好种质资源普查是打好种业翻身仗的第一仗,这次农业种质资源普查是贯彻落实习近平总书记重要指示精神和党中央、国务院决策部署的具体行动,是新中国成立以来规模最大、覆盖面最广的一次全国性普查。湖南省作为第一批启动农作物种质资源普查的4个省份之一,要切实增强责任感、紧迫感,加强组织领导,落实属地责任,强化支持保障,让普查各项任务落实落地,确保打好种业翻身仗首战告捷;要尽快完成新收集资源实物和数据整理,开展初步鉴定评价以及编入库(圃)保存工作,全面查清湖南省农业种质资源家底。

二要做好种质资源保护利用工作。农业种质资源是开展优良品种选育的基础,种质资源的数量、质量和类型的多样性很大程度上决定育种工作的成效。虽然我国保存的农业种质资源数量名列世界前茅,但种质资源保护利用水平仍需提高。我国地方品种和主要作物野生近缘种保护力度不足,主要粮食作物地方品种的数目丧失比例高达71.8%,我国现存的2.5万余份玉米、4万余份小麦和8万余份水稻种质资源中只有5%左右开展了深度鉴定。对国外种质资源收集保存不够,在国家种质库(圃)保存的52万余份农作物种质资源中,来自于国外的不足20%。在下一步的工作中应重点解决这些突出问题,要让种质资源动起来、用起来,把资源优势转化为种业优势。要深入开展种质资源鉴定评价工作,挖掘目标性突出、综合性状优秀的优异育种材料;要规范国家、省级农业种质资源保护单位确定程序,明确主体范围,严格条件保障;要优化种质资源分类分级保护名录,完善种质资源进出口审批制度,鼓励企业和科研单位引进境外优异资源。

三要建立健全现代种业创新体系。当前,我国基因编辑等前沿技术原始创新缺位,高产、优质、抗病、耐逆的多基因聚合技术处于跟跑阶段;玉米、大豆产量和品质与美国等发达国家品种差距较大,部分高端蔬菜种子被“洋种子”垄断。育种创新存在科研和市场脱节现象,科研人员受项目和论文牵绊,无法潜心从事新品种选育和育种基础研究。此外,还缺乏农业种质资源交流、共享利用的有效机制和政策。各地各部门要围绕打好种业翻身仗的总体部署,发挥我国体制优势,以“一高一优一稳”(高效、优质、稳产)为目标,进一步加强种业基础研究和前瞻性布局,加快推进核心种源技术攻关,尽快形成体系化种业科技创新能力。要尽快完善现有的国家农业种质资源信息系统,加快建立全国性的农业种质资源管理、研发和共享的大数据平台,全面整合全国数据,实现农业种质资源标准化、信息化、网络化和智能化管理,为农业种质资源收集、保护、研究与利用提供支撑,为各类科研主体提供高效的农业种质资源信息和实物共享服务。要围绕保障优良品种的自主可控,加快培育一批新的突破性优良品种。要进一步明确政府、科研机构、种业企业的产业定位,推进政产学研深度合作。要明确种业企业和科研院校的分工,强化企业应用创新的主体地位,让科研院所逐步回归基础性公益性研究。要优化育种人才在行业内的配置,支持和鼓励科研院所应用技术人才向企业流动,调整完善相关人员考核评价机制,完善社保衔接有关政策,加速农业种质资源创新成果在种业创新中的转化应用。

四要加快培育壮大种业龙头企业。2011年,国务院印发的《关于加快推进现代种业发展的意见》明确要求构建以企业为主体的商业化育种体系,并要求择优支持一批规模大、实力强、成长性好的育繁推一体化种子企业开展商业化育种。经过近十年的发展，我国种子行业仍呈“多小散乱”格局，目前全国种子企业仍多达近7000家，育繁推一体化企业占比仅为1.5%，种子销售收入合计742.91亿元，前10名企业销售收入占比仅为18.34%，研发投入不足，种企的创新能力和综合竞争能力与跨国种企差距巨大。为此，要遴选一批创新能力强、发展潜力大的育繁推一体化企业，支持产学研深度融合，促进技术、人才、资金等创新要素向企业集聚，使其尽快成为我国种业创新的战略力量。要培育有核心竞争力的产业主体，支持综合实力较强的企业做大做强，支持特色优势企业做专做精，支持推动产业融合发展。要支持龙头企业加快对种业产业链上下游兼并重组步伐，并逐步引导大多数缺乏自主育种能力的中小企业向种业领域服务商转型，改变行业低效无序竞争现状，提升行业集中度和整体竞争力。

*五要加强良种繁育基地建设。*当前，我国已经构建了海南、四川、甘肃3大国家级育制种基地为核心，52个“两杂”制种大县和100个区域性良种繁育基地为支撑的种子基地，保障了70%以上的作物用种需求。这些种业基地为保障国家粮食安全、推进农业科技进步做出了重要贡献，已成为我国农业科技创新的“孵化器”、新品种选育的“加速器”，成为保障农业生产用种的“稳压库”，是国家宝贵的战略性资源。各地各部门要进一步落实藏粮于地、藏粮于技战略，加快推进现代种业基地建设，确保种源充足供应；要完善种子储备调控制度，建立健全国家和省两级种子储备体系，保障农业生产安全。各地要统筹利用制种大县奖励等政策，推动优势基地与龙头企业结合，不断提升良种生产能力和质量水平。

*六要进一步强化种业知识产权保护。*习近平总书记指出：“创新是引领发展的第一动力，保护知识产权就是保护创新。”种业的生命力在于创新，如果没有强有力的制度保护知识产权，就会影响各类种业科研主体创新的积极性和主动性，进而影响种业振兴的成败。当前，种子经营中贴牌、套牌、侵权现象非常普遍，据现代种业发展基金统计，市场上约30%的种子企业存在无证经营、仿冒、套牌等侵权违法行为。为此，一是要尽快完善保护制度。针对品种同质化问题，要加快推进种业知识产权立法，建立实质性派生品种制度，防止新品种上市后被简单修饰性育种产品替代和挤占，切实保护自主育种者的权利，为育种创新提供法律和制度保障。二是要提高品种审定质量和标准。要加快修订品种审定标准，在注重品种产量性状的同时，还要特别关注品种的品质、抗病虫、水肥利用效率等综合性状。努力解决“品种井喷”和品种同质化问题，推动品种由“多乱杂”向“少专优”转变。三是推行全链条、全流程监管。要进一步健全种业监管部门和农业综合执法部门分工协作机制，完善与公安、市场监管等部门的线索通报、定期会商、联合执法等工作机制，加快构建属地为主、部门协同、区域联动、社会参与的监管格局，全方位加大对假冒伪劣、套牌侵权等突出问题的打击力度，推动知识产权保护与种业高质量发展相适应。要强化行刑衔接，对涉嫌构成犯罪的种业违法案件，及时移送公安机关依法严惩，让侵权者付出沉重代价。

*七要切实加大支撑保障力度。*种质资源保护和育种创新是公益性事业，周期长、见效慢、专业性强，需要耗费巨大的人力财力，由于支撑保障力度不够等原因，导致有关工作难以持续有效开展。各级政府要提高政治站位，从保障国家粮食安全和农产品有效供给的战略高度，切实加大对种质资源保护和育种创新的支撑保障力度。一是加大财政支持。中央和地方有关部门要统筹支持种质资源保护和育种创新工作，将农业种质资源基础性工作经费列入各级财政预算，确保资金投入强度与实际需求相适应，特别是要加大农业种质资源精准鉴定的经费投入力度，以满足不同阶段发掘和创制具有重要育种价值种质的需求。地方各级政府要根据本地需求逐步加大对农业种质资源保护与利用工作的支持力度，按照分级保障原则，将农业种质资源纳入地方重点工作范畴，并给予稳定的财政支持。二是强化金融扶持和社会支持。要拓宽银行贷款产品种类，针对种业研发周期长的特点，考虑创设种业专项贷款，并通过财政贴息等方式，切实降低种业企业贷款成本和贷款难度。要鼓励金融机构开展种子保险业务探索，建立健全种业风险分散机制。要鼓励公益性机构、企业等参与农业种质资源保护和育种创新工作，利用社会资金开展农业种质资源开发利用。三是强化人才保障。要加快建立健全种业人才分类评价、收入保障、职称评定等制度，完善保护单位和个人表彰激励机制，稳步壮大种业科研人才队伍。四是保障合理用地需求。各地在编制国土空间规划时，要合理安排新建、改扩建农业种质资源库（场、区、圃）用地，科学布局国家

和省级农业种质资源库(场、区、圃),不断增加我国种质资源保存数量、丰富多样性,为育种创新提供物质支撑。

最后,对湖南省委、省人大、省政府、相关部门、市县乡镇对我们这次专题调研所提供的大力支持、真诚帮助和热情服务表示衷心地感谢!

# 在全国人大机关落实全面从严治党要求加强党风廉政建设工作会上的讲话

(2021年1月27日)

杨振武

同志们:

1月22日至24日,十九届中央纪委第五次全体会议在北京召开,习近平总书记在会上发表重要讲话。全会审议通过了赵乐际同志代表中央纪委常委会所作的工作报告。昨天上午,栗战书委员长主持召开常委会党组会议进行了集中学习。今天,我们召开全国人大机关落实全面从严治党要求、加强党风廉政建设工作会,深入学习贯彻习近平总书记重要讲话和中央纪委五次全会精神,部署安排2021年全国人大机关党的建设工作。刚才,任建华同志传达了习近平总书记重要讲话和中央纪委五次全会精神,刘俊臣同志通报了2020年机关党组第三轮巡视工作总体情况。下面,我讲几点意见。

十九届中央纪委第五次全体会议是在中国共产党成立100周年、"十四五"开局之年召开的一次十分重要的会议。习近平总书记在会上的重要讲话,充分肯定过去一年全面从严治党取得的重大成果,深刻阐述全面从严治党新形势新任务新要求,强调要不断增强党自我净化、自我完善、自我革新、自我提高能力,跳出治乱兴衰的历史周期率,引领和保障中国特色社会主义巍巍巨轮行稳致远。讲话高屋建瓴、思想深邃、内涵丰富、催人奋进,为推进全面从严治党纵深发展指明了方向、提供了遵循,是一篇闪耀着马克思主义真理光辉、引领新时代党风廉政建设的纲领性文件。机关党组和机关各级党组织、全体党员干部要深入学习贯彻习近平总书记重要讲话和全会精神,认真落实全会部署要求,始终保持"赶考"的清醒,保持对"腐蚀"、"围猎"的警觉,把严的主基调长期坚持下去,一刻不停推进党风廉政建设和反腐败斗争,永葆忠诚、廉洁、为民的政治本色。

在2020年这个极不寻常的年份里,以习近平同志为核心的党中央团结带领全党全国各族人民披荆斩棘、攻坚克难,取得了新冠肺炎疫情防控重大战略成果,实现了经济增长由负转正,完成了新时代脱贫攻坚目标任务、"十三五"时期目标任务,千百年来中华民族孜孜以求的小康梦想即将实现,中华民族伟大复兴向前迈出了新的一大步!在一系列惊心动魄、惊天动地的伟大斗争中,党的旗帜始终高高飘扬,让全党同志和广大人民群众深切感受到,风雨袭来时,党的坚强领导、党中央的权威是最坚实的靠山。无论世界格局怎样演变、发展环境如何严峻、风险挑战多么艰巨,党中央永远是我们的主心骨,总书记永远是我们的领路人,跟着党中央前进有方向,跟着总书记奋斗有底气。

过去一年,在以习近平同志为核心的党中央坚强领导下,在常委会党组直接领导下,全国人大机关坚持以习近平新时代中国特色社会主义思想为指导,全面贯彻党的十九大和十九届二中、三中、四中、五中全会精神,贯彻新时代党的建设总要求,坚持以党的政治建设为统领,全面加强思想建设、组织建设、作风建设、纪律建设、制度建设,带头当好"三个表率",努力建设让党中央放心、让人民群众满意的模范机关。机关党组召开会议30次,听取党建工作专项汇报24次,印发机关党组文件41件,切实把管党治党责任放在心上、扛在肩上。机关党的建设取得新进展新成效,为贯彻落实党中央决策部署、服务全国人大及其常委会依法履职夯实了基础。

2021年是我国现代化建设进程中具有特殊重要性的一年。我国进入"十四五"时期,开启全面建设社会主义现代化国家新征程。中国共产党将迎来百年华诞。百年征程波澜壮阔,百年初心历久弥坚。站在"两个一百年"奋斗目标的历史交汇点上,既要充满信心,也要居安思危。国际国内形势越是复杂,改革发展稳定任务越是繁重,越要发挥全面从严治党引领保障作用,把党建设得更加坚强有力。全国人大机关要坚持以习近平新时代中国特色社会主义思想为指导，深入学习贯彻党的十九届五中全会和中央纪委五次全会精神，增强“四个意识”、坚定“四个自信”、做到“两个维护”，坚持党要管党、全面从严治党，锲而不舍抓好党风廉政建设和反腐败斗争，全面提高机关党的建设质量，全面提高参谋服务保障工作水平，以优异成绩庆祝建党100周年。今年，机关党建工作要着重在以下几个方面持续用力。

第一，旗帜鲜明加强党的政治建设，走好践行“两个维护”的第一方阵

习近平总书记多次指出，党的政治建设决定党的建设方向和效果，是党的根本性建设。这次中央纪委全会上，总书记再次强调，全面从严治党首先要从政治上看，不断提高政治判断力、政治领悟力、政治执行力。全国人大机关首先是政治机关，政治性是第一属性，讲政治是第一要求。必须把“两个维护”作为最高政治原则和根本政治规矩，坚定政治方向，保持政治定力，向党中央看齐、向总书记看齐，真正在思想上、政治上、行动上同以习近平同志为核心的党中央保持高度一致。

一是坚决贯彻落实习近平总书记重要指示批示和党中央决策部署。这是必须摆在第一位的政治责任、政治任务、政治纪律。这一年来，党和国家大事要事多，习近平总书记、党中央交给人大的急难险重任务也多。最突出的几件事：积极参与抗疫斗争，研究疫情防控、大会召开等法律问题，主动回应社会关切，服务常委会作出关于全面禁止野生动物非法交易和食用的决定并开展执法检查，推进强化公共卫生法治保障立法修法工作，用法治守护人民生命健康安全；服务大会和常委会密集开展香港特别行政区维护国家安全系列立法活动，维护香港宪制秩序和长期繁荣稳定；完成民法典编纂任务，认真做好实施准备工作，推动配套法规和司法解释修改完善；持续推进生态环保领域立法、监督工作，助力打好污染防治攻坚战；组织开展“珍惜粮食、反对浪费”专题调研，抓紧研究起草反食品浪费法草案并提请常委会审议，在机关开展“光盘打卡”等活动，营造浪费可耻、节约光荣的良好氛围；定点帮扶“两旗”脱贫摘帽后，及时调整扶贫工作方式，推动巩固拓展脱贫攻坚成果同乡村振兴有效衔接。这些都是落实总书记指示要求和党中央决策部署的具体行动，得到党中央和常委会领导同志的充分肯定。

正如栗战书委员长指出，人大工作是党和国家事业的重要组成部分，任何时候、任何情况下，涉及人大职责，需要人大担当，只要总书记、党中央发出号令，人大就将毫不犹豫冲到一线，勇敢地扛起应尽的责任。今年，党和国家事业发展对人大工作提出了更多任务、更高要求，列入中央政治局常委会工作要点的重要立法就有15项，党的十九届五中全会、中央经济工作会议、中央全面依法治国工作会议的一系列重大部署，需要通过人大立法、监督等工作推动和保障。人大机关一切工作首先要同党中央大政方针和决策部署对标对表，同习近平总书记重要指示批示对标对表，吃透精神、领悟要义，逐条分工、落实责任，及时督查、定期报告，确保总书记、党中央关于人大工作的指示要求和决策部署落实见效。

二是严格执行请示报告制度。一年来，为常委会党组向党中央请示报告72件次做好服务工作，机关党组向党中央、中央有关部门请示报告45件次，以常委会办公厅名义向中央办公厅、中央深改委办公室等部门请示报告27件次。凡是应向总书记、党中央请示报告的重大问题、重大事项、重大工作，都做到了及时请示报告。认真总结这几年来的请示报告工作，制定了《机关党组重大事项请示报告工作规定》、《全国人大机关严格执行向党中央请示报告制度的工作办法》。要落实好这两个文件，健全和落实清单管理、跟踪督办、统筹报送等机制，提高请示报告工作的制度化、规范化、科学化水平，把政治纪律和政治规矩立起来、严起来、执行到位。

三是切实抓好意识形态工作。机关党组认真落实意识形态工作责任制，精心策划和组织大会、常委会会议的宣传报道，改进日常工作的宣传报道，加强舆论引导和应对，营造强信心、暖人心、聚民心的良好氛围。针对美、欧等国的涉港、涉疆、涉台、涉海、涉疫情等消极法案，通过发表声明、发言人机制、人大代表接受采访等方式，严正阐明立场，有力批驳回击。当前形势下，意识形态领域注定不会平静，斗争和较量将更加激烈。机关各部门各单位要认真学习贯彻习近平总书记关于做好意识形态工作的重要论述，坚持党管宣传、党管意识形态，不断拓展人大新闻宣传的广度和深度，更好发挥全国人大新闻发言人、外事委发言人、法工委发言人等机制的作用，坚决守好人大意识形态阵地。机关党员干部要严格执行工作时间之外政治言行的“20个不准”要求，做到发表言论守底线、网络行为需谨慎、参加活动讲规矩、社会交往有原则，旗帜鲜明反对和抵制各种错误观点。

第二，持续深入学习贯彻习近平新时代中国特色社会主义思想，以党的创新理论统领和推进机关工作和建设

习近平新时代中国特色社会主义思想是21世纪的马克思主义，是党和国家各项事业的理论指导和行动指南。学习得越持久、越深入，越能感受到这一重要思想的强大真理力量、精神力量和人格力量。去年11月首次召开的中央全面依法治国工作会议，正式提出习近平法治思想，为全面依法治国提供了根本遵循。对于人大机关的同志来说，在全面系统学习习近平新时代中国特色社会主义思想的同时，要重点学习习近平法治思想和习近平总书记关于坚持和完善人民代表大会制度的重要思想，把学习成果转化为推动工作、破解难题的强大动力。

一是充分发挥机关党组领学促学作用。一年来，机关党组理论学习中心组坚持集中学习与分专题学习相结合、个人自学与座谈交流相结合，共开展20次集体学习，传达学习习近平总书记重要讲话、重要指示批示17件次，党中央重要会议、重要文件和通报精神18件次，并结合实际研究贯彻落实措施。用两个月时间集中学习《习近平谈治国理政》第三卷，巩固和深化"不忘初心、牢记使命"主题教育成果。要坚持好完善好机关党组理论学习中心组集体学习制度，党组成员要督促指导、积极参加分管单位、基层联系点、所在党支部的学习活动，在学懂弄通做实上走在前、作表率，筑牢忠诚担当、履职尽责的思想根基。

二是加强学习交流和理论研究。去年，先后召开第26次全国地方立法工作座谈会、第七个国家宪法日座谈会、第三次学习交流会，为各级人大和有关方面学习交流提供平台，效果不错，反响很好。组织编写出版《人民当家作主——人民代表大会制度的运行和发展》、《人民代表大会制度从这里走来》等书，在人民日报、求是、旗帜等报刊发表署名文章，应邀在中央党校作专题报告，推动习近平总书记重要思想和人民代表大会制度的学习研究和宣传普及。今年要围绕习近平法治思想和习近平总书记关于坚持和完善人民代表大会制度的重要思想，继续开展形式多样的学习交流活动，作一些系统性、有深度的调查研究，形成更多高质量的成果，争取在中国特色社会主义法学理论、人民代表大会制度理论研究和宣传阐释方面取得更大突破。

三是大力推进学习型机关、学习型支部建设。去年，机关围绕学习贯彻五中全会精神，举办3期线下集中轮训，组织10场专题讲座和辅导报告、7次交流研讨。建立全国人大网络学院，在服务代表学习培训的同时，也成为机关党员干部学习的重要途径，去年累计线上学习5.3万多学时。要指导和督促机关各级党组织和党员干部持之以恒加强理论武装，继续实施好学习贯彻习近平总书记关于坚持和完善人民代表大会制度的重要思想五年规划，开展多形式、分层次、全覆盖的学习培训，在全机关营造浓厚的学习氛围，推动思想理论学习往深里走、往实里走、往心里走，优化知识结构，提升履职能力。

第三，不断提升机关各级党组织和党员干部的先进性和凝聚力，锻造更加坚强有力的战斗堡垒

全国人大机关有30多个直属党组织，下设100多个党支部，2800多名党员。加强机关党的建设，最重要的一项基础性工作就是坚持以提升组织力为重点，突出政治标准和政治功能，把各级党组织和党员干部队伍建设好、建设强。

一是严肃认真开展党的组织生活。一年来，严格执行"三会一课"、民主生活会和组织生活会、谈心谈话、民主评议党员等各项制度。对机关部级干部参加双重组织生活作出安排，做到机关党组成员指导办公厅各局室、直属事业单位领导班子民主生活会全覆盖。党组成员主动以普通党员身份参加所在支部活动，为党员讲授党课16次。党的组织生活是党内政治生活的重要内容和载体，是党组织对党员进行教育管理监督的重要形式。要讲政治、讲原则、讲规矩，也要丰富内容、创新形式，多搞一些贴近党员、贴近实际、贴近工作的组织活动和党员活动，多联系身边的人和事，增强组织生活的吸引力、凝聚力、感染力，让党员干部在严肃认真的组织生活中接受党性锻炼、提高政治能力。

二是努力建设"四强"党支部。一年来，指导督促14个直属党组织换届改选，成立4个临时党支部，把党员发展事项列入机关党组会议议程。机关党组成员带头建立党支部工作联系点。制定实施《机关党委委员联系基层党组织建设的办法（试行）》，创新党建述职评议考核方式方法。系统梳理、不断完善机关各项工作制度，将多年来制定的137项制度规范汇编成册，组织"党规制度集中学习月"活动。要进一步推进党支部标准化、规范化建设，鼓励和支持创新支部工作方式方法，打造更多政治功能强、支部班子强、党员队伍强、作用发挥强的"四强"党支部。

三是教育和激励广大党员干部干事创业、担当作为。机关在抗击疫情、脱贫攻坚等重大斗争以及各项工作任务中，涌现出一批优秀党员干部，充分

发挥了共产党员的先锋模范作用。落实创建模范机关三年规划，评选出 3 个标兵单位、9 个先进单位和 70 名先进个人。要主动挖掘、广泛宣传身边的先进典型，及时奖励和表彰作出突出成绩和重要贡献的集体和个人，在机关形成锐意进取、奋发有为的氛围和导向。要全面落实新时代党的组织路线，坚持德才兼备、以德为先、任人唯贤的方针，打好干部选育管用组合拳，加快优秀年轻干部培养选拔，强化思想淬炼、政治历练、实践锻炼、专业训练，让机关党员干部的政治素养、理论水平、专业能力、实践本领紧紧跟上时代发展的步伐。

第四，驰而不息正风肃纪反腐，营造风清气正的政治生态

全国人大机关在党风廉政建设和反腐败斗争方面，一直抓得很紧，持续加大监督执纪问责力度，积极配合派驻纪检监察组查处违纪违法案件，连续 12 年开展党风廉政宣传教育周活动，切实扭转了“人大机关是‘清水衙门’、出不了大问题”的错误观念。要以永远在路上的坚定和执着，推进全面从严治党纵深发展，做到态度不变、决心不减、尺度不松，把机关党风廉政建设和反腐败斗争引向深入、进行到底。

一是进一步改作风转作风。要把改进会风文风作为作风建设的重要抓手。去年的大会，会期由 11 天压缩至 7 天，实行闭环管理，大幅精简人员，通过视频方式听取审议情况，全程安全有序、紧凑高效，会风为之一新。习近平总书记专门作出重要批示给予肯定和鼓励，并要求在今后的重要会议中加以借鉴，带动党风政风持续好转。我们总结大会成功经验和做法，制定了进一步改进会风的具体措施，要认真执行，严格控制各类会议活动规模、时间和经费，党组成员和领导干部带头开短会、讲短话、求实效。机关在落实中央八项规定精神、推进调研成果转化运用、加强节约型机关建设等方面也采取了一系列措施，要落实下去，坚决防止“四风”特别是形式主义、官僚主义反弹。

二是严格监督执纪问责。机关坚持“严管即是厚爱”，抓早抓小、防微杜渐，一年来，开展任职谈话 128 人次，进行谈话提醒和批评教育 248 人次，发送廉政提醒短信 10000 余条，汇总遵规守纪报告 2784 人次，发现处理 3 起涉及中央八项规定精神的问题。运用监督执纪“四种形态”，谈话提醒 4 人、批评教育 4 人、诫勉谈话 2 人，给予党内严重警告处分 2 人、党内警告处分 1 人，对 1 名领导干部实施问责。党员干部走上违法犯罪道路，都有一个过程。如果刚发生问题有人猛击一掌、大喝一声，就可能悬崖勒马，避免在歧路上越走越远。要善于运用“四种形态”，特别是在用好第一种形态上下功夫，发现苗头性问题及时提醒纠正，违反纪律的及时严肃处理。党员干部任职廉政谈话、年节假廉政提醒和遵规守纪情况报告、谈话提醒批评教育月报，这些行之有效的制度要继续坚持并不断完善。要自觉接受派驻纪检监察组监督和指导，落实好定期会商机制，使主体责任和监督责任有效贯通、形成合力。

三是扎实推进机关内部巡视工作。内部巡视是机关落实栗战书委员长指示要求、从严管党治党的一项新举措。从 2019 年以来，已进行 3 轮对 21 家机关直属党组织的巡视，共组织民主测评和问卷调查 605 人次，个别谈话 1107 人次，调阅资料 358 类 14091 份，发现问题 185 个，发挥了有力的政治监督作用。今年计划组织开展第四轮机关内部巡视，实现全覆盖。要认真对照内部巡视专项检查反馈的问题，强化政治巡视定位，把监督重点放在贯彻落实党中央决策部署、推进重大改革和重点工作、落实全面从严治党“两个责任”等方面。这两年内部巡视工作中探索形成的好经验好做法，比如专职常委担任组长、工作人员模块化配置、设置巡视组联络员和秘书、把督促整改作为日常监督重要内容等，要认真总结完善，增强内部巡视的规范化和实效性。对在巡视工作中表现优秀的同志要给予表彰和激励，让参加巡视工作成为锻炼干部的重要途径。

第五，把中央巡视整改作为试金石、助推器，全面提升全国人大机关党的建设质量和履职服务水平

根据党中央统一部署，2020 年 10 月至 12 月，中央第十三巡视组对全国人大常委会机关党组开展常规巡视。机关党组坚决服从巡视工作安排，认真贯彻常委会党组领导同志指示要求，积极配合中央巡视组做好巡视工作，以高度的政治自觉和对党忠诚的态度接受中央巡视监督。巡视意见很快就要反馈，要把工作重点转移到整改落实上来，努力做好巡视“后半篇文章”。

一是集中力量开展整改工作。机关党组要切实担负起整改主体责任，诚恳接受、严肃对待中央巡视组指出的问题，做到真认账、真反思、真整改、真负责。要一条一条对照分析，研究提出整改措施，明确整改责任和时限，制定具体化、可操作的整改工作方案，不折不扣推动问题解决。党组成员要主动认领责任，一手抓自身整改，一手抓分管部门

和分管领域整改，做到任务到人、责任到岗、要求到位。一般性的问题要即知即改、立行立改，情况复杂、解决难度较大的问题要倒排时间表，抓紧研究推进，确保每一项任务不落空、见实效。要及时处置巡视移交问题线索，对于发现的违规违纪问题坚决查处、严肃问责。

二是抓好集成整改、一体整改。2016 年机关党组接受中央专项巡视，针对巡视组指出的 4 方面 12 项 56 个突出问题，制定 141 项整改措施。2019 年在"不忘初心、牢记使命"主题教育中，机关党组检视查找出 8 类 29 项重点问题，制定 158 项整改措施。近两年，机关内部巡视中也发现了不少问题，制定了整改措施。这些问题大部分已经整改到位，但也还存在一些长期性、反复性的顽症痼疾尚未完全根治。要把中央巡视整改与主题教育检视问题整改、内部巡视整改、审计查出问题整改等有机贯通起来，在解决新问题的同时，对老问题开展"回头看"，新老对照、举一反三，一抓到底、标本兼治。

三是以优质高效的服务保障工作展现巡视整改和党的建设新成效。委员长会议已经原则通过常委会 2021 年工作要点和立法、监督、代表工作计划。今年的各方面工作都是围绕开好局、起好步来展开的，任务很重，要求也很高。全国人大机关要运用好巡视整改和党建工作成果，不断提升工作能力和水平，全力推动党中央大政方针政策和常委会党组部署要求贯彻落实，更好服务保障全国人大及其常委会依法履职，为"十四五"开好局、起好步作出应有贡献。今年将进行新一轮县乡两级人大换届选举，这是选举法修改后第一次县乡人大代表选举。常委会办公厅起草了指导性文件，经常委会党组审议后已报请党中央审示，拟以中央文件名义转发。要落实好党中央决策部署，加强统筹指导，及时研究解答相关法律问题和工作问题，确保选举依法有序、弊绝风清。再有一个多月，十三届全国人大四次会议就要召开了。目前，国外疫情防控形势依然严峻，国内局部地区也时有散发病例，个别地方还比较严峻。要精心做好各项准备，总结运用去年大会的经验，严格疫情防控，坚持不懈改进会风，确保大会顺利圆满。

春节就快到了，借此机会，我代表机关党组，向机关全体干部职工拜个早年，祝大家身体健康、工作顺利、新春吉祥、幸福美满！

# 弘扬优良作风　强化使命担当<br>推动机关党建工作再上新台阶

## ——在全国人大机关创建模范机关表彰大会上的讲话

（2021 年 2 月 7 日）

杨振武

同志们：

今天，我们召开大会，表彰创建模范机关的标兵单位、先进单位和先进个人，以及在全国人大及其常委会重大工作中作出突出贡献的集体和个人，目的是深入贯彻落实习近平新时代中国特色社会主义思想，在全国人大机关树立先进、树立榜样，进一步激发党员干部干事创业、争创一流的精气神，不忘初心、牢记使命，推动机关党的建设和各方面工作再上新台阶。在此，我代表机关党组，向受到表彰的集体、单位和个人表示热烈祝贺！向一年来在机关各个岗位上兢兢业业、无私奉献的广大党员干部职工表示衷心的感谢，并致以新春的祝福！

2020 年是新中国历史上极不平凡的一年。面对新冠肺炎疫情严重冲击和各方面风险挑战，以习近平同志为核心的党中央团结带领全党全国各族人民迎难而上、攻坚克难，在极不寻常的年份创造了极不寻常的辉煌。在党中央坚强有力领导下，在常委会党组直接领导下，全国人大机关增强"四个意识"、坚定"四个自信"、做到"两个维护"，坚决贯彻落实习近平总书记重要指示批示和党中央决策部署，紧紧围绕党和国家工作大局担当尽责、积极作为，机关党的建设和参谋服务保障各项工作都取得了新进展新成效。

回顾过去一年全国人大机关的工作，我们办好了一批大事要事，保障十三届全国人大三次会议和 9 次常委会会议顺利召开，为代表大会和常委会审议 51 件法律案、制定和修改 21 件法律、通过 12 件有关法律问题和重大问题的决定，开展 32 项监督工作，以及人事任免、代表、外事等工作做好服务；机关纷繁复杂的新闻宣传、办文办事、保密档案、信访、后勤保障等工作有序运行。这些成绩来之不易，检验了机关各级党组织的创造力、凝聚力、战斗力，检验了党员干部职工的党性、能力和作风，体现了我们创建模范机关的成效。特别是民法典编纂工作专班、涉港重大工作专班两个集体，在处理突发事件和承担专项重要工作中做出了显著成绩和贡献，经机关党组批准并报中组部审核，给两个专班分别记集体二等功、三等功，给 6 名同志记个人三等功。全国人大机关评选创建模范机关先进单位、标兵单位和先进个人，决定授予人事局、环资委办公室、法工委经济法室标兵单位称号，授予研究室等 9 家单位先进单位称号，授予 70 名同志先进个人称号。在中央和国家机关工委、全国妇联开展的评优表彰活动中，机关有关部门和个人获得了创建模范机关先进单位、中央和国家机关三八红旗集体、全国三八红旗手、全国抗疫最美家庭、全国家庭工作先进个人等荣誉。这些先进单位、部门和个人积极投身新时代人大工作，展现出政治坚定、攻坚克难、爱岗敬业、担当奉献、精益求精的优良作风。机关各部门各单位和广大干部职工都要向先进看齐、向模范靠拢，进一步营造共创共建模范机关的浓厚氛围。

今年是我国现代化进程中具有特殊重要性的一年，新阶段新任务对坚持全面从严治党、建设伟大工程提出更高要求。1 月 29 日，中央和国家机关党的工作暨纪检工作会议召开，明确把今年作为机关党建质量提升年。我们要坚持以习近平新时代中国特色社会主义思想为指导，贯彻落实党的十九大和十九届二中、三中、四中、五中全会精神，增强“四个意识”、坚定“四个自信”、做到“两个维护”，全力以赴完成党中央和全国人大常委会党组交付的各项任务，以优异成绩庆祝中国共产党成立 100 周年。

要不忘初心、牢记使命，胸怀两个大局，心怀“国之大者”，始终忠于党和人民的事业，坚持不懈在学懂弄通做实习近平新时代中国特色社会主义思想上下功夫，坚定坚持党对人大工作的全面领导，不断提高坚持和完善人民代表大会制度的政治站位、理论站位、时代站位。

要担当作为、吃苦奉献，发扬为民服务孺子牛、创新发展拓荒牛、艰苦奋斗老黄牛的精神，积极投身社会主义民主法治建设，以只争朝夕的干劲、坚忍不拔的毅力挑最重的担子，啃最硬的骨头，让想干事、能干事、干成事蔚然成风。

要求真务实、勤于钻研，深入贯彻党的群众路线，大力加强调查研究，不断提高参谋服务保障工作质量和效率，坚决反对形式主义、官僚主义，让“马上就办”、日清日结成为常态、成为习惯。

要坚守底线、弘扬正气，落实管党治党主体责任，扎实做好巡视整改，推动机关党建和业务工作深度融合、创新发展，驰而不息贯彻落实中央八项规定及其实施细则精神，厉行节约、反对浪费，深入推进纪律教育、政德教育、家风教育，维护风清气正的政治生态。

让我们更加紧密地团结在以习近平同志为核心的党中央周围，增强落实全面从严治党要求、做好新时代人大工作的使命感责任感，坚定走好践行“两个维护”的第一方阵，当好“三个表率”，高质量建设让党中央放心、让人民群众满意的模范机关。

# 在全国人大机关“光荣在党 50 年”纪念章颁发仪式上的讲话

（2021 年 6 月 16 日）

杨振武

各位老党员、老领导、同志们：

为庆祝中国共产党百年华诞，党中央决定，给党龄达到 50 周年、一贯表现良好的党员，首次颁发“光荣在党 50 年”纪念章。这充分体现了以习近平同志为核心的党中央对于老党员的敬意、关怀和褒扬。今天，我们举行仪式，为全国人大机关 276 名老党员颁发“光荣在党 50 年”纪念章。首先，我代表栗战书委员长、王晨副委员长向获得纪念章的老党员们表示热烈祝贺和崇高敬意！向一直关心和支持全国人大机关工作的老领导、老同志们表示衷心感谢！

习近平总书记指出，尊重老干部就是尊重党的光荣历史。我们党走过100年的光辉历程，从建党时的开天辟地，到新中国成立的改天换地，到改革开放的翻天覆地，再到党的十八大以来取得历史性成就，发生历史性变革，一代又一代中国共产党人为实现民族复兴、人民幸福的初心使命浴血奋战、接力奋斗，为党和国家事业的发展作出了不可磨灭的历史贡献。全国人大机关获得纪念章的276名老党员中，建国前入党的有16人。他们十几岁就参加革命，入了党，经历过战争年代的峥嵘岁月，其中最年长的白林同志已经99岁，党龄有83年。在社会主义建设和改革开放时期，老同志们曾在各条战线上辛勤耕耘、无私奉献，后来为社会主义民主法治事业走到一起、共同奋斗，为人民代表大会制度建设和人大工作作出了重要贡献。可以说，各位老领导、老同志是我们党革命、建设、改革光辉历程的见证者、参与者，是人民代表大会制度建立、巩固、发展、完善的亲历者、贡献者。悠悠岁月铭记着老同志们奋斗的足迹，辉煌历史映射出老同志们不朽的功绩。

习近平总书记高度重视做好老干部工作、发挥老干部作用，强调爱护老干部就是爱护党的宝贵财富，学习老干部就是学习党的优良传统和作风，重视发挥老干部作用就是重视党的重要政治资源。总书记到地方考察时多次专程看望老红军、老战士，2013年在接见第四届全国道德模范时专门向龚全珍老阿姨致敬，2017年在全国精神文明建设表彰大会上邀请黄旭华、黄大发两位老同志坐到身边，2019年对张富清同志先进事迹作出重要指示。总书记亲身践行尊老爱老传统，既是对老同志的关心关怀，更饱含着对党的历史的深厚情感，为全党作出了表率和示范。在全面建设社会主义现代化国家的新征程上，我们要认真贯彻落实习近平总书记的重要指示要求，学习、继承、弘扬老同志们光荣传统和优良作风，凝聚开启新征程、奋进新时代的强大精神力量，扎实做好新时代人大工作。

*我们向老同志学习，就是要牢记党的初心使命，坚定理想信念，始终对党忠诚。*政治立场坚定、思想觉悟高，是各位老领导、老同志们的鲜明特点。大家长期受党的教育，经历过各种斗争风浪考验，始终坚定不移坚持党的领导，坚定不移同党中央保持高度一致。前段时间，办公厅组织了建党100周年征文、录制视频讲故事等活动，老同志们提供了不少令人感动的回忆文章和历史故事。大家深情回顾了党的关怀教育，也回顾了自己奉献党的事业的人生历程，由衷感悟没有共产党就没有新中国，就没有祖国的强大和人民的幸福生活，纷纷表示要听党话，跟党走。有的同志说，“人老了不能为新时代中国特色社会主义建设添砖加瓦，但忠于党、热爱党的红心没有老，入党时的初心没有忘，更没有变。”有的同志说，“有生之年，慎终如始，时刻不忘自己是一名共产党员，牢牢把握自己的入党初衷。”我们向老同志学习，就是要学习传承忠诚坚守、一心向党的政治品质，深入学习贯彻习近平新时代中国特色社会主义思想，筑牢信仰之基，坚守初心使命，增强“四个意识”、坚定“四个自信”、做到“两个维护”，不断提高政治判断力、政治领悟力、政治执行力，始终在思想上政治上行动上同以习近平同志为核心的党中央保持高度一致。

*我们向老同志学习，就是要担当作为、奋发进取，不断提高做好新时代人大工作的能力和水平。*人民代表大会制度是国家根本政治制度，人大工作是党和国家工作的重要组成部分。经过60多年特别是改革开放40多年的接续奋斗，人民代表大会制度不断巩固发展，中国特色社会主义法律体系如期形成并不断完善，人大工作取得历史性成就，为党和国家事业顺利推进提供了重要保障。这些成绩凝结着老领导、老同志们的智慧和心血。人大机关这次获颁纪念章的老同志中，有近一半来自大会堂管理局，不少同志一参加工作就来到人民大会堂，数十年如一日兢兢业业、默默奉献，将人生中最美好的时光献给了大会堂。有些同志曾亲眼目睹毛主席、周总理等老一辈无产阶级革命家日理万机、废寝忘食、奋斗不息的工作场景，见证了党和国家很多重要活动、重大时刻。这既是难忘的个人经历，也是我们学习党的历史、提高党性修养的宝贵资源。我们向老同志学习，就是要学习传承坚持真理、实事求是的求实作风和尊崇法治、敢于担当的敬业精神，始终保持艰苦奋斗的昂扬精神，保持攻坚克难的锐气和斗志，接力奋斗开启新时代人大工作新局面。

*我们向老同志学习，就是要继承和弘扬党的优良作风，始终保持共产党人的政治本色。*在座的很多老领导、老同志离开工作岗位以后，仍然以高度的政治责任感和无私奉献的精神，运用自己的经验和智慧继续为党、为国家、为人民、为社会作贡献。有的参与普法活动，进行法治宣传和人大制度宣传，助力法治社会建设；有的热心公益慈善事业，充分彰显为民情怀；有的开展扶贫助学，助力脱贫攻

坚;有的笔耕不辍,关注、研究人大制度和人大工作;有的老同志投身组织生活,不断加强支部建设,创新党建工作,把支部活动搞得丰富多彩。作为共产党员,在职务、岗位上为党工作的时间虽然有限,但为人民服务、为党的事业奉献是终身的追求。我们向老同志学习,就是要学习传承与群众有福同享、有难同当,有盐同咸、无盐同淡的精神追求,与人民心连心、同呼吸、共命运,在任何时候都把群众利益放在第一位,保持最密切的联系,始终全心全意为人民服务,为实现人民群众对美好生活的向往而奋斗。

做好老同志工作,是机关工作的重要内容。全国人大机关要坚持思想上关心、生活上照顾、精神上关怀,持之以恒加强老干部思想政治建设,积极发挥老同志的政治优势、经验优势、威望优势,组织引导老同志讲好人大故事、宣介人大制度、传播人大声音。要用心用情用力为老同志们办实事做好事解难事,拓宽工作思路、创新工作方法,为老同志提供更多优质便利的服务,帮助老同志们安享晚年生活。我们也希望和祝愿老同志们珍惜光荣历史,加强创新理论武装,继续为坚持和完善人民代表大会制度、推动党和国家事业发展凝聚力量、发光发热。树立积极老龄观,始终保持老骥伏枥、老当益壮的健康心态和进取精神,做到老有所为、老有所乐,在健康的身心状态中实现幸福长寿目标。

习近平总书记强调,我们要沿着革命前辈的足迹继续前行,把红色江山代代传下去。沉甸甸的纪念章镌刻着老同志们人生的壮美华章,映射着老同志们党性的耀眼光芒。奋进新时代,迈向新征程。让我们更加紧密地团结在以习近平同志为核心的党中央周围,增强"四个意识",坚定"四个自信",做到"两个维护",为推进全面建设社会主义现代化国家,实现第二个百年奋斗目标、实现中华民族伟大复兴的中国梦增添正能量、再作新贡献。

# 赓续中国共产党人的精神血脉<br>鼓足奋进新时代的精气神

(2021 年 7 月 2 日)

杨振武

同志们:

中国共产党百年华诞,是中华民族历史上最值得庆祝的喜事盛事。7 月 1 日上午,我们聆听了习近平总书记在庆祝中国共产党成立 100 周年大会上的重要讲话,无不感到心潮澎湃、热血沸腾,深受教育,深受鼓舞。习近平总书记的重要讲话立意高远、博大精深、催人奋进,是一篇充满真理力量、彰显时代精神的马克思主义光辉文献,是指引全面建设社会主义现代化强国、实现中华民族伟大复兴的中国梦的科学纲领和行动指南。我们一定要认真学习,深刻领会,切实抓好贯彻落实。按照全国人大机关党组关于开展党史学习教育活动的安排,今天由我来给大家讲一堂党课,题目是:赓续中国共产党人的精神血脉,鼓足奋进新时代的精气神。

百年党史可讲的方面很多。我们党开辟的伟大道路、创造的伟大事业、取得的伟大成就,都是具有里程碑意义的辉煌史诗,都值得大讲特讲。为什么要选择今天这个题目?这是因为在长期的学习工作实践中,在最近一段时间集中学习党史过程中,我常常被百年党史上的那些英雄人物、先进事迹、生动故事所感动,为他们不怕牺牲、前仆后继的英勇气概所感染,为他们坚忍不拔、忘我奉献的革命精神所感召。我们说江河千里,必有其源。中国共产党从孕育、诞生,到发展、壮大,之所以历经百年而风华正茂、饱经磨难而生生不息,就是凭着那么一股革命加拼命、流血加流汗的强大精神。走好新时代的长征路,也必须一以贯之传承好、发扬好共产党人的精神。确定这个主题后,我有针对性地进行了学习和思考,着重梳理总结共产党人的精神谱系。

习近平总书记在"七一"重要讲话中指出:"一百年来,中国共产党弘扬伟大建党精神,在长期奋斗中构建起中国共产党人的精神谱系,锤炼出鲜明的政治品格。历史川流不息,精神代代相传。我们要继续弘扬光荣传统、赓续红色血脉,永远把伟大建党精神继承下去、发扬光大!"

学习领会习近平总书记重要讲话精神,今天,我想从中国共产党人的精神谱系有什么、精神谱系是什么、我们该怎么做这样三个方面，和大家分享自己的学习体会。

**第一个问题，学习领悟党在不同历史时期形成的一系列伟大精神**

习近平总书记指出，在一百年的非凡奋斗历程中，一代又一代中国共产党人顽强拼搏、不懈奋斗，涌现了一大批视死如归的革命烈士、一大批顽强奋斗的英雄人物、一大批忘我奉献的先进模范，形成了一系列伟大精神，构筑起了中国共产党人的精神谱系，为我们立党兴党强党提供了丰厚滋养。近年来，党的精神谱系研究形成了不少有分量的学术成果。但是，党的精神谱系究竟包含多少种精神？目前我还没有看到一个权威的确切数字。在今年的两会上，全国政协委员、中央党史和文献研究院原副院长吴德刚在回答记者提问时说，过去几年，中央党史和文献研究院研究梳理了中国共产党人在不同时期地区和领域形成的革命精神，总共有 91 种，他表示还在继续研究和梳理中。我还看到有讲 45 种、31 种的说法。这里，我想以时间为序，比较系统、有重点地梳理一下中国共产党人的精神谱系。

（一）新民主主义革命时期中国共产党人的精神。

如果用一个关键词来概括这一时期中国共产党人的精神，我想用"斗争"这个词。在那个战火纷飞的年代，为了民族独立和人民解放，走在时代前列的中国共产党人，坚持真理、坚守理想，不怕牺牲、英勇奋斗，谱写了伟大的斗争精神。党在这一时期培育产生的具体精神形态，比如红船精神、井冈山精神、长征精神、延安精神、红岩精神、西柏坡精神等，都属于这个范畴。

红船精神是中国共产党革命精神的源头。1921 年夏天，党的一大在上海召开。会议进行到中途，由于会场遭到法租界巡捕搜查，最后一天的会议改在嘉兴南湖的一条画舫上举行。这条小船见证了中国共产党的成立这一开天辟地的大事变，也因此获得了一个永载中国革命史册的名字——红船。2005 年 6 月，时任浙江省委书记的习近平同志将红船精神概括为"开天辟地、敢为人先的首创精神，坚定理想、百折不挠的奋斗精神，立党为公、忠诚为民的奉献精神"。100 年前，在反动统治的白色恐怖之下，13 位一大代表以满腔热血、豪迈情怀做了一件改变中国命运的大事。中国有了共产党，开始了新民主主义革命时代。在风风雨雨的历史航程中，虽然有人上了"船"又跳了"船"，但从不影响这艘"红船"朝着既定目标坚定前行，成为劈波斩浪的巍巍巨轮。我在上海工作期间，曾多次瞻仰中共一大会址，还组织编播了电视连续剧《开天辟地》，对这段历史比较熟悉。在中共一大会址里陈列着首个《共产党宣言》中译本。这本仅有 56 页的薄册子是当时 29 岁的共产党人陈望道翻译的。大家都知道他由于潜心翻译，竟将墨汁当成红糖吃掉而浑然不觉，还说很甜的故事。其实，陈望道翻译时住的柴屋十分破陋，他常常冻得手脚发麻，在这样的情况下吃墨汁还觉得很甜，可见他的投入专注。就是这本书，播撒下了革命的思想火种。毛主席曾说，这是帮助他建立对马克思主义信仰的三本书之一。刘少奇也曾回忆，是这本书促使他最终决定参加共产党并献身于党的事业。红船精神所蕴含的首创、奋斗、为民，在相当程度上揭示了中国共产党为什么出发的初心和怎样肩负使命开拓前行，它贯穿我们党的百年奋斗史，是我们党一以贯之的思想本根和精神底色。

习近平总书记在"七一"重要讲话中提出伟大建党精神，指出："一百年前，中国共产党的先驱们创建了中国共产党，形成了坚持真理、坚守理想，践行初心、担当使命，不怕牺牲、英勇斗争，对党忠诚、不负人民的伟大建党精神，这是中国共产党的精神之源。"我认为，这个伟大建党精神，其中就包含了红船精神。

井冈山是中国革命的摇篮。正是在井冈山，我们党把马列主义同中国的具体实践相结合，走出了"农村包围城市，武装夺取政权"的道路。1927 年秋收起义失败后，一些人主张直攻长沙，认为革命不能是"革到山上做山大王"，但毛泽东同志清醒地看清敌我悬殊的局面，毅然退兵文家市、引兵井冈山。正是这一举动，为革命保存了星星之火。当时，面临敌军频繁的军事"会剿"和经济封锁，加上"左"倾思想的干扰，很多人感到革命前途渺茫，产生了"红旗到底能打多久"的疑问。1929 年，林彪在给毛泽东同志写信时主张采取"流动游击方式扩大政治影响"，只需"走州过府"，不必做艰苦细致的"群众工作"。毛泽东同志便向林彪回复了一封信。他说，"1927 年大革命失败以后，革命的主观力量确实大为削弱了。但是它的发展会是很快的。中国是全国都布满了干柴，很快就会燃成烈火。"毛泽东同志指出，他所说的"革命的高潮快要到来"，绝不是所谓有到来之可能，而是"站在海岸遥望海中已经看得见船桅尖头的一只航船，是立于高山之巅远看东方已见光芒四射喷薄欲出的一轮朝日,是躁动于母腹中的快要成熟了的一个婴儿"。这封信就是《星星之火,可以燎原》,它揭示了中国革命战争的必然趋势和客观规律,也进一步回应了"红旗到底能打多久"的疑问。井冈山的革命实践,孕育了以"坚定执着追理想,实事求是闯新路,艰苦奋斗攻难关、依靠群众求胜利"为核心的井冈山精神。

长征是人类历史上的伟大壮举,其历时之长、规模之大、行程之远、环境之险恶、战斗之惨烈,在中国历史上是绝无仅有的,在世界战争史乃至人类文明史上也是极为罕见的。长征路上,红军将士同敌人进行了 600 余次战役战斗,跨越近百条江河,攀越 40 余座高山险峰,其中海拔 4000 米以上的雪山就有 20 余座,穿越了被称为"死亡陷阱"的茫茫草地。湘江血战是长征路上最为惨烈的一仗。1934 年底,连续突破三道封锁线的中央红军经过湘江流域的广西桂林灌阳、全州和兴安境内时,遭到国民党军队重兵围追堵截。面对数倍于己的敌人,红军将士浴血奋战七昼夜渡过湘江,粉碎了敌人的企图。红五军团第 34 师在掩护中央红军主力渡过湘江后被敌人截断,几乎全部牺牲,师长陈树湘不幸腹部被子弹打穿被俘,他从伤口处扯出自己的肠子并绞断,壮烈牺牲在敌人的担架上,实现了"誓为苏维埃新中国流尽最后一滴血"的誓言。湘江之战后,中央红军人数由长征出发时的 8.6 万人减少到 3 万余人。湘江被红军将士的鲜血染红,以至于当时民间流传着"三年不食湘江鱼,十年不饮湘江水"的说法。习近平总书记曾说,湘江战役这一战,在他脑海里印象是最深刻的,他也讲得最多。这不仅是因为红军在强敌面前保存了革命的火种,还在于战役的惨烈使党内对"左"倾错误领导的怀疑和不满达到顶峰,为遵义会议实现伟大转折奏响了序曲,可以说是中央红军命运的历史转折点。这其中折射出的坚定理想信念、不惜付出一切救国救民、一切从实际出发、顾全大局、艰苦奋斗等品质,正是长征精神的深刻内涵。

延安精神孕育于中国共产党在延安历经苦难、走向胜利的 13 年。我曾三次参观在延安杨家岭的七大会址,大礼堂主席台上方写着七大政治口号"在毛泽东的旗帜下胜利前进",礼堂后墙是毛主席亲笔题写的"同心同德"四个字,十分醒目。当年在七大计票员为代表们选举中央委员会计票时,毛主席专门来到工作现场等结果。毛主席很关心洛甫(张闻天)、博古(秦邦宪)、王明的得票情况,说"犯了错误的人也有代表性,起码代表和他们一起犯过错误的人。我们不要把犯过错误的人推出去,而要团结他们"。看到秦邦宪、王明最终选上中央委员,毛主席十分高兴,他说:"这就好了,'七大'真正成为了一个团结的大会。"这个故事就是延安整风运动的一个缩影。中共七大进一步贯彻整风精神,通过"坚持真理、修正错误"达到"同心同德",明确以毛泽东思想作为一切工作的指针,使共产党在政治上、思想上、组织上达到空前的团结和统一。而从六大到七大,从 1928 年到 1945 年,中国共产党经历风风雨雨 17 年,直到六届七中全会《关于若干历史问题的决议》中作出总结:毛泽东同志所代表的我们党和全国广大人民的奋斗方向是完全正确的,召开七大的条件才完全成熟。我体会,坚定的政治方向就是延安精神的灵魂。从井冈山到延安,中国革命之所以转危为安、焕然一新,蕴含的就是深刻的核心意识、看齐意识。

说到红岩精神,在座有不少同志去过重庆歌乐山上的渣滓洞集中营和白公馆,这是国民党关押革命志士的两所监狱。1948 年,重庆地下党组织暴露,国民党抓捕了 300 多名共产党员,党组织几乎全部被破坏。造成这一境况的原因,是一批共产党员特别是一些身居要职的党组织领导人暴露后先后叛变。然而,被抓捕的 300 多名共产党员和革命志士虽然在狱中受尽酷刑,仍然以坚如磐石的信念与敌斗争。1949 年 10 月 1 日新中国成立,近 300 名革命志士惨遭屠杀,壮烈牺牲,仅有《红岩》一书的作者罗广斌等 15 人逃脱。狱中 300 多名革命志士,为什么他们看不到冉冉升起的五星红旗？党组织为什么被破坏？为什么一些领导干部成了叛徒？这些是狱中的共产党员思考最多、最深的问题,也是他们牺牲前最想向组织反映的问题。他们的讨论成果特别是八条宝贵的狱中意见,经脱险后的罗广斌回忆整理,得以向党组织提出,并提炼成了我们现在说的"狱中八条"。比如"防止领导成员腐化""严格进行整党整风"等。这八条 96 个字,是革命先烈用鲜血和生命书写的忠诚,更是跨越历史的警示。2018 年 3 月十三届全国人大一次会议期间,习近平总书记在参加重庆代表团审议时曾一一读出这八条,要求"要经常想一想红岩先烈们的凛然斗志、英雄气概,时刻用坚定理想信念补精神之钙"。红岩精神所蕴含的党的思想、组织、作风建设等方面的丰富经验,是我们今天推进反腐败斗争、重塑风清气正政治生态、扎紧从严治党的制度笼子的历史镜鉴和强大精神力量。

（二）社会主义建设时期中国共产党人的精神。

这一时期，面对贫穷和落后，为了建设社会主义新中国，党领导人民在社会主义建设实践中，形成了以自力更生、奋发图强、艰苦奋斗、无私奉献为重点的创业精神。伟大抗美援朝精神、北大荒精神、“两弹一星”精神、雷锋精神、大庆精神、红旗渠精神、焦裕禄精神等，都是这一时期精神的代表。我这里着重讲一讲抗美援朝精神和“两弹一星”精神。

爱国、英雄、乐观、忠诚、国际，是伟大抗美援朝精神的关键词。1950年到1953年，中国人民志愿军历经两年零九个月抗美援朝，创造了以弱胜强、保家卫国的战争奇迹。上甘岭战役是抗美援朝战争中最惨烈的战役。我看到一个数据说，6万多敌军用300多门大炮、175辆坦克、3000余架飞机，向仅有3.7平方公里的我方阵地发起进攻，炮兵火力密度超过第二次世界大战最高水平，平均每一平方米的土地上就有76枚炮弹爆炸。突击排指挥员孙占元率领战士对敌实施反击时，双腿被敌人炮弹炸断。战士们劝他撤离阵地，他却说：“我是共产党员，是指挥员，不完成党交给我的任务，决不离开自己的岗位。”他在战场上来回爬行着进行指挥，用机枪掩护战士摧毁了3个火力点；架起机枪毙伤敌军80多人；在战友相继伤亡、弹药告罄的情况下，他爬行着从敌人尸体上解下手雷继续战斗。当敌军拥上阵地时，他拉响了最后一颗手雷滚向敌人，与敌同归于尽，牺牲时只有27岁。不仅仅是孙占元，在43天的上甘岭战役中，拉响手榴弹、手雷与敌同归于尽，舍身炸地堡、堵枪眼的烈士，留下姓名的就有38位之多。有人回忆说：“当时，谈判桌上谈判双方都在等着上甘岭的消息，谁的部队在上甘岭打得硬，谈判桌前谁的腰杆就硬，讲话底气就足。兵团、志司、军委乃至毛泽东主席，都密切关注上甘岭的一得一失。”就是这场战役创造了战争史上“钢少气多”的奇迹，打出了新中国的国威军威，彰显了中国人民不畏强暴、反抗强权的民族风骨。正如毛主席所说：“现在中国人民已经组织起来了，是惹不得的。如果惹翻了，是不好办的！”

20世纪50年代中期，毛主席果断决策独立自主研制“两弹一星”，实现超越战略的胜利。1950年8月，26岁的邓稼先已经在美国拿到了博士学位，当时被称为“娃娃博士”。美国方面想用优越的科研条件、丰厚的生活待遇把他留下，导师也挽留他。但他拿到博士学位9天后便收拾行李返回了中国。那个时候新中国刚刚成立，我们与美国的差距可以用天壤之别来形容。1958年8月的一天，中科院原子能研究所所长钱三强把邓稼先叫到办公室，幽默地说：“稼先同志，国家要放一个大炮仗，调你去做这项工作，怎么样?”这是改变他的命运的一席谈话。邓稼先回去后，只跟夫人说要调动工作，去哪儿、做什么都不能说。他的夫人说，那给我一个回信信箱的号码吧！他说也许这都不行。从此以后，邓稼先开始了28年的隐姓埋名岁月。一个大活人，就这样消失了。他去哪儿了？去的是与世隔绝、荒凉的戈壁滩。中国一共进行过45次核试验，邓稼先就参加了32次，有15次是现场总指挥。1979年，在一次爆炸实验失败中，他的身体受到严重的辐射，后来患上了癌症。在生命的最后时刻，他说：“假如生命终结后可以再生，那么，我仍然选择中国，选择核事业。”像邓稼先一样的科技工作者，还有“氢弹之父”于敏、大火中用身躯保护重要文件的郭永怀、一人“抵得上五个师”的钱学森等。他们怀着对祖国的热爱，付出青春、热血，甚至生命，突破尖端科技，取得瞩目成就，铸就了“热爱祖国、无私奉献，自力更生、艰苦奋斗，大力协同、勇于登攀”的“两弹一星”精神。有了“两弹一星”的中国，国际威望空前提高，正如邓小平同志所说：“如果60年代以来中国没有原子弹、氢弹、没有发射卫星，中国就不能叫有重要影响的大国，就没有现在这样的国际地位。”习近平总书记前不久在全国科技工作大会上指出，我们走出了一条自力更生、自主创新的发展道路，我们还要“实现高水平科技自立自强”，这就要求我们大力弘扬“两弹一星”精神，保持忧患意识，敢于战胜一切艰难险阻攀登科技高峰，加快建设科技强国。

（三）改革开放时期中国共产党人的精神。

改革开放是我们党的一次伟大觉醒，正是这个伟大觉醒孕育了我们党从理论到实践的伟大创造。40多年来，改革的春风吹遍祖国大地，深刻改变了我们国家的面貌，改变了每一个人的生活。在庆祝改革开放40周年大会上，有一位获得“改革先锋”荣誉称号的“真理标准大讨论的代表人”，他就是83岁的胡福明。当年，胡福明在《光明日报》上发表了《实践是检验真理的唯一标准》，引起了一场关于真理标准问题的大讨论。这篇文章就像中国理论界的一声“春雷”，炸出了巨大反响，奏响了改革开放时期思想解放运动的序曲。“时间就是金钱，效率就是生命”，这句话今天看来很平常，但在1981年的中国却引起了强烈的反响。时任交通部香港招商局常务副董事长袁庚，在香港看到商人一等交易完成就立即派人把支票送到银行，以避免周末损失3万元的利息，深受触动，回到蛇口便提出了这个口号。当时，有声音认为这是公然崇拜金钱，是“资本主义的口号”。我记得1983年5月人民日报有篇关于深圳的长篇通讯《道路正在开创》，因为其中把蛇口街头耸立的巨型标语“时间就是金钱，效率就是生命”称为特区建设的写照，还引起过一些人的非议。直到1984年邓小平同志到深圳视察，对这句话给予肯定和赞许，才逐渐成为人们的共识。伟大改革开放精神是当代中国人民最鲜明的精神标识，核心就是开拓创新、锐意进取、求真务实。

（四）党的十八大以来中国共产党人的精神。

伟大的时代呼唤伟大的精神。党的十八大以来，以习近平同志为核心的党中央带领14亿中国人民万众一心、砥砺奋进，引领中国特色社会主义进入新时代。在新时代，习近平总书记强调最多的是奋斗精神，鲜明提出“我们要永远保持建党时中国共产党人的奋斗精神，永远保持对人民的赤子之心”，警醒全党千万不能在一片喝彩声、赞扬声中丧失革命精神和斗志，逐渐陷入安于现状、不思进取、贪图享乐的状态，要求“切实把奋斗精神贯彻到进行伟大斗争、建设伟大工程、推进伟大事业、实现伟大梦想全过程”。在党史学习教育动员大会上的讲话中，总书记更是号召大家“始终保持革命者的大无畏奋斗精神，鼓起迈进新征程、奋进新时代的精气神”。这里，我想用奋斗精神来概括新时代中国共产党人精神的主题。抗疫精神和脱贫攻坚精神是新时代精神的代表。

2020年，我们党团结带领全国各族人民，进行了一场惊心动魄的抗疫大战，经受了一场艰苦卓绝的历史大考。在这场同严重疫情的殊死较量中，中国人民和中华民族以敢于斗争、敢于胜利的大无畏气概，铸就了生命至上、举国同心、舍生忘死、尊重科学、命运与共的伟大抗疫精神。我们每个人都是抗疫斗争的亲历者，都对抗疫斗争有切身的感受。这里，我只想从中美两种截然不同的抗疫方式对比，来加深大家对抗疫精神的理解。同样是应对疫情，中国的抗疫成效世界瞩目，在抗疫大战白热化的阶段，我相信大家和我一样，几乎每天都被英雄人物、先进事迹而深深感动。而美国号称世界上科技最先进、医疗条件最好的国家，号称最讲民主、自由、法治的国家，现实情况却是创下了确诊人数和死亡人数两个“世界之最”。截至目前，美国累计确诊病例3400万，累计死亡超过60万人。我们坚持生命至上，上到108岁的老人，下到出生仅30个小时的婴儿，都不惜一切代价全力救治，我们为了保护人民生命安全，可以说是什么都豁得出来。而美国前总统特朗普为了大选，故意淡化疫情，各种甩锅操作，可以说是什么都做得出来。特别是美国“反智主义”泛滥，一些做法让人匪夷所思。有美国这个反面教材对比，不仅让我们更好理解抗疫精神，也让我们更加深刻体会到中国特色社会主义制度的优越性，更加坚定“四个自信”。

习近平总书记在“七一”重要讲话中庄严宣告，经过全党和全国各族人民持续奋斗，我们实现了第一个百年奋斗目标，在中华大地上全面建成了小康社会，历史性地解决了绝对贫困问题，正在意气风发向着全面建成社会主义现代化强国的第二个百年奋斗目标迈进。这个成就非常了不起！改革开放以来，按照现行贫困标准计算，我国7.7亿农村贫困人口摆脱贫困；按照世界银行国际贫困标准，我国减贫人口占同期全球减贫人口70%以上。特别是在全球贫困状况依然严峻的背景下，我国提前十年实现了《联合国2030年可持续发展议程》的减贫目标。纵览古今、环顾全球，没有哪一个国家能在这么短的时间内帮助这么多人脱贫！脱贫攻坚伟大斗争，锻造形成了“上下同心、尽锐出战、精准务实、开拓创新、攻坚克难、不负人民”的脱贫攻坚精神。在脱贫攻坚工作中，数百万扶贫干部倾力奉献、苦干实干，同贫困群众想在一起、过在一起、干在一起，将最美的年华无私奉献给了脱贫事业。比如，35年坚守太行山的“新愚公”李保国，献身教育扶贫、点燃大山女孩希望的张桂梅，用实干兑现“水过不去、拿命来铺”誓言的黄大发，回乡奉献、谱写新时代青春之歌的黄文秀，等等。在脱贫攻坚斗争中，1800多名同志将生命定格在了奋斗征程上。脱贫攻坚精神彰显了中国共产党人在新时代不负人民的责任担当，为实现全体人民共同富裕提供了精神力量。

前面，我们重温了百年党史中不少重要的精神坐标。这一个个标志性的地方、一个个鲜活的名字、一件件感人的事迹，因为精神的浇灌、作风的洗礼，成为永远镌刻在党史上的一座座丰碑，构筑起中国共产党人的精神谱系。这个精神谱系，就像鲜活生动的链条，串联起了百年党史。揭示中国共产党人精神谱系的共性、本质、精神实质，是研究解读精神谱系的重要任务。

**第二个问题，解读精神谱系中蕴藏的红色密码，从中汲取智慧和力量**

研究解读中国共产党人的精神谱系，就是要在浩瀚的党史中串起精神的“中轴线”，从具体的事迹中凝炼精神实质，将感性的体悟上升为理性认识，破译蕴藏在其中的红色密码，从中汲取智慧和力量。这样，我们就真正把精神谱系这本“厚书”读薄了、吃透了。下面，我想以这样几个维度为切口，进一步深入剖析中国共产党人的精神谱系。

第一，中国共产党人的精神谱系集中体现了党的坚定信念、根本宗旨、优良作风。

从微观上看，精神谱系中的每个具体精神形态都各具意蕴、特质鲜明，但从整个精神谱系的宏观角度看，这些精神形态之间又有着相融相通的共性和基础内容，构成精神谱系的思想内核。

理想信念是精神谱系之“魂”。对马克思主义的信仰，对社会主义和共产主义的信念，是共产党人的政治灵魂，是共产党人经受住任何考验的精神支柱。2019年，习近平总书记在江西于都就红军长征问了三个问题：“长征中能活下来的有多少人？红军战士靠的是什么？图的是什么呢？”这“三问”问出了党的理想信念。我们前面梳理的一系列的重要精神形态，哪一个不包含对理想信念的坚守？红军长驱两万五千里，爬雪山、过草地，高原寒、炊断粮，平均每300米就有一名红军牺牲，平均每天都与敌人有一场遭遇战……没有崇高理想信念的强大支撑，要取得长征的胜利简直不可想象。可以说，我们党的每一段革命历史、每一位先进人物的事迹，都是一部理想信念的生动教材。中国革命为什么能够成功？历史已经给出了答案，奥秘就是“革命理想高于天”。

为人民服务的根本宗旨是精神谱系之“根”。江山就是人民，人民就是江山。为人民而生，因人民而兴，始终同人民在一起，为人民利益而奋斗，是我们党立党兴党强党的根本出发点和落脚点。无论是“服务人民、助人为乐”的雷锋精神，“亲民爱民、无私奉献”的焦裕禄精神，还是“生命至上、举国同心”的伟大抗疫精神，无不体现着党的根本宗旨。党的百年历史，同样是党依靠人民群众的历史。井冈山人民用自己的“红米饭、南瓜汤”，支持红军成长壮大。“最后一口粮当军粮，最后一块布做军装，最后一个儿子送战场”是老区人民与我们党“水乳交融、生死与共”的生动写照。可以说，中国共产党人的精神谱系就是党和人民群众鱼水深情的见证与记录。

优良作风是精神谱系之“基”。我们党作为马克思主义执政党，不但要有强大的真理力量，而且要有强大的人格力量。真理力量集中体现为我们党的正确理论，人格力量集中体现为我们党的优良作风。党的十八大以来，习近平总书记多次提到“两个务必”，要求始终做到谦虚谨慎、艰苦奋斗，使我们的党永远不变质、红色江山永远不变色。作风建设永远在路上，这一要求始终贯彻在党的精神谱系的形成过程中，是中国革命、建设、改革不断取得胜利的“传家宝”。

第二，中国共产党人的精神谱系凝聚着共产党人艰苦奋斗、牺牲奉献、开拓进取的伟大品格。

共产党人的精神谱系之所以具有穿越时空的感染力和影响力，是因为它占据了道义高点，彰显了先进人群在特定环境和考验面前的价值选择和道德实践，拥有崇高的道德和品格魅力。在党的文献正式概括的各种精神中，艰苦奋斗、牺牲奉献、开拓进取出现的频次最高，构成共产党人精神谱系的基础内容。

一是艰苦奋斗。习近平总书记强调：“艰苦奋斗是我们党的政治本色和优良传统。”从“延安作风”打败“西安作风”，到以铁人王进喜为代表的大庆石油工人“宁肯少活二十年，拼命也要拿下大油田”的万丈豪情，再到钱学森、钱三强、邓稼先等一大批科学家“干惊天动地事，做隐姓埋名人”，还有“世界屋脊”上铸就的青藏铁路、北大荒变北大仓、脱贫攻坚创造减贫奇迹……正是依靠“为有牺牲多壮志，敢教日月换新天”的不懈奋斗，才换来了建党开天辟地、建设改天换地、改革翻天覆地、新时代惊天动地的辉煌成就。

二是牺牲奉献。在精神谱系的长河中，为革命事业抛头颅、洒热血的英雄事迹比比皆是。井冈山斗争中，弱小的红军与敌人殊死战斗，将脖子上系的红带子取名“牺牲带”，表明为革命献身的决心，这就是大无畏的牺牲精神。毛主席一家为革命牺牲6位亲人，徐海东大将家族牺牲70多人，贺龙元帅的贺氏宗亲中有名有姓的烈士就有2050人。“两弹一星”精神、抗疫精神、脱贫攻坚精神等，哪一个没有牺牲奉献？正是无数共产党人的勇于牺牲、甘于奉献，才成就了今天的伟大事业。

三是开拓进取。从红船上“开天辟地、敢为人先的首创精神”，到小岗村“敢闯敢试、敢为人先”的“大包干”精神，再到“开拓创新、攻坚克难”的脱贫攻坚精神，中国共产党坚持解放思想、实事求是，推进理论创新、制度创新、实践创新，打破“洋教条”“土教条”的禁锢，带领中国人民实现了从站起来、富起来到强起来的伟大飞跃。正是因为靠着开拓进取，我们党带领人民把这项前无古人的伟大事业不断推向前进，并为世界贡献了中国智慧、提供了中国方案。

第三，中国共产党人的精神谱系具有鲜明的实践属性，它来自并彰显于党领导人民进行革命、建设和改革的伟大实践。

精神谱系中的内涵是从大量看得见、摸得着、感受得到的具体人物事件或重大决策过程中抽象出来的。因此，每种精神都是落在实处见人见事的，是以立体方式呈现出来的。如果没有这些鲜活生动的实践，精神魅力就无从谈起，也不可能真正感动人、影响人。今天我和大家一起梳理精神谱系时，讲了一些有血有肉有细节的故事，道理就在这里。现在我们说到井冈山精神，就会脱口而出"星星之火可以燎原"，就会联想到毛泽东同志在八角楼的灯光和朱德的那根扁担；提起抗美援朝精神，脑海中会立刻闪现黄继光、邱少云、杨根思等一串英雄的名字；说到焦裕禄精神，就会想到兰考的风沙，还有那把被顶出一个大洞的椅子。这些来自并彰显于革命、建设和改革实践中的伟大革命精神，支撑着党领导人民探索、形成和发展中国道路的前行步伐，事实上也成为中国道路的精神谱系。

精神谱系的实践属性，决定了我们必须在实践中继承和发展党的红色基因。习近平总书记指出，一种价值观要真正发挥作用，必须融入社会生活，让人们在实践中感知它、领悟它。所有全国人大机关干部都要在脚踏实地的工作生活中，弘扬党的光荣传统，赓续党的精神血脉。

第四，中国共产党人的精神谱系是中华民族精神的最高体现，是中国精神的集中表达。

对民族精神的继承和弘扬，是中华民族和中国人民精神的集中体现。在中国共产党人的精神谱系中，有许多是直接以人民群众命名的，比如劳模精神、工匠精神、科学家精神、企业家精神等；也有一些隐含人民群众的，如代表沂蒙人民的沂蒙精神和代表西迁人的西迁精神等。这类以人民群众命名的精神形态，是中国共产党人精神的重要表现形式。党的精神就是中华民族和中国人民精神的集中体现。

习近平总书记指出："在 5000 多年文明发展中孕育的中华优秀传统文化，在党和人民伟大斗争中孕育的革命文化和社会主义先进文化，积淀着中华民族最深层的精神追求，代表着中华民族独特的精神标识。"中国共产党是民族精神最坚定的实践者和弘扬者，中国共产党人的伟大精神是中国精神的生动诠释和民族品格的集中展示。以民族精神的核心——爱国主义为例，抗战精神中的"天下兴亡、匹夫有责的爱国情怀"，抗美援朝精神中的"祖国和人民利益高于一切、为了祖国和民族的尊严而奋不顾身"，西迁精神中的"与党和国家、与民族和人民同呼吸、共命运"，女排精神中的"为国争光"等，都是党的精神谱系与民族精神一脉相承、延伸发展的有力印证。百年来，我们党不断从民族精神中汲取营养和智慧，培育形成伟大精神，并像毛主席所说的那样，用自己的精神感动了人民这个"上帝"，使他们"甘心情愿和我们一起奋斗"，这样，中国共产党的精神就延展为整个中华民族的精神，并在实践中不断丰富和发展着民族精神的内涵。

第五，中国共产党人的精神谱系是对时代精神的彰显与塑造，在不同时期焕发出具有鲜明时代特征的精神气象。

一个时代有一个时代的主题，一代人有一代人的使命。中国共产党人的精神谱系中每个具体的精神坐标都带有鲜明的时代印记，彰显了时代变迁的进步潮流。革命时期的斗争精神，建设时期的创业精神，改革时期的改革开放精神，新时代的奋斗精神，都是时代精神的丰碑，塑造着时代精神的昂扬风貌。

中国共产党人的精神谱系具有相对稳定性，更具有蓬勃的生命力，是与时俱进、不断"成长"的。这其中，习近平总书记对丰富发展党的精神谱系作出了重大贡献。总书记无数次前往革命老区和革命遗址遗迹，发表重要讲话，对我们党在不同历史时期形成的革命精神作出深刻论述。他结合新时代要求不断概括提炼出如北斗精神、探月精神、抗疫精神、脱贫攻坚精神等新的精神形态，也不断回望和总结历史，对其他历史阶段的精神内容作出新的论述。如果没有党的十八大以来在这方面的爆发性增长，就很难构建起中国共产党精神谱系的巍峨大厦。

习近平总书记指出，只有坚持从历史走向未来，从延续民族文化血脉中开拓前进，我们才能做好今天的事业。新时代赓续中国共产党人的精神血脉，既要使党的历史发展过程中所形成的精神形态在新的历史条件下不断丰富内涵、创新形式、发挥作用，也要结合新的实践去创造、生成、提炼新的精神形态，使党的精神谱系不断延展，使党的红色基因更加强韧，使党的事业发展获得更加有力的精神支撑。

**第三个问题，赓续共产党人精神血脉，鼓足奋进新时代的精气神**

精神的力量是无穷的。反之，精神的懈怠也是最危险的。习近平总书记在党史学习教育动员大会上的讲话中深刻指出，我们党长期执政，党员干部中容易出现承平日久、精神懈怠的心态，并列举了种种表现形式，号召全党要大力发扬红色传统、传承红色基因，赓续共产党人精神血脉，始终保持革命者的大无畏奋斗精神，鼓起迈进新征程、奋进新时代的精气神。我们全国人大机关在做好新时代人大工作的参谋助手和服务保障方面展现了良好的精神风貌。但是，总书记讲的精神懈怠的情况在全国人大机关有没有？我想，同样是不同程度存在的。比如，有的工作效率不高，节奏跟不上党中央、人大常委会的步伐；有的紧盯个人利益，遇事不从大局上考虑；有的习惯按“形式”“套路”开展工作，遇到困难绕着走、碰到难题往上交……这些都是与我们身处的历史方位、肩负的伟大使命格格不入的，必须坚决摒弃。我们今天这堂党课，很重要的目的，就是要提振我们全国人大机关干部的精气神，让共产党人的伟大精神在每位同志心中扎根生长，变成机关全体党员干部政治坚定、旗帜鲜明的思想品格，变成锐意进取、开拓创新的作风面貌，变成埋头苦干、真抓实干的自觉行动。下面，我提几点要求，和同志们共勉。

第一，践行初心使命，做有理想的人大工作者。

我们党一路走来，之所以能够一次次战胜艰难险阻，开创一个又一个奇迹，究其根本，理想信念是“终极密码”，初心使命是永恒主题。今天，像战争年代那种血与火的生死考验少了，但具有新的历史特点的伟大斗争仍然在继续，要跨越的“娄山关”“腊子口”还有很多。没有坚定的理想信念，就会在乱云飞渡的复杂环境中迷失方向、在泰山压顶的巨大压力下退缩逃避、在糖衣炮弹的轮番轰炸下缴械投降。我们学习党史，就是要在学习领悟中坚定理想信念，在奋发有为中践行初心使命。

习近平总书记指出：“没有远大理想，不是合格的共产党员；离开现实工作而空谈远大理想，也不是合格的共产党员。”全国人大机关承担着为全国人大及其常委会依法履职提供服务保障工作。全国人大机关的工作做得好不好、到不到位，直接影响人大工作的整体成效，影响人民代表大会制度的运行和人民当家作主的具体实现。因此，机关每一名党员干部都要在新时代的工作大局中找准坐标方位，从坚持和完善人民代表大会制度、保证和发展人民当家作主这个高度上认识我们的工作，切实增强责任感和使命感，把远大理想同职责使命紧密结合起来，把本职工作融入到党的目标任务中来，把个人奋斗融入到祖国的发展中来，以真挚的人民情怀滋养初心，以牢固的公仆意识践行初心，不断提高工作质量和效率。

第二，坚决做到“两个维护”，永葆对党绝对忠诚。

去年这个时候，我给大家以“强化政治机关意识、走好第一方阵”为题讲党课，提了 5 点要求，第一点就是带头做到“两个维护”。当时讲得比较充分，讲了“两个维护”的理论、历史、实践逻辑，讲了“两个维护”的内涵，也讲了我们要怎么做。坚决做到“两个维护”，是党的政治建设的首要任务，必须经常讲、时刻讲，常抓不懈。在党的历史上，是从遵义会议开始形成以毛主席为核心的党的第一代中央领导集体的，但全党真正深刻认识到维护党的领导核心地位，维护党中央权威和集中统一领导的重大意义并成为自觉行动，还经历了一个过程。长征途中，张国焘另立中央、抗战初期王明不听党中央指挥，使党的事业遭受重大损失，从反面告诉我们做到“两个维护”的极端重要性。我们党总结的遵义会议精神、长征精神、延安精神等，都包含着保证全党团结统一的内容，这些都是“两个维护”的溯源。

坚决做到“两个维护”，从根本上讲就是要做到对党绝对忠诚。党的历史上，无数革命志士用鲜血乃至生命践行了忠诚：只要党中央一声令下，共产党人誓无二心，绝无二话，为党的事业抛家舍业，为人民的利益赴汤蹈火。在和平年代，对党绝对忠诚要体现在每一项具体工作中，展现在为人做事的每一个细节里。全国人大机关每位干部，不论党龄长短、职务高低，都要时刻牢记自己的第一身份是共产党员，第一职责是为党工作，始终将“两个维护”作为明确的政治准则和根本的政治要求，坚定不移向党中央看齐，向总书记看齐，在思想上政治上行动上同以习近平同志为核心的党中央保持高度一致，确保习近平总书记重要指示批示件件落实，确保党中央决策部署项项落地。

第三，牢固树立根本宗旨意识，把实事办到百姓心坎上。

从苏区干部“夜打灯笼访贫农”，到长征红军“自己有一条被子，也要剪下来半条给老百姓”，再到“不拿群众一针一线”“不吃老百姓一个苹果”……共产党为什么“能”的密码，就藏在“有盐同咸，无盐同淡”的同甘共苦里。肩负实现人民解放和人民当家作主的历史重任，我们党领导人民探索建立起人民代表大会制度。这就要求人大一切工作必须始终坚持以人民为中心，把维护最广大人民根本利益作为出发点和落脚点，使人大成为同人民群众保持密切联系的代表机关。在这方面，常委会领导同志为我们树立了榜样。本届伊始，栗战书委员长外出第一站选择去江西开展调研。当时有几个场景给我印象特别深刻。一个是不打招呼直奔农户家了解情况，一个是从地图上随机抽取几位县里的同志一起座谈。这种深入基层一线倾听百姓心声的作风，值得我们学习。

党中央要求，这次党史学习教育要同解决实际问题结合起来，开展好“我为群众办实事”实践活动。前不久，机关党组印发了“我为群众办实事”实践活动工作方案，列出了 20 件项目清单，我作为机关党组书记对落实项目清单负总责，其他机关党组成员分工牵头负责 1—2 件实事。机关各直属党组织也都列出了项目清单，这是我们对人民群众的承诺。我们要强化公仆意识和为民情怀，立足本职岗位，既要立足眼前，从群众的“急难愁盼”出发，切实解决群众最关心、最直接、最现实的利益问题，把实事办到老百姓的心坎上；也要着眼长远，建立健全为群众办实事的体制机制，增强人民群众获得感、幸福感、安全感。

第四，扛起责任、勇于斗争，做担当奉献的新时代共产党员。

伟大梦想不是等得来、喊得来的，而是拼出来、干出来的，这是共产党人最质朴的“奋斗哲学”。我们党每一步前进，都是靠“一滴汗珠摔八瓣儿”的实干赢来的。当下，实现中华民族伟大复兴是一场摆在全党全国各族人民面前的新时代“接力跑”，任务更艰巨、挑战更严峻，要求我们必须有那么一股子韧劲、拼劲、闯劲、干劲，要求我们必须在关键时刻伸出肩膀、扛起责任，勇于担当、敢于斗争。

本届全国人大常委会工作的一个突出特点，就是紧跟党中央决策部署，在大事要事上担当尽责，关键时刻勇于出拳亮剑。回顾本届常委会履职 3 年多的工作，编纂民法典，几代人的夙愿成为现实；疫情暴发后，第一时间作出全面禁食野生动物的决定，成立专班分批推进公共卫生领域 30 部法律的制定和修改工作；出台多个决定、及时制定香港维护国家安全法，坚决维护香港宪制秩序；出台反外国制裁法，坚决维护国家主权、尊严和核心利益，等等。这其中的任何一件事，如果没有担当精神，都是难以做成、做好的。今年的常委会工作报告中有一段话引起代表的共鸣，这就是：“在任何时候、任何情况下，只要党、国家和人民需要，人大就将毫不犹豫站到一线进行法律的、政治的、外交的斗争，伸出肩膀扛起应尽的政治责任。”报告虽然用的将来时，但我们现在就是这么做的。在人大机关，“马上就办、真抓实干”已经成为新风尚，也涌现出很多勇于担当、甘于奉献的先进集体和个人。他们当中，有默默耕耘五年的民法典编纂工作专班成员，身上有“两弹一星”精神的烙印；有勇于应对突发事件的涉港重大工作专班，在新时代践行抗美援朝斗争精神；有奋战在脱贫攻坚一线的挂职干部，以实际行动诠释了为民情怀。

新时代对人大工作提出了新的更高要求。我们要以“等不起”的紧迫感、“慢不得”的危机感、“坐不住”的责任感拼搏进取、奋勇争先。勇于担当，首先要求真抓实干、起而行之，以钉钉子精神狠抓工作落实。勇于担当也要求我们直面挑战、迎难而上，敢挑最重的担子，敢啃最硬的骨头，敢接最烫手的山芋，在关键时刻和危机关头豁得出来、顶得上去、经得住考验。还要善于担当，不仅要做到雷厉风行、紧抓快办，还要严谨细致、精益求精。广大党员干部还要发扬斗争精神，敢于斗争、善于斗争，在大是大非面前勇于亮剑，在危机困难面前挺身而出。

百年征程波澜壮阔，百年初心历久弥坚。在庆祝中国共产党成立 100 周年大会上，习近平总书记代表党中央向全体中国共产党员发出号召。我们要坚决响应总书记、党中央的号召，牢记初心使命，坚定理想信念，践行党的宗旨，永远保持同人民群众的血肉联系，始终同人民想在一起、干在一起，风雨同舟、同甘共苦，在弘扬革命精神中攻坚克难，在传承红色血脉中开拓前行，以强烈的政治责任感和历史使命感，努力做好新时代人大工作，以优异成绩庆祝中国共产党成立 100 周年，为实现中华民族族伟大复兴的中国梦不懈奋斗！

# 发展全过程人民民主　彰显中国式民主优势

（深入学习贯彻习近平新时代中国特色社会主义思想）

（2021 年 8 月 4 日）

杨振武

习近平总书记在庆祝中国共产党成立 100 周年大会上的重要讲话中强调："发展全过程人民民主"。这是对我国社会主义民主的新概括、新论断、新要求。2019 年 11 月，习近平总书记在上海虹桥街道考察全国人大常委会法工委基层立法联系点时就深刻指出："我们走的是一条中国特色社会主义政治发展道路，人民民主是一种全过程的民主"。"全过程人民民主"的重要论断生动阐明了我国社会主义民主的特质和优势，是总结我们党百年来为实现和保证人民当家作主不懈奋斗的宝贵经验、丰富和发展马克思主义关于人民民主的思想、不断深化对人类政治文明发展规律认识的重大理论创新成果，为新时代发展社会主义民主政治、建设社会主义政治文明指明了前进方向、提供了根本遵循。

## 全过程人民民主深深植根于中国大地，凝结着党和人民智慧

人民民主是中国共产党始终高举的旗帜。马克思、恩格斯在《共产党宣言》中指出："工人革命的第一步就是使无产阶级上升为统治阶级，争得民主"。我们党自成立之日起，就以实现人民当家作主和中华民族伟大复兴为己任，团结带领中国人民进行了艰苦卓绝的斗争和艰辛探索。实现和发展人民民主贯穿党百年奋斗的全过程。

我们党坚持把马克思主义基本原理同中国具体实际相结合、同中华优秀传统文化相结合，积极探索实现人民民主的发展道路和制度模式。1945 年，毛泽东同志同民主人士黄炎培就跳出历史周期率问题进行了著名的"窑洞对"，鲜明地指出："我们已经找到新路，我们能跳出这周期率。这条新路，就是民主。只有让人民来监督政府，政府才不敢松懈。只有人人起来负责，才不会人亡政息。"我们党团结带领中国人民经过 28 年浴血奋战，夺取了新民主主义革命胜利。1949 年 10 月 1 日，中华人民共和国成立，亿万中国人民从此真正成为国家、社会和自己命运的主人。新中国成立后，我们党着力建设中国人民行使当家作主权利的政治制度，实现了中国从几千年封建专制政治向人民民主的伟大飞跃。在改革开放新的历史时期，我们党总结发展社会主义民主正反两方面经验，强调人民民主是社会主义的生命，成功开辟和坚持了中国特色社会主义政治发展道路，为实现最广泛的人民民主确立了正确方向。党的十八大以来，以习近平同志为核心的党中央坚持党的领导、人民当家作主、依法治国有机统一，健全人民当家作主制度体系，发展社会主义民主政治，为党和国家事业取得历史性成就、发生历史性变革提供了重要政治保障。

习近平总书记深刻指出："一个国家民主不民主，要由这个国家的人民来评判，而不能由少数人说了算！"在中国革命、建设、改革长期实践中形成的全过程人民民主，是理论创新、实践创新、制度创新相统一的成果，凝结着党和人民的智慧，深深植根于中国大地，具有深刻的历史逻辑、理论逻辑、实践逻辑。广大中国人民是全过程人民民主的建设者、参与者、维护者和最大受益者，对中国式民主高度认同、坚决拥护、充满信心，也必将在党的领导下推动社会主义民主继续发展、更加成熟。

## 全过程人民民主保障国家一切权力属于人民，充分实现民主权利

在我国，国家一切权力属于人民。毛泽东同志曾指出："我们的这个社会主义的民主是任何资产阶级国家所不可能有的最广大的民主。"这深刻指出了我国社会主义民主的广泛性。占世界近 1/5 人口的 14 亿多中国人民，在自己的国家和社会生活中当家作主，享有广泛的民主权利，实行全面、系统的全过程人民民主，这本身就是对人类政治文明发展的重大贡献。

全过程人民民主保障人民依法实行民主选举、民主协商、民主决策、民主管理、民主监督。我国宪法规定,年满十八周岁的公民,不分民族、种族、性别、职业、家庭出身、宗教信仰、教育程度、财产状况、居住期限,都有选举权和被选举权;但是依照法律被剥夺政治权利的人除外。我国坚持普遍、平等、直接选举和间接选举相结合以及差额选举、秘密投票的原则,依法保障人人享有平等的选举权利,实现城乡按相同人口比例选举人大代表,并保证各地区、各民族、各方面都有适当数量的代表,人口最少的少数民族也有自己的代表。在实践中,超过 99% 的年满 18 周岁的中国公民享有民主选举权利;改革开放以来历次直接选举县乡两级人大代表,选民参选率均保持在 90% 左右,保证了选举结果充分体现最广大人民意愿。协商民主是中国社会主义民主政治中独特的、独有的、独到的民主形式。在党的领导下,人民通过各种途径、各种渠道、各种方式,就改革发展稳定重大问题,特别是事关人民群众切身利益的问题进行广泛协商,找到全社会意愿和要求的最大公约数,体现了人民民主的真谛。民主决策是人民当家作主的重要体现。在我国,党和国家各项决策坚持民主集中制原则,广泛征求和充分听取各方面意见,最大限度吸纳民意、汇集民智、凝聚民力,保证决策科学化民主化。人民广泛、直接参与社会事务管理,实现自我管理、自我服务、自我教育、自我监督。人民依照宪法和法律规定,有权对国家机关和国家工作人员提出批评和建议,有权对国家机关和国家工作人员的违法失职行为提出申诉、控告或者检举。民主选举、民主协商、民主决策、民主管理、民主监督各个环节环环相扣、彼此贯通,实现过程民主和结果民主、形式民主和实质民主、直接民主和间接民主相统一,充分保障人民的知情权、参与权、表达权、监督权,形成全过程人民民主的完整链条。

党和国家制定实施国民经济和社会发展五年规划是全过程人民民主的生动体现。在党中央制定关于国民经济和社会发展第十四个五年规划和二〇三五年远景目标的建议过程中,习近平总书记多次深入地方考察调研,主持召开 7 场座谈会,广泛听取各领域各阶层人士意见建议。全国人大常委会围绕编制“十四五”规划纲要开展专题调研,形成 22 份专题调研报告。中央有关部门首次通过互联网就“十四五”规划编制向全社会征求意见和建议,收到人民群众建言 101.8 万条,把人民呼声充分体现到党中央文件中。规划纲要草案提请十三届全国人大四次会议审议后,根据全国人大代表、全国政协委员的意见,作出了 55 处修改。规划纲要通过后,各国家机关认真实施,调动全体人民的积极性主动性创造性,确保各项目标任务落到实处。通过全过程人民民主,把党的主张和人民的意愿统一起来,保证了我国发展始终为了人民、依靠人民,发展成果由人民共享。

习近平总书记指出:“人民是否享有民主权利,要看人民是否在选举时有投票的权利,也要看人民在日常政治生活中是否有持续参与的权利;要看人民有没有进行民主选举的权利,也要看人民有没有进行民主决策、民主管理、民主监督的权利。”“保证和支持人民当家作主,通过依法选举、让人民的代表来参与国家生活和社会生活的管理是十分重要的,通过选举以外的制度和方式让人民参与国家生活和社会生活的管理也是十分重要的。”通过全过程人民民主,人民的主体地位生动、具体体现在国家政治生活和社会生活的全过程、各环节,切实防止出现选举时漫天许诺、选举后无人过问的现象,切实防止出现人民形式上有权、实际上无权的现象。

## 全过程人民民主有着完整的制度体系,有力支撑民主实践

保证和支持人民当家作主不是一句口号,不是一句空话,必须通过一定的制度予以体现和保障。中国共产党坚持人民主体地位,从我国国情和实际出发,建立起以人民代表大会制度这一根本政治制度、中国共产党领导的多党合作和政治协商制度、民族区域自治制度、基层群众自治制度等为主要内容的人民当家作主制度体系,为维护最广大人民根本利益奠定了坚实制度基础。

人民代表大会制度是符合中国国情和实际、体现社会主义国家性质、保证人民当家作主、保障实现中华民族伟大复兴的好制度。人民行使国家权力的机关是全国人民代表大会和地方各级人民代表大会。各级人大都由民主选举产生,对人民负责、受人民监督;各级国家机关都由人大产生,对人大负责、受人大监督;各级人大代表忠实代表人民利益和意志,依法参加行使国家权力。中国共产党领导的多党合作和政治协商制度是从中国土壤中生长出来的新型政党制度,以共产党领导、多党派合作,共产党执政、多党派参政为基本特征,实现了执政与参政、领导与合作、协商与监督的有机统一,体现了社会主义民主的本质要求,在内容上体现了人民的权利诉求,在程序上体现了人民当家作主。民族区域自治制度坚持在国家统一领导下,各少数民族聚居的地方实行区域自治,设立自治机关,行

使自治权；国家保障少数民族公民享有平等自由权利以及经济、社会、文化权利，帮助各少数民族地区加速经济和文化发展，既保证了国家团结统一，又实现了各民族共同当家作主。基层群众自治制度保障人民在党的领导下，通过以村民委员会为组织形态的农村村民自治、以城市居民委员会为组织形态的城市居民自治、以职工代表大会为组织依托的企事业单位职工自治等多种形式，直接行使民主选举、民主协商、民主决策、民主管理、民主监督的权利，形成了广泛、生动的基层民主实践，提升了基层社会治理实效，促进了社会和谐稳定。

以宪法为核心的中国特色社会主义法律体系为全过程人民民主提供了坚实的法律制度保障。我国宪法是人民的宪法，全面系统地规定了公民的基本权利和义务，宪法确立的各项制度和大政方针都体现了人民当家作主，都是为了实现好、维护好、发展好最广大人民根本利益。改革开放以来，我国制定了一系列保障和发展公民政治、经济、社会、文化、环境等各方面权利权益的法律法规，以完备的法律制度保障人民民主、增进人民福祉。2021 年 3 月，十三届全国人大四次会议对全国人大组织法和全国人大议事规则作出修改，将坚持全过程民主写入全国人大组织法，从制度的实际运行上保证全国人大及其常委会始终同人民保持密切联系，更好发挥人民代表大会的主要民主渠道作用。

人民当家作主制度体系是中国共产党和中国人民的伟大创造，为全过程人民民主提供了完整的制度程序，有力保障人民当家作主具体地、现实地体现到中国共产党执政和国家治理上来，具体地、现实地体现到中国共产党和国家机关各个方面、各个层级的工作上来，具体地、现实地体现到人民对自身利益的实现和发展上来。

## 全过程人民民主有效维护和发展人民根本利益，真正解决中国问题

民主不是装饰品，不是用来做摆设的，而是要用来解决人民要解决的问题的。从新中国成立到改革开放，再到党的十八大以来，我们党始终坚持人民当家作主，发展全过程人民民主，密切联系群众，紧紧依靠人民推动国家发展，创造了经济快速发展和社会长期稳定“两大奇迹”，充分彰显了中国式民主的巨大功效。

全过程人民民主有效体现人民意志、保障人民权益、激发人民创造活力，动员和凝聚全体人民以国家主人翁的地位投身社会主义现代化建设。在中国共产党领导下，全国各族人民团结一心，艰苦奋斗，集中力量办大事。我国用几十年时间走完了发达国家几百年走过的工业化历程，跃升为世界第二大经济体，综合国力、科技实力、国防实力、文化影响力、国际影响力显著提升，人民生活显著改善。我们实现了第一个百年奋斗目标，全面建成了小康社会，历史性地解决了绝对贫困问题，意气风发迈上全面建成社会主义现代化强国的新征程。

全过程人民民主有效调节国家政治关系，保证国家政治生活既充满活力又安定有序。我们党坚定不移发展社会主义民主政治，人民享有充分的权利和自由，广泛参加国家治理和社会治理，我国的政党关系、民族关系、宗教关系、阶层关系、海内外同胞关系充满活力，民族凝聚力不断增强，形成了安定团结的政治局面，有效维护了国家统一和民族团结，有力维护了国家主权、安全、发展利益。

全过程人民民主坚持党的领导、人民当家作主、依法治国有机统一，形成了国家治理的强大合力。在我国政治生活中，党是居于领导地位的，党集中统一领导，支持人大、政府、政协和监委、法院、检察院依法依章程履行职能、开展工作、发挥作用。国家机构实行民主集中制原则。在党的领导下，各国家机关是一个统一整体，既合理分工、又密切协作，既充分发扬民主、又有效进行集中，统一高效组织各项事业。全过程人民民主实现了民主与集中、民主与效率、民主与法治的统一，确保党领导人民依法有效治理国家。

习近平总书记指出：“评价一个国家政治制度是不是民主的、有效的，主要看国家领导层能否依法有序更替，全体人民能否依法管理国家事务和社会事务、管理经济和文化事业，人民群众能否畅通表达利益要求，社会各方面能否有效参与国家政治生活，国家决策能否实现科学化、民主化，各方面人才能否通过公平竞争进入国家领导和管理体系，执政党能否依照宪法法律规定实现对国家事务的领导，权力运用能否得到有效制约和监督。”对照这个评价标准，我们可以自信地说，我国的全过程人民民主有效、管用，是符合中国实际、解决中国问题的民主！

## 全过程人民民主具有无比广阔的发展空间，焕发强大生机活力

全过程人民民主具有与时俱进的品格，是充满生机活力的民主。全过程人民民主在我国社会主

义民主政治伟大实践中成长，也必将在全面建设社会主义现代化国家新征程中不断发展。

发展全过程人民民主，必须毫不动摇坚持中国共产党的领导。江山就是人民、人民就是江山，我们党打江山、守江山，守的是人民的心。我们党始终代表最广大人民根本利益，与人民休戚与共、生死相依，没有任何自己特殊的利益，从来不代表任何利益集团、任何权势团体、任何特权阶层的利益，这决定了党的领导是人民当家作主的根本保证。要坚持党的全面领导特别是党中央集中统一领导，确保党总揽全局、协调各方，始终成为中国特色社会主义事业的坚强领导核心。

发展全过程人民民主，必须坚定不移走中国特色社会主义政治发展道路。民主是全人类共同价值，各国人民有权选择自己的民主政治发展道路和制度模式。中国特色社会主义政治发展道路，是符合中国国情、保证人民当家作主的正确道路。我们坚定对中国特色社会主义制度的自信，很重要的一条，就是要坚定对中国式民主的自信，增强走中国特色社会主义政治发展道路的信心和决心。要借鉴人类政治文明有益成果，但绝不照搬西方政治制度模式，绝不放弃我国社会主义政治制度的根本。

发展全过程人民民主，必须坚持和完善人民当家作主制度体系。发展社会主义民主政治，要用制度体系保证人民当家作主，健全民主制度，丰富民主形式，拓宽民主渠道。紧紧围绕推进国家治理体系和治理能力现代化，长期坚持、全面贯彻、不断发展人民代表大会制度、中国共产党领导的多党合作和政治协商制度、民族区域自治制度、基层群众自治制度，巩固和发展最广泛的爱国统一战线，把制度优势更好转化为治理效能，确保人民把国家和民族的前途命运牢牢掌握在自己手中。

习近平总书记指出："走自己的路，是党的全部理论和实践立足点，更是党百年奋斗得出的历史结论。"今天，站立在 960 多万平方公里的广袤土地上，吸吮着 5000 多年中华民族漫长奋斗积累的文化养分，拥有 14 亿多中国人民聚合的磅礴之力，我们走自己的路，具有无比广阔的时代舞台，具有无比深厚的历史底蕴，具有无比强大的前进定力。在党的坚强领导下，中国人民完全有信心、有能力把我国社会主义民主政治的特质和优势充分发挥出来，以发展全过程人民民主的新成就为人类政治文明进步作出充满中国智慧的贡献！

# 牢牢把握"四个机关"定位要求<br>全面加强新时代人大工作和建设

（2021 年 11 月 16 日）

杨振武

习近平总书记在中央人大工作会议上强调："各级人大及其常委会要不断提高政治判断力、政治领悟力、政治执行力，全面加强自身建设，成为自觉坚持中国共产党领导的政治机关、保证人民当家作主的国家权力机关、全面担负宪法法律赋予的各项职责的工作机关、始终同人民群众保持密切联系的代表机关。"习近平总书记关于"四个机关"的重要论述，丰富和拓展了人民代表大会制度的科学内涵、基本特征和本质要求，深刻回答了什么是人大、建设什么样的人大、怎样发挥人大职能作用等重大理论和实践课题，为新时代坚持和完善人民代表大会制度、加强和改进人大工作、加强人大自身建设指明了方向、提供了遵循。

## 一、充分认识习近平总书记提出"四个机关"的重大政治意义、历史意义、时代意义，自觉用以指导和推动新时代人大工作和建设

习近平总书记关于"四个机关"的重要论述，坚持党的领导、人民当家作主、依法治国有机统一，从不同维度揭示了人大及其常委会的本质属性和职责使命。"四个机关"的定位要求，是一个系统全面、逻辑严密、贯通衔接的整体。政治机关的定位体现了人大的政治属性，要求人大旗帜鲜明讲政治，把党的领导贯穿于人大工作各方面全过程，确

保通过国家政权机关实施党对国家和社会的领导；国家权力机关的定位体现了人大的民主属性，要求人大坚持国家一切权力属于人民，支持和保证人民当家作主，发展全过程人民民主；工作机关的定位体现了人大的法治属性，要求人大全面担负宪法法律赋予的各项职责，推动全面依法治国，实现国家各项工作法治化；代表机关的定位体现了人大的人民属性，要求人大牢固树立宗旨意识，始终同人民群众保持密切联系，为人民用权、为人民履职、为人民服务。坚持党的领导、人民当家作主、依法治国有机统一，核心是坚持党的领导；人大作为“四个机关”，本质上是党领导下的政治机关。要深刻领会“四个机关”的重大政治意义，坚持以政治建设为统领，着力强化政治机关意识，全面加强“四个机关”建设，把人大的政治性、民主性、法治性、人民性有机统一起来，把坚持党的领导、人民当家作主、依法治国有机统一起来，保证党领导人民依法有效治理国家。

习近平总书记关于“四个机关”的重要论述，与我们党长期以来对国家政权机关建设的实践探索和理论思考既一脉相承又与时俱进。毛泽东同志在1948年就指出，“中华人民共和国的权力机关是各级人民代表大会及其选出的各级政府”。刘少奇同志在1954年一届全国人大一次会议上作关于宪法草案的报告指出，人民代表大会是“能够对重大问题作出决定并能够监督其实施的国家权力机关”，是“具有高度民主性质的人民代表机关”。1981年党的十一届六中全会通过的《关于建国以来党的若干历史问题的决议》提出，“使各级人民代表大会及其常设机构成为有权威的人民权力机关”。之后，全国人大常委会有关报告稿中，使用过“把人大及其常委会建设成为真正拥有宪法确定的地位、名副其实的国家权力机关，真正负有国家重要职责的工作机关，同人民群众保持密切联系的代表机关”的表述。党的十九大报告在强调支持和保证人民通过人民代表大会行使国家权力的同时，提出“使各级人大及其常委会成为全面担负起宪法法律赋予的各项职责的工作机关，成为同人民群众保持密切联系的代表机关”。2019年1月，党中央出台关于加强党的政治建设的意见，明确提出中央和地方各级人大机关、行政机关、政协机关、监察机关、审判机关、检察机关本质上都是政治机关。中央人大工作会议上，习近平总书记首次提出“四个机关”的重要论述，是对马克思主义国家学说的继承和发展，标志着中国共产党人关于国家政权机关建设的规律性认识提升到新高度、开辟了新境界。要深刻领会“四个机关”的重大历史意义，把握其中一以贯之的精髓要义和具体要求，找准定位，明确方向，守正创新，把人大工作和建设不断推向前进。

习近平总书记关于“四个机关”的重要论述，明确了新时代中国特色社会主义伟大事业赋予人大的新使命新任务。当今世界正经历百年未有之大变局，我国正处于实现中华民族伟大复兴的关键时期，向着全面建成社会主义现代化强国的第二个百年奋斗目标迈进。目标越宏伟、任务越艰巨、环境越复杂，越要坚持党总揽全局、协调各方的领导核心作用，坚决维护以政权安全、制度安全为核心的政治安全。社会主要矛盾变化，人民美好生活需要日益广泛，需要继续推进全过程人民民主建设，使国家各项工作更好接地气、察民情、聚民智、惠民生。进入新发展阶段，贯彻新发展理念、构建新发展格局、推动高质量发展，需要完备的法律制度和良好的法治环境予以保障。这些都对新时代坚持和完善人民代表大会制度、加强和改进人大工作提出新的更高要求。要深刻领会“四个机关”的重大时代意义，增强责任感使命感，充分发挥人民代表大会制度的优势和功效，充分发挥人大及其常委会的职能作用，不断提升履职能力和水平，创造属于新时代的光辉业绩，不辜负党和人民的重托。

## 二、人大作为政治机关，要始终坚持党对人大工作的全面领导，永葆鲜明的政治本色

坚持党的全面领导是实行人民代表大会制度、做好人大工作的最高政治原则和根本政治保证。人民代表大会制度是党领导人民探索建立的，也是在党的领导下巩固、发展、完善的，必然要在党的领导下才能更加成熟更加定型、展现出更加蓬勃的生机活力。党的十八大以来，以习近平同志为核心的党中央高度重视人民代表大会制度理论和实践创新，全面加强党对人大工作的领导。从2015年开始，习近平总书记连续7年主持中央政治局常委会会议听取全国人大常委会党组工作汇报，多次研究讨论决定人大工作中的重大问题、重要事项，已经成为重要制度安排。党中央先后出台近30件关于人大工作的指导性文件，提出一系列具有开创性的

重大举措。新时代人大工作取得的历史性成就充分证明,党的领导坚持得越好,人大及其常委会的职能作用就发挥得越充分,人民代表大会制度的优越性就越能得到彰显。

坚持党的全面领导,首先要坚持党中央集中统一领导,确保人大工作正确政治方向。全国人大及其常委会直接受党中央领导,各级人大及其常委会都在党中央集中统一领导下履行职责、开展工作。要增强“四个意识”、坚定“四个自信”、做到“两个维护”,自觉在思想上政治上行动上同以习近平同志为核心的党中央保持高度一致。人大常委会党组要全面履行领导责任,不断提高政治判断力、政治领悟力、政治执行力,发挥好把方向、管大局、保落实的领导作用。人大中的各级党组织,人大代表、常委会组成人员、专门委员会组成人员、人大机关干部中的党员要坚定政治立场,提升政治能力,严守政治纪律和政治规矩,做维护党中央权威和集中统一领导的表率。

坚持党的全面领导,必须坚持以习近平新时代中国特色社会主义思想为指导,筑牢人大工作的思想政治根基。习近平新时代中国特色社会主义思想是党和国家必须长期坚持的指导思想,是做好一切工作的根本遵循,要自觉用以武装头脑、指导实践、推动工作。习近平总书记关于坚持和完善人民代表大会制度的重要思想是习近平新时代中国特色社会主义思想的重要组成部分,为新时代坚持和完善人民代表大会制度、加强和改进人大工作提供了科学指引和行动指南。要持续深入学习、研究、宣传、贯彻习近平总书记关于坚持和完善人民代表大会制度的重要思想,增强坚持和完善人民代表大会制度的自觉性和坚定性,丰富和拓展人大工作的实践特色、时代特色。

坚持党的全面领导,必须紧紧围绕党和国家工作大局履职尽责,不断提升人大工作的政治效果。人大工作是党和国家事业的重要组成部分。党中央不同时期的重大战略、重大部署、目标任务、重点工作,都是人大工作要牢牢把握、全力服务的大局,是谋划和推进工作的基本出发点。人大一切工作要首先自觉同党的基本理论、基本路线、基本方略对标对表,同党中央决策部署和习近平总书记指示要求对标对表,重大问题、重要事项、重要情况及时向党中央或同级党委请示报告,切实做到党和国家工作重心转移到哪里,人大工作就跟进到哪里,力量就汇聚到哪里,作用就发挥到哪里,保证党的路线方针政策和党中央决策部署在国家工作中得到全面贯彻和有效执行。

## 三、人大作为国家权力机关,要支持和保证人民通过人民代表大会行使国家权力,不断发展全过程人民民主

人民当家作主是社会主义民主政治的本质和核心。人民当家作主的途径和形式多种多样,最根本、最重要的是掌握国家政权、行使国家权力。作为我国国家政权组织形式,人民代表大会制度是人民当家作主的重要途径和最高实现形式,也是实现全过程人民民主的重要制度载体。在人民代表大会制度架构下,国家一切权力属于人民;人民行使国家权力的机关是全国人民代表大会和地方各级人民代表大会;各级人大都由民主选举产生、对人民负责、受人民监督,各级行政机关、监察机关、审判机关、检察机关都由人大产生、对人大负责、受人大监督,从根本上,都是对人民负责、受人民监督。要毫不动摇坚持、与时俱进完善人民代表大会制度这一国家根本政治制度,充分发挥人民代表大会这一主要民主渠道作用,把民主选举、民主协商、民主决策、民主管理、民主监督各个环节贯通起来,发展更加广泛、更加充分、更加健全的全过程人民民主,更好支持和保证人民当家作主。

保证人民依法行使选举权利,民主选举产生人大代表。选举人大代表,是人民代表大会制度的基础,是人民当家作主的重要体现。我国是中国共产党领导的社会主义国家,一切权力属于人民,决不能依据地位、财富、关系分配政治权力。我国年满十八周岁的中国公民,不分民族、种族、性别、职业、家庭出身、宗教信仰、教育程度、财产状况、居住期限,都有选举权和被选举权,各地区、各民族、各方面都有适当数量的代表。目前正在各地进行的县乡两级人大换届选举,全国 10 亿多选民一人一票直接选举产生 200 多万名县乡两级人大代表。尊重和保证人民的选举权,关键是把好代表“入口关”,在选区划分、选民登记、提名推荐、介绍候选人、组织投票等各环节,都广泛动员人民群众参加,加强选举全过程监督,确保选举工作风清气正、选举结果人民满意。

坚持民主集中制,保证人大各项工作充分反映和体现人民意志和利益。人民代表大会制度的设计和运行,保证了人民不仅在选举时有投票的权

利，在国家政治生活和经济社会管理中也有广泛参与的权利。要不断完善人大及其常委会的组织制度、会议制度、议事程序和工作机制，保证人民的知情权、参与权、表达权、监督权落实到人大工作各方面各环节全过程，确保党和国家在决策、执行、监督落实各个环节都能听到来自人民的声音。坚持集体行使职权、集体决定问题，充分发扬民主，实行正确集中，确保制定的法律法规和作出的决议决定体现人民意志、凝聚最大共识。十三届全国人大四次会议对全国人大组织法和全国人大议事规则作出修改，地方组织法、全国人大常委会议事规则也正在抓紧修改，进一步健全完善发展全过程人民民主的机制和程序，保证人民通过法定的途径、渠道、方式、程序全过程参与人大工作。

加强人权法治保障，保证人民依法享有广泛权利和自由。为了保障人民民主，必须加强法治，使民主制度化、法律化。"八二宪法"把"公民的基本权利和义务"摆在"国家机构"前面，充分体现了国家一切权力属于人民的宪法理念。2004 年修改宪法时，明确规定国家尊重和保障人权。宪法及相关法律确立人民代表大会制度这一根本政治制度，确立中国共产党领导的多党合作和政治协商制度、民族区域自治制度、基层群众自治制度等基本政治制度，为人民当家作主制度体系提供了坚实的法治载体。人大通过制定完善民事、刑事、行政以及经济、文化、社会、生态环境等领域的一系列法律法规，推动宪法规定的公民各方面的权利和自由落到实处。要始终坚持人民主体地位，坚持以人民为中心，把实现好维护好发展好最广大人民的根本利益作为人大立法工作不变的价值追求，通过更加完备的法律保障人民民主、维护人民权益。

## 四、人大作为工作机关，要全面提升工作质量和水平，为全面建设社会主义现代化国家提供有力法治保障

依法治国是党领导人民治理国家的基本方式。法治兴则国兴，法治强则国强。在全面建设社会主义现代化国家新征程上，统筹推进"五位一体"总体布局、协调推进"四个全面"战略布局，全面深化改革开放，应对重大风险和挑战，需要更好发挥法治固根本、稳预期、利长远的保障作用。全国人大及其常委会肩负着宪法法律赋予的重要职责，要紧跟党中央重大决策部署，紧贴人民群众美好生活需要，紧扣推进国家治理体系和治理能力现代化、全面建设社会主义现代化国家的需求，依法履职尽责，高质量做好各项工作，推动形成完备的法律规范体系、高效的法治实施体系、严密的法治监督体系、有力的法治保障体系，完成新时代新征程赋予人大的使命任务。

履行监督宪法实施的职权，维护宪法权威和尊严。全面贯彻实施宪法是建设社会主义法治国家的首要任务和基础性工作，也是坚持和完善人民代表大会制度的必然要求。党的十八大以来，宪法实施和监督工作迈出新步伐。全国人大常委会把合宪性审查与备案审查贯通衔接起来，对法律法规和制度政策进行事前、事中、事后审查，妥善处理社会关切的合宪性、涉宪性问题。要进一步提高合宪性审查、备案审查工作质量，坚决纠正违宪违法行为，保证宪法确立的制度、原则、规则得到全面实施。要在党中央领导下，健全中央依照宪法和特别行政区基本法对特别行政区行使全面管治权的法律制度，完善特别行政区同宪法和基本法实施相关的制度和机制，维护宪法和基本法确定的特别行政区宪制秩序和法治秩序，依法保证"一国两制"事业行稳致远。

行使国家立法权，加快完善中国特色社会主义法律体系。改革开放以来，在党的领导下，经过各方面努力，我国用 30 多年时间形成了中国特色社会主义法律体系，这是人类法治史上一项了不起的成就。同时也要看到，法律体系的形成不等于立法工作"大功告成"。随着实践的发展、时代的进步，法律体系也要与时俱进加以完善，立法任务不是轻了而是更重了。十三届全国人大常委会成立以来，已经制定法律 38 件，修改法律 97 件次，作出有关法律问题和重大问题的决定 43 件。要在确保质量的前提下加快立法工作步伐，加强重点领域、新兴领域、涉外领域立法，增强立法的系统性、整体性、协同性，使法律体系更加科学完备、统一权威。充分发挥人大及其常委会在立法工作中的主导作用，深入推进科学立法、民主立法、依法立法，增强立法的针对性、适用性、可操作性，以良法促进发展、保障善治。

用好宪法赋予人大的监督权，实行正确监督、有效监督、依法监督。人民代表大会制度的重要原则和制度设计的基本要求，就是任何国家机关及其工作人员的权力都要受到监督和制约。人大监督

是党和国家监督体系的重要组成部分，是代表国家和人民进行的具有法律效力的监督，是人民行使国家权力、管理国家事务的重要方式。按照宪法法律规定，人大监督宪法和法律法规实施情况，监督“一府一委两院”的工作，监督方式主要有听取审议工作报告、执法检查、计划和预算决算审查监督、备案审查、询问和质询等。党的十八大以来，全国人大常委会共检查 49 部法律和 2 个决定的实施情况，听取审议“一府一委两院”162 个专项工作报告，开展 25 次专题询问、43 项专题调研，人大监督力度进一步加大、实效不断增强。面对新形势新任务，要坚持围绕中心、服务大局、突出重点，聚焦党中央重大决策部署，聚焦人民群众所思所盼所愿，统筹运用法定监督方式，推动解决制约经济社会发展的突出矛盾和问题，确保行政权、监察权、审判权、检察权依法正确行使，确保人民赋予的权力始终用来为人民谋幸福。

## 五、人大作为代表机关，要始终同人民群众保持密切联系，把各方面社情民意统一于最广大人民的根本利益之中

人民代表大会制度之所以具有强大生命力和显著优越性，关键在于它深深植根于人民之中。密切联系人民群众，是实行人民代表大会制度的题中之义，是人民对自己选举和委派代表的基本要求，是人大工作保持生机和活力的重要基础。必须把维护最广大人民根本利益作为人大工作的出发点和落脚点，不断加强同人民群众、人大代表的联系，做到民有所呼、我有所应。

完善人大的民主民意表达平台和机制，使人大各项工作建立在坚实的民意基础之上。审议制定法律法规、审查批准计划预算、讨论决定重大事项，都要通过调研、座谈、论证、听证、协商等方式广泛征求和充分听取各方面意见。全国人大常委会已经建立了常态化的法律草案公开征求意见机制，党的十八大以来，共有 193 件次法律草案向社会征求意见，约有 110 万人次提出 300 多万条意见建议。民法典编纂过程中，先后 10 次向社会公开征求意见，共收到 42.5 万人提出的 102 万余条意见，公众反映比较集中的夫妻共同债务、高空抛物致人损害等问题，都在法律中得到了体现和回应。立法联系点从 2015 年的 4 个扩大到目前的 22 个，覆盖全国 2/3 的省份，很好发挥了反映基层群众意见的“直通车”作用。要坚持并不断完善这些行之有效的平台和机制，最大限度吸纳民意、汇聚民智，依法维护人民权益、增进人民福祉。

支持和保障人大代表依法履职，充分发挥人大代表来自人民、扎根人民的特点优势。这些年来，各级人大常委会与人大代表的联系越来越紧密，在加强代表工作、发挥代表作用方面有许多创新举措。十三届全国人大常委会先后组织召开 14 次列席代表座谈会，面对面听取近 700 名代表的意见建议；完善常委会组成人员联系基层代表制度，直接联系代表 439 名；邀请 900 多人次代表列席常委会会议、参与审议各项议案报告。地方人大建立了 22 万多个代表之家、代表联络站，成为所在地各级人大代表联系群众、履职活动的重要平台。要进一步拓展代表参与人大常委会工作的广度和深度，丰富代表联系群众的内容和形式，支持代表通过调研、视察等活动以及代表家、站等平台了解和收集民情民愿，并通过法定途径反映上来。各级人大代表肩负人民赋予的光荣职责，要忠实代表人民利益和意志，当好党和国家联系人民群众的桥梁，展现新时代人大代表的风采。

全国人大机关是全国人大及其常委会的集体参谋助手和服务保障班子，机关工作的质量和水平，直接影响全国人大及其常委会工作的整体成效。要深入学习贯彻中央人大工作会议精神，按照习近平总书记提出的“四个机关”的定位和要求，全面加强机关各方面工作和建设，努力打造党中央放心、人民满意的模范机关，努力打造政治坚定、服务人民、尊崇法治、发扬民主、勤勉尽责的人大工作队伍，更好服务保障全国人大及其常委会依法履职，为新时代坚持和完善人民代表大会制度、加强和改进人大工作作出应有贡献。

（本文发表于《求是》杂志 2021 年 11 月）

# 发展全过程人民民主　更好发挥人大制度优势

全国人大常委会机关党组

习近平总书记在中央人大工作会议上发表重要讲话，从完善和发展中国特色社会主义制度、推进国家治理体系和治理能力现代化的战略高度，深刻回答了新时代发展中国特色社会主义民主政治、坚持和完善人民代表大会制度的一系列重大理论和实践问题，丰富和发展了马克思主义国家学说和社会主义民主政治理论，是一篇充满马克思主义真理力量的纲领性文献。学习贯彻习近平总书记重要讲话和会议精神，是当前和今后一个时期的重大政治任务，对于深刻理解中国特色社会主义民主政治、我国根本政治制度的本质特征和优势功效，在新时代坚持好完善好贯彻好人民代表大会制度，推进全过程人民民主建设，具有十分重要的意义。

## 深刻理解民主是全人类的共同价值，是中国共产党和中国人民始终不渝坚持的重要理念

党的十八大以来，习近平总书记围绕什么是民主、如何评判民主等作出一系列重要论述。2014年，习近平总书记在庆祝全国人民代表大会成立60周年大会上发表重要讲话，鲜明提出评价一个国家政治制度是不是民主的、有效的“八个能否”标准，即国家领导层能否依法有序更替，全体人民能否依法管理国家事务和社会事务、管理经济和文化事业，人民群众能否畅通表达利益要求，社会各方面能否有效参与国家政治生活，国家决策能否实现科学化、民主化，各方面人才能否通过公平竞争进入国家领导和管理体系，执政党能否依照宪法法律规定实现对国家事务的领导，权力运用能否得到有效制约和监督。在中央人大工作会议上，习近平总书记再次强调了“八个能否”的标准，并创造性地提出一个国家民主不民主“四个要看、四个更要看”的标准，即要看人民有没有投票权，更要看人民有没有广泛参与权；要看人民在选举过程中得到了什么口头许诺，更要看选举后这些承诺实现了多少；要看制度和法律规定了什么样的政治程序和政治规则，更要看这些制度和法律是不是真正得到了执行；要看权力运行规则和程序是否民主，更要看权力是否真正受到人民监督和制约。这些重要论述一脉相承、相互贯通、有机统一，阐明了我们党关于民主的立场、观点、方法，体现了深邃的政治思维、理论思维、实践思维，标志着我们党对民主政治发展规律的认识达到了新的高度，为推动人类政治文明进步贡献了中国智慧。

“民主是各国人民的权利，而不是少数国家的专利。一个国家是不是民主，应该由这个国家的人民来评判，而不应该由外部少数人指手画脚来评判。”习近平总书记这些掷地有声的重要论断，有力回击了一些西方国家长期以来对我国社会主义民主的傲慢攻击和无端指责，宣示了坚定的道路自信、理论自信、制度自信、文化自信。在一些国家，投票时人民被供在天上、捧在手里，投票结束后就被弃之不顾、置之不理，甚至被踩在脚下；一些政治明星参加竞选时把人民利益时时刻刻挂在嘴边，当选后就抛诸脑后，只计算党派和个人的利益得失，这样的民主不是真正的民主。中国共产党注重历史和现实、理论和实践、形式和内容有机统一，把民主价值和理念转化为科学有效的制度安排，转化为具体现实的民主实践，真正保证了中国人民当家作主。

## 增强对中国特色社会主义民主政治的自信和底气，坚定走中国特色社会主义政治发展道路的信心和决心

人民民主是社会主义的生命，是中国共产党始终高举的旗帜。习近平总书记的重要讲话系统概括了我们党坚持和发展人民民主的“五个基本观点”，丰富和拓展了中国特色社会主义民主政治和人民代表大会制度的政治内涵、理论内涵、实践内涵。社会主义民主政治的本质和核心是人民当家作主，我们通过健全完备的制度体系保证人民当家作主，明确人民依法管理国家和社会事务的权利和途径，凝聚广大人民的智慧和力量创造自己的幸福生活。人民通过选举、投票行使权利和人民内部各

方面在重大决策之前进行充分协商，尽可能就共同性问题取得一致意见，是中国社会主义民主的两种重要形式，共同构成了中国社会主义民主政治的制度特点和优势。目前正在各地进行的县乡两级人大换届选举，全国10亿多选民一人一票直接选举产生200多万名县乡两级人大代表，组成地方国家权力机关，代表人民行使国家权力；在选区划分、选民登记、提名推荐、介绍候选人、组织投票等各选举环节，都广泛动员人民群众参加，积极听取来自人民的声音，依法保障选民的知情权、参与权、表达权、监督权。这是我国社会主义民主的生动体现。

中国特色社会主义政治发展道路是符合中国国情、保证人民当家作主的正确道路。新中国成立以来特别是改革开放以来，我们党团结带领人民成功开辟中国特色社会主义政治发展道路。坚定走中国特色社会主义政治发展道路，是近代以来中国人民长期奋斗历史逻辑、理论逻辑、实践逻辑的必然结果，是坚持党的本质属性、践行党的根本宗旨的必然要求。坚定走中国特色社会主义政治发展道路，关键是坚持党的领导、人民当家作主、依法治国有机统一，核心是坚持党的领导。人民代表大会制度是坚持党的领导、人民当家作主、依法治国有机统一的根本政治制度安排。坚定不移走中国特色社会主义政治发展道路，必须坚持宪法确定的人民民主专政的国体和人民代表大会制度的政体不动摇，不断推进社会主义民主政治制度化、规范化、程序化，把我国社会主义民主政治的特点和优势充分发挥出来。

习近平总书记指出："我们要借鉴人类政治文明的有益成果，但绝不照搬西方政治制度模式"。我们党领导人民创造了经济快速发展和社会长期稳定"两大奇迹"，"中国之治"和"西方之乱"形成鲜明对比，充分展现了中国特色社会主义政治发展道路的巨大优越性。特别是抗击新冠肺炎疫情斗争取得重大战略成果，充分展现了中国共产党领导和我国社会主义制度的显著优势。邓小平同志指出："社会主义国家有个最大的优越性，就是干一件事情，一下决心，一作出决议，就立即执行，不受牵扯。""这方面是我们的优势，我们要保持这个优势，保证社会主义的优越性。"我们要始终保持头脑清醒、旗帜鲜明，始终坚持中国特色社会主义政治发展道路的方向不变、立场不变、决心不变、步伐不变，绝不能放弃中国政治制度的根本，绝不走西方所谓"宪政"、多党竞选、三权鼎立、两院制、司法独立的路子。

## 深刻认识和把握全过程人民民主重大理念，发挥人大在发展全过程人民民主中的重要作用

2019年11月，习近平总书记在上海虹桥街道考察全国人大常委会法工委基层立法联系点时，明确提出"人民民主是一种全过程的民主"。在庆祝中国共产党成立100周年大会上，习近平总书记强调"发展全过程人民民主"。在中央人大工作会议上，习近平总书记对全过程人民民主作出全面阐述、提出明确要求，鲜明展示了我们党实现和保证人民当家作主、始终高举人民民主旗帜的坚定立场，为新时代推进全过程人民民主建设提供了科学指引和根本遵循。

深入学习领会习近平总书记关于发展全过程人民民主的重要论述，必须深刻认识到，全过程人民民主体现了社会主义民主的本质特征，体现了国家一切权力属于人民的宪法原则，体现了我们党全心全意为人民服务的根本宗旨，能够更好体现人民意志、保障人民权益、激发人民创造活力，保证人民当家作主具体地、现实地落实到国家政治生活和社会生活之中。我国全过程人民民主既有完整的制度程序，也有完整的参与实践，体现在保障人民依法实行民主选举、民主协商、民主决策、民主管理、民主监督的各方面法律制度和具体工作上，实现了过程民主和成果民主、程序民主和实质民主、直接民主和间接民主、人民民主和国家意志相统一，是全链条、全方位、全覆盖的民主，是最广泛、最真实、最管用的社会主义民主。全过程人民民主是在党的领导下形成、发展和实现的，只有始终坚持党的领导、全面落实党的领导，全过程人民民主才能有序推进，人民当家作主才能充分实现。

习近平总书记指出："人民代表大会制度是实现我国全过程人民民主的重要制度载体。"这一制度承载着党的初心和使命，反映了人民的利益和意志；这一制度的设计和安排，体现了发展全过程人民民主的要求；这一制度的运行和实践，有力实现和保障了全过程人民民主。坚持好完善好贯彻好人民代表大会制度，就是践行党的初心和使命，就是发展全过程人民民主，就是支持和保证人民当家作主。各级人大及其常委会要把发展全过程人民民主作为重要职责和光荣使命，扎实推进全过程人民民主建设。要在党的领导下，不断扩大人民有序政治参与，加强人权法治

保障,保证人民依法享有广泛权利和自由。完善人民代表大会及其常委会运行的制度机制,保证人民通过法定的途径、渠道、方式、程序全过程参与人大各方面各环节工作,确保党和国家在决策、执行、监督落实各个环节都能听到来自人民的声音。完善人大的民主民意表达平台和载体,做好人大协商、立法协商等工作,通过调研、座谈、论证、咨询、听证、公开征求意见、立法联系点和基层联系点等方式,最大限度吸纳民意、汇集民智、凝聚民力,把各方面社情民意统一于最广大人民根本利益之中。加强对中国特色社会主义民主政治、对人民代表大会制度的理论研究和宣传阐释,讲清楚我国政治制度的特点和优势,讲好中国民主故事。

## 推动人民代表大会制度与时俱进、完善发展,更好发挥国家根本政治制度作用

在中国建立什么样的政治制度,是近代以后中国人民面临的一个历史性课题。为解决这一历史性课题,我们党在领导中国人民进行艰苦卓绝革命斗争的同时,对建立新型人民民主政权进行了理论思考和探索实践,找到了适合中国国情的根本政治制度,这就是共产党领导的、人民当家作主的、民主集中制的人民代表大会制度。1954 年 9 月,一届全国人大一次会议召开,通过了《中华人民共和国宪法》,标志着人民代表大会制度这一国家根本政治制度正式建立。

制度竞争是综合国力竞争的重要方面,制度优势是一个国家赢得战略主动的重要优势。制度稳则国家稳,制度强则国家强。人民代表大会制度建立 60 多年来特别是改革开放 40 多年来,这一制度在党的领导下不断巩固、完善、发展,有效保证国家沿着社会主义道路前进,有效保证国家治理跳出“其兴也勃焉,其亡也忽焉”的历史周期率,有效保证国家政治生活既充满活力又安定有序,为我们党领导人民创造经济快速发展奇迹和社会长期稳定奇迹提供了重要制度保障。习近平总书记强调:“人民代表大会制度是符合我国国情和实际、体现社会主义国家性质、保证人民当家作主、保障实现中华民族伟大复兴的好制度,是我们党领导人民在人类政治制度史上的伟大创造,是在我国政治发展史乃至世界政治发展史上具有重大意义的全新政治制度。”对于党领导人民历经千辛万苦、付出巨大代价建立的这一国家根本政治制度,必须倍加珍惜、长期坚持、全面贯彻、不断完善。

党的十八大以来,以习近平同志为核心的党中央高度重视、全面加强对人大制度建设和人大工作的领导,形成了习近平总书记关于坚持和完善人民代表大会制度的重要思想,推动人大工作取得历史性成就,推动人民代表大会制度更加成熟、更加定型。在中央人大工作会议上,习近平总书记用“六个必须坚持”,系统概括了党的十八大以来党中央推进人民代表大会制度理论和实践创新所提出的一系列新理念新思想新要求。在新时代新征程上,我们必须坚持中国共产党领导,必须坚持用制度体系保障人民当家作主,必须坚持全面依法治国,必须坚持民主集中制,必须坚持中国特色社会主义政治发展道路,必须坚持推进国家治理体系和治理能力现代化,推动人民代表大会制度与时俱进、完善发展,更好把国家根本政治制度的制度优势转化为治理效能,保证党领导人民依法有效治理国家。

## 坚持围绕党和国家工作大局履职尽责,推动新时代人大工作高质量发展

新时代人大工作面临新形势新任务新要求。习近平总书记对坚持和完善人民代表大会制度、加强和改进新时代人大工作作出系统部署,提出了全面贯彻实施宪法、加快完善中国特色社会主义法律体系、用好宪法赋予人大的监督权、充分发挥人大代表作用、加强人大自身建设、加强党对人大工作的全面领导六个方面的重要任务,既为我们指明了目标方向,也提供了思路方法。我们要全力以赴抓好贯彻落实,紧跟党中央重大决策部署,紧贴人民群众美好生活需要,紧扣推进国家治理体系和治理能力现代化、全面建设社会主义现代化国家的需求,为实现党确定的奋斗目标作出应有贡献。

党的全面领导是人大工作最高政治原则。党的十八大以来人大工作取得的历史性成就充分证明,党的领导坚持得越好,人大工作就越有成效,人民代表大会制度的优越性就越能得到彰显。要始终坚持党对人大工作的全面领导,增强“四个意识”、坚定“四个自信”、做到“两个维护”,自觉用习近平新时代中国特色社会主义思想统揽和指引人大工作,确保党的基本理论、基本路线、基本方略和党中央决策部署在人大工作中得到全面贯彻和有效执行。严格执行请示报告制度,人大工作中的重大问题、重要事项、重要情况及时向党中央请示报

告。紧紧围绕党和国家工作大局履职尽责，切实做到党和国家工作重心在哪里，人大工作就跟进到哪里，力量就汇聚到哪里，作用就发挥到哪里。

以宪法为根本活动准则，维护宪法权威和尊严，保证宪法实施。与时俱进完善中国特色社会主义法律体系，坚持党对立法工作的集中统一领导，深入推进科学立法、民主立法、依法立法，以良法促进发展、保障善治。各级人大及其常委会要实行正确监督、有效监督、依法监督，确保宪法法律得到有效实施，确保行政权、监察权、审判权、检察权依法正确行使。充分发挥人大代表作用，做到民有所呼、我有所应，使发挥各级人大代表作用成为人民当家作主的重要体现。

习近平总书记强调，各级人大及其常委会要"成为自觉坚持中国共产党领导的政治机关、保证人民当家作主的国家权力机关、全面担负宪法法律赋予的各项职责的工作机关、始终同人民群众保持密切联系的代表机关"。这为人大自身建设指明了正确方向，是新时代加强各级人大自身建设的新定位、新目标、新抓手。我们要按照"四个机关"的新要求，坚持以政治建设为统领，全面加强人大机关的思想建设、组织建设、作风建设、纪律建设，把制度建设贯穿其中，不断提升参谋助手和服务保障工作水平，努力打造政治坚定、服务人民、尊崇法治、发扬民主、勤勉尽责的人大工作队伍。

# 在党的领导下坚持和完善人民代表大会制度发展全过程人民民主

全国人大常委会机关党组

10 月 13 日至 14 日，中央人大工作会议胜利召开。习近平总书记出席会议并发表重要讲话，从坚持和完善中国特色社会主义制度、推进国家治理体系和治理能力现代化的战略高度，深刻回答了推进社会主义民主政治建设、发展全过程人民民主、坚持和完善人民代表大会制度、加强和改进新时代人大工作等一系列重大理论和实践问题，丰富和发展了习近平总书记关于坚持和完善人民代表大会制度的重要思想，丰富和发展了马克思主义国家学说和社会主义民主政治理论，是一篇充满马克思主义真理力量的纲领性文献。学习贯彻习近平总书记重要讲话和会议精神，是当前和今后一个时期的重大政治任务，对于深刻理解中国特色社会主义民主、我国根本政治制度的本质特征和优势功效，坚定制度自信，明确前进方向，把牢重大原则，在新时代坚持好完善好贯彻好人民代表大会制度，推进全过程人民民主建设，把制度优势更好转化为国家治理效能，具有十分重要的意义。

## 一、深刻理解民主是全人类的共同价值，是中国共产党和中国人民始终不渝坚持的重要理念

党的十八大以来，习近平总书记围绕什么是民主、如何评判民主等作出一些列重要论述，为我们深刻认识民主、更好发展社会主义民主提供了标准和依据。2014 年，习近平总书记在庆祝全国人民代表大会成立六十周年大会上发表重要讲话，鲜明指出评价一个国家政治制度是不是民主的、有效的"八个能否"标准，即：国家领导层能否依法有序更替，全体人民能否依法管理国家事务和社会事务、管理经济和文化事业，人民群众能否畅通表达利益要求，社会各方面能否有效参与国家政治生活，国家决策能否实现科学化、民主化，各方面人才能否通过公平竞争进入国家领导和管理体系，执政党能否依照宪法法律规定实现对国家事务的领导，权力运用能否得到有效制约和监督。这次中央人大工作会议上，习近平总书记再次强调了"八个能否"的标准，并创造性地提出了一个国家民主不民主"四个要看、四个更要看"的标准，即：要看人民有没有投票权，更要看人民有没有广泛参与权；要看人民在选举过程中得到了什么口头许诺，更要看选举后这些承诺实现了多少；要看制度和法律规定了什么样的政治程序和政治规则，更要看这些制度和法律是不是真正得到了执行；要看权力运行规则和程序是否民主，更要看权力是否真正受到人民监督和制约。这些重要论述，是一脉相承、相互贯通、有机统一的，深刻揭示了民主的价值理念、评判标准，阐明

了我们党关于民主的立场、观点、方法，体现了深邃的政治思维、理论思维、实践思维，标志着我们党对民主政治发展规律的认识达到了新的高度，是马克思主义关于人民民主思想中国化的最新成果，也为推动人类政治文明进步提供了中国智慧。

“民主是各国人民的权利，而不是少数国家的专利。一个国家是不是民主，应该由这个国家的人民来评判，而不应该由外部少数人指手画脚来评判”，“用单一的标尺衡量世界丰富多彩的政治制度，用单调的眼光审视人类五彩缤纷的政治文明，本身就是不民主的”。习近平总书记这些掷地有声的论断，有力回击了一些西方国家长期以来对我国社会主义民主的傲慢攻击和无端指责，宣示了坚定的道路自信、制度自信。一些国家的民主，投票时人民被供在天上、捧在手里，投票结束后就被弃之不顾、置之不理，甚至踩在脚下；一些政治明星参加竞选时把人民利益时时刻刻挂在嘴边，当选后就抛在脑后，只计算党派和个人的利益得失，这样的民主不是真正的民主。中国共产党注重历史和现实、理论和实践、形式和内容有机统一，带领中国人民经过不懈努力和艰辛探索，找到了在中国这片大地上发展中国特色社会主义民主的正确道路，把民主价值和理念转化为科学有效的制度安排，转化为具体现实的民主实践，真正保证了中国人民当家作主。

## 二、增强对中国特色社会主义民主的自信和底气，坚定走中国特色社会主义政治发展道路的信心和决心

人民民主是社会主义的生命，是中国共产党始终高举的旗帜。习近平总书记在讲话中系统概括了我们党坚持和发展人民民主的“五个基本观点”，丰富和发展了中国特色社会主义民主的政治内涵、理论内涵、实践内涵，为马克思主义民主政治理论作出了原创性贡献。社会主义民主政治的本质和核心是人民当家作主，我们通过健全完备的制度体系保证人民当家作主，明确人民依法管理国家和社会事务的权利和途径，凝聚广大人民的智慧和力量创造自己的幸福生活。人民通过选举、投票行使权利和人民内部各方面在重大决策之前进行充分协商，尽可能就共同性问题取得一致意见，是中国社会主义民主的两种重要形式，共同构成了中国社会主义民主政治的制度特点和优势。目前正在各地进行的县乡两级人大换届选举，全国10亿多选民一人一票直接选举产生200多万名县乡两级人大代表，组织地方国家权力机关，代表人民行使国家权力；在选举的选区划分、选民登记、提名推荐、介绍候选人、组织投票等各个环节，都广泛动员人民群众参加，积极听取来自人民的声音，依法保障选民的知情权、参与权、监督权，这是我国社会主义民主最为生动、最为直接的体现。

中国特色社会主义政治发展道路是符合中国国情、保证人民当家作主的正确道路。新中国成立以来特别是改革开放以来，我们党团结带领人民，深化对社会主义民主政治的认识，成功开辟中国特色社会主义政治发展道路。这一政治发展道路，是近代以来中国人民长期奋斗历史逻辑、理论逻辑、实践逻辑的必然结果，是坚持党的本质属性、践行党的根本宗旨的必然要求。这一政治发展道路的关键是坚持党的领导、人民当家作主、依法治国有机统一，核心是坚持党的领导。人民代表大会制度是坚持党的领导、人民当家作主、依法治国有机统一的根本政治制度安排。坚定不移走中国特色社会主义政治发展道路，必须坚持宪法确定的人民民主专政的国体和人民代表大会制度的政体不动摇，不断推进社会主义民主政治制度化、规范化、程序化，把我国社会主义民主政治的特点和优势充分发挥出来。

习近平总书记指出，“可以借鉴人类政治文明的有益成果，但绝不照搬西方政治制度模式。”中国的发展成就特别是抗击疫情的表现和成绩，使东方之治和西方之乱形成鲜明对比，充分展现了中国特色社会主义政治发展道路的巨大优越性。邓小平同志也曾经指出：“社会主义国家有个最大的优越性，就是干一件事情，一下决心，一作出决议，就立即执行，不受牵扯。”“这方面是我们的优势，我们要保持这个优势，保证社会主义的优越性。”在政治制度、政治发展道路这些事关党和国家前途命运的重大原则问题上，我们要始终保持头脑清醒、旗帜鲜明，始终坚持中国特色社会主义政治发展道路的方向不变、立场不变、决心不变、步伐不变，绝不放弃中国政治制度的根本，绝不走西方“宪政”、多党竞选、“三权鼎立”、“两院制”、“司法独立”的路子。

## 三、深刻认识和把握全过程人民民主重大理念，发挥人大在发展全过程人民民主中的重要作用

全过程人民民主重大理念是对社会主义民主

政治理论的升华和发展。2019 年 11 月，习近平总书记在上海虹桥街道考察全国人大常委会法工委立法联系点时，首次提出“人民民主是一种全过程的民主”。在庆祝中国共产党成立 100 周年大会上，习近平总书记强调“发展全过程人民民主”。在这次会议上，习近平总书记第一次对全过程人民民主作了全面阐述、提出明确要求，讲清楚了我国全过程人民民主的本质属性、重要特征、巨大优势和发展要求，鲜明展示了我们党实现和保证人民当家作主、始终高举人民民主旗帜的坚定立场，为新时代推进全过程人民民主建设提供了指引和遵循。

学习领会习近平总书记关于发展全过程人民民主的论述要求，我们要深刻认识到：全过程人民民主是社会主义民主的本质特征，体现了国家一切权力属于人民的宪法原则，体现了全心全意为人民服务的根本宗旨，能够更好体现人民意志、维护人民权益、激发人民创造，保证了人民当家作主具体地、现实地落实到国家政治生活和社会生活之中；我国全过程人民民主既有完整的制度程序，也有完整的参与实践，体现在保障人民依法实行民主选举、民主协商、民主决策、民主管理、民主监督的各方面法律制度和具体工作上，实现了过程民主和成果民主、程序民主和实质民主、直接民主和间接民主、人民民主和国家意志相统一，是全链条、全方位、全覆盖的民主，是最广泛、最真实、最管用的社会主义民主；全过程人民民主是在党的领导下形成、发展和实现的，党的领导是实行全过程人民民主的根本政治保证，只有始终坚持党的领导、全面落实党的领导，全过程人民民主才能有序推进，人民当家作主才能充分实现。

习近平总书记指出，“人民代表大会制度是实现我国全过程人民民主的重要制度载体。”这一制度承载着党的初心和使命，反映了人民的利益和意志；这一制度的设计和安排，体现了发展全过程人民民主的要求；这一制度的运行和实践，有力实现和保障了全过程人民民主。坚持好完善好人民代表大会制度，就是践行党的初心和使命，就是发展全过程人民民主，就是支持和保证人民当家作主。各级人大及其常委会要把发展全过程人民民主作为重要职责和光荣使命，扎实推进全过程人民民主建设。要在党的领导下，不断扩大人民有序政治参与，加强人权法治保障，保证人民依法享有广泛权利和自由。要完善人民代表大会及其常委会运行的制度机制，保证人民通过法定的途径、渠道、方式、程序全程参与人大各方面各环节工作，确保党和国家在决策、执行、监督落实各个环节都能听到来自人民的声音。要完善人大的民主民意表达平台和机制，做好人大协商、立法协商等工作，通过调研、座谈、论证、咨询、听证、公开征求意见、立法联系点和基层联系点等方式，最大限度吸纳民意、汇集民智，把各方面社情民意统一于最广大人民根本利益之中。要加强对中国特色社会主义民主、对人民代表大会制度的理论研究和宣传阐释工作，讲清楚我国政治制度的特点和优势，讲好中国民主故事。

## 四、在党的领导下坚持和完善人民代表大会制度，更好发挥国家根本政治制度作用

在中国建立什么样的政治制度，是近代以后中国人民面临的一个历史性课题。为解决这一历史性课题，中国共产党领导中国人民进行了艰辛探索。我们党自成立之日起，就把为中国人民谋幸福、为中华民族谋复兴作为自己的初心使命，在领导中国人民进行艰苦卓绝的革命斗争的同时，对建立新型人民民主政权进行了理论思考和探索实践，找到了适合中国国情的根本政治制度，这就是共产党领导的、人民当家作主的、民主集中制的人民代表大会制度。1954 年 9 月，一届全国人大一次会议召开，通过了《中华人民共和国宪法》，标志着人民代表大会制度这一国家根本政治制度正式建立。

制度竞争是综合国力竞争的重要方面，制度优势是一个国家赢得战略主动的重要优势。制度稳则国家稳，制度强则国家强。60 多年来特别是改革开放 40 多年来，人民代表大会制度在党的领导下不断巩固、完善、发展，有效保证国家沿着社会主义道路前进，有效保证国家治理跳出治乱兴衰的历史周期率，有效保证国家政治生活既充满活力又安定有序，为我们党领导人民创造经济快速发展奇迹和社会长期稳定奇迹提供了重要制度保障。习近平总书记强调，人民代表大会制度是符合我国国情和实际、体现社会主义国家性质、保证人民当家作主、保障实现中华民族伟大复兴的好制度，是我们党领导人民在人类政治制度史上的伟大创造，是在我国政治发展史乃至世界政治发展史上具有重大意义的全新政治制度。这是对我国的根本政治制度新概括新定位新论断，集中阐释了实行人民代表大会制度的历史必然、优势功效和世界价值。对于党领导人民历经千辛万苦、付出巨大代价建立的这一国家根本政治制度，必须倍加珍惜、长期坚持、全面贯彻、不断完善。

党的十八大以来，以习近平同志为核心的党中央高度重视、全面加强对人大制度建设和人大工作的领导，形成了习近平总书记关于坚持和完善人民代表大会制度的重要思想，推动人大工作取得历史性成就，推动人民代表大会制度更加成熟、更加定型。在这次会议上，习近平总书记用“六个必须坚持”，系统概括了党的十八大以来党中央推进人民代表大会制度理论和实践创新的新理念新思想新要求，丰富和拓展了人民代表大会制度的科学内涵、本质特征和实践要求。在新时代新征程，我们必须坚持中国共产党的领导，必须坚持用制度体系保障人民当家作主，必须坚持全面依法治国，必须坚持民主集中制，必须坚持中国特色社会主义政治发展道路，必须坚持推进国家治理体系和治理能力现代化，推动人民代表大会制度与时俱进、完善发展，更好把国家根本政治制度优势转化为治理效能，保证党领导人民依法有效治理国家。

### 五、坚持围绕党和国家工作大局履职尽责，推动新时代人大工作高质量发展

新时代人大工作面临新形势新任务新要求。习近平总书记对坚持和完善人民代表大会制度、加强和改进新时代人大工作作出系统部署，提出了全面贯彻实施宪法、加快完善中国特色社会主义法律体系、用好宪法赋予人大的监督权、充分发挥人大代表作用、加强人大自身建设、加强党对人大工作的全面领导的六个方面重要任务，既为我们指明了目标方向，也给我们提供了路径方法。我们要全力以赴抓好贯彻落实，紧跟党中央重大决策部署，紧贴人民群众美好生活需要，紧扣推进国家治理体系和治理能力现代化、全面建设社会主义现代化国家的需求，为实现党确定的奋斗目标作出应有贡献。

党的全面领导是人大工作最高政治原则。党的十八大以来人大工作取得的历史性成就充分证明，党的领导坚持得越好，人大工作就越有成效，人民代表大会制度的优越性就越能得到彰显。要始终坚持党对人大工作的全面领导，增强“四个意识”、做到“两个维护”，自觉用习近平新时代中国特色社会主义思想统揽和指引人大工作，保证党的理论路线方针政策和党中央决策部署在人大工作中得到全面贯彻和有效执行。要严格执行请示报告制度，人大工作中的重大问题、重要事项、重要情况及时向党中央请示报告。紧紧围绕党和国家工作大局履职尽责，切实做到党和国家工作重心在哪里，人大工作就跟进到哪里，力量就汇聚到哪里，作用就发挥到哪里。

要以宪法为根本的活动准则，维护宪法权威和尊严，保证宪法实施。与时俱进完善中国特色社会主义法律体系，坚持党对立法工作的集中统一领导，深入推进科学立法、民主立法、依法立法，以良法促进发展、保障善治。各级人大及其常委会要实行正确监督、有效监督、依法监督，确保宪法法律得到有效实施，确保行政权、监察权、审判权、检察权依法正确行使。充分发挥人大代表作用，做到民有所呼、我有所应，使发挥各级人大代表作用成为人民当家作主的重要体现。

习近平总书记明确提出，各级人大及其常委会要“成为自觉坚持中国共产党领导的政治机关、保证人民当家作主的国家权力机关、全面担负宪法法律赋予的各项职责的工作机关、始终同人民群众保持密切联系的代表机关”。这对人大自身建设指明了正确方向，是新时代加强各级人大自身建设的新定位、新目标、新抓手。要按照“四个机关”的新要求，坚持以政治建设为统领，全面加强人大机关的思想建设、组织建设、作风建设、纪律建设，把制度建设贯穿其中，不断提升参谋助手和服务保障工作水平，努力打造政治坚定、服务人民、尊崇法治、发扬民主、勤勉尽责的人大工作队伍。

## 坚持党的全面领导　推动新时代人大制度建设和人大工作高质量发展

全国人大常委会办公厅

党的十九大以来，以习近平同志为核心的党中央高度重视、全面加强对人大工作的领导，首次召开人大工作会议，印发指导性文件，推动人大制度建设和人大工作取得新的重大成就。全国人大

及其常委会坚持以习近平新时代中国特色社会主义思想为指导，全面贯彻党的十九大和十九届历次全会精神，贯彻落实中央人大工作会议精神，增强“四个意识”、坚定“四个自信”、做到“两个维护”，坚持党的领导、人民当家作主、依法治国有机统一，发展全过程人民民主，全面提升宪法实施和监督、立法、监督、代表、对外交往等各项工作水平，加强自身建设，人大工作高质量发展迈上新台阶。

## 一、把坚持党的全面领导作为首要政治原则，确保党的领导贯彻于人大工作各方面全过程

新时代坚持和完善人民代表大会制度、加强和改进人大工作，最根本的是要坚持党的全面领导，保证党领导人民依法有效治理国家。全国人大及其常委会毫不动摇坚持党中央集中统一领导，把对“两个确立”的政治认同、情感认同转化为“两个维护”的实际行动，确保人大制度按照党中央指明的方向发展，确保人大工作沿着党中央确定的道路前进。

*坚持以党的创新理论统揽和指导人大工作。*深入学习贯彻习近平新时代中国特色社会主义思想，特别是把学习贯彻习近平法治思想、习近平总书记关于坚持和完善人民代表大会制度的重要思想作为基本功和必修课。常委会党组、机关党组每次会议的第一项议程，都是传达学习习近平总书记重要讲话和党中央重要会议、重要文件精神，已经成为制度化安排。连续 4 年召开深入学习贯彻习近平总书记关于坚持和完善人民代表大会制度的重要思想交流会，推动各级人大学习贯彻工作走深走实、入脑入心。

*胸怀“国之大者”，聚焦党和国家工作大局积极主动履职尽责。*健全和执行习近平总书记重要指示批示和党中央决策部署的落实和督办工作机制，建立贯彻落实台账，确保一项项落到实处。努力吃透党中央精神，创造性地开展工作，推动党中央重大决策部署落地见效。

*完善和落实党领导人大工作的制度机制，确保人大各项工作都在党的领导下进行。*严格执行请示报告制度，常委会党组每年向中央政治局常委会汇报年度工作，人大重要会议、重要立法、重要工作、重大事项等，都及时向党中央请示报告。常委会党组、机关党组全面履行领导责任，完善党组工作规则，充分发挥党组把方向、管大局、保落实的作用。党员干部牢固树立党的意识，带头贯彻党的主张和意图，担当尽责、作出表率，确保党的理论、路线、方针政策和决策部署在人大工作中得到全面贯彻和有效执行。

## 二、践行全过程人民民主重大理念，把人大各项工作建立在坚实的民意基础之上

人民代表大会制度是实现我国全过程人民民主的重要制度载体。全国人大及其常委会认真贯彻落实发展全过程人民民主的要求，不断扩大人民有序政治参与，通过法定和有序的途径、渠道、方式、程序，保证人民的知情权、参与权、表达权、监督权落实到人大工作各方面各环节全过程，确保在决策环节、执行环节、监督落实环节都能听到来自人民的声音。

*健全保障全过程人民民主的法律制度。*修改全国人大组织法和全国人大议事规则，将坚持全过程民主、发挥代表在全过程民主中的作用等写进法律。修改选举法有关规定，增加县乡两级人大代表名额约 31 万名，代表的广泛性、代表性显著提升。目前，新一轮县乡人大换届选举工作已基本完成，全国 10 亿多选民一人一票直接选举产生 200 多万名县乡两级人大代表。今年还将对地方组织法、全国人大常委会议事规则进行修改，进一步完善发展全过程人民民主的措施和要求。

*完善人大的民主民意表达平台和机制。*人大审议制定法律法规，决定经济社会发展重大问题和事关人民群众切身利益的事项等，都通过调查研究、座谈、论证、咨询、听证、恳谈等方式，最大限度吸纳民意、汇聚民智。建立常态化的法律草案公开征求意见机制，本届以来，共有 128 件次法律草案向社会公布征求意见，97 万多人次参与，提出 296 万余条意见。民法典制定过程中，先后 10 次公开征求意见，累计收到 42.5 万人提出 102 余万条意见建议。设立基层立法联系点 22 个、基层预算审查监督联系点 5 个，推动全国各地设立“代表家站”22 万多个，通过这些联系群众的工作平台，深入听取人民群众意见建议，保障人民群众、人大代表更加有效地参与人大工作，参与管理国家和社会事务。

## 三、全面贯彻实施宪法，保证宪法确立的制度、原则、规则得到全面实施

切实担负起推动宪法贯彻实施的法定职责和光荣使命，全面贯彻实施宪法，履行宪法监督职责，坚决维护宪法权威和尊严。

修改宪法，完善宪法相关法律制度。贯彻党中央决策部署，完成宪法修改的崇高任务，夯实国家长治久安的制度根基。修改国旗法、国徽法等，弘扬爱国主义精神。制定监察法，作出国务院机构改革有关决定，修改人民法院组织法、人民检察院组织法等，健全国家机构组织和工作法律制度。建立健全香港特别行政区维护国家安全的法律制度和执行机制，完善香港特别行政区选举制度，维护香港宪制秩序、法治秩序。

实施宪法规定的特赦和授勋制度。新中国成立70周年之际，作出关于授予国家勋章和国家荣誉称号的决定、关于对部分服刑罪犯予以特赦的决定。作出关于授予在抗击新冠肺炎疫情斗争中作出杰出贡献的人士国家勋章和国家荣誉称号的决定。

认真开展合宪性审查、备案审查工作。成立全国人大宪法和法律委员会，增加宪法实施和监督、宪法解释等工作职责。制定实施关于推进合宪性审查工作的实施意见。2018年以来，共审查报送备案的行政法规、监察法规、地方性法规等6497件，认真研究公民、组织提出的审查建议12852件，坚决纠正违宪违法问题，维护国家法治统一。

加强宪法宣传教育。认真落实宪法宣誓制度，组织好宪法宣誓，增强国家工作人员宪法意识，带头做宪法的忠实崇尚者、自觉遵守者、坚定捍卫者。开展好国家宪法日活动，带动各级各地开展丰富多彩的宪法宣传活动。推动实施“七五”普法决议、作出开展“八五”普法的决议，召开深入学习宣传和贯彻实施宪法座谈会、澳门基本法实施20周年座谈会等，在全社会形成尊崇宪法、尊法守法用法的良好氛围。

## 四、加快完善中国特色社会主义法律体系，为全面建设社会主义现代化国家提供法律保障

深入贯彻习近平法治思想，坚持科学立法、民主立法、依法立法，在确保质量的前提下加快立法工作步伐，以良法促进发展、保障善治。本届以来，共制定法律41件，修改法律101件次，作出有关法律问题和重大问题的决定44件，立法数量和质量明显提升。

加强重点领域、新兴领域、涉外领域立法。制定外商投资法、电子商务法、海南自由贸易港法、乡村振兴促进法，修改科技进步法、证券法等，以高质量立法推动高质量发展。作出有关授权决定和改革决定44件，涉及自由贸易试验区发展、营商环境创新、房地产税改革试点、司法体制改革等领域，确保国家发展、重大改革于法有据。加快国家安全立法，制定出口管制法、数据安全法、反外国制裁法，修改反恐怖主义法、国家情报法等。制定修改长江保护法、固体废物污染环境防治法等10多部相关法律，用最严格的制度、最严密的法治划定生态红线，守护绿水青山。

丰富立法形式。统筹立改废释纂，坚持既要搞“大块头”，又要搞“小快灵”，增强立法的针对性、适用性、可操作性。民法典共7编1260条，是新中国成立以来第一部以“法典”命名的法律。积极开展“小切口”立法，制定反食品浪费法、反外国制裁法等，推动立法工作进一步向专业化、具体化方向发展。应对新冠肺炎疫情，制定实施专项立法修法计划，统筹推进30件立法修法项目，强化公共卫生法治保障体系。

充分发挥人大在立法工作中的主导作用。紧扣党中央决策部署，围绕中心、服务大局，注重发挥在确定立法选题、组织法案起草、审议把关中的主导作用。本届以来，已制定的41件法律中，由人大提请审议或牵头起草的法律案占总数的44%，较往届同期有明显提升。生物安全法、湿地保护法、陆地国界法等重要法律案由全国人大有关专门委员会牵头。

## 五、用好宪法赋予人大的监督权，实行正确监督、有效监督、依法监督

牢牢把握依照法定职责、限于法定范围、遵守法定程序的原则，深入落实党中央决策部署，围绕大局、贴近民生、突出重点开展监督工作。本届以来，听取审议专项工作报告128个，检查1个决定和24部法律实施情况，开展专题询问10次，专题调研25次，全面加强对法律实施和“一府一委两院”工作的监督。

*加强专项工作监督。*围绕供给侧结构性改革、贯彻创新驱动发展战略、生态环保、脱贫攻坚、乡村振兴、建设现代综合交通运输体系、文化产业发展等听取国务院专项工作报告，推动法律更好实施和做好有关工作。探索加强对监察、司法工作的监督，首次听取审议国家监察委员会专项工作情况报告，首次对“两高”专项工作报告开展专题询问。听取审议关于常委会组成人员审议意见办理情况报告，跟踪监督力度进一步强化。出台加强调研成果转化运用的办法，专题调研服务人大工作、提供决策和工作参考的作用进一步凸显。

*认真履行预算审查监督和国有资产管理监督职责。*推动预算审查监督工作重点向支出预算和政策拓展，实现绩效评价结果与完善政策和安排预算挂钩。就审计查出突出问题整改情况监督制定有关意见、开展专题询问，突出整改问效。指导地方人大加强政府债务审查监督。制定国有资产监督五年规划，连续 4 年听取审议国务院关于国有资产管理情况的年度综合报告和专项报告，基本摸清各类别国有资产家底。推动实现省级、设区的市级、县级地方建立国有资产管理情况报告制度全覆盖。

*紧扣法律规定开展执法检查。*聚焦法律制度和法律职责的落实，逐条对照法律规定开展检查，采用实地检查、暗访、点名曝光、第三方评估等做法，确保法律的“牙齿”真正咬合，法律监督的刚性得到真正体现。连续 4 年分别开展大气污染防治法、水污染防治法、土壤污染防治法、固体废物污染环境防治法等生态环保领域重要法律的执法检查，栗战书委员长亲自带队，一条条对照检查法律实施情况，以法治方式助力打好污染防治攻坚战。

## 六、加强代表工作能力建设，服务和保障人大代表依法履职

树立为代表服务意识，完善代表工作制度机制，制定并落实加强和改进代表工作的 35 条具体措施，推动代表工作全面提质增效。

*密切常委会同代表、代表同人民群众的联系。*常委会组成人员直接联系 439 位全国人大代表，通过面谈、座谈、走访、微信、邮件等多种形式，切实做到真联系，取得真效果。健全预算审查联系代表、专门委员会对口联系代表等机制。建立常委会会议期间与列席代表座谈机制，本届以来召开 14 次列席代表座谈会，共有 700 余人次代表参加。

*做好代表议案和建议办理工作。*按照“内容高质量、办理高质量”“既要重结果，也要重过程”的要求，高度重视代表议案和建议工作。本届以来，收到代表提出的议案 1795 件、建议 33400 余件。大会期间代表提出的议案和建议均办理完毕并反馈。闭会期间代表提出的建议按规定交由有关单位研究办理，做到即收即办、逐件反馈。完善代表议案建议交办协调工作机制，协调解决意见最集中、反映最突出的问题，推动议案建议转化为促发展、惠民生、暖民心的政策举措。

*支持和保障代表依法履职。*服务 2800 余人次代表参加“一府一委两院”活动；组织 5700 余人次代表参加专题调研，并形成 280 篇调研报告；组织港澳全国人大代表通过视频、座谈等方式开展调研。加强代表履职能力建设。开设全国人大网络学院，开设人大特色专栏，举办网络视频学习班和线上线下相结合的代表学习班，建设代表工作信息化平台。不仅扩大代表培训覆盖面，而且满足代表多样化、个性化的学习需求，推动人大代表思想政治水平、法律政策水平、专业知识水平进一步提高。

## 七、推进人大对外交往工作，更好发挥立法机构对外交往特点优势

贯彻习近平外交思想，发挥自身特点优势，以推动落实国家元首外交共识为主线，积极推动立法机构间交流合作，更好服务国家战略、维护国家利益。

*深化立法机构双边和多边交往。*全国人大成立了 132 个对外友好小组，与 22 个国家议会建立了定期交流机制，与近 190 个国家和地区议会保持交往与联系，与 50 多个国家议会签署了友好合作协议。新冠肺炎疫情发生以来，通过视频会晤等方式，举行双边视频活动 170 场，线上出席国际会议 100 场，通话交流 36 场，线下外事活动 60 场，外交信函 1400 多件，同各国议会双边交往不降反增。充分利用双边交往和各国议会联盟、二十国集团议长会议等多边场合，积极宣介习近平新时代中国特色社会主义思想，宣介中国共产党百年奋斗重大成就和历史经验，宣介阐释“人类命运共同体”等理念，推动国际社会深入了解中国道路、中国制度、中国主张。在重要时间节点、围绕重大问题与各国议会互致信函，通过“鸿雁传书”，增进理解和互信。

*发声亮剑、善于斗争。*在涉及国家主权、安全

和发展利益问题上，通过发言人机制对外发声，开展法律的、政治的、外交的斗争，斗争力度和实效进一步增强。

## 八、牢牢把握“四个机关”基本定位，全面加强常委会自身建设

围绕做到政治可靠、尊崇法治、发扬民主、服务人民、运行高效，努力建设自觉坚持中国共产党领导的政治机关、保证人民当家作主的国家权力机关、全面担负宪法法律赋予的各项职责的工作机关、始终同人民群众密切联系的代表机关。

*加强思想政治建设。*自觉把党的政治建设摆在首位，提高政治判断力、政治领悟力、政治执行力。按照党中央统一部署，扎实开展“两学一做”学习教育、“不忘初心、牢记使命”主题教育、党史学习教育等，增加历史自信、增进团结统一、增强斗争精神。常委会党组每年听取机关党组党建工作汇报，指导机关党组自觉接受中央巡视并认真做好整改工作，用两年时间完成机关内部巡视全覆盖，推动全国人大党的建设质量不断提升。

*完善工作制度机制。*严肃会风会纪，常委会会议平均出席率超过96%。适应疫情防控常态化需要，制定全国人大例会和其他重要会议改进会风的具体措施。按照紧凑高效的原则，合理安排会议日程，优化会议流程，提高审议质量，提升大会网络视频会议、“云听会”质量。开办国家法律法规数据库。

*充分发挥专门委员会作用。*成立专门委员会分党组，修订专门委员会分党组工作规则，推进分党组工作规范化、制度化。各专门委员会高质量、高效率完成立法、监督、代表议案建议办理等工作，协助常委会做好备案审查工作，组织开展专题调研，持续跟踪监督常委会审议意见研究处理情况。

# 大事记

与雅人

# 2021 年大事记

## 一　　月

**1 月 5 日**　十三届全国人大四次会议秘书处第一次筹备工作会议召开，王晨副委员长主持会议。

**1 月 6 日**　王晨副委员长出席部署组织全国人大代表研读讨论全国人民代表大会组织法修正草案、全国人民代表大会议事规则修正草案工作会议并讲话。

**1 月 7 日**　中共中央政治局常务委员会召开会议，听取全国人大常委会、国务院、全国政协、最高人民法院、最高人民检察院党组工作汇报，听取中央书记处工作报告。中共中央总书记习近平主持会议并发表重要讲话。

会议认为，过去一年，全国人大常委会、国务院、全国政协、最高人民法院、最高人民检察院党组毫不动摇坚持党中央集中统一领导，认真贯彻落实党中央决策部署，围绕党和国家工作全局履职尽责，切实加强党组自身建设，认真履行全面从严治党责任，为经济社会持续健康发展和社会大局稳定作出了积极贡献，各方面工作取得了新成效。

会议认为，过去一年，中央书记处贯彻党中央决策部署，认真履职尽责，在推动党中央决策部署贯彻落实、加强党内法规制度建设、指导群团工作和群团改革等方面做了大量工作。

会议强调，今年是决胜全面建成小康社会和“十三五”规划的收官之年。全国人大常委会、国务院、全国政协、最高人民法院、最高人民检察院党组要以习近平新时代中国特色社会主义思想为指导，全面贯彻党的十九大和十九届二中、三中、四中全会精神，增强“四个意识”、坚定“四个自信”、做到“两个维护”，始终在政治立场、政治方向、政治原则、政治道路上同党中央保持高度一致，把党的领导体现到工作各领域各方面各环节。要坚持稳中求进工作总基调，坚定不移贯彻新发展理念，观大势、谋全局、抓大事，凝心聚力、担当作为，扎扎实实做好各项工作，确保全面建成小康社会和“十三五”规划圆满收官。要按照新时代党的建设总要求，以政治建设为统领，加强党组自身建设，认真履行管党治党主体责任，巩固深化“不忘初心、牢记使命”主题教育成果，一以贯之落实中央八项规定及其实施细则精神。

会议强调，新的一年里，中央书记处要带头增强“四个意识”、坚定“四个自信”、做到“两个维护”，围绕中央政治局和中央政治局常委会工作安排，紧扣全面建成小康社会目标任务，完成好党中央交办的各项任务。

**1 月 11 日**　栗战书委员长出席省部级主要领导干部学习贯彻党的十九届五中全会精神专题研讨班开班式。

**1 月 12 日**　十三届全国人大常委会委员长会议召开第八十一次会议，栗战书委员长主持会议。会议决定，十三届全国人大常委会第二十五次会议 1 月 20 日至 22 日举行。

**1 月 13 日**　王晨副委员长以视频方式与匈牙利国会常务副主席玛特劳伊举行会谈。

**1 月 18 日**　栗战书委员长出席全国人大与柬埔寨国会视频交流活动开幕式并致辞，张春贤副委员长、杨振武秘书长陪同。

**1 月 19 日**　全国人大常委会法工委发言人对刑法修正案（十一）中调整未成年人法定最低刑事责任年龄作出回应。

**1 月 20 日至 22 日**　十三届全国人大常委会举行第二十五次会议。

会议听取全国人大宪法和法律委员会副主任委员丛斌关于动物防疫法修订草案审议结果的报告。在审议的基础上，会议印发全国人大宪法和法律委员会关于动物防疫法修订草案三次审议稿修改意见的报告。经过审议，会议通过修订后的《中华人民共和国动物防疫法》。

修订后的《中华人民共和国动物防疫法》共 12 章，113 条，包括总则，动物疫病的预防，动物疫情的报告、通报和公布，动物疫病的控制，动物和动物产品的检疫，病死动物和病害动物产品的无害化处理等，动物诊疗，兽医管理，监督管理，保障措施，法律责任，附则。本法自 2021 年 5 月 1 日起施行。

会议听取全国人大宪法和法律委员会副主任委员胡可明关于行政处罚法修订草案审议结果的报告。在审议的基础上，会议印发全国人大宪法和法律委员会关于行政处罚法修订草案三次审议稿修改意见的报告。经过审议，会议通过修订后的《中华人民共和国行政处罚法》。

修订后的《中华人民共和国行政处罚法》共 8 章，86 条，包括总则，行政处罚的种类和设定，行政处罚的实施机关，行政处罚的管辖和适用，行政处罚的决定，行政处罚的执行，法律责任，附则。本法自 2021 年 7 月 15 日起施行。

会议听取全国人大宪法和法律委员会副主任委员胡可明关于海警法草案审议结果的报告。在审议的基础上，会议印发全国人大宪法和法律委员会关于海警法草案三次审议稿修改意见的报告。经过审议，会议通过《中华人民共和国海警法》。

《中华人民共和国海警法》共 11 章，84 条，包括总则，机构和职责，海上安全保卫，海上行政执法，海上犯罪侦查，警械和武器使用，保障和协作，国际合作，监督，法律责任，附则。本法自 2021 年 2 月 1 日起施行。

会议听取最高人民法院院长周强关于设立北京金融法院的决定草案的说明。在审议的基础上，会议印发全国人大宪法和法律委员会对关于设立北京金融法院的决定草案审议结果的报告。经过审议，会议通过《全国人民代表大会常务委员会关于设立北京金融法院的决定》。本决定自 2021 年 1 月 23 日起施行。

会议听取司法部部长唐一军关于提请审议中华人民共和国和比利时王国关于移管被判刑人的条约的议案的说明。经过审议，会议通过《全国人民代表大会常务委员会关于批准〈中华人民共和国和比利时王国关于移管被判刑人的条约〉的决定》。

会议听取外交部副部长乐玉成关于提请审议中华人民共和国与摩洛哥王国引渡条约的议案的说明。经过审议，会议通过《全国人民代表大会常务委员会关于批准〈中华人民共和国与摩洛哥王国引渡条约〉的决定》。

会议听取全国人大监察和司法委员会副主任委员张苏军关于法律援助法草案的说明，全国人大教育科学文化卫生委员会副主任委员刘谦关于修订执业医师法的说明，全国人大环境与资源保护委员会主任委员高虎城关于湿地保护法草案的说明，全国人大社会建设委员会主任委员何毅亭关于家庭教育法草案的说明，国务院应急管理部党委书记、副部长黄明关于安全生产法修正草案的说明，国务院教育部副部长田学军关于教育法修正草案的说明，并对以上法律草案进行初次审议。

会议听取全国人大宪法和法律委员会副主任委员江必新、全国人大教育科学文化卫生委员会副主任委员吴恒、全国人大外事委员会主任委员张业遂关于第十三届全国人大三次会议主席团交付本委员会审议的代表提出的议案审议结果的报告。经过审议，会议通过这三个报告。

会议分别听取全国人大常委会副秘书长信春鹰关于全国人民代表大会常务委员会办公厅关于第十三届全国人民代表大会第三次会议代表建议、批评和意见办理情况的报告、国家卫生健康委员会副主任于学军关于国家健康委员会关于第十三届全国人大第三次会议代表建议、批评和意见办理情况的报告。

会议听取并审议全国人大常委会法制工作委员会主任沈春耀关于 2020 年备案审查工作情况的报告。

会议听取全国人大常委会代表资格审查委员会主任委员吴玉良关于个别代表的代表资格的报告。经过审议，会议通过这个报告。

会议任命杨万明为最高人民法院第一巡回法庭庭长。

会议还通过其他任免事项。

会议闭幕时，栗战书委员长发表讲话。栗战书说，会议通过海警法，为有效维护国家主权、安全和海洋权益提供法律保障。修改动物防疫法，突出保障人民群众生命健康安全，全方位健全动物卫生管理法律制度。修改行政处罚法，严格处罚程序和执法责任，推动法治政府建设。作出关于设立北京金融法院的决定，服务保障国家金融战略实施。会议初次审议了法律援助法、医师法、湿地保护法、家庭教育法草案和教育法、安全生产法修正草案。要认真研究审议意见和各方面意见建议，把草案进一步修改好。

栗战书指出，一年来，备案审查工作的程序机制更加健全，主动审查、专项审查的力度不断加大，督促纠正了一批与宪法法律不符的规范性文件，发挥了应有的监督功效。要持续推进备案审查制度和能力建设，切实维护宪法权威和国家法治统一。代表议案、建议办理工作做得深入扎实。十三届全国人大三次会议期间代表提出的议案、建议、批评和意见，闭会期间提出的建议，都已办理并答复代表，推动解决了一批实际问题。人大代表密切联系群众、反映人民意愿，依法提出议案建议，常委会统一交办、督办、答复，各有关方面认真研究、逐件办理，切实体现到政策、法律和工作之中。这就是我国人民代表大会制度的特点和优势，是最广泛、最真实、最管用的社会主义民主的生动写照，充分体现了“国家一切权力属于人民”这一基本原则。要坚定不移走中国特色社会主义政治发展道路，坚持和完善人民代表大会制度，进一步把我国社会主义民主政治的特点和优势充分发挥出来。

栗战书指出，全国人大常委会要深入学习贯彻习近平新时代中国特色社会主义思想，深入学习贯彻习近平法治思想和习近平总书记关于坚持和完善人民代表大会制度的重要思想，带头增强“四个意识”、坚定“四个自信”、做到“两个维护”，扎扎实实做好今年各项工作。一是坚持党对人大工作的全面领导；二是有效发挥在全面依法治国中的重要作用；三是切实支持人民当家作主；四是全面加强常委会自身建设；五是认真做好十三届全国人大四次会议筹备和组织工作，以优异成绩庆祝建党100周年。（全文见本书255页）

**1月20日**　十三届全国人大常委会第二十五次会议举行分组会议，审议动物防疫法修订草案、行政处罚法修订草案、关于设立北京金融法院的决定草案等。栗战书委员长参加审议。

**1月21日**　十三届全国人大常委会委员长会议召开第八十二次会议，栗战书委员长主持。会议决定将草案表决稿等提交常委会会议审议。

**1月22日**　十三届全国人大常委会委员长会议召开第八十三次会议，栗战书委员长主持。会议研究提请常委会会议表决事项。

**同日**　全国人大常委会发布公告。公告说，吉林省第十三届人大常委会第二十六次会议补选韩俊为第十三届全国人民代表大会代表。海南省第六届人大常委会第二十五次会议补选冯飞为第十三届全国人民代表大会代表。贵州省第十三届人大常委会第二十三次会议补选李炳军为第十三届全国人民代表大会代表。甘肃省第十三届人大常委会第二十一次会议补选任振鹤为第十三届全国人民代表大会代表。第十三届全国人民代表大会常务委员会第二十五次会议根据代表资格审查委员会提出的报告，确认韩俊、冯飞、李炳军、任振鹤的代表资格有效。北京市人大常委会决定罢免于志刚的第十三届全国人民代表大会代表职务。广东省人大常委会决定罢免李铁的第十三届全国人民代表大会代表职务。依照《中华人民共和国全国人民代表大会和地方各级人民代表大会代表法》的有关规定，于志刚、李铁的代表资格终止。依照《中华人民共和国全国人民代表大会和地方各级人民代表大会选举法》的有关规定，于志刚的第十三届全国人民代表大会常务委员会委员、全国人民代表大会宪法和法律委员会委员职务相应撤销。第十三届全国人民代表大会代表拉齐尼·巴依卡为抢救落水儿童英勇牺牲。全国人民代表大会常务委员会向拉齐尼·巴依卡代表见义勇为的壮举致以崇高敬意，对拉齐尼·巴依卡代表的英勇牺牲表示沉痛哀悼。拉齐尼·巴依卡的代表资格自然终止。截至目前，第十三届全国人民代表大会实有代表2952人。

**同日**　栗战书委员长出席十九届中央纪委第五次全体会议。

**同日**　栗战书委员长出席长江保护法实施座谈会并讲话，沈跃跃副委员长主持，副委员长王晨、丁仲礼，杨振武秘书长出席。

栗战书指出，长江保护法是习近平总书记亲自确定的重大立法任务。长江保护法把习近平总书记关于长江保护的重要指示要求和党中央重大决策部署转化为国家意志和全社会的行为准则，为长江母亲河永葆生机活力、中华民族永续发展提供了法治保障。全国人大常委会在党中央领导下，成立立法专班，用一年时间完成起草，又用一年时间进行了3次审议，2次向社会公布草案全文征求意见建议，于2020年12月通过长江保护法。实施好长江保护法，就是要践行习近平生态文明思想，走出一条生态优先、绿色发展之路，更好发挥长江经济带在践行新发展理念、构建新发展格局、推动高质量发展中的重要作用。

栗战书强调，长江保护法将于今年3月1日起施行。各地区各部门各方面要全面准确理解这部法律的主要内容和重要制度，切实抓好学习宣传贯彻工作，确保取得最佳的实施效果。一是坚持生态优先、绿色发展的战略定位。长江保护法首先是一部生态环境的保护法，实施中要始终把保护和修复生态环境摆在压倒性位置，依法严格规范各类开发、建设活动；长江保护法也是一部绿色发展的促进法，要全面落实法律规定，把握好生态环境保护和经济发展辩证统一关系。二是全面履行法定职责，在法治轨道上推进长江保护重点工作。要严格执行长江保护法的各项规定，用法律破解制约长江保护的热点、难点、痛点问题。三是坚持系统观念，增强长江保护的系统性、整体性、协同性。要依法建立长江流域协调机制，统一指导、监督长江保护工作。四是严格执法监督问责，切实增强法律的刚性和权威性，让胆敢挑战法律权威、破坏长江生态环境者付出沉重代价。五是加快推进相关立法修法工作，确保法律制度规范严密、衔接有序、协调统一。六是加强对法律的宣传教育普及,推动全社会增强法治意识和生态文明观念。(全文见本书 270 页)

**1 月 25 日** 栗战书委员长以视频方式与伊朗伊斯兰议会议长卡利巴夫举行会谈,杨振武秘书长陪同。

**1 月 26 日** 中共全国人大常委会党组举行会议,学习习近平总书记在十九届中央纪委五次全会上的重要讲话和全会精神,结合人大工作实际,研究部署落实举措。栗战书委员长主持会议并讲话。

会议认为,习近平总书记的重要讲话,高瞻远瞩、思想深邃、内涵丰富,是新时代新征程推进全面从严治党向纵深发展的重要遵循,具有很强的政治性、思想性、指导性。党的十八大以来,以习近平同志为核心的党中央坚定不移全面从严治党,党风廉政建设和反腐败斗争取得历史性成就。这次抗疫斗争是对全面从严治党成效的一次集中检阅,再次彰显了党中央的权威和坚强领导,展示了党组织的战斗堡垒作用和党员的先锋模范作用。要认真学习贯彻习近平总书记重要讲话和中央纪委五次全会精神,增强"四个意识"、坚定"四个自信"、做到"两个维护",以永远在路上的坚定和执着,一刻不停推进党风廉政建设和反腐败斗争,永葆先进性和纯洁性、永葆生机活力。

会议指出,全面从严治党首先要从政治上看。最首要的、最根本的是坚决做到"两个维护",坚定坚持党中央集中统一领导,始终忠诚核心、信赖核心、维护核心。常委会党组要大力加强政治建设,不断提高政治判断力、政治领悟力、政治执行力。要善于观大势、谋全局、抓大事,做到眼睛亮、见事早、行动快,从人大工作、法治建设角度推动发展、保障安全。要从维护国家政权安全、政治安全的高度,为完善党和国家监督体系、完善权力运行和监督制约机制提供法治保障。

会议强调,要充分发挥全面从严治党引领保障作用。把贯彻落实习近平总书记重要指示批示和党中央决策部署情况,作为检验党性、衡量党建质量的标准。今年人大各项工作都要围绕开好局、起好步来展开,勇于担当、善于作为,紧扣贯彻新发展理念、构建新发展格局、实现高质量发展,加强重点领域、新兴领域、涉外领域立法,保证宪法法律有效实施、权力依法正确行使,为实现"十四五"时期发展目标任务作贡献。

会议要求,要切实担负起管党治党责任,把严的主基调长期坚持下去,态度不变、决心不减、尺度不松,把党风廉政建设和反腐败工作不断推向深入。要严格执行中央八项规定及其实施细则精神,坚决反对形式主义、官僚主义,筑牢正风肃纪反腐堤坝。全国人大机关要做好中央巡视整改工作,组织好内部巡视,切实防止"灯下黑"问题,努力建设让党中央放心、让人民群众满意的模范机关。

副委员长王晨、曹建明、张春贤、沈跃跃、吉炳轩、艾力更·依明巴海、王东明、白玛赤林,秘书长杨振武出席会议并发言。

**1 月 27 日** 栗战书委员长以视频方式与巴基斯坦国民议会议长凯瑟举行会谈,艾力更·依明巴海副委员长、杨振武秘书长陪同。

**1 月 29 日至 30 日** 王晨副委员长在河南调研,深入郑州市郑东新区、中铁工程装备集团有限公司、河南农科院国家生物育种产业创新中心、安图生物公司等地,分别听取中原科技城规划建设情况介绍、察看隧道掘进装备等研发生产情况、了解体外诊断试剂生产供应和服务疫情防控情况。还看望了中铁工程装备集团有限公司总工程师王杜娟和著名小麦育种专家许为钢两位全国人大代表,同他们交流并听取对人大工作的意见建议。

## 二　月

**2 月 2 日** 王晨副委员长与德国联邦议院副议长弗里德里希共同主持中国全国人大与德国"中国之桥"协会视频会议。

**2 月 4 日** 十三届全国人大四次会议秘书处召开第二次筹备工作会议,王晨副委员长主持并讲话。

**2 月 9 日** 十三届全国人大常委会委员长会议召开第八十四次会议,栗战书委员长主持。会议决定,十三届全国人大常委会第二十六次会议 2 月 27 日至 28 日举行。

**2 月 10 日** 栗战书委员长出席中共中央、国务院 2021 年春节团拜会。

**2 月 19 日** 栗战书委员长以视频方式与匈牙利国会主席格维尔举行会谈,白玛赤林副委员长、杨振武秘书长陪同会见。

**2月20日**　栗战书委员长出席党史学习教育动员大会。

**2月22日至23日**　沈跃跃副委员长在北京市就生态环境保护有关工作进行调研。

**2月24日**　王晨副委员长出席国家法律法规数据库开通仪式并讲话,杨振武秘书长主持。

**同日**　全国人大外事委员会发言人就加拿大众议院通过涉疆错误动议发表谈话。针对加拿大众议院通过涉疆错误动议,全国人大外事委员会发言人尤文泽表示,该动议严重歪曲事实,肆意攻击中国的新疆政策,是对中国内政的粗暴干涉和对中国人民的恶意挑衅。我们对此表示强烈不满和坚决反对。发言人指出,中国宪法、民族区域自治法等法律对于保障少数民族发展和权益作了明确规定,包括各族妇女在内的新疆各界民众依法享有宪法法律保障的各项人权。2010年至2018年,新疆维吾尔族人口从1017万增长至1272万,增幅达25%,不仅高于全疆人口14%的增幅,更是明显高于汉族2%的增幅。所谓"种族灭绝"纯属无稽之谈、一派胡言。发言人强调,新疆根本不存在所谓"拘留营""再教育营"。新疆依法设立属于学校性质的职业技能教育培训中心,践行了联合国《防止暴力极端主义行动计划》所倡导的利用发展、教育等资源遏制极端思潮的理念,完全符合《联合国全球反恐战略》的原则和精神,是预防性反恐和去极端化的重要举措,是有效的。新疆已连续四年多未发生暴恐案件就是证明。当前,新疆社会持续稳定,人民安居乐业,民族团结和睦,各族人民生命权、健康权、发展权等基本权利得到有力保障,这是谁也不能否定的事实。发言人表示,加众议院有关动议是罔顾客观事实的政治谣言,是赤裸裸的抹黑诬蔑,充分暴露了加拿大一些政客破坏新疆发展稳定,干涉中国内政的伪善面孔和险恶用心。我们敦促这些人充分认清有关动议的严重危害性,立即停止借涉疆问题干涉中国内政的错误做法,以免进一步毒害中加关系气氛、给两国关系造成新的损害。

**2月25日**　栗战书委员长出席全国脱贫攻坚总结表彰大会。

**2月27日至28日**　十三届全国人大常委会举行第二十六次会议。

会议听取国务院港澳事务办公室主任夏宝龙关于修改完善香港特别行政区选举制度和有关建议的报告,全国人大常委会第八十五次委员长会议根据审议情况,提出了全国人民代表大会常务委员会关于提请审议全国人民代表大会关于完善香港特别行政区选举制度的决定草案的议案。经过审议,会议决定将这个决定草案提请十三届全国人大四次会议审议。

会议听取全国人大常委会代表资格审查委员会主任委员吴玉良关于个别代表的代表资格的报告。经过审议,会议通过这个报告。

会议听取财政部部长刘昆关于印花税法草案的说明,并对法律草案进行初次审议。

会议原则通过全国人大常委会工作报告稿,并委托栗战书委员长代表常委会向十三届全国人大四次会议报告工作。

会议通过十三届全国人大四次会议议程草案、主席团和秘书长名单草案,决定提请十三届全国人大四次会议预备会议审议,会议通过十三届全国人大四次会议列席人员名单。

会议听取并审议国家林业和草原局局长关志鸥作的国务院关于研究处理关于全国人民代表大会常务委员会关于全面禁止非法野生动物交易、革除滥食野生动物陋习、切实保障人民群众生命健康安全的决定和中华人民共和国野生动物保护法执法检查报告及审议意见情况的报告,最高人民法院院长周强关于民事诉讼程序繁简分流改革试点情况的中期报告。

会议决定免去鄂竟平的水利部部长职务,任命李国英为水利部部长。

会议任命王宁为全国人大宪法和法律委员会副主任委员,郑卫平为全国人大教育科学文化卫生委员会副主任委员,赵宗岐为全国人大外事委员会副主任委员。

会议任命喻红秋、傅奎为国家监察委员会副主任。

会议还通过其他任免事项。

会议闭幕时,栗战书发表讲话。栗战书说,本次常委会会议审议并原则通过常委会工作报告稿等有关文件,为召开十三届全国人大四次会议做了准备。全国人大常委会对全国人民代表大会负责、向大会报告工作是人民代表大会制度的重要安排。常委会组成人员和列席会议的同志对十三届全国人大三次会议以来常委会的工作给予充分肯定,普遍赞成常委会工作报告稿。对审议中提出的意见建议,要逐条梳理,抓紧修改完善报告稿,按程序提请十三届全国人大四次会议审议。

栗战书指出,会议初次审议了印花税法草案,要认真研究常委会组成人员的审议意见和各方面的意见建议,把草案进一步修改好。会议听取审议了国务院关于研究处理“一决定一法”执法检查报告及审议意见情况的报告，最高人民法院关于民事诉讼程序繁简分流改革试点情况的中期报告。安排听取审议这两个报告是对此前相关工作的跟踪问效。紧紧围绕党中央决策部署依法履职，多措并举、环环相扣、久久为功，是本届常委会工作的一个突出特点。要认真总结这方面的经验做法，对党中央大政方针和决策部署、人民群众所思所想所盼、经济社会发展中的难点痛点堵点问题，只要是人大职责所在，就要义不容辞地承担起来，持续发力、一抓到底，确保取得实实在在的效果。

栗战书强调，即将召开的十三届全国人大四次会议，是在全面建设社会主义现代化国家开局起步阶段召开的一次重要会议，是国家政治生活中的一件大事。开好这次大会，对于鼓舞和动员全国各族人民更加紧密地团结在以习近平同志为核心的党中央周围，坚定信心、振奋精神，做好今年经济社会发展工作，迈好“十四五”时期我国发展第一步，以优异成绩庆祝建党 100 周年，具有十分重要的意义。要聚焦主题认真审议，把思想和行动统一到党中央对形势的分析判断和重大决策部署上来，把人民群众的愿望呼声反映上来。要营造强信心、暖人心、聚民心的会议气氛和舆论氛围，及时、准确、全面反映和报道代表审议意见和会议动态，彰显畅所欲言、共商国是、共谋发展的生动局面。要以高度的政治责任感和使命感，紧凑高效做好会议组织筹备工作，全力以赴完成各项预定任务，保障大会顺利进行、圆满成功，把十三届全国人大四次会议开成民主、团结、求实、奋进的大会。（全文见本书 256 页）

会议结束后，十三届全国人大常委会举行第二十二讲专题讲座，栗战书委员长主持。外交学院副院长高飞作了题为《国际组织与全球治理》的讲座。

**2 月 27 日**　十三届全国人大常委会第二十六次会议分组审议拟提请十三届全国人大四次会议审议的全国人大常委会工作报告稿，栗战书委员长参加审议。

**同日**　十三届全国人大常委会委员长召开第八十五次会议，栗战书委员长主持。会议听取有关草案议案审议情况的汇报，决定将有关议案、草案等提交常委会会议审议。

**2 月 28 日**　十三届全国人大常委会委员长召开第八十六次会议，栗战书委员长主持。会议研究提请常委会会议表决事项。

**同日**　十三届全国人大常委会举行宪法宣誓仪式，曹建明副委员长主持并监誓。十三届全国人大常委会第二十六次会议任命王宁为全国人大宪法法律委副主任委员，郑卫平为全国人大教科文卫委副主任委员，赵宗岐为全国人大外事委副主任委员，李国英为水利部部长。根据宪法和全国人大常委会关于实行宪法宣誓制度的决定，全国人大机关有关负责同志参加了宣誓活动，上述人员依法进行宪法宣誓。

**同日**　全国人大常委会发布公告。公告说，黑龙江省第十三届人大常委会第二十四次会议补选胡昌升为第十三届全国人民代表大会代表。安徽省第十三届人大常委会第二十五次会议补选王清宪为第十三届全国人民代表大会代表。新疆维吾尔自治区第十三届人大常委会第二十三次会议补选多来提曼·开米克（塔吉克族）为第十三届全国人民代表大会代表。第十三届全国人民代表大会常务委员会第二十六次会议根据代表资格审查委员会提出的报告，确认胡昌升、王清宪、多来提曼·开米克的代表资格有效。河北省人大常委会决定罢免邓沛然的第十三届全国人民代表大会代表职务。江苏省人大常委会决定接受王立科辞去第十三届全国人民代表大会代表职务。依照《中华人民共和国全国人民代表大会和地方各级人民代表大会代表法》的有关规定，邓沛然、王立科的代表资格终止。截至目前，第十三届全国人民代表大会实有代表 2953 人。

**同日**　根据党中央有关规定，中央政治局委员、书记处书记，全国人大常委会、国务院、全国政协党组成员、最高人民法院、最高人民检察院党组书记向党中央和习近平总书记述职，习近平认真审阅述职报告并提出重要要求，强调要更加紧密团结在党中央周围，以实际行动和优异成绩庆祝建党 100 周年。

## 三　月

**3 月 3 日**　王晨副委员长主持召开十三届全国人大四次会议代表团召集人会议。

**3 月 4 日**　十三届全国人大四次会议、政协十三届全国委员会四次会议党员负责同志会议召开，习近平总书记作了重要讲话。

**同日** 十三届全国人大常委会委员长会议召开第八十七次会议，栗战书委员长主持。会议研究提请大会预备会议选举和表决事项。

**同日** 十三届全国人大四次会议举行预备会议。栗战书委员长主持会议。出席 2895 人，缺席 58 人，出席人数符合法定人数。栗战书在主持会议时宣布：第十三届全国人民代表大会第四次会议于 2021 年 3 月 5 日召开，大会的各项准备工作已经全部就绪。栗战书指出，十三届全国人大四次会议的指导思想是：以习近平新时代中国特色社会主义思想为指导，全面贯彻落实党的十九大和十九届二中、三中、四中、五中全会精神，增强“四个意识”、坚定“四个自信”、做到“两个维护”，坚持党的领导、人民当家作主、依法治国有机统一，紧紧围绕党和国家工作大局，认真履行宪法和法律赋予的职责，圆满完成大会各项任务，将大会开成一个民主、团结、求实、奋进的大会，动员全国各族人民更加紧密地团结在以习近平同志为核心的党中央周围，万众一心、开拓进取、扎实工作，为实现“十四五”时期经济社会发展的良好开局、夺取全面建设社会主义现代化国家新胜利而奋斗。

会议选举产生了由 174 人组成的大会主席团和秘书长。主席团成员有：丁仲礼、丁薛祥、乃依木·亚森、万鄂湘、习近平、马伟明、马逢国、王东明、王东峰、王光亚、王刚、王岐山、王沪宁、王国生、王建军、王砚蒙、王宪魁、王勇超、王晨、王银香、支月英、尤权、尹力、邓丽、邓凯、艾力更·依明巴海、左中一、石泰峰、布小林、旦正草、叶诗文、史大刚、史耀斌、白玛赤林、白春礼、丛斌、冯淑玲、吉狄马加、吉炳轩、吕世明、朱国萍、向巧、刘艺良、刘远坤、刘奇、刘国中、刘海星、刘家义、齐玉、江天亮、许为钢、许立荣、许宁生、许达哲、许其亮、阮成发、苏嘎尔布、杜德印、李飞、李飞跃、李玉妹、李伟、李作成、李希、李学勇、李钺锋、李家俊、李鸿、李鸿忠、李强、李锦斌、李静海、杨洁篪、杨洪波、杨振武、杨蓉、肖开提·依明、肖怀远、吴月、吴玉良、吴英杰、邱勇、何健忠、何毅亭、邹晓东、应勇、冷溶、汪其德、汪洋、汪鸿雁、沙沨、沈春耀、沈晓明、沈跃跃、张又侠、张少琴、张升民、张平、张业遂、张庆伟、张志军、张轩、张伯军、张国清、张春贤、张毅、陆东福、陈全国、陈希、陈竺、陈润儿、陈敏尔、陈锡文、武维华、苗华、林建华、林铎、罗保铭、罗萍、罗毅、郑军里、郑奎城、降巴克珠、赵乐际、赵宪庚、赵贺、郝明金、咸辉、哈尼巴提·沙布开、段春华、信春鹰、娄勤俭、洛桑江村、姚建年、骆惠宁、袁驷、袁家军、栗战书、夏伟东、徐延豪、徐绍史、徐留平、殷一璀、高红卫、高虎城、郭声琨、黄久生、黄龙云、黄志贤、黄坤明、黄路生、曹建明、曹鸿鸣、雪克来提·扎克尔、康志军、鹿心社、谌贻琴、彭清华、董中原、蒋卓庆、韩立平、景俊海、傅自应、傅莹、谢经荣、蓝天立、楼阳生、嘉木样·洛桑久美·图丹却吉尼玛、赫捷、蔡达峰、蔡奇、廖晓军、谭耀宗、魏后凯。秘书长为王晨。会议通过十三届全国人大四次会议议程。

**同日** 十三届全国人大四次会议主席团举行第一次会议，栗战书委员长主持会议。

会议推选栗战书、王晨、曹建明、张春贤、沈跃跃、吉炳轩、艾力更·依明巴海、万鄂湘、陈竺、王东明、白玛赤林、丁仲礼、郝明金、蔡达峰、武维华、杨振武为主席团常务主席。

会议通过十三届全国人大四次会议日程、大会全体会议执行主席。会议决定杨振武、信春鹰、李飞、徐绍史、张业遂、孔绍逊、李宝荣为大会副秘书长。会议指定张业遂兼任大会发言人。

会议通过十三届全国人大四次会议表决议案的办法。会议决定，代表提出议案的截止时间为 3 月 8 日 12 时。

**同日** 代表团、代表按法律规定讨论和提出议案或建议。

**同日** 十三届全国人大四次会议举行新闻发布会，大会发言人张业遂就大会议程和人大工作相关问题回答中外记者提问。为有效防控疫情，共同维护公共卫生与健康，新闻发布会采用网络视频形式进行。

**3 月 5 日** 《人民日报》发表题为《凝聚复兴伟力 奋进伟大征程》的社论，热烈祝贺十三届全国人大四次会议开幕。

**3 月 5 日至 11 日** 十三届全国人大四次会议举行。

5 日上午，十三届全国人大四次会议开幕。出席 2900 人，缺席 53 人，出席人数符合法定人数。会议执行主席是：栗战书、王晨、曹建明、张春贤、沈跃跃、吉炳轩、艾力更·依明巴海、万鄂湘、陈竺、王东明、白玛赤林、丁仲礼、郝明金、蔡达峰、武维华、杨振武，由栗战书主持。

会议听取国务院总理李克强代表国务院向大会作政府工作报告。报告共分三个部分：一、2020 年工作回顾；二、“十三五”时期发展成就和“十四五”时期主要目标任务；三、2021 年重点工作。

大会审查国民经济和社会发展第十四个五年

规划和 2035 年远景目标纲要草案、国务院关于 2020 年国民经济和社会发展计划执行情况与 2021 年国民经济和社会发展计划草案的报告及 2021 年国民经济和社会发展计划草案、2020 年中央和地方预算执行情况与 2021 年中央和地方预算草案的报告及 2021 年中央和地方预算草案。

会议听取王晨副委员长关于中华人民共和国全国人民代表大会组织法修正草案的说明。说明指出，全国人大组织法是关于全国人大及其常委会组织制度和工作制度的基本法律。党的十八大以来，习近平总书记就坚持和完善人民代表大会制度、发展社会主义民主政治发表一系列重要讲话。贯彻习近平总书记关于坚持和完善人民代表大会制度的重要思想和习近平法治思想，落实党中央重大决策部署，有必要认真总结实践经验，修改全国人大组织法，进一步完善全国人大及其常委会的组织制度和工作制度。草案共 37 条，主要修改内容包括：增设“总则”一章；完善全国人民代表大会主席团和全国人大常委会委员长会议职权相关规定；完善全国人大专门委员会相关规定；适应监察体制改革需要增加相关内容；健全全国人大常委会人事任免权；加强代表工作、密切与代表的联系。

会议听取王晨副委员长关于中华人民共和国全国人民代表大会议事规则修正草案的说明。说明指出，全国人大议事规则是关于全国人民代表大会会议制度和工作程序的基本法律。修改全国人大议事规则是坚持党的全面领导、加强全国人大政治建设的重要举措，是坚持全过程民主、保证和发展人民当家作主的制度保障，是深入总结实践经验、坚持和完善人民代表大会制度的客观要求，是深化党和国家机构改革、推进国家治理体系和治理能力现代化的现实需要。草案共 35 条，主要修改内容包括：明确会议召开的相关准备工作；严明会议纪律；适当精简会议程序，提高议事质量和效率；加强会议公开和信息化建设；完善法律案等议案审议程序；规范规划纲要的审查批准和调整程序；健全完善大会通过事项的公布程序。

会议听取王晨副委员长关于全国人民代表大会关于完善香港特别行政区选举制度的决定草案的说明。说明指出，香港特别行政区实行的选举制度包括行政长官的产生办法和立法会的产生办法，是香港特别行政区政治体制的重要组成部分。香港社会出现的一些乱象表明，香港现行的选举制度机制存在明显的漏洞和缺陷，必须采取必要措施完善香港选举制度，消除制度机制方面存在的隐患和风险，确保以爱国者为主体的“港人治港”。完善香港选举制度的总体思路是：以对香港特别行政区选举委员会重新构建和增加赋权为核心进行总体制度设计，调整和优化选举委员会的规模、组成和产生办法，继续由选举委员会选举产生行政长官，并赋予选举委员会选举产生较大比例的立法会议员和直接参与提名全部立法会议员候选人的新职能，通过选举委员会扩大香港社会均衡有序的政治参与和更加广泛的代表性，对有关选举要素作出适当调整，同时建立全流程资格审查机制，进而形成一套符合香港实际情况、有香港特色的新的民主选举制度。中央和国家有关部门经认真研究并与有关方面沟通后，提出采取“决定 + 修法”的方式，分步予以推进和完成。第一步，全国人民代表大会根据宪法和香港基本法、香港国安法的有关规定，作出关于完善香港特别行政区选举制度的决定，明确修改完善香港特别行政区选举制度应当遵循的基本原则和修改完善的核心要素内容，并授权全国人民代表大会常务委员会根据本决定修改香港基本法附件一和附件二。第二步，全国人大常委会根据宪法、香港基本法、香港国安法和全国人大有关决定，修订香港基本法附件一《香港特别行政区行政长官的产生办法》和附件二《香港特别行政区立法会的产生办法和表决程序》，修订后的附件一和附件二将对香港特别行政区实行的新的民主选举制度作出具体明确的规定。

香港特别行政区行政长官林郑月娥、澳门特别行政区行政长官贺一诚列席会议并在主席台就坐。出席全国政协十三届四次会议的政协委员列席大会。中央和国家机关有关部门、解放军有关单位、各人民团体有关负责人列席或旁听了大会。外国驻华使节旁听了大会。

同日下午，各代表团召开全体会议审议政府工作报告。

国家主席习近平参加内蒙古团审议，全国政协主席汪洋参加四川团审议，中央书记处书记王沪宁参加河北团审议，中央纪委书记赵乐际参加黑龙江团审议，国务院副总理韩正参加陕西团审议。

栗战书委员长参加江西团审议。栗战书认真听取了黄路生、于集华、雷燕琴等代表的发言，不时同大家交流。栗战书表示，李克强总理所作的政府工作报告，坚持以习近平新时代中国特色社会主义思想为指导，立足新发展阶段，贯彻新发展理念，构建新发展格局，贯穿了高质量发展主题，回应了人民期盼，完全赞同这个报告。栗战书表示，过去一年，在我们党和国家历史上极不平凡、极不容易。面对世所罕见的风险挑战，以习近平同志为核心的党中央运筹帷幄，在危机中育先机，于变局中开新局，疫情防控取得重大战略成果，全面建成小康社会取得伟大历史性成就，决战脱贫攻坚取得全面胜利，交出了一份人民满意、世界瞩目、可以载入史册的答卷。栗战书指出，在中国共产党100年历史征程中，党的十八大以来这一段可以说是中华民族历史上最辉煌的阶段之一。党的十八大以来的奋斗历程，让我们更加深刻认识到，一个国家发展如何、强大与否，执政党和党的最高领导人的执政水平至关重要，国家制度和国家治理体系至关重要；让我们更加深刻认识到，在危急关头、风雨来袭时，起决定性作用的是，以习近平同志为核心的党中央发挥了举旗定向、领航掌舵的作用。栗战书希望江西始终沿着习近平总书记指引的正确方向，增强“四个意识”、坚定“四个自信”、做到“两个维护”，努力实现“十四五”开好局、起好步。一是联系江西实际系统学好用好习近平新时代中国特色社会主义思想，转化为指导实践和推动工作的强大动力。二是立足新发展阶段，贯彻新发展理念，构建新发展格局，在加快革命老区高质量发展上作示范，在推动中部地区崛起上勇争先。三是切实做好巩固拓展脱贫攻坚成果同乡村振兴有效衔接各项工作，让脱贫基础更加稳固、成效更可持续，在全面推进乡村振兴上再创佳绩。四是用好江西丰富的红色资源，开展好党史学习教育。五是旗帜鲜明坚持党的领导这一人民代表大会制度的本质特征和最大优势，做好新时代地方人大工作。栗战书强调，提交大会审议的关于完善香港特别行政区选举制度的决定草案，符合宪法和香港基本法，符合香港根本利益和长远利益，一定会得到包括香港同胞在内的全国各族人民的支持。

王晨副委员长参加浙江团审议。王晨说，完全赞成李克强总理所作的政府工作报告。2020年极不平凡，以习近平同志为核心的党中央团结带领全党全国各族人民攻坚克难，在大战大考中交出了一份人民满意、世界瞩目、可以载入史册的答卷。实践再次证明，有习近平总书记作为党中央的核心、全党的核心掌舵领航，有习近平新时代中国特色社会主义思想的科学指引，有14亿中国人民团结一心、顽强奋斗，我们就一定能够战胜前进道路上出现的各种风险挑战。今年是“十四五”开局之年，我们要增强“四个意识”、坚定“四个自信”、做到“两个维护”，全力做好各项工作，开好局起好步，汇聚正能量，实现开门红，以实际行动和优异成绩庆祝建党100周年。

张春贤副委员长参加湖北团审议。张春贤说，完全赞成李克强总理作的政府工作报告。报告总结成绩客观求是，分析问题深入到位，工作举措勇于创新、针对性强，是一个文风朴实、重点突出、特色鲜明的好报告。2020年，我们统筹疫情防控和经济社会发展，所创造的奇迹令世界瞩目，综合国力的增强大大提升了我国综合竞争力。这其中，以习近平同志为核心的党中央坚强领导至关重要，中国特色社会主义制度至关重要。我们要认真贯彻习近平新时代中国特色社会主义思想，增强“四个意识”，坚定“四个自信”，做到“两个维护”，始终坚持以人民为中心，切实把“人民至上”等理念变成全心全意为人民服务的具体行动，在新阶段新征程取得更好的成绩。

沈跃跃副委员长参加福建团审议。沈跃跃说，以习近平同志为核心的党中央坚持人民至上、生命至上，团结带领全党全国各族人民披荆斩棘、攻坚克难，疫情防控取得重大战略成果，全面建成小康社会取得伟大历史性成就，脱贫攻坚战取得全面胜利，交出了人民满意、世界瞩目、可以载入史册的答卷。根本在于习近平总书记领航掌舵，在于党中央集中统一领导，在于习近平新时代中国特色社会主义思想科学指引。完全赞同李克强总理作的政府工作报告。妇联要坚守初心使命，增强“四个意识”、坚定“四个自信”、做到“两个维护”，引领广大妇女听党话跟党走，贯彻落实新发展理念，促进高质量发展，建功“十四五”，奋斗新征程，以优异成绩庆祝建党100周年。

吉炳轩副委员长参加江苏团审议。吉炳轩说，完全赞同政府工作报告。2020年是很不平凡的一年，疫情的肆虐折磨，抗疫的艰难曲折，各种灾害的袭击危害，使世界人民饱受痛苦。我们靠习近平总书记的英明决策，中国共产党的坚强领导，社会主义制度的巨大优势和全国人民的齐心团结，有效控制住了疫情传播，完成脱贫攻坚艰巨任务，全面建成小康社会胜利在望，做到了经济持续发展，社会和谐稳定，这不能不说是个奇迹。沧海横流，方显英雄本色；风云激荡，展现制度优势。这一切一切都无比充分地证明我们党的伟大，领袖的英明，制度的优越，道路的宽广。增强“四个意识”、坚定“四个自信”、做到“两个维护”，我们就能阔步走向中华民族伟大复兴。

艾力更·依明巴海副委员长参加新疆团审议。

艾力更·依明巴海说，完全赞成政府工作报告。2020年，面对重重困难尤其是突发疫情冲击，我国"十三五"规划圆满收官，全面建成小康社会胜利在望，在现代化征程中跑出了"加速度"，中华民族伟大复兴向前迈出了一大步。习近平总书记和党中央的判断力、决策力、行动力具有决定性作用。充分彰显了中国共产党领导和中国特色社会主义制度优势。深刻感受到了党的伟大，领袖的英明，祖国的强大，道路的正确。要以习近平新时代中国特色社会主义思想为指导，增强"四个意识"、坚定"四个自信"、做到"两个维护"，发扬"三牛"精神，只争朝夕真抓实干，以优异成绩庆祝建党100周年。

陈竺副委员长参加宁夏团审议。陈竺说，政府工作报告坚持以习近平新时代中国特色社会主义思想为指导，系统回顾2020年工作；全面总结"十三五"我国经济社会发展所取得的新的历史性成就，科学谋划"十四五"规划和2035年远景目标；立足新发展阶段，围绕贯彻新发展理念、构建新发展格局、推动高质量发展，对2021年经济社会发展总体要求、主要预期目标和各项工作作出全面部署，科学合理、切实可行，是一份鼓舞人心、催人奋进、体现责任担当、充分反映人民意愿的好报告。完全赞成和拥护。要科学把握新发展阶段，保持经济社会持续健康发展；深入贯彻新发展理念，聚焦创新驱动持续用力；加快构建新发展格局，坚持扩大内需与对外开放相互促进。

白玛赤林副委员长参加西藏团审议。白玛赤林说，完全赞成政府工作报告、"十四五"规划和2035年远景目标纲要草案。极不平凡的2020年，面对错综复杂的国际形势、艰巨繁重的国内改革发展稳定任务特别是突如其来的新冠肺炎疫情，以习近平同志为核心的党中央团结带领全党全国各族人民在危机中育先机、于变局中开新局，交出一份人民满意、世界瞩目、可以载入史册的答卷。各族群众更加坚定地拥护以习近平同志为核心的党中央，更加深切地感受到中国特色社会主义制度的优越性。要切实增强"四个意识"、坚定"四个自信"、做到"两个维护"，坚决贯彻落实党中央决策部署，扎实贯彻新发展理念，确保"十四五"开好局起好步，以优异成绩庆祝建党100周年。

丁仲礼副委员长参加上海团审议。丁仲礼说，2020年面对新冠肺炎疫情肆虐、世界经济严重衰退、美国对我全面遏制打击等严峻形势，在以习近平同志为核心的中共中央坚强领导下，全国上下齐心协力、迎难而上，经济社会平稳健康发展，我国经济在全球主要经济体中唯一实现正增长，科技创新、三大攻坚战、"六稳""六保"、改革开放等重点工作均取得重大成果。李克强总理所作的政府工作报告以习近平新时代中国特色社会主义思想为指导，坚持实事求是和问题导向，保持宏观政策连续性稳定性可持续性、推进重点领域改革、以创新推动高质量发展、坚持扩大内需、促进乡村振兴、扩大对外开放、加强污染防治、增进民生福祉等重点工作任务明确、举措有力，我完全赞成。

郝明金副委员长参加湖北团审议。郝明金说，政府工作报告以习近平新时代中国特色社会主义思想为指导，准确分析形势，科学谋划工作，充分体现了立足新发展阶段、贯彻新发展理念、构建新发展格局的要求，是一份鼓舞人心、催人奋进的好报告，我完全赞成。在以习近平同志为核心的党中央坚强领导下，全面建成小康社会取得伟大历史性成就，脱贫攻坚战取得全面胜利，疫情防控取得重大战略成果，充分彰显了党的坚强领导和社会主义制度的显著优势。今年是"十四五"规划开局起步之年，"三农"工作的重心转入乡村振兴，建议加大政府对乡村振兴投入力度，创新投融资机制，形成多元化投入格局，为乡村振兴提供强大资金保障。

蔡达峰副委员长参加江苏团审议。蔡达峰说，过去一年，在以习近平同志为核心的中共中央坚强领导下，国务院积极应对复杂形势和严峻挑战，疫情防控取得重大成果，"十三五"目标任务如期完成，实现了决胜脱贫攻坚和全面建成小康社会的目标，成就显著，来之不易。政府工作报告和"十四五"规划纲要草案，全面贯彻了党的十九届五中全会精神，我表示赞同。推动高质量发展是"十四五"发展的主题。要发挥创新作为推动发展的第一动力作用，大力倡导科学精神和科学方法，全面提高科技能力；要实现更充分更均衡的发展，坚持党的全面领导，更好发挥中央、地方和各方面积极性，凝聚共识，坚持以人民为中心，满足人民日益增长的美好生活需要。

武维华副委员长参加河南团审议。武维华说，2020年，面对错综复杂的国内国际形势，以习近平同志为核心的党中央保持战略定力，高瞻远瞩、科学决策，带领全国各族人民迎难而上、攻坚克难，及时有效控制疫情，我国成为全球唯一实现经济正增长的主要经济体，全面建成小康社会取得伟大历史性成就，脱贫攻坚战取得全面胜利。政府工作报告以习近平新时代中国特色社会主义思想为指导，立足新发展阶段，全面贯彻新发展理念，着力构建新发展格局，科学研判经济社会发展面临的迫切问题，立足全局统筹谋划，聚焦重点提出一系列精准有力举措。相信在以习近平同志为核心的党中央坚强领导下，我们一定会实现“十四五”良好开局。我完全赞同这个报告。

同日，十三届全国人大四次会议开始前举行首场“代表通道”采访活动，邀请部分全国人大代表通过网络视频方式接受媒体采访。开幕会结束后，举行首场“部长通道”采访活动，邀请部分列席会议的国务院有关部委负责人通过网络视频方式接受采访。

6日，各代表团召开代表小组会议或全体会议审议政府工作报告，审查“十四五”规划和2035年远景目标草案。

国务院总理李克强参加广西团审议，国家副主席王岐山参加湖南团审议。

曹建明副委员长参加四川团审议。曹建明说，李克强总理所作的政府工作报告是一个高举旗帜、紧跟时代、催人奋进，确保“十四五”开好局、起好步的好报告，完全赞成和拥护。一年来，以习近平同志为核心的党中央率领全党全军全国各族人民攻坚克难、团结奋战，统筹推进疫情防控和经济社会发展取得重大成就，书写了一份人民赞颂、举世瞩目、彪炳史册的非凡答卷。这有力彰显了党的领导所起的决定性作用和中国特色社会主义制度的显著优势，充分显示出中国经济强大的抗风险能力、顽强的修复能力和旺盛的生机活力。在以习近平同志为核心的党中央坚强领导下，我们一定能够迈好“十四五”时期发展的第一步，为全面建设社会主义现代化国家打下坚实基础。

王东明副委员长参加四川团审议。王东明说，完全赞成政府工作报告。过去一年，以习近平同志为核心的党中央团结带领全党全国各族人民创造了彪炳史册的辉煌成就。展望“十四五”，面对复杂严峻的国际形势和艰巨繁重的改革发展稳定任务，要更加紧密地团结在以习近平同志为核心的党中央周围，进一步增强“四个意识”、坚定“四个自信”、做到“两个维护”，立足新发展阶段，贯彻新发展理念，构建新发展格局，推动高质量发展。各级工会要始终胸怀“两个大局”，增强做好工作的责任感、紧迫感，团结带领广大职工群众坚定不移听党话、跟党走，为全面建设社会主义现代化国家、实现中华民族伟大复兴的中国梦建功立业。

7日，各代表团召开代表小组会议审查计划报告和草案、预算报告和草案。

国家主席习近平到青海团与代表一起审议，全国政协主席汪洋到台湾团与代表一起审议，中央书记处书记王沪宁到云南团与代表一起审议，中央纪委书记赵乐际到宁夏团与代表一起审议，国务院副总理韩正到香港、澳门代表团与代表一起审议。

栗战书委员长到甘肃团与代表一起审议。在认真听取马银萍、杨海蓉、范鹏等代表发言后，栗战书说，过去一年，以习近平同志为核心的党中央，从容应对风险挑战，推进党和国家事业取得新的重大进展，全党全国各族人民更加信任和拥戴以习近平同志为核心的党中央。栗战书希望甘肃深入学习贯彻习近平新时代中国特色社会主义思想，坚定坚持习近平总书记为甘肃指引的前进方向，增强“四个意识”、坚定“四个自信”、做到“两个维护”，立足新发展阶段、贯彻新发展理念、构建新发展格局，实现高质量发展，巩固拓展脱贫攻坚成果，全面推进乡村振兴战略，开展好党史学习教育，做好新时代地方人大工作，努力实现“十四五”开好局、起好步，奋力推进建设幸福美好新甘肃、开创富民兴陇新局面。

万鄂湘副委员长参加河南团审议。万鄂湘说，过去一年极为特殊，极不平凡。在以习近平同志为核心的党中央坚强领导下，全国上下众志成城、克难奋进，疫情防控取得重大战略成果，改革开放迈出新步伐，全面建成小康社会取得伟大历史性成就，脱贫攻坚战取得全面胜利。政府工作报告总结回顾工作实事求是，问计于众、问需于民，凝聚共识，是一份充分体现民主、务实进取的好报告。我对报告积极拥护、完全赞同。报告立足“十四五”开局，开启全面建设社会主义现代化国家新征程，把握新发展阶段、贯彻新发展理念，构建新发展格局，政府工作、政策举措更加符合实际，更有针对性，形成推动发展的强大合力，提振信心，催人奋进。

同日，十三届全国人大四次会议举行视频记者会，国务委员兼外交部长王毅就中国外交政策和对外关系回答中外记者提问。

8日上午，各代表团召开代表小组会议，审议全国人大组织法修正草案、全国人大议事规则修正草案、全国人民代表大会关于完善香港特别行政区选举制度的决定草案。

同日下午，十三届全国人大四次会议举行第二次全体会议。会议执行主席是：王晨、曹建明、张春贤、沈跃跃、吉炳轩、艾力更·依明巴海、万鄂湘、陈竺、王东明、白玛赤林、丁仲礼、郝明金、蔡达峰、武维华、杨振武，由王晨主持。会议听取栗战书委员长作全国人大常委会工作报告。常委会工作报告分两个部分,关于十三届全国人大三次会议以来的主要工作,主要内容是:一是加强宪法实施和监督,维护国家法治统一。二是围绕党和国家工作大局,顺应人民期盼,加强重点领域立法。三是坚持寓支持于监督之中,依法开展法律监督和工作监督。四是坚持代表主体地位,支持和服务代表依法履职。五是服务国家外交大局,发挥人大外事工作的职能作用。六是加强履职能力建设,不断提升常委会自身建设水平。今后一年的主要任务,主要内容是:一是切实加强宪法实施和监督,维护宪法尊严和权威。二是切实加强重点领域、新兴领域、涉外领域立法,不断提高立法质量和效率。三是切实加强监督工作,确保国家机关依法履行职责。四是切实加强代表工作,更好发挥代表作用。五是切实加强人大外事工作,深化和拓展各层级各领域交流合作。六是切实加强自身建设,夯实履职的思想政治组织基础。

会议听取最高人民法院院长周强关于最高人民法院工作的报告、最高人民检察院检察长张军关于最高人民检察院工作的报告。

同日,第十三届全国人大宪法和法律委员会召开全体会议,根据各代表团的审议意见,对全国人民代表大会组织法修正草案、全国人民代表大会议事规则修正草案、全国人民代表大会关于完善香港特别行政区选举制度的决定草案进行统一审议,分别提出审议结果的报告和关于修改法律的决定草案、决定草案修改稿。

同日,十三届全国人大四次会议举行第二场"代表通道"采访活动,邀请部分全国人大代表接受采访。

同日,十三届全国人大四次会议举行第二场"部长通道"采访活动,邀请部分列席会议的国务院有关部委负责人通过网络视频方式接受采访。

9日,各代表团召开代表小组会议,审议全国人大常委会工作报告、关于修改全国人大组织法的决定草案、关于修改全国人大议事规则的决定草案、关于完善香港特别行政区选举制度的决定草案修改稿、最高人民法院工作报告、最高人民检察院工作报告。

国家主席习近平到解放军和武警部队代表团与代表一起审议。

同日,十三届全国人大四次会议主席团常务主席第一次会议举行。大会主席团常务主席、全国人大常委会委员长栗战书主持会议。

会议听取大会主席团常务主席、大会副秘书长、全国人大常委会秘书长杨振武作的大会秘书处关于政府工作报告审议和修改情况的汇报,审议了关于政府工作报告的决议草案代拟稿。

会议听取全国人大财政经济委员会主任委员徐绍史作的全国人大财政经济委员会关于"十四五"规划和2035年远景目标纲要草案的审查结果报告有关情况的汇报、关于2020年国民经济和社会发展计划执行情况与2021年国民经济和社会发展计划草案的审查结果报告有关情况的汇报,审议了两个审查结果报告。

会议听取全国人大财政经济委员会副主任委员史耀斌作的全国人大财政经济委员会关于2020年中央和地方预算执行情况与2021年中央和地方预算草案的审查结果报告有关情况的汇报,审议了审查结果报告。

会议听取杨振武作的大会秘书处关于"十四五"规划和2035年远景目标纲要的决议草案代拟稿、关于2020年国民经济和社会发展计划执行情况与2021年国民经济和社会发展计划的决议草案代拟稿、关于2020年中央和地方预算执行情况与2021年中央和地方预算的决议草案代拟稿的汇报,审议了三个决议草案代拟稿。

会议听取全国人大宪法和法律委员会主任委员李飞关于全国人大组织法修正草案、全国人大议事规则修正草案审议结果的报告,审议了关于修改全国人大组织法的决定草案、关于修改全国人大议事规则的决定草案。

会议听取全国人大宪法和法律委员会主任委员李飞关于完善香港特别行政区选举制度的决定草案审议结果的报告,审议了决定草案修改稿。

会议同意将上述决议草案、报告、决定草案、决定草案修改稿等提请大会主席团第二次会议审议。

大会主席团常务主席、全国人大常委会副委员长王晨、曹建明、张春贤、沈跃跃、吉炳轩、艾力更·依明巴海、万鄂湘、陈竺、王东明、白玛赤林、丁仲礼、郝明金、蔡达峰、武维华出席会议。

同日,十三届全国人大四次会议主席团举行第二次会议。主席团常务主席栗战书主持会议。

关于政府工作报告,主席团常务主席根据各代表团的审议意见和报告修改情况,建议批准政府工作报告,并代拟了关于政府工作报告的决议草案。会议决定将十三届全国人大四次会议关于政府工作报告的决议草案提请各代表团审议。

全国人大财政经济委员会主任委员徐绍史向

会议作了财政经济委员会关于国民经济和社会发展第十四个五年规划和2035年远景目标纲要草案的审查结果报告。建议批准国务院提出的《中华人民共和国国民经济和社会发展第十四个五年规划和2035年远景目标纲要(草案)》。

全国人大财政经济委员会主任委员徐绍史向会议作了财政经济委员会关于2020年国民经济和社会发展计划执行情况与2021年国民经济和社会发展计划草案的审查结果报告。建议批准国务院提出的《关于2020年国民经济和社会发展计划执行情况与2021年国民经济和社会发展计划草案的报告》,批准2021年国民经济和社会发展计划草案。

全国人大财政经济委员会副主任委员史耀斌向会议作了财政经济委员会关于2020年中央和地方预算执行情况与2021年中央和地方预算草案的审查结果报告。建议批准国务院提出的《关于2020年中央和地方预算执行情况与2021年中央和地方预算草案的报告》,批准2021年中央预算草案,同时批准2021年地方政府一般债务余额限额151089.22亿元、专项债务余额限额181685.08亿元。

会议通过财政经济委员会的三个审查结果报告。

主席团常务主席根据各代表团的审查意见、国务院作出的修改和财政经济委员会的审查结果报告,建议批准"十四五"规划和2035年远景目标纲要草案、计划报告和计划草案、预算报告和中央预算草案,并代拟了关于"十四五"规划和2035年远景目标纲要、计划报告和计划、预算报告和预算的三个决议草案。会议决定将关于国民经济和社会发展第十四个五年规划和2035年远景目标纲要的决议草案、关于2020年国民经济和社会发展计划执行情况与2021年国民经济和社会发展计划的决议草案、关于2020年中央和地方预算执行情况与2021年中央和地方预算的决议草案提请各代表团审议。

全国人大宪法和法律委员会主任委员李飞向会议作了关于全国人大组织法修正草案、全国人大议事规则修正草案、关于完善香港特别行政区选举制度的决定草案审议结果的报告。会议通过了宪法和法律委员会关于这三个审议结果的报告及两个关于修改法律的决定草案和一个决定草案修改稿,并决定将两个关于修改法律的决定草案和一个决定草案修改稿提请各代表团审议。

10日,各代表团召开代表小组会议审议全国人大常委会工作报告、关于修改全国人大组织法的决定草案、关于修改全国人大议事规则的决定草案、关于完善香港特别行政区选举制度的决定草案修改稿、最高人民法院工作报告、最高人民检察院工作报告。

同日,十三届全国人大四次会议主席团常务主席第二次会议举行。大会主席团常务主席、全国人大常委会委员长栗战书主持会议。

会议听取全国人大宪法和法律委员会主任委员李飞分别作的关于修改全国人大组织法的决定草案、关于修改全国人大议事规则的决定草案、关于完善香港特别行政区选举制度的决定草案修改稿修改意见的报告,审议了这三个决定草案表决稿。

会议听取大会主席团常务主席、大会副秘书长、全国人大常委会秘书长杨振武分别作的关于全国人大常委会工作报告、最高人民法院工作报告、最高人民检察院工作报告审议和修改情况的汇报,审议了关于全国人大常委会工作报告、最高人民法院工作报告、最高人民检察院工作报告的三个决议草案代拟稿。

会议听取并审议大会副秘书长、全国人大常委会副秘书长信春鹰关于代表提出议案处理意见的报告。

会议同意将有关修改意见的报告及决定草案表决稿、决议草案和报告提请大会主席团第三次会议审议。

同日,十三届全国人大四次会议主席团举行第三次会议。主席团常务主席栗战书主持会议。

主席团会议听取全国人大宪法和法律委员会主任委员李飞分别作的关于修改全国人大组织法的决定草案、关于修改全国人大议事规则的决定草案、关于完善香港特别行政区选举制度的决定草案修改稿修改意见的报告。会议通过上述报告和决定草案表决稿,决定将三个决定草案表决稿提请大会全体会议表决。

会议决定将十三届全国人大四次会议关于全国人大常委会工作报告的决议草案提请各代表团审议。

会议决定将十三届全国人大四次会议关于最高人民法院工作报告的决议草案、关于最高人民检察院工作报告的决议草案提请各代表团审议。

会议听取大会副秘书长信春鹰关于十三届全国人大四次会议代表提出议案处理意见的报告。信春鹰说,到3月8日12时,大会秘书处共收到代表提出的议案473件,其中代表团提出的16件,代表联名提出的457件。在这些议案中,有关立法方面的467件,有关监督方面的6件。议案绝大多数为法律案,其中涉及制定法律的208件,修改法律的247件,解释法律的4件,编纂法典的4件,有关决定事项的2件。内容主要集中在:加强民生保障、社会治理领域立法;健全现代化经济体系法律制度;完善生态环保法律;完善国家机构组织和职能立法;强化公共卫生法治保障;健全国家安全法治体系;适时启动条件成熟领域法典编纂工作等。大会秘书处对代表提出的议案逐件认真分析研究,认为没有需要列入本次会议审议的议案。大会秘书处建议,将代表提出的议案分别交由全国人大有关专门委员会审议。有关专门委员会对上述议案进行审议后,向全国人大常委会提出审议结果的报告,经全国人大常委会审议通过后印发十三届全国人大五次会议。大会秘书处就代表议案审议和相关工作提出如下建议:加强重点领域、新兴领域、涉外领域立法,不断提高立法质量和效率;加强与提出议案代表的联系和沟通,及时通报相关立法、监督工作进展;发挥人大在立法工作中的主导作用,持续提升议案审议质量和水平。会议通过关于十三届全国人大四次会议代表提出议案处理意见的报告。

11日上午,各代表团召开代表小组会议,审议关于政府工作报告、"十四五"规划和2035年远景目标纲要草案、年度计划、年度预算的四个决议草案。

同日,十三届全国人大四次会议主席团常务主席第三次会议举行。大会主席团常务主席、全国人大常委会委员长栗战书主持会议。

会议听取大会主席团常务主席、大会副秘书长、全国人大常委会秘书长杨振武关于政府工作报告、"十四五"规划和2035年远景目标纲要、2020年国民经济和社会发展计划执行情况与2021年国民经济和社会发展计划、2020年中央和地方预算执行情况与2021年中央和地方预算、全国人大常委会工作报告、最高人民法院工作报告、最高人民检察院工作报告的七个决议草案审议情况的汇报,审议了这七个决议草案表决稿。

会议同意将上述决议草案表决稿提请大会主席团第四次会议审议。

同日,十三届全国人大四次会议主席团举行第四次会议。主席团常务主席栗战书主持会议。

会议决定将十三届全国人大四次会议关于政府工作报告、"十四五"规划和2035年远景目标纲要、2020年国民经济和社会发展计划执行情况与2021年国民经济和社会发展计划、2020年中央和地方预算执行情况与2021年中央和地方预算、全国人大常委会工作报告、最高人民法院工作报告、最高人民检察院工作报告的七个决议草案表决稿,提请大会全体会议表决。

11日下午,十三届全国人民代表大会第四次会议举行闭幕会。会议执行主席是:栗战书、王晨、曹建明、张春贤、沈跃跃、吉炳轩、艾力更·依明巴海、万鄂湘、陈竺、王东明、白玛赤林、丁仲礼、郝明金、蔡达峰、武维华、杨振武,由栗战书主持。

会议通过《第十三届全国人民代表大会第四次会议关于政府工作报告的决议》、《第十三届全国人民代表大会第四次会议关于国民经济和社会发展第十四个五年规划和2035年远景目标纲要的决议》、《第十三届全国人民代表大会第四次会议关于2020年国民经济和社会发展计划执行情况与2021年国民经济和社会发展计划的决议》、《第十三届全国人民代表大会第四次会议关于2020年中央和地方预算执行情况与2021年中央和地方预算的决议》、《第十三届全国人民代表大会第四次会议关于全国人大常委会工作报告的决议》、《第十三届全国人民代表大会第四次会议关于最高人民法院工作报告的决议》、《第十三届全国人民代表大会第四次会议关于最高人民检察院工作报告的决议》

会议通过《全国人民代表大会关于修改〈中华人民共和国全国人民代表大会组织法〉的决定》。本决定自2021年3月12日起施行。

会议通过《全国人民代表大会关于修改〈中华人民共和国全国人民代表大会议事规则〉的决定》。本决定自2021年3月12日起施行。

会议通过《全国人民代表大会关于完善香港特别行政区选举制度的决定》。本决定自公布之日起施行。

大会完成各项议程后,栗战书发表讲话。栗战书说,十三届全国人大四次会议经过全体代表的共同努力,已经圆满完成了各项议程。

栗战书指出,会议高度评价党和国家事业取得的新的重大成就,表达了人民对习近平总书记和以习近平同志为核心的党中央的衷心拥戴。会议审议批准了政府工作报告和其他报告,审查批准了国民经济和社会发展第十四个五年规划和2035年远景目标纲要。

栗战书说,会议审议通过了关于修改全国人大组织法的决定和关于修改全国人大议事规则的决定。会议作出关于完善香港特别行政区选举制度的决定,全体代表高度赞同,表达了包括香港同胞在内的全国各族人民维护国家主权、安全、发展利益,维护香港宪制秩序的坚定决心。

栗战书指出,在全面建设社会主义现代化国家新征程上,人大工作更好发挥职能作用,必须在思想上、政治上、行动上更加自觉做到旗帜鲜明用习近平新时代中国特色社会主义思想统揽人大工作,长期坚持习近平新时代中国特色社会主义思想,确保人大工作沿着正确的方向不断向前发展;旗帜鲜明坚持党对人大工作的全面领导,把党的领导贯穿人大工作全过程、各方面,使党的主张通过法定程序成为国家意志和人民共同行动,保证党的路线方针政策和决策部署在国家工作中得到全面贯彻和有效执行;旗帜鲜明走中国特色社会主义政治发展道路,更加自觉坚持党的领导、人民当家作主、依法治国有机统一,切实增强政治判断力、政治领悟力、政治执行力,为改革开放和社会主义现代化建设提供稳定的政治环境和有力的政治保障;旗帜鲜明以习近平法治思想为指导,在全面依法治国中发挥重要作用,坚定不移走中国特色社会主义法治道路,紧扣建设中国特色社会主义法治体系、建设社会主义法治国家这个总目标,加快完善中国特色社会主义法律体系,以良法支撑和保障全面依法治国实践;旗帜鲜明围绕党和国家工作大局谋划和开展工作,依法行使立法权、监督权、决定权、任免权,正确有效发挥人大职能作用,切实做到党和国家中心工作在哪里,人大工作就跟进到哪里,党和国家大局是什么,人大工作就重点安排什么;旗帜鲜明坚持以人民为中心,发挥代表主体作用,尊重代表、依靠代表、服务代表,充分发挥人大代表作用,使人民当家作主更加有效地落实到国家政治生活和社会生活之中。

栗战书说,在中国共产党迎来百年华诞新的历史时刻,我们要更加紧密地团结在以习近平同志为核心的党中央周围,增强“四个意识”,坚定“四个自信”,做到“两个维护”,同心协力,担当尽责,朝着实现中华民族伟大复兴的中国梦奋勇前进。(全文见本书27页)

中央和国家机关有关部门、解放军有关单位、各人民团体有关负责人列席或旁听了大会。外国驻华使节旁听了大会。

同日,十三届全国人大四次会议举行记者会,国务院总理李克强应大会发言人张业遂的邀请会见中外记者,并回答记者提问。

**3月11日** 《人民日报》发表题为《凝心聚力创伟业 勇立潮头开新局》社论,热烈祝贺十三届全国人大四次会议胜利闭幕。

**同日** 中共第十三届全国人大常委会党组举行第21次集体学习暨党史学习教育第2次专题学习,学习领会习近平总书记关于党领导建立和完善人民代表大会制度历史的重要论述,重点学习习近平总书记在“两会”党员负责同志会议上的重要讲话、在参加代表团审议时的重要讲话精神,认真落实十三届全国人大四次会议精神。

副委员长王晨、曹建明、张春贤、沈跃跃、吉炳轩、艾力更·依明巴海、王东明、白玛赤林,秘书长杨振武出席会议。

**同日** 全国人大常委会法工委发言人就全国人大涉港决定发表谈话。

**3月17日** 栗战书委员长以视频方式同哈萨克斯坦议会下院议长尼格马图林举行会谈。

**3月18日** 全国人大常委会发言人就美国国务院宣布对中国有关官员实施制裁发表谈话。3月18日,针对美国国务院就中国全国人大通过关于完善香港特别行政区选举制度的决定,宣布更新对包括14名全国人大常委会副委员长在内的中方有关官员实施制裁,全国人大常委会发言人发表谈话,强调美方以香港事务为借口粗暴干涉中国内政的行径十分蛮横、恶劣,中国全国人大表示坚决反对,予以强烈谴责。发言人指出,中华人民共和国宪法和香港特别行政区基本法共同构成香港特别行政区的宪制基础。香港特别行政区选举制度是特别行政区政治体制的重要组成部分,在香港实行什么样的选举制度是中央事权。近年来特别是2019年“修例风波”以来,香港法治和社会秩序遭到严重冲击,“一国两制”受到严重挑战。全国人民代表大会作为最高国家权力机关,行使宪法和基本法赋予的职权,从宪制层面对完善香港特别行政区选举制度作出决定,既是全国人民代表大会不容置疑的权力,也是全国人民代表大会依法履行的责任。发言人表示,此次修改完善香港特别行政区选举制度,目的是消除制度机制方面存在的隐患和风险,为全面准确贯彻“一国两制”方针,全面落实“爱国者治港”原则提供健全的制度保障。发言人强调,香港是中国的香港,香港事务纯属中国内政,任何外国无权干涉。中国全国人大将一如既往履行法定职责,坚定不移依法维护国家主权、安全、发展利益,维护宪法和基本法确定的香港宪制秩序,为打击

“港独”势力、确保爱国者治港、保持香港长期繁荣稳定提供法律保障。

**3月19日** 全国县乡两级人大换届选举工作部署会议举行，王晨副委员长出席会议并讲话。

**同日** 沈跃跃副委员长以视频方式与新西兰议会副议长鲁拉斐举行会谈。

**3月22日** 栗战书委员长主持召开第十三届全国人大常委会第八十八次委员长会议。会议决定，十三届全国人大常委会第二十七次会议3月29日至30日举行。

**同日** 王晨副委员长以视频方式与利比里亚众议院副议长科法举行会谈。

**同日** 全国人大常委会法工委发言人就全国人大常委会会议将审议香港基本法附件一修订草案和香港基本法附件二修订草案发表谈话。

**3月25日** 栗战书委员长以视频方式出席第四次六国议长会议并发表讲话。

**3月26日** 栗战书委员长以视频方式同乌兹别克斯坦最高会议参议院主席纳尔巴耶娃举行会谈。

**同日** 栗战书委员长以视频方式同巴西众议长利拉举行会谈。

**3月29日至30日** 十三届全国人大常委会举行第二十七次会议。

会议听取全国人大常委会法制工作委员会主任沈春耀关于香港特别行政区基本法附件一香港特别行政区行政长官的产生办法修订草案的说明。在审议的基础上，会议印发全国人大宪法和法律委员会关于中华人民共和国香港特别行政区基本法附件一香港特别行政区行政长官的产生办法修订草案审议结果的报告。经过审议，会议通过修订后的《中华人民共和国香港特别行政区基本法附件一香港特别行政区行政长官的产生办法》。

修订后的《中华人民共和国香港特别行政区基本法附件一香港特别行政区行政长官的产生办法》自2021年3月31日起施行。

会议听取全国人大常委会法制工作委员会主任沈春耀关于中华人民共和国香港特别行政区基本法附件二香港特别行政区立法会的产生办法和表决程序修订草案的说明。在审议的基础上，会议印发全国人大宪法和法律委员会关于中华人民共和国香港特别行政区基本法附件二香港特别行政区立法会的产生办法和表决程序修订草案审议结果的报告。经过审议，会议通过修订后的《中华人民共和国香港特别行政区基本法附件二香港特别行政区立法会的产生办法和表决程序》。

修订后的《中华人民共和国香港特别行政区基本法附件二香港特别行政区立法会的产生办法和表决程序》自2021年3月31日起施行。

会议还通过其他任免事项。

会议闭幕时，栗战书委员长发表重要讲话。栗战书说，本次常委会会议全票通过了新修订的《中华人民共和国香港特别行政区基本法附件一香港特别行政区行政长官的产生办法》和新修订的《中华人民共和国香港特别行政区基本法附件二香港特别行政区立法会的产生办法和表决程序》。常委会组成人员一致认为，十三届全国人大四次会议闭幕不久，全国人大常委会迅速行动，专门召开会议，行使全国人大授予的相关立法职权，修改香港基本法附件一和附件二，完善香港特别行政区选举制度。通过“决定+修法”，圆满完成了党中央交付的重大政治任务和重大立法任务，彰显了包括香港同胞在内的全国各族人民维护国家主权、安全、发展利益，维护香港特别行政区宪制秩序的坚定决心和共同意志。

栗战书说，完善后的香港特别行政区选举制度，对香港特别行政区选举委员会进行重新建构并增加赋权，调整和优化选举委员会的规模、组成和产生办法，继续由选举委员会选举产生行政长官，并赋予选举委员会选举产生较大比例的立法会议员和直接参与提名全部立法会议员候选人的新职能，建立健全有关候选人资格审查制度机制等，形成了一套符合香港法律地位和实际情况的民主选举制度。这些宪制性制度安排，把坚持“一国”原则和尊重“两制”差异、维护中央对特别行政区全面管治权和保障特别行政区高度自治权结合起来，全面落实“爱国者治港”这一根本原则，具有坚实的政治基础、法治基础和民意基础，对于坚持和完善“一国两制”制度体系，维护宪法和香港基本法确定的香港特别行政区宪制秩序，确保“一国两制”方针不会变、不动摇和“一国两制”在香港的实践不走样、不变形，确保香港长治久安和长期繁荣稳定，具有重要意义。

栗战书指出，全国人大及其常委会对香港特别行政区和行政长官落实全国人大有关决定和修订后的香港基本法附件一、附件二，都提出了明确的要求。香港特别行政区要依法及时修改香港特别行政区本地有关法律，抓紧落实完善香港特别行政区选举制度的有关事宜，依法组织、规管相关选举活动。有关方面要加强宣传阐释工作，讲清讲透完善香港特别行政区选举制度的重要性、必要性、合法性，为法律实施营造良好政治和舆论环境。栗战书强调，随着香港特别行政区选举制度的完善和实施，随着"爱国者治港"原则的有效贯彻，中央对香港特别行政区的全面管治权将得到有效落实，香港特别行政区治理效能将显著提高，香港各种深层次问题将得到有效解决，香港将实现长治久安，为实现中华民族伟大复兴作出应有的贡献。（全文见本书257页）

**3月29日**　全国人大常委会召开固体废物污染环境防治法执法检查组第一次全体会议。栗战书委员长出席并讲话。栗战书强调，要持续深入学习贯彻习近平生态文明思想、习近平法治思想，运用法治方式巩固和深化污染防治攻坚战成果，周密部署、精心安排，确保执法检查取得实实在在的效果，推动新修订的固体废物污染环境防治法得到全面贯彻落实。栗战书说，党的十八大以来，以习近平同志为核心的党中央高度重视生态文明建设，坚决向污染宣战，谋划开展了一系列根本性、开创性、长远性工作，推动污染防治攻坚战取得显著成效。贯彻党中央决策部署，本届全国人大常委会用3年时间先后开展大气污染防治法、水污染防治法、土壤污染防治法的执法检查。这次固体废物污染环境防治法执法检查是第4年对生态环保领域重要法律实施情况进行检查，今年还要听取审议年度环境状况与依法打好污染防治攻坚战工作情况报告等，目的就是通过完善法律制度、强化法律实施监督，持续用力推进污染防治和生态环境保护。栗战书指出，习近平总书记多次对固体废物污染防治作出重要指示批示，为做好这项工作提供了指引和遵循。固体废物具有量大面广、种类繁多、性质复杂和危害程度深等特点，是大气、水、土壤的重要污染来源。经过各方面不懈努力，我国固体废物污染防治工作取得长足进步，同时防治形势依然严峻。固体废物污染环境防治法是生态环保领域的一部重要法律，自1995年制定实施以来经历过5次修改，特别是2020年的全面修订，为防治固体废物污染提供了强有力的法律支撑。这次执法检查，是在新修订的固体废物污染环境防治法实施仅半年多的时间开展的，既是了解法律实施情况，也是推动法律全面贯彻落实。检查要把握好四个重点：一是法律确立的重大原则及相关规定落实情况；二是新增重要制度措施落实情况；三是法定职责和法律责任落实情况；四是配套法规和标准、名录的制定情况。栗战书强调，做好执法检查，组织实施很关键。要把学习宣传习近平生态文明思想、习近平法治思想贯穿执法检查全过程；坚持紧扣法律，逐条逐项对照检查；深入基层、深入一线，认真听取人民群众呼声愿望，注重通过人大代表了解情况；完善工作方式方法，提高执法检查的科学性、针对性和监督刚性。副委员长王晨、沈跃跃、丁仲礼出席会议。

此次执法检查由栗战书委员长任组长，分为4个检查小组赴8个省（区、市）开展实地检查，同时委托其他省级人大常委会开展检查，实现31个省（区、市）"全覆盖"。

**3月30日**　十三届全国人大常委会委员长会议召开第八十九次会议，栗战书委员长主持。会议听取有关草案审议情况的汇报，决定将有关修订草案等提交常委会会议审议。

**同日**　十三届全国人大常委会委员长会议召开第九十次会议，栗战书委员长主持。会议研究提请常委会会议表决事项。

**同日**　全国人大常委会法工委发言人就全国人大常委会修订香港基本法附件一和附件二发表谈话。

**3月31日**　栗战书委员长以视频方式同蒙古国国家大呼拉尔主席赞丹沙塔尔举行会谈。

**同日**　全国人大常委会召开中医药法执法检查组第一次全体会议，王晨副委员长出席会议并讲话。

## 四　　月

**4月1日**　全国人大常委会举行生物安全法实施座谈会，栗战书委员长出席座谈会并讲话。栗战书说，以习近平同志为核心的党中央高度重视生物安全工作，对国家生物安全战略、政策和生物安全立法作出了一系列重大部署。全国人大常委会坚决贯彻落实党中央决策部署，去年10月，审议通过了生物安全法。这是生物安全领域的一部基础性、综合性、系统性、统领性法律，它的颁布和实施起到一个里程碑的作用，标志着我国生物安全进入依法治理的新阶段。这部法律的出台，在生物安全领域形成国家生物安全战略、法律、政策“三位一体”的生物安全风险防控和治理体系，强化了防控重大传染病和动植物疫情的法律制度，集中体现“以人为本”的立法原则，让生物技术发展更好服务于国家发展、人民幸福、人类文明进步。栗战书指出，今年是“十四五”和全面建设社会主义现代化国家的开局起步之年。生物安全法自4月15日起施行，要切实抓好学习宣传贯彻工作，确保法律得到全面有效实施。一要全面贯彻落实法律规定的重要制度，逐条对照法律规定，加快建立监测预警体系，依法采取法定防控措施。二要全面落实政府法定职责和法律责任，严格履行领导职责、监管职责和工作职责，形成贯彻实施法律的工作合力。三要全面加强执法司法，切实增强法律的刚性和权威性，用国家强制力保障法律的有效实施。四要加快构建国家生物安全法律法规体系、制度保障体系，统筹推进立法修法工作，抓紧完善配套法规制度。栗战书要求，生物安全法实施后，全国人大有关专门委员会和常委会工作机构要持续跟进，开展专题调研或执法检查。各地人大常委会要结合本地实际，坚持小切口、精细化、创造性制定修改相关地方性法规。要加强法律宣传，推动全社会形成尊法学法守法用法的法治氛围。（全文见本书第273页）

王晨副委员长主持座谈会，沈跃跃、丁仲礼副委员长出席会议。

**4月6日** 王晨副委员长出席十三届全国人大四次会议代表建议交办会，杨振武秘书长主持。

**4月7日** 栗战书委员长以视频方式与摩洛哥众议长马勒基举行会谈。

**4月7日至8日** 王晨副委员长在山东调研，强调要坚持以习近平新时代中国特色社会主义思想为指导，立足新发展阶段，完整、准确、全面贯彻新发展理念，把科技创新放在更加突出位置，加快推进发展方式转变，积极融入新发展格局，努力实现高质量发展。

**4月8日** 副委员长张春贤、吉炳轩、艾力更·依明巴海、王东明、白玛赤林，全国人大常委会秘书长、副秘书长、机关党组成员，各专门委员会、工作委员会负责人，在北京市丰台区青龙湖植树场地参加义务植树活动。

**4月9日至13日** 栗战书委员长率全国人大常委会执法检查组在陕西省检查固体废物污染环境防治法实施情况，并就黄河保护立法、加强和改进新时代人大工作进行调研。栗战书强调，党的十八大以来，以习近平同志为核心的党中央把污染防治攻坚战作为生态文明建设的重大战略任务，探索走出一条以生态优先、绿色发展为导向的高质量发展新路子。固体废物污染防治是生态环境保护的重要内容，要把握好工作重点，深入推动法律实施。一是贯彻落实法律确立的重大原则及相关规定。坚持减量化、资源化、无害化的“三化”原则，探索形成更多资源节约、环境友好、绿色低碳的生产生活方式。二是用法律武器破解难点堵点问题。把法律修订后一系列新的制度措施执行到位，突出危险废物治理，全面禁止洋垃圾入境，加快构建生活垃圾分类长效机制，加强医疗废物处置设施和能力建设，确保公众健康和环境安全，继续下力解决工业固体废物、建筑垃圾、农业固体废物无害化处理和利用。三是政府要切实履行法定职责。依法建立实施固体废物污染防治目标责任制和考核评价制度，把各级政府和部门的责任压紧压实，探索建立跨行政区域联防联控机制。四是加大执法和司法力度。持续加大打击力度，推动行政执法与刑事司法有效衔接，使法律的威力充分发挥出来。五是加快制定和修改配套法规及相关标准、名录，为全面有效实施法律、做好执法司法工作提供重要保障。六是形成全社会共同治理、共同保护的格局。加强政策引导和监督，督促企业落实治污主体责任。广泛深入开展法律宣传普及，让更多人行动起来，为改善生态环境贡献力量。（全文见本书1052页）

检查期间，栗战书瞻仰了党的七大会址、中共中央西北局旧址等革命纪念地，强调要坚持不懈用延安精神教育广大党员、干部，充分发挥好红色资源的独特优势，开展好党史学习教育，传承好红色文化，把学习教育成效转化为高质量发展的强大动力。栗战书还到省人大机关调研，主持召开座谈会听取五级人大代表对加强和改进新时代人大工作的意见建议。

13日，栗战书委员长在陕西西安主持召开黄河保护立法座谈会。他指出，黄河流域生态保护和高质量发展，是以习近平同志为核心的党中央着眼中华民族伟大复兴和永续发展确定的国家战略。党的十八大以来，习近平总书记多次实地考察黄河，作出重要指示要求，为推动黄河流域生态保护和高质量发展提供了指引和遵循。黄河保护立法要贯彻习近平生态文明思想，贯彻新发展理念，把习近平总书记指示要求和党中央决策部署充分体现到法律条文中，把实践证明行之有效的黄河保护治理的政策、机制、制度予以立法确认。要坚持生态优先、绿色发展，量水而行、节水为重，因地制宜、分类施策，统筹谋划、协同推进，共同抓好大保护，协同推进大治理，推动实现高质量发展。

栗战书强调，黄河生态环境保护、治理与高质量发展辩证统一。黄河保护立法要围绕“水”这条“线”和“流域”这个“面”，为自然生态的永久平衡、为自然资源的永续利用、为人民群众的永世安宁提供法律支持。一是突出生态保护修复。从过度干预、过度利用向自然修复、休养生息转变，改变黄河流域生态脆弱现状，对上中下游采取不同的保护治理措施。二是突出流域生态环境保护规划，落实生态环境空间管控。全面落实黄河流域主体功能区规划，划定生态红线。三是突出全流域水资源节约集约利用。把“以水定城、以水定地、以水定人、以水定产”作为龙头，建立最严格的水资源保护利用制度。四是突出污染系统治理。建立最严格的环境监管制度、最严密的水污染防治制度。五是突出水沙调控这个重点。建立健全水沙调控体系和机制，强化综合性防洪减灾体系建设。六是突出流域生态环境风险管控。建立突发环境事件监控预警体系，完善应急预案体系。

栗战书指出，黄河保护立法要始终强调和集中突出两点：一是黄河流域的生态保护和治理，一是黄河流域高质量发展。黄河保护立法，主基调是保护和治理。保护和治理是前提、是基础，只有保护好黄河、治理好黄河，才能为高质量发展提供最基本的保障，才谈得上高质量发展。传承和保护黄河文化是黄河流域高质量发展的重要内容，要在法律中加强对黄河文化的传承保护。副委员长沈跃跃出席会议。（全文见本书275页）

**4月9日至12日**　沈跃跃副委员长率全国人大常委会执法检查组在湖南省对固体废物污染环境防治法贯彻实施情况进行检查。

**4月10日至14日**　吉炳轩副委员长在江西省就实现巩固拓展脱贫攻坚成果同乡村振兴有效衔接、加强种质资源保护和育种创新，以及加强和改进新时代人大工作进行调研。

**4月11日至14日**　王东明副委员长在浙江省就建设现代综合交通运输体系、加强和改进新时代人大工作进行调研。

**4月11日至15日**　张春贤副委员长率全国人大常委会执法检查组在福建省对中医药法贯彻实施情况进行检查，并就加强和改进新时代人大工作进行调研。

**4月11日至15日**　白玛赤林副委员长率全国人大常委会执法检查组在贵州省对中医药法贯彻实施情况进行检查，并就加强和改进新时代人大工作进行调研。

**4月12日**　王晨副委员长在交通运输部就海上交通安全法修改工作进行调研。

**4月12日至14日**　艾力更·依明巴海副委员长率全国人大常委会执法检查组在天津市对中医药法贯彻实施情况进行检查，并就加强和改进新时代人大工作进行调研。

**4月12日至15日**　丁仲礼副委员长率全国人大常委会执法检查组在河南省对固体废物污染环境防治法贯彻实施情况进行检查。

**4月13日至15日**　蔡达峰副委员长在山东省就职业教育法修改工作进行调研。

**4月16日**　栗战书委员长主持召开第十三届全国人大常委会第九十一次委员长会议。会议决定，十三届全国人大常委会第二十八次会议4月26日至29日召开。

**同日**　王晨副委员长以视频方式与多哥国民议会副议长阿朱若维举行会谈。

**4月19日**　栗战书同志主持召开中共第十三届全国人大常委会党组第67次会议暨第22次集体学习、党史学习教育第3次专题学习，研究中央有关文件稿，围绕中国共产党的历史、中国共产党的初心宗旨开展专题学习讨论，深刻认识中国共产党百年奋斗的光辉历程和为国家、民族作出的伟大贡献，深刻认识中国共产党为中国人民谋幸福、为中华民族谋复兴的初心使命，深刻认识中国共产党坚持全心全意为人民服务的根本宗旨。副委员长王晨、曹建明、张春贤、沈跃跃、吉炳轩、艾力更·依明巴海、王东明、白玛赤林及秘书长杨振武出席。

**4月20日**　栗战书委员长以视频方式同墨西哥参议长拉米雷斯举行会谈。

**同日**　栗战书委员长以视频方式同埃及众议长贾巴利举行会谈。

**同日**　王晨副委员长出席十三届全国人大第18期代表学习班开班式并作学习贯彻习近平法治思想专题报告。

**4月21日**　曹建明副委员长以视频方式与多米尼加议会副参议长索里亚、副众议长门德斯举行会谈。

**4月21日至24日**　王晨副委员长率全国人大常委会执法检查组在广西壮族自治区对中医药法贯彻实施情况进行检查，并就加强和改进新时代人大工作进行调研。

**4月22日**　全国人大外事委员会发言人就美

国国会参议院外委会通过“2021 年战略竞争法案”发表谈话。全国人大外事委员会发言人尤文泽表示，该法案充斥冷战思维和意识形态偏见，肆意曲解、诬蔑抹黑中国发展战略和内外政策，粗暴干涉中国内政，用心险恶，损人害己，我们对此表示强烈不满和坚决反对。发言人指出，在百年变局和世纪疫情交织叠加，世界进入动荡变革期，不稳定性不确定性显著上升的大背景下，该法案蓄意制造意识形态对抗，搞零和博弈，既不符合时代潮流，也不利于促进世界的和平、稳定与发展，注定没有出路。中国坚持真正的多边主义，坚定维护以联合国为核心的国际体系，坚定维护以国际法为基础的国际秩序，坚定维护以世界贸易组织为核心的多边贸易体制，主张世界各国平等相待，互尊互信，同舟共济，共克时艰。发言人指出，台湾问题事关中国的国家主权和领土完整，涉及中国的核心利益。法案相关涉台条款严重违反一个中国原则和中美三个联合公报规定，向“台独”势力发出严重错误信号。一个中国原则是中国的红线，我们坚决反对任何形式的美台官方往来。涉疆、涉港问题纯属中国内政，不容任何外国干涉。发言人强调，中美即便在某些领域存在竞争，也应该是公平公正、遵守规则的良性、有序竞争。中国一贯主张构建不冲突不对抗、相互尊重、合作共赢的中美关系，同时坚定捍卫国家主权、安全和发展利益。我们强烈敦促美国国会客观理性看待中国发展，切实尊重中国主权和领土完整，停止插手中国内政，停止审议推进该法案。

**4 月 26 日至 29 日** 十三届全国人大常委会举行第二十八次会议。

会议听取全国人大宪法和法律委员会主任委员李飞关于乡村振兴促进法草案审议结果的报告。在审议的基础上，会议印发全国人大宪法和法律委员会关于乡村振兴法草案三次审议稿修改意见的报告。经过审议，会议通过《中华人民共和国乡村振兴法》。

《中华人民共和国乡村振兴法》共 10 章，74 条，包括：总则、产业发展、人才支撑、文化繁荣、生态保护、组织建设、城乡融合、扶持政策、监督检查、附则。本法自 2021 年 6 月 1 日起施行。

会议听取全国人大宪法和法律委员会副主任委员周光权关于反食品浪费法草案审议结果的报告。在审议的基础上，会议印发全国人大宪法和法律委员会关于反食品浪费法草案二次审议稿修改意见的报告。经过审议，会议通过《中华人民共和国反食品浪费法》。

《中华人民共和国反食品浪费法》共 32 条，自公布之日起施行。

会议听取全国人大宪法和法律委员会副主任委员胡可明关于海上交通安全法修订草案审议结果的报告。在审议的基础上，会议印发全国人大宪法和法律委员会关于海上交通安全法修订草案二次审议稿修改意见的报告。经过审议，会议通过修订后的《中华人民共和国海上交通安全法》。

修订后的《中华人民共和国海上交通安全法》共 10 章，122 条，包括：总则，船舶、海上设施和船员，海上交通条件和航行保障，航行、停泊、作业，海上客货运输安全，海上搜寻救助，海上交通事故调查处理，监督管理，法律责任，附则。本法自 2021 年 9 月 1 日施行。

会议听取教育部部长田学军关于中华人民共和国教育法修正草案的说明。在审议的基础上，会议印发全国人大宪法和法律委员会关于教育法修正草案审议结果的报告。经过审议，会议通过《全国人民代表大会常务委员会关于修改〈中华人民共和国教育法〉的决定》。本决定自 2021 年 4 月 30 日起施行。

会议听取司法部部长唐一军关于道路交通安全法等 9 部法律的修正案草案的说明。在审议的基础上，会议印发全国人民代表大会宪法和法律委员会关于中华人民共和国道路交通安全法等 9 部法律的修正案草案审议结果的报告。经过审议，会议通过《全国人民代表大会常务委员会关于修改〈中华人民共和国道路交通安全法〉等八部法律的决定》。本决定自公布之日起施行。这八部法律根据本决定作相应修改并对条文顺序作相应调整，重新公布。

会议听取中央军委委员、中央军委政治工作部主任苗华关于中国人民解放军选举全国人民代表大会和县级以上地方各级人民代表大会代表的办法修正草案的说明。在审议的基础上，会议印发全国人大宪法和法律委员会关于中国人民解放军选举全国人民代表大会和县级以上地方各级人民代表大会代表的办法修正草案审议结果的报告。经过审议，会议通过《全国人民代表大会常务委员会关于修改〈中国人民解放军选举全国人民代表大会和县级以上地方各级人民代表大会代表的办法〉的决定》。本决定自 2021 年 4 月 30 日起施行。

会议听取全国人大常委会预算工作委员会主任史耀斌关于全国人民代表大会常务委员会关于加强中央预算审查监督的决定修订草案的说明。在审议的基础上，会议印发全国人大宪法和法律委员会关于全国人民代表大会常务委员会关于加强中央预算审查监督的决定修订草案审议结果的报告。经过审议,会议通过修订后的《全国人民代表大会常务委员会关于加强中央预算审查监督的决定》。本决定自公布之日起施行。

会议听取司法部部长唐一军关于授权国务院在自由贸易试验区暂时调整适用有关法律规定的决定草案的说明。在审议的基础上,会议印发全国人大宪法和法律委员会对关于授权国务院在自由贸易试验区暂时调整适用有关法律规定的决定草案审议结果的报告。经过审议,会议通过《全国人民代表大会常务委员会关于授权国务院在自由贸易试验区暂时调整适用有关法律规定的决定》。本决定自2021年7月1日起施行。

会议听取国防部国际军事合作办公室副主任张保群关于上海合作组织成员国关于举行联合军事演习的协定补充议定书的议案的说明,外交部副部长马朝旭关于提请审议批准中华人民共和国和伊朗伊斯兰共和国关于刑事司法协助的条约的议案的说明、关于提请审议批准中华人民共和国和伊朗伊斯兰共和国关于民事和商事司法协助的条约的议案的说明,科技部部长王志刚关于提请审议批准成立平方公里阵列天文台公约的议案的说明。经过审议,会议通过《全国人民代表大会常务委员会关于批准〈上海合作组织成员国举行联合军事演习的协定〉补充议定书的决定》、《全国人民代表大会常务委员会关于批准〈中华人民共和国和伊朗伊斯兰共和国关于刑事司法协助的条约〉的决定》、《全国人民代表大会常务委员会关于批准〈中华人民共和国和伊朗伊斯兰共和国民事和商事司法协助的条约〉的决定》、《全国人民代表大会常务委员会关于批准〈成立平方公里阵列天文台公约〉的决定》。

会议听取全国人大宪法和法律委员会副主任委员徐辉关于数据安全法草案修改情况的汇报,全国人大宪法和法律委员会副主任委员江必新关于个人信息保护法草案修改情况的汇报、关于监察官法草案修改情况的汇报,全国人大宪法和法律委员会副主任委员沈春耀关于海南自由贸易港法草案修改情况的汇报,全国人大宪法和法律委员会副主任委员刘季幸关于军人地位和权益保障法草案修改情况的汇报,并对这五部法律草案进行再次审议。

会议听取全国人大财政经济委员会主任委员徐绍史关于期货法草案的说明,外事委员会主任委员张业遂关于陆地国界法草案的说明,并对这两部法律草案进行初次审议。

会议听取并审议生态环境部部长黄润秋关于2020年度环境状况和环境保护目标完成情况、研究处理土壤污染防治法执法检查报告及审议意见情况、依法打好污染防治攻坚战工作情况的报告。

会议听取代表资格审查委员会主任委员吴玉良关于个别代表的代表资格的报告。经过审议,会议通过了这个报告。

会议任命黄明为应急管理部部长。

会议任命林铎为第十三届全国人民代表大会华侨委员会副主任委员。

会议免去蒋洪军的中国人民解放军军事检察院检察长职务,任命程东方为中国人民解放军军事检察院检察长。

会议批准免去顾雪飞的河南省人民检察院检察长职务。

会议还通过其他任免事项。

会议闭幕时,栗战书委员长发表讲话。栗战书说,本次常委会审议通过了8件法律和决定,乡村振兴促进法为实施乡村振兴战略提供了有力法治保障。反食品浪费法建立反食品浪费长效机制,是"小快灵""小切口"立法的生动实践。对海上交通安全法进行首次修改,有利于全面提升海上交通安全管理水平。教育法修改贯彻落实全国教育大会精神,对社会关注的冒名顶替入学行为等作出规范。全面修改关于加强中央预算审查监督的决定,体现预算审查监督重点向支出预算和政策拓展的要求,强化对国有资本经营预算和对国有资产管理的监督。会议还作出关于修改道路交通安全法等8部法律的决定、关于修改中国人民解放军选举人大代表的办法的决定,关于授权国务院在自由贸易试验区暂时调整适用有关法律规定的决定。各地区各部门要广泛宣传、认真实施这些法律和决定,在法治轨道上推进相关工作,把党中央决策部署落到实处。

栗战书指出,加快完善中国特色社会主义法律体系,为全面建设社会主义现代化国家提供法律保障,是新时代新任务对立法工作提出的新要求。做好新时代立法工作,要深入学习贯彻习近平法治思想,坚持党对立法工作的全面领导,紧扣建设中国特色社会主义法治体系、建设社会主义法治国家总目标,坚持系统观念,统筹立改废释纂,深入推进科学立法、民主立法、依法立法。一是准确把握立法工作面临的新形势新任务,切实加强重点领域、新兴领域、涉外领域立法,集中力量、全力以赴完成好党中央部署的重大立法任务，积极回应经济社会发展和人民群众对立法工作的新需要新期待。二是把握适当加快的原则，在保证质量的前提下加快立法工作步伐，深入研究和把握立法规律，增强政治思维和大局意识，提高法律专业水平，保证立法效率和质量。坚持急用先行，区分轻重缓急。三是加强立法人才队伍建设，充分发挥常委会、专门委员会组成人员的特长优势，健全完善人大在立法工作中发挥主导作用的体制机制，更好发挥立法工作整体合力。（全文见本书 258 页）

会议结束后，十三届全国人大常委会举行专题讲座，栗战书委员长主持。对外经济贸易大学法学院教授、国务院反垄断委员会专家咨询组成员黄勇作了《完善反垄断法律制度强化竞争政策基础地位》的讲座。

**4 月 26 日**　栗战书委员长与列席十三届全国人大常委会第二十八次会议的全国人大代表座谈。座谈会上，代表们积极发言，围绕加强和改进新时代人大工作谈体会、提建议。栗战书认真倾听，与大家深入交流。他说，人民代表大会制度的历史，是我们党的历史的一个重要组成部分。我们党从成立之日起，就把人民民主写在自己的旗帜上，对建立新型人民民主政权及其组织形式进行不懈的实践探索和理论思考。60 多年来，在党的领导下，人民代表大会制度不断巩固和发展，有力支持和保证了人民当家作主，有效推动和保障了党和国家事业阔步前行，展现出国家根本政治制度的巨大优势和功效。

栗战书指出，党的十八大以来，习近平总书记和党中央高度重视，推动人民代表大会制度建设和人大工作取得历史性成就。习近平总书记提出一系列新理念新思想新要求，形成了习近平总书记关于坚持和完善人民代表大会制度的重要思想，标志着我们党对人民代表大会制度的规律性认识达到了一个新的高度，为做好新时代人大工作提供了行动指南和根本遵循。

栗战书指出，人大代表是人民代表大会的主体。人大工作做得怎么样，要看人大代表作用发挥得怎么样；人大保持同人民群众的密切联系，做到民有所呼、我有所应，关键也要靠人大代表发挥桥梁纽带作用，察民情、汇民意、聚民智。十三届全国人大常委会牢固树立为代表服务的意识，健全完善代表工作机制，成效明显。各地的代表之家、代表联络站、代表活动小组广泛建立，活动开展得很活跃，各级人大代表对常委会工作的参与越来越深入，发挥的作用越来越大。人大常委会要进一步增强联系人民、代表人民、服务人民的自觉性主动性，有效发挥代表在反映群众诉求、解决民生难题、参与管理国家事务中的积极作用，把人大工作、代表工作做得更好。

栗战书强调，全国人大代表是最高国家权力机关组成人员，使命光荣、责任重大。希望代表们认真学习贯彻习近平新时代中国特色社会主义思想特别是习近平法治思想、习近平总书记关于坚持和完善人民代表大会制度的重要思想，增强做好新时代人大工作的责任感使命感，按照党和人民对人大代表的要求，更好地履行职责、发挥作用。

王晨副委员长主持座谈会。

**4 月 27 日**　栗战书委员长以视频方式与委内瑞拉全国代表大会主席罗德里格斯举行会谈。

**4 月 28 日**　栗战书委员长以视频方式出席“议员在巩固国际和平与信任中的作用”议会领导人会议并发表讲话。

**同日**　十三届全国人大常委会委员长会议召开第九十二次会议，栗战书委员长主持。会议决定将草案修改稿、决定草案提交常委会会议审议。

**4 月 29 日**　栗战书委员长主持召开座谈会，围绕加强和改进新时代人大工作，同列席十三届全国人大常委会第二十八次会议的地方人大常委会负责同志交流座谈、听取意见。他强调，在人大工作实践中，必须把坚持党的领导、人民当家作主、依法治国真正打通，有机统一起来，紧跟党中央重大决策部署，紧贴人民群众美好生活对法治建设的呼声期盼，紧扣国家治理体系和治理能力现代化提出的法律需求实际，履行好宪法法律赋予的职责，使各项工作更好围绕中心和大局、更好服务国家和人民。座谈会上，地方人大常委会负责同志紧紧围绕新时代坚持和完善人民代表大会制度提出了很多建设性的意见建议。

在听取大家发言后，栗战书指出，党的十八大以来，人民代表大会制度之所以不断得到巩固和发展，人大工作之所以能够取得历史性成就，根本在于习近平新时代中国特色社会主义思想的科学指引，在于以习近平同志为核心的党中央坚强领导。习近平总书记关于坚持和完善人民代表大会制度的重要思想，为做好新时代人大工作提供了行动指南和根本遵循。栗战书强调，要深入研究和阐释习近平总书记关于坚持和完善人民代表大会制度的重要思想，用以更好统揽和指引人大工作。要坚定制度自信，坚定不移走中国特色社会主义政治发展道路。要深刻分析新时代人大工作面临的新情况新问题、呈现的新特点新特征，明确新时代人大工作的基本定位、基本职责、重大使命、历史任务，推动人大工作与时俱进、完善发展。要认真总结新时代人大工作的新经验新做法，将重要的行之有效的工作举措制度化、规范化，推动各级人大提升工作水平。要认真梳理分析人大工作和建设中面临的突出问题，从组织制度和工作制度层面提出有针对性的具体措施，更好发挥人大职能作用。

栗战书指出，多年来，地方人大依法履职、担当尽责，积累了许多好经验好做法，要深入总结，继续坚持和完善。一是坚持以党的创新理论武装头脑、指导实践、推动工作。二是坚持党对人大工作的全面领导，坚决贯彻党中央重大决策部署和同级党委部署安排，把党的领导贯穿于履职全过程和各方面。三是围绕大局、立足实际，创造性做好工作，全面履行宪法法律赋予的职责。四是充分发挥代表主体作用，始终保持同人民群众的密切联系，注重为老百姓办实事。五是围绕提高人大履职能力和水平加强自身建设，强化政治机关意识，不断提高工作质量和效率。

王晨副委员长出席座谈会。

**同日**　十三届全国人大常委会委员长会议召开第九十三次会议，栗战书委员长主持。会议研究提请常委会会议表决事项。

**同日**　十三届全国人大常委会举行宪法宣誓仪式，张春贤副委员长主持并监誓。全国人大华侨委副主任委员林铎、应急管理部部长黄明进行集体宣誓。全国人大机关、应急管理部有关负责同志参加了宣誓活动。

**同日**　全国人大常委会发布公告。公告说，海军军人代表大会决定罢免宋学的第十三届全国人民代表大会代表职务。依照《中华人民共和国全国人民代表大会和地方各级人民代表大会代表法》的有关规定，宋学的代表资格终止。第十三届全国人民代表大会代表李希勇去世。全国人民代表大会常务委员会对李希勇代表的去世表示哀悼。李希勇的代表资格自然终止。截至目前，第十三届全国人民代表大会实有代表2951人。

## 五　　月

**5月6日至12日**　蔡达峰副委员长率全国人大常委会执法检查组在浙江省、山西省对中医药法贯彻实施情况进行检查。

**5月8日至13日**　吉炳轩副委员长在江苏省就加强种质资源保护和育种创新及加强和改进新时代人大工作在江苏调研。

**5月8日至11日**　艾力更·依明巴海副委员长率全国人大常委会执法检查组在河南省对中医药法贯彻实施情况进行检查，并就加强和改进新时代人大工作进行调研。

**5月8日至12日**　白玛赤林副委员长在广西壮族自治区就进一步发挥海外侨胞在共建“一带一路”中的重要作用进行调研。

**5月9日至12日**　王晨副委员长率全国人大常委会执法检查组在甘肃省对中医药法贯彻实施情况进行检查。

**5月10日至14日**　曹建明副委员长在海南省就人民法院知识产权审判工作情况、加强和改进新时代人大工作进行调研。

**5月10日至12日**　沈跃跃副委员长在四川省就赤水河流域保护共同立法、以国家公园为主体的自然保护地体系建设和国家公园立法、加强和改进新时代人大工作进行调研。

**5月12日**　王晨副委员长在北京与德国联邦议院副议长弗里德里希共同主持中国全国人大与德国“中国之桥”协会第二次视频会议并致辞。

**5月14日**　栗战书委员长以视频方式同阿根廷众议长马萨举行会谈。

**5月17日**　全国人大常委会中医药法执法检查组召开第二次全体会议，王晨副委员长出席并讲话。

**5月17日至20日**　张春贤副委员长在上海市就医疗保障立法进行调研。

**5月17日至20日**　沈跃跃副委员长率全国人大常委会执法检查组在海南省对固体废物污染环境防治法实施情况进行检查。

**5月18日**　全国人大常委会企业破产法执法检查组召开第一次全体会议，陈竺副委员长主持，王东明副委员长出席。

**5月18日至20日**　郝明金副委员长在江西省

就推进监察监督全覆盖情况进行调研。

**5 月 19 日** 栗战书委员长以视频方式同马达加斯加国民议会议长克里斯蒂娜举行会谈，丁仲礼副委员长参加会谈。

**5 月 20 日** 全国人大常委会畜牧法执法检查组召开第一次全体会议，副委员长吉炳轩、万鄂湘、武维华出席。

**5 月 22 日至 24 日** 武维华副委员长在河北省就乡村振兴工作进行调研。

**5 月 23 日至 25 日** 王东明副委员长率全国人大常委会执法检查组在河北省对企业破产法贯彻实施情况进行检查。

**5 月 24 日至 27 日** 十三届全国人大第 20 期代表学习班在上海举办，围绕"十四五"规划和 2035 年远景目标纲要解读、现代产业体系、数字经济、乡村振兴、气候变化等内容安排了专题报告，来自全国 33 个选举单位的 291 名全国人大代表参加线下学习。

**5 月 25 日** 栗战书委员长以视频方式与古巴全国人民政权代表大会主席拉索举行会谈，吉炳轩副委员长参加会谈。

**同日** 沈跃跃副委员长在国家电网有限公司就充分发挥法律在推进碳达峰碳中和、积极应对气候变化中的重要作用进行调研。

**同日** 蔡达峰副委员长以视频方式与莫桑比克议会副议长因若若举行会谈。

**5 月 26 日** 十三届全国人大常委会第九十四次委员长会议举行，栗战书委员长主持。会议决定，十三届全国人大常委会第二十九次会议 6 月 7 日至 10 日举行。

**5 月 27 日** 全国人大常委会举行乡村振兴促进法实施座谈会，栗战书委员长出席座谈会并讲话。吉炳轩副委员长主持，武维华副委员长、杨振武秘书长出席。

栗战书强调，要坚持以习近平新时代中国特色社会主义思想为指导，深入学习贯彻习近平总书记关于"三农"工作的重要论述，坚持农业农村优先发展，深入贯彻实施和宣传普及乡村振兴促进法，促进农业高质高效、乡村宜居宜业、农民富裕富足。栗战书指出，要进一步提高政治站位，从党和国家事业全局的战略高度认识乡村振兴促进法的重要意义。正确理解这部法律有三个大的要领必须把握住、把握好。一是乡村振兴促进法是以增加农民收入、提高农民生活水平、提升农村文明程度为核心的振兴法；二是这部法律要解决好农业农村承担的保障好农产品供给安全、保护好农村生态屏障安全、传承好中国农村优秀传统文化等历史任务；三是全面加强农村社会主义精神文明建设，培养高素质的新型农民。

栗战书强调，一要因地制宜促进乡村产业发展，二要培养造就新型职业农民队伍，三要传承好农村优秀传统文化，四要加强农村生态环境保护，五要加强农村基层政权建设，六要保障好维护好农民的合法权益。

栗战书指出，实施好乡村振兴促进法，各级政府要承担起应有职责，各级人大要发挥好职能作用，在全社会营造依法推进乡村全面振兴的良好氛围。（全文见本书 282 页）

**同日** 万鄂湘副委员长以视频方式出席各国议会联盟第 142 届大会并发言。

**5 月 28 日** 栗战书委员长以视频方式同老挝国会主席赛宋蓬举行会谈，王东明副委员长、杨振武秘书长陪同。

**同日** 栗战书委员长出席中国科学院第二十次院士大会、中国工程院第十五次院士大会、中国科学技术协会第十次全国代表大会第一次全体会议。

**5 月 29 日至 6 月 2 日** 吉炳轩副委员长率领全国人大常委会执法检查组在湖南省对畜牧法贯彻实施情况进行检查。

**5 月 31 日至 6 月 3 日** 陈竺副委员长率全国人大常委会执法检查组在浙江省对企业破产法贯彻实施情况进行检查。

**5 月 31 日至 6 月 5 日** 郝明金副委员长率全国人大常委会执法检查组在吉林省、山西省对企业破产法贯彻实施情况进行检查。

## 六　月

**6 月 1 日** 王晨副委员长出席《中华人民共和国非物质文化遗产法》颁布实施十周年座谈会并讲话，艾力更·依明巴海副委员长出席。

**同日** 王晨副委员长以视频方式与土库曼斯

坦人民委员会副主席巴巴耶夫举行会谈。

**6月2日**　栗战书委员长以视频方式与所罗门群岛国民议会议长奥蒂举行会谈，曹建明副委员长陪同。

**6月2日至4日**　王东明副委员长率全国人大常委会执法检查组在山东省对企业破产法贯彻实施情况进行检查。

**6月2日至5日**　郝明金副委员长率全国人大常委会执法检查组在山西省对企业破产法贯彻实施情况进行检查。

**6月7日至10日**　十三届全国人大常委会举行第二十九次会议。

会议听取全国人大宪法和法律委员会副主任委员徐辉关于数据安全法草案审议结果的报告。在审议的基础上，会议印发全国人大宪法和法律委员会关于数据安全法草案三次审议稿修改意见的报告。经过审议，会议通过《中华人民共和国数据安全法》。

《中华人民共和国数据安全法》共7章，55条，包括：总则、数据安全与发展、数据安全制度、数据安全保护义务、政务数据安全与开放、法律责任、附则。本法自2021年9月1日起施行。

会议听取全国人大宪法和法律委员会副主任委员沈春耀关于海南自由贸易港法草案审议结果的报告。在审议的基础上，会议印发全国人大宪法和法律委员会关于海南自由贸易港法草案三次审议稿修改意见的报告。经过审议，会议通过《中华人民共和国海南自由贸易港法》。

《中华人民共和国海南自由贸易港法》共8章，57条，包括：总则、贸易自由便利、投资自由便利、财政税收制度、生态环境保护、产业发展与人才支撑、综合措施、附则。本法自公布之日起施行。

会议听取全国人大宪法和法律委员会副主任委员刘季幸关于军人地位和权益保障法草案审议结果的报告。在审议的基础上，会议印发全国人大宪法和法律委员会关于军人地位和权益保障法草案三次审议稿修改意见的报告。经过审议，会议通过《中华人民共和国军人地位和权益保障法》。

《中华人民共和国军人地位和权益保障法》共7章，71条，包括：总则、军人地位、荣誉维护、待遇保障、抚恤优待、法律责任、附则。本法自2021年8月1日起施行。

会议听取全国人大宪法和法律委员会副主任委员刘季幸关于军事设施保护法修订草案审议结果的报告。在审议的基础上，会议印发全国人大宪法和法律委员会关于军事设施保护法修订草案二次审议稿修改意见的报告。经过审议，会议通过修订后的《中华人民共和国军事设施保护法》。

修订后的《中华人民共和国军事设施保护法》共8章，72条，包括：总则、军事禁区、军事管理区的划定、军事禁区的保护、军事管理区的保护、没有划入军事禁区、军事管理区的军事设施的保护、管理职责、法律责任、附则。本法自2021年8月1日起施行。

会议听取全国人大宪法和法律委员会副主任委员胡可明关于安全生产法修正草案审议结果的报告。在审议的基础上，会议印发全国人大宪法和法律委员会关于修改安全生产法的决定草案修改意见的报告。经过审议，会议通过《全国人民代表大会常务委员会关于修改〈中华人民共和国安全生产法〉的决定》。本决定自2021年9月1日起施行。

会议听取全国人大宪法和法律委员会副主任委员胡可明关于印花税法草案审议结果的报告。在审议的基础上，会议印发全国人大宪法和法律委员会关于印花税法草案二次审议稿修改意见的报告。经过审议，会议通过《中华人民共和国印花税法》。

《中华人民共和国印花税法》共20条，自2022年7月1日起施行。

会议听取全国人大宪法和法律委员会副主任委员沈春耀关于反外国制裁法草案审议结果的报告。在审议的基础上，会议印发全国人大宪法和法律委员会关于反外国制裁法草案二次审议稿修改意见的报告。经过审议，会议通过《中华人民共和国反外国制裁法》。

《中华人民共和国反外国制裁法》共16条，自公布之日起施行。

会议听取司法部部长唐一军关于对授权上海市人民代表大会及其常务委员会制定浦东新区法规的决定草案的说明。在审议的基础上，会议印发全国人大宪法和法律委员会对关于授权上海市人民代表大会及其常务委员会制定浦东新区法规的决定草案审议结果的报告。经过审议，会议通过《全国人民代表大会常务委员会关于授权上海市人民代表大会及其常务委员会制定浦东新区法规的决定》。本决定自公布之日起施行。

会议听取司法部部长唐一军关于开展第八个五年法治宣传教育的决议草案的说明。在审议的基础上，会议印发全国人大监察和司法委员会对关于开展第八个五年法治宣传教育的决议草案审议情况和修改意见的报告。经过审议，会议通过《全国人民代表大会常务委员会关于开展第八个五年法治宣传教育的决议》。

会议听取全国人大宪法和法律委员会副主任委员江必新关于法律援助法草案修改情况的汇报，全国人大宪法和法律委员会副主任委员丛斌关于医师法草案修改情况的汇报，并对上述法律草案进行再次审议。

会议听取教育部部长陈宝生关于职业教育法修订草案的说明，审计署审计长侯凯关于审计法修正草案的说明，并对上述草案进行初次审议。

会议听取并审议财政部部长刘昆关于 2020 年中央决算的报告，全国人大财政经济委员会副主任委员史耀斌关于 2020 年中央决算草案审查结果的报告，经过审议，会议通过《全国人民代表大会常务委员会关于批准 2020 年中央决算的决议》。

会议听取并审议审计署审计长侯凯关于 2020 年度中央预算执行和其他财政收支的审计工作报告，交通运输部部长李小鹏关于建设现代综合交通运输体系有关工作情况的报告，生态环境部部长黄润秋关于长江流域生态环境保护工作情况的报告，司法部部长唐一军关于“七五”普法决议贯彻落实情况的报告、王晨副委员长作的全国人大执法检查组关于检查中医药法实施情况的报告。

会议听取全国人大常委会代表资格审查委员会主任委员吴玉良作的关于个别代表的代表资格的报告。经过审议，会议通过这个报告。

会议任命王国生为全国人大社会建设委员会副主任委员。

会议还通过其他任免事项。

会议闭幕时，栗战书委员长发表讲话。栗战书说，本次会议审议通过了反外国制裁法、海南自由贸易港法、数据安全法、军人地位和权益保障法、印花税法，修改了安全生产法、军事设施保护法，作出关于授权上海市人大及其常委会制定浦东新区法规的决定。有关方面要认真做好宣传解读等工作，抓紧制定完善配套规定，确保这 8 件法律和决定得到有效实施。

栗战书指出，加强对财政预算执行情况和审计情况的监督，是全国人大常委会的法定职责。要始终贯穿讲政治这一要求，围绕党和国家工作大局，深入推进人大预算审查监督重点拓展改革，加大对经济社会发展重大战略、重大举措、重大项目等的财政支出和审计监督力度，把党中央重大决策部署贯穿财政工作和审计监督全过程并转化为具体举措。坚持党政机关过紧日子的思想不放松，对“国之大者”做到心中有数，严肃财经纪律、抓好审计整改，切实解决和杜绝屡查屡犯的问题。

栗战书指出，全国人大常委会贯彻习近平总书记重要指示精神和党中央决策部署，制定海南自由贸易港法，从国家立法层面为海南自由贸易港的建设发展提供了重要法律保障。各有关方面要全面实施好这部法律，分步骤、分阶段建立自由贸易港政策和制度体系，努力建设高水平的中国特色海南自由贸易港，推动形成更高层次改革开放的新格局。

栗战书强调，反外国制裁法的制定出台，是全国人大常委会贯彻习近平法治思想和习近平外交思想、加快涉外立法的重要举措。中国始终坚持独立自主的和平外交政策，致力于与各国互利共赢、共同发展，但我们决不放弃自己的正当权益，任何人不要幻想让中国吞下损害自身利益的苦果。对于各种制裁和干涉，中国政府和人民将坚决予以反制。全国人大常委会遵循国际惯例，借鉴外国相关做法，审议通过反外国制裁法，为反击霸权主义和强权政治、维护国家和人民利益提供了法治支撑。要全面、正确理解法律规定，适时运用法律开展强有力的反制裁斗争。要加快推进涉外立法，充实应对挑战、防范风险的法律“工具箱”，更好运用法律武器维护国家主权、安全、发展利益，保护我国公民、组织合法权益。（全文见本书 260 页）

会议结束时，十三届全国人大常委会举行第二十四讲专题讲座，栗战书委员长主持。全国人大常委会副秘书长信春鹰作了题为《中国共产党与我国的根本政治制度》的讲座。

**6 月 8 日** 十三届全国人大常委会第二十九次会议举行分组审议，审议海南自由贸易港法草案、安全生产法修正草案、反外国制裁法草案等。栗战书委员长参加审议。

**6 月 9 日** 十三届全国人大常委会委员长会议召开第九十五次会议，栗战书委员长主持。会议决定将草案修改稿、决定草案、决议草案等提交常委会会议审议。

**同日** 十三届全国人大常委会第二十九次会议举行联组会议，审议国务院关于建设现代综合交通运输体系有关工作情况的报告并开展专题询问。栗战书委员长参加审议和询问。

王东明副委员长主持会议。徐如俊、欧阳昌琼、吕薇、蔡玲、吕世明等 5 位全国人大常委会委员，郅慧等列席人大代表围绕推进党中央关于建设交通强国的决策部署落地落实的思路和举措、推动交通运输领域做好碳达峰、碳中和等工作、加快构建安全可靠的国际物流供应链体系、有效保障综合交通运输发展资金、交通规划与国土空间规划统筹衔接、推进铁路与其他运输方式多式联运等问题提出询问。

国务委员王勇，国家发展改革委、财政部、自然资源部、交通运输部、商务部、国家铁路局、中国民航局等有关部门负责同志到会听取意见、回答询问。

栗战书在讲话中指出，习近平总书记高度重视交通运输工作，多次就建设交通强国发表重要讲话、作出重要指示。党的十八大以来，我国交通运输建设取得历史性成就，正在加速由交通大国向交通强国迈进。要把握交通运输现代化的发展大势，正确认识交通运输建设存在的困难和问题，围绕便利化、高速化、轻型化、高科技化，推进交通运输的现代化。

栗战书强调，建设现代综合交通运输体系，一要围绕加快构建新发展格局，促进交通资源优化配置，促进各种运输方式联通衔接，改善管理、强化监管，尽快补齐综合交通运输体系的突出短板，确保产业链供应链安全。二要坚持以人民为中心，紧跟新时代人民美好生活需求，深刻认识和把握新形势下多层次、多样化、个性化的出行需求和高价值、分散性、快速化的运输需求，建设让人民满意的交通。三要围绕建设交通强国目标，适应现代综合交通运输体系改革要求，加快构建适应现代综合交通运输体系的法律法规体系和标准体系。

王勇表示，构建现代综合交通运输体系是建设交通强国的关键。国务院各有关部门要深入贯彻习近平总书记关于发展现代综合交通运输的重要指示精神，以整体优化、协同融合为主攻方向，统筹建设、管理、养护、运输发展，进一步健全体制机制和政策措施，切实发挥规划引领作用，优化基础设施布局，推动跨方式跨领域跨区域跨产业融合，构建现代化高质量综合立体交通网，促进交通运输安全、智慧、绿色发展，为加快建设交通强国、全面建设社会主义现代化国家提供有力支撑。

**同日**　栗战书委员长同列席十三届全国人大常委会第二十九次会议的全国人大代表座谈交流。栗战书强调，习近平总书记关于全过程民主的重要论述，是对社会主义民主政治理论的重大创新，体现了习近平总书记对中国特色社会主义民主政治的深入思考，充分阐明了我国社会主义民主的特质和优势。这是坚持中国特色社会主义政治发展道路的重大问题，具有重要理论和实践意义。列席代表围绕发挥人大代表在全过程民主中的作用谈了履职体会、提出意见建议。听取代表发言后，栗战书指出，要全面学习贯彻习近平总书记关于全过程民主的重要论述，特别是准确把握全过程民主的突出特点。一是全过程民主是社会主义民主政治的鲜明特点。全过程民主通过一系列法律和制度安排，真正将民主选举、民主协商、民主决策、民主管理、民主监督各个环节彼此贯通起来，是全链条、全方位、全覆盖的民主，是最广泛、最真实、最管用的民主。二是中国共产党的领导是实行全过程民主的根本政治保证。中国共产党从成立之日起，就把人民民主写在自己的旗帜上。发展社会主义民主政治，保证人民当家作主，关键是要坚持党的领导、人民当家作主、依法治国有机统一，核心是坚持党的领导。三是必须紧紧抓住人民代表大会这一主要民主渠道。十三届全国人大四次会议对全国人大组织法和全国人大议事规则作出修改，将全国人大及其常委会坚持全过程民主写进法律，为更好地践行全过程民主提供了更坚实的制度保障。就人大制度和人大工作来讲，无论是选举，还是立法、监督、代表等工作，人大履职的各个方面各个环节，都体现了全过程民主的特点和要求。

栗战书强调，人大代表来自人民、代表人民，在全过程民主中发挥着重要作用。要更加密切联系群众，发挥同人民群众工作和生活在一起的优势，深入了解民情，真实反映民意，广泛集中民智，当好党和国家密切联系人民群众的桥梁和纽带。及时把人民群众最关心、最直接、最现实的问题通过适当的渠道反映给党委和政府，努力推动问题的解决。一时难以解决的问题，要给予正面引导和解释。对于一些带有共性、普遍性的问题依法提出议案和建议，推动从法律、政策层面予以解决。全过程民主是讲好中国故事、传播好中国声音、展示社会主义民主政治优越性的重要内容。人大代表要结合自身的履职经历和体会，生动讲述中国人大故事、中国全过程民主故事，让国际社会更好地了解中国人民代表大会制度、了解社会主义全过程民主。

王晨副委员长主持座谈会，杨振武秘书长出席。

**6月8日**　栗战书委员长以视频方式与白俄罗斯国民会议共和国院主席科恰诺娃、代表院主席安德烈琴科举行会谈，陈竺副委员长参加会谈。

**同日**　武维华副委员长以视频方式与喀麦隆国民议会副议长迪奥多尔举行会谈。

**6月9日**　全国人大外事委员会就美国国会参议院通过“2021年美国创新和竞争法案”发表声明。声明指出，该法案充斥冷战思维和意识形态偏见，诋毁抹黑中国发展道路和内外政策，打着“创新和竞争”旗号，干涉中国内政，妄图遏制中国发展。中国全国人大对此表示强烈不满和坚决反对。声明指出，该法案妄图以渲染所谓“中国威胁”维持美国全球霸权地位，以人权宗教为借口干涉中国内政，以科技、经济脱钩等剥夺中国正当享有的发展权利。法案表明，唯我独尊的偏执妄想扭曲了创新和竞争的本意。在当前世界进入动荡变革期的大背景下，处处把中国当作“假想敌”的做法，有违世界大势，不得人心、注定失败。声明强调，台湾问题事关中国的国家主权和领土完整，涉及中国的核心利益。法案相关涉台条款严重违反一个中国原则和中美三个联合公报规定。我们坚决反对任何形式的美台官方往来。新疆、西藏、香港等事务纯属中国内政，不容任何外国干涉。声明强调，中国坚持走和平发展道路，中国人民追求美好生活的权利神圣不可侵犯，任何势力都不要指望中国吞下损害中国主权、安全、发展利益的苦果。中国始终致力于构建不冲突不对抗、相互尊重、合作共赢的中美关系。我们强烈敦促美国国会客观理性看待中国发展和中美关系，立即停止推进审议该法案，停止干涉中国内政，以免破坏中美关系大局和双方在重要领域的合作。

**6月10日**　十三届全国人大常委会委员长会议召开第九十六次会议，栗战书委员长主持。会议研究提请常委会会议表决事项。

**同日**　全国人大常委会举行宪法宣誓仪式，沈跃跃副委员长主持并监誓。全国人大社会建设委员会副主任委员王国生进行宣誓。根据宪法和全国人大常委会关于实行宪法宣誓制度的决定，全国人大机关有关负责同志参加了宣誓活动，上述人员依法进行宪法宣誓。

**同日**　全国人大常委会发布公告。公告说，河南省第十三届人大常委会第二十四次会议补选王凯为第十三届全国人民代表大会代表。第十三届全国人民代表大会常务委员会第二十九次会议根据代表资格审查委员会提出的报告，确认王凯的代表资格有效。河北省人大常委会决定罢免杨国占的第十三届全国人民代表大会代表职务。云南省人大常委会决定罢免张秀兰的第十三届全国人民代表大会代表职务。依照《中华人民共和国全国人民代表大会和地方各级人民代表大会代表法》的有关规定，杨国占、张秀兰的代表资格终止。截至目前，第十三届全国人民代表大会实有代表2950人。

**6月11日**　栗战书委员长看望全国人大机关新闻舆论工作人员并召开座谈会强调，人大新闻舆论工作不仅仅是人大自身的新闻宣传，同时是党的新闻舆论工作的一部分，也是党的“喉舌”、党的宣传阵地。做好人大新闻舆论工作，最重要的是坚持马克思主义新闻观，以习近平新时代中国特色社会主义思想为指导，增强“四个意识”，坚定“四个自信”，做到“两个维护”，加强对党的理论和路线方针政策、对以习近平同志为核心的党中央治国理政实践的宣传报道。杨振武秘书长参加。

**同日**　王晨副委员长与古巴驻华大使佩雷拉举行会谈。

**6月15日至18日**　丁仲礼副委员长率全国人大执法检查组在黑龙江省对固体废物污染环境防治法贯彻实施情况进行检查。

**6月17日**　栗战书委员长以视频方式与越南国会主席王庭惠举行会谈，沈跃跃副委员长参加。

**6月18日**　栗战书委员长参观“不忘初心、牢记使命”中国共产党历史展览。

**6月19日至22日**　武维华副委员长率全国人大执法检查组在青海省对畜牧法贯彻实施情况进行检查。

**6月21日**　栗战书委员长出席纪念陈慕华同志诞辰100周年座谈会，并在会前会见了陈慕华同志亲属，王晨副委员长主持。

**6月21日至24日**　陈竺副委员长率全国人大执法检查组在陕西省对企业破产法贯彻实施情况进行检查。

**6月22日**　栗战书委员长以视频方式与塞尔维亚国民议会议长达契奇举行会谈，郝明金副委员长参加。

**同日**　栗战书委员长参观全国人大机关庆祝中国共产党成立100周年书画摄影展。

**6月22日至24日**　王晨副委员长率全国人大常委会执法检查组在内蒙古对固体废物污染环境防治法贯彻实施情况进行检查。

**6月22日至24日**　沈跃跃副委员长率调研组在上海开展修改妇女权益保障法立法调研。

**6月22日至25日**　武维华副委员长率全国人大常委会执法检查组在云南省对畜牧法贯彻实施情况进行检查，并就动物防疫法贯彻实施情况进行调研。

**6月22日至26日**　张春贤副委员长在内蒙古就村民委员会组织法、城市居民委员会组织法实施情况和修改工作进行调研。

**6月23日**　王东明副委员长出席全国人大与

非洲四国议会线上研讨会开幕式并致辞。

**6 月 23 至 26 日**　吉炳轩副委员长率全国人大常委会执法检查组在吉林省就畜牧法贯彻实施情况进行检查，并就动物防疫法贯彻实施情况进行调研。

**6 月 23 日至 26 日**　万鄂湘副委员长率全国人大常委会执法检查组在四川省就畜牧法贯彻实施情况进行检查，并就动物防疫法贯彻实施情况进行调研。

**6 月 24 日**　栗战书委员长以视频方式与基里巴斯议长里特举行会谈。

**6 月 26 日**　王晨副委员长出席中国法学会习近平法治思想研究中心成立大会并讲话。

**6 月 28 日**　栗战书委员长观看庆祝中国共产党成立 100 周年文艺演出。

**6 月 29 日**　栗战书委员长会见全国“两优一先”表彰对象。

**同日**　栗战书委员长出席庆祝中国共产党成立 100 周年“七一勋章”颁授仪式。

## 七　月

**7 月 1 日**　庆祝中国共产党成立 100 周年大会举行，中共中央总书记习近平发表重要讲话。栗战书委员长出席会议。

**同日**　栗战书委员长主持中共第十三届全国人大常委会党组第 25 次集体学习暨党史学习教育第 6 次专题学习，学习贯彻习近平总书记在庆祝中国共产党成立 100 周年大会上的重要讲话精神，研究部署学习贯彻措施。副委员长王晨、曹建明、张春贤、沈跃跃、吉炳轩、王东明、白玛赤林，秘书长杨振武出席。

**7 月 4 日**　沈跃跃、丁仲礼副委员长出席加强青藏高原生态安全法治保障专家座谈会。

**7 月 6 日**　沈跃跃、丁仲礼副委员长出席加强青藏高原生态安全法治保障部门座谈会。

**同日**　艾力更·依明巴海副委员长以录制视频致辞方式出席中国—阿拉伯国家友好组织领导人线上会晤。

**7 月 6 日至 8 日**　王晨副委员长率全国人大常委会执法检查组在湖北省对固体废物污染环境防治法贯彻实施情况进行检查。

**7 月 6 日至 9 日**　万鄂湘副委员长率全国人大常委会执法检查组在内蒙古自治区对畜牧法贯彻实施情况进行检查。

**7 月 7 日**　栗战书委员长以视频方式与阿联酋联邦国民议会议长萨格尔举行会谈。

**7 月 7 日至 8 日**　曹建明副委员长在青海省就促进人口较少民族经济社会发展情况和民族团结进步立法问题进行调研。

**7 月 9 日**　十三届全国人大常委会委员长会议召开第九十七次会议，栗战书委员长主持。会议听取有关法律草案主要问题情况的汇报。

**7 月 11 日至 16 日**　2021 年生态文明贵阳国际论坛在贵阳开幕，栗战书委员长出席开幕式并发表主旨演讲。栗战书首先代表中国政府和人民，代表习近平主席，向本届论坛的召开表示热烈的祝贺。

栗战书说，中国共产党和中国政府高度重视生态文明建设。中共十八大以来，以习近平同志为核心的中共中央把生态文明建设纳入中国特色社会主义总体布局，在推进生态文明建设的实践中，形成了习近平生态文明思想。这一思想，深化了对自然规律、人类社会发展规律的认识，为中国生态文明建设提供了理论指导和行动指南。中国把生态文明建设提升到国家战略全局的高度来认识，把节约资源和保护环境确立为基本国策，把可持续发展确立为国家战略，推动生态环境保护发生了历史性、转折性、全局性变化。

栗战书指出，作为世界大家庭的一员，中国一直承担着负责任大国应有的责任。中国政府积极参与生态环境保护与气候变化国际合作，批准落实联合国主导的重要国际公约，积极推动气候变化《巴黎协定》的签署、生效、实施。中国历来重信守诺，我们将全面落实既定目标，为保护生态环境、保育生物多样性、应对气候变化作出更大贡献。

栗战书强调，今年是中国共产党成立 100 周年。中共中央总书记习近平在庆祝中国共产党成立 100 周年大会上发表重要讲话，庄严宣告中国全面建成小康社会，实现了第一个百年奋斗目标，正在向着全面建成社会主义现代化强国的第二个百年奋斗目标迈进。习近平主席在第 75 届联合国大会一般性辩论上宣布，中国将提高国家自主贡献力度，采取更加有力的政策和措施，二氧化碳排放力争于2030年前达到峰值，努力争取2060年前实现碳中和。我们将秉持人类命运共同体理念，与国际社会一道，共同为应对全球气候环境挑战、维护地球生态安全作出积极贡献。一要牢固树立生态文明理念，坚定不移走生产发展、生活富裕、生态良好的文明发展道路。二要加快推动绿色低碳发展，促进经济社会全面绿色转型，实现生态环境质量改善由量变到质变。三要全面加强污染防治工作，严守生态保护红线、环境质量底线、资源利用上线。四要健全完善法律制度体系，用法治的力量保护生态环境、促进绿色发展。五要积极推动国际交流合作，保护生态环境，应对气候变化。

栗战书说，贵州的生态文明建设，是中国生态文明建设成就的一个缩影。生态文明贵阳国际论坛已经成为推动生态文明建设国际交流合作的重要平台，世界了解中国生态文明建设的重要窗口。本届论坛以“低碳转型、绿色发展——共同构建人与自然生命共同体”为主题，希各方共商推动绿色低碳转型之策，共谋人与自然和谐共生之道，为推动构建人与自然生命共同体、构建人类命运共同体作出积极贡献。

塞尔维亚总理布尔纳比奇、汤加首相图伊奥内托阿、法国宪法委员会主席法比尤斯、波兰参议长格罗兹基、泰国公主诗琳通、印度尼西亚总统特使卢胡特等在开幕式上发表视频致辞，约500位嘉宾出席开幕式。（全文见本书286页）

**7月12日至14日**　沈跃跃副委员长在青海省就青藏高原生态保护工作进行调研。

**7月12日至16日**　栗战书委员长在贵州调研，先后赴贵阳市、黔南州、黔东南州、铜仁市和六盘水市。他深入民族村寨和社区、乡镇，同村寨老党员、村民代表亲切交谈，询问群众生产生活状况。在特色产业园区和企业，了解当地发展优势产业，带动群众就业等情况。栗战书说，在庆祝中国共产党成立100周年大会上，习近平总书记庄严宣告，我们实现了第一个百年奋斗目标，全面建成了小康社会，历史性地解决了绝对贫困问题。农业农村发展已经进入全面推进乡村振兴的新阶段，要再接再厉，把脱贫攻坚成果巩固好拓展好，衔接推进乡村振兴，让广大农民的日子越过越幸福、越过越红火。

栗战书主持召开座谈会，围绕乡村振兴促进法实施听取意见建议。他指出，要全面有效实施这部法律，推进农业全面升级、农村全面进步、农民全面发展。一是因地制宜发展产业，不断提高农民收入；二是保障农产品供给，丰富和优化农业品种，不断满足人民群众对美好生活的向往；三是提高农业机械化、信息化、智能化程度，提高农业劳动生产效率；四是发展多种形式的规模经营，提高农业组织化程度；五是加强村容村貌建设，改善农村生产生活条件；六是加强精神文明建设，不断丰富农民群众的文化生活；七是加强农村基层政权建设，推进基层治理体系和治理能力现代化；八是大力推动新型城镇化建设，统筹城乡发展，实现城乡融合。

在贵州期间，栗战书考察了贵州大数据产业发展、“中国天眼”运行等情况，听取贵州经济社会发展及人大工作情况介绍。栗战书说，贵州近年的发展变化，是党和国家事业大踏步前进的一个缩影。习近平总书记始终心系贵州，多次考察贵州，发表重要讲话，帮助贵州理清发展思路、指明发展方向、增强发展信心，亲自领导、推动贵州开启了改革发展的新时期，与全国同步全面建成小康社会，历史性地撕下了绝对贫困的标签。在全面建设社会主义现代化国家新征程上，贵州要把习近平新时代中国特色社会主义思想和习近平总书记对贵州工作的重要指示要求作为改革开放和现代化建设最为根本、最为持久、最为强大的动力源泉，努力开创百姓富、生态美的多彩贵州新未来。要坚持党的全面领导，贯彻全过程人民民主的要求，做好新时代地方人大工作。

栗战书还就贯彻落实党中央决策部署、加强地方人大对政府债务审查监督工作主持召开座谈会，要求在党的领导下依法做好政府债务审查监督工作。

栗战书参观了邓恩铭烈士纪念馆、贵州三线建设博物馆。

**7月12日至16日**　张春贤副委员长在广西壮族自治区就新零工经济从业人员社会保障和劳动权益保护问题进行调研。

**7月13日**　吉炳轩副委员长主持中俄立法机构地方合作视频会议。

**7月16日**　全国人大常委会召开公证法执法检查组第一次全体会议，副委员长曹建明、沈跃跃、吉炳轩、郝明金出席。

**7月19日**　全国人大常委会召开畜牧法执法检查组第二次全体会议，副委员长吉炳轩、万鄂湘、武维华出席。

**7月20日**　栗战书委员长以视频方式与泰国国会主席兼下议院议长川·立派举行会谈，张春贤副委员长参加会谈。

**7月21日**　栗战书委员长以视频方式与乌拉圭副总统、国会主席兼参议长阿希蒙举行会谈。

**同日**　全国人大常委会召开企业破产法执法检查组第二次全体会议，王东明副委员长主持，郝明金副委员长出席。

**7月21日至23日**　王晨副委员长在北京市就反电信网络诈骗立法进行调研，并主持召开座谈会。

**7月22日**　全国人大常委会召开消防法执法检查组第一次全体会议，副委员长王晨、张春贤、王东明、白玛赤林出席。

**7月23日**　中共中央办公厅印发《关于加强地方人大对政府债务审查监督的意见》。栗战书委员长主持召开学习贯彻文件精神座谈会，要求认真抓好组织实施，切实推动地方人大加强对政府债务的审查监督。栗战书指出，党中央高度重视地方政府债务风险防控工作。习近平总书记多次作出重要指示，党中央作出决策部署，要求各级地方党委和政府树立正确政绩观，严格控制地方政府债务增量，终身问责，倒查责任。文件总结实践经验，针对地方政府债务管理和监督中的突出问题、薄弱环节，从完善政府债务编制和相关报告、规范人大审查监督的内容和程序、强化对政府债务风险管控的监督等方面，对地方人大加强对政府债务审查监督作出了全面系统的规定，为这项工作提供了重要指导。栗战书强调，加强地方人大对政府债务的审查监督，是党中央明确交给地方人大的重要任务，也是人大的法定职责，全国人大要积极推动地方人大全面落实中央规定。一要提升政治站位，从推动高质量发展的高度防控政府债务风险。要把握好新形势新任务，把思想和行动统一到党中央决策部署上来，切实转变发展方式，实现稳增长与防风险长期均衡，实现更高质量、更有效率、更加公平、更可持续、更为安全的发展。二要切实履行好职责，在党的领导下依法做好政府债务审查监督工作。要依照预算法、监督法等法律规定开展这项工作，确保政府债务管理在法治轨道上进行，确保政府债务资金安排和使用更好体现和落实党中央决策部署。要坚持全口径审查、坚持全过程监管，综合运用多种监督形式，深化人大代表对这项工作的参与，增强监督实效。三要依法加强债务管理。文件对政府及其有关部门的职责作了具体规定，要严格执行、落实到位。政府要加快建立健全政府债务管理制度，按照要求向本级人大及其常委会报告政府债务情况。要建立统一的政府债务信息披露机制，推动政府债务信息公开透明。

**7月25日至26日**　王晨副委员长在上海市出席学习贯彻习近平总书记关于全过程人民民主重要论述、推进基层立法联系点工作座谈会并调研。

**7月27日**　十三届全国人大常委会委员长会议召开第九十八次会议，栗战书委员长主持。会议决定，十三届全国人大常委会第三十次会议8月17日至20日举行。

**7月27日至30日**　曹建明副委员长率全国人大常委会执法检查组在上海市对公证法贯彻实施情况进行检查。

## 八　月

**8月17日至20日**　十三届全国人大常委会举行第三十次会议。

会议听取全国人大宪法和法律委员会副主任委员江必新关于个人信息保护法草案审议结果的报告。在审议的基础上，会议印发全国人大宪法和法律委员会关于个人信息保护法草案三次审议稿修改意见的报告。经过审议，会议通过《中华人民共和国个人信息保护法》。

《中华人民共和国个人信息保护法》共8章，74条，包括：总则，个人信息处理规则，个人信息跨境提供的规则，个人在个人信息处理活动中的权利，个人信息处理者的义务，履行个人信息保护职责的部门，法律责任，附则。本法自2021年11月1日起施行。

会议听取全国人大宪法和法律委员会副主任委员江必新关于监察官法草案审议结果的报告。在审议的基础上，会议印发全国人大宪法和法律委员会关于监察官法草案三次审议稿修改意见的报告。经过审议，会议通过《中华人民共和国监察官法》。

《中华人民共和国监察官法》共9章，68条，包括：总则，监察官的职责、义务和权利，监察官的条件和选用，监察官的任免，监察官的管理，监察官的考核和奖励，监察官的监督和惩戒，监察官的职业保障,附则。本法自 2022 年 1 月 1 日起施行。

会议听取全国人大宪法和法律委员会副主任委员江必新关于法律援助法草案审议结果的报告。在审议的基础上,会议印发全国人大宪法和法律委员会关于法律援助法草案三次审议稿修改意见的报告。经过审议,会议通过《中华人民共和国法律援助法》。

《中华人民共和国法律援助法》共 7 章,71 条,包括:总则,机构和人员,形式和范围,程序和实施,保障和监督,法律责任,附则。本法自 2022 年 1 月 1 日起施行。

会议听取全国人大宪法和法律委员会副主任委员丛斌关于医师法草案审议结果的报告。在审议的基础上,会议印发全国人大宪法和法律委员会关于医师法草案三次审议稿修改意见的报告。经过审议,会议通过《中华人民共和国医师法》。

《中华人民共和国医师法》共 7 章,67 条,包括:总则,考试和注册,执业规则,培训和考核,保障措施,法律责任,附则。本法自 2022 年 3 月 1 日起施行。《中华人民共和国执业医师法》同步废止。

会议听取全国人大宪法和法律委员会副主任委员王宁关于兵役法修订草案审议结果的报告。在审议的基础上,会议印发全国人大宪法和法律委员会关于兵役法修订草案二次审议稿修改意见的报告。经过审议,会议通过修订后的《中华人民共和国兵役法》。

修订后的《中华人民共和国兵役法》共 11 章 65 条,包括:总则,兵役登记,平时征集,士兵的现役和预备役,军官的现役和预备役,军队院校从青年学生中招收的学员,战时兵员动员,现役待遇和抚恤优待,退役军人的安置,法律责任,附则。本法自 2021 年 10 月 1 日起施行。

会议听取国家卫生健康委员会副主任于学军关于人口与计划生育法修正草案的说明。在审议的基础上,会议印发全国人大宪法和法律委员会关于人口与计划生育法修正草案审议结果的报告。经过审议,会议通过《全国人民代表大会常务委员会关于修改〈中华人民共和国人口与计划生育法〉的决定》。本决定自 2021 年 8 月 20 日起施行。

会议听取最高人民法院院长周强对关于授权最高人民法院在该院和部分地区开展四级法院审级职能定位改革试点工作的决定草案的说明。在审议的基础上,会议印发全国人大宪法和法律委员会对关于授权最高人民法院在该院和部分地区开展四级法院审级职能定位改革试点工作的决定草案审议结果的报告。经过审议,会议通过《全国人民代表大会常委会关于授权最高人民法院在该院和部分地区开展四级法院审级职能定位改革试点工作的决定》。本决定自公布之日施行。

会议听取全国人大宪法和法律委员会副主任委员周光权关于有组织犯罪法草案修改情况的汇报,全国人大宪法和法律委员会副主任委员徐辉关于家庭教育法草案修改情况的汇报,全国人大宪法和法律委员会副主任委员王宁关于陆地国界法草案修改情况的汇报,并对这三部法律草案进行再次审议。

会议听取全国人大教育科学文化卫生委员会主任委员李学勇关于科学技术进步法修订草案的说明,全国人大环境与资源保护委员会主任委员高虎城关于修订环境噪声污染防治法的说明,全国人大农业与农村委员会副主任委员刘振伟关于种子法修正草案的说明,并对上述法律草案进行初次审议。

会议听取全国人大常委会法制工作委员会主任沈春耀关于全国人民代表大会常务委员会关于增加香港特别行政区基本法附件三所列全国性法律的决定草案的说明、关于增加澳门特别行政区基本法附件三所列全国性法律的决定草案的说明,并对上述法律草案进行初次审议。

会议听取全国人大常委会代表资格审查委员会主任委员吴玉良关于个别代表资格的报告,并通过这个报告。

会议听取并审议国家发展和改革委员会主任何立峰关于今年以来国民经济和社会发展计划执行情况的报告,财政部副部长许宏才关于今年以来预算执行情况的报告,文化和旅游部副部长、国家文物局局长李群关于文物工作和文物保护法实施情况的报告,国家发展和改革委员会主任何立峰关于雄安新区和白洋淀生态保护工作情况的报告,王东明副委员长作的全国人大常委会执法检查组关于检查中华人民共和国企业破产法实施情况的报告,武维华副委员长作的全国人大常委会执法检查组关于检查畜牧法实施情况的报告。

会议免去陈宝生的教育部部长职务,任命怀进鹏为教育部部长。

会议任命吴社洲为全国人大民族委员会副主任委员,韩卫国为全国人大外事委员会副主任委员,布小林为全国人大环境与资源委员会副主任委员,蒋超良为全国人大农业与农村委员会副主任委员,袁誉柏为全国人大社会建设委员会副主任委员。

会议免去古小玉的第十三届全国人民代表大会常务委员会副秘书长职务。

会议任命王瑞贺为全国人大常委会法制工作委员会副主任。

会议补充任命李国章为第五任全国人民代表大会常务委员会香港特别行政区基本法委员会委员。

会议免去李少平的最高人民法院副院长、审判委员会委员、第五巡回法庭庭长、审判员职务，任命沈亮为最高人民法院副院长、第五巡回法庭庭长。

会议免去张述元的最高人民法院第六巡回法庭庭长、审判员职务，任命杨临萍为最高人民法院第六巡回法庭庭长。

会议批准任命段文龙为河南省人民检察院检察长，批准免去蒙永山的青海省人民检察院检察长职务。

会议通过全国人大常委会关于接受冯军辞去第十三届全国人民代表大会常务委员会委员及全国人民代表大会社会建设委员会委员职务的请求，并将接受冯军辞去第十三届全国人民代表大会常务委员会委员职务事项向第十三届全国人民代表大会第五次会议报告。

会议还通过其他任免事项。

会议闭幕时，栗战书委员长发表讲话。栗战书说，本次常委会会议共审议15件法律和决定草案，通过其中7件，包括个人信息保护法、监察官法、法律援助法、医师法、新修订的兵役法、关于修改人口与计划生育法的决定、关于授权最高人民法院组织开展四级法院审级职能定位改革试点工作的决定。对于这7件重要法律和决定，各方面要积极开展学习宣传，制定完善配套规定，做好实施工作。会议听取审议了企业破产法、畜牧法2个执法检查报告，听取审议了国务院关于计划执行、预算执行、文物工作和文物保护法实施、雄安新区和白洋淀生态保护工作情况的4个报告。对常委会组成人员提出的意见和建议，有关方面要认真研究处理。

栗战书指出，习近平总书记在庆祝中国共产党成立100周年大会上发表重要讲话，强调“发展全过程人民民主”。这一重大理论的提出，丰富和发展了社会主义民主政治理论，集中概括了党领导人民发展社会主义民主特别是党的十八大以来民主政治建设的理论和实践成果，深刻阐明了中国式民主的鲜明特色和显著优势，为新时代发展社会主义民主政治、建设社会主义政治文明提供了指引和遵循。我们要继续对这一重大理论深入学习、思考、研究，并在人大工作中很好贯彻落实。

栗战书指出，人民代表大会制度是坚持党的领导、人民当家作主、依法治国有机统一的根本政治制度安排，是发展全过程人民民主、保证中国人民当家作主的重要途径和最高实现形式。人民代表大会制度承载着党的初心和使命，坚持好完善好人民代表大会制度，就是践行党的初心和使命，发展全过程人民民主，支持和保证人民当家作主。人民代表大会制度在选举、协商、决策、管理、监督的各个环节都坚持民主原则，体现了发展全过程人民民主的要求，是发展全过程人民民主的可靠制度保障。要在党的领导下充分发挥人民代表大会这一主要民主渠道作用，完善人民代表大会及其常委会运行的制度机制，使人大各项工作都体现人民意志、维护人民利益、激发人民创造。要加强对全过程人民民主的理论研究，深入宣传阐释我国全过程人民民主的原则理念、制度安排、生动实践和巨大成就。（全文见本书261页）

会议结束后，十三届全国人大常委会举行第二十五讲专题讲座，栗战书委员长主持。全国人大常委会预算工作委员会主任史耀斌作了题为《贯彻落实习近平法治思想修订加强中央预算审查监督的决定制定加强国有资产管理情况监督的决定》的讲座。

**8月19日**　十三届全国人大常委会委员长会议召开第九十九次会议，栗战书委员长主持。会议决定，将草案修改稿、决定草案等提交常委会会议审议。

**8月20日**　十三届全国人大常委会委员长会议召开第一百次会议，栗战书委员长主持。会议研究提请常委会会议表决事项。

**同日**　全国人大常委会举行宪法宣誓仪式，吉炳轩副委员长主持并监誓。全国人大民委副主任委员吴社洲，全国人大外事委副主任委员韩卫国，全国人大环资委副主任委员布小林，全国人大农业农村委副主任委员蒋超良，全国人大社会委副主任委员袁誉柏，教育部部长怀进鹏，全国人大常委会法工委副主任王瑞贺进行集体宣誓。

**同日**　全国人大常委会发布公告。公告说，黑龙江省人大常委会决定罢免甘荣坤、翟友财的第十三届全国人民代表大会代表职务。依照《中华人民共和国全国人民代表大会和地方各级人民代表大会代表法》的有关规定，甘荣坤、翟友财的代表资格终止。第十三届全国人民代表大会代表徐镜人去世。全国人民代表大会常务委员会对徐镜人代表的去世表示哀悼。徐镜人的代表资格自然终止。截至目前,第十三届全国人民代表大会实有代表2947人。

**8月23日至25日**　吉炳轩副委员长率全国人大常委会执法检查组在河北省对公证法贯彻实施情况进行检查。

**8月24日**　王晨副委员长出席全国人大与肯尼亚议会交流机制第二次会议(视频会议)开幕式并致辞。

**同日**　武维华副委员长以视频方式与玻利维亚参议院副议长拉斯基多举行会谈。

**8月24日至26日**　王晨副委员长在吉林就发挥科技引领支撑作用、东北振兴等进行调研。

**8月24日至27日**　张春贤副委员长率全国人大常委会执法检查组在黑龙江省对消防法贯彻实施情况进行检查。

**8月25日至27日**　郝明金副委员长率全国人大常委会执法检查组在宁夏回族自治区对公证法贯彻实施情况进行检查。

**8月27日**　栗战书委员长出席中央民族工作会议。

**8月30日至9月2日**　沈跃跃副委员长率全国人大常委会执法检查组在广东省对公证法贯彻实施情况进行检查。

**8月31日**　栗战书委员长录制第五次世界议长大会致辞视频。

**同日**　栗战书委员长以视频方式与斯里兰卡议长阿贝瓦德纳举行会谈。

**8月31日至9月2日**　王东明副委员长在吉林省就国有自然资产资源管理情况进行调研。

## 九　月

**9月2日**　全国人大外事委员会就欧洲议会外委会通过涉台报告发表声明。针对欧洲议会外委会通过所谓"欧盟－台湾政治关系与合作"报告,全国人大外事委员会发表声明指出,该报告内容远远超出欧盟对台开展非官方交流合作的范畴,严重违反一个中国原则,损害中欧互信与合作。中国全国人大对此表示坚决反对。声明指出,台湾是中华人民共和国的神圣领土的一部分。一个中国原则是公认的国际关系准则和国际社会普遍共识,是中欧建交和发展双边关系的政治基础。中欧双方发布的各类文件和声明中,欧方均重申一个中国原则。欧洲议会作为欧盟的重要机构之一,理应恪守有关承诺。声明强调,台湾问题是中国的内政,涉及中国核心利益。中国人民实现祖国统一的决心不可动摇。我们敦促欧洲议会充分认识台湾问题的高度敏感性,在涉台问题上谨言慎行,避免影响中欧关系政治基础和双方互信。

**9月2日至3日**　王晨副委员长在北京市调研社会主义法治文化建设工作。

**9月5日至8日**　王晨副委员长在西藏拉萨、日喀则等地企业、农村、社区和人大机关调研。

**9月5日至10日**　吉炳轩副委员长率全国人大常委会调研组在山东省就加强种质资源保护和育种创新、加快构建新型农业经营体系推动小农户和现代农业发展有机衔接进行调研。

**9月6日至9日**　曹建明副委员长率全国人大常委会执法检查组在辽宁省就公证法贯彻实施情况进行检查。

**9月6日至9日**　白玛赤林副委员长率全国人大常委会执法检查组在宁夏回族自治区对消防法贯彻实施情况进行检查。

**9月6日至10日**　张春贤副委员长率全国人大常委会执法检查组在海南省对消防法贯彻实施情况进行检查。

**9月7日**　栗战书委员长在第五次世界议长大会发表视频致辞。

**9月8日**　沈跃跃、丁仲礼副委员长出席黄河保护法立法座谈会。

**9月9日**　王晨副委员长以视频方式出席第一届全球议会反恐大会并发表致辞。

**9月12日至14日**　栗战书委员长率全国人大常委会执法检查组在上海检查固体废物污染环境防治法实施情况。他强调,要深入学习贯彻习近平生态文明思想,按照法律确立的减量化、资源化、无害化原则抓好固体废物污染防治工作。执法检查组先后来到崇明区、徐汇区、长宁区、浦东新区,深入固体废弃物综合利用基地、生活垃圾中转车间、企业、乡村,检查固体废弃物处置情况,考察生态环境治理、生态农业发展和科技创新;在上海市人大常委会机关召开座谈会,听取固废法实施情况介绍。栗战书说，党的十八大以来，以习近平同志为核心的党中央把生态文明建设摆在全局工作的突出位置，习近平总书记多次发表重要讲话，作出重要指示，亲自领导打响污染防治攻坚战。上海认真贯彻党中央决策部署，推进地方立法，加强统筹谋划，依法开展固体废物污染防治工作，取得了积极成效。栗战书强调，固体废物污染环境防治法是生态环保领域的重要法律，一头连着减污，一头连着降碳。实施好这部法律，一要贯彻落实法律确立的减量化、资源化、无害化原则，采取有力措施推动固废防治朝着集中化、一体化处置方向发展。二要依法做好重点难点工作，针对生活垃圾、危险废物、医疗废物、洋垃圾入境等问题，加强综合治理。三要把政府及其有关部门的法律责任压紧压实，强化其在领导、规划、组织、协调、监督管理、信息公开等方面的职责。四要保持对固体废物污染环境违法犯罪行为的高压态势，持续加大打击力度，充分发挥法律威力。五要织牢织密固体废物污染防治的法制网，抓紧完善配套法规。

在上海期间，栗战书到市人大机关和虹桥街道基层立法联系点等地调研。他指出，上海建设发展取得的巨大成就，从根本上讲，是以习近平同志为核心的党中央坚强领导的结果。希望上海按照习近平总书记关于上海工作的重要讲话和指示精神，继续当好全国改革开放排头兵、创新发展先行者，加快建设具有世界影响力的社会主义现代化国际大都市。习近平总书记2019年11月在虹桥街道基层立法联系点考察时，提出了关于“人民民主是一种全过程的民主”的重要论述。要深入研究全过程人民民主的理论内涵、实践内涵，坚持党的领导，为坚持和完善人民代表大会制度、坚定不移走中国特色社会主义政治发展道路贡献智慧和力量。检查组还瞻仰了中共一大纪念馆、中共二大会址纪念馆。栗战书强调，要牢记习近平总书记嘱托，始终不忘初心、牢记使命，把对党和人民的忠诚落实在为党和人民事业而奋斗的实际行动中。

**9月13日至14日**　郝明金副委员长率全国人大常委会执法检查组在北京市对公证法贯彻实施情况进行检查。

**9月15日**　栗战书委员长以视频方式与巴林国民议会议长兼众议长扎伊纳勒举行会谈。

**同日**　十三届全国人大常委会委员长会议召开第一百零一次会议，栗战书委员长主持。会议决定对有关草案继续修改完善。

**同日**　全国人大外事委员会发言人就英国议会禁止中国大使赴英国议会参加活动发表谈话。针对英国议会作出禁止中国大使赴英国议会参加活动的决定，全国人大外事委员会发言人尤文泽发表谈话指出，该决定罔顾中英两国人民根本利益，有违国际礼仪，是错误的，也是不明智的。我们对此予以坚决反对，将采取相应措施，作出必要反应。发言人指出，英国议会少数议员在毫无事实根据的情况下，恶意散播涉疆谎言和虚假信息，英方借口涉疆问题单方面制裁中方人员和机构，中国实施的反制措施完全是维护国家主权和尊严的正义之举，合理、合法。发言人强调，中方维护国家主权、安全、发展利益的决心坚定不移。我们敦促英国议会立即纠正错误做法，多做有利于中英双边关系健康发展的实事。

**9月18日**　全国人大常委会固体废物污染环境防治法执法检查组召开第二次全体会议，王晨副委员长主持，沈跃跃副委员长出席会议。

**9月22日**　栗战书委员长以视频方式与卢森堡国民议会议长埃特让举行会谈，曹建明副委员长参加会谈。

**9月22日至24日**　沈跃跃副委员长率调研组在河北省就学习贯彻落实习近平总书记在塞罕坝考察时重要讲话精神、推动秋冬季大气污染防治及绿色冬奥环境保障工作开展专题调研。

**9月22日至27日**　武维华副委员长率全国人大常委会专题调研组在湖南省、海南省就加强种质资源保护和育种创新情况等进行调研。

**9月23日**　栗战书委员长以视频方式与文莱立法会议长拉赫曼举行会谈。

**9月24日**　栗战书委员长以视频方式与巴布亚新几内亚国民议会议长波马特举行会谈。

**9月25日至28日**　白玛赤林副委员长率全国人大常委会执法检查组在辽宁省对消防法贯彻实施情况进行检查。

**9月26日**　王晨副委员长出席习近平法治思想论坛并发表主旨演讲。

**9月27日**　栗战书委员长出席中央人才工作会议。

**同日**　王晨副委员长出席中国全国人大与中亚五国议会线上研讨会并致辞。

**9月28日**　十三届全国人大常委会委员长会议召开第一百零二次会议，栗战书委员长主持会议。会议决定，十三届全国人大常委会第三十一次会议10月19日至23日举行。

**9月28日至29日**　曹建明副委员长出席第二

十三期全国人大民族工作干部学习班并讲话。

**9月28日至29日**　王东明副委员长率全国人大常委会执法检查组在天津市对消防法贯彻实施情况进行检查。

**9月30日**　栗战书委员长出席烈士纪念日向人民英雄敬献花篮仪式。

**同日**　栗战书委员长出席庆祝中华人民共和国成立72周年座谈会。

# 十　月

**10月7日**　栗战书委员长以视频方式出席第七届二十国集团议长会议并发言。

**10月9日**　栗战书委员长出席纪念辛亥革命110周年大会。

**10月13日至14日**　中央人大工作会议召开。13日上午，举行中央人大工作会议第一次全体会议，中共中央总书记、国家主席、中央军委主席习近平出席会议并发表重要讲话，强调人民代表大会制度是符合我国国情和实际、体现社会主义国家性质、保证人民当家作主、保障实现中华民族伟大复兴的好制度，是我们党领导人民在人类政治制度史上的伟大创造，是在我国政治发展史乃至世界政治发展史上具有重大意义的全新政治制度。我们要坚持中国特色社会主义政治发展道路，坚持和完善人民代表大会制度，加强和改进新时代人大工作，不断发展全过程人民民主，巩固和发展生动活泼、安定团结的政治局面。

习近平在讲话中指出，人民代表大会制度，坚持中国共产党领导，坚持马克思主义国家学说的基本原则，适应人民民主专政的国体，有效保证国家沿着社会主义道路前进。人民代表大会制度，坚持国家一切权力属于人民，最大限度保障人民当家作主，把党的领导、人民当家作主、依法治国有机结合起来，有效保证国家治理跳出治乱兴衰的历史周期率。60多年来特别是改革开放40多年来，人民代表大会制度为党领导人民创造经济快速发展奇迹和社会长期稳定奇迹提供了重要制度保障。

习近平强调，党的十八大以来，党中央统筹中华民族伟大复兴战略全局和世界百年未有之大变局，从坚持和完善党的领导、巩固中国特色社会主义制度的战略全局出发，继续推进人民代表大会制度理论和实践创新，提出一系列新理念新思想新要求，强调必须坚持中国共产党领导，必须坚持用制度体系保障人民当家作主，必须坚持全面依法治国，必须坚持民主集中制，必须坚持中国特色社会主义政治发展道路，必须坚持推进国家治理体系和治理能力现代化。

习近平指出，当今世界正经历百年未有之大变局，制度竞争是综合国力竞争的重要方面，制度优势是一个国家赢得战略主动的重要优势。历史和现实都表明，制度稳则国家稳，制度强则国家强。我们要毫不动摇坚持、与时俱进完善人民代表大会制度，加强和改进新时代人大工作。

习近平强调，要全面贯彻实施宪法，维护宪法权威和尊严。全国人大及其常委会要完善宪法相关法律制度，保证宪法确立的制度、原则、规则得到全面实施，要加强对宪法法律实施情况的监督检查。地方各级人大及其常委会要依法行使职权，保证宪法法律在本行政区域内得到遵守和执行，自觉维护国家法治统一。

习近平指出，要加快完善中国特色社会主义法律体系，以良法促进发展、保障善治。要加强党对立法工作的集中统一领导，把改革发展决策同立法决策更好结合起来，统筹推进国内法治和涉外法治，统筹立改废释纂，加强重点领域、新兴领域、涉外领域立法。要发挥好人大及其常委会在立法工作中的主导作用，深入推进科学立法、民主立法、依法立法。

习近平强调，要用好宪法赋予人大的监督权，实行正确监督、有效监督、依法监督。各级人大及其常委会要聚焦党中央重大决策部署，聚焦人民群众所思所盼所愿，推动解决制约经济社会发展的突出矛盾和问题。要加强对法律法规实施情况的监督，完善人大监督制度。各级“一府一委两院”要严格执行人大及其常委会制定的法律法规和作出的决议决定，依法报告工作，自觉接受人大监督。

习近平指出，要充分发挥人大代表作用，做到民有所呼、我有所应。要丰富人大代表联系人民群众的内容和形式，更好接地气、察民情、聚民智、惠民生。各级人大常委会要加强代表工作能力建设，支持和保障代表更好依法履职。人大代表肩负人民赋予的光荣职责，要站稳政治立场，履行政治责任，密切同人民群众的联系，展现新时代人大代表的风采。

习近平强调，要强化政治机关意识，加强人大自身建设。各级人大及其常委会要不断提高政治判断力、政治领悟力、政治执行力，全面加强自身建设，成为自觉坚持中国共产党领导的政治机关、保证人民当家作主的国家权力机关、全面担负宪法法律赋予的各项职责的工作机关、始终同人民群众保持密切联系的代表机关。

习近平指出，要加强党对人大工作的全面领导。各级党委要把人大工作摆在重要位置，完善党领导人大工作的制度，定期听取人大常委会党组工作汇报，研究解决人大工作中的重大问题。要支持人大及其常委会依法行使职权、开展工作，指导和督促“一府一委两院”自觉接受人大监督。各级人大常委会党组要认真执行党的领导各项制度，落实好全面从严治党主体责任。

习近平强调，民主是全人类的共同价值，是中国共产党和中国人民始终不渝坚持的重要理念。评价一个国家政治制度是不是民主的、有效的，主要看国家领导层能否依法有序更替，全体人民能否依法管理国家事务和社会事务、管理经济和文化事业，人民群众能否畅通表达利益要求，社会各方面能否有效参与国家政治生活，国家决策能否实现科学化、民主化，各方面人才能否通过公平竞争进入国家领导和管理体系，执政党能否依照宪法法律规定实现对国家事务的领导，权力运用能否得到有效制约和监督。

习近平指出，民主不是装饰品，不是用来做摆设的，而是要用来解决人民需要解决的问题的。一个国家民主不民主，关键在于是不是真正做到了人民当家作主，要看人民有没有投票权，更要看人民有没有广泛参与权；要看人民在选举过程中得到了什么口头许诺，更要看选举后这些承诺实现了多少；要看制度和法律规定了什么样的政治程序和政治规则，更要看这些制度和法律是不是真正得到了执行；要看权力运行规则和程序是否民主，更要看权力是否真正受到人民监督和制约。如果人民只有在投票时被唤醒、投票后就进入休眠期，只有竞选时聆听天花乱坠的口号、竞选后就毫无发言权，只有拉票时受宠、选举后就被冷落，这样的民主不是真正的民主。

习近平强调，民主是各国人民的权利，而不是少数国家的专利。一个国家是不是民主，应该由这个国家的人民来评判，而不应该由外部少数人指手画脚来评判。国际社会哪个国家是不是民主的，应该由国际社会共同来评判，而不应该由自以为是的少数国家来评判。实现民主有多种方式，不可能千篇一律。用单一的标尺衡量世界丰富多彩的政治制度，用单调的眼光审视人类五彩缤纷的政治文明，本身就是不民主的。

习近平指出，党的十八大以来，我们深化对民主政治发展规律的认识，提出全过程人民民主的重大理念。我国全过程人民民主不仅有完整的制度程序，而且有完整的参与实践。我国全过程人民民主实现了过程民主和成果民主、程序民主和实质民主、直接民主和间接民主、人民民主和国家意志相统一，是全链条、全方位、全覆盖的民主，是最广泛、最真实、最管用的社会主义民主。我们要继续推进全过程人民民主建设，把人民当家作主具体地、现实地体现到党治国理政的政策措施上来，具体地、现实地体现到党和国家机关各个方面各个层级工作上来，具体地、现实地体现到实现人民对美好生活向往的工作上来。

习近平强调，人民代表大会制度是实现我国全过程人民民主的重要制度载体。要在党的领导下，不断扩大人民有序政治参与，加强人权法治保障，保证人民依法享有广泛权利和自由。要保证人民依法行使选举权利，民主选举产生人大代表，保证人民的知情权、参与权、表达权、监督权落实到人大工作各方面各环节全过程，确保党和国家在决策、执行、监督落实各个环节都能听到来自人民的声音。要完善人大的民主民意表达平台和载体，健全吸纳民意、汇集民智的工作机制，推进人大协商、立法协商，把各方面社情民意统一于最广大人民根本利益之中。（全文见本书3页）

13日下午和14日上午，与会同志分10个小组进行分组讨论。14日上午分组讨论后，举行中央人大工作会议第二次全体会议，栗战书委员长围绕学习贯彻习近平总书记的重要讲话精神作了总结讲话。他指出，习近平总书记的重要讲话，从完善和发展中国特色社会主义制度、推进国家治理体系和治理能力现代化的战略高度，明确提出新时代加强和改进人大工作的指导思想、重大原则和主要工作，深刻回答新时代发展中国特色社会主义民主政治、坚持和完善人民代表大会制度的一系列重大理论和实践问题。讲话丰富和拓展了中国特色社会主义民主政治和人民代表大会制度的政治内涵、理论内涵、实践内涵，是一篇充满马克思主义真理力量的纲领性文献。

栗战书强调，要全面、认真贯彻落实习近平总书记重要讲话精神，旗帜鲜明、坚定不移贯彻落实坚持党的领导这一最高政治原则，确保人大各项工作都在党的领导下进行；保持政治上的清醒和坚定，始终坚持中国特色社会主义政治发展道路这一根本方向；高举人民民主的旗帜，发挥好人民代表大会制度作为实现我国全过程人民民主的重要制度载体作用；围绕党和国家工作大局开展人大工作，切实做到党和国家工作重心在哪里，人大工作就跟进到哪里，力量就汇聚到哪里，作用就发挥到哪里；切实做好人大代表工作，使发挥各级人大代表作用成为人民当家作主的重要体现。要着力推动人大工作高质量发展，让人民代表大会制度优势更好转化为国家治理效能。要全面加强人大自身建设，增强"四个意识"、坚定"四个自信"、做到"两个维护"，努力打造让党中央放心、人民群众满意的政治机关、国家权力机关、工作机关、代表机关。(全文见本书 7 页)

王晨副委员长主持会议。中共中央政治局委员、中央书记处书记，全国人大常委会副委员长，国务委员，最高人民法院院长，最高人民检察院检察长，全国政协有关领导同志等出席会议。各省、自治区、直辖市党委书记和人大常委会负责同志，副省级城市人大常委会主任，中央和国家机关各部门、有关人民团体、中央军委机关有关部门主要负责同志，全国人大常委会和各专门委员会、常委会工作委员会有关负责同志等参加会议。

**10 月 15 日**　全国人大常委会党组举行会议，学习贯彻习近平总书记在中央人大工作会议上的重要讲话和会议精神。栗战书委员长主持会议并讲话。(全文见本书 12 页)

大家一致认为，党中央召开人大工作会议，在我国社会主义民主政治建设进程中具有里程碑意义，体现了习近平总书记、党中央对人大工作的高度重视，对人大的同志是极大鼓舞和激励。习近平总书记的重要讲话，从坚持和完善中国特色社会主义制度、推进国家治理体系和治理能力现代化的战略高度，深刻回答了新时代发展中国特色社会主义民主政治、坚持和完善人民代表大会制度的一系列重大理论和实践问题，丰富和拓展了中国特色社会主义民主政治和人民代表大会制度的政治内涵、理论内涵、实践内涵，是一篇闪耀着马克思主义光辉、充满马克思主义真理力量的纲领性文献。

大家一致认为，习近平总书记的重要讲话对坚持和完善人民代表大会制度的重要思想作了集中阐述，用"六个必须"集中概括了党的十八大以来人民代表大会制度理论和实践创新的新理念新思想新要求，强调要毫不动摇坚持、与时俱进完善人民代表大会制度。习近平总书记的重要讲话丰富和发展了总书记关于坚持和完善人民代表大会制度的重要思想，标志着我们党对人民代表大会制度的规律性认识达到新的高度。

大家一致认为，习近平总书记的重要讲话坚持中国特色社会主义政治发展道路这一根本方向，在强调"八个能否"的基础上，创造性地提出了"四个要看、四个更要看"，展现了强烈的中国特色社会主义民主自信和底气。习近平总书记系统论述了全过程人民民主这一重大理念，指出人民代表大会制度是实现我国全过程人民民主的重要制度载体，对具体地、现实地践行全过程人民民主提出明确要求，为新时代发展全过程人民民主、推进社会主义民主政治建设提供了指引和遵循。

会议强调，学习贯彻习近平总书记的重要讲话和会议精神，要落实到行动上和具体工作中。一是把学习贯彻工作作为重大政治任务抓紧抓好。二是坚持党对人大工作的全面领导，坚决做到"两个维护"。三是更好发挥人大及其常委会在发展全过程人民民主中的重要作用。四是围绕大局履职尽责，不断提升人大工作质量和水平。五是按照"四个机关"的定位和要求，全面加强人大自身建设。六是加强对社会主义民主、人民代表大会制度的理论研究和宣传阐释。

王晨、曹建明、张春贤、沈跃跃、吉炳轩、艾力更·依明巴海、王东明、白玛赤林、杨振武出席会议并发言，万鄂湘、陈竺、丁仲礼、郝明金、蔡达峰、武维华列席会议并发言。

**10 月 19 日至 23 日**　十三届全国人大常委会举行第三十一次会议。

常委会会议首先传达学习中央人大工作会议精神。栗战书委员长出席并讲话。栗战书指出，中央人大工作会议是在庆祝建党百年、我国开启全面建设社会主义现代化国家新征程的历史节点上召开的一次十分重要的会议，在我国社会主义政治发展进程中具有里程碑意义。习近平总书记的重要讲话，回顾党领导人民建立、巩固、发展人民代表大会制度的光辉历程，高度评价我国根本政治制度的优势和功效；用"六个必须坚持"深刻总结党的十八大以来党中央推进人民代表大会制度理论和实践创新的新理念新思想新要求；对新时代坚持和完善人民代表大会制度、加强和改进人大工作提出了六个方面重要任务；深刻阐述了党关于民主的立场、理念和基本观点，系统阐释全过程人民民主重大理念和实践。讲话更加坚定我们对中国特色社会主义政治制度的自信，更加坚定我们对中国特色社会主义政治发展道路的自信。栗战书强调，习近平总书记在中央人大工作会议上的重要讲话和会议精神是做好新时代人大工作必须牢牢掌握的强大思想武器。全国人大常委会组成人员、专门委员会组成人员要带头学习贯彻，深入学习领会会议精神，把思想统一到总书记讲话精神上来，坚定制度自信，提升政治站位，把牢前进方向，自觉有效地把习近平总书记的重要讲话精神和党中央决策部署贯彻落实到人大工作各方面各环节全过程，不断提升新时代人大工作质量和水平。

会议听取全国人大宪法和法律委员会副主任委员徐辉关于家庭教育促进法草案审议结果的报告。在审议的基础上，会议印发全国人大宪法和法律委员会关于家庭教育促进法草案三次审议稿修改意见的报告。经过审议，会议通过《中华人民共和国家庭教育促进法》。

《中华人民共和国家庭教育促进法》共 6 章，55 条，包括：总则、家庭责任、国家支持、社会协同、法律责任、附则。本法自 2022 年 1 月 1 日起施行。

会议听取全国人大宪法和法律委员会副主任委员王宁关于陆地国界法草案审议结果的报告。在审议的基础上，会议印发全国人大宪法和法律委员会关于陆地国界法草案三次审议稿修改意见的报告。经过审议，会议通过《中华人民共和国陆地国界法》。

《中华人民共和国陆地国界法》共 7 章，62 条，包括：总则、陆地国界的划定和勘定、陆地国界及边境的防卫、陆地国界及边境的管理、陆地国界事务的国际合作、法律责任、附则。本法自 2022 年 1 月 1 日起施行。

会议听取全国人大宪法和法律委员会副主任委员周光权关于审计法修正草案审议结果的报告。在审议的基础上，会议印发全国人大宪法和法律委员会关于审计法修正草案审议结果的报告。经过审议，会议通过《全国人民代表大会常务委员会关于修改〈中华人民共和国审计法〉的决定》。本决定自 2022 年 1 月 1 日起施行。《中华人民共和国审计法》根据本决定作相应修改并对条文顺序作相应调整，重新公布。

会议听取司法部部长唐一军关于授权国务院在营商环境创新试点城市暂时调整适用计量法有关规定的决定草案的说明。在审议的基础上，会议印发全国人大宪法和法律委员会对关于授权国务院在营商环境创新试点城市暂时调整适用中华人民共和国计量法有关规定的决定草案审议结果的报告。经过审议，会议通过《全国人民代表大会常务委员会关于授权国务院在营商环境创新试点城市暂时调整适用〈中华人民共和国计量法〉有关规定的决定》。本决定自公布之日起施行。

会议听取财政部部长刘昆关于授权国务院在部分地区开展房地产税改革试点工作的决定草案的说明。在审议的基础上，会议印发全国人大宪法和法律委员会关于授权国务院在部分地区开展房地产税改革试点工作的决定草案审议结果的报告。经过审议，会议通过《全国人民代表大会常务委员会关于授权国务院在部分地区开展房地产税改革试点工作的决定》。本决定自公布之日起施行，试点实施启动时间由国务院确定。

会议听取中央军委国防动员部部长盛斌关于深化国防动员体制改革期间暂时调整适用相关法律规定的决定草案的说明。在审议的基础上，会议印发全国人大宪法和法律委员会关于深化国防动员体制改革期间暂时调整适用相关法律规定的决定草案审议结果的报告。经过审议，会议通过了《全国人民代表大会常务委员会关于深化国防动员体制改革期间暂时调整适用相关法律规定的决定》。本决定自 2021 年 10 月 24 日起施行。

会议听取外交部副部长乐玉成关于提请审议批准中华人民共和国和智利共和国引渡条约的议案的说明，司法部部长唐一军作的关于提请审议批准关于为盲人、视力障碍者或其他印刷品阅读障碍者获得已出版作品提供便利的马拉喀什条约的议案的说明。经过审议，会议通过《全国人民代表大会常务委员会关于批准〈中华人民共和国和智利共和国引渡条约〉的决定》、《全国人民代表大会常务委员会关于批准〈关于为盲人、视力障碍者或其他印刷品阅读障碍者获得已出版作品提供便利的马拉喀什条约〉的决定》。

会议听取全国人大宪法和法律委员会主任委员李飞关于期货法草案修改情况的汇报、全国人大宪法和法律委员会副主任委员胡可明关于湿地保护法草案修改情况的汇报，并对这两部法律草案进行了再次审议。

会议听取全国人大常委会法制工作委员会副主任李宁关于反电信网络诈骗法草案的说明、全国人大常委会法制工作委员会主任沈春耀关于地方各级人民代表大会和地方各级人民政府组织法修正草案的说明、全国人大农业与农村委员会副主任委员李家洋关于畜牧法修订草案的说明、全国人大社会建设委员会主任委员何毅亭关于体育法修订草案的说明、国家市场监督管理总局局长张工关于反垄断法修正草案的说明、农业农村部部长唐仁健关于农产品质量安全法修订草案的说明、最高人民法院院长周强关于民事诉讼法修正草案的说明，并对上述法律草案进行初次审议。

会议听取并审议最高人民法院院长周强关于人民法院知识产权审判工作情况的报告，最高人民检察院检察长张军关于人民检察院办理控告申诉案件工作情况的报告，教育部部长怀进鹏关于教师队伍建设和教师法实施情况的报告，自然资源部部长陆昊关于 2020 年度国有自然资源资产管理情况的专项报告，沈跃跃副委员长作的全国人大常委会执法检查组关于检查固体废物污染环境防治法实施情况的报告，吉炳轩副委员长作的全国人大常委会专题调研组关于加强种质资源保护和育种创新情况的调研报告。

会议听取全国人大监察和司法委员会主任委员吴玉良、全国人大财政经济委员会主任委员徐绍史、外事委员会主任委员张业遂、全国人大环境与资源保护委员会主任委员高虎城、全国人大社会建设委员会主任委员何毅亭关于十三届全国人大四次会议主席团交付本委员会审议的代表提出的议案审议结果的报告。经过审议，会议通过这四个报告。

会议听取全国人大常委会代表资格审查委员会主任委员吴玉良关于个别代表的代表资格的报告。经过审议，会议通过这个报告。

会议任命雪克来提·扎克尔、齐扎拉为全国人大民族委员会副主任委员，刘家义、娄勤俭为全国人大财政经济委员会副主任委员，吴英杰、许达哲为全国人大教育科学文化卫生委员会副主任委员，李锦斌、刘奇为全国人大环境与资源保护委员会副主任委员，鹿心社为全国人大农业与农村委员会副主任委员，阮成发为全国人大社会建设委员会副主任委员。

会议还通过其他任免事项。

会议闭幕时，栗战书发表讲话。栗战书说，会议审议通过家庭教育促进法，明确父母或者其他监护人的主体责任，规定政府、学校、社会对家庭教育的支持和保障措施，为促进未成年人健康成长提供了更完备的法治保障。制定陆地国界法，依法规范和加强陆地国界的划定、勘定、防卫、管理和建设等活动，维护国家主权、安全和领土完整。修改审计法，坚持党对审计工作的领导，扩展审计范围和审计权限，规范审计程序和行为，推动构建集中统一、全面覆盖、权威高效的审计监督体系。会议审议通过关于授权国务院在营商环境创新试点城市暂时调整适用计量法有关规定的决定、关于授权国务院在部分地区开展房地产税改革试点工作的决定、关于深化国防动员体制改革期间暂时调整适用相关法律规定的决定等 3 个决定，保证相关改革于法有据、稳妥推进。会议初次审议反电信网络诈骗法草案、地方组织法修正草案、畜牧法修订草案、体育法修订草案、反垄断法修正草案、农产品质量安全法修订草案、民事诉讼法修正草案，二次审议了湿地保护法草案、期货法草案。会议听取审议了国务院关于 2020 年度国有资产管理情况的综合报告和国有自然资源资产管理情况的专项报告、关于教师队伍建设和教师法实施情况的报告，最高人民法院关于人民法院知识产权审判工作情况的报告，最高人民检察院关于人民检察院办理控告申诉案件工作情况的报告。（全文见本书 264 页）

**10 月 20 日**　栗战书委员长与列席十三届全国人大常委会第三十一次会议的全国人大代表座谈交流。栗战书强调，要深入学习领会、认真贯彻落实中央人大工作会议精神特别是习近平总书记重要讲话精神，以高度责任感、使命感履行人大代表职责。座谈会上，代表们结合学习习近平总书记在中央人大工作会议上的重要讲话精神和履职实践，交流学习体会，提出意见建议。听取大家发言后，栗战书说，习近平总书记在中央人大工作会议上的重要讲话，是一篇充满马克思主义真理力量的纲领性文献，具有很强的理论性、政治性、思想性。当前和今后一个时期，深入学习领会、认真贯彻落实中央人大工作会议精神特别是习近平总书记的重要讲话精神，是全国人大和地方各级人大的重大政治任务，也是各级人大代表的重大政治任务。栗战书指出，人大代表是国家权力机关的组成人员，肩负重大政治责任、社会责任、法律责任。要按照总书记的嘱托，忠于党，忠于人民，忠于宪法法律，站稳政治立场，履行政治责任，做政治上的明白人，依照宪法法律规定履职尽责，忠实代表人民利益和意志，接受人民监督，为人民服务。要坚持高标准、严要求，倍加珍惜、自觉树立人大代表的良好形象，在本职岗位和履职活动中担当尽责、建功立业，无愧于党和人民的信任重托。各级人大常委会要加强代表工作能力建设，支持和保障代表更好依法履职，使发挥各级人大代表作用成为人民当家作主的重要体现。栗战书指出，密切同人民群众的联系，是宪法法律赋予人大代表的重要职责，是依法履职的重要基础，也是践行全过程人民民主的重要内容。要充分发挥来自人民、扎根人民的特点优势，坚持围绕中心、服务大局、突出重点，聚焦党中央重大决策部署，聚焦人民群众所思所盼所愿，丰富联系人民群众的内容和形式，更好接地气、察民情、聚民智，同时自觉接受人民监督，当好党和国家密切联系人民群众的桥梁纽带。栗战书强调，我国的人大代表分布在各个地方、工作在各个行业，既代表人民参加对国家事务的管理，又在各自岗位发挥模范带头作用。人大代表履职行权有很强的法定性、组织性、有序性，要保持清醒头脑，正确认识代表的角色定位、职责使命和行权方式，对代表身份的认识不能走偏、对肩负职责的定位不能走偏、对履职行权的范围不能走偏，确保人民赋予的权力用来为人民服务。王晨副委员长主持会议。

**10 月 21 日**　十三届全国人大常委会委员长会议召开第一百零三次会议，栗战书委员长主持。会议决定，将有关草案修改稿、决定草案等提交常委会会议审议。

**同日**　栗战书委员长以视频方式与乌干达议长奥兰亚举行会谈。

**同日**　全国人大外事委员会就欧洲议会日前通过的所谓“欧盟－台湾政治关系与合作”报告发表声明。声明指出，欧洲议会日前通过的所谓“欧盟－台湾政治关系与合作”报告，严重违背一个中国原则，性质十分恶劣，中国全国人大对此表示坚决反对。声明指出，一个中国原则是国际社会的普遍共识，也是中欧建交和发展双边关系的政治基础。中国历来反对与中国建交的国家同台湾当局开展任何形式的官方往来。欧洲议会作为欧盟重要机构之一，理应恪守中欧建交承诺。欧洲议会通过所谓的报告是在涉台问题上作出的错误和危险举动，将严重损害中欧关系的政治互信和相互交往基础。声明强调，世界上只有一个中国，台湾是中国的一部分。在事关国家统一和领土完整的大是大非问题上，任何人都不要低估中国政府和中国人民捍卫国家主权和领土完整的坚强决心、坚定意志、强大能力。我们强烈敦促欧洲议会认清台湾问题的高度敏感性，恪守一个中国原则，立即纠正错误言行，并为推动中欧关系健康发展发挥积极和建设性作用。

**10 月 22 日**　十三届全国人大常委会第三十一次会议举行联组会议，审议全国人大常委会执法检查组关于检查固体废物污染环境防治法实施情况的报告并开展专题询问。栗战书委员长参加审议和询问。丁仲礼副委员长主持会议。全国人大常委会、专门委员会组成人员吕彩霞、张守攻、那顺孟和、袁驷、吴立新、王金南、谭琳，全国人大代表杨来法，围绕如何落实法律规定的“三化”原则，推进生活垃圾分类和建筑垃圾处理，加强危险废物、医疗废物、快递外卖包装等管理，加强农业农村环境治理，推动固废“变废为宝”等问题提出询问。国务委员王勇，生态环境部、国家发改委、住建部、商务部、国家卫健委、工信部、农业农村部、国家邮政局等有关部门负责同志和最高人民法院、最高人民检察院负责同志到会听取意见、回答询问。

栗战书在讲话中指出，固体废物污染防治一头连着减污，一头连着降碳，是生态文明建设的重要内容，也是打好污染防治攻坚战的重要任务。我国生态文明建设进入了以降碳为重点战略方向、推动减污降碳协同增效、促进经济社会发展全面绿色转型、实现生态环境质量改善由量变到质变的关键时期。要深入学习贯彻习近平生态文明思想、习近平法治思想，从人大职能定位出发，紧紧围绕深入打好污染防治攻坚战这一党中央重大决策部署，持续发力，以法治力量守护绿水青山。

栗战书强调，这次执法检查是本届全国人大常委会连续第四年开展生态环保领域法律实施情况的检查。我国固体废物污染防治工作取得长足进步，但面临的任务依然十分艰巨。深入贯彻实施固体废物污染环境防治法等法律法规，一要把法律确立的减量化、资源化、无害化原则贯彻体现于防治工作全过程、各方面。二要持续抓好新增制度措施落实，用法律武器破解固体废物污染防治重点难点问题。三要压实各方法律责任，加快形成政府、企业、公众共治的绿色行动体系。四要加强科技支撑，促进固体废物处置产业专业化、规模化发展，在法治轨道上不断推动固体废物污染防治工作取得新成效。（全文见本书 288 页）

王勇表示，近年来固体废物污染防治工作取得积极成效，但固体废物存量高、增量大，防治工作仍面临压力。国务院及各有关部门要坚持以习近平新时代中国特色社会主义思想为指导，全面贯彻习近平生态文明思想和习近平法治思想，以此次执法检查为契机，围绕加强监管、补齐短板等方面，进一步落实减量化、资源化、无害化要求，提升固体废物污染综合治理、系统治理、源头治理水平，促进减污降碳协同增效，加快推动"十四五"生态文明建设再上新台阶。

副委员长王晨、曹建明、张春贤、沈跃跃、吉炳轩、艾力更·依明巴海、万鄂湘、陈竺、王东明、白玛赤林、郝明金、蔡达峰、武维华，秘书长杨振武出席会议。

**同日** 栗战书委员长以视频方式出席中国全国人大与南非国民议会定期交流机制第五次会议开幕式并致辞，丁仲礼副委员长出席会议。

**同日** 丁仲礼副委员长以视频方式主持中国全国人大与南非国民议会定期交流机制第五次会议第二阶段会议。

**10 月 23 日** 十三届全国人大常委会委员长会议召开第一百零四次会议，栗战书委员长主持。会议研究提请常委会会议表决事项。

**同日** 十三届全国人大常委会举行宪法宣誓仪式。万鄂湘副委员长主持并监誓。全国人大民族委员会副主任委员雪克来提·扎克尔、齐扎拉，全国人大财政经济委员会副主任委员刘家义、娄勤俭，全国人大教育科学文化卫生委员会副主任委员吴英杰、许达哲，全国人大环境与资源保护委员会副主任委员李锦斌、刘奇，全国人大农业与农村委员会副主任委员鹿心社，全国人大社会建设委员会副主任委员阮成发进行集体宣誓。全国人大机关有关专门委员会相关同志参加了宣誓仪式。

**同日** 全国人大常委会发布公告，公告说，山西省人大常委会决定罢免王俊飚的第十三届全国人民代表大会代表职务。中央军委后勤保障部军人代表大会决定罢免田忠良的第十三届全国人民代表大会代表职务。依照《中华人民共和国全国人民代表大会和地方各级人民代表大会代表法》的有关规定，王俊飚、田忠良的代表资格终止。截至目前，第十三届全国人民代表大会实有代表 2945 人。

**10 月 25 日** 王晨副委员长以视频方式与印度尼西亚国会副议长穆海敏举行会谈。

**10 月 25 日至 28 日** 白玛赤林副委员长在江西省就进一步加强侨务法治建设、发挥侨界科技人才优势助力国家创新驱动发展战略实施等情况进行调研。

**10 月 26 日** 栗战书委员长参观国家"十三五"科技创新成就展。

**同日** 王晨副委员长在全国人大宪法法律委、常委会法工委调研。

**同日** 蔡达峰副委员长以视频方式与巴拿马国民大会副主席法诺维奇举行会谈。

**10 月 27 日** 栗战书委员长以视频方式与爱尔兰众议长奥法乔尔举行会谈。

**10 月 27 日至 29 日** 王晨副委员长率全国人大常委会执法检查组在北京市对消防法贯彻实施情况进行检查。

**10 月 28 日** 全国人大外事委员会就捷克议会参议院邀请台湾当局外事部门负责人窜访捷克发表声明。声明指出，捷克议会参议院邀请台湾当局外事部门负责人窜访捷克，是严重违反一个中国原则、粗暴干涉中国内政的行为，中国全国人大对此坚决反对。声明指出，坚持一个中国原则是中国与所有建交国双边关系的政治基础。捷克参议院等机构和个人公然为"台独"分裂活动提供平台，严重违背捷克国家向中方作出的政治承诺，严重损害中捷关系政治基础，性质极为恶劣。声明强调，台湾是中国不可分割的一部分，台湾问题纯属中国内政。《反分裂国家法》对坚持一个中国原则、遏制"台独"分裂、反对外部势力干涉台湾问题等重大问题作出明确规定，充分体现了中方尽最大努力争取祖国和平统一的一贯主张，充分彰显了中方坚定捍卫国家主权和领土完整，绝不允许任何势力以任何名义、任何方式把台湾从中国分裂出去的国家意志。在台湾问题上搞政治操弄，必将自食恶果。我们敦促捷克有关机构和个人恪守一个中国原则，停止干涉中国内政，以实际行动维护中捷关系大局。

## 十 一 月

**11 月 3 日** 栗战书委员长出席代表工作信息化平台实景演示活动，王晨副委员长、杨振武秘书长出席。

**11 月 3 日至 4 日** 王晨副委员长在最高人民法院调研知识产权保护工作。

**11 月 4 日** 曹建明副委员长出席全国人大与北非三国议会线上研讨会开幕式并致辞。

**11 月 4 日至 5 日** 全国人大与阿尔及利亚、埃及、毛里塔尼亚等北非三国议会通过视频方式在“云端”相聚，围绕“共圆减贫梦想，推动共同繁荣——疫情背景下的减贫与可持续发展”开展深入交流。曹建明副委员长出席线上研讨会开幕式并致辞。

**11 月 5 日**　北京市区和乡镇两级人大代表举行换届选举投票，栗战书委员长在西城区中南海选区人民大会堂投票站投票。

**11 月 11 日**　武维华副委员长以视频方式出席并主持中墨议会对话论坛第五次会议。

**11 月 12 日**　王晨副委员长出席中国法治国际论坛（2021）并发表主旨演讲。

**同日**　全国人大常委会党组举行会议，传达学习习近平总书记在党的十九届六中全会上的重要讲话和全会精神。全国人大常委会委员长、党组书记栗战书主持会议并讲话。

会议认为，习近平总书记代表中央政治局所作的工作报告，回顾总结一年来治党治国治军的不平凡历程。党和国家事业取得的新成就、发生的新变化表明，以习近平同志为核心的党中央团结带领全党全国各族人民，在全面建设社会主义现代化国家新征程上迈出了坚实一步。习近平总书记的重要讲话，以大历史观的视角，横跨两个百年历史长河，着墨过去和未来，着眼当前和长远，以常怀远虑、居安思危的清醒，给我们上了一堂信仰课、党史课、警示课，提出了许多新的理念、思想、观点，是一篇充满马克思主义真理力量的重要文献。

会议认为，六中全会召开并出台《中共中央关于党的百年奋斗重大成就和历史经验的决议》，是承前启后、继往开来的里程碑，是在新的历史起点上我们党为实现第二个百年奋斗目标、实现中华民族伟大复兴中国梦的宣言书、动员令，必将在中国共产党历史上、在中华民族历史上留下浓墨重彩的一笔。中国共产党的 100 年，是为马克思主义信仰不懈奋斗并且在实践中发展了马克思主义的 100 年，是为中国人民幸福不懈奋斗并将历史推到更加接近中华民族伟大复兴的 100 年，是为人类进步事业不懈奋斗并改变着世界发展格局的 100 年。党和人民百年奋斗取得的伟大成就和历史经验，书写了中华民族几千年历史上最恢宏的史诗，必将激励全党全国人民在新时代更好坚持和发展中国特色社会主义。

会议强调，深入学习贯彻习近平总书记重要讲话和全会精神，是当前和今后一个时期的重大政治任务。要按照党中央要求，深刻认识总结党的百年奋斗重大成就和历史经验，不忘初心、牢记使命，结合人大实际，确保取得实实在在的成效。一是要自觉坚守理想信念，为共产主义理想而奋斗，始终不渝走中国特色社会主义道路。二是要长期坚持习近平新时代中国特色社会主义思想，用这一科学理论指明的方向道路和提出的新理念新思想新战略谋划和推动人大工作。三是要始终不忘为人民服务的宗旨，为中国人民谋幸福、为中华民族谋复兴。四是要牢记肩上的责任，为建设社会主义现代化国家努力奋斗。贯彻好中央人大工作会议精神，加强立法、监督、代表等工作，勇于担当，勇于自我革命，增强斗争意识和本领，努力使人大各项工作更好服务国家和人民，更好维护国家主权、安全、发展利益。五是要坚持党的政治建设，提升政治能力，对党忠诚，始终在政治立场、政治方向、政治原则、政治道路上同以习近平同志为核心的党中央保持高度一致，增强“四个意识”，坚定“四个自信”，做到“两个维护”。自觉用习近平法治思想、习近平总书记关于坚持和完善人民代表大会制度的重要思想指导人大工作，确保人大工作始终坚持正确政治方向。

王晨、曹建明、张春贤、沈跃跃、吉炳轩、艾力更·依明巴海、王东明、白玛赤林、杨振武出席会议并发言。

**11 月 15 日**　十三届全国人大常委会委员长会议召开第一百零五次会议，栗战书委员长主持。会议听取有关草案修改情况的汇报。

**11 月 16 日**　全国人大常委会召开消防法执法检查组第二次全体会议，王晨副委员长出席并讲话，副委员长张春贤、王东明、白玛赤林出席会议。

**同日**　王东明副委员长以视频方式主持全国人大与韩国国会定期交流机制第十二次会议。

**11 月 17 日**　栗战书委员长以视频方式同秘鲁国会主席阿尔瓦举行会谈。

**11 月 18 日**　全国人大常委会召开公证法执法检查组第二次全体会议，副委员长曹建明、沈跃跃、吉炳轩、郝明金出席会议。

**11 月 22 日**　全国人大常委会举行家庭教育促进法实施座谈会，栗战书委员长出席座谈会并讲话。他强调，要深入学习贯彻习近平总书记关于注重家庭家教家风建设的重要论述，培育和践行社会主义核心价值观，推动家庭教育促进法的宣传普及和贯彻实施，为促进未成年人健康成长，增进家庭幸福和社会和谐作出应有贡献。栗战书指出，家庭是社会的基本细胞，家庭的前途命运同国家和民族命运紧密相连。党的十八大以来,习近平总书记站在培养担当民族复兴大任时代新人、确保党和国家事业后继有人的高度就家庭教育作出一系列重要论述,党的十九大和十九届四中、五中全会对家庭教育工作提出明确要求,为通过立法引导全社会注重家庭、家教、家风,使千千万万个家庭成为国家发展、民族进步、社会和谐的重要基点指明了方向。栗战书指出,十三届全国人大常委会贯彻落实党中央决策部署和习近平总书记重要指示要求,积极回应社会关切,加快家庭教育立法进程,于今年 10 月审议通过了家庭教育促进法。要充分认识制定这部法律的重要意义,深刻认识到家庭教育促进法体现了培养德智体美劳全面发展的社会主义建设者和接班人的立法目的,是一部调动全社会力量共同做好家庭教育工作的法律,一部以立德树人为主线的法律,一部促进未成年人全面健康成长的法律。栗战书强调,要站在实现中华民族伟大复兴战略全局的高度正确理解家庭教育促进法,强化责任担当,把这部法律的学习宣传和贯彻实施抓紧抓实、抓出成效。一是突出"以德为先"的鲜明导向,用习近平新时代中国特色社会主义思想铸魂育人,厚植社会主义、爱国主义情怀,用好红色文化资源,加强党的优良传统和作风教育,把社会主义核心价值观融入家庭教育的全过程各方面。二是切实推动未成年人的父母或者其他监护人担负起家庭教育的主体责任,使素质教育的根本理念、立德树人的根本任务在家庭得到落实。三是全面落实国家有关方面的法定职责,协同推进覆盖城乡的家庭教育指导服务体系建设,为家庭教育特别是留守儿童和困难家庭的家庭教育提供帮助。四是充分调动各方面的积极性,特别是做好家校配合,形成社会协同、共同发力、全链条的工作机制。五是运用多种形式加强对法律的宣传教育普及,有针对性地解疑释惑,让广大人民群众真正理解、拥护、践行这部法律,自觉承担各自应尽的职责。(全文见本书 290 页)

张春贤副委员长主持座谈会,沈跃跃、艾力更·依明巴海副委员长出席会议。

**11 月 23 日** 栗战书委员长出席中俄议会合作委员会第七次会议视频会议开幕式并致辞,沈跃跃副委员长出席会议。

**同日** 沈跃跃副委员长以视频方式主持中俄议会合作委员会第七次会议第二阶段会议。

**11 月 24 日** 栗战书委员长以视频方式与塞浦路斯议长迪米特里乌举行会谈。

**11 月 25 日** 白玛赤林副委员长以视频方式主持中国全国人大与蒙古国家大呼拉尔定期交流机制第四次会议。

**11 月 27 日** 沈跃跃副委员长以视频方式出席各国议会联盟第 143 届大会并发言。

**11 月 28 日** 沈跃跃副委员长以视频方式出席第七届金砖国家议会论坛并发言。

**11 月 29 日** 应集体安全条约组织议会大会主席、俄罗斯国家杜马主席沃洛金邀请,栗战书委员长在集体安全条约组织议会大会全体会议上发表视频致辞。

**同日** 十三届全国人大常委会委员长会议召开第一百零六次会议,栗战书委员长主持。会议决定,十三届全国人大常委会第三十二次会议 12 月 20 日至 24 日举行。

## 十 二 月

**12 月 1 日** 吉炳轩副委员长出席第三届中法二轨高级别对话视频会议并致辞。

**12 月 2 日** 栗战书委员长出席第二十七次全国地方立法工作座谈会并讲话。他强调,要深入学习贯彻党的十九届六中全会精神,增强"四个意识"、坚定"四个自信"、做到"两个维护",用习近平总书记关于立法工作的重要指示要求引领地方立法工作,紧紧围绕加快完善中国特色社会主义法律体系的目标,推动地方立法工作高质量发展,为全面建设社会主义现代化国家作出贡献。

栗战书指出,习近平总书记在党的十九届六中全会、中央全面依法治国工作会议、中央人大工作会议等会议上发表重要讲话,对立法的政治原则、立法目标、主要任务、功效作用、指导原则、立法着力点、主体责任等作出重要指示,要求地方立法紧扣大局、着眼急需、着力解决实际问题、维护国家法治统一。习近平总书记关于立法工作的重要指示要求,具有很强的政治性、理论性、指导性、实践性,是做好国家立法和地方立法工作的根本遵循。要领会精髓要义、做到融会贯通,把习近平总书记关于立法工作的重要指示要求落实到立法实践的全过程、各方面。

栗战书指出，近年来，各地人大坚持党的领导，充分发挥主导作用，丰富立法形式，有力服务了地方经济社会发展。从立法内容看，普遍做到了围绕中心、服务大局，立足各地实际，服务地方经济社会发展成效显著。从立法形式看，形成了一些体现地方特点、符合立法规律的立法模式和经验，丰富创新地方立法形式的成效显著。人大在立法工作中的主导作用得到充分发挥。

栗战书强调，新时代新征程上，立法工作要坚持守正创新，继续探索、及时总结经验做法，推动地方立法工作高质量发展。一是具体地、全面地落实党对立法工作的领导，确保党的领导这一政治原则在立法工作中得到全面贯彻。二是突出地方实际，通过立法服务地方改革发展稳定大局。三是进一步丰富立法形式，在立法内容、条文体例、工作机制等方面积极探索。四是发扬全过程人民民主，广泛凝聚立法共识，确保立法符合中央精神、体现时代特点、反映人民意愿。五是依照法定权限、遵循法定程序开展地方立法。六是更好维护国家法治统一，牢固树立宪法意识，提高合宪性审查、备案审查工作质量。七是加强高素质立法专业人才保障，推动立法队伍和立法能力建设。(全文见本书793页)

王晨副委员长主持座谈会。万鄂湘副委员长，全国人大常委会秘书长，全国人大各专门委员会、常委会有关工作委员会、常委会办公厅、各省区市人大常委会有关负责同志等出席座谈会。10位地方人大常委会有关负责同志作了交流发言。座谈会以视频会议形式举行，在北京设主会场，各省区市设分会场。

**12月3日** 在第八个国家宪法日来临之际，全国人大常委会办公厅会同中央宣传部、司法部召开“全面贯彻实施宪法，不断发展全过程人民民主”座谈会。栗战书委员长出席并讲话。他强调，要深入学习贯彻习近平新时代中国特色社会主义思想，贯彻落实党的十九届六中全会和中央人大工作会议精神，坚定历史自信、担当历史使命，在新时代新征程上推动宪法全面实施，不断发展全过程人民民主，更好发挥宪法在全面建设社会主义现代化国家中的重要作用。

栗战书指出，我国宪法凝聚着党带领人民百年奋斗取得的伟大成就和宝贵经验，学习贯彻宪法，必须毫不动摇做到“两个坚持”，坚持党的全面领导，坚持以习近平新时代中国特色社会主义思想为指导，坚决维护以习近平同志为核心的党中央权威和集中统一领导，确保党始终在国家政权中总揽全局、协调各方，始终成为国家和社会的最高政治领导力量，始终成为中国特色社会主义事业的坚强领导核心。

栗战书指出，我国宪法是充分体现人民共同意志、充分保障人民民主权利、充分维护人民根本利益的好宪法，学习贯彻宪法，必须不断发展全过程人民民主。要坚持以人民为中心，不断健全人民当家作主制度体系，充分发挥人民代表大会制度的根本政治制度作用，支持和保证人民通过人民代表大会行使国家权力，不断实现好、维护好、发展好最广大人民根本利益。

栗战书指出，我国宪法明确了国家根本任务和奋斗目标，要通过贯彻实施宪法，推进全面建设社会主义现代化国家。要在党的领导下团结动员全国各族人民，按照宪法确定的国家根本任务要求，立足新发展阶段、贯彻新发展理念、构建新发展格局、推动高质量发展，让中国特色社会主义道路越走越宽广，让中国式现代化道路展现更强大的影响力和感召力。

栗战书强调，要认真学习贯彻习近平总书记关于宪法的重要论述精神和指示要求，切实尊崇宪法、严格实施宪法，在新时代新征程上更好展现国家根本法的力量。一要增强宪法自信，深化我国宪法理论研究，为坚定“四个自信”提供理论支撑。二要用科学有效、系统完备的制度体系保证宪法实施，健全国家治理急需、满足人民群众日益增长的美好生活需要必备的法律制度。三要加强宪法实施和监督，切实维护国家法治统一。四要弘扬宪法精神，推动宪法深入人心。(全文见本书294页)

王晨副委员长主持座谈会，万鄂湘、郝明金副委员长出席。

**同日** 栗战书委员长出席全国宗教工作会议第一次全体会议。

**12月7日** 吉炳轩副委员长以视频方式与佛得角国民议会副议长阿尔明多举行会谈。

**同日** 栗战书委员长以视频方式与奥地利国民议会议长索博特卡举行会谈。

**12月8日至10日** 栗战书委员长出席中央经济工作会议。

**12月9日** 栗战书委员长以视频方式与芬兰议长韦赫维莱宁举行会谈。

**同日** 张春贤副委员长出席2021中国巴基斯坦友好省市合作论坛并作主旨讲话。

**12 月 13 日** 丁仲礼副委员长在江苏主持南京大屠杀国家公祭仪式。

**12 月 14 日** 栗战书委员长以视频方式与摩尔多瓦议长格罗苏举行会谈。

**同日** 张春贤副委员长以视频方式出席亚太议会论坛第 29 届年会。

**12 月 15 日** 栗战书委员长以视频方式与西班牙众议长巴泰特举行会谈。

**12 月 16 日** 陈竺副委员长主持中国全国人大与法国参议院交流机制第十次会议。会议以视频方式举行,法国参议院法中友好小组主席雷纳尔共同主持。

**12 月 16 日至 17 日** 沈跃跃副委员长率调研组在北京市调研秋冬季大气污染防治情况、固废法执法检查审议意见整改情况以及对 2022 年环保法执法检查的意见建议。

**12 月 19 日** 学习贯彻党的十九届六中全会和中央人大工作会议精神、持续深入学习贯彻习近平总书记关于坚持和完善人民代表大会制度的重要思想交流会在京举行,栗战书委员长出席会议并讲话。他强调,要深入学习贯彻党的十九届六中全会和中央人大工作会议精神,把学习贯彻习近平总书记关于坚持和完善人民代表大会制度的重要思想持续引向深入,在党的领导下毫不动摇坚持、与时俱进完善人民代表大会制度,切实肩负起新时代新征程赋予人大的新使命新任务,筑牢思想政治基础,提升人大工作质量和水平,推动人大制度优势更好转化为国家治理效能。

栗战书指出,坚持党的领导是全面的、绝对的,必须把党的领导贯穿于人大工作各方面全过程。要坚持以习近平新时代中国特色社会主义思想统揽和指导人大工作,牢牢把握坚持党的全面领导这一最高政治原则,增强“四个意识”、坚定“四个自信”、做到“两个维护”;要聚焦党中央重大决策部署积极主动履职尽责,吃透党中央精神,从中找到人大应当承担的责任、应当主动去干的事情,创造性地开展工作;要把党的领导体现在人大机关风气、人大工作者日常工作和生活的行为习惯中。要坚定不移走中国特色社会主义政治发展道路,在事关党和国家前途命运的重大政治问题上始终立场坚定、旗帜鲜明。坚持党的领导、人民当家作主、依法治国有机统一,通过依法履职,把我国政治制度的特点和优势充分发挥出来。

栗战书指出,要坚持人民当家作主,不断发展全过程人民民主。习近平总书记在中央人大工作会议上全面阐述了关于民主的立场、理念、观点,第一次系统阐述了全过程人民民主这一重大理念,清楚表明了中国共产党的“民主观”和中国政治制度运行的内在逻辑。人民代表大会制度是实现我国全过程人民民主的重要制度载体。要进一步健全完善发展全过程人民民主的机制和平台,使人大各项工作建立在坚实的民意基础之上。

栗战书强调,要全面提升人大工作质量和水平,为推进国家治理体系和治理能力现代化、全面建设社会主义现代化国家提供有力法治保障。全面贯彻实施宪法,加快完善中国特色社会主义法律体系,用好宪法赋予人大的监督权,实行正确监督、有效监督、依法监督,充分发挥人大代表作用,推动人大工作高质量发展。要牢牢把握“四个机关”的定位要求,全面加强人大及其常委会自身建设。坚持以党的政治建设为统领,不断提高政治判断力、政治领悟力、政治执行力,以高度的责任感和使命感,奋力开拓新时代人大工作新局面。(全文见本书 1473 页)

王晨副委员长主持会议。

**12 月 20 日至 24 日** 十三届全国人大常委会举行第三十二次会议。

会议听取全国人大宪法和法律委员会副主任委员沈春耀关于地方各级人民代表大会和地方各级人民政府组织法修正草案修改情况的汇报。在审议的基础上,会议印发全国人大宪法和法律委员会关于地方各级人民代表大会和地方各级人民政府组织法修正草案二次审议稿修改意见的报告。经过审议,会议决定将修正草案提请十三届全国人大五次会议审议。

会议听取全国人大常委会副秘书长信春鹰关于十三届全国人大五次会议关于十四届全国人大代表名额和选举问题的决定草案的说明;全国人大法制工作委员会主任沈春耀关于香港特别行政区选举十四届全国人大代表的办法草案和澳门特别行政区选举十四届全国人大代表的办法草案的说明。经过审议,会议决定将上述 3 个草案提请十三届全国人大五次会议审议,并委托王晨副委员长向十三届全国人大五次会议作说明。

会议听取全国人大宪法和法律委员会副主任委员周光权关于反有组织犯罪法草案审议结果的报告。在审议的基础上,会议印发全国人大宪法和法律委员会关于反有组织犯罪法草案三次审议稿修改意见的报告。经过审议,会议通过《中华人民共和国反有组织犯罪法》。

《中华人民共和国反有组织犯罪法》共9章,77条,包括总则、预防和治理、案件办理、涉案财产认定和处置、国家工作人员涉有组织犯罪的处理、国际合作、保障措施、法律责任、附则。本法自2022年5月1日起施行。

会议听取全国人大宪法和法律委员会副主任委员胡可明关于湿地保护法草案审议结果的报告。在审议的基础上,会议印发全国人大宪法和法律委员会关于湿地保护法草案三次审议稿修改情况的报告。经过审议,会议通过《中华人民共和国湿地保护法》。

《中华人民共和国湿地保护法》共7章,65条,包括:总则、湿地资源管理、湿地保护与利用、湿地修复、监督检查、法律责任、附则。本法自2022年6月1日起施行。

会议听取全国人大宪法和法律委员会副主任委员丛斌关于科学技术进步法修订草案审议结果的报告。在审议的基础上,会议印发全国人大宪法和法律委员会关于科学技术进步法修订草案二次审议稿修改情况的报告。经过审议,会议通过修订后的《中华人民共和国科学技术进步法》。

修订后的《中华人民共和国科学技术进步法》共12章,117条,包括:总则、基础研究、应用研究与成果转化、企业科技创新、科学技术研究开发机构、科学技术人员、区域科技创新、国际科学技术合作、保障措施、监督管理、法律责任、附则。本法自2022年1月1日起施行。

会议听取全国人大宪法和法律委员会副主任委员江必新关于噪声污染防治法草案审议结果的报告。在审议的基础上,会议印发全国人大宪法和法律委员会关于噪声污染防治法草案二次审议稿修改情况的报告。经过审议,会议通过《中华人民共和国噪声污染防治法》。

《中华人民共和国噪声污染防治法》共9章,90条,包括:总则、噪声污染防治标准和规划、噪声污染防治的监督管理、工业噪声污染防治、建筑施工噪声污染防治、交通运输噪声污染防治、社会生活噪声污染防治、法律责任、附则。本法自2022年6月5日起施行。

会议听取全国人大宪法和法律委员会副主任委员丛斌关于种子法修正草案审议结果的报告。在审议的基础上,会议印发全国人大宪法和法律委员会关于修改种子法的决定草案二次审议稿修改情况的报告。经过审议,会议通过《全国人民代表大会常务委员会关于修改〈中华人民共和国种子法〉的决定》。本决定自2022年3月1日起施行。

会议听取全国人大常委会法制工作委员会副主任张勇关于工会法修正草案的说明。在审议的基础上,会议印发全国人民代表大会宪法和法律委员会关于工会法修正草案审议结果的报告。经过审议,会议通过《全国人民代表大会常务委员会关于修改〈中华人民共和国工会法〉的决定》。本决定自2022年1月1日起施行。

会议听取全国人大宪法和法律委员会副主任委员江必新关于民事诉讼法修正草案审议结果的报告。在审议的基础上,会议印发全国人民代表大会宪法和法律委员会关于民事诉讼法修正草案二次审议稿审议结果的报告。经过审议,会议通过《全国人民代表大会常务委员会关于修改〈中华人民共和国民事诉讼法〉的决定》。本决定自2022年1月1日起施行。

会议听取全国人大财政经济委员会主任委员徐绍史关于全国人大常委会关于加强经济工作监督的决定修订草案的说明。在审议的基础上,会议印发全国人大宪法和法律委员会关于加强经济工作监督的决定修订草案审议结果的报告。经过审议,会议通过修订后的《全国人民代表大会常务委员会关于加强经济工作监督的决定》。本决定自公布之日起施行。

会议审议关于召开十三届全国人大五次会议的决定草案的议案,会议通过《全国人民代表大会常务委员会关于召开第十三届全国人民代表大会第五次会议的决定》。根据决定,十三届全国人大五次会议于2022年3月5日在北京召开。

会议听取全国人大宪法和法律委员会主任委员李飞、全国人大教育科学文化卫生委员会主任委员李学勇、全国人大农业与农村委员会副主任委员蒋超良分别作的关于十三届全国人大四次会议主席团交付本委员会审议的代表提出的议案审议结果的报告。经过审议,会议通过以上报告。

会议听取全国人大常委会法制工作委员会主任沈春耀作的关于2021年备案审查工作情况的报告。经过审议,会议通过这个报告。

会议听取全国人大常委会代表资格审查委员会关于个别代表的代表资格的报告。经过审议,会议通过这个报告。

会议听取全国人大宪法和法律委员会副主任委员徐辉关于职业教育法修订草案修改情况的汇报,并对法律草案进行再次审议。

会议听取全国人大常委会法制工作委员会副

主任王瑞贺关于公司法修订草案的说明，全国人大常委会法制工作委员会副主任武增关于全国人大常委会议事规则修正草案的说明，全国人大农业与农村委员会副主任委员王宪魁关于黑土地保护法草案的说明，全国人大社会建设委员会主任委员何毅亭关于妇女权益保障法修订草案的说明，水利部部长李国英关于黄河保护法草案的说明，司法部部长唐一军关于修订突发事件应对法的说明，并对上述法律草案进行初次审议。

会议听取全国人大常委会副秘书长信春鹰作的全国人民代表大会常务委员会办公厅关于第十三届全国人民代表大会第四次会议代表建议、批评和意见办理情况的报告，教育部部长怀进鹏作的教育部关于第十三届全国人民代表大会第四次会议代表建议、批评和意见办理情况的报告。

会议听取并审议审计署审计长侯凯关于2020年度中央预算执行和其他财政收支审计查出问题整改情况的报告，农业农村部副部长邓小刚关于加快构建新型农业经营体系推动小农户和现代农业发展有机衔接情况的报告，财政部副部长余蔚平关于财政交通运输资金分配和使用情况的报告，曹建明副委员长作的全国人大常委会执法检查组关于检查公证法实施情况的报告，张春贤副委员长作的全国人大常委会执法检查组关于检查消防法实施情况的报告。

会议还通过其他任免事项。

会议闭幕时，栗战书委员长发表讲话。栗战书说，本次常委会会议审议 19 件法律草案和决定草案，通过其中 8 件；作出关于召开十三届全国人大五次会议的决定；听取审议 2 个执法检查报告、国务院 3 个工作报告、备案审查工作情况报告等多项报告，通过了代表资格审查报告和任免案等，顺利完成各项议程。

栗战书指出，2021 年是党和国家历史上具有里程碑意义的一年。我们隆重庆祝中国共产党成立一百周年，正式宣布全面建成小康社会，开启全面建设社会主义现代化国家新征程。党的十九届六中全会通过关于党的百年奋斗重大成就和历史经验的决议，全党全国各族人民自信心和自豪感、凝聚力和向心力极大提升。党中央首次召开中央人大工作会议，为做好新时代人大工作指明了方向。一年来，在以习近平同志为核心的党中央坚强领导下，全国人大及其常委会坚持党的领导、人民当家作主、依法治国有机统一，围绕中心、服务大局，依法履职、担当作为，在确保质量的前提下加快立法工作步伐，认真履行宪法法律赋予的监督权，支持和保障代表依法履职，更好服务党中央外交战略部署，持续加强自身建设，常委会各项工作都取得了新的进展。

栗战书指出，全国人大及其常委会深入学习贯彻习近平新时代中国特色社会主义思想特别是习近平法治思想，在履职实践中进一步深化了对把牢人大工作正确方向、推动新时代人大工作高质量发展的认识和把握。必须坚定不移走中国特色社会主义政治发展道路，毫不动摇坚持、与时俱进完善人民代表大会制度；必须始终坚持党的全面领导，把党的领导贯穿于人大工作各方面全过程；必须聚焦党中央重大决策部署，找准人大职责所在，积极主动开展工作；必须坚持人民当家作主，不断发展全过程人民民主；必须全面提升人大工作质量和水平，为推进国家治理体系和治理能力现代化、全面建设社会主义现代化国家提供有力法治保障。

栗战书强调，2022 年，中国共产党将召开具有重大而深远意义的第二十次全国代表大会。要深刻学习领会党的百年奋斗重大成就和历史经验，增强“四个意识”、坚定“四个自信”、做到“两个维护”，按照党中央的重大决策部署，坚持稳中求进工作总基调，完整、准确、全面贯彻新发展理念，发展全过程人民民主，高质量做好立法、监督、代表、对外交往等工作，周密细致做好十三届全国人大五次会议的组织筹备工作，以优异成绩迎接党的二十大胜利召开（全文见本书 267 页）。

会议结束后，十三届全国人大常委会举行第二十六讲专题讲座，栗战书委员长主持。王晨副委员长作了题为《深入学习贯彻党的十九届六中全会精神　坚持全面依法治国　推动新时代法治中国建设迈出坚实步伐》的讲座。

**12 月 23 日**　十三届全国人大常委会委员长会议召开第一百零七次会议，栗战书委员长主持。会议决定，将有关议案代拟稿、草案修改稿、决定草案等提交常委会会议审议。

**12 月 24 日**　十三届全国人大常委会委员长会议召开第一百零八次会议，栗战书委员长主持。会议研究提请常委会会议表决事项。

**同日**　全国人大常委会发布公告，公告说，河北省第十三届人大常委会第二十七次会议补选王正谱为第十三届全国人民代表大会代表。内蒙古自治区第十三届人大常委会第三十一次会议补选王莉霞为第十三届全国人民代表大会代表。辽宁省第十三届人大常委会第三十次会议补选李乐成为第十三届全国人民代表大会代表。江苏省第十三届人大常委会第二十七次会议补选许昆林为第十三届全国人民代表大会代表。浙江省第十三届人大常委会第三十二次会议补选王浩为第十三届全国人民代表大会代表。福建省第十三届人大常委会第三十次会议补选赵龙为第十三届全国人民代表大会代表。江西省第十三届人大常委会第三十四次会议补选叶建春为第十三届全国人民代表大会代表。山东省第十三届人大常委会第三十二次会议补选周乃翔为第十三届全国人民代表大会代表。西藏自治区第十一届人大常委会第三十五次会议补选王君正、严金海为第十三届全国人民代表大会代表。新疆维吾尔自治区第十三届人大常委会第三十次会议补选艾尔肯·吐尼亚孜为第十三届全国人民代表大会代表。第十三届全国人民代表大会常务委员会第三十二次会议根据代表资格审查委员会提出的报告，确认王正谱、王莉霞、李乐成、许昆林、王浩、赵龙、叶建春、周乃翔、王君正、严金海、艾尔肯·吐尼亚孜的代表资格有效。福建省人大常委会决定罢免林文耀的第十三届全国人民代表大会代表职务。云南省人大常委会决定罢免邓进秀的第十三届全国人民代表大会代表职务。依照《中华人民共和国全国人民代表大会和地方各级人民代表大会代表法》的有关规定，林文耀、邓进秀的代表资格终止。截至目前，第十三届全国人民代表大会实有代表2954人。

**同日**　全国人大外事委员会就美国将所谓“维吾尔强迫劳动预防法案”签署成法发表声明。全文如下：当地时间12月23日，美方不顾中方多次严正交涉，将所谓“维吾尔强迫劳动预防法案”签署成法。该法案凭空捏造所谓新疆“强迫劳动”问题，打着“人权”的幌子粗暴干涉中国内政，中国全国人大对此表示坚决反对。如美方一意孤行，中方必将予以坚决有力反制。中国宪法赋予公民劳动的权利和义务，刑法、劳动法、劳动合同法、就业促进法、治安管理处罚法等一系列法律为尊重公民的劳动权利、维护劳动者合法权益、实现体面劳动、防范打击强迫劳动行为提供了坚实的法治保障。中国切实履行包括《消除就业和职业歧视公约》等4个核心公约在内的26个国际劳工公约，以及联合国《经济、社会及文化权利国际公约》等国际条约的相关规定，坚决预防和惩治劳动领域各种违法犯罪行为。新疆的劳动就业保障政策及其实践，符合中国宪法法律，符合国际劳工和人权标准，根本不存在所谓“强迫劳动”问题。涉疆问题纯属中国内政，任何外国不得干涉。美方一些政客罔顾事实真相，以所谓“强迫劳动”问题为借口打压新疆企业，充分暴露了其“以疆制华”、遏制中国发展的险恶用心。这种图谋不得人心，也绝不会得逞。